OEUVRES

COMPLÈTES

DE MOLIÈRE

PARIS. — IMPRIMERIE SIMON RAÇON ET COMP., RUE D'ERFURTH,

MOLIÈRE.

Garnier frères, Éditeurs.

ŒUVRES COMPLÈTES

DE

MOLIÈRE

NOUVELLE ÉDITION

ACCOMPAGNÉE DE NOTES TIRÉES DE TOUS LES COMMENTATEURS

AVEC DES REMARQUES NOUVELLES

PAR M. FÉLIX LEMAISTRE

PRÉCÉDÉE

DE LA VIE DE MOLIÈRE PAR VOLTAIRE

DES APPRÉCIATIONS DE LA HARPE ET D'AUGER

ORNÉE DE VIGNETTES GRAVÉES SUR ACIER

PAR MASSARD ET F. DELANNOY

D'APRÈS LES DESSINS DE G. STAAL

PARIS
GARNIER FRÈRES, LIBRAIRES-ÉDITEURS
6, RUE DES SAINTS-PÈRES, ET PALAIS-ROYAL, 215

1866

VIE DE MOLIÈRE

PAR VOLTAIRE

Le goût de bien des lecteurs pour les choses frivoles, et l'envie de faire un volume de ce qui ne devrait remplir que peu de pages, sont cause que l'histoire des hommes célèbres est presque toujours gâtée par des détails inutiles et des contes populaires aussi faux qu'insipides. On y ajoute souvent des critiques injustes de leurs ouvrages. On tâchera d'éviter cet écueil dans cette courte histoire de la vie de Molière ; on ne dira de sa propre personne que ce qu'on a cru vrai et digne d'être rapporté, et on ne hasardera sur ses ouvrages rien qui soit contraire aux sentiments du public éclairé.

Jean-Baptiste Poquelin naquit à Paris en 1620, dans une maison qui subsiste encore sous les piliers des halles[1]. Son père, Jean-Baptiste Poquelin, valet de chambre-tapissier chez le roi, marchand fripier, et Anne Boutet[2], sa mère, lui donnèrent une éducation trop conforme à leur état, auquel ils le destinaient : il resta jusqu'à quatorze ans dans leur boutique, n'ayant rien appris, outre son métier, qu'un peu à lire et à écrire. Ses parents obtinrent pour lui la survivance de leur charge chez le roi ; mais son génie l'appelait ailleurs. On a souvent remarqué que presque tous ceux qui se sont fait un nom dans les beaux-arts les ont cultivés malgré leurs parents, et que la nature a toujours été en eux plus forte que l'éducation.

Poquelin avait un grand-père qui aimait la comédie, et qui le menait quelquefois à l'hôtel de Bourgogne[1]. Le jeune homme sentit bientôt une aversion invincible pour sa profession. Son goût pour l'étude se développa ; il pressa son grand-père d'obtenir qu'on le mit au collège, et il arracha enfin le consentement de son père, qui le mit dans une pension, et l'envoya externe aux Jésuites, avec la répugnance d'un bourgeois qui croyait la fortune de son fils perdue s'il étudiait. Le jeune Poquelin fit au collège les progrès qu'on devait attendre de son empressement à y entrer. Il y étudia cinq années ; il y suivit le cours des classes d'Armand de Bourbon, premier prince de Conti, qui depuis fut le protecteur des lettres et de Molière.

Il y avait alors dans ce collège deux enfants qui eurent depuis beaucoup de réputation dans le monde. C'étaient Chapelle et Bernier : celui-ci connu par ses voyages aux Indes, et l'autre célèbre par quelques vers naturels et aisés, qui lui ont fait d'autant plus de réputation qu'il ne rechercha pas celle d'auteur. L'Huillier, homme de fortune, prenait un soin singulier de l'éducation du jeune Chapelle, son fils naturel ; et, pour lui donner de l'émulation, il faisait étudier avec lui le jeune Bernier, dont les parents étaient mal à leur aise. Au lieu même de donner à son fils naturel un précepteur ordinaire et pris au hasard, comme tant de pères en usent avec un fils légitime qui doit porter leur nom, il engagea le célèbre Gassendi à se charger de l'instruire.

---

[1] Ceci n'est pas exact, quoique longtemps admis.
[2] Des actes authentiques, découverts, en 1821, par M. Beffara, constatent que Molière naquit le 15 janvier 1622, de Jean Poquelin et de Marie Cressé, et non pas Anne Boutet, rue Saint-Honoré, au coin de la rue des Vieilles-Étuves.

[1] Ce fait, généralement admis, est nié par quelques critiques modernes, qui appuient leur incrédulité sur des dates qu'ils regardent comme précises. Toujours est-il qu'on l'a cru vrai jusqu'à nos jours. (F. L.)

Gassendi, ayant démêlé de bonne heure le génie de Poquelin, l'associa aux études de Chapelle et de Bernier. Jamais plus illustre maître n'eut de plus dignes disciples. Il leur enseigna sa philosophie d'Épicure, qui, quoique aussi fausse que les autres, avait au moins plus de méthode et plus de vraisemblance que celle de l'école, et n'en avait pas la barbarie. Poquelin continua de s'instruire sous Gassendi. Au sortir du collége, il reçut de ce philosophe les principes d'une morale plus utile que sa physique, et il s'écarta rarement de ces principes dans le cours de sa vie.

Son père étant devenu infirme et incapable de servir, il fut obligé d'exercer les fonctions de son emploi auprès du roi. Il suivit Louis XIII dans le voyage que ce monarque fit en Languedoc en 1641 ; et, de retour à Paris, sa passion pour la comédie, qui l'avait déterminé à faire ses études, se réveilla avec force.

Le théâtre commençait à fleurir alors : cette partie des belles-lettres, si méprisée quand elle est médiocre, contribue à la gloire d'un État quand elle est perfectionnée. Avant l'année 1625, il n'y avait point de comédiens fixes à Paris. Quelques farceurs allaient, comme en Italie, de ville en ville : ils jouaient les pièces de Hardy, de Monchrétien ou de Balthazar Baro. Ces auteurs leur vendaient leurs ouvrages dix écus pièce.

Pierre Corneille tira le théâtre de la barbarie et de l'avilissement vers l'année 1630. Ses premières comédies, qui étaient aussi bonnes pour son siècle qu'elles sont mauvaises pour le nôtre, furent cause qu'une troupe de comédiens s'établit à Paris. Bientôt après, la passion du cardinal de Richelieu pour le spectacle mit le goût de la comédie à la mode, et il y avait plus de sociétés particulières qui représentaient alors que nous n'en voyons aujourd'hui.

Poquelin s'associa avec quelques jeunes gens qui avaient du talent pour la déclamation ; ils jouaient au faubourg Saint-Germain et au quartier Saint-Paul. Cette société éclipsa bientôt toutes les autres ; on l'appela l'*Illustre Théâtre*. On voit par une tragédie de ce temps-là, intitulée *Artaxerce*, d'un nommé Magnon, et imprimée en 1645, qu'elle fut représentée sur l'Illustre Théâtre. Ce fut alors que Poquelin, sentant son génie, se résolut de s'y livrer tout entier, d'être à la fois comédien et auteur, et de tirer de ses talents de l'utilité et de la gloire.

On sait que chez les Athéniens les auteurs jouaient souvent dans leurs pièces, et qu'ils n'étaient point déshonorés pour parler avec grâce en public devant leurs concitoyens. Il fut plus encouragé par cette idée que retenu par les préjugés de son siècle. Il prit le nom de Molière, et il ne fit, en changeant de nom, que suivre l'exemple des comédiens d'Italie et de ceux de l'hôtel de Bourgogne. L'un, dont le nom de famille était le Grand, s'appelait Belleville dans la tragédie, et Turlupin dans la farce, d'où

vient le mot de *turlupinade*. Hugues Guéret était connu, dans les pièces sérieuses, sous le nom de Fléchelles ; dans la farce, il jouait toujours un certain rôle qu'on appelait Gautier-Garguille : de même, Arlequin et Scaramouche n'étaient connus que sous ce nom de théâtre. Il y avait déjà eu un comédien appelé Molière, auteur de la tragédie de *Polyxène*.

Le nouveau Molière fut ignoré pendant tout le temps que durèrent les guerres civiles en France ; il employa ces années à cultiver son talent et à préparer quelques pièces. Il avait fait un recueil de scènes italiennes, dont il faisait de petites comédies pour les provinces. Ces premiers essais, très-informes, tenaient plus du mauvais théâtre italien, où il les avait pris, que de son génie, qui n'avait pas eu encore l'occasion de se développer tout entier. Le génie s'étend et se resserre par tout ce qui nous environne. Il fit donc pour la province le *Docteur amoureux*, les *Trois docteurs rivaux*, le *Maître d'école*, ouvrages dont il ne reste que le titre. Quelques curieux ont conservé deux pièces de Molière dans ce genre : l'une est le *Médecin volant*, et l'autre la *Jalousie de Barbouillé*[1]. Elles sont en prose et écrites en entier. Il y a quelques phrases et quelques incidents de la première qui nous sont conservés dans le *Médecin malgré lui* ; et on trouve dans la *Jalousie de Barbouillé* un canevas, quoique informe, du troisième acte de *George Dandin*.

La première pièce régulière en cinq actes qu'il composa fut l'*Étourdi*. Il représenta cette comédie à Lyon en 1653. Il y avait dans cette ville une troupe de comédiens de campagne qui fut abandonnée dès que celle de Molière parut. Quelques acteurs de cette ancienne troupe se joignirent à Molière, et il partit de Lyon pour les états de Languedoc avec une troupe assez complète, composée principalement de deux frères nommés Gros-René, de Duparc, fils d'un pâtissier de la rue Saint-Honoré, de la Duparc, de la Béjart et de la de Brie. Le prince de Conti, qui tenait les états de Languedoc à Béziers, se souvint de Molière, qu'il avait vu au collége ; il lui donna une protection distinguée. Molière joua devant lui l'*Étourdi*, le *Dépit amoureux* et les *Précieuses ridicules*.

Cette petite pièce des *Précieuses*, faite en province, prouve assez que son auteur n'avait eu en vue que les ridicules des provinciales[2] ; mais il se trouva depuis que l'ouvrage pouvait corriger et la cour et la ville. On prétend que le prince de Conti voulut alors faire Molière son

---

[1] Nous avons donné l'une et l'autre en tête de cette édition, non à titre de chefs-d'œuvre, bien entendu, mais comme un complément curieux des *Œuvres complètes* de Molière. (F. L.)
[2] La comédie des *Précieuses ridicules* ne fut point jouée d'abord en province, comme Voltaire le répète d'après Grimarest. Elle fut représentée pour la première fois, à Paris, sur le théâtre du Petit-Bourbon, le 18 novembre 1659. Elle eut un succès extraordinaire : dès la seconde représentation, les comédiens furent obligés d'augmenter le prix des places, pour diminuer l'affluence des spectateurs, qui était excessive. Molière jouait le rôle de Mascarille. (Auger.)

secrétaire, et que, heureusement pour la gloire du théâtre français, Molière eut le courage de préférer son talent à un poste honorable. Si ce fait est vrai, il fait également honneur au prince et au comédien.

Après avoir couru quelque temps toutes les provinces, et avoir joué à Grenoble, à Lyon, à Rouen, il vint enfin à Paris en 1658. Le prince de Conti lui donna accès auprès de Monsieur, frère unique du roi Louis XIV; Monsieur le présenta au roi et à la reine mère. Sa troupe et lui représentèrent, la même année, devant Leurs Majestés, la tragédie de *Nicomède*, sur un théâtre élevé par ordre du roi dans la salle des gardes du vieux Louvre.

Il y avait depuis quelque temps des comédiens établis à l'hôtel de Bourgogne. Ces comédiens assistèrent au début de la nouvelle troupe. Molière, après la représentation de *Nicomède*, s'avança sur le bord du théâtre, et prit la liberté de faire au roi un discours par lequel il remerciait Sa Majesté de son indulgence, et louait adroitement les comédiens de l'hôtel de Bourgogne, dont il devait craindre la jalousie : il finit en demandant la permission de donner une pièce d'un acte qu'il avait jouée en province. La mode de représenter ces petites farces après de grandes pièces était perdue à l'hôtel de Bourgogne. Le roi agréa l'offre de Molière, et l'on joua dans l'instant le *Docteur amoureux*. Depuis ce temps, l'usage a toujours continué de donner de ces pièces d'un acte ou de trois après les pièces de cinq.

On permit à la troupe de Molière de s'établir à Paris; ils s'y fixèrent, et partagèrent le théâtre du Petit-Bourbon avec les comédiens italiens, qui en étaient en possession depuis quelques années. La troupe de Molière jouait sur ce théâtre les mardis, les jeudis et les samedis, et les Italiens les autres jours. La troupe de l'hôtel de Bourgogne ne jouait aussi que trois fois la semaine, excepté lorsqu'il y avait des pièces nouvelles.

Dès lors la troupe de Molière prit le titre de *Troupe de Monsieur*, qui était son protecteur. Deux ans après, en 1660, il leur accorda la salle du Palais-Royal. Le cardinal de Richelieu l'avait fait bâtir pour la représentation de *Mirame*, tragédie dans laquelle ce ministre avait composé plus de cinq cents vers. Cette salle était aussi mal construite que la pièce pour laquelle elle fut bâtie, et je suis obligé de remarquer à cette occasion que nous n'avons aujourd'hui aucun théâtre supportable : c'est une barbarie gothique que les Italiens nous reprochent avec raison [1]. Les bonnes pièces sont en France, et les belles salles en Italie. La troupe de Molière eut la jouissance de cette salle jusqu'à la mort de son chef. Elle fut alors accordée à ceux qui eurent le privilège de l'Opéra, quoique ce vaisseau fût moins propre encore pour le chant que pour la déclamation.

Depuis l'an 1658 jusqu'à 1673, c'est-à-dire en quinze années de temps, il donna toutes ses pièces. Il voulut jouer dans le tragique, mais il n'y réussit pas : il avait une volubilité dans la voix et une espèce de hoquet qui ne pouvait convenir au genre sérieux, mais qui rendait son jeu comique plus plaisant. La femme [1] d'un des meilleurs comédiens que nous ayons eus a donné ce portrait-ci de Molière :

« Il n'étoit ni trop gras ni trop maigre; il avait la taille plus grande que petite, le port noble, la jambe belle; il marchoit gravement, avoit l'air très-sérieux, le nez gros, la bouche grande, les lèvres épaisses, le teint brun, les sourcils noirs et forts, et les divers mouvements qu'il leur donnoit lui rendoient la physionomie extrêmement comique. A l'égard de son caractère, il étoit doux, complaisant, généreux. Il aimoit fort à haranguer, et, quand il lisoit ses pièces aux comédiens, il vouloit qu'ils y amenassent leurs enfants, pour tirer des conjectures de leur mouvement naturel. »

Molière se fit dans Paris un très-grand nombre de partisans et presque autant d'ennemis. Il accoutuma le public, en lui faisant connaître la bonne comédie, à le juger lui-même très-sévèrement. Les mêmes spectateurs qui applaudissaient aux pièces médiocres des autres auteurs relevaient les moindres défauts de Molière avec aigreur. Les hommes jugent de nous par l'attente qu'ils en ont conçue, et le moindre défaut d'un auteur célèbre, joint avec les malignités du public, suffit pour faire tomber un bon ouvrage.

Louis XIV, qui avait un goût naturel et l'esprit très-juste sans l'avoir cultivé, ramena souvent par son approbation la cour et la ville aux pièces de Molière. Il eût été plus honorable pour la nation de n'avoir pas besoin des décisions de son prince pour bien juger. Molière eut des ennemis cruels, surtout les mauvais auteurs du temps, leurs protecteurs et leurs cabales : ils suscitèrent contre lui les dévots; on lui imputa des livres scandaleux; on l'accusa d'avoir joué des hommes puissants, tandis qu'il n'avait joué que les vices en général, et il eût succombé sous ces accusations si ce même roi, qui encouragea et qui soutint Racine et Despréaux, n'eût pas aussi protégé Molière.

Il n'eut, à la vérité, qu'une pension de mille livres, et sa troupe n'en eut qu'une de sept. La fortune qu'il fit par le succès de ses ouvrages le mit en état de n'avoir rien de plus à souhaiter : ce qu'il retirait du théâtre avec ce qu'il avait placé allait à trente mille livres de rente, somme qui, en ce temps-là, faisait presque le double de la valeur réelle de pareille somme d'aujourd'hui [2].

---

[1] En dépit du *progrès indéfini*, si vanté de nos jours, nos salles de spectacle, si décriées par Voltaire, laissent encore beaucoup à désirer, et la France n'a point encore, à l'heure qu'il est, de théâtres modèles. (F. L., 1861.)

[1] Mademoiselle du Croisy, fille du comédien du Croisy, et femme de Paul Poisson, comédien, fils de Raimond Poisson.
[2] De nos jours, la différence serait bien plus forte. (F. L.)

Le crédit qu'il avait auprès du roi paraît assez par le canonicat qu'il obtint pour le fils de son médecin. Ce médecin s'appelait Mauvilain. Tout le monde sait qu'étant un jour au dîner du roi : « *Vous avez un médecin*, dit le roi à Molière, *que vous fait-il?* — Sire, répondit Molière, nous causons ensemble; il m'ordonne des remèdes, je ne les fais point, et je guéris. »

Il faisait de son bien un usage noble et sage; il recevait chez lui des hommes de la meilleure compagnie, les Chapelle, les Jonsac, les Desbarreaux, etc., qui joignaient la volupté et la philosophie. Il avait une maison de campagne à Auteuil, où il se délassait souvent avec eux des fatigues de sa profession, qui sont bien plus grandes qu'on ne pense. Le maréchal de Vivonne, connu par son esprit et par son amitié pour Despréaux, allait souvent chez Molière et vivait avec lui comme Lélius avec Térence. Le grand Condé exigeait de lui qu'il le vînt voir souvent, et disait qu'il trouvait toujours à apprendre dans sa conversation.

Molière employait une partie de son revenu en libéralités, qui allaient beaucoup plus loin que ce qu'on appelle dans d'autres hommes des *charités*. Il encourageait souvent par des présents considérables de jeunes auteurs qui marquaient du talent : c'est peut-être à Molière que la France doit Racine. Il engagea le jeune Racine, qui sortait de Port-Royal, à travailler pour le théâtre dès l'âge de dix-neuf ans. Il lui fit composer la tragédie de *Théagène et Chariclée*; et, quoique cette pièce fût trop faible pour être jouée, il fit présent au jeune auteur de cent louis, et lui donna le plan des *Frères ennemis*. Il n'est peut-être pas inutile de dire qu'environ dans le même temps, c'est-à-dire en 1661, Racine ayant fait une ode sur le mariage de Louis XIV, M. Colbert lui envoya cent louis au nom du roi. Il est très-triste pour l'honneur des lettres que Molière et Racine aient été brouillés depuis; de si grands génies, dont l'un avait été le bienfaiteur de l'autre, devaient être toujours amis.

Il éleva et il forma un autre homme, qui, par la supériorité de ses talents et par les dons singuliers qu'il avait reçus de la nature, mérite d'être connu de la postérité. C'était le comédien Baron, qui a été unique dans la tragédie et dans la comédie. Molière en prit soin comme de son propre fils. Un jour, Baron vint lui annoncer qu'un comédien de campagne, que la pauvreté empêchait de se présenter, lui demandait quelques légers secours pour aller rejoindre sa troupe. Molière, ayant su que c'était un nommé Mondorge, qui avait été son camarade, demanda à Baron combien il croyait qu'il fallait lui donner. Celui-ci répondit au hasard : « Quatre pistoles. — Donnez-lui quatre pistoles pour moi, lui dit Molière; en voilà vingt qu'il faut que vous lui donniez pour vous; » et il joignit à ce présent celui d'un habit magnifique. Ce sont de petits faits; mais ils peignent le caractère.

Un autre trait mérite plus d'être rapporté. Il venait de donner l'aumône à un pauvre : un instant après le pauvre court après lui, et lui dit : « Monsieur, vous n'aviez peut-être pas dessein de me donner un louis d'or, je viens vous le rendre. — Tiens, mon ami, dit Molière, en voilà un autre; » et il s'écria : « Où la vertu va-t-elle se nicher! » Exclamation qui peut faire voir qu'il réfléchissait sur tout ce qui se présentait à lui, et qu'il étudiait partout la nature en homme qui la voulait peindre.

Molière, heureux par ses succès et par ses protecteurs, par ses amis et par sa fortune, ne le fut pas dans sa maison. Il avait épousé, en 1661, une jeune fille née de la Béjart et d'un gentilhomme nommé Modène. On disait que Molière en était le père : le soin avec lequel on avait répandu cette calomnie fit que plusieurs personnes prirent celui de la réfuter. On prouva que Molière n'avait connu la mère qu'après la naissance de cette fille. La disproportion d'âge et les dangers auxquels une comédienne jeune et belle est exposée rendirent ce mariage malheureux, et Molière, tout philosophe qu'il était d'ailleurs, essuya dans son domestique les dégoûts, les amertumes, et quelquefois les ridicules qu'il avait si souvent joués sur le théâtre; tant il est vrai que les hommes qui sont au-dessus des autres par les talents s'en rapprochent presque toujours par les faiblesses; car pourquoi les talents nous mettraient-ils au-dessus de l'humanité?

La dernière pièce qu'il composa fut le *Malade imaginaire*. Il y avait quelque temps que sa poitrine était attaquée et qu'il crachait quelquefois du sang. Le jour de la troisième représentation, il se sentit plus incommodé qu'auparavant : on lui conseilla de ne point jouer; mais il voulut faire un effort sur lui-même, et cet effort lui coûta la vie.

Il lui prit une convulsion en prononçant *Juro*, dans le divertissement de la réception du malade imaginaire. On le rapporta mourant chez lui, rue de Richelieu. Il fut assisté quelques instants par deux de ces religieuses qui viennent quêter à Paris pendant le carême, et qu'il logeait chez lui. Il mourut entre leurs bras, étouffé par le sang qui lui sortait par la bouche, le 17 février 1673, âgé de cinquante-trois ans[1]. Il ne laissa qu'une fille, qui avait beaucoup d'esprit. Sa veuve épousa un comédien nommé Guérin.

Le malheur qu'il avait eu de ne pouvoir mourir avec les secours de la religion, et la prévention contre la comédie, déterminèrent Harlay de Chanvalon, archevêque de Paris, si connu par ses intrigues galantes, à refuser la sépulture à Molière. Le roi le regrettait; et ce monarque, dont il avait été le domestique et le pensionnaire, eut la bonté de prier l'archevêque de Paris de le faire inhumer dans une église. Le curé de Saint-Eustache, sa paroisse,

---

[1] Il n'avait que cinquante et un ans.

ne voulut pas s'en charger. La populace, qui ne connaissait dans Molière que le comédien, et qui ignorait qu'il avait été un excellent auteur, un philosophe, un grand homme en son genre, s'attroupa en foule à la porte de sa maison le jour du convoi : sa veuve fut obligée de jeter de l'argent par les fenêtres ; et ces misérables, qui auraient, sans savoir pourquoi, troublé l'enterrement, accompagnèrent le corps avec respect.

La difficulté qu'on fit de lui donner la sépulture, et les injustices qu'il avait essuyées pendant sa vie, engagèrent le fameux P. Bouhours à composer cette espèce d'épitaphe, qui, de toutes celles qu'on fit pour Molière, est la seule qui mérite d'être rapportée et la seule qui ne soit pas dans cette fausse et mauvaise histoire qu'on a mise jusqu'ici au-devant de ses ouvrages :

> Tu réformas et la ville et la cour;
> Mais quelle en fut la récompense?
> Les François rougiront un jour
> De leur peu de reconnoissance.
> Il leur fallut un comédien
> Qui mit à les polir sa gloire et son étude ;
> Mais, Molière, à ta gloire il ne manqueroit rien,
> Si parmi les défauts que tu peignis si bien,
> Tu les avois repris de leur ingratitude.

Non-seulement j'ai omis dans cette Vie de Molière les contes populaires touchant Chapelle et ses amis ; mais je suis obligé de dire que ces contes, adoptés par Grimarest, sont très-faux. Le feu duc de Sully, le dernier prince de Vendôme, l'abbé de Chaulieu, qui avaient beaucoup vécu avec Chapelle, m'ont assuré que toutes ces historiettes ne méritaient aucune créance.

MOLIÈRE ET LA COMÉDIE

PAR LA HARPE

I

DE LA COMÉDIE AVANT MOLIÈRE.

L'Italie et l'Espagne donnèrent longtemps des lois à notre théâtre. Nous empruntâmes aux Italiens leurs pastorales galantes et leurs bergers beaux-esprits. La *Sylvie* de Mairet, écrite dans ce genre, et qui n'est qu'un froid tissu de madrigaux subtils, de conversations en pointes et de dissertations en jeux de mots, excita dans Paris une sorte d'ivresse, qui prouvait le mauvais goût dominant et servait à l'entretenir. Il ne fallut rien moins que le *Cid* pour faire tomber ce ridicule ouvrage; et, quoique Chimène, en quelques endroits, eût elle-même payé le tribut à cette mode contagieuse de faire de l'amour un effort d'esprit, cependant la vérité des sentiments répandus dans ce rôle et dans celui de Rodrigue avertit le cœur des plaisirs qu'il lui fallait et de cette espèce de mensonge qu'un art mal entendu voulait substituer à la nature. Les pointes commencèrent à tomber, mais lentement : comme elles se soutenaient dans les sociétés qui donnaient le ton, le théâtre n'en était pas encore purgé, à beaucoup près, et ce furent les *Précieuses ridicules* et les *Femmes savantes* qui portèrent le dernier coup.

Les théâtres étrangers avaient communiqué au nôtre bien d'autres vices non moins révoltants. Les farceurs italiens, qui avaient un théâtre à Paris, où jouait Molière dans le temps même qu'il commençait à élever le sien, nous avaient accoutumés à leurs rôles de charge, à leurs caricatures grotesques; et, si les Arlequins et les Scaramouches leur restaient en propre, nous les avions remplacés par des personnages également factices, par des bouffons grossiers qui parlaient à peu près le langage de don Japhet. Le burlesque plus ou moins marqué était la seule manière de faire rire. Les *capitans*, sorte de poltrons qui contrefaisaient les héros, comme nos Gilles de la foire contrefont les sauteurs, recevaient des coups de bâton sur la scène en parlant des empereurs qu'ils avaient détrônés et des couronnes qu'ils distribuaient.

Des personnages de ce genre firent réussir longtemps les *Visionnaires*, de Desmarets, détestable pièce que la sottise et l'envie osèrent encore opposer aux premiers ouvrages de Molière. Corneille, entraîné par l'exemple, ne manqua pas de mettre dans son *Illusion comique* un capitan Matamore, qui débute par ces vers qu'il adresse à son valet :

> Il est vrai que je rêve, et ne saurois résoudre
> Lequel des deux je dois le premier mettre en poudre,
> Du grand sophi de Perse, ou bien du grand mogol.
> . . . .
> Le seul bruit de mon nom renverse les murailles,
> Défait les escadrons et gagne les batailles[1];
> Mon courage invaincu contre les empereurs
> N'arme que la moitié de ses moindres fureurs;
> D'un seul commandement que je fais aux trois Parques,
> Je dépeuple l'État des plus heureux monarques.
> La foudre est mon canon, les destins mes soldats;
> Je couche d'un revers mille ennemis à bas;

[1] Boileau a dit depuis, dans sa belle épître sur le passage du Rhin, en parlant du grand Condé :

> Condé, dont le nom seul fait tomber les murailles
> Force les escadrons et gagne les batailles.

D'un souffle je réduis leurs projets en fumée,
Et tu m'oses parler cependant d'une armée !
Tu n'auras plus l'honneur de voir un second Mars :
Je vais t'assassiner d'un seul de mes regards,
Veillaque ! Toutefois je songe à ma maîtresse.
Ce penser m'adoucit : va, ma colère cesse ;
Et ce petit archer, qui dompte tous les dieux,
Vient de chasser la mort qui logeoit dans mes yeux.

Ces puériles extravagances et les turlupinades de toute espèce étaient alors ce qu'on appelait de la comédie. Les Jodelets, les paysans bouffons, les valets faisant grotesquement le rôle de leurs maîtres, les bergers à qui l'amour avait tourné la tête, comme à don Quichotte, parlaient un jargon bizarre, mêlé des quolibets de la halle, et d'un néologisme emphatique. On retrouve jusque dans la *Princesse d'Élide*, divertissement que Molière fit pour la cour, un de ces paysans facétieux, nommé Moron, que l'auteur met dans la liste des personnages, sous le nom du *plaisant* de la princesse ; il y en a un autre du même genre dans un opéra de Quinault. C'était un reste du goût dépravé qui avait régné depuis la renaissance des lettres, et de cette mode ancienne d'avoir dans les cours ce qu'on nommait le *fou du prince*. En un mot, on reproduisait, sous toutes les formes, les personnages hors de nature, comme les seuls qui pussent faire rire ; parce qu'on n'avait pas encore imaginé que la comédie dût faire rire les spectateurs de leur propre ressemblance.

Ces rôles postiches étaient distribués dans les canevas espagnols ou italiens, et dans des intrigues qui roulaient toutes sur le même fond, composées d'une foule d'incidents merveilleux, de travestissements, de suppositions de nom, de sexe et de naissance, de méprises de toute espèce. La coutume qu'avaient alors les femmes de porter des masques ou des coiffes abattues favorisait toutes ces machines, qui produisent quelquefois de la surprise ou font rire un moment, mais qui ne peuvent jamais attacher, parce que tout s'y passe aux dépens du bon sens, et que, dans toutes ces inventions si péniblement combinées, il n'y a rien, ni pour l'esprit, ni pour la raison. Une grossièreté plate et licencieuse, ou des fadeurs soporifiques, formaient un dialogue qui répondait à tout le reste. Un Bertrand de Cigarral disait à sa prétendue :

Oh çà ! voyons un peu quelle est votre figure,
Et si vous n'êtes point de laide regardure.
Elle a l'œil, à mon gré, mignardement hagard.

Et en lui présentant sa main, qu'elle repoussait avec dégoût, il disait :

. . . Ce n'est rien, ce n'est qu'un peu de gale.
Je tâche à lui jouer pourtant d'un mauvais tour ;
Je me frotte d'onguent cinq à six fois le jour ;
Il ne m'en coûte rien, moi-même j'en sais faire ;
Mais elle est à l'épreuve, et comme héréditaire.

Si nous avons lignée, elle en pourra tenir ;
Mon père en mon jeune âge eut soin de m'en fournir :
Ma mère, mon aïeul, mes oncles et mes tantes,
Ont été de tous temps et *galants* et *galantes*.
C'est un droit de famille où chacun a sa part ;
Quand un de nous en manque, il passe pour bâtard.

Tel est le ton de plaisanterie qu'on applaudissait alors...
Rotrou, Thomas Corneille, Boisrobert, d'Ouville, et tant d'autres, avaient mis à contribution toutes les *journées* espagnoles et toutes les parades italiennes ; et l'on n'avait encore qu'une seule pièce d'un ton raisonnable, et qui, malgré ses défauts, sût plaire aux honnêtes gens, le *Menteur*, de P. Corneille.

II

DE MOLIÈRE.

L'éloge d'un écrivain est dans ses ouvrages ; on pourrait dire que l'éloge de Molière est dans ceux des écrivains qui l'ont précédé et qui l'ont suivi, tant les uns et les autres sont loin de lui. Des hommes de beaucoup d'esprit et de talent ont travaillé après lui, sans pouvoir ni lui ressembler ni l'atteindre. Quelques-uns ont eu de la gaieté, d'autres ont su faire des vers ; plusieurs même ont peint des mœurs. Mais la peinture de l'esprit humain a été l'art de Molière ; c'est la carrière qu'il a ouverte et qu'il a fermée : il n'y a rien en ce genre, ni avant lui ni après.

Molière est, de tous ceux qui ont jamais écrit, celui qui a le mieux observé l'homme, sans annoncer qu'il l'observait ; et même il a plus l'air de le savoir par cœur que de l'avoir étudié. Quand on lit ses pièces avec réflexion, ce n'est pas de l'auteur qu'on est étonné, c'est de soi-même.

Molière n'est jamais fin : il est profond ; c'est-à-dire que, lorsqu'il a donné son coup de pinceau, il est impossible d'aller au delà. Ses comédies, bien lues, pourraient suppléer à l'expérience, non pas parce qu'il a peint des ridicules qui passent, mais parce qu'il a peint l'homme, qui ne change point. C'est une suite de traits dont aucun n'est perdu : celui-ci est pour moi, celui-là est pour mon voisin. Et ce qui prouve le plaisir que procure une imitation parfaite, c'est que mon voisin et moi nous rions de très-bon cœur de nous voir ou sots, ou faibles, ou impertinents, et que nous serions furieux si l'on nous disait d'une autre façon la moitié de ce que nous dit Molière.

III

Qui est-ce qui égale Racine dans l'art de peindre l'amour ? C'est Molière (dans la proportion que comporte la différence absolue des deux genres). Voyez les scènes des amants dans le *Dépit amoureux*, premier élan de son génie; dans le *Misanthrope*, entendez Alceste s'écrier : *Ah! traîtresse!* quand il ne croit pas un mot de toutes les protestations d'amour que lui fait Célimène, et que pourtant il est enchanté qu'elle les lui fasse; dans le *Tartuffe*, relisez toute cette admirable scène où deux amants viennent de se raccommoder, et où l'un des deux, après la paix faite et scellée, dit pour première parole :

Ah çà! n'ai-je pas lieu de me plaindre de vous?

Revoyez cent traits de cette force, et, si vous avez aimé, vous tomberez aux genoux de Molière, et vous répéterez ce mot de Sadi : *Voilà celui qui sait comme on aime.*

Qui est-ce qui égale Racine dans le dialogue? qui est-ce qui a un aussi grand nombre de ces vers pleins, de ces vers nés, qui n'ont pas pu être autrement qu'ils ne sont, qu'on retient dès qu'on les entend, et que le lecteur croit avoir faits? C'est encore Molière. Quelle foule de vers charmants! quelle facilité! quelle énergie! surtout quel naturel! Ne cessons de le dire : le naturel est le charme le plus sûr et le plus durable; c'est lui qui fait vivre les ouvrages, parce que c'est lui qui les fait aimer; c'est le naturel qui rend les écrits des anciens si précieux, parce que, maniant un idiome plus heureux que le nôtre, ils sentaient moins le besoin de l'esprit; c'est le naturel qui distingue le plus les grands écrivains, parce qu'un des caractères du génie est de produire sans effort; c'est le naturel qui a mis la Fontaine, qui n'inventa rien, à côté des génies inventeurs; enfin c'est le naturel qui fait que les *Lettres d'une mère à sa fille* sont quelque chose, et que celles de Balzac, de Voiture, et la déclamation et l'affectation en tout genre, sont, comme dit Sosie, *rien ou peu de chose.*

IV

Les Crispins de Regnard, les paysans de Dancourt, font rire au théâtre; Dufresny étincelle d'esprit dans sa tournure originale : le *Joueur* et le *Légataire* sont d'excellentes comédies; le *Glorieux*, la *Métromanie*, et le *Méchant*, ont des beautés d'un autre ordre. Mais rien de tout cela n'est Molière : il a un trait de physionomie qu'on n'attrape point; on le retrouve jusque dans ses moindres farces, qui ont toujours un fonds de vérité et de morale. Il plaît autant à la lecture qu'à la représentation, ce qui n'est arrivé qu'à Racine et à lui; et même, de toutes les comédies, celles de Molière sont à peu près les seules que l'on aime à relire. Plus on connaît Molière, plus on l'aime; plus on étudie Molière, plus on l'admire. Après l'avoir blâmé sur quelques articles, on finit par être de son avis : c'est qu'alors on en sait davantage. Les jeunes gens pensent communément qu'il charge trop : j'ai entendu blâmer *le pauvre homme!* répété si souvent. J'ai vu depuis précisément la même scène, et plus forte encore; et j'ai compris que, lorsqu'on peignait des originaux pris dans la nature, et non pas, comme autrefois, des êtres imaginaires, l'on ne pouvait guère charger ni les ridicules ni les passions.

V

PRÉCIS SUR DIFFÉRENTES PIÈCES DE MOLIÈRE.

Après l'avoir caractérisé en général, jetons un coup d'œil rapide sur chacune de ses pièces, ou du moins sur le plus grand nombre; car toutes ne sont pas dignes de lui. *Mélicerte*, la *Princesse d'Élide*, les *Amants magnifiques*, ne sont pas des comédies; ce sont des ouvrages de commande, où l'on ne retrouve rien de Molière.

Un écrivain supérieur est quelquefois obligé de descendre à ces sortes d'ouvrages, qui ont pour objet de faire valoir d'autres talents que les siens, en amenant des danses, des chants et des spectacles. On ferait peut-être mieux de ne pas lui demander ce que tout le monde peut faire et ce qui ne peut compromettre que lui; mais en ce genre, comme dans tout autre, il n'est pas rare d'employer les grands hommes aux petites choses, et les petits hommes aux grandes : l'on envoyait Villars faire la paix avec Cavalier, et Tallard combattre Eugène et Marlborough. Ainsi le génie est forcé de sacrifier sa gloire pour obtenir la protection; et, si Molière n'eût pas arrangé des ballets pour la cour, peut-être que le *Tartuffe* n'aurait pas trouvé un protecteur dans Louis XIV.

Au reste, quoique le talent n'aime pas à être commandé, il se tire quelquefois heureusement de cette espèce de contrainte; et, si l'auteur de *Zaïre* ne se retrouve pas dans le *Temple de la Gloire* et dans la *Princesse de Navarre*, qui ont passé avec les fêtes où ils ont été représentés, Racine fit *Bérénice* pour madame Henriette, *Athalie* pour Saint-Cyr; et Molière, à qui l'on ne donna que quinze jours pour composer et faire apprendre les *Fâcheux*, qui furent joués à Vaux devant le roi, n'en fit pas à la vérité un ouvrage régulier, puisqu'il n'y a ni plan ni intrigue, mais du moins la meilleure de ces pièces qu'on appelle *comédies à tiroir*. Chaque scène est un chef-d'œuvre : c'est une suite d'originaux supérieurement peints. La partie de chasse et la partie de piquet sont des prodiges de l'art de raconter en vers. L'homme qui veut mettre toute la France en ports de mer est la meilleure critique de la folie des faiseurs de projets. La dispute des deux femmes sur cette question si souvent agitée, s'il faut qu'un véritable amant soit jaloux ou ne soit pas jaloux, est le sujet d'une scène charmante, pleine d'esprit et de raison, et qui montre ce que pouvaient devenir, sous la plume d'un grand écrivain, ces questions de l'ancienne cour d'amour, qui étaient si ridicules quand Richelieu les faisait traiter devant lui dans la forme des thèses de théologie.

Molière ne fut pas si heureux dans le *Prince jaloux ou Don Garcie de Navarre*, espèce de tragi-comédie, mauvais genre qui était fort à la mode, et qu'il eut la faiblesse d'essayer, parce que ses ennemis lui avaient reproché de ne pas savoir travailler dans le *genre sérieux*. On appelait ainsi un mélange de conversations et d'aventures de roman que la galanterie espagnole avait mis en vogue, comme on donnait le nom de comédies à des farces extravagantes.

Molière, qui avait un talent trop vrai pour réussir dans un genre faux, apprit depuis à ses détracteurs, quand il fit le *Misanthrope*, le *Tartuffe* et les *Femmes savantes*, que les comédies de caractère et de mœurs étaient le vrai *genre sérieux* : mais il ne leur apprit pas à réussir comme lui.

Il faut bien lui pardonner si dans ses deux premières pièces, l'*Étourdi* et le *Dépit amoureux*, il suivit la route vulgaire avant d'en frayer une nouvelle. Les ressorts forcés et la multiplicité d'incidents dénués de toute vraisemblance excluent ces deux pièces du rang des bonnes comédies. Il y a même une inconséquence marquée dans le plan de l'*Étourdi* : c'est que, son valet ne lui faisant point part des fourberies qu'il médite, il est tout simple que le maître les traverse sans être taxé d'étourderie. On voit trop que l'auteur voulait à toute force amener des *contre-temps* : aussi a-t-il joint ce titre à celui de l'*Étourdi*; ce qui ne répare point le vice du sujet.

Mais, si les plans de Molière étaient encore aussi défectueux que ceux de ses contemporains, il avait déjà sur eux un grand avantage : c'était un dialogue plus naturel et plus raisonnable, et un style de meilleur goût. Ce mérite et la gaieté du rôle de Mascarille ont soutenu cette pièce au théâtre, malgré tous ses défauts. Il n'y en a pas moins dans le *Dépit amoureux*. Le sujet est absolument incroyable : toute l'intrigue roule sur une supposition inadmissible, qu'un homme s'imagine être marié avec la femme qu'il aime, le lui soutienne à elle-même, et soit marié en effet avec une autre. Dans l'état des choses tel que l'auteur l'établit, et tel que la décence ne permet pas même de le rapporter ici, cette méprise est impossible. Il fallait que l'on fût bien accoutumé à compter pour rien le bon sens et les bienséances, puisque la plupart des pièces du temps n'étaient ni plus vraisemblables ni plus décentes.

C'est pourtant dans cet ouvrage, dont le fond est si vicieux, que Molière fit voir les premiers traits du talent qui lui était propre. Deux scènes dont il n'y avait point de modèle, et que lui seul pouvait faire, celles de la brouillerie des deux amants, et du valet avec la suivante, annonçaient l'homme qui allait ramener la comédie à son but, à l'imitation de la nature. Elles sont si parfaites, à deux ou trois vers près, qu'elles ont suffi pour faire vivre l'ouvrage, et ces deux scènes valent mieux que beaucoup de comédies.

Dès son troisième ouvrage, il sortit entièrement de la route tracée et en ouvrit une où personne n'osa le suivre. Les *Précieuses ridicules*, quoique ce ne fût qu'un acte sans intrigue, firent une véritable révolution : l'on vit pour la première fois sur la scène le tableau d'un ridicule réel et la critique de la société. Elles furent jouées quatre mois de suite avec le plus grand succès. Le jargon des mauvais romans, qui était devenu celui du beau monde, le galimatias sentimental, le phébus des conversations, les compliments en métaphores et en énigmes, la galanterie ampoulée, la recherche des jeux de mots, toute cette malheureuse dépense d'esprit pour n'avoir pas le sens commun fut foudroyée d'un seul coup. Un comédien corrigea la cour et la ville, et fit voir que c'est le bon esprit qui enseigne le bon ton, que ceux qu'on appelle les gens du monde croient posséder exclusivement. Il fallut convenir que Molière avait raison; et, quand il montra le miroir, il fit rougir ceux qui s'y regardaient. Tout ce qu'il avait censuré disparut bientôt, excepté les jeux de mots, sorte d'esprit trop commode pour que ceux qui n'en ont pas d'autre puissent se résoudre à y renoncer.

Quand on lit ce passage de Molière : « La belle chose de faire entrer aux conversations du Louvre de vieilles équivoques ramassées parmi les boues des halles et de la place Maubert! La jolie façon de plaisanter pour les courtisans! et qu'un homme montre d'esprit lorsqu'il vient vous dire : *Madame, vous êtes dans la place Royale, et tout le monde vous voit de trois lieues de Paris, car chacun vous voit de bon œil, à cause que Bonneuil est un village à trois lieues de Paris : cela n'est-il pas bien galant et bien spirituel?* » ne dirait-on pas que ce morceau a été écrit hier?

Il faut sans doute estimer le grand sens de ce vieillard qui, à la représentation des *Précieuses*, cria du milieu du parterre : *Courage, Molière! voilà la bonne comédie*. Mais, en vérité, j'admire Ménage, qui en sortant dit à Chapelain : *Monsieur, nous admirions, vous et moi, toutes les sottises qui viennent d'être si finement et si justement critiquées*. Le mot de l'homme du parterre n'était que le suffrage de la raison ; l'autre était le sacrifice de l'amour-propre et le plus grand triomphe de la vérité.

L'*École des Maris* fut le premier pas qu'il fit dans la science de l'intrigue. C'est une pièce parfaitement intriguée, où le jaloux est dupé sans être un sot, où la finesse réussit parce qu'elle ressemble à la bonne foi, et où celui qu'on trompe n'est jamais plus heureux que lorsqu'il est trompé. Boccace et d'Ouville en ont fourni les situations principales; mais ce qu'on emprunte d'un conte diminue seulement le mérite de l'invention sans ôter rien au mérite de l'ensemble dramatique, dont la difficulté est sans comparaison plus grande. De plus, il y a ici, ce qui alors n'était pas plus connu, de la morale et des caractères.

Le contraste des deux tuteurs, dont l'un traite sa pupille et sa future avec une indulgence raisonnable, et l'autre avec une rigueur outrée et bizarre; ce contraste, dont les effets sont très-comiques, donne une leçon très-sérieuse et sagement adaptée au système de nos mœurs, qui, accordant aux femmes une liberté décente, rend inconséquents et absurdes ceux qui voudraient faire de l'esclavage le garant de la vertu. Quand Lisette dit si gaiement :

En effet, tous ces soins sont des choses infâmes
Sommes-nous chez les Turcs pour renfermer les femmes?
Car on dit qu'on les tient esclaves en ce lieu,
Et que c'est pour cela qu'ils sont maudits de Dieu;

Lisette fait rire; mais, tout en riant, elle dit une chose très-sensée, et ne fait que confirmer en style de soubrette ce qu'Ariste a dit en homme sage. En effet, du moment où les femmes sont libres parmi nous, sur la foi de leur éducation et de leur honnêteté, il est sûr que les précautions tyranniques sont une marque de mépris pour elles; et, sans parler de l'injustice et de l'offense, quelle contradiction plus choquante que de commencer par les avilir pour leur donner des sentiments de vertu! Point de milieu : il faut, ou les renfermer comme font les Turcs, ou s'y fier comme font les Français. C'est ce que signifie cette saillie de Lisette; et il faut être Molière pour donner tant de raison à une soubrette.

Le dénoûment achève la leçon. La pupille d'Ariste, qu'il a eu soin de ne point gêner sur les goûts innocents de son âge, tient une conduite irréprochable, et finit par épouser son tuteur. L'autre, qu'on a traitée en esclave, risque des démarches aussi hardies que dangereuses, que sa situation excuse, et que la probité de son amant justifie. Elle l'épouse aussi; mais on voit tout ce qu'elle avait à craindre s'il n'eût pas été honnête homme, et que ce surveillant intraitable, qui se croyait le modèle des instituteurs, n'allait à rien moins qu'à causer la perte entière d'une jeune personne confiée à ses soins et qu'il voulait épouser. De tels ouvrages sont l'école du monde, et leur utilité se perpétue avec eux. Mais, si la bonne comédie peut se glorifier de ce beau titre, c'est à Molière qu'elle le doit.

L'*École des Femmes* n'est pas moins instructive : la conduite n'en est pas si régulière, mais le comique en est plus fort. L'auteur a indiqué lui-même le défaut le plus sensible de sa pièce, par ce vers que dit Horace au vieil Arnolphe, lorsqu'il le rencontre dans la rue pour la troisième fois :

La place m'est heureuse à vous y *rencontrer*.

Faire *rencontrer* ainsi Horace et Arnolphe à point nommé, trois fois de suite, c'est trop montrer le besoin qu'on en a pour les confidences qui font aller la pièce; comme aussi le besoin d'un dénoûment se fait trop sentir par l'arrivée des deux vieillards, l'un père d'Horace, et l'autre père d'Agnès, qui ne viennent au cinquième acte que pour faire un mariage. On a beau abréger au théâtre le long roman qu'ils racontent en dialogue pour expliquer leurs aventures, j'ai toujours vu qu'on n'écoutait même pas le peu qu'on en dit, parce que l'on est d'accord avec l'auteur pour ôter Agnès des mains d'Arnolphe, n'importe comment, et la donner au jeune homme qu'elle aime. On a reproché à Molière quelques dénoûments semblables : c'est un défaut sans doute, et il faut tâcher de l'éviter; mais je crois cette partie bien moins importante dans la comédie que dans la tragédie. Comme celle-ci offre de grands intérêts à démêler, on fait la plus sérieuse attention à la manière dont l'action se termine; mais, comme dans la comédie il ne s'agit ordinairement que d'un mariage en dernier résultat, divertissez pendant cinq actes, et amenez le mariage comme il vous plaira, le spectateur ne s'y rendra pas difficile, et je garantis le succès.

Le choix d'une place publique pour le lieu de la scène occasionne aussi quelques autres invraisemblances : par exemple, celle du sermon sur les devoirs du mariage, qu'Arnolphe devait faire dans sa maison bien plus naturellement que dans la rue; mais ce sermon est d'un sérieux si plaisant, d'une tournure si originale, qu'il importe peu où il se fasse, pourvu qu'on l'entende.

Les défauts dont je viens de parler disparaissent au milieu du bon comique et de la vraie gaieté dont cette pièce est remplie. Situations, caractères, incidents, dialogue, tout concourt à ce grand objet de la comédie, d'instruire en divertissant. Il n'y a point d'auteur qui fasse plus rire et qui fasse plus penser : quelle réunion plus heureuse et plus sûre! et, si la vérité est par elle-même triste et sévère, quel art charmant que celui qui la rend si agréable! Le rire est, sans doute, l'assaisonnement de l'instruction et l'antidote de l'ennui; mais il y a au théâtre plusieurs sortes de rire. Il y a d'abord le rire qui naît des méprises, des saillies, des facéties, et qui ne tient qu'à la gaieté; c'est le plus souvent celui de Regnard. Quand le Ménechme provincial est pris pour son frère l'officier par un créancier importun qui se dit syndic et marguillier, et qu'impatienté de ses poursuites il dit à Valentin :

Laissez-moi lui couper le nez,

et que Valentin répond froidement :

Laissez-le aller :
Que feriez-vous, monsieur, du nez d'un marguillier?

la méprise et le mot font rire, et l'on dit : Que cela est

gai! Il y a ensuite le gros rire qu'excite la farce : Patelin, par exemple, lorsqu'il contrefait le malade, et que, feignant de prendre M. Guillaume pour son apothicaire, il lui dit : « Ne me donnez plus de ces vilaines pilules; elles ont failli me faire rendre l'âme; » et que M. Guillaume, toujours occupé de son affaire, répond brusquement : « Eh! je voudrois qu'elles t'eussent fait rendre mon drap! » on rit, et l'on dit : Que cela est bouffon! Il y a même encore le rire qu'excite le burlesque, tel que D. Japhet, quand il appelle son valet :

> Don Pascal Zapata,
> Ou Zapata Pascal, car il n'importe guère
> Que Pascal soit devant, ou Pascal soit derrière,

on rit, et l'on dit : Que cela est fou! Je ne sais si je dois parler du sourire que fait venir aux bords des lèvres la finesse des petits aperçus, tels que ceux de Marivaux; car celui-là est si froid, qu'il se concilie fort bien avec le bâillement.

Enfin, il y a le rire né de cet excellent comique qui montre le ridicule de nos faiblesses et de nos travers, et qui fait qu'après avoir ri de bon cœur on dit à part soi : Que cela est vrai! Ainsi, lorsqu'on voit Arnolphe, bien convaincu qu'Agnès aime Horace, faire aux pieds d'une enfant cent extravagances; quand on l'entend la conjurer d'avoir de l'amour pour lui, lui dire :

> Mon pauvre petit cœur, tu le peux si tu veux.
> Écoute seulement ce soupir amoureux;
> Vois ce regard mourant, contemple ma personne,
> Et quitte ce morveux et l'amour qu'il te donne.
> C'est quelque sort qu'il faut qu'il ait jeté sur toi;
> Et tu seras cent fois plus heureuse avec moi;
> . . . .

quand ce barbon jaloux va jusqu'à dire à cette même enfant, qu'il faisait trembler un moment auparavant :

> Tout comme tu voudras tu pourras te conduire :
> Je ne m'explique point, et cela, c'est tout dire;

quand, tout honteux lui-même de s'oublier à ce point, il se dit à part :

> Jusqu'où la passion peut-elle faire aller!

et que, malgré cette réflexion si juste, il continue :

> Enfin à mon amour rien ne peut s'égaler.
> Quelle preuve veux-tu que je t'en donne, ingrate?
> Me veux-tu voir pleurer? Veux-tu que je me batte?
> Veux-tu que je m'arrache un côté de cheveux?

tout le monde éclate de rire à la vue d'une pareille folie. Mais ce n'est pas tout; la réflexion vous dit un moment après : Voilà pourtant à quel excès de délire et d'avilissement on peut se porter quand on est assez faible pour aimer dans un âge où il faut laisser l'amour aux jeunes gens. La leçon est importante; elle pourrait fournir un beau chapitre de morale; mais aurait-il l'effet de la scène de Molière?

Le sujet de l'*École des Femmes* contient une autre instruction non moins utile. L'auteur avait fait voir, dans l'*École des Maris*, l'imprudence et le danger d'élever les jeunes personnes dans une contrainte trop rigoureuse : il fait voir ici ce qu'on risque à les élever dans l'ignorance et à se persuader qu'en leur ôtant toute connaissance et toute lumière on leur donnera d'autant plus de sagesse qu'elles auront moins d'esprit. L'idée de ce système absurde, qui est celui d'Arnolphe, se trouve dans une nouvelle de Scarron, tirée de l'espagnol, qui a pour titre la *Précaution inutile*. Un gentilhomme grenadin, nommé D. Pèdre, est précisément dans les mêmes préjugés qu'Arnolphe. Il fait élever sa future dans l'imbécillité la plus complète; il tient à peu près les mêmes propos qu'Arnolphe, et une femme de bon sens les combat à peu près par les mêmes motifs que fait valoir l'ami d'Arnolphe, l'homme raisonnable de la pièce, si ce n'est que dans Molière le pour et le contre est développé avec une supériorité de style et de comique dont Scarron ne pouvait pas approcher. Il y a pourtant dans ce dernier un trait d'humeur et de caractère que Molière a jugé assez bon pour se l'approprier : « J'aimerois mieux, dit le gentilhomme espagnol, une femme laide et qui seroit fort sotte, qu'une fort belle qui auroit de l'esprit. » Et, dans l'*École des Femmes*, Chrysale dit :

> Une femme stupide est donc votre marotte?

Arnolphe répond :

> Tant, que j'aimerois mieux une laide fort sotte
> Qu'une femme fort belle avec beaucoup d'esprit.

Rien n'est plus propre à la comédie que ces sortes de personnages, en qui un principe faux est devenu un travers d'esprit habituel, et qui sont au point d'être dans l'ordre moral ce que les corps contrefaits sont dans l'ordre physique. Il arrive à notre Grenadin de Scarron ce qui doit arriver; car il est clair que, pour suivre son devoir, il faut au moins le connaître; mais que, pour s'en écarter, il n'est pas nécessaire de rien savoir. Aussi, quand il se trouve la dupe de la bêtise de sa femme, il est avec elle dans le même cas que le jaloux Arnolphe avec Agnès : il ne lui reste pas même le droit de faire des reproches, puisqu'on n'est pas à portée de les comprendre. C'est une des sources du comique de la pièce, que cette ignorance ingénue d'Agnès, qui fait très-naïvement des aveux qui mettent Arnolphe au désespoir, sans qu'il puisse même se plaindre d'elle. Et, quand elle a tout conté et qu'il lui dit, en parlant du jeune Horace :

Mais, pour guérir du mal qu'il dit qui le possède,
N'a-t-il pas exigé de vous d'autre remède?

elle répond :

Non : vous pouvez juger, s'il en eût demandé,
Que, pour le secourir, j'aurois tout accordé.

Ce dernier trait est le plus fort de vérité et de morale; car, quoiqu'elle dise la chose la plus étrange dans la bouche d'une jeune fille, on sent qu'il est impossible qu'elle réponde autrement. Tout ce rôle d'Agnès est soutenu d'un bout à l'autre avec la même perfection. Il n'y a pas un mot qui ne soit de la plus grande ingénuité, et en même temps de l'effet le plus saillant : tout est à la fois et de caractère et de situation, et cette réunion est le comble de l'art. La lettre qu'elle écrit à Horace est admirable : ce n'est autre chose que le premier instinct, le premier aperçu d'une âme neuve et sensible; et la manière dont elle parle de son ignorance fait voir que cette ignorance n'est chez elle qu'un défaut d'éducation, et nullement un défaut d'esprit, et que, si on ne lui a rien appris, on n'a pas pu du moins en faire une sotte. Quelle leçon elle donne au tuteur qui l'a si mal élevée, lorsqu'il lui reproche les soins qu'il a pris de son enfance!

Vous avez là dedans bien opéré vraiment,
Et m'avez fait en tout instruire joliment!
Croit-on que je me flatte, et qu'enfin dans ma tête
Je ne juge pas bien que je suis une bête!

On voit qu'en dépit d'Arnolphe elle ne l'est pas tant qu'il l'aurait voulu; et chaque réplique de cette enfant qui ne sait rien le confond et lui ferme la bouche par la seule force du simple bon sens. Quand elle veut s'en aller avec Horace, qui lui a promis de l'épouser, son jaloux lui fait une querelle épouvantable. Elle ne répond à toutes ses injures que par des raisons très-concluantes.

AGNÈS
Pourquoi me criez-vous?
ARNOLPHE.
J'ai grand tort en effet!
AGNÈS.
Je n'entends point de mal dans tout ce que j'ai fait.
ARNOLPHE.
Suivre un galant n'est pas une action infâme?
AGNÈS.
C'est un homme qui dit qu'il me veut pour sa femme.
J'ai suivi vos leçons, et vous m'avez prêché
Qu'il faut se marier pour ôter le péché.
Etc , etc.

Quel dialogue! et quelle naïveté de langage unie à la plus grande force de raison! Il n'y avait, avant Molière, aucun exemple de ce comique-là. Celui qui dit : *Pourquoi ne m'aimer pas?* c'est celui-là qui est un sot, malgré son âge et son expérience; et celle qui répond : *Que ne vous êtes-vous fait aimer?* dit ce qu'il y a de mieux à dire. Toute la philosophie du monde ne trouverait rien de meilleur et ne pourrait que commenter ce que l'instinct d'un enfant de seize ans a deviné.

Il n'y a pas jusqu'à ces deux pauvres gens, Alain et Georgette, choisis par Arnolphe comme les plus imbéciles de leur village, qui n'aient à leur manière la sorte de bon sens qui leur convient. Il faut les entendre, après la peur effroyable qu'il leur a faite, quand il a su les visites d'Horace :

GEORGETTE.
Mon Dieu! qu'il est terrible!
Ses regards m'ont fait peur, mais une peur horrible,
Et jamais je ne vis un plus hideux chrétien.
ALAIN.
Ce monsieur l'a fâché, je te le disois bien.
GEORGETTE.
Mais que diantre est-ce là, qu'avec tant de rudesse,
Il nous fait au logis garder notre maîtresse?
D'où vient qu'à tout le monde il veut tant la cacher,
Et qu'il ne sauroit voir personne en approcher?
ALAIN.
C'est que cette action le met en jalousie.
GEORGETTE.
Mais d'où vient qu'il est pris de cette fantaisie?
ALAIN.
Cela vient... cela vient de ce qu'il est jaloux.
GEORGETTE.
Oui : mais pourquoi l'est-il? et pourquoi ce courroux?
ALAIN.
C'est que la jalousie... Entends-tu bien, Georgette?
Est une chose... là... qui fait qu'on s'inquiète,
Et qui chasse les gens d'autour d'une maison.

Le pauvre Alain ne doit pas être bien fort sur les définitions morales : cependant la jalousie ne lui est pas inconnue; et, n'en sachant pas assez pour en expliquer le principe, il se jette au moins sur les effets qu'il en a vus; et, comme le plus sensible de tous, c'est qu'un jaloux écarte tout le monde autant qu'il peut, ce qui lui vient d'abord à l'esprit après qu'il a bien cherché, c'est cette idée, dont on ne peut s'empêcher de rire par réflexion, que la jalousie *est une chose qui chasse les gens d'autour d'une maison* : ce qui est très-vrai en soi-même, pas mal trouvé pour Alain, et fort bien exprimé à sa manière.

Je suis fort loin de vouloir insister sur tous les mots remarquables de cette pièce : il y en a presque autant que de vers. Mais je ne puis m'empêcher de citer encore une de ces saillies si frappantes de vérité, qu'elles paraissent très-faciles à trouver, et en même temps si originales et si gaies, qu'on félicite l'auteur de les avoir rencontrées. Quand Arnolphe, qui a vu Horace encore enfant, est nstruit que cet Horace est son rival, il s'écrie douloureusement :

Aurois-je deviné, quand je l'ai vu petit,
Qu'il croîtroit pour cela?

Assurément tout autre que lui trouverait fort simple ce qui lui paraît si extraordinaire; et c'est ce qui rend ce mot si comique : Arnolphe est vivement affecté, et ce qu'il y a de plus commun lui paraît monstrueux. C'est la nature prise sur le fait; et cette expression si naïve, *qu'il croîtroit pour cela?... est d'un bonheur!* Qu'on juge ce qu'est un écrivain dont presque tous les vers (dans ses bonnes pièces analysées ainsi) occasionneraient les mêmes exclamations!

Quant au comique de situation, « la beauté du sujet de *l'École des Femmes* consiste surtout dans les confidences perpétuelles *que fait Horace au seigneur Arnolphe*; et ce qui doit paroître le plus plaisant, c'est qu'un homme qui a de l'esprit, et qui est averti de tout par une innocente qui est sa maîtresse, et par un étourdi qui est son rival, ne puisse avec cela éviter ce qui lui arrive. » Cette remarque n'est point de moi; elle est d'un homme qui devait s'y connaître mieux que personne, de Molière lui-même, qui s'exprime ainsi mot à mot par la bouche d'un des personnages de la *Critique de l'École des Femmes*, petite pièce fort jolie, qu'il composa pour répondre à ses censeurs, et qui fut jouée avec beaucoup de succès. On peut s'imaginer combien ils se récrièrent sur l'*amour-propre* d'un auteur qui faisait sur le théâtre son apologie, et même son éloge : mais n'est-il pas plaisant que d'ignorants barbouilleurs, qui ont assez d'amour-propre pour régenter devant le public un homme qui en sait cent fois plus qu'eux, ne veuillent pas qu'il en ait assez pour prétendre qu'il sait son métier un peu mieux que ceux qui se chargent de le lui enseigner? Amour-propre pour amour-propre, lequel est le plus excusable? Ce qui est certain, c'est que l'un ne produit guère que des sottises et des impertinences, et que l'autre produit l'instruction. Un grand artiste qui parle de son art répand toujours plus ou moins de lumière. Aussi les critiques qu'on a faites des bons écrivains sont oubliées, et leurs réponses sont encore lues avec fruit.

On reprocha sans doute à Molière de *défendre son talent*; mais en le défendant il en donna de nouvelles preuves, et on l'avait attaqué avec indécence. Je conçois bien que les contemporains pardonnent plus volontiers à l'amour-propre des sots qui attaquent qu'à celui de l'homme supérieur qui se défend : les uns ne font qu'oublier leur faiblesse; l'autre fait souvenir de sa force. Mais la postérité, qui n'est jalouse de personne, en juge tout autrement; elle profite de tout ce qu'on lui a laissé de bon, sans croire que l'auteur ait été obligé, plus que les autres hommes, de se dépouiller de tout amour de soi-même. De quoi s'agit-il surtout? D'avoir raison. Et Molière a-t-il eu tort de faire une pièce très-gaie, où il se moque très-spirituellement de ceux qui avaient cru se moquer de lui? Il introduit sur la scène une *précieuse* qui en arrivant se jette sur un fauteuil, prête à s'évanouir *d'un mal de cœur* affreux, pour avoir vu cette *méchante rapsodie de l'École des Femmes*. Elle est soutenue d'un de ces marquis turlupins que Molière avait joués déjà dans les *Précieuses*, en y faisant voir des valets qui étaient les singes de leurs maîtres. Plusieurs s'étaient déchaînés contre l'*École des Femmes*, prétendant que toutes les règles y étaient violées; car alors il était de mode de les réclamer avec pédantisme, comme aujourd'hui de les rejeter avec extravagance. Un homme de la cour avait affecté de sortir du théâtre au second acte, en criant au scandale. Molière se vengea en peintre; il s'amusa à dessiner ses ennemis, et fit rire de leur portrait. Il peignit leur étourderie étudiée, leurs grands airs, leur froid persiflage, leur suffisance, leurs grands éclats de rire, leurs plates railleries. Il leur associa un M. Lisidor, auteur jaloux, qui, avec un ton fort discret et fort ménagé, finit par dire plus de mal que personne de la pièce de Molière. Enfin, il leur opposa un homme raisonnable, qui parle très-pertinemment, et fait toucher au doigt le ridicule et la déraison des détracteurs.

Molière revint encore aux marquis dans l'*Impromptu de Versailles*, petite pièce du moment, qui divertit beaucoup Louis XIV et toute la cour. C'est là qu'il se fait dire : « Quoi! toujours des marquis! » et il répond : « Oui, toujours des marquis. Que diable voulez-vous qu'on prenne pour un caractère agréable de théâtre? Le marquis aujourd'hui est le plaisant de la comédie; et comme dans toutes les pièces anciennes on voit toujours un valet bouffon qui fait rire les auditeurs, de même maintenant il faut toujours un marquis ridicule qui divertisse la compagnie. »

Les *Précieuses* avaient déjà valu à leur auteur plus d'une satire. Un sieur de Somaize fit les *Véritables Précieuses;* car il est bon d'observer qu'originairement ce mot, bien loin d'avoir une acception désavantageuse, signifiait une femme d'un mérite distingué et de très-bonne compagnie. Quand Molière se moqua de la prétention et de l'abus, il se crut obligé de les distinguer de la chose même; et, non content d'énoncer cette distinction dans le titre de la pièce, il déclara dans sa préface qu'il respectait les *véritables précieuses*. Mais, comme en effet presque toutes alors étaient fort ridicules, le nom changea de signification et n'exprima plus qu'un ridicule. Il s'étendit même à d'autres objets, et l'on dit depuis, non-seulement une femme *précieuse*, mais un style *précieux*, un ton *précieux*, toutes les fois que l'on voulut désigner l'affectation d'être agréable. Ainsi l'ouvrage de Molière fit un changement dans la langue comme dans les mœurs; et ce qui était une louange devint une censure.

Mais le grand succès de l'*École des femmes*, celui des deux pièces qui la suivirent, et la satisfaction qu'en témoigna Louis XIV, dont le bon esprit goûtait celui de Molière, et qui n'était pas fâché qu'on l'amusât des travers de ses courtisans, excitèrent bien un autre déchaînement contre le poëte comique.

On vit paraître successivement la *Vengeance des Marquis*, par de Villiers; *Zélinde, ou la Critique de la Critique*, par Visé; et le *Portrait du Peintre*, par Boursault. Les mauvais écrivains ne manquent jamais de se réunir contre le talent, sans songer que cette réunion même prouve sa supériorité. De Villiers, comédien de l'hôtel de Bourgogne, vengeait l'injure de tous ses camarades, que Molière avait joués dans l'*Impromptu de Versailles*, où il contrefaisait leur déclamation emphatique. Ainsi il y avait non-seulement querelle d'auteur à auteur, mais de théâtre à théâtre. Visé, comme auteur de mauvaises comédies, et, de plus, écrivain de *Nouvelles*, espèce de journal qui précéda le *Mercure*, avait un double titre pour déchirer Molière. Il en était jaloux comme s'il eût pu être son rival, et le critiquait comme s'il avait eu le droit d'être son juge.

A l'égard de Boursault, on est fâché de trouver son nom parmi les détracteurs d'un grand homme. Il avait de l'esprit et du talent, et ce qui le prouve, c'est qu'on joue encore deux de ses pièces avec succès, *Ésope à la cour* et le *Mercure galant*. Mais on lui persuada que c'était lui que Molière avait eu en vue dans le rôle de Lisidor, et il fit contre lui le *Portrait du Peintre*. Toutes ces satires ne firent pas grande fortune. Dans l'*Impromptu de Versailles*, Molière, emporté par ses ressentiments, eut le tort inexcusable de nommer Boursault; et, quoiqu'il ne l'attaque que du côté de l'esprit, ce n'en est pas moins une violation des bienséances du théâtre et des lois de la société. La comédie est faite pour instruire tout le monde et n'attaquer personne : chacun peut en prendre sa part; mais il ne faut la faire à qui que ce soit. Il est vrai que les ennemis de Molière lui en avaient donné l'exemple; mais il n'était pas fait pour le suivre.

Visé fut celui de tous qui se déchaîna contre lui avec le plus de fureur. Il ne put faire jouer sa *Zélinde*; mais il est curieux de voir de quelles armes se sert ce *galant homme* (qui fut depuis le fondateur du *Mercure galant*) dans une *Lettre sur les affaires du théâtre*. Il ne prétendait à rien moins qu'à soulever toute la noblesse de France contre Molière, et à le rendre coupable de lèse-majesté. Voici comme il soutient cette belle accusation :

« Pour ce qui est des marquis, ils se vengent assez par leur prudent silence, et font voir qu'ils ont beaucoup d'esprit, en ne l'estimant pas assez pour se soucier de ce qu'il a dit contre eux. Ce n'est pas que la gloire de l'État ne les eût obligés à se plaindre, puisque c'est tourner le royaume en ridicule, railler toute la noblesse, et rendre méprisables, non-seulement à tous les François, mais encore à tous les étrangers, des noms éclatants, pour qui l'on devroit avoir du respect.

« Quoique cette faute ne soit pas pardonnable, elle en renferme une autre qui l'est bien moins, et sur laquelle je veux croire que la prudence de Molière n'a pas fait réflexion. Lorsqu'il joue toute la cour, et qu'il n'épargne que l'auguste personne du roi, que son mérite rend plus considérable que celui de son trône, il ne s'aperçoit pas que cet incomparable monarque est toujours accompagné des gens qu'il veut rendre ridicules; que ce sont eux qui forment sa cour; que c'est avec eux qu'il se divertit; que c'est avec eux qu'il s'entretient, et que c'est avec eux qu'il donne de la terreur à ses ennemis. C'est pourquoi Molière devroit plutôt travailler à nous faire voir qu'ils sont tous des héros, puisque le prince est toujours au milieu d'eux, et qu'il en est comme le chef, que de nous en faire voir des portraits ridicules.

« Il ne suffit pas de garder le respect que nous devons au *demi-dieu* qui nous gouverne, il faut épargner ceux qui ont le glorieux avantage de l'approcher, et ne pas jouer ceux qu'il honore de son estime. »

Les raisonnements de ce Visé sont aussi forts que ses intentions sont loyales. Il veut que des personnages de comédie soient *tous des héros*, parce que ce sont des gens de cour; il veut qu'ils ne puissent pas être *ridicules*, parce que ce sont des gentilshommes; il veut que chacun d'eux prenne Molière à partie, et il ne songe pas que des peintures générales ne peuvent jamais offenser personne. Il serait superflu d'opposer des vérités trop connues à une déclamation trop absurde : je ne l'ai citée que pour faire voir qu'en tout temps les mauvais critiques ont été aussi des hommes très-méchants, et que, non contents de dénigrer l'ouvrage, ils se croient tout permis pour perdre l'auteur. Apparemment l'animosité de Visé avait augmenté avec les succès de Molière; car dans un autre passage de ses *Nouvelles*, imprimé un an auparavant, il avait mêlé beaucoup d'éloges à ses critiques. Il est vrai que ses louanges n'étaient pas toujours flatteuses : par exemple, lorsqu'en disant beaucoup de bien de l'*École des Maris*, il la place après les *Visionnaires* de Desmarets, et lorsqu'il regarde *Sganarelle* comme la meilleure des pièces de Molière. En revanche, il dit beaucoup de mal des *Précieuses ridicules*, dont la réussite fit connoître à l'auteur qu'on aimoit *la satire et la bagatelle, que le siècle étoit malade, et que les bonnes choses ne lui plaisoient pas*.

Je ne sais de quelles *bonnes choses* il veut parler : ce qui est sûr, c'est que de très-mauvaises étaient depuis longtemps en possession de plaire, et que si les *Précieuses* firent voir *que le siècle étoit malade*, ce n'est que parce que le tableau fut applaudi, c'est parce qu'il était fidèle ; et la réussite fit voir en même temps que le siècle n'était pas incurable. Mais ce qu'il y a de plus singulier, c'est que le même auteur, qui voulait armer tout à l'heure contre Molière tous les grands seigneurs du royaume, leur reprocha de l'encourager, de lui *fournir* même *des mémoires*; ce qui était arrivé en effet pour la comédie des *Fâcheux*.

« Molière apprit, dit-il, que les gens de qualité ne vouloient rire qu'à leurs dépens; qu'ils étoient les plus dociles du monde, et vouloient qu'on fît voir leurs défauts en public. »

Eh ! oui, monsieur Visé, voilà précisément ce que Molière avait deviné, et ce dont vous ne vous seriez pas douté. Il a découvert que la comédie était un miroir de la vie humaine, où personne n'était fâché de se voir, pourvu qu'il y pût voir ses voisins, parce que l'amour-propre se sauve dans la foule, et que chacun s'amuse aux dépens de tous les autres. Cela vous paraît de la *bagatelle*, et sans doute la *rareté* et la *curiosité* des tréteaux d'Espagne et d'Italie vous paraît une *bonne chose*; mais, si vous en saviez autant que Molière, vous verriez que cette *bagatelle*, c'est la vraie comédie.

Le *Mariage forcé*, comédie-ballet en un acte, était encore un de ces intermèdes bouffons qui faisaient partie des spectacles de la cour. On l'appela le *Ballet du Roi*, parce que Louis XIV y dansa. Le principal rôle est un Sganarelle, nom qui désignait, dans les anciennes farces, un personnage imbécile ou grotesque. Il n'y a aucune intrigue dans la pièce ; mais, accoutumé à placer partout la critique des mœurs, Molière se moque ici du verbiage scientifique que les pédants de l'école avaient conservé, quoiqu'il fût passé de mode partout ailleurs; et il joue dans les deux docteurs, Pancrace et Marphurius, la manie de philosopher hors de propos, la morgue de la science, et la sottise du pyrrhonisme. La fureur de Pancrace à propos de la *forme du chapeau* n'était point un tableau chargé, dans un temps où l'on rendait encore des arrêts en faveur d'Aristote ; et, quand Sganarelle donne des coups de bâton au pyrrhonien Marphurius, en lui représentant que, selon sa doctrine, il ne doit pas être sûr que ce soient des coups de bâton, il se sert d'un argument proportionné à la folie de cette doctrine.

C'est malgré lui que Molière fit le *Festin de pierre*. Ce vieux canevas était originaire d'Espagne, où il avait fait une grande fortune; et il était bien juste qu'un peuple qui voyait avec édification la Vierge et les diables danser ensemble, et les sept sacrements en ballets vît avec une sainte terreur marcher une statue sur la scène, et l'enfer s'ouvrir pour engloutir un athée. Mais, comme le peuple est partout le même, ce sujet n'eut pas moins de succès à Paris, sur le théâtre d'Arlequin. Toutes les troupes comiques (il y en avait alors quatre à Paris) voulurent avoir et eurent en effet leur *Festin de pierre*, comme celle des Italiens; car il faut remarquer que ce sont toujours les ouvrages faits pour la multitude qui ont de ces prodigieux succès de mode, attachés à un nom qui suffit pour attirer la foule à tous les théâtres. Il n'y eut qu'un *Misanthrope* et qu'un *Tartuffe*; mais il y eut dans l'espace de peu d'années cinq *Festin de pierre*. Molière, pour contenter sa troupe, fut obligé d'en faire un; mais ce fut le seul qui ne réussit pas. Ce n'est pas qu'il ne valût beaucoup mieux que tous les autres; mais il était en prose; et c'était alors une nouveauté sans exemple. On n'imaginait pas qu'une comédie pût n'être pas en vers, et la pièce tomba. Ce ne fut qu'après la mort de Molière que Thomas Corneille versifia le *Festin de pierre*, en suivant, à peu de chose près, le plan et le dialogue de la pièce en prose. Il réussit, et c'est le seul que l'on joue encore [1]. La scène de M. Dimanche est comique, et le morceau sur l'hypocrisie annonçait, dans l'auteur original, l'homme qui devait bientôt faire le *Tartuffe*.

L'*Amour médecin* est la première scène où Molière ait déclaré la guerre à la Faculté, et cette guerre dura jusqu'à la fin de sa vie; car son dernier ouvrage, le *Malade imaginaire*, fut encore fait contre les médecins. Comme, malgré l'utilité réelle de la médecine, et le mérite supérieur de plusieurs de ceux qui l'ont cultivée, il n'y a point de science qui soit plus susceptible de tous les genres de charlatanisme, puisqu'elle domine sur les hommes par le premier de tous les intérêts, l'amour de la vie et la crainte de la mort, c'est un objet qui ne devait point échapper à un poëte comique. D'ailleurs, le pédantisme, qui, chez les médecins du dernier siècle, était l'enseigne de la science, prêtait beaucoup au ridicule ; et l'on sait combien Molière en a tiré parti. Ce ridicule a disparu, parce qu'il ne tenait qu'aux formes extérieures; mais l'esprit de corps, qui ne change point, et tous les préjugés, tous les travers qui en résultent, ont fourni au poëte observateur une foule de mots heureux, devenus proverbes, et qu'on cite d'autant plus volontiers, qu'ils sont encore aujourd'hui tout aussi vrais que de son temps. C'est aussi dans cette pièce qu'il a caractérisé les *donneurs d'avis* par une scène charmante, dont tout l'esprit est dans ce mot si connu : *Monsieur Josse, vous êtes orfévre*. On assure que l'*Amour médecin*, qui a trois actes, fut fait et appris en cinq jours. Ce n'était pas assez pour cela d'être Molière : il fallait aussi être chef de troupe.

VI

LE MISANTHROPE.

Autant Molière avait été jusque-là au-dessus de tous ses rivaux, autant il fut au-dessus de lui-même dans le *Mi-*

---

[1] On a repris de nos jours la pièce en prose, telle qu'elle a été écrite par Molière. (F. L.)

anthrope. Emprunter à la morale une des plus grandes leçons qu'elle puisse donner aux hommes; leur démontrer cette vérité qu'avaient méconnue les plus fameux philosophes anciens, que la sagesse même et la vertu [1] ont besoin d'une mesure, sans laquelle elles deviennent inutiles, ou même nuisibles; rendre cette leçon comique sans compromettre le respect dû à l'homme honnête et vertueux, c'était là sans doute le triomphe d'un poëte philosophe, et la comédie ancienne et moderne n'offrait aucun exemple d'une si haute conception. Aussi arriva-t-il d'abord à Molière ce que nous avons vu arriver à Racine : les spectateurs ne purent pas l'atteindre; il avait franchi de trop loin la sphère des idées vulgaires. Le *Misanthrope* fut abandonné, parce qu'on ne l'entendit pas. On était encore trop accoutumé au gros rire : il fallut retirer la pièce à la quatrième représentation. Ces méprises si fréquentes nous font rougir, et ne nous corrigent pas de la précipitation de nos jugements. Ce n'est pas que l'exemple du *Misanthrope* et d'*Athalie* puisse se renouveler aisément : ce sont des chefs-d'œuvre d'un ordre trop supérieur; mais on peut assurer que, dans tous les temps, des ouvrages d'un très-grand mérite, confondus d'abord dans l'opinion et dans l'égalité du succès avec les productions les plus médiocres, n'arrivent à leur place qu'après bien des années, et que la jalousie, qui est dans le secret, a le plaisir de les voir longtemps dans la foule avant que la voix publique les ait vengés d'une concurrence indigne et proclamés dans le rang qui leur est dû.

Molière se conduisit en homme habile : il sentit que le *Misanthrope* n'avait besoin que d'être entendu; et, puisque cette pièce ne pouvait par elle-même attirer le public, il trouva le moyen de l'y faire revenir en le servant selon son goût. Il donna la farce du *Fagotier*; et, à la faveur de *Sganarelle*, on eut la complaisance d'écouter le *Misanthrope*, dont le succès alla toujours en croissant, à mesure que les spectateurs, en s'instruisant, devenaient plus dignes de l'ouvrage. Il était, depuis un siècle, en possession du premier rang, que le *Tartuffe* seul lui disputait, quand un écrivain, d'autant plus fameux par son éloquence qu'il la fit servir plus souvent au paradoxe qu'à la raison, a intenté à Molière une accusation très-grave, et lui a reproché d'avoir joué la *vertu* et de l'avoir rendue ridicule.

Rousseau débute ainsi : « Vous ne sauriez me nier deux choses : l'une qu'Alceste est dans cette pièce un homme droit, sincère, estimable, un véritable homme de bien; l'autre, que l'auteur lui donne un personnage ridicule. C'en est assez, ce me semble, pour rendre Molière inexcusable. »

Il faut absolument, avec un dialecticien aussi subtil que Rousseau, se servir des mêmes armes que lui, et ar-

[1] Retinuitque, quod est difficillimum, ex sapientia, modum. (Tacit., *Agric.*, IV.)

gumenter en forme. Ainsi, d'abord je distingue la majeure, et je nie la conséquence. *L'auteur donne au Misanthrope un personnage ridicule*. Oui, mais ce ridicule porte-t-il sur ce qu'il est *droit, sincère, homme de bien*? Non : il porte sur des travers réels, qui tiennent à l'excès de ces bonnes qualités. Et qui peut douter que l'excès ne gâte les meilleures choses? Ce principe est si reconnu, qu'il serait superflu de le prouver. Or, si tout excès est blâmable et dangereux, la comédie n'a-t-elle pas droit d'en montrer le vice et le danger? Et, si elle y joint le ridicule, ne se sert-elle pas de l'arme qui lui est propre? Je dis plus : si ce ridicule tombait sur la vertu même, il ne serait pas supporté; l'auteur le plus maladroit ne l'essayerait pas. Serait-ce donc Molière qui aurait commis une faute si grossière? Aurait-il ignoré le respect que tous les hommes ont pour la vertu? Quand le Misanthrope est indigné de tous les traits de médisance que Célimène et sa société viennent de lancer sur les absents, sur des gens qu'ils voient tous les jours en qualité d'amis; quand il leur dit avec une noble sévérité :

Allons, ferme, poussez, mes bons amis de cour;
Vous n'en épargnez point, et chacun a son tour.
Cependant aucun d'eux à vos yeux ne se montre,
Qu'on ne vous voie en hâte aller à sa rencontre,
Lui présenter la main, et, d'un baiser flatteur
Appuyer le serment d'être son serviteur;

quelqu'un alors s'avise-t-il de rire? Ceux mêmes à qui l'apostrophe s'adresse, et qui sont de grands rieurs, ne le sont pourtant pas dans ce moment. Ils sentent si bien la vérité du reproche, que l'un d'eux, pour toute excuse, cherche à rejeter la faute sur Célimène, afin d'embarrasser Alceste, qui l'aime.

Pourquoi s'en prendre à nous? Si ce qu'on dit vous blesse,
Il faut que le reproche à madame s'adresse.

Mais la réplique d'Alceste est accablante.

Non, morbleu! c'est à vous; et vos ris complaisants
Tirent de son esprit tous ces traits médisants :
Son humeur satirique est sans cesse nourrie
Par le coupable encens de votre flatterie;
Et son cœur à railler trouveroit moins d'appas,
S'il avoit observé qu'on ne l'applaudît pas.
C'est ainsi qu'aux flatteurs on doit partout se prendre
Des vices où l'on voit les humains se répandre.

La semonce est forte; mais elle est si bien fondée, si morale, si instructive, que ceux qui sont tancés si vertement gardent le silence; et il n'y a que Célimène, que la légèreté de son âge et de son caractère, et les avantages que lui donnent sur Alceste son sexe et l'amour qu'il a pour elle, enhardissent à le railler sur son humeur contrariante. Mais, quoique en effet il ait parlé avec un ton d'humeur qui est un peu au delà des convenances de la société, où l'on ne s'exprime pas si durement, cependant la vérité a tant d'empire, on en sent si bien toute l'utilité, que tous les spectateurs en cet endroit applaudissent très-sérieusement au courage du Misanthrope. Si son humeur ne portait jamais que sur de pareilles choses, ce ne serait qu'un censeur juste et rigoureux, et non plus un personnage de comédie. Mais Molière, qui vient de montrer ce qu'il a de bon, fait voir sur-le-champ, et presque dans la même scène, ce qu'il a d'outré et de répréhensible. On vient lui apprendre que la querelle qu'il a eue avec Oronte, à propos du sonnet, peut avoir des suites fâcheuses, et que, pour les prévenir, les maréchaux de France le mandent à leur tribunal. C'est ici que le caractère se montre et que le sage commence à extravaguer.

Quel accommodement veut-on faire entre nous?
La voix de ces messieurs me condamnera-t-elle
A trouver bons les vers qui font notre querelle?
Je ne me dédis point de ce que j'en ai dit :
Je les trouve méchants.

PHILINTE.
Mais d'un plus doux esprit...
ALCESTE.
Je n'en démordrai point : les vers sont exécrables
PHILINTE.
Vous devez faire voir des sentiments traitables.
Allons, venez.
ALCESTE.
J'irai : mais rien n'aura pouvoir
De me faire dédire.
PHILINTE.
Allons vous faire voir.
ALCESTE.
Hors qu'un commandement exprès du roi ne vienne,
De trouver bons les vers dont on se met en peine,
Je soutiendrai toujours, morbleu! qu'ils sont mauvais,
Et qu'un homme est pendable après les avoir faits.

On rit aux éclats, comme de raison.

Par la sambleu, messieurs, je ne croyois pas être
Si plaisant que je suis!

Vraiment non, il ne le croit pas; et c'est pour cela qu'il l'est beaucoup. Mais je dirai ici à Rousseau : Eh bien, commencez-vous à croire qu'un homme *droit, sincère, estimable*, peut être fort *ridicule?* Et qui est-ce qui l'est ci? Est-ce la *vertu* d'Alceste, ou sa mauvaise humeur si mal placée, et son amour si mal entendu pour la vérité? La grande importance mise aux petites choses n'est-elle pas de sa nature très-*ridicule?* N'est-ce pas un défaut de raison, un travers de l'esprit? Et si ce travers vient ou d'une humeur chagrine et brusque, ou d'un rigorisme outré sur l'obligation d'être toujours vrai, le poëte qui nous le fait sentir n'est-il pas un précepteur de morale? Appliquons les principes aux faits. Sans doute il faut être sincère; mais quelle règle de morale nous oblige à dire à un homme qu'il fait mal des vers? Est-ce là une vérité bien importante? Assurément les mauvais vers et la mau-

vaise prose sont le plus petit mal qu'il y ait au monde. Qu'importe à la morale d'Alceste que le sonnet d'Oronte soit bon ou mauvais? Cette question nous ramène à la fameuse scène du sonnet. Jugeons la conduite du Misanthrope sur les préceptes du bon sens. A qui était-il responsable de son jugement? Qui l'obligeait à le donner? Parlait-il au public? Avait-il les motifs qui peuvent, dans ce cas, faire un devoir de la sincérité, ou ceux qui peuvent la faire excuser? S'agissait-il d'empêcher un homme de se tromper sur sa vocation et de se livrer à des illusions dangereuses? Était-ce un ami qui voulût être éclairé et qu'il ne fût pas permis d'abuser? Rien de tout cela : c'est un homme du monde qui s'est amusé à ce qu'on appelle des vers de société. Et qui ne sait que ces sortes de vers sont toujours assez bons pour ce qu'on veut en faire? Qui empêchait Alceste de se sauver par cette excuse, qui est toujours de mise : Monsieur, je ne m'y connais pas; ou de payer l'amour-propre du rimeur de quelqu'une de ces phrases vagues qui ne signifient rien? — Mais la vérité? — Je sais qu'on peut faire de belles phrases sur ce grand mot ; mais qu'est-ce qu'une vérité qui n'est bonne à rien? Il y a plus : Oronte la demandait-il bien sérieusement? Ceux qui lisent leurs ouvrages au premier venu demandent-ils la vérité ou des louanges? Mais je suppose qu'il la demandât, à quoi bon la lui dire? Qu'un sot s'avise de dire à quelqu'un : Monsieur, trouvez-vous que j'aie de l'esprit? faut-il lui répondre : Non? Eh bien, c'est justement la question que fait tout homme qui vient vous lire ses vers. Et, pour le dire en passant, je crois que dans ces sortes de confidences on ne doit la vérité qu'à celui qui est en état d'en profiter. La critique, en particulier, n'est utile qu'au talent; en public, elle est utile au goût : hors ces deux cas, à quoi sert-elle? Je veux encore qu'Alceste, entraîné par sa franchise, se soit expliqué naïvement sur le sonnet d'Oronte et qu'il ait cru que la vérité ne l'offenserait pas. Mais, lorsque Oronte répond :

Et moi, je vous soutiens que mes vers sont fort bons,

n'était-ce pas, pour un homme de bon sens, un avertissement de ne pas aller plus loin? Alceste avait satisfait à ce qu'il croyait son devoir, il avait déclaré sa pensée. Qui le forçait à soutenir si obstinément une vérité si indifférente? N'est-il pas clair que tout le dialogue qui suit n'est qu'un combat où l'amour-propre du censeur lutte contre l'amour-propre du poëte? Un philosophe sans humeur n'eût-il pas trouvé tout simple qu'un poëte, et surtout un mauvais poëte, défendit ses vers à outrance? Est-ce encore le bon sens, est-ce la morale, est-ce la probité, qui engagent cette dispute, dont tout le fruit est un éclat fâcheux et l'inconvénient de se faire un ennemi gratuitement? La chose en valait-elle la peine, et y avait-il quelque proportion entre l'effet et la cause?

J'ai porté cette discussion jusqu'à l'évidence; je conclus : donc le ridicule ne porte que sur ce qui est du ressort de la censure comique, sur ce qui est outré, déplacé, répréhensible; donc la vertu n'est point compromise, puisqu'un homme honnête n'en demeure pas moins respectable, malgré des défauts d'humeur et des travers d'esprit; donc Molière, non-seulement n'est point *inexcusable*, mais il n'a pas même besoin d'excuse, et ne mérite que des éloges pour avoir donné une leçon très-importante, non pas, comme tant d'autres poëtes, aux vicieux, aux sots, à la multitude, mais à la vertu, à la sagesse, en leur apprenant dans quelles justes bornes elles doivent se renfermer, quels excès elles doivent éviter pour être utiles à celui qui les possède et à tout le reste des hommes.

Ce qui paraîtrait inconcevable, si l'on n'était pas accoutumé aux contradictions de Rousseau, c'est l'aveu qu'il fait lui-même un moment après dans ces propres termes : « Quoique Alceste ait des défauts réels dont on n'a pas tort de rire, on sent pourtant au fond du cœur un respect pour lui dont on ne peut se défendre. » Cette phrase si remarquable est l'éloge complet de la pièce; car elle renferme tout ce que le poëte a fait et tout ce qu'il pouvait faire de mieux. Ce que j'ai dit n'en est que le développement; mais la conséquence que j'en tire est fort différente de celle de Rousseau, qui ajoute tout de suite : « En cette occasion, la force de la vertu l'emporte sur l'art du poëte. » Un homme qui aurait été d'accord avec lui-même et qui n'aurait pas eu un paradoxe à soutenir aurait dit : Rien ne fait mieux voir à la fois et la force de la vertu et celle du talent de Molière, puisqu'en faisant *rire des défauts réels*, il fait toujours *respecter la vertu*, et ne permet pas que le ridicule aille jusqu'à elle. Ou il n'y a plus de logique au monde, ou il faut admettre cette conséquence, dont tous les termes sont contenus dans des prémisses avouées.

Quel était le but de Rousseau? Il voulait prouver que la comédie était un établissement contraire aux bonnes mœurs. S'il n'eût attaqué que quelques ouvrages où en effet elles sont blessées, et qui ne sont que l'abus de l'art, cette marche ne l'aurait pas mené loin. Il attaque une comédie regardée comme une des plus morales dont la scène puisse se vanter, bien sûr que, s'il abat le *Misanthrope*, ce chef-d'œuvre entraînera tout le reste dans sa chute. S'il lui échappe des aveux qui le condamnent, c'est qu'il croit pouvoir s'en tirer; et, quoique cette confiance le trompe, il a du moins rempli un objet qui n'est pas indifférent pour la célébrité, celui d'étonner par la singularité des opinions nouvelles et par le talent de les soutenir.

C'en est une bien nouvelle assurément que celle-ci : « Molière a mal saisi le caractère du Misanthrope. Pense-t-on que ce soit par erreur? Non sans doute : mais le désir de faire rire aux dépens du personnage l'a forcé de le dégrader contre la vérité du caractère. » Et quel est celui que Rousseau voudrait qu'on eût donné au Misanthrope? Le voici : « Il fallait que le Misanthrope fût toujours furieux contre les vices publics, et toujours tranquille sur les méchancetés personnelles dont il est la victime. »

En conséquence, Alceste, selon lui, doit trouver tout simple qu'Oronte, dont il a blâmé les vers, s'en venge par des calomnies; que ses juges lui fassent perdre son procès, quoiqu'il dût le gagner, et que sa maîtresse le trompe malgré les assurances qu'elle lui a données de son amour. Ce caractère est fort beau; mais c'est la sagesse parfaite, et il serait plaisant que Molière eût imaginé de la jouer. Cette espèce d'imperturbabilité stoïcienne n'est pas, je crois, très-conforme à la nature; mais, à coup sûr, elle l'est encore moins à l'esprit du théâtre. Molière pensait que la comédie doit peindre l'homme; il a cru que, si jamais elle pouvait nous présenter un tableau instructif, c'était en nous montrant combien le sage même peut avoir de faiblesse dans l'âme, de défauts dans l'humeur et de travers dans l'esprit; enfin, pour me servir des expressions mêmes du Misanthrope,

...Que c'est à tort que sages on nous nomme,
Et que dans tous les cœurs il est toujours de l'homme.

Quelle leçon pour l'amour-propre, qui nous est si naturel à tous! Quel avertissement d'être attentifs sur nous, et indulgents pour les autres! Cela ne vaut-il pas mieux (même dans les rapports moraux et en mettant de côté l'effet dramatique) que de nous offrir un modèle presque entièrement idéal? Ne vaut-il pas mieux nous montrer les défauts que nous avons, et dont nous pouvons corriger au moins une partie, qu'une perfection qui est trop loin de nous? Ce n'est donc pas seulement pour *faire rire* que Molière a peint son Misanthrope tel qu'il est; c'est pour nous instruire. Ainsi, lorsque Alceste veut fuir dans un désert, où, dit-il, *on n'a point à louer les vers de messieurs tels*, le parterre rit, il est vrai; mais la raison répond à cette boutade plaisante : Que, si la sagesse est bonne à quelque chose, c'est à savoir vivre avec les hommes, et non pas dans un désert, où elle ne peut servir à rien; et qu'il vaut encore mieux avoir un peu de complaisance pour les mauvais vers que de rompre avec le genre humain. Quand il s'écrie, dans son éloquente indignation, au sujet des calomnies d'Oronte,

Lui qui d'un homme honnête à la cour tient le rang,
A qui je n'ai rien fait qu'être sincère et franc,
Qui me vient malgré moi, d'une ardeur empressée,
Sur des vers qu'il a faits demander ma pensée,
Et parce que j'en use avec honnêteté,
Et ne le veux trahir, lui, ni la vérité,
Il aide à m'accabler d'un crime imaginaire :
Le voilà devenu mon plus grand adversaire,
Et jamais de son cœur je n'aurai de pardon,
Pour n'avoir pas trouvé que son sonnet fût bon.
Et les hommes, morbleu! sont faits de cette sorte!

le parterre *rit;* mais la raison répond : Oui, c'est ainsi qu'ils sont faits, et ils ont grand tort; mais, comme vous ne leur ôterez pas leur amour-propre, ne les choquez pas du moins sans nécessité. Vous n'étiez pas tenu de démontrer en conscience à Oronte que son sonnet ne valait rien. Quelques compliments en l'air ne vous auraient pas plus compromis que les formules qui finissent une lettre; c'est une monnaie dont tout le monde sait la valeur, et l'on n'est pas un fripon pour s'en servir. On ne ment pas plus en disant à un auteur que ses vers sont bons qu'en disant à une femme qu'elle est jolie; et les choses restent ce qu'elles sont.

Quand on entend cet excellent dialogue entre Alceste et Philinte :

PHILINTE.
Contre votre partie éclatez un peu moins,
Et donnez au procès une part de vos soins.
ALCESTE.
Je n'en donnerai point; c'est une chose dite.
PHILINTE.
Mais qui voulez-vous donc qui pour vous sollicite?
ALCESTE.
Qui je veux? la raison, mon bon droit, l'équité.
PHILINTE.
Aucun juge par vous ne sera visité?
ALCESTE.
Non. Est-ce que ma cause est injuste ou douteuse?
PHILINTE.
J'en demeure d'accord; mais la brigue est fâcheuse,
Et...
ALCESTE.
Non, j'ai résolu de ne pas faire un pas
J'ai tort ou j'ai raison.
PHILINTE.
Ne vous y fiez pas.
ALCESTE.
Je ne remuerai point.
PHILINTE.
Votre partie est forte.
Et peut par sa cabale entraîner...
ALCESTE.
Il n'importe!
PHILINTE.
Vous vous tromperez.
ALCESTE.
Soit. J'en veux voir le succès.
PHILINTE.
Mais...
ALCESTE.
J'aurai le plaisir de perdre mon procès...

le parterre *rit* de ces saillies d'humeur, quoique au fond Alceste ait raison sur le principe. Rousseau prouve très-bien ce que tout le monde savait déjà, qu'il serait à souhaiter que l'usage de visiter ses juges fût aboli; mais il en conclut très-mal que l'auteur a tort de *faire rire* ici aux dépens d'Alceste, car il y a encore ici un excès. On pourrait dire à Alceste : Sans doute il vaudrait mieux que la justice seule pût tout faire; mais d'abord ce qui est permis à votre partie ne vous est pas défendu; et, si vous opposez à l'usage la morale rigide, je vais vous convaincre qu'elle est d'accord avec la démarche que je vous conseille. Ne conviendrez-vous pas qu'il vaut encore mieux empêcher une injustice, si on le peut, *que d'avoir le plaisir de perdre son procès?* Eh bien, d'après ce principe que vous ne pouvez pas nier, vous avez tort de vous refuser à ce qu'on vous demande; car, sans révoquer en doute l'équité de vos juges, n'est-il pas très-possible qu'on leur ait montré l'affaire sous un faux jour, que votre rapporteur n'ait pas fait assez attention à des pièces probantes? Faites parler la vérité, et vous pourrez prévenir un arrêt injuste, c'est-à-dire une mauvaise action, un scandale, un mal réel. Que pourrait opposer à ce raisonnement un homme sans passion et sans humeur? Mais le Misanthrope dira :

Ce sont vingt mille francs qu'il m'en pourra coûter;
Mais pour vingt mille francs j'aurai droit de pester
Contre l'iniquité de la nature humaine,
Et de nourrir pour elle une immortelle haine.

Son caractère est conservé : il est parti d'un principe vrai; mais l'humeur qui le domine l'emporte beaucoup trop loin, et il déraisonne. De tous les exemples que j'ai cités, Rousseau conclut : *Il fallait faire rire le parterre.* Je réponds : Oui; c'est ce que doit faire le poëte comique, et c'est ici le cas de rappeler le mot d'Horace (*Sat.*, I, 1) : *Qui empêche de dire la vérité en riant*[1]*?* Et Molière l'a dite à ceux qui savent l'entendre.

Enfin, lorsque le Misanthrope propose à Célimène de l'épouser, à condition qu'elle le suivra dans la solitude où il veut se retirer, et que, sur son refus, il la quitte avec indignation et renonce à tout commerce avec les hommes, on peut encore lui dire : C'est vous qui avez tort. D'abord, pourquoi vous êtes-vous attaché à une coquette dont vous connaissiez le caractère? Ensuite, pourquoi poussez-vous la faiblesse jusqu'à lui pardonner toutes ses intrigues que vous venez de découvrir et vouloir prendre pour votre femme celle qu'il vous est impossible d'estimer? C'est à cause de ses vices qu'il faut la quitter, et non pas parce qu'elle refuse de vous suivre dans un désert; car c'est un sacrifice qu'elle ne vous doit pas et que personne ne s'engage à faire en se mariant. Il n'y a pas là de quoi fuir les hommes, ni même les femmes; car apparemment elles ne sont pas toutes aussi fausses que votre Célimène, et vous-même estimez beaucoup Éliante. Croyez-moi, épousez une femme qui soit telle qu'Éliante vous paraît être; elle vous donnera ce qui vous manque, c'est-à-dire plus de modération, d'indulgence et de douceur.

Voilà ce que la réflexion pouvait suggérer au Misanthrope; mais il fallait qu'il soutînt son caractère, et le parti extrême qu'il prend à la fin de la pièce est le dernier

[1] Ridentem dicere verum Quid vetat?

trait du tableau. Il est toujours dans l'excès, et c'est l'excès que Molière a voulu livrer au *ridicule*.

Quoique son dessein soit si clairement marqué, Rousseau est tellement déterminé à ne voir en lui que le projet absurde d'immoler la vertu à la risée publique, qu'il croit saisir cette intention jusque dans une mauvaise pointe que se permet Alceste, quand Philinte dit, à propos de la fin du sonnet :

La chute en est jolie, amoureuse, admirable.

Le Misanthrope dit, en grondant entre ses dents :

La peste de ta chute, empoisonneur au diable !
En eusses-tu fait une à te casser le nez !

Là-dessus Rousseau se récrie qu'il est impossible qu'Alceste, qui, un moment après, va critiquer les jeux de mots, en fasse un de cette nature. Mais ne dit-on pas tous les jours en conversation ce qu'on ne voudrait pas écrire? Et qui ne voit que ce quolibet échappe à la mauvaise humeur, qui se prend au dernier mot qu'elle entend et qui veut dire une injure à quelque prix que ce soit? La colère n'y regarde pas de si près, et l'homme de l'esprit le plus sévère peut manquer de goût quand il se fâche. Cette excuse est si naturelle, que Rousseau l'a prévue; mais il la trouve insuffisante, et revient à son refrain : *Voilà comme on avilit la vertu*. En vérité, s'il ne faut qu'un calembour pour la compromettre, elle est aujourd'hui bien exposée.

Rousseau fait une autre chicane au Misanthrope : il lui reproche de tergiverser d'abord avec Oronte, et de ne pas lui dire crûment, du premier mot, que son sonnet ne vaut rien; et il ne s'aperçoit pas que le détour que prend Alceste pour le dire, sans trop blesser ce qu'un homme du monde et de la cour doit nécessairement avoir de politesse, est plus piquant cent fois que la vérité toute nue. Chaque fois qu'il répète : *Je ne dis pas cela*, il dit en effet tout ce qu'on peut dire de plus dur; en sorte que, malgré ce qu'il croit devoir aux formes, il s'abandonne à son caractère dans le temps même où il croit en faire le sacrifice. Rien n'est plus naturel et plus comique que cette espèce d'illusion qu'il se fait ; et Rousseau l'accuse de fausseté dans l'instant où il est le plus vrai, car qu'y a-t-il de plus vrai que d'être soi-même en s'efforçant de ne pas l'être?

Le censeur genevois n'épargne pas davantage le rôle de Philinte : il prétend que *ses maximes ressemblent beaucoup à celles des fripons*. Il est vrai que Rousseau n'en donne pas la moindre preuve et qu'il ne cite rien à l'appui de son accusation : c'est que le langage de Philinte est effectivement celui d'un honnête homme qui hait le vice, mais qui se croit obligé de supporter les vicieux, parce que, ne pouvant les corriger, il serait insensé de s'en rendre très-inutilement la victime. Ses principes de douceur et de prudence ne ressemblent nullement à ceux des fripons : Rousseau a oublié que ceux-ci ne manquent jamais de mettre en avant une morale d'autant plus sévère, qu'elle ne les engage à rien dans la pratique; il a oublié que personne ne parle plus haut de probité que ceux qui n'en ont guère.

Je n'aurais pas entrepris cette réfutation après celle de deux écrivains supérieurs, MM. d'Alembert et Marmontel, si elle ne m'eût servi à répandre un plus grand jour sur une partie des beautés de cette admirable comédie. Comme elle m'a entraîné un peu loin, je passe rapidement sur les autres parties de l'ouvrage : sur le contraste de la prude Arsinoé et de la coquette Célimène, aussi frappant que celui d'Alceste et de Philinte ; sur les deux rôles de marquis, dont la fatuité risible égaye le sérieux que le caractère du Misanthrope et sa passion pour Célimène répandent de temps en temps dans la pièce; sur les traits profonds dont cette passion est peinte; sur la beauté du style, qui réunit tous les tons : et je dois d'autant moins fatiguer l'admiration, que d'autres chefs-d'œuvre nous attendent et vont la partager.

VII

DES FARCES DE MOLIÈRE. — D'AMPHITRYON, DE L'AVARE, DES FEMMES SAVANTES.

La *Comtesse d'Escarbagnas*, le *Médecin malgré lui*, les *Fourberies de Scapin*, *Monsieur de Pourceaugnac*, sont dans ce genre de bas comique qui a donné lieu au reproche que le sévère Despréaux fait à Molière, d'avoir *allié Tabarin à Térence*.

Le reproche est fondé : nous avons vu quelle excuse pouvait avoir l'auteur, obligé de travailler pour le peuple. Mais ne pourrait-on pas excuser aussi jusqu'à un certain point ce genre de pièces, du moins tel que Molière l'a traité? Convenons d'abord qu'il n'y attachait aucune prétention ; et ce qui le prouve, c'est que presque toutes ne furent imprimées qu'après sa mort. Convenons encore que la variété d'objets est si nécessaire au théâtre, comme partout ailleurs, et le rire une si bonne chose en elle-même, que, pourvu qu'on ne tombe pas dans la grossière indécence ou la folie burlesque, les honnêtes gens peuvent s'amuser d'une farce sans l'estimer comme une comédie. Mais à cette tolérance en faveur de l'ouvrage ne mêlera-t-il pas encore de l'estime pour l'auteur, si, lors même qu'il descend à la portée du peuple, il se fait reconnaître aux honnêtes gens par des scènes où le comique de mœurs et de caractères perce au milieu de la gaieté bouffonne? C'est ce que Molière a toujours fait.

Quand deux médecins assis près de M. de Pourceaugnac, l'un à droite, l'autre à gauche, délibèrent gravement en sa présence, et dans tous les termes de l'art, sur les moyens de le guérir de sa prétendue folie, et que, sans lui adresser seulement la parole, ils le regardent comme un sujet livré à leurs expériences, cette scène n'est-elle pas d'autant plus plaisante qu'elle a un fond de vérité, qu'un pareil tour n'est pas sans exemple, et qu'il y a encore des médecins capables de faire devenir presque fou d'humeur et d'impatience l'homme le plus raisonnable, s'il était mis entre leurs mains comme insensé? Quand Scapin démontre au seigneur Argante qu'il vaut encore mieux donner deux cents pistoles que d'avoir le meilleur procès, et qu'il lui détaille tout ce qu'on peut avoir à souffrir et à payer dès que l'on est entre les griffes de la chicane; cette leçon si vivement tracée, qu'elle frappe même un vieil avare et le détermine à un sacrifice d'argent; cette leçon n'est-elle pas d'un bon comique? et n'est-il pas à souhaiter qu'on ne se borne pas toujours à en rire et qu'on s'avise quelque jour d'en profiter? Si la thèse de réception soutenue par le Malade imaginaire, si le mauvais latin, et la cérémonie, et l'argumentation, ne sont qu'une caricature, le personnage du Malade imaginaire, tel qu'il est dans le reste de la pièce, n'est-il pas trop souvent réalisé? La fausse tendresse d'une belle-mère qui caresse un mari qu'elle déteste pour s'approprier la dépouille des enfants est-elle une peinture chimérique dont l'original n'existe plus? La comtesse d'Escarbagnas ne représente-t-elle pas au naturel cette manie provinciale de contrefaire gauchement le ton et les manières de la capitale et de la cour?

À l'égard des valets intrigants et fourbes, tels que le Mascarille de l'*Étourdi*, Scapin, Hali, Sylvestre, Sbrigani, et tous les Crispins que Regnard mit à la mode, à compter du premier Crispin qui se trouve dans le *Marquis ridicule* de Scarron, ce n'était dans Molière qu'un reste d'imitation de l'ancienne comédie grecque et latine. C'est dans Plaute et Térence, qui copiaient les Grecs, qu'existe le modèle de ces sortes de personnages, bien plus vraisemblables chez les anciens que parmi nous : c'étaient des esclaves, et, en cette qualité, ils étaient obligés de tout risquer pour servir leurs maîtres. Mais, dans nos mœurs, ce dévouement dangereux est incompatible avec la liberté qu'on laisse aux domestiques : aussi les intrigues de valets sont-elles passées de mode sur la scène, parce que les valets, du moins ceux qui sont en livrée, ne mènent plus aucune intrigue dans le monde. Regnard, qui avait de la gaieté, et qui en mit beaucoup dans ses rôles de Crispins, ne put pas se résoudre à se priver d'un ressort qu'il savait mettre en œuvre; mais Molière sut très-bien s'en passer dans ses meilleures pièces.

J'avoue que je ne saurais me résoudre à ranger le *Bourgeois gentilhomme* dans le rang de ces farces dont je viens de parler. J'abandonne volontiers les deux derniers actes : je conviens que, pour ridiculiser pour M. Jourdain cette prétention, si commune à la richesse roturière, de figurer avec la noblesse, il n'était pas nécessaire de le faire assez imbécile pour donner sa fille au fils du Grand Turc, et devenir mamamouchi : ce spectacle grotesque est évidemment amené pour remplir la durée de la représentation ordinaire de deux pièces, et divertir la multitude, que ces sortes de mascarades amusent toujours.

Mais les trois premiers actes sont d'un très-bon comique : sans doute celui du *Misanthrope* et du *Tartuffe* est beaucoup plus profond; mais il n'y en a pas un plus vrai ni plus gai que le personnage de M. Jourdain. Tout ce qui est autour de lui le fait ressortir : sa femme, sa servante Nicole; ses maîtres de danse, de musique, d'armes et de philosophie; le grand seigneur, son ami, son confident et son débiteur; la dame de qualité dont il est amoureux, le jeune homme qui aime sa fille, et qui ne peut l'obtenir de lui parce qu'il n'est pas gentilhomme; tout sert à mettre en jeu la sottise de ce pauvre bourgeois, qui est presque parvenu à se persuader qu'il est noble, ou du moins à croire qu'il a fait oublier sa naissance; si bien que, quand sa femme lui dit : *Descendons-nous tous deux que de bonne bourgeoisie?* M. Jourdain dit naïvement : *Ne voilà pas le coup de langue?* Il faut être M. Jourdain pour se plaindre d'un *coup de langue* quand on lui rappelle qu'il est le fils de son père.

Mais, d'ailleurs, sous combien de faces diverses Molière a multiplié ce ridicule si commun et fait voir tout ce qu'il coûte! On lui emprunte son argent pour parler de lui *dans la chambre du roi*; on prend sa maison pour régaler à ses dépens la maîtresse d'un autre; et tout le monde, femme, servante, valets, étrangers, se moquent de lui. Mais Molière a su tirer encore des autres personnages un comique inépuisable : l'humeur brusque et chagrine de madame Jourdain; la gaieté franche de Nicole; la querelle des maîtres sur la prééminence de leur art; les préceptes de modération débités par le philosophe, qui, un moment après, se met en fureur, et se bat en l'honneur et gloire de la philosophie; la leçon de M. Jourdain, à jamais fameuse par cette découverte qui ne sera point oubliée, que depuis quarante ans *il faisait de la prose sans le savoir;* la futilité de la scolastique si finement raillée; le repas donné à Dorimène par M. Jourdain, sous le nom du courtisan Dorante; la galanterie niaise du bourgeois, et le sang-froid cruel de l'homme de cour qui l'immole à la risée de Dorimène, tout en lui empruntant sa maison, sa table et sa bourse; la brouillerie des deux jeunes amants et de leurs valets, sujet traité si souvent par Molière, et avec une perfection toujours la même et toujours différente : tous ces morceaux sont du grand peintre de l'homme, et nullement du farceur populaire.

C'est là sans doute le mérite qui avait frappé Louis XIV lorsqu'on représenta devant lui le *Bourgeois gentilhomme*, que la cour ne goûta pas, apparemment à cause de la mascarade des derniers actes. Le roi, dont l'esprit juste avait senti tout ce que valaient les premiers, dit à Molière, qui était un peu consterné : *Vous ne m'avez jamais tant fait rire.* Et aussitôt la cour et la ville furent de l'avis du monarque.

Si j'ai cru devoir réfuter Rousseau au sujet du *Misanthrope*, je crois devoir convenir qu'il a raison sur *George Dandin*, dont il trouve le sujet immoral. Ce n'est pas que, sous le point de vue le plus général et le plus frappant, la pièce ne soit utilement instructive, puisqu'elle enseigne à ne point s'allier à plus grand que soi, si l'on ne veut être dominé et humilié; mais aussi l'on ne peut nier qu'une femme qui trompe son mari le jour et la nuit, et qui trouve le moyen d'avoir raison en donnant des rendez-vous à son amant, ne soit d'un mauvais exemple au théâtre; et il peut être plus dangereux de ne voir dans la mauvaise conduite de la femme que des tours plaisants qu'il n'est utile de voir dans *George Dandin* la victime d'une vanité imprudente. Au reste, M. et madame de Sotenville sont du nombre de ces originaux qui venaient souvent se placer sous les pinceaux de Molière, et qui dans ses moindres compositions font retrouver si souvent la main du maître.

Amphitryon, dont le sujet est pris dans un merveilleux mythologique et des transformations hors de nature, ne peut par conséquent blesser la morale, puisqu'il est hors de l'ordre naturel; mais il blesse un peu la décence, puisqu'il met l'adultère sur la scène, non pas, à la vérité, en intention, mais en action. On a toléré ce qu'il y a d'un peu licencieux dans ce sujet, parce qu'il était donné par la Fable et reçu sur les théâtres anciens; et on a pardonné ce que les métamorphoses de Jupiter et de Mercure ont d'invraisemblable, parce qu'il n'y a point de pièce où l'auteur ait eu plus le droit de dire au spectateur : Passez-moi un fait que vous ne pouvez pas croire, et je vous promets de vous divertir. Peu d'ouvrages sont aussi réjouissants qu'*Amphitryon*. On a remarqué, il y a longtemps, que les méprises sont une des sources de comique les plus fécondes; et, comme il n'y a point de méprise plus forte que celle que peut faire naître un personnage qui paraît double, aucune comédie ne doit faire rire plus que celle-ci : mais, comme le moyen est forcé, le mérite ne serait pas grand si l'exécution n'était pas parfaite.

Je ne sais pourquoi Despréaux, si l'on en croit le *Bolœana*, jugeait si sévèrement *Amphitryon* et semblait même préférer celui de Plaute. Il blâme la distinction, un peu longue, il est vrai, et même un peu subtile, de l'amant et de l'époux, dans les scènes d'Alcmène et de Jupiter : c'est un défaut qui n'est pas dans Plaute; mais ce défaut tient à beaucoup de différents mérites que Plaute n'a pas non plus. En effet, il fallait une scène d'amour à la première entrevue de Jupiter et d'Alcmène, qui devait nécessairement être un peu froide, comme toute scène entre deux amants également satisfaits; mais celle-ci amène la querelle entre Alcmène et Amphitryon, querelle qui produit la réconciliation entre Jupiter sous la forme du mari, et la femme qui le croit tel réellement; et cette réconciliation, qui par elle-même n'est pas sans intérêt, en répand beaucoup sur le rôle d'Alcmène, qui, par la vivacité de sa douleur et de ses sentiments, nous montre combien elle est sincèrement attachée à son époux. Cet aperçu n'était rien moins qu'indifférent dans le plan de la pièce; il était même très-important que la pureté des sentiments d'Alcmène et sa sensibilité vraie rachetassent et couvrissent ce qu'il y a d'involontairement déréglé dans ses actions : rien n'était plus propre à sauver l'immoralité du sujet. Plaute est peut-être excusable de n'y avoir pas même songé, sur un théâtre beaucoup plus libre que le nôtre; mais il faut savoir gré à Molière d'en être venu à bout, par une combinaison dont personne ne lui avait fourni l'idée, et que personne, ce me semble, n'avait encore observée.

Molière a bien d'autres avantages sur Plaute. En établissant la mésintelligence d'un mauvais ménage entre Sosie et Cléanthis, il donne un résultat tout différent à l'aventure du maître et du valet, et double ainsi la situation principale en la variant. Il donne à Cléanthis un caractère particulier, celui de ces épouses qui s'imaginent avoir le droit d'être insupportables, parce qu'elles sont honnêtes femmes. Il porte bien plus loin que Plaute le comique de détails qui naît de l'identité des personnages. Enfin, ne pouvant, par la nature extraordinaire du sujet, y mettre autant de vérité caractéristique et d'idées morales que dans d'autres pièces, il a semé plus que partout ailleurs les traits ingénieux, l'agrément et les jolis vers. Il a surtout tiré un grand parti du mètre et du mélange des rimes; et, par la manière dont il s'en est servi, il a justifié cette innovation, et prouvé qu'il entendait très-bien ce genre de versification, que l'on croit aisé, et dont les connaisseurs savent la difficulté, le mérite et les effets.

La prose, qui avait fait tomber le *Festin de pierre* dans sa nouveauté, nuisit d'abord au succès de l'*Avare* et le retarda; mais cependant, comme cette comédie est infiniment supérieure au *Festin de pierre*, son mérite l'emporta bientôt sur le préjugé, et l'*Avare* fut mis au nombre des meilleures productions de l'auteur. On a souvent demandé de nos jours s'il valait mieux écrire les comédies en prose qu'en vers. Celui qui le premier a mis dans le dialogue en vers autant de naturel qu'il pourrait y en avoir en prose, a résolu la question, puisque, sans rien ôter à la vérité, il a donné un plaisir de plus; et cet homme-là, c'est Molière. S'il ne versifia point l'*Avare*, c'est qu'il n'en eut pas le temps; car il était obligé de s'occuper, non-seulement de sa gloire particulière, mais aussi des intérêts de sa troupe, dont il était le père plutôt que le chef; et il fallait concilier sans cesse deux choses qui ne vont pas toujours ensemble : l'honneur et le profit.

L'*Avare* est une de ses pièces où il y a le plus d'intentions et d'effets comiques. Le principal caractère est bien plus fort que dans Plaute, et il n'y a nulle comparaison pour l'intrigue. Le seul défaut de celle de Molière est de finir par un roman postiche, tout semblable à celui qui termine si mal l'*École des Femmes*; et il est reconnu que ces dénoûments sont la partie faible de l'auteur. Mais, à cette faute près, quoi de mieux conçu que l'*Avare*? L'amour même ne le rend pas libéral, et la flatterie la mieux adaptée à un vieillard amoureux n'en peut rien arracher. Quelle leçon plus humiliante pour lui, et plus instructive pour tout le monde, que le moment où il se rencontre, faisant le métier du plus vil usurier, vis-à-vis de son fils, qui fait celui d'un jeune homme à qui l'avarice de ses parents refuse l'honnête nécessaire? Tel est le faux calcul des passions : on croit épargner sur des dépenses indispensables, et l'on est contraint tôt ou tard de payer des dettes usuraires. Molière d'ailleurs n'a rien oublié pour faire détester cette malheureuse passion, la plus vile de toutes et la moins excusable. Son avare est haï et méprisé de tout ce qui l'entoure : il est odieux à ses enfants, à ses domestiques, à ses voisins; et l'on est forcé d'avouer que rien n'est plus juste. Rousseau fait un reproche très-sérieux à Molière de ce que le fils d'Harpagon se moque de lui quand son père lui dit : *Je te donne ma malédiction*. La réponse du fils : *Je n'ai que faire de vos dons*, lui paraît scandaleuse. Il prétend que c'est nous apprendre à mépriser la malédiction paternelle. Mais voyons les choses telles qu'elles sont. La malédiction paternelle est sans doute d'un grand poids, lorsque, arrachée à une juste indignation, elle tombe sur un fils coupable qui a offensé la nature, et que la nature condamne. Mais, en vérité, le fils d'Hargagon n'a offensé personne en avouant qu'il est amoureux de Marianne quand son père offre de la lui donner; et, s'il persiste à dire qu'il l'aimera toujours quand Harpagon convient que ses offres n'étaient qu'un artifice pour avoir le secret de son fils et veut exiger qu'il y renonce, sa résistance n'est-elle pas la chose du monde la plus naturelle et la plus excusable? La malédiction d'Harpagon est-elle même bien sérieuse? Est-ce autre chose, dans cette occasion, qu'un trait d'humeur d'un vieillard jaloux et contrarié? Le fils a-t-il tort de n'y mettre pas plus d'importance que son père n'en met lui-même? La malédiction, dans la bouche d'Harpagon, n'est qu'une façon de parler, et Rousseau nous la présente comme un acte solennel : c'est ainsi qu'on parvient à confondre tous les faits et toutes les idées.

La scène où maître Jacques le cuisinier donne le menu d'un repas à son maître, qui veut l'étrangler dès qu'il en est au rôti, et où maître Jacques le cocher s'attendrit sur les jeûnes de ses chevaux; celle où Valère et Harpagon se parlent sans jamais s'entendre, l'un ne songeant qu'aux beaux yeux de son Élise, et l'autre ne concevant rien aux *beaux yeux de sa cassette*; celle qui contient l'inventaire des effets vraiment curieux qu'Harpagon veut faire prendre pour de l'argent comptant, et bien d'autres encore, sont d'un comique divertissant, dont il faut assaisonner le comique moral.

Le sujet des *Femmes savantes* paraissait bien peu susceptible de l'un et de l'autre. Il était difficile de remplir cinq actes avec un ridicule aussi mince et aussi facile à épuiser que celui de la prétention au bel esprit. Molière, qui l'avait déjà attaqué dans les *Précieuses*, l'acheva dans les *Femmes savantes*. Mais on fut d'abord si prévenu contre la sécheresse du sujet, et si persuadé que l'auteur avait tort de s'obstiner à en tirer une pièce en cinq actes, que cette prévention, qui aurait dû ajouter à la surprise et à l'admiration, s'y refusa d'abord, et balança le plaisir que faisait l'ouvrage et le succès qu'il devait avoir. L'histoire du *Misanthrope* se renouvela pour un autre chef-d'œuvre, et ce fut encore le temps qui fit justice. On s'aperçut de toutes les ressources que Molière avait tirées de son génie pour enrichir l'indigence de son sujet. Si, d'un côté, Philaminte, Armande et Bélise sont entichées du pédantisme que l'hôtel de Rambouillet avait introduit dans la littérature et du platonisme de l'amour qu'on avait essayé aussi de mettre à la mode, de l'autre se présentent des contrastes multiples sous différentes formes : la jeune Henriette, qui n'a que de l'esprit naturel et de la sensibilité, et qui répond si à propos à Trissotin, qui veut l'embrasser :

Monsieur, excusez-moi, je ne sais pas le grec;

la bonne Martine, cette grosse servante, la seule de tous les domestiques que la maladie de l'esprit n'ait pas gagnée; Clitandre, homme de bonne compagnie, homme de sens et d'esprit, qui doit haïr les pédants, et qui sait s'en moquer; enfin, et par-dessus tout, cet excellent Chrysale, ce personnage tout comique et de caractère et de langage, qui a toujours raison, mais qui n'a jamais une volonté; qui parle d'or quand il retrace tous les ridicules de sa femme, mais qui n'ose en parler qu'en les appliquant à sa sœur; qui, après avoir mis la main de sa fille Henriette dans celle de Clitandre et juré de soutenir son choix, un moment après trouve tout simple de donner cette même Henriette à Trissotin, et sa sœur Armande à l'amant d'Henriette, et qui appelle cela un *accommodement*. Le dernier trait de ce rôle est celui qui peint le mieux cette faiblesse de caractère, de tous les défauts le plus commun, et peut-être le plus dangereux. Quand Trissotin, trompé par la ruine supposée de Philaminte et de Chrysale, se retire brusquement, et qu'Henriette, de l'aveu même de Philaminte, détrompée sur Trissotin, devient la récompense du généreux Clitandre ; Chrysale, qui dans toute cette affaire n'est que spectateur et n'a rien mis du sien, prend la main de son gendre et, lui montrant sa fille, s'écrie d'un air triomphant :

Je le savois bien, moi, que vous l'épouseriez ;

et dit au notaire du ton le plus absolu :

Allons, monsieur, suivez l'ordre que j'ai prescrit,
Et faites le contrat ainsi que je l'ai dit.

Que voilà bien l'homme faible, qui se croit fort quand il n'y a personne à combattre, et qui croit avoir une volonté quand il fait celle d'autrui ! Qu'il est adroit d'avoir donné ce défaut à un mari d'ailleurs beaucoup plus sensé que sa femme, mais qui perd, faute de caractère, tout l'avantage que lui donnerait sa raison ! Sa femme est une folle ridicule : elle commande. Il est fort raisonnable : il obéit. Voltaire a bien raison de dire à ce grand précepteur du monde :

Et tu nous aurais corrigés,
Si l'esprit humain pouvait l'être.

En effet, les hommes reconnaissent leurs défauts plus souvent et plus aisément qu'ils ne s'en corrigent : mais pourtant c'est un acheminement à se corriger ; et il n'en est pas de tous les défauts comme de la faiblesse, qui ne se corrige jamais, parce qu'elle n'est que le manque de force, et qu'elle n'en est pas un abus.

Mais, si Chrysale est comique quand il a tort, il ne l'est pas moins quand il a raison : son instinct tout grossier s'exprime avec une bonhomie qui fait voir que l'ignorance sans prétention vaut cent fois mieux que la science sans le bon sens. Le pauvre homme ne met-il pas tout le monde de son parti quand il se plaint si pathétiquement qu'on lui ôte sa servante, parce qu'elle ne parle pas bien français ?

Qu'importe qu'elle manque aux lois de Vaugelas,
Pourvu qu'à la cuisine elle ne manque pas ?
J'aime bien mieux, pour moi, qu'en épluchant ses herbes
Elle accommode mal les noms avec les verbes ;
Qu'elle dise cent fois un bas et méchant mot,
Que de brûler ma viande et saler trop mon pot :
Je vis de bonne soupe, et non de beau langage.
Vaugelas n'apprend point à bien faire un potage ;
Et Malherbe et Balzac, si savants en bons mots,
En cuisine peut-être auroient été des sots.

. . . .

Mes gens à la science aspirent pour vous plaire,
Et tous ne font rien moins que ce qu'ils ont à faire.
Raisonner est l'emploi de toute la maison,
Et le raisonnement en bannit la raison.
L'un me brûle mon rôt en lisant quelque histoire ;
L'autre rêve à des vers quand je demande à boire.
Enfin je vois par eux votre exemple suivi,
Et j'ai des serviteurs et ne suis point servi.
Une pauvre servante au moins m'étoit restée,
Qui de ce mauvais air n'étoit point infectée ;

Et voilà qu'on la chasse avec un grand fracas
A cause qu'elle manque à parler Vaugelas !
Je vous le dis, ma sœur ; tout ce train-là me blesse,
Car c'est, comme j'ai dit, à vous que je m'adresse.
Je n'aime point céans tous vos gens à latin,
Et principalement ce monsieur Trissotin ;
C'est lui qui dans des vers vous a tympanisées :
Tous les propos qu'il tient sont des billevesées ;
On cherche ce qu'il dit après qu'il a parlé,
Et je lui crois, pour moi, le timbre un peu fêlé.

Ce style-là, il faut l'avouer, est d'une fabrique qu'on n'a point retrouvée depuis Molière : cette foule de tournures naïves confond lorsqu'on y réfléchit. Est-il possible, par exemple, de peindre mieux l'effet que produit le phébus et le galimatias, dans la conversation comme dans les livres, que par ce vers si heureux :

On cherche ce qu'il dit après qu'il a parlé ?

Ce pourrait être encore la devise de plus d'un bel esprit de nos jours.

Molière n'a pas même négligé de distinguer les trois rôles de *savantes* par différentes nuances : Philaminte, par l'humeur altière qui établit le pouvoir absolu qu'elle a sur son mari ; Armande, par des idées sur l'amour follement exaltées, et par une fierté à la fois dédaigneuse et jalouse qu'on est bien aise de voir humiliée par les railleries fines d'Henriette et par la franchise de Clitandre ; Bélise, par la persuasion habituelle où elle est que tous les hommes sont amoureux d'elle, persuasion poussée, il est vrai, jusqu'à un excès qui passe les bornes du ridicule comique et qui ressemble à la démence complète. Ce rôle m'a toujours paru le seul, dans les bonnes pièces de Molière, qui soit réellement ce qu'on appelle chargé. Il est sûr qu'une femme à qui l'on dit le plus sérieusement du monde : *Je veux être pendu si je vous aime*, et qui prend cela pour une déclaration détournée, a, comme le disait tout à l'heure le bonhomme Chrysale, le *timbre un peu fêlé*.

On sait que la querelle de Trissotin et de Vadius est tracée d'après une aventure toute semblable qui se passa chez Mademoiselle au palais du Luxembourg. On a blâmé Molière, avec raison, de s'être servi des propres vers de l'abbé Cotin. C'est sûrement la moindre de toutes les personnalités ; mais il ne faut s'en permettre aucune sur le théâtre : les conséquences en sont trop dangereuses. Il eût été si facile de construire un madrigal ou un sonnet, comme il avait fait celui d'Oronte ! Peut-être craignait-il que le parterre n'allât s'y tromper encore une fois, et voulut-il, pour être sûr de son fait, donner du Cotin tout pur. Quoi qu'il en soit, ce Cotin était un homme très-savant ; qui d'abord n'eut d'autre tort que de vouloir être orateur et poëte à force de lectures, et de croire qu'il suffisait d'entendre les anciens pour les imiter : c'est ce qui nous valut de lui de fort mauvais ouvrages. Il eut ensuite un tort encore plus grand, qui lui valut de fort bons ridicules : ce fut d'imprimer une satire contre Despréaux, et d'intriguer à la cour contre Molière; tous deux en firent une justice cruelle. Il ne faut pourtant pas croire, comme on l'a rapporté dans vingt endroits, qu'il en mourut de chagrin : si le chagrin le tua, ce fut un peu tard; il mourut à quatre-vingt-cinq ans.

VIII
DE TARTUFFE.

J'ai réservé le *Tartuffe* pour la fin de ce chapitre. C'est le pas le plus hardi et le plus étonnant qu'ait jamais fait l'art de la comédie : cette pièce en est le *nec plus ultra*; en aucun temps, dans aucun pays, il n'a été aussi loin. Il ne fallait rien moins que le *Tartuffe* pour l'emporter sur le *Misanthrope*; et, pour les faire tous les deux, il fallait être Molière. Je laisse de côté les obstacles qu'il eut à surmonter pour la représentation, et dont peut-être il n'eût jamais triomphé, s'il n'avait eu affaire à un prince tel que Louis XIV, et, de plus, s'il n'avait eu le bonheur d'en être particulièrement aimé; je ne m'arrête qu'aux difficultés du sujet. Que l'on propose à un poète comique, à un auteur de beaucoup de talent, un plan tel que celui-ci : Un homme dans la plus profonde misère vient à bout, par un extérieur de piété, de séduire un homme honnête, bon et crédule, au point que celui-ci loge et nourrit chez lui le prétendu dévot, lui offre sa fille en mariage, et lui fait, par un acte légal, donation entière de sa fortune. Quelle en est la récompense? Le dévot commence par vouloir corrompre la femme de son bienfaiteur, et, n'en pouvant venir à bout, il se sert de l'acte de donation pour le chasser juridiquement de chez lui, et abuse d'un dépôt qui lui a été confié pour faire arrêter et conduire en prison celui qui l'a comblé de bienfaits. — J'entends le poète se récrier : Quelle horreur! on ne supportera jamais sur le théâtre le spectacle de tant d'atrocités, et un pareil monstre n'est pas justiciable de la comédie. Voilà sans doute ce qu'on eût dit du temps de Molière, et ce que diraient encore ceux qui ne font que des comédies; car d'ailleurs ce sujet, tel que je viens de l'exposer, pourrait frapper les faiseurs de drames, et, en le chargeant de couleurs bien noires, ils ne désespéreraient pas d'en venir à bout. Molière seul, *qui n'alla pas jusqu'au drame*, comme l'a dit très-sérieusement le très-sérieux M. Mercier, s'avance et dit : C'est moi qui ai imaginé ce sujet qui vous fait trembler; et, quand vous en verrez l'exécution, il vous fera rire, et ce sera une comédie. On ne le croirait pas, s'il ne l'eût pas fait; car, à coup sûr, sans lui il serait encore à faire.

Molière, qui croyait que la comédie pouvait attaquer les vices les plus odieux, pourvu qu'ils eussent un côté comique, n'eut besoin que d'une seule idée pour venir à bout du *Tartuffe*. Il est vrai qu'elle est étendue et profonde, et son ouvrage seul pouvait nous la révéler. — L'hypocrisie, telle que je la veux peindre, est vile et abominable; mais elle porte un masque, et tout masque est susceptible de faire rire. Le ridicule du masque couvrira sans cesse l'odieux du personnage : je placerai l'un dans l'ombre, et l'autre en saillie; et l'un passera à la faveur de l'autre. Ce n'est pas tout : je renforcerai mes pinceaux pour couvrir de comique les scènes où je montrerai mon Tartuffe; je rendrai la crédulité de la dupe encore plus risible que l'hypocrisie de l'imposteur; Orgon, trompé seul quand tout s'unit pour le détromper, en sera si impatientant, qu'on désirera de le voir amené à la conviction par tous les moyens possibles; et ensuite je mettrai l'innocence et la bonne foi dans un si grand danger, qu'on me pardonnera de les en tirer par un ressort aussi extraordinaire que tout le reste de mon ouvrage.

C'est l'histoire du *Tartuffe*, et j'aurai plus d'une fois occasion de démontrer que la conception de plusieurs chefs-d'œuvre tient essentiellement à une seule idée, mais qui suppose, comme de raison, la force nécessaire pour l'exécuter. Jamais Molière n'en a déployé autant que dans le *Tartuffe*; jamais son comique ne fut plus profond dans les vues, plus vif dans les effets; jamais il ne conçut avec plus de verve et n'écrivit avec plus de soin. Il eut même ici un mérite particulier, celui d'une intrigue plus intéressante qu'aucune autre qu'il eût faite. C'est un spectacle touchant que toute cette famille désolée autour d'un honnête homme, près d'être si cruellement puni de son excessive bonté pour un scélérat qui le trompait; et cet intérêt n'est point romanesquement échafaudé, ni porté au delà des bornes raisonnables de la comédie.

L'exposition vaut seule une pièce entière : c'est une espèce d'action. L'ouverture de la scène vous transporte sur-le-champ dans l'intérieur d'un ménage, où la mauvaise humeur et le babil grondeur d'une vieille femme, la contrariété des avis et la marche du dialogue font ressortir naturellement tous les personnages que le spectateur doit connaître sans que le poète ait l'air de les lui montrer. Le sot entêtement d'Orgon pour Tartuffe, les simagrées de dévotion et de zèle du faux dévot, le caractère tranquille et réservé d'Elmire, la fougue impétueuse de son fils Damis, la saine philosophie de son frère Cléante, la gaieté caustique de Dorine et la liberté familière que lui donne une longue habitude de dire son avis sur tout, la douceur timide de Marianne : tout ce que la suite de la pièce doit développer, tout, jusqu'à l'amour de Tartuffe pour Elmire, est annoncé dans une scène qui est à la fois une exposition, un tableau, une situation. A peine Orgon a-t-il parlé, qu'il se peint tout entier par un de ces traits qui ne sont qu'à Molière. On peut s'attendre à tout d'un homme qui, arrivant dans sa maison, répond à tout ce qu'on lui dit par cette seule question : *Et Tartuffe?* et s'apitoie sur lui de plus en plus, quand on lui dit que Tartuffe a fort bien mangé et fort bien dormi. Cela n'est point exagéré : c'est ainsi qu'est fait ce que les Anglais appellent l'*infatuation*, mot assez peu usité parmi nous, mais nécessaire pour exprimer un travers très-commun. La distinction entre la vraie piété et la fausse dévotion, si solidement établie par Cléante, est en même temps la morale de la pièce et l'apologie de l'auteur. Elle est si convaincante, que le bon Orgon n'y trouve d'autre réponse que celle qui a été et qui sera à jamais sur cette matière le refrain des imbéciles ou des fripons :

Mon frère, ce discours sent le libertinage.

On sait la réplique de Cléante :

Voilà de vos pareils le discours ordinaire.

Et tous deux disent ce qu'ils doivent dire.

Le jargon mystique que Tartuffe mêle si plaisamment à sa déclaration tempère par le ridicule ce que son hypocrisie et son ingratitude ont de vil et de repoussant. Il était de la plus grande importance que cette scène fût conduite de manière à préparer et à motiver celle du quatrième acte, où le grand nœud de la pièce est tranché et Tartuffe démasqué. Mais combien de ressorts devaient y concourir!

D'abord, il fallait que cette déclaration, qui, dans la bouche d'un homme tel que Tartuffe et dans les circonstances du moment, doit paraître si révoltante, fût pourtant reçue de façon qu'Elmire, dans l'acte suivant, ne parût pas revenir de trop loin, quand elle est obligée, pour faire tomber le fourbe dans le piège, de risquer une démarche qui ressemble à des avances.

Il fallait de plus qu'Elmire ne s'empressât pas d'accuser Tartuffe et laissât ce premier mouvement à la jeunesse bouillante de son fils. Comme l'imposteur vient à bout, à force d'adresse, d'infirmer le témoignage de Damis et de le tourner à son avantage au point d'augmenter encore la prévention et l'aveuglement d'Orgon, si Elmire eût figuré dans cette première tentative, son mari n'eût pas même voulu l'entendre dans une seconde. Mais le poëte a eu soin d'accommoder à ses fins le caractère et la conduite d'Elmire : non-seulement il lui attribue une sagesse indulgente et modérée, fort éloignée de la pruderie qui s'effarouche d'une déclaration et qui fait un éclat de ses refus; mais il parle plus d'une fois, dans les premiers actes, des visites et des galanteries que lui attirent ses charmes, en sorte qu'on peut lui supposer un peu de cette coquetterie assez innocente qui ne hait pas les hommages et qui s'en amuse plus qu'elle ne s'en offense. Il ne fallait rien de moins pour ne pas rompre en visière à un personnage aussi abject et aussi dégoûtant que Tartuffe parlant d'amour en style béatifique à la femme de son bienfaiteur.

Mais, si la scène où Orgon est caché sous la table était difficile à amener, était-il plus aisé de l'exécuter? Ce n'était pas trop de tout l'art de Molière pour faire passer une situation si délicate et si périlleuse au théâtre. Si ce n'eût pas été la leçon la plus forte et la plus nécessaire par les circonstances, c'eût été le plus grand scandale; si le spectateur n'était pas bien convaincu de l'honnêteté d'Elmire, bien indigné de la fausseté atroce de Tartuffe, bien impatienté de l'imbécile crédulité d'Orgon, la situation la plus énergique où le génie de la comédie ait placé trois personnages à la fois était trop près de l'extrême indécence pour être supportée sur la scène. Heureusement elle est si connue, qu'il suffit de la rappeler; car elle est si hardie, qu'il ne serait pas possible d'analyser ici, sans blesser les bienséances, ce qui, sur le théâtre, ne s'en éloigne pas un moment, pas même lorsque Tartuffe rentre dans la chambre d'Elmire après avoir été visiter la galerie qui en est voisine. Qu'on se représente ce seul instant et tout ce qu'il fait envisager, et qu'on juge ce que l'auteur hasardait. On objecterait en vain que la présence d'Orgon, quoique caché, justifie tout : non, ce n'était pas assez; les murmures éclateraient, et l'on trouverait le tableau beaucoup trop licencieux, si le spectateur ne voulait pas avant tout la punition d'un monstre qu'il est impossible de confondre autrement, et si l'on n'avait pas affaire à un homme tel qu'Orgon, qui a besoin de pouvoir dire au cinquième acte :

Je l'ai vu, dis-je, vu, de mes propres yeux vu,
Ce qui s'appelle vu.

En un mot, si la scène n'avait pas été fort sérieuse sous ce rapport, elle pouvait devenir, sous tous les autres, beaucoup trop gaie.

Mais quel surcroît de comique, et comme l'auteur enchérit sur ce qu'il semble avoir épuisé, quand madame Pernelle joue avec Orgon le même rôle que cet Orgon a joué avec tous les autres personnages de la pièce; lorsqu'elle refuse obstinément de se rendre à toutes les preuves qu'il allègue contre Tartuffe!

Juste retour, monsieur, des choses d'ici-bas :
Vous ne vouliez pas croire, et l'on ne vous croit pas.

Cette progression d'effets comiques, si imprévue et pourtant si naturelle, est le plus grand effort de l'art.

Il y en a beaucoup aussi sans doute dans la manière dont Tartuffe s'y prend pour en imposer à sa dupe, quand Damis l'accuse, en présence d'Elmire, qui n'en disconvient pas, d'avoir voulu déshonorer Orgon. Mais ici Molière, qui savait se servir de tout, a employé très-heureusement un moyen que Scarron lui avait indiqué. Jamais il ne fut mieux dans le cas de dire : *Je prends mon bien où je le* trouve; car une idée perdue dans une assez mauvaise *Nouvelle*, que personne ne lit, lui a fourni une scène admirable. Voici ce qu'il a trouvé dans Scarron : Un gentilhomme rencontre dans les rues de Séville un insigne fripon, nommé Montafer, qu'il avait connu à Madrid, où il avait été témoin de tous ses crimes. Il tout voit le peuple attroupé autour de ce scélérat, qui avait su, à force de grimaces, se donner dans Séville la réputation d'un saint. Il ne peut contenir son indignation, et le charge de coups en lui reprochant son impudente hypocrisie. Le peuple irrité se jette sur l'imprudent gentilhomme, et le maltraite au point de le mettre en danger de vie, si Montafer, saisissant en habile coquin l'occasion de jouer une nouvelle scène, plus capable que tout le reste de le faire canoniser par la multitude, ne se jetait au-devant des plus emportés, et ne prenait la défense de son accusateur. Il faut entendre ici Scarron : on jugera mieux l'usage que Molière a fait de ce morceau :

« Il le releva de terre, où on l'avoit jeté, l'embrassa et le baisa, tout plein qu'il étoit de sang et de boue, et fit une réprimande au peuple. — Je suis le méchant, disoit-il ; je suis le pécheur ; je suis celui qui n'a jamais rien fait d'agréable aux yeux de Dieu. Pensez-vous, parce que vous me voyez vêtu en homme de bien, que je n'aie pas été toute ma vie un larron, le scandale des autres, et la perdition de moi-même ? Vous vous trompez, mes frères : faites-moi le but de vos injures et de vos pierres, et tirez sur moi vos épées. — Après avoir dit ces paroles avec une fausse douceur, il s'alla jeter, avec un zèle encore plus faux, aux pieds de son ennemi, et, les lui baisant, il lui demanda pardon. »

Voilà précisément les actions et le langage de Tartuffe lorsqu'il défend Damis contre la colère de son père et qu'il se met à genoux en s'accusant lui-même et se dévouant à tous les châtiments possibles. On ne peut nier que Molière ne doive à Scarron cette idée si ingénieuse, de faire de l'aveu d'une conscience coupable un acte d'humilité chrétienne. Mais d'abord la situation est bien plus forte dans *Tartuffe*, parce que l'accusation est bien plus importante et plus directe ; et quelle comparaison de la prose qu'on vient de lire à des vers tels que ceux-ci ?

Oui, mon frère, je suis un méchant, un coupable,
Un malheureux pécheur tout plein d'iniquité,
Le plus grand scélérat qui jamais ait été.
Chaque instant de ma vie est chargé de souillures ;
Elle n'est qu'un amas de crimes et d'ordures ;
Et je vois que le ciel, pour ma punition,
Me veut mortifier en cette occasion.
De quelque grand forfait qu'on me puisse reprendre,
Je n'ai garde d'avoir l'orgueil de m'en défendre.
Croyez ce qu'on vous dit ; armez votre courroux,
Et comme un criminel chassez-moi de chez vous :
Je ne saurois avoir tant de honte en partage,
Que je n'en aie encor mérité davantage.
....

Ah ! laissez-le parler : vous l'accusez à tort,
Et vous ferez bien mieux de croire à son rapport.
Pourquoi sur un tel fait m'être si favorable ?
Savez-vous, après tout, de quoi je suis capable ?
Vous fiez-vous, mon frère, à mon extérieur ?
Et pour tout ce qu'on voit, me croyez-vous meilleur ?
Non, non, vous vous laissez tromper à l'apparence,
Et je ne suis rien moins, hélas ! que ce qu'on pense.
Tout le monde me prend pour un homme de bien ;
Mais la vérité pure est que je ne vaux rien.

Ce caractère de Tartuffe est d'une profondeur effrayante. Il ne se dément pas un moment ; il n'est jamais déconcerté ; il prend ici Orgon par son faible, et se tire du plus grand embarras par le seul moyen qui puisse lui réussir. Un honnête homme faussement accusé ne tiendrait jamais ce langage. Mais aussi Orgon n'est pas un homme qui connaisse le langage de la vertu et de la probité : celui de la raison, dans la bouche de Cléante, lui a paru du libertinage, et celui de l'imposture, dans la bouche de Tartuffe, lui paraît le sublime de la dévotion.

Remarquons encore que Tartuffe, tout amoureux qu'il est d'Elmire, est en garde contre elle autant qu'il peut l'être. Il commence par la soupçonner d'un intérêt très-vraisemblable, celui qu'elle peut avoir à le détourner du mariage qu'on lui propose avec la fille d'Orgon. Les premiers mots qu'il lui dit sont d'un homme toujours de sang-froid et qu'il n'est pas aisé de tromper.

Ce langage à comprendre est assez difficile,
Madame, et vous parliez tantôt d'un autre style.

Enfin, malgré toutes les douceurs que lui prodigue Elmire, il ne prend aucune confiance en ses discours, et il veut d'abord, pour être en pleine sûreté, la mettre dans sa dépendance. Il devine tout, excepté ce qu'il ne peut absolument deviner ; et, quand il se trouve surpris par Orgon, il pourrait dire ce vers d'une ancienne comédie :

J'avois réponse à tout, hormis à Qui va là ?

La dernière observation que je ferai sur ce rôle, c'est que l'auteur ne lui a donné ni confident ni monologue ; il ne montre ses vices qu'en action. C'est qu'en effet l'hypocrite ne s'ouvre jamais à personne ; il ment toujours à tout le monde, excepté à sa conscience et à Dieu, supposé qu'un hypocrite achevé ait une conscience et qu'il croie un Dieu ; ce qui n'est nullement vraisemblable. S'il peut y avoir de véritables athées, ce sont surtout les hypocrites.

Le seul reproche qu'on ait fait à cette inimitable production, c'est un dénoûment amené par un ressort étranger à la pièce ; mais je ne sais si cette prétendue faute en est réellement une. Tartuffe est si coupable, qu'il ne suffisait pas, ce me semble, qu'il fût démasqué : il fallait qu'il fût puni ; et il ne pouvait pas l'être par les lois, encore moins par la société. Un hypocrite brave tout en se réfugiant chez ses pareils et en attestant Dieu et la religion. Et n'était-ce pas donner un exemple instructif et faire au moins du pouvoir absolu un usage honorable, que de l'employer à la punition d'un si abominable homme et de montrer que le méchant peut quelquefois se perdre par sa propre méchanceté et tomber dans le piége qu'il tendait aux autres? Je conviens que ce dénoûment n'est pas conforme aux règles ordinaires; mais, dans un ouvrage où le talent de Molière lui avait appris à agrandir la sphère de la comédie, l'*art* pouvait lui apprendre aussi à *franchir les limites de l'art*; et, si dans ce dénoûment il a le plaisir de satisfaire sa reconnaissance pour Louis XIV, il y trouve un moyen de satisfaire en même temps l'indignation du spectateur.

Molière est surtout l'auteur des hommes mûrs et des vieillards : leur expérience se rencontre avec ses observations, et leur mémoire avec son génie. Il observait beaucoup : il y était porté par son caractère, et c'est sans doute le premier secret de son art; mais il faudrait avoir ses yeux pour observer comme lui. Il était habituellement mélancolique, cet homme qui a écrit si gaiement. Ceux dont il saisissait les travers et les faiblesses étaient souvent bien plus heureux que lui : j'en excepterais les jaloux, s'il ne l'avait pas été lui-même.

Molière jaloux! lui qui s'est tant moqué de la jalousie! Eh! oui, comme les médecins qui recommandent la sobriété, et qui ont des indigestions; comme les hommes sensibles qui prêchent l'indifférence. Chapelle prêchait aussi Molière, et lui reprochait sa jalousie : *Vous n'avez donc pas aimé?* lui dit l'homme infortuné qui aimait. Il aima sa femme toute sa vie, et toute sa vie elle fit son malheur. Il est vrai que, lorsqu'il fut mort, elle parvint à lui obtenir la sépulture; elle demandait même pour lui des *autels*. Cela fait souvenir des Romains, qui mettaient leurs empereurs au rang des dieux quand ils les avaient égorgés.

Il fit plus de trente pièces de théâtre en moins de quinze ans, et pas une ne ressemble à l'autre. Il était cependant à la fois auteur, acteur et directeur de comédie.

Il était d'un caractère doux et de mœurs pures; on raconte de lui des traits de bonté. Il était adoré de ses camarades, quoiqu'il leur fît du bien; et il mourut presque sur le théâtre, pour n'avoir pas voulu leur faire perdre le profit d'une représentation. Il écoutait volontiers les avis, quoique probablement il ne fît pas grand cas de ceux de sa servante. Il encourageait les talents naissants. Le grand Racine, alors à son aurore, lui lut une tragédie : Molière ne la trouva pas bonne, et elle ne l'était pas; mais il exhorta l'auteur à en faire une autre, et lui fit un présent. C'était mieux voir que Corneille, qui exhorta Racine à faire des comédies et à quitter la tragédie.

Molière n'était point envieux : quelques grands hommes l'ont été. Ce fut son suffrage qui contribua, autant que celui de Louis XIV, à ramener le public aux *Plaideurs*, qui étaient tombés. Il était alors brouillé avec Racine : ce moment dut être bien doux à Molière.

On s'occupait, quelque temps avant sa mort, à lui faire quitter l'état de comédien, pour le faire entrer à l'Académie française. Cette compagnie, qui n'a jamais éloigné volontairement aucun talent supérieur, a du moins adopté Molière, dès qu'elle l'a pu, par l'hommage le plus éclatant. Elle lui a décerné un éloge public, et a placé son buste chez elle, avec cette inscription également honorable pour nous et pour lui :

Rien ne manque à sa gloire; il manquait à la nôtre [1].

---

[1] Les notes qui accompagnent, dans notre édition, chacune des pièces de Molière, complètent et rectifient parfois le jugement de la Harpe. (F. L.)

EXTRAITS
DU
DISCOURS SUR LA COMÉDIE
PAR AUGER

Lorsque Molière entra dans la carrière du théâtre, le royaume était pacifié. Louis XIV allait devenir époux par le traité des Pyrénées, et roi par la mort de Mazarin; les grands seigneurs, de suzerains altiers devenus vassaux soumis, entouraient leur jeune monarque, et déjà préludaient à ce culte d'amour et d'admiration qu'ils lui rendirent pendant tout son règne; les lettres et les arts, respirant du tumulte des discordes civiles, s'apprêtaient à orner de leurs chefs-d'œuvre un siècle dont ils ont fait la gloire. Cependant les courtisans flattaient leur maître et cherchaient à se supplanter entre eux, les magistrats rendaient, et quelquefois, dit-on, vendaient la justice, les traitants s'enrichissaient aux dépens du peuple, les femmes faisaient l'amour, les bourgeois vaquaient à leurs occupations; en un mot, tout était rentré dans l'ordre avec ces différences de conditions, ces distinctions de rangs, ces inégalités de fortunes et ces variétés de ridicules qui constituent la meilleure des sociétés possibles pour la Muse de la satire et celle de la comédie.

Les circonstances où apparut le génie naissant de Molière étaient d'autant plus propres à le seconder, qu'alors l'état de la société était un état de crise, également éloigné de la grossière confusion des temps de barbarie et de l'insipide uniformité des temps qu'amène une longue civilisation. Il existait une sorte de conflit entre les mœurs anciennes et les mœurs nouvelles, entre la rusticité héréditaire et l'élégance acquise, entre l'antique pruderie et la coquetterie moderne, entre le faux savoir qui obscurcissait encore beaucoup d'esprits et les vraies lumières qui, de toutes parts, cherchaient à y pénétrer, entre la ridicule affectation qui avait déshonoré notre littérature naissante et le bon goût qui venait y établir son empire : de là une foule de contrastes, d'oppositions dramatiques. D'un autre côté, les conditions tendaient à se rapprocher et à effacer la ligne chaque jour moins profonde qui les séparait; dans tous les degrés de l'échelle sociale, chacun s'efforçait de s'élever au-dessus de son état, en blâmant les mêmes efforts dans tous les autres : de là une multitude de prétentions, de rivalités comiques...

Depuis la renaissance des lettres, tous nos poëtes comiques, et Molière, comme eux, à son entrée dans la carrière, s'étaient bornés à copier des copies qui à peine avaient eu elles-mêmes des originaux. Les *Précieuses ridicules* furent le premier tableau peint d'après nature, le premier qui représentât des personnages vrais et des mœurs réelles. C'était la comédie ramenée à son principe et à sa destination. Molière le comprit aussitôt; et, de ce moment, toutes ses études eurent pour objet l'homme et la société...

Des esprits bornés ou irréfléchis ont fait un reproche à Molière de ce qu'il a souvent exagéré le comique de situation et le comique de dialogue. De pareils juges condamneraient une statue plus grande que nature, faute de comprendre que, vue au point élevé qu'elle doit occuper, elle sera réduite, par l'effet de la distance, aux proportions ordinaires de l'homme. On a beaucoup parlé de l'optique du théâtre; mais du principe exprimé par ce mot on n'a peut-être pas tiré tout ce qu'il renferme. Toutes les parties d'un art doivent être homogènes : une seule qui ne serait pas de la nature des autres les accuserait d'imposture, et l'effet de l'ensemble serait détruit. Au théâtre, le décorateur strapassonne ses figures et ses ornements; l'acteur est grandi par l'exhaussement de la scène et son élévation progressive; il relève par le fard la couleur naturelle de son visage; il renforce le volume accoutumé de sa voix; il rend son geste plus fréquent et plus expressif.

Conviendrait-il que, sur cette scène où tout ce qui s'adresse à l'oreille et aux yeux excède, à cause de l'éloignement, la mesure ordinaire des choses, ce qui est du ressort de l'esprit seul restât renfermé dans les bornes communes? Non, sans doute. Si les objets et les sons doivent être calculés d'après les données matérielles du théâtre, il y a aussi une optique, et, si je l'osais dire, une acoustique de l'esprit. Ce qu'entendent beaucoup d'hommes rassemblés à dessein, mais sans choix, doit être d'un effet qui réponde au nombre des auditeurs, à la diversité de leurs esprits, et à l'espèce de solennité qui les réunit. Il faut que ce qui leur est présenté, ce qui leur est dit, frappe sur-le-champ et d'un seul coup toutes les intelligences, depuis la plus prompte jusqu'à la plus tardive : des situations trop ménagées et des mots trop fins n'arriveraient pas plus à l'esprit du public que des mouvements trop peu marqués ne parviendraient à ses yeux, et des sons trop faibles à son oreille.

Il y a plus : des spectateurs, que le déplacement et la dépense rendent exigeants à double titre, ne sont pas venus, n'ont pas payé pour écouter et voir exactement les mêmes hommes qu'ils peuvent rencontrer chaque jour : ils veulent mieux, ils veulent plus que l'avare, le grondeur, le patelin, le jaloux, le pédant, qui est de leur parenté, de leur voisinage ou de leur quartier; et, en cela, leur vœu conspire avec le besoin du poëte. Celui-ci, en effet, sent que, pour plaire et triompher, il doit, comme tous les imitateurs de la nature choisie, prendre dans plusieurs modèles de quoi composer son image, et s'élever même, s'il se peut, au-dessus des perfections relatives qu'il a rassemblées en elle. De même donc que l'artiste réalise, dans le marbre ou sur la toile, le beau idéal des formes physiques, l'auteur comique individualise sur la scène le beau idéal des difformités intellectuelles, je veux dire du vice, de la folie et de la sottise.

Cette différence qui doit exister entre les originaux que fournit la société et les copies que l'art en présente existe entre les imitations même, suivant leur genre et leur destination. Le comique du *proverbe* n'est pas celui de la *comédie* : l'un, transporté du salon sur le théâtre, sera sans relief, sans couleur et sans mouvement; l'autre, descendu du théâtre dans le salon, semblera heurté, cru et outré dans l'ensemble ainsi que dans les détails. Je reviens à Molière. Oui, sans doute, il a souvent renforcé et multiplié les traits dont ses caractères sont formés. Il en difficile, on l'a déjà remarqué, qu'un seul homme, sût un seul jour, fasse autant de traits d'avarice que Molière en a rassemblé dans Harpagon. Il est rare aussi que, dans le monde, la passion laisse échapper son secret avec aussi peu de prudence ou le livre avec aussi peu de retenue que le font tous ces personnages infatués qu'il a mis sur la scène.

Mais, je le répète, la perspective théâtrale veut de ces proportions exagérées, de ces traits chargés, de ces teintes vigoureuses, de ces coups de pinceau larges et nombreux, qui, par l'effet de l'éloignement, doivent se réduire, s'éteindre et se fondre de manière à ne plus présenter, au point de vue, que les justes dimensions, les formes exactes et les couleurs véritables de l'homme. Et quel peintre de la société a mieux senti, mieux observé que Molière, cette mesure précise, qui de l'exagération de l'art fait sortir la vérité de la nature?

Molière, du reste, pour peindre à la fois avec énergie et avec vérité, fit choix des modèles les mieux appropriés à ce dessein, et il eut ce bonheur, que son siècle les offrait en foule à son pinceau. Alors n'existait point, au même degré, cette rapide et constante communication des esprits, qui fait qu'ils se pénètrent, se modifient les uns les autres, et finissent par se ranger tous sous le joug des mêmes opinions. Alors surtout n'existait point, dans toute sa puissance, cette police mutuelle de la mode et du ridicule, qui, rendant chacun attentif à observer les autres et à s'observer soi-même, règle, pour tous, l'apparence des actions, l'espèce des paroles, la forme des habits, la mesure du geste, et jusqu'à l'étendue de la voix, et, d'une société d'hommes si diversement organisés fait comme un assemblage d'automates mis en mouvement par les mêmes ressorts.

La cour, il est vrai, se distinguait déjà, du temps de Molière, par l'art de cacher ses vices et ses ridicules sous des dehors élégamment uniformes, et ses dispositions malveillantes envers autrui sous les formules banales de la politesse. Mais la bourgeoisie n'avait point encore perdu cette simplicité, cette franchise, cette naïveté de manières et de langage, qui laissent apercevoir sans peine le caractère et l'humeur, les idées et les sentiments de chaque individu.

Voulant peindre, non des mannequins, mais des hommes, non des masques identiques et insignifiants, mais des visages expressifs et variés; voulant, d'ailleurs, imiter une nature morale, où le bien et le mal se trouvassent dans cet état d'équilibre ou plutôt de mélange, qui semble être le vrai partage de notre espèce, et qui est le plus favorable aux oppositions que l'art demande, Molière alla chercher ses personnages dans la bourgeoisie, classe mitoyenne, qui, touchant par ses deux extrémités au peuple et à la noblesse, n'avait ni les défauts grossiers de l'un, ni les vices raffinés de l'autre. C'est dans les rangs inférieurs de cette classe qu'il a pris ses Gorgibus et ses Sganarelles; les rangs plus élevés lui ont fourni les Orgon, les Chrysale, les Harpagon, les Arnolphe, les Jourdain et les Argan. Chez de tels hommes, du moins, les ridicules ne se montrent ni trop à nu, ni trop déguisés; les bons mouvements ne peuvent pas être attribués entièrement soit à l'instinct, soit au calcul; et le langage qui manifeste les uns et les autres est exempt de grossièreté comme d'affectation.

Molière, toutefois, ne négligea pas de peindre les nobles de la cour, de la ville et de la province; mais il les plaça ordinairement dans des intrigues bourgeoises, comme personnages secondaires ou accessoires. Les *marquis*, que lui-même qualifie de *ridicules*, ne sont que des bouffons propres à divertir le public par une espèce particulière d'impertinence et de sottise. Les Sotenville et les d'Escarbagnas appartiennent à cette gentilhommerie campagnarde que la noblesse de cour repousse, dont la roture citadine se moque, et qui n'impose qu'à la paysannerie. Le Clitandre de *George Dandin* est un galant adultère, et le Dorante du *Bourgeois gentilhomme* est un aimable escroc : ils ne tirent pas leurs vices de leur qualité; ils n'empruntent d'elle que les formes élégantes dont ils savent les revêtir.

Le Clitandre des *Femmes savantes*, unissant la raison et le bon goût à l'honnêteté de l'âme et à la délicatesse des procédés, semble être une apologie équitable de la cour, trop généralement accusée d'ignorance par des pédants, et de dépravation par des moralistes chagrins. Mais, je le répète, ces nobles de différente espèce et de différent caractère ne sont guère que des individus, des personnages plutôt nécessaires à l'action des pièces où ils sont introduits, que destinés à représenter les mœurs de la classe à laquelle ils appartiennent.

Une seule fois, Molière mit en scène des personnes de la cour dans une comédie faite à dessein de les peindre, et où elles figurent exclusivement : ce fut dans le *Misanthrope*. Ces personnes ne sont pas toutes parées d'un titre, mais toutes font évidemment partie de la classe noble; et Alceste, quoiqu'il n'en dise rien, est aussi bon gentilhomme qu'Oronte qui s'en pique et Acaste qui s'en vante. La tentative fut heureuse, puisque nous lui dûmes un chef-d'œuvre; mais le poëte ne la renouvela pas. Le *Misanthrope* abonde en beautés nobles, élégantes, fines et délicates, qui lui sont particulières. Mais qui oserait affirmer que le comique en est aussi vif, aussi saillant, aussi énergique, et d'une application morale aussi étendue que celui de *Tartuffe*, de l'*Avare*, du *Bourgeois gentilhomme*, des *Femmes savantes*, ou du *Malade imaginaire*; et qui pourrait ne pas attribuer cette différence à la différence même des personnages?

Molière, dans l'intention qu'il avait de faire la satire des mœurs plus que celle des professions, et peut-être aussi afin de rendre plus générale sa censure des vices et des ridicules, s'est abstenu ordinairement de spécifier l'état de ses personnages. Ses bourgeois, dans les petites pièces comme dans les grandes, sont des hommes vivant d'un revenu plus ou moins considérable, et n'ayant aucune profession, aucun emploi. On voit seulement qu'Orgon a *servi son prince* pendant les troubles de la Fronde, et que le père de M. Jourdain *vendait du drap* près de la porte Saint-Innocent. Je ne parle pas du métier de prêteur à gros intérêt et sur gages, que fait Harpagon : l'usure est une partie de son vice, et il ne la fait qu'en amateur.

Il est cependant certaines professions qui sont inévitablement en butte aux traits de la Muse comique : ce sont celles qui, disposant de la santé ou de la fortune des hommes, seront toujours accusées, quoi qu'elles fassent, de leur nuire par ignorance ou par cupidité. Molière, s'il n'a pas entièrement épargné les professions de qui dépendent nos biens, les a, du moins, beaucoup ménagées. Les juges, les avocats, les procureurs, les huissiers, les notaires et les traitants, n'ont reçu de lui que quelques atteintes rares et légères.

Mais les médecins ont été l'objet constant de ses plus vives hostilités. Il leur a livré jusqu'à cinq batailles rangées, sans compter les escarmouches; et, en songeant à sa dernière comédie, le *Malade imaginaire*, on peut dire qu'il est mort en les combattant. D'où vient cet acharnement extraordinaire? Sans contredit de ce que Molière était presque toujours malade et ne pouvait être guéri ni même soulagé. Après les médecins, les hommes qu'il a le plus fréquemment attaqués, ce sont les auteurs jaloux et malveillants. C'est qu'après les charlatans qui ne savaient pas lui rendre la santé, les envieux qui lui disputaient sa gloire étaient ses ennemis les plus personnels. Quant aux hypocrites, je n'en dirai qu'un mot. S'il eut souvent à souffrir de leurs manœuvres, il ramassa toutes ses forces pour leur porter un seul coup, mais un coup dont ils se sentiront toujours.....

———

Peu de paroles doivent suffire pour assigner à Molière la place qui lui appartient parmi les hommes de génie qui ont instruit ou charmé l'univers. En tous les genres de littérature, nos prosateurs et nos poëtes ont été les disciples des écrivains de l'antiquité : quelques-uns les ont égalés; peu les ont surpassés; il a suffi à la gloire du plus grand nombre de ne pas rester trop au-dessous d'eux. En tous les genres encore, nos auteurs trouvent, dans ceux des autres nations modernes, des rivaux à qui tantôt ils disputent, tantôt ils enlèvent, tantôt ils cèdent la supériorité. Par la plus glorieuse exception, Molière ne rencontre, en aucun temps, en aucun lieu, ni émule, ni vainqueur. La Grèce et Rome n'ont rien qui lui puisse être comparé : leurs plus fanatiques adorateurs en conviennent. Les peuples nouveaux n'ont rien qu'ils lui puissent opposer : eux-mêmes le reconnaissent sans peine. Pour lui seul, on s'est dépouillé de tout préjugé littéraire, de toute prévention nationale; et tous les pays, comme tous les siècles, semblent unir leurs voix pour le proclamer l'auteur unique, le poëte comique par excellence.....

En 1800, Kemble, le fameux acteur anglais, vint à Paris. Les comédiens du Théâtre-Français lui firent fête, et, entre autres politesses, lui donnèrent un dîner splendide. On y parla beaucoup des grands auteurs et des grands acteurs qui ont illustré la scène de Paris et celle de Londres

Il était difficile qu'on n'en vînt pas à disputer un peu sur la prééminence de l'un ou de l'autre pays, en ce qui concerne l'art dramatique. Il s'agit d'abord de la tragédie. On dit, de part et d'autre, de fort belles choses sur les deux systèmes et sur les principaux chefs-d'œuvre auxquels ils ont donné naissance. De la question des ouvrages on passe bientôt à celle des hommes et des époques.

Nos comédiens citaient avec orgueil le vieux Corneille. L'Anglais opposait, avec quelque avantage, Shakspeare, plus vieux encore. « Messieurs, disait-il à peu près, M. Corneille est sans doute un beau génie; mais considérez qu'il était né d'un avocat général à la table de marbre de Rouen, qu'il avait reçu une excellente éducation, et qu'enfin Malherbe était déjà venu donner des lois à votre Parnasse. Shakspeare, au contraire, fils d'un pauvre marchand de laine du comté de Warwick, n'ayant fait presque aucune étude, longtemps réduit à garder des chevaux à la porte d'une salle de spectacle, et vivant dans un siècle à demi barbare, Shakspeare tira tout de lui-même, et s'éleva, sans aucun secours, à une telle hauteur, que, dans les temps même de savoir et de politesse, il n'a été donné à personne de l'égaler. »

Nos comédiens avaient sans doute d'excellentes raisons à opposer, et ils étaient gens à les bien faire valoir; mais, la courtoisie les obligeant à ne point trop pousser l'étranger à qui ils faisaient honneur, ils semblaient perdre du terrain et renoncer à la victoire, lorsque Michot, venant au secours de la France qui périclitait, éleva solennellement la voix, et dit à Kemble : « Fort bien, monsieur, fort bien; mais Molière? que dites-vous de celui-là? » Et Michot crut l'avoir atterré du coup. « Oh! pour Molière, répondit froidement l'Anglais, c'est autre chose. Molière n'est pas un Français. — Comment! que dites-vous donc là? Molière est un Anglais, peut-être? — Non, Molière n'est pas non plus un Anglais. — C'est fort heureux! Mais, enfin, qu'est-il donc? — C'est un homme. — Ah! oui, comme dans *Tartuffe* :

C'est un homme... qui..., ah!... un homme... un homme, enfin!

— Je sais, je sais. Mais, non, messieurs, ce n'est pas là ce que je veux dire. — Qu'est-ce donc? — Le voici. Je me figure, moi, que Dieu, dans sa bonté, voulant donner au genre humain le plaisir de la comédie, un des plus doux qu'il puisse goûter, créa Molière, et le laissa tomber sur terre, en lui disant : « Homme, va peindre, amuser, et, si tu peux, corriger tes semblables. » Il fallait bien qu'il descendît sur quelque point du globe, de ce côté du détroit, ou bien de l'autre, ou bien ailleurs. Nous n'avons pas été favorisés : c'est de votre côté qu'il est tombé. Qu'importe? Je soutiens qu'il est à nous aussi bien qu'à vous. Est-ce vous seulement qu'il a peints? est-ce vous seulement qu'il amuse? Non : il a peint tous les hommes, tous font leurs délices de ses ouvrages, et tous sont fiers de son génie.

« Les petites divisions de royaumes et de siècles s'effacent devant lui. Tel ou tel pays, telle ou telle époque, n'ont pas le droit de se l'approprier. Il appartient à l'univers; il appartient à l'éternité. »

On pense bien que nos comédiens n'eurent rien à répliquer. L'orgueil britannique, se condamnant à l'absurde plutôt que d'avouer notre avantage, et ne le niant que pour le mieux reconnaître, venait de rendre au génie de Molière et à la gloire de la France l'hommage le plus flatteur qu'ils pussent recevoir.

LA JALOUSIE DU BARBOUILLÉ

COMÉDIE[1]

PERSONNAGES

LE BARBOUILLÉ, mari d'Angélique.
LE DOCTEUR.
ANGÉLIQUE, fille de Gorgibus.
VALÈRE, amant d'Angélique.
CATHAU, suivante d'Angélique.
GORGIBUS, père d'Angélique.
VILLEBREQUIN.
LA VALLÉE.

SCÈNE I

LE BARBOUILLÉ, seul.

Il faut avouer que je suis le plus malheureux de tous les hommes ! J'ai une femme qui me fait enrager : au lieu de me donner du soulagement, et de faire les choses à mon souhait, elle me fait donner au diable vingt fois le jour ; au lieu de se tenir à la maison, elle aime la promenade, la bonne chère, et fréquente je ne sais quelle sorte de gens. Ah ! pauvre Barbouillé, que tu es misérable ! Il faut pourtant la punir. Si tu la tuois... l'intention ne vaut rien, car tu serois pendu. Si tu la faisois mettre en prison... la carogne en sortiroit avec son passe-partout. Que diable faire donc ? Mais voilà monsieur le docteur qui passe par ici ; il faut que je lui demande un bon conseil sur ce que je dois faire.

SCÈNE II

LE DOCTEUR, LE BARBOUILLÉ.

LE BARBOUILLÉ.

Je m'en allois vous chercher pour vous faire une prière sur une chose qui m'est d'importance.

[1] Cette comédie, l'un des premiers essais de Molière, n'a paru jusqu'ici que dans un très-petit nombre d'éditions. Bien qu'elle soit très-loin des chefs-d'œuvre de l'auteur, elle y prélude ; on y pressent déjà ce naturel et cette verve qui doivent éclater plus tard. Plusieurs scènes méritaient d'être conservées. On est curieux d'ailleurs d'assister aux premiers débuts de Molière, et cette petite comédie est une sorte de point de départ qu'on ne sera pas fâché de trouver ici. (F. L.)

LE DOCTEUR.

Il faut que tu sois bien malappris, bien lourdaud, et bien mal morigéné, mon ami, puisque tu m'abordes sans ôter ton chapeau, sans observer *rationem loci, temporis et personæ*. Quoi ! débuter par un discours mal digéré, au lieu de dire : *Salve, vel salvus sis, doctor doctorum eruditissime*. Eh ! pour qui me prends-tu, mon ami ?

LE BARBOUILLÉ.

Ma foi, excusez-moi, c'est que j'avois l'esprit en écharpe, et je ne songeois pas à ce que je faisois ; mais je sais bien que vous êtes galant homme.

LE DOCTEUR.

Sais-tu bien d'où vient le mot galant homme ?

LE BARBOUILLÉ.

Qu'il vienne de Villejuif ou d'Aubervilliers, je ne m'en soucie guère.

LE DOCTEUR.

Sache que le mot galant homme vient d'élégant : prenant le *g* et l'*a* de la dernière syllabe, cela fait *ga*, et puis prenant *l*, ajoutant un *a* et les deux dernières lettres, cela fait *galant*, et puis ajoutant *homme*, cela fait *galant homme*. Mais, encore, pour qui me prends-tu ?

LE BARBOUILLÉ.

Je vous prends pour un docteur. Or çà, parlons un peu de l'affaire que je veux vous proposer ; il faut que vous sachiez...

LE DOCTEUR.

Sache auparavant que je ne suis pas seulement une fois docteur, mais que je suis une, deux, trois, quatre, cinq, six, sept, huit, neuf et dix fois docteur. 1° Parce que, comme l'unité est la base, le fondement, et le premier de tous les nombres ; aussi, moi, je suis le premier de tous les docteurs, le docte des doctes. 2° Parce qu'il y a deux facultés nécessaires pour la parfaite connoissance de toutes choses : le sens et l'entendement ; et, comme je suis tout sens et tout entendement, je suis deux fois docteur.

LE BARBOUILLÉ.

D'accord. C'est que...

LE DOCTEUR.

3° Parce que le nombre de trois est celui de la perfection,

selon Aristote ; et, comme je suis parfait et que toutes mes productions le sont aussi, je suis trois fois docteur.

LE BARBOUILLÉ.

Eh bien, monsieur le docteur...

LE DOCTEUR.

4° Parce que la philosophie a quatre parties : la logique, la morale, la physique, et la métaphysique ; et, comme je les possède toutes quatre et que je suis parfaitement versé en icelles, je suis quatre fois docteur.

LE BARBOUILLÉ.

Que diable, je n'en doute pas. Écoutez-moi donc.

LE DOCTEUR.

5° Parce qu'il y a cinq universaux : le genre, l'espèce, la différence, le propre et l'accident, sans la connoissance desquels il est impossible de faire aucun bon raisonnement ; et, comme je m'en sers avec avantage et que j'en connois l'utilité, je suis cinq fois docteur.

LE BARBOUILLÉ.

Il faut que j'aie bonne patience.

LE DOCTEUR.

6° Parce que le nombre de six est le nombre du travail ; et, comme je travaille incessamment pour ma gloire, je suis six fois docteur.

LE BARBOUILLÉ.

Oh ! parle tant que tu voudras.

LE DOCTEUR.

7° Parce que le nombre de sept est le nombre de la félicité ; et, comme je possède une parfaite connoissance de tout ce qui peut rendre heureux, et que je le suis en effet par mes talents, je me sens obligé de dire de moi-même : *O ter quaterque beatum!* 8° Parce que le nombre de huit est le nombre de la justice à cause de l'égalité qui se rencontre en lui, et que la justice et la prudence avec lesquelles je mesure et pèse toutes mes actions me rendent huit fois docteur. 9° Parce qu'il y a neuf Muses, et que je suis également chéri d'elles. 10° Parce que, comme on ne peut passer le nombre de dix sans faire une répétition des autres nombres, et qu'il est le nombre universel ; aussi, quand on m'a trouvé, on a trouvé le docteur universel ; je contiens en moi tous les autres docteurs. Ainsi tu vois, par des raisons plausibles, vraies, démonstratives et convaincantes, que je suis une, deux, trois, quatre, cinq, six, sept, huit, neuf, dix fois docteur.

LE BARBOUILLÉ.

Que diable est ceci ? je croyois trouver un homme bien savant, qui me donneroit un bon conseil, et je trouve un ramoneur de cheminées, qui, au lieu de me parler, s'amuse à jouer à la mourre. Un, deux, trois, quatre ; ah, ah, ah ! Oh bien, ce n'est pas cela ; c'est que je vous prie de m'écouter, et croyez que je ne suis pas un homme à vous faire perdre vos peines, et que, si vous me satisfaites sur ce que je veux de vous, je vous donnerai ce que vous voudrez ; de l'argent, si vous en voulez.

LE DOCTEUR.

Eh ! de l'argent ?

LE BARBOUILLÉ.

Oui, de l'argent, et toute autre chose que vous pourriez demander.

LE DOCTEUR, *troussant sa robe derrière son cul.*

Tu me prends donc pour un homme à qui l'argent fait tout faire, pour un homme attaché à l'intérêt, pour une âme mercenaire ? Sache, mon ami, que, quand tu me donnerois une bourse pleine de pistoles, et que cette bourse seroit dans une riche boîte, cette boîte dans un étui précieux, cet étui dans un coffre admirable, ce coffre dans un cabinet curieux, ce cabinet dans une chambre magnifique, cette chambre dans un appartement agréable, cet appartement dans un château pompeux, ce château dans une citadelle incomparable, cette citadelle dans une ville célèbre, cette ville dans une île fertile, cette île dans une province opulente, cette province dans une monarchie florissante, cette monarchie dans tout le monde ; et que tout le monde où seroit cette monarchie florissante, où seroit cette province opulente, où seroit cette île fertile, où seroit cette ville célèbre, où seroit cette citadelle incomparable, où seroit ce château pompeux, où seroit cet appartement agréable, où seroit ce cabinet curieux, où seroit ce coffre admirable, où seroit cet étui précieux, où seroit cette riche boîte dans laquelle seroit enfermée la bourse pleine de pistoles, que je me soucierois aussi peu de ton argent et de toi que de cela.

Il s'en va.

LE BARBOUILLÉ.

Ma foi, je m'y suis mépris : à cause qu'il est vêtu comme un médecin, j'ai cru qu'il lui falloit parler d'argent ; mais, puisqu'il n'en veut point, il n'y a rien de plus aisé que de le contenter : je m'en vais courir après lui.

Il sort.

SCÈNE III

ANGÉLIQUE, VALÈRE, CATHAU.

ANGÉLIQUE.

Monsieur, je vous assure que vous m'obligerez beaucoup de me tenir quelquefois compagnie ; mon mari est si mal bâti, si débauché, si ivrogne, que ce m'est un supplice d'être avec lui, et je vous laisse à penser quelle satisfaction on peut avoir d'un rustre comme lui.

VALÈRE.

Mademoiselle, vous me faites trop d'honneur de me vouloir souffrir. Je vous promets de contribuer de tout mon pouvoir à votre divertissement ; et, puisque vous témoignez que ma compagnie ne vous est point désagréable, je vous ferai connoître par mes empressements combien j'ai de joie de la bonne nouvelle que vous m'apprenez.

CATHAU.

Ah ! changez de discours, voyez porte-guignon qui arrive.

SCÈNE IV

LE BARBOUILLÉ, VALÈRE, ANGÉLIQUE, CATHAU.

VALÈRE.

Mademoiselle, je suis au désespoir de vous apporter de

si méchantes nouvelles; mais aussi bien les auriez-vous apprises de quelque autre; et, puisque votre frère est fort malade...

ANGÉLIQUE.

Monsieur, ne m'en dites pas davantage; je suis votre servante, et vous rends grâce de la peine que vous avez prise.

LE BARBOUILLÉ.

Ma foi, sans aller chez le notaire, voilà le certificat de mon cocuage. Ah! ah! madame la carogne, je vous trouve avec un homme, après toutes les défenses que je vous ai faites, et vous me voulez envoyer de Gemini en Capricorne!

ANGÉLIQUE.

Eh bien, faut-il gronder pour cela? Ce monsieur vient de m'apprendre que mon frère est bien malade : où est le sujet de querelle?

CATHAU.

Ah! le voilà venu; je m'étonnois bien si nous aurions longtemps du repos.

LE BARBOUILLÉ.

Vous vous gâtez, par ma foi, toutes deux, mesdames les carognes; toi, Cathau, tu corromps ma femme; depuis que tu la sers, elle ne vaut pas la moitié de ce qu'elle valoit.

CATHAU.

Vraiment oui, vous nous la baillez bonne!

ANGÉLIQUE.

Laisse là cet ivrogne; ne vois-tu pas qu'il est si soûl, qu'il ne sait ce qu'il dit?

SCÈNE V

GORGIBUS, VILLEBREQUIN, ANGÉLIQUE, CATHAU, LE BARBOUILLÉ.

GORGIBUS.

Ne voilà pas encore mon maudit gendre qui querelle ma fille!

VILLEBREQUIN.

Il faut savoir ce que c'est.

GORGIBUS.

Eh quoi! toujours se quereller! vous n'aurez pas la paix dans votre ménage?

LE BARBOUILLÉ.

Cette coquine-là m'appelle ivrogne. (A Angélique.) Tiens, je suis bien tenté de te bailler une quinte-major, en présence de tes parents.

GORGIBUS.

Au diable l'escarcelle, si vous l'aviez fait.

ANGÉLIQUE.

Mais aussi c'est lui qui commence toujours à...

CATHAU.

Que maudite soit l'heure où vous avez choisi ce grigou!

VILLEBREQUIN.

Allons, taisez-vous; la paix!

SCÈNE VI

GORGIBUS, VILLEBREQUIN, ANGÉLIQUE, CATHAU, LE BARBOUILLÉ, LE DOCTEUR.

LE DOCTEUR.

Qu'est ceci? quel désordre! quelle querelle! quel grabuge! quel vacarme! quel bruit! quel différend! quelle combustion! Qu'y a-t-il? messieurs, qu'y a-t-il? qu'y a-t-il? Çà, çà, voyons s'il n'y a pas moyen de vous mettre d'accord; que je sois votre pacificateur, que j'apporte l'union chez vous.

GORGIBUS.

C'est mon gendre et ma fille qui ont eu bruit ensemble.

LE DOCTEUR.

Et qu'est-ce que c'est? voyons, dites-moi un peu la cause de leur différend.

GORGIBUS.

Monsieur...

LE DOCTEUR.

Mais en peu de paroles.

GORGIBUS.

Oui-da, mettez donc votre bonnet.

LE DOCTEUR.

Savez-vous d'où vient le mot bonnet?

GORGIBUS.

Nenni.

LE DOCTEUR.

Cela vient de *bonum est*, bon est, voilà qui est bon, parce qu'il garantit des catarrhes et fluxions.

GORGIBUS.

Ma foi, je ne savois pas cela.

LE DOCTEUR.

Dites donc vite cette querelle.

GORGIBUS.

Voici ce qui est arrivé.

LE DOCTEUR.

Je ne crois pas que vous soyez homme à me tenir longtemps, puisque je vous en prie. J'ai quelques affaires pressantes qui m'appellent à la ville; mais, pour remettre la paix dans votre famille, je veux bien m'arrêter un moment.

GORGIBUS.

J'aurai fait en un moment.

LE DOCTEUR.

Soyez donc bref.

GORGIBUS.

Voilà qui est fait incontinent.

LE DOCTEUR.

Il faut avouer, monsieur Gorgibus, que c'est une belle qualité que de dire les choses en peu de paroles, et que les grands parleurs, au lieu de se faire écouter, se rendent le plus souvent si importuns, qu'on ne les entend point; *virtutem primam esse puta compescere linguam*. Oui, la plus belle qualité d'un honnête homme, c'est de parler peu.

GORGIBUS.

Vous saurez donc...

LE DOCTEUR.

Socrate recommandoit trois choses fort soigneusement à ses disciples : la retenue dans les actions, la sobriété dans le manger, et de dire les choses en peu de paroles. Commencez donc, monsieur Gorgibus.

GORGIBUS.

C'est ce que je veux faire.

LE DOCTEUR.

En peu de mots, sans façon, sans vous amuser à beaucoup de discours ; tranchez-moi d'un apophthegme, vite, vite, monsieur Gorgibus, dépêchons, évitez la prolixité.

GORGIBUS.

Laissez-moi donc parler.

LE DOCTEUR.

Monsieur Gorgibus, touchez là, vous parlez trop ; il faut que quelque autre me dise la cause de leur querelle.

VILLEBREQUIN.

Monsieur le docteur, vous saurez que...

LE DOCTEUR.

Vous êtes un ignorant, un indocte, un homme gnare de toutes les bonnes disciplines, un âne en bon françois. Eh quoi ! vous commencez la narration sans avoir fait un mot d'exorde ! Il faut que quelque autre me conte le désordre. Mademoiselle, contez-moi un peu le détail de ce vacarme.

ANGÉLIQUE.

Voyez-vous bien là mon gros coquin, mon sac à vin de mari ?

LE DOCTEUR.

Doucement, s'il vous plaît : parlez avec respect de votre époux, quand vous êtes devant la moustache d'un docteur comme moi.

ANGÉLIQUE.

Ah ! vraiment oui, docteur ! Je me moque bien de vous et de votre doctrine, et je suis docteur quand je veux.

LE DOCTEUR.

Tu es docteur quand tu veux ? Ouais ! Je pense que tu es un plaisant docteur. Tu as la mine de suivre fort ton caprice : des parties d'oraison, tu n'aimes que la conjonction; des genres, que le masculin; des déclinaisons, le génitif; de la syntaxe, *mobile cum fixo;* et enfin de la quantité, tu n'aimes que le dactyle, *quia constat ex una longa et duabus brevibus.* Venez çà, vous, dites-moi un peu quelle est la cause, le sujet de votre combustion.

LE BARBOUILLÉ.

Monsieur le docteur...

LE DOCTEUR.

Voilà qui est bien commencé... monsieur le docteur ! ce mot a quelque chose de doux à l'oreille, quelque chose plein d'emphase; monsieur le docteur !

LE BARBOUILLÉ.

A la m'enne volonté...

LE DOCTEUR.

Voilà qui est b'en... à la mienne volonté ! La volonté présuppose le souhait, le souhait présuppose des moyens pour arriver à ses fins, et la fin présuppose un objet ; voilà qui est bien... à la mienne volonté !

LE BARBOUILLÉ.

J'enrage !

LE DOCTEUR.

Otez-moi ce mot, j'enrage ; voilà un terme bas et populaire.

LE BARBOUILLÉ.

Eh, monsieur le docteur, écoutez-moi de grâce !

LE DOCTEUR.

Audi, quæso, auroit dit Cicéron.

LE BARBOUILLÉ.

Oh ! ma foi, si se rompt, si se casse, ou si se brise, je ne m'en mets guère en peine ; mais tu m'écouteras, ou je te vais casser ton museau doctoral ; et que diable donc est ceci ?

Le Barbouillé, Angélique, Gorgibus, Cathau, Villebrequin, voulant dire la cause de la querelle, et le Docteur disant que la paix est une belle chose, parlent tous à la fois. Au milieu de tout ce bruit, le Barbouillé attache le Docteur par le pied, et le fait tomber ; le Docteur se doit laisser tomber sur le dos : le Barbouillé l'entraîne par la corde qu'il lui a attachée au pied ; et, pendant qu'il l'entraîne, le Docteur doit toujours parler, et compter par ses doigts toutes ses raisons, comme s'il n'étoit point à terre.

Le Barbouillé et le Docteur disparoissent.

GORGIBUS.

Allons, ma fille, retirez-vous chez vous, et vivez bien avec votre mari.

VILLEBREQUIN.

Adieu, serviteur et bonsoir.

Villebrequin, Gorgibus et Angélique s'en vont.

SCÈNE VII

VALÈRE, LA VALLÉE.

VALÈRE.

Monsieur, je vous suis obligé du soin que vous avez pris, et je vous promets de me rendre dans une heure à l'assignation que vous me donnez.

LA VALLÉE.

Cela ne peut se différer ; et si vous tardez d'un quart d'heure, le bal sera fini dans un moment : vous n'aurez pas le bien d'y voir celle que vous aimez, si vous n'y venez tout présentement.

VALÈRE.

Allons donc ensemble de ce pas.

Ils s'en vont.

SCÈNE VIII

ANGÉLIQUE, seule.

Cependant que mon mari n'y est pas, je vais faire un tour à un bal que donne une de mes voisines. Je serai revenue auparavant lui, car il est quelque part au cabaret ; il ne s'apercevra pas que je suis sortie. Ce maroufle-là me laisse toute seule à la maison, comme si j'étois son chien.

Elle s'en va.

SCÈNE IX

LE BARBOUILLÉ, seul.

Je savois bien que j'aurois raison de ce diable de docteur et de sa fichue doctrine. Au diable l'ignorant! j'ai bien envoyé toute sa science par terre. Il faut pourtant que j'aille un peu voir si notre bonne ménagère m'aura fait à souper.

Il sort.

SCÈNE X

ANGÉLIQUE, seule.

Que je suis malheureuse! j'ai resté trop tard, l'assemblée est finie : je suis arrivée justement comme tout le monde sortoit; mais il n'importe, ce sera pour une autre fois. Je m'en vais cependant au logis comme si de rien n'étoit. Ouais! la porte est fermée; Cathau! Cathau!

SCÈNE XI

LE BARBOUILLÉ, à la fenêtre; ANGÉLIQUE.

LE BARBOUILLÉ.

Cathau, Cathau! Eh bien! qu'a-t-elle fait, Cathau? et d'où venez-vous, madame la carogne, à l'heure qu'il est, et par le temps qu'il fait?

ANGÉLIQUE.

D'où je viens? ouvre-moi seulement, et je te le dirai après.

LE BARBOUILLÉ.

Oui, ah! ma foi, tu peux aller coucher là d'où tu viens, ou, si tu l'aimes mieux, dans la rue; je n'ouvre point à une coureuse comme toi. Comment, diable! être toute seule à l'heure qu'il est! Je ne sais si c'est imagination, mais mon front m'en paroît plus rude de moitié.

ANGÉLIQUE.

Eh bien, pour être toute seule, qu'en veux-tu dire? Tu me querelles quand je suis en compagnie : comment donc faut-il faire?

LE BARBOUILLÉ.

Il faut être retirée à la maison, donner ordre au souper, avoir soin du ménage, des enfants; mais, sans tant de discours inutiles, adieu, bonsoir, va-t'en au diable, et me laisse en repos.

ANGÉLIQUE.

Tu ne veux pas m'ouvrir?

LE BARBOUILLÉ.

Non, je n'ouvrirai pas.

ANGÉLIQUE.

Eh, mon pauvre petit mari, je t'en prie, ouvre-moi, mon cher petit cœur.

LE BARBOUILLÉ.

Ah! crocodile! ah! serpent dangereux! tu me caresses pour me trahir.

ANGÉLIQUE.

Ouvre, ouvre donc.

LE BARBOUILLÉ.

Adieu, *vade retro, Satanas!*

ANGÉLIQUE.

Quoi! tu ne m'ouvriras pas?

LE BARBOUILLÉ.

Non.

ANGÉLIQUE.

Et tu n'as point de pitié de ta femme qui t'aime tant?

LE BARBOUILLÉ.

Non, je suis inflexible; tu m'as offensé, je suis vindicatif comme tous les diables, c'est-à-dire bien fort, je suis inexorable.

ANGÉLIQUE.

Sais-tu bien que, si tu me pousses à bout et que tu me mettes en colère, je ferai quelque chose dont tu te repentiras?

LE BARBOUILLÉ.

Et que feras-tu, bonne chienne?

ANGÉLIQUE.

Tiens, si tu ne m'ouvres, je m'en vais me tuer devant la porte; mes parents, qui sans doute viendront ici auparavant de se coucher, pour savoir si nous sommes bien ensemble, me trouveront morte, et tu seras pendu.

LE BARBOUILLÉ.

Ah, ah, ah, ah, la bonne bête! et qui y perdra le plus de nous deux? Va, va, tu n'es pas si sotte que de faire ce coup-là.

ANGÉLIQUE.

Tu ne le crois donc pas? Tiens, tiens, voilà mon couteau tout prêt; si tu ne m'ouvres, je m'en vais tout à cette heure m'en donner dans le cœur.

LE BARBOUILLÉ.

Prends garde, voilà qui est bien pointu.

ANGÉLIQUE.

Tu ne veux donc pas m'ouvrir?

LE BARBOUILLÉ.

Je t'ai déjà dit vingt fois que je n'ouvrirai point; tue-toi, crève, va-t'en au diable, je ne m'en soucie pas.

ANGÉLIQUE, faisant semblant de se frapper.

Adieu donc... Aïe! je suis morte.

LE BARBOUILLÉ.

Seroit-elle bien assez sotte pour avoir fait ce coup-là? il faut que je descende avec la chandelle pour aller voir.

ANGÉLIQUE.

Il faut que je t'attrape. Si je peux entrer dans la maison subtilement pendant que tu me chercheras, chacun aura bien son tour.

LE BARBOUILLÉ.

Eh bien, ne savois-je pas bien qu'elle n'étoit pas si sotte? Elle est morte, et si elle court comme le cheval de Pacolet. Ma foi, elle m'avoit fait peur tout de bon. Elle a bien fait de gagner au pied; car, si je l'eusse trouvée en vie, après m'avoir fait cette frayeur-là, je lui aurois apostrophé cinq ou six clystères de coups de pied dans le cul, pour lui apprendre à faire la bête. Je m'en vais me coucher cependant. Oh! oh! je pense que le vent a fermé la porte. Hé! Cathau! Cathau! ouvre-moi.

ANGÉLIQUE.

Cathau! Cathau! Eh bien, qu'a-t-elle fait, Cathau? et d'où venez-vous, monsieur l'ivrogne? Ah! vraiment, va, mes parents, qui vont venir dans un moment, sauront tes vérités. Sac à vin! infâme! tu ne bouges du cabaret, et tu laisses une pauvre femme avec des petits enfants, sans savoir s'ils ont besoin de quelque chose, à croquer le marmot tout le long du jour!

LE BARBOUILLÉ.

Ouvre vite, diablesse que tu es, ou je te casserai la tête!

SCÈNE XII

GORGIBUS, VILLEBREQUIN, ANGÉLIQUE, LE BARBOUILLÉ.

GORGIBUS.

Qu'est ceci? toujours de la dispute, de la querelle, et de la dissension!

VILLEBREQUIN.

Eh quoi! vous ne serez jamais d'accord?

ANGÉLIQUE.

Mais voyez un peu, le voilà qui est soûl, et revient, à l'heure qu'il est, faire un vacarme horrible; il me menace.

GORGIBUS.

Mais aussi ce n'est pas là l'heure de revenir. Ne devriez-vous pas, comme un bon père de famille, vous retirer de bonne heure, et bien vivre avec votre femme?

LE BARBOUILLÉ.

Je me donne au diable si j'ai sorti de la maison : demandez plutôt à ces messieurs qui sont là-bas dans le parterre; c'est elle qui ne fait que de revenir. Ah! que l'innocence est opprimée!

VILLEBREQUIN.

Çà, çà; allons, accordez-vous; demandez-lui pardon.

LE BARBOUILLÉ.

Moi, pardon! j'aimerois mieux que le diable l'eût emportée. Je suis dans une colère que je ne me sens pas.

GORGIBUS.

Allons, ma fille, embrassez votre mari, et soyez bons amis.

SCÈNE XIII

LE DOCTEUR, à la fenêtre, en bonnet de nuit et en camisole; LE BARBOUILLÉ, VILLEBREQUIN, GORGIBUS, ANGÉLIQUE.

LE DOCTEUR.

Eh quoi! toujours du bruit, du désordre, de la dissension, des querelles, des débats, des différends, des combustions, des altercations éternelles? Qu'est-ce? qu'y a-t-il donc? On ne sauroit avoir du repos.

VILLEBREQUIN.

Ce n'est rien, monsieur le docteur; tout le monde est d'accord.

LE DOCTEUR.

A propos d'accord, voulez-vous que je vous lise un chapitre d'Aristote, où il prouve que toutes les parties de l'univers ne subsistent que par l'accord qui est entre elles?

VILLEBREQUIN.

Cela est-il bien long?

LE DOCTEUR.

Non, cela n'est pas long : cela contient environ soixante ou quatre-vingts pages.

VILLEBREQUIN.

Adieu, bonsoir, nous vous remercions.

GORGIBUS.

Il n'en est pas de besoin.

LE DOCTEUR.

Vous ne le voulez pas?

GORGIBUS.

Non.

LE DOCTEUR.

Adieu donc, puisque ainsi est; bonsoir: *latine, bona nox*.

VILLEBREQUIN.

Allons-nous-en souper ensemble, nous autres.

LE MEDECIN VOLANT

COMÉDIE [1]

PERSONNAGES

GORGIBUS, père de Lucile.
LUCILE, fille de Gorgibus.
VALÈRE, amant de Lucile.
SABINE, cousine de Lucile.
SGANARELLE, valet de Valère.
GROS-RENÉ, valet de Gorgibus.
UN AVOCAT.

SCÈNE I

VALÈRE, SABINE.

VALÈRE.

Eh bien, Sabine, quel conseil me donnes-tu?

SABINE.

Vraiment, il y a bien des nouvelles. Mon oncle veut résolûment que ma cousine épouse Villebrequin, et les affaires sont tellement avancées, que je crois qu'ils eussent été mariés dès aujourd'hui, si vous n'étiez aimé; mais, comme ma cousine m'a confié le secret de l'amour qu'elle vous porte, et que nous nous sommes vues à l'extrémité par l'avarice de mon vilain oncle, nous nous sommes avisées d'une bonne invention pour différer le mariage. C'est que ma cousine, dès l'heure que je vous parle, contrefait la malade; et le bon vieillard, qui est assez crédule, m'envoie quérir un médecin. Si vous en pouviez envoyer quelqu'un qui fût de vos bons amis, et qui fût de notre intelligence, il conseilleroit à la malade de prendre l'air à la campagne. Le bonhomme ne manquera pas de faire loger ma cousine à ce pavillon qui est au bout de notre jardin, et, par ce moyen, vous pourriez l'entretenir à l'insu de notre vieillard, l'épouser, et le laisser pester tout son soûl avec Villebrequin.

VALÈRE.

Mais le moyen de trouver sitôt un médecin à ma poste, et qui voulût tant hasarder pour mon service! Je te le dis franchement, je n'en connois pas un.

[1] Cette petite comédie fut, comme la précédente, l'un des premiers essais de Molière. Elle est imitée d'un canevas italien, *il Medico volante*. C'est, du reste, une ébauche très-défectueuse.

SABINE.

Je songe à une chose : si vous faisiez habiller votre valet en médecin; il n'y a rien de si facile à duper que le bonhomme.

VALÈRE.

C'est un lourdaud qui gâtera tout; mais il faut s'en servir, faute d'autre. Adieu, je le vais chercher. Où diable trouver ce maroufle à présent? mais le voici tout à propos.

SCÈNE II

VALÈRE, SGANARELLE.

VALÈRE.

Ah! mon pauvre Sganarelle, que j'ai de joie de te voir! J'ai besoin de toi dans une affaire de conséquence; mais, comme je ne sais pas ce que tu sais faire...

SGANARELLE.

Ce que je sais faire, monsieur? employez-moi seulement en vos affaires de conséquence, ou pour quelque chose d'importance : par exemple, envoyez-moi voir quelle heure il est à une horloge, voir combien le beurre vaut au marché, abreuver un cheval, c'est alors que vous connoîtrez ce que je sais faire.

VALÈRE.

Ce n'est pas cela; c'est qu'il faut que tu contrefasses le médecin.

SGANARELLE.

Moi, médecin, monsieur! Je suis prêt à faire tout ce qu'il vous plaira; mais, pour faire le médecin, je suis assez votre serviteur pour n'en rien faire du tout; et par quel bout m'y prendre, bon Dieu? Ma foi, monsieur, vous vous moquez de moi.

VALÈRE.

Si tu veux entreprendre cela, va, je te donnerai dix pistoles.

SGANARELLE.

Ah! pour dix pistoles, je ne dis pas que je ne sois médecin; car, voyez-vous bien, monsieur, je n'ai pas l'esprit tant, tant subtil, pour vous dire la vérité. Mais, quand je serai médecin, où irai-je?

VALÈRE.

Chez le bonhomme Gorgibus, voir sa fille qui est malade; mais tu es un lourdaud qui, au lieu de bien faire, pourrois bien...

SGANARELLE.

Eh, mon Dieu, monsieur, ne soyez point en peine; je vous réponds que je ferai aussi bien mourir une personne qu'aucun médecin qui soit dans la ville. On dit un proverbe, d'ordinaire : Après la mort le médecin; mais vous verrez que, si je m'en mêle, on dira : Après le médecin gare la mort! Mais, néanmoins, quand je songe, cela est bien difficile de faire le médecin; et si je ne fais rien qui vaille?

VALÈRE.

Il n'y a rien de si facile en cette rencontre : Gorgibus est un homme simple, grossier, qui se laissera étourdir de ton discours, pourvu que tu parles d'Hippocrate et de Galien, et que tu sois un peu effronté.

SGANARELLE.

C'est-à-dire qu'il lui faudra parler philosophie, mathématique. Laissez-moi faire; s'il est un homme facile, comme vous le dites, je vous réponds de tout; venez seulement me faire avoir un habit de médecin et m'instruire de ce qu'il me faut faire, et me donner mes licences, qui sont les dix pistoles promises.

Valère et Sganarelle s'en vont.

SCÈNE III

GORGIBUS, GROS-RENÉ.

GORGIBUS.

Allez vitement chercher un médecin, car ma fille est bien malade, et dépêchez-vous.

GROS-RENÉ.

Que diable aussi! pourquoi vouloir donner votre fille à un vieillard? Croyez-vous que ce ne soit pas le désir qu'elle a d'avoir un jeune homme qui la travaille? Voyez-vous la connexité qu'il y a etc... (Galimatias.)

GORGIBUS.

Va-t'en vite; je vois bien que cette maladie-là reculera bien les noces.

GROS-RENÉ.

Et c'est ce qui me fait enrager; je croyois refaire mon ventre d'une bonne carrelure, et m'en voilà sevré. Je m'en vais chercher un médecin pour moi, aussi bien que pour votre fille; je suis désespéré.

Il sort.

SCÈNE IV

SABINE, GORGIBUS, SGANARELLE.

SABINE.

Je vous trouve à propos, mon oncle, pour vous apprendre une bonne nouvelle. Je vous amène le plus habile médecin du monde, un homme qui vient des pays étrangers, qui sait les plus beaux secrets, et qui sans doute guérira ma cousine. On me l'a indiqué par bonheur, et je vous l'amène. Il est si savant, que je voudrois de bon cœur être malade, afin qu'il me guérît.

GORGIBUS.

Où est-il donc?

SABINE.

Le voilà qui me suit; tenez, le voilà.

GORGIBUS.

Très-humble serviteur à monsieur le médecin. Je vous envoie quérir pour voir ma fille, qui est malade; je mets toute mon espérance en vous.

SGANARELLE.

Hippocrate dit, et Galien, par vives raisons, persuade qu'une personne ne se porte pas bien quand elle est malade. Vous avez raison de mettre votre espérance en moi; car je suis le plus grand, le plus habile, le plus docte médecin qui soit dans la Faculté végétable, sensitive et minérale.

GORGIBUS.

J'en suis fort ravi.

SGANARELLE.

Ne vous imaginez pas que je sois un médecin ordinaire, un médecin du commun. Tous les autres médecins ne sont, à mon égard, que des avortons de médecins. J'ai des talents particuliers, j'ai des secrets. Salamalec, salamalec. Rodrigue, as-tu du cœur? signor, si; signor, no. Per omnia sæcula sæculorum. Mais encore voyons un peu.

SABINE.

Eh! ce n'est pas lui qui est malade, c'est sa fille.

SGANARELLE.

Il n'importe; le sang du père et de la fille ne sont qu'une même chose; et, par l'altération de celui du père, je puis connoître la maladie de la fille. Monsieur Gorgibus, y auroit-il moyen de voir de l'urine de l'égrotante?

GORGIBUS.

Oui-da; Sabine, vite allez quérir de l'urine de ma fille. (Sabine sort.) Monsieur le médecin, j'ai grand'peur qu'elle ne meure.

SGANARELLE.

Ah! qu'elle s'en garde bien! il ne faut pas qu'elle s'amuse à se laisser mourir sans ordonnance de la médecine. (Sabine rentre.) Voilà de l'urine qui marque grande chaleur, grande inflammation dans les intestins; elle n'est pas tant mauvaise, pourtant.

GORGIBUS.

Eh quoi! monsieur, vous l'avalez?

SGANARELLE.

Ne vous étonnez pas de cela : les médecins, d'ordinaire, se contentent de la regarder; mais moi, qui suis un médecin hors du commun, je l'avale, parce qu'avec le goût je discerne bien mieux la cause et les suites de la maladie; mais, à vous dire la vérité, il y en avoit trop peu pour avoir un bon jugement : qu'on la fasse encore pisser.

SABINE sort et revient.

J'ai bien eu de la peine à la faire pisser.

SGANARELLE.

Que cela! voilà bien de quoi! Faites-la pisser copieusement, copieusement. Si tous les malades pissent de la sorte, je veux être médecin toute ma vie.

SABINE sort et revient.

Voilà tout ce qu'on peut avoir ; elle ne peut pas pisser davantage.

SGANARELLE.

Quoi ! monsieur Gorgibus, votre fille ne pisse que des gouttes ? voilà une pauvre pisseuse que votre fille ; je vois bien qu'il faudra que je lui ordonne une potion pissatrice[1]. N'y auroit-il pas moyen de voir la malade ?

SABINE.

Elle est levée ; si vous voulez, je la ferai venir.

SCÈNE V

SABINE, GORGIBUS, SGANARELLE, LUCILE.

SGANARELLE.

Eh bien, mademoiselle, vous êtes malade ?

LUCILE.

Oui, monsieur.

SGANARELLE.

Tant pis ! c'est une marque que vous ne vous portez pas bien. Sentez-vous de grandes douleurs à la tête, aux reins ?

LUCILE.

Oui, monsieur.

SGANARELLE.

C'est fort bien fait. Oui, ce grand médecin, au chapitre qu'il a fait de la nature des animaux, dit... cent belles choses ; et, comme les humeurs qui ont de la connexité ont beaucoup de rapport ; car, par exemple, comme la mélancolie est ennemie de la joie, et que la bile qui se répand par le corps nous fait devenir jaunes, et qu'il n'est rien plus contraire à la santé que la maladie, nous pouvons dire, avec ce grand homme, que votre fille est fort malade. Il faut que je vous fasse une ordonnance.

GORGIBUS.

Vite une table, du papier, de l'encre !

SGANARELLE.

Y a-t-il quelqu'un qui sache écrire ?

GORGIBUS.

Est-ce que vous ne le savez point ?

SGANARELLE.

Ah ! je ne m'en souvenois pas ; j'ai tant d'affaires dans la tête, que j'oublie la moitié... Je crois qu'il seroit nécessaire que votre fille prît un peu l'air, qu'elle se divertît à la campagne.

GORGIBUS.

Nous avons un fort beau jardin, et quelques chambres qui y répondent ; si vous le trouvez à propos, je l'y ferai loger.

SGANARELLE.

Allons visiter les lieux.

Ils sortent tous.

[1] Ces détails ne sont pas tolérables, et Molière ne s'y laisse pas entrevoir.

SCÈNE VI

L'AVOCAT, seul.

J'ai ouï dire que la fille de monsieur Gorgibus étoit malade ; il faut que je m'informe de sa santé, et que je lui offre mes services comme ami de toute sa famille. Holà ! holà ! monsieur Gorgibus y est-il ?

SCÈNE VII

GORGIBUS, L'AVOCAT.

L'AVOCAT.

Ayant appris la maladie de mademoiselle votre fille, je vous suis venu témoigner la part que j'y prends, et vous faire offre de tout ce qui dépend de moi.

GORGIBUS.

J'étois là dedans avec le plus savant homme !

L'AVOCAT.

N'y auroit-il pas moyen de l'entretenir un moment ?

SCÈNE VIII

GORGIBUS, L'AVOCAT, SGANARELLE.

GORGIBUS.

Monsieur, voilà un fort habile homme de mes amis, qui souhaiteroit de vous parler et vous entretenir.

SGANARELLE.

Je n'ai pas le loisir, monsieur Gorgibus ; il faut aller à mes malades. Je ne prendrai pas la droite avec vous, monsieur.

L'AVOCAT.

Monsieur, après ce que m'a dit monsieur Gorgibus de votre mérite et de votre savoir, j'ai eu la plus grande passion du monde d'avoir l'honneur de votre connoissance, et j'ai pris la liberté de vous saluer à ce dessein ; je crois que vous ne le trouverez pas mauvais. Il faut avouer que ceux qui excellent en quelque science sont dignes de grande louange, et particulièrement ceux qui font profession de la médecine, tant à cause de son utilité, que parce qu'elle contient en elle plusieurs autres sciences ; ce qui rend sa parfaite connoissance fort difficile : et c'est fort à propos qu'Hippocrate dit dans son premier aphorisme : *Vita brevis, ars vero longa, occasio autem præceps, experimentum, judicium periculosum, difficile.*

SGANARELLE, à Gorgibus.

Ficile tantinapota buril cambustibus.

L'AVOCAT.

Vous n'êtes pas de ces médecins qui ne s'appliquent qu'à la médecine qu'on appelle rationale ou dogmatique, et je crois que vous l'exercez tous les jours avec beaucoup de succès, *experientia magistra rerum*. Les premiers hommes qui firent profession de la médecine furent tellement estimés d'avoir cette belle science, qu'on les mit au nombre des dieux pour les belles cures qu'ils faisoient tous les jours. Ce n'est pas qu'on doive mépriser un médecin qui n'auroit pas rendu la santé à son malade, puisqu'elle ne dépend pas absolument de ses remèdes, ni de son savoir ; *interdum docta plus valet arte malum*. Monsieur, j'ai peur de vous être importun : je prends congé de vous, dans l'espérance que j'ai qu'à la première vue j'aurai l'honneur de converser avec vous avec plus de loisir. Vos heures vous sont précieuses, etc.

L'avocat sort.

GORGIBUS.

Que vous semble de cet homme-là ?

SGANARELLE.

Il sait quelque petite chose. S'il fût demeuré tant soit peu davantage, je l'allois mettre sur une matière sublime et relevée. Cependant je prends congé de vous. (*Gorgibus lui donne de l'argent.*) Eh, que voulez-vous faire ?

GORGIBUS.

Je sais bien ce que je vous dois.

SGANARELLE.

Vous moquez-vous, monsieur Gorgibus ? Je n'en prendrai pas, je ne suis pas un homme mercenaire. (*Il prend l'argent.*) Votre très-humble serviteur.

Sganarelle sort, et Gorgibus rentre dans sa maison.

SCÈNE IX

VALÈRE, seul.

Je ne sais ce qu'aura fait Sganarelle : je n'ai point eu de ses nouvelles et je suis fort en peine où je le pourrois rencontrer. (*Sganarelle revient en habit de valet.*) Mais bon, le voici. Eh bien, Sganarelle, qu'as-tu fais depuis que je ne t'ai pas vu ?

SCÈNE X

VALÈRE, SGANARELLE.

SGANARELLE.

Merveille sur merveille ; j'ai si bien fait, que Gorgibus me prend pour un habile médecin. Je me suis introduit chez lui ; je lui ai conseillé de faire prendre l'air à sa fille, laquelle est à présent dans un appartement qui est au bout de leur jardin, tellement qu'elle est fort éloignée du vieillard et que vous pourrez l'aller voir commodément.

VALÈRE.

Ah ! que tu me donnes de joie ! Sans perdre de temps, je la vais trouver de ce pas.

Il sort.

SGANARELLE.

Il faut avouer que le bonhomme de Gorgibus est un vrai lourdaud de se laisser tromper de la sorte. (*Apercevant Gorgibus.*) Ah ! ma foi, tout est perdu ; c'est à ce coup que voilà la médecine renversée ; mais il faut que je le trompe.

SCÈNE XI

SGANARELLE, GORGIBUS.

GORGIBUS.

Bonjour, monsieur.

SGANARELLE.

Monsieur, votre serviteur ; vous voyez un pauvre garçon au désespoir : ne connoissez-vous pas un médecin qui est arrivé depuis peu en cette ville, qui fait des cures admirables ?

GORGIBUS.

Oui, je le connois ; il vient de sortir de chez moi.

SGANARELLE.

Je suis son frère, monsieur : nous sommes jumeaux ; et, comme nous nous ressemblons fort, on nous prend quelquefois l'un pour l'autre.

GORGIBUS.

Je me donne au diable si je n'y ai été trompé. Et comment vous nommez-vous ?

SGANARELLE.

Narcisse, monsieur, pour vous rendre service. Il faut que vous sachiez qu'étant dans son cabinet j'ai répandu deux fioles d'essence qui étoient sur le bord de sa table ; aussitôt il s'est mis dans une colère si étrange contre moi, qu'il m'a mis hors du logis ; il ne me veut plus jamais voir, tellement que je suis un pauvre garçon à présent sans appui, sans support, sans aucune connoissance.

GORGIBUS.

Allez, je ferai votre paix ; je suis de ses amis, et je vous promets de vous remettre avec lui ; je lui parlerai d'abord que je le verrai.

SGANARELLE.

Je vous serai bien obligé, monsieur Gorgibus.

Sganarelle sort et rentre aussitôt avec sa robe de médecin.

SCÈNE XII

SGANARELLE, GORGIBUS.

SGANARELLE.

Il faut avouer que quand ces malades ne veulent pas suivre l'avis du médecin, et qu'ils s'abandonnent à la débauche...

GORGIBUS.

Monsieur le médecin, très-humble serviteur. Je vous demande une grâce.

SGANARELLE.

Qu'y a-t-il, monsieur ? est-il question de vous rendre service ?

GORGIBUS.

Monsieur, je viens de rencontrer monsieur votre frère, qui est tout à fait fâché de...

SGANARELLE.

C'est un coquin, monsieur Gorgibus.

GORGIBUS.

Je vous réponds qu'il est tellement contrit de vous avoir mis en colère...

SGANARELLE.

C'est un ivrogne, monsieur Gorgibus.

GORGIBUS.

Eh, monsieur, voulez-vous désespérer ce pauvre garçon?

SGANARELLE.

Qu'on ne m'en parle plus; mais voyez l'impudence de ce coquin-là, de vous aller trouver pour faire son accord! Je vous prie de ne m'en pas parler.

GORGIBUS.

Au nom de Dieu, monsieur le médecin, faites cela pour l'amour de moi. Si je suis capable de vous obliger en autre chose, je le ferai de bon cœur. Je m'y suis engagé, et...

SGANARELLE.

Vous m'en priez avec tant d'instance... Quoique j'eusse fait serment de ne lui pardonner jamais, allez, touchez là, je lui pardonne. Je vous assure que je me fais grande violence, et qu'il faut que j'aie bien de la complaisance pour vous. Adieu, monsieur Gorgibus.

Gorgibus rentre dans sa maison, et Sganarelle s'en va.

SCÈNE XIII

VALÈRE, SGANARELLE.

VALÈRE.

Il faut que j'avoue que je n'eusse jamais cru que Sganarelle se fût si bien acquitté de son devoir. (Sganarelle rentre avec ses habits de valet.) Ah! mon pauvre garçon, que je t'ai d'obligation! que j'ai de joie! et que...

SGANARELLE.

Ma foi, vous parlez fort à votre aise. Gorgibus m'a rencontré; et, sans une invention que j'ai trouvée, toute la mèche était découverte. (Apercevant Gorgibus.) Mais fuyez-vous-en, le voici.

Valère sort.

SCÈNE XIV

GORGIBUS, SGANARELLE.

GORGIBUS.

Je vous cherchois partout pour vous dire que j'ai parlé à votre frère : il m'a assuré qu'il vous pardonnoit; mais, pour en être plus assuré, je veux qu'il vous embrasse en ma présence; entrez dans mon logis, et je l'irai chercher.

SGANARELLE.

Eh, monsieur Gorgibus, je ne crois pas que vous le trouviez à présent; et puis je ne resterai pas chez vous : je crains trop de sa colère.

GORGIBUS.

Ah! vous y demeurerez, car je vous enfermerai. Je m'en vais à présent chercher votre frère; ne craignez rien, je vous réponds qu'il n'est plus fâché.

Gorgibus sort.

SGANARELLE, de la fenêtre.

Ma foi, me voilà attrapé ce coup-là; il n'y a plus moyen de m'en échapper. Le nuage est fort épais, et j'ai bien peur que, s'il vient à crever, il ne grêle sur mon dos force coups de bâton, ou que, par quelque ordonnance plus forte que toutes celles des médecins, on ne m'applique tout au moins un cautère royal sur les épaules. Mes affaires vont mal : mais pourquoi se désespérer? puisque j'ai tant fait, poussons la fourbe jusqu'au bout. Oui, oui, il en faut encore sortir, et faire voir que Sganarelle est le roi des fourbes.

Sganarelle saute par la fenêtre et s'en va.

SCÈNE XV

GROS-RENÉ, GORGIBUS, SGANARELLE.

GROS-RENÉ.

Ah! ma foi, voilà qui est drôle! comme diable on saute ici par les fenêtres! Il faut que je demeure ici et que je voie à quoi tout cela aboutira.

GORGIBUS.

Je ne saurois trouver ce médecin; je ne sais où diable il s'est caché. (Apercevant Sganarelle qui revient en habit de médecin.) Mais le voici. Monsieur, ce n'est pas assez d'avoir pardonné à votre frère; je vous prie, pour ma satisfaction, de l'embrasser : il est chez moi, et je vous cherchois partout pour vous prier de faire cet accord en ma présence.

SGANARELLE.

Vous vous moquez, monsieur Gorgibus; n'est-ce pas assez que je lui pardonne? je ne le veux jamais voir.

GORGIBUS.

Mais, monsieur, pour l'amour de moi.

SGANARELLE.

Je ne vous saurois rien refuser : dites-lui qu'il descende.

Pendant que Gorgibus entre dans la maison par la porte, Sganarelle y rentre par la fenêtre.

GORGIBUS, à la fenêtre.

Voilà votre frère qui vous attend là-bas : il m'a promis qu'il fera tout ce que vous voudrez.

SGANARELLE, à la fenêtre.

Monsieur Gorgibus, je vous prie de le faire venir ici; je vous conjure que ce soit en particulier que je lui demande pardon, parce que sans doute il me feroit cent hontes, cent opprobres devant tout le monde.

Gorgibus sort de sa maison par la porte, et Sganarelle par la fenêtre.

GORGIBUS.

Oui-da, je m'en vais lui dire... Monsieur, il dit qu'il est honteux, et qu'il vous prie d'entrer, afin qu'il vous demande pardon en particulier. Voilà la clef, vous pouvez entrer; je vous supplie de ne me pas refuser, et de me donner ce contentement.

SCANARELLE.

Il n'y a rien que je ne fasse pour votre satisfaction : vous allez entendre de quelle manière je le vais traiter. (A la fenêtre.) Ah! te voilà, coquin! — Monsieur mon frère, je vous demande pardon, je vous promets qu'il n'y a pas de ma faute. — Pilier de débauche! coquin! va, je t'apprendrai à venir avoir la hardiesse d'importuner monsieur Gorgibus, de lui rompre la tête de tes sottises! — Monsieur mon frère... — Tais-toi, te dis-je! — Je ne vous désoblig... — Tais-toi, coquin!

GROS-RENÉ.

Qui diable pensez-vous qui soit chez vous à présent?

GORGIBUS.

C'est le médecin et Narcisse son frère; ils avoient quelque différend, et ils font leur accord.

GROS-RENÉ.

Le diable emporte! ils ne sont qu'un.

SCANARELLE, à la fenêtre.

Ivrogne que tu es, je t'apprendrai à vivre! Comme il baisse la vue! il voit bien qu'il a failli, le pendard! Ah! l'hypocrite, comme il fait le bon apôtre!

GROS-RENÉ.

Monsieur, dites-lui un peu par plaisir qu'il fasse mettre son frère à la fenêtre.

GORGIBUS.

Oui-da... Monsieur le médecin, je vous prie de faire paroître votre frère à la fenêtre.

SCANARELLE, de la fenêtre.

Il est indigne de la vue des gens d'honneur, et puis je ne le saurois souffrir auprès de moi.

GORGIBUS.

Monsieur, ne me refusez par cette grâce, après toutes celles que vous m'avez faites.

SCANARELLE, de la fenêtre.

En vérité, monsieur Gorgibus, vous avez un tel pouvoir sur moi, que je ne vous puis rien refuser. Montre-toi, coquin. (Après avoir disparu un moment, il se remontre en habit de valet.) Monsieur Gorgibus, je suis votre obligé. (Il disparoît encore et reparoît aussitôt en robe de médecin.) Eh bien, avez-vous vu cette image de la débauche?

GROS-RENÉ.

Ma foi, ils ne sont qu'un; et, pour vous le prouver, dites-lui un peu que vous les voulez voir ensemble.

GORGIBUS.

Mais faites-moi la grâce de le faire paroître avec vous, et de l'embrasser devant moi à la fenêtre.

SCANARELLE, de la fenêtre.

C'est une chose que je refuserois à tout autre qu'à vous; mais, pour vous montrer que je veux tout faire pour l'amour de vous, je m'y résous, quoique avec peine, et veux auparavant qu'il vous demande pardon de toutes les peines qu'il vous a données. — Oui, monsieur Gorgibus, je vous demande pardon de vous avoir tant importuné, et vous promets, mon frère, en présence de monsieur Gorgibus que voilà, de faire si bien désormais, que vous n'aurez plus lieu de vous plaindre, vous priant de ne plus songer à ce qui s'est passé.

Il embrasse son chapeau et sa fraise, qu'il a mis au bout de son coude.

GORGIBUS.

Eh bien, ne les voilà pas tous deux?

GROS-RENÉ.

Ah! par ma foi, il est sorcier.

SCANARELLE, sortant de la maison en médecin.

Monsieur, voilà la clef de votre maison que je vous rends; je n'ai pas voulu que ce coquin soit descendu avec moi, parce qu'il me fait honte; je ne voudrois pas qu'on le vît en ma compagnie, dans la ville où je suis en quelque réputation. Vous irez le faire sortir quand bon vous semblera. Je vous donne le bonjour, et suis votre serviteur, etc.

Il feint de s'en aller, et, après avoir mis bas sa robe, rentre dans la maison par la fenêtre.

GORGIBUS.

Il faut que j'aille délivrer ce pauvre garçon; en vérité, s'il lui a pardonné, ce n'a pas été sans le bien maltraiter.

Il entre dans sa maison, et en sort avec Sganarelle en habit de valet.

SCANARELLE.

Monsieur, je vous remercie de la peine que vous avez prise, et de la bonté que vous avez eue; je vous en serai obligé toute ma vie.

GROS-RENÉ.

Où pensez-vous que soit à présent le médecin?

GORGIBUS.

Il s'en est allé.

GROS-RENÉ, qui a ramassé la robe de Sganarelle.

Je le tiens sous mon bras. Voilà le coquin qui faisoit le médecin, et qui vous trompe. Cependant qu'il vous trompe et joue la farce chez vous, Valère et votre fille sont ensemble, qui s'en vont à tous les diables.

GORGIBUS.

Oh! que je suis malheureux! mais tu seras pendu, fourbe, coquin!

SCANARELLE.

Monsieur, qu'allez-vous faire de me pendre? Écoutez un mot, s'il vous plaît; il est vrai que c'est par mon invention que mon maître est avec votre fille; mais, en le servant, je ne vous ai point désobligé : c'est un parti sortable pour elle, tant pour la naissance que pour les biens. Croyez-moi, ne faites point un vacarme qui tourneroit à votre confusion, et envoyez à tous les diables ce coquin-là avec Villebrequin. Mais voici nos amants.

SCÈNE XVI

VALÈRE, LUCILE, GORGIBUS, SGANARELLE.

VALÈRE.

Nous nous jetons à vos pieds.

GORGIBUS.

Je vous pardonne, et suis heureusement trompé par Sganarelle, ayant un si brave gendre. Allons tous faire noces, et boire à la santé de toute la compagnie.

L'ÉTOURDI

OU

LES CONTRE-TEMPS

COMÉDIE EN CINQ ACTES

REPRÉSENTÉE A LYON EN 1653, ET A PARIS EN 1658

PERSONNAGES

LÉLIE, fils de Pandolfe [1].
CÉLIE, esclave de Trufaldin [2].
MASCARILLE, valet de Lélie [3].
HIPPOLYTE, fille d'Anselme [4].
ANSELME, père d'Hippolyte [5].
TRUFALDIN, vieillard.
PANDOLFE, père de Lélie [6].
LÉANDRE, fils de famille.
ANDRÈS, cru Égyptien.
ERGASTE, ami de Mascarille.
UN COURRIER.
DEUX TROUPES DE MASQUES.

La scène est à Messine.

ACTE PREMIER

SCÈNE I

LÉLIE, seul.

Eh bien, Léandre, eh bien, il faudra contester ;
Nous verrons de nous deux qui pourra l'emporter ;
Qui, dans nos soins communs pour ce jeune miracle,
Aux vœux de son rival portera plus d'obstacle :
Préparez vos efforts, et vous défendez bien,
Sûr que de mon côté je n'épargnerai rien.

SCÈNE II

LÉLIE, MASCARILLE.

LÉLIE.
Ah ! Mascarille !

MASCARILLE.
Quoi ?

LÉLIE.
Voici bien des affaires ;
J'ai dans ma passion toutes choses contraires :
Léandre aime Célie, et, par un trait fatal,
Malgré mon changement, est encor mon rival [1].

MASCARILLE.
Léandre aime Célie !

LÉLIE.
Il l'adore, te dis-je.

MASCARILLE.
Tant pis.

LÉLIE.
Eh, oui, tant pis ; c'est là ce qui m'afflige.
Toutefois j'aurois tort de me désespérer ;
Puisque j'ai ton secours, je puis me rassurer ;
Je sais que ton esprit, en intrigues fertile,
N'a jamais rien trouvé qui lui fût difficile ;
Qu'on te peut appeler le roi des serviteurs ;
Et qu'en toute la terre...

MASCARILLE.
Eh ! trêve de douceurs.
Quand nous faisons besoin, nous autres misérables,
Nous sommes les chéris et les incomparables ;
Et dans un autre temps, dès le moindre courroux,
Nous sommes les coquins qu'il faut rouer de coups.

LÉLIE.
Ma foi ! tu me fais tort avec cette invective.
Mais enfin discourons un peu de ma captive :
Dis si les plus cruels et plus durs sentiments
Ont rien d'impénétrable à des traits si charmants [2].
Pour moi, dans ses discours, comme dans son visage,
Je vois pour sa naissance un noble témoignage ;

---

[1] Acteurs de la troupe de Molière : LA GRANGE. — [2] Mademoiselle DE BRIE. — [3] MOLIÈRE. — [4] Mademoiselle DU PARC. — [5] Louis BÉJART. — [6] BÉJART aîné.

[1] VAR. Malgré mon changement est *toujours* mon rival.
[2] Est-il un cœur assez dur pour ne pas l'aimer ? C'est là le sens de ces deux vers assez embrouillés.

Et je crois que le ciel dedans un rang si bas
Cache son origine, et ne l'en tire pas.
MASCARILLE.
Vous êtes romanesque avecque vos chimères.
Mais que fera Pandolfe en toutes ces affaires?
C'est, monsieur, votre père, au moins à ce qu'il dit;
Vous savez que sa bile assez souvent s'aigrit;
Qu'il peste contre vous d'une belle manière,
Quand vos déportements lui blessent la visière.
Il est avec Anselme en parole pour vous
Que de son Hippolyte on vous fera l'époux,
S'imaginant que c'est dans le seul mariage
Qu'il pourra rencontrer de quoi vous faire sage;
Et, s'il vient à savoir que, rebutant son choix,
D'un objet inconnu vous recevez les lois,
Que de ce fol amour la fatale puissance
Vous soustrait aux devoirs de votre obéissance,
Dieu sait quelle tempête alors éclatera,
Et de quels beaux sermons on vous régalera.
LÉLIE.
Ah! trêve, je vous prie, à votre rhétorique!
MASCARILLE.
Mais vous, trêve plutôt à votre politique!
Elle n'est pas fort bonne, et vous devriez tâcher...
LÉLIE.
Sais-tu qu'on n'acquiert rien de bon à me fâcher,
Que chez moi les avis ont de tristes salaires,
Qu'un valet conseiller y fait mal ses affaires?
MASCARILLE.
A part.   Haut.
Il se met en courroux. Tout ce que j'en ai dit
N'étoit rien que pour rire et vous sonder l'esprit.
D'un censeur de plaisirs ai-je tort l'encolure?
Et Mascarille est-il ennemi de nature?
Vous savez le contraire, et qu'il est très-certain
Qu'on ne peut me taxer que d'être trop humain.
Moquez-vous des sermons d'un vieux barbon de père:
Poussez votre bidet, vous dis-je, et laissez faire.
Ma foi! j'en suis d'avis, que ces pénards chagrins
Nous viennent étourdir de leurs contes badins,
Et, vertueux par force, espèrent, par envie,
Oter aux jeunes gens les plaisirs de la vie.
Vous savez mon talent, je m'offre à vous servir.
LÉLIE.
Ah! c'est par ces discours que tu peux me ravir.
Au reste, mon amour, quand je l'ai fait paroître,
N'a point été mal vu des yeux qui l'ont fait naître.
Mais Léandre, à l'instant, vient de me déclarer
Qu'à me ravir Célie il se va préparer:
C'est pourquoi dépêchons, et cherche dans ta tête
Les moyens les plus prompts d'en faire ma conquête.
Trouve ruses, détours, fourbes, inventions,
Pour frustrer mon rival de ses prétentions [1].
MASCARILLE.
Laissez-moi quelque temps rêver à cette affaire.

[1] Var. Pour frustrer un rival de ses prétentions.

A part.
Que pourrois-je inventer pour ce coup nécessaire?
LÉLIE.
Eh bien, le stratagème?
MASCARILLE.
Ah! comme vous courez!
Ma cervelle toujours marche à pas mesurés.
J'ai trouvé votre fait: il faut... Non, je m'abuse.
Mais si vous alliez...
LÉLIE.
Où?
MASCARILLE.
C'est une foible ruse.
J'en songeois une...
LÉLIE.
Et quelle?
MASCARILLE.
Elle n'iroit pas bien.
Mais ne pourriez-vous pas...
LÉLIE.
Quoi?
MASCARILLE.
Vous ne pourriez rien.
Parlez avec Anselme.
LÉLIE.
Et que lui puis-je dire?
MASCARILLE.
Il est vrai, c'est tomber d'un mal dedans un pire.
Il faut pourtant l'avoir. Allez chez Trufaldin.
LÉLIE.
Que faire?
MASCARILLE.
Je ne sais.
LÉLIE.
C'en est trop à la fin,
Et tu me mets à bout par ces contes frivoles.
MASCARILLE.
Monsieur, si vous aviez en main force pistoles,
Nous n'aurions pas besoin maintenant de rêver
A chercher les biais que nous devons trouver,
Et pourrions, par un prompt achat de cette esclave,
Empêcher qu'un rival vous prévienne et vous brave.
De ces Égyptiens qui la mirent ici
Trufaldin, qui la garde, est en quelque souci;
Et, trouvant son argent, qu'ils lui font trop attendre,
Je sais bien qu'il seroit très-ravi de la vendre:
Car enfin en vrai ladre il a toujours vécu;
Il se feroit fesser pour moins d'un quart d'écu,
Et l'argent est le dieu que surtout il révère:
Mais le mal, c'est...
LÉLIE.
Quoi? c'est...
MASCARILLE.
Que monsieur votre père
Est un autre vilain qui ne vous laisse pas,
Comme vous voudriez bien, manier ses ducats;
Qu'il n'est point de ressort qui, pour votre ressource,
Pût faire maintenant ouvrir la moindre bourse.
Mais tâchons de parler à Célie un moment,

Pour savoir là-dessus quel est son sentiment.
La fenêtre est ici.
LÉLIE.
Mais Trufaldin, pour elle,
Fait de nuit et de jour exacte sentinelle.
Prends garde.
MASCARILLE.
Dans ce coin demeurons en repos.
O bonheur! la voilà qui sort tout à propos [1].

SCÈNE III

CÉLIE, LÉLIE, MASCARILLE.

LÉLIE.
Ah! que le ciel m'oblige, en offrant à ma vue
Les célestes attraits dont vous êtes pourvue!
Et, quelque mal cuisant que m'aient causé vos yeux,
Que je prends de plaisir à les voir en ces lieux!
CÉLIE.
Mon cœur, qu'avec raison votre discours étonne,
N'entend pas que mes yeux fassent mal à personne;
Et, si dans quelque chose ils vous ont outragé,
Je puis vous assurer que c'est sans mon congé.
LÉLIE.
Ah! leurs coups sont trop beaux pour me faire une injure!
Je mets toute ma gloire à chérir leur blessure [2],
Et...
MASCARILLE.
Vous le prenez là d'un ton un peu trop haut;
Ce style maintenant n'est pas ce qu'il nous faut.
Profitons mieux du temps, et sachons vite d'elle
Ce que...
TRUFALDIN, dans sa maison.
Célie!
MASCARILLE, à Lélie.
Eh bien!
LÉLIE.
O rencontre cruelle!
Ce malheureux vieillard devoit-il nous troubler?
MASCARILLE.
Allez, retirez-vous; je saurai lui parler.

SCÈNE IV

TRUFALDIN, CÉLIE; LÉLIE, retiré dans un coin; MASCARILLE.

TRUFALDIN, à Célie.
Que faites-vous dehors? et quel soin vous talonne,
Vous à qui je défends de parler à personne?
CÉLIE.
Autrefois j'ai connu cet honnête garçon;
Et vous n'avez pas lieu d'en prendre aucun soupçon.

[1] VAR. O bonheur! la voilà qui paroît à propos.
[2] VAR. Ma blessure.

MASCARILLE.
Est-ce là le seigneur Trufaldin?
CÉLIE.
Oui, lui-même.
MASCARILLE.
Monsieur, je suis tout vôtre, et ma joie est extrême
De pouvoir saluer en toute humilité
Un homme dont le nom est partout si vanté.
TRUFALDIN.
Très-humble serviteur.
MASCARILLE.
J'incommode peut-être;
Mais je l'ai vue ailleurs, où m'ayant fait connoître
Les grands talents qu'elle a pour savoir l'avenir,
Je voulois sur un point un peu l'entretenir.
TRUFALDIN.
Quoi! te mêlerois-tu d'un peu de diablerie?
CÉLIE.
Non, tout ce que je sais n'est que blanche magie.
MASCARILLE.
Voici donc ce que c'est. Le maître que je sers
Languit pour un objet qui le tient dans ses fers.
Il auroit bien voulu du feu qui le dévore
Pouvoir entretenir la beauté qu'il adore;
Mais un dragon, veillant sur ce rare trésor,
N'a pu, quoi qu'il ait fait, le lui permettre encor;
Et ce qui plus le gêne et le rend misérable,
Il vient de découvrir un rival redoutable;
Si bien que, pour savoir si ses soins amoureux
Ont sujet d'espérer quelque succès heureux,
Je viens vous consulter, sûr que de votre bouche
Je puis apprendre au vrai le secret qui nous touche.
CÉLIE.
Sous quel astre ton maître a-t-il reçu le jour?
MASCARILLE.
Sous un astre à jamais ne changer son amour.
CÉLIE.
Sans me nommer l'objet pour qui son cœur soupire,
La science que j'ai m'en peut assez instruire.
Cette fille a du cœur, et, dans l'adversité,
Elle sait conserver une noble fierté.
Elle n'est pas d'humeur à trop faire connoître
Les secrets sentiments qu'en son cœur on fait naître :
Mais je les sais comme elle, et, d'un esprit plus doux,
Je vais en peu de mots te les découvrir tous [1].
MASCARILLE.
O merveilleux pouvoir de la vertu magique!
CÉLIE.
Si ton maître en ce point de constance se pique,
Et que la vertu seule anime son dessein,
Qu'il n'appréhende plus de soupirer en vain [2];
Il a lieu d'espérer, et le fort qu'il veut prendre
N'est pas sourd aux traités, et voudra bien se rendre.
MASCARILLE.
C'est beaucoup; mais ce fort dépend d'un gouverneur
Difficile à gagner.

[1] VAR. Je vais en peu de mots vous les découvrir tous.
[2] VAR. Qu'il n'appréhende pas de soupirer en vain.

CÉLIE.
C'est là tout le malheur [1].
MASCARILLE, à part, regardant Lélie.
Au diable le fâcheux qui toujours nous éclaire [2]!
CÉLIE.
Je vais vous enseigner ce que vous devez faire.
LÉLIE, en les joignant.
Cessez, ô Trufaldin! de vous inquiéter;
C'est par mon ordre seul qu'il vous vient visiter.
Et je vous l'envoyois, ce serviteur fidèle,
Vous offrir mon service, et vous parler pour elle,
Dont je vous veux dans peu payer la liberté,
Pourvu qu'entre nous deux le prix soit arrêté.
MASCARILLE.
La peste soit la bête!
TRUFALDIN.
Oh! oh! qui des deux croire?
Ce discours au premier est fort contradictoire.
MASCARILLE.
Monsieur, ce galant homme a le cerveau blessé :
Ne le savez-vous pas?
TRUFALDIN.
Je sais ce que je sai.
J'ai crainte ici dessous de quelque manigance.
A Célie.
Rentrez, et ne prenez jamais cette licence.
Et vous, filous fieffés, ou je me trompe fort,
Mettez, pour me jouer, vos flûtes mieux d'accord.

SCÈNE V

LÉLIE, MASCARILLE.

MASCARILLE.
C'est bien fait. Je voudrois qu'encor, sans flatterie,
Il nous eût d'un bâton chargés de compagnie.
A quoi bon se montrer, et, comme un étourdi,
Me venir démentir de tout ce que je di?
LÉLIE.
Je pensois faire bien.
MASCARILLE.
Oui, c'étoit fort l'entendre.
Mais quoi! cette action ne me doit point surprendre :
Vous êtes si fertile en pareils contre-temps,
Que vos écarts d'esprit n'étonnent plus les gens.
LÉLIE.
Ah! mon Dieu! pour un rien me voilà bien coupable!
Le mal est-il si grand qu'il soit irréparable?
Enfin, si tu ne mets Célie entre mes mains,
Songe au moins de Léandre à rompre les desseins;
Qu'il ne puisse acheter avant moi cette belle.

[1] Cette situation, dans laquelle des intérêts de cœur se traitent en présence d'un rival, d'un père ou d'un tuteur, à la faveur d'une fiction qui l'empêche d'y rien comprendre, est toujours d'un grand effet au théâtre, quand la fiction est ingénieuse et vraisemblable. Molière l'a employée encore dans la xive scène du IIe acte de l'*École des Maris*, la xie scène du IIIe acte de l'*Avare*, et la vie scène du IIe acte du *Malade imaginaire*. (Auger.)

[2] *Éclair.r*, dans le sens d'*épionner*.

De peur que ma présence encor soit criminelle,
Je te laisse.
MASCARILLE, seul.
Fort bien. A dire vrai, l'argent
Seroit dans notre affaire un sûr et fort agent;
Mais, ce ressort manquant, il faut user d'un autre.

SCÈNE VI

ANSELME, MASCARILLE.

ANSELME.
Par mon chef, c'est un siècle étrange que le nôtre!
J'en suis confus. Jamais tant d'amour pour le bien,
Et jamais tant de peine à retirer le sien!
Les dettes aujourd'hui, quelque soin qu'on emploie,
Sont comme les enfants, que l'on conçoit en joie,
Et dont avecque peine on fait l'accouchement.
L'argent dans une bourse entre agréablement;
Mais, le terme venu que nous devons le rendre,
C'est lors que les douleurs commencent à nous prendre.
Baste! ce n'est pas peu que deux mille francs, dus
Depuis deux ans entiers, me soient enfin rendus;
Encore est-ce un bonheur.
MASCARILLE, à part les quatre premiers vers.
O Dieu! la belle proie
A tirer en volant! Chut, il faut que je voie
Si je pourrois un peu de près le caresser.
Je sais bien les discours dont il le faut bercer...
Je viens de voir, Anselme...
ANSELME.
Et qui?
MASCARILLE.
Votre Nérine.
ANSELME.
Que dit-elle de moi cette gente assassine?
MASCARILLE.
Pour vous elle est de flamme.
ANSELME.
Elle?
MASCARILLE.
Et vous aime tant,
Que c'est grande pitié.
ANSELME.
Que tu me rends content!
MASCARILLE.
Peu s'en faut que d'amour la pauvrette ne meure.
Anselme, mon mignon, crie-t-elle à toute heure,
Quand est-ce que l'hymen unira nos deux cœurs,
Et que tu daigneras éteindre mes ardeurs?
ANSELME.
Mais pourquoi jusqu'ici me les avoir celées?
Les filles, par ma foi, sont bien dissimulées!
Mascarille, en effet, qu'en dis-tu? quoique vieux,
J'ai de la mine encore assez pour plaire aux yeux.
MASCARILLE.
Oui, vraiment, ce visage est encor fort mettable;
S'il n'est pas des plus beaux, il est des-agréable.

ANSELME.
Si bien donc...

MASCARILLE veut prendre la bourse.
Si bien donc qu'elle est sotte de vous,
Ne vous regarde plus...

ANSELME.
Quoi?

MASCARILLE.
Que comme un époux;
Et vous veut...

ANSELME.
Et me veut...?

MASCARILLE.
Et vous veut, quoi qu'il tienne,
Prendre la bourse...

ANSELME.
La...?

MASCARILLE prend la bourse, et la laisse tomber.
La bouche avec la sienne.

ANSELME.
Ah! je t'entends. Viens çà : lorsque tu la verras,
Vante-lui mon mérite autant que tu pourras.

MASCARILLE.
Laissez-moi faire.

ANSELME.
Adieu.

MASCARILLE.
Que le ciel vous conduise!

ANSELME, revenant.
Ah! vraiment, je faisois une étrange sottise,
Et tu pouvois pour toi m'accuser de froideur :
Je t'engage à servir mon amoureuse ardeur,
Je reçois par ta bouche une bonne nouvelle,
Sans du moindre présent récompenser ton zèle!
Tiens, tu te souviendras...

MASCARILLE.
Ah! non pas, s'il vous plaît.

ANSELME.
Laisse-moi...

MASCARILLE.
Point du tout. J'agis sans intérêt.

ANSELME.
Je le sais; mais pourtant...

MASCARILLE
Non, Anselme, vous dis-je;
Je suis homme d'honneur, cela me désoblige.

ANSELME.
Adieu donc, Mascarille.

MASCARILLE, à part.
O long discours!

ANSELME, revenant.
Je veux
Régaler par tes mains cet objet de mes vœux;
Et je vais te donner de quoi faire pour elle
L'achat de quelque bague, ou telle bagatelle
Que tu trouveras bon.

MASCARILLE.
Non, laissez votre argent :
Sans vous mettre en souci, je ferai le présent;
Et l'on m'a mis en main une bague à la mode,
Qu'après vous payerez, si cela l'accommode.

ANSELME.
Soit; donne-la pour moi : mais surtout fais si bien,
Qu'elle garde toujours l'ardeur de me voir sien.

SCÈNE VII

LÉLIE, ANSELME, MASCARILLE.

LÉLIE, ramassant la bourse.
A qui la bourse?

ANSELME.
Ah! dieux! elle m'étoit tombée,
Et j'aurois, après, cru qu'on me l'eût dérobée!
Je vous suis bien tenu de ce soin obligeant,
Qui m'épargne un grand trouble et me rend mon argent.
Je vais m'en décharger au logis tout à l'heure.

SCÈNE VIII

LÉLIE, MASCARILLE.

MASCARILLE.
C'est être officieux, et très-fort, ou je meure.

LÉLIE.
Ma foi! sans moi, l'argent étoit perdu pour lui.

MASCARILLE.
Certes, vous faites rage, et payez aujourd'hui
D'un jugement très-rare et d'un bonheur extrême :
Nous avancerons fort, continuez de même.

LÉLIE.
Qu'est-ce donc? Qu'ai-je fait?

MASCARILLE.
Le sot, en bon françois,
Puisque je puis le dire, et qu'enfin je le dois.
Il sait bien l'impuissance où son père le laisse;
Qu'un rival qu'il doit craindre étrangement nous presse.
Cependant quand je tente un coup pour l'obliger,
Dont je cours moi tout seul la honte et le danger...

LÉLIE.
Quoi! c'étoit...

MASCARILLE.
Oui, bourreau, c'étoit pour la captive
Que j'attrapois l'argent dont votre soin nous prive.

LÉLIE.
S'il est ainsi, j'ai tort; mais qui l'eût deviné?

MASCARILLE.
Il falloit, en effet, être bien raffiné!

LÉLIE.
Tu me devois par signe avertir de l'affaire.

MASCARILLE.
Oui, je dois au dos avoir mon luminaire.
Au nom de Jupiter, laissez-nous en repos,
Et ne nous chantez p'us d'impertinents propos.
Un autre, après cela, quitteroit tout peut-être;

Mais j'avois médité tantôt un coup de maître,
Dont tout présentement je veux voir les effets;
A la charge que si...
LÉLIE.
Non, je te le promets,
De ne me mêler plus de rien dire ou rien faire.
MASCARILLE.
Allez donc; votre vue excite ma colère.
LÉLIE.
Mais surtout hâte-toi, de peur qu'en ce dessein...
MASCARILLE.
Allez, encore un coup; j'y vais mettre la main.
Lélie sort.
Menons bien ce projet; la fourbe sera fine,
S'il faut qu'elle succède [1] ainsi que j'imagine.
Allons voir... Bon, voici mon homme justement.

SCÈNE IX

PANDOLFE, MASCARILLE.

PANDOLFE.
Mascarille!
MASCARILLE.
Monsieur?
PANDOLFE.
A parler franchement,
Je suis mal satisfait de mon fils.
MASCARILLE.
De mon maître?
Vous n'êtes pas le seul qui se plaigne de l'être :
Sa mauvaise conduite, insupportable en tout,
Met à chaque moment ma patience à bout.
PANDOLFE.
Je vous croyois pourtant assez d'intelligence
Ensemble.
MASCARILLE.
Moi, monsieur? perdez cette croyance;
Toujours de son devoir je tâche à l'avertir,
Et l'on nous voit sans cesse avoir maille à partir.
A l'heure même encor nous avons eu querelle
Sur l'hymen d'Hippolyte, où je le vois rebelle,
Où, par l'indignité d'un refus criminel,
Je le vois offenser le respect paternel.
PANDOLFE.
Querelle?
MASCARILLE.
Oui, querelle, et bien avant poussée.
PANDOLFE.
Je me trompois donc bien; car j'avois la pensée
Qu'à tout ce qu'il faisoit tu donnois de l'appui.
MASCARILLE.
Moi? Voyez ce que c'est que du monde aujourd'hui,
Et comme l'innocence est toujours opprimée!
Si mon intégrité vous étoit confirmée,

[1] *Succéder*, pour *réussir*.

Je suis auprès de lui gagé pour serviteur,
Vous me voudriez encor payer pour précepteur :
Oui, vous ne pourriez pas lui dire davantage
Que ce que je lui dis pour le faire être sage.
Monsieur, au nom de Dieu, lui fais-je assez souvent,
Cessez de vous laisser conduire au premier vent;
Réglez-vous; regardez l'honnête homme de père
Que vous avez du ciel, comme on le considère;
Cessez de lui vouloir donner la mort au cœur,
Et, comme lui, vivez en personne d'honneur.
PANDOLFE.
C'est parler comme il faut. Et que peut-il répondre?
MASCARILLE.
Répondre? Des chansons, dont il me vient confondre.
Ce n'est pas qu'en effet, dans le fond de son cœur,
Il ne tienne de vous des semences d'honneur;
Mais sa raison n'est pas maintenant la maîtresse.
Si je pouvois parler avec que hardiesse,
Vous le verriez dans peu soumis sans nul effort.
PANDOLFE.
Parle.
MASCARILLE.
C'est un secret qui m'importeroit fort [1]
S'il étoit découvert; mais à votre prudence
Je le puis confier avec toute assurance.
PANDOLFE.
Tu dis bien.
MASCARILLE.
Sachez donc que vos vœux sont trahis
Par l'amour qu'une esclave imprime à votre fils.
PANDOLFE.
On m'en avoit parlé; mais l'action me touche
De voir que je l'apprenne encore par ta bouche.
MASCARILLE.
Vous voyez si je suis le secret confident...
PANDOLFE.
Vraiment je suis ravi de cela.
MASCARILLE.
Cependant,
A son devoir, sans bruit, désirez-vous le rendre?
Il faut... J'ai toujours peur qu'on nous vienne surprendre;
Ce seroit fait de moi, s'il savoit ce discours.
Il faut, dis-je, pour rompre à toute chose cours,
Acheter sourdement l'esclave idolâtrée,
Et la faire passer en une autre contrée.
Anselme a grand accès auprès de Trufaldin;
Qu'il aille l'acheter pour vous dès ce matin :
Après, si vous voulez en mes mains la remettre,
Je connois des marchands, et puis bien vous promettre
D'en retirer l'argent qu'elle pourra coûter,
Et, malgré votre fils, de la faire écarter;
Car enfin, si l'on veut qu'à l'hymen il se range,
A cet amour naissant il faut donner le change;
Et de plus, quand bien même il seroit résolu,
Qu'il auroit pris le joug que vous avez voulu,

[1] *Cela m'importeroit*, dans le sens de *cela seroit fâcheux pour moi*. (A.)

ACTE I, SCÈNE X.

Cet autre objet, pouvant réveiller son caprice,
Au mariage encor peut porter préjudice.
PANDOLFE.
C'est très-bien raisonner; ce conseil me plaît fort...
Je vois Anselme; va, je m'en vais faire effort
Pour avoir promptement cette esclave funeste,
Et la mettre en tes mains pour achever le reste.
MASCARILLE, seul.
Bon; allons avertir mon maître de ceci.
Vive la fourberie, et les fourbes aussi [1].

SCÈNE X

HIPPOLYTE, MASCARILLE.

HIPPOLYTE.
Oui, traître, c'est ainsi que tu me rends service!
Je viens de tout entendre, et voir ton artifice.
A moins que de cela, l'eussé-je soupçonné?
Tu couches d'imposture [2], et tu m'en as donné.
Tu m'avois promis, lâche, et j'avois lieu d'attendre
Qu'on te verroit servir mes ardeurs pour Léandre;
Que du choix de Lélie, où l'on veut m'obliger,
Ton adresse et tes soins sauroient me dégager;
Que tu m'affranchirois du projet de mon père;
Et cependant ici tu fais tout le contraire!
Mais tu t'abuseras; je sais un sûr moyen
Pour rompre cet achat où tu pousses si bien;
Et je vais de ce pas...
MASCARILLE.
Ah! que vous êtes prompte!
La mouche tout d'un coup à la tête vous monte [3],
Et, sans considérer s'il a raison ou non,
Votre esprit contre moi fait le petit démon.
J'ai tort, et je devrois, sans finir mon ouvrage,
Vous faire dire vrai, puisque ainsi l'on m'outrage.
HIPPOLYTE.
Par quelle illusion penses-tu m'éblouir?
Traître, peux-tu nier ce que je viens d'ouïr?
MASCARILLE.
Non. Mais il faut savoir que tout cet artifice
Ne va directement qu'à vous rendre service;
Que ce conseil adroit, qui semble être sans fard,
Jette dans le panneau l'un et l'autre vieillard;
Que mon soin par leurs mains ne veut avoir Célie
Qu'à dessein de la mettre au pouvoir de Lélie;
Et faire que, l'effet de cette invention
Dans le dernier excès portant sa passion,

Anselme, rebuté de son prétendu gendre,
Puisse tourner son choix du côté de Léandre.
HIPPOLYTE.
Quoi! tout ce grand projet, qui m'a mise en courroux,
Tu l'as formé pour moi, Mascarille?
MASCARILLE.
Oui, pour vous.
Mais, puisqu'on reconnoît si mal mes bons offices,
Qu'il me faut de la sorte essuyer vos caprices,
Et que, pour récompense, on s'en vient, de hauteur,
Me traiter de faquin, de lâche, d'imposteur,
Je m'en vais réparer l'erreur que j'ai commise,
Et, dès ce même pas, rompre mon entreprise.
HIPPOLYTE, l'arrêtant.
Eh! ne me traite pas si rigoureusement,
Et pardonne aux transports d'un premier mouvement.
MASCARILLE.
Non, non, laissez-moi faire; il est en ma puissance
De détourner le coup qui si fort vous offense.
Vous ne vous plaindrez point de mes soins désormais;
Oui, vous aurez mon maître, et je vous le promets.
HIPPOLYTE.
Eh! mon pauvre garçon, que ta colère cesse.
J'ai mal jugé de toi, j'ai tort, je le confesse.
Tirant sa bourse.
Mais je veux réparer ma faute avec ceci.
Pourrois-tu te résoudre à me quitter ainsi?
MASCARILLE.
Non, je ne le saurois, quelque effort que je fasse;
Mais votre promptitude est de mauvaise grâce.
Apprenez qu'il n'est rien qui blesse un noble cœur
Comme quand il peut voir qu'on le touche en l'honneur.
HIPPOLYTE.
Il est vrai, je t'ai dit de trop grosses injures:
Mais que ces deux louis guériront tes blessures.
MASCARILLE.
Eh! tout cela n'est rien; je suis tendre à ces coups.
Mais déjà je commence à perdre mon courroux.
Il faut de ses amis endurer quelque chose.
HIPPOLYTE.
Pourras-tu mettre à fin ce que je me propose?
Et crois-tu que l'effet de tes desseins hardis
Produise à mon amour le succès que tu dis?
MASCARILLE.
N'ayez point pour ce fait l'esprit sur des épines.
J'ai des ressorts tout prêts pour diverses machines;
Et, quand ce stratagème à nos vœux manqueroit,
Ce qu'il ne feroit pas, un autre le feroit.
HIPPOLYTE.
Crois qu'Hippolyte au moins ne sera pas ingrate.
MASCARILLE.
L'espérance du gain n'est pas ce qui me flatte.
HIPPOLYTE.
Ton maître te fait signe, et veut parler à toi:
Je te quitte; mais songe à bien agir pour moi.

---

[1] Dans Plaute, l'esclave qui a donné son nom à la pièce intitulée l'Épidique, joue un rôle tout à fait semblable à celui de Mascarille. La comédie italienne de l'Inavvertito offre aussi l'exemple d'une ruse pareille.

[2] Coucher d'imposture, pour payer de ruse, de mensonge. Cette manière de s'exprimer n'est plus admise; elle vient du jeu. On disoit Couché de vingt pistoles, de trente pistoles, couché belle. (Voltaire.)

[3] Imitation du proverbe italien: Salir le mosche al naso.

SCÈNE XI

LÉLIE, MASCARILLE.

LÉLIE.

Que diable fais-tu là? tu me promets merveille;
Mais ta lenteur d'agir est pour moi sans pareille.
Sans que mon bon génie au-devant m'a poussé,
Déjà tout mon bonheur eût été renversé;
C'étoit fait de mon bien, c'étoit fait de ma joie;
D'un regret éternel je devenois la proie :
Bref, si je ne me fusse en ces lieux rencontré,
Anselme avoit l'esclave, et j'en étois frustré;
Il l'emmenoit chez lui. Mais j'ai paré l'atteinte,
J'ai détourné le coup, et tant fait, que, par crainte,
Le pauvre Trufaldin l'a retenue.

MASCARILLE.

Et trois :
Quand nous serons à dix, nous ferons une croix.
C'étoit par mon adresse, ô cervelle incurable!
Qu'Anselme entreprenoit cet achat favorable;
Entre mes propres mains on la devoit livrer,
Et vos soins endiablés nous en viennent sevrer.
Et puis pour votre amour je m'emploierois encore!
J'aimerois mieux cent fois être grosse pécore,
Devenir cruche, chou, lanterne, loup-garou,
Et que monsieur Satan vous vînt tordre le cou.

LÉLIE, seul.

Il nous le faut mener en quelque hôtellerie,
Et faire sur les pots décharger sa furie.

ACTE SECOND

SCÈNE I

LÉLIE, MASCARILLE.

MASCARILLE.

A vos désirs enfin il a fallu se rendre :
Malgré tous mes serments, je n'ai pu m'en défendre,
Et pour vos intérêts, que je voulois laisser,
En de nouveaux périls viens de m'embarrasser.
Je suis ainsi facile; et si de Mascarille
Madame la nature avoit fait une fille,
Je vous laisse à penser ce que ç'auroit été.
Toutefois n'allez pas, sur cette sûreté,
Donner de vos revers au projet que je tente,
Me faire une bévue, et rompre mon attente.
Auprès d'Anselme encor nous vous excuserons,
Pour en pouvoir tirer ce que nous désirons;
Mais, si dorénavant votre imprudence éclate,
Adieu, vous dis, mes soins pour l'objet qui vous flatte.

LÉLIE.

Non, je serai prudent, te dis-je; ne crains rien :
Tu verras seulement...

MASCARILLE.

Souvenez-vous-en bien;
J'ai commencé pour vous un hardi stratagème.
Votre père fait voir une paresse extrême
A rendre par sa mort tous vos désirs contents;
Je viens de le tuer (de parole, j'entends) :
Je fais courir le bruit que d'une apoplexie
Le bonhomme surpris a quitté cette vie.
Mais avant, pour pouvoir mieux feindre ce trépas,
J'ai fait que vers sa grange il a porté ses pas;
On est venu lui dire, et par mon artifice,
Que les ouvriers qui sont après son édifice,
Parmi les fondements qu'ils en jettent encor,
Avoient fait par hasard rencontre d'un trésor.
Il a volé d'abord; et, comme à la campagne
Tout son monde à présent, hors nous deux, l'accompagne,
Dans l'esprit d'un chacun je le tue aujourd'hui,
Et produis un fantôme enseveli pour lui.
Enfin je vous ai dit à quoi je vous engage :
Jouez bien votre rôle; et, pour mon personnage,
Si vous apercevez que j'y manque d'un mot,
Dites absolument que je ne suis qu'un sot.

SCÈNE II

LÉLIE, seul.

Son esprit, il est vrai, trouve une étrange voie
Pour adresser mes vœux au comble de leur joie;
Mais, quand d'un bel objet on est bien amoureux,
Que ne feroit-on pas pour devenir heureux?
Si l'amour est au crime une assez belle excuse,
Il en peut bien servir à la petite ruse
Que sa flamme aujourd'hui me force d'approuver,
Par la douceur du bien qui m'en doit arriver.
Juste ciel! qu'ils sont prompts! Je les vois en parole [1].
Allons nous préparer à jouer notre rôle.

SCÈNE III

ANSELME, MASCARILLE.

MASCARILLE.

La nouvelle a sujet de vous surprendre fort.

ANSELME.

Être mort de la sorte!

MASCARILLE.

Il a, certes, grand tort :
Je lui sais mauvais gré d'une telle incartade.

ANSELME.

N'avoir pas seulement le temps d'être malade!

MASCARILLE.

Non, jamais homme n'eut si hâte de mourir.

ANSELME.

Et Lélie?

[1] *Être en parole,* pour *converser, s'entretenir*

MASCARILLE.
Il se bat, et ne peut rien souffrir;
Il s'est fait en maints lieux contusion et bosse,
Et veut accompagner son papa dans la fosse :
Enfin, pour achever, l'excès de son transport
M'a fait en grande hâte ensevelir le mort,
De peur que cet objet, qui le rend hypocondre,
A faire un vilain coup ne me l'allât semondre[1].
ANSELME.
N'importe, tu devois attendre jusqu'au soir;
Outre qu'encore un coup j'aurois voulu le voir,
Qui tôt enseveli bien souvent assassine,
Et tel est cru défunt qui n'en a que la mine.
MASCARILLE.
Je vous le garantis trépassé comme il faut.
Au reste, pour venir au discours de tantôt,
Lélie (et l'action lui sera salutaire)
D'un bel enterrement veut régaler son père,
Et consoler un peu ce défunt de son sort
Par le plaisir de voir faire honneur à sa mort.
Il hérite beaucoup; mais, comme en ces affaires
Il se trouve assez neuf et ne voit encor guères,
Que son bien la plupart n'est point en ces quartiers,
Ou que ce qu'il y tient consiste en des papiers,
Il voudroit vous prier, ensuite de l'instance
D'excuser de tantôt son trop de violence,
De lui prêter au moins pour ce dernier devoir...
ANSELME.
Tu me l'as déjà dit, et je m'en vais le voir.
MASCARILLE, seul.
Jusques ici du moins tout va le mieux du monde.
Tâchons à ce progrès que le reste réponde;
Et, de peur de trouver dans le port un écueil,
Conduisons le vaisseau de la main et de l'œil.

SCÈNE IV

ANSELME, LÉLIE, MASCARILLE.

ANSELME.
Sortons; je ne saurois qu'avec douleur très-forte
Le voir empaqueté de cette étrange sorte.
Las! en si peu de temps! il vivoit ce matin!
MASCARILLE.
En peu de temps parfois on fait bien du chemin.
LÉLIE, pleurant.
Ah!
ANSELME.
Mais quoi, cher Lélie! enfin il étoit homme.
On n'a point pour la mort de dispense de Rome.
LÉLIE.
Ah!
ANSELME.
Sans leur dire gare, elle abat les humains
Et contre eux de tout temps a de mauvais desseins.

[1] *Semondre*, de *submonere*, inviter, convier.

LÉLIE.
Ah!
ANSELME.
Ce fier animal, pour toutes les prières,
Ne perdroit pas un coup de ses dents meurtrières.
Tout le monde y passe.
LÉLIE.
Ah!
MASCARILLE.
Vous avez beau prêcher,
Ce deuil enraciné ne se peut arracher.
ANSELME.
Si, malgré ces raisons, votre ennui persévère,
Mon cher Lélie, au moins, faites qu'il se modère.
LÉLIE.
Ah!
MASCARILLE.
Il n'en fera rien, je connois son humeur.
ANSELME.
Au reste, sur l'avis de votre serviteur,
J'apporte ici l'argent qui vous est nécessaire
Pour faire célébrer les obsèques d'un père.
LÉLIE.
Ah! ah!
MASCARILLE.
Comme à ce mot s'augmente sa douleur!
Il ne peut, sans mourir, songer à ce malheur.
ANSELME.
Je sais que vous verrez aux papiers du bonhomme
Que je suis débiteur d'une plus grande somme;
Mais, quand par ces raisons je ne vous devrois rien,
Vous pourriez librement disposer de mon bien.
Tenez, je suis tout vôtre, et le ferai paroître.
LÉLIE, s'en allant.
Ah!
MASCARILLE.
Le grand déplaisir que sent monsieur mon maître!
ANSELME.
Mascarille, je crois qu'il seroit à propos
Qu'il me fît de sa main un reçu de deux mots.
MASCARILLE.
Ah!
ANSELME.
Des événements l'incertitude est grande.
MASCARILLE.
Ah!
ANSELME.
Faisons-lui signer le mot que je demande.
MASCARILLE.
Las! en l'état qu'il est, comment vous contenter?
Donnez-lui le loisir de se désattrister;
Et, quand ses déplaisirs prendront quelque allégeance,
J'aurai soin d'en tirer d'abord votre assurance.
Adieu. Je sens mon cœur qui se gonfle d'ennui,
Et m'en vais tout mon soûl pleurer avecque lui.
Ah!
ANSELME, seul.
Le monde est rempli de beaucoup de traverses;

Chaque homme tous les jours en ressent de diverses ;
Et jamais ici-bas...

SCÈNE V

PANDOLFE, ANSELME.

ANSELME.
Ah ! bon Dieu ! je frémi !
Pandolfe qui revient ! Fût-il bien endormi [1] !
Comme depuis sa mort sa face est amaigrie !
Las ! ne m'approchez pas de plus près, je vous prie !
J'ai trop de répugnance à coudoyer un mort.

PANDOLFE.
D'où peut donc provenir ce bizarre transport ?

ANSELME.
Dites-moi de bien loin quel sujet vous amène.
Si pour me dire adieu vous prenez tant de peine,
C'est trop de courtoisie, et véritablement
Je me serois passé de votre compliment.
Si votre âme est en peine et cherche des prières,
Las ! je vous en promets, et ne m'effrayez guères !
Foi d'homme épouvanté, je vais faire à l'instant
Prier tant Dieu pour vous, que vous serez content.

Disparoissez donc, je vous prie,
Et que le ciel, par sa bonté,
Comble de joie et de santé
Votre défunte seigneurie !

PANDOLFE, riant.
Malgré tout mon dépit, il m'y faut prendre part.

ANSELME.
Las ! pour un trépassé vous êtes bien gaillard !

PANDOLFE.
Est-ce jeu, dites-nous, ou bien si c'est folie,
Qui traite de défunt une personne en vie ?

ANSELME.
Hélas ! vous êtes mort, et je viens de vous voir.

PANDOLFE.
Quoi ! j'aurois trépassé s'en m'en apercevoir ?

ANSELME.
Sitôt que Mascarille en a dit la nouvelle,
J'en ai senti dans l'âme une douleur mortelle.

PANDOLFE.
Mais enfin, dormez-vous ? êtes-vous éveillé ?
Me connoissez-vous pas ?

ANSELME.
Vous êtes habillé
D'un corps aérien qui contrefait le vôtre,
Mais qui dans un moment peut devenir tout autre.
Je crains fort de vous voir comme un géant grandir,
Et tout votre visage affreusement laidir.
Pour Dieu ! ne prenez point de vilaine figure ;
J'ai prou [2] de ma frayeur en cette conjoncture.

[1] Anselme veut dire : *Plût à Dieu qu'il dormît en paix, que rien ne troublât le repos de son âme !* car il ne doute pas un instant que son ami ne soit mort comme le prouve le vers suivant. (Aimé Martin.)
[2] *Prou*, vieux mot qui signifie *assez, beaucoup*.

PANDOLFE.
En une autre saison, cette naïveté
Dont vous accompagnez votre crédulité,
Anselme, me seroit un charmant badinage,
Et j'en prolongerois le plaisir davantage :
Mais, avec cette mort, un trésor supposé,
Dont parmi les chemins on m'a désabusé,
Fomentent dans mon âme un soupçon légitime.
Mascarille est un fourbe, et fourbe fourbissime,
Sur qui ne peuvent rien la crainte et le remords,
Et qui pour ses desseins a d'étranges ressorts.

ANSELME.
M'auroit-on joué pièce et fait superchérie ?
Ah ! vraiment, ma raison, vous seriez fort jolie !
Touchons un peu pour voir : en effet, c'est bien lui.
Malepeste du sot que je suis aujourd'hui !
De grâce, n'allez pas divulguer un tel conte :
On en feroit jouer quelque farce à ma honte ;
Mais, Pandolfe, aidez-moi vous-même à retirer
L'argent que j'ai donné pour vous faire enterrer.

PANDOLFE.
De l'argent, dites-vous ? Ah ! voilà l'enclouure !
C'est là le nœud secret de toute l'aventure [1].
A votre dam [2]. Pour moi, sans m'en mettre en souci,
Je vais faire informer de cette affaire-ci
Contre ce Mascarille ; et, si l'on peut le prendre,
Quoi qu'il puisse coûter, je le veux faire pendre.

ANSELME, seul.
Et moi, la bonne dupe à trop croire un vaurien,
Il faut donc qu'aujourd'hui je perde et sens et bien !
Il me sied bien, ma foi, de porter tête grise,
Et d'être encor si prompt à faire une sottise,
D'examiner si peu sur un premier rapport...
Mais je vois...

SCÈNE VI

LÉLIE, ANSELME.

LÉLIE, sans voir Anselme.
Maintenant, avec ce passe-port,
Je puis à Trufaldin rendre aisément visite.

ANSELME.
A ce que je puis voir, votre douleur vous quitte ?

LÉLIE.
Que dites-vous ? Jamais elle ne quittera
Un cœur qui chèrement toujours la gardera [3].

ANSELME.
Je reviens sur mes pas vous dire avec franchise
Que tantôt avec vous j'ai fait une méprise ;
Que parmi ces louis, quoiqu'ils semblent très-beaux,
J'en ai, sans y penser, mêlé que je tiens faux ;
Et j'apporte sur moi de quoi mettre en leur place.

[1] VAR. De l'argent, dites-vous ? Ah ! *c'est donc* l'enclouure !
Voilà le nœud secret de toute l'aventure !
[2] *A votre dam*, à votre préjudice, du latin *damnum*.
[3] VAR. Un cœur qui chèrement toujours la *nourrira*.

De nos faux monnoyeurs l'insupportable audace
Pullule en cet État, d'une telle façon,
Qu'on ne reçoit plus rien qui soit hors de soupçon.
Mon Dieu, qu'on feroit bien de les faire tous pendre !
LÉLIE.
Vous me faites plaisir de les vouloir reprendre ;
Mais je n'en ai point vu de faux, comme je croi.
ANSELME.
Je les connoîtrai bien, montrez, montrez-les-moi.
Est-ce tout ?
LÉLIE.
Oui.
ANSELME.
Tant mieux. Enfin je vous raccroche,
Mon argent bien aimé ; rentrez dedans ma poche.
Et vous, mon brave escroc, vous ne tenez plus rien.
Vous tuez donc des gens qui se portent fort bien ?
Et qu'auriez-vous donc fait sur moi, chétif beau-père ?
Ma foi ! je m'engendrois d'une belle manière [1],
Et j'allois prendre en vous un beau-fils fort discret !
Allez, allez mourir de honte et de regret !
LÉLIE, seul.
Il faut dire : J'en tiens. Quelle surprise extrême !
D'où peut-il avoir su sitôt le stratagème ?

SCÈNE VII
LÉLIE, MASCARILLE.

MASCARILLE.
Quoi ! vous étiez sorti ? Je vous cherchois partout.
Eh bien, en sommes-nous enfin venus à bout ?
Je le donne en six coups au fourbe le plus brave.
Çà, donnez-moi, que j'aille acheter notre esclave ;
Votre rival après sera bien étonné.
LÉLIE.
Ah ! mon pauvre garçon, la chance a bien tourné !
Pourrois-tu de mon sort deviner l'injustice ?
MASCARILLE.
Quoi ! que seroit-ce ?
LÉLIE.
Anselme, instruit de l'artifice,
M'a repris maintenant tout ce qu'il nous prêtoit,
Sous couleur de changer de l'or que l'on doutoit.
MASCARILLE.
Vous vous moquez peut-être ?
LÉLIE.
Il est trop véritable.
MASCARILLE.
Tout de bon ?
LÉLIE.
Tout de bon ; j'en suis inconsolable.
Tu te vas emporter d'un courroux sans égal.
MASCARILLE.
Moi, monsieur ! quelque sot [2] : la colère fait mal,
Et je veux me choyer, quoi qu'enfin il arrive.
Que Célie, après tout, soit ou libre ou captive,
Que Léandre l'achète, ou qu'elle reste là,
Pour moi, je m'en soucie autant que de cela.
LÉLIE.
Ah ! n'aye point pour moi si grande indifférence,
Et sois plus indulgent à ce peu d'imprudence !
Sans ce dernier malheur, ne m'avoueras-tu pas
Que j'avois fait merveille, et qu'on se feint trépas
J'éludois [1] un chacun d'un deuil si vraisemblable,
Que les plus clairvoyants l'auroient cru véritable ?
MASCARILLE.
Vous avez en effet sujet de vous louer.
LÉLIE.
Eh bien, je suis coupable, et je veux l'avouer ;
Mais, si jamais mon bien te fut considérable [2],
Répare ce malheur, et me sois secourable.
MASCARILLE.
Je vous baise les mains ; je n'ai pas le loisir.
LÉLIE.
Mascarille, mon fils.
MASCARILLE.
Point.
LÉLIE.
Fais-moi ce plaisir.
MASCARILLE.
Non, je n'en ferai rien.
LÉLIE.
Si tu m'es inflexible,
Je m'en vais me tuer.
MASCARILLE.
Soit ; il vous est loisible.
LÉLIE.
Je ne puis te fléchir ?
MASCARILLE.
Non.
LÉLIE.
Vois-tu le fer prêt ?
MASCARILLE.
Oui.
LÉLIE.
Je vais le pousser.
MASCARILLE.
Faites ce qu'il vous plaît.
LÉLIE.
Tu n'auras pas regret de m'arracher la vie ?
MASCARILLE.
Non.
LÉLIE.
Adieu, Mascarille.
MASCARILLE.
Adieu, monsieur Lélie.
LÉLIE.
Quoi !...

---

[1] *S'engendrer*, pour *se donner un gendre*, est un barbarisme plaisant qu'on emploie dans le style familier.
[2] Locution elliptique, très-commune dans nos anciennes comédies. Quelque sot le feroit, mais je ne le ferai pas.

[1] *J'éludois*, dans le sens de *je me jouois d'un chacun*.
[2] *Si jamais mon bien te fut considérable*, c'est-à-dire *si jamais mon bien fut de quelque prix à tes yeux*. (Anger.)

MASCARILLE.
Tuez-vous donc vite. Ah! que de longs devis¹!
LÉLIE.
Tu voudrois bien, ma foi, pour avoir mes habits,
Que je fisse le sot, et que je me tuasse.
MASCARILLE.
Savois-je pas qu'enfin ce n'étoit que grimace;
Et, quoi que ces esprits jurent d'effectuer,
Qu'on n'est point aujourd'hui si prompt à se tuer?

SCÈNE VIII

TRUFALDIN, LÉANDRE, LÉLIE, MASCARILLE.

Trufaldin parle bas à Léandre dans le fond du théâtre.

LÉLIE.
Que vois-je? mon rival et Trufaldin ensemble!
Il achète Célie; ah! de frayeur je tremble!
MASCARILLE.
Il ne faut point douter qu'il fera ce qu'il peut,
Et, s'il a de l'argent, qu'il pourra ce qu'il veut.
Pour moi, j'en suis ravi. Voilà la récompense
De vos brusques erreurs, de votre impatience.
LÉLIE.
Que dois-je faire? dis; veuille me conseiller.
MASCARILLE.
Je ne sais.
LÉLIE.
Laisse-moi, je vais le quereller².
MASCARILLE.
Qu'en arrivera-t-il?
LÉLIE.
Que veux-tu que je fasse
Pour empêcher ce coup?
MASCARILLE.
Allez, je vous fais grâce;
Je jette encore un œil pitoyable sur vous.
Laissez-moi l'observer; par des moyens plus doux
Je vais, comme je crois, savoir ce qu'il projette.
Lélie sort.
TRUFALDIN, à Léandre.
Quand on viendra tantôt, c'est une affaire faite.
Trufaldin sort.
MASCARILLE, à part, en s'en allant.
Il faut que je l'attrape, et que de ses desseins
Je sois le confident pour mieux les rendre vains.
LÉANDRE, seul.
Grâces au ciel, voilà mon bonheur hors d'atteinte!
J'ai su me l'assurer, et je n'ai plus de crainte.
Quoi que désormais puisse entreprendre un rival,
Il n'est plus en pouvoir de me faire du mal.

¹ propos familiers, propos qui font passer le temps.
² Dans le sens de défier, provoquer.

SCÈNE IX

LÉANDRE, MASCARILLE.

MASCARILLE, dit ces deux vers dans la maison, et entre sur le théâtre.

Aïe! aïe! à l'aide! au meurtre! au secours! on m'assomme!
Ah! ah! ah! ah! ah! ah! O traître! ô bourreau d'homme!
LÉANDRE.
D'où procède cela? Qu'est-ce? que te fait-on?
MASCARILLE.
On vient de me donner deux cents coups de bâton.
LÉANDRE.
Qui?
MASCARILLE.
Lélie.
LÉANDRE.
Et pourquoi?
MASCARILLE.
Pour une bagatelle.
Il me chasse, et me bat d'une façon cruelle.
LÉANDRE.
Ah! vraiment, il a tort.
MASCARILLE.
Mais, ou, je ne pourrai,
Ou je jure bien fort que je m'en vengerai.
Oui, je te ferai voir, batteur que Dieu confonde,
Que ce n'est pas pour rien qu'il faut rouer le monde,
Que je suis un valet, mais fort homme d'honneur,
Et qu'après m'avoir eu quatre ans pour serviteur,
Il ne me falloit pas payer en coups de gaules,
Et me faire un affront si sensible aux épaules :
Je te le dis encor, je saurai m'en venger;
Une esclave te plaît, tu voulois m'engager
A la mettre en tes mains; et je veux faire en sorte
Qu'un autre te l'enlève, ou le diable m'emporte.
LÉANDRE.
Écoute, Mascarille, et quitte ce transport.
Tu m'as plu de tout temps, et je souhaitois fort
Qu'un garçon comme toi, plein d'esprit et fidèle,
A mon service un jour pût attacher son zèle :
Enfin, si le parti te semble bon pour toi,
Si tu veux me servir, je t'arrête avec moi.
MASCARILLE.
Oui, monsieur, d'autant mieux que le destin propice
M'offre à me bien venger, en vous rendant service;
Et que, dans mes efforts pour vos contentements,
Je puis à mon brutal trouver des châtiments;
De Célie, en un mot, par mon adresse extrême...
LÉANDRE.
Mon amour s'est rendu cet office lui-même.
Enflammé d'un objet qui n'a point de défaut,
Je viens de l'acheter moins encor qu'il ne vaut.
MASCARILLE.
Quoi! Célie est à vous?
LÉANDRE.
Tu la verrois paroître,
Si de mes actions j'étois tout à fait maître

Mais quoi! mon père l'est : comme il a volonté,
Ainsi que je l'apprends, d'un paquet apporté,
De me déterminer à l'hymen d'Hippolyte,
J'empêche qu'un rapport de tout ceci l'irrite.
Donc avec Trufaldin (car je sors de chez lui)
J'ai voulu tout exprès agir au nom d'autrui,
Et, l'achat fait, ma bague est la marque choisie
Sur laquelle au premier il doit livrer Célie.
Je songe, auparavant à chercher les moyens
D'ôter aux yeux de tous ce qui charme les miens ;
A trouver promptement un endroit favorable
Où puisse être en secret cette captive aimable.

MASCARILLE.

Hors de la ville un peu, je puis avec raison
D'un vieux parent que j'ai vous offrir la maison ;
Là, vous pourrez la mettre avec toute assurance,
Et de cette action nul n'aura connoissance.

LÉANDRE.

Oui, ma foi, tu me fais un plaisir souhaité.
Tiens donc, et va pour moi prendre cette beauté.
Dès que par Trufaldin ma bague sera vue,
Aussitôt en tes mains elle sera rendue,
Et dans cette maison tu me la conduiras,
Quand... Mais chut! Hippolyte est ici sur nos pas.

SCÈNE X

HIPPOLYTE, LÉANDRE, MASCARILLE.

HIPPOLYTE.

Je dois vous annoncer, Léandre, une nouvelle ;
Mais la trouverez-vous agréable ou cruelle ?

LÉANDRE.

Pour en pouvoir juger et répondre soudain,
Il faudroit la savoir.

HIPPOLYTE.

Donnez-moi donc la main
Jusqu'au temple ; en marchant je pourrai vous l'apprendre.

LÉANDRE, à Mascarille.

Va, va-t'en me servir, sans davantage attendre.

SCÈNE XI

MASCARILLE, seul.

Oui, je te vais servir d'un plat de ma façon.
Fut-il jamais au monde un plus heureux garçon ?
Oh! que dans un moment Lélie aura de joie !
Sa maîtresse en nos mains tomber par cette voie !
Recevoir tout son bien d'où l'on attend son mal [1],
Et devenir heureux par la main d'un rival !
Après ce rare exploit, je veux que l'on s'apprête
A me peindre en héros, un laurier sur la tête,
Et qu'au bas du portrait on mette en lettres d'or :
Vivat Mascarillus, fourbûm imperator!

[1] VAR. Recevoir tout son bien d'où l'on attend *le* mal.

SCÈNE XII

TRUFALDIN, MASCARILLE.

MASCARILLE.

Holà !

TRUFALDIN.

Que voulez-vous ?

MASCARILLE.

Cette bague connue
Vous dira le sujet qui cause ma venue.

TRUFALDIN.

Oui, je reconnois bien la bague que voilà.
Je vais quérir l'esclave ; arrêtez un peu là.

SCÈNE XIII

TRUFALDIN, UN COURRIER, MASCARILLE.

LE COURRIER, à Trufaldin.

Seigneur, obligez-moi de m'enseigner un homme...

TRUFALDIN.

Et qui ?

LE COURRIER.

Je crois que c'est Trufaldin qu'il se nomme.

TRUFALDIN.

Et que lui voulez-vous ? Vous le voyez ici.

LE COURRIER.

Lui rendre seulement la lettre que voici.

TRUFALDIN lit.

« Le ciel, dont la bonté prend souci de ma vie,
« Vient de me faire ouïr, par un bruit assez doux,
« Que ma fille, à quatre ans par des voleurs ravie,
« Sous le nom de Célie est esclave chez vous.
« Si vous sûtes jamais ce que c'est qu'être père,
« Et vous trouvez sensible aux tendresses du sang,
« Conservez-moi chez vous cette fille si chère,
« Comme si de la vôtre elle tenoit le rang.
« Pour l'aller retirer je pars d'ici moi-même,
« Et vous vais de vos soins récompenser si bien,
« Que par votre bonheur, que je veux rendre extrême,
« Vous bénirez le jour où vous causez le mien.
  « De Madrid.
            « DON PEDRO DE GUSMAN,
            « Marquis de Montalcane. »

Il continue.

Quoiqu'à leur nation bien peu de foi soit due [1],
Ils me l'avoient bien dit, ceux qui me l'ont vendue,
Que je verrois dans peu quelqu'un la retirer,
Et que je n'aurois pas sujet d'en murmurer ;
Et cependant j'allois, par mon impatience,
Perdre aujourd'hui les fruits d'une haute espérance.

Au Courrier.

Un seul moment plus tard tous vos pas étoient vains :

[1] Ce premier vers :
    Quoiqu'à leur nation bien peu de foi soit due,
semble d'abord se rapporter aux Espagnols ; il faut que le vers suivant nous apprenne qu'il s'agit des Égyptiens. (Aimé Martin.)

J'allois mettre à l'instant cette fille en ses mains.
Mais suffit ; j'en aurai tout le soin qu'on désire.

Le Courrier sort.

A Mascarille.

Vous-même vous voyez ce que je viens de lire.
Vous direz à celui qui vous a fait venir
Que je ne lui saurois ma parole tenir ;
Qu'il vienne retirer son argent.

MASCARILLE.
Mais l'outrage
Que vous lui faites...

TRUFALDIN.
Va, sans causer davantage.

MASCARILLE, *seul.*

Ah ! le fâcheux paquet que nous venons d'avoir !
Le sort a bien donné la baie[1] à mon espoir ;
Et bien à la male heure est-il venu d'Espagne,
Ce courrier, que la foudre ou la grêle accompagne !
Jamais, certes, jamais plus beau commencement
N'eut en si peu de temps plus triste événement.

SCÈNE XIV

LÉLIE, *riant ;* MASCARILLE.

MASCARILLE.
Quel beau transport de joie à présent vous inspire ?

LÉLIE.
Laisse-m'en rire encore avant que te le dire.

MASCARILLE.
Çà, rions donc bien fort, nous en avons sujet.

LÉLIE.
Ah ! je ne serai plus de tes plaintes l'objet.
Tu ne me diras plus, toi qui toujours me cries[2],
Que je gâte en brouillon toutes tes fourberies.
J'ai bien joué moi-même un tour des plus adroits.
Il est vrai, je suis prompt, et m'emporte parfois ;
Mais pourtant, quand je veux, j'ai l'imaginative
Aussi bonne, en effet, que personne qui vive,
Et toi-même avoueras que ce que j'ai fait part
D'une pointe d'esprit où peu de monde a part.

MASCARILLE.
Sachons donc ce qu'a fait cette imaginative.

LÉLIE.
Tantôt, l'esprit ému d'une frayeur bien vive
D'avoir vu Trufaldin avecque mon rival,

[1] L'expression *payer d'une baie* nous reporte à la farce de Pathelin, dont la première édition est de 1490. Le prodigieux succès de ce *Pathelin* fit passer en proverbe plusieurs mots de cette pièce ; nous disons encore : *Revenir à ses moutons*. L'*payer d'une baie* est une allusion à cette autre scène excellente, où le berger, acquitté du meurtre des moutons, paye son avocat en lui disant *Bée*, comme il a fait au juge ; la fourberie retombe sur son auteur.

MESSIRE JEHAN.
Et comme quoi ?

PATHELIN.
Pour ce qu'on *bée*
Il me paya subtilement.

(*Le Testament de Pathelin.*)
(F. Génin.)

[2] Dans le sens de *me groudes*.

Je songeois à trouver un remède à ce mal,
Lorsque, me ramassant tout entier en moi-même,
J'ai conçu, digéré, produit un stratagème
Devant qui tous les tiens, dont tu fais tant de cas,
Doivent, sans contredit, mettre pavillon bas.

MASCARILLE.
Mais qu'est-ce ?

LÉLIE.
Ah ! s'il te plaît, donne-toi patience.
J'ai donc feint une lettre avecque diligence,
Comme d'un grand seigneur écrite à Trufaldin,
Qui mande qu'ayant su, par un heureux destin,
Qu'une esclave qu'il tient sous le nom de Célie
Est sa fille, autrefois par des voleurs ravie,
Il veut la venir prendre, et le conjure au moins
De la garder toujours, de lui rendre ses soins ;
Qu'à ce sujet il part d'Espagne ; et doit pour elle
Par de si grands présents reconnoître son zèle,
Qu'il n'aura point regret de causer son bonheur.

MASCARILLE.
Fort bien.

LÉLIE.
Écoute donc, voici bien le meilleur.
La lettre que je dis a donc été remise ;
Mais sais-tu bien comment ? en saison si bien prise,
Que le porteur m'a dit que, sans ce trait falot[1],
Un homme l'emmenoit, qui s'est trouvé fort sot.

MASCARILLE.
Vous avez fait ce coup sans vous donner au diable ?

LÉLIE.
Oui. D'un tour si subtil m'aurois-tu cru capable ?
Loue au moins mon adresse, et la dextérité
Dont je romps d'un rival le dessein concerté.

MASCARILLE.
A vous pouvoir louer selon votre mérite,
Je manque d'éloquence, et ma force est petite.
Oui, pour bien étaler cet effort relevé,
Ce bel exploit de guerre à nos yeux achevé,
Ce grand et rare effet d'une imaginative
Qui ne cède en vigueur à personne qui vive,
Ma langue est impuissante, et je voudrois avoir
Celles de tous les gens du plus exquis savoir,
Pour vous dire en beaux vers, ou bien en docte prose,
Que vous serez toujours, quoi que l'on se propose,
Tout ce que vous avez été durant vos jours :
C'est-à-dire un esprit chaussé tout à rebours,
Une raison malade et toujours en débauche,
Un envers du bon sens, un jugement à gauche,
Un brouillon, une bête, un brusque, un étourdi,
Que sais-je ? un... cent fois plus encor que je ne di.
C'est faire en abrégé votre panégyrique.

LÉLIE.
Apprends-moi le sujet qui contre moi te pique ;
Ai-je fait quelque chose ? Éclaircis-moi ce point.

MASCARILLE.
Non, vous n'avez rien fait ; mais ne me suivez point.

[1] Plaisant.

LÉLIE.
Je te suivrai partout, pour savoir ce mystère.
MASCARILLE.
Oui? Sus donc, préparez vos jambes à bien faire;
Car je vais vous fournir de quoi les exercer.
LÉLIE, seul.
Il m'échappe. O malheur qui ne se peut forcer¹!
Au discours qu'il m'a fait que saurois-je comprendre?
Et quel mauvais office aurois-je pu me rendre?

ACTE TROISIÈME

SCÈNE I

MASCARILLE, seul.

Taisez-vous, ma bonté, cessez votre entretien,
Vous êtes une sotte, et je n'en ferai rien.
Oui, vous avez raison, mon courroux, je l'avoue;
Relier tant de fois ce qu'un brouillon dénoue,
C'est trop de patience : et je dois en sortir,
Après de si beaux coups qu'il a su divertir².
Mais aussi raisonnons un peu sans violence :
Si je suis maintenant ma juste impatience,
On dira que je cède à la difficulté;
Que je me trouve à bout de ma subtilité :
Et que deviendra lors cette publique estime,
Qui te vante partout pour un fourbe sublime,
Et que tu t'es acquise en tant d'occasions,
A ne t'être jamais vu court d'inventions?
L'honneur, ô Mascarille! est une belle chose.
A tes nobles travaux ne fais aucune pause;
Et, quoi qu'un maître ait fait pour te faire enrager,
Achève pour ta gloire, et non pour l'obliger.
Mais quoi! que feras-tu, que de l'eau toute claire?
Traversé sans repos par ce démon contraire,
Tu vois qu'à chaque instant il te fait déchanter,
Et que c'est battre l'eau de prétendre arrêter
Ce torrent effréné qui de tes artifices
Renverse en un moment les plus beaux édifices.
Eh bien, pour toute grâce, encore un coup du moins,
Au hasard du succès sacrifions des soins;
Et, s'il poursuit encore à rompre notre chance,
J'y consens, ôtons-lui toute notre assistance.
Cependant notre affaire encor n'iroit pas mal,
Si par là nous pouvions perdre notre rival,
Et que Léandre enfin, lassé de sa poursuite,
Nous laissât jour entier pour ce que je médite.
Oui, je roule en ma tête un trait ingénieux,
Dont je promettrois bien un succès glorieux,
Si je puis n'avoir plus cet obstacle à combattre.
Bon, voyons si son feu se rend opiniâtre.

¹ *O malheur qui ne se peut forcer*, pour *qu'on ne peut vaincre, éviter*.
² *Divertir*, dans le sens de *divertere*, *détourner*.

SCÈNE II

LÉANDRE, MASCARILLE.

MASCARILLE.
Monsieur, j'ai perdu temps, votre homme se dédit.
LÉANDRE.
De la chose lui-même il m'a fait le récit¹;
Mais c'est bien plus : j'ai su que tout ce beau mystère
D'un rapt d'Égyptiens, d'un grand seigneur pour père,
Qui doit partir d'Espagne et venir en ces lieux,
N'est qu'un pur stratagème, un trait facétieux,
Une histoire à plaisir, un conte dont Lélie
A voulu détourner notre achat de Célie.
MASCARILLE.
Voyez un peu la fourbe!
LÉANDRE.
Et pourtant Trufaldin
Est si bien imprimé² de ce conte badin,
Mord si bien à l'appât de cette foible ruse,
Qu'il ne veut point souffrir que l'on le désabuse.
MASCARILLE.
C'est pourquoi désormais il la gardera bien,
Et je ne vois pas lieu d'y prétendre plus rien.
LÉANDRE.
Si d'abord à mes yeux elle parut aimable,
Je viens de la trouver tout à fait adorable;
Et je suis en suspens si, pour me l'acquérir,
Aux extrêmes moyens je ne dois point courir,
Par le don de ma foi rompre sa destinée,
Et changer ses liens en ceux de l'hyménée.
MASCARILLE.
Vous pourriez l'épouser?
LÉANDRE.
Je ne sais : mais enfin,
Si quelque obscurité se trouve en son destin,
Sa grâce et sa vertu sont de douces amorces,
Qui, pour tirer les cœurs, ont d'incroyables forces.
MASCARILLE.
Sa vertu, dites-vous?
LÉANDRE.
Quoi? que murmures-tu?
Achève, explique-toi sur ce mot de vertu.
MASCARILLE.
Monsieur, votre visage en un moment s'altère,
Et je ferai bien mieux peut-être de me taire.
LÉANDRE.
Non, non, parle.
MASCARILLE.
Eh bien donc, très-charitablement
Je vous veux retirer de votre aveuglement.
Cette fille...
LÉANDRE.
Poursuis.

¹ Var. De la chose lui-même il m'a fait *un* récit.
² *Imprimé*, dans le sens de *pénétré, impressionné*.

MASCARILLE.
N'est rien moins qu'inhumaine;
Dans le particulier elle oblige sans peine,
Et son cœur, croyez-moi, n'est point roche, après tout,
A quiconque la sait prendre par le bon bout.
Elle fait la sucrée, et veut passer pour prude;
Mais je puis en parler avecque certitude :
Vous savez que je suis quelque peu d'un métier
A me devoir connoître en un pareil gibier.
LÉANDRE.
Célie...
MASCARILLE.
Oui, sa pudeur n'est que franche grimace,
Qu'une ombre de vertu qui garde mal la place [1],
Et qui s'évanouit, comme l'on peut savoir,
Aux rayons du soleil qu'une bourse fait voir [2].
LÉANDRE.
Las! que dis-tu? Croirai-je un discours de la sorte?
MASCARILLE.
Monsieur, les volontés sont libres; que m'importe?
Non, ne me croyez pas, suivez votre dessein,
Prenez cette matoise, et lui donnez la main;
Toute la ville en corps reconnoîtra ce zèle,
Et vous épouserez le bien public en elle [3].
LÉANDRE
Quelle surprise étrange!
MASCARILLE, à part.
Il a pris l'hameçon.
Courage! s'il se peut enferrer tout de bon [4],
Nous nous ôtons du pied une fâcheuse épine.
LÉANDRE.
Oui, d'un coup étonnant ce discours m'assassine.
MASCARILLE.
Quoi! vous pourriez...
LÉANDRE.
Va-t'en jusqu'à la poste, et voi
Je ne sais quel paquet qui doit venir pour moi.
Seul, après avoir rêvé.
Qui ne s'y fût trompé? jamais l'air d'un visage,
Si ce qu'il dit est vrai, n'imposa davantage.

SCÈNE III

LÉLIE, LÉANDRE.

LÉLIE.
Du chagrin qui vous tient quel peut être l'objet?
LÉANDRE.
Moi?
LÉLIE.
Vous-même.

LÉANDRE.
Pourtant je n'en ai point sujet.
LÉLIE.
Je vois bien ce que c'est, Célie en est la cause.
LÉANDRE.
Mon esprit ne court pas après si peu de chose.
LÉLIE.
Pour elle vous aviez pourtant de grands desseins;
Mais il faut dire ainsi, lorsqu'ils se trouvent vains.
LÉANDRE.
Si j'étois assez sot pour chérir ses caresses,
Je me moquerois bien de toutes vos finesses.
LÉLIE.
Quelles finesses donc?
LÉANDRE.
Mon Dieu! nous savons tout.
LÉLIE.
Quoi?
LÉANDRE.
Votre procédé de l'un à l'autre bout.
LÉLIE.
C'est de l'hébreu pour moi, je n'y puis rien comprendre.
LÉANDRE.
Feignez, si vous voulez, de ne me pas entendre;
Mais, croyez-moi, cessez de craindre pour un bien
Où je serois fâché de vous disputer rien.
J'aime fort la beauté qui n'est point profanée,
Et ne veux point brûler pour une abandonnée.
LÉLIE.
Tout beau, tout beau, Léandre!
LÉANDRE.
Ah! que vous êtes bon!
Allez, vous dis-je encor, servez-la sans soupçon;
Vous pourrez vous nommer homme à bonnes fortunes.
Il est vrai, sa beauté n'est pas des plus communes;
Mais en revanche aussi le reste est fort commun.
LÉLIE.
Léandre, arrêtons là ce discours importun.
Contre moi tant d'efforts qu'il vous plaira pour elle;
Mais, surtout, retenez cette atteinte mortelle.
Sachez que je m'impute à trop de lâcheté
D'entendre mal parler de ma divinité;
Et que j'aurai toujours bien moins de répugnance
A souffrir votre amour qu'un discours qui l'offense.
LÉANDRE.
Ce que j'avance ici me vient de bonne part.
LÉLIE.
Quiconque vous l'a dit est un lâche, un pendard.
On ne peut imposer de tache à cette fille,
Je connois bien son cœur.
LÉANDRE.
Mais, enfin, Mascarille
D'un semblable procès est juge compétent;
C'est lui qui la condamne.
LÉLIE.
Oui?
LÉANDRE.
Lui-même.

---

[1] VAR. Qu'une ombre de vertu qui garde mal sa place.
[2] Ce vers fait allusion au soleil représenté sur les louis d'or du temps de Louis XIV. Charles IX est le premier de nos rois qui ait fait frapper des monnaies d'or avec l'effigie du soleil; Louis XIV est le dernier. (Aimé Martin.)
[3] L'idée de cette scène se retrouve dans *Pourceaugnac*, acte II, scène IV.
[4] VAR. Courage! s'il s'y peut enferrer tout de bon.

LÉLIE.

Il prétend
D'une fille d'honneur insolemment médire,
Et que peut-être encor je n'en ferai que rire!
Gage qu'il se dédit.

LÉANDRE.
Et moi, gage que non.

LÉLIE.
Parbleu! je le ferois mourir sous le bâton,
S'il m'avoit soutenu des faussetés pareilles.

LÉANDRE.
Moi, je lui couperois sur-le-champ les oreilles,
S'il n'étoit pas garant de tout ce qu'il m'a dit.

SCÈNE IV

LÉLIE, LÉANDRE, MASCARILLE.

LÉLIE.
Ah! bon, bon, le voilà. Venez çà, chien maudit!

MASCARILLE.
Quoi?

LÉLIE.
Langue de serpent, fertile en impostures,
Vous osez sur Célie attacher vos morsures,
Et lui calomnier la plus rare vertu
Qui puisse faire éclat sous un sort abattu?

MASCARILLE, bas, à Lélie.
Doucement, ce discours est de mon industrie.

LÉLIE.
Non, non, point de clin d'œil et point de raillerie;
Je suis aveugle à tout, sourd à quoi que ce soit;
Fût-ce mon propre frère, il me la payeroit;
Et sur ce que j'adore oser porter le blâme,
C'est me faire une plaie au plus tendre de l'âme.
Tous ces signes sont vains. Quels discours as-tu faits?

MASCARILLE.
Mon Dieu! ne cherchons point querelle, ou je m'en vais.

LÉLIE.
Tu n'échapperas pas.

MASCARILLE.
Aï!

LÉLIE.
Parle donc, confesse.

MASCARILLE, bas, à Lélie.
Laissez-moi, je vous dis que c'est un tour d'adresse.

LÉLIE.
Dépêche; qu'as-tu dit? Vide entre nous ce point.

MASCARILLE, bas, à Lélie.
J'ai dit ce que j'ai dit : ne vous emportez point.

LÉLIE, mettant l'épée à la main.
Ah! je vous ferai bien parler d'une autre sorte!

LÉANDRE, l'arrêtant.
Halte un peu, retenez l'ardeur qui vous emporte.

MASCARILLE, à part.
Fut-il jamais au monde un esprit moins sensé?

LÉLIE.
Laissez-moi contenter mon courage offensé.

LÉANDRE.
C'est trop que de vouloir le battre en ma présence.

LÉLIE.
Quoi! châtier mes gens n'est pas en ma puissance?

LÉANDRE.
Comment, vos gens?

MASCARILLE, à part.
Encore! Il va tout découvrir.

LÉLIE.
Quand j'aurois volonté de le battre à mourir,
Eh bien, c'est mon valet.

LÉANDRE.
C'est maintenant le nôtre.

LÉLIE.
Le trait est admirable! Et comment donc le vôtre?
Sans doute...

MASCARILLE, bas, à Lélie.
Doucement.

LÉLIE.
Hem! que veux-tu conter?

MASCARILLE, à part.
Ah! le double bourreau, qui me va tout gâter,
Et qui ne comprend rien, quelque signe qu'on donne!

LÉLIE.
Vous rêvez bien, Léandre, et me la baillez bonne.
Il n'est pas mon valet?

LÉANDRE.
Pour quelque mal commis,
Hors de votre service il n'a pas été mis?

LÉLIE.
Je ne sais ce que c'est.

LÉANDRE.
Et, plein de violence,
Vous n'avez pas chargé son dos avec outrance?

LÉLIE.
Point du tout. Moi, l'avoir chassé, roué de coups!
Vous vous moquez de moi, Léandre, ou lui de vous.

MASCARILLE, à part.
Pousse, pousse, bourreau; tu fais bien tes affaires!

LÉANDRE, à Mascarille.
Donc les coups de bâton ne sont qu'imaginaires?

MASCARILLE.
Il ne sait ce qu'il dit; sa mémoire...

LÉANDRE.
Non, non,
Tous ces signes pour toi ne disent rien de bon.
Oui, d'un tour délicat mon esprit te soupçonne;
Mais pour l'invention, va, je te la pardonne.
C'est bien assez pour moi qu'il m'ait désabusé [1],
De voir par quels motifs tu m'avois imposé,
Et que, m'étant commis à ton zèle hypocrite,
A si bon compte encor je m'en sois trouvé quitte.
Ceci doit s'appeler un *avis au lecteur*.
Adieu, Lélie, adieu; très-humble serviteur.

[1] VAR. Mais pour l'invention, va, je te *le* pardonne.
C'est bien assez pour moi qu'il *m'a* désabusé.

SCÈNE V

LÉLIE, MASCARILLE.

MASCARILLE.

Courage, mon garçon! tout heur nous accompagne :
Mettons flamberge au vent, et bravoure en campagne;
Faisons l'*Olibrius*, l'*occiseur d'innocents*[1].

LÉLIE.

Il t'avoit accusé de discours médisants
Contre...

MASCARILLE.

Et vous ne pouviez souffrir mon artifice,
Lui laisser son erreur, qui vous rendoit service,
Et par qui son amour s'en étoit presque allé?
Non, il a l'esprit franc, et point dissimulé.
Enfin chez son rival je m'ancre avec adresse,
Cette fourbe en mes mains va mettre sa maîtresse,
Il me la fait manquer avec de faux rapports.
Je veux de son rival alentir les transports,
Mon brave incontinent vient qui le désabuse;
J'ai beau lui faire signe, et montrer que c'est ruse :
Point d'affaire; il poursuit sa pointe jusqu'au bout,
Et n'est point satisfait qu'il n'ait découvert tout.
Grand et sublime effort d'une imaginative
Qui ne le cède point à personne qui vive!
C'est une rare pièce, et digne, sur ma foi,
Qu'on en fasse présent au cabinet d'un roi.

LÉLIE.

Je ne m'étonne pas si je romps tes attentes :
A moins d'être informé des choses que tu tentes,
J'en ferois encor cent de la sorte.

MASCARILLE.

Tant pis.

LÉLIE.

Au moins pour l'emporter à de justes dépits,
Fais-moi dans tes desseins entrer de quelque chose.
Mais que de leurs ressorts[2] la porte me soit close,
C'est ce qui fait toujours que je suis pris sans vert[3].

MASCARILLE.

Ah! voilà tout le mal : c'est cela qui nous perd.
Ma foi, mon cher patron, je vous le dis encore,
Vous ne serez jamais qu'une pauvre pécore.

LÉLIE.

Puisque la chose est faite, il n'y faut plus penser.
Mon rival, en tout cas, ne peut me traverser;
Et, pourvu que tes soins, en qui je me repose...

MASCARILLE.

Laissons là ce discours, et parlons d'autre chose.
Je ne m'apaise pas, non, si facilement;
Je suis trop en colère. Il faut premièrement
Me rendre un bon office, et nous verrons ensuite
Si je dois de vos feux reprendre la conduite.

LÉLIE.

S'il ne tient qu'à cela, je n'y résiste pas.
As-tu besoin, dis-moi, de mon sang, de mon bras[1]?

MASCARILLE.

De quelle vision sa cervelle est frappée!
Vous êtes de l'humeur de ces amis d'épée[2]
Que l'on trouve toujours plus prompts à dégainer
Qu'à tirer un teston[3] s'il falloit le donner.

LÉLIE.

Que puis-je donc pour toi?

MASCARILLE.

C'est que de votre père
Il faut absolument apaiser la colère.

LÉLIE.

Nous avons fait la paix.

MASCARILLE.

Oui; mais non pas pour nous.
Je l'ai fait, ce matin, mort pour l'amour de vous;
La vision le choque, et de pareilles feintes
Aux vieillards comme lui sont de dures atteintes,
Qui, sur l'état prochain de leur condition,
Leur font faire à regret triste réflexion.
Le bon homme, tout vieux[4], chérit fort la lumière,
Et ne veut point de jeu dessus cette matière;
Il craint le pronostic, et, contre moi fâché,
On m'a dit qu'en justice il m'avoit recherché.
J'ai peur, si le logis du roi fait ma demeure,
De m'y trouver si bien dès le premier quart d'heure,
Que j'aye peine aussi d'en sortir par après.
Contre moi dès longtemps l'on a force décrets;
Car enfin la vertu n'est jamais sans envie,
Et dans ce maudit siècle est toujours poursuivie.
Allez donc le fléchir.

LÉLIE.

Oui, nous le fléchirons :
Mais aussi tu promets...

MASCARILLE.

Ah! mon Dieu, nous verrons.

Lélie sort.

Ma foi, prenons haleine après tant de fatigues.
Cessons pour quelque temps le cours de nos intrigues,
Et de nous tourmenter de même qu'un lutin.
Léandre, pour nous nuire, est hors de garde enfin,
Et Célie arrêtée avecque l'artifice...

SCÈNE VI

ERGASTE, MASCARILLE.

ERGASTE.

Je te cherchois partout pour te rendre un service,

---

[1] Suivant une vieille légende, Olibrius, gouverneur des Gaules, ne pouvant toucher le cœur de sainte Reine, la fit mourir.
[2] On concevrait les *ressorts de la porte*, mais la *porte des ressorts* est une image absolument impossible : les ressorts n'ont point de porte. (F. Génin.)
[3] C'est-à-dire *je suis en défaut, je suis pris au dépourvu*. Voir le dictionnaire de Bescherelle.

[1] Var. As-tu besoin, dis-moi, de mon sang, de *mes* bras?
[2] C'est-à-dire *seconds* dans les duels.
[3] Monnaie du temps de Louis XII, valant dix sous tournois, ainsi nommée parce qu'il portait l'effigie, la *teste*, de ce prince.
[4] Sous-entendu, *qu'il est*.

Pour te donner avis d'un secret important.
MASCARILLE.
Quoi donc?
ERGASTE.
N'avons-nous point ici quelque écoutant?
MASCARILLE.
Non.
ERGASTE.
Nous sommes amis autant qu'on le peut être :
Je sais tous tes desseins et l'amour de ton maître[1] :
Songez à vous tantôt. Léandre fait parti
Pour enlever Célie; et j'en suis averti
Qu'il a mis ordre à tout, et qu'il se persuade
D'entrer chez Trufaldin par une mascarade,
Ayant su qu'en ce temps, assez souvent le soir,
Des femmes du quartier en masque l'alloient voir.
MASCARILLE.
Oui! Suffit; il n'est pas au comble de sa joie ;
Je pourrai bien tantôt lui souffler cette proie;
Et contre cet assaut je sais un coup fourré
Par qui je veux qu'il soit de lui-même enferré.
Il ne sait pas les dons dont mon âme est pourvue.
Adieu; nous boirons pinte à la première vue.

SCÈNE VII

MASCARILLE, seul.

Il faut, il faut tirer à nous ce que d'heureux
Pourroit avoir en soi ce projet amoureux,
Et, par une surprise adroite et non commune,
Sans courir le danger, en tenter la fortune.
Si je vais me masquer pour devancer ses pas,
Léandre assurément ne nous bravera pas,
Et là, premier que lui, si nous faisons la prise,
Il aura fait pour nous les frais de l'entreprise,
Puisque par son dessein déjà presque éventé
Le soupçon tombera toujours de son côté,
Et que nous, à couvert de toutes ses poursuites,
De ce coup hasardeux ne craindrons point de suites.
C'est ne se point commettre à faire de l'éclat,
Et tirer les marrons de la patte du chat.
Allons donc nous masquer avec quelques bons frères;
Pour prévenir nos gens, il ne faut tarder guères.
Je sais où gît le lièvre, et me puis, sans travail,
Fournir en un moment d'hommes et d'attirail.
Croyez que je mets bien mon adresse en usage.
Si j'ai reçu du ciel les fourbes en partage,
Je ne suis point au rang de ces esprits mal nés
Qui cachent les talents que Dieu leur a donnés.

[1] VAR. Je sais bien tes desseins et l'amour de ton maître.

SCÈNE VIII

LÉLIE, ERGASTE.

LÉLIE.
Il prétend l'enlever avec sa mascarade?
ERGASTE.
Il n'est rien plus certain. Quelqu'un de sa brigade
M'ayant de ce dessein instruit, sans m'arrêter,
A Mascarille alors j'ai couru tout conter[1],
Qui s'en va, m'a-t-il dit, rompre cette partie
Par une invention dessus le champ bâtie;
Et, comme je vous ai rencontré par hasard,
J'ai cru que je devois de tout vous faire part.
LÉLIE.
Tu m'obliges par trop avec cette nouvelle :
Va, je reconnoitrai ce service fidèle.

SCÈNE IX

LÉLIE, seul.

Mon drôle assurément leur jouera quelque trait;
Mais je veux de ma part seconder son projet.
Il ne sera pas dit qu'en un fait qui me touche
Je ne me sois non plus remué qu'une souche.
Voici l'heure, ils seront surpris à mon aspect.
Foin! Que n'ai-je avec moi pris mon porte-respect!
Mais vienne qui voudra contre notre personne,
J'ai deux bons pistolets, et mon épée est bonne.
Holà! quelqu'un, un mot!

SCÈNE X

TRUFALDIN, à sa fenêtre; LÉLIE.

TRUFALDIN.
Qu'est-ce? qui me vient voir?
LÉLIE.
Fermez soigneusement votre porte ce soir.
TRUFALDIN.
Pourquoi?
LÉLIE.
Certaines gens font une mascarade
Pour vous venir donner une fâcheuse aubade;
Ils veulent enlever votre Célie.
TRUFALDIN.
O dieux!
LÉLIE.
Et sans doute bientôt ils viennent en ces lieux.
Demeurez; vous pourrez voir tout de la fenêtre.
Eh bien, qu'avois-je dit? Les voyez-vous paroître?
Chut! je veux à vos yeux leur en faire l'affront.
Nous allons voir beau jeu, si la corde ne rompt.

[1] VAR. A Mascarille lors j'ai couru tout conter.

SCÈNE XI

LÉLIE, TRUFALDIN; MASCARILLE et sa suite, masqués.

TRUFALDIN.
Oh! les plaisants robins, qui pensent me surprendre!
LÉLIE.
Masques, où courez-vous? Le pourrait-on apprendre?
Trufaldin, ouvrez-leur pour jouer un momon.
A Mascarille, déguisé en femme.
Bon Dieu, qu'elle est jolie, et qu'elle a l'air mignon!
Eh quoi! vous murmurez? mais, sans vous faire outrage,
Peut-on lever le masque, et voir votre visage?
TRUFALDIN.
Al cz, fourbes méchants, retirez-vous d'ici,
Canaille! et vous, seigneur, bonsoir et grand merci.

SCÈNE XII

LÉLIE, MASCARILLE.

LÉLIE, *après avoir démasqué Mascarille.*
Mascarille, est-ce toi?
MASCARILLE.
Nenni dà, c'est quelque autre.
LÉLIE.
Hélas! quelle surprise! et quel sort est le nôtre!
L'aurois-je deviné, n'étant point averti
Des secrètes raisons qui t'avoient travesti[1]?
Malheureux que je suis d'avoir, dessous ce masque,
Été, sans y penser, te faire cette frasque!
Il me prendroit envie, en mon juste courroux[2],
De me battre moi-même, et me donner cent coups.
MASCARILLE.
Adieu, sublime esprit, rare imaginative.
LÉLIE.
Las! si de ton secours ta colère me prive,
A quel saint que vouerai-je?
MASCARILLE.
Au grand diable d'enfer.
LÉLIE.
Ah! si ton cœur pour moi n'est de bronze ou de fer,
Qu'encore un coup du moins mon imprudence ait grâce!
S'il faut pour l'obtenir que tes genoux j'embrasse,
Vois-moi...
MASCARILLE.
Tarare[3]! Allons, camarades, allons:
J'entends venir des gens qui sont sur nos talons.

[1] Van. Des secrètes raisons qui l'avoient travesti?
[2] Van. Il me prendroit envie, en *ce* juste courroux.
[3] L'emploi de ce mot paraît remonter très-haut dans les origines de notre langue. *Tarare* serait une traduction de *taratara*, parole dépourvue de sens, espèce d'onomatopée pour exprimer le son émis d'une bouche qui ne peut articuler. « La peste lui avoit ôté la parole; au lieu de parler il siffloit, et, voulant crier, ne faisoit entendre que *taratara* » (ou *tarare*). (*Vie de saint Augustin.* Du Cange, in *Taratara.*) (F. Génin.)

SCÈNE XIII

LÉANDRE et sa suite, masqués; TRUFALDIN, à sa fenêtre.

LÉANDRE.
Sans bruit; ne faisons rien que de la bonne sorte.
TRUFALDIN.
Quoi! masques toute nuit[1] assiègeront ma porte!
Messieurs, ne gagnez point de rhumes à plaisir;
Tout cerveau qui le fait est certes de loisir.
Il est un peu trop tard pour enlever Célie;
Dispensez-l'en ce soir, elle vous en supplie;
La belle est dans le lit, et ne peut vous parler;
J'en suis fâché pour vous. Mais, pour vous régaler
Du souci qui pour elle ici vous inquiète,
Elle vous fait présent de cette cassolette.
LÉANDRE.
Fi! cela sent mauvais, et je suis tout gâté.
Nous sommes découverts, tirons de ce côté.

ACTE QUATRIÈME

SCÈNE I

LÉLIE, déguisé en Arménien; MASCARILLE.

MASCARILLE.
Vous voilà fagoté d'une plaisante sorte!
LÉLIE.
Tu ranimes par là mon espérance morte.
MASCARILLE.
Toujours de ma colère on me voit revenir;
J'ai beau jurer, pester, je ne m'en puis tenir.
LÉLIE.
Aussi crois, si jamais je suis dans la puissance,
Que tu seras content de ma reconnoissance,
Et que, quand je n'aurois qu'un seul morceau de pain...
MASCARILLE.
Baste; songez à vous dans ce nouveau dessein.
Au moins, si l'on vous voit commettre une sottise,
Vous n'imputerez plus l'erreur à la surprise;
Votre rôle en ce jeu par cœur doit être su.
LÉLIE.
Mais comment Trufaldin chez lui t'a-t-il reçu?
MASCARILLE.
D'un zèle simulé j'ai bridé le bon sire;
Avec empressement je suis venu lui dire,
S'il ne songeoit à lui, que l'on le surprendroit;
Que l'on couchoit en joue, et de plus d'un endroit,
Celle dont il a vu qu'une lettre en avance
Avoit si faussement divulgué la naissance;
Qu'on avoit bien voulu m'y mêler quelque peu;
Mais que j'avois tiré mon épingle du jeu,

[1] *Toute nuit,* au lieu de *toute la nuit.*

Et que, touché d'ardeur pour ce qui le regarde,
Je venois l'avertir de se donner de garde.
De là, moralisant, j'ai fait de grands discours
Sur les fourbes qu'on voit ici-bas tous les jours ;
Que, pour moi, las du monde et de sa vie infâme,
Je voulois travailler au salut de mon âme,
A m'éloigner du trouble, et pouvoir longuement
Près de quelque honnête homme être paisiblement :
Que, s'il le trouvoit bon, je n'aurois d'autre envie
Que de passer chez lui le reste de ma vie ;
Et que même à tel point il m'avoit su ravir,
Que, sans lui demander gages pour le servir,
Je mettrois en ses mains, que je tenois certaines,
Quelque bien de mon père, et le fruit de mes peines,
Dont, avenant[1] que Dieu de ce monde m'ôtât,
J'entendois tout de bon que lui seul héritât.
C'étoit le vrai moyen d'acquérir sa tendresse.
Et comme, pour résoudre avec votre maîtresse
Des biais qu'on doit prendre à terminer vos vœux,
Je voulois en secret vous aboucher tous deux,
Lui-même a su m'ouvrir une voie assez belle
De pouvoir hautement vous loger avec elle,
Venant m'entretenir d'un fils privé du jour,
Dont, cette nuit, en songe il a vu le retour.
A ce propos, voici l'histoire qu'il m'a dite,
Et sur qui j'ai tantôt notre fourbe construite.

LÉLIE.
C'est assez, je sais tout : tu me l'as dit deux fois.

MASCARILLE.
Oui, oui ; mais, quand j'aurois passé jusques à trois,
Peut-être encor qu'avec toute sa suffisance
Votre esprit manquera dans quelque circonstance.

LÉLIE.
Mais à tant différer je me fais de l'effort.

MASCARILLE.
Ah ! de peur de tomber, ne courons pas si fort !
Voyez-vous ? vous avez la caboche un peu dure.
Rendez-vous affermi dessus cette aventure.
Autrefois Trufaldin de Naples est sorti,
Et s'appeloit alors Zanobio Ruberti ;
Un parti qui causa quelque émeute civile,
Dont il fut seulement soupçonné dans sa ville
(De fait il n'est pas homme à troubler un État),
L'obligea d'en sortir une nuit sans éclat.
Une fille fort jeune et sa femme laissées,
A quelques pas de là se trouvant trépassées,
Il en eut la nouvelle, et, dans ce grand ennui,
Voulant dans quelque ville emmener avec lui,
Outre ses biens, l'espoir qui restoit de sa race,
Un sien fils, écolier, qui se nommoit Horace,
Il écrit à Bologne, où, pour mieux être instruit,
Un certain maître Albert, jeune, l'avoit conduit ;
Mais, pour se joindre tous, le rendez-vous qu'il donne
Durant deux ans entiers ne lui fit voir personne :
Si bien que, les jugeant morts après ce temps-là,
Il vint en cette ville et prit le nom qu'il a,

Sans que de cet Albert, ni de ce fils Horace,
Douze ans aient découvert jamais la moindre trace.
Voilà l'histoire en gros, redite seulement
Afin de vous servir ici de fondement.
Maintenant vous serez un marchand d'Arménie,
Qui les aurez vus sains l'un et l'autre en Turquie.
Si j'ai, plus tôt qu'aucun, un tel moyen trouvé,
Pour les ressusciter sur ce qu'il a rêvé,
C'est qu'en fait d'aventure il est très-ordinaire
De voir gens pris sur mer par quelque Turc corsaire,
Puis être à leur famille à point nommé rendus,
Après quinze ou vingt ans qu'on les a crus perdus.
Pour moi, j'ai vu déjà cent contes de la sorte.
Sans nous alambiquer, servons-nous-en ; qu'impor
Vous leur aurez ouï leur disgrâce conter,
Et leur aurez fourni de quoi se racheter ;
Mais que, parti plus tôt pour chose nécessaire,
Horace vous chargea de voir ici son père
Dont il a su le sort, et chez qui vous devez
Attendre quelques jours qu'ils y soient arrivés[1].
Je vous ai fait tantôt des leçons étendues.

LÉLIE.
Ces répétitions ne sont que superflues :
Dès l'abord mon esprit a compris tout le fait.

MASCARILLE.
Je m'en vais là dedans donner le premier trait.

LÉLIE.
Écoute, Mascarille, un seul point me chagrine :
S'il alloit de son fils me demander la mine ?

MASCARILLE.
Belle difficulté ! Devez-vous pas savoir
Qu'il étoit fort petit alors qu'il l'a pu voir ?
Et puis, outre cela, le temps et l'esclavage
Pourroient-ils pas avoir changé tout son visage ?

LÉLIE.
Il est vrai. Mais dis-moi, s'il connoit qu'il m'a vu,
Que faire ?

MASCARILLE.
De mémoire êtes-vous dépourvu ?
Nous avons dit tantôt qu'outre que votre image
N'avoit dans son esprit pu faire qu'un passage,
Pour ne vous avoir vu que durant un moment,
Et le poil et l'habit déguisoient grandement.

LÉLIE.
Fort bien. Mais, à propos, cet endroit de Turquie...

MASCARILLE.
Tout, vous dis-je, est égal, Turquie ou Barbarie.

LÉLIE.
Mais le nom de la ville où j'aurai pu les voir ?

MASCARILLE.
Tunis. Il me tiendra, je crois, jusques au soir !
La répétition, dit-il, est inutile,
Et j'ai déjà nommé douze fois cette ville.

LÉLIE.
Va, va-t'en commencer ; il ne me faut plus rien.

[1] S'il arrivoit.

[1] Var. Attendre quelques jours qu'ils seroient arrivés.

MASCARILLE.
Au moins soyez prudent, et vous conduisez bien ;
Ne donnez point ici de l'imaginative.
LÉLIE.
Laisse-moi gouverner. Que ton âme est craintive !
MASCARILLE.
Horace dans Bologne écolier, Trufaldin
Zanobio Ruberti dans Naples citadin,
Le précepteur Albert...
LÉLIE.
Ah! c'est me faire honte
Que de me tant prêcher ! Suis-je un sot, à ton compte ?
MASCARILLE.
Non, pas du tout ; mais bien quelque chose approchant [1].

SCÈNE II

LÉLIE, seul.

Quand il m'est inutile, il fait le chien couchant ;
Mais, parce qu'il sent bien le secours qu'il me donne,
Sa familiarité jusque-là s'abandonne.
Je vais être de près éclairé des beaux yeux
Dont la force m'impose un joug si précieux ;
Je m'en vais sans obstacle, avec des traits de flamme,
Peindre à cette beauté les tourments de mon âme :
Je saurai quel arrêt je dois... Mais les voici.

SCÈNE III

TRUFALDIN, LÉLIE, MASCARILLE.

TRUFALDIN.
Sois béni, juste ciel, de mon sort adouci !
MASCARILLE.
C'est à vous de rêver et de faire des songes,
Puisqu'en vous il est faux que songes sont mensonges.
TRUFALDIN, à Lélie.
Quelle grâce, quels biens vous rendrai-je, seigneur,
Vous, que je dois nommer l'auge de mon bonheur ?
LÉLIE.
Ce sont soins superflus, et je vous en dispense.
TRUFALDIN, à Mascarille.
J'ai, je ne sais pas où, vu quelque ressemblance
De cet Arménien.
MASCARILLE.
C'est ce que je disois ;
Mais on voit des rapports admirables parfois.
TRUFALDIN.
Vous avez vu ce fils où mon espoir se fonde ?
LÉLIE.
Oui, seigneur Trufaldin, le plus gaillard du monde.
TRUFALDIN.
Il vous a dit sa vie, et parlé fort de moi ?

[1] On diroit aujourd'hui quelque chose d'approchant.

LÉLIE.
Plus de dix mille fois.
MASCARILLE.
Quelque peu moins, je croi.
LÉLIE.
Il vous a dépeint tel que je vous vois paroître,
Le visage, le port...
TRUFALDIN.
Cela pourroit-il être,
Si, lorsqu'il m'a pu voir, il n'avoit que sept ans,
Et si son précepteur même, depuis ce temps,
Auroit peine à pouvoir connoître mon visage ?
MASCARILLE.
Le sang, bien autrement, conserve cette image ;
Par des traits si profonds ce portrait est tracé,
Que mon père...
TRUFALDIN.
Suffit. Où l'avez-vous laissé ?
LÉLIE.
En Turquie, à Turin.
TRUFALDIN.
Turin ? Mais cette ville
Est, je pense, en Piémont.
MASCARILLE, à part.
O cerveau malhabile !
A Trufaldin.
Vous ne l'entendez pas, il veut dire Tunis,
Et c'est en effet là qu'il laissa votre fils ;
Mais les Arméniens ont tous, par habitude [1],
Certain vice de langue à nous autres fort rude :
C'est que dans tous les mots ils changent *nis* en *rin*,
Et pour dire Tunis, ils prononcent Turin.
TRUFALDIN.
Il falloit, pour l'entendre, avoir cette lumière.
Quel moyen vous dit-il de rencontrer son père ?
MASCARILLE.
A part. A Trufaldin, après s'être escrimé.
Voyez s'il répondra. Je repassois un peu
Quelque leçon d'escrime : autrefois en ce jeu
Il n'étoit point d'adresse à mon adresse égale,
Et j'ai battu le fer en mainte et mainte salle.
TRUFALDIN, à Mascarille.
Ce n'est pas maintenant ce que je veux savoir.
A Lélie.
Quel autre nom dit-il que je devois avoir ?
MASCARILLE.
Ah ! seigneur Zanobio Ruberti, quelle joie
Est celle maintenant que le ciel vous envoie !
LÉLIE.
C'est là votre vrai nom, et l'autre est emprunté.
TRUFALDIN.
Mais où vous a-t-il dit qu'il reçut la clarté ?
MASCARILLE.
Naples est un séjour qui paroît agréable ;
Mais pour vous ce doit être un lieu fort haïssable.
TRUFALDIN.
Ne peux-tu, sans parler, souffrir notre discours ?

[1] VAR. Mais les Arméniens ont tous *une* habitude.

ACTE IV, SCÈNE V.

LÉLIE.
Dans Naples son destin a commencé son cours.
TRUFALDIN.
Où l'envoyai-je jeune, et sous quelle conduite?
MASCARILLE.
Ce pauvre maître Albert a beaucoup de mérite
D'avoir depuis Bologne accompagné ce fils,
Qu'à sa discrétion vos soins avoient commis!
TRUFALDIN.
Ah!
MASCARILLE, à part.
Nous sommes perdus si cet entretien dure.
TRUFALDIN.
Je voudrois bien savoir de vous leur aventure,
Sur quel vaisseau le sort, qui m'a su travailler...
MASCARILLE.
Je ne sais ce que c'est, je ne fais que bâiller;
Mais, seigneur Trufaldin, songez-vous que peut-être
Ce monsieur l'étranger a besoin de repaître,
Et qu'il est tard aussi?
LÉLIE.
Pour moi, point de repas.
MASCARILLE.
Ah! vous avez plus faim que vous ne pensez pas.
TRUFALDIN.
Entrez donc.
LÉLIE.
Après vous.
MASCARILLE, à Trufaldin.
Monsieur, en Arménie
Les maîtres du logis sont sans cérémonie.
A Lélie, après que Trufaldin est entré dans sa maison.
Pauvre esprit! Pas deux mots!
LÉLIE.
D'abord il m'a surpris;
Mais n'appréhende plus, je reprends mes esprits,
Et m'en vais débiter avecque hardiesse...
MASCARILLE.
Voici notre rival, qui ne sait pas la pièce.
Ils entrent dans la maison de Trufaldin.

SCÈNE IV

ANSELME, LÉANDRE.

ANSELME.
Arrêtez-vous, Léandre, et souffrez un discours
Qui cherche le repos et l'honneur de vos jours.
Je ne vous parle point en père de ma fille,
En homme intéressé pour ma propre famille,
Mais comme votre père ému pour votre bien,
Sans vouloir vous flatter et vous déguiser rien;
Bref, comme je voudrois, d'une âme franche et pure,
Que l'on fît à mon sang en pareille aventure.
Savez-vous de quel œil chacun voit cet amour,
Qui dedans une nuit vient d'éclater au jour?
A combien de discours et de traits de risée

Votre entreprise d'hier est partout exposée?
Quel jugement on fait du choix capricieux
Qui pour femme, dit-on, vous désigne en ces lieux
Un rebut de l'Égypte, une fille coureuse,
De qui le noble emploi n'est qu'un métier de gueuse?
J'en ai rougi pour vous encor plus que pour moi,
Qui me trouve compris dans l'éclat que je voi:
Moi, dis-je, dont la fille, à vos ardeurs promise,
Ne peut, sans quelque affront, souffrir qu'on la méprise.
Ah! Léandre, sortez de cet abaissement!
Ouvrez un peu les yeux sur votre aveuglement.
Si notre esprit n'est pas sage à toutes les heures,
Les plus courtes erreurs sont toujours les meilleures.
Quand on ne prend en dot que la seule beauté,
Le remords est bien près de la solennité,
Et la plus belle femme a très-peu de défense
Contre cette tiédeur qui suit la jouissance.
Je vous le dis encor, ces bouillants mouvements,
Ces ardeurs de jeunesse et ces emportements
Nous font trouver d'abord quelques nuits agréables;
Mais ces félicités ne sont guère durables,
Et notre passion, alentissant son cours,
Après ces bonnes nuits donne de mauvais jours:
De là viennent les soins, les soucis, les misères,
Les fils déshérités par le courroux des pères.
LÉANDRE.
Dans tout votre discours je n'ai rien écouté
Que mon esprit déjà ne m'ait représenté.
Je sais combien je dois à cet honneur insigne
Que vous me voulez faire, et dont je suis indigne;
Et vois, malgré l'effort dont je suis combattu,
Ce que vaut votre fille et quelle est sa vertu:
Aussi veux-je tâcher...
ANSELME.
On ouvre cette porte:
Retirons-nous plus loin, de crainte qu'il n'en sorte
Quelque secret poison dont vous seriez surpris.

SCÈNE V

LÉLIE, MASCARILLE.

MASCARILLE.
Bientôt de notre fourbe on verra le débris,
Si vous continuez des sottises si grandes.
LÉLIE.
Dois-je éternellement ouïr tes réprimandes?
De quoi te peux-tu plaindre? Ai-je pas réussi
En tout ce que j'ai dit depuis?
MASCARILLE.
Couci-couci.
Témoin les Turcs par vous appelés hérétiques,
Et que vous assurez, par serments authentiques,
Adorer pour leurs dieux la lune et le soleil;
Passe. Ce qui me donne un dépit nonpareil,
C'est qu'ici votre amour étrangement s'oublie:
Près de Célie, il est ainsi que la bouillie,

Qui par un trop grand feu s'enfle, croît jusqu'aux bords,
Et de tous les côtés se répand au dehors [1].
     LÉLIE.
Pourroit-on se forcer à plus de retenue?
Je ne l'ai presque point encore entretenue.
     MASCARILLE.
Oui, mais ce n'est pas tout que de ne parler pas;
Par vos gestes, durant un moment de repas,
Vous avez aux soupçons donné plus de matière
Que d'autres ne feroient dans une année entière.
     LÉLIE.
Et comment donc?
     MASCARILLE.
    Comment? Chacun a pu le voir.
A table, où Trufaldin l'oblige de se seoir,
Vous n'avez toujours fait qu'avoir les yeux sur elle.
Rouge, tout interdit, jouant de la prunelle,
Sans prendre jamais garde à ce qu'on vous servoit,
Vous n'aviez point de soif qu'alors qu'elle buvoit;
Et dans ses propres mains vous saisissant du verre,
Sans le vouloir rincer, sans rien jeter à terre,
Vous buviez sur son reste, et montriez d'affecter
Le côté qu'à sa bouche elle avoit su porter.
Sur les morceaux touchés de sa main délicate,
Ou mordus de ses dents, vous étendiez la patte
Plus brusquement qu'un chat dessus une souris,
Et les avaliez tout ainsi que des pois gris [2].
Puis, outre tout cela, vous faisiez sous la table
Un bruit, un triquetrac de pieds insupportable,
Dont Trufaldin, heurté de deux coups trop pressants,
A puni par deux fois deux chiens très-innocents,
Qui, s'ils eussent osé, vous eussent fait querelle.
Et puis après cela votre conduite est belle?
Pour moi, j'en ai souffert la gêne sur mon corps.
Malgré le froid, je sue encor de mes efforts.
Attaché dessus vous comme un joueur de boule
Après le mouvement de la sienne qui roule,
Je pensois retenir toutes vos actions,
En faisant de mon corps mille contorsions.
     LÉLIE.
Mon Dieu! qu'il t'est aisé de condamner des choses
Dont tu ne ressens point les agréables causes!
Je veux bien néanmoins, pour te plaire une fois,
Faire force à l'amour qui m'impose des lois.
Désormais...

SCÈNE VI

TRUFALDIN, LÉLIE, MASCARILLE.

     MASCARILLE.
Nous parlions des fortunes d'Horace.

[1] Cette comparaison et une partie de la scène sont imitées d'une pièce italienne, l'*Angelica*, de Fabritio de Fornaris. L'auteur italien s'exprime ainsi : « Le sens de l'ulvio est comme un pot qui bout; Angélique est auprès qui attise le feu, et l'écume ne tardera pas à se répandre par-dessus les bords. » (Cailhava.)

[2] On disait autrefois, pour exprimer la voracité d'un homme : *C'est un avaleur de pois gris.*

     TRUFALDIN.
    A Lélie.
C'est bien fait. Cependant me feriez-vous la grâce
Que je puisse lui dire un seul mot en secret?
     LÉLIE.
Il faudroit autrement être fort indiscret.
  Lélie entre dans la maison de Trufaldin.

SCÈNE VII

TRUFALDIN, MASCARILLE.

     TRUFALDIN.
Écoute : sais-tu bien ce que je viens de faire?
     MASCARILLE.
Non; mais, si vous voulez, je ne tarderai guère,
Sans doute; à le savoir.
     TRUFALDIN.
     D'un chêne grand et fort,
Dont près de deux cents ans ont fait déjà le sort,
Je viens de détacher une branche admirable,
Choisie expressément de grosseur raisonnable,
Dont j'ai fait sur-le-champ, avec beaucoup d'ardeur,
  Il montre son bras.
Un bâton à peu près... oui, de cette grandeur,
Moins gros par l'un des bouts, mais, plus que trente gaules,
Propre, comme je pense, à rosser les épaules;
Car il est bien en main, vert, noueux, et massif.
     MASCARILLE.
Mais pour qui, je vous prie, un tel préparatif?
     TRUFALDIN.
Pour toi, premièrement; puis pour ce bon apôtre
Qui veut m'en donner d'une, et m'en jouer d'une autre,
Pour cet Arménien, ce marchand déguisé,
Introduit sous l'appât d'un conte supposé.
     MASCARILLE.
Quoi! vous ne croyez pas...
     TRUFALDIN.
    Ne cherche point d'excuse :
Lui-même heureusement a découvert sa ruse;
Et, disant à Célie, en lui serrant la main,
Que pour elle il venoit sous ce prétexte vain,
Il n'a pas aperçu Jeannette, ma fillole [1],
Laquelle a tout ouï, parole pour parole;
Et je ne doute point, quoiqu'il n'en ait rien dit,
Que tu ne sois de tout le complice maudit.
     MASCARILLE.
Ah! vous me faites tort. S'il faut qu'on vous affronte,
Croyez qu'il m'a trompé le premier à ce conte.
     TRUFALDIN.
Veux-tu me faire voir que tu dis vérité?
Qu'à le chasser mon bras soit du tien assisté;
Donnons-en à ce fourbe et du long et du large,
Et de tout crime après mon esprit te décharge.

[1] On prononce *fillot* à la ville, dit Vaugelas, et *filleul* à la cour; et il ajoute : « L'usage de la cour doit prévaloir sur l'usage de la ville. »

MASCARILLE.

Oui-da, très volontiers, je l'épousterai bien,
Et par là vous verrez que je n'y trempe en rien.
A part.
Ah! vous serez rossé, monsieur de l'Arménie,
Qui toujours gâtez tout!

SCÈNE VIII

LÉLIE, TRUFALDIN, MASCARILLE.

TRUFALDIN, à Lélie, après avoir heurté à sa porte.
Un mot, je vous supplie.
Donc, monsieur l'imposteur, vous osez aujourd'hui
Duper un honnête homme, et vous jouer de lui?
MASCARILLE.
Feindre avoir vu son fils en une autre contrée,
Pour vous donner chez lui plus aisément entrée!
TRUFALDIN bat Lélie.
Vidons, vidons sur l'heure!
LÉLIE, à Mascarille, qui le bat aussi.
Ah! coquin!
MASCARILLE.
C'est ainsi
Que les fourbes...
LÉLIE.
Bourreau!
MASCARILLE.
Sont ajustés ici.
Gardez-moi bien cela.
LÉLIE.
Quoi donc! je serois homme...
MASCARILLE, le battant toujours en le chassant.
Tirez, tirez¹, vous dis-je, ou bien je vous assomme!
TRUFALDIN.
Voilà qui me plaît fort; rentre, je suis content.
Mascarille suit Trufaldin, qui rentre dans sa maison.
LÉLIE, revenant.
A moi, par un valet, cet affront éclatant!
L'auroit-on pu prévoir, l'action de ce traître,
Qui vient insolemment de maltraiter son maître?
MASCARILLE, à la fenêtre de Trufaldin.
Peut-on vous demander comme va votre dos?
LÉLIE.
Quoi! tu m'oses encor tenir un tel propos!
MASCARILLE.
Voilà, voilà que c'est de ne voir pas Jeannette,
Et d'avoir en tout temps une langue indiscrète.
Mais, pour cette fois-ci, je n'ai point de courroux,
Je cesse d'éclater, de pester contre vous;
Quoique de l'action l'imprudence soit haute,
Ma main sur votre échine a lavé votre faute.
LÉLIE.
Ah! je me vengerai de ce trait déloyal!

¹ *Tirez, tirez,* dans le sens de *fuyez, éloignez-vous.* On dit proverbialement : *Il a tiré au large,* pour *il s'est enfui.*

MASCARILLE.
Vous vous êtes causé vous-même tout le mal.
LÉLIE.
Moi?
MASCARILLE.
Si vous n'étiez pas une cervelle folle,
Quand vous avez parlé naguère à votre idole,
Vous auriez aperçu Jeannette sur vos pas,
Dont l'oreille subtile a découvert le cas.
LÉLIE.
On auroit pu surprendre un mot dit à Célie?
MASCARILLE.
Et d'où doncques viendroit cette prompte sortie?
Oui, vous n'êtes dehors que par votre caquet.
Je ne sais si souvent vous jouez au piquet :
Mais au moins faites-vous des écarts admirables.
LÉLIE.
O le plus malheureux de tous les misérables!
Mais encore, pourquoi me voir chassé par toi?
MASCARILLE.
Je ne fis jamais mieux que d'en prendre l'emploi :
Par là, j'empêche au moins que de cet artifice
Je ne sois soupçonné d'être auteur ou complice.
LÉLIE.
Tu devois donc, pour toi, frapper plus doucement.
MASCARILLE.
Quelque sot. Trufaldin lorgnoit exactement :
Et puis, je vous dirai, sous ce prétexte utile,
Je n'étois point fâché d'évaporer ma bile
Enfin la chose est faite; et, si j'ai votre foi
Qu'on ne vous verra point vouloir venger sur moi,
Soit ou directement, ou par quelque autre voie,
Les coups sur votre râble assénés avec joie,
Je vous promets, aidé par le poste où je suis,
De contenter vos vœux avant qu'il soit deux nuits.
LÉLIE.
Quoique ton traitement ait eu trop de rudesse,
Qu'est-ce que dessus moi ne peut cette promesse?
MASCARILLE.
Vous le promettez donc?
LÉLIE.
Oui, je te le promets.
MASCARILLE.
Ce n'est pas encor tout. Promettez que jamais
Vous ne vous mêlerez dans quoi que j'entreprenne.
LÉLIE.
Soit.
MASCARILLE.
Si vous y manquez, votre fièvre quartaine!
LÉLIE.
Mais tiens-moi donc parole, et songe à mon repos.
MASCARILLE.
Allez quitter l'habit, et graisser votre dos.
LÉLIE, seul.
Faut-il que le malheur qui me suit à la trace
Me fasse voir toujours disgrâce sur disgrâce!
MASCARILLE, sortant de chez Trufaldin
Quoi! vous n'êtes pas loin? Sortez vite d'ici;

Mais surtout gardez-vous de prendre aucun souci :
Puisque je fais pour vous, que cela vous suffise ;
N'aidez point mon projet de la moindre entreprise ;
Demeurez en repos.
LÉLIE, en sortant.
Oui, va, je m'y tiendrai.
MASCARILLE, seul.
Il faut voir maintenant quel biais je prendrai.

SCÈNE IX

ERGASTE, MASCARILLE.

ERGASTE.
Mascarille, je viens te dire une nouvelle
Qui donne à tes desseins une atteinte cruelle.
A l'heure que je parle, un jeune Égyptien,
Qui n'est pas noir pourtant et sent assez son bien,
Arrive, accompagné d'une vieille fort hâve,
Et vient chez Trufaldin racheter cette esclave
Que vous vouliez ; pour elle il paroit fort zélé.
MASCARILLE.
Sans doute c'est l'amant dont Célie a parlé.
Fut-il jamais destin plus brouillé que le nôtre ?
Sortant d'un embarras, nous entrons dans un autre.
En vain nous apprenons que Léandre est au point
De quitter la partie, et ne nous troubler point ;
Que son père, arrivé contre toute espérance,
Du côté d'Hippolyte emporte la balance,
Qu'il a tout fait changer par son autorité,
Et va dès aujourd'hui conclure le traité ;
Lorsqu'un rival s'éloigne, un autre plus funeste
S'en vient nous enlever tout l'espoir qui nous reste.
Toutefois, par un trait merveilleux de mon art,
Je crois que je pourrai retarder leur départ
Et me donner le temps qui sera nécessaire
Pour tâcher de finir cette fameuse affaire.
Il s'est fait un grand vol ; par qui ? l'on n'en sait rien.
Eux autres rarement passent pour gens de bien ;
Je veux adroitement, sur un soupçon frivole,
Faire pour quelques jours emprisonner ce drôle.
Je sais des officiers, de justice altérés,
Qui sont pour de tels coups de vrais délibérés ;
Dessus l'avide espoir de quelque paraguante [1],
Il n'est rien que leur art aveuglément ne tente ;
Et du plus innocent toujours à leur profit
La bourse est criminelle et paye son délit.

[1] On donne ce nom au présent qu'on fait à une personne dont on a reçu quelques bons offices. — Le mot est d'origine espagnole. *Dar para guantes*, c'est-à-dire donner pour les gants. (Ménage.)

ACTE CINQUIÈME

SCÈNE I

MASCARILLE, ERGASTE.

MASCARILLE.
Ah ! chien ! ah ! double chien ! mâtine de cervelle !
Ta persécution sera-t-elle éternelle ?
ERGASTE.
Par les soins vigilants de l'exempt Balafré,
Ton affaire alloit bien, le drôle étoit coffré,
Si ton maître au moment ne fût venu lui-même,
En vrai désespéré, rompre ton stratagème :
Je ne saurois souffrir, a-t-il dit hautement,
Qu'un honnête homme soit traîné honteusement ;
J'en réponds sur sa mine, et je le cautionne :
Et, comme on résistoit à lâcher sa personne,
D'abord il a chargé si bien sur les recors,
Qui sont gens d'ordinaire à craindre pour leur corps,
Qu'à l'heure que je parle ils sont encore en fuite
Et pensent tous avoir un Lélie à leur suite.
MASCARILLE.
Le traître ne sait pas que cet Égyptien
Est déjà là dedans pour lui ravir son bien.
ERGASTE.
Adieu. Certaine affaire à te quitter m'oblige.

SCÈNE II

MASCARILLE, seul.

Oui, je suis stupéfait de ce dernier prodige.
On diroit (et pour moi j'en suis persuadé)
Que ce démon brouillon dont il est possédé
Se plaise à me braver, et me l'aille conduire
Partout où sa présence est capable de nuire.
Pourtant je veux poursuivre, et, malgré tous ces coups,
Voir qui l'emportera de ce diable ou de nous.
Célie est quelque peu de notre intelligence,
Et ne voit son départ qu'avecque répugnance.
Je tâche à profiter de cette occasion.
Mais ils viennent ; songeons à l'exécution.
Cette maison meublée est en ma bienséance,
Je puis en disposer avec grande licence :
Si le sort nous en dit, tout sera bien réglé,
Nul que moi ne s'y tient, et j'en garde la clé.
O Dieu ! qu'en peu de temps on a vu d'aventures,
Et qu'un fourbe est contraint de prendre de figures !

SCÈNE III

CÉLIE, ANDRÈS.

ANDRÈS.
Vous le savez, Célie, il n'est rien que mon cœur
N'ait fait pour vous prouver l'excès de son ardeur.

Chez les Vénitiens, dès un assez jeune âge,
La guerre en quelque estime avoit mis mon courage,
Et j'y pouvois un jour, sans trop croire de moi,
Prétendre, en les servant, un honorable emploi,
Lorsqu'on me vit pour vous oublier toute chose,
Et que le prompt effet d'une métamorphose,
Qui suivit de mon cœur le soudain changement,
Parmi vos compagnons sut ranger votre amant,
Sans que mille accidents, ni votre indifférence,
Aient pu me détacher de ma persévérance.
Depuis, par un hasard d'avec vous séparé
Pour beaucoup plus de temps que je n'eusse auguré,
Je n'ai, pour vous rejoindre, épargné temps ni peine;
Enfin, ayant trouvé la vieille Égyptienne,
Et plein d'impatience apprenant votre sort,
Que pour certain argent qui leur importoit fort,
Et qui de tous vos gens détourna le naufrage,
Vous aviez en ces lieux été mise en otage,
J'accours vite y briser ces chaines d'intérêt,
Et recevoir de vous les ordres qu'il vous plaît :
Cependant on vous voit une morne tristesse,
Alors que dans vos yeux doit briller l'allégresse.
Si pour vous la retraite avoit quelques appas,
Venise, du butin fait parmi les combats,
Me garde pour tous deux de quoi pouvoir y vivre;
Que si, comme devant, il vous faut encor suivre,
J'y consens, et mon cœur n'ambitionnera
Que d'être auprès de vous tout ce qu'il vous plaira.

CÉLIE.

Votre zèle pour moi visiblement éclate :
Pour en paroître triste, il faudroit être ingrate;
Et mon visage aussi, par son émotion,
N'explique point mon cœur en cette occasion.
Une douleur de tête y peint sa violence;
Et, si j'avois sur vous quelque peu de puissance,
Notre voyage, au moins pour trois ou quatre jours,
Attendroit que ce mal eût pris un autre cours.

ANDRÈS.

Autant que vous voudrez, faites qu'il se diffère.
Toutes mes volontés ne butlent qu'à vous plaire.
Cherchons une maison à vous mettre en repos.
L'écriteau que voici s'offre tout à propos.

SCÈNE IV

CÉLIE, ANDRÈS; MASCARILLE, déguisé en Suisse.

ANDRÈS.

Seigneur Suisse, êtes-vous de ce logis le maître?

MASCARILLE.

Moi pour serfir à fous.

ANDRÈS.

Pourrions-nous y bien être?

MASCARILLE.

Oui; moi pour d'étrancher chafons champre garni [1].

---

[1] Var. Oui; moi pour d'étrancher chafons champre *carni*.
Ma che non point locher de *chans* de méchant vi.

Mais che non point locher te gents te méchant vi.

ANDRÈS.

Je crois votre maison franche de tout ombrage.

MASCARILLE.

Fous nouvieau dans sti fil, moi foir à la fissage.

ANDRÈS.

Oui.

MASCARILLE.

La matame est-il mariage al monsieur?

ANDRÈS.

Quoi?

MASCARILLE.

S'il être son fame, ou s'il être son sœur?

ANDRÈS.

Non.

MASCARILLE.

Mon foi, pien choli; fenir pour marchantisse,
Ou pien pour temanter à la palais choustice?
La procès il faut rien; il coûter tant l'archant ·
La procurair larron, l'afocat pien méchant.

ANDRÈS.

Ce n'est pas pour cela.

MASCARILLE.

Fous tonc mener sti file
Pour fenir pourmener et recarter la file?

ANDRÈS.

A Célie.

Il n'importe. Je suis à vous dans un moment.
Je vais faire venir la vieille promptement,
Contremander aussi notre voiture prête.

MASCARILLE.

Li ne porte pas pien.

ANDRÈS.

Elle a mal à la tête.

MASCARILLE.

Moi chafoir te bon fin, et le fromage pon.
Entre fous, entre fous tans mon petit maison.

Célie, Andrès et Mascarille entrent dans la maison.

SCÈNE V

LÉLIE, seul.

Quel que soit le transport d'une âme impatiente,
Ma parole m'engage à rester en attente,
A laisser faire un autre, et voir, sans rien oser,
Comme de mes destins le ciel veut disposer.

SCÈNE VI

ANDRÈS, LÉLIE.

LÉLIE, à Andrès, qui sort de la maison.

Demandiez-vous quelqu'un dedans cette demeure?

ANDRÈS.

C'est un logis garni que j'ai pris tout à l'heure.

LÉLIE.
A mon père pourtant la maison appartient,
Et mon valet la nuit pour la garder s'y tient.
ANDRÈS.
Je ne sais; l'écriteau marque au moins qu'on la loue :
Lisez.
LÉLIE.
Certes, ceci me surprend, je l'avoue.
Qui diantre l'auroit mis? et par quel intérêt?...
Ah! ma foi, je devine à peu près ce que c'est!
Cela ne peut venir que de ce que j'augure.
ANDRÈS.
Peut-on vous demander quelle est cette aventure?
LÉLIE.
Je voudrois à tout autre en faire un grand secret;
Mais pour vous il n'importe, et vous serez discret.
Sans doute l'écriteau que vous voyez paroître,
Comme je conjecture au moins, ne sauroit être
Que quelque invention du valet que je di,
Que quelque nœud subtil qu'il doit avoir ourdi
Pour mettre en mon pouvoir certaine Égyptienne
Dont j'ai l'âme piquée et qu'il faut que j'obtienne.
Je l'ai déjà manquée, et même plusieurs coups.
ANDRÈS.
Vous l'appelez...?
LÉLIE.
Célie.
ANDRÈS.
Eh! que ne disiez-vous?
Vous n'aviez qu'à parler, je vous aurois sans doute
Épargné tous les soins que ce projet vous coûte.
LÉLIE.
Quoi! vous la connoissez?
ANDRÈS.
C'est moi qui maintenant
Viens de la racheter.
LÉLIE.
O discours surprenant!
ANDRÈS.
Sa santé de partir ne nous pouvant permettre,
Au logis que voilà je venois de la mettre;
Et je suis très-ravi, dans cette occasion,
Que vous m'ayez instruit de votre intention.
LÉLIE.
Quoi! j'obtiendrois de vous le bonheur que j'espère?
Vous pourriez...
ANDRÈS, allant frapper à la porte.
Tout à l'heure on va vous satisfaire.
LÉLIE.
Que pourrois-je vous dire? Et quel remerciment...
ANDRÈS.
Non, ne m'en faites point, je n'en veux nullement.

SCÈNE VII

LÉLIE, ANDRÈS, MASCARILLE.

MASCARILLE, à part.
Eh bien, ne voilà pas mon enragé de maître!
Il nous va faire encor quelque nouveau bissêtre[1].
LÉLIE.
Sous ce grotesque habit qui l'auroit reconnu?
Approche, Mascarille, et sois le bienvenu.
MASCARILLE.
Moi souis ein chant t'honneur, moi non point Maquerille;
Chai point fentre chamais ta fame ni le fille.
LÉLIE.
Le plaisant baragouin! il est bon, sur ma foi!
MASCARILLE.
Allez fous pourmener, sans toi rire te moi.
LÉLIE.
Va, va, lève le masque, et reconnois ton maître.
MASCARILLE.
Partié, tiable, mon foi, chamais toi chai connoître.
LÉLIE.
Tout est accommodé, ne te déguise point.
MASCARILLE.
Si toi point t'en aller, che paille ein coup te poing.
LÉLIE.
Ton jargon allemand est superflu, te dis-je;
Car nous sommes d'accord, et sa bonté m'oblige.
J'ai tout ce que mes vœux lui peuvent demander[2],
Et tu n'as pas sujet de rien appréhender.
MASCARILLE.
Si vous êtes d'accord par un bonheur extrême,
Je me dessuisse donc, et redeviens moi-même.
ANDRÈS.
Ce valet vous servoit avec beaucoup de feu :
Mais je reviens à vous, demeurez quelque peu.

SCÈNE VIII

LÉLIE, MASCARILLE.

LÉLIE.
Eh bien, que diras-tu?
MASCARILLE.
Que j'ai l'âme ravie
De voir d'un beau succès notre peine suivie.
LÉLIE.
Tu feignois à sortir de ton déguisement,
Et ne pouvois me croire en cet événement.
MASCARILLE.
Comme je vous connois, j'étois dans l'épouvante,
Et trouve l'aventure aussi fort surprenante.
LÉLIE.
Mais confesse qu'enfin c'est avoir fait beaucoup

[1] Vieux mot qui signifiait *malheur*, par corruption de *bissexte*, parce qu'alors l'année bissextile était réputée malheureuse.
[2] VAR. J'ai tout ce que mes vœux lui *pouvoient* demander.

Au moins j'ai réparé mes fautes à ce coup,
Et j'aurai cet honneur d'avoir fini l'ouvrage.
MASCARILLE.
Soit; vous aurez été bien plus heureux que sage.

SCÈNE IX

CÉLIE, ANDRÈS, LÉLIE, MASCARILLE.

ANDRÈS.
N'est-ce pas là l'objet dont vous m'avez parlé?
LÉLIE.
Ah! quel bonheur au mien pourroit être égalé?
ANDRÈS.
Il est vrai, d'un bienfait je vous suis redevable :
Si je ne l'avouois, je serois condamnable ;
Mais enfin ce bienfait auroit trop de rigueur,
S'il falloit le payer aux dépens de mon cœur.
Jugez, dans le transport où sa beauté me jette,
Si je dois, à ce prix, vous acquitter ma dette ;
Vous êtes généreux, vous ne le voudriez pas :
Adieu. Pour quelques jours retournons sur nos pas.

SCÈNE X

LÉLIE, MASCARILLE.

MASCARILLE, après avoir chanté.
Je chante, et toutefois je n'en ai guère envie[1].
Vous voilà bien d'accord, il vous donne Célie ;
Hem, vous m'entendez bien.
LÉLIE.
C'est trop ; je ne veux plus
Te demander pour moi de secours superflus.
Je suis un chien, un traître, un bourreau détestable,
Indigne d'aucun soin, de rien faire incapable !
Va, cesse tes efforts pour un malencontreux
Qui ne sauroit souffrir que l'on le rende heureux.
Après tant de malheurs, après mon imprudence,
Le trépas me doit seul prêter son assistance.

SCÈNE XI

MASCARILLE, seul.

Voilà le vrai moyen d'achever son destin ;
Il ne lui manque plus que de mourir enfin
Pour le couronnement de toutes ses sottises.
Mais en vain son dépit pour ses fautes commises
Lui fait licencier mes soins et mon appui,
Je veux, quoi qu'il en soit, le servir malgré lui,
Et dessus son lutin obtenir la victoire.
Plus l'obstacle est puissant, plus on reçoit de gloire ;
Et les difficultés dont on est combattu
Sont les dames d'atour qui parent la vertu.

[1] Var. Je ris, et toutefois je n'en ai guère envie.

SCÈNE XII

CÉLIE, MASCARILLE.

CÉLIE, à Mascarille, qui lui a parlé bas.
Quoi que tu veuilles dire, et que l'on se propose,
De ce retardement j'attends fort peu de chose.
Ce qu'on voit de succès peut bien persuader
Qu'ils ne sont pas encor fort près de s'accorder.
Et je t'ai déjà dit qu'un cœur comme le nôtre
Ne voudroit pas pour l'un faire injustice à l'autre ;
Et que très-fortement, par de différents nœuds,
Je me trouve attachée au parti de tous deux :
Si Lélie a pour lui l'amour et sa puissance,
Andrès pour son partage a la reconnoissance,
Qui ne souffrira point que mes pensers secrets
Consultent jamais rien contre ses intérêts.
Oui, s'il ne peut avoir plus de place en mon âme,
Si le don de mon cœur ne couronne sa flamme,
Au moins dois-je ce prix à ce qu'il fait pour moi,
De n'en choisir point d'autre, au mépris de sa foi,
Et de faire à mes vœux autant de violence
Que j'en fais aux désirs qu'il met en évidence.
Sur ces difficultés qu'oppose mon devoir,
Juge ce que tu peux te permettre d'espoir.
MASCARILLE.
Ce sont, à dire vrai, de très-fâcheux obstacles,
Et je ne sais point l'art de faire des miracles ;
Mais je vais employer mes efforts plus puissants,
Remuer terre et ciel, m'y prendre de tout sens
Pour tâcher de trouver un biais salutaire,
Et vous dirai bientôt ce qui se pourra faire

SCÈNE XIII

HIPPOLYTE, CÉLIE.

HIPPOLYTE.
Depuis votre séjour, les dames de ces lieux
Se plaignent justement des larcins de vos yeux,
Si vous leur dérobez leurs conquêtes plus belles
Et de tous leurs amants faites des infidèles :
Il n'est guère de cœurs qui puissent échapper
Aux traits dont à l'abord vous savez les frapper ;
Et mille libertés, à vos chaînes offertes,
Semblent vous enrichir chaque jour de nos pertes.
Quant à moi, toutefois, je ne me plaindrois pas
Du pouvoir absolu de vos rares appas,
Si, lorsque mes amants sont devenus les vôtres,
Un seul m'eût consolé de la perte des autres.
Mais qu'inhumainement vous me les ôtiez tous,
C'est un dur procédé dont je me plains à vous.
CÉLIE.
Voilà d'un air galant faire une raillerie ;
Mais épargnez un peu celle qui vous en prie.
Vos yeux, vos propres yeux, se connoissent trop bien,
Pour pouvoir de ma part redouter jamais rien ;

Ils sont fort assurés du pouvoir de leurs charmes,
Et ne prendront jamais de pareilles alarmes.
HIPPOLYTE.
Pourtant en ce discours je n'ai rien avancé
Qui dans tous les esprits ne soit déjà passé;
Et, sans parler du reste, on sait bien que Célie
A causé des désirs à Léandre et Lélie.
CÉLIE.
Je crois qu'étant tombés dans cet aveuglement,
Vous vous consoleriez de leur perte aisément,
Et trouveriez pour vous l'amant peu souhaitable
Qui d'un si mauvais choix se trouveroit capable.
HIPPOLYTE.
Au contraire, j'agis d'un air tout différent,
Et trouve en vos beautés un mérite si grand,
J'y vois tant de raisons capables de défendre
L'inconstance de ceux qui s'en laissent surprendre,
Que je ne puis blâmer la nouveauté des feux
Dont envers moi Léandre a parjuré ses vœux,
Et le vais voir tantôt, sans haine et sans colère,
Ramené sous mes lois par le pouvoir d'un père.

SCÈNE XIV

CÉLIE, HIPPOLYTE, MASCARILLE.

MASCARILLE.
Grande, grande nouvelle, et succès surprenant,
Que ma bouche vous vient annoncer maintenant!
CÉLIE.
Qu'est-ce donc?
MASCARILLE.
Écoutez, voici sans flatterie...
CÉLIE.
Quoi?
MASCARILLE.
La fin d'une vraie et pure comédie.
La vieille Égyptienne à l'heure même...
CÉLIE.
Eh bien?
MASCARILLE.
Passoit dedans la place, et ne songeoit à rien,
Alors qu'une autre vieille assez défigurée,
L'ayant de près au nez longtemps considérée,
Par un bruit enroué de mots injurieux
A donné le signal d'un combat furieux,
Qui pour armes pourtant, mousquets, dagues ou flèches,
Ne faisoit voir en l'air que quatre griffes sèches,
Dont ces deux combattants s'efforçoient d'arracher
Ce peu que sur leurs os les ans laissent de chair.
On n'entend que ces mots : chienne! louve! bagasse!
D'abord leurs escoffions [1] ont volé par la place,
Et, laissant voir à nu deux têtes sans cheveux,
Ont rendu le combat risiblement affreux.
Andrès et Trufaldin, à l'éclat du murmure,

[1] *Escoffion*, nom d'une ancienne coiffe de femme.

Ainsi que force monde, accourus d'aventure,
Ont à les décharpir eu de la peine assez [1],
Tant leurs esprits étoient par la fureur poussés!
Cependant que chacune, après cette tempête,
Songe à cacher aux yeux la honte de sa tête,
Et que l'on veut savoir qui causoit cette humeur,
Celle qui la première avoit fait la rumeur,
Malgré la passion dont elle étoit émue,
Ayant sur Trufaldin tenu longtemps la vue :
C'est vous, si quelque erreur n'abuse ici mes yeux,
Qu'on m'a dit qui viviez inconnu dans ces lieux,
A-t-elle dit tout haut; ô rencontre opportune!
Oui, seigneur Zanobio Ruberti, la fortune
Me fait vous reconnoître, et dans le même instant
Que pour votre intérêt je me tourmentois tant.
Lorsque Naples vous vit quitter votre famille,
J'avois, vous le savez, en mes mains votre fille,
Dont j'élevois l'enfance, et qui, par mille traits,
Faisoit voir, dès quatre ans, sa grâce et ses attraits.
Celle que vous voyez, cette infâme sorcière,
Dedans notre maison se rendant familière,
Me vola ce trésor. Hélas! de ce malheur
Votre femme, je crois, conçut tant de douleur
Que cela servit fort pour avancer sa vie.
Si bien qu'entre mes mains cette fille ravie
Me faisant redouter un reproche fâcheux,
Je vous fis annoncer la mort de toutes deux;
Mais il faut maintenant, puisque je l'ai connue,
Qu'elle fasse savoir ce qu'elle est devenue.
Au nom de Zanobio Ruberti, que sa voix,
Pendant tout ce récit, répétoit plusieurs fois,
Andrès, ayant changé quelque temps de visage,
A Trufaldin surpris a tenu ce langage :
Quoi donc! le ciel me fait trouver heureusement
Celui que jusqu'ici j'ai cherché vainement,
Et que j'avois pu voir, sans pourtant reconnoître
La source de mon sang et l'auteur de mon être!
Oui, mon père, je suis Horace votre fils,
D'Albert, qui me gardoit, les jours étant finis,
Me sentant naître au cœur d'autres inquiétudes,
Je sortis de Bologne, et, quittant mes études,
Portai durant six ans mes pas en divers lieux,
Selon que me poussoit un désir curieux.
Pourtant, après ce temps, une secrète envie
Me pressa de revoir les miens et ma patrie;
Mais dans Naples, hélas! je ne vous trouvai plus,
Et n'y sus votre sort que par des bruits confus :
Si bien qu'à votre quête ayant perdu mes peines,
Venise pour un temps borna mes courses vaines;
Et j'ai vécu depuis, sans que de ma maison
J'eusse d'autres clartés que d'en savoir le nom.
Je vous laisse à juger si, pendant ces affaires,
Trufaldin ressentoit des transports ordinaires.
Enfin, pour retrancher ce que plus à loisir
Vous aurez le moyen de vous faire éclaircir
Par la confession de votre Égyptienne,

[1] *Décharpir*, séparer avec effort des personnes qui *s'écharpent*.

ACTE V, SCÈNE XVI.

Trufaldin maintenant vous reconnoît pour sienne ;
Andrès est votre frère ; et, comme de sa sœur
Il ne peut plus songer à se voir possesseur,
Une obligation qu'il prétend reconnoître
A fait qu'il vous obtient pour épouse à mon maître,
Dont le père, témoin de tout l'événement,
Donne à cet hyménée un plein consentement,
Et, pour mettre une joie entière en sa famille,
Pour le nouvel Horace a proposé sa fille.
Voyez que d'incidents à la fois enfantés[1] !

CÉLIE.
Je demeure immobile à tant de nouveautés.

MASCARILLE.
Tous viennent sur mes pas, hors les deux championnes,
Qui du combat encor remettent leurs personnes.
Léandre est de la troupe, et votre père aussi.
Moi, je vais avertir mon maître de ceci,
Et que, lorsqu'à ses vœux on croit le plus d'obstacle,
Le ciel en sa faveur produit comme un miracle.

Mascarille sort.

HIPPOLYTE.
Un tel ravissement rend mes esprits confus,
Que pour mon propre sort je n'en aurois pas plus.
Mais les voici venir.

SCÈNE XV

TRUFALDIN, ANSELME, PANDOLFE, CÉLIE, HIPPOLYTE,
LÉANDRE, ANDRÈS.

TRUFALDIN.
Ah ! ma fille !

CÉLIE.
Ah ! mon père !

TRUFALDIN.
Sais-tu déjà comment le ciel nous est prospère ?

CÉLIE.
Je viens d'entendre ici ce succès merveilleux.

HIPPOLYTE, à Léandre.
En vain vous parleriez pour excuser vos feux,
Si j'ai devant les yeux ce que vous pouvez dire.

LÉANDRE.
Un généreux pardon est ce que je désire :
Mais j'atteste les cieux qu'en ce retour soudain
Mon père fait bien moins que mon propre dessein.

ANDRÈS, à Célie.
Qui l'auroit jamais cru, que cette ardeur si pure
Pût être condamnée un jour par la nature ?
Toutefois tant d'honneur la sut toujours régir,
Qu'en y changeant fort peu je puis la retenir.

---

[1] Mascarille a raison, voilà beaucoup d'*incidents enfantés à la fois*. Trufaldin reconnoît pour ses enfants Andrès et Célie, qui le reconnoissent pour leur père, et par conséquent se reconnoissent entre eux pour frère et sœur. Toutes ces reconnoissances en action auroient occupé beaucoup de place et amusé médiocrement le spectateur. Le récit, qui les comprend toutes, est d'une extrême longueur ; mais il est rapide, varié, plein de feu, de vivacité et de mouvement ; il est propre à faire valoir le talent d'un acteur habile à diversifier son débit et son geste. (Auger.)

CÉLIE.
Pour moi, je me blâmois, et croyois faire faute,
Quand je n'avois pour vous qu'une estime très-haute.
Je ne pouvois savoir quel obstacle puissant
M'arrêtoit sur un pas si doux et si glissant,
Et détournoit mon cœur de l'aveu d'une flamme
Que mes sens s'efforçoient d'introduire en mon âme.

TRUFALDIN, à Célie.
Mais en te recouvrant, que diras-tu de moi,
Si je songe aussitôt à me priver de toi,
Et t'engage à son fils sous les lois d'hyménée ?

CÉLIE.
Que de vous maintenant dépend ma destinée.

SCÈNE XVI

TRUFALDIN, ANSELME, PANDOLFE, CÉLIE, HIPPOLYTE,
LÉLIE, LÉANDRE, ANDRÈS, MASCARILLE.

MASCARILLE, à Lélie.
Voyons si votre diable aura bien le pouvoir
De détruire à ce coup un si solide espoir ;
Et si, contre l'excès du bien qui nous arrive,
Vous armerez encor votre imaginative.
Par un coup imprévu des destins les plus doux,
Vos vœux sont couronnés, et Célie est à vous.

LÉLIE.
Croirai-je que du ciel la puissance absolue...

TRUFALDIN.
Oui, mon gendre, il est vrai.

PANDOLFE.
La chose est résolue.

ANDRÈS, à Lélie.
Je m'acquitte par là de ce que je vous dois.

LÉLIE, à Mascarille.
Il faut que je t'embrasse et mille et mille fois,
Dans cette joie...

MASCARILLE.
Aïe ! aï ! doucement, je vous prie.
Il m'a presque étouffé. Je crains fort pour Célie,
Si vous la caressez avec tant de transport.
De vos embrassements on se passeroit fort.

TRUFALDIN, à Lélie.
Vous savez le bonheur que le ciel me renvoie ;
Mais, puisqu'un même jour nous met tous dans la joie,
Ne nous séparons point qu'il ne soit terminé,
Et que son père aussi nous soit vite amené.

MASCARILLE.
Vous voilà tous pourvus. N'est-il point quelque fille
Qui pût accommoder le pauvre Mascarille ?
À voir chacun se joindre à sa chacune ici,
J'ai des démangeaisons de mariage aussi.

ANSELME.
J'ai ton fait.

MASCARILLE.
Allons donc ; et que les cieux prospères
Nous donnent des enfants dont nous soyons les pères.

LE DÉPIT AMOUREUX

COMÉDIE EN CINQ ACTES

REPRÉSENTÉE A DÉZIERS EN 1656, ET A PARIS EN 1658.

PERSONNAGES

ÉRASTE, amant de Lucile [1].
ALBERT, père de Lucile et d'Ascagne [2].
GROS-RENÉ, valet d'Éraste [3].
VALÈRE, fils de Polidore [4].
LUCILE, fille d'Albert [5].
MARINETTE, suivante de Lucile [6].
POLIDORE, père de Valère.
FROSINE, confidente d'Ascagne.
ASCAGNE, fille d'Albert, déguisée en homme.
MASCARILLE, valet de Valère.
MÉTAPHRASTE, pédant [7].
LA RAPIÈRE, bretteur [8].

ACTE PREMIER

SCÈNE I

ÉRASTE, GROS-RENÉ.

ÉRASTE.
Veux-tu que je te die ? une atteinte secrète
Ne laisse point mon âme en une bonne assiette
Oui, quoi qu'à mon amour tu puisses repartir,
Il craint d'être la dupe, à ne te point mentir ;
Qu'en faveur d'un rival ta foi ne se corrompe,
Ou du moins qu'avec moi toi-même on ne te trompe.
GROS-RENÉ.
Pour moi, me soupçonner de quelque mauvais tour,
Je dirai, n'en déplaise à monsieur votre amour,
Que c'est injustement blesser ma prud'homie,
Et se connoître mal en physionomie.
Les gens de mon minois ne sont point accusés
D'être, grâces à Dieu, ni fourbes, ni rusés.
Cet honneur qu'on nous fait, je ne le démens guères,
Et suis homme fort rond de toutes les manières [9].

Pour que l'on me trompât, cela se pourroit bien,
Le doute est mieux fondé ; pourtant je n'en crois rien.
Je ne vois point encore, ou je suis une bête,
Sur quoi vous avez pu prendre martel en tête.
Lucile, à mon avis, vous montre assez d'amour ;
Elle vous voit, vous parle à toute heure du jour ;
Et Valère, après tout, qui cause votre crainte,
Semble n'être à présent souffert que par contrainte.
ÉRASTE.
Souvent d'un faux espoir un amant est nourri :
Le mieux reçu toujours n'est pas le plus chéri ;
Et tout ce que d'ardeur font paroître les femmes
Parfois n'est qu'un beau voile à couvrir d'autres flammes.
Valère enfin, pour être un amant rebuté,
Montre depuis un temps trop de tranquillité ;
Et ce qu'à ces faveurs, dont tu crois l'apparence,
Il témoigne de joie ou bien d'indifférence,
M'empoisonne à tous coups leurs plus charmants appas,
Me donne ce chagrin que tu ne comprends pas ;
Tient mon bonheur en doute, et me rend difficile
Une entière croyance aux propos de Lucile.
Je voudrois, pour trouver un tel destin bien doux [1],
Y voir entrer un peu de son transport jaloux,
Et, sur ses déplaisirs et son impatience,
Mon âme prendroit lors une pleine assurance.
Toi-même penses-tu qu'on puisse, comme il fait,
Voir chérir un rival d'un esprit satisfait ?
Et, si tu n'en crois rien, dis-moi, je t'en conjure,
Si j'ai lieu de rêver dessus cette aventure.
GROS-RENÉ.
Peut-être que son cœur a changé de désirs,
Connoissant qu'il poussoit d'inutiles soupirs.
ÉRASTE.
Lorsque par les rebuts une âme est détachée,
Elle veut fuir l'objet dont elle fut touchée,

---

[1] Acteurs de la troupe de Molière : BÉJART aîné. — [2] MOLIÈRE. — [3] DU PARC. — [4] BÉJART jeune. — [5] Mademoiselle DE BRIE. — [6] Madeleine BÉJART. — [7] DU CROISY. — [8] DE BRIE.
[9] Ce vers fait allusion à l'embonpoint de du Parc et à sa bonhomie. Molière ne dédaignoit pas ce moyen d'ajouter à la vérité de ses personnages. Il donnoit à ses acteurs des rôles toujours en harmonie avec leur caractère.

[1] VAR. Je voudrois, pour trouver un tel destin *plus* doux.

Et ne rompt point sa chaîne avec si peu d'éclat,
Qu'elle puisse rester en un paisible état.
De ce qu'on a chéri la fatale présence
Ne nous laisse jamais dedans l'indifférence;
Et, si de cette vue on n'accroît son dédain,
Notre amour est bien près de nous rentrer au sein;
Enfin, crois-moi, si bien qu'on éteigne une flamme,
Un peu de jalousie occupe encore une âme;
Et l'on ne sauroit voir, sans en être piqué,
Posséder par un autre un cœur qu'on a manqué.

GROS-RENÉ.

Pour moi, je ne sais point tant de philosophie :
Ce que voyent mes yeux, franchement je m'y fie;
Et ne suis point de moi si mortel ennemi,
Que je m'aille affliger sans sujet ni demi [1].
Pourquoi subtiliser et faire le capable
A chercher des raisons pour être misérable?
Sur des soupçons en l'air je m'irois alarmer!
Laissons venir la fête avant que la chômer.
Le chagrin me paroît une incommode chose;
Je n'en prends point pour moi sans bonne et juste cause,
Et mêmes à mes yeux cent sujets d'en avoir
S'offrent le plus souvent que je ne veux pas voir.
Avec vous en amour je cours même fortune;
Celle que vous aurez me doit être commune;
La maîtresse ne peut abuser votre foi,
A moins que la suivante en fasse autant pour moi :
Mais j'en fuis la pensée avec un soin extrême.
Je veux croire les gens, quand on me dit : Je t'aime;
Et ne vais point chercher, pour m'estimer heureux,
Si Mascarille ou non s'arrache les cheveux.
Que tantôt Marinette endure qu'à son aise
Jodelet par plaisir la caresse et la baise,
Et que ce beau rival en rie ainsi qu'un fou;
A son exemple aussi j'en rirai tout mon soûl,
Et l'on verra qui rit avec meilleure grâce.

ÉRASTE.

Voilà de les discours.

GROS-RENÉ.

Mais je la vois qui passe.

SCÈNE II

ÉRASTE, MARINETTE, GROS-RENÉ.

GROS-RENÉ.

St, Marinette!

MARINETTE.

Oh! oh! Que fais-tu là?

GROS-RENÉ.

Ma foi,
Demande : nous étions tout à l'heure sur toi.

MARINETTE.

Vous êtes aussi là, monsieur! Depuis une heure
Vous m'avez fait trotter comme un Basque, je meure.

ÉRASTE.

Comment?

MARINETTE.

Pour vous chercher j'ai fait dix mille pas,
Et vous promets, ma foi...

ÉRASTE.

Quoi?

MARINETTE.

Que vous n'êtes pas
Au temple, au cours, chez vous, ni dans la grande place

GROS-RENÉ.

Il en falloit jurer.

ÉRASTE.

Apprends-moi donc, de grâce,
Qui te fait me chercher.

MARINETTE.

Quelqu'un, en vérité,
Qui pour vous n'a pas trop mauvaise volonté :
Ma maîtresse, en un mot.

ÉRASTE.

Ah! chère Marinette,
Ton discours de son cœur est-il bien l'interprète?
Ne me déguise point un mystère fatal;
Je ne t'en voudrai pas pour cela plus de mal :
Au nom des dieux, dis-moi si ta belle maîtresse
N'abuse point mes vœux d'une fausse tendresse.

MARINETTE.

Eh! eh! d'où vous vient donc ce plaisant mouvement?
Elle ne fait pas voir assez son sentiment?
Quel garant est-ce encor que votre amour demande?
Que lui faut-il?

GROS-RENÉ.

A moins que Valère se pende,
Bagatelle! son cœur ne s'assurera point.

MARINETTE.

Comment?

GROS-RENÉ.

Il est jaloux jusques en un tel point.

MARINETTE.

De Valère? Ah! vraiment la pensée est bien belle!
Elle peut seulement naître en votre cervelle?
Je vous croyois du sens, et jusqu'à ce moment
J'avois de votre esprit quelque bon sentiment;
Mais, à ce que je vois, je m'étois fort trompée.
Ta tête de ce mal est-elle aussi frappée?

GROS-RENÉ.

Moi, jaloux? Dieu m'en garde, et d'être assez badin [1]
Pour m'aller emmaigrir avec un tel chagrin!
Outre que de ton cœur ta foi me cautionne,
L'opinion que j'ai de moi-même est trop bonne
Pour croire auprès de moi que quelque autre te plût.
Où diantre pourrois-tu trouver qui me valût?

MARINETTE.

En effet, tu dis bien; voilà comme il faut être!

---

[1] C'est-à-dire sans sujet ni demi-sujet; vieille locution tombée en désuétude.

[1] Le mot badin signifioit autrefois non-seulement folâtre, qui aime à rire, mais encore niais; cette dernière acception, qui est celle du vers de Molière, se trouve dans le Dictionnaire de l'Académie de 1694. (Auger.)

Jamais de ces soupçons qu'un jaloux fait paroître.
Tout le fruit qu'on en cueille est de se mettre mal,
Et d'avancer par là les desseins d'un rival.
Au mérite souvent de qui l'éclat vous blesse
Vos chagrins font ouvrir les yeux d'une maitresse;
Et j'en sais tel, qui doit son destin le plus doux
Aux soins trop inquiets de son rival jaloux.
Enfin, quoi qu'il en soit, témoigner de l'ombrage,
C'est jouer en amour un mauvais personnage,
Et se rendre, après tout, misérable à crédit.
Cela, seigneur Éraste, en passant vous soit dit.

ÉRASTE.
Eh bien, n'en parlons plus. Que venois-tu m'apprendre?

MARINETTE.
Vous mériteriez bien que l'on vous fît attendre,
Qu'afin de vous punir je vous tinsse caché
Le grand secret pourquoi je vous ai tant cherché.
Tenez, voyez ce mot, et sortez hors de doute;
Lisez-le donc tout haut, personne ici n'écoute.

ÉRASTE lit.
« Vous m'avez dit que votre amour
« Étoit capable de tout faire;
« Il se couronnera lui-même dans ce jour,
« S'il peut avoir l'aveu d'un père.
« Faites parler les droits qu'on a dessus mon cœur,
« Je vous en donne la licence;
« Et, si c'est en votre faveur,
« Je vous réponds de mon obéissance. »

Ah! quel bonheur! O toi qui me l'as apporté,
Je te dois regarder comme une déité!

GROS-RENÉ.
Je vous le disois bien : contre votre croyance,
Je ne me trompe guère aux choses que je pense.

ÉRASTE relit.
« Faites parler les droits qu'on a dessus mon cœur,
« Je vous en donne la licence;
« Et, si c'est en votre faveur,
« Je vous réponds de mon obéissance. »

MARINETTE.
Si je lui rapportois vos foiblesses d'esprit,
Elle désavoueroit bientôt un tel écrit.

ÉRASTE.
Ah! cache-lui, de grâce, une peur passagère,
Où mon âme a cru voir quelque peu de lumière;
Ou, si tu la lui dis, ajoute que ma mort
Est prête d'expier l'erreur de ce transport;
Que je vais à ses pieds, si j'ai pu lui déplaire,
Sacrifier ma vie à sa juste colère.

MARINETTE.
Ne parlons point de mort, ce n'en est pas le temps.

ÉRASTE.
Au reste, je te dois beaucoup, et je prétends
Reconnoitre dans peu, de la bonne manière,
Les soins d'une si noble et si belle courrière.

MARINETTE.
propos, savez-vous où je vous ai cherché
Tantôt encore?

ÉRASTE.
Eh bien?

MARINETTE.
Tout proche du marché,
Où vous savez.

ÉRASTE.
Où donc?

MARINETTE.
Là... dans cette boutique
Où, dès le mois passé, votre cœur magnifique
Me promit, de sa grâce, une bague.

ÉRASTE.
Ah! j'entends.

GROS-RENÉ.
La matoise!

ÉRASTE.
Il est vrai, j'ai tardé trop longtemps
A m'acquitter vers toi d'une telle promesse;
Mais...

MARINETTE.
Ce que j'en ai dit n'est pas que je vous presse.

GROS-RENÉ.
Oh! que non!

ÉRASTE lui donne sa bague.
Celle-ci peut-être aura de quoi
Te plaire; accepte-la pour celle que je doi.

MARINETTE.
Monsieur, vous vous moquez, j'aurois honte à la prendre.

GROS-RENÉ.
Pauvre honteuse, prends sans davantage attendre;
Refuser ce qu'on donne est bon à faire aux fous.

MARINETTE.
Ce sera pour garder quelque chose de vous.

ÉRASTE.
Quand puis-je rendre grâce à cet ange adorable?

MARINETTE.
Travaillez à vous rendre un père favorable.

ÉRASTE.
Mais, s'il me rebutoit, dois-je...

MARINETTE.
Alors comme alors;
Pour vous on emploiera toutes sortes d'efforts.
D'une façon ou d'autre il faut qu'elle soit vôtre :
Faites votre pouvoir, et nous ferons le nôtre.

ÉRASTE.
Adieu, nous en saurons le succès dans ce jour.

Éraste relit la lettre tout bas.

MARINETTE, à Gros-René.
Et nous, que dirons-nous aussi de notre amour?
Tu ne m'en parles point.

GROS-RENÉ.
Un hymen qu'on souhaite,
Entre gens comme nous, est chose bientôt faite.
Je te veux, me veux-tu de même?

MARINETTE.
Avec plaisir.

GROS-RENÉ.
Touche, il suffit.

MARINETTE.
Adieu, Gros-René, mon désir.
GROS-RENÉ.
Adieu, mon astre.
MARINETTE.
Adieu, beau tison de ma flamme.
GROS-RENÉ.
Adieu, chère comète, arc-en-ciel de mon âme.

Marinette sort.

Le bon Dieu soit loué, nos affaires vont bien ;
Albert n'est pas un homme à vous refuser rien.
ÉRASTE.
Valère vient à nous.
GROS-RENÉ.
Je plains le pauvre hère,
Sachant ce qui se passe.

SCÈNE III

VALÈRE, ÉRASTE, GROS-RENÉ.

ÉRASTE.
Eh bien, seigneur Valère ?
VALÈRE.
Eh bien, seigneur Éraste ?
ÉRASTE.
En quel état l'amour ?
VALÈRE.
En quel état vos feux ?
ÉRASTE.
Plus forts de jour en jour.
VALÈRE.
Et mon amour plus fort.
ÉRASTE.
Pour Lucile ?
VALÈRE.
Pour elle.
ÉRASTE.
Certes, je l'avouerai, vous êtes le modèle
D'une rare constance.
VALÈRE.
Et votre fermeté
Doit être un rare exemple à la postérité.
ÉRASTE.
Pour moi, je suis peu fait à cet amour austère
Qui dans les seuls regards trouve à se satisfaire,
Et je ne forme point d'assez beaux sentiments
Pour souffrir constamment les mauvais traitements ;
Enfin, quand j'aime bien, j'aime fort que l'on m'aime.
VALÈRE.
Il est très naturel, et j'en suis bien de même.
Le plus parfait objet dont je serois charmé
N'auroit pas mes tributs, n'en étant point aimé.
ÉRASTE.
Lucile cependant...
VALÈRE.
Lucile, dans son âme,
Rend tout ce que je veux qu'elle rende à ma flamme.

ÉRASTE.
Vous êtes donc facile à contenter ?
VALÈRE.
Pas tant
Que vous pourriez penser.
ÉRASTE.
Je puis croire pourtant,
Sans trop de vanité, que je suis en sa grâce.
VALÈRE.
Moi, je sais que j'y tiens une assez bonne place.
ÉRASTE.
Ne vous abusez point, croyez-moi.
VALÈRE.
Croyez-moi,
Ne laissez point duper vos yeux à trop de foi.
ÉRASTE.
Si j'osois vous montrer une preuve assurée
Que son cœur... Non, votre âme en seroit altérée.
VALÈRE.
Si je vous osois, moi, découvrir en secret...
Mais je vous fâcherois, et veux être discret.
ÉRASTE.
Vraiment, vous me poussez, et, contre mon envie,
Votre présomption veut que je l'humilie.
Lisez.
VALÈRE, *après avoir lu.*
Ces mots sont doux.
ÉRASTE.
Vous connoissez la main ?
VALÈRE.
Oui, de Lucile.
ÉRASTE.
Eh bien, cet espoir si certain... ?
VALÈRE, *riant et s'en allant.*
Adieu, seigneur Éraste.
GROS-RENÉ.
Il est fou, le bon sire.
Où vient-il donc pour lui d'avoir le mot pour rire ?
ÉRASTE.
Certes, il me surprend, et j'ignore, entre nous,
Quel diable de mystère est caché là-dessous.
GROS-RENÉ.
Son valet vient, je pense.
ÉRASTE.
Oui, je le vois paroître.
Feignons, pour le jeter sur l'amour de son maître.

SCÈNE IV

ÉRASTE, MASCARILLE, GROS-RENÉ.

MASCARILLE, *à part.*
Non, je ne trouve point d'état plus malheureux
Que d'avoir un patron jeune et fort amoureux.
GROS-RENÉ.
Bonjour.
MASCARILLE.
Bonjour.

LE DÉPIT AMOUREUX.

GROS-RENÉ.
Où tend Mascarille à cette heure¹?
Que fait-il? revient-il? va-t-il? ou s'il demeure?

MASCARILLE.
Non, je ne reviens pas, car je n'ai pas été;
Je ne vais pas aussi, car je suis arrêté;
Et ne demeure point, car, tout de ce pas même,
Je prétends m'en aller.

ÉRASTE.
La rigueur est extrême:
Doucement, Mascarille.

MASCARILLE.
Ah! monsieur, serviteur.

ÉRASTE.
Vous nous fuyez bien vite! eh quoi! vous fais-je peur?

MASCARILLE.
Je ne crois pas cela de votre courtoisie.

ÉRASTE.
Touche; nous n'avons plus sujet de jalousie,
Nous devenons amis; et mes feux, que j'éteins,
Laissent la place libre à vos heureux desseins.

MASCARILLE.
Plût à Dieu!

ÉRASTE.
Gros-René sait qu'ailleurs je me jette.

GROS-RENÉ.
Sans doute; et je te cède aussi la Marinette.

MASCARILLE.
Passons sur ce point-là; notre rivalité
N'est pas pour en venir à grande extrémité:
Mais est-ce un coup bien sûr que Votre Seigneurie
Soit désenamourée, ou si c'est raillerie?

ÉRASTE.
J'ai su qu'en ses amours ton maître étoit trop bien;
Et je serois un fou de prétendre plus rien
Aux secrètes faveurs que lui fait cette belle.

MASCARILLE.
Certes, vous me plaisez avec cette nouvelle.
Outre qu'en nos projets je vous craignois un peu,
Vous tirez sagement votre épingle du jeu.
Oui, vous avez bien fait de quitter une place
Où l'on vous caressoit pour la seule grimace.
Et mille fois, sachant tout ce qui se passoit,
J'ai plaint le faux espoir dont on vous repaissoit:
On offense un brave homme alors que l'on l'abuse.
Mais d'où diantre, après tout, avez-vous su la ruse?
Car cet engagement mutuel de leur foi
N'eut pour témoins, la nuit, que deux autres et moi;
Et l'on croit jusqu'ici la chaîne fort secrète,
Qui rend de nos amants la flamme satisfaite.

ÉRASTE.
Eh! que dis-tu?

MASCARILLE.
Je dis que je suis interdit,
Et ne sais pas, monsieur, qui peut vous avoir dit
Que sous ce faux semblant, qui trompe tout le monde
En vous trompant aussi, leur ardeur sans seconde
D'un secret mariage a serré le lien.

ÉRASTE.
Vous en avez menti!

MASCARILLE.
Monsieur, je le veux bien.

ÉRASTE.
Vous êtes un coquin!

MASCARILLE.
D'accord.

ÉRASTE.
Et cette audace
Mériteroit cent coups de bâton sur la place!

MASCARILLE.
Vous avez tout pouvoir.

ÉRASTE.
Ah! Gros-René!

GROS-RENÉ.
Monsieur.

ÉRASTE.
Je démens un discours dont je n'ai que trop peur.
Tu penses fuir?

MASCARILLE.
Nenni.

ÉRASTE.
Quoi! Lucile est la femme...

MASCARILLE.
Non, monsieur, je raillois.

ÉRASTE.
Ah! vous railliez, infâme!

MASCARILLE.
Non, je ne raillois point.

ÉRASTE.
Il est donc vrai?

MASCARILLE.
Non pas
Je ne dis pas cela.

ÉRASTE.
Que dis-tu donc?

MASCARILLE.
Hélas!
Je ne dis rien, de peur de mal parler.

ÉRASTE.
Assure
Ou si c'est chose vraie, ou si c'est imposture.

MASCARILLE.
C'est ce qu'il vous plaira: je ne suis pas ici
Pour vous rien contester.

ÉRASTE, tirant son épée.
Veux-tu dire? Voici,
Sans marchander, de quoi te délier la langue.

MASCARILLE.
Elle ira faire encor quelque sotte harangue.
Eh! de grâce, plutôt, si vous le trouvez bon,
Donnez-moi vitement quelques coups de bâton,
Et me laissez tirer mes chausses sans murmure.

ÉRASTE.
Tu mourras, ou je veux que la vérité pure

---

¹ Pour: *A quoi songe Mascarille? que va-t-il faire?*

S'exprime par ta bouche.
MASCARILLE.
Hélas! je la dirai :
Mais peut-être, monsieur, que je vous fâcherai.
ÉRASTE.
Parle; mais prends bien garde à ce que tu vas faire;
A ma juste fureur rien ne te peut soustraire,
Si tu mens d'un seul mot en ce que tu diras.
MASCARILLE.
J'y consens, rompez-moi les jambes et les bras,
Faites-moi pis encor, tuez-moi, si j'impose,
En tout ce que j'ai dit ici, la moindre chose.
ÉRASTE.
Ce mariage est vrai?
MASCARILLE.
Ma langue, en cet endroit,
A fait un pas de clerc dont elle s'aperçoit.
Mais enfin cette affaire est comme vous la dites,
Et c'est après cinq jours de nocturnes visites,
Tandis que vous serviez à mieux couvrir leur jeu,
Que depuis avant-hier ils sont joints de ce nœud;
Et Lucile depuis fait encor moins paroître
La violente amour qu'elle porte à mon maître,
Et veut absolument que tout ce qu'il verra,
Et qu'en votre faveur son cœur témoignera,
Il l'impute à l'effet d'une haute prudence,
Qui veut de leurs secrets ôter la connoissance.
Si, malgré mes serments, vous doutez de ma foi,
Gros-René peut venir une nuit avec moi,
Et je lui ferai voir, étant en sentinelle,
Que nous avons dans l'ombre un libre accès chez elle.
ÉRASTE.
Ote-toi de mes yeux, maraud!
MASCARILLE.
Et de grand cœur.
C'est ce que je demande.

SCÈNE V
ÉRASTE, GROS-RENÉ.

ÉRASTE.
Eh bien?
GROS-RENÉ.
Eh bien, monsieur,
Nous en tenons tous deux, si l'autre est véritable.
ÉRASTE.
Las! il ne l'est que trop, le bourreau détestable!
Je vois trop d'apparence à tout ce qu'il a dit;
Et ce qu'a fait Valère, en voyant cet écrit,
Marque bien leur concert, et que c'est une baie[1]
Qui sert, sans doute, aux feux dont l'ingrate le paie.

[1] Sur ce mot, voyez la note de l'*Étourdi*, acte II, scène XIII.

SCÈNE VI
ÉRASTE, MARINETTE, GROS-RENÉ.

MARINETTE.
Je viens vous avertir que tantôt, sur le soir,
Ma maîtresse au jardin vous permet de la voir.
ÉRASTE.
Oses-tu me parler, âme double et traîtresse!
Va, sors de ma présence; et dis à ta maîtresse
Qu'avecque ses écrits elle me laisse en paix,
Et que voilà l'état, infâme! que j'en fais.
Il déchire la lettre et sort.
MARINETTE.
Gros-René, dis-moi donc quelle mouche le pique.
GROS-RENÉ.
M'oses-tu bien encor parler, femelle inique,
Crocodile trompeur, de qui le cœur félon
Est pire qu'un satrape, ou bien qu'un Lestrigon[1]!
Va, va rendre réponse à ta bonne maîtresse,
Et dis-lui bien et beau que, malgré sa souplesse,
Nous ne sommes plus sots, ni mon maître ni moi,
Et désormais qu'elle aille au d'able avecque toi.
MARINETTE, seule.
Ma pauvre Marinette, es-tu bien éveillée?
De quel démon est donc leur âme travaillée?
Quoi! faire un tel accueil à nos soins obligeants!
Oh! que ceci chez nous va surprendre les gens!

ACTE SECOND

SCÈNE I

ASCAGNE, FROSINE.

FROSINE.
Ascagne, je suis fille à secret, Dieu merci.
ASCAGNE.
Mais, pour un tel discours, sommes-nous bien ici?
Prenons garde qu'aucun ne nous vienne surprendre,
Ou que de quelque endroit on ne nous puisse entendre.
FROSINE.
Nous serions au logis beaucoup moins sûrement :
Ici, de tous côtés, on découvre aisément,
Et nous pouvons parler avec toute assurance.
ASCAGNE.
Hélas! que j'ai de peine à rompre mon silence!
FROSINE.
Ouais! ceci doit donc être un important secret?
ASCAGNE.
Trop, puisque je le dis à vous-même à regret,
Et que, si je pouvois le cacher davantage,
Vous ne le sauriez point.

[1] *Lestrigons*, peuple de la Campanie, dont les poètes ont fait des anthropophages.

FROSINE.
Ah! c'est me faire outrage!
Feindre à s'ouvrir à moi, dont vous avez connu
Dans tous vos intérêts l'esprit si retenu!
Moi, nourrie avec vous, et qui tiens sous silence
Des choses qui vous sont de si grande importance!
Qui sais...
ASCAGNE.
Oui, vous savez la secrète raison
Qui cache aux yeux de tous mon sexe et ma maison;
Vous savez que dans celle où passa mon bas âge
Je suis pour y pouvoir retenir l'héritage
Que relâchoit ailleurs le jeune Ascagne mort,
Dont mon déguisement fait revivre le sort;
Et c'est aussi pourquoi ma bouche se dispense
A vous ouvrir mon cœur avec plus d'assurance.
Mais, avant que passer, Frosine, à ce discours,
Éclaircissez un doute où je tombe toujours.
Se pourroit-il qu'Albert ne sût rien du mystère
Qui masque ainsi mon sexe, et l'a rendu mon père?
FROSINE.
En bonne foi, ce point sur quoi vous me pressez
Est une affaire aussi qui m'embarrasse assez :
Le fond de cette intrigue est pour moi lettre close,
Et ma mère ne put m'éclaircir mieux la chose.
Quand il mourut, ce fils, l'objet de tant d'amour,
Au destin de qui, même avant qu'il vint au jour,
Le testament d'un oncle abondant en richesses
D'un soin particulier avoit fait des largesses;
Et que sa mère fit un secret de sa mort,
De son époux absent redoutant le transport,
S'il voyoit chez un autre aller tout l'héritage
Dont sa maison tiroit un si grand avantage;
Quand, dis-je, pour cacher un tel événement,
La supposition fut de son sentiment,
Et qu'on vous prit chez nous, où vous étiez nourrie
(Votre mère d'accord de cette tromperie
Qui remplaçoit ce fils à sa garde commis),
En faveur des présents le secret fut promis.
Albert ne l'a point su de nous; et pour sa femme,
L'ayant plus de douze ans conservé dans son âme,
Comme le mal fut prompt dont on la vit mourir,
Son trépas imprévu ne put rien découvrir;
Mais cependant je vois qu'il garde intelligence
Avec celle de qui vous tenez la naissance.
J'ai su qu'en secret même il lui faisoit du bien,
Et peut-être cela ne se fait pas pour rien.
D'autre part, il vous veut porter au mariage;
Et, comme il le prétend, c'est un mauvais langage.
Je ne sais s'il sauroit la supposition
Sans le déguisement. Mais la digression
Tout insensiblement pourroit trop loin s'étendre;
Revenons au secret que je brûle d'apprendre.
ASCAGNE.
Sachez donc que l'Amour ne sait point s'abuser,
Que mon sexe à ses yeux n'a pu se déguiser,
Et que ses traits subtils, sous l'habit que je porte,

Ont su trouver le cœur d'une fille peu forte.
J'aime enfin.
FROSINE.
Vous aimez!
ASCAGNE.
Frosine, doucement.
N'entrez pas tout à fait dedans l'étonnement;
Il n'est pas temps encore; et ce cœur qui soupire
A bien, pour vous surprendre, autre chose à vous dire.
FROSINE.
Et quoi?
ASCAGNE.
J'aime Valère.
FROSINE.
Ah! vous avez raison.
L'objet de votre amour, lui, dont à la maison
Votre imposture enlève un puissant héritage,
Et qui, de votre sexe ayant le moindre ombrage,
Verroit incontinent ce bien lui retourner!
C'est encore un plus grand sujet de s'étonner.
ASCAGNE.
J'ai de quoi toutefois surprendre plus votre âme :
Je suis sa femme.
FROSINE.
O dieux! sa femme!
ASCAGNE.
Oui, sa femme.
FROSINE.
Ah! certes, celui-là l'emporte, et vient à bout
De toute ma raison!
ASCAGNE.
Ce n'est pas encor tout.
FROSINE.
Encore?
ASCAGNE.
Je la suis, dis-je, sans qu'il le pense,
Ni qu'il ait de mon sort la moindre connoissance.
FROSINE.
Oh! poussez; je le quitte, et ne raisonne plus,
Tant mes sens coup sur coup se trouvent confondus.
A ces énigmes-là je ne puis rien comprendre.
ASCAGNE.
Je vais vous l'expliquer, si vous voulez m'entendre.
Valère, dans les fers de ma sœur arrêté,
Me sembloit un amant digne d'être écouté;
Je ne pouvois souffrir qu'on rebutât sa flamme [1],
Sans qu'un peu d'intérêt touchât pour lui mon âme;
Je voulois que Lucile aimât son entretien;
Je blâmois ses rigueurs, et les blâmai si bien,
Que moi-même j'entrai, sans pouvoir m'en défendre,
Dans tous les sentiments qu'elle ne pouvoit prendre.
C'étoit, en lui parlant, moi qu'il persuadoit;
Je me laissois gagner aux soupirs qu'il perdoit;
Et ses vœux, rejetés de l'objet qui l'enflamme,
Étoient, comme vainqueurs, reçus dedans mon âme.
Ainsi mon cœur, Frosine, un peu trop foible, hélas!

[1] Van. *Et je ne pourrois voir qu'on rebutât sa flamme.*

Se rendit à des soins qu'on ne lui rendoit pas,
Par un coup réfléchi reçut une blessure,
Et paya pour un autre avec beaucoup d'usure.
Enfin, ma chère, enfin, l'amour que j'eus pour lui
Se voulut expliquer, mais sous le nom d'autrui.
Dans ma bouche [1], une nuit, cet amant trop aimable
Crut rencontrer Lucile à ses vœux favorable;
Et je sus ménager si bien cet entretien,
Que du déguisement il ne reconnut rien.
Sous ce voile trompeur, qui flattoit sa pensée,
Je lui dis que pour lui mon âme étoit blessée,
Mais que, voyant mon père en d'autres sentiments,
Je devois une feinte à ses commandements;
Qu'ainsi de notre amour nous ferions un mystère
Dont la nuit seulement seroit dépositaire;
Et qu'entre nous, de jour, de peur de rien gâter,
Tout entretien secret se devoit éviter,
Qu'il me verroit alors la même indifférence
Qu'avant que nous eussions aucune intelligence;
Et que de son côté, de même que du mien,
Geste, parole, écrit, ne m'en dît jamais rien.
Enfin, sans m'arrêter sur toute l'industrie
Dont j'ai conduit le fil de cette tromperie,
J'ai poussé jusqu'au bout un projet si hardi,
Et me suis assuré l'époux que je vous di.

FROSINE.
Peste! les grands talents que votre esprit possède!
Diroit-on qu'elle y touche avec sa mine froide?
Cependant vous avez été bien vite ici;
Car je veux que la chose ait d'abord réussi,
Ne jugez-vous pas bien, à regarder l'issue,
Qu'elle ne peut longtemps éviter d'être sue?

ASCAGNE.
Quand l'amour est bien fort, rien ne peut l'arrêter;
Ses projets seulement vont à se contenter;
Et, pourvu qu'il arrive au but qu'il se propose,
Il croit que tout le reste après est peu de chose.
Mais enfin aujourd'hui je me découvre à vous,
Afin que vos conseils... Mais voici cet époux.

SCÈNE II

VALÈRE, ASCAGNE, FROSINE.

VALÈRE.
Si vous êtes tous deux en quelque conférence
Où je vous fasse tort de mêler ma présence,
Je me retirerai.

[1] *Dans ma bouche, dans leurs bouches*, c'est-à-dire d'après mes paroles, à les entendre :
*Dans ma bouche, une nuit, cet amant trop aimable
Crut rencontrer Lucile à ses vœux favorable.*
Il n'y a pas moyen d'approuver cette façon de parler. Ascagne veut dire qu'elle se fit passer pour Lucile, parla comme si elle eût été Lucile. Cette expression étrange paroît tenir à l'inexpérience de Molière, quand il fit le *Dépit*; mais on en est surpris de la retrouver, mieux construite, il est vrai, dans la préface du *Tartuffe*. Il s'agit des hypocrites : « Le *Tartuffe, dans leur bouche*, est une pièce qui offense la piété. » (F. Génin.)

ASCAGNE.
Non, non, vous pouvez bien,
Puisque vous le faisiez, rompre notre entretien.

VALÈRE.
Moi!

ASCAGNE.
Vous-même.

VALÈRE.
Et comment?

ASCAGNE.
Je disois que Valère
Auroit, si j'étois fille, un peu trop su me plaire;
Et que, si je faisois tous les vœux de son cœur,
Je ne tarderois guère à faire son bonheur.

VALÈRE.
Ces protestations ne coûtent pas grand'chose,
Alors qu'à leur effet un pareil si s'oppose;
Mais vous seriez bien pris, si quelque événement
Alloit mettre à l'épreuve un si doux compliment.

ASCAGNE.
Point du tout; je vous dis que, régnant dans votre âme,
Je voudrois de bon cœur couronner votre flamme.

VALÈRE.
Et si c'étoit quelqu'une où, par votre secours,
Vous pussiez être utile au bonheur de mes jours?

ASCAGNE.
Je pourrois assez mal répondre à votre attente.

VALÈRE.
Cette confession n'est pas fort obligeante.

ASCAGNE.
Eh quoi! vous voudriez, Valère, injustement,
Qu'étant fille, et mon cœur vous aimant tendrement,
Je m'allasse engager avec une promesse
De servir vos ardeurs pour quelque autre maîtresse?
Un si pénible effort pour moi m'est interdit.

VALÈRE.
Mais cela n'étant pas?

ASCAGNE.
Ce que je vous ai dit,
Je l'ai dit comme fille, et vous le devez prendre
Tout de même.

VALÈRE.
Ainsi donc il ne faut rien prétendre,
Ascagne, à des bontés que vous auriez pour nous,
A moins que le ciel fasse un grand miracle en vous;
Bref, si vous n'êtes fille, adieu votre tendresse,
Il ne vous reste rien qui pour nous s'intéresse.

ASCAGNE.
J'ai l'esprit délicat plus qu'on ne peut penser,
Et le moindre scrupule a de quoi m'offenser
Quand il s'agit d'aimer. Enfin je suis sincère;
Je ne m'engage point à vous servir, Valère,
Si vous ne m'assurez, au moins absolument,
Que vous avez [1] pour moi le même sentiment;
Que pareille chaleur d'amitié vous transporte,

[1] VAR. Que vous *gardez* pour moi le même sentiment.

Et que, si j'étois fille, une flamme plus forte
N'outrageroit point celle où je vivois pour vous.
VALÈRE.
Je n'avois jamais vu ce scrupule jaloux!
Mais, tout nouveau qu'il est, ce mouvement m'oblige,
Et je vous fais ici tout l'aveu qu'il exige.
ASCAGNE.
Mais sans fard?
VALÈRE.
Oui, sans fard.
ASCAGNE.
S'il est vrai, désormais
Vos intérêts seront les miens, je vous promets.
VALÈRE.
J'ai bientôt à vous dire un important mystère
Où l'effet de ces mots me sera nécessaire.
ASCAGNE.
Et j'ai quelque secret de même à vous ouvrir,
Où votre cœur pour moi se pourra découvrir.
VALÈRE.
Eh! de quelle façon cela pourroit il être?
ASCAGNE.
C'est que j'ai de l'amour qui n'oseroit paroître;
Et vous pourriez avoir sur l'objet de mes vœux
Un empire à pouvoir rendre mon sort heureux.
VALÈRE.
Expliquez-vous, Ascagne; et croyez, par avance,
Que votre heur est certain, s'il est en ma puissance.
ASCAGNE.
Vous promettez ici plus que vous ne croyez.
VALÈRE.
Non, non; dites l'objet pour qui vous m'employez.
ASCAGNE.
Il n'est pas encor temps; mais c'est une personne
Qui vous touche de près.
VALÈRE.
Votre discours m'étonne.
Plût à Dieu que ma sœur...
ASCAGNE.
Ce n'est pas la saison
De m'expliquer, vous dis-je.
VALÈRE.
Et pourquoi?
ASCAGNE.
Pour raison.
Vous saurez mon secret quand je saurai le vôtre.
VALÈRE.
J'ai besoin pour cela de l'aveu de quelque autre.
ASCAGNE.
Ayez-le donc; et lors, nous expliquant nos vœux,
Nous verrons qui tiendra mieux parole des deux.
VALÈRE.
Adieu, j'en suis content.
ASCAGNE.
Et moi content, Valère.
Valère sort.
FROSINE.
Il croit trouver en vous l'assistance d'un frère.

SCÈNE III

LUCILE, ASCAGNE, FROSINE, MARINETTE.

LUCILE, à Marinette, les trois premiers vers.
C'en est fait; c'est ainsi que je me puis venger;
Et, si cette action a de quoi l'affliger,
C'est toute la douceur que mon cœur s'y propose.
Mon frère, vous voyez une métamorphose:
Je veux chérir Valère après tant de fierté,
Et mes vœux maintenant tournent de son côté.
ASCAGNE.
Que dites-vous, ma sœur? Comment! courir au change!
Cette inégalité me semble trop étrange.
LUCILE.
La vôtre me surprend avec plus de sujet.
De vos soins autrefois Valère étoit l'objet;
Je vous ai vu pour lui m'accuser de caprice,
D'aveugle cruauté, d'orgueil et d'injustice;
Et, quand je veux l'aimer, mon dessein vous déplaît,
Et je vous vois parler contre son intérêt!
ASCAGNE.
Je le quitte, ma sœur, pour embrasser le vôtre.
Je sais qu'il est rangé dessous les lois d'une autre;
Et ce seroit un trait honteux à vos appas,
Si vous le rappeliez et qu'il ne revînt pas.
LUCILE.
Si ce n'est que cela, j'aurai soin de ma gloire,
Et je sais, pour son cœur, tout ce que j'en dois croire;
Il s'explique à mes yeux intelligiblement:
Ainsi découvrez-lui sans peur mon sentiment;
Ou, si vous refusez de le faire, ma bouche
Lui va faire savoir que son ardeur me touche.
Quoi! mon frère, à ces mots vous restez interdit?
ASCAGNE.
Ah! ma sœur, si sur vous je puis avoir crédit,
Si vous êtes sensible aux prières d'un frère,
Quittez un tel dessein, et n'ôtez point Valère
Aux vœux d'un jeune objet dont l'intérêt m'est cher,
Et qui, sur ma parole, a droit de vous toucher.
La pauvre infortunée aime avec violence;
A moi seul de ses feux elle fait confidence,
Et je vois dans son cœur de tendres mouvements
A dompter la fierté des plus durs sentiments.
Oui, vous auriez pitié de l'état de son âme,
Connoissant de quel coup vous menacez sa flamme;
Et je ressens si bien la douleur qu'elle aura,
Que je suis assuré, ma sœur, qu'elle en mourra,
Si vous lui dérobez l'amant qui peut lui plaire.
Éraste est un parti qui doit vous satisfaire;
Et des feux mutuels...
LUCILE.
Mon frère, c'est assez.
Je ne sais point pour qui vous vous intéressez,
Mais, de grâce, cessons ce discours, je vous prie,
Et me laissez un peu dans quelque rêverie.

ASCAGNE.
Allez, cruelle sœur, vous me désespérez,
Si vous effectuez vos desseins déclarés.

SCÈNE IV
LUCILE, MARINETTE.

MARINETTE.
La résolution, madame, est assez prompte.
LUCILE.
Un cœur ne pèse rien alors que l'on l'affronte ;
Il court à sa vengeance, et saisit promptement
Tout ce qu'il croit servir à son ressentiment.
Le traître ! faire voir cette insolence extrême !
MARINETTE.
Vous m'en voyez encor toute hors de moi-même ;
Et, quoique là-dessus je rumine sans fin,
L'aventure me passe, et j'y perds mon latin.
Car enfin, aux transports d'une bonne nouvelle
Jamais cœur ne s'ouvrit d'une façon plus belle ;
De l'écrit obligeant le sien tout transporté
Ne me donnoit pas moins que de la déité ;
Et cependant jamais, à cet autre message,
Fille ne fut traitée avecque tant d'outrage.
Je ne sais, pour causer de si grands changements,
Ce qui s'est pu passer entre ces courts moments.
LUCILE.
Rien ne s'est pu passer dont il faille être en peine,
Puisque rien ne le doit défendre de ma haine.
Quoi ! tu voudrois chercher hors de sa lâcheté
La secrète raison de cette indignité ?
Cet écrit malheureux, dont mon âme s'accuse,
Peut-il à son transport souffrir la moindre excuse ?
MARINETTE.
En effet, je comprends que vous avez raison,
Et que cette querelle est pure trahison.
Nous en tenons, madame : et puis, prêtons l'oreille
Aux bons chiens de pendards qui nous chantent merveille ;
Qui, pour nous accrocher, feignent tant de langueur ;
Laissons à leurs beaux mots fondre notre rigueur ;
Rendons-nous à leurs vœux, trop foibles que nous sommes !
Foin de notre sottise, et peste soit des hommes !
LUCILE.
Eh bien ! bien ! qu'il s'en vante et rie à nos dépens,
Il n'aura pas sujet d'en triompher longtemps ;
Et je lui ferai voir qu'en une âme bien faite
Le mépris suit de près la faveur qu'on rejette.
MARINETTE.
Au moins, en pareil cas, est-ce un bonheur bien doux,
Quand on sait qu'on n'a point d'avantage sur vous.
Marinette eut bon nez, quoi qu'on en puisse dire,
De ne permettre rien un soir qu'on vouloit rire.
Quelque autre, sous l'espoir de *matrimonion* [1],
Auroit ouvert l'oreille à la tentation ;
Mais moi, *nescio vos*.

[1] VAR. Quelque autre, *sous espoir du* matrimonion.

LUCILE.
Que tu dis de folies,
Et choisis mal ton temps pour de telles saillies !
Enfin je suis touchée au cœur sensiblement ;
Et si jamais celui de ce perfide amant,
Par un coup de bonheur, dont j'aurois tort, je pense,
De vouloir à présent concevoir l'espérance
(Car le ciel a trop pris plaisir à m'affliger,
Pour me donner celui de me pouvoir venger) ;
Quand, dis-je, par un sort à mes désirs propice,
Il reviendroit m'offrir sa vie en sacrifice,
Détester à mes pieds l'action d'aujourd'hui,
Je te défends, surtout, de me parler pour lui.
Au contraire, je veux que ton zèle s'exprime
A me bien mettre aux yeux la grandeur de son crime ;
Et même, si mon cœur étoit pour lui tenté
De descendre jamais à quelque lâcheté,
Que ton affection me soit alors sévère,
Et tienne comme il faut la main à ma colère.
MARINETTE.
Vraiment n'ayez point peur, et laissez faire à nous ;
J'ai pour le moins autant de colère que vous ;
Et je serois plutôt fille toute ma vie,
Que mon gros traître aussi me redonnât envie.
S'il vient...

SCÈNE V
ALBERT, LUCILE, MARINETTE.

ALBERT.
Rentrez, Lucile, et me faites venir
Le précepteur ; je veux un peu l'entretenir,
Et m'informer de lui, qui me gouverne Ascagne,
S'il sait point quel ennui depuis peu l'accompagne.

SCÈNE VI
ALBERT, seul.

En quel gouffre de soins et de perplexité
Nous jette une action faite sans équité !
D'un enfant supposé par mon trop d'avarice
Mon cœur depuis longtemps souffre bien le supplice ;
Et, quand je vois les maux où je me suis plongé,
Je voudrois à ce bien n'avoir jamais songé.
Tantôt je crains de voir, par la fourbe éventée,
Ma famille en opprobre et misère jetée ;
Tantôt pour ce fils-là, qu'il me faut conserver,
Je crains cent accidents qui peuvent arriver.
S'il advient que dehors quelque affaire m'appelle,
J'appréhende au retour cette triste nouvelle :
Las ! vous ne savez pas ? Vous l'a-t-on annoncé ?
Votre fils a la fièvre, ou jambe, ou bras cassé ;
Enfin, à tous moments, sur quoi que je m'arrête,
Cent sortes de chagrins me roulent par la tête.
Ah !...

SCÈNE VII

ALBERT, MÉTAPHRASTE.

MÉTAPHRASTE.
Mandatum tuum curo diligenter.
ALBERT.
Maître, j'ai voulu...
MÉTAPHRASTE.
Maître est dit *a magis ter* :
C'est comme qui diroit trois fois plus grand [1].
ALBERT.
Je meure,
Si je savois cela. Mais, soit, à la bonne heure.
Maître, donc...
MÉTAPHRASTE.
Poursuivez.
ALBERT.
Je peux poursuivre aussi :
Mais ne poursuivez point, vous, d'interrompre ainsi.
Donc, encore une fois, maître, c'est la troisième,
Mon fils me rend chagrin : vous savez que je l'aime,
Et que soigneusement je l'ai toujours nourri.
MÉTAPHRASTE.
Il est vrai : *filio non potest præferri*
Nisi filius [2].
ALBERT.
Maître, en discourant ensemble,
Ce jargon n'est pas fort nécessaire, me semble;
Je vous crois grand latin, et grand docteur juré,
Je m'en rapporte à ceux qui m'en ont assuré ;
Mais, dans un entretien qu'avec vous je destine,
N'allez point déployer toute votre doctrine,
Faire le pédagogue, et cent mots me cracher,
Comme si vous étiez en chaire pour prêcher.
Mon père, quoiqu'il eût la tête des meilleures,
Ne m'a jamais rien fait apprendre que mes Heures,
Qui, depuis cinquante ans, dites journellement,
Ne sont encor pour moi que du haut allemand.
Laissez donc en repos votre science auguste,
Et que votre langage à mon foible s'ajuste.
MÉTAPHRASTE.
Soit.
ALBERT.
A mon fils, l'hymen semble lui faire peur;
Et, sur quelque parti que je sonde son cœur,
Pour un pareil lien il est froid et recule.
MÉTAPHRASTE.
Peut-être a-t-il l'humeur du frère de Marc-Tulle,
Dont avec Atticus le même fait sermon ;
Et comme aussi les Grecs disent *Atanaton* [3]...
ALBERT.
Mon Dieu! maître éternel, laissez là, je vous prie,
Les Grecs, les Albanois, avec l'Esclavonie,
Et tous ces autres gens dont vous voulez parler;
Eux et mon fils n'ont rien ensemble à démêler.
MÉTAPHRASTE.
Eh bien donc, votre fils...
ALBERT.
Je ne sais si dans l'âme
Il ne sentiroit point une secrète flamme :
Quelque chose le trouble, ou je suis fort déçu;
Et je l'aperçus hier, sans en être aperçu,
Dans un recoin du bois où nul ne se retire.
MÉTAPHRASTE.
Dans un lieu reculé du bois, voulez-vous dire,
Un endroit écarté, *latinê, secessus* ;
Virgile l'a dit : *Est in secessu... locus...*
ALBERT.
Comment auroit-il pu l'avoir dit, ce Virgile,
Puisque je suis certain que, dans ce lieu tranquille,
Ame du monde enfin n'étoit lors que nous deux?
MÉTAPHRASTE.
Virgile est nommé là comme un auteur fameux
D'un terme plus choisi que le mot que vous dîtes,
Et non comme témoin de ce qu'hier vous vîtes.
ALBERT.
Et moi, je vous dis, moi, que je n'ai pas besoin
De terme plus choisi, d'auteur ni de témoin,
Et qu'il suffit ici de mon seul témoignage.
MÉTAPHRASTE.
Il faut choisir pourtant les mots mis en usage
Par les meilleurs auteurs. *Tu vivendo bonos,*
Comme on dit, *scribendo sequare peritos* [1].
ALBERT.
Homme ou démon, veux-tu m'entendre sans conteste?
MÉTAPHRASTE.
Quintilien en fait le précepte.
ALBERT.
La peste
Soit du causeur!
MÉTAPHRASTE.
Et dit là-dessus doctement
Un mot que vous serez bien aise assurément
D'entendre.
ALBERT.
Je serai le diable qui t'emporte,
Chien d'homme! Oh! que je suis tenté d'étrange sorte
De faire sur ce mufle une application!
MÉTAPHRASTE.
Mais qui cause, seigneur, votre inflammation?
Que voulez-vous de moi?
ALBERT.
Je veux que l'on m'écoute,
Vous ai-je dit vingt fois, quand je parle.
MÉTAPHRASTE.
Ah! sans doute;
Vous serez satisfait s'il ne tient qu'à cela;
Je me tais.

---

[1] Cette plaisante étymologie est empruntée à une comédie italienne de Bruno Nolano.
[2] A un fils on ne sauroit préférer qu'un fils.
[3] Quelques éditeurs ont écrit, peut-être avec raison, *athanaton*, immortel.

[1] Vers de Despautère : « Règle tes mœurs sur les gens de bien, et tes écrits sur les bons auteurs. »

ALBERT.
Vous ferez sagement.
MÉTAPHRASTE.
Me voilà
Tout prêt de vous ouïr.
ALBERT.
Tant mieux.
MÉTAPHRASTE.
Que je trépasse,
Si je dis plus mot.
ALBERT.
Dieu vous en fasse la grâce !
MÉTAPHRASTE.
Vous n'accuserez point mon caquet désormais.
ALBERT.
Ainsi soit-il !
MÉTAPHRASTE.
Parlez quand vous voudrez.
ALBERT.
J'y vais.
MÉTAPHRASTE.
Et n'appréhendez plus l'interruption nôtre.
ALBERT.
C'est assez dit.
MÉTAPHRASTE.
Je suis muet plus qu'aucun autre.
ALBERT.
Je le crois.
MÉTAPHRASTE.
J'ai promis que je ne dirai rien.
ALBERT.
Suffit.
MÉTAPHRASTE.
Dès à présent je suis muet.
ALBERT.
Fort bien.
MÉTAPHRASTE.
Parlez ; courage ! au moins je vous donne audience.
Vous ne vous plaindrez pas de mon peu de silence :
Je ne desserre pas la bouche seulement.
ALBERT, à part.
Le traître !
MÉTAPHRASTE.
Mais, de grâce, achevez vitement :
Depuis longtemps j'écoute ; il est bien raisonnable
Que je parle à mon tour.
ALBERT.
Donc, bourreau détestable...
MÉTAPHRASTE.
Eh ! bon Dieu ! voulez-vous que j'écoute à jamais ?
Partageons le parler au moins, ou je m'en vais.
ALBERT.
Ma patience est bien...
MÉTAPHRASTE.
Quoi ! voulez-vous poursuivre ?
Ce n'est pas encor fait ? *Per Jovem* ! je suis ivre !
ALBERT.
Je n'ai pas dit...

MÉTAPHRASTE.
Encor ! Bon Dieu ! que de discours !
Rien n'est-il suffisant d'en arrêter le cours ?
ALBERT.
J'enrage !

MÉTAPHRASTE.
Derechef ! O l'étrange torture !
Eh ! laissez-moi parler un peu, je vous conjure.
Un sot qui ne dit mot ne se distingue pas
D'un savant qui se tait.
ALBERT.
Parbleu ! tu te tairas.

SCÈNE VIII

MÉTAPHRASTE, seul.

D'où vient fort à propos cette sentence expresse
D'un philosophe : Parle, afin qu'on te connoisse.
Doncques, si de parler le pouvoir m'est ôté,
Pour moi, j'aime autant perdre aussi l'humanité,
Et changer mon essence en celle d'une bête.
Me voilà pour huit jours avec un mal de tête.
Oh ! que les grands parleurs sont par moi détestés !
Mais quoi ! si les savants ne sont point écoutés,
Si l'on veut que toujours ils aient la bouche close,
Il faut donc renverser l'ordre de chaque chose,
Que les poules dans peu dévorent les renards ;
Que les jeunes enfants remontrent aux vieillards ;
Qu'à poursuivre les loups les agnelets s'ébattent ;
Qu'un fou fasse les lois ; que les femmes combattent ;
Que par les criminels les juges soient jugés,
Et par les écoliers les maîtres fustigés ;
Que le malade au sain présente le remède,
Que le lièvre craintif...

SCÈNE IX

ALBERT, MÉTAPHRASTE.

Albert sonne aux oreilles de Métaphraste une cloche de mulet qui le fait fuir.

MÉTAPHRASTE, fuyant.
Miséricorde ! à l'aide !

ACTE TROISIÈME

SCÈNE I

MASCARILLE, seul.

Le ciel parfois seconde un dessein téméraire,
Et l'on sort comme on peut d'une méchante affaire.
Pour moi, qu'une imprudence a trop fait discourir,
Le remède plus prompt où j'ai su recourir,

C'est de pousser ma pointe, et dire en diligence
A notre vieux patron toute la manigance.
Son fils, qui m'embarrasse, est un évaporé :
L'autre, diable! disant ce que j'ai déclaré,
Gare une irruption sur notre friperie!
Au moins, avant qu'on puisse échauffer sa furie,
Quelque chose de bon nous pourra succéder,
Et les vieillards entre eux se pourront accorder.
C'est ce qu'on va tenter; et, de la part du nôtre,
Sans perdre un seul moment, je m'en vais trouver l'autre.

Il frappe à la porte d'Albert.

SCÈNE II

ALBERT, MASCARILLE.

ALBERT.
Qui frappe?

MASCARILLE.
Amis.

ALBERT.
Oh! oh! qui te peut amener,
Mascarille?

MASCARILLE.
Je viens, monsieur, pour vous donner
Le bonjour.

ALBERT.
Ah! vraiment, tu prends beaucoup de peine :
De tout mon cœur, bonjour.

Il s'en va.

MASCARILLE.
La réplique est soudaine.
Quel homme brusque!

Il heurte.

ALBERT.
Encor!

MASCARILLE.
Vous n'avez pas ouï,
Monsieur.

ALBERT.
Ne m'as-tu pas donné le bonjour?

MASCARILLE.
Oui.

ALBERT.
Eh bien, bonjour, te dis-je.

Il s'en va, Mascarille l'arrête.

MASCARILLE.
Oui; mais je viens encore
Vous saluer au nom du seigneur Polidore.

ALBERT.
Ah! c'est un autre fait. Ton maître t'a chargé
De me saluer?

MASCARILLE.
Oui.

ALBERT.
Je lui suis obligé.

Va[1], que je lui souhaite une joie infinie.

Il s'en va.

MASCARILLE.
Cet homme est ennemi de la cérémonie.

Il heurte.

Je n'ai pas achevé, monsieur, son compliment :
Il voudroit vous prier d'une chose instamment.

ALBERT.
Eh bien, quand il voudra, je suis à son service.

MASCARILLE, *l'arrêtant.*
Attendez, et souffrez qu'en deux mots je finisse.
Il souhaite un moment pour vous entretenir
D'une affaire importante, et doit ici venir.

ALBERT.
Eh! quelle est-elle encor, l'affaire qui l'oblige
A me vouloir parler?

MASCARILLE.
Un grand secret, vous dis-je,
Qu'il vient de découvrir en ce même moment,
Et qui, sans doute, importe à tous deux grandement.
Voilà mon ambassade.

SCÈNE III

ALBERT, seul.

O juste ciel! je tremble :
Car enfin nous avons peu de commerce ensemble.
Quelque tempête va renverser mes desseins,
Et ce secret, sans doute, est celui que je crains.
L'espoir de l'intérêt m'a fait quelque infidèle,
Et voilà sur ma vie une tache éternelle.
Ma fourbe est découverte. Oh! que la vérité
Se peut cacher longtemps avec difficulté!
Et qu'il eût mieux valu pour moi, pour mon estime[2],
Suivre les mouvements d'une peur légitime,
Par qui je me suis vu tenté plus de vingt fois
De rendre à Polidore un bien que je lui dois,
De prévenir l'éclat où ce coup-ci m'expose,
Et faire qu'en douceur passât toute la chose!
Mais, hélas! c'en est fait, il n'est plus de saison;
Et ce bien, par la fraude entré dans ma maison,
N'en sera point tiré, que dans cette sortie
Il n'entraîne du mien la meilleure partie.

SCÈNE IV

ALBERT, POLIDORE.

POLIDORE, *les quatre premiers vers sans voir Albert.*
S'être ainsi marié sans qu'on en ait su rien!
Puisse cette action se terminer à bien!
Je ne sais qu'en attendre; et je crains fort du père
Et la grande richesse et la juste colère.
Mais je l'aperçois seul.

---

[1] Cette phrase n'a de sens qu'en sous-entendant : *dis-lui que*.
[2] *Estime* se disait autrefois pour *réputation*.

ACTE III, SCÈNE IV.

ALBERT.
Ciel! Polidore vient!
POLIDORE.
Je tremble à l'aborder.
ALBERT.
La crainte me retient.
POLIDORE.
Par où lui débuter?
ALBERT.
Quel sera mon langage?
POLIDORE.
Son âme est tout émue.
ALBERT.
Il change de visage.
POLIDORE.
Je vois, seigneur Albert, au trouble de vos yeux,
Que vous savez déjà qui m'amène en ces lieux.
ALBERT.
Hélas! oui.
POLIDORE.
La nouvelle a droit de vous surprendre,
Et je n'eusse pas cru ce que je viens d'apprendre.
ALBERT.
J'en dois rougir de honte et de confusion.
POLIDORE.
Je trouve condamnable une telle action,
Et je ne prétends point excuser le coupable.
ALBERT.
Dieu fait miséricorde au pécheur misérable.
POLIDORE.
C'est ce qui doit par vous être considéré.
ALBERT.
Il faut être chrétien.
POLIDORE.
Il est très-assuré.
ALBERT.
Grâce, au nom de Dieu! grâce, ô seigneur Polidore!
POLIDORE.
Eh! c'est moi qui de vous présentement l'implore.
ALBERT.
Afin de l'obtenir je me jette à genoux.
POLIDORE.
Je dois en cet état être plutôt que vous.
ALBERT.
Prenez quelque pitié de ma triste aventure.
POLIDORE.
Je suis le suppliant dans une telle injure.
ALBERT.
Vous me fendez le cœur avec cette bonté.
POLIDORE.
Vous me rendez confus de tant d'humilité.
ALBERT.
Pardon, encore un coup!
POLIDORE.
Hélas! pardon vous-même!
ALBERT.
J'ai de cette action une douleur extrême.
POLIDORE.
Et moi, j'en suis touché de même au dernier point.
ALBERT.
J'ose vous conjurer qu'elle n'éclate point[1].
POLIDORE.
Hélas! seigneur Albert, je ne veux autre chose.
ALBERT.
Conservons mon honneur.
POLIDORE.
Eh oui, je m'y dispose.
ALBERT.
Quant au bien qu'il faudra, vous-même en résoudrez.
POLIDORE.
Je ne veux de vos biens que ce que vous voudrez;
De tous ces intérêts je vous ferai le maître;
Et je suis trop content si vous le pouvez être.
ALBERT.
Ah! quel homme de Dieu! Quel excès de douceur!
POLIDORE.
Quelle douceur, vous-même, après un tel malheur!
ALBERT.
Que puissiez-vous avoir toutes choses prospères!
POLIDORE.
Le bon Dieu vous maintienne!
ALBERT.
Embrassons-nous en frères.
POLIDORE.
J'y consens de grand cœur, et me réjouis fort
Que tout soit terminé par un heureux accord.
ALBERT.
J'en rends grâces au ciel.
POLIDORE.
Il ne vous faut rien feindre,
Votre ressentiment me donnoit lieu de craindre;
Et Lucile tombée en faute avec mon fils,
Comme on vous voit puissant et de biens et d'amis...
ALBERT.
Eh! que parlez-vous là de faute et de Lucile?
POLIDORE.
Soit, ne commençons point un discours inutile.
Je veux bien que mon fils y trempe grandement :
Même, si cela fait à votre allégement,
J'avouerai qu'à lui seul en est toute la faute;
Que votre fille avoit une vertu trop haute
Pour avoir jamais fait ce pas contre l'honneur,
Sans l'incitation d'un méchant suborneur;
Que le traître a séduit sa pudeur innocente,
Et de votre conduite ainsi détruit l'attente.
Puisque la chose est faite, et que, selon mes vœux,
Un esprit de douceur nous met d'accord tous deux,
Ne ramentevons rien, et réparons l'offense
Par la solennité d'une heureuse alliance.
ALBERT, à part.
O Dieu! quelle méprise! et qu'est-ce qu'il m'apprend?
Je rentre ici d'un trouble en un autre aussi grand.
Dans ces divers transports je ne sais que répondre,

---

[1] VAR. J'ose vous *convier* qu'elle n'éclate point.

Et, si je dis un mot, j'ai peur de me confondre.
POLIDORE.
A quoi pensez-vous là, seigneur Albert?
ALBERT.
A rien.
Remettons, je vous prie, à tantôt l'entretien.
Un mal subit me prend, qui veut que je vous laisse.

SCÈNE V

POLIDORE, seul.

Je lis dedans son âme, et vois ce qui le presse.
A quoi que sa raison l'eût déjà disposé,
Son déplaisir n'est pas encor tout apaisé.
L'image de l'affront lui revient, et sa fuite
Tâche à me déguiser le trouble qui l'agite.
Je prends part à sa honte, et son deuil m'attendrit.
Il faut qu'un peu de temps remette son esprit :
La douleur trop contrainte aisément se redouble.
Voici mon jeune fou d'où nous vient tout ce trouble.

SCÈNE VI

POLIDORE, VALÈRE.

POLIDORE.
Enfin, le beau mignon, vos beaux déportements [1]
Troubleront les vieux jours d'un père à tous moments;
Tous les jours vous ferez de nouvelles merveilles,
Et nous n'aurons jamais autre chose aux oreilles !
VALÈRE.
Que fais-je tous les jours qui soit si criminel?
En quoi mériter tant le courroux paternel?
POLIDORE.
Je suis un étrange homme, et d'une humeur terrible,
D'accuser un enfant si sage et si paisible !
Las ! il vit comme un saint; et dedans la maison
Du matin jusqu'au soir il est en oraison!
Dire qu'il pervertit l'ordre de la nature,
Et fait du jour la nuit : ô la grande imposture!
Qu'il n'a considéré père, ni parenté,
En vingt occasions : horrible fausseté !
Que de fraîche mémoire un furtif hyménée
A la fille d'Albert a joint sa destinée,
Sans craindre de la suite un désordre puissant :
On le prend pour un autre ; et le pauvre innocent
Ne sait pas seulement ce que je veux lui dire.
Ah ! chien, que j'ai reçu du ciel pour mon martyre !
Te croiras-tu toujours? et ne pourrai-je pas
Te voir être une fois sage avant mon trépas?
VALÈRE, seul, et rêvant.
D'où peut venir ce coup? mon âme embarrassée
Ne voit que Mascarille où jeter sa pensée.
Il ne sera pas homme à m'en faire un aveu.

[1] VAR. Enfin, le beau mignon, vos *bons* déportements.

Il faut user d'adresse et me contraindre un peu
Dans ce juste courroux.

SCÈNE VII

VALÈRE, MASCARILLE.

VALÈRE.
Mascarille, mon père,
Que je viens de trouver, sait toute notre affaire.
MASCARILLE.
Il la sait?
VALÈRE.
Oui.
MASCARILLE.
D'où diantre a-t-il pu la savoir?
VALÈRE.
Je ne sais point sur qui ma conjecture asseoir;
Mais enfin d'un succès cette affaire est suivie,
Dont j'ai tous les sujets d'avoir l'âme ravie.
Il ne m'en a pas dit un mot qui fût fâcheux;
Il excuse ma faute, il approuve mes feux :
Et je voudrois savoir qui peut être capable
D'avoir pu rendre ainsi son esprit si traitable.
Je ne puis t'exprimer l'aise que j'en reçoi.
MASCARILLE.
Et que me diriez-vous, monsieur, si c'étoit moi
Qui vous eût procuré cette heureuse fortune?
VALÈRE.
Bon ! bon ! tu voudrois bien ici m'en donner d'une.
MASCARILLE.
C'est moi, vous dis-je, moi, dont le patron le sait,
Et qui vous ai produit ce favorable effet.
VALÈRE.
Mais, là, sans te railler?
MASCARILLE.
Que le diable m'emporte
Si je fais raillerie, et s'il n'est de la sorte !
VALÈRE, mettant l'épée à la main.
Et qu'il m'entraîne, moi, si tout présentement
Tu n'en vas recevoir le juste payement !
MASCARILLE.
Ah ! monsieur, qu'est-ce ci? Je défends la surprise.
VALÈRE.
C'est la fidélité que tu m'avois promise?
Sans ma feinte, jamais tu n'eusses avoué
Le trait que j'ai bien cru que tu m'avois joué.
Traître, de qui la langue à causer trop habile
D'un père contre moi vient d'échauffer la bile,
Qui me perds tout à fait, il faut, sans discourir,
Que tu meures.
MASCARILLE.
Tout beau. Mon âme, pour mourir,
N'est pas en bon état. Daignez, je vous conjure,
Attendre le succès qu'aura cette aventure.
J'ai de fortes raisons qui m'ont fait révéler
Un hymen que vous-même aviez peine à celer :

ACTE III, SCÈNE IX.

C'étoit un coup d'État, et vous verrez l'issue
Condamner la fureur que vous avez conçue.
De quoi vous fâchez-vous, pourvu que vos souhaits
Se trouvent par mes soins pleinement satisfaits,
Et voyent mettre à fin la contrainte où vous êtes?

VALÈRE.

Et si tous ces discours ne sont que des sornettes?

MASCARILLE.

Toujours serez-vous à temps pour me tuer.
Mais enfin mes projets pourront s'effectuer.
Dieu fera pour les siens, et, content dans la suite,
Vous me remercierez de ma rare conduite.

VALÈRE.

Nous verrons. Mais Lucile...

MASCARILLE.

Alte; son père sort.

SCÈNE VIII

ALBERT, VALÈRE, MASCARILLE.

ALBERT, les cinq premiers vers sans voir Valère.

Plus je reviens du trouble où j'ai donné d'abord,
Plus je me sens piqué de ce discours étrange,
Sur qui ma peur prenoit un si dangereux change:
Car Lucile soutient que c'est une chanson,
Et m'a parlé d'un air à m'ôter tout soupçon.
Ah! monsieur, est-ce vous de qui l'audace insigne
Met en jeu mon honneur, et fait ce conte indigne?

MASCARILLE.

Seigneur Albert, prenez un ton un peu plus doux,
Et contre votre gendre ayez moins de courroux.

ALBERT.

Comment, gendre? coquin! tu portes bien la mine
De pousser les ressorts d'une telle machine,
Et d'en avoir été le premier inventeur.

MASCARILLE.

Je ne vois ici rien à vous mettre en fureur.

ALBERT.

Trouves-tu beau, dis-moi, de diffamer ma fille,
Et faire un tel scandale à toute une famille?

MASCARILLE.

Le voilà prêt de faire en tout vos volontés.

ALBERT.

Que voudrois-je, sinon qu'il dit des vérités?
Si quelque intention le pressoit pour Lucile,
La recherche en pouvoit être honnête et civile;
Il falloit l'attaquer du côté du devoir,
Il falloit de son père implorer le pouvoir,
Et non pas recourir à cette lâche feinte,
Qui porte à la pudeur une sensible atteinte.

MASCARILLE.

Quoi! Lucile n'est pas, sous des liens secrets,
A mon maître?

ALBERT.

Non, traître, et n'y sera jamais.

MASCARILLE.

Tout doux! et, s'il est vrai que ce soit chose faite,
Voulez-vous l'approuver, cette chaîne secrète?

ALBERT.

Et, s'il est constant, toi, que cela ne soit pas,
Veux-tu te voir casser les jambes et les bras?

VALÈRE.

Monsieur, il est aisé de vous faire paroître
Qu'il dit vrai.

ALBERT.

Bon! voilà l'autre encor, digne maître
D'un semblable valet! O les menteurs hardis!

MASCARILLE.

D'homme d'honneur, il est ainsi que je le dis.

VALÈRE.

Quel seroit notre but de vous en faire accroire?

ALBERT, à part.

Ils s'entendent tous deux comme larrons en foire.

MASCARILLE.

Mais venons à la preuve; et, sans nous quereller,
Faites sortir Lucile, et la laissez parler.

ALBERT.

Et si le démenti par elle vous en reste?

MASCARILLE.

Elle n'en fera rien, monsieur, je vous proteste.
Promettez à leurs vœux votre consentement,
Et je veux m'exposer au plus dur châtiment,
Si de sa propre bouche elle ne vous confesse
Et la foi qui l'engage et l'ardeur qui la presse.

ALBERT.

Il faut voir cette affaire.

Il va frapper à sa porte

MASCARILLE, à Valère.

Allez, tout ira bien.

ALBERT.

Holà! Lucile, un mot.

VALÈRE, à Mascarille.

Je crains...

MASCARILLE.

Ne craignez rien.

SCÈNE IX

LUCILE, ALBERT, VALÈRE, MASCARILLE.

MASCARILLE.

Seigneur Albert, silence au moins. Enfin, madame,
Toute chose conspire au bonheur de votre âme;
Et monsieur votre père, averti de vos feux,
Vous laisse votre époux, et confirme vos vœux,
Pourvu que, bannissant toutes craintes frivoles,
Deux mots de votre aveu confirment nos paroles.

LUCILE.

Que me vient donc conter ce coquin assuré?

MASCARILLE.

Bon! me voilà déjà d'un beau titre honoré.

LUCILE.

Sachons un peu, monsieur, quelle belle saillie
Fait ce conte galant qu'aujourd'hui l'on publie.

VALÈRE.
Pardon, charmant objet : un valet a parlé,
Et j'ai vu, malgré moi, notre hymen révélé.
LUCILE.
Notre hymen?
VALÈRE.
On sait tout, adorable Lucile;
Et vouloir déguiser est un soin inutile.
LUCILE.
Quoi! l'ardeur de mes feux vous a fait mon époux?
VALÈRE.
C'est un bien qui me doit faire mille jaloux;
Mais j'impute bien moins ce bonheur de ma flamme
A l'ardeur de vos feux qu'aux bontés de votre âme.
Je sais que vous avez sujet de vous fâcher,
Que c'étoit un secret que vous vouliez cacher;
Et j'ai de mes transports forcé la violence
A ne point violer votre expresse défense.
Mais...
MASCARILLE.
Eh bien, oui, c'est moi; le grand mal que voilà!
LUCILE.
Est-il une imposture égale à celle-là?
Vous l'osez soutenir en ma présence même,
Et pensez m'obtenir par ce beau stratagème?
O le plaisant amant, dont la galante ardeur
Veut blesser mon honneur au défaut de mon cœur,
Et que mon père, ému de l'éclat d'un sot conte,
Paye avec mon hymen qui me couvre de honte!
Quand tout contribueroit à votre passion,
Mon père, les destins, mon inclination,
On me verroit combattre, en ma juste colère,
Mon inclination, les destins, et mon père,
Perdre même le jour, avant que de m'unir
A qui par ce moyen auroit cru m'obtenir.
Allez; et, si mon sexe, avecque bienséance,
Se pouvoit emporter à quelque violence,
Je vous apprendrois bien à me traiter ainsi!
VALÈRE, à Mascarille.
C'en est fait, son courroux ne peut être adouci.
MASCARILLE.
Laissez-moi lui parler. Eh! madame, de grâce,
A quoi bon maintenant toute cette grimace?
Quelle est votre pensée, et quel bourru transport
Contre vos propres vœux vous fait roidir si fort?
Si monsieur votre père étoit homme farouche,
Passe; mais il permet que la raison le touche;
Et lui-même m'a dit qu'une confession
Vous va tout obtenir de son affection.
Vous sentez, je crois bien, quelque petite honte
A faire un libre aveu de l'amour qui vous dompte;
Mais, s'il vous a fait prendre un peu de liberté,
Par un bon mariage on voit tout rajusté;
Et, quoi que l'on reproche au feu qui vous consomme [1],
Le mal n'est pas si grand que de tuer un homme.
On sait que la chair est fragile quelquefois,

[1] On se servait alors indifféremment des verbes *consommer* et *consumer*.

Et qu'une fille, enfin, n'est ni caillou, ni bois
Vous n'avez pas été sans doute la première,
Et vous ne serez pas, que je crois, la dernière.
LUCILE.
Quoi! vous pouvez ouïr ces discours effrontés,
Et vous ne dites mot à ces indignités?
ALBERT.
Que veux-tu que je die? Une telle aventure
Me met tout hors de moi.
MASCARILLE.
Madame, je vous jure
Que déjà vous devriez avoir tout confessé.
LUCILE.
Et quoi donc confesser?
MASCARILLE.
Quoi? ce qui s'est passé
Entre mon maître et vous. La belle raillerie!
LUCILE.
Et que s'est-il passé, monstre d'effronterie,
Entre ton maître et moi?
MASCARILLE.
Vous devez, que je croi,
En savoir un peu plus de nouvelles que moi;
Et pour vous cette nuit fut trop douce pour croire
Que vous puissiez si vite en perdre la mémoire.
LUCILE.
C'est trop souffrir, mon père, un impudent valet.
Elle lui donne un soufflet.

SCÈNE X

ALBERT, VALÈRE, MASCARILLE.

MASCARILLE.
Je crois qu'elle me vient de donner un soufflet.
ALBERT.
Va, coquin, scélérat, sa main vient sur ta joue
De faire une action dont son père la loue.
MASCARILLE.
Et, nonobstant cela, qu'un diable en cet instant
M'emporte, si j'ai dit rien que de très-constant!
ALBERT.
Et, nonobstant cela, qu'on me coupe une oreille,
Si tu portes fort loin une audace pareille!
MASCARILLE.
Voulez-vous deux témoins qui me justifieront?
ALBERT.
Veux-tu deux de mes gens qui te bâtonneront?
MASCARILLE.
Leur rapport doit au mien donner toute créance.
ALBERT.
Leurs bras peuvent du mien réparer l'impuissance.
MASCARILLE.
Je vous dis que Lucile agit par honte ainsi.
ALBERT.
Je te dis que j'aurai raison de tout ceci.

MASCARILLE.
Connoissez-vous Ormin, ce gros notaire habile?
ALBERT.
Connois-tu bien Grimpant, le bourreau de la ville?
MASCARILLE.
Et Simon le tailleur, jadis si recherché?
ALBERT.
Et la potence mise au milieu du marché?
MASCARILLE.
Vous verrez confirmer par eux cet hyménée.
ALBERT.
Tu verras achever par eux ta destinée.
MASCARILLE.
Ce sont eux qu'ils ont pris pour témoins de leur foi.
ALBERT.
Ce sont eux qui dans peu me vengeront de toi.
MASCARILLE.
Et ces yeux les ont vus s'entre-donner parole.
ALBERT.
Et ces yeux te verront faire la capriole [1].
MASCARILLE.
Et, pour signe, Lucile avoit un voile noir.
ALBERT.
Et, pour signe, ton front nous le fait assez voir.
MASCARILLE.
O l'obstiné vieillard!
ALBERT.
O le fourbe damnable!
Va, rends grâce à mes ans, qui me font incapable
De punir sur-le-champ l'affront que tu me fais;
Tu n'en perds que l'attente, et je te le promets.

SCÈNE XI

VALÈRE, MASCARILLE.

VALÈRE.
Eh bien, ce beau succès que tu devois produire...
MASCARILLE.
J'entends à demi-mot ce que vous voulez dire :
Tout s'arme contre moi; pour moi de tous côtés
Je vois coups de bâton et gibets apprêtés.
Aussi, pour être en paix dans ce désordre extrême,
Je me vais d'un rocher précipiter moi-même,
Si, dans le désespoir dont mon cœur est outré,
Je puis en rencontrer d'assez haut à mon gré.
Adieu, monsieur.

VALÈRE.
Non, non, ta fuite est superflue;
Si tu meurs, je prétends que ce soit à ma vue.
MASCARILLE.
Je ne saurois mourir quand je suis regardé,
Et mon trépas ainsi se verroit retardé.
VALÈRE.
Suis-moi, traître, suis-moi; mon amour en furie
Te fera voir si c'est matière à raillerie.

[1] On dit aujourd'hui *cabriole*.

MASCARILLE, seul.
Malheureux Mascarille, à quels maux aujourd'hui
Te vois-tu condamner pour le péché d'autrui!

ACTE QUATRIÈME

SCÈNE I

ASCAGNE, FROSINE.

FROSINE.
L'aventure est fâcheuse.
ASCAGNE.
Ah! ma chère Frosine,
Le sort absolument a conclu ma ruine.
Cette affaire, venue au point où la voilà,
N'est pas assurément pour en demeurer là :
Il faut qu'elle passe outre; et Lucile et Valère,
Surpris des nouveautés d'un semblable mystère,
Voudront chercher un jour dans ces obscurités
Par qui tous mes projets se verront avortés.
Car enfin, soit qu'Albert ait part au stratagème,
Ou qu'avec tout le monde on l'ait trompé lui-même
S'il arrive une fois que mon sort éclairci
Mette ailleurs tout le bien dont je sien a grossi,
Jugez s'il aura lieu de souffrir ma présence :
Son intérêt détruit me laisse à ma naissance ;
C'est fait de sa tendresse. Et, quelque sentiment
Où pour ma fourbe alors pût être mon amant,
Voudra-t-il avouer pour épouse une fille
Qu'il verra sans appui de biens et de famille?
FROSINE.
Je trouve que c'est là raisonner comme il faut;
Mais ces réflexions devoient venir plus tôt.
Qui vous a jusqu'ici caché cette lumière?
Il ne falloit pas être une grande sorcière
Pour voir, dès le moment de vos desseins pour lui,
Tout ce que votre esprit ne voit que d'aujourd'hui :
L'action le disoit; et, dès que je l'ai sue,
Je n'en ai prévu guère une meilleure issue.
ASCAGNE.
Que dois-je faire enfin? Mon trouble est sans pareil :
Mettez-vous en ma place, et me donnez conseil.
FROSINE.
Ce doit être à vous-même, en prenant votre place,
A me donner conseil dessus cette disgrâce :
Car je suis maintenant vous, et vous êtes moi :
Conseillez-moi, Frosine; au point où je me voi,
Quel remède trouver? Dites, je vous en prie.
ASCAGNE.
Hélas! ne traitez point ceci de raillerie;
C'est prendre peu de part à mes cuisants ennuis
Que de rire, et de voir les termes où j'en suis.
FROSINE.
Ascagne, tout de bon votre ennui m'est sensible [1],

[1] VAR. *Non, vraiment*, tout de bon votre ennui m'est sensible.

Et pour vous en tirer je ferois mon possible.
Mais que puis-je, après tout? Je vois fort peu de jour
A tourner cette affaire au gré de votre amour.

ASCAGNE.
Si rien ne peut m'aider, il faut donc que je meure.

FROSINE.
Ah! pour cela toujours il est assez bonne heure :
La mort est un remède à trouver quand on veut:
Et l'on s'en doit servir le plus tard que l'on peut.

ASCAGNE.
Non, non, Frosine, non; si vos conseils propices
Ne conduisent mon sort parmi ces précipices,
Je m'abandonne toute aux traits du désespoir.

FROSINE.
Savez-vous ma pensée? Il faut que j'aille voir
La... Mais Éraste vient, qui pourroit nous distraire.
Nous pourrons, en marchant, parler de cette affaire.
Allons, retirons-nous.

SCÈNE II

ÉRASTE, GROS-RENÉ.

ÉRASTE.
Encore rebuté?

GROS-RENÉ.
Jamais ambassadeur ne fut moins écouté.
A peine ai-je voulu lui porter la nouvelle
Du moment d'entretien que vous souhaitiez d'elle,
Qu'elle m'a répondu, tenant son quant-à-moi :
Va, va, je fais état de lui comme de toi;
Dis-lui qu'il se promène; et, sur ce beau langage,
Pour suivre son chemin, m'a tourné le visage.
Et Marinette aussi, d'un dédaigneux museau
Lâchant un : Laisse-nous, beau valet de carreau!
M'a planté là comme elle; et mon sort et le vôtre
N'ont rien à se pouvoir reprocher l'un à l'autre.

ÉRASTE.
L'ingrate! recevoir avec tant de fierté
Le prompt retour d'un cœur justement emporté!
Quoi! le premier transport d'un amour qu'on abuse
Sous tant de vraisemblance, est indigne d'excuse?
Et ma plus vive ardeur, en ce moment fatal,
Devoit être insensible au bonheur d'un rival?
Tout autre n'eût pas fait même chose en ma place,
Et se fût moins laissé surprendre à tant d'audace?
De mes justes soupçons suis-je sorti trop tard?
Je n'ai point attendu de serments de sa part;
Et, lorsque tout le monde encor ne sait qu'en croire,
Ce cœur impatient lui rend toute sa gloire;
Il cherche à s'excuser; et le sien voit si peu
Dans ce profond respect la grandeur de mon feu!
Loin d'assurer une âme et lui fournir des armes
Contre ce qu'on pourroit lui veut donner d'alarmes,
L'ingrate m'abandonne à mon jaloux transport,
Et rejette de moi message, écrit, abord!
Ah! sans doute un amour a peu de violence,
Qu'est capable d'éteindre une si foible offense;

Et ce dépit si prompt à s'armer de rigueur
Découvre assez pour moi tout le fond de son cœur,
Et de quel prix doit être à présent à mon âme
Tout ce dont son caprice a pu flatter ma flamme.
Non, je ne prétends plus demeurer engagé
Pour un cœur où je vois le peu de part que j'ai;
Et, puisque l'on témoigne une froideur extrême
A conserver les gens, je veux faire de même.

GROS-RENÉ.
Et moi de même aussi. Soyons tous deux fâchés,
Et mettons notre amour au rang des vieux péchés.
Il faut apprendre à vivre à ce sexe volage,
Et lui faire sentir que l'on a du courage.
Qui souffre ses mépris les veut bien recevoir.
Si nous avions l'esprit de nous faire valoir,
Les femmes n'auroient pas la parole si haute.
Oh! qu'elles nous sont bien fières par notre faute!
Je veux être pendu, si nous ne les verrions
Sauter à notre cou plus que nous ne voudrions,
Sans tous ces vils devoirs dont la plupart des hommes
Les gâtent tous les jours dans le siècle où nous sommes.

ÉRASTE.
Pour moi, sur toute chose, un mépris me surprend;
Et, pour punir le sien par un autre aussi grand[1],
Je veux mettre en mon cœur une nouvelle flamme.

GROS-RENÉ.
Et moi, je ne veux plus m'embarrasser de femme;
A toutes je renonce, et crois, en bonne foi,
Que vous feriez fort bien de faire comme moi.
Car, voyez-vous, la femme est, comme on dit, mon maître,
Un certain animal difficile à connoître,
Et de qui la nature est fort encline au mal :
Et, comme un animal est toujours animal,
Et ne sera jamais qu'animal, quand sa vie
Dureroit cent mille ans; aussi, sans repartie,
La femme est toujours femme, et jamais ne sera
Que femme, tant qu'entier le monde durera :
D'où vient qu'un certain Grec dit que sa tête passe
Pour un sable mouvant. Car, goûtez bien, de grâce,
Ce raisonnement-ci, lequel est des plus forts :
Ainsi que la tête est comme le chef du corps,
Et que le corps sans chef est pire qu'une bête;
Si le chef n'est pas bien d'accord avec la tête,
Que tout ne soit pas bien réglé par le compas,
Nous voyons arriver de certains embarras;
La brutale partie alors veut prendre empire
Dessus la sensitive, et l'on voit que l'un tire
A dia, l'autre à hurhaut; l'un demande du mou,
L'autre du dur; enfin tout va sans savoir où :
Pour montrer qu'ici-bas, ainsi qu'on l'interprète,
La tête d'une femme est comme la girouette
Au haut d'une maison, qui tourne au premier vent;
C'est pourquoi le cousin Aristote souvent
La compare à la mer; d'où vient qu'on dit qu'au monde
On ne peut rien trouver de si stable que l'onde.
Or, par comparaison (car la comparaison
Nous fait distinctement comprendre une raison,

---

[1] Van. Et, pour punir le sien par un autre si grand.

ACTE IV, SCÈNE III.

Et nous aimons bien mieux, nous autres gens d'étude,
Une comparaison qu'une similitude),
Par comparaison donc, mon maître, s'il vous plaît,
Comme on voit que la mer, quand l'orage s'accroît,
Vient à se courroucer; le vent souffle et ravage,
Les flots contre les flots font un remue-ménage
Horrible; et le vaisseau, malgré le nautonier,
Va tantôt à la cave et tantôt au grenier :
Ainsi, quand une femme a sa tête fantasque,
On voit une tempête en forme de bourrasque,
Qui veut compétiter par de certains... propos;
Et lors un... certain vent, qui par... de certains flots,
De... certaine façon, ainsi qu'un banc de sable...
Quand... Les femmes enfin ne valent pas le diable.

ÉRASTE.
C'est fort bien raisonner.

GROS-RENÉ.
Assez bien, Dieu merci.
Mais je les vois, monsieur, qui passent par ici.
Tenez-vous ferme, au moins.

ÉRASTE.
Ne te mets pas en peine.

GROS-RENÉ.
J'ai bien peur que ses yeux resserrent votre chaîne.

SCÈNE III
LUCILE, ÉRASTE, MARINETTE, GROS-RENÉ.

MARINETTE.
Je l'aperçois encor, mais ne vous rendez point.

LUCILE.
Ne me soupçonne pas d'être foible à ce point.

MARINETTE.
Il vient à nous.

ÉRASTE.
Non, non, ne croyez pas, madame,
Que je revienne encor vous parler de ma flamme.
C'en est fait; je me veux guérir, et connois bien
Ce que de votre cœur a possédé le mien.
Un courroux si constant pour l'ombre d'une offense
M'a trop bien éclairci de votre indifférence [1],
Et je dois vous montrer que les traits du mépris
Sont sensibles surtout aux généreux esprits.
Je l'avouerai, mes yeux observoient dans les vôtres
Des charmes qu'ils n'ont point trouvés dans tous les autres,
Et le ravissement où j'étois de mes fers
Les auroit préférés à des sceptres offerts.
Oui, mon amour pour vous, sans doute, étoit extrême;
Je vivois tout en vous; et, je l'avouerai même,
Peut-être qu'après tout j'aurai, quoique outragé,
Assez de peine encore à m'en voir dégagé :
Possible que, malgré la cure qu'elle essaie,
Mon âme saignera longtemps de cette plaie,
Et qu'affranchi d'un joug qui faisoit tout mon bien,
Il faudra me [2] résoudre à n'aimer jamais rien.

[1] Var. M'a trop bien *éclairé* de votre indifférence.
[2] Var. Il faudra *se* résoudre à n'aimer jamais rien.

Mais enfin il n'importe; et, puisque votre haine
Chasse un cœur tant de fois que l'amour vous ramène,
C'est la dernière ici des importunités
Que vous aurez jamais de mes vœux rebutés.

LUCILE.
Vous pouvez faire aux miens la grâce tout entière,
Monsieur, et m'épargner encor cette dernière.

ÉRASTE.
Eh bien, madame, Eh bien, ils seront satisfaits.
Je romps avecque vous, et j'y romps pour jamais,
Puisque vous le voulez. Que je perde la vie
Lorsque de vous parler je reprendrai l'envie!

LUCILE.
Tant mieux : c'est m'obliger.

ÉRASTE.
Non, non, n'ayez pas peur
Que je fausse parole; eussé-je un foible cœur
Jusques à n'en pouvoir effacer votre image,
Croyez que vous n'aurez jamais cet avantage
De me voir revenir.

LUCILE.
Ce seroit bien en vain.

ÉRASTE.
Moi-même de cent coups je percerois mon sein,
Si j'avois jamais fait cette bassesse insigne,
De vous revoir après ce traitement indigne.

LUCILE.
Soit; n'en parlons donc plus.

ÉRASTE.
Oui, oui, n'en parlons plus;
Et, pour trancher ici tous propos superflus,
Et vous donner, ingrate, une preuve certaine
Que je veux, sans retour, sortir de votre chaine,
Je ne veux rien garder qui puisse retracer
Ce que de mon esprit il me faut effacer.
Voici votre portrait : il présente à la vue
Cent charmes éclatants dont vous êtes pourvue [1];
Mais ils cachent sous eux cent défauts aussi grands,
Et c'est un imposteur enfin que je vous rends.

GROS-RENÉ.
Bon.

LUCILE.
Et moi, pour vous suivre au dessein de tout rendre
Voilà le diamant que vous m'aviez fait prendre.

MARINETTE.
Fort bien.

ÉRASTE.
Il est à vous encor, ce bracelet.

LUCILE.
Et cette agate à vous, qu'on fit mettre en cachet.

ÉRASTE lit.
« Vous m'aimez d'une amour extrême,
« Éraste, et de mon cœur voulez être éclairci :
« Si je n'aime Éraste de même,
« Au moins aimé-je fort qu'Éraste m'aime ainsi.
« LUCILE. »
Vous m'assuriez par là d'agréer mon service;

[1] Var. Cent charmes *merveilleux* dont vous êtes pourvue.

C'est une fausseté digne de ce supplice.
Il déchire la lettre.

LUCILE lit.
« J'ignore le destin de mon amour ardente,
« Et jusqu'à quand je souffrirai ;
« Mais je sais, ô beauté charmante !
« Que toujours je vous aimerai.
                            « ÉRASTE. »

Voilà qui m'assuroit à jamais de vos feux ;
Et la main et la lettre ont menti toutes deux.
Elle déchire la lettre.

GROS-RENÉ.
Poussez.

ÉRASTE.
Elle est de vous. Suffit, même fortune.

MARINETTE, à Lucile.
Ferme !

LUCILE.
J'aurois regret d'en épargner aucune.

GROS-RENÉ, à Éraste.
N'ayez pas le dernier.

MARINETTE, à Lucile.
    Tenez bon jusqu'au bout.

LUCILE.
Enfin, voilà le reste.

ÉRASTE.
    Et, grâce au ciel, c'est tout.
Que sois-je exterminé, si je ne tiens parole !

LUCILE.
Me confonde le ciel, si la mienne est frivole !

ÉRASTE.
Adieu donc.

LUCILE.
    Adieu donc.

MARINETTE, à Lucile.
            Voilà qui va des mieux.

GROS-RENÉ, à Éraste.
Vous triomphez.

MARINETTE, à Lucile.
Allons, ôtez-vous de ses yeux.

GROS-RENÉ, à Éraste.
Retirez-vous après cet effort de courage.

MARINETTE, à Lucile.
Qu'attendez-vous encor ?

GROS-RENÉ, à Éraste.
        Que faut-il davantage ?

ÉRASTE.
Ah ! Lucile, Lucile, un cœur comme le mien
Se fera regretter ; et je le sais fort bien.

LUCILE.
Éraste, Éraste, un cœur fait comme est fait le vôtre
Se peut facilement réparer par un autre.

ÉRASTE.
Non, non ; cherchez partout, vous n'en aurez jamais
De si passionné pour vous, je vous promets.
Je ne dis pas cela pour vous rendre attendrie ;
J'aurois tort d'en former encore quelque envie.
Mes plus ardents respects n'ont pu vous obliger ;
Vous avez voulu rompre ; il n'y faut plus songer.
Mais personne, après moi, quoi qu'on vous fasse entendre,
N'aura jamais pour vous de passion si tendre.

LUCILE.
Quand on aime les gens, on les traite autrement ;
On fait de leur personne un meilleur jugement.

ÉRASTE.
Quand on aime les gens, on peut, de jalousie,
Sur beaucoup d'apparence, avoir l'âme saisie ;
Mais, alors qu'on les aime, on ne peut en effet
Se résoudre à les perdre ; et vous, vous l'avez fait.

LUCILE.
La pure jalousie est plus respectueuse.

ÉRASTE.
On voit d'un œil plus doux une offense amoureuse.

LUCILE.
Non, votre cœur, Éraste, étoit mal enflammé.

ÉRASTE.
Non, Lucile, jamais vous ne m'avez aimé.

LUCILE.
Eh ! je crois que cela foiblement vous soucie [1].
Peut-être en seroit-il beaucoup mieux pour ma vie,
Si je... Mais laissons là ces discours superflus :
Je ne dis point quels sont mes pensers là-dessus.

ÉRASTE.
Pourquoi ?

LUCILE.
        Par la raison que nous rompons ensemble,
Et que cela n'est plus de saison, ce me semble.

ÉRASTE.
Nous rompons ?

LUCILE.
            Oui, vraiment : quoi ! n'en est-ce pas fait ?

ÉRASTE.
Et vous voyez cela d'un esprit satisfait ?

LUCILE.
Comme vous.

ÉRASTE.
        Comme moi ?

LUCILE.
                    Sans doute. C'est foiblesse
De faire voir aux gens que leur perte nous blesse.

ÉRASTE.
Mais, cruelle, c'est vous qui l'avez bien voulu.

LUCILE.
Moi ? point du tout. C'est vous qui l'avez résolu.

ÉRASTE.
Moi ? je vous ai cru là faire un plaisir extrême.

LUCILE.
Point ; vous avez voulu vous contenter vous même.

ÉRASTE.
Mais, si mon cœur encor revouloit sa prison ;
Si, tout fâché qu'il est, il demandoit pardon ?...

LUCILE.
Non, non, n'en faites rien ; ma foiblesse est trop grande ;
J'aurois peur d'accorder trop tôt votre demande.

[1] Vous met en souci.

ÉRASTE.
Ah! vous ne pouvez pas trop tôt me l'accorder,
Ni moi sur cette peur trop tôt le demander :
Consentez-y, madame ; une flamme si belle
Doit, pour votre intérêt, demeurer immortelle.
Je le demande enfin ; me l'accorderez-vous,
Ce pardon obligeant?
LUCILE.
Remenez-moi chez nous.

SCÈNE IV

MARINETTE, GROS-RENÉ.

MARINETTE.
Oh! la lâche personne!
GROS-RENÉ.
Ah! le foible courage!
MARINETTE.
J'en rougis de dépit!
GROS-RENÉ.
J'en suis gonflé de rage!
Ne t'imagine pas que je me rende ainsi.
MARINETTE.
Et ne pense pas, toi, trouver ta dupe aussi.
GROS-RENÉ.
Viens, viens frotter ton nez auprès de ma colère.
MARINETTE.
Tu nous prends pour une autre, et tu n'as pas affaire
A ma sotte maîtresse. Ardez le beau museau [1],
Pour nous donner envie encore de sa peau!
Moi, j'aurois de l'amour pour ta chienne de face!
Moi, je te chercherois! Ma foi! l'on t'en fricasse
Des filles comme nous!
GROS-RENÉ.
Oui! tu le prends par là!
Tiens, tiens, sans y chercher tant de façon, voilà
Ton beau galand [2] de neige, avec ta nonpareille ;
Il n'aura plus l'honneur d'être sur mon oreille.
MARINETTE.
Et toi, pour te montrer que tu m'es à mépris,
Voilà ton demi-cent d'aiguilles [3] de Paris,
Que tu me donnas hier avec tant de fanfare.
GROS-RENÉ.
Tiens encor ton couteau. La pièce est riche et rare ;
Il te coûta six blancs lorsque tu m'en fis don.
MARINETTE.
Tiens tes ciseaux avec ta chaîne de laiton.
GROS-RENÉ.
J'oubliois d'avant-hier ton morceau de fromage,
Tiens. Je voudrois pouvoir rejeter le potage
Que tu me fis manger, pour n'avoir rien de toi [4].

MARINETTE.
Je n'ai point maintenant de tes lettres sur moi ;
Mais j'en ferai du feu jusques à la dernière.
GROS-RENÉ.
Et des tiennes tu sais ce que j'en saurai faire.
MARINETTE.
Prends garde à ne venir jamais me reprier.
GROS-RENÉ.
Pour couper tout chemin à nous rapatrier,
Il faut rompre la paille. Une paille rompue
Rend, entre gens d'honneur, une affaire conclue.
Ne fait point les doux yeux ; je veux être fâché.
MARINETTE.
Ne me lorgne point, toi ; j'ai l'esprit trop touché.
GROS-RENÉ.
Romps : voilà le moyen de ne s'en plus dédire :
Romps. Tu ris, bonne bête!
MARINETTE.
Oui, car tu me fais rire.
GROS-RENÉ.
La peste soit ton ris! Voilà tout mon courroux
Déjà dulcifié. Qu'en dis-tu? romprons-nous,
Ou ne romprons-nous pas?
MARINETTE.
Vois.
GROS-RENÉ.
Vois, toi.
MARINETTE.
Vois toi-même
GROS-RENÉ.
Est-ce que tu consens que jamais je ne t'aime?
MARINETTE.
Moi? ce que tu voudras.
GROS-RENÉ.
Ce que tu voudras, toi.
Dis.
MARINETTE.
Je ne dirai rien.
GROS-RENÉ.
Ni moi non plus.
MARINETTE.
Ni moi.
GROS-RENÉ.
Ma foi, nous ferons mieux de quitter la grimace.
Touche, je te pardonne.
MARINETTE.
Et moi, je te fais grâce.
GROS-RENÉ.
Mon Dieu! qu'à tes appas je suis acoquiné!
MARINETTE.
Que Marinette est sotte après son Gros-René!

---

[1] *Ardes*, abréviation de *regardez*. Expression populaire, aujourd'hui inusitée.
[2] Nœud de ruban ; *nonpareille*, ruban étroit.
[3] Voilà ton demi-cent d'*épingles* de Paris.
[4] Que tu me fis manger, pour n'avoir rien *à* toi.

ACTE CINQUIÈME

SCÈNE I

MASCARILLE, seul.

« Dès que l'obscurité régnera dans la ville,
« Je me veux introduire au logis de Lucile;
« Va vite de ce pas préparer pour tantôt,
« Et la lanterne sourde et les armes qu'il faut. »
Quand il m'a dit ces mots, il m'a semblé d'entendre :
Va vitement chercher un licou pour te pendre [1].
Venez çà, mon patron; car, dans l'étonnement
Où m'a jeté d'abord un tel commandement,
Je n'ai pas eu le temps de vous pouvoir répondre;
Mais je vous veux ici parler, et vous confondre :
Défendez-vous donc bien, et raisonnons sans bruit.
Vous voulez, dites-vous, aller voir cette nuit
Lucile? « Oui, Mascarille. » Et que pensez-vous faire?
« Une action d'amant qui se veut satisfaire. »
Une action d'un homme à fort petit cerveau,
Que d'aller sans besoin risquer ainsi sa peau.
« Mais tu sais quel motif à ce dessein m'appelle;
« Lucile est irritée. » Eh bien, tant pis pour elle.
« Mais l'amour veut que j'aille apaiser son esprit. »
Mais l'amour est un sot qui ne sait ce qu'il dit.
Nous garantira-t-il, cet amour, je vous prie,
D'un rival, ou d'un père, ou d'un frère en furie?
« Penses-tu qu'aucun d'eux songe à nous faire mal? »
Oui, vraiment, je le pense; et surtout ce rival.
« Mascarille, en tout cas, l'espoir où je me fonde,
« Nous irons bien armés; et, si quelqu'un nous gronde,
« Nous nous chamaillerons. » Oui? voilà justement
Ce que votre valet ne prétend nullement.
Moi, chamailler, bon Dieu! Suis-je un Roland, mon maître,
Ou quelque Ferragus? C'est fort mal me connoître.
Quand je viens à songer, moi, qui me suis si cher,
Qu'il ne faut que deux doigts d'un misérable fer
Dans le corps, pour vous mettre un humain dans la bière,
Je suis scandalisé d'une étrange manière.
« Mais tu seras armé de pied en cap. » Tant pis!
J'en serai moins léger à gagner le taillis [2];
Et, de plus, il n'est point d'armure si bien jointe
Où ne puisse glisser une vilaine pointe.
« Oh! tu seras ainsi tenu pour un poltron! »
Soit, pourvu que toujours je branle le menton [3].
A table comptez-moi, si vous voulez, pour quatre;
Mais comptez-moi pour rien s'il s'agit de se battre.
Enfin, si l'autre monde a des charmes pour vous,
Pour moi, je trouve l'air de celui-ci fort doux.
Je n'ai pas grande faim de mort ni de blessure,
Et vous ferez le sot tout seul, je vous assure [4].

---
[1] Imitation du passage suivant de Térence :
Mihi apud forum: Uxor tibi ducenda est, Pamphile, hodie, inquit : para;
Abi domum. Id mihi visus sum dicere : Abi cito, et suspende te.
[2] C'est-à-dire *gagner un bois pour échapper à un danger.*
[3] Pourvu que je puisse manger.
[4] Ce monologue est une imitation de l'*Intéressé;* comparer à

SCÈNE II

VALÈRE, MASCARILLE.

VALÈRE.
Je n'ai jamais trouvé de jour plus ennuyeux ;
Le soleil semble s'être oublié dans les cieux;
Et jusqu'au lit qui doit recevoir sa lumière
Je vois rester encore une telle carrière,
Que je crois que jamais il ne l'achèvera,
Et que de sa lenteur mon âme enragera.

MASCARILLE.
Et cet empressement pour s'en aller dans l'ombre
Pêcher vite à tâtons quelque sinistre encombre...
Vous voyez que Lucile, entière en ses rebuts...

VALÈRE.
Ne me fais point ici de contes superflus.
Quand j'y devrois trouver cent embûches mortelles,
Je sens de son courroux des gênes trop cruelles;
Et je veux l'adoucir, ou terminer mon sort.
C'est un point résolu.

MASCARILLE.
J'approuve ce transport;
Mais le mal est, monsieur, qu'il faudra s'introduire
En cachette.

VALÈRE.
Fort bien.

MASCARILLE.
Et j'ai peur de vous nuire.

VALÈRE.
Et comment?

MASCARILLE.
Une toux me tourmente à mourir,
Dont le bruit importun vous fera découvrir :
Il tousse.
De moment en moment... Vous voyez le supplice.

VALÈRE.
Ce mal te passera, prends du jus de réglisse.

MASCARILLE.
Je ne crois pas, monsieur, qu'il se veuille passer.
Je serois ravi, moi, de ne vous point laisser;
Mais j'aurois un regret mortel, si j'étois cause
Qu'il fût à mon cher maître arrivé quelque chose.

SCÈNE III

VALÈRE, LA RAPIÈRE, MASCARILLE.

LA RAPIÈRE.
Monsieur, de bonne part, je viens d'être informé
Qu'Éraste est contre vous fortement animé,
Et qu'Albert parle aussi de faire pour sa fille
Rouer jambes et bras à votre Mascarille.

MASCARILLE.
Moi! je ne suis pour rien dans tout cet embarras.

celui du *Cocu imaginaire,* où les mêmes idées sont reprod-
(Aimé Martin.)

Qu'ai-je fait pour me voir rouer jambes et bras?
Suis-je donc gardien, pour employer ce style,
De la virginité des filles de la ville?
Sur la tentation ai-je quelque crédit?
Et puis-je mais, chétif, si le cœur leur en dit?
VALÈRE.
Oh! qu'ils ne seront pas si méchants qu'ils le disent!
Et, quelque belle ardeur que ses feux lui produisent,
Éraste n'aura pas si bon marché de nous.
LA RAPIÈRE.
S'il vous faisoit besoin, mon bras est tout à vous.
Vous savez de tout temps que je suis un bon frère.
VALÈRE.
Je vous suis obligé, monsieur de la Rapière.
LA RAPIÈRE.
J'ai deux amis encor que je vous puis donner [1],
Qui contre tous venants sont gens à dégainer,
Et sur qui vous pourrez prendre toute assurance [2].
MASCARILLE.
Acceptez-les, monsieur.
VALÈRE.
C'est trop de complaisance.
LA RAPIÈRE.
Le petit Gille encore eût pu nous assister,
Sans le triste accident qui vient de nous l'ôter.
Monsieur, le grand dommage! et l'homme de service!
Vous avez su le tour que lui fit la justice;
Il mourut en César, et, lui cassant les os,
Le bourreau ne lui put faire lâcher deux mots.
VALÈRE.
Monsieur de la Rapière, un homme de la sorte
Doit être regretté; mais, quant à votre escorte,
Je vous rends grâces.
LA RAPIÈRE.
Soit; mais soyez averti
Qu'il vous cherche, et vous peut faire un mauvais parti.
VALÈRE.
Et moi, pour vous montrer combien je l'appréhende,
Je lui veux, s'il me cherche, offrir ce qu'il demande,
Et par toute la ville aller présentement,
Sans être accompagné que de lui seulement.

SCÈNE IV

VALÈRE, MASCARILLE.

MASCARILLE.
Quoi! monsieur, vous voulez tenter Dieu? Quelle audace!
Las! vous voyez tous deux comme l'on nous menace;
Combien de tous côtés...
VALÈRE.
Que regardes-tu là?

[1] Var. J'ai deux amis *aussi* que je vous puis donner.
[2] A cette époque, un jeune homme qui avait obtenu un rendez-vous de sa maîtresse n'y allait qu'accompagné de gens armés, espèces de spadassins qu'il payait pour sa défense. Les Mémoires du temps, et principalement ceux du cardinal de Retz et de Bussy, font mention de cet usage. (Petitot).

MASCARILLE.
C'est qu'il sent le bâton du côté que voilà.
Enfin, si maintenant ma prudence en est crue,
Ne nous obstinons point à rester dans la rue;
Allons nous renfermer.
VALÈRE.
Nous renfermer, faquin!
Tu m'oses proposer un acte de coquin?
Sus, sans plus de discours, résous-toi de me suivre.
MASCARILLE.
Eh! monsieur mon cher maître, il est si doux de vivre!
On ne meurt qu'une fois, et c'est pour si longtemps!...
VALÈRE.
Je m'en vais t'assommer de coups, si je t'entends!
Ascagne vient ici, laissons-le, il faut attendre
Quel parti de lui-même il résoudra de prendre.
Cependant avec moi viens prendre à la maison,
Pour nous frotter...
MASCARILLE.
Je n'ai nulle démangeaison.
Que maudit soit l'amour, et les filles maudites
Qui veulent en tâter, puis font les chattemites!

SCÈNE V

ASCAGNE, FROSINE.

ASCAGNE.
Est-il bien vrai, Frosine, et ne rêvé-je point?
De grâce, contez-moi bien tout de point en point.
FROSINE.
Vous en saurez assez le détail, laissez faire.
Ces sortes d'incidents ne sont, pour l'ordinaire,
Que redits trop de fois de moment en moment.
Suffit que vous sachiez qu'après ce testament
Qui vouloit un garçon pour tenir sa promesse,
De la femme d'Albert la dernière grossesse
N'accoucha que de vous, et que lui, dessous main,
Ayant depuis longtemps concerté son dessein,
Fit son fils de celui d'Ignès la bouquetière,
Qui vous donna pour sienne à nourrir à ma mère.
La mort ayant ravi ce petit innocent
Quelque dix mois après, Albert étant absent,
La crainte d'un époux et l'amour maternelle
Firent l'événement d'une ruse nouvelle.
Sa femme en secret lors se rendit son vrai sang;
Vous devintes celui qui tenoit votre rang;
Et la mort de ce fils, mis dans votre famille,
Se couvrit pour Albert de celle de sa fille.
Voilà de votre sort un mystère éclairci,
Que votre feinte mère a caché jusqu'ici;
Elle en dit des raisons, et peut en avoir d'autres,
Par qui ses intérêts n'étoient pas tous les vôtres.
Enfin cette visite, où j'espérois si peu,
Plus qu'on ne pouvoit croire a servi votre feu.
Cette Ignès vous relâche, et, par votre autre affaire,
L'éclat de son secret devenu nécessaire,

Nous en avons nous deux votre père informé.
Un billet de sa femme a le tout confirmé :
Et, poussant plus avant encore notre pointe,
Quelque peu de fortune à notre adresse jointe,
Aux intérêts d'Albert, de Polidore, après,
Nous avons ajusté si bien les intérêts,
Si doucement à lui déplié ces mystères,
Pour n'effaroucher pas d'abord trop les affaires ;
Enfin, pour dire tout, mené si prudemment
Son esprit pas à pas à l'accommodement,
Qu'autant que votre père il montre de tendresse
A confirmer les nœuds qui font votre allégresse.

ASCAGNE.
Ah ! Frosine, la joie où vous m'acheminez !..
Eh ! que ne dois-je point à vos soins fortunés !

FROSINE.
Au reste, le bonhomme est en humeur de rire,
Et pour son fils encor nous défend de rien dire.

SCÈNE VI

POLIDORE, ASCAGNE, FROSINE.

POLIDORE.
Approchez-vous, ma fille : un tel nom m'est permis,
Et j'ai su le secret que cachoient ces habits.
Vous avez fait un trait qui, dans sa hardiesse,
Fait briller tant d'esprit et tant de gentillesse,
Que je vous en excuse, et tiens mon fils heureux
Quand il saura l'objet de ses soins amoureux.
Vous valez tout un monde, et c'est moi qui l'assure.
Mais le voici ; prenons plaisir de l'aventure,
Allez faire venir tous vos gens promptement.

ASCAGNE.
Vous obéir sera mon premier compliment.

SCÈNE VII

POLIDORE, VALÈRE, MASCARILLE.

MASCARILLE, à Valère.
Les disgrâces souvent sont du ciel révélées.
J'ai songé cette nuit de perles défilées
Et d'œufs cassés ; monsieur, un tel songe m'abat.

VALÈRE.
Chien de poltron !

POLIDORE.
Valère, il s'apprête un combat
Où toute ta valeur te sera nécessaire.
Tu vas avoir en tête un puissant adversaire.

MASCARILLE.
Et personne, monsieur, qui se veuille bouger
Pour retenir des gens qui se vont égorger !
Pour moi, je le veux bien ; mais, au moins, s'il arrive
Qu'un funeste accident de votre fils vous prive,
Ne m'en accusez point.

POLIDORE.
Non, non ; en cet endroit,
Je le pousse moi-même à faire ce qu'il doit.

MASCARILLE.
Père dénaturé !

VALÈRE.
Ce sentiment, mon père,
Est d'un homme de cœur, et je vous en révère.
J'ai dû vous offenser, et je suis criminel
D'avoir fait tout ceci sans l'aveu paternel ;
Mais, à quelque dépit que ma faute vous porte,
La nature toujours se montre la plus forte,
Et votre honneur fait bien, quand il ne veut pas voir
Que le transport d'Éraste ait de quoi m'émouvoir.

POLIDORE.
On me faisoit tantôt redouter sa menace ;
Mais les choses depuis ont bien changé de face,
Et, sans le pouvoir fuir, d'un ennemi plus fort
Tu vas être attaqué.

MASCARILLE.
Point de moyen d'accord ?

VALÈRE.
Moi, le fuir ! Dieu m'en garde ! Et qui donc pourroit-ce être ?

POLIDORE.
Ascagne.

VALÈRE.
Ascagne ?

POLIDORE.
Oui, tu le vas voir paroître.

VALÈRE.
Lui, qui de me servir m'avoit donné sa foi !

POLIDORE.
Oui, c'est lui qui prétend avoir affaire à toi,
Et qui veut, dans le champ où l'honneur vous appelle,
Qu'un combat seul à seul vide votre querelle.

MASCARILLE.
C'est un brave homme ; il sait que les cœurs généreux
Ne mettent point les gens en compromis pour eux.

POLIDORE.
Enfin, d'une imposture ils te rendent coupable,
Dont le ressentiment m'a paru raisonnable ;
Si bien qu'Albert et moi sommes tombés d'accord
Que tu satisferois Ascagne sur ce tort,
Mais aux yeux d'un chacun, et sans nulles remises,
Dans les formalités en pareil cas requises.

VALÈRE.
Et Lucile, mon père, a, d'un cœur endurci...

POLIDORE.
Lucile épouse Éraste, et te condamne aussi ;
Et, pour convaincre mieux tes discours d'injustice,
Veut qu'à tes propres yeux cet hymen s'accomplisse.

VALÈRE.
Ah ! c'est une impudence à me mettre en fureur.
Elle a donc perdu sens, foi, conscience, honneur !

SCÈNE VIII

ALBERT, POLIDORE, LUCILE, ÉRASTE, VALÈRE, MASCARILLE.

ALBERT.
Eh bien, les combattants? On amène le nôtre.
Avez-vous disposé le courage du vôtre?
VALÈRE.
Oui, oui, me voilà prêt, puisqu'on m'y veut forcer;
Et, si j'ai pu trouver sujet de balancer,
Un reste de respect en pouvoit être cause,
Et non pas la valeur du bras que l'on m'oppose.
Mais c'est trop me pousser, ce respect est à bout;
A toute extrémité mon esprit se résout,
Et l'on fait voir un trait de perfidie étrange,
Dont il faut hautement que mon amour se venge.
A Lucile.
Non pas que cet amour prétende encore à vous :
Tout son feu se résout en ardeur de courroux;
Et, quand j'aurai rendu votre honte publique,
Votre coupable hymen n'aura rien qui me pique,
Allez, ce procédé, Lucile, est odieux :
A peine en puis-je croire au rapport de mes yeux;
C'est de toute pudeur se montrer ennemie,
Et vous devriez mourir d'une telle infamie.
LUCILE.
Un semblable discours me pourroit affliger,
Si je n'avois en main qui m'en saura venger.
Voici venir Ascagne : il aura l'avantage
De vous faire changer bien vite de langage,
Et sans beaucoup d'effort.

SCÈNE IX

ALBERT, POLIDORE, ASCAGNE, LUCILE, ÉRASTE, VALÈRE, FROSINE, MARINETTE, GROS-RENÉ, MASCARILLE.

VALÈRE.
Il ne le fera pas.
Quand il joindroit au sien encor vingt autres bras,
Je le plains de défendre une sœur criminelle;
Mais, puisque son erreur me veut faire querelle,
Nous le satisferons, et vous, mon brave, aussi.
ÉRASTE.
Je prenois intérêt tantôt à tout ceci;
Mais enfin, comme Ascagne a pris sur lui l'affaire,
Je ne m'en mêle plus, et je le laisse faire¹.
VALÈRE.
C'est bien fait; la prudence est toujours de saison.
Mais...
ÉRASTE.
Il saura pour tous vous mettre à la raison.
VALÈRE.
Lui?

POLIDORE.
Ne t'y trompe pas, tu ne sais pas encore
Quel étrange garçon est Ascagne.
ALBERT.
Il l'ignore;
Mais il pourra dans peu le lui faire savoir.
VALÈRE.
Sus donc, que maintenant il me le fasse voir.
MARINETTE.
Aux yeux de tous?
GROS-RENÉ.
Cela ne seroit pas honnête.
VALÈRE.
Se moque-t-on de moi? Je casserai la tête
A quelqu'un des rieurs. Enfin, voyons l'effet.
ASCAGNE.
Non, non, je ne suis pas si méchant qu'on me fait,
Et, dans cette aventure où chacun m'intéresse,
Vous allez voir plutôt éclater ma foiblesse,
Connoître que le ciel, qui dispose de nous,
Ne me fit pas un cœur pour tenir contre vous,
Et qu'il vous réservoit, pour victoire facile,
De finir le destin du frère de Lucile.
Oui, bien loin de vanter le pouvoir de mon bras,
Ascagne va par vous recevoir le trépas² :
Mais il veut bien mourir, si sa mort nécessaire
Peut avoir maintenant de quoi vous satisfaire,
En vous donnant pour femme, en présence de tous,
Celle qui justement ne peut être qu'à vous.
VALÈRE.
Non, quand toute la terre, après sa perfidie
Et les traits effrontés...
ASCAGNE.
Ah! souffrez que je die,
Valère, que le cœur qui vous est engagé
D'aucun crime envers vous ne peut être chargé;
Sa flamme est toujours pure et sa constance extrême,
Et j'en prends à témoin votre père lui-même.
POLIDORE.
Oui, mon fils, c'est assez rire de ta fureur,
Et je vois qu'il est temps de te tirer d'erreur.
Celle à qui par serment ton âme est attachée
Sous l'habit que tu vois à tes yeux est cachée;
Un intérêt de bien, dès ses plus jeunes ans,
Fit ce déguisement qui trompe tant de gens;
Et, depuis peu, l'amour en a su faire un autre
Qui t'abusa, joignant leur famille à la nôtre.
Ne va point regarder à tout le monde aux yeux.
Je te fais maintenant un discours sérieux.
Oui, c'est elle, en un mot, dont l'adresse subtile,
La nuit, reçut ta foi sous le nom de Lucile,
Et qui, par ce ressort qu'on ne comprenoit pas,
A semé parmi nous un si grand embarras.
Mais, puisque Ascagne ici fait place à Dorothée,
Il faut voir de vos feux toute imposture ôtée,
Et qu'un nœud plus sacré donne force au premier.

¹ Var. Je ne veux plus en prendre, et je le laisse faire.

² Var. Ascagne va pour vous recevoir le trépas.

ALBERT.
Et c'est là justement ce combat singulier
Qui devoit envers nous réparer votre offense,
Et pour qui les édits n'ont point fait de défense.
POLIDORE.
Un tel événement rend tes esprits confus
Mais en vain tu voudrois balancer là-dessus.
VALÈRE.
Non, non, je ne veux pas songer à m'en défendre,
Et, si cette aventure a lieu de me surprendre,
La surprise me flatte, et je me sens saisir
De merveille[1] à la fois, d'amour et de plaisir.
Se peut-il que ces yeux...
ALBERT.
Cet habit, cher Valère,
Souffre mal les discours que vous lui pourriez faire.
Allons lui faire en prendre un autre, et cependant
Vous saurez le détail de tout cet incident.
VALÈRE.
Vous, Lucile, pardon, si mon âme abusée...
LUCILE.
L'oubli de cette injure est une chose aisée.
ALBERT.
Allons, ce compliment se fera bien chez nous,
Et nous aurons loisir de nous en faire tous.
ÉRASTE.
Mais vous ne songez pas, en tenant ce langage,
Qu'il reste encore ici des sujets de carnage.
Voilà bien à tous deux notre amour couronné;
Mais de son Mascarille et de mon Gros-René
Par qui doit Marinette être ici possédée?
Il faut que par le sang l'affaire soit vidée.
MASCARILLE.
Nenni, nenni, mon sang dans mon corps sied trop bien:
Qu'il l'épouse en repos, cela ne me fait rien.
De l'humeur que je sais la chère Marinette,
L'hymen ne ferme pas la porte à la fleurette.
MARINETTE.
Et tu crois que de toi je ferois mon galant?
Un mari, passe encor; tel qu'il est, on le prend;
On n'y va pas chercher tant de cérémonie :
Mais il faut qu'un galant soit fait à faire envie.
GROS-RENÉ.
Écoute : quand l'hymen aura joint nos deux peaux,
Je prétends qu'on soit sourde à tous les damoiseaux.
MASCARILLE.
Tu crois te marier pour toi tout seul, compère?
GROS-RENÉ.
Bien entendu : je veux une femme sévère,
Ou je ferai beau bruit.
MASCARILLE.
Eh, mon Dieu ! tu feras
Comme les autres font, et tu t'adouciras.
Ces gens, avant l'hymen, si fâcheux et critiques,
Dégénèrent souvent en maris pacifiques.
MARINETTE.
Va, va, petit mari, ne crains rien de ma foi;
Les douceurs ne feront que blanchir contre moi;
Et je te dirai tout.
MASCARILLE.
O la fine pratique !
Un mari confident!
MARINETTE.
Taisez-vous, as de pique[1] !
ALBERT.
Pour la troisième fois, allons-nous-en chez nous
Poursuivre en liberté des entretiens si doux.

[1] *Merveille* dans le sens d'*admiration, étonnement*. Ce mot ne se dit plus de l'admiration elle-même, mais seulement de ce qui la produit. (Auger.)

[1] *Mauvaise langue, langue piquante*. Jeu de mots sur le sens figuré du verbe *piquer*. (F. Génin.)

LES PRÉCIEUSES RIDICULES

COMÉDIE EN UN ACTE

PRÉFACE DE L'AUTEUR

C'est une chose étrange qu'on imprime les gens malgré eux. Je ne vois rien de si injuste, et je pardonnerois toute autre violence plutôt que celle-là.

Ce n'est pas que je veuille faire ici l'auteur modeste, et mépriser, par honneur, ma comédie. J'offenserois mal à propos tout Paris, si je l'accusois d'avoir pu applaudir à une sottise. Comme le public est le juge absolu de ces sortes d'ouvrages, il y auroit de l'impertinence à moi de le démentir; et, quand j'aurois eu la plus mauvaise opinion du monde de mes *Précieuses ridicules* avant leur représentation, je dois croire maintenant qu'elles valent quelque chose, puisque tant de gens ensemble en ont dit du bien. Mais, comme une grande partie des grâces qu'on y a trouvées dépendent de l'action et du ton de voix, il m'importoit qu'on ne les dépouillât pas de ces ornements; et je trouvois que le succès qu'elles avoient eu dans la représentation étoit assez beau pour en demeurer là. J'avois résolu, dis-je, de ne les faire voir qu'à la chandelle, pour ne point donner lieu à quelqu'un de dire le proverbe [1]; et je ne voulois pas qu'elles sautassent du théâtre de Bourbon dans la galerie du Palais [2]. Cependant je n'ai pu l'éviter, et je suis tombé dans la disgrâce de voir une copie dérobée de ma pièce entre les mains des libraires, accompagnée d'un privilége obtenu par surprise. J'ai eu beau crier : O temps! ô mœurs! on m'a fait voir une nécessité pour moi d'être imprimé, ou d'avoir un procès; et le dernier mal est encore pire que le premier. Il faut donc se laisser aller à la destinée, et consentir à une chose qu'on ne laisseroit pas de faire sans moi.

Mon Dieu! l'étrange embarras qu'un livre à mettre au jour, et qu'un auteur est neuf la première fois qu'on l'imprime! Encore si l'on m'avoit donné du temps, j'aurois pu mieux songer à moi, et j'aurois pris toutes les précautions que messieurs les auteurs, à présent mes confrères, ont coutume de prendre en semblables occasions. Outre quelque grand seigneur que j'aurois été prendre malgré lui pour protecteur de mon ouvrage, et dont j'aurois tenté la libéralité par une épître dédicatoire bien fleurie, j'aurois tâché de faire une belle et docte préface; et je ne manque point de livres qui m'auroient fourni tout ce qu'on peut dire de savant sur la tragédie et la comédie, l'étymologie de toutes deux, leur origine, leur définition, et le reste.

J'aurois parlé aussi à mes amis, qui, pour la recommandation de ma pièce, ne m'auroient pas refusé, ou des vers françois, ou des vers latins. J'en ai même qui m'auroient loué en grec; et l'on n'ignore pas qu'une louange en grec est d'une merveilleuse efficace à la tête d'un livre. Mais on me met au jour sans me donner le loisir de me reconnoître; et je ne puis même obtenir la liberté de dire deux mots pour justifier mes intentions sur le sujet de cette comédie. J'aurois voulu faire voir qu'elle se tient partout dans les bornes de la satire honnête et permise; que les plus excellentes choses sont sujettes à être copiées par de mauvais singes qui méritent d'être bernés [1]; que ces vicieuses imitations de ce qu'il y a de plus parfait ont été de tout temps la matière de la comédie; et que, par la même raison, les véritables savants et les vrais braves ne se sont point encore avisés de s'offenser du Docteur de la comédie, et du Capitan; non plus que les juges, les princes et les rois, de voir Trivelin [2], ou quelque autre, sur le théâtre, faire ridiculement le juge, le prince ou le roi: aussi les véritables précieuses auroient tort de se piquer, lorsqu'on joue les ridicules qui les imitent mal. Mais enfin, comme j'ai dit, on ne me laisse pas le temps de respirer, et M. de Luynes veut m'aller relier de ce pas : à la bonne heure, puisque Dieu l'a voulu.

PERSONNAGES

LAGRANGE [3],
DU CROISY [4], } amants rebutés.
GORGIBUS, bon bourgeois [5].
MADELON, fille de Gorgibus [6],
CATHOS, nièce de Gorgibus [7], } précieuses ridicules.
MAROTTE, servante des précieuses ridicules [8].
ALMANZOR, laquais des précieuses ridicules [9].
LE MARQUIS DE MASCARILLE, valet de la Grange [10].
LE VICOMTE DE JODELET, valet de du Croisy [11].
DEUX PORTEURS DE CHAISES.
VOISINES.
VIOLONS.

---

[1] Molière fait allusion à ce proverbe : « Elle est belle à la chandelle; mais le grand jour gâte tout. »

[2] C'est là, chez Barbin, chez de Luynes, ou chez Trabouillet, que se vendaient les pièces nouvelles. (Aimé Martin.)

[1] Ce passage est d'autant plus adroit, que Molière attaquait une coterie fort puissante. Les deux provinciales *méritent d'être bernées*, mais elles ont copié d'*excellentes choses*. Il est clair cependant que ces excellentes choses sont précisément celles que Molière va couvrir de ridicule. (Aimé Martin.)

[2] Le *Docteur*, le *Capitan* et *Trivelin*, étaient trois personnages ou caractères appartenant à la farce italienne. (Aimé Martin.)

[3] Acteurs de la troupe de Molière : LA GRANGE. — [4] DU CROISY. — [5] L'ESPY. — [6] Mademoiselle DE BRIE. — [7] Mademoiselle DU PARC. — [8] Madeleine BÉJART. — [9] DE BRIE. — [10] MOLIÈRE. — [11] BRÉCOURT.

SCÈNE I

LA GRANGE, DU CROISY.

DU CROISY.
Seigneur la Grange!
LA GRANGE.
Quoi?
DU CROISY.
Regardez-moi un peu sans rire.
LA GRANGE.
Eh bien?
DU CROISY.
Que dites-vous de notre visite? En êtes-vous fort satisfait?
LA GRANGE.
A votre avis, avons-nous sujet de l'être tous deux?
DU CROISY.
Pas tout à fait, à dire vrai.
LA GRANGE.
Pour moi, je vous avoue que j'en suis tout scandalisé. A-t-on jamais vu, dites-moi, deux pecques provinciales faire plus les renchéries que celles-là, et deux hommes traités avec plus de mépris que nous? A peine ont-elles pu se résoudre à nous faire donner des sièges. Je n'ai jamais vu tant parler à l'oreille qu'elles ont fait entre elles, tant bâiller, tant se frotter les yeux, et demander tant de fois : Quelle heure est-il? Ont-elles répondu que oui et non à tout ce que nous avons pu leur dire? et ne m'avouerez-vous pas enfin que, quand nous aurions été les dernières personnes du monde, on ne pouvoit nous faire pis qu'elles ont fait?
DU CROISY.
Il me semble que vous prenez la chose fort à cœur.
LA GRANGE.
Sans doute, je l'y prends, et de telle façon, que je me veux venger de cette impertinence. Je connois ce qui nous a fait mépriser. L'air précieux n'a pas seulement infecté Paris, il s'est aussi répandu dans les provinces, et nos donzelles ridicules en ont humé leur bonne part. En un mot, c'est un ambigu de précieuse et de coquette que leur personne. Je vois ce qu'il faut être pour en être bien reçu; et, si vous m'en croyez, nous leur jouerons tous deux une pièce qui leur fera voir leur sottise, et pourra leur apprendre à connoître un peu mieux leur monde.
DU CROISY.
Et comment, encore?
LA GRANGE.
J'ai un certain valet, nommé Mascarille, qui passe, au sentiment de beaucoup de gens, pour une manière de bel esprit; car il n'y a rien à meilleur marché que le bel esprit maintenant. C'est un extravagant qui s'est mis dans la tête de vouloir faire l'homme de condition. Il se pique ordinairement de galanterie et de vers, et dédaigne les autres valets, jusqu'à les appeler brutaux.
DU CROISY.
Eh bien, qu'en prétendez-vous faire?

LA GRANGE.
Ce que j'en prétends faire? Il faut... Mais sortons d'ici auparavant.

SCÈNE II

GORGIBUS, DU CROISY, LA GRANGE.

GORGIBUS.
Eh bien, vous avez vu ma nièce et ma fille? Les affaires iront-elles bien? Quel est le résultat de cette visite?
LA GRANGE.
C'est une chose que vous pourriez mieux apprendre d'elles que de nous. Tout ce que nous pouvons vous dire c'est que nous vous rendons grâce de la faveur que vous nous avez faite, et demeurons vos très-humbles serviteurs.
DU CROISY.
Vos très-humbles serviteurs.
GORGIBUS, seul.
Ouais! il semble qu'ils sortent mal satisfaits d'ici. D'où pourroit venir leur mécontentement? Il faut savoir un peu ce que c'est. Holà!

SCÈNE III

GORGIBUS, MAROTTE.

MAROTTE.
Que désirez-vous, monsieur?
GORGIBUS.
Où sont vos maîtresses?
MAROTTE.
Dans leur cabinet.
GORGIBUS.
Que font-elles?
MAROTTE.
De la pommade pour les lèvres.
GORGIBUS.
C'est trop pommadé : dites-leur qu'elles descendent.

SCÈNE IV

GORGIBUS, seul.

Ces pendardes-là, avec leur pommade, ont, je pense, envie de me ruiner. Je ne vois partout que blancs d'œufs, lait virginal, et mille autres brimborions que je ne connois point. Elles ont usé, depuis que nous sommes ici, le lard d'une douzaine de cochons, pour le moins; et quatre valets vivroient tous les jours des pieds de mouton qu'elles emploient.

SCÈNE V

MADELON, CATHOS, GORGIBUS.

GORGIBUS.
Il est bien nécessaire vraiment de faire tant de dépense

pour vous graisser le museau ! Dites moi un peu ce que vous avez fait à ces messieurs, que je les vois sortir avec tant de froideur ! Vous avois-je pas commandé de les recevoir comme des personnes que je voulois vous donner pour maris ?

MADELON.

Et quelle estime, mon père, voulez-vous que nous fassions du procédé irrégulier de ces gens-là ?

CATHOS.

Le moyen, mon oncle, qu'une fille un peu raisonnable se pût accommoder de leur personne ?

GORGIBUS.

Et qu'y trouvez-vous à redire ?

MADELON.

La belle galanterie que la leur ! Quoi ! débuter d'abord par le mariage ?

GORGIBUS.

Et par où veux-tu donc qu'ils débutent ? par le concubinage ? N'est-ce pas un procédé dont vous avez sujet de vous louer toutes deux aussi bien que moi ? Est-il rien de plus obligeant que cela ? Et ce lien sacré où ils aspirent n'est-il pas un témoignage de l'honnêteté de leurs intentions ?

MADELON.

Ah ! mon père, ce que vous dites là est du dernier bourgeois. Cela me fait honte de vous ouïr parler de la sorte, et vous devriez un peu vous faire apprendre le bel air des choses.

GORGIBUS.

Je n'ai que faire ni d'air ni de chanson. Je te dis que le mariage est une chose sainte et sacrée, et que c'est faire en honnêtes gens que de débuter par là.

MADELON.

Mon Dieu ! que si tout le monde vous ressembloit, un roman seroit bientôt fini ! La belle chose que ce seroit, si d'abord Cyrus épousoit Mandane, et qu'Aronce de plain-pied fût marié à Clélie [1] !

GORGIBUS.

Que me vient conter celle-ci ?

MADELON.

Mon père, voilà ma cousine qui vous dira aussi bien que moi que le mariage ne doit jamais arriver qu'après les autres aventures. Il faut qu'un amant, pour être agréable, sache débiter les beaux sentiments, pousser le doux, le tendre et le passionné, et que sa recherche soit dans les formes. Premièrement, il doit voir au temple, ou à la promenade, ou dans quelque cérémonie publique, la personne dont il devient amoureux ; ou bien être conduit fatalement chez elle par un parent ou un ami, et sortir de là tout rêveur et mélancolique. Il cache un temps sa passion à l'objet aimé, et cependant lui rend plusieurs visites, où l'on ne manque jamais de mettre sur le tapis une question galante qui exerce les esprits de l'assemblée. Le jour de la déclaration arrive, qui se doit faire ordinairement dans une allée de quelque jardin, tandis que la compagnie s'est un peu éloignée : et cette déclaration est suivie d'un prompt courroux, qui paroît à notre rougeur, et qui, pour un temps, bannit l'amant de notre présence. Ensuite il trouve moyen de nous apaiser, de nous accoutumer insensiblement au discours de sa passion, et de tirer de nous cet aveu qui fait tant de peine. Après cela viennent les aventures, les rivaux qui se jettent à la traverse d'une inclination établie, les persécutions des pères, les jalousies conçues sur de fausses apparences, les plaintes, les désespoirs, les enlèvements, et ce qui s'ensuit. Voilà comme les choses se traitent dans les belles manières ; et ce sont des règles dont, en bonne galanterie, on ne sauroit se dispenser. Mais en venir de but en blanc à l'union conjugale, ne faire l'amour qu'en faisant le contrat du mariage, et prendre justement le roman par la queue ; encore un coup, mon père, il ne se peut rien de plus marchand que ce procédé ; et j'ai mal au cœur de la seule vision que cela me fait.

GORGIBUS.

Quel diable de jargon entends-je ici ? Voici bien du haut style !

CATHOS.

En effet, mon oncle, ma cousine donne dans le vrai de la chose. Le moyen de bien recevoir des gens qui sont tout à fait incongrus en galanterie ! Je m'en vais gager qu'ils n'ont jamais vu la carte de Tendre, et que Billets-Doux, Petits-Soins, Billets-Galants, et Jolis-Vers, sont des terres inconnues pour eux [1]. Ne voyez-vous pas que toute leur personne marque cela, et qu'ils n'ont point d'air qui donne d'abord bonne opinion des gens ? Venir en visite amoureuse avec une jambe tout unie, un chapeau désarmé de plumes, une tête irrégulière en cheveux, et un habit qui souffre une indigence de rubans ; mon Dieu ! quels amants sont-ce là ! Quelle frugalité d'ajustement, et quelle sécheresse de conversation ! On n'y dure point, on n'y tient pas. J'ai remarqué encore que leurs rabats ne sont pas de la bonne faiseuse, et qu'il s'en faut plus d'un grand demi-pied que leurs hauts-de-chausses ne soient assez larges.

GORGIBUS.

Je pense qu'elles sont folles toutes deux, et je ne puis rien comprendre à ce baragouin. Cathos, et vous, Madelon...

MADELON.

Eh ! de grâce, mon père, défaites-vous de ces noms étranges, et nous appelez autrement.

GORGIBUS.

Comment, ces noms étranges ! Ne sont-ce pas vos noms de baptême ?

---

[1] Cyrus et Mandane, Clélie et Aronce, sont les principaux personnages d'Artamène et de Clélie, romans de mademoiselle de Scudéry, alors très à la mode.

[1] La carte de Tendre est une fiction allégorique du roman de Clélie. On voit sur cette carte un fleuve d'Inclination, une mer d'Inimitié, un lac d'Indifférence. Pour parvenir à la ville de Tendre, il falloit assiéger le village de Billets-Galants, forcer le hameau de Billets-Doux, et s'emparer ensuite du château de Petits-Soins. L'idée de cette carte parut si ingénieuse, que tous les auteurs s'empressèrent de l'imiter. On vit alors paroître la Carte du royaume d'Amour ; la Description du royaume de Coquetterie, etc. (Aimé Martin.)

MADELON.

Mon Dieu! que vous êtes vulgaire! Pour moi, un de mes étonnements, c'est que vous ayez pu faire une fille si spirituelle que moi. A-t-on jamais parlé dans le beau style de Cathos ni de Madelon, et ne m'avouerez-vous pas que ce seroit assez d'un de ces noms pour décrier le plus beau roman du monde?

CATHOS.

Il est vrai, mon oncle, qu'une oreille un peu délicate pâtit furieusement à entendre prononcer ces mots-là; et le nom de Polixène que ma cousine a choisi, et celui d'Aminte que je me suis donné, ont une grâce dont il faut que vous demeuriez d'accord [1].

GORGIBUS.

Écoutez : il n'y a qu'un mot qui serve. Je n'entends point que vous ayez d'autres noms que ceux qui vous ont été donnés par vos parrains et marraines; et pour ces messieurs dont il est question, je connois leurs familles et leurs biens, et je veux résolûment que vous vous disposiez à les recevoir pour maris. Je me lasse de vous avoir sur les bras, et la garde de deux filles est une charge un peu trop pesante pour un homme de mon âge.

CATHOS.

Pour moi, mon oncle, tout ce que je puis vous dire, c'est que je trouve le mariage une chose tout à fait choquante. Comment est-ce qu'on peut souffrir la pensée de coucher contre un homme vraiment nu?

MADELON.

Souffrez que nous prenions un peu haleine parmi le beau monde de Paris, où nous ne faisons que d'arriver. Laissez-nous faire à loisir le tissu de notre roman, et n'en pressez point tant la conclusion.

GORGIBUS, à part.

Il n'en faut point douter, elles sont achevées. (Haut.) Encore un coup, je n'entends rien à toutes ces balivernes : je veux être maître absolu; et, pour trancher toutes sortes de discours, ou vous serez mariées toutes deux avant qu'il soit peu, ou, ma foi, vous serez religieuses; j'en fais un bon serment [2].

SCÈNE VI

CATHOS, MADELON.

CATHOS.

Mon Dieu! ma chère, que ton père a la forme enfoncée dans la matière! que son intelligence est épaisse, et qu'il fait sombre dans son âme!

MADELON.

Que veux-tu, ma chère? j'en suis en confusion pour lui. J'ai peine à me persuader que je puisse être véritablement sa fille, et je crois que quelque aventure, un jour me viendra développer une naissance plus illustre.

CATHOS.

Je le croirois bien; oui, il y a toutes les apparences du monde; et, pour moi, quand je me regarde aussi...

SCÈNE VII

CATHOS, MADELON, MAROTTE.

MAROTTE.

Voilà un laquais qui demande si vous êtes au logis, et dit que son maître vous veut venir voir.

MADELON.

Apprenez, sotte, à vous énoncer moins vulgairement. Dites : Voilà un nécessaire qui demande si vous êtes en commodité d'être visibles.

MAROTTE.

Dame! je n'entends point le latin; et je n'ai pas appris, comme vous, la filofie dans le grand Cyre.

MADELON.

L'impertinente! le moyen de souffrir cela! Et qui est-il, le maître de ce laquais?

MAROTTE.

Il me l'a nommé le marquis de Mascarille.

MADELON.

Ah! ma chère, un marquis! un marquis! Oui, allez dire qu'on nous peut voir. C'est sans doute un bel esprit qui a ouï parler de nous.

CATHOS.

Assurément, ma chère.

MADELON.

Il faut le recevoir dans cette salle basse, plutôt qu'en notre chambre. Ajustons un peu nos cheveux au moins, et soutenons notre réputation. Vite, venez nous tendre ici dedans le conseiller des grâces.

MAROTTE.

Par ma foi, je ne sais point quelle bête c'est là; il faut parler chrétien, si vous voulez que je vous entende.

CATHOS.

Apportez-nous le miroir, ignorante que vous êtes, et gardez-vous bien d'en salir la glace par la communication de votre image.

Elles sortent.

SCÈNE VIII

MASCARILLE, DEUX PORTEURS.

MASCARILLE.

Holà! porteurs, holà! Là, là, là, là, là, là. Je pense que ces marauds-là ont dessein de me briser à force de heurter contre les murailles et les pavés.

PREMIER PORTEUR.

Dame! c'est que la porte est étroite. Vous avez voulu aussi que nous soyons entrés jusqu'ici.

MASCARILLE.

Je le crois bien. Voudriez-vous, faquins, que j'exposasse

---

[1] C'est ainsi que Catherine de Vivonne, marquise de Rambouillet, ne trouvant pas son nom assez noble, avait balancé longtemps entre Carinthée, Éracinthe et Arthénice, anagrammes de Catherine, et qu'elle prit enfin le dernier, qui fut prononcé en chaire par Fléchier dans l'oraison funèbre de l'abbesse d'Hyères, l'année même où l'on joua les *Femmes savantes*. (Petitot).

[2] Il est impossible de ne pas reconnaître dans cette scène l'idée première de la fameuse scène des *Femmes savantes*.

l'embonpoint de mes plumes aux inclémences de la saison pluvieuse, et que j'allasse imprimer mes souliers en boue? Allez, ôtez votre chaise d'ici.

DEUXIÈME PORTEUR.

Payez-nous donc, s'il vous plaît, monsieur.

MASCARILLE.

Hein?

DEUXIÈME PORTEUR.

Je dis, monsieur, que vous nous donniez de l'argent, s'il vous plaît.

MASCARILLE, lui donnant un soufflet.

Comment, coquin! demander de l'argent à une personne de ma qualité!

DEUXIÈME PORTEUR.

Est-ce ainsi qu'on paye les pauvres gens? et votre qualité nous donne-t-elle à dîner?

MASCARILLE.

Ah! ah! ah! je vous apprendrai à vous connoître! Ces canailles-là s'osent jouer à moi!

PREMIER PORTEUR, prenant un des bâtons de sa chaise.

Çà, payez-nous vitement.

MASCARILLE.

Quoi?

PREMIER PORTEUR.

Je dis que je veux avoir de l'argent tout à l'heure.

MASCARILLE.

Il est raisonnable celui-là.

PREMIER PORTEUR.

Vite donc!

MASCARILLE.

Oui-da! tu parles comme il faut, toi; mais l'autre est un coquin qui ne sait ce qu'il dit. Tiens, es-tu content?

PREMIER PORTEUR.

Non, je ne suis pas content; vous avez donné un soufflet à mon camarade, et... (Levant son bâton.)

MASCARILLE.

Doucement; tiens, voilà pour le soufflet. On obtient tout de moi quand on s'y prend de la bonne façon. Allez, venez me reprendre tantôt pour aller au Louvre, au petit coucher.

SCÈNE IX

MAROTTE, MASCARILLE.

MAROTTE.

Monsieur, voilà mes maîtresses qui vont venir tout à l'heure.

MASCARILLE.

Qu'elles ne se pressent point; je suis ici posté commodément pour attendre.

MAROTTE.

Les voici.

SCÈNE X

MADELON, CATHOS, MASCARILLE, ALMANZOR.

MASCARILLE, après avoir salué.

Mesdames, vous serez surprises sans doute de l'audace de ma visite; mais votre réputation vous attire cette méchante affaire, et le mérite a pour moi des charmes si puissants, que je cours partout après lui.

MADELON.

Si vous poursuivez le mérite, ce n'est pas sur nos terres que vous devez chasser.

CATHOS.

Pour voir chez nous le mérite, il a fallu que vous l'y ayez amené.

MASCARILLE.

Ah! je m'inscris en faux contre vos paroles. La renommée accuse juste en contant ce que vous valez; et vous allez faire pic, repic et capot tout ce qu'il y a de galant dans Paris.

MADELON.

Votre complaisance pousse un peu trop avant la libéralité de ses louanges; et nous n'avons garde, ma cousine et moi, de donner de notre sérieux dans le doux de votre flatterie.

CATHOS.

Ma chère, il faudroit faire donner des siéges.

MADELON.

Holà, Almanzor!

ALMANZOR.

Madame?

MADELON.

Vite, voiturez-nous ici les commodités de la conversation.

MASCARILLE.

Mais, au moins, y a-t-il sûreté ici pour moi?

Almanzor sort.

CATHOS.

Que craignez-vous?

MASCARILLE.

Quelque vol de mon cœur, quelque assassinat de ma franchise [1]. Je vois ici deux [2] yeux qui ont la mine d'être de fort mauvais garçons, de faire insulte aux libertés, et de traiter une âme de Turc à More. Comment, diable! D'abord qu'on les approche, ils se mettent sur leur garde meurtrière. Ah! par ma foi, je m'en défie! et je m'en vais gagner au pied, ou je veux caution bourgeoise [3] qu'ils ne me feront point de mal.

MADELON.

Ma chère, c'est le caractère enjoué.

CATHOS.

Je vois bien que c'est un Amilcar [4].

[1] Dans le sens d'*indépendance*.
[2] Var. Je vois ici *des* yeux.
[3] *Caution bourgeoise*, garantie suffisante, allusion à l'ancienne coutume de livrer en otage au vainqueur un certain nombre des principaux bourgeois. Eustache de Saint-Pierre faisait partie de la caution bourgeoise fournie par la ville de Calais. (F. Génin.)
[4] Personnage du roman de *Clélie*, à qui l'auteur a donné un caractère enjoué et plaisant.

MADELON.

Ne craignez rien : nos yeux n'ont point de mauvais desseins, et votre cœur peut dormir en assurance sur leur prud'homie.

CATHOS.

Mais, de grâce, monsieur, ne soyez pas inexorable à ce fauteuil qui vous tend les bras il y a un quart d'heure; contentez un peu l'envie qu'il a de vous embrasser.

MASCARILLE, après s'être peigné et avoir ajusté ses canons.

Eh bien, mesdames, que dites-vous de Paris?

MADELON.

Hélas! qu'en pourrions-nous dire? Il faudroit être l'antipode de la raison, pour ne pas confesser que Paris est le grand bureau des merveilles, le centre du bon goût, du bel esprit, et de la galanterie.

MASCARILLE.

Pour moi, je tiens que hors de Paris il n'y a point de salut pour les honnêtes gens.

CATHOS.

C'est une vérité incontestable.

MASCARILLE.

Il y fait un peu crotté; mais nous avons la chaise [1].

MADELON.

Il est vrai que la chaise est un retranchement merveilleux contre les insultes de la boue et du mauvais temps.

MASCARILLE.

Vous recevez beaucoup de visites? Quel bel esprit est des vôtres?

MADELON.

Hélas! nous ne sommes pas encore connues; mais nous sommes en passe de l'être; et nous avons une amie particulière qui nous a promis d'amener ici tous ces messieurs du Recueil des pièces choisies.

CATHOS.

Et certains autres qu'on nous a nommés aussi pour être les arbitres souverains des belles choses.

MASCARILLE.

C'est moi qui ferai votre affaire mieux que personne; ils me rendent tous visite; et je puis dire que je ne me lève jamais sans une demi-douzaine de beaux esprits.

MADELON.

Eh, mon Dieu! nous vous serons obligées de la dernière obligation, si vous nous faites cette amitié; car enfin il faut avoir la connoissance de tous ces messieurs-là, si l'on veut être du beau monde. Ce sont eux qui donnent le branle à la réputation dans Paris; et vous savez qu'il y en a tel dont il ne faut que la seule fréquentation pour vous donner bruit de connoisseuse, quand il n'y auroit rien autre chose [2] que cela. Mais, pour moi, ce que je considère particulièrement, c'est que, par le moyen de ces visites spirituelles, on est instruit de cent choses qu'il faut savoir de nécessité, et qui sont de l'essence du bel esprit [3]. On apprend par là chaque jour les petites nouvelles galantes, les jolis commerces de prose ou de vers.

On sait à point nommé : un tel a composé la plus jolie pièce du monde sur un tel sujet; une telle a fait des paroles sur un tel air : celui-ci a fait un madrigal sur une jouissance; celui-là a composé des stances sur une infidélité; monsieur un tel écrivit hier au soir un sixain à mademoiselle une telle, dont elle lui a envoyé la réponse ce matin sur les huit heures; un tel auteur a fait un tel dessein; celui-là est à la troisième partie de son roman; cet autre met ses ouvrages sous la presse. C'est là ce qui vous fait valoir dans les compagnies; et, si l'on ignore ces choses, je ne donnerois pas un clou de tout l'esprit qu'on peut avoir.

CATHOS.

En effet, je trouve que c'est renchérir sur le ridicule, qu'une personne se pique d'esprit, et ne sache pas jusqu'au moindre petit quatrain qui se fait chaque jour; et, pour moi, j'aurois toutes les hontes du monde s'il falloit qu'on vînt à me demander si j'aurois vu quelque chose de nouveau que je n'aurois pas vu.

MASCARILLE.

Il est vrai qu'il est honteux de n'avoir pas des premiers tout ce qui se fait; mais ne vous mettez pas en peine; je veux établir chez vous une académie de beaux esprits, et je vous promets qu'il ne se fera pas un bout de vers dans Paris que vous ne sachiez par cœur avant tous les autres. Pour moi, tel que vous me voyez, je m'en escrime un peu quand je veux; et vous verrez courir de ma façon, dans les belles ruelles [1] de Paris, deux cents chansons, autant de sonnets, quatre cents épigrammes et plus de mille madrigaux, sans compter les énigmes et les portraits.

MADELON.

Je vous avoue que je suis furieusement pour les portraits : je ne vois rien de si galant que cela.

MASCARILLE.

Les portraits sont difficiles, et demandent un esprit profond : vous en verrez de ma manière qui ne vous déplairont pas.

CATHOS.

Pour moi, j'aime terriblement les énigmes.

MASCARILLE.

Cela exerce l'esprit, et j'en ai fait quatre encore ce matin, que je vous donnerai à deviner.

MADELON.

Les madrigaux sont agréables, quand ils sont bien tournés.

MASCARILLE.

C'est mon talent particulier; et je travaille à mettre en madrigaux toute l'Histoire romaine.

MADELON.

Ah! certes, cela sera du dernier beau; j'en retiens un exemplaire au moins, si vous le faites imprimer.

MASCARILLE.

Je vous en promets à chacune un, et des mieux reliés.

---

[1] La chaise à porteurs, dont la mode avoit été apportée d'Angleterre, sous le règne de Louis XIII, par le marquis de Montbrun.
[2] Var. Quand il n'y auroit rien autre que cela.
[3] Var. Et qui sont de l'essence d'un bel esprit.

[1] On donnait le nom de *ruelles* aux assemblées de ce temps-là. L'alcôve servait de salon, et la société s'y réunissait autour du lit de la précieuse, qui se couchait pour recevoir ses visites. La ruelle était parée avec beaucoup d'élégance et de goût, et les hommes qui en faisaient les honneurs prenaient le nom bizarre d'*alcôvistes*. (Petitot.)

Cela est au-dessous de ma condition; mais je le fais seulement pour donner à gagner aux libraires, qui me persécutent.

MADELON.

Je m'imagine que le plaisir est grand de se voir imprimé.

MASCARILLE.

Sans doute. Mais, à propos, il faut que je vous die un impromptu que je fis hier chez une duchesse de mes amies que je fus visiter; car je suis diablement fort sur les impromptus.

CATHOS.

L'impromptu est justement la pierre de touche de l'esprit.

MASCARILLE.

Écoutez donc.

MADELON.

Nous y sommes de toutes nos oreilles.

MASCARILLE.

Oh! oh! je n'y prenois pas garde :
Tandis que, sans songer à mal, je vous regarde,
Votre œil en tapinois me dérobe mon cœur.
Au voleur! au voleur! au voleur! au voleur!

CATHOS.

Ah! mon Dieu! voilà qui est poussé dans le dernier galant.

MASCARILLE.

Tout ce que je fais a l'air cavalier; cela ne sent point le pédant.

MADELON.

Il en est éloigné de plus de deux mille lieues.

MASCARILLE.

Avez-vous remarqué ce commencement, *Oh! oh!* voilà qui est extraordinaire, *oh! oh!* comme un homme qui s'avise tout d'un coup, *oh! oh!* La surprise, *oh! oh!*

MADELON.

Oui, je trouve ce *oh! oh!* admirable.

MASCARILLE.

Il semble que cela ne soit rien.

CATHOS.

Ah! mon Dieu! que dites-vous là¹? Ce sont de ces sortes de choses qui ne se peuvent payer.

MADELON.

Sans doute; et j'aimerois mieux avoir fait ce *oh! oh!* qu'un poëme épique.

MASCARILLE.

Tudieu! vous avez le goût bon.

MADELON.

Eh! je ne l'ai pas tout à fait mauvais.

MASCARILLE.

Mais n'admirez-vous pas aussi *je n'y prenois pas garde? je n'y prenois pas garde*, je ne m'apercevois pas de cela; façon de parler naturelle, *je n'y prenois pas garde*. *Tandis que, sans songer à mal*, tandis qu'innocemment, sans malice, comme un pauvre mouton, *je vous regarde*, c'est-à-dire je m'amuse à vous considérer, je vous observe, je vous contemple; *votre œil en tapinois*... Que vous semble de ce mot *tapinois?* n'est-il pas bien choisi?

CATHOS.

Tout à fait bien.

MASCARILLE.

Tapinois, en cachette; il semble que ce soit un chat qui vient de prendre une souris, *tapinois*.

MADELON.

Il ne se peut rien de mieux.

MASCARILLE.

Me dérobe mon cœur, me l'emporte, me le ravit; *au voleur! au voleur! au voleur! au voleur!* Ne diriez-vous pas que c'est un homme qui crie et court après un voleur pour le faire arrêter? *Au voleur! au voleur! au voleur! au voleur!*

MADELON.

Il faut avouer que cela a un tour spirituel et galant.

MASCARILLE.

Je veux vous dire l'air que j'ai fait dessus.

CATHOS.

Vous avez appris la musique?

MASCARILLE.

Moi? Point du tout.

CATHOS.

Et comment donc cela se peut-il?

MASCARILLE.

Les gens de qualité savent tout sans avoir jamais rien appris.

MADELON.

Assurément, ma chère.

MASCARILLE.

Écoutez si vous trouverez l'air à votre goût : *hem, hem, la, la, la, la, la*. La brutalité de la saison a furieusement outragé la délicatesse de ma voix; mais il n'importe, c'est à la cavalière. (Il chante.)

Oh! oh! je n'y prenois pas garde, etc.

CATHOS.

Ah! que voilà un air qui est passionné! Est-ce qu'on n'en meurt point?

MADELON.

Il y a de la chromatique là dedans.

MASCARILLE.

Ne trouvez-vous pas la pensée bien exprimée dans le chant? *Au voleur! au voleur!* Et puis, comme si l'on crioit bien fort, *au, au, au, au, au, voleur!* Et tout d'un coup, comme une personne essoufflée, *au voleur!*

MADELON.

C'est là savoir le fin des choses, le grand fin, le fin du fin. Tout est merveilleux, je vous assure; je suis enthousiasmée de l'air et des paroles.

CATHOS.

Je n'ai encore rien vu de cette force-là.

MASCARILLE.

Tout ce que je fais me vient naturellement, c'est sans étude.

MADELON.

La nature vous a traité en vraie mère passionnée, et vous en êtes l'enfant gâté.

---

¹ Var. Ah! mon Dieu! que *dites-vous?* Ce sont là de, etc.

MASCARILLE.
A quoi donc passez-vous le temps, mesdames?
CATHOS.
A rien du tout.
MADELON.
Nous avons été jusqu'ici dans un jeûne effroyable de divertissements.
MASCARILLE.
Je m'offre à vous mener l'un de ces jours à la comédie, si vous voulez; aussi bien on en doit jouer une nouvelle que je serai bien aise que nous voyions ensemble.
MADELON.
Cela n'est pas de refus.
MASCARILLE.
Mais je vous demande d'applaudir comme il faut, quand nous serons là; car je me suis engagé de faire valoir la pièce, et l'auteur m'en est venu prier encore ce matin. C'est la coutume ici, qu'à nous autres gens de condition, les auteurs viennent lire leurs pièces nouvelles, pour nous engager à les trouver belles et leur donner de la réputation : et je vous laisse à penser si, quand nous disons quelque chose, le parterre ose nous contredire! Pour moi, j'y suis fort exact; et, quand j'ai promis à quelque poëte, je crie toujours : Voilà qui est beau! devant que les chandelles soient allumées.
MADELON.
Ne m'en parlez point : c'est un admirable lieu que Paris; il s'y passe cent choses tous les jours, qu'on ignore dans les provinces, quelque spirituelle qu'on puisse être.
CATHOS.
C'est assez : puisque nous sommes instruites, nous ferons notre devoir de nous écrier comme il faut sur tout ce qu'on dira.
MASCARILLE.
Je ne sais si je me trompe; mais vous avez toute la mine d'avoir fait quelque comédie.
MADELON.
Eh! il pourroit être quelque chose de ce que vous d tes.
MASCARILLE.
Ah! ma foi, il faudra que nous la voyions. Entre nous, j'en ai composé une que je veux faire représenter.
CATHOS.
Eh! à quels comédiens la donnerez-vous?
MASCARILLE.
Belle demande! Aux comédiens de l'hôtel de Bourgogne : il n'y a qu'eux qui soient capables de faire valoir les choses; les autres sont des ignorants qui récitent comme l'on parle; ils ne savent pas faire ronfler les vers et s'arrêter au bel endroit : et le moyen de connoître où est le beau vers, si le comédien ne s'y arrête et ne nous avertit par là qu'il faut faire le brouhaha?
CATHOS.
En effet, il y a manière de faire sentir aux auditeurs les beautés d'un ouvrage; et les choses ne valent que ce qu'on les fait valoir.
MASCARILLE.
Que vous semble de ma petite oie[1]? La trouvez-vous congruente à l'habit?

[1] « Petite oye est ce qu'on retranche d'une oye quand on l'habille

CATHOS.
Tout à fait.
MASCARILLE.
Le ruban est bien choisi.
MADELON.
Furieusement bien. C'est Perdrigeon tout pur[1].
MASCARILLE.
Que dites-vous de mes canons[2]?
MADELON.
Ils ont tout à fait bon air.
MASCARILLE.
Je puis me vanter au moins qu'ils ont un grand quartier de plus que tous ceux qu'on fait.
MADELON.
Il faut avouer que je n'ai jamais vu porter si haut l'élégance de l'ajustement.
MASCARILLE.
Attachez un peu sur ces gants la réflexion de votre odorat.
MADELON.
Ils sentent terriblement bon.
CATHOS.
Je n'ai jamais respiré une odeur mieux conditionnée.
MASCARILLE.
Et celle-là? (Il donne à sentir les cheveux poudrés de sa perruque.)
MADELON.
Elle est tout à fait de qualité; le sublime en est touché délicieusement.
MASCARILLE.
Vous ne me dites rien de mes plumes! Comment les trouvez-vous?
CATHOS.
Effroyablement belles.
MASCARILLE.
Savez-vous que le brin me coûte un louis d'or? Pour moi, j'ai cette manie de vouloir donner généralement sur tout ce qu'il y a de plus beau.
MADELON.
Je vous assure que nous sympathisons, vous et moi. J'ai une délicatesse furieuse pour tout ce que je porte; et jusqu'à mes chaussettes, je ne puis rien souffrir qui ne soit de la bonne faiseuse[3].
MASCARILLE, s'écriant brusquement.
Ahi! ahi! ahi! doucement! Dieu me damne, mesdames, c'est fort mal en user; j'ai à me plaindre de votre procédé; cela n'est pas honnête.
CATHOS.
Qu'est-ce donc? qu'avez-vous?

pour la faire rostir, comme les pieds, les bouts d'aile, le cou, le foye, le gesier. » (Trévoux.) C'est ce qu'on appelle aujourd'hui un abatis.
Par une métaphore facile à comprendre, petite oie a désigné les accessoires de la toilette, plumes, rubans, dentelles, dont à cette époque le costume masculin était fort chargé. (F. Génin.)
[1] Perdrigeon était le fournisseur des gens du bel air.
[2] Canons, large bande d'étoffe ornée de dentelles, qu'on attachait au-dessus du genou, et qui couvrait la moitié de la jambe.
[3] Var. Qui ne soit de la bonne ouvrière.

LES PRÉCIEUSES RIDICULES.

SCÈNE XII

Garnier frères, Éditeurs.

MASCARILLE.

Quoi! toutes deux contre mon cœur en même temps! M'attaquer à droite et à gauche! ah! c'est contre le droit des gens : la partie n'est pas égale, et je m'en vais crier au meurtre.

CATHOS.

Il faut avouer qu'il dit les choses d'une manière particulière.

MADELON.

Il a un tour admirable dans l'esprit.

CATHOS.

Vous avez plus de peur que de mal, et votre cœur crie avant qu'on l'écorche.

MASCARILLE.

Comment, diable! il est écorché depuis la tête jusqu'aux pieds.

SCÈNE XI

CATHOS, MADELON, MASCARILLE, MAROTTE.

MAROTTE.

Madame, on demande à vous voir.

MADELON.

Qui?

MAROTTE.

Le vicomte de Jodelet.

MASCARILLE.

Le vicomte de Jodelet?

MAROTTE.

Oui, monsieur.

CATHOS.

Le connoissez-vous?

MASCARILLE.

C'est mon meilleur ami.

MADELON.

Faites entrer vitement.

MASCARILLE.

Il y a quelque temps que nous ne nous sommes vus, et je suis ravi de cette aventure.

CATHOS.

Le voici.

SCÈNE XII

CATHOS, MADELON, JODELET, MASCARILLE, MAROTTE, ALMANZOR.

MASCARILLE.

Ah! vicomte!

JODELET, s'embrassant l'un l'autre.

Ah! marquis!

MASCARILLE.

Que je suis aise de te rencontrer!

JODELET.

Que j'ai de joie de te voir ici!

MASCARILLE.

Baise-moi donc encore un peu, je te prie [1].

[1] Allusion à l'usage où étaient les hommes de la cour, surtout

MADELON, à Cathos.

Ma toute bonne, nous commençons d'être connues; voilà le beau monde qui prend le chemin de nous venir voir.

MASCARILLE.

Mesdames, agréez que je vous présente ce gentilhomme-ci : sur ma parole, il est digne d'être connu de vous.

JODELET.

Il est juste de venir vous rendre ce qu'on vous doit ; et vos attraits exigent leurs droits seigneuriaux sur toutes sortes de personnes.

MADELON.

C'est pousser vos civilités jusqu'aux derniers confins de la flatterie.

CATHOS.

Cette journée doit être marquée dans notre almanach comme une journée bienheureuse.

MADELON, à Almanzor.

Allons, petit garçon, faut-il toujours vous répéter les choses? Voyez-vous pas qu'il faut le surcroît d'un fauteuil?

MASCARILLE.

Ne vous étonnez pas de voir le vicomte de la sorte ; il ne fait que sortir d'une maladie qui lui a rendu le visage pâle comme vous le voyez [1].

JODELET.

Ce sont fruits des veilles de la cour et des fatigues de la guerre.

MASCARILLE.

Savez-vous, mesdames, que vous voyez dans le vicomte un des vaillants hommes du siècle? C'est un brave à trois poils.

JODELET.

Vous ne m'en devez rien, marquis ; et nous savons ce que vous savez faire aussi.

MASCARILLE.

Il est vrai que nous nous sommes vus tous deux dans l'occasion.

JODELET.

Et dans des lieux où il faisoit fort chaud.

MASCARILLE, regardant Cathos et Madelon.

Oui ; mais non pas si chaud qu'ici. Hai, hai, hai.

JODELET.

Notre connoissance s'est faite à l'armée ; et, la première fois que nous nous vîmes, il commandoit un régiment de cavalerie sur les galères de Malte.

MASCARILLE.

Il est vrai ; mais vous étiez pourtant dans l'emploi avant que j'y fusse ; et je me souviens que je n'étois que petit officier encore, que vous commandiez deux mille chevaux.

JODELET.

La guerre est une belle chose ; mais, ma foi, la cour

les jeunes gens, qui avaient la ridicule habitude, lorsqu'ils se rencontraient, de s'embrasser à plusieurs reprises, avec de grands gestes et des paroles fort bruyantes. C'est ce que Molière appelait avec tant de vérité la *fureur de leurs embrassements*. (Auger.)

[1] L'acteur à qui Molière avait confié ce rôle était d'une extrême pâleur : il se nommait Brécourt, et réussissait également dans la tragédie et dans la comédie ; il excellait surtout dans les Jodelets. Ainsi Molière, en lui donnant ce nom, fait allusion à son talent, comme il fait ici allusion à la pâleur de son visage, et un peu plus loin à sa bravoure, qui était très-grande. (Aimé Martin.)

récompense bien mal aujourd'hui les gens de service comme nous.

MASCARILLE.

C'est ce qui fait que je veux pendre l'épée au croc.

CATHOS.

Pour moi, j'ai un furieux tendre pour les hommes d'épée.

MADELON.

Je les aime aussi ; mais je veux que l'esprit assaisonne la bravoure.

MASCARILLE.

Te souvient-il, vicomte, de cette demi-lune que nous emportâmes sur les ennemis au siége d'Arras?

JODELET.

Que veux-tu dire avec ta demi-lune? C'étoit bien une lune tout entière.

MASCARILLE.

Je pense que tu as raison.

JODELET.

Il m'en doit bien souvenir, ma foi! j'y fus blessé à la jambe d'un coup de grenade dont je porte encore les marques. Tâtez un peu, de grâce : vous sentirez quel coup c'étoit là.

CATHOS, après avoir touché l'endroit.

Il est vrai que la cicatrice est grande.

MASCARILLE.

Donnez-moi un peu votre main, et tâtez celui-ci ; là, justement au derrière de la tête. Y êtes-vous?

MADELON.

Oui : je sens quelque chose.

MASCARILLE.

C'est un coup de mousquet que je reçus, la dernière campagne que j'ai faite.

JODELET, découvrant sa poitrine.

Voici un autre coup qui me perça de part en part à l'attaque de Gravelines.

MASCARILLE, mettant la main sur le bouton de son haut-de-chausses.

Je vais vous montrer une furieuse plaie.

MADELON.

Il n'est pas nécessaire : nous le croyons sans y regarder.

MASCARILLE.

Ce sont des marques honorables qui font voir ce qu'on est.

CATHOS.

Nous ne doutons pas de ce que vous êtes.

MASCARILLE.

Vicomte, as-tu là ton carrosse?

JODELET.

Pourquoi?

MASCARILLE.

Nous mènerions promener ces dames hors des portes [1], et leur donnerions un cadeau.

MADELON.

Nous ne saurions sortir aujourd'hui.

MASCARILLE.

Ayons donc les violons pour danser.

JODELET.

Ma foi! c'est bien avisé.

MADELON.

Pour cela nous y consentons ; mais il faut donc quelque surcroît de compagnie.

MASCARILLE.

Holà! Champagne, Picard, Bourguignon, Cascaret, Basque, la Verdure, Lorrain, Provençal, la Violette! Au diable soient tous les laquais! Je ne pense pas qu'il y ait gentilhomme en France plus mal servi que moi. Ces canailles me laissent toujours seul.

Almanzor, dites aux gens de monsieur le marquis qu'ils aillent quérir des violons, et nous faites venir ces messieurs et ces dames d'ici près, pour peupler la solitude de notre bal. (Almanzor sort.)

MASCARILLE.

Vicomte, que dis-tu de ces yeux?

JODELET.

Mais toi-même, marquis, que t'en semble?

MASCARILLE.

Moi, je dis que nos libertés auront peine à sortir d'ici les braies nettes. Au moins pour moi, je reçois d'étranges secousses, et mon cœur ne tient qu'à un filet.

MADELON.

Que tout ce qu'il dit est naturel! Il tourne les choses le plus agréablement du monde.

CATHOS.

Il est vrai qu'il fait une furieuse dépense en esprit.

MASCARILLE.

Pour vous montrer que je suis véritable, je veux faire un impromptu là-dessus. (Il médite.)

CATHOS.

Eh! je vous en conjure de toute la dévotion de mon cœur, que nous oyions quelque chose qu'on ait fait pour nous.

JODELET.

J'aurois envie d'en faire autant ; mais je me trouve un peu incommodé de la veine poétique, pour la quantité de saignées que j'y ai faites ces jours passés.

MASCARILLE.

Que diable est-ce là! Je fais toujours bien le premier vers ; mais j'ai peine à faire les autres. Ma foi, ceci est est un peu trop pressé ; je vous ferai un impromptu à loisir, que vous trouverez le plus beau du monde.

JODELET.

Il a de l'esprit comme un démon.

MADELON.

Et du galant, et du bien tourné.

---

[1] Se promener hors des portes, parce qu'à cette date Paris avait encore ses vieilles fortifications.

[1] La braie, en latin bragum, l'une des pièces les plus importantes du costume gaulois, répondait à notre pantalon moderne. La braie, qui tombait primitivement jusqu'au bas de la jambe, devint, en se raccourcissant, le haut-de-chausses, et plus tard la culotte. Au sens propre, sortir les braies nettes d'une bagarre, c'est en sortir sans avoir ses habits déchirés, et, au figuré, c'est en sortir sain et sauf.

MASCARILLE.

Vicomte, dis-moi un peu, y a-t-il longtemps que tu n'as vu la comtesse?

JODELET.

Il y a plus de trois semaines que je ne lui ai rendu visite.

MASCARILLE.

Sais-tu bien que le duc m'est venu voir ce matin, et m'a voulu mener à la campagne courir un cerf avec lui?

MADELON.

Voici nos amies qui viennent.

SCÈNE XIII

LUCILE, CÉLIMÈNE, CATHOS, MADELON, MASCARILLE, JODELET, MAROTTE, ALMANZOR, Violons.

MADELON.

Mon Dieu! mes chères [1], nous vous demandons pardon. Ces messieurs ont eu fantaisie de nous donner les âmes des pieds; et nous vous avons envoyé quérir pour remplir les vides de notre assemblée.

LUCILE.

Vous nous avez obligées, sans doute.

MASCARILLE.

Ce n'est ici qu'un bal à la hâte; mais, l'un de ces jours, nous vous en donnerons un dans les formes. Les violons sont-ils venus?

ALMANZOR.

Oui, monsieur; ils sont ici.

CATHOS.

Allons donc, mes chères, prenez place.

MASCARILLE, dansant lui seul comme par prélude.

La, la, la, la, la, la, la, la.

MADELON.

Il a la taille tout à fait élégante.

CATHOS.

Et a la mine de danser proprement.

MASCARILLE, ayant pris Madelon pour danser.

Ma franchise va danser la courante aussi bien que mes pieds. En cadence, violons; en cadence. Oh! quels ignorants! Il n'y a pas moyen de danser avec eux. Le diable vous emporte! ne sauriez-vous jouer en mesure? La, la, la, la, la, la, la, la. Ferme! O violons de village!

JODELET, dansant ensuite.

Holà! ne pressez pas si fort la cadence : je ne fais que sortir de maladie.

SCÈNE XIV

DU CROISY, LA GRANGE, CATHOS, MADELON, LUCILE, CÉLIMÈNE, JODELET, MASCARILLE, MAROTTE, Violons.

LA GRANGE, un bâton à la main.

Ah! ah! coquins! que faites-vous ici? Il y a trois heures que nous vous cherchons.

[1] On disait alors une *chère* comme on aurait dit une *précieuse*. Ces deux mots avaient le même sens, et étaient également à la mode; mais *chère* exprimait surtout l'intimité. Ce mot est resté. (Aimé Martin.)

MASCARILLE, se sentant battre.

Ahi! ahi! ahi! vous ne m'aviez pas dit que les coups en seroient aussi.

JODELET.

Ahi! ahi! ahi!

LA GRANGE.

C'est bien à vous, infâme que vous êtes, à vouloir faire l'homme d'importance!

DU CROISY.

Voilà qui vous apprendra à vous connoître.

SCÈNE XV

CATHOS, MADELON, LUCILE, CÉLIMÈNE, MASCARILLE, JODELET, MAROTTE, Violons.

MADELON.

Que veut donc dire ceci?

JODELET.

C'est une gageure.

CATHOS.

Quoi! vous laisser battre de la sorte!

MASCARILLE.

Mon Dieu! je n'ai pas voulu faire semblant de rien; car je suis violent, et je me serois emporté.

MADELON.

Endurer un affront comme celui-là en notre présence!

MASCARILLE.

Ce n'est rien : ne laissons pas d'achever. Nous nous connoissons il y a longtemps; et, entre amis, on ne va pas se piquer pour si peu de chose.

SCÈNE XVI

DU CROISY, LA GRANGE, MADELON, CATHOS, CÉLIMÈNE, LUCILE, MASCARILLE, JODELET, MAROTTE, Violons.

LA GRANGE.

Ma foi, marauds, vous ne vous rirez pas de nous, je vous promets. Entrez, vous autres. (Trois ou quatre spadassins entrent.)

MADELON.

Quelle est donc cette audace, de venir nous troubler de la sorte dans notre maison?

DU CROISY.

Comment! mesdames, nous endurerons que nos laquais soient mieux reçus que nous; qu'ils viennent vous faire l'amour à nos dépens, et vous donnent le bal?

MADELON.

Vos laquais!

LA GRANGE.

Oui, nos laquais : et cela n'est ni beau ni honnête de nous les débaucher comme vous faites.

MADELON.

O ciel! quelle insolence!

LA GRANGE.

Mais ils n'auront pas l'avantage de se servir de son

habits pour vous donner dans la vue ; et, si vous les voulez aimer, ce sera, ma foi, pour leurs beaux yeux. Vite, qu'on les dépouille sur-le-champ.

JODELET.

Adieu notre braverie[1].

MASCARILLE.

Voilà le marquisat et la vicomté à bas.

DU CROISY.

Ah! ah! coquins! vous avez l'audace d'aller sur nos brisées! Vous irez chercher autre part de quoi vous rendre agréables aux yeux de vos belles, je vous en assure.

LA GRANGE.

C'est trop que de nous supplanter, et de nous supplanter avec nos propres habits.

MASCARILLE.

O fortune! quelle est ton inconstance!

DU CROISY.

Vite, qu'on leur ôte jusqu'à la moindre chose.

LA GRANGE.

Qu'on emporte toutes ces hardes, dépêchez. Maintenant, mesdames, en l'état qu'ils sont, vous pouvez continuer vos amours avec eux tant qu'il vous plaira ; nous vous laissons toute sorte de liberté pour cela, et nous vous protestons, monsieur et moi, que nous n'en serons aucunement jaloux.

SCÈNE XVII

MADELON, CATHOS, JODELET, MASCARILLE, Violons.

CATHOS.

Ah! quelle confusion !

MADELON.

Je crève de dépit !

UN DES VIOLONS, à Mascarille.

Qu'est-ce donc que ceci? Qui nous payera, nous autres?

MASCARILLE.

Demandez à monsieur le vicomte.

UN DES VIOLONS, à Jodelet.

Qui est-ce qui nous donnera de l'argent?

JODELET.

Demandez à monsieur le marquis.

[1] Parure.

SCÈNE XVIII

GORGIBUS, MADELON, CATHOS, JODELET, MASCARILLE, Violons.

GORGIBUS.

Ah! coquines que vous êtes! vous nous mettez dans de beaux draps blancs, à ce que je vois ; et je viens d'apprendre de belles affaires, vraiment, de ces messieurs qui sortent!

MADELON.

Ah! mon père, c'est une pièce sanglante qu'ils nous ont faite!

GORGIBUS.

Oui, c'est une pièce sanglante, mais qui est un effet de votre impertinence, infâmes! Ils se sont ressentis du traitement que vous leur avez fait, et cependant, malheureux que je suis, il faut que je boive l'affront.

MADELON.

Ah! je jure que nous en serons vengées, ou que je mourrai en la peine. Et vous, marauds, osez-vous vous tenir ici après votre insolence?

MASCARILLE.

Traiter comme cela un marquis! Voilà ce que c'est que du monde ; la moindre disgrâce nous fait mépriser de ceux qui nous chérissoient. Allons, camarade, allons chercher fortune autre part ; je vois bien qu'on n'aime ici que la vaine apparence, et qu'on n'y considère point la vertu toute nue.

SCÈNE XIX

GORGIBUS, MADELON, CATHOS, Violons.

UN DES VIOLONS.

Monsieur, nous entendons que vous nous contentiez, à leur défaut, pour ce que nous avons joué ici.

GORGIBUS, les battant.

Oui, oui, je vous vais contenter ; et voici la monnoie dont je vous veux payer. Et vous, pendardes, je ne sais qui me tient que je ne vous en fasse autant ; nous allons servir de fable et de risée à tout le monde, et voilà ce que vous vous êtes attiré par vos extravagances. Allez vous cacher, vilaines ; allez vous cacher pour jamais! (Seul.) Et vous, qui êtes cause de leur folie, sottes billevesées, pernicieux amusements des esprits oisifs, romans, vers, chansons, sonnets et sonnettes, puissiez-vous être à tous les diables!

SGANARELLE
ou
LE COCU IMAGINAIRE

COMÉDIE EN UN ACTE

1660

PERSONNAGES

GORGIBUS, bourgeois de Paris [1].
CÉLIE, sa fille [2].
LÉLIE, amant de Célie [3].
GROS-RENÉ, valet de Lélie [4].
SGANARELLE, bourgeois de Paris, et cocu imaginaire [5].
LA FEMME de Sganarelle [6].
VILLEBREQUIN, père de Valère [7].
LA SUIVANTE de Célie [8].
UN PARENT de Sganarelle.

SCÈNE I

GORGIBUS, CÉLIE, LA SUIVANTE de Célie.

CÉLIE, sortant tout éplorée, et son père la suivant.
Ah! n'espérez jamais que mon cœur y consente!
GORGIBUS.
Que marmottez-vous là, petite impertinente!
Vous prétendez choquer ce que j'ai résolu?
Je n'aurai pas sur vous un pouvoir absolu?
Et par sottes raisons votre jeune cervelle
Voudroit régler ici la raison paternelle?
Qui de nous deux à l'autre a droit de faire loi?
A votre avis, qui mieux, ou de vous, ou de moi,
O sotte! peut juger ce qui vous est utile?
Par la corbleu! gardez d'échauffer trop ma bile :
Vous pourriez éprouver, sans beaucoup de longueur,
Si mon bras sait [9] encor montrer quelque vigueur.
Votre plus court sera, madame la mutine,
D'accepter sans façon l'époux qu'on vous destine.
J'ignore, dites-vous, de quelle humeur il est,
Et dois auparavant consulter s'il vous plaît :
Informé du grand bien qui lui tombe en partage,
Dois-je prendre le soin d'en savoir davantage?
Et cet époux, ayant vingt mille bons ducats,
Pour être aimé de vous, doit-il manquer d'appas?
Allez, tel qu'il puisse être, avecque cette somme
Je vous suis caution qu'il est très-honnête homme.
CÉLIE.
Hélas!
GORGIBUS.
Eh bien, hélas! Que veut dire ceci?
Voyez le bel hélas qu'elle nous donne ici!
Eh! que si la colère une fois me transporte,
Je vous ferai chanter hélas de bonne sorte!
Voilà, voilà le fruit de ces empressements
Qu'on vous voit nuit et jour à lire vos romans;
De quolibets d'amour votre tête est remplie,
Et vous parlez de Dieu bien moins que de Clélie.
Jetez-moi dans le feu tous ces méchants écrits
Qui gâtent tous les jours tant de jeunes esprits;
Lisez-moi, comme il faut, au lieu de ces sornettes,
Les Quatrains de Pibrac, et les doctes Tablettes
Du conseiller Matthieu [1]; l'ouvrage est de valeur,
Et plein de beaux dictons à réciter par cœur.
La Guide des pécheurs est encore un bon livre [2];
C'est là qu'en peu de temps on apprend à bien vivre;
Et, si vous n'aviez lu que ces moralités,
Vous sauriez un peu mieux suivre mes volontés.
CÉLIE.
Quoi! vous prétendez donc, mon père, que j'oublie
La constante amitié que je dois à Lélie?
J'aurois tort, si, sans vous, je disposois de moi;
Mais vous-même à ses vœux engageâtes ma foi.

---

[1] Acteurs de la troupe de Molière : L'ESPY. — [2] Mademoiselle DU PARC. — [3] LA GRANGE. — [4] DU PARC. — [5] MOLIÈRE. — [6] Mademoiselle DE BRIE. — [7] DE BRIE. — [8] Magdeleine BÉJART.

[9] Var. Si mon bras peut encor montrer quelque vigueur.

[1] Ces deux ouvrages tenaient autrefois dans l'éducation de la jeunesse la même place que les fables de la Fontaine y tiennent aujourd'hui. Les quatrains ont été traduits en grec, en latin, en turc, en arabe, en persan. (Aimé Martin.)

[2] Livre ascétique de Louis de Grenade, dominicain espagnol, mort en 1588.

GORGIBUS.
Lui fût-elle engagée encore davantage,
Un autre est survenu, dont le bien l'en dégage.
Lélie est fort bien fait; mais apprends qu'il n'est rien
Qui ne doive céder au soin d'avoir du bien :
Que l'or donne aux plus laids certain charme pour plaire,
Et que sans lui le reste est une triste affaire.
Valère, je crois bien, n'est pas de toi chéri ;
Mais, s'il ne l'est amant, il le sera mari.
Plus que l'on ne le croit, ce nom d'époux engage
Et l'amour est souvent un fruit du mariage.
Mais suis-je pas bien fat de vouloir raisonner
Où de droit absolu j'ai pouvoir d'ordonner?
Trêve donc, je vous prie, à vos impertinences :
Que je n'entende plus vos sottes doléances.
Ce gendre doit venir vous visiter ce soir ;
Manquez un peu, manquez à le bien recevoir ;
Si je ne vous lui vois faire un fort bon visage,
Je vous... Je ne veux pas en dire davantage.

SCÈNE II

CÉLIE, LA SUIVANTE de Célie.

LA SUIVANTE.

Quoi! refuser, madame, avec cette rigueur,
Ce que tant d'autres gens voudroient de tout leur cœur !
A des offres d'hymen répondre par des larmes,
Et tarder tant à dire un oui si plein de charmes !
Hélas ! que ne veut-on aussi me marier!
Ce ne seroit pas moi qui se feroit prier ;
Et, loin qu'un pareil oui me donnât de la peine,
Croyez que j'en dirois bien vite une douzaine.
Le précepteur qui fait répéter la leçon
A votre jeune frère a fort bonne raison
Lorsque, nous discourant des choses de la terre,
Il dit que la femelle est ainsi que le lierre,
Qui croît beau, tant qu'à l'arbre il se tient bien serré,
Et ne profite point s'il en est séparé.
Il n'est rien de plus vrai, ma très-chère maîtresse,
Et je l'éprouve en moi, chétive pécheresse!
Le bon Dieu fasse paix à mon pauvre Martin !
Mais j'avois, lui vivant, le teint d'un chérubin,
L'embonpoint merveilleux, l'œil gai, l'âme contente :
Et je suis maintenant ma commère dolente.
Pendant cet heureux temps, passé comme un éclair,
Je me couchois sans feu dans le fort de l'hiver ;
Sécher même les draps me sembloit ridicule,
Et je tremble à présent dedans la canicule.
Enfin il n'est rien tel, madame, croyez-moi,
Que d'avoir un mari la nuit auprès de soi,
Ne fût-ce que pour l'heur d'avoir qui vous salue
D'un, Dieu vous soit en aide ! alors qu'on éternue.

CÉLIE.
Peux-tu me conseiller de commettre un forfait,
D'abandonner Lélie, et prendre ce mal fait?

LA SUIVANTE.
Votre Lélie aussi n'est, ma foi, qu'une bête,

Puisque si hors de temps son voyage l'arrête ;
Et la grande longueur de son éloignement
Me le fait soupçonner de quelque changement.

CÉLIE, lui montrant le portrait de Lélie.
Ah! ne m'accable point par ce triste présage.
Vois attentivement les traits de ce visage ;
Ils jurent à mon cœur d'éternelles ardeurs :
Je veux croire, après tout, qu'ils ne sont pas menteurs,
Et que, comme c'est lui que l'art y représente,
Il conserve à mes feux une amitié constante.

LA SUIVANTE.
Il est vrai que ces traits marquent un digne amant,
Et que vous avez lieu de l'aimer tendrement.

CÉLIE.
Et cependant il faut... Ah! soutiens-moi.
Laissant tomber le portrait de Lélie.

LA SUIVANTE.
Madame,
D'où vous pourroit venir... Ah! bons dieux ! elle pâme!
Eh! vite, holà ! quelqu'un !

SCÈNE III

CÉLIE, SGANARELLE, LA SUIVANTE de Célie.

SGANARELLE.
Qu'est-ce donc? me voilà.

LA SUIVANTE.
Ma maîtresse se meurt!

SGANARELLE.
Quoi! ce n'est que cela?
Je croyois tout perdu, de crier de la sorte.
Mais approchons pourtant. Madame, êtes-vous morte?
Hays ! Elle ne dit mot.

LA SUIVANTE.
Daignez me l'apporter ;
Il lui faut du vinaigre, et j'en cours apprêter [1].

SCÈNE IV

CÉLIE, SGANARELLE, LA FEMME de Sganarelle.

SGANARELLE, en passant la main sur le sein de Célie.
Elle est froide partout, et je ne sais qu'en dire.
Approchons-nous, pour voir si sa bouche respire.
Ma foi, je ne sais pas; mais j'y trouve encor, moi,
Quelque signe de vie.

LA FEMME DE SGANARELLE, regardant par la fenêtre.
Ah! qu'est-ce que je vois?
Mon mari dans ses bras... Mais je m'en vais descendre ;
Il me trahit sans doute, et je veux le surprendre.

SGANARELLE.
Il faut se dépêcher de l'aller secourir ;
Certes, elle auroit tort de se laisser mourir.
Aller en l'autre monde est très-grande sottise,

[1] Var. . . . . Je vais faire venir
Quelqu'un pour l'emporter; veuillez la soutenir.

Tant que dans celui-ci l'on peut être de mise.

Il la porte chez elle avec un homme que la suivante amène.

SCÈNE V

LA FEMME de Sganarelle, seule.

Il s'est subitement éloigné de ces lieux,
Et sa fuite a trompé mon désir curieux,
Mais de sa trahison je ne suis plus en doute [1],
Et le peu que j'ai vu me la découvre toute.
Je ne m'étonne plus de l'étrange froideur
Dont je le vois répondre à ma pudique ardeur ;
Il réserve, l'ingrat, ses caresses à d'autres,
Et nourrit leurs plaisirs par le jeûne des nôtres.
Voilà de nos maris le procédé commun ;
Ce qui leur est permis leur devient importun.
Dans les commencements ce sont toutes merveilles.
Ils témoignent pour nous des ardeurs nonpareilles ;
Mais les traîtres bientôt se lassent de nos feux,
Et portent autre part ce qu'ils doivent chez eux.
Ah ! que j'ai de dépit que la loi n'autorise
A changer de mari comme on fait de chemise !
Cela seroit commode ; et j'en sais telle ici
Qui, comme moi, ma foi, le voudroit bien aussi.

En ramassant le portrait que Célie avoit laissé tomber.

Mais quel est ce bijou que le sort me présente ?
L'émail en est fort beau, la gravure charmante.
Ouvrons.

SCÈNE VI

SGANARELLE, LA FEMME de Sganarelle.

SGANARELLE, se croyant seul.

On la croyoit morte, et ce n'étoit rien.
Il n'en faut plus qu'autant, elle se porte bien [2].
Mais j'aperçois ma femme.

LA FEMME DE SGANARELLE, se croyant seule.

   O ciel ! c'est miniature !
Et voilà d'un bel homme une vive peinture !

SGANARELLE, à part, et regardant par-dessus l'épaule de sa femme.

Que considère-t-elle avec attention ?
Ce portrait, mon honneur, ne vous dit rien de bon.
D'un fort vilain soupçon je me sens l'âme émue.

LA FEMME DE SGANARELLE, sans apercevoir son mari.

Jamais rien de plus beau ne s'offrit à ma vue ;
Le travail plus que l'or s'en doit encor priser.
Oh ! que cela sent bon !

SGANARELLE, à part.

   Quoi ! peste, le baiser !
Ah ! j'en tiens !

LA FEMME DE SGANARELLE poursuit.

  Avouons qu'on doit être ravie

[1] VAR. Mais de sa trahison je ne *fais plus* de doute.
[2] *Il n'en faut plus qu'autant*, c'est-à-dire elle est à moitié guérie. En effet, quand on est à moitié bien, *il n'en faut plus qu'autant* pour être tout à fait bien. (Aimé Martin.)

Quand d'un homme ainsi fait on se peut voir servie,
Et que, s'il en contoit avec attention,
Le penchant seroit grand à la tentation.
Ah ! que n'ai-je un mari d'une aussi bonne mine !
Au lieu de mon pelé, de mon rustre...

SGANARELLE, lui arrachant le portrait.

   Ah ! mâtine !
Nous vous y surprenons en faute contre nous,
En diffamant l'honneur de votre cher époux.
Donc, à votre calcul, ô ma trop digne femme !
Monsieur, tout bien compté, ne vaut pas bien madame ?
Et, de par Belzébut, qui vous puisse emporter !
Quel plus rare parti pourriez-vous souhaiter ?
Qui peut trouver en moi quelque chose à redire ?
Cette taille, ce port, que tout le monde admire,
Ce visage, si propre à donner de l'amour,
Pour qui mille beautés soupirent nuit et jour ;
Bref, en tout et partout, ma personne charmante
N'est donc pas un morceau dont vous soyez contente ?
Et, pour rassasier votre appétit gourmand,
Il faut joindre au mari le ragoût d'un galant ?

LA FEMME DE SGANARELLE.

J'entends à demi-mot où va la raillerie.
Tu crois par ce moyen...

SGANARELLE.

   A d'autres, je vous prie :
La chose est avérée, et je tiens dans mes mains
Un bon certificat du mal dont je me plains.

LA FEMME DE SGANARELLE.

Mon courroux n'a déjà que trop de violence,
Sans le charger encor d'une nouvelle offense.
Écoute, ne crois pas retenir mon bijou ;
Et songe un peu...

SGANARELLE.

   Je songe à te rompre le cou.
Que ne puis-je, aussi bien que je tiens la copie,
Tenir l'original !

LA FEMME DE SGANARELLE.

   Pourquoi ?

SGANARELLE.

   Pour rien, ma mie.
Doux objet de mes vœux, j'ai grand tort de crier,
Et mon front de vos dons vous doit remercier.

Regardant le portrait de Lélie.

Le voilà, le beau fils, le mignon de couchette,
Le malheureux tison de ta flamme secrète,
Le drôle avec lequel...

LA FEMME DE SGANARELLE.

   Avec lequel... Poursui.

SGANARELLE.

Avec lequel, te dis-je... et j'en crève d'ennui.

LA FEMME DE SGANARELLE.

Que me veut donc conter par là ce maître ivrogne ?

SGANARELLE.

Tu ne m'entends que trop, madame la carogne.
Sganarelle est un nom qu'on ne me dira plus,
Et l'on va m'appeler seigneur Cornélius [1].

[1] Molière n'est pas le premier qui ait joué sur ce mot de *Cor*

J'en suis pour mon honneur; mais à toi, qui me l'ôtes,
Je t'en ferai du moins pour un bras ou deux côtes.

LA FEMME DE SGANARELLE.
Et tu m'oses tenir de semblables discours!

SGANARELLE.
Et tu m'oses jouer de ces diables de tours!

LA FEMME DE SGANARELLE.
Et quels diables de tours? Parle donc sans rien feindre.

SGANARELLE.
Ah! cela ne vaut pas la peine de se plaindre!
D'un panache de cerf sur le front me pourvoir :
Hélas! voilà vraiment un beau venez-y voir.

LA FEMME DE SGANARELLE.
Donc, après m'avoir fait la plus sensible offense
Qui puisse d'une femme exciter la vengeance,
Tu prends d'un faint courroux le vain amusement
Pour prévenir l'effet de mon ressentiment!
D'un pareil procédé l'insolence est nouvelle :
Celui qui fait l'offense est celui qui querelle.

SGANARELLE.
Eh! la bonne effrontée! A voir ce fier maintien,
Ne la croiroit-on pas une femme de bien?

LA FEMME DE SGANARELLE.
Va, va, suis ton chemin, cajole tes maîtresses [1],
Adresse-leur tes vœux, et fais-leur des caresses;
Mais rends-moi mon portrait sans te jouer de moi.

Elle lui arrache le portrait et s'enfuit.

SGANARELLE, *courant après elle.*
Oui, tu crois m'échapper; je l'aurai malgré toi.

SCÈNE VII
LÉLIE, GROS-RENÉ.

GROS-RENÉ.
Enfin nous y voici! Mais, monsieur, si je l'ose,
Je voudrois vous prier de me dire une chose.

LÉLIE.
Eh bien, parle.

GROS-RENÉ.
          Avez-vous le diable dans le corps,
Pour ne pas succomber à de pareils efforts?
Depuis huit jours entiers, avec vos longues traites,
Nous sommes à piquer de chiennes de mazettes [2],
De qui le train maudit nous a tant secoués,
Que je m'en sens, pour moi, tous les membres roués;
Sans préjudice encor d'un accident bien pire,
Qui m'afflige un endroit que je ne veux pas dire :
Cependant, arrivé, vous sortez bien et beau,
Sans prendre de repos, ni manger un morceau.

LÉLIE.
Ce grand empressement n'est pas digne de blâme;
De l'hymen de Célie on alarme mon âme;

---

nerius. Camus, évêque de Belley, disoit à un mari qui se plaignoit
tout haut d'une mésaventure que l'on fait d'ordinaire : *J'aimerois
mieux être Cornelius Tacitus que Publius Cornelius.* (Auger.)

[1] VAR. *Va, poursuis ton chemin, cajole tes maîtresses.*
[2] VAR. *Nous sommes à piquer des chiennes de mazettes.*

Tu sais que je l'adore; et je veux être instruit,
Avant tout autre soin, de ce funeste bruit.

GROS-RENÉ.
Oui, mais un bon repas vous seroit nécessaire
Pour s'aller éclaircir, monsieur, de cette affaire;
Et votre cœur, sans doute, en deviendroit plus fort
Pour pouvoir résister aux attaques du sort :
J'en juge par moi-même, et la moindre disgrâce,
Lorsque je suis à jeun, me saisit, me terrasse;
Mais, quand j'ai bien mangé, mon âme est ferme à tout,
Et les plus grands revers n'en viendroient pas à bout.
Croyez-moi, bourrez-vous, et sans réserve aucune,
Contre les coups que peut vous porter la fortune;
Et, pour fermer chez vous l'entrée à la douleur,
De vingt verres de vin entourez votre cœur.

LÉLIE.
Je ne saurois manger.

GROS-RENÉ, *bas, à part.*
          Si ferai bien, je meure [1]!

Haut.
Votre dîner pourtant seroit prêt tout à l'heure.

LÉLIE.
Tais-toi, je te l'ordonne.

GROS-RENÉ.
          Ah! quel ordre inhumain!

LÉLIE.
J'ai de l'inquiétude et non pas de la faim.

GROS-RENÉ.
Et moi, j'ai de la faim, et de l'inquiétude
De voir qu'un sot amour fait toute votre étude.

LÉLIE.
Laisse-moi m'informer de l'objet de mes vœux,
Et, sans m'importuner, va manger si tu veux.

GROS-RENÉ.
Je ne réplique point à ce qu'un maître ordonne.

SCÈNE VIII
LÉLIE, *seul.*

Non, non, à trop de peur mon âme s'abandonne;
Le père m'a promis, et la fille a fait voir
Des preuves d'un amour qui soutient mon espoir.

SCÈNE IX
SGANARELLE, LÉLIE.

SGANARELLE, *sans voir Lélie, et tenant dans ses mains le portrait.*
Nous l'avons, et je puis voir à l'aise la trogne
Du malheureux pendard qui cause ma vergogne.
Il ne m'est point connu.

LÉLIE, *à part.*
          Dieux! qu'aperçois-je ici?
Et, si c'est mon portrait, que dois-je croire aussi?

SGANARELLE, *sans voir Lélie.*
Ah! pauvre Sganarelle! à quelle destinée

[1] *Pour que je meure!*

Ta réputation est-elle condamnée!
Faut...
  Apercevant Lélie qui le regarde, il se tourne d'un autre côté.
   LÉLIE, à part.
Ce gage ne peut, sans alarmer ma foi,
Être sorti des mains qui le tenoient de moi.
   SGANARELLE, à part.
Faut-il que désormais à deux doigts l'on te montre,
Qu'on te mette en chansons, et qu'en toute rencontre
On te rejette au nez le scandaleux affront
Qu'une femme mal née imprime sur ton front?
   LÉLIE, à part.
Me trompé-je?
   SGANARELLE, à part.
  Ah! truande[1]! as-tu bien le courage
De m'avoir fait cocu dans la fleur de mon âge?
Et, femme d'un mari qui peut passer pour beau,
Faut-il qu'un marmouset, un maudit étourneau...
 LÉLIE, à part, et regardant encore le portrait que tient Sganarelle.
Je ne m'abuse point, c'est mon portrait lui-même.
   SGANARELLE lui tourne le dos.
Cet homme est curieux.
   LÉLIE, à part.
  Ma surprise est extrême!
   SGANARELLE, à part.
À qui donc en a-t-il?
   LÉLIE, à part.
  Je le veux accoster.
 Haut. Sganarelle veut s'éloigner.
Puis-je...? Eh!-de grâce, un mot.
   SGANARELLE, à part, s'éloignant encore.
  Que me veut-il conter?
   LÉLIE.
Puis-je obtenir de vous de savoir l'aventure
Qui fait dedans vos mains trouver cette peinture?
   SGANARELLE, à part.
D'où lui vient ce désir? Mais je m'avise ici...
   Il examine Lélie et le portrait qu'il tient.
Ah! ma foi, me voilà de son trouble éclairci!
Sa surprise à présent n'étonne plus mon âme;
C'est mon homme; ou plutôt, c'est celui de ma femme.
   LÉLIE.
Retirez-moi de peine, et dites d'où vous vient...
   SGANARELLE.
Nous savons, Dieu merci, le souci qui vous tient.
Ce portrait qui vous fâche est votre ressemblance;
Il étoit en des mains de votre connoissance;
Et ce n'est pas un fait qui soit secret pour nous
Que les douces ardeurs de la dame et de vous.
Je ne sais pas si j'ai, dans sa galanterie,
L'honneur d'être connu de Votre Seigneurie;
Mais faites-moi celui de cesser désormais
Un amour qu'un mari peut trouver fort mauvais;
Et songez que les nœuds du sacré mariage...

[1] *Truand, truande*, signifie *mendiant, mendiante*, dans une acception de mépris. C'est ici qu'un mot purement injurieux. C'est ainsi qu'on appelle *gueux, gueuse*, des gens qui ne font rien moins que *gueuser*.

   LÉLIE.
Quoi! celle, dites-vous, qui conservoit ce gage[1]...
   SGANARELLE.
Est ma femme, et je suis son mari.
   LÉLIE.
  Son mari?
   SGANARELLE.
Oui, son mari, vous dis-je, et mari très-marri[2];
Vous en savez la cause, et je m'en vais l'apprendre
Sur l'heure à ses parents.

SCÈNE X

LÉLIE, seul.

  Ah! que viens-je d'entendre!
On me l'avoit bien dit, et que c'étoit de tous
L'homme le plus mal fait qu'elle avoit pour époux.
Ah! quand mille serments de la bouche infidèle
Ne m'auroient pas promis une flamme éternelle,
Le seul mépris d'un choix si bas et si honteux
Devoit bien soutenir l'intérêt de mes feux,
Ingrate! et quelque bien... Mais ce sensible outrage,
Se mêlant aux travaux d'un assez long voyage,
Me donne tout à coup un choc si violent,
Que mon cœur devient foible, et mon corps chancelant.

SCÈNE XI

LÉLIE, LA FEMME de Sganarelle.

  LA FEMME DE SGANARELLE, se croyant seule.
   Apercevant Lélie.
Malgré moi, mon perfide... Hélas! quel mal vous presse?
Je vous vois prêt, monsieur, à tomber en foiblesse.
   LÉLIE.
C'est un mal qui m'a pris assez subitement.
   LA FEMME DE SGANARELLE.
Je crains ici pour vous l'évanouissement:
Entrez dans cette salle, en attendant qu'il passe.
   LÉLIE.
Pour un moment ou deux j'accepte cette grâce.

SCÈNE XII

SGANARELLE, UN PARENT de la femme de Sganarelle.

   LE PARENT.
D'un mari sur ce point j'approuve le souci;
Mais c'est prendre la chèvre un peu bien vite aussi:
Et tout ce que de vous je viens d'ouïr contre elle
Ne conclut point, parent, qu'elle soit criminelle:
C'est un point délicat; et de pareils forfaits,
Sans les bien avérer, ne s'imputent jamais.

[1] VAR. Quoi! celle, dites-vous, *dont vous tenez ce gage...*
[2] *Marri*, fâché, chagrin.

SGANARELLE.
C'est-à-dire qu'il faut toucher au doigt la chose?
LE PARENT.
Le trop de promptitude à l'erreur nous expose.
Sait-on comme en ses mains ce portrait est venu,
Et si l'homme, après tout, lui peut être connu?
Informez-vous-en mieux, et, si c'est ce qu'on pense,
Nous serons les premiers à punir son offense.

SCÈNE XIII

SGANARELLE, seul.

On ne peut pas mieux dire! En effet, il est bon
D'aller tout doucement. Peut-être, sans raison,
Me suis-je en tête mis ces visions cornues,
Et les sueurs au front m'en sont trop tôt venues.
Par ce portrait enfin, dont je suis alarmé,
Mon déshonneur n'est pas tout à fait confirmé.
Tâchons donc par nos soins...

SCÈNE XIV

SGANARELLE; LA FEMME de Sganarelle, sur la porte de sa maison, reconduisant Lélie; LÉLIE.

SGANARELLE, à part, les voyant.
     Ah! que vois-je? Je meurs!
Il n'est plus question de portrait à cette heure;
Voici, ma foi, la chose en propre original.
LA FEMME DE SGANARELLE.
C'est par trop vous hâter, monsieur; et votre mal,
Si vous sortez sitôt, pourra bien vous reprendre.
LÉLIE.
Non, non, je vous rends grâce, autant qu'on puisse rendre,
Du secours obligeant que vous m'avez prêté.
SGANARELLE, à part.
La masque[1] encore après lui fait civilité!
La femme de Sganarelle rentre dans sa maison.

SCÈNE XV

SGANARELLE, LÉLIE.

SGANARELLE, à part.
Il m'aperçoit; voyons ce qu'il me pourra dire.
LÉLIE, à part.
Ah! mon âme s'émeut, et cet objet m'inspire...
Mais je dois condamner cet injuste transport,
Et n'imputer mes maux qu'aux rigueurs de mon sort.
Envions seulement le bonheur de sa flamme.
     En s'approchant de Sganarelle.
Oh! trop heureux d'avoir une si belle femme!

[1] La scélérate, l'hypocrite.

SCÈNE XVI

SGANARELLE; CÉLIE, à sa fenêtre, voyant Lélie qui s'en va.

SGANARELLE, seul.
Ce n'est point s'expliquer en termes ambigus.
Cet étrange propos me rend aussi confus
Que s'il m'étoit venu des cornes à la tête!
   Regardant le côté par où Lélie est sorti.
Allez, ce procédé n'est point du tout honnête.
CÉLIE, à part, en rentrant.
Quoi! Lélie a paru tout à l'heure à mes yeux!
Qui pourroit me cacher son retour en ces lieux?
SGANARELLE, sans voir Célie.
Oh! trop heureux d'avoir une si belle femme!
Malheureux bien plutôt de l'avoir, cette infâme,
Dont le coupable feu, trop bien vérifié,
Sans respect ni demi[1] nous a cocufié!
Mais je le laisse aller après un tel indice,
Et demeure les bras croisés comme un jocrisse!
Ah! je devois du moins lui jeter son chapeau,
Lui ruer quelque pierre, ou crotter son manteau,
Et sur lui hautement, pour contenter ma rage,
Faire au larron d'honneur crier le voisinage.
Pendant le discours de Sganarelle, Célie s'approche peu à peu, et attend, pour lui parler, que son transport soit fini.
CÉLIE, à Sganarelle.
Celui qui maintenant devers vous est venu,
Et qui vous a parlé, d'où vous est-il connu?
SGANARELLE.
Hélas! ce n'est pas moi qui le connois, madame:
C'est ma femme.
CÉLIE.
   Quel trouble agite ainsi votre âme?
SGANARELLE.
Ne me condamnez point d'un deuil hors de saison,
Et laissez-moi pousser des soupirs à foison.
CÉLIE.
D'où vous peuvent venir ces douleurs non communes?
SGANARELLE.
Si je suis affligé, ce n'est pas pour des prunes[2],
Et je le donnerois à bien d'autres qu'à moi,
De se voir sans chagrin au point où je me voi.
Des maris malheureux vous voyez le modèle:
On dérobe l'honneur au pauvre Sganarelle;
Mais c'est peu que l'honneur dans mon affliction,
L'on me dérobe encor la réputation.
CÉLIE.
Comment?
SGANARELLE.
  Ce damoiseau, parlant par révérence,
Me fait cocu, madame, avec toute licence;
Et j'ai su par mes yeux avérer aujourd'hui
Le commerce secret de ma femme et de lui.

[1] Sans respect ni demi-respect, sans le moindre égard.
[2] *Ce n'est pas pour des prunes.* Proverbialement, ce n'est pas pour peu de chose.

SCÈNE XVII.

CÉLIE.
Celui qui maintenant...
SGANARELLE.
Oui, oui, me déshonore;
Il adore ma femme, et ma femme l'adore.
CÉLIE.
Ah! j'avois bien jugé que ce secret retour
Ne pouvoit me couvrir que quelque lâche tour,
Et j'ai tremblé d'abord, en le voyant paroître,
Par un pressentiment de ce qui devoit être.
SGANARELLE.
Vous prenez ma défense avec trop de bonté :
Tout le monde n'a pas la même charité;
Et plusieurs qui tantôt ont appris mon martyre,
Bien loin d'y prendre part, n'en ont rien fait que rire.
CÉLIE.
Est-il rien de plus noir que ta lâche action?
Et peut-on lui trouver une punition?
Dois-tu ne te pas croire indigne de la vie,
Après t'être souillé de cette perfidie?
Ô ciel! est-il possible?
SGANARELLE.
Il est trop vrai pour moi.
CÉLIE.
Ah! traître! scélérat! âme double et sans foi!
SGANARELLE.
La bonne âme!
CÉLIE.
Non, non, l'enfer n'a point de gêne
Qui ne soit pour ton crime une trop douce peine.
SGANARELLE.
Que voilà bien parler!
CÉLIE.
Avoir ainsi traité
Et la même innocence et la même bonté [1]!
SGANARELLE soupire haut.
Hai!
CÉLIE.
Un cœur qui jamais n'a fait la moindre chose
A mériter l'affront où ton mépris l'expose!
SGANARELLE.
Il est vrai.
CÉLIE.
Qui lie, loin... Mais c'est trop, et ce cœur
Ne sauroit y songer sans mourir de douleur.
SGANARELLE.
Ne vous fâchez pas tant, ma très-chère madame;
Mon mal vous touche trop, et vous me percez l'âme.
CÉLIE.
Mais ne t'abuse pas jusqu'à te figurer
Qu'à des plaintes sans fruit j'en veuille demeurer :
Mon cœur pour se venger sait ce qu'il te faut faire,
Et j'y cours de ce pas; rien ne m'en peut distraire.

[1] Pour l'innocence et la bonté même.

SCÈNE XVII

SGANARELLE, seul.

Que le ciel la préserve à jamais de danger!
Voyez quelle bonté de vouloir me venger!
En effet, son courroux, qu'excite ma disgrâce,
M'enseigne hautement ce qu'il faut que je fasse;
Et l'on ne doit jamais souffrir sans dire mot
De semblables affronts, à moins qu'être un vrai sot.
Courons donc le chercher, ce pendard qui m'affronte;
Montrons notre courage à venger notre honte.
Vous apprendrez, maroufle, à rire à nos dépens,
Et, sans aucun respect, faire cocus les gens!
Il revient après avoir fait quelques pas.
Doucement, s'il vous plaît! cet homme a bien la mine
D'avoir le sang bouillant et l'âme un peu mutine;
Il pourroit bien, mettant affront dessus affront,
Charger de bois mon dos, comme il a fait mon front.
Je hais de tout mon cœur les esprits colériques,
Et porte un grand amour aux hommes pacifiques;
Je ne suis point battant, de peur d'être battu,
Et l'humeur débonnaire est ma grande vertu.
Mais mon honneur me dit que d'une telle offense
Il faut absolument que je prenne vengeance.
Ma foi, laissons le dire autant qu'il lui plaira :
Au diantre qui pourtant rien du tout en fera!
Quand j'aurai fait le brave, et qu'un fer, pour ma peine,
M'aura d'un vilain coup transpercé la bedaine,
Que par la ville ira le bruit de mon trépas,
Dites-moi, mon honneur, en serez-vous plus gras?
La bière est un séjour par trop mélancolique,
Et trop malsain pour ceux qui craignent la colique [1].
Et quant à moi, je trouve, ayant tout compassé,
Qu'il vaut mieux être encor cocu que trépassé.
Quel mal cela fait-il? La jambe en devient-elle
Plus tortue, après tout, et la taille moins belle?
Peste soit qui premier trouva l'invention
De s'affliger l'esprit de cette vision,
Et d'attacher l'honneur de l'homme le plus sage
Aux choses que peut faire une femme volage!
Puisqu'on tient, à bon droit, tout crime personnel,
Que fait là notre honneur pour être criminel?
Des actions d'autrui on nous donne le blâme :
Si nos femmes sans nous ont un commerce infâme,
Il faut que tout le mal tombe sur notre dos :
Elles font la sottise, et nous sommes les sots.
C'est un vilain abus, et les gens de police
Nous devroient bien régler une telle injustice.
N'avons-nous pas assez des autres accidents
Qui nous viennent happer en dépit de nos dents?
Les querelles, procès, faim, soif, et maladie,
Troublent-ils pas assez le repos de la vie,
Sans s'aller, de surcroît, aviser sottement
De se faire un chagrin qui n'a nul fondement?

[1] Ces deux vers, qui déparent cet admirable monologue, sont une imitation malheureuse de Scarron.

Moquons-nous de cela, méprisons les alarmes,
Et mettons sous nos pieds les soupirs et les larmes.
Si ma femme a failli, qu'elle pleure bien fort ;
Mais pourquoi, moi, pleurer, puisque je n'ai point tort ?
En tout cas, ce qui peut m'ôter ma fâcherie,
C'est que je ne suis pas seul de ma confrérie.
Voir cajoler sa femme, et n'en témoigner rien,
Se pratique aujourd'hui par force gens de bien.
N'allons donc point chercher à faire une querelle
Pour un affront qui n'est que pure bagatelle.
L'on m'appellera sot de ne me venger pas ;
Mais je le serois fort, de courir au trépas.

Mettant la main sur sa poitrine.

Je me sens là pourtant remuer une bile
Qui veut me conseiller quelque action virile :
Oui, le courroux me prend ; c'est trop être poltron :
Je veux résolûment me venger du larron.
Déjà pour commencer, dans l'ardeur qui m'enflamme,
Je vais dire partout qu'il couche avec ma femme.

SCÈNE XVIII

GORGIBUS, CÉLIE, LA SUIVANTE de Célie.

CÉLIE.
Oui, je veux bien subir une si juste loi :
Mon père, disposez de mes vœux et de moi ;
Faites, quand vous voudrez, signer cet hyménée :
A suivre mon devoir je suis déterminée.
Je prétends gourmander mes propres sentiments,
Et me soumettre en tout à vos commandements.

GORGIBUS.
Ah ! voilà qui me plaît, de parler de la sorte.
Parbleu ! si grande joie à l'heure me transporte,
Que mes jambes sur l'heure en caprioleroient [1],
Si nous n'étions point vus de gens qui s'en riroient !
Approche-toi de moi ; viens çà, que je t'embrasse.
Une telle action n'a pas mauvaise grâce :
Un père, quand il veut, peut sa fille baiser,
Sans que l'on ait sujet de s'en scandaliser.
Va, le contentement de te voir si bien née
Me fera rajeunir de dix fois une année.

SCÈNE XIX

CÉLIE, LA SUIVANTE de Célie.

LA SUIVANTE.
Ce changement m'étonne.

CÉLIE.
Et lorsque tu sauras
Par quels motifs j'agis, tu m'en estimeras.

LA SUIVANTE.
Cela pourroit bien être.

CÉLIE.
Apprends donc que Lélie

[1] *Caprioler*, our *cabrioler*.

A pu blesser mon cœur par une perfidie ;
Qu'il étoit en ces lieux sans...

LA SUIVANTE.
Mais il vient à nous.

SCÈNE XX

LÉLIE, CÉLIE, LA SUIVANTE de Célie.

LÉLIE.
Avant que pour jamais je m'éloigne de vous,
Je veux vous reprocher au moins en cette place...

CÉLIE.
Quoi ! me parler encore ? Avez-vous cette audace ?

LÉLIE.
Il est vrai qu'elle est grande ; et votre choix est tel,
Qu'à vous rien reprocher je serois criminel.
Vivez, vivez contente, et bravez ma mémoire
Avec le digne époux qui vous comble de gloire.

CÉLIE.
Oui, traître, j'y veux vivre ; et mon plus grand désir
Ce seroit que ton cœur en eût du déplaisir.

LÉLIE.
Qui rend donc contre moi ce courroux légitime ?

CÉLIE.
Quoi ! tu fais le surpris, et demandes ton crime [1] ?

SCÈNE XXI

CÉLIE, LÉLIE ; SGANARELLE, armé de pied en cap ;
LA SUIVANTE de Célie.

SGANARELLE.
Guerre, guerre mortelle à ce larron d'honneur,
Qui, sans miséricorde, a souillé notre honneur !

CÉLIE, à Lélie, lui montrant Sganarelle.
Tourne, tourne les yeux sans me faire répondre.

LÉLIE.
Ah ! je vois...

CÉLIE.
Cet objet suffit pour le confondre.

LÉLIE.
Mais pour vous obliger bien plutôt à rougir.

SGANARELLE, à part.
Ma colère à présent est en état d'agir ;
Dessus ses grands chevaux est monté mon courage ;
Et, si je le rencontre, on verra du carnage.
Oui, j'ai juré sa mort ; rien ne peut m'empêcher...
Où je le trouverai je le veux dépêcher.

Tirant son épée à demi, il approche de Lélie.

Au beau milieu du cœur il faut que je lui donne...

LÉLIE, se retournant.
A qui donc en veut-on ?

SGANARELLE.
Je n'en veux à personne.

[1] L'usage général était alors de faire tutoyer les amants. Molière réforma cet usage. Dans aucune des pièces suivantes on ne retrouve un exemple semblable à celui-ci. (Bret.)

LÉLIE.
Pourquoi ces armes-là?
SGANARELLE.
C'est un habillement
A part.
Que j'ai pris pour la pluie. Ah! quel contentement
J'aurois à le tuer! Prenons-en le courage
LÉLIE, se retournant encore.
Hai?
SGANARELLE.
Je ne parle pas.
A part, après s'être donné des soufflets pour s'exciter.
Ah! poltron! dont j'enrage,
Lâche! vrai cœur de poule!
CÉLIE, à Lélie.
Il t'en doit dire assez,
Cet objet dont tes yeux nous paroissent blessés.
LÉLIE.
Oui, je connois par là que vous êtes coupable
De l'infidélité la plus inexcusable
Qui jamais d'un amant puisse outrager la foi.
SGANARELLE, à part.
Que n'ai-je un peu de cœur!
CÉLIE.
Ah! cesse devant moi,
Traître, de ce discours l'insolence cruelle!
SGANARELLE, à part.
Sganarelle, tu vois qu'elle prend ta querelle :
Courage, mon enfant, sois un peu vigoureux.
Là, hardi! tâche à faire un effort généreux,
En le tuant tandis qu'il tourne le derrière.
LÉLIE, faisant deux ou trois pas sans dessein, fait retourner
Sganarelle, qui s'approchoit pour le tuer.
Puisqu'un pareil discours émeut votre colère,
Je dois de votre cœur me montrer satisfait,
Et l'applaudir ici du beau choix qu'il a fait.
CÉLIE.
Oui, oui, mon choix est tel qu'on n'y peut rien reprendre.
LÉLIE.
Allez, vous faites bien de le vouloir défendre.
SGANARELLE.
Sans doute, elle fait bien de défendre mes droits.
Cette action, monsieur, n'est point selon les lois :
J'ai raison de m'en plaindre; et, si je n'étois sage,
On verroit arriver un étrange carnage.
LÉLIE.
D'où vous naît cette plainte, et quel chagrin brutal...
SGANARELLE.
Suffit. Vous savez bien où le bât me fait mal;
Mais votre conscience et le soin de votre âme [femme;
Vous devroient mettre aux yeux que ma femme est ma
Et vouloir, à ma barbe, en faire votre bien,
Que ce n'est pas du tout agir en bon chrétien.
LÉLIE.
Un semblable soupçon est bas et ridicule.
Allez, dessus ce point n'ayez aucun scrupule :
Je sais qu'elle est à vous; et, bien loin de brûler...

CÉLIE.
Ah! qu'ici tu sais bien, traître, dissimuler!
LÉLIE.
Quoi! me soupçonnez-vous d'avoir une pensée
Dont son âme ait sujet de se croire offensée?
De cette lâcheté voulez-vous me noircir?
CÉLIE.
Parle, parle à lui-même, il pourra t'éclaircir.
SGANARELLE, à Célie.
Non, non, vous dites mieux que je ne saurois faire,
Et du biais qu'il faut vous prenez cette affaire.

SCÈNE XXII

CÉLIE, LÉLIE, SGANARELLE, LA FEMME de Sganarelle,
LA SUIVANTE de Célie.

LA FEMME DE SGANARELLE.
Je ne suis point d'humeur à vouloir contre vous
Faire éclater, madame, un esprit trop jaloux;
Mais je ne suis point dupe, et vois ce qui se passe :
Il est de certains feux de fort mauvaise grâce,
Et votre âme devroit prendre un meilleur emploi
Que de séduire un cœur qui doit n'être qu'à moi.
LÉLIE.
La déclaration est assez ingénue.
SGANARELLE, à sa femme.
L'on ne demandoit pas, carogne, ta venue :
Tu la viens quereller lorsqu'elle me défend,
Et tu trembles de peur qu'on t'ôte ton galant.
CÉLIE.
Allez, ne croyez pas que l'on en ait envie.
Se tournant vers Lélie.
Tu vois si c'est mensonge; et j'en suis fort ravie.
LÉLIE.
Que me veut-on conter?
LA SUIVANTE.
Ma foi, je ne sais pas
Quand on verra finir ce galimatias;
Depuis assez longtemps je tâche à le comprendre,
Et si¹, plus je l'écoute, et moins je puis l'entendre.
Je vois bien à la fin que je m'en dois mêler.
Elle se met entre Lélie et sa maîtresse.
Répondez-moi par ordre, et me laissez parler.
A Lélie.
Vous, qu'est-ce qu'à son cœur peut reprocher le vôtre?
LÉLIE.
Que l'infidèle a pu me quitter pour un autre;
Et que quand, sur le bruit de son hymen fatal,
J'accours tout transporté d'un amour sans égal,
Dont l'ardeur résistoit à se croire oubliée,
Mon abord en ces lieux la trouve mariée.
LA SUIVANTE.
Mariée! à qui donc?
LÉLIE, montrant Sganarelle.
A lui.

¹ *Si*, pour *cependant*, *pourtant*.

LA SUIVANTE.
Comment, à lui?
LÉLIE.
Oui-da!
LA SUIVANTE.
Qui vous l'a dit?
LÉLIE.
C'est lui-même, aujourd'hui.
LA SUIVANTE, à Sganarelle.
Est-il vrai?
SGANARELLE.
Moi? J'ai dit que c'étoit à ma femme
Que j'étois marié.
LÉLIE.
Dans un grand trouble d'âme
Tantôt de mon portrait je vous ai vu saisi.
SGANARELLE.
Il est vrai : le voilà.
LÉLIE, à Sganarelle.
Vous m'avez dit aussi
Que celle aux mains de qui vous avez pris ce gage
Étoit liée à vous des nœuds du mariage.
SGANARELLE.
Montrant sa femme.
Sans doute. Et je l'avois de ses mains arraché,
Et n'eusse pas sans lui découvert son péché.
LA FEMME DE SGANARELLE.
Que me viens-tu conter par ta plainte importune?
Je l'avois sous mes pieds rencontré par fortune;
Et même, quand, après ton injuste courroux,
Montrant Lélie.
J'ai fait dans sa foiblesse entrer monsieur chez nous,
Je n'ai pas reconnu les traits de sa peinture.
CÉLIE.
C'est moi qui du portrait ai causé l'aventure;
Et je l'ai laissé choir en cette pâmoison
A Sganarelle.
Qui m'a fait par vos soins remettre à la maison
LA SUIVANTE.
Vous le voyez, sans moi vous y seriez encore,
Et vous aviez besoin de mon peu d'ellébore.
SGANARELLE, à part.
Prendrons-nous tout ceci pour de l'argent comptant?
Mon front l'a, sur mon âme, eu bien chaude pourtant.
LA FEMME DE SGANARELLE.
Ma crainte toutefois n'est pas trop dissipée,
Et, doux que soit le mal, je crains d'être trompée.
SGANARELLE, à sa femme.
Eh! mutuellement, croyons-nous gens de bien;
Je risque plus du mien que tu ne fais du tien;
Accepte sans façon le parti qu'on propose.
LA FEMME DE SGANARELLE.
Soit. Mais gare le bois, si j'apprends quelque chose!
CÉLIE, à Lélie, après avoir parlé bas ensemble.
Ah! dieux! s'il est ainsi, qu'est-ce donc que j'ai fait?
Je dois de mon courroux appréhender l'effet.
Oui, vous croyant sans foi, j'ai pris, pour ma vengeance,
Le malheureux secours de mon obéissance;

Et, depuis un moment, mon cœur vient d'accepter
Un hymen que toujours j'eus lieu de rebuter.
J'ai promis à mon père; et ce qui me désole...
Mais je le vois venir.
LÉLIE.
Il me tiendra parole.

SCÈNE XXIII

GORGIBUS, CÉLIE, LÉLIE, SGANARELLE, LA FEMME
de Sganarelle, LA SUIVANTE de Célie.

LÉLIE.
Monsieur, vous me voyez en ces lieux de retour,
Brûlant des mêmes feux; et mon ardente amour
Verra, comme je crois, la promesse accomplie
Qui me donna l'espoir de l'hymen de Célie.
GORGIBUS.
Monsieur, que je revois en ces lieux de retour,
Brûlant des mêmes feux, et dont l'ardente amour
Verra, que vous croyez, la promesse accomplie
Qui vous donne l'espoir de l'hymen de Célie,
Très-humble serviteur à Votre Seigneurie[1].
LÉLIE.
Quoi! monsieur, est-ce ainsi qu'on trahit mon espoir?
GORGIBUS.
Oui, monsieur, c'est ainsi que je fais mon devoir :
Ma fille en suit les lois.
CÉLIE.
Mon devoir m'intéresse,
Mon père, à dégager vers lui votre promessse.
GORGIBUS.
Est-ce répondre en fille à mes commandements?
Tu te démens bientôt de tes bons sentiments!
Pour Valère, tantôt... Mais j'aperçois son père :
Il vient assurément pour conclure l'affaire.

SCÈNE XXIV

VILLEBREQUIN, GORGIBUS, CÉLIE, LÉLIE, SGANARELLE,
LA FEMME de Sganarelle, LA SUIVANTE de Célie.

GORGIBUS.
Qui vous amène ici, seigneur Villebrequin?
VILLEBREQUIN.
Un secret important que j'ai su ce matin,
Qui rompt absolument ma parole donnée.
Mon fils, dont votre fille acceptoit l'hyménée,
Sous des liens cachés trompant les yeux de tous,
Vit depuis quatre mois avec Lise en époux;
Et, comme des parents le bien et la naissance

[1] Ces trois rimes féminines ont choqué les commentateurs, qui n'ont pas vu que le troisième vers n'est qu'une moquerie de Gorgibus, qui, après avoir répété en dérision tout le discours de Lélie, le termine, suivant l'usage de certains esprits goguenards, en lui fournissant une rime. (Aimé Martin.)

SCÈNE XXIV.

M'ôtent tout le pouvoir de casser l'alliance,
Je vous viens...
GORGIBUS.
Brisons là. Si, sans votre congé,
Valère votre fils ailleurs s'est engagé,
Je ne puis vous celer que ma fille Célie
Dès longtemps par moi-même est promise à Lélie ;
Et que, riche en vertu, son retour aujourd'hui
M'empêche d'agréer un autre époux que lui.
VILLEBREQUIN.
Un tel choix me plaît fort.

LÉLIE.
Et cette juste envie
D'un bonheur éternel va couronner ma vie...
GORGIBUS.
Allons choisir le jour pour se donner la foi.
SGANARELLE, seul.
A-t-on mieux cru jamais être cocu que moi ?
Vous voyez qu'en ce fait la plus forte apparence
Peut jeter dans l'esprit une fausse créance.
De cet exemple-ci ressouvenez-vous bien ;
Et, quand vous verrez tout, ne croyez jamais rien.

DON GARCIE DE NAVARRE

ou

LE PRINCE JALOUX

COMÉDIE HÉROÏQUE EN CINQ ACTES

1661

PERSONNAGES

DON GARCIE, prince de Navarre, amant de done Elvire[1].
DONE ELVIRE, princesse de Léon[2].
DON ALPHONSE, prince de Léon, cru prince de Castille, sous le nom de don Sylve[3].
DONE IGNÈS, comtesse, amante de don Sylve, aimée par Mauregat, usurpateur de l'État de Léon.
ÉLISE, confidente de done Elvire[4].
DON ALVAR, confident de don Garcie, amant d'Élise.
DON LOPE, autre confident de don Garcie, amant d'Élise.
DON PÈDRE, écuyer d'Ignès.
UN PAGE de done Elvire.

La scène est dans Astorgue, ville d'Espagne, dans le royaume de Léon.

ACTE PREMIER

SCÈNE I

DONE ELVIRE, ÉLISE.

DONE ELVIRE.

Non, ce n'est point un choix qui, pour ces deux amants,
Sut régler de mon cœur les secrets sentiments;
Et le prince n'a point, dans tout ce qu'il peut être,
Ce qui fit préférer l'amour qu'il fait paroître.
Don Sylve, comme lui, fit briller à mes yeux
Toutes les qualités d'un héros glorieux :
Même éclat de vertus, joint à même naissance,
Me parloit en tous deux pour cette préférence;
Et je serois encore à nommer le vainqueur,
Si le mérite seul prenoit droit sur un cœur;
Mais les chaines du ciel qui tombent sur nos âmes
Décidèrent en moi le destin de leurs flammes;
Et toute mon estime, égale entre les deux,
Laissa vers don Garcie entraîner tous mes vœux.

[1] Acteurs de la troupe de Molière : MOLIÈRE. — [2] Mademoiselle DU PARC. — [3] LA GRANGE. — [4] Mademoiselle BÉJART.

ÉLISE.

Cet amour que pour lui votre astre vous inspire
N'a sur vos actions pris que bien peu d'empire,
Puisque nos yeux, madame, ont pu longtemps douter
Qui de ces deux amants vous vouliez mieux traiter.

DONE ELVIRE.

De ces nobles rivaux l'amoureuse poursuite
A de fâcheux combats, Élise, m'a réduite.
Quand je regardois l'un, rien ne me reprochoit
Le tendre mouvement où mon âme penchoit;
Mais je me l'imputois à beaucoup d'injustice,
Quand de l'autre à mes yeux s'offroit le sacrifice :
Et don Sylve, après tout, dans ses soins amoureux,
Me sembloit mériter un destin plus heureux.
Je m'opposois encor ce qu'au sang de Castille
Du feu roi de Léon semble devoir la fille,
Et la longue amitié qui, d'un étroit lien,
Joignit les intérêts de son père et du mien.
Ainsi, plus dans mon âme un autre prenoit place,
Plus de tous ses respects je plaignois la disgrâce :
Ma pitié, complaisante à ses brûlants soupirs,
D'un dehors favorable amusoit ses désirs,
Et vouloit réparer par ce foible avantage
Ce qu'au fond de mon cœur je lui faisois d'outrage.

ÉLISE.

Mais son premier amour, que vous avez appris,
Doit de cette contrainte affranchir vos esprits;
Et, puisque avant ces soins où pour vous il s'engage
Done Ignès de son cœur avoit reçu l'hommage,
Et que, par des liens aussi fermes que doux,
L'amitié vous unit, cette comtesse et vous,
Son secret révélé vous est une matière
A donner à vos vœux liberté tout entière;
Et vous pouvez sans crainte, à cet amant confus,
D'un devoir d'amitié couvrir tous vos refus.

DONE ELVIRE.

Il est vrai que j'ai lieu de chérir la nouvelle

ACTE I, SCÈNE I.

Qui m'apprit que don Sylve étoit un infidèle,
Puisque par ses ardeurs mon cœur tyrannisé
Contre elles à présent se voit autorisé ;
Qu'il en peut justement combattre les hommages,
Et, sans scrupule, ailleurs donner tous ses suffrages.
Mais enfin quelle joie en peut prendre ce cœur,
Si d'une autre contrainte il souffre la rigueur ;
Si d'un prince jaloux l'éternelle foiblesse
Reçoit indignement les soins de ma tendresse,
Et semble préparer, dans mon juste courroux,
Un éclat à briser tout commerce entre nous ?

ÉLISE.

Mais, si de votre bouche il n'a point su sa gloire,
Est-ce un crime pour lui que de n'oser la croire ?
Et ce qui d'un rival a pu flatter les feux
L'autorise-t-il pas à douter de vos vœux ?

DONE ELVIRE.

Non, non, de cette sombre et lâche jalousie
Rien ne peut excuser l'étrange frénésie ;
Et, par mes actions, je l'ai trop informé
Qu'il peut bien se flatter du bonheur d'être aimé.
Sans employer la langue, il est des interprètes
Qui parlent clairement des atteintes secrètes.
Un soupir, un regard, une simple rougeur,
Un silence, est assez pour expliquer un cœur.
Tout parle dans l'amour ; et, sur cette matière,
Le moindre jour doit être une grande lumière,
Puisque chez notre sexe, où l'honneur est puissant,
On ne montre jamais tout ce que l'on ressent.
J'ai voulu, je l'avoue, ajuster ma conduite,
Et voir d'un œil égal l'un et l'autre mérite :
Mais que contre ses vœux on combat vainement,
Et que la différence est connue aisément
De toutes ces faveurs qu'on fait avec étude,
A celles où du cœur fait pencher l'habitude !
Dans les unes toujours on paroît se forcer ;
Mais les autres, hélas ! se font sans y penser :
Semblables à ces eaux si pures et si belles,
Qui coulent sans effort des sources naturelles.
Ma pitié pour don Sylve avoit beau l'émouvoir,
J'en trahissois les soins sans m'en apercevoir ;
Et mes regards au prince, en un pareil martyre,
En disoient toujours plus que je n'en voulois dire.

ÉLISE.

Enfin, si les soupçons de cet illustre amant,
Puisque vous le voulez, n'ont point de fondement,
Pour le moins font-ils foi d'une âme bien atteinte,
Et d'autres chériroient ce qui fait votre plainte.
De jaloux mouvements doivent être odieux,
S'ils partent d'un amour qui déplaise à nos yeux :
Mais tout ce qu'un amant nous peut montrer d'alarmes
Doit, lorsque nous l'aimons, avoir pour nous des charmes ;
C'est par là que son feu se peut mieux exprimer,
Et, plus il est jaloux, plus nous devons l'aimer.
Ainsi, puisqu'en votre âme un prince magnanime...

DONE ELVIRE.

Ah ! ne m'avancez point cette étrange maxime !
Partout la jalousie est un monstre odieux :

Rien n'en peut adoucir les traits injurieux ;
Et, plus l'amour est cher qui lui donne naissance,
Plus on doit ressentir les coups de cette offense.
Voir un prince emporté, qui perd à tous moments
Le respect que l'amour inspire aux vrais amants ;
Qui, dans les soins jaloux où son âme se noie,
Querelle également mon chagrin et ma joie,
Et dans tous mes regards ne peut rien remarquer
Qu'en faveur d'un rival il ne veuille expliquer !
Non, non, par ces soupçons je suis trop offensée,
Et sans déguisement je te dis ma pensée.
Le prince don Garcie est cher à mes désirs ;
Il peut d'un cœur illustre échauffer les soupirs ;
Au milieu de Léon on a vu son courage
Me donner de sa flamme un noble témoignage,
Braver en ma faveur des périls les plus grands,
M'enlever aux desseins de nos lâches tyrans,
Et, dans ces murs forcés, mettre ma destinée
A couvert des horreurs d'un indigne hyménée ;
Et je ne cèle point que j'aurois de l'ennui
Que la gloire en fût due à quelque autre qu'à lui ;
Car un cœur amoureux prend un plaisir extrême
A se voir redevable, Élise, à ce qu'il aime ;
Et sa flamme timide ose mieux éclater
Lorsqu'en favorisant elle croit s'acquitter.
Oui, j'aime qu'un secours qui hasarde sa tête
Semble à sa passion donner droit de conquête ;
J'aime que mon péril m'ait jetée en ses mains ;
Et, si les bruits communs ne sont pas des bruits vains,
Si la bonté du ciel nous ramène mon frère,
Les vœux les plus ardents que mon cœur puisse faire,
C'est que son bras encor sur un perfide sang
Puisse aider à ce frère à reprendre son rang,
Et, par d'heureux succès d'une haute vaillance,
Mériter tous les soins de sa reconnoissance :
Mais, avec tout cela, s'il pousse mon courroux,
S'il ne purge ses feux de leurs transports jaloux,
Et ne se range aux lois que je lui veux prescrire,
C'est inutilement qu'il prétend done Elvire :
L'hymen ne peut nous joindre, et j'abhorre des nœuds
Qui deviendroient sans doute un enfer pour tous deux.

ÉLISE.

Bien que l'on pût avoir des sentiments tout autres,
C'est au prince, madame, à se régler aux vôtres ;
Et dans votre billet ils sont si bien marqués,
Que quand il les verra de la sorte expliqués...

DONE ELVIRE.

Je n'y veux point, Élise, employer cette lettre ;
C'est un soin qu'à ma bouche il me vaut mieux commettre.
La faveur d'un écrit laisse aux mains d'un amant
Des témoins trop constants de notre attachement :
Ainsi donc empêchez qu'au prince on ne la livre.

ÉLISE.

Toutes vos volontés sont des lois qu'on doit suivre.
J'admire cependant que le ciel ait jeté
Dans le goût des esprits tant de diversité,
Et que ce que les uns regardent comme outrage
Soit vu par d'autres yeux sous un autre visage.

Pour moi, je trouverois mon sort tout à fait doux,
Si j'avois un amant qui pût être jaloux ;
Je saurois m'applaudir de son inquiétude ;
Et ce qui pour mon âme est souvent un peu rude,
C'est de voir don Alvar ne prendre aucun souci.

DONE ELVIRE.

Nous ne le croyions pas si proche ; le voici.

SCÈNE II

DONE ELVIRE, DON ALVAR, ÉLISE.

DONE ELVIRE.

Votre retour surprend : qu'avez-vous à m'apprendre ?
Don Alphonse vient-il ? A-t-on lieu de l'attendre ?

DON ALVAR.

Oui, madame ; et ce frère en Castille élevé
De rentrer dans ses droits voit le temps arrivé.
Jusqu'ici don Louis, qui vit à sa prudence
Par le feu roi mourant commettre son enfance,
A caché ses destins aux yeux de tout l'État,
Pour l'ôter aux fureurs du traître Mauregat ;
Et, bien que le tyran, depuis sa lâche audace,
L'ait souvent demandé pour lui rendre sa place,
Jamais son zèle ardent n'a pris de sûreté
A l'appât dangereux de sa fausse équité.
Mais, les peuples émus par cette violence
Que vous a voulu faire une injuste puissance,
Ce généreux vieillard a cru qu'il étoit temps
D'éprouver le succès d'un espoir de vingt ans :
Il a tenté Léon, et ses fidèles trames
Des grands, comme du peuple, ont pratiqué les âmes,
Tandis que la Castille armoit dix mille bras
Pour redonner ce prince aux vœux de ses États ;
Il fait auparavant semer sa renommée,
Et ne veut le montrer qu'en tête d'une armée,
Que tout prêt à lancer le foudre punisseur
Sous qui doit succomber un lâche ravisseur.
On investit Léon, et don Sylve en personne
Commande le secours que son père vous donne.

DONE ELVIRE.

Un secours si puissant doit flatter notre espoir ;
Mais je crains que mon frère y puisse trop devoir.

DON ALVAR.

Mais, madame, admirez que, malgré la tempête
Que votre usurpateur oit[1] gronder sur sa tête,
Tous les bruits de Léon annoncent pour certain
Qu'à la comtesse Ignès il va donner la main.

DONE ELVIRE.

Il cherche dans l'hymen de cette illustre fille
L'appui du grand crédit où se voit sa famille ;
Je ne reçois rien d'elle, et j'en suis en souci.
Mais son cœur au tyran fut toujours endurci.

ÉLISE.

De trop puissants motifs d'honneur et de tendresse

[1] Du verbe *ouïr*. L'emploi de cet indicatif présent n'est plus en usage.

Opposent ses refus aux nœuds dont on la presse,
Pour...

DON ALVAR.

Le prince entre ici.

SCÈNE III

DON GARCIE, DONE ELVIRE, DON ALVAR, ÉLISE.

DON GARCIE.

Je viens m'intéresser,
Madame, au doux espoir qu'il vous vient d'annoncer.
Ce frère, qui menace un tyran plein de crimes,
Flatte de mon amour les transports légitimes :
Son sort offre à mon bras des périls glorieux
Dont je puis faire hommage à l'éclat de vos yeux,
Et par eux m'acquérir, si le ciel m'est propice,
La gloire d'un revers que vous doit sa justice,
Qui va faire à vos pieds choir l'infidélité,
Et rendre à votre sang toute sa dignité.
Mais ce qui plus me plaît d'une attente si chère,
C'est que, pour être roi, le ciel vous rend ce frère ;
Et qu'ainsi mon amour peut éclater au moins
Sans qu'à d'autres motifs on impute ses soins,
Et qu'il soit soupçonné que dans votre personne
Il cherche à me gagner les droits d'une couronne.
Oui, tout mon cœur voudroit montrer aux yeux de tous
Qu'il ne regarde en vous autre chose que vous ;
Et cent fois, si je puis le dire sans offense,
Ses vœux se sont armés contre votre naissance ;
Leur chaleur indiscrète a d'un destin plus bas
Souhaité le partage à vos divins appas,
Afin que de ce cœur le noble sacrifice
Pût du ciel envers vous réparer l'injustice,
Et votre sort tenir des mains de mon amour
Tout ce qu'il doit au sang dont vous tenez le jour[1].
Mais, puisque enfin les cieux, de tout ce juste hommage,
A mes feux prévenus dérobent l'avantage,
Trouvez bon que ces feux prennent un peu d'espoir
Sur la mort que mon bras s'apprête à faire voir,
Et qu'ils osent briguer, par d'illustres services,
D'un frère et d'un État les suffrages propices.

DONE ELVIRE.

Je sais que vous pouvez, prince, en vengeant nos droits,
Faire pour votre amour parler cent beaux exploits :
Mais ce n'est pas assez, pour le prix qu'il espère,
Que l'aveu d'un État et la faveur d'un frère ;
Done Elvire n'est pas au bout de cet effort,
Et je vous vois à vaincre un obstacle plus fort.

DON GARCIE.

Oui, madame, j'entends ce que vous voulez dire.
Je sais bien que pour vous mon cœur en vain soupire ;
Et l'obstacle puissant qui s'oppose à mes feux,
Sans que vous le nommiez, n'est pas secret pour eux.

DONE ELVIRE.

Souvent on entend mal ce qu'on croit bien entendre ;

[1] Molière a transporté dans le *Misanthrope* quelques-uns de ces détails.

Et par trop de chaleur, prince, on se peut méprendre.
Mais, puisqu'il faut parler, désirez-vous savoir
Quand vous pourrez me plaire, et prendre quelque espoir ?
DON GARCIE.
Ce me sera, madame, une faveur extrême.
DONE ELVIRE.
Quand vous saurez m'aimer comme il faut que l'on aime.
DON GARCIE.
Eh ! que peut-on, hélas ! observer sous les cieux
Qui ne cède à l'ardeur que m'inspirent vos yeux ?
DONE ELVIRE.
Quand votre passion ne fera rien paroître
Dont se puisse indigner celle qui l'a fait naître.
DON GARCIE.
C'est là son plus grand soin.
DONE ELVIRE.
    Quand tous ses mouvements
Ne prendront point de moi de trop bas sentiments.
DON GARCIE.
Ils vous révèrent trop.
DONE ELVIRE.
    Quand d'un injuste ombrage
Votre raison saura me réparer l'outrage,
Et que vous bannirez enfin ce monstre affreux,
Qui de son noir venin empoisonne vos feux,
Cette jalouse humeur dont l'importun caprice
Aux vœux que vous m'offrez rend un mauvais office,
S'oppose à leur attente, et contre eux, à tous coups,
Arme les mouvements de mon juste courroux.
DON GARCIE.
Ah ! madame, il est vrai, quelque effort que je fasse,
Qu'un peu de jalousie en mon cœur trouve place,
Et qu'un rival, absent de vos divins appas,
Au repos de ce cœur vient livrer des combats.
Soit caprice ou raison, j'ai toujours la croyance
Que votre âme en ces lieux souffre de son absence,
Et que, malgré mes soins, vos soupirs amoureux
Vont trouver à tous coups ce rival trop heureux.
Mais, si de tels soupçons ont de quoi vous déplaire,
Il vous est bien facile, hélas ! de m'y soustraire ;
Et leur bannissement, dont j'accepte la loi,
Dépend bien plus de vous qu'il ne dépend de moi.
Oui, c'est vous qui pouvez, par deux mots pleins de flamme,
Contre la jalousie armer toute mon âme,
Et des pleines clartés d'un glorieux espoir
Dissiper les horreurs que ce monstre y fait choir.
Daignez donc étouffer le doute qui m'accable,
Et faites qu'un aveu d'une bouche adorable
Me donne l'assurance, au fort de tant d'assauts,
Que je ne puis trouver dans le peu que je vaux.
DONE ELVIRE.
Prince, de vos soupçons la tyrannie est grande :
Au moindre mot qu'il dit, un cœur veut qu'on l'entende,
Et n'aime pas que ces feux dont l'importunité
Demande qu'on s'explique avec tant de clarté.
Le premier mouvement qui découvre notre âme
Doit d'un amant discret satisfaire la flamme ;
Et c'est à s'en dédire autoriser nos vœux

Que vouloir plus avant pousser de tels aveux.
Je ne dis point quel choix, s'il m'étoit volontaire,
Entre don Sylve et vous mon âme pourroit faire ;
Mais vouloir vous contraindre à n'être point jaloux
Auroit dit quelque chose à tout autre que vous ;
Et je croyois cet ordre un assez doux langage
Pour n'avoir pas besoin d'en dire davantage.
Cependant votre amour n'est pas encor content ;
Il demande un aveu qui soit plus éclatant ;
Pour l'ôter de scrupule, il me faut à vous-même,
En des termes exprès, dire que je vous aime ;
Et peut-être qu'encor, pour vous en assurer,
Vous vous obstineriez à m'en faire jurer,
DON GARCIE.
Eh bien, madame, eh bien, je suis trop téméraire :
De tout ce qui vous plaît je dois me satisfaire.
Je ne demande point de plus grande clarté ;
Je crois que vous avez pour moi quelque bonté,
Que d'un peu de pitié mon feu vous sollicite,
Et je me vois heureux plus que je ne mérite.
C'en est fait, je renonce à mes soupçons jaloux ;
L'arrêt qui les condamne est un arrêt bien doux,
Et je reçois la loi qu'il daigne me prescrire,
Pour affranchir mon cœur de leur injuste empire.
DONE ELVIRE.
Vous promettez beaucoup, prince ; et je doute fort
Si vous pourrez sur vous faire ce grand effort.
DON GARCIE.
Ah ! madame, il suffit, pour me rendre croyable,
Que ce qu'on vous promet doit être inviolable ;
Et que l'heur d'obéir à sa divinité
Ouvre aux plus grands efforts trop de facilité.
Que le ciel me déclare une éternelle guerre,
Que je tombe à vos pieds d'un éclat de tonnerre ;
Ou, pour périr encor par de plus rudes coups,
Puissé-je voir sur moi fondre votre courroux,
Si jamais mon amour descend à la foiblesse
De manquer au devoir d'une telle promesse ;
Si jamais dans mon âme aucun jaloux transport
Fait...

SCÈNE IV

DONE ELVIRE, DON GARCIE, DON ALVAR, ÉLISE ;
UN PAGE, présentant un billet à done Elvire.

DONE ELVIRE.
J'en étois en peine, et tu m'obliges fort.
Que le courrier attende.

SCÈNE V

DONE ELVIRE, DON GARCIE, DON ALVAR, ÉLISE.

DONE ELVIRE, bas, à part.
    A ces regards qu'il jette,
Vois-je pas que déjà cet écrit l'inquiète ?
Prodigieux effet de son tempérament !

Haut.
Qui vous arrête, prince, au milieu du serment?
DON GARCIE.
J'ai cru que vous aviez quelque secret ensemble,
Et je ne voulois pas l'interrompre.
DONE ELVIRE.
Il me semble
Que vous me répondez d'un ton fort altéré.
Je vous vois tout à coup le visage égaré.
Ce changement soudain a lieu de me surprendre :
D'où peut-il provenir? le pourroit-on apprendre?
DON GARCIE.
D'un mal qui tout à coup vient d'attaquer mon cœur.
DONE ELVIRE.
Souvent plus qu'on ne croit ces maux ont de rigueur,
Et quelque prompt secours vous seroit nécessaire.
Mais encor, dites-moi, vous prend-il d'ordinaire?
DON GARCIE.
Parfois...
DONE ELVIRE.
Ah! prince foible! Eh bien, par cet écrit,
Guérissez-le, ce mal; il n'est que dans l'esprit.
DON GARCIE.
Par cet écrit, madame? Ah! ma main le refuse!
Je vois votre pensée, et de quoi l'on m'accuse.
Si...
DONE ELVIRE.
Lisez-le, vous dis-je, et satisfaites-vous.
DON GARCIE.
Pour me traiter après de foible, de jaloux?
Non, non. Je dois ici vous rendre témoignage
Qu'à mon cœur cet écrit n'a point donné d'ombrage;
Et, bien que vos bontés m'en laissent le pouvoir,
Pour me justifier je ne veux point le voir.
DONE ELVIRE.
Si vous vous obstinez à cette résistance,
J'aurois tort de vouloir vous faire violence ;
Et c'est assez enfin de vous avoir pressé
De voir de quelle main ce billet m'est tracé.
DON GARCIE.
Ma volonté toujours vous doit être soumise :
Si c'est votre plaisir que pour vous je le lise,
Je consens volontiers à prendre cet emploi.
DONE ELVIRE.
Oui, oui, prince, tenez, vous le lirez pour moi.
DON GARCIE.
C'est pour vous obéir, au moins ; et je puis dire...
DONE ELVIRE.
C'est ce que vous voudrez : dépêchez-vous de lire.
DON GARCIE.
Il est de done Ignès, à ce que je connoi.
DONE ELVIRE.
Oui. Je m'en réjouis et pour vous et pour moi.
DON GARCIE lit.
« Malgré l'effort d'un long mépris,
« Le tyran toujours m'aime ; et, depuis votre absence,
« Vers moi, pour me porter au dessein qu'il a pris,
« Il semble avoir tourné toute sa violence,

« Dont il poursuivoit l'alliance
« De vous et de son fils.
« Ceux qui sur moi peuvent avoir empire,
« Par de lâches motifs qu'un faux honneur inspire,
« Approuvent tous cet indigne lien.
« J'ignore encor par où finira mon martyre ;
« Mais je mourrai plutôt que de consentir rien.
« Puissiez-vous jouir, belle Elvire,
« D'un destin plus doux que le mien!
« DONE IGNÈS. »
Dans la haute vertu son âme est affermie.
DONE ELVIRE.
Je vais faire réponse à cette illustre amie.
Cependant apprenez, prince, à vous mieux armer
Contre ce qui prend droit de vous trop alarmer.
J'ai calmé votre trouble avec cette lumière,
Et la chose a passé d'une douce manière ;
Mais, à n'en point mentir, il seroit des moments
Où je pourrois entrer dans d'autres sentiments.
DON GARCIE.
Eh quoi! vous croyez donc...
DONE ELVIRE.
Je crois ce qu'il faut croire.
Adieu. De mes avis conservez la mémoire.
Et, s'il est vrai pour moi que votre amour soit grand,
Donnez-en à mon cœur les preuves qu'il prétend.
DON GARCIE
Croyez que désormais c'est toute mon envie,
Et qu'avant qu'y manquer je veux perdre la vie.

ACTE SECOND

SCÈNE I

ÉLISE, DON LOPE.

ÉLISE.
Tout ce que fait le prince, à parler franchement,
N'est pas ce qui me donne un grand étonnement ;
Car que d'un noble amour une âme bien saisie
En pousse les transports jusqu'à la jalousie,
Que de doutes fréquents ses vœux soient traversés,
Il est fort naturel, et je l'approuve assez :
Mais ce qui me surprend, don Lope, c'est d'entendre
Que vous lui préparez les soupçons qu'il doit prendre,
Que votre âme les forme, et qu'il n'est en ces lieux
Fâcheux que par vos soins, jaloux que par vos yeux.
Encore un coup, don Lope, une âme bien éprise
Des soupçons qu'elle prend ne me rend point surprise ;
Mais qu'on ait sans amour tous les soins d'un jaloux,
C'est une nouveauté qui n'appartient qu'à vous.
DON LOPE.
Que sur cette conduite à son aise l'on glose,
Chacun règle la sienne au but qu'il se propose ;
Et, rebuté par vous des soins de mon amour,
Je songe auprès du prince à bien faire ma cour

ACTE II, SCÈNE IV.

ÉLISE.
Mais savez-vous qu'enfin il fera mal la sienne,
S'il faut qu'en cette humeur votre esprit l'entretienne?
DON LOPE.
Et quand, charmante Élise, a-t-on vu, s'il vous plaît,
Qu'on cherche auprès des grands que son propre intérêt?
Qu'un parfait courtisan veuille charger leur suite
D'un censeur des défauts qu'on trouve en leur conduite,
Et s'aille inquiéter si son discours leur nuit,
Pourvu que sa fortune en tire quelque fruit?
Tout ce qu'on fait ne va qu'à se mettre en leur grâce;
Par la plus courte voie on y cherche une place;
Et les plus prompts moyens de gagner leur faveur,
C'est de flatter toujours le foible de leur cœur,
D'applaudir en aveugle à ce qu'ils veulent faire,
Et n'appuyer jamais ce qui peut leur déplaire;
C'est là le vrai secret d'être bien auprès d'eux.
Les utiles conseils font passer pour fâcheux,
Et vous laissent toujours hors de la confidence,
Où vous jette d'abord l'adroite complaisance.
Enfin, on voit partout que l'art des courtisans
Ne tend qu'à profiter des foiblesses des grands,
A nourrir leurs erreurs, et jamais dans leur âme
Ne porter les avis des choses qu'on y blâme.
ÉLISE.
Ces maximes un temps leur peuvent succéder;
Mais il est des revers qu'on doit appréhender;
Et dans l'esprit des grands, qu'on tâche de surprendre,
Un rayon de lumière à la fin peut descendre,
Qui sur tous ces flatteurs venge équitablement
Ce qu'a fait à leur gloire un long aveuglement.
Cependant je dirai que votre âme s'explique
Un peu bien librement sur votre politique;
Et ces nobles motifs, au prince rapportés,
Serviroient assez mal vos assiduités.
DON LOPE.
Outre que je pourrois désavouer sans blâme
Ces libres vérités sur quoi s'ouvre mon âme,
Je sais fort bien qu'Élise a l'esprit trop discret
Pour aller divulguer cet entretien secret.
Qu'ai-je dit, après tout, que sans moi l'on ne sache?
Et dans mon procédé que faut-il que je cache?
On peut craindre une chute avec quelque raison,
Quand on met en usage ou ruse ou trahison;
Mais qu'ai-je à redouter, moi qui partout n'avance
Que les soins approuvés d'un peu de complaisance,
Et qui suis seulement par d'utiles leçons
La pente qu'a le prince à de jaloux soupçons?
Son âme semble en vivre, et je mets mon étude
A trouver des raisons à son inquiétude,
A voir de tous côtés s'il ne se passe rien
A fournir le sujet d'un secret entretien;
Et quand je puis venir, enflé d'une nouvelle,
Donner à son repos une atteinte mortelle,
C'est lors que plus il m'aime; et je vois sa raison
D'une audience avide[1] avaler ce poison,

[1] Audience est là pour oreille; c'est l'action d'entendre substituée à l'organe de l'ouïe. Le trope n'est pas heureux.

Et m'en remercier comme d'une victoire
Qui combleroit ses jours de bonheur et de gloire.
Mais mon rival paroît, je vous laisse tous deux;
Et, bien que je renonce à l'espoir de vos vœux,
J'aurois un peu de peine à voir qu'en ma présence
Il reçût des effets de quelque préférence;
Et je veux, si je puis, m'épargner ce souci.
ÉLISE.
Tout amant de bon sens en doit user ainsi.

SCÈNE II

DON ALVAR, ÉLISE.

DON ALVAR.
Enfin nous apprenons que le roi de Navarre
Pour les désirs du prince aujourd'hui se déclare,
Et qu'un nouveau renfort de troupes nous attend
Pour le fameux service où son amour prétend.
Je suis surpris, pour moi, qu'avec tant de vitesse
On ait fait avancer... Mais...

SCÈNE III

DON GARCIE, ÉLISE, DON ALVAR.

DON GARCIE.
        Que fait la princesse?
ÉLISE.
Quelques lettres, seigneur; je le présume ainsi.
Mais elle va savoir que vous êtes ici.
DON GARCIE.
J'attendrai qu'elle ait fait.

SCÈNE IV

DON GARCIE, seul.

        Près de souffrir sa vue,
D'un trouble tout nouveau je me sens l'âme émue;
Et la crainte, mêlée à mon ressentiment,
Jette par tout mon corps un soudain tremblement.
Prince, prends garde au moins qu'un aveugle caprice
Ne te conduise ici dans quelque précipice,
Et que de ton esprit les désordres puissants
Ne donnent un trop au rapport de tes sens:
Consulte ta raison, prends sa clarté pour guide;
Vois si de tes soupçons l'apparence est solide:
Ne démens pas leur voix; mais aussi garde bien
Que, pour les croire trop, ils ne t'imposent rien,
Qu'à tes premiers transports ils n'osent trop permettre,
Et relis posément cette moitié de lettre.
Ah! qu'est-ce que mon cœur, trop digne de pitié,
Ne voudroit pas donner pour son autre moitié?
Mais, après tout, que dis-je? Il suffit bien de l'une,
Et n'en voilà que trop pour voir mon infortune.

« Quoique votre rival...
« Vous devez toutefois vous...
« Et vous avez en vous à...
« L'obstacle le plus grand...

« Je chéris tendrement ce...
« Pour me tirer des mains de...
« Son amour, ses devoirs...
« Mais il m'est odieux avec...

« Otez donc à vos feux ce...
« Méritez les regards que l'on...
« Et lorsqu'on vous oblige...
« Ne vous obstinez point à [1]...

Oui, mon sort par ces mots est assez éclairci ;
Son cœur, comme sa main, se fait connoître ici ;
Et les sens imparfaits de cet écrit funeste
Pour s'expliquer à moi n'ont pas besoin du reste.
Toutefois, dans l'abord agissons doucement.
Couvrons à l'infidèle un vif ressentiment ;
Et, de ce que je tiens ne donnant point d'indice,
Confondons son esprit par son propre artifice.
La voici. Ma raison, renferme mes transports,
Et rends-toi pour un temps maîtresse du dehors.

SCÈNE V

DONE ELVIRE, DON GARCIE.

DONE ELVIRE.
Vous avez bien voulu que je vous fisse attendre ?
DON GARCIE, bas, à part.
Ah! qu'elle cache bien...
DONE ELVIRE.
On vient de nous apprendre
Que le roi votre père approuve vos projets,
Et veut bien que son fils nous rende nos sujets ;
Et mon âme en a pris une allégresse extrême.
DON GARCIE.
Oui, madame, et mon cœur s'en réjouit de même ;
Mais...
DONE ELVIRE.
Le tyran sans doute aura peine à parer
Les foudres que partout il entend murmurer ;
Et j'ose me flatter que le même courage
Qui put bien me soustraire à sa brutale rage,
Et dans les murs d'Astorgue arraché de ses mains
Me faire un sûr asile à braver ses desseins,
Pourra, de tout Léon achevant la conquête,
Sous ses nobles efforts faire choir cette tête.
DON GARCIE.
Le succès en pourra parler dans quelques jours.
Mais, de grâce, passons à quelque autre discours.
Puis-je, sans trop oser, vous prier de me dire

[1] La méprise fondée sur cette moitié de lettre a été employée d'une manière très-heureuse par Voltaire dans le conte de *Zadig*. (Petitot.)

A qui vous avez pris, madame, soin d'écrire,
Depuis que le destin nous a conduits ici ?
DONE ELVIRE.
Pourquoi cette demande, et d'où vient ce souci ?
DON GARCIE.
D'un désir curieux de pure fantaisie.
DONE ELVIRE.
La curiosité naît de la jalousie.
DON GARCIE.
Non, ce n'est rien du tout de ce que vous pensez :
Vos ordres de ce mal me défendent assez.
DONE ELVIRE.
Sans chercher plus avant quel intérêt vous presse,
J'ai deux fois à Léon écrit à la comtesse,
Et deux fois au marquis don Louis à Burgos.
Avec cette réponse êtes-vous en repos ?
DON GARCIE.
Vous n'avez point écrit à quelque autre personne,
Madame ?
DONE ELVIRE.
Non, sans doute ; et ce discours m'étonne.
DON GARCIE.
De grâce, songez bien, avant que d'assurer :
En manquant de mémoire, on peut se parjurer.
DONE ELVIRE.
Ma bouche, sur ce point, ne peut être parjure.
DON GARCIE.
Elle a dit toutefois une haute imposture.
DONE ELVIRE.
Prince !
DON GARCIE.
Madame !
DONE ELVIRE.
O ciel ! quel est ce mouvement ?
Avez-vous, dites-moi, perdu le jugement ?
DON GARCIE.
Oui, oui, je l'ai perdu, lorsque dans votre vue
J'ai pris, pour mon malheur, le poison qui me tue,
Et que j'ai cru trouver quelque sincérité
Dans les traîtres appas dont je fus enchanté !
DONE ELVIRE.
De quelle trahison pouvez-vous donc vous plaindre ?
DON GARCIE.
Ah ! que ce cœur est double et sait bien l'art de feindre !
Mais tous moyens de fuir lui vont être soustraits.
Jetez ici les yeux, et connoissez vos traits :
Sans avoir vu le reste, il m'est assez facile
De découvrir pour qui vous employez ce style.
DONE ELVIRE.
Voilà donc le sujet qui vous trouble l'esprit ?
DON GARCIE.
Vous ne rougissez pas en voyant cet écrit ?
DONE ELVIRE.
L'innocence à rougir n'est point accoutumée.
DON GARCIE.
Il est vrai qu'en ces lieux on la voit opprimée.
Ce billet démenti pour n'avoir point de seing [1]...

[1] Molière jugea lui-même cette expression inexacte ; et, cinq

DONE ELVIRE.

Pourquoi le démentir, puisqu'il est de ma main¹?

DON GARCIE.

Encore est-ce beaucoup que, de franchise pure,
Vous demeuriez d'accord que c'est votre écriture;
Mais ce sera sans doute, et j'en serois garant,
Un billet qu'on envoie à quelque indifférent;
Ou du moins ce qu'il a de tendresse évidente
Sera pour une amie, ou pour quelque parente.

DONE ELVIRE.

Non, c'est pour un amant que ma main l'a formé;
Et j'ajoute de plus, peur un amant aimé.

DON GARCIE.

Et je puis, ô perfide!...

DONE ELVIRE.

Arrêtez, prince indigne,
De ce lâche transport l'égarement insigne.
Bien que de vous mon cœur ne prenne point de loi
Et ne doive en ces lieux aucun compte qu'à soi,
Je veux bien me purger, pour votre seul supplice,
Du crime que m'impose un insolent caprice.
Vous serez éclairci, n'en doutez nullement.
J'ai ma défense prête en ce même moment.
Vous allez recevoir une pleine lumière :
Mon innocence ici paroîtra tout entière;
Et je veux, vous mettant juge en votre intérêt,
Vous faire prononcer vous-même votre arrêt.

DON GARCIE.

Ce sont propos obscurs qu'on ne sauroit comprendre.

DONE ELVIRE.

Bientôt à vos dépens vous me pourrez entendre.
Élise, holà!

SCÈNE VI

DON GARCIE, DONE ELVIRE, ÉLISE.

ÉLISE.

Madame?

DONE ELVIRE, à don Garcie.

Observez bien au moins
Si j'ose à vous tromper employer quelques soins;
Si, par un seul coup d'œil ou geste qui l'instruise,
Je cherche de ce coup à parer la surprise.

A Élise.

Le billet que tantôt ma main avoit tracé,
Répondez promptement, où l'avez-vous laissé?

ÉLISE.

Madame, j'ai sujet de m'avouer coupable.
Je ne sais comme il est demeuré sur ma table;

ans plus tard, lorsqu'il transporta dans le *Misanthrope* une partie de cette scène de *Don Garcie*, il corrigea ces vers de la manière suivante

 Le désavouerez-vous pour n'avoir point de seing?
 — Pourquoi *désavouer* un billet de ma main?
  (*Mis.*, IV, III.)   (F. Génin.)

Les dix-sept vers précédents ont été transportés par Molière dans le *Misanthrope*, acte II, scene v, avec de très-légers changements. (Petitot.)

Mais on vient de m'apprendre en ce même moment
Que don Lope, venant dans mon appartement,
Par une liberté qu'on lui voit se permettre,
A fureté partout et trouvé cette lettre.
Comme il la déplioit, Léonor a voulu
S'en saisir promptement avant qu'il eût rien lu;
Et se jetant sur lui, la lettre contestée
En deux justes moitiés dans leurs mains est restée;
Et don Lope, aussitôt prenant un prompt essor,
A dérobé la sienne aux soins de Léonor.

DONE ELVIRE.

Avez-vous ici l'autre?

ÉLISE.

Oui, la voilà, madame.

DONE ELVIRE.

A don Garcie.

Donnez. Nous allons voir qui mérite le blâme.
Avec votre moitié rassemblez celle-ci,
Lisez, et hautement; je veux l'entendre aussi.

DON GARCIE.

Au prince don Garcie. Ah!

DONE ELVIRE.

Achevez de lire;
Votre âme pour ce mot ne doit pas s'interdire.

DON GARCIE lit.

« Quoique votre rival, prince, alarme votre âme,
« Vous devez toutefois vous craindre plus que lui;
« Et vous avez en vous à détruire aujourd'hui
« L'obstacle le plus grand que trouve votre flamme.
« Je chéris tendrement ce qu'a fait don Garcie,
« Pour me tirer des mains de nos fiers ravisseurs.
« Son amour, ses devoirs, ont pour moi des douceurs;
« Mais il m'est odieux avec sa jalousie.
« Otez donc à vos feux ce qu'ils en font paroître,
« Méritez les regards que l'on jette sur eux;
« Et, lorsqu'on vous oblige à vous tenir heureux,
« Ne vous obstinez point à ne pas vouloir l'être. »

DONE ELVIRE.

Eh bien, que dites-vous?

DON GARCIE.

Ah! madame, je dis
Qu'à cet objet mes sens demeurent interdits;
Que je vois dans ma plainte une horrible injustice,
Et qu'il n'est point pour moi d'assez cruel supplice.

DONE ELVIRE.

Il suffit. Apprenez que si j'ai souhaité
Qu'à vos yeux cet écrit pût être présenté,
C'est pour le démentir, et cent fois me dédire
De tout ce que pour vous vous y venez de lire.
Adieu, prince.

DON GARCIE.

Madame, hélas! où fuyez-vous?

DONE ELVIRE.

Où vous ne serez point, trop odieux jaloux.

DON GARCIE.

Ah! madame, excusez un amant misérable,

Qu'un sort prodigieux a fait vers vous coupable,
Et qui, bien qu'il vous cause un courroux si puissant,
Eût été plus blâmable à rester innocent.
Car enfin, peut-il être une âme bien atteinte,
Dont l'espoir le plus doux ne soit mêlé de crainte?
Et pourriez-vous penser que mon cœur eût aimé,
Si ce billet fatal ne l'eût point alarmé;
S'il n'avoit point frémi des coups de cette foudre,
Dont je me figurois tout mon bonheur en poudre?
Vous-même, dites-moi si cet événement
N'eût pas dans mon erreur jeté tout autre amant;
Si d'une preuve, hélas! qui me sembloit si claire,
Je pouvois démentir...

DONE ELVIRE.

Oui, vous le pouviez faire;
Et dans mes sentiments, assez bien déclarés,
Vos doutes rencontroient des garants assurés:
Vous n'aviez rien à craindre; et d'autres, sur ce gage,
Auroient du monde entier bravé le témoignage.

DON GARCIE.

Moins on mérite un bien qu'on nous fait espérer,
Plus notre âme a de peine à pouvoir s'assurer.
Un sort trop plein de gloire à nos yeux est fragile,
Et nous laisse aux soupçons une pente facile.
Pour moi, qui crois si peu mériter vos bontés,
J'ai douté du bonheur de mes témérités[1];
J'ai cru que, dans ces lieux rangés sous ma puissance,
Votre âme se forçoit à quelque complaisance;
Que, déguisant pour moi votre sévérité...

DONE ELVIRE.

Et je pourrois descendre à cette lâcheté!
Moi, prendre le parti d'une honteuse feinte!
Agir par les motifs d'une servile crainte,
Trahir mes sentiments, et, pour être en vos mains,
D'un masque de faveur vous couvrir mes dédains!
La gloire sur mon cœur auroit si peu d'empire!
Vous pouvez le penser, et vous me l'osez dire!
Apprenez que ce cœur ne sait point s'abaisser;
Qu'il n'est rien sous les cieux qui puisse l'y forcer,
Et, s'il vous a fait voir, par une erreur insigne,
Des marques de bonté dont vous n'étiez pas digne,
Qu'il saura bien montrer, malgré votre pouvoir,
La haine que pour vous il se résout d'avoir,
Braver votre furie, et vous faire connoître
Qu'il n'a point été lâche, et ne veut jamais l'être.

DON GARCIE.

Eh bien, je suis coupable, et ne m'en défends pas;
Mais je demande grâce à vos divins appas:
Je la demande au nom de la plus vive flamme
Dont jamais deux beaux yeux aient fait brûler une âme.
Que si votre courroux ne peut être apaisé,
Si mon crime est trop grand pour se voir excusé,
Si vous ne regardez ni l'amour qui le cause,
Ni le vif repentir que mon cœur vous expose,
Il faut qu'un coup heureux, en me faisant mourir,
M'arrache à des tourments que je ne puis souffrir.

[1] Molière a transporté ces six derniers vers dans le *Tartufe*, acte IV, scène V, en y faisant quelques changements.

Non, ne présumez pas qu'ayant su vous déplaire,
Je puisse vivre une heure avec votre colère.
Déjà de ce moment la barbare longueur
Sous ses cuisants remords fait succomber mon cœur,
Et de mille vautours les blessures cruelles
N'ont rien de comparable à ses douleurs mortelles.
Madame, vous n'avez qu'à me le déclarer:
S'il n'est point de pardon que je doive espérer,
Cette épée aussitôt, par un coup favorable,
Va percer, à vos yeux, le cœur d'un misérable;
Ce cœur, ce traître cœur, dont les perplexités
Ont si fort outragé vos extrêmes bontés:
Trop heureux, en mourant, si ce coup légitime
Efface en votre esprit l'image de mon crime,
Et ne laisse aucuns traits de votre aversion
Au foible souvenir de mon affection!
C'est l'unique faveur que demande ma flamme.

DONE ELVIRE.

Ah! prince trop cruel!

DON GARCIE.

Dites, parlez, madame.

DONE ELVIRE.

Faut-il encor pour vous conserver des bontés,
Et vous voir m'outrager par tant d'indignités?

DON GARCIE.

Un cœur ne peut jamais outrager quand il aime;
Et ce que fait l'amour, il l'excuse lui-même.

DONE ELVIRE.

L'amour n'excuse point de tels emportements.

DON GARCIE.

Tout ce qu'il a d'ardeur passe en ses mouvements;
Et plus il devient fort, plus il trouve de peine...

DONE ELVIRE.

Non, ne m'en parlez point, vous méritez ma haine.

DON GARCIE.

Vous me haïssez donc?

DONE ELVIRE.

J'y veux tâcher, au moins.
Mais, hélas! je crains bien que j'y perde mes soins,
Et que tout le courroux qu'excite votre offense
Ne puisse jusque-là faire aller ma vengeance.

DON GARCIE.

D'un supplice si grand ne tentez point l'effort,
Puisque pour vous venger je vous offre ma mort;
Prononcez-en l'arrêt, et j'obéis sur l'heure.

DONE ELVIRE.

Qui ne sauroit haïr ne peut vouloir qu'on meure.

DON GARCIE.

Et moi, je ne puis vivre, à moins que vos bontés
Accordent un pardon à mes témérités.
Résolvez l'un des deux, de punir ou d'absoudre.

DONE ELVIRE.

Hélas! j'ai trop fait voir ce que je puis résoudre.
Par l'aveu d'un pardon n'est-ce pas se trahir,
Que dire au criminel qu'on ne le peut haïr?

DON GARCIE.

Ah! c'en est trop; souffrez, adorable princesse...

DÒNE ELVIRE.
Laissez : je me veux mal d'une telle foiblesse.
DON GARCIE, seul.
Enfin je suis¹...

SCÈNE VII

DON GARCIE, DON LOPE.

DON LOPE.
Seigneur, je viens vous informer
D'un secret dont vos feux ont droit de s'alarmer.
DON GARCIE.
Ne me viens point parler de secret ni d'alarme,
Dans les doux mouvements du transport qui me charme;
Après ce qu'à mes yeux on vient de présenter,
Il n'est point de soupçons que je doive écouter ;
Et d'un divin objet la bonté sans pareille
A tous ces vains rapports doit fermer mon oreille :
Ne m'en fais plus.
DON LOPE.
Seigneur, je veux ce qu'il vous plaît ;
Mes soins en tout ceci n'ont que votre intérêt.
J'ai cru que le secret que je viens de surprendre
Méritoit bien qu'en hâte on vous le vînt apprendre ;
Mais, puisque vous voulez que je n'en touche rien,
Je vous dirai, seigneur, pour changer d'entretien,
Que déjà dans Léon on voit chaque famille
Lever le masque au bruit des troupes de Castille,
Et que surtout le peuple y fait pour son vrai roi
Un éclat à donner au tyran de l'effroi.
DON GARCIE.
La Castille du moins n'aura pas la victoire,
Sans que nous essayions d'en partager la gloire ;
Et nos troupes aussi peuvent être en état
D'imprimer quelque crainte au cœur de Mauregat.
Mais quel est ce secret dont tu voulois m'instruire?
Voyons un peu.
DON LOPE.
Seigneur, je n'ai rien à vous dire.
DON GARCIE.
Va, va, parle; mon cœur t'en donne le pouvoir.
DON LOPE.
Vos paroles, seigneur, m'en ont trop fait savoir ;
Et, puisque mes avis ont de quoi vous déplaire,
Je saurai désormais trouver l'art de me taire.
DON GARCIE.
Enfin, je veux savoir la chose absolument.
DON LOPE.
Je ne réplique point à ce commandement.
Mais, seigneur, en ce lieu le devoir de mon zèle
Trahiroit le secret d'une telle nouvelle.
Sortons pour vous l'apprendre ; et, sans rien embrasser,
Vous-même vous verrez ce qu'on en doit penser.

¹ Un grand nombre de traits de cette scène ont été transportés dans la scène vi de l'acte II d'*Amphitryon*.

ACTE TROISIÈME

SCÈNE I

DONE ELVIRE, ÉLISE.

DONE ELVIRE.
Élise, que dis-tu de l'étrange foiblesse
Que vient de témoigner le cœur d'une princesse?
Que dis-tu de me voir tomber si promptement
De toute la chaleur de mon ressentiment?
Et, malgré tant d'éclat, relâcher mon courage
Au pardon trop honteux d'un si cruel outrage?
ÉLISE.
Moi, je dis que d'un cœur que nous pouvons chérir
Une injure sans doute est bien dure à souffrir ;
Mais que, s'il n'en est point qui davantage irrite,
Il n'en est point aussi qu'on pardonne si vite ;
Et qu'un coupable aimé triomphe à nos genoux
De tous les prompts transports du plus bouillant courroux,
D'autant plus aisément, madame, quand l'offense
Dans un excès d'amour peut trouver sa naissance.
Ainsi, quelque dépit que l'on vous ait causé,
Je ne m'étonne point de le voir apaisé ;
Et je sais quel pouvoir, malgré votre menace,
A de pareils forfaits donnera toujours grâce.
DONE ELVIRE.
Ah ! sache, quelque ardeur qui m'impose des lois,
Que mon front a rougi pour la dernière fois ;
Et que, si désormais on pousse ma colère,
Il n'est point de retour qu'il faille qu'on espère.
Quand je pourrois reprendre un tendre sentiment,
C'est assez contre lui que l'éclat d'un serment :
Car enfin, un esprit qu'un peu d'orgueil inspire
Trouve beaucoup de honte à se pouvoir dédire ;
Et souvent, aux dépens d'un pénible combat,
Fait sur ses propres vœux un illustre attentat,
S'obstine par honneur, et n'a rien qu'il n'immole
A la noble fierté de tenir sa parole.
Ainsi, dans le pardon que l'on vient d'obtenir,
Ne prends point de clartés pour régler l'avenir ;
Et, quoi qu'à mes destins la fortune prépare,
Crois que je ne puis être au prince de Navarre,
Que de ces noirs accès qui troublent sa raison
Il n'ait fait éclater l'entière guérison,
Et réduit tout mon cœur, que ce mal persécute
A n'en plus redouter l'affront d'une rechute.
ÉLISE.
Mais quel affront nous fait le transport d'un jaloux ¹
DONE ELVIRE.
En est-il un qui soit plus digne de courroux?
Et, puisque notre cœur fait un effort extrême
Lorsqu'il se peut résoudre à confesser qu'il aime,
Puisque l'honneur du sexe, en tout temps rigoureux,

¹ La fin du couplet, à partir de ce vers, est dans le *Misanthrope*, acte IV, scène III. Il n'y a que de fort légers changements d'expressions.

Oppose un fort obstacle à de pareils aveux,
L'amant qui voit pour lui franchir un tel obstacle
Doit-il impunément douter de cet oracle?
Et n'est-il pas coupable, alors qu'il ne croit pas
Ce qu'on ne dit jamais qu'après de grands combats?

ÉLISE.

Moi, je tiens que toujours un peu de défiance
En ces occasions n'a rien qui nous offense;
Et qu'il est dangereux qu'un cœur qu'on a charmé
Soit trop persuadé, madame, d'être aimé,
Si...

DONE ELVIRE.

N'en disputons plus. Chacun a sa pensée.
C'est un scrupule enfin dont mon âme est blessée;
Et, contre mes désirs, je sens je ne sais quoi
Me prédire un éclat entre le prince et moi,
Qui, malgré ce qu'on doit aux vertus dont il brille...
Mais, ô ciel! en ces lieux don Sylve de Castille!

SCÈNE II

DONE ELVIRE; DON ALPHONSE, cru don Sylve; ÉLISE.

DONE ELVIRE.

Ah! seigneur, par quel sort vous vois-je maintenant?

DON ALPHONSE.

Je sais que mon abord, madame, est surprenant,
Et qu'être sans éclat entré dans cette ville,
Dont l'ordre d'un rival rend l'accès difficile;
Qu'avoir pu me soustraire aux yeux de ses soldats,
C'est un événement que vous n'attendiez pas.
Mais, si j'ai dans ces lieux franchi quelques obstacles,
L'ardeur de vous revoir peut bien d'autres miracles;
Tout mon cœur a senti par de trop rudes coups
Le rigoureux destin d'être éloigné de vous,
Et je n'ai pu nier au tourment qui le tue
Quelques moments secrets d'une si chère vue.
Je viens vous dire donc que je rends grâce aux cieux
De vous voir hors des mains d'un tyran odieux.
Mais, parmi les douceurs d'une telle aventure,
Ce qui m'est un sujet d'éternelle torture,
C'est de voir qu'à mon bras les rigueurs de mon sort
Ont envié l'honneur de cet illustre effort,
Et fait à mon rival, avec trop d'injustice,
Offrir les doux périls d'un si fameux service.
Oui, madame, j'avois, pour rompre vos liens,
Des sentiments sans doute aussi beaux que les siens;
Et je pouvois pour vous gagner cette victoire,
Si le ciel n'eût voulu m'en dérober la gloire.

DONE ELVIRE.

Je sais, seigneur, je sais que vous avez un cœur
Qui des plus grands périls vous peut rendre vainqueur;
Et je ne doute point que ce généreux zèle,
Dont la chaleur vous pousse à venger ma querelle,
N'eût, contre les efforts d'un indigne projet,
Pu faire en ma faveur tout ce qu'un autre a fait.
Mais, sans cette action dont vous étiez capable,
Mon sort à la Castille est assez redevable;
On sait ce qu'en ami plein d'ardeur et de foi,
Le comte votre père a fait pour le feu roi:
Après l'avoir aidé jusqu'à l'heure dernière,
Il donne en ses États un asile à mon frère;
Quatre lustres entiers il y cache son sort
Aux barbares fureurs de quelque lâche effort;
Et, pour rendre à son front l'éclat d'une couronne,
Contre nos ravisseurs vous marchez en personne.
N'êtes-vous pas content? et ces soins généreux
Ne m'attachent-ils point par d'assez puissants nœuds?
Quoi! votre âme, seigneur, seroit-elle obstinée
A vouloir asservir toute ma destinée?
Et faut-il que jamais il ne tombe sur nous
L'ombre d'un seul bienfait qu'il ne vienne de vous?
Ah! souffrez, dans les maux où mon destin m'expose,
Qu'au soin d'un autre aussi je doive quelque chose;
Et ne vous plaignez point de voir un autre bras
Acquérir de la gloire où le vôtre n'est pas.

DON ALPHONSE.

Oui, madame, mon cœur doit cesser de s'en plaindre;
Avec trop de raison vous voulez m'y contraindre;
Et c'est injustement qu'on se plaint d'un malheur,
Quand un autre plus grand s'offre à notre douleur.
Ce secours d'un rival m'est un cruel martyre;
Mais, hélas, de mes maux ce n'est pas là le pire:
Le coup, le rude coup dont je suis atterré,
C'est de me voir par vous ce rival préféré.
Oui, je ne vois que trop que ses feux pleins de gloire
Sur les miens dans votre âme emportent la victoire,
Et cette occasion de servir vos appas,
Cet avantage offert de signaler son bras,
Cet éclatant exploit qui vous fut salutaire,
N'est que le pur effet du bonheur de vous plaire,
Que le secret pouvoir d'un astre merveilleux,
Qui fait tomber la gloire où s'attachent vos vœux.
Ainsi tous mes efforts ne seront que fumée.
Contre vos fiers tyrans je conduis une armée;
Mais je marche en tremblant à cet illustre emploi,
Assuré que vos vœux ne seront pas pour moi;
Et que, s'ils sont suivis, la fortune prépare
L'heur de plus beaux succès aux soins de la Navarre.
Ah! madame, faut-il me voir précipité
De l'espoir glorieux dont je m'étois flatté?
Et ne puis-je savoir quels crimes on m'impute,
Pour avoir mérité cette effroyable chute?

DONE ELVIRE.

Ne me demandez rien avant que regarder
Ce qu'à mes sentiments vous devez demander;
Et, sur cette froideur qui semble vous confondre,
Répondez-vous, seigneur, ce que je puis répondre:
Car enfin tous vos soins ne sauroient ignorer
Quels secrets de votre âme on m'a su déclarer;
Et je la crois, cette âme, et trop noble et trop haute,
Pour vouloir m'obliger à commettre une faute.
Vous-même, dites-vous s'il est de l'équité
De me voir couronner une infidélité;
Si vous pouviez m'offrir, sans beaucoup d'injustice,

Un cœur à d'autres yeux offert en sacrifice ;
Vous plaindre avec raison, et blâmer mes refus,
Lorsqu'ils veulent d'un crime affranchir vos vertus.
Oui, seigneur, c'est un crime ; et les premières flammes
Ont des droits si sacrés sur les illustres âmes,
Qu'il faut perdre grandeurs, et renoncer au jour,
Plutôt que de pencher vers un second amour [1].
J'ai pour vous cette ardeur que peut prendre l'estime
Pour un courage haut, pour un cœur magnanime :
Mais n'exigez de moi que ce que je vous dois,
Et soutenez l'honneur de votre premier choix.
Malgré vos feux nouveaux, voyez quelle tendresse
Vous conserve le cœur de l'aimable comtesse ;
Ce que pour un ingrat (car vous l'êtes, seigneur),
Elle a d'un choix constant refusé de bonheur !
Quel mépris généreux, dans son ardeur extrême,
Elle a fait de l'éclat que donne un diadème !
Voyez combien d'efforts pour vous elle a bravés,
Et rendez à son cœur ce que vous lui devez.

DON ALPHONSE.
Ah ! madame, à mes yeux n'offrez point son mérite :
Il n'est que trop présent à l'ingrat qui la quitte ;
Et, si mon cœur vous dit ce que pour elle il sent,
J'ai peur qu'il ne soit pas envers vous innocent.
Oui, ce cœur l'ose plaindre, et ne fuit pas sans peine
L'impérieux effort de l'amour qui l'entraîne :
Aucun espoir pour vous n'a flatté mes désirs,
Qui ne m'ait arraché pour elle des soupirs ;
Qui n'ait dans ses douceurs fait jeter à mon âme
Quelques tristes regards vers sa première flamme ;
Se reprocher l'effet de vos divins attraits,
Et mêler des remords à mes plus chers souhaits.
J'ai fait plus que cela, puisqu'il vous faut tout dire :
Oui, j'ai voulu sur moi vous ôter votre empire,
Sortir de votre chaîne, et rejeter mon cœur
Sous le joug innocent de son premier vainqueur.
Mais, après tous mes efforts, ma constance abattue
Voit un cours nécessaire à ce mal qui me tue ;
Et, dût être mon sort à jamais malheureux,
Je ne puis renoncer à l'espoir de mes vœux.
Je ne saurois souffrir l'épouvantable idée
De vous voir par un autre à mes yeux possédée ;
Et le flambeau du jour, qui m'offre vos appas,
Doit avant cet hymen éclairer mon trépas.
Je sais que je trahis une princesse aimable ;
Mais, madame, après tout, mon cœur est-il coupable ?
Et le fort ascendant que prend votre beauté
Laisse-t-il aux esprits aucune liberté ?
Hélas ! je suis ici bien plus à plaindre qu'elle :
Son cœur, en me perdant, ne perd qu'un infidèle ;
D'un pareil déplaisir on se peut consoler :
Mais moi, par un malheur qui ne peut s'égaler,
J'ai celui de quitter une aimable personne,
Et tous les maux encor que mon amour me donne.

[1] Ces quatre derniers vers se retrouvent dans les *Femmes savantes*, acte IV, scène II. Molière n'a fait qu'y changer quelques mots.

DONE ELVIRE.
Vous n'avez que les maux que vous voulez avoir,
Et toujours notre cœur est en notre pouvoir.
Il peut bien quelquefois montrer quelque foiblesse ;
Mais enfin sur nos sens la raison, la maîtresse...

SCÈNE III

DON GARCIE, DONE ELVIRE ; DON ALPHONSE,
cru don Sylve.

DON GARCIE.
Madame, mon abord, comme je connois bien,
Assez mal à propos trouble votre entretien ;
Et mes pas en ce lieu, s'il faut que je le die,
Ne croyoient pas trouver si bonne compagnie.

DONE ELVIRE.
Cette vue, en effet, surprend au dernier point ;
Et, de même que vous, je ne l'attendois point.

DON GARCIE.
Oui, madame, je crois que de cette visite,
Comme vous l'assurez, vous n'étiez point instruite.
A don Sylve.
Mais, seigneur, vous deviez nous faire au moins l'honneur
De nous donner avis de ce rare bonheur,
Et nous mettre en état, sans nous vouloir surprendre,
De vous rendre en ces lieux ce qu'on voudroit vous rendre.

DON ALPHONSE.
Les héroïques soins vous occupent si fort,
Que de vous en tirer, seigneur, j'aurois eu tort ;
Et des grands conquérants les sublimes pensées
Sont aux civilités avec peine abaissées.

DON GARCIE.
Mais les grands conquérants, dont on vante les soins,
Loin d'aimer le secret, affectent les témoins ;
Leur âme, dès l'enfance à la gloire élevée,
Les fait dans leurs projets aller tête levée ;
Et, s'appuyant toujours sur des hauts sentiments,
Ne s'abaisse jamais à des déguisements.
Ne commettez-vous point vos vertus héroïques,
En passant dans ces lieux par des sourdes pratiques,
Et ne craignez-vous point qu'on puisse, aux yeux de tous,
Trouver cette action trop indigne de vous ?

DON ALPHONSE.
Je ne sais si quelqu'un blâmera ma conduite,
Au secret que j'ai fait d'une telle visite,
Mais je sais qu'aux projets qui veulent la clarté,
Prince, je n'ai jamais cherché l'obscurité ;
Et, quand j'aurai sur vous à faire une entreprise,
Vous n'aurez pas sujet de blâmer la surprise :
Il ne tiendra qu'à vous de vous en garantir,
Et l'on prendra le soin de vous en avertir.
Cependant, demeurons aux termes ordinaires,
Remettons nos débats après d'autres affaires ;
Et, d'un sang un peu chaud réprimant les bouillons,
N'oublions pas tous deux devant qui nous parlons.

DONE ELVIRE, à don Garcie.

Prince, vous avez tort; et sa visite est telle,
Que vous...

DON GARCIE.

Ah! c'en est trop que prendre sa querelle,
Madame : et votre esprit devroit feindre un peu mieux,
Lorsqu'il veut ignorer sa venue en ces lieux!
Cette chaleur si prompte à vouloir la défendre
Persuade assez mal qu'elle ait pu vous surprendre.

DONE ELVIRE.

Quoi que vous soupçonniez, il m'importe si peu,
Que j'aurois du regret d'en faire un désaveu.

DON GARCIE.

Poussez donc jusqu'au bout cet orgueil héroïque,
Et que, sans hésiter, tout votre cœur s'explique :
C'est au déguisement donner trop de crédit.
Ne désavouez rien, puisque vous l'avez dit.
Tranchez, tranchez le mot, forcez toute contrainte;
Dites que de ses feux vous ressentez l'atteinte;
Que pour vous sa présence a des charmes si doux...

DONE ELVIRE.

Et si je veux l'aimer, m'en empêcherez-vous?
Avez-vous sur mon cœur quelque empire à prétendre?
Et, pour régler mes vœux, ai-je votre ordre à prendre?
Sachez que trop d'orgueil a pu vous décevoir,
Si votre cœur sur moi s'est cru quelque pouvoir;
Et que mes sentiments sont d'une âme trop grande
Pour vouloir les cacher, lorsqu'on me les demande.
Je ne vous dirai point si le comte est aimé;
Mais apprenez de moi qu'il est fort estimé;
Que ses hautes vertus, pour qui je m'intéresse,
Méritent mieux que vous les vœux d'une princesse;
Que je garde aux ardeurs, aux soins qu'il me fait voir,
Tout le ressentiment qu'une âme puisse avoir [1];
Et que si des destins la fatale puissance
M'ôte la liberté d'être sa récompense,
Au moins est-il en moi de promettre à ses vœux
Qu'on ne me verra point le butin [2] de vos feux ;
Et, sans vous amuser d'une attente frivole,
C'est à quoi je m'engage, et je tiendrai parole.
Voilà mon cœur ouvert, puisque vous le voulez,
Et mes vrais sentiments à vos yeux étalés.
Êtes-vous satisfait? et mon âme attaquée
S'est-elle, à votre avis, assez bien expliquée?
Voyez, pour vous ôter tout lieu de soupçonner,
S'il reste quelque jour encore à vous donner.

A don Sylve.

Cependant, si vos soins s'attachent à me plaire,
Songez que votre bras, comte, m'est nécessaire;
Et, d'un capricieux quels que soient les transports,
Qu'à punir nos tyrans il doit tous ses efforts.

---

[1] Autrefois, *ressentiment* se disait de tout ce qu'on peut *ressentir*, de la douleur et de la joie, des bienfaits comme des injures.

[2] Pour la *proie* de vos feux. Je ne trouve pas qu'on trouve en français un second exemple de cette façon de parler bizarre. Dans une métaphore consacrée, on n'a pas le droit de substituer un synonyme au mot qui fait la figure; autrement cet Anglais auroit bien parlé, qui écrivait à Fénelon : « Monseigneur, vous avez pour moi *des boyaux de père*, » car *entrailles* et *boyaux* sont synonymes, comme *proie* et *butin*. (F. Génin.)

Fermez l'oreille enfin à toute sa furie;
Et, pour vous y porter, c'est moi qui vous en prie.

SCÈNE IV

DON GARCIE; DON ALPHONSE, cru don Sylve.

DON GARCIE.

Tout vous rit, et votre âme, en cette occasion,
Jouit superbement de ma confusion.
Il vous est doux de voir un rival plein de gloire
Sur les feux d'un rival marquer votre victoire :
Mais c'est à votre joie un surcroît sans égal,
D'en avoir pour témoins les yeux de ce rival;
Et mes prétentions, hautement étouffées,
A vos vœux triomphants sont d'illustres trophées.
Goûtez à pleins transports ce bonheur éclatant;
Mais sachez qu'on n'est pas encore où l'on prétend.
La fureur qui m'anime a de trop justes causes,
Et l'on verra peut-être arriver bien des choses.
Un désespoir va loin quand il est échappé,
Et tout est pardonnable à qui se voit trompé.
Si l'ingrate à mes yeux, pour flatter votre flamme,
A jamais n'être à moi vient d'engager son âme,
Je saurai bien trouver, dans mon juste courroux,
Les moyens d'empêcher qu'elle ne soit à vous.

DON ALPHONSE.

Cet obstacle n'est pas ce qui me met en peine.
Nous verrons quelle attente en tout cas sera vaine;
Et chacun, de ses feux, pourra, par sa valeur,
Ou défendre la gloire, ou venger le malheur.
Mais comme, entre rivaux, l'âme la plus posée
A des termes d'aigreur trouve une pente aisée,
Et que je ne veux point qu'un pareil entretien
Puisse trop échauffer votre esprit et le mien,
Prince, affranchissez-moi d'une gêne secrète,
Et me donnez moyen de faire ma retraite.

DON GARCIE.

Non, non, ne craignez point qu'on pousse votre esprit
A violer ici l'ordre qu'on vous prescrit.
Quelque juste fureur qui me presse et vous flatte,
Je sais, comte, je sais quand il faut qu'elle éclate.
Ces lieux vous sont ouverts : oui, sortez-en, sortez,
Glorieux des douceurs que vous en remportez;
Mais, encore une fois, apprenez que ma tête
Peut seule dans vos mains mettre votre conquête.

DON ALPHONSE.

Quand nous en serons là, le sort en notre bras
De tous nos intérêts videra les débats.

ACTE QUATRIÈME

SCÈNE I

DONE ELVIRE, DON ALVAR.

DONE ELVIRE.

Retournez, don Alvar, et perdez l'espérance

De me persuader l'oubli de cette offense.
Cette plaie en mon cœur ne sauroit se guérir,
Et les soins qu'on en prend ne font rien que l'aigrir.
A quelques faux respects croit-il que je défère?
Non; non : il a poussé trop avant ma colère;
Et son vain repentir, qui porte ici vos pas,
Sollicite un pardon que vous n'obtiendrez pas.

DON ALVAR.

Madame, il fait pitié. Jamais cœur, que je pense,
Par un plus vif remords n'expia son offense;
Et si dans sa douleur vous le considériez,
Il toucheroit votre âme, et vous l'excuseriez.
On sait bien que le prince est dans un âge à suivre
Les premiers mouvements où son âme se livre,
Et qu'en un sang bouillant toutes les passions
Ne laissent guère place à des réflexions.
Don Lope, prévenu d'une fausse lumière,
De l'erreur de son maître a fourni la matière.
Un bruit assez confus, dont le zèle indiscret
A de l'abord du comte éventé le secret,
Vous avoit mise aussi de cette intelligence
Qui, dans ces lieux gardés, a donné sa présence.
Le prince a cru l'avis, et son amour séduit
Sur une fausse alarme a fait tout ce grand bruit;
Mais d'une telle erreur son âme est revenue :
Votre innocence enfin lui vient d'être connue,
Et don Lope, qu'il chasse, est un visible effet
Du vif remords qu'il sent de l'éclat qu'il a fait.

DONE ELVIRE.

Ah! c'est trop promptement qu'il croit mon innocence;
Il n'en a pas encore une entière assurance :
Dites-lui, dites-lui qu'il doit bien tout peser,
Et ne se hâter point, de peur de s'abuser.

DON ALVAR.

Madame, il sait trop bien...

DONE ELVIRE.

Mais, don Alvar, de grâce,
N'étendons pas plus loin un discours qui me lasse :
Il réveille un chagrin qui vient, à contre-temps,
En troubler dans mon cœur d'autres plus importants.
Oui, d'un trop grand malheur la surprise me presse;
Et le bruit du trépas de l'illustre comtesse
Doit s'emparer si bien de tout mon déplaisir,
Qu'aucun autre souci n'a droit de me saisir.

DON ALVAR.

Madame, ce peut être une fausse nouvelle;
Mais mon retour au prince en porte une cruelle.

DONE ELVIRE.

De quelque grand ennui qu'il puisse être agité,
Il en aura toujours moins qu'il n'a mérité.

SCÈNE II

DONE ELVIRE, ÉLISE.

ÉLISE.

J'attendois qu'il sortît, madame, pour vous dire
Ce qui veut maintenant que votre âme respire,
Puisque votre chagrin, dans un moment d'ici,
Du sort de done Ignès peut se voir éclairci.
Un inconnu, qui vient pour cette confidence,
Vous fait, par un des siens, demander audience.

DONE ELVIRE.

Élise, il faut le voir; qu'il vienne promptement

ÉLISE.

Mais il veut n'être vu que de vous seulement;
Et par cet envoyé, madame, il sollicite
Qu'il puisse sans témoins vous rendre sa visite.

DONE ELVIRE.

Eh bien, nous serons seuls; et je vais l'ordonner,
Tandis que tu prendras le soin de l'amener.
Que mon impatience en ce moment est forte!
O destin! est-ce joie ou douleur qu'on m'apporte?

SCÈNE III

DON PÈDRE, ÉLISE.

ÉLISE.

Où...

DON PÈDRE.

Si vous me cherchez, madame, me voici.

ÉLISE.

En quel lieu votre maître...

DON PÈDRE.

Il est proche d'ici.

Le ferai-je venir?

ÉLISE.

Dites-lui qu'il s'avance,
Assuré qu'on l'attend avec impatience,
Et qu'il ne se verra d'aucuns yeux éclairé.

Seule.

Je ne sais quel secret en doit être auguré.
Tant de précautions qu'il affecte de prendre...
Mais le voici déjà.

SCÈNE IV

DONE IGNÈS, déguisée en homme; ÉLISE.

ÉLISE.

Seigneur, pour vous attendre
On a fait... Mais que vois-je? Ah! madame! mes yeux...

DONE IGNÈS.

Ne me découvrez point, Élise, dans ces lieux,
Et laissez respirer ma triste destinée
Sous une feinte mort que je me suis donnée.
C'est elle qui m'arrache à tous mes fiers tyrans,
Car je puis sous ce nom comprendre mes parents.
J'ai par elle évité cet hymen redoutable
Pour qui j'aurois souffert une mort véritable;
Et, sous cet équipage et le bruit de ma mort,
Il faut cacher à tous le secret de mon sort,
Pour me voir à l'abri de l'injuste poursuite
Qui pourroit dans ces lieux persécuter ma fuite.

ÉLISE.
Ma surprise en public eût trahi vos désirs.
Mais allez là dedans étouffer des soupirs,
Et des charmants transports d'une pleine allégresse
Saisir à votre aspect le cœur de la princesse;
Vous la trouverez seule : elle-même a pris soin
Que votre abord fût libre et n'eût aucun témoin.

SCÈNE V

DON ALVAR, ÉLISE.

ÉLISE.
Vois-je pas don Alvar?
DON ALVAR.
Le prince me renvoie
Vous prier que pour lui votre crédit s'emploie.
De ses jours, belle Élise, on doit n'espérer rien,
S'il n'obtient par vos soins un moment d'entretien;
Son âme a des transports... Mais le voici lui-même.

SCÈNE VI

DON GARCIE, DON ALVAR, ÉLISE.

DON GARCIE.
Ah! sois un peu sensible à ma disgrâce extrême,
Élise, et prends pitié d'un cœur infortuné,
Qu'aux plus vives douleurs tu vois abandonné.
ÉLISE.
C'est avec d'autres yeux que ne fait la princesse,
Seigneur, que je verrois le tourment qui vous presse;
Mais nous avons du ciel, ou du tempérament,
Que nous jugeons de tout chacun diversement :
Et, puisqu'elle vous blâme et que sa fantaisie
Lui fait un monstre affreux de votre jalousie,
Je serois complaisant, et voudrois m'efforcer
De cacher à ses yeux ce qui peut les blesser.
Un amant suit sans doute une utile méthode,
S'il fait qu'à notre humeur la sienne s'accommode;
Et cent devoirs font moins que ces ajustements,
Qui font croire en deux cœurs les mêmes sentiments.
L'art de ces deux rapports fortement les assemble,
Et nous n'aimons rien tant que ce qui nous ressemble.
DON GARCIE.
Je le sais; mais, hélas! les destins inhumains
S'opposent à l'effet de ces justes desseins,
Et, malgré tous mes soins, viennent toujours me tendre
Un piége dont mon cœur ne sauroit se défendre.
Ce n'est pas que l'ingrate, aux yeux de mon rival,
N'ait fait contre mes feux un aveu trop fatal,
Et témoigné pour lui des excès de tendresse
Dont le cruel objet me reviendra sans cesse :
Mais, comme trop d'ardeur enfin m'avoit séduit,
Quand j'ai cru qu'en ces lieux elle l'ait introduit,
D'un trop cuisant ennui je sentirois l'atteinte
A lui laisser sur moi quelque sujet de plainte.

Oui, je veux faire au moins, si je m'en vois quitté,
Que ce soit de son cœur pure infidélité;
Et, venant m'excuser d'un trait de promptitude,
Dérober tout prétexte à son ingratitude.
ÉLISE.
Laissez un peu de temps à son ressentiment,
Et ne la voyez point, seigneur, si promptement.
DON GARCIE.
Ah! si tu me chéris, obtiens que je la voie;
C'est une liberté qu'il faut qu'elle m'octroie;
Je ne pars point d'ici qu'au moins son fier dédain...
ÉLISE.
De grâce, différez l'effet de ce dessein.
DON GARCIE.
Non, ne m'oppose point une excuse frivole.
ÉLISE, à part.
Il faut que ce soit elle, avec une parole,
Qui trouve les moyens de le faire en aller.
A don Garcie.
Demeurez donc, seigneur; je m'en vais lui parler.
DON GARCIE.
Dis-lui que j'ai d'abord banni de ma présence
Celui dont les avis ont causé mon offense;
Que don Lope jamais...

SCÈNE VII

DON GARCIE, DON ALVAR.

DON GARCIE, regardant par la porte qu'Élise a laissée entr'ouverte.
Que vois-je? ô justes cieux!
Faut-il que je m'assure au rapport de mes yeux?
Ah! sans doute ils me sont des témoins trop fidèles!
Voilà le comble affreux de mes peines mortelles!
Voici le coup fatal qui devoit m'accabler!
Et quand par des soupçons je me sentois troubler,
C'étoit, c'étoit le ciel, dont la sourde menace
Présageoit à mon cœur cette horrible disgrâce.
DON ALVAR.
Qu'avez-vous vu, seigneur, qui vous puisse émouvoir¹?
DON GARCIE.
J'ai vu ce que mon âme a peine à concevoir;
Et le renversement de toute la nature
Ne m'étonneroit pas comme cette aventure.
C'en est fait... le destin... Je ne saurois parler.
DON ALVAR.
Seigneur, que votre esprit tâche à se rappeler.
DON GARCIE.
J'ai vu!... Vengeance!... O ciel!
DON ALVAR.
Quelle atteinte soudaine...
DON GARCIE.
J'en mourrai, don Alvar; la chose est bien certaine.
DON ALVAR.
Mais, seigneur, qui pourroit...

¹ Ce vers et les cinq qui suivent sont dans le *Misanthrope*, acte IV, scène II.

ACTE IV, SCÈNE VIII.

DON GARCIE.

Ah! tout est ruiné;
Je suis, je suis trahi, je suis assassiné[1] :
Un homme (sans mourir te le puis-je bien dire?)
Un homme dans les bras de l'infidèle Elvire!

DON ALVAR.

Ah! seigneur, la princesse est vertueuse au point...

DON GARCIE.

Ah! sur ce que j'ai vu ne me contestez point,
Don Alvar : c'en est trop que soutenir sa gloire,
Lorsque mes yeux font foi d'une action si noire.

DON ALVAR.

Seigneur, nos passions nous font prendre souvent
Pour chose véritable un objet décevant;
Et de croire qu'une âme à la vertu nourrie
Se puisse...

DON GARCIE.

Don Alvar, laissez-moi, je vous prie;
Un conseiller me choque en cette occasion,
Et je ne prends avis que de ma passion.

DON ALVAR, à part.

Il ne faut rien répondre à cet esprit farouche.

DON GARCIE.

Ah! que sensiblement cette atteinte me touche!
Mais il faut voir qui c'est, et de ma main punir...
La voici. Ma fureur, te peux-tu retenir?

SCÈNE VIII

DONE ELVIRE, DON GARCIE, DON ALVAR.

DONE ELVIRE.

Eh bien, que voulez-vous? et quel espoir de grâce,
Après vos procédés, peut flatter votre audace?
Osez-vous à mes yeux encor vous présenter?
Et que me direz-vous que je doive écouter?

DON GARCIE.

Que toutes les horreurs dont une âme est capable
A vos déloyautés n'ont rien de comparable;
Que le sort, les démons, et le ciel en courroux,
N'ont jamais rien produit de si méchant que vous[2]!

DONE ELVIRE.

Ah! vraiment, j'attendois l'excuse d'un outrage;
Mais, à ce que je vois, c'est un autre langage.

DON GARCIE.

Oui, oui, c'en est un autre, et vous n'attendiez pas
Que j'eusse découvert le traître dans vos bras;
Qu'un funeste hasard, par la porte entr'ouverte,
Eût offert à mes yeux votre honte et ma perte.
Est-ce l'heureux amant sur ses pas revenu,
Ou quelque autre rival qui m'étoit inconnu?
O ciel! donne à mon cœur des forces suffisantes
Pour pouvoir supporter des douleurs si cuisantes!
Rougissez maintenant, vous en avez raison,
Et le masque est levé de votre trahison.
Voilà ce que marquoient les troubles de mon âme;
Ce n'étoit pas en vain que s'alarmoit ma flamme;
Par ces fréquents soupçons qu'on trouvoit odieux,
Je cherchois le malheur qu'ont rencontré mes yeux;
Et, malgré tous vos soins et votre adresse à feindre,
Mon astre me disoit ce que j'avois à craindre.
Mais ne présumez pas que, sans être vengé,
Je souffre le dépit de me voir outragé.
Je sais que sur les vœux on n'a point de puissance;
Que l'amour veut partout naître sans dépendance;
Que jamais par la force on n'entra dans un cœur,
Et que toute âme est libre à nommer son vainqueur :
Aussi ne trouverois-je aucun sujet de plainte,
Si pour moi votre bouche avoit parlé sans feinte;
Et, son arrêt livrant mon espoir à la mort,
Mon cœur n'auroit eu droit de s'en prendre qu'au sort.
Mais d'un aveu trompeur voir ma flamme applaudie,
C'est une trahison, c'est une perfidie
Qui ne sauroit trouver de trop grands châtiments,
Et je puis tout permettre à mes ressentiments!
Non, non, n'espérez rien après un tel outrage;
Je ne suis plus à moi, je suis tout à la rage[1]!
Trahi de tous côtés, mis dans un triste état,
Il faut que mon amour se venge avec éclat;
Qu'ici j'immole tout à ma fureur extrême,
Et que mon désespoir achève par moi-même.

DONE ELVIRE.

Assez paisiblement vous a-t-on écouté?
Et pourrai-je à mon tour parler en liberté?

DON GARCIE.

Et par quels beaux discours, que l'artifice inspire...

DONE ELVIRE.

Si vous avez encor quelque chose à me dire,
Vous pouvez l'ajouter, je suis prête à l'ouïr;
Sinon, faites au moins que je puisse jouir
De deux ou trois moments de paisible audience.

DON GARCIE.

Eh bien, j'écoute. O ciel! quelle est ma patience!

DONE ELVIRE.

Je force ma colère, et veux, sans nulle aigreur,
Répondre à ce discours si rempli de fureur.

DON GARCIE.

C'est que vous voyez bien...

DONE ELVIRE.

Ah! j'ai prêté l'oreille
Autant qu'il vous a plu; rendez-moi la pareille.
J'admire mon destin, et jamais sous les cieux
Il ne fut rien, je crois, de si prodigieux,
Rien dont la nouveauté soit plus inconcevable,
Et rien que la raison rende moins supportable.
Je me vois un amant qui, sans se rebuter,
Applique tous ses soins à me persécuter,
Qui, dans tout cet amour que sa bouche m'exprime,
Ne conserve pour moi nul sentiment d'estime;

---

[1] Ce vers et le précédent sont encore dans le *Misanthrope*, acte IV, scène II.
[2] Ces quatre derniers vers se retrouvent dans le *Misanthrope*, acte IV, scène III.

[1] Ce vers et les vingt-trois précédents ont été transportés dans la IIIᵉ scène du IVᵉ acte du *Misanthrope*.

Rien, au fond de ce cœur qu'ont pu blesser mes yeux,
Qui fasse droit au sang que j'ai reçu des cieux,
Et de mes actions défende l'innocence
Contre le moindre effort d'une fausse apparence.
Oui, je vois...
Don Garcie montre de l'impatience pour parler.
Ah ! surtout ne m'interrompez point.
Je vois, dis-je, mon sort malheureux à ce point,
Qu'un cœur qui dit qu'il m'aime, et qui doit faire croire
Que, quand tout l'univers douteroit de ma gloire,
Il voudroit contre tous en être le garant,
Est celui qui s'en fait l'ennemi le plus grand.
On ne voit échapper aux soins que prend sa flamme
Aucune occasion de soupçonner mon âme ;
Mais c'est peu des soupçons, il en fait des éclats
Que, sans être blessé, l'amour ne souffre pas.
Loin d'agir en amant qui, plus que la mort même,
Appréhende toujours d'offenser ce qu'il aime,
Qui se plaint doucement, et cherche avec respect
A pouvoir s'éclaircir de ce qu'il croit suspect,
A toute extrémité dans ses doutes il passe,
Et ce n'est que fureur, qu'injure et que menace.
Cependant aujourd'hui je veux fermer les yeux
Sur tout ce qui devroit me le rendre odieux,
Et lui donner moyen, par une bonté pure,
De tirer son salut d'une nouvelle injure.
Ce grand emportement qu'il m'a fallu souffrir
Part de ce qu'à vos yeux le hasard vient d'offrir.
J'aurois tort de vouloir démentir votre vue,
Et votre âme sans doute a dû paroître émue.

DON GARCIE.

Et n'est-ce pas...

DONE ELVIRE.

Encore un peu d'attention,
Et vous allez savoir ma résolution.
Il faut que de nous deux le destin s'accomplisse :
Vous êtes maintenant sur un grand précipice,
Et ce que votre cœur pourra délibérer
Va vous y faire choir, ou bien vous en tirer.
Si, malgré cet objet qui vous a pu surprendre,
Prince, vous me rendez ce que vous devez rendre,
Et ne demandez point d'autre preuve que moi
Pour condamner l'erreur du trouble où je vous voi ;
Si de vos sentiments la prompte déférence
Veut sur ma seule foi croire mon innocence
Et de tous vos soupçons démentir le crédit
Pour croire aveuglément ce que mon cœur vous dit,
Cette soumission, cette marque d'estime,
Du passé dans ce cœur efface tout le crime ;
Je rétracte, à l'instant, ce qu'un juste courroux
M'a fait, dans la chaleur, prononcer contre vous ;
Et, si je puis un jour choisir ma destinée
Sans choquer les devoirs du rang où je suis née,
Mon honneur, satisfait par ce respect soudain,
Promet à votre amour et mes vœux et ma main.
Mais prêtez bien l'oreille à ce que je vais dire :
Si cette offre sur vous obtient si peu d'empire,
Que vous me refusiez de me faire entre nous
Un sacrifice entier de vos soupçons jaloux ;
S'il ne vous suffit pas de toute l'assurance
Que vous peuvent donner mon cœur et ma naissance,
Et que de votre esprit les ombrages puissants
Forcent mon innocence à convaincre vos sens,
Et porter à vos yeux l'éclatant témoignage
D'une vertu sincère à qui l'on fait outrage :
Je suis prête à le faire, et vous serez content ;
Mais il vous faut de moi détacher à l'instant,
A mes vœux pour jamais renoncer de vous-même ;
Et j'atteste du ciel la puissance suprême
Que, quoi que le destin puisse ordonner de nous,
Je choisirai plutôt d'être à la mort qu'à vous.
Voilà dans ces deux choix de quoi vous satisfaire :
Avisez maintenant celui qui peut vous plaire.

DON GARCIE.

Juste ciel ! jamais rien peut-il être inventé
Avec plus d'artifice et de déloyauté ?
Tout ce que des enfers la malice étudie
A-t-il rien de si noir que cette perfidie ?
Et peut-elle trouver dans toute sa rigueur
Un plus cruel moyen d'embarrasser un cœur ?
Ah ! que vous savez bien ici contre moi-même [1],
Ingrate, vous servir de ma foiblesse extrême,
Et ménager pour vous l'effort prodigieux
De ce fatal amour né de vos traîtres yeux !
Parce qu'on est surprise, et qu'on manque d'excuse,
D'une offre de pardon on emprunte la ruse :
Votre feinte douceur forge un amusement,
Pour divertir l'effet de mon ressentiment,
Et, par le nœud subtil du choix qu'elle embarrasse,
Veut soustraire un perfide au coup qui le menace.
Oui, vos dextérités veulent me détourner
D'un éclaircissement qui vous doit condamner ;
Et votre âme, feignant une innocence entière,
Ne s'offre à m'en donner une pleine lumière
Qu'à des conditions qu'après d'ardents souhaits
Vous pensez que mon cœur n'acceptera jamais ;
Mais vous serez trompée en me croyant surprendre.
Oui, oui, je prétends voir ce qui doit vous défendre,
Et quel fameux prodige, accusant ma fureur,
Peut de ce que j'ai vu justifier l'horreur.

DONE ELVIRE.

Songez que par ce choix vous allez vous prescrire
De ne plus rien prétendre au cœur de done Elvire.

DON GARCIE.

Soit. Je souscris à tout ; et mes vœux, aussi bien,
En l'état où je suis, ne prétendent plus rien.

DONE ELVIRE.

Vous vous repentirez de l'éclat que vous faites.

DON GARCIE.

Non, non, tous ces discours sont de vaines défaites ;
Et c'est moi bien plutôt qui dois vous avertir
Que quelque autre dans peu se pourra repentir :
Le traître, quel qu'il soit, n'aura pas l'avantage
De dérober sa vie à l'effort de ma rage.

[1] Ce vers et les suivants sont dans la même scène du *Misanthrope*.

DONE ELVIRE
Ah! c'est trop en souffrir, et mon cœur irrité
Ne doit plus conserver une sotte bonté;
Abandonnons l'ingrat à son propre caprice;
Et, puisqu'il veut périr, consentons qu'il périsse.
A don Garcie.
Élise... A cet éclat vous voulez me forcer;
Mais je vous apprendrai que c'est trop m'offenser.

SCÈNE IX

DONE ELVIRE, DON GARCIE, ÉLISE, DON ALVAR.

DONE ELVIRE, à Élise.
Faites un peu sortir la personne chérie...
Allez, vous m'entendez; dites que je l'en prie.
DON GARCIE.
Et je puis...
DONE ELVIRE.
Attendez, vous serez satisfait.
ÉLISE, à part, en sortant.
Voici de son jaloux, sans doute, un nouveau trait.
DONE ELVIRE.
Prenez garde qu'au moins cette noble colère
Dans la même fierté jusqu'au bout persévère;
Et surtout désormais songez bien à quel prix
Vous avez voulu voir vos soupçons éclaircis.

SCÈNE X

DONE ELVIRE, DON GARCIE; DONE IGNÈS, déguisée en homme; ÉLISE, DON ALVAR.

DONE ELVIRE, à don Garcie, en lui montrant done Ignès.
Voici, grâces au ciel, ce qui les a fait naître,
Ces soupçons obligeants que l'on me fait paroître;
Voyez bien ce visage, et si de done Ignès
Vos yeux au même instant n'y connoissent les traits.
DON GARCIE.
O ciel!
DONE ELVIRE.
Si la fureur dont votre âme est émue
Vous trouble jusque-là l'usage de la vue,
Vous avez d'autres yeux à pouvoir consulter,
Qui ne vous laisseront aucun lieu de douter.
Sa mort est une adresse au besoin inventée
Pour fuir l'autorité qui l'a persécutée;
Et sous un tel habit elle cachoit son sort,
Pour mieux jouir du fruit de cette feinte mort.
A done Ignès.
Madame, pardonnez s'il faut que je consente
A trahir vos secrets et tromper votre attente;
Je me vois exposée à sa témérité;
Toutes mes actions n'ont plus de liberté,
Et mon honneur, en butte aux soupçons qu'il peut prendre,
Est réduit à toute heure aux soins de se défendre.
Nos doux embrassements, qu'a surpris ce jaloux,

De cent indignités m'ont fait souffrir les coups.
Oui, voilà le sujet d'une fureur si prompte,
Et l'assuré témoin qu'on produit de ma honte.
A don Garcie.
Jouissez à cette heure, en tyran absolu,
De l'éclaircissement que vous avez voulu;
Mais sachez que j'aurai sans cesse la mémoire
De l'outrage sanglant qu'on a fait à ma gloire;
Et, si je puis jamais oublier mes serments,
Tombent sur moi du ciel les plus grands châtiments,
Qu'un tonnerre éclatant mette ma tête en poudre,
Lorsqu'à souffrir vos feux je pourrai me résoudre!
Allons, madame, allons, ôtons-nous de ces lieux
Qu'infectent les regards d'un monstre furieux;
Fuyons-en promptement l'atteinte envenimée,
Évitons les effets de sa rage animée,
Et ne faisons des vœux, dans nos justes desseins,
Que pour nous voir bientôt affranchir de ses mains.
DONE IGNÈS, à don Garcie.
Seigneur, de vos soupçons l'injuste violence
A la même vertu vient de faire une offense.

SCÈNE XI

DON GARCIE, DON ALVAR.

DON GARCIE.
Quelles tristes clartés, dissipant mon erreur,
Enveloppent mes sens d'une profonde horreur
Et ne laissent plus voir à mon âme abattue
Que l'effroyable objet d'un remords qui me tue!
Ah! don Alvar, je vois que vous avez raison;
Mais l'enfer dans mon cœur a soufflé son poison;
Et, par un trait fatal d'une rigueur extrême,
Mon plus grand ennemi se rencontre en moi-même.
Que me sert-il d'aimer du plus ardent amour
Qu'une âme consumée ait jamais mis au jour,
Si, par ces mouvements qui font toute ma peine,
Cet amour à tout coup se rend digne de haine?
Il faut, il faut venger par mon juste trépas
L'outrage que j'ai fait à ses divins appas;
Aussi bien quels conseils aujourd'hui puis-je suivre?
Ah! j'ai perdu l'objet pour qui j'aimois à vivre.
Si j'ai pu renoncer à l'espoir de ses vœux,
Renoncer à la vie est beaucoup moins fâcheux.
DON ALVAR.
Seigneur...
DON GARCIE.
Non, don Alvar, ma mort est nécessaire;
Il n'est soins ni raisons qui m'en puissent distraire;
Mais il faut que mon sort, en se précipitant,
Rende à cette princesse un service éclatant;
Et je veux me chercher, dans cette illustre envie,
Les moyens glorieux de sortir de la vie,
Faire, par un grand coup qui signale ma foi,
Qu'en expirant pour elle elle ait regret à moi,
Et qu'elle puisse dire, en se voyant vengée;

« C'est par son trop d'amour qu'il m'avoit outragée. »
Il faut que de ma main un illustre attentat
Porte une mort trop due au sein de Mauregat ;
Que j'aille prévenir, par une belle audace,
Le coup dont la Castille avec bruit le menace ;
Et j'aurai des douceurs dans mon instant fatal,
De ravir cette gloire à l'espoir d'un rival.

DON ALVAR.
Un service, seigneur, de cette conséquence
Auroit bien le pouvoir d'effacer votre offense ;
Mais hasarder...

DON GARCIE.
Allons, par un juste devoir,
Faire à ce noble effort servir mon désespoir.

ACTE CINQUIÈME

SCÈNE I

DON ALVAR, ÉLISE.

DON ALVAR.
Oui, jamais il ne fut de si rude surprise.
Il venoit de former cette haute entreprise ;
A l'avide désir d'immoler Mauregat
De son prompt désespoir il tournoit tout l'éclat ;
Ses soins précipités vouloient à son courage
De cette juste mort assurer l'avantage,
Y chercher son pardon, et prévenir l'ennui
Qu'un rival partageât cette gloire avec lui.
Il sortoit de ces murs, quand un bruit trop fidèle
Est venu lui porter la fâcheuse nouvelle
Que ce même rival, qu'il vouloit prévenir,
A remporté l'honneur qu'il pensoit obtenir,
L'a prévenu lui-même en immolant le traître,
Et poussé dans ce jour don Alphonse à paroitre,
Qui d'un si prompt succès va goûter la douceur,
Et vient prendre en ces lieux la princesse sa sœur.
Et, ce qui n'a pas peine à gagner la croyance,
On entend publier que c'est la récompense
Dont il prétend payer le service éclatant
Du bras qui lui fait jour au trône qui l'attend.

ÉLISE.
Oui, done Elvire a su ces nouvelles semées,
Et du vieux don Louis les trouve confirmées,
Qui vient de lui mander que Léon, dans ce jour,
De don Alphonse et d'elle attend l'heureux retour,
Et que c'est là qu'on doit, par un revers prospère,
Lui voir prendre un époux de la main de ce frère.
Dans ce peu qu'il en dit, il donne assez à voir
Que don Sylve est l'époux qu'elle doit recevoir.

DON ALVAR.
Ce coup au cœur du prince...

ÉLISE.
Est sans doute bien rude,
Et je le rouve à plaindre en son inquiétude.

Son intérêt pourtant, si j'en ai bien jugé,
Est encor cher au cœur qu'il a tant outragé ;
Et je n'ai point connu qu'à ce succès qu'on vante,
La princesse ait fait voir une âme fort contente
De ce frère qui vient, et de la lettre aussi ;
Mais...

SCÈNE II

DONE ELVIRE ; DONE IGNÈS, déguisée en homme ; ÉLISE, DON ALVAR.

DONE ELVIRE.
Faites, don Alvar, venir le prince ici.

Don Alvar sort.

Souffrez que devant vous je lui parle, madame,
Sur cet événement dont on surprend mon âme ;
Et ne m'accusez point d'un trop prompt changement,
Si je perds contre lui tout mon ressentiment.
Sa disgrâce imprévue a pris droit de l'éteindre ;
Sans lui laisser ma haine, il est assez à plaindre ;
Et le ciel, qui l'expose à ce trait de rigueur,
N'a que trop bien servi les serments de mon cœur.
Un éclatant arrêt de ma gloire outragée
A jamais n'être à lui me tenoit engagée ;
Mais, quand par les destins il est exécuté,
J'y vois pour son amour trop de sévérité ;
Et le triste succès de tout ce qu'il m'adresse
M'efface son offense et lui rend ma tendresse :
Oui, mon cœur, trop vengé par de si rudes coups,
Laisse à leur cruauté désarmer son courroux,
Et cherche maintenant, par un soin pitoyable,
A consoler le sort d'un amant misérable ;
Et je crois que sa flamme a bien pu mériter
Cette compassion que je lui veux prêter.

DONE IGNÈS.
Madame, on auroit tort de trouver à redire
Aux tendres sentiments qu'on voit qu'il vous inspire.
Ce qu'il a fait pour vous... Il vient, et sa pâleur
De ce coup surprenant marque assez la douleur.

SCÈNE III

DON GARCIE, DONE ELVIRE ; DONE IGNÈS, déguisée en homme ; ÉLISE.

DON GARCIE.
Madame, avec quel front faut-il que je m'avance,
Quand je viens vous offrir l'odieuse présence...

DONE ELVIRE.
Prince, ne parlons plus de mon ressentiment.
Votre sort dans mon âme a fait du changement ;
Et, par le triste état où sa rigueur vous jette,
Ma colère est éteinte, et notre paix est faite.
Oui, bien que votre amour ait mérité les coups
Que fait sur lui du ciel éclater le courroux,
Bien que ces noirs soupçons aient offensé ma gloire
Par des indignités qu'on auroit peine à croire,

J'avouerai toutefois que je plains son malheur
Jusqu'à voir nos succès avec quelque douleur ;
Que je hais les faveurs de ce fameux service,
Lorsqu'on veut de mon cœur lui faire un sacrifice,
Et voudrois bien pouvoir racheter les moments
Où le sort contre vous n'armoit que mes serments ;
Mais enfin vous savez comme nos destinées
Aux intérêts publics sont toujours enchaînées,
Et que l'ordre des cieux, pour disposer de moi,
Dans mon frère qui vient me va montrer mon roi.
Cédez comme moi, prince, à cette violence
Où la grandeur soumet celles de ma naissance ;
Et, si de votre amour les déplaisirs sont grands,
Qu'il se fasse un secours de la part que j'y prends,
Et ne se serve point, contre un coup qui l'étonne,
Du pouvoir qu'en ces lieux votre valeur vous donne :
Ce vous seroit, sans doute, un indigne transport
De vouloir dans vos maux lutter contre le sort ;
Et, lorsque c'est en vain qu'on s'oppose à sa rage,
La soumission prompte est grandeur de courage.
Ne résistez donc point à ses coups éclatants,
Ouvrez les murs d'Astorgue au frère que j'attends,
Laissez-moi rendre aux droits qu'il peut sur moi prétendre
Ce que mon triste cœur a résolu de rendre ;
Et ce fatal hommage, où mes vœux sont forcés,
Peut-être n'ira pas si loin que vous pensez.

DON GARCIE.

C'est faire voir, madame, une bonté trop rare,
Que vouloir adoucir le coup qu'on me prépare :
Sur moi sans de tels soins vous pouvez laisser choir
Le foudre rigoureux de tout votre devoir.
En l'état où je suis je n'ai rien à vous dire.
J'ai mérité du sort tout ce qu'il a de pire ;
Et sais, quelques maux qu'il me faille endurer,
Que je me suis ôté le droit d'en murmurer.
Par où pourrois-je, hélas ! dans ma vaste disgrâce,
Vers vous de quelque plainte autoriser l'audace ?
Mon amour s'est rendu mille fois odieux,
Il n'a fait qu'outrager vos attraits glorieux ;
Et, lorsque par un juste et fameux sacrifice
Mon bras à votre sang cherche à rendre un service,
Mon astre m'abandonne au déplaisir fatal
De me voir prévenu par le bras d'un rival.
Madame, après cela je n'ai rien à prétendre,
Je suis digne du coup que l'on me fait attendre ;
Et je le vois venir, sans oser contre lui
Tenter de votre cœur le favorable appui.
Ce qui peut me rester dans mon malheur extrême,
C'est de chercher alors mon remède en moi-même,
Et faire que ma mort, propice à mes désirs,
Affranchisse mon cœur de tous ses déplaisirs.
Oui, bientôt dans ces lieux don Alphonse doit être,
Et déjà mon rival commence de paroître ;
De Léon vers ces murs il semble avoir volé
Pour recevoir le prix du tyran immolé.
Ne craignez point du tout qu'aucune résistance
Fasse valoir ici ce que j'ai de puissance :
Il n'est effort humain que, pour vous conserver,

Si vous y consentiez, je ne pusse braver ;
Mais ce n'est pas à moi, dont on hait la mémoire,
A pouvoir espérer cet aveu plein de gloire ;
Et je ne voudrois pas, par des efforts trop vains,
Jeter le moindre obstacle à vos justes desseins.
Non, je ne contrains point vos sentiments, madame ;
Je vais en liberté laisser toute votre âme,
Ouvrir les murs d'Astorgue à cet heureux vainqueur,
Et subir de mon sort la dernière rigueur.

SCÈNE IV

DONE ELVIRE ; DONE IGNÈS, déguisée en homme ; ÉLISE.

DONE ELVIRE.

Madame, au désespoir où son destin l'expose
De tous mes déplaisirs n'imputez pas la cause.
Vous me rendrez justice en croyant que mon cœur
Fait de vos intérêts sa plus vive douleur ;
Que bien plus que l'amour l'amitié m'est sensible,
Et que, si je me plains d'une disgrâce horrible,
C'est de voir que du ciel le funeste courroux
Ait pris chez moi les traits qu'il lance contre vous,
Et rendu mes regards coupables d'une flamme
Qui traite indignement les bontés de votre âme.

DONE IGNÈS.

C'est un événement dont, sans doute, vos yeux
N'ont point pour moi, madame, à quereller les cieux.
Si les foibles attraits qu'étale mon visage
M'exposoient au destin de souffrir un volage,
Le ciel ne pouvoit mieux m'adoucir de tels coups,
Quand, pour m'ôter ce cœur, il s'est servi de vous ;
Et mon front ne doit point rougir d'une inconstance
Qui de vos traits aux miens marque la différence.
Si pour ce changement je pousse des soupirs,
Ils viennent de le voir fatal à vos désirs ;
Et, dans cette douleur que l'amitié m'excite,
Je m'accuse pour vous de mon peu de mérite,
Qui n'a pu retenir un cœur dont les tributs
Causent un si grand trouble à vos vœux combattus.

DONE ELVIRE.

Accusez-vous plutôt de l'injuste silence
Qui m'a de vos deux cœurs caché l'intelligence.
Ce secret, plus tôt su, peut-être à toutes deux
Nous auroit épargné des troubles si fâcheux ;
Et mes justes froideurs, des désirs d'un volage
Au point de leur naissance ayant banni l'hommage
Eussent pu renvoyer...

DONE IGNÈS.

Madame, le voici.

DONE ELVIRE

Sans rencontrer ses yeux vous pouvez être ici ;
Ne sortez point, madame, et, dans un tel martyre
Veuillez être témoin de ce que je vais dire.

DONE IGNÈS.

Madame, j'y consens, quoique je sache bien
Qu'on fuiroit en ma place un pareil entretien.

DONE ELVIRE.
Son succès, si le ciel seconde ma pensée,
Madame, n'aura rien dont vous soyez blessée.

SCÈNE V

DON ALPHONSE, cru don Sylve; DONE ELVIRE; DONE IGNÈS, déguisée en homme; ÉLISE.

DONE ELVIRE.
Avant que vous parliez, je demande instamment
Que vous daigniez, seigneur, m'écouter un moment.
Déjà la renommée a jusqu'à nos oreilles
Porté de votre bras les soudaines merveilles,
Et j'admire avec tous comme en si peu de temps
Il donne à nos destins ces succès éclatants.
Je sais bien qu'un bienfait de cette conséquence
Ne sauroit demander trop de reconnoissance,
Et qu'on doit toute chose à l'exploit immortel
Qui replace mon frère au trône paternel.
Mais, quoi que de son cœur vous offrent les hommages,
Usez en généreux de tous vos avantages,
Et ne permettez pas que ce coup glorieux
Jette sur moi, seigneur, un joug impérieux;
Que votre amour, qui sait quel intérêt m'anime,
S'obstine à triompher d'un refus légitime,
Et veuille que ce frère, où l'on va m'exposer,
Commence d'être roi pour me tyranniser.
Léon a d'autres prix dont, en cette occurrence,
Il peut mieux honorer votre haute vaillance,
Et c'est à vos vertus faire un présent trop bas,
Que vous donner un cœur qui ne se donne pas.
Peut-on être jamais satisfait en soi-même,
Lorsque par la contrainte on obtient ce qu'on aime?
C'est un triste avantage, et l'amant généreux
A ces conditions refuse d'être heureux;
Il ne veut rien devoir à cette violence
Qu'exercent sur nos cœurs les droits de la naissance,
Et pour l'objet qu'il aime est toujours trop zélé
Pour souffrir qu'en victime il lui soit immolé.
Ce n'est pas que ce cœur au mérite d'un autre
Prétende réserver ce qu'il refuse au vôtre;
Non, seigneur, j'en réponds, et vous donne ma foi
Que personne jamais n'aura pouvoir sur moi;
Qu'une sainte retraite à toute autre poursuite...

DON ALPHONSE.
J'ai de votre discours assez souffert la suite,
Madame; et par deux mots je vous l'eusse épargné,
Si votre fausse alarme eût sur vous moins gagné.
Je sais qu'un bruit commun, qui partout se fait croire,
De la mort du tyran me veut donner la gloire;
Mais le seul peuple enfin, comme on nous fait savoir,
Laissant par don Louis échauffer son devoir,
A remporté l'honneur de cet acte héroïque
Dont mon nom est chargé par la rumeur publique;
Et ce qui d'un tel bruit a fourni le sujet,
C'est que, pour appuyer son illustre projet

Don Louis fit semer, par une feinte utile,
Que, secondé des miens, j'avois saisi la ville;
Et, par cette nouvelle, il a poussé les bras
Qui d'un usurpateur ont hâté le trépas.
Par son zèle prudent il a su tout conduire,
Et c'est par un des siens qu'il vient de m'en instruire;
Mais dans le même instant un secret m'est appris,
Qui va vous étonner autant qu'il m'a surpris.
Vous attendez un frère, et Léon, son vrai maître;
A vos yeux maintenant le ciel le fait paroître:
Oui, je suis don Alphonse; et mon sort conservé,
Et sous le nom du sang de Castille élevé,
Est un fameux effet de l'amitié sincère
Qui fut entre son prince et le roi notre père.
Don Louis du secret a toutes les clartés,
Et doit aux yeux de tous prouver ces vérités.
D'autres soins maintenant occupent ma pensée:
Non qu'à votre sujet elle soit traversée,
Que ma flamme querelle un tel événement,
Et qu'en mon cœur le frère importune l'amant.
Mes feux par ce secret ont reçu sans murmure
Le changement qu'en eux a prescrit la nature;
Et le sang qui nous joint m'a si bien détaché
De l'amour dont pour vous mon cœur étoit touché,
Qu'il ne respire plus, pour faveur souveraine,
Que les chères douceurs de sa première chaîne,
Et le moyen de rendre à l'adorable Ignès
Ce que de ses bontés a mérité l'excès:
Mais son sort incertain rend le mien misérable;
Et, si ce qu'on en dit se trouvoit véritable,
En vain Léon m'appelle et le trône m'attend;
La couronne n'a rien à me rendre content,
Et je n'en veux l'éclat que pour goûter la joie
D'en couronner l'objet où le ciel me renvoie,
Et pouvoir réparer, par ces justes tributs,
L'outrage que j'ai fait à ses rares vertus.
Madame, c'est de vous que j'ai raison d'attendre
Ce que de son destin mon âme peut apprendre;
Instruisez-m'en, de grâce; et, par votre discours,
Hâtez mon désespoir, ou le bien de mes jours.

DONE ELVIRE.
Ne vous étonnez pas si je tarde à répondre,
Seigneur; ces nouveautés ont droit de me confondre.
Je n'entreprendrai point de dire à votre amour
Si done Ignès est morte, ou respire le jour;
Mais par ce cavalier, l'un de ses plus fidèles,
Vous en pourrez sans doute apprendre des nouvelles.

DON ALPHONSE, reconnoissant done Ignès.
Ah! madame, il m'est doux en ces perplexités
De voir ici briller vos célestes beautés.
Mais vous, avec quels yeux verrez-vous un volage
Dont le crime...

DONE IGNÈS.
Ah! gardez de me faire un outrage,
Et de vous hasarder à dire que vers moi
Un cœur dont je fais cas ait pu manquer de foi.
J'en refuse l'idée, et l'excuse me blesse;
Rien n'a pu m'offenser auprès de la princesse;

Et tout ce que d'ardeur elle vous a causé
Par un si haut mérite est assez excusé.
Cette flamme vers moi ne vous rend point coupable;
Et, dans le noble orgueil dont je me sens capable,
Sachez, si vous l'étiez, que ce seroit en vain
Que vous présumeriez de fléchir mon dédain,
Et qu'il n'est repentir, ni suprême puissance
Qui gagnât sur mon cœur d'oublier cette offense.

DONE ELVIRE.

Mon frère (d'un tel nom souffrez-moi la douceur),
De quel ravissement comblez-vous une sœur!
Que j'aime votre choix, et bénis l'aventure
Qui vous fait couronner une amitié si pure,
Et de deux nobles cœurs que j'aime tendrement...

SCÈNE VI

DON GARCIE, DONE ELVIRE; DONE IGNÈS, déguisée en homme; DON ALPHONSE, cru don Sylve; ÉLISE.

DON GARCIE.

De grâce, cachez-moi votre contentement,
Madame, et me laissez mourir dans la croyance
Que le devoir vous fait un peu de violence.
Je sais que de vos vœux vous pouvez disposer,
Et mon dessein n'est pas de leur rien opposer;
Vous le voyez assez, et quelle obéissance
De vos commandements m'arrache la puissance;
Mais je vous avouerai que cette gayeté
Surprend au dépourvu toute ma fermeté,
Et qu'un pareil objet dans mon âme fait naître
Un transport dont j'ai peur que je ne sois pas maître;
Et je me punirois, s'il m'avoit pu tirer
De ce respect soumis où je veux demeurer.
Oui, vos commandements ont prescrit à mon âme
De souffrir sans éclat le malheur de ma flamme:
Cet ordre sur mon cœur doit être tout-puissant,
Et je prétends mourir en vous obéissant;
Mais, encore une fois, la joie où je vous treuve
M'expose à la rigueur d'une trop rude épreuve;
Et l'âme la plus sage, en ces occasions,
Répond malaisément de ses émotions.
Madame, épargnez-moi cette cruelle atteinte;
Donnez-moi, par pitié, deux moments de contrainte;
Et, quoi que d'un rival vous inspirent les soins
N'en rendez pas mes yeux les malheureux témoins:
C'est la moindre faveur qu'on peut, je crois, prétendre,
Lorsque dans ma disgrâce un amant peut descendre.
Je ne l'exige pas, madame, pour longtemps,
Et bientôt mon départ rendra vos vœux contents:
Je vais où de ses feux mon âme consumée
N'apprendra votre hymen que par la renommée.

Ce n'est pas un spectacle où je doive courir:
Madame, sans le voir, j'en saurai bien mourir.

DONE IGNÈS.

Seigneur, permettez-moi de blâmer votre plainte.
De vos maux la princesse a su paroître atteinte;
Et cette joie encor, de quoi vous murmurez,
Ne lui vient que des biens qui vous sont préparés.
Elle goûte un succès à vos désirs prospère,
Et dans votre rival elle trouve son frère;
C'est don Alphonse, enfin, dont on a tant parlé,
Et ce fameux secret vient d'être dévoilé.

DON ALPHONSE.

Mon cœur, grâces au ciel, après un long martyre,
Seigneur, sans vous rien prendre a tout ce qu'il désire,
Et goûte d'autant mieux son bonheur en ce jour,
Qu'il se voit en état de servir votre amour.

DON GARCIE.

Hélas! cette bonté, seigneur, doit me confondre.
A mes plus chers désirs elle daigne répondre;
Le coup que je craignois, le ciel l'a détourné,
Et tout autre que moi se verroit fortuné;
Mais ces douces clartés d'un secret favorable
Vers l'objet adoré me découvrent coupable;
Et, tombé de nouveau dans ces traitres soupçons,
Sur quoi l'on m'a tant fait d'inutiles leçons,
Et par qui mon ardeur, si souvent odieuse,
Doit perdre tout espoir d'être jamais heureuse...
Oui, l'on doit me haïr avec trop de raison;
Moi-même je me trouve indigne de pardon;
Et, quelque heureux succès que le sort me présente,
La mort, la seule mort, est toute mon attente.

DONE ELVIRE.

Non, non; de ce transport le soumis mouvement,
Prince, jette en mon âme un plus doux sentiment.
Par lui de mes serments je me sens détachée;
Vos plaintes, vos respects, vos douleurs, m'ont touchée;
J'y vois partout briller un excès d'amitié,
Et votre maladie est digne de pitié.
Je vois, prince, je vois qu'on doit quelque indulgence
Aux défauts où du ciel fait pencher l'influence;
Et, pour tout dire enfin, jaloux ou non jaloux,
Mon roi, sans me gêner, peut me donner à vous.

DON GARCIE.

Ciel, dans l'excès des biens que cet aveu m'octroie,
Rends capable mon cœur de supporter sa joie!

DON ALPHONSE.

Je veux que cet hymen, après nos vains débats,
Seigneur, joigne à jamais nos cœurs et nos États.
Mais ici le temps presse, et Léon nous appelle;
Allons dans nos plaisirs satisfaire son zèle,
Et, par notre présence et nos soins différents,
Donner le dernier coup au parti des tyrans.

L'ÉCOLE DES MARIS

COMÉDIE EN TROIS ACTES

1661

A MONSEIGNEUR

LE DUC D'ORLÉANS

FRÈRE UNIQUE DU ROI

MONSEIGNEUR,

Je fais voir ici à la France des choses bien peu proportionnées. Il n'est rien de si grand et de si superbe que le nom que je mets à la tête de ce livre, et rien de plus bas que ce qu'il contient. Tout le monde trouvera cet assemblage étrange; et quelques-uns pourront bien dire, pour en exprimer l'inégalité, que c'est poser une couronne de perles et de diamants sur une statue de terre, et faire entrer par des portiques magnifiques et des arcs triomphaux superbes dans une méchante cabane. Mais, MONSEIGNEUR, ce qui doit me servir d'excuse, c'est qu'en cette aventure je n'ai eu aucun choix à faire, et que l'honneur que j'ai d'être à VOTRE ALTESSE ROYALE [1] m'a imposé une nécessité absolue de lui dédier le premier ouvrage que je mets de moi-même au jour [2]. Ce n'est pas un présent que je lui fais, c'est un devoir dont je m'acquitte; et les hommages ne sont jamais regardés par les choses qu'ils portent. J'ai donc osé, MONSEIGNEUR, dédier une bagatelle à VOTRE ALTESSE ROYALE, parce que je n'ai pu m'en dispenser; et, si je me dispense ici de m'étendre sur les belles et glorieuses vérités qu'on pourroit dire d'Elle, c'est par la juste appréhension que ces grandes idées ne fissent éclater encore davantage la bassesse de mon offrande. Je me suis imposé silence pour trouver un endroit plus propre à placer de si belles choses; et tout ce que j'ai prétendu dans cette épître, c'est de justifier mon action à toute la France, et d'avoir cette gloire de vous dire à vous-même, MONSEIGNEUR, avec toute la soumission possible, que je suis,

DE VOTRE ALTESSE ROYALE,

Le très-humble, très-obéissant
et très-fidèle serviteur,

J. B. P. MOLIÈRE.

---

[1] Molière étoit chef de la troupe de MONSIEUR.
[2] Molière ne fit imprimer les *Précieuses* que parce qu'on lui avait dérobé une copie de cet ouvrage. Le *Cocu imaginaire* avait été publié par Neufvillenaine, et ses autres pièces n'étaient point encore imprimées.

PERSONNAGES

SGANARELLE [1], } frères [*].
ARISTE [2],
ISABELLE [3], } sœurs.
LÉONOR [4],
LISETTE, suivante de Léonor [5].
VALÈRE, amant d'Isabelle [6].
ERGASTE, valet de Valère [7].
UN COMMISSAIRE [8].
UN NOTAIRE.

La scène est à Paris.

ACTE PREMIER

SCÈNE I

SGANARELLE, ARISTE.

SGANARELLE.

Mon frère, s'il vous plaît, ne discourons point tant,
Et que chacun de nous vive comme il l'entend.
Bien que sur moi des ans vous ayez l'avantage,
Et soyez assez vieux pour devoir être sage,
Je vous dirai pourtant que mes intentions
Sont de ne prendre point de vos corrections;
Que j'ai pour tout conseil ma fantaisie à suivre,
Et me trouve fort bien de ma façon de vivre.

ARISTE.

Mais chacun la condamne.

SGANARELLE.

Oui, des fous comme vous,
Mon frère.

Acteurs de la troupe de Molière : [1] MOLIÈRE. — [2] L'ESPY. — [3] Mademoiselle DE BRIE. — [4] Armande BÉJART [**]. — [5] Madeleine BÉJART. — [6] LA GRANGE. — [7] DU PARC. — [8] DE BRIE.
[*] Deux caractères des comédies de Molière sont restés comme *emplois* au théâtre, les SGANARELLES et les ARISTES. Le nom de SGANARELLE désigne toujours un homme trompé, ridicule, brusque, jaloux, n'obéissant qu'à ses fantaisies, comme l'exprime son nom; celui d'ARISTE, au contraire, désigne toujours un homme sage, plein de politesse et de jugement. *Ariste* vient du grec; il signifie *très-bon*. (Aimé Martin.)
[**] Depuis, femme de Molière.

ACTE I, SCÈNE II.

ARISTE.
Grand merci, le compliment est doux.
SGANARELLE.
Je voudrois bien savoir, puisqu'il faut tout entendre,
Ce que ces beaux censeurs en moi peuvent reprendre.
ARISTE.
Cette farouche humeur, dont la sévérité
Fuit toutes les douceurs de la société,
A tous vos procédés inspire un air bizarre,
Et, jusques à l'habit, rend tout chez vous barbare.
SGANARELLE.
Il est vrai qu'à la mode il faut m'assujettir,
Et ce n'est pas pour moi que je me dois vêtir.
Ne voudriez-vous point, par vos belles sornettes,
Monsieur mon frère aîné, car, Dieu merci, vous l'êtes
D'une vingtaine d'ans, à ne vous rien celer,
Et cela ne vaut point la peine d'en parler;
Ne voudriez-vous point, dis-je, sur ces matières,
De vos jeunes muguets¹ m'inspirer les manières?
M'obliger à porter de ces petits chapeaux
Qui laissent éventer leurs débiles cerveaux,
Et de ces blonds cheveux de qui la vaste enflure
Des visages humains offusque la figure?
De ces petits pourpoints sous les bras se perdants,
Et de ces grands collets jusqu'au nombril pendants?
De ces manches qu'à table on voit tâter les sauces,
Et de ces cotillons appelés hauts-de-chausses?
De ces souliers mignons, de rubans revêtus,
Qui vous font ressembler à des pigeons pattus?
Et de ces grands canons où, comme en des entraves,
On met, tous les matins, ses deux jambes esclaves,
Et par qui nous voyons ces messieurs les galants
Marcher écarquillés ainsi que des volants²?
Je vous plairois sans doute équipé de la sorte;
Et je vous vois porter les sottises qu'on porte.
ARISTE.
Toujours au plus grand nombre on doit s'accommoder,
Et jamais il ne faut se faire regarder.
L'un et l'autre excès choque, et tout homme bien sage
Doit faire des habits ainsi que du langage,
N'y rien trop affecter, et, sans empressement,
Suivre ce que l'usage y fait de changement.
Mon sentiment n'est pas qu'on prenne la méthode
De ceux qu'on voit toujours renchérir sur la mode,
Et qui, dans cet excès dont ils sont amoureux,
Seroient fâchés qu'un autre eût été plus loin qu'eux;
Mais je tiens qu'il est mal, sur quoi que l'on se fonde,
De fuir obstinément ce que suit tout le monde,
Et qu'il vaut mieux souffrir d'être au nombre des fous
Que du sage parti se voir seul contre tous.
SGANARELLE.
Cela sent son vieillard qui, pour en faire accroire,
Cache ses cheveux blancs d'une perruque noire.

ARISTE.
C'est un étrange fait du soin que vous prenez
A me venir toujours jeter mon âge au nez,
Et qu'il faille qu'en moi sans cesse je vous voie
Blâmer l'ajustement aussi bien que la joie;
Comme si, condamnée à ne plus rien chérir,
La vieillesse devoit ne songer qu'à mourir,
Et d'assez de laideur n'est pas accompagnée,
Sans se tenir encor malpropre et rechignée.
SGANARELLE.
Quoi qu'il en soit, je suis attaché fortement
A ne démordre point de mon habillement.
Je veux une coiffure, en dépit de la mode,
Sous qui toute ma tête ait un abri commode;
Un bon pourpoint bien long, et fermé comme il faut,
Qui, pour bien digérer, tienne l'estomac chaud;
Un haut-de-chausses fait justement pour ma cuisse;
Des souliers, où mes pieds ne soient point au supplice,
Ainsi qu'en ont usé sagement nos aïeux;
Et qui me trouve mal n'a qu'à fermer les yeux.

SCÈNE II

LÉONOR, ISABELLE, LISETTE; ARISTE ET SGANARELLE,
parlant bas ensemble sur le devant du théâtre, sans être aperçus.

LÉONOR, à Isabelle.
Je me charge de tout, en cas que l'on vous gronde.
LISETTE, à Isabelle.
Toujours dans une chambre à ne point voir le monde?
ISABELLE.
Il est ainsi bâti.
LÉONOR.
Je vous en plains, ma sœur.
LISETTE, à Léonor.
Bien vous prend que son frère ait tout une autre humeur,
Madame; et le destin vous fut bien favorable
En vous faisant tomber aux mains du raisonnable.
ISABELLE.
C'est un miracle encor qu'il ne m'ait aujourd'hui
Enfermée à la clef, ou menée avec lui.
LISETTE.
Ma foi, je l'envoierois au diable avec sa fraise,
Et...
SGANARELLE, heurté par Lisette.
Où donc allez-vous, qu'il ne vous en déplaise?
LÉONOR.
Nous ne savons encore, et je pressois ma sœur
De venir du beau temps respirer la douceur;
Mais...
SGANARELLE, à Léonor.
Pour vous, vous pouvez aller où bon vous semble.
Montrant Lisette.
Vous n'avez qu'à courir, vous voilà deux ensemble.
A Isabelle.
Mais vous, je vous défends, s'il vous plaît, de sortir.
ARISTE.
Eh! laissez-les, mon frère, aller se divertir.

---

¹ Muguet, gentil, amoureux, *amator venustulus*. (Nicot.) C'est le nom de la fleur même transporté à ceux qui s'en parfumaient. *Mugueter*, faire le galant, chercher à plaire.

² *Volants*, ailes de moulins. *Écarquillés comme des volants*, ouverts comme des ailes de moulins. (Aimé Martin.)

SGANARELLE.
Je suis votre valet, mon frère.
ARISTE.
La jeunesse
Veut...
SGANARELLE.
La jeunesse est sotte, et parfois la vieillesse.
ARISTE.
Croyez-vous qu'elle est mal d'être avec Léonor?
SGANARELLE.
Non pas; mais avec moi je la crois mieux encor.
ARISTE.
Mais...
SGANARELLE.
Mais ses actions de moi doivent dépendre,
Et je sais l'intérêt enfin que j'y dois prendre.
ARISTE.
A celles de sa sœur ai-je un moindre intérêt?
SGANARELLE.
Mon Dieu! chacun raisonne et fait comme il lui plaît.
Elles sont sans parents, et notre ami leur père
Nous commit leur conduite à son heure dernière,
Et, nous chargeant tous deux, ou de les épouser,
Ou, sur notre refus, un jour d'en disposer,
Sur elles, par contrat, nous sut dès leur enfance
Et de père et d'époux donner pleine puissance :
D'élever celle-là vous prîtes le souci,
Et moi je me chargeai du soin de celle-ci ;
Selon vos volontés vous gouvernez la vôtre ;
Laissez-moi, je vous prie, à mon gré régir l'autre.
ARISTE.
Il me semble...
SGANARELLE.
Il me semble, et je le dis tout haut,
Que sur un tel sujet c'est parler comme il faut.
Vous souffrez que la vôtre aille leste et pimpante :
Je le veux bien ; qu'elle ait et laquais et suivante :
J'y consens ; qu'elle coure, aime l'oisiveté,
Et soit des damoiseaux fleurée en liberté :
J'en suis fort satisfait; mais j'entends que la mienne
Vive à ma fantaisie, et non pas à la sienne ;
Que d'une serge honnête elle ait son vêtement,
Et ne porte le noir qu'aux bons jours seulement ;
Qu'enfermée au logis, en personne bien sage,
Elle s'applique toute aux choses du ménage,
A recoudre mon linge aux heures de loisir,
Ou bien à tricoter quelques bas par plaisir ;
Qu'aux discours des muguets elle ferme l'oreille,
Et ne sorte jamais sans avoir qui la veille.
Enfin la chair est foible, et j'entends tous les bruits.
Je ne veux point porter des cornes, si je puis ;
Et, comme à m'épouser sa fortune l'appelle,
Je prétends, corps pour corps, pouvoir répondre d'elle.
ISABELLE.
Vous n'avez pas sujet, que je crois...
SGANARELLE.
Taisez-vous !
Je vous apprendrai bien s'il faut sortir sans nous.

LÉONOR.
Quoi donc, monsieur...
SGANARELLE.
Mon Dieu, madame, sans langage,
Je ne vous parle pas, car vous êtes trop sage.
LÉONOR.
Voyez-vous Isabelle avec nous à regret?
SGANARELLE.
Oui, vous me la gâtez, puisqu'il faut parler net.
Vos visites ici ne font que me déplaire,
Et vous m'obligerez de ne nous en plus faire.
LÉONOR.
Voulez-vous que mon cœur vous parle net aussi?
J'ignore de quel œil elle voit tout ceci ;
Mais je sais ce qu'en moi feroit la défiance,
Et, quoiqu'un même sang nous ait donné naissance,
Nous sommes bien peu sœurs, s'il faut que chaque jour
Vos manières d'agir lui donnent de l'amour.
LISETTE.
En effet, tous ces soins sont des choses infâmes.
Sommes-nous chez les Turcs, pour renfermer les femmes?
Car on dit qu'on les tient esclaves en ce lieu,
Et que c'est pour cela qu'ils sont maudits de Dieu [1].
Notre honneur est, monsieur, bien sujet à foiblesse
S'il faut qu'il ait besoin qu'on le garde sans cesse ;
Pensez-vous, après tout, que ces précautions
Servent de quelque obstacle à nos intentions?
Et, quand nous nous mettons quelque chose à la tête,
Que l'homme le plus fin ne soit pas une bête?
Toutes ces gardes-là sont visions de fous ;
Le plus sûr est, ma foi, de se fier en nous :
Qui nous gêne se met en un péril extrême,
Et toujours notre honneur veut se garder lui-même
C'est nous inspirer presque un désir de pécher,
Que montrer tant de soins de nous en empêcher ;
Et, si par un mari je me voyois contrainte,
J'aurois fort grande pente à confirmer sa crainte.
SGANARELLE, à Ariste.
Voilà, beau précepteur, votre éducation.
Et vous souffrez cela sans nulle émotion?
ARISTE.
Mon frère, son discours ne doit que faire rire.
Elle a quelque raison en ce qu'elle veut dire :
Leur sexe aime à jouir d'un peu de liberté ;
On le retient fort mal par tant d'austérité ;
Et les soins défiants, les verrous et les grilles
Ne font pas la vertu des femmes ni des filles :
C'est l'honneur qui les doit tenir dans le devoir,

[1] Lisette fait rire ; mais, tout en riant, elle dit une chose très-sensée, et ne fait que confirmer en style de soubrette ce qu'Ariste a dit en homme sage. En effet, du moment où les femmes sont libres parmi nous, sur la foi de leur éducation et de leur honnêteté, il est sûr que des précautions tyranniques sont une marque de mépris pour elles ; et, sans parler de l'injustice et de l'offense, quelle contradiction plus choquante que de commencer par les avilir pour leur donner des sentiments de vertu? Point de milieu : il faut, ou les enfermer, comme font les Turcs, ou s'y fier, comme font les Français. C'est ce que signifie cette saillie de Lisette, et il faut être Molière pour donner tant de raison à une soubrette. (La Harpe.)

Non la sévérité que nous leur faisons voir.
C'est une étrange chose, à vous parler sans feinte,
Qu'une femme qui n'est sage que par contrainte.
En vain sur tous ses pas nous prétendons régner,
Je trouve que le cœur est ce qu'il faut gagner;
Et je ne tiendrois, moi, quelque soin qu'on se donne,
Mon honneur guère sûr aux mains d'une personne
A qui, dans les désirs qui pourroient l'assaillir,
Il ne manqueroit rien qu'un moyen de faillir.

SGANARELLE.

Chansons que tout cela!

ARISTE.

Soit; mais je tiens sans cesse
Qu'il nous faut en riant instruire la jeunesse,
Reprendre ses défauts avec grande douceur,
Et du nom de vertu ne lui point faire peur.
Mes soins pour Léonor ont suivi ces maximes;
Des moindres libertés je n'ai point fait des crimes,
A ses jeunes désirs j'ai toujours consenti,
Et je ne m'en suis point, grâce au ciel, repenti.
J'ai souffert qu'elle ait vu les belles compagnies,
Les divertissements, les bals, les comédies;
Ce sont choses, pour moi, que je tiens de tout temps
Fort propres à former l'esprit des jeunes gens;
Et l'école du monde, en l'air dont il faut vivre,
Instruit mieux, à mon gré, que ne fait aucun livre.
Elle aime à dépenser en habits, linge et nœuds;
Que voulez-vous? je tâche à contenter ses vœux;
Et ce sont des plaisirs qu'on peut, dans nos familles,
Lorsque l'on a du bien, permettre aux jeunes filles.
Un ordre paternel l'oblige à m'épouser;
Mais mon dessein n'est pas de la tyranniser.
Je sais bien que nos ans ne se rapportent guère,
Et je laisse à son choix liberté tout entière.
Si quatre mille écus de rente bien venants,
Une grande tendresse et des soins complaisants,
Peuvent, à son avis, pour un tel mariage,
Réparer entre nous l'inégalité d'âge,
Elle peut m'épouser; sinon, choisir ailleurs.
Je consens que sans moi ses destins soient meilleurs;
Et j'aime mieux la voir sous un autre hyménée
Que si contre son gré sa main m'étoit donnée.

SGANARELLE.

Eh! qu'il est doucereux! c'est tout sucre et tout miel.

ARISTE.

Enfin, c'est mon humeur, et j'en rends grâce au ciel.
Je ne suivrois jamais ces maximes sévères
Qui font que les enfants comptent les jours des pères.

SGANARELLE.

Mais ce qu'en la jeunesse on prend de liberté
Ne se retranche pas avec facilité;
Et tous ses sentiments suivront mal votre envie,
Quand il faudra changer sa manière de vie.

ARISTE.

Et pourquoi la changer?

SGANARELLE.

Pourquoi?

ARISTE.

Oui.

SGANARELLE.

Je ne sai.

ARISTE.

Y voit-on quelque chose où l'honneur soit blessé?

SGANARELLE.

Quoi! si vous l'épousez, elle pourra prétendre
Les mêmes libertés que fille on lui voit prendre?

ARISTE.

Pourquoi non?

SGANARELLE.

Vos désirs lui seront complaisants
Jusques à lui laisser et mouches et rubans?

ARISTE.

Sans doute.

SGANARELLE.

A lui souffrir, en cervelle troublée,
De courir tous les bals et les lieux d'assemblée?

ARISTE.

Oui, vraiment.

SGANARELLE.

Et chez vous iront les damoiseaux?

ARISTE.

Et quoi donc?

SGANARELLE.

Qui joueront et donneront cadeaux?

ARISTE.

D'accord.

SGANARELLE.

Et votre femme entendra les fleurettes?

ARISTE.

Fort bien.

SGANARELLE.

Et vous verrez ces visites muguettes
D'un œil à témoigner de n'en être point soûl?

ARISTE.

Cela s'entend.

SGANARELLE.

Allez, vous êtes un vieux fou.
A Isabelle.
Rentrez, pour n'ouïr point cette pratique infâme.

SCÈNE III

ARISTE, SGANARELLE, LÉONOR, LISETTE.

ARISTE.

Je veux m'abandonner à la foi de ma femme,
Et prétends toujours vivre ainsi que j'ai vécu.

SGANARELLE.

Que j'aurai de plaisir quand il sera cocu!

ARISTE.

J'ignore pour quel sort mon astre m'a fait naître;
Mais je sais que pour vous, si vous manquez de l'être,
On ne vous en doit point imputer le défaut,
Car vos soins pour cela font bien tout ce qu'il faut.

SGANARELLE.
Riez donc, beau rieur! Oh! que cela doit plaire,
De voir un goguenard presque sexagénaire!
LÉONOR.
Du sort dont vous parlez je le garantis, moi,
S'il faut que par l'hymen il reçoive ma foi :
Il s'en peut assurer ; mais sachez que mon âme
Ne répondroit de rien, si j'étois votre femme.
LISETTE.
C'est conscience à ceux qui s'assurent en nous ;
Mais c'est pain bénit, certe, à des gens comme vous.
SGANARELLE.
Allez, langue maudite, et des plus mal apprises.
ARISTE.
Vous vous êtes, mon frère, attiré ces sottises.
Adieu. Changez d'humeur, et soyez averti
Que renfermer sa femme est un mauvais parti.
Je suis votre valet.
SGANARELLE.
Je ne suis pas le vôtre.

SCÈNE IV

SGANARELLE, seul.

Oh! que les voilà bien tous formés l'un pour l'autre!
Quelle belle famille! Un vieillard insensé
Qui fait le dameret[1] dans un corps tout cassé ;
Une fille maîtresse et coquette suprême ;
Des valets impudents : non, la Sagesse même
N'en viendroit pas à bout, perdroit sens et raison
A vouloir corriger une telle maison.
Isabelle pourroit perdre dans ces hantises
Les semences d'honneur qu'avec nous elle a prises ;
Et, pour l'en empêcher, dans peu nous prétendons
Lui faire aller revoir nos choux et nos dindons.

SCÈNE V

VALÈRE, SGANARELLE, ERGASTE.

VALÈRE, dans le fond du théâtre.
Ergaste, le voilà cet Argus que j'abhorre,
Le sévère tuteur de celle que j'adore.
SGANARELLE, se croyant seul.
N'est-ce pas quelque chose enfin de surprenant
Que la corruption des mœurs de maintenant?
VALÈRE.
Je voudrois l'accoster, s'il est en ma puissance,
Et tâcher de lier avec lui connoissance.
SGANARELLE, se croyant seul.
Au lieu de voir régner cette sévérité
Qui composoit si bien l'ancienne honnêteté,
La jeunesse en ces lieux, libertine absolue,
Ne prend...
Valère salue Sganarelle de loin.

[1] *Dameret* pour *damoiseau*, jeune efféminé qui cherche à plaire aux femmes.

VALÈRE.
Il ne voit pas que c'est lui qu'on salue.
ERGASTE.
Son mauvais œil peut-être est de ce côté-ci.
Passons du côté droit.
SGANARELLE, se croyant seul.
Il faut sortir d'ici.
Le séjour de la ville en moi ne peut produire
Que des...
VALÈRE, en s'approchant peu à peu.
Il faut chez lui tâcher de m'introduire.
SGANARELLE, entendant quelque bruit.
Heu! j'ai cru qu'on parloit.
Se croyant seul.
Aux champs, grâces aux cieux
Les sottises du temps ne blessent point mes yeux.
ERGASTE, à Valère.
Abordez-le.
SGANARELLE, entendant encore du bruit.
Plaît-il?
N'entendant plus rien.
Les oreilles me cornent.
Se croyant seul.
Là, tous les passe-temps de nos filles se bornent...
Il aperçoit Valère, qui le salue.
Est-ce à nous?
ERGASTE, à Valère.
Approchez.
SGANARELLE, sans prendre garde à Valère.
Là, nul godelureau[1]
Valère le salue encore.
Ne vient... Que diable!
Il se retourne, et voit Ergaste qui le salue de l'autre côté.
Encor? Que de coups de chapeau!
VALÈRE.
Monsieur, un tel abord vous interrompt peut-être?
SGANARELLE.
Cela se peut.
VALÈRE.
Mais quoi! l'honneur de vous connoître
M'est un si grand bonheur, m'est un si doux plaisir,
Que de vous saluer j'avois un grand désir.
SGANARELLE.
Soit.
VALÈRE.
Et de vous venir, mais sans nul artifice,
Assurer que je suis tout à votre service.
SGANARELLE.
Je le crois.
VALÈRE.
J'ai le bien d'être de vos voisins,
Et j'en dois rendre grâce à mes heureux destins.
SGANARELLE.
C'est bien fait.
VALÈRE.
Mais, monsieur, savez-vous les nouvelles

[1] *Godelureau*, jeune galant; de *gaudere*, se réjouir, selon Ménage.

Que l'on dit à la cour, et qu'on tient pour fidèles?
SGANARELLE.
Que m'importe?
VALÈRE.
Il est vrai; mais pour les nouveautés
On peut avoir parfois des curiosités.
Vous irez voir, monsieur, cette magnificence
Que de notre Dauphin prépare la naissance [1]?
SGANARELLE.
Si je veux.
VALÈRE.
Avouons que Paris nous fait part
De cent plaisirs charmants qu'on n'a point autre part :
Les provinces auprès sont des lieux solitaires.
A quoi donc passez-vous le temps?
SGANARELLE.
A mes affaires.
VALÈRE.
L'esprit veut du relâche, et succombe parfois
Par trop d'attachement aux sérieux emplois.
Que faites-vous les soirs avant qu'on se retire?
SGANARELLE.
Ce qui me plaît.
VALÈRE.
Sans doute : on ne peut pas mieux dire,
Cette réponse est juste, et le bon sens paroit
A ne vouloir jamais faire que ce qui plaît.
Si je ne vous croyois l'âme trop occupée,
J'irois parfois chez vous passer l'après-soupée.
SGANARELLE.
Serviteur.

SCÈNE VI

VALÈRE, ERGASTE.

VALÈRE.
Que dis-tu de ce bizarre fou?
ERGASTE.
Il a le repart [2] brusque, et l'accueil loup-garou.
VALÈRE.
Ah! j'enrage!
ERGASTE.
Et de quoi?
VALÈRE.
De quoi? C'est que j'enrage
De voir celle que j'aime au pouvoir d'un sauvage,
D'un dragon surveillant, dont la sévérité
Ne lui laisse jouir d'aucune liberté.
ERGASTE.
C'est ce qui fait pour vous ; et sur ces conséquences
Votre amour doit fonder de grandes espérances.
Apprenez, pour avoir votre esprit affermi,
Qu'une femme qu'on garde est gagnée à demi,
Et que les noirs chagrins des maris ou des pères
Ont toujours du galant avancé les affaires.
Je coquette fort peu, c'est mon moindre talent,
Et de profession je ne suis point galant;
Mais j'en ai servi vingt de ces chercheurs de proie,
Qui disoient fort souvent que leur plus grande joie
Étoit de rencontrer de ces maris fâcheux
Qui jamais sans gronder ne reviennent chez eux;
De ces brutaux fieffés qui, sans raison ni suite,
De leurs femmes en tout contrôlent la conduite,
Et, du nom de mari fièrement se parants,
Leur rompent en visière aux yeux des soupirants.
On en sait, disent-ils, prendre ses avantages,
Et l'aigreur de la dame à ces sortes d'outrages,
Dont la plaint doucement le complaisant témoin,
Est un champ [1] à pousser les choses assez loin ;
En un mot, ce vous est une attente assez belle
Que la sévérité du tuteur d'Isabelle.
VALÈRE.
Mais, depuis quatre mois que je l'aime ardemment,
Je n'ai pour lui parler pu trouver un moment.
ERGASTE.
L'amour rend inventif; mais vous ne l'êtes guère :
Et si j'avois été...
VALÈRE
Mais qu'aurois-tu pu faire,
Puisque sans ce brutal on ne la voit jamais,
Et qu'il n'est là dedans servantes ni valets
Dont, par l'appât flatteur de quelque récompense,
Je puisse pour mes feux ménager l'assistance?
ERGASTE.
Elle ne sait donc pas encor que vous l'aimez?
VALÈRE.
C'est un point dont mes vœux ne sont pas informés.
Partout où ce farouche a conduit cette belle,
Elle m'a toujours vu comme une ombre après elle,
Et mes regards aux siens ont tâché chaque jour
De pouvoir expliquer l'excès de mon amour.
Mes yeux ont fort parlé ; mais qui me peut apprendre
Si leur langage enfin a pu se faire entendre?
ERGASTE.
Ce langage, il est vrai, peut être obscur parfois,
S'il n'a pour truchement l'écriture ou la voix.
VALÈRE.
Que faire pour sortir de cette peine extrême,
Et savoir si la belle a connu que je l'aime?
Dis-m'en quelque moyen.
ERGASTE.
C'est ce qu'il faut trouver :
Entrons un peu chez vous, afin d'y mieux rêver.

[1] *Champ*, par métaphore pour *occasion*. (F. Génin.)

---

[1] Il s'agit ici du Dauphin, fils de Louis XIV, appelé Monseigneur, qui naquit à Fontainebleau le 1ᵉʳ novembre 1661, et mourut à Meudon le 14 avril 1711.
[2] *Repart*, pour *repartie*.

ACTE SECOND

SCÈNE I

ISABELLE, SGANARELLE.

SGANARELLE.
Va, je sais la maison, et connois la personne
Aux marques seulement que ta bouche me donne.
ISABELLE, à part.
O ciel! sois-moi propice, et seconde en ce jour
Le stratagème adroit d'une innocente amour.
SGANARELLE.
Dis-tu pas qu'on t'a dit qu'il s'appelle Valère?
ISABELLE.
Oui.
SGANARELLE.
Va, sois en repos, rentre, et me laisse faire;
Je vais parler sur l'heure à ce jeune étourdi.
ISABELLE, en s'en allant.
Je fais, pour une fille, un projet bien hardi;
Mais l'injuste rigueur dont envers moi l'on use
Dans tout esprit bien fait me servira d'excuse.

SCÈNE II

SGANARELLE, seul.

Il va frapper à la porte de Valère.
Ne perdons point de temps; c'est ici. Qui va là?
Bon, je rêve. Holà! dis-je, holà, quelqu'un! holà!
Je ne m'étonne pas, après cette lumière,
S'il y venoit tantôt de si douce manière :
Mais je veux me hâter, et de son fol espoir...

SCÈNE III

VALÈRE, SGANARELLE, ERGASTE.

SGANARELLE, à Ergaste, qui est sorti brusquement.
Peste soit du gros bœuf, qui, pour me faire choir,
Se vient devant mes pas planter comme une perche!
VALÈRE.
Monsieur, j'ai du regret...
SGANARELLE.
Ah! c'est vous que je cherche.
VALÈRE.
Moi, monsieur?
SGANARELLE.
Vous. Valère est-il pas votre nom?
VALÈRE.
Oui.
SGANARELLE.
Je viens vous parler, si vous le trouvez bon.
VALÈRE.
Puis-je être assez heureux pour vous rendre service?
SGANARELLE.
Non. Mais je prétends, moi, vous rendre un bon office;
Et c'est ce qui chez vous prend droit de m'amener.
VALÈRE.
Chez moi, monsieur?
SGANARELLE.
Chez vous. Faut-il tant s'étonner?
VALÈRE.
J'en ai bien du sujet; et mon âme, ravie
De l'honneur...
SGANARELLE.
Laissons là cet honneur, je vous prie.
VALÈRE.
Voulez-vous pas entrer?
SGANARELLE.
Il n'en est pas besoin.
VALÈRE.
Monsieur, de grâce.
SGANARELLE.
Non, je n'irai pas plus loin.
VALÈRE.
Tant que vous serez là, je ne puis vous entendre.
SGANARELLE.
Moi, je n'en veux bouger.
VALÈRE.
Eh bien, il faut se rendre :
Vite, puisque monsieur à cela se résout,
Donnez un siége ici.
SGANARELLE.
Je veux parler debout.
VALÈRE.
Vous souffrir de la sorte!...
SGANARELLE.
Ah! contrainte effroyable!
VALÈRE.
Cette incivilité seroit trop condamnable.
SGANARELLE.
C'en est une que rien ne sauroit égaler,
De n'ouïr pas les gens qui veulent nous parler.
VALÈRE.
Je vous obéis donc.
SGANARELLE.
Vous ne sauriez mieux faire.
Ils font de grandes cérémonies pour se couvrir.
Tant de cérémonie est fort peu nécessaire.
Voulez-vous m'écouter?
VALÈRE.
Sans doute, et de grand cœur.
SGANARELLE.
Savez-vous, dites-moi, que je suis le tuteur
D'une fille assez jeune, et passablement belle,
Qui loge en ce quartier, et qu'on nomme Isabelle?
VALÈRE.
Oui.
SGANARELLE.
Si vous le savez, je ne vous l'apprends pas;
Mais savez-vous aussi, lui trouvant des appas,
Qu'autrement qu'en tuteur sa personne me touche,

Et qu'elle est destinée à l'honneur de ma couche?
VALÈRE.
Non.
SGANARELLE.
Je vous l'apprends donc; et qu'il est à propos
Que vos feux, s'il vous plaît, la laissent en repos.
VALÈRE.
Qui? moi, monsieur?
SGANARELLE.
Oui, vous; mettons bas toute feinte.
VALÈRE.
Qui vous a dit que j'ai pour elle l'âme atteinte?
SGANARELLE.
Des gens à qui l'on peut donner quelque crédit.
VALÈRE.
Mais encore?
SGANARELLE.
Elle-même.
VALÈRE.
Elle?
SGANARELLE.
Elle. Est-ce assez dit?
Comme une fille honnête, et qui m'aime d'enfance,
Elle vient de m'en faire entière confidence,
Et, de plus, m'a chargé de vous donner avis
Que, depuis que par vous tous ses pas sont suivis,
Son cœur, qu'avec excès votre poursuite outrage,
N'a que trop de vos yeux entendu le langage,
Que vos secrets désirs lui sont assez connus,
Et que c'est vous donner des soucis superflus
De vouloir davantage expliquer une flamme
Qui choque l'amitié que me garde son âme.
VALÈRE.
C'est elle, dites-vous, qui de sa part vous fait...
SGANARELLE.
Oui, vous venir donner cet avis franc et net;
Et qu'ayant vu l'ardeur dont votre âme est blessée,
Elle vous eût plus tôt fait savoir sa pensée,
Si son cœur avoit eu, dans son émotion,
A qui pouvoir donner cette commission;
Mais qu'enfin la douleur d'une contrainte extrême
L'a réduite à vouloir se servir de moi-même,
Pour vous rendre averti, comme je vous ai dit,
Qu'à tout autre que moi son cœur est interdit,
Que vous avez assez joué de la prunelle,
Et que, si vous avez tant soit peu de cervelle,
Vous prendrez d'autres soins. Adieu, jusqu'au revoir.
Voilà ce que j'avois à vous faire savoir.
VALÈRE, bas.
Ergaste, que dis-tu d'une telle aventure?
SGANARELLE, bas, à part.
Le voilà bien surpris!
ERGASTE, bas, à Valère.
Selon ma conjecture,
Je tiens qu'elle n'a rien de déplaisant pour vous,
Qu'un mystère assez fin est caché là-dessous,
Et qu'enfin cet avis n'est pas d'une personne
Qui veuille voir cesser l'amour qu'elle vous donne.

SGANARELLE, à part.
Il en tient comme il faut.
VALÈRE, bas, à Ergaste.
Tu crois mystérieux...
ERGASTE, bas.
Oui... Mais il nous observe, ôtons-nous de ses yeux.

SCÈNE IV

SGANARELLE, seul.

Que sa confusion paroît sur son visage!
Il ne s'attendoit pas, sans doute, à ce message.
Appelons Isabelle : elle montre le fruit
Que l'éducation dans une âme produit.
La vertu fait ses soins, et son cœur s'y consomme
Jusques à s'offenser des seuls regards d'un homme.

SCÈNE V

ISABELLE, SGANARELLE.

ISABELLE, bas, en entrant.
J'ai peur que cet amant, plein de sa passion,
N'ait pas de mon avis compris l'intention;
Et j'en veux, dans les fers où je suis prisonnière,
Hasarder un qui parle avec plus de lumière.
SGANARELLE.
Me voilà de retour.
ISABELLE.
Eh bien?
SGANARELLE.
Un plein effet
A suivi tes discours, et ton homme a son fait.
Il me vouloit nier que son cœur fût malade;
Mais, lorsque de ta part j'ai marqué l'ambassade,
Il est resté d'abord et muet et confus,
Et je ne pense pas qu'il y revienne plus.
ISABELLE.
Ah! que me dites-vous? J'ai bien peur du contraire,
Et qu'il ne vous prépare encor plus d'une affaire.
SGANARELLE.
Et sur quoi fondes-tu cette peur que tu dis?
ISABELLE.
Vous n'avez pas été plutôt hors du logis,
Qu'ayant, pour prendre l'air, la tête à ma fenêtre,
J'ai vu dans ce détour un jeune homme paroître,
Qui d'abord, de la part de cet impertinent,
Est venu me donner un bonjour surprenant,
Et m'a, droit dans ma chambre, une boite jetée
Qui renferme une lettre en poulet cachetée.
J'ai voulu sans tarder lui rejeter le tout;
Mais ses pas de la rue avoient gagné le bout,
Et je m'en sens le cœur tout gros de fâcherie.
SGANARELLE.
Voyez un peu la ruse et la friponnerie!
ISABELLE.
Il est de mon devoir de faire promptement

Reporter boîte et lettre à ce maudit amant;
Et j'aurois pour cela besoin d'une personne...
Car d'oser à vous-même...
SGANARELLE.
      Au contraire, mignonne,
C'est me faire mieux voir ton amour et ta foi,
Et mon cœur avec joie accepte cet emploi;
Tu m'obliges par là plus que je ne puis dire.
ISABELLE.
Tenez donc.
SGANARELLE.
   Bon. Voyons ce qu'il a pu t'écrire.
ISABELLE.
Ah! ciel! gardez-vous bien de l'ouvrir.
SGANARELLE.
       Et pourquoi?
ISABELLE.
Lui voulez-vous donner à croire que c'est moi?
Une fille d'honneur doit toujours se défendre
De lire les billets qu'un homme lui fait rendre.
La curiosité qu'on fait lors éclater
Marque un secret plaisir de s'en ouïr conter:
Et je trouve à propos que, toute cachetée,
Cette lettre lui soit promptement reportée,
Afin que d'autant mieux il connoisse aujourd'hui
Le mépris éclatant que mon cœur fait de lui;
Que ses feux désormais perdent toute espérance,
Et n'entreprennent plus pareille extravagance.
SGANARELLE.
Certes, elle a raison lorsqu'elle parle ainsi.
Va, ta vertu me charme, et ta prudence aussi:
Je vois que mes leçons ont germé dans ton âme,
Et tu te montres digne enfin d'être ma femme.
ISABELLE.
Je ne veux pas pourtant gêner votre désir.
La lettre est en vos mains, et vous pouvez l'ouvrir.
SGANARELLE.
Non, je n'ai garde; hélas! tes raisons sont trop bonnes,
Et je vais m'acquitter du soin que tu me donnes;
A quatre pas de là dire ensuite deux mots,
Et revenir ici te remettre en repos.

SCÈNE VI
SGANARELLE, seul.

Dans quel ravissement est-ce que mon cœur nage,
Lorsque je vois en elle une fille si sage!
C'est un trésor d'honneur que j'ai dans ma maison.
Prendre un regard d'amour pour une trahison,
Recevoir un poulet comme une injure extrême,
Et le faire au galant reporter par moi-même!
Je voudrois bien savoir, en voyant tout ceci,
Si celle de mon frère en useroit ainsi.
Ma foi, les filles sont ce que l'on les fait être.
Holà!

Il frappe à la porte de Valère.

SCÈNE VII
SGANARELLE, ERGASTE.
ERGASTE.
Qu'est-ce?
SGANARELLE.
    Tenez, dites à votre maître
Qu'il ne s'ingère pas d'oser écrire encor
Des lettres qu'il envoie avec des boîtes d'or,
Et qu'Isabelle en est puissamment irritée.
Voyez, on ne l'a pas au moins décachetée:
Il connoîtra l'état que l'on fait de ses feux,
Et quel heureux succès il doit espérer d'eux.

SCÈNE VIII
VALÈRE, ERGASTE.
VALÈRE.
Que vient de te donner cette farouche bête?
ERGASTE.
Cette lettre, monsieur, qu'avecque cette boîte
On prétend qu'ait reçue Isabelle de vous,
Et dont elle est, dit-il, en un fort grand courroux.
C'est sans vouloir l'ouvrir qu'elle vous la fait rendre.
Lisez vite, et voyons si je me puis méprendre.
VALÈRE lit.
« Cette lettre vous surprendra sans doute, et l'on peut
« trouver bien hardis pour moi, et le dessein de vous l'é-
« crire, et la manière de vous la faire tenir; mais je me
« vois dans un état à ne plus garder de mesure. La juste
« horreur d'un mariage dont je suis menacée dans six
« jours me fait hasarder toutes choses; et, dans la réso-
« lution de m'en affranchir par quelque voie que ce soit,
« j'ai cru que je devois plutôt vous choisir que le déses-
« poir. Ne croyez pas pourtant que vous soyez redevable
« de tout à ma mauvaise destinée: ce n'est pas la con-
« trainte où je me trouve qui a fait naître les sentiments
« que j'ai pour vous; mais c'est elle qui en précipite le
« témoignage, et qui me fait passer sur des formalités où
« la bienséance du sexe oblige. Il ne tiendra qu'à vous
« que je sois à vous bientôt, et j'attends seulement que
« vous m'ayez marqué les intentions de votre amour,
« pour vous faire savoir la résolution que j'ai prise; mais,
« surtout, songez que le temps presse, et que deux cœurs
« qui s'aiment doivent s'entendre à demi-mot. »
ERGASTE.
Eh bien, monsieur, le tour est-il d'original?
Pour une jeune fille elle n'en sait pas mal!
De ces ruses d'amour la croirait-on capable?
VALÈRE.
Ah! je la trouve là tout à fait adorable.
Ce trait de son esprit et de son amitié
Accroît pour elle encor mon amour de moitié,
Et joint aux sentiments que sa beauté m'inspire...
ERGASTE.
La dupe vient; songez à ce qu'il vous faut dire.

SCÈNE IX

SGANARELLE, VALÈRE, ERGASTE.

SGANARELLE, se croyant seul.
Oh! trois et quatre fois béni soit cet édit
Par qui des vêtements le luxe est interdit!
Les peines des maris ne seront plus si grandes,
Et les femmes auront un frein à leurs demandes.
Oh! que je sais au roi bon gré de ces décris [1]!
Et que, pour le repos de ces mêmes maris,
Je voudrois bien qu'on fit de la coquetterie
Comme de la guipure et de la broderie!
J'ai voulu l'acheter, l'édit, expressément,
Afin que d'Isabelle il soit lu hautement;
Et ce sera tantôt, n'étant plus occupée,
Le divertissement de notre après-soupée.
  Apercevant Valère.
Envoierez-vous encor, monsieur aux blonds cheveux,
Avec des boites d'or des billets amoureux?
Vous pensiez bien trouver quelque jeune coquette,
Friande de l'intrigue, et tendre à la fleurette?
Vous voyez de quel air on reçoit vos joyaux :
Croyez-moi, c'est tirer votre poudre aux moineaux.
Elle est sage, elle m'aime, et votre amour l'outrage;
Prenez visée ailleurs, et troussez-moi bagage.

VALÈRE.
Oui, oui, votre mérite, à qui chacun se rend,
Est à mes yeux, monsieur, un obstacle trop grand;
Et c'est folie à moi, dans mon ardeur fidèle,
De prétendre avec vous à l'amour d'Isabelle.

SGANARELLE.
Il est vrai, c'est folie.

VALÈRE.
                         Aussi n'aurois-je pas
Abandonné mon cœur à suivre ses appas,
Si j'avois pu prévoir que ce cœur misérable
Dût trouver un rival comme vous redoutable.

SGANARELLE.
Je le crois.

VALÈRE.
            Je n'ai garde à présent d'espérer;
Je vous cède, monsieur, et c'est sans murmurer.

SGANARELLE.
Vous faites bien.

VALÈRE.
                  Le droit de la sorte l'ordonne,
Et de tant de vertus brille votre personne,
Que j'aurois tort de voir d'un regard de courroux
Les tendres sentiments qu'Isabelle a pour vous.

SGANARELLE.
Cela s'entend.

VALÈRE.
               Oui, oui, je vous quitte la place;
Mais je vous prie au moins (et c'est la seule grâce,

[1] *Décris*, ordonnances faites pour défendre de fabriquer, vendre ou porter certaines étoffes. (Aimé Martin.)

Monsieur, que vous demande un misérable amant
Dont vous seul aujourd'hui causez tout le tourment),
Je vous conjure donc d'assurer Isabelle
Que si depuis trois mois mon cœur brûle pour elle,
Cette amour est sans tache, et n'a jamais pensé
A rien dont son honneur ait lieu d'être offensé.

SGANARELLE.
Oui.

VALÈRE.
     Que, ne dépendant que du choix de mon âme,
Tous mes desseins étoient de l'obtenir pour femme,
Si les destins, en vous qui captivez son cœur,
N'opposoient un obstacle à cette juste ardeur.

SGANARELLE.
Fort bien.

VALÈRE.
           Que, quoi qu'on fasse, il ne lui faut pas croire
Que jamais ses appas sortent de ma mémoire;
Que, quelque arrêt des cieux qu'il me faille subir,
Mon sort est de l'aimer jusqu'au dernier soupir;
Et que, si quelque chose étouffe mes poursuites,
C'est le juste respect que j'ai pour vos mérites.

SGANARELLE.
C'est parler sagement; et je vais de ce pas
Lui faire ce discours, qui ne le choque pas;
Mais, si vous me croyez, tâchez de faire en sorte
Que de votre cerveau cette passion sorte.
Adieu.

ERGASTE, à Valère.
La dupe est bonne!

SCÈNE X

SGANARELLE, seul.

Il me fait grand' pitié,
Ce pauvre malheureux tout rempli d'amitié;
Mais c'est un mal pour lui de s'être mis en tête
De vouloir prendre un fort qui se voit ma conquête.
  Sganarelle heurte à sa porte.

SCÈNE XI

SGANARELLE, ISABELLE.

SGANARELLE.
Jamais amant n'a fait tant de trouble éclater,
Au poulet renvoyé sans le décacheter :
Il perd toute espérance enfin, et se retire;
Mais il m'a tendrement conjuré de te dire
« Que du moins en t'aimant il n'a jamais pensé
« A rien dont ton honneur ait lieu d'être offensé,
« Et que, ne dépendant que du choix de son âme,
« Tous ses désirs étoient de t'obtenir pour femme,
« Si les destins, en moi qui captive ton cœur,
« N'opposoient un obstacle à cette juste ardeur;
« Que, quoi qu'on puisse faire, il ne te faut pas croire

« Que jamais tes appas sortent de sa mémoire;
« Que, quelque arrêt des cieux qu'il lui faille subir,
« Son sort est de t'aimer jusqu'au dernier soupir;
« Et que, si quelque chose étouffe sa poursuite,
« C'est le juste respect qu'il a pour mon mérite. »
Ce sont ses propres mots; et, loin de le blâmer,
Je le trouve honnête homme, et le plains de t'aimer.
　　　　　　ISABELLE, bas.
Ses feux ne trompent point ma secrète croyance,
Et toujours ses regards m'en ont dit l'innocence.
　　　　　　SGANARELLE.
Que dis-tu?
　　　　　　ISABELLE.
　　　　Qu'il m'est dur que vous plaigniez si fort
Un homme que je hais à l'égal de la mort;
Et que, si vous m'aimiez autant que vous le dites,
Vous sentiriez l'affront que me font ses poursuites.
　　　　　　SGANARELLE.
Mais il ne savoit pas tes inclinations;
Et, par l'honnêteté de ses intentions,
Son amour ne mérite...
　　　　　　ISABELLE.
　　　　　　Est-ce les avoir bonnes,
Dites-moi, de vouloir enlever les personnes?
Est-ce être homme d'honneur, de former des desseins
Pour m'épouser de force en m'ôtant de vos mains?
Comme si j'étois fille à supporter la vie,
Après qu'on m'auroit fait une telle infamie!
　　　　　　SGANARELLE.
Comment?
　　　　　　ISABELLE.
　　　　Oui, oui, j'ai su que ce traître d'amant
Parle de m'obtenir par un enlèvement;
Et j'ignore, pour moi, les pratiques secrètes
Qui l'ont instruit sitôt du dessein que vous faites
De me donner la main dans huit jours au plus tard,
Puisque ce n'est que d'hier que vous m'en fîtes part;
Mais il veut prévenir, dit-on, cette journée
Qui doit à votre sort unir ma destinée.
　　　　　　SGANARELLE.
Voilà qui ne vaut rien.
　　　　　　ISABELLE.
　　　　　　Oh! que pardonnez-moi!
C'est un fort honnête homme, et qui ne sent pour moi...
　　　　　　SGANARELLE.
Il a tort; et ceci passe la raillerie.
　　　　　　ISABELLE.
Allez, votre douceur entretient sa folie;
S'il vous eût vu tantôt lui parler vertement,
Il craindroit vos transports et mon ressentiment:
Car c'est encor depuis sa lettre méprisée
Qu'il a dit ce dessein qui m'a scandalisée;
Et son amour conserve, ainsi que je l'ai su,
La croyance qu'il est dans mon cœur bien reçu,
Que je fuis votre hymen, quoi que le monde en croie,
Et me verrois tirer de vos mains avec joie.
　　　　　　SGANARELLE.
Il est fou.

　　　　　　ISABELLE.
Devant vous il sait se déguiser,
Et son intention est de vous amuser.
Croyez par ces beaux mots que le traître vous joue.
Je suis bien malheureuse, il faut que je l'avoue,
Qu'avecque tous mes soins pour vivre dans l'honneur
Et rebuter les vœux d'un lâche suborneur,
Il faille être exposée aux fâcheuses surprises
De voir faire sur moi d'infâmes entreprises!
　　　　　　SGANARELLE.
Va, ne redoute rien.
　　　　　　ISABELLE.
　　　　Pour moi, je vous le di,
Si vous n'éclatez fort contre un trait si hardi,
Et ne trouvez bientôt moyen de me défaire
Des persécutions d'un pareil téméraire,
J'abandonnerai tout, et renonce à l'ennui
De souffrir les affronts que je reçois de lui.
　　　　　　SGANARELLE.
Ne t'afflige point tant; va, ma petite femme,
Je m'en vais le trouver, et lui chanter sa gamme.
Dites-lui bien au moins qu'il le nieroit en vain,
Que c'est de bonne part qu'on m'a dit son dessein;
Et qu'après cet avis, quoi qu'il puisse entreprendre,
J'ose le défier de me pouvoir surprendre;
Enfin que, sans plus perdre et soupirs et moments,
Il doit savoir pour vous quels sont mes sentiments;
Et que, si d'un malheur il ne veut être cause,
Il ne se fasse pas deux fois dire une chose.
　　　　　　SGANARELLE.
Je dirai ce qu'il faut.
　　　　　　ISABELLE.
　　　　　　Mais tout cela d'un ton
Qui marque que mon cœur lui parle tout de bon.
　　　　　　SGANARELLE.
Va, je n'oublierai rien, je t'en donne assurance.
　　　　　　ISABELLE.
J'attends votre retour avec impatience;
Hâtez-le, s'il vous plaît, de tout votre pouvoir.
Je languis quand je suis un moment sans vous voir.
　　　　　　SGANARELLE.
Va, pouponne, mon cœur, je reviens tout à l'heure.

SCÈNE XII

SGANARELLE, seul.

Est-il une personne et plus sage et meilleure?
Ah! que je suis heureux! et que j'ai de plaisir
De trouver une femme au gré de mon désir!
Oui, voilà comme il faut que les femmes soient faites!
Et non, comme j'en sais, de ces franches coquettes
Qui s'en laissent conter, et font dans tout Paris
Montrer au bout du doigt leurs honnêtes maris.
　　　　　　Il frappe à la porte de Valère.
Holà! notre galant aux belles entreprises!

L'ÉCOLE DES MARIS.

ACTE II. SCÈNE XIV.

Garnier frères, Éditeurs

SCÈNE XIII

VALÈRE, SGANARELLE, ERGASTE.

VALÈRE.
Monsieur, qui vous ramène en ces lieux?
SGANARELLE.
　　　　　　　　　　Vos sottises.
VALÈRE.
Comment?
SGANARELLE.
　Vous savez bien de quoi je veux parler.
Je vous croyois plus sage, à ne vous rien celer.
Vous venez m'amuser de vos belles paroles,
Et conservez sous main des espérances folles.
Voyez-vous, j'ai voulu doucement vous traiter;
Mais vous m'obligerez à la fin d'éclater.
N'avez-vous point de honte, étant ce que vous êtes,
De faire en votre esprit les projets que vous faites?
De prétendre enlever une fille d'honneur,
Et troubler un hymen qui fait tout son bonheur?
VALÈRE.
Qui vous a dit, monsieur, cette étrange nouvelle?
SGANARELLE.
Ne dissimulons point, je la tiens d'Isabelle,
Qui vous mande par moi, pour la dernière fois,
Qu'elle vous a fait voir assez quel est son choix;
Que son cœur, tout à moi, d'un tel projet s'offense;
Qu'elle mourroit plutôt qu'en souffrir l'insolence;
Et que vous causerez de terribles éclats,
Si vous ne mettez fin à tout cet embarras.
VALÈRE.
S'il est vrai qu'elle ait dit ce que je viens d'entendre,
J'avouerai que mes feux n'ont plus rien à prétendre;
Par ces mots assez clairs je vois tout terminé,
Et je dois révérer l'arrêt qu'elle a donné.
SGANARELLE.
S'il?... Vous en doutez donc, et prenez pour des feintes
Tout ce que de sa part je vous ai fait de plaintes?
Voulez-vous qu'elle-même elle explique son cœur?
J'y consens volontiers, pour vous tirer d'erreur.
Suivez-moi, vous verrez s'il est rien que j'avance,
Et si son jeune cœur entre nous deux balance.
　　　　　　　　　　Il va frapper à sa porte.

SCÈNE XIV

ISABELLE, SGANARELLE, VALÈRE, ERGASTE.

ISABELLE.
Quoi! vous me l'amenez! Quel est votre dessein?
Prenez-vous contre moi ses intérêts en main?
Et voulez-vous, charmé de ses rares mérites,
M'obliger à l'aimer, et souffrir ses visites?
SGANARELLE.
Non, m'amie, et ton cœur pour cela m'est trop cher.
Mais il prend mes avis pour des contes en l'air,
Croit que c'est moi qui parle et te fais, par adresse,
Pleine pour lui de haine et pour moi de tendresse;
Et par toi-même enfin j'ai voulu, sans retour,
Le tirer d'une erreur qui nourrit son amour.
ISABELLE, à Valère.
Quoi! mon âme à vos yeux ne se montre pas toute,
Et de mes vœux encor vous pouvez être en doute?
VALÈRE.
Oui, tout ce que monsieur de votre part m'a dit,
Madame, a bien pouvoir de surprendre un esprit.
J'ai douté, je l'avoue; et cet arrêt suprême,
Qui décide du sort de mon amour extrême,
Doit m'être assez touchant, pour ne pas s'offenser
Que mon cœur par deux fois le fasse prononcer.
ISABELLE.
Non, non, un tel arrêt ne doit pas vous surprendre:
Ce sont mes sentiments qu'il vous a fait entendre;
Et je les tiens fondés sur assez d'équité,
Pour en faire éclater toute la vérité.
Oui, je veux bien qu'on sache, et j'en dois être crue,
Que le sort offre ici deux objets à ma vue,
Qui, m'inspirant pour eux différents sentiments,
De mon cœur agité font tous les mouvements.
L'un, par un juste choix où l'honneur m'intéresse,
A toute mon estime et toute ma tendresse;
Et l'autre, pour le prix de son affection,
A toute ma colère et mon aversion.
La présence de l'un m'est agréable et chère,
J'en reçois dans mon âme une allégresse entière;
Et l'autre, par sa vue, inspire dans mon cœur
De secrets mouvements et de haine et d'horreur.
Me voir femme de l'un est toute mon envie
Et, plutôt qu'être à l'autre, on m'ôteroit la vie.
Mais c'est assez montrer mes justes sentiments,
Et trop longtemps languir dans ces rudes tourments;
Il faut que ce que j'aime, usant de diligence,
Fasse à ce que je hais perdre toute espérance,
Et qu'un heureux hymen affranchisse mon sort
D'un supplice pour moi plus affreux que la mort.
SGANARELLE.
Oui, mignonne, je songe à remplir ton attente.
ISABELLE.
C'est l'unique moyen de me rendre contente.
SGANARELLE.
Tu le seras dans peu.
ISABELLE.
　　　　　　　Je sais qu'il est honteux
Aux filles d'expliquer si librement leurs vœux.
SGANARELLE.
Point, point.
ISABELLE.
　　　　Mais, en l'état où sont mes destinées,
De telles libertés doivent m'être données;
Et je puis, sans rougir, faire un aveu si doux
A celui que déjà je regarde en époux.
SGANARELLE.
Oui, ma pauvre fanfan, pouponne de mon âme!
ISABELLE.
Qu'il songe donc, de grâce, à me prouver sa flamme!

SGANARELLE.
Oui, tiens, baise ma main.
ISABELLE.
Que sans plus de soupirs
Il conclue un hymen qui fait tous mes désirs,
reçoive en ce lieu la foi que je lui donne
De n'écouter jamais les vœux d'autre personne.

Elle fait semblant d'embrasser Sganarelle, et donne sa main à baiser à Valère.

SGANARELLE.
Hai, hai, mon petit nez, pauvre petit bouchon,
Tu ne languiras pas longtemps, je t'en répond.
A Valère.
Va, chut. Vous le voyez, je ne lui fais pas dire,
Ce n'est qu'après moi seul que son âme respire.

VALÈRE.
Eh bien, madame, eh bien, c'est s'expliquer assez;
Je vois par ce discours de quoi vous me pressez,
Et je saurai dans peu vous ôter la présence
De celui qui vous fait si grande violence.

ISABELLE.
Vous ne me sauriez faire un plus charmant plaisir;
Car enfin cette vue est fâcheuse à souffrir,
Elle m'est odieuse; et l'horreur est si forte...

SGANARELLE.
Hé! hé!

ISABELLE.
Vous offensé-je en parlant de la sorte?
Fais-je...

SGANARELLE.
Mon Dieu! nenni, je ne dis pas cela;
Mais je plains, sans mentir, l'état où je le voilà,
Et c'est trop hautement que ta haine se montre.

ISABELLE.
Je n'en puis trop montrer en pareille rencontre.

VALÈRE.
Oui, vous serez contente; et, dans trois jours, vos yeux
Ne verront plus l'objet qui vous est odieux.

ISABELLE.
A la bonne heure. Adieu.

SGANARELLE, à Valère.
Je plains votre infortune;
Mais...

VALÈRE.
Non, vous n'entendrez de mon cœur plainte aucune.
Madame, assurément, rend justice à tous deux,
Et je vais travailler à contenter ses vœux.
Adieu.

SGANARELLE.
Pauvre garçon! sa douleur est extrême.
Venez, embrassez-moi: c'est un autre elle-même.

Il embrasse Valère.

SCÈNE XV
ISABELLE, SGANARELLE.

SGANARELLE.
Je le tiens fort à plaindre.

ISABELLE.
Allez, il ne l'est point.

SGANARELLE.
Au reste, ton amour me touche au dernier point,
Mignonnette, et je veux qu'il ait sa récompense.
C'est trop que de huit jours pour ton impatience;
Dès demain je t'épouse, et n'y veux appeler...

ISABELLE.
Dès demain!

SGANARELLE.
Par pudeur tu feins d'y reculer :
Mais je sais bien la joie où ce discours te jette,
Et tu voudrois déjà que la chose fût faite.

ISABELLE.
Mais...

SGANARELLE.
Pour ce mariage allons tout préparer.

ISABELLE, à part.
O ciel! inspire-moi ce qui peut le parer.

ACTE TROISIÈME

SCÈNE I
ISABELLE, seule.

Oui, le trépas cent fois me semble moins à craindre
Que cet hymen fatal où l'on veut me contraindre;
Et tout ce que je fais pour en fuir les rigueurs
Doit trouver quelque grâce auprès de mes censeurs.
Le temps presse, il fait nuit; allons, sans crainte aucune,
A la foi d'un amant commettre ma fortune.

SCÈNE II
SGANARELLE, ISABELLE.

SGANARELLE, *parlant à ceux qui sont dans la maison.*
Je reviens, et l'on va pour demain de ma part...

ISABELLE.
O ciel!

SGANARELLE.
C'est toi, mignonne! Où vas-tu donc si tard?
Tu disois qu'en ta chambre, étant un peu lassée,
Tu t'allois renfermer, lorsque je t'ai laissée;
Et tu m'avois prié même que mon retour
T'y souffrit en repos jusques à demain jour [1].

ISABELLE.
Il est vrai; mais...

SGANARELLE.
Eh quoi?

ISABELLE.
Vous me voyez confuse,
Et je ne sais comment vous en dire l'excuse.

[1] C'est-à-dire *à demain matin.*

SGANARELLE.
Quoi donc! que pourroit-ce être?
ISABELLE.
Un secret surprenant :
C'est ma sœur qui m'oblige à sortir maintenant,
Et qui, pour un dessein dont je l'ai fort blâmée
M'a demandé ma chambre, où je l'ai renfermée.
SGANARELLE.
Comment?
ISABELLE.
L'eût-on pu croire? Elle aime cet amant
Que nous avons banni.
SGANARELLE.
Valère?
ISABELLE.
Éperdûment.
C'est un transport si grand, qu'il n'en est point de même;
Et vous pouvez juger de sa puissance extrême,
Puisque seule, à cette heure, elle est venue ici
Me découvrir à moi son amoureux souci,
Me dire absolument qu'elle perdra la vie,
Si son âme n'obtient l'effet de son envie;
Que, depuis plus d'un an, d'assez vives ardeurs
Dans un secret commerce entretenoient leurs cœurs;
Et que même ils s'étoient, leur flamme étant nouvelle,
Donné de s'épouser une foi mutuelle...
SGANARELLE.
La vilaine!
ISABELLE.
Qu'ayant appris le désespoir
Où j'ai précipité celui qu'elle aime à voir,
Elle vient me prier de souffrir que sa flamme
Puisse rompre un départ qui lui perceroit l'âme ;
Entretenir ce soir cet amant sous mon nom,
Par la petite rue où ma chambre répond ;
Lui peindre, d'une voix qui contrefait la mienne,
Quelques doux sentiments dont l'appât le retienne ;
Et ménager enfin pour elle adroitement
Ce que pour moi l'on sait qu'il a d'attachement.
SGANARELLE.
Et tu trouves cela...
ISABELLE.
Moi? j'en suis courroucée.
Quoi! ma sœur, ai-je dit, êtes-vous insensée?
Ne rougissez-vous point d'avoir pris tant d'amour
Pour ces sortes de gens qui changent chaque jour?
D'oublier votre sexe, et tromper l'espérance
D'un homme dont le ciel vous donnoit l'alliance?
SGANARELLE.
Il le mérite bien ; et j'en suis fort ravi.
ISABELLE.
Enfin de cent raisons mon dépit s'est servi
Pour lui bien reprocher des bassesses si grandes,
Et pouvoir cette nuit rejeter ses demandes ;
Mais elle m'a fait voir de si pressants désirs,
A tant versé de pleurs, tant poussé de soupirs,
Tant dit qu'au désespoir je porterois son âme
Si je lui refusois ce qu'exige sa flamme,

Qu'à céder malgré moi mon cœur s'est vu réduit ;
Et, pour justifier cette intrigue de nuit,
Où me faisoit du sang relâcher la tendresse,
J'allois faire avec moi venir coucher Lucrèce,
Dont vous me vantez tant les vertus chaque jour ;
Mais vous m'avez surprise avec ce prompt retour.
SGANARELLE.
Non, non, je ne veux point chez moi tout ce mystère.
J'y pourrois consentir à l'égard de mon frère ;
Mais on peut être vu de quelqu'un de dehors ;
Et celle que je dois honorer de mon corps
Non-seulement doit être et pudique et bien née ;
Il ne faut pas que même elle soit soupçonnée.
Allons chasser l'infâme, et de sa passion...
ISABELLE.
Ah! vous lui donneriez trop de confusion ;
Et c'est avec raison qu'elle pourroit se plaindre
Du peu de retenue où j'ai su me contraindre :
Puisque de son dessein je dois me départir,
Attendez que du moins je la fasse sortir.
SGANARELLE.
Eh bien, fais.
ISABELLE.
Mais surtout cachez-vous, je vous prie,
Et, sans lui dire rien, daignez voir sa sortie.
SGANARELLE.
Oui, pour l'amour de toi je retiens mes transports;
Mais, dès le même instant qu'elle sera dehors,
Je veux, sans différer, aller trouver mon frère :
J'aurai joie à courir lui dire cette affaire.
ISABELLE.
Je vous conjure donc de ne me point nommer.
Bonsoir ; car tout d'un temps je vais me renfermer.
SGANARELLE, seul.
Jusqu'à demain, m'amie... En quelle impatience
Suis-je de voir mon frère, et lui conter sa chance !
Il en tient, le bonhomme, avec tout son phébus,
Et je n'en voudrois pas tenir vingt bons écus.
ISABELLE, dans la maison.
Oui, de vos déplaisirs l'atteinte m'est sensible ;
Mais ce que vous voulez, ma sœur, m'est impossible;
Mon honneur, qui m'est cher, y court trop de hasard.
Adieu. Retirez-vous avant qu'il soit plus tard.
SGANARELLE.
La voilà qui, je crois, peste de belle sorte :
De peur qu'elle revînt, fermons à clef la porte.
ISABELLE, en sortant.
O ciel! dans mes desseins ne m'abandonnez pas!
SGANARELLE.
Où pourra-t-elle aller? Suivons un peu ses pas.
ISABELLE, à part.
Dans mon trouble du moins la nuit me favorise.
SGANARELLE.
Au logis du galant! Quelle est son entreprise?

SCÈNE III

VALÈRE, ISABELLE, SGANARELLE.

VALÈRE, sortant brusquement.
Oui, oui, je veux tenter quelque effort cette nuit
Pour parler... Qui va là?
ISABELLE, à Valère.
Ne faites point de bruit,
Valère; on vous prévient, et je suis Isabelle.
SGANARELLE.
Vous en avez menti, chienne; ce n'est pas elle.
De l'honneur que tu fuis elle suit trop les lois;
Et tu prends faussement et son nom et sa voix.
ISABELLE, à Valère.
Mais à moins de vous voir par un saint hyménée...
VALÈRE.
Oui, c'est l'unique but où tend ma destinée;
Et je vous donne ici ma foi que dès demain
Je vais où vous voudrez recevoir votre main.
SGANARELLE, à part.
Pauvre sot qui s'abuse!
VALÈRE.
Entrez en assurance :
De votre Argus dupé je brave la puissance;
Et, devant qu'il vous pût ôter à mon ardeur,
Mon bras de mille coups lui perceroit le cœur.

SCÈNE IV

SGANARELLE, seul.

Ah! je te promets bien que je n'ai pas envie
De te l'ôter, l'infâme à ses feux asservie;
Que du don de ta foi je ne suis point jaloux;
Et que, si j'en suis cru, tu seras son époux.
Oui, faisons-le surprendre avec cette effrontée :
La mémoire du père, à bon droit respectée,
Jointe au grand intérêt que je prends à la sœur,
Veut que du moins on tâche à lui rendre l'honneur.
Holà!

Il frappe à la porte d'un commissaire.

SCÈNE V

SGANARELLE, UN COMMISSAIRE, UN NOTAIRE;
UN LAQUAIS, avec un flambeau.

LE COMMISSAIRE.
Qu'est-ce?
SGANARELLE.
Salut, monsieur le commissaire.
Votre présence en robe est ici nécessaire.
Suivez-moi, s'il vous plaît, avec votre clarté.
LE COMMISSAIRE.
Nous sortons...
SGANARELLE.
Il s'agit d'un fait assez hâté.
LE COMMISSAIRE.
Quoi?
SGANARELLE.
D'aller là dedans, et d'y surprendre ensemble
Deux personnes qu'il faut qu'un bon hymen assemble.
C'est une fille à nous, que, sous un don de foi,
Un Valère a séduite et fait entrer chez soi.
Elle sort de famille et noble et vertueuse,
Mais...
LE COMMISSAIRE.
Si c'est pour cela, la rencontre est heureuse,
Puisqu'ici nous avons un notaire.
SGANARELLE.
Monsieur?
LE NOTAIRE.
Oui, notaire royal.
LE COMMISSAIRE.
De plus, homme d'honneur.
SGANARELLE.
Cela s'en va sans dire. Entrez dans cette porte,
Et, sans bruit, ayez l'œil que personne n'en sorte :
Vous serez pleinement contentés de vos soins;
Mais ne vous laissez pas graisser la patte, au moins.
LE COMMISSAIRE.
Comment! vous croyez donc qu'un homme de justice...
SGANARELLE.
Ce que j'en dis n'est pas pour taxer votre office.
Je vais faire venir mon frère promptement :
Faites que le flambeau m'éclaire seulement.
A part.
Je vais le réjouir, cet homme sans colère.
Holà!

Il frappe à la porte d'Ariste.

SCÈNE VI

ARISTE, SGANARELLE.

ARISTE.
Qui frappe? Ah! ah! que voulez-vous, mon frère?
SGANARELLE.
Venez, beau directeur, suranné damoiseau :
On veut vous faire voir quelque chose de beau.
ARISTE.
Comment?
SGANARELLE.
Je vous apporte une bonne nouvelle.
ARISTE.
Quoi?
SGANARELLE.
Votre Léonor, où, je vous prie, est-elle?
ARISTE.
Pourquoi cette demande? Elle est, comme je crois,
Au bal chez son amie.
SGANARELLE.
Eh! oui, oui, suivez-moi :
Vous verrez à quel bal la donzelle est allée.

ARISTE.
Que voulez-vous conter?
SGANARELLE.
Vous l'avez bien stylée :
Il n'est pas bon de vivre en sévère censeur;
On gagne les esprits par beaucoup de douceur;
Et les soins défiants, les verrous et les grilles,
Ne font pas la vertu des femmes ni des filles ;
Nous les portons au mal par tant d'austérité,
Et leur sexe demande un peu de liberté.
Vraiment elle en a pris tout son soûl, la rusée ;
Et la vertu chez elle est fort humanisée.
ARISTE.
Où veut donc aboutir un pareil entretien?
SGANARELLE.
Allez, mon frère aîné, cela vous sied fort bien ;
Et je ne voudrois pas pour vingt bonnes pistoles
Que vous n'eussiez ce fruit de vos maximes folles ;
On voit ce qu'en deux sœurs nos leçons ont produit :
L'une fuit ce galant, et l'autre le poursuit.
ARISTE.
Si vous ne me rendez cette énigme plus claire...
SGANARELLE.
L'énigme est que son bal est chez monsieur Valère ;
Que, de nuit, je l'ai vue y conduire ses pas,
Et qu'à l'heure présente elle est entre ses bras.
ARISTE.
Qui?
SGANARELLE.
Léonor.
ARISTE.
Cessons de railler, je vous prie.
SGANARELLE.
Je raille... Il est fort bon avec sa raillerie.
Pauvre esprit ! Je vous dis et vous redis encor
Que Valère chez lui tient votre Léonor,
Et qu'ils s'étoient promis une foi mutuelle
Avant qu'il eût songé de poursuivre Isabelle.
ARISTE.
Ce discours d'apparence est si fort dépourvu...
SGANARELLE.
Il ne le croira pas encore en l'ayant vu :
J'enrage! Par ma foi, l'âge ne sert de guère
Quand on n'a pas cela.
Il met le doigt sur son front.
ARISTE.
Quoi! voulez-vous, mon frère...
SGANARELLE.
Mon Dieu, je ne veux rien. Suivez-moi seulement :
Votre esprit tout à l'heure aura contentement,
Vous verrez, si j'impose, et si leur foi donnée
N'avoit pas joint leurs cœurs depuis plus d'une année.
ARISTE.
L'apparence qu'ainsi, sans m'en faire avertir,
A cet engagement elle eût pu consentir!
Moi qui dans toute chose ai, depuis son enfance,
Montré toujours pour elle entière complaisance,
Et qui cent fois ai fait des protestations
De ne jamais gêner ses inclinations !

SGANARELLE.
Enfin vos propres yeux jugeront de l'affaire.
J'ai fait venir déjà commissaire et notaire :
Nous avons intérêt que l'hymen prétendu
Répare sur-le-champ l'honneur qu'elle a perdu;
Car je ne pense pas que vous soyez si lâche
De vouloir l'épouser avecque cette tache,
Si vous n'avez encor quelques raisonnements
Pour vous mettre au-dessus de tous les bernements.
ARISTE.
Moi? je n'aurai jamais cette foiblesse extrême
De vouloir posséder un cœur malgré lui-même...
Mais je ne saurois croire enfin...
SGANARELLE.
Que de discours !
Allons, ce procès-là continueroit toujours.

SCÈNE VII

SGANARELLE, ARISTE, UN COMMISSAIRE, UN NOTAIRE.

LE COMMISSAIRE
Il ne faut mettre ici nulle force en usage,
Messieurs; et si vos vœux ne vont qu'au mariage,
Vos transports en ce lieu se peuvent apaiser.
Tous deux également tendent à s'épouser;
Et Valère déjà, sur ce qui vous regarde,
A signé que pour femme il tient celle qu'il garde.
ARISTE.
La fille?
LE COMMISSAIRE.
Est renfermée, et ne veut point sortir,
Que vos désirs aux leurs ne veuillent consentir.

SCÈNE VIII

VALÈRE, UN COMMISSAIRE, UN NOTAIRE, SGANARELLE, ARISTE.

VALÈRE, à la fenêtre de sa maison.
Non, messieurs; et personne ici n'aura l'entrée,
Que cette volonté ne m'ait été montrée.
Vous savez qui je suis, et j'ai fait mon devoir
En vous signant l'aveu qu'on peut vous faire voir.
Si c'est votre dessein d'approuver l'alliance,
Votre main peut aussi m'en signer l'assurance;
Sinon, faites état de m'arracher le jour,
Plutôt que de m'ôter l'objet de mon amour.
SGANARELLE.
Non, nous ne songeons pas à vous séparer d'elle.
Bas, à part.
Il ne s'est point encor détrompé d'Isabelle :
Profitons de l'erreur.
ARISTE, à Valère.
Mais est-ce Léonor?
SGANARELLE, à Ariste.
Taisez-vous.

ARISTE.
Mais...
SGANARELLE.
Paix donc!
ARISTE.
Je veux savoir...
SGANARELLE.
Encor?
Vous tairez-vous? vous dis-je!
VALÈRE.
Enfin, quoi qu'il advienne,
Isabelle a ma foi; j'ai de même la sienne,
Et ne suis point un choix, à tout examiner,
Que vous soyez reçus à faire condamner.
ARISTE, à Sganarelle.
Ce qu'il dit là n'est pas...
SGANARELLE.
Taisez-vous, et pour cause;
A Valère.
Vous saurez le secret. Oui, sans dire autre chose,
Nous consentons tous deux que vous soyez l'époux
De celle qu'à présent on trouvera chez vous.
LE COMMISSAIRE.
C'est dans ces termes-là que la chose est conçue,
Et le nom est en blanc, pour ne l'avoir point vue.
Signez. La fille après vous mettra tous d'accord.
VALÈRE.
J'y consens de la sorte.
SGANARELLE.
Et moi, je le veux fort.
A part.   Haut
Nous rirons bien tantôt. Là, signez donc, mon frère;
L'honneur vous appartient.
ARISTE.
Mais quoi! tout ce mystère...
SGANARELLE.
Diantre, que de façons! Signez, pauvre butor.
ARISTE.
Il parle d'Isabelle, et vous de Léonor.
SGANARELLE.
N'êtes-vous pas d'accord, mon frère, si c'est elle,
De les laisser tous deux à leur foi mutuelle?
ARISTE.
Sans doute.
SGANARELLE.
Signez donc; j'en fais de même aussi.
ARISTE.
Soit. Je n'y comprends rien.
SGANARELLE.
Vous serez éclairci.
LE COMMISSAIRE.
Nous allons revenir.
SGANARELLE, à Ariste.
Or çà, je vais vous dire
La fin de cette intrigue.
Ils se retirent dans le fond du théâtre.

SCÈNE IX

LÉONOR, SGANARELLE, ARISTE, LISETTE.

LÉONOR.
O l'étrange martyre!
Que tous ces jeunes fous me paroissent fâcheux!
Je me suis dérobée au bal pour l'amour d'eux.
LISETTE.
Chacun d'eux près de vous veut se rendre agréable.
LÉONOR.
Et moi, je n'ai rien vu de plus insupportable,
Et je préférerois le plus simple entretien
A tous les contes bleus de ces diseurs de rien.
Ils croyent que tout cède à leur perruque blonde,
Et pensent avoir dit le meilleur mot du monde,
Lorsqu'ils viennent, d'un ton de mauvais goguenard,
Vous railler sottement sur l'amour d'un vieillard;
Et moi, d'un tel vieillard je prise plus le zèle
Que tous les beaux transports d'une jeune cervelle.
Mais n'aperçois-je pas...
SGANARELLE, à Ariste.
Oui, l'affaire est ainsi.
Apercevant Léonor.
Ah! je la vois paroître, et la servante aussi.
ARISTE.
Léonor, sans courroux, j'ai sujet de me plaindre.
Vous savez si jamais j'ai voulu vous contraindre,
Et si plus de cent fois je n'ai pas protesté
De laisser à vos vœux leur pleine liberté :
Cependant votre cœur, méprisant mon suffrage,
De foi comme d'amour à mon insu s'engage.
Je ne me repens pas de mon doux traitement;
Mais votre procédé me touche assurément;
Et c'est une action que n'a pas méritée
Cette tendre amitié que je vous ai portée.
LÉONOR.
Je ne sais pas sur quoi vous tenez ce discours;
Mais croyez que je suis de même que toujours,
Que rien ne peut pour vous altérer mon estime,
Que toute autre amitié me paroîtroit un crime,
Et que, si vous voulez satisfaire mes vœux,
Un saint nœud dès demain nous unira tous deux.
ARISTE.
Dessus quel fondement venez-vous donc, mon frère...
SGANARELLE.
Quoi! vous ne sortez pas du logis de Valère?
Vous n'avez point conté vos amours aujourd'hui?
Et vous ne brûlez pas depuis un an pour lui?
LÉONOR.
Qui vous a fait de moi de si belles peintures,
Et prend soin de forger de telles impostures?

SCÈNE X

ISABELLE, VALÈRE, LÉONOR, ARISTE, SGANARELLE, UN COMMISSAIRE, UN NOTAIRE, LISETTE, ERGASTE.

ISABELLE.

Ma sœur, je vous demande un généreux pardon,
Si de mes libertés j'ai taché votre nom.
Le pressant embarras d'une surprise extrême
M'a tantôt inspiré ce honteux stratagème :
Votre exemple condamne un tel emportement ;
Mais le sort nous traita tous deux diversement.

A Sganarelle.

Pour vous, je ne veux point, monsieur, vous faire excuse ;
Je vous sers beaucoup plus que je ne vous abuse.
Le ciel pour être joints ne nous fit pas tous deux :
Je me suis reconnue indigne de vos feux ;
Et j'ai bien mieux aimé me voir aux mains d'un autre,
Que ne pas mériter un cœur comme le vôtre [1].

VALÈRE, à Sganarelle.

Pour moi, je mets ma gloire et mon bien souverain
A la pouvoir, monsieur, tenir de votre main.

ARISTE.

Mon frère, doucement il faut boire la chose.

[1] Le dénoûment achève la leçon. La pupille d'Ariste, qu'il a soin de ne point gêner sur les goûts innocents de son âge, tient une conduite irréprochable, et finit par épouser son tuteur ; l'autre, qu'on a traitée en esclave, risque des démarches aussi hardies que dangereuses, que sa situation excuse, et que la probité de son amant justifie : elle l'épouse aussi ; mais on voit tout ce qu'elle avait à craindre, s'il n'eût pas été honnête homme, et que ce surveillant intraitable, qui se croyait le modèle des instituteurs, n'allait rien moins qu'à causer la perte entière d'une jeune personne confiée à ses soins, et qu'il voulait épouser. De tels ouvrages sont l'école du monde. (La Harpe.)

D'une telle action vos procédés sont cause ;
Et je vois votre sort malheureux à ce point,
Que, vous sachant dupé, l'on ne vous plaindra point.

LISETTE.

Par ma foi, je lui sais bon gré de cette affaire ;
Et ce prix de ses soins est un trait exemplaire.

LÉONOR.

Je ne sais si ce trait se doit faire estimer ;
Mais je sais bien qu'au moins je ne le puis blâmer.

ERGASTE.

Au sort d'être cocu son ascendant l'expose ;
Et ne l'être qu'en herbe est pour lui douce chose.

SGANARELLE, sortant de l'accablement dans lequel il étoit plongé.

Non, je ne puis sortir de mon étonnement.
Cette ruse d'enfer confond mon jugement,
Et je ne pense pas que Satan en personne
Puisse être si méchant qu'une telle friponne.
J'aurois pour elle au feu mis la main que voilà.
Malheureux qui se fie à femme après cela !
La meilleure est toujours en malice féconde ;
C'est un sexe engendré pour damner tout le monde.
J'y renonce à jamais, à ce sexe trompeur,
Et je le donne tout au diable de bon cœur.

ERGASTE.

Bon.

ARISTE.

Allons tous chez moi. Venez, seigneur Valère ;
Nous tâcherons demain d'apaiser sa colère.

LISETTE, au parterre.

Vous, si vous connoissez des maris loups-garous,
Envoyez-les au moins à l'école chez nous.

LES FACHEUX

COMÉDIE-BALLET EN TROIS ACTES

1661

AU ROI

Sire,

J'ajoute une scène à la comédie; et c'est une espèce de fâcheux assez insupportable qu'un homme qui dédie un livre. Votre Majesté en sait des nouvelles plus que personne de son royaume, et ce n'est pas d'aujourd'hui qu'Elle se voit en butte à la furie des épîtres dédicatoires. Mais, bien que je suive l'exemple des autres, et me mette moi-même au rang de ceux que j'ai joués, j'ose dire toutefois à Votre Majesté que ce que j'en ai fait n'est pas tant pour lui présenter un livre que pour avoir lieu de lui rendre grâces du succès de cette comédie. Je le dois, Sire, ce succès qui a passé mon attente, non-seulement à cette glorieuse approbation dont Votre Majesté honora d'abord la pièce, et qui a entraîné si hautement celle de tout le monde, mais encore à l'ordre qu'Elle me donna d'y ajouter un caractère de fâcheux, dont elle eut la bonté de m'ouvrir les idées Elle-même, et qui a été trouvé partout le plus beau morceau de l'ouvrage[1]. Il faut avouer, Sire, que je n'ai jamais rien fait avec tant de facilité, ni si promptement, que cet endroit où Votre Majesté me commanda de travailler. J'avois une joie à lui obéir qui me valoit bien mieux qu'Apollon et toutes les Muses; et je conçois par là ce que je serois capable d'exécuter pour une comédie entière, si j'étois inspiré par de pareils commandements. Ceux qui sont nés en un rang élevé peuvent se proposer l'honneur de servir Votre Majesté dans les grands emplois; mais, pour moi, toute la gloire où je puis aspirer, c'est de la réjouir. Je borne là l'ambition de mes souhaits; et je crois qu'en quelque façon ce n'est pas être inutile à la France que de contribuer[2] quelque chose au divertissement de son roi. Quand je n'y réussirai pas, ce ne sera jamais par un défaut de zèle ni d'étude, mais seulement par un mauvais destin qui suit assez souvent les meilleures intentions, et qui sans doute affligeroit sensiblement,

Sire,

De Votre Majesté

Le très-humble, très-obéissant, et très-
fidèle serviteur et sujet,

Molière.

[1] Le caractère de fâcheux que le roi donna ordre à Molière d'ajouter à sa pièce est celui du chasseur, acte II, scène vii.
[2] Dans toutes les éditions publiées du vivant de Molière, le verbe est ainsi employé activement.

PRÉFACE

Jamais entreprise au théâtre ne fut si précipitée que celle-ci : et c'est une chose, je crois, toute nouvelle, qu'une comédie ait été conçue, faite, apprise et représentée en quinze jours. Je ne dis pas cela pour me piquer de l'*impromptu*, et en prétendre de la gloire; mais seulement pour prévenir certaines gens qui pourroient trouver à redire que je n'aie pas mis ici toutes les espèces de fâcheux qui se trouvent. Je sais que le nombre en est grand, et à la cour et dans la ville; et que, sans épisodes, j'eusse bien pu en composer une comédie en cinq actes bien fournis, et avoir encore de la matière de reste. Mais, dans le peu de temps qui me fut donné, il m'étoit impossible de faire un grand dessein, et de rêver beaucoup sur le choix de mes personnages et sur la disposition de mon sujet. Je me réduisis donc à ne toucher qu'un petit nombre d'importuns; et je pris ceux qui s'offrirent d'abord à mon esprit, et que je crus les plus propres à réjouir les augustes personnes devant qui j'avois à paroître; et, pour lier promptement toutes ces choses ensemble, je me servis du premier nœud que je pus trouver. Ce n'est pas mon dessein d'examiner maintenant si tout cela pouvoit être mieux, et si tous ceux qui s'y sont divertis ont ri selon les règles. Le temps viendra de faire imprimer mes remarques sur les pièces que j'aurai faites, et je ne désespère pas de faire voir un jour, en grand auteur, que je puis citer Aristote et Horace. En attendant cet examen, qui peut-être ne viendra point, je m'en remets assez aux décisions de la multitude, et je tiens aussi difficile de combattre un ouvrage que le public approuve que d'en défendre un qu'il condamne.

Il n'y a personne qui ne sache pour quelle réjouissance la pièce fut composée; et cette fête a fait un tel éclat, qu'il n'est pas nécessaire d'en parler; mais il ne sera pas hors de propos de dire deux paroles des ornements qu'on a mêlés avec la comédie.

Le dessein étoit de donner un ballet aussi; et, comme il n'y avoit qu'un petit nombre choisi de danseurs excellents, on fut contraint de séparer les entrées de ce ballet, et l'avis fut de les jeter dans les entr'actes de la comédie, afin que ces intervalles donnassent temps aux mêmes baladins de revenir sous d'autres habits; de sorte que, pour ne point rompre aussi le fil de la pièce par ces manières d'intermèdes, on s'avisa de les coudre au sujet du mieux que l'on put, et de ne faire qu'une seule chose du ballet et de la comédie; mais, comme le temps étoit fort précipité, et que tout cela ne fut pas réglé entièrement par une même tête, on trouvera peut-être quelques endroits du ballet qui n'entrent pas dans la comédie aussi naturellement que d'autres. Quoi qu'il en soit, c'est un mélange qui est nouveau pour nos théâtres, et dont on pourroit chercher quelques autorités dans l'antiquité; et, comme tout le monde l'a trouvé agréable, il peut servir d'idée à d'autres choses qui pourroient être méditées avec plus de loisir[1].

D'abord que la toile fut levée, un des acteurs, comme vous pourriez dire moi, parut sur le théâtre en habit de ville, et, s'adressant au roi avec le visage d'un homme surpris, fit des excuses en désordre sur ce qu'il se trouvoit là seul, et manquoit de temps et d'acteurs pour donner à Sa Majesté le divertissement qu'elle sembloit attendre. En même temps, au milieu de vingt jets d'eau naturels, s'ouvrit cette coquille que tout le monde a vue; et l'agréable naïade qui parut dedans[2] s'avança au bord du théâtre, et d'un air héroïque prononça les vers que M. Pellisson avoit faits, et qui servent de prologue.

PROLOGUE[3]

Le théâtre représente un jardin orné de termes et de plusieurs jets d'eau.

UNE NAÏADE, sortant des eaux dans une coquille.

Pour voir en ces beaux lieux le plus grand roi du monde,
Mortels, je viens à vous de ma grotte profonde.
Faut-il, en sa faveur, que la terre ou que l'eau
Produisent à vos yeux un spectacle nouveau?
Qu'il parle ou qu'il souhaite, il n'est rien d'impossible;
Lui-même n'est-il pas un miracle visible?
Son règne, si fertile en miracles divers,
N'en demande-t-il pas à tout cet univers?
Jeune, victorieux, sage, vaillant, auguste,
Aussi doux que sévère, aussi puissant que juste:
Régler et ses États et ses propres désirs;
Joindre aux nobles travaux les plus nobles plaisirs;
En ses justes projets jamais ne se méprendre;
Agir incessamment, tout voir et tout entendre,
Qui peut cela peut tout: il n'a qu'à tout oser,
Et le ciel à ses vœux ne peut rien refuser.
Ces termes marcheront, et si Louis l'ordonne,
Ces arbres parleront mieux que ceux de Dodone.
Hôtesses de leurs troncs, moindres divinités,
C'est Louis qui le veut, sortez, nymphes, sortez;
Je vous montre l'exemple, il s'agit de lui plaire.
Quittez pour quelque temps votre forme ordinaire,
Et paroissons ensemble aux yeux des spectateurs,
Pour ce nouveau théâtre, autant de vrais acteurs.

Plusieurs dryades, accompagnées de faunes et de satyres, sortent des arbres et des termes.

Vous, soin de ses sujets, sa plus charmante étude,
Héroïque souci, royale inquiétude,
Laissez-le respirer, et souffrez qu'un moment
Son grand cœur s'abandonne au divertissement:

[1] On voit, par ce passage, que Molière est l'inventeur de la comédie-ballet, et que les *Fâcheux* en sont le premier exemple. (A.)
[2] Cette agréable naïade était la Béjart, que Molière épousa peu de temps après.
[3] Pellisson composa le prologue à la louange du roi. Ce prologue fut très-applaudi de toute la cour, et plut beaucoup à Louis XIV. Mais celui qui donna la fête (Fouquet) et l'auteur du prologue furent tous deux mis en prison peu de mois après. On les vouloit même arrêter au milieu de la fête, triste exemple de l'instabilité des fortunes de cour. (Voltaire.)

Vous le verrez demain, d'une force nouvelle,
Sous le fardeau pénible où votre voix l'appelle,
Faire obéir les lois, partager les bienfaits,
Par ses propres conseils prévenir nos souhaits,
Maintenir l'univers dans une paix profonde,
Et s'ôter le repos pour le donner au monde.
Qu'aujourd'hui tout lui plaise, et semble consentir
A l'unique dessein de le bien divertir!
Fâcheux, retirez-vous; ou, s'il faut qu'il vous voie,
Que ce soit seulement pour exciter sa joie!

La naïade emmène avec elle, pour la comédie, une partie des gens qu'elle a fait paroître, pendant que le reste se met à danser au son des hautbois, qui se joignent aux violons.

PERSONNAGES

DAMIS, tuteur d'Orphise[1].
ORPHISE[2].
ÉRASTE, amoureux d'Orphise[3].
ALCIDOR,
LISANDRE[4],
ALCANDRE,
ALCIPPE,
ORANTE[5],
CLIMÈNE[6], } fâcheux.
DORANTE,
CARITIDÈS,
ORMIN,
FILINTE,
LA MONTAGNE, valet d'Éraste[7].
L'ÉPINE, valet de Damis.
LA RIVIÈRE, et deux camarades.

La scène est à Paris.

ACTE PREMIER

SCÈNE I[8]

ÉRASTE, LA MONTAGNE.

ÉRASTE.

Sous quel astre, bon Dieu, faut-il que je sois né,
Pour être de fâcheux toujours assassiné?
Il semble que partout le sort me les adresse,
Et j'en vois chaque jour quelque nouvelle espèce;
Mais il n'est rien d'égal au fâcheux d'aujourd'hui:
J'ai cru n'être jamais débarrassé de lui,
Et cent fois j'ai maudit cette innocente envie
Qui m'a pris, à dîner, de voir la comédie,
Où, pensant m'égayer, j'ai misérablement
Trouvé de mes péchés le rude châtiment.
Il faut que je te fasse un récit de l'affaire,
Car je m'en sens encor tout ému de colère.
J'étois sur le théâtre en humeur d'écouter
La pièce, qu'à plusieurs j'avois ouï vanter;

Acteurs de la troupe de Molière: [1] L'Épy. — [2] Mademoiselle Molière. — [3] Molière. — [4] La Grange. — [5] Mademoiselle du Parc. — [6] Mademoiselle de Brie. — [7] Du Parc.
[8] Horace, dans sa ixe satire, et Régnier, dans sa viiie, ont donné à Molière l'idée de cette première scène.

Les acteurs commençoient, chacun prêtoit silence,
Lorsque, d'un air bruyant et plein d'extravagance,
Un homme à grands canons est entré brusquement
En criant : Holà! ho! un siége promptement!
Et, de son grand fracas surprenant l'assemblée,
Dans le plus bel endroit a la pièce troublée.
Eh, mon Dieu! nos François, si souvent redressés,
Ne prendront-ils jamais un air de gens sensés?
Ai-je dit; et faut-il sur nos défauts extrêmes
Qu'en théâtre public nous nous jouions nous-mêmes,
Et confirmions ainsi, par des éclats de fous,
Ce que chez nos voisins on dit partout de nous?
Tandis que là-dessus je haussois les épaules,
Les acteurs ont voulu continuer leurs rôles :
Mais l'homme pour s'asseoir a fait nouveau fracas,
Et, traversant encor le théâtre à grands pas,
Bien que dans les côtés il pût être à son aise,
Au milieu du devant il a planté sa chaise,
Et, de son large dos morguant les spectateurs,
Aux trois quarts du parterre a caché les acteurs [1].
Un bruit s'est élevé, dont un autre eût eu honte;
Mais lui, ferme et constant, n'en a fait aucun compte,
Et se seroit tenu comme il s'étoit posé,
Si, pour mon infortune, il ne m'eût avisé.
Ah! marquis, m'a-t-il dit, prenant près de moi place,
Comment te portes-tu? Souffre que je t'embrasse.
Au visage, sur l'heure, un rouge m'est monté,
Que l'on me vit connu d'un pareil éventé.
Je l'étois peu pourtant; mais on en voit paroître
De ces gens qui de rien veulent fort vous connoître,
Dont il faut au salut les baisers essuyer,
Et qui sont familiers jusqu'à vous tutoyer.
Il m'a fait à l'abord cent questions frivoles,
Plus haut que les acteurs élevant ses paroles.
Chacun le maudissoit, et moi, pour l'arrêter :
Je serois, ai-je dit, bien aise d'écouter.
— Tu n'as point vu ceci, marquis? Ah! Dieu me damne,
Je le trouve assez drôle, et je n'y suis pas âne ;
Je sais par quelles lois un ouvrage est parfait,
Et Corneille me vient lire tout ce qu'il fait.
Là-dessus, de la pièce il m'a fait un sommaire,
Scène à scène averti de ce qui s'alloit faire ;
Et jusques à des vers qu'il en savoit par cœur,
Il me les récitoit tout haut avant l'acteur.
J'avois beau m'en défendre, il a poussé sa chance,
Et s'est devers la fin levé longtemps d'avance ;
Car les gens du bel air, pour agir galamment,
Se gardent bien surtout d'ouïr le dénoûment.
Je rendois grâce au ciel, et croyois de justice
Qu'avec la comédie eût fini mon supplice;
Mais, comme si c'en eût été trop bon marché,
Sur nouveaux frais mon homme à moi s'est attaché,
M'a conté ses exploits, ses vertus non communes,
Parlé de ses chevaux, de ses bonnes fortunes,

Et de ce qu'à la cour il avoit de faveur,
Disant qu'à m'y servir il s'offroit de grand cœur.
Je le remerciois doucement de la tête,
Minutant à tous coups quelque retraite honnête ;
Mais lui, pour le quitter me voyant ébranlé :
Sortons, ce m'a-t-il dit, le monde est écoulé.
Et, sortis de ce lieu, me la donnant plus sèche [1] :
Marquis, allons au Cours [2] faire voir ma calèche :
Elle est bien entendue, et plus d'un duc et pair
En fait à mon faiseur faire une du même air.
Moi, de lui rendre grâce, et, pour mieux m'en défendre,
De dire que j'avois certain repas à rendre.
— Ah! parbleu, j'en veux être, étant de tes amis,
Et manque au maréchal, à qui j'avois promis.
De la chère, ai-je dit, la dose est trop peu forte
Pour oser y prier des gens de votre sorte.
Non, m'a-t-il répondu, je suis sans compliment,
Et j'y vais pour causer avec toi seulement;
Je suis des grands repas fatigué, je te jure.
— Mais, si l'on vous attend, ai-je dit, c'est injure...
— Tu te moques, marquis, nous nous connoissons tous;
Et je trouve avec toi des passe-temps plus doux.
Je pestois contre moi, l'âme triste et confuse
Du funeste succès qu'avoit eu mon excuse,
Et ne savois à quoi je devois recourir
Pour sortir d'une peine à me faire mourir :
Lorsqu'un carrosse fait de superbe manière,
Et comblé de laquais et devant et derrière,
S'est, avec un grand bruit, devant nous arrêté,
D'où sautant un jeune homme amplement ajusté,
Mon importun et lui, courant à l'embrassade,
Ont surpris les passants de leur brusque incartade ;
Et, tandis que tous deux étoient précipités
Dans les convulsions de leurs civilités,
Je me suis doucement esquivé sans rien dire ;
Non sans avoir longtemps gémi d'un tel martyre,
Et maudit ce fâcheux, dont ce zèle obstiné
M'ôtoit au rendez-vous qui m'est ici donné.

LA MONTAGNE.

Ce sont chagrins mêlés aux plaisirs de la vie.
Tout ne va pas, monsieur, au gré de notre envie :
Le ciel veut qu'ici-bas chacun ait ses fâcheux,
Et les hommes seroient sans cela trop heureux.

ÉRASTE.

Mais de tous mes fâcheux le plus fâcheux encore,
C'est Damis, le tuteur de celle que j'adore,
Qui rompt ce qu'à mes vœux elle donne d'espoir,
Et malgré ses bontés lui défend de me voir.
Je crains d'avoir déjà passé l'heure promise,
Et c'est dans cette allée où devoit être Orphise.

---

[1] Il y avait autrefois des bancs sur l'avant-scène ; les jeunes gens s'y donnaient eux-mêmes en spectacle, parlant plus haut que les acteurs, se levant avant la fin de la pièce, étalant enfin tous les ridicules si bien peints dans cette scène. (Bret.) Ce n'est qu'en 1759 que cet usage ridicule fut aboli.

[1] La *donner sèche*, suivant l'Académie, c'est annoncer quelque nouvelle fâcheuse. Cette locution n'est plus d'usage.
[2] Le *Cours* est cette partie des Champs-Élysées qui porte le nom de *Cours-la-Reine*, à cause des plantations qu'y fit faire Marie de Médicis. Boursault, dans la préface de son petit roman d'*Artémise et Poliante*, nous apprend que la comédie se terminait alors à sept heures du soir. Cette circonstance explique suffisamment comment en sortant du spectacle le fâcheux *peut aller au Cours faire voir sa calèche*. (Aimé Martin.)

LA MONTAGNE.
L'heure d'un rendez-vous d'ordinaire s'étend,
Et n'est pas resserrée aux bornes d'un instant.
ÉRASTE.
Il est vrai; mais je tremble, et mon amour extrême
D'un rien se fait un crime envers celle que j'aime.
LA MONTAGNE.
Si ce parfait amour, que vous prouvez si bien,
Se fait vers votre objet un grand crime de rien,
Ce que son cœur pour vous sent de feux légitimes,
En revanche, lui fait un rien de tous vos crimes.
ÉRASTE.
Mais, tout de bon, crois-tu que je sois d'elle aimé?
LA MONTAGNE.
Quoi! vous doutez encor d'un amour confirmé?
ÉRASTE.
Ah! c'est malaisément qu'en pareille matière
Un cœur bien enflammé prend assurance entière;
Il craint de se flatter; et, dans ses divers soins,
Ce que plus il souhaite est ce qu'il croit le moins.
Mais songeons à trouver une beauté si rare.
LA MONTAGNE.
Monsieur, votre rabat par-devant se sépare.
ÉRASTE.
N'importe.
LA MONTAGNE.
Laissez-moi l'ajuster, s'il vous plaît.
ÉRASTE.
Ouf! tu m'étrangles, fat; laisse-le comme il est.
LA MONTAGNE.
Souffrez qu'on peigne un peu...
ÉRASTE.
Sottise sans pareille!
Tu m'as, d'un coup de dent, presque emporté l'oreille [1].
LA MONTAGNE.
Vos canons...
ÉRASTE.
Laisse-les, tu prends trop de souci.
LA MONTAGNE.
Ils sont tout chiffonnés.
ÉRASTE.
Je veux qu'ils soient ainsi.
LA MONTAGNE.
Accordez-moi du moins, par grâce singulière,
De frotter ce chapeau, qu'on voit plein de poussière.
ÉRASTE.
Frotte donc, puisqu'il faut que j'en passe par là.
LA MONTAGNE.
Le voulez-vous porter fait comme le voilà?
ÉRASTE.
Mon Dieu, dépêche-toi!
LA MONTAGNE.
Ce seroit conscience.
ÉRASTE, après avoir attendu.
C'est assez.

[1] Les valets portaient sur eux un peigne pour rajuster la perruque de leurs maîtres; les maîtres eux-mêmes en avaient toujours un en poche, et s'en servaient fréquemment. Cette mode datait des règnes précédents. (Auger.)

LA MONTAGNE.
Donnez-vous un peu de patience.
ÉRASTE.
Il me tue.
LA MONTAGNE.
En quel lieu vous êtes-vous fourré?
ÉRASTE.
T'es-tu de ce chapeau pour toujours emparé?
LA MONTAGNE.
C'est fait.
ÉRASTE.
Donne-moi donc.
LA MONTAGNE, laissant tomber le chapeau.
Hai!
ÉRASTE.
Le voilà par terre :
Je suis fort avancé. Que la fièvre te serre!
LA MONTAGNE.
Permettez qu'en deux coups j'ôte...
ÉRASTE.
Il ne me plaît pas.
Au diantre tout valet qui vous est sur les bras,
Qui fatigue son maître, et ne fait que déplaire,
A force de vouloir trancher du nécessaire [1]!

SCÈNE II

ORPHISE, ALCIDOR, ÉRASTE, LA MONTAGNE.

Orphise traverse le fond du théâtre; Alcidor lui donne la main.

ÉRASTE.
Mais vois-je pas Orphise? Oui, c'est elle qui vient.
Où va-t-elle si vite, et quel homme la tient?
Il la salue comme elle passe, et elle en passant détourne la tête.

SCÈNE III

ÉRASTE, LA MONTAGNE.

ÉRASTE.
Quoi! me voir en ces lieux devant elle paroître,
Et passer en feignant de ne me pas connoître!
Que croire? Qu'en dis-tu? Parle donc, si tu veux.
LA MONTAGNE.
Monsieur, je ne dis rien, de peur d'être fâcheux.
ÉRASTE.
Et c'est l'être en effet que de ne me rien dire
Dans les extrémités d'un si cruel martyre.
Fais donc quelque réponse à mon cœur abattu.
Que dois-je présumer? Parle, qu'en penses-tu?
Dis-moi ton sentiment.

[1] C'est une idée tout à fait comique que d'avoir donné au valet d'Éraste un zèle poussé jusqu'à l'importunité, qui fait de lui un des fâcheux les plus à charge à son maître. (Auger.) — Dans la scène suivante, la Montagne n'est pas moins plaisant, lorsque, piqué des impatiences de son maître, et lui répétant ses propres expressions, il s'obstine de se taire, de *peur d'être fâcheux*. (Aimé Martin.)

LA MONTAGNE.
Monsieur, je veux me faire,
Et ne désire point trancher du nécessaire.
ÉRASTE.
Peste l'impertinent! Va-t'en suivre leurs pas,
Vois ce qu'ils deviendront, et ne les quitte pas.
LA MONTAGNE, *revenant sur ses pas.*
Il faut suivre de loin?
ÉRASTE.
Oui.
LA MONTAGNE, *revenant sur ses pas.*
Sans que l'on me voie,
Ou faire aucun semblant qu'après eux on m'envoie?
ÉRASTE.
Non, tu feras bien mieux de leur donner avis
Que par mon ordre exprès ils sont de toi suivis.
LA MONTAGNE, *revenant sur ses pas.*
Vous trouverai-je ici?
ÉRASTE.
Que le ciel te confonde,
Homme, à mon sentiment, le plus fâcheux du monde!

SCÈNE IV

ÉRASTE, *seul.*

Ah! que je sens de trouble, et qu'il m'eût été doux
Qu'on me l'eût fait manquer, ce fatal rendez-vous!
Je pensois y trouver toutes choses propices,
Et mes yeux pour mon cœur y trouvent des supplices.

SCÈNE V

LISANDRE, ÉRASTE.

LISANDRE.
Sous ces arbres, de loin, mes yeux t'ont reconnu,
Cher marquis; et d'abord je suis à toi venu.
Comme à de mes amis, il faut que je te chante
Certain air que j'ai fait de petite courante[1],
Qui de toute la cour contente les experts,
Et sur qui plus de vingt ont déjà fait des vers.
J'ai le bien, la naissance, et quelque emploi passable,
Et fais figure en France assez considérable;
Mais je ne voudrois pas, pour tout ce que je suis,
N'avoir point fait cet air qu'ici je te produis.
Il prélude.
La, la, hem, hem : écoute avec soin, je te prie.
Il chante sa courante.
N'est-elle pas belle?
ÉRASTE.
Ah!
LISANDRE.
Cette fin est jolie.
Il rechante la fin quatre ou cinq fois de suite.
Comment la trouves-tu?

[1] Ancienne danse.

ÉRASTE.
Fort belle assurément.
LISANDRE.
Les pas que j'en ai faits n'ont pas moins d'agrément,
Et surtout la figure a merveilleuse grâce.
Il chante, parle et danse tout ensemble, et fait faire à Éraste les figures de la femme.
Tiens, l'homme passe ainsi; puis la femme repasse :
Ensemble; puis on quitte, et la femme vient là.
Vois-tu ce petit trait de feinte que voilà?
Ce fleuret? ces coupés courant après la belle?
Dos à dos, face à face, en se pressant sur elle?
Après avoir achevé.
Que t'en semble, marquis?
ÉRASTE.
Tous ces pas-là sont fins.
LISANDRE.
Je me moque, pour moi, des maîtres baladins[1].
ÉRASTE.
On le voit.
LISANDRE.
Les pas donc...
ÉRASTE.
N'ont rien qui ne surprenne.
LISANDRE.
Veux-tu, par amitié, que je te les apprenne?
ÉRASTE.
Ma foi, pour le présent, j'ai certain embarras...
LISANDRE.
Eh bien donc, ce sera lorsque tu le voudras.
Si j'avois dessus moi ces paroles nouvelles,
Nous les lirions ensemble, et verrions les plus belles.
ÉRASTE.
Une autre fois.
LISANDRE.
Adieu. Baptiste[2] le très-cher
N'a point vu ma courante, et je le vais chercher :
Nous avons pour les airs de grandes sympathies,
Et je veux le prier d'y faire des parties.
Il s'en va, toujours en chantant.

SCÈNE VI

ÉRASTE, *seul.*

Ciel! faut-il que le rang, dont on veut tout couvrir,
De cent sots tous les jours nous oblige à souffrir,
Et nous fasse abaisser jusques aux complaisances
D'applaudir bien souvent à leurs impertinences!

SCÈNE VII

ÉRASTE, LA MONTAGNE.

LA MONTAGNE.
Monsieur, Orphise est seule, et vient de ce côté.

[1] Comme *baladin* signifiait alors danseur de théâtre, il est présumable que *maître baladin* répondait à ce que nous nommons *maître de ballets*. (AUGER.)
[2] Jean-Baptiste Lulli.

ÉRASTE.
Ah! d'un trouble bien grand je me sens agité!
J'ai de l'amour encor pour la belle inhumaine,
Et ma raison voudroit que j'eusse de la haine.
LA MONTAGNE.
Monsieur, votre raison ne sait ce qu'elle veut
Ni ce que sur un cœur une maîtresse peut.
Bien que de s'emporter on ait de justes causes,
Une belle, d'un mot, rajuste bien des choses.
ÉRASTE.
Hélas! je te l'avoue, et déjà cet aspect
A toute ma colère imprime le respect.

SCÈNE VIII

ORPHISE, ÉRASTE, LA MONTAGNE.

ORPHISE.
Votre front à mes yeux montre peu d'allégresse :
Seroit-ce ma présence, Éraste, qui vous blesse?
Qu'est-ce donc? qu'avez-vous? et sur quels déplaisirs,
Lorsque vous me voyez, poussez-vous des soupirs?
ÉRASTE.
Hélas! pouvez-vous bien me demander, cruelle,
Ce qui fait de mon cœur la tristesse mortelle?
Et d'un esprit méchant n'est-ce pas un effet,
Que feindre d'ignorer ce que vous m'avez fait?
Celui dont l'entretien vous a fait à ma vue
Passer...
ORPHISE, riant.
C'est de cela que votre âme est émue?
ÉRASTE.
Insultez, inhumaine, encore à mon malheur.
Allez, il vous sied mal de railler ma douleur,
Et d'abuser, ingrate, à maltraiter ma flamme,
Du foible que pour vous vous savez qu'a mon âme.
ORPHISE.
Certes, il en faut rire, et confesser ici
Que vous êtes bien fou de vous troubler ainsi.
L'homme dont vous parlez, loin qu'il puisse me plaire,
Est un homme fâcheux dont j'ai su me défaire;
Un de ces importuns et sots officieux
Qui ne sauroient souffrir qu'on soit seule en des lieux,
Et viennent aussitôt, avec un doux langage,
Vous donner une main contre qui l'on enrage.
J'ai feint de m'en aller pour cacher mon dessein,
Et jusqu'à mon carrosse il m'a prêté la main.
Je m'en suis promptement défaite de la sorte,
Et j'ai, pour vous trouver, rentré par l'autre porte.
ÉRASTE.
A vos discours, Orphise, ajouterai-je foi?
Et votre cœur est-il tout sincère pour moi?
ORPHISE.
Je vous trouve fort bon de tenir ces paroles,
Quand je me justifie à vos plaintes frivoles.
Je suis bien simple encore, et ma sotte bonté...
ÉRASTE.
Ah! ne vous fâchez pas, trop sévère beauté!

Je veux croire en aveugle, étant sous votre empire,
Tout ce que vous aurez la bonté de me dire.
Trompez, si vous voulez, un malheureux amant;
J'aurai pour vous respect jusques au monument...
Maltraitez mon amour, refusez-moi le vôtre,
Exposez à mes yeux le triomphe d'un autre;
Oui, je souffrirai tout de vos divins appas.
J'en mourrai; mais enfin je ne m'en plaindrai pas.
ORPHISE.
Quand de tels sentiments régneront dans votre âme,
Je saurai de ma part [1]...

SCÈNE IX

ALCANDRE, ORPHISE, ÉRASTE, LA MONTAGNE.

ALCANDRE.
A Orphise.
Marquis, un mot. Madame,
De grâce, pardonnez si je suis indiscret,
En osant, devant vous, lui parler en secret.
Orphise sort.

SCÈNE X

ALCANDRE, ÉRASTE, LA MONTAGNE.

ALCANDRE.
Avec peine, marquis, je te fais la prière;
Mais un homme vient là de me rompre en visière,
Et je souhaite fort, pour ne rien reculer,
Qu'à l'heure, de ma part, tu l'ailles appeler.
Tu sais qu'en pareil cas ce seroit avec joie
Que je te le rendrois en la même monnoie.
ÉRASTE, après avoir été quelque temps sans parler.
Je ne veux point ici faire le capitan;
Mais on m'a vu soldat avant que courtisan:
J'ai servi quatorze ans, et je crois être en passe
De pouvoir d'un tel pas me tirer avec grâce,
Et de ne craindre point qu'à quelque lâcheté
Le refus de mon bras ne puisse être imputé [2].
Un duel met les gens en mauvaise posture;
Et notre roi n'est pas un monarque en peinture :
Il sait faire obéir les plus grands de l'État,
Et je trouve qu'il fait en digne potentat.
Quand il faut le servir, j'ai du cœur pour le faire;
Mais je ne m'en sens point quand il faut lui déplaire.
Je me fais de son ordre une suprême loi :
Pour lui désobéir, cherche un autre que moi.
Je te parle, vicomte, avec franchise entière,
Et suis ton serviteur en toute autre matière.
Adieu.

[1] La situation d'Éraste est assez semblable à celle du boiteux de Bagdad dans les *Mille et une Nuits*, lorsqu'au moment d'un rendez-vous avec sa maîtresse, il se voit retenu par le barbier babillard; mais c'est une rencontre et non une imitation, puisque le premier volume des *Contes arabes* ne fut traduit et publié qu'en 1704. (Aimé Martin.)
[2] Ces vers font allusion à l'usage où étaient les témoins de duels ou *seconds* de se battre entre eux.

SCÈNE XI

ÉRASTE, LA MONTAGNE.

ÉRASTE.
Cinquante fois au diable les fâcheux!
Où donc s'est retiré cet objet de mes vœux?
LA MONTAGNE.
Je ne sais.
ÉRASTE.
Pour savoir où la belle est allée,
Va-t'en chercher partout : j'attends dans cette allée.

BALLET DU PREMIER ACTE

PREMIÈRE ENTRÉE.

Des joueurs de mail, en criant gare, l'obligent à se retirer; et, comme il veut revenir lorsqu'ils ont fait,

SECONDE ENTRÉE.

des curieux viennent, qui tournent autour de lui pour le connoître, et font qu'il se retire encore pour un moment.

ACTE SECOND

SCÈNE I

ÉRASTE, seul.

Mes fâcheux à la fin se sont-ils écartés?
Je pense qu'il en pleut ici de tous côtés.
Je les fuis, et les trouve; et, pour second martyre,
Je ne saurois trouver celle que je désire.
Le tonnerre et la pluie ont promptement passé,
Et n'ont point de ces lieux le beau monde chassé.
Plût au ciel, dans les dons que ses soins y prodiguent,
Qu'ils en eussent chassé tous les gens qui fatiguent!
Le soleil baisse fort, et je suis étonné
Que mon valet encor ne soit point retourné.

SCÈNE II

ALCIPPE, ÉRASTE.

ALCIPPE.
Bonjour.
ÉRASTE, à part.
Eh quoi! toujours ma flamme divertie[1]!
ALCIPPE.
Console-moi, marquis, d'une étrange partie
Qu'au piquet je perdis hier contre un Saint-Bouvain,
A qui je donnerois quinze points et la main.
C'est un coup enragé, qui depuis hier m'accable,
Et qui feroit donner tous les joueurs au diable;
Un coup assurément à se pendre en public.
Il ne m'en faut que deux, l'autre a besoin d'un pic :
Je donne, il en prend six, et demande à refaire;
Moi, me voyant de tout, je n'en voulus rien faire.
Je porte l'as de trèfle (admire mon malheur!),
L'as, le roi, le valet, le huit et dix de cœur,
Et quitte, comme au point alloit la politique,
Dame et roi de carreau, dix et dame de pique.
Sur mes cinq cœurs portés la dame arrive encor,
Qui me fait justement une quinte major;
Mais mon homme, avec l'as, non sans surprise extrême,
Des bas carreaux sur table étale une sixième.
J'en avois écarté la dame avec le roi;.
Mais lui fallant un pic, je sortis hors d'effroi,
Et croyois bien du moins faire deux points uniques.
Avec les sept carreaux il avoit quatre piques,
Et, jetant le dernier, m'a mis dans l'embarras
De ne savoir lequel garder de mes deux as.
J'ai jeté l'as de cœur, avec raison, me semble;
Mais il avoit quitté quatre trèfles ensemble,
Et par un six de cœur je me suis vu capot,
Sans pouvoir, de dépit, proférer un seul mot.
Morbleu! fais-moi raison de ce coup effroyable!
A moins que l'avoir vu, peut-il être croyable?
ÉRASTE.
C'est dans le jeu qu'on voit les plus grands coups du sort[1].
ALCIPPE.
Parbleu, tu jugeras toi-même si j'ai tort,
Et si c'est sans raison que ce coup me transporte;
Car voici nos deux jeux, qu'exprès sur moi je porte.
Tiens, c'est ici mon port comme je te l'ai dit,
Et voici...
ÉRASTE.
J'ai compris le tout par ton récit,
Et vois de la justice au transport qui t'agite.
Mais pour certaine affaire il faut que je te quitte.
Adieu. Console-toi pourtant de ton malheur.
ALCIPPE.
Qui, moi? J'aurai toujours ce coup-là sur le cœur;
Et c'est pour ma raison pis qu'un coup de tonnerre
Je le veux faire, moi, voir à toute la terre!
Il s'en va, et rentré en disant.
Un six de cœur! deux points!
ÉRASTE.
En quel lieu sommes-nous?
De quelque part qu'on tourne, on ne voit que des fous.

SCÈNE III

ÉRASTE, LA MONTAGNE.

ÉRASTE.
Ah! que tu fais languir ma juste impatience!

---

[1] *Divertir* pour *détourner*; du latin *divertere*. Vieux en ce sens.

[1] Ce vers, redit par tous les joueurs, est devenu proverbe.

LA MONTAGNE.
Monsieur, je n'ai pu faire une autre diligence.
ÉRASTE.
Mais me rapportes-tu quelque nouvelle enfin?
LA MONTAGNE.
Sans doute; et de l'objet qui fait votre destin
J'ai, par un ordre exprès, quelque chose à vous dire.
ÉRASTE.
Et quoi? déjà mon cœur après ce mot soupire.
Parle.
LA MONTAGNE.
Souhaitez-vous de savoir ce que c'est?
ÉRASTE.
Oui, dis vite.
LA MONTAGNE.
Monsieur, attendez, s'il vous plaît.
Je me suis, à courir, presque mis hors d'haleine.
ÉRASTE.
Prends-tu quelque plaisir à me tenir en peine?
LA MONTAGNE.
Puisque vous désirez de savoir promptement
L'ordre que j'ai reçu de cet objet charmant,
Je vous dirai... Ma foi, sans vous vanter mon zèle,
J'ai bien fait du chemin pour trouver cette belle;
Et si...
ÉRASTE.
Peste soit fait de tes digressions!
LA MONTAGNE.
Ah! il faut modérer un peu ses passions;
Et Sénèque...
ÉRASTE.
Sénèque est un sot dans ta bouche,
Puisqu'il ne me dit rien de tout ce qui me touche.
Dis-moi ton ordre, tôt.
LA MONTAGNE.
Pour contenter vos vœux,
Votre Orphise... Une bête est là dans vos cheveux.
ÉRASTE.
Laisse.
LA MONTAGNE.
Cette beauté, de sa part, vous fait dire...
ÉRASTE.
Quoi?
LA MONTAGNE.
Devinez.
ÉRASTE.
Sais-tu que je ne veux pas rire?
LA MONTAGNE.
Son ordre est qu'en ce lieu vous devez vous tenir,
Assuré que dans peu vous l'y verrez venir,
Lorsqu'elle aura quitté quelques provinciales,
Aux personnes de cour fâcheuses animales [1].
ÉRASTE.
Tenons-nous donc au lieu qu'elle a voulu choisir.
Mais, puisque l'ordre ici m'offre quelque loisir,

[1] Animal, substantif, n'a point de féminin; il s'emploie au masculin pour les deux sexes.

Laisse-moi méditer.
La Montagne sort.
J'ai dessein de lui faire
Quelques vers sur un air où je la vois se plaire.
Il se promène en rêvant

SCÈNE IV

ORANTE, CLIMÈNE; ÉRASTE, dans un coin du théâtre sans être aperçu.

ORANTE.
Tout le monde sera de mon opinion.
CLIMÈNE.
Croyez-vous l'emporter par obstination?
ORANTE.
Je pense mes raisons meilleures que les vôtres.
CLIMÈNE.
Je voudrois qu'on ouït les unes et les autres.
ORANTE, apercevant Éraste.
J'avise un homme ici qui n'est pas ignorant;
Il pourra nous juger sur notre différend.
Marquis, de grâce, un mot. Souffrez qu'on vous appelle
Pour être entre nous deux juge d'une querelle,
D'un débat qu'ont ému nos divers sentiments
Sur ce qui peut marquer les plus parfaits amants.
ÉRASTE.
C'est une question à vider difficile,
Et vous devez chercher un juge plus habile.
ORANTE.
Non: vous nous dites là d'inutiles chansons.
Votre esprit fait du bruit, et nous vous connoissons;
Nous savons que chacun vous donne à juste titre...
ÉRASTE.
Eh! de grâce...
ORANTE.
En un mot, vous serez notre arbitre,
Et ce sont deux moments qu'il vous faut nous donner.
CLIMÈNE, à Orante.
Vous retenez ici qui vous doit condamner;
Car enfin s'il est vrai ce que j'en ose croire,
Monsieur à mes raisons donnera la victoire.
ÉRASTE, à part.
Que ne puis-je à mon traître inspirer le souci
D'inventer quelque chose à me tirer d'ici!
ORANTE, à Climène.
Pour moi, de son esprit j'ai trop bon témoignage
Pour craindre qu'il prononce à mon désavantage.
A Éraste.
Enfin, ce grand débat qui s'allume entre nous
Est de savoir s'il faut qu'un amant soit jaloux.
CLIMÈNE.
Ou, pour mieux expliquer ma pensée et la vôtre,
Lequel doit plaire plus d'un jaloux ou d'un autre.
ORANTE.
Pour moi, sans contredit, je suis pour le dernier.
CLIMÈNE.
Et, dans mon sentiment, je tiens pour le premier.

ORANTE.
Je crois que notre cœur doit donner son suffrage
A qui fait éclater du respect davantage.
CLIMÈNE.
Et moi, que si nos vœux doivent paroître au jour,
C'est pour celui qui fait éclater plus d'amour.
ORANTE.
Oui; mais on voit l'ardeur dont une âme est saisie
Bien mieux dans les respects que dans la jalousie.
CLIMÈNE.
Et c'est mon sentiment que qui s'attache à nous
Nous aime d'autant plus qu'il se montre jaloux.
ORANTE.
Fi! ne me parlez point, pour être amants, Climène,
De ces gens dont l'amour est fait comme la haine,
Et qui, pour tous respects et toute offre de vœux,
Ne s'appliquent jamais qu'à se rendre fâcheux;
Dont l'âme, que sans cesse un noir transport anime,
Des moindres actions cherche à nous faire un crime,
En soumet l'innocence à son aveuglement,
Et veut sur un coup d'œil un éclaircissement;
Qui, de quelque chagrin nous voyant l'apparence,
Se plaignent aussitôt qu'il naît de leur présence;
Et, lorsque dans nos yeux brille un peu d'enjouement,
Veulent que leurs rivaux en soient le fondement;
Enfin qui, prenant droit des fureurs de leur zèle,
Ne nous parlent jamais que pour faire querelle,
Osent défendre à tous l'approche de nos cœurs,
Et se font les tyrans de leurs propres vainqueurs.
Moi, je veux des amants que le respect inspire,
Et leur soumission marque mieux notre empire.
CLIMÈNE.
Fi! ne me parlez point, pour être vrais amants,
De ces gens qui pour nous n'ont nuls emportements,
De ces tièdes galants, de qui les cœurs paisibles
Tiennent déjà pour eux les choses infaillibles,
N'ont point peur de nous perdre, et laissent, chaque jour,
Sur trop de confiance endormir leur amour;
Sont avec leurs rivaux en bonne intelligence,
Et laissent un champ libre à leur persévérance.
Un amour si tranquille excite mon courroux:
C'est aimer froidement que n'être point jaloux;
Et je veux qu'un amant, pour me prouver sa flamme,
Sur d'éternels soupçons laisse flotter son âme,
Et, par de prompts transports, donne un signe éclatant
De l'estime qu'il fait de celle qu'il prétend.
On s'applaudit alors de son inquiétude;
Et, s'il nous fait parfois un traitement trop rude,
Le plaisir de le voir, soumis à nos genoux,
S'excuser de l'éclat qu'il a fait contre nous,
Ses pleurs, son désespoir d'avoir pu nous déplaire,
Est un charme à calmer toute notre colère.
ORANTE.
Si, pour vous plaire, il faut beaucoup d'emportement,
Je sais qui vous pourroit donner contentement;
Et je connois des gens dans Paris plus de quatre,
Qui, comme ils le font voir, aiment jusques à battre.

CLIMÈNE.
Si, pour vous plaire, il faut n'être jamais jaloux,
Je sais certaines gens fort commodes pour vous:
Des hommes en amour d'une humeur si souffrante,
Qu'ils vous verroient sans peine entre les bras de trente.
ORANTE.
Enfin, par votre arrêt, vous devez déclarer
Celui de qui l'amour vous semble à préférer.

Orphise paroît dans le fond du théâtre, et voit Éraste entre Orante et Climène.

ÉRASTE.
Puisqu'à moins d'un arrêt je ne m'en puis défaire,
Toutes deux à la fois je veux vous satisfaire;
Et, pour ne point blâmer ce qui plaît à vos yeux,
Le jaloux aime plus, et l'autre aime bien mieux.
CLIMÈNE.
L'arrêt est plein d'esprit; mais...
ÉRASTE.
Suffit. J'en suis quitte.
Après ce que j'ai dit, souffrez que je vous quitte.

SCÈNE V

ORPHISE, ÉRASTE.

ÉRASTE, *apercevant Orphise, et allant au-devant d'elle.*
Que vous tardez, madame, et que j'éprouve bien...
ORPHISE.
Non, non, ne quittez pas un si doux entretien.
A tort vous m'accusez d'être trop tard venue,
Montrant Orante et Climène qui viennent de sortir.
Et vous avez de quoi vous passer de ma vue.
ÉRASTE.
Sans sujet contre moi voulez-vous vous aigrir,
Et me reprochez-vous ce qu'on me fait souffrir?
Ah! de grâce, attendez...
ORPHISE.
Laissez-moi, je vous prie,
Et courez vous rejoindre à votre compagnie.

SCÈNE VI

ÉRASTE, seul.

Ciel! faut-il qu'aujourd'hui fâcheuses et fâcheux
Conspirent à troubler les plus chers de mes vœux!
Mais allons sur ses pas, malgré sa résistance,
Et faisons à ses yeux briller notre innocence.

SCÈNE VII[1]

DORANTE, ÉRASTE.

DORANTE.
Ah! marquis, que l'on voit de fâcheux tous les jours

[1] En sortant de la première représentation des *Fâcheux*, Louis XIV dit à Molière, en lui montrant M. de Soyecourt: « Voilà un grand original que vous n'avez pas encore copié. » Molière fit aussitôt la scène suivante, qui fut jouée six jours après à Fontainebleau. (Ménage.) — On dit que Molière, qui ignoroit les termes de la chasse, s'en fit instruire par M. de Soyecourt lui-même.

Venir de nos plaisirs interrompre le cours !
Tu me vois enragé d'une assez belle chasse
Qu'un fat... C'est un récit qu'il faut que je te fasse.

ÉRASTE.

Je cherche ici quelqu'un, et ne puis m'arrêter.

DORANTE, le retenant.

Parbleu ! chemin faisant, je te le veux conter.
Nous étions une troupe assez bien assortie,
Qui pour courir un cerf avions hier fait partie ;
Et nous fûmes coucher sur le pays exprès,
C'est-à-dire, mon cher, en fin fond de forêts.
Comme cet exercice est mon plaisir suprême,
Je voulus, pour bien faire, aller au bois moi-même,
Et nous conclûmes tous d'attacher nos efforts
Sur un cerf qu'un chacun nous disoit cerf dix-cors[1] ;
Mais moi, mon jugement, sans qu'aux marques j'arrête,
Fut qu'il n'étoit que cerf à sa seconde tête.
Nous avions, comme il faut, séparé nos relais,
Et déjeunions en hâte avec quelques œufs frais,
Lorsqu'un franc campagnard, avec longue rapière,
Montant superbement sa jument poulinière,
Qu'il honoroit du nom de sa bonne jument,
S'en est venu nous faire un mauvais compliment.
Nous présentant aussi, pour surcroît de colère,
Un grand benêt de fils aussi sot que son père,
Il s'est dit grand chasseur, et nous a priés tous
Qu'il pût avoir le bien de courir avec nous.
Dieu préserve, en chassant, toute sage personne
D'un porteur de huchet[2] qui mal à propos sonne ;
De ces gens qui, suivis de dix hourets[3] galeux,
Disent : Ma meute, et font les chasseurs merveilleux !
Sa demande reçue, et ses vertus prisées,
Nous avons été tous frapper à nos brisées[4].
A trois longueurs de trait[5], tayaut ! voilà d'abord
Le cerf donné aux chiens[6]. J'appuie, et sonne fort.
Mon cerf débuche[7], et passe une assez longue plaine,
Et mes chiens après lui ; mais si bien en haleine,
Qu'on les auroit couverts tous d'un seul justaucorps.
Il vient à la forêt. Nous lui donnons alors
La vieille meute ; et moi, je prends en diligence
Mon cheval alezan. Tu l'as vu ?

ÉRASTE.

Non, je pense.

DORANTE.

Comment ! c'est un cheval aussi bon qu'il est beau,
Et que ces jours passés j'achetai de Gaveau[8].
Je te laisse à penser si, sur cette matière,

[1] *Un cerf dix-cors* est un cerf de sept ans. (*Dict. des chasses*.)
[2] *Huchet*, petit cor qui sert aux chasseurs pour rappeler les chiens. (*Idem*.)
[3] *Houret*, mauvais chien de chasse. (*Idem*.)
[4] *Brisées*, endroit où le cerf est entré et dont on a rompu des branches pour reconnaître la voie. *Frapper aux brisées*, c'est faire repartir la bête du lieu où elle s'est arrêtée. (*Idem*.)
[5] On nomme *trait* la laisse qui sert à conduire les chiens à la chasse. (*Idem*.)
[6] *Le cerf donné aux chiens*, c'est-à-dire les chiens mis sur la voie. Phrase faite, et que Molière n'a pas cru devoir changer pour éviter l'hiatus.
[7] *Débucher*, sortir du bois. (*Dict. des chasses*.)
[8] Marchand de chevaux, célèbre à la cour. (Note de Molière.)

Il voudroit me tromper, lui qui me considère :
Aussi je m'en contente ; et jamais en effet
Il n'a vendu cheval, ni meilleur, ni mieux fait.
Une tête de barbe, avec l'étoile nette ;
L'encolure d'un cygne, effilée et bien droite ;
Point d'épaules non plus qu'un lièvre, court-jointé,
Et qui fait dans son port voir sa vivacité ;
Des pieds, morbleu ! des pieds ! le rein double : à vrai dire,
J'ai trouvé le moyen, moi seul, de le réduire ;
Et sur lui, quoique aux yeux il montrât beau semblant,
Petit-Jean de Gaveau ne montoit qu'en tremblant.
Une croupe en largeur à nulle autre pareille,
Et des gigots, Dieu sait ! Bref, c'est une merveille ;
Et j'en ai refusé cent pistoles, crois-moi,
Au retour[1] d'un cheval amené pour le roi.
Je monte donc dessus, et ma joie étoit pleine
De voir filer de loin les coupeurs[2] dans la plaine ;
Je pousse, et je me trouve en un fort à l'écart,
A la queue de nos chiens, moi seul avec Drécar[3].
Une heure là dedans notre cerf se fait battre ;
J'appuie alors mes chiens, et fais le diable à quatre
Enfin, jamais chasseur ne se vit plus joyeux.
Je le relance seul ; et tout alloit des mieux,
Lorsque d'un jeune cerf s'accompagne le nôtre ;
Une part de mes chiens se sépare de l'autre ;
Et je les vois, marquis, comme tu peux penser,
Chasser tous avec crainte, et Finaut balancer,
Il se rabat soudain, dont j'eus l'âme ravie ;
Il empaume la voie ; et moi, je sonne et crie :
A Finaut ! à Finaut ! J'en revois[4] à plaisir
Sur une taupinière, et ressonne à loisir.
Quelques chiens revenoient à moi, quand, pour disgrâce,
Le jeune cerf, marquis, à mon campagnard passe.
Mon étourdi se met à sonner comme il faut,
Et crie à pleine voix : Tayaut ! tayaut ! tayaut !
Mes chiens me quittent tous, et vont à ma pécore ;
J'y pousse, et j'en revois dans le chemin encore :
Mais à terre, mon cher, je n'eus pas jeté l'œil,
Que je connus le change et sentis un grand deuil.
J'ai beau lui faire voir toutes les différences
Des pinces de mon cerf et de ses connoissances,
Il me soutient toujours, en chasseur ignorant,
Que c'est le cerf de meute ; et, par ce différend,
Il donne temps aux chiens d'aller loin. J'en enrage ;
Et, pestant de bon cœur contre le personnage,
Je pousse mon cheval et par haut et par bas,
Qui plioit des gaulis[5] aussi gros que les bras :
Je ramène les chiens à ma première voie,
Qui vont, en me donnant une excessive joie,
Requérir notre cerf, comme s'ils l'eussent vu.
Ils le relancent ; mais ce coup est-il prévu ?
A te dire le vrai, cher marquis, il m'assomme :

[1] Pour : *en retour*.
[2] Un chien *coupe* quand il quitte la voie de la bête, et prend les devants pour avoir l'avantage sur elle. (*Dict. des chasses*.)
[3] Piqueur renommé. (Note de Molière.)
[4] *Revoir*, retrouver la trace de la bête. (*Dict. des chasses*.)
[5] *Gaulis*, branches qui embarrassent le chasseur lorsqu'il pénètre dans le taillis. (*Idem*.)

Notre cerf relancé va passer à notre homme,
Qui, croyant faire un trait de chasseur fort vanté,
D'un pistolet d'arçon qu'il avoit apporté
Lui donne justement au milieu de la tête,
Et de fort loin me crie : Ah! j'ai mis bas la bête!
A-t-on jamais parlé de pistolets, bon Dieu!
Pour courre un cerf? Pour moi, venant dessus le lieu,
J'ai trouvé l'action tellement hors d'usage,
Que j'ai donné des deux à mon cheval, de rage,
Et m'en suis revenu chez moi toujours courant,
Sans vouloir dire un mot à ce sot ignorant.

ÉRASTE.

Tu ne pouvois mieux faire, et ta prudence est rare :
C'est ainsi des fâcheux qu'il faut qu'on se sépare.
Adieu.

DORANTE.

Quand tu voudras, nous irons quelque part,
Où nous ne craindrons point de chasseur campagnard.

ÉRASTE, seul.

Fort bien. Je crois qu'enfin je perdrai patience,
Cherchons à m'excuser avecque diligence.

BALLET DU SECOND ACTE

PREMIÈRE ENTRÉE.

Des joueurs de boule l'arrêtent pour mesurer un coup dont ils sont en dispute. Il se défait d'eux avec peine, et leur laisse danser un pas, composé de toutes les postures qui sont ordinaires à ce jeu.

SECONDE ENTRÉE.

De petits frondeurs le viennent interrompre, qui sont chassés ensuite

TROISIÈME ENTRÉE.

par des savetiers et des savetières, leurs pères, et autres, qui sont aussi chassés à leur tour

QUATRIÈME ENTRÉE.

par un jardinier qui danse seul, et se retire pour faire place au troisième acte.

ACTE TROISIÈME

SCÈNE I

ÉRASTE, LA MONTAGNE.

ÉRASTE.

Il est vrai, d'un côté mes soins ont réussi :
Cet adorable objet enfin s'est adouci;
Mais d'un autre on m'accable, et les astres sévères
Ont contre mon amour redoublé leurs colères[1].

[1] Ce mot prenait alors le pluriel, même en prose.

Oui, Damis son tuteur, mon plus rude fâcheux,
Tout de nouveau s'oppose au plus doux de mes vœux,
A son aimable nièce a défendu ma vue,
Et veut d'un autre époux la voir demain pourvue.
Orphise toutefois, malgré son désaveu,
Daigne accorder ce soir une grâce à mon feu;
Et j'ai fait consentir l'esprit de cette belle
A souffrir qu'en secret je la visse chez elle.
L'amour aime surtout les secrètes faveurs :
Dans l'obstacle qu'on force il trouve des douceurs ;
Et le moindre entretien de la beauté qu'on aime,
Lorsqu'il est défendu, devient grâce suprême.
Je vais au rendez-vous; c'en est l'heure à peu près :
Puis, je veux m'y trouver plutôt avant qu'après.

LA MONTAGNE.

Suivrai-je vos pas?

ÉRASTE.

Non. Je craindrois que peut-être
A quelques yeux suspects tu me fisses connoître.

LA MONTAGNE.

Mais...

ÉRASTE.

Je ne le veux pas.

LA MONTAGNE.

Je dois suivre vos lois :
Mais au moins, si de loin...

ÉRASTE.

Te tairas-tu, vingt fois?
Et ne veux-tu jamais quitter cette méthode,
De te rendre à toute heure un valet incommode?

SCÈNE II

CARITIDÈS, ÉRASTE [1].

CARITIDÈS.

Monsieur, le temps répugne à l'honneur de vous voir;
Le matin est plus propre à rendre un tel devoir;
Mais de vous rencontrer il n'est pas bien facile,
Car vous dormez toujours, ou vous êtes en ville :
Au moins messieurs vos gens me l'assurent ainsi;
Et j'ai, pour vous trouver, pris l'heure que voici.
Encore est-ce un grand heur dont le destin m'honore;
Car, deux moments plus tard, je vous manquois encore

ÉRASTE.

Monsieur, souhaitez-vous quelque chose de moi?

CARITIDÈS.

Je m'acquitte, monsieur, de ce que je vous doi;
Et vous viens... Excusez l'audace qui m'inspire,
Si...

ÉRASTE.

Sans tant de façons, qu'avez-vous à me dire?

[1] Le peu de temps qu'avait eu Molière pour satisfaire le surintendant l'engagea à chercher des secours auprès d'un de ses amis. On sut qu'il avait chargé Chapelle de la scène de Caritidès, et bientôt ce fut à ce rimeur voluptueux et facile qu'on attribua le succès de notre auteur. Chapelle se défendit mal ; et Molière, blessé de ne pas le voir s'opposer vivement au bruit qui se répandait de la communauté de leurs travaux, le menaça de faire imprimer l'essai informe dont il avait été impossible de tirer parti. (Bret.)

CARITIDÈS.
Comme le rang, l'esprit, la générosité,
Que chacun vante en vous...
ÉRASTE.
Oui, je suis fort vanté.
Passons, monsieur.
CARITIDÈS.
Monsieur, c'est une peine extrême
Lorsqu'il faut à quelqu'un se produire soi-même ;
Et toujours près des grands on doit être introduit
Par des gens qui de nous fassent un peu de bruit,
Dont la bouche écoutée, avecque poids débite
Ce qui peut faire voir notre petit mérite.
Pour moi, j'aurois voulu que des gens bien instruits
Vous eussent pu, monsieur, dire ce que je suis.
ÉRASTE.
Je vois assez, monsieur, ce que vous pouvez être,
Et votre seul abord le peut faire connoître.
CARITIDÈS.
Oui, je suis un savant charmé de vos vertus ;
Non pas de ces savants dont le nom n'est qu'en *us*:
Il n'est rien si commun qu'un nom à la latine ;
Ceux qu'on habille en grec ont bien meilleure mine,
Et, pour en avoir un qui se termine en *ès*,
Je me fais appeler monsieur Caritidès [1].
ÉRASTE.
Monsieur Caritidès, soit. Qu'avez-vous à dire ?
CARITIDÈS.
C'est un placet, monsieur, que je voudrois vous lire,
Et que, dans la posture où vous met votre emploi,
J'ose vous conjurer de présenter au roi.
ÉRASTE.
Eh ! monsieur, vous pouvez le présenter vous-même.
CARITIDÈS.
Il est vrai que le roi fait cette grâce extrême ;
Mais, par ce même excès de ses rares bontés,
Tant de méchants placets, monsieur, sont présentés,
Qu'ils étouffent les bons ; et l'espoir où je fonde
Est qu'on donne le mien quand le prince est sans monde.
ÉRASTE.
Eh bien, vous le pouvez, et prendre votre temps.
CARITIDÈS.
Ah ! monsieur, les huissiers sont de terribles gens !
Ils traitent les savants de faquins à nasardes,
Et je n'en puis venir qu'à la salle des gardes.
Les mauvais traitements qu'il me faut endurer
Pour jamais de la cour me feroient retirer,
Si je n'avois conçu l'espérance certaine
Qu'auprès de notre roi vous serez mon Mécène.
Oui, votre crédit m'est un moyen assuré...
ÉRASTE.
Eh bien, donnez-moi donc, je le présenterai.
CARITIDÈS.
Le voici. Mais au moins oyez-en la lecture.

[1] *Caritidès* est formé de χάρις, *grâce*, et de la terminaison patronymique *idès*. Il signifie *enfant* ou *fils des Grâces*. Il faudrait, par respect pour l'étymologie, écrire Charitidès. (Auger.)

ÉRASTE.
Non.
CARITIDÈS.
C'est pour être instruit, monsieur, je vous conjure.

« PLACET AU ROI.

« SIRE,

« Votre très-humble, très-obéissant, très-fidèle, très-savant
« sujet et serviteur, Caritidès, François de nation, Grec de
« profession, ayant considéré les grands et notables abus qui
« se commettent aux inscriptions des enseignes des maisons,
« boutiques, cabarets, jeux de boule, et autres lieux de votre
« bonne ville de Paris ; en ce que certains ignorants, com-
« positeurs desdites inscriptions, renversent par une bar-
« bare, pernicieuse et détestable orthographe, toute sorte
« de sens et de raison, sans aucun égard d'étymologie, ana-
« logie, énergie, ni allégorie quelconque, au grand scandale
« de la république des lettres, et de la nation françoise, qui
« se décrie et déshonore, par lesdits abus et fautes grossières,
« envers les étrangers, et notamment envers les Allemands,
« curieux lecteurs et inspectateurs desdites inscriptions [1].. »

ÉRASTE.
Ce placet est fort long, et pourroit bien fâcher...
CARITIDÈS.
Ah ! monsieur, pas un mot ne s'en peut retrancher.
Il continue.

« Supplie humblement VOTRE MAJESTÉ de créer, pour le
« bien de son État et la gloire de son empire, une charge de
« contrôleur, intendant, correcteur, réviseur et restaurateur
« général desdites inscriptions ; et d'icelle honorer le sup-
« pliant, tant en considération de son rare et éminent savoir,
« que des grands et signalés services qu'il a rendus à l'État
« et à VOTRE MAJESTÉ, en faisant l'anagramme de VOTRE DITE
« MAJESTÉ, en françois, latin, grec, hébreu, syriaque, chal-
« déen, arabe... »

ÉRASTE, l'interrompant.
Fort bien. Donnez-le vite, et faites la retraite :
Il sera vu du roi ; c'est une affaire faite.
CARITIDÈS.
Hélas ! monsieur, c'est tout que montrer mon placet.
Si le roi le peut voir, je suis sûr de mon fait ;
Car, comme sa justice en toute chose est grande,
Il ne pourra jamais refuser ma demande.
Au reste, pour porter au ciel votre renom,
Donnez-moi par écrit votre nom et surnom :
J'en veux faire un poëme en forme d'acrostiche
Dans les deux bouts du vers, et dans chaque hémistiche.
ÉRASTE.
Oui, vous l'aurez demain, monsieur Caritidès.
Seul.
Ma foi, de tels savants sont des ânes bien faits.
J'aurois, dans d'autres temps, bien ri de sa sottise.

[1] Ceci est une allusion au caractère des Allemands, qui ont toujours eu la réputation d'être grands buveurs, et par conséquent curieux *inspectateurs des enseignes et inscriptions des cabarets*. Quelques éditions portent *spectateurs* ; mais on lit *inspectateurs* dans toutes les éditions publiées du temps de Molière, qui probablement a créé le mot. (Aimé Martin.)

SCÈNE III

ORMIN, ÉRASTE.

ORMIN.
Bien qu'une grande affaire en ces lieux me conduise,
J'ai voulu qu'il sortît avant que vous parler.
ÉRASTE.
Fort bien. Mais dépêchons; car je veux m'en aller.
ORMIN.
Je me doute à peu près que l'homme qui vous quitte
Vous a fort ennuyé, monsieur, par sa visite.
C'est un vieux importun qui n'a pas l'esprit sain,
Et pour qui j'ai toujours quelque défaite en main.
Au Mail[1], à Luxembourg[2], et dans les Tuileries,
Il fatigue le monde avec ses rêveries;
Et des gens comme vous doivent fuir l'entretien
De tous ces savantas qui ne sont bons à rien.
Pour moi, je ne crains pas que je vous importune,
Puisque je viens, monsieur, faire votre fortune.
ÉRASTE, bas, à part.
Voici quelque souffleur, de ces gens qui n'ont rien,
Et vous viennent toujours promettre tant de bien.
Haut.
Vous avez fait, monsieur, cette bénite pierre
Qui peut seule enrichir tous les rois de la terre?
ORMIN.
La plaisante pensée, hélas! où vous voilà!
Dieu me garde, monsieur, d'être de ces fous-là!
Je ne me repais point de visions frivoles,
Et je vous porte ici les solides paroles
D'un avis que par vous je veux donner au roi,
Et que tout cacheté je conserve sur moi :
Non de ces sots projets, de ces chimères vaines,
Dont les surintendants ont les oreilles pleines;
Non de ces gueux d'avis, dont les prétentions
Ne parlent que de vingt ou trente millions;
Mais un qui, tous les ans, à si peu qu'on le monte,
En peut donner au roi quatre cents de bon compte,
Avec facilité, sans risque ni soupçon,
Et sans fouler le peuple en aucune façon;
Enfin, c'est un avis d'un gain inconcevable,
Et que du premier mot on trouvera faisable.
Oui, pourvu que par vous je puisse être poussé...
ÉRASTE.
Soit; nous en parlerons. Je suis un peu pressé.
ORMIN.
Si vous me promettiez de garder le silence,
Je vous découvrirois cet avis d'importance.
ÉRASTE.
Non, non, je ne veux point savoir votre secret.
ORMIN.
Monsieur, pour le trahir, je vous crois trop discret,
Et veux, avec franchise, en deux mots vous l'apprendre.
Il faut voir si quelqu'un ne peut point nous entendre.
Après avoir regardé si personne ne l'écoute, il s'approche de l'oreille d'Éraste.
Cet avis merveilleux, dont je suis l'inventeur,
Est que...
ÉRASTE.
D'un peu plus loin, et pour cause, monsieur.
ORMIN.
Vous voyez le grand gain, sans qu'il faille le dire,
Que de ses ports de mer le roi tous les ans tire;
Or l'avis dont encor nul ne s'est avisé
Est qu'il faut de la France, et c'est un coup aisé,
En fameux ports de mer mettre toutes les côtes.
Ce seroit pour monter à des sommes très-hautes :
Et si...
ÉRASTE.
L'avis est bon, et plaira fort au roi.
Adieu. Nous nous verrons.
ORMIN.
Au moins, appuyez-moi
Pour en avoir ouvert les premières paroles.
ÉRASTE.
Oui, oui.
ORMIN.
Si vous vouliez me prêter deux pistoles,
Que vous reprendriez sur le droit de l'avis,
Monsieur...
ÉRASTE.
Il donne de l'argent à Ormin. Seul.
Oui, volontiers. Plût à Dieu qu'à ce prix
De tous les importuns je pusse me voir quitte!
Voyez quel contre-temps prend ici leur visite!
Je pense qu'à la fin je pourrai bien sortir.
Viendra-t-il point quelqu'un encor me divertir?

SCÈNE IV

FILINTE, ÉRASTE.

FILINTE.
Marquis, je viens d'apprendre une étrange nouvelle.
ÉRASTE.
Quoi?
FILINTE.
Qu'un homme tantôt t'a fait une querelle.
ÉRASTE.
A moi?
FILINTE.
Que te sert-il de le dissimuler?
Je sais de bonne part qu'on t'a fait appeler;
Et, comme ton ami, quoi qu'il en réussisse,
Je te viens contre tous faire offre de service.
ÉRASTE.
Je te suis obligé; mais crois que tu me fais...
FILINTE.
Tu ne l'avoueras pas, mais tu sors sans valets.
Demeure dans la ville, ou gagne la campagne,
Tu n'iras nulle part que je ne t'accompagne.

---
[1] Le Mail était l'Arsenal.
[2] La promenade du Luxembourg était alors le rendez-vous de l'élite de la bonne compagnie. On lit, dans un roman imprimé en 1648, le *Polyandre*, que les hommes « n'osoient passer dans la grande allée, si leurs têtes ne sortoient de la main du friseur, » et « s'ils n'avoient un habit neuf du même jour. »

ÉRASTE, à part.

Ah! j'enrage!

FILINTE.

A quoi bon de te cacher de moi?

ÉRASTE.

Je te jure, marquis, qu'on s'est moqué de toi.

FILINTE.

En vain tu t'en défends.

ÉRASTE.

Que le ciel me foudroie,
Si d'aucun démêlé...

FILINTE.

Tu penses qu'on te croie?

ÉRASTE.

Eh, mon Dieu! je te dis et ne déguise point,
Que...

FILINTE.

Ne me crois pas dupe et crédule à ce point.

ÉRASTE.

Veux-tu m'obliger?

FILINTE.

Non.

ÉRASTE.

Laisse-moi, je te prie.

FILINTE.

Point d'affaire, marquis.

ÉRASTE.

Une galanterie
En certain lieu ce soir...

FILINTE.

Je ne te quitte pas.
En quel lieu que ce soit, je veux suivre tes pas.

ÉRASTE.

Parbleu! puisque tu veux que j'aie une querelle,
Je consens à l'avoir pour contenter ton zèle :
Ce sera contre toi, qui me fais enrager,
Et dont je ne me puis par douceur dégager.

FILINTE.

C'est fort mal d'un ami recevoir le service;
Mais, puisque je vous rends un si mauvais office,
Adieu. Videz sans moi tout ce que vous aurez.

ÉRASTE.

Vous serez mon ami quand vous me quitterez.

Seul.

Mais voyez quels malheurs suivent ma destinée!
Ils m'auront fait passer l'heure qu'on m'a donnée.

SCÈNE V

DAMIS, L'ÉPINE, ÉRASTE, LA RIVIÈRE et ses COMPAGNONS.

DAMIS, à part.

Quoi! malgré moi le traître espère l'obtenir.
Ah! mon juste courroux le saura prévenir.

ÉRASTE, à part.

J'entrevois là quelqu'un sur la porte d'Orphise.
Quoi! toujours quelque obstacle aux feux qu'elle autorise!

DAMIS, à l'Épine.

Oui, j'ai su que ma nièce, en dépit de mes soins,
Doit voir ce soir chez elle Éraste sans témoins.

LA RIVIÈRE, à ses compagnons.

Qu'entends-je à ces gens-là dire de notre maître?
Approchons doucement, sans nous faire connaître.

DAMIS, à l'Épine.

Mais, avant qu'il ait lieu d'achever son dessein,
Il faut de mille coups percer son traître sein.
Va-t'en faire venir ceux que je viens de dire,
Pour les mettre en embûche[1] aux lieux que je désire,
Afin qu'au nom d'Éraste on soit prêt à venger
Mon honneur, que ses feux ont l'orgueil d'outrager,
A rompre un rendez-vous qui dans ce lieu l'appelle,
Et noyer dans son sang sa flamme criminelle.

LA RIVIÈRE, attaquant Damis avec ses compagnons.

Avant qu'à tes fureurs on puisse l'immoler,
Traître! tu trouveras en nous à qui parler.

ÉRASTE.

Bien qu'il m'ait voulu perdre, un point d'honneur me presse
De secourir ici l'oncle de ma maîtresse.

A Damis.

Je suis à vous, monsieur.

Il met l'épée à la main contre la Rivière et ses compagnons, qu'il met en fuite.

DAMIS.

O ciel! par quel secours
D'un trépas assuré vois-je sauver mes jours?
A qui suis-je obligé d'un si rare service?

ÉRASTE, revenant.

Je n'ai fait, vous servant, qu'un acte de justice.

DAMIS.

Ciel! puis-je à mon oreille ajouter quelque foi?
Est-ce la main d'Éraste?...

ÉRASTE.

Oui, oui, monsieur, c'est moi.
Trop heureux que ma main vous ait tiré de peine,
Trop malheureux d'avoir mérité votre haine!

DAMIS.

Quoi! celui dont j'avois résolu le trépas
Est celui qui pour moi vient d'employer son bras?
Ah! c'en est trop, mon cœur est contraint de se rendre;
Et, quoi que votre amour ce soir ait pu prétendre,
Ce trait si surprenant de générosité
Doit étouffer en moi toute animosité.
Je rougis de ma faute, et blâme mon caprice.
Ma haine trop longtemps vous a fait injustice;
Et, pour la condamner par un éclat fameux,
Je vous joins dès ce soir à l'objet de vos vœux.

SCÈNE VI

ORPHISE, DAMIS, ÉRASTE.

ORPHISE, sortant de chez elle avec un flambeau.

Monsieur, quelle aventure a d'un trouble effroyable...

---

[1] *Embûche*, pour *embuscade*. On prononce aujourd'hui *embûche* et *embusquer*; Nicot ne donne que *embuscher*. La racine est *bois*; « car, dit Nicot, les embusches et telles surprises se font communément dedans le bois. » (F. Génin.)

DAMIS.

Ma nièce, elle n'a rien que de très-agréable,
Puisqu'après tant de vœux que j'ai blâmés en vous,
C'est elle qui vous donne Éraste pour époux.
Son bras a repoussé le trépas que j'évite,
Et je veux envers lui que votre main m'acquitte.

ORPHISE.

Si c'est pour lui payer ce que vous lui devez,
J'y consens, devant tout aux jours qu'il a sauvés.

ÉRASTE.

Mon cœur est si surpris d'une telle merveille,
Qu'en ce ravissement je doute si je veille.

DAMIS.

Célébrons l'heureux sort dont vous allez jouir,
Et que nos violons viennent nous réjouir!

On frappe à la porte de Damis.

ÉRASTE.

Qui frappe là si fort?

SCÈNE VII

DAMIS, ORPHISE, ÉRASTE, L'ÉPINE.

L'ÉPINE.

Monsieur, ce sont des masques,
Qui portent des crincrins et des tambours de basques.

Les masques entrent, qui occupent toute la place.

ÉRASTE.

Quoi! toujours des fâcheux! Holà! Suisses, ici;
Qu'on me fasse sortir ces gredins que voici [1].

BALLET DU TROISIÈME ACTE

PREMIÈRE ENTRÉE.

Des Suisses, avec des hallebardes, chassent tous les masques fâcheux, et se retirent ensuite pour laisser danser à leur aise

DERNIÈRE ENTRÉE.

quatre bergers et une bergère, qui, au sentiment de tous ceux qui l'ont vue, ferme le divertissement d'assez bonne grâce.

---

[1] Cette pièce fut conçue, faite, apprise et représentée en quinze jours, à l'occasion d'une fête donnée à Vaux par Fouquet, le 17 août 1661. Elle dut paraître d'autant plus piquante aux contemporains, que la plupart des fâcheux mis en scène par Molière avaient leurs originaux à la cour. On les reconnaissait, ils se reconnaissaient eux-mêmes, et, ce qu'il y a de plus singulier, loin de s'en fâcher, ils en étaient bien aises.

L'ÉCOLE DES FEMMES

COMÉDIE EN CINQ ACTES

1662

A MADAME [1]

Madame,

Je suis le plus embarrassé homme du monde, lorsqu'il me faut dédier un livre ; et je me trouve si peu fait au style d'épître dédicatoire, que je ne sais par où sortir de celle-ci. Un autre auteur, qui seroit en ma place, trouveroit d'abord cent belles choses à dire de Votre Altesse Royale, sur ce titre de l'*École des Femmes*, et l'offre qu'il vous en feroit. Mais, pour moi, Madame, je vous avoue mon foible. Je ne sais point cet art de trouver des rapports entre des choses si peu proportionnées ; et, quelques belles lumières que mes confrères les auteurs me donnent tous les jours sur de pareils sujets, je ne vois point ce que Votre Altesse Royale pourroit avoir à démêler avec la comédie que je lui présente. On n'est pas en peine, sans doute, comment il faut faire pour vous louer. La matière, Madame, ne saute que trop aux yeux ; et, de quelque côté qu'on vous regarde, on rencontre gloire sur gloire, et qualités sur qualités. Vous en avez, Madame, du côté du rang et de la naissance, qui vous font respecter de toute la terre. Vous en avez du côté des grâces, et de l'esprit, et du corps, qui vous font admirer de toutes les personnes qui vous voient. Vous en avez du côté de l'âme, qui, si l'on ose parler ainsi, vous font aimer de tous ceux qui ont l'honneur d'approcher de vous : je veux dire cette douceur pleine de charmes dont vous daignez tempérer la fierté des grands titres que vous portez ; cette bonté tout obligeante, cette affabilité généreuse que vous faites paroître pour tout le monde. Et ce sont particulièrement ces dernières pour qui je suis, et dont je sens fort bien que je ne me pourrai taire quelque jour. Mais encore une fois, Madame, je ne sais point le biais de faire entrer ici des vérités si éclatantes ; et ce sont choses, à mon avis, et d'une trop vaste étendue, et d'un mérite trop élevé, pour les vouloir renfermer dans une épître et les mêler avec des bagatelles. Tout bien considéré, Madame, je ne vois rien à faire ici pour moi que de vous dédier simplement ma comédie, et de vous assurer, avec tout le respect qu'il m'est possible, que je suis,

De Votre Altesse Royale,

Madame,

Le très-humble, très-obéissant,
et très-obligé serviteur,

Molière.

[1] Henriette d'Angleterre, première femme de Monsieur, frère de Louis XIV, petite-fille de Henri IV, dont l'oraison funèbre a été prononcée par Bossuet. Elle mourut à Saint-Cloud le 30 juin 1670, à l'âge de vingt-six ans.

PRÉFACE

Bien des gens ont frondé d'abord cette comédie ; mais les rieurs ont été pour elle, et tout le mal qu'on en a pu dire n'a pu faire qu'elle n'ait eu un succès dont je me contente.

Je sais qu'on attend de moi dans cette impression quelque préface qui réponde aux censeurs et rende raison de mon ouvrage ; et sans doute que je suis assez redevable à toutes les personnes qui lui ont donné leur approbation, pour me croire obligé de défendre leur jugement contre celui des autres ; mais il se trouve qu'une grande partie des choses que j'aurois à dire sur ce sujet est déjà dans une dissertation que j'ai faite en dialogue, et dont je ne sais encore ce que je ferai.

L'idée de ce dialogue, ou, si l'on veut, de cette petite comédie [1], me vint après les deux ou trois premières représentations de ma pièce.

Je la dis, cette idée, dans une maison où je me trouvai un soir ; et d'abord une personne de qualité, dont l'esprit est assez connu dans le monde [2], et qui me fait l'honneur de m'aimer, trouva le projet assez à son gré, non-seulement pour me solliciter d'y mettre la main, mais encore pour l'y mettre lui-même ; et je fus étonné que deux jours après il me montra toute l'affaire exécutée d'une manière à la vérité beaucoup plus galante et plus spirituelle que je ne puis faire, mais où je trouvai des choses trop avantageuses pour moi ; et j'eus peur que, si je produisois cet ouvrage sur notre théâtre, on ne m'accusât d'avoir mendié les louanges qu'on m'y donnoit. Cependant cela m'empêcha, par quelque considération, d'achever ce que j'avois commencé. Mais tant de gens me pressent tous les jours de le faire, que je ne sais ce qui en sera ; et cette incertitude est cause que je ne mets point dans cette préface ce qu'on verra dans la *Critique*, en cas que je me résolve à la faire paroître. S'il faut que cela soit, je le dis encore, ce sera seulement pour venger le public du chagrin délicat de certaines gens ; car, pour moi, je m'en tiens assez vengé par la réussite de ma comédie ; et je souhaite que toutes celles que je pourrai faire soient traitées par eux comme celle-ci, pourvu que le reste soit de même.

[1] La *Critique de l'École des Femmes*, jouée le 1ᵉʳ juin 1663.
[2] On croit qu'il s'agit de l'abbé Dubuisson, *grand introducteur des ruelles*.

PERSONNAGES

ARNOLPHE, autrement M. DE LA SOUCHE [1].
AGNÈS [2], jeune fille innocente élevée par Arnolphe [3].
HORACE, amant d'Agnès [3].
ALAIN, paysan, valet d'Arnolphe [4].
GEORGETTE, paysanne, servante d'Arnolphe [5].
CHRYSALDE, ami d'Arnolphe [6].
ENRIQUE, beau-frère de Chrysalde.
ORONTE, père d'Horace et grand ami d'Arnolphe.
UN NOTAIRE [7].

La scène est dans une place de ville.

ACTE PREMIER

SCÈNE I

CHRYSALDE, ARNOLPHE.

CHRYSALDE.
Vous venez, dites-vous, pour lui donner la main?
ARNOLPHE.
Oui. Je veux terminer la chose dans demain.
CHRYSALDE.
Nous sommes ici seuls, et l'on peut, ce me semble,
Sans craindre d'être ouïs, y discourir ensemble.
Voulez-vous qu'en ami je vous ouvre mon cœur?
Votre dessein, pour vous, me fait trembler de peur;
Et, de quelque façon que vous tourniez l'affaire,
Prendre femme est à vous un coup bien téméraire.
ARNOLPHE.
Il est vrai, notre ami. Peut-être que chez vous
Vous trouvez des sujets de craindre pour chez nous;
Et votre front, je crois, veut que du mariage
Les cornes soient partout l'infaillible apanage.
CHRYSALDE.
Ce sont coups de hasard, dont on n'est point garant;
Et bien sot, ce me semble, est le soin qu'on en prend.
Mais, quand je crains pour vous, c'est cette raillerie
Dont cent pauvres maris ont souffert la furie :
Car enfin, vous savez qu'il n'est grands, ni petits,
Que de votre critique on ait vus garantis;
Que vos plus grands plaisirs sont, partout où vous êtes,
De faire cent éclats des intrigues secrètes...
ARNOLPHE.
Fort bien. Est-il au monde une autre ville aussi
Où l'on ait des maris si patients qu'ici?
Est-ce qu'on n'en voit pas de toutes les espèces,
Qui sont accommodés chez eux de toutes pièces?
L'un amasse du bien dont sa femme fait part
A ceux qui prennent soin de le faire cornard;
L'autre, un peu plus heureux, mais non pas moins infâme,
Voit faire tous les jours des présents à sa femme,
Et d'aucun soin jaloux n'a l'esprit combattu,
Parce qu'elle lui dit que c'est pour sa vertu.
L'un fait beaucoup de bruit qui ne lui sert de guères;
L'autre en toute douceur laisse aller les affaires,
Et, voyant arriver chez lui le damoiseau,
Prend fort honnêtement ses gants et son manteau.
L'une, de son galant, en adroite femelle,
Fait fausse confidence à son époux fidèle,
Qui dort en sûreté sur un pareil appas,
Et le plaint, ce galant, des soins qu'il ne perd pas [1] :
L'autre, pour se purger de sa magnificence,
Dit qu'elle gagne au jeu l'argent qu'elle dépense;
Et le mari benêt, sans songer à quel jeu,
Sur les gains qu'elle fait rend des grâces à Dieu.
Enfin, ce sont partout des sujets de satire;
Et, comme spectateur, ne puis-je pas en rire?
Puis-je pas de nos sots...
CHRYSALDE.
Oui; mais qui rit d'autrui
Doit craindre qu'en revanche on rie aussi de lui.
J'entends parler le monde, et des gens se délassent
A venir débiter les choses qui se passent;
Mais, quoi que l'on divulgue aux endroits où je suis,
Jamais on ne m'a vu triompher de ces bruits.
J'y suis assez modeste; et bien qu'aux occurrences
Je puisse condamner certaines tolérances,
Que mon dessein ne soit de souffrir nullement
Ce que quelques maris souffrent paisiblement,
Pourtant je n'ai jamais affecté de le dire;
Car enfin il faut craindre un revers de satire,
Et l'on ne doit jamais jurer sur de tels cas
De ce qu'on pourra faire, ou bien ne faire pas.
Ainsi, quand à mon front, par un sort qui tout mène,
Il seroit arrivé quelque disgrâce humaine,
Après mon procédé, je suis presque certain
Qu'on se contentera de s'en rire sous main;
Et peut-être qu'encor j'aurai cet avantage,
Que quelques bonnes gens diront que c'est dommage.
Mais de vous, cher compère, il en est autrement;
Je vous le dis encor, vous risquez diablement.
Comme sur les maris accusés de souffrance
De tout temps votre langue a daubé d'importance,
Qu'on vous a vu contre eux un diable déchaîné,
Vous devez marcher droit, pour n'être point berné;
Et, s'il faut que sur vous on ait la moindre prise,
Gare qu'aux carrefours on ne vous tympanise,
Et...
ARNOLPHE.
Mon Dieu! notre ami, ne vous tourmentez point.
Bien huppé qui pourra m'attraper sur ce point.
Je sais les tours rusés et les subtiles trames
Dont pour nous en planter savent user les femmes,
Et comme on est dupé par leurs dextérités;
Contre cet accident j'ai pris mes sûretés;
Et celle que j'épouse a toute l'innocence
Qui peut sauver mon front de maligne influence.

Acteurs de la troupe de Molière: [1] MOLIÈRE. — [2] Mademoiselle
DE BRIE. — [3] LA GRANGE. — [4] BRÉCOURT. — [5] Mademoiselle BEAUVAL.
— [6] L'ESPY. — [7] DE BRIE.

[3] Le nom propre d'Agnès a fait la même fortune que ceux de *Tartufe*, d'*Harpagon*, etc. il est devenu un nom commun servant à désigner une fille innocente et ingénue. On dit : une *Agnès*; elle fait l'*Agnès*.

[1] L'auteur a résumé dans ces quatre vers tout le sujet de l'*École des Maris*. (L. B.)

ACTE I, SCÈNE I.

CHRYSALDE.
Et que prétendez-vous qu'une sotte, en un mot...
ARNOLPHE.
Épouser une sotte est pour n'être point sot.
Je crois, en bon chrétien, votre moitié fort sage ;
Mais une femme habile est un mauvais présage ;
Et je sais ce qu'il coûte à de certaines gens
Pour avoir pris les leurs avec trop de talents.
Moi, j'irois me charger d'une spirituelle
Qui ne parleroit rien que cercle et que ruelle ;
Qui de prose et de vers feroit de doux écrits,
Et que visiteroient marquis et beaux esprits,
Tandis que, sous le nom du mari de madame,
Je serois comme un saint que pas un ne réclame?
Non, non, je ne veux point d'un esprit qui soit haut ;
Et femme qui compose en sait plus qu'il ne faut.
Je prétends que la mienne, en clartés[1] peu sublime,
Même ne sache pas ce que c'est qu'une rime ;
Et, s'il faut qu'avec elle on joue au corbillon,
Et qu'on vienne à lui dire à son tour : Qu'y met-on?
Je veux qu'elle réponde : Une tarte à la crème ;
En un mot, qu'elle soit d'une ignorance extrême :
Et c'est assez pour elle, à vous en bien parler,
De savoir prier Dieu, m'aimer, coudre, et filer.
CHRYSALDE.
Une femme stupide est donc votre marotte?
ARNOLPHE.
Tant, que j'aimerois mieux une laide bien sotte,
Qu'une femme fort belle avec beaucoup d'esprit[2].
CHRYSALDE.
L'esprit et la beauté...
ARNOLPHE.
L'honnêteté suffit.
CHRYSALDE.
Mais comment voulez-vous, après tout, qu'une bête
Puisse jamais savoir ce que c'est qu'être honnête?
Outre qu'il est assez ennuyeux, que je crois,
D'avoir toute sa vie une bête avec soi,
Pensez-vous le bien prendre, et que sur votre idée
La sûreté d'un front puisse être bien fondée?
Une femme d'esprit peut trahir son devoir ;
Mais il faut, pour le moins, qu'elle ose le vouloir :
Et la stupide au sien peut manquer d'ordinaire,
Sans en avoir l'envie et sans penser le faire[3].
ARNOLPHE.
A ce bel argument, à ce discours profond,
Ce que Pantagruel à Panurge répond :
Pressez-moi de me joindre à femme autre que sotte,

Prêchez, patrocinez[1] jusqu'à la Pentecôte ;
Vous serez ébahi, quand vous serez au bout,
Que vous ne m'aurez rien persuadé du tout.
CHRYSALDE.
Je ne vous dis plus mot.
ARNOLPHE.
Chacun a sa méthode.
En femme, comme en tout, je veux suivre ma mode :
Je me vois riche assez pour pouvoir, que je crois,
Choisir une moitié qui tienne tout de moi,
Et de qui la soumise et pleine dépendance
N'ait à me reprocher aucun bien ni naissance.
Un air doux et posé, parmi d'autres enfants,
M'inspira de l'amour pour elle dès quatre ans ;
Sa mère se trouvant de pauvreté pressée,
De la lui demander il me vint en pensée ;
Et la bonne paysanne, apprenant mon désir,
A s'ôter cette charge eut beaucoup de plaisir.
Dans un petit couvent, loin de toute pratique[2],
Je la fis élever selon ma politique ;
C'est-à-dire, ordonnant quels soins on emploieroit
Pour la rendre idiote autant qu'il se pourroit.
Dieu merci, le succès a suivi mon attente ;
Et, grande, je l'ai vue à tel point innocente,
Que j'ai béni le ciel d'avoir trouvé mon fait,
Pour me faire une femme au gré de mon souhait.
Je l'ai donc retirée ; et comme ma demeure
A cent sortes de gens est ouverte à toute heure,
Je l'ai mise à l'écart, comme il faut tout prévoir,
Dans cette autre maison où nul ne me vient voir ;
Et, pour ne point gâter sa bonté naturelle,
Je n'y tiens que des gens tout aussi simples qu'elle[3].
Vous me direz : Pourquoi cette narration?
C'est pour vous rendre instruit de ma précaution.
Le résultat de tout est qu'en ami fidèle
Ce soir je vous invite à souper avec elle ;
Je veux que vous puissiez un peu l'examiner,
Et voir si de mon choix on me doit condamner.
CHRYSALDE.
J'y consens.
ARNOLPHE.
Vous pourrez, dans cette conférence,
Juger de sa personne et de son innocence.
CHRYSALDE.
Pour cet article-là, ce que vous m'avez dit
Ne peut...
ARNOLPHE.
La vérité passe encor mon récit.
Dans ses simplicités à tous coups je l'admire,
Et parfois elle en dit dont je pâme de rire.
L'autre jour (pourroit-on se le persuader?)
Elle étoit fort en peine, et me vint demander,
Avec une innocence à nulle autre pareille,

---

[1] Lumières, connaissances.
[2] Ces deux vers ne sont que la traduction de cette phrase de Scarron, dans la *Précaution inutile* : « J'aimerois mieux, dit un des personnages, une femme laide fort sotte, qu'une belle qui ne le seroit pas. »
[3] On lit encore dans la *Précaution inutile* : « Je n'ai jamais vu d'homme raisonnable qui ne s'ennuie cruellement s'il est seulement un quart d'heure avec une idiote. Comment une sotte sera-t-elle honnête femme? Si elle ne sait ce que c'est que l'honnêteté, et n'est pas même capable de l'apprendre, elle manquera à son devoir, sans savoir ce qu'elle fait ; au lieu qu'une femme d'esprit, quand même elle se départiroit de sa vertu, sauroit éviter les occasions où elle sera en danger de la perdre. »

[1] *Patrociner* est le mot latin *patrocinari*, francisé par Rabelais. Il signifie plaider.
[2] *Pratique*, fréquentation, commerce.
[3] « Don Pèdre chercha des valets les plus sots qu'il pût trouver, et tâcha de trouver des servantes aussi sottes que Laure ; et il eut bien de la peine. » (Scarron, *Précaution inutile*.)

Si les enfants qu'on fait se faisoient par l'oreille.
CHRYSALDE.
Je me réjouis fort, seigneur Arnolphe...
ARNOLPHE.
Bon !
Me voulez-vous toujours appeler de ce nom ?
CHRYSALDE.
Ah ! malgré que j'en aie, il me vient à la bouche,
Et jamais je ne songe à monsieur de la Souche.
Qui diable vous a fait aussi vous aviser,
A quarante-deux ans, de vous débaptiser,
Et d'un vieux tronc pourri de votre métairie
Vous faire dans le monde un nom de seigneurie ?
ARNOLPHE.
Outre que la maison par ce nom se connoît,
La Souche plus qu'Arnolphe à mes oreilles plaît [1].
CHRYSALDE.
Quel abus de quitter le vrai nom de ses pères,
Pour en vouloir prendre un bâti sur des chimères !
De la plupart des gens c'est la démangeaison ;
Et, sans vous embrasser dans la comparaison,
Je sais un paysan qu'on appeloit Gros-Pierre,
Qui, n'ayant pour tout bien qu'un seul quartier de terre,
Y fit tout alentour faire un fossé bourbeux,
Et de monsieur de l'Isle en prit le nom pompeux.
ARNOLPHE.
Vous pourriez vous passer d'exemples de la sorte.
Mais enfin de la Souche est le nom que je porte :
J'y vois de la raison, j'y trouve des appas ;
Et m'appeler de l'autre est ne m'obliger pas.
CHRYSALDE.
Cependant la plupart ont peine à s'y soumettre,
Et je vois même encor des adresses de lettre...
ARNOLPHE.
Je le souffre aisément de qui n'est pas instruit ;
Mais vous...
CHRYSALDE.
Soit : là-dessus nous n'aurons point de bruit ;
Et je prendrai le soin d'accoutumer ma bouche
A ne plus vous nommer que monsieur de la Souche.
ARNOLPHE.
Adieu. Je frappe ici pour donner le bonjour,
Et dire seulement que je suis de retour.
CHRYSALDE, à part, en s'en allant.
Ma foi, je le tiens fou de toutes les manières.
ARNOLPHE, seul.
Il est un peu blessé sur certaines matières.
Chose étrange, de voir comme avec passion
Un chacun est chaussé de son opinion !
Il frappe à sa porte.
Holà !

[1] La duplicité de nom, espèce de pivot sur lequel va tourner toute l'intrigue, est fort adroitement jetée dans cette scène d'exposition. (Auger.) — Saint Arnolphe fut longtemps regardé comme le patron des maris trompés.

SCÈNE II

ARNOLPHE ; ALAIN, GEORGETTE, dans la maison.

ALAIN.
Qui heurte ?
ARNOLPHE.
A part.
Ouvrez. On aura, que je pense,
Grande joie à me voir après dix jours d'absence.
ALAIN.
Qui va là ?
ARNOLPHE.
Moi.
ALAIN.
Georgette !
GEORGETTE.
Eh bien ?
ALAIN.
Ouvre là-bas.
GEORGETTE.
Vas-y, toi.
ALAIN.
Vas-y, toi.
GEORGETTE.
Ma foi, je n'irai pas.
ALAIN.
Je n'irai pas aussi.
ARNOLPHE.
Belle cérémonie
Pour me laisser dehors ! Holà ! ho ! je vous prie.
GEORGETTE.
Qui frappe ?
ARNOLPHE.
Votre maître.
GEORGETTE.
Alain !
ALAIN.
Quoi ?
GEORGETTE.
C'est monsieu.
Ouvre vite.
ALAIN.
Ouvre, toi.
GEORGETTE.
Je souffle notre feu.
ALAIN.
J'empêche, peur du chat, que mon moineau ne sorte.
ARNOLPHE.
Quiconque de vous deux n'ouvrira pas la porte
N'aura point à manger de plus de quatre jours.
Ah !
GEORGETTE.
Par quelle raison y venir, quand j'y cours ?
ALAIN.
Pourquoi plutôt que moi ? Le plaisant stratagème !
GEORGETTE.
Ote-toi donc de là !

ALAIN.
Non, ôte-toi toi-même.
GEORGETTE.
Je veux ouvrir la porte.
ALAIN.
Et je veux l'ouvrir, moi.
GEORGETTE.
Tu ne l'ouvriras pas.
ALAIN.
Ni toi non plus.
GEORGETTE.
Ni toi.
ARNOLPHE.
Il faut que j'aie ici l'âme bien patiente!
ALAIN, en entrant.
Au moins c'est moi, monsieur.
GEORGETTE, en entrant.
Je suis votre servante,
C'est moi.
ALAIN.
Sans le respect de monsieur que voilà,
Je te...
ARNOLPHE, recevant un coup d'Alain.
Peste!
ALAIN.
Pardon.
ARNOLPHE.
Voyez ce lourdaud-là!
ALAIN.
C'est elle aussi, monsieur...
ARNOLPHE.
Que tous deux on se taise.
Songez à me répondre, et laissons la fadaise.
Eh bien, Alain, comment se porte-t-on ici?
ALAIN.
Monsieur, nous nous...
Arnolphe ôte le chapeau de dessus la tête d'Alain.
Monsieur, nous nous por...
Arnolphe l'ôte encore.
Dieu merci,
Nous nous...
ARNOLPHE, ôtant le chapeau d'Alain pour la troisième fois, et le jetant par terre.
Qui vous apprend, impertinente bête,
A parler devant moi le chapeau sur la tête?
ALAIN.
Vous faites bien, j'ai tort [1].
ARNOLPHE, à Alain.
Faites descendre Agnès.

SCÈNE III

ARNOLPHE, GEORGETTE.

ARNOLPHE.
Lorsque je m'en allai, fut-elle triste après?

[1] Arnolphe nous a appris qu'il tenait auprès d'Agnès des gens *tout aussi simples qu'elle*; et Molière, la première fois qu'il les met en scène, songe à établir, par l'action même, leur caractère, dont il a donné d'avance une idée par le récit. (Auger.)

GEORGETTE.
Triste? Non.
ARNOLPHE.
Non?
GEORGETTE.
Si fait.
ARNOLPHE.
Pourquoi donc?...
GEORGETTE.
Oui, je meure.
Elle vous croyoit voir de retour à toute heure;
Et nous n'oyions jamais passer devant chez nous
Cheval, âne ou mulet, qu'elle ne prît pour vous.

SCÈNE IV

ARNOLPHE, AGNÈS, ALAIN, GEORGETTE.

ARNOLPHE.
La besogne à la main! c'est un bon témoignage.
Eh bien, Agnès, je suis de retour du voyage:
En êtes-vous bien aise?
AGNÈS.
Oui, monsieur, Dieu merci.
ARNOLPHE.
Et moi, de vous revoir je suis bien aise aussi.
Vous vous êtes toujours, comme on voit, bien portée?
AGNÈS.
Hors les puces, qui m'ont la nuit inquiétée.
ARNOLPHE.
Ah! vous aurez dans peu quelqu'un pour les chasser.
AGNÈS.
Vous me ferez plaisir.
ARNOLPHE.
Je le puis bien penser.
Que faites-vous donc là?
AGNÈS.
Je me fais des cornettes.
Vos chemises de nuit et vos coiffes sont faites.
ARNOLPHE.
Ah! voilà qui va bien. Allez, montez là-haut:
Ne vous ennuyez point, je reviendrai tantôt,
Et je vous parlerai d'affaires importantes.

SCÈNE V

ARNOLPHE, seul.

Héroïnes du temps, mesdames les savantes,
Pousseuses de tendresse et de beaux sentiments,
Je défie à la fois tous vos vers, vos romans,
Vos lettres, billets doux, toute votre science,
De valoir cette honnête et pudique ignorance.
Ce n'est point par le bien qu'il faut être ébloui;
Et pourvu que l'honneur soit...

SCÈNE VI

HORACE, ARNOLPHE.

ARNOLPHE.

Que vois-je? Est-ce... Oui.
Je me trompe... Nenni. Si fait. Non, c'est lui-même,
Hor...

HORACE.

Seigneur Ar...

ARNOLPHE.

Horace.

HORACE.

Arnolphe.

ARNOLPHE.

Ah! joie extrême!
Et depuis quand ici?

HORACE.

Depuis neuf jours.

ARNOLPHE.

Vraiment?

HORACE.

Je fus d'abord chez vous, mais inutilement.

ARNOLPHE.

J'étois à la campagne.

HORACE.

Oui, depuis dix journées.

ARNOLPHE.

Oh! comme les enfants croissent en peu d'années!
J'admire de le voir au point où le voilà,
Après que je l'ai vu pas plus grand que cela.

HORACE.

Vous voyez.

ARNOLPHE.

Mais, de grâce, Oronte votre père,
Mon bon et cher ami que j'estime et révère,
Que fait-il à présent? Est-il toujours gaillard?
A tout ce qui le touche il sait que je prends part :
Nous ne nous sommes vus depuis quatre ans ensemble,
Ni, qui plus est, écrit l'un à l'autre, me semble.

HORACE.

Il est, seigneur Arnolphe, encor plus gai que nous,
Et j'avois de sa part une lettre pour vous;
Mais depuis, par une autre, il m'apprend sa venue,
Et la raison encor ne m'en est pas connue.
Savez-vous qui peut être un de vos citoyens
Qui retourne en ces lieux avec beaucoup de biens
Qu'il s'est en quatorze ans acquis dans l'Amérique?

ARNOLPHE.

Non. Mais vous a-t-on dit comme on le nomme?

HORACE.

Enrique.

ARNOLPHE.

Non.

HORACE.

Mon père m'en parle, et qu'il est revenu,
Comme s'il devoit m'être entièrement connu,
Et m'écrit qu'en chemin ensemble ils se vont mettre,
Pour un fait important que ne dit point sa lettre.

Horace remet la lettre d'Oronte à Arnolphe.

ARNOLPHE.

J'aurai certainement grande joie à le voir,
Et pour le régaler je ferai mon pouvoir.

Après avoir lu la lettre.

Il faut pour des amis des lettres moins civiles,
Et tous ces compliments sont choses inutiles.
Sans qu'il prît le souci de m'en écrire rien,
Vous pouvez librement disposer de mon bien.

HORACE.

Je suis homme à saisir les gens par leurs paroles,
Et j'ai présentement besoin de cent pistoles.

ARNOLPHE.

Ma foi, c'est m'obliger que d'en user ainsi;
Et je me réjouis de les avoir ici.
Gardez aussi la bourse.

HORACE.

Il faut...

ARNOLPHE.

Laissons ce style.
Eh bien, comment encor trouvez-vous cette ville?

HORACE.

Nombreuse en citoyens, superbe en bâtiments;
Et j'en crois merveilleux les divertissements.

ARNOLPHE.

Chacun a ses plaisirs qu'il se fait à sa guise ;
Mais pour ceux que du nom de galants on baptise,
Ils ont en ce pays de quoi se contenter,
Car les femmes y sont faites à coqueter :
On trouve d'humeur douce et la brune et la blonde,
Et les maris aussi les plus bénins du monde;
C'est un plaisir de prince, et des tours que je voi
Je me donne souvent la comédie à moi.
Peut-être en avez-vous déjà féru[1] quelqu'une.
Vous est-il point encore arrivé de fortune?
Les gens faits comme vous font plus que les écus,
Et vous êtes de taille à faire des cocus.

HORACE.

A ne vous rien cacher de la vérité pure,
J'ai d'amour en ces lieux en certaine aventure;
Et l'amitié m'oblige à vous en faire part.

ARNOLPHE, à part.

Bon! voici de nouveau quelque conte gaillard;
Et ce sera de quoi mettre sur mes tablettes.

HORACE.

Mais, de grâce, qu'au moins ces choses soient secrètes.

ARNOLPHE.

Oh!

HORACE.

Vous n'ignorez pas qu'en ces occasions
Un secret éventé rompt nos prétentions.
Je vous avouerai donc avec pleine franchise
Qu'ici d'une beauté mon âme s'est éprise.
Mes petits soins d'abord ont eu tant de succès,

---

[1] *Féru*, du verbe *férir*, frapper, *ferire*. On dit qu'un homme est *féru* d'une femme, pour exprimer la passion qu'il a pour elle. (Ménage.)

Que je me suis chez elle ouvert un doux accès;
Et, sans trop me vanter, ni lui faire une injure,
Mes affaires y sont en fort bonne posture.

ARNOLPHE, en riant.

Et c'est...?

HORACE, lui montrant le logis d'Agnès.

Un jeune objet qui loge en ce logis,
Dont vous voyez d'ici que les murs sont rougis :
Simple, à la vérité, par l'erreur sans seconde
D'un homme qui la cache au commerce du monde,
Mais qui, dans l'ignorance où l'on veut l'asservir,
Fait briller des attraits capables de ravir;
Un air tout engageant, je ne sais quoi de tendre
Dont il n'est point de cœur qui se puisse défendre.
Mais peut-être il n'est pas que vous n'ayez bien vu
Ce jeune astre d'amour, de tant d'attraits pourvu :
C'est Agnès qu'on l'appelle.

ARNOLPHE, à part.

Ah! je crève!

HORACE.

Pour l'homme,
C'est, je crois, de la Zousse, ou Source, qu'on le nomme;
Je ne me suis pas fort arrêté sur le nom :
Riche, à ce qu'on m'a dit, mais des plus sensés, non;
Et l'on m'en a parlé comme d'un ridicule.
Le connoissez-vous point?

ARNOLPHE, à part.

La fâcheuse pilule!

HORACE.

Eh! vous ne dites mot?

ARNOLPHE.

Eh! oui, je le connoi.

HORACE.

C'est un fou, n'est-ce pas?

ARNOLPHE.

Eh...

HORACE.

Qu'en dites-vous? Quoi!
Eh! c'est-à-dire, oui? Jaloux à faire rire?
Sot? Je vois qu'il en est ce que l'on m'a pu dire.
Enfin l'aimable Agnès a su m'assujettir.
C'est un joli bijou, pour ne vous point mentir;
Et ce seroit péché qu'une beauté si rare
Fût laissée au pouvoir de cet homme bizarre.
Pour moi, tous mes efforts, tous mes vœux les plus doux,
Vont à m'en rendre maître en dépit du jaloux;
Et l'argent que de vous j'emprunte avec franchise
N'est que pour mettre à bout cette juste entreprise[1].
Vous savez mieux que moi, quels que soient nos efforts,
Que l'argent est la clef de tous les grands ressorts,
Et que ce doux métal, qui frappe tant de têtes,
En amour, comme en guerre, avance les conquêtes.
Vous me semblez chagrin! Seroit-ce qu'en effet
Vous désapprouveriez le dessein que j'ai fait?

[1] Arnolphe vient d'être presque obligé d'avouer qu'il est un *sot*, un *fou*, un *ridicule*; il ne lui manquait plus que de s'entendre dire que l'argent prêté par lui doit être employé contre lui-même. (Auger.)

ARNOLPHE.

Non; c'est que je songeois...

HORACE.

Cet entretien vous lasse.
Adieu. J'irai chez vous tantôt vous rendre grâce.

ARNOLPHE, se croyant seul.

Ah! faut-il...

HORACE, revenant.

Derechef, veuillez être discret;
Et n'allez pas, de grâce, éventer mon secret.

ARNOLPHE, se croyant seul.

Que je sens dans mon âme...

HORACE, revenant.

Et surtout à mon père,
Qui s'en feroit peut-être un sujet de colère.

ARNOLPHE, croyant qu'Horace revient encore.

Oh!...

SCÈNE VII

ARNOLPHE, seul.

Oh! que j'ai souffert durant cet entretien!
Jamais trouble d'esprit ne fut égal au mien
Avec quelle imprudence et quelle hâte extrême
Il m'est venu conter cette affaire à moi-même!
Bien que mon autre nom le tienne dans l'erreur,
Étourdi montra-t-il jamais tant de fureur?
Mais, ayant tant souffert, je devois me contraindre
Jusques à m'éclaircir de ce que je dois craindre,
A pousser jusqu'au bout son caquet indiscret,
Et savoir pleinement leur commerce secret.
Tâchons à le rejoindre; il n'est pas loin, je pense :
Tirons-en de ce fait l'entière confidence.
Je tremble du malheur qui m'en peut arriver,
Et l'on cherche souvent plus qu'on ne veut trouver[1].

ACTE SECOND

SCÈNE I

ARNOLPHE, seul.

Il m'est, lorsque j'y pense, avantageux sans doute
D'avoir perdu mes pas, et pu manquer sa route :
Car enfin de mon cœur le trouble impérieux
N'eût pu se renfermer tout entier à ses yeux;
Il eût fait éclater l'ennui qui me dévore,
Et je ne voudrois pas qu'il sût ce qu'il ignore.
Mais je ne suis pas homme à gober le morceau,
Et laisser un champ libre aux vœux du damoiseau.

[1] Cette pensée si vraie et si juste est exprimée en d'autres termes dans *Amphitryon* :

La foiblesse humaine est d'avoir
Des curiosités d'apprendre
Ce qu'on ne voudroit pas savoir.

J'en veux rompre le cours, et, sans tarder, apprendre
Jusqu'où l'intelligence entre eux a pu s'étendre :
J'y prends pour mon honneur un notable intérêt;
Je la regarde en femme, aux termes qu'elle en est;
Elle n'a pu faillir sans me couvrir de honte,
Et tout ce qu'elle fait enfin est sur mon compte.
Éloignement fatal! voyage malheureux!
Il frappe à sa porte.

SCÈNE II
ARNOLPHE, ALAIN, GEORGETTE.

ALAIN.
Ah! monsieur, cette fois...
ARNOLPHE.
Paix! Venez çà tous deux.
Passez là, passez là. Venez là, venez, dis-je.
GEORGETTE.
Ah! vous me faites peur, et tout mon sang se fige.
ARNOLPHE.
C'est donc ainsi qu'absent vous m'avez obéi?
Et tous deux, de concert, vous m'avez donc trahi?
GEORGETTE, tombant aux genoux d'Arnolphe.
Eh! ne me mangez pas, monsieur, je vous conjure.
ALAIN, à part.
Quelque chien enragé l'a mordu, je m'assure.
ARNOLPHE, à part.
Ouf! je ne puis parler tant je suis prévenu;
Je suffoque, et voudrois me pouvoir mettre nu.
A Alain et à Georgette.
Vous avez donc souffert, ô canaille maudite!
A Alain qui veut s'enfuir.
Qu'un homme soit venu...? Tu veux prendre la fuite!
A Georgette.
Il faut que sur-le-champ... Si tu bouges... Je veux
A Alain.
Que vous me disiez... Euh! oui, je veux que tous deux...
Alain et Georgette se lèvent, et veulent encore s'enfuir.
Quiconque remuera, par la mort! je l'assomme.
Comme est-ce que chez moi s'est introduit cet homme?
Eh! parlez. Dépêchez, vite, promptement, tôt,
Sans rêver. Veut-on dire?
ALAIN ET GEORGETTE.
Ah! ah!
GEORGETTE, retombant aux genoux d'Arnolphe.
Le cœur me faut[1]!
ALAIN, retombant aux genoux d'Arnolphe.
Je meurs!
ARNOLPHE, à part.
Je suis en eau : prenons un peu d'haleine;
Il faut que je m'évente et que je me promène.
Aurois-je deviné, quand je l'ai vu petit,
Qu'il croîtroit pour cela[2]? Ciel! que mon cœur pâtit!

[1] Faut, de faillir.
[2] Assurément tout autre qu'Arnolphe trouverait fort simple ce qui lui paraît si extraordinaire, et c'est ce qui rend ce mot si comique. C'est la nature prise sur le fait. (La Harpe, Cours de littér.)

Je pense qu'il vaut mieux que de sa propre bouche
Je tire avec douceur l'affaire qui me touche.
Tâchons à modérer notre ressentiment.
Patience, mon cœur, doucement, doucement.
A Alain et à Georgette.
Levez-vous, et, rentrant, faites qu'Agnès descende.
A part.
Arrêtez. Sa surprise en deviendroit moins grande :
Du chagrin qui me trouble ils iroient l'avertir,
Et moi-même je veux l'aller faire sortir.
A Alain et à Georgette.
Que l'on m'attende ici.

SCÈNE III
ALAIN, GEORGETTE.

GEORGETTE.
Mon Dieu, qu'il est terrible!
Ses regards m'ont fait peur, mais une peur horrible;
Et jamais je ne vis un plus hideux chrétien.
ALAIN.
Ce monsieur l'a fâché; je te le disois bien.
GEORGETTE.
Mais que diantre est-ce là, qu'avec tant de rudesse
Il nous fait au logis garder notre maîtresse?
D'où vient qu'à tout le monde il veut tant la cacher,
Et qu'il ne sauroit voir personne en approcher?
ALAIN.
C'est que cette action le met en jalousie.
GEORGETTE.
Mais d'où vient qu'il est pris de cette fantaisie?
ALAIN.
Cela vient... Cela vient de ce qu'il est jaloux.
GEORGETTE.
Oui; mais pourquoi l'est-il? et pourquoi ce courroux?
ALAIN.
C'est que la jalousie... entends-tu bien, Georgette,
Est une chose... là... qui fait qu'on s'inquiète...
Et qui chasse les gens d'autour d'une maison.
Je m'en vais te bailler une comparaison,
Afin de concevoir la chose davantage.
Dis-moi, n'est-il pas vrai, quand tu tiens ton potage,
Que si quelque affamé venoit pour en manger,
Tu serois en colère, et voudrois le charger?
GEORGETTE.
Oui, je comprends cela.
ALAIN.
C'est justement tout comme.
La femme est en effet le potage de l'homme;
Et, quand un homme voit d'autres hommes parfois
Qui veulent dans sa soupe aller tremper leurs doigts,
Il en montre aussitôt une colère extrême.
GEORGETTE.
Oui; mais pourquoi chacun n'en fait-il pas de même,
Et que nous en voyons qui paroissent joyeux
Lorsque leurs femmes sont avec les biaux monsieux

ACTE II, SCÈNE VI.

ALAIN.
C'est que chacun n'a pas cette amitié goulue
Qui n'en veut que pour soi.
GEORGETTE.
Si je n'ai la berlue,
Je le vois qui revient.
ALAIN.
Tes yeux sont bons, c'est lui.
GEORGETTE.
Vois comme il est chagrin.
ALAIN.
C'est qu'il a de l'ennui.

SCÈNE IV

ARNOLPHE, ALAIN, GEORGETTE.

ARNOLPHE, à part.
Un certain Grec disoit à l'empereur Auguste,
Comme une instruction utile autant que juste,
Que lorsqu'une aventure en colère nous met,
Nous devons, avant tout, dire notre alphabet,
Afin que dans ce temps la bile se tempère,
Et qu'on ne fasse rien que l'on ne doive faire[1].
J'ai suivi sa leçon sur le sujet d'Agnès,
Et je la fais venir dans ce lieu tout exprès,
Sous prétexte d'y faire un tour de promenade,
Afin que les soupçons de mon esprit malade
Puissent sur le discours la mettre adroitement,
Et, lui sondant le cœur, s'éclaircir doucement.

SCÈNE V

ARNOLPHE, AGNÈS, ALAIN, GEORGETTE.

ARNOLPHE.
Venez, Agnès.
À Alain et à Georgette.
Rentrez.

SCÈNE VI

ARNOLPHE, AGNÈS.

ARNOLPHE.
La promenade est belle.
AGNÈS.
Fort belle.
ARNOLPHE.
Le beau jour!

AGNÈS.
Fort beau.
ARNOLPHE.
Quelle nouvelle?
AGNÈS.
Le petit chat est mort.
ARNOLPHE.
C'est dommage; mais quoi!
Nous sommes tous mortels, et chacun est pour soi.
Lorsque j'étois aux champs, n'a-t-il point fait de pluie?
AGNÈS.
Non.
ARNOLPHE.
Vous ennuyoit-il?
AGNÈS.
Jamais je ne m'ennuie.
ARNOLPHE.
Qu'avez-vous fait encor ces neuf ou dix jours-ci?
AGNÈS.
Six chemises, je pense, et six coiffes aussi.
ARNOLPHE, après avoir un peu rêvé.
Le monde, chère Agnès, est une étrange chose!
Voyez la médisance, et comme chacun cause!
Quelques voisins m'ont dit qu'un jeune homme inconnu
Étoit, en mon absence, à la maison venu;
Que vous aviez souffert sa vue et ses harangues.
Mais je n'ai point pris foi sur ces méchantes langues,
Et j'ai voulu gager que c'étoit faussement...
AGNÈS.
Mon Dieu! ne gagez pas, vous perdriez vraiment.
ARNOLPHE.
Quoi! c'est la vérité qu'un homme...
AGNÈS.
Chose sûre.
Il n'a presque bougé de chez nous, je vous jure.
ARNOLPHE, bas, à part.
Cet aveu qu'elle fait avec sincérité
Me marque pour le moins son ingénuité.
Haut.
Mais il me semble, Agnès, si ma mémoire est bonne,
Que j'avois défendu que vous vissiez personne.
AGNÈS.
Oui; mais, quand je l'ai vu, vous ignoriez pourquoi;
Et vous en auriez fait, sans doute, autant que moi.
ARNOLPHE.
Peut-être. Mais enfin contez-moi cette histoire.
AGNÈS.
Elle est fort étonnante, et difficile à croire.
J'étois sur le balcon à travailler au frais,
Lorsque je vis passer sous les arbres d'auprès
Un jeune homme bien fait, qui, rencontrant ma vue,
D'une humble révérence aussitôt me salue:
Moi, pour ne point manquer à la civilité,
Je fis la révérence aussi de mon côté.
Soudain il me refait une autre révérence;
Moi, j'en refais de même une autre en diligence;
Et lui d'une troisième aussitôt repartant,
D'une troisième aussi j'y repars à l'instant.

---

[1] « Athenodorus le philosophe estant fort vieil, luy demanda congé (à Auguste) de se pouvoir retirer en sa maison pour sa vieillesse. Il luy donna; mais, en lui disant adieu, Athenodorus luy dit: « Quand tu te sentiras courroucé, sire, ne dy ny ne fais rien que premierement tu n'ayes recité les vingt et quatre lettres « de l'alphabet en toy mesme. » Cæsar ayant ouy cest advertissement, le prit par la main, et luy dit: « J'ay encore affaire de ta « présence: » et le retint encore un an, en luy disant:

« Sans péril est le loyer de silence. »
(Plutarque, traduction d'Amyot)

Il passe, vient, repasse, et, toujours de plus belle,
Me fait à chaque fois révérence nouvelle;
Et moi, qui tous ces tours fixement regardois,
Nouvelle révérence aussi je lui rendois;
Tant que, si sur ce point la nuit ne fût venue,
Toujours comme cela je me serois tenue,
Ne voulant point céder, ni recevoir l'ennui
Qu'il me pût estimer moins civile que lui.
                ARNOLPHE.
Fort bien.
                        AGNÈS.
        Le lendemain, étant sur notre porte,
Une vieille m'aborde, en parlant de la sorte :
« Mon enfant, le bon Dieu puisse-t-il vous bénir [1],
« Et dans tous vos attraits longtemps vous maintenir !
« Il ne vous a pas fait une belle personne,
« Afin de mal user des choses qu'il vous donne;
« Et vous devez savoir que vous avez blessé
« Un cœur qui de s'en plaindre est aujourd'hui forcé. »
            ARNOLPHE, à part.
Ah! suppôt de Satan! exécrable damnée!
                    AGNÈS.
Moi, j'ai blessé quelqu'un? fis-je tout étonnée.
« Oui, dit-elle, blessé, mais blessé tout de bon;
« Et c'est l'homme qu'hier vous vîtes du balcon. »
Hélas! qui pourroit, dis-je, en avoir été cause?
Sur lui, sans y penser, fis-je choir quelque chose?
« Non, dit-elle; vos yeux ont fait ce coup fatal,
« Et c'est de leurs regards qu'est venu tout son mal. »
Eh, mon Dieu! ma surprise est, fis-je, sans seconde;
Mes yeux ont-ils du mal, pour en donner au monde?
« Oui, fit-elle, vos yeux, pour causer le trépas,
« Ma fille, ont un venin que vous ne savez pas.
« En un mot, il languit, le pauvre misérable;
« Et s'il faut, poursuivit la vieille charitable,
« Que votre cruauté lui refuse un secours,
« C'est un homme à porter en terre dans deux jours. »
Mon Dieu! j'en aurois, dis-je, une douleur bien grande.
Mais pour le secourir qu'est-ce qu'il me demande?
« Mon enfant, me dit-elle, il ne veut obtenir
« Que le bien de vous voir et vous entretenir;
« Vos yeux peuvent eux seuls empêcher sa ruine,
« Et du mal qu'ils ont fait être la médecine. »
Hélas! volontiers, dis-je; et, puisqu'il est ainsi,
Il peut, tant qu'il voudra, me venir voir ici [2].
            ARNOLPHE, à part.
Ah! sorcière maudite, empoisonneuse d'âmes,
Puisse l'enfer payer tes charitables trames!
                    AGNÈS.
Voilà comme il me vit, et reçut guérison.

[1] Ce vers est imité de Regnier. Dans sa satire XVIe, la vieille Macette, qui veut corrompre la maîtresse du poète, débute ainsi :
    Ma fille, Dieu vous garde, et vous veuille bénir.
Il y a dans le discours de Macette un autre trait imité par Molière, dix-sept vers plus loin :
    Vous ne pouvez savoir tous les coups que vous faites;
    Et les traits de vos yeux, haut et bas élancés,
    Belle, ne voyent pas tous ceux que vous blessez.
                        (Bret.)
[2] Cette scène est imitée de la *Précaution inutile* de Scarron.

Vous-même, à votre avis, n'ai-je pas eu raison
Et pouvois-je, après tout, avoir la conscience
De le laisser mourir faute d'une assistance?
Moi qui compatis tant aux gens qu'on fait souffrir,
Et ne puis, sans pleurer, voir un poulet mourir.
            ARNOLPHE, bas, à part.
Tout cela n'est parti que d'une âme innocente;
Et j'en dois accuser mon absence imprudente,
Qui sans guide a laissé cette bonté de mœurs
Exposée aux aguets des rusés séducteurs.
Je crains que le pendard, dans ses vœux téméraires,
Un peu plus fort que jeu n'ait poussé les affaires.
                    AGNÈS.
Qu'avez-vous? Vous grondez, ce me semble, un petit [1].
Est-ce que c'est mal fait ce que je vous ai dit?
                ARNOLPHE.
Non. Mais de cette vue apprenez-moi les suites,
Et comme le jeune homme a passé ses visites.
                        AGNÈS.
Hélas! si vous saviez comme il étoit ravi,
Comme il perdit son mal sitôt que je le vi,
Le présent qu'il m'a fait d'une belle cassette,
Et l'argent qu'en ont eu notre Alain et Georgette,
Vous l'aimeriez sans doute, et diriez comme nous...
                ARNOLPHE.
Oui; mais que faisoit-il étant seul avec vous?
                        AGNÈS.
Il disoit qu'il m'aimoit d'une amour sans seconde,
Et me disoit des mots les plus gentils du monde,
Des choses que jamais rien ne peut égaler,
Et dont, toutes les fois que je l'entends parler,
La douceur me chatouille, et là dedans remue
Certain je ne sais quoi dont je suis tout émue.
                ARNOLPHE, bas, à part.
O fâcheux examen d'un mystère fatal,
Où l'examinateur souffre seul tout le mal!
                    Haut.
Outre tous ces discours, toutes ces gentillesses,
Ne vous faisoit-il point aussi quelques caresses?
                        AGNÈS.
Oh! tant! il me prenoit et les mains et les bras,
Et de me les baiser il n'étoit jamais las.
                ARNOLPHE.
Ne vous a-t-il point pris, Agnès, quelque autre chose?
            La voyant interdite.
Ouf!
                        AGNÈS.
Eh! il m'a...
                ARNOLPHE.
        Quoi?
                        AGNÈS.
            Pris...
                ARNOLPHE.
                Euh!
                        AGNÈS.
                    Le...

[1] Pour *un peu*.

ACTE II, SCÈNE VI.

ARNOLPHE.
Plaît-il?

AGNÈS.
Je n'ose,
Et vous vous fâcherez peut-être contre moi.

ARNOLPHE.
Non.

AGNÈS.
Si fait.

ARNOLPHE.
Mon Dieu! non.

AGNÈS.
Jurez donc votre foi [1].

ARNOLPHE.
Ma foi, soit.

AGNÈS.
Il m'a pris... Vous serez en colère.

ARNOLPHE.
Non.

AGNÈS.
Si.

ARNOLPHE.
Non, non, non, non. Diantre! que de mystère!
Qu'est-ce qu'il vous a pris?

AGNÈS.
Il...

ARNOLPHE, à part.
Je souffre en damné.

AGNÈS.
Il m'a pris le ruban que vous m'aviez donné [2].
A vous dire le vrai, je n'ai pu m'en défendre.

ARNOLPHE, reprenant haleine.
Passe pour le ruban. Mais je voulois apprendre
S'il ne vous a rien fait que vous baiser les bras.

AGNÈS.
Comment! est-ce qu'on fait d'autres choses?

ARNOLPHE.
Non pas.
Mais, pour guérir du mal qu'il dit qui le possède,
N'a-t-il point exigé de vous d'autre remède?

AGNÈS.
Non. Vous pouvez juger, s'il en eût demandé,
Que pour le secourir j'aurois tout accordé.

ARNOLPHE, bas, à part.
Grâce aux bontés du ciel, j'en suis quitte à bon compte :
Si j'y retombe plus, je veux bien qu'on m'affronte [3].

Haut.
Chut. De votre innocence, Agnès, c'est un effet;
Je ne vous en dis mot. Ce qui s'est fait est fait.
Je sais qu'en vous flattant le galant ne désire
Que de vous abuser, et puis après s'en rire.

AGNÈS.
Oh! point. Il me l'a dit plus de vingt fois à moi.

ARNOLPHE.
Ah! vous ne savez pas ce que c'est que sa foi.
Mais enfin apprenez qu'accepter des cassettes,
Et de ces beaux blondins écouter les sornettes;
Que se laisser par eux, à force de langueur,
Baiser ainsi les mains et chatouiller le cœur,
Est un péché mortel des plus gros qu'il se fasse.

AGNÈS.
Un péché, dites-vous? Et la raison, de grâce?

ARNOLPHE.
La raison? La raison est l'arrêt prononcé
Que par ces actions le ciel est courroucé.

AGNÈS.
Courroucé! Mais pourquoi faut-il qu'il s'en courrouce?
C'est une chose, hélas! si plaisante et si douce!
J'admire quelle joie on goûte à tout cela;
Et je ne savois point encor ces choses-là.

ARNOLPHE.
Oui, c'est un grand plaisir que toutes ces tendresses,
Ces propos si gentils, et ces douces caresses;
Mais il faut le goûter en toute honnêteté,
Et qu'en se mariant le crime en soit ôté.

AGNÈS.
N'est-ce plus un péché lorsque l'on se marie?

ARNOLPHE.
Non.

AGNÈS.
Mariez-moi donc promptement, je vous prie.

ARNOLPHE.
Si vous le souhaitez, je le souhaite aussi ;
Et pour vous marier on me revoit ici.

AGNÈS.
Est-il possible?

ARNOLPHE.
Oui.

AGNÈS.
Que vous me ferez aise!

ARNOLPHE.
Oui, je ne doute point que l'hymen ne vous plaise.

Vous nous voulez, nous deux...

ARNOLPHE.
Rien de plus assuré.

AGNÈS.
Que, si cela se fait, je vous caresserai!

ARNOLPHE.
Eh! la chose sera de ma part réciproque.

AGNÈS.
Je ne reconnois point, pour moi, quand on se moque.
Parlez-vous tout de bon?

---

[1] Dans le *Jaloux d'Estramadure*, nouvelle de Cervantes imitée par Scarron, la jeune Léonore consent à recevoir un joueur d'instrument, à condition qu'il jurera « de ne prétendre à rien de ce qui pourroit déplaire; car, » dit-elle, « quand il aura juré, nous le tiendrons. » Cette naïveté a peut-être inspiré à Molière l'idée du serment qu'Agnès exige d'Arnolphe. (Aimé Martin.)

[2] « Je ne vois rien de si ridicule que cette délicatesse d'honneur qui prend tout en mauvaise part, donne un sens criminel aux plus innocentes paroles, et s'offense de l'ombre des choses. Il y avoit l'autre jour des femmes à cette comédie, vis-à-vis de la loge où nous étions, qui, par les mines qu'elles affectèrent durant toute la pièce, leurs détournements de tête et leurs cachements de visage, firent dire de tous côtés cent sottises de leur conduite, que l'on n'auroit pas dites sans cela ; et quelqu'un même des laquais cria tout haut qu'elles étoient plus chastes des oreilles que de tout le reste du corps. » Molière, *Critique de l'École des Femmes*, scène III.)

[3] C'est-à-dire, je consens à être trompé, dupé.

ARNOLPHE.
Oui, vous le pourrez voir.
AGNÈS.
Nous serons mariés?
ARNOLPHE.
Oui.
AGNÈS.
Mais quand?
ARNOLPHE.
Dès ce soir.
AGNÈS, riant.
Dès ce soir?
ARNOLPHE.
Dès ce soir. Cela vous fait donc rire?
AGNÈS.
Oui.
ARNOLPHE.
Vous voir bien contente est ce que je désire.
AGNÈS.
Hélas! que je vous ai grande obligation,
Et qu'avec lui j'aurai de satisfaction!
ARNOLPHE.
Avec qui?
AGNÈS.
Avec... Là...
ARNOLPHE.
Là... Là n'est pas mon compte.
A choisir un mari vous êtes un peu prompte.
C'est un autre, en un mot, que je vous tiens tout prêt.
Et quant au monsieur là, je prétends, s'il vous plaît,
Dût le mettre au tombeau le mal dont il vous berce,
Qu'avec lui désormais vous rompiez tout commerce;
Que, venant au logis, pour votre compliment,
Vous lui fermiez au nez la porte honnêtement;
Et lui jetant, s'il heurte, un grès par la fenêtre,
L'obligiez tout de bon à ne plus y paroître.
M'entendez-vous, Agnès? Moi, caché dans un coin,
De votre procédé je serai le témoin.
AGNÈS.
Las! il est si bien fait! C'est...
ARNOLPHE.
Ah! que de langage!
AGNÈS.
Je n'aurai pas le cœur...
ARNOLPHE.
Point de bruit davantage.
Montez là-haut.
AGNÈS.
Mais quoi! voulez-vous...
ARNOLPHE.
C'est assez.
Je suis maître, je parle; allez, obéissez.

ACTE TROISIÈME

SCÈNE I

ARNOLPHE, AGNÈS, ALAIN, GEORGETTE.

ARNOLPHE.
Oui, tout a bien été, ma joie est sans pareille :
Vous avez là suivi mes ordres à merveille,
Confondu de tout point le blondin séducteur ;
Et voilà de quoi sert un sage directeur.
Votre innocence, Agnès, avoit été surprise :
Voyez, sans y penser, où vous vous étiez mise.
Vous enfiliez tout droit, sans mon instruction,
Le grand chemin d'enfer et de perdition.
De tous ces damoiseaux on sait trop les coutumes :
Ils ont de beaux canons, force rubans et plumes,
Grands cheveux, belles dents, et des propos fort doux ;
Mais, comme je vous dis, la griffe est là-dessous ;
Et ce sont vrais satans, dont la gueule altérée
De l'honneur féminin cherche à faire curée.
Mais, encore une fois, grâce au soin apporté,
Vous en êtes sortie avec honnêteté.
L'air dont je vous ai vu lui jeter cette pierre,
Qui de tous ses desseins a mis l'espoir par terre,
Me confirme encor mieux à ne point différer
Les noces où je dis qu'il vous faut préparer.
Mais, avant toute chose, il est bon de vous faire
Quelque petit discours qui vous soit salutaire.
A Georgette et à Alain.
Un siége au frais ici. Vous, si jamais en rien...
GEORGETTE.
De toutes vos leçons nous nous souviendrons bien.
Cet autre monsieur-là nous en faisoit accroire ;
Mais...
ALAIN.
S'il entre jamais, je veux jamais ne boire.
Aussi bien est-ce un sot; il nous a l'autre fois
Donné deux écus d'or qui n'étoient pas de poids.
ARNOLPHE.
Ayez donc pour souper tout ce que je désire ;
Et pour notre contrat, comme je viens de dire,
Faites venir ici, l'un ou l'autre, au retour,
Le notaire qui loge au coin de ce carfour.

SCÈNE II

ARNOLPHE, AGNÈS.

ARNOLPHE, assis.
Agnès, pour m'écouter, laissez là votre ouvrage :
Levez un peu la tête, et tournez le visage :
Mettant le doigt sur son front.
Là, regardez-moi là durant cet entretien;
Et, jusqu'au moindre mot, imprimez-le-vous bien.
Je vous épouse, Agnès ; et, cent fois la journée,
Vous devez bénir l'heur de votre destinée,

..ès ; et, ceu. .
fleur de votre destinée,

L'ÉCOLE DES FEMMES.

ACTE III SCÈNE II

Contempler la bassesse où vous avez été,
Et dans le même temps admirer ma bonté,
Qui, de ce vil état de pauvre villageoise,
Vous fait monter au rang d'honorable bourgeoise,
Et jouir de la couche et des embrassements
D'un homme qui fuyoit tous ces engagements,
Et dont à vingt partis, fort capables de plaire,
Le cœur a refusé l'honneur qu'il veut vous faire.
Vous devez toujours, dis-je, avoir devant les yeux
Le peu que vous étiez sans ce nœud glorieux;
Afin que cet objet d'autant mieux vous instruise
A mériter l'état où je vous aurai mise,
A toujours vous connoître, et faire qu'à jamais
Je puisse me louer de l'acte que je fais.
Le mariage, Agnès, n'est pas un badinage :
A d'austères devoirs le rang de femme engage ;
Et vous n'y montez pas, à ce que je prétends,
Pour être libertine et prendre du bon temps.
Votre sexe n'est là que pour la dépendance :
Du côté de la barbe est la toute-puissance.
Bien qu'on soit deux moitiés de la société,
Ces deux moitiés pourtant n'ont point d'égalité :
L'une est moitié suprême, et l'autre subalterne ;
L'une en tout est soumise à l'autre, qui gouverne ;
Et ce que le soldat, dans son devoir instruit,
Montre d'obéissance au chef qui le conduit,
Le valet à son maître, un enfant à son père,
A son supérieur le moindre petit frère,
N'approche point encor de la docilité,
Et de l'obéissance, et de l'humilité,
Et du profond respect où la femme doit être
Pour son mari, son chef, son seigneur et son maître.
Lorsqu'il jette sur elle un regard sérieux,
Son devoir aussitôt est de baisser les yeux,
Et de n'oser jamais le regarder en face
Que quand d'un doux regard il lui veut faire grâce.
C'est ce qu'entendent mal les femmes d'aujourd'hui ;
Mais ne vous gâtez pas sur l'exemple d'autrui.
Gardez-vous d'imiter ces coquettes vilaines
Dont par toute la ville on chante les fredaines,
Et de vous laisser prendre aux assauts du malin,
C'est-à-dire d'ouïr aucun jeune blondin.
Songez qu'en vous faisant moitié de ma personne,
C'est mon honneur, Agnès, que je vous abandonne,
Que cet honneur est tendre et se blesse de peu,
Que sur un tel sujet il ne faut point de jeu ;
Et qu'il est aux enfers des chaudières bouillantes
Où l'on plonge à jamais les femmes mal vivantes.
Ce que je vous dis là ne sont point des chansons ;
Et vous devez du cœur dévorer ces leçons.
Si votre âme les suit, et fuit d'être coquette,
Elle sera toujours, comme un lis, blanche et nette ;
Mais, s'il faut qu'à l'honneur elle fasse un faux bond,
Elle deviendra lors noire comme un charbon ;
Vous paroîtrez à tous un objet effroyable,
Et vous irez un jour, vrai partage du diable,
Bouillir dans les enfers à toute éternité,
Dont veuille vous garder la céleste bonté !

Faites la révérence. Ainsi qu'une novice
Par cœur dans le couvent doit savoir son office,
Entrant au mariage il en faut faire autant ;
Et voici dans ma poche un écrit important,
Qui vous enseignera l'office de la femme.
J'en ignore l'auteur ; mais c'est quelque bonne âme ;
Et je veux que ce soit votre unique entretien.
Il se lève.
Tenez. Voyons un peu si vous le lirez bien.

AGNÈS *lit.*

LES MAXIMES DU MARIAGE
OU LES DEVOIRS DE LA FEMME MARIÉE,
AVEC SON EXERCICE JOURNALIER.

PREMIÈRE MAXIME.

Celle qu'un lien honnête
Fait entrer au lit d'autrui,
Doit se mettre dans la tête,
Malgré le train d'aujourd'hui,
Que l'homme qui la prend ne la prend que pour lui.

ARNOLPHE.

Je vous expliquerai ce que cela veut dire ;
Mais pour l'heure présente il ne faut rien que lire.

AGNÈS *poursuit.*

DEUXIÈME MAXIME.

Elle ne se doit parer
Qu'autant que peut désirer
Le mari qui la possède :
C'est lui que touche seul le soin de sa beauté ;
Et pour rien doit être compté
Que les autres la trouvent laide.

TROISIÈME MAXIME.

Loin ces études d'œillades,
Ces eaux, ces blancs, ces pommades,
Et mille ingrédients qui font des teints fleuris :
A l'honneur, tous les jours, ce sont drogues mortelles ;
Et les soins de paroître belles
Se prennent peu pour les maris.

QUATRIÈME MAXIME.

Sous sa coiffe, en sortant, comme l'honneur l'ordonne,
Il faut que de ses yeux elle étouffe les coups ;
Car, pour bien plaire à son époux,
Elle ne doit plaire à personne.

CINQUIÈME MAXIME.

Hors ceux dont au mari la visite se rend,
La bonne règle défend
De recevoir aucune âme :
Ceux qui de galante humeur
N'ont affaire qu'à madame
N'accommodent pas monsieur.

SIXIÈME MAXIME.

Il faut des présents des hommes
Qu'elle se défende bien ;

Car, dans le siècle où nous sommes,
On ne donne rien pour rien.

SEPTIÈME MAXIME.

Dans ses meubles, dût-elle en avoir de l'ennui,
Il ne faut écritoire, encre, papier, ni plumes :
Le mari doit, dans les bonnes coutumes,
Écrire tout ce qui s'écrit chez lui.

HUITIÈME MAXIME.

Ces sociétés déréglées,
Qu'on nomme belles assemblées,
Des femmes tous les jours corrompent les esprits.
En bonne politique on les doit interdire;
Car c'est là que l'on conspire
Contre les pauvres maris.

NEUVIÈME MAXIME.

Toute femme qui veut à l'honneur se vouer
Doit se défendre de jouer,
Comme d'une chose funeste;
Car le jeu, fort décevant,
Pousse une femme souvent
A jouer de tout son reste.

DIXIÈME MAXIME.

Des promenades du temps,
Ou repas qu'on donne aux champs,
Il ne faut point qu'elle essaye.
Selon les prudents cerveaux,
Le mari, dans ces cadeaux,
Est toujours celui qui paye.

ONZIÈME MAXIME......

ARNOLPHE.

Vous achèverez seule; et, pas à pas, tantôt
Je vous expliquerai ces choses comme il faut.
Je me suis souvenu d'une petite affaire :
Je n'ai qu'un mot à dire, et ne tarderai guère.
Rentrez, et conservez ce livre chèrement.
Si le notaire vient, qu'il m'attende un moment.

SCÈNE III

ARNOLPHE, seul.

Je ne puis faire mieux que d'en faire ma femme.
Ainsi que je voudrai je tournerai cette âme;
Comme un morceau de cire entre mes mains elle est,
Et je lui puis donner la forme qui me plaît.
Il s'en est peu fallu que, durant mon absence,
On ne m'ait attrapé par son trop d'innocence;
Mais il vaut beaucoup mieux, à dire vérité,
Que la femme qu'on a pêche de ce côté.
De ces sortes d'erreurs le remède est facile.
Toute personne simple aux leçons est docile;
Et, si du bon chemin on l'a fait écarter,
Deux mots incontinent l'y peuvent rejeter.
Mais une femme habile est bien une autre bête :
Notre sort ne dépend que de sa seule tête;
De ce qu'elle s'y met rien ne la fait gauchir [1],
Et nos enseignements ne font là que blanchir;
Son bel esprit lui sert à railler nos maximes,
A se faire souvent des vertus de ses crimes,
Et trouver, pour venir à ses coupables fins,
Des détours à duper l'adresse des plus fins.
Pour se parer du coup en vain on se fatigue :
Une femme d'esprit est un diable en intrigue;
Et, dès que son caprice a prononcé tout bas
L'arrêt de notre honneur, il faut passer le pas :
Beaucoup d'honnêtes gens en pourroient bien que dire.
Enfin mon étourdi n'aura pas lieu d'en rire;
Par son trop de caquet il a ce qu'il lui faut.
Voilà de nos François l'ordinaire défaut :
Dans la possession d'une bonne fortune,
Le secret est toujours ce qui les importune,
Et la vanité sotte a pour eux tant d'appas,
Qu'ils se pendroient plutôt que de ne causer pas.
Oh! que les femmes sont du diable bien tentées,
Lorsqu'elles vont choisir ces têtes éventées!
Et que... Mais le voici... Cachons-nous toujours bien,
Et découvrons un peu quel chagrin est le sien.

SCÈNE IV

HORACE, ARNOLPHE.

HORACE.

Je reviens de chez vous, et le destin me montre
Qu'il n'a pas résolu que je vous y rencontre.
Mais j'irai tant de fois, qu'enfin quelque moment...

ARNOLPHE.

Eh, mon Dieu! n'entrons point dans ce vain compliment :
Rien ne me fâche tant que ces cérémonies;
Et, si l'on m'en croyoit, elles seroient bannies.
C'est un maudit usage, et la plupart des gens
Y perdent sottement les deux tiers de leur temps.

Il se couvre.

Mettons donc sans façon [2]. Eh bien, vos amourettes?
Puis-je, seigneur Horace, apprendre où vous en êtes?
J'étois tantôt distrait par quelque vision;
Mais depuis là-dessus j'ai fait réflexion.
De vos premiers progrès j'admire la vitesse,
Et dans l'événement mon âme s'intéresse.

HORACE.

Ma foi, depuis qu'à vous s'est découvert mon cœur,
Il est à mon amour arrivé du malheur.

ARNOLPHE.

Oh! oh! comment cela?

HORACE.
                    La fortune cruelle
A ramené des champs le patron de la belle.

ARNOLPHE.

Quel malheur!

[1] *Gauchir*, au propre, aller à gauche; au figuré, s'écarter, se départir.
[2] Pour inviter quelqu'un à mettre son chapeau sur sa tête, lui disait simplement *mettez*, ou bien *mettez dessus*; comme aujourd'hui *couvrez-vous*.

ACTE III, SCÈNE IV.

HORACE.
Et de plus, à mon très-grand regret,
Il a su de nous deux le commerce secret.
ARNOLPHE.
D'où diantre a-t-il sitôt appris cette aventure?
HORACE.
Je ne sais; mais enfin c'est une chose sûre.
Je pensois aller rendre, à mon heure à peu près,
Ma petite visite à ses jeunes attraits,
Lorsque, changeant pour moi de ton et de visage,
Et servante et valet m'ont bouché le passage,
Et d'un « Retirez-vous, vous nous importunez, »
M'ont assez rudement fermé la porte au nez.
ARNOLPHE.
La porte au nez!
HORACE.
Au nez.
ARNOLPHE.
La chose est un peu forte.
HORACE.
J'ai voulu leur parler au travers de la porte;
Mais à tous mes propos ce qu'ils ont répondu,
C'est : « Vous n'entrerez point; monsieur l'a défendu. »
ARNOLPHE.
Ils n'ont donc point ouvert?
HORACE.
Non. Et de la fenêtre
Agnès m'a confirmé le retour de ce maître,
En me chassant de là d'un ton plein de fierté,
Accompagné d'un grès que sa main a jeté.
ARNOLPHE.
Comment! d'un grès?
HORACE.
D'un grès de taille non petite,
Dont on a par ses mains régalé ma visite.
ARNOLPHE.
Diantre! ce ne sont pas des prunes que cela!
Et je trouve fâcheux l'état où vous voilà.
HORACE.
Il est vrai, je suis mal par ce retour funeste.
ARNOLPHE.
Certes, j'en suis fâché pour vous, je vous proteste.
HORACE.
Cet homme me rompt tout.
ARNOLPHE.
Oui; mais cela n'est rien,
Et de vous raccrocher vous trouverez moyen.
HORACE.
Il faut bien essayer, par quelque intelligence,
De vaincre du jaloux l'exacte vigilance.
ARNOLPHE.
Cela vous est facile; et la fille, après tout,
Vous aime?
HORACE.
Assurément.
ARNOLPHE.
Vous en viendrez à bout.
HORACE.
Je l'espère.
ARNOLPHE.
Le grès vous a mis en déroute :
Mais cela ne doit pas vous étonner.
HORACE.
Sans doute;
Et j'ai compris d'abord que mon homme étoit là,
Qui, sans se faire voir, conduisoit tout cela.
Mais ce qui m'a surpris, et qui va vous surprendre,
C'est un autre incident que vous allez entendre;
Un trait hardi qu'a fait cette jeune beauté,
Et qu'on n'attendroit point de sa simplicité.
Il le faut avouer, l'Amour est un grand maître :
Ce qu'on ne fut jamais, il nous enseigne à l'être;
Et souvent de nos mœurs l'absolu changement
Devient par ses leçons l'ouvrage d'un moment.
De la nature en nous il force les obstacles,
Et ses effets soudains ont de l'air des miracles.
D'un avare à l'instant il fait un libéral,
Un vaillant d'un poltron, un civil d'un brutal;
Il rend agile à tout l'âme la plus pesante
Et donne de l'esprit à la plus innocente.
Oui, ce dernier miracle éclate dans Agnès;
Car, tranchant avec moi par ces termes exprès :
« Retirez-vous, mon âme aux visites renonce;
« Je sais tous vos discours, et voilà ma réponse, »
Cette pierre ou ce grès dont vous vous étonnez
Avec un mot de lettre est tombée à mes pieds;
Et j'admire de voir cette lettre ajustée
Avec le sens des mots et la pierre jetée.
D'une telle action n'êtes-vous pas surpris?
L'Amour sait-il pas l'art d'aiguiser les esprits?
Et peut-on me nier que ses flammes puissantes
Ne fassent dans un cœur des choses étonnantes?
Que dites-vous du tour et de ce mot d'écrit?
Euh! n'admirez-vous point cette adresse d'esprit?
Trouvez-vous pas plaisant de voir quel personnage
A joué mon jaloux dans tout ce badinage?
Dites.
ARNOLPHE.
Oui, fort plaisant.
HORACE.
Riez-en donc un peu.
Arnolphe rit d'un air forcé.
Cet homme, gendarmé d'abord contre mon feu,
Qui chez lui se retranche, et de grès fait parade,
Comme si j'y voulois entrer par escalade;
Qui, pour me repousser, dans son bizarre effroi,
Anime du dedans tous ses gens contre moi,
Et qu'abuse à ses yeux, par sa machine même,
Celle qu'il veut tenir dans l'ignorance extrême!
Pour moi, je vous l'avoue, encor que son retour
En un grand embarras jette ici mon amour,
Je tiens cela plaisant autant qu'on sauroit dire :
Je ne puis y songer sans de bon cœur en rire;
Et vous n'en riez pas assez, à mon avis.

ARNOLPHE, *avec un ris forcé.*
Pardonnez-moi, j'en ris tout autant que je puis.
HORACE.
Mais il faut qu'en ami je vous montre sa lettre.
Tout ce que son cœur sent, sa main a su l'y mettre,
Mais en termes touchants et tout pleins de bonté,
De tendresse innocente et d'ingénuité,
De la manière enfin que la pure nature
Exprime de l'amour la première blessure.
ARNOLPHE, *bas, à part.*
Voilà, friponne, à quoi l'écriture te sert ;
Et, contre mon dessein, l'art t'en fut découvert.
HORACE *lit.*

« Je veux vous écrire, et je suis bien en peine par où
« je m'y prendrai. J'ai des pensées que je désirerois que
« vous sussiez ; mais je ne sais comment faire pour vous
« les dire, et je me défie de mes paroles. Comme je com-
« mence à connoître qu'on m'a toujours tenue dans l'igno-
« rance, j'ai peur de mettre quelque chose qui ne soit
« pas bien, et d'en dire plus que je ne devrois. En vérité,
« je ne sais ce que vous m'avez fait, mais je sens que je
« suis fâchée à mourir de ce qu'on me fait faire contre
« vous, que j'aurai toutes les peines du monde à me
« passer de vous, et que je serois bien aise d'être à vous.
« Peut-être qu'il y a du mal à dire cela ; mais enfin je ne
« puis m'empêcher de le dire, et je voudrois que cela se
« pût faire sans qu'il y en eût. On me dit fort que tous
« les jeunes hommes sont des trompeurs, qu'il ne les faut
« point écouter, et que tout ce que me dites n'est
« que pour m'abuser ; mais je vous assure que je n'ai pu
« encore me figurer cela de vous, et je suis si touchée
« de vos paroles, que je ne saurois croire qu'elles soient
« menteuses. Dites-moi franchement ce qui en est : car
« enfin, comme je suis sans malice, vous auriez le plus
« grand tort du monde si vous me trompiez ; et je pense
« que j'en mourrois de déplaisir[1]. »

ARNOLPHE, *à part.*
Hon ! chienne !
HORACE.
Qu'avez-vous ?
ARNOLPHE.
Moi ? rien. C'est que je tousse.
HORACE.
Avez-vous jamais vu d'expression plus douce ?
Malgré les soins maudits d'un injuste pouvoir,
Un plus beau naturel se peut-il faire voir ?
Et n'est-ce pas sans doute un crime punissable,
De gâter méchamment ce fond d'âme admirable ;
D'avoir dans l'ignorance et la stupidité
Voulu de cet esprit étouffer la clarté ?
L'amour a commencé d'en déchirer le voile ;
Et si, par la faveur de quelque bonne étoile,
Je puis, comme j'espère, à ce franc animal,
Ce traître, ce bourreau, ce faquin, ce brutal...
ARNOLPHE.
Adieu.

HORACE.
Comment ! si vite !
ARNOLPHE.
Il m'est dans la pensée
Venu tout maintenant une affaire pressée.
HORACE.
Mais ne sauriez-vous point, comme on la tient de près,
Qui dans cette maison pourroit avoir accès ?
J'en use sans scrupule ; et ce n'est pas merveille
Qu'on se puisse, entre amis, servir à la pareille[1].
Je n'ai plus là dedans que gens pour m'observer ;
Et servante et valet, que je viens de trouver,
N'ont jamais, de quelque air que je m'y sois pu prendre,
Adouci leur rudesse à me vouloir entendre.
J'avois pour de tels coups certaine vieille en main,
D'un génie, à vrai dire, au-dessus de l'humain :
Elle m'a dans l'abord servi de bonne sorte ;
Mais, depuis quatre jours, la pauvre femme est morte.
Ne me pourriez-vous point ouvrir quelque moyen ?
ARNOLPHE.
Non vraiment ; et sans moi vous en trouverez bien.
HORACE.
Adieu donc. Vous voyez ce que je vous confie.

SCÈNE V

ARNOLPHE, *seul.*

Comme il faut devant lui que je me mortifie !
Quelle peine à cacher mon déplaisir cuisant !
Quoi ! pour une innocente un esprit si présent !
Elle a feint d'être telle à mes yeux, la traîtresse,
Ou le diable à son âme a soufflé cette adresse.
Enfin, me voilà mort par ce funeste écrit.
Je vois qu'il a, le traître, empaumé son esprit,
Qu'à ma suppression il s'est ancré chez elle ;
Et c'est mon désespoir et ma peine mortelle.
Je souffre doublement dans le vol de son cœur ;
Et l'amour y pâtit aussi bien que l'honneur.
J'enrage de trouver cette place usurpée,
Et j'enrage de voir ma prudence trompée.
Je sais que, pour punir son amour libertin,
Je n'ai qu'à laisser faire à son mauvais destin,
Que je serai vengé d'elle par elle-même :
Mais il est bien fâcheux de perdre ce qu'on aime.
Ciel ! puisque pour un choix j'ai tant philosophé,
Faut-il de ses appas m'être si fort coiffé ?
Elle n'a ni parents, ni support, ni richesse ;
Elle trahit mes soins, mes bontés, ma tendresse :
Et cependant je l'aime, après ce lâche tour,
Jusqu'à ne me pouvoir passer de cet amour.
Sot, n'as-tu point de honte ? Ah ! je crève, j'enrage,
Et je souffletterois mille fois mon visage !
Je veux entrer un peu, mais seulement pour voir
Quelle est sa contenance après un trait si noir.

---

[1] Comparez cette lettre à celle d'Isabelle dans l'*École des Maris.*

[1] *A la pareille,* c'est-à-dire d'une façon pareille, à charge de revanche.

Ciel! faites que mon front soit exempt de disgrâce;
Ou bien, s'il est écrit qu'il faille que j'y passe,
Donnez-moi tout au moins, pour de tels accidents,
La constance qu'on voit à de certaines gens!

ACTE QUATRIÈME

SCÈNE I

ARNOLPHE, seul.

J'ai peine, je l'avoue, à demeurer en place,
Et de mille soucis mon esprit s'embarrasse,
Pour pouvoir mettre un ordre et dedans et dehors,
Qui du godelureau rompe tous les efforts.
De quel œil la traîtresse a soutenu ma vue!
De tout ce qu'elle a fait elle n'est point émue;
Et, bien qu'elle me mette à deux doigts du trépas,
On diroit, à la voir, qu'elle n'y touche pas.
Plus, en la regardant, je la voyois tranquille,
Plus je sentois en moi s'échauffer une bile;
Et ces bouillants transports dont s'enflammoit mon cœur
Y sembloient redoubler mon amoureuse ardeur.
J'étois aigri, fâché, désespéré contre elle;
Et cependant jamais je ne la vis si belle,
Jamais ses yeux aux miens n'ont paru si perçants,
Jamais je n'eus pour eux des désirs si pressants;
Et je sens là dedans qu'il faudra que je crève,
Si de mon triste sort la disgrâce s'achève.
Quoi! j'aurai dirigé son éducation
Avec tant de tendresse et de précaution;
Je l'aurai fait passer chez moi dès son enfance,
Et j'en aurai chéri la plus tendre espérance;
Mon cœur aura bâti sur ses attraits naissants,
Et cru la mitonner pour moi durant treize ans,
Afin qu'un jeune fou dont elle s'amourache
Me la vienne enlever jusque sur la moustache,
Lorsqu'elle est avec moi mariée à demi!
Non, parbleu! non, parbleu! Petit sot, mon ami,
Vous aurez beau tourner, ou j'y perdrai mes peines,
Ou je rendrai, ma foi, vos espérances vaines,
Et de moi tout à fait vous ne vous rirez point.

SCÈNE II

UN NOTAIRE, ARNOLPHE.

LE NOTAIRE.
Ah! le voilà! Bonjour. Me voici tout à point
Pour dresser le contrat que vous souhaitez faire.
ARNOLPHE, se croyant seul, et sans voir ni entendre le notaire.
Comment faire?
LE NOTAIRE.
Il le faut dans la forme ordinaire.
ARNOLPHE, se croyant seul.
A mes précautions je veux songer de près.

LE NOTAIRE.
Je ne passerai rien contre vos intérêts.
ARNOLPHE, se croyant seul.
Il se faut garantir de toutes les surprises.
LE NOTAIRE.
Suffit qu'entre mes mains vos affaires soient mises.
Il ne vous faudra point, de peur d'être déçu,
Quittancer le contrat que vous n'ayez reçu.
ARNOLPHE, se croyant seul.
J'ai peur, si je vais faire éclater quelque chose,
Que de cet incident par la ville on ne cause.
LE NOTAIRE.
Eh bien, il est aisé d'empêcher cet éclat,
Et l'on peut en secret faire votre contrat.
ARNOLPHE, se croyant seul.
Mais comment faudra-t-il qu'avec elle j'en sorte?
LE NOTAIRE.
Le douaire se règle au bien qu'on vous apporte.
ARNOLPHE, se croyant seul.
Je l'aime, et cet amour est mon grand embarras.
LE NOTAIRE.
On peut avantager une femme en ce cas.
ARNOLPHE, se croyant seul.
Quel traitement lui faire en pareille aventure?
LE NOTAIRE.
L'ordre est que le futur doit douer la future
Du tiers du dot qu'elle a; mais cet ordre n'est rien,
Et l'on va plus avant lorsque l'on le veut bien.
ARNOLPHE, se croyant seul.
Si...
Il aperçoit le notaire.
LE NOTAIRE.
Pour le préciput, il les regarde ensemble.
Je dis que le futur peut, comme bon lui semble,
Douer la future.
ARNOLPHE.
Hé?
LE NOTAIRE.
Il peut l'avantager
Lorsqu'il l'aime beaucoup et qu'il veut l'obliger;
Et cela par douaire, ou préfix qu'on appelle [1],
Qui demeure perdu par le trépas d'icelle;
Ou sans retour, qui va de ladite à ses hoirs;
Ou coutumier, selon les différents vouloirs;
Ou par donation dans le contrat formelle,
Qu'on fait ou pure ou simple, ou qu'on fait mutuelle.
Pourquoi hausser le dos? Est-ce qu'on parle en fat,
Et que l'on ne sait pas les formes d'un contrat?
Qui me les apprendra? personne, je présume.
Sais-je pas qu'étant joints on est par la coutume
Communs en meubles, biens, immeubles et conquêts,
A moins que par un acte on n'y renonce exprès?
Sais-je pas que le tiers du bien de la future
Entre en communauté pour...

---

[1] Le douaire préfix était celui qu'on avait réglé d'avance par une convention. Le douaire coutumier était celui qui était déterminé par la coutume, à défaut de convention.

ARNOLPHE.

Oui, c'est chose sûre,
Vous savez tout cela ; mais qui vous en dit mot?

LE NOTAIRE.

Vous, qui me prétendez faire passer pour sot,
En me haussant l'épaule et faisant la grimace.

ARNOLPHE.

La peste soit fait l'homme, et sa chienne de face!
Adieu. C'est le moyen de vous faire finir.

LE NOTAIRE.

Pour dresser un contrat m'a-t-on pas fait venir?

ARNOLPHE.

Oui, je vous ai mandé; mais la chose est remise,
Et l'on vous mandera quand l'heure sera prise.
Voyez quel diable d'homme avec son entretien!

LE NOTAIRE, seul.

Je pense qu'il en tient; et je crois penser bien.

SCÈNE III

LE NOTAIRE, ALAIN, GEORGETTE.

LE NOTAIRE, allant au-devant d'Alain et de Georgette.

M'êtes-vous pas venu quérir pour votre maître?

ALAIN.

Oui.

LE NOTAIRE.

J'ignore pour qui vous le pouvez connoître;
Mais allez de ma part lui dire de ce pas
Que c'est un fou fieffé.

GEORGETTE.

Nous n'y manquerons pas.

SCÈNE IV

ARNOLPHE, ALAIN, GEORGETTE.

ALAIN.

Monsieur...

ARNOLPHE.

Approchez-vous ; vous êtes mes fidèles,
Mes bons, mes vrais amis; et j'en sais des nouvelles.

ALAIN.

Le notaire...

ARNOLPHE.

Laissons, c'est pour quelque autre jour.
On veut à mon honneur jouer d'un mauvais tour;
Et quel affront pour vous, mes enfants, pourroit-ce être,
Si l'on avoit ôté l'honneur à votre maître!
Vous n'oseriez après paroître en nul endroit;
Et chacun, vous voyant, vous montreroit au doigt.
Donc, puisque autant que moi l'affaire vous regarde,
Il faut de votre part faire une telle garde,
Que ce galant ne puisse en aucune façon...

GEORGETTE.

Vous nous avez tantôt montré notre leçon.

ARNOLPHE.

Mais à ses beaux discours gardez bien de vous rendre.

ALAIN.

Oh! vraiment...

GEORGETTE.

Nous savons comme il faut s'en défendre.

ARNOLPHE.

S'il venoit doucement : Alain, mon pauvre cœur,
Par un peu de secours soulage ma langueur!

ALAIN.

Vous êtes un sot.

ARNOLPHE.

A Georgette.

Bon. Georgette, ma mignonne,
Tu me parois si douce et si bonne personne...

GEORGETTE.

Vous êtes un nigaud.

ARNOLPHE.

A Alain.

Bon. Quel mal trouves-tu
Dans un dessein honnête et tout plein de vertu?

ALAIN.

Vous êtes un fripon.

ARNOLPHE.

A Georgette.

Fort bien. Ma mort est sûre,
Si tu ne prends pitié des peines que j'endure.

GEORGETTE.

Vous êtes un benêt, un impudent.

ARNOLPHE.

Fort bien.

A Alain.

Je ne suis pas un homme à vouloir rien pour rien;
Je sais, quand on me sert, en garder la mémoire :
Cependant, par avance, Alain, voilà pour boire;
Et voilà pour t'avoir, Georgette, un cotillon.

Ils tendent tous deux la main, et prennent l'argent.

Ce n'est de mes bienfaits qu'un simple échantillon.
Toute la courtoisie enfin dont je vous presse,
C'est que je puisse voir votre belle maîtresse.

GEORGETTE, le poussant.

A d'autres!

ARNOLPHE.

Bon cela.

ALAIN, le poussant.

Hors d'ici!

ARNOLPHE.

Bon.

GEORGETTE, le poussant.

Mais tôt!

ARNOLPHE.

Bon. Holà! c'est assez.

GEORGETTE.

Fais-je pas comme il faut?

ALAIN.

Est-ce de la façon que vous voulez l'entendre?

ARNOLPHE.

Oui, fort bien, hors l'argent qu'il ne falloit pas prendre.

GEORGETTE.

Nous ne nous sommes pas souvenus de ce point.

ALAIN.
Voulez-vous qu'à l'instant nous recommencions?
ARNOLPHE.
Point.
Suffit. Rentrez tous deux.
ALAIN.
Vous n'avez rien qu'à dire.
ARNOLPHE.
Non, vous dis-je ; rentrez, puisque je le désire ;
Je vous laisse l'argent. Allez : je vous rejoins.
Ayez bien l'œil à tout, et secondez mes soins.

SCÈNE V

ARNOLPHE, seul.

Je veux, pour espion qui soit d'exacte vue,
Prendre le savetier du coin de notre rue.
Dans la maison toujours je prétends la tenir,
Y faire bonne garde, et surtout en bannir
Vendeuses de rubans, perruquières, coiffeuses,
Faiseuses de mouchoirs, gantières, revendeuses,
Tous ces gens qui sous main travaillent chaque jour
A faire réussir les mystères d'amour.
Enfin j'ai vu le monde, et j'en sais les finesses.
Il faudra que mon homme ait de grandes adresses,
Si message ou poulet de sa part peut entrer.

SCÈNE VI

HORACE, ARNOLPHE.

HORACE.
La place m'est heureuse à vous y rencontrer.
Je viens de l'échapper bien belle, je vous jure.
Au sortir d'avec vous, sans prévoir l'aventure,
Seule dans son balcon j'ai vu paroître Agnès,
Qui des arbres prochains prenoit un peu le frais.
Après m'avoir fait signe, elle a su faire en sorte,
Descendant au jardin, de m'en ouvrir la porte ;
Mais à peine tous deux dans sa chambre étions-nous,
Qu'elle a sur les degrés entendu son jaloux ;
Et tout ce qu'elle a pu, dans un tel accessoire [1],
C'est de me renfermer dans une grande armoire.
Il est entré d'abord : je ne le voyois pas,
Mais je l'oyois marcher, sans rien dire, à grands pas,
Poussant de temps en temps des soupirs pitoyables,
Et donnant quelquefois de grands coups sur les tables,
Frappant un petit chien qui pour lui s'émouvoit,
Et jetant brusquement les hardes qu'il trouvoit.
Il a même cassé, d'une main mutinée,
Des vases dont la belle ornoit sa cheminée ;
Et sans doute il faut bien qu'à ce becque cornu [2]
Du trait qu'elle a joué quelque jour soit venu.
Enfin, après cent tours, ayant de la manière
Sur ce qui n'en peut mais [1] déchargé sa colère,
Mon jaloux inquiet, sans dire son ennui,
Est sorti de la chambre, et moi, de mon étui [2].
Nous n'avons point voulu, de peur du personnage,
Risquer à nous tenir ensemble davantage :
C'étoit trop hasarder ; mais je dois, cette nuit,
Dans sa chambre un peu tard m'introduire sans bruit.
En toussant par trois fois je me ferai connoître ;
Et je dois au signal voir ouvrir la fenêtre,
Dont, avec une échelle, et secondé d'Agnès,
Mon amour tâchera de me gagner l'accès.
Comme à mon seul ami je veux bien vous l'apprendre.
L'allégresse du cœur s'augmente à la répandre ;
Et goûtât-on cent fois un bonheur tout parfait,
On n'en est pas content si quelqu'un ne le sait.
Vous prendrez part, je pense, à l'heur de mes affaires.
Adieu. Je vais songer aux choses nécessaires.

SCÈNE VII

ARNOLPHE, seul.

Quoi! l'astre qui s'obstine à me désespérer
Ne me donnera pas le temps de respirer !
Coup sur coup je verrai, par leur intelligence,
De mes soins vigilants confondre la prudence !
Et je serai la dupe, en ma maturité,
D'une jeune innocente et d'un jeune éventé !
En sage philosophe on m'a vu, vingt années,
Contempler des maris les tristes destinées,
Et m'instruire avec soin de tous les accidents
Qui font dans le malheur tomber les plus prudents ;
Des disgrâces d'autrui profitant dans mon âme,
J'ai cherché les moyens, voulant prendre une femme,
De pouvoir garantir mon front de tous affronts,
Et le tirer de pair d'avec les autres fronts ;
Pour ce noble dessein, j'ai cru mettre en pratique
Tout ce que peut trouver l'humaine politique ;
Et, comme si du sort il étoit arrêté
Que nul homme ici-bas n'en seroit exempté,
Après l'expérience et toutes les lumières
Que j'ai pu m'acquérir sur de telles matières,
Après vingt ans et plus de méditation
Pour me conduire en tout avec précaution,
De tant d'autres maris j'aurois quitté la trace,
Pour me trouver après dans la même disgrâce !
Ah ! bourreau de destin, vous en aurez menti.
De l'objet qu'on poursuit je suis encor nanti :
Si son cœur m'est volé par ce blondin funeste,
J'empêcherai du moins qu'on s'empare du reste,
Et cette nuit, qu'on prend pour ce galant exploit,
Ne se passera pas si doucement qu'on croit.
Ce m'est quelque plaisir, parmi tant de tristesse,
Que l'on me donne avis du piége qu'on me dresse,

---

[1] Pour embarras, danger. Ne se dit plus en ce sens.
[2] Becque cornu, de l'italien becco cornuto, littéralement bouc cornu.

[1] Mais dans le sens de davantage, du latin magis.
[2] Ce récit est imité de Straparole, IVᵉ nuit.

Et que cet étourdi, qui veut m'être fatal,
Fasse son confident de son propre rival.

SCÈNE VIII

CHRYSALDE, ARNOLPHE.

CHRYSALDE.
Eh bien, souperons-nous avant la promenade?
ARNOLPHE.
Non. Je jeûne ce soir.
CHRYSALDE.
D'où vient cette boutade?
ARNOLPHE.
De grâce, excusez-moi, j'ai quelque autre embarras.
CHRYSALDE.
Votre hymen résolu ne se fera-t-il pas?
ARNOLPHE.
C'est trop s'inquiéter des affaires des autres.
CHRYSALDE.
Oh! oh! si brusquement! Quels chagrins sont les vôtres?
Seroit-il point, compère, à votre passion
Arrivé quelque peu de tribulation?
Je le jurerois presque, à voir votre visage.
ARNOLPHE.
Quoi qu'il m'arrive, au moins aurai-je l'avantage
De ne pas ressembler à de certaines gens
Qui souffrent doucement l'approche des galants.
CHRYSALDE.
C'est un étrange fait, qu'avec tant de lumières
Vous vous effarouchiez toujours sur ces matières,
Qu'en cela vous mettiez le souverain bonheur,
Et ne conceviez point au monde d'autre honneur.
Être avare, brutal, fourbe, méchant et lâche,
N'est rien, à votre avis, auprès de cette tache;
Et, de quelque façon qu'on puisse avoir vécu,
On est homme d'honneur quand on n'est point cocu.
A le bien prendre au fond, pourquoi voulez-vous croire
Que de ce cas fortuit dépende notre gloire,
Et qu'une âme bien née ait à se reprocher
L'injustice d'un mal qu'on ne peut empêcher?
Pourquoi voulez-vous, dis-je, en prenant une femme,
Qu'on soit digne, à son choix, de louange ou de blâme,
Et qu'on s'aille former un monstre plein d'effroi
De l'affront que nous fait son manquement de foi?
Mettez-vous dans l'esprit qu'on peut du cocuage
Se faire en galant homme une plus douce image;
Que, des coups du hasard aucun n'étant garant,
Cet accident de soi doit être indifférent,
Et qu'enfin tout le mal, quoique le monde glose,
N'est que dans la façon de recevoir la chose:
Et, pour se bien conduire en ces difficultés,
Il y faut, comme en tout, fuir les extrémités,
N'imiter pas ces gens un peu trop débonnaires
Qui tirent vanité de ces sortes d'affaires,
De leurs femmes toujours vont citant les galants,
En font partout l'éloge, et prônent leurs talents,
Témoignent avec eux d'étroites sympathies,
Sont de tous leurs cadeaux, de toutes leurs parties,
Et font qu'avec raison les gens sont étonnés
De voir leur hardiesse à montrer là leur nez.
Ce procédé, sans doute, est tout à fait blâmable;
Mais l'autre extrémité n'est pas moins condamnable.
Si je n'approuve pas ces amis des galants,
Je ne suis pas aussi pour ces gens turbulents
Dont l'imprudent chagrin, qui tempête et qui gronde,
Attire au bruit qu'il fait les yeux de tout le monde,
Et qui, par cet éclat, semblent ne pas vouloir
Qu'aucun puisse ignorer ce qu'ils peuvent avoir.
Entre ces deux partis il en est un honnête,
Où, dans l'occasion, l'homme prudent s'arrête;
Et, quand on le sait prendre, on n'a point à rougir
Du pis dont une femme avec nous puisse agir.
Quoi qu'on en puisse dire enfin, le cocuage
Sous des traits moins affreux aisément s'envisage;
Et, comme je vous dis, toute l'habileté
Ne va qu'à le savoir tourner du bon côté.
ARNOLPHE.
Après ce beau discours, toute la confrérie
Doit un remercîment à votre seigneurie;
Et quiconque voudra vous entendre parler
Montrera de la joie à s'y voir enrôler.
CHRYSALDE.
Je ne dis pas cela; car c'est ce que je blâme:
Mais, comme c'est le sort qui nous donne une femme,
Je dis que l'on doit faire ainsi qu'au jeu de dés,
Où, s'il ne vous vient pas ce que vous demandez,
Il faut jouer d'adresse, et, d'une âme réduite,
Corriger le hasard par la bonne conduite.
ARNOLPHE.
C'est-à-dire dormir et manger toujours bien,
Et se persuader que tout cela n'est rien.
CHRYSALDE.
Vous pensez vous moquer; mais, à ne vous rien feindre,
Dans le monde je vois cent choses plus à craindre,
Et dont je me ferois un bien plus grand malheur
Que de cet accident qui vous fait tant de peur.
Pensez-vous qu'à choisir de deux choses prescrites,
Je n'aimasse pas mieux être ce que vous dites
Que de me voir mari de ces femmes de bien
Dont la mauvaise humeur fait un procès sur rien,
Ces dragons de vertu, ces honnêtes diablesses,
Se retranchant toujours sur leurs sages prouesses,
Qui, pour un petit tort qu'elles ne nous font pas,
Prennent droit de traiter les gens de haut en bas,
Et veulent, sur le pied de nous être fidèles,
Que nous soyons tenus à tout endurer d'elles?
Encore un coup, compère, apprenez qu'en effet
Le cocuage n'est que ce que l'on le fait;
Qu'on peut le souhaiter pour de certaines causes,
Et, qu'il a ses plaisirs comme les autres choses[1].
ARNOLPHE.
Si vous êtes d'humeur à vous en contenter,

---

[1] Arnolphe en a une peur ridicule; mais Chrysalde s'y montre aussi par trop indifférent; il combat un excès par un autre. (Auger.)

Quant à moi, ce n'est pas à mienne d'en tâter;
Et, plutôt que subir une telle aventure...
CHRYSALDE.
Mon Dieu! ne jurez point, de peur d'être parjure.
Si le sort l'a réglé, vos soins sont superflus,
Et l'on ne prendra pas votre avis là-dessus.
ARNOLPHE.
Moi, je serois cocu?
CHRYSALDE.
Vous voilà bien malade!
Mille gens le sont bien, sans vous faire bravade,
Qui de mine, de cœur, de biens et de maison,
Ne feroient avec vous nulle comparaison.
ARNOLPHE.
Et moi, je n'en voudrois avec eux faire aucune.
Mais cette raillerie, en un mot, m'importune;
Brisons là, s'il vous plaît.
CHRYSALDE.
Vous êtes en courroux!
Nous en saurons la cause. Adieu. Souvenez-vous,
Quoi que sur ce sujet votre honneur vous inspire,
Que c'est être à demi ce que l'on vient de dire
Que de vouloir jurer qu'on ne le sera pas.
ARNOLPHE.
Moi, je le jure encore, et je vais de ce pas
Contre cet accident trouver un bon remède.

Il court heurter à sa porte.

SCÈNE IX

ARNOLPHE, ALAIN, GEORGETTE.

ARNOLPHE.
Mes amis, c'est ici que j'implore votre aide.
Je suis édifié de votre affection;
Mais il faut qu'elle éclate en cette occasion;
Et, si vous m'y servez selon ma confiance,
Vous êtes assurés de votre récompense.
L'homme que vous savez (n'en faites point de bruit)
Veut, comme je l'ai su, m'attraper cette nuit,
Dans la chambre d'Agnès entrer par escalade;
Mais il lui faut, nous trois, dresser une embuscade.
Je veux que vous preniez chacun un bon bâton,
Et, quand il sera près du dernier échelon
(Car dans le temps qu'il faut j'ouvrirai la fenêtre),
Que tous deux à l'envi vous me chargiez ce traître,
Mais d'un air dont son dos garde le souvenir,
Et qui lui puisse apprendre à n'y plus revenir;
Sans me nommer pourtant en aucune manière,
Ni faire aucun semblant que je serai derrière.
Aurez-vous bien l'esprit de servir mon courroux?
ALAIN.
S'il ne tient qu'à frapper, mon Dieu! tout est à nous.
Vous verrez, quand je bats, si j'y vais de main morte.
GEORGETTE.
La mienne, quoique aux yeux elle semble moins forte,
N'en quitte pas sa part à le bien étriller.

ARNOLPHE.
Rentrez donc; et surtout gardez de babiller.
Seul.
Voilà pour le prochain une leçon utile;
Et, si tous les maris qui sont en cette ville
De leurs femmes ainsi recevoient le galant,
Le nombre des cocus ne seroit pas si grand.

ACTE CINQUIÈME

SCÈNE I

ARNOLPHE, ALAIN, GEORGETTE

ARNOLPHE.
Traîtres! qu'avez-vous fait par cette violence!
ALAIN.
Nous vous avons rendu, monsieur, obéissance.
ARNOLPHE.
De cette excuse en vain vous voulez vous armer;
L'ordre étoit de le battre, et non de l'assommer;
Et c'étoit sur le dos, et non pas sur la tête,
Que j'avois commandé qu'on fît choir la tempête.
Ciel! dans quel accident me jette ici le sort!
Et que puis-je résoudre à voir cet homme mort?
Rentrez dans la maison, et gardez de rien dire
De cet ordre innocent que j'ai pu vous prescrire.
Seul.
Le jour s'en va paroître, et je vais consulter
Comment dans ce malheur je me dois comporter.
Hélas! que deviendrai-je? et que dira le père,
Lorsque inopinément il saura cette affaire?

SCÈNE II

HORACE, ARNOLPHE.

HORACE, *à part.*
Il faut que j'aille un peu reconnoître qui c'est.
ARNOLPHE, *se croyant seul.*
Eût-on jamais prévu...
Heurté par Horace, qu'il ne reconnoît pas.
Qui va là, s'il vous plaît?
HORACE.
C'est vous, seigneur Arnolphe?
ARNOLPHE.
Oui. Mais vous?
HORACE.
C'est Horace.
Je m'en allois chez vous vous prier d'une grâce.
Vous sortez bien matin!
ARNOLPHE.
Quelle confusion!
Est-ce un enchantement? est-ce une illusion?
HORACE.
J'étois, à dire vrai, dans une grande peine;
Et je bénis du ciel la bonté souveraine

Qui fait qu'à point nommé je vous rencontre ainsi.
Je viens vous avertir que tout a réussi,
Et même beaucoup plus que je n'eusse osé dire,
Et par un incident qui devoit tout détruire.
Je ne sais point par où l'on a pu soupçonner
Cette assignation qu'on m'avoit su donner;
Mais, étant sur le point d'atteindre à la fenêtre,
J'ai, contre mon espoir, vu quelques gens paroître,
Qui, sur moi brusquement levant chacun le bras,
M'ont fait manquer le pied et tomber jusqu'en bas,
Et ma chute, aux dépens de quelque meurtrissure,
De vingt coups de bâton m'a sauvé l'aventure.
Ces gens-là, dont étoit, je pense, mon jaloux,
Ont imputé ma chute à l'effort de leurs coups;
Et, comme la douleur, un assez long espace,
M'a fait sans remuer demeurer sur la place,
Ils ont cru tout de bon qu'ils m'avoient assommé,
Et chacun d'eux s'en est aussitôt alarmé.
J'entendois tout leur bruit dans le profond silence:
L'un l'autre ils s'accusoient de cette violence;
Et, sans lumière aucune, en querellant le sort,
Sont venus doucement tâter si j'étois mort.
Je vous laisse à penser si, dans la nuit obscure,
J'ai d'un vrai trépassé su tenir la figure.
Ils se sont retirés avec beaucoup d'effroi;
Et, comme je songeois à me retirer, moi,
De cette feinte mort la jeune Agnès émue
Avec empressement est devers moi venue:
Car les discours qu'entre eux ces gens avoient tenus
Jusques à son oreille étoient d'abord venus;
Et, pendant tout ce trouble étant moins observée,
Du logis aisément elle s'étoit sauvée;
Mais, me trouvant sans mal, elle a fait éclater
Un transport difficile à bien représenter.
Que vous dirai-je enfin? Cette aimable personne
A suivi les conseils que son amour lui donne,
N'a plus voulu songer à retourner chez soi,
Et de tout son destin s'est commise à ma foi.
Considérez un peu, par ce trait d'innocence,
Où l'expose d'un fou la haute impertinence,
Et quels fâcheux périls elle pourroit courir,
Si j'étois maintenant homme à la moins chérir.
Mais d'un trop pur amour mon âme est embrasée;
J'aimerois mieux mourir que l'avoir abusée:
Je lui vois des appas dignes d'un autre sort,
Et rien ne m'en sauroit séparer que la mort.
Je prévois là-dessus l'emportement d'un père;
Mais nous prendrons le temps d'apaiser sa colère.
A des charmes si doux je me laisse emporter,
Et dans la vie enfin il se faut contenter.
Ce que je veux de vous, sous un secret fidèle,
C'est que je puisse mettre en vos mains cette belle;
Que dans votre maison, en faveur de mes feux,
Vous lui donniez retraite au moins un jour ou deux.
Outre qu'aux yeux du monde il faut cacher sa fuite,
Et qu'on en pourroit faire une exacte poursuite,
Vous savez qu'une fille aussi de sa façon
Donne avec un jeune homme un étrange soupçon;

Et, comme c'est à vous, sûr de votre prudence,
Que j'ai fait de mes feux entière confidence,
C'est à vous seul aussi, comme ami généreux,
Que je puis confier ce dépôt amoureux.

ARNOLPHE.
Je suis, n'en doutez point, tout à votre service.

HORACE.
Vous voulez bien me rendre un si charmant office?

ARNOLPHE.
Très-volontiers, vous dis-je; et je me sens ravir
De cette occasion que j'ai de vous servir.
Je rends grâces au ciel de ce qu'il me l'envoie,
Et n'ai jamais rien fait avec si grande joie.

HORACE.
Que je suis redevable à toutes vos bontés!
J'avois de votre part craint des difficultés;
Mais vous êtes du monde, et, dans votre sagesse,
Vous savez excuser le feu de la jeunesse.
Un de mes gens la garde au coin de ce détour.

ARNOLPHE.
Mais comment ferons-nous? car il fait un peu jour.
Si je la prends ici, l'on me verra peut-être;
Et, s'il faut que chez moi vous veniez à paroître,
Des valets causeront. Pour jouer au plus sûr,
Il faut me l'amener dans un lieu plus obscur.
Mon allée est commode, et je l'y vais attendre.

HORACE.
Ce sont précautions qu'il est fort bon de prendre.
Pour moi, je ne ferai que vous la mettre en main,
Et chez moi sans éclat je retourne soudain.

ARNOLPHE, seul.
Ah! fortune, ce trait d'aventure propice
Répare tous les maux que m'a faits ton caprice!

Il s'enveloppe le nez de son manteau.

SCÈNE III

AGNÈS, ARNOLPHE, HORACE.

HORACE, à Agnès.
Ne soyez point en peine où je vais vous mener;
C'est un logement sûr que je vous fais donner.
Vous loger avec moi, ce seroit tout détruire:
Entrez dans cette porte, et laissez-vous conduire.

Arnolphe lui prend la main sans qu'elle le reconnoisse.

AGNÈS, à Horace.
Pourquoi me quittez-vous?

HORACE.
Chère Agnès, il le faut.

AGNÈS.
Songez donc, je vous prie, à revenir bientôt.

HORACE.
J'en suis assez pressé par ma flamme amoureuse.

AGNÈS.
Quand je ne vous vois point, je ne suis point joyeuse.

HORACE.
Hors de votre présence on me voit triste aussi.

AGNÈS.
Hélas! s'il étoit vrai, vous resteriez ici.
HORACE.
Quoi! vous pourriez douter de mon amour extrême?
AGNÈS.
Non, vous ne m'aimez pas autant que je vous aime.

Arnolphe la tire.

Ah! l'on me tire trop.
HORACE.
C'est qu'il est dangereux,
Chère Agnès, qu'en ce lieu nous soyons vus tous deux;
Et ce parfait ami de qui la main vous presse
Suit le zèle prudent qui pour nous l'intéresse.
AGNÈS.
Mais suivre un inconnu que...
HORACE.
N'appréhendez rien :
Entre de telles mains vous ne serez que bien.
AGNÈS.
Je me trouverois mieux entre celles d'Horace,
Et j'aurois...

A Arnolphe, qui la tire encore.

Attendez.
HORACE.
Adieu. Le jour me chasse.
AGNÈS.
Quand vous verrai-je donc?
HORACE.
Bientôt, assurément.
AGNÈS.
Que je vais m'ennuyer jusques à ce moment!
HORACE, en s'en allant.
Grâce au ciel, mon bonheur n'est plus en concurrence;
Et je puis maintenant dormir en assurance.

SCÈNE IV

ARNOLPHE, AGNÈS.

ARNOLPHE, *caché dans son manteau, et déguisant sa voix.*
Venez, ce n'est pas là que je vous logerai,
Et votre gîte ailleurs est par moi préparé.
Je prétends en lieu sûr mettre votre personne.

Se faisant connoître.

Me connoissez-vous?
AGNÈS.
Hai!
ARNOLPHE.
Mon visage, friponne,
Dans cette occasion rend vos sens effrayés,
Et c'est à contre-cœur qu'ici vous me voyez;
Je trouble en ses projets l'amour qui vous possède.

Agnès regarde si elle ne verra point Horace.

N'appelez point des yeux le galant à votre aide;
Il est trop éloigné pour vous donner secours.
Ah! ah! si jeune encor, vous jouez de ces tours!
Votre simplicité, qui semble sans pareille,
Demande si l'on fait les enfants par l'oreille;
Et vous savez donner des rendez-vous la nuit,
Et pour suivre un galant vous évader sans bruit!
Tudieu! comme avec lui votre langue cajole
Il faut qu'on vous ait mise à quelque bonne école!
Qui diantre tout d'un coup vous en a tant appris?
Vous ne craignez donc plus de trouver des esprits?
Et ce galant, la nuit, vous a donc enhardie?
Ah! coquine, en venir à cette perfidie!
Malgré tous mes bienfaits former un tel dessein!
Petit serpent que j'ai réchauffé dans mon sein,
Et qui, dès qu'il se sent, par une humeur ingrate
Cherche à faire du mal à celui qui le flatte!
AGNÈS.
Pourquoi me criez-vous¹?
ARNOLPHE.
J'ai grand tort en effet!
AGNÈS.
Je n'entends point de mal dans tout ce que j'ai fait.
ARNOLPHE.
Suivre un galant n'est pas une action infâme?
AGNÈS.
C'est un homme qui dit qu'il me veut pour sa femme :
J'ai suivi vos leçons, et vous m'avez prêché
Qu'il se faut marier pour ôter le péché!
ARNOLPHE.
Oui. Mais pour femme, moi, je prétendois vous prendre;
Et je vous l'avois fait, me semble, assez entendre.
AGNÈS.
Oui. Mais, à vous parler franchement entre nous,
Il est plus pour cela selon mon goût que vous.
Chez vous le mariage est fâcheux et pénible,
Et vos discours en font une image terrible;
Mais, las! il le fait, lui, si rempli de plaisirs,
Que de se marier il donne des désirs.
ARNOLPHE.
Ah! c'est que vous l'aimez, traîtresse!
AGNÈS.
Oui, je l'aime.
ARNOLPHE.
Et vous avez le front de le dire à moi-même!
AGNÈS.
Et pourquoi, s'il est vrai, ne le dirois-je pas?
ARNOLPHE.
Le deviez-vous aimer, impertinente?
AGNÈS.
Hélas!
Est-ce que j'en puis mais? Lui seul en est la cause;
Et je n'y songeois pas lorsque se fit la chose.
ARNOLPHE.
Mais il falloit chasser cet amoureux désir.
AGNÈS.
Le moyen de chasser ce qui fait du plaisir?
ARNOLPHE.
Et ne savez-vous pas que c'étoit me déplaire?

¹ *Crier quelqu'un*, dans le sens de *gronder*, ne se dit plus.

AGNÈS.
Moi? point du tout. Quel mal cela vous peut-il faire?
ARNOLPHE.
Il est vrai, j'ai sujet d'en être réjoui!
Vous ne m'aimez donc pas, à ce compte?
AGNÈS.
Vous?
ARNOLPHE.
Oui.
AGNÈS.
Hélas! non.
ARNOLPHE.
Comment, non!
AGNÈS.
Voulez-vous que je mente?
ARNOLPHE.
Pourquoi ne m'aimer pas, madame l'impudente?
AGNÈS.
Mon Dieu! ce n'est pas moi que vous devez blâmer :
Que ne vous êtes-vous, comme lui, fait aimer?
Je ne vous en ai pas empêché, que je pense.
ARNOLPHE.
Je m'y suis efforcé de toute ma puissance;
Mais les soins que j'ai pris, je les ai perdus tous.
AGNÈS.
Vraiment, il en sait donc là-dessus plus que vous ;
Car à se faire aimer il n'a point eu de peine.
ARNOLPHE, à part.
Voyez comme raisonne et répond la vilaine!
Peste! une précieuse en diroit-elle plus?
Ah! je l'ai mal connue; ou, ma foi, là-dessus
Une sotte en sait plus que le plus habile homme.
A Agnès.
Puisqu'en raisonnements votre esprit se consomme,
La belle raisonneuse, est-ce qu'un si long temps
Je vous aurai pour lui nourrie à mes dépens?
AGNÈS.
Non. Il vous rendra tout jusques au dernier double [1].
ARNOLPHE, bas, à part.
Elle a de certains mots où mon dépit redouble.
Haut.
Me rendra-t-il, coquine, avec tout son pouvoir,
Les obligations que vous pouvez m'avoir?
AGNÈS.
Je ne vous en ai pas de si grandes qu'on pense.
ARNOLPHE.
N'est-ce rien que les soins d'élever votre enfance?
AGNÈS.
Vous avez là dedans bien opéré vraiment,
Et m'avez fait en tout instruire joliment!
Croit-on que je me flatte, et qu'enfin, dans ma tête,
Je ne juge pas bien que je suis une bête?
Moi-même j'en ai honte; et, dans l'âge où je suis,
Je ne veux plus passer pour sotte, si je puis.
ARNOLPHE.
Vous fuyez l'ignorance, et voulez, quoi qu'il coûte,

[1] Pièce de monnaie qui valait deux deniers.

Apprendre du blondin quelque chose
AGNÈS.
Sans doute.
C'est de lui que je sais ce que je puis savoir
Et beaucoup plus qu'à vous je pense lui devoir.
ARNOLPHE.
Je ne sais qui me tient qu'avec une gourmade
Ma main de ce discours ne venge la bravade.
J'enrage quand je vois sa piquante froideur;
Et quelques coups de poing satisferoient mon cœur.
AGNÈS.
Hélas! vous le pouvez, si cela peut vous plaire.
ARNOLPHE, à part.
Ce mot et ce regard désarme ma colère,
Et produit un retour de tendresse de cœur
Qui de son action efface la noirceur.
Chose étrange d'aimer, et que, pour ces traîtresses,
Les hommes soient sujets à de telles foiblesses!
Tout le monde connoit leur imperfection ;
Ce n'est qu'extravagance et qu'indiscrétion ;
Leur esprit est méchant, et leur âme fragile ;
Il n'est rien de plus foible et de plus imbécile,
Rien de plus infidèle : et, malgré tout cela,
Dans le monde on fait tout pour ces animaux-là.
A Agnès.
Eh bien, faisons la paix. Va, petite traîtresse,
Je te pardonne tout, et te rends ma tendresse [1] ;
Considère par là l'amour que j'ai pour toi,
Et, me voyant si bon, en revanche aime-moi.
AGNÈS.
Du meilleur de mon cœur je voudrois vous complaire :
Que me coûteroit-il, si je le pouvois faire?
ARNOLPHE.
Mon pauvre petit cœur, tu le peux si tu veux.
Écoute seulement ce soupir amoureux,
Vois ce regard mourant, contemple ma personne,
Et quitte ce morveux et l'amour qu'il te donne.
C'est quelque sort qu'il faut qu'il ait jeté sur toi,
Et tu seras cent fois plus heureuse avec moi.
Ta forte passion est d'être brave et leste,
Tu le seras toujours, va, je te le proteste;
Sans cesse, nuit et jour, je te caresserai,
Je te bouchonnerai, baiserai, mangerai ;
Tout comme tu voudras tu pourras te conduire :
Je ne m'explique point, et cela, c'est tout dire.
Bas, à part.
Jusqu'où la passion peut-elle faire aller?
Haut.
Enfin, à mon amour rien ne peut s'égaler :
Quelle preuve veux-tu que je t'en donne, ingrate?
Me veux-tu voir pleurer? veux-tu que je me batte?

[1] Molière, en parlant à Chapelle de ses chagrins domestiques, disait : « J'eus le chagrin de voir qu'une personne sans beauté qui doit le peu d'esprit qu'on lui trouve à l'éducation que je lui donnée, détruisoit en un moment toute ma philosophie. Sa présence me fit oublier mes résolutions; et les premières paroles qu'elle me dit pour sa défense me laissèrent si convaincu que ses soupçons étoient mal fondés, que je lui demandai pardon d'avoir été crédule. » Entre les plaintes du mari et les vers du poète l'analogie est assez grande pour être remarquée.

Veux-tu que je m'arrache un côté de cheveux?
Veux-tu que je me tue? Oui, dis si tu le veux ;
Je suis tout prêt, cruelle, à te prouver ma flamme.
AGNÈS.
Tenez, tous vos discours ne me touchent point l'âme :
Horace avec deux mots en feroit plus que vous.
ARNOLPHE.
Ah! c'est trop me braver, trop pousser mon courroux !
Je suivrai mon dessein, bête trop indocile ;
Et vous dénicherez à l'instant de la ville.
Vous rebutez mes vœux, et me mettez à bout,
Mais un cul de couvent me vengera de tout[1].

SCÈNE V
ARNOLPHE, AGNÈS, ALAIN.

ALAIN.
Je ne sais ce que c'est, monsieur; mais il semble
Qu'Agnès et le corps mort s'en sont allés ensemble.
ARNOLPHE.
La voici. Dans ma chambre allez me la nicher.
A part.
Ce ne sera pas là qu'il la viendra chercher ;
Et puis, c'est seulement pour une demi-heure.
Je vais, pour lui donner une sûre demeure,
A Alain.
Trouver une voiture. Enfermez-vous des mieux,
Et surtout gardez-vous de la quitter des yeux.
Seul.
Peut-être que son âme, étant dépaysée,
Pourra de cet amour être désabusée.

SCÈNE VI
ARNOLPHE, HORACE.

HORACE.
Ah! je viens vous trouver, accablé de douleur.
Le ciel, seigneur Arnolphe, a conclu mon malheur;
Et, par un trait fatal d'une injustice extrême,
On me veut arracher de la beauté que j'aime.
Pour arriver ici mon père a pris le frais[2];
J'ai trouvé qu'il mettoit pied à terre ici près :
Et la cause, en un mot, d'une telle venue,
Qui, comme je disois, ne m'étoit pas connue,
C'est qu'il m'a marié sans m'en écrire rien,
Et qu'il vient en ces lieux célébrer ce lien.
Jugez, en prenant part à mon inquiétude,
S'il pouvoit m'arriver un contre-temps plus rude.
Cet Enrique, dont hier je m'informois à vous,
Cause tout le malheur dont je ressens les coups :
Il vient avec mon père achever ma ruine,
Et c'est sa fille unique à qui l'on me destine.

---
[1] Comme *cul de basse-fosse*, *cul-de-sac*, c'est-à-dire sac, fosse, et couvent sans issue par l'extrémité opposée à l'entrée. (F. Génin.)
[2] C'est-à-dire a profité de la fraîcheur de la nuit. (Aimé Martin.)

J'ai, dès leurs premiers mots, pensé m'évanouir :
Et d'abord, sans vouloir plus longtemps les ouïr,
Mon père ayant parlé de vous rendre visite,
L'esprit plein de frayeur, je l'ai devancé vite.
De grâce, gardez-vous de lui rien découvrir
De mon engagement, qui le pourroit aigrir;
Et tâchez, comme en vous il prend grande créance,
De le dissuader de cette autre alliance.
ARNOLPHE.
Oui-da.
HORACE.
Conseillez-lui de différer un peu,
Et rendez, en ami, ce service à mon feu.
ARNOLPHE.
Je n'y manquerai pas.
HORACE.
C'est en vous que j'espère.
ARNOLPHE.
Fort bien.
HORACE.
Et je vous tiens mon véritable père.
Dites-lui que mon âge... Ah! je le vois venir !
Écoutez les raisons que je vous puis fournir.

SCÈNE VII
ENRIQUE, ORONTE, CHRYSALDE, HORACE, ARNOLPHE.

Horace et Arnolphe se retirent dans un coin du théâtre, et parlent bas ensemble.

ENRIQUE, à Chrysalde.
Aussitôt qu'à mes yeux je vous ai vu paroître,
Quand on ne m'eût rien dit, j'aurois su vous connoître.
Je vous vois tous les traits de cette aimable sœur
Dont l'hymen autrefois m'avoit fait possesseur;
Et je serois heureux, si la Parque cruelle
M'eût laissé ramener cette épouse fidèle,
Pour jouir avec moi des sensibles douceurs
De revoir tous les siens après nos longs malheurs.
Mais, puisque du destin la fatale puissance
Nous prive pour jamais de sa chère présence,
Tâchons de nous résoudre, et de nous contenter
Du seul fruit amoureux qui m'en ait pu rester.
Il vous touche de près; et, sans votre suffrage,
J'aurois tort de vouloir disposer de ce gage.
Le choix du fils d'Oronte est glorieux de soi;
Mais il faut que ce choix vous plaise comme à moi.
CHRYSALDE.
C'est de mon jugement avoir mauvaise estime,
Que douter si j'approuve un choix si légitime.
ARNOLPHE, à part, à Horace.
Oui, je veux vous servir de la bonne façon.
HORACE, à part, à Arnolphe.
Gardez, encore un coup...
ARNOLPHE, à Horace.
N'ayez aucun soupçon.
Arnolphe quitte Horace pour aller embrasser Oronte.

ORONTE, à Arnolphe.
Ah! que cette embrassade est pleine de tendresse!
ARNOLPHE.
Que je sens à vous voir une grande allégresse!
ORONTE.
Je suis ici venu...
ARNOLPHE.
Sans m'en faire récit,
Je sais ce qui vous mène.
ORONTE.
On vous l'a déjà dit?
ARNOLPHE.
Oui.
ORONTE.
Tant mieux.
ARNOLPHE.
Votre fils à cet hymen résiste,
Et son cœur prévenu n'y voit rien que de triste :
Il m'a même prié de vous en détourner;
Et moi, tout le conseil que je vous puis donner,
C'est de ne pas souffrir que ce nœud se diffère,
Et de faire valoir l'autorité de père.
Il faut avec vigueur ranger les jeunes gens,
Et nous faisons contre eux à leur être indulgents.
HORACE, à part.
Ah! traître!
CHRYSALDE.
Si son cœur a quelque répugnance,
Je tiens qu'on ne doit pas lui faire résistance.
Mon frère, que je crois, sera de mon avis.
ARNOLPHE.
Quoi! se laissera-t-il gouverner par son fils?
Est-ce que vous voulez qu'un père ait la mollesse
De ne savoir pas faire obéir la jeunesse?
Il seroit beau, vraiment, qu'on le vît aujourd'hui
Prendre loi de qui doit la recevoir de lui!
Non, non : c'est mon intime, et sa gloire est la mienne;
Sa parole est donnée, il faut qu'il la maintienne.
Qu'il fasse voir ici de fermes sentiments,
Et force de son fils tous les attachements.
ORONTE.
C'est parler comme il faut, et, dans cette alliance,
C'est moi qui vous réponds de son obéissance.
CHRYSALDE, à Arnolphe.
Je suis surpris, pour moi, du grand empressement
Que vous me faites voir pour cet engagement,
Et ne puis deviner quel motif vous inspire...
ARNOLPHE.
Je sais ce que je fais, et dis ce qu'il faut dire.
ORONTE.
Oui, oui, seigneur Arnolphe, il est...
CHRYSALDE.
Ce nom l'aigrit;
C'est monsieur de la Souche, on vous l'a déjà dit.
ARNOLPHE.
Il n'importe.
HORACE, à part.
Qu'entends-je?

ARNOLPHE, se retournant vers Horace.
Oui, c'est là le mystère;
Et vous pouvez juger ce que je devois faire.
HORACE, à part.
En quel trouble...

SCÈNE VIII

ENRIQUE, ORONTE, CHRYSALDE, HORACE, ARNOLPHE
GEORGETTE.

GEORGETTE.
Monsieur, si vous n'êtes auprès,
Nous aurons de la peine à retenir Agnès;
Elle veut à tous coups s'échapper, et peut-être
Qu'elle se pourroit bien jeter par la fenêtre.
ARNOLPHE.
Faites-la-moi venir; aussi bien de ce pas
A Horace.
Prétends-je l'emmener. Ne vous en fâchez pas;
Un bonheur continu rendroit l'homme superbe;
Et chacun a son tour, comme dit le proverbe.
HORACE, à part.
Quels maux peuvent, ô ciel, égaler mes ennuis!
Et s'est-on jamais vu dans l'abîme où je suis?
ARNOLPHE, à Oronte.
Pressez vite le jour de la cérémonie;
J'y prends part, et déjà moi-même je m'en prie.
ORONTE.
C'est bien là mon dessein.

SCÈNE IX

AGNÈS, ORONTE, ENRIQUE, ARNOLPHE, HORACE,
CHRYSALDE, ALAIN, GEORGETTE.

ARNOLPHE, à Agnès.
Venez, belle, venez,
Qu'on ne sauroit tenir, et qui vous mutinez.
Voici votre galant, à qui, pour récompense,
Vous pouvez faire une humble et douce révérence.
A Horace.
Adieu. L'événement trompe un peu vos souhaits;
Mais tous les amoureux ne sont pas satisfaits.
AGNÈS.
Me laissez-vous, Horace, emmener de la sorte?
HORACE.
Je ne sais où j'en suis, tant ma douleur est forte.
ARNOLPHE.
Allons, causeuse, allons.
AGNÈS.
Je veux rester ici.
ORONTE.
Dites-nous ce que c'est que ce mystère-ci.
Nous nous regardons tous, sans le pouvoir comprendre.
ARNOLPHE.
Avec plus de loisir je pourrai vous l'apprendre.
Jusqu'au revoir.

ACTE V, SCÈNE X.

ORONTE.
Où donc prétendez-vous aller?
Vous ne nous parlez point comme il nous faut parler.

ARNOLPHE.
Je vous ai conseillé, malgré tout son murmure,
D'achever l'hyménée.

ORONTE.
Oui. Mais pour le conclure,
Si l'on vous a dit tout, ne vous a-t-on pas dit
Que vous avez chez vous celle dont il s'agit,
La fille qu'autrefois, de l'aimable Angélique,
Sous des liens secrets, eut le seigneur Enrique?
Sur quoi votre discours étoit-il donc fondé?

CHRYSALDE.
Je m'étonnois aussi de voir son procédé.

ARNOLPHE.
Quoi!

CHRYSALDE.
D'un hymen secret ma sœur eut une fille,
Dont on cacha le sort à toute la famille.

ORONTE.
Et qui, sous de feints noms, pour ne rien découvrir,
Par son époux aux champs fut donnée à nourrir.

CHRYSALDE.
Et dans ce temps, le sort, lui déclarant la guerre,
L'obligea de sortir de sa natale terre.

ORONTE.
Et d'aller essuyer mille périls divers,
Dans ces lieux séparés de nous par tant de mers.

CHRYSALDE.
Où ses soins ont gagné ce que dans sa patrie
Avoient pu lui ravir l'imposture et l'envie.

ORONTE.
Et, de retour en France, il a cherché d'abord
Celle à qui de sa fille il confia le sort.

CHRYSALDE.
Et cette paysanne a dit avec franchise
Qu'en vos mains à quatre ans elle l'avoit remise.

ORONTE.
Et qu'elle l'avoit fait sur votre charité
Par un accablement d'extrême pauvreté.

CHRYSALDE.
Et lui, plein de transport, et l'allégresse en l'âme,
A fait jusqu'en ces lieux conduire cette femme.

ORONTE.
Et vous allez enfin la voir venir ici,
Pour rendre aux yeux de tous ce mystère éclairci [1].

CHRYSALDE, à Arnolphe.
Je devine à peu près quel est votre supplice;
Mais le sort en cela ne vous est que propice.
Si n'être point cocu vous semble un si grand bien,
Ne vous point marier en est le vrai moyen.

ARNOLPHE, s'en allant tout transporté, et ne pouvant parler.
Ouf!

SCÈNE X

ENRIQUE, ORONTE, CHRYSALDE, AGNÈS, HORACE.

ORONTE.
D'où vient qu'il s'enfuit sans rien dire?

HORACE.
Ah! mon père,
Vous saurez pleinement ce surprenant mystère.
Le hasard en ces lieux avoit exécuté
Ce que votre sagesse avoit prémédité.
J'étois, par les doux nœuds d'une amour mutuelle,
Engagé de parole avecque cette belle;
Et c'est elle, en un mot, que vous venez chercher,
Et pour qui mon refus a pensé vous fâcher.

ENRIQUE.
Je n'en ai point douté d'abord que je l'ai vue,
Et mon âme depuis n'a cessé d'être émue.
Ah! ma fille, je cède à des transports si doux.

CHRYSALDE.
J'en ferois de bon cœur, mon frère, autant que vous;
Mais ces lieux et cela ne s'accommodent guères.
Allons dans la maison débrouiller ces mystères,
Payer à notre ami ses soins officieux,
Et rendre grâce au ciel, qui fait tout pour le mieux.

---

[1] Voltaire qualifie avec raison ce dénoûment de *postiche*. A quoi la Harpe, admettant la justesse de cette critique, répond : « Comme dans la comédie il ne s'agit ordinairement que d'un mariage en dernier résultat, divertissez pendant cinq actes et amenez le mariage comme il vous plaira : le spectateur ne rendra pas difficile. »

LA CRITIQUE
DE
L'ÉCOLE DES FEMMES

COMÉDIE EN UN ACTE

1663

A LA REINE MÈRE*

MADAME,

Je sais bien que Votre Majesté n'a que faire de toutes nos dédicaces, et que ces prétendus devoirs, dont on lui dit élégamment qu'on s'acquitte envers Elle, sont des hommages, à dire vrai, dont Elle nous dispenseroit très-volontiers. Mais je ne laisse pas d'avoir l'audace de lui dédier la *Critique de l'École des Femmes;* et je n'ai pu refuser cette petite occasion de pouvoir témoigner ma joie à Votre Majesté, sur cette heureuse convalescence, qui redonne à nos vœux la plus grande et la meilleure princesse du monde, et nous promet en Elle de longues années d'une santé vigoureuse. Comme chacun regarde les choses du côté de ce qui le touche, je me réjouis, dans cette allégresse générale, de pouvoir encore obtenir l'honneur de divertir Votre Majesté; Elle, Madame, qui prouve si bien que la véritable dévotion n'est point contraire aux honnêtes divertissements; qui, de ses hautes pensées et de ses importantes occupations, descend si humainement dans le plaisir de nos spectacles, et ne dédaigne pas de rire de cette même bouche dont Elle prie si bien Dieu. Je flatte, dis-je, mon esprit de l'espérance de cette gloire : j'en attends le moment avec toutes les impatiences du monde ; et, quand je jouirai de ce bonheur, ce sera la plus grande joie que puisse recevoir,

MADAME,

DE VOTRE MAJESTÉ,

Le très-humble, très-obéissant
et très-obligé serviteur,

MOLIÈRE.

PERSONNAGES

URANIE [1].
ÉLISE [2].
CLIMÈNE [3].
LE MARQUIS [4].
DORANTE, ou LE CHEVALIER [4].
LYSIDAS, poëte [5].
GALOPIN, laquais.

La scène est à Paris, dans la maison d'Uranie.

* Anne d'Autriche, fille aînée de Philippe III, roi d'Espagne, femme de Louis XIII, mère de Louis XIV, morte le 20 janvier 1666.
  Acteurs de la troupe de Molière : [1] Mademoiselle DE BRIE. — [2] Armande BÉJART, femme de Molière. — [3] Mademoiselle DU PARC. — [4] LA GRANGE. — [5] BRÉCOURT. — [6] DU CROISY.

SCÈNE I

URANIE, ÉLISE.

URANIE.

Quoi! cousine, personne ne t'est venu rendre visite?

ÉLISE.

Personne du monde.

URANIE.

Vraiment, voilà qui m'étonne, que nous ayons été seules l'une et l'autre tout aujourd'hui.

ÉLISE.

Cela m'étonne aussi, car ce n'est guère notre coutume ; et votre maison, Dieu merci, est le refuge ordinaire de tous les fainéants de la cour.

URANIE.

L'après-dînée, à dire vrai, m'a semblé fort longue.

ÉLISE.

Et moi, je l'ai trouvée fort courte.

URANIE.

C'est que les beaux esprits, cousine, aiment la solitude [1].

ÉLISE.

Ah! très-humble servante au bel esprit ; vous savez que ce n'est pas là que je vise.

URANIE.

Pour moi, j'aime la compagnie, je l'avoue.

ÉLISE.

Je l'aime aussi, mais je l'aime choisie ; et la quantité des sottes visites qu'il vous faut essuyer parmi les autres est cause bien souvent que je prends plaisir d'être seule.

URANIE.

La délicatesse est trop grande de ne pouvoir souffrir que des gens triés.

ÉLISE.

Et la complaisance est trop générale de souffrir indifféremment toutes sortes de personnes.

[1] Phrase devenue proverbe, comme beaucoup de mots de Molière.

URANIE.

Je goûte ceux qui sont raisonnables, et me divertis des extravagants.

ÉLISE.

Ma foi, les extravagants ne vont guère loin sans vous ennuyer, et la plupart de ces gens-là ne sont plus plaisants dès la seconde visite. Mais, à propos d'extravagants, ne voulez-vous pas me défaire de votre marquis incommode? Pensez-vous me le laisser toujours sur les bras, et que je puisse durer à ses turlupinades perpétuelles?

URANIE.

Ce langage est à la mode, et l'on le tourne en plaisanterie à la cour[1].

ÉLISE.

Tant pis pour ceux qui le font, et qui se tuent tout le jour à parler ce jargon obscur. La belle chose de faire entrer, aux conversations du Louvre, de vieilles équivoques ramassées parmi les boues des Halles et de la place Maubert! La jolie façon de plaisanter pour des courtisans, et qu'un homme montre d'esprit lorsqu'il vient vous dire : Madame, vous êtes dans la place Royale, et tout le monde vous voit de trois lieues de Paris, car chacun vous voit de bon œil; à cause que Bonneuil est un village à trois lieues d'ici! Cela n'est-il pas bien galant et bien spirituel? Et ceux qui trouvent ces belles rencontres n'ont-ils pas lieu de s'en glorifier?

URANIE.

On ne dit pas cela aussi comme une chose spirituelle; et la plupart de ceux qui affectent ce langage savent bien eux-mêmes qu'il est ridicule.

ÉLISE.

Tant pis encore de prendre peine à dire des sottises, et d'être mauvais plaisants de dessein formé. Je les en tiens moins excusables; et, si j'en étois juge, je sais bien à quoi je condamnerois tous ces messieurs les turlupins[2].

URANIE.

Laissons cette matière, qui t'échauffe un peu trop, et disons que Dorante vient bien tard, à mon avis, pour le souper que nous devons faire ensemble.

ÉLISE.

Peut-être l'a-t-il oublié, et que...

SCÈNE II

URANIE, ÉLISE, GALOPIN.

GALOPIN.

Voilà Climène, madame, qui vient ici pour vous voir.

URANIE.

Eh! mon Dieu, quelle visite!

[1] Ce genre de plaisanterie amuse la cour.
[2] Cette critique fit une telle impression, que les marquis, pour échapper au ridicule, imaginèrent de se donner entre eux le nom de turlupins. C'est ce que nous apprend l'auteur de *Zélinde* dans le passage suivant : « Pourquoi les marquis font-ils si bonne mine à Molière, et pourquoi ceux qu'il dépeint le mieux l'embrassent-ils tous lorsqu'ils le rencontrent? — C'est parce qu'il leur donne sujet de rire les uns des autres, et de s'appeler entre eux turlupins, comme ils font à la cour depuis que Molière a joué sa *Critique*. » (Aimé Martin.)

ÉLISE.

Vous vous plaigniez d'être seule; aussi le ciel vous en punit.

URANIE.

Vite, qu'on aille dire que je n'y suis pas.

GALOPIN.

On a déjà dit que vous y étiez.

URANIE.

Et qui est le sot qui l'a dit?

GALOPIN.

Moi, madame.

URANIE.

Diantre soit le petit vilain! Je vous apprendrai bien à faire vos réponses de vous-même.

GALOPIN.

Je vais lui dire, madame, que vous voulez être sortie.

URANIE.

Arrêtez, animal, et la laissez monter, puisque la sottise est faite.

GALOPIN.

Elle parle encore à un homme dans la rue.

URANIE.

Ah! cousine, que cette visite m'embarrasse à l'heure qu'il est!

ÉLISE.

Il est vrai que la dame est un peu embarrassante de son naturel; j'ai toujours eu pour elle une furieuse aversion; et, n'en déplaise à sa qualité, c'est la plus sotte bête qui se soit jamais mêlée de raisonner.

URANIE.

L'épithète est un peu forte.

ÉLISE.

Allez, allez, elle mérite bien cela, et quelque chose de plus, si on lui faisoit justice. Est-ce qu'il y a une personne qui soit plus véritablement qu'elle ce qu'on appelle précieuse, à prendre le mot dans sa plus mauvaise signification[1]?

URANIE.

Elle se défend bien de ce nom, pourtant.

ÉLISE.

Il est vrai. Elle se défend du nom, mais non pas de la chose : car enfin elle l'est depuis les pieds jusqu'à la tête, et la plus grande façonnière du monde. Il semble que tout son corps soit démonté, et que les mouvements de ses hanches, de ses épaules et de sa tête n'aillent que par ressorts. Elle affecte toujours un ton de voix languissant et niais, fait la moue pour montrer une petite bouche, et roule les yeux pour les faire paroître grands.

URANIE.

Doucement donc. Si elle venoit à entendre...

ÉLISE.

Point, point, elle ne monte pas encore. Je me souviens toujours du soir qu'elle eut envie de voir Damon, sur la réputation qu'on lui donne, et les choses que le public a

[1] Avant la comédie des *Précieuses*, ce mot signifiait une *femme d'un mérite distingué et de très-bonne compagnie*. Après cette comédie, ce mot changea de signification, et n'exprima plus qu'un ridicule. (La Harpe.)

vues de lui. Vous connoissez l'homme, et sa naturelle paresse à soutenir la conversation. Elle l'avoit invité à souper comme bel esprit, et jamais il ne parut si sot, parmi une demi-douzaine de gens à qui elle avoit fait fête de lui, et qui le regardoient avec de grands yeux, comme une personne qui ne devoit pas être faite comme les autres. Ils pensoient tous qu'il étoit là pour défrayer la compagnie de bons mots; que chaque parole qui sortoit de sa bouche devoit être extraordinaire; qu'il devoit faire des impromptus sur tout ce qu'on disoit, et ne demander à boire qu'avec une pointe. Mais il les trompa fort par son silence; et la dame fut aussi mal satisfaite de lui que je le fus d'elle.

URANIE.

Tais-toi, je vais la recevoir à la porte de la chambre.

ÉLISE.

Encore un mot. Je voudrois bien la voir mariée avec le marquis dont nous avons parlé. Le bel assemblage que ce seroit d'une précieuse et d'un turlupin!

URANIE.

Veux-tu te taire! La voici.

SCÈNE III

CLIMÈNE, URANIE, ÉLISE, GALOPIN.

URANIE.

Vraiment, c'est bien tard que...

CLIMÈNE.

Eh! de grâce, ma chère, faites-moi vite donner un siége.

URANIE, à Galopin.

Un fauteuil promptement.

CLIMÈNE.

Ah! mon Dieu!

URANIE.

Qu'est-ce donc?

CLIMÈNE.

Je n'en puis plus!

URANIE.

Qu'avez-vous?

CLIMÈNE.

Le cœur me manque.

URANIE.

Sont-ce vos vapeurs qui vous ont pris?

CLIMÈNE.

Non.

URANIE.

Voulez-vous que l'on vous délace?

CLIMÈNE.

Mon Dieu, non. Ah!

URANIE.

Quel est donc votre mal, et depuis quand vous a-t-il pris?

CLIMÈNE.

Il y a plus de trois heures, et je l'ai apporté du Palais-Royal[1].

[1] La troupe de Molière jouait alors sur le théâtre du Palais-Royal.

URANIE.

Comment?

CLIMÈNE.

Je viens de voir, pour mes péchés, cette méchante rapsodie de l'*École des Femmes*. Je suis encore en défaillance du mal de cœur que cela m'a donné, et je pense que je n'en reviendrai de plus de quinze jours.

ÉLISE.

Voyez un peu comme les maladies arrivent sans qu'on y songe!

URANIE.

Je ne sais pas de quel tempérament nous sommes, ma cousine et moi; mais nous fûmes avant-hier à la même pièce, et nous en revînmes toutes deux saines et gaillardes.

CLIMÈNE.

Quoi! vous l'avez vue?

URANIE.

Oui; et écoutée d'un bout à l'autre.

CLIMÈNE.

Et vous n'en avez pas été jusques aux convulsions, ma chère?

URANIE.

Je ne suis pas si délicate, Dieu merci; et je trouve, pour moi, que cette comédie seroit plutôt capable de guérir les gens que de les rendre malades.

CLIMÈNE.

Ah! mon Dieu, que dites-vous là? Cette proposition peut-elle être avancée par une personne qui ait du revenu en sens commun? Peut-on impunément, comme vous faites, rompre en visière à la raison? Et, dans le vrai de la chose, est-il un esprit si affamé de plaisanterie, qu'il puisse tâter des fadaises dont cette comédie est assaisonnée? Pour moi, je vous avoue que je n'ai pas trouvé le moindre grain de sel dans tout cela. *Les enfants par l'oreille* m'ont paru d'un goût détestable; *la tarte à la crème* m'a affadi le cœur, et j'ai pensé vomir *au potage*.

ÉLISE.

Mon Dieu, que tout cela est dit élégamment! J'aurois cru que cette pièce étoit bonne; mais madame a une éloquence si persuasive, elle tourne les choses d'une manière si agréable, qu'il faut être de son sentiment, malgré qu'on en ait.

URANIE.

Pour moi, je n'ai pas tant de complaisance; et, pour dire ma pensée, je tiens cette comédie une des plus plaisantes que l'auteur ait produites.

CLIMÈNE.

Ah! vous me faites pitié, de parler ainsi; et je ne saurois vous souffrir cette obscurité de discernement. Peut-on, ayant de la vertu, trouver de l'agrément dans une pièce qui tient sans cesse la pudeur en alarme, et salit à tout moment l'imagination?

ÉLISE.

Les jolies façons de parler que voilà! Que vous êtes, madame, une rude joueuse en critique, et que je plains le pauvre Molière de vous avoir pour ennemie!

SCÈNE III.

CLIMÈNE.

Croyez-moi, ma chère, corrigez de bonne foi votre jugement; et, pour votre honneur, n'allez point dire par le monde que cette comédie vous ait plu.

URANIE.

Moi, je ne sais pas ce que vous y avez trouvé qui blesse la pudeur.

CLIMÈNE.

Hélas! tout; et je mets en fait qu'une honnête femme ne la sauroit voir sans confusion, tant j'y ai découvert d'ordures et de saletés.

URANIE.

Il faut donc que pour les ordures vous ayez des lumières que les autres n'ont pas; car, pour moi, je n'y en ai point vu.

CLIMÈNE.

C'est que vous ne voulez pas y en avoir vu, assurément; car enfin toutes ces ordures, Dieu merci, y sont à visage découvert. Elles n'ont pas la moindre enveloppe qui les couvre, et les yeux les plus hardis sont effrayés de leur nudité.

ÉLISE.

Ah!

CLIMÈNE.

Hai, hai, hai.

URANIE.

Mais encore, s'il vous plait, marquez-moi une de ces ordures que vous dites.

CLIMÈNE.

Hélas! est-il nécessaire de vous les marquer?

URANIE.

Oui. Je vous demande seulement un endroit qui vous ait fort choquée.

CLIMÈNE.

En faut-il d'autre que la scène de cette Agnès, lorsqu'elle dit ce que l'on lui a pris?

URANIE.

Et que trouvez-vous là de sale?

CLIMÈNE.

Ah!

URANIE.

De grâce?

CLIMÈNE.

Fi!

URANIE.

Mais encore.

CLIMÈNE.

Je n'ai rien à vous dire.

URANIE.

Pour moi, je n'y entends point de mal.

CLIMÈNE.

Tant pis pour vous.

URANIE.

Tant mieux plutôt, ce me semble. Je regarde les choses du côté qu'on me les montre, et ne les tourne point pour y chercher ce qu'il n'y faut pas voir.

CLIMÈNE.

L'honnêteté d'une femme...

URANIE.

L'honnêteté d'une femme n'est pas dans les grimaces. Il sied mal de vouloir être plus sage que celles qui sont sages. L'affectation en cette matière est pire qu'en toute autre; et je ne vois rien de si ridicule que cette délicatesse d'honneur qui prend tout en mauvaise part, donne un sens criminel aux plus innocentes paroles, et s'offense de l'ombre des choses. Croyez-moi, celles qui font tant de façons n'en sont pas estimées plus femmes de bien. Au contraire, leur sévérité mystérieuse et leurs grimaces affectées irritent la censure de tout le monde contre les actions de leur vie. On est ravi de découvrir ce qu'il y peut avoir à redire; et, pour tomber dans l'exemple, il y avoit l'autre jour des femmes à cette comédie, vis-à-vis de la loge où nous étions, qui, par les mines qu'elles affectèrent durant toute la pièce, leurs détournements de tête et leurs cachements de visage, firent dire de tous côtés cent sottises de leur conduite, que l'on n'auroit pas dites sans cela; et quelqu'un même des laquais cria tout haut qu'elles étoient plus chastes des oreilles que de tout le reste du corps.

CLIMÈNE.

Enfin, il faut être aveugle dans cette pièce, et ne pas faire semblant d'y voir les choses.

URANIE.

Il ne faut pas y vouloir voir ce qui n'y est pas.

CLIMÈNE.

Ah! je soutiens, encore un coup, que les saletés y crèvent les yeux.

URANIE.

Et moi, je ne demeure pas d'accord de cela.

CLIMÈNE.

Quoi! la pudeur n'est pas visiblement blessée par ce que dit Agnès dans l'endroit dont nous parlons?

URANIE.

Non, vraiment. Elle ne dit pas un mot qui de soi ne soit fort honnête; et, si vous voulez entendre dessous quelque autre chose, c'est vous qui faites l'ordure, et non pas elle, puisqu'elle parle seulement d'un ruban qu'on lui a pris.

CLIMÈNE.

Ah! ruban tant qu'il vous plaira; mais ce *le*, où elle s'arrête, n'est pas mis pour des prunes. Il vient sur ce *le* d'étranges pensées. Ce *le* scandalise furieusement; et, quoi que vous puissiez dire, vous ne sauriez défendre l'insolence de ce *le*.

ÉLISE.

Il est vrai, ma cousine, je suis pour madame contre ce *le*. Ce *le* est insolent au dernier point, et vous avez tort de défendre ce *le*.

CLIMÈNE.

Il a une obscénité qui n'est pas supportable.

ÉLISE.

Comment dites-vous ce mot-là, madame?

CLIMÈNE.

Obscénité, madame.

ÉLISE.

Ah! mon Dieu! obscénité. Je ne sais pas ce que ce mot

veut dire; mais je le trouve le plus joli du monde[1].

CLIMÈNE.

Enfin, vous voyez comme votre sang prend mon parti.

URANIE.

Eh! mon Dieu, c'est une causeuse qui ne dit pas ce qu'elle pense. Ne vous y fiez pas beaucoup, si vous m'en voulez croire.

ÉLISE.

Ah! que vous êtes méchante, de me vouloir rendre suspecte à madame! Voyez un peu où j'en serois, si elle alloit croire ce que vous dites! Serois-je si malheureuse, madame, que vous eussiez de moi cette pensée?

CLIMÈNE.

Non, non. Je ne m'arrête pas à ses paroles, et je vous crois plus sincère qu'elle ne dit.

ÉLISE.

Ah! que vous avez bien raison, madame, et que vous me rendrez justice quand vous croirez que je vous trouve la plus engageante personne du monde, que j'entre dans tous vos sentiments, et suis charmée de toutes les expressions qui sortent de votre bouche!

CLIMÈNE.

Hélas! je parle sans affectation.

ÉLISE.

On le voit bien, madame, et que tout est naturel en vous. Vos paroles, le ton de votre voix, vos regards, vos pas, votre action et votre ajustement, ont je ne sais quel air de qualité qui enchante les gens. Je vous étudie des yeux et des oreilles; et je suis si remplie de vous, que je tâche d'être votre singe et de vous contrefaire en tout.

CLIMÈNE.

Vous vous moquez de moi, madame.

ÉLISE.

Pardonnez-moi, madame. Qui voudroit se moquer de vous?

CLIMÈNE.

Je ne suis pas un bon modèle, madame.

ÉLISE.

Oh! que si, madame!

CLIMÈNE.

Vous me flattez, madame.

ÉLISE.

Point du tout, madame.

CLIMÈNE.

Épargnez-moi, s'il vous plaît, madame.

ÉLISE.

Je vous épargne aussi, madame, et je ne dis pas la moitié de ce que je pense, madame.

CLIMÈNE.

Ah! mon Dieu! brisons là, de grâce. Vous me jetteriez dans une confusion épouvantable. (A Uranie.) Enfin, nous voilà deux contre vous; et l'opiniâtreté sied si mal aux personnes spirituelles...

[1] Ce passage prouve que le mot *obscénité*, très-usité aujourd'hui, était alors nouveau, et même réprouvé par le bon usage.

SCÈNE IV

LE MARQUIS, CLIMÈNE, URANIE, ÉLISE, GALOPIN.

GALOPIN, à la porte de la chambre.

Arrêtez, s'il vous plaît, monsieur.

LE MARQUIS.

Tu ne me connois pas, sans doute.

GALOPIN.

Si fait, je vous connois; mais vous n'entrerez pas.

LE MARQUIS.

Ah! que de bruit, petit laquais!

GALOPIN.

Cela n'est pas bien de vouloir entrer malgré les gens.

LE MARQUIS.

Je veux voir ta maîtresse.

GALOPIN.

Elle n'y est pas, vous dis-je.

LE MARQUIS.

La voilà dans sa chambre.

GALOPIN.

Il est vrai, la voilà; mais elle n'y est pas.

URANIE.

Qu'est-ce donc qu'il y a là?

LE MARQUIS.

C'est votre laquais, madame, qui fait le sot.

GALOPIN.

Je lui dis que vous n'y êtes pas, madame, et il ne veut pas laisser d'entrer.

URANIE.

Et pourquoi dire à monsieur que je n'y suis pas?

GALOPIN.

Vous me grondâtes l'autre jour de lui avoir dit que vous y étiez.

URANIE.

Voyez cet insolent! Je vous prie, monsieur, de ne pas croire ce qu'il dit. C'est un petit écervelé, qui vous a pris pour un autre.

LE MARQUIS.

Je l'ai bien vu, madame; et, sans votre respect, je lui aurois appris à connoître les gens de qualité.

ÉLISE.

Ma cousine vous est fort obligée de cette déférence.

URANIE, à Galopin.

Un siége donc, impertinent.

GALOPIN.

N'en voilà-t-il pas un?

URANIE.

Approchez-le. (Galopin pousse le siége rudement, et sort.)

SCÈNE V

LE MARQUIS, CLIMÈNE, URANIE, ÉLISE.

LE MARQUIS.

Votre petit laquais, madame, a du mépris pour ma personne.

ÉLISE.

Il auroit tort, sans doute.

LE MARQUIS.

C'est peut-être que je paye l'intérêt de ma mauvaise mine. (Il rit.) Hai, hai, hai, hai.

ÉLISE.

L'âge le rendra plus éclairé en honnêtes gens.

LE MARQUIS.

Sur quoi en étiez-vous, mesdames, lorsque je vous ai interrompues?

URANIE.

Sur la comédie de l'*École des Femmes*.

LE MARQUIS.

Je ne fais que d'en sortir.

CLIMÈNE.

Eh bien, monsieur, comment la trouvez-vous, s'il vous plaît?

LE MARQUIS.

Tout à fait impertinente.

CLIMÈNE.

Ah! que j'en suis ravie!

LE MARQUIS.

C'est la plus méchante chose du monde. Comment, diable! à peine ai-je pu trouver place. J'ai pensé être étouffé à la porte, et jamais on ne m'a tant marché sur les pieds. Voyez comme mes canons et mes rubans en sont ajustés, de grâce.

ÉLISE.

Il est vrai que cela crie vengeance contre l'*École des Femmes*, et que vous la condamnez avec justice.

LE MARQUIS.

Il ne s'est jamais fait, je pense, une si méchante comédie.

URANIE.

Ah! voici Dorante, que nous attendions.

SCÈNE VI

DORANTE, CLIMÈNE, URANIE, ÉLISE, LE MARQUIS.

DORANTE.

Ne bougez, de grâce, et n'interrompez point votre discours. Vous êtes là sur une matière qui, depuis quatre jours, fait presque l'entretien de toutes les maisons de Paris; et jamais on n'a rien vu de si plaisant que la diversité des jugements qui se font là-dessus. Car enfin j'ai ouï condamner cette comédie à certaines gens, par les mêmes choses que j'ai vu d'autres estimer le plus.

URANIE.

Voilà monsieur le marquis qui en dit force mal.

LE MARQUIS.

Il est vrai. Je la trouve détestable, morbleu! détestable, du dernier détestable, ce qu'on appelle détestable.

DORANTE.

Et moi, mon cher marquis, je trouve le jugement détestable.

LE MARQUIS.

Quoi! chevalier, est-ce que tu prétends soutenir cette pièce?

DORANTE.

Oui, je prétends la soutenir.

LE MARQUIS.

Parbleu! je la garantis détestable.

DORANTE.

La caution n'est pas bourgeoise. Mais, marquis, par quelle raison, de grâce, cette comédie est-elle ce que tu dis?

LE MARQUIS.

Pourquoi elle est détestable?

DORANTE.

Oui.

LE MARQUIS.

Elle est détestable, parce qu'elle est détestable.

DORANTE.

Après cela, il n'y a plus rien à dire; voilà son procès fait. Mais encore instruis-nous, et nous dis les défauts qui y sont.

LE MARQUIS.

Que sais-je, moi? je ne me suis pas seulement donné la peine de l'écouter. Mais enfin je sais bien que je n'ai jamais rien vu de si méchant, Dieu me sauve! et Dorilas, contre qui j'étois, a été de mon avis.

DORANTE.

L'autorité est belle, et te voilà bien appuyé!

LE MARQUIS.

Il ne faut que voir les continuels éclats de rire que le parterre y fait. Je ne veux point d'autre chose pour témoigner qu'elle ne vaut rien.

DORANTE.

Tu es donc, marquis, de ces messieurs du bel air, qui ne veulent pas que le parterre ait du sens commun, et qui seroient fâchés d'avoir ri avec lui, fût-ce de la meilleure chose du monde? Je vis l'autre jour sur le théâtre un de nos amis, qui se rendit ridicule par là. Il écouta toute la pièce avec un sérieux le plus sombre du monde: et tout ce qui égayoit les autres ridoit son front. A tous les éclats de risée, il haussoit les épaules, et regardoit le parterre en pitié; et quelquefois aussi, le regardant avec dépit, il lui disoit tout haut : *Ris donc, parterre, ris donc!* Ce fut une seconde comédie que le chagrin de notre ami. Il la donna en galant homme à toute l'assemblée, et chacun demeura d'accord qu'on ne pouvoit pas mieux jouer qu'il fit[1]. Apprends, marquis, je te prie, et les autres aussi, que le bon sens n'a point de place déterminée à la comédie; que la différence du demi-louis d'or et de la pièce de quinze sols[2] ne fait rien du tout au bon goût; que, debout ou assis, l'on peut donner un mauvais jugement; et qu'enfin, à le prendre en général, je me fierois assez à l'approbation du parterre, par la raison qu'entre ceux qui le composent il y en a plusieurs qui sont capables de juger d'une pièce selon les règles, et que les au-

---

[1] Ce personnage se nommait Papisson.
[2] Le louis d'or, ou lis d'or, était de sept livres. Les premières places d'un demi-louis étaient donc de trois livres dix sous. (Bret.)

tres en jugent par la bonne façon d'en juger, qui est de se laisser prendre aux choses, et de n'avoir ni prévention aveugle, ni complaisance affectée, ni délicatesse ridicule.

LE MARQUIS.

Te voilà donc, chevalier, le défenseur du parterre? Parbleu! je m'en réjouis, et je ne manquerai pas de l'avertir que tu es de ses amis. Hai, hai, hai, hai, hai!

DORANTE.

Ris tant que tu voudras. Je suis pour le bon sens, et ne saurois souffrir les ébullitions de cerveau de nos marquis de Mascarille. J'enrage de voir de ces gens qui se traduisent en ridicule, malgré leur qualité; de ces gens qui décident toujours, et parlent hardiment de toutes choses, sans s'y connoître; qui, dans une comédie, se récrieront aux méchants endroits, et ne branleront pas à ceux qui sont bons; qui, voyant un tableau, ou écoutant un concert de musique, blâment de même et louent tout à contresens, prennent par où ils peuvent les termes de l'art qu'ils attrapent, et ne manquent jamais de les estropier et de les mettre hors de place. Eh, morbleu! messieurs, taisez-vous. Quand Dieu ne vous a pas donné la connoissance d'une chose, n'apprêtez point à rire à ceux qui vous entendent parler, et songez qu'en ne disant mot on croira peut-être que vous êtes d'habiles gens.

LE MARQUIS.

Parbleu! chevalier, tu le prends là...

DORANTE.

Mon Dieu, marquis, ce n'est pas à toi que je parle. C'est à une douzaine de messieurs qui déshonorent les gens de cour par leurs manières extravagantes, et font croire parmi le peuple que nous nous ressemblons tous. Pour moi, je m'en veux justifier le plus qu'il me sera possible; et je les dauberai tant en toutes rencontres, qu'à la fin ils se rendront sages.

LE MARQUIS.

Dis-moi un peu, chevalier, crois-tu que Lysandre ait de l'esprit?

DORANTE.

Oui, sans doute, et beaucoup.

URANIE.

C'est une chose qu'on ne peut pas nier.

LE MARQUIS.

Demandez-lui ce qu'il lui semble de l'*École des Femmes*; vous verrez qu'il vous dira qu'elle ne lui plaît pas.

DORANTE.

Eh! mon Dieu, il y en a beaucoup que le trop d'esprit gâte, qui voient mal les choses à force de lumière, et même qui seroient bien fâchés d'être de l'avis des autres, pour avoir la gloire de décider.

URANIE.

Il est vrai. Notre ami est de ces gens-là, sans doute. Il veut être le premier de son opinion, et qu'on attende par respect son jugement. Toute approbation qui marche avant la sienne est un attentat sur ses lumières, dont il se venge hautement en prenant le contraire parti. Il veut qu'on le consulte sur toutes les affaires d'esprit; et je suis sûre que, si l'auteur lui eût montré sa comédie avant que de la faire voir au public, il l'eût trouvée la plus belle du monde.

LE MARQUIS.

Et que direz-vous de la marquise Araminte, qui la publie partout pour épouvantable, et dit qu'elle n'a pu jamais souffrir les ordures dont elle est pleine?

DORANTE.

Je dirai que cela est digne du caractère qu'elle a pris, et qu'il y a des personnes qui se rendent ridicules pour vouloir avoir trop d'honneur. Bien qu'elle ait de l'esprit, elle a suivi le mauvais exemple de celles qui, étant sur le retour de l'âge, veulent remplacer de quelque chose ce qu'elles voient qu'elles perdent, et prétendent que les grimaces d'une pruderie scrupuleuse leur tiendront lieu de jeunesse et de beauté. Celle-ci pousse l'affaire plus avant qu'aucune, et l'habileté de son scrupule découvre des saletés où jamais personne n'en avoit vu. On tient qu'il va, ce scrupule, jusques à défigurer notre langue, et qu'il n'y a point presque de mots dont la sévérité de cette dame ne veuille retrancher ou la tête ou la queue, pour les syllabes déshonnêtes qu'elle y trouve[1].

URANIE.

Vous êtes bien fou, chevalier.

LE MARQUIS.

Enfin, chevalier, tu crois défendre ta comédie en faisant la satire de ceux qui la condamnent.

DORANTE.

Non pas, mais je tiens que cette dame se scandalise à tort...

ÉLISE.

Tout beau, monsieur le chevalier! Il pourroit y en avoir d'autres qu'elle qui seroient dans les mêmes sentiments.

DORANTE.

Je sais bien que ce n'est pas vous, au moins; et que lorsque vous avez vu cette représentation...

ÉLISE.

Il est vrai; mais j'ai changé d'avis... (Montrant Climène.) et madame sait appuyer le sien par des raisons si convaincantes, qu'elle m'a entraînée de son côté.

DORANTE, à Climène.

Ah! madame, je vous demande pardon; et, si vous le voulez, je me dédirai, pour l'amour de vous, de tout ce que j'ai dit.

CLIMÈNE.

Je ne veux pas que ce soit pour l'amour de moi, mais pour l'amour de la raison: car enfin cette pièce, à le bien prendre, est tout à fait indéfendable; et je ne conçois pas...

URANIE.

Ah! voici l'auteur, monsieur Lysidas. Il vient tout à propos pour cette matière. Monsieur Lysidas, prenez un siège vous-même, et vous mettez là.

---

[1] Molière s'est encore moqué, dans la *Comtesse d'Escarbagnas* et dans les *Femmes savantes*, de cette ridicule délicatesse des prudes de son temps.

SCÈNE VII

LYSIDAS, CLIMÈNE, URANIE, ÉLISE, DORANTE,
LE MARQUIS.

LYSIDAS.

Madame, je viens un peu tard; mais il m'a fallu lire ma pièce chez madame la marquise, dont je vous avois parlé; et les louanges qui lui ont été données m'ont retenu une heure plus que je ne croyois.

ÉLISE.

C'est un charme que les louanges pour arrêter un auteur.

URANIE.

Asseyez-vous donc, monsieur Lysidas; nous lirons votre pièce après souper.

LYSIDAS.

Tous ceux qui étoient là doivent venir à sa première représentation, et m'ont promis de faire leur devoir comme il faut.

URANIE.

Je le crois. Mais, encore une fois, asseyez-vous, s'il vous plaît. Nous sommes ici sur une matière que je serai bien aise que nous poussions.

LYSIDAS.

Je pense, madame, que vous retiendrez aussi une loge pour ce jour-là.

URANIE.

Nous verrons. Poursuivons, de grâce, notre discours.

LYSIDAS.

Je vous donne avis, madame, qu'elles sont presque toutes retenues.

URANIE.

Voilà qui est bien. Enfin, j'avois besoin de vous lorsque vous êtes venu; et tout le monde étoit ici contre moi.

ÉLISE, à Uranie, montrant Dorante.

Il s'est mis d'abord de votre côté; mais maintenant (Montrant Climène.) qu'il sait que madame est à la tête du parti contraire, je pense que vous n'avez qu'à chercher un autre secours.

CLIMÈNE.

Non, non. Je ne voudrois pas qu'il fît mal sa cour auprès de madame votre cousine, et je permets à son esprit d'être du parti de son cœur.

DORANTE.

Avec cette permission, madame, je prendrai la hardiesse de me défendre.

URANIE.

Mais, auparavant, sachons un peu les sentiments de monsieur Lysidas.

LYSIDAS.

Sur quoi, madame?

URANIE.

Sur le sujet de l'*École des Femmes*.

LYSIDAS.

Ah! ah!

DORANTE.

Que vous en semble?

LYSIDAS.

Je n'ai rien à dire là-dessus; et vous savez qu'entre nous autres auteurs, nous devons parler des ouvrages les uns des autres avec beaucoup de circonspection[1].

DORANTE.

Mais encore, entre nous, que pensez-vous de cette comédie?

LYSIDAS.

Moi, monsieur?

URANIE.

De bonne foi, dites-nous votre avis.

LYSIDAS.

Je la trouve fort belle.

DORANTE.

Assurément?

LYSIDAS.

Assurément. Pourquoi non? N'est-elle pas en effet la plus belle du monde?

DORANTE.

Hon, hon! vous êtes un méchant diable, monsieur Lysidas; vous ne dites pas ce que vous pensez.

LYSIDAS.

Pardonnez-moi.

DORANTE.

Mon Dieu! je vous connois. Ne dissimulons point.

LYSIDAS.

Moi, monsieur?

DORANTE.

Je vois bien que le bien que vous dites de cette pièce n'est que par honnêteté, et que, dans le fond du cœur, vous êtes de l'avis de beaucoup de gens qui la trouvent mauvaise.

LYSIDAS.

Hai, hai, hai!

DORANTE.

Avouez, ma foi, que c'est une méchante chose que cette comédie.

LYSIDAS.

Il est vrai qu'elle n'est pas approuvée par les connoisseurs.

LE MARQUIS.

Ma foi, chevalier, tu en tiens, et te voilà payé de ta raillerie. Ah, ah, ah, ah, ah!

DORANTE.

Pousse, mon cher marquis, pousse.

LE MARQUIS.

Tu vois que nous avons les savants de notre côté.

DORANTE.

Il est vrai. Le jugement de monsieur Lysidas est quelque chose de considérable. Mais monsieur Lysidas veut bien

---

[1] Boursault, qui avait cru se reconnaître dans le portrait de Lysidas, fit jouer, sur le théâtre de l'hôtel de Bourgogne, le *Portrait du Peintre, ou la Contre-Critique de l'École des Femmes*, pièce froide, lourde, sans comique et sans verve. L'auteur y avança que Molière faisait courir une clef de l'*École des Femmes*. Molière, outré qu'on osât lui prêter une pareille infamie, en marqua tout haut son indignation; Louis XIV lui permit, lui ordonna même, de se venger : ce qu'il fit dans l'*Impromptu de Versailles*. (Cailhava.)

que je ne me rende pas pour cela ; et, puisque j'ai bien l'audace de me défendre (Montrant Climène.) contre les sentiments de madame, il ne trouvera pas mauvais que je combatte les siens.

ÉLISE.

Quoi ! vous voyez contre vous, madame, monsieur le marquis, et monsieur Lysidas, et vous osez résister encore ? Fi ! que cela est de mauvaise grâce !

CLIMÈNE.

Voilà qui me confond, pour moi, que des personnes raisonnables se puissent mettre en tête de donner protection aux sottises de cette pièce.

LE MARQUIS.

Dieu me damne ! madame, elle est misérable depuis le commencement jusqu'à la fin.

DORANTE.

Cela est bientôt dit, marquis. Il n'est rien plus aisé que de trancher ainsi ; et je ne vois aucune chose qui puisse être à couvert de la souveraineté de tes décisions.

LE MARQUIS.

Parbleu ! tous les autres comédiens qui étoient là pour la voir en ont dit tous les maux du monde.

DORANTE.

Ah ! je ne dis plus mot ; tu as raison, marquis. Puisque les autres comédiens en disent du mal, il faut les en croire assurément. Ce sont tous gens éclairés, et qui parlent sans intérêt. Il n'y a plus rien à dire, je me rends.

CLIMÈNE.

Rendez-vous, ou ne vous rendez pas, je sais fort bien que vous ne me persuaderez point de souffrir les immodesties de cette pièce, non plus que les satires désobligeantes qu'on y voit contre les femmes.

URANIE.

Pour moi, je me garderai bien de m'en offenser, et de prendre rien sur mon compte de tout ce qui s'y dit. Ces sortes de satires tombent directement sur les mœurs, et ne frappent les personnes que par réflexion. N'allons point nous appliquer nous-mêmes les traits d'une censure générale ; et profitons de la leçon, si nous pouvons, sans faire semblant qu'on parle à nous. Toutes les peintures ridicules qu'on expose sur les théâtres doivent être regardées sans chagrin de tout le monde. Ce sont miroirs publics, où il ne faut jamais témoigner qu'on se voie ; et c'est se taxer hautement d'un défaut, que se scandaliser qu'on le reprenne.

CLIMÈNE.

Pour moi, je ne parle pas de ces choses par la part que j'y puisse avoir, et je pense que je vis d'un air dans le monde à ne pas craindre d'être cherchée dans les peintures qu'on fait là des femmes qui se gouvernent mal.

ÉLISE.

Assurément, madame, on ne vous y cherchera point. Votre conduite est assez connue, et ce sont de ces sortes de choses qui ne sont contestées de personne.

URANIE, à Climène.

Aussi, madame, n'ai-je rien dit qui aille à vous ; et mes paroles, comme les satires de la comédie, demeurent dans la thèse générale.

CLIMÈNE.

Je n'en doute pas, madame. Mais enfin passons sur ce chapitre. Je ne sais pas de quelle façon vous recevez les injures qu'on dit à notre sexe dans un certain endroit de la pièce ; et, pour moi, je vous avoue que je suis dans une colère épouvantable, de voir que cet auteur impertinent nous appelle des animaux.

URANIE.

Ne voyez-vous pas que c'est un ridicule qu'il fait parler ?

DORANTE.

Et puis, madame, ne savez-vous pas que les injures des amants n'offensent jamais ; qu'il est des amours emportés aussi bien que des doucereux ; et qu'en de pareilles occasions les paroles les plus étranges, et quelque chose de pis encore, se prennent bien souvent pour des marques d'affection par celles mêmes qui les reçoivent ?

ÉLISE.

Dites tout ce que vous voudrez, je ne saurois digérer cela, non plus que le *potage* et la *tarte à la crème*, dont madame a parlé tantôt.

LE MARQUIS.

Ah ! ma foi, oui, *tarte à la crème* ! voilà ce que j'avois remarqué tantôt ; *tarte à la crème* ! Que je vous suis obligé, madame, de m'avoir fait souvenir de *tarte à la crème* ! Y a-t-il assez de pommes en Normandie pour *tarte à la crème*[1] ? *Tarte à la crème*, morbleu ! *tarte à la crème* !

DORANTE.

Eh bien, que veux-tu dire ? *Tarte à la crème* !

LE MARQUIS.

Parbleu ! *tarte à la crème*, chevalier.

DORANTE.

Mais encore ?

LE MARQUIS.

Tarte à la crème !

DORANTE.

Dis-nous un peu tes raisons.

LE MARQUIS.

Tarte à la crème !

URANIE.

Mais il faut expliquer sa pensée, ce me semble.

LE MARQUIS.

Tarte à la crème, madame !

URANIE.

Que trouvez-vous là à redire ?

LE MARQUIS.

Moi, rien. *Tarte à la crème* !

URANIE.

Ah ! je le quitte[2].

ÉLISE.

Monsieur le marquis s'y prend bien, et vous bourre de

---

[1] Allusion à l'usage de jeter des pommes cuites, et quelquefois même des pommes crues, à la tête des acteurs, quand on était mécontent de leur jeu ou de la pièce. Racine, dans une épigramme, dit en parlant de Pradon

Pommes sur lui volèrent largement.

[2] Dans le sens de : J'en ai assez, j'y renonce.

SCÈNE VII.

la belle manière. Mais je voudrois bien que monsieur Lysidas voulût les achever et leur donner quelques petits coups de sa façon.

LYSIDAS.

Ce n'est pas ma coutume de rien blâmer, et je suis assez indulgent pour les ouvrages des autres. Mais enfin, sans choquer l'amitié que monsieur le chevalier témoigne pour l'auteur, on m'avouera que ces sortes de comédies ne sont pas proprement des comédies, et qu'il y a une grande différence de toutes ces bagatelles à la beauté des pièces sérieuses. Cependant tout le monde donne là dedans aujourd'hui; on ne court plus qu'à cela, et l'on voit une solitude effroyable aux grands ouvrages, lorsque des sottises ont tout Paris. Je vous avoue que le cœur m'en saigne quelquefois; et cela est honteux pour la France.

CLIMÈNE.

Il est vrai que le goût des gens est étrangement gâté là-dessus, et que le siècle s'encanaille furieusement.

ÉLISE.

Celui-là est joli encore, s'encanaille! Est-ce vous qui l'avez inventé, madame [1]?

CLIMÈNE.

Eh!

ÉLISE.

Je m'en suis bien doutée.

DORANTE.

Vous croyez donc, monsieur Lysidas, que tout l'esprit et toute la beauté sont dans les poëmes sérieux, et que les pièces comiques sont des niaiseries qui ne méritent aucune louange?

URANIE.

Ce n'est pas mon sentiment, pour moi. La tragédie, sans doute, est quelque chose de beau quand elle est bien touchée; mais la comédie a ses charmes, et je tiens que l'une n'est pas moins difficile que l'autre.

DORANTE.

Assurément, madame; et quand, pour la difficulté, vous mettriez un peu plus du côté de la comédie, peut-être que vous ne vous abuseriez pas. Car enfin, je trouve qu'il est bien plus aisé de se guinder sur de grands sentiments, de braver en vers la fortune, accuser les destins, et dire des injures aux dieux, que d'entrer comme il faut dans le ridicule des hommes, et de rendre agréablement sur le théâtre les défauts de tout le monde. Lorsque vous peignez des héros, vous faites ce que vous voulez. Ce sont des portraits à plaisir, où l'on ne cherche point de ressemblance; et vous n'avez qu'à suivre les traits d'une imagination qui se donne l'essor, et qui souvent laisse le vrai pour attraper le merveilleux. Mais, lorsque vous peignez les hommes, il faut peindre d'après nature. On veut que ces portraits ressemblent, et vous n'avez rien fait, si vous n'y faites reconnoître les gens de votre siècle. En un mot, dans les pièces sérieuses, il suffit, pour n'être point blâmé, de dire des choses qui soient de bon sens et bien écrites; mais ce n'est pas assez dans les autres: il y faut plaisanter; et c'est une étrange entreprise que celle de faire rire les honnêtes gens.

CLIMÈNE.

Je crois être du nombre des honnêtes gens; et cependant je n'ai pas trouvé le mot pour rire dans tout ce que j'ai vu.

LE MARQUIS.

Ma foi, ni moi non plus.

DORANTE.

Pour toi, marquis, je ne m'en étonne pas. C'est que tu n'y as point trouvé de turlupinades.

LYSIDAS.

Ma foi, monsieur, ce qu'on y rencontre ne vaut guère mieux; et toutes les plaisanteries y sont assez froides, à mon avis.

DORANTE.

La cour n'a pas trouvé cela.

LYSIDAS.

Ah! monsieur, la cour!

DORANTE.

Achevez, monsieur Lysidas. Je vois bien que vous voulez dire que la cour ne se connoît pas à ces choses; et c'est le refuge ordinaire de vous autres messieurs les auteurs, dans le mauvais succès de vos ouvrages, que d'accuser l'injustice du siècle et le peu de lumière des courtisans. Sachez, s'il vous plaît, monsieur Lysidas, que les courtisans ont d'aussi bons yeux que d'autres; qu'on peut être habile avec un point de Venise [2] et des plumes, aussi bien qu'avec une perruque courte et un petit rabat uni; que la grande épreuve de toutes vos comédies, c'est le jugement de la cour; que c'est son goût qu'il faut étudier, pour trouver l'art de réussir; qu'il n'y a point de lieu où les décisions soient : justes; et, sans mettre en ligne de compte tous les gens savants qui y sont, que, du simple bon sens naturel et du commerce de tout le beau monde, on s'y fait une manière d'esprit qui, sans comparaison, juge plus finement des choses que tout le savoir enrouillé des pédants.

URANIE.

Il est vrai que, pour peu qu'on y demeure, il vous passe là tous les jours assez de choses devant les yeux pour acquérir quelque habitude de les connoître, et surtout pour ce qui est de la bonne et mauvaise plaisanterie.

DORANTE.

La cour a quelques ridicules, j'en demeure d'accord, et je suis, comme on voit, le premier à les fronder. Mais, ma foi, il y en a un grand nombre parmi les beaux esprits de profession; et si l'on joue quelques marquis, je trouve qu'il y a bien plus de quoi jouer les auteurs, et que ce seroit une chose plaisante à mettre sur le théâtre,

---

[1] Malgré l'espèce de réprobation dont Molière frappe ici le verbe *s'encanailler*, il est resté dans la langue, aussi bien que le mot *obscénité*.

[2] Le *point de Venise* était la dentelle à la mode pour les rabats ou collets. Il était plus transparent et plus léger, mais aussi beaucoup plus cher que les points de fabrique française ou flamande.

que leurs grimaces savantes et leurs raffinements ridicules, leur vicieuse coutume d'assassiner les gens de leurs ouvrages, leur friandise de louanges, leurs ménagements de pensées, leur trafic de réputation, et leurs ligues offensives et défensives, aussi bien que leurs guerres d'esprit, et leurs combats de prose et de vers.

LYSIDAS.

Molière est bien heureux, monsieur, d'avoir un protecteur aussi chaud que vous. Mais enfin, pour venir au fait, il est question de savoir si sa pièce est bonne, et je m'offre d'y montrer partout cent défauts visibles.

URANIE.

C'est une étrange chose de vous autres messieurs les poëtes, que vous condamniez toujours les pièces où tout le monde court, et ne disiez jamais du bien que de celles où personne ne va. Vous montrez pour les unes une haine invincible, et pour les autres une tendresse qui n'est pas concevable.

DORANTE.

C'est qu'il est généreux de se ranger du côté des affligés.

URANIE.

Mais, de grâce, monsieur Lysidas, faites-nous voir ces défauts, dont je ne me suis point aperçue.

LYSIDAS.

Ceux qui possèdent Aristote et Horace voient d'abord, madame, que cette comédie pèche contre toutes les règles de l'art.

URANIE.

Je vous avoue que je n'ai aucune habitude avec ces messieurs-là, et que je ne sais point les règles de l'art.

DORANTE.

Vous êtes de plaisantes gens avec vos règles, dont vous embarrassez les ignorants et nous étourdissez tous les jours! Il semble, à vous ouïr parler, que ces règles de l'art soient les plus grands mystères du monde; et cependant ce ne sont que quelques observations aisées, que le bon sens a faites sur ce qui peut ôter le plaisir que l'on prend à ces sortes de poëmes; et le même bon sens qui a fait autrefois ces observations les fait aisément tous les jours, sans le secours d'Horace et d'Aristote. Je voudrois bien savoir si la grande règle de toutes les règles n'est pas de plaire, et si une pièce de théâtre qui a attrapé son but n'a pas suivi un bon chemin. Veut-on que tout un public s'abuse sur ces sortes de choses, et que chacun ne soit pas juge du plaisir qu'il y prend?

URANIE.

J'ai remarqué une chose de ces messieurs-là : c'est que ceux qui parlent le plus des règles, et qui les savent mieux que les autres, font des comédies que personne ne trouve belles [1].

DORANTE.

Et c'est ce qui marque, madame, comme on doit s'arrêter peu à leurs disputes embarrassées. Car enfin, si les pièces qui sont selon les règles ne plaisent pas, et que celles qui plaisent ne soient pas selon les règles, il faudroit, de nécessité, que les règles eussent été mal faites. Moquons-nous donc de cette chicane où ils veulent assujettir le goût public, et ne consultons dans une comédie que l'effet qu'elle fait sur nous. Laissons-nous aller de bonne foi aux choses qui nous prennent par les entrailles, et ne cherchons point de raisonnements pour nous empêcher d'avoir du plaisir.

URANIE.

Pour moi, quand je vois une comédie, je regarde seulement si les choses me touchent; et, lorsque je m'y suis bien divertie, je ne vais point demander si j'ai eu tort, et si les règles d'Aristote me défendoient de rire.

DORANTE.

C'est justement comme un homme qui auroit trouvé une sauce excellente, et qui voudroit examiner si elle est bonne, sur les préceptes du *Cuisinier françois*.

URANIE.

Il est vrai; et j'admire les raffinements de certaines gens sur des choses que nous devons sentir par nous-mêmes.

DORANTE.

Vous avez raison, madame, de les trouver étranges, tous ces raffinements mystérieux. Car enfin, s'ils ont lieu, nous voilà réduits à ne nous plus croire; nos propres sens seront esclaves en toutes choses; et jusques au manger et au boire, nous n'oserons plus trouver rien de bon, sans le congé de messieurs les experts.

LYSIDAS.

Enfin, monsieur, toute votre raison, c'est que l'*École des Femmes* a plu; et vous ne vous souciez point qu'elle ne soit pas dans les règles, pourvu...

DORANTE.

Tout beau, monsieur Lysidas, je ne vous accorde pas cela. Je dis bien que le grand art est de plaire, et que, cette comédie ayant plu à ceux pour qui elle est faite, je trouve que c'est assez pour elle, et qu'elle doit peu se soucier du reste. Mais, avec cela, je soutiens qu'elle ne pèche contre aucune des règles dont vous parlez. Je les ai lues, Dieu merci, autant qu'un autre; et je ferois voir aisément que peut-être n'avons-nous point de pièce au théâtre plus régulière que celle-là.

ÉLISE.

Courage, monsieur Lysidas! nous sommes perdus si vous reculez.

LYSIDAS.

Quoi! monsieur, la protase, l'épitase, et la péripétie...

DORANTE.

Ah! monsieur Lysidas, vous nous assommez avec vos grands mots. Ne paroissez point si savant, de grâce! Humanisez votre discours, et parlez pour être entendu. Pensez-vous qu'un nom grec donne plus de poids à vos raisons? Et ne trouveriez-vous pas qu'il fût aussi beau de dire, l'exposition du sujet, que la protase; le nœud, que l'épitase; et le dénoûment, que la péripétie?

---

[1] Ceci rappelle le mot du grand Condé : « Je sais bon gré à l'abbé d'Aubignac d'avoir si bien suivi les règles d'Aristote; mais je ne pardonne point aux règles d'Aristote d'avoir fait faire à l'abbé d'Aubignac une si méchante tragédie. »

SCÈNE VII.

LYSIDAS.

Ce sont termes de l'art dont il est permis de se servir. Mais, puisque ces mots blessent vos oreilles, je m'expliquerai d'une autre façon; et je vous prie de répondre positivement à trois ou quatre choses que je vais dire. Peut-on souffrir une pièce qui pèche contre le nom propre des pièces de théâtre? Car enfin le nom de poëme dramatique vient d'un mot grec qui signifie agir, pour montrer que la nature de ce poëme consiste dans l'action; et dans cette comédie-ci il ne se passe point d'action, et tout consiste en des récits que vient faire ou Agnès ou Horace.

LE MARQUIS.

Ah! ah! chevalier.

CLIMÈNE.

Voilà qui est spirituellement remarqué, et c'est prendre le fin des choses.

LYSIDAS.

Est-il rien de si peu spirituel, ou, pour mieux dire, rien de si bas, que quelques mots où tout le monde rit, et surtout celui des *enfants par l'oreille?*

CLIMÈNE.

Fort bien.

ÉLISE.

Ah!

LYSIDAS.

La scène du valet et de la servante au dedans de la maison n'est-elle pas d'une longueur ennuyeuse, et tout à fait impertinente?

LE MARQUIS.

Cela est vrai.

CLIMÈNE.

Assurément.

ÉLISE.

Il a raison.

LYSIDAS.

Arnolphe ne donne-t-il pas trop librement son argent à Horace? Et, puisque c'est le personnage ridicule de la pièce, falloit-il lui faire faire l'action d'un honnête homme?

LE MARQUIS.

Bon. La remarque est encore bonne.

CLIMÈNE.

Admirable!

ÉLISE.

Merveilleuse!

LYSIDAS.

Le sermon et les maximes ne sont-elles pas des choses ridicules, et qui choquent même le respect que l'on doit à nos mystères?

LE MARQUIS.

C'est bien dit.

CLIMÈNE.

Voilà parlé comme il faut.

ÉLISE.

Il ne se peut rien de mieux.

LYSIDAS.

Et ce monsieur de la Souche, enfin, qu'on nous fait un homme d'esprit, et qui paroît si sérieux en tant d'endroits, ne descend-il point dans quelque chose de trop comique et de trop outré au cinquième acte, lorsqu'il explique à Agnès la violence de son amour, avec ces roulements d'yeux extravagants, ces soupirs ridicules et ces larmes niaises qui font rire tout le monde!

LE MARQUIS.

Morbleu! merveille!

CLIMÈNE.

Miracle!

ÉLISE.

Vivat, monsieur Lysidas!

LYSIDAS.

Je laisse cent mille autres choses, de peur d'être ennuyeux.

LE MARQUIS.

Parbleu! chevalier, te voilà mal ajusté.

DORANTE.

Il faut voir.

LE MARQUIS.

Tu as trouvé ton homme, ma foi.

DORANTE.

Peut-être.

LE MARQUIS.

Réponds, réponds, réponds, réponds

DORANTE.

Volontiers. Il...

LE MARQUIS.

Réponds donc, je te prie.

DORANTE.

Laisse-moi donc faire. Si...

LE MARQUIS.

Parbleu! je te défie de répondre.

DORANTE.

Oui, si tu parles toujours.

CLIMÈNE.

De grâce, écoutons ses raisons.

DORANTE.

Premièrement, il n'est pas vrai de dire que toute la pièce n'est qu'en récits. On y voit beaucoup d'actions qui se passent sur la scène; et les récits eux-mêmes y sont des actions, suivant la constitution du sujet; d'autant qu'ils sont tous faits innocemment, ces récits, à la personne intéressée, qui, par là, entre à tous coups dans une confusion à réjouir les spectateurs, et prend, à chaque nouvelle, toutes les mesures qu'il peut pour se parer du malheur qu'il craint.

URANIE.

Pour moi, je trouve que la beauté du sujet de l'*École des Femmes* consiste dans cette confidence perpétuelle; et ce qui me paroît assez plaisant, c'est qu'un homme qui a de l'esprit, et qui est averti de tout par une innocente qui est sa maîtresse, et par un étourdi qui est son rival, ne puisse avec cela éviter ce qui lui arrive[1].

[1] Il appartenait à Molière de sentir et d'exprimer mieux que personne en quoi consistait la beauté de son sujet, et c'est ce qu'il fait avec une franchise qui ne manqua pas de le faire accuser d'un excès d'amour-propre par ses ennemis.

LE MARQUIS.

Bagatelle! bagatelle!

CLIMÈNE.

Foible réponse.

ÉLISE.

Mauvaises raisons.

DORANTE.

Pour ce qui est des *enfants par l'oreille*, ils ne sont plaisants que par réflexion à Arnolphe; et l'auteur n'a pas mis cela pour être de soi un bon mot, mais seulement pour une chose qui caractérise l'homme, et peint d'autant mieux son extravagance, puisqu'il rapporte une sottise triviale qu'a dite Agnès comme la chose la plus belle du monde et qui lui donne une joie inconcevable.

LE MARQUIS.

C'est mal répondre.

CLIMÈNE.

Cela ne satisfait point.

ÉLISE.

C'est ne rien dire.

DORANTE.

Quant à l'argent qu'il donne librement, outre que la lettre de son meilleur ami lui est une caution suffisante, il n'est pas incompatible qu'une personne soit ridicule en de certaines choses, et honnête homme en d'autres. Et pour la scène d'Alain et de Georgette dans le logis, que quelques-uns ont trouvée longue et froide, il est certain qu'elle n'est pas sans raison; et, de même qu'Arnolphe se trouve attrapé pendant son voyage par la pure innocence de sa maîtresse, il demeure au retour longtemps à sa porte par l'innocence de ses valets, afin qu'il soit partout puni par les choses dont il a cru faire la sûreté de ses précautions.

LE MARQUIS.

Voilà des raisons qui ne valent rien.

CLIMÈNE.

Tout cela ne fait que blanchir

ÉLISE.

Cela fait pitié.

DORANTE.

Pour le discours moral que vous appelez un sermon, il est certain que de vrais dévots qui l'ont ouï n'ont pas trouvé qu'il choquât ce que vous dites; et sans doute que ces paroles d'*enfer* et de *chaudières bouillantes* sont assez justifiées par l'extravagance d'Arnolphe et par l'innocence de celle à qui il parle[1]. Et quant au transport amoureux du cinquième acte, qu'on accuse d'être trop outré et trop comique, je voudrois bien savoir si ce n'est pas faire la satire des amants, et si les honnêtes gens même, et les plus sérieux, en de pareilles occasions, ne font pas des choses...

LE MARQUIS.

Ma foi, chevalier, tu ferois mieux de te taire.

[1] Ce fut là la première dispute que Molière eut avec les faux dévots. (Petitot.)

DORANTE.

Fort bien. Mais enfin, si nous nous regardions nous-mêmes, quand nous sommes bien amoureux...

LE MARQUIS.

Je ne veux pas seulement t'écouter.

DORANTE.

Écoute-moi si tu veux. Est-ce que, dans la violence de la passion...

LE MARQUIS.

La, la, la, la, lare, la, la, la, la, la, la. (Il chante.)

DORANTE.

Quoi!...

LE MARQUIS.

La, la, la, la, lare, la, la, la, la, la, la.

DORANTE.

Je ne sais pas si...

LE MARQUIS.

La, la, la, la, lare, la, la, la, la, la, la.

URANIE.

Il me semble que...

LE MARQUIS.

La, la, la, lare, la, la, la, la, la, la, la, la, la.

URANIE.

Il se passe des choses assez plaisantes dans notre dispute. Je trouve qu'on en pourroit bien faire une petite comédie, et que cela ne seroit pas trop mal à la queue de l'*École des Femmes*.

DORANTE.

Vous avez raison.

LE MARQUIS.

Parbleu! chevalier, tu jouerois là dedans un rôle qui ne te seroit pas avantageux.

DORANTE.

Il est vrai, marquis.

CLIMÈNE.

Pour moi, je souhaiterois que cela se fît, pourvu qu'on traitât l'affaire comme elle s'est passée.

ÉLISE.

Et moi, je fournirois de bon cœur mon personnage.

LYSIDAS.

Je ne refuserois pas le mien, que je pense.

URANIE.

Puisque chacun en seroit content, chevalier, faites un mémoire de tout, et le donnez à Molière, que vous connoissez, pour le mettre en comédie.

CLIMÈNE.

Il n'auroit garde, sans doute, et ce ne seroit pas des vers à sa louange.

URANIE.

Point, point; je connois son humeur: il ne se soucie pas qu'on fronde ses pièces, pourvu qu'il y vienne du monde.

DORANTE.

Oui. Mais quel dénoûment pourroit-il trouver à ceci? Car il ne sauroit y avoir ni mariage, ni reconnoissance; et je ne sais point par où l'on pourroit faire finir la dispute.

SCÈNE VIII.

URANIE.

Il faudroit rêver quelque incident pour cela.

SCÈNE VIII

CLIMÈNE, URANIE, ÉLISE, DORANTE, LE MARQUIS, LYSIDAS, GALOPIN.

GALOPIN.

Madame, on a servi sur table.

DORANTE.

Ah! voilà justement ce qu'il faut pour le dénoûment que nous cherchions, et l'on ne peut rien trouver de plus naturel. On disputera fort et ferme de part et d'autre, comme nous avons fait, sans que personne se rende; un petit laquais viendra dire qu'on a servi, on se lèvera, et chacun ira souper.

URANIE.

La comédie ne peut pas mieux finir, et nous ferons bien d'en demeurer là.

L'IMPROMPTU DE VERSAILLES

COMÉDIE EN UN ACTE

1663

PERSONNAGES

MOLIÈRE, marquis ridicule.
BRÉCOURT, homme de qualité.
DE LA GRANGE, marquis ridicule.
DU CROISY, poëte.
LA THORILLIÈRE, marquis fâcheux.
BÉJART, homme qui fait le nécessaire.
Mlle DU PARC, marquise façonnière.
Mlle BÉJART, prude.
Mlle DE BRIE, sage coquette.
Mlle MOLIÈRE, satirique spirituelle.
Mlle DU CROISY, peste doucereuse.
Mlle HERVÉ, servante précieuse.
QUATRE NÉCESSAIRES.

La scène est à Versailles, dans la salle de la comédie.

SCÈNE I

MOLIÈRE, BRÉCOURT, LA GRANGE, DU CROISY; MESDEMOISELLES DU PARC, BÉJART, DE BRIE, MOLIÈRE, DU CROISY, HERVÉ.

MOLIÈRE, seul, parlant à ses camarades, qui sont derrière le théâtre.

Allons donc, messieurs et mesdames; vous moquez-vous avec votre longueur, et ne voulez-vous pas tous venir ici? La peste soit des gens! Holà! ho! monsieur de Brécourt!

BRÉCOURT, derrière le théâtre.

Quoi?

MOLIÈRE.

Monsieur de la Grange!

LA GRANGE, derrière le théâtre

Qu'est-ce?

MOLIÈRE.

Monsieur du Croisy!

DU CROISY, derrière le théâtre.

Plaît-il?

MOLIÈRE.

Mademoiselle du Parc!

MADEMOISELLE DU PARC, derrière le théâtre.

Eh bien?

MOLIÈRE.

Mademoiselle Béjart!

MADEMOISELLE BÉJART, derrière le théâtre.

Qu'y a-t-il?

MOLIÈRE.

Mademoiselle de Brie!

MADEMOISELLE DE BRIE, derrière le théâtre.

Que veut-on?

MOLIÈRE.

Mademoiselle du Croisy!

MADEMOISELLE DU CROISY, derrière le théâtre.

Qu'est-ce que c'est?

MOLIÈRE.

Mademoiselle Hervé!

MADEMOISELLE HERVÉ, derrière le théâtre.

On y va.

MOLIÈRE.

Je crois que je deviendrai fou avec tous ces gens-ci. Hé! (Brécourt, la Grange, du Croisy, entrent.) Têtebleu! messieurs, me voulez-vous faire enrager aujourd'hui?

BRÉCOURT.

Que voulez-vous qu'on fasse? Nous ne savons pas nos rôles; et c'est nous faire enrager vous-même que de nous obliger à jouer de la sorte.

MOLIÈRE.

Ah! les étranges animaux à conduire que des comédiens! (Mesdemoiselles Béjart, du Parc, de Brie, Molière, du Croisy et Hervé arrivent.)

MADEMOISELLE BÉJART.

Eh bien, nous voilà. Que prétendez-vous faire?

MADEMOISELLE DU PARC.

Quelle est votre pensée?

MADEMOISELLE DE BRIE.

De quoi est-il question?

MOLIÈRE.

De grâce, mettons-nous ici; et, puisque nous voilà tous habillés et que le roi ne doit venir de deux heures, employons ce temps à répéter notre affaire et voir la manière dont il faut jouer les choses.

SCÈNE I.

LA GRANGE.

Le moyen de jouer ce qu'on ne sait pas?

MADEMOISELLE DU PARC.

Pour moi, je vous déclare que je ne me souviens pas d'un mot de mon personnage.

MADEMOISELLE DE BRIE.

Je sais bien qu'il me faudra souffler le mien d'un bout à l'autre.

MADEMOISELLE BÉJART.

Et moi, je me prépare fort à tenir mon rôle à la main.

MADEMOISELLE MOLIÈRE.

Et moi aussi.

MADEMOISELLE HERVÉ.

Pour moi, je n'ai pas grand'chose à dire.

MADEMOISELLE DU CROISY.

Ni moi non plus; mais avec cela, je ne répondrois pas de ne point manquer.

DU CROISY.

J'en voudrois être quitte pour dix pistoles.

BRÉCOURT.

Et moi, pour vingt bons coups de fouet, je vous assure.

MOLIÈRE.

Vous voilà tous bien malades, d'avoir un méchant rôle à jouer! Et que feriez-vous donc si vous étiez en ma place?

MADEMOISELLE BÉJART.

Qui, vous? vous n'êtes pas à plaindre; car, ayant fait la pièce, vous n'avez pas peur d'y manquer.

MOLIÈRE.

Et n'ai-je à craindre que le manquement de mémoire? Ne comptez-vous pour rien l'inquiétude d'un succès qui ne regarde que moi seul? Et pensez-vous que ce soit une petite affaire que d'exposer quelque chose de comique devant une assemblée comme celle-ci; que d'entreprendre de faire rire des personnes qui nous impriment le respect et ne rient que quand ils veulent? Est-il auteur qui ne doive trembler lorsqu'il en vient à cette épreuve? Et n'est-ce pas à moi de dire que je voudrois en être quitte pour toutes les choses du monde?

MADEMOISELLE BÉJART.

Si cela vous faisoit trembler, vous prendriez mieux vos précautions, et n'auriez pas entrepris en huit jours ce que vous avez fait.

MOLIÈRE.

Le moyen de m'en défendre, lorsqu'un roi me l'a commandé?

MADEMOISELLE BÉJART.

Le moyen? Une respectueuse excuse fondée sur l'impossibilité de la chose, dans le peu de temps qu'on vous donne; et tout autre, en votre place, ménageroit mieux sa réputation, et se seroit bien gardé de se commettre comme vous faites. Où en serez-vous, je vous prie, si l'affaire réussit mal; et quel avantage pensez-vous qu'en prendront tous vos ennemis?

MADEMOISELLE DE BRIE.

En effet, il falloit s'excuser avec respect envers le roi, ou demander du temps davantage.

MOLIÈRE.

Mon Dieu! mademoiselle, les rois n'aiment rien tant qu'une prompte obéissance, et ne se plaisent point du tout à trouver des obstacles [1]. Les choses ne sont bonnes que dans le temps qu'ils les souhaitent: et leur en vouloir reculer le divertissement est en ôter pour eux toute la grâce. Ils veulent des plaisirs qui ne se fassent point attendre, et les moins préparés leur sont toujours les plus agréables. Nous ne devons jamais nous regarder dans ce qu'ils désirent de nous; nous ne sommes que pour leur plaire; et, lorsqu'ils nous ordonnent quelque chose, c'est à nous à profiter vite de l'envie où ils sont. Il vaut mieux s'acquitter mal de ce qu'ils nous demandent que de ne s'en acquitter pas assez tôt; et, si l'on a la honte de n'avoir pas bien réussi, on a toujours la gloire d'avoir obéi vite à leurs commandements. Mais songeons à répéter, s'il vous plaît.

MADEMOISELLE BÉJART.

Comment prétendez-vous que nous fassions, si nous ne savons pas nos rôles?

MOLIÈRE.

Vous les saurez, vous dis-je; et, quand même vous ne les sauriez pas tout à fait, pouvez-vous pas y suppléer de votre esprit, puisque c'est de la prose, et que vous savez votre sujet?

MADEMOISELLE BÉJART.

Je suis votre servante. La prose est pis encore que les vers.

MADEMOISELLE MOLIÈRE.

Voulez-vous que je vous dise? vous deviez faire une comédie où vous auriez joué tout seul.

MOLIÈRE.

Taisez-vous, ma femme, vous êtes une bête.

MADEMOISELLE MOLIÈRE.

Grand merci, monsieur mon mari. Voilà ce que c'est! Le mariage change bien les gens, et vous ne m'auriez pas dit cela il y a dix-huit mois.

MOLIÈRE.

Taisez-vous, je vous prie.

MADEMOISELLE MOLIÈRE.

C'est une chose étrange, qu'une petite cérémonie soit capable de nous ôter toutes nos belles qualités, et qu'un mari et un galant regardent la même personne avec des yeux si différents.

MOLIÈRE.

Que de discours!

MADEMOISELLE MOLIÈRE.

Ma foi, si je faisois une comédie, je la ferois sur ce sujet. Je justifierois les femmes de bien des choses dont on les accuse; et je ferois craindre aux maris la différence qu'il y a de leurs manières brusques aux civilités des galants.

MOLIÈRE.

Ah! laissons cela. Il n'est pas question de causer maintenant; nous avons autre chose à faire.

MADEMOISELLE BÉJART.

Mais, puisqu'on vous a commandé de travailler sur le

---

[1] La Fontaine a dit de même:
Alléguer l'impossible aux rois c'est un abus.

sujet de la critique qu'on a faite contre vous, que n'avez-vous fait cette comédie des comédiens, dont vous nous avez parlé il y a longtemps? C'étoit une affaire toute trouvée, et qui venoit fort bien à la chose, et d'autant mieux qu'ayant entrepris de vous peindre, ils vous ouvroient l'occasion de les peindre aussi, et que cela auroit pu s'appeler leur portrait, à bien plus juste titre que tout ce qu'ils ont fait ne peut être appelé le vôtre. Car vouloir contrefaire un comédien dans un rôle comique, ce n'est pas le peindre lui-même, c'est peindre d'après lui les personnages qu'il représente, et se servir des mêmes traits et des mêmes couleurs qu'il est obligé d'employer aux différents tableaux des caractères ridicules qu'il imite d'après nature; mais contrefaire un comédien dans des rôles sérieux, c'est le peindre par des défauts qui sont entièrement de lui, puisque ces sortes de personnages ne veulent ni les gestes ni les tons de voix ridicules dans lesquels on le reconnoît.

MOLIÈRE.

Il est vrai; mais j'ai mes raisons pour ne le pas faire, et je n'ai pas cru, entre nous, que la chose en valût la peine; et puis il falloit plus de temps pour exécuter cette idée. Comme leurs jours de comédie sont les mêmes que les nôtres[1], à peine ai-je été les voir que trois ou quatre fois depuis que nous sommes à Paris; je n'ai attrapé de leur manière de réciter que ce qui m'a d'abord sauté aux yeux, et j'aurois eu besoin de les étudier davantage pour faire des portraits bien ressemblants.

MADEMOISELLE DU PARC.

Pour moi, j'en ai reconnu quelques-uns dans votre bouche.

MADEMOISELLE DE BRIE.

Je n'ai jamais ouï parler de cela.

MOLIÈRE.

C'est une idée qui m'avoit passé une fois par la tête, et que j'ai laissée là comme une bagatelle, une badinerie, qui peut-être n'auroit pas fait rire.

MADEMOISELLE DE BRIE.

Dites-la-moi un peu, puisque vous l'avez dite aux autres.

MOLIÈRE.

Nous n'avons pas le temps maintenant.

MADEMOISELLE DE BRIE.

Seulement deux mots.

MOLIÈRE.

J'avois songé une comédie où il y auroit eu un poëte, que j'aurois représenté moi-même, qui seroit venu pour offrir une pièce à une troupe de comédiens nouvellement arrivés de la campagne. « Avez-vous, auroit-il dit, des acteurs et des actrices qui soient capables de bien faire valoir un ouvrage? Car ma pièce est une pièce... — Eh! monsieur, auroient répondu les comédiens, nous avons des hommes et des femmes qui ont été trouvés raisonnables partout où nous avons passé. — Et qui fait les rois parmi vous? — Voilà un acteur qui s'en démêle parfois. — Qui? ce jeune homme bien fait? Vous moquez-vous? Il faut un roi qui soit gros et gras comme quatre; un roi, morbleu! qui soit entripaillé[1] comme il faut; un roi d'une vaste circonférence, et qui puisse remplir un trône de la belle manière[2]. La belle chose qu'un roi d'une taille galante! Voilà déjà un grand défaut; mais que je l'entende un peu réciter une douzaine de vers. » Là-dessus le comédien auroit récité, par exemple, quelques vers du roi, de *Nicomède* :

Te le dirai-je, Araspe? il m'a trop bien servi,
Augmentant mon pouvoir...

le plus naturellement qu'il lui auroit été possible. Et le poëte : « Comment! vous appelez cela réciter? C'est se railler : il faut dire les choses avec emphase. Écoutez moi. (Il contrefait Montfleury, comédien de l'hôtel de Bourgogne.)

Te le dirai-je, Araspe? etc.

Voyez-vous cette posture? Remarquez bien cela. Là, appuyez comme il faut le dernier vers. Voilà ce qui attire l'approbation, et fait faire le brouhaha. — Mais, monsieur, auroit répondu le comédien, il me semble qu'un roi qui s'entretient tout seul avec son capitaine des gardes parle un peu plus humainement, et ne prend guère ce ton de démoniaque. — Vous ne savez ce que c'est. Allez-vous-en réciter comme vous faites, vous verrez si vous ferez faire aucun *ah!* Voyons un peu une scène d'amant et d'amante. » Là-dessus une comédienne et un comédien auroient fait une scène ensemble, qui est celle de Camille et de Curiace :

Iras-tu, ma chère âme? et ce funeste honneur
Te plaît-il aux dépens de tout notre bonheur?
Hélas! je vois trop bien, etc.

tout de même que l'autre, et le plus naturellement qu'ils auroient pu. Et le poëte aussitôt : « Vous vous moquez, vous ne faites rien qui vaille; et voici comme il faut réciter cela. (Il imite mademoiselle de Beauchâteau, comédienne de l'hôtel de Bourgogne.)

Iras-tu, ma chère âme, etc.
Non, je te connois mieux, etc.

Voyez-vous comme cela est naturel et passionné? Admirez ce visage riant qu'elle conserve dans les plus grandes afflictions. » Enfin, voilà l'idée; et il auroit parcouru de même tous les acteurs et toutes les actrices.

MADEMOISELLE DE BRIE.

Je trouve cette idée assez plaisante, et j'en ai reconnu là dès le premier vers. Continuez, je vous prie.

MOLIÈRE, imitant Beauchâteau, comédien de l'hôtel de Bourgogne, dans les stances du *Cid*.

Percé jusques au fond du cœur, etc.

---

[1] Les jours de représentation de la troupe du Palais-Royal et de celle de l'hôtel de Bourgogne étaient les mardis, les vendredis et les dimanches, c'est-à-dire les mêmes jours qui ont été depuis ceux de l'Opéra. (Auger.)

[1] *Entripaillé* paraît être un mot de la création de Molière.
[2] Cette plaisanterie est dirigée contre Montfleury père, comédien de l'hôtel de Bourgogne, dont Molière va contrefaire la déclamation emphatique et outrée. Il était d'une corpulence énorme.

Et celui-ci, le reconnoîtrez-vous bien dans *Pompée*, de *Sertorius*? (Il contrefait Hauteroche, comédien de l'hôtel de Bourgogne.)

L'inimitié qui règne entre les deux partis
N'y rend pas de l'honneur, etc.

MADEMOISELLE DE BRIE.

Je le reconnois un peu, je pense.

MOLIÈRE.

Et celui-ci? (Imitant de Villiers, comédien de l'hôtel de Bourgogne.)

Seigneur, Polybe est mort, etc.

MADEMOISELLE DE BRIE.

Oui, je sais qui c'est; mais il y en a quelques-uns d'entre eux, je crois, que vous auriez peine à contrefaire.

MOLIÈRE.

Mon Dieu, il n'y en a point qu'on ne pût attraper par quelque endroit, si je les avois bien étudiés. Mais vous me faites perdre un temps qui nous est cher. Songeons à nous, de grâce, et ne nous amusons point davantage à discourir. (A la Grange.) Vous, prenez garde à bien représenter avec moi votre rôle de marquis.

MADEMOISELLE MOLIÈRE.

Toujours des marquis!

MOLIÈRE.

Oui, toujours des marquis. Que diable voulez-vous qu'on prenne pour un caractère agréable de théâtre? Le marquis aujourd'hui est le plaisant de la comédie; et, comme dans toutes les comédies anciennes, on voit toujours un valet bouffon qui fait rire les auditeurs, de même, dans toutes nos pièces de maintenant, il faut toujours un marquis ridicule qui divertisse la compagnie.

MADEMOISELLE BÉJART.

Il est vrai, on ne s'en sauroit passer.

MOLIÈRE.

Pour vous, mademoiselle...

MADEMOISELLE DU PARC.

Mon Dieu! pour moi, je m'acquitterai fort mal de mon personnage, et je ne sais pas pourquoi vous m'avez donné ce rôle de façonnière.

MOLIÈRE.

Mon Dieu! mademoiselle, voilà comme vous disiez, lorsque l'on vous donna celui de la *Critique de l'École des Femmes*[1]; cependant vous vous en êtes acquittée à merveille, et tout le monde est demeuré d'accord qu'on ne peut pas mieux faire que vous avez fait. Croyez-moi, celui-ci sera de même; et vous le jouerez mieux que vous ne pensez.

MADEMOISELLE DU PARC.

Comment cela se pourroit-il faire? Car il n'y a point de personne au monde qui soit moins façonnière que moi.

MOLIÈRE.

Cela est vrai; et c'est en quoi vous faites mieux voir que vous êtes excellente comédienne, de bien représenter un personnage qui est si contraire à votre humeur. Tâ-

chez donc de bien prendre, tous, le caractère de vos rôles, et de vous figurer que vous êtes ce que vous représentez. (A du Croisy.) Vous faites le poëte, vous, et vous devez vous remplir de ce personnage, marquer cet air pédant qui se conserve parmi le commerce du beau monde, ce ton de voix sentencieux, et cette exactitude de prononciation qui appuie sur toutes les syllabes, et ne laisse échapper aucune lettre de la plus sévère orthographe. (A Brécourt.) Pour vous, vous faites un honnête homme de cour, comme vous avez déjà fait dans la *Critique de l'École des Femmes*, c'est-à-dire que vous devez prendre un air posé, un ton de voix naturel, et gesticuler le moins qu'il vous sera possible. (A la Grange.) Pour vous, je n'ai rien à vous dire. (A mademoiselle Béjart.) Vous, vous représentez une de ces femmes qui, pourvu qu'elles ne fassent point l'amour, croient que tout le reste leur est permis; de ces femmes qui se retranchent toujours fièrement sur leur pruderie, regardent un chacun de haut en bas, et veulent que toutes les plus belles qualités que possèdent les autres ne soient rien en comparaison d'un misérable honneur dont personne ne se soucie. Ayez toujours ce caractère devant les yeux, pour en bien faire les grimaces. (A mademoiselle de Brie.) Pour vous, vous faites une de ces femmes qui pensent être les plus vertueuses personnes du monde, pourvu qu'elles sauvent les apparences; de ces femmes qui croient que le péché n'est que dans le scandale, qui veulent conduire doucement les affaires qu'elles ont, sur le pied d'attachement honnête, et appellent amis ce que les autres nomment galants. Entrez bien dans ce caractère. (A mademoiselle Molière.) Vous, vous faites le même personnage que dans la *Critique*, et je n'ai rien à vous dire, non plus qu'à mademoiselle du Parc. (A mademoiselle du Croisy.) Pour vous, vous représentez une de ces personnes qui prêtent doucement des charités à tout le monde[1], de ces femmes qui donnent toujours le petit coup de langue en passant, et seroient bien fâchées d'avoir souffert qu'on eût dit du bien du prochain. Je crois que vous ne vous acquitterez pas mal de ce rôle. (A mademoiselle Hervé.) Et pour vous, vous êtes la soubrette de la précieuse, qui se mêle de temps en temps dans la conversation, et attrape, comme elle peut, tous les termes de sa maîtresse. Je vous dis tous vos caractères, afin que vous vous les imprimiez fortement dans l'esprit. Commençons maintenant à répéter, et voyons comme cela ira. Ah! voici justement un fâcheux! Il ne nous falloit plus que cela.

SCÈNE II

LA THORILLIÈRE, MOLIÈRE, BRÉCOURT, LA GRANGE, DU CROISY; MESDEMOISELLES DU PARC, BÉJART, DE BRIE, MOLIÈRE, DU CROISY, HERVÉ.

LA THORILLIÈRE.

Bonjour, monsieur Molière.

---

[1] Mademoiselle du Parc jouait dans cette pièce le rôle de Climène.

[1] *Prêtent des torts*. Expression proverbiale qui n'est plus en usage.

MOLIÈRE.

Monsieur, votre serviteur. (A part.) La peste soit de l'homme !

LA THORILLIÈRE.

Comment vous en va ?

MOLIÈRE.

Fort bien, pour vous servir. (Aux actrices.) Mesdemoiselles, ne...

LA THORILLIÈRE.

Je viens d'un lieu où j'ai bien dit du bien de vous.

MOLIÈRE.

Je vous suis obligé. (A part.) Que le diable t'emporte ! (Aux acteurs.) Ayez un peu soin...

LA THORILLIÈRE.

Vous jouez une pièce nouvelle aujourd'hui ?

MOLIÈRE.

Oui, monsieur. (Aux actrices.) N'oubliez pas...

LA THORILLIÈRE.

C'est le roi qui vous l'a fait faire ?

MOLIÈRE.

Oui, monsieur. (Aux acteurs.) De grâce, songez...

LA THORILLIÈRE.

Comment l'appelez-vous ?

MOLIÈRE.

Oui, monsieur.

LA THORILLIÈRE.

Je vous demande comment vous la nommez.

MOLIÈRE.

Ah ! ma foi, je ne sais. (Aux actrices.) Il faut, s'il vous plaît, que vous...

LA THORILLIÈRE.

Comment serez-vous habillés ?

MOLIÈRE.

Comme vous voyez. (Aux acteurs.) Je vous prie...

LA THORILLIÈRE.

Quand commencerez-vous ?

MOLIÈRE.

Quand le roi sera venu. (A part.) Au diantre le questionneur !

LA THORILLIÈRE.

Quand croyez-vous qu'il vienne ?

MOLIÈRE.

La peste m'étouffe, monsieur, si je le sais.

LA THORILLIÈRE.

Savez-vous point...

MOLIÈRE.

Tenez, monsieur, je suis le plus ignorant homme du monde. Je ne sais rien de tout ce que vous pourrez me demander, je vous jure. (A part.) J'enrage ! Ce bourreau vient avec un air tranquille vous faire des questions, et ne se soucie pas qu'on ait en tête d'autres affaires.

LA THORILLIÈRE.

Mesdemoiselles, votre serviteur.

MOLIÈRE.

Ah ! bon, le voilà d'un autre côté.

LA THORILLIÈRE, à mademoiselle du Croisy.

Vous voilà belle comme un petit ange. (En regardant mademoiselle Hervé.) Jouez-vous toutes deux aujourd'hui ?

MADEMOISELLE DU CROISY.

Oui, monsieur.

LA THORILLIÈRE.

Sans vous, la comédie ne vaudroit pas grand'chose.

MOLIÈRE, bas, aux actrices.

Vous ne voulez pas faire en aller cet homme-là ?

MADEMOISELLE DE BRIE, à la Thorillière.

Monsieur, nous avons ici quelque chose à répéter ensemble.

LA THORILLIÈRE.

Ah ! parbleu, je ne veux pas vous empêcher ; vous n'avez qu'à poursuivre.

MADEMOISELLE DE BRIE.

Mais...

LA THORILLIÈRE.

Non, non, je serois fâché d'incommoder personne. Faites librement ce que vous avez à faire.

MADEMOISELLE DE BRIE.

Oui ; mais...

LA THORILLIÈRE.

Je suis homme sans cérémonie, vous dis-je ; et vous pouvez répéter ce qui vous plaira.

MOLIÈRE.

Monsieur, ces demoiselles ont peine à vous dire qu'elles souhaiteroient fort que personne ne fût ici pendant cette répétition.

LA THORILLIÈRE.

Pourquoi ? il n'y a point de danger pour moi.

MOLIÈRE.

Monsieur, c'est une coutume qu'elles observent ; et vous aurez plus de plaisir quand les choses vous surprendront.

LA THORILLIÈRE.

Je m'en vais donc dire que vous êtes prêts.

MOLIÈRE.

Point du tout, monsieur ; ne vous hâtez pas, de grâce.

SCÈNE III

MOLIÈRE, BRÉCOURT, LA GRANGE, DU CROISY ; MESDEMOISELLES DU PARC, BÉJART, DE BRIE, MOLIÈRE, DU CROISY, HERVÉ.

MOLIÈRE.

Ah ! que le monde est plein d'impertinents ! Or sus, commençons. Figurez-vous donc premièrement que la scène est dans l'antichambre du roi ; car c'est un lieu où il se passe tous les jours des choses assez plaisantes. Il est aisé de faire venir là toutes les personnes qu'on veut, et on peut trouver des raisons même pour y autoriser la venue des femmes que j'introduis. La comédie s'ouvre par deux marquis qui se rencontrent. (A la Grange.) Souvenez-vous bien, vous, de venir, comme je vous ai dit, là, avec cet air qu'on nomme le bel air, peignant votre perruque, et grondant une petite chanson entre vos dents. La, la, la, la, la, la. Rangez-vous donc, vous autres, car il faut du terrain à deux marquis ; et ils ne sont

SCÈNE III.

pas gens à tenir leur personne dans un petit espace. (A la Grange.) Allons, parlez.

LA GRANGE.

« Bonjour, marquis. »

MOLIÈRE.

Mon Dieu, ce n'est point là le ton d'un marquis; il faut le prendre un peu plus haut; et la plupart de ces messieurs affectent une manière de parler particulière, pour se distinguer du commun : *Bonjour, marquis.* Recommencez donc.

LA GRANGE.

« Bonjour, marquis. »

MOLIÈRE.

« Ah! marquis, ton serviteur. »

LA GRANGE.

« Que fais-tu là? »

MOLIÈRE.

« Parbleu, tu vois; j'attends que tous ces messieurs
« aient débouché la porte, pour présenter là mon visage. »

LA GRANGE.

« Têtebleu, quelle foule! Je n'ai garde de m'y aller
« frotter, et j'aime bien mieux entrer des derniers. »

MOLIÈRE.

« Il y a là vingt gens qui sont fort assurés de n'entrer
« point, et qui ne laissent pas de se presser et d'occu-
« per toutes les avenues de la porte. »

LA GRANGE.

« Crions nos deux noms à l'huissier, afin qu'il nous
« appelle. »

MOLIÈRE.

« Cela est bon pour toi; mais, pour moi, je ne veux
« pas être joué par Molière. »

LA GRANGE.

« Je pense pourtant, marquis, que c'est toi qu'il joue
« dans la *Critique*. »

MOLIÈRE.

« Moi? Je suis ton valet; c'est toi-même en propre per-
« sonne. »

LA GRANGE.

« Ah! ma foi, tu es bon de m'appliquer ton person-
« nage. »

MOLIÈRE.

« Parbleu! je te trouve plaisant de me donner ce qui
« t'appartient. »

LA GRANGE, *riant*.

« Ah, ah, ah! cela est drôle. »

MOLIÈRE, *riant*.

« Ah, ah, ah! cela est bouffon. »

LA GRANGE.

« Quoi! tu veux soutenir que ce n'est pas toi qu'on
« joue dans le marquis de la *Critique*? »

MOLIÈRE.

« Il est vrai, c'est moi. *Détestable, morbleu! détesta-
« ble! tarte à la crème!* C'est moi, c'est moi, assuré-
« ment, c'est moi. »

LA GRANGE.

« Oui, parbleu! c'est toi, tu n'as que faire de railler;
« et, si tu veux, nous gagerons, et verrons qui a raison
« des deux. »

MOLIÈRE.

« Et que veux-tu gager encore? »

LA GRANGE.

« Je gage cent pistoles que c'est toi. »

MOLIÈRE.

« Et moi, cent pistoles que c'est toi. »

LA GRANGE.

« Cent pistoles comptant? »

MOLIÈRE.

« Comptant. Quatre-vingt-dix pistoles sur Amyntas, et
« dix pistoles comptant. »

LA GRANGE.

« Je le veux. »

MOLIÈRE.

« Cela est fait. »

LA GRANGE.

« Ton argent court grand risque. »

MOLIÈRE.

« Le tien est bien aventuré. »

LA GRANGE.

« À qui nous en rapporter? »

MOLIÈRE, à Brécourt.

« Voici un homme qui nous jugera. Chevalier... »

BRÉCOURT.

« Quoi? »

MOLIÈRE.

Bon! voilà l'autre qui prend le ton de marquis! Vous ai-je pas dit que vous faites un rôle où l'on doit parler naturellement?

BRÉCOURT.

Il est vrai.

MOLIÈRE.

Allons donc. « Chevalier... »

BRÉCOURT.

« Quoi? »

MOLIÈRE.

« Juge-nous un peu sur une gageure que nous avons
« faite. »

BRÉCOURT.

« Et quelle? »

MOLIÈRE.

« Nous disputons qui est le marquis de la *Critique* de
« Molière; il gage que c'est moi, et moi, je gage que c'est
« lui. »

BRÉCOURT.

« Et moi, je juge que ce n'est ni l'un ni l'autre. Vous
« êtes fous tous deux de vouloir vous appliquer ces sortes
« de choses; et voilà de quoi j'ouïs l'autre jour se plain-
« dre Molière, parlant à des personnes qui le chargeoient
« de même chose que vous. Il disoit que rien ne lui don-
« noit du déplaisir comme d'être accusé de regarder quel-
« qu'un dans les portraits qu'il fait : que son dessein est
« de peindre les mœurs sans vouloir toucher aux per-
« sonnes, et que tous les personnages qu'il représente
« sont des personnages en l'air, et des fantômes propre-
« ment, qu'il habille à sa fantaisie, pour réjouir les specta-

« tateurs; qu'il seroit bien fâché d'y avoir jamais marqué
« qui que ce soit; et que si quelque chose étoit capable
« de le dégoûter de faire des comédies, c'étoit les ressem-
« blances qu'on y vouloit toujours trouver, et dont ses
« ennemis tâchoient malicieusement d'appuyer la pensée,
« pour lui rendre de mauvais offices auprès de certaines
« personnes à qui il n'a jamais pensé[1]. Et, en effet, je
« trouve qu'il a raison : car pourquoi vouloir, je vous
« prie, appliquer tous ses gestes et toutes ses paroles, et
« chercher à lui faire des affaires en disant hautement :
« Il joue un tel, lorsque ce sont des choses qui peuvent
« convenir à cent personnes? Comme l'affaire de la co-
« médie est de représenter en général tous les défauts
« des hommes et principalement des hommes de notre
« siècle, il est impossible à Molière de faire aucun carac-
« tère qui ne rencontre quelqu'un dans le monde ; et, s'il
« faut qu'on l'accuse d'avoir songé toutes les personnes
« où l'on peut trouver les défauts qu'il peint, il faut sans
« doute qu'il ne fasse plus de comédies.

MOLIÈRE.

« Ma foi, chevalier, tu veux justifier Molière, et épar-
« gner notre ami que voilà.

LA GRANGE.

« Point du tout. C'est toi qu'il épargne, et nous trou-
« verons d'autres juges.

MOLIÈRE.

« Soit. Mais dis-moi, chevalier, crois-tu pas que ton Mo-
« lière est épuisé maintenant, et qu'il ne trouvera plus
« de matière pour...

BRÉCOURT.

« Plus de matière? Eh! mon pauvre marquis, nous lui
« en fournirons toujours assez, et nous ne prenons guère
« le chemin de nous rendre sages pour tout ce qu'il fait
« et tout ce qu'il dit. »

MOLIÈRE.

Attendez; il faut marquer davantage tout cet endroit.
Écoutez-le moi dire un peu. « Et qu'il ne trouvera plus
« de matière pour... — Plus de matière? Eh! mon pauvre
« marquis, nous lui en fournirons toujours assez, et nous
« ne prenons guère le chemin de nous rendre sages pour
« tout ce qu'il fait et tout ce qu'il dit. Crois-tu qu'il ait
« épuisé dans ses comédies tout le ridicule des hommes?
« Et, sans sortir de la cour, n'a-t-il pas encore vingt
« caractères de gens où il n'a point touché? N'a-t-il pas,
« par exemple, ceux qui se font les plus grandes amitiés
« du monde, et qui, le dos tourné, font galanterie de se
« déchirer l'un l'autre? N'a-t-il pas ces adulateurs à ou-
« trance, ces flatteurs insipides, qui n'assaisonnent d'aucun
« sel les louanges qu'ils donnent, et dont toutes les flat-
« teries ont une douceur fade qui fait mal au cœur à ceux
« qui les écoutent? N'a-t-il pas ces lâches courtisans de
« la faveur, ces perfides adorateurs de la fortune, qui
« vous encensent dans la prospérité, et vous accablent
« dans la disgrâce? N'a-t-il pas ceux qui sont toujours

[1] Boursault, dans son Portrait du Peintre, avait accusé Molière d'avoir fait imprimer une clef de la Critique de l'École des Femmes. En répondant ici d'une manière indirecte à cette accusation, Molière évite avec adresse toutes les personnalités. (Aimé Martin.)

« mécontents de la cour, ces suivants inutiles, ces in-
« commodes assidus, ces gens, dis-je, qui pour services
« ne peuvent compter que des importunités, et qui veulent
« que l'on les récompense d'avoir obsédé le prince dix
« ans durant? N'a-t-il pas ceux qui caressent également
« tout le monde, qui promènent leurs civilités à droite
« et à gauche, et courent à tous ceux qu'ils voient, avec
« les mêmes embrassades et les mêmes protestations
« d'amitié? — Monsieur, votre très-humble serviteur.
« Monsieur, je suis tout à votre service. Tenez-moi des
« vôtres, mon cher. Faites état de moi, monsieur, comme
« du plus chaud de vos amis. Monsieur, je suis ravi de
« vous embrasser. Ah! monsieur, je ne vous voyois pas!
« Faites-moi la grâce de m'employer. Soyez persuadé que
« je suis entièrement à vous. Vous êtes l'homme du
« monde que je révère le plus. Il n'y a personne que
« j'honore à l'égal de vous. Je vous conjure de le croire.
« Je vous supplie de n'en point douter. Serviteur. Très-
« humble valet. Va, va, marquis, Molière aura toujours
« plus de sujets qu'il n'en voudra; et tout ce qu'il a tou-
« ché jusqu'ici n'est rien que bagatelle, au prix de ce
« qui reste. » Voilà à peu près comme cela doit être joué.

BRÉCOURT.

C'est assez.

MOLIÈRE.

Poursuivez.

BRÉCOURT.

« Voici Climène et Élise. »

MOLIÈRE, à mesdemoiselles du Parc et Molière.

Là-dessus vous arriverez toutes deux. (A mademoiselle du Parc.) Prenez bien garde, vous, à vous déhancher comme il faut, et à faire bien des façons. Cela vous contraindra un peu; mais qu'y faire? Il faut parfois se faire violence.

MADEMOISELLE MOLIÈRE.

« Certes, madame, je vous ai reconnue de loin, et j'ai
« bien vu à votre air que ce ne pouvoit être une autre
« que vous.

MADEMOISELLE DU PARC.

« Vous voyez. Je viens attendre ici la sortie d'un homme
« avec qui j'ai une affaire à démêler.

MADEMOISELLE MOLIÈRE.

« Et moi de même. »

MOLIÈRE.

Mesdames, voilà des coffres qui vous serviront de fauteuils.

MADEMOISELLE DU PARC.

« Allons, madame, prenez place, s'il vous plaît.

MADEMOISELLE MOLIÈRE.

« Après vous, madame. »

MOLIÈRE.

Bon. Après ces petites cérémonies muettes, chacun prendra place et parlera assis, hors les marquis, qui tantôt se lèveront et tantôt s'assoiront, suivant leur inquiétude naturelle. « Parbleu, chevalier, tu devrois faire prendre
« médecine à tes canons.

BRÉCOURT.

« Comment?

SCÈNE III.

MOLIÈRE.
« Ils se portent fort mal.
BRÉCOURT.
« Serviteur à la turlupinade!
MADEMOISELLE MOLIÈRE.
« Mon Dieu! madame, que je vous trouve le teint d'une
« blancheur éblouissante, et les lèvres d'un couleur de
« feu surprenant!
MADEMOISELLE DU PARC.
« Ah! que dites-vous là, madame? ne me regardez
« point, je suis du dernier laid aujourd'hui.
MADEMOISELLE MOLIÈRE.
« Eh! madame, levez un peu votre coiffe.
MADEMOISELLE DU PARC.
« Fi! je suis épouvantable, vous dis-je, et je me fais
« peur à moi-même.
MADEMOISELLE MOLIÈRE.
« Vous êtes si belle!
MADEMOISELLE DU PARC.
« Point, point.
MADEMOISELLE MOLIÈRE.
« Montrez-vous.
MADEMOISELLE DU PARC.
« Ah! fi donc, je vous prie!
MADEMOISELLE MOLIÈRE.
« De grâce!
MADEMOISELLE DU PARC.
« Mon Dieu, non.
MADEMOISELLE MOLIÈRE.
« Si fait.
MADEMOISELLE DU PARC.
« Vous me désespérez.
MADEMOISELLE MOLIÈRE.
« Un moment.
MADEMOISELLE DU PARC.
« Haï.
MADEMOISELLE MOLIÈRE.
« Résolûment vous vous montrerez. On ne peut point
« se passer de vous voir.
MADEMOISELLE DU PARC.
« Mon Dieu! que vous êtes une étrange personne! Vous
« voulez furieusement ce que vous voulez.
MADEMOISELLE MOLIÈRE.
« Ah! madame, vous n'avez aucun désavantage à pa-
« roître au grand jour, je vous jure! Les méchantes gens,
« qui assuroient que vous mettiez quelque chose! Vrai-
« ment, je les démentirai bien maintenant.
MADEMOISELLE DU PARC.
« Hélas! je ne sais pas seulement ce qu'on appelle
« mettre quelque chose [1]! Mais où vont ces dames?
MADEMOISELLE DE BRIE.
« Vous voulez bien, mesdames, que nous vous don-
« nions en passant la plus agréable nouvelle du monde.
« Voilà monsieur Lysidas qui vient de nous avert'r qu'on
« a fait une pièce contre Molière, que les grands comé-
« diens vont jouer.

MOLIÈRE.
« Il est vrai, on me l'a voulu lire; et c'est un nommé
« Br... Brou... Broussaut qui l'a faite.
DU CROISY.
« Monsieur, elle est affichée sous le nom de Bour-
« sault [1]. Mais, à vous dire le secret, bien des gens ont
« mis la main à cet ouvrage, et l'on en doit concevoir une
« assez haute attente. Comme tous les auteurs et tous les
« comédiens regardent Molière comme leur plus grand
« ennemi, nous nous sommes tous unis pour le desservir.
« Chacun de nous a donné un coup de pinceau à son por-
« trait; mais nous nous sommes bien gardés d'y mettre
« nos noms; il lui auroit été trop glorieux de succomber,
« aux yeux du monde, sous les efforts de tout le Par-
« nasse; et, pour rendre sa défaite plus ignominieuse,
« nous avons voulu choisir tout exprès un auteur sans
« réputation.
MADEMOISELLE DU PARC.
« Pour moi, je vous avoue que j'en ai toutes les joies
« imaginables.
MOLIÈRE.
« Et moi aussi. Par la sambleu! le railleur sera raillé,
« il aura sur les doigts, ma foi.
MADEMOISELLE DU PARC.
« Cela lui apprendra à vouloir satiriser tout. Comment,
« cet impertinent ne veut pas que les femmes aient de
« l'esprit! Il condamne toutes nos expressions élevées, et
« prétend que nous parlions toujours terre à terre!
MADEMOISELLE DE BRIE.
« Le langage n'est rien; mais il censure tous nos atta-
« chements, quelque innocents qu'ils puissent être; et,
« de la façon qu'il en parle, c'est être criminelle que
« d'avoir du mérite.
MADEMOISELLE DU CROISY.
« Cela est insupportable. Il n'y a pas une femme qui
« puisse plus rien faire. Que ne laisse-t-il en repos nos
« maris, sans leur ouvrir les yeux, et leur faire prendre
« garde à des choses dont ils ne s'avisent pas?
MADEMOISELLE BÉJART.
« Passe pour cela; mais il satirise même les femmes
« de bien, et ce méchant plaisant leur donne le titre
« d'honnêtes diablesses [2]?
MADEMOISELLE MOLIÈRE.
« C'est un impertinent. Il faut qu'il en ait tout le
« soûl.
DU CROISY.
« La représentation de cette comédie, madame, aura
« besoin d'être appuyée; et les comédiens de l'hôtel...
MADEMOISELLE DU PARC.
« Mon Dieu, qu'ils n'appréhendent rien! Je leur garantis
« le succès de leur pièce, corps pour corps.
MADEMOISELLE MOLIÈRE.
« Vous avez raison, madame. Trop de gens sont inté-

---

[1] C'est-à-dire du fard, ou du rouge et du blanc.

[1] On sait que Boursault crut se reconnaître dans le Lysidas de la *Critique de l'École des Femmes*. Il se vengea par le *Portrait du Peintre*, et fut puni par l'*Impromptu de Versailles*. (Aimé Martin.)
[2] Allusion au vers de l'*École des Femmes*:

Ces dragons de vertu, ces honnêtes diablesses.

« ressés à la trouver belle. Je vous laisse à penser si tous
« ceux qui se croient satirisés par Molière ne prendront
« pas l'occasion de se venger de lui en applaudissant à
« cette comédie.

BRÉCOURT, ironiquement.

« Sans doute; et pour moi, je réponds de douze mar-
« quis, de six précieuses, de vingt coquettes, et de trente
« cocus, qui ne manqueront pas d'y battre des mains.

MADEMOISELLE MOLIÈRE.

« En effet. Pourquoi aller offenser toutes ces per-
« sonnes-là, et particulièrement les cocus, qui sont les
« meilleures gens du monde?

MOLIÈRE.

« Par la sambleu! on m'a dit qu'on le va dauber, lui
« et toutes ses comédies, de la belle manière; et que les
« comédiens et les auteurs, depuis le cèdre jusqu'à l'hysope,
« sont diablement animés contre lui.

MADEMOISELLE MOLIÈRE.

« Cela lui sied fort bien! Pourquoi fait-il de méchantes
« pièces que tout Paris va voir, et où il peint si bien les
« gens, que chacun s'y connoît? Que ne fait-il des co-
« médies comme celles de monsieur Lysidas? Il n'auroit
« personne contre lui, et tous les auteurs en diroient du
« bien. Il est vrai que de semblables comédies n'ont pas
« ce grand concours de monde; mais, en revanche, elles
« sont toujours bien écrites, personne n'écrit contre elles,
« et tous ceux qui les voient meurent d'envie de les
« trouver belles.

DU CROISY.

« Il est vrai que j'ai l'avantage de ne me point faire
« d'ennemis, et que tous mes ouvrages ont l'approbation
« des savants.

MADEMOISELLE MOLIÈRE.

« Vous faites bien d'être content de vous. Cela vaut
« mieux que tous les applaudissements du public, et que
« tout l'argent qu'on sauroit gagner aux pièces de Molière.
« Que vous importe qu'il vienne du monde à vos comé-
« dies, pourvu qu'elles soient approuvées par messieurs
« vos confrères?

LA GRANGE.

« Mais quand jouera-t-on le *Portrait du Peintre*?

DU CROISY.

« Je ne sais; mais je me prépare fort à paroître des
« premiers sur les rangs, pour crier: Voilà qui est beau!

MOLIÈRE.

« Et moi de même, parbleu!

LA GRANGE.

« Et moi aussi, Dieu me sauve!

MADEMOISELLE DU PARC.

« Pour moi, j'y payerai de ma personne comme il faut;
« et je réponds d'une bravoure d'approbation qui mettra
« en déroute tous les jugements ennemis. C'est bien la
« moindre chose que nous devions faire, que d'épauler
« de nos louanges le vengeur de nos intérêts!

MADEMOISELLE MOLIÈRE.

« C'est fort bien dit.

MADEMOISELLE DE BRIE.

« Et ce qu'il nous faut faire toutes,

MADEMOISELLE BÉJART.

« Assurément.

MADEMOISELLE DU CROISY.

« Sans doute.

MADEMOISELLE HERVÉ.

« Point de quartier à ce contrefaiseur de gens.

MOLIÈRE.

« Ma foi, chevalier, mon ami, il faudra que ton Mo-
« lière se cache.

BRÉCOURT.

« Qui, lui? Je te promets, marquis, qu'il fait dessein
« d'aller sur le théâtre, rire avec tous les autres du por-
« trait qu'on a fait de lui[1].

MOLIÈRE.

« Parbleu! ce sera donc du bout des dents qu'il rira.

BRÉCOURT.

« Va, va, peut-être qu'il y trouvera plus de sujets de
« rire que tu ne penses. On m'a montré la pièce; et,
« comme tout ce qu'il y a d'agréable sont effectivement
« les idées qui ont été prises de Molière[2], la joie que cela
« pourra donner n'aura pas lieu de lui déplaire, sans
« doute; car, pour l'endroit où l'on s'efforce de le noir-
« cir, je suis le plus trompé du monde, si cela est ap-
« prouvé de personne; et quant à tous les gens qu'ils ont
« tâché d'animer contre lui, sur ce qu'il fait, dit-on, des
« portraits trop ressemblants, outre que cela est de fort
« mauvaise grâce, je ne vois rien de plus ridicule et de
« plus mal repris; et je n'avois pas cru jusqu'ici que ce
« fût un sujet de blâme pour un comédien, que de pein-
« dre trop bien les hommes.

LA GRANGE.

« Les comédiens m'ont dit qu'ils l'attendoient sur la
« réponse, et que...

BRÉCOURT.

« Sur la réponse? Ma foi, je le trouverois un grand
« fou, s'il se mettoit en peine de répondre à leurs invec-
« tives. Tout le monde sait assez de quel motif elles peu-
« vent partir; et la meilleure réponse qu'il leur puisse
« faire, c'est une comédie qui réussisse comme toutes
« ses autres. Voilà le vrai moyen de se venger d'eux
« comme il faut; et, de l'humeur dont je les connois, je
« suis fort assuré qu'une pièce nouvelle qui leur enlèvera
« le monde les fâchera bien plus que toutes les satires
« qu'on pourroit faire de leurs personnes.

MOLIÈRE.

« Mais, chevalier... »

MADEMOISELLE BÉJART.

Souffrez que j'interrompe pour un peu la répétition.
(A Molière.) Voulez-vous que je vous die? Si j'avois été en
votre place, j'aurois poussé les choses autrement. Tout

---

[1] Molière tint parole. Il alla voir jouer le *Portrait du Peintre* sur le théâtre même de l'hôtel de Bourgogne, où son arrivée excita un brouhaha, et il paraît qu'il y fit assez bonne contenance; c'est du moins ce qu'on peut conclure d'un passage de la *Vengeance des Marquis*, par de Villiers, où il est dit que Molière « fit tout ce qu'il put pour rire, mais qu'il n'en avoit pas beaucoup d'envie. » (Auger.)

[2] Le *Portrait du Peintre* n'est en effet qu'une imitation mala-droite de la *Critique de l'École des Femmes*, avec cette différence que Molière y est attaqué par un homme raisonnable, et défendu par un comte ridicule. (Aimé Martin.)

le monde attend de vous une réponse vigoureuse; et, après la manière dont on m'a dit que vous étiez traité dans cette comédie, vous étiez en droit de tout dire contre les comédiens, et vous deviez n'en épargner aucun.

MOLIÈRE.

J'enrage de vous ouïr parler de la sorte; et voilà votre manie, à vous autres femmes. Vous voudriez que je prisse feu d'abord contre eux, et qu'à leur exemple, j'allasse éclater promptement en invectives et en injures. Le bel honneur que j'en pourrois tirer, et le grand dépit que je leur ferois! Ne sont-ils pas préparés de bonne volonté à ces sortes de choses? Et lorsqu'ils ont délibéré s'ils joueroient le *Portrait du Peintre*, sur la crainte d'une riposte, quelques-uns d'entre eux n'ont-ils pas répondu : Qu'il nous rende toutes les injures qu'il voudra, pourvu que nous gagnions de l'argent? N'est-ce pas là la marque d'une âme fort sensible à la honte? et ne me vengerois-je pas bien d'eux en leur donnant ce qu'ils veulent bien recevoir?

MADEMOISELLE DE BRIE.

Ils se sont fort plaints, toutefois, de trois ou quatre mots que vous avez dits d'eux dans la *Critique* et dans vos *Précieuses*.

MOLIÈRE.

Il est vrai, ces trois ou quatre mots sont fort offensants, et ils ont grande raison de les citer. Allez, allez, ce n'est pas cela. Le plus grand mal que je leur aie fait, c'est que j'ai eu le bonheur de plaire un peu plus qu'ils n'auroient voulu; et tout leur procédé, depuis que nous sommes venus à Paris, a trop marqué ce qui les touche. Mais laissons-les faire tant qu'ils voudront; toutes leurs entreprises ne doivent point m'inquiéter. Ils critiquent mes pièces, tant mieux; et Dieu me garde d'en faire jamais qui leur plaisent! ce seroit une mauvaise affaire pour moi.

MADEMOISELLE DE BRIE.

Il n'y a pas grand plaisir pourtant à voir déchirer ses ouvrages.

MOLIÈRE.

Et qu'est-ce que cela me fait? N'ai-je pas obtenu de ma comédie tout ce que j'en voulois obtenir, puisqu'elle a eu le bonheur d'agréer aux augustes personnes à qui particulièrement je m'efforce de plaire? N'ai-je pas lieu d'être satisfait de sa destinée, et toutes leurs censures ne viennent-elles pas trop tard? Est-ce moi, je vous prie, que cela regarde maintenant? et lorsqu'on attaque une pièce qui a eu du succès, n'est-ce pas attaquer plutôt le jugement de ceux qui l'ont approuvée que l'art de celui qui l'a faite?

MADEMOISELLE DE BRIE.

Ma foi, j'aurois joué ce petit monsieur l'auteur, qui se mêle d'écrire contre des gens qui ne songent pas à lui.

MOLIÈRE.

Vous êtes folle. Le beau sujet à divertir la cour, que monsieur Boursault! Je voudrois bien savoir de quelle façon on pourroit l'ajuster pour le rendre plaisant, et si, quand on le berneroit sur un théâtre, il seroit assez heureux pour faire rire le monde. Ce lui seroit trop d'honneur que d'être joué devant une auguste assemblée; il ne demanderoit pas mieux; et il m'attaque de gaieté de cœur, pour se faire connoître, de quelque façon que ce soit. C'est un homme qui n'a rien à perdre, et les comédiens ne me l'ont déchaîné que pour m'engager à une sotte guerre, et me détourner, par cet artifice, des autres ouvrages que j'ai à faire; et cependant vous êtes assez simples pour donner toutes dans ce panneau. Mais enfin j'en ferai ma déclaration publiquement. Je ne prétends faire aucune réponse à toutes leurs critiques et leurs contre-critiques. Qu'ils disent tous les maux du monde de mes pièces, j'en suis d'accord. Qu'ils s'en saisissent après nous; qu'ils les retournent comme un habit pour les mettre sur leur théâtre, et tâchent à profiter de quelque agrément qu'on y trouve, et d'un peu de bonheur que j'ai; j'y consens, ils en ont besoin, et je serai bien aise de contribuer à les faire subsister, pourvu qu'ils se contentent de ce que je puis leur accorder avec bienséance. La courtoisie doit avoir des bornes; et il y a des choses qui ne font rire ni les spectateurs, ni celui dont on parle. Je leur abandonne de bon cœur mes ouvrages, ma figure, mes gestes, mes paroles, mon ton de voix, et ma façon de réciter, pour en faire et dire tout ce qu'il leur plaira, s'ils en peuvent tirer quelque avantage. Je ne m'oppose point à toutes ces choses, et je serai ravi que cela puisse réjouir le monde; mais, en leur abandonnant tout cela, ils me doivent faire la grâce de me laisser le reste, et de ne point toucher à des matières de la nature de celles sur lesquelles on m'a dit qu'ils m'attaquoient dans leurs comédies[1]. C'est de quoi je prierai civilement cet honnête monsieur qui se mêle d'écrire pour eux, et voilà toute la réponse qu'ils auront de moi.

MADEMOISELLE BÉJART.

Mais enfin...

MOLIÈRE.

Mais enfin vous me feriez devenir fou. Ne parlons point de cela davantage; nous nous amusons à faire des discours, au lieu de répéter notre comédie. Où en étions-nous? Je ne m'en souviens plus.

MADEMOISELLE DE BRIE.

Vous en étiez à l'endroit...

MOLIÈRE.

Mon Dieu! j'entends du bruit; c'est le roi qui arrive assurément; et je vois bien que nous n'aurons pas le temps de passer outre. Voilà ce que c'est de s'amuser. Oh bien, faites donc, pour le reste, du mieux qu'il vous sera possible.

MADEMOISELLE BÉJART.

Par ma foi, la frayeur me prend, et je ne saurois aller jouer mon rôle, si je ne le répète tout entier.

MOLIÈRE.

Comment, vous ne sauriez aller jouer votre rôle?

MADEMOISELLE BÉJART.

Non.

MADEMOISELLE DU PARC.

Ni moi, le mien.

[1] Molière se plaint ici du passage où Boursault cherchait à rendre sa religion suspecte.

MADEMOISELLE DE BRIE.

Ni moi non plus.

MADEMOISELLE MOLIÈRE.

Ni moi.

MADEMOISELLE HERVÉ.

Ni moi.

MADEMOISELLE DU CROISY.

Ni moi.

MOLIÈRE.

Que pensez-vous donc faire? Vous moquez-vous toutes de moi?

SCÈNE IV

BÉJART, MOLIÈRE, LA GRANGE, DU CROISY; MESDEMOISELLES DU PARC, BÉJART, DE BRIE, MOLIÈRE, DU CROISY, HERVÉ.

BÉJART.

Messieurs, je viens vous avertir que le roi est venu, et qu'il attend que vous commenciez.

MOLIÈRE.

Ah! monsieur, vous me voyez dans la plus grande peine du monde; je suis désespéré, à l'heure que je vous parle! Voici des femmes qui s'effrayent, et qui disent qu'il leur faut répéter leurs rôles avant que d'aller commencer. Nous demandons, de grâce, encore un moment. Le roi a de la bonté, et il sait bien que la chose a été précipitée.

SCÈNE V

MOLIÈRE, LA GRANGE, DU CROISY; MESDEMOISELLES DU PARC, BÉJART, DE BRIE, MOLIÈRE, DU CROISY, HERVÉ.

MOLIÈRE.

Eh! de grâce, tâchez de vous remettre, prenez courage, je vous prie.

MADEMOISELLE DU PARC.

Vous devez vous aller excuser.

MOLIÈRE.

Comment m'excuser?

SCÈNE VI

MOLIÈRE, LA GRANGE, DU CROISY; MESDEMOISELLES DU PARC, BÉJART, DE BRIE, MOLIÈRE, DU CROISY, HERVÉ; UN NÉCESSAIRE[1].

UN NÉCESSAIRE.

Messieurs, commencez donc.

MOLIÈRE.

Tout à l'heure, monsieur. Je crois que je perdrai l'esprit de cette affaire-ci, et...

---

[1] On dit d'un homme qui fait l'empressé dans une maison, qui s'y mêle de tout, qu'il *fait le nécessaire*. C'est dans ce sens qu'on appelle ici, substantivement, *des nécessaires*, ces gens qui viennent dire de commencer, sans en avoir reçu la mission de personne.

SCÈNE VII

MOLIÈRE, LA GRANGE, DU CROISY; MESDEMOISELLES DU PARC, BÉJART, DE BRIE, MOLIÈRE, DU CROISY, HERVÉ; UN NÉCESSAIRE, UN SECOND NÉCESSAIRE.

LE SECOND NÉCESSAIRE.

Messieurs, commencez donc.

MOLIÈRE.

Dans un moment, monsieur. (A ses camarades.) Eh, quoi donc! voulez-vous que j'aie l'affront...

SCÈNE VIII

MOLIÈRE, LA GRANGE, DU CROISY; MESDEMOISELLES DU PARC, BÉJART, DE BRIE, MOLIÈRE, DU CROISY, HERVÉ; UN NÉCESSAIRE, UN SECOND NÉCESSAIRE, UN TROISIÈME NÉCESSAIRE.

LE TROISIÈME NÉCESSAIRE.

Messieurs, commencez donc.

MOLIÈRE.

Oui, monsieur, nous y allons. Eh! que de gens se font de fête, et viennent dire : Commencez donc, à qui le roi ne l'a pas commandé!

SCÈNE IX

MOLIÈRE, LA GRANGE, DU CROISY; MESDEMOISELLES DU PARC, BÉJART, DE BRIE, MOLIÈRE, DU CROISY, HERVÉ; UN NÉCESSAIRE, UN SECOND NÉCESSAIRE, UN TROISIÈME NÉCESSAIRE, UN QUATRIÈME NÉCESSAIRE.

LE QUATRIÈME NÉCESSAIRE.

Messieurs, commencez donc.

MOLIÈRE.

Voilà qui est fait, monsieur. (A ses camarades.) Quoi donc, recevrai-je la confusion...

SCÈNE X

BÉJART, MOLIÈRE, LA GRANGE, DU CROISY; MESDEMOISELLES DU PARC, BÉJART, DE BRIE, MOLIÈRE, DU CROISY, HERVÉ.

MOLIÈRE.

Monsieur, vous venez pour nous dire de commencer; mais...

BÉJART.

Non, messieurs, je viens pour vous dire qu'on a dit au roi l'embarras où vous vous trouviez, et que, par une bonté toute particulière, il remet votre nouvelle comédie à une autre fois, et se contente, pour aujourd'hui, de la première que vous pourrez donner.

MOLIÈRE.

Ah! monsieur, vous me redonnez la vie! Le roi nous fait la plus grande grâce du monde de nous donner du temps pour ce qu'il avoit souhaité; et nous allons tous le remercier des extrêmes bontés qu'il nous fait paroître.

LE MARIAGE FORCÉ

COMÉDIE EN UN ACTE

1664

PERSONNAGES

SGANARELLE [1].
GÉRONIMO [2].
DORIMÈNE, jeune coquette, promise à Sganarelle [3].
ALCANTOR, père de Dorimène [4].
ALCIDAS, frère de Dorimène [5].
LYCASTE, amant de Dorimène.
PANCRACE, docteur aristotélicien [6].
MARPHURIUS, docteur pyrrhonien [7].
DEUX ÉGYPTIENNES [8].

La scène est dans une place publique.

SCÈNE I

SGANARELLE, *parlant à ceux qui sont dans sa maison.*

Je suis de retour dans un moment. Que l'on ait bien soin du logis, et que tout aille comme il faut. Si l'on m'apporte de l'argent, que l'on me vienne quérir vite chez le seigneur Géronimo; et, si l'on vient m'en demander, qu'on dise que je suis sorti, et que je ne dois revenir de toute la journée.

SCÈNE II

SGANARELLE, GÉRONIMO.

GÉRONIMO, *ayant entendu les dernières paroles de Sganarelle.*
Voilà un ordre fort prudent.

SGANARELLE.
Ah! seigneur Géronimo, je vous trouve à propos; et j'allois chez vous vous chercher.

GÉRONIMO.
Et pour quel sujet, s'il vous plaît?

SGANARELLE.
Pour vous communiquer une affaire que j'ai en tête, et vous prier de m'en dire votre avis.

Acteurs de la troupe de Molière : [1] MOLIÈRE. — [2] LA THORILLIÈRE. — [3] Mademoiselle DU PARC. — [4] BÉJART. — [5] LA GRANGE. — [6] BRÉCOURT. — [7] DU CROISY. — [8] Mesdemoiselles BÉJART et DE BRIE.

GÉRONIMO.
Très-volontiers. Je suis bien aise de cette rencontre, et nous pouvons parler ici en toute liberté.

SGANARELLE.
Mettez donc dessus, s'il vous plaît. Il s'agit d'une chose de conséquence que l'on m'a proposée; et il est bon de ne rien faire sans le conseil de ses amis.

GÉRONIMO.
Je vous suis obligé de m'avoir choisi pour cela. Vous n'avez qu'à me dire ce que c'est.

SGANARELLE.
Mais, auparavant, je vous conjure de ne me point flatter du tout, et de me dire nettement votre pensée.

GÉRONIMO.
Je le ferai, puisque vous le voulez.

SGANARELLE.
Je ne vois rien de plus condamnable qu'un ami qui ne nous parle pas franchement.

GÉRONIMO.
Vous avez raison.

SGANARELLE.
Et dans ce siècle on trouve peu d'amis sincères.

GÉRONIMO.
Cela est vrai.

SGANARELLE.
Promettez-moi donc, seigneur Géronimo, de me parler avec toute sorte de franchise.

GÉRONIMO.
Je vous le promets.

SGANARELLE.
Jurez-en votre foi.

GÉRONIMO.
Oui, foi d'ami. Dites-moi seulement votre affaire.

SGANARELLE.
C'est que je veux savoir de vous si je ferai bien de me marier.

GÉRONIMO.
Qui, vous?

SGANARELLE.
Oui, moi-même, en propre personne. Quel est votre avis là-dessus?

GÉRONIMO.
Je vous prie auparavant de me dire une chose.
SGANARELLE.
Et quoi?
GÉRONIMO.
Quel âge pouvez-vous bien avoir maintenant?
SGANARELLE.
Moi?
GÉRONIMO.
Oui.
SGANARELLE.
Ma foi, je ne sais, mais je me porte bien.
GÉRONIMO.
Quoi! vous ne savez pas à peu près votre âge?
SGANARELLE.
Non : est-ce qu'on songe à cela?
GÉRONIMO.
Eh! dites-moi un peu, s'il vous plaît : combien aviez-vous d'années lorsque nous fîmes connoissance?
SGANARELLE.
Ma foi, je n'avois que vingt ans alors.
GÉRONIMO.
Combien fûmes-nous ensemble à Rome?
SGANARELLE.
Huit ans.
GÉRONIMO.
Quel temps avez-vous demeuré en Angleterre?
SGANARELLE.
Sept ans.
GÉRONIMO.
Et en Hollande, où vous fûtes ensuite?
SGANARELLE.
Cinq ans et demi.
GÉRONIMO.
Combien y a-t-il que vous êtes revenu ici?
SGANARELLE.
Je revins en cinquante-deux.
GÉRONIMO.
De cinquante-deux à soixante-quatre, il y a douze ans, ce me semble. Cinq en Hollande font dix-sept; sept en Angleterre font vingt-quatre; huit dans notre séjour à Rome font trente-deux ; et vingt que vous aviez lorsque nous nous connûmes, cela fait justement cinquante-deux. Si bien, seigneur Sganarelle, que, sur votre propre confession, vous êtes environ à votre cinquante-deuxième ou cinquante-troisième année.
SGANARELLE.
Qui, moi? cela ne se peut pas.
GÉRONIMO.
Mon Dieu! le calcul est juste; et là-dessus je vous dirai franchement et en ami, comme vous m'avez fait promettre de vous parler, que le mariage n'est guère votre fait. C'est une chose à laquelle il faut que les jeunes gens pensent bien mûrement avant que de la faire ; mais les gens de votre âge n'y doivent point penser du tout; et, si l'on dit que la plus grande de toutes les folies est celle de se marier, je ne vois rien de plus mal à propos que de la faire, cette folie, dans la saison où nous devons être plus sages.

Enfin, je vous en dis nettement ma pensée. Je ne vous conseille point de songer au mariage; et je vous trouverois le plus ridicule du monde si, ayant été libre jusqu'à cette heure, vous alliez vous charger maintenant de la plus pesante des chaînes.

SGANARELLE.
Et moi, je vous dis que je suis résolu de me marier, et que je ne serai point ridicule en épousant la fille que je recherche [1].
GÉRONIMO.
Ah! c'est une autre chose! Vous ne m'aviez pas dit cela.
SGANARELLE.
C'est une fille qui me plaît, et que j'aime de tout mon cœur.
GÉRONIMO.
Vous l'aimez de tout votre cœur?
SGANARELLE.
Sans doute, et je l'ai demandée à son père.
GÉRONIMO.
Vous l'avez demandée?
SGANARELLE.
Oui. C'est un mariage qui doit se conclure ce soir; et j'ai donné ma parole.
GÉRONIMO
Oh! mariez-vous donc! je ne dis plus mot.
SGANARELLE.
Je quitterois le dessein que j'ai fait! Vous semble-t-il, seigneur Géronimo, que je ne sois plus propre à songer à une femme? Ne parlons point de l'âge que je puis avoir, mais regardons seulement les choses. Y a-t-il homme de trente ans qui paroisse plus frais et plus vigoureux que vous me voyez? N'ai-je pas tous les mouvements de mon corps aussi bons que jamais; et voit-on que j'aie besoin de carrosse ou de chaise pour cheminer? N'ai-je pas encore toutes mes dents les meilleures du monde? (Il montre ses dents.) Ne fais-je pas vigoureusement mes quatre repas par jour, et peut-on voir un estomac qui ait plus de force que le mien? (Il tousse.) Hem, hem, hem. Eh! qu'en dites-vous?
GÉRONIMO.
Vous avez raison, je m'étois trompé. Vous ferez bien de vous marier.
SGANARELLE.
J'y ai répugné autrefois; mais j'ai maintenant de puissantes raisons pour cela. Outre la joie que j'aurai de posséder une belle femme, qui me fera mille caresses, qui me dorlotera, et me viendra frotter lorsque je serai las; outre cette joie, dis-je, je considère qu'en demeurant comme je suis je laisse périr dans le monde la race des Sganarelles; et qu'en me mariant je pourrai me voir revivre en d'autres moi-même; que j'aurai le plaisir de voir des créatures qui seront sorties de moi, de petites figures qui me ressembleront comme deux gouttes d'eau, qui se

[1] Dans *Pantagruel*, Panurge consulte toutes sortes de personnes pour savoir s'il doit se marier, et s'il sera cocu, en cas qu'il se marie. Il repousse les avis qui contrarient son désir ; il interprète à son avantage les réponses obscures ou douteuses; enfin, il est de ces gens qui demandent des conseils pour ne pas les suivre, et n'en faire qu'à leur tête. Cet épisode de Rabelais a fourni à Molière l'idée du *Mariage forcé*.

joueront continuellement dans la maison, qui m'appelleront leur papa quand je reviendrai de la ville, et me diront de petites folies les plus agréables du monde. Tenez, il me semble déjà que j'y suis, et que j'en vois une demi-douzaine autour de moi.

GÉRONIMO.

Il n'y a rien de plus agréable que cela, et je vous conseille de vous marier le plus vite que vous pourrez.

SGANARELLE.

Tout de bon, vous me le conseillez?

GÉRONIMO.

Assurément. Vous ne sauriez mieux faire.

SGANARELLE.

Vraiment, je suis ravi que vous me donniez ce conseil en véritable ami.

GÉRONIMO.

Eh! quelle est la personne, s'il vous plaît, avec qui vous allez-vous marier?

SGANARELLE.

Dorimène.

GÉRONIMO.

Cette jeune Dorimène, si galante et si bien parée?

SGANARELLE.

Oui.

GÉRONIMO.

Fille du seigneur Alcantor?

SGANARELLE.

Justement.

GÉRONIMO.

Et sœur d'un certain Alcidas, qui se mêle de porter l'épée?

SGANARELLE.

C'est cela.

GÉRONIMO.

Vertu de ma vie!

SGANARELLE.

Qu'en dites-vous?

GÉRONIMO.

Bon parti! Mariez-vous promptement.

SGANARELLE.

N'ai-je pas raison d'avoir fait ce choix?

GÉRONIMO.

Sans doute! Ah! que vous serez bien marié! Dépêchez-vous de l'être.

SGANARELLE.

Vous me comblez de joie de me dire cela. Je vous remercie de votre conseil, et je vous invite ce soir à mes noces.

GÉRONIMO.

Je n'y manquerai pas; et je veux y aller en masque, afin de les mieux honorer.

SGANARELLE.

Serviteur.

GÉRONIMO, à part.

La jeune Dorimène, fille du seigneur Alcantor, avec le seigneur Sganarelle, qui n'a que cinquante-trois ans! Ô le beau mariage! ô le beau mariage! (Ce qu'il répète plusieurs fois en s'en allant.)

SCÈNE III

SGANARELLE, seul.

Ce mariage doit être heureux, car il donne de la joie à tout le monde, et je fais rire tous ceux à qui j'en parle. Me voilà maintenant le plus content des hommes.

SCÈNE IV

DORIMÈNE, SGANARELLE.

DORIMÈNE, dans le fond du théâtre, à un petit laquais qui la suit.

Allons, petit garçon, qu'on tienne bien ma queue, et qu'on ne s'amuse pas à badiner.

SGANARELLE, à part, apercevant Dorimène.

Voici ma maîtresse qui vient. Ah! qu'elle est agréable! Quel air et quelle taille! Peut-il y avoir un homme qui n'ait, en la voyant, des démangeaisons de se marier? (A Dorimène.) Où allez-vous, belle mignonne, chère épouse future de votre époux futur?

DORIMÈNE.

Je vais faire quelques emplettes.

SGANARELLE.

Eh bien, ma belle, c'est maintenant que nous allons être heureux l'un et l'autre. Vous ne serez plus en droit de me rien refuser; et je pourrai faire avec vous tout ce qu'il me plaira, sans que personne s'en scandalise. Vous allez être à moi depuis la tête jusqu'aux pieds, et je serai maître de tout : de vos petits yeux éveillés, de votre petit nez fripon, de vos lèvres appétisantes, de vos oreilles amoureuses, de votre petit menton joli, de vos petits tetons rondelets, de votre... Enfin, toute votre personne sera à ma discrétion, et je serai à même pour vous caresser comme je voudrai. N'êtes-vous pas bien aise de ce mariage, mon aimable poupone?

DORIMÈNE.

Tout à fait aise, je vous jure. Car enfin la sévérité de mon père m'a tenue jusques ici dans une sujétion la plus fâcheuse du monde. Il y a je ne sais combien que j'enrage du peu de liberté qu'il me donne, et j'ai cent fois souhaité qu'il me mariât, pour sortir promptement de la contrainte où j'étois avec lui, et me voir en état de faire ce que je voudrai. Dieu merci, vous êtes venu heureusement pour cela, et je me prépare désormais à me donner du divertissement, et à réparer, comme il faut, le temps que j'ai perdu. Comme vous êtes un fort galant homme, et que vous savez comme il faut vivre, je crois que nous ferons le meilleur ménage du monde ensemble, et que vous ne serez point de ces maris incommodes, qui veulent que leurs femmes vivent comme des loups-garous. Je vous avoue que je ne m'accommoderois pas de cela, et que la solitude me désespère. J'aime le jeu, les visites, les assemblées, les cadeaux, et les promenades, et en un mot, toutes les choses de plaisir : et vous devez être ravi d'avoir une femme de mon humeur. Nous n'aurons jamais aucun démêlé ensemble; et je ne vous contraindrai point dans vos actions, comme j'espère que, de votre côté, vous ne me contraindrez point dans les miennes; car, pour moi, je tiens qu'il faut avoir une complaisance mutuelle, et qu'on ne se doit point marier pour se faire enrager l'un l'autre. Enfin, nous vivrons, étant mariés, comme deux personnes qui savent leur monde. Aucun soupçon jaloux ne nous troublera la cervelle; et c'est assez que vous serez assuré de ma fidélité, comme je serai persuadée de la vôtre. Mais qu'avez-vous? je vous vois tout changé de visage.

SGANARELLE.
Ce sont quelques vapeurs qui me viennent de monter à la tête.

DORIMÈNE.
C'est un mal aujourd'hui qui attaque beaucoup de gens; mais notre mariage vous dissipera tout cela. Adieu. Il me tarde déjà que je n'aie des habits raisonnables, pour quitter vite ces guenilles. Je m'en vais de ce pas achever d'acheter toutes les choses qu'il me faut, et je vous enverrai les marchands.

SCÈNE V

GÉRONIMO, SGANARELLE.

GÉRONIMO.
Ah! seigneur Sganarelle, je suis ravi de vous trouver encore ici; et j'ai rencontré un orfèvre, qui, sur le bruit que vous cherchez quelque beau diamant en bague pour faire un présent à votre épouse, m'a fort prié de vous venir parler pour lui, et de vous dire qu'il en a un à vendre, le plus parfait du monde.

SGANARELLE.
Mon Dieu! cela n'est pas pressé.

GÉRONIMO.
Comment! Que veut dire cela? Où est l'ardeur que vous montriez tout à l'heure?

SGANARELLE.
Il m'est venu, depuis un moment, de petits scrupules sur le mariage. Avant que de passer plus avant, je voudrois bien agiter à fond cette matière, et que l'on m'expliquât un songe que j'ai fait cette nuit, et qui vient tout à l'heure de me revenir dans l'esprit. Vous savez que les songes sont comme des miroirs, où l'on découvre quelquefois tout ce qui nous doit arriver. Il me sembloit que j'étois dans un vaisseau, sur une mer bien agitée, et que...

GÉRONIMO.
Seigneur Sganarelle, j'ai maintenant quelque petite affaire qui m'empêche de vous ouïr. Je n'entends rien du tout aux songes; et quant au raisonnement du mariage, vous avez deux savants, deux philosophes, vos voisins, qui sont gens à vous débiter tout ce qu'on peut dire sur ce sujet. Comme ils sont de sectes différentes, vous pouvez examiner leurs diverses opinions là-dessus. Pour moi, je me contente de ce que je vous ai dit tantôt, et demeure votre serviteur.

SGANARELLE, seul.
Il a raison. Il faut que je consulte un peu ces gens-là sur l'incertitude où je suis.

SCÈNE VI

PANCRACE, SGANARELLE.

PANCRACE, se tournant du côté où il est entré, et sans voir Sganarelle.
Allez, vous êtes un impertinent, mon ami, un homme ignare de toute bonne discipline, bannissable de la république des lettres.

SGANARELLE.
Ah! bon, en voici un fort à propos.

PANCRACE, de même, sans voir Sganarelle.
Oui, je te soutiendrai par vives raisons, je te montrerai par Aristote, le philosophe des philosophes, que tu es un ignorant, un ignorantissime, ignorantifiant et ignorantifié, par tous les cas et modes imaginables.

SGANARELLE, à part.
Il a pris querelle contre quelqu'un. (A Pancrace.) Seigneur...

PANCRACE, de même, sans voir Sganarelle.
Tu veux te mêler de raisonner, et tu ne sais pas seulement les éléments de la raison.

SGANARELLE, à part.
La colère l'empêche de me voir. (A Pancrace.) Seigneur...

PANCRACE, de même, sans voir Sganarelle.
C'est une proposition condamnable dans toutes les terres de la philosophie.

SGANARELLE, à part.
Il faut qu'on l'ait fort irrité. (A Pancrace.) Je...

PANCRACE, de même, sans voir Sganarelle.
Toto cœlo, tota via aberras.

SGANARELLE.
Je baise les mains à monsieur le docteur.

PANCRACE.
Serviteur.

SGANARELLE.
Peut-on...?

PANCRACE, se retournant vers l'endroit par où il est entré.
Sais-tu bien ce que tu as fait? un syllogisme *in Balordo*.

SGANARELLE.
Je vous...

PANCRACE, de même.
La majeure en est inepte, la mineure impertinente, et la conclusion ridicule.

SGANARELLE.
Je...

PANCRACE, de même.
Je crèverois plutôt que d'avouer ce que tu dis; et je soutiendrai mon opinion jusqu'à la dernière goutte de mon encre.

SCÈNE VI.

SGANARELLE.

Puis-je...

PANCRACE, de même.

Oui, je défendrai cette proposition, *pugnis et calcibus, unguibus et rostro.*

SGANARELLE.

Seigneur Aristote, peut-on savoir ce qui vous met si fort en colère?

PANCRACE.

Un sujet le plus juste du monde.

SGANARELLE.

Et quoi encore?

PANCRACE.

Un ignorant m'a voulu soutenir une proposition erronée, une proposition épouvantable, effroyable, exécrable.

SGANARELLE.

Puis-je demander ce que c'est?

PANCRACE.

Ah! seigneur Sganarelle, tout est renversé aujourd'hui, et le monde est tombé dans une corruption générale. Une licence épouvantable règne partout; et les magistrats, qui sont établis pour maintenir l'ordre dans cet État, devroient mourir de honte, en souffrant un scandale aussi intolérable que celui dont je veux parler.

SGANARELLE.

Quoi donc?

PANCRACE.

N'est-ce pas une chose horrible, une chose qui crie vengeance au ciel, que d'endurer qu'on dise publiquement la forme d'un chapeau?

SGANARELLE.

Comment!

PANCRACE.

Je soutiens qu'il faut dire la figure d'un chapeau, et non pas la forme; d'autant qu'il y a cette différence entre la forme et la figure, que la forme est la disposition extérieure des corps qui sont animés, et la figure la disposition extérieure des corps qui sont inanimés : et, puisque le chapeau est un corps inanimé, il faut dire la figure d'un chapeau, et non pas la forme. (Se retournant encore du côté par où il est entré.) Oui, ignorant que vous êtes, c'est ainsi qu'il faut parler; et ce sont les termes exprès d'Aristote dans le chapitre de la qualité.

SGANARELLE, à part.

Je pensois que tout fût perdu. (A Pancrace.) Seigneur docteur, ne songez plus à tout cela. Je...

PANCRACE.

Je suis dans une colère, que je ne me sens pas.

SGANARELLE.

Laissez la forme et le chapeau en paix. J'ai quelque chose à vous communiquer. Je...

PANCRACE.

Impertinent fieffé!

SGANARELLE.

De grâce, remettez-vous. Je...

PANCRACE.

Ignorant!

SGANARELLE.

Eh! mon Dieu! Je...

PANCRACE.

Me vouloir soutenir une proposition de la sorte!

SGANARELLE.

Il a tort. Je...

PANCRACE.

Une proposition condamnée par Aristote!

SGANARELLE.

Cela est vrai. Je...

PANCRACE.

En termes exprès!

SGANARELLE.

Vous avez raison. (Se tournant du côté par où Pancrace est entré.) Oui, vous êtes un sot et un impudent, de vouloir disputer contre un docteur qui sait lire et écrire. Voilà qui est fait : je vous prie de m'écouter. Je viens vous consulter sur une affaire qui m'embarrasse. J'ai dessein de prendre une femme, pour me tenir compagnie dans mon ménage. La personne est belle et bien faite; elle me plaît beaucoup, et est ravie de m'épouser. Son père me l'a accordée; mais je crains un peu ce que vous savez, la disgrâce dont on ne plaint personne; et je voudrois bien vous prier, comme philosophe, de me dire votre sentiment. Eh! quel est votre avis là-dessus?

PANCRACE.

Plutôt que d'accorder qu'il faille dire la forme d'un chapeau, j'accorderois que *datur vacuum in rerum natura*, et que je ne suis qu'une bête [1].

SGANARELLE, à part.

La peste soit de l'homme! (A Pancrace.) Eh! monsieur le docteur, écoutez un peu les gens. On vous parle une heure durant, et vous ne répondez point à ce qu'on vous dit.

PANCRACE.

Je vous demande pardon. Une juste colère m'occupe l'esprit.

SGANARELLE.

Eh! laissez tout cela, et prenez la peine de m'écouter.

PANCRACE.

Soit. Que voulez-vous me dire?

SGANARELLE.

Je veux vous parler de quelque chose.

PANCRACE.

Et de quelle langue voulez-vous vous servir avec moi?

SGANARELLE.

De quelle langue?

PANCRACE.

Oui.

SGANARELLE.

Parbleu! de la langue que j'ai dans ma bouche. Je crois que je n'irai pas emprunter celle de mon voisin.

PANCRACE.

Je vous dis, de quel idiome, de quel langage?

---

[1] Vous croyez que Sganarelle, qui, en prenant le parti de Pancrace, est parvenu à se faire écouter de lui, va recevoir une réponse. Point. Le philosophe, qui l'a écouté un instant, ne répond qu'à sa propre pensée. Voilà du vrai, de l'excellent comique. (Auger.)

SGANARELLE.
Ah! c'est une autre affaire.

PANCRACE.
Voulez-vous me parler italien?

SGANARELLE.
Non.

PANCRACE.
Espagnol?

SGANARELLE.
Non.

PANCRACE.
Allemand?

SGANARELLE.
Non.

PANCRACE.
Anglois?

SGANARELLE.
Non.

PANCRACE.
Latin?

SGANARELLE.
Non.

PANCRACE.
Grec?

SGANARELLE.
Non.

PANCRACE.
Hébreu?

SGANARELLE.
Non.

PANCRACE.
Syriaque?

SGANARELLE.
Non.

PANCRACE.
Turc?

SGANARELLE.
Non.

PANCRACE.
Arabe?

SGANARELLE.
Non, non, françois, françois, françois.

PANCRACE.
Ah! françois!

SGANARELLE.
Fort bien.

PANCRACE.
Passez donc de l'autre côté; car cette oreille-ci est destinée pour les langues scientifiques et étrangères, et l'autre est pour la vulgaire et la maternelle.

SGANARELLE, à part.
Il faut bien des cérémonies avec ces sortes de gens-ci!

PANCRACE.
Que voulez-vous?

SGANARELLE.
Vous consulter sur une petite difficulté.

PANCRACE.
Ah! ah! sur une difficulté de philosophie, sans doute?

SGANARELLE.
Pardonnez-moi. Je...

PANCRACE.
Vous voulez peut-être savoir si la substance et l'accident sont termes synonymes ou équivoques à l'égard de l'être?

SGANARELLE.
Point du tout. Je...

PANCRACE.
Si la logique est un art ou une science?

SGANARELLE.
Ce n'est pas cela. Je...

PANCRACE.
Si elle a pour objet les trois opérations de l'esprit, ou la troisième seulement?

SGANARELLE.
Non. Je...

PANCRACE.
S'il y a dix catégories, ou s'il n'y en a qu'une?

SGANARELLE.
Point. Je...

PANCRACE.
Si la conclusion est de l'essence du syllogisme?

SGANARELLE.
Nenni. Je...

PANCRACE.
Si l'essence du bien est mise dans l'appétibilité, ou dans la convenance?

SGANARELLE.
Non. Je...

PANCRACE.
Si le bien se réciproque avec la fin?

SGANARELLE.
Eh non! Je...

PANCRACE.
Si la fin nous peut émouvoir par son être réel, ou par son être intentionnel?

SGANARELLE.
Non, non, non, non, non, de par tous les diables, non!

PANCRACE.
Expliquez donc votre pensée, car je ne puis pas la deviner.

SGANARELLE.
Je vous la veux expliquer aussi; mais il faut m'écouter. (Pendant que Sganarelle dit :) L'affaire que j'ai à vous dire, c'est que j'ai envie de me marier avec une fille qui est jeune et belle. Je l'aime fort, et l'ai demandée à son père; mais, comme j'appréhende...

PANCRACE dit en même temps, sans écouter Sganarelle :
La parole a été donnée à l'homme pour expliquer sa pensée; et, tout ainsi que les pensées sont les portraits des choses, de même nos paroles sont-elles les portraits de nos pensées. (Sganarelle, impatienté, ferme la bouche du docteur avec sa main à plusieurs reprises, et le docteur continue de parler d'abord que Sganarelle ôte sa main.) Mais ces portraits diffèrent des autres portraits en ce que les autres portraits sont distingués partout de leurs originaux, et que la parole renferme en soi son original, puisqu'elle n'est

autre chose que la pensée expliquée par un signe extérieur ; d'où vient que ceux qui pensent bien sont aussi ceux qui parlent le mieux. Expliquez-moi donc votre pensée par la parole, qui est le plus intelligible de tous les signes.

SGANARELLE pousse le docteur dans sa maison, et tire la porte pour l'empêcher de sortir.

Peste de l'homme !

PANCRACE, au dedans de sa maison.

Oui, la parole est *animi index et speculum*. C'est le truchement du cœur, c'est l'image de l'âme. (Il monte à la fenêtre, et continue.) C'est un miroir qui nous présente naïvement les secrets les plus arcanes de nos individus ; et, puisque vous avez la faculté de ratiociner et de parler tout ensemble, à quoi tient-il que vous ne vous serviez de la parole pour me faire entendre votre pensée ?

SGANARELLE.

C'est ce que je veux faire ; mais vous ne voulez pas m'écouter.

PANCRACE.

Je vous écoute, parlez.

SGANARELLE.

Je dis donc, monsieur le docteur, que...

PANCRACE.

Mais surtout soyez bref.

SGANARELLE.

Je le serai.

PANCRACE.

Évitez la prolixité.

SGANARELLE.

Eh ! monsi...

PANCRACE.

Tranchez-moi votre discours d'un apophthegme à la laconienne.

SGANARELLE.

Je vous...

PANCRACE.

Point d'ambages, de circonlocution. (Sganarelle, de dépit de ne point parler, ramasse des pierres pour en casser la tête du docteur.)

PANCRACE.

Eh quoi ! vous vous emportez, au lieu de vous expliquer ! Allez, vous êtes plus impertinent que celui qui m'a voulu soutenir qu'il faut dire la forme d'un chapeau ; et je vous prouverai, en toute rencontre, par raisons démonstratives et convaincantes, et par arguments *in Barbara*, que vous n'êtes et ne serez jamais qu'un pécore, et que je suis et serai toujours, *in utroque jure* [1], le docteur Pancrace.

SGANARELLE.

Quel diable de babillard !

PANCRACE, en rentrant sur le théâtre.

Homme de lettres, homme d'érudition.

SGANARELLE.

Encore ?

PANCRACE.

Homme de suffisance, homme de capacité ; (S'en allant.)

[1] Le droit civil et le droit canon.

homme consommé dans toutes les sciences naturelles, morales et politiques ; (Revenant.) homme savant, savantissime, *per omnes modos et casus* ; (S'en allant.) homme qui possède *superlativè*, fables, mythologies et histoires, (Revenant.) grammaire, poésie, rhétorique, dialectique et sophistique, (S'en allant.) mathématique, arithmétique, (Revenant.) cosmométrie, géométrie, architecture, spéculoire et spéculatoire, (S'en allant.) médecine, astronomie, astrologie, physionomie, métoposcopie, chiromancie, géomancie, etc.

SCÈNE VII

SGANARELLE, seul.

Au diable les savants qui ne veulent point écouter les gens ! On me l'avoit bien dit, que son maître Aristote n'étoit rien qu'un bavard. Il faut que j'aille trouver l'autre ; peut-être qu'il sera plus posé et plus raisonnable. Holà [1] !

SCÈNE VIII

MARPHURIUS, SGANARELLE.

MARPHURIUS.

Que voulez-vous de moi, seigneur Sganarelle ?

SGANARELLE.

Seigneur docteur, j'aurois besoin de votre conseil sur une petite affaire dont il s'agit, et je suis venu ici pour cela. (A part.) Ah ! voilà qui va bien. Il écoute le monde, celui-ci.

MARPHURIUS.

Seigneur Sganarelle, changez, s'il vous plaît, cette façon de parler. Notre philosophie ordonne de ne point énoncer de proposition décisive, de parler de tout avec incertitude, de suspendre toujours son jugement ; et, par cette raison, vous ne devez pas dire : Je suis venu ; mais : Il me semble que je suis venu.

SGANARELLE.

Il me semble ?

MARPHURIUS.

Oui.

SGANARELLE.

Parbleu ! il faut bien qu'il me semble, puisque cela est.

MARPHURIUS.

Ce n'est pas une conséquence ; et il peut vous le sembler, sans que la chose soit véritable.

SGANARELLE.

Comment ! il n'est pas vrai que je suis venu ?

MARPHURIUS.

Cela est incertain, et nous devons douter de tout.

SGANARELLE.

Quoi ! je ne suis pas ici, et vous ne me parlez pas ?

[1] Cette scène n'est pas une pure bouffonnerie ; c'est une satire, non pas contre Aristote, mais contre la manière barbare dont sa doctrine était enseignée et défigurée dans les écoles, surtout contre l'intolérance de ses modernes disciples.

MARPHURIUS.

Il m'apparoit que vous êtes là, et il me semble que je vous parle; mais il n'est pas assuré que cela soit.

SGANARELLE.

Eh! que diable! vous vous moquez. Me voilà, et vous voilà bien nettement, et il n'y a point de *me semble* à tout cela. Laissons ces subtilités, je vous prie, et parlons de mon affaire. Je viens vous dire que j'ai envie de me marier.

MARPHURIUS.

Je n'en sais rien.

SGANARELLE.

Je vous le dis.

MARPHURIUS.

Il se peut faire.

SGANARELLE.

La fille que je veux prendre est fort jeune et fort belle.

MARPHURIUS.

Il n'est pas impossible.

SGANARELLE.

Ferai-je bien ou mal de l'épouser?

MARPHURIUS.

L'un ou l'autre.

SGANARELLE, à part.

Ah! ah! voici une autre musique. (A Marphurius.) Je vous demande si je ferai bien d'épouser la fille dont je vous parle.

MARPHURIUS.

Selon la rencontre.

SGANARELLE.

Ferai-je mal?

MARPHURIUS.

Par aventure.

SGANARELLE.

De grâce, répondez-moi comme il faut.

MARPHURIUS.

C'est mon dessein.

SGANARELLE.

J'ai une grande inclination pour la fille.

MARPHURIUS.

Cela peut être.

SGANARELLE.

Le père me l'a accordée.

MARPHURIUS.

Il se pourroit.

SGANARELLE.

Mais, en l'épousant, je crains d'être cocu.

MARPHURIUS.

La chose est faisable.

SGANARELLE.

Qu'en pensez-vous?

MARPHURIUS.

Il n'y a pas d'impossibilité.

SGANARELLE.

Mais que feriez-vous si vous étiez à ma place?

MARPHURIUS.

Je ne sais.

SGANARELLE.

Que me conseillez-vous de faire?

MARPHURIUS.

Ce qu'il vous plaira.

SGANARELLE.

J'enrage!

MARPHURIUS.

Je m'en lave les mains.

SGANARELLE.

Au diable soit le vieux rêveur!

MARPHURIUS.

Il en sera ce qui pourra [1].

SGANARELLE, à part

La peste du bourreau! Je te ferai changer de note, chien de philosophe enragé! (Il donne des coups de bâton à Marphurius.)

MARPHURIUS.

Ah! ah! ah!

SGANARELLE.

Te voilà payé de ton galimatias, et me voilà content.

MARPHURIUS.

Comment! Quelle insolence! M'outrager de la sorte! Avoir eu l'audace de battre un philosophe comme moi!

SGANARELLE.

Corrigez, s'il vous plait, cette manière de parler. Il faut douter de toutes choses; et vous ne devez pas dire que je vous ai battu, mais qu'il vous semble que je vous ai battu.

MARPHURIUS.

Ah! je m'en vais faire ma plainte au commissaire du quartier, des coups que j'ai reçus.

SGANARELLE.

Je m'en lave les mains.

MARPHURIUS.

J'en ai les marques sur ma personne.

SGANARELLE.

Il se peut faire.

MARPHURIUS.

C'est toi qui m'as traité ainsi.

SGANARELLE.

Il n'y a pas d'impossibilité.

MARPHURIUS.

J'aurai un décret contre toi.

SGANARELLE.

Je n'en sais rien.

MARPHURIUS.

Et tu seras condamné en justice.

SGANARELLE.

Il en sera ce qui pourra.

MARPHURIUS

Laisse-moi faire.

[1] Cette scène est imitée du chapitre de *Pantagruel*, dans lequel Panurge consulte Trouillogan, philosophe pyrrhonien, sur le mariage qu'il a projeté : « PANURGE. Doncques me marieray-je? — TROUILLOGAN. Par adventure. — PAN. M'en trouveray-je bien? — TR. Selon la rencontre. — PAN. Aussi si je rencontre bien, comme j'espère, seray-je heureux? — TR. Assez. — PAN. Tournons à contre-poil. Et si je rencontre mal? — TR. Je m'en excuse. — PAN. Mais conseillez-moi, de grâce : que doibs-je faire? — TR. Ce que vous voudrez... — PAN. Que m'en conseillez-vous? — TR. Rien, » etc., etc. — Comme Molière perfectionne toujours ce qu'il imite, il a très-heureusement imaginé de faire donner à Marphurius des coups de bâton qui forcent celui-ci à sortir de son doute systématique; à quoi Sganarelle répond très-plaisamment, en lui rétorquant ses propres formules dubitatives. (Auger.)

SCÈNE IX

SGANARELLE, seul.

Comment! on ne sauroit tirer une parole positive de ce chien d'homme-là, et l'on est aussi savant à la fin qu'au commencement. Que dois-je faire dans l'incertitude des suites de mon mariage? Jamais homme ne fut plus embarrassé que je suis. Ah! voici des Égyptiennes; il faut que je me fasse dire par elles ma bonne aventure.

SCÈNE X

DEUX ÉGYPTIENNES, SGANARELLE.

Les Égyptiennes avec leurs tambours de basque entrent en chantant et en dansant.

SGANARELLE.

Elles sont gaillardes. Écoutez, vous autres, y a-t-il moyen de me dire ma bonne fortune?

PREMIÈRE ÉGYPTIENNE.

Oui, mon beau monsieur, nous voici deux qui te la dirons.

DEUXIÈME ÉGYPTIENNE.

Tu n'as seulement qu'à nous donner ta main, avec la croix dedans[1], et nous te dirons quelque chose pour ton bon profit.

SGANARELLE.

Tenez, les voilà toutes deux avec ce que vous demandez.

PREMIÈRE ÉGYPTIENNE.

Tu as une bonne physionomie, mon bon monsieur, une bonne physionomie.

DEUXIÈME ÉGYPTIENNE.

Oui, une bonne physionomie; une physionomie d'un homme qui sera un jour quelque chose.

PREMIÈRE ÉGYPTIENNE.

Tu seras marié avant qu'il soit peu, mon bon monsieur, tu seras marié avant qu'il soit peu.

DEUXIÈME ÉGYPTIENNE.

Tu épouseras une femme gentille, une femme gentille.

PREMIÈRE ÉGYPTIENNE.

Oui, une femme qui sera chérie et aimée de tout le monde.

DEUXIÈME ÉGYPTIENNE.

Une femme qui te fera beaucoup d'amis, mon bon monsieur, qui te fera beaucoup d'amis.

PREMIÈRE ÉGYPTIENNE.

Une femme qui fera venir l'abondance chez toi.

DEUXIÈME ÉGYPTIENNE.

Une femme qui te donnera une grande réputation.

PREMIÈRE ÉGYPTIENNE.

Tu seras considéré par elle, mon bon monsieur, tu seras considéré par elle.

SGANARELLE.

Voilà qui est bien. Mais dites-moi un peu : suis-je menacé d'être cocu?

[1] C'est-à-dire une pièce *à la croix*, par allusion à la croix représentée sur certaines pièces de monnaie. (Aimé Martin.)

DEUXIÈME ÉGYPTIENNE.

Cocu?

SGANARELLE.

Oui.

PREMIÈRE ÉGYPTIENNE.

Cocu?

SGANARELLE.

Oui, si je suis menacé d'être cocu? (Les deux Égyptiennes dansent et chantent.) Que diable! ce n'est pas là me répondre! Venez çà. Je vous demande à toutes deux si je serai cocu?

DEUXIÈME ÉGYPTIENNE.

Cocu? vous?

SGANARELLE.

Oui, si je serai cocu?

PREMIÈRE ÉGYPTIENNE.

Vous? cocu?

SGANARELLE.

Oui, si je le serai, ou non. (Les deux Égyptiennes sortent en chantant et en dansant.)

SCÈNE XI

SGANARELLE, seul.

Peste soit des carognes qui me laissent dans l'inquiétude! Il faut absolument que je sache la destinée de mon mariage; et pour cela je veux aller trouver ce grand magicien dont tout le monde parle tant, et qui, par son art admirable, fait voir tout ce que l'on souhaite. Ma foi, je crois que je n'ai que faire d'aller au magicien, et voici qui me montre tout ce que je puis demander.

SCÈNE XII

DORIMÈNE, LYCASTE; SGANARELLE, retiré dans un coin du théâtre sans être vu.

LYCASTE.

Quoi! belle Dorimène, c'est sans raillerie que vous parlez?

DORIMÈNE.

Sans raillerie.

LYCASTE.

Vous vous mariez tout de bon?

DORIMÈNE.

Tout de bon.

LYCASTE.

Et vos noces se feront dès ce soir?

DORIMÈNE.

Dès ce soir.

LYCASTE.

Et vous pouvez, cruelle que vous êtes, oublier de la sorte l'amour que j'ai pour vous, et les obligeantes paroles que vous m'aviez données?

DORIMÈNE.

Moi? point du tout. Je vous considère toujours de même,

et ce mariage ne doit point vous inquiéter : c'est un homme que je n'épouse point par amour, et sa seule richesse me fait résoudre à l'accepter. Je n'ai point de bien, vous n'en avez point aussi, et vous savez que sans cela on passe mal le temps au monde, et qu'à quelque prix que ce soit il faut tâcher d'en avoir. J'ai embrassé cette occasion-ci de me mettre à mon aise; et je l'ai fait sur l'espérance de me voir bientôt délivrée du barbon que je prends. C'est un homme qui mourra avant qu'il soit peu, et qui n'a tout au plus que six mois dans le ventre. Je vous le garantis défunt dans le temps que je dis; et je n'aurai pas longuement à demander pour moi au ciel l'heureux état de veuve. (A Sganarelle, qu'elle aperçoit.) Ah! nous parlions de vous, et nous en disions tout le bien qu'on en sauroit dire.

LYCASTE.
Est-ce là monsieur...

DORIMÈNE.
Oui, c'est monsieur qui me prend pour femme.

LYCASTE.
Agréez, monsieur, que je vous félicite de votre mariage, et vous présente en même temps mes très-humbles services. Je vous assure que vous épousez là une très-honnête personne : et vous, mademoiselle, je me réjouis avec vous aussi de l'heureux choix que vous avez fait. Vous ne pouviez pas mieux trouver, et monsieur a toute la mine d'être un fort bon mari. Oui, monsieur, je veux faire amitié avec vous, et lier ensemble un petit commerce de visites et de divertissements.

DORIMÈNE.
C'est trop d'honneur que vous nous faites à tous deux. Mais allons, le temps me presse, et nous aurons tout le loisir de nous entretenir ensemble.

SCÈNE XIII

SGANARELLE, seul.

Me voilà tout à fait dégoûté de mon mariage; et je crois que je ne ferai pas mal de m'aller dégager de ma parole. Il m'en a coûté quelque argent; mais il vaut encore mieux perdre cela que de m'exposer à quelque chose de pis. Tâchons adroitement de nous débarrasser de cette affaire. Holà! (Il frappe à la porte de la maison d'Alcantor.)

SCÈNE XIV

ALCANTOR, SGANARELLE.

ALCANTOR.
Ah! mon gendre, soyez le bienvenu!

SGANARELLE.
Monsieur, votre serviteur.

ALCANTOR.
Vous venez pour conclure le mariage?

SGANARELLE.
Excusez-moi.

ALCANTOR.
Je vous promets que j'en ai autant d'impatience que vous.

SGANARELLE.
Je viens ici pour autre sujet.

ALCANTOR.
J'ai donné ordre à toutes les choses nécessaires pour cette fête.

SGANARELLE.
Il n'est pas question de cela.

ALCANTOR.
Les violons sont retenus, le festin est commandé, et ma fille est parée pour vous recevoir.

SGANARELLE.
Ce n'est pas ce qui m'amène.

ALCANTOR.
Enfin, vous allez être satisfait; et rien ne peut retarder votre contentement.

SGANARELLE.
Mon Dieu! c'est autre chose.

ALCANTOR.
Allons, entrez donc, mon gendre.

SGANARELLE.
J'ai un petit mot à vous dire.

ALCANTOR.
Ah! mon Dieu, ne faisons point de cérémonie! Entrez vite, s'il vous plaît.

SGANARELLE.
Non, vous dis-je, je vous veux parler auparavant.

ALCANTOR.
Vous voulez me dire quelque chose?

SGANARELLE.
Oui.

ALCANTOR.
Et quoi?

SGANARELLE.
Seigneur Alcantor, j'ai demandé votre fille en mariage, il est vrai, et vous me l'avez accordée; mais je me trouve un peu avancé en âge pour elle, et je considère que je ne suis point du tout son fait.

ALCANTOR.
Pardonnez-moi, ma fille vous trouve bien comme vous êtes; et je suis sûr qu'elle vivra fort contente avec vous.

SGANARELLE.
Point. J'ai parfois des bizarreries épouvantables, et elle auroit trop à souffrir de ma mauvaise humeur.

ALCANTOR.
Ma fille a de la complaisance, et vous verrez qu'elle s'accommodera entièrement à vous.

SGANARELLE.
J'ai quelques infirmités sur mon corps qui pourroient la dégoûter.

ALCANTOR.
Cela n'est rien. Une honnête femme ne se dégoûte jamais de son mari.

SGANARELLE.
Enfin, voulez-vous que je vous dise? Je ne vous conseille pas de me la donner.

SCÈNE XVI.

ALCANTOR.

Vous moquez-vous? J'aimerois mieux mourir que d'avoir manqué à ma parole.

SGANARELLE.

Mon Dieu! Je vous en dispense, et je...

ALCANTOR.

Point du tout. Je vous l'ai promise, et vous l'aurez en dépit de tous ceux qui y prétendent.

SGANARELLE, à part.

Que diable!

ALCANTOR.

Voyez-vous, j'ai une estime et une amitié pour vous toute particulière; et je refuserois ma fille à un prince pour vous la donner.

SGANARELLE.

Seigneur Alcantor, je vous suis obligé de l'honneur que vous me faites; mais je vous déclare que je ne me veux point marier.

ALCANTOR.

Qui, vous?

SGANARELLE.

Oui, moi.

ALCANTOR.

Et la raison?

SGANARELLE.

La raison? C'est que je ne me sens point propre pour le mariage, et que je veux imiter mon père; et tous ceux de ma race, qui ne se sont jamais voulu marier[1].

ALCANTOR.

Écoutez. Les volontés sont libres; et je suis homme à ne contraindre jamais personne. Vous vous êtes engagé avec moi pour épouser ma fille, et tout est préparé pour cela; mais, puisque vous voulez retirer votre parole, je vais voir ce qu'il y a à faire; et vous aurez bientôt de mes nouvelles.

SCÈNE XV

SGANARELLE, seul.

Encore est-il plus raisonnable que je ne pensois, et je croyois avoir bien plus de peine à m'en dégager. Ma foi, quand j'y songe, j'ai fait fort sagement de me tirer de cette affaire; et j'allois faire un pas dont je me serois peut-être longtemps repenti. Mais voici le fils qui me vient rendre réponse.

SCÈNE XVI

ALCIDAS, SGANARELLE.

ALCIDAS, parlant d'un ton doucereux.

Monsieur, je suis votre serviteur très-humble.

[1] Ménage prétend que Molière a imité cet endroit d'une épigramme de Malleville:
> Mais sais-tu ce que tu dois faire
> Pour mettre ton esprit en paix?
> Résous-toi d'imiter ton père:
> Tu ne te marieras jamais.

SGANARELLE.

Monsieur, je suis le vôtre de tout mon cœur.

ALCIDAS, toujours avec le même ton.

Mon père m'a dit, monsieur, que vous vous étiez venu dégager de la parole que vous aviez donnée.

SGANARELLE.

Oui, monsieur; c'est avec regret, mais...

ALCIDAS.

Oh! monsieur, il n'y a pas de mal à cela.

SGANARELLE.

J'en suis fâché, je vous assure; et je souhaiterois...

ALCIDAS.

Cela n'est rien, vous dis-je. (Alcidas présente à Sganarelle deux épées.) Monsieur, prenez la peine de choisir, de ces deux épées, laquelle vous voulez.

SGANARELLE.

De ces deux épées?

ALCIDAS.

Oui, s'il vous plaît.

SGANARELLE.

A quoi bon?

ALCIDAS.

Monsieur, comme vous refusez d'épouser ma sœur après la parole donnée, je crois que vous ne trouverez pas mauvais le petit compliment que je viens vous faire.

SGANARELLE.

Comment?

ALCIDAS.

D'autres gens feroient du bruit, et s'emporteroient contre vous; mais nous sommes personnes à traiter les choses dans la douceur; et je viens vous dire civilement qu'il faut, si vous le trouvez bon, que nous nous coupions la gorge ensemble.

SGANARELLE.

Voilà un compliment fort mal tourné.

ALCIDAS.

Allons, monsieur, choisissez, je vous prie.

SGANARELLE.

Je suis votre valet, je n'ai point de gorge à me couper. (A part.) La vilaine façon de parler que voilà!

ALCIDAS.

Monsieur, il faut que cela soit, s'il vous plaît.

SGANARELLE.

Eh! monsieur, rengainez ce compliment, je vous prie.

ALCIDAS.

Dépêchons vite, monsieur. J'ai une petite affaire qui m'attend.

SGANARELLE.

Je ne veux point de cela, vous dis-je.

ALCIDAS.

Vous ne voulez pas vous battre?

SGANARELLE.

Nenni, ma foi.

ALCIDAS.

Tout de bon?

SGANARELLE.

Tout de bon.

ALCIDAS, après lui avoir donné des coups de bâton.

Au moins, monsieur, vous n'avez pas lieu de vous plaindre; vous voyez que je fais les choses dans l'ordre. Vous nous manquez de parole, je me veux battre contre vous; vous refusez de vous battre, je vous donne des coups de bâton; tout cela est dans les formes; et vous êtes trop honnête homme pour ne pas approuver mon procédé.

SGANARELLE, à part.

Quel diable d'homme est-ce ci?

ALCIDAS lui présente encore les deux épées.

Allons, monsieur, faites les choses galamment, et sans vous faire tirer l'oreille.

SGANARELLE.

Encore?

ALCIDAS.

Monsieur, je ne contrains personne; mais il faut que vous vous battiez, ou que vous épousiez ma sœur.

SGANARELLE.

Monsieur, je ne puis faire ni l'un ni l'autre, je vous assure.

ALCIDAS.

Assurément?

SGANARELLE.

Assurément.

ALCIDAS.

Avec votre permission donc... (Alcidas lui donne encore des coups de bâton.)

SGANARELLE.

Ah! ah! ah!

ALCIDAS.

Monsieur, j'ai tous les regrets du monde d'être obligé d'en user ainsi avec vous; mais je ne cesserai point, s'il vous plaît, que vous n'ayez promis de vous battre, ou d'épouser ma sœur. (Alcidas lève le bâton.)

SGANARELLE.

Eh bien, j'épouserai, j'épouserai.

ALCIDAS.

Ah! monsieur, je suis ravi que vous vous mettiez à la raison, et que les choses se passent doucement. Car enfin vous êtes l'homme du monde que j'estime le plus, je vous jure; et j'aurois été au désespoir que vous m'eussiez contraint à vous maltraiter. Je vais appeler mon père, pour lui dire que tout est d'accord. (Il va frapper à la porte d'Alcantor.)

SCÈNE XVII

ALCANTOR, DORIMÈNE, ALCIDAS, SGANARELLE.

ALCIDAS.

Mon père, voilà monsieur qui est tout à fait raisonnable. Il a voulu faire les choses de bonne grâce, et vous pouvez lui donner ma sœur.

ALCANTOR.

Monsieur, voilà sa main; vous n'avez qu'à donner la vôtre. Loué soit le ciel! m'en voilà déchargé, et c'est vous désormais que regarde le soin de sa conduite. Allons nous réjouir, et célébrer cet heureux mariage [1].

[1] Dénoûment bien simple, mais excellent dans son genre. Le pauvre Sganarelle ne dit mot, et c'est ce qu'il a de mieux à faire. *Célébrer cet heureux mariage* est un trait des plus comiques.

LE MARIAGE FORCÉ

BALLET DU ROI

DANSÉ PAR SA MAJESTÉ LE 29ᵉ JOUR DE JANVIER 1664

PERSONNAGES

SGANARELLE [1].
GÉRONIMO [2].
DORIMÈNE [3].
ALCANTOR [4].
LYCANTE " [5].
PREMIÈRE BOHÉMIENNE [6].
SECONDE BOHÉMIENNE [7].
PREMIER DOCTEUR [8].
SECOND DOCTEUR [9].

ARGUMENT.

Comme il n'y a rien au monde qui soit si commun que le mariage, et que c'est une chose sur laquelle les hommes ordinairement se tournent le plus en ridicule, il n'est pas merveilleux que ce soit toujours la matière de la plupart des comédies aussi bien que des ballets, qui sont des comédies muettes; et c'est par là qu'on a pris l'idée de cette comédie-mascarade.

ACTE PREMIER

SCÈNE I

Sganarelle demande conseil au seigneur Géronimo s'il se doit marier ou non : cet ami lui dit franchement que le mariage n'est guère le fait d'un homme de cinquante ans; mais Sganarelle lui répond qu'il est résolu au mariage; et l'autre, voyant cette extravagance de demander conseil après une résolution prise, lui conseille hautement de se marier, et le quitte en riant.

SCÈNE II

La maîtresse de Sganarelle arrive, qui lui dit qu'elle est ravie de se marier avec lui, pour pouvoir sortir promptement de la sujétion de son père et avoir désormais toutes ses coudées franches; et là-dessus elle lui conte la manière dont elle prétend vivre avec lui, qui sera proprement la naïve peinture d'une coquette achevée. Sganarelle reste seul, assez étonné; il se plaint, après ce discours, d'une pesanteur de tête épouvantable; et, se mettant en un coin du théâtre pour dormir, il voit en songe une femme représentée par mademoiselle Hilaire, qui chante ce récit :

RÉCIT DE LA BEAUTÉ.

Si l'amour vous soumet à ses lois inhumaines,
Choisissez, en aimant, un objet plein d'appas :
    Portez au moins de belles chaînes;
Et, puisqu'il faut mourir, mourez d'un beau trépas.

Si l'objet de vos feux ne mérite vos peines,
Sous l'empire d'Amour ne vous engagez pas :
    Portez au moins de belles chaînes;
Et, puisqu'il faut mourir, mourez d'un beau trépas.

PREMIÈRE ENTRÉE.

LA JALOUSIE, LES CHAGRINS et LES SOUPÇONS.

LA JALOUSIE, le sieur Dolivet.
LES CHAGRINS, les sieurs Saint-André et Desbrosses.
LES SOUPÇONS, les sieurs de Lorge et le Chantre.

SECONDE ENTRÉE.

QUATRE PLAISANTS, ou GOGUENARDS.

Le comte d'Armagnac, MM. d'Heureux, Beauchamp, et Des-Airs le jeune.

---

[1] Lorsque Molière fit représenter le *Mariage forcé* sur le théâtre du Palais-Royal, il supprima les récits et les entrées de ballet, et réduisit sa pièce en un acte. Nous rétablissons ici tous les morceaux supprimés.
Acteurs de la troupe de Molière : [1] MOLIÈRE. — [2] LA THORILLIÈRE. — [3] Mademoiselle DU PARC. — [4] BÉJART. — [5] LA GRANGE. — [6] Mademoiselle BÉJART. — [7] Mademoiselle DE BRIE. — [8] BRÉCOURT. — [9] DU CROISY.
[10] Lycante est le même personnage qui est appelé ALCIDAS dans la comédie : c'est le fils d'Alcantor et le frère de Dorimène.

ACTE SECOND

SCÈNE I

Le seigneur Géronimo éveille Sganarelle, qui lui veut conter le songe qu'il vient de faire; mais il lui répond qu'il n'entend rien aux songes, et que, sur le sujet du mariage, il peut consulter deux savants qui sont connus de lui, dont l'un suit la philosophie d'Aristote, et l'autre est pyrrhonien.

SCÈNE II

Il trouve le premier, qui l'étourdit de son caquet et ne le laisse point parler; ce qui l'oblige à le maltraiter.

SCÈNE III

Ensuite il rencontre l'autre, qui ne lui répond, suivant sa doctrine, qu'en termes qui ne décident rien; il le chasse avec colère, et là-dessus arrivent deux Égyptiens et quatre Égyptiennes.

TROISIÈME ENTRÉE.
DEUX ÉGYPTIENS, QUATRE ÉGYPTIENNES.

DEUX ÉGYPTIENS, le ROI, le marquis de Villeroy.
ÉGYPTIENNES, le marquis de Rassan, les sieurs Raynal, Noblet et la Pierre.

Il prend fantaisie à Sganarelle de se faire dire sa bonne aventure, et, rencontrant deux bohémiennes, il leur demande s'il sera heureux en son mariage; pour réponse, elles se mettent à danser, en se moquant de lui, ce qui l'oblige d'aller trouver un magicien.

RÉCIT D'UN MAGICIEN.
CHANTÉ PAR M. DESTIVAL.

Holà !
Qui va là !
Dis-moi vite quel souci
Te peut amener ici.

Mariage [1].

Ce sont de grands mystères
Que ces sortes d'affaires.

Destinée.

Je te vais, pour cela, par mes charmes profonds,
Faire venir quatre démons.

Ces gens-là.

Non, non, n'ayez aucune peur.
Je leur ôterai la laideur.

N'effrayez pas.

Des puissances invincibles
Rendent depuis longtemps tous les démons muets;
Mais par signes intelligibles
Ils répondront à tes souhaits.

QUATRIÈME ENTRÉE.
UN MAGICIEN, qui fait sortir QUATRE DÉMONS.

LE MAGICIEN, M. Beauchamp.
QUATRE DÉMONS, MM. d'Heureux, de Lorge, Des-Airs l'aîné et le Mercier.

Sganarelle les interroge; ils répondent par signes, et sortent en lui faisant les cornes.

ACTE TROISIÈME

SCÈNE I

Sganarelle, effrayé de ce présage, veut s'aller dégager au père, qui, ayant ouï la proposition, lui répond qu'il n'a rien à lui dire, et qu'il lui va tout à l'heure envoyer sa réponse.

SCÈNE II

Cette réponse est un brave doucereux, son fils, qui vient avec civilité à Sganarelle, et lui fait un petit compliment pour se couper la gorge ensemble. Sganarelle l'ayant refusé, il lui donne quelques coups de bâton, le plus civilement du monde; et ces coups de bâton le portent à demeurer d'accord d'épouser la fille.

SCÈNE III

Sganarelle touche les mains à la fille.

CINQUIÈME ENTRÉE.

Un maître à danser, représenté par M. Dolivet, qui vient enseigner une courante à Sganarelle.

SCÈNE IV

Le seigneur Géronimo vient se réjouir avec son ami, et lui dit que les jeunes gens de la ville ont préparé une mascarade pour honorer ses noces.

CONCERT ESPAGNOL
CHANTÉ PAR LA SIGNORA ANNA BERGEROTTI, BORDIGONI, CHIARINI, JON AGUSTIN, TAILLAVACA, ANGELO MICHAEL.

Ciego me tienes, Belisa;
Mas bien tus rigores veo.
Porque és tu desden tan claro,
Que pueden verle los ciegos.

Aunque mi amor es tan grande,
Como mi dolor no es menos,
Si calla el uno dormido,
Sé que ya és el otro despierto.

---

[1] Il ne reste des demandes de Sganarelle au magicien que ce qu'on appelle, en termes de théâtre, les *répliques*.

Favores tuyos, Belisa,
Tuvieralos yo secretos;
Mas ya de dolores mios
No puedo hacer lo que quiero [1]

[1] Voici la traduction de ces couplets :

« Tu prétends, Bélise, que je suis aveugle; cependant je vois bien tes rigueurs. Ton dédain est si sensible, qu'il ne faut pas d'yeux pour l'apercevoir.

« Mon amour est bien grand; mais ma douleur n'est pas moindre. Le sommeil calme celle-ci; rien ne peut assoupir l'autre.

« Je saurois, Bélise, garder le secret de tes faveurs; mais je ne suis pas le maître d'empêcher mes douleurs d'éclater. » (Auger.)

SIXIÈME ENTRÉE.
DEUX ESPAGNOLS ET DEUX ESPAGNOLES.

MM. du Pille et Tartas, ESPAGNOLS.
MM. de la Lanne et de Saint-André, ESPAGNOLES.

SEPTIÈME ENTRÉE.
UN CHARIVARI GROTESQUE.

M. Lulli, les sieurs Balthasard, Vagnac, Bonnard, la Pierre, Descouteaux, et les trois Opterres, frères.

HUITIÈME ENTRÉE.
QUATRE GALANTS, cajolant la femme de Sganarelle.

M. le Duc, M. le duc de Saint-Aignan, MM. Beauchamp et Raynal.

LA PRINCESSE D'ELIDE

COMÉDIE-BALLET EN CINQ ACTES

1664

PERSONNAGES DU PROLOGUE

L'AURORE.
LYCISCAS, valet de chiens.
TROIS VALETS DE CHIENS chantants.
VALETS DE CHIENS dansants.

PERSONNAGES DE LA COMÉDIE

LA PRINCESSE D'ÉLIDE [1].
AGLANTE, cousine de la princesse [2].
CYNTHIE, cousine de la princesse [3].
PHILIS, suivante de la princesse [4].
IPHITAS, père de la princesse [5].
EURYALE, prince d'Ithaque [6].
ARISTOMÈNE, prince de Messène [7].
THÉOCLE, prince de Pyle [8].
ARBATE, gouverneur du prince d'Ithaque [9].
MORON, plaisant de la princesse [10].
LYCAS, suivant d'Iphitas [11].

PERSONNAGES DES INTERMÈDES

PREMIER INTERMÈDE.

MORON.
CHASSEURS dansants.

SECOND INTERMÈDE.

PHILIS.
MORON.
UN SATYRE chantant.
SATYRES dansants.

TROISIÈME INTERMÈDE.

PHILIS.
TIRCIS, berger chantant.
MORON.

QUATRIÈME INTERMÈDE.

LA PRINCESSE.
PHILIS.
CLIMÈNE.

CINQUIÈME INTERMÈDE.

BERGERS ET BERGÈRES chantants.
BERGERS ET BERGÈRES dansants.

La scène est en Élide.

---

* Cette pièce fut jouée pour la première fois à Versailles le 8 mai 1664. Elle fit partie des fêtes que Louis XIV donna à la reine sa mère, à Marie-Thérèse son épouse, sous le titre des *Plaisirs de l'Ile enchantée*. Ces fêtes célèbres, où l'on a cru voir aussi un hommage secret à mademoiselle de la Vallière, offrirent, pendant sept jours, tout ce que la magnificence et le bon goût du prince, le génie et les talents de tous ceux qui le servaient, pouvaient enfanter de plus merveilleux et de plus varié. L'Italien Vigarani, un des plus ingénieux décorateurs et des plus surprenants machinistes qu'on ait vus; le célèbre Lulli, qui annonça dans cette fête les charmes de sa mélodie; le président de Périgny, chargé des vers consacrés aux éloges des reines; Benserade, si connu par son double talent de lier la louange du personnage dramatique avec celle de l'acteur; Molière enfin, qui fit les honneurs de la seconde journée par la *Princesse d'Élide*, et ceux de la sixième par les trois premiers acte du *Tartuffe:* tout cela rendit cette fête une des plus étonnantes que l'Europe ait jamais vues. Pressé par le temps, Molière emprunta la fable de la *Princesse d'Élide* d'Agostino Moreto, auteur espagnol très-estimé; et ce fut une galanterie fine de la part de Molière, de présenter à deux reines, Espagnoles de naissance, l'imitation d'un des meilleurs ouvrages du théâtre de leur nation. — La pièce de Moreto est intitulée *El desden con el desden*, dédain pour dédain. (Bret.)

Acteurs de la troupe de Molière : [1] Armande BÉJART, femme de MOLIÈRE. — [2] Mademoiselle DU PARC. — [3] Mademoiselle DE BRIE. — [4] Magdeleine BÉJART. — [5] HUBERT. — [6] LA GRANGE. — [7] DU CROISY. — [8] ÉJART. — [9] LA THORILLIÈRE. — [10] MOLIÈRE. — [11] PRÉVOT.

PROLOGUE

SCÈNE I

L'AURORE; LYCISCAS et plusieurs autres VALETS DE CHIENS, endormis et couchés sur l'herbe.

L'AURORE chante.

Quand l'amour à vos yeux offre un choix agréable,
Jeunes beautés, laissez-vous enflammer:
Moquez-vous d'affecter cet orgueil indomptable,
Dont on vous dit qu'il est beau de s'armer:
Dans l'âge où l'on est aimable,
Rien n'est si beau que d'aimer.
Soupirez librement pour un amant fidèle,
Et bravez ceux qui voudroient vous blâmer:
Un cœur tendre est aimable, et le nom de cruelle
N'est pas un nom à se faire estimer;
Dans le temps où l'on est belle,
Rien n'est si beau que d'aimer.

SCÈNE II

LYCISCAS et autres VALETS DE CHIENS, endormis.

TROIS VALETS DE CHIENS, réveillés par l'Aurore, chantent ensemble.

Holà! holà! Debout, debout, debout.
Pour la chasse ordonnée il faut préparer tout;
Holà! ho! debout, vite debout.

PREMIER.

Jusqu'aux plus sombres lieux le jour se communique.

DEUXIÈME.

L'air sur les fleurs en perles se résout.

TROISIÈME.

Les rossignols commencent leur musique,
Et leurs petits concerts retentissent partout.

TOUS TROIS ENSEMBLE.

Sus, sus, debout, vite debout.

A Lyciscas endormi.

Qu'est-ce ci, Lyciscas? Quoi! tu ronfles encore,
Toi qui promettois tant de devancer l'aurore?
Allons, debout, vite debout.
Pour la chasse ordonnée il faut préparer tout.
Debout, vite debout, dépêchons, debout.

LYCISCAS, en s'éveillant.

Par la morbleu! vous êtes de grands braillards, vous autres, et vous avez la gueule ouverte de bon matin.

TOUS TROIS ENSEMBLE.

Ne vois-tu pas le jour qui se répand partout?
Allons, debout, Lyciscas, debout.

LYCISCAS.

Eh! laissez-moi dormir encore un peu, je vous conjure.

TOUS TROIS ENSEMBLE.

Non, non, debout, Lyciscas, debout.

LYCISCAS.

Je ne vous demande plus qu'un petit quart d'heure.

TOUS TROIS ENSEMBLE.

Point, point, debout, vite debout.

LYCISCAS.

Eh! je vous prie.

TOUS TROIS ENSEMBLE.

Debout.

LYCISCAS.

Un moment!

TOUS TROIS ENSEMBLE.

Debout.

LYCISCAS.

De grâce!

TOUS TROIS ENSEMBLE.

Debout.

LYCISCAS.

Eh!

TOUS TROIS ENSEMBLE.

Debout.

LYCISCAS.

Je...

TOUS TROIS ENSEMBLE.

Debout.

LYCISCAS.

J'aurai fait incontinent.

TOUS TROIS ENSEMBLE.

Non, non, debout, Lyciscas, debout.
Pour la chasse ordonnée il faut préparer tout.
Vite, debout, dépêchons, debout.

LYCISCAS.

Eh bien, laissez-moi, je vais me lever. Vous êtes d'étranges gens de me tourmenter comme cela! Vous serez cause que je ne me porterai pas bien de toute la journée; car, voyez-vous, le sommeil est nécessaire à l'homme; et, lorsqu'on ne dort pas sa réfection, il arrive... que... on n'est... (Il se rendort.)

PREMIER.

Lyciscas!

DEUXIÈME.

Lyciscas!

TROISIÈME.

Lyciscas!

TOUS TROIS ENSEMBLE.

Lyciscas!

LYCISCAS.

Diable soient les brailleurs! Je voudrois que vous eussiez la gueule pleine de bouillie bien chaude.

TOUS TROIS ENSEMBLE.

Debout, debout;
Vite, debout, dépêchons, debout.

LYCISCAS.

Ah! quelle fatigue de ne pas dormir son soûl!

PREMIER.

Holà! ho!

DEUXIÈME.

Holà! ho!

TROISIÈME.

Holà! ho!

TOUS TROIS ENSEMBLE.

Ho! ho! ho! ho! ho!

LYCISCAS.

Ho! ho! La peste soit des gens avec leurs chiens de hurlements! Je me donne au diable si je ne vous assomme. Mais voyez un peu quel diable d'enthousiasme il leur prend de me venir chanter aux oreilles comme cela! Je...

TOUS TROIS ENSEMBLE.

Debout.

LYCISCAS.

Encore!

TOUS TROIS ENSEMBLE.

Debout.

LYCISCAS.

Le diable vous emporte!

TOUS TROIS ENSEMBLE.

Debout.

LYCISCAS, en se levant.

Quoi! toujours? A-t-on jamais vu une pareille furie de chanter? Par la sambleu! j'enrage! Puisque me voilà éveillé, il faut que j'éveille les autres, et que je les tourmente comme on m'a fait. Allons, ho, messieurs, debout, debout, vite; c'est trop dormir. Je vais faire un bruit de diable partout. (Il crie de toute sa force.) Debout, debout, debout! Allons vite, ho! ho! ho! debout! debout! Pour la chasse ordonnée il faut préparer tout : debout! debout! Lyciscas, debout! Ho! ho! ho! ho! ho! (Plusieurs cors et trompes de chasse se font entendre : les valets de chiens que Lyciscas a réveillés dansent une entrée; ils reprennent le son de leurs cors et trompes à certaines cadences.)

ACTE PREMIER

SCÈNE I

EURYALE, ARBATE.

ARBATE.

Ce silence rêveur, dont la sombre habitude
Vous fait à tous moments chercher la solitude;
Ces longs soupirs que laisse échapper votre cœur,
Et ces fixes regards si chargés de langueur,
Disent beaucoup, sans doute, à des gens de mon âge;
Et je pense, seigneur, entendre ce langage;
Mais, sans votre congé, de peur de trop risquer
Je n'ose m'enhardir jusques à l'expliquer.

EURYALE.

Explique, explique, Arbate, avec toute licence
Ces soupirs, ces regards, et ce morne silence.
Je te permets ici de dire que l'Amour
M'a rangé sous ses lois, et me brave à son tour;
Et je consens encor que tu me fasses honte
Des foiblesses d'un cœur qui souffre qu'on le dompte.

ARBATE.

Moi, vous blâmer, seigneur, des tendres mouvements
Où je vois qu'aujourd'hui penchent vos sentiments!
Le chagrin des vieux jours ne peut aigrir mon âme
Contre les doux transports de l'amoureuse flamme;
Et, bien que mon sort touche à ses derniers soleils,
Je dirai que l'amour sied bien à vos pareils;
Que ce tribut qu'on rend aux traits d'un beau visage
De la beauté d'une âme est un clair témoignage,
Et qu'il est malaisé que, sans être amoureux,
Un jeune prince soit et grand et généreux.
C'est une qualité que j'aime en un monarque;
La tendresse du cœur est une grande marque
Que d'un prince à votre âge on peut tout présumer,
Dès qu'on voit que son âme est capable d'aimer.
Oui, cette passion, de toutes la plus belle,
Traîne dans un esprit cent vertus après elle;
Aux nobles actions elle pousse les cœurs,
Et tous les grands héros ont senti ses ardeurs.
Devant mes yeux, seigneur, a passé votre enfance,
Et j'ai de vos vertus vu fleurir l'espérance;
Mes regards observoient en vous des qualités
Où je reconnoissois le sang dont vous sortez;
J'y découvrois un fonds d'esprit et de lumière;
Je vous trouvois bien fait, l'air grand, et l'âme fière;
Votre cœur, votre adresse, éclatoient chaque jour;

Mais je m'inquiétois de ne voir point d'amour;
Et, puisque les langueurs d'une plaie invincible
Nous montrent que votre âme à ses traits est sensible,
Je triomphe, et mon cœur, d'allégresse rempli,
Vous regarde à présent comme un prince accompli[1].

EURYALE.

Si de l'Amour un temps j'ai bravé la puissance,
Hélas! mon cher Arbate, il en prend bien vengeance!
Et, sachant dans quels maux mon cœur s'est abîmé,
Toi-même tu voudrois qu'il n'eût jamais aimé.
Car enfin, vois le sort où mon astre me guide :
J'aime, j'aime ardemment la princesse d'Élide;
Et tu sais que l'orgueil, sous des traits si charmants,
Arme contre l'amour ses jeunes sentiments,
Et comment elle fuit en cette illustre fête
Cette foule d'amants qui briguent sa conquête.
Ah! qu'il est bien peu vrai que ce qu'on doit aimer,
Aussitôt qu'on le voit, prend droit de nous charmer,
Et qu'un premier coup d'œil allume en nous les flammes
Où le ciel, en naissant, a destiné nos âmes!
A mon retour d'Argos, je passai dans ces lieux,
Et ce passage offrit la princesse à mes yeux;
Je vis tous les appas dont elle est revêtue,
Mais de l'œil dont on voit une belle statue.
Leur brillante jeunesse observée à loisir
Ne porta dans mon âme aucun secret désir;
Et d'Ithaque en repos je revis le rivage,
Sans m'en être en deux ans rappelé nulle image.
Un bruit vient cependant à répandre à ma cour
Le célèbre mépris qu'elle fait de l'amour;
On publie en tous lieux que son âme hautaine
Garde pour l'hyménée une invincible haine,
Et qu'un arc à la main, sur l'épaule un carquois,
Comme une autre Diane elle hante les bois,
N'aime rien que la chasse, et de toute la Grèce
Fait soupirer en vain l'héroïque jeunesse.
Admire nos esprits, et la fatalité!
Ce que n'avoient point fait sa vue et sa beauté,
Le bruit de ses fiertés en mon âme fit naître
Un transport inconnu dont je ne fus point maître :
Ce dédain si fameux eut des charmes secrets
A me faire avec soin rappeler tous ses traits;
Et mon esprit, jetant de nouveaux yeux sur elle,
M'en refit une image et si noble et si belle,
Me peignit tant de gloire et de telles douceurs
A pouvoir triompher de toutes ses froideurs,
Que mon cœur, aux brillants d'une telle victoire,
Vit de sa liberté s'évanouir la gloire :
Contre une telle amorce il eut beau s'indigner,
Sa douceur sur mes sens prit tel droit de régner,
Qu'entraîné par l'effort d'une occulte puissance,
J'ai d'Ithaque en ces lieux fait voile en diligence;
Et je couvre en effet de mes vœux enflammés[2]

[1] Cette tirade fait visiblement allusion à Louis XIV, alors âgé de vingt-six ans, et dans l'ivresse de sa passion pour mademoiselle de La Vallière.
[2] Ces vers n'ont aucun sens. Il y a sans doute ici une faute d'impression. On pourrait corriger ainsi :
   Et je couvre en effet *tous* mes vœux enflammés, etc.
                                                          (Aimé Martin.)

Du désir de paroître à ces jeux renommés,
Où l'illustre Iphitas, père de la princesse,
Assemble la plupart des princes de la Grèce.
ARBATE.
Mais à quoi bon, seigneur, les soins que vous prenez?
Et pourquoi ce secret où vous vous obstinez?
Vous aimez, dites-vous, cette illustre princesse,
Et venez à ses yeux signaler votre adresse;
Et nuls empressements, paroles, ni soupirs,
Ne l'ont instruite encor de vos brûlants désirs?
Pour moi je n'entends rien à cette politique
Qui ne veut point souffrir que votre cœur s'explique;
Et je ne sais quel fruit peut prétendre un amour
Qui fuit tous les moyens de se produire au jour.
EURYALE.
Et que ferai-je, Arbate, en déclarant ma peine,
Qu'attirer les dédains de cette âme hautaine,
Et me jeter au rang de ces princes soumis,
Que le titre d'amant lui peint en ennemis?
Tu vois les souverains de Messène et de Pyle
Lui faire de leurs cœurs un hommage inutile,
Et de l'éclat pompeux des plus grandes vertus
En appuyer en vain les respects assidus :
Ce rebut de leurs soins, sous un triste silence,
Retient de mon amour toute la violence :
Je me tiens condamné dans ces rivaux fameux,
Et je lis mon arrêt au mépris qu'on fait d'eux.
ARBATE.
Et c'est dans ce mépris et dans cette humeur fière
Que votre âme à ses vœux doit voir plus de lumière,
Puisque le sort vous donne à conquérir un cœur
Que défend seulement une simple froideur,
Et qui n'oppose point à l'ardeur qui vous presse
De quelque attachement l'invincible tendresse.
Un cœur préoccupé résiste puissamment;
Mais, quand une âme est libre, on la force aisément;
Et toute la fierté de son indifférence
N'a rien dont ne triomphe un peu de patience.
Ne lui cachez donc plus le pouvoir de ses yeux,
Faites de votre flamme un éclat glorieux;
Et, bien loin de trembler de l'exemple des autres,
Du rebut de leurs vœux fortifiez les vôtres.
Peut-être, pour toucher ses sévères appas,
Aurez-vous des secrets que ces princes n'ont pas;
Et, si de ces fiertés l'impérieux caprice
Ne vous fait éprouver un destin plus propice,
Au moins est-ce un bonheur en ces extrémités,
Que de voir avec soi ses rivaux rebutés.
EURYALE.
J'aime à te voir presser cet aveu de ma flamme:
Combattant mes raisons, tu chatouilles mon âme;
Et, par ce que j'ai dit, je voulois pressentir
Si de ce que j'ai fait tu pourrois m'applaudir.
Car enfin, puisqu'il faut t'en faire confidence,
On doit à la princesse expliquer mon silence;
Et peut-être, au moment que je t'en parle ici,
Le secret de mon cœur, Arbate, est éclairci.
Cette chasse, où, pour fuir la foule qui l'adore,

Tu sais qu'elle est allée au lever de l'aurore
Est le temps que Moron, pour déclarer mon feu,
A pris...
ARBATE.
Moron, seigneur!
EURYALE.
Ce choix t'étonne un peu :
Par son titre de fou tu crois le bien connoître;
Mais sache qu'il l'est moins qu'il ne le veut paroître;
Et que, malgré l'emploi qu'il exerce aujourd'hui,
Il a plus de bon sens que tel qui rit de lui.
La princesse se plaît à ses bouffonneries :
Il s'en est fait aimer par cent plaisanteries,
Et peut, dans cet accès, dire et persuader
Ce que d'autres que lui n'oseroient hasarder;
Je le vois propre enfin à ce que j'en souhaite :
Il a pour moi, dit-il, une amitié parfaite,
Et veut, dans mes États ayant reçu le jour,
Contre tous mes rivaux appuyer mon amour.
Quelque argent mis en main pour soutenir ce zèle [1]...

SCÈNE II

EURYALE, ARBATE, MORON.

MORON, derrière le théâtre.
Au secours! sauvez-moi de la bête cruelle!
EURYALE.
Je pense ouïr sa voix.
MORON, derrière le théâtre.
À moi! de grâce, à moi!
EURYALE.
C'est lui-même. Où court-il avec un tel effroi?
MORON, entrant sans voir personne.
Où pourrai-je éviter ce sanglier redoutable?
Grands dieux! préservez-moi de sa dent effroyable!
Je vous promets, pourvu qu'il ne m'attrape pas,
Quatre livres d'encens, et deux veaux des plus gras.
Rencontrant Euryale, que dans sa frayeur il prend pour le sanglier qu'il évite.
Ah! je suis mort!
EURYALE.
Qu'as-tu?
MORON.
Je vous croyois la bête
Dont à me diffamer [2] j'ai vu la gueule prête,
Seigneur; et je ne puis revenir de ma peur.
EURYALE.
Qu'est-ce?
MORON.
Oh! que la princesse est d'une étrange humeur,
Et qu'à suivre la chasse et ses extravagances
Il nous faut essuyer de sottes complaisances!
Quel diable de plaisir trouvent tous les chasseurs
De se voir exposés à mille et mille peurs?

[1] Combien Molière est inférieur à lui-même dans ces scènes nobles et sérieuses d'où le comique est exclu! (Auger.)
[2] *Diffamer*, dans le sens de salir, gâter, *défigurer*. (Aimé Martin.)

Encore si c'étoit qu'on ne fût qu'à la chasse
Des lièvres, des lapins, et des jeunes daims, passe :
Ce sont des animaux d'un naturel fort doux,
Et qui prennent toujours la fuite devant nous.
Mais aller attaquer de ces bêtes vilaines
Qui n'ont aucun respect pour les faces humaines,
Et qui courent les gens qui les veulent courir,
C'est un sot passe-temps que je ne puis souffrir.
EURYALE.
Dis-nous donc ce que c'est.
MORON.
Le pénible exercice
Où de notre princesse a volé le caprice !
J'en aurois bien juré qu'elle auroit fait le tour ;
Et la course des chars se faisant en ce jour,
Il falloit affecter ce contre-temps de chasse
Pour mépriser ces jeux avec meilleure grâce,
Et faire voir... Mais chut. Achevons mon récit,
Et reprenons le fil de ce que j'avois dit.
Qu'ai-je dit ?
EURYALE.
Tu parlois d'exercice pénible.
MORON.
Ah ! oui. Succombant donc à ce travail horrible
(Car en chasseur fameux j'étois enharnaché,
Et dès le point du jour je m'étois découché [1]),
Je me suis écarté de tous en galant homme,
Et, trouvant un lieu propre à dormir d'un bon somme,
J'essayois ma posture, et, m'ajustant bientôt,
Prenois déjà mon ton pour ronfler comme il faut,
Lorsqu'un murmure affreux m'a fait lever la vue,
Et j'ai, d'un vieux buisson de la forêt touffue,
Vu sortir un sanglier d'une énorme grandeur,
Pour...
EURYALE.
Qu'est-ce ?
MORON.
Ce n'est rien. N'ayez point de frayeur,
Mais laissez-moi passer entre vous deux, pour cause ;
Je serai mieux en main pour vous conter la chose.
J'ai donc vu ce sanglier, qui, par nos gens chassé,
Avoit d'un air affreux tout son poil hérissé ;
Ses deux yeux flamboyants ne lançoient que menace,
Et sa gueule faisoit une laide grimace,
Qui parmi de l'écume, à qui l'osoit presser,
Montroit de certains crocs... je vous laisse à penser.
A ce terrible aspect j'ai ramassé mes armes ;
Mais le faux animal, sans en prendre d'alarmes,
Est venu droit à moi, qui ne lui disois mot.
ARBATE.
Et tu l'as de pied ferme attendu ?
MORON.
Quelque sot.
J'ai jeté tout par terre et couru comme quatre.
ARBATE.
Fuir devant un sanglier, ayant de quoi l'abattre !

Ce trait, Moron, n'est pas généreux...
MORON.
J'y consens ;
Il n'est pas généreux, mais il est de bon sens.
ARBATE.
Mais, par quelques exploits si l'on ne s'éternise...
MORON.
Je suis votre valet. J'aime mieux que l'on dise :
C'est ici qu'en fuyant, sans se faire prier,
Moron sauva ses jours des fureurs d'un sanglier
Que si l'on y disoit : Voilà l'illustre place
Où le brave Moron, signalant son audace,
Affrontant d'un sanglier l'impétueux effort,
Par un coup de ses dents vit terminer son sort [1]
EURYALE.
Fort bien.
MORON.
Oui. J'aime mieux, n'en déplaise à la gloire,
Vivre au monde deux jours, que mille ans dans l'histoire.
EURYALE.
En effet, ton trépas fâcheroit tes amis ;
Mais, si de ta frayeur ton esprit est remis,
Puis-je te demander si du feu qui me brûle...
MORON.
Il ne faut pas, seigneur, que je vous dissimule ;
Je n'ai rien fait encore, et n'ai point rencontré
De temps pour lui parler qui fût selon mon gré.
L'office de bouffon a des prérogatives ;
Mais souvent on rabat nos libres tentatives.
Le discours de vos feux est un peu délicat,
Et c'est chez la princesse une affaire d'État.
Vous savez de quel titre elle se glorifie,
Et qu'elle a dans la tête une philosophie
Qui déclare la guerre au conjugal lien,
Et vous traite de déité de rien.
Pour n'effaroucher point son humeur de tigresse,
Il me faut manier la chose avec adresse ;
Car on doit regarder comme l'on parle aux grands,
Et vous êtes parfois d'assez fâcheuses gens.
Laissez-moi doucement conduire cette trame.
Je me sens là pour vous un zèle tout de flamme ;
Vous êtes né mon prince, et quelques autres nœuds
Pourroient contribuer au bien que je vous veux.
Ma mère, dans son temps, passoit pour assez belle,
Et naturellement n'étoit pas fort cruelle ;
Feu votre père alors, ce prince généreux,
Sur la galanterie étoit fort dangereux,
Et je sais qu'Elpénor, qu'on appeloit mon père
A cause qu'il étoit le mari de ma mère,
Contoit pour grand honneur aux pasteurs d'aujourd'hui
Que le prince autrefois étoit venu chez lui,
Et que, durant ce temps, il avoit l'avantage
De se voir salué de tous ceux du village.

[1] *Découcher*, dans le sens de quitter son lit, se lever, ne se dit plus.

[1] Ce trait est emprunté à l'Arétin, qui, dans une lettre à Baptiste Strozzi, a dit : « *E meglio per la pelle vostra che si dica : Qui fuggi il tale, che : Qui mori il cotale.* Il vaut mieux pour votre peau qu'on dise : ici un tel prit la fuite, que : ici un tel trouva la mort. » (Auger.)

Baste. Quoi qu'il en soit, je veux par mes travaux...
Mais voici la princesse et deux de vos rivaux.

SCÈNE III

LA PRINCESSE, AGLANTE, CYNTHIE, ARISTOMÈNE,
THÉOCLE, EURYALE, PHILIS, ARBATE, MORON.

ARISTOMÈNE.

Reprochez-vous, madame, à nos justes alarmes
Ce péril dont tous deux avons sauvé vos charmes?
J'aurois pensé, pour moi, qu'abattre sous nos coups
Ce sanglier qui portoit sa fureur jusqu'à vous
Étoit une aventure (ignorant votre chasse)
Dont à nos bons destins nous dussions rendre grâce;
Mais, à cette froideur, je connois clairement
Que je dois concevoir un autre sentime..t,
Et quereller du sort la fatale puissance
Qui me fait avoir part à ce qui vous offense.

THÉOCLE.

Pour moi, je tiens, madame, à sensible bonheur
L'action où pour vous a volé tout mon cœur,
Et ne puis consentir, malgré votre murmure,
A quereller le sort d'une telle aventure.
D'un objet odieux je sais que tout déplaît;
Mais, dût votre courroux être plus grand qu'il n'est,
C'est extrême plaisir, quand l'amour est extrême,
De pouvoir d'un péril affranchir ce qu'on aime.

LA PRINCESSE.

Et pensez-vous, seigneur, puisqu'il me faut parler,
Qu'il eût eu, ce péril, de quoi tant m'ébranler?
Que l'arc et que le dard, pour moi si pleins de charmes,
Ne soient entre mes mains que d'inutiles armes?
Et que je fasse enfin mes plus fréquents emplois
De parcourir nos monts, nos plaines et nos bois,
Pour n'oser, en chassant, concevoir l'espérance
De suffire, moi seule, à ma propre défense?
Certes, avec le temps, j'aurois bien profité
De ces soins assidus dont je fais vanité,
S'il falloit que mon bras, dans une telle quête,
Ne pût pas triompher d'une chétive bête!
Du moins, si, pour prétendre à de sensibles coups,
Le commun de mon sexe est trop mal avec vous,
D'un étage plus haut accordez-moi la gloire;
Et me faites tous deux cette grâce de croire,
Seigneurs, que, quel que fût le sanglier d'aujourd'hui,
J'en ai mis bas sans vous de plus méchants que lui.

THÉOCLE.

Mais, madame...

LA PRINCESSE.

Eh bien, soit. Je vois que votre envie
Est de persuader que je vous dois la vie;
J'y consens. Oui, sans vous, c'étoit fait de mes jours.
Je rends de tout mon cœur grâce à ce grand secours;
Et je vais de ce pas au prince, pour lui dire
Les bontés que pour moi votre amour vous inspire[1].

[1] Quand Moron cesse d'être en scène, la pièce redevient sérieuse, froide et guindée. (Auger.)

SCÈNE IV

EURYALE, ARBATE, MORON.

MORON.

Eh! a-t-on jamais vu de plus farouche esprit?
De ce vilain sanglier l'heureux trépas l'aigrit.
Oh! comme volontiers j'aurois d'un beau salaire
Récompensé tantôt qui m'en eût su défaire!

ARBATE, à Euryale.

Je vous vois tout pensif, seigneur, de ses dédains;
Mais ils n'ont rien qui doive empêcher vos desseins.
Son heure doit venir; et c'est à vous, possible,
Qu'est réservé l'honneur de la rendre sensible.

MORON.

Il faut qu'avant la course elle apprenne vos feux;
Et je...

EURYALE.

Non. Ce n'est plus, Moron, ce que je veux;
Garde-toi de rien dire, et me laisse un peu faire;
J'ai résolu de prendre un chemin tout contraire.
Je vois trop que son cœur s'obstine à dédaigner
Tous ces profonds respects qui pensent la gagner;
Et le dieu qui m'engage à soupirer pour elle
M'inspire pour la vaincre une adresse nouvelle.
Oui, c'est lui d'où me vient ce soudain mouvement,
Et j'en attends de lui l'heureux événement.

ARBATE.

Peut-on savoir, seigneur, par où votre espérance...

EURYALE.

Tu le vas voir. Allons, et garde le silence.

PREMIER INTERMÈDE

SCÈNE I

MORON, seul.

Jusqu'au revoir; pour moi, je reste ici, et j'ai une petite conversation à faire avec ces arbres et ces rochers.

Bois, prés, fontaines, fleurs, qui voyez mon teint blême,
Si vous ne le savez, je vous apprends que j'aime.
  Philis est l'objet charmant
  Qui tient mon cœur à l'attache;
  Et je devins son amant
  La voyant traire une vache.
Ses doigts, tout pleins de lait et plus blancs mille fois,
Pressoient les bouts du pis, d'une grâce admirable.
  Ouf! cette idée est capable
  De me réduire aux abois.
  Ah! Philis! Philis! Philis!

SCÈNE II

MORON, UN ÉCHO.

L'ÉCHO.

Philis.

MORON.

Ah!

L'ÉCHO.

Ah.

MORON.

Hem.

L'ÉCHO.

Hem.

MORON.

Ah! ah!

L'ÉCHO.

Ah.

MORON.

Hi, hi.

L'ÉCHO.

Hi.

MORON.

Oh!

L'ÉCHO.

Oh.

MORON.

Oh!

L'ÉCHO.

Oh.

MORON.

Voilà un écho qui est bouffon

L'ÉCHO.

On.

MORON.

Hon.

L'ÉCHO.

Hon.

MORON.

Ah!

L'ÉCHO.

Ah.

MORON.

Hu.

L'ÉCHO.

Hu.

MORON.

Voilà un écho qui est bouffon.

SCÈNE III

MORON, seul, apercevant un ours qui vient à lui.

Ah! monsieur l'ours, je suis votre serviteur de tout mon cœur. De grâce, épargnez-moi. Je vous assure que je ne vaux rien du tout à manger, je n'ai que la peau et les os, et je vois de certaines gens là-bas qui seroient bien mieux votre affaire. Hé! hé! hé! monseigneur, tout doux, s'il vous plaît. Là, (Il caresse l'ours, et tremble de frayeur.) là, là, là. Ah! monseigneur, que votre altesse est jolie et bien faite! Elle a tout à fait l'air galant, et la taille la plus mignonne du monde. Ah! beau poil, belle tête, beaux yeux brillants et bien fendus! Ah! beau petit nez! belle petite bouche! petites quenottes jolies! Ah! belle gorge! belles petites menottes! petits ongles bien faits! (L'ours se lève sur ses pattes de derrière.) A l'aide! au secours! je suis mort! Miséricorde! Pauvre Moron! Ah! mon Dieu! Eh! vite, à moi, je suis perdu! (Moron monte sur un arbre.)

SCÈNE IV

MORON, CHASSEURS.

MORON, monté sur un arbre, aux chasseurs.

Eh! messieurs, ayez pitié de moi. (Les chasseurs combattent l'ours.) Bon! messieurs, tuez-moi ce vilain animal-là! O ciel! daigne les assister! Bon! le voilà qui fuit. Le voilà qui s'arrête, et qui se jette sur eux. Bon! en voilà un qui vient de lui donner un coup dans la gueule. Les voilà tous à l'entour de lui. Courage! ferme! allons, mes amis! Bon! poussez fort! Encore! Ah! le voilà qui est à terre; c'en est fait, il est mort! Descendons maintenant pour lui donner cent coups. (Moron descend de l'arbre.) Serviteur, messieurs! je vous rends grâce de m'avoir délivré de cette bête. Maintenant que vous l'avez tuée, je m'en vais l'achever et en triompher avec vous[1]. (Moron donne mille coups à l'ours qui est mort.)

ENTRÉE DE BALLET.

Les chasseurs dansent, pour témoigner leur joie d'avoir remporté la victoire.

ACTE SECOND

SCÈNE I

LA PRINCESSE, AGLANTE, CYNTHIE, PHILIS.

LA PRINCESSE.

Oui, j'aime à demeurer dans ces paisibles lieux;
On n'y découvre rien qui n'enchante les yeux;
Et de tous nos palais la savante structure
Cède aux simples beautés qu'y forme la nature.
Ces arbres, ces rochers, cette eau, ces gazons frais,
Ont pour moi des appas à ne lasser jamais.

AGLANTE.

Je chéris comme vous ces retraites tranquilles,
Où je vois sauver de l'embarras des villes.
De mille objets charmants ces lieux sont embellis;
Et ce qui doit surprendre est qu'aux portes d'Élis
La douce passion de fuir la multitude
Rencontre une si belle et vaste solitude[2].
Mais, à vous dire vrai, dans ces jours éclatants
Vos retraites ici me semblent hors de temps;

[1] Cet intermède est bouffon plutôt que comique; c'est de la farce, mais de la farce qui fait rire même les gens de goût. (Auger.)
[2] Allusion évidente à la création du palais et du jardin de Versailles, alors toute nouvelle.

Et c'est fort maltraiter l'appareil magnifique
Que chaque prince a fait pour la fête publique.
Ce spectacle pompeux de la course des chars
Devoit bien mériter l'honneur de vos regards.

LA PRINCESSE.

Quel droit ont-ils chacun d'y vouloir ma présence,
Et que dois-je, après tout, à leur magnificence?
Ce sont soins que produit l'ardeur de m'acquérir,
Et mon cœur est le prix qu'ils veulent tous courir.
Mais, quelque espoir qui flatte un projet de la sorte,
Je me tromperai fort si pas un d'eux l'emporte.

CYNTHIE.

Jusques à quand ce cœur veut-il s'effaroucher
Des innocents desseins qu'on a de le toucher,
Et regarder les soins que pour vous on se donne
Comme autant d'attentats contre votre personne?
Je sais qu'en défendant le parti de l'amour
On s'expose chez vous à faire mal sa cour;
Mais ce que par le sang j'ai l'honneur de vous être
S'oppose aux duretés que vous faites paroître;
Et je ne puis nourrir d'un flatteur entretien
Vos résolutions de n'aimer jamais rien.
Est-il rien de plus beau que l'innocente flamme
Qu'un mérite éclatant allume dans une âme?
Et seroit-ce un bonheur de respirer le jour,
Si d'entre les mortels on bannissoit l'amour?
Non, non, tous les plaisirs se goûtent à le suivre;
Et vivre sans aimer n'est pas proprement vivre[1].

AGLANTE.

Pour moi, je tiens que cette passion est la plus agréable affaire de la vie; qu'il est nécessaire d'aimer pour vivre heureusement, et que tous les plaisirs sont fades, s'il ne s'y mêle un peu d'amour.

LA PRINCESSE.

Pouvez-vous bien toutes deux, étant ce que vous êtes, prononcer ces paroles? et ne devez-vous pas rougir d'appuyer une passion qui n'est qu'erreur, que foiblesse et qu'emportement, et dont tous les désordres ont tant de répugnance avec la gloire de notre sexe? J'en prétends soutenir l'honneur jusqu'au dernier moment de ma vie, et ne veux point du tout me commettre à ces gens qui font les esclaves auprès de nous, pour devenir un jour nos tyrans. Toutes ces larmes, tous ces soupirs, tous ces hommages, tous ces respects, sont des embûches qu'on tend à notre cœur, et qui souvent l'engagent à commettre des lâchetés. Pour moi, quand je regarde certains exemples, et les bassesses épouvantables où cette passion ravale les personnes sur qui elle étend sa puissance, je sens tout mon cœur qui s'émeut; et je ne puis souffrir qu'une âme qui fait profession d'un peu de fierté ne trouve pas une honte horrible à de telles foiblesses.

CYNTHIE.

Eh! madame, il est de certaines foiblesses qui ne sont point honteuses, et qu'il est beau même d'avoir dans les plus hauts degrés de gloire. J'espère que vous changerez un jour de pensée; et, s'il plaît au ciel, nous verrons votre cœur, avant qu'il soit peu...

LA PRINCESSE.

Arrêtez. N'achevez pas ce souhait étrange. J'ai une horreur trop invincible pour ces sortes d'abaissements; et, si jamais j'étois capable d'y descendre, je serois personne, sans doute, à ne me le point pardonner.

AGLANTE.

Prenez garde, madame, l'Amour sait se venger des mépris que l'on fait de lui; et peut-être...

LA PRINCESSE.

Non, non, je brave tous ses traits; et le grand pouvoir qu'on lui donne n'est rien qu'une chimère et qu'une excuse des foibles cœurs, qui le font invincible pour autoriser leur foiblesse.

CYNTHIE.

Mais, enfin, toute la terre reconnoît sa puissance, et vous voyez que les dieux mêmes sont assujettis à son empire. On nous fait voir que Jupiter n'a pas aimé pour une fois, et que Diane même, dont vous affectez tant l'exemple, n'a pas rougi de pousser des soupirs d'amour.

LA PRINCESSE.

Les croyances publiques sont toujours mêlées d'erreur. Les dieux ne sont point faits comme les fait le vulgaire; et c'est leur manquer de respect que de leur attribuer les foiblesses des hommes.

SCÈNE II

LA PRINCESSE, AGLANTE, CYNTHIE, PHILIS, MORON.

AGLANTE.

Viens, approche, Moron, viens nous aider à défendre l'amour contre les sentiments de la princesse.

LA PRINCESSE.

Voilà votre parti fortifié d'un grand défenseur.

MORON.

Ma foi, madame, je crois qu'après mon exemple il n'y a plus rien à dire, et qu'il ne faut plus mettre en doute le pouvoir de l'amour. J'ai bravé ses armes assez longtemps, et fait de mon drôle comme un autre; mais enfin ma fierté a baissé l'oreille, et vous (Il montre Philis.) avez une traîtresse qui m'a rendu plus doux qu'un agneau. Après cela on ne doit plus faire aucun scrupule d'aimer; et, puisque j'ai bien passé par là, il peut bien y en passer d'autres.

CYNTHIE.

Quoi! Moron se mêle d'aimer?

MORON.

Fort bien.

CYNTHIE.

Et de vouloir être aimé?

MORON.

Et pourquoi non? Est-ce qu'on n'est pas assez bien fait pour cela? Je pense que ce visage est assez passable, et

---

[1] Le dessein de l'auteur étoit de traiter ainsi toute la comédie. Mais un commandement du roi, qui pressa cette affaire, l'obligea d'achever tout le reste en prose, et de passer légèrement sur plusieurs scènes, qu'il auroit étendues davantage, s'il avoit eu plus de loisir. (Note de Molière.)

que pour le bel air, Dieu merci, nous ne le cédons à personne.
CYNTHIE.
Sans doute, on auroit tort.

SCÈNE III

LA PRINCESSE, AGLANTE, CYNTHIE, PHILIS, MORON, LYCAS.

LYCAS.
Madame, le prince votre père vient vous trouver ici, et conduit avec lui les princes de Pyle et d'Ithaque, et celui de Messène.

LA PRINCESSE.
O ciel! que prétend-il faire en me les amenant? Auroit-il résolu ma perte, et voudroit-il bien me forcer au choix de quelqu'un d'eux?

SCÈNE IV

IPHITAS, EURYALE, ARISTOMÈNE, THÉOCLE, LA PRINCESSE, AGLANTE, CYNTHIE, PHILIS, MORON.

LA PRINCESSE, à Iphitas.
Seigneur, je vous demande la licence de prévenir par deux paroles la déclaration des pensées que vous pouvez avoir. Il y a deux vérités, seigneur, aussi constantes l'une que l'autre, et dont je puis vous assurer également : l'une, que vous avez un absolu pouvoir sur moi, et que vous ne sauriez m'ordonner rien où je ne réponde aussitôt par une obéissance aveugle; l'autre, que je regarde l'hyménée ainsi que le trépas, et qu'il m'est impossible de forcer cette aversion naturelle. Me donner un mari, et me donner la mort, c'est une même chose; mais votre volonté va la première, et mon obéissance m'est bien plus chère que ma vie. Après cela parlez, seigneur; prononcez librement ce que vous voulez.

IPHITAS.
Ma fille, tu as tort de prendre de telles alarmes; et je me plains de toi, qui peux mettre dans ta pensée que je sois assez mauvais père pour vouloir faire violence à tes sentiments et me servir tyranniquement de la puissance que le ciel me donne sur toi. Je souhaite, à la vérité, que ton cœur puisse aimer quelqu'un. Tous mes vœux seroient satisfaits, si cela pouvoit arriver; et je n'ai proposé les fêtes et les jeux que je fais célébrer ici qu'afin d'y pouvoir attirer tout ce que la Grèce a d'illustre, et que, parmi cette noble jeunesse, tu puisses enfin rencontrer où arrêter tes yeux et déterminer tes pensées. Je ne demande, dis-je, au ciel autre bonheur que celui de te voir un époux. J'ai, pour obtenir cette grâce, fait encore ce matin un sacrifice à Vénus; et, si je sais bien expliquer le langage des dieux, elle m'a promis un miracle. Mais, quoi qu'il en soit, je veux en user avec toi en père qui chérit sa fille. Si tu trouves où attacher tes vœux, ton choix sera le mien, et je ne considérerai ni intérêt d'État, ni avantages d'alliance; si ton cœur demeure insensible, je n'entreprendrai point de le forcer; mais au moins sois complaisante aux civilités qu'on te rend, et ne m'oblige point à faire les excuses de ta froideur. Traite ces princes avec l'estime que tu leur dois, reçois avec reconnoissance les témoignages de leur zèle, et viens voir cette course où leur adresse va paroître.

THÉOCLE, à la princesse.
Tout le monde va faire des efforts pour remporter le prix de cette course. Mais, à vous dire vrai, j'ai peu d'ardeur pour la victoire, puisque ce n'est pas votre cœur qu'on y doit disputer.

ARISTOMÈNE.
Pour moi, madame, vous êtes le seul prix que je me propose partout. C'est vous que je crois disputer dans ces combats d'adresse, et je n'aspire maintenant à remporter l'honneur de cette course que pour obtenir un degré de gloire qui m'approche de votre cœur.

EURYALE.
Pour moi, madame, je n'y vais point du tout avec cette pensée. Comme j'ai fait toute ma vie profession de ne rien aimer, tous les soins que je prends ne vont point où tendent les autres. Je n'ai aucune prétention sur votre cœur, et le seul honneur de la course est tout l'avantage où j'aspire.

SCÈNE V

LA PRINCESSE, AGLANTE, CYNTHIE, PHILIS, MORON.

LA PRINCESSE.
D'où sort cette fierté où l'on ne s'attendoit point? Princesses, que dites-vous de ce jeune prince? Avez-vous remarqué de quel ton il l'a pris?

AGLANTE.
Il est vrai que cela est un peu fier.

MORON, à part.
Ah! quelle brave botte il vient là de lui porter!

LA PRINCESSE.
Ne trouvez-vous pas qu'il y auroit plaisir d'abaisser son orgueil, et de soumettre un peu ce cœur qui tranche tant du brave?

CYNTHIE.
Comme vous êtes accoutumée à ne jamais recevoir que des hommages et des adorations de tout le monde, un compliment pareil au sien doit vous surprendre, à la vérité.

LA PRINCESSE.
Je vous avoue que cela m'a donné de l'émotion, et que je souhaiterois fort de trouver les moyens de châtier cette hauteur. Je n'avois pas beaucoup d'envie de me trouver à cette course; mais j'y veux aller exprès, et employer toute chose pour lui donner de l'amour.

CYNTHIE.
Prenez garde, madame. L'entreprise est périlleuse; et lorsqu'on veut donner de l'amour, on court risque d'en recevoir.

LA PRINCESSE.

Ah! n'appréhendez rien, je vous prie. Allons, je vous réponds de moi[1].

SECOND INTERMÈDE

SCÈNE I

PHILIS, MORON.

MORON.

Philis, demeure ici.

PHILIS.

Non. Laisse-moi suivre les autres.

MORON.

Ah! cruelle, si c'étoit Tircis qui t'en priât, tu demeurerois bien vite.

PHILIS.

Cela se pourroit faire, et je demeure d'accord que je trouve bien mieux mon compte avec l'un qu'avec l'autre; car il me divertit avec sa voix, et toi, tu m'étourdis de ton caquet. Lorsque tu chanteras aussi bien que lui, je te promets de t'écouter.

MORON.

Eh! demeure un peu.

PHILIS.

Je ne saurois.

MORON.

De grâce!

PHILIS.

Point, te dis-je.

MORON, retenant Philis.

Je ne te laisserai point aller...

PHILIS.

Ah! que de façons!

MORON.

Je ne te demande qu'un moment à être avec toi.

PHILIS.

Eh bien, oui, j'y demeurerai, pourvu que tu me promettes une chose.

MORON.

Et quelle?

PHILIS.

De ne me parler point du tout.

MORON.

Eh! Philis.

PHILIS.

A moins que de cela, je ne demeurerai point avec toi.

MORON.

Veux-tu me...

PHILIS.

Laisse-moi aller.

MORON.

Eh bien, oui, demeure. Je ne te dirai mot.

[1] Ce second acte, il faut l'avouer, est d'une grande froideur: tout l'intérêt du sujet va porter sur le troisième.

PHILIS.

Prends-y bien garde, au moins; car à la moindre parole je prends la fuite.

MORON.

Soit. (Après avoir fait une scène de gestes.) Ah! Philis!... Eh!...

SCÈNE II

MORON, seul.

Elle s'enfuit, et je ne saurois l'attraper. Voilà ce que c'est. Si je savois chanter, j'en ferois bien mieux mes affaires. La plupart des femmes aujourd'hui se laissent prendre par les oreilles; elles sont cause que tout le monde se mêle de musique, et l'on ne réussit auprès d'elles que par les petites chansons et les petits vers qu'on leur fait entendre. Il faut que j'apprenne à chanter, pour faire comme les autres. Bon, voici justement mon homme.

SCÈNE III

UN SATYRE, MORON.

LE SATYRE chante.

La, la, la.

MORON.

Ah! satyre, mon ami, tu sais bien ce que tu m'as promis il y a longtemps. Apprends-moi à chanter, je te prie.

LE SATYRE.

Je le veux; mais auparavant écoute une chanson que je viens de faire.

MORON, bas, à part.

Il est si accoutumé à chanter, qu'il ne sauroit parler d'autre façon. (Haut.) Allons, chante, j'écoute.

LE SATYRE chante.

Je portois...

MORON.

Une chanson? dis-tu.

LE SATYRE.

Je port...

MORON.

Une chanson à chanter?

LE SATYRE.

Je port...

MORON.

Chanson amoureuse? Peste!

Je portois dans une cage
Deux moineaux que j'avois pris,
Lorsque la jeune Chloris
Fit, dans un sombre bocage,
Briller à mes yeux surpris
Les fleurs de son beau visage.

Hélas! dis-je aux moineaux, en recevant les coups
De ses yeux si savants à faire des conquêtes,

Consolez-vous, pauvres petites bêtes,
Celui qui vous a pris est bien plus pris que vous.

Moron demande au satyre une chanson plus passionnée, et le prie de lui dire celle qu'il lui avoit ouï chanter quelques jours auparavant.

LE SATYRE *chante.*
Dans vos chants si doux
Chantez à ma belle,
Oiseaux, chantez tous
Ma peine mortelle.
Mais, si la cruelle
Se met en courroux
Au récit fidèle
Des maux que je sens pour elle,
Oiseaux, taisez-vous.

MORON.
Ah! qu'elle est belle! Apprends-la-moi.

LE SATYRE.
La, la, la, la.

MORON.
La, la, la, la.

LE SATYRE.
Fa, fa, fa, fa.

MORON.
Fat toi-même [1]!

ENTRÉE DE BALLET.

Le satyre, en colère, menace Moron, et plusieurs satyres dansent une entrée plaisante.

ACTE TROISIÈME

SCÈNE I

LA PRINCESSE, AGLANTE, CYNTHIE, PHILIS.

CYNTHIE.
Il est vrai, madame, que ce jeune prince a fait voir une adresse non commune, et que l'air dont il a paru a été quelque chose de surprenant. Il sort vainqueur de cette course. Mais je doute fort qu'il en sorte avec le même cœur qu'il y a porté; car enfin vous lui avez tiré des traits dont il est difficile de se défendre; et, sans parler de tout le reste, la grâce de votre danse et la douceur de votre voix ont eu des charmes aujourd'hui à toucher les plus insensibles.

LA PRINCESSE.
Le voici qui s'entretient avec Moron; nous saurons un peu de quoi il lui parle. Ne rompons point encore leur entretien, et prenons cette route pour revenir à leur rencontre.

[1] Voilà un intermède bien pauvre d'invention et de gaieté. Le besoin d'aller vite pour arriver à temps forçait Molière à s'emparer de la première idée qui s'offrait à lui. (Auger.)

SCÈNE II

EURYALE, ARBATE, MORON.

EURYALE.
Ah! Moron, je te l'avoue, j'ai été enchanté; et jamais tant de charmes n'ont frappé tout ensemble mes yeux et mes oreilles. Elle est adorable en tout temps, il est vrai; mais ce moment l'a emporté sur tous les autres, et des grâces nouvelles ont redoublé l'éclat de ses beautés. Jamais son visage ne s'est paré de plus vives couleurs, ni ses yeux ne se sont armés de traits plus vifs et plus perçants. La douceur de sa voix a voulu se faire paroître dans un air tout charmant qu'elle a daigné chanter; et les sons merveilleux qu'elle formoit passoient jusqu'au fond de mon âme et tenoient tous mes sens dans un ravissement à ne pouvoir en revenir. Elle a fait éclater ensuite une disposition toute divine, et ses pieds amoureux sur l'émail d'un tendre gazon traçoient d'aimables caractères qui m'enlevoient hors de moi-même, et m'attachoient par des nœuds invincibles aux doux et justes mouvements dont tout son corps suivoit les mouvements de l'harmonie. Enfin, jamais âme n'a eu de plus puissantes émotions que la mienne; et j'ai pensé plus de vingt fois oublier ma résolution, pour me jeter à ses pieds, et lui faire un aveu sincère de l'ardeur que je sens pour elle.

MORON.
Donnez-vous-en bien de garde, seigneur, si vous m'en voulez croire. Vous avez trouvé la meilleure invention du monde, et je me trompe fort si elle ne vous réussit. Les femmes sont des animaux d'un naturel bizarre; nous les gâtons par nos douceurs; et je crois tout de bon que nous les verrions nous courir, sans tous ces respects et ces soumissions où les hommes les acoquinent.

ARBATE.
Seigneur, voici la princesse, qui s'est un peu éloignée de sa suite.

MORON.
Demeurez ferme, au moins, dans le chemin que vous avez pris. Je m'en vais voir ce qu'elle me dira. Cependant promenez-vous ici dans ces petites routes, sans faire aucun semblant d'avoir envie de la joindre; et, si vous l'abordez, demeurez avec elle le moins qu'il vous sera possible.

SCÈNE III

LA PRINCESSE, MORON.

LA PRINCESSE.
Tu as donc familiarité, Moron, avec le prince d'Ithaque?

MORON.
Ah! madame, il y a longtemps que nous nous connoissons.

LA PRINCESSE.
D'où vient qu'il n'est pas venu jusqu'ici, et qu'il a pris cette autre route quand il m'a vue?

MORON.

C'est un homme bizarre, qui ne se plaît qu'à entretenir ses pensées.

LA PRINCESSE.

Étois-tu tantôt au compliment qu'il m'a fait?

MORON.

Oui, madame, j'y étois; et je l'ai trouvé un peu impertinent, n'en déplaise à sa principauté.

LA PRINCESSE.

Pour moi, je le confesse, Moron, cette fuite m'a choquée; et j'ai toutes les envies du monde de l'engager, pour rabattre un peu son orgueil.

MORON.

Ma foi, madame, vous ne feriez pas mal; il le mériteroit bien; mais, à vous dire vrai, je doute fort que vous y puissiez réussir.

LA PRINCESSE.

Comment?

MORON.

Comment? C'est le plus orgueilleux petit vilain que vous ayez jamais vu. Il lui semble qu'il n'y a personne au monde qui le mérite, et que la terre n'est pas digne de le porter.

LA PRINCESSE.

Mais encore, ne t'a-t-il point parlé de moi?

MORON.

Lui? non.

LA PRINCESSE.

Il ne t'a rien dit de ma voix et de ma danse?

MORON.

Pas le moindre mot.

LA PRINCESSE.

Certes, ce mépris est choquant, et je ne puis souffrir cette hauteur étrange de ne rien estimer.

MORON.

Il n'estime et n'aime que lui.

LA PRINCESSE.

Il n'y a rien que je ne fasse pour le soumettre comme il faut.

MORON.

Nous n'avons point de marbre dans nos montagnes qui soit plus dur et plus insensible que lui.

LA PRINCESSE.

Le voilà.

MORON.

Voyez-vous comme il passe, sans prendre garde à vous?

LA PRINCESSE.

De grâce, Moron, va le faire aviser que je suis ici, et l'oblige à me venir aborder.

SCÈNE IV

LA PRINCESSE, MORON, EURYALE.

MORON, allant au-devant d'Euryale, et lui parlant bas.

Seigneur, je vous donne avis que tout va bien. La princesse souhaite que vous l'abordiez; mais songez bien à continuer votre rôle; et, de peur de l'oublier, ne soyez pas longtemps avec elle.

LA PRINCESSE.

Vous êtes bien solitaire, seigneur; et c'est une humeur bien extraordinaire que la vôtre, de renoncer ainsi à notre sexe, et de fuir, à votre âge, cette galanterie dont se piquent tous vos pareils.

EURYALE.

Cette humeur, madame, n'est pas si extraordinaire qu'on n'en trouvât des exemples sans aller loin d'ici; et vous ne sauriez condamner la résolution que j'ai prise de n'aimer jamais rien, sans condamner aussi vos sentiments.

LA PRINCESSE.

Il y a grande différence; et ce qui sied bien à un sexe ne sied pas bien à l'autre. Il est beau qu'une femme soit insensible, et conserve son cœur exempt des flammes de l'amour; mais ce qui est vertu en elle devient un crime dans un homme; et, comme la beauté est le partage de notre sexe, vous ne sauriez ne nous point aimer sans nous dérober les hommages qui nous sont dus, et commettre une offense dont nous devons toutes nous ressentir.

EURYALE.

Je ne vois pas, madame, que celles qui ne veulent point aimer doivent prendre aucun intérêt à ces sortes d'offenses.

LA PRINCESSE.

Ce n'est pas une raison, seigneur; et, sans vouloir aimer, on est toujours bien aise d'être aimé.

EURYALE.

Pour moi, je ne suis point de même; et, dans le dessein où je suis de ne rien aimer, je serois fâché d'être aimé.

LA PRINCESSE.

Et la raison?

EURYALE.

C'est qu'on a obligation à ceux qui nous aiment, et que je serois fâché d'être ingrat.

LA PRINCESSE.

Si bien donc que, pour fuir l'ingratitude, vous aimeriez qui vous aimeroit?

EURYALE.

Moi, madame? Point du tout. Je dis bien que je serois fâché d'être ingrat; mais je me résoudrois plutôt de l'être que d'aimer.

LA PRINCESSE.

Telle personne vous aimeroit peut-être, que votre cœur...

EURYALE.

Non, madame. Rien n'est capable de toucher mon cœur. Ma liberté est la seule maîtresse à qui je consacre mes vœux; et, quand le ciel emploieroit ses soins à composer une beauté parfaite, quand il assembleroit en elle tous les dons les plus merveilleux et du corps et de l'âme, enfin quand il exposeroit à mes yeux un miracle d'esprit, d'adresse et de beauté, et que cette personne m'aimeroit avec toutes les tendresses imaginables, je vous l'avoue franchement, je ne l'aimerois pas.

LA PRINCESSE, à part.
A-t-on jamais rien vu de tel?
MORON, à la princesse.
Peste soit du petit brutal! J'aurois bien envie de lui bailler un coup de poing.
LA PRINCESSE, à part.
Cet orgueil me confond, et j'ai un tel dépit, que je ne me sens pas.
MORON, bas, au prince.
Bon courage, seigneur. Voilà qui va le mieux du monde.
EURYALE, bas, à Moron.
Ah! Moron, je n'en puis plus! et je me suis fait des efforts étranges.
LA PRINCESSE, à Euryale.
C'est avoir une insensibilité bien grande, que de parler comme vous faites.
EURYALE.
Le ciel ne m'a pas fait d'une autre humeur. Mais, madame, j'interromps votre promenade, et mon respect doit m'avertir que vous aimez la solitude.

SCÈNE V
LA PRINCESSE, MORON.

MORON.
Il ne vous en doit rien, madame, en dureté de cœur.
LA PRINCESSE.
Je donnerois volontiers tout ce que j'ai au monde, pour avoir l'avantage d'en triompher.
MORON.
Je le crois.
LA PRINCESSE.
Ne pourrois-tu, Moron, me servir dans un tel dessein?
MORON.
Vous savez bien, madame, que je suis tout à votre service.
LA PRINCESSE.
Parle-lui de moi dans tes entretiens; vante-lui adroitement ma personne et les avantages de ma naissance, et tâche d'ébranler ses sentiments par la douceur de quelque espoir. Je te permets de dire tout ce que tu voudras pour tâcher à me l'engager.
MORON.
Laissez-moi faire.
LA PRINCESSE.
C'est une chose qui me tient au cœur. Je souhaite ardemment qu'il m'aime.
MORON.
Il est bien fait, oui, ce petit pendard-là; il a bon air, bonne physionomie; et je crois qu'il seroit assez le fait d'une jeune princesse.
LA PRINCESSE.
Enfin, tu peux tout espérer de moi, si tu trouves moyen d'enflammer pour moi son cœur.
MORON.
Il n'y a rien qui ne se puisse faire. Mais, madame, s'il venoit à vous aimer, que feriez-vous, s'il vous plaît?

LA PRINCESSE.
Ah! ce seroit lors que je prendrois plaisir à triompher pleinement de sa vanité, à punir son mépris par mes froideurs, et à exercer sur lui toutes les cruautés que je pourrois imaginer.
MORON.
Il ne se rendra jamais.
LA PRINCESSE.
Ah! Moron, il faut faire en sorte qu'il se rende.
MORON.
Non, il n'en fera rien. Je le connois; ma peine seroit inutile.
LA PRINCESSE.
Si faut-il pourtant tenter toute chose, et éprouver si son âme est entièrement insensible. Allons. Je veux lui parler et suivre une pensée qui vient de me venir[1].

TROISIÈME INTERMÈDE

SCÈNE I
PHILIS, TIRCIS.

PHILIS.
Viens, Tircis. Laissons-les aller, et me dis un peu ton martyre de la façon que tu sais faire. Il y a longtemps que tes yeux me parlent, mais je suis plus aise d'ouïr ta voix.
TIRCIS chante.
Tu m'écoutes, hélas! dans ma triste langueur;
Mais je n'en suis pas mieux, ô beauté sans pareille!
Et je touche ton oreille,
Sans que je touche ton cœur.
PHILIS.
Va, va, c'est déjà quelque chose que de toucher l'oreille, et le temps amène tout. Chante-moi cependant quelque plainte nouvelle que tu aies composée pour moi.

SCÈNE II
MORON, PHILIS, TIRCIS.

MORON.
Ah! ah! je vous y prends, cruelle! vous vous écartez des autres pour ouïr mon rival!
PHILIS.
Oui, je m'écarte pour cela. Je te le dis encore, je me plais avec lui; et l'on écoute volontiers les amants lorsqu'ils se plaignent aussi agréablement qu'il fait. Que ne chantes-tu comme lui? je prendrois plaisir à t'écouter.
MORON.
Si je ne sais chanter, je sais faire autre chose; et quand...

---
[1] Cet acte est bien conduit et bien rempli. (Auger.)

PHILIS.

Tais-toi. Je veux l'entendre. Dis, Tircis, ce que tu voudras.

MORON.

Ah! cruelle!...

PHILIS.

Silence, dis-je, ou je me mettrai en colère.

TIRCIS chante.

Arbres épais, et vous, prés émaillés,
La beauté dont l'hiver vous avoit dépouillés
Par le printemps vous est rendue.
Vous reprenez tous vos appas;
Mais mon âme ne reprend pas
La joie, hélas! que j'ai perdue.

MORON.

Morbleu! que n'ai-je de la voix! Ah! nature marâtre, pourquoi ne m'as-tu pas donné de quoi chanter, comme à un autre?

PHILIS.

En vérité, Tircis, il ne se peut rien de plus agréable, et tu l'emportes sur tous les rivaux que tu as.

MORON.

Mais pourquoi est-ce que je ne puis pas chanter? N'ai-je pas un estomac, un gosier et une langue comme un autre? Oui, oui, allons. Je veux chanter aussi, et te montrer que l'amour fait faire toutes choses. Voici une chanson que j'ai faite pour toi.

PHILIS.

Oui, dis. Je veux bien t'écouter, pour la rareté du fait.

MORON.

Courage, Moron! Il n'y a qu'à avoir de la hardiesse.

Il chante.

Ton extrême rigueur
S'acharne sur mon cœur.
Ah! Philis, je trépasse;
Daigne me secourir.
En seras-tu plus grasse
De m'avoir fait mourir?

Vivat! Moron.

PHILIS.

Voilà qui est le mieux du monde. Mais, Moron, je souhaiterois bien d'avoir la gloire que quelque amant fût mort pour moi. C'est un avantage dont je n'ai pas encore joui; et je trouve que j'aimerois de tout mon cœur une personne qui m'aimeroit assez pour se donner la mort.

MORON.

Tu aimerois une personne qui se tueroit pour toi?

Oui.

PHILIS.

MORON.

Il ne faut que cela pour te plaire?

PHILIS.

Non.

MORON.

Voilà qui est fait. Je te veux montrer que je me sais tuer quand je veux.

TIRCIS chante.

Ah! quelle douceur extrême
De mourir pour ce qu'on aime!

MORON, à Tircis.

C'est un plaisir que vous aurez quand vous voudrez.

TIRCIS chante.

Courage, Moron! Meurs promptement,
En généreux amant.

MORON, à Tircis.

Je vous prie de vous mêler de vos affaires, et de me laisser tuer à ma fantaisie. Allons, je vais faire honte à tous les amants. (A Philis.) Tiens, je ne suis pas homme à faire tant de façons. Vois ce poignard. Prends bien garde comme je vais me percer le cœur. Je suis votre serviteur. Quelque niais.

PHILIS.

Allons, Tircis. Viens-t'en me redire à l'écho ce que tu m'as chanté.

ACTE QUATRIÈME

SCÈNE I

LA PRINCESSE, EURYALE, MORON.

LA PRINCESSE.

Prince, comme jusqu'ici nous avons fait paroître une conformité de sentiments, et que le ciel a semblé mettre en nous mêmes attachements pour notre liberté et même aversion pour l'amour, je suis bien aise de vous ouvrir mon cœur, et de vous faire confidence d'un changement dont vous serez surpris. J'ai toujours regardé l'hymen comme une chose affreuse, et j'avois fait serment d'abandonner plutôt la vie que de me résoudre jamais à perdre cette liberté, pour qui j'avois des tendresses si grandes; mais enfin un moment a dissipé toutes ces résolutions. Le mérite d'un prince m'a frappé aujourd'hui les yeux; et mon âme tout d'un coup, comme par un miracle, est devenue sensible aux traits de cette passion que j'avois toujours méprisée. J'ai trouvé d'abord des raisons pour autoriser ce changement, et je puis l'appuyer de ma volonté de répondre aux ardentes sollicitations d'un père et aux vœux de tout un État; mais, à vous dire vrai, je suis en peine du jugement que vous ferez de moi, et je voudrois savoir si vous condamnerez ou non le dessein que j'ai de me donner un époux.

EURYALE.

Vous pourriez faire un tel choix, madame, que je l'approuverois sans doute.

LA PRINCESSE.

Qui croyez-vous, à votre avis[1], que je veuille choisir?

EURYALE.

Si j'étois dans votre cœur, je pourrois vous le dire; mais, comme je n'y suis pas, je n'ai garde de vous répondre.

LA PRINCESSE.

Devinez pour voir, et nommez quelqu'un.

[1] *A votre avis* est évidemment un pléonasme.

EURYALE.

J'aurois trop peur de me tromper.

LA PRINCESSE.

Mais encore, pour qui souhaiteriez-vous que je me déclarasse?

EURYALE.

Je sais bien, à vous dire vrai, pour qui je le souhaiterois; mais, avant que de m'expliquer, je dois savoir votre pensée.

LA PRINCESSE.

Eh bien, prince, je veux bien vous la découvrir. Je suis sûre que vous allez approuver mon choix; et, pour ne point vous tenir en suspens davantage, le prince de Messène est celui de qui le mérite s'est attiré mes vœux.

EURYALE, à part.

O ciel!

LA PRINCESSE, bas, à Moron.

Mon invention a réussi, Moron. Le voilà qui se trouble.

MORON, à la princesse.

Bon, madame. (Au prince.) Courage, seigneur. (A la princesse.) Il en tient. (Au prince.) Ne vous défaites pas [1].

LA PRINCESSE, à Euryale.

Ne trouvez-vous pas que j'ai raison, et que ce prince a tout le mérite qu'on peut avoir?

MORON, bas, au prince.

Remettez-vous, et songez à répondre.

LA PRINCESSE.

D'où vient, prince, que vous ne dites mot, et semblez interdit?

EURYALE.

Je le suis, à la vérité; et j'admire, madame, comme le ciel a pu former deux âmes aussi semblables en tout que les nôtres, deux âmes en qui l'on ait vu une plus grande conformité de sentiments, qui aient fait éclater dans le même temps une résolution à braver les traits de l'Amour, et qui, dans le même moment, aient fait paroître une égale facilité à perdre le nom d'insensibles. Car enfin, madame, puisque votre exemple m'autorise, je ne feindrai point de vous dire que l'amour aujourd'hui s'est rendu maître de mon cœur, et qu'une des princesses, vos cousines, l'aimable et belle Aglante, a renversé d'un coup d'œil tous les projets de ma fierté. Je suis ravi, madame, que, par cette égalité de défaite, nous n'ayons rien à nous reprocher l'un à l'autre; et je ne doute point que, comme je vous loue infiniment de votre choix, vous n'approuviez aussi le mien. Il faut que ce miracle éclate aux yeux de tout le monde, et nous ne devons point différer à nous rendre tous deux contents. Pour moi, madame, je vous sollicite de vos suffrages, pour obtenir celle que je souhaite, et vous trouverez bon que j'aille de ce pas en faire la demande au prince votre père.

MORON, bas, à Euryale.

Ah! digne, ah! brave cœur!

[1] On disoit alors *se défaire* dans le sens de demeurer embarrassé, interdit.

SCÈNE II

LA PRINCESSE, MORON.

LA PRINCESSE.

Ah! Moron, je n'en puis plus; et ce coup, que je n'attendois pas, triomphe absolument de toute ma fermeté.

MORON.

Il est vrai que le coup est surprenant, et j'avois cru d'abord que votre stratagème avoit fait son effet.

LA PRINCESSE.

Ah! ce m'est un dépit à me désespérer, qu'une autre ait l'avantage de soumettre ce cœur que je voulois soumettre.

SCÈNE III

LA PRINCESSE, AGLANTE, MORON.

LA PRINCESSE.

Princesse, j'ai à vous prier d'une chose qu'il faut absolument que vous m'accordiez. Le prince d'Ithaque vous aime et veut vous demander au prince mon père.

AGLANTE.

Le prince d'Ithaque, madame?

LA PRINCESSE.

Oui. Il vient de m'en assurer lui-même, et m'a demandé mon suffrage pour vous obtenir; mais je vous conjure de rejeter cette proposition et de ne point prêter l'oreille à tout ce qu'il pourra vous dire.

AGLANTE.

Mais, madame, s'il étoit vrai que ce prince m'aimât effectivement, pourquoi, n'ayant aucun dessein de vous engager, ne voudriez-vous pas souffrir...

LA PRINCESSE.

Non, Aglante. Je vous le demande. Faites-moi ce plaisir, je vous prie, et trouvez bon que, n'ayant pu avoir l'avantage de le soumettre, je lui dérobe la joie de vous obtenir.

AGLANTE.

Madame, il faut vous obéir; mais je croirois que la conquête d'un tel cœur ne seroit pas une victoire à dédaigner.

LA PRINCESSE.

Non, non, il n'aura pas la joie de me braver entièrement.

SCÈNE IV

LA PRINCESSE, ARISTOMÈNE, AGLANTE, MORON.

ARISTOMÈNE.

Madame, je viens à vos pieds rendre grâce à l'Amour de mes heureux destins, et vous témoigner avec mes transports le ressentiment où je suis des bontés surprenantes dont vous daignez favoriser le plus soumis de vos captifs.

LA PRINCESSE.

Comment?

ARISTOMÈNE.

Le prince d'Ithaque, madame, vient de m'assurer tout à l'heure que votre cœur avoit eu la bonté de s'expliquer en ma faveur sur ce célèbre choix qu'attend toute la Grèce.

LA PRINCESSE.

Il vous a dit qu'il tenoit cela de ma bouche?

ARISTOMÈNE.

Oui, madame.

LA PRINCESSE.

C'est un étourdi ; et vous êtes un peu trop crédule, prince, d'ajouter foi si promptement à ce qu'il vous a dit. Une pareille nouvelle méritoit bien, ce me semble, qu'on en doutât un peu de temps ; et c'est tout ce que vous pourriez faire de la croire, si je vous l'avois dite moi-même.

ARISTOMÈNE.

Madame, si j'ai été trop prompt à me persuader...

LA PRINCESSE.

De grâce, prince, brisons là ce discours ; et, si vous voulez m'obliger, souffrez que je puisse jouir de deux moments de solitude.

SCÈNE V

LA PRINCESSE, AGLANTE, MORON.

LA PRINCESSE.

Ah! qu'en cette aventure le ciel me traite avec une rigueur étrange! au moins, princesse, souvenez-vous de la prière que je vous ai faite.

AGLANTE.

Je vous l'ai dit, madame, il vous faut obéir.

SCÈNE VI

LA PRINCESSE, MORON.

MORON.

Mais, madame, s'il vous aimoit, vous n'en voudriez point, et cependant vous ne voulez pas qu'il soit à une autre. C'est faire justement comme le chien du jardinier[1].

LA PRINCESSE.

Non, je ne puis souffrir qu'il soit heureux avec une autre ; et, si la chose étoit, je crois que j'en mourrois de déplaisir.

MORON.

Ma foi, madame, avouons la dette[2]. Vous voudriez qu'il fût à vous ; et, dans toutes vos actions, il est aisé de voir que vous aimez un peu ce jeune prince.

[1] La phrase qui précède donne le sens de ce proverbe.
[2] C'est-à-dire, convenons du fait.

LA PRINCESSE.

Moi, je l'aime? O ciel! je l'aime? Avez-vous l'insolence de prononcer ces paroles? Sortez de ma vue, impudent, et ne vous présentez jamais devant moi!

MORON.

Madame...

LA PRINCESSE.

Retirez-vous d'ici, vous dis-je, ou je vous en ferai retirer d'une autre manière!

MORON, bas, à part.

Ma foi, son cœur en a sa provision ; et... (Il rencontre un regard de la princesse, qui l'oblige à se retirer.)

SCÈNE VII

LA PRINCESSE, seule.

De quelle émotion inconnue sens-je mon cœur atteint? Et quelle inquiétude secrète est venue troubler tout d'un coup la tranquillité de mon âme? Ne seroit-ce point aussi ce qu'on vient de me dire? et, sans en rien savoir, n'aimerois-je point ce jeune prince? Ah! si cela étoit, je serois personne à me désespérer! mais il est impossible que cela soit, et je vois bien que je ne puis pas l'aimer. Quoi! je serois capable de cette lâcheté! J'ai vu toute la terre à mes pieds avec la plus grande insensibilité du monde ; les respects, les hommages et les soumissions, n'ont jamais pu toucher mon âme, et la fierté et le dédain en auroient triomphé! J'ai méprisé tous ceux qui m'ont aimée, et j'aimerois le seul qui me méprise! Non, non, je sais bien que je ne l'aime pas. Il n'y a pas de raison à cela. Mais, si ce n'est pas de l'amour que ce que je sens maintenant, qu'est-ce donc que ce peut être? et d'où vient ce poison qui me court par toutes les veines, et ne me laisse point en repos avec moi-même? Sors de mon cœur, qui que tu sois, ennemi qui te caches. Attaque-moi visiblement, et deviens à mes yeux la plus affreuse bête de tous nos bois, afin que mon dard et mes flèches me puissent défaire de toi[1].

QUATRIÈME INTERMÈDE

SCÈNE I

LA PRINCESSE, seule.

O vous, admirables personnes, qui, par la douceur de vos chants, avez l'art d'adoucir les plus fâcheuses inquiétudes, approchez-vous d'ici, de grâce ; et tâchez de charmer, avec votre musique, le chagrin où je suis.

[1] L'intérêt du sujet se soutient encore fort bien dans ce quatrième acte. Les tourments de la princesse sont au comble ; l'épreuve ne peut être poussée plus loin ; il faut que le dénoûment arrive. (Auger.)

SCÈNE II

LA PRINCESSE, CLIMÈNE, PHILIS.

CLIMÈNE chante.
Chère Philis, dis-moi, que crois-tu de l'amour?
PHILIS chante.
Toi-même, qu'en crois-tu, ma compagne fidèle?
CLIMÈNE.
On m'a dit que sa flamme est pire qu'un vautour,
Et qu'on souffre, en aimant, une peine cruelle.
PHILIS.
On m'a dit qu'il n'est point de passion plus belle,
Et que ne pas aimer, c'est renoncer au jour.
CLIMÈNE.
A qui des deux donnerons-nous victoire?
PHILIS.
Qu'en croirons-nous, ou le mal, ou le bien?
TOUTES DEUX ENSEMBLE.
Aimons, c'est le vrai moyen
De savoir ce qu'on en doit croire.
PHILIS.
Chloris vante partout l'amour et ses ardeurs.
CLIMÈNE.
Amarante pour lui verse en tous lieux des larmes.
PHILIS.
Si de tant de tourments il accable les cœurs,
D'où vient qu'on aime à lui rendre les armes?
CLIMÈNE.
Si sa flamme, Philis, est si pleine de charmes,
Pourquoi nous défend-on d'en goûter les douceurs?
PHILIS.
A qui des deux donnerons-nous victoire?
CLIMÈNE.
Qu'en croirons-nous, ou le mal, ou le bien?
TOUTES DEUX ENSEMBLE.
Aimons, c'est le vrai moyen
De savoir ce qu'on en doit croire.
LA PRINCESSE.
Achevez seules, si vous voulez. Je ne saurois demeurer en repos; et, quelque douceur qu'aient vos chants, ils ne font que redoubler mon inquiétude.

ACTE CINQUIÈME

SCÈNE I

IPHITAS, EURYALE, AGLANTE, CYNTHIE, MORON.

MORON, à Iphitas.
Oui, seigneur, ce n'est point raillerie; j'en suis ce qu'on appelle disgracié. Il m'a fallu tirer mes chausses au plus vite¹, et jamais vous n'avez vu un emportement plus brusque que le sien.

IPHITAS, à Euryale.
Ah! prince, que je devrai de grâce à ce stratagème amoureux, s'il faut qu'il ait trouvé le secret de toucher son cœur!

EURYALE.
Quelque chose, seigneur, que l'on vienne de vous en dire, je n'ose encore, pour moi, me flatter de ce doux espoir; mais enfin, si ce n'est pas à moi trop de témérité que d'oser aspirer à l'honneur de votre alliance, si ma personne et mes États...

IPHITAS.
Prince, n'entrons point dans ces compliments. Je trouve en vous de quoi remplir tous les souhaits d'un père; et, si vous avez le cœur de ma fille, il ne vous manque rien.

SCÈNE II

LA PRINCESSE, IPHITAS, EURYALE, AGLANTE, CYNTHIE, MORON.

LA PRINCESSE.
O ciel! que vois-je ici?

IPHITAS, à Euryale.
Oui, l'honneur de votre alliance m'est d'un prix très-considérable, et je souscris aisément de tous mes suffrages à la demande que vous me faites.

LA PRINCESSE, à Iphitas.
Seigneur, je me jette à vos pieds pour vous demander une grâce. Vous m'avez toujours témoigné une tendresse extrême, et je crois vous devoir bien plus par les bontés que vous m'avez fait voir que par le jour que vous m'avez donné. Mais, si jamais vous avez eu de l'amitié pour moi, je vous en demande aujourd'hui la plus sensible preuve que vous me puissiez accorder; c'est de n'écouter point, seigneur, la demande de ce prince, et de ne pas souffrir que la princesse Aglante soit unie avec lui.

IPHITAS.
Et par quelle raison, ma fille, voudrois-tu t'opposer à cette union?

LA PRINCESSE.
Par la raison que je hais ce prince, et que je veux, s je puis, traverser ses desseins.

IPHITAS.
Tu le hais, ma fille?

LA PRINCESSE.
Oui, et de tout mon cœur, je vous l'avoue.

IPHITAS.
Et que t'a-t-il fait?

LA PRINCESSE.
Il m'a méprisée.

IPHITAS.
Et comment?

LA PRINCESSE.
Il ne m'a pas trouvée assez bien faite pour m'adresser ses vœux.

---

¹ Expression proverbiale, pour : s'enfuir, quitter un lieu à la hâte. (Richelet).

IPHITAS.

Et quelle offense te fait cela? tu ne veux accepter personne.

LA PRINCESSE.

N'importe. Il me devoit aimer comme les autres, et me laisser au moins la gloire de le refuser. Sa déclaration me fait un affront; et ce m'est une honte sensible qu'à mes yeux, et au milieu de votre cour, il a recherché une autre que moi.

IPHITAS.

Mais quel intérêt dois-tu prendre à lui?

LA PRINCESSE.

J'en prends, seigneur, à me venger de son mépris; et, comme je sais bien qu'il aime Aglante avec beaucoup d'ardeur, je veux empêcher, s'il vous plaît, qu'il ne soit heureux avec elle.

IPHITAS.

Cela te tient donc bien au cœur?

LA PRINCESSE.

Oui, seigneur, sans doute; et, s'il obtient ce qu'il demande, vous me verrez expirer à vos yeux.

IPHITAS.

Va, va, ma fille, avoue franchement la chose. Le mérite de ce prince t'a fait ouvrir les yeux, et tu l'aimes enfin, quoi que tu puisses dire.

LA PRINCESSE.

Moi, seigneur!

IPHITAS.

Oui, tu l'aimes.

LA PRINCESSE.

Je l'aime, dites-vous? et vous m'imputez cette lâcheté! O ciel! quelle est mon infortune! Puis-je bien, sans mourir, entendre ces paroles? Et faut-il que je sois si malheureuse, qu'on me soupçonne de l'aimer? Ah! si c'étoit un autre que vous, seigneur, qui me tînt ce discours, je ne sais pas ce que je ne ferois point!

IPHITAS.

Eh bien, oui, tu ne l'aimes pas. Tu le hais, j'y consens, et je veux bien, pour te contenter, qu'il n'épouse pas la princesse Aglante.

LA PRINCESSE.

Ah! seigneur, vous me donnez la vie!

IPHITAS.

Mais, afin d'empêcher qu'il ne puisse être jamais à elle, il faut que tu le prennes pour toi.

LA PRINCESSE.

Vous vous moquez, seigneur, et ce n'est pas ce qu'il demande.

EURYALE.

Pardonnez-moi, madame, je suis assez téméraire pour cela, et je prends à témoin le prince votre père si ce n'est pas vous que j'ai demandée. C'est trop vous tenir dans l'erreur; il faut lever le masque, et, dussiez-vous vous en prévaloir contre moi, découvrir à vos yeux les véritables sentiments de mon cœur. Je n'ai jamais aimé que vous, et jamais je n'aimerai que vous. C'est vous, madame, qui m'avez enlevé cette qualité d'insensible que j'avois toujours affectée; et tout ce que j'ai pu vous dire

n'a été qu'une feinte qu'un mouvement secret m'a inspirée, et que je n'ai suivie qu'avec toutes les violences imaginables. Il falloit qu'elle cessât bientôt, sans doute, et je m'étonne seulement qu'elle ait pu durer la moitié d'un jour; car, enfin, je mourois, je brûlois dans l'âme, quand je vous déguisois mes sentiments; et jamais cœur n'a souffert une contrainte égale à la mienne. Que si cette feinte, madame, a quelque chose qui vous offense, je suis tout prêt de mourir pour vous en venger; vous n'avez qu'à parler, et ma main sur-le-champ fera gloire d'exécuter l'arrêt que vous prononcerez.

LA PRINCESSE.

Non, non, prince, je ne vous sais pas mauvais gré de m'avoir abusée; et tout ce que vous m'avez dit, je l'aime bien mieux une feinte que non pas une vérité.

IPHITAS.

Si bien donc, ma fille, que tu veux bien accepter ce prince pour époux?

LA PRINCESSE.

Seigneur, je ne sais pas encore ce que je veux. Donnez-moi le temps d'y songer, je vous prie, et m'épargnez un peu la confusion où je suis.

IPHITAS.

Vous jugez, prince, ce que cela veut dire, et vous pouvez fonder là-dessus.

EURYALE.

Je l'attendrai tant qu'il vous plaira, madame, cet arrêt de ma destinée; et, s'il me condamne à la mort, je le suivrai sans murmure.

IPHITAS.

Viens, Moron. C'est ici un jour de paix, et je te remets en grâce avec la princesse.

MORON.

Seigneur, je serai meilleur courtisan une autre fois, et je me garderai bien de dire ce que je pense.

SCÈNE III

ARISTOMÈNE, THÉOCLE, IPHITAS, LA PRINCESSE, EURYALE, AGLANTE, CYNTHIE, MORON.

IPHITAS, aux princes de Messène et de Pyle.

Je crains bien, princes, que le choix de ma fille ne soit pas en votre faveur; mais voilà deux princesses qui peuvent bien vous consoler de ce petit malheur.

ARISTOMÈNE.

Seigneur, nous savons prendre notre parti; et, si ces aimables princesses n'ont point trop de mépris pour des cœurs qu'on a rebutés, nous pouvons revenir par elles à l'honneur de votre alliance.

SCÈNE IV

IPHITAS, LA PRINCESSE, AGLANTE, CYNTHIE, PHILIS, EURYALE, ARISTOMÈNE, THÉOCLE, MORON.

PHILIS, à Iphitas.

Seigneur, la déesse Vénus vient d'annoncer partout le

changement du cœur de la princesse. Tous les pasteurs et toutes les bergères en témoignent leur joie par des danses et des chansons; et, si ce n'est point un spectacle que vous méprisiez, vous allez voir l'allégresse publique se répandre jusques ici [1].

CINQUIÈME INTERMÈDE

BERGERS et BERGÈRES.

QUATRE BERGERS ET DEUX BERGÈRES HÉROÏQUES chantent la chanson suivante, sur l'air de laquelle dansent d'autres bergers et bergères.

Usez mieux, ô beautés fières !

Du pouvoir de tout charmer :
Aimez, aimables bergères ;
Nos cœurs sont faits pour aimer.
Quelque fort qu'on s'en défende,
Il faut y venir un jour ;
Il n'est rien qui ne se rende
Aux doux charmes de l'amour.

Songez de bonne heure à suivre
Le plaisir de s'enflammer ;
Un cœur ne commence à vivre
Que du jour qu'il sait aimer.
Quelque fort qu'on s'en défende,
Il faut y venir un jour ;
Il n'est rien qui ne se rende
Aux doux charmes de l'amour.

[1] Ce cinquième acte manque d'ampleur et n'est pas même en proportion avec les précédents, qui sont pourtant assez courts. (Auger.)

DON JUAN

ou

LE FESTIN DE PIERRE

COMÉDIE EN CINQ ACTES

1665

PERSONNAGES

DON JUAN, fils de don Louis [1].
SGANARELLE [2].
ELVIRE, maîtresse de don Juan [3].
GUSMAN, écuyer d'Elvire.
DON CARLOS, } frères d'Elvire.
DON ALONSE, }
DON LOUIS, père de don Juan [4].
FRANCISQUE, pauvre.
CHARLOTTE [5], } paysannes.
MATHURINE [6], }
PIERROT, paysan, amant de Charlotte [7].
LA STATUE DU COMMANDEUR.
LA VIOLETTE, } valets de don Juan.
RAGOTIN, }
M. DIMANCHE, marchand [8].
LA RAMÉE, spadassin [9].
SUITE DE DON JUAN.
SUITE DE DON CARLOS ET DE DON ALONSE, frères.
UN SPECTRE.

La scène est en Sicile.

ACTE PREMIER

Le théâtre représente un palais.

SCÈNE I

SGANARELLE, GUSMAN.

SGANARELLE, tenant une tabatière.

Quoi que puisse dire Aristote et toute la philosophie, il n'est rien d'égal au tabac : c'est la passion des honnêtes gens, et qui vit sans tabac n'est pas digne de vivre. Non-seulement il réjouit et purge les cerveaux humains, mais encore il instruit les âmes à la vertu, et l'on apprend avec lui à devenir honnête homme. Ne voyez-vous pas bien, dès qu'on en prend, de quelle manière obligeante on en use avec tout le monde, et comme on est ravi d'en donner à droite et à gauche, partout où l'on se trouve? On n'attend pas même qu'on en demande, et l'on court au-devant du souhait des gens; tant il est vrai que le tabac inspire des sentiments d'honneur et de vertu à tous ceux qui en prennent [1]. Mais c'est assez de cette matière, reprenons un peu notre discours. Si bien donc, cher Gusman, que donc Elvire, ta maîtresse, surprise de notre départ, s'est mise en campagne après nous; et son cœur, que mon maître a su toucher trop fortement, n'a pu vivre, dis-tu, sans le venir chercher ici. Veux-tu qu'entre nous je te dise ma pensée? J'ai peur qu'elle ne soit mal payée de son amour, que son voyage en cette ville produise peu de fruit, et que vous eussiez autant gagné à ne bouger de là.

GUSMAN.

Et la raison encore? Dis-moi, je te prie, Sganarelle, qui peut t'inspirer une peur d'un si mauvais augure? Ton maître t'a-t-il ouvert son cœur là-dessus, et t'a-t-il dit qu'il eût pour nous quelque froideur qui l'ait obligé à partir?

SGANARELLE.

Non pas; mais, à vue de pays, je connois à peu près le train des choses, et, sans qu'il m'ait encore rien dit, je gagerois presque que l'affaire va là. Je pourrois peut-être me tromper; mais enfin, sur de tels sujets, l'expérience m'a pu donner quelques lumières.

GUSMAN.

Quoi! ce départ si peu prévu seroit une infidélité de don Juan? Il pourroit faire cette injure aux chastes feux de done Elvire?

Acteurs de la troupe de Molière : [1] LA GRANGE. — [2] MOLIÈRE. — [3] Mademoiselle DU PARC. — [4] BÉJART. — [5] Mademoiselle MOLIÈRE (Armande BÉJART). — [6] Mademoiselle DE BRIE. — [7] HUBERT. — [8] DU CROISY. — [9] DE BRIE.

[1] On sait que le tabac fut apporté en France par Nicot, ambassadeur de François II à Madrid. L'introduction de cette plante donna lieu à de très-vives discussions. Les vendeurs de tabac furent obligés d'employer toutes sortes de moyens et de ruses pour en accréditer l'usage. Le préjugé et la médecine même tendaient à le proscrire.

SGANARELLE.

Non, c'est qu'il est jeune encore, et qu'il n'a pas le courage...

GUSMAN.

Un homme de sa qualité feroit une action si lâche?

SGANARELLE.

Eh! oui, sa qualité! La raison en est belle; et c'est par là qu'il s'empêcheroit des choses!

GUSMAN.

Mais les saints nœuds du mariage le tiennent engagé.

SGANARELLE.

Eh! mon pauvre Gusman, mon ami, tu ne sais pas encore, crois-moi, quel homme est don Juan.

GUSMAN.

Je ne sais pas, de vrai, quel homme il peut être, s'il faut qu'il nous ait fait cette perfidie; et je ne comprends point comme, après tant d'amour et tant d'impatience témoignée, tant d'hommages pressants, de vœux, de soupirs et de larmes, tant de lettres passionnées, de protestations ardentes et de serments réitérés, tant de transports enfin, et tant d'emportements qu'il a fait paroitre, jusqu'à forcer, dans sa passion, l'obstacle sacré d'un couvent, pour mettre done Elvire en sa puissance; je ne comprends pas, dis-je, comme, après tout cela, il auroit le cœur de pouvoir manquer à sa parole.

SGANARELLE.

Je n'ai pas grande peine à le comprendre, moi; et, si tu connoissois le pèlerin, tu trouverois la chose assez facile pour lui. Je ne dis pas qu'il ait changé de sentiments pour done Elvire, je n'en ai point de certitude encore. Tu sais que, par son ordre, je partis avant lui; et, depuis son arrivée, il ne m'a point entretenu; mais, par précaution, je t'apprends, *inter nos*, que tu vois en don Juan, mon maître, le plus grand scélérat que la terre ait jamais porté, un enragé, un chien, un diable, un turc, un hérétique, qui ne croit ni ciel, ni saint, ni Dieu, ni loup-garou, qui passe cette vie en véritable bête brute, un pourceau d'Épicure, un vrai Sardanapale, qui ferme l'oreille à toutes les remontrances chrétiennes qu'on lui peut faire, et traite de billevesées tout ce que nous croyons. Tu me dis qu'il a épousé ta maîtresse; crois qu'il auroit plus fait pour contenter[1] sa passion, et qu'avec elle il auroit encore épousé toi, son chien et son chat. Un mariage ne lui coûte rien à contracter; il ne se sert point d'autres pièges pour attraper les belles; et c'est un épouseur à toutes mains. Dame, demoiselle, bourgeoise, paysanne, il ne trouve rien de trop chaud ni de trop froid pour lui; et, si je te disois le nom de toutes celles qu'il a épousées en divers lieux, ce seroit un chapitre à durer jusqu'au soir. Tu demeures surpris, et changes de couleur à ce discours : ce n'est là qu'une ébauche du personnage; et, pour en achever le portrait, il faudroit bien d'autres coups de pinceau. Suffit qu'il faut que le courroux du ciel l'accable quelque jour; qu'il me vaudroit bien mieux d'être au diable que d'être à lui, et qu'il me fait voir tant d'horreurs, que je souhaiterois qu'il fût déjà je ne sais où. Mais un grand seigneur méchant homme est une terrible chose; il faut que je lui sois fidèle, en dépit que j'en aie; la crainte en moi fait l'office du zèle, bride mes sentiments, et me réduit d'applaudir bien souvent à ce que mon âme déteste. Le voilà qui vient se promener dans ce palais, séparons-nous. Écoute, au moins : je t'ai fait cette confidence avec franchise, et cela m'est sorti un peu bien vite de la bouche; mais, s'il falloit qu'il en vînt quelque chose à ses oreilles, je dirois hautement que tu aurois menti.

SCÈNE II

DON JUAN, SGANARELLE.

DON JUAN.

Quel homme te parloit là? Il a bien l'air, ce me semble, du bon Gusman de done Elvire.

SGANARELLE.

C'est quelque chose aussi à peu près comme cela.

DON JUAN.

Quoi! c'est lui!

SGANARELLE.

Lui-même.

DON JUAN.

Et depuis quand est-il en cette ville?

SGANARELLE.

D'hier au soir.

DON JUAN.

Et quel sujet l'amène?

SGANARELLE.

Je crois que vous jugez assez ce qui le peut inquiéter.

DON JUAN.

Notre départ, sans doute?

SGANARELLE.

Le bonhomme en est tout mortifié, et m'en demandoit le sujet.

DON JUAN.

Et quelle réponse as-tu faite?

SGANARELLE.

Que vous ne m'en aviez rien dit.

DON JUAN.

Mais encore, quelle est ta pensée là-dessus? Que t'imagines-tu de cette affaire?

SGANARELLE.

Moi? Je crois, sans vous faire tort, que vous avez quelque nouvel amour en tête.

DON JUAN.

Tu le crois?

SGANARELLE.

Oui.

DON JUAN.

Ma foi, tu ne te trompes pas, et je dois t'avouer qu'un autre objet a chassé Elvire de ma pensée.

SGANARELLE.

Eh! mon Dieu! je sais mon don Juan sur le bout du doigt, et connois votre cœur pour le plus grand coureur du monde; il se plaît à se promener de liens en liens, et n'aime guère à demeurer en place.

---

[1] VAR. Crois qu'il auroit plus fait pour sa passion.

ACTE I, SCÈNE II.

DON JUAN.

Et ne trouves-tu pas, dis-moi, que j'ai raison d'en user de la sorte?

SGANARELLE.

Eh! monsieur...

DON JUAN.

Quoi? Parle.

SGANARELLE.

Assurément que vous avez raison, si vous le voulez; on ne peut pas aller là contre. Mais, si vous ne vouliez pas, ce seroit peut-être une autre affaire.

DON JUAN.

Eh bien, je te donne la liberté de parler, et de me dire tes sentiments.

SGANARELLE.

En ce cas, monsieur, je vous dirai franchement que je n'approuve point votre méthode, et que je trouve fort vilain d'aimer de tous côtés, comme vous faites.

DON JUAN.

Quoi! tu veux qu'on se lie à demeurer au premier objet qui nous prend, qu'on renonce au monde pour lui, et qu'on n'ait plus d'yeux pour personne? La belle chose de vouloir se piquer d'un faux honneur d'être fidèle, de s'ensevelir pour toujours dans une passion, et d'être mort dès sa jeunesse à toutes les autres beautés qui nous peuvent frapper les yeux! Non, non, la constance n'est bonne que pour des ridicules; toutes les belles ont droit de nous charmer, et l'avantage d'être rencontrée la première ne doit point dérober aux autres les justes prétentions qu'elles ont toutes sur nos cœurs. Pour moi, la beauté me ravit partout où je la trouve, et je cède facilement à cette douce violence dont elle nous entraîne. J'ai beau être engagé, l'amour que j'ai pour une belle n'engage point mon âme à faire une injustice aux autres; je conserve des yeux pour voir le mérite de toutes, et rends à chacune les hommages et les tributs où la nature nous oblige. Quoi qu'il en soit, je ne puis refuser mon cœur à tout ce que je vois d'aimable; et, dès qu'un beau visage me le demande, si j'en avois dix mille, je les donnerois tous. Les inclinations naissantes, après tout, ont des charmes inexplicables, et tout le plaisir de l'amour est dans le changement. On goûte une douceur extrême à réduire, par cent hommages, le cœur d'une jeune beauté, à voir de jour en jour les petits progrès qu'on y fait, à combattre, par des transports, par des larmes et des soupirs, l'innocente pudeur d'une âme qui a peine à rendre les armes, à forcer pied à pied toutes les petites résistances qu'elle nous oppose, à vaincre les scrupules dont elle se fait un honneur, et la mener doucement où nous avons envie de la faire venir. Mais, lorsqu'on en est maître une fois, il n'y a plus rien à dire ni plus rien à souhaiter; tout le beau de la passion est fini, et nous nous endormons dans la tranquillité d'un tel amour, si quelque objet nouveau ne vient réveiller nos désirs, et présenter à notre cœur les charmes attrayants d'une conquête à faire. Enfin il n'est rien de si doux que de triompher de la résistance d'une belle personne; et j'ai, sur ce sujet, l'ambition des conquérants, qui volent perpétuellement de victoire en victoire, et ne peuvent se résoudre à borner leurs souhaits. Il n'est rien qui puisse arrêter l'impétuosité de mes désirs, je me sens un cœur à aimer toute la terre; et, comme Alexandre, je souhaiterois qu'il y eût d'autres mondes pour y pouvoir étendre mes conquêtes amoureuses.

SGANARELLE.

Vertu de ma vie, comme vous débitez! Il semble que vous ayez appris cela par cœur, et vous parlez tout comme un livre.

DON JUAN.

Qu'as-tu à dire là-dessus?

SGANARELLE.

Ma foi, j'ai à dire... Je ne sais que dire; car vous tournez les choses d'une manière, qu'il semble que vous avez raison; et cependant il est vrai que vous ne l'avez pas. J'avois les plus belles pensées du monde, et vos discours m'ont brouillé tout cela. Laissez faire; une autre fois je mettrai mes raisonnements par écrit, pour disputer avec vous.

DON JUAN.

Tu feras bien.

SGANARELLE.

Mais, monsieur, cela seroit-il de la permission que vous m'avez donnée, si je vous disois que je suis tant soit peu scandalisé de la vie que vous menez?

DON JUAN.

Comment! quelle vie est-ce que je mène?

SGANARELLE.

Fort bonne. Mais, par exemple, de vous voir tous les mois vous marier comme vous faites...

DON JUAN.

Y a-t-il rien de plus agréable?

SGANARELLE.

Il est vrai. Je conçois que cela est fort agréable et fort divertissant, et je m'en accommoderois assez, moi, s'il n'y avoit point de mal; mais, monsieur, se jouer ainsi d'un mystère sacré, et...

DON JUAN.

Va, va, c'est une affaire entre le ciel et moi, et nous la démêlerons bien ensemble sans que tu t'en mettes en peine.

SGANARELLE.

Ma foi, monsieur, j'ai toujours ouï dire que c'est une méchante raillerie que de se railler du ciel, et que les libertins ne font jamais une bonne fin.

DON JUAN.

Holà! maître sot. Vous savez que je vous ai dit que je n'aime pas les faiseurs de remontrances.

SGANARELLE.

Je ne parle pas aussi à vous, Dieu m'en garde! vous savez ce que vous faites, vous; et, si vous ne croyez rien, vous avez vos raisons; mais il y a certains petits impertinents dans le monde, qui sont libertins sans savoir pourquoi, qui font les esprits forts, parce qu'ils croient que cela leur sied bien; et, si j'avois un maître comme cela, je lui dirois fort nettement, le regardant en face: Osez-vous bien ainsi vous jouer au ciel, et ne tremblez-vous point de vous moquer comme vous faites des choses les plus saintes? C'est bien à vous, petit ver de terre, petit myrmidon que vous êtes (je parle au maître que j'ai dit), c'est bien à vous à vouloir vous mêler de tourner en raillerie ce que tous les hommes révèrent! Pensez-vous que, pour être de qualité, pour avoir une perruque blonde et bien frisée, des plumes à votre chapeau, un habit bien doré, et des rubans couleur de feu (ce n'est pas à vous que je parle, c'est à l'autre); pensez-vous, dis-je, que vous en soyez plus habile homme, que tout vous soit permis, et qu'on n'ose vous dire vos vérités? Apprenez de moi, qui suis votre valet, que le ciel punit tôt ou tard les impies, qu'une méchante vie amène une méchante mort, et que [1]...

DON JUAN.

Paix!

SGANARELLE.

De quoi est-il question?

DON JUAN.

Il est question de te dire qu'une beauté me tient au cœur, et qu'entraîné par ses appas je l'ai suivie jusqu'en cette ville.

SGANARELLE.

Et n'y craignez-vous rien, monsieur, de la mort de ce commandeur que vous tuâtes il y a six mois?

DON JUAN.

Et pourquoi craindre? ne l'ai-je pas bien tué?

SGANARELLE.

Fort bien, le mieux du monde, et il auroit tort de se plaindre.

DON JUAN.

J'ai eu ma grâce de cette affaire.

SGANARELLE.

Oui; mais cette grâce n'éteint pas peut-être le ressentiment des parents et des amis; et...

DON JUAN.

Ah! n'allons point songer au mal qui nous peut arriver, et songeons seulement à ce qui nous peut donner du plaisir. La personne dont je te parle est une jeune fiancée, la plus agréable du monde, qui a été conduite ici par celui même qu'elle y vient épouser, et le hasard me fit voir ce couple d'amants trois ou quatre jours avant leur voyage. Jamais je n'ai vu deux personnes être si contents l'un de l'autre, et faire éclater plus d'amour. La tendresse visible de leurs mutuelles ardeurs me donna de l'émotion; j'en fus frappé au cœur, et mon amour commença par la jalousie. Oui, je ne pus souffrir d'abord de les voir si bien ensemble; le dépit alluma mes désirs, et je me figurai un plaisir extrême à pouvoir troubler leur intelligence et rompre cet attachement, dont la délicatesse de mon cœur se tenoit offensée; mais jusques ici tous mes efforts ont été inutiles, et j'ai recours au dernier remède. Cet époux prétendu doit aujourd'hui régaler sa maîtresse d'une promenade sur mer. Sans t'en avoir rien dit, toutes choses sont préparées pour satisfaire mon amour, et j'ai une petite barque et des gens, avec quoi fort facilement je prétends enlever la belle.

SGANARELLE.

Ah! monsieur...

DON JUAN.

Hein?

SGANARELLE.

C'est fort bien fait à vous, et vous le prenez comme il faut. Il n'est rien tel en ce monde que de se contenter.

DON JUAN.

Prépare-toi donc à venir avec moi, et prends soin toi-même d'apporter toutes mes armes, afin que... (Apercevant donc Elvire.) Ah! rencontre fâcheuse! Traître! tu ne m'avois pas dit qu'elle étoit ici elle-même.

SGANARELLE.

Monsieur, vous ne me l'avez pas demandé.

DON JUAN.

Est-elle folle de n'avoir pas changé d'habit, et de venir en ce lieu-ci avec son équipage de campagne!

SCÈNE III

DONE ELVIRE, DON JUAN, SGANARELLE.

DONE ELVIRE.

Me feriez-vous la grâce, don Juan, de vouloir bien me reconnoître? Et puis-je au moins espérer que vous daigniez tourner le visage de ce côté?

DON JUAN.

Madame, je vous avoue que je suis surpris, et que je ne vous attendois pas ici.

DONE ELVIRE.

Oui, je vois bien que vous ne m'y attendiez pas; et vous êtes surpris, à la vérité, mais tout autrement que je ne l'espérois; et la manière dont vous le paroissez me persuade pleinement ce que je refusois de croire. J'admire ma simplicité, et la foiblesse de mon cœur, à douter d'une trahison que tant d'apparences me confirment. J'ai été assez bonne, je le confesse, ou plutôt assez sotte, pour vouloir me tromper moi-même, et travailler à démentir mes yeux et mon jugement. J'ai cherché des raisons pour excuser à ma tendresse le relâchement d'amitié qu'elle voyoit en vous; et je me suis forgé exprès cent sujets légitimes d'un départ si précipité, pour vous justifier du crime dont ma raison vous accusoit. Mes justes soupçons chaque jour avoient beau me parler, j'en rejetois la voix qui vous rendoit criminel à mes yeux, et j'écoutois avec plaisir mille chimères ridicules, qui vous peignoient in-

---

[1] Sganarelle est un des valets les plus francs, les plus vrais, les plus naïvement comiques qui soient au théâtre. Il n'est pas de la race antique de ces Daves qui, transplantés sur notre scène sous les noms de Crispin et de Frontin, y étaient une nature de convention, au lieu de la nature réelle qu'ils représentaient autrefois. Il est d'une lignée naturelle et toute française; il descend de ce Cliton du *Menteur*, le premier valet moderne qui ait remplacé dans la comédie les esclaves anciens. Le caractère propre des valets formés sur ce modèle est un gros bon sens qui est continuellement révolté des vices et des ridicules de leurs maîtres, mais que l'amour de l'argent ou la crainte des mauvais traitements empêche le plus souvent d'éclater. C'est ce conflit entre la raison et leur intérêt, c'est cette alternative de hardiesse et de timidité, d'humeur chagrine et de complaisance forcée, qui leur donne une physionomie vraie et plaisante: cette physionomie est celle de Cliton avec le menteur Dorante, de Sancho avec l'extravagant don Quichotte, enfin de Sganarelle avec le scélérat don Juan. (Auger.)

nocent à mon cœur; mais enfin cet abord ne me permet plus de douter, et le coup d'œil qui m'a reçue m'apprend bien plus de choses que je ne voudrois en savoir. Je serois bien aise pourtant d'ouïr de votre bouche les raisons de votre départ. Parlez, don Juan, je vous prie, et voyons de quel air vous saurez vous justifier.

DON JUAN.

Madame, voilà Sganarelle qui sait pourquoi je suis parti.

SGANARELLE, bas, à don Juan.

Moi, monsieur? Je n'en sais rien, s'il vous plaît.

DONE ELVIRE.

Eh bien, Sganarelle, parlez. Il n'importe de quelle bouche j'entende ces raisons.

DON JUAN, faisant signe à Sganarelle d'approcher.

Allons, parle donc à madame.

SGANARELLE, bas, à don Juan.

Que voulez-vous que je dise?

DONE ELVIRE.

Approchez, puisqu'on le veut ainsi, et me dites un peu les causes d'un départ si prompt.

DON JUAN.

Tu ne répondras pas?

SGANARELLE, bas, à don Juan.

Je n'ai rien à répondre. Vous vous moquez de votre serviteur.

DON JUAN.

Veux-tu répondre, te dis-je!

SGANARELLE.

Madame...

DONE ELVIRE.

Quoi?

SGANARELLE, se tournant vers son maître.

Monsieur...

DON JUAN, en le menaçant.

Si...

SGANARELLE.

Madame, les conquérants, Alexandre et les autres mondes sont cause de notre départ. Voilà, monsieur, tout ce que je puis dire.

DONE ELVIRE.

Vous plaît-il, don Juan, nous éclaircir ces beaux mystères?

DON JUAN.

Madame, à vous dire la vérité...

DONE ELVIRE.

Ah! que vous savez mal vous défendre pour un homme de cour, et qui doit être accoutumé à ces sortes de choses! J'ai pitié de vous voir la confusion que vous avez. Que ne vous armez-vous le front d'une noble effronterie? Que ne me jurez-vous que vous êtes toujours dans les mêmes sentiments pour moi, que vous m'aimez toujours avec une ardeur sans égale, et que rien n'est capable de vous détacher de moi que la mort? Que ne me dites-vous que des affaires de la dernière conséquence vous ont obligé à partir sans m'en donner avis; qu'il faut que, malgré vous, vous demeuriez ici quelque temps, et que je n'ai qu'à m'en retourner d'où je viens, assurée que vous suivrez mes pas le plus tôt qu'il vous sera possible; qu'il est certain que vous brûlez de me rejoindre, et qu'éloigné de moi vous souffrez ce que souffre un corps qui est séparé de son âme? Voilà comme il faut vous défendre, et non pas être interdit comme vous êtes.

DON JUAN.

Je vous avoue, madame, que je n'ai point le talent de dissimuler, et que je porte un cœur sincère. Je ne vous dirai point que je suis toujours dans les mêmes sentiments pour vous, et que je brûle de vous rejoindre, puisque enfin il est assuré que je ne suis parti que pour vous fuir, non point pour les raisons que vous pouvez vous figurer, mais par un pur motif de conscience, et pour ne croire pas qu'avec vous davantage je puisse vivre sans péché. Il m'est venu des scrupules, madame, et j'ai ouvert les yeux de l'âme sur ce que je faisois. J'ai fait réflexion que, pour vous épouser, je vous ai dérobée à la clôture d'un couvent, que vous avez rompu des vœux qui vous engageoient autre part, et que le ciel est fort jaloux de ces sortes de choses. Le repentir m'a pris, et j'ai craint le courroux céleste. J'ai cru que notre mariage n'étoit qu'un adultère déguisé, qu'il nous attireroit quelque disgrâce d'en haut, et qu'enfin je devois tâcher de vous oublier, et vous donner moyen de retourner à vos premières chaînes. Voudriez-vous, madame, vous opposer à une si sainte pensée, et que j'allasse, en vous retenant, me mettre le ciel sur les bras? que pour...

DONE ELVIRE.

Ah! scélérat, c'est maintenant que je te connois tout entier; et, pour mon malheur, je te connois lorsqu'il n'en est plus temps et qu'une telle connoissance ne peut plus me servir qu'à me désespérer; mais sache que ton crime ne demeurera pas impuni, et que le même ciel dont tu te joues me saura venger de ta perfidie!

DON JUAN.

Sganarelle, le ciel!

SGANARELLE.

Vraiment oui, nous nous moquons bien de cela, nous autres.

DON JUAN.

Madame...

DONE ELVIRE.

Il suffit. Je n'en veux pas ouïr davantage, et je m'accuse même d'en avoir trop entendu. C'est une lâcheté que de se faire expliquer trop sa honte; et, sur de tels sujets, un noble cœur, au premier mot, doit prendre son parti. N'attends pas que j'éclate ici en reproches et en injures; non, non, je n'ai point un courroux à exhaler en paroles vaines, et toute sa chaleur se réserve pour sa vengeance. Je te le dis encore, le ciel te punira, perfide, de l'outrage que tu me fais; et, si le ciel n'a rien que tu puisses appréhender, appréhende du moins la colère d'une femme offensée!

SCÈNE IV

DON JUAN, SGANARELLE.

SGANARELLE, à part.

Si le remords le pouvoit prendre!

DON JUAN, *après un moment de réflexion.*

Allons songer à l'exécution de notre entreprise amoureuse.

SGANARELLE, *seul.*

Ah! quel abominable maître me vois-je obligé de servir!

ACTE SECOND

Le théâtre représente une campagne au bord de la mer.

SCÈNE I

CHARLOTTE, PIERROT.

CHARLOTTE.

Notre dinse, Piarrot, tu t'es trouvé là bien à point.

PIERROT.

Pargnienne, il ne s'en est pas fallu l'époisseur d'une éplingue, qu'il ne se sayant nayés tous deux.

CHARLOTTE.

C'est donc le coup de vent d'à matin qui les avoit renvarsés dans la mar?

PIERROT.

Aga [1], quien, Charlotte, je m'en vas te conter tout fin drait comme cela est venu; car, comme dit l'autre, je les ai le premier avisés, avisés le premier je les ai. Enfin donc j'étions sur le bord de la mar, moi et le gros Lucas, et je nous amusions à batifoler avec des mottes de tarre que je nous jesquions à la tête; car, comme tu sais bian, le gros Lucas aime à batifoler, et moi, par fouas, je batifole itou. En batifolant donc, pisque batifoler y a, j'ai aparçu de tout loin queuque chose qui grouilloit dans gliau, et qui venoit comme envars nous par secousse. Je voyois cela fixiblement, et pis tout d'un coup je voyois que je ne voyois plus rian. Eh! Lucas, ç'ai-je fait, je pense que vlà des hommes qui nageant là-bas. Voire, ce m'a-t-il fait, t'as été au trépassement d'un chat, t'as la vue trouble [2]. Palsanguienne, ç'ai-je fait, je n'ai point la vue trouble, ce sont des hommes. Point du tout, ce m'a-t-il fait, t'as la barlue. Veux-tu gager, ç'ai-je fait, que je n'ai point la barlue, ç'ai-je fait, et que ce sont deux hommes, ç'ai-je fait, qui nageant droit ici? ç'ai-je fait. Morguienne, ce m'a-t-il fait, je gage que non. Oh! çà, ç'ai-je fait, veux-tu gager dix sous que si? Je le veux bian, ce m'a-t-il fait; et, pour te montrer, vlà argent su jeu, ce m'a-t-il fait. Moi, je n'ai point été ni fou, ni étourdi; j'ai bravement bouté à tarre quatre pièces tapées, et cinq sous en doubles, jerniguienne, aussi hardiment que si j'avois avalé un varre de vin; car je sis hasardeux, moi, et je vas à la débandade. Je savois bian ce que je faisois pourtant. Queuque gniais! Enfin donc, je n'avons pas putôt eu gagé, que j'avons vu les deux hommes tout à plain, qui nous faisiant signe de les aller querir; et moi, de tirer auparavant les enjeux. Allons, Lucas, ç'ai-je dit, tu vois bian qu'ils nous appelont; allons vite à leu secours. Non, ce m'a-t-il dit, ils m'ont fait pardre. Oh! donc, tanquia, qu'à la parfin, pour le faire court, je l'ai tant sarmonné, que je nous sommes boutés dans une barque, et pis j'avons tant fait cahin caha, que je les avons tirés de gliau, et pis je les avons menés cheux nous auprès du feu, et pis ils se sant dépouillés tout nus pour se sécher, et pis il y en est venu encore deux de la même bande qui s'équiant sauvés tout seuls, et pis Mathurine est arrivée là, à qui l'en a fait les doux yeux. Vlà justement, Charlotte, comme tout ça s'est fait.

CHARLOTTE.

Ne m'as-tu pas dit, Piarrot, qu'il y en a un qu'est bian pu mieux fait que les autres?

PIERROT.

Oui, c'est le maître. Il faut que ce soit queuque gros, gros monsieu, car il a du dor à son habit tout depis le haut jusqu'en bas; et ceux qui le servont sont des monsieux eux-mêmes; et stapandant, tout gros monsieu qu'il est, il seroit par ma fiqué nayé si je n'aviomme été là.

CHARLOTTE.

Ardez un peu.

PIERROT.

Oh! parguienne, sans nous, il en avoit pour sa mine de fèves [1].

CHARLOTTE.

Est-il encore cheux toi tout nu, Piarrot?

PIERROT.

Nannain, ils l'avont r'habillé tout devant nous. Mon Guieu, je n'en avois jamais vu s'habiller. Que d'histoires et d'engingorniaux [2] boutont ces messieux-là les courtisans! Je me pardrois là dedans, pour moi, et j'étois tout ébobi de voir ça. Quien, Charlotte, ils avont des cheveux qui ne tenont point à leu tête; et ils boutont çà, après tout, comme un gros bonnet de filasse. Ils ant des chemises qui ant des manches où j'entrerions tout brandis, toi et moi. En gliou d'haut-de-chausse, ils portont un garde-robe [3] aussi large que d'ici à Pâques; en gliou de pourpoint, de petites brassières qui ne leu venont pas jusqu'au brichet [4]; et, en gliou de rabats, un grand mouchoir de cou à rézieau, aveuc quatre grosses houppes de linge qui leu pendont sur l'estomaque. Ils avont itout d'autres petits rabats au bout des bras, et de grands entonnois de passements aux jambes; et, parmi tout ça, tant de rubans, tant de rubans, que c'est une vraie piquié. Ignia pas jusqu'aux souliers qui n'en soyont farcis tout depis un bout jusqu'à l'autre; et ils sont faits d'une façon que je me romprois le cou aveuc.

CHARLOTTE.

Par ma fi, Piarrot, il faut que j'aille voir un peu ça.

---

[1] *Aga*, sorte d'interjection populaire qui exprime l'admiration, l'étonnement.

[2] On trouve dans la *Comédie des Proverbes* d'Adrien de Montluc : « Tu as la barlue; je crois que tu as été au trépassement d'un chat; tu vois trouble. »

[1] On dit figurément : il en a pour *sa mine de fèves*, pour: il a été attrapé, il en a eu pour son compte. La *mine* est une mesure qui contient la moitié d'un setier. (Aimé Martin.)

[2] *Engingorniaux*, fanfreluches, affiquets, ornements de cou.

[3] Les villageoises portaient alors sur leur jupon une espèce de tablier appelé *garde-robe*.

[4] Le creux qui est au haut de l'estomac. (Ménage.)

ACTE II, SCÈNE I.

PIERROT.

Oh! acoute un peu auparavant, Charlotte. J'ai queuque autre chose à te dire, moi.

CHARLOTTE.

Eh bian, dis, qu'est-ce que c'est?

PIERROT.

Vois-tu, Charlotte, il faut, comme dit l'autre, que je débonde mon cœur. Je t'aime, tu le sais bian, et je sommes pour être mariés ensemble; mais, marguienne, je ne suis point satisfait de toi.

CHARLOTTE.

Quement? qu'est-ce que c'est donc qu'iglia?

PIERROT.

Iglia que tu me chagraines l'esprit, franchement.

CHARLOTTE.

Et quement donc?

PIERROT.

Tétiguienne, tu ne m'aimes point.

CHARLOTTE.

Ah! ah! n'est-ce que ça?

PIERROT.

Oui, ce n'est que ça, et c'est bian assez.

CHARLOTTE.

Mon Guieu, Piarrot, tu me viens toujou dire la même chose.

PIERROT.

Je te dis toujou la même chose, parce que c'est toujou la même chose; et, si ce n'étoit pas toujou la même chose, je ne te dirois pas toujou la même chose.

CHARLOTTE.

Mais qu'est-ce qu'il te faut? Que veux-tu?

PIERROT.

Jerniguienne! je veux que tu m'aimes.

CHARLOTTE.

Est-ce que je ne t'aime pas?

PIERROT.

Non, tu ne m'aimes pas, et si, je fais tout ce que je pis pour ça. Je t'achète, sans reproche, des rubans à tous les marciers qui passent; je me romps le cou à t'aller dénicher des marles; je fais jouer pour toi les vielleux quand ce vient ta fête; et tout ça comme si je me frappois la tête contre un mur. Vois-tu, ça n'est ni biau ni honnête de n'aimer pas les gens qui nous aimont.

CHARLOTTE.

Mais, mon Guieu, je t'aime aussi.

PIERROT.

Oui, tu m'aimes d'une belle dégaine!

CHARLOTTE.

Quement veux-tu donc qu'on fasse?

PIERROT.

Je veux que l'en fasse comme l'en fait, quand l'en aime comme il faut.

CHARLOTTE.

Ne t'aimé-je pas aussi comme il faut?

PIERROT.

Non. Quand ça est, ça se voit, et l'en fait mille petites singeries aux parsonnes quand on les aime du bon cœur. Regarde la grosse Thomasse, comme alle est assottée du jeune Robain; alle est toujou autour de li à l'agacer, et ne le laisse jamais en repos. Toujou al li fait queuque niche, ou li baille queuque taloche en passant; et l'autre jour qu'il étoit assis sur un escabian, al fut le tirer de dessous li, et le fit choir tout de son long par tarre. Jarni, vlà où l'en voit les gens qui aimont; mais toi, tu ne me dis jamais mot, t'es toujou là comme eune vraie souche de bois; et je passerois vingt fois devant toi, que tu ne te grouillerois pas pour me bailler le moindre coup, ou me dire la moindre chose. Ventreguienne! ça n'est pas bian, après tout; et t'es trop froide pour les gens.

CHARLOTTE.

Que veux-tu que j'y fasse? C'est mon himeur, et je ne me pis refondre.

PIERROT.

Ignia h'meur qui quienne. Quand en a de l'amiquié pour les parsonnes, l'en en baille toujou queuque petite signifiance.

CHARLOTTE.

Enfin, je t'aime tout autant que je pis; et, si tu n'es pas content de ça, tu n'as qu'à en aimer queuque autre.

PIERROT.

Eh bian, vlà pas mon compte? Tétigué! si tu m'aimois, me dirois-tu ça?

CHARLOTTE.

Pourquoi me viens-tu aussi tarabuster l'esprit?

PIERROT.

Morgué! queu mal te fais-je? Je ne te demande qu'un peu d'amiquié.

CHARLOTTE.

Eh bien, laisse faire aussi, et ne me presse point tant. Peut-être que ça viendra tout d'un coup sans y songer.

PIERROT.

Touche donc là, Charlotte.

CHARLOTTE, donnant sa main.

Eh bien, quien.

PIERROT.

Promets-moi donc que tu tâcheras de m'aimer davantage.

CHARLOTTE.

J'y ferai tout ce que je pourrai; mais il faut que ça vienne de lui-même. Piarrot, est-ce là ce monsieu?

PIERROT.

Oui, le vlà.

CHARLOTTE.

Ah! mon Guieu, qu'il est genti, et que ç'auroit été dommage qu'il eût été nayé!

PIERROT.

Je revians tout à l'heure; je m'en vas boire chopaine, pour me rebouter tant soit peu de la fatigue que j'ais euc[1].

---

[1] C'est dans le *Pédant joué*, de Cyrano de Bergerac, que se trouve, sur notre théâtre, le premier emploi du langage des paysans. Cette scène en offre le second exemple.

SCÈNE II

DON JUAN, SGANARELLE; CHARLOTTE, dans le fond du théâtre.

DON JUAN.

Nous avons manqué notre coup, Sganarelle, et cette bourrasque imprévue a renversé avec notre barque le projet que nous avions fait; mais, à te dire vrai, la paysanne que je viens de quitter répare ce malheur, et je lui ai trouvé des charmes qui effacent de mon esprit tout le chagrin que me donnoit le mauvais succès de notre entreprise. Il ne faut pas que ce cœur m'échappe, et j'y ai déjà jeté des dispositions à ne pas me souffrir longtemps de pousser des soupirs.

SGANARELLE.

Monsieur, j'avoue que vous m'étonnez. A peine sommes-nous échappés d'un péril de mort, qu'au lieu de rendre grâce au ciel de la pitié qu'il a daigné prendre de nous, vous travaillez tout de nouveau à attirer sa colère par vos fantaisies accoutumées, et vos amours cr... (Don Juan prend un ton menaçant.) Paix, coquin que vous êtes, vous ne savez ce que vous dites, et monsieur sait ce qu'il fait. Allons.

DON JUAN, apercevant Charlotte.

Ah! ah! d'où sort cette autre paysanne, Sganarelle? As-tu rien vu de plus joli? et ne trouves-tu pas, dis-moi, que celle-ci vaut bien l'autre?

SGANARELLE.

Assurément. (A part.) Autre pièce nouvelle.

DON JUAN, à Charlotte.

D'où me vient, la belle, une rencontre si agréable? Quoi! dans ces lieux champêtres, parmi ces arbres et ces rochers, on trouve des personnes faites comme vous êtes?

CHARLOTTE.

Vous voyez, monsieur.

DON JUAN.

Êtes-vous de ce village?

CHARLOTTE.

Oui, monsieur.

DON JUAN.

Et vous y demeurez?

CHARLOTTE.

Oui, monsieur.

DON JUAN.

Vous vous appelez...?

CHARLOTTE.

Charlotte, pour vous servir.

DON JUAN.

Ah! la belle personne, et que ses yeux sont pénétrants!

CHARLOTTE.

Monsieur, vous me rendez toute honteuse.

DON JUAN.

Ah! n'ayez point de honte d'entendre dire vos vérités. Sganarelle, qu'en dis-tu? Peut-on rien voir de plus agréable? Tournez-vous un peu, s'il vous plaît. Ah! que cette taille est jolie! Haussez un peu la tête, de grâce. Ah! que ce visage est mignon! Ouvrez vos yeux entièrement. Ah! qu'ils sont beaux! Que je voie un peu vos dents, je vous prie. Ah! qu'elles sont amoureuses, et ces lèvres appétissantes! Pour moi, je suis ravi, et je n'ai jamais vu une si charmante personne.

CHARLOTTE.

Monsieur, cela vous plaît à dire, et je ne sais pas si c'est pour vous railler de moi.

DON JUAN.

Moi, me railler de vous? Dieu m'en garde! Je vous aime trop pour cela, et c'est du fond du cœur que je vous parle.

CHARLOTTE.

Je vous suis bien obligée, si ça est.

DON JUAN.

Point du tout, vous ne m'êtes point obligée de tout ce que je dis; et ce n'est qu'à votre beauté que vous en êtes redevable.

CHARLOTTE.

Monsieur, tout ça est trop bien dit pour moi, et je n'ai pas d'esprit pour vous répondre.

DON JUAN.

Sganarelle, regarde un peu ses mains.

CHARLOTTE.

Fi! monsieur! elles sont noires comme je ne sais quoi.

DON JUAN.

Ah! que dites-vous là? Elles sont les plus belles du monde : souffrez que je les baise, je vous prie.

CHARLOTTE.

Monsieur, c'est trop d'honneur que vous me faites; et si j'avois su ça tantôt, je n'aurois pas manqué de les laver avec du son.

DON JUAN.

Eh! dites-moi un peu, belle Charlotte, vous n'êtes pas mariée, sans doute?

CHARLOTTE.

Non, monsieur; mais je dois bientôt l'être avec Pierrot, le fils de la voisine Simonette.

DON JUAN.

Quoi! une personne comme vous seroit la femme d'un simple paysan! Non, non, c'est profaner tant de beautés, et vous n'êtes pas née pour demeurer dans un village. Vous méritez, sans doute, une meilleure fortune; et le ciel, qui le connoît bien, m'a conduit ici tout exprès pour empêcher ce mariage et rendre justice à vos charmes; car enfin, belle Charlotte, je vous aime de tout mon cœur, et il ne tiendra qu'à vous que je vous arrache de ce misérable lieu, et ne vous mette dans l'état où vous méritez d'être. Cet amour est bien prompt, sans doute; mais quoi! c'est un effet, Charlotte, de votre grande beauté; et l'on vous aime autant en un quart d'heure qu'on feroit une autre en six mois.

CHARLOTTE.

Aussi vrai, monsieur, je ne sais comment faire quand vous parlez. Ce que vous me dites me fait aise, et j'aurois toutes les envies du monde de vous croire; mais on m'a toujou dit qu'il ne faut jamais croire les monsieux, et que vous autres courtisans êtes des enjôleux, qui ne songez qu'à abuser les filles.

DON JUAN.

Je ne suis pas de ces gens-là.

SGANARELLE, à part.

Il n'a garde.

CHARLOTTE.

Voyez-vous, monsieur, il n'y a pas de plaisir à se laisser abuser. Je suis une pauvre paysanne; mais j'ai l'honneur en recommandation, et j'aimerois mieux me voir morte que de me voir déshonorée.

DON JUAN.

Moi, j'aurois l'âme assez méchante pour abuser une personne comme vous? je serois assez lâche pour vous déshonorer? Non, non, j'ai trop de conscience pour cela. Je vous aime, Charlotte, en tout bien et en tout honneur; et, pour vous montrer que je vous dis vrai, sachez que je n'ai point d'autre dessein que de vous épouser. En voulez-vous un plus grand témoignage? M'y voilà prêt, quand vous voudrez; et je prends à témoin l'homme que voilà, de la parole que je vous donne.

SGANARELLE.

Non, non, ne craignez point. Il se mariera avec vous tant que vous voudrez.

DON JUAN.

Charlotte, je vois bien que vous ne me connoissez pas encore. Vous me faites grand tort de juger de moi par les autres; et, s'il y a des fourbes dans le monde, des gens qui ne cherchent qu'à abuser des filles, vous devez me tirer du nombre, et ne pas mettre en doute la sincérité de ma foi; et puis votre beauté vous assure de tout. Quand on est faite comme vous, on doit être à couvert de toutes ces sortes de craintes : vous n'avez point l'air, croyez-moi, d'une personne qu'on abuse; et, pour moi, je vous l'avoue, je me percerois le cœur de mille coups, si j'avois eu la moindre pensée de vous trahir.

CHARLOTTE.

Mon Dieu! je ne sais si vous dites vrai ou non; mais vous faites que l'on vous croit.

DON JUAN.

Lorsque vous me croirez, vous me rendrez justice assurément, et je vous réitère encore la promesse que je vous ai faite. Ne l'acceptez-vous pas? et ne voulez-vous pas consentir à être ma femme?

CHARLOTTE.

Oui, pourvu que ma tante le veuille.

DON JUAN.

Touchez donc là, Charlotte, puisque vous le voulez bien de votre part.

CHARLOTTE.

Mais au moins, monsieur, ne m'allez point tromper, je vous prie! Il y auroit de la conscience à vous, et vous voyez comme j'y vais à la bonne foi.

DON JUAN.

Comment! il semble que vous doutiez encore de ma sincérité! Voulez-vous que je fasse des serments épouvantables? Que le ciel...

CHARLOTTE.

Mon Dieu! ne jurez point! je vous crois.

DON JUAN.

Donnez-moi donc un petit baiser pour gage de votre parole.

CHARLOTTE.

Oh! monsieur, attendez que je soyons mariés, je vous prie. Après ça, je vous baiserai tant que vous voudrez.

DON JUAN.

Eh bien, belle Charlotte, je veux tout ce que vous voulez; abandonnez-moi seulement votre main, et souffrez que, par mille baisers, je lui exprime le ravissement où je suis...

SCÈNE III

DON JUAN, SGANARELLE, PIERROT, CHARLOTTE.

PIERROT, poussant don Juan, qui baise la main de Charlotte.

Tout doucement, monsieur; tenez-vous, s'il vous plaît. Vous vous échauffez trop, et vous pourriez gagner la purésie.

DON JUAN, repoussant rudement Pierrot.

Qui m'amène cet impertinent?

PIERROT, se mettant entre don Juan et Charlotte.

Je vous dis qu'ous vous tegniez, et qu'ous ne caressiais point nos accordées.

DON JUAN, repoussant encore Pierrot.

Ah! que de bruit!

PIERROT.

Jerniguienne! ce n'est pas comme ça qu'il faut pousser les gens.

CHARLOTTE, prenant Pierrot par le bras.

Eh! laisse-le faire aussi, Piarrot.

PIERROT.

Quement! que je le laisse faire? Je ne veux pas, moi.

DON JUAN.

Ah!

PIERROT.

Tétiguienne! parce qu'ous êtes monsieur, vous viendrez caresser nos femmes à note barbe? Allez-v's-en caresser les vôtres.

DON JUAN.

Heu?

PIERROT.

Heu. (Don Juan lui donne un soufflet.) Tétigué! ne me frappez pas. (Autre soufflet.) Oh! jerniguié! (Autre soufflet.) Ventregué! (Autre soufflet.) Palsangué! morguienne! ça n'est pas bian de battre les gens, et ce n'est pas là la récompense de v's avoir sauvé d'être nayé.

CHARLOTTE.

Piarrot, ne te fâche point.

PIERROT.

Je me veux fâcher; et t'es une vilaine, toi, d'endurer qu'on te cajole.

CHARLOTTE.

Oh! Piarrot, ce n'est pas ce que tu penses. Ce monsieur veut m'épouser, et tu ne dois pas te bouter en colère.

PIERROT.
Quement? jerni! tu m'es promise.
CHARLOTTE.
Ça n'y fait rien, Piarrot. Si tu m'aimes, ne dois-tu pas être bien aise que je devienne madame?
PIERROT.
Jerniguié! non. J'aime mieux te voir crevée que de te voir à un autre.
CHARLOTTE.
Va, va, Piarrot, ne te mets pas en peine. Si je sis madame, je te ferai gagner queuque chose, et tu apporteras du beurre et du fromage cheux nous.
PIERROT.
Ventreguienne! je gni en porterai jamais, quand tu m'en payerois deux fois autant. Est-ce donc comme ça que t'écoutes ce qu'il te dit? Morguienne! si j'avois su ça tantôt, je me serois bien gardé de le tirer de gliau, et je gli aurois baillé un bon coup d'aviron sur la tête.
DON JUAN, s'approchant de Pierrot pour le frapper.
Qu'est-ce que vous dites?
PIERROT, se mettant derrière Charlotte.
Jerniguienne! je ne crains personne.
DON JUAN, passant du côté où est Pierrot.
Attendez-moi un peu.
PIERROT, repassant de l'autre côté.
Je me moque de tout, moi.
DON JUAN, courant après Pierrot.
Voyons cela.
PIERROT, se sauvant encore derrière Charlotte.
J'en avons bian vu d'autres.
DON JUAN.
Ouais.
SGANARELLE.
Eh! monsieur, laissez là ce pauvre misérable. C'est conscience de le battre. (A Pierrot, en se mettant entre lui et don Juan.) Écoute, mon pauvre garçon, retire-toi, et ne lui dis rien.
PIERROT, passant devant Sganarelle, et regardant fièrement don Juan.
Je veux lui dire, moi.
DON JUAN, levant la main pour donner un soufflet à Pierrot.
Ah! je vous apprendrai. (Pierrot baisse la tête, et Sganarelle reçoit le soufflet.)
SGANARELLE, regardant Pierrot.
Peste soit du maroufle!
DON JUAN, à Sganarelle.
Te voilà payé de ta charité.
PIERROT.
Jarni! je vas dire à sa tante tout ce ménage-ci.

SCÈNE IV

DON JUAN, CHARLOTTE, SGANARELLE.

DON JUAN, à Charlotte.
Enfin je m'en vais être le plus heureux de tous les hommes, et je ne changerois pas mon bonheur à toutes les choses du monde. Que de plaisirs quand vous serez ma femme, et que...

SCÈNE V

DON JUAN, MATHURINE, CHARLOTTE, SGANARELLE.

SGANARELLE, apercevant Mathurine.
Ah! ah!
MATHURINE, à don Juan.
Monsieur, que faites-vous donc là avec Charlotte? Est-ce que vous lui parlez d'amour aussi?
DON JUAN, bas, à Mathurine.
Non. Au contraire, c'est elle qui me témoignoit une envie d'être ma femme, et je lui répondois que j'étois engagé avec vous.
CHARLOTTE, à don Juan.
Qu'est-ce que c'est donc que vous veut Mathurine?
DON JUAN, bas, à Charlotte.
Elle est jalouse de me voir vous parler, et voudroit bien que je l'épousasse; mais je lui dis que c'est vous que je veux.
MATHURINE.
Quoi! Charlotte...
DON JUAN, bas, à Mathurine.
Tout ce que vous lui direz sera inutile; elle s'est mis cela dans la tête.
CHARLOTTE.
Quement donc! Mathurine...
DON JUAN, bas, à Charlotte.
C'est en vain que vous lui parlerez; vous ne lui ôterez point cette fantaisie.
MATHURINE.
Est-ce que....
DON JUAN, bas, à Mathurine.
Il n'y a pas moyen de lui faire entendre raison.
CHARLOTTE.
Je voudrois...
DON JUAN, bas, à Charlotte.
Elle est obstinée comme tous les diables.
MATHURINE.
Vrament...
DON JUAN, bas, à Mathurine.
Ne lui dites rien, c'est une folle.
CHARLOTTE.
Je pense...
DON JUAN, bas, à Charlotte.
Laissez-la, c'est une extravagante.
MATHURINE.
Non, non, il faut que je lui parle.
CHARLOTTE.
Je veux voir un peu ses raisons.
MATHURINE.
Quoi!...
DON JUAN, bas, à Mathurine.
Je gage qu'elle va vous dire que je lui ai promis de l'épouser.

ACTE II, SCÈNE VI.

CHARLOTTE.
Je...

DON JUAN, bas, à Charlotte.
Gageons qu'elle vous soutiendra que je lui ai donné parole de la prendre pour femme.

MATHURINE.
Holà, Charlotte, ça n'est pas bian de courir sur le marché des autres.

CHARLOTTE.
Ça n'est pas honnête, Mathurine, d'être jalouse que monsieu me parle.

MATHURINE.
C'est moi que monsieu a vue la première.

CHARLOTTE.
S'il vous a vue la première, il m'a vue la seconde, et m'a promis de m'épouser.

DON JUAN, bas, à Mathurine.
Eh bien, que vous ai-je dit?

MATHURINE, à Charlotte.
Je vous baise les mains; c'est moi, et non pas vous, qu'il a promis d'épouser.

DON JUAN, bas, à Charlotte.
N'ai-pas deviné?

CHARLOTTE.
A d'autres, je vous prie; c'est moi, vous dis-je.

MATHURINE.
Vous vous moquez des gens; c'est moi encore un coup.

CHARLOTTE.
Le vlà qui est pour le dire, si je n'ai pas raison.

MATHURINE.
Le vlà qui est pour me démentir, si je ne dis pas vrai.

CHARLOTTE.
Est-ce, monsieu, que vous lui avez promis de l'épouser?

DON JUAN, bas, à Charlotte.
Vous vous raillez de moi.

MATHURINE.
Est-il vrai, monsieu, que vous lui avez donné parole d'être son mari?

DON JUAN, bas, à Mathurine.
Pouvez-vous avoir cette pensée?

CHARLOTTE.
Vous voyez qu'al le soutient.

DON JUAN, bas, à Charlotte.
Laissez-la faire.

MATHURINE.
Vous êtes témoin comme al l'assure.

DON JUAN, bas, à Mathurine.
Laissez-la dire.

CHARLOTTE.
Non, non, il faut savoir la vérité.

MATHURINE.
Il est question de juger ça.

CHARLOTTE.
Oui, Mathurine, je veux que monsieu vous montre votre bec jaune[1].

MATHURINE.
Oui, Charlotte, je veux que monsieu vous rende un peu camuse[2].

CHARLOTTE.
Monsieur, videz la querelle, s'il vous plaît.

MATHURINE.
Mettez-nous d'accord, monsieur.

CHARLOTTE, à Mathurine.
Vous allez voir.

MATHURINE, à Charlotte.
Vous allez voir vous-même.

CHARLOTTE, à don Juan.
Dites.

MATHURINE, à don Juan.
Parlez.

DON JUAN.
Que voulez-vous que je dise? Vous soutenez également toutes deux que je vous ai promis de vous prendre pour femmes. Est-ce que chacune de vous ne sait pas ce qui en est, sans qu'il soit nécessaire que je m'explique davantage? Pourquoi m'obliger là-dessus à des redites? Celle à qui j'ai promis effectivement n'a-t-elle pas, en elle-même, de quoi se moquer des discours de l'autre; et doit-elle se mettre en peine, pourvu que j'accomplisse ma promesse? Tous les discours n'avancent point les choses. Il faut faire, et non pas dire; et les effets décident mieux que les paroles. Aussi n'est-ce rien que par là que je vous veux mettre d'accord; et l'on verra, quand je me marierai, laquelle des deux a mon cœur. (Bas, à Mathurine.) Laissez-lui croire ce qu'elle voudra. (Bas, à Charlotte.) Laissez-la se flatter dans son imagination. (Bas, à Mathurine.) Je vous adore. (Bas, à Charlotte.) Je suis tout à vous. (Bas, à Mathurine.) Tous les visages sont laids auprès du vôtre. (Bas, à Charlotte.) On ne peut plus souffrir les autres quand on vous a vue. (Haut.) J'ai un petit ordre à donner, je viens vous retrouver dans un quart d'heure.

SCÈNE VI

CHARLOTTE, MATHURINE, SGANARELLE.

CHARLOTTE, à Mathurine.
Je suis celle qu'il aime, au moins.

MATHURINE, à Charlotte.
C'est moi qu'il épousera.

SGANARELLE, arrêtant Charlotte et Mathurine.
Ah! pauvres filles que vous êtes, j'ai pitié de votre innocence, et je ne puis souffrir de vous voir courir à votre malheur. Croyez-moi l'une et l'autre : ne vous amusez point à tous les contes qu'on vous fait, et demeurez dans votre village.

---

[1] Bec jaune, ou béjaune, se dit d'un oiseau fort jeune dont le bec est encore jaune, autrement un oiseau niais, ainsi nommé parce qu'il n'est pas encore sorti du nid; de là le proverbe mon-trer à quelqu'un son béjaune, lui faire voir qu'il n'est qu'un sot, un ignorant.

[2] Métaphoriquement, casser le nez, rendre confus.

SCÈNE VII

DON JUAN, CHARLOTTE, MATHURINE, SGANARELLE.

DON JUAN, dans le fond du théâtre, à part.
Je voudrois bien savoir pourquoi Sganarelle ne me suit pas.

SGANARELLE.
Mon maître est un fourbe, il n'a dessein que de vous abuser, et en a bien abusé d'autres; c'est l'épouseur du genre humain, et... (Apercevant don Juan.) Cela est faux; et quiconque vous dira cela, vous lui devez dire qu'il en a menti. Mon maître n'est point l'épouseur du genre humain, il n'est point un fourbe, il n'a pas dessein de vous tromper, et n'en a point abusé d'autres. Ah! tenez, le voilà; demandez-le plutôt à lui-même.

DON JUAN, regardant Sganarelle et le soupçonnant d'avoir parlé.
Oui!

SGANARELLE.
Monsieur, comme le monde est plein de médisants, je vais au-devant des choses; et je leur disois que si quelqu'un leur venoit dire du mal de vous, elles se gardassent bien de le croire, et ne manquassent pas de lui dire qu'il en auroit menti.

DON JUAN.
Sganarelle!

SGANARELLE, à Charlotte et à Mathurine.
Oui, monsieur est homme d'honneur; je le garantis tel.

DON JUAN.
Hon!

SGANARELLE.
Ce sont des impertinents.

SCÈNE VIII

DON JUAN, LA RAMÉE, CHARLOTTE, MATHURINE, SGANARELLE.

LA RAMÉE, bas, à don Juan.
Monsieur, je viens vous avertir qu'il ne fait pas bon ici pour vous.

DON JUAN.
Comment?

LA RAMÉE.
Douze hommes à cheval vous cherchent, qui doivent arriver ici dans un moment : je ne sais pas par quel moyen ils peuvent vous avoir suivi; mais j'ai appris cette nouvelle d'un paysan qu'ils ont interrogé, et auquel ils vous ont dépeint. L'affaire presse; et le plus tôt que vous pourrez sortir d'ici sera le meilleur.

SCÈNE IX

DON JUAN, CHARLOTTE, MATHURINE, SGANARELLE.

DON JUAN, à Charlotte et à Mathurine.
Une affaire pressante m'oblige de partir d'ici; mais je vous prie de vous ressouvenir de la parole que je vous ai donnée, et de croire que vous aurez de mes nouvelles avant qu'il soit demain au soir.

SCÈNE X

DON JUAN, SGANARELLE.

DON JUAN.
Comme la partie n'est pas égale, il faut user de stratagème, et éluder adroitement le malheur qui me cherche. Je veux que Sganarelle se revête de mes habits, et moi...

SGANARELLE.
Monsieur, vous vous moquez. M'exposer à être tué sous vos habits, et...

DON JUAN.
Allons, vite, c'est trop d'honneur que je vous fais; et bien heureux est le valet qui peut avoir la gloire de mourir pour son maître!

SGANARELLE.
Je vous remercie d'un tel honneur. (Seul.) O ciel! puisqu'il s'agit de mort, fais-moi la grâce de n'être point pris pour un autre [1] !

ACTE TROISIÈME

Le théâtre représente une forêt.

SCÈNE I

DON JUAN, en habit de campagne; SGANARELLE, en médecin.

SGANARELLE.
Ma foi, monsieur, avouez que j'ai eu raison, et que nous voilà l'un et l'autre déguisés à merveille. Votre premier dessein n'étoit point du tout à propos, et ceci nous cache bien mieux que tout ce que vous vouliez faire.

DON JUAN.
Il est vrai que te voilà bien; et je ne sais où tu as été déterrer cet attirail ridicule.

SGANARELLE.
Oui. C'est l'habit d'un vieux médecin, qui a été laissé en gage au lieu où je l'ai pris, et il m'en a coûté de l'argent pour l'avoir. Mais savez-vous, monsieur, que cet habit me met déjà en considération, que je suis salué des gens que je rencontre, et que l'on me vient consulter ainsi qu'un habile homme?

DON JUAN.
Comment donc?

SGANARELLE.
Cinq ou six paysans et paysannes, en me voyant passer, me sont venus demander mon avis sur différentes maladies.

---
[1] Ce second acte tout entier n'est qu'un épisode.

ACTE III, SCÈNE I.

DON JUAN.

Tu leur as répondu que tu n'y entendois rien?

SGANARELLE.

Moi? Point du tout. J'ai voulu soutenir l'honneur de mon habit; j'ai raisonné sur le mal, et leur ai fait des ordonnances à chacun.

DON JUAN.

Et quels remèdes encore leur as-tu ordonnés?

SGANARELLE.

Ma foi, monsieur, j'en ai pris par où j'en ai pu attraper; j'ai fait mes ordonnances à l'aventure; et ce seroit une chose plaisante si les malades guérissoient, et qu'on m'en vint remercier.

DON JUAN.

Et pourquoi non? Par quelle raison n'aurois-tu pas les mêmes priviléges qu'ont tous les autres médecins? Ils n'ont pas plus de part que toi aux guérisons des malades, et tout leur art est pure grimace. Ils ne font rien que recevoir la gloire des heureux succès; et tu peux profiter, comme eux, du bonheur du malade, et voir attribuer à tes remèdes tout ce qui peut venir des faveurs du hasard et des forces de la nature.

SGANARELLE.

Comment, monsieur, vous êtes aussi impie en médecine?

DON JUAN.

C'est une des grandes erreurs qui soient parmi les hommes.

SGANARELLE.

Quoi! vous ne croyez pas au séné, ni à la casse, ni au vin émétique?

DON JUAN.

Et pourquoi veux-tu que j'y croie?

SGANARELLE.

Vous avez l'âme bien mécréante. Cependant vous voyez, depuis un temps, que le vin émétique fait bruire ses fuseaux. Ses miracles ont converti les plus incrédules esprits; et il n'y a pas trois semaines que j'en ai vu, moi qui vous parle, un effet merveilleux.

DON JUAN.

Et quel?

SGANARELLE.

Il y avoit un homme qui, depuis six jours, étoit à l'agonie; on ne savoit plus que lui ordonner, et tous les remèdes ne faisoient rien; on s'avisa à la fin de lui donner de l'émétique.

DON JUAN.

Il réchappa, n'est-ce pas?

SGANARELLE.

Non, il mourut.

DON JUAN.

L'effet est admirable.

SGANARELLE.

Comment! il y avoit six jours entiers qu'il ne pouvoit mourir, et cela le fit mourir tout d'un coup. Voulez-vous rien de plus efficace?

DON JUAN.

Tu as raison.

SGANARELLE.

Mais laissons là la médecine, où vous ne croyez point, et parlons des autres choses; car cet habit me donne de l'esprit, et je me sens en humeur de disputer contre vous. Vous savez bien que vous me permettez les disputes, et que vous ne me défendez que les remontrances.

DON JUAN.

Eh bien?

SGANARELLE.

Je veux savoir un peu vos pensées à fond. Est-il possible que vous ne croyiez point du tout au ciel?

DON JUAN.

Laissons cela.

SGANARELLE.

C'est-à-dire que non. Et à l'enfer?

DON JUAN.

Eh!

SGANARELLE.

Tout de même. Et au diable, s'il vous plaît?

DON JUAN.

Oui, oui.

SGANARELLE.

Aussi peu. Ne croyez-vous point à l'autre vie?

DON JUAN.

Ah! ah! ah!

SGANARELLE.

Voilà un homme que j'aurai bien de la peine à convertir. Et dites-moi un peu, « le moine bourru[1], qu'en « croyez-vous? eh?

DON JUAN.

« La peste soit du fat!

SGANARELLE.

« Et voilà ce que je ne puis souffrir; car il n'y a rien « de plus vrai que le moine bourru, et je me ferois « pendre pour celui-là. Mais encore faut-il croire quelque « chose dans le monde. Qu'est-ce donc que vous croyez[2]? »

DON JUAN.

Ce que je crois?

SGANARELLE.

Oui.

DON JUAN.

Je crois que deux et deux sont quatre, Sganarelle, et que quatre et quatre sont huit.

SGANARELLE.

La belle croyance et les beaux articles de foi que voilà. Votre religion, à ce que je vois, est donc l'arithmétique? Il faut avouer qu'il se met d'étranges folies dans la tête des hommes, et que, pour avoir bien étudié, on est bien moins sage le plus souvent. Pour moi, monsieur, je n'ai point étudié comme vous, Dieu merci, et personne ne sauroit se vanter de m'avoir jamais rien appris; mais avec mon petit sens, mon petit jugement, je vois les choses mieux que tous les livres, et je comprends fort bien que ce monde que nous voyons n'est pas un champignon qui

---

[1] On appeloit *moine bourru* un prétendu fantôme qui couroit les rues la nuit et maltraitoit les passants attardés; les nourrices et les bonnes en faisoient peur aux enfants.

[2] Les passages guillemetés ne se trouvent pas dans la première édition.

soit venu tout seul en une nuit. Je voudrois bien vous demander qui a fait ces arbres-là, ces rochers, cette terre, et ce ciel que voilà là-haut; et si tout cela s'est bâti de lui-même. Vous voilà, vous, par exemple, vous êtes là : est-ce que vous vous êtes fait tout seul, et n'a-t-il pas fallu que votre père ait engrossé votre mère pour vous faire? Pouvez-vous voir toutes les inventions dont la machine de l'homme est composée, sans admirer de quelle façon cela est agencé l'un dans l'autre? ces nerfs, ces os, ces veines, ces artères, ces..., ce poumon, ce cœur, ce foie, et tous ces autres ingrédients qui sont là, et qui... Oh! dame, interrompez-moi donc, si vous voulez. Je ne saurois disputer, si l'on ne m'interrompt. Vous vous taisez exprès, et me laissez parler par belle malice.

DON JUAN.
J'attends que ton raisonnement soit fini.

SGANARELLE.
Mon raisonnement est qu'il y a quelque chose d'admirable dans l'homme, quoi que vous puissiez dire, que tous les savants ne sauroient expliquer. Cela n'est-il pas merveilleux que me voilà ici, et que j'aie quelque chose dans la tête qui pense cent choses différentes en un moment, et fait de mon corps tout ce qu'elle veut? Je veux frapper des mains, hausser le bras, lever les yeux au ciel, baisser la tête, remuer les pieds, aller à droit, à gauche, en avant, en arrière, tourner... (Il se laisse tomber en tournant.)

DON JUAN.
Bon! voilà ton raisonnement qui a le nez cassé.

SGANARELLE.
Morbleu! je suis bien sot de m'amuser à raisonner avec vous; croyez ce que vous voudrez : il m'importe bien que vous soyez damné!

DON JUAN.
Mais, tout en raisonnant, je crois que nous sommes égarés. Appelle un peu cet homme que voilà là-bas pour lui demander le chemin.

SCÈNE II

DON JUAN, SGANARELLE, UN PAUVRE[1].

SGANARELLE.
Holà! ho! l'homme! ho! mon compère! ho! l'ami! un petit mot, s'il vous plaît. Enseignez-nous un peu le chemin qui mène à la ville.

LE PAUVRE.
Vous n'avez qu'à suivre cette route, messieurs, et détourner à main droite quand vous serez au bout de la forêt; mais je vous donne avis que vous devez vous tenir sur vos gardes, et que, depuis quelque temps, il y a des voleurs ici autour.

[1] Cette scène et la précédente, que l'on croyait perdues, furent publiées pour la première fois en 1813 par M. Simonin. Il les découvrit toutes deux dans l'édition d'Amsterdam de 1683. Depuis, M. Beuchot a retrouvé les mêmes scènes, mais bien incomplètes, dans un exemplaire de l'édition de 1682, qui avait appartenu à M. de Loménie, et pour lequel on n'avait point fait de cartons. (Aimé Martin.)

DON JUAN.
Je te suis obligé, mon ami, et je te rends grâce de tout mon cœur.

LE PAUVRE.
Si vous vouliez me secourir, monsieur, de quelque aumône?

DON JUAN.
Ah! ah! ton avis est intéressé, à ce que je vois.

LE PAUVRE.
Je suis un pauvre homme, monsieur, retiré tout seul dans ce bois depuis dix ans, et je ne manquerai pas de prier le ciel qu'il vous donne toute sorte de biens.

DON JUAN.
Eh! prie le ciel qu'il te donne un habit, sans te mettre en peine des affaires des autres.

SGANARELLE.
Vous ne connoissez pas monsieur, bonhomme : il ne croit qu'en deux et deux sont quatre, et en quatre et quatre sont huit.

DON JUAN.
Quelle est ton occupation parmi ces arbres?

LE PAUVRE.
De prier le ciel tout le jour pour la prospérité des gens de bien qui me donnent quelque chose.

DON JUAN.
Il ne se peut donc pas que tu ne sois bien à ton aise?

LE PAUVRE.
Hélas! monsieur, je suis dans la plus grande nécessité du monde.

DON JUAN.
Tu te moques : un homme qui prie le ciel tout le jour ne peut pas manquer d'être bien dans ses affaires.

LE PAUVRE.
Je vous assure, monsieur, que le plus souvent je n'ai pas un morceau de pain à mettre sous les dents.

DON JUAN.
Voilà qui est étrange, et tu es bien mal reconnu de tes soins. Ah! ah! je m'en vais te donner un louis d'or tout à l'heure, pourvu que tu veuilles jurer.

LE PAUVRE.
Ah! monsieur, voudriez-vous que je commisse un tel péché?

DON JUAN.
Tu n'as qu'à voir si tu veux gagner un louis d'or, ou non; en voici un que je te donne, si tu jures. Tiens. Il faut jurer.

LE PAUVRE.
Monsieur...

DON JUAN.
A moins de cela, tu ne l'auras pas.

SGANARELLE.
Va, va, jure un peu; il n'y a pas de mal.

DON JUAN.
Prends, le voilà, prends, te dis-je; mais jure donc.

LE PAUVRE.
Non, monsieur, j'aime mieux mourir de faim.

DON JUAN.

Va, va, je te le donne pour l'amour de l'humanité [1]. (Regardant dans la forêt.) Mais que vois-je là? un homme attaqué par trois autres! La partie est trop inégale, et je ne dois pas souffrir cette lâcheté [2]. (Il met l'épée à la main, et court au lieu du combat.)

SCÈNE III

SGANARELLE, seul.

Mon maître est un vrai enragé d'aller se présenter à un péril qui ne le cherche pas. Mais, ma foi, le secours a servi, et les deux ont fait fuir les trois.

SCÈNE IV

DON JUAN, DON CARLOS; SGANARELLE, au fond du théâtre.

DON CARLOS, remettant son épée.

On voit, par la fuite de ces voleurs, de quel secours est votre bras. Souffrez, monsieur, que je vous rende grâces d'une action si généreuse, et que...

DON JUAN.

Je n'ai rien fait, monsieur, que vous n'eussiez fait en ma place. Notre propre honneur est intéressé dans de pareilles aventures; et l'action de ces coquins étoit si lâche, que c'eût été y prendre part que de ne s'y pas opposer. Mais par quelle rencontre vous êtes-vous trouvé entre leurs mains?

DON CARLOS.

Je m'étois, par hasard, égaré d'un frère et de tous ceux de notre suite; et, comme je cherchois à les rejoindre, j'ai fait rencontre de ces voleurs, qui d'abord ont tué mon cheval, et qui, sans votre valeur, en auroient fait autant de moi.

DON JUAN.

Votre dessein est-il d'aller du côté de la ville?

DON CARLOS.

Oui, mais sans y vouloir entrer; et nous nous voyons obligés, mon frère et moi, à tenir la campagne pour une de ces fâcheuses affaires qui réduisent les gentilshommes à se sacrifier eux et leur famille à la sévérité de leur honneur, puisque enfin le plus doux succès en est toujours funeste, et que, si l'on ne quitte pas la vie, on est contraint de quitter le royaume; et c'est en quoi je trouve la condition d'un gentilhomme malheureuse, de ne pouvoir point s'assurer sur toute la prudence et toute l'honnêteté de sa conduite, d'être asservi par les lois de l'honneur au déréglement de la conduite d'autrui, et de voir sa vie, son repos et ses biens dépendre de la fantaisie du premier téméraire qui s'avisera de lui faire une de ces injures pour qui un honnête homme doit périr.

[1] Cette scène ne fut dite qu'une fois sur le théâtre. Molière fut obligé de la supprimer à la seconde représentation.
[2] Voilà le seul bon mouvement qu'ait don Juan dans toute la pièce. Au théâtre, les scélérats sont ordinairement braves.

DON JUAN.

On a cet avantage, qu'on fait courir le même risque et passer mal aussi le temps à ceux qui prennent fantaisie de nous venir faire une offense de gaieté de cœur. Mais ne seroit-ce point une indiscrétion que de vous demander quelle peut être votre affaire?

DON CARLOS.

La chose en est aux termes de n'en plus faire de secret; et, lorsque l'injure a une fois éclaté, notre honneur ne va point à vouloir cacher notre honte, mais à faire éclater notre vengeance, et à publier même le dessein que nous en avons. Ainsi, monsieur, je ne feindrai point de vous dire que l'offense que nous cherchons à venger est une sœur séduite et enlevée d'un couvent, et que l'auteur de cette offense est un don Juan Tenorio, fils de don Louis Tenorio. Nous le cherchons depuis quelques jours, et nous l'avons suivi ce matin sur le rapport d'un valet qui nous a dit qu'il sortoit à cheval, accompagné de quatre ou cinq, et qu'il avoit pris le long de cette côte; mais tous nos soins ont été inutiles, et nous n'avons pu découvrir ce qu'il est devenu.

DON JUAN.

Le connoissez-vous, monsieur, ce don Juan dont vous parlez?

DON CARLOS.

Non, quant à moi. Je ne l'ai jamais vu, et je l'ai seulement ouï dépeindre à mon frère; mais la renommée n'en dit pas force bien, et c'est un homme dont la vie...

DON JUAN.

Arrêtez, monsieur, s'il vous plaît. Il est un peu de mes amis, et ce seroit à moi une espèce de lâcheté que d'en ouïr dire du mal.

DON CARLOS.

Pour l'amour de vous, monsieur, je n'en dirai rien du tout, et c'est bien la moindre chose que je vous doive, après m'avoir sauvé la vie, que de me taire devant vous d'une personne que vous connoissez, lorsque je ne puis en parler sans en dire du mal; mais, quelque ami que vous lui soyez, j'ose espérer que vous n'approuverez pas son action, et ne trouverez pas étrange que nous cherchions d'en prendre la vengeance.

DON JUAN.

Au contraire, je vous y veux servir, et vous épargner des soins inutiles. Je suis ami de don Juan, je ne puis pas m'en empêcher; mais il n'est pas raisonnable qu'il offense impunément des gentilshommes, et je m'engage à vous faire faire raison par lui.

DON CARLOS.

Et quelle raison peut-on faire à ces sortes d'injures?

DON JUAN.

Toute celle que votre honneur peut souhaiter; et, sans vous donner la peine de chercher don Juan davantage, je m'oblige de le faire trouver au lieu que vous voudrez, et quand il vous plaira.

DON CARLOS.

Cet espoir est bien doux, monsieur, à des cœurs offensés; mais, après ce que je vous dois, ce me seroit une trop sensible douleur que vous fussiez de la partie.

DON JUAN.

Je suis si attaché à don Juan, qu'il ne sauroit se battre que je ne me batte aussi ; mais enfin j'en réponds comme de moi-même, et vous n'avez qu'à dire quand vous voulez qu'il paroisse et vous donne satisfaction.

DON CARLOS.

Que ma destinée est cruelle! Faut-il que je vous doive la vie et que don Juan soit de vos amis !

SCÈNE V

DON ALONSE, DON CARLOS, DON JUAN, SGANARELLE.

DON ALONSE, parlant à ceux de sa suite, sans voir don Carlos ni don Juan.

Faites boire là mes chevaux, et qu'on les amène après nous; je veux un peu marcher à pied. (Les apercevant tous deux.) O ciel! que vois-je ici? Quoi! mon frère, vous voilà avec notre ennemi mortel !

DON CARLOS.

Notre ennemi mortel?

DON JUAN, mettant la main sur la garde de son épée.

Oui, je suis don Juan moi-même, et l'avantage du nombre ne m'obligera pas à vouloir déguiser mon nom.

DON ALONSE, mettant l'épée à la main.

Ah! traître, il faut que tu périsses; et... (Sganarelle court se cacher.)

DON CARLOS.

Ah! mon frère, arrêtez. Je lui suis redevable de la vie; et, sans le secours de son bras, j'aurois été tué par des voleurs que j'ai trouvés.

DON ALONSE.

Et voulez-vous que cette considération empêche notre vengeance? Tous les services que nous rend une main ennemie ne sont d'aucun mérite pour engager notre âme; et, s'il faut mesurer l'obligation à l'injure, votre reconnoissance, mon frère, est ici ridicule; et, comme l'honneur est infiniment plus précieux que la vie, c'est ne devoir rien proprement, que d'être redevable de la vie à qui nous a ôté l'honneur.

DON CARLOS.

Je sais la différence, mon frère, qu'un gentilhomme doit toujours mettre entre l'un et l'autre; et la reconnoissance de l'obligation n'efface point en moi le ressentiment de l'injure; mais souffrez que je lui rende ici ce qu'il m'a prêté, que je m'acquitte sur-le-champ de la vie que je lui dois, par un délai de notre vengeance, et lui laisse la liberté de jouir, durant quelques jours, du fruit de son bienfait.

DON ALONSE.

Non, non, c'est hasarder notre vengeance que de la reculer, et l'occasion de la prendre peut ne plus revenir. Le ciel nous l'offre ici, c'est à nous d'en profiter. Lorsque l'honneur est blessé mortellement, on ne doit point songer à garder aucunes mesures; et, si vous répugnez à prêter votre bras à cette action, vous n'avez qu'à vous retirer, et laisser à ma main la gloire d'un tel sacrifice.

DON CARLOS.

De grâce, mon frère...

DON ALONSE.

Tous ces discours sont superflus : il faut qu'il meure.

DON CARLOS.

Arrêtez, vous dis-je, mon frère. Je ne souffrirai point du tout qu'on attaque ses jours; et je jure le ciel que je le défendrai ici contre qui que ce soit, et je saurai lui faire un rempart de cette même vie qu'il a sauvée; et, pour adresser vos coups, il faudra que vous me perciez.

DON ALONSE.

Quoi! vous prenez le parti de notre ennemi contre moi ; et, loin d'être saisi à son aspect des mêmes transports que je sens, vous faites voir pour lui des sentiments pleins de douceur!

DON CARLOS.

Mon frère, montrons de la modération dans une action légitime ; et ne vengeons point notre honneur avec cet emportement que vous témoignez. Ayons du cœur dont nous soyons les maîtres, une valeur qui n'ait rien de farouche, et qui se porte aux choses par une pure délibération de notre raison, et non point par le mouvement d'une aveugle colère. Je ne veux point, mon frère, demeurer redevable à mon ennemi ; je lui ai une obligation dont il faut que je m'acquitte avant toute chose. Notre vengeance, pour être différée, n'en sera pas moins éclatante; au contraire, elle en tirera de l'avantage ; et cette occasion de l'avoir pu prendre la fera paroître plus juste aux yeux de tout le monde.

DON ALONSE.

O l'étrange foiblesse et l'aveuglement effroyable, de hasarder ainsi les intérêts de son honneur pour la ridicule pensée d'une obligation chimérique !

DON CARLOS.

Non, mon frère, ne vous mettez pas en peine. Si je fais une faute, je saurai bien la réparer, et je me charge de tout le soin de notre honneur; je sais à quoi il nous oblige, et cette suspension d'un jour, que ma reconnoissance lui demande, ne fera qu'augmenter l'ardeur que j'ai de le satisfaire. Don Juan, vous voyez que j'ai soin de vous rendre le bien que j'ai reçu de vous, et vous devez par là juger du reste, croire que je m'acquitte avec la même chaleur de ce que je dois, et que je ne serai pas moins exact à vous payer l'injure que le bienfait. Je ne veux point vous obliger ici à expliquer vos sentiments, et je vous donne la liberté de penser à loisir aux résolutions que vous avez à prendre. Vous connoissez assez la grandeur de l'offense que vous nous avez faite, et je vous fais juge vous-même des réparations qu'elle demande. Il est des moyens doux pour nous satisfaire ; il en est de violents et de sanglants : mais enfin, quelque choix que vous fassiez, vous m'avez donné parole de me faire faire raison par don Juan. Songez à me la faire, je vous prie, et vous ressouvenez que, hors d'ici, je ne dois plus qu'à mon honneur.

DON JUAN.

Je n'ai rien exigé de vous, et vous tiendrai ce que j'ai promis.

DON CARLOS.

Allons, mon frère; un moment de douceur ne fait aucune injure à la sévérité de notre devoir.

SCÈNE VI

DON JUAN, SGANARELLE.

DON JUAN.

Holà! hé! Sganarelle!

SGANARELLE, *sortant de l'endroit où il étoit caché.*

Plaît-il?

DON JUAN.

Comment! coquin, tu fuis quand on m'attaque!

SGANARELLE.

Pardonnez-moi, monsieur, je viens seulement d'ici près. Je crois que cet habit est purgatif, et que c'est prendre médecine que de le porter.

DON JUAN.

Peste soit de l'insolent! Couvre au moins ta poltronnerie d'un voile plus honnête. Sais-tu bien qui est celui à qui j'ai sauvé la vie?

SGANARELLE.

Moi? non.

DON JUAN.

C'est un frère d'Elvire.

SGANARELLE.

Un...

DON JUAN.

Il est assez honnête homme, il en a bien usé, et j'ai regret d'avoir démêlé avec lui.

SGANARELLE.

Il vous seroit aisé de pacifier toutes choses.

DON JUAN.

Oui; mais ma passion est usée pour done Elvire, et l'engagement ne compatit point avec mon humeur. J'aime la liberté en amour, tu le sais, et je ne saurois me résoudre à renfermer mon cœur entre quatre murailles. Je te l'ai dit vingt fois, j'ai une pente naturelle à me laisser aller à tout ce qui m'attire. Mon cœur est à toutes les belles, et c'est à elles à le prendre tour à tour, et à le garder tant qu'elles le pourront. Mais quel est le superbe édifice que je vois entre ces arbres?

SGANARELLE.

Vous ne le savez pas?

DON JUAN.

Non, vraiment.

SGANARELLE.

Bon; c'est le tombeau que le commandeur faisoit faire lorsque vous le tuâtes.

DON JUAN.

Ah! tu as raison. Je ne savois pas que c'étoit de ce côté-ci qu'il étoit. Tout le monde m'a dit des merveilles de cet ouvrage, aussi bien que de la statue du commandeur; et j'ai envie de l'aller voir.

SGANARELLE.

Monsieur, n'allez point là!

DON JUAN.

Pourquoi?

SGANARELLE.

Cela n'est pas civil, d'aller voir un homme que vous avez tué.

DON JUAN.

Au contraire, c'est une visite dont je lui veux faire civilité, et qu'il doit recevoir de bonne grâce, s'il est galant homme. Allons, entrons dedans. (*Le tombeau s'ouvre, et l'on voit la statue du commandeur.*)

SGANARELLE.

Ah! que cela est beau! les belles statues! le beau marbre! les beaux piliers! Ah! que cela est beau! Qu'en dites-vous, monsieur?

DON JUAN.

Qu'on ne peut voir aller plus loin l'ambition d'un homme mort; et ce que je trouve admirable, c'est qu'un homme qui s'est passé durant sa vie d'une assez simple demeure, en veuille avoir une si magnifique pour quand il n'en a plus que faire.

SGANARELLE.

Voici la statue du commandeur.

DON JUAN.

Parbleu! le voilà bon, avec son habit d'empereur romain!

SGANARELLE.

Ma foi, monsieur, voilà qui est bien fait. Il semble qu'il est en vie, et qu'il s'en va parler. Il jette des regards sur nous qui me feroient peur si j'étois tout seul, et je pense qu'il ne prend pas plaisir de nous voir.

DON JUAN.

Il auroit tort; et ce seroit mal recevoir l'honneur que je lui fais. Demande-lui s'il veut venir souper avec moi.

SGANARELLE.

C'est une chose dont il n'a pas besoin, je crois.

DON JUAN.

Demande-lui, te dis-je.

SGANARELLE.

Vous moquez-vous? ce seroit être fou que d'aller parler à une statue.

DON JUAN.

Fais ce que je te dis.

SGANARELLE.

Quelle bizarrerie! Seigneur commandeur... (*A part.*) Je ris de ma sottise; mais c'est mon maître qui me la fait faire. (*Haut.*) Seigneur commandeur, mon maître don Juan vous demande si vous voulez lui faire l'honneur de venir souper avec lui. (*La statue baisse la tête.*) Ah!

DON JUAN.

Qu'est-ce? qu'as-tu? Dis donc! Veux-tu parler?

SGANARELLE, *baissant la tête comme la statue.*

La statue...

DON JUAN.

Eh bien, que veux-tu dire, traître?

SGANARELLE.

Je vous dis que la statue...

DON JUAN.

Eh bien, la statue! Je t'assomme si tu ne parles.

SGANARELLE.
La statue m'a fait signe.
DON JUAN.
La peste le coquin!
SGANARELLE.
Elle m'a fait signe, vous dis-je; il n'est rien de plus vrai. Allez-vous-en lui parler vous-même pour voir. Peut-être...
DON JUAN.
Viens, maraud, viens. Je te veux bien faire toucher au doigt ta poltronnerie. Prends garde. Le seigneur commandeur voudroit-il venir souper avec moi? (La statue baisse encore la tête.)
SGANARELLE.
Je ne voudrois pas en tenir dix pistoles. Eh bien, monsieur?
DON JUAN.
Allons, sortons d'ici.
SGANARELLE, seul.
Voilà de mes esprits forts, qui ne veulent rien croire!

ACTE QUATRIÈME

Le théâtre représente l'appartement de don Juan.

SCÈNE I

DON JUAN, SGANARELLE, RAGOTIN.

DON JUAN, à Sganarelle.
Quoi qu'il en soit, laissons cela : c'est une bagatelle, et nous pouvons avoir été trompés par un faux jour, ou surpris de quelque vapeur qui nous ait troublé la vue.
SGANARELLE.
Eh! monsieur, ne cherchez point à démentir ce que nous avons vu des yeux que voilà. Il n'est rien de plus véritable que ce signe de tête; et je ne doute point que le ciel, scandalisé de votre vie, n'ait produit ce miracle pour vous convaincre, et pour vous retirer de...
DON JUAN.
Écoute. Si tu m'importunes davantage de tes sottes moralités, si tu me dis encore le moindre mot là-dessus, je vais appeler quelqu'un, demander un nerf de bœuf, te faire tenir par trois ou quatre, et te rouer de mille coups. M'entends-tu bien?
SGANARELLE.
Fort bien, monsieur, le mieux du monde. Vous vous expliquez clairement; c'est ce qu'il y a de bon en vous, que vous n'allez point chercher de détours; vous dites les choses avec une netteté admirable [1].
DON JUAN.
Allons, qu'on me fasse souper le plus tôt que l'on pourra. Une chaise, petit garçon.

[1] Imitation de l'*Andrienne*, de Térence, acte Ier, scène II.

SCÈNE II

DON JUAN, SGANARELLE, LA VIOLETTE, RAGOTIN.

LA VIOLETTE.
Monsieur, voilà votre marchand, monsieur Dimanche, qui demande à vous parler.
SGANARELLE.
Bon. Voilà ce qu'il nous faut, qu'un compliment de créancier. De quoi s'avise-t-il de nous venir demander de l'argent; et que ne lui disois-tu que monsieur n'y est pas?
LA VIOLETTE.
Il y a trois quarts d'heure que je le lui dis; mais il ne veut pas le croire, et s'est assis là dedans pour attendre.
SGANARELLE.
Qu'il attende tant qu'il voudra.
DON JUAN.
Non, au contraire, faites-le entrer. C'est une fort mauvaise politique que de se faire celer aux créanciers. Il est bon de les payer de quelque chose; et j'ai le secret de les renvoyer satisfaits sans leur donner un double.

SCÈNE III

DON JUAN, MONSIEUR DIMANCHE, SGANARELLE, LA VIOLETTE, RAGOTIN.

DON JUAN.
Ah! monsieur Dimanche, approchez. Que je suis ravi de vous voir, et que je veux de mal à mes gens de ne vous pas faire entrer d'abord! J'avois donné ordre qu'on ne me fît parler à personne; mais cet ordre n'est pas pour vous, et vous êtes en droit de ne trouver jamais de porte fermée chez moi.
MONSIEUR DIMANCHE.
Monsieur, je vous suis fort obligé.
DON JUAN, parlant à la Violette et à Ragotin.
Parbleu! coquins, je vous apprendrai à laisser monsieur Dimanche dans une antichambre, et je vous ferai connoître les gens.
MONSIEUR DIMANCHE.
Monsieur, cela n'est rien.
DON JUAN, à monsieur Dimanche.
Comment! vous dire que je n'y suis pas, à monsieur Dimanche, au meilleur de mes amis!
MONSIEUR DIMANCHE.
Monsieur, je suis votre serviteur. J'étois venu...
DON JUAN.
Allons, vite, un siége pour monsieur Dimanche.
MONSIEUR DIMANCHE.
Monsieur, je suis bien comme cela.
DON JUAN.
Point, point, je veux que vous soyez assis contre moi.
MONSIEUR DIMANCHE.
Cela n'est point nécessaire.
DON JUAN.
Otez ce pliant, et apportez un fauteuil.

ACTE IV, SCÈNE III.

MONSIEUR DIMANCHE.
Monsieur, vous vous moquez; et...

DON JUAN.
Non, non, je sais ce que je vous dois; et je ne veux point qu'on mette de différence entre nous deux.

MONSIEUR DIMANCHE.
Monsieur...

DON JUAN.
Allons, asseyez-vous.

MONSIEUR DIMANCHE.
Il n'est pas besoin, monsieur, et je n'ai qu'un mot à vous dire. J'étois...

DON JUAN.
Mettez-vous là, vous dis-je.

MONSIEUR DIMANCHE.
Non, monsieur, je suis bien... Je viens pour...

DON JUAN.
Non, je ne vous écoute point, si vous n'êtes assis.

MONSIEUR DIMANCHE.
Monsieur, je fais ce que vous voulez. Je...

DON JUAN.
Parbleu! monsieur Dimanche, vous vous portez bien.

MONSIEUR DIMANCHE.
Oui, monsieur, pour vous rendre service. Je suis venu...

DON JUAN.
Vous avez un fonds de santé admirable, des lèvres fraîches, un teint vermeil, et des yeux vifs.

MONSIEUR DIMANCHE.
Je voudrois bien...

DON JUAN.
Comment se porte madame Dimanche, votre épouse?

MONSIEUR DIMANCHE.
Fort bien, monsieur, Dieu merci.

DON JUAN.
C'est une brave femme.

MONSIEUR DIMANCHE.
Elle est votre servante, monsieur. Je venois...

DON JUAN.
Et votre petite fille Claudine, comment se porte-t-elle?

MONSIEUR DIMANCHE.
Le mieux du monde.

DON JUAN.
La jolie petite fille que c'est! je l'aime de tout mon cœur.

MONSIEUR DIMANCHE.
C'est trop d'honneur que vous lui faites, monsieur. Je vous...

DON JUAN.
Et le petit Colin, fait-il toujours bien du bruit avec son tambour?

MONSIEUR DIMANCHE.
Toujours de même, monsieur. Je...

DON JUAN.
Et votre petit chien Brusquet, gronde-t-il toujours aussi fort, et mord-il toujours bien aux jambes les gens qui vont chez vous?

MONSIEUR DIMANCHE.
Plus que jamais, monsieur, et nous ne saurions en chevir[1].

DON JUAN.
Ne vous étonnez pas si je m'informe des nouvelles de toute la famille; car j'y prends beaucoup d'intérêt.

MONSIEUR DIMANCHE.
Nous vous sommes, monsieur, infiniment obligés. Je...

DON JUAN, lui tendant la main.
Touchez donc là, monsieur Dimanche. Êtes-vous bien de mes amis?

MONSIEUR DIMANCHE.
Monsieur, je suis votre serviteur.

DON JUAN.
Parbleu! je suis à vous de tout mon cœur.

MONSIEUR DIMANCHE.
Vous m'honorez trop. Je...

DON JUAN.
Il n'y a rien que je ne fisse pour vous.

MONSIEUR DIMANCHE.
Monsieur, vous avez trop de bonté pour moi.

DON JUAN.
Et cela est sans intérêt, je vous prie de le croire.

MONSIEUR DIMANCHE.
Je n'ai point mérité cette grâce, assurément. Mais, monsieur...

DON JUAN.
Oh çà, monsieur Dimanche, sans façon, voulez-vous souper avec moi?

MONSIEUR DIMANCHE.
Non, monsieur, il faut que je m'en retourne tout à l'heure. Je...

DON JUAN, se levant.
Allons, vite un flambeau, pour conduire monsieur Dimanche; et que quatre ou cinq de mes gens prennent des mousquetons pour l'escorter.

MONSIEUR DIMANCHE, se levant aussi.
Monsieur, il n'est pas nécessaire, et je m'en irai bien tout seul. Mais... (Sganarelle ôte les sièges promptement.)

DON JUAN.
Comment? Je veux qu'on vous escorte, et je m'intéresse trop à votre personne. Je suis votre serviteur, et, de plus, votre débiteur.

MONSIEUR DIMANCHE.
Ah! monsieur...

DON JUAN.
C'est une chose que je ne cache pas, et je le dis à tout le monde.

MONSIEUR DIMANCHE.
Si...

DON JUAN.
Voulez-vous que je vous reconduise?

MONSIEUR DIMANCHE.
Ah! monsieur, vous vous moquez! Monsieur...

DON JUAN.
Embrassez-moi donc, s'il vous plaît. Je vous prie encore

[1] *Chevir*, être maître de..., venir à bout.

une fois d'être persuadé que je suis tout à vous, et qu'il n'y a rien au monde que je ne fisse pour votre service[1]. (Il sort.)

SCÈNE IV

MONSIEUR DIMANCHE, SGANARELLE.

SGANARELLE.

Il faut avouer que vous avez en monsieur un homme qui vous aime bien.

MONSIEUR DIMANCHE.

Il est vrai; il me fait tant de civilités et tant de compliments, que je ne saurois jamais lui demander de l'argent.

SGANARELLE.

Je vous assure que toute sa maison périroit pour vous; et je voudrois qu'il vous arrivât quelque chose, que quelqu'un s'avisât de vous donner des coups de bâton, vous verriez de quelle manière...

MONSIEUR DIMANCHE.

Je le crois; mais, Sganarelle, je vous prie de lui dire un petit mot de mon argent.

SGANARELLE.

Oh! ne vous mettez pas en peine, il vous payera le mieux du monde.

MONSIEUR DIMANCHE.

Mais vous, Sganarelle, vous me devez quelque chose en votre particulier.

SGANARELLE.

Fi! ne me parlez pas de cela.

MONSIEUR DIMANCHE.

Comment? Je...

SGANARELLE.

Ne sais-je pas bien que je vous dois?

MONSIEUR DIMANCHE.

Oui. Mais...

SGANARELLE.

Allons, monsieur Dimanche, je vais vous éclairer.

MONSIEUR DIMANCHE.

Mais mon argent?

SGANARELLE, prenant monsieur Dimanche par le bras.

Vous moquez-vous?

MONSIEUR DIMANCHE.

Je veux...

SGANARELLE, le tirant.

Eh!

MONSIEUR DIMANCHE.

J'entends...

SGANARELLE, le poussant vers la porte.

Bagatelles!

MONSIEUR DIMANCHE.

Mais...

SGANARELLE, le poussant encore.

Fi!

MONSIEUR DIMANCHE.

Je...

SGANARELLE, le poussant tout à fait hors du théâtre.

Fi! vous dis-je[1].

SCÈNE V

DON JUAN, SGANARELLE, LA VIOLETTE.

LA VIOLETTE, à don Juan.

Monsieur, voilà monsieur votre père.

DON JUAN.

Ah! me voici bien! Il me falloit cette visite pour me faire enrager.

SCÈNE VI

DON LOUIS, DON JUAN, SGANARELLE.

DON LOUIS.

Je vois bien que je vous embarrasse, et que vous vous passeriez fort aisément de ma venue. A dire vrai, nous nous incommodons étrangement l'un l'autre; et, si vous êtes las de me voir, je suis bien las aussi de vos déportements. Hélas! que nous savons peu de ce que nous faisons, quand nous ne laissons pas au ciel le soin des choses qu'il nous faut, quand nous voulons être plus avisés que lui, et que nous venons à l'importuner par nos souhaits aveugles et nos demandes inconsidérées! J'ai souhaité un fils avec des ardeurs nonpareilles, je l'ai demandé sans relâche avec des transports incroyables; et ce fils, que j'obtiens en fatiguant le ciel de vœux, est le chagrin et le supplice de cette vie même dont je croyois qu'il devoit être la joie et la consolation. De quel œil, à votre avis, pensez-vous que je puisse voir cet amas d'actions indignes, dont on a peine, aux yeux du monde, d'adoucir le mauvais visage[2]; cette suite continuelle de méchantes affaires, qui nous réduisent à toute heure à lasser les bontés du souverain, et qui ont épuisé auprès de lui le mérite de mes services et le crédit de mes amis? Ah! quelle bassesse est la vôtre! Ne rougissez-vous point de mériter si peu votre naissance? Êtes-vous en droit, dites-moi, d'en tirer quelque vanité? Et qu'avez-vous fait dans le monde pour être gentilhomme? Croyez-vous qu'il suffise d'en porter le nom et les armes, et que ce nous soit une gloire d'être sortis d'un sang noble, lorsque nous vivons en infâmes? Non, non, la naissance n'est rien où la vertu n'est pas. Aussi, nous n'avons part à la gloire de nos ancêtres qu'autant que nous nous efforçons de leur ressembler; et cet éclat de leurs actions qu'ils répandent sur nous nous impose un engagement de leur faire le même honneur, de suivre les pas qu'ils nous tracent, et de ne point dégénérer de leur vertu, si nous voulons être estimés leurs

---

[1] Cette scène est un chef-d'œuvre de comique et de vérité; mais l'oserai-je dire? Elle est aussi un hors-d'œuvre. Elle ne concourt ni au développement de l'action, ni à celui du caractère principal. (Auger.) — Prise en elle-même, et indépendamment de l'ensemble, c'est une des plus jolies qu'il y ait au théâtre. (F. L.)

[1] Molière aimait à faire parodier les maîtres par leurs valets, ainsi qu'on peut le voir dans le *Dépit amoureux*, dans le *Bourgeois gentilhomme* et dans cette scène.
[2] Le visage des actions était une locution plus ou moins admise; aujourd'hui elle paraît forcée et peu naturelle. (F. L.)

véritables descendants. Ainsi vous descendez en vain des aïeux dont vous êtes né; ils vous désavouent pour leur sang, et tout ce qu'ils ont fait d'illustre ne vous donne aucun avantage; au contraire, l'éclat n'en rejaillit sur vous qu'à votre déshonneur, et leur gloire est un flambeau qui éclaire aux yeux d'un chacun la honte de vos actions. Apprenez enfin qu'un gentilhomme qui vit mal est un monstre dans la nature; que la vertu est le premier titre de noblesse; que je regarde bien moins au nom qu'on signe qu'aux actions qu'on fait, et que je ferois plus d'état du fils d'un crocheteur qui seroit honnête homme, que du fils d'un monarque qui vivroit comme vous [1]!

DON JUAN.

Monsieur, si vous étiez assis, vous en seriez mieux pour parler.

DON LOUIS.

Non, insolent, je ne veux point m'asseoir, ni parler davantage, et je vois bien que toutes mes paroles ne font rien sur ton âme; mais sache, fils indigne, que la tendresse paternelle est poussée à bout par tes actions; que je saurai, plus tôt que tu ne penses, mettre une borne à tes déréglements, prévenir sur toi le courroux du ciel, et laver, par ta punition, la honte de t'avoir fait naître.

SCÈNE VII

DON JUAN, SGANARELLE.

DON JUAN, adressant encore la parole à son père, quoiqu'il soit sorti.

Eh! mourez le plus tôt que vous pourrez, c'est le mieux que vous puissiez faire. Il faut que chacun ait son tour, et j'enrage de voir des pères qui vivent autant que leurs fils. (Il se met dans un fauteuil.)

SGANARELLE.

Ah! monsieur, vous avez tort.

DON JUAN, se levant.

J'ai tort!

SGANARELLE, tremblant.

Monsieur...

DON JUAN.

J'ai tort!

SGANARELLE.

Oui, monsieur, vous avez tort d'avoir souffert ce qu'il vous a dit, et vous le deviez mettre dehors par les épaules. A-t-on jamais rien vu de plus impertinent? un père venir faire des remontrances à son fils, et lui dire de corriger ses actions, de se ressouvenir de sa naissance, de mener une vie d'honnête homme, et cent autres sottises de pareille nature! Cela se peut-il souffrir à un homme comme vous, qui savez comme il faut vivre? J'admire votre patience, et, si j'avois été en votre place, je l'aurois envoyé promener. (Bas, à part.) O complaisance maudite! à quoi me réduis-tu!

[1] On ne peut lire cette scène sans se rappeler aussitôt celle de Géronte et de Dorante dans le *Menteur*, et Molière s'en est souvenu évidemment en écrivant la sienne.

DON JUAN.

Me fera-t-on souper bientôt?

SCÈNE VIII

DON JUAN, SGANARELLE, RAGOTIN.

RAGOTIN.

Monsieur, voici une dame voilée qui vient vous parler.

DON JUAN.

Que pourroit-ce être?

SGANARELLE.

Il faut voir.

SCÈNE IX

DONE ELVIRE, voilée; DON JUAN, SGANARELLE.

DONE ELVIRE.

Ne soyez point surpris, don Juan, de me voir à cette heure et dans cet équipage. C'est un motif pressant qui m'oblige à cette visite; et ce que j'ai à vous dire ne veut point du tout de retardement. Je ne viens point ici pleine de ce courroux que j'ai tantôt fait éclater; et vous me voyez bien changée de ce que j'étois ce matin. Ce n'est plus cette done Elvire qui faisoit des vœux contre vous, et dont l'âme irritée ne jetoit que menaces et ne respiroit que vengeance. Le ciel a banni de mon âme toutes ces indignes ardeurs que je sentois pour vous, tous ces transports tumultueux d'un attachement criminel, tous ces honteux emportements d'un amour terrestre et grossier; et il n'a laissé dans mon cœur pour vous qu'une flamme épurée de tout le commerce des sens, une tendresse toute sainte, un amour détaché de tout, qui n'agit point pour soi, et ne se met en peine que de votre intérêt.

DON JUAN, bas, à Sganarelle.

Tu pleures, je pense?

SGANARELLE.

Pardonnez-moi.

DONE ELVIRE.

C'est ce parfait et pur amour qui me conduit ici pour votre bien, pour vous faire part d'un avis du ciel, et tâcher de vous retirer du précipice où vous courez. Oui, don Juan, je sais tous les déréglements de votre vie; et ce même ciel, qui m'a touché le cœur et fait jeter les yeux sur les égarements de ma conduite, m'a inspiré de vous venir trouver, et de vous dire de sa part que vos offenses ont épuisé sa miséricorde, que sa colère redoutable est prête de tomber sur vous, qu'il est en vous de l'éviter par un prompt repentir, et que peut-être vous n'avez pas encore un jour à vous soustraire au plus grand de tous les malheurs. Pour moi, je ne tiens plus à vous par aucun attachement du monde. Je suis revenue, grâces au ciel, de toutes mes folles pensées; ma retraite est résolue, et je ne demande qu'assez de vie pour pouvoir expier la faute que j'ai faite, et mériter, par une austère pénitence, le pardon de l'aveuglement où m'ont plongée les transports d'une passion condamnable

Mais, dans cette retraite, j'aurois une douleur extrême qu'une personne que j'ai chérie tendrement devînt un exemple funeste de la justice du ciel ; et ce me sera une joie incroyable, si je puis vous porter à détourner de dessus votre tête l'épouvantable coup qui vous menace. De grâce, don Juan, accordez-moi, pour dernière faveur, cette douce consolation ; ne me refusez point votre salut, que je vous demande avec larmes ; et, si vous n'êtes point touché de votre intérêt, soyez-le au moins de mes prières, et m'épargnez le cruel déplaisir de vous voir condamner à des supplices éternels.

SGANARELLE, à part.

Pauvre femme !

DONE ELVIRE.

Je vous ai aimé avec une tendresse extrême, rien au monde ne m'a été aussi cher que vous ; j'ai oublié mon devoir pour vous, j'ai fait toutes choses pour vous ; et toute la récompense que je vous en demande, c'est de corriger votre vie, et de prévenir votre perte. Sauvez-vous, je vous prie, ou pour l'amour de vous, ou pour l'amour de moi. Encore une fois, don Juan, je vous le demande avec larmes ; et, si ce n'est assez des larmes d'une personne que vous avez aimée, je vous en conjure par tout ce qui est le plus capable de vous toucher.

SGANARELLE, à part, regardant don Juan.

Cœur de tigre !

DONE ELVIRE.

Je m'en vais après ce discours ; et voilà tout ce que j'avois à vous dire.

DON JUAN.

Madame, il est tard, demeurez ici. On vous y logera le mieux qu'on pourra.

DONE ELVIRE.

Non, don Juan, ne me retenez pas davantage.

DON JUAN.

Madame, vous me ferez plaisir de demeurer, je vous assure.

DONE ELVIRE.

Non, vous dis-je ; ne perdons point de temps en discours superflus. Laissez-moi vite aller, ne faites aucune instance pour me conduire, et songez seulement à profiter de mon avis.

SCÈNE X

DON JUAN, SGANARELLE.

DON JUAN.

Sais-tu bien que j'ai encore senti quelque peu d'émotion pour elle, que j'ai trouvé de l'agrément dans cette nouveauté bizarre, et que son habit négligé, son air languissant et ses larmes, ont réveillé en moi quelques petits restes d'un feu éteint ?

SGANARELLE.

C'est-à-dire que ses paroles n'ont fait aucun effet sur vous.

DON JUAN.

Vite à souper.

SGANARELLE.

Fort bien.

SCÈNE XI

DON JUAN, SGANARELLE, LA VIOLETTE, RAGOTIN

DON JUAN, se mettant à table.

Sganarelle, il faut songer à s'amender, pourtant.

SGANARELLE.

Oui-da.

DON JUAN.

Oui, ma foi, il faut s'amender. Encore vingt ou trente ans de cette vie-ci, et puis nous songerons à nous.

SGANARELLE.

Oh !

DON JUAN.

Qu'en dis-tu ?

SGANARELLE.

Rien. Voilà le souper. (Il prend un morceau d'un des plats qu'on apporte, et le met dans sa bouche.)

DON JUAN.

Il me semble que tu as la joue enflée : qu'est-ce que c'est ? Parle donc. Qu'as-tu là ?

SGANARELLE.

Rien.

DON JUAN.

Montre un peu. Parbleu ! c'est une fluxion qui lui est tombée sur la joue. Vite une lancette pour percer cela ! le pauvre garçon n'en peut plus, et cet abcès le pourroit étouffer. Attends : voyez comme il étoit mûr ! Ah ! coquin que vous êtes !

SGANARELLE

Ma foi, monsieur, je voulois savoir si votre cuisinier n'avoit point mis trop de sel ou trop de poivre.

DON JUAN.

Allons, mets-toi là et mange. J'ai affaire de toi, quand j'aurai soupé. Tu as faim, à ce que je vois.

SGANARELLE, se mettant à table.

Je le crois bien, monsieur, je n'ai point mangé depuis ce matin. Tâtez de cela, voilà qui est le meilleur du monde. (A Ragotin, qui, à mesure que Sganarelle met quelque chose sur son assiette, la lui ôte dès que Sganarelle tourne la tête.) Mon assiette, mon assiette ! Tout doux, s'il vous plaît. Vertubleu ! petit compère, que vous êtes habile à donner des assiettes nettes ! Et vous, petit la Violette, que vous savez présenter à boire à propos ! (Pendant que la Violette donne à boire à Sganarelle, Ragotin ôte encore son assiette.)

DON JUAN.

Qui peut frapper de cette sorte ?

SGANARELLE.

Qui diable nous vient troubler dans notre repas ?

DON JUAN.

Je veux souper en repos, au moins, et qu'on ne laisse entrer personne.

SGANARELLE.

Laissez-moi faire, je m'y en vais moi-même.

DON JUAN, voyant venir Sganarelle effrayé.

Qu'est-ce donc ? qu'y a-t-il ?

SGANARELLE, *baissant la tête comme la statue.*
Le... qui est là.
DON JUAN.
Allons voir, et montrons que rien ne me sauroit ébranler.
SGANARELLE.
Ah! pauvre Sganarelle, où te cacheras-tu?

SCÈNE XII

DON JUAN, LA STATUE DU COMMANDEUR, SGANARELLE, LA VIOLETTE, RAGOTIN.

DON JUAN, *à ses gens.*
Une chaise et un couvert. Vite donc. (*Don Juan et la statue se mettent à table. A Sganarelle.*) Allons, mets-toi à table.
SGANARELLE.
Monsieur, je n'ai plus faim.
DON JUAN.
Mets-toi là, te dis-je. A boire! A la santé du commandeur! Je te la porte, Sganarelle! qu'on lui donne du vin!
SGANARELLE.
Monsieur, je n'ai pas soif.
DON JUAN.
Bois et chante ta chanson, pour régaler le commandeur.
SGANARELLE.
Je suis enrhumé, monsieur.
DON JUAN.
Il n'importe. Allons. (*A ses gens.*) Vous autres, venez, accompagnez sa voix.
LA STATUE.
Don Juan, c'est assez. Je vous invite à venir demain souper avec moi. En aurez-vous le courage?
DON JUAN.
Oui, j'irai, accompagné du seul Sganarelle.
SGANARELLE.
Je vous rends grâces, il est demain jeûne pour moi.
DON JUAN, *à Sganarelle.*
Prends ce flambeau.
LA STATUE.
On n'a pas besoin de lumière quand on est conduit par le ciel.

ACTE CINQUIÈME

Le théâtre représente une campagne.

SCÈNE I

DON LOUIS, DON JUAN, SGANARELLE.

DON LOUIS.
Quoi! mon fils, seroit-il possible que la bonté du ciel eût exaucé mes vœux? Ce que vous me dites est-il bien vrai? Ne m'abusez-vous point d'un faux espoir, et puis-je prendre quelque assurance sur a nouveauté surprenante d'une telle conversion?
DON JUAN.
Oui, vous me voyez revenu de toutes mes erreurs; je ne suis plus le même d'hier au soir, et le ciel tout d'un coup a fait en moi un changement qui va surprendre tout le monde. Il a touché mon âme et dessillé mes yeux; et je regarde avec horreur le long aveuglement où j'ai été, et les désordres criminels de la vie que j'ai menée. J'en repasse dans mon esprit toutes les abominations, et m'étonne comme le ciel les a pu souffrir si longtemps, et n'a pas vingt fois sur ma tête laissé tomber les coups de sa justice redoutable. Je vois les grâces que sa bonté m'a faites en ne me punissant point de mes crimes, et je prétends en profiter comme je dois, faire éclater aux yeux du monde un soudain changement de vie, réparer par là le scandale de mes actions passées, et m'efforcer d'en obtenir du ciel une pleine rémission. C'est à quoi je vais travailler; et je vous prie, monsieur, de vouloir bien contribuer à ce dessein, et de m'aider vous-même à faire choix d'une personne qui me serve de guide, et sous la conduite de qui je puisse marcher sûrement dans le chemin où je m'en vais entrer.
DON LOUIS.
Ah! mon fils, que la tendresse d'un père est aisément rappelée, et que les offenses d'un fils s'évanouissent vite au moindre mot de repentir! Je ne me souviens plus déjà de tous les déplaisirs que vous m'avez donnés, et tout est effacé par les paroles que vous venez de me faire entendre. Je ne me sens pas, je l'avoue; je jette des larmes de joie; tous mes vœux sont satisfaits, et je n'ai plus rien désormais à demander au ciel. Embrassez-moi, mon fils, et persistez, je vous conjure, dans cette louable pensée. Pour moi, j'en vais tout de ce pas porter l'heureuse nouvelle à votre mère, partager avec elle les doux transports du ravissement où je suis, et rendre grâces au ciel des saintes résolutions qu'il a daigné vous inspirer.

SCÈNE II

DON JUAN, SGANARELLE.

SGANARELLE.
Ah! monsieur, que j'ai de joie de vous voir converti! Il y a longtemps que j'attendois cela; et voilà, grâces au ciel, tous mes souhaits accomplis.
DON JUAN.
La peste le benêt!
SGANARELLE.
Comment, le benêt!
DON JUAN.
Quoi! tu prends pour de bon argent ce que je viens de dire, et tu crois que ma bouche étoit d'accord avec mon cœur?
SGANARELLE.
Quoi! ce n'est pas... Vous ne... Votre... (*A part.*) Oh! quel homme! quel homme! quel homme!

17

DON JUAN.

Non, non, je ne suis point changé, et mes sentiments sont toujours les mêmes.

SGANARELLE.

Vous ne vous rendez pas à la surprenante merveille de cette statue mouvante et parlante?

DON JUAN.

Il y a bien quelque chose là dedans que je ne comprends pas; mais, quoi que ce puisse être, cela n'est pas capable ni de convaincre mon esprit, ni d'ébranler mon âme; et, si j'ai dit que je voulois corriger ma conduite et me jeter dans un train de vie exemplaire, c'est un dessein que j'ai formé par pure politique, un stratagème utile, une grimace nécessaire où je veux me contraindre, pour ménager un père dont j'ai besoin, et me mettre à couvert, du côté des hommes, de cent fâcheuses aventures qui pourroient m'arriver. Je veux bien, Sganarelle, t'en faire confidence, et je suis bien aise d'avoir un témoin du fond de mon âme, et des véritables motifs qui m'obligent à faire les choses.

SGANARELLE.

Quoi! vous ne croyez rien du tout et vous voulez cependant vous ériger en homme de bien!

DON JUAN.

Et pourquoi non? Il y en a tant d'autres comme moi, qui se mêlent de ce métier, et qui se servent du même masque pour abuser le monde!

SGANARELLE.

Ah! quel homme! quel homme!

DON JUAN.

Il n'y a plus de honte maintenant à cela; l'hypocrisie est un vice à la mode, et tous les vices à la mode passent pour vertus. Le personnage d'homme de bien est le meilleur de tous les personnages qu'on puisse jouer. Aujourd'hui, la profession d'hypocrite a de merveilleux avantages. C'est un art de qui l'imposture est toujours respectée; et, quoiqu'on la découvre, on n'ose rien dire contre elle. Tous les autres vices des hommes sont exposés à la censure, et chacun a la liberté de les attaquer hautement; mais l'hypocrisie est un vice privilégié qui, de sa main, ferme la bouche à tout le monde, et jouit en repos d'une impunité souveraine. On lie, à force de grimaces, une société étroite avec tous les gens du parti. Qui en choque un se les attire tous sur les bras; et ceux que l'on sait même agir de bonne foi là-dessus, et que chacun connoit pour être véritablement touchés, ceux-là, dis-je, sont toujours les dupes des autres: ils donnent bonnement dans le panneau des grimaciers, et appuient aveuglément les singes de leurs actions. Combien crois-tu que j'en connoisse, qui, par ce stratagème, ont rhabillé adroitement les désordres de leur jeunesse, qui se font un bouclier du manteau de la religion, et, sous cet habit respecté, ont la permission d'être les plus méchants hommes du monde? On a beau savoir leurs intrigues et les connoître pour ce qu'ils sont, ils ne laissent pas pour cela d'être en crédit parmi les gens; et quelque baissement de tête, un soupir mortifié, et deux roulements d'yeux rajustent dans le monde tout ce qu'ils peuvent faire. C'est sous cet abri favorable que je veux me sauver, et mettre en sûreté mes affaires. Je ne quitterai point mes douces habitudes mais j'aurai soin de me cacher, et me divertirai à petit bruit. Que si je viens à être découvert, je verrai, sans me remuer, prendre mes intérêts à toute la cabale, et je serai défendu par elle envers et contre tous. Enfin, c'est là le vrai moyen de faire impunément tout ce que je voudrai. Je m'érigerai en censeur des actions d'autrui, jugerai mal de tout le monde, et n'aurai bonne opinion que de moi. Dès qu'une fois on m'aura choqué tant soit peu, je ne pardonnerai jamais, et garderai tout doucement une haine irréconciliable. Je me ferai le vengeur des intérêts du ciel; et, sous ce prétexte commode, je pousserai mes ennemis, je les accuserai d'impiété, et saurai déchaîner contre eux des zélés indiscrets, qui, sans connoissance de cause, crieront en public contre eux, qui les accableront d'injures, et les damneront hautement de leur autorité privée. C'est ainsi qu'il faut profiter des foiblesses des hommes, et qu'un sage esprit s'accommode aux vices de son siècle.

SGANARELLE.

O ciel! qu'entends-je ici? Il ne vous manquoit plus que d'être hypocrite, pour vous achever de tout point, et voilà le comble des abominations. Monsieur, cette dernière-ci m'emporte, et je ne puis m'empêcher de parler. Faites-moi tout ce qu'il vous plaira; battez-moi, assommez-moi de coups, tuez-moi, si vous voulez; il faut que je décharge mon cœur, et qu'en valet fidèle je vous dise ce que je dois [1]. Sachez, monsieur, que tant va la cruche à l'eau, qu'enfin elle se brise; et, comme dit fort bien cet auteur que je ne connois pas, l'homme est en ce monde, ainsi que l'oiseau sur la branche; la branche est attachée à l'arbre; qui s'attache à l'arbre suit de bons préceptes; les bons préceptes valent mieux que les belles paroles; les belles paroles sont à la cour; à la cour sont les courtisans; les courtisans suivent la mode; la mode vient de la fantaisie; la fantaisie est une faculté de l'âme; l'âme est ce qui nous donne la vie; la vie finit par la mort; la mort nous fait penser au ciel; le ciel est au-dessus de la terre; la terre n'est point la mer; la mer est sujette aux orages; les orages tourmentent les vaisseaux; les vaisseaux ont besoin d'un bon pilote; un bon pilote a de la prudence; la prudence n'est pas dans les jeunes gens; les jeunes gens doivent obéissance aux vieux; les vieux aiment les richesses; les richesses font les riches; les riches ne sont pas pauvres; les pauvres ont de la nécessité; la nécessité n'a pas de loi; qui n'a pas de loi vit en bête brute; et, par conséquent, vous serez damné à tous les diables [2].

DON JUAN.

Ô le beau raisonnement!

SGANARELLE.

Après cela, si vous ne vous rendez, tant pis pour vous.

---

[1] Les moralistes disent que l'hypocrisie est le plus détestable de tous les vices. Molière met cette vérité en action. Sganarelle, patient jusqu'ici, ne peut rester froid devant l'*hypocrisie* de son maître ni contenir son indignation (F. L.)

[2] Cette tirade de Sganarelle est le sublime du galimatias comique. Jamais Sancho n'a enfilé plus grotesquement les sentences et les proverbes. (Auger.)

SCÈNE III

DON CARLOS, DON JUAN, SGANARELLE.

DON CARLOS.

Don Juan, je vous trouve à propos, et suis bien aise de vous parler ici plutôt que chez vous, pour vous demander vos résolutions. Vous savez que ce soin me regarde, et que je me suis, en votre présence, chargé de cette affaire. Pour moi, je ne le cèle point, je souhaite fort que les choses aillent dans la douceur; et il n'y a rien que je ne fasse pour porter votre esprit à vouloir prendre cette voie, et pour vous voir publiquement confirmer à ma sœur le nom de votre femme.

DON JUAN, *d'un ton hypocrite.*

Hélas! je voudrois bien, de tout mon cœur, vous donner la satisfaction que vous souhaitez; mais le ciel s'y oppose directement; il a inspiré à mon âme le dessein de changer de vie, et je n'ai point d'autres pensées maintenant que de quitter entièrement tous les attachements du monde, de me dépouiller au plus tôt de toutes sortes de vanités, et de corriger désormais par une austère conduite tous les déréglements criminels où m'a porté le feu d'une aveugle jeunesse.

DON CARLOS.

Ce dessein, don Juan, ne choque point ce que je dis; et la compagnie d'une femme légitime peut bien s'accommoder avec les louables pensées que le ciel vous inspire.

DON JUAN.

Hélas! point du tout. C'est un dessein que votre sœur elle-même a pris; elle a résolu sa retraite; et nous avons été touchés tous deux en même temps.

DON CARLOS.

Sa retraite ne peut nous satisfaire, pouvant être imputée au mépris que vous feriez d'elle et de notre famille; et notre honneur demande qu'elle vive avec vous.

DON JUAN.

Je vous assure que cela ne se peut. J'en avois, pour moi, toutes les envies du monde; et je me suis, même encore aujourd'hui, conseillé au ciel pour cela; mais, lorsque je l'ai consulté, j'ai entendu une voix qui m'a dit que je ne devois point songer à votre sœur, et qu'avec elle, assurément, je ne ferois point mon salut.

DON CARLOS.

Croyez-vous, don Juan, nous éblouir par ces belles excuses?

DON JUAN.

J'obéis à la voix du ciel.

DON CARLOS.

Quoi! vous voulez que je me paye d'un semblable discours?

DON JUAN.

C'est le ciel qui le veut ainsi.

DON CARLOS.

Vous aurez fait sortir ma sœur d'un couvent pour la laisser ensuite?

DON JUAN.

Le ciel l'ordonne de la sorte.

DON CARLOS.

Nous souffrirons cette tache en notre famille?

DON JUAN.

Prenez-vous-en au ciel.

DON CARLOS.

Eh quoi! toujours le ciel!

DON JUAN.

Le ciel le souhaite comme cela.

Il suffit, don Juan, je vous entends. Ce n'est pas ici que je veux vous prendre, et le lieu ne le souffre pas; mais, avant qu'il soit peu, je saurai vous trouver.

DON JUAN.

Vous ferez ce que vous voudrez. Vous savez que je ne manque point de cœur, et que je sais me servir de mon épée, quand il le faut. Je m'en vais passer tout à l'heure dans cette petite rue écartée qui mène au grand couvent; mais je vous déclare, pour moi, que ce n'est point moi qui me veux battre; le ciel m'en défend la pensée; et, si vous m'attaquez, nous verrons ce qui en arrivera.

DON CARLOS.

Nous verrons, de vrai, nous verrons.

SCÈNE IV

DON JUAN, SGANARELLE.

SGANARELLE.

Monsieur, quel diable de style prenez-vous là? Ceci est bien pis que le reste, et je vous aimerois bien mieux encore comme vous étiez auparavant. J'espérois toujours de votre salut; mais c'est maintenant que j'en désespère; et je crois que le ciel, qui vous a souffert jusques ici, ne pourra souffrir du tout cette dernière horreur.

DON JUAN.

Va, va, le ciel n'est pas si exact que tu penses; et si toutes les fois que les hommes...

SCÈNE V

DON JUAN, SGANARELLE; UN SPECTRE, en femme voilée.

SGANARELLE, *apercevant le spectre.*

Ah! monsieur, c'est le ciel qui vous parle, et c'est un avis qu'il vous donne.

DON JUAN.

Si le ciel me donne un avis, il faut qu'il parle un peu plus clairement, s'il veut que je l'entende.

LE SPECTRE.

Don Juan n'a plus qu'un moment à pouvoir profiter de la miséricorde du ciel, et, s'il ne se repent ici, sa perte est résolue.

SGANARELLE.

Entendez-vous, monsieur?

DON JUAN.

Qui ose tenir ces paroles? Je crois connoître cette voix.

SGANARELLE.

Ah! monsieur, c'est un spectre; je le reconnois au marcher.

DON JUAN.

Spectre, fantôme, ou diable, je veux voir ce que c'est. (Le spectre change de figure, et représente le Temps, avec sa faux à la main.)

SGANARELLE.

O ciel! voyez-vous, monsieur, ce changement de figure?

DON JUAN.

Non, non, rien n'est capable de m'imprimer de la terreur; et je veux éprouver, avec mon épée, si c'est un corps ou un esprit. (Le spectre s'envole dans le temps que don Juan veut le frapper.)

SGANARELLE.

Ah! monsieur, rendez-vous à tant de preuves, et jetez-vous vite dans le repentir.

DON JUAN.

Non, non, il ne sera pas dit, quoi qu'il arrive, que je sois capable de me repentir. Allons, suis-moi.

SCÈNE VI

LA STATUE DU COMMANDEUR, DON JUAN, SGANARELLE.

LA STATUE.

Arrêtez, don Juan. Vous m'avez hier donné parole de venir manger avec moi.

DON JUAN.

Oui. Où faut-il aller?

LA STATUE.

Donnez-moi la main.

DON JUAN.

La voilà.

LA STATUE.

Don Juan, l'endurcissement au péché traîne une mort funeste; et les grâces du ciel que l'on renvoie ouvrent un chemin à sa foudre.

DON JUAN.

O ciel! que sens-je? un feu invisible me brûle, je n'en puis plus, et tout mon corps devient un brasier ardent. Ah! (Le tonnerre tombe avec un grand bruit et de grands éclairs sur don Juan. La terre s'ouvre et l'abîme; et il sort de grands feux de l'endroit où il est tombé.)

SCÈNE VII

SGANARELLE, seul.

Ah! mes gages! mes gages! Voilà, par sa mort, un chacun satisfait. Ciel offensé, lois violées, filles séduites, familles déshonorées, parents outragés, femmes mises à mal, maris poussés à bout, tout le monde est content; il n'y a que moi seul de malheureux. Mes gages, mes gages, mes gages!

DON JUAN.

ACTE V — SCÈNE VII

Garnier Frères Editeurs

L'AMOUR MÉDECIN

COMÉDIE-BALLET EN TROIS ACTES

1665

AU LECTEUR

Ce n'est ici qu'un simple crayon, un petit impromptu dont le roi a voulu se faire un divertissement. Il est le plus précipité de tous ceux que Sa Majesté m'ait commandés; et, lorsque je dirai qu'il a été proposé, fait, appris et représenté en cinq jours, je ne dirai que ce qui est vrai. Il n'est pas nécessaire de vous avertir qu'il y a beaucoup de choses qui dépendent de l'action. On sait bien que les comédies ne sont faites que pour être jouées; et je ne conseille de lire celle-ci qu'aux personnes qui ont des yeux pour découvrir, dans la lecture, tout le jeu du théâtre. Ce que je vous dirai, c'est qu'il seroit à souhaiter que ces sortes d'ouvrages pussent toujours se montrer à vous avec les ornements qui les accompagnent chez le roi. Vous les verriez dans un état beaucoup plus supportable; et les airs et les symphonies de l'incomparable M. Lulli, mêlés à la beauté des voix et à l'adresse des danseurs, leur donnent sans doute des grâces dont ils ont toutes les peines du monde à se passer.

PERSONNAGES DU PROLOGUE

LA COMÉDIE.
LA MUSIQUE.
LE BALLET.

PERSONNAGES DE LA COMÉDIE

SGANARELLE, père de Lucinde.
LUCINDE, fille de Sganarelle.
CLITANDRE, amant de Lucinde.
AMINTE, voisine de Sganarelle.
LUCRÈCE, nièce de Sganarelle.
LISETTE, suivante de Lucinde.
M. GUILLAUME, marchand de tapisseries.
M. JOSSE, orfèvre.
M. THOMÈS,
M. DESFONANDRÈS,
M. MACROTON,   } médecins.
M. BAHIS,
M. FILERIN,
UN NOTAIRE.
CHAMPAGNE, valet de Sganarelle.

PERSONNAGES DU BALLET

PREMIÈRE ENTRÉE.

CHAMPAGNE, valet de Sganarelle, dansant.
QUATRE MÉDECINS, dansants.

SECONDE ENTRÉE.

UN OPÉRATEUR, chantant.
TRIVELINS et SCARAMOUCHES, dansants, de la suite de l'opérateur.

TROISIÈME ENTRÉE.

LA COMÉDIE.
LA MUSIQUE.
LE BALLET.
JEUX, RIS, PLAISIRS, dansants.

La scène est à Paris, dans une des salles de la maison de Sganarelle.

PROLOGUE

LA COMÉDIE, LA MUSIQUE, LE BALLET

LA COMÉDIE.

Quittons, quittons notre vaine querelle,
Ne nous disputons point nos talents tour à tour;
   Et d'une gloire plus belle
   Piquons-nous en ce jour.
Unissons-nous tous trois d'une ardeur sans seconde
Pour donner du plaisir au plus grand roi du monde.

TOUS TROIS ENSEMBLE.

Unissons-nous tous trois d'une ardeur sans seconde
Pour donner du plaisir au plus grand roi du monde.

LA MUSIQUE.

De ses travaux, plus grands qu'on ne peut croire,
Il vient quelquefois délasser parmi nous.

LE BALLET.

   Est-il de plus grande gloire?
   Est-il bonheur plus doux?

TOUS TROIS ENSEMBLE.

Unissons-nous tous trois d'une ardeur sans seconde
Pour donner du plaisir au plus grand roi du monde.

ACTE PREMIER

SCÈNE I

SGANARELLE, AMINTE, LUCRÈCE, M. GUILLAUME, M. JOSSE.

SGANARELLE.

Ah! l'étrange chose que la vie! et que je puis bien dire, avec ce grand philosophe de l'antiquité, que qui terre a guerre a, et qu'un malheur ne vient jamais sans l'autre! Je n'avois qu'une femme, qui est morte[1].

MONSIEUR GUILLAUME.

Et combien donc en vouliez-vous avoir?

SGANARELLE.

Elle est morte, monsieur Guillaume mon ami. Cette perte m'est très-sensible, et je ne puis m'en ressouvenir sans pleurer. Je n'étois pas fort satisfait de sa conduite, et nous avions le plus souvent dispute ensemble; mais enfin la mort rajuste toutes choses. Elle est morte; je la pleure. Si elle étoit en vie, nous nous querellerions. De tous les enfants que le ciel m'avoit donnés, il ne m'a laissé qu'une fille, et cette fille est toute ma peine; car enfin je la vois dans une mélancolie la plus sombre du monde, dans une tristesse épouvantable, dont il n'y a pas moyen de la retirer, et dont je ne saurois même apprendre la cause. Pour moi, j'en perds l'esprit, et j'aurois besoin d'un bon conseil sur cette matière. (A Lucrèce.) Vous êtes ma nièce; (A Aminte.) vous, ma voisine; (A monsieur Guillaume et à monsieur Josse.) et vous, mes compères et mes amis : je vous prie de me conseiller tout ce que je dois faire.

MONSIEUR JOSSE.

Pour moi, je tiens que la braverie, que l'ajustement est la chose qui réjouit le plus les filles; et, si j'étois que de vous, je lui achèterois, dès aujourd'hui, une belle garniture de diamants, ou de rubis, ou d'émeraudes.

MONSIEUR GUILLAUME.

Et moi, si j'étois en votre place, j'achèterois une belle tenture de tapisserie de verdure, ou à personnages, que je ferois mettre dans sa chambre, pour lui réjouir l'esprit et la vue.

AMINTE.

Pour moi, je ne ferois pas tant de façons, et je la marierois fort bien, et le plus tôt que je pourrois, avec cette personne qui vous la fit, dit-on, demander il y a quelque temps.

LUCRÈCE.

Et moi, je tiens que votre fille n'est point du tout propre pour le mariage. Elle est d'une complexion trop délicate et trop peu saine, et c'est la vouloir envoyer bientôt en l'autre monde, que de l'exposer, comme elle est, à faire des enfants. Le monde n'est point du tout son fait; et je vous conseille de la mettre dans un couvent, où elle trouvera des divertissements qui seront mieux de son humeur.

SGANARELLE.

Tous ces conseils sont admirables assurément; mais je les tiens un peu intéressés, et trouve que vous me conseillez fort bien pour vous. Vous êtes orfèvre, monsieur Josse[1], et votre conseil sent son homme qui a envie de se défaire de sa marchandise. Vous vendez des tapisseries, monsieur Guillaume, et vous avez la mine d'avoir quelque tenture qui vous incommode. Celui que vous aimez, ma voisine, a, dit-on, quelque inclination pour ma fille, et vous ne seriez pas fâchée de la voir la femme d'un autre. Et quant à vous, ma chère nièce, ce n'est pas mon dessein, comme on sait, de marier ma fille avec qui que ce soit, et j'ai mes raisons pour cela; mais le conseil que vous me donnez de la faire religieuse est d'une femme qui pourroit bien souhaiter charitablement d'être mon héritière universelle. Ainsi, messieurs et mesdames, quoique tous vos conseils soient les meilleurs du monde, vous trouverez bon, s'il vous plaît, que je n'en suive aucun. (Seul.) Voilà de mes donneurs de conseils à la mode.

SCÈNE II

LUCINDE, SGANARELLE.

SGANARELLE.

Ah! voilà ma fille qui prend l'air. Elle ne me voit pas. Elle soupire; elle lève les yeux au ciel. (A Lucinde.) Dieu vous garde! Bonjour, ma mie. Eh bien, qu'est-ce? Comme vous en va? Eh quoi! toujours triste et mélancolique comme cela, et tu ne veux pas me dire ce que tu as? Allons donc, découvre-moi ton petit cœur. Là, ma pauvre mie, dis, dis, dis tes petites pensées à ton petit papa mignon. Courage! Veux-tu que je te baise? Viens. (A part.) J'enrage de la voir de cette humeur-là. (A Lucinde.) Mais, dis-moi, me veux-tu faire mourir de déplaisir; et ne puis-je savoir d'où vient cette grande langueur? découvre-m'en la cause, et je te promets que je ferai toutes choses pour toi. Oui, tu n'as qu'à me dire le sujet de ta tristesse; je t'assure ici et te fais serment qu'il n'y a rien que je ne fasse pour te satisfaire; c'est tout dire. Est-ce que tu es jalouse de quelqu'une de tes compagnes que tu voies plus brave que toi? et seroit-il quelque étoffe nouvelle dont tu voulusses avoir un habit? Non. Est-ce que ta chambre ne te semble pas assez parée, et que tu souhaiterois quelque cabinet[2] de la foire Saint-Laurent? Ce n'est pas cela. Aurois-tu envie d'apprendre quelque chose, et veux-tu je te donne un maître pour te montrer à jouer du clavecin? Nenni. Aimerois-tu quelqu'un, et souhaiterois-tu d'être mariée? (Lucinde fait signe que oui.)

---

[1] Ce mot, qui jaillit si bien de la situation, est devenu proverbe. C'est que la saillie échappée si naturellement au gros bon sens de Sganarelle en dit plus que toutes les maximes et tous les raisonnements sur les conseils intéressés. (P. L.)

[2] Meuble servant à renfermer de l'argent, des bijoux et des colifichets à l'usage des femmes.

---

[1] Var. Je n'avois qu'une *seule* femme, qui est morte.

SCÈNE III

SGANARELLE, LUCINDE, LISETTE.

LISETTE.

Eh bien, monsieur, vous venez d'entretenir votre fille. Avez-vous su la cause de sa mélancolie?

SGANARELLE.

Non. C'est une coquine qui me fait enrager.

LISETTE.

Monsieur, laissez-moi faire, je m'en vais la sonder un peu.

SGANARELLE.

Il n'est pas nécessaire; et, puisqu'elle veut être de cette humeur, je suis d'avis qu'on l'y laisse.

LISETTE.

Laissez-moi faire, vous dis-je. Peut-être qu'elle se découvrira plus librement à moi qu'à vous. Quoi! madame, vous ne nous direz point ce que vous avez, et vous voulez affliger ainsi tout le monde? Il me semble qu'on n'agit point comme vous faites, et que, si vous avez quelque répugnance à vous expliquer à un père, vous n'en devez avoir aucune à me découvrir votre cœur. Dites-moi, souhaitez-vous quelque chose de lui? Il nous a dit plus d'une fois qu'il n'épargneroit rien pour vous contenter. Est-ce qu'il ne vous donne pas toute la liberté que vous souhaiteriez? Et les promenades et les cadeaux ne tenteroient-ils point votre âme? Heu! avez-vous reçu quelque déplaisir de quelqu'un? Heu! n'auriez-vous point quelque secrète inclination avec qui vous souhaiteriez que votre père vous mariât? Ah! je vous entends. Voilà l'affaire. Que diable! pourquoi tant de façons? Monsieur, le mystère est découvert; et...

SGANARELLE.

Va, fille ingrate, je ne te veux plus parler, et je te laisse dans ton obstination.

LUCINDE.

Mon père, puisque vous voulez que je vous dise la chose...

SGANARELLE.

Oui, je perds toute l'amitié que j'avois pour toi.

LISETTE.

Monsieur, sa tristesse...

SGANARELLE.

C'est une coquine qui me veut faire mourir.

LUCINDE.

Mon père, je veux bien...

SGANARELLE.

Ce n'est pas la récompense de l'avoir élevée comme j'ai fait.

LISETTE.

Mais, monsieur...

SGANARELLE.

Non, je suis contre elle dans une colère épouvantable.

LUCINDE.

Mais, mon père...

SGANARELLE.

Je n'ai plus aucune tendresse pour toi.

LISETTE.

Mais...

SGANARELLE.

C'est une friponne.

LUCINDE.

Mais...

SGANARELLE.

Une ingrate.

LISETTE.

Mais...

SGANARELLE.

Une coquine qui ne me veut pas dire ce qu'elle a.

LISETTE.

C'est un mari qu'elle veut.

SGANARELLE, faisant semblant de ne pas entendre.

Je l'abandonne.

LISETTE.

Un mari.

SGANARELLE.

Je la déteste.

LISETTE.

Un mari.

SGANARELLE.

Et la renonce pour ma fille.

LISETTE.

Un mari.

SGANARELLE.

Non, ne m'en parlez point.

LISETTE.

Un mari.

SGANARELLE.

Ne m'en parlez point.

LISETTE.

Un mari.

SGANARELLE.

Ne m'en parlez point.

LISETTE.

Un mari, un mari, un mari.

SCÈNE IV

LUCINDE, LISETTE.

LISETTE.

On dit bien vrai qu'il n'y a point de pires sourds que ceux qui ne veulent point entendre.

LUCINDE.

Eh bien, Lisette, j'avois tort de cacher mon déplaisir, et je n'avois qu'à parler pour avoir tout ce que je souhaitois de mon père! Tu le vois.

LISETTE.

Par ma foi, voilà un vilain homme! et je vous avoue que j'aurois un plaisir extrême à lui jouer quelque tour. Mais d'où vient donc, madame, que jusqu'ici vous m'avez caché votre mal?

LUCINDE.

Hélas! de quoi m'auroit servi de te le découvrir plus tôt? et n'aurois-je pas autant gagné à le tenir caché toute ma vie? Crois-tu que je n'aie pas bien prévu tout ce que tu vois maintenant, que je ne susse pas à fond tous les sentiments de mon père, et que le refus qu'il a fait porter à celui qui m'a demandée par un ami n'ait pas étouffé dans mon âme toute sorte d'espoir?

LISETTE.

Quoi! c'est cet inconnu qui vous a fait demander, pour qui vous...

LUCINDE.

Peut-être n'est-il pas honnête à une fille de s'expliquer si librement; mais enfin je t'avoue que, s'il m'étoit permis de vouloir quelque chose, ce seroit lui que je voudrois. Nous n'avons eu ensemble aucune conversation, et sa bouche ne m'a point déclaré la passion qu'il a pour moi; mais dans tous les lieux où il m'a pu voir, ses regards et ses actions m'ont toujours parlé si tendrement, et la demande qu'il a fait faire de moi m'a paru d'un si honnête homme, que mon cœur n'a pu s'empêcher d'être sensible à ses ardeurs; et cependant tu vois où la dureté de mon père réduit toute cette tendresse.

LISETTE.

Allez, laissez-moi faire. Quelque sujet que j'aie de me plaindre de vous du secret que vous m'avez fait, je ne veux pas laisser de servir votre amour; et, pourvu que vous ayez assez de résolution...

LUCINDE.

Mais que veux-tu que je fasse contre l'autorité d'un père? Et, s'il est inexorable à mes vœux...

LISETTE.

Allez, allez, il ne faut pas se laisser mener comme un oison; et, pourvu que l'honneur n'y soit pas offensé, on peut se libérer un peu de la tyrannie d'un père. Que prétend-il que vous fassiez? N'êtes-vous pas en âge d'être mariée? et croit-il que vous soyez de marbre? Allez, encore un coup, je veux servir votre passion : je prends dès à présent sur moi tout le soin de ses intérêts, et vous verrez que je sais des détours... Mais je vois votre père. Rentrons, et me laissez agir.

SCÈNE V

SGANARELLE, seul.

Il est bon quelquefois de ne point faire semblant d'entendre les choses qu'on n'entend que trop bien; et j'ai fait sagement de parer la déclaration d'un désir que je ne suis pas résolu de contenter. A-t-on jamais rien vu de plus tyrannique que cette coutume où l'on veut assujettir les pères, rien de plus impertinent et de plus ridicule que d'amasser du bien avec de grands travaux, et d'élever une fille avec beaucoup de soin et de tendresse, pour se dépouiller de l'un et de l'autre entre les mains d'un homme qui ne nous touche de rien? Non, non, je me moque de cet usage, et je veux garder mon bien et ma fille pour moi.

SCÈNE VI

SGANARELLE, LISETTE.

LISETTE, courant sur le théâtre, et feignant de ne pas voir Sganarelle.

Ah! malheur! ah! disgrâce! ah! pauvre seigneur Sganarelle, où pourrai-je te rencontrer?

SGANARELLE, à part.

Que dit-elle là?

LISETTE, courant toujours.

Ah! misérable père! que feras-tu, quand tu sauras cette nouvelle?

SGANARELLE, à part.

Que sera-ce?

LISETTE.

Ma pauvre maîtresse!

SGANARELLE.

Je suis perdu!

LISETTE.

Ah!

SGANARELLE, courant après Lisette.

Lisette!

LISETTE.

Quelle infortune!

SGANARELLE.

Lisette!

LISETTE.

Quel accident!

SGANARELLE.

Lisette!

LISETTE.

Quelle fatalité!

SGANARELLE.

Lisette!

LISETTE, s'arrêtant.

Ah! monsieur.

SGANARELLE.

Qu'est-ce?

LISETTE.

Monsieur!

SGANARELLE.

Qu'y a-t-il?

LISETTE.

Votre fille...

SGANARELLE.

Ah! ah![1]

LISETTE.

Monsieur, ne pleurez donc point comme cela, car vous me feriez rire.

SGANARELLE.

Dis donc vite.

LISETTE.

Votre fille, toute saisie des paroles que vous lui avez dites, et de la colère effroyable où elle vous a vu contre

[1] Molière a répété ce commencement de scène dans les *Fourberies de Scapin*.

elle, est montée vite dans sa chambre, et, pleine de désespoir, a ouvert la fenêtre qui regarde sur la rivière.

SGANARELLE.

Eh bien?

LISETTE.

Alors, levant les yeux au ciel : « Non, a-t-elle dit, il m'est impossible de vivre avec le courroux de mon père; et, puisqu'il me renonce pour sa fille, je veux mourir. »

SGANARELLE.

Elle s'est jetée?

LISETTE.

Non, monsieur. Elle a fermé tout doucement la fenêtre, et s'est allée mettre sur son lit. Là, elle s'est prise à pleurer amèrement; et tout d'un coup son visage a pâli, ses yeux se sont tournés, le cœur lui a manqué, et elle est demeurée entre mes bras.

SGANARELLE.

Ah! ma fille! Elle est morte?

LISETTE.

Non, monsieur. A force de la tourmenter, je l'ai fait revenir; mais cela lui reprend de moment en moment, et je crois qu'elle ne passera pas la journée.

SGANARELLE.

Champagne! Champagne! Champagne!

SCÈNE VII

SGANARELLE, CHAMPAGNE, LISETTE.

SGANARELLE.

Vite, qu'on m'aille querir des médecins, et en quantité. On n'en peut trop avoir dans une pareille aventure. Ah! ma fille! ma pauvre fille!

SCÈNE VIII

PREMIER INTERMÈDE.

Champagne, valet de Sganarelle, frappe, en dansant, aux portes de quatre médecins.

SCÈNE IX

Les quatre médecins dansent, et entrent avec cérémonie chez Sganarelle.

ACTE SECOND[1]

SCÈNE I

SGANARELLE, LISETTE.

LISETTE.

Que voulez-vous donc faire, monsieur, de quatre médecins? N'est-ce pas assez d'un pour tuer une personne?

SGANARELLE.

Taisez-vous. Quatre conseils valent mieux qu'un.

LISETTE.

Est-ce que votre fille ne peut pas bien mourir sans le secours de ces messieurs-là?

SGANARELLE.

Est-ce que les médecins font mourir?

LISETTE.

Sans doute; et j'ai connu un homme qui prouvoit, par bonnes raisons, qu'il ne faut jamais dire : Une telle personne est morte d'une fièvre et d'une fluxion sur la poitrine, mais : Elle est morte de quatre médecins et de deux apothicaires.

SGANARELLE.

Chut! N'offensez pas ces messieurs-là.

LISETTE.

Ma foi, monsieur, notre chat est réchappé depuis peu d'un saut qu'il fit du haut de la maison dans la rue; et il fut trois jours sans manger et sans pouvoir remuer ni pied ni patte; mais il est bien heureux de ce qu'il n'y a point de chats médecins, car ses affaires étoient faites, et ils n'auroient pas manqué de le purger et de le saigner.

SGANARELLE.

Voulez-vous vous taire, vous dis-je! Mais voyez quelle impertinence! Les voici.

LISETTE.

Prenez garde, vous allez être bien édifié. Ils vous diront en latin que votre fille est malade.

SCÈNE II

MM. TOMÈS, DESFONANDRÈS, MACROTON, BAHIS, SGANARELLE, LISETTE.

SGANARELLE.

Eh bien, messieurs?

MONSIEUR TOMÈS.

Nous avons vu suffisamment la malade, et sans doute qu'il y a beaucoup d'impuretés en elle.

SGANARELLE.

Ma fille est impure?

MONSIEUR TOMÈS.

Je veux dire qu'il y a beaucoup d'impuretés dans son corps, quantité d'humeurs corrompues.

SGANARELLE.

Ah! je vous entends.

MONSIEUR TOMÈS.

Mais nous allons consulter ensemble.

SGANARELLE.

Allons, faites donner des sièges.

LISETTE, à M. Tomès.

Ah! monsieur, vous en êtes.

SGANARELLE, à Lisette.

De quoi donc connoissez-vous monsieur?

LISETTE.

De l'avoir vu l'autre jour chez la bonne amie de madame votre nièce.

---

[1] La pièce fut représentée à la cour telle qu'elle est ici, c'est-à-dire divisée en trois actes par des entrées de ballet; mais, sur le théâtre de Paris, ces entrées furent probablement supprimées, et la pièce réduite en un seul acte. C'est du moins en cet état qu'on l'a toujours jouée depuis longtemps. (Auger.)

MONSIEUR TOMÈS.
Comment se porte son cocher?
LISETTE.
Fort bien. Il est mort.
MONSIEUR TOMÈS.
Mort?
LISETTE.
Oui.
MONSIEUR TOMÈS.
Cela ne se peut.
LISETTE.
Je ne sais pas si cela se peut; mais je sais bien que cela est.
MONSIEUR TOMÈS.
Il ne peut pas être mort, vous dis-je.
LISETTE.
Et moi, je vous dis qu'il est mort et enterré.
MONSIEUR TOMÈS.
Vous vous trompez.
LISETTE.
Je l'ai vu.
MONSIEUR TOMÈS.
Cela est impossible. Hippocrate dit que ces sortes de maladies ne se terminent qu'au quatorze ou au vingt-un; et il n'y a que six jours qu'il est tombé malade.
LISETTE.
Hippocrate dira ce qu'il lui plaira; mais le cocher est mort.
SGANARELLE.
Paix, discoureuse! Allons, sortons d'ici. Messieurs, je vous supplie de consulter de la bonne manière. Quoique ce ne soit pas la coutume de payer auparavant, toutefois, de peur que je ne l'oublie [1], et afin que ce soit une affaire faite, voici... (Il leur donne de l'argent, et chacun, en le recevant, fait un geste différent.)

SCÈNE III

MM. DESFONANDRÈS, TOMÈS, MACROTON, BAHIS.
Ils s'asseyent et toussent.

MONSIEUR DESFONANDRÈS.
Paris est étrangement grand, et il faut faire de longs trajets quand la pratique donne un peu.
MONSIEUR TOMÈS.
Il faut avouer que j'ai une mule admirable pour cela, et qu'on a peine à croire le chemin que je lui fais faire tous les jours.
MONSIEUR DESFONANDRÈS.
J'ai un cheval merveilleux, et c'est un animal infatigable.
MONSIEUR TOMÈS.
Savez-vous le chemin que ma mule a fait aujourd'hui? J'ai été, premièrement, tout contre l'Arsenal; de l'Arsenal au bout du faubourg Saint-Germain, du faubourg Saint-Germain au fond du Marais; du fond du Marais à la Porte Saint-Honoré; de la Porte Saint-Honoré, au faubourg Saint-Jacques; du faubourg Saint-Jacques à la porte de Richelieu; de la porte de Richelieu, ici; et d'ici je dois aller encore à la place Royale.
MONSIEUR DESFONANDRÈS.
Mon cheval a fait tout cela aujourd'hui; et, de plus, j'ai été à Ruel voir un malade.
MONSIEUR TOMÈS.
Mais, à propos, quel parti prenez-vous dans la querelle des deux médecins Théophraste et Artémius? car c'est une affaire qui partage tout notre corps.
MONSIEUR DESFONANDRÈS.
Moi, je suis pour Artémius.
MONSIEUR TOMÈS.
Et moi aussi. Ce n'est pas que son avis, comme on a vu, n'ait tué le malade, et que celui de Théophraste ne fût beaucoup meilleur, assurément; mais enfin il a tort dans les circonstances, et il ne devoit pas être d'un autre avis que son ancien. Qu'en dites-vous?
MONSIEUR DESFONANDRÈS.
Sans doute. Il faut toujours garder les formalités, quoi qu'il puisse arriver.
MONSIEUR TOMÈS.
Pour moi, j'y suis sévère en diable, à moins que ce soit entre amis; et l'on nous assembla un jour, trois de nous autres, avec un médecin de dehors, pour une consultation où j'arrêtai toute l'affaire, et ne voulus point endurer qu'on opinât, si les choses n'alloient dans l'ordre. Les gens de la maison faisoient ce qu'ils pouvoient, et la maladie pressoit; mais je n'en voulus point démordre, et la malade mourut bravement pendant cette contestation.
MONSIEUR DESFONANDRÈS.
C'est fort bien fait d'apprendre aux gens à vivre, et de leur montrer leur bec jaune.
MONSIEUR TOMÈS.
Un homme mort n'est qu'un homme mort, et ne fait point de conséquence; mais une formalité négligée porte un notable préjudice à tout le corps des médecins.

SCÈNE IV

SGANARELLE, MM. TOMÈS, DESFONANDRÈS, MACROTON, BAHIS.

SGANARELLE.
Messieurs, l'oppression de ma fille augmente; je vous prie de me dire vite ce que vous avez résolu.
MONSIEUR TOMÈS, à M. Desfonandrès.
Allons, monsieur.
MONSIEUR DESFONANDRÈS.
Non, monsieur, parlez, s'il vous plaît.
MONSIEUR TOMÈS.
Vous vous moquez.
MONSIEUR DESFONANDRÈS.
Je ne parlerai pas le premier.
MONSIEUR TOMÈS.
Monsieur...
MONSIEUR DESFONANDRÈS.
Monsieur...

---

[1] Var. Toutefois, de peur que je ne l'oublie.

SGANARELLE.

Eh! de grâce, messieurs, laissez toutes ces cérémonies, et songez que les choses pressent. (Ils parlent tous quatre à la fois.)

MONSIEUR TOMÈS.

La maladie de votre fille...

MONSIEUR DESFONANDRÈS.

L'avis de tous ces messieurs tous ensemble..

MONSIEUR MACROTON.

A-près a-voir bi-en con-sul-té...

MONSIEUR BAHIS.

Pour raisonner...

SGANARELLE.

Eh! messieurs, parlez l'un après l'autre, de grâce.

MONSIEUR TOMÈS.

Monsieur, nous avons raisonné sur la maladie de votre fille, et mon avis, à moi, est que cela procède d'une grande chaleur de sang; ainsi je conclus à la saigner le plus tôt que vous pourrez.

MONSIEUR DESFONANDRÈS.

Et moi, je dis que sa maladie est une pourriture d'humeur causée par une trop grande réplétion; ainsi je conclus à lui donner de l'émétique.

MONSIEUR TOMÈS.

Je soutiens que l'émétique la tuera.

MONSIEUR DESFONANDRÈS.

Et moi, que la saignée la fera mourir.

MONSIEUR TOMÈS.

C'est bien à vous de faire l'habile homme!

MONSIEUR DESFONANDRÈS.

Oui, c'est à moi; et je vous prêterai le collet en tout genre d'érudition.

MONSIEUR TOMÈS.

Souvenez-vous de l'homme que vous fîtes crever ces jours passés.

MONSIEUR DESFONANDRÈS.

Souvenez-vous de la dame que vous avez envoyée en l'autre monde il y a trois jours.

MONSIEUR TOMÈS, à Sganarelle.

Je vous ai dit mon avis.

MONSIEUR DESFONANDRÈS, à Sganarelle.

Je vous ai dit ma pensée.

MONSIEUR TOMÈS.

Si vous ne faites saigner tout à l'heure votre fille, c'est une personne morte. (Il sort.)

MONSIEUR DESFONANDRÈS.

Si vous la faites saigner, elle ne sera pas en vie dans un quart d'heure[1]. (Il sort.)

SCÈNE V

SGANARELLE, MACROTON, BAHIS.

SGANARELLE.

A qui croire des deux? et quelle résolution prendre sur des avis si opposés? Messieurs, je vous conjure de déterminer mon esprit, et de me dire, sans passion, ce que vous croyez le plus propre à soulager ma fille.

MONSIEUR MACROTON.

Mon-si-eur, dans ces ma-ti-è-res-là, il faut pro-cé-der a-vec-que cir-con-spec-ti-on, et ne ri-en fai-re, com-me on dit, à la vo-lée; d'au-tant que les fau-tes qu'on y peut fai-re sont, se-lon no-tre maî-tre Hip-po-cra-te, d'u-ne dan-ge-reu-se con-sé-quen-ce.

MONSIEUR BAHIS, bredouillant.

Il est vrai, il faut bien prendre garde à ce qu'on fait; car ce ne sont pas ici jeux d'enfant; et, quand on a failli, il n'est pas aisé de réparer le manquement, et de rétablir ce qu'on a gâté : *experimentum periculosum*. C'est pourquoi il s'agit de raisonner auparavant comme il faut, de peser mûrement les choses, de regarder le tempérament des gens, d'examiner les causes de la maladie, et de voir les remèdes qu'on y doit apporter.

SGANARELLE, à part.

L'un va en tortue, et l'autre court la poste.

MONSIEUR MACROTON.

Or, mon-si-eur, pour ve-nir au fait, je trou-ve que vo-tre fil-le a u-ne ma-la-die chro-ni-que, et qu'el-le peut pé-ri-cli-ter, si on ne lui don-ne du se-cours, d'au-tant que les symp-tô-mes qu'el-le a sont in-di-ca-tifs d'u-ne va-peur fu-li-gi-neu-se et mor-di-can-te qui lui pi-co-te les mem-bra-nes du cer-veau. Or, cet-te va-peur, que nous nom-mons en grec *at-mos*, est cau-sé-e par des hu-meurs pu-tri-des, te-na-ces, et con-glu-ti-neu-ses, qui sont con-te-nu-es dans le bas-ven-tre.

MONSIEUR BAHIS.

Et comme ces humeurs ont été là engendrées par une longue succession de temps, elles s'y sont recuites, et ont acquis cette malignité qui fume vers la région du cerveau.

MONSIEUR MACROTON.

Si bi-en donc que, pour ti-rer, dé-ta-cher, ar-ra-cher, ex-pul-ser, é-va-cu-er-les-di-tes hu-meurs, il fau-dra une pur-ga-ti-on vi-gou-reu-se. Mais, au pré-a-la-ble, je trou-ve à pro-pos, et il n'y a pas d'in-con-vé-nient, d'u-ser de pe-tits re-mè-des a-no-dins, c'est-à-di-re de pe-tits la-ve-ments ré-mol-li-ents et dé-ter-sifs, de ju-leps et de si-rops ra-fraî-chis-sants, qu'on mê-le-ra dans sa pti-sa-ne.

MONSIEUR BAHIS.

Après, nous en viendrons à la purgation, et à la saignée, que nous réitérerons, s'il en est besoin.

MONSIEUR MACROTON.

Ce n'est pas qu'a-vec-que tout cela vo-tre fil-le ne puis-se mou-rir; mais au moins vous au-rez fait quel-que cho-se, et vous au-rez la con-so-la-ti-on qu'el-le se-ra mor-te dans les for-mes.

MONSIEUR BAHIS.

Il vaut mieux mourir selon les règles que de réchapper contre les règles.

MONSIEUR MACROTON.

Nous vous di-sons sin-cè-re-ment no-tre pen-sé-e.

MONSIEUR BAHIS.

Et vous avons parlé comme nous parlerions à notre propre frère.

---

[1] Dans cette scène, Molière fait allusion à la fameuse consultation de Vincennes pour le cardinal Mazarin, entre les sieurs Guénaud, Brayer, Valot et Desfougerais. Gui Patin dit que Brayer voulait que la rate fût gâtée, que Guénaud s'en prenait au foie, Valot au poumon, et Desfougerais au mésentère. (Bret.)

SGANARELLE, à M. Macroton, en allongeant ses mots.
Je vous rends très-hum-bles grâ-ces. (A M. Bahis, bredouillant.) Et vous suis infiniment obligé de la peine que vous avez prise.

SCÈNE VI

SGANARELLE, seul.

Me voilà justement un peu plus incertain que je n'étois auparavant[1]. Morbleu! il me vient une fantaisie. Il faut que j'aille acheter de l'orviétan, et que je lui en fasse prendre; l'orviétan est un remède dont beaucoup de gens se sont bien trouvés. Holà!

SCÈNE VII

SGANARELLE, UN OPÉRATEUR.

SGANARELLE.
Monsieur, je vous prie de me donner une boîte de votre orviétan, que je m'en vais vous payer.

L'OPÉRATEUR chante.
L'or de tous les climats qu'entoure l'Océan
Peut-il jamais payer ce secret d'importance?
Mon remède guérit, par sa rare excellence,
Plus de maux qu'on n'en peut nombrer dans tout un an :
 La gale,
 La rogne,
 La teigne,
 La fièvre,
 La peste,
 La goutte,
 Vérole,
 Descente,
 Rougeole.
O grande puissance
De l'orviétan!

SGANARELLE.
Monsieur, je crois que tout l'or du monde n'est pas capable de payer votre remède; mais pourtant voici une pièce de trente sous que vous prendrez, s'il vous plaît.

L'OPÉRATEUR chante.
Admirez mes bontés, et le peu qu'on vous vend
Ce trésor merveilleux que ma main vous dispense.
Vous pouvez, avec lui, braver en assurance
Tous les maux que sur nous l'ire du ciel répand :
 La gale,
 La rogne,
 La teigne,
 La fièvre,
 La peste,
 La goutte,
 Vérole,

 Descente,
 Rougeole.
O grande puissance
De l'orviétan!

SCÈNE VIII

Plusieurs Trivelins et plusieurs Scaramouches, valets de l'opérateur, se réjouissent en dansant.

ACTE TROISIÈME

SCÈNE I

MM. FILERIN, TOMÈS, DESFONANDRÈS.

MONSIEUR FILERIN.
N'avez-vous point de honte, messieurs, de montrer si peu de prudence, pour des gens de votre âge, et de vous être querellés comme de jeunes étourdis! Ne voyez-vous pas bien quel tort ces sortes de querelles nous font parmi le monde? et n'est-ce pas assez que les savants voient les contrariétés et les dissensions qui sont entre nos auteurs et nos anciens maîtres, sans découvrir encore au peuple, par nos débats et nos querelles, la forfanterie de notre art[1]? Pour moi, je ne comprends rien du tout à cette méchante politique de quelques-uns de nos gens, et il faut confesser que toutes ces contestations nous ont décriés depuis peu d'une étrange manière; et que, si nous n'y prenons garde, nous allons nous ruiner nous-mêmes. Je n'en parle pas pour mon intérêt; car, Dieu merci, j'ai déjà établi mes petites affaires. Qu'il vente, qu'il pleuve, qu'il grêle, ceux qui sont morts sont morts, et j'ai de quoi me passer des vivants; mais, enfin, toutes ces disputes ne valent rien pour la médecine. Puisque le ciel nous fait la grâce que, depuis tant de siècles, on demeure infatué de nous, ne désabusons point les hommes avec nos cabales extravagantes, et profitons de leurs sottises le plus doucement que nous pourrons. Nous ne sommes pas les seuls, comme vous savez, qui tâchons à nous prévaloir de la foiblesse humaine. C'est là que va l'étude de la plupart du monde, et chacun s'efforce de prendre les hommes par leur foible, pour en tirer quelque profit. Les flatteurs, par exemple, cherchent à profiter de l'amour que les hommes ont pour les louanges, en leur donnant tout le vain encens qu'ils souhaitent; et c'est un art où l'on fait, comme on voit, des fortunes considérables. Les alchimistes tâchent à profiter de la passion que l'on a pour les richesses, en promettant des montagnes d'or à ceux qui les écoutent; et les diseurs d'horoscopes, par leurs prédictions trompeuses, profitent de la vanité et de

---

[1] Dans le *Phormion* de Térence, Démiphon, après avoir consulté trois avocats, s'écrie comme Sganarelle : *Incertior sum multo quam dudum.* L'imitation est ici évidente. (Ch. L.)

[1] « Les médecins se devroient contenter du perpétuel désaccord qui se trouve ès opinions des principaux maistres et aucteurs anciens de cette science, lequel n'est cogneu que des hommes versez aux livres, sans faire voir encore au peuple les controverses et inconstances de jugement qu'ils nourrissent et continuent entre eux. » (*Essais de Montaigne*, liv. II, ch. XXXVII.)

l'ambition des crédules esprits. Mais le plus grand foible des hommes, c'est l'amour qu'ils ont pour la vie; et nous en profitons, nous autres, par notre pompeux galimatias, et savons prendre nos avantages de cette vénération que la peur de mourir leur donne pour notre métier. Conservons-nous donc dans le degré d'estime où leur foiblesse nous a mis, et soyons de concert auprès des malades, pour nous attribuer les heureux succès de la maladie et rejeter sur la nature toutes les bévues de notre art. N'allons point, dis-je, détruire sottement les heureuses préventions d'une erreur qui donne du pain à tant de personnes, et, de l'argent de ceux que nous mettons en terre, nous fait élever de tous côtés de beaux héritages.

MONSIEUR TOMÈS.

Vous avez raison en tout ce que vous dites; mais ce sont chaleurs de sang dont parfois on n'est pas le maître.

MONSIEUR FILERIN.

Allons donc, messieurs, mettez bas toute rancune, et faisons ici votre accommodement.

MONSIEUR DESFONANDRÈS.

J'y consens. Qu'il me passe mon émétique pour la malade dont il s'agit, et je lui passerai tout ce qu'il voudra pour le premier malade dont il sera question.

MONSIEUR FILERIN.

On ne peut pas mieux dire, et voilà se mettre à la raison.

MONSIEUR DESFONANDRÈS.

Cela est fait.

MONSIEUR FILERIN.

Touchez donc là. Adieu. Une autre fois, montrez plus de prudence.

SCÈNE II

M. TOMÈS, M. DESFONANDRÈS, LISETTE.

LISETTE.

Quoi! messieurs, vous voilà, et vous ne songez pas à réparer le tort qu'on vient de faire à la médecine!

MONSIEUR TOMÈS.

Comment! qu'est-ce?

LISETTE.

Un insolent, qui a eu l'effronterie d'entreprendre sur votre métier, et qui, sans votre ordonnance, vient de tuer un homme d'un grand coup d'épée au travers du corps.

MONSIEUR TOMÈS.

Écoutez, vous faites la railleuse; mais vous passerez par nos mains quelque jour.

LISETTE.

Je vous permets de me tuer lorsque j'aurai recours à vous.

SCÈNE III

CLITANDRE, en habit de médecin; LISETTE.

CLITANDRE.

Eh bien, Lisette, que dis-tu de mon équipage? Crois-tu qu'avec cet habit je puisse duper le bonhomme? Me trouves-tu bien ainsi?

LISETTE.

Le mieux du monde; et je vous attendois avec impatience. Enfin le ciel m'a faite d'un naturel le plus humain du monde[1], et je ne puis voir deux amants soupirer l'un pour l'autre qu'il ne me prenne une tendresse charitable et un désir ardent de soulager les maux qu'ils souffrent. Je veux, à quelque prix que ce soit, tirer Lucinde de la tyrannie où elle est, et la mettre en votre pouvoir. Vous m'avez plu d'abord; je me connois en gens, et elle ne peut pas mieux choisir. L'amour risque des choses extraordinaires; et nous avons concerté ensemble une manière de stratagème qui pourra peut-être nous réussir. Toutes nos mesures sont déjà prises: l'homme à qui nous avons affaire n'est pas des plus fins de ce monde; et, si cette aventure nous manque, nous trouverons mille autres voies pour arriver à notre but. Attendez-moi là seulement, je reviens vous quérir. (Clitandre se retire dans le fond du théâtre.)

SCÈNE IV

SGANARELLE, LISETTE.

LISETTE.

Monsieur, allégresse! allégresse!

SGANARELLE.

Qu'est-ce?

LISETTE.

Réjouissez-vous.

SGANARELLE.

De quoi?

LISETTE.

Réjouissez-vous, vous dis-je.

SGANARELLE.

Dis-moi donc ce que c'est, et puis je me réjouirai peut-être.

LISETTE.

Non, je veux que vous vous réjouissiez auparavant, que vous chantiez, que vous dansiez.

SGANARELLE.

Sur quoi?

LISETTE.

Sur ma parole.

SGANARELLE.

Allons donc. (Il chante et danse.) La, lera la, la, la, lera la. Que diable!

LISETTE.

Monsieur, votre fille est guérie.

SGANARELLE.

Ma fille est guérie!

LISETTE.

Oui. Je vous amène un médecin, mais un médecin d'importance, qui fait des cures merveilleuses, et qui se moque des autres médecins.

[1] VAR. Enfin le ciel m'a *fait* d'un naturel le plus humain du monde.

SGANARELLE.
Où est-il?

LISETTE.
Je vais le faire entrer.

SGANARELLE, seul.
Il faut voir si celui-ci fera plus que les autres.

SCÈNE V

CLITANDRE, en habit de médecin; SGANARELLE, LISETTE.

LISETTE, amenant Clitandre.
Le voici.

SGANARELLE.
Voilà un médecin qui a la barbe bien jeune.

LISETTE.
La science ne se mesure pas à la barbe, et ce n'est pas par le menton qu'il est habile.

SGANARELLE.
Monsieur, on m'a dit que vous aviez des remèdes admirables pour faire aller à la selle.

CLITANDRE.
Monsieur, mes remèdes sont différents de ceux des autres. Ils ont l'émétique, les saignées, les médecines et les lavements; mais moi, je guéris par des paroles, par des sons, par des lettres, par des talismans et par des anneaux constellés.

LISETTE.
Que vous ai-je dit?

SGANARELLE.
Voilà un grand homme!

LISETTE.
Monsieur, comme votre fille est là tout habillée dans une chaise, je vais la faire passer ici.

SGANARELLE.
Oui, fais.

CLITANDRE, tâtant le pouls à Sganarelle.
Votre fille est bien malade.

SGANARELLE.
Vous connoissez cela ici?

CLITANDRE.
Oui, par la sympathie qu'il y a entre le père et la fille[1].

SCÈNE VI

SGANARELLE, LUCINDE, CLITANDRE, LISETTE.

LISETTE, à Clitandre.
Tenez, monsieur, voilà une chaise auprès d'elle. (A Sganarelle.) Allons, laissez-les là tous deux.

SGANARELLE.
Pourquoi? je veux demeurer là.

LISETTE.
Vous moquez-vous? Il faut s'éloigner. Un médecin a cent choses à demander qu'il n'est pas honnête qu'un homme entende. (Sganarelle et Lisette s'éloignent.)

[1] Comparez avec cette scène le *Médecin volant*.

CLITANDRE, bas, à Lucinde.
Ah! madame, que le ravissement où je me trouve est grand! et que je sais peu par où vous commencer mon discours! Tant que je ne vous ai parlé que des yeux, j'avois, ce me sembloit, cent choses à vous dire; et maintenant que j'ai la liberté de vous parler de la façon que je souhaitois, je demeure interdit, et la grande joie où je suis étouffe toutes mes paroles.

LUCINDE.
Je puis vous dire la même chose; et je sens, comme vous, des mouvements de joie qui m'empêchent de pouvoir parler.

CLITANDRE.
Ah! madame, que je serois heureux s'il étoit vrai que vous sentissiez tout ce que je sens, et qu'il me fût permis de juger de votre âme par la mienne! Mais, madame, puis-je au moins croire que ce soit à vous à qui je doive la pensée de cet heureux stratagème qui me fait jouir de votre présence?

LUCINDE.
Si vous ne m'en devez pas la pensée, vous m'êtes redevable au moins d'en avoir approuvé la proposition avec beaucoup de joie.

SGANARELLE, à Lisette.
Il me semble qu'il lui parle de bien près.

LISETTE, à Sganarelle.
C'est qu'il observe sa physionomie et tous les traits de son visage.

CLITANDRE, à Lucinde.
Serez-vous constante, madame, dans ces bontés que vous me témoignez?

LUCINDE.
Mais vous, serez-vous ferme dans les résolutions que vous avez montrées?

CLITANDRE.
Ah! madame, jusqu'à la mort. Je n'ai point de plus forte envie que d'être à vous, et je vais le faire paroître dans tout ce que vous m'allez voir faire.

SGANARELLE, à Clitandre.
Eh bien, notre malade? Elle me semble un peu plus gaie.

CLITANDRE.
C'est que j'ai déjà fait agir sur elle un de ces remèdes que mon art m'enseigne. Comme l'esprit a grand empire sur le corps, et que c'est de lui bien souvent que procèdent les maladies, ma coutume est de courir à guérir les esprits avant que de venir aux corps. J'ai donc observé ses regards, les traits de son visage et les lignes de ses deux mains; et, par la science que le ciel m'a donnée, j'ai reconnu que c'étoit de l'esprit qu'elle étoit malade, et que tout son mal ne venoit que d'une imagination déréglée, d'un désir dépravé de vouloir être mariée. Pour moi, je ne vois rien de plus extravagant et de plus ridicule que cette envie qu'on a du mariage.

SGANARELLE, à part.
Voilà un habile homme!

CLITANDRE.
Et j'ai eu et aurai pour lui toute ma vie une aversion effroyable.

SGANARELLE, à part.

Voilà un grand médecin!

CLITANDRE.

Mais, comme il faut flatter l'imagination des malades et que j'ai vu en elle de l'aliénation d'esprit et même qu'il y avoit du péril à ne lui pas donner un prompt secours, je l'ai prise par son foible, et lui ai dit que j'étois venu ici pour vous la demander en mariage[1]. Soudain son visage a changé, son teint s'est éclairci, ses yeux se sont animés; et, si vous voulez, pour quelques jours, l'entretenir dans cette erreur, vous verrez que nous la tirerons d'où elle est.

SGANARELLE.

Oui-da, je le veux bien.

CLITANDRE.

Après nous ferons agir d'autres remèdes pour la guérir entièrement de cette fantaisie.

SGANARELLE.

Oui, cela est le mieux du monde. Eh bien, ma fille, voilà monsieur qui a envie de t'épouser, et je lui ai dit que je le voulois bien.

LUCINDE.

Hélas! est-il possible?

SGANARELLE.

Oui.

LUCINDE

Mais, tout de bon?

SGANARELLE.

Oui, oui.

LUCINDE, à Clitandre.

Quoi! vous êtes dans les sentiments d'être mon mari?

CLITANDRE.

Oui, madame.

LUCINDE.

Et mon père y consent?

SGANARELLE

Oui, ma fille.

LUCINDE.

Ah! que je suis heureuse, si cela est véritable!

CLITANDRE.

N'en doutez point, madame. Ce n'est pas d'aujourd'hui que je vous aime et que je brûle de me voir votre mari. Je ne suis venu ici que pour cela; et, si vous voulez que je vous dise nettement les choses comme elles sont, cet habit n'est qu'un pur prétexte inventé, et je n'ai fait le médecin que pour m'approcher de vous, et obtenir plus facilement ce que je souhaite.

LUCINDE.

C'est me donner des marques d'un amour bien tendre, et j'y suis sensible autant que je puis.

SGANARELLE, à part.

O la folle! ô la folle! ô la folle!

LUCINDE.

Vous voulez donc bien, mon père, me donner monsieur pour époux?

[1] VAR. Et lui ai dit que j'étois venu ici pour la demander en mariage.

SGANARELLE.

Oui. Çà, donne-moi ta main. Donnez-moi un peu aussi la vôtre, pour voir.

CLITANDRE.

Mais, monsieur...

SGANARELLE, étouffant de rire.

Non, non, c'est pour... pour lui contenter l'esprit. Touchez là. Voilà qui est fait.

CLITANDRE.

Acceptez, pour gage de ma foi, cet anneau que je vous donne. (Bas, à Sganarelle.) C'est un anneau constellé, qui guérit les égarements d'esprit.

LUCINDE.

Faisons donc le contrat, afin que rien n'y manque.

CLITANDRE.

Hélas! je le veux bien, madame. (Bas, à Sganarelle.) Je vais faire monter l'homme qui écrit mes remèdes, et lui faire croire que c'est un notaire.

SGANARELLE.

Fort bien.

CLITANDRE.

Holà! faites monter le notaire que j'ai amené avec moi.

LUCINDE.

Quoi! vous aviez amené un notaire?

CLITANDRE.

Oui, madame.

LUCINDE.

J'en suis ravie.

SGANARELLE.

O la folle! ô la folle!

SCÈNE VII

LE NOTAIRE, CLITANDRE, SGANARELLE, LUCINDE, LISETTE.

Clitandre parle bas au notaire.

SGANARELLE, au notaire.

Oui, monsieur, il faut faire un contrat pour ces deux personnes-là. Écrivez. (A Lucinde.) Voilà le contrat qu'on fait. (Au notaire.) Je lui donne vingt mille écus en mariage. Écrivez.

LUCINDE.

Je vous suis bien obligée, mon père.

LE NOTAIRE.

Voilà qui est fait. Vous n'avez qu'à venir signer.

SGANARELLE.

Voilà un contrat bientôt bâti.

CLITANDRE, à Sganarelle.

Mais au moins, monsieur...

SGANARELLE.

Eh! non, vous dis-je. Sait-on pas bien... (Au notaire.) Allons, donnez-lui la plume pour signer. (A Lucinde.) Allons, signe, signe, signe. Va, va, je signerai tantôt, moi.

LUCINDE.

Non, non, je veux avoir le contrat entre mes mains.

SGANARELLE.

Eh bien, tiens. (Après avoir signé.) Es-tu contente?

LUCINDE.

Plus qu'on ne peut s'imaginer.

SGANARELLE.

Voilà qui est bien, voilà qui est bien.

CLITANDRE.

Au reste, je n'ai pas eu seulement la précaution d'amener un notaire; j'ai eu celle encore de faire venir des voix et des instruments et des danseurs pour célébrer la fête et pour nous réjouir. Qu'on les fasse venir. Ce sont des gens que je mène avec moi, et dont je me sers tous les jours pour pacifier avec leur harmonie et leurs danses les troubles de l'esprit.

SCÈNE VIII

LA COMÉDIE, LE BALLET, LA MUSIQUE, ensemble.

Sans nous tous les hommes
Deviendroient malsains,
Et c'est nous qui sommes
Leurs grands médecins.

LA COMÉDIE.

Veut-on qu'on rabatte,
Par des moyens doux,
Les vapeurs de rate
Qui vous minent tous?
Qu'on laisse Hippocrate,
Et qu'on vienne à nous.

TOUS TROIS ENSEMBLE.

Sans nous tous les hommes
Deviendroient malsains,
Et c'est nous qui sommes
Leurs grands médecins.

Pendant que les Jeux, les Ris et les Plaisirs dansent, Clitandre emmène Lucinde.

SCÈNE IX

SGANARELLE, LISETTE, LA COMÉDIE, LA MUSIQUE, LE BALLET, JEUX, RIS, PLAISIRS.

SGANARELLE.

Voilà une plaisante façon de guérir! Où est donc ma fille et le médecin?

LISETTE.

Ils sont allés achever le reste du mariage.

SGANARELLE.

Comment, le mariage?

LISETTE.

Ma foi, monsieur, la bécasse est bridée[1]; et vous avez cru faire un jeu, qui demeure une vérité.

SGANARELLE.

Comment diable! (Il veut aller après Clitandre et Lucinde, les danseurs le retiennent.) Laissez-moi aller, laissez-moi aller, vous dis-je! (Les danseurs le retiennent toujours.) Encore? (Ils veulent faire danser Sganarelle de force.) Peste des gens!

[1] *La bécasse est bridée.* — Cette expression proverbiale est empruntée de la chasse. On tend aux bécasses des lacets ou collets avec lesquels elles se brident elles-mêmes.

LE MISANTHROPE

COMÉDIE EN CINQ ACTES

1666

PERSONNAGES

ALCESTE, amant de Célimène [1].
PHILINTE, ami d'Alceste [2].
ORONTE, amant de Célimène [3].
CÉLIMÈNE, amante d'Alceste [4].
ÉLIANTE, cousine de Célimène [5].
ARSINOÉ, amie de Célimène [6].
ACASTE [7],
CLITANDRE, } marquis
BASQUE, valet de Célimène.
UN GARDE de la maréchaussée de France [8].
DUBOIS, valet d'Alceste [9].

La scène se passe à Paris, dans la maison de Célimène.

ACTE PREMIER

SCÈNE I

PHILINTE, ALCESTE.

PHILINTE.
Qu'est-ce donc? qu'avez-vous?
　　　　　ALCESTE, assis.
　　　　　　　Laissez-moi, je vous prie.
PHILINTE.
Mais encor, dites-moi quelle bizarrerie...
　　　　　ALCESTE.
Laissez-moi là, vous dis-je, et courez vous cacher.
PHILINTE.
Mais on entend les gens au moins sans se fâcher.
　　　　　ALCESTE.
Moi, je veux me fâcher, et ne veux point entendre.
PHILINTE.
Dans vos brusques chagrins je ne puis vous comprendre;
Et, quoique amis enfin, je suis tout des premiers...

Acteurs de la troupe de Molière : [1] MOLIÈRE. — [2] LA THORILLIÈRE. — [3] DU CHOISY. — [4] Armande BÉJART, femme de Molière. — [5] Mademoiselle DE BRIE. — [6] Mademoiselle DU PARC. — [7] LA GRANGE. — [8] DE BRIE. — [9] BÉJART.

　　　　　ALCESTE, se levant brusquement.
Moi, votre ami! Rayez cela de vos papiers.
J'ai fait jusques ici profession de l'être;
Mais, après ce qu'en vous je viens de voir paroître,
Je vous déclare net que je ne le suis plus,
Et ne veux nulle place en des cœurs corrompus.
　　　　　PHILINTE.
Je suis donc bien coupable, Alceste, à votre compte?
　　　　　ALCESTE.
Allez, vous devriez mourir de pure honte;
Une telle action ne sauroit s'excuser,
Et tout homme d'honneur s'en doit scandaliser.
Je vous vois accabler un homme de caresses,
Et témoigner pour lui les dernières tendresses;
De protestations, d'offres et de serments,
Vous chargez la fureur de vos embrassements :
Et, quand je vous demande après quel est cet homme,
A peine pouvez-vous dire comme il se nomme;
Votre chaleur pour lui tombe en vous séparant,
Et vous me le traitez, à moi, d'indifférent!
Morbleu! c'est une chose indigne, lâche, infâme,
De s'abaisser ainsi jusqu'à trahir son âme;
Et si, par un malheur, j'en avois fait autant,
Je m'irois, de regret, pendre tout à l'instant!
　　　　　PHILINTE.
Je ne vois pas, pour moi, que le cas soit pendable;
Et je vous supplierai d'avoir pour agréable
Que je me fasse un peu grâce sur votre arrêt,
Et ne me pende pas pour cela, s'il vous plaît.
　　　　　ALCESTE.
Que la plaisanterie est de mauvaise grâce!
　　　　　PHILINTE.
Mais, sérieusement, que voulez-vous qu'on fasse?
　　　　　ALCESTE.
Je veux qu'on soit sincère, et qu'en homme d'honneur
On ne lâche aucun mot qui ne parte du cœur.
　　　　　PHILINTE.
Lorsqu'un homme vous vient embrasser avec joie,
Il faut bien le payer de la même monnoie,

18

Répondre, comme on peut, à ses empressements,
Et rendre offre pour offre, et serments pour serments.
ALCESTE.
Non, je ne puis souffrir cette lâche méthode
Qu'affectent la plupart de vos gens à la mode ;
Et je ne hais rien tant que les contorsions
De tous ces grands faiseurs de protestations,
Ces affables donneurs d'embrassades frivoles,
Ces obligeants diseurs d'inutiles paroles ;
Qui de civilités avec tous font combat,
Et traitent du même air l'honnête homme et le fat.
Quel avantage a-t-on qu'un homme vous caresse,
Vous jure amitié, foi, zèle, estime, tendresse,
Et vous fasse de vous un éloge éclatant,
Lorsqu'au premier faquin il court en faire autant?
Non, non, il n'est point d'âme un peu bien située
Qui veuille d'une estime ainsi prostituée ;
Et la plus glorieuse a des régals peu chers,
Dès qu'on voit qu'on nous mêle avec tout l'univers :
Sur quelque préférence une estime se fonde,
Et c'est n'estimer rien qu'estimer tout le monde.
Puisque vous y donnez, dans ces vices du temps,
Morbleu ! vous n'êtes pas pour être de mes gens ;
Je refuse d'un cœur la vaste complaisance
Qui ne fait de mérite aucune différence ;
Je veux qu'on me distingue ; et, pour le trancher net,
L'ami du genre humain n'est point du tout mon fait.
PHILINTE.
Mais, quand on est du monde, il faut bien que l'on rende
Quelques dehors civils que l'usage demande.
ALCESTE.
Non, vous dis-je ; on devroit châtier sans pitié
Ce commerce honteux de semblants d'amitié.
Je veux que l'on soit homme, et qu'en toute rencontre
Le fond de notre cœur dans nos discours se montre,
Que ce soit lui qui parle, et que nos sentiments
Ne se masquent jamais sous de vains compliments.
PHILINTE.
Il est bien des endroits où la pleine franchise
Deviendroit ridicule et seroit peu permise ;
Et parfois, n'en déplaise à votre austère honneur,
Il est bon de cacher ce qu'on a dans le cœur.
Seroit-il à propos, et de la bienséance,
De dire à mille gens tout ce que d'eux on pense?
Et quand on a quelqu'un qu'on hait ou qui déplaît
Lui doit-on déclarer la chose comme elle est?
ALCESTE.
Oui.
PHILINTE.
Quoi ! vous iriez dire à la vieille Émilie
Qu'à son âge il sied mal de faire la jolie,
Et que le blanc qu'elle a scandalise chacun?
ALCESTE.
Sans doute.
PHILINTE.
A Dorilas, qu'il est trop importun ;
Et qu'il n'est, à la cour, oreille qu'il ne lasse
A conter sa bravoure et l'éclat de sa race?
ALCESTE.
Fort bien.
PHILINTE.
Vous vous moquez.
ALCESTE.
Je ne me moque point ;
Et je vais n'épargner personne sur ce point.
Mes yeux sont trop blessés, et la cour et la ville
Ne m'offrent rien qu'objets à m'échauffer la bile ;
J'entre en une humeur noire, en un chagrin profond,
Quand je vois vivre entre eux les hommes comme ils font ;
Je ne trouve partout que lâche flatterie,
Qu'injustice, intérêt, trahison, fourberie ;
Je n'y puis plus tenir, j'enrage ; et mon dessein
Est de rompre en visière à tout le genre humain.
PHILINTE.
Ce chagrin philosophe est un peu trop sauvage.
Je ris des noirs accès où je vous envisage,
Et crois voir en nous deux, sous mêmes soins nourris,
Les deux frères que peint l'*École des Maris*,
Dont...
ALCESTE.
Mon Dieu ! laissons là vos comparaisons fades.
PHILINTE.
Non : tout de bon, quittez toutes ces incartades.
Le monde par vos soins ne se changera pas :
Et, puisque la franchise a pour vous tant d'appas,
Je vous dirai tout franc que cette maladie
Partout où vous allez donne la comédie ;
Et qu'un si grand courroux contre les mœurs du temps
Vous tourne en ridicule auprès de bien des gens.
ALCESTE.
Tant mieux, morbleu ! tant mieux, c'est ce que je demande.
Ce m'est un fort bon signe, et ma joie en est grande.
Tous les hommes me sont à tel point odieux,
Que je serois fâché d'être sage à leurs yeux.
PHILINTE.
Vous voulez un grand mal à la nature humaine.
ALCESTE.
Oui, j'ai conçu pour elle une effroyable haine.
PHILINTE.
Tous les pauvres mortels, sans nulle exception,
Seront enveloppés dans cette aversion?
Encore en est-il bien, dans le siècle où nous sommes...
ALCESTE.
Non, elle est générale, et je hais tous les hommes :
Les uns, parce qu'ils sont méchants et malfaisants,
Et les autres, pour être aux méchants complaisants,
Et n'avoir pas pour eux ces haines vigoureuses
Que doit donner le vice aux âmes vertueuses.
De cette complaisance on voit l'injuste excès
Pour le franc scélérat avec qui j'ai procès.
Au travers de son masque on voit à plein le traître ;
Partout il est connu pour tout ce qu'il peut être ;
Et ses roulements d'yeux, et son ton radouci,
N'imposent qu'à des gens qui ne sont point d'ici.
On sait que ce pied-plat, digne qu'on le confonde,
Par de sales emplois s'est poussé dans le monde,

Et que par eux son sort, de splendeur revêtu,
Fait gronder le mérite et rougir la vertu;
Quelques titres honteux qu'en tous lieux on lui donne,
Son misérable honneur ne voit pour lui personne :
Nommez-le fourbe, infâme, et scélérat maudit,
Tout le monde en convient, et nul n'y contredit.
Cependant sa grimace est partout bien venue;
On l'accueille, on lui rit; partout il s'insinue;
Et s'il est, par la brigue, un rang à disputer,
Sur le plus honnête homme on le voit l'emporter.
Têtebleu! ce me sont de mortelles blessures,
De voir qu'avec le vice on garde des mesures;
Et parfois il me prend des mouvements soudains
De fuir dans un désert l'approche des humains.

PHILINTE.
Mon Dieu! des mœurs du temps mettons-nous moins en [peine,
Et faisons un peu grâce à la nature humaine;
Ne l'examinons point dans la grande rigueur,
Et voyons ses défauts avec quelque douceur.
Il faut, parmi le monde, une vertu traitable;
A force de sagesse, on peut être blâmable;
La parfaite raison fuit toute extrémité,
Et veut que l'on soit sage avec sobriété [1].
Cette grande roideur des vertus des vieux âges
Heurte trop notre siècle et les communs usages;
Elle veut aux mortels trop de perfection :
Il faut fléchir au temps sans obstination;
Et c'est une folie à nulle autre seconde,
De vouloir se mêler de corriger le monde.
J'observe, comme vous, cent choses tous les jours,
Qui pourroient mieux aller, prenant un autre cours;
Mais, quoi qu'à chaque pas je puisse voir paroître,
En courroux, comme vous, on ne me voit point être;
Je prends tout doucement les hommes comme ils sont;
J'accoutume mon âme à souffrir ce qu'ils font,
Et je crois qu'à la cour, de même qu'à la ville,
Mon flegme est philosophe autant que votre bile.

ALCESTE.
Mais ce flegme, monsieur, qui raisonnez si bien [2],
Ce flegme pourra-t-il ne s'échauffer de rien?
Et s'il faut, par hasard, qu'un ami vous trahisse,
Que, pour avoir vos biens, on dresse un artifice,
Ou qu'on tâche à semer de méchants bruits de vous,
Verrez-vous tout cela sans vous mettre en courroux?

PHILINTE.
Oui, je vois ces défauts, dont votre âme murmure,
Comme vices unis à l'humaine nature;
Et mon esprit enfin n'est pas plus offensé
De voir un homme fourbe, injuste, intéressé,
Que de voir des vautours affamés de carnage,
Des singes malfaisants, et des loups pleins de rage.

ALCESTE.
Je me verrai trahir, mettre en pièces, voler,
Sans que je sois... Morbleu! je ne veux point parler,
Tant ce raisonnement est plein d'impertinence!

PHILINTE.
Ma foi, vous ferez bien [1] de garder le silence.
Contre votre partie éclatez un peu moins,
Et donnez au procès une part de vos soins.

ALCESTE.
Je n'en donnerai point, c'est une chose dite.

PHILINTE.
Mais qui voulez-vous donc qui pour vous sollicite?

ALCESTE.
Qui je veux? La raison, mon bon droit, l'équité.

PHILINTE.
Aucun juge par vous ne sera visité?

ALCESTE.
Non. Est-ce que ma cause est injuste ou douteuse?

PHILINTE.
J'en demeure d'accord : mais la brigue est fâcheuse,
Et...

ALCESTE.
Non. J'ai résolu de n'en pas faire un pas.
J'ai tort ou j'ai raison.

PHILINTE.
Ne vous y fiez pas.

ALCESTE.
Je ne remuerai point.

PHILINTE.
Votre partie est forte,
Et peut, par sa cabale, entraîner...

ALCESTE.
Il n'importe.

PHILINTE.
Vous vous tromperez.

ALCESTE.
Soit. J'en veux voir le succès [2] :

PHILINTE.
Mais...

ALCESTE.
J'aurai le plaisir de perdre mon procès.

PHILINTE.
Mais enfin...

ALCESTE.
Je verrai dans cette plaiderie
Si les hommes auront assez d'effronterie,
Seront assez méchants, scélérats et pervers,
Pour me faire injustice aux yeux de l'univers.

PHILINTE.
Quel homme!

ALCESTE.
Je voudrois, m'en coûtât-il grand'chose,
Pour la beauté du fait, avoir perdu ma cause [3].

PHILINTE.
On se riroit de vous, Alceste, tout de bon,
Si l'on vous entendoit parler de la façon.

---

[1] C'est exactement la pensée et l'expression de saint Paul : *Sapere ad sobrietatem*.
[2] VAR. Qui *raisonne* si bien.

[1] VAR. Ma foi, vous *feries* bien.
[2] *Succès* signifiait alors issue quelconque, bonne ou mauvaise.
[3] On rit, non de la vertu et des scrupules honorables d'Alceste, mais de sa morosité, qui ne croiroit pas acheter trop cher de la perte de ses biens le plaisir de pester contre l'iniquité des hommes.

ALCESTE.
Tant pis pour qui riroit.

PHILINTE.
Mais cette rectitude
Que vous voulez en tout avec exactitude,
Cette pleine droiture où vous vous renfermez,
La trouvez-vous ici dans ce que vous aimez?
Je m'étonne, pour moi, qu'étant, comme il le semble,
Vous et le genre humain, si fort brouillés ensemble,
Malgré tout ce qui peut vous le rendre odieux,
Vous ayez pris chez lui ce qui charme vos yeux ;
Et ce qui me surprend encore davantage,
C'est cet étrange choix où votre cœur s'engage.
La sincère Éliante a du penchant pour vous ;
La prude Arsinoé vous voit d'un œil fort doux ;
Cependant à leurs vœux votre âme se refuse,
Tandis qu'en ses liens Célimène l'amuse,
De qui l'humeur coquette et l'esprit médisant
Semblent si fort donner dans les mœurs d'à présent.
D'où vient que, leur portant une haine mortelle,
Vous pouvez bien souffrir ce qu'en tient cette belle?
Ne sont-ce plus défauts dans un objet si doux ?
Ne les voyez-vous pas, ou les excusez-vous [1] ?

ALCESTE.
Non. L'amour que je sens pour cette jeune veuve
Ne ferme point mes yeux aux défauts qu'on lui treuve ;
Et je suis, quelque ardeur qu'elle m'ait pu donner,
Le premier à les voir, comme à les condamner.
Mais avec tout cela, quoi que je puisse faire,
Je confesse mon foible ; elle a l'art de me plaire :
J'ai beau voir ses défauts, et j'ai beau l'en blâmer,
En dépit qu'on en ait, elle se fait aimer ;
Sa grâce est la plus forte ; et sans doute ma flamme
De ces vices du temps pourra purger son âme.

PHILINTE.
Si vous faites cela, vous ne ferez pas peu.
Vous croyez être donc aimé d'elle?

ALCESTE.
Oui, parbleu !
Je ne l'aimerois pas, si je ne croyois l'être.

PHILINTE.
Mais, si son amitié pour vous se fait paroître,
D'où vient que vos rivaux vous causent de l'ennui?

ALCESTE.
C'est qu'un cœur bien atteint veut qu'on soit tout à lui,
Et je ne viens ici qu'à dessein de lui dire
Tout ce que là-dessus ma passion m'inspire.

PHILINTE.
Pour moi, si je n'avois qu'à former des désirs,
Sa cousine Éliante auroit tous mes soupirs :
Son cœur, qui vous estime, est solide et sincère,
Et ce choix plus conforme étoit mieux votre affaire.

ALCESTE.
Il est vrai : ma raison me le dit chaque jour ;
Mais la raison n'est pas ce qui règle l'amour.

PHILINTE.
Je crains fort pour vos feux ; et l'espoir où vous êtes
Pourroit...

SCÈNE II

ORONTE, ALCESTE, PHILINTE.

ORONTE, à Alceste.
J'ai su là-bas que, pour quelques emplettes,
Éliante est sortie, et Célimène aussi.
Mais, comme l'on m'a dit que vous étiez ici,
J'ai monté pour vous dire, et d'un cœur véritable,
Que j'ai conçu pour vous une estime incroyable,
Et que, depuis longtemps, cette estime m'a mis
Dans un ardent désir d'être de vos amis.
Oui, mon cœur au mérite aime à rendre justice,
Et je brûle qu'un nœud d'amitié nous unisse.
Je crois qu'un ami chaud, et de ma qualité,
N'est pas assurément pour être rejeté.

Pendant le discours d'Oronte, Alceste est rêveur, et semble ne pas entendre que c'est à lui qu'on parle. Il ne sort de sa rêverie que quand Oronte lui dit :

C'est à vous, s'il vous plaît, que ce discours s'adresse.

ALCESTE.
A moi, monsieur?

ORONTE.
A vous. Trouvez-vous qu'il vous blesse ?

ALCESTE.
Non pas. Mais la surprise est fort grande pour moi,
Et je n'attendois pas l'honneur que je reçoi [1].

ORONTE.
L'estime où je vous tiens ne doit pas vous surprendre,
Et de tout l'univers vous la pouvez prétendre.

ALCESTE.
Monsieur...

ORONTE.
L'État n'a rien qui ne soit au-dessous
Du mérite éclatant que l'on découvre en vous.

ALCESTE.
Monsieur...

ORONTE.
Oui, de ma part, je vous tiens préférable
A tout ce que j'y vois de plus considérable.

ALCESTE.
Monsieur...

ORONTE.
Sois-je du ciel écrasé, si je mens !
Et, pour vous confirmer ici mes sentiments,
Souffrez qu'à cœur ouvert, monsieur, je vous embrasse,
Et qu'en votre amitié je vous demande place.
Touchez là, s'il vous plaît. Vous me la promettez,
Votre amitié?

ALCESTE.
Monsieur...

---

[1] Cette passion si peu raisonnable est un trait de génie, un coup de maître. C'est par là que le poëte oppose dramatiquement la passion au caractère, et les met aux prises l'une avec l'autre. (Auger.)

[1] Ne voilà-t-il pas Alceste lui-même qui paye tribut à cette politesse contre laquelle il vient de se déchaîner si fort? Cette sorte d'inconséquence est un trait comique de plus. (F. L.)

ACTE I, SCÈNE II.

ORONTE.
Quoi! vous y résistez?
ALCESTE.
Monsieur, c'est trop d'honneur que vous me voulez faire;
Mais l'amitié demande un peu plus de mystère;
Et c'est assurément en profaner le nom,
Que de vouloir le mettre à toute occasion.
Avec lumière et choix cette union veut naître;
Avant que nous lier, il faut nous mieux connoître;
Et nous pourrions avoir telles complexions,
Que tous deux du marché nous nous repentirions.
ORONTE.
Parbleu! c'est là-dessus parler en homme sage,
Et je vous en estime encore davantage.
Souffrons donc que le temps forme des nœuds si doux;
Mais cependant je m'offre entièrement à vous.
S'il faut faire à la cour pour vous quelque ouverture,
On sait qu'auprès du roi je fais quelque figure;
Il m'écoute, et dans tout il en use, ma foi,
Le plus honnêtement du monde avecque moi.
Enfin je suis à vous de toutes les manières;
Et, comme votre esprit a de grandes lumières,
Je viens, pour commencer entre nous ce beau nœud,
Vous montrer un sonnet que j'ai fait depuis peu,
Et savoir s'il est bon qu'au public je l'expose.
ALCESTE.
Monsieur, je suis mal propre à décider la chose.
Veuillez m'en dispenser.
ORONTE.
Pourquoi?
ALCESTE.
J'ai le défaut
D'être un peu plus sincère en cela qu'il ne faut.
ORONTE.
C'est ce que je demande; et j'aurois lieu de plainte,
Si, m'exposant à vous pour me parler sans feinte,
Vous alliez me trahir et me déguiser rien [1].
ALCESTE.
Puisqu'il vous plaît ainsi, monsieur, je le veux bien.
ORONTE.
Sonnet. C'est un sonnet... L'Espoir... C'est une dame
Qui de quelque espérance avoit flatté ma flamme.
L'Espoir... Ce ne sont point de ces grands vers pompeux,
Mais de petits vers doux, tendres et langoureux.
ALCESTE.
Nous verrons bien.
ORONTE.
L'Espoir... Je ne sais si le style
Pourra vous en paroître assez net et facile,
Et si du choix des mots vous vous contenterez.
ALCESTE.
Nous allons voir, monsieur.
ORONTE.
Au reste, vous saurez
Que je n'ai demeuré qu'un quart d'heure à le faire.

ALCESTE.
Voyons, monsieur; le temps ne fait rien à l'affaire.
ORONTE lit.
L'espoir, il est vrai, nous soulage,
Et nous berce un temps notre ennui;
Mais, Philis, le triste avantage,
Lorsque rien ne marche après lui!
PHILINTE.
Je suis déjà charmé de ce petit morceau.
ALCESTE, bas, à Philinte.
Quoi! vous avez le front de trouver cela beau!
ORONTE.
Vous eûtes de la complaisance;
Mais vous en deviez moins avoir,
Et ne vous pas mettre en dépense
Pour ne me donner que l'espoir.
PHILINTE.
Ah! qu'en termes galants ces choses-là sont mises!
ALCESTE, bas, à Philinte.
Eh quoi! vil complaisant, vous louez des sottises!
ORONTE.
S'il faut qu'une attente éternelle
Pousse à bout l'ardeur de mon zèle,
Le trépas sera mon recours.

Vos soins ne m'en peuvent distraire:
Belle Philis, on désespère,
Alors qu'on espère toujours [1].
PHILINTE.
La chute en est jolie, amoureuse, admirable.
ALCESTE, bas, à part.
La peste de ta chute, empoisonneur, au diable!
En eusses-tu fait une à te casser le nez!
PHILINTE.
Je n'ai jamais ouï de vers si bien tournés.
ALCESTE, bas, à part.
Morbleu!
ORONTE, à Philinte.
Vous me flattez, et vous croyez peut-être...
PHILINTE.
Non, je ne flatte point.
ALCESTE, bas, à part.
Eh! que fais-tu donc, traître?
ORONTE, à Alceste.
Mais pour vous, vous savez quel est notre traité.
Parlez-moi, je vous prie, avec sincérité.
ALCESTE.
Monsieur, cette matière est toujours délicate,
Et sur le bel esprit nous aimons qu'on nous flatte.
Mais un jour, à quelqu'un dont je tairai le nom,
Je disois, en voyant des vers de sa façon,
Qu'il faut qu'un galant homme ait toujours grand empire
Sur les démangeaisons qui nous prennent d'écrire;
Qu'il doit tenir la bride aux grands empressements
Qu'on a de faire éclat de tels amusements;
Et que, par la chaleur de montrer ses ouvrages,
On s'expose à jouer de mauvais personnages.

---

[1] C'est avec la même bonne foi que Sganarelle, dans le *Mariage forcé*, conjure Géronimo « de ne point le flatter du tout, et de lui dire nettement sa pensée. » (Auger.)

[1] Ce sonnet, composé peut-être par Molière lui-même, est attribué par quelques éditeurs à Benserade. (F. L.)

ORONTE.
Est-ce que vous voulez me déclarer par là
Que j'ai tort de vouloir...
ALCESTE.
Je ne dis pas cela.
Mais je lui disois, moi, qu'un froid écrit assomme,
Qu'il ne faut que ce foible à décrier un homme,
Et qu'eût-on d'autre part cent belles qualités,
On regarde les gens par leurs méchants côtés.
ORONTE.
Est-ce qu'à mon sonnet vous trouvez à redire?
ALCESTE.
Je ne dis pas cela. Mais, pour ne point écrire,
Je lui mettois aux yeux comme, dans notre temps,
Cette soif a gâté de fort honnêtes gens.
ORONTE.
Est-ce que j'écris mal, et leur ressemblerois-je.
ALCESTE.
Je ne dis pas cela [1]. Mais enfin, lui disois-je,
Quel besoin si pressant avez-vous de rimer?
Et qui diantre vous pousse à vous faire imprimer?
Si l'on peut pardonner l'essor d'un mauvais livre,
Ce n'est qu'aux malheureux qui composent pour vivre.
Croyez-moi, résistez à vos tentations;
Dérobez au public ces occupations,
Et n'allez point quitter, de quoi que l'on vous somme,
Le nom que dans la cour vous avez d'honnête homme,
Pour prendre, de la main d'un avide imprimeur,
Celui de ridicule et misérable auteur.
C'est ce que je tâchai de lui faire comprendre.
ORONTE.
Voilà qui va fort bien, et je crois vous entendre.
Mais ne puis-je savoir ce que dans mon sonnet...
ALCESTE.
Franchement, il est bon à mettre au cabinet [2].
Vous vous êtes réglé sur de méchants modèles,
Et vos expressions ne sont point naturelles.

Qu'est-ce que: *Nous berce un temps notre ennui?*
Et que, *Rien ne marche après lui?*
Que, *Ne vous pas mettre en dépense*
Pour ne me donner que l'espoir?

[1] Rousseau reproche au Misanthrope de ne pas dire crûment du premier mot à Oronte que son sonnet ne vaut rien; et il ne s'aperçoit pas que, chaque fois qu'Alceste répète: « Je ne dis pas cela, » il dit en effet tout ce qu'on peut dire de plus dur; en sorte que, malgré ce qu'il croit devoir aux formes, il s'abandonne à son caractère dans le temps même où il croit en faire le sacrifice. Rien n'est plus naturel et plus comique que cette espèce d'illusion qu'il se fait, et Rousseau l'accuse de fausseté dans l'instant où il est le plus vrai; car qu'y a-t-il de plus vrai que d'être soi-même en s'efforçant de ne pas l'être? (La Harpe.)

[2] On a beaucoup disputé sur e sens de cette expression. Les uns veulent que ce soit: bon à serrer, loin du jour, dans les tiroirs d'un cabinet (sorte de meuble alors à la mode); les autres prennent le mot dans un sens moins délicat, et qui s'est attaché à ce vers, devenu proverbe. Je crois que Molière a cherché l'équivoque. Et qu'on ne dise pas que la grossièreté du second sens est indigne d'Alceste; Alceste est poussé à bout; et lui, qui ne s'est pas refusé tout à l'heure une mauvaise pointe sur la *chute* du sonnet, ne paraît pas homme à refuser à sa colère un mot à la fois dur et comique, bien que d'un comique trivial. C'est justement cette trivialité qui fait rire, par le contraste avec le rang et les manières habituelles d'Alceste. (F. Génin.)

Et que, *Philis, on désespère,*
Alors qu'on espère toujours?

Ce style figuré, dont on fait vanité,
Sort du bon caractère et de la vérité;
Ce n'est que jeu de mots, qu'affectation pure,
Et ce n'est point ainsi que parle la nature.
Le méchant goût du siècle en cela me fait peur;
Nos pères, tout grossiers, l'avoient beaucoup meilleur;
Et je prise bien moins tout ce que l'on admire,
Qu'une vieille chanson que je m'en vais vous dire.

Si le roi m'avoit donné
Paris, sa grand'ville,
Et qu'il me fallût quitter
L'amour de ma mie,
Je dirois au roi Henri:
Reprenez votre Paris;
J'aime mieux ma mie, ô gué!
J'aime mieux ma mie.

La rime n'est pas riche, et le style en est vieux:
Mais ne voyez-vous pas que cela vaut bien mieux
Que ces colifichets dont le bon sens murmure,
Et que la passion parle là toute pure?

Si le roi m'avoit donné
Paris, sa grand'ville,
Et qu'il me fallût quitter
L'amour de ma mie,
Je dirois au roi Henri:
Reprenez votre Paris;
J'aime mieux ma mie, ô gué!
J'aime mieux ma mie.

Voilà ce que peut dire un cœur vraiment épris.
A Philinte, qui rit.
Oui, monsieur le rieur, malgré vos beaux esprits,
J'estime plus cela que la pompe fleurie
De tous ces faux brillants où chacun se récrie.
ORONTE.
Et moi, je vous soutiens que mes vers sont fort bons.
ALCESTE.
Pour les trouver ainsi, vous avez vos raisons;
Mais vous trouverez bon que j'en puisse avoir d'autres
Qui se dispenseront de se soumettre aux vôtres.
ORONTE.
Il me suffit de voir que d'autres en font cas.
ALCESTE.
C'est qu'ils ont l'art de feindre; et moi, je ne l'ai pas.
ORONTE.
Croyez-vous donc avoir tant d'esprit en partage?
ALCESTE.
Si je louois vos vers, j'en aurois davantage.
ORONTE.
Je me passerai fort que vous les approuviez.
ALCESTE.
Il faut bien, s'il vous plaît, que vous vous en passiez.
ORONTE.
Je voudrois bien, pour voir, que, de votre manière,
Vous en composassiez sur la même matière.
ALCESTE.
J'en pourrois, par malheur, faire d'aussi méchants;

Mais je me garderois de les montrer aux gens.
ORONTE.
Vous me parlez bien ferme; et cette suffisance...
ALCESTE.
Autre part que chez moi cherchez qui vous encense.
ORONTE.
Mais, mon petit monsieur, prenez-le un peu moins haut.
ALCESTE.
Ma foi, mon grand monsieur, je le prends comme il faut.
PHILINTE, se mettant entre deux.
Eh! messieurs, c'en est trop. Laissez cela, de grâce.
ORONTE.
Ah! j'ai tort, je l'avoue, et je quitte la place.
Je suis votre valet, monsieur, de tout mon cœur.
ALCESTE.
Et moi, je suis, monsieur, votre humble serviteur.

SCÈNE III

PHILINTE, ALCESTE.

PHILINTE.
Eh bien, vous le voyez. Pour être trop sincère,
Vous voilà sur les bras une fâcheuse affaire;
Et j'ai bien vu qu'Oronte, afin d'être flatté...
ALCESTE.
Ne me parlez pas.
PHILINTE.
Mais..
ALCESTE.
Plus de société.
PHILINTE.
C'est trop...
ALCESTE.
Laissez-moi là.
PHILINTE.
Si je...
ALCESTE.
Point de langage.
PHILINTE.
Mais quoi!...
ALCESTE.
Je n'entends rien.
PHILINTE.
Mais...
ALCESTE.
Encore!
PHILINTE.
On outrage...
ALCESTE.
Ah! parbleu! c'en est trop. Ne suivez point mes pas.
PHILINTE.
Vous vous moquez de moi. Je ne vous quitte pas.

ACTE SECOND

SCÈNE I

ALCESTE, CÉLIMÈNE.

ALCESTE.
Madame, voulez-vous que je vous parle net?
De vos façons d'agir je suis mal satisfait:
Contre elles dans mon cœur trop de bile s'assemble,
Et je sens qu'il faudra que nous rompions ensemble.
Oui, je vous tromperois de parler autrement;
Tôt ou tard nous romprons indubitablement;
Et je vous promettrois mille fois le contraire,
Que je ne serois pas en pouvoir de le faire.
CÉLIMÈNE.
C'est pour me quereller donc, à ce que je voi,
Que vous avez voulu me ramener chez moi?
ALCESTE.
Je ne querelle point. Mais votre humeur, madame,
Ouvre au premier venu trop d'accès dans votre âme.
Vous avez trop d'amants qu'on voit vous obséder,
Et mon cœur de cela ne peut s'accommoder.
CÉLIMÈNE.
Des amants que je fais me rendez-vous coupable?
Puis-je empêcher les gens de me trouver aimable?
Et, lorsque pour me voir ils font de doux efforts,
Dois-je prendre un bâton pour les mettre dehors?
ALCESTE.
Non, ce n'est pas, madame, un bâton qu'il faut prendre,
Mais un cœur à leurs vœux moins facile et moins tendre.
Je sais que vos appas vous suivent en tous lieux;
Mais votre accueil retient ceux qu'attirent vos yeux,
Et sa douceur offerte à qui vous rend les armes
Achève sur les cœurs l'ouvrage de vos charmes.
Le trop riant espoir que vous leur présentez
Attache autour de vous leurs assiduités;
Et votre complaisance, un peu moins étendue,
De tant de soupirants chasseroit la cohue.
Mais, au moins, dites-moi, madame, par quel sort
Votre Clitandre a l'heur[1] de vous plaire si fort.
Sur quel fonds de mérite et de vertu sublime
Appuyez-vous en lui l'honneur de votre estime?
Est-ce par l'ongle long qu'il porte au petit doigt,
Qu'il s'est acquis chez vous l'estime où l'on le voit?
Vous êtes-vous rendue, avec tout le beau monde,
Au mérite éclatant de sa perruque blonde?
Sont-ce ses grands canons qui vous le font aimer?
L'amas de ses rubans a-t-il su vous charmer?
Est-ce par les appas de sa vaste rhingrave
Qu'il a gagné votre âme en faisant votre esclave?
Ou sa façon de rire, et son ton de fausset,
Ont-ils de vous toucher su trouver le secret?
CÉLIMÈNE.
Qu'injustement de lui vous prenez de l'ombrage!

[1] *Heur,* pour *bonheur;* vieux mot regretté par la Bruyère.

Ne savez-vous pas bien pourquoi je le ménage;
Et que dans mon procès, ainsi qu'il m'a promis,
Il peut intéresser tout ce qu'il a d'amis?
ALCESTE.
Perdez votre procès, madame, avec constance,
Et ne ménagez point un rival qui m'offense.
CÉLIMÈNE.
Mais de tout l'univers vous devenez jaloux.
ALCESTE.
C'est que tout l'univers est bien reçu de vous.
CÉLIMÈNE.
C'est ce qui doit rasseoir votre âme effarouchée,
Puisque ma complaisance est sur tous épanchée;
Et vous auriez plus lieu de vous en offenser,
Si vous me la voyiez sur un seul ramasser.
ALCESTE.
Mais moi, que vous blâmez de trop de jalousie,
Qu'ai-je de plus qu'eux tous, madame, je vous prie?
CÉLIMÈNE.
Le bonheur de savoir que vous êtes aimé.
ALCESTE.
Et quel lieu de le croire a [1] mon cœur enflammé?
CÉLIMÈNE.
Je pense qu'ayant pris le soin de vous le dire,
Un aveu de la sorte a de quoi vous suffire.
ALCESTE.
Mais qui m'assurera que, dans le même instant,
Vous n'en disiez, peut-être, aux autres tout autant?
CÉLIMÈNE.
Certes, pour un amant la fleurette est mignonne,
Et vous me traitez là de gentille personne.
Eh bien, pour vous ôter d'un semblable souci,
De tout ce que j'ai dit je me dédis ici;
Et rien ne sauroit plus vous tromper que vous-même :
Soyez content.
ALCESTE.
Morbleu! faut-il que je vous aime!
Ah! que si de vos mains je rattrape mon cœur,
Je bénirai le ciel de ce rare bonheur!
Je ne le cèle pas, je fais tout mon possible
A rompre de ce cœur l'attachement terrible;
Mais mes plus grands efforts n'ont rien fait jusqu'ici,
Et c'est pour mes péchés que je vous aime ainsi.
CÉLIMÈNE.
Il est vrai, votre ardeur est pour moi sans seconde.
ALCESTE.
Oui, je puis là-dessus défier tout le monde.
Mon amour ne se peut concevoir; et jamais
Personne n'a, madame, aimé comme je fais.
CÉLIMÈNE.
En effet, la méthode en est toute nouvelle,
Car vous aimez les gens pour leur faire querelle;
Ce n'est qu'en mots fâcheux qu'éclate votre ardeur,
Et l'on n'a vu jamais un amant si grondeur.

[1] L'édition originale porte à, préposition, au lieu de a, verbe, que presque tous les autres éditeurs ont adopté. Auger préfère la leçon de l'édition originale. Il la trouve plus vive et plus expressive. (F. L.)

ALCESTE.
Mais il ne tient qu'à vous que son chagrin ne passe.
A tous nos démêlés coupons chemin, de grâce;
Parlons à cœur ouvert, et voyons d'arrêter...

SCÈNE II

CÉLIMÈNE, ALCESTE, BASQUE.

CÉLIMÈNE.
Qu'est-ce?
BASQUE.
Acaste est là-bas.
CÉLIMÈNE.
Eh bien, faites monter.

SCÈNE III

CÉLIMÈNE, ALCESTE.

ALCESTE.
Quoi! l'on ne peut jamais vous parler tête à tête?
A recevoir le monde on vous voit toujours prête;
Et vous ne pouvez pas, un seul moment de tous,
Vous résoudre à souffrir de n'être pas chez vous?
CÉLIMÈNE.
Voulez-vous qu'avec lui je me fasse une affaire?
ALCESTE.
Vous avez des égards qui ne sauroient me plaire.
CÉLIMÈNE.
C'est un homme à jamais ne me le pardonner,
S'il savoit que sa vue eût pu m'importuner.
ALCESTE.
Et que vous fait cela, pour vous gêner de sorte?...
CÉLIMÈNE.
Mon Dieu! de ses pareils la bienveillance importe;
Et ce sont de ces gens qui, je ne sais comment,
Ont gagné, dans la cour, quelque don de parler hautement.
Dans tous les entretiens on les voit s'introduire;
Ils ne sauroient servir, mais ils peuvent vous nuire;
Et jamais, quelque appui qu'on puisse avoir d'ailleurs,
On ne doit se brouiller avec ces grands brailleurs.
ALCESTE.
Enfin, quoi qu'il en soit, et sur quoi qu'on se fonde,
Vous trouvez des raisons pour souffrir tout le monde;
Et les précautions de votre jugement...

SCÈNE IV

ALCESTE, CÉLIMÈNE, BASQUE.

BASQUE.
Voici Clitandre encor, madame.
ALCESTE.
Justement.
Il témoigne s'en vouloir aller.
CÉLIMÈNE.
Où courez-vous?

ALCESTE.
Je sors.
CÉLIMÈNE.
Demeurez.
ALCESTE.
Pourquoi faire?
CÉLIMÈNE.
Demeurez.
ALCESTE.
Je ne puis.
CÉLIMÈNE.
Je le veux.
ALCESTE.
Point d'affaire.
Ces conversations ne font que m'ennuyer,
Et c'est trop que vouloir me les faire essuyer.
CÉLIMÈNE.
Je le veux, je le veux.
ALCESTE.
Non, il m'est impossible.
CÉLIMÈNE.
Eh bien, allez, sortez, il vous est tout loisible.

SCÈNE V
ÉLIANTE, PHILINTE, ACASTE, CLITANDRE, ALCESTE, CÉLIMÈNE, BASQUE.

ÉLIANTE, à Célimène.
Voici les deux marquis qui montent avec nous.
Vous l'est-on venu dire?
CÉLIMÈNE.
A Basque.
Oui. Des sièges pour tous.
Basque donne des sièges et sort.
A Alceste.
Vous n'êtes pas sorti?
ALCESTE.
Non; mais je veux, madame,
Ou pour eux, ou pour moi, faire expliquer votre âme.
CÉLIMÈNE.
Taisez-vous.
ALCESTE.
Aujourd'hui vous vous expliquerez.
CÉLIMÈNE.
Vous perdez le sens.
ALCESTE.
Point. Vous vous déclarerez.
CÉLIMÈNE.
Ah!
ALCESTE.
Vous prendrez parti.
CÉLIMÈNE.
Vous vous moquez, je pense.
ALCESTE.
Non. Mais vous choisirez : c'est trop de patience.
CLITANDRE.
Parbleu! je viens du Louvre, où Cléonte, au levé,

Madame, a bien paru ridicule achevé.
N'a-t-il point quelque ami qui pût, sur ses manières,
D'un charitable avis lui prêter les lumières?
CÉLIMÈNE.
Dans le monde, à vrai dire, il se barbouille fort;
Partout il porte un air qui saute aux yeux d'abord;
Et, lorsqu'on le revoit après un peu d'absence,
On le retrouve encor plus plein d'extravagance.
ACASTE.
Parbleu! s'il faut parler de gens extravagants,
Je viens d'en essuyer un des plus fatigants:
Damon le raisonneur, qui m'a, ne vous déplaise,
Une heure, au grand soleil, tenu hors de ma chaise.
CÉLIMÈNE.
C'est un parleur étrange, et qui trouve toujours
L'art de ne vous rien dire avec de grands discours :
Dans les propos qu'il tient on ne voit jamais goutte,
Et ce n'est que du bruit que tout ce qu'on écoute
ÉLIANTE, à Philinte.
Ce début n'est pas mal; et, contre le prochain,
La conversation prend un assez bon train.
CLITANDRE.
Timante encor, madame, est un bon caractère.
CÉLIMÈNE.
C'est de la tête aux pieds un homme tout mystère,
Qui vous jette, en passant, un coup d'œil égaré,
Et, sans aucune affaire, est toujours affairé.
Tout ce qu'il vous débite en grimaces abonde;
A force de façons, il assomme le monde :
Sans cesse il a tout bas, pour rompre l'entretien,
Un secret à vous dire, et ce secret n'est rien;
De la moindre vétille il fait une merveille,
Et, jusques au bonjour, il dit tout à l'oreille [1].
ACASTE.
Et Géralde, madame?
CÉLIMÈNE.
O l'ennuyeux conteur!
Jamais on ne le voit sortir du grand seigneur.
Dans le brillant commerce il se mêle sans cesse,
Et ne cite jamais que duc, prince, ou princesse.
La qualité l'entête; et tous ses entretiens
Ne sont que de chevaux, d'équipage, et de chiens.
Il tutaye en parlant ceux du plus haut étage,
Et le nom de monsieur est chez lui hors d'usage.
CLITANDRE.
On dit qu'avec Bélise il est du dernier bien.
CÉLIMÈNE.
Le pauvre esprit de femme, et le sec entretien!
Lorsqu'elle vient me voir, je souffre le martyre;
Il faut suer sans cesse à chercher que lui dire;
Et la stérilité de son expression
Fait mourir à tous coups la conversation.
En vain, pour attaquer son stupide silence,
De tous les lieux communs vous prenez l'assistance:
Le beau temps et la pluie, et le froid et le chaud,

[1] La Bruyère parle ainsi de Théodote (chap. *De la Cour*): « Il est fin, cauteleux, mystérieux; il s'approche de vous et il vous dit à l'oreille : « Voilà un beau temps, voilà un grand dégel. »

Sont des fonds qu'avec elle on épuise bientôt.
Cependant sa visite, assez insupportable,
Traîne en une longueur encore épouvantable;
Et l'on demande l'heure, et l'on bâille vingt fois,
Qu'elle grouille [1] aussi peu qu'une pièce de bois.
ACASTE.
Que vous semble d'Adraste?
CÉLIMÈNE.
Ah! quel orgueil extrême!
C'est un homme gonflé de l'amour de soi-même.
Son mérite jamais n'est content de la cour,
Contre elle il fait métier de pester chaque jour,
Et l'on ne donne emploi, charge, ni bénéfice,
Qu'à tout ce qu'il se croit on ne fasse injustice.
CLITANDRE.
Mais le jeune Cléon, chez qui vont aujourd'hui
Nos plus honnêtes gens, que dites-vous de lui?
CÉLIMÈNE.
Que de son cuisinier il s'est fait un mérite,
Et que c'est à sa table à qui l'on rend visite.
ÉLIANTE.
Il prend soin d'y servir des mets fort délicats.
CÉLIMÈNE.
Oui; mais je voudrois bien qu'il ne s'y servît pas;
C'est un fort méchant plat que sa sotte personne,
Et qui gâte, à mon goût, tous les repas qu'il donne.
PHILINTE.
On fait assez de cas de son oncle Damis:
Qu'en dites-vous, madame?
CÉLIMÈNE.
Il est de mes amis.
PHILINTE.
Je le trouve honnête homme, et d'un air assez sage.
CÉLIMÈNE.
Oui; mais il veut avoir trop d'esprit, dont j'enrage
Il est guindé sans cesse; et, dans tous ses propos,
On voit qu'il se travaille à dire de bons mots [2].
Depuis que dans la tête il s'est mis d'être habile,
Rien ne touche son goût, tant il est difficile.
Il veut voir des défauts à tout ce qu'on écrit,
Et pense que louer n'est pas d'un bel esprit,
Que c'est être savant que trouver à redire,
Qu'il n'appartient qu'aux sots d'admirer et de rire,
Et qu'en n'approuvant rien des ouvrages du temps,
Il se met au-dessus de tous les autres gens.
Aux conversations même il trouve à reprendre;
Ce sont propos trop bas pour y daigner descendre;
Et, les deux bras croisés, du haut de son esprit,
Il regarde en pitié tout ce que chacun dit.
ACASTE.
Dieu me damne, voilà son portrait véritable.
CLITANDRE, à Célimène.
Pour bien peindre les gens vous êtes admirable.
ALCESTE.
Allons, ferme, poussez, mes bons amis de cour;

[1] Var. Qu'elle *s'émeut autant*; — qu'elle *remue autant*.
[2] Var. On voit qu'il se *fatigue* à dire de bons mots.

Vous n'en épargnez point, et chacun a son tour:
Cependant aucun d'eux à vos yeux ne se montre,
Qu'on ne vous voie en hâte aller à sa rencontre,
Lui présenter la main, et d'un baiser flatteur
Appuyer les serments d'être son serviteur.
CLITANDRE.
Pourquoi s'en prendre à nous? Si ce qu'on dit vous blesse,
Il faut que le reproche à madame s'adresse.
ALCESTE.
Non, morbleu! c'est à vous; et vos ris complaisants
Tirent de son esprit tous ces traits médisants.
Son humeur satirique est sans cesse nourrie
Par le coupable encens de votre flatterie;
Et son cœur à railler trouveroit moins d'appas,
S'il avoit observé qu'on ne l'applaudît pas.
C'est ainsi qu'aux flatteurs on doit partout se prendre
Des vices où l'on voit les humains se répandre.
PHILINTE.
Mais pourquoi pour ces gens un intérêt si grand,
Vous qui condamneriez ce qu'en eux on reprend?
CÉLIMÈNE.
Eh! ne faut-il pas bien que monsieur contredise?
A la commune voix veut-on qu'il se réduise,
Et qu'il ne fasse pas éclater en tous lieux
L'esprit contrariant qu'il a reçu des cieux?
Le sentiment d'autrui n'est jamais pour lui plaire:
Il prend toujours en main l'opinion contraire,
Et penseroit paroître un homme du commun,
Si l'on voyoit qu'il fût de l'avis de quelqu'un.
L'honneur de contredire a pour lui tant de charmes,
Qu'il prend contre lui-même assez souvent les armes;
Et ses vrais sentiments sont combattus par lui,
Aussitôt qu'il les voit dans la bouche d'autrui.
ALCESTE.
Les rieurs sont pour vous, madame, c'est tout dire;
Et vous pouvez pousser contre moi la satire.
PHILINTE.
Mais il est véritable aussi que votre esprit
Se gendarme toujours contre tout ce qu'on dit;
Et que, par un chagrin que lui-même il avoue,
Il ne sauroit souffrir qu'on blâme ni qu'on loue.
ALCESTE.
C'est que jamais, morbleu! les hommes n'ont raison,
Que le chagrin contre eux est toujours de saison,
Et que je vois qu'ils sont, sur toutes les affaires,
Loueurs impertinents, ou censeurs téméraires.
CÉLIMÈNE.
Mais...
ALCESTE.
Non, madame, non, quand j'en devrois mourir,
Vous avez des plaisirs que je ne puis souffrir;
Et l'on a tort ici de nourrir dans votre âme
Ce grand attachement aux défauts qu'on y blâme.
CLITANDRE.
Pour moi, je ne sais pas; mais j'avouerai tout haut
Que j'ai cru jusqu'ici madame sans défaut.
ACASTE.
De grâces et d'attraits je vois qu'elle est pourvue;

Mais les défauts qu'elle a ne frappent point ma vue.
ALCESTE.
Ils frappent tous la mienne; et, loin de m'en cacher,
Elle sait que j'ai soin de les lui reprocher.
Plus on aime quelqu'un, moins il faut qu'on le flatte;
A ne rien pardonner le pur amour éclate;
Et je bannirois, moi, tous ces lâches amants
Que je verrois soumis à tous mes sentiments,
Et dont, à tout propos, les molles complaisances
Donneroient de l'encens à mes extravagances.
CÉLIMÈNE.
Enfin, s'il faut qu'à vous s'en rapportent les cœurs,
On doit, pour bien aimer, renoncer aux douceurs,
Et du parfait amour mettre l'honneur suprême
A bien injurier les personnes qu'on aime.
ÉLIANTE.
L'amour, pour l'ordinaire, est peu fait à ces lois,
Et l'on voit les amants vanter toujours leur choix.
Jamais leur passion n'y voit rien de blâmable,
Et, dans l'objet aimé, tout leur devient aimable;
Ils comptent les défauts pour des perfections,
Et savent y donner de favorables noms.
La pâle est au jasmin en blancheur comparable;
La noire à faire peur, une brune adorable;
La maigre a de la taille et de la liberté;
La grasse est, dans son port, pleine de majesté;
La malpropre sur soi, de peu d'attraits chargée,
Est mise sous le nom de beauté négligée;
La géante paroît une déesse aux yeux;
La naine, un abrégé des merveilles des cieux;
L'orgueilleuse a le cœur digne d'une couronne;
La fourbe a de l'esprit; la sotte est toute bonne;
La trop grande parleuse est d'agréable humeur;
Et la muette garde une honnête pudeur.
C'est ainsi qu'un amant dont l'ardeur est extrême
Aime jusqu'aux défauts des personnes qu'il aime [1].
ALCESTE.
Et moi, je soutiens, moi...
CÉLIMÈNE.
Brisons là ce discours,
Et dans la galerie allons faire deux tours.
Quoi! vous vous en allez, messieurs?
CLITANDRE ET ACASTE.
Non pas, madame.
ALCESTE.
La peur de leur départ occupe fort votre âme.
Sortez quand vous voudrez, messieurs; mais j'avertis
Que je ne sors qu'après que vous serez sortis.
ACASTE.
A moins de voir madame en être importunée,
Rien ne m'appelle ailleurs de toute la journée.
CLITANDRE.
Moi, pourvu que je puisse être au petit couché,
Je n'ai point d'autre affaire où je sois attaché.

CÉLIMÈNE, à Alceste.
C'est pour rire, je crois?
ALCESTE.
Non, en aucune sorte.
Nous verrons si c'est moi que vous voudrez qui sorte.

SCÈNE VI

ALCESTE, CÉLIMÈNE, ÉLIANTE, ACASTE, PHILINTE, CLITANDRE, BASQUE.

BASQUE, à Alceste.
Monsieur, un homme est là qui voudroit vous parler
Pour affaire, dit-il, qu'on ne peut reculer.
ALCESTE.
Dis-lui que je n'ai point d'affaires si pressées.
BASQUE.
Il porte une jaquette à grand'basques plissées,
Avec du dor dessus [1].
CÉLIMÈNE, à Alceste.
Allez voir ce que c'est,
Ou bien faites-le entrer.

SCÈNE VII

ALCESTE, CÉLIMÈNE, ÉLIANTE, ACASTE, PHILINTE, CLITANDRE, UN GARDE de la maréchaussée.

ALCESTE, allant au-devant du garde.
Qu'est-ce donc qu'il vous plaît?
Venez, monsieur.
LE GARDE.
Monsieur, j'ai deux mots à vous dire.
ALCESTE.
Vous pouvez parler haut, monsieur, pour m'en instruire.
LE GARDE.
Messieurs les maréchaux, dont j'ai commandement,
Vous mandent de venir les trouver promptement,
Monsieur.
ALCESTE.
Qui? moi, monsieur?
LE GARDE.
Vous-même.
ALCESTE.
Et pourquoi faire?
PHILINTE, à Alceste.
C'est d'Oronte et de vous la ridicule affaire.
CÉLIMÈNE, à Philinte.
Comment?
PHILINTE.
Oronte et lui se sont tantôt bravés
Sur certains petits vers, qu'il n'a pas approuvés;
Et l'on veut assoupir la chose en sa naissance [2].

[1] Cette charmante tirade est une imitation de *Lucrèce*. C'est le seul fragment qui nous reste d'une traduction libre que Molière avait faite des œuvres du grand poëte latin. (F. L.)

[1] Les gens du peuple et de la campagne disaient, par corruption : *du dor*, pour : de l'or.
[2] Autrefois les maréchaux de France formaient un tribunal auquel était réservée la connaissance des affaires d'honneur entre gentilshommes ou officiers.

ALCESTE.
Moi, je n'aurai jamais de lâche complaisance.
PHILINTE.
Mais il faut suivre l'ordre : allons, disposez-vous.
ALCESTE.
Quel accommodement veut-on faire entre nous ?
La voix de ces messieurs me condamnera-t-elle
A trouver bons les vers qui font notre querelle ?
Je ne me dédis point de ce que j'en ai dit,
Je les trouve méchants.
PHILINTE.
Mais d'un plus doux esprit...
ALCESTE.
Je n'en démordrai point, les vers sont exécrables.
PHILINTE.
Vous devez faire voir des sentiments traitables.
Allons, venez.
ALCESTE.
J'irai, mais rien n'aura pouvoir
De me faire dédire.
PHILINTE.
Allons vous faire voir.
ALCESTE.
Hors qu'un commandement exprès du roi me vienne
De trouver bons les vers dont on se met en peine,
Je soutiendrai toujours, morbleu ! qu'ils sont mauvais,
Et qu'un homme est pendable après les avoir faits.
A Clitandre et à Acaste, qui rient.
Par le sambleu ! messieurs, je ne croyois pas être
Si plaisant que je suis.
CÉLIMÈNE.
Allez vite paroître
Où vous devez.
ALCESTE.
J'y vais, madame, et sur mes pas
Je reviens en ce lieu pour vider nos débats.

ACTE TROISIÈME

SCÈNE I

CLITANDRE, ACASTE.

CLITANDRE.
Cher marquis, je te vois l'âme bien satisfaite ;
Toute chose t'égaye, et rien ne t'inquiète.
En bonne foi, crois-tu, sans t'éblouir les yeux,
Avoir de grands sujets de paroître joyeux ?
ACASTE.
Parbleu ! je ne vois pas, lorsque je m'examine,
Où prendre aucun sujet d'avoir l'âme chagrine ;
J'ai du bien, je suis jeune, et sors d'une maison
Qui se peut dire noble avec quelque raison ;
Et je crois, par le rang que me donne ma race,
Qu'il est fort peu d'emplois dont je ne sois en passe.
Pour le cœur, dont surtout nous devons faire cas,
On sait, sans vanité, que je n'en manque pas ;
Et l'on m'a vu pousser dans le monde une affaire
D'une assez vigoureuse et gaillarde manière.
Pour de l'esprit, j'en ai, sans doute ; et du bon goût,
A juger sans étude et raisonner de tout ;
A faire aux nouveautés, dont je suis idolâtre,
Figure de savant sur les bancs du théâtre ;
Y décider en chef, et faire du fracas
A tous les beaux endroits qui méritent des has[1] !
Je suis assez adroit ; j'ai bon air, bonne mine,
Les dents belles surtout, et la taille fort fine.
Quant à se mettre bien, je crois, sans me flatter,
Qu'on seroit mal venu de me le disputer.
Je me vois dans l'estime autant qu'on y puisse être,
Fort aimé du beau sexe, et bien auprès du maître.
Je crois qu'avec cela, mon cher marquis, je croi
Qu'on peut, par tout pays, être content de soi.
CLITANDRE.
Oui. Mais, trouvant ailleurs des conquêtes faciles,
Pourquoi pousser ici des soupirs inutiles ?
ACASTE.
Moi ? Parbleu ! je ne suis de taille ni d'humeur
A pouvoir d'une belle essuyer la froideur.
C'est aux gens mal tournés, aux mérites vulgaires,
A brûler constamment pour des beautés sévères,
A languir à leurs pieds et souffrir leurs rigueurs,
A chercher le secours des soupirs et des pleurs,
Et tâcher, par des soins d'une très-longue suite,
D'obtenir ce qu'on nie à leur peu de mérite.
Mais les gens de mon air, marquis, ne sont pas faits
Pour aimer à crédit et faire tous les frais.
Quelque rare que soit le mérite des belles,
Je pense, Dieu merci, qu'on vaut son prix comme elles ;
Que pour se faire honneur d'un cœur comme le mien,
Ce n'est pas la raison qu'il ne leur coûte rien ;
Et qu'au moins, à tout mettre en de justes balances,
Il faut qu'à frais communs se fassent les avances.
CLITANDRE.
Tu penses donc, marquis, être fort bien ici ?
ACASTE.
J'ai quelque lieu, marquis, de le penser ainsi.
CLITANDRE.
Crois-moi, détache-toi de cette erreur extrême :
Tu te flattes, mon cher, et t'aveugles toi-même.
ACASTE.
Il est vrai, je me flatte et m'aveugle en effet.
CLITANDRE.
Mais qui te fait juger ton bonheur si parfait ?
ACASTE.
Je me flatte.
CLITANDRE.
Sur quoi fonder tes conjectures ?
ACASTE.
Je m'aveugle.

[1] Molière fait ici de l'interjection *ha !* un substantif auquel il donne un pluriel.

CLITANDRE.
En as-tu des preuves qui soient sûres?
ACASTE.
Je m'abuse, te dis-je.
CLITANDRE.
Est-ce que de ses vœux
Célimène t'a fait quelques secrets aveux?
ACASTE.
Non, je suis maltraité.
CLITANDRE.
Réponds-moi, je te prie.
ACASTE.
Je n'ai que des rebuts.
CLITANDRE.
Laissons la raillerie,
Et me dis quel espoir on peut t'avoir donné.
ACASTE.
Je suis le misérable, et toi le fortuné;
On a pour ma personne une aversion grande,
Et, quelqu'un de ces jours, il faut que je me pende.
CLITANDRE.
Oh çà, veux-tu, marquis, pour ajuster nos vœux,
Que nous tombions d'accord d'une chose tous deux?
Que qui pourra montrer une marque certaine
D'avoir meilleure part au cœur de Célimène,
L'autre ici fera place au vainqueur prétendu,
Et le délivrera d'un rival assidu?
ACASTE.
Ah! parbleu! tu me plais avec un tel langage,
Et du bon de mon cœur à cela je m'engage.
Mais, chut.

SCÈNE II

CÉLIMÈNE, ACASTE, CLITANDRE

CÉLIMÈNE.
Encore ici?
CLITANDRE.
L'amour retient nos pas.
CÉLIMÈNE.
Je viens d'ouïr entrer un carrosse là-bas.
Savez-vous qui c'est?
CLITANDRE.
Non.

SCÈNE III

CÉLIMÈNE, ACASTE, CLITANDRE, BASQUE

BASQUE.
Arsinoé, madame,
Monte ici pour vous voir.
CÉLIMÈNE.
Que me veut cette femme?
BASQUE.
Éliante là-bas est à l'entretenir.

CÉLIMÈNE.
De quoi s'avise-t-elle, et qui la fait venir?
ACASTE.
Pour prude consommée en tous lieux elle passe;
Et l'ardeur de son zèle...
CÉLIMÈNE.
Oui, oui, franche grimace.
Dans l'âme elle est du monde; et ses soins tentent tout
Pour accrocher quelqu'un sans en venir à bout.
Elle ne sauroit voir qu'avec un œil d'envie
Les amants déclarés dont une autre est suivie;
Et son triste mérite, abandonné de tous,
Contre le siècle aveugle est toujours en courroux.
Elle tâche à couvrir d'un faux voile de prude
Ce que chez elle on voit d'affreuse solitude;
Et, pour sauver l'honneur de ses foibles appas,
Elle attache du crime au pouvoir qu'ils n'ont pas.
Cependant un amant plairoit fort à la dame;
Et même pour Alceste elle a tendresse d'âme.
Ce qu'il me rend de soins outrage ses attraits;
Elle veut que ce soit un vol que je lui fais;
Et son jaloux dépit, qu'avec peine elle cache,
En tous endroits sous main contre moi se détache.
Enfin je n'ai rien vu de si sot à mon gré¹;
Elle est impertinente au suprême degré,
Et...

SCÈNE IV

ARSINOÉ, CÉLIMÈNE, CLITANDRE, ACASTE.

CÉLIMÈNE.
Ah! quel heureux sort en ce lieu vous amène?
Madame, sans mentir, j'étois de vous en peine.
ARSINOÉ.
Je viens pour quelque avis que j'ai cru vous devoir.
CÉLIMÈNE.
Ah! mon Dieu, que je suis contente de vous voir!
Clitandre et Acaste sortent en riant.

SCÈNE V

ARSINOÉ, CÉLIMÈNE.

ARSINOÉ.
Leur départ ne pouvoit plus à propos se faire.
CÉLIMÈNE.
Voulons-nous nous asseoir?
ARSINOÉ.
Il n'est pas nécessaire.
Madame, l'amitié doit surtout éclater
Aux choses qui le plus nous peuvent importer;
Et comme il n'en est point de plus grande importance
Que celles de l'honneur et de la bienséance,

¹ Ce petit trait de fausseté n'est pas particulier au caractère de Célimène; c'est une de ces choses qui se voient trop souvent dans le monde. (F. L.)

Je viens, par un avis qui touche votre honneur,
Témoigner l'amitié que pour vous a mon cœur.
Hier j'étois chez des gens de vertu singulière,
Où sur vous du discours on tourna la matière;
Et là, votre conduite avec ses grands éclats,
Madame, eut le malheur qu'on ne la loua pas.
Cette foule de gens dont vous souffrez visite,
Votre galanterie, et les bruits qu'elle excite,
Trouvèrent des censeurs plus qu'il n'auroit fallu,
Et bien plus rigoureux que je n'eusse voulu.
Vous pouvez bien penser quel parti je sus prendre;
Je fis ce que je pus pour vous pouvoir défendre;
Je vous excusai fort sur votre intention,
Et voulus de votre âme être la caution.
Mais vous savez qu'il est des choses dans la vie
Qu'on ne peut excuser, quoiqu'on en ait envie;
Et je me vis contrainte à demeurer d'accord
Que l'air dont vous vivez vous faisoit un peu tort;
Qu'il prenoit dans le monde une méchante face;
Qu'il n'est conte fâcheux que partout on n'en fasse,
Et que, si vous vouliez, tous vos déportements
Pourroient moins donner prise aux mauvais jugements.
Non que j'y croie au fond l'honnêteté blessée :
Me préserve le ciel d'en avoir la pensée !
Mais aux ombres du crime on prête aisément foi,
Et ce n'est pas assez de bien vivre pour soi.
Madame, je vous crois l'âme trop raisonnable
Pour ne pas prendre bien cet avis profitable,
Et pour l'attribuer qu'aux mouvements secrets
D'un zèle qui m'attache à tous vos intérêts.

CÉLIMÈNE.

Madame, j'ai beaucoup de grâces à vous rendre.
Un tel avis m'oblige; et, loin de le mal prendre,
J'en prétends reconnoître à l'instant la faveur
Par un avis aussi qui touche votre honneur;
Et, comme je vous vois vous montrer mon amie,
En m'apprenant les bruits que de moi l'on publie,
Je veux suivre, à mon tour, un exemple si doux,
En vous avertissant de ce qu'on dit de vous.
En un lieu, l'autre jour, où je faisois visite,
Je trouvai quelques gens d'un très-rare mérite,
Qui, parlant des vrais soins d'une âme qui vit bien,
Firent tomber sur vous, madame, l'entretien.
Là, votre pruderie et vos éclats de zèle
Ne furent pas cités comme un fort bon modèle;
Cette affectation d'un grave extérieur,
Vos discours éternels de sagesse et d'honneur,
Vos mines et vos cris aux ombres d'indécence
Que d'un mot ambigu peut avoir l'innocence,
Cette hauteur d'estime où vous êtes de vous,
Et ces yeux de pitié que vous jetez sur tous,
Vos fréquentes leçons et vos aigres censures
Sur des choses qui sont innocentes et pures;
Tout cela, si je puis vous parler franchement,
Madame, fut blâmé d'un commun sentiment.
A quoi bon, disoient-ils, cette mine modeste,
Et ce sage dehors que dément tout le reste?
Elle est à bien prier exacte au dernier point;
Mais elle bat ses gens, et ne les paye point.
Dans tous les lieux dévots elle étale un grand zèle;
Mais elle met du blanc, et veut paroître belle.
Elle fait des tableaux couvrir les nudités;
Mais elle a de l'amour pour les réalités.
Pour moi, contre chacun je pris votre défense,
Et leur assurai fort que c'étoit médisance;
Mais tous les sentiments combattirent le mien,
Et leur conclusion fut que vous feriez bien
De prendre moins de soin des actions des autres,
Et de vous mettre un peu plus en peine des vôtres;
Qu'on doit se regarder soi-même un fort long temps
Avant que de songer à condamner les gens;
Qu'il faut mettre le poids d'une vie exemplaire
Dans les corrections qu'aux autres on veut faire;
Et qu'encor vaut-il mieux s'en remettre, au besoin,
A ceux à qui le ciel en a commis le soin.
Madame, je vous crois aussi trop raisonnable
Pour ne pas prendre bien cet avis profitable,
Et pour l'attribuer qu'aux mouvements secrets
D'un zèle qui m'attache à tous vos intérêts[1].

ARSINOÉ.

A quoi qu'en reprenant on soit assujettie,
Je ne m'attendois pas à cette repartie;
Madame; et je vois bien, par ce qu'elle a d'aigreur,
Que mon sincère avis vous a blessée au cœur.

CÉLIMÈNE.

Au contraire, madame; et, si l'on étoit sage,
Ces avis mutuels seroient mis en usage.
On détruiroit par là, traitant de bonne foi,
Ce grand aveuglement où chacun est pour soi.
Il ne tiendra qu'à vous qu'avec le même zèle
Nous ne continuions cet office fidèle,
Et ne prenions grand soin de nous dire, entre nous,
Ce que nous entendrons, vous de moi, moi de vous.

ARSINOÉ.

Ah! madame, de vous je ne puis rien entendre;
C'est en moi que l'on peut trouver fort à reprendre.

CÉLIMÈNE.

Madame, on peut, je crois, louer et blâmer tout;
Et chacun a raison, suivant l'âge ou le goût.
Il est une saison pour la galanterie,
Il en est une aussi propre à la pruderie.
On peut, par politique, en prendre le parti,
Quand de nos jeunes ans l'éclat est amorti;
Cela sert à couvrir de fâcheuses disgrâces.
Je ne dis pas qu'un jour je ne suive vos traces;
L'âge amènera tout; et ce n'est pas le temps,
Madame, comme on sait, d'être prude à vingt ans.

ARSINOÉ.

Certes, vous vous targuez d'un bien foible avantage,
Et vous faites sonner terriblement votre âge.
Ce que de plus que vous on en pourroit avoir
N'est pas un si grand cas pour s'en tant prévaloir[2];

---

[1] Cette réponse de Célimène est un modèle de récrimination satirique : on ne peut pas mieux repousser l'offense par l'offense, et payer, comme on dit, en même monnaie. (Auger.)
[2] *N'est pas un si grand cas*, dans le sens de : n'est pas une si grande chose.

Et je ne sais pourquoi votre âme ainsi s'emporte,
Madame, à me pousser de cette étrange sorte.
CÉLIMÈNE.
Et moi, je ne sais pas, madame, aussi pourquoi
On vous voit en tous lieux vous déchaîner sur moi.
Faut-il de vos chagrins sans cesse à moi vous prendre?
Et puis-je mais des soins qu'on ne va pas vous rendre?
Si ma personne aux gens inspire de l'amour,
Et si l'on continue à m'offrir chaque jour
Des vœux que votre cœur peut souhaiter qu'on m'ôte,
Je n'y saurois que faire, et ce n'est pas ma faute;
Vous avez le champ libre, et je n'empêche pas
Que, pour les attirer, vous n'ayez des appas.
ARSINOÉ.
Hélas! et croyez-vous que l'on se mette en peine
De ce nombre d'amants dont vous faites la vaine,
Et qu'il ne nous soit pas fort aisé de juger
A quel prix aujourd'hui l'on peut en engager?
Pensez-vous faire croire, à voir comme tout roule,
Que votre seul mérite attire cette foule?
Qu'ils ne brûlent pour vous que d'un honnête amour,
Et que pour vos vertus ils vous font tous la cour?
On ne s'aveugle point par de vaines défaites;
Le monde n'est point dupe; et j'en vois qui sont faites
A pouvoir inspirer de tendres sentiments,
Qui chez elles pourtant ne fixent point d'amants :
Et de là nous pouvons tirer des conséquences
Qu'on n'acquiert point leurs cœurs sans de grandes avances;
Qu'aucun, pour nos beaux yeux, n'est notre soupirant,
Et qu'il faut acheter tous les soins qu'on nous rend.
Ne vous enflez donc pas d'une si grande gloire,
Pour les petits brillants d'une foible victoire;
Et corrigez un peu l'orgueil de vos appas,
De traiter pour cela les gens de haut en bas.
Si nos yeux envioient les conquêtes des vôtres,
Je pense qu'on pourroit faire comme les autres,
Ne se point ménager, et vous faire bien voir
Que l'on a des amants quand on en veut avoir.
CÉLIMÈNE.
Ayez-en donc, madame, et voyons cette affaire;
Par ce rare secret efforcez-vous de plaire;
Et sans...
ARSINOÉ.
Brisons, madame, un pareil entretien :
Il pousseroit trop loin votre esprit et le mien;
Et j'aurois pris déjà le congé qu'il faut prendre,
Si mon carrosse encor ne m'obligeoit d'attendre.
CÉLIMÈNE.
Autant qu'il vous plaira vous pouvez arrêter,
Madame, et là-dessus rien ne doit vous hâter.
Mais, sans vous fatiguer de ma cérémonie,
Je m'en vais vous donner meilleure compagnie;
Et monsieur, qu'à propos le hasard fait venir,
Remplira mieux ma place à vous entretenir.

SCÈNE VI
ALCESTE, CÉLIMÈNE, ARSINOÉ.
CÉLIMÈNE.
Alceste, il faut que j'aille écrire un mot de lettre,
Que sans me faire tort je ne saurois remettre.
Soyez avec madame; elle aura la bonté
D'excuser aisément mon incivilité.

SCÈNE VII
ALCESTE, ARSINOÉ.
ARSINOÉ.
Vous voyez, elle veut que je vous entretienne,
Attendant un moment que mon carrosse vienne;
Et jamais tous ses soins ne pouvoient m'offrir rien
Qui me fût plus charmant qu'un pareil entretien.
En vérité, les gens d'un mérite sublime
Entraînent de chacun et l'amour et l'estime;
Et le vôtre, sans doute, a des charmes secrets
Qui font entrer mon cœur dans vos intérêts.
Je voudrois que la cour, par un regard propice,
A ce que vous valez rendît plus de justice.
Vous avez à vous plaindre; et je suis en courroux
Quand je vois chaque jour qu'on ne fait rien pour vous.
ALCESTE.
Moi, madame? Et sur quoi pourrois-je en rien prétendre?
Quel service à l'État est-ce qu'on m'a vu rendre?
Qu'ai-je fait, s'il vous plaît, de si brillant de soi,
Pour me plaindre à la cour qu'on ne fait rien pour moi?
ARSINOÉ.
Tous ceux sur qui la cour jette des yeux propices
N'ont pas toujours rendu de ces fameux services.
Il faut l'occasion ainsi que le pouvoir;
Et le mérite enfin que vous nous faites voir
Devroit...
ALCESTE.
Mon Dieu! laissons mon mérite, de grâce :
De quoi voulez-vous là que la cour s'embarrasse?
Elle auroit fort à faire, et ses soins seroient grands
D'avoir à déterrer le mérite des gens.
ARSINOÉ.
Un mérite éclatant se déterre lui-même.
Du vôtre en bien des lieux on fait un cas extrême;
Et vous saurez de moi qu'en deux fort bons endroits
Vous fûtes hier loué par des gens d'un grand poids.
ALCESTE.
Eh! madame, l'on loue aujourd'hui tout le monde,
Et le siècle par là n'a rien qu'on ne confonde.
Tout est d'un grand mérite également doué;
Ce n'est plus un honneur que de se voir loué;
D'éloges on regorge, à la tête on les jette,
Et mon valet de chambre est mis dans la gazette.
ARSINOÉ.
Pour moi, je voudrois bien que, pour vous montrer mieux,
Une charge à la cour vous pût frapper les yeux.

Pour peu que d'y songer vous nous fassiez les mines,
On peut, pour vous servir, remuer des machines ;
Et j'ai des gens en main que j'emploierai pour vous,
Qui vous feront à tout un chemin assez doux.

ALCESTE.

Et que voudriez-vous, madame, que j'y fisse ?
L'humeur dont je me sens veut que je m'en bannisse ;
Le ciel ne m'a point fait, en me donnant le jour,
Une âme compatible avec l'air de la cour.
Je ne me trouve point les vertus nécessaires
Pour y bien réussir et faire mes affaires.
Être franc et sincère est mon plus grand talent ;
Je ne sais point jouer les hommes en parlant ;
Et qui n'a pas le don de cacher ce qu'il pense
Doit faire en ce pays fort peu de résidence.
Hors de la cour sans doute on n'a pas cet appui
Et ces titres d'honneur qu'elle donne aujourd'hui ;
Mais on n'a pas aussi, perdant ces avantages,
Le chagrin de jouer de fort sots personnages :
On n'a point à souffrir mille rebuts cruels,
On n'a point à louer les vers de messieurs tels,
A donner de l'encens à madame une telle,
Et de nos francs marquis essuyer la cervelle.

ARSINOÉ.

Laissons, puisqu'il vous plaît, ce chapitre de cour :
Mais il faut que mon cœur vous plaigne en votre amour ;
Et, pour vous découvrir là-dessus mes pensées,
Je souhaiterois fort vos ardeurs mieux placées.
Vous méritez, sans doute, un sort beaucoup plus doux,
Et celle qui vous charme est indigne de vous.

ALCESTE.

Mais, en disant cela, songez-vous, je vous prie,
Que cette personne est, madame, votre amie ?

ARSINOÉ.

Oui. Mais ma conscience est blessée en effet
De souffrir plus longtemps le tort que l'on vous fait.
L'état où je vous vois afflige trop mon âme,
Et je vous donne avis qu'on trahit votre flamme.

ALCESTE.

C'est me montrer, madame, un tendre mouvement,
Et de pareils avis obligent un amant.

ARSINOÉ.

Oui, toute mon amie, elle est, et je la nomme,
Indigne d'asservir le cœur d'un galant homme,
Et le sien n'a pour vous que de feintes douceurs.

ALCESTE.

Cela se peut, madame, on ne voit pas les cœurs :
Mais votre charité se seroit bien passée
De jeter dans le mien une telle pensée.

ARSINOÉ.

Si vous ne voulez pas être désabusé,
Il faut ne vous rien dire ; il est assez aisé.

ALCESTE.

Non. Mais sur ce sujet, quoi que l'on nous expose,
Les doutes sont fâcheux plus que toute autre chose ;
Et je voudrois, pour moi, qu'on ne me fît savoir
Que ce qu'avec clarté l'on peut me faire voir.

ARSINOÉ.

Eh bien, c'est assez dit ; et sur cette matière
Vous allez recevoir une pleine lumière.
Oui, je veux que du tout vos yeux vous fassent foi.
Donnez-moi seulement la main jusque chez moi ;
Là, je vous ferai voir une preuve fidèle
De l'infidélité[1] du cœur de votre belle ;
Et, si pour d'autres yeux le vôtre peut brûler,
On pourra vous offrir de quoi vous consoler.

ACTE QUATRIÈME

SCÈNE I

ÉLIANTE, PHILINTE.

PHILINTE.

Non, l'on n'a point vu d'âme à manier si dure,
Ni d'accommodement plus pénible à conclure :
En vain de tous côtés on l'a voulu tourner,
Hors de son sentiment on n'a pu l'entraîner ;
Et jamais différend si bizarre, je pense,
N'avoit de ces messieurs occupé la prudence.
« Non, messieurs, disoit-il, je ne me dédis point,
« Et tomberai d'accord de tout, hors de ce point.
« De quoi s'offense-t-il ? et que veut-il me dire ?
« Y va-t-il de sa gloire à ne pas bien écrire ?
« Que lui fait mon avis, qu'il a pris de travers ?
« On peut être honnête homme, et faire mal des vers[2] :
« Ce n'est point à l'honneur que touchent ces matières.
« Je le tiens galant homme en toutes les manières,
« Homme de qualité, de mérite et de cœur,
« Tout ce qu'il vous plaira, mais fort méchant auteur.
« Je louerai, si l'on veut, son train et sa dépense,
« Son adresse à cheval, aux armes, à la danse ;
« Mais, pour louer ses vers, je suis son serviteur ;
« Et, lorsque d'en mieux faire on n'a pas le bonheur,
« On ne doit de rimer avoir aucune envie,
« Qu'on n'y soit condamné sur peine de la vie. »
Enfin, toute la grâce et l'accommodement
Où s'est avec effort plié son sentiment,
C'est de dire, croyant adoucir bien son style :
« Monsieur, je suis fâché d'être si difficile ;
« Et, pour l'amour de vous, je voudrois, de bon cœur,
« Avoir trouvé tantôt votre sonnet meilleur. »
Et dans une embrassade, on leur a, pour conclure,
Fait vite envelopper toute la procédure.

ÉLIANTE.

Dans ses façons d'agir il est fort singulier ;
Mais j'en fais, je l'avoue, un cas particulier ;
Et la sincérité dont son âme se pique
A quelque chose en soi de noble et d'héroïque ;

---

[1] *Fidèle de l'infidélité ;* ce jeu de mots a été justement désapprouvé par les critiques.
[2] Vers devenu proverbe.

C'est une vertu rare au siècle d'aujourd'hui,
Et je la voudrois voir partout comme chez lui.
PHILINTE.
Pour moi, plus je le vois, plus surtout je m'étonne
De cette passion où son cœur s'abandonne.
De l'humeur dont le ciel a voulu le former,
Je ne sais pas comment il s'avise d'aimer;
Et je sais moins encor comment votre cousine
Peut être la personne où son penchant l'incline.
ÉLIANTE.
Cela fait assez voir que l'amour, dans les cœurs,
N'est pas toujours produit par un rapport d'humeurs;
Et toutes ces raisons de douces sympathies,
Dans cet exemple-ci, se trouvent démenties.
PHILINTE.
Mais croyez-vous qu'on l'aime, aux choses qu'on peut voir?
ÉLIANTE.
C'est un point qu'il n'est pas fort aisé de savoir.
Comment pouvoir juger s'il est vrai qu'elle l'aime?
Son cœur de ce qu'il sent n'est pas bien sûr lui-même;
Il aime quelquefois sans qu'il le sache bien,
Et croit aimer aussi, parfois, qu'il n'en est rien.
PHILINTE.
Je crois que notre ami, près de cette cousine,
Trouvera des chagrins plus qu'il ne s'imagine;
Et, s'il avoit mon cœur, à dire vérité,
Il tourneroit ses vœux tout d'un autre côté;
Et, par un choix plus juste, on le verroit, madame,
Profiter des bontés que lui montre votre âme.
ÉLIANTE.
Pour moi, je n'en fais point de façons, et je croi
Qu'on doit sur de tels points être de bonne foi.
Je ne m'oppose point à toute sa tendresse;
Au contraire, mon cœur pour elle s'intéressé;
Et, si c'étoit qu'à moi la chose pût tenir,
Moi-même à ce qu'il aime on me verroit l'unir.
Mais, si dans un tel choix, comme tout se peut faire,
Son amour éprouvoit quelque destin contraire,
S'il falloit que d'un autre on couronnât les feux,
Je pourrois me résoudre à recevoir ses vœux;
Et le refus souffert en pareille occurrence
Ne m'y feroit trouver aucune répugnance.
PHILINTE.
Et moi, de mon côté, je ne m'oppose pas,
Madame, à ces bontés qu'ont pour lui vos appas;
Et lui-même, s'il veut, il peut bien vous instruire
De ce que là-dessus j'ai pris soin de lui dire.
Mais si, par un hymen qui les joindroit eux deux,
Vous étiez hors d'état de recevoir ses vœux,
Tous les miens tenteroient la faveur éclatante
Qu'avec tant de bonté votre âme lui présente.
Heureux si, quand son cœur s'y pourra dérober,
Elle pouvoit sur moi, madame, retomber!
ÉLIANTE.
Vous vous divertissez, Philinte.
PHILINTE.
Non, madame,
Et je vous parle ici du meilleur de mon âme.

J'attends l'occasion de m'offrir hautement,
Et, de tous mes souhaits, j'en presse le moment.

SCÈNE II
ALCESTE, ÉLIANTE, PHILINTE

ALCESTE.
Ah! faites-moi raison, madame, d'une offense
Qui vient de triompher de toute ma constance.
ÉLIANTE.
Qu'est-ce donc? Qu'avez-vous qui vous puisse émouvoir?
ALCESTE.
J'ai ce que, sans mourir, je ne puis concevoir;
Et le déchaînement de toute la nature
Ne m'accableroit pas comme cette aventure.
C'en est fait... Mon amour... Je ne saurois parler.
ÉLIANTE.
Que votre esprit un peu tâche à se rappeler [1].
ALCESTE.
O juste ciel! faut-il qu'on joigne à tant de grâces
Les vices odieux des âmes les plus basses!
ÉLIANTE.
Mais encor qui vous peut...
ALCESTE.
Ah! tout est ruiné;
Je suis, je suis trahi, je suis assassiné.
Célimène... (eût-on pu croire cette nouvelle?)
Célimène me trompe, et n'est qu'une infidèle.
ÉLIANTE.
Avez-vous, pour le croire, un juste fondement?
PHILINTE.
Peut-être est-ce un soupçon conçu légèrement;
Et votre esprit jaloux prend parfois des chimères...
ALCESTE.
Ah! morbleu! mêlez-vous, monsieur, de vos affaires
A Éliante.
C'est de sa trahison n'être que trop certain,
Que l'avoir, dans ma poche, écrite de sa main.
Oui, madame, une lettre écrite pour Oronte
A produit à mes yeux ma disgrâce et sa honte;
Oronte, dont j'ai cru qu'elle fuyoit les soins,
Et que de mes rivaux je redoutois le moins.
PHILINTE.
Une lettre peut bien tromper par l'apparence,
Et n'est pas quelquefois si coupable qu'on pense.
ALCESTE.
Monsieur, encore un coup, laissez-moi, s'il vous plaît,
Et ne prenez souci que de votre intérêt.
ÉLIANTE.
Vous devez modérer vos transports; et l'outrage...
ALCESTE.
Madame, c'est à vous qu'appartient cet ouvrage;
C'est à vous que mon cœur a recours aujourd'hui,

---
[1] Ce vers et les cinq précédents sont empruntés à *Don Garcie de Navarre*. La scène suivante est également empruntée à la même pièce.

Pour pouvoir s'affranchir de son cuisant ennui.
Vengez-moi d'une ingrate et perfide parente
Qui trahit lâchement une ardeur si constante ;
Vengez-moi de ce trait qui doit vous faire horreur.

ÉLIANTE.

Moi, vous venger ! comment ?

ALCESTE.

En recevant mon cœur.
Acceptez-le, madame, au lieu de l'infidèle ;
C'est par là que je puis prendre vengeance d'elle ;
Et je la veux punir par les sincères vœux,
Par le profond amour, les soins respectueux,
Les devoirs empressés et l'assidu service,
Dont ce cœur va vous faire un ardent sacrifice.

ÉLIANTE.

Je compatis, sans doute, à ce que vous souffrez,
Et ne méprise point le cœur que vous m'offrez ;
Mais peut-être le mal n'est pas si grand qu'on pense,
Et vous pourrez quitter ce désir de vengeance.
Lorsque l'injure part d'un objet plein d'appas,
On fait force desseins qu'on n'exécute pas :
On a beau voir, pour rompre, une raison puissante,
Une coupable aimée est bientôt innocente ;
Tout le mal qu'on lui veut se dissipe aisément,
Et l'on sait ce que c'est qu'un courroux d'un amant.

ALCESTE.

Non, non, madame, non. L'offense est trop mortelle ;
Il n'est point de retour, et je romps avec elle ;
Rien ne sauroit changer le dessein que j'en fais,
Et je me punirois de l'estimer jamais.
La voici. Mon courroux redouble à cette approche,
Je vais de sa noirceur lui faire un vif reproche,
Pleinement la confondre, et vous porter après
Un cœur tout dégagé de ses trompeurs attraits.

SCÈNE III

CÉLIMÈNE, ALCESTE.

ALCESTE, à part.

O ciel ! de mes transports puis-je être ici le maître ?

CÉLIMÈNE, à part.

A Alceste.

Ouais ! Quel est donc le trouble où je vous vois paroitre ?
Et que me veulent dire, et ces soupirs poussés,
Et ces sombres regards que sur moi vous lancez ?

ALCESTE.

Que toutes les horreurs dont une âme est capable
A vos déloyautés n'ont rien de comparable ;
Que le sort, les démons, et le ciel en courroux,
N'ont jamais rien produit de si méchant que vous.

CÉLIMÈNE.

Voilà certainement des douceurs que j'admire.

ALCESTE.

Ah ! ne plaisantez point, il n'est pas temps de rire.
Rougissez bien plutôt, vous en avez raison ;
Et j'ai de sûrs témoins de votre trahison.
Voilà ce que marquoient les troubles de mon âme ;
Ce n'étoit pas en vain que s'alarmoit ma flamme ;
Par ces fréquents soupçons qu'on trouvoit odieux,
Je cherchois le malheur qu'ont rencontré mes yeux ;
Et, malgré tous vos soins et votre adresse à feindre,
Mon astre me disoit ce que j'avois à craindre.
Mais ne présumez pas que, sans être vengé,
Je souffre le dépit de me voir outragé.
Je sais que sur les vœux on n'a point de puissance,
Que l'amour veut partout naître sans dépendance,
Que jamais par la force on n'entra dans un cœur,
Et que toute âme est libre à nommer son vainqueur.
Aussi ne trouverois-je aucun sujet de plainte,
Si pour moi votre bouche avoit parlé sans feinte ;
Et, rejetant mes vœux dès le premier abord,
Mon cœur n'auroit eu droit de s'en prendre qu'au sort.
Mais d'un aveu trompeur voir ma flamme applaudie,
C'est une trahison, c'est une perfidie,
Qui ne sauroit trouver de trop grands châtiments ;
Et je puis tout permettre à mes ressentiments.
Oui, oui, redoutez tout après un tel outrage ;
Je ne suis plus à moi, je suis tout à la rage.
Percé du coup mortel dont vous m'assassinez,
Mes sens par la raison ne sont plus gouvernés ;
Je cède aux mouvements d'une juste colère,
Et je ne réponds pas de ce que je puis faire.

CÉLIMÈNE.

D'où vient donc, je vous prie, un tel emportement ?
Avez-vous, dites-moi, perdu le jugement ?

ALCESTE.

Oui, oui, je l'ai perdu, lorsque dans votre vue
J'ai pris, pour mon malheur, le poison qui me tue,
Et que j'ai cru trouver quelque sincérité
Dans les traitres appas dont je fus enchanté.

CÉLIMÈNE.

De quelle trahison pouvez-vous donc vous plaindre ?

ALCESTE.

Ah ! que ce cœur est double, et sait bien l'art de feindre !
Mais, pour le mettre à bout, j'ai des moyens tout prêts.
Jetez ici les yeux, et connoissez vos traits ;
Ce billet découvert suffit pour vous confondre,
Et contre ce témoin on n'a rien à répondre.

CÉLIMÈNE.

Voilà donc le sujet qui vous trouble l'esprit ?

ALCESTE.

Vous ne rougissez pas en voyant cet écrit !

CÉLIMÈNE.

Et par quelle raison faut-il que j'en rougisse ?

ALCESTE.

Quoi ! vous joignez ici l'audace à l'artifice !
Le désavouerez-vous pour n'avoir point de seing ?

CÉLIMÈNE.

Pourquoi désavouer un billet de ma main ?

ALCESTE.

Et vous pouvez le voir sans demeurer confuse
Du crime dont vers moi son style vous accuse !

CÉLIMÈNE.

Vous êtes, sans mentir, un grand extravagant.

ACTE IV, SCÈNE III.

ALCESTE.
Quoi! vous bravez ainsi ce témoin convaincant!
Et ce qu'il m'a fait voir de douceur pour Oronte
N'a donc rien qui m'outrage et qui vous fasse honte?

CÉLIMÈNE.
Oronte! Qui vous dit que la lettre est pour lui?

ALCESTE.
Les gens qui dans mes mains l'ont remise aujourd'hui.
Mais je veux consentir qu'elle soit pour un autre,
Mon cœur en a-t-il moins à se plaindre du vôtre?
En serez-vous vers moi moins coupable en effet?

CÉLIMÈNE.
Mais si c'est une femme à qui va ce billet,
En quoi vous blesse-t-il, et qu'a-t-il de coupable?

ALCESTE.
Ah! le détour est bon, et l'excuse admirable.
Je ne m'attendois pas, je l'avoue, à ce trait,
Et me voilà par là convaincu tout à fait.
Osez-vous recourir à ces ruses grossières?
Et croyez-vous les gens si privés de lumières?
Voyons, voyons un peu par quel biais, de quel air,
Vous voulez soutenir un mensonge si clair;
Et comment vous pourrez tourner pour une femme
Tous les mots d'un billet qui montre tant de flamme.
Ajustez, pour couvrir un manquement de foi,
Ce que je m'en vais lire...

CÉLIMÈNE.
Il ne me plaît pas, moi.
Je vous trouve plaisant d'user d'un tel empire
Et de me dire au nez ce que vous m'osez dire!

ALCESTE.
Non, non, sans s'emporter, prenez un peu souci
De me justifier les termes que voici.

CÉLIMÈNE.
Non, je n'en veux rien faire; et, dans cette occurrence,
Tout ce que vous croirez m'est de peu d'importance.

ALCESTE.
De grâce, montrez-moi, je serai satisfait,
Qu'on peut, pour une femme, expliquer ce billet.

CÉLIMÈNE.
Non, il est pour Oronte; et je veux qu'on le croie.
Je reçois tous ses soins avec beaucoup de joie,
J'admire ce qu'il dit, j'estime ce qu'il est,
Et je tombe d'accord de tout ce qu'il vous plaît.
Faites, prenez parti; que rien ne vous arrête,
Et ne me rompez pas davantage la tête.

ALCESTE, à part.
Ciel! rien de plus cruel peut-il être inventé,
Et jamais cœur fut-il de la sorte traité?
Quoi! d'un juste courroux je suis ému contre elle,
C'est moi qui me viens plaindre, et c'est moi qu'on querelle!
On pousse ma douleur et mes soupçons à bout,
On me laisse tout croire, on fait gloire de tout;
Et cependant mon cœur est encore assez lâche
Pour ne pouvoir briser la chaîne qui l'attache,
Et pour ne pas s'armer d'un généreux mépris
Contre l'ingrat objet dont il est trop épris!

A Célimène.
Ah! que vous savez bien ici contre moi-même,
Perfide, vous servir de ma foiblesse extrême,
Et ménager pour vous l'excès prodigieux
De ce fatal amour né de vos traîtres yeux!
Défendez-vous au moins d'un crime qui m'accable,
Et cessez d'affecter d'être envers moi coupable.
Rendez-moi, s'il se peut, ce billet innocent;
A vous prêter les mains ma tendresse consent.
Efforcez-vous ici de paroître fidèle,
Et je m'efforcerai, moi, de vous croire telle.

CÉLIMÈNE.
Allez, vous êtes fou dans vos transports jaloux,
Et ne méritez pas l'amour qu'on a pour vous.
Je voudrois bien savoir qui pourroit me contraindre
A descendre pour vous aux bassesses de feindre;
Et pourquoi, si mon cœur penchoit d'autre côté,
Je ne le dirois pas avec sincérité!
Quoi! de mes sentiments l'obligeante assurance
Contre tous vos soupçons ne prend pas ma défense?
Auprès d'un tel garant sont-ils de quelque poids?
N'est-ce pas m'outrager que d'écouter leur voix?
Et, puisque notre cœur fait un effort extrême
Lorsqu'il peut se résoudre à confesser qu'il aime;
Puisque l'honneur du sexe, ennemi de nos feux,
S'oppose fortement à de pareils aveux,
L'amant qui voit pour lui franchir un tel obstacle
Doit-il impunément douter de cet oracle?
Et n'est-il pas coupable, en ne s'assurant pas
A ce qu'on ne dit point qu'après de grands combats?
Allez, de tels soupçons méritent ma colère;
Et vous ne valez pas que l'on vous considère.
Je suis sotte, et veux mal à ma simplicité
De conserver encor pour vous quelque bonté;
Je devrois autre part attacher mon estime,
Et vous faire un sujet de plainte légitime.

ALCESTE.
Ah! traîtresse! mon foible est étrange pour vous:
Vous me trompez, sans doute, avec des mots si doux;
Mais il n'importe, il faut suivre ma destinée;
A votre foi mon âme est tout abandonnée;
Je veux voir jusqu'au bout quel sera votre cœur,
Et si de me trahir il aura la noirceur.

CÉLIMÈNE.
Non, vous ne m'aimez point comme il faut que l'on aime.

ALCESTE.
Ah! rien n'est comparable à mon amour extrême;
Et dans l'ardeur qu'il a de se montrer à tous,
Il va jusqu'à former des souhaits contre vous.
Oui, je voudrois qu'aucun ne vous trouvât aimable,
Que vous fussiez réduite en un sort misérable;
Que le ciel en naissant ne vous eût donné rien;
Que vous n'eussiez ni rang, ni naissance, ni bien;
Afin que de mon cœur l'éclatant sacrifice
Vous pût d'un pareil sort réparer l'injustice;
Et que j'eusse la joie et la gloire en ce jour
De vous voir tenir tout des mains de mon amour.

CÉLIMÈNE.
C'est me vouloir du bien d'une étrange manière!
Me préservé le ciel que vous ayez matière...
Voici monsieur Dubois plaisamment figuré.

SCÈNE IV
CÉLIMÈNE, ALCESTE, DUBOIS.

ALCESTE.
Que veut cet équipage et cet air effaré?
Qu'as-tu?
DUBOIS.
Monsieur...
ALCESTE.
Eh bien?
DUBOIS.
Voici bien des mystères.
ALCESTE.
Qu'est-ce?
DUBOIS.
Nous sommes mal, monsieur, dans nos affaires.
ALCESTE.
Quoi?
DUBOIS.
Parlerai-je haut?
ALCESTE.
Oui, parle et promptement.
DUBOIS.
N'est-il point là quelqu'un?
ALCESTE.
Ah! que d'amusement!
Veux-tu parler?
DUBOIS.
Monsieur, il faut faire retraite.
ALCESTE.
Comment?
DUBOIS.
Il faut d'ici déloger sans trompette.
ALCESTE.
Et pourquoi?
DUBOIS.
Je vous dis qu'il faut quitter ce lieu.
ALCESTE.
La cause?
DUBOIS.
Il faut partir, monsieur, sans dire adieu.
ALCESTE.
Mais par quelle raison me tiens-tu ce langage?
DUBOIS.
Par la raison, monsieur, qu'il faut plier bagage.
ALCESTE.
Ah! je te casserai la tête assurément,
Si tu ne veux, maraud, t'expliquer autrement.
DUBOIS.
Monsieur, un homme noir et d'habit et de mine
Est venu nous laisser, jusque dans la cuisine,
Un papier griffonné d'une telle façon,
Qu'il faudroit, pour le lire, être pis qu'un démon [1].

[1] VAR. Il faudroit, pour le lire, être pis *que* démon.

C'est de votre procès, je n'en fais aucun doute;
Mais le diable d'enfer, je crois, n'y verroit goutte.
ALCESTE.
Eh bien, quoi? Ce papier, qu'a-t-il à démêler,
Traître, avec le départ dont tu viens me parler?
DUBOIS.
C'est pour vous dire ici, monsieur, qu'une heure ensuite,
Un homme qui souvent vous vient rendre visite
Est venu vous chercher avec empressement,
Et, ne vous trouvant pas, m'a chargé doucement,
Sachant que je vous sers avec beaucoup de zèle,
De vous dire... Attendez, comme est-ce qu'il s'appelle?
ALCESTE.
Laisse là son nom, traître, et dis ce qu'il t'a dit!
DUBOIS.
C'est un de vos amis; enfin cela suffit.
Il m'a dit que d'ici votre péril vous chasse,
Et que d'être arrêté le sort vous y menace.
ALCESTE.
Mais quoi! n'a-t-il voulu te rien spécifier?
DUBOIS.
Non. Il m'a demandé de l'encre et du papier,
Et vous a fait un mot, où vous pourrez, je pense,
Du fond de ce mystère avoir la connoissance.
ALCESTE.
Donne-le donc.
CÉLIMÈNE.
Que peut envelopper ceci?
ALCESTE.
Je ne sais; mais j'aspire à m'en voir éclairci.
Auras-tu bientôt fait, impertinent au diable?
DUBOIS, après avoir longtemps cherché le billet.
Ma foi, je l'ai, monsieur, laissé sur votre table.
ALCESTE.
Je ne sais qui me tient...
CÉLIMÈNE.
Ne vous emportez pas,
Et courez démêler un pareil embarras.
ALCESTE.
Il semble que le sort, quelque soin que je prenne,
Ait juré d'empêcher que je vous entretienne;
Mais, pour en triompher, souffrez à mon amour
De vous revoir, madame, avant la fin du jour [1].

ACTE CINQUIÈME

SCÈNE I
ALCESTE, PHILINTE.

ALCESTE.
La résolution en est prise, vous dis-je.

[1] Le quatrième acte est le plus chaud, le plus animé, le plus dramatique de toute la pièce; et cependant, sous un rapport, c'est celui qui tient le moins au sujet; car Alceste n'y est point misanthrope; il n'y est que jaloux, mais avec quelle verve, quelle éloquence, quelle passion!

ACTE V, SCÈNE I.

PHILINTE.

Mais, quel que soit ce coup, faut-il qu'il vous oblige...

ALCESTE.

Non, vous avez beau faire et beau me raisonner,
Rien de ce que je dis ne peut me détourner;
Trop de perversité règne au siècle où nous sommes,
Et je veux me tirer du commerce des hommes.
Quoi! contre ma partie on voit tout à la fois
L'honneur, la probité, la pudeur et les lois;
On publie en tous lieux l'équité de ma cause;
Sur la foi de mon droit mon âme se repose;
Cependant je me vois trompé par le succès :
J'ai pour moi la justice, et je perds mon procès!
Un traître, dont on sait la scandaleuse histoire,
Est sorti triomphant d'une fausseté noire!
Toute la bonne foi cède à sa trahison!
Il trouve, en m'égorgeant, moyen d'avoir raison!
Le poids de sa grimace, où brille l'artifice,
Renverse le bon droit et tourne la justice!
Il fait par un arrêt couronner son forfait!
Et, non content encor du tort que l'on me fait,
Il court parmi le monde un livre abominable,
Et de qui la lecture est même condamnable,
Un livre à mériter la dernière rigueur,
Dont le fourbe a le front de me faire l'auteur!
Et là-dessus on voit Oronte qui murmure,
Et tâche méchamment d'appuyer l'imposture!
Lui qui d'un honnête homme à la cour tient le rang,
A qui je n'ai fait rien qu'être sincère et franc,
Qui me vient malgré moi, d'une ardeur empressée,
Sur des vers qu'il a faits demander ma pensée;
Et parce que j'en use avec honnêteté
Et ne le veux trahir, lui, ni la vérité,
Il aide à m'accabler d'un crime imaginaire!
Le voilà devenu mon plus grand adversaire!
Et jamais de son cœur je n'aurai de pardon,
Pour n'avoir pas trouvé que son sonnet fût bon!
Et les hommes, morbleu! sont faits de cette sorte!
C'est à ces actions que la gloire les porte!
Voilà la bonne foi, le zèle vertueux,
La justice et l'honneur que l'on trouve chez eux!
Allons, c'est trop souffrir les chagrins qu'on nous forge :
Tirons-nous de ce bois et de ce coupe-gorge.
Puisque entre humains ainsi vous vivez en vrais loups,
Traîtres, vous ne m'aurez de ma vie avec vous.

PHILINTE.

Je trouve un peu bien prompt le dessein où vous êtes;
Et tout le mal n'est pas si grand que vous le faites.
Ce que votre partie ose vous imputer
N'a point eu le crédit de vous faire arrêter;
On voit son faux rapport lui-même se détruire,
Et c'est une action qui pourroit bien lui nuire.

ALCESTE.

Lui? de semblables tours il ne craint point l'éclat :
Il a permission d'être franc scélérat;
Et, loin qu'à son crédit nuise cette aventure,
On l'en verra demain en meilleure posture.

PHILINTE.

Enfin il est constant qu'on n'a point trop donné
Au bruit que contre vous sa malice a tourné :
De ce côté déjà vous n'avez rien à craindre;
Et pour votre procès, dont vous pouvez vous plaindre,
Il vous est en justice aisé d'y revenir,
Et contre cet arrêt...

ALCESTE.

Non, je veux m'y tenir.
Quelque sensible tort qu'un tel arrêt me fasse,
Je me garderai bien de vouloir qu'on le casse :
On y voit trop à plein le bon droit maltraité,
Et je veux qu'il demeure à la postérité
Comme une marque insigne, un fameux témoignage
De la méchanceté des hommes de notre âge.
Ce sont vingt mille francs qu'il m'en pourra coûter;
Mais pour vingt mille francs j'aurai droit de pester
Contre l'iniquité de la nature humaine,
Et de nourrir pour elle une immortelle haine!

PHILINTE.

Mais enfin...

ALCESTE.

Mais enfin, vos soins sont superflus.
Que pouvez-vous, monsieur, me dire là-dessus?
Aurez-vous bien le front de me vouloir, en face,
Excuser les horreurs de tout ce qui se passe?

PHILINTE.

Non, je tombe d'accord de tout ce qu'il vous plaît :
Tout marche par cabale et par pur intérêt;
Ce n'est plus que la ruse aujourd'hui qui l'emporte,
Et les hommes devroient être faits d'autre sorte.
Mais est-ce une raison que leur peu d'équité,
Pour vouloir se tirer de leur société?
Tous ces défauts humains nous donnent, dans la vie,
Des moyens d'exercer notre philosophie :
C'est le plus bel emploi que trouve la vertu;
Et, si de probité tout étoit revêtu,
Si tous les cœurs étoient francs, justes et dociles,
La plupart des vertus nous seroient inutiles,
Puisqu'on en met l'usage à pouvoir sans ennui
Supporter dans nos droits l'injustice d'autrui;
Et, de même qu'un cœur d'une vertu profonde...

ALCESTE.

Je sais que vous parlez, monsieur, le mieux du monde;
En beaux raisonnements vous abondez toujours;
Mais vous perdez le temps et tous vos beaux discours.
La raison, pour mon bien, veut que je me retire :
Je n'ai point sur ma langue un assez grand empire;
De ce que je dirois je ne répondrois pas,
Et je me jetterois cent choses sur les bras.
Laissez-moi, sans dispute, attendre Célimène.
Il faut qu'elle consente au dessein qui m'amène;
Je vais voir si son cœur a de l'amour pour moi;
Et c'est ce moment-ci qui doit m'en faire foi.

PHILINTE.

Montons chez Éliante, attendant sa venue.

ALCESTE.

Non : de trop de souci je me sens l'âme émue.

Allez-vous-en la voir, et me laissez enfin
Dans ce petit coin sombre avec mon noir chagrin.

PHILINTE.
C'est une compagnie étrange pour attendre;
Et je vais obliger Éliante à descendre.

SCÈNE II
CÉLIMÈNE, ORONTE, ALCESTE.

ORONTE.
Oui, c'est à vous de voir si, par des nœuds si doux,
Madame, vous voulez m'attacher tout à vous.
Il me faut de votre âme une pleine assurance :
Un amant là-dessus n'aime point qu'on balance.
Si l'ardeur de mes feux a pu vous émouvoir,
Vous ne devez point feindre à me le faire voir ;
Et la preuve, après tout, que je vous en demande,
C'est de ne plus souffrir qu'Alceste vous prétende,
De le sacrifier, madame, à mon amour,
Et de chez vous enfin le bannir dès ce jour.

CÉLIMÈNE.
Mais quel sujet si grand contre lui vous irrite,
Vous à qui j'ai tant vu parler de son mérite?

ORONTE.
Madame, il ne faut point ces éclaircissements;
Il s'agit de savoir quels sont vos sentiments.
Choisissez, s'il vous plait, de garder l'un ou l'autre ;
Ma résolution n'attend rien que la vôtre.

ALCESTE, sortant du coin où il étoit.
Oui, monsieur a raison; madame, il faut choisir ;
Et sa demande ici s'accorde à mon désir.
Pareille ardeur me presse, et même soin m'amène ;
Mon amour veut du vôtre une marque certaine :
Les choses ne sont plus pour trainer en longueur,
Et voici le moment d'expliquer votre cœur.

ORONTE.
Je ne veux point, monsieur, d'une flamme importune
Troubler aucunement votre bonne fortune.

ALCESTE.
Je ne veux point, monsieur, jaloux ou non jaloux,
Partager de son cœur rien du tout avec vous.

ORONTE.
Si votre amour au mien lui semble préférable...

ALCESTE.
Si du moindre penchant elle est pour vous capable...

ORONTE.
Je jure de n'y rien prétendre désormais.

ALCESTE.
Je jure hautement de ne la voir jamais.

ORONTE.
Madame, c'est à vous de parler sans contrainte.

ALCESTE.
Madame, vous pouvez vous expliquer sans crainte.

ORONTE.
Vous n'avez qu'à nous dire où s'attachent vos vœux.

ALCESTE.
Vous n'avez qu'à trancher et choisir de nous deux.

ORONTE.
Quoi! sur un pareil choix vous semblez être en peine!

ALCESTE.
Quoi! votre âme balance et paroit incertaine!

CÉLIMÈNE.
Mon Dieu ! que cette instance est là hors de saison!
Et que vous témoignez tous deux peu de raison !
Je sais prendre parti sur cette préférence,
Et ce n'est pas mon cœur maintenant qui balance :
Il n'est point suspendu sans doute entre vous deux,
Et rien n'est sitôt fait que le choix de nos vœux ;
Mais je souffre, à vrai dire, une gêne trop forte
A prononcer en face un aveu de la sorte :
Je trouve que ces mots, qui sont désobligeants,
Ne se doivent point dire en présence des gens ;
Qu'un cœur de son penchant donne assez de lumière,
Sans qu'on nous fasse aller jusqu'à rompre en visière
Et qu'il suffit enfin que de plus doux témoins [1]
Instruisent un amant du malheur de ses soins.

ORONTE.
Non, non, un franc aveu n'a rien que j'appréhende;
J'y consens pour ma part.

ALCESTE.
                    Et moi, je le demande;
C'est son éclat surtout qu'ici j'ose exiger,
Et je ne prétends point vous voir rien ménager.
Conserver tout le monde est votre grande étude ;
Mais plus d'amusement et plus d'incertitude :
Il faut vous expliquer nettement là-dessus,
Ou bien pour un arrêt je prends votre refus ;
Je saurai, de ma part, expliquer ce silence,
Et me tiendrai pour dit tout le mal que j'en pense.

ORONTE.
Je vous sais fort bon gré, monsieur, de ce courroux,
Et je lui dis ici même chose que vous.

CÉLIMÈNE.
Que vous me fatiguez avec un tel caprice!
Ce que vous demandez a-t-il de la justice ?
Et ne vous dis-je pas quel motif me retient?
J'en vais prendre pour juge Éliante, qui vient.

SCÈNE III
ÉLIANTE, PHILINTE, CÉLIMÈNE, ORONTE, ALCESTE.

CÉLIMÈNE.
Je me vois, ma cousine, ici persécutée
Par des gens dont l'humeur y paroit concertée.
Ils veulent l'un et l'autre, avec même chaleur,
Que je prononce entre eux le choix que fait mon cœur,
Et que, par un arrêt qu'en face il me faut rendre,
Je défende à l'un d'eux tous les soins qu'il peut prendre.
Dites-moi si jamais cela se fait ainsi.

ÉLIANTE.
N'allez point là-dessus me consulter ici ;
Peut-être y pourriez-vous être mal adressée,
Et je suis pour les gens qui disent leur pensée.

[1] *Témoin* est ici pour : preuves, témoignages.

ACTE V, SCÈNE V.

ORONTE.
Madame, c'est en vain que vous vous défendez.
ALCESTE.
Tous vos détours ici seront mal secondés.
ORONTE.
Il faut, il faut parler, et lâcher la balance.
ALCESTE.
Il ne faut que poursuivre à garder le silence.
ORONTE.
Je ne veux qu'un seul mot pour finir nos débats.
ALCESTE.
Et moi, je vous entends, si vous ne parlez pas.

SCÈNE IV

ARSINOÉ, CÉLIMÈNE, ÉLIANTE, ALCESTE, PHILINTE, ACASTE, CLITANDRE, ORONTE.

ACASTE, à Célimène.
Madame, nous venons tous deux, sans vous déplaire,
Éclaircir avec vous une petite affaire.

CLITANDRE, à Oronte et à Alceste.
Fort à propos, messieurs, vous vous trouvez ici,
Et vous êtes mêlés dans cette affaire aussi.

ARSINOÉ, à Célimène.
Madame, vous serez surprise de ma vue;
Mais ce sont ces messieurs qui causent ma venue :
Tous deux ils m'ont trouvée, et se sont plaints à moi
D'un trait à qui mon cœur ne sauroit prêter foi.
J'ai du fond de votre âme une trop haute estime
Pour vous croire jamais capable d'un tel crime;
Mes yeux ont démenti leurs témoins les plus forts,
Et, l'amitié passant sur de petits discords,
J'ai bien voulu chez vous leur faire compagnie,
Pour vous voir vous laver de cette calomnie.

ACASTE.
Oui, madame, voyons, d'un esprit adouci,
Comment vous vous prendrez à soutenir ceci.
Cette lettre, par vous, est écrite à Clitandre.

CLITANDRE.
Vous avez pour Acaste écrit ce billet tendre.

ACASTE, à Oronte et à Alceste.
Messieurs, ces traits pour vous n'ont point d'obscurité,
Et je ne doute pas que sa civilité
A connoître sa main n'ait trop su vous instruire.
Mais ceci vaut assez la peine de le lire.

« Vous êtes un étrange homme de condamner mon enjouement, et de me reprocher que je n'ai jamais tant de joie que lorsque je ne suis pas avec vous. Il n'y a rien de plus injuste; et, si vous ne venez bien vite me demander pardon de cette offense, je ne vous la pardonnerai de ma vie. Notre grand flandrin de vicomte... »

Il devroit être ici.

« Notre grand flandrin de vicomte, par qui vous commencez vos plaintes, est un homme qui ne sauroit me revenir; et, depuis que je l'ai vu, trois quarts d'heure durant, cracher dans un puits pour faire des ronds, je n'ai jamais pu prendre bonne opinion de lui. Pour le petit marquis... »

C'est moi-même, messieurs, sans nulle vanité.

« Pour le petit marquis, qui me tint hier longtemps la main, je trouve qu'il n'y a rien de si mince que toute sa personne; et ce sont de ces mérites qui n'ont que la cape et l'épée. Pour l'homme aux rubans verts... »

Alceste.
A vous le dé, monsieur.

« Pour l'homme aux rubans verts [1], il me divertit quelquefois avec ses brusqueries et son chagrin bourru; mais il est cent moments où je le trouve le plus fâcheux du monde. Et pour l'homme au sonnet [2]... »

A Oronte.
Voici votre paquet.

« Et pour l'homme au sonnet, qui s'est jeté dans le bel esprit et veut être auteur malgré tout le monde, je ne puis me donner la peine d'écouter ce qu'il dit, et sa prose me fatigue autant que ses vers. Mettez-vous donc en tête que je ne me divertis pas toujours si bien que vous pensez; que je vous trouve à dire, plus que je ne voudrois, dans toutes les parties où l'on m'entraîne; et que c'est un merveilleux assaisonnement aux plaisirs qu'on goûte, que la présence des gens qu'on aime. »

CLITANDRE.
Me voici maintenant, moi.

« Votre Clitandre, dont vous me parlez, et qui fait tant le doucereux, est le dernier des hommes pour qui j'aurois de l'amitié. Il est extravagant de se persuader qu'on l'aime, et vous l'êtes de croire qu'on ne vous aime pas. Changez, pour être raisonnable, vos sentiments contre les siens; et voyez-moi le plus que vous pourrez, pour m'aider à porter le chagrin d'en être obsédée. »

D'un fort beau caractère on voit là le modèle,
Madame, et vous savez comment cela s'appelle.
Il suffit. Nous allons l'un et l'autre, en tous lieux,
Montrer de votre cœur le portrait glorieux.

ACASTE.
J'aurois de quoi vous dire, et belle est la matière ;
Mais je ne vous tiens pas digne de ma colère;
Et je vous ferai voir que les petits marquis
Ont, pour se consoler, des cœurs du plus haut prix

SCÈNE V

CÉLIMENE, ÉLIANTE, ARSINOÉ, ALCESTE, ORONTE, PHILINTE.

ORONTE.
Quoi! de cette façon je vois qu'on me déchire,
Après tout ce qu'à moi je vous ai vu m'écrire!

---

[1] À cette époque les jeunes seigneurs se paraient, comme les dames, de nœuds de rubans, et cette parure féminine entrait même dans leur toilette militaire. Aujourd'hui, cette brillante toilette qui marque le siècle est négligée par les acteurs qui jouent les rôles d'Oronte, d'Acaste et de Clitandre; mais, pour que ces mots, *l'homme aux rubans verts*, conservent leur application, Alceste paraît avec un nœud de cette couleur attaché à son épaule. Ainsi le Misanthrope, dont l'habit doit être simple et modeste, est le seul qui se présente avec des rubans. Un semblable contresens suffiroit pour faire sentir la nécessité de rétablir les costumes. (Aimé Martin.)

[2] VAR. L'homme à la veste, etc.

Et votre cœur, paré de beaux semblants d'amour,
A tout le genre humain se promet tour à tour!
Allez, j'étois trop dupe, et je vais ne plus l'être;
Vous me faites un bien, me faisant vous connoître :
J'y profite d'un cœur qu'ainsi vous me rendez,
Et trouve ma vengeance en ce que vous perdez.

À Alceste.

Monsieur, je ne fais plus d'obstacle à votre flamme,
Et vous pouvez conclure affaire avec madame.

SCÈNE VI

CÉLIMÈNE, ÉLIANTE, ARSINOÉ, ALCESTE, PHILINTE.

ARSINOÉ, à Célimène.

Certes, voilà le trait du monde le plus noir;
Je ne m'en saurois taire, et me sens émouvoir.
Voit-on des procédés qui soient pareils aux vôtres?
Je ne prends point de part aux intérêts des autres.

Montrant Alceste.

Mais monsieur, que chez vous fixoit votre bonheur,
Un homme, comme lui, de mérite et d'honneur,
Et qui vous chérissoit avec idolâtrie,
Devoit-il...

ALCESTE.

Laissez-moi, madame, je vous prie,
Vider mes intérêts moi-même là-dessus,
Et ne vous chargez point de ces soins superflus.
Mon cœur a beau vous voir prendre ici sa querelle,
Il n'est pas en état de payer ce grand zèle;
Et ce n'est point à vous que je pourrai songer,
Si, par un autre choix, je cherche à me venger.

ARSINOÉ.

Eh! croyez-vous, monsieur, qu'on ait cette pensée,
Et que de vous avoir on soit tant empressée?
Je vous trouve un esprit bien plein de vanité,
Si de cette créance il peut s'être flatté.
Le rebut de madame est une marchandise
Dont on auroit grand tort d'être si fort éprise.
Détrompez-vous, de grâce, et portez-le moins haut.
Ce ne sont pas des gens comme moi qu'il vous faut.
Vous ferez bien encor de soupirer pour elle,
Et je brûle de voir une union si belle.

SCÈNE VII

CÉLIMÈNE, ÉLIANTE, ALCESTE, PHILINTE.

ALCESTE, à Célimène.

Eh bien, je me suis tu, malgré ce que je vois,
Et j'ai laissé parler tout le monde avant moi.
Ai-je pris sur moi-même un assez long empire?
Et puis-je maintenant...

CÉLIMÈNE.

Oui, vous pouvez tout dire;
Vous en êtes en droit, lorsque vous vous plaindrez,
Et de me reprocher tout ce que vous voudrez.

J'ai tort, je le confesse; et mon âme confuse
Ne cherche à vous payer d'aucune vaine excuse.
J'ai des autres ici méprisé le courroux;
Mais je tombe d'accord de mon crime envers vous.
Votre ressentiment sans doute est raisonnable;
Je sais combien je dois vous paroître coupable,
Que toute chose dit que j'ai pu vous trahir,
Et qu'enfin vous avez sujet de me haïr.
Faites-le, j'y consens.

ALCESTE.

Eh! le puis-je, traîtresse?
Puis-je ainsi triompher de toute ma tendresse?
Et, quoique avec ardeur je veuille vous haïr,
Trouvé-je un cœur en moi tout prêt à m'obéir?

À Éliante et à Philinte.

Vous voyez ce que peut une indigne tendresse,
Et je vous fais tous deux témoins de ma foiblesse.
Mais, à vous dire vrai, ce n'est pas encor tout,
Et vous allez me voir la pousser jusqu'au bout,
Montrer que c'est à tort que sages on nous nomme,
Et que dans tous les cœurs il est toujours de l'homme.

À Célimène.

Oui, je veux bien, perfide, oublier vos forfaits;
J'en saurai, dans mon âme, excuser tous les traits,
Et me les couvrirai du nom d'une foiblesse
Où le vice du temps porte votre jeunesse,
Pourvu que votre cœur veuille donner les mains
Au dessein que j'ai fait de fuir tous les humains,
Et que dans mon désert où j'ai fait vœu de vivre,
Vous soyez, sans tarder, résolue à me suivre.
C'est par là seulement que, dans tous les esprits,
Vous pouvez réparer le mal de vos écrits,
Et qu'après cet éclat qu'un noble cœur abhorre,
Il peut m'être permis de vous aimer encore.

CÉLIMÈNE.

Moi, renoncer au monde avant que de vieillir,
Et dans votre désert aller m'ensevelir!

ALCESTE.

Eh! s'il faut qu'à mes feux votre flamme réponde,
Que vous doit importer tout le reste du monde?
Vos désirs avec moi ne sont-ils pas contents?

CÉLIMÈNE.

La solitude effraye une âme de vingt ans.
Je ne sens point la mienne assez grande, assez forte,
Pour me résoudre à prendre un dessein de la sorte.
Si le don de ma main peut contenter vos vœux,
Je pourrai me résoudre à serrer de tels nœuds;
Et l'hymen...

ALCESTE.

Non, mon cœur à présent vous déteste,
Et ce refus lui seul fait plus que tout le reste.
Puisque vous n'êtes point, en des liens si doux,
Pour trouver tout en moi, comme moi tout en vous,
Allez, je vous refuse; et ce sensible outrage
De vos indignes fers pour jamais me dégage.

LE MISANTHROPE.

ACTE V — SCÈNE VII

Garnier Frères, Éditeurs

SCÈNE VIII

ÉLIANTE, ALCESTE, PHILINTE.

ALCESTE, à Éliante.

Madame, cent vertus ornent votre beauté,
Et je n'ai vu qu'en vous de la sincérité;
De vous depuis longtemps je fais un cas extrême;
Mais laissez-moi toujours vous estimer de même,
Et souffrez que mon cœur, dans ses troubles divers,
Ne se présente point à l'honneur de vos fers;
Je m'en sens trop indigne, et commence à connoître
Que le ciel pour ce nœud ne m'avoit point fait naître,
Que ce seroit pour vous un hommage trop bas,
Que le rebut d'un cœur qui ne vous valoit pas;
Et qu'enfin...

ÉLIANTE.

Vous pouvez suivre cette pensée;
Ma main de se donner n'est pas embarrassée;
Et voilà votre ami, sans trop m'inquiéter,
Qui, si je l'en priois, la pourroit accepter.

PHILINTE.

Ah! cet honneur, madame, est toute mon envie,
Et j'y sacrifierois et mon sang et ma vie.

ALCESTE.

Puissiez-vous, pour goûter de vrais contentements,
L'un pour l'autre à jamais garder ces sentiments!
Trahi de toutes parts, accablé d'injustices,
Je vais sortir d'un gouffre où triomphent les vices,
Et chercher sur la terre un endroit écarté
Où d'être homme d'honneur on ait la liberté.

PHILINTE.

Allons, madame, allons employer toute chose
Pour rompre le dessein que son cœur se propose.

LE MEDECIN MALGRE LUI

COMÉDIE EN TROIS ACTES

1666

PERSONNAGES

GÉRONTE, père de Lucinde.
LUCINDE, fille de Géronte.
LÉANDRE, amant de Lucinde.
SGANARELLE, mari de Martine.
MARTINE, femme de Sganarelle.
M. ROBERT, voisin de Sganarelle.
VALÈRE, domestique de Géronte.
LUCAS, mari de Jacqueline.
JACQUELINE, nourrice chez Géronte, et femme de Lucas.
THIBAUD, père de Perrin, } paysans.
PERRIN,

ACTE PREMIER

Le théâtre représente une forêt.

SCÈNE I

SGANARELLE, MARTINE, paroissent sur le théâtre en se querellant.

SGANARELLE.

Non, je te dis que je n'en veux rien faire, et que c'est à moi de parler et d'être le maître !

MARTINE.

Et je te dis, moi, que je veux que tu vives à ma fantaisie, et que je ne me suis point mariée avec toi pour souffrir tes fredaines !

SGANARELLE.

Oh ! la grande fatigue que d'avoir une femme ! et qu'Aristote a bien raison, quand il dit qu'une femme est pire qu'un démon !

MARTINE.

Voyez un peu l'habile homme, avec son benêt d'Aristote.

SGANARELLE.

Oui, habile homme. Trouve-moi un faiseur de fagots qui sache comme moi raisonner des choses, qui ait servi six ans un fameux médecin, et qui ait su dans son jeune âge son rudiment par cœur.

MARTINE.

Peste du fou fieffé !

SGANARELLE.

Peste de la carogne !

MARTINE.

Que maudits soient l'heure et le jour où je m'avisai d'aller dire oui !

SGANARELLE.

Que maudit soit le bec cornu de notaire qui me fit signer ma ruine !

MARTINE.

C'est bien à toi, vraiment, à te plaindre de cette affaire ! Devrois-tu être un seul moment sans rendre grâces au ciel de m'avoir pour ta femme ? et méritois-tu d'épouser une femme comme moi ?

SGANARELLE.

Il est vrai que tu me fis trop d'honneur, et que j'eus lieu de me louer la première nuit de mes noces ! Eh ! morbleu ! ne me fais point parler là-dessus : je dirois de certaines choses...

MARTINE.

Quoi ? que dirois-tu ?

SGANARELLE.

Baste, laissons là ce chapitre. Il suffit que nous savons ce que nous savons, et que tu fus bien heureuse de me trouver.

MARTINE.

Qu'appelles-tu bien heureuse de te trouver ? Un homme qui me réduit à l'hôpital, un débauché, un traître, qui me mange tout ce que j'ai !...

SGANARELLE.

Tu as menti : j'en bois une partie.

MARTINE.

Qui me vend, pièce à pièce, tout ce qui est dans le logis !...

SGANARELLE.

C'est vivre de ménage.

MARTINE.

Qui m'a ôté jusqu'au lit que j'avois !...

ACTE I, SCÈNE II.

SGANARELLE.
Tu t'en lèveras plus matin.

MARTINE.
Enfin qui ne laisse aucun meuble dans toute la maison...

SGANARELLE.
On en déménage plus aisément.

MARTINE.
Et qui, du matin jusqu'au soir, ne fait que jouer et que boire !

SGANARELLE.
C'est pour ne me point ennuyer.

MARTINE.
Et que veux-tu, pendant ce temps, que je fasse avec ma famille ?

SGANARELLE.
Tout ce qu'il te plaira.

MARTINE.
J'ai quatre pauvres petits enfants sur les bras...

SGANARELLE.
Mets-les à terre.

MARTINE.
Qui me demandent à toute heure du pain.

SGANARELLE.
Donne-leur le fouet : quand j'ai bien bu et bien mangé, je veux que tout le monde soit soûl dans ma maison.

MARTINE.
Et tu prétends, ivrogne, que les choses aillent toujours de même ?

SGANARELLE.
Ma femme, allons tout doucement, s'il vous plaît.

MARTINE.
Que j'endure éternellement tes insolences et tes débauches ?

SGANARELLE.
Ne nous emportons point, ma femme.

MARTINE.
Et que je ne sache pas trouver le moyen de te ranger à ton devoir ?

SGANARELLE.
Ma femme, vous savez que je n'ai pas l'âme endurante, et que j'ai le bras assez bon.

MARTINE.
Je me moque de tes menaces !

SGANARELLE.
Ma petite femme, ma mie, votre peau vous démange, à votre ordinaire.

MARTINE.
Je te montrerai bien que je ne te crains nullement.

SGANARELLE.
Ma chère moitié, vous avez envie de me dérober quelque chose[1].

MARTINE.
Crois-tu que je m'épouvante de tes paroles ?

[1] Dicton populaire qui se trouve dans la *Comédie des Proverbes*, d'Adrien de Montluc : « Si tu m'importunes davantage, tu me déroberas un soufflet. » (Auger.)

SGANARELLE.
Doux objet de mes vœux, je vous frotterai les oreilles.

MARTINE.
Ivrogne que tu es !

SGANARELLE.
Je vous battrai.

MARTINE.
Sac à vin !

SGANARELLE.
Je vous rosserai.

MARTINE.
Infâme !

SGANARELLE.
Je vous étrillerai.

MARTINE.
Traître ! insolent ! trompeur ! lâche ! coquin ! pendard ! gueux ! bélitre ! fripon ! maraud ! voleur !...

SGANARELLE.
Ah ! vous en voulez donc ! (Sganarelle prend un bâton et bat sa femme.)

MARTINE, criant.
Ah ! ah ! ah ! ah !

SGANARELLE.
Voilà le vrai moyen de vous apaiser.

SCÈNE II

MONSIEUR ROBERT, SGANARELLE, MARTINE.

MONSIEUR ROBERT.
Holà ! holà ! holà ! Fi ! Qu'est ceci ? Quelle infamie ! Peste soit le coquin, de battre ainsi sa femme !

MARTINE, les mains sur les côtés, parle à M. Robert en le faisant reculer.
Et je veux qu'il me batte, moi !

MONSIEUR ROBERT.
Ah ! j'y consens de tout mon cœur.

MARTINE.
De quoi vous mêlez-vous ?

MONSIEUR ROBERT.
J'ai tort.

MARTINE.
Est-ce là votre affaire ?

MONSIEUR ROBERT.
Vous avez raison.

MARTINE.
Voyez un peu cet impertinent, qui veut empêcher les maris de battre leurs femmes !

MONSIEUR ROBERT.
Je me rétracte.

MARTINE.
Qu'avez-vous à voir là-dessus ?

MONSIEUR ROBERT.
Rien.

MARTINE.
Est-ce à vous d'y mettre le nez ?

MONSIEUR ROBERT.
Non.

MARTINE.
Mêlez-vous de vos affaires.
MONSIEUR ROBERT.
Je ne dis plus mot.
MARTINE.
Il me plaît d'être battue.
MONSIEUR ROBERT.
D'accord.
MARTINE.
Ce n'est pas à vos dépens.
MONSIEUR ROBERT.
Il est vrai.
MARTINE.
Et vous êtes un sot de venir vous fourrer où vous n'avez que faire. (Elle lui donne un soufflet.)
MONSIEUR ROBERT, à Sganarelle.
Compère, je vous demande pardon de tout mon cœur. Faites, rossez, battez comme il faut votre femme; je vous aiderai si vous le voulez.
SGANARELLE.
Il ne me plaît pas, moi.
MONSIEUR ROBERT.
Ah! c'est une autre chose.
SGANARELLE.
Je la veux battre, si je le veux; et ne la veux pas battre, si je ne le veux pas.
MONSIEUR ROBERT.
Fort bien.
SGANARELLE.
C'est ma femme, et non pas la vôtre.
MONSIEUR ROBERT.
Sans doute.
SGANARELLE.
Vous n'avez rien à me commander.
MONSIEUR ROBERT.
D'accord.
SGANARELLE.
Je n'ai que faire de votre aide.
MONSIEUR ROBERT.
Très-volontiers.
SGANARELLE.
Et vous êtes un impertinent de vous ingérer des affaires d'autrui. Apprenez que Cicéron dit qu'entre l'arbre et le doigt il ne faut point mettre l'écorce. (Il le chasse après l'avoir battu.)

SCÈNE III

SGANARELLE, MARTINE.

SGANARELLE.
Oh çà! faisons la paix nous deux. Touche là. (Il lui présente la main.)
MARTINE.
Oui, après m'avoir ainsi battue!
SGANARELLE.
Cela n'est rien. Touche.
MARTINE.
Je ne veux pas.
SGANARELLE.
Eh?
MARTINE.
Non.
SGANARELLE.
Ma petite femme!
MARTINE.
Point.
SGANARELLE.
Allons, te dis-je.
MARTINE.
Je n'en ferai rien.
SGANARELLE.
Viens, viens, viens.
MARTINE.
Non; je veux être en colère.
SGANARELLE.
Fi! c'est une bagatelle. Allons, allons.
MARTINE.
Laisse-moi là.
SGANARELLE.
Touche, te dis-je.
MARTINE.
Tu m'as trop maltraitée.
SGANARELLE.
Eh bien, va, je te demande pardon; mets là ta main.
MARTINE.
Je te pardonne. (Bas, à part.) Mais tu le payeras[1].
SGANARELLE.
Tu es une folle de prendre garde à cela : ce sont petites choses qui sont de temps en temps nécessaires dans l'amitié; et cinq ou six coups de bâton, entre gens qui s'aiment, ne font que ragaillardir l'affection. Va, je m'en vais au bois, et je te promets aujourd'hui plus d'un cent de fagots.

SCÈNE IV

MARTINE, seule.

Va, quelque mine que je fasse, je n'oublierai pas mon ressentiment; et je brûle en moi-même de trouver les moyens de te punir des coups que tu m'as donnés. Je sais bien qu'une femme a toujours dans les mains de quoi se venger d'un mari; mais c'est une punition trop délicate pour mon pendard : je veux une vengeance qui se fasse un peu mieux sentir; et ce n'est pas contentement pour l'injure que j'ai reçue.

SCÈNE V

VALÈRE, LUCAS, MARTINE.

LUCAS, à Valère, sans voir Martine.
Parguienne! j'avons pris là tous deux une guêble de

[1] Ce mot, devenu proverbe, termine plaisamment la querelle de ménage et, lie très-heureusement l'exposition ou plutôt le commencement de la pièce à l'action qui va commencer. (Auger.)

ACTE I, SCÈNE V.

commission; et je ne sais pas, moi, ce que je pensons attraper.

MARTINE, rêvant à part, se croyant seule.
Ne puis-je point trouver quelque invention pour me venger?

VALÈRE, à Lucas, sans voir Martine.
Que veux-tu, mon pauvre nourricier? il faut bien obéir à notre maître : et puis, nous avons intérêt, l'un et l'autre, à la santé de sa fille, notre maîtresse; et sans doute son mariage, différé par sa maladie, nous vaudra quelque récompense. Horace, qui est libéral, a bonne part aux prétentions qu'on peut avoir sur sa personne; et, quoiqu'elle ait fait voir de l'amitié pour un certain Léandre, tu sais bien que son père n'a jamais voulu consentir à le recevoir pour son gendre.

MARTINE, rêvant à part, se croyant seule.
Ne puis-je point trouver quelque invention pour me venger?

LUCAS, à Valère.
Mais quelle fantaisie s'est-il bouté là dans la tête, puisque les médecins y avont tous pardu leur latin?

VALÈRE, à Lucas.
On trouve quelquefois, à force de chercher, ce qu'on ne trouve pas d'abord; et souvent en de simples lieux...

MARTINE, se croyant toujours seule.
Oui, il faut que je me venge, à quelque prix que ce soit. Ces coups de bâton me reviennent au cœur, je ne les saurois digérer; et... (Elle dit tout ceci en rêvant, de sorte que, ne prenant pas garde à ces deux hommes, elle les heurte en se retournant, et leur dit :) Ah! messieurs, je vous demande pardon; je ne vous voyois pas, et cherchois dans ma tête quelque chose qui m'embarrasse.

VALÈRE.
Chacun a ses soins dans le monde, et nous cherchons aussi ce que nous voudrions bien trouver.

MARTINE.
Seroit-ce quelque chose où je vous puisse aider?

VALÈRE.
Cela se pourroit faire; et nous tâchons de rencontrer quelque habile homme, quelque médecin particulier qui pût donner quelque soulagement à la fille de notre maître, attaquée d'une maladie qui lui a ôté tout d'un coup l'usage de la langue. Plusieurs médecins ont déjà épuisé toute leur science après elle; mais on trouve parfois des gens avec des secrets admirables, de certains remèdes particuliers, qui font le plus souvent ce que les autres n'ont su faire; et c'est là ce que nous cherchons.

MARTINE, bas, à part.
Ah! que le ciel m'inspire une admirable invention pour me venger de mon pendard! (Haut.) Vous ne pouviez jamais mieux vous adresser pour rencontrer ce que vous cherchez; et nous avons un homme, le plus merveilleux homme du monde pour les maladies désespérées.

VALÈRE.
Eh! de grâ e, où pouvons-nous le rencontrer?

MARTINE.
Vous le trouverez maintenant vers ce petit lieu que voilà, qui s'amuse à co per du bois.

LUCAS.
Un médecin qui coupe du bois!

VALÈRE.
Qui s'amuse à cueillir des simples, voulez-vous dire?

MARTINE.
Non; c'est un homme extraordinaire qui se plaît à cela, fantasque, bizarre, quinteux, et que vous ne prendriez jamais pour ce qu'il est. Il va vêtu d'une façon extravagante, affecte quelquefois de paroître ignorant, tient sa science renfermée, et ne fuit rien tant tous les jours que d'exercer les merveilleux talents qu'il a eus du ciel pour la médecine.

VALÈRE.
C'est une chose admirable que tous les grands hommes ont toujours du caprice, quelque petit grain de folie mêlé à leur science.

MARTINE.
La folie de celui-ci est plus grande qu'on ne peut croire, car elle va parfois jusqu'à vouloir être battu pour demeurer d'accord de sa capacité; et je vous donne avis que vous n'en viendrez pas à bout, qu'il n'avouera jamais qu'il est médecin, s'il se le met en fantaisie, que vous ne preniez chacun un bâton, et ne le réduisiez, à force de coups, à vous confesser à la fin ce qu'il vous cachera d'abord. C'est ainsi que nous en usons quand nous avons besoin de lui [1].

VALÈRE.
Voilà une étrange folie!

MARTINE.
Il est vrai; mais, après cela, vous verrez qu'il fait des merveilles.

VALÈRE.
Comment s'appelle-t-il?

MARTINE.
Il s'appelle Sganarelle. Mais il est aisé à connoître : c'est un homme qui a une large barbe noire, et qui porte une fraise, avec un habit jaune et vert.

LUCAS.
Un habit jaune et vart! C'est donc le médecin des parroquets?

VALÈRE.
Mais est-il bien vrai qu'il soit si habile que vous le dites?

MARTINE.
Comment! c'est un homme qui fait des miracles. Il y a six mois qu'une femme fut abandonnée de tous les autres médecins : on la tenoit morte il y avoit déjà six heures, et l'on se disposoit à l'ensevelir, lorsqu'on y fit venir de force l'homme dont nous parlons. Il lui mit, l'ayant vue, une petite goutte de je ne sais quoi dans la bouche; et, dans le même instant, elle se leva de son lit, et se mit aussitôt à se promener dans sa chambre comme si de rien n'eût été.

LUCAS.
Ah!

VALÈRE.
Il falloit que ce fût quelque goutte d'or potable.

MARTINE.
Cela pourroit bien être. Il n'y a pas trois semaines en-

[1] Toute la pièce est bâtie sur cette invention de Martine.

core qu'un jeune enfant de douze ans tomba du haut du clocher en bas, et se brisa sur le pavé la tête, les bras et les jambes. On n'y eut pas plutôt amené notre homme, qu'il le frotta par tout le corps d'un certain onguent qu'il sait faire; et l'enfant aussitôt se leva sur ses pieds et courut jouer à la fossette.

LUCAS.
Ah!

VALÈRE.
Il faut que cet homme-là ait la médecine universelle.

MARTINE.
Qui en doute?

LUCAS.
Tétigué! v'là justement l'homme qu'il nous faut. Allons vite le charcher.

VALÈRE.
Nous vous remercions du plaisir que vous nous faites.

MARTINE.
Mais souvenez-vous bien au moins de l'avertissement que je vous ai donné.

LUCAS.
Eh! morguenne! laissez-nous faire : s'il ne tient qu'à battre, la vache est à nous.

VALÈRE, à Lucas.
Nous sommes bien heureux d'avoir fait cette rencontre; et j'en conçois, pour moi, la meilleure espérance du monde.

SCÈNE VI

SGANARELLE, VALÈRE, LUCAS.

SGANARELLE, chantant derrière le théâtre.
La, la, la..

VALÈRE.
J'entends quelqu'un qui chante, et qui coupe du bois.

SGANARELLE, entrant sur le théâtre, avec une bouteille à sa main, sans apercevoir Valère ni Lucas.
La, la, la... Ma foi, c'est assez travaillé pour boire un coup. Prenons un peu d'haleine. (Après avoir bu.) Voilà du bois qui est salé comme tous les diables[1]. (Il chante.)

    Qu'ils sont doux,
    Bouteille jolie,
    Qu'ils sont doux
    Vos petits glougloux!
    Mais mon sort seroit bien des jaloux,
    Si vous étiez toujours remplie.
    Ah! bouteille, ma mie,
    Pourquoi vous videz-vous?

Allons, morbleu! il ne faut point engendrer de mélancolie.

VALÈRE, bas, à Lucas.
Le voilà lui-même.

LUCAS, bas, à Valère.
Je pense que vous dites vrai, et que j'avons bouté le nez dessus.

[1] Un *bois salé*, comme on dit un *ragoût salé*, parce qu'on a soif après avoir coupé de l'un, comme après avoir mangé de l'autre. (Auger.)

VALÈRE.
Voyons de près.

SGANARELLE, embrassant sa bouteille.
Ah! petite friponne! que je t'aime, mon petit bouchon!
(Il chante. Apercevant Valère et Lucas qui l'examinent, il baisse la voix.)

    Mais mon sort... feroit... bien des jaloux,
    Si...

Voyant qu'on l'examine de plus près.
Que diable! à qui en veulent ces gens-là?

VALÈRE, à Lucas.
C'est lui assurément.

LUCAS, à Valère.
Le v'là tout craché comme on nous l'a défiguré.

SGANARELLE, à part.
Ici il pose sa bouteille à terre; et, Valère se baissant pour le saluer, comme il croit que c'est à dessein de la prendre, il la met de l'autre côté; Lucas faisant la même chose, il la reprend et la tient contre son estomac, avec divers gestes qui font un jeu de théâtre.
Ils consultent en me regardant. Quel dessein auroient-ils?

VALÈRE.
Monsieur, n'est-ce pas vous qui vous appelez Sganarelle?

SGANARELLE.
Eh! quoi?

VALÈRE.
Je vous demande si ce n'est pas vous qui se nomme Sganarelle.

SGANARELLE, se tournant vers Valère, puis vers Lucas.
Oui et non, selon ce que vous lui voulez.

VALÈRE.
Nous ne voulons que lui faire toutes les civilités que nous pourrons.

SGANARELLE.
En ce cas, c'est moi qui se nomme Sganarelle.

VALÈRE.
Monsieur, nous sommes ravis de vous voir. On nous a adressés à vous pour ce que nous cherchons; et nous venons implorer votre aide, dont nous avons besoin.

SGANARELLE.
Si c'est quelque chose, messieurs, qui dépende de mon petit négoce, je suis tout prêt à vous rendre service.

VALÈRE.
Monsieur, c'est trop de grâce que vous nous faites. Mais, monsieur, couvrez-vous, s'il vous plaît; le soleil pourroit vous incommoder.

LUCAS.
Monsieu, boutez dessus.

SGANARELLE, à part.
Voici des gens bien pleins de cérémonie. (Il se couvre.)

VALÈRE.
Monsieur, il ne faut pas trouver étrange que nous venions à vous; les habiles gens sont toujours recherchés, et nous sommes instruits de votre capacité.

SGANARELLE.
Il est vrai, messieurs, que je suis le premier homme du monde pour faire des fagots.

ACTE I, SCÈNE VI.

VALÈRE.
Ah! monsieur!

SGANARELLE.
Je n'y épargne aucune chose, et les fais d'une façon qu'il n'y a rien à dire.

VALÈRE.
Monsieur, ce n'est pas cela dont il est question.

SGANARELLE.
Mais aussi je les vends cent dix sous le cent.

VALÈRE.
Ne parlons point de cela, s'il vous plait.

SGANARELLE.
Je vous promets que je ne saurois les donner à moins.

VALÈRE.
Monsieur, nous savons les choses.

SGANARELLE.
Si vous savez les choses, vous savez que je les vends cela.

VALÈRE.
Monsieur, c'est se moquer que...

SGANARELLE.
Je ne me moque point, je n'en puis rien rabattre.

VALÈRE.
Parlons d'autre façon, de grâce.

SGANARELLE.
Vous en pourrez trouver autre part à moins; il y a fagots et fagots : mais pour ceux que je fais...

VALÈRE.
Eh! monsieur, laissons là ce discours.

SGANARELLE.
Je vous jure que vous ne les auriez pas, s'il s'en falloit un double.

VALÈRE.
Eh! fi!

SGANARELLE.
Non, en conscience; vous en payerez cela. Je vous parle sincèrement, et ne suis pas homme à surfaire.

VALÈRE.
Faut-il, monsieur, qu'une personne comme vous s'amuse à ces grossières feintes, s'abaisse à parler de la sorte! qu'un homme si savant, un fameux médecin, comme vous êtes, veuille se déguiser aux yeux du monde, et tenir enterrés les beaux talents qu'il a!

SGANARELLE, à part.
Il est fou.

VALÈRE.
De grâce, monsieur, ne dissimulez point avec nous.

SGANARELLE.
Comment?

LUCAS.
Tout ce tripotage ne sart de rian; je savons ce que je savons.

SGANARELLE.
Quoi donc! que me voulez-vous dire? Pour qui me prenez-vous?

VALÈRE.
Pour ce que vous êtes, pour un grand médecin.

SGANARELLE.
Médecin vous-même; je ne le suis point, et je ne l'ai jamais été.

VALÈRE, bas.
Voilà sa folie qui le tient. (Haut.) Monsieur, ne veuillez point nier les choses davantage; et n'en venons point, s'il vous plait, à de fâcheuses extrémités.

SGANARELLE.
À quoi donc?

VALÈRE.
À de certaines choses dont nous serions marris.

SGANARELLE.
Parbleu! venez-en à tout ce qu'il vous plaira; je ne suis point médecin, et ne sais ce que vous me voulez dire.

VALÈRE, bas.
Je vois bien qu'il faut se servir du remède. (Haut.) Monsieur, encore un coup, je vous prie d'avouer ce que vous êtes.

LUCAS.
Eh! tétigué! ne lantiponez point davantage, et confessez à la franquette que v's êtes médecin.

SGANARELLE, à part.
J'enrage!

VALÈRE.
À quoi bon nier ce qu'on sait?

LUCAS.
Pourquoi toutes ces fraimes-là? À quoi est-ce que ça vous sart?

SGANARELLE.
Messieurs, en un mot autant qu'en deux mille, je vous dis que je ne suis point médecin.

VALÈRE.
Vous n'êtes point médecin?

SGANARELLE.
Non.

LUCAS.
V' n'êtes pas médecin?

SGANARELLE.
Non, vous dis-je.

VALÈRE.
Puisque vous le voulez, il faut donc s'y résoudre. (Ils prennent chacun un bâton et le frappent.)

SGANARELLE.
Ah! ah! messieurs! je suis tout ce qu'il vous plaira.

VALÈRE.
Pourquoi, monsieur, nous obligez-vous à cette violence?

LUCAS.
À quoi bon nous bailler la peine de vous battre?

VALÈRE.
Je vous assure que j'en ai tous les regrets du monde.

LUCAS.
Par ma figué! j'en sis fâché, franchement.

SGANARELLE.
Que diable est ceci, messieurs? De grâce, est-ce pour rire, ou si tous deux vous extravaguez, de vouloir que je sois médecin?

VALÈRE.

Quoi! vous ne vous rendez pas encore, et vous vous défendez d'être médecin?

SGANARELLE.

Diable emporte si je le suis!

LUCAS.

Il n'est pas vrai qu'ous sayez médecin?

SGANARELLE.

Non, la peste m'étouffe! (Ils recommencent à le battre.) Ah! ah! Eh bien, messieurs, oui, puisque vous le voulez, je suis médecin, je suis médecin; apothicaire encore, si vous le trouvez bon. J'aime mieux consentir à tout que de me faire assommer.

VALÈRE.

Ah! voilà qui va bien, monsieur : je suis ravi de vous voir raisonnable.

LUCAS.

Vous me boutez la joie au cœur, quand je vous vois parler comme ça.

VALÈRE.

Je vous demande pardon de toute mon âme.

LUCAS.

Je vous demandons excuse de la libarté que j'avons prise.

SGANARELLE, à part.

Ouais! seroit-ce bien moi qui me tromperois, et serois-je devenu médecin sans m'en être aperçu?

VALÈRE.

Monsieur, vous ne vous repentirez pas de nous montrer ce que vous êtes; et vous verrez assurément que vous en serez satisfait.

SGANARELLE.

Mais, messieurs, dites-moi, ne vous trompez-vous point vous-mêmes? Est-il bien assuré que je sois médecin?

LUCAS.

Oui, par ma figué!

SGANARELLE.

Tout de bon?

VALÈRE.

Sans doute.

SGANARELLE.

Diable emporte si je le savois!

VALÈRE.

Comment! vous êtes le plus habile médecin du monde.

SGANARELLE.

Ah! ah!

LUCAS.

Un médecin qui a gari je ne sais combien de maladies.

SGANARELLE.

Tudieu!

VALÈRE.

Une femme étoit tenue pour morte il y avoit six heures; elle étoit prête à ensevelir, lorsque, avec une goutte de quelque chose, vous la fîtes revenir et marcher d'abord par la chambre.

SGANARELLE.

Peste!

LUCAS.

Un petit enfant de douze ans se laissit choir du haut d'un clocher, de quoi il eut la tête, les jambes et les bras cassés: et vous, avec je ne sais quel onguent, vous fîtes qu'aussitôt il se relevit sur ses pieds, et s'en fut jouer à la fossette.

SGANARELLE.

Diantre!

VALÈRE.

Enfin, monsieur, vous aurez contentement avec nous, et vous gagnerez ce que vous voudrez, en vous laissant conduire où nous prétendons vous mener.

SGANARELLE.

Je gagnerai ce que je voudrai?

VALÈRE.

Oui.

SGANARELLE.

Ah! je suis médecin, sans contredit. Je l'avois oublié; mais je m'en ressouviens. De quoi est-il question? Où faut-il se transporter?

VALÈRE.

Nous vous conduirons. Il est question d'aller voir une fille qui a perdu la parole.

SGANARELLE.

Ma foi, je ne l'ai pas trouvée.

VALÈRE, bas, à Lucas.

Il aime à rire. (A Sganarelle.) Allons, monsieur.

SGANARELLE.

Sans une robe de médecin?

VALÈRE.

Nous en prendrons une.

SGANARELLE, présentant sa bouteille à Valère.

Tenez cela, vous : voilà où je mets mes juleps. (Puis se tournant vers Lucas en crachant.) Vous, marchez là-dessus, par ordonnance du médecin.

LUCAS.

Palsanguenne! v'là un médecin qui me plaît; je pense qu'il réussira, car il est bouffon.

ACTE SECOND

Le théâtre représente une chambre de la maison de Géronte.

SCÈNE I

GÉRONTE, VALÈRE, LUCAS, JACQUELINE.

VALÈRE.

Oui, monsieur, je crois que vous serez satisfait; et nous vous avons amené le plus grand médecin du monde.

LUCAS.

Oh! morguenne! il faut tirer l'échelle après ceti-là, et tous les autres ne sont pas daignes de li déchausser ses souliers.

VALÈRE.

C'est un homme qui a fait des cures merveilleuses.

ACTE II, SCÈNE III.

LUCAS.
Qui a gari des gens qui étiant morts.

VALÈRE.
Il est un peu capricieux, comme je vous ai dit; et, parfois, il a des moments où son esprit s'échappe, et ne paroît pas ce qu'il est.

LUCAS.
Oui, il aime à bouffonner; et l'an diroit parfois, ne v's en déplaise, qu'il a quelque petit coup de hache à la tête.

VALÈRE.
Mais, dans le fond, il est toute science; et bien souvent il dit des choses tout à fait relevées.

LUCAS.
Quand il s'y boute, il parle tout fin drait comme s'il lisoit dans un livre.

VALÈRE.
Sa réputation s'est déjà répandue ici; et tout le monde vient à lui[1].

GÉRONTE.
Je meurs d'envie de le voir; faites-le-moi vite venir.

VALÈRE.
Je le vais querir.

SCÈNE II

GÉRONTE, JACQUELINE, LUCAS.

JACQUELINE.
Par ma fi, monsieur, ceti-ci fera justement ce qu'ant fait les autres. Je pense que ce sera quessi queumi; et la meilleure médecaine que l'an pourroit bailler à votre fille, ce seroit, selon moi, un biau et bon mari, pour qui alle eût de l'amiquié.

GÉRONTE.
Ouais! nourrice, ma mie, vous vous mêlez de bien des choses!

LUCAS.
Taisez-vous, notre minagère Jacquelaine; ce n'est pas à vous à bouter là votre nez.

JACQUELINE.
Je vous dis et vous douze que tous ces médecins n'y feront rian que de l'iau claire; que votre fille a besoin d'autre chose que de rhibarbe et de séné, et qu'un mari est un emplâtre qui garit tous les maux des filles.

GÉRONTE.
Est-elle en état maintenant qu'on s'en voulût charger, avec l'infirmité qu'elle a? Et lorsque j'ai été dans le dessein de la marier, ne s'est-elle pas opposée à mes volontés?

JACQUELINE.
Je le crois bian; vous l'y vouliez bailler eun homme qu'alle n'aime point. Que ne preniais-vous ce monsieu Liandre, qui li touchoit au cœur? alle auroit été fort obéissante; et je m'en vas gager qu'il la prendroit, li, comme alle est, si vous la li vouillais donner.

[1] Ceci prépare la seconde scène du troisième acte, où nous verrons Thibaut et Perrin venir demander des remèdes à Sganarelle.

GÉRONTE.
Ce Léandre n'est pas ce qu'il faut; il n'a pas du bien comme l'autre.

JACQUELINE.
Il a eun oncle qui est si riche, dont il est hériquié!

GÉRONTE.
Tous ces biens à venir me semblent autant de chansons. Il n'est rien tel que ce qu'on tient; et l'on court grand risque de s'abuser, lorsque l'on compte sur le bien qu'un autre vous garde. La mort n'a pas toujours les oreilles ouvertes aux vœux et aux prières de messieurs les héritiers; et l'on a le temps d'avoir les dents longues, lorsqu'on attend pour vivre le trépas de quelqu'un.

JACQUELINE.
Enfin, j'ai toujours ouï dire qu'en mariage, comme ailleurs, contentement passe richesse. Les pères et les mères ant cette maudite couteume de demander toujours: Qu'a-t-il? et Qu'a-t-elle? et le compère Piarre a marié sa fille Simonette au gros Thomas pour un quarquié de vaigne qu'il avoit davantage que le jeune Robin, où elle avoit bouté son amiquié; et v'là que la pauvre criature en est devenue jaune comme un coing, et n'a pas profité tout depuis ce temps-là. C'est un bel exemple pour vous, monsieur. On n'a que son plaisir en ce monde; et j'aimerois mieux bailler à ma fille eun bon mari qui li fût agriable, que toutes les rentes de la Biausse.

GÉRONTE.
Peste! madame la nourrice, comme vous dégoisez! Taisez-vous, je vous prie; vous prenez trop de soin, et vous échauffez votre lait.

LUCAS, frappant, à chaque phrase qu'il dit, sur l'épaule de Géronte.
Morgué! tais-toi, t'es eune impertinente. Monsieur n'a que faire de tes discours, et il sait ce qu'il a à faire. Mêle-toi de donner à téter à ton enfant, sans tant faire la raisonneuse. Monsieur est le père de sa fille; et il est bon et sage pour voir ce qu'il li faut.

GÉRONTE.
Tout doux! Oh! tout doux!

LUCAS, frappant encore sur l'épaule de Géronte.
Monsieur, je veux un peu la mortifier, et li apprendre le respect qu'alle vous doit.

GÉRONTE.
Oui; mais ces gestes ne sont pas nécessaires.

SCÈNE III

VALÈRE, SGANARELLE, GÉRONTE, LUCAS, JACQUELINE.

VALÈRE.
Monsieur, préparez-vous. Voici notre médecin qui entre.

GÉRONTE, à Sganarelle.
Monsieur, je suis ravi de vous voir chez moi, et nous avons grand besoin de vous.

SGANARELLE, en robe de médecin, avec un chapeau des plus pointus.
Hippocrate dit... que nous nous couvrions tous deux.

GÉRONTE.
Hippocrate dit cela?

SGANARELLE.
Oui.
GÉRONTE.
Dans quel chapitre, s'il vous plaît?
SGANARELLE.
Dans son chapitre... des chapeaux.
GÉRONTE.
Puisque Hippocrate le dit, il le faut faire.
SGANARELLE.
Monsieur le médecin, ayant appris les merveilleuses choses...
GÉRONTE.
A qui parlez-vous, de grâce?
SGANARELLE.
A vous.
GÉRONTE.
Je ne suis pas médecin.
SGANARELLE.
Vous n'êtes pas médecin?
GÉRONTE.
Non, vraiment.
SGANARELLE.
Tout de bon?
GÉRONTE.
Tout de bon. (Sganarelle prend un bâton, et bât Géronte comme on l'a battu.) Ah! ah! ah!
SGANARELLE.
Vous êtes médecin maintenant; je n'ai jamais eu d'autres licences [1].
GÉRONTE, à Valère.
Quel diable d'homme m'avez-vous là amené?
VALÈRE.
Je vous ai bien dit que c'étoit un médecin goguenard.
GÉRONTE.
Oui; mais je l'enverrois promener avec ses goguenarderies.
LUCAS.
Ne prenez pas garde à ça, monsieur; ce n'est que pour rire.
GÉRONTE.
Cette raillerie ne me plaît pas.
SGANARELLE.
Monsieur, je vous demande pardon de la liberté que j'ai prise.
GÉRONTE.
Monsieur, je suis votre serviteur.
SGANARELLE.
Je suis fâché...
GÉRONTE.
Cela n'est rien.
SGANARELLE.
Des coups de bâton...
GÉRONTE.
Il n'y a pas de mal.

[1] Le Sganarelle du *Médecin volant* consent à devenir médecin sur la promesse de deux pistoles. Il dit à son maître : « Venez me donner mes licences, qui sont les deux pistoles promises. » Molière reproduit ici le même trait, mais d'une manière beaucoup plus comique. (Aimé Martin.)

SGANARELLE.
Que j'ai eu l'honneur de vous donner.
GÉRONTE.
Ne parlons plus de cela. Monsieur, j'ai une fille qui est tombée dans une étrange maladie.
SGANARELLE.
Je suis ravi, monsieur, que votre fille ait besoin de moi; et je souhaiterois de tout mon cœur que vous en eussiez besoin aussi, vous et toute votre famille, pour vous témoigner l'envie que j'ai de vous servir.
GÉRONTE.
Je vous suis obligé de ces sentiments.
SGANARELLE.
Je vous assure que c'est du meilleur de mon âme que je vous parle.
GÉRONTE.
C'est trop d'honneur que vous me faites.
SGANARELLE.
Comment s'appelle votre fille?
GÉRONTE.
Lucinde.
SGANARELLE.
Lucinde! Ah! beau nom à médicamenter! Lucinde!
GÉRONTE.
Je m'en vais voir un peu ce qu'elle fait.
SGANARELLE.
Qui est cette grande femme-là?
GÉRONTE.
C'est la nourrice d'un petit enfant que j'ai.

SCÈNE IV

SGANARELLE, JACQUELINE, LUCAS.

SGANARELLE, à part.
Peste! le joli meuble que voilà! (Haut.) Ah! nourrice, charmante nourrice, ma médecine est la très-humble esclave de votre nourricerie, et je voudrois bien être le petit poupon fortuné qui tetât le lait de vos bonnes grâces. (Il lui porte la main sur le sein.) Tous mes remèdes, toute ma science, toute ma capacité est à votre service; et...
LUCAS.
Avec votre parmission, monsieu le médecin, laissez là ma femme, je vous prie.
SGANARELLE.
Quoi! elle est votre femme?
LUCAS.
Oui.
SGANARELLE.
Ah! vraiment je ne savois pas cela, et je m'en réjouis pour l'amour de l'un et de l'autre. (Il fait semblant de vouloir embrasser Lucas, et embrasse la nourrice.)
LUCAS, tirant Sganarelle, et se remettant entre lui et sa femme.
Tout doucement, s'il vous plaît.
SGANARELLE.
Je vous assure que je suis ravi que vous soyez unis

LE MÉDECIN MALGRÉ LUI.

ACTE II, SCÈNE VI

Garnier Frères Éditeurs

ensemble : je la félicite d'avoir un mari comme vous; et je vous félicite, vous, d'avoir une femme si belle, si sage, et si bien faite comme elle est. (Faisant encore semblant d'embrasser Lucas, qui lui tend les bras, il passe dessous, et embrasse encore la nourrice.)

LUCAS, le tirant encore.

Eh! tétigué! point tant de compliments, je vous supplie.

SGANARELLE.

Ne voulez-vous pas que je me réjouisse avec vous d'un si bel assemblage?

LUCAS.

Avec moi tant qu'il vous plaira, mais avec ma femme, trêve de sarimonie.

SGANARELLE.

Je prends part également au bonheur de tous deux : et, si je vous embrasse pour vous témoigner ma joie, je l'embrasse de même pour lui en témoigner aussi. (Il continue le même jeu.)

LUCAS, le tirant pour la troisième fois.

Ah! vartigué, monsieur le médecin, que de lantiponages [1].

SCÈNE V

GÉRONTE, SGANARELLE, LUCAS, JACQUELINE.

GÉRONTE.

Monsieur, voici tout à l'heure ma fille qu'on va vous amener.

SGANARELLE.

Je l'attends, monsieur, avec toute la médecine.

GÉRONTE.

Où est-elle?

SGANARELLE, se touchant le front.

Là dedans.

GÉRONTE.

Fort bien.

SGANARELLE, en voulant toucher les tetons de la nourrice.

Mais, comme je m'intéresse à toute votre famille, il faut que j'essaye un peu le lait de votre nourrice, et que je visite son sein. (Il s'approche de Jacqueline.)

LUCAS, le tirant et lui faisant faire la pirouette.

Nannain, nannain; je n'avons que faire de ça.

SGANARELLE.

C'est l'office du médecin de voir les tetons des nourrices.

LUCAS.

Il gnia office qui quienne, je sis votre sarviteur.

SGANARELLE.

As-tu bien la hardiesse de t'opposer au médecin? Hors de là!

LUCAS.

Je me moque de ça.

SGANARELLE, en le regardant de travers.

Je te donnerai la fièvre.

[1] De *lantiponer*, chicaner, importuner.

JACQUELINE, prenant Lucas par le bras, et lui faisant faire aussi la pirouette.

Ote-toi de là aussi ; est-ce que je ne sis pas assez grande pour me défendre moi-même, s'il me fait queuque chose qui ne soit pas à faire?

LUCAS.

Je ne veux pas qu'il te tâte, moi.

SGANARELLE.

Fi, le vilain, qui est jaloux de sa femme!

GÉRONTE.

Voici ma fille.

SCÈNE VI

LUCINDE, GÉRONTE, SGANARELLE, VALÈRE, LUCAS, JACQUELINE.

SGANARELLE.

Est-ce là la malade?

GÉRONTE.

Oui. Je n'ai qu'elle de fille ; et j'aurois tous les regrets du monde, si elle venoit à mourir.

SGANARELLE.

Qu'elle s'en garde bien! Il ne faut pas qu'elle meure sans l'ordonnance du médecin.

GÉRONTE.

Allons, un siège.

SGANARELLE, assis entre Géronte et Lucinde.

Voilà une malade qui n'est pas tant dégoûtante, et je tiens qu'un homme bien sain s'en accommoderoit assez.

GÉRONTE.

Vous l'avez fait rire, monsieur.

SGANARELLE.

Tant mieux : lorsque le médecin fait rire le malade, c'est le meilleur signe du monde. (A Lucinde.) Eh bien, de quoi est-il question? Qu'avez-vous? quel est le mal que vous sentez?

LUCINDE, répond par signes, en portant la main à sa bouche, à sa tête, et sous son menton.

Han, hi, hon, han.

SGANARELLE.

Eh! que dites-vous?

LUCINDE, continue les mêmes gestes.

Han, hi, hon, han, han, hi, hon.

SGANARELLE.

Quoi?

LUCINDE.

Han, hi, hon.

SGANARELLE, la contrefaisant.

Han, hi, hon, han, ha. Je ne vous entends point. Quel diable de langage est-ce là?

GÉRONTE.

Monsieur, c'est là sa maladie. Elle est devenue muette, sans que jusques ici on en ait pu savoir la cause; et c'est un accident qui a fait reculer son mariage.

SGANARELLE.

Et pourquoi?

GÉRONTE.

Celui qu'elle doit épouser veut attendre sa guérison pour conclure les choses.

SGANARELLE.

Et qui est ce sot-là, qui ne veut pas que sa femme soit muette? Plût à Dieu que la mienne eût cette maladie! je me garderois bien de la vouloir guérir.

GÉRONTE.

Enfin, monsieur, nous vous prions d'employer tous vos soins pour la soulager de son mal.

SGANARELLE.

Ah! ne vous mettez pas en peine. Dites-moi un peu : ce mal l'oppresse-t-il beaucoup?

GÉRONTE.

Oui, monsieur.

SGANARELLE.

Tant mieux. Sent-elle de grandes douleurs?

GÉRONTE.

Fort grandes.

SGANARELLE.

C'est fort bien fait. Va-t-elle où vous savez?

GÉRONTE.

Oui.

SGANARELLE.

Copieusement?

GÉRONTE.

Je n'entends rien à cela.

SGANARELLE.

La matière est-elle louable?

GÉRONTE.

Je ne me connais pas à ces choses.

SGANARELLE, se tournant vers la malade.

Donnez-moi votre bras. (A Géronte.) Voilà un pouls qui marque que votre fille est muette.

GÉRONTE.

Eh! oui, monsieur, c'est là son mal; vous l'avez trouvé tout du premier coup.

SGANARELLE.

Ah! ah!

JACQUELINE.

Voyez comme il a deviné sa maladie!

SGANARELLE.

Nous autres grands médecins, nous connoissons d'abord les choses. Un ignorant auroit été embarrassé, et vous eût été dire : C'est ceci, c'est cela; mais moi, je touche au but du premier coup, et je vous apprends que votre fille est muette.

GÉRONTE.

Oui; mais je voudrois bien que vous me pussiez dire d'où cela vient.

SGANARELLE.

Il n'est rien de plus aisé; cela vient de ce qu'elle a perdu la parole.

GÉRONTE.

Fort bien. Mais la cause, s'il vous plaît, qui fait qu'elle a perdu la parole?

SGANARELLE.

Tous nos meilleurs auteurs vous diront que c'est l'empêchement de l'action de sa langue.

GÉRONTE.

Mais encore, vos sentiments sur cet empêchement de l'action de sa langue?

SGANARELLE.

Aristote, là-dessus, dit... de fort belles choses[1].

GÉRONTE.

Je le crois.

SGANARELLE.

Ah! c'étoit un grand homme!

GÉRONTE.

Sans doute.

SGANARELLE.

Grand homme tout à fait... (Levant le bras depuis le coude.) un homme qui étoit plus grand que moi de tout cela. Pour revenir donc à notre raisonnement, je tiens que cet empêchement de l'action de sa langue est causé par de certaines humeurs, qu'entre nous autres savants nous appelons humeurs peccantes; peccantes, c'est-à-dire... humeurs peccantes; d'autant que les vapeurs formées par les exhalaisons des influences qui s'élèvent dans la région des maladies, venant... pour ainsi dire... à... Entendez-vous le latin?

GÉRONTE.

En aucune façon.

SGANARELLE, se levant brusquement.

Vous n'entendez point le latin?

GÉRONTE.

Non.

SGANARELLE, en faisant diverses plaisantes postures.

Cabricias, arci thuram, catalamus, singulariter, nominativo, hæc musa, la muse, *bonus, bona, bonum. Deus sanctus, est-ne oratio latinas? Etiam,* oui. *Quare?* pourquoi? *Quia substantivo, et adjectivum, concordat in generi, numerum, et casus*[2].

GÉRONTE.

Ah! que n'ai-je étudié!

JACQUELINE.

L'habile homme que vlà!

LUCAS.

Oui, ça est si biau, que je n'y entends goutte.

SGANARELLE.

Or, ces vapeurs dont je vous parle venant à passer, du côté gauche où est le foie, au côté droit où est le cœur, il se trouve que le poumon, que nous appelons en latin *armyan*, ayant communication avec le cerveau, que nous nommons en grec *nasmus*, par le moyen de la veine cave, que nous appelons en hébreu *cubile*, rencontre en son chemin lesdites vapeurs qui remplissent les ventricules de l'omoplate; et parce que lesdites vapeurs... comprenez bien ce raisonnement, je vous prie; et parce que lesdites vapeurs ont certaine malignité... écoutez bien ceci, je vous conjure.

[1] Aristote vient là fort à propos! Beaucoup de raisonneurs, qui se croient plus forts que notre fagotier, ne s'en tirent pas autrement. (Auger.)

[2] Les quatre premiers mots de cette tirade prétendue latine sont des mots forgés qui n'appartiennent à aucune langue. Le reste est une citation estropiée de quelques lignes du rudiment de Despautère, et principalement de ce passage : « Deus sanctus, est-ne oratio latina? Etiam. Quare? Quia adjectivum et substantivum concordant in genere, numero, casu. » (Auger.)

GÉRONTE.

Oui.

SGANARELLE.

Ont une certaine malignité qui est causée... soyez attentif, s'il vous plaît.

GÉRONTE.

Je le suis.

SGANARELLE.

Qui est causée par l'âcreté des humeurs engendrées dans la concavité du diaphragme, il arrive que ces vapeurs... *Ossabandus, nequeis, nequer, potarinum, quipsa milus.* Voilà justement ce qui fait que votre fille est muette.

JACQUELINE.

Ah! que ça est bian dit, notre homme!

LUCAS.

Que n'ai-je la langue aussi bian pendue!

GÉRONTE.

On ne peut pas mieux raisonner, sans doute. Il n'y a qu'une seule chose qui m'a choqué : c'est l'endroit du foie et du cœur. Il me semble que vous les placez autrement qu'ils ne sont; que le cœur est du côté gauche, et le foie du côté droit.

SGANARELLE.

Oui; cela étoit autrefois ainsi : mais nous avons changé tout cela, et nous faisons maintenant la médecine d'une méthode toute nouvelle.

GÉRONTE.

C'est ce que je ne savois pas, et je vous demande pardon de mon ignorance.

SGANARELLE.

Il n'y a point de mal; et vous n'êtes pas obligé d'être aussi habile que nous.

GÉRONTE.

Assurément. Mais, monsieur, que croyez-vous qu'il faille faire à cette maladie?

SGANARELLE.

Ce que je crois qu'il faille faire?

GÉRONTE.

Oui.

SGANARELLE.

Mon avis est qu'on la remette sur son lit, et qu'on lui fasse prendre pour remède quantité de pain trempé dans du vin.

GÉRONTE.

Pourquoi cela, monsieur?

SGANARELLE.

Parce qu'il y a dans le vin et le pain, mêlés ensemble, une vertu sympathique qui fait parler. Ne vo, ez-vous pas bien qu'on ne donne autre chose aux perroquets, et qu'ils apprennent à parler en mangeant de cela?

GÉRONTE.

Cela est vrai! Ah! le grand homme! Vite, quantité de pain et de vin.

SGANARELLE.

Je reviendrai voir sur le soir en quel état elle sera.

SCÈNE VII

GÉRONTE, SGANARELLE, JACQUELINE.

SGANARELLE, à Jacqueline.

Doucement, vous. (A Géronte.) Monsieur, voilà une nourrice à laquelle il faut que je fasse quelques petits remèdes.

JACQUELINE.

Qui? moi? Je me porte le mieux du monde.

SGANARELLE.

Tant pis, nourrice; tant pis. Cette grande santé est à craindre, et il ne sera pas mauvais de vous faire quelque petite saignée amiable, de vous donner quelque petit clystère dulcifiant.

GÉRONTE.

Mais, monsieur, voilà une mode que je ne comprends point. Pourquoi s'aller faire saigner quand on n'a point de maladie?

SGANARELLE.

Il n'importe, la mode en est salutaire; et, comme on boit pour la soif à venir, il faut se faire aussi saigner pour la maladie à venir [1].

JACQUELINE, en s'en allant.

Ma fi, je me moque de ça, et je ne veux point faire de mon corps une boutique d'apothicaire.

SGANARELLE.

Vous êtes rétive aux remèdes; mais nous saurons vous soumettre à la raison.

SCÈNE VIII

GÉRONTE, SGANARELLE.

SGANARELLE.

Je vous donne le bonjour.

GÉRONTE.

Attendez un peu, s'il vous plaît.

SGANARELLE.

Que voulez-vous faire?

GÉRONTE.

Vous donner de l'argent, monsieur.

SGANARELLE, tendant sa main derrière, par-dessous sa robe, tant que Géronte ouvre sa bourse.

Je n'en prendrai pas, monsieur.

GÉRONTE.

Monsieur...

SGANARELLE.

Point du tout.

GÉRONTE.

Un petit moment.

SGANARELLE.

En aucune façon.

---

[1] C'était exactement la médecine du temps, qui ordonnait sans cesse des purgations ou des saignées de précaution. On voit, dans les *Mémoires de Dangeau*, que Louis XIV prenait médecine chaque mois, *pour la maladie à venir*, comme dit Sganarelle. (Auger.)

GÉRONTE.
De grâce!
SGANARELLE.
Vous vous moquez.
GÉRONTE.
Voilà qui est fait.
SGANARELLE.
Je n'en ferai rien.
GÉRONTE.
Eh!
SGANARELLE.
Ce n'est pas l'argent qui me fait agir [1].
GÉRONTE.
Je le crois.
SGANARELLE, après avoir pris l'argent.
Cela est-il de poids?
GÉRONTE.
Oui, monsieur.
SGANARELLE.
Je ne suis pas un médecin mercenaire.
GÉRONTE.
Je le sais bien.
SGANARELLE.
L'intérêt ne me gouverne point.
GÉRONTE.
Je n'ai pas cette pensée.
SGANARELLE, seul, regardant l'argent qu'il a reçu.
Ma foi, cela ne va pas mal; et pourvu que...

SCÈNE IX

LÉANDRE, SGANARELLE.

LÉANDRE.
Monsieur, il y a longtemps que je vous attends; et je viens implorer votre assistance.
SGANARELLE, lui tâtant le pouls.
Voilà un pouls qui est fort mauvais.
LÉANDRE.
Je ne suis point malade, monsieur; et ce n'est pas pour cela que je viens à vous.
SGANARELLE.
Si vous n'êtes pas malade, que diable ne le dites-vous donc?
LÉANDRE.
Non. Pour vous dire la chose en deux mots, je m'appelle Léandre, qui suis amoureux de Lucinde, que vous venez de visiter; et comme, par la mauvaise humeur de son père, toute sorte d'accès m'est fermé auprès d'elle, je me hasarde à vous prier de vouloir servir mon amour, et

de me donner lieu d'exécuter un stratagème que j'ai trouvé pour lui pouvoir dire deux mots, d'où dépendent absolument mon bonheur et ma vie.
SGANARELLE, paroissant en colère.
Pour qui me prenez-vous? Comment! oser vous adresser à moi pour vous servir dans votre amour, et vouloir ravaler la dignité de médecin à des emplois de cette nature!
LÉANDRE.
Monsieur, ne faites point de bruit.
SGANARELLE, en le faisant reculer.
J'en veux faire, moi. Vous êtes un impertinent!
LÉANDRE.
Eh! monsieur, doucement.
SGANARELLE.
Un malavisé!
LÉANDRE.
De grâce!
SGANARELLE.
Je vous apprendrai que je ne suis point homme à cela, et que c'est une insolence extrême...
LÉANDRE, tirant une bourse.
Monsieur...
SGANARELLE.
De vouloir m'employer... (Tenant la bourse.) Je ne parle pas pour vous, car vous êtes honnête homme; et je serois ravi de vous rendre service : mais il y a de certains impertinents au monde qui viennent prendre les gens pour ce qu'ils ne sont pas; et je vous avoue que cela me met en colère.
LÉANDRE.
Je vous demande pardon, monsieur, de la liberté que...
SGANARELLE.
Vous vous moquez. De quoi est-il question?
LÉANDRE.
Vous saurez donc, monsieur, que cette maladie que vous voulez guérir est une feinte maladie. Les médecins ont raisonné là-dessus comme il faut; et ils n'ont pas manqué de dire que cela procédoit, qui du cerveau, qui des entrailles, qui de la rate, qui du foie [2] : mais il est certain que l'amour en est la véritable cause, et que Lucinde n'a trouvé cette maladie que pour se délivrer d'un mariage dont elle étoit importunée. Mais, de crainte qu'on ne nous voie ensemble, retirons-nous d'ici; et je vous dirai en marchant ce que je souhaite de vous.
SGANARELLE.
Allons, monsieur : vous m'avez donné pour votre amour une tendresse qui n'est pas concevable; et j'y perdrai toute ma médecine, ou la malade crèvera, ou bien elle sera à vous.

---

[1] Ce trait contre les médecins est imité de Rabelais. Panurge, ayant consulté le médecin Rondibilis, « s'approcha de luy, et luy mist en main, sans mot dire, quatre nobles à la rose. Rondibilis es print très bien, puis luy dist en effroi, comme indigné : « Hé! « hé! hé! monsieur, il ne falloit rien. Grand mercy, toutefois. De « meschantes gens jamais je ne prends rien : rien jamais de gens « de bien ne refuse. Je suis toujours à votre commandement. — « En payant, dist Panurge. — Cela s'entend, respondit Rondibilis. » Régnier et beaucoup d'autres ont fait leur profit de ce passage. (Auger.)

[2] Qui, pronom distributif, signifie celui-ci, celui-là.

ACTE TROISIÈME

Le théâtre représente un lieu voisin de la maison de Géronte.

SCÈNE I

LÉANDRE, SGANARELLE.

LÉANDRE.

Il me semble que je ne suis pas mal ainsi pour un apothicaire ; et, comme le père ne m'a guère vu, ce changement d'habit et de perruque est assez capable, je crois, de me déguiser à ses yeux.

SGANARELLE.

Sans doute.

LÉANDRE.

Tout ce que je souhaiterois seroit de savoir cinq ou six grands mots de médecine, pour parer mon discours et me donner l'air d'habile homme.

SGANARELLE.

Allez, allez, tout cela n'est pas nécessaire ; il suffit de l'habit : et je n'en sais pas plus que vous.

LÉANDRE.

Comment ?

SGANARELLE.

Diable emporte si j'entends rien en médecine ! Vous êtes honnête homme, et je veux bien me confier à vous comme vous vous confiez à moi.

LÉANDRE.

Quoi ! vous n'êtes pas effectivement...

SGANARELLE.

Non, vous dis-je ; ils m'ont fait médecin malgré mes dents. Je ne m'étois jamais mêlé d'être si savant que cela ; et toutes mes études n'ont été que jusqu'en sixième. Je ne sais point sur quoi cette imagination leur est venue ; mais, quand j'ai vu qu'à toute force ils vouloient que je fusse médecin, je me suis résolu de l'être aux dépens de qui il appartiendra. Cependant vous ne sauriez croire comment l'erreur s'est répandue, et de quelle façon chacun se endiablé à me croire habile homme. On me vient chercher de tous côtés ; et, si les choses vont toujours de même, je suis d'avis de m'en tenir toute la vie à la médecine. Je trouve que c'est le métier le meilleur de tous ; car, soit qu'on fasse bien, ou soit qu'on fasse mal, on est toujours payé de même sorte. La méchante besogne ne retombe jamais sur notre dos ; et nous taillons comme il nous plaît sur l'étoffe où nous travaillons. Un cordonnier, en faisant des souliers, ne sauroit gâter un morceau de cuir, qu'il n'en paye les pots cassés ; mais ici l'on peut gâter un homme sans qu'il en coûte rien. Les bévues ne sont point pour nous, et c'est toujours la faute de celui qui meurt. Enfin le bon de cette profession est qu'il y a parmi les morts une honnêteté, une discrétion la plus grande du monde ; et jamais on n'en voit se plaindre du médecin qui l'a tué.

LÉANDRE.

Il est vrai que les morts sont fort honnêtes gens sur cette matière.

SGANARELLE, voyant des hommes qui viennent à lui.

Voilà des gens qui ont la mine de me venir consulter. (A Léandre.) Allez toujours m'attendre auprès du logis de votre maîtresse.

SCÈNE II

THIBAUT, PERRIN, SGANARELLE.

THIBAUT.

Monsieu, je venons vous charcher, mon fils Perrin et moi.

SGANARELLE.

Qu'y a-t-il ?

THIBAUT.

Sa pauvre mère, qui a nom Parrette, est dans un lit, malade il y a six mois.

SGANARELLE, tendant la main comme pour recevoir de l'argent.

Que voulez-vous que j'y fasse ?

THIBAUT.

Je voudrions, monsieu, que vous nous baillissiez queuque petite drôlerie pour la garir.

SGANARELLE.

Il faut voir de quoi est-ce qu'elle est malade.

THIBAUT.

Alle est malade d'hypocrisie, monsieu.

SGANARELLE.

D'hypocrisie ?

THIBAUT.

Oui, c'est-à-dire qu'alle est enflée partout ; et l'an dit que c'est quantité de sériosités qu'alle a dans le corps, et que son foie, son ventre, ou sa rate, comme vous voudrois l'appeler, au glieu de faire du sang, ne fait plus que de l'iau. Alle a, de deux jours l'un, la fièvre quotiguienne, avec des lassitudes et des douleurs dans les mufles des jambes. On entend dans sa gorge des fleumes qui sont tout prêts à l'étouffer ; et parfois il li prend des syncoles et des conversions, que je crayons qu'alle est passée. J'avons dans notre village un apothicaire, révérence parler, qui li a donné je ne sais combien d'histoires ; et il m'en coûte plus d'eune douzaine de bons écus en lavements, ne v's en déplaise, en aposthumes qu'on li a fait prendre, en infections de jacinthe, et en portions cordales. Mais tout ça, comme dit l'autre, n'a été que de l'onguent miton-mitaine. Il veloit li bailler d'eune certaine drogue que l'an appelle du vin amétile ; mais j'ai-z-eu peur franchement que ça l'envoyît *a patres* ; et l'an dit que ces gros médecins tuont je ne sais combien de monde avec cette invention-là.

SGANARELLE, tendant toujours la main, et la branlant comme pour signe qu'il demande de l'argent.

Venons au fait, mon ami, venons au fait.

THIBAUT.

Le fait est, monsieur, que je venons vous prier de nous dire ce qu'il faut que je fassions.

SGANARELLE.

Je ne vous entends point du tout

PERRIN.
Monsieu, ma mère est malade; et v'là deux écus que je vous apportons pour nous bailler queuque remède.
SGANARELLE.
Ah! je vous entends, vous. Voilà un garçon qui parle clairement, et qui s'explique comme il faut. Vous dites que votre mère est malade d'hydropisie, qu'elle est enflée par tout le corps, qu'elle a la fièvre, avec des douleurs dans les jambes, et qu'il lui prend parfois des syncopes et des convulsions, c'est-à-dire des évanouissements?
PERRIN.
Eh! oui, monsieu, c'est justement ça.
SGANARELLE.
J'ai compris d'abord vos paroles. Vous avez un père qui ne sait ce qu'il dit. Maintenant vous me demandez un remède?
PERRIN.
Oui, monsieu.
SGANARELLE.
Un remède pour la guérir?
PERRIN.
C'est comme je l'entendons.
SGANARELLE.
Tenez, voilà un morceau de fromage qu'il faut que vous lui fassiez prendre.
PERRIN.
Du fromage, monsieu?
SGANARELLE.
Oui, c'est un fromage préparé, où il entre de l'or, du corail et des perles, et quantité d'autres choses précieuses.
PERRIN.
Monsieu, je vous sommes bien obligés; et j'allons li faire prendre ça tout à l'heure.
SGANARELLE.
Allez. Si elle meurt, ne manquez pas de la faire enterrer du mieux que vous pourrez.

SCÈNE III

Le théâtre change, et représente, comme au second acte, une chambre de la maison de Géronte.

JACQUELINE, SGANARELLE; LUCAS, dans le fond du théâtre.

SGANARELLE.
Voici la belle nourrice. Ah! nourrice de mon cœur, je suis ravi de cette rencontre; et votre vue est la rhubarbe, la casse et le séné qui purgent toute la mélancolie de mon âme.
JACQUELINE.
Par ma figué, monsieur le médecin, ça est trop bian dit pour moi, et je n'entends rian à tout votre latin.
SGANARELLE.
Devenez malade, nourrice, je vous prie; devenez malade pour l'amour de moi. J'aurois toutes les joies du monde de vous guérir.
JACQUELINE.
Je sis votre sarvante; j'aime bian mieux qu'an ne me garisse pas.
SGANARELLE.
Que je vous plains, belle nourrice, d'avoir un mari jaloux et fâcheux comme celui que vous avez!
JACQUELINE.
Que velez-vous, monsieu? C'est pour la pénitence de mes fautes; et là où la chèvre est liée, il faut bian qu'alle y broute.
SGANARELLE.
Comment! un rustre comme cela! un homme qui vous observe toujours, et ne veut pas que personne vous parle!
JACQUELINE.
Hélas! vous n'avez rian vu encore; et ce n'est qu'un petit échantillon de sa mauvaise humeur.
SGANARELLE.
Est-il possible? et qu'un homme ait l'âme assez basse pour maltraiter une personne comme vous? Ah! que j'en sais, belle nourrice, et qui ne sont pas loin d'ici, qui se tiendroient heureux de baiser seulement les petits bouts de vos petons! Pourquoi faut-il qu'une personne si bien faite soit tombée en de telles mains! et qu'un franc animal, un brutal, un stupide, un sot... pardonnez-moi, nourrice, si je parle ainsi de votre mari...
JACQUELINE.
Eh! monsieu, je sais bian qu'il mérite tous ces noms-là.
SGANARELLE.
Oui, sans doute, nourrice, il les mérite; et il mériteroit encore que vous lui missiez quelque chose sur la tête, pour le punir des soupçons qu'il a.
JACQUELINE.
Il est bian vrai que si je n'avois devant les yeux que son intérêt, il pourroit m'obliger à queuque étrange chose.
SGANARELLE.
Ma foi, vous ne feriez pas mal de vous venger de lui avec quelqu'un. C'est un homme, je vous le dis, qui mérite bien cela; et, si j'étois assez heureux, belle nourrice, pour être choisi pour... (*Dans le temps que Sganarelle tend les bras pour embrasser Jacqueline, Lucas passe sa tête par-dessous, et se met entre eux deux. Sganarelle et Jacqueline regardent Lucas, et sortent chacun de leur côté, mais le médecin d'une manière fort plaisante.*)

SCÈNE IV

GÉRONTE, LUCAS

GÉRONTE.
Holà! Lucas, n'as-tu point vu ici notre médecin?
LUCAS.
Eh! oui, de par tous les diantres, je l'ai vu, et ma femme aussi.
GÉRONTE.
Où est-ce donc qu'il peut être?

LUCAS.
Je ne sais; mais je voudrois qu'il fût à tous les guêbles.
GÉRONTE.
Va-t'en voir un peu ce que fait ma fille.

SCÈNE V
SGANARELLE, LÉANDRE, GÉRONTE.

GÉRONTE.
Ah! monsieur, je demandois où vous étiez.
SGANARELLE.
Je m'étois amusé dans votre cour à expulser le superflu de la boisson. Comment se porte la malade?
GÉRONTE.
Un peu plus mal depuis votre remède.
SGANARELLE.
Tant mieux; c'est signe qu'il opère.
GÉRONTE.
Oui; mais, en opérant, je crains qu'il ne l'étouffe.
SGANARELLE.
Ne vous mettez pas en peine; j'ai des remèdes qui se moquent de tout, et je l'attends à l'agonie.
GÉRONTE, montrant Léandre.
Qui est cet homme-là que vous amenez?
SGANARELLE, faisant des signes avec la main pour montrer que c'est un apothicaire.
C'est..
GÉRONTE.
Quoi?
SGANARELLE.
Celui...
GÉRONTE.
Eh?
SGANARELLE.
Qui...
GÉRONTE.
Je vous entends.
SGANARELLE.
Votre fille en aura besoin.

SCÈNE VI
LUCINDE, GÉRONTE, LÉANDRE, JACQUELINE, SGANARELLE.

JACQUELINE.
Monsieu, v'là votre fille, qui veut un peu marcher.
SGANARELLE.
Cela lui fera du bien. Allez-vous-en, monsieur l'apothicaire, tâter un peu son pouls, afin que je raisonne tantôt avec vous de sa maladie. (En cet endroit, il tire Géronte à un bout du théâtre, et, lui passant un bras sur les épaules, lui rabat la main sous le menton, avec laquelle il le fait retourner vers lui, lorsqu'il veut regarder ce que sa fille et l'apothicaire font ensemble, lui tenant cependant le discours suivant pour l'amuser.) Monsieur, c'est une grande et subtile question entre les docteurs, de savoir si les femmes sont plus faciles à guérir que les hommes. Je vous prie d'écouter ceci, s'il vous plaît. Les uns disent que non, les autres disent que oui : et moi, je dis que oui et non; d'autant que l'incongruité des humeurs opaques, qui se rencontrent au tempérament naturel des femmes, étant cause que la partie brutale veut toujours prendre empire sur la sensitive, on voit que l'inégalité de leurs opinions dépend du mouvement oblique du cercle de la lune; et comme le soleil, qui darde ses rayons sur la concavité de la terre, trouve...

LUCINDE, à Léandre.
Non, je ne suis point du tout capable de changer de sentiment.
GÉRONTE.
Voilà ma fille qui parle! ô grande vertu du remède! ô admirable médecin! Que je vous suis obligé, monsieur, de cette guérison merveilleuse! et que puis-je faire pour vous après un tel service?
SGANARELLE, se promenant sur le théâtre, et s'éventant avec son chapeau.
Voilà une maladie qui m'a bien donné de la peine!
LUCINDE.
Oui, mon père, j'ai recouvré la parole; mais je l'ai recouvrée pour vous dire que je n'aurai jamais d'autre époux que Léandre, et que c'est inutilement que vous voulez me donner Horace.
GÉRONTE.
Mais...
LUCINDE.
Rien n'est capable d'ébranler la résolution que j'ai prise.
GÉRONTE.
Quoi!
LUCINDE.
Vous m'opposerez en vain de belles raisons.
GÉRONTE.
Si...
LUCINDE.
Tous vos discours ne serviront de rien.
GÉRONTE.
Je...
LUCINDE.
C'est une chose où je suis déterminée.
GÉRONTE.
Mais...
LUCINDE.
Il n'est puissance paternelle qui me puisse obliger à me marier malgré moi.
GÉRONTE.
J'ai...
LUCINDE.
Vous avez beau faire tous vos efforts.
GÉRONTE.
Il...
LUCINDE.
Mon cœur ne sauroit se soumettre à cette tyrannie.
GÉRONTE.
La...
LUCINDE.
Et je me jetterai plutôt dans un couvent que d'épouser un homme que je n'aime point.

GÉRONTE.
Mais...
LUCINDE, parlant d'un ton de voix à étourdir.
Non. En aucune façon. Point d'affaires. Vous perdez le temps. Je n'en ferai rien. Cela est résolu.
GÉRONTE.
Ah! quelle impétuosité de paroles! Il n'y a pas moyen d'y résister. (A Sganarelle.) Monsieur, je vous prie de la faire redevenir muette.
SGANARELLE.
C'est une chose qui m'est impossible. Tout ce que je puis faire pour votre service est de vous rendre sourd, si vous voulez.
GÉRONTE.
Je vous remercie. (A Lucinde.) Penses-tu donc...
LUCINDE.
Non, toutes vos raisons ne gagneront rien sur mon âme.
GÉRONTE.
Tu épouseras Horace dès ce soir.
LUCINDE.
J'épouserai plutôt la mort.
SGANARELLE, à Géronte.
Mon Dieu! arrêtez-vous, laissez-moi médicamenter cette affaire; c'est une maladie qui la tient, et je sais le remède qu'il y faut apporter.
GÉRONTE.
Seroit-il possible, monsieur, que vous pussiez aussi guérir cette maladie d'esprit?
SGANARELLE.
Oui; laissez-moi faire, j'ai des remèdes, pour tout; et notre apothicaire nous servira pour cette cure. (A Léandre.) Un mot. Vous voyez que l'ardeur qu'elle a pour ce Léandre est tout à fait contraire aux volontés du père; qu'il n'y a point de temps à perdre; que les humeurs sont fort aigries; et qu'il est nécessaire de trouver promptement un remède à ce mal, qui pourroit empirer par le retardement. Pour moi, je n'y en vois qu'un seul, qui est une prise de fuite purgative, que vous mêlerez comme il faut avec deux drachmes de matrimonium en pilules. Peut-être fera-t-elle quelque difficulté à prendre ce remède : mais, comme vous êtes habile homme dans votre métier, c'est à vous de l'y résoudre, et de lui faire avaler la chose du mieux que vous pourrez. Allez-vous-en lui faire faire un petit tour de jardin, afin de préparer les humeurs, tandis que j'entretiendrai ici son père; mais surtout ne perdez point de temps. Au remède, vite! au remède spécifique!

SCÈNE VII

GÉRONTE, SGANARELLE.

GÉRONTE.
Quelles drogues, monsieur, sont celles que vous venez de dire? il me semble que je ne les ai jamais ouï nommer.
SGANARELLE.
Ce sont drogues dont on se sert dans les nécessités urgentes.

GÉRONTE.
Avez-vous jamais vu une insolence pareille à la sienne?
SGANARELLE.
Les filles sont quelquefois un peu têtues.
GÉRONTE.
Vous ne sauriez croire comme elle est affolée de ce Léandre.
SGANARELLE.
La chaleur du sang fait cela dans les jeunes esprits.
GÉRONTE.
Pour moi, dès que j'ai eu découvert la violence de cet amour, j'ai su tenir toujours ma fille renfermée.
SGANARELLE.
Vous avez fait sagement.
GÉRONTE.
Et j'ai bien empêché qu'ils n'aient eu communication ensemble.
SGANARELLE.
Fort bien.
GÉRONTE.
Il seroit arrivé quelque folie, si j'avois souffert qu'ils se fussent vus.
SGANARELLE.
Sans doute.
GÉRONTE.
Et je crois qu'elle auroit été fille à s'en aller avec lui.
SGANARELLE.
C'est prudemment raisonné.
GÉRONTE.
On m'avertit qu'il fait tous ses efforts pour lui parler.
SGANARELLE.
Quel drôle!
GÉRONTE.
Mais il perdra son temps.
SGANARELLE.
Ah! ah!
GÉRONTE.
Et j'empêcherai bien qu'il ne la voie.
SGANARELLE.
Il n'a pas affaire à un sot, et vous savez des rubriques qu'il ne sait pas. Plus fin que vous n'est pas bête.

SCÈNE VIII

LUCAS, GÉRONTE, SGANARELLE

LUCAS.
Ah! palsanguenne, monsieur, voici bian du tintamarre; votre fille s'en est enfuie avec son Liandre. C'étoit lui qui étoit l'apothicaire; et v'là monsieu le médecin qui a fait cette belle opération-là.
GÉRONTE.
Comment! m'assassiner de la façon! Allons, un commissaire, et qu'on empêche qu'il ne sorte. Ah! traître, je vous ferai punir par la justice.
LUCAS.
Ah! par ma fi, monsieur le médecin, vous serez pendu : ne bougez de là seulement.

SCÈNE IX

MARTINE, SGANARELLE, LUCAS.

MARTINE, à Lucas.

Ah! mon Dieu! que j'ai eu de peine à trouver ce logis! Dites-moi un peu des nouvelles du médecin que je vous ai donné.

LUCAS.

Le v'là qui va être pendu.

MARTINE.

Quoi! mon mari pendu! Hélas! et qu'a-t-il fait pour cela?

LUCAS.

Il a fait enlever la fille de notre maître.

MARTINE.

Hélas! mon cher mari, est-il bien vrai qu'on te va pendre?

SGANARELLE.

Tu vois. Ah!

MARTINE.

Faut-il que tu te laisses mourir en présence de tant de gens?

SGANARELLE.

Que veux-tu que j'y fasse?

MARTINE.

Encore, si tu avois achevé de couper notre bois, je prendrois quelque consolation.

SGANARELLE.

Retire-toi de là, tu me fends le cœur.

MARTINE.

Non, je veux demeurer pour t'encourager à la mort; et je ne te quitterai point que je ne t'aie vu pendre.

SGANARELLE.

Ah!

SCÈNE X

GÉRONTE, SGANARELLE, MARTINE.

GÉRONTE, à Sganarelle.

Le commissaire viendra bientôt, et l'on s'en va vous mettre en lieu où l'on me répondra de vous.

SGANARELLE, à genoux, le chapeau à la main.

Hélas! cela ne se peut-il point changer en quelques coups de bâton?

GÉRONTE.

Non, non; la justice en ordonnera. Mais que vois-je?

SCÈNE XI

GÉRONTE, LÉANDRE, LUCINDE, SGANARELLE, LUCAS, MARTINE.

LÉANDRE.

Monsieur, je viens faire paroître Léandre à vos yeux, et remettre Lucinde en votre pouvoir. Nous avons eu dessein de prendre la fuite nous deux, et de nous aller marier ensemble; mais cette entreprise a fait place à un procédé plus honnête. Je ne prétends point vous voler votre fille, et ce n'est que de votre main que je veux la recevoir. Ce que je vous dirai, monsieur, c'est que je viens tout à l'heure de recevoir des lettres par où j'apprends que mon oncle est mort, et que je suis héritier de tous ses biens.

GÉRONTE.

Monsieur, votre vertu m'est tout à fait considérable, et je vous donne ma fille avec la plus grande joie du monde.

SGANARELLE, à part.

La médecine l'a échappé belle!

MARTINE.

Puisque tu ne seras point pendu, rends-moi grâce d'être médecin, car c'est moi qui t'ai procuré cet honneur.

SGANARELLE.

Oui! c'est toi qui m'as procuré je ne sais combien de coups de bâton.

LÉANDRE, à Sganarelle.

L'effet en est trop beau pour en garder du ressentiment.

SGANARELLE.

Soit. (A Martine.) Je te pardonne ces coups de bâton en faveur de la dignité où tu m'as élevé: mais prépare-toi désormais à vivre dans un grand respect avec un homme de ma conséquence, et songe que la colère d'un médecin est plus à craindre qu'on ne peut croire.

MÉLICERTE

PASTORALE HÉROÏQUE

1666

PERSONNAGES

MÉLICERTE, bergère [1].
DAPHNÉ, bergère [2].
ÉROXÈNE, bergère [3].
MYRTIL, amant de Mélicerte [4].
ACANTHE, amant de Daphné [5].
TYRÈNE, amant d'Éroxène [6].
LYCARSIS, pâtre, cru père de Myrtil [7].
CORINNE, confidente de Mélicerte [8].
NICANDRE, berger.
MOPSE, berger, cru oncle de Mélicerte.

La scène est en Thessalie, dans la vallée de Tempé.

ACTE PREMIER

SCÈNE I

DAPHNÉ, ÉROXÈNE, ACANTHE, TYRÈNE.

ACANTHE.
Ah! charmante Daphné!
TYRÈNE.
Trop aimable Éroxène!
DAPHNÉ.
Acanthe, laisse-moi.
ÉROXÈNE.
Ne me suis point, Tyrène.
ACANTHE, à Daphné.
Pourquoi me chasses-tu?
TYRÈNE, à Éroxène.
Pourquoi fuis-tu mes pas?
DAPHNÉ, à Acanthe.
Tu me plais loin de moi.
ÉROXÈNE, à Tyrène.
Je n'aime où tu n'es pas.
ACANTHE.
Ne cesseras-tu point cette rigueur mortelle?
TYRÈNE.
Ne cesseras-tu point de m'être si cruelle?
DAPHNÉ.
Ne cesseras-tu point tes inutiles vœux?
ÉROXÈNE.
Ne cesseras-tu point de m'être si fâcheux?
ACANTHE.
Si tu n'en prends pitié, je succombe à ma peine.
TYRÈNE.
Si tu ne me secours, ma mort est trop certaine.
DAPHNÉ.
Si tu ne veux partir, je quitterai ce lieu.
ÉROXÈNE.
Si tu veux demeurer, je te vais dire adieu.
ACANTHE.
Eh bien, en m'éloignant je te vais satisfaire.
TYRÈNE.
Mon départ va t'ôter ce qui peut te déplaire.
ACANTHE.
Généreuse Éroxène, en faveur de mes feux,
Daigne au moins, par pitié, lui dire un mot ou deux.
TYRÈNE.
Obligeante Daphné, parle à cette inhumaine,
Et sache d'où pour moi procède tant de haine.

SCÈNE II

DAPHNÉ, ÉROXÈNE.

ÉROXÈNE.
Acanthe a du mérite, et t'aime tendrement :
D'où vient que tu lui fais un si dur traitement?
DAPHNÉ.
Tyrène vaut beaucoup, et languit pour tes charmes :
D'où vient que sans pitié tu vois couler ses larmes?
ÉROXÈNE.
Puisque j'ai fait ici la demande avant toi,
La raison te condamne à répondre avant moi.
DAPHNÉ.
Pour tous les soins d'Acanthe on me voit inflexible,

Acteurs de la troupe de Molière : [1] Mademoiselle DU PARC. — [2] Mademoiselle DE BRIE. — [3] Mademoiselle MOLIÈRE. — [4] BARON. — [5] LA GRANGE. — [6] DU CROISY — [7] MOLIÈRE. — [8] Madeleine BÉJART.

ACTE I, SCÈNE III.

Parce qu'à d'autres vœux je me trouve sensible.
ÉROXÈNE.
Je ne fais pour Tyrène éclater que rigueur,
Parce qu'un autre choix est maître de mon cœur.
DAPHNÉ.
Puis-je savoir de toi ce choix qu'on te voit taire?
ÉROXÈNE.
Oui, si tu veux du tien m'apprendre le mystère.
DAPHNÉ.
Sans te nommer celui qu'Amour m'a fait choisir,
Je puis facilement contenter ton désir;
Et de la main d'Atis, ce peintre inimitable,
J'en garde dans ma poche un portrait admirable,
Qui jusqu'au moindre trait lui ressemble si fort,
Qu'il est sûr que tes yeux le connoîtront d'abord.
ÉROXÈNE.
Je puis te contenter par une même voie,
Et payer ton secret en pareille monnoie.
J'ai de la main aussi de ce peintre fameux
Un aimable portrait de l'objet de mes vœux,
Si plein de tous ses traits et de sa grâce extrême,
Que tu pourras d'abord te le nommer toi-même.
DAPHNÉ.
La boîte que le peintre a fait faire pour moi
Est tout à fait semblable à celle que je voi.
ÉROXÈNE.
Il est vrai, l'une à l'autre entièrement ressemble,
Et certe il faut qu'Atis les ait fait faire ensemble.
DAPHNÉ.
Faisons en même temps, par un peu de couleurs,
Confidence à nos yeux du secret de nos cœurs.
ÉROXÈNE.
Voyons à qui plus vite entendra ce langage,
Et qui parle le mieux, de l'un ou l'autre ouvrage.
DAPHNÉ.
La méprise est plaisante, et tu te brouilles bien:
Au lieu de ton portrait, tu m'as rendu le mien.
ÉROXÈNE.
Il est vrai, je ne sais comme j'ai fait la chose.
DAPHNÉ.
Donne. De cette erreur ta rêverie est cause.
ÉROXÈNE.
Que veut dire ceci? Nous nous jouons, je croi:
Tu fais de ces portraits même chose que moi.
DAPHNÉ.
Certes, c'est pour en rire, et tu peux me le rendre.
ÉROXÈNE, *mettant les deux portraits l'un à côté de l'autre.*
Voici le vrai moyen de ne se point méprendre.
DAPHNÉ.
De mes sens prévenus est-ce une illusion?
ÉROXÈNE.
Mon âme sur mes yeux fait-elle impression?
DAPHNÉ.
Myrtil à mes regards s'offre dans cet ouvrage.
ÉROXÈNE.
De Myrtil dans ces traits je rencontre l'image.
DAPHNÉ.
C'est le jeune Myrtil qui fait naître mes feux.

ÉROXÈNE.
C'est au jeune Myrtil que tendent tous mes vœux.
DAPHNÉ.
Je venois aujourd'hui te prier de lui dire
Les soins que pour son sort son mérite m'inspire.
ÉROXÈNE.
Je venois te chercher pour servir mon ardeur,
Dans le dessein que j'ai de m'assurer son cœur.
DAPHNÉ.
Cette ardeur qu'il t'inspire est-elle si puissante?
ÉROXÈNE.
L'aimes-tu d'une amour qui soit si violente?
DAPHNÉ.
Il n'est point de froideur qu'il ne puisse enflammer,
Et sa grâce naissante a de quoi te charmer.
ÉROXÈNE.
Il n'est nymphe en l'aimant qui ne se tînt heureuse;
Et Diane, sans honte, en seroit amoureuse.
DAPHNÉ.
Rien que son air charmant ne me touche aujourd'hui,
Et, si j'avois cent cœurs, ils seroient tous pour lui.
ÉROXÈNE.
Il efface à mes yeux tout ce qu'on voit paroître;
Et, si j'avois un sceptre, il en seroit le maître.
DAPHNÉ.
Ce seroit donc en vain qu'à chacune, en ce jour,
On nous voudroit du sein arracher cet amour:
Nos âmes dans leurs vœux sont trop bien affermies.
Ne tâchons, s'il se peut, qu'à demeurer amies;
Et, puisqu'en même temps, pour le même sujet,
Nous avons toutes deux formé même projet,
Mettons dans ce débat la franchise en usage,
Ne prenons l'une et l'autre aucun lâche avantage,
Et courons nous ouvrir ensemble à Lycarsis
Des tendres sentiments où nous jette son fils.
ÉROXÈNE.
J'ai peine à concevoir, tant la surprise est forte,
Comme un tel fils est né d'un père de la sorte;
Et sa taille, son air, sa parole et ses yeux,
Feroient croire qu'il est issu du sang des dieux.
Mais enfin j'y souscris, courons trouver ce père,
Allons-lui de nos cœurs découvrir le mystère;
Et consentons qu'après, Myrtil, entre nous deux,
Décide par son choix ce combat de nos vœux.
DAPHNÉ.
Soit. Je vois Lycarsis avec Mopse et Nicandre.
Ils pourront le quitter, cachons-nous pour attendre.

SCÈNE III

LYCARSIS, MOPSE, NICANDRE.

NICANDRE, *à Lycarsis.*
Dis-nous donc ta nouvelle.
LYCARSIS.
Ah! que vous me pressez!
Cela ne se dit pas comme vous le pensez.

MOPSE.
Que de sottes façons, et que de badinage!
Ménalque, pour chanter, n'en fait pas davantage.
LYCARSIS.
Parmi les curieux des affaires d'État,
Une nouvelle à dire est d'un puissant éclat.
Je me veux mettre un peu sur l'homme d'importance[1],
Et jouir quelque temps de votre impatience.
NICANDRE.
Veux-tu par tes délais nous fatiguer tous deux?
MOPSE.
Prends-tu quelque plaisir à te rendre fâcheux?
NICANDRE.
De grâce, parle, et mets ces mines en arrière.
LYCARSIS.
Priez-moi donc tous deux de la bonne manière,
Et me dites chacun quel don vous me ferez
Pour obtenir de moi ce que vous désirez.
MOPSE.
La peste soit du fat! Laissons-le là, Nicandre;
Il brûle de parler, bien plus que nous d'entendre.
Sa nouvelle lui pèse, il veut s'en décharger;
Et ne l'écouter pas est le faire enrager.
LYCARSIS.
Eh!
NICANDRE.
Le voilà puni de tes façons de faire.
LYCARSIS.
Je m'en vais vous le dire, écoutez.
MOPSE.
Point d'affaire.
LYCARSIS.
Quoi! vous ne voulez pas m'entendre?
NICANDRE.
Non.
LYCARSIS.
Eh bien,
Je ne dirai donc mot, et vous ne saurez rien.
MOPSE.
Soit.
LYCARSIS.
Vous ne saurez pas qu'avec magnificence
Le roi vient honorer Tempé de sa présence;
Qu'il entra dans Larisse hier sur le haut du jour;
Qu'à l'aise je l'y vis avec toute sa cour;
Que ces bois vont jouir aujourd'hui de sa vue,
Et qu'on raisonne fort touchant cette venue[2].
NICANDRE.
Nous n'avons pas envie aussi de rien savoir.
LYCARSIS.
Je vis cent choses là, ravissantes à voir:
Ce ne sont que seigneurs, qui, des pieds à la tête,
Sont brillants et parés comme au jour d'une fête;
Ils surprennent la vue; et nos prés, au printemps,

On dirait aujourd'hui: *trancher de l'homme d'importance.*
Ce trait comique d'un bavard qui vous dit tout, en vous disant: *vous ne saurez pas*, a été reproduit très-heureusement par Molière dans le second acte de *Georges Dandin*. (Auger.)

Avec toutes leurs fleurs sont bien moins éclatants.
Pour le prince, entre tous sans peine on le remarque,
Et d'une stade[1] loin il sent son grand monarque:
Dans toute sa personne il a je ne sais quoi
Qui d'abord fait juger que c'est un maître roi.
Il le fait d'une grâce à nulle autre seconde;
Et cela, sans mentir, lui sied le mieux du monde.
On ne croiroit jamais comme de toutes parts
Toute sa cour s'empresse à chercher ses regards:
Ce sont autour de lui confusions plaisantes;
Et l'on diroit d'un tas de mouches reluisantes
Qui suivent en tous lieux un doux rayon de miel.
Enfin l'on ne voit rien de si beau sous le ciel;
Et la fête de Pan, parmi nous si chérie,
Auprès de ce spectacle est une gueuserie.
Mais, puisque sur le fier vous vous tenez si bien,
Je garde ma nouvelle, et ne veux dire rien.
MOPSE.
Et nous ne te voulons aucunement entendre.
LYCARSIS.
Allez vous promener.
MOPSE.
Va-t'en te faire pendre.

SCÈNE IV

ÉROXÈNE, DAPHNÉ, LYCARSIS.

LYCARSIS, se croyant seul.
C'est de cette façon que l'on punit les gens,
Quand ils font les benêts et les impertinents.
DAPHNÉ.
Le ciel tienne, pasteur, vos brebis toujours saines!
ÉROXÈNE.
Cérès tienne de grains vos granges toujours pleines!
LYCARSIS.
Et le grand Pan vous donne à chacune un époux
Qui vous aime beaucoup et soit digne de vous!
DAPHNÉ.
Ah! Lycarsis, nos vœux à même but aspirent.
ÉROXÈNE.
C'est pour le même objet que nos deux cœurs soupirent.
DAPHNÉ.
Et l'Amour, cet enfant qui cause nos langueurs,
A pris chez vous le trait dont il blesse nos cœurs.
ÉROXÈNE.
Et nous venons ici chercher votre alliance,
Et voir qui de nous deux aura la préférence.
LYCARSIS.
Nymphes...
DAPHNÉ.
Pour ce bien seul nous poussons des soupirs.
LYCARSIS.
Je suis...
ÉROXÈNE.
A ce bonheur tendent tous nos désirs.

[1] Le mot *stade* est masculin: *Un stade*.

ACTE I, SCÈNE V.

DAPHNÉ.
C'est un peu librement exprimer sa pensée.
LYCARSIS.
Pourquoi?
ÉROXÈNE.
La bienséance y semble un peu blessée.
LYCARSIS.
Ah! point.
DAPHNÉ.
Mais, quand le cœur brûle d'un noble feu,
On peut, sans nulle honte, en faire un libre aveu.
LYCARSIS.
Je...
ÉROXÈNE.
Cette liberté nous peut être permise
Et du choix de nos cœurs la beauté l'autorise.
LYCARSIS.
C'est blesser ma pudeur que me flatter ainsi.
ÉROXÈNE.
Non, non, n'affectez point de modestie ici.
DAPHNÉ.
Enfin, tout notre bien est en votre puissance.
ÉROXÈNE.
C'est de vous que dépend notre unique espérance.
DAPHNÉ.
Trouverons-nous en vous quelques difficultés?
LYCARSIS.
Ah!
ÉROXÈNE.
Nos vœux, dites-moi, seront-ils rejetés?
LYCARSIS.
Non, j'ai reçu du ciel une âme peu cruelle :
Je tiens de feu ma femme; et je me sens, comme elle,
Pour les désirs d'autrui beaucoup d'humanité,
Et je ne suis point homme à garder de fierté.
DAPHNÉ.
Accordez donc Myrtil à notre amoureux zèle.
ÉROXÈNE.
Et souffrez que son choix règle notre querelle.
LYCARSIS.
Myrtil!
DAPHNÉ.
Oui, c'est Myrtil que de vous nous voulons.
ÉROXÈNE.
De qui pensez-vous donc qu'ici nous vous parlons?
LYCARSIS.
Je ne sais; mais Myrtil n'est guère dans un âge
Qui soit propre à ranger au joug du mariage.
DAPHNÉ.
Son mérite naissant peut frapper d'autres yeux;
Et l'on veut s'engager un bien si précieux,
Prévenir d'autres cœurs, et braver la fortune
Sous les fermes liens d'une chaîne commune.
ÉROXÈNE.
Comme par son esprit et ses autres brillants
Il rompt l'ordre commun, et devance le temps,
Notre flamme pour lui veut en faire de même,
Et régler tous ses vœux sur son mérite extrême.

LYCARSIS.
Il est vrai qu'à son âge il surprend quelquefois;
Et cet Athénien qui fut chez moi vingt mois,
Qui, le trouvant joli, se mit en fantaisie
De lui remplir l'esprit de sa philosophie,
Sur de certains discours l'a rendu si profond,
Que, tout grand que je suis, souvent il me confond.
Mais, avec tout cela, ce n'est encor qu'enfance,
Et son fait est mêlé de beaucoup d'innocence.
DAPHNÉ.
Il n'est point tant enfant, qu'à le voir chaque jour
Je ne le croie atteint déjà d'un peu d'amour;
Et plus d'une aventure à mes yeux s'est offerte
Où j'ai connu qu'il suit la jeune Mélicerte.
ÉROXÈNE.
Ils pourroient bien s'aimer; et je vois...
LYCARSIS.
Franc abus.
Pour elle passe encore, elle a deux ans de plus;
Et deux ans, dans son sexe, est une grande avance.
Mais pour lui, le jeu seul l'occupe tout, je pense,
Et les petits désirs de se voir ajusté
Ainsi que les bergers de haute qualité[1].
DAPHNÉ.
Enfin, nous désirons par le nœud d'hyménée
Attacher sa fortune à notre destinée.
ÉROXÈNE.
Nous voulons, l'une et l'autre, avec pareille ardeur,
Nous assurer de loin l'empire de son cœur.
LYCARSIS.
Je m'en tiens honoré plus qu'on ne sauroit croire.
Je suis un pauvre pâtre; et ce m'est trop de gloire
Que deux nymphes d'un rang le plus haut du pays
Disputent à se faire un époux de mon fils.
Puisqu'il vous plaît qu'ainsi la chose s'exécute,
Je consens que son choix règle votre dispute;
Et celle qu'à l'écart laissera son arrêt
Pourra, pour son recours, m'épouser, s'il lui plaît.
C'est toujours même sang, et presque même chose.
Mais le voici. Souffrez qu'un peu je le dispose.
Il tient quelque moineau qu'il a pris fraîchement :
Et voilà ses amours et son attachement.

SCÈNE V

ÉROXÈNE, DAPHNÉ et LYCARSIS, dans le fond du théâtre; MYRTIL.

MYRTIL, se croyant seul, et tenant un moineau dans une cage.
    Innocente petite bête,
    Qui contre ce qui vous arrête
    Vous débattez tant à mes yeux,
De votre liberté ne plaignez point la perte :
    Votre destin est glorieux,
    Je vous ai pris pour Mélicerte.

---

[1] *Bergers de haute qualité* est une singulière expression. Nous allons voir plus loin le *haut rang*, la *puissance* et même la *noblesse* des bergères. (Auger.)

Elle vous baisera, vous prenant dans sa main ;
Et de vous mettre en son sein
Elle vous fera la grâce.
Est-il un sort au monde et plus doux et plus beau ?
Et qui des rois, hélas! heureux petit moineau,
Ne voudroit être en votre place?

LYCARSIS.

Myrtil, Myrtil, un mot. Laissons là ces joyaux;
Il s'agit d'autre chose ici que de moineaux.
Ces deux nymphes, Myrtil, à la fois te prétendent,
Et, tout jeune¹, déjà pour époux te demandent.
Je dois, par un hymen, t'engager à leurs vœux,
Et c'est toi que l'on veut qui choisisses des deux.

MYRTIL.

Ces nymphes?

LYCARSIS.

Oui. Des deux tu peux en choisir une.
Vois quel est ton bonheur, et bénis la fortune.

MYRTIL.

Ce choix qui m'est offert peut-il m'être un bonheur,
S'il n'est aucunement souhaité de mon cœur?

LYCARSIS.

Enfin, qu'on le reçoive; et que, sans se confondre,
A l'honneur qu'elles font on songe à bien répondre.

ÉROXÈNE.

Malgré cette fierté qui règne parmi nous,
Deux nymphes, ô Myrtil ! viennent s'offrir à vous ;
Et de vos qualités les merveilles écloses
Font que nous renversons ici l'ordre des choses.

DAPHNÉ.

Nous vous laissons, Myrtil, pour l'avis le meilleur,
Consulter, sur ce choix, vos yeux et votre cœur;
Et nous n'en voulons point prévenir les suffrages
Par un récit paré de tous nos avantages.

MYRTIL.

C'est me faire un honneur dont l'éclat me surprend;
Mais cet honneur, pour moi, je l'avoue, est trop grand.
A vos rares bontés il faut que je m'oppose ;
Pour mériter ce sort, je suis trop peu de chose;
Et je serois fâché, quels qu'en soient les appas,
Qu'on vous blâmât pour moi de faire un choix trop bas.

ÉROXÈNE.

Contentez nos désirs, quoi qu'on en puisse croire,
Et ne vous chargez point du soin de notre gloire.

DAPHNÉ.

Non, ne descendez point dans ces humilités,
Et laissez-nous juger ce que vous méritez.

MYRTIL.

Le choix qui m'est offert s'oppose à votre attente,
Et peut seul empêcher que mon cœur vous contente.
Le moyen de choisir de deux grandes beautés,
Égales en naissance et rares qualités?
Rejeter l'une ou l'autre est un crime effroyable,
Et n'en choisir aucune est bien plus raisonnable.

ÉROXÈNE.

Mais en faisant refus de répondre à nos vœux,

¹ *Tout jeune*, pour : *tout jeune que tu es.*

Au lieu d'une, Myrtil, vous en outragez deux

DAPHNÉ.

Puisque nous consentons à l'arrêt qu'on peut rendre,
Ces raisons ne font rien à vouloir s'en défendre.

MYRTIL.

Eh bien, si ces raisons ne vous satisfont pas,
Celle-ci le fera : j'aime d'autres appas ;
Et je sens bien qu'un cœur qu'un bel objet engage
Est insensible et sourd à tout autre avantage.

LYCARSIS.

Comment donc! Qu'est ceci? Qui l'eût pu présumer
Et savez-vous, morveux, ce que c'est que d'aimer?

MYRTIL.

Sans savoir ce que c'est, mon cœur a su le faire.

LYCARSIS.

Mais cet amour me choque, et n'est pas nécessaire.

MYRTIL.

Vous ne deviez donc pas, si cela vous déplaît,
Me faire un cœur sensible et tendre comme il est.

LYCARSIS.

Mais ce cœur que j'ai fait me doit obéissance.

MYRTIL.

Oui, lorsque d'obéir il est en sa puissance.

LYCARSIS.

Mais enfin, sans mon ordre, il ne doit point aimer.

MYRTIL.

Que n'empêchiez-vous donc que l'on pût le charmer?

LYCARSIS.

Eh bien, je vous défends que cela continue.

MYRTIL.

La défense, j'ai peur, sera trop tard venue.

LYCARSIS.

Quoi ! les pères n'ont pas des droits supérieurs ?

MYRTIL.

Les dieux, qui sont bien plus, ne forcent point les cœurs.

LYCARSIS.

Les dieux... Paix, petit sot. Cette philosophie
Me...

DAPHNÉ.

Ne vous mettez point en courroux, je vous prie

LYCARSIS.

Non : je veux qu'il se donne à l'une pour époux,
Ou je vais lui donner le fouet tout devant vous.
Ah! ah! je vous ferai sentir que je suis père.

DAPHNÉ.

Traitons, de grâce, ici les choses sans colère.

ÉROXÈNE.

Peut-on savoir de vous cet objet si charmant,
Dont la beauté, Myrtil, vous a fait son amant?

MYRTIL.

Mélicerte, madame. Elle en peut faire d'autres.

ÉROXÈNE.

Vous comparez, Myrtil, ses qualités aux nôtres?

DAPHNÉ.

Le choix d'elle et de nous est assez inégal.

MYRTIL.

Nymphes, au nom des dieux, n'en dites point de mal;
Daignez considérer, de grâce, que je l'aime,

Et ne me jetez point dans un désordre extrême,
Si j'outrage, en l'aimant, vos célestes attraits,
Elle n'a point de part au crime que je fais ;
C'est de moi, s'il vous plaît, que vient toute l'offense.
Il est vrai, d'elle à vous je sais la différence ;
Mais par sa destinée on se trouve enchaîné ;
Et je sens bien enfin que le ciel m'a donné
Pour vous tout le respect, nymphes, imaginable,
Pour elle tout l'amour dont une âme est capable.
Je vois, à la rougeur qui vient de vous saisir,
Que ce que je vous dis ne vous fait pas plaisir.
Si vous parlez, mon cœur appréhende d'entendre
Ce qui peut le blesser par l'endroit le plus tendre ;
Et, pour me dérober à de semblables coups,
Nymphes, j'aime bien mieux prendre congé de vous.

LYCARSIS.

Myrtil, holà ! Myrtil ! Veux-tu revenir, traître !
Il fuit ; mais on verra qui de nous est le maître.
Ne vous effrayez point de tous ces vains transports ;
Vous l'aurez pour époux, j'en réponds corps pour corps[1].

ACTE SECOND

SCÈNE I

MÉLICERTE, CORINNE.

MÉLICERTE.

Ah ! Corinne, tu viens de l'apprendre de Stelle,
Et c'est de Lycarsis qu'elle tient la nouvelle ?

CORINNE.

Oui.

MÉLICERTE.

Que les qualités dont Myrtil est orné
Ont su toucher d'amour Éroxène et Daphné ?

CORINNE.

Oui.

MÉLICERTE.

Que pour l'obtenir leur ardeur est si grande,
Qu'ensemble elles en ont déjà fait la demande ?
Et que, dans ce débat, elles ont fait dessein
De passer, dès cette heure, à recevoir sa main ?
Ah ! que tes mots ont peine à sortir de ta bouche !
Et que c'est foiblement que mon souci te touche !

CORINNE.

Mais quoi ! que voulez-vous ? C'est là la vérité,
Et vous redites tout comme je l'ai conté[2].

---

[1] Comment s'intéresser à deux filles assez peu retenues pour se jeter à la tête d'un enfant qui les rebute, et pourtant assez maîtresses d'elles-mêmes pour rester amies malgré leur rivalité ? (Auger.)

[2] Cette impatience et ce flux de questions, opposés au sang-froid et au laconisme de son confident, est un trait de nature dont Molière sentait tout le prix. Aussi l'a-t-il transporté de *Mélicerte*, où il était comme perdu, dans les *Fourberies de Scapin*, où il sert à l'exposition. Au reste, Rotrou avait déjà employé cette heureuse idée dans sa comédie ayant pour titre la *Sœur*. (Auger.)

MÉLICERTE.

Mais comment Lycarsis reçoit-il cette affaire ?

CORINNE.

Comme un honneur, je crois, qui doit beaucoup lui plaire.

MÉLICERTE.

Et ne vois-tu pas bien, toi qui sais mon ardeur,
Qu'avec ces mots, hélas ! tu me perces le cœur ?

CORINNE.

Comment ?

MÉLICERTE.

Me mettre aux yeux que le sort implacable,
Auprès d'elles, me rend trop peu considérable,
Et qu'à moi, par leur rang, on les va préférer,
N'est-ce pas une idée à me désespérer ?

CORINNE.

Mais quoi ! je vous réponds, et dis ce que je pense.

MÉLICERTE.

Ah ! tu me fais mourir par ton indifférence.
Mais, dis, quels sentiments Myrtil a-t-il fait voir ?

CORINNE.

Je ne sais.

MÉLICERTE.

Eh ! c'est là ce qu'il falloit savoir,
Cruelle !

CORINNE.

En vérité, je ne sais comment faire ;
Et, de tous les côtés, je trouve à vous déplaire.

MÉLICERTE.

C'est que tu n'entres point dans tous les mouvements
D'un cœur, hélas ! rempli de tendres sentiments.
Va-t'en : laisse-moi seule, en cette solitude,
Passer quelques moments de mon inquiétude.

SCÈNE II

MÉLICERTE, seule.

Vous le voyez, mon cœur, ce que c'est que d'aimer ;
Et Bélise avoit su trop bien m'en informer.
Cette charmante mère, avant sa destinée,
Me disoit une fois, sur le bord du Pénée :
« Ma fille, songe à toi ; l'amour aux jeunes cœurs
« Se présente toujours entouré de douceurs.
« D'abord il n'offre aux yeux que choses agréables ;
« Mais il traîne après lui des troubles effroyables ;
« Et, si tu veux passer tes jours dans quelque paix,
« Toujours, comme d'un mal, défends-toi de ses traits. »
De ces leçons, mon cœur, je m'étois souvenue ;
Et, quand Myrtil venoit à s'offrir à ma vue,
Qu'il jouoit avec moi, qu'il me rendoit des soins,
Je vous disois toujours de vous y plaire moins.
Vous ne me crûtes point ; et votre complaisance
Se vit bientôt changée en trop de bienveillance.
Dans ce naissant amour qui flattoit vos désirs
Vous ne vous figuriez que joie et que plaisirs :
Cependant vous voyez la cruelle disgrâce
Dont en ce triste jour le destin vous menace,
Et la peine mortelle où vous voilà réduit.

Ah! mon cœur! ah! mon cœur! je vous l'avois bien dit.
Mais tenons, s'il se peut, notre douleur couverte.
Voici...

SCÈNE III

MYRTIL, MÉLICERTE.

MYRTIL.

J'ai fait tantôt, charmante Mélicerte,
Un petit prisonnier que je garde pour vous,
Et dont peut-être un jour je deviendrai jaloux.
C'est un jeune moineau, qu'avec un soin extrême
Je veux, pour vous l'offrir, apprivoiser moi-même.
Le présent n'est pas grand; mais les divinités
Ne jettent leurs regards que sur les volontés.
C'est le cœur qui fait tout.[1]; et jamais la richesse
Des présents que... Mais, ciel! d'où vient cette tristesse?
Qu'avez-vous, Mélicerte, et quel sombre chagrin
Se voit dans vos beaux yeux répandu ce matin?
Vous ne répondez point; et ce morne silence
Redouble encor ma peine et mon impatience.
Parlez. De quel ennui ressentez-vous les coups?
Qu'est-ce donc?

MÉLICERTE.
Ce n'est rien.

MYRTIL.
Ce n'est rien, dites-vous?
Et je vois cependant vos yeux couverts de larmes.
Cela s'accorde-t-il, beauté pleine de charmes?
Ah! ne me faites point un secret dont je meurs,
Et m'expliquez, hélas! ce que disent ces pleurs.

MÉLICERTE.
Rien ne me serviroit de vous le faire entendre.

MYRTIL.
Devez-vous rien avoir que je ne doive apprendre?
Et ne blessez-vous pas notre amour aujourd'hui,
De vouloir me voler ma part de votre ennui[2]?
Ah! ne le cachez point à l'ardeur qui m'inspire.

MÉLICERTE.
Eh bien, Myrtil, eh bien, il faut donc vous le dire.
J'ai su que, par un choix plein de gloire pour vous,
Éroxène et Daphné vous veulent pour époux;
Et je vous avouerai que j'ai cette foiblesse,
De n'avoir pu, Myrtil, le savoir sans tristesse,
Sans accuser du sort la rigoureuse loi,
Qui les rend, dans leurs vœux, préférables à moi.

MYRTIL.
Et vous pouvez l'avoir, cette injuste tristesse!
Vous pouvez soupçonner mon amour de foiblesse,
Et croire qu'engagé par des charmes si doux,
Je puisse être jamais à quelque autre qu'à vous!

[1] La Fontaine ne s'est-il pas souvenu de ces vers lorsqu'il a dit dans *Philémon et Baucis*:
Ces mets, nous l'avouons, sont peu délicieux;
Mais, quand nous serions rois, que donner à des dieux?
C'est le cœur qui fait tout...
(Auger.)

[2] Var. De vouloir me voler *la* part de votre ennui.

Que je puisse accepter une autre main offerte!
Eh! que vous ai-je fait, cruelle Mélicerte,
Pour traiter ma tendresse avec tant de rigueur
Et faire un jugement si mauvais de mon cœur?
Quoi! faut-il que de lui vous ayez quelque crainte?
Je suis bien malheureux de souffrir cette atteinte;
Et que me sert d'aimer comme je fais, hélas!
Si vous êtes si prête à ne le croire pas?

MÉLICERTE.
Je pourrois moins, Myrtil, redouter ces rivales,
Si les choses étoient de part et d'autre égales;
Et, dans un rang pareil, j'oserois espérer
Que peut-être l'amour me feroit préférer;
Mais l'inégalité de bien et de naissance
Qui peut, d'elles à moi, faire la différence...

MYRTIL.
Ah! leur rang de mon cœur ne viendra point à bout,
Et vos divins appas vous tiennent lieu de tout.
Je vous aime: il suffit; et, dans votre personne,
Je vois rang, biens, trésors, États, sceptre, couronne;
Et des rois les plus grands m'offrît-on le pouvoir,
Je n'y changerois pas le bien de vous avoir.
C'est une vérité toute sincère et pure;
Et pouvoir en douter est me faire une injure.

MÉLICERTE.
Eh bien, je crois, Myrtil, puisque vous le voulez,
Que vos vœux par leur rang ne sont point ébranlés;
Et que, bien qu'elles soient nobles, riches et belles,
Votre cœur m'aime assez pour me mieux aimer qu'elles.
Mais ce n'est pas l'amour dont vous suivrez la voix:
Votre père, Myrtil, réglera votre choix,
Et de même qu'à vous je ne lui suis pas chère,
Pour préférer à tout une simple bergère.

MYRTIL.
Non, chère Mélicerte, il n'est père ni dieux
Qui me puissent forcer à quitter vos beaux yeux;
Et toujours de mes vœux, reine comme vous êtes...

MÉLICERTE.
Ah! Myrtil, prenez garde à ce qu'ici vous faites:
N'allez point présenter un espoir à mon cœur,
Qu'il recevroit peut-être avec trop de douceur,
Et qui, tombant après comme un éclair qui passe,
Me rendroit plus cruel le coup de ma disgrâce.

MYRTIL.
Quoi! faut-il des serments appeler le secours,
Lorsque l'on vous promet de vous aimer toujours?
Que vous vous faites tort par de telles alarmes,
Et connoissez bien peu le pouvoir de vos charmes!
Eh bien, puisqu'il le faut, je jure par les dieux,
Et, si ce n'est assez, je jure par vos yeux,
Qu'on me tuera plutôt que je vous abandonne.
Recevez-en ici la foi que je vous donne,
Et souffrez que ma bouche, avec ravissement,
Sur cette belle main en signe le serment.

MÉLICERTE.
Ah! Myrtil, levez-vous, de peur qu'on ne nous voie.

MYRTIL.
Est-il rien... Mais, ô ciel! on vient troubler ma joie!

SCÈNE IV

LYCARSIS, MYRTIL, MÉLICERTE.

LYCARSIS.

Ne vous contraignez pas pour moi.

MÉLICERTE, à part.

Quel sort fâcheux!

LYCARSIS.

Cela ne va pas mal : continuez tous deux.
Peste! mon petit fils, que vous avez l'air tendre,
Et qu'en maître déjà vous savez vous y prendre!
Vous a-t-il, ce savant qu'Athènes exila,
Dans sa philosophie appris ces choses-là?
Et vous, qui lui donnez de si douce manière
Votre main à baiser, la gentille bergère,
L'honneur vous apprend-il ces mignardes douceurs
Par qui vous débauchez ainsi les jeunes cœurs?

MYRTIL.

Ah! quittez de ces mots l'outrageante bassesse,
Et ne m'accablez point d'un discours qui la blesse.

LYCARSIS.

Je veux lui parler, moi. Toutes ces amitiés...

MYRTIL.

Je ne souffrirai point que vous la maltraitiez.
A du respect pour vous la naissance m'engage;
Mais je saurai, sur moi, vous punir de l'outrage.
Oui, j'atteste le ciel que si, contre mes vœux,
Vous lui dites encor le moindre mot fâcheux,
Je vais avec ce fer, qui m'en fera justice,
Au milieu de mon sein vous chercher un supplice,
Et, par mon sang versé, lui marquer promptement
L'éclatant désaveu de votre emportement.

MÉLICERTE.

Non, non, ne croyez pas qu'avec art je l'enflamme,
Et que mon dessein soit de séduire son âme.
S'il s'attache à me voir et me veut quelque bien,
C'est de son mouvement : je ne l'y force en rien.
Ce n'est pas que mon cœur veuille ici se défendre
De répondre à ses vœux d'une ardeur assez tendre;
Je l'aime, je l'avoue, autant qu'on puisse aimer :
Mais cet amour n'a rien qui vous doive alarmer;
Et, pour vous arracher toute injuste créance,
Je vous promets ici d'éviter sa présence,
De faire place au choix où vous vous résoudrez,
Et ne souffrir ses vœux que quand vous le voudrez.

SCÈNE V

LYCARSIS, MYRTIL.

MYRTIL.

Eh bien, vous triomphez avec cette retraite,
Et, dans ces mots, votre âme a ce qu'elle souhaite :
Mais apprenez qu'en vain vous vous réjouissez,
Que vous serez trompé dans ce que vous pensez;
Et qu'avec tous vos soins, toute votre puissance,
Vous ne gagnerez rien sur ma persévérance.

LYCARSIS.

Comment! à quel orgueil, fripon, vous vois-je aller?
Est-ce de la façon que l'on me doit parler?

MYRTIL.

Oui, j'ai tort, il est vrai : mon transport n'est pas sage;
Pour rentrer au devoir, je change de langage;
Et je vous prie ici, mon père, au nom des dieux,
Et par tout ce qui peut vous être précieux,
De ne vous point servir, dans cette conjoncture,
Des fiers droits que sur moi vous donne la nature.
Ne m'empoisonnez point vos bienfaits les plus doux.
Le jour est un présent que j'ai reçu de vous :
Mais de quoi vous serai-je aujourd'hui redevable,
Si vous me l'allez rendre, hélas! insupportable?
Il est, sans Mélicerte, un supplice à mes yeux;
Sans ses divins appas rien ne m'est précieux;
Ils font tout mon bonheur et toute mon envie;
Et, si vous me l'ôtez, vous m'arrachez la vie [1].

LYCARSIS, à part.

Aux douleurs de son âme il me fait prendre part.
Qui l'auroit jamais cru de ce petit pendard?
Quel amour! quels transports! quels discours pour son âge!
J'en suis confus, et sens que cet amour m'engage.

MYRTIL, se jetant aux genoux de Lycarsis.

Voyez, me voulez-vous ordonner de mourir?
Vous n'avez qu'à parler, je suis prêt d'obéir.

LYCARSIS, à part.

Je n'y puis plus tenir : il m'arrache des larmes,
Et ses tendres propos me font rendre les armes.

MYRTIL.

Que si dans votre cœur un reste d'amitié
Vous peut de mon destin donner quelque pitié,
Accordez Mélicerte à mon ardente envie,
Et vous ferez bien plus que me donner la vie.

LYCARSIS.

Lève-toi.

MYRTIL.

Serez-vous sensible à mes soupirs?

LYCARSIS.

Oui.

MYRTIL.

J'obtiendrai de vous l'objet de mes désirs?

LYCARSIS.

Oui.

MYRTIL.

Vous ferez pour moi que son oncle l'oblige
A me donner sa main?

LYCARSIS.

Oui. Lève-toi, te dis-je.

MYRTIL.

O père le meilleur qui jamais ait été,
Que je baise vos mains après tant de bonté!

LYCARSIS.

Ah! que pour ses enfants un père a de foiblesse!

---

[1] A quelques mots près, voilà une bonne tirade. Pourquoi? C'est qu'elle est vraie de sentiment et d'expression, et que les fausses couleurs du sujet n'y viennent point altérer le langage naturel de la passion. (AUGER.)

Peut-on rien refuser à leurs mots de tendresse?
Et ne se sent-on pas certains mouvements doux,
Quand on vient à songer que cela sort de vous?
MYRTIL.
Me tiendrez-vous au moins la parole avancée?
Ne changerez-vous point, dites-moi, de pensée?
LYCARSIS.
Non.
MYRTIL.
Me permettez-vous de vous désobéir,
Si de ces sentiments on vous fait revenir?
Prononcez le mot.
LYCARSIS.
Oui. Ah! nature! nature!
Je m'en vais trouver Mopse, et lui faire ouverture
De l'amour que sa nièce et toi vous vous portez.
MYRTIL.
Ah! que ne dois-je point à vos rares bontés!
Seul.
Quelle heureuse nouvelle à dire à Mélicerte!
Je n'accepterois pas une couronne offerte,
Pour le plaisir que j'ai de courir lui porter
Ce merveilleux succès qui la doit contenter[1].

SCÈNE VI

ACANTHE, TYRÈNE, MYRTIL.

ACANTHE.
Ah! Myrtil, vous avez du ciel reçu des charmes
Qui nous ont préparé des matières de larmes;
Et leur naissant éclat, fatal à nos ardeurs,
De ce que nous aimons nous enlève les cœurs.
TYRÈNE.
Peut-on savoir, Myrtil, vers qui, de ces deux belles,
Vous tournerez ce choix dont courent les nouvelles?
Et sur qui doit de nous tomber ce coup affreux,
Dont se voit foudroyé tout l'espoir de nos vœux?
ACANTHE.
Ne faites point languir deux amants davantage,
Et nous dites quel sort votre cœur nous partage.
TYRÈNE.
Il vaut mieux, quand on craint ces malheurs éclatants,
En mourir tout d'un coup que traîner si longtemps.
MYRTIL.
Rendez, nobles bergers, le calme à votre flamme :
La belle Mélicerte a captivé mon âme.
Auprès de cet objet mon sort est assez doux,

[1] Cette scène, qu'on est surpris de trouver dans une si mauvaise pièce, n'en déparerait pas une très-bonne. (Auger.)

Pour ne pas consentir à rien prendre sur vous;
Et, si vos vœux enfin n'ont que les miens à craindre,
Vous n'aurez, l'un ni l'autre, aucun lieu de vous plaindre.
ACANTHE.
Ah! Myrtil, se peut-il que deux tristes amants...
TYRÈNE.
Est-il vrai que le ciel, sensible à nos tourments...
MYRTIL.
Oui, content de mes fers comme d'une victoire,
Je me suis excusé de ce choix plein de gloire;
J'ai de mon père encor changé les volontés,
Et l'ai fait consentir à mes félicités.
ACANTHE, à Tyrène.
Ah! que cette aventure est un charmant miracle,
Et qu'à notre poursuite elle ôte un grand obstacle!
TYRÈNE, à Acanthe.
Elle peut renvoyer ces nymphes à nos vœux,
Et nous donner moyen d'être contents tous deux.

SCÈNE VII

NICANDRE, MYRTIL, ACANTHE, TYRÈNE.

NICANDRE.
Savez-vous en quel lieu Mélicerte est cachée?
MYRTIL.
Comment?
NICANDRE.
En diligence elle est partout cherchée.
MYRTIL.
Et pourquoi?
NICANDRE.
Nous allons perdre cette beauté.
C'est pour elle qu'ici le roi s'est transporté;
Avec un grand seigneur on dit qu'il la marie.
MYRTIL.
O ciel! Expliquez-moi ce discours, je vous prie.
NICANDRE.
Ce sont des incidents grands et mystérieux.
Oui, le roi vient chercher Mélicerte en ces lieux;
Et l'on dit qu'autrefois feu Bélise, sa mère,
Dont tout Tempé croyoit que Mopse étoit le frère...
Mais je me suis chargé de la chercher partout :
Vous saurez tout cela tantôt de bout en bout.
Ah! dieux! quelle rigueur! Eh! Nicandre, Nicandre!
ACANTHE.
Suivons aussi ses pas, afin de tout apprendre[1].

[1] Ne nous plaignons point de ce que Molière n'a pu achever ce mauvais roman héroïco-pastoral. Il a dû trouver sans peine un meilleur emploi de son temps. (Auger.)

PASTORALE COMIQUE

1666

PERSONNAGES DE LA PASTORALE

IRIS, jeune bergère [1].
LYCAS, riche pasteur, amant d'Iris [2].
PHILÈNE, riche pasteur, amant d'Iris [3].
CORYDON, jeune berger, confident de Lycas, amant d'Iris [4].
UN PATRE, ami de Philène.
UN BERGER.

PERSONNAGES DU BALLET

MAGICIENS dansants.
MAGICIENS chantants.
DÉMONS dansants.
PAYSANS.
UNE ÉGYPTIENNE chantante et dansante.
ÉGYPTIENS dansants.

La scène est en Thessalie, dans un hameau de la vallée de Tempé.

SCÈNE I [5]

LYCAS, CORYDON.

SCÈNE II

LYCAS, MAGICIENS chantants et dansants, DÉMONS.

PREMIÈRE ENTRÉE DE BALLET.

Deux magiciens commencent, en dansant, un enchantement pour embellir Lycas; ils frappent la terre avec leurs baguettes, et en font sortir six démons, qui se joignent à eux. Trois magiciens sortent aussi de dessous terre.

TROIS MAGICIENS CHANTANTS.
Déesse des appas,
Ne nous refuse pas
La grâce qu'implorent nos bouches.

Acteurs de la troupe de Molière: [1] Mademoiselle DE BRIE. — [2] MOLIÈRE. — [3] ESTIVAL. — [4] LA GRANGE.
[5] Cette pièce trouva aussi sa place dans le *Ballet des Muses*, et fit partie de la fête donnée à Saint-Germain-en-Laye. Elle n'est susceptible d'aucune observation. Molière, avant de mourir, l'avait brûlée: on n'en a conservé que les paroles chantées, qui ont été recueillies dans la partition de Lulli, auteur de la musique. Ces morceaux n'ont point de liaison, et ne peuvent indiquer ce qu'était cette pièce, quand le dialogue existait. (Petitot.)

Nous t'en prions par tes rubans,
Par tes boucles de diamants,
Ton rouge, ta poudre, tes mouches,
Ton masque, ta coiffe, et tes gants.

UN MAGICIEN, seul.
O toi qui peux rendre agréables
Les visages les plus mal faits,
Répands, Vénus, de tes attraits
Deux ou trois doses charitables
Sur ce museau tondu tout frais!

LES TROIS MAGICIENS CHANTANTS.
Déesse des appas,
Ne nous refuse pas
La grâce qu'implorent nos bouches.
Nous t'en prions par tes rubans,
Par tes boucles de diamants,
Ton rouge, ta poudre, tes mouches,
Ton masque, ta coiffe, et tes gants.

SECONDE ENTRÉE DE BALLET.

Les six démons dansants habillent Lycas d'une manière ridicule et bizarre.

LES TROIS MAGICIENS CHANTANTS.
Ah! qu'il est beau,
Le jouvenceau!
Ah! qu'il est beau! ah! qu'il est beau!
Qu'il va faire mourir de belles!
Auprès de lui, les plus cruelles
Ne pourront tenir dans leur peau.
Ah! qu'il est beau,
Le jouvenceau!
Ah! qu'il est beau! ah! qu'il est beau!
Ho, ho, ho, ho, ho, ho, ho, ho!

TROISIÈME ENTRÉE DE BALLET.

Les magiciens et les démons continuent leurs danses, tandis que les trois magiciens chantants continuent à se moquer de Lycas.

LES TROIS MAGICIENS CHANTANTS.
Qu'il est joli,
Gentil, poli!

Qu'il est joli! qu'il est joli!
Est-il des yeux qu'il ne ravisse?
Il passe en beauté feu Narcisse,
Qui fut un blondin accompli.
　　Qu'il est joli,
　　Gentil, poli!
Qu'il est joli! qu'il est joli!
Hi, hi, hi, hi, hi, hi, hi, hi!

Les trois magiciens chantants s'enfoncent dans la terre, et les magiciens dansants disparoissent

SCÈNE III

LYCAS, PHILÈNE.

PHILÈNE, sans voir Lycas, chante.
Paissez, chères brebis, les herbettes naissantes;
Ces prés et ces ruisseaux ont de quoi vous charmer :
Mais, si vous désirez vivre toujours contentes,
　Petites innocentes,
　Gardez-vous bien d'aimer.

LYCAS, sans voir Philène.
Ce pasteur, voulant faire des vers pour sa maîtresse, prononce le nom d'Iris assez haut pour que Philène l'entende.

PHILÈNE, à Lycas.
Est-ce toi que j'entends, téméraire? Est-ce toi
Qui nommes la beauté qui me tient sous sa loi?

LYCAS.
Oui, c'est moi; oui, c'est moi.

PHILÈNE.
Oses-tu bien, en aucune façon,
　Proférer ce beau nom?

LYCAS.
Eh! pourquoi non? eh! pourquoi non?

PHILÈNE.
Iris charme mon âme;
Et qui pour elle aura
Le moindre brin de flamme,
Il s'en repentira.

LYCAS.
Je me moque de cela.
Je me moque de cela.

PHILÈNE.
Je t'étranglerai, mangerai,
Si tu nommes jamais ma belle;
Ce que je dis, je le ferai,
Je t'étranglerai, mangerai.
Il suffit que j'en ai juré :
Quand les dieux prendroient ta querelle,
Je t'étranglerai, mangerai,
Si tu nommes jamais ma belle.

LYCAS.
Bagatelle, bagatelle.

SCÈNE IV

IRIS, LYCAS.

SCÈNE V

LYCAS, UN PATRE.

Un pâtre apporte à Lycas un cartel de la part de Philène.

SCÈNE VI

LYCAS, CORYDON.

SCÈNE VII

PHILÈNE, LYCAS.

PHILÈNE chante.
Arrête, malheureux!
Tourne, tourne visage;
Et voyons qui des deux
Obtiendra l'avantage.

LYCAS.
　　　　Lycas hésite à se battre.

PHILÈNE.
C'est par trop discourir;
Allons, il faut mourir.

SCÈNE VIII

PHILÈNE, LYCAS, PAYSANS.

Les paysans viennent pour séparer Philène et Lycas.

QUATRIÈME ENTRÉE DE BALLET.

Les paysans prennent querelle en voulant séparer les deux pasteurs, et dansent en se battant.

SCÈNE IX

CORYDON, LYCAS, PHILÈNE, PAYSANS.

Corydon, par ses discours, trouve moyen d'apaiser la querelle des paysans.

CINQUIÈME ENTRÉE DE BALLET.

Les paysans réconciliés dansent ensemble.

SCÈNE X

CORYDON, LYCAS, PHILÈNE.

SCÈNE XI

IRIS, CORYDON.

SCÈNE XII

PHILÈNE, LYCAS, IRIS, CORYDON.

Lycas et Philène, amants de la bergère, la pressent de décider lequel des deux aura la préférence.

PHILÈNE, à Iris.
N'attendez pas qu'ici je me vante moi-même,
Pour le choix que vous balancez;
Vous avez des yeux, je vous aime;
C'est vous en dire assez.

La bergère décide en faveur de Corydon.

SCÈNE XIII

PHILÈNE, LYCAS.

PHILÈNE chante.
Hélas! peut-on sentir de plus vive douleur?
Nous préférer un servile pasteur!
O ciel!

LYCAS chante.
O sort!

PHILÈNE.
Quelle rigueur!

LYCAS.
Quel coup!

PHILÈNE.
Quoi! tant de pleurs,

LYCAS.
Tant de persévérance,

PHILÈNE.
Tant de langueur,

LYCAS.
Tant de souffrance,

PHILÈNE.
Tant de vœux,

LYCAS.
Tant de soins,

PHILÈNE.
Tant d'ardeur,

LYCAS.
Tant d'amour,

PHILÈNE.
Avec tant de mépris sont traités en ce jour!
Ah! cruelle!

LYCAS.
Cœur dur!

PHILÈNE.
Tigresse!

LYCAS.
Inexorable!

PHILÈNE.
Inhumaine!

LYCAS.
Inflexible!

PHILÈNE.
Ingrate!

LYCAS.
Impitoyable!

PHILÈNE.
Tu veux donc nous faire mourir?
Il te faut contenter.

LYCAS.
Il te faut obéir.

PHILÈNE, tirant son javelot.
Mourons, Lycas.

LYCAS, tirant son javelot.
Mourons, Philène.

PHILÈNE.
Avec ce fer, finissons notre peine.

LYCAS.
Pousse.

PHILÈNE.
Ferme.

LYCAS.
Courage.

PHILÈNE.
Allons, va le premier.

LYCAS.
Non, je veux marcher le dernier.

PHILÈNE.
Puisque même malheur aujourd'hui nous assemble,
Allons, partons ensemble.

SCÈNE XIV

UN BERGER, LYCAS, PHILÈNE.

LE BERGER chante.
Ah! quelle folie
De quitter la vie
Pour une beauté
Dont on est rebuté!
On peut pour un objet aimable,
Dont le cœur nous est favorable,
Vouloir perdre la clarté;
Mais quitter la vie
Pour une beauté
Dont on est rebuté,
Ah! quelle folie!

SCÈNE XV

UNE ÉGYPTIENNE, ÉGYPTIENS dansants.

L'ÉGYPTIENNE.
D'un pauvre cœur
Soulagez le martyre;
D'un pauvre cœur
Soulagez la douleur.
J'ai beau vous dire
Ma vive ardeur,
Je vous vois rire
De ma langueur.
Ah! cruelle, j'expire

Sous tant de rigueur.
D'un pauvre cœur
Soulagez le martyre ;
D'un pauvre cœur
Soulagez la douleur.

SIXIÈME ENTRÉE DE BALLET.

Douze Égyptiens, dont quatre jouent de la guitare, quatre des castagnettes, quatre des gnacares[1], dansent avec l'Égyptienne, aux chansons qu'elle chante.

L'ÉGYPTIENNE.

Croyez-moi, hâtons-nous, ma Sylvie,
Usons bien des moments précieux ;
Contentons ici notre envie,
De nos ans le feu nous y convie.

[1] Les *gnacares* étaient une espèce de cymbales. Le nom de cet instrument est italien : *gnaccare* ou *gnacchere*.

Nous ne saurions, vous et moi, faire mieux.

Quand l'hiver a glacé nos guérets,
Le printemps vient reprendre sa place,
Et ramène à nos champs leurs attraits ;
Mais, hélas! quand l'âge nous glace,
Nos beaux jours ne reviennent jamais.

Ne cherchons tous les jours qu'à nous plaire.
Soyons-y l'un et l'autre empressés ;
Du plaisir faisons notre affaire,
Des chagrins songeons à nous défaire ;
Il vient un temps où l'on en prend assez.

Quand l'hiver a glacé nos guérets,
Le printemps vient reprendre sa place,
Et ramène à nos champs leurs attraits ;
Mais, hélas! quand l'âge nous glace,
Nos beaux jours ne reviennent jamais.

NOMS DES PERSONNES

QUI RÉCITOIENT, CHANTOIENT ET DANSOIENT

DANS LA PASTORALE

IRIS, mademoiselle DE BRIE.
LYCAS, le sieur MOLIÈRE.
PHILÈNE, le sieur ESTIVAL.
CORYDON, le sieur DE LA GRANGE.
UN BERGER, le sieur BLONDEL.
UN PATRE, le sieur DE CHATEAUNEUF.
MAGICIENS dansants, les sieurs LA PIERRE, FAVIER.
MAGICIENS chantants, les sieurs LEGROS, DON, GAYE.
DÉMONS dansants, les sieurs CHICANNEAU, BONNARD, NOBLET le cadet, ARNALD, MAYEU, FOIGNARD.
PAYSANS, les sieurs DOLIVET, DESONETS, DU PRON, LA PIERRE, MERCIER, PESAN, LE ROY.
ÉGYPTIENNE dansante et chantante, le sieur NOBLET l'aîné.
ÉGYPTIENS dansants : quatre jouant de la guitare, les sieurs LULLI, BEAUCHAMP, CHICANNEAU, VAIGART ; quatre jouant des castagnettes, les sieurs FAVIER, BONNARD, SAINT-ANDRÉ, ARNALD ; quatre jouant des gnacares, les sieurs LA MARRE, DES AIRS second, DU FEU, PESAN.

LE SICILIEN

ou

L'AMOUR PEINTRE

COMÉDIE-BALLET EN UN ACTE

1667

PERSONNAGES DE LA COMÉDIE

DON PÈDRE, gentilhomme sicilien [1].
ADRASTE, gentilhomme françois, amant d'Isidore [2].
ISIDORE, Grecque, esclave de don Pèdre [3].
ZAÏDE, jeune esclave [4].
UN SÉNATEUR [5].
HALI, Turc, esclave d'Adraste [6].
DEUX LAQUAIS.

PERSONNAGES DU BALLET

MUSICIENS.
ESCLAVE chantant.
ESCLAVES dansants.
MAURES et MAURESQUES dansants.

SCÈNE I

HALI, MUSICIENS.

HALI, aux musiciens.

Chut. N'avancez pas davantage, et demeurez dans cet endroit, jusqu'à ce que je vous appelle.

SCÈNE II

HALI, seul.

Il fait noir comme dans un four : le ciel s'est habillé ce soir en Scaramouche [7], et je ne vois pas une étoile qui montre le bout de son nez. Sotte condition que celle d'un esclave, de ne vivre jamais pour soi, et d'être toujours tout entier aux passions d'un maître, de n'être réglé que par ses humeurs, et de se voir réduit à faire ses propres affaires de tous les soucis qu'il peut prendre! Le mien me

---

Acteurs de la troupe de Molière : [1] Molière. — [2] La Grange. — [3] Mademoiselle De Brie. — [4] Mademoiselle Molière. — [5] Du Croisy. — [6] La Thorillière.

[7] *Scaramouche* était un personnage bouffon de l'ancien théâtre italien, qui était habillé de noir de la tête aux pieds, et dont le masque même était rayé de noir au front, aux joues et au menton. (Auger.)

---

fait ici épouser ses inquiétudes; et, parce qu'il est amoureux, il faut que nuit et jour je n'aie aucun repos. Mais voici des flambeaux, et, sans doute, c'est lui.

SCÈNE III

ADRASTE, DEUX LAQUAIS, portant chacun un flambeau; HALI.

ADRASTE.

Est-ce toi, Hali?

HALI.

Et qui pourroit-ce être que moi? A ces heures de nuit, hors vous et moi, monsieur, je ne crois pas que personne s'avise de courir maintenant les rues.

ADRASTE.

Aussi ne crois-je pas qu'on puisse voir personne qui sente dans son cœur la peine que je sens. Car, enfin, ce n'est rien d'avoir à combattre l'indifférence ou les rigueurs d'une beauté qu'on aime, on a toujours au moins le plaisir de la plainte et la liberté des soupirs; mais ne pouvoir trouver aucune occasion de parler à ce qu'on adore, ne pouvoir savoir d'une belle si l'amour qu'inspirent ses yeux est pour lui plaire ou lui déplaire, c'est la plus fâcheuse, à mon gré, de toutes les inquiétudes; et c'est où me réduit l'incommode jaloux qui veille, avec tant de souci, sur ma charmante Grecque, et ne fait pas un pas sans la traîner à ses côtés.

HALI.

Mais il est, en amour, plusieurs façons de se parler; et il me semble, à moi, que vos yeux et les siens, depuis près de deux mois, se sont dit bien des choses.

ADRASTE.

Il est vrai qu'elle et moi souvent nous nous sommes parlé des yeux; mais comment reconnoître que, chacun de notre côté, nous ayons, comme il faut, expliqué ce langage? Et que sais-je, après tout, si elle entend bien tout ce que mes regards lui disent, et si les siens me disent ce que je crois parfois entendre?

HALI.

Il faut chercher quelque moyen de se parler d'autre manière.

ADRASTE.

As-tu là tes musiciens?

HALI.

Oui.

ADRASTE.

Fais-les approcher. (Seul.) Je veux jusques au jour les faire ici chanter, et voir si leur musique n'obligera point cette belle à paroître à quelque fenêtre.

SCÈNE IV

ADRASTE, HALI, MUSICIENS.

HALI.

Les voici. Que chanteront-ils?

ADRASTE.

Ce qu'ils jugeront de meilleur.

HALI.

Il faut qu'ils chantent un trio qu'ils me chantèrent l'autre jour.

ADRASTE.

Non. Ce n'est pas ce qu'il me faut.

HALI.

Ah! monsieur, c'est du beau bécarre.

ADRASTE.

Que diantre veux-tu dire avec ton beau bécarre?

HALI.

Monsieur, je tiens pour le bécarre. Vous savez que je m'y connois. Le bécarre me charme; hors du bécarre, point de salut en harmonie. Écoutez un peu ce trio.

ADRASTE.

Non. Je veux quelque chose de tendre et de passionné, quelque chose qui m'entretienne dans une douce rêverie.

HALI.

Je vois bien que vous êtes pour le bémol; mais il y a moyen de nous contenter l'un et l'autre. Il faut qu'ils vous chantent une certaine scène d'une petite comédie que je leur ai vu essayer. Ce sont deux bergers amoureux, tout remplis de langueur, qui, sur bémol, viennent séparément faire leurs plaintes dans un bois, puis se découvrent l'un à l'autre la cruauté de leurs maîtresses; et là-dessus vient un berger joyeux avec un bécarre admirable, qui se moque de leur foiblesse.

ADRASTE.

J'y consens. Voyons ce que c'est.

HALI.

Voici, tout juste, un lieu propre à servir de scène; et voilà deux flambeaux pour éclairer la comédie.

ADRASTE.

Place-toi contre ce logis, afin qu'au moindre bruit que l'on fera dedans, je fasse cacher les lumières [1].

[1] L'espèce de sérénade que donne Adraste à la belle Isidore doit faire supposer que la scène se passe dans la rue. Les scènes chantées qui suivent furent mises en musique par Lulli. (Bret.)

FRAGMENT DE COMÉDIE

CHANTÉ ET ACCOMPAGNÉ

PAR LES MUSICIENS QU'HALI A AMENÉS

SCÈNE I

PHILÈNE, TIRCIS.

PREMIER MUSICIEN, représentant Philène.

Si du triste récit de mon inquiétude
Je trouble le repos de votre solitude,
 Rochers, ne soyez point fâchés;
Quand vous saurez l'excès de mes peines secrètes,
 Tout rochers que vous êtes,
 Vous en serez touchés.

DEUXIÈME MUSICIEN, représentant Tircis.

Les oiseaux réjouis, dès que le jour s'avance,
Recommencent leurs chants dans ces vastes forêts;
 Et moi, j'y recommence
Mes soupirs languissants et mes tristes regrets.
 Ah! mon cher Philène!

PHILÈNE.

Ah! mon cher Tircis!

TIRCIS.

Que je sens de peine!

PHILÈNE.

Que j'ai de soucis!

TIRCIS.

Toujours sourde à mes vœux est l'ingrate Climène.

PHILÈNE.

Chloris n'a point pour moi de regards adoucis.

TOUS DEUX ENSEMBLE.

 O loi trop inhumaine!
Amour, si tu ne peux les contraindre d'aimer,
Pourquoi leur laisses-tu le pouvoir de charmer?

SCÈNE II

PHILÈNE, TIRCIS, UN PATRE.

TROISIÈME MUSICIEN, représentant un pâtre.

Pauvres amants, quelle erreur
D'adorer des inhumaines!
Jamais les âmes bien saines
Ne se payent de rigueur,
Et les faveurs sont les chaînes
Qui doivent lier un cœur.
On voit cent belles ici,
Auprès de qui je m'empresse;
A leur vouer ma tendresse
Je mets mon plus doux souci;
Mais, lorsque l'on est tigresse,
Ma foi, je suis tigre aussi.

PHILÈNE ET TIRCIS, ensemble.

Heureux, hélas! qui peut aimer ainsi!

HALI.
Monsieur, je viens d'ouïr quelque bruit au dedans.
ADRASTE.
Qu'on se retire vite, et qu'on éteigne les flambeaux.

SCÈNE V

DON PÈDRE, ADRASTE, HALI.

DON PÈDRE, sortant de sa maison, en bonnet de nuit et en robe de chambre, avec une épée sous son bras.

Il y a quelque temps que j'entends chanter à ma porte; et sans doute cela ne se fait pas pour rien. Il faut que, dans l'obscurité, je tâche à découvrir quelles gens ce peuvent être.

ADRASTE.
Hali!
HALI.
Quoi?
ADRASTE.
N'entends-tu plus rien?
HALI.
Non. (Don Pèdre est derrière eux, qui les écoute.)
ADRASTE.
Quoi! tous nos efforts ne pourront obtenir que je parle un moment à cette aimable Grecque! et ce jaloux maudit, ce traître de Sicilien, me fermera toujours tout accès auprès d'elle!
HALI.
Je voudrois, de bon cœur, que le diable l'eût emporté, pour la fatigue qu'il nous donne, le fâcheux, le bourreau qu'il est! Ah! si nous le tenions ici, que je prendrois de joie à venger sur son dos tous les pas inutiles que sa jalousie nous fait faire!
ADRASTE.
Si faut-il bien[1], pourtant, trouver quelque moyen, quelque invention, quelque ruse, pour attraper notre brutal. J'y suis trop engagé pour en avoir le démenti; et, quand j'y devrois employer...
HALI.
Monsieur, je ne sais pas ce que cela veut dire, mais la porte est ouverte; et, si vous le voulez, j'entrerai doucement pour découvrir d'où cela vient. (Don Pèdre se retire sur sa porte.)
ADRASTE.
Oui, fais; mais sans faire de bruit. Je ne m'éloigne pas de toi. Plût au ciel que ce fût la charmante Isidore!
DON PÈDRE, donnant un soufflet à Hali.
Qui va là?
HALI, rendant le soufflet à don Pèdre.
Ami[2].
DON PÈDRE.
Holà! Francisque, Dominique, Simon, Martin, Pierre, Thomas, Georges, Charles, Barthélemy! Allons, promptement, mon épée, ma rondache, ma hallebarde, mes pistolets, mes mousquetons, mes fusils! Vite, dépêchez! Allons, tue, point de quartier!

SCÈNE VI

ADRASTE, HALI.

ADRASTE.
Je n'entends remuer personne. Hali! Hali!
HALI, caché dans un coin.
Monsieur?
ADRASTE
Où donc te caches-tu?
HALI.
Ces gens sont-ils sortis?
ADRASTE.
Non. Personne ne bouge.
HALI, sortant d'où il étoit caché.
S'ils viennent, ils seront frottés.
ADRASTE.
Quoi! tous nos soins seront donc inutiles! Et toujours ce fâcheux jaloux se moquera de nos desseins!
HALI.
Non. Le courroux du point d'honneur me prend : il ne sera pas dit qu'on triomphe de mon adresse : ma qualité de fourbe s'indigne de tous ces obstacles, et je prétends faire éclater les talents que j'ai eus du ciel.
ADRASTE.
Je voudrois seulement que, par quelque moyen, par un billet, par quelque bouche, elle fût avertie des sentiments qu'on a pour elle, et savoir les siens là-dessus. Après, on peut trouver facilement les moyens...
HALI.
Laissez-moi faire seulement. J'en essayerai tant de toutes les manières, que quelque chose enfin nous pourra réussir. Allons, le jour paroît; je vais chercher mes gens, et venir attendre, en ce lieu, que notre jaloux sorte.

SCÈNE VII

DON PÈDRE, ISIDORE.

ISIDORE.
Je ne sais pas quel plaisir vous prenez à me réveiller si matin. Cela s'ajuste assez mal, ce me semble, au dessein que vous avez pris de me faire peindre aujourd'hui; et ce n'est guère pour avoir le teint frais et les yeux brillants que se lever ainsi dès la pointe du jour.
DON PÈDRE
J'ai une affaire qui m'oblige à sortir à l'heure qu'il est.
ISIDORE.
Mais l'affaire que vous avez eût bien pu se passer, je crois, de ma présence; et vous pouviez, sans vous incommoder, me laisser goûter les douceurs du sommeil du matin.
DON PÈDRE.
Oui. Mais je suis bien aise de vous voir toujours avec

---
[1] Pour : encore faut-il bien.
[2] Voilà une de ces saillies inattendues et vraiment comiques qui font éclater le rire le plus franc. (Auger.)

moi. Il n'est pas mal de s'assurer un peu contre les soins des surveillants; et, cette nuit encore, on est venu chanter sous nos fenêtres.

ISIDORE.

Il est vrai. La musique en étoit admirable.

DON PÈDRE.

C'étoit pour vous que cela se faisoit?

ISIDORE.

Je le veux croire ainsi, puisque vous me le dites.

DON PÈDRE.

Vous savez qui étoit celui qui donnoit cette sérénade?

ISIDORE.

Non pas; mais, qui que ce puisse être, je lui suis obligée.

DON PÈDRE.

Obligée?

ISIDORE.

Sans doute, puisqu'il cherche à me divertir.

DON PÈDRE.

Vous trouvez donc bon qu'il vous aime?

ISIDORE.

Fort bon. Cela n'est jamais qu'obligeant.

DON PÈDRE.

Et vous voulez du bien à tous ceux qui prennent ce soin?

ISIDORE.

Assurément.

DON PÈDRE.

C'est dire fort net ses pensées.

ISIDORE.

A quoi bon de dissimuler? Quelque mine qu'on fasse, on est toujours bien aise d'être aimée. Ces hommages à nos appas ne sont jamais pour nous déplaire. Quoi qu'on en puisse dire, la grande ambition des femmes est, croyez-moi, d'inspirer de l'amour. Tous les soins qu'elles prennent ne sont que pour cela, et l'on n'en voit point de si fière qui ne s'applaudisse en son cœur des conquêtes que font ses yeux.

DON PÈDRE.

Mais, si vous prenez, vous, du plaisir à vous voir aimée, savez-vous bien, moi, qui vous aime, que je n'y en prends nullement?

ISIDORE.

Je ne sais pourquoi cela; et, si j'aimois quelqu'un, je n'aurois point de plus grand plaisir que de le voir aimé de tout le monde. Y a-t-il rien qui marque davantage la beauté du choix que l'on fait? Et n'est-ce pas pour s'applaudir que ce que nous aimons soit trouvé fort aimable?

DON PÈDRE.

Chacun aime à sa guise, et ce n'est pas là ma méthode. Je serai fort ravi qu'on ne vous trouve point si belle; et vous m'obligerez de n'affecter pas tant de la[1] paroître à d'autres yeux.

---

[1] Les grammairiens avaient signalé comme invariable le pronom *le*, quand il tient la place d'un adjectif ou d'un substantif pris adjectivement. Leur décision a prévalu. Molière et beaucoup d'autres écrivains ont manqué à cette règle. Madame de Sévigné aurait cru, disait-elle, avoir de la barbe si, à cette question, *Êtes-vous enrhumée?* elle avait répondu : *Je le suis.*

ISIDORE.

Quoi! jaloux de ces choses-là?

DON PÈDRE.

Oui, jaloux de ces choses-là, mais jaloux comme un tigre, et, si vous voulez, comme un diable. Mon amour vous veut toute à moi. Sa délicatesse s'offense d'un souris, d'un regard qu'on vous peut arracher; et tous les soins qu'on me voit prendre ne sont que pour fermer tout accès aux galants et m'assurer la possession d'un cœur dont je ne puis souffrir qu'on me vole la moindre chose.

ISIDORE.

Certes, voulez-vous que je dise? vous prenez un mauvais parti; et la possession d'un cœur est fort mal assurée, lorsqu'on prétend le retenir par force. Pour moi, je vous l'avoue, si j'étois galant d'une femme qui fût au pouvoir de quelqu'un, je mettrois toute mon étude à rendre ce quelqu'un jaloux et l'obliger à veiller nuit et jour celle que je voudrois gagner. C'est un admirable moyen d'avancer ses affaires, et l'on ne tarde guère à profiter du chagrin et de la colère que donnent à l'esprit d'une femme la contrainte et la servitude.

DON PÈDRE.

Si bien donc que si quelqu'un vous en contoit, il vous trouveroit disposée à recevoir ses vœux?

ISIDORE.

Je ne vous dis rien là-dessus. Mais les femmes, enfin, n'aiment pas qu'on les gêne; et c'est beaucoup risquer que de leur montrer des soupçons et de les tenir renfermées.

DON PÈDRE.

Vous reconnoissez peu ce que vous me devez; et il me semble qu'une esclave que l'on a affranchie et dont on veut faire sa femme...

ISIDORE.

Quelle obligation vous ai-je, si vous changez mon esclavage en un autre beaucoup plus rude, si vous ne me laissez jouir d'aucune liberté, et me fatiguez, comme on voit, d'une garde continuelle?

DON PÈDRE.

Mais tout cela ne part que d'un excès d'amour.

ISIDORE.

Si c'est votre façon d'aimer, je vous prie de me haïr.

DON PÈDRE.

Vous êtes aujourd'hui dans une humeur désobligeante; et je pardonne ces paroles au chagrin où vous pouvez être de vous être levée matin.

SCÈNE VIII

DON PÈDRE; ISIDORE, HALI, habillé en Turc, faisant plusieurs révérences à don Pèdre.

DON PÈDRE.

Trêve aux cérémonies. Que voulez-vous?

HALI, se mettant entre don Pèdre et Isidore. Il se tourne vers Isidore, à chaque parole qu'il dit à don Pèdre, et lui fait des signes pour lui faire connoître le dessein de son maître.

Signor (avec la permission de la signore), je vous dirai (avec la permission de la signore) que je viens vous trou-

SCÈNE IX.

er (avec la permission de la signore), pour vous prier (avec la permission de la signore) de vouloir bien (avec la permission de la signore)...

DON PÈDRE.

Avec la permission de la signore, passez un peu de ce côté. (Don Pèdre se met entre Hali et Isidore.)

HALI.

Signor, je suis un virtuose.

DON PÈDRE.

Je n'ai rien à donner.

HALI.

Ce n'est pas ce que je demande. Mais, comme je me mêle un peu de musique et de danse, j'ai instruit quelques esclaves qui voudroient bien trouver un maître qui se plût à ces choses; et, comme je sais que vous êtes une personne considérable, je voudrois vous prier de les voir et de les entendre, pour les acheter, s'ils vous plaisent, ou pour leur enseigner quelqu'un de vos amis qui voulût s'en accommoder.

ISIDORE.

C'est une chose à voir, et cela nous divertira. Faites-les-nous venir.

HALI.

Chala bala... Voici une chanson nouvelle, qui est du temps. Écoutez bien. Chala bala.

SCÈNE IX

DON PÈDRE, ISIDORE, HALI, ESCLAVES TURCS.

UN ESCLAVE, chantant à Isidore.

D'un cœur ardent, en tous lieux,
Un amant suit une belle;
Mais d'un jaloux odieux
La vigilance éternelle
Fait qu'il ne peut, que des yeux,
S'entretenir avec elle.
Est-il peine plus cruelle
Pour un cœur bien amoureux [1]?

A don Pèdre.

Chiribirida ouch alla,
  Star bon Turca,
  Non aver danara :
  Ti voler comprara?
  Mi servi à ti,
  Se pagar per mi;
  Far bona cucina,
  Mi levar matina,
  Far boller caldara.
  Parlara, parlara,
  Ti voler comprara [2]?

PREMIÈRE ENTRÉE DE BALLET.

Danse des esclaves.

L'ESCLAVE, à Isidore.

C'est un supplice, à tous coups,
Sous qui cet amant expire;
Mais, si d'un œil un peu doux
La belle voit son martyre,
Et consent qu'aux yeux de tous
Pour ses attraits il soupire,
Il pourroit bientôt se rire
De tous les soins du jaloux [1].

A don Pèdre.

Chiribirida ouch alla,
  Star bon Turca,
  Non aver danara :
  Ti voler comprara?
  Mi servir à ti,
  Se pagar per mi;
  Far bona cucina,
  Mi levar matina,
  Far boller caldara.
  Parlara, parlara,
  Ti voler comprara?

SECONDE ENTRÉE DE BALLET.

Les esclaves recommencent leur danse.

DON PÈDRE chante.

Savez-vous, mes drôles,
  Que cette chanson
  Sent pour vos épaules
  Les coups de bâton?
Chiribirida ouch alla,
  Mi ti non comprara,
  Ma ti bastonara,
  Si ti non andara;
  Andara, andara.
  O ti bastonara [2].

Oh! oh! quels égrillards! (A Isidore.) Allons, rentrons ici : j'ai changé de pensée; et puis, le temps se couvre un peu. (A Hali, qui paroît encore.) Ah! fourbe, que je vous y trouve!

HALI.

Eh bien, oui, mon maître l'adore. Il n'a point de plus grand désir que de lui montrer son amour; et, si elle y consent, il la prendra pour femme.

DON PÈDRE.

Oui, oui. Je la lui garde.

HALI.

Nous l'aurons malgré vous.

---

[1] Il y a ici un jeu de théâtre qui n'est marqué dans aucune édition du *Sicilien*, mais qu'indique l'analyse de la pièce dans le livre du *Ballet des Muses* : « L'esclave turc, après avoir chanté, craignant que don Pèdre ne vienne à comprendre le sens de ce qu'il vient de dire et à s'apercevoir de sa fourberie, se tourne entièrement vers don Pèdre, et, pour l'amuser, lui chante en langage franc ces paroles. » (Auger.)

[2] Voici le sens de ce couplet : « Je suis bon Turc, je n'ai point d'argent. Voulez-vous m'acheter? je vous servirai, si vous payez pour moi. Je ferai une bonne cuisine; je me lèverai matin; je ferai bouillir la marmite. Parlez, parlez, voulez-vous m'acheter? » (Auger.)

[1] Le livre du *Ballet des Muses* indique ici le même jeu de théâtre qu'à la fin du premier couplet en paroles françaises.

[2] « Je ne t'achèterai pas; mais je te bâtonnerai, si tu ne t'en vas pas. Va-t'en, va-t'en, ou je te bâtonnerai. » (Auger.)

DON PÈDRE.
Comment! coquin...
HALI.
Nous l'aurons, dis-je, en dépit de vos dents.
DON PÈDRE.
Si je prends...
HALI.
Vous avez beau faire la garde, j'en ai juré, elle sera à nous.
DON PÈDRE.
Laisse-moi faire, je t'attraperai sans courir.
HALI.
C'est nous qui vous attraperons. Elle sera notre femme, la chose est résolue. (Seul.) Il faut que j'y périsse, ou que j'en vienne à bout.

SCÈNE X

ADRASTE, HALI, DEUX LAQUAIS.

ADRASTE.
Eh bien, Hali, nos affaires s'avancent-elles?
HALI.
Monsieur, j'ai déjà fait quelque petite tentative; mais je...
ADRASTE.
Ne te mets point en peine; j'ai trouvé, par hasard, tout ce que je voulois; et je vais jouir du bonheur de voir chez elle cette belle. Je me suis rencontré chez le peintre Damon, qui m'a dit qu'aujourd'hui il venoit faire le portrait de cette adorable personne; et, comme il est depuis longtemps de mes plus intimes amis, il a voulu servir mes feux, et m'envoie à sa place, avec un petit mot de lettre pour me faire accepter. Tu sais que, de tout temps, je me suis plu à la peinture, et que parfois je manie le pinceau, contre la coutume de France, qui ne veut pas qu'un gentilhomme sache rien faire : ainsi j'aurai la liberté de voir cette belle à mon aise. Mais je ne doute pas que mon jaloux fâcheux ne soit toujours présent, et n'empêche tous les propos que nous pourrions avoir ensemble; et, pour te dire vrai, j'ai, par le moyen d'une jeune esclave, un stratagème prêt pour tirer cette belle Grecque des mains de son jaloux, si je puis obtenir d'elle qu'elle y consente.
HALI.
Laissez-moi faire, je veux vous faire un peu de jour à le pouvoir entretenir. (Il parle bas à l'oreille d'Adraste.) Il ne sera pas dit que je ne serve de rien dans cette affaire-là. Quand y allez-vous?
ADRASTE.
Tout de ce pas, et j'ai déjà préparé toutes choses.
HALI.
Je vais, de mon côté, me préparer aussi.
ADRASTE.
Je ne veux point perdre de temps. Holà! il me tarde que je ne goûte le plaisir de la voir.

SCÈNE XI

DON PÈDRE, ADRASTE, DEUX LAQUAIS.

DON PÈDRE.
Que cherchez-vous, cavalier, dans cette maison[1]?
ADRASTE.
J'y cherche le seigneur don Pèdre.
DON PÈDRE.
Vous l'avez devant vous.
ADRASTE.
Il prendra, s'il lui plaît, la peine de lire cette lettre.
DON PÈDRE.
« Je vous envoie, au lieu de moi, pour le portrait que
« vous savez, ce gentilhomme françois, qui, comme cu-
« rieux d'obliger les honnêtes gens, a bien voulu prendre
« ce soin, sur la proposition que je lui en ai faite. Il est,
« sans contredit, le premier homme du monde pour ces
« sortes d'ouvrages, et j'ai cru que je ne vous pouvois
« rendre un service plus agréable que de vous l'envoyer,
« dans le dessein que vous avez d'avoir un portrait achevé
« de la personne que vous aimez. Gardez-vous bien sur-
« tout de lui parler d'aucune récompense; car c'est un
« homme qui s'en offenseroit, et qui ne fait les choses
« que pour la gloire et la réputation. »
Seigneur François, c'est une grande grâce que vous me voulez faire, et je vous suis fort obligé.
ADRASTE.
Toute mon ambition est de rendre service aux gens de nom et de mérite.
DON PÈDRE.
Je vais faire venir la personne dont il s'agit.

SCÈNE XII

ISIDORE, DON PÈDRE, ADRASTE, DEUX LAQUAIS.

DON PÈDRE, à Isidore.
Voici un gentilhomme que Damon nous envoie, qui se veut bien donner la peine de vous peindre. (A Adraste, qui embrasse Isidore en la saluant.) Holà! seigneur François, cette façon de saluer n'est point d'usage en ce pays.
ADRASTE.
C'est la manière de France.
DON PÈDRE.
La manière de France est bonne pour vos femmes; mais, pour les nôtres, elle est un peu trop familière.
ISIDORE.
Je reçois cet honneur avec beaucoup de joie. L'aventure me surprend fort; et, pour dire le vrai, je ne m'attendois pas d'avoir un peintre si illustre.
ADRASTE.
Il n'y a personne, sans doute, qui ne tînt à beaucoup de gloire de toucher à un tel ouvrage. Je n'ai pas grande habileté; mais le sujet, ici, ne fournit que trop de lui-

---

[1] Jusqu'ici la scène a été dans la rue. Il est évident, d'après ces paroles de don Pèdre, qu'elle est maintenant dans sa maison.

même, et il y a moyen de faire quelque chose de beau sur un original fait comme celui-là.

ISIDORE.

L'original est peu de chose; mais l'adresse du peintre en saura couvrir les défauts.

ADRASTE.

Le peintre n'y en voit aucun; et tout ce qu'il souhaite est d'en pouvoir représenter les grâces aux yeux de tout le monde, aussi grandes qu'il les peut voir.

ISIDORE.

Si votre pinceau flatte autant que votre langue, vous allez me faire un portrait qui ne me ressemblera pas.

ADRASTE.

Le ciel, qui fit l'original, nous ôte le moyen d'en faire un portrait qui puisse flatter.

ISIDORE.

Le ciel, quoi que vous en disiez, ne...

DON PÈDRE.

Finissons cela, de grâce. Laissons les compliments, et songeons au portrait.

ADRASTE, aux laquais.

Allons, apportez tout. (On apporte tout ce qu'il faut pour peindre Isidore.)

ISIDORE, à Adraste.

Où voulez-vous que je me place?

ADRASTE.

Ici. Voici le lieu le plus avantageux, et qui reçoit le mieux les vues favorables de la lumière que nous cherchons.

ISIDORE, après s'être assise.

Suis-je bien ainsi?

ADRASTE.

Oui. Levez-vous un peu, s'il vous plaît. Un peu plus de ce côté-là. Le corps tourné ainsi. La tête un peu levée, afin que la beauté du cou paroisse. Ceci un peu plus découvert. (Il découvre un peu plus sa gorge.) Bon. Là, un peu davantage; encore tant soit peu.

DON PÈDRE, à Isidore.

Il y a bien de la peine à vous mettre; ne sauriez-vous vous tenir comme il faut?

ISIDORE.

Ce sont ici des choses toutes neuves pour moi; et c'est à monsieur à me mettre de la façon qu'il veut.

ADRASTE, assis.

Voilà qui va le mieux du monde, et vous vous tenez à merveille. (La faisant tourner un peu vers lui.) Comme cela, s'il vous plaît. Le tout dépend des attitudes qu'on donne aux personnes qu'on peint.

DON PÈDRE.

Fort bien.

ADRASTE.

Un peu plus de ce côté. Vos yeux toujours tournés vers moi, je vous prie; vos regards attachés aux miens.

ISIDORE.

Je ne suis pas comme ces femmes qui veulent, en se faisant peindre, des portraits qui ne sont point elles, et ne sont point satisfaites du peintre s'il ne les fait toujours plus belles qu'elles ne sont[1]. Il faudroit, pour les contenter, ne faire qu'un portrait pour toutes; car toutes demandent les mêmes choses: un teint tout de lis et de roses, un nez bien fait, une petite bouche, et de grands yeux vifs, bien fendus; et surtout le visage pas plus gros que le poing, l'eussent-elles d'un pied de large. Pour moi, je vous demande un portrait qui soit moi, et qui n'oblige point à demander qui c'est.

ADRASTE.

Il seroit malaisé qu'on demandât cela du vôtre; et vous avez des traits à qui fort peu d'autres ressemblent. Qu'ils ont de douceurs et de charmes, et qu'on court de risque à les peindre!

DON PÈDRE.

Le nez me semble un peu trop gros.

ADRASTE.

J'ai lu, je ne sais où, qu'Apelles peignit autrefois une maîtresse d'Alexandre d'une merveilleuse beauté, et qu'il en devint, la peignant, si éperdument amoureux, qu'il fut près d'en perdre la vie; de sorte qu'Alexandre, par générosité, lui céda l'objet de ses vœux. (A don Pèdre.) Je pourrois faire ici ce qu'Apelle fit autrefois; mais vous ne feriez pas, peut-être, ce que fit Alexandre. (Don Pèdre fait la grimace.)

ISIDORE, à don Pèdre.

Tout cela sent la nation; et toujours messieurs les François ont un fonds de galanterie qui se répand partout.

ADRASTE.

On ne se trompe guère à ces sortes de choses, et vous avez l'esprit trop éclairé pour ne pas voir de quelle source partent les choses qu'on vous dit. Oui, quand Alexandre seroit ici, et que ce seroit votre amant, je ne pourrois m'empêcher de vous dire que je n'ai rien vu de si beau que ce que je vois maintenant, et que...

DON PÈDRE.

Seigneur François, vous ne devriez pas, ce me semble, tant parler; cela vous détourne de votre ouvrage.

ADRASTE.

Ah! point du tout. J'ai toujours de coutume de parler quand je peins; et il est besoin, dans ces choses, d'un peu de conversation, pour réveiller l'esprit et tenir les visages dans la gaieté nécessaire aux personnes que l'on veut peindre.

SCÈNE XIII

HALI, vêtu en Espagnol; DON PÈDRE, ADRASTE, ISIDORE.

DON PÈDRE.

Que veut cet homme-là? Et qui laisse monter les gens sans nous en venir avertir?

HALI, à don Pèdre.

J'entre ici librement; mais, entre cavaliers, telle liberté est permise. Seigneur, suis-je connu de vous?

DON PÈDRE.

Non, seigneur.

[1] VAR. S'il ne les fait toujours plus belles *que le jour*.

HALI.

Je suis don Gillés d'Avalos; et l'histoire d'Espagne vous doit avoir instruit de mon mérite.

DON PÈDRE.

Souhaitez-vous quelque chose de moi?

HALI.

Oui, un conseil sur un fait d'honneur. Je sais qu'en ces matières il est malaisé de trouver un cavalier plus consommé que vous; mais je vous demande, pour grâce, que nous nous tirions à l'écart.

DON PÈDRE.

Nous voilà assez loin.

ADRASTE, à don Pèdre, qui le surprend parlant bas à Isidore.

J'observois de près la couleur de ses yeux.

HALI, tirant don Pèdre, pour l'éloigner d'Adraste et d'Isidore.

Seigneur, j'ai reçu un soufflet. Vous savez ce qu'est un soufflet, lorsqu'il se donne à main ouverte, sur le beau milieu de la joue. J'ai ce soufflet fort sur le cœur; et je suis dans l'incertitude, si, pour me venger de l'affront, je dois me battre avec mon homme, ou bien le faire assassiner.

DON PÈDRE.

Assassiner, c'est le plus sûr et le plus court chemin. Quel est votre ennemi?

HALI.

Parlons bas, s'il vous plaît. (Hali tient don Pèdre, en lui parlant, de façon qu'il ne peut voir Adraste.)

ADRASTE, aux genoux d'Isidore, pendant que don Pèdre et Hali parlent bas ensemble.

Oui, charmante Isidore, mes regards vous le disent depuis plus de deux mois, et vous les avez entendus. Je vous aime plus que tout ce que l'on peut aimer, et je n'ai point d'autre pensée, d'autre but, d'autre passion, que d'être à vous toute ma vie.

ISIDORE.

Je ne sais si vous dites vrai; mais vous persuadez.

ADRASTE.

Mais vous persuadé-je jusqu'à vous inspirer quelque peu de bonté pour moi?

ISIDORE.

Je ne crains que d'en trop avoir.

ADRASTE.

En aurez-vous assez pour consentir, belle Isidore, au dessein que je vous ai dit?

ISIDORE.

Je ne puis encore vous le dire.

ADRASTE.

Qu'attendez-vous pour cela?

ISIDORE.

A me résoudre.

ADRASTE.

Ah! quand on aime bien, on se résout bientôt.

ISIDORE.

Eh bien, allez, oui, j'y consens.

ADRASTE.

Mais consentez-vous, dites-moi, que ce soit dès ce moment même?

ISIDORE.

Lorsqu'on est une fois résolu sur la chose, s'arrête-t-on sur le temps?

DON PÈDRE, à Hali.

Voilà mon sentiment, et je vous baise les mains.

HALI.

Seigneur, quand vous aurez reçu quelque soufflet, je suis homme aussi de conseil, et je pourrai vous rendre la pareille.

DON PÈDRE.

Je vous laisse aller sans vous reconduire; mais, entre cavaliers, cette liberté est permise.

ADRASTE, à Isidore.

Non, il n'est rien qui puisse effacer de mon cœur les tendres témoignages... (A don Pèdre, apercevant Adraste qui parle de près à Isidore.) Je regardois ce petit trou qu'elle a du côté du menton; et je croyois d'abord que ce fût une tache. Mais c'est assez pour aujourd'hui, nous finirons une autre fois. (A don Pèdre, qui veut voir le portrait.) Non, ne regardez rien encore; faites serrer cela, je vous prie. (A Isidore.) Et vous, je vous conjure de ne vous relâcher point, et de garder un esprit gai, pour le dessein que j'ai d'achever notre ouvrage.

ISIDORE.

Je conserverai pour cela toute la gaîté qu'il faut.

SCÈNE XIV

DON PÈDRE, ISIDORE.

ISIDORE.

Qu'en dites-vous? ce gentilhomme me paroît le plus civil du monde; et l'on doit demeurer d'accord que les François ont quelque chose en eux de poli, de galant, que n'ont point les autres nations.

DON PÈDRE.

Oui; mais ils ont cela de mauvais qu'ils s'émancipent un peu trop, et s'attachent, en étourdis, à conter des fleurettes à tout ce qu'ils rencontrent.

ISIDORE.

C'est qu'ils savent qu'on plaît aux dames par ces choses.

DON PÈDRE.

Oui; mais, s'ils plaisent aux dames, ils déplaisent fort aux messieurs; et l'on n'est point bien aise de voir, sur sa moustache, cajoler hardiment sa femme ou sa maîtresse.

ISIDORE.

Ce qu'ils en font n'est que par jeu.

SCÈNE XV

ZAÏDE, DON PÈDRE, ISIDORE.

ZAÏDE.

Ah! seigneur cavalier, sauvez-moi, s'il vous plaît, des mains d'un mari furieux dont je suis poursuivie. Sa jalousie est incroyable, et passe, dans ses mouvements, tout ce qu'on peut imaginer. Il va jusques à vouloir que je sois toujours voilée; et, pour m'avoir trouvée le visage un peu découvert, il a mis l'épée à la main, et m'a réduite à me jeter chez vous, pour vous demander votre appui contre son injustice. Mais je le vois paroître. De grâce, seigneur cavalier, sauvez-moi de sa fureur!

DON PÈDRE, à Zaïde, lui montrant Isidore.

Entrez là dedans avec elle, et n'appréhendez rien.

SCÈNE XVI

ADRASTE, DON PÈDRE.

DON PÈDRE.

Eh quoi! seigneur, c'est vous? Tant de jalousie pour un François? Je pensois qu'il n'y eût que nous qui en fussions capables.

ADRASTE.

Les François excellent toujours dans toutes les choses qu'ils font; et, quand nous nous mêlons d'être jaloux, nous le sommes vingt fois plus qu'un Sicilien. L'infâme croit avoir trouvé chez vous un assuré refuge; mais vous êtes trop raisonnable pour blâmer mon ressentiment. Laissez-moi, je vous prie, la traiter comme elle mérite.

DON PÈDRE.

Ah! de grâce, arrêtez. L'offense est trop petite pour un courroux si grand.

ADRASTE.

La grandeur d'une telle offense n'est pas dans l'importance des choses que l'on fait. Elle est à transgresser les ordres qu'on nous donne; et, sur de pareilles matières, ce qui n'est qu'une bagatelle devient fort criminel lorsqu'il est défendu.

DON PÈDRE.

De la façon qu'elle a parlé, tout ce qu'elle en a fait a été sans dessein; et je vous prie enfin de vous remettre bien ensemble.

ADRASTE.

Eh quoi! vous prenez son parti, vous qui êtes si délicat sur ces sortes de choses?

DON PÈDRE.

Oui, je prends son parti; et, si vous voulez m'obliger, vous oublierez votre colère, et vous vous réconcilierez tous deux. C'est une grâce que je vous demande; et je la recevrai comme un essai de l'amitié que je veux qui soit entre nous.

ADRASTE.

Il ne m'est pas permis, à ces conditions, de vous rien refuser. Je ferai ce que vous voudrez.

SCÈNE XVII

ZAÏDE, DON PÈDRE; ADRASTE, caché dans un coin du théâtre.

DON PÈDRE, à Zaïde.

Holà! venez. Vous n'avez qu'à me suivre, et j'ai fait votre paix. Vous ne pouviez jamais mieux tomber que chez moi.

ZAÏDE.

Je vous suis obligée plus qu'on ne sauroit croire: mais je m'en vais prendre mon voile; je n'ai garde, sans lui, de paroître à ses yeux.

SCÈNE XVIII

DON PÈDRE, ADRASTE.

DON PÈDRE.

La voici qui s'en va venir; et son âme, je vous assure, a paru toute réjouie lorsque je lui ai dit que j'avois raccommodé tout.

SCÈNE XIX

ISIDORE, sous le voile de Zaïde; ADRASTE, DON PÈDRE.

DON PÈDRE, à Adraste.

Puisque vous m'avez bien voulu abandonner votre ressentiment, trouvez bon qu'en ce lieu je vous fasse toucher dans la main l'un de l'autre, et que tous deux je vous conjure de vivre, pour l'amour de moi, dans une parfaite union.

ADRASTE.

Oui, je vous le promets, que, pour l'amour de vous, je m'en vais, avec elle, vivre le mieux du monde.

DON PÈDRE.

Vous m'obligez sensiblement, et j'en garderai la mémoire.

ADRASTE.

Je vous donne ma parole, seigneur don Pèdre, qu'à votre considération, je m'en vais la traiter du mieux qu'il me sera possible.

DON PÈDRE.

C'est trop de grâce que vous me faites. (Seul.) Il est bon de pacifier et d'adoucir toujours les choses. Holà! Isidore, venez.

SCÈNE XX

ZAÏDE, DON PÈDRE.

DON PÈDRE.

Comment! que veut dire cela?

ZAÏDE, sans voile.

Ce que cela veut dire? Qu'un jaloux est un monstre haï de tout le monde, et qu'il n'y a personne qui ne soit ravi de lui nuire, n'y eût-il point d'autre intérêt; que toutes les serrures et les verrous du monde ne retiennent point les personnes, et que c'est le cœur qu'il faut arrêter par la douceur et par la complaisance; qu'Isidore est entre les mains du cavalier qu'elle aime, et que vous êtes pris pour dupe.

DON PÈDRE.

Don Pèdre souffrira cette injure mortelle! Non, non:

j'ai trop de cœur, et je vais demander l'appui de la justice pour pousser la perfide à bout. C'est ici le logis d'un sénateur. Holà[1] !

SCÈNE XXI

UN SÉNATEUR, DON PÈDRE.

LE SÉNATEUR.
Serviteur, seigneur don Pèdre. Que vous venez à propos !

DON PÈDRE.
Je viens me plaindre à vous d'un affront qu'on m'a fait.

LE SÉNATEUR.
J'ai fait une mascarade la plus belle du monde.

DON PÈDRE.
Un traître de François m'a joué une pièce.

LE SÉNATEUR.
Vous n'avez, dans votre vie, jamais rien vu de si beau.

DON PÈDRE.
Il m'a enlevé une fille que j'avois affranchie.

LE SÉNATEUR.
Ce sont gens vêtus en Maures qui dansent admirablement.

DON PÈDRE.
Vous voyez si c'est une injure qui se doive souffrir.

[1] Depuis la scène xi, l'action s'est passée dans une salle de la maison de don Pèdre. Ici; le théâtre a changé encore une fois ; il représente, comme dans les premières scènes, une rue ou une place publique.

LE SÉNATEUR.
Les habits merveilleux, et qui sont faits exprès.

DON PÈDRE.
Je demande l'appui de la justice contre cette action.

LE SÉNATEUR.
Je veux que vous voyiez cela. On la va répéter, pour en donner le divertissement au peuple.

DON PÈDRE.
Comment ! de quoi parlez-vous là ?

LE SÉNATEUR.
Je parle de ma mascarade.

DON PÈDRE.
Je vous parle de mon affaire.

LE SÉNATEUR.
Je ne veux point, aujourd'hui, d'autres affaires que de plaisir. Allons, messieurs, venez. Voyons si cela ira bien.

DON PÈDRE.
La peste soit du fou, avec sa mascarade !

LE SÉNATEUR.
Diantre soit le fâcheux, avec son affaire !

SCÈNE XXII

UN SÉNATEUR, TROUPE DE DANSEURS.

ENTRÉE DE BALLET.

Plusieurs danseurs, vêtus en Maures, dansent devant le sénateur, et finissent la comédie.

NOMS DES PERSONNES

QUI ONT DANSÉ ET CHANTÉ

DANS LE SICILIEN

DON PÈDRE, le sieur MOLIÈRE.
ADRASTE, le sieur DE LA GRANGE.
ISIDORE, mademoiselle DE BRIE.
ZAÏDE, mademoiselle MOLIÈRE.
HALI, le sieur DE LA THORILLIÈRE.
UN SÉNATEUR, le sieur DU CROISY.
MUSICIENS chantants, les sieurs BLONDEL, GAYE, NOBLET.
ESCLAVE TURC chantant, le sieur GAYE.
ESCLAVES TURCS dansants, les sieurs LE PRÊTRE, CHICANNEAU, MAYEU, PESAN.
MAURES de qualité, LE ROI, M. LE GRAND, les marquis DE VILLEROI et DE BASSENT.
MAURESQUES de qualité, MADAME, mademoiselle DE LA VALLIÈRE, madame DE ROCHEFORT, mademoiselle DE BRANCAS.
MAURES nus, MM. COCQUET, DE SOUVILLE, les sieurs BEAUCHAMP, NOBLET, CHICANNEAU, LA PIERRE, FAVIER et DES AIRS-GALANS.
MAURES à capot, les sieurs LA MARRE, DU FLU, ARNALD, VAGNARD, BONNARD.

L'IMPOSTEUR
OU
LE TARTUFFE

COMÉDIE EN CINQ ACTES

1667

PRÉFACE

Voici une comédie dont on a fait beaucoup de bruit, qui a été longtemps persécutée, et les gens qu'elle joue ont bien fait voir qu'ils étoient plus puissants en France que tous ceux que j'ai joués jusques ici. Les marquis, les précieuses, les cocus et les médecins, ont souffert doucement qu'on les ait représentés, et ils ont fait semblant de se divertir, avec tout le monde, des peintures que l'on a faites d'eux; mais les hypocrites n'ont point entendu raillerie; ils se sont effarouchés d'abord, et ont trouvé étrange que j'eusse la hardiesse de jouer leurs grimaces, et de vouloir décrier un métier dont tant d'honnêtes gens se mêlent. C'est un crime qu'ils ne sauroient me pardonner; et ils se sont tous armés contre ma comédie avec une fureur épouvantable. Ils n'ont eu garde de l'attaquer par le côté qui les a blessés : ils sont trop politiques pour cela, et savent trop bien vivre pour découvrir le fond de leur âme. Suivant leur louable coutume, ils ont couvert leurs intérêts de la cause de Dieu; et le *Tartuffe*, dans leur bouche, est une pièce qui offense la piété. Elle est, d'un bout à l'autre, pleine d'abominations, et l'on n'y trouve rien qui ne mérite le feu. Toutes les syllabes en sont impies; les gestes mêmes y sont criminels; et le moindre coup d'œil, le moindre branlement de tête, le moindre pas à droite ou à gauche, y cachent des mystères qu'ils trouvent moyen d'expliquer à mon désavantage.

J'ai eu beau la soumettre aux lumières de mes amis, et à la censure de tout le monde; les corrections que j'y ai pu faire; le jugement du roi et de la reine, qui l'ont vue; l'approbation des grands princes et de messieurs les ministres, qui l'ont honorée publiquement de leur présence; le témoignage des gens de bien, qui l'ont trouvée profitable, tout cela n'a de rien servi. Ils n'en veulent point démordre; et, tous les jours encore, ils font crier en public des zélés indiscrets, qui me disent des injures pieusement, et me damnent par charité.

Je me soucierois fort peu de tout ce qu'ils peuvent dire, n'étoit l'artifice qu'ils ont de me faire des ennemis que je respecte, et de jeter dans leur parti de véritables gens de bien, dont ils préviennent la bonne foi, et qui, par la chaleur qu'ils ont pour les intérêts du ciel, sont faciles à recevoir les impressions qu'on veut leur donner. Voilà ce qui m'oblige à me défendre. C'est aux vrais dévots que je veux partout me justifier sur la conduite de ma comédie; et je les conjure, de tout mon cœur, de ne point condamner les choses avant que de les voir, de se défaire de toute prévention, et de ne point servir la passion de ceux dont les grimaces les déshonorent.

Si l'on prend la peine d'examiner de bonne foi ma comédie, on verra sans doute que mes intentions y sont partout innocentes, et qu'elle ne tend nullement à jouer les choses que l'on doit révérer; que je l'ai traitée avec toutes les précautions que demandoit la délicatesse de la matière; et que j'ai mis tout l'art et tous les soins qu'il m'a été possible pour bien distinguer le personnage de l'hypocrite d'avec celui du vrai dévot. J'ai employé pour cela deux actes entiers à préparer la venue de mon scélérat. Il ne tient pas un seul moment l'auditeur en balance; on le connoît d'abord aux marques que je lui donne; et, d'un bout à l'autre, il ne dit pas un mot, il ne fait pas une action, qui ne peigne aux spectateurs le caractère d'un méchant homme, et ne fasse éclater celui du véritable homme de bien que je lui oppose.

Je sais bien que, pour réponse, ces messieurs tâchent d'insinuer que ce n'est point au théâtre à parler de ces matières; mais je leur demande, avec leur permission, sur quoi ils fondent cette belle maxime. C'est une proposition qu'ils ne font que supposer, et qu'ils ne prouvent en aucune façon; et, sans doute, il ne seroit pas difficile de leur faire voir que la comédie, chez les anciens, a pris son origine de la religion, et faisoit partie de leurs mystères; que les Espagnols, nos voisins, ne célèbrent guère de fêtes où la comédie ne soit mêlée; et que, même parmi nous, elle doit sa naissance aux soins d'une confrérie à qui appartient encore aujourd'hui l'hôtel de Bourgogne; que c'est un lieu qui fut donné pour y représenter les plus importants mystères de notre foi; qu'on en voit encore des comédies imprimées en lettres gothiques, sous le nom d'un docteur de Sorbonne; et, sans aller chercher si loin, que l'on a joué, de notre temps, les pièces saintes de M. de Corneille[1], qui ont été l'admiration de toute la France.

Si l'emploi de la comédie est de corriger les vices des hommes, je ne vois pas par quelle raison il y en aura de privilégiés. Celui-ci est, dans l'État, d'une conséquence bien plus dangereuse que tous les autres; et nous avons vu que le théâtre a une grande vertu pour la correction. Les plus beaux traits d'une sérieuse morale sont moins puissants, le plus souvent, que ceux de la satire; et rien ne reprend mieux la plupart des hommes que la peinture de leurs défauts. C'est une grande atteinte aux vices, que de les exposer à la

---

[1] *Polyeucte* et *Théodore, vierge et martyre.*

risée de tout le monde. On souffre aisément des répréhensions; mais on ne souffre point la raillerie. On veut bien être méchant; mais on ne veut point être ridicule.

On me reproche d'avoir mis des termes de piété dans la bouche de mon imposteur. Eh! pouvois-je m'en empêcher, pour bien représenter le caractère d'un hypocrite? Il suffit, ce me semble, que je fasse connoître les motifs criminels qui lui font dire les choses, et que j'en aie retranché les termes consacrés, dont on auroit eu peine à lui entendre faire un mauvais usage. — Mais il débite au quatrième acte une morale pernicieuse. — Mais cette morale est-elle quelque chose dont tout le monde n'eût les oreilles rebattues? Dit-elle rien de nouveau dans ma comédie? Et peut-on craindre que des choses si généralement détestées fassent quelque impression dans les esprits; que je les rende dangereuses en les faisant monter sur le théâtre; qu'elles reçoivent quelque autorité de la bouche d'un scélérat? Il n'y a nulle apparence à cela; et l'on doit approuver la comédie du *Tartuffe*, ou condamner généralement toutes les comédies.

C'est à quoi l'on s'attache furieusement depuis un temps; et jamais on ne s'étoit si fort déchaîné contre le théâtre. Je ne puis pas nier qu'il n'y ait eu des Pères de l'Église qui ont condamné la comédie; mais on ne peut pas me nier aussi qu'il n'y en ait eu quelques-uns qui l'ont traitée un peu plus doucement. Ainsi l'autorité dont on prétend appuyer la censure est détruite par ce partage: et toute la conséquence qu'on peut tirer de cette diversité d'opinions en des esprits éclairés des mêmes lumières, c'est qu'ils ont pris la comédie différemment, et que les uns l'ont considérée dans sa pureté, lorsque les autres l'ont regardée dans sa corruption, et confondue avec tous ces vilains spectacles qu'on a eu raison de nommer des spectacles de turpitude.

Et, en effet, puisqu'on doit discourir des choses et non pas des mots, et que la plupart des contrariétés viennent de ne se pas entendre et d'envelopper dans un même mot des choses opposées, il ne faut qu'ôter le voile de l'équivoque, et regarder ce qu'est la comédie en soi, pour voir si elle est condamnable. On connoîtra, sans doute, que, n'étant autre chose qu'un poëme ingénieux, qui, par des leçons agréables, reprend les défauts des hommes, on ne sauroit la censurer sans injustice; et, si nous voulons ouïr là-dessus le témoignage de l'antiquité, elle nous dira que ses plus célèbres philosophes ont donné des louanges à la comédie, eux qui faisoient profession d'une sagesse si austère, et qui crioient sans cesse après les vices de leur siècle. Elle nous fera voir qu'Aristote a consacré des veilles au théâtre, et s'est donné le soin de réduire en préceptes l'art de faire des comédies. Elle nous apprendra que ses plus grands hommes, et des premiers en dignité, ont fait gloire d'en composer eux-mêmes; qu'il y en a eu d'autres qui n'ont pas dédaigné de réciter en public celles qu'ils avoient composées; que la Grèce a fait pour cet art éclater son estime par les prix glorieux et par les superbes théâtres dont elle a voulu l'honorer; et que, dans Rome enfin, ce même art a reçu aussi des honneurs extraordinaires: je ne dis pas dans Rome débauchée, et sous la licence des empereurs, mais dans Rome disciplinée, sous la sagesse des consuls, et dans le temps de la vigueur de la vertu romaine.

J'avoue qu'il y a eu des temps où la comédie s'est corrompue. Et qu'est-ce que dans le monde on ne corrompt point tous les jours? Il n'y a chose si innocente où les hommes ne puissent porter du crime; point d'art si salutaire dont ils ne soient capables de renverser les intentions; rien de si bon en soi qu'ils ne puissent tourner à de mauvais usages. La médecine est un art profitable, et chacun la révère comme une des plus excellentes choses que nous ayons; et cependant il y a eu des temps où elle s'est rendue odieuse, et souvent on en a fait un art d'empoisonner les hommes. La philosophie est un présent du ciel; elle nous a été donnée pour porter nos esprits à la connoissance d'un Dieu par la contemplation des merveilles de la nature; et pourtant on n'ignore pas que souvent on l'a détournée de son emploi, et qu'on l'a occupée publiquement à soutenir l'impiété. Les choses même les plus saintes ne sont point à couvert de la corruption des hommes; et nous voyons des scélérats qui, tous les jours, abusent de la piété et la font servir méchamment aux crimes les plus grands. Mais on ne laisse pas pour cela de faire les distinctions qu'il est besoin de faire. On n'enveloppe point dans une fausse conséquence la bonté des choses que l'on corrompt, avec la malice des corrupteurs. On sépare toujours le mauvais usage d'avec l'intention de l'art; et, comme on ne s'avise point de défendre la médecine pour avoir été bannie de Rome, ni la philosophie pour avoir été condamnée publiquement dans Athènes, on ne doit point aussi vouloir interdire la comédie pour avoir été censurée en certains temps. Cette censure a eu ses raisons, qui ne subsistent point ici. Elle s'est renfermée dans ce qu'elle a pu voir; et nous ne devons point la tirer des bornes qu'elle s'est données, l'étendre plus loin qu'il ne faut, et lui faire embrasser l'innocent avec le coupable. La comédie qu'elle a eu dessein d'attaquer n'est point du tout la comédie que nous voulons défendre. Il se faut bien garder de confondre celle-là avec celle-ci. Ce sont deux personnes de qui les mœurs sont tout à fait opposées. L'une n'ont aucun rapport l'une à l'autre que la ressemblance du nom; et ce seroit une injustice épouvantable que de vouloir condamner Olympe, qui est femme de bien, parce qu'il y a une Olympe qui a été une débauchée. De semblables arrêts, sans doute, feroient un grand désordre dans le monde. Il n'y auroit rien par là qui ne fût condamné; et, puisque l'on ne garde point cette rigueur à tant de choses dont on abuse tous les jours, on doit bien faire la même grâce à la comédie, et approuver les pièces de théâtre où l'on verra régner l'instruction et l'honnêteté.

Je sais qu'il y a des esprits dont la délicatesse ne peut souffrir aucune comédie; qui disent que les plus honnêtes sont les plus dangereuses; que les passions que l'on y dépeint sont d'autant plus touchantes qu'elles sont pleines de vertu, et que les âmes sont attendries par ces sortes de représentations. Je ne vois pas quel grand crime c'est que de s'attendrir à la vue d'une passion honnête; et c'est un haut étage de vertu que cette pleine insensibilité où ils veulent faire monter notre âme. Je doute qu'une si grande perfection soit dans les forces de la nature humaine, et je ne sais s'il n'est pas mieux de travailler à rectifier et adoucir les passions des hommes que de vouloir les retrancher entièrement. J'avoue qu'il y a des lieux qu'il vaut mieux fréquenter que le théâtre; et, si l'on veut blâmer toutes les choses qui ne regardent pas directement Dieu et notre salut, il est certain que la comédie en doit être, et je ne trouve point mauvais qu'elle soit condamnée avec le reste; mais, supposé, comme il est vrai, que les exercices de la piété souffrent des intervalles, et que les hommes aient besoin de divertissement, je soutiens qu'on ne leur en peut trouver un qui soit plus innocent que la comédie. Je me suis étendu trop loin. Finissons par un mot d'un grand prince [1] sur la comédie du *Tartuffe*.

Huit jours après qu'elle eut été défendue, on représenta devant la cour une pièce intitulée *Scaramouche ermite*; et le roi, en sortant, dit au grand prince que je veux dire: « Je « voudrois bien savoir pourquoi les gens qui se scandalisent « si fort de la comédie de Molière ne disent mot de celle de « *Scaramouche*; » à quoi le prince répondit : « La raison de « cela, c'est que la comédie de *Scaramouche* joue le ciel et la « religion, dont ces messieurs-là ne se soucient point: mais « celle de Molière les joue eux-mêmes; c'est ce qu'ils ne « peuvent souffrir. »

[1] Le grand Condé.

PREMIER PLACET

PRÉSENTÉ AU ROI

Sur la comédie du *Tartuffe*, qui n'avoit pas encore été représentée en public [1].

Sire,

Le devoir de la comédie étant de corriger les hommes en les divertissant, j'ai cru que, dans l'emploi où je me trouve [2], je n'avois rien de mieux à faire que d'attaquer par des peintures ridicules les vices de mon siècle; et, comme l'hypocrisie, sans doute, en est un des plus en usage, des plus incommodes et des plus dangereux, j'avois eu, Sire, la pensée que je ne rendrois pas un petit service à tous les honnêtes gens de votre royaume, si je faisois une comédie qui décriât les hypocrites, et mît en vue, comme il faut, toutes les grimaces étudiées de ces gens de bien à outrance, toutes les friponneries couvertes de ces faux monnoyeurs en dévotion, qui veulent attraper les hommes avec un zèle contrefait et une charité sophistiquée.

Je l'ai faite, Sire, cette comédie, avec tout le soin, comme je crois, et toutes les circonspections que pouvoit demander la délicatesse de la matière; et, pour mieux conserver l'estime et le respect qu'on doit aux vrais dévots, j'en ai distingué le plus que j'ai pu le caractère que j'avois à toucher. Je n'ai point laissé d'équivoque, j'ai ôté ce qui pouvoit confondre le bien avec le mal, et ne me suis servi dans cette peinture que des couleurs expresses et des traits essentiels qui font reconnoître d'abord un véritable et franc hypocrite.

Cependant toutes mes précautions ont été inutiles. On a profité, Sire, de la délicatesse de votre âme sur les matières de religion, et l'on a su vous prendre par l'endroit seul que vous êtes prenable, je veux dire par le respect des choses saintes. Les tartuffes, sous main, ont eu l'adresse de trouver grâce auprès de Votre Majesté; et les originaux enfin ont fait supprimer la copie, quelque innocente qu'elle fût, et quelque ressemblante qu'on la trouvât.

Bien que ce m'eût été un coup sensible que la suppression de cet ouvrage, mon malheur pourtant étoit adouci par la manière dont Votre Majesté s'étoit expliquée sur ce sujet; et j'ai cru, qu'elle m'ôtoit tout lieu de me plaindre, ayant eu la bonté de déclarer qu'elle ne trouvoit rien à dire dans cette comédie qu'elle me défendoit de produire en public.

Mais, malgré cette glorieuse déclaration du plus grand roi du monde et du plus éclairé, malgré l'approbation encore de M. le légat, et de la plus grande partie de nos prélats, qui tous, dans les lectures particulières que je leur ai faites de mon ouvrage, se sont trouvés d'accord avec les sentiments de Votre Majesté; malgré tout cela, dis-je, on voit un livre composé par le curé de... [3], qui donne hautement un démenti à tous ces augustes témoignages. Votre Majesté a beau dire, et M. le légat et MM. les prélats ont beau donner leur jugement, ma comédie, sans l'avoir vue, est diabolique, et diabolique mon cerveau; je suis un démon vêtu de chair et habillé en homme, un libertin, un impie digne d'un supplice exemplaire. Ce n'est pas assez que le feu expie en public mon offense, j'en serois quitte à trop bon marché: le zèle charitable de ce galant homme de bien n'a garde de demeurer là; il ne veut point que j'aie de miséricorde auprès de Dieu; il veut absolument que je sois damné, c'est une affaire résolue.

Ce livre, Sire, a été présenté à Votre Majesté; et, sans doute, elle juge bien elle-même combien il m'est fâcheux de me voir exposé tous les jours aux insultes de ces messieurs; quel tort me feront dans le monde de telles calomnies, s'il faut qu'elles soient tolérées; et quel intérêt j'ai enfin à me purger de son imposture, et à faire voir au public que ma comédie n'est rien moins que ce qu'on veut qu'elle soit. Je ne dirai point, Sire, ce que j'aurois à demander pour ma réputation et pour justifier à tout le monde l'innocence de mon ouvrage: les rois éclairés comme vous n'ont pas besoin qu'on leur marque ce qu'on souhaite; ils voient, comme Dieu, ce qu'il nous faut, et savent mieux que nous ce qu'ils nous doivent accorder. Il me suffit de mettre mes intérêts entre les mains de Votre Majesté; et j'attends d'elle, avec respect, tout ce qu'il lui plaira d'ordonner là-dessus.

SECOND PLACET

PRÉSENTÉ AU ROI

Dans son camp devant la ville de Lille en Flandre, par les nommés de la Thorillière et de la Grange, comédiens de Sa Majesté, et compagnons du sieur Molière, sur la défense qui fut faite, le 6 août 1667, de représenter le *Tartuffe* jusques à nouvel ordre de Sa Majesté.

Sire,

C'est une chose bien téméraire à moi que de venir importuner un grand monarque au milieu de ses glorieuses conquêtes; mais, dans l'état où je me vois, où trouver, Sire, une protection qu'au lieu où je la viens chercher? et qui puis-je solliciter contre l'autorité de la puissance qui m'accable, que la source de la puissance et de l'autorité, que le juste dispensateur des ordres absolus, que le souverain juge et le maître de toutes choses?

Ma comédie, Sire, n'a pu jouir ici des bontés de Votre Majesté. En vain je l'ai produite sous le titre de l'*Imposteur*, et déguisé le personnage sous l'ajustement d'un homme du monde; j'ai eu beau lui donner un petit chapeau, de grands cheveux, un grand collet, une épée, et des dentelles sur tout l'habit, mettre en plusieurs endroits des adoucissements, et retrancher avec soin tout ce que j'ai jugé capable de fournir l'ombre d'un prétexte aux célèbres originaux du portrait que je voulois faire: tout cela n'a de rien servi. La cabale s'est réveillée aux simples conjectures qu'ils ont pu avoir de la chose. Ils ont trouvé moyen de surprendre des esprits qui, dans toute autre matière, font une haute profession de ne se point laisser surprendre. Ma comédie n'a pas plutôt paru, qu'elle s'est vue foudroyée par le coup d'un pouvoir qui doit imposer du respect; et tout ce que j'ai pu faire en cette rencontre pour me sauver moi-même de l'éclat de cette tempête, c'est de dire que Votre Majesté avoit eu la bonté de m'en permettre la représentation, et que je n'avois pas cru qu'il fût besoin de demander cette permission à d'autres, puisqu'il n'y avoit qu'elle seule qui me l'eût défendue.

Je ne doute point, Sire, que les gens que je peins dans ma comédie ne remuent bien des ressorts auprès de Votre Majesté, et ne jettent dans leur parti, comme ils l'ont déjà fait, de véritables gens de bien, qui sont d'autant plus prompts à se laisser tromper qu'ils jugent d'autrui par eux-mêmes. Ils ont l'art de donner de belles couleurs à toutes leurs intentions. Quelque mine qu'ils fassent, ce n'est point du tout l'intérêt de Dieu qui les peut émouvoir: ils l'ont assez montré dans les comédies qu'ils ont souffert qu'on ait jouée tant de fois en public, sans en dire le moindre mot. Celles-là n'attaquoient que la piété et la religion, dont ils se soucient fort peu: mais celle-ci les attaque et les joue eux-mêmes; et c'est ce qu'ils ne peuvent souffrir. Ils ne sauroient me pardonner de dévoiler leurs impostures aux yeux de tout le monde; et, sans doute, on ne manquera pas de dire à Votre Majesté que chacun s'est scandalisé de ma comédie. Mais la vérité pure, Sire, c'est que tout Paris ne s'est scandalisé que

---

[1] On ne sait de quelle date est ce premier placet.
[2] Cet emploi est celui de chef de la troupe du roi.
[3] Le curé de Saint-Barthélemy, auteur du libelle intitulé le *Roi glorieux au monde. Contre la comédie de l'Hypocrite que Molière a faite, et que Sa Majesté lui a défendu de représenter*. (Ch. Louandre.)

de la défense qu'on en a faite, que les plus scrupuleux en ont trouvé la représentation profitable, et qu'on s'est étonné que des personnes d'une probité si connue aient eu une si grande déférence pour des gens qui devroient être l'horreur de tout le monde et sont si opposés à la véritable piété, dont elles font profession.

J'attends avec respect l'arrêt que Votre Majesté daignera prononcer sur cette matière : mais il est très-assuré, Sire, qu'il ne faut plus que je songe à faire des comédies, si les tartuffes ont l'avantage; qu'ils prendront droit par là de me persécuter plus que jamais, et voudront trouver à redire aux choses les plus innocentes qui pourront sortir de ma plume.

Daignent vos bontés, Sire, me donner une protection contre leur rage envenimée! et puissé-je, au retour d'une campagne si glorieuse, délasser Votre Majesté des fatigues de ses conquêtes, lui donner d'innocents plaisirs après de si nobles travaux, et faire rire le monarque qui fait trembler toute l'Europe [1]!

TROISIÈME PLACET

PRÉSENTÉ AU ROI

LE 5 FÉVRIER 1669

Sire,

Un fort honnête médecin [2], dont j'ai l'honneur d'être le malade, me promet et veut s'obliger par-devant notaire de me faire vivre encore trente années, si je puis lui obtenir une grâce de Votre Majesté. Je lui ai dit, sur sa promesse, que je ne lui demandois pas tant, et que je serois satisfait de lui pourvu qu'il s'obligeât de ne me point tuer. Cette grâce, Sire, est un canonicat de votre chapelle royale de Vincennes, vacant par la mort de...

Oserois-je demander encore cette grâce à Votre Majesté le propre jour de la grande résurrection de *Tartuffe*, ressuscité par vos bontés? Je suis, par cette première faveur, réconcilié avec les dévots; et je le serois, par cette seconde, avec les médecins. C'est pour moi, sans doute, trop de grâces à la fois; mais peut-être n'en est-ce pas trop pour Votre Majesté; et j'attends, avec un peu d'espérance respectueuse, la réponse de mon placet.

[1] Voici comment les registres de la Comédie-Française rendent compte de la présentation de ce placet: « Le lendemain 6, un huissier de la cour du parlement est venu, de la part du premier président, M. de Lamoignon, défendre la pièce. Le 8, le sieur de la Thorillière et moi de la Grange, sommes partis de Paris en poste, pour aller trouver le roi au sujet de ladite défense. Sa Majesté étoit au siège de Lille en Flandre, où nous fûmes très-bien reçus. Monsieur nous protégea à son ordinaire, et Sa Majesté nous fit dire qu'à son retour à Paris elle feroit examiner la pièce de *Tartuffe*, et que nous la jouerions. Après quoi nous sommes revenus. Le voyage a coûté mille francs à la troupe. La troupe n'a point joué pendant notre voyage; et nous avons recommencé le 25 de septembre. » (Aimé Martin.)

[2] Il se nommait Mauvilain. C'est en parlant de Mauvilain que Louis XIV dit un jour à Molière : « Vous avez un médecin; que vous fait-il? — Sire, répondit Molière, nous causons ensemble; il m'ordonne des remèdes; je ne les fais point, et je guéris. » (Grimarest.) — Molière obtint le canonicat qu'il demandait pour le fils de ce médecin. (Auger.)

PERSONNAGES

MADAME PERNELLE, mère d'Orgon [1].
ORGON, mari d'Elmire [2].
ELMIRE, femme d'Orgon [3].
DAMIS, fils d'Orgon [4].
MARIANE, fille d'Orgon et amante de Valère [5].
VALÈRE, amant de Mariane [6].
CLÉANTE, beau-frère d'Orgon [7].
TARTUFFE, faux dévot [8].
DORINE, suivante de Mariane [9].
M. LOYAL, sergent [10].
UN EXEMPT.
FLIPOTE, servante de madame Pernelle.

La scène est à Paris, dans la maison d'Orgon.

ACTE PREMIER

SCÈNE I

MADAME PERNELLE, ELMIRE, MARIANE, CLÉANTE, DAMIS, DORINE, FLIPOTE.

MADAME PERNELLE.
Allons, Flipote, allons; que d'eux je me délivre.
ELMIRE.
Vous marchez d'un tel pas, qu'on a peine à vous suivre.
MADAME PERNELLE.
Laissez, ma bru, laissez; ne venez pas plus loin;
Ce sont toutes façons dont je n'ai pas besoin.
ELMIRE.
De ce que l'on vous doit envers vous on s'acquitte.
Mais, ma mère, d'où vient que vous sortez si vite?
MADAME PERNELLE.
C'est que je ne puis voir tout ce ménage-ci,
Et que de me complaire on ne prend nul souci.
Oui, je sors de chez vous fort mal édifiée :
Dans toutes mes leçons j'y suis contrariée;
On n'y respecte rien, chacun y parle haut,
Et c'est tout justement la cour du roi Pétaud [11].
DORINE.
Si...
MADAME PERNELLE.
Vous êtes, ma mie, une fille suivante,
Un peu trop forte en gueule, et fort impertinente;
Vous vous mêlez sur tout de dire votre avis.
DAMIS.
Mais...
MADAME PERNELLE.
Vous êtes un sot en trois lettres, mon fils;
C'est moi qui vous le dis, qui suis votre grand'mère;

Acteurs de la troupe de Molière: [1] Béjart. — [2] Molière. — [3] Mademoiselle Molière (Armande Béjart). — [4] Hubert. — [5] Mademoiselle De Brie. — [6] La Grange. — [7] La Thorillière. — [8] Du Croisy. — [9] Magdeleine Béjart. — [10] De Brie.

[11] Lorsque toutes les corporations avaient leur chef, autrement leur *roi*, les mendiants avaient le leur, qu'ils appelaient Pétaud, par corruption du latin *peto* (je demande). Comme on a supposé que le roi des gueux avait peu d'autorité sur sa nation, on a nommé *cour du roi Pétaud*, et, plus brièvement, *pétaudière*, toute société, toute maison où chacun est maître. (Auger.)

ACTE I, SCÈNE I.

Et j'ai prédit cent fois à mon fils, votre père,
Que vous preniez tout l'air d'un méchant garnement,
Et ne lui donneriez jamais que du tourment.

MARIANE.

Je crois...

MADAME PERNELLE.

Mon Dieu! sa sœur, vous faites la discrète,
Et vous n'y touchez pas, tant vous semblez doucette;
Mais il n'est, comme on dit, pire eau que l'eau qui dort,
Et vous menez, sous chape[1], un train que je hais fort.

ELMIRE.

Mais, ma mère...

MADAME PERNELLE.

Ma bru, qu'il ne vous en déplaise,
Votre conduite, en tout, est tout à fait mauvaise :
Vous devriez leur mettre un bon exemple aux yeux ;
Et leur défunte mère en usoit beaucoup mieux.
Vous êtes dépensière ; et cet état me blesse,
Que vous alliez vêtue ainsi qu'une princesse.
Quiconque à son mari veut plaire seulement,
Ma bru, n'a pas besoin de tant d'ajustement.

CLÉANTE.

Mais, madame, après tout...

MADAME PERNELLE.

Pour vous, monsieur son frère,
Je vous estime fort, vous aime, et vous révère ;
Mais enfin, si j'étois de mon fils son épouse,
Je vous prierois bien fort de n'entrer point chez nous.
Sans cesse vous prêchez des maximes de vivre
Qui par d'honnêtes gens ne se doivent point suivre.
Je vous parle un peu franc ; mais c'est là mon humeur,
Et je ne mâche point ce que j'ai sur le cœur.

DAMIS.

Votre monsieur Tartuffe est bien heureux, sans doute...

MADAME PERNELLE.

C'est un homme de bien qu'il faut que l'on écoute ;
Et je ne puis souffrir, sans me mettre en courroux,
De le voir querellé par un fou comme vous.

DAMIS.

Quoi! je souffrirai, moi, qu'un cagot de critique
Vienne usurper céans un pouvoir tyrannique ;
Et que nous ne puissions à rien nous divertir,
Si ce beau monsieur-là n'y daigne consentir ?

DORINE.

S'il le faut écouter, et croire à ses maximes,
On ne peut faire rien, qu'on ne fasse des crimes ;
Car il contrôle tout, ce critique zélé.

MADAME PERNELLE.

Et tout ce qu'il contrôle est fort bien contrôlé.
C'est au chemin du ciel qu'il prétend vous conduire :
Et mon fils à l'aimer vous devroit tous induire.

DAMIS.

Non, voyez-vous, ma mère, il n'est père ni rien,
Qui me puisse obliger à lui vouloir du bien :

Je trahirois mon cœur de parler d'autre sorte,
Sur ses façons de faire à tous coups je m'emporte :
J'en prévois une suite, et qu'avec ce pied-plat
Il faudra que j'en vienne à quelque grand éclat[1].

DORINE.

Certes, c'est une chose aussi qui scandalise
De voir qu'un inconnu céans s'impatronise ;
Qu'un gueux, qui, quand il vint, n'avoit pas de souliers,
Et dont l'habit entier valoit bien six deniers,
En vienne jusque-là que de se méconnoître,
De contrarier tout, et de faire le maître.

MADAME PERNELLE.

Eh! merci de ma vie, il en iroit bien mieux
Si tout se gouvernoit par ses ordres pieux.

DORINE.

Il passe pour un saint dans votre fantaisie :
Tout son fait, croyez-moi, n'est rien qu'hypocrisie.

MADAME PERNELLE.

Voyez la langue!

DORINE.

À lui, non plus qu'à son Laurent,
Je ne me fierois, moi, que sur un bon garant.

MADAME PERNELLE.

J'ignore ce qu'au fond le serviteur peut être ;
Mais pour homme de bien je garantis le maître.
Vous ne lui voulez mal et ne le rebutez
Qu'à cause qu'il vous dit à tous vos vérités.
C'est contre le péché que son cœur se courrouce,
Et l'intérêt du ciel est tout ce qui le pousse.

DORINE.

Oui ; mais pourquoi, surtout depuis un certain temps,
Ne sauroit-il souffrir qu'aucun hante céans?
En quoi blesse le ciel une visite honnête,
Pour en faire un vacarme à nous rompre la tête?
Veut-on que là-dessus je m'explique entre nous?...

Montrant Elmire.

Je crois que de madame il est, ma foi, jaloux[2].

MADAME PERNELLE.

Taisez-vous, et songez aux choses que vous dites.
Ce n'est pas lui tout seul qui blâme ces visites :
Tout ce tracas qui suit les gens que vous hantez,
Ces carrosses sans cesse à la porte plantés,
Et de tant de laquais le bruyant assemblage,
Font un éclat fâcheux dans tout le voisinage.
Je veux croire qu'au fond il ne se passe rien ;
Mais enfin on en parle, et cela n'est pas bien.

CLÉANTE.

Eh! voulez-vous, madame, empêcher qu'on ne cause?
Ce seroit dans la vie une fâcheuse chose,
Si, pour les sots discours où l'on peut être mis,
Il falloit renoncer à ses meilleurs amis.
Et, quand même on pourroit se résoudre à le faire,
Croiriez-vous obliger tout le monde à se taire?

---

[1] *Sous chape* ou *sous cape*, en secret. La cape ou chape, le *bardocucullus* des Gaulois, était un manteau à capuchon. On rabattait ce capuchon pour se cacher le visage, lorsqu'on vouloit n'être point reconnu ; et métaphoriquement on vivoit sous cape, quand on cachait ses actions. (Ch. Louandre.)

[1] « Voilà le caractère impétueux de Damis déjà connu, et l'esclandre du troisième acte presque indiqué. On ne sauroit trop remarquer l'art de Molière en ce qui regarde les préparations. (Auger.)
[2] Ce vers, jeté en manière de saillie, annonce toute l'action de la pièce. (Auger.)

Contre la médisance il n'est point de rempart.
A tous les sots caquets n'ayons donc nul égard;
Efforçons-nous de vivre avec toute innocence,
Et laissons aux causeurs une pleine licence.

DORINE.
Daphné, notre voisine, et son petit époux,
Ne seroient-ils point ceux qui parlent mal de nous?
Ceux de qui la conduite offre le plus à rire
Sont toujours sur autrui les premiers à médire :
Ils ne manquent jamais de saisir promptement
L'apparente lueur du moindre attachement,
D'en semer la nouvelle avec beaucoup de joie,
Et d'y donner le tour qu'ils veulent qu'on y croie ;
Des actions d'autrui, teintes de leurs couleurs,
Ils pensent dans le monde autoriser les leurs,
Et, sous le faux espoir de quelque ressemblance,
Aux intrigues qu'ils ont donner de l'innocence,
Ou faire ailleurs tomber quelques traits partagés
De ce blâme public dont ils sont trop chargés.

MADAME PERNELLE.
Tous ces raisonnements ne font rien à l'affaire.
On sait qu'Orante mène une vie exemplaire,
Tous ses soins vont au ciel; et j'ai su, par des gens,
Qu'elle condamne fort le train qui vient céans.

DORINE.
L'exemple est admirable, et cette dame est bonne!
Il est vrai qu'elle vit en austère personne;
Mais l'âge, dans son âme, a mis ce zèle ardent,
Et l'on sait qu'elle est prude, à son corps défendant.
Tant qu'elle a pu des cœurs attirer les hommages,
Elle a fort bien joui de tous ses avantages;
Mais, voyant de ses yeux tous les brillants baisser,
Au monde qui la quitte elle veut renoncer,
Et du voile pompeux d'une haute sagesse
De ses attraits usés déguiser la foiblesse.
Ce sont là les retours des coquettes du temps ;
Il leur est dur de voir déserter les galants.
Dans un tel abandon, leur sombre inquiétude
Ne voit d'autre recours que le métier de prude;
Et la sévérité de ces femmes de bien
Censure toute chose, et ne pardonne à rien.
Hautement d'un chacun elles blâment la vie,
Non point par charité, mais par un trait d'envie,
Qui ne sauroit souffrir qu'une autre ait les plaisirs
Dont le penchant[1] de l'âge a sevré leurs désirs.

MADAME PERNELLE, à Elmire.
Voilà les contes bleus qu'il vous faut, pour vous plaire,
Ma bru. L'on est chez vous contrainte de se taire :
Car madame, à jaser, tient le dé tout le jour.
Mais enfin je prétends discourir à mon tour :
Je vous dis que mon fils n'a rien fait de plus sage
Qu'en recueillant chez soi ce dévot personnage;
Que le ciel au besoin l'a céans envoyé
Pour redresser à tous votre esprit fourvoyé;
Que, pour votre salut, vous le devez entendre,
Et qu'il ne reprend rien qui ne soit à reprendre.

[1] *Penchant*, déclin.

Ces visites, ces bals, ces conversations,
Sont du malin esprit toutes inventions.
Là, jamais on n'entend de pieuses paroles ;
Ce sont propos oisifs, chansons, et fariboles :
Bien souvent le prochain en a sa bonne part,
Et l'on y sait médire et du tiers et du quart.
Enfin les gens sensés ont leurs têtes troublées
De la confusion de telles assemblées;
Mille caquets divers s'y font en moins de rien ;
Et, comme l'autre jour un docteur dit fort bien,
C'est véritablement la tour de Babylone[1],
Car chacun y babille, et tout du long de l'aune ;
Et, pour conter l'histoire où ce point l'engagea...

Montrant Cléante.
Voilà-t-il pas monsieur qui ricane déjà !
Allez chercher vos fous qui vous donnent à rire,

A Elmire.
Et sans... Adieu, ma bru; je ne veux plus rien dire.
Sachez que pour céans j'en rabats de moitié,
Et qu'il fera beau temps quand j'y mettrai le pied.

Donnant un soufflet à Flipote.
Allons, vous, vous rêvez et bayez aux corneilles,
Jour de Dieu ! je saurai vous frotter les oreilles.
Marchons, gaupe, marchons[2].

SCÈNE II

CLÉANTE, DORINE.

CLÉANTE.
Je n'y veux point aller
De peur qu'elle ne vînt encor me quereller ;
Que cette bonne femme...

DORINE.
Ah ! certes, c'est dommage
Qu'elle ne vous ouït tenir un tel langage :
Elle vous diroit bien qu'elle vous trouve bon,
Et qu'elle n'est point d'âge à lui donner ce nom !

CLÉANTE.
Comme elle s'est pour rien contre nous échauffée !
Et que de son Tartuffe elle paroît coiffée !

DORINE.
Oh ! vraiment, tout cela n'est rien au prix du fils :
Et, si vous l'aviez vu, vous diriez : C'est bien pis !
Nos troubles l'avoient mis sur le pied d'homme sage,
Et, pour servir son prince, il montra du courage.
Mais il est devenu comme un homme hébété
Depuis que de Tartuffe on le voit entêté;
Il l'appelle son frère, et l'aime dans son âme
Cent fois plus qu'il ne fait mère, fils, fille et femme.
C'est de tous ses secrets l'unique confident,
Et de ses actions le directeur prudent;
Il le choie, il l'embrasse; et pour une maîtresse
On ne sauroit, je pense, avoir plus de tendresse :

[1] La bonne femme, trompée par la ressemblance de *babil* et de *Babylone*, dit la *tour de Babylone* pour la *tour de Babel*.
[2] Cette exposition est peut être la meilleure de Molière, qui n'en a fait que d'excellentes. (Auger.)

A table, au plus haut bout il veut qu'il soit assis ;
Avec joie il l'y voit manger autant que six ;
Les bons morceaux de tout, il faut qu'on les lui cède ;
Et, s'il vient à roter, il lui dit : Dieu vous aide !
Enfin il en est fou ; c'est son tout, son héros ;
Il l'admire à tous coups, le cite à tous propos ;
Ses moindres actions lui semblent des miracles,
Et tous les mots qu'il dit sont pour lui des oracles.
Lui, qui connoît sa dupe, et qui veut en jouir,
Par cent dehors fardés a l'art de l'éblouir ;
Son cagotisme en tire à toute heure des sommes,
Et prend droit de gloser sur tous tant que nous sommes.
Il n'est pas jusqu'au fat qui lui sert de garçon,
Qui ne se mêle aussi de nous faire leçon ;
Il vient nous sermonner avec des yeux farouches,
Et jeter nos rubans, notre rouge, et nos mouches.
Le traître, l'autre jour, nous rompit de ses mains
Un mouchoir qu'il trouva dans une *Fleur des Saints* [1],
Disant que nous mêlions, par un crime effroyable,
Avec la sainteté les parures du diable.

SCÈNE III

ELMIRE, MARIANE, DAMIS, CLÉANTE, DORINE.

ELMIRE, à Cléante.
Vous êtes bien heureux de n'être point venu
Au discours qu'à la porte elle nous a tenu.
Mais j'ai vu mon mari ; comme il ne m'a point vue,
Je veux aller là-haut attendre sa venue.

CLÉANTE.
Moi, je l'attends ici pour moins d'amusement ;
Et je vais lui donner le bonjour seulement.

SCÈNE IV

CLÉANTE, DAMIS, DORINE.

DAMIS.
De l'hymen de ma sœur touchez-lui quelque chose :
J'ai soupçon que Tartuffe à son effet s'oppose,
Qu'il oblige mon père à des détours si grands ;
Et vous n'ignorez pas quel intérêt j'y prends...
Si même ardeur enflamme et ma sœur et Valère,
La sœur de cet ami, vous le savez, m'est chère ;
Et s'il falloit...

DORINE.
Il entre.

SCÈNE V

ORGON, CLÉANTE, DORINE.

ORGON.
Ah ! mon frère, bonjour.

[1] Ouvrage d'un jésuite espagnol.

CLÉANTE.
Je sortois, et j'ai joie à vous voir de retour.
La campagne à présent n'est pas beaucoup fleurie ?

ORGON.
À Cléante.
Dorine... Mon beau-frère, attendez, je vous prie.
Vous voulez bien souffrir, pour m'ôter de souci,
Que je m'informe un peu des nouvelles d'ici ?
À Dorine.
Tout s'est-il, ces deux jours, passé de bonne sorte ?
Qu'est-ce qu'on fait céans ? comme est-ce qu'on s'y porte

DORINE.
Madame eut avant-hier la fièvre jusqu'au soir,
Avec un mal de tête étrange à concevoir.

ORGON.
Et Tartuffe ?

DORINE.
Tartuffe ! il se porte à merveille,
Gros et gras, le teint frais, et la bouche vermeille.

ORGON.
Le pauvre homme !

DORINE.
Le soir elle eut un grand dégoût,
Et ne put, au souper, toucher à rien du tout,
Tant sa douleur de tête étoit encor cruelle !

ORGON.
Et Tartuffe ?

DORINE.
Il soupa, lui tout seul, devant elle ;
Et fort dévotement il mangea deux perdrix,
Avec une moitié de gigot en hachis.

ORGON.
Le pauvre homme !

DORINE.
La nuit se passa tout entière
Sans qu'elle pût fermer un moment la paupière ;
Des chaleurs l'empêchoient de pouvoir sommeiller,
Et jusqu'au jour, près d'elle, il nous fallut veiller.

ORGON.
Et Tartuffe ?

DORINE.
Pressé d'un sommeil agréable,
Il passa dans sa chambre au sortir de la table ;
Et dans son lit bien chaud il se mit tout soudain,
Où, sans trouble, il dormit jusques au lendemain.

ORGON.
Le pauvre homme !

DORINE.
A la fin, par nos raisons gagnée,
Elle se résolut à souffrir la saignée ;
Et le soulagement suivit tout aussitôt.

ORGON.
Et Tartuffe ?

DORINE.
Il reprit courage comme il faut ;
Et, contre tous les maux fortifiant son âme,
Pour réparer le sang qu'avoit perdu madame,
But, à son déjeuner, quatre grands coups de vin.

ORGON.
Le pauvre homme!

DORINE.
Tous deux se portent bien enfin;
Et je vais à madame annoncer, par avance,
La part que vous prenez à sa convalescence.

SCÈNE VI

ORGON, CLÉANTE.

CLÉANTE.
A votre nez, mon frère, elle se rit de vous :
Et, sans avoir dessein de vous mettre en courroux,
Je vous dirai tout franc que c'est avec justice.
A-t-on jamais parlé d'un semblable caprice?
Et se peut-il qu'un homme ait un charme aujourd'hui
A vous faire oublier toutes choses pour lui?
Qu'après avoir chez vous réparé sa misère,
Vous en veniez au point...

ORGON.
Halte-là, mon beau-frère,
Vous ne connoissez pas celui dont vous parlez.

CLÉANTE.
Je ne le connois pas, puisque vous le voulez;
Mais enfin, pour savoir quel homme ce peut être...

ORGON.
Mon frère, vous seriez charmé de le connoître,
Et vos ravissements ne prendroient point de fin.
C'est un homme... qui... ah!... un homme... un homme
Qui suit bien ses leçons goûte une paix profonde, [enfin.
Et comme du fumier regarde tout le monde.
Oui, je deviens tout autre avec son entretien;
Il m'enseigne à n'avoir affection pour rien;
De toutes amitiés il détache mon âme;
Et je verrois mourir frère, enfants, mère, et femme,
Que je m'en soucierois autant que de cela.

CLÉANTE.
Les sentiments humains, mon frère, que voilà!

ORGON.
Ah! si vous aviez vu comme j'en fis rencontre,
Vous auriez pris pour lui l'amitié que je montre.
Chaque jour à l'église il venoit, d'un air doux,
Tout vis-à-vis de moi se mettre à deux genoux.
Il attiroit les yeux de l'assemblée entière
Par l'ardeur dont au ciel il poussoit sa prière;
Il faisoit des soupirs, de grands élancements,
Et baisoit humblement la terre à tous moments :
Et, lorsque je sortois, il me devançoit vite
Pour m'aller, à la porte, offrir de l'eau bénite.
Instruit par son garçon, qui dans tout l'imitoit,
Et de son indigence, et de ce qu'il étoit,
Je lui faisois des dons; mais, avec modestie,
Il me vouloit toujours en rendre une partie.
C'est trop, me disoit-il, *c'est trop de la moitié;
Je ne mérite pas de vous faire pitié.*
Et, quand je refusois de le vouloir reprendre,
Aux pauvres, à mes yeux, il alloit le répandre.
Enfin le ciel chez moi me le fit retirer,
Et depuis ce temps-là tout semble y prospérer.
Je vois qu'il reprend tout, et qu'à ma femme même
Il prend, pour mon honneur, un intérêt extrême;
Il m'avertit des gens qui lui font les yeux doux,
Et plus que moi six fois il s'en montre jaloux.
Mais vous ne croiriez point jusqu'où monte son zèle :
Il s'impute à péché la moindre bagatelle;
Un rien presque suffit pour le scandaliser,
Jusque-là qu'il se vint l'autre jour accuser
D'avoir pris une puce en faisant sa prière,
Et de l'avoir tuée avec trop de colère.

CLÉANTE.
Parbleu, vous êtes fou, mon frère, que je croi.
Avec de tels discours vous moquez-vous de moi?
Et que prétendez-vous? Que tout ce badinage...

ORGON.
Mon frère, ce discours sent le libertinage :
Vous en êtes un peu dans votre âme entiché;
Et, comme je vous l'ai plus de dix fois prêché,
Vous vous attirerez quelque méchante affaire.

CLÉANTE.
Voilà de vos pareils le discours ordinaire :
Ils veulent que chacun soit aveugle comme eux.
C'est être libertin[1] que d'avoir de bons yeux,
Et qui n'adore pas de vaines simagrées
N'a ni respect ni foi pour les choses sacrées.
Allez, tous vos discours ne me font point de peur;
Je sais comme je parle, et le ciel voit mon cœur.
De tous vos façonniers on n'est point les esclaves.
Il est de faux dévots ainsi que de faux braves :
Et, comme on ne voit pas qu'où l'honneur les conduit
Les vrais braves soient ceux qui font beaucoup de bruit,
Les bons et vrais dévots, qu'on doit suivre à la trace,
Ne sont pas ceux aussi qui font tant de grimace.
Eh quoi! vous ne ferez nulle distinction
Entre l'hypocrisie et la dévotion?
Vous les voulez traiter d'un semblable langage,
Et rendre même honneur au masque qu'au visage;
Égaler l'artifice à la sincérité,
Confondre l'apparence avec la vérité,
Estimer le fantôme autant que la personne,
Et la fausse monnoie à l'égal de la bonne?
Les hommes, la plupart, sont étrangement faits;
Dans la juste nature on ne les voit jamais :
La raison a pour eux des bornes trop petites;
En chaque caractère ils passent ses limites;
Et la plus noble chose, ils la gâtent souvent
Pour la vouloir outrer et pousser trop avant.
Que cela vous soit dit en passant, mon beau-frère.

ORGON.
Oui, vous êtes, sans doute, un docteur qu'on révère,
Tout le savoir du monde est chez vous retiré;
Vous êtes le seul sage et le seul éclairé,

---

[1] *Libertin*, aujourd'hui restreint à la débauche des femmes, signifiait dans l'origine un esprit fort, un libre penseur; on le disait aussi des personnes indépendantes par caractère, et ennemies de la contrainte. (F. Génin.)

Un oracle, un Caton, dans le siècle où nous sommes ;
Et près de vous ce sont des sots que tous les hommes.
CLÉANTE.
Je ne suis point, mon frère, un docteur révéré,
Et le savoir chez moi n'est point tout retiré.
Mais, en un mot, je sais, pour toute ma science,
Du faux avec le vrai faire la différence.
Et, comme je ne vois nul genre de héros
Qui soient plus à priser que les parfaits dévots,
Aucune chose au monde et plus noble, et plus belle,
Que la sainte ferveur d'un véritable zèle ;
Aussi ne vois-je rien qui soit plus odieux
Que le dehors plâtré d'un zèle spécieux,
Que ces francs charlatans, que ces dévots de place,
De qui la sacrilége et trompeuse grimace
Abuse impunément, et se joue, à leur gré,
De ce qu'ont les mortels de plus saint et sacré ;
Ces gens qui, par une âme à l'intérêt soumise,
Font de dévotion métier et marchandise,
Et veulent acheter crédit et dignités
A prix de faux clins d'yeux et d'élans affectés ;
Ces gens, dis-je, qu'on voit, d'une ardeur non commune,
Par le chemin du ciel courir à leur fortune ;
Qui, brûlants et priants, demandent chaque jour,
Et prêchent la retraite au milieu de la cour ;
Qui savent ajuster leur zèle avec leurs vices,
Sont prompts, vindicatifs, sans foi, pleins d'artifices,
Et, pour perdre quelqu'un, couvrent insolemment
De l'intérêt du ciel leur fier ressentiment ;
D'autant plus dangereux dans leur âpre colère,
Qu'ils prennent contre nous des armes qu'on révère,
Et que leur passion, dont on leur sait bon gré,
Veut nous assassiner avec un fer sacré :
De ce faux caractère on en voit trop paroître.
Mais les dévots de cœur sont aisés à connoître.
Notre siècle, mon frère, en expose à nos yeux
Qui peuvent nous servir d'exemples glorieux.
Regardez Ariston, regardez Périandre,
Oronte, Alcidamas, Polydore, Clitandre ;
Ce titre par aucun ne leur est débattu ;
Ce ne sont point du tout fanfarons de vertu ;
On ne voit point en eux ce faste insupportable,
Et leur dévotion est humaine, est traitable ;
Ils ne censurent point toutes nos actions,
Ils trouvent trop d'orgueil dans ces corrections ;
Et, laissant la fierté des paroles aux autres,
C'est par leurs actions qu'ils reprennent les nôtres.
L'apparence du mal a chez eux peu d'appui,
Et leur âme est portée à juger bien d'autrui.
Point de cabale en eux, point d'intrigues à suivre ;
On les voit, pour tous soins, se mêler de bien vivre.
Jamais contre un pécheur ils n'ont d'acharnement,
Ils attachent leur haine au péché seulement,
Et ne veulent point prendre, avec un zèle extrême,
Les intérêts du ciel, plus qu'il ne veut lui-même.
Voilà mes gens, voilà comme il en faut user,
Voilà l'exemple enfin qu'il faut proposer.
Votre homme, à dire vrai, n'est pas de ce modèle :
C'est de fort bonne foi que vous vantez son zèle ;
Mais par un faux éclat je vous crois ébloui[1].
ORGON.
Monsieur mon cher beau-frère, avez-vous tout dit ?
CLÉANTE.
Oui.
ORGON, s'en allant,
Je suis votre valet.
CLÉANTE.
De grâce, un mot, mon frère.
Laissons là ce discours. Vous savez que Valère,
Pour être votre gendre a parole de vous.
ORGON.
Oui.
CLÉANTE.
Vous aviez pris jour pour un lien si doux.
ORGON.
Il est vrai.
CLÉANTE.
Pourquoi donc en différer la fête ?
ORGON.
Je ne sais.
CLÉANTE.
Auriez-vous autre pensée en tête ?
ORGON.
Peut-être.
CLÉANTE.
Vous voulez manquer à votre foi ?
ORGON.
Je ne dis pas cela.
CLÉANTE.
Nul obstacle, je crois,
Ne vous peut empêcher d'accomplir vos promesses.
ORGON.
Selon.
CLÉANTE.
Pour dire un mot faut-il tant de finesses ?
Valère, sur ce point, me fait vous visiter.
ORGON.
Le ciel en soit loué !
CLÉANTE.
Mais que lui reporter ?
ORGON.
Tout ce qu'il vous plaira.
CLÉANTE.
Mais il est nécessaire
De savoir vos desseins. Quels sont-ils donc ?
ORGON.
De faire
Ce que le ciel voudra.
CLÉANTE.
Mais parlons tout de bon.
Valère a votre foi ; la tiendrez-vous, ou non ?
ORGON.
Adieu.

---

[1] La distinction entre la vraie piété et la fausse dévotion, si solidement établie par Cléante, est en même temps la morale de la pièce et l'apologie de l'auteur. (La Harpe.)

CLÉANTE, seul.
Pour son amour je crains une disgrâce,
Et je dois l'avertir de tout ce qui se passe.

ACTE SECOND

SCÈNE I

ORGON, MARIANE.

ORGON.
Mariane!

MARIANE.
Mon père?

ORGON.
Approchez; j'ai de quoi
Vous parler en secret.

MARIANE, à Orgon, qui regarde dans un cabinet.
Que cherchez-vous?

ORGON.
Je voi
Si quelqu'un n'est point là qui pourroit nous entendre,
Car ce petit endroit est propre pour surprendre.
Or sus, nous voilà bien. J'ai, Mariane, en vous
Reconnu de tout temps un esprit assez doux,
Et de tout temps aussi vous m'avez été chère.

MARIANE.
Je suis fort redevable à cet amour de père.

ORGON.
C'est fort bien dit, ma fille; et, pour le mériter,
Vous devez n'avoir soin que de me contenter.

MARIANE.
C'est où je mets aussi ma gloire la plus haute.

ORGON.
Fort bien. Que dites-vous de Tartuffe notre hôte?

MARIANE.
Qui, moi?

ORGON.
Vous. Voyez bien comme vous répondrez.

MARIANE.
Hélas! j'en dirai, moi, tout ce que vous voudrez.

SCÈNE II

ORGON, MARIANE; DORINE, entrant doucement, et se tenant derrière Orgon, sans être vue.

ORGON.
C'est parler sagement... Dites-moi donc, ma fille,
Qu'en toute sa personne un haut mérite brille,
Qu'il touche votre cœur, et qu'il vous seroit doux
De le voir, par mon choix, devenir votre époux.
Eh?

Mariane se recule avec surprise.

MARIANE.
Eh?

ORGON.
Qu'est-ce?

MARIANE.
Plaît-il?

ORGON.
Quoi?

MARIANE.
Me suis-je méprise?

ORGON.
Comment?

MARIANE.
Qui voulez-vous, mon père, que je dise
Qui me touche le cœur, et qu'il me seroit doux
De voir, par votre choix, devenir mon époux?

ORGON.
Tartuffe.

MARIANE.
Il n'en est rien, mon père, je vous jure.
Pourquoi me faire dire une telle imposture?

ORGON.
Mais je veux que cela soit une vérité;
Et c'est assez pour vous que je l'aie arrêté.

MARIANE.
Quoi! vous voulez, mon père...

ORGON.
Oui, je prétends, ma fille,
Unir, par votre hymen, Tartuffe à ma famille.
Il sera votre époux, j'ai résolu cela;

Apercevant Dorine.

Et, comme sur vos vœux je... Que faites-vous là?
La curiosité qui vous presse est bien forte,
Ma mie, à nous venir écouter de la sorte.

DORINE.
Vraiment, je ne sais pas si c'est un bruit qui part
De quelque conjecture, ou d'un coup de hasard;
Mais de ce mariage on m'a dit la nouvelle,
Et j'ai traité cela de pure bagatelle.

ORGON.
Quoi donc! la chose est-elle incroyable?

DORINE.
A tel point,
Que vous-même, monsieur, je ne vous en crois point.

ORGON.
Je sais bien le moyen de vous le faire croire.

DORINE.
Oui! oui! vous nous contez une plaisante histoire!

ORGON.
Je conte justement ce qu'on verra dans peu.

DORINE.
Chansons!

ORGON.
Ce que je dis, ma fille, n'est point jeu.

DORINE.
Allez, ne croyez point à monsieur votre père;
Il raille.

ORGON.
Je vous dis...

DORINE.
Non, vous avez beau faire,

ACTE II, SCÈNE II.

On ne vous croira point.
              ORGON.
        A la fin, mon courroux...
              DORINE.
Eh bien, on vous croit donc; et c'est tant pis pour vous.
Quoi! se peut-il, monsieur, qu'avec l'air d'homme sage,
Et cette large barbe au milieu du visage,
Vous soyez assez fou pour vouloir?...
              ORGON.
          Écoutez :
Vous avez pris céans certaines privautés
Qui ne me plaisent point; je vous le dis, ma mie.
              DORINE.
Parlons sans nous fâcher, monsieur, je vous supplie.
Vous moquez-vous des gens d'avoir fait ce complot?
Votre fille n'est point l'affaire d'un bigot :
Il a d'autres emplois auxquels il faut qu'il pense.
Et puis, que vous apporte une telle alliance?
A quel sujet aller, avec tout votre bien,
Choisir un gendre gueux?...
              ORGON.
            Taisez-vous. S'il n'a rien,
Sachez que c'est par là qu'il faut qu'on le révère.
Sa misère est sans doute une honnête misère :
Au-dessus des grandeurs elle doit l'élever,
Puisque enfin de son bien il s'est laissé priver
Par son trop peu de soin des choses temporelles
Et sa puissante attache aux choses éternelles.
Mais mon secours pourra lui donner les moyens
De sortir d'embarras et rentrer dans ses biens :
Ce sont fiefs qu'à bon titre au pays on renomme;
Et, tel que l'on le voit, il est bien gentilhomme.
              DORINE.
Oui, c'est lui qui le dit; et cette vanité,
Monsieur, ne sied pas bien avec la piété.
Qui d'une sainte vie embrasse l'innocence
Ne doit pas tant prôner son nom et sa naissance;
Et l'humble procédé de la dévotion
Souffre mal les éclats de cette ambition.
A quoi bon cet orgueil?... Mais ce discours vous blesse;
Parlons de sa personne, et laissons sa noblesse.
Ferez-vous possesseur, sans quelque peu d'ennui,
D'une fille comme elle un homme comme lui?
Et ne devez-vous pas songer aux bienséances,
Et de cette union prévoir les conséquences?
Sachez que d'une fille on risque la vertu,
Lorsque dans son hymen son goût est combattu;
Que le dessein d'y vivre en honnête personne
Dépend des qualités du mari qu'on lui donne,
Et que ceux dont partout on montre au doigt le front
Font leurs femmes souvent ce qu'on voit qu'elles sont.
Il est bien difficile enfin d'être fidèle
A de certains maris faits d'un certain modèle ;
Et qui donne à sa fille un homme qu'elle hait
Est responsable au ciel des fautes qu'elle fait.
Songez à quels périls votre dessein vous livre.
              ORGON.
Je vous dis qu'il me faut apprendre d'elle à vivre!

              DORINE.
Vous n'en feriez que mieux de suivre mes leçons.
            ORGON.
Ne nous amusons point, ma fille, à ces chansons;
Je sais ce qu'il vous faut, et je suis votre père.
J'avois donné pour vous ma parole à Valère;
Mais, outre qu'à jouer on dit qu'il est enclin,
Je le soupçonne encor d'être un peu libertin;
Je ne remarque point qu'il hante les églises.
              DORINE.
Voulez-vous qu'il y coure à vos heures précises,
Comme ceux qui n'y vont que pour être aperçus?
            ORGON.
Je ne demande pas votre avis là-dessus.
Enfin, avec le ciel l'autre est le mieux du monde,
Et c'est une richesse à nulle autre seconde.
Cet hymen de tous biens comblera vos désirs,
Il sera tout confit en douceurs et plaisirs,
Ensemble vous vivrez, dans vos ardeurs fidèles,
Comme deux vrais enfants, comme deux tourterelles :
A nul fâcheux débat jamais vous n'en viendrez;
Et vous ferez de lui tout ce que vous voudrez.
              DORINE.
Elle? Elle n'en fera qu'un sot [1], je vous assure.
            ORGON.
Ouais! quels discours!
              DORINE.
          Je dis qu'il en a l'encolure
Et que son ascendant, monsieur, l'emportera
Sur toute la vertu que votre fille aura.
            ORGON.
Cessez de m'interrompre, et songez à vous taire,
Sans mettre votre nez où vous n'avez que faire.
    DORINE, elle l'interrompt toujours au moment où il se retourne
              pour parler à sa fille.
Je n'en parle, monsieur, que pour votre intérêt.
            ORGON.
C'est prendre trop de soin; taisez-vous, s'il vous plaît.
              DORINE.
Si l'on ne vous aimoit...
            ORGON.
          Je ne veux pas qu'on m'aime.
              DORINE.
Et je veux vous aimer, monsieur, malgré vous-même.
            ORGON.
Ah!
              DORINE.
    Votre honneur m'est cher, et je ne puis souffrir
Qu'aux brocards d'un chacun vous alliez vous offrir.
            ORGON.
Vous ne vous tairez point?
              DORINE.
            C'est une conscience
Que de vous laisser faire une telle alliance.

---

[1] On sait quel ridicule s'attache chez nous au mari d'une femme infidèle : en faudrait-il une autre preuve que l'acception dans laquelle *sot* est pris ici par Dorine? (Auger.)

ORGON.
Te tairas-tu, serpent, dont les traits effrontés...
DORINE.
Ah! vous êtes dévot, et vous vous emportez!
ORGON.
Oui, ma bile s'échauffe à toutes ces fadaises,
Et tout résolûment je veux que tu te taises.
DORINE.
Soit. Mais, ne disant mot, je n'en pense pas moins.
ORGON.
Pense, si tu le veux; mais applique tes soins
Se retournant vers sa fille.
A ne m'en point parler, ou... Suffit... Comme sage,
J'ai pesé mûrement toutes choses.
DORINE, à part.
J'enrage
De ne pouvoir parler!
ORGON
Sans être damoiseau,
Tartuffe est fait de sorte...
DORINE.
Oui, c'est un beau museau!
ORGON.
Que, quand tu n'aurois même aucune sympathie
Pour tous les autres dons...
DORINE, à part.
La voilà bien lotie!
Orgon se tourne du côté de Dorine, et, les bras croisés, l'écoute et la regarde en face.
Si j'étois en sa place, un homme assurément
Ne m'épouseroit pas de force impunément;
Et je lui ferois voir, bientôt après la fête,
Qu'une femme a toujours une vengeance prête.
ORGON, à Dorine.
Donc de ce que je dis on ne fera nul cas?
DORINE.
De quoi vous plaignez-vous? Je ne vous parle pas.
ORGON.
Qu'est-ce que tu fais donc?
DORINE.
Je me parle à moi-même.
ORGON, à part.
Fort bien. Pour châtier son insolence extrême,
Il faut que je lui donne un revers de ma main.
Il se met en posture de donner un soufflet à Dorine, et, à chaque mot qu'il dit à sa fille, il se tourne pour regarder Dorine, qui se tient droite sans parler.
Ma fille, vous devez approuver mon dessein...
Croire que le mari... que j'ai su vous élire...
A Dorine.
Que ne te parles-tu?
DORINE.
Je n'ai rien à me dire.
ORGON.
Encore un petit mot.
DORINE.
Il ne me plaît pas, moi.
ORGON.
Certes, je t'y guettois.

DORINE.
Quelque sotte, ma foi!...
ORGON.
Enfin, ma fille, il faut payer d'obéissance;
Et montrer pour mon choix entière déférence.
DORINE, en s'enfuyant.
Je me moquerois fort de prendre un tel époux.
ORGON, après avoir manqué de donner un soufflet à Dorine.
Vous avez là, ma fille, une peste avec vous,
Avec qui, sans péché, je ne saurois plus vivre.
Je me sens hors d'état maintenant de poursuivre;
Ses discours insolents m'ont mis l'esprit en feu,
Et je vais prendre l'air pour me rasseoir un peu.

SCÈNE III

MARIANE, DORINE.

DORINE.
Avez-vous donc perdu, dites-moi, la parole?
Et faut-il qu'en ceci je fasse votre rôle?
Souffrir qu'on vous propose un projet insensé,
Sans que du moindre mot vous l'ayez repoussé!
MARIANE.
Contre un père absolu que veux-tu que je fasse?
DORINE.
Ce qu'il faut pour parer une telle menace.
MARIANE.
Quoi?
DORINE.
Lui dire qu'un cœur n'aime point par autrui;
Que vous vous mariez pour vous, non pas pour lui;
Qu'étant celle pour qui se fait toute l'affaire,
C'est à vous, non à lui, que le mari doit plaire;
Et que, si son Tartuffe est pour lui si charmant,
Il le peut épouser sans nul empêchement.
MARIANE.
Un père, je l'avoue, a sur nous tant d'empire,
Que je n'ai jamais eu la force de rien dire.
DORINE.
Mais raisonnons. Valère a fait pour vous des pas :
L'aimez-vous, je vous prie, ou ne l'aimez-vous pas?
MARIANE.
Ah! qu'envers mon amour ton injustice est grande,
Dorine! Me dois-tu faire cette demande?
T'ai-je pas là-dessus ouvert cent fois mon cœur?
Et sais-tu pas pour lui jusqu'où va mon ardeur?
Que sais-je si le cœur a parlé par la bouche,
Et si c'est tout de bon que cet amant vous touche?
MARIANE.
Tu me fais un grand tort, Dorine, d'en douter;
Et mes vrais sentiments ont su trop éclater.
DORINE.
Enfin, vous l'aimez donc?
MARIANE.
Oui, d'une ardeur extrême.

ACTE II, SCÈNE III.

DORINE.
Et, selon l'apparence, il vous aime de même?
MARIANE.
Je le crois.
DORINE.
Et tous deux brûlez également
De vous voir mariés ensemble?
MARIANE.
Assurément.
DORINE.
Sur cette autre union quelle est donc votre attente?
MARIANE.
De me donner la mort, si l'on me violente.
DORINE.
Fort bien. C'est un recours où je ne songeois pas;
Vous n'avez qu'à mourir pour sortir d'embarras.
Le remède, sans doute, est merveilleux. J'enrage!
Lorsque j'entends tenir ces sortes de langage.
MARIANE.
Mon Dieu! de quelle humeur, Dorine, tu te rends!
Tu ne compatis point aux déplaisirs des gens.
DORINE.
Je ne compatis point à qui dit des sornettes,
Et dans l'occasion mollit comme vous faites.
MARIANE.
Mais que veux-tu? si j'ai de la timidité...
DORINE.
Mais l'amour dans un cœur veut de la fermeté.
MARIANE.
Mais n'en gardé-je pas pour les feux de Valère?
Et n'est-ce pas à lui de m'obtenir d'un père?
DORINE.
Mais quoi! si votre père est un bourru fieffé,
Qui s'est de son Tartuffe entièrement coiffé,
Et manque à l'union qu'il avoit arrêtée,
La faute à votre amant doit-elle être imputée?
MARIANE.
Mais, par un haut refus et d'éclatants mépris,
Ferai-je, dans mon choix, voir un cœur trop épris?
Sortirai-je pour lui, quelque éclat dont il brille,
De la pudeur du sexe et du devoir de fille?
Et veux-tu que mes feux par le monde étalés...
DORINE.
Non, non, je ne veux rien. Je vois que vous voulez
Être à monsieur Tartuffe; et j'aurois, quand j'y pense,
Tort de vous détourner d'une telle alliance.
Quelle raison aurois-je à combattre vos vœux?
Le parti de soi-même est fort avantageux.
Monsieur Tartuffe! oh! oh! n'est-ce rien qu'on propose?
Certes, monsieur Tartuffe, à bien prendre la chose,
N'est pas un homme, non, qui se mouche du pied;
Et ce n'est pas peu d'heur que d'être sa moitié.
Tout le monde déjà de gloire le couronne;
Il est noble chez lui, bien fait de sa personne;
Il a l'oreille rouge et le teint bien fleuri:
Vous vivrez trop contente avec un tel mari.
MARIANE.
Mon Dieu!...

DORINE.
Quelle allégresse aurez-vous dans votre âme
Quand d'un époux si beau vous vous verrez la femme!
MARIANE.
Ah! cesse, je te prie, un semblable discours,
Et contre cet hymen ouvre-moi du secours.
C'en est fait, je me rends, et suis prête à tout faire.
DORINE.
Non, il faut qu'une fille obéisse à son père,
Voulût-il lui donner un singe pour époux.
Votre sort est fort beau : de quoi vous plaignez-vous?
Vous irez par le coche en sa petite ville,
Qu'en oncles et cousins vous trouverez fertile,
Et vous vous plairez fort à les entretenir.
D'abord chez le beau monde on vous fera venir.
Vous irez visiter, pour votre bienvenue,
Madame la baillive et madame l'élue,
Qui d'un siége pliant vous feront honorer.
Là, dans le carnaval, vous pourrez espérer
Le bal et la grand'bande, assavoir [1], deux musettes,
Et parfois Fagotin [2], et les marionnettes;
Si pourtant votre époux...
MARIANE.
Ah! tu me fais mourir!
De tes conseils plutôt songe à me secourir.
DORINE.
Je suis votre servante.
MARIANE.
Eh! Dorine, de grâce...
DORINE.
Il faut, pour vous punir, que cette affaire passe.
MARIANE.
Ma pauvre fille!
DORINE.
Non.
MARIANE.
Si mes vœux déclarés...
DORINE.
Point. Tartuffe est votre homme, et vous en tâterez.
MARIANE.
Tu sais qu'à toi toujours je me suis confiée :
Fais-moi...
DORINE.
Non, vous serez, ma foi, tartuffiée.
MARIANE.
Eh bien, puisque mon sort ne sauroit t'émouvoir,
Laisse-moi désormais toute à mon désespoir :
C'est de lui que mon cœur empruntera de l'aide;
Et je sais de mes maux l'infaillible remède.

Elle veut s'en aller.

DORINE.
Eh! là, là, revenez. Je quitte mon courroux.
Il faut, nonobstant tout, avoir pitié de vous.
MARIANE.
Vois-tu, si l'on m'expose à ce cruel martyre,

[1] Toutes les éditions portent à tort : *à savoir*; c'est l'ancien infinitif *assavoir*. (F. Génin.)
[2] Singe fameux par sa souplesse et sa dextérité.

Je te le dis, Dorine, il faudra que j'expire.
DORINE.
Ne vous tourmentez point. On peut adroitement
Empêcher... Mais voici Valère, votre amant.

SCÈNE IV

VALÈRE, MARIANE, DORINE.

VALÈRE.
On vient de débiter, madame, une nouvelle
Que je ne savois pas, et qui sans doute est belle.
MARIANE.
Quoi?
VALÈRE.
Que vous épousez Tartuffe.
MARIANE.
Il est certain
Que mon père s'est mis en tête ce dessein.
VALÈRE.
Votre père, madame...
MARIANE.
A changé de visée :
La chose vient par lui de m'être proposée.
VALÈRE.
Quoi! sérieusement?
MARIANE.
Oui, sérieusement.
Il s'est pour cet hymen déclaré hautement.
VALÈRE.
Et quel est le dessein où votre âme s'arrête,
Madame?
MARIANE.
Je ne sais.
VALÈRE.
La réponse est honnête :
Vous ne savez?
MARIANE.
Non.
VALÈRE.
Non?
MARIANE.
Que me conseillez-vous?
VALÈRE.
Je vous conseille, moi, de prendre cet époux.
MARIANE.
Vous me le conseillez?
VALÈRE.
Oui.
MARIANE.
Tout de bon?
VALÈRE.
Sans doute :
Le choix est glorieux, et vaut bien qu'on l'écoute.
MARIANE.
Eh bien, c'est un conseil, monsieur, que je reçois.

VALÈRE.
Vous n'aurez pas grand'peine à le suivre, je crois.
MARIANE.
Pas plus qu'à le donner n'en a souffert votre âme.
VALÈRE.
Moi, je vous l'ai donné pour vous plaire, madame.
MARIANE.
Et moi, je le suivrai pour vous faire plaisir.
DORINE, se retirant dans le fond du théâtre.
Voyons ce qui pourra de ceci réussir.
VALÈRE.
C'est donc ainsi qu'on aime? Et c'étoit tromperie
Quand vous...
MARIANE.
Ne parlons point de cela, je vous prie;
Vous m'avez dit tout franc que je dois accepter
Celui que pour époux on me veut présenter,
Et je déclare, moi, que je prétends le faire,
Puisque vous m'en donnez le conseil salutaire.
VALÈRE.
Ne vous excusez point sur mes intentions.
Vous aviez pris déjà vos résolutions;
Et vous vous saisissez d'un prétexte frivole
Pour vous autoriser à manquer de parole.
MARIANE.
Il est vrai, c'est bien dit.
VALÈRE.
Sans doute; et votre cœur
N'a jamais eu pour moi de véritable ardeur.
MARIANE.
Hélas! permis à vous d'avoir cette pensée.
VALÈRE.
Oui, oui, permis à moi : mais mon âme offensée
Vous préviendra peut-être en un pareil dessein;
Et je sais où porter et mes vœux et ma main.
MARIANE.
Ah! je n'en doute point; et les ardeurs qu'excite
Le mérite...
VALÈRE.
Mon Dieu! laissons là le mérite.
J'en ai fort peu sans doute, et vous en faites foi.
Mais j'espère aux bontés qu'une autre aura pour moi;
Et j'en sais de qui l'âme, à ma retraite ouverte,
Consentira sans honte à réparer ma perte.
MARIANE.
La perte n'est pas grande; et de ce changement
Vous vous consolerez assez facilement.
VALÈRE.
J'y ferai mon possible, et vous le pouvez croire.
Un cœur qui nous oublie engage notre gloire;
Il faut à l'oublier mettre aussi tous nos soins;
Si l'on n'en vient à bout, on le doit feindre au moins;
Et cette lâcheté jamais ne se pardonne,
De montrer de l'amour pour qui nous abandonne.
MARIANE.
Ce sentiment sans doute est noble et relevé.
VALÈRE.
Fort bien; et d'un chacun il doit être approuvé.

ACTE II, SCÈNE IV.

Eh quoi! vous voudriez qu'à jamais dans mon âme
Je gardasse pour vous les ardeurs de ma flamme,
Et vous visse, à mes yeux, passer en d'autres bras,
Sans mettre ailleurs un cœur dont vous ne voulez pas?
MARIANE.
Au contraire; pour moi, c'est ce que je souhaite;
Et je voudrois déjà que la chose fût faite.
VALÈRE.
Vous le voudriez?
MARIANE.
Oui.
VALÈRE.
C'est assez m'insulter,
Madame; et, de ce pas, je vais vous contenter.
Il fait un pas pour s'en aller.
MARIANE.
Fort bien.
VALÈRE, *revenant.*
Souvenez-vous au moins que c'est vous-même
Qui contraignez mon cœur à cet effort extrême.
MARIANE.
Oui.
VALÈRE, *revenant encore.*
Et que le dessein que mon âme conçoit
N'est rien qu'à votre exemple.
MARIANE.
A mon exemple, soit.
VALÈRE, *en sortant.*
Suffit : vous allez être à point nommé servie.
MARIANE.
Tant mieux.
VALÈRE, *revenant encore.*
Vous me voyez, c'est pour toute ma vie.
MARIANE.
A la bonne heure.
VALÈRE *s'en va, et, lorsqu'il est vers la porte, il se retourne.*
Eh?
MARIANE.
Quoi?
VALÈRE.
Ne m'appelez-vous pas?
MARIANE.
Moi! Vous rêvez.
VALÈRE.
Eh bien, je poursuis donc mes pas.
Adieu, madame.
Il s'en va lentement.
MARIANE.
Adieu, monsieur.
DORINE, à Mariane.
Pour moi, je pense
Que vous perdez l'esprit par cette extravagance :
Et je vous ai laissés tout du long quereller,
Pour voir où tout cela pourroit enfin aller.
Holà! seigneur Valère.
Elle arrête Valère par le bras.
VALÈRE, *feignant de résister.*
Eh? que veux-tu, Dorine?

DORINE.
Venez ici.
VALÈRE.
Non, non, le dépit me domine.
Ne me détourne point de ce qu'elle a voulu.
DORINE.
Arrêtez.
VALÈRE.
Non, vois-tu, c'est un point résolu.
DORINE.
Ah!
MARIANE, à part.
Il souffre à me voir, ma présence le chasse;
Et je ferai bien mieux de lui quitter la place.
DORINE, *quittant Valère, et courant après Mariane.*
A l'autre! Où courez-vous?
MARIANE.
Laisse.
DORINE.
Il faut revenir.
MARIANE.
Non, non, Dorine; en vain tu veux me retenir.
VALÈRE, à part.
Je vois bien que ma vue est pour elle un supplice,
Et, sans doute, il vaut mieux que je l'en affranchisse.
DORINE, *quittant Mariane, et courant après Valère.*
Encor! Diantre soit fait de vous! Si, je le veux.
Cessez ce badinage; et venez çà tous deux.
Elle prend Valère et Mariane par la main et les ramène.
VALÈRE, à Dorine.
Mais quel est ton dessein?
MARIANE, à Dorine.
Qu'est-ce que tu veux faire?
DORINE.
Vous bien remettre ensemble, et vous tirer d'affaire.
A Valère.
Êtes-vous fou d'avoir un pareil démêlé?
VALÈRE.
N'as-tu pas entendu comme elle m'a parlé?
DORINE, à Mariane.
Êtes-vous folle, vous, de vous être emportée?
MARIANE.
N'as-tu pas vu la chose, et comme il m'a traitée?
DORINE.
A Valère.
Sottise des deux parts. Elle n'a d'autre soin
Que de se conserver à vous, j'en suis témoin.
A Mariane.
Il n'aime que vous seule, et n'a point d'autre envie
Que d'être votre époux; j'en réponds sur ma vie.
MARIANE, à Valère.
Pourquoi donc me donner un semblable conseil?
VALÈRE, à Mariane.
Pourquoi m'en demander sur un sujet pareil?
DORINE.
Vous êtes fous tous deux. Çà, la main l'un et l'autre.
A Valère.
Allons, vous.

VALÈRE, en donnant sa main à Dorine.
A quoi bon ma main?
DORINE, à Mariane.
Ah çà! la vôtre.
MARIANE, en donnant aussi sa main.
De quoi sert tout cela?
DORINE.
Mon Dieu! vite, avancez.
Vous vous aimez tous deux plus que vous ne pensez.

Valère et Mariane se tiennent quelque temps par la main sans se regarder.

VALÈRE, se tournant vers Mariane.
Mais ne faites donc point les choses avec peine;
Et regardez un peu les gens sans nulle haine.

Mariane se tourne du côté de Valère en lui souriant.

DORINE.
A vous dire le vrai, les amants sont bien fous!
VALÈRE, à Mariane.
Oh çà! n'ai-je pas lieu de me plaindre de vous[1]?
Et, pour n'en point mentir, n'êtes-vous pas méchante
De vous plaire à me dire une chose affligeante?
MARIANE.
Mais vous, n'êtes-vous pas l'homme le plus ingrat?...
DORINE.
Pour une autre saison laissons tout ce débat,
Et songeons à parer ce fâcheux mariage.
MARIANE.
Dis-nous donc quels ressorts il faut mettre en usage.
DORINE.
Nous en ferons agir de toutes les façons.
A Mariane. *A Valère.*
Votre père se moque; et ce sont des chansons.
A Mariane.
Mais, pour vous, il vaut mieux qu'à son extravagance
D'un doux consentement vous prêtiez l'apparence,
Afin qu'en cas d'alarme il vous soit plus aisé
De tirer en longueur cet hymen proposé.
En attrapant du temps, à tout on remédie.
Tantôt vous payerez de quelque maladie
Qui viendra tout à coup, et voudra des délais;
Tantôt vous payerez de présages mauvais;
Vous aurez fait d'un mort la rencontre fâcheuse,
Cassé quelque miroir, ou songé d'eau bourbeuse:
Enfin, le bon de tout, c'est qu'à d'autres qu'à lui
On ne vous peut lier que vous ne disiez oui.
Mais, pour mieux réussir, il est bon, ce me semble,
Qu'on ne vous trouve point tous deux parlant ensemble.
A Valère.
Sortez; et, sans tarder, employez vos amis
Pour vous faire tenir ce qu'on vous a promis.
Nous allons réveiller les efforts de son frère,
Et dans notre parti jeter la belle-mère.
Adieu.
VALÈRE, à Mariane.
Quelques efforts que nous préparions tous,

Ma plus grande espérance, à vrai dire, est en vous.
MARIANE, à Valère.
Je ne vous réponds pas des volontés d'un père;
Mais je ne serai point à d'autre qu'à Valère.
VALÈRE.
Que vous me comblez d'aise! et, quoi que puisse oser...
DORINE.
Ah! jamais les amants ne sont las de jaser.
Sortez, vous dis-je.
VALÈRE; il fait un pas et revient.
Enfin...
DORINE.
Quel caquet est le vôtre!
Tirez de cette part; et vous, tirez de l'autre.
Dorine les pousse chacun par l'épaule et les oblige de se séparer.

ACTE TROISIÈME

SCÈNE I

DAMIS, DORINE.

DAMIS.
Que la foudre, sur l'heure, achève mes destins
Qu'on me traite partout du plus grand des faquins,
S'il est aucun respect ni pouvoir qui m'arrête,
Et si je ne fais pas quelque coup de ma tête!
DORINE.
De grâce, modérez un tel emportement:
Votre père n'a fait qu'en parler simplement
On n'exécute pas tout ce qui se propose;
Et le chemin est long du projet à la chose.
DAMIS.
Il faut que de ce fat j'arrête les complots,
Et qu'à l'oreille un peu je lui dise deux mots.
DORINE.
Ah! tout doux! envers lui, comme envers votre père,
Laissez agir les soins de votre belle-mère.
Sur l'esprit de Tartuffe elle a quelque crédit,
Il se rend complaisant à tout ce qu'elle dit,
Et pourroit bien avoir douceur de cœur pour elle.
Plût à Dieu qu'il fût vrai! la chose seroit belle[1].
Enfin, votre intérêt l'oblige à le mander:
Sur l'hymen qui vous trouble elle veut le sonder,
Savoir ses sentiments, et lui faire connoître
Quels fâcheux démêlés il pourra faire naître,
S'il faut qu'à ce dessein il prête quelque espoir.
Son valet dit qu'il prie, et je n'ai pu le voir;
Mais ce valet m'a dit qu'il s'en alloit descendre.
Sortez donc, je vous prie, et me laissez l'attendre.

---

[1] Voilà le trait le plus charmant de cette scène délicieuse. Ce n'est pas là un mot plaisant, un joli vers; c'est la nature prise sur le fait par le génie.

[1] Déjà trois fois les spectateurs ont été prévenus des sentiments de Tartuffe pour Elmire: ils le seroient encore une quatrième, et la déclaration suivra aussitôt. Molière avait besoin d'avertir le public d'une scène aussi extraordinaire; et c'est en lui promettant longtemps d'avance un plaisir, celui de surprendre les secrets de l'hypocrite, qu'il prépare cette scène, et qu'il en établit la vraisemblance. (Aimé Martin.)

TARTUFFE.

ACTE III SCÈNE III

Garnier frères Éditeurs.

555

DAMIS.
Je puis être présent à tout cet entretien.
DORINE.
Point. Il faut qu'ils soient seuls.
DAMIS.
Je ne lui dirai rien.
DORINE.
Vous vous moquez : on sait vos transports ordinaires ;
Et c'est le vrai moyen de gâter les affaires.
Sortez.
DAMIS.
Non ; je veux voir, sans me mettre en courroux.
DORINE.
Que vous êtes fâcheux ! Il vient. Retirez-vous.

Damis va se cacher dans un cabinet qui est au fond du théâtre.

SCÈNE II
TARTUFFE, DORINE.

TARTUFFE, *parlant haut à son valet, qui est dans la maison, dès qu'il aperçoit Dorine* [1].
Laurent, serrez ma haire avec ma discipline,
Et priez que toujours le ciel vous illumine.
Si l'on vient pour me voir, je vais aux prisonniers
Des aumônes que j'ai partager les deniers.
DORINE, *à part.*
Que d'affectation et de forfanterie !
TARTUFFE.
Que voulez-vous ?
DORINE.
Vous dire...
TARTUFFE, *tirant un mouchoir de sa poche.*
Ah ! mon Dieu ! je vous prie,
Avant que de parler, prenez-moi ce mouchoir.
DORINE.
Comment !
TARTUFFE.
Couvrez ce sein que je ne saurois voir.
Par de pareils objets les âmes sont blessées,
Et cela fait venir de coupables pensées.
DORINE.
Vous êtes donc bien tendre à la tentation,
Et la chair sur vos sens fait grande impression !
Certes, je ne sais pas quelle chaleur vous monte :
Mais, à convoiter, moi, je ne suis point si prompte,
Et je vous verrois nu du haut jusques en bas,
Que toute votre peau ne me tenteroit pas.
TARTUFFE.
Mettez dans vos discours un peu de modestie [2],

---

[1] On a souvent demandé pourquoi Molière avait retardé l'entrée de son hypocrite jusqu'au troisième acte. Le secret de cette intention se trouve dans la *Lettre sur l'Imposteur* : « C'est peut-être, y est-il dit, une adresse de l'auteur de ne l'avoir pas fait voir plus tôt, mais seulement quand l'action est échauffée ; car un caractère de cette force tomberait, s'il paraissait sans faire d'abord un jeu digne de lui. » (Aimé Martin.)

[2] Donné par un autre que Tartuffe, l'avis ne sembleroit pas déplacé. Mais aussi, à un autre que Tartuffe, Dorine ne parleroit pas de ce ton.

Ou je vais sur-le-champ vous quitter la partie.
DORINE.
Non, non, c'est moi qui vais vous laisser en repos,
Et je n'ai seulement qu'à vous dire deux mots.
Madame va venir dans cette salle basse,
Et d'un mot d'entretien vous demande la grâce.
TARTUFFE.
Hélas ! très-volontiers.
DORINE, *à part.*
Comme il se radoucit !
Ma foi, je suis toujours pour ce que j'en ai dit.
TARTUFFE.
Viendra-t-elle bientôt ?
DORINE.
Je l'entends, ce me semble.
Oui, c'est elle en personne, et je vous laisse ensemble.

SCÈNE III
ELMIRE, TARTUFFE.

TARTUFFE.
Que le ciel à jamais, par sa toute-bonté,
Et de l'âme et du corps vous donne la santé,
Et bénisse vos jours autant que le désire
Le plus humble de ceux que son amour inspire !
ELMIRE.
Je suis fort obligée à ce souhait pieux.
Mais prenons une chaise, afin d'être un peu mieux.
TARTUFFE, *assis.*
Comment de votre mal vous sentez-vous remise ?
ELMIRE, *assise.*
Fort bien ; et cette fièvre a bientôt quitté prise.
TARTUFFE.
Mes prières n'ont pas le mérite qu'il faut
Pour avoir attiré cette grâce d'en haut ;
Mais je n'ai fait au ciel nulle dévote instance
Qui n'ait eu pour objet votre convalescence.
ELMIRE.
Votre zèle pour moi s'est trop inquiété.
TARTUFFE.
On ne peut trop chérir votre chère santé ;
Et, pour la rétablir, j'aurois donné la mienne.
ELMIRE.
C'est pousser bien avant la charité chrétienne ;
Et je vous dois beaucoup pour toutes ces bontés.
TARTUFFE.
Je fais bien moins pour vous que vous ne méritez.
ELMIRE.
J'ai voulu vous parler en secret d'une affaire
Et suis bien aise, ici, qu'aucun ne nous éclaire.
TARTUFFE.
J'en suis ravi de même ; et, sans doute, il m'est doux,
Madame, de me voir seul à seul avec vous.
C'est une occasion qu'au ciel j'ai demandée,
Sans que, jusqu'à cette heure, il me l'ait accordée.
ELMIRE.
Pour moi, ce que je veux, c'est un mot d'entretien,

Où tout votre cœur s'ouvre, et ne me cache rien.

Damis, sans se montrer, entr'ouvre la porte du cabinet dans lequel il s'étoit retiré, pour entendre la conversation.

TARTUFFE.
Et je ne veux aussi, pour grâce singulière,
Que montrer à vos yeux mon âme tout entière,
Et vous faire serment que les bruits que j'ai faits
Des visites qu'ici reçoivent vos attraits
Ne sont pas envers vous l'effet d'aucune haine,
Mais plutôt d'un transport de zèle qui m'entraîne,
Et d'un pur mouvement...

ELMIRE.
Je le prends bien aussi,
Et crois que mon salut vous donne ce souci.

TARTUFFE, *prenant la main d'Elmire, et lui serrant les doigts.*
Oui, madame, sans doute; et ma ferveur est telle...

ELMIRE.
Ouf! vous me serrez trop.

TARTUFFE.
C'est par excès de zèle.
De vous faire aucun mal je n'eus jamais dessein,
Et j'aurois bien plutôt...

Il met la main sur les genoux d'Elmire.

ELMIRE.
Que fait là votre main?

TARTUFFE.
Je tâte votre habit : l'étoffe en est moelleuse.

ELMIRE.
Ah! de grâce, laissez, je suis fort chatouilleuse.

Elmire recule son fauteuil, et Tartuffe se rapproche d'elle.

TARTUFFE, *maniant le fichu d'Elmire.*
Mon Dieu! que de ce point l'ouvrage est merveilleux!
On travaille aujourd'hui d'un air miraculeux :
Jamais, en toute chose, on n'a vu si bien faire.

ELMIRE.
Il est vrai. Mais parlons un peu de notre affaire.
On tient que mon mari veut dégager sa foi,
Et vous donner sa fille. Est-il vrai? dites-moi.

TARTUFFE.
Il m'en a dit deux mots : mais, madame, à vrai dire,
Ce n'est pas le bonheur après quoi je soupire;
Et je vois autre part les merveilleux attraits
De la félicité qui fait tous mes souhaits.

ELMIRE.
C'est que vous n'aimez rien des choses de la terre.

TARTUFFE.
Mon sein n'enferme pas un cœur qui soit de pierre.

ELMIRE.
Pour moi, je crois qu'au ciel tendent tous vos soupirs,
Et que rien ici-bas n'arrête vos désirs.

TARTUFFE.
L'amour qui nous attache aux beautés éternelles
N'étouffe pas en nous l'amour des temporelles :
Nos sens facilement peuvent être charmés
Des ouvrages parfaits que le ciel a formés.
Ses attraits réfléchis brillent dans vos pareilles;
Mais il étale en vous ses plus rares merveilles :
Il a sur votre face épanché des beautés
Dont les yeux sont surpris et les cœurs transportés,
Et je n'ai pu vous voir, parfaite créature,
Sans admirer en vous l'Auteur de la nature
Et d'une ardente amour sentir mon cœur atteint,
Au plus beau des portraits où lui-même il s'est peint.
D'abord j'appréhendai que cette ardeur secrète
Ne fût du noir esprit une surprise adroite;
Et même à fuir vos yeux mon cœur se résolut,
Vous croyant un obstacle à faire mon salut.
Mais enfin je connus, ô beauté tout aimable!
Que cette passion peut n'être point coupable,
Que je puis l'ajuster avecque la pudeur,
Et c'est ce qui m'y fait abandonner mon cœur.
Ce m'est, je le confesse, une audace bien grande
Que d'oser de ce cœur vous adresser l'offrande;
Mais j'attends en mes vœux tout de votre bonté,
Et rien des vains efforts de mon infirmité.
En vous est mon espoir, mon bien, ma quiétude;
De vous dépend ma peine ou ma béatitude;
Et je vais être enfin, par votre seul arrêt,
Heureux, si vous voulez; malheureux, s'il vous plaît.

ELMIRE.
La déclaration est tout à fait galante;
Mais elle est, à vrai dire, un peu bien surprenante.
Vous deviez, ce me semble, armer mieux votre sein,
Et raisonner un peu sur un pareil dessein.
Un dévot comme vous, et que partout on nomme...

TARTUFFE.
Ah! pour être dévot, je n'en suis pas moins homme :
Et, lorsqu'on vient à voir vos célestes appas,
Un cœur se laisse prendre et ne raisonne pas.
Je sais qu'un tel discours de moi paroît étrange :
Mais, madame, après tout, je ne suis pas un ange;
Et, si vous condamnez l'aveu que je vous fais,
Vous devez vous en prendre à vos charmants attraits.
Dès que j'en vis briller la splendeur plus qu'humaine,
De mon intérieur vous fûtes souveraine;
De vos regards divins l'ineffable douceur
Força la résistance où s'obstinoit mon cœur;
Elle surmonta tout, jeûnes, prières, larmes,
Et tourna tous mes vœux du côté de vos charmes.
Mes yeux et mes soupirs vous l'ont dit mille fois;
Et, pour mieux m'expliquer, j'emploie ici la voix.
Que si vous contemplez, d'une âme un peu bénigne,
Les tribulations de votre esclave indigne;
S'il faut que vos bontés veuillent me consoler,
Et jusqu'à mon néant daignent se ravaler,
J'aurai toujours pour vous, ô suave merveille!
Une dévotion à nulle autre pareille.
Votre honneur avec moi ne court point de hasard,
Et n'a nulle disgrâce à craindre de ma part.
Tous ces galants de cour, dont les femmes sont folles,
Sont bruyants dans leurs faits et vains dans leurs paroles;
De leurs progrès sans cesse on les voit se targuer;
Ils n'ont point de faveurs qu'ils n'aillent divulguer;
Et leur langue indiscrète, en qui l'on se confie,
Déshonore l'autel où leur cœur sacrifie.
Mais les gens comme nous brûlent d'un feu discret,

Avec qui, pour toujours, on est sûr du secret.
Le soin que nous prenons de notre renommée
Répond de toute chose à la personne aimée;
Et c'est en nous qu'on trouve, acceptant notre cœur,
De l'amour sans scandale et du plaisir sans peur.

ELMIRE.
Je vous écoute dire, et votre rhétorique
En termes assez forts à mon âme s'explique.
N'appréhendez-vous point que je ne sois d'humeur
A dire à mon mari cette galante ardeur,
Et que le prompt avis d'un amour de la sorte
Ne pût bien altérer l'amitié qu'il vous porte?

TARTUFFE.
Je sais que vous avez trop de bénignité,
Et que vous ferez grâce à ma témérité;
Que vous m'excuserez, sur l'humaine foiblesse,
Des violents transports d'un amour qui vous blesse,
Et considérerez, en regardant votre air,
Que l'on n'est pas aveugle, et qu'un homme est de chair.

ELMIRE.
D'autres prendroient cela d'autre façon peut-être;
Mais ma discrétion se veut faire paroître.
Je ne redirai point l'affaire à mon époux;
Mais je veux, en revanche, une chose de vous:
C'est de presser tout franc, et sans nulle chicane,
L'union de Valère avecque Mariane,
De renoncer vous-même à l'injuste pouvoir
Qui veut du bien d'un autre enrichir votre espoir;
Et...

SCÈNE IV

ELMIRE, DAMIS, TARTUFFE.

DAMIS, sortant du cabinet où il s'étoit retiré.
Non, madame, non; ceci doit se répandre.
J'étois en cet endroit, d'où j'ai pu tout entendre;
Et la bonté du ciel m'y semble avoir conduit
Pour confondre l'orgueil d'un traître qui me nuit,
Pour m'ouvrir une voie à prendre la vengeance
De son hypocrisie et de son insolence,
A détromper mon père, et lui mettre en plein jour
L'âme d'un scélérat qui vous parle d'amour.

ELMIRE.
Non, Damis; il suffit qu'il se rende plus sage
Et tâche à mériter la grâce où je m'engage.
Puisque je l'ai promis, ne m'en dédites pas.
Ce n'est point mon humeur de faire des éclats;
Une femme se rit de sottises pareilles,
Et jamais d'un mari n'en trouble les oreilles.

DAMIS.
Vous avez vos raisons pour en user ainsi,
Et pour faire autrement j'ai les miennes aussi.
Le vouloir épargner est une raillerie;
Et l'insolent orgueil de sa cagoterie
N'a triomphé que trop de mon juste courroux
Et que trop excité de désordre chez nous.
Le fourbe trop longtemps a gouverné mon père
Et desservi mes feux avec ceux de Valère.
Il faut que du perfide il soit désabusé;
Et le ciel, pour cela, m'offre un moyen aisé.
De cette occasion je lui suis redevable,
Et, pour la négliger, elle est trop favorable:
Ce seroit mériter qu'il me la vînt ravir,
Que de l'avoir en main et ne m'en pas servir.

ELMIRE.
Damis...

DAMIS.
Non, s'il vous plaît, il faut que je me croie.
Mon âme est maintenant au comble de sa joie;
Et vos discours en vain prétendent m'obliger
A quitter le plaisir de me pouvoir venger.
Sans aller plus avant, je vais vider l'affaire;
Et voici justement de quoi me satisfaire.

SCÈNE V

ORGON, ELMIRE, DAMIS, TARTUFFE.

DAMIS.
Nous allons régaler, mon père, votre abord
D'un incident tout frais qui vous surprendra fort.
Vous êtes bien payé de toutes vos caresses,
Et monsieur d'un beau prix reconnoît vos tendresses.
Son grand zèle pour vous vient de se déclarer;
Il ne va pas à moins qu'à vous déshonorer;
Et je l'ai surpris là qui faisoit à madame
L'injurieux aveu d'une coupable flamme.
Elle est d'une humeur douce, et son cœur trop discret
Vouloit à toute force en garder le secret;
Mais je ne puis flatter une telle impudence,
Et crois que vous la taire est vous faire une offense.

ELMIRE.
Oui, je tiens que jamais de tous ces vains propos
On ne doit d'un mari traverser le repos;
Que ce n'est point de là que l'honneur peut dépendre,
Et qu'il suffit, pour nous, de savoir nous défendre.
Ce sont mes sentiments; et vous n'auriez rien dit,
Damis, si j'avois eu sur vous quelque crédit.

SCÈNE VI

ORGON, DAMIS, TARTUFFE.

ORGON.
Ce que je viens d'entendre, ô ciel! est-il croyable?

TARTUFFE.
Oui, mon frère, je suis un méchant, un coupable,
Un malheureux pécheur, tout plein d'iniquité,
Le plus grand scélérat qui jamais ait été.
Chaque instant de ma vie est chargé de souillures;
Elle n'est qu'un amas de crimes et d'ordures;
Et je vois que le ciel, pour ma punition,
Me veut mortifier en cette occasion.
De quelque grand forfait qu'on me puisse reprendre,

Je n'ai garde d'avoir l'orgueil de m'en défendre.
Croyez ce qu'on vous dit, armez votre courroux,
Et comme un criminel chassez-moi de chez vous;
Je ne saurois avoir tant de honte en partage,
Que je n'en aie encor mérité davantage.
                ORGON, à son fils.
Ah! traître, oses-tu bien, par cette fausseté,
Vouloir de sa vertu ternir la pureté?
                DAMIS.
Quoi! la feinte douceur de cette âme hypocrite[1]
Vous fera démentir...
                ORGON.
          Tais-toi, peste maudite!
                TARTUFFE.
Ah! laissez-le parler; vous l'accusez à tort,
Et vous ferez bien mieux de croire à son rapport.
Pourquoi, sur un tel fait, m'être si favorable?
Savez-vous, après tout, de quoi je suis capable?
Vous fiez-vous, mon frère, à mon extérieur?
Et, pour tout ce qu'on voit, me croyez-vous meilleur?
Non, non : vous vous laissez tromper à l'apparence,
Et je ne suis rien moins, hélas! que ce qu'on pense.
Tout le monde me prend pour un homme de bien;
Mais la vérité pure est que je ne vaux rien.
          S'adressant à Damis.
Oui, mon cher fils, parlez; traitez-moi de perfide,
D'infâme, de perdu, de voleur, d'homicide;
Accablez-moi de noms encor plus détestés :
Je n'y contredis point, je les ai mérités;
Et j'en veux à genoux souffrir l'ignominie,
Comme une honte due aux crimes de ma vie.
                ORGON.
     A Tartuffe.   A son fils.
Mon frère, c'en est trop. Ton cœur ne se rend point,
Traître!
                DAMIS.
     Quoi! ses discours vous séduiront au point...
                ORGON.
          Relevant Tartuffe.
Tais-toi, pendard! Mon frère, eh! levez-vous, de grâce!
     A son fils.
Infâme!
                DAMIS.
Il peut...
                ORGON.
          Tais-toi!
                DAMIS.
               J'enrage! Quoi! je passe...
                ORGON.
Si tu dis un seul mot, je te romprai les bras.
                TARTUFFE.
Mon frère, au nom de Dieu, ne vous emportez pas!
J'aimerois mieux souffrir la peine la plus dure
Qu'il eût reçu pour moi la moindre égratignure.
                ORGON, à son fils.
Ingrat!

[1] Var. Quoi! la feinte *douleur* de cette âme hypocrite.

                TARTUFFE.
     Laissez-le en paix. S'il faut, à deux genoux,
Vous demander sa grâce...
     ORGON, se jetant aussi à genoux et embrassant Tartuffe.
               Hélas! vous moquez-vous?
     A son fils.
Coquin! vois sa bonté!
                DAMIS.
               Donc...
                ORGON.
                    Paix!
                DAMIS.
                         Quoi! je...
                ORGON.
                                   Paix, dis-je!
Je sais bien quel motif à l'attaquer t'oblige.
Vous le haïssez tous, et je vois aujourd'hui
Femme, enfants et valets déchaînés contre lui.
On met impudemment toute chose en usage
Pour ôter de chez moi ce dévot personnage :
Mais plus on fait d'efforts afin de l'en bannir,
Plus j'en veux employer à l'y mieux retenir;
Et je vais me hâter de lui donner ma fille,
Pour confondre l'orgueil de toute ma famille.
                DAMIS.
A recevoir sa main on pense l'obliger?
                ORGON.
Oui, traître, et dès ce soir, pour vous faire enrager.
Ah! je vous brave tous, et vous ferai connoître
Qu'il faut qu'on m'obéisse, et que je suis le maître.
Allons, qu'on se rétracte; et qu'à l'instant, fripon,
On se jette à ses pieds pour demander pardon.
                DAMIS.
Qui? moi? de ce coquin, qui, par ses impostures...
                ORGON.
Ah! tu résistes, gueux, et lui dis des injures?
          A Tartuffe.
Un bâton! un bâton! Ne me retenez pas.
          A son fils.
Sus, que de ma maison on sorte de ce pas,
Et que d'y revenir on n'ait jamais l'audace!
                DAMIS.
Oui, je sortirai; mais...
                ORGON.
               Vite, quittons la place.
Je te prive, pendard, de ma succession,
Et te donne, de plus, ma malédiction!

SCÈNE VII

ORGON, TARTUFFE.

                ORGON.
Offenser de la sorte une sainte personne!
                TARTUFFE.
O ciel! pardonne-lui comme je lui pardonne.
          A Orgon.
Si vous pouviez savoir avec quel déplaisir

ACTE IV, SCÈNE I.

Je vois qu'envers mon frère on tâche à me noircir!...
ORGON.
Hélas!
TARTUFFE.
Le seul penser de cette ingratitude
Fait souffrir à mon âme un supplice si rude...
L'horreur que j'en conçois... J'ai le cœur si serré,
Que je ne puis parler, et crois que j'en mourrai.
ORGON, *courant tout en larmes à la porte par où il a chassé son fils.*
Coquin! je me repens que ma main t'ait fait grâce,
Et ne t'ait pas d'abord assommé sur la place!
A Tartuffe.
Remettez-vous, mon frère, et ne vous fâchez pas.
TARTUFFE.
Rompons, rompons le cours de ces fâcheux débats.
Je regarde céans quels grands troubles j'apporte,
Et crois qu'il est besoin, mon frère, que j'en sorte.
ORGON.
Comment! vous moquez-vous?
TARTUFFE.
On m'y hait, et je voi
Qu'on cherche à vous donner des soupçons de ma foi.
ORGON.
Qu'importe? Voyez-vous que mon cœur les écoute?
TARTUFFE.
On ne manquera pas de poursuivre, sans doute;
Et ces mêmes rapports qu'ici vous rejetez,
Peut-être, une autre fois, seront-ils écoutés.
ORGON.
Non, mon frère, jamais.
TARTUFFE.
Ah! mon frère, une femme
Aisément d'un mari peut bien surprendre l'âme.
ORGON.
Non, non.
TARTUFFE.
Laissez-moi vite, en m'éloignant d'ici,
Leur ôter tout sujet de m'attaquer ainsi.
ORGON.
Non, vous demeurerez; il y va de ma vie.
TARTUFFE.
Eh bien, il faudra donc que je me mortifie.
Pourtant, si vous vouliez...
ORGON.
Ah!
TARTUFFE.
Soit: n'en parlons plus.
Mais je sais comme il faut en user là-dessus.
L'honneur est délicat, et l'amitié m'engage
A prévenir les bruits et les sujets d'ombrage.
Je fuirai votre épouse, et vous ne me verrez...
ORGON.
Non, en dépit de tous vous la fréquenterez.
Faire enrager le monde est ma plus grande joie;
Et je veux qu'à toute heure avec elle on vous voie.
Ce n'est pas tout encor: pour les mieux braver tous,
Je ne veux point avoir d'autre héritier que vous;

Et je vais de ce pas, en fort bonne manière
Vous faire de mon bien donation entière.
Un bon et franc ami, que pour gendre je prends,
M'est bien plus cher que fils, que femme, et que parents.
N'accepterez-vous pas ce que je vous propose?
TARTUFFE.
La volonté du ciel soit faite en toute chose!
ORGON.
Le pauvre homme! Allons vite en dresser un écrit,
Et que puisse l'envie en crever de dépit[1]!

ACTE QUATRIÈME

SCÈNE I

CLÉANTE, TARTUFFE.

CLÉANTE.
Oui, tout le monde en parle, et vous m'en pouvez croire,
L'éclat que fait ce bruit n'est point à votre gloire;
Et je vous ai trouvé, monsieur, fort à propos
Pour vous en dire net ma pensée en deux mots.
Je n'examine point à fond ce qu'on expose;
Je passe là-dessus, et prends au pis la chose.
Supposons que Damis n'en ait pas bien usé,
Et que ce soit à tort qu'on vous ait accusé:
N'est-il pas d'un chrétien de pardonner l'offense,
Et d'éteindre en son cœur tout désir de vengeance?
Et devez-vous souffrir, pour votre démêlé,
Que du logis d'un père un fils soit exilé?
Je vous le dis encore, et parle avec franchise,
Il n'est petit ni grand qui ne s'en scandalise;
Et, si vous m'en croyez, vous pacifierez tout,
Et ne pousserez point les affaires à bout.
Sacrifiez à Dieu toute votre colère,
Et remettez le fils en grâce avec le père.
TARTUFFE.
Hélas! je le voudrois, quant à moi, de bon cœur;
Je ne garde pour lui, monsieur, aucune aigreur;
Je lui pardonne tout; de rien je ne le blâme,
Et voudrois le servir du meilleur de mon âme:
Mais l'intérêt du ciel n'y sauroit consentir;
Et, s'il rentre céans, c'est à moi d'en sortir.
Après son action, qui n'eut jamais d'égale,
Le commerce entre nous porteroit du scandale:
Dieu sait ce que d'abord tout le monde en croiroit!
A pure politique on me l'imputeroit,
Et l'on diroit partout que, me sentant coupable,
Je feins, pour qui m'accuse, un zèle charitable;
Que mon cœur l'appréhende, et veut le ménager
Pour le pouvoir, sous main, au silence engager.
CLÉANTE.
Vous nous payez ici d'excuses colorées;

---

[1] L'endurcissement de l'âme, chez Orgon, croît avec l'aveuglement de l'esprit. C'est le fruit des leçons de l'homme qui lui enseigne à n'avoir d'affection pour rien.

Et toutes vos raisons, monsieur, sont trop tirées.
Des intérêts du ciel pourquoi vous chargez-vous?
Pour punir le coupable a-t-il besoin de nous?
Laissez-lui, laissez-lui le soin de ses vengeances :
Ne songez qu'au pardon qu'il prescrit des offenses,
Et ne regardez point aux jugements humains,
Quand vous suivez du ciel les ordres souverains.
Quoi! le foible intérêt de ce qu'on pourra croire
D'une bonne action empêchera la gloire?
Non, non; faisons toujours ce que le ciel prescrit,
Et d'aucun autre soin ne nous brouillons l'esprit.

TARTUFFE.

Je vous ai déjà dit que mon cœur lui pardonne;
Et c'est faire, monsieur, ce que le ciel ordonne :
Mais, après le scandale et l'affront d'aujourd'hui,
Le ciel n'ordonne pas que je vive avec lui.

CLÉANTE.

Et vous ordonne-t-il, monsieur, d'ouvrir l'oreille
A ce qu'un pur caprice à son père conseille?
Et d'accepter le don qui vous est fait d'un bien
Où le droit vous oblige à ne prétendre rien?

TARTUFFE.

Ceux qui me connoîtront n'auront pas la pensée
Que ce soit un effet d'une âme intéressée.
Tous les biens de ce monde ont pour moi peu d'appas;
De leur éclat trompeur je ne m'éblouis pas :
Et, si je me résous à recevoir du père
Cette donation qu'il a voulu me faire,
Ce n'est, à dire vrai, que parce que je crains
Que tout ce bien ne tombe en de méchantes mains;
Qu'il ne trouve des gens qui, l'ayant en partage,
En fassent dans le monde un criminel usage,
Et ne s'en servent pas, ainsi que j'ai dessein,
Pour la gloire du ciel et le bien du prochain.

CLÉANTE.

Eh! monsieur, n'ayez point ces délicates craintes,
Qui d'un juste héritier peuvent causer les plaintes.
Souffrez, sans vous vouloir embarrasser de rien,
Qu'il soit, à ses périls, possesseur de son bien;
Et songez qu'il vaut mieux encor qu'il en mésuse,
Que si de l'en frustrer il faut qu'on vous accuse.
J'admire seulement que, sans confusion,
Vous en ayez souffert la proposition.
Car enfin le vrai zèle a-t-il quelque maxime
Qui montre à dépouiller l'héritier légitime?
Et, s'il faut que le ciel dans votre cœur ait mis
Un invincible obstacle à vivre avec Damis,
Ne vaudroit-il pas mieux qu'en personne discrète
Vous fissiez de céans une honnête retraite,
Que de souffrir ainsi, contre toute raison,
Qu'on en chasse pour vous le fils de la maison?
Croyez-moi, c'est donner de votre prudhommie,
Monsieur...

TARTUFFE.

Il est, monsieur, trois heures et demie :
Certain devoir pieux me demande là-haut,
Et vous m'excuserez de vous quitter sitôt.

CLÉANTE, seul.

Ah!

SCÈNE II

ELMIRE, MARIANE, CLÉANTE, DORINE

DORINE, à Cléante.

De grâce, avec nous employez-vous pour elle,
Monsieur : son âme souffre une douleur mortelle;
Et l'accord que son père a conclu pour ce soir
La fait, à tous moments, entrer en désespoir.
Il va venir. Joignons nos efforts, je vous prie;
Et tâchons d'ébranler, de force ou d'industrie,
Ce malheureux dessein qui nous a tous troublés.

SCÈNE III

ORGON, ELMIRE, MARIANE, CLÉANTE, DORINE.

ORGON.

Ah! je me réjouis de vous voir assemblés.

A Mariane.

Je porte en ce contrat de quoi vous faire rire,
Et vous savez déjà ce que cela veut dire.

MARIANE, aux genoux d'Orgon.

Mon père, au nom du ciel, qui connoît ma douleur,
Et par tout ce qui peut émouvoir votre cœur,
Relâchez-vous un peu des droits de la naissance
Et dispensez mes vœux de cette obéissance.
Ne me réduisez point, par cette dure loi,
Jusqu'à me plaindre au ciel de ce que je vous doi;
Et cette vie, hélas! que vous m'avez donnée,
Ne me la rendez pas, mon père, infortunée.
Si, contre un doux espoir que j'avois pu former,
Vous me défendez d'être à ce que j'ose aimer,
Au moins, par vos bontés qu'à vos genoux j'implore,
Sauvez-moi du tourment d'être à ce que j'abhorre;
Et ne me portez point à quelque désespoir,
En vous servant sur moi de tout votre pouvoir.

ORGON, se sentant attendrir.

Allons, ferme, mon cœur! point de foiblesse humaine!

MARIANE.

Vos tendresses pour lui ne me font point de peine;
Faites-les éclater, donnez-lui votre bien,
Et, si ce n'est assez, joignez-y tout le mien :
J'y consens de bon cœur, et je vous l'abandonne;
Mais, au moins, n'allez pas jusques à ma personne;
Et souffrez qu'un couvent, dans les austérités,
Use les tristes jours que le ciel m'a comptés.

ORGON.

Ah! voilà justement de mes religieuses,
Lorsqu'un père combat leurs[1] flammes amoureuses.
Debout. Plus votre cœur répugne à l'accepter,
Plus ce sera pour vous matière à mériter.
Mortifiez vos sens avec ce mariage,

[1] VAR. Lorsqu'un père combat *les* flammes amoureuses.

Et ne me rompez pas la tête davantage.
DORINE.
Mais quoi!...
ORGON.
    Taisez-vous, vous! Parlez à votre écot¹.
Je vous défends, tout net, d'oser dire un seul mot.
CLÉANTE.
Si par quelque conseil vous souffrez qu'on réponde..
ORGON.
Mon frère, vos conseils sont les meilleurs du monde;
Ils sont bien raisonnés, et j'en fais un grand cas;
Mais vous trouverez bon que je n'en use pas.
ELMIRE, à son mari.
A voir ce que je vois, je ne sais plus que dire;
Et votre aveuglement fait que je vous admire.
C'est être bien coiffé, bien prévenu de lui,
Que de nous démentir sur le fait d'aujourd'hui!
ORGON.
Je suis votre valet, et crois les apparences.
Pour mon fripon de fils je sais vos complaisances;
Et vous avez eu peur de le désavouer
Du trait qu'à ce pauvre homme il a voulu jouer.
Vous étiez trop tranquille, enfin, pour être crue;
Et vous auriez paru d'autre manière émue.
ELMIRE.
Est-ce qu'au simple aveu d'un amoureux transport,
Il faut que notre honneur se gendarme si fort?
Et ne peut-on répondre à tout ce qui le touche,
Que le feu dans les yeux et l'injure à la bouche?
Pour moi, de tels propos je me ris simplement;
Et l'éclat, là-dessus, ne me plaît nullement.
J'aime qu'avec douceur nous nous montrions sages,
Et ne suis point du tout pour ces prudes sauvages
Dont l'honneur est armé de griffes et de dents,
Et veut au moindre mot dévisager les gens.
Me préserve le ciel d'une telle sagesse!
Je veux une vertu qui ne soit point diablesse,
Et crois que d'un refus la discrète froideur
N'en est pas moins puissante à rebuter un cœur.
ORGON.
Enfin je sais l'affaire, et ne prends point le change.
ELMIRE.
J'admire, encore un coup, cette foiblesse étrange;
Mais que me répondroit votre incrédulité,
Si je vous faisois voir qu'on vous dit vérité?
ORGON.
Voir?
ELMIRE.
    Oui.
ORGON.
    Chansons!
ELMIRE.
        Mais quoi! si je trouvois manière
De vous le faire voir avec pleine lumière?...
ORGON.
Contes en l'air!

¹ *Parlez à votre écot*, c'est-à-dire : Parlez à ceux qui sont *de votre écot, de votre compagnie.* (Petitot.)

ELMIRE.
    Quel homme! Au moins, répondez-moi.
Je ne vous parle pas de nous ajouter foi;
Mais supposons ici que, d'un lieu qu'on peut prendre,
On vous fit clairement tout voir et tout entendre ;
Que diriez-vous alors de votre homme de bien?
ORGON.
En ce cas, je dirois que... Je ne dirois rien,
Car cela ne se peut.
ELMIRE.
        L'erreur trop longtemps dure,
Et c'est trop condamner ma bouche d'imposture.
Il faut que, par plaisir, et sans aller plus loin,
De tout ce qu'on vous dit je vous fasse témoin.
ORGON.
Soit. Je vous prends au mot. Nous verrons votre adresse,
Et comment vous pourrez remplir cette promesse.
ELMIRE, à Dorine.
Faites-le-moi venir.
DORINE, à Elmire.
        Son esprit est rusé,
Et peut-être à surprendre il sera malaisé.
ELMIRE, à Dorine.
Non; on est aisément dupé par ce qu'on aime,
Et l'amour-propre engage à se tromper soi-même.
A Cléante et à Mariane.
Faites-le-moi descendre. Et vous, retirez-vous.

SCÈNE IV

ELMIRE, ORGON.

ELMIRE.
Approchons cette table, et vous mettez dessous.
ORGON.
Comment!
ELMIRE.
    Vous bien cacher est un point nécessaire.
ORGON.
Pourquoi sous cette table?
ELMIRE.
            Ah! mon Dieu! laissez faire;
J'ai mon dessein en tête, et vous en jugerez.
Mettez-vous là, vous dis-je; et, quand vous y serez,
Gardez qu'on ne vous voie et qu'on ne vous entende.
ORGON.
Je confesse qu'ici ma complaisance est grande;
Mais de votre entreprise il vous faut voir sortir.
ELMIRE.
Vous n'aurez, que je crois, rien à me repartir.
A son mari, qui est sous la table.
Au moins, je vais toucher une étrange matière:
Ne vous scandalisez en aucune manière.
Quoi que je puisse dire, il doit m'être permis;
Et c'est pour vous convaincre, ainsi que j'ai promis.
Je vais par des douceurs, puisque j'y suis réduite,
Faire poser le masque à cette âme hypocrite,
Flatter de son amour les désirs effrontés.

Et donner un champ libre à ses témérités.
Comme c'est pour vous seul, et pour mieux le confondre,
Que mon âme à ses vœux va feindre de répondre,
J'aurai lieu de cesser dès que vous vous rendrez,
Et les choses n'iront que jusqu'où vous voudrez.
C'est à vous d'arrêter son ardeur insensée,
Quand vous croirez l'affaire assez avant poussée;
D'épargner votre femme, et de ne m'exposer
Qu'à ce qu'il vous faudra pour vous désabuser.
Ce sont vos intérêts, vous en serez le maître;
Et... L'on vient. Tenez-vous, et gardez de paroître.

SCÈNE V

TARTUFFE, ELMIRE; ORGON, sous la table.

TARTUFFE.
On m'a dit qu'en ce lieu vous me vouliez parler.

ELMIRE.
Oui. L'on a des secrets à vous y révéler.
Mais tirez cette porte avant qu'on vous les dise;
Et regardez partout, de crainte de surprise.

Tartuffe va fermer la porte, et revient.

Une affaire pareille à celle de tantôt
N'est pas assurément ici ce qu'il nous faut :
Jamais il ne s'est vu de surprise de même.
Damis m'a fait pour vous une frayeur extrême;
Et vous avez bien vu que j'ai fait mes efforts
Pour rompre son dessein et calmer ses transports.
Mon trouble, il est bien vrai, m'a si fort possédée,
Que de le démentir je n'ai point eu l'idée :
Mais par là, grâce au ciel, tout a bien mieux été,
Et les choses en sont en plus de sûreté.
L'estime où l'on vous tient a dissipé l'orage,
Et mon mari de vous ne peut prendre d'ombrage.
Pour mieux braver l'éclat des mauvais jugements,
Il veut que nous soyons ensemble à tous moments;
Et c'est par où je puis, sans peur d'être blâmée,
Me trouver ici seule avec vous enfermée,
Et ce qui m'autorise à vous ouvrir un cœur
Un peu trop prompt peut-être à souffrir votre ardeur.

TARTUFFE.
Ce langage à comprendre est assez difficile,
Madame; et vous parliez tantôt d'un autre style.

ELMIRE.
Ah! si d'un tel refus vous êtes en courroux,
Que le cœur d'une femme est mal connu de vous!
Et que vous savez peu ce qu'il veut faire entendre
Lorsque si foiblement on le voit se défendre!
Toujours notre pudeur combat, dans ces moments,
Ce qu'on peut nous donner de tendres sentiments.
Quelque raison qu'on trouve à l'amour qui nous dompte,
On trouve à l'avouer toujours un peu de honte.
On s'en défend d'abord : mais de l'air qu'on s'y prend
On fait connoître assez que notre cœur se rend,
Qu'à nos vœux, par honneur, notre bouche s'oppose,
Et que de tels refus promettent toute chose.

C'est vous faire, sans doute, un assez libre aveu,
Et sur notre pudeur me ménager bien peu.
Mais, puisque la parole enfin en est lâchée,
A retenir Damis me serois-je attachée,
Aurois-je, je vous prie, avec tant de douceur
Écouté tout au long l'offre de votre cœur,
Aurois-je pris la chose ainsi qu'on m'a vu faire,
Si l'offre de ce cœur n'eût eu de quoi me plaire?
Et, lorsque j'ai voulu moi-même vous forcer
A refuser l'hymen qu'on venoit d'annoncer,
Qu'est-ce que cette instance a dû vous faire entendre,
Que l'intérêt qu'en vous on s'avise de prendre,
Et l'ennui qu'on auroit que ce nœud qu'on résout
Vînt partager du moins un cœur que l'on veut tout.

TARTUFFE.
C'est sans doute, madame, une douceur extrême
Que d'entendre ces mots d'une bouche qu'on aime;
Leur miel dans tous mes sens fait couler à longs traits
Une suavité qu'on ne goûta jamais.
Le bonheur de vous plaire est ma suprême étude,
Et mon cœur de vos vœux fait sa béatitude;
Mais ce cœur vous demande ici la liberté
D'oser douter un peu de sa félicité.
Je puis croire ces mots un artifice honnête
Pour m'obliger à rompre un hymen qui s'apprête;
Et, s'il faut librement m'expliquer avec vous,
Je ne me fierai point à des propos si doux,
Qu'un peu de vos faveurs, après quoi je soupire,
Ne vienne m'assurer tout ce qu'ils m'ont pu dire,
Et planter dans mon âme une constante foi
Des charmantes bontés que vous avez pour moi.

ELMIRE, *après avoir toussé pour avertir son mari.*
Quoi! vous voulez aller avec cette vitesse,
Et d'un cœur tout d'abord épuiser la tendresse?
On se tue à vous faire un aveu des plus doux,
Cependant ce n'est pas encore assez pour vous
Et l'on ne peut aller jusqu'à vous satisfaire,
Qu'aux dernières faveurs on ne pousse l'affaire?

TARTUFFE.
Moins on mérite un bien, moins on l'ose espérer.
Nos vœux sur des discours ont peine à s'assurer.
On soupçonne aisément un sort tout plein de gloire,
Et l'on veut en jouir avant que de le croire.
Pour moi, qui crois si peu mériter vos bontés,
Je doute du bonheur de mes témérités;
Et je ne croirai rien, que vous n'ayez, madame,
Par des réalités su convaincre ma flamme.

ELMIRE.
Mon Dieu! que votre amour en vrai tyran agit!
Et qu'en un trouble étrange il me jette l'esprit!
Que sur les cœurs il prend un furieux empire,
Et qu'avec violence il veut ce qu'il désire!
Quoi! de votre poursuite on ne peut se parer,
Et vous ne donnez pas le temps de respirer?
Sied-il bien de tenir une rigueur si grande?
De vouloir sans quartier les choses qu'on demande,
Et d'abuser ainsi, par vos efforts pressants,
Du foible que pour vous vous voyez qu'ont les gens?

TARTUFFE

Mais, si d'un œil bénin vous voyez mes hommages,
Pourquoi m'en refuser d'assurés témoignages?

ELMIRE.

Mais comment consentir à ce que vous voulez
Sans offenser le ciel, dont toujours vous parlez?

TARTUFFE.

Si ce n'est que le ciel qu'à mes vœux on oppose,
Lever un tel obstacle est à moi peu de chose;
Et cela ne doit point retenir votre cœur.

ELMIRE.

Mais des arrêts du ciel on nous fait tant de peur!

TARTUFFE.

Je puis vous dissiper ces craintes ridicules,
Madame, et je sais l'art de lever les scrupules.
Le ciel défend, de vrai, certains contentements;
Mais on trouve avec lui des accommodements[1].
Selon divers besoins, il est une science
D'étendre les liens de notre conscience,
Et de rectifier le mal de l'action
Avec la pureté de notre intention.
De ces secrets, madame, on saura vous instruire;
Vous n'avez seulement qu'à vous laisser conduire.
Contentez mon désir, et n'ayez point d'effroi;
Je vous réponds de tout et prends le mal sur moi.

Elmire tousse plus fort.

Vous toussez fort, madame.

ELMIRE.

Oui, je suis au supplice.

TARTUFFE.

Vous plaît-il un morceau de ce jus de réglisse?

ELMIRE.

C'est un rhume obstiné, sans doute; et je vois bien
Que tous les jus du monde ici ne feront rien.

TARTUFFE.

Cela, certe, est fâcheux.

ELMIRE.

Oui, plus qu'on ne peut dire.

TARTUFFE.

Enfin votre scrupule est facile à détruire.
Vous êtes assurée ici d'un plein secret,
Et le mal n'est jamais que dans l'éclat qu'on fait.
Le scandale du monde est ce qui fait l'offense,
Et ce n'est pas pécher que pécher en silence[2].

ELMIRE, après avoir encore toussé et frappé sur la table.

Enfin je vois qu'il faut se résoudre à céder;
Qu'il faut que je consente à vous tout accorder;
Et qu'à moins de cela je ne dois point prétendre
Qu'on puisse être content et qu'on veuille se rendre.
Sans doute il est fâcheux d'en venir jusque-là,
Et c'est bien malgré moi que je franchis cela;

---

[1] C'est un scélérat qui parle. (Note de Molière.) — Il est probable que l'auteur avait cru cette observation nécessaire pour prévenir les interprétations calomnieuses de ses ennemis.
Régnier avait dit dans sa XIIIᵉ satire:
   Le péché que l'on cache est demi-pardonné,
   La faute seulement ne gît en la défense:
   Le scandale, l'opprobre, est cause de l'offense.
                                           (Petitot.)

Mais, puisque l'on s'obstine à m'y vouloir réduire,
Puisqu'on ne veut point croire à tout ce qu'on peut dire,
Et qu'on veut des témoins qui soient plus convaincants,
Il faut bien s'y résoudre, et contenter les gens.
Si ce consentement porte en soi quelque offense,
Tant pis pour qui me force à cette violence;
La faute assurément n'en doit point être à moi.

TARTUFFE.

Oui, madame, on s'en charge; et la chose de soi...

ELMIRE.

Ouvrez un peu la porte, et voyez, je vous prie,
Si mon mari n'est point dans cette galerie.

TARTUFFE.

Qu'est-il besoin pour lui du soin que vous prenez?
C'est un homme, entre nous, à mener par le nez.
De tous nos entretiens il est pour faire gloire,
Et je l'ai mis au point de voir tout sans rien croire.

ELMIRE.

Il n'importe; sortez, je vous prie, un moment;
Et partout là dehors voyez exactement.

SCÈNE VI

ORGON, ELMIRE.

ORGON, sortant de dessous la table.

Voilà, je vous l'avoue, un abominable homme!
Je n'en puis revenir, et tout ceci m'assomme.

ELMIRE.

Quoi! vous sortez sitôt? Vous vous moquez des gens.
Rentrez sous le tapis, il n'est pas encor temps;
Attendez jusqu'au bout, pour voir les choses sûres,
Et ne vous fiez point aux simples conjectures.

ORGON.

Non, rien de plus méchant n'est sorti de l'enfer!

ELMIRE.

Mon Dieu! l'on ne doit point croire trop de léger:
Laissez-vous bien convaincre avant que de vous rendre
Et ne vous hâtez pas, de peur de vous méprendre.

Elmire fait mettre Orgon derrière elle.

SCÈNE VII

TARTUFFE, ELMIRE, ORGON.

TARTUFFE, sans voir Orgon.

Tout conspire, madame, à mon contentement.
J'ai visité de l'œil tout cet appartement.
Personne ne s'y trouve; et mon âme ravie...

Dans le temps que Tartuffe s'avance, les bras ouverts, pour embrasser Elmire, elle se retire, et Tartuffe aperçoit Orgon.

ORGON, arrêtant Tartuffe.

Tout doux! vous suivez trop votre amoureuse envie,
Et vous ne devez pas vous tant passionner.
Ah! ah! l'homme de bien, vous m'en voulez donner!
Comme aux tentations s'abandonne votre âme!
Vous épousiez ma fille, et convoitiez ma femme!

J'ai douté fort longtemps que ce fût tout de bon;
Et je croyois toujours qu'on changeroit de ton;
Mais c'est assez avant pousser le témoignage :
Je m'y tiens, et n'en veux, pour moi, pas davantage.

ELMIRE, à Tartuffe.
C'est contre mon humeur que j'ai fait tout ceci;
Mais on m'a mise au point de vous traiter ainsi.

TARTUFFE, à Orgon.
Quoi! vous croyez...

ORGON.
Allons, point de bruit, je vous prie.
Dénichons de céans, et sans cérémonie.

TARTUFFE.
Mon dessein [1]...

ORGON.
Ces discours ne sont plus de saison.
Il faut, tout sur-le-champ, sortir de la maison.

TARTUFFE.
C'est à vous d'en sortir, vous qui parlez en maître :
La maison m'appartient, je le ferai connoître,
Et vous montrerai bien qu'en vain on a recours,
Pour me chercher querelle, à ces lâches détours;
Qu'on n'est pas où l'on pense en me faisant injure;
Que j'ai de quoi confondre et punir l'imposture,
Venger le ciel qu'on blesse, et faire repentir
Ceux qui parlent ici de me faire sortir!

SCÈNE VIII
ELMIRE, ORGON.

ELMIRE.
Quel est donc ce langage? et qu'est-ce qu'il veut dire?

ORGON.
Ma foi, je suis confus, et n'ai pas lieu de rire.

ELMIRE.
Comment?

ORGON.
Je vois ma faute aux choses qu'il me dit;
Et la donation m'embarrasse l'esprit.

ELMIRE.
La donation...

ORGON.
Oui. C'est une affaire faite.
Mais j'ai quelque autre chose encor qui m'inquiète.

ELMIRE.
Et quoi?

ORGON.
Vous saurez tout. Mais voyons au plus tôt
Si certaine cassette est encore là-haut.

[1] Dans cette scène, dit l'auteur de la *Lettre sur l'Imposteur*, Tartuffe démasqué appeloit Orgon *son frère*, et entroit en matière pour se justifier : sans doute que Molière aura cru convenable de modifier ce passage. (Petitot.)

ACTE CINQUIÈME

SCÈNE I
ORGON, CLÉANTE.

CLÉANTE.
Où voulez-vous courir?

ORGON.
Las! que sais-je?

CLÉANTE.
Il me semble
Que l'on doit commencer par consulter ensemble
Les choses qu'on peut faire en cet événement.

ORGON.
Cette cassette-là me trouble entièrement.
Plus que le reste encore elle me désespère.

CLÉANTE.
Cette cassette est donc un important mystère?

ORGON.
C'est un dépôt qu'Argas, cet ami que je plains,
Lui-même en grand secret m'a mis entre les mains.
Pour cela dans sa fuite il me voulut élire;
Et ce sont des papiers, à ce qu'il m'a pu dire,
Où sa vie et ses biens se trouvent attachés [1].

CLÉANTE.
Pourquoi donc les avoir en d'autres mains lâchés?

ORGON.
Ce fut par un motif de cas de conscience.
J'allai droit à mon traître en faire confidence;
Et son raisonnement me vint persuader
De lui donner plutôt la cassette à garder,
Afin que pour nier, en cas de quelque enquête,
J'eusse d'un faux-fuyant toute faveur toute prête,
Par où ma conscience eût pleine sûreté
A faire des serments contre la vérité.

CLÉANTE.
Vous voilà mal, au moins, si j'en crois l'apparence;
Et la donation, et cette confidence,
Sont, à vous en parler selon mon sentiment,
Des démarches par vous faites légèrement.
On peut vous mener loin avec de pareils gages;
Et cet homme sur vous ayant ces avantages,
Le pousser est encor grande imprudence à vous;
Et vous deviez chercher quelque biais plus doux.

ORGON.
Quoi! sous un beau semblant de ferveur si touchante
Cacher un cœur si double, une âme si méchante!
Et moi, qui l'ai reçu gueusant et n'ayant rien...

[1] Les Mémoires du temps sont pleins d'aventures semblables à celle d'Orgon. Nous en rapporterons une que Voltaire a mise au théâtre. En 1661, c'est-à-dire à peu près à l'époque où Molière commençait le *Tartuffe*, Gourville, obligé de fuir pour ne pas être pendu en personne comme il le fut en effigie, laissa deux cassettes précieuses, l'une à Ninon, l'autre à un dévot hypocrite. A son retour, Ninon lui rendit sa cassette en fort bon état, mais il n'en fut pas de même de l'hypocrite; celui-ci avait employé le dépôt en œuvres pies, préférant, disait-il, le salut de l'âme de Gourville à un argent qui sûrement l'aurait damné. (Aimé Martin.)

C'en est fait, je renonce à tous les gens de bien;
J'en aurai désormais une horreur effroyable,
Et m'en vais devenir pour eux pire qu'un diable.
CLÉANTE.
Eh bien, ne voilà pas de vos emportements!
Vous ne gardez en rien les doux tempéraments.
Dans la droite raison jamais n'entre la vôtre;
Et toujours d'un excès vous vous jetez dans l'autre.
Vous voyez votre erreur, et vous avez connu
Que par un zèle feint vous étiez prévenu;
Mais pour vous corriger quelle raison demande
Que vous alliez passer dans une erreur plus grande,
Et qu'avecque le cœur d'un perfide vaurien
Vous confondiez les cœurs de tous les gens de bien?
Quoi! parce qu'un fripon vous dupe avec audace,
Sous le pompeux éclat d'une austère grimace,
Vous voulez que partout on soit fait comme lui,
Et qu'aucun vrai dévot ne se trouve aujourd'hui?
Laissez aux libertins ces sottes conséquences :
Démêlez la vertu d'avec ses apparences,
Ne hasardez jamais votre estime trop tôt,
Et soyez pour cela dans le milieu qu'il faut.
Gardez-vous, s'il se peut, d'honorer l'imposture;
Mais au vrai zèle aussi n'allez pas faire injure,
Et, s'il vous faut tomber dans une extrémité,
Péchez plutôt encor de cet autre côté.

SCÈNE II

ORGON, CLÉANTE, DAMIS.

DAMIS.
Quoi! mon père, est-il vrai qu'un coquin vous menace?
Qu'il n'est point de bienfait qu'en son âme il n'efface,
Et que son lâche orgueil, trop digne de courroux,
Se fait de vos bontés des armes contre vous?
ORGON.
Oui, mon fils; et j'en sens des douleurs nonpareilles.
DAMIS.
Laissez-moi, je lui veux couper les deux oreilles.
Contre son insolence on ne doit point gauchir :
C'est à moi tout d'un coup de vous en affranchir;
Et, pour sortir d'affaire, il faut que je l'assomme.
CLÉANTE.
Voilà tout justement parler en vrai jeune homme.
Modérez, s'il vous plaît, ces transports éclatants.
Nous vivons sous un règne et sommes dans un temps
Où par la violence on fait mal ses affaires.

SCÈNE III

MADAME PERNELLE, ORGON, ELMIRE, CLÉANTE,
MARIANE, DAMIS, DORINE.

MADAME PERNELLE.
Qu'est-ce? J'apprends ici de terribles mystères!

ORGON.
Ce sont des nouveautés dont mes yeux sont témoins,
Et vous voyez le prix dont sont payés mes soins.
Je recueille avec zèle un homme en sa misère,
Je le loge, et le tiens comme mon propre frère;
De bienfaits chaque jour il est par moi chargé;
Je lui donne ma fille, et tout le bien que j'ai :
Et, dans le même temps, le perfide, l'infâme,
Tente le noir dessein de suborner ma femme;
Et, non content encore de ces lâches essais,
Il m'ose menacer de mes propres bienfaits,
Et veut, à ma ruine, user des avantages
Dont le viennent d'armer mes bontés trop peu sages,
Me chasser de mes biens où je l'ai transféré,
Et me réduire au point d'où je l'ai retiré.
DORINE.
Le pauvre homme!
MADAME PERNELLE.
Mon fils, je ne puis du tout croire
Qu'il ait voulu commettre une action si noire.
ORGON.
Comment?
MADAME PERNELLE.
Les gens de bien sont enviés toujours.
ORGON.
Que voulez-vous donc dire avec votre discours,
Ma mère?
MADAME PERNELLE.
Que chez vous on vit d'étrange sorte,
Et qu'on ne sait que trop la haine qu'on lui porte.
ORGON.
Qu'a cette haine à faire avec ce qu'on vous dit?
MADAME PERNELLE.
Je vous l'ai dit cent fois quand vous étiez petit :
La vertu dans le monde est toujours poursuivie;
Les envieux mourront, mais non jamais l'envie.
ORGON.
Mais que fait ce discours aux choses d'aujourd'hui?
MADAME PERNELLE.
On vous aura forgé cent sots contes de lui.
ORGON.
Je vous ai dit déjà que j'ai vu tout moi-même.
MADAME PERNELLE.
Des esprits médisants la malice est extrême.
ORGON.
Vous me feriez damner, ma mère! Je vous dis
Que j'ai vu de mes yeux un crime si hardi.
MADAME PERNELLE.
Les langues ont toujours du venin à répandre,
Et rien n'est ici-bas qui s'en puisse défendre.
ORGON.
C'est tenir un propos de sens bien dépourvu.
Je l'ai vu, dis-je, vu, de mes propres yeux vu,
Ce qu'on appelle vu. Faut-il vous le rebattre
Aux oreilles cent fois, et crier comme quatre?
MADAME PERNELLE.
Mon Dieu! le plus souvent l'apparence déçoit :
Il ne faut pas toujours juger sur ce qu'on voit.

ORGON.
J'enrage!
MADAME PERNELLE.
Aux faux soupçons la nature est sujette,
Et c'est souvent à mal que le bien s'interprète.
ORGON.
Je dois interpréter à charitable soin
Le désir d'embrasser ma femme!
MADAME PERNELLE.
Il est besoin,
Pour accuser les gens, d'avoir de justes causes;
Et vous deviez attendre à vous voir sûr des choses.
ORGON.
Eh! diantre! le moyen de m'en assurer mieux?
Je devois donc, ma mère, attendre qu'à mes yeux
Il eût... Vous me feriez dire quelque sottise.
MADAME PERNELLE.
Enfin d'un trop pur zèle on voit son âme éprise;
Et je ne puis du tout me mettre dans l'esprit
Qu'il ait voulu tenter les choses que l'on dit[1].
ORGON.
Allez, je ne sais pas, si vous n'étiez ma mère,
Ce que je vous dirois, tant je suis en colère!
DORINE, à Orgon.
Juste retour, monsieur, des choses d'ici-bas :
Vous ne vouliez point croire, et l'on ne vous croit pas.
CLÉANTE.
Nous perdons des moments en bagatelles pures,
Qu'il faudroit employer à prendre des mesures.
Aux menaces du fourbe on doit ne dormir point.
DAMIS.
Quoi! son effronterie iroit jusqu'à ce point?
ELMIRE.
Pour moi, je ne crois pas cette instance possible[2],
Et son ingratitude est ici trop visible.
CLÉANTE, à Orgon.
Ne vous y fiez pas; il aura des ressorts
Pour donner contre vous raison à ses efforts,
Et sur moins que cela le poids d'une cabale
Embarrasse les gens dans un fâcheux dédale.
Je vous le dis encore : armé de ce qu'il a,
Vous ne deviez jamais le pousser jusque-là.
ORGON.
Il est vrai; mais qu'y faire? A l'orgueil de ce traître,
De mes ressentiments je n'ai pas été maître.
CLÉANTE.
Je voudrois de bon cœur qu'on pût entre vous deux
De quelque ombre de paix raccommoder les nœuds.
ELMIRE.
Si j'avois su qu'en main il a de telles armes,
Je n'aurois pas donné matière à tant d'alarmes;
Et mes...

ORGON, à Dorine, voyant entrer monsieur Loyal.
Que veut cet homme? Allez tôt le savoir.
Je suis bien en état que l'on me vienne voir!

SCÈNE IV

ORGON, MADAME PERNELLE, ELMIRE, MARIANE, CLÉANTE, DAMIS, DORINE, MONSIEUR LOYAL.

MONSIEUR LOYAL, à Dorine, dans le fond du théâtre.
Bonjour, ma chère sœur[1]; faites, je vous supplie,
Que je parle à monsieur.
DORINE.
Il est en compagnie;
Et je doute qu'il puisse à présent voir quelqu'un.
MONSIEUR LOYAL.
Je ne suis pas pour être en ces lieux importun.
Mon abord n'aura rien, je crois, qui lui déplaise;
Et je viens pour un fait dont il sera bien aise.
DORINE.
Votre nom?
MONSIEUR LOYAL.
Dites-lui seulement que je vien
De la part de monsieur Tartuffe, pour son bien.
DORINE, à Orgon.
C'est un homme qui vient, avec douce manière,
De la part de monsieur Tartuffe, pour affaire
Dont vous serez, dit-il, bien aise.
CLÉANTE, à Orgon.
Il vous faut voir
Ce que c'est que cet homme et ce qu'il peut vouloir.
ORGON, à Cléante.
Pour nous raccommoder il vient ici peut-être :
Quels sentiments aurai-je à lui faire paroître?
CLÉANTE.
Votre ressentiment ne doit point éclater;
Et, s'il parle d'accord, il le faut écouter.
MONSIEUR LOYAL, à Orgon.
Salut, monsieur! Le ciel perde qui vous veut nuire,
Et vous soit favorable autant que je désire[2]!
ORGON, bas, à Cléante.
Ce doux début s'accorde avec mon jugement
Et présage déjà quelque accommodement.
MONSIEUR LOYAL.
Toute votre maison m'a toujours été chère,
Et j'étois serviteur de monsieur votre père.
ORGON.
Monsieur, j'ai grande honte et demande pardon

---

[1] Quel surcroît de comique, et comme l'auteur enchérit sur ce qu'il semble avoir épuisé, quand madame Pernelle joue avec Orgon le même rôle que ce même Orgon a joué avec les autres personnages de la pièce, lorsqu'elle refuse de se rendre à toutes les preuves qu'il allègue contre Tartuffe! Quelle progression d'effets comiques! (La Harpe.)

[2] *Instance*, demande, poursuite.

[1] Cette salutation cénobitique et l'air de douceur hypocrite qui doit l'accompagner annoncent tout de suite que M. Loyal est un huissier digne d'*occuper*, comme on dit, pour le *bon* M. Tartuffe. (Auger.)

[2] C'est faute d'avoir pénétré les intentions du poète que les commentateurs ont blâmé ce rôle. « M. Loyal, est-il dit dans la *Lettre sur l'Imposteur*, fait voir qu'il y a de faux dévots dans toutes les professions, et qu'ils sont tous liés ensemble, ce qui est le caractère de la cabale. » C'est donc pour montrer l'union des faux dévots de toutes les classes que Molière a fait de M. Loyal un saint de la même étoffe que Tartuffe. (Aimé Martin.)

D'être sans vous connoître ou savoir votre nom.
MONSIEUR LOYAL.
Je m'appelle Loyal, natif de Normandie,
Et suis huissier à verge, en dépit de l'envie.
J'ai, depuis quarante ans, grâce au ciel, le bonheur
D'en exercer la charge avec beaucoup d'honneur,
Et je vous viens, monsieur, avec votre licence,
Signifier l'exploit de certaine ordonnance...
ORGON.
Quoi! vous êtes ici...
MONSIEUR LOYAL.
Monsieur, sans passion.
Ce n'est rien seulement qu'une sommation,
Un ordre de vider d'ici, vous et les vôtres,
Mettre vos meubles hors, et faire place à d'autres,
Sans délai ni remise, ainsi que besoin est.
ORGON.
Moi! sortir de céans?
MONSIEUR LOYAL.
Oui, monsieur, s'il vous plaît.
La maison à présent, comme savez de reste,
Au bon monsieur Tartuffe appartient sans conteste.
De vos biens désormais il est maître et seigneur,
En vertu d'un contrat duquel je suis porteur.
Il est en bonne forme, et l'on n'y peut rien dire.
DAMIS, à M. Loyal.
Certes, cette impudence est grande, et je l'admire!
MONSIEUR LOYAL, à Damis.
Monsieur, je ne dois point avoir affaire à vous;
Montrant Orgon.
C'est à monsieur : il est et raisonnable et doux,
Et d'un homme de bien il sait trop bien l'office,
Pour se vouloir du tout opposer à justice.
ORGON.
Mais...
MONSIEUR LOYAL.
Oui, monsieur, je sais que pour un million
Vous ne voudriez pas faire rébellion,
Et que vous souffrirez en honnête personne
Que j'exécute ici les ordres qu'on me donne.
DAMIS.
Vous pourriez bien ici sur vo're noir jupon,
Monsieur l'huissier à verge, attirer le bâton.
MONSIEUR LOYAL, à Orgon.
Faites que votre fils se taise ou se retire,
Monsieur. J'aurois regret d'être obligé d'écrire,
Et de vous voir couché dans mon procès-verbal.
DORINE, à part.
Ce monsieur Loyal porte un air bien déloyal.
MONSIEUR LOYAL.
Pour tous les gens de bien j'ai de grandes tendresses,
Et ne me suis voulu, monsieur, charger des pièces
Que pour vous obliger et vous faire plaisir ;
Que pour ôter par là le moyen d'en choisir
Qui, n'ayant pas pour vous le zèle qui me pousse,
Auroient pu procéder d'une façon moins douce.
ORGON.
Et que peut-on de pis que d'ordonner aux gens
De sortir de chez eux?
MONSIEUR LOYAL.
On vous donne du temps;
Et jusques à demain je ferai surséance
A l'exécution, monsieur, de l'ordonnance.
Je viendrai seulement passer ici la nuit
Avec dix de mes gens, sans scandale et sans bruit.
Pour la forme il faudra, s'il vous plaît, qu'on m'apporte,
Avant que se coucher, les clefs de votre porte.
J'aurai soin de ne pas troubler votre repos,
Et de ne rien souffrir qui ne soit à propos.
Mais demain, du matin, il vous faut être habile
A vider de céans jusqu'au moindre ustensile;
Mes gens vous aideront, et je les ai pris forts
Pour vous faire service à tout mettre dehors.
On n'en peut pas user mieux que je fais, je pense;
Et, comme je vous traite avec grande indulgence,
Je vous conjure aussi, monsieur, d'en user bien,
Et qu'au dû de ma charge on ne me trouble en rien.
ORGON, à part.
Du meilleur de mon cœur je donnerois, sur l'heure,
Les cent plus beaux louis de ce qui me demeure,
Et pouvoir, à plaisir, sur ce mufle asséner
Le plus grand coup de poing qui se puisse donner.
CLÉANTE, bas, à Orgon.
Laissez, ne gâtons rien.
DAMIS.
A cette audace étrange
J'ai peine à me tenir, et la main me démange.
DORINE.
Avec un si bon dos, ma foi, monsieur Loyal,
Quelques coups de bâton ne vous siéroient pas mal.
MONSIEUR LOYAL.
On pourroit bien punir ces paroles infâmes,
Ma mie ; et l'on décrète aussi contre les femmes.
CLÉANTE, à monsieur Loyal.
Finissons tout cela, monsieur ; c'en est assez.
Donnez tôt ce papier, de grâce, et nous laissez.
MONSIEUR LOYAL.
Jusqu'au revoir. Le ciel vous tienne tous en joie!
ORGON.
Puisse-t-il te confondre, et celui qui t'envoie!

SCÈNE V

ORGON, MADAME PERNELLE, ELMIRE, CLÉANTE,
MARIANE, DAMIS, DORINE.

ORGON.
Eh bien, vous le voyez, ma mère, si j'ai droit;
Et vous pouvez juger du reste par l'exploit.
Ses trahisons enfin vous sont-elles connues?
MADAME PERNELLE.
Je suis tout ébaubie, et je tombe des nues!
DORINE, à Orgon.
Vous vous plaignez à tort, à tort vous le blâmez,
Et ses pieux desseins par là sont confirmés.
Dans l'amour du prochain sa vertu se consomme :

Il sait que très-souvent les biens corrompent l'homme,
Et, par charité pure, il veut vous enlever
Tout ce qui vous peut faire obstacle à vous sauver.
ORGON.
Taisez-vous. C'est le mot qu'il vous faut toujours dire.
CLÉANTE, à Orgon.
Allons voir quel conseil on doit vous faire élire.
ELMIRE.
Allez faire éclater l'audace de l'ingrat.
Ce procédé détruit la vertu du contrat;
Et sa déloyauté va paroître trop noire,
Pour souffrir qu'il en ait le succès qu'on veut croire.

SCÈNE VI

VALÈRE, ORGON, MADAME PERNELLE, ELMIRE, CLÉANTE, MARIANE, DAMIS, DORINE.

VALÈRE.
Avec regret, monsieur, je viens vous affliger;
Mais je m'y vois contraint par le pressant danger.
Un ami, qui m'est joint d'une amitié fort tendre,
Et qui sait l'intérêt qu'en vous j'ai lieu de prendre,
A violé pour moi, par un pas délicat,
Le secret que l'on doit aux affaires d'État,
Et me vient d'envoyer un avis dont la suite
Vous réduit au parti d'une soudaine fuite.
Le fourbe qui longtemps a pu vous imposer
Depuis une heure au prince a su vous accuser,
Et remettre en ses mains, dans les traits qu'il vous jette,
D'un criminel d'État l'importante cassette,
Dont, au mépris, dit-il, du devoir d'un sujet,
Vous avez conservé le coupable secret.
J'ignore le détail du crime qu'on vous donne [1];
Mais un ordre est donné contre votre personne;
Et lui-même est chargé, pour mieux l'exécuter,
D'accompagner celui qui vous doit arrêter.
CLÉANTE.
Voilà ses droits armés; et c'est par où le traître
De vos biens qu'il prétend cherche à se rendre maître.
ORGON.
L'homme est, je vous l'avoue, un méchant animal!
VALÈRE.
Le moindre amusement [2] vous peut être fatal.
J'ai, pour vous emmener, mon carrosse à la porte,
Avec mille louis qu'ici je vous apporte.
Ne perdons point de temps : le trait est foudroyant;
Et ce sont de ces coups que l'on pare en fuyant.
A vous mettre en lieu sûr je m'offre pour conduite,
Et veux accompagner, jusqu'au bout, votre fuite.
ORGON.
Las! que ne dois-je point à vos soins obligeants!
Pour vous en rendre grâce, il faut un autre temps;
Et je demande au ciel de m'être assez propice
Pour reconnoître un jour ce généreux service.

[1] Qu'on vous impute. Le mot donne semble impropre.
[2] Retardement, perte de temps.

Adieu : prenez le soin, vous autres.
CLÉANTE.
Allez tôt
Nous songerons, mon frère, à faire ce qu'il faut.

SCÈNE VII

TARTUFFE, UN EXEMPT, MADAME PERNELLE, ORGON, ELMIRE, CLÉANTE, MARIANE, VALÈRE, DAMIS, DORINE.

TARTUFFE, arrêtant Orgon.
Tout beau, monsieur, tout beau, ne courez point si vite:
Vous n'irez pas fort loin pour trouver votre gîte;
Et, de la part du prince, on vous fait prisonnier.
ORGON.
Traître! tu me gardois ce trait pour le dernier;
C'est le coup, scélérat, par où tu m'expédies;
Et voilà couronner toutes tes perfidies!
TARTUFFE.
Vos injures n'ont rien à me pouvoir aigrir;
Et je suis, pour le ciel, appris à tout souffrir.
CLÉANTE.
La modération est grande, je l'avoue.
DAMIS.
Comme du ciel l'infâme impudemment se joue!
TARTUFFE.
Tous vos emportements ne sauroient m'émouvoir;
Et je ne songe à rien qu'à faire mon devoir.
MARIANE.
Vous avez de ceci grande gloire à prétendre;
Et cet emploi pour vous est fort honnête à prendre.
TARTUFFE.
Un emploi ne sauroit être que glorieux
Quand il part du pouvoir qui m'envoie en ces lieux.
ORGON.
Mais t'es-tu souvenu que ma main charitable,
Ingrat, t'a retiré d'un état misérable?
TARTUFFE.
Oui, je sais quels secours j'en ai pu recevoir;
Mais l'intérêt du prince est mon premier devoir.
De ce devoir sacré la juste violence
Étouffe dans mon cœur toute reconnoissance,
Et je sacrifierois à de si puissants nœuds
Ami, femme, parents, et moi-même avec eux.
ELMIRE.
L'imposteur!
DORINE.
Comme il sait, de traîtresse manière,
Se faire un beau manteau de tout ce qu'on révère!
CLÉANTE.
Mais, s'il est si parfait que vous le déclarez,
Ce zèle qui vous pousse et dont vous vous parez,
D'où vient que pour paroître il s'avise d'attendre
Qu'à poursuivre sa femme il ait su vous surprendre
Et que vous ne songez à l'aller dénoncer
Que lorsque son honneur l'oblige à vous chasser?

Je ne vous parle point, pour devoir en distraire [1],
Du don de tout son bien qu'il venoit de vous faire ;
Mais, le voulant traiter en coupable aujourd'hui,
Pourquoi consentiez-vous à rien prendre de lui ?

TARTUFFE, à l'exempt.

Délivrez-moi, monsieur, de la criaillerie ;
Et daignez accomplir votre ordre, je vous prie.

L'EXEMPT.

Oui, c'est trop demeurer, sans doute, à l'accomplir ;
Votre bouche à propos m'invite à le remplir :
Et, pour l'exécuter, suivez-moi tout à l'heure
Dans la prison qu'on doit vous donner pour demeure [2].

TARTUFFE.

Qui ? moi, monsieur ?

L'EXEMPT.

Oui, vous.

TARTUFFE.

Pourquoi donc la prison ?

L'EXEMPT.

Ce n'est pas vous à qui j'en veux rendre raison.

à Orgon.

Remettez-vous, monsieur, d'une alarme si chaude.
Nous vivons sous un prince ennemi de la fraude,
Un prince dont les yeux se font jour dans les cœurs,
Et que ne peut tromper tout l'art des imposteurs.
D'un fin discernement sa grande âme pourvue
Sur les choses toujours jette une droite vue ;
Chez elle jamais rien ne surprend trop d'accès,
Et sa ferme raison ne tombe en nul excès.
Il donne aux gens de bien une gloire immortelle ;
Mais sans aveuglement il fait briller ce zèle,
Et l'amour pour les vrais ne ferme point son cœur
A tout ce que les faux doivent donner d'horreur.
Celui-ci n'étoit pas pour le pouvoir surprendre,
Et de piéges plus fins on le voit se défendre.
D'abord il a percé, par ses vives clartés,
Des replis de son cœur toutes les lâchetés.
Venant vous accuser, il s'est trahi lui-même,
Et, par un juste trait de l'équité suprême,
S'est découvert au prince un fourbe renommé,
Dont sous un autre nom il étoit informé ;
Et c'est un long détail d'actions toutes noires
Dont on pourroit former des volumes d'histoires.
Ce monarque, en un mot, a vers vous détesté
Sa lâche ingratitude et sa déloyauté ;
A ses autres horreurs il a joint cette suite,
Et ne m'a jusqu'ici soumis à sa conduite

[1] Cette fin de vers, peu intelligible, ressemble à un remplissage.
[2] Voilà un coup de théâtre qui est, pour ainsi dire, le pendant de celui du quatrième acte :

C'est à vous d'en sortir, vous qui parlez en maître.

Autant l'un a causé de terreur et de consternation, autant l'autre procure de soulagement et de plaisir. (Auger.)

Que pour voir l'impudence aller jusques au bout,
Et vous faire, par lui, faire raison de tout.
Oui, de tous vos papiers, dont il se dit le maître,
Il veut qu'entre vos mains je dépouille le traître.
D'un souverain pouvoir, il brise les liens
Du contrat qui lui fait un don de tous vos biens,
Et vous pardonne enfin cette offense secrète
Où vous a d'un ami fait tomber la retraite :
Et c'est le prix qu'il donne au zèle qu'autrefois
On vous vit témoigner en appuyant ses droits,
Pour montrer que son cœur sait, quand moins on y pense,
D'une bonne action verser la récompense ;
Que jamais le mérite avec lui ne perd rien ;
Et que, mieux que du mal, il se souvient du bien [1].

DORINE.

Que le ciel soit loué !

MADAME PERNELLE.

Maintenant je respire.

ELMIRE.

Favorable succès !

MARIANE.

Qui l'auroit osé dire ?

ORGON, à Tartuffe, que l'exempt emmène.

Eh bien, te voilà, traître !...

SCÈNE VIII

MADAME PERNELLE, ORGON, ELMIRE, MARIANE,
CLÉANTE, VALÈRE, DAMIS, DORINE.

CLÉANTE.

Ah ! mon frère, arrêtez,
Et ne descendez point à des indignités.
A son mauvais destin laissez un misérable,
Et ne vous joignez point au remords qui l'accable.
Souhaitez bien plutôt que son cœur, en ce jour,
Au sein de la vertu fasse un heureux retour ;
Qu'il corrige sa vie en détestant son vice,
Et puisse du grand prince adoucir la justice ;
Tandis qu'à sa bonté vous irez, à genoux,
Rendre ce que demande un traitement si doux.

ORGON.

Oui, c'est bien dit. Allons à ses pieds avec joie
Nous louer des bontés que son cœur nous déploie ;
Puis, acquittés un peu de ce premier devoir,
Aux justes soins d'un autre il nous faudra pourvoir,
Et par un doux hymen couronner en Valère
La flamme d'un amant généreux et sincère.

[1] Ce dénoûment, contre lequel on a voulu se récrier, ne pouvait être autrement sans être mal, et mérite peut-être plus de louanges que ceux qu'on admire le plus. (J. Bapt. Rousseau.)

AMPHITRYON

COMÉDIE EN TROIS ACTES

1668

A SON ALTESSE SÉRÉNISSIME

MONSEIGNEUR

LE PRINCE

MONSEIGNEUR,

N'en déplaise à nos beaux esprits, je ne vois rien de plus ennuyeux que les épîtres dédicatoires; et VOTRE ALTESSE SÉRÉNISSIME trouvera bon, s'il lui plaît, que je ne suive point ici le style de ces messieurs-là, et refuse de me servir de deux ou trois misérables pensées qui ont été tournées et retournées tant de fois, qu'elles sont usées de tous les côtés. Le nom du GRAND CONDÉ est un nom trop glorieux pour le traiter comme on fait tous les autres noms. Il ne faut l'appliquer, ce nom illustre, qu'à des emplois qui soient dignes de lui; et, pour dire de belles choses, je voudrois parler de le mettre à la tête d'une armée plutôt qu'à la tête d'un livre; et je conçois bien mieux ce qu'il est capable de faire en l'opposant aux forces des ennemis de cet État qu'en l'opposant à la critique des ennemis d'une comédie.

Ce n'est pas, MONSEIGNEUR, que la glorieuse approbation de VOTRE ALTESSE SÉRÉNISSIME ne fût une puissante protection pour toutes ces sortes d'ouvrages, et qu'on ne soit persuadé des lumières de votre esprit autant que de l'intrépidité de votre cœur et de la grandeur de votre âme. On sait, par toute la terre, que l'éclat de votre mérite n'est point renfermé dans les bornes de cette valeur indomptable qui se fait des adorateurs chez ceux même qu'elle surmonte; qu'il s'étend, ce mérite, jusques aux connoissances les plus fines et les plus relevées, et que les décisions de votre jugement sur tous les ouvrages d'esprit ne manquent point d'être suivies par le sentiment des plus délicats. Mais on sait aussi, MONSEIGNEUR, que toutes ces glorieuses approbations dont nous nous vantons en public ne nous coûtent rien à faire imprimer; et que ce sont des choses dont nous disposons comme nous voulons. On sait, dis-je, qu'une épître dédicatoire dit tout ce qu'il lui plaît, et qu'un auteur est en pouvoir d'aller saisir les personnes les plus augustes, et de parer de leurs grands noms les premiers feuillets de son livre; qu'il a la liberté de s'y donner, autant qu'il le veut, l'honneur de leur estime, et de se faire des protecteurs qui n'ont jamais songé à l'être.

Je n'abuserai, MONSEIGNEUR, ni de votre nom, ni de vos bontés, pour combattre les censeurs de l'*Amphitryon*, et m'attribuer une gloire que je n'ai peut-être pas méritée; et je ne prends la liberté de vous offrir ma comédie que pour avoir lieu de vous dire que je regarde incessamment, avec une profonde vénération, les grandes qualités que vous joignez au sang auguste dont vous tenez le jour, et que je suis, MONSEIGNEUR, avec tout le respect possible, et tout le zèle imaginable,

DE VOTRE ALTESSE SÉRÉNISSIME,

Le très-humble, très-obéissant,
et très-obligé serviteur,

J. B. P. MOLIÈRE.

PERSONNAGES DU PROLOGUE

MERCURE.
LA NUIT.

PERSONNAGES DE LA COMÉDIE

JUPITER, sous la forme d'Amphitryon [1].
MERCURE, sous la forme de Sosie [2].
AMPHITRYON, général des Thébains [3].
ALCMÈNE, femme d'Amphitryon [4].
CLÉANTHIS, suivante d'Alcmène et femme de Sosie [5].
ARGATIPHONTIDAS [6],
NAUCRATÈS,
POLIDAS,   } capitaines thébains.
PAUSICLÈS,
SOSIE, valet d'Amphitryon [7].

La scène est à Thèbes, devant la maison d'Amphitryon.

PROLOGUE

MERCURE, sur un nuage; LA NUIT, dans un char traîné dans l'air par deux chevaux.

MERCURE.

Tout beau, charmante Nuit, daignez vous arrêter:
Il est certain secours que de vous on désire;
Et j'ai deux mots à vous dire
De la part de Jupiter.

Acteurs de la troupe de Molière : [1] LA THORILLIÈRE. — [2] DU CROISY. — [3] LA GRANGE. — [4] Mademoiselle MOLIÈRE. — [5] Mademoiselle DE BRIE. — [6] CHATEAUNEUF. — [7] MOLIÈRE.

LA NUIT.

Ah! ah! c'est vous, seigneur Mercure!
Qui vous eût deviné là dans cette posture?

MERCURE.

Ma foi, me trouvant las, pour ne pouvoir fournir
Aux différents emplois où Jupiter m'engage,
Je me suis doucement assis sur ce nuage,
 Pour vous attendre venir.

LA NUIT.

Vous vous moquez, Mercure, et vous n'y songez pas;
Sied-il bien à des dieux de dire qu'ils sont las?

MERCURE.

Les dieux sont-ils de fer?

LA NUIT.

   Non; mais il faut sans cesse
Garder le décorum de la divinité.
Il est de certains mots dont l'usage rabaisse
 Cette sublime qualité,
 Et que, pour leur indignité,
 Il est bon qu'aux hommes on laisse.

MERCURE.

A votre aise vous en parlez;
Et vous avez, la belle, une chaise roulante
Où, par deux bons chevaux, en dame nonchalante,
Vous vous faites traîner partout où vous voulez.
Mais de moi ce n'est pas de même;
Et je ne puis vouloir, dans mon destin fatal,
 Aux poëtes assez de mal
 De leur impertinence extrême,
 D'avoir, par une injuste loi
 Dont on veut maintenir l'usage,
 A chaque dieu, dans son emploi,
 Donné quelque allure en partage,
 Et de me laisser à pied, moi,
 Comme un messager de village;
Moi qui suis, comme on sait, en terre et dans les cieux,
Le fameux messager du souverain des dieux;
 Et qui, sans rien exagérer,
 Par tous les emplois qu'il me donne,
 Aurois besoin, plus que personne,
 D'avoir de quoi me voiturer.

LA NUIT.

Que voulez-vous faire à cela?
Les poëtes font à leur guise.
Ce n'est pas la seule sottise
Qu'on voit faire à ces messieurs-là.
Mais contre eux toutefois votre âme a tort s'irrite,
Et vos ailes aux pieds sont un don de leurs soins.

MERCURE.

Oui; mais, pour aller plus vite,
Est-ce qu'on s'en lasse moins?

LA NUIT.

Laissons cela, seigneur Mercure,
Et sachons ce dont il s'agit.

MERCURE.

C'est Jupiter, comme je vous l'ai dit,
Qui de votre manteau veut la faveur obscure,
 Pour certaine douce aventure
Qu'un nouvel amour lui fournit.
Ses pratiques[1], je crois, ne vous sont pas nouvelles :
Bien souvent pour la terre il néglige les cieux;
Et vous n'ignorez pas que ce maître des dieux
Aime à s'humaniser pour des beautés mortelles,
 Et sait cent tours ingénieux
 Pour mettre à bout les plus cruelles.
Des yeux d'Alcmène il a senti les coups;
Et, tandis qu'au milieu des béotiques plaines
 Amphitryon, son époux,
 Commande aux troupes thébaines,
Il en a pris la forme, et reçoit là-dessous
 Un soulagement à ses peines
Dans la possession des plaisirs les plus doux.
L'état des mariés à ses feux est propice :
L'hymen ne les a joints que depuis quelques jours;
Et la jeune chaleur de leurs tendres amours
A fait que Jupiter à ce bel artifice
 S'est avisé d'avoir recours.
Son stratagème ici se trouve salutaire :
Mais, près de maint objet chéri,
Pareil déguisement seroit pour ne rien faire,
Et ce n'est pas partout un bon moyen de plaire
 Que la figure d'un mari.

LA NUIT.

J'admire Jupiter, et je ne comprends pas
Tous les déguisements qui lui viennent en tête.

MERCURE.

Il veut goûter par là toutes sortes d'états;
Et c'est agir en dieu qui n'est pas bête.
Dans quelque rang qu'il soit des mortels regardé,
 Je le tiendrois fort misérable,
S'il ne quittoit jamais sa mine redoutable,
Et qu'au faîte des cieux il fût toujours guindé.
Il n'est point, à mon gré, de plus sotte méthode
Que d'être emprisonné toujours dans sa grandeur;
Et surtout, aux transports de l'amoureuse ardeur,
La haute qualité devient fort incommode.
Jupiter, qui sans doute en plaisirs se connoît,
Sait descendre du haut de sa gloire suprême;
 Et, pour entrer dans tout ce qu'il lui plaît,
 Il sort tout à fait de lui-même,
Et ce n'est plus alors Jupiter qui paroît.

LA NUIT.

Passe encor de le voir, de ce sublime étage,
 Dans celui des hommes venir,
Prendre tous les transports que leur cœur peut fournir,
 Et se faire à leur badinage,
Si, dans les changements où son humeur l'engage,
A la nature humaine il s'en vouloit tenir.
 Mais de voir Jupiter taureau,
 Serpent, cygne, ou quelque autre chose,
 Je ne trouve point cela beau,
Et ne m'étonne pas si parfois on en cause.

MERCURE.

 Laissons dire tous les censeurs :

[1] *Pratiques*, intrigues, menées sourdes.

Tels changements ont leurs douceurs
Qui passent leur intelligence.
Ce dieu sait ce qu'il fait aussi bien là qu'ailleurs;
Et, dans les mouvements de leurs tendres ardeurs,
Les bêtes ne sont pas si bêtes que l'on pense [1].

LA NUIT.
Revenons à l'objet dont il a les faveurs.
Si, par son stratagème, il voit sa flamme heureuse,
Que peut-il souhaiter, et qu'est-ce que je puis?

MERCURE.
Que vos chevaux, par vous au petit pas réduits,
Pour satisfaire aux vœux de son âme amoureuse,
    D'une nuit si délicieuse
    Fassent la plus longue des nuits;
Qu'à ses transports vous donniez plus d'espace,
Et retardiez la naissance du jour
    Qui doit avancer le retour
    De celui dont il tient la place.

LA NUIT.
Voilà sans doute un bel emploi
Que le grand Jupiter m'apprête!
Et l'on donne un nom fort honnête
Au service qu'il veut de moi!

MERCURE.
    Pour une jeune déesse,
    Vous êtes bien du bon temps!
    Un tel emploi n'est bassesse
    Que chez les petites gens.
Lorsque dans un haut rang on a l'heur de paroître,
Tout ce qu'on fait est toujours bel et bon;
    Et, suivant ce qu'on peut être,
    Les choses changent de nom.

LA NUIT.
    Sur de pareilles matières
    Vous en savez plus que moi,
    Et, pour accepter l'emploi,
    J'en veux croire vos lumières.

MERCURE.
Eh! la, la, madame la Nuit,
Un peu doucement, je vous prie;
Vous avez dans le monde un bruit [2]
De n'être pas si renchérie.
On vous fait confidente, en cent climats divers,
    De beaucoup de bonnes affaires;
Et je crois, à parler à sentiments ouverts,
    Que nous ne nous en devons guères.

LA NUIT.
    Laissons ces contrariétés,
    Et demeurons ce que nous sommes.
    N'apprêtons point à rire aux hommes,
    En nous disant nos vérités.

MERCURE.
Adieu. Je vais là-bas, dans ma commission,
Dépouiller promptement la forme de Mercure,
    Pour y vêtir la figure
    Du valet d'Amphitryon.

[1] Vers charmant qui est devenu proverbe.
[2] *Bruit*, pour : *réputation*.

LA NUIT.
Moi, dans cet hémisphère, avec ma suite obscure,
Je vais faire une station.

MERCURE.
Bonjour, la Nuit.

LA NUIT.
    Adieu, Mercure [1].

Mercure descend de son nuage, et la Nuit traverse le théâtre.

ACTE PREMIER

SCÈNE I

SOSIE, seul.

Qui va là? Heu! ma peur à chaque pas s'accroît!
    Messieurs, ami de tout le monde.
    Ah! quelle audace sans seconde
    De marcher à l'heure qu'il est!
    Que mon maître, couvert de gloire,
    Me joue ici d'un vilain tour!
Quoi! si pour son prochain il avoit quelque amour,
M'auroit-il fait partir par une nuit si noire?
Et, pour me renvoyer annoncer son retour
    Et le détail de sa victoire,
Ne pouvoit-il pas bien attendre qu'il fût jour?
    Sosie, à quelle servitude
    Tes jours sont-ils assujettis!
    Notre sort est beaucoup plus rude
    Chez les grands que chez les petits.
Ils veulent que pour eux tout soit, dans la nature,
    Obligé de s'immoler.
Jour et nuit, grêle, vent, péril, chaleur, froidure,
    Dès qu'ils parlent, il faut voler.
    Vingt ans d'assidu service
    N'en obtiennent rien pour nous :
    Le moindre petit caprice
    Nous attire leur courroux.
Cependant notre âme insensée
S'acharne au vain honneur de demeurer près d'eux,
Et s'y veut contenter de la fausse pensée
Qu'ont tous les autres gens, que nous sommes heureux.
Vers la retraite en vain la raison nous appelle,
En vain notre dépit quelquefois y consent;
    Leur vue a sur notre zèle
    Un ascendant trop puissant,
Et la moindre faveur d'un coup d'œil caressant
    Nous rengage de plus belle.
    Mais enfin, dans l'obscurité,
Je vois notre maison, et ma frayeur s'évade.
    Il me faudroit, pour l'ambassade,
    Quelque discours prémédité.
Je dois aux yeux d'Alcmène un portrait militaire

[1] Ce prologue est le seul qui soit resté au théâtre, non parce qu'il est le plus ingénieux de tous, mais parce qu'il est le seul nécessaire. (Auger.)

ACTE I, SCÈNE II

Du grand combat qui met nos ennemis à bas ;
Mais comment diantre le faire,
Si je ne m'y trouvai pas ?
N'importe, parlons-en et d'estoc et de taille,
    Comme oculaire témoin.
Combien de gens font-ils des récits de bataille
    Dont ils se sont tenus loin !
    Pour jouer mon rôle sans peine,
    Je le veux un peu repasser.
Voici la chambre où j'entre en courrier que l'on mène ;
    Et cette lanterne est Alcmène,
    A qui je me dois adresser.

Sosie pose sa lanterne à terre et lui adresse son compliment.

Madame, Amphitryon, mon maître et votre époux...
(Bon ! beau début !) l'esprit toujours plein de vos charmes,
M'a voulu choisir entre tous
Pour vous donner avis du succès de ses armes,
Et du désir qu'il a de se voir près de vous.
    « Ah ! vraiment, mon pauvre Sosie,
    « A te revoir j'ai de la joie au cœur. »
    Madame, ce m'est trop d'honneur,
    Et mon destin doit faire envie.
(Bien répondu !) « Comment se porte Amphitryon ? »
    Madame, en homme de courage,
Dans les occasions où la gloire l'engage.
    (Fort bien ! belle conception !)
« Quand viendra-t-il, par son retour charmant,
« Rendre mon âme satisfaite ? »
Le plus tôt qu'il pourra, madame, assurément ;
Mais bien plus tard que son cœur ne souhaite.
(Ah !) « Mais quel est l'état où la guerre l'a mis ?
« Que dit-il ? que fait-il ? Contente un peu mon âme. »
    Il dit moins qu'il ne fait, madame,
    Et fait trembler les ennemis.
(Peste ! où prend mon esprit toutes ces gentillesses ?)
« Que font les révoltés ? dis-moi, quel est leur sort ? »
Ils n'ont pu résister, madame, à notre effort ;
    Nous les avons taillés en pièces,
    Mis Ptérélas, leur chef, à mort,
Pris Télèbe d'assaut ; et déjà dans le port
    Tout retentit de nos prouesses.
« Ah ! quel succès ! ô dieux ! Qui l'eût pu jamais croire ?
« Raconte-moi, Sosie, un tel événement. »
Je le veux bien, madame ; et, sans m'enfler de gloire,
    Du détail de cette victoire
    Je puis parler très-savamment.
Figurez-vous donc que Télèbe,
    Madame, est de ce côté ;

Sosie marque les lieux sur sa main ou à terre.

    C'est une ville, en vérité,
    Aussi grande quasi que Thèbe.
    La rivière est comme là.
Ici nos gens se campèrent ;
    Et l'espace que voilà,
    Nos ennemis l'occupèrent.
Sur un haut[1], vers cet endroit,

[1] *Un haut,* pour : *une hauteur.* Ne se dit plus.

    Étoit leur infanterie ;
    Et plus bas, du côté droit,
    Étoit la cavalerie.
Après avoir aux dieux adressé les prières,
Tous les ordres donnés, on donne le signal :
Les ennemis, pensant nous tailler des croupières,
Firent trois pelotons de leurs gens à cheval ;
Mais leur chaleur par nous fut bientôt réprimée,
    Et vous allez voir comme quoi.
Voilà notre avant-garde à bien faire animée ;
    Là, les archers de Créon, notre roi ;
    Et voici le corps d'armée,

On fait un peu de bruit.

Qui d'abord... Attendez, le corps d'armée a peur ;
    J'entends quelque bruit, ce me semble[1].

SCÈNE II

MERCURE, SOSIE.

MERCURE, *sous la figure de Sosie, sortant de la maison d'Amphitryon.*

    Sous ce minois qui lui ressemble,
    Chassons de ces lieux ce causeur,
Dont l'abord importun troubleroit la douceur
    Que nos amants goûtent ensemble.

SOSIE, *sans voir Mercure.*

Mon cœur tant soit peu se rassure,
Et je pense que ce n'est rien.
Crainte pourtant de sinistre aventure,
Allons chez nous achever l'entretien.

MERCURE, *à part.*

    Tu seras plus fort que Mercure,
    Ou je t'en empêcherai bien.

SOSIE, *sans voir Mercure.*

Cette nuit en longueur me semble sans pareille.
Il faut, depuis le temps que je suis en chemin,
Ou que mon maître ait pris le soir pour le matin,
Ou que trop tard au lit le blond Phébus sommeille,
    Pour avoir trop pris de son vin.

MERCURE, *à part.*

    Comme avec irrévérence
    Parle des dieux ce maraud !
    Mon bras saura bien tantôt
    Châtier cette insolence ;
Et je vais m'égayer avec lui comme il faut,
En lui volant son nom avec sa ressemblance.

SOSIE, *apercevant Mercure d'un peu loin.*

Ah ! par ma foi, j'avois raison :
C'est fait de moi, chétive créature !
Je vois devant notre maison
Certain homme dont l'encolure

[1] Plaute, qui d'ailleurs a tant d'envie de faire rire, même quand il ne le faut pas, est tombé ici dans un défaut tout opposé. Il a mis dans la bouche de Sosie un récit très-suivi, très-détaillé et très-sérieux de la victoire des Thébains, tel qu'il pourroit être dans une histoire ou dans un poëme. Molière a conservé le ton de la comédie et la mesure de la scène... Il amène Mercure quand Sosie ne sait plus où il en est. (La Harpe.)

Ne me présage rien de bon.
Pour faire semblant d'assurance,
Je veux chanter un peu d'ici.

Il chante.

MERCURE.
Qui donc est ce coquin qui prend tant de licence
Que de chanter et m'étourdir ainsi ?

A mesure que Mercure parle, la voix de Sosie s'affoiblit peu à peu.

Veut-il qu'à l'étriller ma main un peu s'applique ?

SOSIE, à part.
Cet homme assurément n'aime pas la musique [1].

MERCURE.
Depuis plus d'une semaine
Je n'ai trouvé personne à qui rompre les os :
La vigueur de mon bras se perd dans le repos ;
Et je cherche quelque dos
Pour me remettre en haleine.

SOSIE, à part.
Quel diable d'homme est-ce ci ?
De mortelles frayeurs je sens mon âme atteinte.
Mais pourquoi trembler tant aussi ?
Peut-être a-t-il dans l'âme autant que moi de crainte,
Et que le drôle parle ainsi
Pour me cacher sa peur sous une audace feinte ?
Oui, oui, ne souffrons point qu'on nous croie un oison :
Si je ne suis hardi, tâchons de le paroître.
Faisons-nous du cœur par raison :
Il est seul, comme moi ; je suis fort, j'ai bon maître,
Et voilà notre maison.

MERCURE.
Qui va là ?

SOSIE.
Moi.

MERCURE.
Qui, moi ?

SOSIE.
A part.
Moi. Courage, Sosie.

MERCURE.
Quel est ton sort ? dis-moi.

SOSIE.
D'être homme, et de parler.

MERCURE.
Es-tu maître, ou valet ?

SOSIE.
Comme il me prend envie.

MERCURE.
Où s'adressent tes pas ?

SOSIE.
Où j'ai dessein d'aller.

MERCURE.
Ah ! ceci me déplaît.

SOSIE.
J'en ai l'âme ravie.

MERCURE.
Résolûment, par force ou par amour,

[1] Ce trait appartient à Molière ; le reste est imité de Plaute.

Je veux savoir de toi, traître,
Ce que tu fais, d'où tu viens avant jour,
Où tu vas, à qui tu peux être.

SOSIE.
Je fais le bien et le mal tour à tour ;
Je viens de là, vais là ; j'appartiens à mon maître.

MERCURE.
Tu montres de l'esprit, et je te vois en train
De trancher avec moi de l'homme d'importance.
Il me prend un désir, pour faire connoissance,
De te donner un soufflet de ma main.

SOSIE.
A moi-même ?

MERCURE.
A toi-même ; et t'en voilà certain.

Mercure donne un soufflet à Sosie.

SOSIE.
Ah ! ah ! c'est tout de bon.

MERCURE.
Non, ce n'est que pour rire,
Et répondre à tes quolibets.

SOSIE.
Tudieu ! l'ami, sans vous rien dire,
Comme vous baillez des soufflets !

MERCURE.
Ce sont là de mes moindres coups,
De petits soufflets ordinaires.

SOSIE.
Si j'étois aussi prompt que vous,
Nous ferions de belles affaires.

MERCURE.
Tout cela n'est encor rien :
Nous verrons bien autre chose.
Pour y faire quelque pause,
Poursuivons notre entretien.

SOSIE.
Je quitte la partie.

Sosie veut s'en aller.

MERCURE, *arrêtant Sosie.*
Où vas-tu ?

SOSIE.
Que t'importe ?

MERCURE.
Je veux savoir où tu vas.

SOSIE.
Me faire ouvrir cette porte.
Pourquoi retiens-tu mes pas ?

MERCURE.
Si jusqu'à l'approcher tu pousses ton audace,
Je fais sur toi pleuvoir un orage de coups.

SOSIE.
Quoi ! tu veux, par ta menace,
M'empêcher d'entrer chez nous ?

MERCURE.
Comment ! chez nous ?

SOSIE.
Oui, chez nous.

ACTE I, SCÈNE II.

MERCURE.
O le traître!

Tu te dis de cette maison?

SOSIE.
Fort bien. Amphitryon n'en est-il pas le maître?

MERCURE.
Eh bien, que fait cette raison?

SOSIE.
Je suis son valet.

MERCURE.
Toi?

SOSIE.
Moi.

MERCURE.
Son valet?

SOSIE.
Sans doute.

MERCURE.
Valet d'Amphitryon?

SOSIE.
D'Amphitryon, de lui.

MERCURE.
Ton nom est?...

SOSIE.
Sosie.

MERCURE.
Heu! comment?

SOSIE.
Sosie.

MERCURE.
Écoute.
Sais-tu que de ma main je t'assomme aujourd'hui?

SOSIE.
Pourquoi? De quelle rage est ton âme saisie?

MERCURE.
Qui te donne, dis-moi, cette témérité
De prendre le nom de Sosie?

SOSIE.
Moi, je ne le prends point, je l'ai toujours porté.

MERCURE.
O le mensonge horrible, et l'impudence extrême!
Tu m'oses soutenir que Sosie est ton nom?

SOSIE.
Fort bien; je le soutiens, par la grande raison
Qu'ainsi l'a fait des dieux la puissance suprême;
Et qu'il n'est pas en moi de pouvoir dire non,
Et d'être un autre que moi-même.

MERCURE.
Mille coups de bâton doivent être le prix
D'une pareille effronterie.

SOSIE, battu par Mercure.
Justice, citoyens! Au secours! je vous prie.

MERCURE.
Comment! bourreau, tu fais des cris!

SOSIE.
De mille coups tu me meurtris,
Et tu ne veux pas que je crie?

MERCURE.
C'est ainsi que mon bras...

SOSIE.
L'action ne vaut rien.
Tu triomphes de l'avantage
Que te donne sur moi mon manque de courage;
Et ce n'est pas en user bien.
C'est pure fanfaronnerie
De vouloir profiter de la poltronnerie
De ceux qu'attaque notre bras.
Battre un homme à jeu sûr n'est pas d'une belle âme;
Et le cœur est digne de blâme
Contre des gens qui n'en ont pas.

MERCURE.
Eh bien, es-tu Sosie à présent? qu'en dis-tu?

SOSIE.
Tes coups n'ont point en moi fait de métamorphose;
Et tout le changement que je trouve à la chose,
C'est d'être Sosie battu.

MERCURE, menaçant Sosie.
Encor! Cent autres coups pour cette autre impudence...

SOSIE.
De grâce, fais trêve à tes coups.

MERCURE.
Fais donc trêve à ton insolence.

SOSIE.
Tout ce qu'il te plaira; je garde le silence.
La dispute est par trop inégale entre nous.

MERCURE.
Es-tu Sosie encor? dis, traître!

SOSIE.
Hélas! je suis ce que tu veux:
Dispose de mon sort tout au gré de tes vœux;
Ton bras t'en a fait le maître.

MERCURE.
Ton nom étoit Sosie, à ce que tu disois?

SOSIE.
Il est vrai, jusqu'ici j'ai cru la chose claire;
Mais ton bâton, sur cette affaire,
M'a fait voir que je m'abusois.

MERCURE.
C'est moi qui suis Sosie, et tout Thèbes l'avoue:
Amphitryon jamais n'en eut d'autre que moi.

SOSIE.
Toi, Sosie?

MERCURE.
Oui, Sosie; et, si quelqu'un s'y joue,
Il peut bien prendre garde à soi.

SOSIE, à part.
Ciel! me faut-il ainsi renoncer à moi-même,
Et par un imposteur me voir voler mon nom?
Que son bonheur est extrême
De ce que je suis poltron!
Sans cela, par la mort!...

MERCURE.
Entre tes dents, je pense,
Tu murmures je ne sais quoi.

SOSIE.
Non. Mais, au nom des dieux, donne-moi la licence
De parler un moment à toi.

MERCURE.
Parle.
SOSIE.
Mais promets-moi, de grâce,
Que les coups n'en seront point.
Signons une trêve.
MERCURE.
Passe ;
Va, je t'accorde ce point.
SOSIE.
Qui te jette, dis-moi, dans cette fantaisie
Que te reviendra-t-il de m'enlever mon nom?
Et peux-tu faire enfin, quand tu serois démon,
Que je ne sois pas moi, que je ne sois Sosie?
MERCURE, levant le bâton sur Sosie.
Comment! tu peux...
SOSIE.
Ah! tout doux :
Nous avons fait trêve aux coups.
MERCURE.
Quoi! pendard, imposteur, coquin!...
SOSIE.
Pour des injures,
Dis-m'en tant que tu voudras ;
Ce sont légères blessures,
Et je ne m'en fâche pas.
MERCURE.
Tu te dis Sosie?
SOSIE.
Oui. Quelque conte frivole...
MERCURE.
Sus, je romps notre trêve, et reprends ma parole.
SOSIE.
N'importe. Je ne puis m'anéantir pour toi,
Et souffrir un discours si loin de l'apparence.
Être ce que je suis est-il en ta puissance
Et puis-je cesser d'être moi?
S'avisa-t-on jamais d'une chose pareille?
Et peut-on démentir cent indices pressants?
Rêvé-je! Est-ce que je sommeille?
Ai-je l'esprit troublé par des transports puissants?
Ne sens-je pas bien que je veille?
Ne suis-je pas dans mon bon sens?
Mon maître Amphitryon ne m'a-t-il pas commis
A venir en ces lieux vers Alcmène sa femme?
Ne lui dois-je pas faire, en lui vantant sa flamme,
Un récit de ses faits contre nos ennemis?
Ne suis-je pas du port arrivé tout à l'heure?
Ne tiens-je pas une lanterne en main?
Ne te trouvé-je pas devant notre demeure?
Ne t'y parlé-je pas d'un esprit tout humain
Ne te tiens-tu pas fort de ma poltronnerie,
Pour m'empêcher d'entrer chez nous?
N'as-tu pas sur mon dos exercé ta furie?
Ne m'as-tu pas roué de coups?
Ah! tout cela n'est que trop véritable;
Et, plût au ciel, le fût-il moins!
Cesse donc d'insulter au sort d'un misérable :
Et laisse à mon devoir s'acquitter de ses soins.
MERCURE.
Arrête, ou sur ton dos le moindre pas attire
Un assommant éclat de mon juste courroux.
Tout ce que tu viens de dire
Est à moi, hormis les coups.
SOSIE.
Ce matin, du vaisseau, plein de frayeur en l'âme,
Cette lanterne sait comme je suis parti.
Amphitryon, du camp, vers Alcmène sa femme
M'a-t-il pas envoyé?
MERCURE.
Vous en avez menti.
C'est moi qu'Amphitryon député vers Alcmène,
Et qui du port persique [1] arrive de ce pas;
Moi, qui viens annoncer la valeur de son bras
Qui nous fait remporter une victoire pleine
Et de nos ennemis a mis le chef à bas.
C'est moi qui suis Sosie enfin, de certitude,
Fils de Dave, honnête berger ;
Frère d'Arpage, mort en pays étranger ;
Mari de Cléanthis la prude,
Dont l'humeur me fait enrager ;
Qui dans Thèbe ai reçu mille coups d'étrivière,
Sans en avoir jamais dit rien;
Et jadis en public fus marqué par derrière,
Pour être trop homme de bien [2].
SOSIE, bas, à part.
Il a raison. A moins d'être Sosie,
On ne peut pas savoir tout ce qu'il dit :
Et, dans l'étonnement dont mon âme est saisie,
Je commence, à mon tour, à le croire un petit.
En effet, maintenant que je le considère,
Je vois qu'il a de moi taille, mine, action.
Faisons-lui quelque question,
Afin d'éclaircir ce mystère.
Haut.
Parmi tout le butin fait sur nos ennemis,
Qu'est-ce qu'Amphitryon obtient pour son partage?
MERCURE.
Cinq fort gros diamants en nœuds proprement mis
Dont leur chef se paroit comme d'un rare ouvrage.
SOSIE.
A qui destine-t-il un si riche présent?
MERCURE.
A sa femme; et sur elle il le veut voir paroître.
SOSIE.
Mais où, pour l'apporter, est-il mis à présent?
MERCURE.
Dans un coffret scellé des armes de mon maître [3].

[1] Port d'Eubée.
[2] Dans l'Haute, Sosie, faisant allusion aux coups de fouet qu'on donnait aux esclaves, dit de Mercure : « S'il a le dos cicatrisé, il ne manque rien à la ressemblance! » L'usage de marquer les malfaiteurs sur l'épaule n'existait pas chez les anciens. (Aimé Martin.)
[3] Les armes, héraldiquement parlant, sont une invention des temps de la chevalerie. Ainsi Amphitryon n'avait point un cachet blasonné, mais, comme la plupart des anciens, un anneau sur la pierre duquel était gravé quelque signe particulier qu'il avait adopté. (Auger.)

ACTE I, SCÈNE III.

SOSIE, à part.

Il ne ment pas d'un mot à chaque repartie ;
Et de moi je commence à douter tout de bon.
Près de moi, par la force, il est déjà Sosie ;
Il pourroit bien encor l'être par la raison.
Pourtant, quand je me tâte et que je me rappelle,
 Il me semble que je suis moi.
Où puis-je rencontrer quelque clarté fidèle,
 Pour démêler ce que je vois ?
Ce que j'ai fait tout seul, et que n'a vu personne,
A moins d'être moi-même, on ne le peut savoir :
Par cette question il faut que je l'étonne ;
C'est de quoi le confondre, et nous allons le voir.

Haut.

Lorsqu'on étoit aux mains, que fis-tu dans nos tentes,
 Où tu courus seul te fourrer ?

MERCURE.

D'un jambon...

SOSIE, bas, à part.
 L'y voilà !

MERCURE.
 Que j'allai déterrer
Je coupai bravement deux tranches succulentes,
 Dont je sus fort bien me bourrer ;
Et, joignant à cela d'un vin que l'on ménage,
Et dont, avant le goût, les yeux se contentoient,
 Je pris un peu de courage
 Pour nos gens qui se battoient.

SOSIE, bas, à part.
 Cette preuve sans pareille
 En sa faveur conclut bien ;
 Et l'on n'y peut dire rien,
 S'il n'étoit dans la bouteille.

Haut.

Je ne saurois nier, aux preuves qu'on m'expose,
Que tu ne sois Sosie, et j'y donne ma voix.
Mais, si tu l'es, dis-moi qui tu veux que je sois ?
Car enfin faut-il bien que je sois quelque chose.

MERCURE.
 Quand je ne serai plus Sosie,
 Sois-le, j'en demeure d'accord ;
Mais, tant que je le suis, je te garantis mort,
 Si tu prends cette fantaisie.

SOSIE.

Tout cet embarras met mon esprit sur les dents,
 Et la raison à ce qu'on voit s'oppose.
Mais il faut terminer enfin par quelque chose ;
Et le plus court pour moi, c'est d'entrer là dedans.

MERCURE.

Ah ! tu prends donc, pendard, goût à la bastonnade ?

SOSIE, battu par Mercure.

Ah ! qu'est-ce ci, grands dieux ! il frappe un ton plus fort,
Et mon dos pour un mois en doit être malade.
Laissons ce diable d'homme, et retournons au port.
O juste ciel ! j'ai fait une belle ambassade !

MERCURE, seul.

Enfin, je l'ai fait fuir, et, sous ce traitement,
De beaucoup d'actions il a reçu la peine ;

Mais je vois Jupiter, que fort civilement
Reconduit l'amoureuse Alcmène.

SCÈNE III

JUPITER, sous la figure d'Amphitryon ; ALCMÈNE,
CLÉANTHIS, MERCURE.

JUPITER.

Défendez, chère Alcmène, aux flambeaux d'approcher.
Ils m'offrent des plaisirs en m'offrant votre vue ;
Mais ils pourroient ici découvrir ma venue,
 Qu'il est à propos de cacher.
Mon amour, que gênoient tous ces soins éclatants
Où me tenoit lié la gloire de nos armes,
Aux devoirs de ma charge a volé les instants
 Qu'il vient de donner à vos charmes.
Ce vol, qu'à vos beautés mon cœur a consacré,
Pourroit être blâmé dans la bouche publique,
 Et j'en veux pour témoin unique
 Celle qui peut m'en savoir gré.

ALCMÈNE.

Je prends, Amphitryon, grande part à la gloire
Que répandent sur vous vos illustres exploits ;
 Et l'éclat de votre victoire
Sait toucher de mon cœur les sensibles endroits.
 Mais, quand je vois que cet honneur fatal
 Éloigne de moi ce que j'aime,
Je ne puis m'empêcher, dans ma tendresse extrême,
 De lui vouloir un peu de mal,
Et d'opposer mes vœux à cet ordre suprême
Qui des Thébains vous fait le général.
C'est une douce chose, après une victoire,
Que la gloire où l'on voit ce qu'on aime élevé.
Mais, parmi les périls mêlés à cette gloire,
Un triste coup, hélas ! est bientôt arrivé.
De combien de frayeurs a-t-on l'âme blessée,
Au moindre choc dont on entend parler !
Voit-on, dans les horreurs d'une telle pensée,
 Par où jamais se consoler
 Du coup dont on est menacée ?
Et, de quelque laurier qu'on couronne un vainqueur,
Quelque part que l'on ait à cet honneur suprême,
Vaut-il ce qu'il en coûte aux tendresses d'un cœur
Qui peut, à tout moment, trembler pour ce qu'il aime ?

JUPITER.

Je ne vois rien en vous dont mon feu ne s'augmente ;
Tout y marque à mes yeux un cœur bien enflammé ;
Et c'est, je vous l'avoue, une chose charmante
De trouver tant d'amour dans un objet aimé.
Mais, si je l'ose dire, un scrupule me gêne,
Aux tendres sentiments que vous me faites voir ;
Et, pour les bien goûter, mon amour, chère Alcmène,
Voudroit n'y voir entrer rien de votre devoir ;
Qu'à votre seule ardeur, qu'à ma seule personne,
 Je dusse les faveurs que je reçois de vous ;
 Et que la qualité que j'ai de votre époux
 Ne fût point ce qui me les donne.

ALCMÈNE.

C'est de ce nom pourtant que l'ardeur qui me brûle
Tient le droit de paroître au jour ;
Et je ne comprends rien à ce nouveau scrupule
Dont s'embarrasse votre amour.

JUPITER.

Ah ! ce que j'ai pour vous d'ardeur et de tendresse
Passe aussi celle d'un époux ;
Et vous ne savez pas, dans des moments si doux,
Quelle en est la délicatesse.
Vous ne concevez point qu'un cœur bien amoureux
Sur cent petits égards s'attache avec étude,
Et se fait une inquiétude
De la manière d'être heureux.
En moi, belle et charmante Alcmène,
Vous voyez un mari, vous voyez un amant ;
Mais l'amant seul me touche, à parler franchement,
Et je sens, près de vous, que le mari me gêne.
Cet amant, de vos vœux jaloux au dernier point,
Souhaite qu'à lui seul votre amour s'abandonne ;
Et sa passion ne veut point
De ce que le mari lui donne.
Il veut de pure source obtenir vos ardeurs,
Et ne veut rien tenir des nœuds de l'hyménée,
Rien d'un fâcheux devoir qui fait agir les cœurs,
Et par qui, tous les jours, des plus chères faveurs
La douceur est empoisonnée.
Dans le scrupule enfin dont il est combattu,
Il veut, pour satisfaire à sa délicatesse,
Que vous le sépariez d'avec ce qui le blesse,
Que le mari ne soit que pour votre vertu,
Et que de votre cœur, de bonté revêtu,
L'amant ait tout l'amour et toute la tendresse.

ALCMÈNE.

Amphitryon, en vérité,
Vous vous moquez de tenir ce langage,
Et j'aurois peur qu'on ne vous crût pas sage,
Si de quelqu'un vous étiez écouté.

JUPITER.

Ce discours est plus raisonnable,
Alcmène, que vous ne pensez.
Mais un plus long séjour me rendroit trop coupable,
Et du retour au port les moments sont pressés.
Adieu. De mon devoir l'étrange barbarie
Pour un temps m'arrache de vous ;
Mais, belle Alcmène, au moins, quand vous verrez l'époux,
Songez à l'amant, je vous prie.

ALCMÈNE.

Je ne sépare point ce qu'unissent les dieux ;
Et l'époux et l'amant me sont fort précieux.

SCÈNE IV

CLÉANTHIS, MERCURE.

CLÉANTHIS, à part.

O ciel ! que d'aimables caresses
D'un époux ardemment chéri !
Et que mon traître de mari
Est loin de toutes ces tendresses !

MERCURE, à part.

La Nuit, qu'il me faut avertir,
N'a plus qu'à plier tous ses voiles ;
Et, pour effacer les étoiles,
Le Soleil de son lit peut maintenant sortir.

CLÉANTHIS, arrêtant Mercure.

Quoi ! c'est ainsi que l'on me quitte !

MERCURE.

Et comment donc ? Ne veux-tu pas
Que de mon devoir je m'acquitte,
Et que d'Amphitryon j'aille suivre les pas ?

CLÉANTHIS.

Mais avec cette brusquerie,
Traître ! de moi te séparer !

MERCURE.

Le beau sujet de fâcherie !
Nous avons tant de temps ensemble à demeurer !

CLÉANTHIS.

Mais quoi ! partir ainsi d'une façon brutale,
Sans me dire un seul mot de douceur pour régale !

MERCURE.

Diantre ! où veux-tu que mon esprit
T'aille chercher des faribolles ?
Quinze ans de mariage épuisent les paroles ;
Et, depuis un long temps, nous nous sommes tout dit.

CLÉANTHIS.

Regarde, traître, Amphitryon ;
Vois combien pour Alcmène il étale de flamme
Et rougis, là-dessus, du peu de passion
Que tu témoignes pour ta femme.

MERCURE.

Eh ! mon Dieu ! Cléanthis, ils sont encore amants.
Il est certain âge où tout passe ;
Et ce qui leur sied bien dans ces commencements,
En nous, vieux mariés, auroit mauvaise grâce.
Il nous feroit beau voir, attachés face à face,
A pousser les beaux sentiments !

CLÉANTHIS.

Quoi ! suis-je hors d'état, perfide, d'espérer
Qu'un cœur auprès de moi soupire ?

MERCURE.

Non, je n'ai garde de le dire ;
Mais je suis trop barbon pour oser soupirer,
Et je ferois crever de rire.

CLÉANTHIS.

Mérites-tu, pendard, cet insigne bonheur
De te voir pour épouse une femme d'honneur ?

MERCURE.

Mon Dieu ! tu n'es que trop honnête ;
Ce grand honneur ne me vaut rien.
Ne sois point si femme de bien,
Et me romps un peu moins la tête.

CLÉANTHIS.

Comment ! de trop bien vivre on te voit me blâmer !

MERCURE.

La douceur d'une femme est tout ce qui me charme ;

Et ta vertu fait un vacarme
Qui ne cesse de m'assommer.
CLÉANTHIS.
Il te faudroit des cœurs pleins de fausses tendresses,
De ces femmes aux beaux et louables talents,
Qui savent accabler leurs maris de caresses,
Pour leur faire avaler l'usage des galants.
MERCURE.
Ma foi, veux-tu que je te dise?
Un mal d'opinion ne touche que les sots;
Et je prendrois pour ma devise :
« Moins d'honneur, et plus de repos. »
CLÉANTHIS.
Comment, tu souffrirois, sans nulle répugnance,
Que j'aimasse un galant avec toute licence?
MERCURE.
Oui, si je n'étois plus de tes cris rebattu,
Et qu'on te vît changer d'humeur et de méthode.
J'aime mieux un vice commode
Qu'une fatigante vertu.
Adieu, Cléanthis, ma chère âme;
Il me faut suivre Amphitryon.
CLÉANTHIS, seule.
Pourquoi, pour punir cet infâme,
Mon cœur n'a-t-il assez de résolution?
Ah! que, dans cette occasion,
J'enrage d'être honnête femme[1]!

ACTE SECOND

SCÈNE I

AMPHITRYON, SOSIE.

AMPHITRYON.
Viens çà, bourreau, viens çà! Sais-tu, maître fripon,
Qu'à te faire assommer ton discours peut suffire,
Et que, pour te traiter comme je le désire,
Mon courroux n'attend qu'un bâton?
SOSIE.
Si vous le prenez sur ce ton,
Monsieur, je n'ai plus rien à dire;
Et vous aurez toujours raison.
AMPHITRYON.
Quoi! tu veux me donner pour des vérités, traître!
Des contes que je vois d'extravagance outrés?
SOSIE.
Non : je suis le valet, et vous êtes le maître,
Il n'en sera, monsieur, que ce que vous voudrez.
AMPHITRYON.
Çà, je veux étouffer le courroux qui m'enflamme,
Et, tout du long, t'ouïr sur ta commission.
Il faut, avant que voir ma femme,

[1] Le rôle de Cléanthis est une création de Molière, et l'on peut dire une des plus heureuses. (F. L.)

Que je débrouille ici cette confusion.
Rappelle tous tes sens, rentre bien dans ton âme,
Et réponds mot pour mot à chaque question.
SOSIE.
Mais, de peur d'incongruité,
Dites-moi, de grâce, à l'avance,
De quel air il vous plaît que ceci soit traité.
Parlerai-je, monsieur, selon ma conscience,
Ou comme auprès des grands on le voit usité?
Faut-il dire la vérité,
Ou bien user de complaisance?
AMPHITRYON.
Non; je ne te veux obliger
Qu'à me rendre de tout un compte fort sincère.
SOSIE.
Bon. C'est assez, laissez-moi faire;
Vous n'avez qu'à m'interroger.
AMPHITRYON.
Sur l'ordre que tantôt je t'avois su prescrire...
SOSIE.
Je suis parti, les cieux d'un noir crêpe voilés,
Pestant fort contre vous dans ce fâcheux martyre,
Et maudissant vingt fois l'ordre dont vous parlez.
AMPHITRYON.
Comment, coquin!
SOSIE.
Monsieur, vous n'avez rien qu'à dire;
Je mentirai, si vous voulez.
AMPHITRYON.
Voilà comme un valet pour nous montre du zèle!
Passons. Sur le chemin que t'est-il arrivé?
SOSIE.
D'avoir une frayeur mortelle
Au moindre objet que j'ai trouvé.
AMPHITRYON.
Poltron!
SOSIE.
En nous formant, nature a ses caprices;
Divers penchants en nous elle fait observer :
Les uns à s'exposer trouvent mille délices;
Moi, j'en trouve à me conserver.
AMPHITRYON.
Arrivant au logis?...
SOSIE.
J'ai, devant notre porte,
En moi-même voulu répéter un petit[1]
Sur quel ton et de quelle sorte
Je ferois du combat le glorieux récit.
AMPHITRYON.
Ensuite?
SOSIE.
On m'est venu troubler et mettre en peine.
AMPHITRYON.
Et qui?
SOSIE.
Sosie; un moi, de vos ordres jaloux,
Que vous avez du port envoyé vers Alcmène,

[1] Un peu.

Et qui de nos secrets a connoissance pleine,
Comme le moi qui parle à vous.
AMPHITRYON.
Quels contes!
SOSIE.
Non, monsieur, c'est la vérité pure :
Ce moi, plus tôt que moi, s'est au logis trouvé;
Et j'étois venu, je vous jure,
Avant que je fusse arrivé [1].
AMPHITRYON.
D'où peut procéder, je te prie,
Ce galimatias maudit?
Est-ce songe? est-ce ivrognerie,
Aliénation d'esprit,
Ou méchante plaisanterie?
SOSIE.
Non, c'est la chose comme elle est,
Et point du tout conte frivole;
Je suis homme d'honneur, j'en donne ma parole;
Et vous m'en croirez, s'il vous plaît.
Je vous dis que, croyant n'être qu'un seul Sosie,
Je me suis trouvé deux chez nous;
Et que de ces deux moi, piqués de jalousie,
L'un est à la maison, et l'autre est avec vous;
Que le moi que voici, chargé de lassitude,
A trouvé l'autre moi frais, gaillard et dispos,
Et n'ayant d'autre inquiétude
Que de battre et casser des os.
AMPHITRYON.
Il faut être, je le confesse,
D'un esprit bien posé, bien tranquille, bien doux,
Pour souffrir qu'un valet de chansons me repaisse.
SOSIE.
Si vous vous mettez en courroux,
Plus de conférence entre nous;
Vous savez que d'abord tout cesse.
AMPHITRYON.
Non, sans emportement je te veux écouter :
Je l'ai promis. Mais dis, en bonne conscience,
Au mystère nouveau que tu me viens conter
Est-il quelque ombre d'apparence?
SOSIE.
Non; vous avez raison, et la chose à chacun
Hors de créance doit paroître.
C'est un fait à n'y rien connoître,
Un conte extravagant, ridicule, importun :
Cela choque le sens commun;
Mais cela ne laisse pas d'être.
AMPHITRYON.
Le moyen d'en rien croire, à moins qu'être insensé?

Prius multo ante ædes stabam quam illo advenerâm.
(Plaute.)
SOSIE.
J'ai trouvé, quand bien las j'ai ma course achevée...
AMPHITRYON.
Quoi?
SOSIE.
Que j'étois chez nous avant mon arrivée.
(Rotrou.)

SOSIE.
Je ne l'ai pas cru, moi, sans une peine extrême.
Je me suis d'être deux senti l'esprit blessé,
Et longtemps d'imposteur j'ai traité ce moi-même.
Mais à me reconnoître enfin il m'a forcé;
J'ai vu que c'étoit moi, sans aucun stratagème :
Des pieds jusqu'à la tête il est comme moi fait,
Beau, l'air noble, bien pris, les manières charmantes;
Enfin, deux gouttes de lait
Ne sont pas plus ressemblantes;
Et, n'étoit que ses mains sont un peu trop pesantes,
J'en serois fort satisfait.
AMPHITRYON.
A quelle patience il faut que je m'exhorte!
Mais enfin, n'es-tu pas entré dans la maison?
SOSIE.
Bon, entré! Eh! de quelle sorte?
Ai-je voulu jamais entendre de raison?
Et ne me suis-je pas interdit notre porte?
AMPHITRYON.
Comment donc?
SOSIE.
Avec un bâton,
Dont mon dos sent encore une douleur très-forte.
AMPHITRYON.
On t'a battu?
SOSIE.
Vraiment!
AMPHITRYON.
Et qui?
SOSIE.
Moi.
AMPHITRYON.
Toi, te battre?
SOSIE.
Oui, moi; non pas le moi d'ici,
Mais le moi du logis, qui frappe comme quatre.
AMPHITRYON.
Te confonde le ciel de me parler ainsi!
SOSIE.
Ce ne sont point des badinages.
Le moi que j'ai trouvé tantôt
Sur le moi qui vous parle a de grands avantages;
Il a le bras fort, le cœur haut :
J'en ai reçu des témoignages;
Et ce diable de moi m'a rossé comme il faut :
C'est un drôle qui fait des rages.
AMPHITRYON.
Achevons. As-tu vu ma femme?
SOSIE.
Non.
AMPHITRYON.
Pourquoi?
SOSIE.
Par une raison assez forte.
AMPHITRYON.
Qui t'a fait y manquer, maraud? Explique-toi.

ACTE II, SCÈNE II.

SOSIE.
Faut-il le répéter vingt fois de même sorte?
Moi, vous dis-je, ce moi plus robuste que moi;
Ce moi qui s'est de force emparé de la porte;
    Ce moi qui m'a fait filer doux;
    Ce moi qui le seul moi veut être;
    Ce moi de moi-même jaloux;
    Ce moi vaillant dont le courroux
    Au moi poltron s'est fait connoître;
    Enfin ce moi qui suis chez nous;
    Ce moi qui s'est montré mon maître;
    Ce moi qui m'a roué de coups.

AMPHITRYON.
Il faut que ce matin, à force de trop boire,
    Il se soit troublé le cerveau.

SOSIE.
Je veux être pendu, si j'ai bu que de l'eau!
    A mon serment on m'en peut croire.

AMPHITRYON.
Il faut donc qu'au sommeil tes sens se soient portés,
Et qu'un songe fâcheux, dans ses confus mystères,
    T'ait fait voir toutes les chimères
    Dont tu me fais des vérités.

SOSIE.
    Tout aussi peu. Je n'ai point sommeillé,
    Et n'en ai même aucune envie.
Je vous parle bien éveillé:
J'étois bien éveillé ce matin, sur ma vie,
Et bien éveillé même étoit l'autre Sosie,
    Quand il m'a si bien étrillé.

AMPHITRYON.
Suis-moi, je t'impose silence.
C'est trop me fatiguer l'esprit;
Et je suis un vrai fou d'avoir la patience
D'écouter d'un valet les sottises qu'il dit.

SOSIE, à part.
    Tous les discours sont des sottises,
    Partant d'un homme sans éclat:
    Ce seroient paroles exquises
    Si c'étoit un grand qui parlât [1].

AMPHITRYON.
Entrons sans davantage attendre.
Mais Alcmène paroît avec tous ses appas;
En ce moment, sans doute, elle ne m'attend pas,
    Et mon abord la va surprendre.

SCÈNE II

ALCMÈNE, AMPHITRYON, CLÉANTHIS, SOSIE.

ALCMÈNE, sans voir Amphitryon.
Allons pour mon époux, Cléanthis, vers les dieux [2],

[1] La Fontaine a rendu ainsi la même idée:
    Son raisonnement pouvoit être
    Fort bon dans la bouche d'un maître;
    Mais, n'étant que d'un simple chien,
    On trouva qu'il ne valoit rien.

[2] *Vers*, pour: *envers*. Se disait alors.

Nous acquitter de nos hommages,
Et les remercier des succès glorieux
Dont Thèbes, par son bras, goûte les avantages.
Apercevant Amphitryon.
O dieux!

AMPHITRYON.
    Fasse le ciel qu'Amphitryon vainqueur
    Avec plaisir soit revu de sa femme;
    Et que ce jour, favorable à ma flamme,
Vous redonne à mes yeux avec le même cœur!
    Que j'y retrouve autant d'ardeur
    Que vous en rapporte mon âme!

ALCMÈNE.
Quoi! de retour sitôt?

AMPHITRYON.
    Certes, c'est en ce jour
Me donner de vos feux un mauvais témoignage;
    Et ce « Quoi! sitôt de retour? »
En ces occasions n'est guère le langage
    D'un cœur bien enflammé d'amour.
    J'osois me flatter en moi-même
Que loin de vous j'aurois trop demeuré.
L'attente d'un retour ardemment désiré
Donne à tous les instants une longueur extrême;
    Et l'absence de ce qu'on aime,
Quelque peu qu'elle dure, a toujours trop duré.

ALCMÈNE.
Je ne vois...

AMPHITRYON.
    Non, Alcmène, à son impatience
On mesure le temps en de pareils états;
    Et vous comptez les moments de l'absence
    En personne qui n'aime pas.
    Lorsque l'on aime comme il faut,
    Le moindre éloignement nous tue,
    Et ce dont on chérit la vue
    Ne revient jamais assez tôt.
    De votre accueil, je le confesse,
    Se plaint ici mon amoureuse ardeur;
    Et j'attendois de votre cœur
    D'autres transports de joie et de tendresse.

ALCMÈNE.
    J'ai peine à comprendre sur quoi
Vous fondez les discours que je vous entends faire;
    Et, si vous vous plaignez de moi,
    Je ne sais pas, de bonne foi,
    Ce qu'il faut pour vous satisfaire.
Hier au soir, ce me semble, à votre heureux retour,
    On me vit témoigner une joie assez tendre,
    Et rendre aux soins de votre amour
Tout ce que de mon cœur vous aviez lieu d'attendre.

AMPHITRYON.
Comment?

ALCMÈNE.
    Ne fis-je pas éclater à vos yeux
Les soudains mouvements d'une entière allégresse?
Et le transport d'un cœur peut-il s'expliquer mieux,
Au retour d'un époux qu'on aime avec tendresse?

AMPHITRYON.
Que me dites-vous là?

ALCMÈNE.
Que même votre amour
Montra de mon accueil une joie incroyable;
Et que, m'ayant quittée à la pointe du jour,
Je ne vois pas qu'à ce soudain retour
Ma surprise soit si coupable.

AMPHITRYON.
Est-ce que du retour que j'ai précipité
Un songe, cette nuit, Alcmène, dans votre âme,
A prévenu la vérité?
Et que, m'ayant peut-être en dormant bien traité,
Votre cœur se croit vers ma flamme
Assez amplement acquitté?

ALCMÈNE.
Est-ce qu'une vapeur, par sa malignité,
Amphitryon, a, dans votre âme,
Du retour d'hier au soir brouillé la vérité?
Et que du doux accueil duquel je m'acquittai
Votre cœur prétend à ma flamme
Ravir toute l'honnêteté?

AMPHITRYON.
Cette vapeur, dont vous me régalez,
Est un peu, ce me semble, étrange.

ALCMÈNE.
C'est ce qu'on peut donner pour change
Au songe dont vous me parlez.

AMPHITRYON.
A moins d'un songe, on ne peut pas, sans doute,
Excuser ce qu'ici votre bouche me dit.

ALCMÈNE.
A moins d'une vapeur qui vous trouble l'esprit,
On ne peut pas sauver ce que de vous j'écoute.

AMPHITRYON.
Laissons un peu cette vapeur, Alcmène.

ALCMÈNE.
Laissons un peu ce songe, Amphitryon.

AMPHITRYON.
Sur le sujet dont il est question
Il n'est guère de jeu que trop loin on ne mène.

ALCMÈNE.
Sans doute; et, pour marque certaine,
Je commence à sentir un peu d'émotion.

AMPHITRYON.
Est-ce donc que par là vous voulez essayer
A réparer l'accueil dont je vous ai fait plainte?

ALCMÈNE.
Est-ce donc que par cette feinte
Vous désirez vous égayer?

AMPHITRYON.
Ah! de grâce, cessons, Alcmène, je vous prie,
Et parlons sérieusement.

ALCMÈNE.
Amphitryon, c'est trop pousser l'amusement;
Finissons cette raillerie.

AMPHITRYON.
Quoi! vous osez me soutenir en face
Que plus tôt qu'à cette heure on m'ait ici pu voir?

ALCMÈNE.
Quoi! vous voulez nier avec audace
Que dès hier en ces lieux vous vintes sur le soir?

AMPHITRYON.
Moi! je vins hier?

ALCMÈNE.
Sans doute; et, dès devant l'aurore,
Vous vous en êtes retourné.

AMPHITRYON, à part.
Ciel! un pareil débat s'est-il pu voir encore?
Et qui de tout ceci ne seroit étonné?
Sosie!

SOSIE.
Elle a besoin de six grains d'ellébore;
Monsieur, son esprit est tourné.

AMPHITRYON.
Alcmène, au nom de tous les dieux,
Ce discours a d'étranges suites!
Reprenez vos sens un peu mieux,
Et pensez à ce que vous dites.

ALCMÈNE.
J'y pense mûrement aussi;
Et tous ceux du logis ont vu votre arrivée.
J'ignore quel motif vous fait agir ainsi;
Mais, si la chose avoit besoin d'être prouvée,
S'il étoit vrai qu'on pût ne s'en souvenir pas,
De qui puis-je tenir, que de vous, la nouvelle
Du dernier de tous vos combats,
Et les cinq diamants que portoit Ptérélas,
Qu'a fait dans la nuit éternelle
Tomber l'effort de votre bras?
En pourroit-on vouloir un plus sûr témoignage?

AMPHITRYON.
Quoi! je vous ai déjà donné
Le nœud de diamants que j'eus pour mon partage,
Et que je vous ai destiné?

ALCMÈNE.
Assurément. Il n'est pas difficile
De vous en bien convaincre.

AMPHITRYON.
Et comment?

ALCMÈNE, montrant le nœud de diamants à sa ceinture.
Le voici.

AMPHITRYON.
Sosie!

SOSIE, tirant de sa poche un coffret.
Elle se moque, et je le tiens ici;
Monsieur, la feinte est inutile.

AMPHITRYON, regardant le coffret.
Le cachet est entier.

ALCMÈNE, présentant à Amphitryon le nœud de diamants.
Est-ce une vision?
Tenez. Trouverez-vous cette preuve assez forte?

AMPHITRYON.
Ah! ciel! ô juste ciel!

ALCMÈNE.
Allez, Amphitryon,

ACTE II, SCÈNE II.

Vous vous moquez d'en user de la sorte;
Et vous en devriez avoir confusion.
AMPHITRYON.
Romps vite ce cachet.
SOSIE, ayant ouvert le coffret.
Ma foi, la place est vide.
Il faut que, par magie, on ait su le tirer,
Ou bien que de lui-même il soit venu, sans guide,
Vers celle qu'il a su qu'on en vouloit parer.
AMPHITRYON, à part.
O dieux, dont le pouvoir sur les choses préside,
Quelle est cette aventure, et qu'en puis-je augurer
Dont mon amour ne s'intimide?
SOSIE, à Amphitryon.
Si sa bouche dit vrai, nous avons même sort,
Et de même que moi, monsieur, vous êtes double.
AMPHITRYON.
Tais-toi.
ALCMÈNE.
Sur quoi vous étonner si fort?
Et d'où peut naître ce grand trouble?
AMPHITRYON, à part.
O ciel! quel étrange embarras!
Je vois des incidents qui passent la nature;
Et mon honneur redoute une aventure
Que mon esprit ne comprend pas.
ALCMÈNE.
Songez-vous, en tenant cette preuve sensible,
A me nier encor votre retour pressé?
AMPHITRYON.
Non; mais, à ce retour, daignez, s'il est possible,
Me conter ce qui s'est passé.
ALCMÈNE.
Puisque vous demandez un récit de la chose,
Vous voulez dire donc que ce n'étoit pas vous?
AMPHITRYON.
Pardonnez-moi; mais j'ai certaine cause
Qui me fait demander ce récit entre nous.
ALCMÈNE.
Les soucis importants qui vous peuvent saisir
Vous ont-ils fait si vite en perdre la mémoire?
AMPHITRYON.
Peut-être; mais enfin vous me ferez plaisir
De m'en dire toute l'histoire.
ALCMÈNE.
L'histoire n'est pas longue. A vous je m'avançai,
Pleine d'une aimable surprise;
Tendrement je vous embrassai,
Et témoignai ma joie à plus d'une reprise.
AMPHITRYON, à part.
Ah! d'un si doux accueil je me serois passé.
ALCMÈNE.
Vous me fîtes d'abord ce présent d'importance,
Que du butin conquis vous m'aviez destiné.
Votre cœur avec véhémence
M'étala de ses feux toute la violence,
Et les soins importuns qui l'avoient enchaîné,
L'aise de me revoir, les tourments de l'absence,

Tout le souci que son impatience
Pour le retour s'étoit donné;
Et jamais votre amour, en pareille occurrence,
Ne me parut si tendre et si passionné.
AMPHITRYON, à part.
Peut-on plus vivement se voir assassiné?
ALCMÈNE.
Tous ces transports, toute cette tendresse,
Comme vous croyez bien, ne me déplaisoient pas;
Et, s'il faut que je le confesse,
Mon cœur, Amphitryon, y trouvoit mille appas.
AMPHITRYON.
Ensuite, s'il vous plaît?
ALCMÈNE.
Nous nous entrecoupâmes
De mille questions qui pouvoient nous toucher.
On servit. Tête à tête ensemble nous soupâmes;
Et, le souper fini, nous nous fûmes coucher.
AMPHITRYON.
Ensemble?
ALCMÈNE.
Assurément. Quelle est cette demande?
AMPHITRYON, à part.
Ah! c'est ici le coup le plus cruel de tous,
Et dont à s'assurer trembloit mon feu jaloux.
ALCMÈNE.
D'où vous vient, à ce mot, une rougeur si grande?
Ai-je fait quelque mal de coucher avec vous?
AMPHITRYON.
Non, ce n'étoit pas moi, pour ma douleur sensible;
Et qui dit qu'hier ici mes pas se sont portés
Dit, de toutes les faussetés,
La fausseté la plus horrible!
ALCMÈNE.
Amphitryon!
AMPHITRYON.
Perfide!
ALCMÈNE.
Ah! quel emportement!
AMPHITRYON.
Non, non, plus de douceur et plus de déférence :
Ce revers vient à bout de toute ma constance,
Et mon cœur ne respire, en ce fatal moment,
Et que fureur et que vengeance !
ALCMÈNE.
De qui donc vous venger? et quel manque de foi
Vous fait ici me traiter de coupable?
AMPHITRYON.
Je ne sais pas, mais ce n'étoit pas moi
Et c'est un désespoir qui de tout rend capable.
ALCMÈNE.
Allez, indigne époux, le fait parle de soi,
Et l'imposture est effroyable.
C'est trop me pousser là-dessus,
Et d'infidélité me voir trop condamnée.
Si vous cherchez, dans ces transports confus,
Un prétexte à briser les nœuds d'un hyménée
Qui me tient à vous enchaînée,

Tous ces détours sont superflus ;
Et me voilà déterminée
A souffrir qu'en ce jour nos liens soient rompus.

AMPHITRYON.

Après l'indigne affront que l'on me fait connoître,
C'est bien à quoi, sans doute, il faut vous préparer :
C'est le moins qu'on doit voir ; et les choses peut-être
Pourront n'en pas là demeurer.
Le déshonneur est sûr, mon malheur m'est visible,
Et mon amour en vain voudroit me l'obscurcir ;
Mais le détail encor ne m'en est pas sensible,
Et mon juste courroux prétend s'en éclaircir.
Votre frère déjà peut hautement répondre
Que, jusqu'à ce matin, je ne l'ai point quitté :
Je m'en vais le chercher, afin de vous confondre
Sur ce retour qui m'est faussement imputé.
Après, nous percerons jusqu'au fond d'un mystère
Jusques à présent inouï ;
Et, dans les mouvements d'une juste colère,
Malheur à qui m'aura trahi !

SOSIE.

Monsieur...

AMPHITRYON.

Ne m'accompagne pas,
Et demeure ici pour m'attendre.

CLÉANTHIS, à Alcmène.

Faut-il ?...

ALCMÈNE.

Je ne puis rien entendre :
Laisse-moi seule, et ne suis point mes pas [1].

SCÈNE III

CLÉANTHIS, SOSIE.

CLÉANTHIS, à part.

Il faut que quelque chose ait brouillé sa cervelle ;
Mais le frère sur-le-champ
Finira cette querelle.

SOSIE, à part.

C'est ici pour mon maître un coup assez touchant,
Et son aventure est cruelle.
Je crains fort pour mon fait quelque chose approchant,
Et je m'en veux, tout doux, éclaircir avec elle.

CLÉANTHIS, à part.

Voyez s'il me viendra seulement aborder !
Mais je veux m'empêcher de rien faire paroître.

SOSIE, à part.

La chose quelquefois est fâcheuse à connoître,
Et je tremble à la demander.
Ne vaudroit-il point mieux, pour ne rien hasarder,
Ignorer ce qu'il en peut être ?
Allons, tout coup vaille, il faut voir,
Et je ne m'en saurois défendre.

La foiblesse humaine est d'avoir
Des curiosités d'apprendre
Ce qu'on ne voudroit pas savoir.
Dieu te gard', Cléanthis !

CLÉANTHIS.

Ah ! ah ! tu t'en avises,
Traître, de t'approcher de nous !

SOSIE.

Mon Dieu ! qu'as-tu ? Toujours on te voit en courroux,
Et sur rien tu te formalises !

CLÉANTHIS.

Qu'appelles-tu sur rien ? Dis.

SOSIE.

J'appelle sur rien
Ce qui sur rien s'appelle en vers ainsi qu'en prose,
Et rien, comme tu le sais bien,
Veut dire rien, ou peu de chose.

CLÉANTHIS.

Je ne sais qui me tient, infâme,
Que je ne t'arrache les yeux,
Et ne t'apprenne où va le courroux d'une femme !

SOSIE.

Holà ! D'où te vient donc ce transport furieux ?

CLÉANTHIS.

Tu n'appelles donc rien le procédé, peut-être,
Qu'avec moi ton cœur a tenu ?

SOSIE.

Et quel ?

CLÉANTHIS.

Quoi ! tu fais l'ingénu ?
Est-ce qu'à l'exemple du maître
Tu veux dire qu'ici tu n'es pas revenu ?

SOSIE.

Non, je sais fort bien le contraire ;
Mais je ne t'en fais pas le fin,
Nous avions bu de je ne sais quel vin,
Qui m'a fait oublier tout ce que j'ai pu faire.

CLÉANTHIS.

Tu crois peut-être excuser par ce trait...

SOSIE.

Non, tout de bon, tu m'en peux croire.
J'étois dans un état où je puis avoir fait
Des choses dont j'aurois regret,
Et dont je n'ai nulle mémoire.

CLÉANTHIS.

Tu ne te souviens point du tout de la manière
Dont tu m'as su traiter, étant venu du port ?

SOSIE.

Non plus que rien. Tu peux m'en faire le rapport :
Je suis équitable et sincère,
Et me condamnerai moi-même, si j'ai tort.

CLÉANTHIS.

Comment ! Amphitryon m'ayant su disposer,
Jusqu'à ce que tu vins, j'avois poussé ma veille ;
Mais je ne vis jamais une froideur pareille :
De ta femme il fallut moi-même t'aviser [1] ;

---

[1] Cette scène est proprement la scène principale de l'ouvrage, celle qui fait le nœud, celle enfin que les précédentes ne font que préparer, et dont toutes les suivantes ne sont que la conséquence. (Auger.)

[1] C'est-à-dire : le faire songer à la femme.

Et, lorsque je fus te baiser,
Tu détournas le nez, et me donnas l'oreille.
SOSIE.
Bon!
CLÉANTHIS.
Comment, bon?
SOSIE.
Mon Dieu! tu ne sais pas pourquoi,
Cléanthis, je tiens ce langage :
J'avois mangé de l'ail, et fis en homme sage
De détourner un peu mon haleine de toi.
CLÉANTHIS.
Je te sus exprimer des tendresses de cœur;
Mais à tous mes discours tu fus comme une souche;
Et jamais un mot de douceur
Ne te put sortir de la bouche.
SOSIE.
Courage!
CLÉANTHIS.
Enfin ma flamme eut beau s'émanciper,
Sa chaste ardeur en toi ne trouva rien que glace;
Et, dans un tel retour, je te vis la tromper
Jusqu'à faire refus de prendre au lit la place
Que les lois de l'hymen t'obligent d'occuper.
SOSIE.
Quoi! je ne couchai point?
CLÉANTHIS.
Non, lâche!
SOSIE.
Est-il possible?
CLÉANTHIS.
Traître! il n'est que trop assuré.
C'est de tous les affronts l'affront le plus sensible;
Et, loin que ce matin ton cœur l'ait réparé,
Tu t'es d'avec moi séparé
Par des discours chargés d'un mépris tout visible.
SOSIE.
Vivat Sosie!
CLÉANTHIS.
Eh quoi! ma plainte a cet effet!
Tu ris après ce bel ouvrage!
SOSIE.
Que je suis de moi satisfait!
CLÉANTHIS.
Exprime-t-on ainsi le regret d'un outrage?
SOSIE.
Je n'aurois jamais cru que j'eu se été si sage.
CLÉANTHIS.
Loin de te condamner d'un si perfide trait,
Tu m'en fais éclater la joie en ton visage!
SOSIE.
Mon Dieu! tout doucement! Si je parois joyeux,
Crois que j'en ai dans l'âme une raison très-forte,
Et que, sans y penser, je ne fis jamais mieux
Que d'en user tantôt avec toi de la sorte.
CLÉANTHIS.
Traître! te moques-tu de moi?
SOSIE.
Non, je te parle avec franchise.

En l'état où j'étois, j'avois certain effroi
Dont, avec ton discours, mon âme s'est remise.
Je m'appréhendois fort, et craignois qu'avec toi
Je n'eusse fait quelque sottise.
CLÉANTHIS.
Quelle est cette frayeur? et sachons donc pourquoi.
SOSIE.
Les médecins disent, quand on est ivre,
Que de sa femme on se doit abstenir,
Et que dans cet état il ne peut provenir
Que des enfants pesants et qui ne sauroient vivre.
Vois, si mon cœur n'eût su de froideur se munir,
Quels inconvénients auroient pu s'en ensuivre!
CLÉANTHIS.
Je me moque des médecins,
Avec leurs raisonnements fades :
Qu'ils règlent ceux qui sont malades,
Sans vouloir gouverner les gens qui sont bien sains.
Ils se mêlent de trop d'affaires,
De prétendre tenir nos chastes feux gênés;
Et sur les jours caniculaires
Ils nous donnent encore, avec leurs lois sévères,
De cent sots contes par le nez.
SOSIE.
Tout doux!
CLÉANTHIS.
Non, je soutiens que cela conclut mal;
Ces raisons sont raisons d'extravagantes têtes.
Il n'est ni vin ni temps qui puisse être fatal
A remplir le devoir de l'amour conjugal;
Et les médecins sont des bêtes.
SOSIE.
Contre eux, je t'en supplie, apaise ton courroux :
Ce sont d'honnêtes gens, quoi que le monde en dise.
CLÉANTHIS.
Tu n'es pas où tu crois; en vain tu files doux :
Ton excuse n'est point une excuse de mise;
Et je me veux venger tôt ou tard, entre nous,
De l'air dont chaque jour je vois qu'on me méprise.
Des discours de tantôt je garde tous les coups,
Et tâcherai d'user, lâche et perfide époux,
De cette liberté que ton cœur m'a permise.
SOSIE.
Quoi?
CLÉANTHIS.
Tu m'as dit tantôt que tu consentois fort,
Lâche, que j'en aimasse un autre.
SOSIE.
Ah! pour cet article, j'ai tort,
Je m'en dédis, il y va trop du nôtre.
Garde-toi bien de suivre ce transport.
CLÉANTHIS.
Si je puis une fois pourtant
Sur mon esprit gagner la chose...
SOSIE.
Fais à ce discours quelque pause.
Amphitryon revient, qui me paroît content[1].

[1] Cette scène, l'une des plus jolies de la pièce, est toute de l'invention de Molière.

SCÈNE IV

JUPITER, CLÉANTHIS, SOSIE.

JUPITER, à part.

Je viens prendre le temps de rapaiser Alcmène,
De bannir les chagrins que son cœur veut garder,
Et donner à mes feux, dans ce soin qui m'amène,
   Le doux plaisir de se raccommoder.

   A Cléanthis.

Alcmène est là-haut, n'est-ce pas?

CLÉANTHIS.

   Oui, pleine d'une inquiétude
   Qui cherche de la solitude,
Et qui m'a défendu d'accompagner ses pas.

JUPITER.

   Quelque défense qu'elle ait faite,
   Elle ne sera pas pour moi.

SCÈNE V

CLÉANTHIS, SOSIE.

CLÉANTHIS.

   Son chagrin, à ce que je voi,
   A fait une prompte retraite.

SOSIE.

Que dis-tu, Cléanthis, de ce joyeux maintien,
   Après son fracas effroyable?

CLÉANTHIS.

   Que si toutes nous faisions bien,
Nous donnerions tous les hommes au diable,
   Et que le meilleur n'en vaut rien.

SOSIE.

Cela se dit dans le courroux;
Mais aux hommes par trop vous êtes accrochées;
Et vous seriez, ma foi, toutes bien empêchées,
   Si le diable les prenoit tous.

CLÉANTHIS.

Vraiment...

SOSIE.

   Les voici. Taisons-nous.

SCÈNE VI

JUPITER, ALCMÈNE, CLÉANTHIS, SOSIE.

JUPITER.

Voulez-vous me désespérer?
Hélas! arrêtez, belle Alcmène.

ALCMÈNE.

Non, avec l'auteur de ma peine
Je ne puis du tout demeurer.

JUPITER.

De grâce!

ALCMÈNE.

   Laissez-moi.

JUPITER.

   Quoi!

ALCMÈNE.

   Laissez-moi, vous dis-je.

JUPITER, bas, à part.

Ses pleurs touchent mon âme, et sa douleur m'afflige.
   Haut.
Souffrez que mon cœur...

ALCMÈNE.

   Non, ne suivez point mes pas.

JUPITER.

Où voulez-vous aller?

ALCMÈNE.

   Où vous ne serez pas.

JUPITER.

Ce vous est une attente vaine.
Je tiens à vos beautés par un nœud trop serré,
Pour pouvoir un moment en être séparé.
   Je vous suivrai partout, Alcmène.

ALCMÈNE.

Et moi, partout je vous fuirai.

JUPITER.

Je suis donc bien épouvantable!

ALCMÈNE.

Plus qu'on ne peut dire, à mes yeux.
Oui, je vous vois comme un monstre effroyable,
   Un monstre cruel, furieux,
   Et dont l'approche est redoutable;
Comme un monstre à fuir en tous lieux.
Mon cœur souffre, à vous voir, une peine incroyable;
   C'est un supplice qui m'accable;
   Et je ne vois rien sous les cieux
   D'affreux, d'horrible, d'odieux,
Qui ne me fût plus que vous supportable.

JUPITER.

En voilà bien, hélas! que votre bouche dit.

ALCMÈNE.

J'en ai dans le cœur davantage;
Et, pour s'exprimer tout, ce cœur a du dépit
   De ne point trouver de langage.

JUPITER.

Eh! que vous a donc fait ma flamme,
Pour me pouvoir, Alcmène, en monstre regarder?

ALCMÈNE.

Ah! juste ciel! cela peut-il se demander?
Et n'est-ce pas pour mettre à bout une âme?

JUPITER.

Ah! d'un esprit plus adouci...

ALCMÈNE.

Non, je ne veux du tout vous voir, ni vous entendre.

JUPITER.

Avez-vous bien le cœur de me traiter ainsi?
   Est-ce là cet amour si tendre
Qui devoit tant durer quand je vins hier ici?

ALCMÈNE.

Non, non, ce ne l'est pas, et vos lâches injures
   En ont autrement ordonné.
Il n'est plus, cet amour tendre et passionné;

ACTE II, SCÈNE VI.

Vous l'avez dans mon cœur, par cent vives blessures,
　Cruellement assassiné.
C'est en sa place un courroux inflexible,
Un vif ressentiment, un dépit invincible,
Un désespoir d'un cœur justement animé,
Qui prétend vous haïr, pour cet affront sensible,
Autant qu'il est d'accord de vous avoir aimé ;
　Et c'est haïr autant qu'il est possible.

JUPITER.

Hélas! que votre amour n'avoit guère de force,
Si de si peu de chose on le peut voir mourir !
Ce qui n'étoit que jeu doit-il faire un divorce?
Et d'une raillerie a-t-on lieu de s'aigrir ?

ALCMÈNE.

Ah! c'est cela dont je suis offensée,
Et que ne peut pardonner mon courroux :
Des véritables traits d'un mouvement jaloux
　Je me trouverois moins blessée.
　La jalousie a des impressions
Dont bien souvent la force nous entraîne ;
Et l'âme la plus sage, en ces occasions,
　Sans doute avec assez de peine
　Répond de ses émotions.
L'emportement d'un cœur qui peut s'être abusé
A de quoi ramener une âme qu'il offense ;
Et dans l'amour qui lui donne naissance
Il trouve au moins, malgré toute sa violence,
　Des raisons pour être excusé.
De semblables transports contre un ressentiment
Pour défense toujours ont ce qui les fait naître ;
　Et l'on donne grâce aisément
　A ce dont on n'est pas le maître.
　Mais que, de gaieté de cœur,
On passe aux mouvements d'une fureur extrême ;
Que sans cause l'on vienne, avec tant de rigueur,
　Blesser la tendresse et l'honneur
　D'un cœur qui chèrement vous aime,
　Ah! c'est un coup trop cruel en lui-même,
　Et que jamais n'oubliera ma douleur.

JUPITER.

Oui, vous avez raison, Alcmène, il se faut rendre.
Cette action sans doute est un crime odieux,
　Je ne prétends plus le défendre ;
Mais souffrez que mon cœur s'en défende à vos yeux,
　Et donne au vôtre à qui se prendre
　De ce transport injurieux.
　A vous en faire un aveu véritable,
　L'époux, Alcmène, a commis tout le mal ;
C'est l'époux qu'il vous faut regarder en coupable :
L'amant n'a point de part à ce transport brutal,
Et de vous offenser son cœur n'est point capable.
Il a pour vous, ce cœur, pour jamais y penser,
　Trop de respect et de tendresse ;
Et, si de faire rien à vous pouvoir blesser
　Il avoit eu la coupable foiblesse,
De cent coups à vos yeux il voudroit le percer.
Mais l'époux est sorti de ce respect soumis
　Où pour vous on doit toujours être;

A son dur procédé l'époux s'est fait connoître,
Et par le droit d'hymen il s'est cru tout permis.
Oui, c'est lui qui sans doute est criminel vers vous,
Lui seul a maltraité votre aimable personne ;
　Haïssez, détestez l'époux,
　J'y consens, et vous l'abandonne ;
Mais, Alcmène, sauvez l'amant de ce courroux
　Qu'une telle offense vous donne ;
　N'en jetez pas sur lui l'effet,
　Démêlez-le un peu du coupable ;
　Et, pour être enfin équitable,
Ne le punissez point de ce qu'il n'a pas fait.

ALCMÈNE.

　Ah ! toutes ces subtilités
　N'ont que des excuses frivoles,
　Et pour les esprits irrités
Ce sont des contre-temps que de telles paroles.
Ce détour ridicule est en vain pris par vous.
Je ne distingue rien en celui qui m'offense,
　Tout y devient l'objet de mon courroux ;
　Et dans sa juste violence
　Sont confondus et l'amant et l'époux.
Tous deux de même sorte occupent ma pensée,
Et des mêmes couleurs, par mon âme blessée,
　Tous deux ils sont peints à mes yeux :
Tous deux sont criminels, tous deux m'ont offensée,
　Et tous deux me sont odieux.

JUPITER.

　Eh bien, puisque vous le voulez [1],
　Il faut donc me charger du crime.
Oui, vous avez raison lorsque vous m'immolez
A vos ressentiments, en coupable victime.
Un trop juste dépit contre moi vous anime ;
Et tout ce grand courroux qu'ici vous étalez
Ne me fait endurer qu'un tourment légitime.
C'est avec droit que mon abord vous chasse,
　Et que de me fuir en tous lieux
　Votre colère me menace.
Je dois vous être un objet odieux.
Vous devez me vouloir un mal prodigieux.
Il n'est aucune horreur que mon forfait ne passe,
D'avoir offensé vos beaux yeux ;
C'est un crime à blesser les hommes et les dieux ;
Et je mérite enfin, pour punir cette audace,
　Que contre moi votre haine ramasse
　Tous ses traits les plus furieux.
Mais mon cœur vous demande grâce ;
Pour vous la demander je me jette à genoux,
Et la demande au nom de la plus vive flamme,
　Du plus tendre amour dont une âme
　Puisse jamais brûler pour vous.
　Si votre cœur, charmante Alcmène,
Me refuse la grâce où j'ose recourir,
　Il faut qu'une atteinte soudaine

---

[1] Toute la partie de la scène comprise entre ce vers et celui-ci :
　Laissez; je me veux mal de mon trop de foiblesse,
est prise de *Don Garcie de Navarre*.

M'arrache, en me faisant mourir,
Aux dures rigueurs d'une peine
Que je ne saurois plus souffrir.
Oui, cet état me désespère.
Alcmène, ne présumez pas
Qu'aimant, comme je fais, vos célestes appas,
Je puisse vivre un jour avec votre colère.
Déjà de ces moments la barbare longueur
Fait, sous des atteintes mortelles,
Succomber tout mon triste cœur,
Et de mille vautours les blessures cruelles
N'ont rien de comparable à ma vive douleur.
Alcmène, vous n'avez qu'à me le déclarer :
S'il n'est point de pardon que je doive espérer,
Cette épée aussitôt, par un coup favorable,
Va percer à vos yeux le cœur d'un misérable,
Ce cœur, ce traître cœur, trop digne d'expirer,
Puisqu'il a pu fâcher un objet adorable :
Heureux, en descendant au ténébreux séjour,
Si de votre courroux mon trépas vous ramène,
Et ne laisse en votre âme, après ce triste jour,
Aucune impression de haine,
Au souvenir de mon amour !
C'est tout ce que j'attends pour faveur souveraine.

ALCMÈNE.
Ah ! trop cruel époux !

JUPITER.
Dites, parlez, Alcmène.

ALCMÈNE.
Faut-il encor pour vous conserver des bontés,
Et vous voir m'outrager par tant d'indignités !

JUPITER.
Quelque ressentiment qu'un outrage nous cause,
Tient-il contre un remords d'un cœur bien enflammé ?

ALCMÈNE.
Un cœur bien plein de flamme à mille morts s'expose,
Plutôt que de vouloir fâcher l'objet aimé.

JUPITER.
Plus on aime quelqu'un, moins on trouve de peine...

ALCMÈNE.
Non, ne m'en parlez point ; vous méritez ma haine.

JUPITER.
Vous me haïssez donc ?

ALCMÈNE.
J'y fais tout mon effort ;
Et j'ai dépit de voir que toute votre offense
Ne puisse de mon cœur jusqu'à cette vengeance
Faire encore aller le transport.

JUPITER.
Mais pourquoi cette violence,
Puisque, pour vous venger, je vous offre ma mort ?
Prononcez-en l'arrêt, et j'obéis sur l'heure.

ALCMÈNE.
Qui ne sauroit haïr peut-il vouloir qu'on meure ?

JUPITER.
Et moi, je ne puis vivre, à moins que vous quittiez
Cette colère qui m'accable,
Et que vous m'accordiez le pardon favorable
Que je vous demande à vos pieds.

Sosie et Cléanthis se mettent aussi à genoux.
Résolvez ici l'un des deux,
Ou de punir, ou bien d'absoudre.

ALCMÈNE.
Hélas ! ce que je puis résoudre
Paroit bien plus que je ne veux.
Pour vouloir soutenir le courroux qu'on me donne,
Mon cœur a trop su me trahir :
Dire qu'on ne sauroit haïr,
N'est-ce pas dire qu'on pardonne ?

JUPITER.
Ah ! belle Alcmène, il faut que, comblé d'allégresse...

ALCMÈNE.
Laissez ; je me veux mal de mon trop de foiblesse.

JUPITER.
Va, Sosie, et dépêche-toi,
Voir, dans les doux transports dont mon âme est charmée,
Ce que tu trouveras d'officiers de l'armée,
Et les invite à dîner avec moi.

Bas, à part.
Tandis que d'ici je le chasse,
Mercure y remplira sa place.

SCÈNE VII
CLÉANTHIS, SOSIE.

SOSIE.
Eh bien, tu vois, Cléanthis, ce ménage.
Veux-tu qu'à leur exemple ici
Nous fassions entre nous un peu de paix aussi,
Quelque petit rapatriage ?

CLÉANTHIS.
C'est pour ton nez, vraiment ! cela se fait ainsi.

SOSIE.
Quoi ! tu ne veux pas ?

CLÉANTHIS.
Non.

SOSIE.
Il ne m'importe guère.
Tant pis pour toi.

CLÉANTHIS.
Là, là, revien.

SOSIE.
Non, morbleu ! je n'en ferai rien.
Et je veux être, à mon tour, en colère.

CLÉANTHIS.
Va, va, traître, laisse-moi faire :
On se lasse parfois d'être femme de bien.

---

[1] Ces deux vers sont jolis ; mais ne doivent-ils pas paraître un peu faibles et redondants après celui-ci :
Qui ne sauroit haïr peut-il vouloir qu'on meure ?
Ce vers, dans son exquise délicatesse, dit à la fois qu'on aime et qu'on pardonne. (Auger.)

ACTE TROISIÈME

SCÈNE I

AMPHITRYON, seul.

Oui, sans doute, le sort tout exprès me le cache;
Et des tours que je fais, à la fin, je suis las..
Il n'est point de destin plus cruel, que je sache.
Je ne saurois trouver, portant partout mes pas,
    Celui qu'à chercher je m'attache;
Et je trouve tous ceux que je ne cherche pas.
Mille fâcheux cruels, qui ne pensent pas l'être,
De nos faits avec moi, sans beaucoup me connoître,
Viennent se réjouir pour me faire enrager.
Dans l'embarras cruel du souci qui me blesse,
De leurs embrassements et de leur allégresse
Sur mon inquiétude ils viennent tous charger.
    En vain à passer je m'apprête,
    Pour fuir leurs persécutions,
Leur tuante amitié de tous côtés m'arrête;
Et, tandis qu'à l'ardeur de leurs expressions
    Je réponds d'un geste de tête,
Je leur donne tout bas cent malédictions.
Ah! qu'on est peu flatté de louange, d'honneur,
Et de tout ce que donne une grande victoire,
Lorsque dans l'âme on souffre une vive douleur!
    Et que l'on donneroit volontiers cette gloire
    Pour avoir le repos du cœur!
    Ma jalousie, à tout propos,
    Me promène sur ma disgrâce;
    Et plus mon esprit y repasse,
Moins j'en puis débrouiller le funeste chaos.
Le vol des diamants n'est pas ce qui m'étonne;
On lève les cachets, qu'on ne l'aperçoit pas;
Mais le don qu'on veut qu'hier j'en vins faire en personne
Est ce qui fait ici mon cruel embarras.
La nature parfois produit des ressemblances
Dont quelques imposteurs ont pris droit d'abuser;
Mais il est hors de sens que, sous ces apparences,
Un homme pour époux se puisse supposer;
Et dans tous ces rapports sont mille différences
Dont se peut une femme aisément aviser.
    Des charmes de la Thessalie
On vante de tout temps les merveilleux effets;
Mais les contes fameux qui partout en sont faits
Dans mon esprit toujours ont passé pour folie;
Et ce seroit du sort une étrange rigueur,
    Qu'au sortir d'une ample victoire
    Je fusse contraint de les croire
    Aux dépens de mon propre honneur[1].

Je veux la retâter sur ce fâcheux mystère,
Et voir si ce n'est point une vaine chimère
Qui sur ses sens troublés ait su prendre crédit.
    Ah! fasse le ciel équitable
    Que ce penser soit véritable,
Et que, pour mon bonheur, elle ait perdu l'esprit!

SCÈNE II

MERCURE, AMPHITRYON

MERCURE, sur le balcon de la maison d'Amphitryon, sans être vu ni entendu d'Amphitryon.
Comme l'amour ici ne m'offre aucun plaisir,
Je m'en veux faire au moins qui soient d'autre nature,
Et je vais égayer mon sérieux loisir
A mettre Amphitryon hors de toute mesure.
Cela n'est pas d'un dieu bien plein de charité;
Mais aussi n'est-ce pas ce dont je m'inquiète;
    Et je me sens, par ma planète,
    A la malice un peu porté.

AMPHITRYON.
D'où vient donc qu'à cette heure on ferme cette porte?

MERCURE.
Holà! tout doucement. Qui frappe?

AMPHITRYON, sans voir Mercure.
        Moi.

MERCURE.
        Qui, moi?

AMPHITRYON, apercevant Mercure, qu'il prend pour Sosie.
Ah! ouvre.

MERCURE.
    Comment, ouvre! et qui donc es-tu, toi,
Qui fais tant de vacarme et parles de la sorte?

AMPHITRYON.
Quoi! tu ne me connois pas?

MERCURE.
        Non
Et n'en ai pas la moindre envie.

AMPHITRYON, à part.
Tout le monde perd-il aujourd'hui la raison?
Est-ce un mal répandu? Sosie! holà, Sosie!

MERCURE.
Eh bien, Sosie! oui, c'est mon nom;
As-tu peur que je ne l'oublie?

AMPHITRYON.
Me vois-tu bien?

MERCURE.
    Fort bien. Qui peut pousser ton bras
A faire une rumeur si grande?
Et que demandes-tu là-bas?

AMPHITRYON.
Moi, pendard! ce que je demande?

MERCURE.
Que ne demandes-tu donc pas?

---

[1] L'Amphitryon de Molière est un peu plus esprit fort que l'Amphitryon de Plaute. Celui-ci croit que son représentant, son double, est un *Veneficus*, c'est-à-dire un magicien, un sorcier, un enchanteur. Cette croyance affaiblit le comique de sa situation, en lui donnant un moyen d'expliquer la ressemblance merveilleuse qui existe entre Jupiter et lui. L'Amphitryon français, qui rejette ces préjugés loin de lui, est dans une perplexité bien plus grande, puisqu'il ne sait absolument à quoi attribuer cette espèce de prestige; et sa situation en est aussi beaucoup plus plaisante. (Auger.)

Parle, si tu veux qu'on t'entende.
AMPHITRYON.
Attends, traître : avec un bâton
Je vais là-haut me faire entendre,
Et de bonne façon t'apprendre
A m'oser parler sur ce ton.
MERCURE.
Tout beau! si pour heurter tu fais la moindre instance,
Je t'enverrai d'ici des messagers fâcheux.
AMPHITRYON.
O ciel! vit-on jamais une telle insolence?
La peut-on concevoir d'un serviteur, d'un gueux?
MERCURE.
Eh bien, qu'est-ce? M'as-tu tout parcouru par ordre?
M'as-tu de tes gros yeux assez considéré?
Comme il les écarquille, et paroît effaré!
Si des regards on pouvoit mordre,
Il m'auroit déjà déchiré.
AMPHITRYON.
Moi-même je frémis de ce que tu t'apprêtes
Avec ces impudents propos.
Que tu grossis pour toi d'effroyables tempêtes!
Quels orages de coups vont fondre sur ton dos!
MERCURE.
L'ami, si de ces lieux tu ne veux disparoître,
Tu pourras y gagner quelque contusion.
AMPHITRYON.
Ah! tu sauras, maraud, à ta confusion,
Ce que c'est qu'un valet qui s'attaque à son maître.
MERCURE.
Toi, mon maître?
AMPHITRYON.
Oui, coquin! M'oses-tu méconnoitre?
MERCURE.
Je n'en reconnois point d'autre qu'Amphitryon.
AMPHITRYON.
Et cet Amphitryon, qui, hors moi, le peut être?
MERCURE.
Amphitryon?
AMPHITRYON.
Sans doute.
MERCURE.
Ah! quelle vision!
Dis-nous un peu, quel est le cabaret honnête
Où tu t'es coiffé le cerveau?
AMPHITRYON.
Comment! encore?
MERCURE
Étoit-ce un vin à faire fête?
AMPHITRYON.
Ciel!
MERCURE.
Étoit-il vieux, ou nouveau?
AMPHITRYON.
Que de coups!
MERCURE.
Le nouveau donne fort dans la tête,
Quand on le veut boire sans eau.

AMPHITRYON.
Ah! je t'arracherai cette langue, sans doute
MERCURE.
Passe, mon pauvre ami, crois-moi [1];
Que quelqu'un ici ne t'écoute.
Je respecte le vin. Va-t'en, retire-toi,
Et laisse Amphitryon dans les plaisirs qu'il goûte.
AMPHITRYON.
Comment! Amphitryon est là dedans?
MERCURE.
Fort bien;
Qui, couvert des lauriers d'une victoire pleine,
Est auprès de la belle Alcmène,
A jouir des douceurs d'un aimable entretien.
Après le démêlé d'un amoureux caprice,
Ils goûtent le plaisir de s'être rajustés.
Garde-toi de troubler leurs douces privautés,
Si tu ne veux qu'il me punisse
L'excès de tes témérités.

SCÈNE III

AMPHITRYON, seul.

Ah! quel étrange coup m'a-t-il porté dans l'âme!
En quel trouble cruel jette-t-il mon esprit!
Et, si les choses sont comme le traître dit,
Où vois-je ici réduits mon honneur et ma flamme!
A quel parti me doit résoudre ma raison?
Ai-je l'éclat ou le secret à prendre [2]?
Et dois-je, en mon courroux, renfermer ou répandre
Le déshonneur de ma maison?
Ah! faut-il consulter dans un affront si rude?
Je n'ai rien à prétendre et rien à ménager;
Et toute mon inquiétude
Ne doit aller qu'à me venger.

SCÈNE IV

AMPHITRYON, SOSIE; NAUCRATÈS et POLIDAS, dans le fond du théâtre.

SOSIE, à Amphitryon.
Monsieur, avec mes soins, tout ce que j'ai pu faire,
C'est de vous amener ces messieurs que voici.
AMPHITRYON.
Ah! vous voilà!
SOSIE.
Monsieur!
AMPHITRYON.
Insolent! téméraire!
SOSIE.
Quoi?
AMPHITRYON.
Je vous apprendrai de me traiter ainsi!

[1] VAR. Passe, mon cher ami, crois-moi.
[2] Ellipse, pour : Ai-je à prendre le parti de l'éclat ou celui du secret?

SOSIE.
Qu'est-ce donc? qu'avez-vous?
AMPHITRYON, mettant l'épée à la main.
Ce que j'ai, misérable!
SOSIE, à Naucratès et à Polidas.
Holà, messieurs! venez donc tôt.
NAUCRATÈS, à Amphitryon.
Ah! de grâce, arrêtez!
SOSIE.
De quoi suis-je coupable?
AMPHITRYON.
Tu me le demandes, maraud!
A Naucratès.
Laissez-moi satisfaire un courroux légitime.
SOSIE.
Lorsque l'on pend quelqu'un, on lui dit pourquoi c'est.
NAUCRATÈS, à Amphitryon.
Daignez nous dire au moins quel peut être son crime.
SOSIE.
Messieurs, tenez bon, s'il vous plaît.
AMPHITRYON.
Comment! il vient d'avoir l'audace
De me fermer la porte au nez,
Et de joindre encor la menace
A mille propos effrénés!
Voulant le frapper.
Ah! coquin!
SOSIE, tombant à genoux.
Je suis mort!
NAUCRATÈS, à Amphitryon.
Calmez cette colère.
SOSIE.
Messieurs!
POLIDAS, à Sosie.
Qu'est-ce?
SOSIE.
M'a-t-il frappé?
AMPHITRYON.
Non, il faut qu'il ait le salaire
Des mots où tout à l'heure il s'est émancipé.
SOSIE.
Comment cela se peut-il faire,
Si j'étois par votre ordre autre part occupé?
Ces messieurs sont ici pour rendre témoignage
Qu'à dîner avec vous je les viens d'inviter.
NAUCRATÈS.
Il est vrai qu'il nous vient de faire ce message,
Et n'a point voulu nous quitter.
AMPHITRYON.
Qui t'a donné cet ordre?
SOSIE.
Vous.
AMPHITRYON.
Et quand?
SOSIE.
Après votre paix faite,
Au milieu des transports d'une âme satisfaite
D'avoir d'Alcmène apaisé le courroux.
Sosie se relève.
AMPHITRYON.
O ciel! chaque instant, chaque pas,
Ajoute quelque chose à mon cruel martyre;
Et, dans ce fatal embarras,
Je ne sais plus que croire ni que dire.
NAUCRATÈS.
Tout ce que de chez vous il vient de nous conter
Surpasse si fort la nature,
Qu'avant que de rien faire et de vous emporter,
Vous devez éclaircir toute cette aventure.
AMPHITRYON.
Allons; vous y pourrez seconder mon effort;
Et le ciel à propos ici vous a fait rendre.
Voyons quelle fortune en ce jour peut m'attendre;
Débrouillons ce mystère, et sachons notre sort.
Hélas! je brûle de l'apprendre,
Et je le crains plus que la mort.
Amphitryon frappe à la porte de sa maison.

SCÈNE V

JUPITER, AMPHITRYON, NAUCRATÈS, POLIDAS, SOSIE.

JUPITER.
Quel bruit à descendre m'oblige,
Et qui frappe en maître où je suis?
AMPHITRYON.
Que vois-je? justes dieux!
NAUCRATÈS.
Ciel! quel est ce prodige?
Quoi! deux Amphitryons ici nous sont produits!
AMPHITRYON, à part.
Mon âme demeure transie!
Hélas! je n'en puis plus, l'aventure est à bout;
Ma destinée est éclaircie,
Et ce que je vois me dit tout.
NAUCRATÈS.
Plus mes regards sur eux s'attachent fortement,
Plus je trouve qu'en tout l'un à l'autre est semblable.
SOSIE, passant du côté de Jupiter.
Messieurs, voici le véritable;
L'autre est un imposteur, digne de châtiment.
POLIDAS.
Certes, ce rapport admirable
Suspend ici mon jugement.
AMPHITRYON.
C'est trop être éludés [1] par un fourbe exécrable;
Il faut avec ce fer rompre l'enchantement.
NAUCRATÈS, à Amphitryon, qui a mis l'épée à la main.
Arrêtez!
AMPHITRYON.
Laissez-moi!

[1] Traduction littérale du participe latin *elusus*, qui veut dire trompé, dupé, joué.

NAUCRATÈS.
Dieux! que voulez-vous faire?
AMPHITRYON.
Punir d'un imposteur les lâches trahisons.
JUPITER.
Tout beau! l'emportement est fort peu nécessaire;
Et, lorsque de la sorte on se met en colère,
On fait croire qu'on a de mauvaises raisons.
SOSIE.
Oui, c'est un enchanteur qui porte un caractère
Pour ressembler aux maîtres des maisons.
AMPHITRYON, à Sosie.
Je te ferai, pour ton partage,
Sentir par mille coups ces propos outrageants.
SOSIE.
Mon maître est homme de courage,
Et ne souffrira point que l'on batte ses gens.
AMPHITRYON.
Laissez-moi m'assouvir dans mon courroux extrême,
Et laver mon affront au sang d'un scélérat!
NAUCRATÈS, arrêtant Amphitryon.
Nous ne souffrirons point cet étrange combat
D'Amphitryon contre lui-même.
AMPHITRYON.
Quoi! mon honneur de vous reçoit ce traitement!
Et mes amis d'un fourbe embrassent la défense!
Loin d'être les premiers à prendre ma vengeance,
Eux-mêmes font obstacle à mon ressentiment!
NAUCRATÈS.
Que voulez-vous qu'à cette vue
Fassent nos résolutions,
Lorsque par deux Amphitryons
Toute notre chaleur demeure suspendue?
A vous faire éclater notre zèle aujourd'hui,
Nous craignons de faillir et de vous méconnoître.
Nous voyons bien en vous Amphitryon paroître,
Du salut des Thébains le glorieux appui;
Mais nous le voyons tous aussi paroître en lui,
Et ne saurions juger dans lequel il peut être.
Notre parti n'est point douteux,
Et l'imposteur par nous doit mordre la poussière:
Mais ce parfait rapport le cache entre vous deux:
Et c'est un coup trop hasardeux
Pour l'entreprendre sans lumière.
Avec douceur laissez-nous voir
De quel côté peut être l'imposture;
Et, dès que nous aurons démêlé l'aventure,
Il ne nous faudra point dire notre devoir.
JUPITER.
Oui, vous avez raison; et cette ressemblance
A douter de tous deux vous peut autoriser:
Je ne m'offense point de vous voir en balance;
Je suis plus raisonnable, et sais vous excuser.
L'œil ne peut entre nous faire de différence,
Et je vois qu'aisément on s'y peut abuser.
Vous ne me voyez point témoigner de colère,
Point mettre l'épée à la main;
C'est un mauvais moyen d'éclaircir ce mystère,
Et j'en puis trouver un plus doux et plus certain.
L'un de nous est Amphitryon;
Et tous deux à vos yeux nous le pouvons paroître.
C'est à moi de finir cette confusion,
Et je prétends me faire à tous si bien connoître,
Qu'aux pressantes clartés de ce que je puis être
Lui-même soit d'accord du sang qui m'a fait naître,
Et n'ait plus de rien dire aucune occasion.
C'est aux yeux des Thébains que je veux avec vous
De la vérité pure ouvrir la connoissance;
Et la chose sans doute est assez d'importance
Pour affecter la circonstance
De l'éclaircir aux yeux de tous.
Alcmène attend de moi ce public témoignage;
Sa vertu, que l'éclat de ce désordre outrage,
Veut qu'on la justifie, et j'en vais prendre soin.
C'est à quoi mon amour envers elle m'engage;
Et des plus nobles chefs je fais un assemblage
Pour l'éclaircissement dont sa gloire a besoin.
Attendant avec vous ces témoins souhaités,
Ayez, je vous prie, agréable
De venir honorer la table
Où vous a Sosie invités.
SOSIE.
Je ne me trompois pas, messieurs; ce mot termine
Toute l'irrésolution.
Le véritable Amphitryon
Est l'Amphitryon où l'on dîne [1].
AMPHITRYON.
O ciel! puis-je plus bas me voir humilié?
Quoi! faut-il que j'entende ici, pour mon martyre,
Tout ce que l'imposteur à mes yeux vient de dire,
Et que, dans la fureur que ce discours m'inspire,
On me tienne le bras lié!
NAUCRATÈS, à Amphitryon.
Vous vous plaignez à tort. Permettez-nous d'attendre
L'éclaircissement qui doit rendre
Les ressentiments de saison.
Je ne sais pas s'il impose;
Mais il parle sur la chose
Comme s'il avoit raison.
AMPHITRYON.
Allez, foibles amis, et flattez l'imposture:
Thèbes en a pour moi de tout autres que vous;
Et je vais en trouver qui, partageant l'injure,
Sauront prêter la main à mon juste courroux.
JUPITER.
Eh bien, je les attends, et saurai décider
Le différend en leur présence.
AMPHITRYON.
Fourbe, tu crois par là peut-être t'évader;
Mais rien ne te sauroit sauver de ma vengeance.
JUPITER.
A ces injurieux propos
Je ne daigne à présent répondre;
Et tantôt je saurai confondre

[1] Excellente saillie comique qui est devenue proverbe.

Cette fureur avec deux mots.
AMPHITRYON.
Le ciel-même, le ciel ne t'y sauroit soustraire ;
Et jusques aux enfers j'irai suivre tes pas!
JUPITER.
Il ne sera pas nécessaire ;
Et l'on verra tantôt que je ne fuirai pas.
AMPHITRYON, à part.
Allons, courons, avant que d'avec eux il sorte,
Assembler des amis qui suivent mon courroux ;
Et chez moi venons à main forte
Pour le percer de mille coups [1].

SCÈNE VI

JUPITER, NAUCRATÈS, POLIDAS, SOSIE.

JUPITER.
Point de façon, je vous conjure ;
Entrons vite dans la maison.
NAUCRATÈS.
Certes, toute cette aventure
Confond le sens et la raison.
SOSIE.
Faites trêve, messieurs, à toutes vos surprises,
Et, pleins de joie, allez tabler [2] jusqu'à demain.
Seul.
Que je vais m'en donner, et me mettre en beau train
De raconter nos vaillantises !
Je brûle d'en venir aux prises ;
Et jamais je n'eus tant de faim.

SCÈNE VII

MERCURE, SOSIE.

MERCURE.
Arrête! Quoi! tu viens ici mettre ton nez,
Impudent fleureur [3] de cuisine!
SOSIE.
Ah! de grâce, tout doux!
MERCURE.
Ah! vous y retournez!
Je vous ajusterai l'échine.
SOSIE.
Hélas! brave et généreux moi,
Modère-toi, je t'en supplie ;
Sosie, épargne un peu Sosie,
Et ne te plais point tant à frapper dessus toi.
MERCURE.
Qui de t'appeler de ce nom
A pu te donner la licence?
Ne t'en ai-je pas fait une expresse défense,
Sous peine d'essuyer mille coups de bâton?
SOSIE.
C'est un nom que tous deux nous pouvons à la fois
Posséder sous un même maître.
Pour Sosie en tous lieux on sait me reconnoître ;
Je souffre bien que tu le sois,
Souffre aussi que je le puisse être.
Laissons aux deux Amphitryons
Faire éclater des jalousies ;
Et, parmi leurs contentions,
Faisons en bonne paix vivre les deux Sosies.
MERCURE.
Non, c'est assez d'un seul, et je suis obstiné
A ne point souffrir de partage.
SOSIE.
Du pas devant sur moi tu prendras l'avantage ;
Je serai le cadet, et tu seras l'aîné.
MERCURE.
Non! un frère incommode, et n'est pas de mon goût,
Et je veux être fils unique.
SOSIE.
O cœur barbare et tyrannique!
Souffre qu'au moins je sois ton ombre.
MERCURE.
Point du tout.
SOSIE.
Que d'un peu de pitié ton âme s'humanise ;
En cette qualité souffre-moi près de toi :
Je te serai partout une ombre si soumise,
Que tu seras content de moi.
MERCURE.
Point de quartier ; immuable est la loi.
Si d'entrer là dedans tu prends encor l'audace,
Mille coups en seront le fruit.
SOSIE.
Las! à quelle étrange disgrâce,
Pauvre Sosie, es-tu réduit!
MERCURE.
Quoi! ta bouche se licencie
A te donner encore un nom que je défends!
SOSIE.
Non, ce n'est pas moi que j'entends ;
Et je parle d'un vieux Sosie
Qui fut jadis de mes parents,
Qu'avec très-grande barbarie,
A l'heure du dîner, l'on chassa de céans.
MERCURE.
Prends garde de tomber dans cette frénésie,
Si tu veux demeurer au nombre des vivants.
SOSIE, à part.
Que je te rosserois si j'avois du courage,
Double fils de putain, de trop d'orgueil enflé!
MERCURE.
Que dis-tu?
SOSIE.
Rien.

---

[1] Cette scène répond à la quatrième scène du quatrième acte de Plaute ; mais ici, comme partout, Molière a mieux ménagé les convenances que son modèle.

[2] Molière est peut-être le seul écrivain qui ait donné à ce verbe l'acception qu'il a ici, celle de *tenir table*. (Auger.)

[3] On a dit depuis *flaireur*.

MERCURE.
Tu tiens, je crois, quelque langage.
SOSIE.
Demandez, je n'ai pas soufflé.
MERCURE.
Certain mot de fils de putain
A pourtant frappé mon oreille,
Il n'est rien de plus certain.
SOSIE.
C'est donc un perroquet que le beau temps réveille.
MERCURE.
Adieu. Lorsque le dos pourra te démanger,
Voilà l'endroit où je demeure.
SOSIE, seul.
O ciel! que l'heure de manger,
Pour être mis dehors, est une maudite heure!
Allons, cédons au sort dans notre affliction,
Suivons-en aujourd'hui l'aveugle fantaisie;
Et, par une juste union,
Joignons le malheureux Sosie
Au malheureux Amphitryon.
Je l'aperçois venir en bonne compagnie.

SCÈNE VIII

AMPHITRYON, ARGATIPHONTIDAS, PAUSICLÈS; SOSIE,
dans un coin du théâtre, sans être aperçu.

AMPHITRYON, à plusieurs autres officiers qui l'accompagnent.
Arrêtez là, messieurs; suivez-nous d'un peu loin,
Et n'avancez tous, je vous prie,
Que quand il en sera besoin.
PAUSICLÈS.
Je comprends que ce coup doit fort toucher votre âme.
AMPHITRYON.
Ah! de tous les côtés mortelle est ma douleur,
Et je souffre pour ma flamme
Autant que pour mon honneur.
PAUSICLÈS.
Si cette ressemblance est telle que l'on dit,
Alcmène, sans être coupable...
AMPHITRYON.
Ah! sur le fait dont il s'agit
L'erreur simple devient un crime véritable,
Et sans consentement l'innocence y périt [1].
De semblables erreurs, quelque jour qu'on leur donne,
Touchent les endroits délicats;
Et la raison bien souvent les pardonne,
Que l'honneur et l'amour ne les pardonnent pas.
ARGATIPHONTIDAS.
Je n'embarrasse point là dedans ma pensée:
Mais je hais vos messieurs de leurs honteux délais;
Et c'est un procédé dont j'ai l'âme blessée,
Et que les gens de cœur n'approuveront jamais.
Quand quelqu'un nous emploie, on doit, tête baissée,
Se jeter dans ses intérêts.
Argatiphontidas ne va point aux accords.
Écouter d'un ami raisonner l'adversaire,
Pour des hommes d'honneur n'est point un coup à faire;
Il ne faut écouter que la vengeance alors.
Le procès ne me sauroit plaire,
Et l'on doit commencer toujours, dans ses transports,
Par donner, sans autre mystère,
De l'épée au travers du corps.
Oui, vous verrez, quoi qu'il advienne,
Qu'Argatiphontidas marche droit sur ce point;
Et de vous il faut que j'obtienne
Que le pendard ne meure point
D'une autre main que de la mienne.
AMPHITRYON.
Allons.
SOSIE, à Amphitryon.
Je viens, monsieur, subir, à deux genoux,
Le juste châtiment d'une audace maudite.
Frappez, battez, chargez, accablez-moi de coups,
Tuez-moi dans votre courroux,
Vous ferez bien, je le mérite;
Et je n'en dirai pas un seul mot contre vous.
AMPHITRYON.
Lève-toi. Que fait-on?
SOSIE.
L'on m'a chassé tout net;
Et, croyant à manger m'aller comme eux ébattre,
Je ne songeois pas qu'en effet
Je m'attendois là pour me battre.
Oui, l'autre moi, valet de l'autre vous, a fait
Tout de nouveau le diable à quatre.
La rigueur d'un pareil destin,
Monsieur, aujourd'hui nous talonne;
Et l'on me des-Sosie enfin
Comme on vous des-Amphitryonne [1].
AMPHITRYON.
Suis-moi.
SOSIE.
N'est-il pas mieux de voir s'il vient personne?

SCÈNE IX

CLÉANTHIS, AMPHITRYON, ARGATIPHONTIDAS, POLIDAS,
NAUCRATÈS, PAUSICLÈS, SOSIE

CLÉANTHIS.
O ciel!
AMPHITRYON.
Qui t'épouvante ainsi?
Quelle est la peur que je t'inspire?
CLÉANTHIS.
Las! vous êtes là-haut, et je vous vois ici!

---

[1] Elle a failli pourtant d'une ou d'autre façon.
S'agissant de l'honneur, l'erreur même est un crime;
Rien ne peut que la mort rétablir son estime.
(Rotrou.)

[1] *Des-Sosie* et *des-Amphitryonne* sont des expressions plaisantes dont le sens et le sel seraient évidemment affaiblis par la périphrase la mieux faite. Il en est de même du mot *tartuffié*. (Auger.)

NAUCRATÈS, à Amphitryon.
Ne vous pressez point ; le voici
Pour donner devant tous les clartés qu'on désire,
Et qui, si l'on peut croire à ce qu'il vient de dire,
Sauront vous affranchir de trouble et de souci.

SCÈNE X

MERCURE, AMPHITRYON, ARGATIPHONTIDAS, POLIDAS, NAUCRATÈS, PAUSICLÈS, CLÉANTHIS, SOSIE.

MERCURE.
Oui, vous l'allez voir tous ; et sachez par avance
Que c'est le grand maître des dieux
Que, sous les traits chéris de cette ressemblance,
Alcmène a fait du ciel descendre dans ces lieux.
Et quant à moi, je suis Mercure,
Qui, ne sachant que faire, ai rossé tant soit peu
Celui dont j'ai pris la figure :
Mais de s'en consoler il a maintenant lieu :
Et les coups de bâton d'un dieu
Font honneur à qui les endure.

SOSIE.
Ma foi, monsieur le dieu, je suis votre valet
Je me serois passé de votre courtoisie.

MERCURE.
Je lui donne à présent congé [1] d'être Sosie ;
Je suis las de porter un visage si laid ;
Et je m'en vais au ciel, avec de l'ambroisie,
M'en débarbouiller tout à fait.

Mercure s'envole au ciel.

SOSIE.
Le ciel de m'approcher t'ôte à jamais l'envie !
Ta fureur s'est par trop acharnée après moi ;
Et je ne vis de ma vie
Un dieu plus diable que toi.

SCÈNE XI

JUPITER, AMPHITRYON, NAUCRATÈS, ARGATIPHONTIDAS, POLIDAS, PAUSICLÈS, CLÉANTHIS, SOSIE.

JUPITER, annoncé par le bruit du tonnerre, armé de son foudre, dans un nuage, sur son aigle.
Regarde, Amphitryon, quel est ton imposteur,
Et sous tes propres traits vois Jupiter paroître.
A ces marques tu peux aisément le connoître ;
Et c'est assez, je crois, pour remettre ton cœur
Dans l'état auquel il doit être,
Et rétablir chez toi la paix et la douceur.
Mon nom, qu'incessamment toute la terre adore,
Étouffe ici les bruits qui pouvoient éclater.

[1] Licence, permission.

Un partage avec Jupiter
N'a rien du tout qui déshonore ;
Et, sans doute, il ne peut être que glorieux
De se voir le rival du souverain des dieux.
Je n'y vois pour ta flamme aucun lieu de murmure ;
Et c'est moi, dans cette aventure,
Qui, tout dieu que je suis, dois être le jaloux.
Alcmène est toute à toi, quelque soin qu'on emploie ;
Et ce doit à tes feux être un objet bien doux
De voir que pour lui plaire il n'est point d'autre voie
Que de paroître son époux ;
Que Jupiter, orné de sa gloire immortelle,
Par lui-même n'a pu triompher de sa foi ;
Et que ce qu'il a reçu d'elle
N'a, par son cœur ardent, été donné qu'à toi.

SOSIE.
Le seigneur Jupiter sait dorer la pilule [1].

JUPITER.
Sors donc des noirs chagrins que ton cœur a soufferts,
Et rends le calme entier à l'ardeur qui te brûle :
Chez toi doit naître un fils qui, sous le nom d'Hercule,
Remplira de ses faits tout le vaste univers.
L'éclat d'une fortune en mille biens féconde
Fera connoître à tous que je suis ton support ;
Et je mettrai tout le monde
Au point d'envier ton sort.
Tu peux hardiment te flatter
De ces espérances données.
C'est un crime que d'en douter :
Les paroles de Jupiter
Sont des arrêts des destinées.

Il se perd dans les nues.

NAUCRATÈS.
Certes, je suis ravi de ces marques brillantes...

SOSIE.
Messieurs, voulez-vous bien suivre mon sentiment ?
Ne vous embarquez nullement
Dans ces douceurs congratulantes :
C'est un mauvais embarquement ;
Et d'une et d'autre part, pour un tel compliment,
Les phrases sont embarrassantes.
Le grand dieu Jupiter nous fait beaucoup d'honneur,
Et sa bonté, sans doute, est pour nous sans seconde ;
Il nous promet l'infaillible bonheur
D'une fortune en mille biens féconde.
Et chez nous il doit naître un fils d'un très-grand cœur :
Tout cela va le mieux du monde ;
Mais enfin, coupons aux discours,
Et que chacun chez soi doucement se retire.
Sur telles affaires toujours
Le meilleur est de ne rien dire.

[1] L'idée de ce vers appartient à Rotrou:
On appelle cela lui sucrer le breuvage.
Molière n'a fait que changer l'image.

GEORGE DANDIN[*]

ou

LE MARI CONFONDU

COMÉDIE EN TROIS ACTES

1668

PERSONNAGES

GEORGE DANDIN, riche paysan, mari d'Angélique[1].
ANGÉLIQUE, femme de George Dandin, et fille de monsieur de Sotenville[2].
MONSIEUR DE SOTENVILLE, gentilhomme campagnard, père d'Angélique[3].
MADAME DE SOTENVILLE[4].
CLITANDRE, amant d'Angélique[5].
CLAUDINE, suivante d'Angélique[6].
LUBIN, paysan, servant Clitandre[7].
COLIN, valet de George Dandin.

La scène est devant la maison de George Dandin, à la campagne.

ACTE PREMIER

SCÈNE I

GEORGE DANDIN, seul.

Ah! qu'une femme demoiselle[8] est une étrange affaire! et que mon mariage est une leçon bien parlante à tous les paysans qui veulent s'élever au-dessus de leur condition, et s'allier, comme j'ai fait, à la maison d'un gentilhomme! La noblesse, de soi, est bonne, c'est une chose considérable, assurément; mais elle est accompagnée de tant de mauvaises circonstances, qu'il est très-bon de ne s'y point frotter. Je suis devenu là-dessus savant à mes dépens, et connois le style[1] des nobles, lorsqu'ils nous font, nous autres, entrer dans leur famille. L'alliance qu'ils font est petite avec nos personnes : c'est notre bien seul qu'ils épousent; et j'aurois bien mieux fait, tout riche que je suis, de m'allier en bonne et franche paysannerie, que de prendre une femme qui se tient au-dessus de moi, s'offense de porter mon nom, et pense qu'avec tout mon bien je n'ai pas assez acheté la qualité de son mari. George Dandin! George Dandin! vous avez fait une sottise, la plus grande du monde. Ma maison m'est effroyable maintenant, et je n'y rentre point sans y trouver quelque chagrin[2].

SCÈNE II

GEORGE DANDIN, LUBIN.

GEORGE DANDIN, à part, voyant sortir Lubin de chez lui.
Que diantre ce drôle-là vient-il faire chez moi?

LUBIN, à part, apercevant George Dandin.
Voilà un homme qui me regarde.

GEORGE DANDIN, à part.
Il ne me connoit pas.

LUBIN, à part.
Il se doute de quelque chose.

GEORGE DANDIN, à part.
Ouais! il a grand'peine à saluer.

LUBIN, à part.
J'ai peur qu'il n'aille dire qu'il m'a vu sortir de là dedans.

GEORGE DANDIN.
Bonjour.

---

[*] La comédie de *George Dandin* fit partie des divertissements dont se composa la fête magnifique donnée à Versailles par Louis XIV, le 18 juillet 1668, après la conquête de la Franche-Comté et la paix d'Aix-la-Chapelle.
Acteurs de la troupe de Molière : [1] MOLIÈRE. — [2] Mademoiselle MOLIÈRE. — [3] DU CROISY. — [4] HUBERT. — [5] LA GRANGE. — [6] Mademoiselle DE BRIE. — [7] LA THORILLIÈRE.
[8] Autrefois, une *damoiselle* ou *demoiselle* étoit une fille ou femme née de parents nobles; ainsi l'on pouvait dire une *femme demoiselle*.

[1] *Style* est employé ici figurément pour procédé, manière d'agir. (Auger.)
[2] Un simple monologue de quelques lignes nous apprend tout le sujet de la pièce. (F. L.)

ACTE I, SCÈNE II.

LUBIN.
Serviteur.

GEORGE DANDIN.
Vous n'êtes pas d'ici, que je crois.

LUBIN.
Non : je n'y suis venu que pour voir la fête de demain.

GEORGE DANDIN.
Eh! dites-moi un peu, s'il vous plaît : vous venez de là dedans?

LUBIN.
Chut!

GEORGE DANDIN.
Comment!

LUBIN.
Paix!

GEORGE DANDIN.
Quoi donc?

LUBIN.
Motus! Il ne faut pas dire que vous m'ayez vu sortir de là.

GEORGE DANDIN.
Pourquoi?

LUBIN.
Mon Dieu! parce...

GEORGE DANDIN.
Mais encore?

LUBIN.
Doucement. J'ai peur qu'on ne nous écoute.

GEORGE DANDIN.
Point, point.

LUBIN.
C'est que je viens de parler à la maîtresse du logis, de la part d'un certain monsieur qui lui fait les doux yeux; et il ne faut pas qu'on sache cela. Entendez-vous?

GEORGE DANDIN.
Oui.

LUBIN.
Voilà la raison. On m'a enchargé [1] de prendre garde que personne ne me vit; et je vous prie, au moins, de ne pas dire que vous m'ayez vu.

GEORGE DANDIN.
Je n'ai garde.

LUBIN.
Je suis bien aise de faire les choses secrètement, comme on m'a recommandé.

GEORGE DANDIN.
C'est bien fait.

LUBIN.
Le mari, à ce qu'ils disent, est un jaloux qui ne veut pas qu'on fasse l'amour à sa femme; et il feroit le diable à quatre, si cela venoit à ses oreilles. Vous comprenez bien?

GEORGE DANDIN.
Fort bien.

LUBIN.
Il ne faut pas qu'il sache rien de tout ceci.

[1] Encharger, donner la commission de.

GEORGE DANDIN.
Sans doute.

LUBIN.
On le veut tromper tout doucement. Vous entendez bien?

GEORGE DANDIN.
Le mieux du monde.

LUBIN.
Si vous alliez dire que vous m'avez vu sortir de chez lui, vous gâteriez toute l'affaire. Vous comprenez bien?

GEORGE DANDIN.
Assurément. Et comment nommez-vous celui qui vous a envoyé là dedans?

LUBIN.
C'est le seigneur de notre pays, monsieur le vicomte de chose... Foin! je ne me souviens jamais comment diantre ils baragouinent ce nom-là. Monsieur Cli... Clitandre.

GEORGE DANDIN.
Est-ce ce jeune courtisan qui demeure...

LUBIN.
Oui; auprès de ces arbres.

GEORGE DANDIN, à part.
C'est pour cela que depuis peu ce damoiseau poli s'est venu loger contre moi. J'avois bon nez, sans doute; et son voisinage déjà m'avoit donné quelque soupçon.

LUBIN.
Tétigué! c'est le plus honnête homme que vous ayez jamais vu. Il m'a donné trois pièces d'or pour aller dire seulement à la femme qu'il est amoureux d'elle, et qu'il souhaite fort l'honneur de pouvoir lui parler. Voyez s'il y a là une grande fatigue, pour me payer si bien; et ce qu'est, au prix de cela, une journée de travail, où je ne gagne que dix sous!

GEORGE DANDIN.
Eh bien, avez-vous fait votre message?

LUBIN.
Oui. J'ai trouvé là dedans une certaine Claudine, qui, tout du premier coup, a compris ce que je voulois, et qui m'a fait parler à sa maîtresse.

GEORGE DANDIN, à part.
Ah! coquine de servante!

LUBIN.
Morguienne! cette Claudine-là est tout à fait jolie : elle a gagné mon amitié, et il ne tiendra qu'à elle que nous soyons mariés ensemble.

GEORGE DANDIN.
Mais quelle réponse a faite la maîtresse à ce monsieur le courtisan?

LUBIN.
Elle m'a dit de lui dire... (attendez, je ne sais si je me souviendrai bien de tout cela) qu'elle lui est tout à fait obligée de l'affection qu'il a pour elle, et qu'à cause de son mari, qui est fantasque, il garde d'en rien faire paroître, et qu'il faudra songer à chercher quelque invention pour se pouvoir entretenir tous deux.

GEORGE DANDIN, à part.

Ah! pendarde de femme[1]!

LUBIN.

Tétiguienne! cela sera drôle; car le mari ne se doutera point de la manigance : voilà ce qui est de bon, et il aura un pied de nez avec sa jalousie. Est-ce pas?

GEORGE DANDIN.

Cela est vrai.

LUBIN.

Adieu. Bouche cousue, au moins. Gardez bien le secret, afin que le mari ne le sache pas.

GEORGE DANDIN.

Oui, oui.

LUBIN.

Pour moi, je vais faire semblant de rien. Je suis un fin matois, et l'on ne diroit pas que j'y touche.

SCÈNE III

GEORGE DANDIN, seul.

Eh bien, George Dandin, vous voyez de quel air votre femme vous traite! Voilà ce que c'est d'avoir voulu épouser une demoiselle! L'on vous accommode de toutes pièces, sans que vous puissiez vous venger; et la gentilhommerie vous tient les bras liés. L'égalité de condition laisse du moins à l'honneur d'un mari la liberté de ressentiment; et, si c'étoit une paysanne, vous auriez maintenant toutes vos coudées franches à vous en faire la justice à bons coups de bâton. Mais vous avez voulu tâter de la noblesse; et il vous ennuyoit d'être maître chez vous. Ah! j'enrage de tout mon cœur, et je me donnerois volontiers des soufflets. Quoi! écouter impudemment l'amour d'un damoiseau, et y promettre en même temps de la correspondance! Morbleu! je ne veux point laisser passer une occasion de la sorte. Il me faut, de ce pas, aller faire mes plaintes au père et à la mère, et les rendre témoins, à telle fin que de raison, des sujets de chagrin et de ressentiment que leur fille me donne. Mais les voici l'un et l'autre fort à propos.

SCÈNE IV

MONSIEUR DE SOTENVILLE, MADAME DE SOTENVILLE, GEORGE DANDIN.

MONSIEUR DE SOTENVILLE.

Qu'est-ce, mon gendre? vous me paroissez tout troublé.

GEORGE DANDIN.

Aussi en ai-je du sujet; et...

MADAME DE SOTENVILLE.

Mon Dieu! notre gendre, que vous avez peu de civilité, de ne pas saluer les gens quand vous les approchez!

[1] La ressemblance de l'*École des Femmes* et de *George Dandin* a frappé tous les commentateurs. George Dandin est toujours averti des infidélités de sa femme, comme Arnolphe des ruses d'Agnès; et cependant ni l'un ni l'autre ne peuvent réussir à surprendre les coupables. (Aimé Martin.)

GEORGE DANDIN.

Ma foi! ma belle-mère, c'est que j'ai d'autres choses en tête; et...

MADAME DE SOTENVILLE.

Encore! est-il possible, notre gendre, que vous sachiez si peu votre monde, et qu'il n'y ait pas moyen de vous instruire de la manière qu'il faut vivre parmi les personnes de qualité?

GEORGE DANDIN.

Comment?

MADAME DE SOTENVILLE.

Ne vous déferez-vous jamais, avec moi, de la familiarité de ce mot de ma belle-mère, et ne sauriez-vous vous accoutumer à me dire madame?

GEORGE DANDIN.

Parbleu! si vous m'appelez votre gendre, il me semble que je puis vous appeler ma belle-mère.

MADAME DE SOTENVILLE.

Il y a fort à dire, et les choses ne sont pas égales. Apprenez, s'il vous plaît, que ce n'est pas à vous à vous servir de ce mot-là avec une personne de ma condition; que, tout notre gendre que vous soyez, il y a grande différence de vous à nous, et que vous devez vous connoître.

MONSIEUR DE SOTENVILLE.

C'en est assez, m'amour : laissons cela.

MADAME DE SOTENVILLE.

Mon Dieu! monsieur de Sotenville, vous avez des indulgences qui n'appartiennent qu'à vous, et vous ne savez pas vous faire rendre par les gens ce qui vous est dû.

MONSIEUR DE SOTENVILLE.

Corbleu! pardonnez-moi : on ne peut point me faire de leçons là-dessus; et j'ai su montrer en ma vie, par vingt actions de vigueur, que je ne suis point homme à démordre jamais d'un pouce de mes prétentions; mais il suffit de lui avoir donné un petit avertissement. Sachons un peu, mon gendre, ce que vous avez dans l'esprit.

GEORGE DANDIN.

Puisqu'il faut donc parler catégoriquement, je vous dirai, monsieur de Sotenville, que j'ai lieu de...

MONSIEUR DE SOTENVILLE.

Doucement, mon gendre. Apprenez qu'il n'est pas respectueux d'appeler les gens par leur nom, et qu'à ceux qui sont au-dessus de nous il faut dire monsieur tout court.

GEORGE DANDIN.

Eh bien, monsieur tout court, et non plus monsieur de Sotenville, j'ai à vous dire que ma femme me donne...

MONSIEUR DE SOTENVILLE.

Tout beau! Apprenez aussi que vous ne devez pas dire ma femme, quand vous parlez de notre fille.

GEORGE DANDIN.

J'enrage! Comment! ma femme n'est pas ma femme?

MADAME DE SOTENVILLE.

Oui, notre gendre, elle est votre femme; mais il ne vous est pas permis de l'appeler ainsi; et c'est tout ce que vous pourriez faire, si vous aviez épousé une de vos pareilles.

ACTE I, SCÈNE IV.

GEORGE DANDIN, à part.

Ah! George Dandin, où t'es-tu fourré? (Haut.) Eh! de grâce, mettez, pour un moment, votre gentilhommerie à côté[1], et souffrez que je vous parle maintenant comme je pourrai. (A part.) Au diantre soit la tyrannie de toutes ces histoires-là! (A monsieur de Sotenville.) Je vous dis que je suis mal satisfait de mon mariage.

MONSIEUR DE SOTENVILLE.

Et la raison, mon gendre?

MADAME DE SOTENVILLE.

Quoi! parler ainsi d'une chose dont vous avez tiré de si grands avantages?

GEORGE DANDIN.

Et quels avantages, madame, puisque madame y a? L'aventure n'a pas été mauvaise pour vous; car, sans moi, vos affaires, avec votre permission, étoient fort délabrées, et mon argent a servi à reboucher d'assez bons trous; mais, moi, de quoi y ai-je profité, je vous prie, que d'un allongement de nom, et, au lieu de George Dandin, d'avoir reçu par vous le titre de monsieur de la Dandinière?

MONSIEUR DE SOTENVILLE.

Ne comptez-vous pour rien, mon gendre, l'avantage d'être allié à la maison de Sotenville?

MADAME DE SOTENVILLE.

Et à celle de la Prudoterie, dont j'ai l'honneur d'être issue; maison où le ventre anoblit, et qui, par ce beau privilége, rendra vos enfants gentilshommes?

GEORGE DANDIN.

Oui, voilà qui est bien, mes enfants seront gentilshommes; mais je serai cocu, moi, si l'on n'y met ordre.

MONSIEUR DE SOTENVILLE.

Que veut dire cela, mon gendre?

GEORGE DANDIN.

Cela veut dire que votre fille ne vit pas comme il faut qu'une femme vive, et qu'elle fait des choses qui sont contre l'honneur.

MADAME DE SOTENVILLE.

Tout beau! Prenez garde à ce que vous dites. Ma fille est d'une race trop pleine de vertu, pour se porter jamais à faire aucune chose dont l'honnêteté soit blessée; et, de la maison de la Prudoterie, il y a plus de trois cents ans qu'on n'a pas remarqué qu'il y ait eu une femme, Dieu merci, qui ait fait parler d'elle.

MONSIEUR DE SOTENVILLE.

Corbleu! dans la maison de Sotenville on n'a jamais vu de coquette; et la bravoure n'y est pas plus héréditaire aux mâles que la chasteté aux femelles.

MADAME DE SOTENVILLE.

Nous avons eu une Jacqueline de la Prudoterie, qui ne voulut jamais être la maîtresse d'un duc et pair, gouverneur de notre province.

MONSIEUR DE SOTENVILLE.

Il y a eu une Mathurine de Sotenville, qui refusa vingt mille écus d'un favori du roi, qui ne demandoit seulement que la faveur de lui parler.

GEORGE DANDIN.

Oh bien, votre fille n'est pas si difficile que cela; et elle s'est apprivoisée depuis qu'elle est chez moi.

MONSIEUR DE SOTENVILLE.

Expliquez-vous, mon gendre. Nous ne sommes point gens à la supporter dans de mauvaises actions, et nous serons les premiers, sa mère et moi, à vous en faire la justice.

MADAME DE SOTENVILLE.

Nous n'entendons point raillerie sur les matières de l'honneur; et nous l'avons élevée dans toute la sévérité possible.

GEORGE DANDIN.

Tout ce que je vous puis dire, c'est qu'il y a ici un certain courtisan que vous avez vu, qui est amoureux d'elle à ma barbe, et qui lui a fait faire des protestations d'amour qu'elle a très-humainement écoutées.

MADAME DE SOTENVILLE.

Jour de Dieu! je l'étranglerois de mes propres mains, s'il falloit qu'elle forlignât[1] de l'honnêteté de sa mère.

MONSIEUR DE SOTENVILLE.

Corbleu! je lui passerois mon épée au travers du corps, à elle et au galant, si elle avoit forfait à son honneur.

GEORGE DANDIN.

Je vous ai dit ce qui se passe, pour vous faire mes plaintes, et je vous demande raison de cette affaire-là.

MONSIEUR DE SOTENVILLE.

Ne vous tourmentez point : je vous la ferai de tous deux, et je suis homme pour serrer le bouton à qui que ce puisse être. Mais êtes-vous bien sûr aussi de ce que vous nous dites?

GEORGE DANDIN.

Très-sûr.

MONSIEUR DE SOTENVILLE.

Prenez bien garde, au moins; car, entre gentilshommes, ce sont des choses chatouilleuses, et il n'est pas question d'aller faire ici un pas de clerc.

GEORGE DANDIN.

Je ne vous ai rien dit, vous dis-je, qui ne soit véritable.

MONSIEUR DE SOTENVILLE.

M'amour, allez-vous-en parler à votre fille, tandis qu'avec mon gendre j'irai parler à l'homme.

MADAME DE SOTENVILLE.

Se pourroit-il, mon fils, qu'elle s'oubliât de la sorte, après le sage exemple que vous savez vous-même que je lui ai donné!

MONSIEUR DE SOTENVILLE.

Nous allons éclaircir l'affaire. Suivez-moi, mon gendre, et ne vous mettez pas en peine. Vous verrez de quel bois nous nous chauffons, lorsqu'on s'attaque à ceux qui nous peuvent appartenir.

GEORGE DANDIN.

Le voici qui vient vers nous.

---

[1] *Forligner*, de *forlinare*, sortir hors de la ligne, dégénérer. (Ménage.)

---

[1] Aujourd'hui on diroit : *de côté*.

SCÈNE V

MONSIEUR DE SOTENVILLE, CLITANDRE, GEORGE DANDIN.

MONSIEUR DE SOTENVILLE.
Monsieur, suis-je connu de vous?

CLITANDRE.
Non pas, que je sache, monsieur.

MONSIEUR DE SOTENVILLE.
Je m'appelle le baron de Sotenville.

CLITANDRE.
Je m'en réjouis fort.

MONSIEUR DE SOTENVILLE.
Mon nom est connu à la cour; et j'eus l'honneur, dans ma jeunesse, de me signaler des premiers à l'arrière-ban de Nancy.

CLITANDRE.
A la bonne heure.

MONSIEUR DE SOTENVILLE.
Monsieur mon père, Jean-Gilles de Sotenville, eut la gloire d'assister en personne au grand siége de Montauban.

CLITANDRE.
J'en suis ravi.

MONSIEUR DE SOTENVILLE.
Et j'ai eu un aïeul, Bertrand de Sotenville, qui fut si considéré en son temps, que d'avoir permission de vendre tout son bien pour le voyage d'outre-mer.

CLITANDRE.
Je le veux croire.

MONSIEUR DE SOTENVILLE.
Il m'a été rapporté, monsieur, que vous aimez et poursuivez une jeune personne, qui est ma fille, pour laquelle je m'intéresse (Montrant George Dandin.), et pour l'homme que vous voyez, qui a l'honneur d'être mon gendre.

CLITANDRE.
Qui? moi?

MONSIEUR DE SOTENVILLE.
Oui; et je suis bien aise de vous parler, pour tirer de vous, s'il vous plaît, un éclaircissement de cette affaire.

CLITANDRE.
Voilà une étrange médisance! Qui vous a dit cela, monsieur?

MONSIEUR DE SOTENVILLE.
Quelqu'un qui croit le bien savoir.

CLITANDRE.
Ce quelqu'un-là en a menti. Je suis honnête homme. Me croyez-vous capable, monsieur, d'une action aussi lâche que celle-là? Moi, aimer une jeune et belle personne qui a l'honneur d'être la fille de monsieur le baron de Sotenville! je vous révère trop pour cela, et suis trop votre serviteur. Quiconque vous l'a dit est un sot.

MONSIEUR DE SOTENVILLE.
Allons, mon gendre.

GEORGE DANDIN.
Quoi?

CLITANDRE.
C'est un coquin et un maraud.

MONSIEUR DE SOTENVILLE, à George Dandin.
Répondez.

GEORGE DANDIN.
Répondez vous-même.

CLITANDRE.
Si je savois qui ce peut être, je lui donnerois, en votre présence, de l'épée dans le ventre.

MONSIEUR DE SOTENVILLE, à George Dandin.
Soutenez donc la chose.

GEORGE DANDIN.
Elle est toute soutenue. Cela est vrai.

CLITANDRE.
Est-ce votre gendre, monsieur, qui...

MONSIEUR DE SOTENVILLE.
Oui, c'est lui-même qui s'en est plaint à moi.

CLITANDRE.
Certes, il peut remercier l'avantage qu'il a de vous appartenir; et, sans cela, je lui apprendrois bien à tenir de pareils discours d'une personne comme moi.

SCÈNE VI

MONSIEUR et MADAME DE SOTENVILLE, ANGÉLIQUE, CLITANDRE, GEORGE DANDIN, CLAUDINE.

MADAME DE SOTENVILLE.
Pour ce qui est de cela, la jalousie est une étrange chose! J'amène ici ma fille pour éclaircir l'affaire en présence de tout le monde.

CLITANDRE, à Angélique.
Est-ce donc vous, madame, qui avez dit à votre mari que je suis amoureux de vous?

ANGÉLIQUE.
Moi? Et comment lui aurois-je dit? Est-ce que cela est? Je voudrois bien le voir, vraiment, que vous fussiez amoureux de moi! Jouez-vous-y, je vous en prie; vous trouverez à qui parler; c'est une chose que je vous conseille de faire. Ayez recours, pour voir, à tous les détours des amants ; essayez un peu, par plaisir, à m'envoyer des ambassades, à m'écrire secrétement de petits billets doux, à épier les moments que mon mari n'y sera pas, ou le temps que je sortirai, pour me parler de votre amour; vous n'avez qu'à y venir, je vous promets que vous serez reçu comme il faut.

CLITANDRE.
Eh! la, la, madame, tout doucement. Il n'est pas nécessaire de me faire tant de leçons, et de vous tant scandaliser. Qui vous dit que je songe à vous aimer?

ANGÉLIQUE.
Que sais-je, moi, ce qu'on me vient conter ici?

CLITANDRE.
On dira ce que l'on voudra; mais vous savez si je vous ai parlé d'amour, lorsque je vous ai rencontrée.

ANGÉLIQUE.
Vous n'aviez qu'à le faire, vous auriez été bien venu.

CLITANDRE.

Je vous assure qu'avec moi vous n'avez rien à craindre; que je ne suis point homme à donner du chagrin aux belles; et que je vous respecte trop, et vous, et messieurs vos parents, pour avoir la pensée d'être amoureux de vous.

MADAME DE SOTENVILLE, à George Dandin.

Eh bien, vous le voyez.

MONSIEUR DE SOTENVILLE.

Vous voilà satisfait, mon gendre. Que dites-vous à cela?

GEORGE DANDIN.

Je dis que ce sont là des contes à dormir debout; que je sais bien ce que je sais; et que tantôt, puisqu'il faut parler net, elle a reçu une ambassade de sa part.

ANGÉLIQUE.

Moi, j'ai reçu une ambassade?

CLITANDRE.

J'ai envoyé une ambassade?

ANGÉLIQUE.

Claudine!

CLITANDRE, à Claudine.

Est-il vrai?

CLAUDINE.

Par ma foi, voilà une étrange fausseté!

GEORGE DANDIN.

Taisez-vous, carogne que vous êtes! Je sais de vos nouvelles; et c'est vous qui tantôt avez introduit le courrier.

CLAUDINE.

Qui? moi?

GEORGE DANDIN.

Oui, vous. Ne faites pas tant la sucrée.

CLAUDINE.

Hélas! que le monde aujourd'hui est rempli de méchanceté, de m'aller soupçonner ainsi, moi, qui suis l'innocence même!

GEORGE DANDIN.

Taisez-vous, bonne pièce[1]! Vous faites la sournoise, mais je vous connois il y a longtemps; et vous êtes une dessalée[2].

CLAUDINE, à Angélique.

Madame, est-ce que...

GEORGE DANDIN.

Taisez-vous, vous dis-je; vous pourriez bien porter la folle enchère de tous les autres; et vous n'avez point de père gentilhomme.

ANGÉLIQUE.

C'est une imposture si grande, et qui me touche si fort au cœur, que je ne puis pas même avoir la force d'y répondre. Cela est bien horrible, d'être accusée par un mari, lorsqu'on ne lui fait rien qui ne soit à faire! Hélas! si je suis blâmable de quelque chose, c'est d'en user trop bien avec lui.

CLAUDINE.

Assurément.

[1] Par ironie, *une bonne pièce*, c'est-à-dire *une pièce de monnaie fausse*; et, au figuré, *une méchante personne*. (Aimé Martin.)
[2] *Une matoise, une égrillarde.*

ANGÉLIQUE.

Tout mon malheur est de le trop considérer; et plût au ciel que je fusse capable de souffrir, comme il dit, les galanteries de quelqu'un! je ne serois pas tant à plaindre. Adieu; je me retire, et je ne puis plus endurer qu'on m'outrage de cette sorte.

SCÈNE VII

MONSIEUR et MADAME DE SOTENVILLE, CLITANDRE, GEORGE DANDIN, CLAUDINE.

MADAME DE SOTENVILLE, à George Dandin.

Allez, vous ne méritez pas l'honnête femme qu'on vous a donnée.

CLAUDINE.

Par ma foi, il mériteroit qu'elle lui fît dire vrai; et, si j'étois en sa place, je n'y marchanderois pas. (A Clitandre.) Oui, monsieur, vous devez, pour le punir, faire l'amour à ma maîtresse. Poussez, c'est moi qui vous le dis; ce sera fort bien employé; et je m'offre à vous y servir, puisqu'il m'en a déjà taxée. (Claudine sort.)

MONSIEUR DE SOTENVILLE.

Vous méritez, mon gendre, qu'on vous dise ces choses-là; et votre procédé met tout le monde contre vous.

MADAME DE SOTENVILLE.

Allez, songez à mieux traiter une demoiselle bien née; et prenez garde désormais à ne plus faire de pareilles bévues.

GEORGE DANDIN, à part.

J'enrage de bon cœur d'avoir tort, lorsque j'ai raison.

SCÈNE VIII

MONSIEUR DE SOTENVILLE, CLITANDRE, GEORGE DANDIN.

CLITANDRE, à monsieur de Sotenville.

Monsieur, vous voyez comme j'ai été faussement accusé: vous êtes homme qui savez les maximes du point d'honneur; et je vous demande raison de l'affront qui m'a été fait.

MONSIEUR DE SOTENVILLE.

Cela est juste, et c'est l'ordre des procédés. Allons, mon gendre, faites satisfaction à monsieur.

GEORGE DANDIN.

Comment, satisfaction?

MONSIEUR DE SOTENVILLE.

Oui, cela se doit dans les règles, pour l'avoir à tort accusé.

GEORGE DANDIN.

C'est une chose, moi, dont je ne demeure pas d'accord, de l'avoir à tort accusé; et je sais bien ce que j'en pense.

MONSIEUR DE SOTENVILLE.

Il n'importe. Quelque pensée qui vous puisse rester, il a nié : c'est satisfaire les personnes; et l'on n'a nul droit de se plaindre de tout homme qui se dédit.

GEORGE DANDIN.
Si bien donc que si je le trouvois couché avec ma femme, il en seroit quitte pour se dédire?

MONSIEUR DE SOTENVILLE.
Point de raisonnement. Faites-lui les excuses que je vous dis.

GEORGE DANDIN.
Moi! je lui ferai encore des excuses après...

MONSIEUR DE SOTENVILLE.
Allons, vous dis-je, il n'y a rien à balancer; et vous n'avez que faire d'avoir peur d'en trop faire, puisque c'est moi qui vous conduis.

GEORGE DANDIN.
Je ne saurois...

MONSIEUR DE SOTENVILLE.
Corbleu! mon gendre, ne m'échauffez pas la bile. Je me mettrois avec lui contre vous. Allons, laissez-vous gouverner par moi.

GEORGE DANDIN, à part.
Ah! George Dandin!

MONSIEUR DE SOTENVILLE.
Votre bonnet à la main, le premier; monsieur est gentilhomme, et vous ne l'êtes pas.

GEORGE DANDIN, à part, le bonnet à la main.
J'enrage!

MONSIEUR DE SOTENVILLE.
Répétez après moi : Monsieur...

GEORGE DANDIN.
Monsieur...

MONSIEUR DE SOTENVILLE.
Je vous demande pardon... (Voyant que George Dandin fait difficulté de lui obéir.) Ah!

GEORGE DANDIN.
Je vous demande pardon...

MONSIEUR DE SOTENVILLE.
Des mauvaises pensées que j'ai eues de vous.

GEORGE DANDIN.
Des mauvaises pensées que j'ai eues de vous.

MONSIEUR DE SOTENVILLE.
C'est que je n'avois pas l'honneur de vous connoître.

GEORGE DANDIN.
C'est que je n'avois pas l'honneur de vous connoître.

MONSIEUR DE SOTENVILLE.
Et je vous prie de croire...

GEORGE DANDIN.
Et je vous prie de croire...

MONSIEUR DE SOTENVILLE.
Que je suis votre serviteur.

GEORGE DANDIN.
Voulez-vous que je sois serviteur d'un homme qui me veut faire cocu?

MONSIEUR DE SOTENVILLE, le menaçant encore.
Ah!

CLITANDRE.
Il suffit, monsieur.

MONSIEUR DE SOTENVILLE.
Non, je veux qu'il achève, et que tout aille dans les formes. Que je suis votre serviteur.

GEORGE DANDIN.
Que je suis votre serviteur.

CLITANDRE, à George Dandin.
Monsieur, je suis le vôtre de tout mon cœur; et je ne songe plus à ce qui s'est passé. (A monsieur de Sotenville.) Pour vous, monsieur, je vous donne le bonjour, et suis fâché du petit chagrin que vous avez eu.

MONSIEUR DE SOTENVILLE.
Je vous baise les mains; et, quand il vous plaira, je vous donnerai le divertissement de courre un lièvre.

CLITANDRE.
C'est trop de grâce que vous me faites. (Clitandre sort.)

MONSIEUR DE SOTENVILLE.
Voilà, mon gendre, comme il faut pousser les choses. Adieu. Sachez que vous êtes entré dans une famille qui vous donnera de l'appui, et ne souffrira point que l'on vous fasse aucun affront.

SCÈNE IX

GEORGE DANDIN, seul.

Ah! que je... Vous l'avez voulu; vous l'avez voulu, George Dandin, vous l'avez voulu; cela vous sied fort bien, et vous voilà ajusté comme il faut : vous avez justement ce que vous méritez. Allons, il s'agit seulement de désabuser le père et la mère; et je pourrai trouver peut-être quelque moyen d'y réussir.

ACTE SECOND

SCÈNE I

CLAUDINE, LUBIN.

CLAUDINE.
Oui, j'ai bien deviné qu'il falloit que cela vînt de toi, et que tu l'eusses dit à quelqu'un qui l'ait rapporté à notre maître.

LUBIN.
Par ma foi, je n'en ai touché qu'un petit mot, en passant, à un homme, afin qu'il ne dît point qu'il m'avoit vu sortir; et il faut que les gens, en ce pays-ci, soient de grands babillards!

CLAUDINE.
Vraiment, ce monsieur le vicomte a bien choisi son monde, que de te prendre pour son ambassadeur; et il s'est allé servir là d'un homme bien chanceux.

LUBIN.
Va, une autre fois je serai plus fin, et je prendrai mieux garde à moi.

CLAUDINE.
Oui, oui, il sera temps!

LUBIN.
Ne parlons plus de cela. Écoute.

ACTE II, SCÈNE I.

CLAUDINE.
Que veux-tu que j'écoute?

LUBIN.
Tourne un peu ton visage devers moi.

CLAUDINE.
Eh bien, qu'est-ce?

LUBIN.
Claudine!

CLAUDINE.
Quoi?

LUBIN.
Eh! la! ne sais-tu pas bien ce que je veux dire?

CLAUDINE.
Non.

LUBIN.
Morgué! je t'aime.

CLAUDINE.
Tout de bon?

LUBIN.
Oui, le diable m'emporte! tu peux me croire, puisque j'en jure.

CLAUDINE.
A la bonne heure.

LUBIN.
Je me sens tout tribouiller¹ le cœur quand je te regarde.

CLAUDINE.
Je m'en réjouis.

LUBIN.
Comment est-ce que tu fais pour être si jolie?

CLAUDINE.
Je fais comme font les autres.

LUBIN.
Vois-tu, il ne faut point tant de beurre pour faire un quarteron : si tu veux, tu seras ma femme, je serai ton mari, et nous serons tous deux mari et femme.

CLAUDINE.
Tu serois peut-être jaloux comme notre maître.

LUBIN.
Point.

CLAUDINE.
Pour moi, je hais les maris soupçonneux; et j'en veux un qui ne s'épouvante de rien, un si plein de confiance et si sûr de ma chasteté, qu'il me vit sans inquiétude au milieu de trente hommes.

LUBIN.
Eh bien, je serai tout comme cela.

CLAUDINE.
C'est la plus sotte chose du monde que de se défier d'une femme et de la tourmenter. La vérité de l'affaire est qu'on n'y gagne rien de bon : cela nous fait songer à mal; et ce sont souvent les maris qui, avec leurs vacarmes, se font eux-mêmes ce qu'ils sont.

LUBIN.
Eh bien, je te donnerai la liberté de faire tout ce qu'il te plaira.

CLAUDINE.
Voilà comme il faut faire pour n'être point trompé.

¹ Vieux mot qui signifie *troubler, remuer*.

Lorsqu'un mari se met à notre discrétion, nous ne prenons de liberté que ce qu'il nous en faut : et il en est comme avec ceux qui nous ouvrent leur bourse, et nous disent : Prenez. Nous en usons honnêtement, et nous nous contentons de la raison. Mais ceux qui nous chicanent, nous nous efforçons de les tondre, et nous ne les épargnons point.

LUBIN.
Va, je serai de ceux qui ouvrent leur bourse; et tu n'as qu'à te marier avec moi.

CLAUDINE.
Eh bien, bien, nous verrons.

LUBIN.
Viens donc ici, Claudine.

CLAUDINE.
Que veux-tu?

LUBIN.
Viens, te dis-je.

CLAUDINE.
Ah! doucement. Je n'aime point les patineurs.

LUBIN.
Eh! un petit brin d'amitié.

CLAUDINE.
Laisse-moi là, te dis-je; je n'entends pas raillerie.

LUBIN.
Claudine.

CLAUDINE, *repoussant Lubin*.
Hai!

LUBIN.
Ah! que tu es rude à pauvres gens! Fi! que cela est malhonnête de refuser les personnes! N'as-tu point de honte d'être belle, et de ne vouloir pas qu'on te caresse? Eh! la!

CLAUDINE.
Je te donnerai sur le nez.

LUBIN.
Oh! la farouche! la sauvage! Fi! pouah! la vilaine, qui est cruelle!

CLAUDINE.
Tu t'émancipes trop.

LUBIN.
Qu'est-ce que cela te coûteroit de me laisser un peu faire?

CLAUDINE.
Il faut que tu te donnes patience.

LUBIN.
Un petit baiser seulement, en rabattant sur notre mariage.

CLAUDINE.
Je suis votre servante.

LUBIN.
Claudine, je t'en prie, sur l'et-tant-moins¹.

CLAUDINE.
Eh! que nenni! J'y ai déjà été attrapée². Adieu. Va-

¹ Cette expression, peu connue, est empruntée de la pratique, et signifie *en déduction* : Je vous donnerai cela *sur ci tant moins* de ce que je vous dois. (Bret.)
² Cette plaisanterie est empruntée au premier conte du sieur d'Ouville : une jeune fille ayant été un an durant fiancée avec un jeune homme de fort bonne volonté; il la sollicita plusieurs fois

l'en, et dis à monsieur le vicomte que j'aurai soin de rendre son billet.

LUBIN.

Adieu, beauté rude ânière [1].

CLAUDINE.

Le mot est amoureux.

LUBIN.

Adieu, rocher, caillou, pierre de taille, et tout ce qu'il y a de plus dur au monde.

CLAUDINE, seule.

Je vais remettre aux mains de ma maîtresse... Mais la voici avec son mari : éloignons-nous, et attendons qu'elle soit seule.

SCÈNE II

GEORGE DANDIN, ANGÉLIQUE.

GEORGE DANDIN.

Non, non ; on ne m'abuse pas avec tant de facilité, et je ne suis que trop certain que le rapport que l'on m'a fait est véritable. J'ai de meilleurs yeux qu'on ne pense, et votre galimatias ne m'a point tantôt ébloui.

SCÈNE III

CLITANDRE, ANGÉLIQUE, GEORGE DANDIN.

CLITANDRE, à part, dans le fond du théâtre.

Ah ! la voilà ; mais le mari est avec elle.

GEORGE DANDIN, sans voir Clitandre.

Au travers de toutes vos grimaces j'ai vu la vérité de ce que l'on m'a dit, et le peu de respect que vous avez pour le nœud qui nous joint. (Clitandre et Angélique se saluent.) Mon Dieu ! laissez là votre révérence : ce n'est pas de ces sortes de respect dont je vous parle, et vous n'avez que faire de vous moquer.

ANGÉLIQUE.

Moi, me moquer ! en aucune façon.

GEORGE DANDIN.

Je sais votre pensée, et connois.. (Clitandre et Angélique se saluent encore.) Encore ! Ah ! ne raillons point davantage. Je n'ignore pas qu'à cause de votre noblesse vous me tenez fort au-dessous de vous, et le respect que je vous veux dire ne regarde point ma personne ; j'entends parler de celui que vous devez à des nœuds aussi vénérables que le sont ceux du mariage. (Angélique fait signe à Clitandre.) Il ne faut point lever les épaules, et je ne dis point de sottises.

pendant cette année de contenter ses désirs ; mais elle fut sourde à ses prières, et ne lui voulut rien accorder. Le jour du mariage, comme on les eut laissés seuls : « Eh bien, ma mie, lui dit-il ; je vous veux franchement avouer que vous avez très-bien fait de ne me rien accorder avant notre mariage ; car, si vous eussiez été facile, je vous proteste que je ne vous aurois jamais épousée. » A quoi la jeune fille, sans considérer ce qu'elle disoit, repartit soudain : « Vraiment n'avois garde d'être si sotte ; j'y avois déjà été attrapée deux ou trois fois. » (Cailhava).

Rudinière, d'une humeur farouche, sévère, brusque.

ANGÉLIQUE.

Qui songe à lever les épaules ?

GEORGE DANDIN.

Mon Dieu ! nous voyons clair. Je vous dis, encore une fois, que le mariage est une chaîne à laquelle on doit porter toute sorte de respect ; et que c'est fort mal fait à vous d'en user comme vous faites. (Angélique fait signe de la tête à Clitandre.) Oui, oui, mal fait à vous ; et vous n'avez que faire de hocher la tête et de me faire la grimace.

ANGÉLIQUE.

Moi ? je ne sais ce que vous voulez dire.

GEORGE DANDIN.

Je le sais fort bien, moi ; et vos mépris me sont connus. Si je ne suis pas né noble, au moins suis-je d'une race où il n'y a point de reproche ; et la famille des Dandins...

CLITANDRE, derrière Angélique, sans être aperçu de George Dandin.

Un moment d'entretien.

GEORGE DANDIN, sans voir Clitandre.

Eh ?

ANGÉLIQUE.

Quoi ? je ne dis mot. (George Dandin tourne autour de sa femme, et Clitandre se retire en faisant une grande révérence à George Dandin.)

SCÈNE IV

GEORGE DANDIN, ANGÉLIQUE.

GEORGE DANDIN.

Le voilà qui vient rôder autour de vous.

ANGÉLIQUE.

Eh bien, est-ce ma faute ? Que voulez-vous que j'y fasse ?

GEORGE DANDIN.

Je veux que vous y fassiez ce que fait une femme qui ne veut plaire qu'à son mari. Quoi qu'on en puisse dire, les galants n'obsèdent jamais que quand on le veut bien. Il y a un certain air doucereux qui les attire, ainsi que le miel fait les mouches ; et les honnêtes femmes ont des manières qui les savent chasser d'abord.

ANGÉLIQUE.

Moi, les chasser ! et par quelle raison ? Je ne me scandalise point qu'on me trouve bien faite ; et cela me fait du plaisir.

GEORGE DANDIN.

Oui ! Mais quel personnage voulez-vous que joue un mari pendant cette galanterie ?

ANGÉLIQUE.

Le personnage d'un honnête homme, qui est bien aise de voir sa femme considérée.

GEORGE DANDIN.

Je suis votre valet. Ce n'est pas là mon compte ; et les Dandins ne sont point accoutumés à cette mode-là.

ANGÉLIQUE.

Oh ! les Dandins s'y accoutumeront s'ils veulent ; car

pour moi, je vous déclare que mon dessein n'est pas de renoncer au monde et de m'enterrer toute vive dans un mari. Comment! parce qu'un homme s'avise de nous épouser, il faut d'abord que toutes choses soient finies pour nous et que nous rompions tout commerce avec les vivants! C'est une chose merveilleuse que cette tyrannie de messieurs les maris; et je les trouve bons de vouloir qu'on soit morte à tous les divertissements et qu'on ne vive que pour eux! Je me moque de cela et ne veux point mourir si jeune.

GEORGE DANDIN.

C'est ainsi que vous satisfaites aux engagements de la foi que vous m'avez donnée publiquement?

ANGÉLIQUE.

Moi? je ne vous l'ai point donnée de bon cœur, et vous me l'avez arrachée. M'avez-vous, avant le mariage, demandé mon consentement et si je voulois bien de vous? Vous n'avez consulté, pour cela, que mon père et ma mère; ce sont eux, proprement, qui vous ont épousé, et c'est pourquoi vous ferez bien de vous plaindre toujours à eux des torts que l'on pourra vous faire. Pour moi, qui ne vous ai point dit de vous marier avec moi et que vous avez prise sans consulter mes sentiments, je prétends n'être point obligée à me soumettre en esclave à vos volontés; et je veux jouir, s'il vous plaît, de quelque nombre de beaux jours que m'offre la jeunesse, prendre les douces libertés que l'âge me permet, voir un peu le beau monde et goûter le plaisir de m'ouïr dire des douceurs. Préparez-vous-y, pour votre punition; et rendez grâces au ciel de ce que je ne suis pas capable de quelque chose de pis[1].

GEORGE DANDIN.

Oui! c'est ainsi que vous le prenez? Je suis votre mari, et je vous dis que je n'entends pas cela.

ANGÉLIQUE.

Moi, je suis votre femme, et je vous dis que je l'entends.

GEORGE DANDIN, à part.

Il me prend des tentations d'accommoder tout son visage à la compote et le mettre en état de ne plaire de sa vie aux diseurs de fleurettes. Ah! Allons, George Dandin; je ne pourrois me retenir, et il vaut mieux quitter la place.

SCÈNE V

ANGÉLIQUE, CLAUDINE.

CLAUDINE.

J'avois, madame, impatience qu'il s'en allât, pour vous rendre ce mot de la part que vous savez.

ANGÉLIQUE.

Voyons. (Elle lit bas.)

[1] Il est difficile ici d'en croire Angélique sur sa parole : se bornera-t-elle toujours *à s'ouïr dire des douceurs?* George Dandin ne le croit pas, et le spectateur partage son incrédulité. (Auger.) — Au reste, Molière n'a pas rendu et ne devait pas rendre Angélique intéressante. (Aimé Martin.)

CLAUDINE, à part.

A ce que je puis remarquer, ce qu'on lui écrit ne lui déplaît pas trop.

ANGÉLIQUE.

Ah! Claudine, que ce billet s'explique d'une façon galante! Que, dans tous leurs discours et dans toutes leurs actions, les gens de cour ont un air agréable! Et qu'est-ce que c'est, auprès d'eux, que nos gens de province?

CLAUDINE.

Je crois qu'après les avoir vus les Dandins ne vous plaisent guère.

ANGÉLIQUE.

Demeure ici : je m'en vais faire la réponse.

CLAUDINE, seule.

Je n'ai pas besoin, que je pense, de lui recommander de la faire agréable. Mais voici...

SCÈNE VI

CLITANDRE, LUBIN, CLAUDINE.

CLAUDINE.

Vraiment, monsieur, vous avez pris là un habile messager!

CLITANDRE.

Je n'ai pas osé envoyer de mes gens; mais, ma pauvre Claudine, il faut que je te récompense des bons offices que je sais que tu m'as rendus. (Il fouille dans sa poche.)

CLAUDINE.

Eh! monsieur, il n'est pas nécessaire. Non, monsieur, vous n'avez que faire de vous donner cette peine-là; et je vous rends service parce que vous le méritez, et que je me sens au cœur de l'inclination pour vous.

CLITANDRE, donnant de l'argent à Claudine.

Je te suis obligé.

LUBIN, à Claudine.

Puisque nous serons mariés, donne-moi cela, que je le mette avec le mien.

CLAUDINE.

Je te le garde, aussi bien que le baiser.

CLITANDRE, à Claudine.

Dis-moi, as-tu rendu mon billet à ta belle maîtresse?

CLAUDINE.

Oui. Elle est allée y répondre.

CLITANDRE.

Mais, Claudine, n'y a-t-il pas moyen que je la puisse entretenir?

CLAUDINE.

Oui : venez avec moi, je vous ferai parler à elle.

CLITANDRE.

Mais le trouvera-t-elle bon? et n'y a-t-il rien à risquer?

CLAUDINE.

Non, non. Son mari n'est pas au logis; et puis, ce n'est pas lui qu'elle a le plus à ménager; c'est son père et sa mère; et, pourvu qu'ils soient prévenus[1], tout le reste n'est point à craindre.

[1] *Et pourvu qu'ils soient prévenus*, c'est-à-dire pourvu qu'ils aient toujours la même prévention en faveur de leur fille. (Auger.)

CLITANDRE.

Je m'abandonne à ta conduite.

LUBIN, seul.

Tétiguenne! que j'aurai là une habile femme! Elle a de l'esprit comme quatre.

SCÈNE VII

GEORGE DANDIN, LUBIN.

GEORGE DANDIN, bas, à part.

Voici mon homme de tantôt. Plût au ciel qu'il pût se résoudre à vouloir rendre témoignage au père et à la mère de ce qu'ils ne veulent point croire!

LUBIN.

Ah! vous voilà, monsieur le babillard, à qui j'avois tant recommandé de ne point parler, et qui me l'aviez tant promis! Vous êtes donc un causeur, et vous allez redire ce que l'on vous dit en secret?

GEORGE DANDIN.

Moi?

LUBIN.

Oui. Vous avez été tout rapporter au mari, et vous êtes cause qu'il a fait du vacarme. Je suis bien aise de savoir que vous avez de la langue; et cela m'apprendra à ne vous plus rien dire.

GEORGE DANDIN.

Écoute, mon ami.

LUBIN.

Si vous n'aviez point babillé, je vous aurois conté ce qui se passe à cette heure; mais, pour votre punition, vous ne saurez rien du tout.

GEORGE DANDIN.

Comment! qu'est-ce qui se passe?

LUBIN.

Rien, rien. Voilà ce que c'est d'avoir causé; vous n'en tâterez plus, et je vous laisse sur la bonne bouche.

GEORGE DANDIN.

Arrête un peu.

LUBIN.

Point.

GEORGE DANDIN.

Je ne te veux dire qu'un mot.

LUBIN.

Nennin, nennin. Vous avez envie de me tirer les vers du nez.

GEORGE DANDIN.

Non, ce n'est pas cela.

LUBIN.

Eh! quelque sot... Je vous vois venir.

GEORGE DANDIN.

C'est autre chose. Écoute.

LUBIN.

Point d'affaire. Vous voudriez que je vous disse que monsieur le vicomte vient de donner de l'argent à Claudine, et qu'elle l'a mené chez sa maîtresse. Mais je ne suis pas si bête.

GEORGE DANDIN.

De grâce...

LUBIN.

Non.

GEORGE DANDIN.

Je te donnerai...

LUBIN.

Tarare!

SCÈNE VIII

GEORGE DANDIN, seul.

Je n'ai pu me servir, avec cet innocent, de la pensée que j'avois. Mais le nouvel avis qui lui est échappé feroit la même chose; et, si le galant est chez moi, ce seroit pour avoir raison aux yeux du père et de la mère, et les convaincre pleinement de l'effronterie de leur fille. Le mal de tout ceci, c'est que je ne sais comment faire pour profiter d'un tel avis. Si je rentre chez moi, je ferai évader le drôle; et, quelque chose que je puisse voir moi-même de mon déshonneur, je n'en serai point cru à mon serment, et l'on me dira que je rêve. Si, d'autre part, je vais quérir beau-père et belle-mère, sans être sûr de trouver chez moi le galant, ce sera la même chose, et je retomberai dans l'inconvénient de tantôt. Pourrois-je point m'éclaircir doucement s'il y est encore? (Après avoir regardé par le trou de la serrure.) Ah! ciel! il n'en faut plus douter, et je viens de l'apercevoir par le trou de la porte. Le sort me donne ici de quoi confondre ma partie; et, pour achever l'aventure, il fait venir à point nommé les juges dont j'avois besoin.

SCÈNE IX

MONSIEUR et MADAME DE SOTENVILLE, GEORGE DANDIN.

GEORGE DANDIN.

Enfin, vous ne m'avez pas voulu croire tantôt, et votre fille l'a emporté sur moi; mais j'ai en main de quoi vous faire voir comme elle m'accommode; et, Dieu merci, mon déshonneur est si clair maintenant, que vous n'en pourrez plus douter.

MONSIEUR DE SOTENVILLE.

Comment! mon gendre, vous en êtes encore là-dessus?

GEORGE DANDIN.

Oui, j'y suis; et jamais je n'eus tant de sujet d'y être.

MADAME DE SOTENVILLE.

Vous nous venez encore étourdir la tête?

GEORGE DANDIN.

Oui, madame; et l'on fait bien pis à la mienne.

MONSIEUR DE SOTENVILLE.

Ne vous lassez-vous point de vous rendre importun?

GEORGE DANDIN.

Non; mais je me lasse fort d'être pris pour dupe.

MADAME DE SOTENVILLE.
Ne voulez-vous point vous défaire de vos pensées extravagantes?

GEORGE DANDIN.
Non, madame; mais je voudrois bien me défaire d'une femme qui me déshonore.

MADAME DE SOTENVILLE.
Jour de Dieu! notre gendre, apprenez à parler.

MONSIEUR DE SOTENVILLE.
Corbleu! cherchez des termes moins offensants que ceux-là.

GEORGE DANDIN.
Marchand qui perd ne peut rire.

MADAME DE SOTENVILLE.
Souvenez-vous que vous avez épousé une demoiselle.

GEORGE DANDIN.
Je m'en souviens assez, et ne m'en souviendrai que trop.

MONSIEUR DE SOTENVILLE.
Si vous vous en souvenez, songez donc à parler d'elle avec plus de respect.

GEORGE DANDIN.
Mais que ne songe-t-elle plutôt à me traiter plus honnêtement? Quoi! parce qu'elle est demoiselle, il faut qu'elle ait la liberté de me faire ce qui lui plait, sans que j'ose souffler?

MONSIEUR DE SOTENVILLE.
Qu'avez-vous donc, et que pouvez-vous dire? N'avez-vous pas vu, ce matin, qu'elle s'est défendue de connoître celui dont vous m'étiez venu parler?

GEORGE DANDIN.
Oui. Mais vous, que pourrez-vous dire, si je vous fais voir maintenant que le galant est avec elle?

MADAME DE SOTENVILLE.
Avec elle?

GEORGE DANDIN.
Oui, avec elle, et dans ma maison.

MONSIEUR DE SOTENVILLE.
Dans votre maison?

GEORGE DANDIN.
Oui, dans ma propre maison.

MADAME DE SOTENVILLE.
Si cela est, nous serons pour vous contre elle.

MONSIEUR DE SOTENVILLE.
Oui. L'honneur de notre famille nous est plus cher que toute chose; et, si vous dites vrai, nous la renoncerons pour notre sang et l'abandonnerons à votre colère.

GEORGE DANDIN.
Vous n'avez qu'à me suivre.

MADAME DE SOTENVILLE.
Gardez de vous tromper.

MONSIEUR DE SOTENVILLE.
N'allez pas faire comme tantôt.

GEORGE DANDIN.
Mon Dieu! vous allez voir. (Montrant Clitandre, qui sort avec Angélique.) Tenez, ai-je menti?

SCÈNE X

ANGÉLIQUE, CLITANDRE, CLAUDINE; MONSIEUR DE SOTENVILLE, MADAME DE SOTENVILLE, avec GEORGE DANDIN, dans le fond du théâtre.

ANGÉLIQUE, à Clitandre.
Adieu. J'ai peur qu'on ne vous surprenne ici, et j'ai quelques mesures à garder.

CLITANDRE.
Promettez-moi donc, madame, que je pourrai vous parler cette nuit.

ANGÉLIQUE.
J'y ferai mes efforts.

GEORGE DANDIN, à monsieur et à madame de Sotenville.
Approchons doucement par derrière, et tâchons de n'être point vus.

CLAUDINE, à Angélique.
Ah! madame, tout est perdu. Voilà votre père et votre mère, accompagnés de votre mari.

CLITANDRE.
Ah! ciel!

ANGÉLIQUE, bas, à Clitandre et à Claudine.
Ne faites pas semblant de rien, et me laissez faire tous deux. (Haut, à Clitandre.) Quoi! vous osez en user de la sorte après l'affaire de tantôt? et c'est ainsi que vous dissimulez vos sentiments? On me vient rapporter que vous avez de l'amour pour moi, et que vous faites des desseins de me solliciter; j'en témoigne mon dépit, et m'explique à vous clairement en présence de tout le monde; vous niez hautement la chose, et me donnez parole de n'avoir aucune pensée de m'offenser; et cependant, le même jour, vous prenez la hardiesse de venir chez moi me rendre visite, de me dire que vous m'aimez, et de me faire cent sots contes pour me persuader de répondre à vos extravagances : comme si j'étois femme à violer la foi que j'ai donnée à un mari, et m'éloigner jamais de la vertu que mes parents m'ont enseignée! Si mon père savoit cela, il vous apprendroit bien à tenter de ces entreprises! Mais une honnête femme n'aime point les éclats : je n'ai garde de lui en rien dire (après avoir fait signe à Claudine d'apporter un bâton), et je veux vous montrer que, toute femme que je suis, j'ai assez de courage pour me venger moi-même des offenses que l'on me fait. L'action que vous avez faite n'est pas d'un gentilhomme, et ce n'est pas en gentilhomme aussi que je veux vous traiter. (Angélique prend le bâton et le lève sur Clitandre, qui se range de façon que les coups tombent sur George Dandin.)

CLITANDRE, criant comme s'il avoit été frappé.
Ah! ah! ah! ah! ah! doucement!

SCÈNE XI

MONSIEUR et MADAME DE SOTENVILLE, ANGÉLIQUE, GEORGE DANDIN, CLAUDINE.

CLAUDINE.
Fort, madame! frappez comme il faut.

ANGÉLIQUE, faisant semblant de parler à Clitandre.
S'il vous demeure quelque chose sur le cœur, je suis pour vous répondre [1].

CLAUDINE.
Apprenez à qui vous vous jouez.

ANGÉLIQUE, faisant l'étonnée.
Ah! mon père, vous êtes là!

MONSIEUR DE SOTENVILLE.
Oui, ma fille; et je vois qu'en sagesse et en courage tu te montres un digne rejeton de la maison de Sotenville. Viens çà; approche-toi, que je t'embrasse.

MADAME DE SOTENVILLE.
Embrasse-moi aussi, ma fille. Las! je pleure de joie, et je reconnois mon sang aux choses que tu viens de faire.

MONSIEUR DE SOTENVILLE.
Mon gendre, que vous devez être ravi! et que cette aventure est pour vous pleine de douceurs! Vous aviez un juste sujet de vous alarmer; mais vos soupçons se trouvent dissipés le plus avantageusement du monde.

MADAME DE SOTENVILLE.
Sans doute, notre gendre, et vous devez maintenant être le plus content des hommes.

CLAUDINE.
Assurément. Voilà une femme, celle-là! Vous êtes trop heureux de l'avoir, et vous devriez baiser les pas où elle passe.

GEORGE DANDIN, à part.
Euh, traîtresse!

MONSIEUR DE SOTENVILLE.
Qu'est-ce, mon gendre? Que ne remerciez-vous un peu votre femme de l'amitié que vous voyez qu'elle montre pour vous?

ANGÉLIQUE.
Non, non, mon père; il n'est pas nécessaire. Il ne m'a aucune obligation de ce qu'il vient de voir; et tout ce que j'en fais n'est que pour l'amour de moi-même.

MONSIEUR DE SOTENVILLE.
Où allez-vous, ma fille?

ANGÉLIQUE.
Je me retire, mon père, pour ne me voir point obligée de recevoir ses compliments.

CLAUDINE, à George Dandin.
Elle a raison d'être en colère. C'est une femme qui mérite d'être adorée, et vous ne la traitez pas comme vous devriez.

GEORGE DANDIN, à part.
Scélérate!

SCÈNE XII

MONSIEUR et MADAME DE SOTENVILLE, GEORGE DANDIN.

MONSIEUR DE SOTENVILLE.
C'est un petit ressentiment de l'affaire de tantôt, et cela se passera avec un peu de caresse que vous lui ferez. Adieu, mon gendre; vous voilà en état de ne vous plus inquiéter. Allez-vous-en faire la paix ensemble, et tâchez de l'apaiser par des excuses de votre emportement.

MADAME DE SOTENVILLE.
Vous devez considérer que c'est une fille élevée à la vertu, et qui n'est point accoutumée à se voir soupçonner d'aucune vilaine action. Adieu. Je suis ravie de voir vos désordres finis, et des transports de joie que vous doit donner sa conduite.

SCÈNE XIII

GEORGE DANDIN, seul.

Je ne dis mot, car je ne gagnerois rien à parler; et jamais il ne s'est rien vu d'égal à ma disgrâce. Oui, j'admire mon malheur, et la subtile adresse de ma carogne de femme pour se donner toujours raison et me faire avoir tort. Est-il possible que toujours j'aurai du dessous avec elle! que les apparences toujours tourneront contre moi, et que je ne parviendrai point à convaincre mon effrontée! O ciel! seconde mes desseins, et m'accorde la grâce de faire voir aux gens que l'on me déshonore [1].

ACTE TROISIÈME

SCÈNE I

CLITANDRE, LUBIN.

CLITANDRE.
La nuit est avancée, et j'ai peur qu'il ne soit trop tard. Je ne vois point à me conduire. Lubin!

LUBIN.
Monsieur?

CLITANDRE.
Est-ce par ici?

LUBIN.
Je pense que oui. Morgué! voilà une sotte nuit, d'être si noire que cela!

CLITANDRE.
Elle a tort, assurément; mais si, d'un côté, elle nous empêche de voir, elle empêche, de l'autre, que nous ne soyons vus.

LUBIN.
Vous avez raison, elle n'a pas tant de tort. Je voudrois bien savoir, monsieur, vous qui êtes savant, pourquoi il ne fait point jour la nuit?

CLITANDRE.
C'est une grande question, et qui est difficile. Tu es curieux, Lubin.

---

[1] Dans la *Jalousie du Barbouillé*, le Barbouillé, suivi de Vilebrequin, son beau-père, vient surprendre sa femme, et celle-ci donne des coups de bâton à son mari en feignant de les donner à son galant : Molière a conservé cette scène. (Aimé Martin.)

[1] Tous les éléments dont le premier acte est formé se retrouvent exactement dans celui-ci; mais la situation devient plus vive et plus forte de scène en scène, et les moyens, quoique semblables au fond, sont variés dans la forme avec un art qui les fait paraître nouveaux. (Auger.)

LUBIN.

Oui; si j'avois étudié, j'aurois été songer à des choses où on n'a jamais songé.

CLITANDRE.

Je le crois. Tu as la mine d'avoir l'esprit subtil et pénétrant.

LUBIN.

Cela est vrai. Tenez, j'explique du latin, quoique jamais je ne l'aie appris; et, voyant l'autre jour écrit sur une grande porte *collegium*, je devinai que cela vouloit dire collége.

CLITANDRE.

Cela est admirable! Tu sais donc lire, Lubin?

LUBIN.

Oui, je sais lire la lettre moulée; mais je n'ai jamais su apprendre à lire l'écriture.

CLITANDRE.

Nous voici contre la maison. (Après avoir frappé dans ses mains.) C'est le signal que m'a donné Claudine.

LUBIN.

Par ma foi, c'est une fille qui vaut de l'argent; et je l'aime de tout mon cœur.

CLITANDRE.

Aussi t'ai-je amené avec moi pour l'entretenir.

LUBIN.

Monsieur, je vous suis...

CLITANDRE.

Chut! j'entends quelque bruit.

SCÈNE II

ANGÉLIQUE, CLAUDINE, CLITANDRE, LUBIN.

ANGÉLIQUE.

Claudine!

CLAUDINE.

Eh bien?

ANGÉLIQUE.

Laisse la porte entr'ouverte.

CLAUDINE.

Voilà qui est fait. (Scène de nuit. Les acteurs se cherchent les uns les autres dans l'obscurité.)

CLITANDRE, à Lubin.

Ce sont elles. St.

ANGÉLIQUE.

St.

LUBIN.

St.

CLAUDINE.

St.

CLITANDRE, à Claudine, qu'il prend pour Angélique.

Madame!

ANGÉLIQUE, à Lubin, qu'elle prend pour Clitandre.

Quoi?

LUBIN, à Angélique, qu'il prend pour Claudine.

Claudine!

CLAUDINE, à Clitandre, qu'elle prend pour Lubin.

Qu'est-ce?

CLITANDRE, à Claudine, croyant parler à Angélique.

Ah! madame, que j'ai de joie!

LUBIN, à Angélique, croyant parler à Claudine.

Claudine! ma pauvre Claudine!

CLAUDINE, à Clitandre.

Doucement, monsieur.

ANGÉLIQUE, à Lubin.

Tout beau, Lubin.

CLITANDRE.

Est-ce toi, Claudine?

CLAUDINE.

Oui.

LUBIN.

Est-ce vous, madame?

ANGÉLIQUE.

Oui.

CLAUDINE, à Clitandre.

Vous avez pris l'une pour l'autre.

LUBIN, à Angélique.

Ma foi, la nuit, on n'y voit goutte.

ANGÉLIQUE.

Est-ce pas vous, Clitandre?

CLITANDRE

Oui, madame.

ANGÉLIQUE.

Mon mari ronfle comme il faut, et j'ai pris ce temps pour nous entretenir ici.

CLITANDRE.

Cherchons quelque lieu pour nous asseoir.

CLAUDINE.

C'est fort bien avisé. (Angélique, Clitandre et Claudine, vont s'asseoir dans le fond du théâtre.)

LUBIN, cherchant Claudine

Claudine! où est-ce que tu es?

SCÈNE III

ANGÉLIQUE, CLITANDRE, CLAUDINE, assis au fond du théâtre; GEORGE DANDIN, à moitié déshabillé; LUBIN.

GEORGE DANDIN, à part.

J'ai entendu descendre ma femme, et je me suis vite habillé pour descendre après elle. Où peut-elle être allée? seroit-elle sortie?

LUBIN, cherchant Claudine, et prenant George Dandin pour Claudine.

Où es-tu donc, Claudine? Ah! te voilà. Par ma foi, ton maître est plaisamment attrapé; et je trouve ceci aussi drôle que les coups de bâton de tantôt, dont on m'a fait récit. Ta maîtresse dit qu'il ronfle, à cette heure, comme tous les diantres; et il ne sait pas que monsieur le vicomte et elle sont ensemble pendant qu'il dort. Je voudrois bien savoir quel songe il fait maintenant. Cela est tout à fait risible. De quoi s'avise-t-il aussi, d'être jaloux de sa femme, et de vouloir qu'elle soit à lui tout seul? C'est un impertinent, et monsieur le vicomte lui fait trop d'honneur. Tu ne dis mot, Claudine? Allons, suivons-les; et me donne ta petite menotte, que je la baise. Ah! que cela est doux! Il me semble que je mange des confitures. (A George Dandin, qu'il prend toujours pour Claudine, et qui le repousse rudement.) Tudieu! comme vous y allez! voilà une petite menotte qui est un peu bien rude.

GEORGE DANDIN.

Qui va là?

LUBIN.

Personne.

GEORGE DANDIN.

Il fuit, et me laisse informé de la nouvelle perfidie de ma coquine. Allons, il faut que, sans tarder, j'envoie appeler son père et sa mère, et que cette aventure me serve à me faire séparer d'elle. Holà! Colin! Colin!

SCÈNE IV

ANGÉLIQUE, CLITANDRE, CLAUDINE, LUBIN, assis au fond du théâtre; GEORGE DANDIN, COLIN.

COLIN, à la fenêtre.

Monsieur?

GEORGE DANDIN.

Allons, vite ici-bas.

COLIN, sautant par la fenêtre.

M'y voilà, on ne peut pas plus vite.

GEORGE DANDIN.

Tu es là?

COLIN.

Oui, monsieur. (Pendant que George Dandin va chercher Colin du côté où il a entendu sa voix, Colin passe de l'autre, et s'endort.) GEORGE DANDIN, se tournant du côté où il croit qu'est Colin.

Doucement. Parle bas. Écoute. Va-t'en chez mon beau-père et ma belle-mère, et dis que je les prie très-instamment de venir tout à l'heure ici. Entends-tu? Hé! Colin! Colin!

COLIN, de l'autre côté, se réveillant.

Monsieur?

GEORGE DANDIN.

Où diable es-tu?

COLIN.

Ici.

GEORGE DANDIN.

Peste soit du maroufle, qui s'éloigne de moi! (Pendant que George Dandin retourne du côté où il croit que Colin est resté, Colin, à moitié endormi, passe de l'autre côté, et se rendort.) Je te dis que tu ailles de ce pas trouver mon beau-père et ma belle-mère, et leur dire que je les conjure de se rendre ici tout à l'heure. M'entends-tu bien? Réponds. Colin! Colin!

COLIN, de l'autre côté, se réveillant.

Monsieur?

GEORGE DANDIN.

Voilà un pendard qui me fera enrager. Viens-t'en à moi. (Ils se rencontrent, et tombent tous deux.) Ah! le traître! il m'a estropié! Où est-ce que tu es? Approche, que je te donne mille coups. Je pense qu'il me fuit.

COLIN.

Assurément.

GEORGE DANDIN.

Veux-tu venir?

COLIN.

Nenni, ma foi.

GEORGE DANDIN.

Viens, te dis-je.

COLIN.

Point. Vous me voulez battre.

GEORGE DANDIN.

Eh bien, non, je ne te ferai rien.

COLIN.

Assurément?

GEORGE DANDIN.

Oui. Approche. (A Colin, qu'il tient par le bras.) Bon! Tu es bien heureux de ce que j'ai besoin de toi. Va-t'en vite, de ma part, prier mon beau-père et ma belle-mère de se rendre ici le plus tôt qu'ils pourront, et leur dis que c'est pour une affaire de la dernière conséquence; et, s'ils faisoient quelque difficulté, à cause de l'heure, ne manque pas de les presser et de leur bien faire entendre qu'il est très-important qu'ils viennent, en quelque état qu'ils soient. Tu m'entends bien maintenant?

COLIN.

Oui, monsieur.

GEORGE DANDIN.

Va vite, et reviens de même. (Se croyant seul.) Et moi, je vais rentrer dans ma maison, attendant que... Mais j'entends quelqu'un. Ne seroit-ce point ma femme? Il faut que j'écoute et me serve de l'obscurité qu'il fait. (George Dandin se range près de la porte de sa maison.)

SCÈNE V

ANGÉLIQUE, CLITANDRE, CLAUDINE, LUBIN, GEORGE DANDIN.

ANGÉLIQUE, à Clitandre.

Adieu. Il est temps de se retirer.

CLITANDRE.

Quoi! sitôt?

ANGÉLIQUE.

Nous nous sommes assez entretenus.

CLITANDRE.

Ah! madame, puis-je assez vous entretenir, et trouver, en si peu de temps, toutes les paroles dont j'ai besoin? Il me faudroit des journées entières pour me bien expliquer à vous de tout ce que je sens; et je ne vous ai pas dit encore la moindre partie de ce que j'ai à vous dire.

ANGÉLIQUE.

Nous en écouterons une autre fois davantage.

CLITANDRE.

Hélas! de quel coup me percez-vous l'âme, lorsque vous parlez de vous retirer; et avec combien de chagrin m'allez-vous laisser maintenant!

ANGÉLIQUE.

Nous trouverons moyen de nous revoir.

CLITANDRE.

Oui. Mais je songe qu'en me quittant vous allez trouver

un mari. Cette pensée m'assassine, et les priviléges qu'ont les maris sont des choses cruelles pour un amant qui aime bien.

ANGÉLIQUE.

Serez-vous assez foible pour avoir cette inquiétude, et pensez-vous qu'on soit capable d'aimer de certains maris qu'il y a? On les prend parce qu'on ne s'en peut défendre et que l'on dépend de parents qui n'ont des yeux que pour le bien; mais on sait leur rendre justice, et l'on se moque fort de les considérer au delà de ce qu'ils méritent.

GEORGE DANDIN, à part.

Voilà nos carognes de femmes!

CLITANDRE.

Ah! qu'il faut avouer que celui qu'on vous a donné étoit peu digne de l'honneur qu'il a reçu; et que c'est une étrange chose que l'assemblage qu'on a fait d'une personne comme vous avec un homme comme lui!

GEORGE DANDIN, à part.

Pauvres maris! voilà comme on vous traite.

CLITANDRE.

Vous méritez, sans doute, une tout autre destinée; et le ciel ne vous a point faite pour être la femme d'un paysan.

GEORGE DANDIN.

Plût au ciel! fût-elle la tienne! tu changerois bien de langage! Rentrons; c'en est assez. (George Dandin, étant rentré, ferme la porte en dedans.)

SCÈNE VI

ANGÉLIQUE, CLITANDRE, CLAUDINE, LUBIN.

CLAUDINE.

Madame, si vous avez à dire du mal de votre mari, dépêchez vite, car il est tard.

CLITANDRE.

Ah! Claudine, que tu es cruelle!

ANGÉLIQUE, à Clitandre

Elle a raison. Séparons-nous.

CLITANDRE.

Il faut donc s'y résoudre, puisque vous le voulez. Mais, au moins, je vous conjure de me plaindre un peu des méchants moments que je vais passer.

ANGÉLIQUE.

Adieu.

LUBIN.

Où es-tu, Claudine, que je te donne le bonsoir!

CLAUDINE.

Va, va, je le reçois de loin, et je t'en renvoie autant.

SCÈNE VII

ANGÉLIQUE, CLAUDINE.

ANGÉLIQUE.

Rentrons sans faire de bruit.

CLAUDINE.

La porte s'est fermée.

ANGÉLIQUE.

J'ai le passe-partout.

CLAUDINE.

Ouvrez donc doucement.

ANGÉLIQUE.

On a fermé en dedans, et je ne sais comment nous ferons.

CLAUDINE.

Appelez le garçon qui couche là.

ANGÉLIQUE.

Colin! Colin! Colin!

SCÈNE VIII

GEORGE DANDIN, ANGÉLIQUE, CLAUDINE.

GEORGE DANDIN, à la fenêtre.

Colin! Colin! Ah! je vous y prends donc, madame ma femme, et vous faites des *escampativos* pendant que je dors! Je suis bien aise de cela, et de vous voir dehors à l'heure qu'il est.

ANGÉLIQUE.

Eh bien, quel grand mal est ce qu'il y a à prendre le frais de la nuit?

GEORGE DANDIN.

Oui, oui, l'heure est bonne à prendre le frais! C'est bien plutôt le chaud, madame la coquine; et nous savons toute l'intrigue du rendez-vous et du damoiseau. Nous avons entendu votre galant entretien, et les beaux vers à ma louange que vous avez dits l'un et l'autre. Mais ma consolation, c'est que je vais être vengé, et que votre père et votre mère seront convaincus maintenant de la justice de mes plaintes et du dérèglement de votre conduite. Je les ai envoyé querir, et ils vont être ici dans un moment.

ANGÉLIQUE, à part.

Ah! ciel!

CLAUDINE.

Madame!

GEORGE DANDIN.

Voilà un coup, sans doute, où vous ne vous attendiez pas. C'est maintenant que je triomphe, et j'ai de quoi mettre à bas votre orgueil et détruire vos artifices. Jusques ici vous avez joué mes accusations, ébloui vos parents et plâtré vos malversations. J'ai eu beau voir et beau dire, votre adresse toujours l'a emporté sur mon bon droit, et toujours vous avez trouvé moyen d'avoir raison; mais, à cette fois, Dieu merci, les choses vont être éclaircies, et votre effronterie sera pleinement confondue.

ANGÉLIQUE.

Eh! je vous prie, faites-moi ouvrir la porte.

GEORGE DANDIN.

Non, non: il faut attendre la venue de ceux que j'ai mandés, et je veux qu'ils vous trouvent dehors à la belle heure qu'il est. En attendant qu'ils viennent, songez, si vous voulez, à chercher dans votre tête quelque nouveau détour pour vous tirer de cette affaire; à inventer quelque moyen de rhabiller votre escapade; à trouver quelque belle ruse pour éluder ici les gens et paroître innocente, quelque prétexte spécieux de pèlerinage nocturne, ou d'amie en travail d'enfant, que vous veniez de secourir.

ANGÉLIQUE.

Non. Mon intention n'est pas de vous rien déguiser. Je ne prétends point me défendre, ni vous nier les choses, puisque vous les savez.

GEORGE DANDIN.

C'est que vous voyez bien que tous les moyens vous en sont fermés, et que, dans cette affaire, vous ne sauriez inventer d'excuse qu'il ne me soit facile de convaincre de fausseté.

ANGÉLIQUE.

Oui, je confesse que j'ai tort et que vous avez sujet de vous plaindre. Mais je vous demande, par grâce, de ne m'exposer point maintenant à la mauvaise humeur de mes parents et de me faire promptement ouvrir.

GEORGE DANDIN.

Je vous baise les mains.

ANGÉLIQUE.

Eh! mon pauvre petit mari! Je vous en conjure!

GEORGE DANDIN.

Ah! mon pauvre petit mari! Je suis votre petit mari maintenant, parce que vous vous sentez prise. Je suis bien aise de cela; et vous ne vous étiez jamais avisée de me dire ces douceurs.

ANGÉLIQUE.

Tenez, je vous promets de ne vous plus donner aucun sujet de déplaisir, et de me...

GEORGE DANDIN.

Tout cela n'est rien. Je ne veux point perdre cette aventure; et il m'importe qu'on soit une fois éclairci à fond de vos déportements.

ANGÉLIQUE.

De grâce, laissez-moi vous dire. Je vous demande un moment d'audience.

GEORGE DANDIN.

Eh bien, quoi?

ANGÉLIQUE.

Il est vrai que j'ai failli, je vous l'avoue encore une fois; que votre ressentiment est juste; que j'ai pris le temps de sortir pendant que vous dormiez; et que cette sortie est un rendez-vous que j'avois donné à la personne que vous dites. Mais enfin ce sont des actions que vous devez pardonner à mon âge, des emportements de jeune personne qui n'a encore rien vu et ne fait que d'entrer au monde; des libertés où l'on s'abandonne, sans y penser de mal, et qui sans doute, dans le fond, n'ont rien de...

GEORGE DANDIN.

Oui: vous le dites, et ce sont de ces choses qui ont besoin qu'on les croie pieusement.

ANGÉLIQUE.

Je ne veux point m'excuser, par là, d'être coupable envers vous, et je vous prie seulement d'oublier une offense dont je vous demande pardon de tout mon cœur, et de m'épargner, en cette rencontre, le déplaisir que me pourroient causer les reproches fâcheux de mon père et de ma mère. Si vous m'accordez généreusement la grâce que je vous demande, ce procédé obligeant, cette bonté que vous me ferez voir, me gagnera entièrement; elle touchera tout à fait mon cœur, et y fera naître pour vous ce que tout le pouvoir de mes parents et les liens du mariage n'avoient pu y jeter. En un mot, elle sera cause que je renoncerai à toutes les galanteries et n'aurai de l'attachement que pour vous. Oui, je vous donne ma parole que vous m'allez voir désormais la meilleure femme du monde, et que je vous témoignerai tant d'amitié, tant d'amitié, que vous en serez satisfait.

GEORGE DANDIN.

Ah! crocodile, qui flattes les gens pour les étrangler!

ANGÉLIQUE.

Accordez-moi cette faveur.

GEORGE DANDIN.

Point d'affaires. Je suis inexorable.

ANGÉLIQUE.

Montrez-vous généreux.

GEORGE DANDIN.

Non.

ANGÉLIQUE.

De grâce!

GEORGE DANDIN.

Point.

ANGÉLIQUE.

Je vous en conjure de tout mon cœur.

GEORGE DANDIN.

Non, non, non. Je veux qu'on soit détrompé de vous et que votre confusion éclate.

ANGÉLIQUE.

Eh bien, si vous me réduisez au désespoir, je vous avertis qu'une femme, en cet état, est capable de tout, et que je ferai quelque chose ici dont vous vous repentirez.

GEORGE DANDIN.

Eh! que ferez-vous, s'il vous plaît?

ANGÉLIQUE.

Mon cœur se portera jusqu'aux extrêmes résolutions; et, de ce couteau que voici, je me tuerai sur la place.

GEORGE DANDIN.

Ah! ah! A la bonne heure.

ANGÉLIQUE.

Pas tant à la bonne heure pour vous que vous vous imaginez. On sait de tous côtés nos différends, et les chagrins perpétuels que vous concevez contre moi. Lorsqu'on me trouvera morte, il n'y aura personne qui mette en doute que ce ne soit vous qui m'aurez tuée; et mes parents ne sont pas gens, assurément, à laisser cette mort impunie, et ils en feront, sur votre personne, toute la punition que leur pourront offrir et les poursuites de la justice et la chaleur de leur ressentiment. C'est par là que je trouverai moyen de me venger de vous; et je ne suis pas la première qui ait su recourir à de pareilles vengeances, qui n'ait pas fait difficulté de se donner la mort pour perdre ceux qui ont la cruauté de nous pousser à la dernière extrémité.

GEORGE DANDIN.

Je suis votre valet. On ne s'avise plus de se tuer soi-même, et la mode en est passée il y a longtemps.

ANGÉLIQUE.

C'est une chose dont vous pouvez vous tenir sûr; et, si vous persistez dans votre refus, si vous ne me faites ouvrir, je vous jure que, tout à l'heure, je vais vous faire voir jusques où peut aller la résolution d'une personne qu'on met au désespoir.

GEORGE DANDIN.

Bagatelles, bagatelles. C'est pour me faire peur.

ANGÉLIQUE.

Eh bien, puisqu'il le faut, voici qui nous contentera tous deux, et montrera si je me moque. (Après avoir fait semblant de se tuer.) Ah! c'en est fait. Fasse le ciel que ma mort soit vengée comme je le souhaite, et que celui qui en est la cause reçoive un juste châtiment de la dureté qu'il a eue pour moi!

GEORGE DANDIN.

Ouais! seroit-elle bien si malicieuse que de s'être tuée pour me faire pendre? Prenons un bout de chandelle pour aller voir[1].

SCÈNE IX

ANGÉLIQUE, CLAUDINE.

ANGÉLIQUE, à Claudine.

St. Paix. Rangeons-nous chacune immédiatement contre un des côtés de la porte.

SCÈNE X

ANGÉLIQUE et CLAUDINE, entrant dans la maison au moment que George Dandin en sort, et fermant la porte en dedans; GEORGE DANDIN, une chandelle à la main.

GEORGE DANDIN.

La méchanceté d'une femme iroit-elle bien jusque-là?

[1] La situation est empruntée à Boccace, qui l'avait lui-même empruntée à nos fabliaux. Dans le conteur italien, la femme de Tofan reçoit à peu près les mêmes réponses que celle de George Dandin: « C'est temps perdu, dit-il, tu ne saurais entrer; retourne d'où tu viens; tu ne mettras jamais le pied dans ma maison, que tu ne t'aie fait la honte que tu mérites, en présence de tes parents et de mes voisins. » La belle eut beau le conjurer d'ouvrir, en lui protestant qu'elle venait de chez une voisine où elle était allée veiller; ses prières ne servirent de rien, son mari étant résolu de faire éclater leur commune infamie. Les prières ne pouvant l'émouvoir, elle en vint aux menaces, et lui dit que, s'il n'ouvrait, elle allait le perdre. « Et que peux-tu me faire? répondit le mari. — Plutôt que de souffrir, reprit-elle, la honte dont tu veux me couvrir sans sujet, je me précipiterai dans ce puits. Comme tu passes avec justice pour un ivrogne de profession, tout le monde croira que tu m'y auras jetée, et alors on te fera mourir comme un meurtrier. » Cette menace ne produisant pas plus d'effet que la prière : « Dieu te pardonne, dit la belle; il faut donc voir si tu te trouveras bien de m'avoir mise au désespoir. » La nuit étant des plus obscures; et la belle, s'étant avancée du côté du puits, prit une grosse pierre qu'elle jeta dedans, après avoir crié tout haut: « Mon Dieu! veuillez me pardonner! » Tofan, entendant le bruit que la pierre avait fait en tombant, ne douta point que sa femme ne se fût jetée dans le puits: la peur le prend; il sort sans fermer la porte, et va voir s'il n'entendra pas sa femme se débattre. — Molière a préféré le poignard à l'eau, et peut-être a-t-il eu tort : ce dernier moyen était plus propre à l'illusion. (Cailhava.)

(Seul, après avoir regardé partout.) Il n'y a personne! Eh! je m'en étois bien douté; et la pendarde s'est retirée, voyant qu'elle ne gagnoit rien après moi, ni par prières ni par menaces. Tant mieux! cela rendra ses affaires encore plus mauvaises; et le père et la mère, qui vont venir, en verront mieux son crime. (Après avoir été à la porte de sa maison pour rentrer.) Ah! ah! la porte s'est fermée. Holà! ho! quelqu'un! qu'on m'ouvre promptement!

SCÈNE XI

ANGÉLIQUE et CLAUDINE, à la fenêtre; GEORGE DANDIN.

ANGÉLIQUE.

Comment! c'est toi? D'où viens-tu, bon pendard? Est-il l'heure de revenir chez soi, quand le jour est près de paroître; et cette manière de vie est-elle celle que doit suivre un honnête mari?

CLAUDINE.

Cela est-il beau, d'aller ivrogner toute la nuit et de laisser ainsi toute seule une pauvre jeune femme dans la maison?

GEORGE DANDIN.

Comment! vous avez...

ANGÉLIQUE.

Va, va, traitre, je suis lasse de tes déportements, et je m'en veux plaindre, sans plus tarder, à mon père et à ma mère.

GEORGE DANDIN.

Quoi! c'est ainsi que vous osez...

SCÈNE XII

MONSIEUR et MADAME DE SOTENVILLE, en déshabillé de nuit; COLIN, portant une lanterne; ANGÉLIQUE et CLAUDINE, à la fenêtre; GEORGE DANDIN.

ANGÉLIQUE, à monsieur et à madame de Sotenville.

Approchez, de grâce, et venez me faire raison de l'insolence la plus grande du monde, d'un mari à qui le vin et la jalousie ont troublé de telle sorte la cervelle, qu'il ne sait plus ni ce qu'il dit, ni ce qu'il fait, et vous a lui-même envoyé querir pour vous faire témoins de l'extravagance la plus étrange dont on ait jamais ouï parler. Le voilà qui revient, comme vous voyez, après s'être fait attendre toute la nuit; et, si vous voulez l'écouter, il vous dira qu'il a les plus grandes plaintes du monde à vous faire de moi; que, durant qu'il dormoit, je me suis dérobée d'auprès de lui pour m'en aller courir, et cent autres contes de même nature qu'il est allé rêver[1].

[1] Cette scène est encore empruntée à Boccace. — La femme, qui s'était cachée près de la porte, entre aussitôt qu'il est sorti, ferme bien la porte sur elle, et se met à la fenêtre. Tofan, entendant sa femme qui lui parlait, vit bien qu'il était pris pour dupe, et, trouvant la porte fermée, commença à prier à son tour; mais la belle ne parlait plus en suppliante: « Ivrogne, fâcheux que tu es! lui dit-elle, tu n'entreras point; je suis lasse de tes débauches. Je veux que tout le monde sache ta belle vie, et à quelle heure tu reviens au logis. » Tofan, au désespoir de se voir la dupe de

GEORGE DANDIN, à part.

Voilà une méchante carogne!

CLAUDINE.

Oui, il nous a voulu faire accroire qu'il étoit dans la maison et que nous en étions dehors; et c'est une folie qu'il n'y a pas moyen de lui ôter de la tête.

MONSIEUR DE SOTENVILLE.

Comment! Qu'est-ce à dire cela?

MADAME DE SOTENVILLE.

Voilà une furieuse impudence, que de nous envoyer querir!

GEORGE DANDIN.

Jamais...

ANGÉLIQUE.

Non, mon père, je ne puis plus souffrir un mari de la sorte : ma patience est poussée à bout; et il vient de me dire cent paroles injurieuses.

MONSIEUR DE SOTENVILLE, à George Dandin.

Corbleu! vous êtes un malhonnête homme.

CLAUDINE.

C'est une conscience de voir une pauvre jeune femme traitée de la façon; et cela crie vengeance au ciel.

GEORGE DANDIN.

Peut-on...

MONSIEUR DE SOTENVILLE.

Allez, vous devriez mourir de honte.

GEORGE DANDIN.

Laissez-moi vous dire deux mots.

ANGÉLIQUE.

Vous n'avez qu'à l'écouter : il va vous en conter de belles!

GEORGE DANDIN, à part.

Je désespère.

CLAUDINE.

Il a tant bu, que je ne pense pas qu'on puisse durer contre lui; et l'odeur du vin qu'il souffle est montée jusqu'à nous.

GEORGE DANDIN.

Monsieur mon beau-père, je vous conjure...

MONSIEUR DE SOTENVILLE.

Retirez-vous : vous puez le vin à pleine bouche.

GEORGE DANDIN.

Madame, je vous prie...

MADAME DE SOTENVILLE.

Fi! ne m'approchez pas : votre haleine est empestée.

GEORGE DANDIN, à monsieur de Sotenville.

Souffrez que je vous...

MONSIEUR DE SOTENVILLE.

Retirez-vous, vous dis-je, on ne peut vous souffrir.

GEORGE DANDIN, à madame de Sotenville.

Permettez, de grâce, que...

sa femme, commence à crier et à lui dire des injures. Les voisins, entendant ce tintamarre, se mettent aux fenêtres, et demandent la raison d'un si grand bruit. « C'est ce malheureux, répondit la belle en pleurant, qui revient ivre toutes les nuits, » etc. Le bruit fut si grand, qu'il parvint jusqu'aux parents de la belle; ils accoururent, se saisirent de Tofan, et le rossèrent si bien, qu'ils pensèrent l'assommer. (Cailhava.)

MADAME DE SOTENVILLE.

Pouah! vous m'engloutissez le cœur. Parlez de loin, si vous voulez.

GEORGE DANDIN.

Eh bien, oui, je parle de loin. Je vous jure que je n'ai bougé de chez moi, et que c'est elle qui est sortie.

ANGÉLIQUE.

Ne voilà pas ce que je vous ai dit?

CLAUDINE.

Vous voyez quelle apparence il y a.

MONSIEUR DE SOTENVILLE, à George Dandin.

Allez, vous vous moquez des gens. Descendez, ma fille, et venez ici.

SCÈNE XIII

MONSIEUR et MADAME DE SOTENVILLE, GEORGE DANDIN, COLIN.

GEORGE DANDIN.

J'atteste le ciel que j'étois dans la maison, et que...

MONSIEUR DE SOTENVILLE.

Taisez-vous c'est une extravagance qui n'est pas supportable.

GEORGE DANDIN.

Que la foudre m'écrase tout à l'heure, si...

MONSIEUR DE SOTENVILLE.

Ne nous rompez pas davantage la tête, et songez à demander pardon à votre femme.

GEORGE DANDIN.

Moi! demander pardon?

MONSIEUR DE SOTENVILLE.

Oui, pardon, et sur-le-champ.

GEORGE DANDIN.

Quoi! je...

MONSIEUR DE SOTENVILLE.

Corbleu! si vous me répliquez, je vous apprendrai ce que c'est que de vous jouer à nous.

GEORGE DANDIN.

Ah! George Dandin!

SCÈNE XIV

MONSIEUR et MADAME DE SOTENVILLE, ANGÉLIQUE, GEORGE DANDIN, CLAUDINE, COLIN.

MONSIEUR DE SOTENVILLE.

Allons, venez, ma fille, que votre mari vous demande pardon.

ANGÉLIQUE.

Moi! lui pardonner tout ce qu'il m'a dit? Non, non, mon père, il m'est impossible de m'y résoudre; et je vous prie de me séparer d'un mari avec lequel je ne saurois plus vivre.

CLAUDINE.

Le moyen d'y résister!

MONSIEUR DE SOTENVILLE.

Ma fille, de semblables séparations ne se font point sans grand scandale; et vous devez vous montrer plus sage que lui, et patienter encore cette fois.

ANGÉLIQUE.

Comment patienter, après de telles indignités? Non, mon père; c'est une chose où je ne puis consentir.

MONSIEUR DE SOTENVILLE.

Il le faut, ma fille, et c'est moi qui vous le commande.

ANGÉLIQUE.

Ce mot me ferme la bouche; et vous avez sur moi une puissance absolue.

CLAUDINE.

Quelle douceur!

ANGÉLIQUE.

Il est fâcheux d'être contrainte d'oublier de telles injures; mais, quelque violence que je me fasse, c'est à moi de vous obéir.

CLAUDINE.

Pauvre mouton!

MONSIEUR DE SOTENVILLE, à Angélique.

Approchez.

ANGÉLIQUE.

Tout ce que vous me faites faire ne servira de rien; et vous verrez que ce sera dès demain à recommencer.

MONSIEUR DE SOTENVILLE.

Nous y donnerons ordre. (A George Dandin.) Allons, mettez-vous à genoux.

GEORGE DANDIN.

A genoux?

MONSIEUR DE SOTENVILLE.

Oui, à genoux, et sans tarder.

GEORGE DANDIN, à genoux, une chandelle à la main, à part.

O ciel! (A monsieur de Sotenville.) Que faut-il dire?

MONSIEUR DE SOTENVILLE.

Madame, je vous prie de me pardonner...

GEORGE DANDIN.

Madame, je vous prie de me pardonner...

MONSIEUR DE SOTENVILLE.

L'extravagance que j'ai faite...

GEORGE DANDIN.

L'extravagance que j'ai faite... (A part.) de vous épouser.

MONSIEUR DE SOTENVILLE.

Et je vous promets de mieux vivre à l'avenir.

GEORGE DANDIN.

Et je vous promets de mieux vivre à l'avenir.

MONSIEUR DE SOTENVILLE, à George Dandin.

Prenez-y garde, et sachez que c'est ici la dernière de vos impertinences que nous souffrirons.

MADAME DE SOTENVILLE.

Jour de Dieu! si vous y retournez, on vous apprendra le respect que vous devez à votre femme et à ceux de qui elle sort.

MONSIEUR DE SOTENVILLE.

Voilà le jour qui va paroître. Adieu. (A George Dandin.) Rentrez chez vous, et songez bien à être sage. (A madame de Sotenville.) Et nous, m'amour, allons nous mettre au lit.

SCÈNE XV

GEORGE DANDIN, seul.

Ah! je le quitte maintenant, et je n'y vois plus de remède. Lorsqu'on a, comme moi, épousé une méchante femme, le meilleur parti qu'on puisse prendre, c'est de s'aller jeter dans l'eau, la tête la première [1].

[1] Le but de cette comédie était de montrer les inconvénients de ces alliances inégales, où un roturier riche achète, au poids de l'or, les mépris d'une famille noble et pauvre. (Auger.) — C'est, il faut le remarquer, l'unique fois que Molière ait représenté sur la scène une femme mariée manquant à ses devoirs. (Petitot.)

L'AVARE

COMÉDIE EN CINQ ACTES

1669

PERSONNAGES

HARPAGON, père de Cléante et d'Élise, et amoureux de Mariane [1].
CLÉANTE, fils d'Harpagon, amant de Mariane [2].
ÉLISE, fille d'Harpagon, amante de Valère [3].
VALÈRE, fils d'Anselme, et amant d'Élise [4].
MARIANE, amante de Cléante, et aimée d'Harpagon [5].
ANSELME, père de Valère et de Mariane.
FROSINE, femme d'intrigue [6].
MAITRE SIMON, courtier.
MAITRE JACQUES, cuisinier et cocher d'Harpagon [7].
LA FLÈCHE, valet de Cléante [8].
DAME CLAUDE, servante d'Harpagon.
BRINDAVOINE, }
LA MERLUCHE, } laquais d'Harpagon.
UN COMMISSAIRE et son CLERC.

La scène est à Paris, dans la maison d'Harpagon.

ACTE PREMIER

SCÈNE I

VALÈRE, ÉLISE.

VALÈRE.

Eh quoi! charmante Élise, vous devenez mélancolique, après les obligeantes assurances que vous avez eu la bonté de me donner de votre foi! Je vous vois soupirer, hélas! au milieu de ma joie! Est-ce du regret, dites-moi, de m'avoir fait heureux? et vous repentez-vous de cet engagement où mes feux ont pu vous contraindre?

ÉLISE.

Non, Valère, je ne puis pas me repentir de tout ce que je fais pour vous. Je m'y sens entraîner par une trop douce puissance, et je n'ai pas même la force de souhaiter que les choses ne fussent pas. Mais, à vous dire vrai, le succès me donne de l'inquiétude; et je crains fort de vous aimer un peu plus que je ne devrois.

Acteurs de la troupe de Molière : [1] MOLIÈRE. — [2] LA GRANGE. — [3] Mademoiselle MOLIÈRE. — [4] DU CROISY. — [5] Mademoiselle DE BRIE. — [6] Magdeleine BÉJART. — [7] HUBERT. — [8] BÉJART cadet.

VALÈRE.

Eh! que pouvez-vous craindre, Élise, dans les bontés que vous avez pour moi?

ÉLISE.

Hélas! cent choses à la fois : l'emportement d'un père, les reproches d'une famille, les censures du monde; mais, plus que tout, Valère, le changement de votre cœur, et cette froideur criminelle dont ceux de votre sexe payent le plus souvent les témoignages trop ardents d'une innocente amour.

VALÈRE.

Ah! ne me faites pas ce tort, de juger de moi par les autres! Soupçonnez-moi de tout, Élise, plutôt que de manquer à ce que je vous dois. Je vous aime trop pour cela, et mon amour pour vous durera autant que ma vie.

ÉLISE.

Ah! Valère, chacun tient les mêmes discours! Tous les hommes sont semblables par les paroles; et ce n'est que les actions qui les découvrent différents.

VALÈRE.

Puisque les seules actions font connoitre ce que nous sommes, attendez donc, au moins, à juger de mon cœur par elles, et ne me cherchez point des crimes dans les injustes craintes d'une fâcheuse prévoyance. Ne m'assassinez point, je vous prie, par les sensibles coups d'un soupçon outrageux, et donnez-moi le temps de vous convaincre, par mille et mille preuves, de l'honnêteté de mes feux.

ÉLISE.

Hélas! qu'avec facilité on se laisse persuader par les personnes que l'on aime! Oui, Valère, je tiens votre cœur incapable de m'abuser. Je crois que vous m'aimez d'un véritable amour, et que vous me serez fidèle : je n'en veux point du tout douter, et je retranche mon chagrin aux appréhensions du blâme qu'on pourra me donner.

VALÈRE.

Mais pourquoi cette inquiétude?

ÉLISE.

Je n'aurois rien à craindre si tout le monde vous voyoit des yeux dont je vous vois; et je trouve en votre perns sonne de quoi avoir raison aux choses que je fais pour vous. Mon cœur, pour sa défense, a tout votre mérite, appuyé du secours d'une reconnoissance où le ciel m'engagé envers vous. Je me représente, à toute heure, ce péril étonnant qui commença de nous offrir aux regards l'un de l'autre; cette générosité surprenante qui vous fit risquer votre vie, pour dérober la mienne à la fureur des ondes; ces soins pleins de tendresse que vous me fîtes éclater après m'avoir tirée de l'eau, et les hommages assidus de cet ardent amour que ni le temps ni les difficultés n'ont rebuté, et qui, vous faisant négliger et parents et patrie, arrête vos pas en ces lieux, y tient en ma faveur votre fortune déguisée, et vous a réduit, pour me voir, à vous revêtir de l'emploi de domestique de mon père. Tout cela fait chez moi, sans doute, un merveilleux effet; et c'en est assez à mes yeux pour me justifier l'engagement où j'ai pu consentir; mais ce n'est pas assez peut-être pour le justifier aux autres, et je ne suis pas sûre qu'on entre dans mes sentiments.

VALÈRE.

De tout ce que vous avez dit, ce n'est que par mon seul amour que je prétends, auprès de vous, mériter quelque chose; et, quant aux scrupules que vous avez, votre père lui-même ne prend que trop de soin de vous justifier à tout le monde; et l'excès de son avarice et la manière austère dont il vit avec ses enfants pourroient autoriser des choses plus étranges[1]. Pardonnez-moi, charmante Élise, si j'en parle ainsi devant vous. Vous savez que, sur ce chapitre, on n'en peut pas dire de bien. Mais enfin, si je puis, comme je l'espère, retrouver mes parents, nous n'aurons pas beaucoup de peine à nous les rendre favorables. J'en attends des nouvelles avec impatience, et j'en irai chercher moi-même, si elles tardent à venir.

ÉLISE.

Ah! Valère, ne bougez d'ici, je vous prie, et songez seulement à vous bien mettre dans l'esprit de mon père.

VALÈRE.

Vous voyez comme je m'y prends, et les adroites complaisances qu'il m'a fallu mettre en usage pour m'introduire à son service; sous quel masque de sympathie et de rapports de sentiments je me déguise pour lui plaire, et quel personnage je joue tous les jours avec lui, afin d'acquérir sa tendresse. J'y fais des progrès admirables; et j'éprouve que, pour gagner les hommes, il n'est point de meilleure voie que de se parer, à leurs yeux, de leurs inclinations, que de donner dans leurs maximes, encenser leurs défauts, et applaudir à ce qu'ils font. On n'a que faire d'avoir peur de trop charger la complaisance, et la manière dont on les joue a beau être visible, les plus fins toujours sont de grandes dupes du côté de la flatterie; et il n'y a rien de si impertinent et de si ridicule qu'on ne fasse avaler, lorsqu'on l'assaisonne en louanges. La sincérité souffre un peu au métier que je fais; mais, quand on a besoin des hommes, il faut bien s'ajuster à

[1] Ceci annonce, prépare et justifie d'avance, en quelque sorte, la conduite au moins *étrange* que les enfants d'Harpagon, le fils surtout, vont tenir envers leur père. (Auger.)

eux; et, puisqu'on ne sauroit les gagner que par là, ce n'est pas la faute de ceux qui flattent, mais de ceux qui veulent être flattés.

ÉLISE.

Mais que ne tâchez-vous aussi à gagner l'appui de mon frère, en cas que la servante s'avisât de révéler notre secret?

VALÈRE.

On ne peut pas ménager l'un et l'autre; et l'esprit du père et celui du fils sont des choses si opposées, qu'il est difficile d'accommoder ces deux confidences ensemble. Mais vous, de votre part, agissez auprès de votre frère, et servez-vous de l'amitié qui est entre vous deux pour le jeter dans nos intérêts. Il vient. Je me retire. Prenez ce temps pour lui parler, et ne lui découvrez de notre affaire que ce que vous jugerez à propos.

ÉLISE.

Je ne sais si j'aurai la force de lui faire cette confidence.

SCÈNE II

CLÉANTE, ÉLISE.

CLÉANTE.

Je suis bien aise de vous trouver seule, ma sœur; je brûlois de vous parler, pour m'ouvrir à vous d'un secret.

ÉLISE.

Me voilà prête à vous ouïr, mon frère. Qu'avez-vous à me dire?

CLÉANTE.

Bien des choses, ma sœur, enveloppées dans un mot. J'aime.

ÉLISE.

Vous aimez?

CLÉANTE.

Oui, j'aime. Mais, avant que d'aller plus loin, je sais que je dépends d'un père, et que le nom de fils me soumet à ses volontés; que nous ne devons point engager notre foi sans le consentement de ceux dont nous tenons le jour; que le ciel les a faits les maîtres de nos vœux, et qu'il nous est enjoint de n'en disposer que par leur conduite; que, n'étant prévenus d'aucune folle ardeur, ils sont en état de se tromper bien moins que nous, et de voir beaucoup mieux ce qui nous est propre; qu'il en faut plutôt croire les lumières de leur prudence que l'aveuglement de notre passion; et que l'emportement de la jeunesse nous entraîne le plus souvent dans des précipices fâcheux. Je vous dis tout cela, ma sœur, afin que vous ne vous donniez pas la peine de me le dire; car, enfin, mon amour ne veut rien écouter, et je vous prie de ne me point faire de remontrances.

ÉLISE.

Vous êtes-vous engagé, mon frère, avec celle que vous aimez?

CLÉANTE.

Non: mais j'y suis résolu, et je vous conjure encore

une fois de ne me point apporter de raisons pour m'en dissuader.

ÉLISE.

Suis-je, mon frère, une si étrange personne?

CLÉANTE.

Non, ma sœur; mais vous n'aimez pas; vous ignorez la douce violence qu'un tendre amour fait sur nos cœurs; et j'appréhende votre sagesse.

ÉLISE.

Hélas! mon frère, ne parlons point de ma sagesse; il n'est personne qui n'en manque, du moins une fois en sa vie; et, si je vous ouvre mon cœur, peut-être serai-je à vos yeux bien moins sage que vous.

CLÉANTE.

Ah! plût au ciel que votre âme, comme la mienne...

ÉLISE.

Finissons auparavant votre affaire, et me dites qui est celle que vous aimez.

CLÉANTE.

Une jeune personne qui loge depuis peu en ces quartiers, et qui semble être faite pour donner de l'amour à tous ceux qui la voient. La nature, ma sœur, n'a rien formé de plus aimable, et je me sentis transporté dès le moment que je la vis. Elle se nomme Mariane, et vit sous la conduite d'une bonne femme de mère qui est presque toujours malade, et pour qui cette aimable fille a des sentiments d'amitié qui ne sont pas imaginables. Elle la sert, la plaint et la console avec une tendresse qui vous toucheroit l'âme. Elle se prend d'un air le plus charmant du monde aux choses qu'elle fait; et l'on voit briller mille grâces en toutes ses actions, une douceur pleine d'attraits, une bonté tout engageante, une honnêteté adorable, une... Ah! ma sœur, je voudrois que vous l'eussiez vue.

ÉLISE.

J'en vois beaucoup, mon frère, dans les choses que vous me dites; et, pour comprendre ce qu'elle est, il suffit que vous l'aimez.

CLÉANTE.

J'ai découvert sous main qu'elles ne sont pas fort accommodées[1], et que leur discrète conduite a de la peine à étendre à tous leurs besoins le bien qu'elles peuvent avoir. Figurez-vous, ma sœur, quelle joie ce peut être que de relever la fortune d'une personne que l'on aime; que de donner adroitement quelques petits secours aux modestes nécessités d'une vertueuse famille; et concevez quel déplaisir ce m'est de voir que, par l'avarice d'un père, je sois dans l'impuissance de goûter cette joie et de faire éclater à cette belle aucun témoignage de mon amour.

ÉLISE.

Oui, je conçois assez, mon frère, quel doit être votre chagrin.

CLÉANTE.

Ah! ma sœur, il est plus grand qu'on ne peut croire. Car, enfin, peut-on rien voir de plus cruel que cette rigoureuse épargne qu'on exerce sur nous, que cette sécheresse étrange où l'on nous fait languir? Eh! que nous servira d'avoir du bien, s'il ne nous vient que dans le temps que nous ne serons plus dans le bel âge d'en jouir, et si, pour m'entretenir même, il faut que maintenant je m'engage de tous côtés; si je suis réduit avec vous à chercher tous les jours le secours des marchands, pour avoir moyen de porter des habits raisonnables? Enfin, j'ai voulu vous parler pour m'aider à sonder mon père sur les sentiments où je suis; et, si je l'y trouvois contraire, j'ai résolu d'aller en d'autres lieux, avec cette aimable personne, jouir de la fortune que le ciel voudra nous offrir. Je fais chercher partout, pour ce dessein, de l'argent à emprunter; et, si vos affaires, ma sœur, sont semblables aux miennes, et qu'il faille que notre père s'oppose à nos désirs, nous le quitterons là tous deux, et nous affranchirons de cette tyrannie où nous tient depuis si longtemps son avarice insupportable[1].

ÉLISE.

Il est bien vrai que tous les jours il nous donne de plus en plus sujet de regretter la mort de notre mère, et que...

CLÉANTE.

J'entends sa voix; éloignons-nous un peu pour achever notre confidence; et nous joindrons après nos forces pour venir attaquer la dureté de son humeur.

SCÈNE III

HARPAGON, LA FLÈCHE.

HARPAGON.

Hors d'ici tout à l'heure, et qu'on ne réplique pas! Allons, que l'on détale de chez moi, maître juré filou, vrai gibier de potence!

LA FLÈCHE, à part.

Je n'ai jamais rien vu de si méchant que ce maudit vieillard; et je pense, sauf correction, qu'il a le diable au corps.

HARPAGON.

Tu murmures entre tes dents?

LA FLÈCHE.

Pourquoi me chassez-vous?

HARPAGON.

C'est bien à toi, pendard, à me demander des raisons? Sors vite, que je ne t'assomme!

LA FLÈCHE.

Qu'est-ce que je vous ai fait?

HARPAGON.

Tu m'as fait que je veux que tu sortes.

LA FLÈCHE.

Mon maître, votre fils, m'a donné ordre de l'attendre.

HARPAGON.

Va-t'en l'attendre dans la rue, et ne sois point dans ma

---

[1] C'est-à-dire, qu'elles n'ont pas beaucoup de bien.

[1] Déjà se manifestent le mépris, la haine des enfants pour leur père; déjà commencent le châtiment de l'avare et la leçon morale de l'ouvrage.

maison, planté tout droit comme un piquet, à observer ce qui se passe, et faire ton profit de tout. Je ne veux point avoir sans cesse devant moi un espion de mes affaires, un traître dont les yeux maudits assiégent toutes mes actions, dévorent ce que je possède, et furètent de tous côtés pour voir s'il n'y a rien à voler.

LA FLÈCHE.

Comment diantre voulez-vous qu'on fasse pour vous voler? Êtes-vous un homme volable, quand vous renfermez toutes choses, et faites sentinelle jour et nuit?

HARPAGON.

Je veux renfermer ce que bon me semble, et faire sentinelle comme il me plaît. Ne voilà pas de mes mouchards, qui prennent garde à ce qu'on fait? (Bas, à part.) Je tremble qu'il n'ait soupçonné quelque chose de mon argent. (Haut.) Ne serois-tu point un homme à faire courir le bruit que j'ai chez moi de l'argent caché?

LA FLÈCHE.

Vous avez de l'argent caché?

HARPAGON.

Non, coquin, je ne dis pas cela. (Bas.) J'enrage! (Haut.) Je demande si, malicieusement, tu n'irois point faire courir le bruit que j'en ai.

LA FLÈCHE.

Eh! que nous importe que vous en ayez, ou que vous n'en ayez pas, si c'est pour nous la même chose?

HARPAGON, levant la main pour donner un soufflet à la Flèche.

Tu fais le raisonneur! Je te bâillerai de ce raisonnement-ci par les oreilles! Sors d'ici, encore une fois.

LA FLÈCHE.

Eh bien, je sors.

HARPAGON.

Attends: ne m'emportes-tu rien?

LA FLÈCHE.

Que vous emporterois-je?

HARPAGON.

Viens, viens çà, que je voie. Montre-moi tes mains.

LA FLÈCHE.

Les voilà.

HARPAGON.

Les autres.

LA FLÈCHE.

Les autres?

HARPAGON.

Oui.

LA FLÈCHE.

Les voilà.

HARPAGON, montrant les hauts-de-chausses de la Flèche.

N'as-tu rien mis ici dedans?

LA FLÈCHE.

Voyez vous-même.

HARPAGON, tâtant le bas des chausses de la Flèche.

Ces grands hauts-de-chausses sont propres à devenir les recéleurs des choses qu'on dérobe; et je voudrois qu'on en eût fait pendre quelqu'un.

LA FLÈCHE, à part.

Ah! qu'un homme comme cela mériteroit bien ce qu'il craint! et que j'aurois de joie à le voler!

HARPAGON.

Heu?

LA FLÈCHE.

Quoi?

HARPAGON.

Qu'est-ce que tu parles de voler?

LA FLÈCHE.

Je vous dis que vous fouilliez bien partout, pour voir si je vous ai volé.

HARPAGON.

C'est ce que je veux faire. (Harpagon fouille dans les poches de la Flèche.)

LA FLÈCHE, à part.

La peste soit de l'avarice et des avaricieux!

HARPAGON.

Comment? que dis-tu?

LA FLÈCHE.

Ce que je dis?

HARPAGON.

Oui; qu'est-ce que tu dis d'avarice et d'avaricieux?

LA FLÈCHE.

Je dis que la peste soit de l'avarice et des avaricieux.

HARPAGON.

De qui veux-tu parler?

LA FLÈCHE.

Des avaricieux.

HARPAGON.

Et qui sont-ils, ces avaricieux?

LA FLÈCHE.

Des vilains et des ladres.

HARPAGON.

Mais qui est-ce que tu entends par là?

LA FLÈCHE.

De quoi vous mettez-vous en peine?

HARPAGON.

Je me mets en peine de ce qu'il faut.

LA FLÈCHE.

Est-ce que vous croyez que je veux parler de vous?

HARPAGON.

Je crois ce que je crois; mais je veux que tu me discs à qui tu parles quand tu dis cela.

LA FLÈCHE.

Je parle... je parle à mon bonnet.

HARPAGON.

Et moi je pourrois bien parler à ta barrette [1].

LA FLÈCHE.

M'empêcherez-vous de maudire les avaricieux?

HARPAGON.

Non; mais je t'empêcherai de jaser et d'être insolent. Tais-toi!

LA FLÈCHE.

Je ne nomme personne.

HARPAGON.

Je te rosserai si tu parles.

[1] La barrette était une espèce de bonnet à l'usage des laquais et des paysans de quelques provinces. Il ne se dit plus que du bonnet carré rouge des cardinaux.

LA FLÈCHE.
Qui se sent morveux, qu'il se mouche.

HARPAGON.
Te tairas-tu?

LA FLÈCHE.
Oui, malgré moi.

HARPAGON.
Ah! ah!

LA FLÈCHE, montrant à Harpagon une poche de son justaucorps.
Tenez, voilà encore une poche : êtes-vous satisfait?

HARPAGON.
Allons, rends-le-moi sans te fouiller.

LA FLÈCHE.
Quoi?

HARPAGON.
Ce que tu m' s pris.

LA FLÈCHE.
Je ne vous ai rien pris du tout.

HARPAGON.
Assurément?

LA FLÈCHE.
Assurément.

HARPAGON.
Adieu. Va-t'en à tous les diables!

LA FLÈCHE, à part.
Me voilà fort bien congédié.

HARPAGON.
Je te le mets sur ta conscience, au moins.

SCÈNE IV

HARPAGON, seul.

Voilà un pendard de valet qui m'incommode fort ; et je ne me plais point à voir ce chien de boiteux-là. Certes, ce n'est pas une petite peine que de garder chez soi une grande somme d'argent ; et bien heureux qui a tout son fait bien placé, et ne conserve seulement que ce qu'il faut pour sa dépense! On n'est pas peu embarrassé à inventer, dans toute une maison, une cache fidèle ; car, pour moi, les coffres-forts me sont suspects, et je ne veux jamais m'y fier. Je les tiens justement une franche amorce à voleurs ; et c'est toujours la première chose que l'on va attaquer.

SCÈNE V

HARPAGON; ÉLISE et CLÉANTE, parlant ensemble, et restant dans le fond du théâtre.

HARPAGON, se croyant seul.

Cependant je ne sais si j'aurai bien fait d'avoir enterré dans mon jardin dix mille écus qu'on me rendit hier. Dix mille écus en or chez soi est une somme assez... (A part, apercevant Élise et Cléante.) O ciel! je me serai trahi moi-même! la chaleur m'aura emporté, et je crois que j'ai parlé haut en raisonnant tout seul. (A Cléante et Élise.) Qu'est-ce?

CLÉANTE.
Rien, mon père.

HARPAGON.
Y a-t-il longtemps que vous êtes là?

ÉLISE.
Nous ne venons que d'arriver.

HARPAGON.
Vous avez entendu...

CLÉANTE.
Quoi, mon père?

HARPAGON.
Là...

ÉLISE.
Quoi?

HARPAGON.
Ce que je viens de dire?

CLÉANTE.
Non.

HARPAGON.
Si fait, si fait.

ÉLISE.
Pardonnez-moi.

HARPAGON.
Je vois bien que vous en avez ouï quelques mots. C'est que je m'entretenois en moi-même de la peine qu'il y a aujourd'hui à trouver de l'argent, et je disois qu'il est bien heureux qui peut avoir dix mille écus chez soi.

CLÉANTE.
Nous feignions [1] à vous aborder, de peur de vous interrompre.

HARPAGON.
Je suis bien aise de vous dire cela, afin que vous n'alliez pas prendre les choses de travers, et vous imaginer que je dise que c'est moi qui ai dix mille écus.

CLÉANTE.
Nous n'entrons point dans vos affaires.

HARPAGON.
Plût à Dieu que je les eusse, dix mille écus!

CLÉANTE.
Je ne crois pas...

HARPAGON.
Ce seroit une bonne affaire pour moi.

ÉLISE.
Ce sont des choses...

HARPAGON.
J'en aurois bon besoin.

CLÉANTE.
Je pense que...

HARPAGON.
Cela m'accommoderoit fort.

ÉLISE.
Vous êtes...

HARPAGON.
Et je ne me plaindrois pas, comme je fais, que le temps est misérable [2].

[1] *Feindre*, dans le sens d'*hésiter*.
[2] Dans Plaute, Euclion répète sans cesse qu'il est pauvre, ce qui

ACTE I, SCÈNE V.

CLÉANTE.

Mon Dieu! mon père, vous n'avez pas lieu de vous plaindre, et l'on sait que vous avez assez de bien.

HARPAGON.

Comment, j'ai assez de bien! Ceux qui le disent en ont menti. Il n'y a rien de plus faux; et ce sont des coquins qui font courir tous ces bruits-là.

ÉLISE.

Ne vous mettez point en colère.

HARPAGON.

Cela est étrange, que mes propres enfants me trahissent, et deviennent mes ennemis!

CLÉANTE.

Est-ce être votre ennemi que de dire que vous avez du bien?

HARPAGON.

Oui. De pareils discours, et les dépenses que vous faites, seront cause qu'un de ces jours on viendra chez moi me couper la gorge, dans la pensée que je suis tout cousu de pistoles.

CLÉANTE.

Quelle grande dépense est-ce que je fais?

HARPAGON.

Quelle? Est-il rien de plus scandaleux que ce somptueux équipage que vous promenez par la ville? Je querellois hier votre sœur; mais c'est encore pis. Voilà qui crie vengeance au ciel; et, à vous prendre depuis les pieds jusqu'à la tête, il y auroit là de quoi faire une bonne constitution. Je vous l'ai dit vingt fois, mon fils, toutes vos manières me déplaisent fort; vous donnez furieusement dans le marquis; et, pour aller ainsi vêtu, il faut bien que vous me dérobiez.

CLÉANTE.

Eh! comment vous dérober?

HARPAGON.

Que sais-je, moi? Où pouvez-vous donc prendre de quoi entretenir l'état que vous portez?

CLÉANTE.

Moi, mon père? c'est que je joue; et, comme je suis fort heureux, je mets sur moi tout l'argent que je gagne.

HARPAGON.

C'est fort mal fait. Si vous êtes heureux au jeu, vous en devriez profiter, et mettre à honnête intérêt l'argent que vous gagnez, afin de le trouver un jour. Je voudrois bien savoir, sans parler du reste, à quoi servent tous ces rubans dont vous voilà lardé depuis les pieds jusqu'à la tête, et si une demi-douzaine d'aiguillettes ne suffit pas pour attacher un haut-de-chausses. Il est bien nécessaire d'employer de l'argent à des perruques, lorsque l'on peut porter des cheveux de son cru, qui ne coûtent rien!

Je vais gager qu'en perruques et rubans il y a du moins vingt pistoles; et vingt pistoles rapportent par année dix-huit livres six sous huit deniers, à ne les placer qu'au denier douze[1].

CLÉANTE.

Vous avez raison.

HARPAGON.

Laissons cela, et parlons d'autre affaire. (Apercevant Cléante et Élise qui se font des signes.) Eh! (Bas, à part.) Je crois qu'ils se font signe l'un à l'autre de me voler ma bourse. (Haut.) Que veulent dire ces gestes-là?

ÉLISE.

Nous marchandons, mon frère et moi, à qui parlera le premier; et nous avons tous deux quelque chose à vous dire.

HARPAGON.

Et moi, j'ai quelque chose aussi à vous dire à tous deux.

CLÉANTE.

C'est de mariage, mon père, que nous désirons vous parler.

HARPAGON.

Et c'est de mariage aussi que je veux vous entretenir.

ÉLISE.

Ah! mon père!

HARPAGON.

Pourquoi ce cri? Est-ce le mot, ma fille, ou la chose qui vous fait peur?

CLÉANTE.

Le mariage peut nous faire peur à tous deux, de la façon que vous pouvez l'entendre; et nous craignons que nos sentiments ne soient pas d'accord avec votre choix.

HARPAGON.

Un peu de patience; ne vous alarmez point. Je sais ce qu'il faut à tous deux, et vous n'aurez, ni l'un ni l'autre, aucun lieu de vous plaindre de tout ce que je prétends faire; et, pour commencer par un bout, (A Cléante.) avez-vous vu, dites-moi, une jeune personne appelée Mariane, qui ne loge pas loin d'ici?

CLÉANTE.

Oui, mon père.

HARPAGON, à Élise.

Et vous?

ÉLISE.

J'en ai ouï parler.

HARPAGON.

Comment, mon fils, trouvez-vous cette fille?

CLÉANTE.

Une fort charmante personne.

HARPAGON.

Sa physionomie?

CLÉANTE.

Toute honnête et pleine d'esprit.

HARPAGON.

Son air et sa manière?

CLÉANTE.

Admirables, sans doute.

---

est fort bien; mais Harpagon dit la même chose, ce qui est encore mieux, parce qu'on sait le contraire. Euclion est pauvre, et est à peu près dans le cas du savetier de la Fontaine, à qui ses cent écus tournent la tête : il a trouvé dans sa maison un trésor dans un pot de terre que son grand-père avait enfoui. Dans l'*Avare* de Molière, ce trésor n'a pas été trouvé; il a été amassé, ce qui vaut beaucoup mieux; de plus, Harpagon est riche et connu pour tel, ce qui rend son avarice plus odieuse et moins excusable. (La Harpe.)

[1] Un denier d'intérêt pour douze prêtés; c'est-à-dire à huit un tiers pour cent, comme on dirait aujourd'hui.

HARPAGON.
Ne croyez-vous pas qu'une fille comme cela mériteroit assez que l'on songeât à elle?
CLÉANTE.
Oui, mon père.
HARPAGON.
Que ce seroit un parti souhaitable?
CLÉANTE.
Très-souhaitable.
HARPAGON.
Qu'elle a toute la mine de faire un bon ménage?
CLÉANTE.
Sans doute.
HARPAGON.
Et qu'un mari auroit satisfaction avec elle?
CLÉANTE.
Assurément.
HARPAGON.
Il y a une petite difficulté : c'est que j'ai peur qu'il n'y ait pas avec elle tout le bien qu'on pourroit prétendre.
CLÉANTE.
Ah! mon père, le bien n'est pas considérable [1], lorsqu'il est question d'épouser une honnête personne.
HARPAGON.
Pardonnez-moi, pardonnez-moi. Mais ce qu'il y a à dire, c'est que, si l'on n'y trouve pas tout le bien qu'on souhaite, on peut tâcher de regagner cela sur autre chose.
CLÉANTE.
Cela s'entend.
HARPAGON.
Enfin, je suis bien aise de vous voir dans mes sentiments : car son maintien honnête et sa douceur m'ont gagné l'âme, et je suis résolu de l'épouser, pourvu que j'y trouve quelque bien.
CLÉANTE.
Heu?
HARPAGON.
Comment?
CLÉANTE.
Vous êtes résolu, dites-vous...
HARPAGON.
D'épouser Mariane.
CLÉANTE.
Qui? Vous, vous?
HARPAGON.
Oui, moi, moi, moi. Que veut dire cela?
CLÉANTE.
Il m'a pris tout à coup un éblouissement, et je me retire d'ici.
HARPAGON.
Cela ne sera rien. Allez vite boire dans la cuisine un grand verre d'eau claire.

[1] Digne de considération, d'attention.

SCÈNE VI

HARPAGON, ÉLISE.

HARPAGON.
Voilà de mes damoiseaux flouets [1], qui n'ont non pl de vigueur que des poules. C'est là, ma fille, ce que j' résolu pour moi. Quant à ton frère, je lui destine ur certaine veuve dont, ce matin, on m'est venu parler; e pour toi, je te donne au seigneur Anselme.
ÉLISE.
Au seigneur Anselme?
HARPAGON.
Oui, un homme mûr, prudent et sage, qui n'a pas plu de cinquante ans, et dont on vante les grands biens.
ÉLISE, faisant la révérence.
Je ne veux point me marier, mon père, s'il vous plaît
HARPAGON, contrefaisant Élise.
Et moi, ma petite fille, ma mie, je veux que vous vou mariiez, s'il vous plaît.
ÉLISE, faisant encore la révérence.
Je vous demande pardon, mon père.
HARPAGON, contrefaisant Élise.
Je vous demande pardon, ma fille.
ÉLISE.
Je suis très-humble servante au seigneur Anselme; mais, *(Faisant encore la révérence.)* avec votre permission, j ne l'épouserai point [2].
HARPAGON.
Je suis votre très-humble valet; mais, *(Contrefaisant Élise.)* avec votre permission, vous l'épouserez dès ce soir.
ÉLISE.
Dès ce soir?
HARPAGON.
Dès ce soir.
ÉLISE, faisant encore la révérence.
Cela ne sera pas, mon père.
HARPAGON, contrefaisant encore Élise.
Cela sera, ma fille.
ÉLISE.
Non.
HARPAGON.
Si.
ÉLISE.
Non, vous dis-je.
HARPAGON.
Si, vous dis-je.
ÉLISE.
C'est une chose où vous ne me réduirez point.
HARPAGON.
C'est une chose où je te réduirai.
ÉLISE.
Je me tuerai plutôt que d'épouser un tel mari.

[1] Fluets, délicats, sans vigueur.
[2] Dans presque toutes les comédies de Molière il y a une jeune fille qu'on veut marier contre son gré. Le talent du poète est d'avoir varié cette situation uniforme par le seul effet du caractère et du ton des personnages. Élise n'a point appris à respecter son père. Le seul trait suffit pour donner de la nouveauté à une situation qui est cependant la même que celle de Mariane dans le *Tartuffe*, et d'Henriette dans les *Femmes savantes*. (Aimé Martin.)

HARPAGON.

Tu ne te tueras point, et tu l'épouseras. Mais voyez quelle audace! A-t-on jamais vu une fille parler de la sorte à son père?

ÉLISE.

Mais a-t-on jamais vu un père marier sa fille de la sorte?

HARPAGON.

C'est un parti où il n'y a rien à redire; et je gage que tout le monde approuvera mon choix.

ÉLISE.

Et moi, je gage qu'il ne sauroit être approuvé d'aucune personne raisonnable.

HARPAGON, apercevant Valère de loin.

Voilà Valère. Veux-tu qu'entre nous deux nous le fassions juge de cette affaire?

ÉLISE.

J'y consens.

HARPAGON.

Te rendras-tu à son jugement?

ÉLISE.

Oui; j'en passerai par ce qu'il dira.

HARPAGON.

Voilà qui est fait.

SCÈNE VII

VALÈRE, HARPAGON, ÉLISE.

HARPAGON.

Ici, Valère. Nous t'avons élu pour nous dire qui a raison de ma fille ou de moi.

VALÈRE.

C'est vous, monsieur, sans contredit.

HARPAGON.

Sais-tu bien de quoi nous parlons?

VALÈRE.

Non. Mais vous ne sauriez avoir tort, et vous êtes toute raison.

HARPAGON.

Je veux, ce soir, lui donner pour époux un homme aussi riche que sage; et la coquine me dit au nez qu'elle se moque de le prendre. Que dis-tu de cela?

VALÈRE.

Ce que j'en dis?

HARPAGON.

Oui.

VALÈRE.

Eh! eh!

HARPAGON.

Quoi?

VALÈRE.

Je dis que, dans le fond, je suis de votre sentiment, et vous ne pouvez pas que vous n'ayez raison [1]. Mais aussi n'a-t-elle pas tort tout à fait, et...

HARPAGON.

Comment? le seigneur Anselme est un parti considérable; c'est un gentilhomme qui est noble [1], doux, posé, sage et fort accommodé, et auquel il ne reste aucun enfant de son premier mariage. Sauroit-elle mieux rencontrer?

VALÈRE.

Cela est vrai. Mais elle pourroit vous dire que c'est un peu précipiter les choses, et qu'il faudroit au moins quelque temps pour voir si son inclination pourroit s'accommoder avec...

HARPAGON.

C'est une occasion qu'il faut prendre vite aux cheveux. Je trouve ici un avantage qu'ailleurs je ne trouverois pas; et il s'engage à la prendre sans dot.

VALÈRE.

Sans dot?

HARPAGON.

Oui.

VALÈRE.

Ah! je ne dis plus rien. Voyez-vous? voilà une raison tout à fait convaincante; il se faut rendre à cela.

HARPAGON.

C'est pour moi une épargne considérable.

VALÈRE.

Assurément; cela ne reçoit point de contradiction. Il est vrai que votre fille vous peut représenter que le mariage est une plus grande affaire qu'on ne peut croire; qu'il y va d'être heureux ou malheureux toute sa vie; et qu'un engagement qui doit durer jusqu'à la mort ne se doit jamais faire qu'avec de grandes précautions.

HARPAGON.

Sans dot!

VALÈRE.

Vous avez raison : voilà qui décide tout; cela s'entend. Il y a des gens qui pourroient vous dire qu'en de telles occasions l'inclination d'une fille est une chose, sans doute, où l'on doit avoir de l'égard; et que cette grande inégalité d'âge, d'humeur et de sentiments, rend un mariage sujet à des accidents très-fâcheux.

HARPAGON.

Sans dot!

VALÈRE.

Ah! il n'y a pas de réplique à cela; on le sait bien. Qui diantre peut aller là contre? Ce n'est pas qu'il n'y ait quantité de pères qui aimeroient mieux ménager la satisfaction de leurs filles que l'argent qu'ils pourroient donner; qui ne les voudroient point sacrifier à l'intérêt, et chercheroient plus que toute autre chose à mettre dans un mariage cette douce conformité qui, sans cesse, y maintient l'honneur, la tranquillité et la joie; et que...

---

[1] *Vous ne pouvez pas que*, latinisme, *non possum quin*. Boileau a dit aussi, dans la *Satire sur les Femmes* :

Je ne puis cette fois que je ne les excuse!

(Ch. Louandre.)

[1] *Ce gentilhomme qui est noble* est certainement un trait de satire contre les faux nobles, dont le nombre était fort considérable. Molière y revient plus loin, acte V, scène v: « Le monde aujourd'hui n'est plein que de ces larrons de noblesse, que de ces imposteurs qui tirent avantage de leur obscurité, et s'habillent insolemment du premier nom illustre qu'ils s'avisent de prendre. » (Auger.)

HARPAGON.

Sans dot[1]!

VALÈRE.

Il est vrai; cela ferme la bouche à tout. Sans dot! Le moyen de résister à une raison comme celle-là?

HARPAGON, à part, regardant du côté du jardin.

Ouais! il me semble que j'entends un chien qui aboie. N'est-ce point qu'on en voudroit à mon argent? (A Valère.) Ne bougez; je reviens tout à l'heure[2].

SCÈNE VIII

ÉLISE, VALÈRE.

ÉLISE.

Vous moquez-vous, Valère, de lui parler comme vous faites?

VALÈRE.

C'est pour ne point l'aigrir, et pour en venir mieux à bout. Heurter de front ses sentiments est le moyen de tout gâter; et il y a de certains esprits qu'il ne faut prendre qu'en biaisant; des tempéraments ennemis de toute résistance, des naturels rétifs, que la vérité fait cabrer, qui toujours se roidissent contre le droit chemin de la raison, et qu'on ne mène qu'en tournant où l'on veut les conduire. Faites semblant de consentir à ce qu'il veut, vous en viendrez mieux à vos fins: et...

ÉLISE.

Mais ce mariage, Valère!

VALÈRE.

On cherchera des biais pour le rompre.

ÉLISE.

Mais quelle invention trouver, s'il se doit conclure ce soir?

VALÈRE.

Il faut demander un délai, et feindre quelque maladie.

ÉLISE.

Mais on découvrira la feinte, si l'on appelle des médecins.

VALÈRE.

Vous moquez-vous? Y connoissent-ils quelque chose? Allez, allez, vous pourrez avec eux avoir quel mal il vous plaira; ils vous trouveront des raisons pour vous dire d'où cela vient.

[1] Dans la pièce latine, Mégadore fait ses propositions de mariage; Euclion y consent, mais à une condition: « Je veux bien, dit-il, que cet hymen s'accomplisse; mais n'oubliez pas que vous vous êtes engagé à prendre ma fille sans dot. »

...... Paxint; illud facito ut memineris
Convenisse ut ne quid dotis mea ad te afferret filia.
(Petitot.)

[2] La Fontaine, dans le *Savetier et le Financier* :

Tous les jours il avoit l'œil au guet; et, la nuit,
Si quelque chat faisoit du bruit,
Le chat prenoit l'argent...

SCÈNE IX

HARPAGON, ÉLISE, VALÈRE.

HARPAGON, à part, dans le fond du théâtre.

Ce n'est rien, Dieu merci.

VALÈRE, sans voir Harpagon.

Enfin, notre dernier recours, c'est que la fuite nous peut mettre à couvert de tout; et, si votre amour, belle Élise, est capable d'une fermeté... (Apercevant Harpagon.) Oui, il faut qu'une fille obéisse à son père. Il ne faut point qu'elle regarde comme un mari est fait; et, lorsque la grande raison de *sans dot* s'y rencontre, elle doit être prête à prendre tout ce qu'on lui donne.

HARPAGON.

Bon; voilà bien parler, cela!

VALÈRE.

Monsieur, je vous demande pardon si je m'emporte un peu, et prends la hardiesse de lui parler comme je fais.

HARPAGON.

Comment! j'en suis ravi, et je veux que tu prennes sur elle un pouvoir absolu. (A Élise.) Oui, tu as beau fuir, je lui donne l'autorité que le ciel me donne sur toi, et j'entends que tu fasses tout ce qu'il te dira.

VALÈRE, à Élise.

Après cela, résistez à mes remontrances.

SCÈNE X

HARPAGON, VALÈRE.

VALÈRE.

Monsieur, je vais la suivre, pour lui continuer les leçons que je lui faisois.

HARPAGON.

Oui; tu m'obligeras. Certes...

VALÈRE.

Il est bon de lui tenir un peu la bride haute.

HARPAGON.

Cela est vrai. Il faut...

VALÈRE.

Ne vous mettez pas en peine. Je crois que j'en viendrai à bout.

HARPAGON.

Fais, fais. Je m'en vais faire un petit tour en ville, et reviens tout à l'heure.

VALÈRE, adressant la parole à Élise, en s'en allant du côté par où elle est sortie.

Oui, l'argent est plus précieux que toutes les choses du monde, et vous devez rendre grâces au ciel, de l'honnête homme de père qu'il vous a donné. Il sait ce que c'est que de vivre. Lorsqu'on s'offre de prendre une fille sans dot, on ne doit point regarder plus avant. Tout est renfermé là dedans; et *sans dot* tient lieu de beauté, de jeunesse, de naissance, d'honneur, de sagesse et de probité.

HARPAGON.

Ah! le brave garçon! Voilà parler comme un oracle. Heureux qui peut avoir un domestique de la sorte!

ACTE SECOND

SCÈNE I

CLÉANTE, LA FLÈCHE.

CLÉANTE.

Ah! traître que tu es! où t'es-tu donc allé fourrer? Ne t'avois-je pas donné ordre...

LA FLÈCHE.

Oui, monsieur; et je m'étois rendu ici pour vous attendre de pied ferme; mais monsieur votre père, le plus malgracieux des hommes, m'a chassé dehors malgré moi, et j'ai couru risque d'être battu.

CLÉANTE.

Comment va notre affaire? Les choses pressent plus que jamais; et, depuis que je t'ai vu, j'ai découvert que mon père est mon rival.

LA FLÈCHE.

Votre père amoureux?

CLÉANTE.

Oui; et j'ai eu toutes les peines du monde à lui cacher le trouble où cette nouvelle m'a mis.

LA FLÈCHE.

Lui, se mêler d'aimer! De quoi diable s'avise-t-il? Se moque-t-il du monde? Et l'amour a-t-il été fait pour des gens bâtis comme lui?

CLÉANTE.

Il a fallu, pour mes péchés, que cette passion lui soit venue en tête.

LA FLÈCHE.

Mais par quelle raison lui faire un mystère de votre amour?

CLÉANTE.

Pour lui donner moins de soupçon, et me conserver, au besoin, des ouvertures plus aisées pour détourner ce mariage. Quelle réponse t'a-t-on faite?

LA FLÈCHE.

Ma foi, monsieur, ceux qui empruntent sont bien malheureux; et il faut essuyer d'étranges choses lorsqu'on est réduit à passer, comme vous, par les mains des fesse-matthieux.

CLÉANTE.

L'affaire ne se fera point?

LA FLÈCHE.

Pardonnez-moi. Notre maître Simon, le courtier qu'on nous a donné, homme agissant et plein de zèle, dit qu'il a fait rage pour vous, et il assure que votre seule physionomie lui a gagné le cœur.

CLÉANTE.

J'aurai les quinze mille francs que je demande?

LA FLÈCHE.

Oui; mais à quelques petites conditions qu'il faudra que vous acceptiez, si vous avez dessein que les choses se fassent.

CLÉANTE.

T'a-t-il fait parler à celui qui doit prêter l'argent?

LA FLÈCHE.

Ah! vraiment, cela ne va pas de la sorte. Il apporte encore plus de soin à se cacher que vous, et ce sont des mystères bien plus grands que vous ne pensez. On ne veut point du tout dire son nom; et l'on doit aujourd'hui l'aboucher avec vous dans une maison empruntée, pour être instruit par votre bouche de votre bien et de votre famille; et je ne doute point que le seul nom de votre père ne rende les choses faciles.

CLÉANTE.

Et principalement ma mère étant morte, dont on ne peut m'ôter le bien [1].

LA FLÈCHE.

Voici quelques articles qu'il a dictés lui-même à notre entremetteur, pour vous être montrés avant que de rien faire.

« Supposé que le prêteur voie toutes ses sûretés, et que
« l'emprunteur soit majeur, et d'une famille où le bien
« soit ample, solide, assuré, clair, et net de tout embar-
« ras, on fera une bonne et exacte obligation par-devant
« un notaire, le plus honnête homme qu'il se pourra, et
« qui, pour cet effet, sera choisi par le prêteur, auquel
« il importe le plus que l'acte soit dûment dressé. »

CLÉANTE.

Il n'y a rien à dire à cela.

LA FLÈCHE.

« Le prêteur, pour ne charger sa conscience d'aucun
« scrupule, prétend ne donner son argent qu'au denier
« dix-huit [2]. »

CLÉANTE.

Au denier dix-huit? Parbleu! voilà qui est honnête. Il n'y a pas lieu de se plaindre.

LA FLÈCHE.

Cela est vrai.

« Mais, comme ledit prêteur n'a pas chez lui la somme
« dont il est question, et que, pour faire plaisir à l'em-
« prunteur, il est contraint lui-même de l'emprunter d'un
« autre sur le pied du denier cinq [3], il conviendra que
« ledit premier emprunteur paye cet intérêt, sans préju-
« dice du reste, attendu que ce n'est que pour l'obliger
« que ledit prêteur s'engage à cet emprunt. »

CLÉANTE.

Comment diable! quel Juif, quel Arabe est-ce là? C'est plus qu'au denier quatre [4].

LA FLÈCHE.

Il est vrai; c'est ce que j'ai dit. Vous avez à voir là-dessus.

CLÉANTE.

Que veux-tu que je voie? J'ai besoin d'argent, et il faut bien que je consente à tout.

LA FLÈCHE.

C'est la réponse que j'ai faite.

CLÉANTE.

Il y a encore quelque chose?

---

[1] VAR. Et principalement *notre* mère étant morte, etc.
[2] C'est-à-dire un denier d'intérêt pour dix-huit prêtés; ce qui équivaut à un peu plus de cinq et demi pour cent.
[3] A vingt pour cent.
[4] A vingt-cinq pour cent.

LA FLÈCHE.

Ce n'est plus qu'un petit article.

« Des quinze mille francs qu'on demande, le prêteur ne pourra compter en argent que douze mille livres; et, pour les mille écus restants, il faudra que l'emprunteur prenne les hardes, nippes, bijoux dont s'ensuit le mémoire, et que ledit prêteur a mis, de bonne foi, au plus modique prix qu'il lui a été possible. »

CLÉANTE.

Que veut dire cela?

LA FLÈCHE.

Écoutez le mémoire.

« Premièrement, un lit de quatre pieds à bandes de point de Hongrie, appliquées fort proprement sur un drap de couleur d'olive, avec six chaises et la courtepointe de même : le tout bien conditionné, et doublé d'un petit taffetas changeant rouge et bleu.

« Plus, un pavillon à queue, d'une bonne serge d'Aumale rose sèche, avec le mollet et les franges de soie. »

CLÉANTE.

Que veut-il que je fasse de cela?

LA FLÈCHE.

Attendez.

« Plus, une tenture de tapisserie des amours de Gombaud et de Macée.

« Plus, une grande table de bois de noyer, à douze colonnes ou piliers tournés, qui se tire par les deux bouts, et garnie, par le dessous, de ses six escabelles[1]. »

CLÉANTE.

Qu'ai-je affaire, morbleu...

LA FLÈCHE.

Donnez-vous patience.

« Plus, trois gros mousquets tout garnis de nacre de perle, avec les fourchettes assortissantes[2].

« Plus, un fourneau de brique, avec deux cornues et trois récipients, fort utile à ceux qui sont curieux de distiller. »

CLÉANTE.

J'enrage !

LA FLÈCHE.

Doucement.

« Plus, un luth de Bologne, garni de toutes ses cordes, ou peu s'en faut.

« Plus, un trou-madame et un damier, avec un jeu de l'oie, renouvelé des Grecs, fort propre à passer le temps lorsque l'on n'a que faire.

« Plus, une peau d'un lézard de trois pieds et demi, remplie de foin : curiosité agréable pour pendre au plancher d'une chambre.

« Le tout ci-dessus mentionné, valant loyalement plus de quatre mille cinq cents livres, et rabaissé à la valeur de mille écus, par la discrétion du prêteur. »

CLÉANTE.

Que la peste l'étouffe avec sa discrétion, le traître, le bourreau qu'il est! A-t-on jamais parlé d'une usure semblable? Et n'est-il pas content du furieux intérêt qu'il exige, sans vouloir encore m'obliger à prendre pour trois mille livres les vieux rogatons qu'il ramasse? Je n'aurai pas deux cents écus de tout cela; et cependant il faut bien me résoudre à consentir à ce qu'il veut; car il est en état de me faire tout accepter, et il me tient, le scélérat, le poignard sur la gorge.

LA FLÈCHE.

Je vous vois, monsieur, ne vous en déplaise, dans le grand chemin justement que tenoit Panurge pour se ruiner, prenant argent d'avance, achetant cher, vendant à bon marché, et mangeant son blé en herbe[1].

CLÉANTE.

Que veux-tu que j'y fasse? Voilà où les jeunes gens sont réduits par la maudite avarice des pères; et on s'étonne, après cela, que les fils souhaitent qu'ils meurent[2] !

LA FLÈCHE.

Il faut convenir que le vôtre animeroit contre sa vilenie le plus posé homme du monde. Je n'ai pas, Dieu merci, les inclinations fort patibulaires; et, parmi mes confrères que je vois se mêler de beaucoup de petits commerces, je sais tirer adroitement mon épingle du jeu, et me démêler prudemment de toutes les galanteries qui sentent tant soit peu l'échelle; mais, à vous dire vrai, il me donneroit, par ses procédés, des tentations de le voler; et je croirois, en le volant, faire une action méritoire.

CLÉANTE.

Donne-moi un peu ce mémoire, que je le voie encore.

SCÈNE II

HARPAGON, MAITRE SIMON; CLÉANTE et LA FLÈCHE, dans le fond du théâtre.

MAITRE SIMON.

Oui, monsieur; c'est un jeune homme qui a besoin d'argent; ses affaires le pressent d'en trouver, et il en passera par tout ce que vous en prescrirez.

HARPAGON.

Mais croyez-vous, maître Simon, qu'il n'y ait rien à péricliter? et savez-vous le nom, les biens et la famille de celui pour qui vous parlez?

MAITRE SIMON.

Non. Je ne puis pas bien vous en instruire à fond; et ce n'est que par aventure que l'on m'a adressé à lui; mais vous serez de toutes choses éclairci par lui-même, et son homme m'a assuré que vous serez content quand vous le connoîtrez. Tout ce que je saurois vous dire, c'est

---

[1] Var. Et garnie, par le dessous, de ses escabelles.
[2] Bâton terminé d'un bout par une pointe qu'on enfonçoit en terre, et, de l'autre, par un fer fourchu, sur lequel on appuyoit le mousquet.

[1] C'est le texte même de Rabelais : « Abattant bois, bruslant les grosses souches pour la vente des cendres, prenant argent d'avance, achetant cher, vendant à bon marché, et mangeant son bled en herbe. » (Liv. III. ch. ii.)
[2] Molière ne donne pas Cléante pour le modèle des fils : il montre ce que deviennent les enfants dont les pères sont avares. Sans doute les mots de Cléante sont affreux, et cependant l'auteur ne pouvait les affaiblir sans affaiblir la morale de son ouvrage. (Aimé Martin.)

ACTE II, SCÈNE V.

que sa famille est fort riche, qu'il n'a plus de mère déjà, et qu'il s'obligera, si vous voulez, que son père mourra avant qu'il soit huit mois.

HARPAGON.

C'est quelque chose que cela. La charité, maître Simon, nous oblige à faire plaisir aux personnes, lorsque nous le pouvons.

MAÎTRE SIMON.

Cela s'entend.

LA FLÈCHE, bas, à Cléante, reconnoissant maître Simon.

Que veut dire ceci? Notre maître Simon qui parle à votre père!

CLÉANTE, bas, à la Flèche.

Lui auroit-on appris qui je suis? et serois-tu pour me trahir?

MAÎTRE SIMON, à Cléante et à la Flèche.

Ah! ah! vous êtes bien pressés! Qui vous a dit que c'étoit céans? (A Harpagon.) Ce n'est pas moi, monsieur, au moins, qui leur ai découvert votre nom et votre logis; mais, à mon avis, il n'y a pas grand mal à cela : ce sont des personnes discrètes, et vous pouvez ici vous expliquer ensemble.

HARPAGON.

Comment?

MAÎTRE SIMON, montrant Cléante.

Monsieur est la personne qui veut vous emprunter les quinze mille livres dont je vous ai parlé.

HARPAGON.

Comment, pendard! c'est toi qui t'abandonnes à ces coupables extrémités?

CLÉANTE.

Comment, mon père! c'est vous qui vous portez à ces honteuses actions [1]! (Maître Simon s'enfuit, et la Flèche va se cacher.)

---

[1] Molière doit à Boisrobert l'idée de cette admirable scène. Ergaste, amoureux de la belle Plaideuse, a fait chercher pour elle l'argent nécessaire à la poursuite de son procès; un notaire lui annonce l'usurier qui doit faire le prêt : « Il sort de mon étude, dit-il, parlez-lui. »

ERGASTE.
...... Quoi! c'est là celui qui fait le prêt?
DARQUET.
Oui, monsieur.
AMIDOR.
Quoi! c'est là ce payeur d'intérêt?
Quoi! c'est donc toi, méchant filou, traîne-potence?
C'est en vain que ton œil évite ma présence,
Je t'ai vu.
ERGASTE.
Qui doit être enfin le plus honteux,
Mon père? Et qui paroit le plus sot de nous deux?
PHILIPIN.
Nous voilà bien chanceux!
DARQUET.
La plaisante aventure!
ERGASTE.
Quoi! jusques à son sang étendre son usure?
DARQUET.
Laissons-les.
AMIDOR.
Débauché, traître, infâme, vaurien!
Je me retranche tout pour t'amasser du bien,
J'épargne, et mon fonds que j'augmente,
Tous les ans, pour le moins, de mille francs de rente,
N'est que pour t'élever sur ta condition, etc.

Molière a laissé si loin de lui son modèle, que la source où il a puisé était demeurée inconnue, même à ses contemporains. (Bret.)

SCÈNE III

HARPAGON, CLÉANTE.

HARPAGON.

C'est toi qui te veux ruiner par des emprunts si condamnables?

CLÉANTE.

C'est vous qui cherchez à vous enrichir par des usures si criminelles?

HARPAGON.

Oses-tu bien, après cela, paroître devant moi?

CLÉANTE.

Osez-vous bien, après cela, vous présenter aux yeux du monde?

HARPAGON.

N'as-tu point de honte, dis-moi, d'en venir à ces débauches-là, de te précipiter dans des dépenses effroyables, et de faire une honteuse dissipation du bien que tes parents t'ont amassé avec tant de sueurs?

CLÉANTE.

Ne rougissez-vous point de déshonorer votre condition par les commerces que vous faites; de sacrifier gloire et réputation au désir insatiable d'entasser écu sur écu, et de renchérir, en fait d'intérêt, sur les plus infâmes subtilités qu'aient jamais inventées les plus célèbres usuriers?

HARPAGON.

Ote-toi de mes yeux, coquin! ôte-toi de mes yeux!

CLÉANTE.

Qui est plus criminel, à votre avis, ou celui qui achète un argent dont il a besoin, ou bien celui qui vole un argent dont il n'a que faire?

HARPAGON.

Retire-toi, te dis-je, et ne m'échauffe pas les oreilles! (Seul.) Je ne suis pas fâché de cette aventure; et ce m'est un avis de tenir l'œil plus que jamais sur toutes ses actions.

SCÈNE IV

FROSINE, HARPAGON.

FROSINE.

Monsieur...

HARPAGON.

Attendez un moment; je vais revenir vous parler. (A part.) Il est à propos que je fasse un petit tour à mon argent [1].

SCÈNE V

LA FLÈCHE, FROSINE.

LA FLÈCHE, sans voir Frosine.

L'aventure est tout à fait drôle! Il faut bien qu'il ait

---

[1] Dans Plaute, Euclion va, comme Harpagon, faire des visites continuelles à son argent.

quelque part un ample magasin de hardes; car nous n'avons rien reconnu au mémoire que nous avons.

FROSINE.

Eh! c'est toi, mon pauvre la Flèche? D'où vient cette rencontre?

LA FLÈCHE.

Ah! ah! c'est toi, Frosine? Que viens-tu faire ici?

FROSINE.

Ce que je fais partout ailleurs : m'entremettre d'affaires, me rendre serviable aux gens, et profiter, du mieux qu'il m'est possible, des petits talents que je puis avoir. Tu sais que, dans ce monde, il faut vivre d'adresse, et qu'aux personnes comme moi le ciel n'a donné d'autres rentes que l'intrigue et que l'industrie.

LA FLÈCHE.

As-tu quelque négoce avec le patron du logis?

FROSINE.

Oui. Je traite pour lui quelque petite affaire, dont j'espère une récompense.

LA FLÈCHE.

De lui? Ah! ma foi, tu seras bien fine, si tu en tires quelque chose; et je te donne avis que l'argent céans est fort cher.

FROSINE.

Il y a de certains services qui touchent merveilleusement.

LA FLÈCHE.

Je suis votre valet; et tu ne connois pas encore le seigneur Harpagon. Le seigneur Harpagon est, de tous les humains, l'humain le moins humain, le mortel de tous les mortels le plus dur et le plus serré. Il n'est point de service qui pousse sa reconnoissance jusqu'à lui faire ouvrir les mains. De la louange, de l'estime, de la bienveillance en paroles, et de l'amitié, tant qu'il vous plaira; mais de l'argent, point d'affaires. Il n'est rien de plus sec et de plus aride que ses bonnes grâces et ses caresses; et *donner* est un mot pour qui il a tant d'aversion, qu'il ne dit jamais *Je vous donne*, mais *Je vous prête le bonjour*.

FROSINE.

Mon Dieu! je sais l'art de traire les hommes¹; j'ai le secret de m'ouvrir leur tendresse, de chatouiller leurs cœurs, de trouver les endroits par où ils sont sensibles.

LA FLÈCHE.

Bagatelles ici. Je te défie d'attendrir, du côté de l'argent, l'homme dont il est question. Il est Turc là-dessus, mais d'une turquerie à désespérer tout le monde; et l'on pourroit crever, qu'il n'en branleroit pas. En un mot, il aime l'argent plus que réputation, qu'honneur et que vertu; et la vue d'un demandeur lui donne des convulsions; c'est le frapper par son endroit mortel, c'est lui percer le cœur, c'est lui arracher les entrailles; et si... Mais il revient : je me retire.

¹ Voltaire censure cette expression comme grossière et inconvenante (P. L.)

SCÈNE VI.

HARPAGON, FROSINE.

HARPAGON, bas.

Tout va comme il faut. (Haut.) Eh bien, qu'est-ce, Frosine?

FROSINE.

Ah! mon Dieu, que vous vous portez bien, et que vous avez là un vrai visage de santé!

HARPAGON.

Qui? moi?

FROSINE.

Jamais je ne vous vis un teint si frais et si gaillard.

HARPAGON.

Tout de bon?

FROSINE.

Comment! vous n'avez de votre vie été si jeune que vous êtes; et je vois des gens de vingt-cinq ans qui sont plus vieux que vous.

HARPAGON.

Cependant, Frosine, j'en ai soixante bien comptés.

FROSINE.

Eh bien, qu'est-ce que cela, soixante ans? Voilà bien de quoi! C'est la fleur de l'âge, cela; et vous entrez maintenant dans la belle saison de l'homme.

HARPAGON.

Il est vrai; mais vingt années de moins, pourtant, ne me feroient point de mal, que je crois.

FROSINE.

Vous moquez-vous? Vous n'avez pas besoin de cela; et vous êtes d'une pâte à vivre jusques à cent ans.

HARPAGON.

Tu le crois?

FROSINE.

Assurément. Vous en avez toutes les marques. Tenez-vous un peu. Oh! que voilà bien là, entre vos deux yeux, un signe de longue vie!

HARPAGON.

Tu le connois à cela?

FROSINE.

Sans doute. Montrez-moi votre main. Mon Dieu, quelle ligne de vie!

HARPAGON.

Comment!

FROSINE.

Ne voyez-vous pas jusqu'où va cette ligne-là¹?

HARPAGON.

Eh bien, qu'est-ce que cela veut dire?

¹ Ce dialogue est traduit d'une comédie de l'Arioste, qui a pour titre *I Suppositi*. Voici le passage : « PASIPHILE. N'êtes-vous pas jeune? — CLÉANDRE. J'ai cinquante ans. — PAS. Il en laisse dix pour le moins. — CLÉ. Que dis-tu dix ans moins? — PAS. Je dis que je vous estimois âgé de dix ans de moins. Vous montrez trente-six à trente-huit ans au plus. — CLÉ. Je touche cependant à la cinquantaine. — PAS. Vous êtes en très-bon âge, et, à vous voir, on jugeroit que vous vivrez au moins cent ans; montrez-moi votre main. — CLÉ. Es-tu habile en chiromancie? — PAS. Personne ne peut me le disputer. Montrez-moi votre main, de grâce. Oh! quelle belle ligne de vie! Je n'en ai jamais vu une si longue. » (Acte I, scène II, traduction de de Mesmes.) (Bret.)

FROSINE.

Par ma foi, je disois cent ans; mais vous passerez les six-vingts.

HARPAGON.

Est-il possible?

FROSINE.

Il faudra vous assommer, vous dis-je, et vous mettrez en terre et vos enfants, et les enfants de vos enfants.

HARPAGON.

Tant mieux! Comment va notre affaire?

FROSINE.

Faut-il le demander? et me voit-on mêler de rien dont je ne vienne à bout? J'ai, surtout pour les mariages, un talent merveilleux. Il n'est point de partis au monde que je ne trouve en peu de temps le moyen d'accoupler; et je crois, si je me l'étois mis en tête, que je marierois le Grand-Turc avec la république de Venise. Il n'y avoit pas, sans doute, de si grandes difficultés à cette affaire-ci. Comme j'ai commerce chez elles, je les ai à fond l'une et l'autre entretenues de vous; et j'ai dit à la mère le dessein que vous aviez conçu pour Mariane, à la voir passer dans la rue, et prendre l'air à sa fenêtre.

HARPAGON.

Qui a fait réponse...

FROSINE.

Elle a reçu la proposition avec joie; et, quand je lui ai témoigné que vous souhaitiez fort que sa fille assistât ce soir au contrat de mariage qui se doit faire de la vôtre, elle y a consenti sans peine, et me l'a confiée pour cela.

HARPAGON.

C'est que je suis obligé, Frosine, de donner à souper au seigneur Anselme; et je serai bien aise qu'elle soit du régal.

FROSINE.

Vous avez raison. Elle doit, après dîner, rendre visite à votre fille, d'où elle fait son compte d'aller faire un tour à la foire, pour venir ensuite au souper.

HARPAGON.

Eh bien, elles iront ensemble dans mon carrosse, que je leur prêterai.

FROSINE.

Voilà justement son affaire.

HARPAGON.

Mais, Frosine, as-tu entretenu la mère touchant le bien qu'elle peut donner à sa fille? Lui as-tu dit qu'il falloit qu'elle s'aidât un peu, qu'elle fit quelque effort, qu'elle se saignât pour une occasion comme celle-ci? Car encore n'épouse-t-on point une fille sans qu'elle apporte quelque chose.

FROSINE.

Comment! c'est une fille qui vous apporte douze mille livres de rente.

HARPAGON.

Douze mille livres de rente!

FROSINE.

Oui. Premièrement, elle est nourrie et élevée dans une grande épargne de bouche. C'est une fille accoutumée à vivre de salade, de lait, de fromage et de pommes, et à laquelle, par conséquent, il ne faudra ni table bien servie, ni consommés exquis, ni orges mondés perpétuels, ni les autres délicatesses qu'il faudroit pour une autre femme; et cela ne va pas à si peu de chose, qu'il ne monte bien tous les ans à trois mille francs pour le moins. Outre cela, elle n'est curieuse que d'une propreté fort simple, et n'aime point les superbes habits, ni les riches bijoux, ni les meubles somptueux, où donnent ses pareilles avec tant de chaleur; et cet article-là vaut plus de quatre mille livres par an. De plus, elle a une aversion horrible pour le jeu, ce qui n'est pas commun aux femmes d'aujourd'hui; et j'en sais une de nos quartiers qui a perdu, à trente-et-quarante, vingt mille francs cette année. Mais n'en prenons rien que le quart. Cinq mille francs au jeu par an, et quatre mille francs en habits et bijoux, cela fait neuf mille livres; et mille écus que nous mettons pour la nourriture, ne voilà-t-il pas par année vos douze mille francs bien comptés?

HARPAGON.

Oui: cela n'est pas mal; mais ce compte-là n'est rien de réel.

FROSINE.

Pardonnez-moi. N'est-ce pas quelque chose de réel, que de vous apporter en mariage une grande sobriété, l'héritage d'un grand amour de simplicité de parure, et l'acquisition d'un grand fonds de haine pour le jeu?

HARPAGON.

C'est une raillerie que de vouloir me constituer son [1] dot de toutes les dépenses qu'elle ne fera point. Je n'irai point donner quittance de ce que je ne reçois pas; et il faut bien que je touche quelque chose.

FROSINE.

Mon Dieu! vous toucherez assez; et elles m'ont parlé d'un certain pays où elles ont du bien, dont vous serez le maître.

HARPAGON.

Il faudra voir cela. Mais, Frosine, il y a encore une chose qui m'inquiète. La fille est jeune, comme tu vois, et les jeunes gens, d'ordinaire, n'aiment que leurs semblables, ne cherchent que leur compagnie: j'ai peur qu'un homme de mon âge ne soit pas de son goût, et que cela ne vienne à produire chez moi certains petits désordres qui ne m'accommoderoient pas.

FROSINE.

Ah! que vous la connoissez mal! C'est encore une particularité que j'avois à vous dire. Elle a une aversion épouvantable pour tous les jeunes gens, et n'a de l'amour que pour les vieillards.

HARPAGON.

Elle?

FROSINE.

Oui, elle. Je voudrois que vous l'eussiez entendue parler là-dessus. Elle ne peut souffrir du tout la vue d'un jeune homme; mais elle n'est point plus ravie, dit-elle, que lorsqu'elle peut voir un beau vieillard avec une barbe majestueuse. Les plus vieux sont pour elle les plus char-

---

[1] Anciennement, *dot* étoit masculin.

mants; et je vous avertis de n'aller pas vous faire plus jeune que vous êtes. Elle veut tout au moins qu'on soit sexagénaire; et il n'y a pas quatre mois encore qu'étant prête d'être mariée, elle rompit tout net le mariage, sur ce que son amant fit voir qu'il n'avoit que cinquante-six ans, et qu'il ne prit point de lunettes pour signer le contrat.

HARPAGON.
Sur cela seulement?

FROSINE.
Oui. Elle dit que ce n'est pas contentement pour elle que cinquante-six ans; et surtout elle est pour les nez qui portent des lunettes.

HARPAGON.
Certes, tu me dis là une chose toute nouvelle.

FROSINE.
Cela va plus loin qu'on ne vous peut dire. On lui voit dans sa chambre quelques tableaux et quelques estampes; mais que pensez-vous que ce soit? Des Adonis, des Céphales, des Pâris et des Apollons? Non : de beaux portraits de Saturne, du roi Priam, du vieux Nestor, et du bon père Anchise sur les épaules de son fils.

HARPAGON.
Cela est admirable. Voilà ce que je n'aurois jamais pensé; et je suis bien aise d'apprendre qu'elle est de cette humeur. En effet, si j'avois été femme, je n'aurois point aimé les jeunes hommes.

FROSINE.
Je le crois bien. Voilà de belles drogues que des jeunes gens, pour les aimer! ce sont de beaux morveux, de beaux godelureaux, pour donner envie de leur peau! et je voudrois bien savoir quel ragoût il y a à eux!

HARPAGON.
Pour moi, je n'y en comprends point, et je ne sais pas comment il y a des femmes qui les aiment tant.

FROSINE.
Il faut être folle fieffée. Trouver la jeunesse aimable, est-ce avoir le sens commun? Sont-ce des hommes que de jeunes blondins, et peut-on s'attacher à ces animaux-là?

HARPAGON.
C'est ce que je dis tous les jours : avec leur ton de poule laitée, leurs trois brins de barbe relevés en barbe de chat, leurs perruques d'étoupes, leurs hauts-de-chausses tombants et leurs estomacs débraillés!

FROSINE.
Eh! cela est bien bâti, auprès d'une personne comme vous! Voilà un homme, cela; il y a là de quoi satisfaire à la vue; et c'est ainsi qu'il faut être fait et vêtu pour donner de l'amour.

HARPAGON.
Tu me trouves bien?

FROSINE.
Comment! vous êtes à ravir, et votre figure est à peindre. Tournez-vous un peu, s'il vous plaît. Il ne se peut pas mieux. Que je vous voie marcher. Voilà un corps taillé, libre, et dégagé comme il faut, et qui ne marque aucune incommodité.

HARPAGON.
Je n'en ai pas de grandes, Dieu merci. Il n'y a que ma fluxion qui me prend de temps en temps.

FROSINE.
Cela n'est rien. Votre fluxion ne vous sied point mal, et vous avez grâce à tousser.

HARPAGON.
Dis-moi un peu : Mariane ne m'a-t-elle point encore vu? N'a-t-elle point pris garde à moi en passant?

FROSINE.
Non; mais nous nous sommes fort entretenues de vous. Je lui ai fait un portrait de votre personne, et je n'ai pas manqué de lui vanter votre mérite et l'avantage que ce lui seroit d'avoir un mari comme vous.

HARPAGON.
Tu as bien fait, et je t'en remercie.

FROSINE.
J'aurois, monsieur, une petite prière à vous faire. J'ai un procès que je suis sur le point de perdre, faute d'un peu d'argent; (Harpagon prend un air sérieux.) et vous pourriez facilement me procurer le gain de ce procès, si vous aviez quelque bonté pour moi. Vous ne sauriez croire le plaisir qu'elle aura de vous voir. (Harpagon reprend un air gai.) Ah! que vous lui plairez, et que votre fraise à l'antique fera sur son esprit un effet admirable! Mais surtout elle sera charmée de votre haut-de-chausses attaché au pourpoint avec des aiguillettes : c'est pour la rendre folle de vous; et un amant aiguilleté sera pour elle un ragoût merveilleux.

HARPAGON.
Certes, tu me ravis de me dire cela.

FROSINE.
En vérité, monsieur, ce procès m'est d'une conséquence tout à fait grande. (Harpagon reprend son air sérieux.) Je suis ruinée si je le perds; et quelque petite assistance me rétabliroit mes affaires. Je voudrois que vous eussiez vu le ravissement où elle étoit à m'entendre parler de vous. (Harpagon reprend son air gai.) La joie éclatoit dans ses yeux au récit de vos qualités, et je l'ai mise enfin dans une impatience extrême de voir ce mariage entièrement conclu.

HARPAGON.
Tu m'as fait grand plaisir, Frosine, et je t'en ai, je te l'avoue, toutes les obligations du monde.

FROSINE.
Je vous prie, monsieur, de me donner le petit secours que je vous demande. (Harpagon reprend encore un air sérieux.) Cela me remettra sur pied, et je vous en serai éternellement obligée.

HARPAGON.
Adieu. Je vais achever mes dépêches.

FROSINE.
Je vous assure, monsieur, que vous ne sauriez jamais me soulager dans un plus grand besoin.

HARPAGON.
Je mettrai ordre que mon carrosse soit tout prêt pour vous mener à la foire.

FROSINE.

Je ne vous importunerois pas si je ne m'y voyois forcée par la nécessité.

HARPAGON.

Et j'aurai soin qu'on soupe de bonne heure, pour ne vous point faire malades.

FROSINE.

Ne me refusez pas la grâce dont je vous sollicite. Vous ne sauriez croire, monsieur, le plaisir que...

HARPAGON.

Je m'en vais. Voilà qu'on m'appelle. Jusqu'à tantôt.

FROSINE, seule.

Que la fièvre te serre, chien de vilain, à tous les diables ! Le ladre a été ferme à toutes mes attaques; mais il ne me faut pas pourtant quitter la négociation ; et j'ai l'autre côté, en tout cas, d'où je suis assurée de tirer bonne récompense [1].

ACTE TROISIÈME

SCÈNE I

HARPAGON, CLÉANTE, ÉLISE, VALÈRE; DAME CLAUDE, tenant un balai; MAITRE JACQUES, LA MERLUCHE, BRINDAVOINE.

HARPAGON.

Allons, venez çà tous; que je vous distribue mes ordres pour tantôt, et règle à chacun son emploi. Approchez, dame Claude; commençons par vous. (Elle tient un balai.) Bon, vous voilà les armes à la main. Je vous commets au soin de nettoyer partout; et surtout prenez garde de ne point frotter les meubles trop fort, de peur de les user. Outre cela, je vous constitue, pendant le souper, au gouvernement des bouteilles; et, s'il s'en écarte quelqu'une, et qu'il se casse quelque chose, je m'en prendrai à vous, et le rabattrai sur vos gages.

MAITRE JACQUES, à part.

Châtiment politique.

HARPAGON, à dame Claude.

Allez.

SCÈNE II

HARPAGON, CLÉANTE, ÉLISE, VALÈRE, MAITRE JACQUES, BRINDAVOINE, LA MERLUCHE.

HARPAGON.

Vous, Brindavoine, et vous, la Merluche, je vous établis dans la charge de rincer les verres et de donner à boire, mais seulement lorsque l'on aura soif, et non pas selon la coutume de certains impertinents de laquais, qui viennent provoquer les gens et les faire aviser de boire lorsqu'on n'y songe pas. Attendez qu'on vous en demande plus d'une fois, et vous ressouvenez de porter toujours beaucoup d'eau.

MAITRE JACQUES, à part.

Oui. Le vin pur monte à la tête.

LA MERLUCHE.

Quitterons-nous nos siquenilles, monsieur?

HARPAGON.

Oui, quand vous verrez venir les personnes ; et gardez bien de gâter vos habits.

BRINDAVOINE.

Vous savez bien, monsieur, qu'un des devants de mon pourpoint est couvert d'une grande tache de l'huile de la lampe.

LA MERLUCHE.

Et moi, monsieur, que j'ai mon haut-de-chausses tout troué par derrière, et qu'on me voit, révérence parler...

HARPAGON, à la Merluche.

Paix : rangez cela adroitement du côté de la muraille, et présentez toujours le devant au monde. (A Brindavoine, en lui montrant comment il doit mettre son chapeau au devant de son pourpoint, pour cacher la tache d'huile.) Et vous, tenez toujours votre chapeau ainsi, lorsque vous servirez.

SCÈNE III

HARPAGON, CLÉANTE, ÉLISE, VALÈRE, MAITRE JACQUES.

HARPAGON.

Pour vous, ma fille, vous aurez l'œil sur ce que l'on desservira, et prendrez garde qu'il ne s'en fasse aucun dégât. Cela sied bien aux filles. Mais cependant préparez-vous à bien recevoir ma maîtresse, qui vous doit venir visiter, et vous mener avec elle à la foire. Entendez-vous ce que je vous dis?

ÉLISE.

Oui, mon père.

HARPAGON.

Oui, nigaude.

SCÈNE IV

HARPAGON, CLÉANTE, VALÈRE, MAITRE JACQUES.

HARPAGON.

Et vous, mon fils le damoiseau, à qui j'ai la bonté de pardonner l'histoire de tantôt, ne vous allez pas aviser non plus de lui faire mauvais visage.

CLÉANTE.

Moi, mon père? mauvais visage! et par quelle raison?

HARPAGON.

Mon Dieu ! nous savons le train des enfants dont les pères se remarient, et de quel œil ils ont coutume de regarder ce qu'on appelle belle-mère. Mais, si vous souhaitez que je perde le souvenir de votre dernière fre-

---

[1] Frosine a beau faire: toutes ses cajoleries échouent contre l'inexpugnable lésine du vieillard. L'amour même ne peut rien sur son avarice. (F. L.)

daine, je vous recommande surtout de régaler d'un bon visage cette personne-là, et de lui faire enfin tout le meilleur accueil qu'il vous sera possible.

CLÉANTE.

A vous dire le vrai, mon père, je ne puis pas vous promettre d'être bien aise qu'elle devienne ma belle-mère : je mentirois, si je vous le disois; mais, pour ce qui est de la bien recevoir et de lui faire bon visage, je vous promets de vous obéir ponctuellement sur ce chapitre.

HARPAGON.

Prenez-y garde au moins.

CLÉANTE.

Vous verrez que vous n'aurez pas sujet de vous en plaindre.

HARPAGON.

Vous ferez sagement.

SCÈNE V

HARPAGON, VALÈRE, MAITRE JACQUES.

HARPAGON.

Valère, aide-moi à ceci. Or çà, maître Jacques, approchez-vous; je vous ai gardé pour le dernier.

MAÎTRE JACQUES.

Est-ce à votre cocher, monsieur, ou bien à votre cuisinier, que vous voulez parler? car je suis l'un et l'autre.

HARPAGON.

C'est à tous les deux.

MAÎTRE JACQUES.

Mais à qui des deux le premier?

HARPAGON.

Au cuisinier.

MAÎTRE JACQUES.

Attendez donc, s'il vous plaît. (Maître Jacques ôte sa casaque de cocher, et paroît vêtu en cuisinier.)

HARPAGON.

Quelle diantre de cérémonie est-ce là?

MAÎTRE JACQUES.

Vous n'avez qu'à parler.

HARPAGON.

Je me suis engagé, maître Jacques, à donner ce soir à souper.

MAÎTRE JACQUES, à part.

Grande merveille!

HARPAGON.

Dis-moi un peu : nous feras-tu bonne chère?

MAÎTRE JACQUES.

Oui, si vous me donnez bien de l'argent.

HARPAGON.

Que diable, toujours de l'argent! Il semble qu'ils n'aient autre chose à dire : de l'argent, de l'argent, de l'argent. Ah! ils n'ont que ce mot à la bouche! de l'argent! toujours parler d'argent! Voilà leur épée de chevet, de l'argent[1] !

[1] Expression proverbiale: *l'épée de chevet*, l'épée qu'on ne quitte jamais, qu'on place dans son lit. Au figuré, l'expression qu'on a *sans cesse à la bouche*. (Aimé Martin.)

VALÈRE.

Je n'ai jamais vu de réponse plus impertinente que celle-là. Voilà une belle merveille de faire bonne chère avec bien de l'argent! c'est une chose la plus aisée du monde, et il n'y a si pauvre esprit qui n'en fît bien autant; mais, pour agir en habile homme, il faut parler de faire bonne chère avec peu d'argent.

MAÎTRE JACQUES.

Bonne chère avec peu d'argent!

VALÈRE.

Oui.

MAÎTRE JACQUES, à Valère.

Par ma foi, monsieur l'intendant, vous nous obligerez de nous faire voir ce secret, et de prendre mon office de cuisinier; aussi bien vous mêlez-vous céans d'être le factotum.

HARPAGON.

Taisez-vous! Qu'est-ce qu'il nous faudra?

MAÎTRE JACQUES.

Voilà monsieur votre intendant, qui vous fera bonne chère pour peu d'argent.

HARPAGON.

Haye! je veux que tu me répondes.

MAÎTRE JACQUES.

Combien serez-vous de gens à table?

HARPAGON.

Nous serons huit ou dix; mais il ne faut prendre que huit. Quand il y a à manger pour huit, il y en a bien pour dix.

VALÈRE.

Cela s'entend.

MAÎTRE JACQUES.

Eh bien, il faudra quatre grands potages et cinq assiettes. Potages... Entrées...

HARPAGON.

Que diable! voilà pour traiter toute une ville entière.

MAÎTRE JACQUES.

Rôt...

HARPAGON, mettant la main sur la bouche de maître Jacques.

Ah! traître, tu manges tout mon bien.

MAÎTRE JACQUES.

Entremets...

HARPAGON, mettant encore la main sur la bouche de maître Jacques.

Encore?

VALÈRE, à maître Jacques.

Est-ce que vous avez envie de faire crever tout le monde? et monsieur a-t-il invité des gens pour les assassiner à force de mangeaille? Allez-vous-en lire un peu les préceptes de la santé, et demander aux médecins s'il y a rien de plus préjudiciable à l'homme que de manger avec excès.

HARPAGON.

Il a raison.

VALÈRE.

Apprenez, maître Jacques, vous et vos pareils, que c'est un coupe-gorge qu'une table remplie de trop de viandes; que, pour se bien montrer ami de ceux que l'on

ACTE III, SCÈNE V.

invite, il faut que la frugalité règne dans les repas qu'on donne; et que, suivant le dire d'un ancien, *il faut manger pour vivre, et non pas vivre pour manger.*

HARPAGON.

Ah! que cela est bien dit! Approche, que je t'embrasse pour ce mot. Voilà la plus belle sentence que j'aie entendue de ma vie : *Il faut vivre pour manger, et non pas manger pour vi...* Non, ce n'est pas cela. Comment est-ce que tu dis?

VALÈRE.

Qu'il faut manger pour vivre, et non pas vivre pour manger.

HARPAGON, à maître Jacques.

Oui. Entends-tu? (A Valère.) Qui est le grand homme qui a dit cela?

VALÈRE.

Je ne me souviens pas maintenant de son nom.

HARPAGON.

Souviens-toi de m'écrire ces mots : je les veux faire graver en lettres d'or [1] sur la cheminée de ma salle.

VALÈRE.

Je n'y manquerai pas. Et pour votre souper, vous n'avez qu'à me laisser faire; je réglerai tout cela comme il faut.

HARPAGON.

Fais donc.

MAÎTRE JACQUES.

Tant mieux! j'en aurai moins de peine.

HARPAGON, à Valère.

Il faudra de ces choses dont on ne mange guère, et qui rassasient d'abord; quelque bon haricot bien gras, avec quelque pâté en pot bien garni de marrons. Là, que cela foisonne.

VALÈRE.

Reposez-vous sur moi.

HARPAGON.

Maintenant, maître Jacques, il faut nettoyer mon carrosse.

MAÎTRE JACQUES.

Attendez; ceci s'adresse au cocher. (Maître Jacques remet sa casaque.) Vous dites...

HARPAGON.

Qu'il faut nettoyer mon carrosse, et tenir mes chevaux tout prêts pour conduire à la foire...

MAÎTRE JACQUES.

Vos chevaux, monsieur? ma foi, ils ne sont point du tout en état de marcher. Je ne vous dirai point qu'ils sont sur la litière : les pauvres bêtes n'en ont point, et ce seroit mal parler; mais vous leur faites observer des jeûnes si austères, que ce ne sont plus rien que des idées ou des fantômes, des façons de chevaux.

HARPAGON.

Les voilà bien malades! Ils ne font rien.

MAÎTRE JACQUES.

Et pour ne faire rien, monsieur, est-ce qu'il ne faut rien manger? Il leur vaudroit bien mieux, les pauvres animaux, de travailler beaucoup, de manger de même. Cela me fend le cœur de les voir ainsi exténués. Car, enfin, j'ai une tendresse pour mes chevaux, qu'il me semble que c'est moi-même, quand je les vois pâtir. Je m'ôte tous les jours pour eux les choses de la bouche; et c'est être, monsieur, d'un naturel trop dur, que de n'avoir nulle pitié de son prochain.

HARPAGON.

Le travail ne sera pas grand, d'aller jusqu'à la foire.

MAÎTRE JACQUES.

Non, monsieur, je n'ai pas le courage de les mener, et je ferois conscience de leur donner des coups de fouet, en l'état où ils sont. Comment voudriez-vous qu'ils traînassent un carrosse, qu'ils ne peuvent pas se traîner eux-mêmes?

VALÈRE.

Monsieur, j'obligerai le voisin Picard à se charger de les conduire; aussi bien nous fera-t-il ici besoin pour apprêter le souper.

MAÎTRE JACQUES.

Soit. J'aime mieux encore qu'ils meurent sous la main d'un autre que sous la mienne.

VALÈRE.

Maître Jacques fait bien le raisonnable!

MAÎTRE JACQUES.

Monsieur l'intendant fait bien le nécessaire!

HARPAGON.

Paix!

MAÎTRE JACQUES.

Monsieur, je ne saurois souffrir les flatteurs; et je vois que ce qu'il en fait, que ses contrôles perpétuels sur le pain et le vin, le bois, le sel et la chandelle, ne sont rien que pour vous gratter et vous faire sa cour. J'enrage de cela, et je suis fâché tous les jours d'entendre ce qu'on dit de vous : car, enfin, je me sens pour vous de la tendresse, en dépit que j'en aie; et, après mes chevaux, vous êtes la personne que j'aime le plus.

HARPAGON.

Pourrois-je savoir de vous, maître Jacques, ce que l'on dit de moi?

MAÎTRE JACQUES.

Oui, monsieur, si j'étois assuré que cela ne vous fâchât point.

HARPAGON.

Non, en aucune façon.

MAÎTRE JACQUES.

Pardonnez-moi; je sais fort bien que je vous mettrois en colère.

HARPAGON.

Point du tout. Au contraire, c'est me faire plaisir, et je suis bien aise d'apprendre comme on parle de moi.

MAÎTRE JACQUES.

Monsieur, puisque vous le voulez, je vous dirai franchement qu'on se moque partout de vous, qu'on nous jette de tous côtés cent brocards à votre sujet, et que l'on n'est point plus ravi que de vous tenir au cul et aux chausses, et de faire sans cesse des contes de votre lésine.

---

[1] *En lettres d'or!* Quel luxe! Quelle dépense! Harpagon peut-il mieux témoigner son admiration pour cette belle sentence d'hygiène économique? (Auger.)

L'un dit que vous faites imprimer des almanachs particuliers, où vous faites doubler les quatre-temps et les vigiles, afin de profiter des jeûnes où vous obligez votre monde; l'autre, que vous avez toujours une querelle toute prête à faire à vos valets dans le temps des étrennes ou de leur sortie d'avec vous, pour vous trouver une raison de ne leur donner rien[1]. Celui-là conte qu'une fois vous fîtes assigner le chat d'un de vos voisins, pour vous avoir mangé un reste d'un gigot de mouton; celui-ci, que l'on vous surprit, une nuit, en venant dérober vous-même l'avoine de vos chevaux; et que votre cocher, qui étoit celui d'avant moi, vous donna, dans l'obscurité, je ne sais combien de coups de bâton, dont vous ne voulûtes rien dire. Enfin, voulez-vous que je vous dise? On ne sauroit aller nulle part, où l'on ne vous entende accommoder de toutes pièces. Vous êtes la fable et la risée de tout le monde; et jamais on ne parle de vous que sous les noms d'avare, de ladre, de vilain et de fesse-matthieu[2].

HARPAGON, en battant maître Jacques.

Vous êtes un sot, un maraud, un coquin et un impudent!

MAÎTRE JACQUES.

Eh bien, ne l'avois-je pas deviné? Vous ne m'avez pas voulu croire. Je vous avois bien dit que je vous fâcherois de vous dire la vérité.

HARPAGON.

Apprenez à parler!

SCÈNE VI

VALÈRE, MAÎTRE JACQUES.

VALÈRE, riant.

A ce que je puis voir, maître Jacques, on paye mal votre franchise.

MAÎTRE JACQUES.

Morbleu! monsieur le nouveau venu, qui faites l'homme d'importance, ce n'est pas votre affaire. Riez de vos coups de bâton quand on vous en donnera, et ne venez point rire des miens.

VALÈRE.

Ah! monsieur maître Jacques, ne vous fâchez pas, je vous prie.

MAÎTRE JACQUES, à part.

Il file doux. Je veux faire le brave, et, s'il est assez sot pour me craindre, le frotter quelque peu. (Haut.) Savez-vous bien, monsieur le rieur, que je ne ris pas, moi, et que, si vous m'échauffez la tête, je vous ferai rire d'une autre sorte? (Maître Jacques pousse Valère jusqu'au fond du théâtre, en le menaçant.)

VALÈRE.

Eh! doucement.

MAÎTRE JACQUES.

Comment, doucement? il ne me plaît pas, moi!

VALÈRE.

De grâce!

MAÎTRE JACQUES.

Vous êtes un impertinent!

VALÈRE.

Monsieur maître Jacques...

MAÎTRE JACQUES.

Il n'y a point de monsieur maître Jacques pour un double[1]. Si je prends un bâton, je vous rosserai d'importance.

VALÈRE.

Comment! un bâton? (Valère fait reculer maître Jacques à son tour.)

MAÎTRE JACQUES.

Eh! je ne parle pas de cela.

VALÈRE.

Savez-vous bien, monsieur le fat, que je suis homme à vous rosser vous-même?

MAÎTRE JACQUES.

Je n'en doute pas.

VALÈRE.

Que vous n'êtes, pour tout potage, qu'un faquin de cuisinier?

MAÎTRE JACQUES.

Je le sais bien.

VALÈRE.

Et que vous ne me connoissez pas encore?

MAÎTRE JACQUES.

Pardonnez-moi.

VALÈRE.

Vous me rosserez, dites-vous?

MAÎTRE JACQUES.

Je le disois en raillant.

VALÈRE.

Et moi, je ne prends point de goût à votre raillerie. (Donnant des coups de bâton à maître Jacques.) Apprenez que vous êtes un mauvais railleur.

MAÎTRE JACQUES, seul.

Peste soit la sincérité! c'est un mauvais métier: désormais j'y renonce, et je ne veux plus dire vrai. Passe encore pour mon maître: il a quelque droit de me battre; mais, pour ce monsieur l'intendant, je m'en vengerai si je puis.

SCÈNE VII

MARIANE, FROSINE, MAÎTRE JACQUES.

FROSINE.

Savez-vous, maître Jacques, si votre maître est au logis?

---

[1] Ce trait rappelle la vieille épitaphe épigrammatique:

Ici gît, sous ce marbre blanc,
Le plus avare homme de Rennes,
Qui, pour ne point donner d'étrennes,
Mourut exprès le jour de l'an.

[2] Molière a pris l'idée de cette scène dans la comédie *I Suppositi*, de l'Arioste, dont nous avons parlé plus haut. Voici le passage: « Le perfide dit de vous tous les maux que l'on sauroit penser. — Ah! le méchant! Et que dit-il? — Tout le pis qu'on sauroit dire. — O Dieu! — Que vous êtes le plus avare et misérable homme qui onques naquit, et que vous le laissez mourir de male mort de faim. » (Acte II, scène IV, traduction de de Mesmes.) (Bret.)

[1] C'est-à-dire, il n'y en a point. Le double était une petite pièce de monnaie qui valait deux deniers. (Aimé Martin.)

MAÎTRE JACQUES.
Oui, vraiment, il y est; je ne le sais que trop.
FROSINE.
Dites-lui, je vous prie, que nous sommes ici.
MAÎTRE JACQUES.
Ah! nous voilà pas mal.

SCÈNE VIII

MARIANE, FROSINE.

MARIANE.
Ah! que je suis, Frosine, dans un étrange état, et, s'il faut dire ce que je sens, que j'appréhende cette vue!
FROSINE.
Mais pourquoi, et quelle est votre inquiétude?
MARIANE.
Hélas! me le demandez-vous? Et ne vous figurez-vous point les alarmes d'une personne toute prête à voir le supplice où l'on veut l'attacher?
FROSINE.
Je vois bien que, pour mourir agréablement, Harpagon n'est pas le supplice que vous voudriez embrasser; et je connois, à votre mine, que le jeune blondin dont vous m'avez parlé vous revient un peu dans l'esprit.
MARIANE.
Oui. C'est une chose, Frosine, dont je ne veux pas me défendre; et les visites respectueuses qu'il a rendues chez nous ont fait, je vous l'avoue, quelque effet dans mon âme.
FROSINE.
Mais avez-vous su quel il est?
MARIANE.
Non, je ne sais point quel il est. Mais je sais qu'il est fait d'un air à se faire aimer; que si l'on pouvoit mettre les choses à mon choix, je le prendrois plutôt qu'un autre; et qu'il ne contribue pas peu à me faire trouver un tourment effroyable dans l'époux qu'on veut me donner.
FROSINE.
Mon Dieu! tous ces blondins sont agréables, et débitent fort bien leur fait; mais la plupart sont gueux comme des rats; il vaut mieux, pour vous, de prendre un vieux mari qui vous donne beaucoup de bien. Je vous avoue que les sens ne trouvent pas si bien leur compte du côté que je dis, et qu'il y a quelques petits dégoûts à essuyer avec un tel époux; mais cela n'est pas pour durer; et sa mort, croyez-moi, vous mettra bientôt en état d'en prendre un plus aimable, qui réparera toutes choses.
MARIANE.
Mon Dieu! Frosine, c'est une étrange affaire, lorsque, pour être heureuse, il faut souhaiter ou attendre le trépas de quelqu'un; et la mort ne suit pas tous les projets que nous faisons.
FROSINE.
Vous moquez-vous? Vous ne l'épousez qu'aux conditions de vous laisser veuve bientôt; et ce doit être là un des articles du contrat. Il seroit bien impertinent de ne pas mourir dans trois mois! Le voici en propre personne.
MARIANE.
Ah! Frosine, quelle figure!

SCÈNE IX

HARPAGON, MARIANE, FROSINE.

HARPAGON, à Mariane.
Ne vous offensez pas, ma belle, si je viens à vous avec des lunettes. Je sais que vos appas frappent assez les yeux, sont assez visibles d'eux-mêmes, et qu'il n'est pas besoin de lunettes pour les apercevoir; mais, enfin, c'est avec des lunettes qu'on observe les astres; et je maintiens et garantis que vous êtes un astre, mais un astre, le plus bel astre qui soit dans le pays des astres. Frosine, elle ne répond mot, et ne témoigne, ce me semble, aucune joie de me voir.

FROSINE.
C'est qu'elle est encore toute surprise; et puis, les filles ont toujours honte à témoigner d'abord ce qu'elles ont dans l'âme.

HARPAGON, à Frosine.
Tu as raison. (A Mariane.) Voilà, belle mignonne, ma fille qui vient vous saluer.

SCÈNE X

HARPAGON, ÉLISE, MARIANE, FROSINE.

MARIANE.
Je m'acquitte bien tard, madame, d'une telle visite.
ÉLISE.
Vous avez fait, madame, ce que je devois faire, et c'étoit à moi de vous prévenir.
HARPAGON.
Vous voyez qu'elle est grande; mais mauvaise herbe croît toujours.
MARIANE, bas, à Frosine.
Oh! l'homme déplaisant!
HARPAGON, bas, à Frosine.
Que dit la belle?
FROSINE.
Qu'elle vous trouve admirable.
HARPAGON.
C'est trop d'honneur que vous me faites, adorable mignonne.
MARIANE, à part.
Quel animal¹!
HARPAGON.
Je vous suis trop obligé de ces sentiments.
MARIANE, à part.
Je n'y puis plus tenir.

¹ Le mot n'est-il pas un peu vif, un peu cru, dans la bouche d'une jeune fille bien élevée? (Auger.)

SCÈNE XI

HARPAGON, MARIANE, ÉLISE, CLÉANTE, VALÈRE, FROSINE, BRINDAVOINE.

HARPAGON.

Voici mon fils aussi, qui vous vient faire la révérence.

MARIANE, bas, à Frosine.

Ah! Frosine, quelle rencontre! C'est justement celui dont je t'ai parlé.

FROSINE, à Mariane.

L'aventure est merveilleuse.

HARPAGON.

Je vois que vous vous étonnez de me voir de si grands enfants; mais je serai bientôt défait et de l'un et de l'autre.

CLÉANTE, à Mariane.

Madame, à vous dire le vrai, c'est ici une aventure où, sans doute, je ne m'attendois pas; et mon père ne m'a pas peu surpris lorsqu'il m'a dit tantôt le dessein qu'il avoit formé.

MARIANE.

Je puis dire la même chose. C'est une rencontre imprévue qui m'a surprise autant que vous; et je n'étois point préparée à une pareille aventure.

CLÉANTE.

Il est vrai que mon père, madame, ne peut pas faire un plus beau choix, et que ce m'est une sensible joie que l'honneur de vous voir; mais, avec tout cela, je ne vous assurerai pas que je me réjouis du dessein où vous pourriez être de devenir ma belle-mère. Le compliment, je vous l'avoue, est trop difficile pour moi; et c'est un titre, s'il vous plaît, que je ne vous souhaite point. Ce discours paroîtra brutal aux yeux de quelques-uns; mais je suis assuré que vous serez personne à le prendre comme il faudra; que c'est un mariage, madame, où vous vous imaginez bien que je dois avoir de la répugnance; que vous n'ignorez pas, sachant ce que je suis, comme il choque mes intérêts, et que vous voulez bien enfin que je vous dise, avec la permission de mon père, que, si les choses dépendoient de moi, cet hymen ne se feroit point.

HARPAGON.

Voilà un compliment bien impertinent! Quelle belle confession à lui faire!

MARIANE.

Et moi, pour vous répondre, j'ai à vous dire que les choses sont fort égales; et que, si vous auriez de la répugnance à me voir votre belle-mère, je n'en aurois pas moins, sans doute, à vous voir mon beau-fils. Ne croyez pas, je vous prie, que ce soit moi qui cherche à vous donner cette inquiétude. Je serois fort fâchée de vous causer du déplaisir; et, si je ne m'y vois forcée par une puissance absolue, je vous donne ma parole que je ne consentirai point au mariage qui vous chagrine.

HARPAGON.

Elle a raison. A sot compliment, il faut une réponse de même. Je vous demande pardon, ma belle, de l'impertinence de mon fils; c'est un jeune sot, qui ne sait pas encore la conséquence des paroles qu'il dit.

MARIANE.

Je vous promets que ce qu'il m'a dit ne m'a point du tout offensée; au contraire, il m'a fait plaisir de m'expliquer ainsi ses véritables sentiments. J'aime de lui un aveu de la sorte; et, s'il avoit parlé d'autre façon, je l'en estimerois bien moins.

HARPAGON.

C'est beaucoup de bonté à vous, de vouloir ainsi excuser ses fautes. Le temps le rendra plus sage, et vous verrez qu'il changera de sentiments.

CLÉANTE.

Non, mon père, je ne suis point capable d'en changer, et je prie instamment madame de le croire.

HARPAGON.

Mais voyez quelle extravagance! il continue encore plus fort.

CLÉANTE.

Voulez-vous que je trahisse mon cœur?

HARPAGON.

Encore! avez-vous envie de changer de discours?

CLÉANTE.

Eh bien, puisque vous voulez que je parle d'autre façon, souffrez, madame, que je me mette ici à la place de mon père, et que je vous avoue que je n'ai rien vu dans le monde de si charmant que vous; que je ne conçois rien d'égal au bonheur de vous plaire, et que le titre de votre époux est une gloire, une félicité que je préférerois aux destinées des plus grands princes de la terre. Oui, madame, le bonheur de vous posséder est, à mes regards, la plus belle de toutes les fortunes; c'est où j'attache toute mon ambition. Il n'y a rien que je ne sois capable de faire pour une conquête si précieuse; et les obstacles les plus puissants...

HARPAGON.

Doucement, mon fils, s'il vous plaît.

CLÉANTE.

C'est un compliment que je fais pour vous à madame.

HARPAGON.

Mon Dieu! j'ai une langue pour m'expliquer moi-même, et je n'ai pas besoin d'un interprète comme vous[1]. Allons, donnez des sièges.

FROSINE.

Non; il vaut mieux que, de ce pas, nous allions à la foire, afin d'en revenir plus tôt, et d'avoir tout le temps ensuite de vous entretenir.

HARPAGON, à Brindavoine.

Qu'on mette donc les chevaux au carrosse.

SCÈNE XII

HARPAGON, MARIANE, ÉLISE, CLÉANTE, VALÈRE, FROSINE.

HARPAGON, à Mariane.

Je vous prie de m'excuser, ma belle, si je n'ai pas songé à vous donner un peu de collation avant que de partir.

---

[1] VAR. Et je n'ai pas besoin d'un *procureur* comme vous.

ACTE III, SCÈNE XIV.

CLÉANTE.

J'y ai pourvu, mon père, et j'ai fait apporter ici quelques bassins d'oranges de la Chine, de citrons doux, et de confitures, que j'ai envoyé quérir de votre part.

HARPAGON, bas, à Valère.

Valère !

VALÈRE, à Harpagon.

Il a perdu le sens.

CLÉANTE.

Est-ce que vous trouvez, mon père, que ce ne soit pas assez ? Madame aura la bonté d'excuser cela, s'il lui plaît.

MARIANE.

C'est une chose qui n'étoit pas nécessaire.

CLÉANTE.

Avez-vous jamais vu, madame, un diamant plus vif que celui que vous voyez que mon père a au doigt ?

MARIANE.

Il est vrai qu'il brille beaucoup.

CLÉANTE, ôtant du doigt de son père le diamant, et le donnant à Mariane.

Il faut que vous le voyiez de près.

MARIANE.

Il est fort beau, sans doute, et jette quantité de feux.

CLÉANTE, se mettant au-devant de Mariane, qui veut rendre le diamant.

Non, madame, il est en de trop belles mains. C'est un présent que mon père vous a fait.

HARPAGON.

Moi ?

CLÉANTE.

N'est-il pas vrai, mon père, que vous voulez que madame le garde pour l'amour de vous ?

HARPAGON, bas, à son fils.

Comment ?

CLÉANTE, à Mariane.

Belle demande ! il me fait signe de vous le faire accepter.

MARIANE.

Je ne veux point...

CLÉANTE, à Mariane.

Vous moquez-vous ? Il n'a garde de le reprendre.

HARPAGON, à part.

J'enrage !

MARIANE.

Ce seroit...

CLÉANTE, empêchant toujours Mariane de rendre le diamant.

Non, vous dis-je, c'est l'offenser.

MARIANE.

De grâce...

CLÉANTE.

Point du tout.

HARPAGON, à part.

Peste soit...

CLÉANTE.

Le voilà qui se scandalise de votre refus.

HARPAGON, bas, à son fils.

Ah ! traître !

CLÉANTE, à Mariane.

Vous voyez qu'il se désespère.

HARPAGON, bas, à son fils, en le menaçant.

Bourreau que tu es !

CLÉANTE.

Mon père, ce n'est pas ma faute. Je fais ce que je puis pour l'obliger à la garder ; mais elle est obstinée.

HARPAGON, bas, à son fils, en le menaçant.

Pendard !

CLÉANTE.

Vous êtes cause, madame, que mon père me querelle.

HARPAGON, bas, à son fils, avec les mêmes gestes.

Le coquin !

CLÉANTE, à Mariane.

Vous le ferez tomber malade. De grâce, madame, ne résistez point davantage.

FROSINE, à Mariane.

Mon Dieu ! que de façons ! Gardez la bague, puisque monsieur le veut.

MARIANE, à Harpagon.

Pour ne vous point mettre en colère, je la garde maintenant, et je prendrai un autre temps pour vous la rendre [1].

SCÈNE XIII

HARPAGON, MARIANE, ÉLISE, CLÉANTE, VALÈRE, FROSINE, BRINDAVOINE.

BRINDAVOINE.

Monsieur, il y a là un homme qui veut vous parler.

HARPAGON.

Dis-lui que je suis empêché, et qu'il revienne une autre fois.

BRINDAVOINE.

Il dit qu'il vous apporte de l'argent.

HARPAGON, à Mariane.

Je vous demande pardon ; je reviens tout à l'heure.

SCÈNE XIV

HARPAGON, MARIANE, ÉLISE, CLÉANTE, VALÈRE, FROSINE, LA MERLUCHE.

LA MERLUCHE, courant et faisant tomber Harpagon.

Monsieur...

HARPAGON.

Ah ! je suis mort !

CLÉANTE.

Qu'est-ce, mon père ? vous êtes-vous fait mal ?

HARPAGON.

Le traître assurément a reçu de l'argent de mes débiteurs, pour me faire rompre le cou !

VALÈRE, à Harpagon.

Cela ne sera rien.

---

[1] Dans une farce italienne intitulée *Arlequin dévaliseur de maisons*, Scapin fait remarquer à Flaminia le diamant que Pantalon porte à son doigt. Flaminia le loue, et Scapin le lui présente, en l'assurant que Pantalon lui en a fait présent. Telle est la scène qui a fourni à Molière la première idée de cette situation si comique. (Riccoboni.)

LA MERLUCHE, à Harpagon.

Monsieur, je vous demande pardon : je croyois bien faire d'accourir vite.

HARPAGON.

Que viens-tu faire ici, bourreau?

LA MERLUCHE.

Vous dire que vos deux chevaux sont déferrés.

HARPAGON.

Qu'on les mène promptement chez le maréchal.

CLÉANTE.

En attendant qu'ils soient ferrés, je vais faire pour vous, mon père, les honneurs de votre logis, et conduire madame dans le jardin, où je ferai porter la collation.

SCÈNE XV

HARPAGON, VALÈRE.

HARPAGON.

Valère, aie un peu l'œil à tout cela, et prends soin, je te prie, de m'en sauver le plus que tu pourras, pour le renvoyer au marchand.

VALÈRE.

C'est assez.

HARPAGON, seul.

O fils impertinent! as-tu envie de me ruiner?

ACTE QUATRIÈME

SCÈNE I

CLÉANTE, MARIANE, ÉLISE, FROSINE.

CLÉANTE.

Rentrons ici, nous serons beaucoup mieux. Il n'y a plus autour de nous personne de suspect, et nous pouvons parler librement.

ÉLISE.

Oui, madame, mon frère m'a fait confidence de la passion qu'il a pour vous. Je sais les chagrins et les déplaisirs que sont capables de causer de pareilles traverses; et c'est, je vous assure, avec une tendresse extrême que je m'intéresse à votre aventure.

MARIANE.

C'est une douce consolation que de voir dans ses intérêts une personne comme vous; et je vous conjure, madame, de me garder toujours cette généreuse amitié, si capable de m'adoucir les cruautés de la fortune.

FROSINE.

Vous êtes, par ma foi, de malheureuses gens l'un et l'autre, de ne m'avoir point, avant tout ceci, avertie de votre affaire. Je vous aurois, sans doute, détourné cette inquiétude, et n'aurois point amené les choses où l'on voit qu'elles sont.

CLÉANTE.

Que veux-tu? C'est ma mauvaise destinée qui l'a voulu ainsi. Mais, belle Mariane, quelles résolutions sont les vôtres?

MARIANE.

Hélas! suis-je en pouvoir de faire des résolutions? Et, dans la dépendance où je me vois, puis-je former que des souhaits?

CLÉANTE.

Point d'autre appui pour moi dans votre cœur que de simples souhaits? Point de pitié officieuse? Point de secourable bonté? Point d'affection agissante?

MARIANE.

Que saurois-je vous dire? Mettez-vous en ma place, et voyez ce que je puis faire. Avisez, ordonnez vous-même : je m'en remets à vous; et je vous crois trop raisonnable pour vouloir exiger de moi que ce qui peut m'être permis par l'honneur et la bienséance.

CLÉANTE.

Hélas! où me réduisez-vous, que de me renvoyer à ce que voudront me permettre les fâcheux sentiments d'un rigoureux honneur et d'une scrupuleuse bienséance?

MARIANE.

Mais que voulez-vous que je fasse? Quand je pourrois passer sur quantité d'égards où notre sexe est obligé, j'ai de la considération pour ma mère. Elle m'a toujours élevée avec une tendresse extrême, et je ne saurois me résoudre à lui donner du déplaisir. Faites, agissez auprès d'elle; employez tous vos soins à gagner son esprit. Vous pouvez faire et dire tout ce que vous voudrez; je vous en donne la licence; et, s'il ne tient qu'à me déclarer en votre faveur, je veux bien consentir à lui faire un aveu, moi-même, de tout ce que je sens pour vous.

CLÉANTE.

Frosine, ma pauvre Frosine, voudrois-tu nous servir?

FROSINE.

Par ma foi, faut-il le demander? je le voudrois de tout mon cœur. Vous savez que, de mon naturel, je suis assez humaine. Le ciel ne m'a point fait l'âme de bronze, et je n'ai que trop de tendresse à rendre de petits services, quand je vois des gens qui s'entr'aiment en tout bien et en tout honneur. Que pourrions-nous faire à ceci?

CLÉANTE.

Songe un peu, je te prie.

MARIANE.

Ouvre-nous des lumières.

ÉLISE.

Trouve quelque invention pour rompre ce que tu as fait.

FROSINE.

Ceci est assez difficile. (A Mariane.) Pour votre mère, elle n'est pas tout à fait déraisonnable, et peut-être pourroit-on la gagner et la résoudre à transporter au fils le don qu'elle veut faire au père. (A Cléante.) Mais le mal que j'y trouve, c'est que votre père est votre père.

CLÉANTE.

Cela s'entend.

FROSINE.

Je veux dire qu'il conservera du dépit si l'on montre qu'on le refuse, et qu'il ne sera point d'humeur ensuite

ACTE IV, SCÈNE III.

à donner son consentement à votre mariage. Il faudroit, pour bien faire, que le refus vînt de lui-même, et tâcher, par quelque moyen, de le dégoûter de votre personne.

CLÉANTE.

Tu as raison.

FROSINE.

Oui, j'ai raison, je le sais bien. C'est là ce qu'il faudroit; mais le diantre¹ est d'en pouvoir trouver les moyens. Attendez : si nous avions quelque femme un peu sur l'âge qui fût de mon talent, et jouât assez bien pour contrefaire une dame de qualité, par le moyen d'un train fait à la hâte et d'un bizarre nom de marquise ou de vicomtesse, que nous supposerions de la basse Bretagne, j'aurois assez d'adresse pour faire accroire à votre père que ce seroit une personne riche, outre ses maisons, de cent mille écus en argent comptant; qu'elle seroit éperdument amoureuse de lui, et souhaiteroit de se voir sa femme, jusqu'à lui donner tout son bien par contrat de mariage ; et je ne doute point qu'il ne prêtât l'oreille à la proposition. Car, enfin, il vous aime fort, je le sais, mais il aime un peu plus l'argent; et quand, ébloui de ce leurre, il auroit une fois consenti à ce qui vous touche, il importeroit peu ensuite qu'il se désabusât, en venant à vouloir voir clair aux effets de notre marquise.

CLÉANTE.

Tout cela est fort bien pensé.

FROSINE.

Laissez-moi faire. Je viens de me ressouvenir d'une de mes amies qui sera notre fait.

CLÉANTE.

Sois assurée, Frosine, de ma reconnoissance, si tu viens à bout de la chose. Mais, charmante Mariane, commençons, je vous prie, par gagner votre mère ; c'est toujours beaucoup faire que de rompre ce mariage. Faites-y de votre part, je vous en conjure, tous les efforts qu'il vous sera possible. Servez-vous de tout le pouvoir que vous donne sur elle cette amitié qu'elle a pour vous. Déployez sans réserve les grâces éloquentes, les charmes tout-puissants que le ciel a placés dans vos yeux et dans votre bouche; et n'oubliez rien, s'il vous plaît, de ces tendres paroles, de ces douces prières et de ces caresses touchantes, à qui je suis persuadé qu'on ne sauroit rien refuser.

MARIANE.

J'y ferai tout ce que je puis, et n'oublierai aucune chose.

SCÈNE II

HARPAGON, CLÉANTE, MARIANE, ÉLISE, FROSINE.

HARPAGON, à part, sans être aperçu.

Ouais! mon fils baise la main de sa prétendue belle-mère ; et sa prétendue belle-mère ne s'en défend pas fort! Y auroit-il quelque mystère là-dessous?

¹ Suivant Ménage, cette expression a été imaginée pour éviter de se servir du mot *diable*. Rabelais avait déjà dit : Créature du *grand vilain diantre d'enfer*.

ÉLISE.

Voilà mon père.

HARPAGON.

Le carrosse est tout prêt; vous pouvez partir quand il vous plaira.

CLÉANTE.

Puisque vous n'y allez pas, mon père, je m'en vais les conduire.

HARPAGON.

Non : demeurez. Elles iront bien toutes seules, et j'ai besoin de vous.

SCÈNE III

HARPAGON, CLÉANTE.

HARPAGON.

Oh çà, intérêt de belle-mère à part, que te semble, à toi, de cette personne?

CLÉANTE.

Ce qui m'en semble?

HARPAGON.

Oui, de son air, de sa taille, de sa beauté, de son esprit?

CLÉANTE.

La, la.

HARPAGON.

Mais encore?

CLÉANTE.

A vous en parler franchement, je ne l'ai pas trouvée ici ce que je l'avois crue. Son air est de franche coquette, sa taille est assez gauche, sa beauté très-médiocre, et son esprit des plus communs. Ne croyez pas que ce soit, mon père, pour vous en dégoûter ; car, belle-mère pour belle-mère, j'aime autant celle-là qu'une autre.

HARPAGON.

Tu lui disois tantôt pourtant...

CLÉANTE.

Je lui ai dit quelques douceurs en votre nom, mais c'étoit pour vous plaire.

HARPAGON.

Si bien donc que tu n'aurois pas d'inclination pour elle?

CLÉANTE.

Moi? point du tout.

HARPAGON.

J'en suis fâché, car cela rompt une pensée qui m'étoit venue dans l'esprit. J'ai fait, en la voyant ici, réflexion sur mon âge ; et j'ai songé qu'on pourra trouver à redire de me voir marier à une si jeune personne. Cette considération m'en faisoit quitter le dessein; et, comme je l'ai fait demander et que je suis pour elle engagé de parole, je te l'aurois donnée, sans l'aversion que tu témoignes.

CLÉANTE.

A moi?

HARPAGON.

A toi.

CLÉANTE.

En mariage?

HARPAGON.

En mariage.

CLÉANTE.

Écoutez. Il est vrai qu'elle n'est pas fort à mon goût; mais, pour vous faire plaisir, mon père, je me résoudrai à l'épouser, si vous voulez.

HARPAGON.

Moi, je suis plus raisonnable que tu ne penses. Je ne veux point forcer ton inclination.

CLÉANTE.

Pardonnez-moi; je me ferai cet effort pour l'amour de vous.

HARPAGON.

Non, non. Un mariage ne sauroit être heureux où l'inclination n'est pas.

CLÉANTE.

C'est une chose, mon père, qui peut-être viendra ensuite; et l'on dit que l'amour est souvent un fruit du mariage.

HARPAGON.

Non. Du côté de l'homme, on ne doit point risquer l'affaire; et ce sont des suites fâcheuses où je n'ai garde de me commettre. Si tu avois senti quelque inclination pour elle, à la bonne heure; je te l'aurois fait épouser, au lieu de moi; mais, cela n'étant pas, je suivrai mon premier dessein, et je l'épouserai moi-même.

CLÉANTE.

Eh bien, mon père, puisque les choses sont ainsi, il faut vous découvrir mon cœur; il faut vous révéler notre secret. La vérité est que je l'aime depuis un jour que je la vis dans une promenade; que mon dessein étoit tantôt de vous la demander pour femme, et que rien ne m'a retenu que la déclaration de vos sentiments et la crainte de vous déplaire.

HARPAGON.

Lui avez-vous rendu visite?

CLÉANTE.

Oui, mon père.

HARPAGON.

Beaucoup de fois?

CLÉANTE.

Assez, pour le temps qu'il y a.

HARPAGON.

Vous a-t-on bien reçu?

CLÉANTE.

Fort bien, mais sans savoir qui j'étois; et c'est ce qui a fait tantôt la surprise de Mariane.

HARPAGON.

Lui avez-vous déclaré votre passion, et le dessein où vous étiez de l'épouser?

CLÉANTE.

Sans doute; et même j'en avois fait à sa mère quelque peu d'ouverture.

HARPAGON.

A-t-elle écouté, pour sa fille, votre proposition?

CLÉANTE.

Oui, fort civilement.

HARPAGON.

Et la fille correspond-elle fort à votre amour?

CLÉANTE.

Si j'en dois croire les apparences, je me persuade, mon père, qu'elle a quelque bonté pour moi.

HARPAGON, bas, à part.

Je suis bien aise d'avoir appris un tel secret; et voilà justement ce que je demandois. (Haut.) Or sus, mon fils, savez-vous ce qu'il y a? c'est qu'il faut songer, s'il vous plaît, à vous défaire de votre amour, à cesser toutes vos poursuites auprès d'une personne que je prétends pour moi, et à vous marier dans peu avec celle qu'on vous destine[1].

CLÉANTE.

Oui, mon père; c'est ainsi que vous me jouez! Eh bien, puisque les choses en sont venues là, je vous déclare, moi, que je ne quitterai point la passion que j'ai pour Mariane; qu'il n'y a point d'extrémité où je ne m'abandonne pour vous disputer sa conquête; et que, si vous avez pour vous le consentement d'une mère, j'aurai d'autres secours, peut-être, qui combattront pour moi.

HARPAGON.

Comment, pendard! tu as l'audace d'aller sur mes brisées!

CLÉANTE.

C'est vous qui allez sur les miennes, et je suis le premier en date.

HARPAGON.

Ne suis-je pas ton père, et ne me dois-tu pas respect?

CLÉANTE.

Ce ne sont point ici des choses où les enfants soient obligés de déférer aux pères, et l'amour ne connoît personne.

HARPAGON.

Je te ferai bien me connoître avec de bons coups de bâton.

CLÉANTE.

Toutes vos menaces ne feront rien.

HARPAGON.

Tu renonceras à Mariane.

CLÉANTE.

Point du tout.

HARPAGON.

Donnez-moi un bâton tout à l'heure.

SCÈNE IV

HARPAGON, CLÉANTE, MAITRE JACQUES.

MAÎTRE JACQUES.

Eh, eh, eh, messieurs, qu'est-ce ci? à quoi songez-vous?

[1] L'épreuve de l'Avare sur le cœur de son fils est la même que celle de Mithridate dans la tragédie de Racine. Harpagon et le roi de Pont sont deux vieillards amoureux; l'un et l'autre ont leur fils pour rival, l'un et l'autre se servent du même artifice pour découvrir l'intelligence qui est entre leur fils et leur maîtresse; et les deux pièces finissent par le mariage du jeune homme. (Voltaire.)

ACTE IV, SCÈNE V.

CLÉANTE.
Je me moque de cela!

MAÎTRE JACQUES, à Cléante
Ah! monsieur, doucement.

HARPAGON.
Me parler avec cette impudence!

MAÎTRE JACQUES, à Harpagon.
Ah! monsieur, de grâce!

CLÉANTE.
Je n'en démordrai point.

MAÎTRE JACQUES, à Cléante.
Eh quoi! à votre père?

HARPAGON.
Laisse-moi faire.

MAÎTRE JACQUES, à Harpagon.
Eh quoi! à votre fils? encore passe pour moi.

HARPAGON.
Je te veux faire toi-même, maître Jacques, juge de cette affaire, pour montrer comme j'ai raison [1].

MAÎTRE JACQUES.
J'y consens. (A Cléante.) Éloignez-vous un peu.

HARPAGON.
J'aime une fille que je veux épouser; et le pendard a l'insolence de l'aimer avec moi, et d'y prétendre malgré mes ordres.

MAÎTRE JACQUES.
Ah! il a tort.

HARPAGON.
N'est-ce pas une chose épouvantable, qu'un fils qui veut entrer en concurrence avec son père? et ne doit-il pas, par respect, s'abstenir de toucher à mes inclinations?

MAÎTRE JACQUES.
Vous avez raison. Laissez-moi lui parler, et demeurez là.

CLÉANTE, à maître Jacques, qui s'approche de lui.
Eh bien, oui, puisqu'il veut te choisir pour juge, je n'y recule point; il ne m'importe qui ce soit; et je veux bien aussi me rapporter à toi, maître Jacques, de notre différend.

MAÎTRE JACQUES.
C'est beaucoup d'honneur que vous me faites.

CLÉANTE.
Je suis épris d'une jeune personne qui répond à mes vœux, et reçoit tendrement les offres de ma foi; et mon père s'avise de venir troubler notre amour, par la demande qu'il en fait faire.

MAÎTRE JACQUES.
Il a tort assurément.

CLÉANTE.
N'a-t-il point de honte, à son âge, de songer à se marier? Lui sied-il bien d'être encore amoureux? et ne devroit-il pas laisser cette occupation aux jeunes gens?

MAÎTRE JACQUES.
Vous avez raison. Il se moque. Laissez-moi lui dire deux mots. (A Harpagon.) Eh bien, votre fils n'est pas si étrange que vous le dites, et il se met à la raison. Il dit qu'il sait le respect qu'il vous doit; qu'il ne s'est emporté que dans la première chaleur, et qu'il ne fera point refus de se soumettre à ce qu'il vous plaira, pourvu que vous vouliez le traiter mieux que vous ne faites, et lui donner quelque personne en mariage, dont il ait lieu d'être content.

HARPAGON.
Ah! dis-lui, maître Jacques, que, moyennant cela, il pourra espérer toutes choses de moi, et que, hors Mariane, je lui laisse la liberté de choisir celle qu'il voudra.

MAÎTRE JACQUES.
Laissez-moi faire. (A Cléante.) Eh bien, votre père n'est pas si déraisonnable que vous le faites; et il m'a témoigné que ce sont vos emportements qui l'ont mis en colère; qu'il n'en veut seulement qu'à votre manière d'agir, et qu'il sera fort disposé à vous accorder ce que vous souhaitez, pourvu que vous vouliez vous y prendre par la douceur, et lui rendre les déférences, les respects et les soumissions qu'un fils doit à son père.

CLÉANTE.
Ah! maître Jacques, tu lui peux assurer que, s'il m'accorde Mariane, il me verra toujours le plus soumis de tous les hommes, et que jamais je ne ferai aucune chose que par ses volontés.

MAÎTRE JACQUES, à Harpagon.
Cela est fait; il consent à ce que vous dites.

HARPAGON.
Voilà qui va le mieux du monde.

MAÎTRE JACQUES, à Cléante.
Tout est conclu; il est content de vos promesses.

CLÉANTE.
Le ciel en soit loué!

MAÎTRE JACQUES
Messieurs, vous n'avez qu'à parler ensemble : vous voilà d'accord maintenant; et vous alliez vous quereller, faute de vous entendre.

CLÉANTE.
Mon pauvre maître Jacques, je te serai obligé toute ma vie.

MAÎTRE JACQUES.
Il n'y a pas de quoi, monsieur.

HARPAGON.
Tu m'as fait plaisir, maître Jacques; et cela mérite une récompense. (Harpagon fouille dans sa poche; maître Jacques tend la main; mais Harpagon ne tire que son mouchoir, en disant :) Va, je m'en souviendrai, je t'assure.

MAÎTRE JACQUES
Je vous baise les mains.

SCÈNE V

HARPAGON, CLÉANTE.

CLÉANTE.
Je vous demande pardon, mon père, de l'emportement que j'ai fait paroître.

---

[1] Cette scène rappelle la scène septième du premier acte, où Harpagon a pris Valère pour juge entre sa fille et lui; mais Molière a su donner une forme nouvelle à cette situation par la manière dont maître Jacques imagine de se tirer d'affaire. (A. M.)

HARPAGON.

Cela n'est rien.

CLÉANTE.

Je vous assure que j'en ai tous les regrets du monde.

HARPAGON.

Et moi, j'ai toutes les joies du monde de te voir raisonnable.

CLÉANTE.

Quelle bonté à vous d'oublier si vite ma faute!

HARPAGON.

On oublie aisément les fautes des enfants lorsqu'ils rentrent dans leur devoir.

CLÉANTE.

Quoi! ne garder aucun ressentiment de toutes mes extravagances?

HARPAGON.

C'est une chose où tu m'obliges, par la soumission et le respect où tu te ranges.

CLÉANTE.

Je vous promets, mon père, que, jusques au tombeau, je conserverai dans mon cœur le souvenir de vos bontés.

HARPAGON.

Et moi, je te promets qu'il n'y aura aucune chose que tu n'obtiennes de moi.

CLÉANTE.

Ah! mon père, je ne vous demande plus rien; et c'est m'avoir assez donné que de me donner Mariane.

HARPAGON.

Comment?

CLÉANTE.

Je dis, mon père, que je suis trop content de vous, et que je trouve toutes choses dans la bonté que vous avez de m'accorder Mariane.

HARPAGON.

Qui est-ce qui te parle de t'accorder Mariane?

CLÉANTE.

Vous, mon père.

HARPAGON.

Moi?

CLÉANTE.

Sans doute.

HARPAGON.

Comment! c'est toi qui as promis d'y renoncer.

CLÉANTE.

Moi, y renoncer?

HARPAGON.

Oui.

CLÉANTE.

Point du tout.

HARPAGON.

Tu ne t'es pas départi d'y prétendre?

CLÉANTE.

Au contraire, j'y suis porté plus que jamais.

HARPAGON.

Quoi! pendard, derechef?

CLÉANTE.

Rien ne me peut changer.

HARPAGON.

Laisse-moi faire, traître!

CLÉANTE.

Faites tout ce qu'il vous plaira.

HARPAGON.

Je te défends de me jamais voir.

CLÉANTE.

A la bonne heure.

HARPAGON.

Je t'abandonne.

CLÉANTE.

Abandonnez.

HARPAGON.

Je te renonce pour mon fils.

CLÉANTE.

Soit.

HARPAGON.

Je te déshérite.

CLÉANTE.

Tout ce que vous voudrez.

HARPAGON.

Et je te donne ma malédiction.

CLÉANTE.

Je n'ai que faire de vos dons [1].

SCÈNE VI

CLÉANTE, LA FLÈCHE.

LA FLÈCHE, *sortant du jardin avec une cassette.*

Ah! monsieur, que je vous trouve à propos! Suivez-moi vite!

CLÉANTE.

Qu'y a-t-il?

LA FLÈCHE.

Suivez-moi, vous dis-je : nous sommes bien.

CLÉANTE.

Comment?

LA FLÈCHE.

Voici votre affaire.

CLÉANTE.

Quoi?

LA FLÈCHE.

J'ai guigné ceci tout le jour.

CLÉANTE.

Qu'est-ce que c'est?

LA FLÈCHE.

Le trésor de votre père, que j'ai attrapé.

---

[1] Molière ne fait point aimer Cléante; il montre dans les fautes du fils les suites des vices du père. (A. M.) — Si Molière a peint des mœurs vicieuses, c'est qu'elles existent; et quand l'esprit général de sa pièce emporte leur condamnation, il a rempli sa tâche.
Si le jeune Cléante, à qui son père donne sa malédiction, sort en disant : « Je n'ai que faire de vos dons, » a-t-on pu se méprendre à l'intention du poëte? Il eût pu sans doute représenter ce fils toujours respectueux envers un père barbare; il eût édifié davantage en associant un tyran et une victime; mais la vérité, mais la force de la leçon que le poëte veut donner aux pères avares, que devenaient-elles? (Chamfort.)

CLÉANTE.

Comment as-tu fait?

LA FLÈCHE.

Vous saurez tout. Sauvons-nous : je l'entends crier.

SCÈNE VII

HARPAGON, seul, criant au voleur dès le jardin, et venant sans chapeau[1].

Au voleur! au voleur! à l'assassin! au meurtrier! Justice, juste ciel! je suis perdu, je suis assassiné! on m'a coupé la gorge : on m'a dérobé mon argent! Qui peut-ce être? Qu'est-il devenu? Où est-il? Où se cache-t-il? Que ferai-je pour le trouver? Où courir? Où ne pas courir? N'est-il point là? N'est-il point ici? Qui est-ce? Arrête! (A lui-même, se prenant par le bras.) Rends-moi mon argent, coquin!... Ah! c'est moi! Mon esprit est troublé, et j'ignore où je suis, qui je suis, et ce que je fais. Hélas! mon pauvre argent! mon pauvre argent! mon cher ami! on m'a privé de toi; et, puisque tu m'es enlevé, j'ai perdu mon support, ma consolation, ma joie : tout est fini pour moi, et je n'ai plus que faire au monde. Sans toi, il m'est impossible de vivre. C'en est fait; je n'en puis plus; je me meurs; je suis mort; je suis enterré! N'y a-t-il personne qui veuille me ressusciter, en me rendant mon cher argent, ou en m'apprenant qui l'a pris? Euh! que dites-vous? Ce n'est personne. Il faut, qui que ce soit qui ait fait le coup, qu'avec beaucoup de soin on ait épié l'heure; et l'on a choisi justement le temps que je parlois à mon traître de fils. Sortons. Je veux aller querir la justice, et faire donner la question à toute ma maison; à servantes, à valets, à fils et à fille, et à moi aussi. Que de gens assemblés! Je ne jette mes regards sur personne qui ne me donne des soupçons, et tout me semble mon voleur. Eh! de quoi est-ce qu'on parle là? de celui qui m'a dérobé? Quel bruit fait-on là-haut? Est-ce mon voleur qui y est? De grâce, si l'on sait des nouvelles de mon voleur, je supplie que l'on m'en dise. N'est-il point caché là parmi vous? Ils me regardent tous et se mettent à rire. Vous verrez qu'ils ont part, sans doute, au vol que l'on m'a fait. Allons vite, des commissaires, des archers, des prévôts, des juges, des gênes, des potences et des bourreaux. Je veux faire pendre tout le monde; et, si je ne retrouve mon argent, je me pendrai moi-même après...

[1] Dans Plaute, l'Avare, après le vol de sa cassette, s'écrie : « Je suis perdu! je suis assassiné! je suis mort! où irai-je? où n'irai-je pas? Arrêtez! arrêtez! Qui? je ne sais. Je ne vois rien. Je cherche en aveugle. Je perds la raison. Sais-je où je vais, où je suis, qui je suis? Au secours! mes chers amis, découvrez-moi, oh! découvrez-moi celui qui m'a dérobé... Que dis-tu, toi? Je peux me fier à toi; tu m'as l'air d'un homme de bien. Vous riez : je vous connois tous, et je n'ignore pas qu'il y a ici beaucoup de voleurs. Quoi! personne ne veut me la rendre! je vais mourir, je meurs! Qu'est-ce? dis, dis qui me l'a dérobée. Tu ne le sais pas! Ah! je suis ruiné! Malheureux! malheureux! me voilà sans ressources sur la terre! la faim, la misère, vont m'accabler... Fatale journée! qu'ai-je besoin de vivre, après la perte de tant d'or! je le gardais avec un si grand soin! Hélas! je me suis trahi moi-même! j'étais aveugle, et maintenant on se réjouit de mon malheur!... »
(Aulularia, acte IV, scène x.)

ACTE CINQUIÈME

SCÈNE I

HARPAGON, UN COMMISSAIRE.

LE COMMISSAIRE.

Laissez-moi faire; je sais mon métier, Dieu merci. Ce n'est pas d'aujourd'hui que je me mêle de découvrir des vols; et je voudrois avoir autant de sacs de mille francs que j'ai fait pendre de personnes[1].

HARPAGON.

Tous les magistrats sont intéressés à prendre cette affaire en main; et, si l'on ne me fait retrouver mon argent, je demanderai justice de la justice.

LE COMMISSAIRE.

Il faut faire toutes les poursuites requises. Vous dites qu'il y avoit dans cette cassette?...

HARPAGON.

Dix mille écus bien comptés.

LE COMMISSAIRE.

Dix mille écus!

HARPAGON, en pleurant.

Dix mille écus.

LE COMMISSAIRE.

Le vol est considérable!

HARPAGON.

Il n'y a point de supplice assez grand pour l'énormité de ce crime; et, s'il demeure impuni, les choses les plus sacrées ne sont plus en sûreté.

LE COMMISSAIRE.

En quelles espèces étoit cette somme?

HARPAGON.

En bons louis d'or et pistoles bien trébuchantes.

LE COMMISSAIRE.

Qui soupçonnez-vous de ce vol?

HARPAGON.

Tout le monde; et je veux que vous arrêtiez prisonniers la ville et les faubourgs.

LE COMMISSAIRE.

Il faut, si vous m'en croyez, n'effaroucher personne, et tâcher doucement d'attraper quelques preuves, afin de procéder après, par la rigueur, au recouvrement des deniers qui vous ont été pris.

SCÈNE II

HARPAGON, UN COMMISSAIRE, MAITRE JACQUES.

MAITRE JACQUES, dans le fond du théâtre, en se retournant du côté par lequel il est entré.

Je m'en vais revenir. Qu'on me l'égorge tout à l'heure; qu'on me lui fasse griller les pieds; qu'on me le mette dans l'eau bouillante, et qu'on me le pende au plancher.

[1] Voyez quelle physionomie comique Molière sait donner tout de suite à ses moindres personnages! Ce commissaire ne joue qu'un rôle épisodique, et, par quelques mots, il s'élève jusqu'à l'importance d'un caractère. (Auger.)

HARPAGON, à maître Jacques.

Qui? celui qui m'a dérobé?

MAÎTRE JACQUES.

Je parle d'un cochon de lait que votre intendant me vient d'envoyer, et je veux vous l'accommoder à ma fantaisie.

HARPAGON.

Il n'est pas question de cela; et voilà monsieur, à qui il faut parler d'autre chose.

LE COMMISSAIRE, à maître Jacques.

Ne vous épouvantez point. Je suis homme à ne vous point scandaliser, et les choses iront dans la douceur.

MAÎTRE JACQUES.

Monsieur est de votre souper?

LE COMMISSAIRE.

Il faut ici, mon cher ami, ne rien cacher à votre maître.

MAÎTRE JACQUES.

Ma foi, monsieur, je montrerai tout ce que je sais faire, et je vous traiterai du mieux qu'il me sera possible.

HARPAGON.

Ce n'est pas là l'affaire.

MAÎTRE JACQUES.

Si je ne vous fais pas aussi bonne chère que je voudrois, c'est la faute de monsieur votre intendant, qui m'a rogné les ailes avec les ciseaux de son économie.

HARPAGON.

Traître! il s'agit d'autre chose que de souper; et je veux que tu me dises des nouvelles de l'argent qu'on m'a pris.

MAÎTRE JACQUES.

On vous a pris de l'argent?

HARPAGON.

Oui, coquin; et je m'en vais te faire pendre, si tu ne me le rends!

LE COMMISSAIRE, à Harpagon.

Mon Dieu! ne le maltraitez point. Je vois à sa mine qu'il est honnête homme, et que, sans se faire mettre en prison, il vous découvrira ce que vous voulez savoir. Oui, mon ami, si vous nous confessez la chose, il ne vous sera fait aucun mal, et vous serez récompensé comme il faut par votre maître. On lui a pris aujourd'hui son argent; et il n'est pas que vous ne sachiez quelques nouvelles de cette affaire.

MAÎTRE JACQUES, bas, à part.

Voici justement ce qu'il me faut pour me venger de notre intendant. Depuis qu'il est entré céans, il est le favori, on n'écoute que ses conseils; et j'ai aussi sur le cœur les coups de bâton de tantôt.

HARPAGON.

Qu'as-tu à ruminer?

LE COMMISSAIRE, à Harpagon.

Laissez-le faire. Il se prépare à vous contenter; et je vous ai bien dit qu'il étoit honnête homme.

MAÎTRE JACQUES.

Monsieur, si vous voulez que je vous dise les choses, je crois que c'est monsieur votre cher intendant qui a fait le coup.

HARPAGON.

Valère?

MAÎTRE JACQUES.

Oui.

HARPAGON.

Lui! qui me paroît si fidèle?

MAÎTRE JACQUES.

Lui-même. Je crois que c'est lui qui vous a dérobé.

HARPAGON.

Et sur quoi le crois-tu?

MAÎTRE JACQUES.

Sur quoi?

HARPAGON.

Oui.

MAÎTRE JACQUES.

Je le crois... sur ce que je le crois.

LE COMMISSAIRE.

Mais il est nécessaire de dire les indices que vous avez.

HARPAGON.

L'as-tu vu rôder autour du lieu où j'avois mis mon argent?

MAÎTRE JACQUES.

Oui, vraiment. Où étoit-il, votre argent?

HARPAGON.

Dans le jardin.

MAÎTRE JACQUES.

Justement je l'ai vu rôder dans le jardin. Et dans quoi est-ce que cet argent étoit?

HARPAGON.

Dans une cassette.

MAÎTRE JACQUES.

Voilà l'affaire. Je lui ai vu une cassette.

HARPAGON.

Et cette cassette, comment est-elle faite? Je verrai bien si c'est la mienne.

MAÎTRE JACQUES.

Comment est-elle faite?

HARPAGON.

Oui.

MAÎTRE JACQUES.

Elle est faite... elle est faite comme une cassette.

LE COMMISSAIRE.

Cela s'entend. Mais dépeignez-la un peu, pour voir.

MAÎTRE JACQUES.

C'est une grande cassette.

HARPAGON.

Celle qu'on m'a volée est petite.

MAÎTRE JACQUES.

Eh! oui, elle est petite, si on veut le prendre par là; mais je l'appelle grande pour ce qu'elle contient.

LE COMMISSAIRE.

Et de quelle couleur est-elle?

MAÎTRE JACQUES.

De quelle couleur?

LE COMMISSAIRE.

Oui.

MAÎTRE JACQUES.

Elle est de couleur... là, d'une certaine couleur... Ne sauriez-vous m'aider à dire?

HARPAGON.

Euh?

MAÎTRE JACQUES.

N'est-elle pas rouge?

HARPAGON.

Non, grise.

MAÎTRE JACQUES.

Eh! oui, gris-rouge; c'est ce que je voulois dire.

HARPAGON.

Il n'y a point de doute; c'est elle assurément. Écrivez, monsieur, écrivez sa déposition. Ciel! à qui désormais se fier! Il ne faut plus jurer de rien; et je crois, après cela, que je suis homme à me voler moi-même.

MAÎTRE JACQUES, à Harpagon.

Monsieur, le voici qui revient. Ne lui allez pas dire, au moins, que c'est moi qui vous ai découvert cela.

SCÈNE III

HARPAGON, UN COMMISSAIRE, VALÈRE, MAITRE JACQUES.

HARPAGON.

Approche, viens confesser l'action la plus noire, l'attentat le plus horrible qui jamais ait été commis.

VALÈRE.

Que voulez-vous, monsieur?

HARPAGON.

Comment, traître! tu ne rougis pas de ton crime?

VALÈRE.

De quel crime voulez-vous donc parler?

HARPAGON.

De quel crime je veux parler, infâme! comme si tu ne savois pas ce que je veux dire! C'est en vain que tu prétendrois de le déguiser; l'affaire est découverte, et l'on vient de m'apprendre tout. Comment abuser ainsi de ma bonté, et s'introduire exprès chez moi pour me trahir, pour me jouer un tour de cette nature?

VALÈRE.

Monsieur, puisqu'on vous a découvert tout, je ne veux point de détours, et vous nier la chose.

MAÎTRE JACQUES, à part.

Oh! oh! aurois-je deviné sans y penser?

VALÈRE.

C'étoit mon dessein de vous en parler, et je voulois attendre pour cela des conjectures favorables; mais, puisqu'il est ainsi, je vous conjure de ne vous point fâcher et de vouloir entendre mes raisons.

HARPAGON.

Et quelles belles raisons peux-tu me donner, voleur infâme?

VALÈRE.

Ah! monsieur, je n'ai pas mérité ces noms. Il est vrai que j'ai commis une offense envers vous; mais, après tout, ma faute est pardonnable.

HARPAGON.

Comment! pardonnable? Un guet-apens, un assassinat de la sorte!

VALÈRE.

De grâce, ne vous mettez point en colère. Quand vous m'aurez ouï, vous verrez que le mal n'est pas si grand que vous le faites.

HARPAGON.

Le mal n'est pas si grand que je le fais! Quoi! mon sang, mes entrailles, pendard!

VALÈRE.

Votre sang, monsieur, n'est pas tombé dans de mauvaises mains. Je suis d'une condition à ne lui point faire de tort; et il n'y a rien, en tout ceci, que je ne puisse bien réparer.

HARPAGON.

C'est bien mon intention, et que tu me restitues ce que tu m'as ravi.

VALÈRE.

Votre honneur, monsieur, sera pleinement satisfait.

HARPAGON.

Il n'est pas question d'honneur là dedans. Mais, dis-moi, qui t'a porté à cette action?

VALÈRE.

Hélas! me le demandez-vous?

HARPAGON.

Oui, vraiment, je te le demande!

VALÈRE.

Un dieu qui porte les excuses de tout ce qu'il fait faire, l'Amour.

HARPAGON.

L'Amour?

VALÈRE.

Oui.

HARPAGON.

Bel amour, bel amour, ma foi, l'amour de mes louis d'or!

VALÈRE.

Non, monsieur, ce ne sont point vos richesses qui m'ont tenté; ce n'est pas cela qui m'a ébloui; et je proteste de ne prétendre rien à tous vos biens; pourvu que vous me laissiez celui que j'ai.

HARPAGON.

Non ferai, de par tous les diables; je ne te le laisserai pas. Mais voyez quelle insolence de vouloir retenir le vol qu'il m'a fait!

VALÈRE.

Appelez-vous ça un vol?

HARPAGON.

Si je l'appelle un vol? un trésor comme celui-là!

VALÈRE.

C'est un trésor, il est vrai, et le plus précieux que vous ayez, sans doute; mais ce ne sera pas le perdre que de me le laisser. Je vous le demande à genoux, ce trésor plein de charmes; et, pour bien faire, il faut que vous me l'accordiez.

HARPAGON.

Je n'en ferai rien. Qu'est-ce à dire cela?

VALÈRE.

Nous nous sommes promis une foi mutuelle, et avons fait serment de ne nous point abandonner.

HARPAGON.
Le serment est admirable, et la promesse plaisante!

VALÈRE.
Oui, nous nous sommes engagés d'être l'un à l'autre à jamais.

HARPAGON.
Je vous en empêcherai bien, je vous assure!

VALÈRE.
Rien que la mort ne nous peut séparer.

HARPAGON.
C'est être bien endiablé après mon argent!

VALÈRE.
Je vous ai déjà dit, monsieur, que ce n'étoit point l'intérêt qui m'avoit poussé à faire ce que j'ai fait. Mon cœur n'a point agi par les ressorts que vous pensez, et un motif plus noble m'a inspiré cette résolution.

HARPAGON.
Vous verrez que c'est par charité chrétienne qu'il veut avoir mon bien! Mais j'y donnerai bon ordre; et la justice, pendard effronté, me va faire raison de tout.

VALÈRE.
Vous en userez comme vous voudrez, et me voilà prêt à souffrir toutes les violences qu'il vous plaira; mais je vous prie de croire au moins que, s'il y a du mal, ce n'est que moi qu'il en faut accuser, et que votre fille, en tout ceci, n'est aucunement coupable.

HARPAGON.
Je le crois bien, vraiment! il seroit fort étrange que ma fille eût trempé dans ce crime. Mais je veux ravoir mon affaire, et que tu me confesses en quel endroit tu me l'as enlevée.

VALÈRE.
Moi? je ne l'ai point enlevée; et elle est encore chez vous.

HARPAGON, à part.
O ma chère cassette! (Haut.) Elle n'est point sortie de ma maison?

VALÈRE.
No, monsieur.

HARPAGON.
Eh! dis-moi donc un peu : tu n'y as point touché?

VALÈRE.
Moi y toucher? Ah! vous lui faites tort, aussi bien qu'à moi; et c'est d'une ardeur toute pure et respectueuse que j'ai brûlé pour elle.

HARPAGON, à part.
Brûlé pour ma cassette!

VALÈRE.
J'aimerois mieux mourir que de lui avoir fait paroître aucune pensée offensante : elle est trop sage et trop honnête pour cela.

HARPAGON, à part.
Ma cassette trop honnête!

VALÈRE.
Tous mes désirs se sont bornés à jouir de sa vue; et rien de criminel n'a profané la passion que ses beaux yeux m'ont inspirée.

HARPAGON, à part.
Les beaux yeux de ma cassette! Il parle d'elle comme un amant d'une maîtresse.

VALÈRE.
Dame Claude, monsieur, sait la vérité de cette aventure; et elle peut vous rendre témoignage.

HARPAGON.
Quoi! ma servante est complice de l'affaire?

VALÈRE.
Oui, monsieur : elle a été témoin de notre engagement; et c'est après avoir connu l'honnêteté de ma flamme qu'elle m'a aidé à persuader votre fille de me donner sa foi et recevoir la mienne.

HARPAGON, à part.
Eh! est-ce que la peur de la justice le fait extravaguer? (A Valère.) Que nous brouilles-tu ici de ma fille?

VALÈRE.
Je dis, monsieur, que j'ai eu toutes les peines du monde à faire consentir sa pudeur à ce que vouloit mon amour.

HARPAGON.
La pudeur de qui?

VALÈRE.
De votre fille; et c'est seulement depuis hier qu'elle a pu se résoudre à nous signer mutuellement une promesse de mariage.

HARPAGON.
Ma fille t'a signé une promesse de mariage?

VALÈRE.
Oui, monsieur; comme, de ma part, je lui en ai signé une.

HARPAGON.
O ciel! autre disgrâce[1]!

MAÎTRE JACQUES, au commissaire.
Écrivez, monsieur, écrivez.

HARPAGON.
Rengrégement de mal! surcroît de désespoir! (Au commissaire.) Allons, monsieur, faites le dû de votre charge; et dressez-lui-moi son procès comme larron et comme suborneur.

MAÎTRE JACQUES.
Comme larron et comme suborneur.

VALÈRE.
Ce sont des noms qui ne me sont point dus; et quand on saura qui je suis...

SCÈNE IV

HARPAGON, ÉLISE, MARIANE, VALÈRE, FROSINE, MAITRE JACQUES, UN COMMISSAIRE.

HARPAGON.
Ah! fille scélérate! fille indigne d'un père comme moi!

---

[1] Le plus grand malheur pour un avare n'est pas de perdre sa fille, mais son trésor. C'est ce que Plaute n'a pas senti, lui qui fait dire à Euclion, dans une situation à peu près semblable : « Ainsi à mon malheur vient se joindre un malheur *plus grand encore* : *Ita mihi ad malum malæ res plurimæ se agglutinant.* » Molière n'a fait jamais de pareilles fautes, parce qu'il n'oublie jamais le caractère de ses personnages. (Aimé Martin.)

L'AVARE.

ACTE V. SCÈNE IV.

Garnier frères, Éditeurs.

ACTE V, SCÈNE V.

c'est ainsi que tu pratiques les leçons que je t'ai données? Tu te laisses prendre d'amour pour un voleur infâme, et tu lui engages ta foi sans mon consentement! Mais vous serez trompés l'un et l'autre. (A Élise.) Quatre bonnes murailles me répondront de ta conduite; (A Valère.) et une bonne potence, pendard effronté, me fera raison de ton audace!

VALÈRE.

Ce ne sera point votre passion qui jugera l'affaire, et l'on m'écoutera, au moins, avant que de me condamner.

HARPAGON.

Je me suis abusé de dire une potence; et tu seras roué tout vif!

ÉLISE, aux genoux d'Harpagon.

Ah! mon père, prenez des sentiments un peu plus humains, je vous prie, et n'allez point pousser les choses dans les dernières violences du pouvoir paternel. Ne vous laissez point entraîner aux premiers mouvements de votre passion, et donnez-vous le temps de considérer ce que vous voulez faire. Prenez la peine de mieux voir celui dont vous vous offensez [1]. Il est tout autre que vos yeux ne le jugent; et vous trouverez moins étrange que je me sois donnée à lui, lorsque vous saurez que, sans lui, vous ne m'auriez plus il y a longtemps. Oui, mon père, c'est celui qui me sauva de ce grand péril que vous savez que je courus dans l'eau, et à qui vous devez la vie de cette même fille dont...

HARPAGON.

Tout cela n'est rien; et il valoit bien mieux pour moi qu'il te laissât noyer que de faire ce qu'il a fait.

ÉLISE.

Mon père, je vous conjure, par l'amour paternel, de me...

HARPAGON.

Non, non; je ne veux rien entendre, et il faut que la justice fasse son devoir.

MAÎTRE JACQUES, à part.

Tu me payeras mes coups de bâton!

FROSINE, à part.

Voici un étrange embarras!

SCÈNE V

ANSELME, HARPAGON, ÉLISE, MARIANE, FROSINE, VALÈRE, UN COMMISSAIRE, MAÎTRE JACQUES.

ANSELME.

Qu'est-ce, seigneur Harpagon? je vous vois tout ému.

HARPAGON.

Ah! seigneur Anselme, vous me voyez le plus infortuné de tous les hommes; et voici bien du trouble et du désordre au contrat que vous venez faire! On m'assassine dans le bien, on m'assassine dans l'honneur; et voilà un traître, un scélérat, qui a violé tous les droits les plus saints, qui s'est coulé chez moi sous le titre de domestique, pour me dérober mon argent et pour me suborner ma fille!

VALÈRE.

Qui songe à votre argent, dont vous me faites un galimatias?

HARPAGON.

Oui, ils se sont donné l'un à l'autre une promesse de mariage. Cet affront vous regarde, seigneur Anselme; et c'est vous qui devez vous rendre partie contre lui et faire toutes les poursuites de la justice à vos dépens, pour vous venger de son insolence [2].

ANSELME.

Ce n'est pas mon dessein de me faire épouser par force et de rien prétendre à un cœur qui se seroit donné; mais pour vos intérêts, je suis prêt à les embrasser ainsi que les miens propres.

HARPAGON.

Voilà monsieur qui est un honnête commissaire, qui n'oubliera rien, à ce qu'il m'a dit, de la fonction de son office. (Au commissaire, montrant Valère.) Chargez-le comme il faut, monsieur, et rendez les choses bien criminelles.

VALÈRE.

Je ne vois pas quel crime on me peut faire de la passion que j'ai pour votre fille, et le supplice où vous croyez que je puisse être condamné pour notre engagement, lorsqu'on saura ce que je suis...

HARPAGON.

Je me moque de tous ces contes; et le monde aujourd'hui n'est plein que de ces larrons de noblesse, que de ces imposteurs qui tirent avantage de leur obscurité, et s'habillent insolemment du premier nom illustre qu'ils s'avisent de prendre.

VALÈRE.

Sachez que j'ai le cœur trop bon pour me parer de quelque chose qui ne soit point à moi, et que tout Naples peut rendre témoignage de ma naissance.

ANSELME.

Tout beau! prenez garde à ce que vous allez dire. Vous risquez ici plus que vous ne pensez; vous parlez devant un homme à qui tout Naples est connu, et qui peut aisément voir clair dans l'histoire que vous ferez.

VALÈRE, en mettant fièrement son chapeau.

Je ne suis point homme à rien craindre; et, si Naples vous est connu, vous savez qui étoit don Thomas d'Alburci.

ANSELME.

Sans doute, je le sais; et peu de gens l'ont connu mieux que moi.

HARPAGON.

Je ne me soucie ni de don Thomas ni de don Martin. (Voyant deux chandelles allumées, il en souffle une.)

ANSELME.

De grâce, laissez-le parler; nous verrons ce qu'il en veut dire.

VALÈRE.

Je veux dire que c'est lui qui m'a donné le jour.

---

[1] C'est-à-dire : *celui dont vous avez à vous plaindre*. L'exemple de Molière n'a pu faire accepter en ce sens le mot *offenser*. (A. M.)

[2] VAR. Et faire toutes les poursuites de la justice pour vous venger de son insolence.

ANSELME.

Lui?

VALÈRE.

Oui.

ANSELME.

Allez, vous vous moquez. Cherchez quelque autre histoire qui vous puisse mieux réussir, et ne prétendez pas vous sauver sous cette imposture.

VALÈRE.

Songez à mieux parler. Ce n'est point une imposture, et je n'avance rien ici qu'il ne me soit aisé de justifier.

ANSELME.

Quoi! vous osez vous dire fils de don Thomas d'Alburci?

VALÈRE.

Oui, je l'ose; et je suis prêt de soutenir cette vérité contre qui que ce soit.

ANSELME.

L'audace est merveilleuse! Apprenez, pour vous confondre, qu'il y a seize ans, pour le moins, que l'homme dont vous nous parlez périt sur mer avec ses enfants et sa femme, en voulant dérober leur vie aux cruelles persécutions qui ont accompagné les désordres de Naples, et qui en firent exiler plusieurs nobles familles.

VALÈRE.

Oui; mais apprenez, pour vous confondre, vous, que son fils, âgé de sept ans, avec un domestique, fut sauvé de ce naufrage par un vaisseau espagnol; et que ce fils sauvé est celui qui vous parle. Apprenez que le capitaine de ce vaisseau, touché de ma fortune, prit amitié pour moi; qu'il me fit élever comme son propre fils, et que les armes furent mon emploi dès que je m'en trouvai capable; que j'ai su depuis peu que mon père n'étoit point mort, comme je l'avois toujours cru; que, passant ici pour l'aller chercher, une aventure, par le ciel concertée, me fit voir la charmante Élise; que cette vue me rendit esclave de ses beautés, et que la violence de mon amour et les sévérités de son père me firent prendre la résolution de m'introduire dans son logis et d'envoyer un autre à la quête de mes parents.

ANSELME.

Mais quels témoignages encore, autres que vos paroles, nous peuvent assurer que ce ne soit point une fable que vous ayez bâtie sur une vérité?

VALÈRE.

Le capitaine espagnol; un cachet de rubis qui étoit à mon père; un bracelet d'agate que ma mère m'avoit mis au bras; le vieux Pedro, ce domestique qui se sauva avec moi du naufrage.

MARIANE.

Hélas! à vos paroles je puis ici répondre, moi, que vous n'imposez point; et tout ce que vous dites me fait connoître clairement que vous êtes mon frère.

VALÈRE.

Vous, ma sœur?

MARIANE.

Oui. Mon cœur s'est ému dès le moment que vous avez ouvert la bouche, et notre mère, que vous allez ravir, m'a mille fois entretenue des disgrâces de notre famille. Le ciel ne nous fit point aussi périr dans ce triste naufrage; mais il ne nous sauva la vie que par la perte de notre liberté, et ce furent des corsaires qui nous recueillirent, ma mère et moi, sur un débris de notre vaisseau. Après dix ans d'esclavage, une heureuse fortune nous rendit notre liberté, et nous retournâmes dans Naples, où nous trouvâmes tout notre bien vendu, sans y pouvoir trouver des nouvelles de notre père. Nous passâmes à Gênes, où ma mère alla ramasser quelques malheureux restes d'une succession qu'on avoit déchirée; et de là, fuyant la barbare injustice de ses parents, elle vint en ces lieux, où elle n'a presque vécu que d'une vie languissante.

ANSELME.

O ciel! quels sont les traits de ta puissance! et que tu fais bien voir qu'il n'appartient qu'à toi de faire des miracles! Embrassez-moi, mes enfants; et mêlez tous deux vos transports à ceux de votre père.

VALÈRE.

Vous êtes notre père?

MARIANE.

C'est vous que ma mère a tant pleuré?

ANSELME.

Oui, ma fille; oui, mon fils; je suis don Thomas d'Alburci, que le ciel garantit des ondes avec tout l'argent qu'il portoit, et qui, vous ayant tous crus morts durant plus de seize ans, se préparoit, après de longs voyages, à chercher dans l'hymen d'une douce et sage personne la consolation de quelque nouvelle famille. Le peu de sûreté que j'ai vu pour ma vie à retourner à Naples m'a fait y renoncer pour toujours; et, ayant su trouver moyen d'y faire vendre ce que j'y avois, je me suis habitué ici où, sous le nom d'Anselme, j'ai voulu m'éloigner les chagrins de cet autre nom qui m'a causé tant de traverses.

HARPAGON, à Anselme.

C'est là votre fils?

ANSELME.

Oui.

HARPAGON.

Je vous prends à partie pour me payer dix mille écus qu'il m'a volés.

ANSELME.

Lui! vous avoir volé?

HARPAGON.

Lui-même.

VALÈRE.

Qui vous dit cela?

HARPAGON.

Maître Jacques.

VALÈRE, à maître Jacques.

C'est toi qui le dis?

MAÎTRE JACQUES.

Vous voyez que je ne dis rien.

HARPAGON.

Oui. Voilà monsieur le commissaire qui a reçu sa déposition.

VALÈRE.

Pouvez-vous me croire capable d'une action si lâche?

ACTE V, SCÈNE VI.

HARPAGON.

Capable ou non capable, je veux ravoir mon argent.

SCÈNE VI

HARPAGON, ANSELME, ÉLISE, MARIANE, CLÉANTE, VALÈRE, FROSINE, UN COMMISSAIRE, MAITRE JACQUES, LA FLÈCHE.

CLÉANTE.

Ne vous tourmentez point, mon père, et n'accusez personne. J'ai découvert des nouvelles de votre affaire; et je viens ici pour vous dire que, si vous voulez vous résoudre à me laisser épouser Mariane, votre argent vous sera rendu [1].

HARPAGON.

Où est-il?

CLÉANTE.

Ne vous en mettez point en peine. Il est en lieu dont je réponds; et tout ne dépend que de moi. C'est à vous de me dire à quoi vous vous déterminez; et vous pouvez choisir, ou de me donner Mariane, ou de perdre votre cassette.

HARPAGON.

N'en a-t-on rien ôté?

CLÉANTE.

Rien du tout. Voyez si c'est votre dessein de souscrire à ce mariage, et de joindre votre consentement à celui de sa mère, qui lui laisse la liberté de faire un choix entre nous deux.

MARIANE, à Cléante.

Mais vous ne savez pas que ce n'est pas assez que ce consentement, et que le ciel, (Montrant Valère.) avec un frère que vous voyez, vient de me rendre un père (Montrant Anselme.) dont vous avez à m'obtenir.

ANSELME.

Le ciel, mes enfants, ne me redonne point à vous pour être contraire à vos vœux. Seigneur Harpagon, vous jugez bien que le choix d'une jeune personne tombera sur le fils plutôt que sur le père : allons, ne vous faites point dire ce qu'il n'est pas nécessaire d'entendre; et consentez, ainsi que moi, à ce double hyménée.

[1] Ainsi le vol de la cassette n'est qu'un moyen d'obtenir le consentement d'Harpagon au mariage des deux amants. Voilà ce que n'a pas vu Rivarol lorsqu'il a dit : « Le voleur n'est pas assez bien défini dans l'Harpagon de Molière, et le vol n'y est pas assez mis au rang des crimes. » C'est qu'en vérité il n'y a pas vol réel dans la pièce, mais seulement simulation de vol. Dans la comédie des *Esprits*, de Larivey, le vol des deux mille écus n'est aussi qu'un vol simulé pour déterminer le vieux Séverin à consentir à un mariage. (Aimé Martin.)

HARPAGON.

Il faut, pour me donner conseil, que je voie ma cassette.

CLÉANTE.

Vous la verrez saine et entière.

HARPAGON.

Je n'ai point d'argent à donner en mariage à mes enfants.

ANSELME.

Eh bien, j'en ai pour eux; que cela ne vous inquiète point.

HARPAGON.

Vous obligerez-vous à faire tous les frais de ces deux mariages?

ANSELME.

Oui, je m'y oblige. Êtes-vous satisfait?

HARPAGON.

Oui, pourvu que, pour les noces, vous me fassiez faire un habit.

ANSELME.

D'accord. Allons jouir de l'allégresse que cet heureux jour nous présente.

LE COMMISSAIRE.

Holà! messieurs, holà! Tout doucement, s'il vous plaît. Qui me payera mes écritures?

HARPAGON.

Nous n'avons que faire de vos écritures.

LE COMMISSAIRE.

Oui! mais je ne prétends pas, moi, les avoir faites pour rien.

HARPAGON, montrant maître Jacques.

Pour votre payement, voilà un homme que je vous donne à pendre.

MAITRE JACQUES.

Hélas! comment faut-il donc faire? On me donne des coups de bâton pour dire vrai, et on me veut pendre pour mentir!

ANSELME.

Seigneur Harpagon, il faut lui pardonner cette imposture.

HARPAGON.

Vous payerez donc le commissaire?

ANSELME.

Soit. Allons vite faire part de notre joie à votre mère.

HARPAGON.

Et moi, voir ma chère cassette [1].

[1] On a remarqué qu'Harpagon n'était puni que du côté de son amour, et que sa cassette retrouvée devait lui rendre supportable la peine de perdre ce qu'il aime moins que son cher argent; mais ne l'est-il pas aussi par le mépris dont il est couvert, et par le peu d'estime qu'il inspire à ses propres enfants? Le mépris est un châtiment. (Bret.)

MONSIEUR DE POURCEAUGNAC

COMÉDIE-BALLET EN TROIS ACTES

1669

PERSONNAGES DE LA COMÉDIE

MONSIEUR DE POURCEAUGNAC [1].
ORONTE [2].
JULIE, fille d'Oronte [3].
ÉRASTE, amant de Julie [4].
NÉRINE, femme d'intrigue, feinte Picarde [5].
LUCETTE, feinte Gasconne [6].
SBRIGANI, Napolitain, homme d'intrigue [7].
PREMIER MÉDECIN.
SECOND MÉDECIN.
UN APOTHICAIRE.
UN PAYSAN.
UNE PAYSANNE.
PREMIER SUISSE.
SECOND SUISSE.
UN EXEMPT.
DEUX ARCHERS.

PERSONNAGES DU BALLET

UNE MUSICIENNE.
DEUX MUSICIENS.
TROUPE DE DANSEURS.
DEUX MAITRES A DANSER.
DEUX PAGES dansants.
QUATRE CURIEUX DE SPECTACLES dansants.
DEUX SUISSES dansants.
DEUX MÉDECINS GROTESQUES.
MATASSINS [8] dansants.
DEUX AVOCATS chantants.
DEUX PROCUREURS dansants.
DEUX SERGENTS dansants.
TROUPE DE MASQUES.
UNE ÉGYPTIENNE chantante.
UN ÉGYPTIEN chantant.
UN PANTALON [9] chantant.
CHŒUR DE MASQUES chantants.
SAUVAGES dansants.
BISCAŸENS dansants.

La scène est à Paris.

---

* Cette pièce, composée pour le roi, fut jouée devant lui à Chambord, en septembre 1669, et représentée sur le théâtre du Palais-Royal, le 15 novembre de la même année. Ce fut à cette représentation que la troupe de Molière prit pour la première fois le titre de troupe du roi.

Acteurs de la troupe de Molière : [1] MOLIÈRE. — [2] BÉJART. — [3] Mademoiselle MOLIÈRE (Armanda BÉJART). — [4] LA GRANGE. — [5] Magdeleine BÉJART. — [6] HUBERT. — [7] DU CROISY.

[8] *Danseurs bouffons.* Ce mot vient de l'espagnol, *matachines.* (Mén.)

[9] *Pantalon*, personnage de la comédie italienne, espèce de bouffon qui forme des danses grotesques avec des gestes violents et des postures extravagantes. (Laveaux.)

ACTE PREMIER

SCÈNE I

ÉRASTE; UNE MUSICIENNE, DEUX MUSICIENS chantants; plusieurs autres jouant des instruments; TROUPE DE DANSEURS.

ÉRASTE, aux musiciens et aux danseurs.

Suivez les ordres que je vous ai donnés pour la sérénade. Pour moi, je me retire, et ne veux point paroître ici.

SCÈNE II

UNE MUSICIENNE, DEUX MUSICIENS chantants; plusieurs autres jouant des instruments; TROUPE DE DANSEURS.

Cette sérénade est composée de chant, d'instruments et de danse. Les paroles qui s'y chantent ont rapport à la situation où Éraste se trouve avec Julie, et expriment les sentiments de deux amants qui sont traversés dans leurs amours par le caprice de leurs parents.

UNE MUSICIENNE.

Répands, charmante nuit, répands sur tous les yeux
   De tes pavots la douce violence;
Et ne laisse veiller en ces aimables lieux
Que les cœurs que l'amour soumet à sa puissance.
   Tes ombres et ton silence,
   Plus beaux que le plus beau jour,
Offrent de doux moments à soupirer d'amour.

PREMIER MUSICIEN.

   Que soupirer d'amour
   Est une douce chose,
   Quand rien à nos vœux ne s'oppose!
A d'aimables penchants notre cœur nous dispose :
Mais on a des tyrans à qui l'on doit le jour.
   Que soupirer d'amour
   Est une douce chose,

Quand rien à nos vœux ne s'oppose!

SECOND MUSICIEN.

Tout ce qu'à nos vœux on oppose
Contre un parfait amour ne gagne jamais rien :
Et pour vaincre toute chose
Il ne faut que s'aimer bien.

TOUS TROIS ENSEMBLE.

Aimons-nous donc d'une ardeur éternelle.
Les rigueurs des parents, la contrainte cruelle,
L'absence, les travaux, la fortune rebelle,
Ne font que redoubler une amitié fidèle.
Aimons-nous donc d'une ardeur éternelle :
Quand deux cœurs s'aiment bien,
Tout le reste n'est rien.

PREMIÈRE ENTRÉE DE BALLET.

Danse de deux maîtres à danser.

SECONDE ENTRÉE DE BALLET.

Danse de deux pages.

TROISIÈME ENTRÉE DE BALLET.

Quatre curieux de spectacles, qui ont pris querelle pendant la danse des deux pages, dansent en se battant l'épée à la main.

QUATRIÈME ENTRÉE DE BALLET.

Deux suisses séparent les quatre combattants, et, après les avoir mis d'accord, dansent avec eux.

SCÈNE III

JULIE, ÉRASTE, NÉRINE.

JULIE.

Mon Dieu! Éraste, gardons d'être surpris. Je tremble qu'on ne nous voie ensemble, et tout seroit perdu, après la défense que l'on m'a faite.

ÉRASTE.

Je regarde de tous côtés, et je n'aperçois rien.

JULIE, à Nérine.

Aie aussi l'œil au guet, Nérine, et prends bien garde qu'il ne vienne personne.

NÉRINE, se retirant dans le fond du théâtre.

Reposez-vous sur moi, et dites hardiment ce que vous avez à vous dire.

JULIE.

Avez-vous imaginé pour notre affaire quelque chose de favorable? et croyez-vous, Éraste, pouvoir venir à bout de détourner ce fâcheux mariage que mon père s'est mis en tête?

ÉRASTE.

Au moins y travaillons-nous fortement; et déjà nous avons préparé un bon nombre de batteries pour renverser ce dessein ridicule.

NÉRINE, accourant, à Julie.

Par ma foi, voilà votre père.

JULIE.

Ah! séparons-nous vite.

NÉRINE.

Non, non, non, ne bougez; je m'étois trompée.

JULIE.

Mon Dieu! Nérine, que tu es sotte de nous donner de ces frayeurs!

ÉRASTE.

Oui, belle Julie, nous avons dressé pour cela quantité de machines; et nous ne feignons point de mettre tout en usage, sur la permission que vous m'avez donnée. Ne nous demandez point tous les ressorts que nous ferons jouer; vous en aurez le divertissement; et, comme aux comédies, il est bon de vous laisser le plaisir de la surprise, et de ne vous avertir point de tout ce qu'on vous fera voir : c'est assez de vous dire que nous avons en main divers stratagèmes tout prêts à produire dans l'occasion, et que l'ingénieuse Nérine et l'adroit Sbrigani entreprennent l'affaire.

NÉRINE.

Assurément. Votre père se moque-t-il, de vouloir vous anger[1] de son avocat de Limoges, monsieur de Pourceaugnac, qu'il n'a vu de sa vie, et qui vient par le coche vous enlever à notre barbe? Faut-il que trois ou quatre mille écus de plus, sur la parole de votre oncle, lui fassent rejeter un amant qui vous agrée? Et une personne comme vous est-elle faite pour un Limosin? S'il a envie de se marier, que ne prend-il une Limosine, et ne laisse-t-il en repos les chrétiens? Le seul nom de monsieur de Pourceaugnac m'a mise dans une colère effroyable. J'enrage de monsieur de Pourceaugnac. Quand il n'y auroit que ce nom-là, monsieur de Pourceaugnac, j'y brûlerai mes livres, ou je romprai ce mariage; et vous ne serez point madame de Pourceaugnac. Pourceaugnac! cela se peut-il souffrir? Non, Pourceaugnac est une chose que je ne saurois supporter; et nous lui jouerons tant de pièces, nous lui ferons tant de niches sur niches, que nous renverrons à Limoges monsieur de Pourceaugnac.

ÉRASTE.

Voici notre subtil Napolitain, qui nous dira des nouvelles.

SCÈNE IV

JULIE, ÉRASTE, SBRIGANI, NÉRINE.

SBRIGANI.

Monsieur, votre homme arrive. Je l'ai vu à trois lieues d'ici, où a couché le coche; et, dans la cuisine, où il est descendu pour déjeuner, je l'ai étudié une bonne grosse demi-heure, et je le sais déjà par cœur. Pour sa figure, je ne veux point vous en parler : vous verrez de quel air la nature l'a dessinée, et si l'ajustement qui l'accompagne y répond comme il faut; mais, pour son esprit, je vous avertis, par avance, qu'il est des plus épais qui se fassent; que nous trouvons en lui une matière tout à fait disposée

[1] Embarrasser.

pour ce que nous voulons, et qu'il est homme enfin à donner dans tous les panneaux qu'on lui présentera.

ÉRASTE.

Nous dis-tu vrai?

SBRIGANI.

Oui, si je me connois en gens.

NÉRINE.

Madame, voilà un illustre. Votre affaire ne pouvoit être mise en de meilleures mains, et c'est le héros de notre siècle pour les exploits dont il s'agit; un homme qui, vingt fois en sa vie, pour servir ses amis, a généreusement affronté les galères; qui, au péril de ses bras et de ses épaules, sait mettre noblement à fin les aventures les plus difficiles, et qui, tel que vous le voyez, est exilé de son pays pour je ne sais combien d'actions honorables qu'il a généreusement entreprises.

SBRIGANI.

Je suis confus des louanges dont vous m'honorez, et je pourrois vous en donner avec plus de justice sur les merveilles de votre vie, et principalement sur la gloire que vous acquîtes, lorsque avec tant d'honnêteté vous pipâtes au jeu, pour douze mille écus, ce jeune seigneur étranger que l'on mena chez vous; lorsque vous fîtes galamment ce faux contrat qui ruina toute une famille; lorsque avec tant de grandeur d'âme vous sûtes nier le dépôt qu'on vous avoit confié; et que si généreusement on vous vit prêter votre témoignage à faire pendre ces deux personnes qui ne l'avoient pas mérité.

NÉRINE.

Ce sont petites bagatelles qui ne valent pas qu'on en parle; et vos éloges me font rougir [1].

SBRIGANI.

Je veux bien épargner votre modestie; laissons cela, et, pour commencer notre affaire, allons vite joindre notre provincial, tandis que, de votre côté, vous nous tiendrez prêts au besoin les autres acteurs de la comédie.

ÉRASTE.

Au moins, madame, souvenez-vous de votre rôle, et, pour mieux couvrir notre jeu, feignez, comme on vous a dit, d'être la plus contente du monde des résolutions de votre père.

JULIE.

S'il ne tient qu'à cela, les choses iront à merveille.

ÉRASTE.

Mais, belle Julie, si toutes nos machines venoient à ne pas réussir?

JULIE.

Je déclarerai à mon père mes véritables sentiments.

ÉRASTE.

Et si, contre vos sentiments, il s'obstinoit à son dessein?

JULIE.

Je le menacerai de me jeter dans un couvent.

ÉRASTE.

Mais si, malgré tout cela, il vouloit vous forcer à ce mariage?

JULIE.

Que voulez-vous que je vous dise?

ÉRASTE.

Ce que je veux que vous me disiez?

JULIE.

Oui.

ÉRASTE.

Ce qu'on dit quand on aime bien.

JULIE.

Mais quoi?

ÉRASTE.

Que rien ne pourra vous contraindre; et que, malgré tous les efforts d'un père, vous me promettez d'être à moi.

JULIE.

Mon Dieu! Éraste, contentez-vous de ce que je fais maintenant, et n'allez point tenter sur l'avenir les résolutions de mon cœur; ne fatiguez point mon devoir par les propositions d'une fâcheuse extrémité dont peut-être n'aurons-nous pas besoin; et, s'il y faut venir, souffrez au moins que j'y sois entraînée par la suite des choses.

ÉRASTE.

Eh bien...

SBRIGANI.

Ma foi! voici notre homme : songeons à nous.

NÉRINE.

Ah! comme il est bâti [1]!

SCÈNE V

MONSIEUR DE POURCEAUGNAC, SBRIGANI.

MONSIEUR DE POURCEAUGNAC, se tournant du côté d'où il est venu, et parlant à des gens qui le suivent.

Eh bien, quoi? qu'est-ce? qu'y a-t-il? Au diantre soit la sotte ville, et les sottes gens qui y sont! Ne pouvoir faire un pas sans trouver des nigauds qui vous regardent et se mettent à rire! Eh! messieurs les badauds, faites vos affaires, et laissez passer les personnes sans leur rire au nez. Je me donne au diable, si je ne baille un coup de poing au premier que je verrai rire.

SBRIGANI, parlant aux mêmes personnes.

Qu'est-ce que c'est, messieurs? que veut dire cela? A qui en avez-vous? Faut-il se moquer ainsi des honnêtes étrangers qui arrivent ici?

MONSIEUR DE POURCEAUGNAC.

Voilà un homme raisonnable, celui-là.

SBRIGANI.

Quel procédé est le vôtre? et qu'avez-vous à rire?

---

[1] Sous la casaque de Sbrigani, Molière a caché un de ces Sosies, de ces Daves de la comédie antique qu'il nous avait déjà fait voir sous le manteau de Mascarille, et qu'un dernier caprice de son génie doit nous montrer encore sous celui de Scapin. C'est la même fourberie, la même impudence, le même orgueil des méfaits commis, les dangers courus, des châtiments éludés avec adresse, ou soufferts avec constance. (Voy. l'*Asinaire*, acte III, scène II.) (Auger.)

[1] On ne reconnaît point ici le goût délicat de Molière. Comment a-t-il pu lier Julie avec une semblable intrigante? Comment, après de pareils aveux, les deux amants consentent-ils à mettre leur sort entre les mains d'un misérable échappé des galères et d'une femme dont le faux témoignage a fait pendre deux personnes? Il est vrai que cette scène est imitée de Plaute, mais cette imitation n'est point heureuse, elle sort absolument de nos mœurs. (Aimé Martin.)

ACTE I, SCÈNE V.

MONSIEUR DE POURCEAUGNAC.
Fort bien.

SBRIGANI.
Monsieur a-t-il quelque chose de ridicule en soi?

MONSIEUR DE POURCEAUGNAC.
Oui.

SBRIGANI.
Est-il autrement que les autres?

MONSIEUR DE POURCEAUGNAC.
Suis-je tortu ou bossu?

SBRIGANI.
Apprenez à connoître les gens.

MONSIEUR DE POURCEAUGNAC.
C'est bien dit.

SBRIGANI.
Monsieur est d'une mine à respecter.

MONSIEUR DE POURCEAUGNAC.
Cela est vrai.

SBRIGANI.
Personne de condition.

MONSIEUR DE POURCEAUGNAC.
Oui; gentilhomme limosin.

SBRIGANI.
Homme d'esprit.

MONSIEUR DE POURCEAUGNAC.
Qui a étudié en droit.

SBRIGANI.
Il vous fait trop d'honneur de venir dans votre ville.

MONSIEUR DE POURCEAUGNAC.
Sans doute.

SBRIGANI.
Monsieur n'est point une personne à faire rire.

MONSIEUR DE POURCEAUGNAC.
Assurément.

SBRIGANI.
Et quiconque rira de lui aura affaire à moi.

MONSIEUR DE POURCEAUGNAC, à Sbrigani.
Monsieur, je vous suis infiniment obligé.

SBRIGANI.
Je suis fâché, monsieur, de voir recevoir de la sorte une personne comme vous; et je vous demande pardon pour la ville [1].

MONSIEUR DE POURCEAUGNAC.
Je suis votre serviteur.

SBRIGANI.
Je vous ai vu, ce matin, monsieur, avec le coche, lorsque vous avez déjeuné; et la grâce avec laquelle vous mangiez votre pain m'a fait naître d'abord de l'amitié pour vous; et, comme je sais que vous n'êtes jamais venu en ce pays et que vous y êtes tout neuf, je suis bien aise de vous avoir trouvé, pour vous offrir mon service à cette arrivée et vous aider à vous conduire parmi ce peuple, qui n'a pas parfois, pour les honnêtes gens, toute la considération qu'il faudroit.

MONSIEUR DE POURCEAUGNAC.
C'est trop de grâce que vous me faites.

SBRIGANI.
Je vous l'ai déjà dit : du moment que je vous ai vu, je me suis senti pour vous de l'inclination.

MONSIEUR DE POURCEAUGNAC.
Je vous suis obligé.

SBRIGANI.
Votre physionomie m'a plu.

MONSIEUR DE POURCEAUGNAC.
Ce m'est beaucoup d'honneur.

SBRIGANI.
J'y ai vu quelque chose d'honnête.

MONSIEUR DE POURCEAUGNAC.
Je suis votre serviteur.

SBRIGANI.
Quelque chose d'aimable.

MONSIEUR DE POURCEAUGNAC.
Ah! ah!

SBRIGANI.
De gracieux.

MONSIEUR DE POURCEAUGNAC.
Ah! ah!

SBRIGANI.
De doux.

MONSIEUR DE POURCEAUGNAC.
Ah! ah!

SBRIGANI.
De majestueux.

MONSIEUR DE POURCEAUGNAC.
Ah! ah!

SBRIGANI.
De franc.

MONSIEUR DE POURCEAUGNAC.
Ah! ah!

SBRIGANI.
Et de cordial.

MONSIEUR DE POURCEAUGNAC.
Ah! ah!

SBRIGANI.
Je vous assure que je suis tout à vous.

MONSIEUR DE POURCEAUGNAC.
Je vous ai beaucoup d'obligation.

SBRIGANI.
C'est du fond du cœur que je parle.

MONSIEUR DE POURCEAUGNAC.
Je le crois.

SBRIGANI.
Si j'avois l'honneur d'être connu de vous, vous sauriez que je suis un homme tout à fait sincère.

MONSIEUR DE POURCEAUGNAC.
Je n'en doute point.

SBRIGANI.
Ennemi de la fourberie.

MONSIEUR DE POURCEAUGNAC.
J'en suis persuadé.

SBRIGANI.
Et qui n'est pas capable de déguiser ses sentiments.

MONSIEUR DE POURCEAUGNAC.
C'est ma pensée.

---

[1] L'entrée de Pourceaugnac le met en scène du premier abord avec tous ses ridicules et toute sa crédulité. (A. M.)

SBRIGANI.

Vous regardez mon habit, qui n'est pas fait comme les autres; mais je suis originaire de Naples, à votre service, et j'ai voulu conserver un peu et la manière de s'habiller et la sincérité de mon pays [1].

MONSIEUR DE POURCEAUGNAC.

C'est fort bien fait. Pour moi, j'ai voulu me mettre à la mode de la cour pour la campagne.

SBRIGANI.

Ma foi, cela vous va mieux qu'à tous nos courtisans.

MONSIEUR DE POURCEAUGNAC.

C'est ce que m'a dit mon tailleur. L'habit est propre et riche, et il fera du bruit ici.

SBRIGANI.

Sans doute. N'irez-vous pas au Louvre?

MONSIEUR DE POURCEAUGNAC.

Il faudra bien aller faire ma cour.

SBRIGANI.

Le roi sera ravi de vous voir.

MONSIEUR DE POURCEAUGNAC.

Je le crois.

SBRIGANI.

Avez-vous arrêté un logis?

MONSIEUR DE POURCEAUGNAC.

Non; j'allois en chercher un.

SBRIGANI.

Je serai bien aise d'être avec vous pour cela; et je connois tout ce pays-ci.

SCÈNE VI

ÉRASTE, MONSIEUR DE POURCEAUGNAC, SBRIGANI.

ÉRASTE.

Ah! qu'est-ce ci? Que vois-je? Quelle heureuse rencontre! Monsieur de Pourceaugnac! Que je suis ravi de vous voir! Comment! il semble que vous ayez peine à me reconnoître!

MONSIEUR DE POURCEAUGNAC.

Monsieur, je suis votre serviteur.

ÉRASTE.

Est-il possible que cinq ou six années m'aient ôté de votre mémoire, et que vous ne reconnoissiez pas le meilleur ami de toute la famille des Pourceaugnac?

MONSIEUR DE POURCEAUGNAC.

Pardonnez-moi. (Bas, à Sbrigani.) Ma foi, je ne sais qui il est.

ÉRASTE.

Il n'y a pas un Pourceaugnac à Limoges que je ne connoisse, depuis le plus grand jusques au plus petit; je ne fréquentois qu'eux dans le temps que j'y étois, et j'avois l'honneur de vous voir presque tous les jours.

MONSIEUR DE POURCEAUGNAC.

C'est moi qui l'ai reçu, monsieur.

ÉRASTE.

Vous ne vous remettez point mon visage?

[1] Notez que, soit à tort, soit à raison, on accuse les Napolitains de manquer de franchise. (A. M.)

MONSIEUR DE POURCEAUGNAC.

Si fait. (A Sbrigani.) Je ne le connois point.

ÉRASTE.

Vous ne vous ressouvenez pas que j'ai eu le bonheur de boire je ne sais combien de fois avec vous?

MONSIEUR DE POURCEAUGNAC.

Excusez-moi. (A Sbrigani.) Je ne sais ce que c'est.

ÉRASTE.

Comment appelez-vous ce traiteur de Limoges qui fait si bonne chère?

MONSIEUR DE POURCEAUGNAC.

Petit-Jean?

ÉRASTE.

Le voilà. Nous allions le plus souvent ensemble chez lui nous réjouir. Comment est-ce que vous nommez à Limoges ce lieu où l'on se promène?

MONSIEUR DE POURCEAUGNAC.

Le cimetière des Arènes?

ÉRASTE.

Justement. C'est où je passois de si douces heures à jouir de votre agréable conversation. Vous ne vous remettez pas tout cela?

MONSIEUR DE POURCEAUGNAC.

Excusez-moi; je me le remets. (A Sbrigani.) Diable emporte si je m'en souviens.

SBRIGANI, bas, à monsieur de Pourceaugnac.

Il y a cent choses comme cela qui passent de la tête.

ÉRASTE.

Embrassez-moi donc, je vous prie, et resserrons les nœuds de notre ancienne amitié.

SBRIGANI, à monsieur de Pourceaugnac.

Voilà un homme qui vous aime fort.

ÉRASTE.

Dites-moi un peu des nouvelles de toute la parenté. Comment se porte monsieur votre... la... qui est si honnête homme?

MONSIEUR DE POURCEAUGNAC.

Mon frère le consul?

ÉRASTE.

Oui.

MONSIEUR DE POURCEAUGNAC.

Il se porte le mieux du monde.

ÉRASTE.

Certes, j'en suis ravi. Et celui qui est de si bonne humeur? La..., monsieur votre...

MONSIEUR DE POURCEAUGNAC.

Mon cousin l'assesseur?

ÉRASTE.

Justement.

MONSIEUR DE POURCEAUGNAC.

Toujours gai et gaillard.

ÉRASTE.

Ma foi, j'en ai beaucoup de joie. Et monsieur votre oncle? Le...

MONSIEUR DE POURCEAUGNAC.

Je n'ai point d'oncle.

ÉRASTE.

Vous aviez pourtant en ce temps-là..

ACTE I, SCÈNE VI.

MONSIEUR DE POURCEAUGNAC.

Non : rien qu'une tante.

ÉRASTE.

C'est ce que je voulois dire, madame votre tante. Comment se porte-t-elle ?

MONSIEUR DE POURCEAUGNAC.

Elle est morte depuis six mois.

ÉRASTE.

Hélas! la pauvre femme! elle étoit si bonne personne!

MONSIEUR DE POURCEAUGNAC.

Nous avons aussi mon neveu le chanoine qui a pensé mourir de la petite vérole.

ÉRASTE.

Quel dommage ç'auroit été!

MONSIEUR DE POURCEAUGNAC.

Le connoissez-vous aussi ?

ÉRASTE.

Vraiment; si je le connois! Un grand garçon bien fait.

MONSIEUR DE POURCEAUGNAC.

Pas des plus grands.

ÉRASTE.

Non; mais de taille bien prise.

MONSIEUR DE POURCEAUGNAC.

Eh! oui.

ÉRASTE.

Qui est votre neveu ?...

MONSIEUR DE POURCEAUGNAC.

Oui.

ÉRASTE.

Fils de votre frère ou de votre sœur ?

MONSIEUR DE POURCEAUGNAC.

Justement.

ÉRASTE.

Chanoine de l'église de... Comment l'appelez-vous ?

MONSIEUR DE POURCEAUGNAC.

De Saint-Étienne.

ÉRASTE.

Le voilà : je ne connois autre.

MONSIEUR DE POURCEAUGNAC, à Sbrigani.

Il dit toute la parenté [1].

SBRIGANI.

Il vous connoît plus que vous ne croyez.

MONSIEUR DE POURCEAUGNAC.

A ce que je vois, vous avez demeuré longtemps dans notre ville ?

ÉRASTE.

Deux ans entiers.

MONSIEUR DE POURCEAUGNAC.

Vous étiez donc là quand mon cousin l'élu fit tenir son enfant à monsieur notre gouverneur ?

ÉRASTE.

Vraiment oui; j'y fus convié des premiers.

MONSIEUR DE POURCEAUGNAC.

Cela fut galant.

ÉRASTE.

Très-galant. Oui.

[1] Mot charmant qui termine on ne peut mieux cette risible reconnaissance. (Auger.)

MONSIEUR DE POURCEAUGNAC.

C'étoit un repas bien troussé.

ÉRASTE.

Sans doute.

MONSIEUR DE POURCEAUGNAC.

Vous vîtes donc aussi la querelle que j'eus avec ce gentilhomme périgordin ?

ÉRASTE.

Oui.

MONSIEUR DE POURCEAUGNAC.

Parbleu! il trouva à qui parler.

ÉRASTE.

Ah! ah!

MONSIEUR DE POURCEAUGNAC.

Il me donna un soufflet; mais je lui dis bien son fait.

ÉRASTE.

Assurément. Au reste, je ne prétends pas que vous preniez d'autre logis que le mien.

MONSIEUR DE POURCEAUGNAC.

Je n'ai garde de...

ÉRASTE.

Vous moquez-vous? je ne souffrirai point du tout que mon meilleur ami soit autre part que dans ma maison.

MONSIEUR DE POURCEAUGNAC.

Ce seroit vous...

ÉRASTE.

Non. Vous avez beau faire! vous logerez chez moi [1].

SBRIGANI, à monsieur de Pourceaugnac.

Puisqu'il le veut obstinément, je vous conseille d'accepter l'offre.

ÉRASTE.

Où sont vos hardes ?

MONSIEUR DE POURCEAUGNAC.

Je les ai laissées, avec mon valet, où je suis descendu.

ÉRASTE.

Envoyons-les quérir par quelqu'un.

MONSIEUR DE POURCEAUGNAC.

Non. Je lui ai défendu de bouger, à moins que j'y fusse moi-même, de peur de quelque fourberie.

SBRIGANI.

C'est prudemment avisé.

MONSIEUR DE POURCEAUGNAC.

Ce pays-ci est un peu sujet à caution.

ÉRASTE.

On voit les gens d'esprit en tout.

SBRIGANI.

Je vais accompagner monsieur, et le ramènerai où vous voudrez.

ÉRASTE.

Oui. Je serai bien aise de donner quelques ordres, et vous n'avez qu'à revenir à cette maison-là.

SBRIGANI.

Nous sommes à vous tout à l'heure.

ÉRASTE, à monsieur de Pourceaugnac.

Je vous attends avec impatience.

[1] VAR. Non, *le diable m'emporte*, vous logerez chez moi!

MONSIEUR DE POURCEAUGNAC, à Sbrigani.
Voilà une connoissance où je ne m'attendois point.

SBRIGANI.

Il a la mine d'être honnête homme.

ÉRASTE, seul.

Ma foi, monsieur de Pourceaugnac, nous vous en donnerons de toutes les façons : les choses sont préparées, et je n'ai qu'à frapper. Holà !

SCÈNE VII

ÉRASTE, UN APOTHICAIRE.

ÉRASTE.

Je crois, monsieur, que vous êtes le médecin à qui l'on est venu parler de ma part?

L'APOTHICAIRE.

Non, monsieur; ce n'est pas moi qui suis le médecin, à moi n'appartient pas cet honneur; et je ne suis qu'apothicaire, apothicaire indigne, pour vous servir.

ÉRASTE.

Et monsieur le médecin est-il à la maison?

L'APOTHICAIRE.

Oui. Il est là embarrassé à expédier quelques malades; et je vais lui dire que vous êtes ici.

ÉRASTE.

Non : ne bougez; j'attendrai qu'il ait fait. C'est pour lui mettre entre les mains certain parent que nous avons, dont on lui a parlé, et qui se trouve attaqué de quelque folie, que nous serions bien aises qu'il pût guérir avant que de le marier.

L'APOTHICAIRE.

Je sais ce que c'est, je sais ce que c'est; et j'étois avec ui quand on lui a parlé de cette affaire. Ma foi, ma foi, vous ne pouviez pas vous adresser à un médecin plus habile. C'est un homme qui sait la médecine à fond, comme je sais ma croix de par Dieu, et qui, quand on devroit crever, ne démordroit pas d'un *iota* des règles des anciens. Oui, il suit toujours le grand chemin, le grand chemin, et ne va point chercher midi à quatorze heures; et, pour tout l'or du monde, il ne voudroit pas avoir guéri une personne avec d'autres remèdes que ceux que la Faculté permet.

ÉRASTE.

Il fait fort bien. Un malade ne doit point vouloir guérir que la Faculté n'y consente.

L'APOTHICAIRE.

Ce n'est pas parce que nous sommes grands amis que j'en parle; mais il y a plaisir d'être son malade; et j'aimerois mieux mourir de ses remèdes que de guérir de ceux d'un autre. Car, quoi qu'il puisse arriver, on est assuré que les choses sont toujours dans l'ordre; et, quand on meurt sous sa conduite, vos héritiers n'ont rien à vous reprocher.

ÉRASTE.

C'est une grande consolation pour un défunt.

L'APOTHICAIRE.

Assurément. On est bien aise au moins d'être mort méthodiquement. Au reste, il n'est pas de ces médecins qui marchandent les maladies; c'est un homme expéditif, expéditif, qui aime à dépêcher ses malades; et, quand on a à mourir, cela se fait avec lui le plus vite du monde.

ÉRASTE.

En effet, il n'est rien tel que de sortir promptement d'affaire.

L'APOTHICAIRE.

Cela est vrai. A quoi bon tant barguigner et tant tourner autour du pot? Il faut savoir vitement le court ou le long d'une maladie.

ÉRASTE.

Vous avez raison.

L'APOTHICAIRE.

Voilà déjà trois de mes enfants dont il m'a fait l'honneur de conduire la maladie, qui sont morts en moins de quatre jours, et qui, entre les mains d'un autre, auroient langui plus de trois mois.

ÉRASTE.

Il est bon d'avoir des amis comme cela.

L'APOTHICAIRE.

Sans doute. Il ne me reste plus que deux enfants, dont il prend soin comme des siens; il les traite et gouverne à sa fantaisie, sans que je me mêle de rien; et, le plus souvent, quand je reviens de la ville, je suis tout étonné que je les trouve saignés ou purgés par son ordre.

ÉRASTE.

Voilà les soins les plus obligeants du monde.

L'APOTHICAIRE.

Le voici, le voici, le voici qui vient.

SCÈNE VIII

ÉRASTE, PREMIER MÉDECIN, UN APOTHICAIRE, UN PAYSAN, UNE PAYSANNE.

LE PAYSAN, au médecin.

Monsieur, il n'en peut plus; et il dit qu'il sent dans la tête les plus grandes douleurs du monde.

PREMIER MÉDECIN.

Le malade est un sot; d'autant plus que, dans la maladie dont il est attaqué, ce n'est pas la tête, selon Galien, mais la rate, qui lui doit faire mal.

LE PAYSAN.

Quoi que c'en soit, monsieur, il a toujours, avec cela, son cours de ventre depuis six mois.

PREMIER MÉDECIN.

Bon! c'est signe que le dedans se dégage. Je l'irai visiter dans deux ou trois jours; mais, s'il mouroit avant ce temps-là, ne manquez pas de m'en donner avis; car il n'est pas de la civilité qu'un médecin visite un mort.

LA PAYSANNE, au médecin.

Mon père, monsieur, est toujours malade de plus en plus.

PREMIER MÉDECIN.

Ce n'est pas ma faute. Je lui donne des remèdes : que ne guérit-il? Combien a-t-il été saigné de fois?

ACTE I, SCÈNE XI.

LA PAYSANNE.

Quinze, monsieur, depuis vingt jours.

PREMIER MÉDECIN.

Quinze fois saigné?

LA PAYSANNE.

Oui.

PREMIER MÉDECIN.

Et il ne guérit point?

LA PAYSANNE.

Non, monsieur.

PREMIER MÉDECIN.

C'est signe que la maladie n'est pas dans le sang. Nous le ferons purger autant de fois, pour voir si elle n'est pas dans les humeurs; et, si rien ne nous réussit, nous l'enverrons aux bains.

L'APOTHICAIRE.

Voilà le fin, cela; voilà le fin de la médecine.

SCÈNE IX

ÉRASTE, PREMIER MÉDECIN, UN APOTHICAIRE.

ÉRASTE, au médecin.

C'est moi, monsieur, qui vous ai envoyé parler, ces jours passés, pour un parent un peu troublé d'esprit, que je veux vous donner chez vous, afin de le guérir avec plus de commodité et qu'il soit vu de moins de monde.

PREMIER MÉDECIN.

Oui, monsieur: j'ai déjà disposé tout, et promets d'en avoir tous les soins imaginables.

ÉRASTE.

Le voici fort à propos.

PREMIER MÉDECIN.

La conjoncture est tout à fait heureuse, et j'ai ici un ancien de mes amis, avec lequel je serai bien aise de consulter sa maladie.

SCÈNE X

MONSIEUR DE POURCEAUGNAC, ÉRASTE, PREMIER MÉDECIN, UN APOTHICAIRE.

ÉRASTE, à monsieur de Pourceaugnac.

Une petite affaire m'est survenue, qui m'oblige à vous quitter. (Montrant le médecin.) Mais voilà une personne entre les mains de qui je vous laisse, qui aura soin pour moi de vous traiter du mieux qu'il lui sera possible.

PREMIER MÉDECIN.

Le devoir de ma profession m'y oblige, et c'est assez que vous me chargiez de ce soin.

MONSIEUR DE POURCEAUGNAC, à part.

C'est son maître d'hôtel, sans doute; et il faut que ce soit un homme de qualité.

PREMIER MÉDECIN, à Éraste.

Oui; je vous assure que je traiterai monsieur méthodiquement, et dans toutes les régularités de notre art.

MONSIEUR DE POURCEAUGNAC.

Mon Dieu! il ne me faut point tant de cérémonies; et je ne viens pas ici pour incommoder.

PREMIER MÉDECIN.

Un tel emploi ne me donne que de la joie.

ÉRASTE, au médecin.

Voilà toujours dix pistoles d'avance, en attendant ce que j'ai promis.

MONSIEUR DE POURCEAUGNAC.

Non, s'il vous plaît; je n'entends pas que vous fassiez de dépense, et que vous envoyiez rien acheter pour moi.

ÉRASTE.

Mon Dieu! laissez faire. Ce n'est pas pour ce que vous pensez.

MONSIEUR DE POURCEAUGNAC.

Je vous demande de ne me traiter qu'en ami.

ÉRASTE.

C'est ce que je veux faire. (Bas, au médecin.) Je vous recommande surtout de ne le point laisser sortir de vos mains; car, parfois, il veut s'échapper.

PREMIER MÉDECIN.

Ne vous mettez pas en peine.

ÉRASTE, à monsieur de Pourceaugnac.

Je vous prie de m'excuser de l'incivilité que je commets.

MONSIEUR DE POURCEAUGNAC.

Vous vous moquez; et c'est trop de grâce que vous me faites.

SCÈNE XI

MONSIEUR DE POURCEAUGNAC, PREMIER MÉDECIN SECOND MÉDECIN, UN APOTHICAIRE.

PREMIER MÉDECIN.

Ce m'est beaucoup d'honneur, monsieur, d'être choisi pour vous rendre service.

MONSIEUR DE POURCEAUGNAC.

Je suis votre serviteur.

PREMIER MÉDECIN.

Voici un habile homme, mon confrère, avec lequel je vais consulter la manière dont nous vous traiterons.

MONSIEUR DE POURCEAUGNAC.

Il ne faut point tant de façons, vous dis-je; et je suis homme à me contenter de l'ordinaire.

PREMIER MÉDECIN.

Allons, des siéges. (Des laquais entrent et donnent des siéges.)

MONSIEUR DE POURCEAUGNAC, à part.

Voilà, pour un jeune homme, des domestiques bien lugubres.

PREMIER MÉDECIN.

Allons, monsieur: prenez votre place, monsieur. (Les deux médecins font asseoir monsieur de Pourceaugnac entre eux deux.)

MONSIEUR DE POURCEAUGNAC, s'asseyant.

Votre très-humble valet. (Les deux médecins lui prenant chacun une main pour lui tâter le pouls.) Que veut dire cela?

PREMIER MÉDECIN.
Mangez-vous bien, monsieur?

MONSIEUR DE POURCEAUGNAC.
Oui; et bois encore mieux.

PREMIER MÉDECIN.
Tant pis! Cette grande appétition du froid et de l'humide est une indication de la chaleur et sécheresse qui est au dedans. Dormez-vous fort?

MONSIEUR DE POURCEAUGNAC.
Oui; quand j'ai bien soupé.

PREMIER MÉDECIN.
Faites-vous des songes?

MONSIEUR DE POURCEAUGNAC.
Quelquefois.

PREMIER MÉDECIN.
De quelle nature sont-ils?

MONSIEUR DE POURCEAUGNAC.
De la nature des songes. Quelle diable de conversation est-ce là?

PREMIER MÉDECIN.
Vos déjections, comment sont-elles?

MONSIEUR DE POURCEAUGNAC.
Ma foi, je ne comprends rien à toutes ces questions; et je veux plutôt boire un coup.

PREMIER MÉDECIN.
Un peu de patience. Nous allons raisonner sur votre affaire devant vous; et nous le ferons en françois, pour être plus intelligibles.

MONSIEUR DE POURCEAUGNAC.
Quel grand raisonnement faut-il pour manger un morceau?

PREMIER MÉDECIN.
Comme ainsi soit qu'on ne puisse guérir une maladie qu'on ne la connoisse parfaitement, et qu'on ne la puisse parfaitement connoître sans en bien établir l'idée particulière et la véritable espèce par ses signes diagnostiques et prognostiques, vous me permettrez, monsieur notre ancien, d'entrer en considération de la maladie dont il s'agit, avant que de toucher à la thérapeutique et aux remèdes qu'il nous conviendra faire pour la parfaite curation d'icelle. Je dis donc, monsieur, avec votre permission, que notre malade ici présent est malheureusement attaqué, affecté, possédé, travaillé de cette sorte de folie que nous nommons fort bien mélancolie hypocondriaque; espèce de folie très-fâcheuse, et qui ne demande pas moins qu'un Esculape comme vous, consommé dans notre art; vous, dis-je, qui avez blanchi, comme on dit, sous le harnois, et auquel il en a tant passé par les mains, de toutes les façons. Je l'appelle mélancolie hypocondriaque, pour la distinguer des deux autres; car le célèbre Galien établit doctement, à son ordinaire, trois espèces de cette maladie, que nous nommons mélancolie, ainsi appelée, non-seulement par les Latins, mais encore par les Grecs, ce qui est bien à remarquer pour notre affaire. La première, qui vient du propre vice du cerveau; la seconde, qui vient de tout le sang, fait et rendu atrabilaire; la troisième, appelée hypocondriaque, qui est la nôtre, laquelle procède du vice de quelque partie du bas-ventre et de la région inférieure, mais particulièrement de la rate, dont la chaleur et l'inflammation porte au cerveau de notre malade beaucoup de fuligines épaisses et crasses, dont la vapeur noire et maligne cause dépravation aux fonctions de la faculté princesse, et fait la maladie dont, par notre raisonnement, il est manifestement atteint et convaincu. Qu'ainsi ne soit, pour diagnostique incontestable de ce que je vous dis, vous n'avez qu'à considérer ce grand sérieux que vous voyez, cette tristesse accompagnée de crainte et de défiance, signes pathognomoniques et individuels de cette maladie, si bien marquée chez le divin vieillard Hippocrate : cette physionomie, ces yeux rouges et hagards, cette grande barbe, cette habitude du corps, menue, grêle, noire et velue, lesquels signes le dénotent très-affecté de cette maladie, procédante du vice des hypocondres; laquelle maladie, par laps de temps, naturalisée, envieillie, habituée et ayant pris droit de bourgeoisie chez lui, pourroit bien dégénérer ou en manie, ou en phthisie, ou er apoplexie, ou même en fine frénésie et fureur. Tout ceci supposé, puisqu'une maladie bien connue est à demi guérie, car, *ignoti nulla est curatio morbi*, il ne vous sera pas difficile de convenir des remèdes que nous devons faire à monsieur. Premièrement, pour remédier à cette pléthore obturante et à cette cacochymie luxuriante par tout le corps, je suis d'avis qu'il soit phlébotomisé libéralement; c'est-à-dire, que les saignées soient fréquentes et plantureuses : en premier lieu, de la basilique, puis de la céphalique [1], et même, si le mal est opiniâtre, de lui ouvrir la veine du front, et que l'ouverture soit large, afin que le gros sang puisse sortir; et, en même temps, de le purger, désopiler, et évacuer par purgatifs propres et convenables; c'est-à-dire, par cholagogues, mélanogogues [2], *et cætera*; et, comme la véritable source de tout le mal est ou une humeur crasse et féculente, ou une vapeur noire et grossière, qui obscurcit, infecte et salit les esprits animaux, il est à propos ensuite qu'il prenne un bain d'eau pure et nette, avec force petit-lait clair, pour purifier, par l'eau, la féculence de l'humeur crasse, et éclaircir, par le lait clair, la noirceur de cette vapeur. Mais, avant toute chose, je trouve qu'il est bon de le réjouir par d'agréables conversations, chants et instruments de musique; à quoi il n'y a pas d'inconvénient de joindre des danseurs, afin que leurs mouvements, disposition [3] et agilité, puissent exciter et réveiller la paresse de ses esprits engourdis, qui occasionne l'épaisseur de son sang, d'où procède la maladie. Voilà les remèdes que j'imagine, auxquels pourront être ajoutés beaucoup d'autres meilleurs par monsieur notre maître et ancien, suivant l'expérience, jugement, lumière et suffisance qu'il s'est acquise dans notre art. *Dixi.*

---

[1] La *basilique*, veine qui monte le long de la partie interne de l'os du bras jusqu'à l'axillaire, où elle se rend. La *céphalique*, l'une des veines du bras, qu'on croyait autrefois venir de la tête, et qu'on ouvrait, par cette raison, dans les cas où la tête avait besoin d'être soulagée. (*Diction. de l'Acad.*)

[2] *Cholagogues*, remèdes propres à chasser la bile. *Mélanogogues*, remèdes propres à chasser la bile noire, que les anciens appelaient *mélancolie*. (Lav.)

[3] Ce mot est employé ici dans le sens de *dispos*. Cette acception était nouvelle, et n'a pas été adoptée. (Aimé Martin.)

SECOND MÉDECIN.

A Dieu ne plaise, monsieur, qu'il me tombe en pensée d'ajouter rien à ce que vous venez de dire! Vous avez si bien discouru sur tous les signes, les symptômes et les causes de la maladie de monsieur; le raisonnement que vous en avez fait est si docte et si beau, qu'il est impossible qu'il ne soit pas fou et mélancolique hypocondriaque; et, quand il ne le seroit pas, il faudroit qu'il le devînt, pour la beauté des choses que vous avez dites et la justesse du raisonnement que vous avez fait. Oui, monsieur, vous avez dépeint fort graphiquement, *graphice depinxisti*, tout ce qui appartient à cette maladie. Il ne se peut rien de plus doctement, sagement, ingénieusement conçu, pensé, imaginé, que ce que vous avez prononcé au sujet de ce mal, soit pour la diagnose ou la prognose, ou la thérapie[1]; et il ne me reste rien ici que de féliciter monsieur d'être tombé entre vos mains et de lui dire qu'il est trop heureux d'être fou, pour éprouver l'efficace et la douceur des remèdes que vous avez si judicieusement proposés. Je les approuve tous, *manibus et pedibus descendo in tuam sententiam*[2]. Tout ce que j'y voudrois ajouter, c'est de faire les saignées et les purgations en nombre impair, *numero Deus impare gaudet;* de prendre le lait clair avant le bain; de lui composer un fronteau[3] où il entre du sel : le sel est symbole de la sagesse; de faire blanchir les murailles de sa chambre, pour dissiper les ténèbres de ses esprits, *album est disgregativum visus*[4]; et de lui donner tout à l'heure un petit lavement, pour servir de prélude et d'introduction à ces judicieux remèdes, dont, s'il a à guérir, il doit recevoir du soulagement. Fasse le ciel que ces remèdes, monsieur, qui sont les vôtres, réussissent au malade selon notre intention!

MONSIEUR DE POURCEAUGNAC.

Messieurs, il y a une heure que je vous écoute. Est-ce que nous jouons ici une comédie?

PREMIER MÉDECIN.

Non, monsieur, nous ne jouons point.

MONSIEUR DE POURCEAUGNAC.

Qu'est-ce que tout ceci? et que voulez-vous dire, avec votre galimatias et vos sottises?

PREMIER MÉDECIN.

Bon! dire des injures! voilà un diagnostique qui nous manquoit pour la confirmation de son mal; et ceci pourroit bien tourner en manie.

MONSIEUR DE POURCEAUGNAC, à part.

Avec qui m'a-t-on mis ici? (Il crache deux ou trois fois.)

PREMIER MÉDECIN.

Autre diagnostique : la sputation fréquente.

MONSIEUR DE POURCEAUGNAC.

Laissons cela, et sortons d'ici.

PREMIER MÉDECIN.

Autre encore : l'inquiétude de changer de place.

MONSIEUR DE POURCEAUGNAC.

Qu'est-ce donc que toute cette affaire? et que me voulez-vous?

PREMIER MÉDECIN.

Vous guérir, selon l'ordre qui nous a été donné.

MONSIEUR DE POURCEAUGNAC.

Me guérir?

PREMIER MÉDECIN.

Oui.

MONSIEUR DE POURCEAUGNAC.

Parbleu! je ne suis pas malade.

PREMIER MÉDECIN.

Mauvais signe, lorsqu'un malade ne sent pas son mal.

MONSIEUR DE POURCEAUGNAC.

Je vous dis que je me porte bien.

PREMIER MÉDECIN.

Nous savons mieux que vous comment vous vous portez; et nous sommes médecins qui voyons clair dans votre constitution.

MONSIEUR DE POURCEAUGNAC.

Si vous êtes médecins, je n'ai que faire de vous; et je me moque de la médecine.

PREMIER MÉDECIN.

Hom! hom! voici un homme plus fou que nous ne pensons.

MONSIEUR DE POURCEAUGNAC.

Mon père et ma mère n'ont jamais voulu de remèdes, et ils sont morts tous deux sans l'assistance des médecins.

PREMIER MÉDECIN.

Je ne m'étonne pas s'ils ont engendré un fils qui est insensé. (Au second médecin.) Allons, procédons à la curation; et, par la douceur exhilarante de l'harmonie, adoucissons, lénifions, et accoisons[1] l'aigreur de ses esprits, que je vois prêts à s'enflammer.

SCÈNE XII

MONSIEUR DE POURCEAUGNAC.

Que diable est-ce là? Les gens de ce pays-ci sont-ils insensés? Je n'ai jamais rien vu de tel, et je n'y comprends rien du tout.

SCÈNE XIII

MONSIEUR DE POURCEAUGNAC, DEUX MÉDECINS grotesques.

Ils s'asseyent d'abord tous trois; les médecins se lèvent à différentes reprises pour saluer monsieur de Pourceaugnac, qui se lève autant de fois pour les saluer.

LES DEUX MÉDECINS.

Buon dì, buon dì, buon dì,

---

[1] *Diagnose*, pour *diagnostic*, connaissance des symptômes; *prognose*, jugement d'après les symptômes; *thérapie*, pour *thérapeutique*, traitement de la maladie. (*Dictionn. de l'Acad.*)

[2] Dans le sénat romain, quand quelqu'un, en opinant, avait ouvert un avis, ceux qui pensaient comme lui se rangeaient de son côté, et ceux qui étaient d'un sentiment contraire passaient du côté opposé. L'action des premiers s'exprimait par cette phrase : *Pedibus ire ou descendere in sententiam alicujus;* phrase qu'il serait impossible de traduire littéralement en français, mais dont le sens est à peu près conservé dans l'expression figurée, *se ranger à l'avis de quelqu'un.* (Auger.)

[3] Médicament qu'on applique sur le front pour calmer les douleurs de tête.

[4] C'est-à-dire: *le blanc blesse la vue ou la fatigue.* Cette citation à contre-sens n'est pas un des traits les moins comiques de cette scène. (Aimé Martin.)

[1] *Accoiser*, rendre *coi*, calmer, apaiser.

Non vi lasciate uccidere
Dal dolor malinconico,
Noi vi faremo ridere
Col nostro canto armonico;
Sol per guarirvi
Siamo venuti qui.
Buon dì, buon dì, buon dì.
PREMIER MÉDECIN.
Altro non è la pazzia
Che malinconia.
Il malato
Non è disperato,
Se vol pigliar un poco d'allegria,
Altro non è la pazzia
Che malinconia.
SECOND MÉDECIN.
Sù, cantate, ballate, ridete;
E, se far meglio, volete,
Quando sentite il deliro vicino,
Pigliate del vino,
E qualche volta un poco di tabac,
Allegramente, monsu Pourceaugnac [1].

SCÈNE XIV

MONSIEUR DE POURCEAUGNAC, DEUX MÉDECINS grotesques, MATASSINS.

ENTRÉE DE BALLET.

Danse des matassins autour de monsieur de Pourceaugnac.

SCÈNE XV

MONSIEUR DE POURCEAUGNAC, UN APOTHICAIRE, tenant une seringue.

L'APOTHICAIRE.

Monsieur, voici un petit remède, un petit remède, qu'il vous faut prendre, s'il vous plaît, s'il vous plaît.

MONSIEUR DE POURCEAUGNAC.

Comment? Je n'ai que faire de cela.

L'APOTHICAIRE.

Il a été ordonné, monsieur, il a été ordonné.

MONSIEUR DE POURCEAUGNAC.

Ah! que de bruit!

L'APOTHICAIRE.

Prenez-le, monsieur, prenez-le; il ne vous fera point de mal, il ne vous fera point de mal.

[1] « Bonjour, bonjour, bonjour. Ne vous laissez pas tuer par les souffrances de la mélancolie. Nous vous ferons rire avec nos chants harmonieux. Nous ne sommes venus ici que pour vous guérir. Bonjour, bonjour, bonjour.
« La folie n'est pas autre chose que la mélancolie. Le malade n'est pas désespéré, s'il veut prendre un peu de divertissement. La folie n'est pas autre chose que la mélancolie.
« Allons, courage. Chantez, dansez, riez; et, si vous voulez encore mieux faire, quand vous sentirez approcher votre accès de folie, prenez un verre de vin, et quelquefois une prise de tabac. Allons, gai, monsieur de Pourceaugnac. » (Auger.)

MONSIEUR DE POURCEAUGNAC.

Ah!

L'APOTHICAIRE.

C'est un petit clystère, un petit clystère, benin, benin; il est benin, benin : là, prenez, prenez, monsieur; c'est pour déterger, pour déterger, déterger.

SCÈNE XVI

MONSIEUR DE POURCEAUGNAC, UN APOTHICAIRE, DEUX MÉDECINS grotesques; MATASSINS, avec des seringues.

LES DEUX MÉDECINS.

Pigliaio sù,
Signor monsu,
Piglialo, piglialo, piglialo sù,
Che non ti farà male,
Piglialo sù questo serviziale;
Piglialo sù,
Signor monsu,
Piglialo, piglialo, piglialo sù [1].

MONSIEUR DE POURCEAUGNAC.

Allez-vous-en au diable! (Monsieur de Pourceaugnac, mettant son chapeau pour se garantir des seringues, est suivi par les deux médecins et par les matassins; il passe par derrière le théâtre, et revient se mettre sur sa chaise, auprès de laquelle il trouve l'apothicaire qui l'attendoit : les deux médecins et les matassins rentrent aussi.)

LES DEUX MÉDECINS.

Piglialo sù,
Signor monsu;
Piglialo, piglialo, piglialo sù;
Che non ti farà male,
Piglialo sù questo seviziale,
Piglialo sù,
Signor monsu,
Piglialo, piglialo, piglialo sù.

Monsieur de Pourceaugnac s'enfuit avec la chaise : l'apothicaire appuie sa seringue contre, et les médecins et les matassins le suivent.

ACTE SECOND

SCÈNE I

PREMIER MÉDECIN, SBRIGANI.

PREMIER MÉDECIN.

Il a forcé tous les obstacles que j'avois mis, et s'est dérobé aux remèdes que je commençois de lui faire.

SBRIGANI.

C'est être bien ennemi de soi-même, que de fuir des remèdes aussi salutaires que les vôtres.

[1] « Prenez-le, monsieur, prenez-le (le clystère); il ne vous fera point de mal. »

PREMIER MÉDECIN.

Marque d'un cerveau démonté, et d'une raison dépravée, que de ne vouloir pas guérir.

SBRIGANI.

Vous l'auriez guéri haut la main.

PREMIER MÉDECIN.

Sans doute : quand il y auroit eu complication de douze maladies.

SBRIGANI.

Cependant voilà cinquante pistoles bien acquises qu'il vous fait perdre.

PREMIER MÉDECIN.

Moi, je n'entends point les perdre, et je prétends le guérir en dépit qu'il en ait. Il est lié et engagé à mes remèdes, et je veux le faire saisir où je le trouverai, comme déserteur de la médecine et infracteur de mes ordonnances.

SBRIGANI.

Vous avez raison. Vos remèdes étoient un coup sûr, et c'est de l'argent qu'il vous vole.

PREMIER MÉDECIN.

Où puis-je en avoir des nouvelles?

SBRIGANI.

Chez le bonhomme Oronte assurément, dont il vient épouser la fille, et qui, ne sachant rien de l'infirmité de son gendre futur, voudra peut-être se hâter de conclure le mariage.

PREMIER MÉDECIN.

Je vais lui parler tout à l'heure.

SBRIGANI.

Vous ne ferez point mal.

PREMIER MÉDECIN.

Il est hypothéqué à mes consultations, et un malade ne se moquera pas d'un médecin.

SBRIGANI.

C'est fort bien dit à vous ; et, si vous m'en croyez, vous ne souffrirez point qu'il se marie, que vous ne l'ayez pansé tout votre soûl.

PREMIER MÉDECIN.

Laissez-moi faire.

SBRIGANI, à part, en s'en allant.

Je vais, de mon côté, dresser une autre batterie ; et le beau-père est aussi dupe que le gendre.

SCÈNE II

ORONTE, PREMIER MÉDECIN.

PREMIER MÉDECIN.

Vous avez, monsieur, un certain monsieur de Pourceaugnac qui doit épouser votre fille?

ORONTE.

Oui, je l'attends de Limoges, et il devroit être arrivé.

PREMIER MÉDECIN.

Aussi l'est-il, et il s'en est fui de chez moi, après y avoir été mis ; mais je vous défends, de la part de la médecine, de procéder au mariage que vous avez conclu, que je ne l'aie dûment préparé pour cela, et mis en état de procréer des enfants bien conditionnés de corps et d'esprit.

ORONTE.

Comment donc?

PREMIER MÉDECIN.

Votre prétendu gendre a été constitué mon malade ; sa maladie, qu'on m'a donnée à guérir, est un meuble qui m'appartient, et que je compte entre mes effets ; et je vous déclare que je ne prétends point qu'il se marie, qu'au préalable il n'ait satisfait à la médecine et subi les remèdes que je lui ai ordonnés.

ORONTE.

Il a quelque mal?

PREMIER MÉDECIN.

Oui.

ORONTE.

Et quel mal, s'il vous plaît?

PREMIER MÉDECIN.

Ne vous en mettez pas en peine.

ORONTE.

Est-ce quelque mal...

PREMIER MÉDECIN.

Les médecins sont obligés au secret. Il suffit que je vous ordonne, à vous et à votre fille, de ne point célébrer, sans mon consentement, vos noces avec lui, sur peine d'encourir la disgrâce de la Faculté et d'être accablés de toutes les maladies qu'il nous plaira.

ORONTE.

Je n'ai garde, si cela est, de faire le mariage.

PREMIER MÉDECIN.

On me l'a mis entre les mains, et il est obligé d'être mon malade.

ORONTE.

A la bonne heure.

PREMIER MÉDECIN.

Il a beau fuir ; je le ferai condamner, par arrêt, à se faire guérir par moi.

ORONTE.

J'y consens.

PREMIER MÉDECIN.

Oui, il faut qu'il crève, ou que je le guérisse.

ORONTE.

Je le veux bien.

PREMIER MÉDECIN.

Et, si je ne le trouve, je m'en prendrai à vous, et je vous guérirai au lieu de lui.

ORONTE.

Je me porte bien.

PREMIER MÉDECIN.

Il n'importe. Il me faut un malade, et je prendrai qui je pourrai.

ORONTE.

Prenez qui vous voudrez ; mais ce ne sera pas moi. (Seul.) Voyez un peu la belle raison!

SCÈNE III

ORONTE; SBRIGANI, en marchand flamand.

SBRIGANI.

Montsir, afec le fôtre permission, je suisse un trancher marchand flamanne, qui foudroit bienne fous temandair un petit nouvel.

ORONTE.

Quoi, monsieur?

SBRIGANI.

Mettez le fôtre chapeau sur le tête, montsir, si ve plait.

ORONTE.

Dites-moi, monsieur, ce que vous voulez.

SBRIGANI.

Moi le dire rien, montsir, si fous le mettre pas le chapeau sur le tête.

ORONTE.

Soit. Qu'y a-t-il, monsieur?

SBRIGANI.

Fous connoître point en sti file un certe montsir Oronte?

ORONTE.

Oui, je le connois.

SBRIGANI.

Et quel homme est-il, montsir, si ve plait?

ORONTE.

C'est un homme comme les autres.

SBRIGANI.

Je fous temande, montsir, s'il est un homme riche qui a du bienne?

ORONTE.

Oui.

SBRIGANI.

Mais riche beaucoup grandement, montsir?

ORONTE.

Oui.

SBRIGANI.

J'en suis aise beaucoup, montsir.

ORONTE.

Mais pourquoi cela?

SBRIGANI.

L'est, montsir, pour un petite raisonne de conséquence pour nous.

ORONTE.

Mais encore, pourquoi?

SBRIGANI.

L'est, montsir, que sti montsir Oronte donne son fille en mariage à un certe montsir de Pourcegnac.

ORONTE.

Eh bien?

SBRIGANI.

Et sti montsir de Pourcegnac, montsir, l'est un homme que doivre beaucoup grandement à dix ou douze marchands flamannes qui être venu ici.

ORONTE.

Ce monsieur de Pourceaugnac doit beaucoup à dix ou douze marchands?

SBRIGANI.

Oui, montsir; et, depuis huite mois, nous afoir obtenir un petit sentence contre lui; et lui a remettre à payer tou ce créanciers de sti mariage que sti montsir Oronte donne pour son fille.

ORONTE.

Hon! hon! il a remis là à payer ses créanciers?

SBRIGANI.

Oui, montsir, et avec un grant défotion nous tous attendre sti mariage.

ORONTE, à part.

L'avis n'est pas mauvais (Haut.) Je vous donne le bonjour.

SBRIGANI.

Je remercie, montsir, de la faveur grande.

ORONTE.

Votre très-humble valet.

SBRIGANI.

Je le suis, montsir, obliger plus que beaucoup du bon nouvel que montsir m'afoir donné. (Seul, après avoir ôté sa barbe et dépouillé l'habit de Flamand qu'il a par-dessus le sien.) Cela ne va pas mal. Quittons notre ajustement de Flamand, pour songer à d'autres machines; et tâchons de semer tant de soupçons et de division entre le beau-père et le gendre, que cela rompe le mariage prétendu. Tous deux également sont propres à gober les hameçons qu'on leur veut tendre; et, entre nous autres fourbes de la première classe, nous ne faisons que nous jouer, lorsque nous trouvons un gibier aussi facile que celui-là.

SCÈNE IV

MONSIEUR DE POURCEAUGNAC, SBRIGANI.

MONSIEUR DE POURCEAUGNAC, se croyant seul.

Piglialo sù, piglialo sù, signor monsu. Que diable est-ce cela? (Apercevant Sbrigani.) Ah!

SBRIGANI.

Qu'est-ce, monsieur? Qu'avez-vous?

MONSIEUR DE POURCEAUGNAC.

Tout ce que je vois me semble lavement.

SBRIGANI.

Comment?

MONSIEUR DE POURCEAUGNAC.

Vous ne savez pas ce qui m'est arrivé dans ce logis à la porte duquel vous m'avez conduit?

SBRIGANI.

Non, vraiment. Qu'est-ce que c'est?

MONSIEUR DE POURCEAUGNAC.

Je pensois y être régalé comme il faut.

SBRIGANI.

Eh bien?

MONSIEUR DE POURCEAUGNAC.

Je vous laisse entre les mains de monsieur. Des médecins habillés de noir. Dans une chaise. Tâter le pouls. Comme ainsi soit. Il est fou. Deux gros joufflus. Grands chapeaux. *Buon dì, buon dì.* Six pantalons. Ta, ra, ta,

ta, ta, ra, ta, ta. *Allegramente, monsu Pourceaugnac.*
Apothicaire. Lavement. Prenez, monsieur; prenez, prenez. Il est benin, benin, benin. C'est pour déterger, pour déterger, déterger. *Piglialo sù, signor monsu; piglialo, piglialo, piglialo sù.* Jamais je n'ai été si soûl de sottises.

SBRIGANI.

Qu'est-ce que tout cela veut dire?

MONSIEUR DE POURCEAUGNAC.

Cela veut dire que cet homme-là, avec ses grandes embrassades, est un fourbe qui m'a mis dans une maison pour se moquer de moi, et me faire une pièce.

SBRIGANI.

Cela est-il possible?

MONSIEUR DE POURCEAUGNAC.

Sans doute. Ils étaient une douzaine de possédés après mes chausses, et j'ai eu toutes les peines du monde à m'échapper de leurs pattes.

SBRIGANI.

Voyez un peu; les mines sont bien trompeuses. je l'aurois cru le plus affectionné de vos amis. Voilà un de mes étonnements, comme il est possible qu'il y ait des fourbes comme cela dans le monde.

MONSIEUR DE POURCEAUGNAC.

Ne sens-je point le lavement? Voyez, je vous prie [1].

SBRIGANI.

Eh! il y a quelque petite chose qui approche de cela.

MONSIEUR DE POURCEAUGNAC.

J'ai l'odorat et l'imagination tout remplis de cela; et il me semble toujours que je vois une douzaine de lavements qui me couchent en joue.

SBRIGANI.

Voilà une méchanceté bien grande; et les hommes sont bien traîtres et scélérats!

MONSIEUR DE POURCEAUGNAC.

Enseignez-moi, de grâce, le logis de monsieur Oronte; je suis bien aise d'y aller tout à l'heure.

SBRIGANI.

Ah! ah! vous êtes donc de complexion amoureuse? et vous avez ouï parler que ce monsieur Oronte a une fille?

MONSIEUR DE POURCEAUGNAC.

Oui, je viens l'épouser.

SBRIGANI.

L'é... l'épouser?

MONSIEUR DE POURCEAUGNAC.

Oui.

SBRIGANI.

En mariage?

MONSIEUR DE POURCEAUGNAC.

De quelle façon, donc?

SBRIGANI.

Ah! c'est une autre chose; et je vous demande pardon.

MONSIEUR DE POURCEAUGNAC.

Qu'est-ce que cela veut dire?

SBRIGANI.

Rien.

MONSIEUR DE POURCEAUGNAC.

Mais encore?

SBRIGANI.

Rien, vous dis-je. J'ai un peu parlé trop vite.

MONSIEUR DE POURCEAUGNAC.

Je vous prie de me dire ce qu'il y a là-dessous.

SBRIGANI.

Non: cela n'est point nécessaire.

MONSIEUR DE POURCEAUGNAC.

De grâce.

SBRIGANI.

Point. Je vous prie de m'en dispenser.

MONSIEUR DE POURCEAUGNAC.

Est-ce que vous n'êtes pas de mes amis?

SBRIGANI.

Si fait. On ne peut pas l'être davantage.

MONSIEUR DE POURCEAUGNAC.

Vous devez donc ne me rien cacher.

SBRIGANI.

C'est une chose où il y va de l'intérêt du prochain.

MONSIEUR DE POURCEAUGNAC.

Afin de vous obliger à m'ouvrir votre cœur, voilà une petite bague que je vous prie de garder pour l'amour de moi.

SBRIGANI.

Laissez-moi consulter un peu si je le puis faire en conscience. (*Après s'être un peu éloigné de monsieur de Pourceaugnac.*) C'est un homme qui cherche son bien, qui tâche de pourvoir sa fille le plus avantageusement qu'il est possible; et il ne faut nuire à personne. Ce sont des choses qui sont connues, à la vérité; mais j'irai les découvrir à un homme qui les ignore; et il est défendu de scandaliser son prochain. Cela est vrai; mais, d'autre part, voilà un étranger qu'on veut surprendre, et qui, de bonne foi, vient se marier avec une fille qu'il ne connoît pas et qu'il n'a jamais vue; un gentilhomme plein de franchise, pour qui je me sens de l'inclination, qui me fait l'honneur de me tenir pour son ami, prend confiance en moi, et me donne une bague à garder pour l'amour de lui. (*À monsieur de Pourceaugnac.*) Oui, je trouve que je puis vous dire les choses sans blesser ma conscience: mais tâchons de vous les dire le plus doucement qu'il nous sera possible, et d'épargner les gens le plus que nous pourrons. De vous dire que cette fille-là mène une vie déshonnête, cela seroit un peu trop fort. Cherchons, pour nous expliquer, quelques termes plus doux. Le mot de galante aussi n'est pas assez: celui de coquette achevée me semble propre à ce que nous voulons, et je m'en puis servir pour vous dire honnêtement ce qu'elle est.

MONSIEUR DE POURCEAUGNAC.

L'on me veut donc prendre pour dupe?

SBRIGANI.

Peut-être, dans le fond, n'y a-t-il pas tant de mal que tout le monde croit; et puis il y a des gens, après tout,

[1] Molière doit peut-être cette idée plaisante au passage suivant de Rabelais: « Il vint à Montpellier, où se cuida mettre à estudier en médecine; mais il considera que l'estat estoit fascheux par trop, et melancholique, et que les médecins sentoient les clysteres comme vieux diables. » (A. M.)

qui se mettent au-dessus de ces sortes de choses, et qui ne croient pas que leur honneur dépende...

MONSIEUR DE POURCEAUGNAC.

Je suis votre serviteur; je ne me veux point mettre sur la tête un chapeau comme celui-là; et l'on aime à aller le front levé dans la famille des Pourceaugnac.

SBRIGANI.

Voilà le père.

MONSIEUR DE POURCEAUGNAC.

Ce vieillard-là?

SBRIGANI.

Oui. Je me retire.

SCÈNE V

ORONTE, MONSIEUR DE POURCEAUGNAC.

MONSIEUR DE POURCEAUGNAC.

Bonjour, monsieur, bonjour.

ORONTE.

Serviteur, monsieur, serviteur.

MONSIEUR DE POURCEAUGNAC.

Vous êtes monsieur Oronte, n'est-ce pas?

ORONTE.

Oui.

MONSIEUR DE POURCEAUGNAC.

Et moi, monsieur de Pourceaugnac.

ORONTE.

A la bonne heure.

MONSIEUR DE POURCEAUGNAC.

Croyez-vous, monsieur Oronte, que les Limosins soient des sots?

ORONTE.

Croyez-vous, monsieur de Pourceaugnac, que les Parisiens soient des bêtes?

MONSIEUR DE POURCEAUGNAC.

Vous imaginez-vous, monsieur Oronte, qu'un homme comme moi soit si affamé de femme?

ORONTE.

Vous imaginez-vous, monsieur de Pourceaugnac, qu'une fille comme la mienne soit si affamée de mari?

SCÈNE VI

MONSIEUR DE POURCEAUGNAC, JULIE, ORONTE.

JULIE.

On vient de me dire, mon père, que monsieur de Pourceaugnac est arrivé. Ah! le voilà sans doute, et mon cœur me le dit. Qu'il est bien fait! qu'il a bon air! et que je suis contente d'avoir un tel époux! Souffrez que je l'embrasse, et que je lui témoigne...

ORONTE.

Doucement, ma fille, doucement.

MONSIEUR DE POURCEAUGNAC, à part.

Tudieu! Quelle galante! Comme elle prend feu d'abord!

ORONTE.

Je voudrois bien savoir, monsieur de Pourceaugnac, par quelle raison vous venez...

JULIE s'approche de monsieur de Pourceaugnac, le regarde d'un air languissant, et lui veut prendre la main.

Que je suis aise de vous voir! et que je brûle d'impatience!...

ORONTE.

Ah! ma fille! Otez-vous de là, vous dis-je!

MONSIEUR DE POURCEAUGNAC, à part.

Oh! oh! quelle égrillarde!

ORONTE.

Je voudrois bien, dis-je, savoir par quelle raison, s'il vous plaît, vous avez la hardiesse de... (Julie continue le même jeu.)

MONSIEUR DE POURCEAUGNAC, à part.

Vertu de ma vie!

ORONTE, à Julie.

Encore! Qu'est-ce à dire, cela?

JULIE.

Ne voulez-vous pas que je caresse l'époux que vous m'avez choisi?

ORONTE.

Non. Rentrez là dedans.

JULIE.

Laissez-moi le regarder.

ORONTE.

Rentrez, vous dis-je!

JULIE.

Je veux demeurer là, s'il vous plaît.

ORONTE.

Je ne veux pas, moi; et, si tu ne rentres tout à l'heure, je...

JULIE.

Eh bien, je rentre.

ORONTE.

Ma fille est une sotte qui ne sait pas les choses.

MONSIEUR DE POURCEAUGNAC, à part.

Comme nous lui plaisons!

ORONTE, à Julie, qui est restée après avoir fait quelques pas pour s'en aller.

Tu ne veux pas te retirer?

JULIE.

Quand est-ce donc que vous me marierez avec monsieur?

ORONTE.

Jamais; et tu n'es pas pour lui.

JULIE.

Je le veux avoir, moi, puisque vous me l'avez promis.

ORONTE.

Si je te l'ai promis, je te le dépromets.

MONSIEUR DE POURCEAUGNAC, à part.

Elle voudroit bien me tenir.

JULIE.

Vous avez beau faire, nous serons mariés ensemble en dépit de tout le monde.

ORONTE.

Je vous en empêcherai bien tous deux, je vous assure. Voyez un peu quel *vertigo* lui prend.

SCÈNE VII

ORONTE, MONSIEUR DE POURCEAUGNAC.

MONSIEUR DE POURCEAUGNAC.

Mon Dieu! notre beau-père prétendu, ne vous fatiguez point tant; on n'a pas envie de vous enlever votre fille, et vos grimaces n'attraperont rien.

ORONTE.

Toutes les vôtres n'auront pas grand effet.

MONSIEUR DE POURCEAUGNAC.

Vous êtes-vous mis dans la tête que Léonard de Pourceaugnac soit un homme à acheter chat en poche, et qu'il n'ait pas là dedans quelque morceau de judiciaire pour se conduire, pour se faire informer de l'histoire du monde, et voir, en se mariant, si son honneur a bien toutes ses sûretés?

ORONTE.

Je ne sais pas ce que cela veut dire; mais vous êtes-vous mis dans la tête qu'un homme de soixante et trois ans ait si peu de cervelle, et considère si peu sa fille, que de la marier avec un homme qui a ce que vous savez, et qui a été mis chez un médecin pour être pansé?

MONSIEUR DE POURCEAUGNAC.

C'est une pièce que l'on m'a faite, et je n'ai aucun mal.

ORONTE.

Le médecin me l'a dit lui-même.

MONSIEUR DE POURCEAUGNAC.

Le médecin en a menti. Je suis gentilhomme, et je le veux voir l'épée à la main.

ORONTE.

Je sais ce que j'en dois croire: et vous ne m'abuserez pas là-dessus, non plus que sur les dettes que vous avez assignées sur le mariage de ma fille.

MONSIEUR DE POURCEAUGNAC.

Quelles dettes?

ORONTE.

La feinte ici est inutile; et j'ai vu le marchand flamand qui, avec les autres créanciers, a obtenu depuis huit mois sentence contre vous.

MONSIEUR DE POURCEAUGNAC.

Quel marchand flamand? Quels créanciers? Quelle sentence obtenue contre moi?

ORONTE.

Vous savez bien ce que je veux dire.

SCÈNE VIII

MONSIEUR DE POURCEAUGNAC, ORONTE, LUCETTE.

LUCETTE, contrefaisant une languedocienne.

Ah! tu es assi, et à la fi yeu te trobi après abé fait tant de passés. Podes-tu, scélérat, podes-tu sousteni ma bisto [1]?

MONSIEUR DE POURCEAUGNAC.

Qu'est-ce que veut cette femme-là?

LUCETTE.

Que te boli, infâme! Tu fas semblan de nou me pas connouisse, et nou rougisses pas, impudint que tu sios, tu ne rougisses pas de me beyre? (A Oronte.) Nou sabi pas, moussur, saquos bous dont m'an dit que bouillo espousa la fillo; may yeu bous déclari que yeu soun sa fenno, et que y a set ans, moussur, qu'en passan à Pézénas, el auguet l'adresse, dambé sas mignardisos, commo sap tapla fayre, de me gaigna lou cor, et m'obligel pra quel mouyen à ly douna la man per l'espousa [1].

ORONTE.

Oh! oh!

MONSIEUR DE POURCEAUGNAC.

Que diable est-ceci?

LUCETTE.

Lou traité me quittel trés ans après, sul prétexte de qualques affayres que l'apelabon dins soun pays, et despey noun ly resçau put quaso de noubelo; may dins lou tens qui soungeabi lou mens, m'an dounat abist, que begnio dins aquesto bilo, per se remarida dambé un autro jouena fillo, que sous parens ly an proucurado, sensse saupré res de son prumié mariatge. Yeu ai tout quitat en diligensso, et me souy rendue dodins aqueste loc lou pu leu qu'ay pouscut, per m'oupousa en aquel criminel mariatge, et confondre as elys de tout le mounde lou plus méchant day hommes [2].

MONSIEUR DE POURCEAUGNAC.

Voilà une étrange effrontée!

LUCETTE.

Impudint! n'as pas honte de m'injuria, alloc d'être confus day reproches secrets que ta conssiensso te deu fayre [3]?

MONSIEUR DE POURCEAUGNAC.

Moi, je suis votre mari?

LUCETTE.

Infame! gausos-tu dire lou contrari? Eh! tu sabes bé, per ma penno, que n'es que trop bertat; et plaguesso al cel qu'aco non fougesso pas, et que m'auquessos layssado dins l'état d'innoussenço, et dins la tranquillitat oum moun amo bibio daban que tous charmes et tas troumpariés nou m'en benguesson malhurousomen fayre sourty! yeu nou serio pas réduito à fayré lou tristé persounatge que yeu fave présentomen; à beyre un marit cruel mespresa touto l'ardou que yeu ay per el, et me laissa sensse cap de

---

[1] Ce que je te veux, infâme! tu fais semblant de ne me pas connaitre, et tu ne rougis pas, impudent que tu es, tu ne rougis pas de me voir! (A Oronte.) J'ignore, monsieur, si c'est vous dont on m'a dit qu'il voulait épouser la fille; mais je vous déclare que je suis sa femme, et qu'il y a sept ans, qu'en passant à Pézénas, il eut l'adresse, par ses mignardises qu'il sait si bien faire, de me gagner le cœur, et m'obligea, par ce moyen, à lui donner la main pour l'épouser. (L. B.)

[2] Le traître me quitta trois ans après, sous prétexte de quelque affaire qui l'appelait dans son pays, et depuis je n'en ai point eu de nouvelles; mais, dans le temps que j'y songeais le moins, on m'a donné avis qu'il venait dans cette ville pour se remarier avec une autre jeune fille que ses parents lui ont promise, sans savoir rien de son premier mariage. J'ai tout quitté aussitôt, et je me suis rendue dans ce lieu le plus promptement que j'ai pu pour m'opposer à ce criminel mariage, et pour confondre aux yeux de tout le monde le plus méchant des hommes. (L. B.)

[3] Impudent! n'as-tu pas honte de m'injuria, au lieu d'être confus des reproches secrets que ta conscience doit te faire? (L. B.)

piétat abandounado à las mourtéles doulous que yeu ressenti de sas perfidos acciús¹.

ORONTE.

Je ne saurois m'empêcher de pleurer. (A monsieur de Pourceaugnac.) Allez, vous êtes un méchant homme.

MONSIEUR DE POURCEAUGNAC.

Je ne connois rien à tout ceci.

SCÈNE IX

MONSIEUR DE POURCEAUGNAC, NÉRINE, LUCETTE, ORONTE.

NÉRINE, contrefaisant une Picarde.

Ah! je n'en pis plus; je sis tout essoflée! Ah! finfaron, tu m'as bien fait courir : tu ne m'écaperas mie. Justiche, justiche! je boute empêchement au mariage. (A Oronte.) Chés mon méri, monsieur, et je veux faire pindre che bon pindard-là.

MONSIEUR DE POURCEAUGNAC.

Encore!

ORONTE, à part.

Quel diable d'homme est-ce ci?

LUCETTE.

Et que boulez-bous dire, ambe bostre empachomen et bostro pendarie? Quaquel homo es bostre marit²?

NÉRINE.

Oui, medéme, et je sis sa femme.

LUCETTE.

Aquos es faus, aquos yeu que soun sa fenno, et se deu estre pendut, aquo sera yeu que l'ou farai pendat³.

NÉRINE.

Je n'entains mie che baragoin-là.

LUCETTE.

Yeu bous disi que yeu soun sa fenno⁴.

NÉRINE.

Sa femme?

LUCETTE.

Oy⁵.

NÉRINE.

Je vous dis que chest mi, encore in coup, qui le sis.

LUCETTE.

Et yeu bous sousteni yeu, qu'aquos yeu⁶.

NÉRINE.

Il y a quetre ans qu'il m'a éposée.

LUCETTE.

Et yeu set ans y a que m'a preso per fenno¹.

NÉRINE.

J'ai des gairans de tout cho que je di.

LUCETTE.

Tout mon pay lo sap².

NÉRINE.

No ville en est témoin.

LUCETTE.

Tout Pézénas a bist nostre mariatge³.

NÉRINE.

Tout Chin-Quentin a assisté à no noche.

LUCETTE.

Nou y a res de tant béritable⁴.

NÉRINE.

Il gn'y a rien de plus chertain.

LUCETTE, à monsieur de Pourceaugnac.

Gausos-tu dire lou contrari, valisquos⁵?

NÉRINE, à monsieur de Pourceaugnac.

Est-che que tu me démaintiras, méchaint homme?

MONSIEUR DE POURCEAUGNAC.

Il est aussi vrai l'un que l'autre.

LUCETTE.

Quaingn impudensso! Et coussy, misérable, nou te soubennes plus de la pauro Françon, et del paure Jeanet, que soun lous fruits de nostre mariatge⁶.

NÉRINE.

Bayez un peu l'insolence! Quoi! tu ne te souviens mie de chette pauvre ainfain, no petite Madeleine, que m'as laichée pour gaige de ta foi?

MONSIEUR DE POURCEAUGNAC.

Voilà deux impudentes carognes!

LUCETTE.

Beni, Françon, beni Jeanet, beni touston, beni toustone, beni fayre beyre à un payre dénaturat la duretat quel a per nautres⁷.

NÉRINE.

Venez, Madeleine, men ainfain, venez-ves-en ichi faire honte à vo père de l'impudainche qu'il a⁸.

SCÈNE X

MONSIEUR DE POURCEAUGNAC, ORONTE, LUCETTE, NÉRINE, PLUSIEURS ENFANTS.

LES ENFANTS.

Ah! mon papa! mon papa! mon papa!

---

¹ Infâme! oses-tu dire le contraire? Ah! tu sais bien, pour mon malheur, que tout ce que je te dis n'est que trop vrai; et plût au ciel que cela ne fût pas, et que tu m'eusses laissée dans l'état d'innocence et dans la tranquillité où mon âme vivait avant que tes charmes et tes tromperies m'en vinssent malheureusement faire sortir! je ne serais point réduite à faire le triste personnage que je fais présentement, à voir un mari cruel mépriser toute l'ardeur que j'ai eue pour lui, et me laisser sans aucune pitié à la douleur mortelle que j'ai ressentie de ses perfides actions. (L. B.)
² Et que voulez-vous dire avec votre empêchement et votre pendaison? Cet homme est votre mari. (L. B.)
³ Cela est faux, et c'est moi qui suis sa femme; et, s'il doit être pendu, ce sera moi qui le ferai pendre. (L. B.)
⁴ Je vous dis que je suis sa femme. (L. B.)
⁵ Oui. (L. B.)
⁶ Et je vous soutiens, moi, que c'est moi. (L. B.)

---

¹ Et moi, il y a sept ans qu'il m'a prise pour femme. (L. B.)
² Tout mon pays le sait. (L. B.)
³ Tout Pézénas a vu notre mariage. (L. B.)
⁴ Il n'y a rien de plus véritable. (L. B.)
⁵ Oses-tu dire le contraire, vilain? (L. B.)
⁶ Quelle impudence! Comment, misérable, tu ne te souviens plus de la pauvre Françoise et du pauvre Jean, qui sont les fruits de notre mariage? (L. B.)
⁷ Venez, Françoise, venez, Jean, venez tous, venez toutes, venez faire voir à un père dénaturé l'insensibilité qu'il a pour nous tous. (L. B.)
⁸ Venez, Madeleine, mon enfant, venez vite ici faire honte à votre père de l'impudence qu'il a. (L. B.)

MONSIEUR DE POURCEAUGNAC.
Diantre soit des petits fils de putains!
LUCETTE.
Coussy, trayte, tu nou sios pas dins darnière confusiu de ressaupre à tal tous enfants, et de ferma l'aureillo à la tendresso paternello? Tu nou m'escaperas pas, infame! yeu te boly seguy pertout, et te reproucha ton crime jusquos à tant que me sio beniado, et que t'ayo fayt penjat; couquy, te boly fayré penjat[1].
NÉRINE.
Ne rougis-tu mie de dire ches mots-là, et d'être insainsible aux cairesses de chette pauvre ainfaint? Tu ne te sauveras mie de mes pattes; et, en dépit de tes dains, je ferai bien voir que je sis ta femme, et je te ferai pindre.
LES ENFANTS.
Mon papa! mon papa! mon papa!
MONSIEUR DE POURCEAUGNAC.
Au secours! au secours! Où fuirai-je? Je n'en puis plus!
ORONTE.
Allez, vous ferez bien de le faire punir; et il mérite d'être pendu.

SCÈNE XI

SBRIGANI, seul.

Je conduis de l'œil toutes choses, et tout ceci ne va pas mal. Nous fatiguerons tant notre provincial, qu'il faudra, ma foi, qu'il déguerpisse.

SCÈNE XII

MONSIEUR DE POURCEAUGNAC, SBRIGANI.

MONSIEUR DE POURCEAUGNAC.
Ah! je suis assommé! Quelle peine! Quelle maudite ville! Assassiné de tous côtés!
SBRIGANI.
Qu'est-ce, monsieur? Est-il encore arrivé quelque chose?
MONSIEUR DE POURCEAUGNAC.
Oui. Il pleut en ce pays des femmes et des lavements.
SBRIGANI.
Comment donc?
MONSIEUR DE POURCEAUGNAC.
Deux carognes de baragouineuses me sont venues accuser de les avoir épousées toutes deux, et me menacent de la justice.
SBRIGANI.
Voilà une méchante affaire; et la justice, en ce pays-ci, est rigoureuse en diable contre cette sorte de crime.

[1] Comment, traître, tu n'es pas dans la dernière confusion de recevoir ainsi tes enfants, et de fermer l'oreille à la tendresse paternelle! Tu ne m'échapperas pas, infâme! je veux te suivre partout, et te reprocher ton crime jusqu'à tant que je me sois vengée et que je t'aie fait pendre; coquin, je veux te faire pendre! (L. B.)

MONSIEUR DE POURCEAUGNAC.
Oui; mais, quand il y auroit information, ajournement, décret, et jugement obtenu par surprise, défaut et contumace, j'ai la voie de conflit de juridiction pour temporiser, et venir aux moyens de nullité qui seront dans les procédures.
SBRIGANI.
Voilà en parler dans tous les termes; et l'on voit bien, monsieur, que vous êtes du métier.
MONSIEUR DE POURCEAUGNAC.
Moi! point du tout, je suis gentilhomme.
SBRIGANI.
Il faut bien, pour parler ainsi, que vous ayez étudié la pratique.
MONSIEUR DE POURCEAUGNAC.
Point. Ce n'est que le sens commun qui me fait juger que je serai toujours reçu à mes faits justificatifs, et qu'on ne me sauroit condamner sur une simple accusation, sans un récolement et confrontation avec mes parties.
SBRIGANI.
En voilà du plus fin encore.
MONSIEUR DE POURCEAUGNAC.
Ces mots-là me viennent sans que je les sache.
SBRIGANI.
Il me semble que le sens commun d'un gentilhomme peut bien aller à concevoir ce qui est du droit et de l'ordre de la justice, mais non pas à savoir les vrais termes de la chicane.
MONSIEUR DE POURCEAUGNAC.
Ce sont quelques mots que j'ai retenus en lisant les romans.
SBRIGANI.
Ah! fort bien.
MONSIEUR DE POURCEAUGNAC.
Pour vous montrer que je n'entends rien du tout à la chicane, je vous prie de me mener chez quelque avocat, pour consulter mon affaire.
SBRIGANI.
Je le veux, et vais vous conduire chez deux hommes fort habiles; mais j'ai auparavant à vous avertir de n'être point surpris de leur manière de parler; ils ont contracté du barreau certaine habitude de déclamation qui fait que l'on diroit qu'ils chantent; et vous prendrez pour musique tout ce qu'ils vous diront.
MONSIEUR DE POURCEAUGNAC.
Qu'importe comme ils parlent, pourvu qu'ils me disent ce que je veux savoir!

SCÈNE XIII

MONSIEUR DE POURCEAUGNAC, SBRIGANI, DEUX AVOCATS, DEUX PROCUREURS, DEUX SERGENTS.

PREMIER AVOCAT, traînant ses paroles en chantant.
La polygamie est un cas,
Est un cas pendable.
SECOND AVOCAT, chantant fort vite en bredouillant.
Votre fait

Est clair et net ;
Et tout de droit,
Sur cet endroit,
Conclut tout droit.
Si vous consultez nos auteurs,
Législateurs et glossateurs,
Justinian, Papinian,
Ulpian, et Tribonian,
Fernand, Rebuffe, Jean Imole,
Paul, Castie, Julian, Barthole,
Jason, Alciat, et Cujas,
Ce grand homme si capable ;
La polygamie est un cas,
Est un cas pendable.

ENTRÉE DE BALLET

Danse de deux procureurs et de deux sergents, pendant que le SECOND AVOCAT, chante les paroles qui suivent :

Tous les peuples policés
Et bien sensés ;
Les François, Anglois, Hollandois,
Danois, Suédois, Polonois,
Portugois, Espagnols, Flamands,
Italiens, Allemands,
Sur ce fait tiennent loi semblable ;
Et l'affaire est sans embarras :
La polygamie est un cas,
Est un cas pendable.

LE PREMIER AVOCAT chante celles-ci :

La polygamie est un cas,
Est un cas pendable.

Monsieur de Pourceaugnac, impatienté, les chasse.

ACTE TROISIÈME

SCÈNE I

ÉRASTE, SBRIGANI.

SBRIGANI.

Oui, les choses s'acheminent où nous voulons ; et, comme ses lumières sont fort petites, et son sens le plus borné du monde, je lui ai fait prendre une frayeur si grande de la sévérité de la justice de ce pays, et des apprêts qu'on faisoit déjà pour sa mort, qu'il veut prendre la fuite ; et, pour se dérober avec plus de facilité aux gens que je lui ai dit qu'on avoit mis pour l'arrêter aux portes de la ville, il s'est résolu à se déguiser ; et le déguisement qu'il a pris est l'habit de femme[1].

ÉRASTE.
Je voudrois bien le voir en cet équipage.

SBRIGANI.
Songez, de votre part, à achever la comédie ; et, tandis

[1] VAR. Est l'habit d'une femme.

que je jouerai mes scènes avec lui, allez-vous-en... (Il lui parle bas à l'oreille.) Vous entendez bien ?

ÉRASTE.
Oui..

SBRIGANI.
Et lorsque je l'aurai mis où je veux... (Il lui parle à l'oreille.)

ÉRASTE.
Fort bien.

SBRIGANI.
Et quand le père aura été averti par moi... (Il lui parle encore à l'oreille.)

ÉRASTE.
Cela va le mieux du monde.

SBRIGANI.
Voici notre demoiselle. Allez vite, qu'il ne nous voie ensemble.

SCÈNE II

MONSIEUR DE POURCEAUGNAC, en femme ; SBRIGANI

SBRIGANI.
Pour moi, je ne crois pas qu'en cet état on puisse jamais vous connoître ; et vous avez la mine, comme cela, d'une femme de condition.

MONSIEUR DE POURCEAUGNAC.
Voilà qui m'étonne, qu'en ce pays-ci les formes de la justice ne soient point observées.

SBRIGANI.
Oui, je vous l'ai déjà dit, ils commencent par faire pendre un homme, et puis ils lui font son procès.

MONSIEUR DE POURCEAUGNAC.
Voilà une justice bien injuste !

SBRIGANI.
Elle est sévère comme tous les diables, particulièrement sur ces sortes de crimes.

MONSIEUR DE POURCEAUGNAC.
Mais quand on est innocent ?

SBRIGANI.
N'importe, ils ne s'enquêtent point de cela ; et puis, ils ont en cette ville une haine effroyable pour les gens de votre pays ; et ils ne sont point plus ravis que de voir pendre un Limosin.

MONSIEUR DE POURCEAUGNAC.
Qu'est-ce que les Limosins leur ont fait ?

SBRIGANI.
Ce sont des brutaux, ennemis de la gentillesse et du mérite des autres villes. Pour moi, je vous avoue que je suis pour vous dans une peur épouvantable ; et je ne me consolerois de ma vie, si vous veniez à être pendu.

MONSIEUR DE POURCEAUGNAC.
Ce n'est pas tant la peur de la mort qui me fait fuir que de ce qu'il est fâcheux à un gentilhomme d'être pendu, et qu'une preuve comme celle-là feroit tort à nos titres de noblesse.

SBRIGANI.
Vous avez raison ; on vous contesteroit après cela le

titre d'écuyer. Au reste, étudiez-vous, quand je vous mènerai par la main, à bien marcher comme une femme, et à prendre le langage et toutes les manières d'une personne de qualité.

MONSIEUR DE POURCEAUGNAC.

Laissez-moi faire. J'ai vu les personnes du bel air. Tout ce qu'il y a, c'est que j'ai un peu de barbe.

SBRIGANI.

Votre barbe n'est rien; il y a des femmes qui en ont autant que vous. Çà, voyons un peu comme vous ferez. (Après que monsieur de Pourceaugnac a contrefait la femme de condition.) Bon.

MONSIEUR DE POURCEAUGNAC.

Allons donc, mon carrosse! Où est-ce qu'est mon carrosse? Mon Dieu! qu'on est misérable d'avoir des gens comme cela! Est-ce qu'on me fera attendre toute la journée sur le pavé, et qu'on ne me fera point venir mon carrosse?

SBRIGANI.

Fort bien.

MONSIEUR DE POURCEAUGNAC.

Holà! ho! cocher, petit laquais! Ah! petit fripon, que de coups de fouet je vous ferai donner tantôt! Petit laquais! petit laquais! Où est-ce donc qu'est ce petit laquais? Ce petit laquais ne se trouvera-t-il point? Ne me fera-t-on point venir ce petit laquais? Est-ce que je n'ai point un petit laquais dans le monde?

SBRIGANI.

Voilà qui va à merveille; mais je remarque une chose : cette coiffe est un peu trop déliée : j'en vais quérir une un peu plus épaisse, pour vous mieux cacher le visage, en cas de quelque rencontre.

MONSIEUR DE POURCEAUGNAC.

Que deviendrai-je cependant?

SBRIGANI.

Attendez-moi là. Je suis à vous dans un moment; vous n'avez qu'à vous promener. (Monsieur de Pourceaugnac fait plusieurs tours sur le théâtre, en continuant à contrefaire la femme de qualité.)

SCÈNE III

MONSIEUR DE POURCEAUGNAC, DEUX SUISSES.

PREMIER SUISSE, sans voir monsieur de Pourceaugnac.

Allons, dépêchons, camerade; li faut allair tous deux nous à la Crève, pour regarter un peu chousticier sti monsiu de Pourcegnac, qui l'a été contané par ortonnance à l'être pendu par son cou.

SECOND SUISSE, sans voir monsieur de Pourceaugnac.

Li faut nous loër un fenêtre pour foir sti choustice.

PREMIER SUISSE.

Li disent que l'on fait téjà planter un grand potence tout neuve, pour l'y accrocher sti Porcegnac.

SECOND SUISSE.

Li sira, mon foi, un grand plaisir, d'y regarter pendre sti Limossin.

PREMIER SUISSE.

Oui, de li foir gambiller les pieds en haut tevant tout le monde.

SECOND SUISSE.

Li est un plaiçant trôle, oui; li disent que s'être marié troy foie.

PREMIER SUISSE.

Sti tiable ti fouloir trois femmes à li tout seul! li est bien assez t'une.

SECOND SUISSE, en apercevant monsieur de Pourceaugnac.

Ah! ponchour, mameselle.

PREMIER SUISSE.

Que faire fous là tout seul?

MONSIEUR DE POURCEAUGNAC.

J'attends mes gens, messieurs.

SECOND SUISSE.

Li est belle, par mon foi!

MONSIEUR DE POURCEAUGNAC.

Doucement, messieurs.

PREMIER SUISSE.

Fous, mameselle, fouloir fenir rechouir fous à la Crève? Nous faire foir à fous un petit pendement pien choli.

MONSIEUR DE POURCEAUGNAC.

Je vous rends grâce.

SECOND SUISSE.

L'est un gentilhomme limossin, qui sera pendu chentiment à un grand potence.

MONSIEUR DE POURCEAUGNAC.

Je n'ai pas de curiosité.

PREMIER SUISSE.

Li est là un petit teton qui l'est trôle.

MONSIEUR DE POURCEAUGNAC.

Tout beau!

PREMIER SUISSE.

Mon foi, moi couchair pien afec fous.

MONSIEUR DE POURCEAUGNAC.

Ah! c'en est trop! et ces sortes d'ordures-là ne se disent point à une femme de ma condition.

SECOND SUISSE.

Laisse, toi; l'est moi qui le veut couchair afec elle pour mon pistole.

PREMIER SUISSE.

Moi, ne fouloir pas laisser.

SECOND SUISSE.

Moi, ly fouloir, moi. (Les deux Suisses tirent monsieur de Pourceaugnac avec violence.)

PREMIER SUISSE.

Moi, ne faire rien.

SECOND SUISSE.

Toi, l'afoir menti.

PREMIER SUISSE.

Parti, toi, l'afoir menti toi-même.

MONSIEUR DE POURCEAUGNAC

Au secours! à la force!

SCÈNE IV

MONSIEUR DE POURCEAUGNAC, UN EXEMPT, DEUX ARCHERS, DEUX SUISSES.

L'EXEMPT.

Qu'est-ce? Quelle violence est-ce là? et que voulez-vous faire à madame? Allons, que l'on sorte de là, si vous ne voulez que je vous mette en prison.

PREMIER SUISSE.

Parti, pon, toi ne l'afoir point.

SECOND SUISSE.

Parti, pon, aussi; toi ne l'afoir point encore.

SCÈNE V

MONSIEUR DE POURCEAUGNAC, UN EXEMPT, DEUX ARCHERS.

MONSIEUR DE POURCEAUGNAC.

Je vous suis bien obligée, monsieur, de m'avoir délivrée de ces insolents.

L'EXEMPT.

Ouais! voilà un visage qui ressemble bien à celui que l'on m'a dépeint.

MONSIEUR DE POURCEAUGNAC.

Ce n'est pas moi, je vous assure.

L'EXEMPT.

Ah! ah! qu'est-ce que veut dire...

MONSIEUR DE POURCEAUGNAC.

Je ne sais pas.

L'EXEMPT.

Pourquoi donc dites-vous cela?

MONSIEUR DE POURCEAUGNAC.

Pour rien.

L'EXEMPT.

Voilà un discours qui marque quelque chose; et je vous arrête prisonnier.

MONSIEUR DE POURCEAUGNAC.

Eh! monsieur, de grâce!

L'EXEMPT.

Non, non : à votre mine et à vos discours, il faut que vous soyez ce monsieur de Pourceaugnac, que nous cherchons, qui se soit déguisé de la sorte; et vous viendrez en prison tout à l'heure.

MONSIEUR DE POURCEAUGNAC.

Hélas!

SCÈNE VI

MONSIEUR DE POURCEAUGNAC, SBRIGANI, UN EXEMPT, DEUX ARCHERS.

SBRIGANI, à monsieur de Pourceaugnac.

Ah! ciel! que veut dire cela?

MONSIEUR DE POURCEAUGNAC.

Ils m'ont reconnu.

L'EXEMPT.

Oui, oui : c'est de quoi je suis ravi.

SBRIGANI, à l'exempt.

Eh! monsieur, pour l'amour de moi! vous savez que nous sommes amis, il y a longtemps; je vous conjure de ne le point mener en prison.

L'EXEMPT.

Non : il m'est impossible.

SBRIGANI.

Vous êtes homme d'accommodement. N'y a-t-il pas moyen d'ajuster cela avec quelques pistoles?

L'EXEMPT, à ses archers.

Retirez-vous un peu.

SCÈNE VII

MONSIEUR DE POURCEAUGNAC, SBRIGANI, UN EXEMPT.

SBRIGANI, à monsieur de Pourceaugnac.

Il faut lui donner de l'argent pour vous laisser aller. Faites vite.

MONSIEUR DE POURCEAUGNAC, donnant de l'argent à Sbrigani.

Ah! maudite ville!

SBRIGANI.

Tenez, monsieur.

L'EXEMPT.

Combien y a-t-il?

SBRIGANI.

Un, deux, trois, quatre, cinq, six, sept, huit, neuf, dix.

L'EXEMPT.

Non; mon ordre est trop exprès.

SBRIGANI, à l'exempt qui veut s'en aller.

Mon Dieu! attendez. (A monsieur de Pourceaugnac.) Dépêchez; donnez-lui-en encore autant.

MONSIEUR DE POURCEAUGNAC.

Mais...

SBRIGANI.

Dépêchez-vous, vous dis-je, et ne perdez point de temps. Vous auriez un grand plaisir, quand vous seriez pendu!

MONSIEUR DE POURCEAUGNAC.

Ah! (Il donne encore de l'argent à Sbrigani.)

SBRIGANI, à l'exempt.

Tenez, monsieur.

L'EXEMPT, à Sbrigani.

Il faut donc que je m'enfuie avec lui; car il n'y auroit point ici de sûreté pour moi. Laisse-le-moi conduire, et ne bouge d'ici.

SBRIGANI.

Je vous prie donc d'en avoir un grand soin.

L'EXEMPT.

Je vous promets de ne le point quitter que je ne l'aie mis en lieu de sûreté.

MONSIEUR DE POURCEAUGNAC, à Sbrigani.

Adieu. Voilà le seul honnête homme que j'aie trouvé en cette ville.

SBRIGANI.

Ne perdez point de temps. Je vous aime tant, que je voudrois que vous fussiez déjà bien loin. (Seul.) Que le ciel te conduise! Par ma foi, voilà une grande dupe! Mais voici...

SCÈNE VIII

ORONTE, SBRIGANI.

SBRIGANI, feignant de ne point voir Oronte.

Ah! quelle étrange aventure! Quelle fâcheuse nouvelle pour un père! Pauvre Oronte, que je te plains! Que diras-tu? et de quelle façon pourras-tu supporter cette douleur mortelle?

ORONTE.

Qu'est-ce? Quel malheur me présages-tu?

SBRIGANI.

Ah! monsieur! ce perfide de Limosin, ce traître de monsieur de Pourceaugnac vous enlève votre fille!

ORONTE.

Il m'enlève ma fille!

SBRIGANI.

Oui. Elle en est devenue si folle, qu'elle vous quitte pour le suivre; et l'on dit qu'il a un caractère pour se faire aimer de toutes les femmes.

ORONTE.

Allons, vite à la justice! Des archers après eux!

SCÈNE IX

ORONTE, ÉRASTE, JULIE, SBRIGANI.

ÉRASTE, à Julie.

Allons, vous viendrez malgré vous, et je veux vous remettre entre les mains de votre père. Tenez, monsieur, voilà votre fille que j'ai tirée de force d'entre les mains de l'homme avec qui elle s'enfuyoit; non pas pour l'amour d'elle, mais pour votre seule considération. Car, après l'action qu'elle a faite, je dois la mépriser, et me guérir absolument de l'amour que j'avois pour elle.

ORONTE.

Ah! infâme que tu es!

ÉRASTE, à Julie.

Comment! me traiter de la sorte après toutes les marques d'amitié que vous ai données! Je ne vous blâme point de vous être soumise aux volontés de monsieur votre père; il est sage et judicieux dans les choses qu'il fait; et je ne me plains point de lui, de m'avoir rejeté pour un autre. S'il a manqué à la parole qu'il m'avoit donnée, il a ses raisons pour cela. On lui a fait croire que cet autre est plus riche que moi de quatre ou cinq mille écus, et quatre ou cinq mille écus est un denier considérable, et qui vaut bien la peine qu'un homme manque à sa parole; mais oublier en un moment toute l'ardeur que je vous ai montrée! vous laisser d'abord enflammer d'amour pour un nouveau venu, et le suivre honteusement,

sans le consentement de monsieur votre père, après les crimes qu'on lui impute! c'est une chose condamnée de tout le monde, et dont mon cœur ne peut vous faire d'assez sanglants reproches.

JULIE.

Eh bien, oui. J'ai conçu de l'amour pour lui, et je l'ai voulu suivre, puisque mon père me l'avoit choisi pour époux. Quoi que vous me disiez, c'est un fort honnête homme; et tous les crimes dont on l'accuse sont faussetés épouvantables.

ORONTE.

Taisez-vous; vous êtes une impertinente, et je sais mieux que vous ce qui en est.

JULIE.

Ce sont, sans doute, des pièces qu'on lui fait, et (Montrant Éraste.) c'est peut-être lui qui a trouvé cet artifice pour vous en dégoûter.

ÉRASTE.

Moi! je serois capable de cela!

JULIE.

Oui, vous.

ORONTE.

Taisez-vous, vous dis-je. Vous êtes une sotte!

ÉRASTE.

Non, non; ne vous imaginez pas que j'aie aucune envie de détourner ce mariage, et que ce soit ma passion qui m'ait forcé à courir après vous. Je vous l'ai déjà dit, ce n'est que la seule considération que j'ai pour monsieur votre père; et je n'ai pu souffrir qu'un honnête homme comme lui fût exposé à la honte de tous les bruits qui pourroient suivre une action comme la vôtre.

ORONTE.

Je vous suis, seigneur Éraste, infiniment obligé.

ÉRASTE.

Adieu, monsieur. J'avois toutes les ardeurs du monde d'entrer dans votre alliance; j'ai fait tout ce que j'ai pu pour obtenir un tel honneur: mais j'ai été malheureux, et vous ne m'avez pas jugé digne de cette grâce. Cela n'empêchera pas que je ne conserve pour vous les sentiments d'estime et de vénération où votre personne m'oblige; et, si je n'ai pu être votre gendre, au moins serai-je éternellement votre serviteur.

ORONTE.

Arrêtez, seigneur Éraste. Votre procédé me touche l'âme, et je vous donne ma fille en mariage.

JULIE.

Je ne veux point d'autre mari que monsieur de Pourceaugnac.

ORONTE.

Et je veux, moi, tout à l'heure, que tu prennes le seigneur Éraste. Çà, la main.

JULIE.

Non, je n'en ferai rien.

ORONTE.

Je te donnerai sur les oreilles.

ÉRASTE.

Non, non, monsieur; ne lui faites point de violence, je vous en prie.

ORONTE.

C'est à elle à m'obéir, et je sais me montrer le maître.

ÉRASTE.

Ne voyez-vous pas l'amour qu'elle a pour cet homme-là? et voulez-vous que je possède un corps dont un autre possède le cœur?

ORONTE.

C'est un sortilége qu'il lui a donné; et vous verrez qu'elle changera de sentiment avant qu'il soit peu. Donnez-moi votre main. Allons.

JULIE.

Je ne...

ORONTE.

Ah! que de bruit! Çà, votre main, vous dis-je. Ah! ah! ah!

ÉRASTE, à Julie.

Ne croyez pas que ce soit pour l'amour de vous que je vous donne la main : ce n'est que de monsieur votre père dont je suis amoureux, et c'est lui que j'épouse.

ORONTE.

Je vous suis beaucoup obligé; et j'augmente de dix mille écus le mariage de ma fille. Allons, qu'on fasse venir le notaire pour dresser le contrat.

ÉRASTE.

En attendant qu'il vienne, nous pouvons jouir du divertissement de la saison, et faire entrer les masques que le bruit des noces de monsieur de Pourceaugnac a attirés ici de tous les endroits de la ville.

SCÈNE X

TROUPE DE MASQUES, dansants et chantants.

UN MASQUE, en Égyptienne.

Sortez, sortez de ces lieux,
Soucis, Chagrins et Tristesse;
Venez, venez, Ris et Jeux,
Plaisir, Amour et Tendresse;
Ne songeons qu'à nous réjouir :
La grande affaire est le plaisir.

CHŒUR DE MASQUES CHANTANTS.

Ne songeons qu'à nous réjouir :
La grande affaire est le plaisir.

L'ÉGYPTIENNE.

A me suivre tous ici

Votre ardeur est non commune,
Et vous êtes en souci
De votre bonne fortune :
Soyez toujours amoureux,
C'est le moyen d'être heureux.

UN MASQUE, en Égyptien.

Aimons jusques au trépas,
La raison nous y convie,
Hélas! si l'on n'aimoit pas,
Que seroit-ce de la vie?
Ah! perdons plutôt le jour,
Que de perdre notre amour.

L'ÉGYPTIEN.

Les biens,

L'ÉGYPTIENNE.

La gloire,

L'ÉGYPTIEN.

Les grandeurs,

L'ÉGYPTIENNE.

Les sceptres qui font tant d'envie,

L'ÉGYPTIEN.

Tout n'est rien, si l'amour n'y mêle ses ardeurs.

L'ÉGYPTIENNE.

Il n'est point, sans l'amour, de plaisir dans la vie.

TOUS DEUX ENSEMBLE.

Soyons toujours amoureux;
C'est le moyen d'être heureux.

CHŒUR.

Sus, sus, chantons ensemble;
Dansons, sautons, jouons-nous.

UN MASQUE, en Pantalon.

Lorsque pour rire on s'assemble,
Les plus sages, ce me semble,
Sont ceux qui sont les plus fous.

TOUS ENSEMBLE.

Ne songeons qu'à nous réjouir :
La grande affaire est le plaisir.

PREMIÈRE ENTRÉE DE BALLET.

Danse de Sauvages.

SECONDE ENTRÉE DE BALLET.

Danse de Biscaïens.

LES AMANTS MAGNIFIQUES[*]

COMÉDIE-BALLET EN CINQ ACTES

1670

AVANT-PROPOS

Le roi, qui ne veut que des choses extraordinaires dans tout ce qu'il entreprend, s'est proposé de donner à sa cour un divertissement qui fût composé de tous ceux que le théâtre peut fournir; et, pour embrasser cette vaste idée et enchaîner ensemble tant de choses diverses, Sa Majesté a choisi pour sujet deux princes rivaux, qui, dans le champêtre séjour de la vallée de Tempé, où l'on doit célébrer la fête des jeux pythiens, régalent à l'envi une jeune princesse et sa mère de toutes les galanteries dont ils se peuvent aviser.

PERSONNAGES DE LA COMÉDIE

ARISTIONE, princesse, mère d'Ériphile [1].
ÉRIPHILE, fille de la princesse [2].
IPHICRATE, prince, amant d'Ériphile [3].
TIMOCLÈS, prince, amant d'Ériphile [4].
SOSTRATE, général d'armée, amant d'Ériphile.
CLÉONICE, confidente d'Ériphile [5].
ANAXARQUE, astrologue [6].
CLÉON, fils d'Anaxarque.
CHORÈBE, de la suite d'Aristione.
CLITIDAS, plaisant de cour, de la suite d'Ériphile [7].
UNE FAUSSE VÉNUS, d'intelligence avec Anaxarque.

PERSONNAGES DES INTERMÈDES

PREMIER INTERMÈDE.

ÉOLE.
TRITONS chantants.
FLEUVES chantants.
AMOURS chantants.
PÊCHEURS DE CORAIL dansants.
NEPTUNE.
SIX DIEUX MARINS dansants.

SECOND INTERMÈDE.

TROIS PANTOMIMES dansants.

---

[*] Cette comédie-ballet fut représentée pour la première fois à Saint-Germain. Louis XIV lui-même en avait donné le sujet. La musique est de Lulli. Cette pièce ne fut jouée qu'à la cour, et ne pouvait guère réussir que par le mérite du divertissement et celui de l'à-propos. (Voltaire.)
Acteurs de la troupe de Molière : [1] Mademoiselle Hervé — [2] Mademoiselle Molière. — [3] La Grange. — [4] Du Croisy. — [5] Magdeleine Béjart. — [6] Hubert. — [7] Molière.

TROISIÈME INTERMÈDE.

LA NYMPHE de la vallée de Tempé.

PERSONNAGES DE LA PASTORALE

EN MUSIQUE.

TIRCIS, berger, amant de Caliste.
CALISTE, bergère.
LICASTE, berger, ami de Tircis.
MÉNANDRE, berger, ami de Tircis.
PREMIER SATYRE, amant de Caliste.
SECOND SATYRE, amant de Caliste.
SIX DRYADES dansantes.
SIX FAUNES dansants.
CLIMÈNE, bergère.
PHILINTE, berger.
TROIS PETITES DRYADES dansantes.
TROIS PETITS FAUNES dansants.

QUATRIÈME INTERMÈDE.

HUIT STATUES qui dansent.

CINQUIÈME INTERMÈDE.

QUATRE PANTOMIMES dansants.

SIXIÈME INTERMÈDE.

FÊTE DES JEUX PYTHIENS.

LA PRÊTRESSE.
DEUX SACRIFICATEURS chantants.
SIX MINISTRES DU SACRIFICE, portant des haches, dansants.
CHŒUR DE PEUPLES.
SIX VOLTIGEURS sautant sur des chevaux de bois.
QUATRE CONDUCTEURS D'ESCLAVES dansants.
HUIT ESCLAVES dansants.
QUATRE HOMMES armés à la grecque.
QUATRE FEMMES armées à la grecque.
UN HÉRAUT.
SIX TROMPETTES.
UN TIMBALIER.
APOLLON.
SUIVANTS D'APOLLON, dansants.

La scène est en Thessalie, dans la délicieuse vallée de Tempé

PREMIER INTERMÈDE

Le théâtre s'ouvre à l'agréable bruit de quantité d'instruments; et d'abord il offre aux yeux une vaste mer bordée de chaque côté de quatre grands rochers, dont le sommet porte chacun un Fleuve accoudé sur les marques de ces sortes de déités. Au pied de ces rochers sont douze Tritons de chaque côté; et, dans le milieu de la mer, quatre Amours montés sur des dauphins, et derrière eux le dieu Éole, élevé au-dessus des ondes sur un petit nuage. Éole commande aux vents de se retirer; et, tandis que quatre Amours, douze Tritons et huit Fleuves lui répondent, la mer se calme, et du milieu des ondes on voit s'élever une île. Huit Pêcheurs sortent du fond de la mer, avec des nacres de perles et des branches de corail, et, après une danse agréable, vont se placer chacun sur un rocher au-dessus d'un Fleuve. Le chœur de la musique annonce la venue de Neptune; et, tandis que ce dieu danse avec sa suite, les Pêcheurs, les Tritons et les Fleuves accompagnent ses pas de gestes différents et de bruit de conques de perles. Tout ce spectacle est d'une magnifique galanterie, dont l'un des princes régale sur la mer la promenade des princesses.

PREMIÈRE ENTRÉE DE BALLET.

NEPTUNE, et SIX DIEUX MARINS.

SECONDE ENTRÉE DE BALLET.

HUIT PÊCHEURS DE CORAIL.

Vers chantés.

RÉCIT D'ÉOLE.

Vents, qui troublez les plus beaux jours,
Rentrez dans vos grottes profondes,
Et laissez régner sur les ondes
Les Zéphyrs et les Amours.

UN TRITON.

Quels beaux yeux ont percé nos demeures humides?
Venez, venez, Tritons; cachez-vous, Néréides.

TOUS LES TRITONS.

Allons tous au-devant de ces divinités;
Et rendons par nos chants hommage à leurs beautés.

UN AMOUR.

Ah! que ces princesses sont belles!

UN AUTRE AMOUR.

Quels sont les cœurs qui ne s'y rendroient pas?

UN AUTRE AMOUR.

La plus belle des immortelles,
Notre mère, a bien moins d'appas.

CHŒUR.

Allons tous au-devant de ces divinités;
Et rendons par nos chants hommage à leurs beautés.

UN TRITON.

Quel noble spectacle s'avance?
Neptune, le grand dieu Neptune, avec sa cour,
Vient honorer ce beau séjour
De son auguste présence.

CHŒUR.

Redoublons nos concerts,
Et faisons retentir dans le vague des airs
Notre réjouissance.

Vers pour le ROI *représentant Neptune.*

Le ciel, entre les dieux les plus considérés,
Me donne pour partage un rang considérable,
Et, me faisant régner sur les flots azurés,
Rend à tout l'univers mon pouvoir redoutable.

Il n'est aucune terre, à me bien regarder,
Qui ne doive trembler que je ne m'y répande;
Point d'États qu'à l'instant je ne pusse inonder
Des flots impétueux que mon pouvoir commande.

Rien n'en peut arrêter le fier débordement;
Et d'une triple digue à leur force opposée
On les verroit forcer le ferme empêchement
Et se faire en tous lieux une ouverture aisée.

Mais je sais retenir la fureur de ces flots
Par la sage équité du pouvoir que j'exerce,
Et laisser en tous lieux, au gré des matelots,
La douce liberté d'un paisible commerce.

On trouve des écueils parfois dans mes États;
On voit quelques vaisseaux y périr par l'orage;
Mais contre ma puissance on n'en murmure pas,
Et chez moi la vertu ne fait jamais naufrage.

Pour M. LE GRAND [1], *représentant un dieu marin.*

L'empire où nous vivons est fertile en trésors,
Tous les mortels en foule accourent sur ses bords:
Et, pour faire bientôt une haute fortune,
Il ne faut rien qu'avoir la faveur de NEPTUNE.

Pour le marquis DE VILLEROI, *représentant un dieu marin.*

Sur la foi de ce dieu de l'empire flottant,
On peut bien s'embarquer avec toute assurance:
Les flots ont de l'inconstance,
Mais le NEPTUNE est constant.

Pour le marquis DE RASSENT, *représentant un dieu marin.*

Voguez sur cette mer d'un zèle inébranlable:
C'est le moyen d'avoir NEPTUNE favorable.

ACTE PREMIER

SCÈNE I

SOSTRATE, CLITIDAS.

CLITIDAS, à part.

Il est attaché à ses pensées.

SOSTRATE, se croyant seul.

Non, Sostrate, je ne vois rien où tu puisses avoir re-

---

[1] On appelait, par abréviation, le grand écuyer, *M. le Grand*, et le premier écuyer, *M. le Premier*. (Aimé Martin.)

ACTE I, SCÈNE I.

cours; et tes maux sont d'une nature à ne te laisser nulle espérance d'en sortir.

CLITIDAS, à part.

Il raisonne tout seul.

SOSTRATE, se croyant seul.

Hélas!

CLITIDAS, à part.

Voilà des soupirs qui veulent dire quelque chose; et ma conjecture se trouvera véritable.

SOSTRATE, se croyant seul.

Sur quelles chimères, dis-moi, pourrois-tu bâtir quelque espoir? et que peux-tu envisager, que l'affreuse longueur d'une vie malheureuse, et des ennuis à ne finir que par la mort?

CLITIDAS, à part.

Cette tête-là est plus embarrassée que la mienne.

SOSTRATE, se croyant seul.

Ah! mon cœur! ah! mon cœur! où m'avez-vous jeté?

CLITIDAS.

Serviteur, seigneur Sostrate.

SOSTRATE.

Où vas-tu, Clitidas?

CLITIDAS.

Mais vous, plutôt, que faites-vous ici? et quelle secrète mélancolie, quelle humeur sombre, s'il vous plaît, vous peut retenir dans ces bois, tandis que tout le monde a couru en foule à la magnificence de la fête dont l'amour du prince Iphicrate vient de régaler sur la mer la promenade des princesses; tandis qu'elles y ont reçu des cadeaux merveilleux de musique et de danse, et qu'on a vu les rochers et les ondes se parer de divinités pour faire honneur à leurs attraits?

SOSTRATE.

Je me figure assez, sans la voir, cette magnificence; et tant de gens, d'ordinaire, s'empressent à porter de la confusion dans ces sortes de fêtes, que j'ai cru à propos de ne pas augmenter le nombre des importuns.

CLITIDAS.

Vous savez que votre présence ne gâte jamais rien, et que vous n'êtes point de trop en quelque lieu que vous soyez. Votre visage est bien venu partout, et il n'a garde d'être de ces visages disgraciés qui ne sont jamais bien reçus des regards souverains. Vous êtes également bien auprès des deux princesses; et la mère et la fille vous font assez connoître l'estime qu'elles font de vous, pour n'appréhender pas de fatiguer leurs yeux; et ce n'est pas cette crainte, enfin, qui vous a retenu.

SOSTRATE.

J'avoue que je n'ai pas naturellement grande curiosité pour ces sortes de choses.

CLITIDAS.

Mon Dieu! quand on n'auroit nulle curiosité pour les choses, on en a toujours pour aller où l'on trouve tout le monde; et, quoi que vous puissiez dire, on ne demeure point tout seul, pendant une fête, à rêver parmi les arbres, comme vous faites, à moins d'avoir en tête quelque chose qui embarrasse.

SOSTRATE.

Que voudrois-tu que j'y pusse avoir?

CLITIDAS.

Ouais, je ne sais d'où cela vient; mais il sent ici l'amour. Ce n'est pas moi. Ah! par ma foi, c'est vous.

SOSTRATE.

Que tu es fou, Clitidas!

CLITIDAS.

Je ne suis point fou. Vous êtes amoureux; j'ai le nez délicat, et j'ai senti cela d'abord.

SOSTRATE.

Sur quoi prends-tu cette pensée?

CLITIDAS.

Sur quoi? Vous seriez bien étonné si je vous disois encore de qui vous êtes amoureux.

SOSTRATE.

Moi?

CLITIDAS.

Oui. Je gage que je vais deviner tout à l'heure celle que vous aimez. J'ai mes secrets, aussi bien que notre astrologue, dont la princesse Aristione est entêtée; et, s'il a la science de lire dans les astres la fortune des hommes, j'ai celle de lire dans les yeux le nom des personnes qu'on aime. Tenez-vous un peu, et ouvrez les yeux. É, par soi, é[1]; r, i, éri; p, h, i, phi, ériphi; l, e, le : Ériphile. Vous êtes amoureux de la princesse Ériphile.

SOSTRATE.

Ah! Clitidas, j'avoue que je ne puis cacher mon trouble, et tu me frappes d'un coup de foudre.

CLITIDAS.

Vous voyez que je suis savant!

SOSTRATE.

Hélas! si, par quelque aventure, tu as pu découvrir le secret de mon cœur, je te conjure au moins de ne le révéler à qui que ce soit, et surtout de le tenir caché à la belle princesse dont tu viens de dire le nom.

CLITIDAS.

Et, sérieusement parlant, si dans vos actions j'ai bien pu connoître depuis un temps la passion que vous voulez tenir secrète, pensez-vous que la princesse Ériphile puisse avoir manqué de lumières pour s'en apercevoir? Les belles, croyez-moi, sont toujours les plus clairvoyantes à découvrir les ardeurs qu'elles causent; et le langage des yeux et des soupirs se fait entendre, mieux qu'à tout autre, à celle à qui il s'adresse.

SOSTRATE.

Laissons-la, Clitidas, laissons-la voir, si elle peut, dans mes soupirs et mes regards, l'amour que ses charmes m'inspirent; mais gardons bien que, par nulle autre voie, elle en apprenne jamais rien.

CLITIDAS.

Et qu'appréhendez-vous? Est-il possible que ce même Sostrate qui n'a pas craint ni Brennus ni tous les Gaulois, et dont le bras a si glorieusement contribué à nous défaire de ce déluge de barbares qui ravageoient la Grèce; est-il possible, dis-je, qu'un homme si assuré dans la guerre

---

[1] *É, par soi, é.* — *Par soi* signifie faisant à lui seul une syllabe.

soit si timide en amour, et que je le voie trembler à dire seulement qu'il aime?

SOSTRATE.

Ah! Clitidas, je tremble avec raison; et tous les Gaulois du monde ensemble sont bien moins redoutables que deux beaux yeux pleins de charmes.

CLITIDAS.

Je ne suis pas de cet avis; et je sais bien, pour moi, qu'un seul Gaulois, l'épée à la main, me feroit beaucoup plus trembler que cinquante beaux yeux ensemble, les plus charmants du monde. Mais, dites-moi un peu, qu'espérez-vous faire?

SOSTRATE.

Mourir sans déclarer ma passion.

CLITIDAS.

L'espérance est belle! Allez, allez, vous vous moquez; un peu de hardiesse réussit toujours aux amants : il n'y a en amour que les honteux qui perdent; et je dirois ma passion à une déesse, si j'en devenois amoureux.

SOSTRATE.

Trop de choses, hélas! condamnent mes feux à un éternel silence.

CLITIDAS.

Et quoi?

SOSTRATE.

La bassesse de ma fortune, dont il plaît au ciel de rabattre l'ambition de mon amour; le rang de la princesse, qui met entre elle et mes désirs une distance si fâcheuse; la concurrence de deux princes appuyés de tous les grands titres qui peuvent soutenir les prétentions de leurs flammes; de deux princes qui, par mille et mille magnificences, se disputent à tous moments la gloire de sa conquête, et sur l'amour de qui on attend tous les jours de voir son choix se déclarer; mais plus que tout, Clitidas, le respect inviolable où ses beaux yeux assujettissent toute la violence de mon ardeur.

CLITIDAS.

Le respect bien souvent n'oblige pas tant que l'amour; et je me trompe fort, ou la jeune princesse a connu votre flamme et n'y est pas insensible.

SOSTRATE.

Ah! ne t'avise point de vouloir flatter par pitié le cœur d'un misérable.

CLITIDAS.

Ma conjecture est fondée. Je lui vois reculer beaucoup le choix de son époux, et je veux éclaircir un peu cette petite affaire-là. Vous savez que je suis auprès d'elle en quelque espèce de faveur, que j'y ai les accès ouverts, et qu'à force de me tourmenter je me suis acquis le privilège de me mêler à la conversation, et de parler à tort et à travers de toutes choses. Quelquefois cela ne me réussit pas, mais quelquefois aussi cela me réussit. Laissez-moi faire, je suis de vos amis; les gens de mérite me touchent, et je veux prendre mon temps pour entretenir la princesse de...

SOSTRATE.

Ah! de grâce, quelque bonté que mon malheur t'inspire, garde-toi bien de lui rien dire de ma flamme. J'aimerois mieux mourir que de pouvoir être accusé par elle de la moindre témérité; et ce profond respect où ses charmes divins...

CLITIDAS.

Taisons-nous, voici tout le monde.

SCÈNE II

ARISTIONE, IPHICRATE, TIMOCLÈS, SOSTRATE, ANAXARQUE, CLÉON, CLITIDAS.

ARISTIONE, à Iphicrate.

Prince, je ne puis me lasser de le dire, il n'est point de spectacle au monde qui puisse le disputer en magnificence à celui que vous venez de nous donner. Cette fête a eu des ornements qui l'emportent sans doute sur tout ce que l'on sauroit voir; et elle vient de produire à nos yeux quelque chose de si noble, de si grand et de si majestueux, que le ciel même ne sauroit aller au delà; et je puis dire assurément qu'il n'y a rien dans l'univers qui s'y puisse égaler.

TIMOCLÈS.

Ce sont des ornements dont on ne peut pas espérer que toutes les fêtes soient embellies; et je dois fort trembler, madame, pour la simplicité du petit divertissement que je m'apprête à vous donner dans le bois de Diane.

ARISTIONE.

Je crois que nous n'y verrons rien que de fort agréable; et, certes, il faut avouer que la campagne a lieu de nous paroître belle, et que nous n'avons pas le temps de nous ennuyer dans cet agréable séjour qu'ont célébré tous les poëtes sous le nom de Tempé. Car enfin, sans parler des plaisirs de la chasse que nous y prenons à toute heure, et de la solennité des jeux pythiens que l'on y célèbre tantôt, vous prenez soin l'un et l'autre de nous y combler de tous les divertissements qui peuvent charmer les chagrins des plus mélancoliques. D'où vient, Sostrate, qu'on ne vous a point vu dans notre promenade?

SOSTRATE.

Une petite indisposition, madame, m'a empêché de m'y trouver.

IPHICRATE.

Sostrate est de ces gens, madame, qui croient qu'il ne sied pas bien d'être curieux comme les autres; et il est beau d'affecter de ne pas courir où tout le monde court.

SOSTRATE.

Seigneur, l'affectation n'a guère de part à tout ce que je fais; et, sans vous faire compliment, il y avoit des choses à voir dans cette fête qui pouvoient m'attirer, si quelque autre motif ne m'avoit retenu.

ARISTIONE.

Et Clitidas a-t-il vu cela?

CLITIDAS.

Oui, madame; mais du rivage.

ARISTIONE.

Et pourquoi du rivage?

CLITIDAS.

Ma foi, madame, j'ai craint quelqu'un des accidents qui arrivent d'ordinaire dans ces confusions. Cette nuit,

ACTE I, SCÈNE II.

j'ai songé de poisson mort et d'œufs cassés; et j'ai appris du seigneur Anaxarque que les œufs cassés et le poisson mort signifient malencontre.

ANAXARQUE.

Je remarque une chose : que Clitidas n'auroit rien à dire, s'il ne parloit de moi.

CLITIDAS.

C'est qu'il y a tant de choses à dire de vous, qu'on n'en sauroit parler assez.

ANAXARQUE.

Vous pourriez prendre d'autres matières, puisque je vous en ai prié.

CLITIDAS.

Le moyen? ne dites-vous pas que l'ascendant est plus fort que tout? et, s'il est écrit dans les astres que je sois enclin à parler de vous, comment voulez-vous que je résiste à ma destinée?

ANAXARQUE.

Avec tout le respect, madame, que je vous dois, il y a une chose qui est fâcheuse dans votre cour, que tout le monde y prenne liberté de parler, et que le plus honnête homme y soit exposé aux railleries du premier méchant plaisant.

CLITIDAS.

Je vous rends grâce de l'honneur.

ARISTIONE, à Anaxarque.

Que vous êtes fou de vous chagriner de ce qu'il dit !

CLITIDAS.

Avec tout le respect que je dois à madame, il y a une chose qui m'étonne dans l'astrologie : comment des gens qui savent tous les secrets des dieux, et qui possèdent des connoissances à se mettre au-dessus de tous les hommes, aient besoin de faire leur cour et de demander quelque chose.

ANAXARQUE.

Vous devriez gagner un peu mieux votre argent, et donner à madame de meilleures plaisanteries.

CLITIDAS.

Ma foi, on les donne telles qu'on peut. Vous en parlez fort à votre aise; et le métier de plaisant n'est pas comme celui d'astrologue : bien mentir et bien plaisanter sont deux choses fort différentes; et il est bien plus facile de tromper les gens que de les faire rire.

ARISTIONE.

Eh! qu'est-ce donc que cela veut dire?

CLITIDAS, se parlant à lui-même.

Paix, impertinent que vous êtes! ne savez-vous pas bien que l'astrologie est une affaire d'État[1], et qu'il ne faut point toucher à cette corde-là ? Je vous l'ai dit plusieurs fois, vous vous émancipez trop, et vous prenez de certaines libertés qui vous joueront un mauvais tour, je vous en avertis. Vous verrez qu'un de ces jours on vous donnera du pied au cul, et qu'on vous chassera comme un faquin. Taisez-vous, si vous êtes sage.

ARISTIONE.

Où est ma fille ?

TIMOCLÈS.

Madame, elle s'est écartée; et je lui ai présenté une main qu'elle a refusé d'accepter.

ARISTIONE.

Princes, puisque l'amour que vous avez pour Ériphile a bien voulu se soumettre aux lois que j'ai voulu vous imposer, puisque j'ai su obtenir de vous que vous fussiez rivaux sans devenir ennemis, et qu'avec pleine soumission aux sentiments de ma fille vous attendez un choix dont je l'ai faite seule maîtresse, ouvrez-moi tous deux le fond de votre âme, et me dites sincèrement quel progrès vous croyez l'un et l'autre avoir fait sur son cœur.

TIMOCLÈS.

Madame, je ne suis point pour me flatter; j'ai fait ce que j'ai pu pour toucher le cœur de la princesse Ériphile, et je m'y suis pris, que je crois, de toutes les tendres manières dont un amant se peut servir ; je lui ai fait des hommages soumis de tous mes vœux; j'ai montré des assiduités, j'ai rendu des soins chaque jour ; j'ai fait chanter ma passion aux voix les plus touchantes, et l'ai fait exprimer en vers aux plumes les plus délicates; je me suis plaint de mon martyre en des termes passionnés; j'ai fait dire à mes yeux, aussi bien qu'à ma bouche, le désespoir de mon amour ; j'ai poussé à ses pieds des soupirs languissants ; j'ai même répandu des larmes; mais tout cela inutilement, et je n'ai point connu qu'elle ait dans l'âme aucun ressentiment de mon ardeur.

ARISTIONE.

Et vous, prince?

IPHICRATE.

Pour moi, madame, connoissant son indifférence et le peu de cas qu'elle fait des devoirs qu'on lui rend, je n'ai voulu perdre auprès d'elle ni plaintes, ni soupirs, ni larmes. Je sais qu'elle est toute soumise à vos volontés, et que ce n'est que de votre main seule qu'elle voudra prendre un époux; aussi n'est-ce qu'à vous que je m'adresse pour l'obtenir, à vous plutôt qu'à elle que je rends tous mes soins et tous mes hommages. Et plût au ciel, madame, que vous eussiez pu vous résoudre à tenir sa place ; que vous eussiez voulu jouir des conquêtes que vous lui faites, et recevoir pour vous les vœux que vous lui renvoyez !

ARISTIONE.

Prince, le compliment est d'un amant adroit, et vous avez entendu dire qu'il falloit cajoler les mères pour obtenir les filles; mais ici, par malheur, tout cela devient inutile, et je me suis engagée à laisser le choix tout entier à l'inclination de ma fille.

---

[1] Ceci fait allusion à la confiance que les grands et les souverains eux-mêmes avaient encore dans l'astrologie. L'astrologue le plus fameux de l'époque de Molière se nommait Morin : il avait eu des succès dans la médecine ; mais, trouvant cette science trop incertaine, il s'était livré à l'astrologie, dont il croyait les calculs beaucoup plus sûrs. Ce qu'il y a de singulier, c'est qu'on ne trouva rien d'extraordinaire dans cette conduite. Morin continua d'être estimé de la cour, et même des savants. Descartes était en correspondance avec lui, et lui témoignait beaucoup d'égards. Il se discrédita vingt ans avant la représentation des Amants magnifiques, parce qu'il eut l'imprudence de prédire que Gassendi mourrait au mois d'août de l'année 1650. Ce savant ayant eu le bonheur de faire mentir la prophétie, on se moqua du prophète; et Molière, ami de Gassendi, dont il était l'élève, ne fut pas des derniers à s'amuser aux dépens de Morin. (Petitot.)

IPHICRATE.

Quelque pouvoir que vous lui donniez pour ce choix, ce n'est point compliment, madame, que ce que je vous dis. Je ne recherche la princesse Ériphile que parce qu'elle est votre sang; je la trouve charmante par tout ce qu'elle tient de vous, et c'est vous que j'adore en elle.

ARISTIONE.

Voilà qui est fort bien.

IPHICRATE.

Oui, madame, toute la terre voit en vous des attraits et des charmes que je...

ARISTIONE.

De grâce, prince, ôtons ces charmes et ces attraits : vous savez que ce sont des mots que je retranche des compliments qu'on me veut faire. Je souffre qu'on me loue de ma sincérité, qu'on dise que je suis une bonne princesse, que j'ai de la parole pour tout le monde, de la chaleur pour mes amis, et de l'estime pour le mérite et la vertu : je puis tâter de tout cela; mais, pour les douceurs de charmes et d'attraits, je suis bien aise qu'on ne m'en serve point; et, quelque vérité qui s'y pût rencontrer, on doit faire quelque scrupule d'en goûter la louange, quand on est mère d'une fille comme la mienne.

IPHICRATE.

Ah! madame, c'est vous qui voulez être mère malgré tout le monde; il n'est point d'yeux qui ne s'y opposent; et, si vous le vouliez, la princesse Ériphile ne seroit que votre sœur.

ARISTIONE.

Mon Dieu! prince, je ne donne point dans tous ces galimatias où donnent la plupart des femmes : je veux être mère parce que je la suis, et ce seroit en vain que je ne la voudrois pas être. Ce titre n'a rien qui me choque, puisque, de mon consentement, je me suis exposée à le recevoir. C'est un foible de notre sexe, dont, grâce au ciel, je suis exempte; et je ne m'embarrasse point de ces grandes disputes d'âge sur quoi nous voyons tant de folles. Revenons à notre discours. Est-il possible que jusqu'ici vous n'ayez pu connoître où penche l'inclination d'Ériphile?

IPHICRATE.

Ce sont obscurités pour moi.

TIMOCLÈS.

C'est pour moi un mystère impénétrable.

ARISTIONE.

La pudeur peut-être l'empêche de s'expliquer à vous et à moi. Servons-nous de quelque autre pour découvrir le secret de son cœur. Sostrate, prenez de ma part cette commission, et rendez cet office à ces princes, de savoir adroitement de ma fille vers qui des deux ses sentiments peuvent tourner.

SOSTRATE.

Madame, vous avez cent personnes dans votre cour sur qui vous pourriez mieux verser l'honneur d'un tel emploi; et je me sens mal propre à bien exécuter ce que vous souhaitez de moi.

ARISTIONE.

Votre mérite, Sostrate, n'est point borné aux seuls emplois de la guerre. Vous avez de l'esprit, de la conduite, de l'adresse; et ma fille fait cas de vous.

SOSTRATE.

Quelque autre mieux que moi, madame...

ARISTIONE.

Non, non; en vain vous vous en défendez.

SOSTRATE.

Puisque vous le voulez, madame, il faut vous obéir; mais je vous jure que, dans toute votre cour, vous ne pouviez choisir personne qui ne fût en état de s'acquitter beaucoup mieux que moi d'une telle commission.

ARISTIONE.

C'est trop de modestie; et vous vous acquitterez toujours bien de toutes les choses dont on vous chargera. Découvrez doucement les sentiments d'Ériphile, et faites-la ressouvenir qu'il faut se rendre de bonne heure dans le bois de Diane.

SCÈNE III

IPHICRATE, TIMOCLÈS, SOSTRATE, CLITIDAS.

IPHICRATE, à Sostrate.

Vous pouvez croire que je prends part à l'estime que la princesse vous témoigne.

TIMOCLÈS, à Sostrate.

Vous pouvez croire que je suis ravi du choix que l'on a fait de vous.

IPHICRATE.

Vous voilà en état de servir vos amis.

TIMOCLÈS.

Vous avez de quoi rendre de bons offices aux gens qu'il vous plaira.

IPHICRATE.

Je ne vous recommande point mes intérêts.

TIMOCLÈS.

Je ne vous dis point de parler pour moi.

SOSTRATE.

Seigneurs, il seroit inutile. J'aurois tort de passer les ordres de ma commission; et vous trouverez bon que je ne parle ni pour l'un ni pour l'autre.

IPHICRATE.

Je vous laisse agir comme il vous plaira.

TIMOCLÈS.

Vous en userez comme vous voudrez.

SCÈNE IV

IPHICRATE, TIMOCLÈS, CLITIDAS.

IPHICRATE, bas, à Clitidas.

Clitidas se ressouvient bien qu'il est de mes amis; je lui recommande toujours de prendre mes intérêts auprès de sa maîtresse contre ceux de mon rival.

CLITIDAS, bas, à Iphicrate.

Laissez-moi faire. Il y a bien de la comparaison de lui à vous! et c'est un prince bien bâti pour vous le disputer!

IPHICRATE, bas, à Clitidas.

Je reconnoîtrai ce service.

SCÈNE V

TIMOCLÈS, CLITIDAS.

TIMOCLÈS.

Mon rival fait sa cour à Clitidas; mais Clitidas sait bien qu'il m'a promis d'appuyer contre lui les prétentions de mon amour.

CLITIDAS.

Assurément; et il se moque de croire l'emporter sur vous. Voilà, auprès de vous, un beau petit morveux de prince!

TIMOCLÈS.

Il n'y a rien que je ne fasse pour Clitidas.

CLITIDAS, seul.

Belles paroles de tous côtés! Voici la princesse; prenons mon temps pour l'aborder.

SCÈNE VI

ÉRIPHILE, CLÉONICE.

CLÉONICE.

On trouvera étrange, madame, que vous vous soyez ainsi écartée de tout le monde.

ÉRIPHILE.

Ah! qu'aux personnes comme nous, qui sommes toujours accablées de tant de gens, un peu de solitude est parfois agréable! et qu'après mille impertinents entretiens il est doux de s'entretenir avec ses pensées! Qu'on me laisse ici promener toute seule.

CLÉONICE.

Ne voudriez-vous pas, madame, voir un petit essai de la disposition de ces gens admirables qui veulent se donner à vous? Ce sont des personnes qui, par leurs pas, leurs gestes et leurs mouvements, expriment aux yeux toutes choses; et on appelle cela pantomime. J'ai tremblé à vous dire ce mot, et il y a des gens dans votre cour qui ne me le pardonneroient pas.

ÉRIPHILE.

Vous avez bien la mine, Cléonice, de me venir ici régaler d'un mauvais divertissement; car, grâce au ciel, vous ne manquez pas de vouloir produire indifféremment tout ce qui se présente à vous, et vous avez une affabilité qui ne rejette rien; aussi est-ce à vous seule qu'on voit avoir recours toutes les muses nécessitantes; vous êtes la grande protectrice du mérite incommodé, et tout ce qu'il y a de vertueux indigents au monde va débarquer chez vous.

CLÉONICE.

Si vous n'avez pas envie de les voir, madame, il ne faut que les laisser là.

ÉRIPHILE.

Non, non; voyons-les: faites-les venir.

CLÉONICE.

Mais peut-être, madame, que leur danse sera méchante.

ÉRIPHILE.

Méchante ou non, il la faut voir. Ce ne seroit, avec vous, que reculer la chose, et il vaut mieux en être quitte.

CLÉONICE.

Ce ne sera ici, madame, qu'une danse ordinaire; une autre fois...

ÉRIPHILE.

Point de préambule, Cléonice; qu'ils dansent.

SECOND INTERMÈDE

La confidente de la jeune princesse lui produit trois danseurs, sous le nom de *pantomimes*; c'est-à-dire qui expriment par leurs gestes toutes sortes de choses. La princesse les voit danser, et les reçoit à son service.

ENTRÉE DE BALLET

De trois pantomimes.

ACTE SECOND

SCÈNE I

ÉRIPHILE, CLÉONICE.

ÉRIPHILE.

Voilà qui est admirable. Je ne crois pas qu'on puisse mieux danser qu'ils dansent, et je suis bien aise de les avoir à moi.

CLÉONICE.

Et moi, madame, je suis bien aise que vous ayez vu que je n'ai pas si méchant goût que vous avez pensé.

ÉRIPHILE.

Ne triomphez point tant; vous ne tarderez guère à me faire avoir ma revanche. Qu'on me laisse ici.

SCÈNE II

ÉRIPHILE, CLÉONICE, CLITIDAS.

CLÉONICE, allant au-devant de Clitidas.

Je vous avertis, Clitidas, que la princesse veut être seule.

CLITIDAS.

Laissez-moi faire: je suis homme qui sais ma cour.

SCÈNE III

ÉRIPHILE, CLITIDAS.

CLITIDAS, en chantant.

La, la, la, la. (Faisant l'étonné en voyant Ériphile.) Ah!

ÉRIPHILE, à Clitidas, qui feint de vouloir s'éloigner.
Clitidas.

CLITIDAS.
Je ne vous avois pas vue là, madame.

ÉRIPHILE.
Approche. D'où viens-tu?

CLITIDAS.
De laisser la princesse votre mère, qui s'en alloit vers le temple d'Apollon, accompagnée de beaucoup de gens.

ÉRIPHILE.
Ne trouves-tu pas ces lieux les plus charmants du monde?

CLITIDAS.
Assurément. Les princes vos amants y étoient.

ÉRIPHILE.
Le fleuve Pénée fait ici d'agréables détours.

CLITIDAS.
Fort agréables. Sostrate y étoit aussi.

ÉRIPHILE.
D'où vient qu'il n'est pas venu à la promenade?

CLITIDAS.
Il a quelque chose dans la tête qui l'empêche de prendre plaisir à tous ces beaux régales. Il m'a voulu entretenir; mais vous m'avez défendu si expressément de me charger d'aucune affaire auprès de vous, que je n'ai point voulu lui prêter l'oreille, et je lui ai dit nettement que je n'avois pas le loisir de l'entendre.

ÉRIPHILE.
Tu as eu tort de lui dire cela, et tu devois l'écouter.

CLITIDAS.
Je lui ai dit d'abord que je n'avois pas le loisir de l'entendre, mais après je lui ai donné audience.

ÉRIPHILE.
Tu as bien fait.

CLITIDAS.
En vérité, c'est un homme qui me revient, un homme fait comme je veux que les hommes soient faits, ne prenant point des manières bruyantes et des tons de voix assommants; sage et posé en toutes choses, ne parlant jamais que bien à propos, point prompt à décider, point du tout exagérateur incommode; et, quelque beaux vers que nos poëtes lui aient récités, je ne lui ai jamais ouï dire : Voilà qui est plus beau que tout ce qu'a jamais fait Homère. Enfin, c'est un homme pour qui je me sens de l'inclination; et, si j'étois princesse, il ne seroit pas malheureux.

ÉRIPHILE.
C'est un homme d'un grand mérite, assurément. Mais de quoi t'a-t-il parlé?

CLITIDAS.
Il m'a demandé si vous aviez témoigné grande joie au magnifique régale que l'on vous a donné, m'a parlé de votre personne avec des transports les plus grands du monde, vous a mise au-dessus du ciel, et vous a donné toutes les louanges qu'on peut donner à la princesse la plus accomplie de la terre, entremêlant tout cela de plusieurs soupirs qui disoient plus qu'il ne vouloit. Enfin, à force de le tourner de tous côtés et de le presser sur la cause de cette profonde mélancolie dont toute la cour s'aperçoit, il a été contraint de m'avouer qu'il étoit amoureux.

ÉRIPHILE.
Comment, amoureux! quelle témérité est la sienne! c'est un extravagant que je ne verrai de ma vie!

CLITIDAS.
De quoi vous plaignez-vous, madame?

ÉRIPHILE.
Avoir l'audace de m'aimer! et, de plus, avoir l'audace de le dire!

CLITIDAS.
Ce n'est pas vous, madame, dont il est amoureux.

ÉRIPHILE.
Ce n'est pas moi?

CLITIDAS.
Non, madame, il vous respecte trop pour cela, et est trop sage pour y penser.

ÉRIPHILE.
Et de qui donc, Clitidas?

CLITIDAS.
D'une de vos filles, la jeune Arsinoé[1].

ÉRIPHILE.
A-t-elle tant d'appas, qu'il n'ait trouvé qu'elle digne de son amour?

CLITIDAS.
Il l'aime éperdument, et vous conjure d'honorer sa flamme de votre protection.

ÉRIPHILE.
Moi?

CLITIDAS.
Non, non, madame. Je vois que la chose ne vous plaît pas. Votre colère m'a obligé à prendre ce détour; et, pour vous dire la vérité, c'est vous qu'il aime éperdument.

ÉRIPHILE.
Vous êtes un insolent de venir ainsi surprendre mes sentiments. Allons, sortez d'ici; vous vous mêlez de vouloir lire dans les âmes, de vouloir pénétrer dans les secrets du cœur d'une princesse! Otez-vous de mes yeux, et que je ne vous voie jamais, Clitidas!

CLITIDAS.
Madame...

ÉRIPHILE.
Venez ici. Je vous pardonne cette affaire-là.

CLITIDAS.
Trop de bonté, madame!

ÉRIPHILE.
Mais à condition, prenez bien garde à ce que je vous dis; que vous n'en ouvrirez la bouche à personne du monde, sur peine de la vie.

CLITIDAS.
Il suffit.

ÉRIPHILE.
Sostrate t'a donc dit qu'il m'aimoit?

CLITIDAS.
Non, madame. Il faut vous dire la vérité. J'ai tiré de

---

[1] Dans la *Princesse d'Élide*, le prince d'Ithaque se sert d'une ruse pareille avec la princesse. (L.

son cœur, par surprise, un secret qu'il veut cacher à tout le monde, et avec lequel il est, dit-il, résolu de mourir. Il a été au désespoir du vol subtil que je lui en ai fait; et, bien loin de me charger de vous le découvrir, il m'a conjuré, avec toutes les instantes prières qu'on sauroit faire, de ne vous en rien révéler; et c'est trahison contre lui que ce que je viens de vous dire.

ÉRIPHILE.

Tant mieux! c'est par son seul respect qu'il peut me plaire; et, s'il étoit si hardi que de me déclarer son amour, il perdroit pour jamais et ma présence et mon estime.

CLITIDAS.

Ne craignez point, madame...

ÉRIPHILE.

Le voici. Souvenez-vous, au moins, si vous êtes sage, de la défense que je vous ai faite.

CLITIDAS.

Cela est fait, madame. Il ne faut pas être courtisan indiscret [1].

SCÈNE IV

ÉRIPHILE, SOSTRATE.

SOSTRATE.

J'ai une excuse, madame, pour oser interrompre votre solitude; et j'ai reçu de la princesse votre mère une commission qui autorise la hardiesse que je prends maintenant.

ÉRIPHILE.

Quelle commission, Sostrate?

SOSTRATE.

Celle, madame, de tâcher d'apprendre de vous vers lequel des deux princes peut incliner votre cœur.

ÉRIPHILE.

La princesse ma mère montre un esprit judicieux dans le choix qu'elle a fait de vous pour un pareil emploi. Cette commission, Sostrate, vous a été agréable sans doute, et vous l'avez acceptée avec beaucoup de joie?

SOSTRATE.

Je l'ai acceptée, madame, par la nécessité que mon devoir m'impose d'obéir; et, si la princesse avoit voulu recevoir mes excuses, elle auroit honoré quelque autre de cet emploi.

ÉRIPHILE.

Quelle cause, Sostrate, vous obligeoit à le refuser?

SOSTRATE.

La crainte, madame, de m'en acquitter mal.

ÉRIPHILE.

Croyez-vous que je ne vous estime pas assez pour vous ouvrir mon cœur et vous donner toutes les lumières que vous pourrez désirer de moi sur le sujet de ces deux princes?

[1] Cette scène et la suivante sont le premier modèle du genre de Marivaux, dont presque toutes les pièces roulent sur cette idée. Mais combien n'a-t-on pas abusé des petites nuances et des raffinements que ce genre semble exiger! (Petitot.)

SOSTRATE.

Je ne désire rien pour moi là-dessus, madame; et je ne vous demande que ce que vous croirez devoir donner aux ordres qui m'amènent.

ÉRIPHILE.

Jusques ici je me suis défendue de m'expliquer, et la princesse ma mère a eu la bonté de souffrir que j'aie reculé toujours ce choix qui me doit engager; mais je serai bien aise de témoigner à tout le monde que je veux faire quelque chose pour l'amour de vous; et, si vous m'en pressez, je rendrai cet arrêt qu'on attend depuis si longtemps.

SOSTRATE.

C'est une chose, madame, dont vous ne serez point importunée par moi; et je ne saurois me résoudre à presser une princesse qui sait trop ce qu'elle a à faire.

ÉRIPHILE.

Mais c'est ce que la princesse ma mère attend de vous.

SOSTRATE.

Ne lui ai-je pas dit aussi que je m'acquitterois mal de cette commission?

ÉRIPHILE.

Oh çà, Sostrate, les gens comme vous ont toujours les yeux pénétrants; et je pense qu'il ne doit y avoir guère de choses qui échappent aux vôtres. N'ont-ils pu découvrir, vos yeux, ce dont tout le monde est en peine? et ne vous ont-ils point donné quelques petites lumières du penchant de mon cœur? Vous voyez les soins qu'on me rend, l'empressement qu'on me témoigne. Quel est celui de ces deux princes que vous croyez que je regarde d'un œil plus doux?

SOSTRATE.

Les doutes que l'on forme sur ces sortes de choses ne sont réglés d'ordinaire que par les intérêts qu'on prend.

ÉRIPHILE.

Pour qui, Sostrate, pencheriez-vous des deux? Quel est celui, dites-moi, que vous souhaiteriez que j'épousasse?

SOSTRATE.

Ah! madame, ce ne seront pas mes souhaits, mais votre inclination qui décidera de la chose.

ÉRIPHILE.

Mais si je me conseillois à vous pour ce choix?

SOSTRATE.

Si vous vous conseilliez à moi, je serois fort embarrassé.

ÉRIPHILE.

Vous ne pourriez pas dire qui des deux vous semble plus digne de cette préférence?

SOSTRATE.

Si l'on s'en rapporte à mes yeux, il n'y aura personne qui soit digne de cet honneur. Tous les princes du monde seront trop peu de chose pour aspirer à vous; les dieux seuls y pourront prétendre, et vous ne souffrirez des hommes que l'encens et les sacrifices.

ÉRIPHILE.

Cela est obligeant, et vous êtes de mes amis. Mais je veux que vous me disiez pour qui des deux vous vous sentez plus d'inclination, quel est celui que vous mettez le plus au rang de vos amis.

SCÈNE V

ÉRIPHILE, SOSTRATE, CHORÈBE.

CHORÈBE.

Madame, voilà la princesse qui vient vous prendre ici pour aller au bois de Diane.

SOSTRATE, à part.

Hélas! petit garçon, que tu es venu à propos!

SCÈNE VI

ARISTIONE, ÉRIPHILE, IPHICRATE, TIMOCLÈS, SOSTRATE, ANAXARQUE, CLITIDAS.

ARISTIONE.

On vous a demandée, ma fille; et il y a des gens que votre absence chagrine fort.

ÉRIPHILE.

Je pense, madame, qu'on m'a demandée par compliment; et on ne s'inquiète pas tant qu'on vous dit.

ARISTIONE.

On enchaîne pour nous ici tant de divertissements les uns aux autres, que toutes nos heures sont retenues; et nous n'avons aucun moment à perdre, si nous voulons les goûter tous. Entrons vite dans le bois, et voyons ce qui nous y attend. Ce lieu est le plus beau du monde : prenons vite nos places.

TROISIÈME INTERMÈDE

Le théâtre est une forêt où la princesse est invitée d'aller. Une Nymphe lui en fait les honneurs, en chantant; et, pour la divertir, on lui joue une petite comédie en musique, dont voici le sujet : un berger se plaint à deux bergers, ses amis, des froideurs de celle qu'il aime; les deux amis le consolent; et, comme la bergère aimée arrive, tous trois se retirent pour l'observer. Après quelque plainte amoureuse, elle se repose sur un gazon, et s'abandonne aux douceurs du sommeil. L'amant fait approcher ses amis, pour contempler les grâces de sa bergère, et invite toutes choses à contribuer à son repos. La bergère, en s'éveillant, voit son berger à ses pieds, se plaint de sa poursuite; mais, considérant sa constance, elle lui accorde sa demande, consent d'en être aimée, en présence des deux bergers amis. Deux Satyres arrivent, se plaignent de son changement, et, étant touchés de cette disgrâce, cherchent leur consolation dans le vin.

PERSONNAGES DE LA PASTORALE

LA NYMPHE de la vallée de Tempé.
TYRCIS. — LYCASTE. — MÉNANDRE.
CALISTE. — DEUX SATYRES.

PROLOGUE

LA NYMPHE DE TEMPÉ, seule.

Venez, grande princesse, avec tous vos appas,
Venez prêter vos yeux aux innocents ébats
Que notre désert vous présente :
N'y cherchez point l'éclat des fêtes de la cour;
On ne sent ici que l'amour,
Ce n'est que d'amour qu'on y chante.

SCÈNE I

TYRCIS, seul

Vous chantez sous ces feuillages,
Doux rossignols pleins d'amour;
Et de vos tendres ramages
Vous réveillez tour à tour
Les échos de ces bocages :
Hélas! petits oiseaux, hélas!
Si vous aviez mes maux vous ne chanteriez pas.

SCÈNE II

LYCASTE, MÉNANDRE, TYRCIS.

LYCASTE.

Eh quoi! toujours languissant, sombre et triste?

MÉNANDRE.

Eh quoi! toujours aux pleurs abandonné?

TYRCIS.

Toujours adorant Caliste,
Et toujours infortuné.

LYCASTE.

Dompte, dompte, berger, l'ennui qui te possède.

TYRCIS.

Eh! le moyen, hélas!

MÉNANDRE.

Fais, fais-toi quelque effort.

TYRCIS.

Eh! le moyen, hélas! quand le mal est trop fort?

LYCASTE.

Ce mal trouvera son remède.

TYRCIS.

Je ne guérirai qu'à ma mort.

LYCASTE ET MÉNANDRE.

Ah! Tyrcis!

TYRCIS.

Ah! bergers!

LYCASTE ET MÉNANDRE.

Prends sur toi plus d'empire.

TYRCIS.

Rien ne me peut secourir.

LYCASTE ET MÉNANDRE.

C'est trop, c'est trop céder.

TYRCIS.
C'est trop, c'est trop souffrir.
LYCASTE ET MÉNANDRE.
Quelle foiblesse!
TYRCIS.
Quel martyre!
LYCASTE ET MÉNANDRE.
Il faut prendre courage.
TYRCIS.
Il faut plutôt mourir.
LYCASTE.
Il n'est point de bergère,
Si froide et si sévère,
Dont la pressante ardeur
D'un cœur qui persévère
Ne vainque la froideur.
MÉNANDRE.
I est, dans les affaires
Des amoureux mystères,
Certains petits moments
Qui changent les plus fières,
Et font d'heureux amants.
TYRCIS.
Je la vois, la cruelle,
Qui porte ici ses pas;
Gardons d'être vu d'elle
L'ingrate, hélas!
N'y viendroit pas.

SCÈNE III

CALISTE, seule.

Ah! que sur notre cœur
La sévère loi de l'honneur
Prend un cruel empire!
Je ne fais voir que rigueurs pour Tyrcis;
Et cependant, sensible à ses cuisants soucis,
De sa langueur en secret je soupire,
Et voudrois bien soulager son martyre.
C'est à vous seuls que je le dis,
Arbres, n'allez pas le redire.
Puisque le ciel a voulu nous former
Avec un cœur qu'Amour peut enflammer,
Quelle rigueur impitoyable
Contre des traits si doux nous force à nous armer?
Et pourquoi, sans être blâmable,
Ne peut-on pas aimer
Ce que l'on trouve aimable?

Hélas! que vous êtes heureux,
Innocents animaux, de vivre sans contrainte,
Et de pouvoir suivre sans crainte
Les doux emportements de vos cœurs amoureux!
Hélas! petits oiseaux, que vous êtes heureux
De ne sentir nulle contrainte,
Et de pouvoir suivre sans crainte
Les doux emportements de vos cœurs amoureux!

Mais le sommeil sur ma paupière
Verse de ses pavots l'agréable fraîcheur :
Donnons-nous à lui tout entière;
Nous n'avons pas de loi sévère
Qui défende à nos sens d'en goûter la douceur.

SCÈNE IV

CALISTE, endormie; TYRCIS, LYCASTE, MÉNANDRE.

TYRCIS.
Vers ma belle ennemie
Portons sans bruit nos pas,
Et ne réveillons pas
Sa rigueur endormie.
TOUS TROIS
Dormez, dormez, beaux yeux, adorables vainqueurs;
Et goûtez le repos que vous ôtez aux cœurs.
Dormez, dormez, beaux yeux.
TYRCIS.
Si le ce, petits oiseaux;
Ve ts, n'agitez nulle chose;
Coulez doucement, ruisseaux
C'est Caliste qui repose.
TOUS TROIS.
Dormez, dormez, beaux yeux, adorables vainqueurs,
Et goûtez le repos que vous ôtez aux cœurs.
Dormez, dormez, beaux yeux.
CALISTE, en se réveillant, à Tyrcis.
Ah! quelle peine extrême!
Suivre partout mes pas!
TYRCIS.
Que voulez-vous qu'on suive, hélas!
Que ce qu'on aime?
CALISTE.
Berger, que voulez-vous?
TYRCIS.
Mourir, belle bergère,
Mourir à vos genoux,
Et finir ma misère.
Puisque en vain à vos pieds on me voit soupirer,
Il y faut expirer.
CALISTE.
Ah! Tyrcis, ôtez-vous : j'ai peur que dans ce jour
La pitié dans mon cœur n'introduise l'amour.
LYCASTE ET MÉNANDRE, l'un après l'autre.
Soit amour, soit pitié,
Il sied bien d'être tendre.
C'est par trop vous défendre;
Bergère, il faut se rendre
A sa longue amitié.
Soit amour, soit pitié,
Il sied bien d'être tendre.
CALISTE, à Tyrcis.
C'est trop, c'est trop de rigueur.
J'ai maltraité votre ardeur,
Chérissant votre personne;
Vengez-vous de mon cœur,

Tyrcis, je vous le donne.
TYRCIS.
O ciel! bergers! Caliste! Ah! je suis hors de moi;
Si l'on meurt de plaisir, je dois perdre la vie.
LYCASTE.
Digne prix de ta foi!
MÉNANDRE.
O sort digne d'envie!

SCÈNE V
DEUX SATYRES, CALISTE, TYRCIS, LYCASTE, MÉNANDRE.

PREMIER SATYRE, à Caliste.
Quoi! tu me fuis, ingrate; et je te vois ici
De ce berger à moi faire une préférence!
SECOND SATYRE.
Quoi! mes soins n'ont rien pu sur ton indifférence,
Et pour ce langoureux ton cœur s'est adouci?
CALISTE.
Le destin le veut ainsi;
Prenez tous deux patience.
PREMIER SATYRE.
Aux amants qu'on pousse à bout
L'amour fait verser des larmes;
Mais ce n'est pas notre goût,
Et la bouteille a des charmes
Qui nous consolent de tout.
SECOND SATYRE.
Notre amour n'a pas toujours
Tout le bonheur qu'il désire;
Mais nous avons un secours,
Et le bon vin nous fait rire
Quand on rit de nos amours.
TOUS.
Champêtres divinités,
Faunes, dryades, sortez
De vos paisibles retraites;
Mêlez vos pas à nos sons,
Et tracez sur les herbettes
L'image de nos chansons

PREMIÈRE ENTRÉE DE BALLET.

En même temps six dryades et six faunes sortent de leurs demeures, et font ensemble une danse agréable, qui, s'ouvrant tout d'un coup, laisse voir un berger et une bergère qui font en musique une petite scène d'un dépit amoureux.

DÉPIT AMOUREUX
CLIMÈNE, PHILINTE.

PHILINTE.
Quand je plaisois à tes yeux,
J'étois content de ma vie,
Et ne voyois roi ni dieux
Dont le sort me fît envie.
CLIMÈNE.
Lorsqu'à toute autre personne
Me préféroit ton ardeur,
J'aurois quitté la couronne
Pour régner dessus ton cœur.
PHILINTE.
Une autre a guéri mon âme
Des feux que j'avois pour toi.
CLIMÈNE.
Un autre a vengé ma flamme
Des foiblesses de ta foi.
PHILINTE.
Chloris, qu'on vante si fort,
M'aime d'une ardeur fidèle;
Si ses yeux vouloient ma mort,
Je mourrois content pour elle.
CLIMÈNE.
Myrtil, si digne d'envie,
Me chérit plus que le jour;
Et moi, je perdrois la vie
Pour lui montrer mon amour.
PHILINTE.
Mais, si d'une douce ardeur
Quelque renaissante trace
Chassoit Chloris de mon cœur,
Pour te remettre en sa place?
CLIMÈNE.
Bien qu'avec pleine tendresse
Myrtil me puisse chérir,
Avec toi, je le confesse,
Je voudrois vivre et mourir [1].
TOUS DEUX ENSEMBLE
Ah! plus que jamais aimons-nous
Et vivons et mourons en des liens si doux.
TOUS LES ACTEURS DE LA PASTORALE.
Amants, que vos querelles
Sont aimables et belles!
Qu'on y voit succéder
De plaisir, de tendresse!
Querellez-vous sans cesse
Pour vous raccommoder.

Amants, que vos querelles
Sont aimables et belles! etc.

SECONDE ENTRÉE DE BALLET.

Les faunes et les dryades recommencent leur danse, que les bergères et bergers musiciens entremêlent de leurs chansons, tandis que trois petites dryades et trois petits faunes font paroître dans l'enfoncement du théâtre tout ce qui se passe sur le devant.

LES BERGERS ET LES BERGÈRES.
Jouissons, jouissons des plaisirs innocents

---

[1] Il n'est pas besoin de rappeler que ce gracieux morceau est une imitation de l'ode d'Horace : *Donec gratus eram tibi*.

Dont les feux de l'amour savent charmer nos sens.
  Des grandeurs qui voudra se soucie ;
  Tous ces honneurs dont on a tant d'envie
  Ont des chagrins qui sont trop cuisants.
Jouissons, jouissons des plaisirs innocents
Dont les feux de l'amour savent charmer nos sens
  En aimant, tout nous plaît dans la vie ;
  Deux cœurs unis de leur sort sont contents :
  Cette ardeur, de plaisirs suivie,
  De tous nos jours fait d'éternels printemps.
Jouissons, jouissons des plaisirs innocents
Dont les feux de l'amour savent charmer nos sens.

ACTE TROISIÈME

SCÈNE I

ARISTIONE, IPHICRATE, TIMOCLÈS, ÉRIPHILE, ANAXARQUE, SOSTRATE, CLITIDAS.

ARISTIONE.

Les mêmes paroles toujours se présentent à dire ; il faut toujours s'écrier : Voilà qui est admirable ! il ne se peut rien de plus beau ! cela passe tout ce qu'on a jamais vu !

TIMOCLÈS.

C'est donner de trop grandes paroles, madame, à de petites bagatelles.

ARISTIONE.

Des bagatelles comme celles-là peuvent occuper agréablement les plus sérieuses personnes. En vérité, ma fille, vous êtes bien obligée à ces princes, et vous ne sauriez assez reconnoître tous les soins qu'ils prennent pour vous.

ÉRIPHILE.

J'en ai, madame, tout le ressentiment qu'il est possible.

ARISTIONE.

Cependant vous les faites longtemps languir sur ce qu'ils attendent de vous. J'ai promis de ne vous point contraindre ; mais leur amour vous presse de vous déclarer et de ne plus traîner en longueur la récompense de leurs services. J'ai chargé Sostrate d'apprendre doucement de vous les sentiments de votre cœur, et je ne sais pas s'il a commencé à s'acquitter de cette commission.

ÉRIPHILE.

Oui, madame ; mais il me semble que je ne puis assez reculer ce choix dont on me presse, et que je ne saurois le faire sans mériter quelque blâme. Je me sens également obligée à l'amour, aux empressements, aux services de ces deux princes ; et je trouve une espèce d'injustice bien grande à me montrer ingrate, ou vers l'un ou vers l'autre, par le refus qu'il m'en faudra faire dans la préférence de son rival.

IPHICRATE.

Cela s'appelle, madame, un fort honnête compliment pour nous refuser tous deux.

ARISTIONE.

Ce scrupule, ma fille, ne doit point vous inquiéter ; et ces princes tous deux se sont soumis, il y a longtemps, à la préférence que pourra faire votre inclination.

ÉRIPHILE.

L'inclination, madame, est fort sujette à se tromper ; et des yeux désintéressés sont beaucoup plus capables de faire un juste choix.

ARISTIONE.

Vous savez que je suis engagée de parole à ne rien prononcer là-dessus ; et, parmi ces deux princes, votre inclination ne peut point se tromper et faire un choix qui soit mauvais.

ÉRIPHILE.

Pour ne point violenter votre parole ni mon scrupule, agréez, madame, un moyen que j'ose proposer.

ARISTIONE.

Quoi, ma fille ?

ÉRIPHILE.

Que Sostrate décide de cette préférence. Vous l'avez pris pour découvrir le secret de mon cœur ; souffrez que je le prenne pour me tirer de l'embarras où je me trouve.

ARISTIONE.

J'estime tant Sostrate, que, soit que vous vouliez vous servir de lui pour expliquer vos sentiments, ou soit que vous vous en remettiez absolument à sa conduite ; je fais, dis-je, tant d'estime de sa vertu et de son jugement, que je consens de tout mon cœur à la proposition que vous me faites.

IPHICRATE.

C'est-à-dire, madame, qu'il nous faut faire notre cour à Sostrate ?

SOSTRATE.

Non, seigneur, vous n'aurez point de cour à me faire ; et, avec tout le respect que je dois aux princesses, je renonce à la gloire où elles veulent m'élever.

ARISTIONE.

D'où vient cela, Sostrate ?

SOSTRATE.

J'ai des raisons, madame, qui ne permettent pas que je reçoive l'honneur que vous me présentez.

IPHICRATE.

Craignez-vous, Sostrate, de vous faire un ennemi ?

SOSTRATE.

Je craindrois peu, seigneur, les ennemis que je pourrois me faire en obéissant à mes souveraines.

TIMOCLÈS.

Par quelle raison donc refusez-vous d'accepter le pouvoir qu'on vous donne et de vous acquérir l'amitié d'un prince qui vous devroit tout son bonheur ?

SOSTRATE.

Par la raison que je ne suis pas en état d'accorder à ce prince ce qu'il souhaiteroit de moi.

IPHICRATE.

Quelle pourroit être cette raison ?

SOSTRATE.

Pourquoi me tant presser là-dessus ? Peut-être ai-je, seigneur, quelque intérêt secret qui s'oppose aux prétentions de votre amour. Peut-être ai-je un ami qui brûle, sans oser le dire, d'une flamme respectueuse pour les charmes divins dont vous êtes épris. Peut-être cet ami me fait-il tous les jours confidence de son martyre, qu'il se plaint à moi tous les jours des rigueurs de sa destinée, et regarde l'hymen de la princesse ainsi que l'arrêt redoutable qui le doit pousser au tombeau; et, si cela étoit, seigneur, seroit-il raisonnable que ce fût de ma main qu'il reçût le coup de sa mort?

IPHICRATE.

Vous auriez bien la mine, Sostrate, d'être vous-même cet ami dont vous prenez les intérêts.

SOSTRATE.

Ne cherchez point, de grâce, à me rendre odieux aux personnes qui vous écoutent. Je sais me connoître, seigneur; et les malheureux comme moi n'ignorent pas jusqu'où leur fortune leur permet d'aspirer.

ARISTIONE.

Laissons cela; nous trouverons moyen de terminer l'irrésolution de ma fille.

ANAXARQUE.

En est-il un meilleur, madame, pour terminer les choses au contentement de tout le monde, que les lumières que le ciel peut donner sur ce mariage? J'ai commencé, comme je vous ai dit, à jeter pour cela les figures mystérieuses que notre art nous enseigne; et j'espère vous faire voir tantôt ce que l'avenir garde à cette union souhaitée. Après cela, pourra-t-on balancer encore? La gloire et les prospérités que le ciel promettra ou à l'un ou à l'autre choix ne seront-elles pas suffisantes pour le déterminer; et celui qui sera exclu pourra-t-il s'offenser, quand ce sera le ciel qui décidera cette préférence?

IPHICRATE.

Pour moi, je m'y soumets entièrement; et je déclare que cette voie me semble la plus raisonnable.

TIMOCLÈS.

Je suis de même avis, et le ciel ne sauroit rien faire où je ne souscrive sans répugnance.

ÉRIPHILE.

Mais, seigneur Anaxarque, voyez-vous si clair dans les destinées, que vous ne vous trompiez jamais? et ces prospérités et cette gloire que vous dites que le ciel nous promet, qui en sera caution, je vous prie?

ARISTIONE.

Ma fille, vous avez une petite incrédulité qui ne vous quitte point.

ANAXARQUE.

Les épreuves, madame, que tout le monde a vues de l'infaillibilité de mes prédictions sont les cautions suffisantes des promesses que je puis faire. Mais enfin, quand je vous aurai fait voir ce que le ciel vous marque, vous vous réglerez là-dessus à votre fantaisie; et ce sera à vous à prendre la fortune de l'un ou de l'autre choix.

ÉRIPHILE.

Le ciel, Anaxarque, me marquera les deux fortunes qui m'attendent?

ANAXARQUE.

Oui, madame ; les félicités qui vous suivront, si vous épousez l'un; et les disgrâces qui vous accompagneront, si vous épousez l'autre.

ÉRIPHILE.

Mais, comme il est impossible que je les épouse tous deux, il faut donc qu'on trouve écrit dans le ciel non-seulement ce qui doit arriver, mais aussi ce qui ne doit pas arriver.

CLITIDAS, à part.

Voilà mon astrologue embarrassé.

ANAXARQUE.

Il faudroit vous faire, madame, une longue discussion des principes de l'astrologie, pour vous faire comprendre cela.

CLITIDAS.

Bien répondu. Madame, je ne dis point de mal de l'astrologie : l'astrologie est une belle chose, et le seigneur Anaxarque est un grand homme.

IPHICRATE.

La vérité de l'astrologie est une chose incontestable, et il n'y a personne qui puisse disputer contre la certitude de ses prédictio s.

CLITIDAS.

Assurément.

TIMOCLÈS.

Je suis assez incrédule pour quantité de choses; mais pour ce qui est de l'astrologie, il n'y a rien de plus sûr et de plus co stant que le succès des horoscopes qu'elle tire.

CLITIDAS.

Ce sont des choses les plus claires du monde.

IPHICRATE.

Cent aventures prédites arrivent tous les jours, qui convainquent les plus opiniâtres.

CLITIDAS.

Il est vrai.

TIMOCLÈS.

Peut-on contester, sur cette matière, les incidents célèbres dont les histoires nous font foi?

CLITIDAS.

Il faut n'avoir pas le sens commun. Le moyen de contester ce qui est moulé?

ARISTIONE.

Sostrate n'en dit mot. Quel est son sentiment là-dessus?

SOSTRATE.

Madame, tous les esprits ne sont pas nés avec les qualités qu'il faut pour la délicatesse de ces belles sciences, qu'on nomme curieuses; et il y en a de si matériels, qu'ils ne peuvent aucunement comprendre ce que d'autres conçoivent le plus facilement du monde. Il n'est rien de plus agréable, madame, que toutes les grandes promesses de ces connoissances sublimes. Transformer tout en or; faire vivre éternellement; guérir par des paroles; se faire aimer de qui l'on veut; savoir tous les secrets de l'avenir; faire descendre comme on veut du ciel, sur des métaux, des impressions de bonheur; commander aux démons; se faire des armées invisibles et des soldats invulnérables : tout cela est charmant, sans doute, et il y a des gens qui n'ont aucune peine à en comprendre la possibilité, cela leur est le plus aisé du monde à concevoir. Mais, pour moi, je vous avoue que mon esprit grossier a quelque peine à le comprendre et à le croire, et j'ai toujours trouvé cela trop beau pour être véritable. Toutes ces belles raisons de sympathie, de force magnétique et de vertu occulte, sont si subtiles et délicates, qu'elles échappent à mon sens matériel; et, sans parler du reste, jamais il n'a été en ma puissance de concevoir comme on trouve écrit dans le ciel jusqu'aux plus petites particularités de la fortune du moindre homme. Quel rapport, quel commerce, quelle correspondance peut-il y avoir entre nous et des globes éloignés de notre terre d'une distance si effroyable? et d'où cette belle science, enfin, peut-elle être venue aux hommes? Quel dieu l'a révélée? ou quelle expérience l'a pu former de l'observation de ce grand nombre d'astres qu'on n'a pu voir encore deux fois dans la même disposition?

ANAXARQUE.

Il ne sera pas difficile de vous le faire concevoir.

SOSTRATE.

Vous serez plus habile que tous les autres.

CLITIDAS, à Sostrate.

Il vous fera une discussion de tout cela, quand vous voudrez.

IPHICRATE, à Sostrate.

Si vous ne comprenez pas les choses, au moins les pouvez-vous croire sur ce que l'on voit tous les jours.

SOSTRATE.

Comme mon sens est si grossier, qu'il n'a pu rien comprendre, mes yeux aussi sont si malheureux, qu'ils n'ont jamais rien vu.

IPHICRATE.

Pour moi, j'ai vu, et des choses tout à fait convaincantes.

TIMOCLÈS.

Et moi aussi.

SOSTRATE.

Comme vous avez vu, vous faites bien de croire; et il faut que vos yeux soient faits autrement que les miens.

IPHICRATE.

Mais enfin la princesse croit à l'astrologie; et il me semble qu'on y peut bien croire après elle. Est-ce que madame, Sostrate, n'a pas de l'esprit et du sens?

SOSTRATE.

Seigneur, la question est un peu violente. L'esprit de la princesse n'est pas une règle pour le mien; et son intelligence peut l'élever à des lumières où mon sens ne peut pas atteindre.

ARISTIONE.

Non, Sostrate, je ne vous dirai rien sur quantité de choses auxquelles je ne donne guère plus de créance que vous; mais, pour l'astrologie, on m'a dit et fait voir des choses si positives, que je ne la puis mettre en doute.

SOSTRATE.

Madame, je n'ai rien à répondre à cela.

ARISTIONE.

Quittons ce discours, et qu'on nous laisse un moment. Dressons notre promenade, ma fille, vers cette belle grotte où j'ai promis d'aller. Des galanteries à chaque pas!

QUATRIÈME INTERMÈDE

Le théâtre représente une grotte où les princesses vont se promener; et, dans le temps qu'elles y entrent, huit Statues, portant chacune deux flambeaux à leurs mains, sortent de leurs niches, et font une danse variée de plusieurs figures et de plusieurs belles attitudes, où elles demeurent par intervalles.

ENTRÉE DE BALLET

de huit Statues.

ACTE QUATRIÈME

SCÈNE I

ARISTIONE, ÉRIPHILE.

ARISTIONE.

De qui que cela soit, on ne peut rien de plus galant et de mieux entendu. Ma fille, j'ai voulu me séparer de tout le monde pour vous entretenir; et je veux que vous ne me cachiez rien de la vérité. N'auriez-vous point dans l'âme quelque inclination secrète que vous ne voulez pas nous dire?

ÉRIPHILE.

Moi, madame?

ARISTIONE.

Parlez à cœur ouvert, ma fille. Ce que j'ai fait pour vous mérite bien que vous usiez avec moi de franchise. Tourner vers vous toutes mes pensées, vous préférer à toutes choses, et fermer l'oreille, en l'état où je suis, à toutes les propositions que cent princesses, en ma place, écouteroient avec bienséance : tout cela vous doit assez persuader que je suis une bonne mère et que je ne suis pas pour recevoir avec sévérité les ouvertures que vous pourriez me faire de votre cœur.

ÉRIPHILE.

Si j'avois si mal suivi votre exemple, que de m'être laissée aller à quelques sentiments d'inclination que j'eusse raison de cacher, j'aurois, madame, assez de pouvoir sur moi-même pour imposer silence à cette passion et me mettre en état de ne rien faire voir qui fût indigne de votre sang.

ARISTIONE.

Non, non, ma fille; vous pouvez, sans scrupule, m'ouvrir vos sentiments. Je n'ai point renfermé votre inclination dans le choix de deux princes; vous pouvez l'étendre où vous voudrez; et le mérite, auprès de moi, tient un rang si considérable, que je l'égale à tout; et, si vous m'avouez franchement les choses, vous me verrez souscrire sans répugnance au choix qu'aura fait votre cœur.

ÉRIPHILE.

Vous avez des bontés pour moi, madame, dont je ne puis assez me louer; mais je ne les mettrai point à l'épreuve sur le sujet dont vous me parlez; et tout ce que je leur demande, c'est de ne point presser un mariage où je ne me sens pas encore bien résolue.

ARISTIONE.

Jusqu'ici je vous ai laissée assez maîtresse de tout; et l'impatience des princes vos amants... Mais quel bruit est-ce que j'entends? Ah! ma fille, quel spectacle s'offre à nos yeux! quelque divinité descend ici, et c'est la déesse Vénus qui semble nous vouloir parler.

SCÈNE II

VÉNUS, accompagnée de quatre petits mours dans une machine; ARISTIONE, ÉRIPHILE.

VÉNUS, à Aristione.

Princesse, dans tes soins brille un zèle exemplaire
Qui par les immortels doit être couronné :
Et, pour te voir un gendre illustre et fortuné,
Leur main te veut marquer le choix que tu dois faire.

    Ils t'annoncent tous par ma voix
La gloire et les grandeurs que, par ce digne choix,
Ils feront pour jamais entrer dans ta famille.
De tes difficultés termine donc le cours,
    Et pense à donner ta fille
    A qui sauvera tes jours.

SCÈNE III

ARISTIONE, ÉRIPHILE.

ARISTIONE.

Ma fille, les dieux imposent silence à tous nos raisonnements. Après cela, nous n'avons plus rien à faire qu'à recevoir ce qu'ils s'apprêtent à nous donner; et vous venez d'entendre distinctement leur volonté. Allons dans le premier temple les assurer de notre obéissance et leur rendre grâces de leurs bontés.

SCÈNE IV

ANAXARQUE, CLÉON.

CLÉON.

Voilà la princesse qui s'en va; ne voulez-vous pas lui parler?

ANAXARQUE.

Attendons que sa fille soit séparée d'elle. C'est un esprit que je redoute, et qui n'est pas de trempe à se laisser mener ainsi que celui de sa mère. Enfin, mon fils, comme nous venons de voir par cette ouverture, le stratagème a réussi. Notre Vénus a fait des merveilles, et l'admirable ingénieur qui s'est employé à cet artifice a si bien disposé tout, a coupé avec tant d'adresse le plancher de cette grotte, si bien caché ses fils de fer et tous ses ressorts, si bien ajusté ses lumières et habillé ses personnages, qu'il y a peu de gens qui n'y eussent été trompés; et, comme la princesse Aristione est fort superstitieuse, il ne faut point douter qu'elle ne donne à pleine tête dans cette tromperie. Il y a longtemps, mon fils, que je prépare cette machine, et me voilà tantôt au but de mes prétentions.

CLÉON.

Mais pour lequel des deux princes, au moins, dressez-vous tout cet artifice?

ANAXARQUE.

Tous deux ont recherché mon assistance, et je leur promets à tous deux la faveur de mon art. Mais les présents du prince Iphicrate et les promesses qu'il m'a faites l'emportent de beaucoup sur tout ce qu'a pu faire l'autre. Ainsi ce sera lui qui recevra les effets favorables de tous les ressorts que je fais jouer; et, comme son ambition me devra toute chose, voilà, mon fils, notre fortune faite. Je vais prendre mon temps pour affermir dans son erreur l'esprit de la princesse, pour la mieux prévenir encore par le rapport que je lui ferai voir adroitement des paroles de Vénus avec les prédictions des figures célestes que je lui dis que j'ai jetées. Va-t'en tenir la main au reste de l'ouvrage, préparer nos six hommes à se bien cacher dans leur barque derrière le rocher, à posément attendre le temps que la princesse Aristione vient tous les soirs se promener seule sur le rivage, à se jeter bien à propos sur elle ainsi que des corsaires, et donner lieu au prince Iphicrate de lui apporter ce secours qui, sur les paroles du ciel, doit mettre entre ses mains la princesse Ériphile. Ce prince est averti par moi; et, sur la foi de ma prédiction, il doit se tenir dans ce petit bois qui borde le rivage. Mais sortons de cette grotte; je te dirai, en marchant, toutes les choses qu'il faut bien observer. Voilà la princesse Ériphile : évitons sa rencontre.

SCÈNE V

ÉRIPHILE seule.

Hélas! quelle est ma destinée! et qu'ai-je fait aux dieux pour mériter les soins qu'ils veulent prendre de moi?

SCÈNE VI

ÉRIPHILE, CLÉONICE.

CLÉONICE.

Le voici, madame, que j'ai trouvé; et, à vos premiers ordres, il n'a pas manqué de me suivre.

ÉRIPHILE.

Qu'il approche, Cléonice; et qu'on nous laisse seuls un moment.

SCÈNE VII

ÉRIPHILE, SOSTRATE.

ÉRIPHILE.

Sostrate, vous m'aimez.

SOSTRATE.

Moi, madame?

ÉRIPHILE.

Laissons cela, Sostrate; je le sais, je l'approuve, et vous permets de me le dire. Votre passion a paru à mes yeux accompagnée de tout le mérite qui me la pouvoit rendre agréable. Si ce n'étoit le rang où le ciel m'a fait naître, je puis vous dire que cette passion n'auroit pas été malheureuse, et que cent fois je lui ai souhaité l'appui d'une fortune qui pût mettre pour elle en pleine liberté les secrets sentiments de mon âme. Ce n'est pas, Sostrate, que le mérite seul n'ait à mes yeux tout le prix qu'il doit avoir, et que, dans mon cœur, je ne préfère les vertus qui sont en vous à tous les titres magnifiques dont les autres sont revêtus. Ce n'est pas même que la princesse ma mère ne m'ait assez laissé la disposition de mes vœux; et je ne doute point, je vous l'avoue, que mes prières n'eussent pu tourner son consentement du côté que j'aurois voulu. Mais il est des états, Sostrate, où il n'est pas honnête de vouloir tout ce qu'on peut faire. Il y a des chagrins à se mettre au-dessus de toutes choses : et les bruits fâcheux de la renommée vous font trop acheter le plaisir que l'on trouve à contenter son inclination. C'est à quoi, Sostrate, je ne me serois jamais résolue; et j'ai cru faire assez de fuir l'engagement dont j'étois sollicitée. Mais, enfin, les dieux veulent prendre eux-mêmes le soin de me donner un époux; et tous ces longs délais avec lesquels j'ai reculé mon mariage, et que les bontés de la princesse ma mère ont accordés à mes désirs; ces délais, dis-je, ne me sont plus permis, et il me faut résoudre à subir cet arrêt du ciel. Soyez sûr, Sostrate, que c'est avec toutes les répugnances du monde que je m'abandonne à cet hyménée; et que, si j'avois pu être maîtresse de moi, ou j'aurois été à vous, ou je n'aurois été à personne. Voilà, Sostrate, ce que j'avois à vous dire; voilà ce que j'ai cru devoir à votre mérite, et la consolation que toute ma tendresse peut donner à votre flamme.

SOSTRATE.

Ah! madame, c'en est trop pour un malheureux! Je ne m'étois pas préparé à mourir avec tant de gloire; et je cesse, dans ce moment, de me plaindre des destinées. Si elles m'ont fait naître dans un rang beaucoup moins élevé que mes désirs, elles m'ont fait naître assez heureux pour attirer quelque pitié du cœur d'une grande princesse; et cette pitié glorieuse vaut des sceptres et des couronnes, vaut la fortune des plus grands princes de la terre. Oui, madame, dès que j'ai osé vous aimer (c'est vous, madame, qui voulez bien que je me serve de ce mot téméraire), dès que j'ai, dis-je, osé vous aimer, j'ai condamné d'abord l'orgueil de mes désirs; je me suis fait moi-même la destinée que je devois attendre. Le coup de mon trépas, madame, n'aura rien qui me surprenne, puisque je m'y étois préparé; mais vos bontés le comblent d'un honneur que mon amour jamais n'eût osé espérer; et je m'en vais mourir, après cela, le plus content et le plus glorieux de tous les hommes. Si je puis encore souhaiter quelque chose, ce sont deux grâces, madame, que je prends la hardiesse de vous demander à genoux : de vouloir souffrir ma présence jusqu'à cet heureux hyménée qui doit mettre fin à ma vie; et, parmi cette grande gloire et ces longues prospérités que le ciel promet à votre union, de vous souvenir quelquefois de l'amoureux Sostrate. Puis-je, divine princesse, me promettre de vous cette précieuse faveur?

ÉRIPHILE.

Allez, Sostrate, sortez d'ici. Ce n'est pas aimer mon repos que de me demander que je me souvienne de vous.

SOSTRATE.

Ah! madame, si votre repos...

ÉRIPHILE.

Otez-vous, vous dis-je, Sostrate; épargnez ma foiblesse, et ne m'exposez point à plus que je n'ai résolu.

SCÈNE VIII

ÉRIPHILE, CLÉONICE.

CLÉONICE.

Madame, je vous vois l'esprit tout chagrin : vous plaît-il que vos danseurs, qui expriment si bien toutes les passions, vous donnent maintenant quelque épreuve de leur adresse?

ÉRIPHILE.

Oui, Cléonice : qu'ils fassent tout ce qu'ils voudront, pourvu qu'ils me laissent à mes pensées.

CINQUIÈME INTERMÈDE

Quatre pantomimes, pour épreuve de leur adresse, ajustent leurs gestes et leurs pas aux inquiétudes de la jeune princesse Ériphile.

ENTRÉE DE BALLET

de quatre pantomimes.

ACTE CINQUIÈME

SCÈNE I

ÉRIPHILE, CLITIDAS.

CLITIDAS.

De quel côté porter mes pas? où m'aviserai-je d'aller? et en quel lieu puis-je croire que je trouverai maintenant la princesse Ériphile? Ce n'est pas un petit avantage que d'être le premier à porter une nouvelle. Ah! la voilà! Madame, je vous annonce que le ciel vient de vous donner l'époux qu'il vous destinoit.

ÉRIPHILE.

Eh! laisse-moi, Clitidas, dans ma sombre mélancolie.

CLITIDAS.

Madame, je vous demande pardon. Je pensois faire bien de vous venir dire que le ciel vient de vous donner Sostrate pour époux; mais, puisque cela vous incommode, je rengaine ma nouvelle, et m'en retourne droit comme je suis venu.

ÉRIPHILE.

Clitidas! holà, Clitidas!

CLITIDAS.

Je vous laisse, madame, dans votre sombre mélancolie.

ÉRIPHILE.

Arrête, te dis-je; approche. Que viens-tu me dire?

CLITIDAS.

Rien, madame. On a parfois des empressements de venir dire aux grands de certaines choses dont ils ne se soucient pas, et je vous prie de m'excuser.

ÉRIPHILE.

Que tu es cruel!

CLITIDAS.

Une autre fois j'aurai la discrétion de ne vous pas venir interrompre.

ÉRIPHILE.

Ne me tiens point dans l'inquiétude. Qu'est-ce que tu viens m'annoncer?

CLITIDAS.

C'est une bagatelle de Sostrate, madame, que je vous dirai une autre fois, quand vous ne serez point embarrassée.

ÉRIPHILE.

Ne me fais point languir davantage, te dis-je, et m'apprends cette nouvelle.

CLITIDAS.

Vous la voulez savoir, madame?

ÉRIPHILE.

Oui; dépêche. Qu'as-tu à me dire de Sostrate?

CLITIDAS.

Une aventure merveilleuse, où personne ne s'attendoit.

ÉRIPHILE.

Dis-moi vite ce que c'est.

CLITIDAS.

Cela ne troublera-t-il point, madame, votre sombre mélancolie?

ÉRIPHILE.

Ah! parle promptement.

CLITIDAS.

J'ai donc à vous dire, madame, que la princesse votre mère passoit presque seule dans la forêt, par ces petites routes qui sont si agréables, lorsqu'un sanglier hideux (ces vilains sangliers-là font toujours du désordre, et l'on devroit les bannir des forêts bien policées), lors, dis-je, qu'un sanglier hideux, poussé, je crois, par des chasseurs, est venu traverser la route où nous étions[1]. Je devrois vous faire peut-être, pour orner mon récit, une description étendue du sanglier dont je parle; mais vous en passerez, s'il vous plaît, et je me contenterai de vous dire que c'étoit un fort vilain animal. Il passoit son chemin, et il étoit bon de ne lui rien dire, de ne point chercher de noise avec lui; mais la princesse a voulu essayer sa dextérité, et de son dard, qu'elle lui a lancé un peu mal à propos, ne lui en déplaise, lui a fait au-dessus de l'oreille une assez petite blessure. Le sanglier, mal morigéné, s'est impertinemment détourné contre nous : nous étions là deux ou trois misérables qui avons pâli de frayeur; chacun gagnoit son arbre, et la princesse, sans défense, demeuroit exposée à la furie de la bête, lorsque Sostrate a paru comme si les dieux l'eussent envoyé.

ÉRIPHILE.

Eh bien, Clitidas?

CLITIDAS.

Si mon récit vous ennuie, madame, je remettrai le reste à une autre fois.

ÉRIPHILE.

Achève promptement.

CLITIDAS.

Ma foi, c'est promptement de vrai que j'achèverai; car un peu de poltronnerie m'a empêché de voir tout le détail de ce combat; et tout ce que je puis vous dire, c'est que, retournant sur la place, nous avons vu le sanglier mort, tout vautré dans son sang; et la princesse, pleine de joie, nommant Sostrate son libérateur et l'époux digne et fortuné que les dieux lui marquoient pour vous. A ces paroles, j'ai cru que j'en avois assez entendu; et je me suis hâté de vous en venir, avant tous, apporter la nouvelle.

ÉRIPHILE.

Ah! Clitidas, pouvois-tu m'en donner une qui me pût être plus agréable?

CLITIDAS.

Voilà qu'on vient vous trouver.

SCÈNE II

ARISTIONE, SOSTRATE, ÉRIPHILE, CLITIDAS.

ARISTIONE.

Je vois, ma fille, que vous savez déjà tout ce que nous pourrions vous dire. Vous voyez que les dieux se sont expliqués bien plus tôt que nous n'eussions pensé : mon péril n'a guère tardé à nous marquer leurs volontés, et l'on connoît assez que ce sont eux qui se sont mêlés de ce choix, puisque le mérite tout seul brille dans cette préférence. Aurez-vous quelque répugnance à récompenser de votre cœur celui à qui je dois la vie? et refusez-vous Sostrate pour époux?

ÉRIPHILE.

Et de la main des dieux et de la vôtre, madame, je ne puis rien recevoir qui ne me soit fort agréable.

SOSTRATE.

Ciel! n'est-ce point ici quelque songe tout plein de gloire dont les dieux me veuillent flatter? et quelque ré-

---

[1] Il y a encore ici un petit souvenir de la *Princesse d'Élide*. Dans cette pièce, un sanglier menace aussi les jours de la princesse, et cause une frayeur mortelle à Moron, qui est encore plus poltron que Clitidas. (Auger.)

veil malheureux ne me replongera-t-il point dans la bassesse de ma fortune ?

SCÈNE III
ARISTIONE, ÉRIPHILE, SOSTRATE, CLÉONICE, CLITIDAS.

CLÉONICE.

Madame, je viens vous dire qu'Anaxarque a jusqu'ici abusé l'un et l'autre prince par l'espérance de ce choix qu'ils poursuivent depuis longtemps ; et qu'au bruit qui s'est répandu de votre aventure ils ont fait éclater tous deux leur ressentiment contre lui, jusque-là que, de paroles en paroles, les choses se sont échauffées, et il en a reçu quelques blessures dont on ne sait pas bien ce qui arrivera. Mais les voici.

SCÈNE IV
ARISTIONE, ÉRIPHILE, IPHICRATE, TIMOCLÈS,
SOSTRATE, CLÉONICE, CLITIDAS.

ARISTIONE.

Princes, vous agissez tous deux avec une violence bien grande! et, si Anaxarque a pu vous offenser, j'étois pour vous en faire justice moi-même.

IPHICRATE.

Et quelle justice, madame, auriez-vous pu nous faire de lui, si vous la faites si peu à notre rang dans le choix que vous embrassez ?

ARISTIONE.

Ne vous êtes-vous pas soumis l'un et l'autre à ce que pourroient décider, ou les ordres du ciel, ou l'inclination de ma fille?

TIMOCLÈS.

Oui, madame, nous nous sommes soumis à ce qu'ils pourroient décider entre le prince Iphicrate et moi, mais non pas à nous voir rebutés tous deux.

ARISTIONE.

Et si chacun de vous a bien pu se résoudre à souffrir une préférence, que vous arrive-t-il à tous deux où vous ne soyez préparés? et que peuvent importer à l'un et à l'autre les intérêts de son rival?

IPHICRATE.

Oui, madame, il importe. C'est quelque consolation de se voir préférer un homme qui vous est égal ; et votre aveuglement est une chose épouvantable.

ARISTIONE.

Prince, je ne veux pas me brouiller avec une personne qui m'a fait tant de grâce que de me dire des douceurs ; et je vous prie, avec toute l'honnêteté qu'il m'est possible, de donner à votre chagrin un fondement plus raisonnable ; de vous souvenir, s'il vous plaît, que Sostrate est revêtu d'un mérite qui s'est fait connoître à toute la Grèce, et que le rang où le ciel l'élève aujourd'hui va remplir toute la distance qui étoit entre lui et vous.

IPHICRATE.

Oui, oui, madame, nous nous en souviendrons. Mais peut-être aussi vous souviendrez-vous que deux princes outragés ne sont pas deux ennemis peu redoutables.

TIMOCLÈS.

Peut-être, madame, qu'on ne goûtera pas longtemps la joie du mépris que l'on fait de nous.

ARISTIONE.

Je pardonne toutes ces menaces aux chagrins d'un amour qui se croit offensé ; et nous n'en verrons pas avec moins de tranquillité la fête des jeux Pythiens. Allons-y de ce pas, et couronnons, par ce pompeux spectacle, cette merveilleuse journée.

SIXIÈME INTERMÈDE
QUI EST LA SOLENNITÉ DES JEUX PYTHIENS.

Le théâtre est une grande salle, en manière d'amphithéâtre ouvert d'une grande arcade dans le fond, au-dessus de laquelle est une tribune fermée d'un rideau, et dans l'éloignement paroît un autel pour le sacrifice. Six hommes, habillés comme s'ils étoient presque nus, portant chacun une hache sur l'épaule, comme ministres du sacrifice, entrent par le portique, au son des violons, et sont suivis de deux sacrificateurs musiciens, d'une prêtresse musicienne, et leur suite.

LA PRÊTRESSE.
Chantez, peuples, chantez, en mille et mille lieux,
Du dieu que nous servons les brillantes merveilles ;
   Parcourez la terre et les cieux :
Vous ne sauriez chanter rien de plus précieux,
   Rien de plus doux pour les oreilles.

UNE GRECQUE.
A ce dieu plein de force, à ce dieu plein d'appas,
   Il n'est rien qui résiste.

AUTRE GRECQUE.
   Il n'est rien ici-bas
Qui par ses bienfaits ne subsiste.

AUTRE GRECQUE.
   Toute la terre est triste
   Quand on ne le voit pas.

LE CHŒUR.
   Poussons à sa mémoire
   Des concerts si touchants,
   Que, du haut de sa gloire,
   Il écoute nos chants.

PREMIÈRE ENTRÉE DE BALLET.

Les six hommes portant les haches font entre eux une danse ornée de toutes les attitudes que peuvent exprimer des gens qui étudient leurs forces ; puis ils se retirent aux deux côtés du théâtre, pour faire place à six voltigeurs.

SECONDE ENTRÉE DE BALLET.

Six voltigeurs font paroître, en cadence, leur adresse sur

des chevaux de bois, qui sont apportés par des esclaves.

TROISIÈME ENTRÉE DE BALLET.

Quatre conducteurs d'esclaves amènent, en cadence, douze esclaves, qui dansent en marquant a joie qu'ils ont d'avoir recouvré leur liberté.

QUATRIÈME ENTRÉE DE BALLET.

Quatre hommes et quatre femmes, armés à la grecque, font ensemble une manière de jeu pour les armes.

La tribune s'ouvre. Un héraut, six trompettes et un timbalier, se mêlant à tous les instruments, annoncent, avec un grand bruit, la venue d'Apollon.

LE CHŒUR.
Ouvrons tous nos yeux
A l'éclat suprême
Qui brille en ces lieux.
Quelle grâce extrême!
Quel port glorieux!
Où voit-on des dieux
Qui soient faits de même?

Apollon, au bruit des trompettes et des violons, entre par le portique, précédé de six jeunes gens qui portent des lauriers entrelacés autour d'un bâton, et un soleil d'or au-dessus, avec la devise royale, en manière de trophée. Les six jeunes gens, pour danser avec Apollon, donnent leur trophée à tenir aux six hommes qui portent les haches, et commencent, avec Apollon, une danse héroïque, à laquelle se joignent, en diverses manières, les six hommes portant les trophées, les quatre femmes armées avec leurs timbres, et les quatre hommes armés avec leurs tambours, tandis que les six trompettes, le timbalier, les sacrificateurs, la prêtresse et le chœur de musique accompagnent tout cela, en se mêlant à diverses reprises; ce qui finit la fête des jeux Pythiens et tout le divertissement.

CINQUIÈME ENTRÉE DE BALLET.

APOLLON, et SIX JEUNES GENS de la suite; chœur de musique.

Pour le Roi, représentant le Soleil

Je suis la source des clartés;
Et les astres les plus vantés
Dont le beau cercle m'environne
Ne sont brillants et respectés
Que par l'éclat que je leur donne.

Du char où je me puis asseoir,
Je vois le désir de me voir
Posséder la nature entière:
Et le monde n'a son espoir
Qu'aux seuls bienfaits de ma lumière.

Bienheureuses de toutes parts,
Et pleines d'exquises richesses,
Les terres où de mes regards
J'arrête les douces caresses!

Pour M. LE GRAND, suivant d'Apollon.

Bien qu'auprès du soleil tout autre éclat s'efface,
S'en éloigner pourtant n'est pas ce que l'on veut;
Et vous voyez bien, quoi qu'il fasse,
Que l'on s'en tient toujours le plus près que l'on peut.

Pour le marquis DE VILLEROI, suivant d'Apollon.

De notre maître incomparable
Vous me voyez inséparable;
Et le zèle puissant qui m'attache à ses vœux
Le suit parmi les eaux, le suit parmi les feux

Pour le marquis DE RASSENT, suivant d'Apollon.

Je ne serai pas vain, quand je ne croirai pas
Qu'un autre, mieux que moi, suive partout ses pas.

LE BOURGEOIS GENTILHOMME

COMÉDIE-BALLET EN CINQ ACTES

1ᵉʳ OCTOBRE 1670, A CHAMBORD

PERSONNAGES DE LA COMÉDIE

MONSIEUR JOURDAIN, bourgeois [1].
MADAME JOURDAIN, sa femme [2].
LUCILE, fille de monsieur Jourdain [3].
CLÉONTE, amoureux de Lucile [4].
DORIMÈNE, marquise [5].
DORANTE, comte, amant de Dorimène [6].
NICOLE, servante de monsieur Jourdain [7].
COVIELLE, valet de Cléonte.
UN MAITRE DE MUSIQUE.
UN ÉLÈVE du maitre de musique
UN MAITRE A DANSER.
UN MAITRE D'ARMES [8].
UN MAITRE DE PHILOSOPHIE [9].
UN MAITRE TAILLEUR.
UN GARÇON TAILLEUR.
DEUX LAQUAIS.

DANS LE PREMIER ACTE.

UNE MUSICIENNE.
DEUX MUSICIENS.
DANSEURS.

DANS LE SECOND ACTE.

GARÇONS TAILLEURS dansants.

DANS LE TROISIÈME ACTE.

CUISINIERS dansants.

DANS LE QUATRIÈME ACTE.

CÉRÉMONIE TURQUE.

LE MUFTI.
TURCS assistants du mufti, chantants.
DERVIS chantants.
TURCS dansants.

DANS LE CINQUIÈME ACTE.

BALLET DES NATIONS.

UN DONNEUR DE LIVRES dansant.
IMPORTUNS dansants.
TROUPE DE SPECTATEURS chantants.
PREMIER HOMME du bel air.
SECOND HOMME du bel air.
PREMIÈRE FEMME du bel air.
SECONDE FEMME du bel air.
PREMIER GASCON.
SECOND GASCON.

UN SUISSE.
UN VIEUX BOURGEOIS babillard.
UNE VIEILLE BOURGEOISE babillarde.
ESPAGNOLS chantants.
ESPAGNOLS dansants.
UNE ITALIENNE.
UN ITALIEN.
DEUX SCARAMOUCHES.
DEUX TRIVELINS.
ARLEQUINS.
DEUX POITEVINS chantants et dansants.
POITEVINS et POITEVINES dansants.

La scène est à Paris, dans la maison de monsieur Jourdain.

Acteurs de la troupe de Molière : [1] MOLIÈRE. — [2] HUBERT. — [3] Mademoiselle MOLIÈRE. — [4] LA GRANGE. — [5] Mademoiselle DE BRIE. — [6] LA THORILLIÈRE. — [7] Mademoiselle BEAUVAL. — [8] DE BRIE. — [9] DU CROISY.

ACTE PREMIER

L'ouverture se fait par un grand assemblage d'instruments; et, dans le milieu du théâtre, on voit un élève du maitre de musique qui compose sur une table un air que le bourgeois a demandé pour une sérénade.

SCÈNE I

UN MAITRE DE MUSIQUE, UN MAITRE A DANSER, TROIS MUSICIENS, DEUX VIOLONS, QUATRE DANSEURS.

LE MAÎTRE DE MUSIQUE, aux musiciens.

Venez, entrez dans cette salle, et vous reposez là, en attendant qu'il vienne.

LE MAÎTRE A DANSER, aux danseurs.

Et vous aussi, de ce côté.

LE MAÎTRE DE MUSIQUE, à son élève.

Est-ce fait?

L'ÉLÈVE.

Oui.

LE MAÎTRE DE MUSIQUE.

Voyons... Voilà qui est bien.

LE MAÎTRE A DANSER.

Est-ce quelque chose de nouveau?

LE MAÎTRE DE MUSIQUE.

Oui, c'est un air pour une sérénade, que je lui ai fait composer ici, en attendant que notre homme fût éveillé.

LE MAÎTRE A DANSER.
Peut-on voir ce que c'est?

LE MAÎTRE DE MUSIQUE.
Vous l'allez entendre avec le dialogue, quand il viendra. Il ne tardera guère.

LE MAÎTRE A DANSER.
Nos occupations, à vous et à moi, ne sont pas petites maintenant.

LE MAÎTRE DE MUSIQUE.
Il est vrai. Nous avons trouvé ici un homme comme il nous le faut à tous deux. Ce nous est une douce rente que ce monsieur Jourdain, avec les visions de noblesse et de galanterie qu'il est allé se mettre en tête, et votre danse et ma musique auroient à souhaiter que tout le monde lui ressemblât.

LE MAÎTRE A DANSER.
Non pas entièrement; et je voudrois, pour lui, qu'il se connût mieux qu'il ne fait aux choses que nous lui donnons.

LE MAÎTRE DE MUSIQUE.
Il est vrai qu'il les connoît mal, mais il les paye bien; et c'est de quoi maintenant nos arts ont plus besoin que de toute autre chose.

LE MAÎTRE A DANSER.
Pour moi, je vous l'avoue, je me repais un peu de gloire. Les applaudissements me touchent, et je tiens que, dans tous les beaux-arts, c'est un supplice assez fâcheux que de se produire à des sots, que d'essuyer, sur des compositions, la barbarie d'un stupide. Il y a plaisir, ne m'en parlez point, à travailler pour des personnes qui soient capables de sentir les délicatesses d'un art, qui sachent faire un doux accueil aux beautés d'un ouvrage, et, par de chatouillantes approbations, vous régaler de votre travail[1]. Oui, la récompense la plus agréable qu'on puisse recevoir des choses que l'on fait, c'est de les voir connues, de les voir caressées d'un applaudissement qui vous honore. Il n'y a rien, à mon avis, qui nous paye mieux que cela de toutes nos fatigues; et ce sont des douceurs exquises que des louanges éclairées.

LE MAÎTRE DE MUSIQUE.
J'en demeure d'accord, et je les goûte comme vous. Il n'y a rien assurément qui chatouille davantage que les applaudissements que vous dites; mais cet encens ne fait pas vivre. Des louanges toutes pures ne mettent point un homme à son aise : il y faut mêler du solide; et la meilleure façon de louer, c'est de louer avec les mains. C'est un homme, à la vérité, dont les lumières sont petites, qui parle à tort et à travers de toutes choses et n'applaudit qu'à contre-sens; mais son argent redresse les jugements de son esprit; il a du discernement dans sa bourse; ses louanges sont monnoyées; et ce bourgeois ignorant nous vaut mieux, comme vous voyez, que le grand seigneur éclairé qui nous a introduits ici.

LE MAÎTRE A DANSER.
Il y a quelque chose de vrai dans ce que vous dites; mais je trouve que vous appuyez un peu trop sur l'argent; et l'intérêt est quelque chose de si bas, qu'il ne faut jamais qu'un honnête homme montre pour lui de l'attachement.

LE MAÎTRE DE MUSIQUE.
Vous recevez fort bien pourtant l'argent que notre homme vous donne.

LE MAÎTRE A DANSER.
Assurément; mais je n'en fais pas tout mon bonheur; et je voudrois qu'avec son bien il eût encore quelque bon goût des choses.

LE MAÎTRE DE MUSIQUE.
Je le voudrois aussi; et c'est à quoi nous travaillons tous deux autant que nous pouvons. Mais, en tout cas, il nous donne moyen de nous faire connoître dans le monde; et il payera pour les autres ce que les autres loueront pour lui.

LE MAÎTRE A DANSER.
Le voilà qui vient[1].

SCÈNE II

MONSIEUR JOURDAIN, en robe de chambre et en bonnet de nuit; LE MAITRE DE MUSIQUE, LE MAITRE A DANSER, L'ÉLÈVE du maître de musique, UNE MUSICIENNE DEUX MUSICIENS, DANSEURS, DEUX LAQUAIS.

MONSIEUR JOURDAIN.
Eh bien, messieurs? Qu'est-ce? Me ferez-vous voir votre petite drôlerie?

LE MAÎTRE A DANSER.
Comment? Quelle petite drôlerie?

MONSIEUR JOURDAIN.
Eh! la... Comment appelez-vous cela? Vot e prologue ou dialogue de chansons et de danse?

LE MAÎTRE A DANSER.
Ah! ah!

LE MAÎTRE DE MUSIQUE.
Vous nous y voyez préparés.

MONSIEUR JOURDAIN.
Je vous ai fait un peu attendre; mais c'est que je me fais habiller aujourd'hui comme les gens de qualité; et mon tailleur m'a envoyé des bas de soie que j'ai pensé ne mettre jamais.

LE MAÎTRE DE MUSIQUE.
Nous ne sommes ici que pour attendre votre loisir.

MONSIEUR JOURDAIN.
Je vous prie tous deux de ne vous point en aller qu'on ne m'ait apporté mon habit, afin que vous me puissiez voir.

LE MAÎTRE A DANSER.
Tout ce qu'il vous plaira.

MONSIEUR JOURDAIN.
Vous me verrez équipé comme il faut, depuis les pieds jusqu'à la tête.

---

[1] *Régaler*, récompenser, dédommager. Molière, dans l'*Étourdi*, avait déjà dit : *Pour vous régaler du souci*, etc. (Auger.)

[1] Molière excelle dans toutes ses expositions. Celle-ci est une des meilleures et des plus gaies. Nous connaissons déjà parfaitement le ridicule du principal personnage. (A.)

ACTE I, SCÈNE II.

LE MAÎTRE DE MUSIQUE.
Nous n'en doutons point.

MONSIEUR JOURDAIN.
Je me suis fait faire cette indienne-ci.

LE MAÎTRE A DANSER.
Elle est fort belle.

MONSIEUR JOURDAIN.
Mon tailleur m'a dit que les gens de qualité étoient comme cela le matin.

LE MAÎTRE DE MUSIQUE.
Cela vous sied à merveille.

MONSIEUR JOURDAIN.
Laquais! holà! mes deux laquais!

PREMIER LAQUAIS.
Que voulez-vous, monsieur?

MONSIEUR JOURDAIN.
Rien. C'est pour voir si vous m'entendez bien. (Au maître de musique et au maître de danse.) Que dites-vous de mes livrées?

LE MAÎTRE A DANSER.
Elles sont magnifiques.

MONSIEUR JOURDAIN, entr'ouvrant sa robe, et faisant voir son haut-de-chausses étroit de velours rouge, et sa camisole de velours vert.
Voici encore un petit déshabillé pour faire le matin mes exercices.

LE MAÎTRE DE MUSIQUE.
Il est galant.

MONSIEUR JOURDAIN.
Laquais!

PREMIER LAQUAIS.
Monsieur?

MONSIEUR JOURDAIN.
L'autre laquais!

SECOND LAQUAIS.
Monsieur?

MONSIEUR JOURDAIN, ôtant sa robe de chambre.
Tenez ma robe. (Au maître de musique et au maître à danser.) Me trouvez-vous bien comme cela?

LE MAÎTRE A DANSER.
Fort bien; on ne peut pas mieux.

MONSIEUR JOURDAIN.
Voyons un peu votre affaire.

LE MAÎTRE DE MUSIQUE.
Je voudrois bien auparavant vous faire entendre un air (Montrant son élève.) qu'il vient de composer pour la sérénade que vous m'avez demandée. C'est un de mes écoliers, qui a pour ces sortes de choses un talent admirable.

MONSIEUR JOURDAIN.
Oui, mais il ne falloit pas faire faire cela par un écolier; et vous n'étiez pas trop bon vous-même pour cette besogne-là.

LE MAÎTRE DE MUSIQUE.
Il ne faut pas, monsieur, que le nom d'écolier vous abuse. Ces sortes d'écoliers en savent autant que les plus grands maîtres; et l'air est aussi beau qu'il s'en puisse faire. Écoutez seulement.

MONSIEUR JOURDAIN, à ses laquais.
Donnez-moi ma robe, pour mieux entendre... Attendez, je crois que je serai mieux sans robe. Non, redonnez-la-moi; cela ira mieux.

LA MUSICIENNE.
Je languis nuit et jour et mon mal est extrême
Depuis qu'à vos rigueurs vos beaux yeux m'ont soumis.
Si vous traitez ainsi, belle Iris, qui vous aime,
Hélas! que pourriez-vous faire à vos ennemis?

MONSIEUR JOURDAIN.
Cette chanson me semble un peu lugubre; elle endort, et je voudrois que vous la pussiez un peu ragaillardir par-ci par-là.

LE MAÎTRE DE MUSIQUE.
Il faut, monsieur, que l'air soit accommodé aux paroles.

MONSIEUR JOURDAIN.
On m'en apprit un tout à fait joli, il y a quelque temps. Attendez... la... Comment est-ce qu'il dit?

LE MAÎTRE A DANSER.
Par ma foi, je ne sais.

MONSIEUR JOURDAIN.
Il y a du mouton dedans.

LE MAÎTRE A DANSER.
Du mouton?

MONSIEUR JOURDAIN.
Oui. Ah! (Il chante.)

> Je croyois Jeanneton
> Aussi douce que belle;
> Je croyois Jeanneton
> Plus douce qu'un mouton.
> Hélas! hélas!
> Elle est cent fois, mille fois plus cruelle
> Que n'est le tigre aux bois.

N'est-il pas joli?

LE MAÎTRE DE MUSIQUE.
Le plus joli du monde.

LE MAÎTRE A DANSER.
Et vous le chantez bien.

MONSIEUR JOURDAIN.
C'est sans avoir appris la musique [1].

LE MAÎTRE DE MUSIQUE.
Vous devriez l'apprendre, monsieur, comme vous faites la danse. Ce sont deux arts qui ont une étroite liaison ensemble.

LE MAÎTRE A DANSER.
Et qui ouvrent l'esprit d'un homme aux belles choses.

MONSIEUR JOURDAIN.
Est-ce que les gens de qualité apprennent aussi la musique?

LE MAÎTRE DE MUSIQUE.
Oui, monsieur.

MONSIEUR JOURDAIN.
Je l'apprendrai donc. Mais je ne sais quel temps je

---

[1] Absolument comme les gens de qualité:
Un grand seigneur sait tout sans avoir rien appris,
dit un personnage des *Aïeux chimériques* de Rousseau.

pourrai prendre; car, outre le maître d'armes qui me montre, j'ai arrêté encore un maître de philosophie qui doit commencer ce matin.

LE MAÎTRE DE MUSIQUE.
La philosophie est quelque chose; mais la musique, monsieur, la musique...

LE MAÎTRE A DANSER.
La musique et la danse... La musique et la danse, c'est là tout ce qu'il faut.

LE MAÎTRE DE MUSIQUE.
Il n'y a rien qui soit si utile dans un État que la musique.

LE MAÎTRE A DANSER.
Il n'y a rien qui soit si nécessaire aux hommes que la danse.

LE MAÎTRE DE MUSIQUE.
Sans la musique, un État ne peut subsister.

LE MAÎTRE A DANSER.
Sans la danse, un homme ne sauroit rien faire.

LE MAÎTRE DE MUSIQUE.
Tous les désordres, toutes les guerres qu'on voit dans le monde, n'arrivent que pour n'apprendre pas la musique.

LE MAÎTRE A DANSER.
Tous les malheurs des hommes, tous les revers funestes dont les histoires sont remplies, les bévues des politiques, et les manquements[1] des grands capitaines, tout cela n'est venu que faute de savoir danser.

MONSIEUR JOURDAIN.
Comment cela?

LE MAÎTRE DE MUSIQUE.
La guerre ne vient-elle pas d'un manque d'union entre les hommes?

MONSIEUR JOURDAIN.
Cela est vrai.

LE MAÎTRE DE MUSIQUE.
Et si tous les hommes apprenoient la musique, ne seroit-ce pas le moyen de s'accorder ensemble, et de voir dans le monde la paix universelle?

MONSIEUR JOURDAIN.
Vous avez raison.

LE MAÎTRE A DANSER.
Lorsqu'un homme a commis un manquement dans sa conduite, soit aux affaires de sa famille, ou au gouvernement d'un État, ou au commandement d'une armée, ne dit-on pas toujours : Un tel a fait un mauvais pas dans telle affaire?

MONSIEUR JOURDAIN.
Oui, on dit cela.

LE MAÎTRE A DANSER.
Et faire un mauvais pas peut-il procéder d'autre chose que de ne savoir pas danser?

MONSIEUR JOURDAIN.
Cela est vrai, et vous avez raison tous deux.

LE MAÎTRE A DANSER.
C'est pour vous faire voir l'excellence et l'utilité de la danse et de la musique.

[1] Le mot *manquement* est à peu près tombé en désuétude; mais il est peut-être à regretter. (Auger.)

MONSIEUR JOURDAIN.
Je comprends cela à cette heure.

LE MAÎTRE DE MUSIQUE.
Voulez-vous voir nos deux affaires?

MONSIEUR JOURDAIN.
Oui.

LE MAÎTRE DE MUSIQUE.
Je vous l'ai déjà dit, c'est un petit essai que j'ai fait autrefois des diverses passions que peut exprimer la musique.

MONSIEUR JOURDAIN.
Fort bien.

LE MAÎTRE DE MUSIQUE, aux musiciens.
Allons, avancez. (A monsieur Jourdain.) Il faut vous figurer qu'ils sont habillés en bergers.

MONSIEUR JOURDAIN.
Pourquoi toujours des bergers? On ne voit que cela partout[1].

LE MAÎTRE A DANSER.
Lorsqu'on a des personnes à faire parler en musique, il faut bien que, pour la vraisemblance, on donne dans la bergerie. Le chant a été de tout temps affecté aux bergers; et il n'est guère naturel, en dialogue, que des princes ou des bourgeois chantent leurs passions.

MONSIEUR JOURDAIN.
Passe, passe. Voyons.

DIALOGUE EN MUSIQUE

UNE MUSICIENNE et DEUX MUSICIENS.

LA MUSICIENNE.
Un cœur, dans l'amoureux empire,
De mille soins est toujours agité.
On dit qu'avec plaisir on languit, on soupire;
Mais, quoi qu'on puisse dire,
Il n'est rien de si doux que notre liberté.

PREMIER MUSICIEN.
Il n'est rien de si doux que les tendres ardeurs
Qui font vivre deux cœurs
Dans une même envie;
On ne peut être heureux sans amoureux désirs.
Otez l'amour de la vie,
Vous en ôtez les plaisirs.

SECOND MUSICIEN.
Il seroit doux d'entrer sous l'amoureuse loi,
Si l'on trouvoit en amour de la foi;
Mais, hélas! ô rigueur cruelle!
On ne voit point de bergère fidèle;
Et ce sexe inconstant, trop indigne du jour,
Doit faire pour jamais renoncer à l'amour.

PREMIER MUSICIEN.
Aimable ardeur!

LA MUSICIENNE.
Franchise heureuse!

[1] Depuis le succès du *Pastor fido* en Italie, et de l'*Astrée* en France, on ne voyait plus, en effet, que des bergers sur le théâtre, dans les romans, dans les tableaux, dans les tapisseries, etc. (Auger.)

SECOND MUSICIEN.
Sexe trompeur!
PREMIER MUSICIEN.
Que tu m'es précieuse!
LA MUSICIENNE.
Que tu plais à mon cœur!
SECOND MUSICIEN.
Que tu me fais d'horreur!
PREMIER MUSICIEN.
Ah! quitte, pour aimer, cette haine mortelle!
LA MUSICIENNE.
On peut, on peut te montrer
Une bergère fidèle.
SECOND MUSICIEN.
Hélas! où la rencontrer?
LA MUSICIENNE.
Pour défendre notre gloire,
Je te veux offrir mon cœur.
SECOND MUSICIEN.
Mais, bergère, puis-je croire
Qu'il ne sera point trompeur?
LA MUSICIENNE.
Voyons, par expérience,
Qui des deux aimera mieux.
SECOND MUSICIEN.
Qui manquera de constance,
Le puissent perdre les dieux!
TOUS TROIS ENSEMBLE.
A des ardeurs si belles
Laissons-nous enflammer;
Ah! qu'il est doux d'aimer
Quand deux cœurs sont fidèles!

MONSIEUR JOURDAIN.
Est-ce tout?
LE MAÎTRE DE MUSIQUE.
Oui.
MONSIEUR JOURDAIN.
Je trouve cela bien troussé, et il y a là dedans de petits dictons assez jolis.
LE MAÎTRE A DANSER.
Voici, pour mon affaire, un petit essai des plus beaux mouvements et des plus belles attitudes dont une danse puisse être variée.
MONSIEUR JOURDAIN.
Sont-ce encore des bergers?
LE MAÎTRE A DANSER.
C'est ce qu'il vous plaira. (Aux danseurs.) Allons.

ENTRÉE DE BALLET.

Quatre danseurs exécutent tous les mouvements différents et toutes les sortes de pas que le maître à danser leur commande

ACTE SECOND

SCÈNE I

MONSIEUR JOURDAIN, LE MAITRE DE MUSIQUE, LE MAITRE A DANSER.

MONSIEUR JOURDAIN.
Voilà qui n'est point sot, et ces gens-là se trémoussent bien.
LE MAÎTRE DE MUSIQUE.
Lorsque la danse sera mêlée avec la musique, cela fera plus d'effet encore; et vous verrez quelque chose de galant dans le petit ballet que nous avons ajusté pour vous.
MONSIEUR JOURDAIN.
C'est pour tantôt, au moins; et la personne pour qui j'ai fait faire tout cela me doit faire l'honneur de venir dîner céans.
LE MAÎTRE A DANSER.
Tout est prêt.
LE MAÎTRE DE MUSIQUE.
Au reste, monsieur, ce n'est pas assez; il faut qu'une personne comme vous, qui êtes magnifique et qui avez de l'inclination pour les belles choses, ait un concert de musique chez soi tous les mercredis ou tous les jeudis.
MONSIEUR JOURDAIN.
Est-ce que les gens de qualité en ont?
LE MAÎTRE DE MUSIQUE.
Oui, monsieur.
MONSIEUR JOURDAIN.
J'en aurai donc. Cela sera-t-il beau?
LE MAÎTRE DE MUSIQUE.
Sans doute. Il vous faudra trois voix, un dessus, une haute-contre, et une basse, qui seront accompagnées d'une basse de viole, d'un téorbe, et d'un clavecin pour les basses continues, avec deux dessus de violon pour jouer les ritournelles.
MONSIEUR JOURDAIN.
Il y faudra mettre aussi une trompette marine[1]. La trompette marine est un instrument qui me plaît, et qui est harmonieux.
LE MAÎTRE DE MUSIQUE.
Laissez-nous gouverner les choses.
MONSIEUR JOURDAIN.
Au moins, n'oubliez pas tantôt de m'envoyer des musiciens pour chanter à table.
LE MAÎTRE DE MUSIQUE.
Vous aurez tout ce qu'il vous faut.
MONSIEUR JOURDAIN.
Mais, surtout, que le ballet soit beau.

[1] C'est un instrument à corde, mais à une seule corde, fort grosse et fort longue, qui, montée sur un chevalet tremblotant, rend un son semblable à celui de la trompette. La prédilection de monsieur Jourdain pour cet instrument aigu et ignoble est une preuve de son goût pour la musique. (Auger.)

LE MAÎTRE DE MUSIQUE.

Vous en serez content, et, entre autres choses, de certains menuets que vous y verrez.

MONSIEUR JOURDAIN.

Ah! les menuets sont ma danse, et je veux que vous me les voyiez danser. Allons, mon maître.

LE MAÎTRE A DANSER.

Un chapeau, monsieur, s'il vous plaît. (Monsieur Jourdain va prendre le chapeau de son laquais, et le met par-dessus son bonnet de nuit. Son maître lui prend les mains, et le fait danser sur un air de menuet qu'il chante.) La, la, la, la, la, la; la, la, la, la, la, la; la, la, la, la, la, la; la, la, la, la, la; la, la, la, la, la. En cadence, s'il vous plaît. La, la, la, la, la. La jambe droite, la, la, la. Ne remuez point tant les épaules. La, la, la, la, la, la, la, la, la. Vos deux bras sont estropiés. La, la, la, la, la. Haussez la tête. Tournez la pointe du pied en dehors. La, la, la. Dressez votre corps.

MONSIEUR JOURDAIN.

Hé!

LE MAÎTRE DE MUSIQUE.

Voilà qui est le mieux du monde.

MONSIEUR JOURDAIN.

A propos! apprenez-moi comme il faut faire une révérence pour saluer une marquise; j'en aurai besoin tantôt.

LE MAÎTRE A DANSER.

Une révérence pour saluer une marquise?

MONSIEUR JOURDAIN.

Oui. Une marquise qui s'appelle Dorimène.

LE MAÎTRE A DANSER.

Donnez-moi la main.

MONSIEUR JOURDAIN.

Non. Vous n'avez qu'à faire; je le retiendrai bien.

LE MAÎTRE A DANSER.

Si vous voulez la saluer avec beaucoup de respect, il faut faire d'abord une révérence en arrière, puis marcher vers elle avec trois révérences en avant, et à la dernière vous baisser jusqu'à ses genoux.

MONSIEUR JOURDAIN.

Faites un peu. (Après que le maître à danser a fait trois révérences.) Bon.

SCÈNE II

MONSIEUR JOURDAIN, LE MAITRE DE MUSIQUE, LE MAITRE A DANSER, UN LAQUAIS.

LE LAQUAIS.

Monsieur, voilà votre maître d'armes qui est là.

MONSIEUR JOURDAIN.

Dis-lui qu'il entre ici pour me donner leçon. (Au maître de musique et au maître à danser.) Je veux que vous me voyiez faire.

SCÈNE III

MONSIEUR JOURDAIN, UN MAITRE D'ARMES, LE MAITRE DE MUSIQUE, LE MAITRE A DANSER; UN LAQUAIS, tenant deux fleurets.

LE MAÎTRE D'ARMES, après avoir pris les deux fleurets de la main du laquais, et en avoir présenté un à monsieur Jourdain.

Allons, monsieur, la révérence. Votre corps droit. Un peu penché sur la cuisse gauche. Les jambes point tant écartées. Vos pieds sur une même ligne. Votre poignet à l'opposite de votre hanche. La pointe de votre épée vis-à-vis de votre épaule. Le bras pas tout à fait si tendu. La main gauche à la hauteur de l'œil. L'épaule gauche plus quartée. La tête droite. Le regard assuré. Avancez. Le corps ferme. Touchez-moi l'épée de quarte, et achevez de même. Une, deux. Remettez-vous. Redoublez de pied ferme. Un saut en arrière. Quand vous portez la botte, monsieur, il faut que l'épée parte la première, et que le corps soit bien effacé. Une, deux. Allons, touchez-moi l'épée de tierce, et achevez de même. Avancez. Le corps ferme. Avancez. Partez de là. Une, deux. Remettez-vous. Redoublez. Une, deux. Un saut en arrière. En garde, monsieur, en garde. (Le maître d'armes lui pousse deux ou trois bottes, en lui disant :) En garde!

MONSIEUR JOURDAIN.

Hé!

LE MAÎTRE DE MUSIQUE.

Vous faites des merveilles.

LE MAÎTRE D'ARMES.

Je vous l'ai déjà dit, tout le secret des armes ne consiste qu'en deux choses, à donner et à ne point recevoir; et, comme je vous fis voir l'autre jour par raison démonstrative, il est impossible que vous receviez si vous savez détourner l'épée de votre ennemi de la ligne de votre corps; ce qui ne dépend seulement que d'un petit mouvement du poignet, ou en dedans, ou en dehors.

MONSIEUR JOURDAIN.

De cette façon, donc, un homme, sans avoir du cœur, est sûr de tuer son homme et de n'être point tué?

LE MAÎTRE D'ARMES.

Sans doute; n'en vîtes-vous pas la démonstration?

MONSIEUR JOURDAIN.

Oui.

LE MAÎTRE D'ARMES.

Et c'est en quoi l'on voit de quelle considération nous autres nous devons être dans un État, et combien la science des armes l'emporte hautement sur toutes les autres sciences inutiles, comme la danse, la musique, la...

LE MAÎTRE A DANSER.

Tout beau, monsieur le tireur d'armes; ne parlez de la danse qu'avec respect.

LE MAÎTRE DE MUSIQUE.

Apprenez, je vous prie, à mieux traiter l'excellence de la musique.

LE MAÎTRE D'ARMES.

Vous êtes de plaisantes gens, de vouloir comparer vos sciences à la mienne!

ACTE II, SCÈNE IV

LE MAÎTRE DE MUSIQUE.

Voyez un peu l'homme d'importance!

LE MAÎTRE A DANSER.

Voilà un plaisant animal, avec son plastron!

LE MAÎTRE D'ARMES.

Mon petit maître à danser, je vous ferois danser comme il faut. Et vous, mon petit musicien, je vous ferois chanter de la belle manière.

LE MAÎTRE A DANSER.

Monsieur le batteur de fer, je vous apprendrai votre métier.

MONSIEUR JOURDAIN, au maître à danser.

Êtes-vous fou de l'aller quereller, lui qui entend la tierce et la quarte, et qui sait tuer un homme par raison démonstrative?

LE MAÎTRE A DANSER.

Je me moque de sa raison démonstrative, et de sa tierce et de sa quarte.

MONSIEUR JOURDAIN, au maître à danser.

Tout doux, vous dis-je.

LE MAÎTRE D'ARMES, au maître à danser.

Comment! petit impertinent!...

MONSIEUR JOURDAIN.

Eh! mon maître d'armes!...

LE MAÎTRE A DANSER, au maître d'armes.

Comment! grand cheval de carrosse!...

MONSIEUR JOURDAIN.

Eh! mon maître à danser!

LE MAÎTRE D'ARMES.

Si je me jette sur vous...

MONSIEUR JOURDAIN, au maître d'armes.

Doucement.

LE MAÎTRE A DANSER.

Si je mets sur vous la main...

MONSIEUR JOURDAIN, au maître d'armes.

Tout beau!

LE MAÎTRE D'ARMES.

Je vous étrillerai d'un air...

MONSIEUR JOURDAIN, au maître d'armes.

De grâce!

LE MAÎTRE A DANSER.

Je vous rosserai d'une manière...

MONSIEUR JOURDAIN, au maître à danser.

Je vous prie...

LE MAÎTRE DE MUSIQUE.

Laissez-nous un peu lui apprendre à parler.

MONSIEUR JOURDAIN, au maître de musique.

Mon Dieu! arrêtez-vous!

SCÈNE IV

UN MAÎTRE DE PHILOSOPHIE, MONSIEUR JOURDAIN, LE MAÎTRE DE MUSIQUE, LE MAÎTRE A DANSER, LE MAÎTRE D'ARMES, UN LAQUAIS.

MONSIEUR JOURDAIN.

Holà! monsieur le philosophe, vous arrivez tout à propos avec votre philosophie. Venez un peu mettre la paix entre ces personnes-ci.

LE MAÎTRE DE PHILOSOPHIE.

Qu'est-ce donc? qu'y a-t-il, messieurs?

MONSIEUR JOURDAIN.

Ils se sont mis en colère pour la préférence de leurs professions, jusqu'à se dire des injures et en vouloir venir aux mains.

LE MAÎTRE DE PHILOSOPHIE.

Eh quoi, messieurs! faut-il s'emporter de la sorte? et n'avez-vous point lu le docte traité que Sénèque a composé de la colère? Y a-t-il rien de plus bas et de plus honteux que cette passion, qui fait d'un homme une bête féroce? et la raison ne doit-elle pas être maîtresse de tous nos mouvements?

LE MAÎTRE A DANSER.

Comment, monsieur! il vient nous dire des injures à tous deux, en méprisant la danse, que j'exerce, et la musique, dont il fait profession.

LE MAÎTRE DE PHILOSOPHIE.

Un homme sage est au-dessus de toutes les injures qu'on lui peut dire; et la grande réponse qu'on doit faire aux outrages, c'est la modération et la patience.

LE MAÎTRE D'ARMES.

Ils ont tous deux l'audace de vouloir comparer leurs professions à la mienne!

LE MAÎTRE DE PHILOSOPHIE.

Faut-il que cela vous émeuve? Ce n'est pas de vaine gloire et de condition que les hommes doivent disputer entre eux; et ce qui nous distingue parfaitement les uns des autres, c'est la sagesse et la vertu.

LE MAÎTRE A DANSER.

Je lui soutiens que la danse est une science à laquelle on ne peut faire assez d'honneur.

LE MAÎTRE DE MUSIQUE.

Et moi, que la musique en est une que tous les siècles ont révérée.

LE MAÎTRE D'ARMES.

Et moi, je leur soutiens à tous deux que la science de tirer des armes est la plus belle et la plus nécessaire de toutes les sciences.

LE MAÎTRE DE PHILOSOPHIE.

Et que sera donc la philosophie? Je vous trouve tous trois bien impertinents de parler devant moi avec cette arrogance, et de donner impudemment le nom de science à des choses que l'on ne doit pas même honorer du nom d'art, et qui ne peuvent être comprises que sous le nom de métier misérable de gladiateur, de chanteur, et de baladin!

LE MAÎTRE D'ARMES.

Allez, philosophe de chien!

LE MAÎTRE DE MUSIQUE.

Allez, bélître de pédant!

LE MAÎTRE A DANSER.

Allez, cuistre fieffé!

LE MAÎTRE DE PHILOSOPHIE.

Comment! marauds que vous êtes... (Le philosophe se jette sur eux, et tous trois le chargent de coups.)

MONSIEUR JOURDAIN.
Monsieur le philosophe!
LE MAÎTRE DE PHILOSOPHIE.
Infâmes, coquins, insolents!
MONSIEUR JOURDAIN.
Monsieur le philosophe!
LE MAÎTRE D'ARMES.
La peste de l'animal!
MONSIEUR JOURDAIN.
Messieurs!
LE MAÎTRE DE PHILOSOPHIE.
Impudents!
MONSIEUR JOURDAIN.
Monsieur le philosophe!
LE MAÎTRE A DANSER.
Diantre soit de l'âne bâté!
MONSIEUR JOURDAIN.
Messieurs!
LE MAÎTRE DE PHILOSOPHIE.
Scélérats!
MONSIEUR JOURDAIN.
Monsieur le philosophe!
LE MAÎTRE DE MUSIQUE.
Au diable l'impertinent!
MONSIEUR JOURDAIN.
Messieurs!
LE MAÎTRE DE PHILOSOPHIE.
Fripons, gueux, traîtres, imposteurs!
MONSIEUR JOURDAIN.
Monsieur le philosophe! Messieurs! Monsieur le philosophe! Messieurs! Monsieur le philosophe [1]! (Ils sortent en se battant.)

SCÈNE V

MONSIEUR JOURDAIN, UN LAQUAIS.

MONSIEUR JOURDAIN.
Oh! battez-vous tant qu'il vous plaira : je n'y saurois que faire, et je n'irai pas gâter ma robe pour vous séparer. Je serois bien fou de m'aller fourrer parmi eux, pour recevoir quelque coup qui me feroit mal.

SCÈNE VI

LE MAÎTRE DE PHILOSOPHIE, MONSIEUR JOURDAIN, UN LAQUAIS.

LE MAÎTRE DE PHILOSOPHIE, raccommodant son collet.
Venons à notre leçon.
MONSIEUR JOURDAIN.
Ah! monsieur, je suis fâché des coups qu'ils vous ont donnés.
LE MAÎTRE DE PHILOSOPHIE.
Cela n'est rien. Un philosophe sait recevoir comme il faut les choses [1]; et je vais composer contre eux une satire du style de Juvénal, qui les déchirera de la belle façon. Laissons cela. Que voulez-vous apprendre?
MONSIEUR JOURDAIN.
Tout ce que je pourrai; car j'ai toutes les envies du monde d'être savant; et j'enrage que mon père et ma mère ne m'aient pas fait bien étudier dans toutes les sciences, quand j'étois jeune.
LE MAÎTRE DE PHILOSOPHIE.
Ce sentiment est raisonnable; *nam, sine doctrina, vita est quasi mortis imago.* Vous entendez cela, et vous savez le latin, sans doute?
MONSIEUR JOURDAIN.
Oui; mais faites comme si je ne le savois pas. Expliquez-moi ce que cela veut dire.
LE MAÎTRE DE PHILOSOPHIE.
Cela veut dire que, *sans la science, la vie est presque une image de la mort.*
MONSIEUR JOURDAIN.
Ce latin-là a raison.
LE MAÎTRE DE PHILOSOPHIE.
N'avez-vous point quelques principes, quelques commencements des sciences?
MONSIEUR JOURDAIN.
Oh! oui, je sais lire et écrire.
LE MAÎTRE DE PHILOSOPHIE.
Par où vous plaît-il que nous commencions? Voulez-vous que je vous apprenne la logique?
MONSIEUR JOURDAIN.
Qu'est-ce que c'est que cette logique
LE MAÎTRE DE PHILOSOPHIE.
C'est elle qui enseigne les trois opérations de l'esprit.
MONSIEUR JOURDAIN.
Qui sont-elles, ces trois opérations de l'esprit?
LE MAÎTRE DE PHILOSOPHIE.
La première, la seconde, et la troisième. La première est de bien concevoir, par le moyen des universaux; la seconde, de bien juger, par le moyen des catégories; et la troisième, de bien tirer une conséquence, par le moyen des figures : *Barbara, Celarent, Darii, Ferio, Baralipton* [2].
MONSIEUR JOURDAIN.
Voilà des mots qui sont trop rébarbatifs. Cette logique-là ne me revient point. Apprenons autre chose qui soit plus joli.
LE MAÎTRE DE PHILOSOPHIE.
Voulez-vous apprendre la morale?
MONSIEUR JOURDAIN.
La morale?
LE MAÎTRE DE PHILOSOPHIE.
Oui.
MONSIEUR JOURDAIN.
Qu'est-ce qu'elle dit, cette morale?

---

[1] Il est bien inutile sans doute, il seroit presque ridicule de chercher à faire sentir combien tout cela est comique. (Auger.)

[1] Que cette résignation philosophique est plaisante! et que le mot *choses* est bien trouvé pour signifier les coups de poing ou des coups de bâton! Il en parle comme il parlerait des coups du sort. (A.)
[2] Ces mots servaient à désigner dans les anciennes écoles les différents modes de syllogismes réguliers. (Aimé Martin.)

ACTE II, SCÈNE VI.

LE MAÎTRE DE PHILOSOPHIE.
Elle traite de la félicité, enseigne aux hommes à modérer leurs passions, et...

MONSIEUR JOURDAIN.
Non; laissons cela. Je suis bilieux comme tous les diables, et il n'y a morale qui tienne : je me veux mettre en colère tout mon soûl, quand il m'en prend envie.

LE MAÎTRE DE PHILOSOPHIE.
Est-ce la physique que vous voulez apprendre?

MONSIEUR JOURDAIN.
Qu'est-ce qu'elle chante, cette physique?

LE MAÎTRE DE PHILOSOPHIE.
La physique est celle qui explique les principes des choses naturelles et les propriétés des corps; qui discourt de la nature des éléments, des métaux, des minéraux, des pierres, des plantes et des animaux, et nous enseigne les causes de tous les météores, l'arc-en-ciel, les feux volants, les comètes, les éclairs, le tonnerre, la foudre, la pluie, la neige, la grêle, les vents et les tourbillons.

MONSIEUR JOURDAIN.
Il y a trop de tintamarre là dedans, trop de brouillamini.

LE MAÎTRE DE PHILOSOPHIE.
Que voulez-vous donc que je vous apprenne?

MONSIEUR JOURDAIN.
Apprenez-moi l'orthographe.

LE MAÎTRE DE PHILOSOPHIE.
Très-volontiers.

MONSIEUR JOURDAIN.
Après, vous m'apprendrez l'almanach, pour savoir quand il y a de la lune et quand il n'y en a point.

LE MAÎTRE DE PHILOSOPHIE.
Soit. Pour bien suivre votre pensée, et traiter cette matière en philosophe, il faut commencer, selon l'ordre des choses, par une exacte connoissance de la nature des lettres et de la différente manière de les prononcer toutes. Et là-dessus j'ai à vous dire que les lettres sont divisées en voyelles, ainsi dites voyelles, parce qu'elles expriment les voix; et en consonnes, ainsi appelées consonnes, parce qu'elles sonnent avec les voyelles, et ne font que marquer les diverses articulations des voix. Il y a cinq voyelles, ou voix : A, E, I, O, U.

MONSIEUR JOURDAIN.
J'entends tout cela.

LE MAÎTRE DE PHILOSOPHIE.
La voix A se forme en ouvrant fort la bouche : A.

MONSIEUR JOURDAIN.
A, A. Oui.

LE MAÎTRE DE PHILOSOPHIE.
La voix E se forme en rapprochant la mâchoire d'en bas de celle d'en haut : A, E.

MONSIEUR JOURDAIN.
A, E; A, E. Ma foi, oui. Ah! que cela est beau!

LE MAÎTRE DE PHILOSOPHIE.
Et la voix I, en rapprochant encore davantage les mâchoires l'une de l'autre, et écartant les deux coins de la bouche vers les oreilles : A, E, I.

MONSIEUR JOURDAIN.
A, E, I, I; I, I. Cela est vrai. Vive la science!

LE MAÎTRE DE PHILOSOPHIE.
La voix O se forme en rouvrant les mâchoires, et rapprochant les lèvres par les deux coins, le haut et le bas : O.

MONSIEUR JOURDAIN.
O, O. Il n'y a rien de plus juste : A, E, I, O, I, O. Cela est admirable! I, O; I, O.

LE MAÎTRE DE PHILOSOPHIE.
L'ouverture de la bouche fait justement comme un petit rond qui représente un O.

MONSIEUR JOURDAIN.
O, O, O. Vous avez raison : O. Ah! la belle chose que de savoir quelque chose!

LE MAÎTRE DE PHILOSOPHIE.
La voix U se forme en rapprochant les dents sans les joindre entièrement, et allongeant les deux lèvres en dehors, les approchant aussi l'une de l'autre, sans les joindre tout à fait : U.

MONSIEUR JOURDAIN.
U, U. Il n'y a rien de plus véritable : U.

LE MAÎTRE DE PHILOSOPHIE.
Vos deux lèvres s'allongent comme si vous faisiez la moue : d'où vient que si vous la voulez faire à quelqu'un et vous moquer de lui, vous ne sauriez lui dire que U.

MONSIEUR JOURDAIN.
U, U. Cela est vrai. Ah! que n'ai-je étudié plus tôt, pour savoir tout cela!

LE MAÎTRE DE PHILOSOPHIE.
Demain, nous verrons les autres lettres, qui sont les consonnes.

MONSIEUR JOURDAIN.
Est-ce qu'il y a des choses aussi curieuses qu'à celles-ci?

LE MAÎTRE DE PHILOSOPHIE.
Sans doute. La consonne D, par exemple, se prononce en donnant du bout de la langue au-dessus des dents d'en haut : DA.

MONSIEUR JOURDAIN.
DA, DA. Oui! Ah! les belles choses! les belles choses!

LE MAÎTRE DE PHILOSOPHIE.
L'F, en appuyant les dents d'en haut sur la lèvre de dessous : FA.

MONSIEUR JOURDAIN.
FA, FA. C'est la vérité. Ah! mon père et ma mère, que je vous veux de mal!

LE MAÎTRE DE PHILOSOPHIE.
Et l'R, en portant le bout de la langue jusqu'au haut du palais; de sorte qu'étant frôlée par l'air qui sort avec force, elle lui cède, et revient toujours au même endroit, faisant une manière de tremblement : R, RA.

MONSIEUR JOURDAIN.
R, R, RA; R, R, R, R, R, RA. Cela est vrai. Ah! l'habile homme que vous êtes, et que j'ai perdu de temps! R, R, R, RA.

LE MAÎTRE DE PHILOSOPHIE.
Je vous expliquerai à fond toutes ces curiosités.

MONSIEUR JOURDAIN.

Je vous en prie. Au reste, il faut que je vous fasse une confidence. Je suis amoureux d'une personne de grande qualité, et je souhaiterois que vous m'aidassiez à lui écrire quelque chose dans un petit billet que je veux laisser tomber à ses pieds.

LE MAÎTRE DE PHILOSOPHIE.

Fort bien!

MONSIEUR JOURDAIN.

Cela sera galant, oui.

LE MAÎTRE DE PHILOSOPHIE.

Sans doute. Sont-ce des vers que vous lui voulez écrire?

MONSIEUR JOURDAIN.

Non, non; point de vers.

LE MAÎTRE DE PHILOSOPHIE.

Vous ne voulez que de la prose?

MONSIEUR JOURDAIN.

Non, je ne veux ni prose ni vers.

LE MAÎTRE DE PHILOSOPHIE.

Il faut bien que ce soit l'un ou l'autre.

MONSIEUR JOURDAIN.

Pourquoi?

LE MAÎTRE DE PHILOSOPHIE.

Par la raison, monsieur, qu'il n'y a, pour s'exprimer, que la prose ou les vers.

MONSIEUR JOURDAIN.

Il n'y a que la prose ou les vers?

LE MAÎTRE DE PHILOSOPHIE.

Non, monsieur. Tout ce qui n'est point prose est vers, et tout ce qui n'est point vers est prose.

MONSIEUR JOURDAIN.

Et comme l'on parle, qu'est-ce que c'est donc que cela?

LE MAÎTRE DE PHILOSOPHIE.

De la prose.

MONSIEUR JOURDAIN.

Quoi! quand je dis : Nicole, apportez-moi mes pantoufles, et me donnez mon bonnet de nuit, c'est de la prose?

LE MAÎTRE DE PHILOSOPHIE.

Oui, monsieur.

MONSIEUR JOURDAIN.

Par ma foi, il y a plus de quarante ans que je dis de la prose, sans que j'en susse rien; et je vous suis le plus obligé du monde de m'avoir appris cela. Je voudrois donc lui mettre dans un billet : *Belle marquise, vos beaux yeux me font mourir d'amour;* mais je voudrois que cela fût mis d'une manière galante, que cela fût tourné gentiment.

LE MAÎTRE DE PHILOSOPHIE.

Mettre que les feux de ses yeux réduisent votre cœur en cendres; que vous souffrez nuit et jour pour elle les violences d'un...

MONSIEUR JOURDAIN.

Non, non, non, je ne veux point tout cela. Je ne veux que ce que je vous ai dit : *Belle marquise, vos beaux yeux me font mourir d'amour.*

LE MAÎTRE DE PHILOSOPHIE.

Il faut bien étendre un peu la chose.

MONSIEUR JOURDAIN.

Non, vous dis-je. Je ne veux que ces seules paroles-là dans le billet, mais tournées à la mode, bien arrangées comme il faut. Je vous prie de me dire un peu, pour voir, les diverses manières dont on les peut mettre.

LE MAÎTRE DE PHILOSOPHIE.

On les peut mettre premièrement comme vous avez dit : *Belle marquise, vos beaux yeux me font mourir d'amour.* Ou bien : *D'amour mourir me font, belle marquise, vos beaux yeux.* Ou bien : *Vos yeux beaux d'amour me font, belle marquise, mourir.* Ou bien : *Mourir vos beaux yeux, belle marquise, d'amour me font.* Ou bien : *Me font vos yeux beaux mourir, belle marquise, d'amour.*

MONSIEUR JOURDAIN.

Mais, de toutes ces façons-là, laquelle est la meilleure?

LE MAÎTRE DE PHILOSOPHIE

Celle que vous avez dite : *Belle marquise, vos beaux yeux me font mourir d'amour.*

MONSIEUR JOURDAIN.

Cependant je n'ai point étudié, et j'ai fait cela tout du premier coup. Je vous remercie de tout mon cœur, et vous prie de venir demain de bonne heure.

LE MAÎTRE DE PHILOSOPHIE.

Je n'y manquerai pas.

SCÈNE VII

MONSIEUR JOURDAIN, UN LAQUAIS.

MONSIEUR JOURDAIN, à son laquais.

Comment! mon habit n'est point encore arrivé?

LE LAQUAIS.

Non, monsieur.

MONSIEUR JOURDAIN.

Ce maudit tailleur me fait bien attendre pour un jour où j'ai tant d'affaires! J'enrage! Que la fièvre quartaine puisse serrer bien fort le bourreau de tailleur! au diable le tailleur! la peste étouffe le tailleur! Si je le tenois maintenant, ce tailleur détestable, ce chien de tailleur-là, ce traître de tailleur, je...

SCÈNE VIII

MONSIEUR JOURDAIN, UN MAITRE TAILLEUR; UN GARÇON TAILLEUR, portant l'habit de monsieur Jourdain; UN LAQUAIS.

MONSIEUR JOURDAIN.

Ah! vous voilà! je m'allois mettre en colère contre vous [1].

---

[1] Après la colère furibonde de monsieur Jourdain, quoi de plus comique que cette apostrophe doucereuse? Monsieur Jourdain est impatient comme un parvenu, et timide comme un bourgeois qui ne sait pas encore se faire servir. Il n'y a point de traits d'esprit qui vaillent ces petites passions maniées avec une telle délicatesse. (Aimé Martin.)

LE MAÎTRE TAILLEUR.
Je n'ai pas pu venir plus tôt, et j'ai mis vingt garçons après votre habit.

MONSIEUR JOURDAIN.
Vous m'avez envoyé des bas de soie si étroits, que j'ai eu toutes les peines du monde à les mettre, et il y a déjà deux mailles de rompues.

LE MAÎTRE TAILLEUR.
Ils ne s'élargiront que trop.

MONSIEUR JOURDAIN.
Oui, si je romps toujours des mailles. Vous m'avez aussi fait faire des souliers qui me blessent furieusement.

LE MAÎTRE TAILLEUR.
Point du tout, monsieur.

MONSIEUR JOURDAIN.
Comment! point du tout?

LE MAÎTRE TAILLEUR.
Non, ils ne vous blessent point.

MONSIEUR JOURDAIN.
Je vous dis qu'ils me blessent, moi.

LE MAÎTRE TAILLEUR.
Vous vous imaginez cela.

MONSIEUR JOURDAIN.
Je me l'imagine parce que je le sens. Voyez la belle raison!

LE MAÎTRE TAILLEUR.
Tenez, voilà le plus bel habit de la cour, et le mieux assorti. C'est un chef-d'œuvre que d'avoir inventé un habit sérieux qui ne fût pas noir; et je le donne en six coups aux tailleurs les plus éclairés.

MONSIEUR JOURDAIN.
Qu'est-ce que c'est que ceci? vous avez mis les fleurs en en bas.

LE MAÎTRE TAILLEUR.
Vous ne m'avez pas dit que vous les vouliez en en haut.

MONSIEUR JOURDAIN.
Est-ce qu'il faut dire cela?

LE MAÎTRE TAILLEUR.
Oui, vraiment. Toutes les personnes de qualité les portent de la sorte.

MONSIEUR JOURDAIN.
Les personnes de qualité portent les fleurs en en bas?

LE MAÎTRE TAILLEUR.
Oui, monsieur.

MONSIEUR JOURDAIN.
Oh! voilà qui est donc bien.

LE MAÎTRE TAILLEUR.
Si vous voulez, je les mettrai en en haut.

MONSIEUR JOURDAIN.
Non, non.

LE MAÎTRE TAILLEUR.
Vous n'avez qu'à dire.

MONSIEUR JOURDAIN.
Non, vous dis-je; vous avez bien fait. Croyez-vous que mon habit m'aille bien?

LE MAÎTRE TAILLEUR.
Belle demande! Je défie un peintre, avec son pinceau, de vous faire rien de plus juste. J'ai chez moi un garçon qui, pour monter une ringrave, est le plus grand génie du monde; et un autre qui, pour assembler un pourpoint, est le héros de notre temps.

MONSIEUR JOURDAIN.
La perruque et les plumes sont-elles comme il faut?

LE MAÎTRE TAILLEUR.
Tout est bien.

MONSIEUR JOURDAIN, regardant le maître tailleur.
Ah! ah! monsieur le tailleur, voilà de mon étoffe du dernier habit que vous m'avez fait. Je la reconnois bien.

LE MAÎTRE TAILLEUR.
C'est que l'étoffe me sembla si belle, que j'en ai voulu lever un habit pour moi.

MONSIEUR JOURDAIN.
Oui: mais il ne falloit pas le lever avec le mien.

LE MAÎTRE TAILLEUR.
Voulez-vous mettre votre habit?

MONSIEUR JOURDAIN.
Oui; donnez-le-moi.

LE MAÎTRE TAILLEUR.
Attendez. Cela ne va pas comme cela. J'ai amené des gens pour vous habiller en cadence, et ces sortes d'habits se mettent avec cérémonie. Holà! entrez, vous autres.

SCÈNE IX

MONSIEUR JOURDAIN, LE MAITRE TAILLEUR, LE GARÇON TAILLEUR, GARÇONS TAILLEURS dansants, UN LAQUAIS.

LE MAÎTRE TAILLEUR, a ses garçons.
Mettez cet habit à monsieur, de la manière que vous faites aux personnes de qualité.

PREMIÈRE ENTRÉE DE BALLET.

Les quatre garçons tailleurs dansants s'approchent de monsieur Jourdain. Deux lui arrachent le haut-de-chausses de ses exercices; les deux autres lui ôtent la camisole; après quoi, toujours en cadence, ils lui mettent son habit neuf. Monsieur Jourdain se promène au milieu d'eux, et leur montre son habit pour voir s'il est bien.

GARÇON TAILLEUR.
Mon gentilhomme, donnez, s'il vous plaît, aux garçons quelque chose pour boire.

MONSIEUR JOURDAIN.
Comment m'appelez-vous?

GARÇON TAILLEUR.
Mon gentilhomme.

MONSIEUR JOURDAIN.
Mon gentilhomme! Voilà ce que c'est que de se mettre en personne de qualité! Allez-vous-en demeurer toujours habillé en bourgeois, on ne vous dira point: Mon gentilhomme. (Donnant de l'argent.) Tenez, voilà pour Mon gentilhomme.

GARÇON TAILLEUR.
Monseigneur, nous vous sommes bien obligés.

MONSIEUR JOURDAIN.

Monseigneur! oh! oh! Monseigneur! Attendez, mon ami; Monseigneur mérite quelque chose, et ce n'est pas une petite parole que Monseigneur! Tenez, voilà ce que Monseigneur vous donne.

GARÇON TAILLEUR.

Monseigneur, nous allons boire tous à la santé de Votre Grandeur.

MONSIEUR JOURDAIN.

Votre Grandeur! Oh! oh! oh! Attendez; ne vous en allez pas. A moi, Votre Grandeur! (Bas, à part.) Ma foi, s'il va jusqu'à l'Altesse, il aura toute la bourse. (Haut.) Tenez, voilà pour ma Grandeur.

GARÇON TAILLEUR.

Monseigneur, nous la remercions très-humblement de ses libéralités.

MONSIEUR JOURDAIN.

Il a bien fait, je lui allois tout donner.

SECONDE ENTRÉE DE BALLET.

Les quatre garçons tailleurs se réjouissent, en dansant, de la libéralité de monsieur Jourdain.

ACTE TROISIÈME

SCÈNE I

MONSIEUR JOURDAIN, DEUX LAQUAIS.

MONSIEUR JOURDAIN.

Suivez-moi, que j'aille un peu montrer mon habit par la ville; et surtout ayez soin tous deux de marcher immédiatement sur mes pas, afin qu'on voie bien que vous êtes à moi.

LAQUAIS.

Oui, monsieur.

MONSIEUR JOURDAIN.

Appelez-moi Nicole, que je lui donne quelques ordres. Ne bougez : la voilà.

SCÈNE II

MONSIEUR JOURDAIN, NICOLE, DEUX LAQUAIS.

MONSIEUR JOURDAIN.

Nicole!

NICOLE.

Plaît-il?

MONSIEUR JOURDAIN.

Écoutez.

NICOLE, riant.

Hi, hi, hi, hi, hi [1].

MONSIEUR JOURDAIN.

Qu'as-tu à rire?

NICOLE.

Hi, hi, hi, hi, hi, hi.

MONSIEUR JOURDAIN.

Que veut dire cette coquine-là?

NICOLE.

Hi, hi, hi. Comme vous voilà bâti! Hi, hi, hi.

MONSIEUR JOURDAIN.

Comment donc?

NICOLE.

Ah! ah! mon Dieu! Hi, hi, hi, hi, hi.

MONSIEUR JOURDAIN.

Quelle friponne est-ce là? Te moques-tu de moi?

NICOLE.

Nenni, monsieur; j'en serois bien fâchée. Hi, hi, hi, hi, hi, hi.

MONSIEUR JOURDAIN.

Je te baillerai sur le nez, si tu ris davantage.

NICOLE.

Monsieur, je ne puis pas m'en empêcher. Hi, hi, hi, hi, hi, hi.

MONSIEUR JOURDAIN.

Tu ne t'arrêteras pas?

NICOLE.

Monsieur, je vous demande pardon; mais vous êtes si plaisant, que je ne saurois me tenir de rire. Hi, hi, hi.

MONSIEUR JOURDAIN.

Mais voyez quelle insolence!

NICOLE.

Vous êtes tout à fait drôle comme cela. Hi, hi.

MONSIEUR JOURDAIN.

Je te...

NICOLE.

Je vous prie de m'excuser. Hi, hi, hi, hi.

MONSIEUR JOURDAIN.

Tiens, si tu ris encore le moins du monde, je te jure que je t'appliquerai sur la joue le plus grand soufflet qui se soit jamais donné.

NICOLE.

Eh bien, monsieur, voilà qui est fait : je ne rirai plus.

MONSIEUR JOURDAIN.

Prends-y bien garde. Il faut que, pour tantôt, tu nettoies...

NICOLE.

Hi, hi.

MONSIEUR JOURDAIN.

Que tu nettoies comme il faut...

NICOLE.

Hi, hi.

MONSIEUR JOURDAIN.

Il faut, dis-je, que tu nettoies la salle, et...

---

[1] L'actrice chargée d'abord de ce rôle se nommait Beauval; elle avait un tic qui nuisait à la vérité de son jeu : elle riait toujours. Le roi, frappé de ce défaut, refusa d'abord d'admettre cette actrice dans la troupe de ses comédiens; mais Molière, qui désirait la conserver, composa pour elle le rôle de Nicole, où son tic se trouvait mis en scène d'une manière si heureuse, qu'on pouvait le prendre pour une marque de talent. Le triomphe de mademoiselle Beauval fut complet; car après la pièce le roi dit à Molière : « Je reçois votre actrice. » — Au reste, ce jeu de théâtre est vraiment comique, et produit plus d'effet que n'en pourrait produire ici le dialogue le plus spirituel et le plus piquant. (Aimé Martin.)

ACTE III, SCÈNE III.

NICOLE.

Hi, hi.

MONSIEUR JOURDAIN.

Encore?

NICOLE, tombant à force de rire.

Tenez, monsieur, battez-moi plutôt, et me laissez rire tout mon soûl ; cela me fera plus de bien. Hi, hi, hi, hi, hi.

MONSIEUR JOURDAIN.

J'enrage !

NICOLE.

De grâce, monsieur, je vous prie de me laisser rire. Hi, hi, hi.

MONSIEUR JOURDAIN.

Si je te prends...

NICOLE.

Monsieur, eur, je crèverai, ai, si je ne ris. Hi, hi, hi.

MONSIEUR JOURDAIN.

Mais a-t-on jamais vu une pendarde comme celle-là, qui me vient rire insolemment au nez, au lieu de recevoir mes ordres ?

NICOLE.

Que voulez-vous que je fasse, monsieur ?

MONSIEUR JOURDAIN.

Que tu songes, coquine, à préparer ma maison pour la compagnie qui doit venir tantôt.

NICOLE, se relevant.

Ah ! par ma foi, je n'ai plus envie de rire ; et toutes vos compagnies font tant de désordre céans, que ce mot est assez pour me mettre en mauvaise humeur.

MONSIEUR JOURDAIN.

Ne dois-je point pour toi fermer ma porte à tout le monde ?

NICOLE.

Vous devriez au moins la fermer à certaines gens.

SCÈNE III

MADAME JOURDAIN, MONSIEUR JOURDAIN, NICOLE, DEUX LAQUAIS.

MADAME JOURDAIN.

Ah ! ah ! voici une nouvelle histoire ! Qu'est-ce que c'est donc, mon mari, que cet équipage-là ? Vous moquez-vous du monde, de vous être fait enharnacher de la sorte ? et avez-vous envie qu'on se raille partout de vous ?

MONSIEUR JOURDAIN.

Il n'y a que des sots et des sottes, ma femme, qui se railleront de moi.

MADAME JOURDAIN.

Vraiment, on n'a pas attendu jusqu'à cette heure ; et il y a longtemps que vos façons de faire donnent à rire à tout le monde.

MONSIEUR JOURDAIN.

Qui est donc tout ce monde-là, s'il vous plaît ?

MADAME JOURDAIN.

Tout ce monde-là est un monde qui a raison, et qui est plus sage que vous. Pour moi, je suis scandalisée de la vie que vous menez. Je ne sais plus ce que c'est que notre maison. On diroit qu'il est céans carême-prenant [1] tous les jours ; et dès le matin, de peur d'y manquer, on y entend des vacarmes de violons et de chanteurs dont tout le voisinage se trouve incommodé.

NICOLE.

Madame parle bien. Je ne saurois plus voir mon ménage propre avec cet attirail de gens que vous faites venir chez vous. Ils ont des pieds qui vont chercher de la boue dans tous les quartiers de la ville, pour l'apporter ici ; et la pauvre Françoise est presque sur les dents, à frotter les planchers que vos biaux maîtres viennent crotter régulièrement tous les jours.

MONSIEUR JOURDAIN.

Ouais ! notre servante Nicole, vous avez le caquet bien affilé pour une paysanne !

MADAME JOURDAIN.

Nicole a raison ; et son sens est meilleur que le vôtre. Je voudrois bien savoir ce que vous pensez faire d'un maître à danser, à l'âge que vous avez.

NICOLE.

Et d'un grand maître tireur d'armes, qui vient, avec ses battements de pied, ébranler toute la maison, et nous déraciner tous les carriaux de notre salle.

MONSIEUR JOURDAIN.

Taisez-vous, ma servante et ma femme.

MADAME JOURDAIN.

Est-ce que vous voulez apprendre à danser pour quand vous n'aurez plus de jambes ?

NICOLE.

Est-ce que vous avez envie de tuer quelqu'un ?

MONSIEUR JOURDAIN.

Taisez-vous, vous dis-je : vous êtes des ignorantes, l'une et l'autre ; et vous ne savez pas les prérogatives de tout cela.

MADAME JOURDAIN.

Vous devriez bien plutôt songer à marier votre fille, qui est en âge d'être pourvue.

MONSIEUR JOURDAIN.

Je songerai à marier ma fille quand il se présentera un parti pour elle ; mais je veux songer aussi à apprendre les belles choses.

NICOLE.

J'ai encore ouï dire, madame, qu'il a pris aujourd'hui, pour renfort de potage, un maître de philosophie.

MONSIEUR JOURDAIN.

Fort bien. Je veux avoir de l'esprit, et savoir raisonner des choses parmi les honnêtes gens.

MADAME JOURDAIN.

N'irez-vous point, l'un de ces jours, au collège, vous faire donner le fouet, à votre âge ?

MONSIEUR JOURDAIN.

Pourquoi non ? Plût à Dieu l'avoir tout à l'heure, le fouet, devant tout le monde, et savoir ce qu'on apprend au collège.

---

[1] Mardi gras, qui touche au mercredi des Cendres, jour où prend le carême. (Ch. Louandre.)

NICOLE.

Oui, ma foi, cela vous rendroit la jambe bien mieux faite.

MONSIEUR JOURDAIN.

Sans doute.

MADAME JOURDAIN.

Tout cela est fort nécessaire pour conduire votre maison!

MONSIEUR JOURDAIN.

Assurément. Vous parlez toutes deux comme des bêtes, et j'ai honte de votre ignorance. (A madame Jourdain.) Par exemple, savez-vous, vous, ce que c'est que vous dites à cette heure?

MADAME JOURDAIN.

Oui. Je sais que ce que je dis est fort bien dit, et que vous devriez songer à vivre d'autre sorte.

MONSIEUR JOURDAIN.

Je ne parle pas de cela. Je vous demande ce que c'est que les paroles que vous dites ici.

MADAME JOURDAIN.

Ce sont des paroles bien sensées, et votre conduite ne l'est guère.

MONSIEUR JOURDAIN.

Je ne parle pas de cela, vous dis-je. Je vous demande, ce que je parle avec vous, ce que je vous dis à cette heure, qu'est-ce que c'est?

MADAME JOURDAIN.

Des chansons.

MONSIEUR JOURDAIN.

Eh! non, ce n'est pas cela. Ce que nous disons tous deux, le langage que nous parlons à cette heure?

MADAME JOURDAIN.

Eh bien?

MONSIEUR JOURDAIN.

Comment est-ce que cela s'appelle?

MADAME JOURDAIN.

Cela s'appelle comme on veut l'appeler.

MONSIEUR JOURDAIN.

C'est de la prose, ignorante.

MADAME JOURDAIN.

De la prose?

MONSIEUR JOURDAIN.

Oui, de la prose. Tout ce qui est prose n'est point vers; et tout ce qui n'est point vers est prose. Heu! voilà ce que c'est que d'étudier. (A Nicole.) Et toi, sais-tu bien comme il faut faire pour dire un U?

NICOLE.

Comment?

MONSIEUR JOURDAIN.

Oui. Qu'est-ce que tu fais quand tu dis U?

NICOLE.

Quoi?

MONSIEUR JOURDAIN.

Dis un peu U, pour voir.

NICOLE.

Eh bien, U.

MONSIEUR JOURDAIN.

Qu'est-ce que tu fais?

NICOLE.

Je dis U.

MONSIEUR JOURDAIN.

Oui; mais, quand tu dis U, qu'est-ce que tu fais?

NICOLE.

Je fais ce que vous me dites.

MONSIEUR JOURDAIN.

Oh! l'étrange chose que d'avoir affaire à des bêtes! Tu allonges les lèvres en dehors, et approches la mâchoire d'en haut de celle d'en bas; U, vois-tu? Je fais la moue : U.

NICOLE

Oui, cela est biau!

MADAME JOURDAIN.

Voilà qui est admirable!

MONSIEUR JOURDAIN.

C'est bien autre chose, si vous aviez vu O, et DA, DA, et FA, FA!

MADAME JOURDAIN.

Qu'est-ce que c'est donc que tout ce galimatias-là?

NICOLE.

De quoi est-ce que tout cela guérit?

MONSIEUR JOURDAIN.

J'enrage quand je vois des femmes ignorantes.

MADAME JOURDAIN.

Allez, vous devriez envoyer promener tous ces gens-là, avec leurs faribolles.

NICOLE.

Et surtout ce grand escogriffe de maître d'armes, qui remplit de poudre tout mon ménage.

MONSIEUR JOURDAIN.

Ouais! ce maître d'armes vous tient au cœur! Je te veux faire voir ton impertinence tout à l'heure. (Après avoir fait apporter des fleurets, et en avoir donné un à Nicole.) Tiens, raison démonstrative, la ligne du corps. Quand on pousse en quarte, on n'a qu'à faire cela, et, quand on pousse en tierce, on n'a qu'à faire cela. Voilà le moyen de n'être jamais tué; et cela n'est-il pas beau, d'être assuré de son fait quand on se bat contre quelqu'un? Là, pousse-moi un peu, pour voir.

NICOLE.

Eh bien, quoi! (Nicole pousse plusieurs bottes à monsieur Jourdain.)

MONSIEUR JOURDAIN.

Tout beau! Holà! ho! Doucement. Diantre soit la coquine!

NICOLE.

Vous me dites de pousser.

MONSIEUR JOURDAIN.

Oui; mais tu me pousses en tierce avant que de me pousser en quarte, et tu n'as pas la patience que je pare.

MADAME JOURDAIN.

Vous êtes fou, mon mari, avec toutes vos fantaisies; et cela vous est venu depuis que vous vous mêlez de hanter la noblesse.

MONSIEUR JOURDAIN.

Lorsque je hante la noblesse, je fais paroître mon jugement; et cela est plus beau que de hanter votre bourgeoisie.

ACTE III, SCÈNE IV.

MADAME JOURDAIN.
Çamon¹ vraiment! il y a fort à gagner à fréquenter vos nobles, et vous avez bien opéré avec ce beau monsieur le comte, dont vous vous êtes embéguiné!

MONSIEUR JOURDAIN.
Paix; songez à ce que vous dites. Savez-vous bien, ma femme, que vous ne savez pas de qui vous parlez, quand vous parlez de lui? C'est une personne d'importance plus que vous ne pensez, un seigneur que l'on considère à la cour, et qui parle au roi tout comme je vous parle. N'est-ce pas une chose qui m'est tout à fait honorable, que l'on voie venir chez moi si souvent une personne de cette qualité, qui m'appelle son cher ami, et me traite comme si j'étois son égal? Il a pour moi des bontés qu'on ne devineroit jamais; et, devant tout le monde, il me fait des caresses dont je suis moi-même confus.

MADAME JOURDAIN.
Oui, il a des bontés pour vous, et vous fait des caresses; mais il vous emprunte votre argent.

MONSIEUR JOURDAIN.
Eh bien, ne m'est-ce pas de l'honneur, de prêter de l'argent à un homme de cette condition-là? et puis-je faire moins pour un seigneur qui m'appelle son cher ami?

MADAME JOURDAIN.
Et ce seigneur, que fait-il pour vous?

MONSIEUR JOURDAIN.
Des choses dont on seroit étonné, si on les savoit.

MADAME JOURDAIN.
Et quoi?

MONSIEUR JOURDAIN.
Baste! je ne puis pas m'expliquer. Il suffit que si je lui ai prêté de l'argent, il me le rendra bien, et avant qu'il soit peu.

MADAME JOURDAIN.
Oui. Attendez-vous à cela.

MONSIEUR JOURDAIN.
Assurément. Ne me l'a-t-il pas dit?

MADAME JOURDAIN.
Oui, oui, il ne manquera pas d'y faillir.

MONSIEUR JOURDAIN.
Il m'a juré sa foi de gentilhomme.

MADAME JOURDAIN.
Chansons!

MONSIEUR JOURDAIN.
Ouais! Vous êtes bien obstinée, ma femme! Je vous dis qu'il me tiendra sa parole; j'en suis sûr.

MADAME JOURDAIN.
Et moi, je suis sûre que non, et que toutes les caresses qu'il vous fait ne sont que pour vous enjôler.

MONSIEUR JOURDAIN.
Taisez-vous. Le voici.

MADAME JOURDAIN.
Il ne nous faut plus que cela. Il vient peut-être encore vous faire quelque emprunt; et il me semble que j'ai dîné quand je le vois.

MONSIEUR JOURDAIN.
Taisez-vous, vous dis-je¹!

SCÈNE IV

DORANTE, MONSIEUR JOURDAIN, MADAME JOURDAIN, NICOLE.

DORANTE.
Mon cher ami monsieur Jourdain, comment vous portez-vous?

MONSIEUR JOURDAIN.
Fort bien, monsieur, pour vous rendre mes petits services.

DORANTE.
Et madame Jourdain, que voilà, comment se porte-t-elle?

MADAME JOURDAIN.
Madame Jourdain se porte comme elle peut.

DORANTE.
Comment, monsieur Jourdain, vous voilà le plus propre du monde!

MONSIEUR JOURDAIN.
Vous voyez.

DORANTE.
Vous avez tout à fait bon air avec cet habit; et nous n'avons point de jeunes gens à la cour qui soient mieux faits que vous.

MONSIEUR JOURDAIN
Hai, hai.

MADAME JOURDAIN, à part.
Il le gratte par où il se démange.

DORANTE.
Tournez-vous. Cela est tout à fait galant.

MADAME JOURDAIN, à part.
Oui, aussi sot par derrière que par devant.

DORANTE.
Ma foi, monsieur Jourdain, j'avois une impatience étrange de vous voir. Vous êtes l'homme du monde que j'estime le plus; et je parlois de vous encore, ce matin, dans la chambre du roi.

MONSIEUR JOURDAIN.
Vous me faites beaucoup d'honneur, monsieur. (A madame Jourdain.) Dans la chambre du roi!

DORANTE.
Allons, mettez.

MONSIEUR JOURDAIN.
Monsieur, je sais le respect que je vous dois.

DORANTE.
Mon Dieu! mettez. Point de cérémonie entre nous, je vous prie.

---

¹ C'est mon, ce fuy mon, ce faudra mon, sont façons de parler de harengères, dit Antoine Oudin dans sa grammaire française. Il est probable que çamon est une corruption de c'est mon, qui se disait par abréviation de c'est mon avis. On en trouve un exemple dans Montaigne, liv. II, ch. XXXVII. (Aimé Martin.)

¹ Les deux premiers actes sont épisodiques, et, pour ainsi dire, formés de scènes à tiroir, où ne figurent que des personnages du dehors qui ne doivent plus reparaître. L'action commence avec le troisième acte par l'opposition intérieure, domestique, de madame Jourdain et de Nicole. On ne peut en imaginer une plus naturelle, ni plus propre à mettre en évidence et en jeu les travers du principal personnage. (Auger.)

MONSIEUR JOURDAIN.

Monsieur...

DORANTE.

Mettez, vous dis-je, monsieur Jourdain; vous êtes mon ami.

MONSIEUR JOURDAIN.

Monsieur, je suis votre serviteur.

DORANTE.

Je ne me couvrirai point, si vous ne vous couvrez.

MONSIEUR JOURDAIN, se couvrant.

J'aime mieux être incivil qu'importun.

DORANTE.

Je suis votre débiteur, comme vous le savez.

MADAME JOURDAIN, à part.

Oui : nous ne le savons que trop.

DORANTE.

Vous m'avez généreusement prêté de l'argent en plusieurs occasions, et m'avez obligé de la meilleure grâce du monde, assurément.

MONSIEUR JOURDAIN.

Monsieur, vous vous moquez.

DORANTE.

Mais je sais rendre ce qu'on me prête, et reconnoître les plaisirs qu'on me fait.

MONSIEUR JOURDAIN.

Je n'en doute point, monsieur.

DORANTE.

Je veux sortir d'affaire avec vous; et je viens ici pour faire nos comptes ensemble.

MONSIEUR JOURDAIN, bas, à madame Jourdain.

Eh bien, vous voyez votre impertinence, ma femme.

DORANTE.

Je suis homme qui aime à m'acquitter le plus tôt que je puis.

MONSIEUR JOURDAIN, bas, à madame Jourdain.

Je vous le disois bien.

DORANTE.

Voyons un peu ce que je vous dois.

MONSIEUR JOURDAIN, bas, à madame Jourdain.

Vous voilà, avec vos soupçons ridicules.

DORANTE.

Vous souvenez-vous bien de tout l'argent que vous m'avez prêté?

MONSIEUR JOURDAIN.

Je crois que oui. J'en ai fait un petit mémoire. Le voici. Donné à vous une fois deux cents louis.

DORANTE.

Cela est vrai.

MONSIEUR JOURDAIN.

Une autre fois six vingts.

DORANTE.

Oui.

MONSIEUR JOURDAIN.

Et une autre fois cent quarante.

DORANTE.

Vous avez raison.

MONSIEUR JOURDAIN.

Ces trois articles font quatre cent soixante louis, qui valent cinq mille soixante livres.

DORANTE.

Le compte est fort bon. Cinq mille soixante livres.

MONSIEUR JOURDAIN.

Mille huit cent trente-deux livres à votre plumassier.

DORANTE.

Justement.

MONSIEUR JOURDAIN.

Deux mille sept cent quatre-vingts livres à votre tailleur.

DORANTE.

Il est vrai.

MONSIEUR JOURDAIN.

Quatre mille trois cent septante-neuf livres douze sous huit deniers à votre marchand.

DORANTE.

Fort bien. Douze sous huit deniers; le compte est juste.

MONSIEUR JOURDAIN.

Et mille sept cent quarante-huit livres sept sous quatre deniers à votre sellier.

DORANTE.

Tout cela est véritable. Qu'est-ce que cela fait?

MONSIEUR JOURDAIN.

Somme totale, quinze mille huit cents livres.

DORANTE.

Somme totale est juste. Quinze mille huit cents livres. Mettez encore deux cents pistoles que vous m'allez donner : cela fera justement dix-huit mille francs, que je vous payerai au premier jour.

MADAME JOURDAIN, bas, à monsieur Jourdain.

Eh bien, ne l'avois-je pas bien deviné?

MONSIEUR JOURDAIN, bas, à madame Jourdain.

Paix!

DORANTE.

Cela vous incommodera-t-il, de me donner ce que je vous dis?

MONSIEUR JOURDAIN.

Eh! non.

MADAME JOURDAIN, bas, à monsieur Jourdain.

Cet homme-là fait de vous une vache à lait.

MONSIEUR JOURDAIN, bas, à madame Jourdain

Taisez-vous!

DORANTE.

Si cela vous incommode, j'en irai chercher ailleurs.

MONSIEUR JOURDAIN.

Non, monsieur.

MADAME JOURDAIN, bas, à monsieur Jourdain.

Il ne sera pas content qu'il ne vous ait ruiné.

MONSIEUR JOURDAIN, bas, à madame Jourdain.

Taisez-vous, vous dis-je!

DORANTE.

Vous n'avez qu'à me dire si cela vous embarrasse.

MONSIEUR JOURDAIN.

Point, monsieur.

MADAME JOURDAIN, bas, à monsieur Jourdain.

C'est un vrai enjôleux.

MONSIEUR JOURDAIN, bas, à madame Jourdain.
Taisez-vous donc!

MADAME JOURDAIN, bas, à monsieur Jourdain.
Il vous sucera jusqu'au dernier sou.

MONSIEUR JOURDAIN, bas, à madame Jourdain.
Vous tairez-vous?

DORANTE.
J'ai force gens qui m'en prêteroient avec joie; mais, comme vous êtes mon meilleur ami, j'ai cru que je vous ferois tort si j'en demandois à quelque autre.

MONSIEUR JOURDAIN.
C'est trop d'honneur, monsieur, que vous me faites. Je vais quérir votre affaire.

MADAME JOURDAIN, bas, à monsieur Jourdain.
Quoi! vous allez encore lui donner cela?

MONSIEUR JOURDAIN, bas, à madame Jourdain.
Que faire? voulez-vous que je refuse un homme de cette condition-là, qui a parlé de moi ce matin dans la chambre du roi?

MADAME JOURDAIN, bas, à monsieur Jourdain.
Allez, vous êtes une vraie dupe.

SCÈNE V

DORANTE, MADAME JOURDAIN, NICOLE.

DORANTE.
Vous me semblez toute mélancolique. Qu'avez-vous, madame Jourdain?

MADAME JOURDAIN.
J'ai la tête plus grosse que le poing, et si elle n'est pas enflée.

DORANTE.
Mademoiselle votre fille, où est-elle, que je ne la vois point?

MADAME JOURDAIN.
Mademoiselle ma fille est bien où elle est.

DORANTE.
Comment se porte-t-elle?

MADAME JOURDAIN.
Elle se porte sur ses deux jambes.

DORANTE.
Ne voulez-vous point, un de ces jours, venir voir avec elle le ballet et la comédie que l'on fait chez le roi?

MADAME JOURDAIN.
Oui, vraiment! nous avons fort envie de rire, fort envie de rire nous avons.

DORANTE.
Je pense, madame Jourdain, que vous avez eu bien des amants dans votre jeune âge, belle et d'agréable humeur comme vous étiez.

MADAME JOURDAIN.
Tredame! monsieur, est-ce que madame Jourdain est décrépite, et la tête lui grouille-t-elle déjà?

DORANTE.
Ah! ma foi, madame Jourdain, je vous demande pardon! je ne songeois pas que vous êtes jeune; et je rêve le plus souvent. Je vous prie d'excuser mon impertinence.

SCÈNE VI

MONSIEUR JOURDAIN, MADAME JOURDAIN, DORANTE, NICOLE.

MONSIEUR JOURDAIN, à Dorante.
Voilà deux cents louis bien comptés.

DORANTE.
Je vous assure, monsieur Jourdain, que je suis tout à vous, et que je brûle de vous rendre un service à la cour.

MONSIEUR JOURDAIN.
Je vous suis trop obligé.

DORANTE.
Si madame Jourdain veut voir le divertissement royal, je lui ferai donner les meilleures places de la salle.

MADAME JOURDAIN.
Madame Jourdain vous baise les mains.

DORANTE, bas, à monsieur Jourdain.
Notre belle marquise, comme je vous ai mandé par mon billet, viendra tantôt ici pour le ballet et le repas, et je l'ai fait consentir enfin au cadeau que vous lui voulez donner.

MONSIEUR JOURDAIN.
Tirons-nous un peu plus loin, pour cause.

DORANTE.
Il y a huit jours que je ne vous ai vu; et je ne vous ai point mandé de nouvelles du diamant que vous me mîtes entre les mains pour lui en faire présent de votre part; mais c'est que j'ai eu toutes les peines du monde à vaincre son scrupule; et ce n'est que d'aujourd'hui qu'elle s'est résolue à l'accepter.

MONSIEUR JOURDAIN.
Comment l'a-t-elle trouvé?

DORANTE.
Merveilleux; et je me trompe fort, ou la beauté de ce diamant fera pour vous sur son esprit un effet admirable.

MONSIEUR JOURDAIN.
Plût au ciel!

MADAME JOURDAIN, à Nicole.
Quand il est une fois avec lui, il ne peut le quitter.

DORANTE.
Je lui ai fait valoir comme il faut la richesse de ce présent, et la grandeur de votre amour.

MONSIEUR JOURDAIN.
Ce sont, monsieur, des bontés qui m'accablent; et je suis dans une confusion la plus grande du monde, de voir une personne de votre qualité s'abaisser pour moi à ce que vous faites.

DORANTE.
Vous moquez-vous? est-ce qu'entre amis on s'arrête à ces sortes de scrupules? et ne feriez-vous pas pour moi la même chose, si l'occasion s'en offroit?

MONSIEUR JOURDAIN.
Oh! assurément, et de très-grand cœur!

MADAME JOURDAIN, à Nicole.
Que sa présence me pèse sur les épaules!

DORANTE.
Pour moi, je ne regarde rien quand il faut servir un

ami; et, lorsque vous me fîtes confidence de l'ardeur que vous aviez prise pour cette marquise agréable, chez qui j'avois commerce, vous vîtes que d'abord je m'offris de moi-même à servir votre amour.

MONSIEUR JOURDAIN.
Il est vrai. Ce sont des bontés qui me confondent.

MADAME JOURDAIN, à Nicole.
Est-ce qu'il ne s'en ira point?

NICOLE.
Ils se trouvent bien ensemble.

DORANTE.
Vous avez pris le bon biais pour toucher son cœur. Les femmes aiment surtout les dépenses qu'on fait pour elles; et vos fréquentes sérénades, et vos bouquets continuels, ce superbe feu d'artifice qu'elle trouva sur l'eau, le diamant qu'elle a reçu de votre part, et le cadeau que vous lui préparez, tout cela lui parle bien mieux en faveur de votre amour que toutes les paroles que vous auriez pu lui dire vous-même.

MONSIEUR JOURDAIN.
Il n'y a point de dépenses que je ne fisse, si par là je pouvois trouver le chemin de son cœur. Une femme de qualité a pour moi des charmes ravissants; et c'est un honneur que j'achèterois au prix de toutes choses.

MADAME JOURDAIN, bas, à Nicole.
Que peuvent-ils tant dire ensemble? Va-t'en un peu tout doucement prêter l'oreille.

DORANTE.
Ce sera tantôt que vous jouirez à votre aise du plaisir de sa vue; et vos yeux auront tout le temps de se satisfaire.

MONSIEUR JOURDAIN.
Pour être en pleine liberté, j'ai fait en sorte que ma femme ira dîner chez ma sœur, où elle passera toute l'après-dînée.

DORANTE.
Vous avez fait prudemment, et votre femme auroit pu nous embarrasser. J'ai donné pour vous l'ordre qu'il faut au cuisinier, et à toutes les choses qui sont nécessaires pour le ballet. Il est de mon invention; et, pourvu que l'exécution puisse répondre à l'idée, je suis sûr qu'il sera trouvé...

MONSIEUR JOURDAIN, s'apercevant que Nicole écoute, et lui donnant un soufflet.
Ouais! vous êtes bien impertinente! (A Dorante.) Sortons, s'il vous plaît.

SCÈNE VII

MADAME JOURDAIN, NICOLE.

NICOLE.
Ma foi, madame, la curiosité m'a coûté quelque chose; mais je crois qu'il y a quelque anguille sous roche, et ils parlent de quelque affaire où ils ne veulent pas que vous soyez.

MADAME JOURDAIN.
Ce n'est pas d'aujourd'hui, Nicole, que j'ai conçu des soupçons de mon mari. Je suis la plus trompée du monde, ou il y a quelque amour en campagne; et je travaille à découvrir ce que ce peut être. Mais songeons à ma fille. Tu sais l'amour que Cléonte a pour elle : c'est un homme qui me revient; et je veux aider sa recherche, et lui donner Lucile si je puis.

NICOLE.
En vérité, madame, je suis la plus ravie du monde de vous voir dans ces sentiments; car, si le maître vous revient, le valet ne me revient pas moins, et je souhaiterois que notre mariage se pût faire à l'ombre du leur.

MADAME JOURDAIN.
Va-t'en lui en parler de ma part, et lui dire que tout à l'heure il me vienne trouver, pour faire ensemble à mon mari la demande de ma fille.

NICOLE.
J'y cours, madame, avec joie, et je ne pouvois recevoir une commission plus agréable. (Seule.) Je vais, je pense, bien réjouir les gens.

SCÈNE VIII

CLÉONTE, COVIELLE, NICOLE.

NICOLE, à Cléonte.
Ah! vous voilà tout à propos! Je suis une ambassadrice de joie, et je viens...

CLÉONTE.
Retire-toi, perfide, et ne me viens point amuser avec tes traîtresses paroles.

NICOLE.
Est-ce ainsi que vous recevez...

CLÉONTE.
Retire-toi, te dis-je, et va-t'en dire, de ce pas, à ton infidèle maîtresse qu'elle n'abusera de sa vie le trop simple Cléonte.

NICOLE.
Quel vertigo est-ce donc là? Mon pauvre Covielle, dis-moi un peu ce que cela veut dire.

COVIELLE.
Ton pauvre Covielle, petite scélérate! Allons, vite, ôte-toi de mes yeux, vilaine, et me laisse en repos.

NICOLE.
Quoi! tu me viens aussi...

COVIELLE.
Ote-toi de mes yeux, te dis-je, et ne me parle pas de ta vie.

NICOLE, à part.
Ouais! Quelle mouche les a piqués tous deux? Allons de cette belle histoire informer ma maîtresse[1].

---

[1] Ici, Molière se prépare à traiter, pour la troisième fois, une situation qu'on a déjà vue dans le *Dépit amoureux* et dans le *Tartuffe*, celle de la brouillerie et du raccommodement de deux amants. La scène du *Dépit amoureux* est annoncée, amenée exactement comme celle-ci. Marinette, chargée d'un doux message pour Éraste, est reçue de même par le maître et par le valet; et elle dit de même, dans son étonnement: « Quelle mouche le pique? » (Auger.)

SCÈNE IX

CLÉONTE, COVIELLE.

CLÉONTE.

Quoi! traiter un amant de la sorte, et un amant le plus fidèle et le plus passionné de tous les amants!

COVIELLE.

C'est une chose épouvantable que ce qu'on nous a fait à tous deux.

CLÉONTE.

Je fais voir pour une personne toute l'ardeur et toute la tendresse qu'on peut imaginer; je n'aime rien au monde qu'elle, et je n'ai qu'elle dans l'esprit; elle fait tous mes soins, tous mes désirs, toute ma joie; je ne parle que d'elle, je ne pense qu'à elle, je ne fais des songes que d'elle, je ne respire que par elle, mon cœur vit tout en elle; et voilà de tant d'amitié la digne récompense! Je suis deux jours sans la voir, qui sont pour moi deux siècles effroyables : je la rencontre par hasard; mon cœur, à cette vue, se sent tout transporté, ma joie éclate sur mon visage, je vole avec ravissement vers elle, et l'infidèle détourne de moi ses regards, et passe brusquement, comme si de sa vie elle ne m'avoit vu!

COVIELLE.

Je dis les mêmes choses que vous.

CLÉONTE.

Peut-on rien voir d'égal, Covielle, à cette perfidie de l'ingrate Lucile?

COVIELLE.

Et à celle, monsieur, de la pendarde de Nicole?

CLÉONTE.

Après tant de sacrifices ardents, de soupirs et de vœux que j'ai faits à ses charmes!

COVIELLE.

Après tant d'assidus hommages, de soins et de services que je lui ai rendus dans sa cuisine!

CLÉONTE.

Tant de larmes que j'ai versées à ses genoux!

COVIELLE.

Tant de seaux d'eau que j'ai tirés au puits pour elle!

CLÉONTE.

Tant d'ardeur que j'ai fait paroître à la chérir plus que moi-même!

COVIELLE.

Tant de chaleur que j'ai soufferte à tourner la broche à sa place!

CLÉONTE.

Elle me fuit avec mépris!

COVIELLE.

Elle me tourne le dos avec effronterie!

CLÉONTE.

C'est une perfidie digne des plus grands châtiments.

COVIELLE.

C'est une trahison à mériter mille soufflets.

CLÉONTE.

Ne t'avise point, je te prie, de me parler jamais pour elle.

COVIELLE.

Moi, monsieur? Dieu m'en garde!

CLÉONTE.

Ne viens point m'excuser l'action de cette infidèle.

COVIELLE.

N'ayez pas peur.

CLÉONTE.

Non, vois-tu, tous tes discours pour la défendre ne serviront de rien.

COVIELLE.

Qui songe à cela?

CLÉONTE.

Je veux contre elle conserver mon ressentiment, et rompre ensemble tout commerce.

COVIELLE.

J'y consens.

CLÉONTE.

Ce monsieur le comte qui va chez elle lui donne peut-être dans la vue; et son esprit, je le vois bien, se laisse éblouir à la qualité. Mais il me faut, pour mon honneur, prévenir l'éclat de son inconstance. Je veux faire autant de pas qu'elle au changement où je la vois courir, et ne lui laisser pas toute la gloire de me quitter.

COVIELLE.

C'est fort bien dit, et j'entre pour mon compte dans tous vos sentiments.

CLÉONTE.

Donne la main à mon dépit, et soutiens ma résolution contre tous les restes d'amour qui me pourroient parler pour elle. Dis-m'en, je t'en conjure, tout le mal que tu pourras. Fais-moi de sa personne une peinture qui me la rende méprisable, et marque-moi bien, pour m'en dégoûter, tous les défauts que tu peux voir en elle.

COVIELLE.

Elle, monsieur? voilà une belle mijaurée, une pimpesouée[1] bien bâtie, pour vous donner tant d'amour! Je ne lui vois rien que de très-médiocre; et vous trouverez cent personnes qui seront plus dignes de vous. Premièrement, elle a les yeux petits.

CLÉONTE.

Cela est vrai, elle a les yeux petits; mais elle les a pleins de feu, les plus brillants, les plus perçants du monde, les plus touchants qu'on puisse voir.

COVIELLE.

Elle a la bouche grande.

CLÉONTE.

Oui; mais on y voit des grâces qu'on ne voit point aux autres bouches; et cette bouche, en la voyant, inspire des désirs, est la plus attrayante, la plus amoureuse du monde.

COVIELLE.

Pour sa taille, elle n'est pas grande.

CLÉONTE.

Non; mais elle est aisée et bien prise.

COVIELLE.

Elle affecte une nonchalance dans son parler et dans ses actions...

---

[1] *Pimpesouée*, femme prétentieuse et aux manières affectées.

CLÉONTE.
Il est vrai; mais elle a grâce à tout cela; et ses manières sont engageantes, ont je ne sais quel charme à s'insinuer dans les cœurs.

COVIELLE.
Pour de l'esprit...

CLÉONTE.
Ah! elle en a, Covielle, du plus fin, du plus délicat.

COVIELLE.
Sa conversation...

CLÉONTE.
Sa conversation est charmante.

COVIELLE.
Elle est toujours sérieuse.

CLÉONTE.
Veux-tu de ces enjouements épanouis, de ces joies toujours ouvertes? et vois-tu rien de plus impertinent que les femmes qui rient à tout propos?

COVIELLE.
Mais, enfin, elle est capricieuse autant que personne du monde.

CLÉONTE.
Oui, elle est capricieuse, j'en demeure d'accord; mais tout sied bien aux belles, on souffre tout des belles.

COVIELLE.
Puisque cela va comme cela, je vois bien que vous avez envie de l'aimer toujours.

CLÉONTE.
Moi! j'aimerois mieux mourir; et je vais la haïr autant que je l'ai aimée.

COVIELLE.
Le moyen, si vous la trouvez si parfaite?

CLÉONTE.
C'est en quoi ma vengeance sera plus éclatante, en quoi je veux faire mieux voir la force de mon cœur à la haïr, à la quitter, toute belle, toute pleine d'attraits, tout aimable que je la trouve. La voici.

SCÈNE X.

LUCILE, CLÉONTE, COVIELLE, NICOLE.

NICOLE, à Lucile.
Pour moi, j'en ai été toute scandalisée.

LUCILE.
Ce ne peut être, Nicole, que ce que je te dis. Mais le voilà.

CLÉONTE, à Covielle.
Je ne veux pas seulement lui parler.

COVIELLE.
Je veux vous imiter.

LUCILE.
Qu'est-ce donc, Cléonte? qu'avez-vous?

NICOLE.
Qu'as-tu donc, Covielle?

LUCILE.
Quel chagrin vous possède?

NICOLE.
Quelle mauvaise humeur te tient?

LUCILE.
Êtes-vous muet, Cléonte?

NICOLE.
As-tu perdu la parole, Covielle?

CLÉONTE.
Que voilà qui est scélérat!

COVIELLE.
Que cela est Judas!

LUCILE.
Je vois bien que la rencontre de tantôt a troublé votre esprit.

CLÉONTE, à Covielle.
Ah! ah! On voit ce qu'on a fait.

NICOLE.
Notre accueil de ce matin t'a fait prendre la chèvre.

COVIELLE, à Cléonte.
On a deviné l'enclouure.

LUCILE.
N'est-il pas vrai, Cléonte, que c'est là le sujet de votre dépit?

CLÉONTE.
Oui, perfide, ce l'est, puisqu'il faut parler; et j'ai à vous dire que vous ne triompherez pas, comme vous pensez, de votre infidélité; que je veux être le premier à rompre avec vous, et que vous n'aurez pas l'avantage de me chasser. J'aurai de la peine, sans doute, à vaincre l'amour que j'ai pour vous; cela me causera des chagrins, je souffrirai un temps; mais j'en viendrai à bout, et je me percerai plutôt le cœur que d'avoir la foiblesse de retourner à vous.

COVIELLE, à Nicole.
Queussi, queumi[1].

LUCILE.
Voilà bien du bruit pour un rien! Je veux vous dire, Cléonte, le sujet qui m'a fait ce matin éviter votre abord.

CLÉONTE, voulant s'en aller pour éviter Lucile.
Non, je ne veux rien écouter.

NICOLE, à Covielle.
Je te veux apprendre la cause qui nous a fait passer si vite.

COVIELLE, voulant aussi s'en aller pour éviter Nicole.
Je ne veux rien entendre.

LUCILE, suivant Cléonte.
Sachez que ce matin...

CLÉONTE, marchant toujours sans regarder Lucile.
Non, vous dis-je.

NICOLE, suivant Covielle.
Apprends que...

COVIELLE, marchant aussi sans regarder Nicole.
Non, traîtresse!

LUCILE.
Écoutez.

CLÉONTE.
Point d'affaire.

NICOLE.
Laisse-moi dire.

[1] Tout de même, sans aucune différence.

ACTE III, SCÈNE X.

COVIELLE.
Je suis sourd.

LUCILE.
Cléonte!

CLÉONTE.
Non.

NICOLE.
Covielle!

COVIELLE
Point.

LUCILE.
Arrêtez.

CLÉONTE.
Chansons!

NICOLE.
Entends-moi.

COVIELLE.
Bagatelle!

LUCILE.
Un moment.

CLÉONTE.
Point du tout.

NICOLE.
Un peu de patience.

COVIELLE.
Tarare!

LUCILE.
Deux paroles.

CLÉONTE.
Non : c'en est fait.

NICOLE.
Un mot.

COVIELLE.
Plus de commerce.

LUCILE, s'arrêtant.
Eh bien, puisque vous ne voulez pas m'écouter, demeurez dans votre pensée, et faites ce qu'il vous plaira.

NICOLE, s'arrêtant aussi.
Puisque tu fais comme cela, prends-le tout comme tu voudras.

CLÉONTE, se tournant vers Lucile.
Sachons donc le sujet d'un si bel accueil.

LUCILE, s'en allant à son tour pour éviter Cléonte.
Il ne me plaît plus de le dire.

COVIELLE, se tournant vers Nicole.
Apprends-nous un peu cette histoire.

NICOLE, s'en allant aussi pour éviter Covielle.
Je ne veux plus, moi, te l'apprendre.

CLÉONTE, suivant Lucile.
Dites-moi...

LUCILE, marchant toujours sans regarder Cléonte.
Non, je ne veux rien dire.

COVIELLE, suivant Nicole.
Conte-moi...

NICOLE, marchant aussi sans regarder Covielle.
Non, je ne conte rien.

CLÉONTE.
De grâce!

LUCILE.
Non, vous dis-je.

COVIELLE.
Par charité.

NICOLE.
Point d'affaire.

CLÉONTE.
Je vous en prie.

LUCILE.
Laissez-moi.

COVIELLE.
Je t'en conjure.

NICOLE.
Ote-toi de là.

CLÉONTE.
Lucile!

LUCILE.
Non.

COVIELLE.
Nicole!

NICOLE.
Point.

CLÉONTE.
Au nom des dieux!

LUCILE.
Je ne veux pas.

COVIELLE.
Parle-moi.

NICOLE.
Point du tout.

CLÉONTE.
Éclaircissez mes doutes.

LUCILE.
Non : je n'en ferai rien.

COVIELLE.
Guéris-moi l'esprit.

NICOLE.
Non : il ne me plaît pas.

CLÉONTE.
Eh bien, puisque vous vous souciez si peu de me tirer de peine et de vous justifier du traitement indigne que vous avez fait à ma flamme, vous me voyez, ingrate, pour la dernière fois; et je vais, loin de vous, mourir de douleur et d'amour.

COVIELLE, à Nicole.
Et moi, je vais suivre ses pas.

LUCILE, à Cléonte, qui veut sortir.
Cléonte!

NICOLE, à Covielle, qui suit son maître.
Covielle!

CLÉONTE, s'arrêtant.
Eh?

COVIELLE, s'arrêtant aussi.
Plaît-il?

LUCILE.
Où allez-vous?

CLÉONTE.
Où je vous ai dit.

COVIELLE.
Nous allons mourir.
LUCILE.
Vous allez mourir, Cléonte?
CLÉONTE.
Oui, cruelle, puisque vous le voulez.
LUCILE.
Moi! je veux que vous mouriez!
CLÉONTE.
Oui, vous le voulez.
LUCILE.
Qui vous le dit?
CLÉONTE, s'approchant de Lucile.
N'est-ce pas le vouloir, que de ne vouloir pas éclaircir mes soupçons?
LUCILE.
Est-ce ma faute? et, si vous aviez voulu m'écouter, ne vous aurois-je pas dit que l'aventure dont vous vous plaignez a été causée ce matin par la présence d'une vieille tante, qui veut à toute force que la seule approche d'un homme déshonore une fille, qui perpétuellement nous sermonne sur ce chapitre, et nous figure tous les hommes comme des diables qu'il faut fuir?
NICOLE, à Covielle.
Voilà le secret de l'affaire.
CLÉONTE.
Ne me trompez-vous point, Lucile?
COVIELLE, à Nicole.
Ne m'en donnes-tu point à garder?
LUCILE, à Cléonte.
Il n'est rien de plus vrai.
NICOLE, à Covielle.
C'est la chose comme elle est.
COVIELLE, à Cléonte.
Nous rendrons-nous à cela?
CLÉONTE.
Ah! Lucile, qu'avec un mot de votre bouche vous savez apaiser de choses dans mon cœur, et que facilement on se laisse persuader aux personnes qu'on aime!
COVIELLE.
Qu'on est aisément amadoué par ces diantres d'animaux-là!

SCÈNE XI

MADAME JOURDAIN, CLÉONTE, LUCILE, COVIELLE, NICOLE.

MADAME JOURDAIN.
Je suis bien aise de vous voir, Cléonte, et vous voilà tout à propos. Mon mari vient; prenez vite votre temps pour lui demander Lucile en mariage.
CLÉONTE.
Ah! madame, que cette parole m'est douce et qu'elle flatte mes désirs! Pouvois-je recevoir un ordre plus charmant, une faveur plus précieuse?

SCÈNE XII

CLÉONTE, MONSIEUR JOURDAIN, MADAME JOURDAIN, LUCILE, COVIELLE, NICOLE.

CLÉONTE.
Monsieur, je n'ai voulu prendre personne pour vous faire une demande que je médite il y a longtemps. Elle me touche assez pour m'en charger moi-même, et, sans autre détour, je vous dirai que l'honneur d'être votre gendre est une faveur glorieuse que je vous prie de m'accorder.
MONSIEUR JOURDAIN.
Avant que de vous rendre réponse, monsieur, je vous prie de me dire si vous êtes gentilhomme.
CLÉONTE.
Monsieur, la plupart des gens, sur cette question, n'hésitent pas beaucoup; on tranche le mot aisément. Ce nom ne fait aucun scrupule à prendre, et l'usage aujourd'hui semble en autoriser le vol. Pour moi, je vous l'avoue, j'ai les sentiments, sur cette matière, un peu plus délicats. Je trouve que toute imposture est indigne d'un honnête homme, et qu'il y a de la lâcheté à déguiser ce que le ciel nous a fait naître, à se parer aux yeux du monde d'un titre dérobé, à se vouloir donner pour ce qu'on n'est pas. Je suis né de parents, sans doute, qui ont tenu des charges honorables; je me suis acquis dans les armes l'honneur de six ans de services, et je me trouve assez de bien pour tenir dans le monde un rang assez passable; mais, avec tout cela, je ne veux point me donner un nom où d'autres en ma place croiroient pouvoir prétendre, et je vous dirai franchement que je ne suis point gentilhomme.
MONSIEUR JOURDAIN.
Touchez là, monsieur; ma fille n'est pas pour vous.
CLÉONTE.
Comment?
MONSIEUR JOURDAIN.
Vous n'êtes point gentilhomme, vous n'aurez pas ma fille.
MADAME JOURDAIN.
Que voulez-vous donc dire avec votre gentilhomme? est-ce que nous sommes, nous autres, de la côte de saint Louis?
MONSIEUR JOURDAIN.
Taisez-vous, ma femme; je vous vois venir.
MADAME JOURDAIN.
Descendons-nous tous deux que de bonne bourgeoisie?
MONSIEUR JOURDAIN.
Voilà pas le coup de langue [1]?
MADAME JOURDAIN.
Et votre père n'étoit-il pas marchand aussi bien que le mien?
MONSIEUR JOURDAIN.
Peste soit de la femme! elle n'y a jamais manqué. Si

[1] Il faut être monsieur Jourdain pour se plaindre d'un coup de langue, quand on lui rappelle qu'il est le fils de son père. (La Harpe.)

votre père a été marchand, tant pis pour lui; mais pour le mien, ce sont des malavisés qui disent cela. Tout ce que j'ai à vous dire, moi, c'est que je veux avoir un gendre gentilhomme.

MADAME JOURDAIN.

Il faut à votre fille un mari qui lui soit propre; et il vaut mieux, pour elle, un honnête homme riche et bien fait qu'un gentilhomme gueux et mal bâti.

NICOLE.

Cela est vrai : nous avons le fils du gentilhomme de notre village, qui est le plus grand malitorne[1] et le plus sot dadais que j'aie jamais vu.

MONSIEUR JOURDAIN, à Nicole.

Taisez-vous, impertinente; vous vous fourrez toujours dans la conversation. J'ai du bien assez pour ma fille; je n'ai besoin que d'honneurs, et je la veux faire marquise.

MADAME JOURDAIN.

Marquise?

MONSIEUR JOURDAIN

Oui, marquise.

MADAME JOURDAIN.

Hélas! Dieu m'en garde!

MONSIEUR JOURDAIN.

C'est une chose que j'ai résolue.

MADAME JOURDAIN.

C'est une chose, moi, où je ne consentirai point. Les alliances avec plus grand que soi sont sujettes toujours à de fâcheux inconvénients. Je ne veux point qu'un gendre puisse à ma fille reprocher ses parents et qu'elle ait des enfants qui aient honte de m'appeler leur grand'maman. S'il falloit qu'elle me vînt visiter en équipage de grande dame, et qu'elle manquât, par mégarde, à saluer quelqu'un du quartier, on ne manqueroit pas aussitôt de dire cent sottises. Voyez-vous, diroit-on, cette madame la marquise qui fait tant la glorieuse? c'est la fille de monsieur Jourdain, qui étoit trop heureuse, étant petite, de jouer à la madame avec nous. Elle n'a pas toujours été si relevée que la voilà, et ses deux grands-pères vendoient du drap auprès de la porte Saint-Innocent. Ils ont amassé du bien à leurs enfants, qu'ils payent maintenant, peut-être, bien cher en l'autre monde; et l'on ne devient guère si riches à être honnêtes gens. Je ne veux point tous ces caquets, et je veux un homme, en un mot, qui m'ait obligation de ma fille, et à qui je puisse dire : Mettez-vous là, mon gendre, et dînez avec moi.

MONSIEUR JOURDAIN.

Voilà bien les sentiments d'un petit esprit, de vouloir demeurer toujours dans la bassesse. Ne me répliquez pas davantage : ma fille sera marquise, en dépit de tout le monde; et, si vous me mettez en colère, je la ferai duchesse[2].

[1] *Malitorne*, de *male tornatus*, maladroit, inepte, qui ne peut rien faire de bien ni à propos. (Richelet.)
[2] Cette discussion entre monsieur Jourdain et sa femme est imitée d'un entretien fort comique entre Sancho Pança et sa femme. (*Don Quichotte*, part. II, ch. v.)

SCÈNE XIII

MADAME JOURDAIN, LUCILE, CLÉONTE, NICOLE, COVIELLE.

MADAME JOURDAIN.

Cléonte, ne perdez point courage encore. (A Lucile.) Suivez-moi, ma fille; et venez dire résolûment à votre père que si vous ne l'avez, vous ne voulez épouser personne.

SCÈNE XIV

CLÉONTE, COVIELLE.

COVIELLE.

Vous avez fait de belles affaires, avec vos beaux sentiments!

CLÉONTE.

Que veux-tu? j'ai un scrupule là-dessus que l'exemple ne sauroit vaincre.

COVIELLE.

Vous moquez-vous, de le prendre sérieusement avec un homme comme cela? Ne voyez-vous pas qu'il est fou? et vous coûtoit-il quelque chose de vous accommoder à ses chimères?

CLÉONTE.

Tu as raison; mais je ne croyois pas qu'il fallût faire ses preuves de noblesse pour être gendre de monsieur Jourdain.

COVIELLE, riant.

Ah! ah! ah!

CLÉONTE.

De quoi ris-tu?

COVIELLE.

D'une pensée qui me vient pour jouer notre homme et vous faire obtenir ce que vous souhaitez.

CLÉONTE.

Comment?

COVIELLE.

L'idée est tout à fait plaisante

CLÉONTE.

Quoi donc?

COVIELLE.

Il s'est fait depuis peu une certaine mascarade qui vient le mieux du monde ici, et que je prétends faire entrer dans une bourle[1] que je veux faire à notre ridicule. Tout cela sent un peu sa comédie; mais, avec lui, on peut hasarder toute chose; il n'y faut point chercher tant de façons, et il est homme à y jouer son rôle à merveille et à donner aisément dans toutes les faribolles qu'on s'avisera de lui dire. J'ai les acteurs, j'ai les habits tout prêts; laissez-moi faire seulement.

CLÉONTE.

Mais apprends-moi...

[1] *Bourle*, de l'italien *burlare*, se moquer, se jouer, se rire, faire un tour, une niche à quelqu'un. (Ménage.)

SCÈNE XV.

MONSIEUR JOURDAIN, seul.

COVIELLE.

Je vais vous instruire de tout. Retirons-nous ; le voilà qui revient.

Que diable est-ce là ? ils n'ont rien que les grands seigneurs à me reprocher, et moi je ne vois rien de si beau que de hanter les grands seigneurs ; il n'y a qu'honneur et que civilité avec eux ; et je voudrois qu'il m'eût coûté deux doigts de la main, et être né comte ou marquis.

SCÈNE XVI

MONSIEUR JOURDAIN, UN LAQUAIS.

LE LAQUAIS.

Monsieur, voici monsieur le comte, et une dame qu'il mène par la main.

MONSIEUR JOURDAIN.

Eh ! mon Dieu ! j'ai quelques ordres à donner. Dis-leur que je vais venir ici tout à l'heure.

SCÈNE XVII

DORIMÈNE, DORANTE, UN LAQUAIS.

LE LAQUAIS.

Monsieur dit comme cela qu'il va venir ici tout à l'heure.

DORANTE.

Voilà qui est bien.

SCÈNE XVIII

DORIMÈNE, DORANTE.

DORIMÈNE.

Je ne sais pas, Dorante, je fais encore ici une étrange démarche, de me laisser amener par vous dans une maison où je ne connois personne.

DORANTE.

Quel lieu voulez-vous donc, madame, que mon amour choisisse pour vous régaler, puisque, pour fuir l'éclat, vous ne voulez ni votre maison ni la mienne ?

DORIMÈNE.

Mais vous ne dites pas que je m'engage insensiblement chaque jour à recevoir de trop grands témoignages de votre passion. J'ai beau me défendre des choses, vous fatiguez ma résistance, et vous avez une civile opiniâtreté qui me fait venir doucement à tout ce qu'il vous plaît. Les visites fréquentes ont commencé, les déclarations sont venues ensuite, qui, après elles, ont traîné les sérénades et les cadeaux, que les présents ont suivis. Je me suis opposée à tout cela ; mais vous ne vous rebutez point, et, pied à pied, vous gagnez mes résolutions. Pour moi, je ne puis plus répondre de rien, et je crois qu'à la fin vous me ferez venir au mariage, dont je me suis tant éloignée.

DORANTE.

Ma foi, madame, vous y devriez déjà être : vous êtes veuve, et ne dépendez que de vous ; je suis maître de moi, et je vous aime plus que ma vie : à quoi tient-il que dès aujourd'hui vous ne fassiez tout mon bonheur ?

DORIMÈNE.

Mon Dieu ! Dorante, il faut des deux parts bien des qualités pour vivre heureusement ensemble ; et les deux plus raisonnables personnes du monde ont souvent peine à composer une union dont ils soient satisfaits.

DORANTE.

Vous vous moquez, madame, de vous y figurer tant de difficultés ; et l'expérience que vous avez faite ne conclut rien pour tous les autres.

DORIMÈNE.

Enfin j'en reviens toujours là ; les dépenses que je vous vois faire pour moi m'inquiètent par deux raisons : l'une, qu'elles m'engagent plus que je ne voudrois ; et l'autre, que je suis sûre, sans vous déplaire, que vous ne les faites point que vous ne vous incommodiez ; et je ne veux point cela.

DORANTE.

Ah ! madame, ce sont des bagatelles ; et ce n'est pas par là...

DORIMÈNE.

Je sais ce que je dis ; et, entre autres, le diamant que vous m'avez forcée à prendre est d'un prix...

DORANTE.

Eh ! madame, de grâce, ne faites point tant valoir une chose que mon amour trouve indigne de vous ; et souffrez... Voici le maître du logis.

SCÈNE XIX

MONSIEUR JOURDAIN, DORIMÈNE, DORANTE.

MONSIEUR JOURDAIN, après avoir fait deux révérences, se trouvant trop près de Dorimène.

Un peu plus loin, madame.

DORIMÈNE.

Comment ?

MONSIEUR JOURDAIN.

Un pas, s'il vous plaît.

DORIMÈNE.

Quoi donc ?

MONSIEUR JOURDAIN.

Reculez un peu, pour la troisième.

DORANTE.

Madame, monsieur Jourdain sait son monde.

MONSIEUR JOURDAIN.

Madame, ce m'est une gloire bien grande de me voir assez fortuné, pour être si heureux, que d'avoir le bonheur que vous ayez eu la bonté de m'accorder la grâce, de me faire l'honneur de m'honorer de la faveur de votre présence; et, si j'avois aussi le mérite, pour mériter un mérite comme le vôtre, et que le ciel... envieux de mon bien... m'eût accordé... l'avantage de me voir digne... des...

DORANTE.

Monsieur Jourdain, en voilà assez. Madame n'aime pas les grands compliments, et elle sait que vous êtes homme d'esprit. (Bas, à Dorimène.) C'est un bon bourgeois assez ridicule, comme vous voyez, dans toutes ses manières.

DORIMÈNE, bas, à Dorante.

Il n'est pas malaisé de s'en apercevoir.

DORANTE.

Madame, voilà le meilleur de mes amis.

MONSIEUR JOURDAIN.

C'est trop d'honneur que vous me faites.

DORANTE.

Galant homme tout à fait.

DORIMÈNE.

J'ai beaucoup d'estime pour lui.

MONSIEUR JOURDAIN.

Je n'ai rien fait encore, madame, pour mériter cette grâce.

DORANTE, bas, à monsieur Jourdain.

Prenez bien garde, au moins, à ne lui point parler du diamant que vous lui avez donné.

MONSIEUR JOURDAIN, bas, à Dorante.

Ne pourrois-je pas seulement lui demander comment elle le trouve?

DORANTE, bas, à monsieur Jourdain.

Comment! gardez-vous-en bien! cela seroit vilain à vous; et, pour agir en galant homme, il faut que vous fassiez comme si ce n'étoit pas vous qui lui eussiez fait ce présent. (Haut.) Monsieur Jourdain, madame, dit qu'il est ravi de vous voir chez lui.

DORIMÈNE.

Il m'honore beaucoup.

MONSIEUR JOURDAIN, bas, à Dorante.

Que je vous suis obligé, monsieur, de lui parler ainsi pour moi!

DORANTE, bas, à monsieur Jourdain.

J'ai eu une peine effroyable à la faire venir ici.

MONSIEUR JOURDAIN, bas, à Dorante.

Je ne sais quelles grâces vous en rendre.

DORANTE.

Il dit, madame, qu'il vous trouve la plus belle personne du monde.

DORIMÈNE.

C'est bien de la grâce qu'il me fait.

MONSIEUR JOURDAIN.

Madame, c'est vous qui faites les grâces; et...

DORANTE.

Songeons à manger.

SCÈNE XX

MONSIEUR JOURDAIN, DORIMÈNE, DORANTE, UN LAQUAIS.

LE LAQUAIS, à monsieur Jourdain

Tout est prêt, monsieur.

DORANTE.

Allons donc nous mettre à table, et qu'on fasse venir les musiciens.

SCÈNE XXI

ENTRÉE DE BALLET.

Six cuisiniers, qui ont préparé le festin, dansent ensemble, et font le troisième intermède; après quoi ils apportent une table couverte de plusieurs mets.

ACTE QUATRIÈME

SCÈNE I

DORIMÈNE, MONSIEUR JOURDAIN, DORANTE, TROIS MUSICIENS, UN LAQUAIS.

DORIMÈNE.

Comment! Dorante, voilà un repas tout à fait magnifique!

MONSIEUR JOURDAIN.

Vous vous moquez, madame; et je voudrois qu'il fût plus digne de vous être offert. (Dorimène, monsieur Jourdain, Dorante et les trois musiciens se mettent à table.)

DORANTE.

Monsieur Jourdain a raison, madame, de parler de la sorte; et il m'oblige de vous faire si bien les honneurs de chez lui. Je demeure d'accord avec lui que le repas n'est pas digne de vous. Comme c'est moi qui l'ai ordonné et que je n'ai pas sur cette matière les lumières de nos amis, vous n'avez pas ici un repas fort savant, et vous y trouverez des incongruités de bonne chère et des barbarismes de bon goût. Si Damis, notre ami, s'en étoit mêlé, tout seroit dans les règles; il y auroit partout de l'élégance et de l'érudition, et il ne manqueroit pas de vous exagérer lui-même toutes les pièces du repas qu'il vous donneroit et de vous faire tomber d'accord de sa haute capacité dans la science des bons morceaux, de vous parler d'un pain de rive [1] à biseau doré, relevé de croûte partout, croquant tendrement sous la dent; d'un vin à séve veloutée, armé d'un vert qui n'est point trop commandant; d'un carré de mouton gourmandé [2] de

---

[1] Pain qui, ayant été placé au bord du four, et, par conséquent, n'ayant pas été en contact avec les autres pains, est bien cuit sur les bords, et a un *biseau doré*, au lieu de cette *baisure* qui ressemble à de la mie. (Auger.)
[2] *Gourmandé* veut dire ici *lardé*.

persil; d'une longe de veau de rivière¹ longue comme cela, blanche, délicate, et qui, sous les dents, est une vraie pâte d'amande; de perdrix relevées d'un fumet surprenant; et, pour son opéra, d'une soupe à bouillon perlé, soutenue d'un jeune gros dindon cantonné de pigeonneaux, et couronnée d'oignons blancs mariés avec la chicorée. Mais, pour moi, je vous avoue mon ignorance; et, comme monsieur Jourdain a fort bien dit, je voudrois que le repas fût plus digne de vous être offert.

DORIMÈNE.

Je ne réponds à ce compliment qu'en mangeant comme je fais.

MONSIEUR JOURDAIN.

Ah! que voilà de belles mains!

DORIMÈNE.

Les mains sont médiocres, monsieur Jourdain; mais vous voulez parler du diamant, qui est fort beau.

MONSIEUR JOURDAIN.

Moi, madame? Dieu me garde d'en vouloir parler! ce ne seroit pas agir en galant homme; et le diamant est fort peu de chose.

DORIMÈNE.

Vous êtes bien dégoûté.

MONSIEUR JOURDAIN.

Vous avez trop de bonté...

DORANTE, après avoir fait un signe à monsieur Jourdain.

Allons, qu'on donne du vin à monsieur Jourdain et à ces messieurs, qui nous feront la grâce de nous chanter quelque air à boire.

DORIMÈNE.

C'est merveilleusement assaisonner la bonne chère, que d'y mêler la musique; et je me vois ici admirablement régalée.

MONSIEUR JOURDAIN.

Madame, ce n'est pas...

DORANTE.

Monsieur Jourdain, prêtons silence à ces messieurs; ce qu'ils nous feront entendre vaudra mieux que tout ce que nous pourrions dire ².

PREMIER ET SECOND MUSICIEN, ensemble, un verre à la main.

Un petit doigt, Philis, pour commencer le tour :
Ah! qu'un verre en vos mains a d'agréables charmes!
Vous et le vin vous vous prêtez des armes,
Et je sens pour tous deux redoubler mon amour :
Entre lui, vous et moi, jurons, jurons, ma belle,
Une ardeur éternelle.

Qu'en mouillant votre bouche il en reçoit d'attraits!
Et que l'on voit par lui votre bouche embellie!
Ah! l'un de l'autre ils me donnent envie,
Et de vous et de lui je m'enivre à longs traits.
Entre lui, vous et moi, jurons, jurons, ma belle,
Une ardeur éternelle.

SECOND ET TROISIÈME MUSICIEN, ensemble.

Buvons, chers amis, buvons!

¹ *Veau de rivière*, veau élevé en Normandie, dans des prairies voisines de la Seine.
² VAR. Ce qu'ils nous *diront* vaudra mieux, etc.

Le temps qui fuit nous y convie :
Profitons de la vie
Autant que nous pouvons.

Quand on a passé l'onde noire,
Adieu le bon vin, nos amours.
Dépêchons-nous de boire;
On ne boit pas toujours.

Laissons raisonner les sots
Sur le vrai bonheur de la vie;
Notre philosophie
Le met parmi les pots.

Les biens, le savoir et la gloire,
N'ôtent point les soucis fâcheux;
Et ce n'est qu'à bien boire
Que l'on peut être heureux.

TOUS TROIS, ensemble.

Sus, sus; du vin partout : versez, garçon, versez.
Versez, versez toujours, tant qu'on vous dise : Assez.

DORIMÈNE.

Je ne crois pas qu'on puisse mieux chanter; et cela est tout à fait beau.

MONSIEUR JOURDAIN.

Je vois encore ici, madame, quelque chose de plus beau.

DORIMÈNE.

Ouais! monsieur Jourdain est galant plus que je ne pensois.

DORANTE.

Comment, madame! pour qui prenez-vous monsieur Jourdain?

MONSIEUR JOURDAIN.

Je voudrois bien qu'elle me prît pour ce que je dirois.

DORIMÈNE.

Encore?

DORANTE, à Dorimène.

Vous ne le connoissez pas.

MONSIEUR JOURDAIN.

Elle me connoîtra quand il lui plaira.

DORIMÈNE.

Oh! je le quitte.

DORANTE.

Il est homme qui a toujours la riposte en main. Mais vous ne voyez pas que monsieur Jourdain, madame, mange tous les morceaux que vous touchez.

DORIMÈNE.

Monsieur Jourdain est un homme qui me ravit.

MONSIEUR JOURDAIN.

Si je pouvois ravir votre cœur, je serois...

SCÈNE II

MADAME JOURDAIN, MONSIEUR JOURDAIN, DORIMÈNE
DORANTE, MUSICIENS, LAQUAIS.

MADAME JOURDAIN.

Ah! ah! je trouve ici bonne compagnie, et je vois bien

ACTE IV, SCÈNE V.

qu'on ne m'y attendoit pas. C'est donc pour cette belle affaire-ci, monsieur mon mari, que vous avez eu tant d'empressement à m'envoyer dîner chez ma sœur? Je viens de voir un théâtre là-bas, et je vois ici un banquet à faire noces. Voilà comme vous dépensez votre bien; et c'est ainsi que vous festinez les dames en mon absence, et que vous leur donnez la musique et la comédie, tandis que vous m'envoyez promener!

DORANTE.

Que voulez-vous dire, madame Jourdain? et quelles fantaisies sont les vôtres, de vous aller mettre en tête que votre mari dépense son bien, et que c'est lui qui donne ce régal à madame? Apprenez que c'est moi, je vous prie; qu'il ne fait seulement que me prêter sa maison, et que vous devriez un peu mieux regarder aux choses que vous dites.

MONSIEUR JOURDAIN.

Oui, impertinente, c'est monsieur le comte qui donne tout ceci à madame, qui est une personne de qualité. Il me fait l'honneur de prendre ma maison et de vouloir que je sois avec lui.

MADAME JOURDAIN.

Ce sont des chansons que cela; je sais ce que je sais.

DORANTE.

Prenez, madame Jourdain, prenez de meilleures lunettes.

MADAME JOURDAIN.

Je n'ai que faire de lunettes, monsieur, et je vois assez clair. Il y a longtemps que je sens les choses, et je ne suis pas une bête. Cela est fort vilain à vous, pour un grand seigneur, de prêter la main comme vous faites aux sottises de mon mari. Et vous, madame, pour une grande dame, cela n'est ni beau ni honnête à vous, de mettre de la dissension dans un ménage, et de souffrir que mon mari soit amoureux de vous.

DORIMÈNE.

Que veut donc dire tout ceci? Allez, Dorante, vous vous moquez, de m'exposer aux sottes visions de cette extravagante.

DORANTE, suivant Dorimène, qui sort.

Madame, holà! madame, où courez-vous?

MONSIEUR JOURDAIN.

Madame... Monsieur le comte, faites-lui mes excuses, et tâchedez la ramener.

SCÈNE III

MADAME JOURDAIN, MONSIEUR JOURDAIN, LAQUAIS.

MONSIEUR JOURDAIN.

Ah! impertinente que vous êtes, voilà de beaux faits! Vous me venez faire des affronts devant tout le monde, et vous chassez de chez moi des personnes de qualité!

MADAME JOURDAIN.

Je me moque de leur qualité.

MONSIEUR JOURDAIN.

Je ne sais qui me tient, maudite, que je ne vous fende la tête avec les pièces du repas que vous êtes venue troubler. (Les laquais emportent la table.)

MADAME JOURDAIN, sortant.

Je me moque de cela. Ce sont mes droits que je défends, et j'aurai pour moi toutes les femmes.

MONSIEUR JOURDAIN.

Vous faites bien d'éviter ma colère.

SCÈNE IV

MONSIEUR JOURDAIN, seul.

Elle est arrivée là bien malheureusement. J'étois en humeur de dire de jolies choses; et jamais je ne m'étois senti tant d'esprit. Qu'est-ce que c'est que cela?

SCÈNE V

MONSIEUR JOURDAIN; COVIELLE, déguisé [1].

COVIELLE.

Monsieur, je ne sais pas si j'ai l'honneur d'être connu de vous.

MONSIEUR JOURDAIN.

Non, monsieur.

COVIELLE, étendant la main à un pied de terre.

Je vous ai vu que vous n'étiez pas plus grand que cela.

MONSIEUR JOURDAIN.

Moi?

COVIELLE.

Oui. Vous étiez le plus bel enfant du monde, et toutes les dames vous prenoient dans leurs bras pour vous baiser.

MONSIEUR JOURDAIN.

Pour me baiser?

COVIELLE.

Oui. J'étois grand ami de feu monsieur votre père.

MONSIEUR JOURDAIN.

De feu monsieur mon père?

COVIELLE.

Oui. C'étoit un fort honnête gentilhomme.

MONSIEUR JOURDAIN.

Comment dites-vous?

COVIELLE.

Je dis que c'étoit un fort honnête gentilhomme.

MONSIEUR JOURDAIN.

Mon père?

COVIELLE.

Oui.

MONSIEUR JOURDAIN.

Vous l'avez fort connu?

COVIELLE.

Assurément.

MONSIEUR JOURDAIN.

Et vous l'avez connu pour gentilhomme?

[1] Ici, on peut le dire, la comédie finit, et la farce commence, pour durer jusqu'à la fin. (Auger.)

COVIELLE.

Sans doute.

MONSIEUR JOURDAIN.

Je ne sais donc pas comment le monde est fait!

COVIELLE.

Comment?

MONSIEUR JOURDAIN.

Il y a de sottes gens qui me veulent dire qu'il a été marchand.

COVIELLE.

Lui, marchand! C'est pure médisance, il ne l'a jamais été. Tout ce qu'il faisoit, c'est qu'il étoit fort obligeant, fort officieux; et, comme il se connoissoit fort bien en étoffes, il en alloit choisir de tous les côtés, les faisoit apporter chez lui, et en donnoit à ses amis pour de l'argent.

MONSIEUR JOURDAIN.

Je suis ravi de vous connoître, afin que vous rendiez ce témoignage-là, que mon père étoit gentilhomme.

COVIELLE.

Je le soutiendrai devant tout le monde.

MONSIEUR JOURDAIN.

Vous m'obligerez. Quel sujet vous amène?

COVIELLE.

Depuis avoir connu feu monsieur votre père, honnête gentilhomme, comme je vous ai dit, j'ai voyagé par tout le monde.

MONSIEUR JOURDAIN.

Par tout le monde?

COVIELLE.

Oui.

MONSIEUR JOURDAIN.

Je pense qu'il y a bien loin en ce pays-là.

COVIELLE.

Assurément. Je ne suis revenu de tous mes longs voyages que depuis quatre jours; et, par l'intérêt que je prends à tout ce qui vous touche, je viens vous annoncer la meilleure nouvelle du monde.

MONSIEUR JOURDAIN.

Quelle?

COVIELLE.

Vous savez que le fils du Grand Turc est ici [1]?

MONSIEUR JOURDAIN.

Moi? Non.

COVIELLE.

Comment! il a un train tout à fait magnifique; tout le monde le va voir, et il a été reçu en ce pays comme un seigneur d'importance.

MONSIEUR JOURDAIN.

Par ma foi, je ne savois pas cela.

COVIELLE.

Ce qu'il y a d'avantageux pour vous, c'est qu'il est amoureux de votre fille.

MONSIEUR JOURDAIN.

Le fils du Grand Turc?

COVIELLE.

Oui; et il veut être votre gendre.

MONSIEUR JOURDAIN.

Mon gendre, le fils du Grand Turc!

COVIELLE.

Le fils du Grand Turc votre gendre. Comme je le fus voir, et que j'entends parfaitement sa langue, il s'entretint avec moi; et, après quelques autres discours, il me dit; *Acciam croc soler onch alla moustaph gidelum amanahem varahini oussere carbulath*, c'est-à-dire : N'as-tu point vu une jeune belle personne, qui est la fille de monsieur Jourdain, gentilhomme parisien?

MONSIEUR JOURDAIN.

Le fils du Grand Turc dit cela de moi?

COVIELLE.

Oui. Comme je lui eus répondu que je vous connoissois particulièrement et que j'avois vu votre fille, Ah! me dit-il, *marababa sahem!* c'est-à-dire : Ah! que je suis amoureux d'elle!

MONSIEUR JOURDAIN.

Marababa sahem veut dire : Ah! que je suis amoureux d'elle?

COVIELLE.

Oui.

MONSIEUR JOURDAIN.

Par ma foi, vous faites bien de me le dire; car, pour moi, je n'aurois jamais cru que *marababa sahem* eût voulu dire : Ah! que je suis amoureux d'elle! Voilà une langue admirable que ce turc!

COVIELLE.

Plus admirable qu'on ne peut croire. Savez-vous bien ce que veut dire *cacaracamouchen*?

MONSIEUR JOURDAIN.

Cacaracamouchen? Non.

COVIELLE.

C'est-à-dire : Ma chère âme!

MONSIEUR JOURDAIN.

Cacaracamouchen veut dire : Ma chère âme?

COVIELLE.

Oui.

---

[1] « A cette époque, dit l'auteur anonyme de la *Vie de Molière*, un ambassadeur turc étoit à la cour de France. Le roi, qui aimoit à briller, lui donna audience avec un habit superbe, chargé de pierreries. Cet envoyé, sortant des appartements, témoigna de l'admiration pour la bonne mine et l'air majestueux du roi, sans dire un seul mot de la richesse des pierreries. Un courtisan, voulant savoir ce qu'il en pensoit, s'avisa de le mettre sur ce chapitre, et eut pour réponse qu'il n'y avoit rien là de fort admirable pour un homme qui avoit vu le Levant; et que lorsque le Grand Seigneur sortoit, son cheval étoit plus richement orné que l'habit qu'il venoit de voir. Colbert, qui entendit cette réponse, recommanda à Molière celui qui l'avoit faite; et, comme Molière travailloit alors au *Bourgeois gentilhomme* et qu'il savoit que l'Excellence turque viendroit à la comédie, il imagina le spectacle ridicule qui sert de dénoûment à la pièce. Je tiens ce fait d'une personne encore vivante, qui étoit alors à la cour. Quant à l'exécution, il est à remarquer que Lulli, qui étoit aussi excellent grimacier qu'excellent musicien, voulut chanter lui-même le rôle du muphti; en quoi personne n'a été capable de l'égaler. L'ambassadeur, qu'on vouloit mortifier par cette extravagante peinture des cérémonies de sa nation, en fit une critique fort modérée : il trouva à redire qu'on donnât la bastonnade sur le dos au lieu de la donner sur la plante des pieds, comme c'est l'usage. Molière répondit qu'il n'avoit pas prétendu représenter au juste les cérémonies turques, mais en imaginer une qui fût risible; et il faut avouer qu'il a réussi. » (*Vie de Molière*, écrite en 1724 par un auteur anonyme.) (Aimé Martin.)

ACTE IV, SCÈNE VIII.

MONSIEUR JOURDAIN.

Voilà qui est merveilleux! *Cacaracamouchen*, ma chère âme. Diroit-on jamais cela? Voilà qui me confond.

COVIELLE.

Enfin, pour achever mon ambassade, il vient vous demander votre fille en mariage; et, pour avoir un beau-père qui soit digne de lui, il veut vous faire *mamamouchi*[1], qui est une certaine grande dignité de son pays.

MONSIEUR JOURDAIN.

Mamamouchi?

COVIELLE.

Oui, *mamamouchi*; c'est-à-dire, en notre langue, paladin. Paladin, ce sont de ces anciens... Paladin, enfin. Il n'y a rien de plus noble que cela dans le monde, et vous irez de pair avec les plus grands seigneurs de la terre.

MONSIEUR JOURDAIN.

Le fils du Grand Turc m'honore beaucoup; et je vous prie de me mener chez lui pour lui faire mes remerciments.

COVIELLE.

Comment! le voilà qui va venir ici.

MONSIEUR JOURDAIN.

Il va venir ici?

COVIELLE.

Oui; et il amène toutes choses pour la cérémonie de votre dignité.

MONSIEUR JOURDAIN.

Voilà qui est bien prompt.

COVIELLE.

Son amour ne peut souffrir aucun retardement.

MONSIEUR JOURDAIN.

Tout ce qui m'embarrasse ici, c'est que ma fille est une opiniâtre qui s'est allée mettre dans la tête un certain Cléonte, et elle jure de n'épouser personne que celui-là.

COVIELLE.

Elle changera de sentiment quand elle verra le fils du Grand Turc; et puis il se rencontre ici une aventure merveilleuse : c'est que le fils du Grand Turc ressemble à ce Cléonte, à peu de chose près. Je viens de le voir, on me l'a montré; et l'amour qu'elle a pour l'un pourra passer aisément à l'autre, et... Je l'entends venir; le voilà.

SCÈNE VI

CLÉONTE, en Turc; TROIS PAGES, portant la veste de Cléonte; MONSIEUR JOURDAIN, COVIELLE.

CLÉONTE.

Ambousahim oqui boraf, Jordina, salamalequi.

COVIELLE, à monsieur Jourdain.

C'est-à-dire : Monsieur Jourdain, votre cœur soit toute l'année comme un rosier fleuri. Ce sont façons de parler obligeantes de ces pays-là.

MONSIEUR JOURDAIN.

Je suis très-humble serviteur de Son Altesse turque.

[1] Ce mot, forgé par Molière, n'a de rapport avec aucun mot turc ou arabe; mais il a pris place dans notre langage populaire, où il désigne un homme habillé à la turque. (Auger.)

COVIELLE.

Carigar camboto oustin moraf.

CLÉONTE.

Oustin yoc catamalequi basum base alla moran.

COVIELLE.

Il dit : Que le ciel vous donne la force des lions et la prudence des serpents.

MONSIEUR JOURDAIN.

Son Altesse turque m'honore trop, et je lui souhaite toutes sortes de prospérités.

COVIELLE.

Ossa binamen sadoc babally oracaf ouram.

CLÉONTE.

Belmen.

COVIELLE.

Il dit que vous alliez vite avec lui vous préparer pour la cérémonie, afin de voir ensuite votre fille et de conclure le mariage.

MONSIEUR JOURDAIN.

Tant de choses en deux mots?

COVIELLE.

Oui. La langue turque est comme cela; elle dit beaucoup en peu de paroles. Allez vite où il souhaite.

SCÈNE VII

COVIELLE, seul.

Ah! ah! ah! Ma foi, cela est tout à fait drôle. Quelle dupe! quand il auroit appris son rôle par cœur, il ne pourroit pas le mieux jouer. Ah! ah!

SCÈNE VIII

DORANTE, COVIELLE.

COVIELLE.

Je vous prie, monsieur, de nous vouloir aider céans dans une affaire qui s'y passe.

DORANTE.

Ah! ah! Covielle, qui t'auroit reconnu? Comme te voilà ajusté!

COVIELLE.

Vous voyez. Ah! ah!

DORANTE.

De quoi ris-tu?

COVIELLE.

D'une chose, monsieur, qui le mérite bien.

DORANTE.

Comment?

COVIELLE.

Je vous le donnerois en bien des fois, monsieur, à deviner le stratagème dont nous nous servons auprès de monsieur Jourdain pour porter son esprit à donner sa fille à mon maître.

DORANTE.

Je ne devine point le stratagème; mais je devine qu'il

ne manquera pas de faire son effet, puisque tu l'entreprends.

COVIELLE.

Je sais, monsieur, que la bête vous est connue.

DORANTE.

Apprends-moi ce que c'est.

COVIELLE.

Prenez la peine de vous tirer un peu plus loin, pour faire place à ce que j'aperçois venir. Vous pourrez voir une partie de l'histoire, tandis que je vous conterai le reste.

SCÈNE IX

CÉRÉMONIE TURQUE[1].

LE MUPHTI, DERVIS; TURCS, assistants du muphti, chantants et dansants.

PREMIÈRE ENTRÉE DE BALLET.

Six Turcs entrent gravement deux à deux, au son des instruments. Ils portent trois tapis qu'ils lèvent fort haut, après en avoir fait, en dansant, plusieurs figures. Les Turcs chantants passent par-dessous ces tapis pour s'aller ranger aux deux côtés du théâtre. Le muphti, accompagné des dervis, ferme cette marche.

Alors les Turcs étendent les tapis par terre, et se mettent dessus à genoux. Le muphti et les dervis restent debout au milieu d'eux; et, pendant que le muphti invoque Mahomet, en faisant beaucoup de contorsions et de grimaces, sans proférer une seule parole, les Turcs assistants se prosternent jusqu'à terre, chantant *Alli*, lèvent les bras au ciel, en chantant *Alla*[2]; ce qu'ils continuent jusqu'à la fin de l'invocation, après laquelle ils se lèvent tous, chantant *Alla eckber*[3]; et deux dervis vont chercher monsieur Jourdain.

SCÈNE X

LE MUPHTI, DERVIS; TURCS chantants et dansants; MONSIEUR JOURDAIN vêtu à la turque, la tête rasée, sans turban et sans sabre.

LE MUPHTI, à monsieur Jourdain.

Se ti sabir,
Ti respondir;
Se non sabir,
Tazir, tazir.

Mi star muphti,
Ti qui star si?
Non intendir;
Tazir, tazir[4].

Deux dervis font retirer monsieur Jourdain.

[1] Lulli, déjà célèbre, avait composé la musique de cette cérémonie; il fit plus encore pour plaire à Louis XIV: il se chargea à Chambord du rôle du muphti. (A. M.)
[2] *Alli* et *Alla*, qui s'écrit *Allah*, signifient Dieu.
[3] *Alla eckber* signifie Dieu est grand.
[4] Ces deux petits couplets chantés par le muphti sont en langue

SCÈNE XI

LE MUPHTI, DERVIS; TURCS chantants et dansants.

LE MUPHTI.

Dice, Turque, qui star quista? Anabatista? anabatista?

LES TURCS.

Ioc.

LE MUPHTI.

Zuinglista?

LES TURCS.

Ioc.

LE MUPHTI.

Coffita?

LES TURCS.

Ioc.

LE MUPHTI.

Hussita? Morista? Fronista?

LES TURCS.

Ioc, ioc, ioc[1].

LE MUPHTI.

Ioc, ioc, ioc. Star pagana?

LES TURCS.

Ioc.

LE MUPHTI.

Luterana?

LES TURCS.

Ioc.

LE MUPHTI.

Puritana?

LES TURCS.

Ioc.

LE MUPHTI.

Bramina? Moffina? Zurina?

LES TURCS.

Ioc, ioc, ioc.

LE MUPHTI.

Joc, ioc, ioc. Mahametana? Mahametana?

LES TURCS.

Hi Valla. Hi Valla.

LE MUPHTI.

Como chamara? Como chamara[2]?

franque. On sait que cette langue, parlée dans les États barbaresques, est un mélange corrompu d'italien, d'espagnol, de portugais, etc., dans lequel les verbes sont employés à l'infinitif seulement, comme dans le jargon des nègres de nos colonies. Voici l'explication des deux couplets: « Si tu sais, réponds; si tu ne sais pas, tais-toi. Je suis le muphti. Toi, qui es-tu? Tu ne comprends pas, tais-toi. » Tout ce qui se dit dans le reste de l'acte est également en langue franque, à l'exception de quelques mots turcs qui seront traduits à mesure. (Auger.)
[1] « Dis, Turc, qui est celui-ci? Est-il anabaptiste? » — *Ioc*, ou plutôt *yoc*, mot turc qui signifie non. — *Zuinglista*, zuinglien, ou de la secte de Zuingle. — *Coffita*, cophite ou cophte, chrétien d'Égypte, de la secte des jacobites. — *Hussita*, hussite, ou de la secte de Jean Huss. — *Morista*, more. — *Fronista*, phroniste, ou contemplatif. (Auger.)
[2] « Est-il païen? » — *Luterana*, luthérien. — *Puritana*, puritain. — *Bramina*, bramine. — Quant à *Moffina* et à *Zurina*, ce sont probablement des noms d'invention; au moins ne les ai-je trouvés dans aucun des livres qui traitent des religions et des sectes religieuses. — *Hi Valla*, mots arabes, qui devraient être écrits *Ei Vallah*, et qui signifient: Oui, par Dieu. — *Como chamara*, comment se nomme-t-il? (Auger.)

ACTE IV, SCÈNE XIII.

LES TURCS.
Giourdina, Giourdina.
　　　　LE MUPHTI, *sautant*.
Giourdina, Giourdina.
　　　　　LES TURCS.
Giourdina, Giourdina.
　　　　　LE MUPHTI.
Mahameta, per Giourdina,
Mi pregar sera e matina.
Voler far un paladina
De Giourdina, de Giourdina ;
Dar turbanta, et dar scarrina,
Con galera, e brigantina,
Per deffender Palestina.
Mahameta, per Giourdina,
Mi pregar sera e matina.
　　Aux Turcs.
Star bon Turca Giourdina [1] ?
　　　　　LES TURCS.
Hi Valla. Hi Valla.
　　　　LE MUPHTI, chantant et dansant.
Ha la ba, ba la chou, ba la ba, ba la da [2].
　　　　　LES TURCS.
Ha la ba, ba la chou, ba la ba, ba la da.

SCÈNE XII

TURCS chantants et dansants.

SECONDE ENTRÉE DE BALLET.

SCÈNE XIII

LE MUPHTI, DERVIS, MONSIEUR JOURDAIN; TURCS chantants et dansants.

Le muphti revient coiffé avec son turban de cérémonie, qui est d'une grosseur démesurée et garni de bougies allumées à quatre ou cinq rangs; il est accompagné de deux dervis qui portent l'Alcoran, et qui ont des bonnets pointus, garnis aussi de bougies allumées.
Les deux autres dervis amènent monsieur Jourdain, et le font mettre à genoux, les mains par terre, de façon que son dos, sur lequel est mis l'Alcoran, sert de pupitre au muphti, qui fait une seconde invocation burlesque, fronçant le sourcil, frappant de temps en temps sur l'Alcoran, et tournant les feuillets avec précipitation; après quoi, en levant les bras au ciel, le muphti crie à haute voix : *Hou.*
Pendant cette seconde invocation, les Turcs assistants, s'inclinant et se relevant alternativement, chantent aussi *Hou, hou, hou.*

MONSIEUR JOURDAIN, après qu'on lui a ôté l'Alcoran de dessus le dos.
Ouf!
　　　　LE MUPHTI, à monsieur Jourdain.
Ti non star furba?
　　　　　LES TURCS.
No, no, no.
　　　　　LE MUPHTI.
Non star forfanta?
　　　　　LES TURCS.
No, no, no.
　　　　LE MUPHTI, aux Turcs.
Donar turbanta.
　　　　　LES TURCS.
Ti non star furba?
No, no, no.
Non star forfanta?
No, no, no.
Donar turbanta [1].

TROISIÈME ENTRÉE DE BALLET.

Les Turcs dansants mettent le turban sur la tête de monsieur Jourdain au son des instruments.

　　　　LE MUPHTI, donnant le sabre à monsieur Jourdain.
Ti star nobile, non star fabbola.
Pigliar schiabbola.
　　　　LES TURCS, mettant le sabre à la main.
Ti star nobile, non star fabbola.
Pigliar schiabbola.

QUATRIÈME ENTRÉE DE BALLET.

Les Turcs dansants donnent en cadence plusieurs coups de sabre à monsieur Jourdain.

　　　　　LE MUPHTI.
Dara, dara
Bastonnara.
Dara, dara
Bastonnara [2].

CINQUIÈME ENTRÉE DE BALLET.

Les Turcs dansants donnent à monsieur Jourdain des coups de bâton en cadence.

　　　　　LE MUPHTI
Non tener honta,

---

[1] Les questions du muphti aux Turcs, et les réponses de ceux-ci, ont été imprimées, pour la première fois, dans l'édition de 1682. L'édition originale porte seulement ces mots, qui les indiquent : « Le muphti demande en même langue, aux assistants, de quelle religion est le bourgeois, et ils l'assurent qu'il est mahométan. » Les éditeurs de 1682 ont fait entrer dans leur texte ce qui se disait à la représentation. — « Je prierai soir et matin Mahomet pour Jourdain. Je veux faire de Jourdain un paladin. Je lui donnerai turban et sabre, avec galère et brigantin, pour défendre la Palestine. Je prierai soir et matin Mahomet pour Jourdain. (*Aux Turcs.*) Jourdain est-il bon Turc? » (Auger.)

[2] Comme on l'a vu plus haut, *Hi Valla*, ou plutôt *Ei Vallah*, signifie, en turc : Oui, par Dieu. Ces syllabes, ainsi détachées, n'ont aucun sens. Mais, en les rapprochant, et en rectifiant ce qu'elles ont d'incorrect, on en forme aisément ces mots : *Allah, baba, hou, Allah, baba,* qui sont véritablement turcs, et qui signifient : Dieu, mon père; Dieu, Dieu, mon père. (Auger.)

[1] *Hou*, mot arabe qui signifie *lui*, est un des noms que les musulmans donnent à Dieu : ils ne le prononcent qu'avec une crainte respectueuse. — « Tu n'es point fourbe? — Tu n'es point imposteur? — Donnez le turban. » (Auger.)

[2] « Tu es noble, ce n'est point une fable. Prends ce sabre. » — « Donnez, donnez la bastonnade. » *Bastonata* serait sûrement plus exact que *bastonnara*; mais il fallait rimer avec *dara*. (Auger.)

Questa star l'ultima affronta.
LES TURCS.
Non tener honta,
Questa star l'ultima affronta [1].

Le muphti commence une troisième invocation. Les dervis le soutiennent par-dessous les bras avec respect ; après quoi les Turcs chantants et dansants, sautant autour du muphti, se retirent avec lui et emmènent monsieur Jourdain.

ACTE CINQUIÈME

SCÈNE I

MADAME JOURDAIN, MONSIEUR JOURDAIN.

MADAME JOURDAIN.
Ah! mon Dieu, miséricorde! Qu'est-ce que c'est donc que cela? Quelle figure! Est-ce un momon que vous allez porter, et est-il temps d'aller en masque? Parlez donc, qu'est-ce que c'est que ceci? Qui vous a fagoté comme cela?

MONSIEUR JOURDAIN.
Voyez l'impertinente, de parler de la sorte à un *mamamouchi!*

MADAME JOURDAIN.
Comment donc?

MONSIEUR JOURDAIN.
Oui, il me faut porter du respect maintenant, et l'on vient de me faire *mamamouchi.*

MADAME JOURDAIN.
Que voulez-vous dire avec votre *mamamouchi?*

MONSIEUR JOURDAIN.
Mamamouchi, vous dis-je. Je suis *mamamouchi.*

MADAME JOURDAIN.
Quelle bête est-ce là?

MONSIEUR JOURDAIN.
Mamamouchi, c'est-à-dire, en notre langue, paladin.

MADAME JOURDAIN.
Baladin! Êtes-vous en âge de danser des ballets?

MONSIEUR JOURDAIN.
Quelle ignorante! Je dis paladin : c'est une dignité dont on vient de me faire la cérémonie.

MADAME JOURDAIN.
Quelle cérémonie donc?

MONSIEUR JOURDAIN.
Mahameta per Jordina.

MADAME JOURDAIN.
Qu'est-ce que cela veut dire?

MONSIEUR JOURDAIN.
Jordina, c'est-à-dire Jourdain.

MADAME JOURDAIN.
Eh bien, quoi, Jourdain?

MONSIEUR JOURDAIN.
Voler far un paladina de Jordina.

[1] « N'aie point honte, c'est le dernier affront. » (Auger.)

MADAME JOURDAIN.
Comment?

MONSIEUR JOURDAIN.
Dar turbanta con galera.

MADAME JOURDAIN.
Qu'est-ce à dire, cela?

MONSIEUR JOURDAIN.
Per deffender Palestina.

MADAME JOURDAIN.
Que voulez-vous donc dire?

MONSIEUR JOURDAIN.
Dara, dara bastonnara.

MADAME JOURDAIN.
Qu'est-ce donc que ce jargon-là?

MONSIEUR JOURDAIN.
Non tener honta, questa star l'ultima affronta.

MADAME JOURDAIN.
Qu'est-ce que c'est donc que tout cela?

MONSIEUR JOURDAIN, chantant et dansant.
Hou la ba, ba la chou, ba la ba, ba la da. (Il tombe par terre.)

MADAME JOURDAIN.
Hélas! mon Dieu! mon mari est devenu fou!

MONSIEUR JOURDAIN, se relevant et s'en allant.
Paix, insolente! Portez respect à monsieur le *mamamouchi.*

MADAME JOURDAIN, seule.
Où est-ce donc qu'il a perdu l'esprit? Courons l'empêcher de sortir. (Apercevant Dorimène et Dorante.) Ah! ah! voici justement le reste de notre écu. Je ne vois que chagrin de tous côtés.

SCÈNE II

DORANTE, DORIMÈNE.

DORANTE.
Oui, madame, vous verrez la plus plaisante chose qu'on puisse voir; et je ne crois pas que dans tout le monde il soit possible de trouver encore un homme aussi fou que celui-là. Et puis, madame, il faut tâcher de servir l'amour de Cléonte et d'appuyer toute sa mascarade. C'est un fort galant homme, et qui mérite que l'on s'intéresse pour lui.

DORIMÈNE.
J'en fais beaucoup de cas, et il est digne d'une bonne fortune.

DORANTE.
Outre cela, nous avons ici, madame, un ballet qui nous revient, que nous ne devons pas laisser perdre; et il faut bien voir si mon idée pourra réussir.

DORIMÈNE.
J'ai vu là des apprêts magnifiques, et ce sont des choses, Dorante, que je ne puis plus souffrir. Oui, je veux enfin vous empêcher vos profusions ; et, pour rompre le cours à toutes les dépenses que je vous vois faire pour moi, j'ai résolu de me marier promptement avec

vous. C'en est le vrai secret ; et toutes ces choses finissent avec le mariage [1].

DORANTE.
Ah! madame, est-il possible que vous ayez pu prendre pour moi une si douce résolution?

DORIMÈNE.
Ce n'est que pour vous empêcher de vous ruiner ; et, sans cela, je vois bien qu'avant qu'il fût peu vous n'auriez pas un sou.

DORANTE.
Que j'ai d'obligation, madame, aux soins que vous avez de conserver mon bien! Il est entièrement à vous, aussi bien que mon cœur; et vous en userez de la façon qu'il vous plaira.

DORIMÈNE.
J'userai bien de tous les deux. Mais voici votre homme : la figure en est admirable.

SCÈNE III

MONSIEUR JOURDAIN, DORIMÈNE, DORANTE.

DORANTE.
Monsieur, nous venons rendre hommage, madame et moi, à votre nouvelle dignité, et nous réjouir avec vous du mariage que vous faites de votre fille avec le fils du Grand Turc.

MONSIEUR JOURDAIN, après avoir fait les révérences à la turque.
Monsieur, je vous souhaite la force des serpents et la prudence des lions.

DORIMÈNE.
J'ai été bien aise d'être des premières, monsieur, à venir vous féliciter du haut degré de gloire où vous êtes monté.

MONSIEUR JOURDAIN.
Madame, je vous souhaite toute l'année votre rosier fleuri. Je vous suis infiniment obligé de prendre part aux honneurs qui m'arrivent ; et j'ai beaucoup de joie de vous voir revenue ici, pour vous faire les très-humbles excuses de l'extravagance de ma femme.

DORIMÈNE.
Cela n'est rien ; j'excuse en elle un pareil mouvement : votre cœur lui doit être précieux ; et il n'est pas étrange que la possession d'un homme comme vous puisse inspirer quelques alarmes.

MONSIEUR JOURDAIN.
La possession de mon cœur est une chose qui vous est tout acquise.

DORANTE.
Vous voyez, madame, que monsieur Jourdain n'est pas de ces gens que les prospérités aveuglent, et qu'il sait, dans sa grandeur, connoître encore ses amis.

DORIMÈNE.
C'est la marque d'une âme tout à fait généreuse.

DORANTE.
Où est donc Son Altesse turque? nous voudrions bien, comme vos amis, lui rendre nos devoirs.

[1] Les mots *comme vous savez* sont ajoutés dans l'édition de 1682.

MONSIEUR JOURDAIN.
Le voilà qui vient ; et j'ai envoyé quérir ma fille pour lui donner la main.

SCÈNE IV

MONSIEUR JOURDAIN, DORIMÈNE, DORANTE ; CLÉONTE, habillé en Turc.

DORANTE, à Cléonte.
Monsieur, nous venons faire la révérence à Votre Altesse, comme amis de monsieur votre beau-père, et l'assurer avec respect de nos très-humbles services.

MONSIEUR JOURDAIN.
Où est le truchement, pour lui dire qui vous êtes et lui faire entendre ce que vous dites? Vous verrez qu'il vous répondra ; et il parle turc à merveille. (A Cléonte.) Holà! où diantre est-il allé? *Strouf, strif, strof, straf.* Monsieur est un *grande segnore, grande segnore, grande segnore* ; et madame, une *granda dama, granda dama.* (Voyant qu'il ne se fait point entendre.) Ah! (A Cléonte, montrant Dorante.) Monsieur, lui *mamamouchi* françois, et madame *mamamouchie* françoise. Je ne puis pas parler plus clairement. Bon! voici l'interprète.

SCÈNE V

MONSIEUR JOURDAIN, DORIMÈNE, DORANTE, CLÉONTE, habillé en Turc ; COVIELLE, déguisé.

MONSIEUR JOURDAIN.
Où allez-vous donc? nous ne saurions rien dire sans vous. (Montrant Cléonte.) Dites-lui un peu que monsieur et madame sont des personnes de grande qualité, qui lui viennent faire la révérence, comme mes amis, et l'assurer de leurs services. (A Dorimène et à Dorante.) Vous allez voir comme il va répondre.

COVIELLE.
Alabala crociam acci boram alabamen.

CLÉONTE.
Catalequi tubal ourin soter amalouchan.

MONSIEUR JOURDAIN, à Dorimène et à Dorante.
Voyez-vous?

COVIELLE.
Il dit que la pluie des prospérités arrose en tout temps le jardin de votre famille.

MONSIEUR JOURDAIN.
Je vous l'avois bien dit, qu'il parle turc.

DORANTE.
Cela est admirable.

SCÈNE VI

LUCILE, CLÉONTE, MONSIEUR JOURDAIN, DORIMÈNE, DORANTE, COVIELLE.

MONSIEUR JOURDAIN.
Venez, ma fille ; approchez-vous, et venez donner votre

main à monsieur, qui vous fait l'honneur de vous demander en mariage.

LUCILE.
Comment! mon père, comme vous voilà fait! est-ce une comédie que vous jouez?

MONSIEUR JOURDAIN.
Non, non, ce n'est pas une comédie; c'est une affaire fort sérieuse, et la plus pleine d'honneur pour vous qui se peut souhaiter. (Montrant Cléonte.) Voilà le mari que je vous donne.

LUCILE.
A moi, mon père?

MONSIEUR JOURDAIN.
Oui, à vous. Allons, touchez-lui dans la main, et rendez grâces au ciel de votre bonheur.

LUCILE.
Je ne veux point me marier.

MONSIEUR JOURDAIN.
Je le veux, moi, qui suis votre père.

LUCILE.
Je n'en ferai rien.

MONSIEUR JOURDAIN.
Ah! que de bruit! Allons, vous dis-je. Çà, votre main.

LUCILE.
Non, mon père; je vous l'ai dit, il n'est point de pouvoir qui me puisse obliger à prendre un autre mari que Cléonte; et je me résoudrai plutôt à toutes les extrémités que de... (Reconnoissant Cléonte.) Il est vrai que vous êtes mon père; je vous dois entière obéissance; et c'est à vous à disposer de moi selon vos volontés.

MONSIEUR JOURDAIN.
Ah! je suis ravi de vous voir si promptement revenue dans votre devoir; et voilà qui me plaît, d'avoir une fille obéissante.

SCÈNE VII

MADAME JOURDAIN, CLÉONTE, MONSIEUR JOURDAIN, LUCILE, DORANTE, DORIMÈNE, COVIELLE.

MADAME JOURDAIN.
Comment donc? qu'est-ce que c'est que ceci? on dit que vous voulez donner votre fille en mariage à un carême-prenant.

MONSIEUR JOURDAIN.
Voulez-vous vous taire, impertinente! Vous venez toujours mêler vos extravagances à toutes choses; et il n'y a pas moyen de vous apprendre à être raisonnable.

MADAME JOURDAIN.
C'est vous qu'il n'y a pas moyen de rendre sage; et vous allez de folie en folie. Quel est votre dessein, et que voulez-vous faire avec cet assemblage?

MONSIEUR JOURDAIN.
Je veux marier notre fille avec le fils du Grand Turc.

MADAME JOURDAIN.
Avec le fils du Grand Turc?

MONSIEUR JOURDAIN, montrant Covielle.
Oui. Faites-lui faire vos compliments par le truchement que voilà.

MADAME JOURDAIN.
Je n'ai que faire du truchement, et je lui dirai bien, moi-même, à son nez, qu'il n'aura point ma fille.

MONSIEUR JOURDAIN.
Voulez-vous vous taire, encore une fois!

DORANTE.
Comment, madame Jourdain! vous vous opposez à un honneur comme celui-là? vous refusez Son Altesse turque pour gendre?

MADAME JOURDAIN.
Mon Dieu! monsieur, mêlez-vous de vos affaires.

DORIMÈNE.
C'est une grande gloire qui n'est pas à rejeter.

MADAME JOURDAIN.
Madame, je vous prie aussi de ne vous point embarrasser de ce qui ne vous touche pas.

DORANTE.
C'est l'amitié que nous avons pour vous qui nous fait intéresser dans vos avantages.

MADAME JOURDAIN.
Je me passerai bien de votre amitié.

DORANTE.
Voilà votre fille qui consent aux volontés de son père.

MADAME JOURDAIN.
Ma fille consent à épouser un Turc?

DORANTE.
Sans doute.

MADAME JOURDAIN.
Elle peut oublier Cléonte?

DORANTE.
Que ne fait-on pas pour être grande dame?

MADAME JOURDAIN.
Je l'étranglerois de mes mains, si elle avoit fait un coup comme celui-là.

MONSIEUR JOURDAIN.
Voilà bien du caquet! Je vous dis que ce mariage-là se fera.

MADAME JOURDAIN.
Je vous dis, moi, qu'il ne se fera point.

MONSIEUR JOURDAIN.
Ah! que de bruit!

LUCILE.
Ma mère!

MADAME JOURDAIN.
Allez! vous êtes une coquine!

MONSIEUR JOURDAIN, à madame Jourdain.
Quoi! vous la querellez de ce qu'elle m'obéit!

MADAME JOURDAIN.
Oui; elle est à moi aussi bien qu'à vous.

COVIELLE, à madame Jourdain.
Madame!

MADAME JOURDAIN.
Que me voulez-vous conter, vous?

COVIELLE.
Un mot.

ACTE V, SCÈNE VII.

MADAME JOURDAIN.
Je n'ai que faire de votre mot.

COVIELLE, à monsieur Jourdain.
Monsieur, si elle veut écouter une parole en particulier, je vous promets de la faire consentir à ce que vous voulez.

MADAME JOURDAIN.
Je n'y consentirai point.

COVIELLE.
Écoutez-moi seulement.

MADAME JOURDAIN.
Non.

MONSIEUR JOURDAIN, à madame Jourdain.
Écoutez-le.

MADAME JOURDAIN.
Non; je ne veux pas l'écouter.

MONSIEUR JOURDAIN.
Il vous dira...

MADAME JOURDAIN.
Je ne veux point qu'il me dise rien.

MONSIEUR JOURDAIN.
Voilà une grande obstination de femme! Cela vous fera-t-il mal de l'entendre?

COVIELLE.
Ne faites que m'écouter; vous ferez après ce qu'il vous plaira.

MADAME JOURDAIN.
Eh bien, quoi?

COVIELLE, bas, à madame Jourdain.
Il y a une heure, madame, que nous vous faisons signe : ne voyez-vous pas bien que tout ceci n'est fait que pour nous ajuster aux visions de votre mari; que nous l'abusons sous ce déguisement, et que c'est Cléonte lui-même qui est le fils du Grand Turc?...

MADAME JOURDAIN, bas, à Covielle.
Ah! ah!

COVIELLE, bas, à madame Jourdain.
Et moi, Covielle, qui suis le truchement?

MADAME JOURDAIN, bas, à Covielle.
Ah! comme cela, je me rends.

COVIELLE, bas, à madame Jourdain.
Ne faites pas semblant de rien.

MADAME JOURDAIN, haut.
Oui, voilà qui est fait, je consens au mariage.

MONSIEUR JOURDAIN.
Ah! voilà tout le monde raisonnable. (A madame Jourdain.) Vous ne vouliez pas l'écouter. Je savois bien qu'il vous expliqueroit ce que c'est que le fils du Grand Turc.

MADAME JOURDAIN.
Il me l'a expliqué comme il faut, et j'en suis satisfaite. Envoyons quérir un notaire.

DORANTE.
C'est fort bien dit. Et afin, madame Jourdain, que vous puissiez avoir l'esprit tout à fait content et que vous perdiez aujourd'hui toute la jalousie que vous pourriez avoir conçue de monsieur votre mari, c'est que nous nous servirons du même notaire pour nous marier, madame et moi.

MADAME JOURDAIN.
Je consens aussi à cela.

MONSIEUR JOURDAIN, bas, à Dorante.
C'est pour lui faire accroire?

DORANTE, bas, à monsieur Jourdain.
Il faut bien l'amuser avec cette feinte.

MONSIEUR JOURDAIN, bas.
Bon, bon! (Haut.) Qu'on aille quérir le notaire.

DORANTE.
Tandis qu'il viendra et qu'il dressera les contrats, voyons notre ballet, et donnons-en le divertissement à Son Altesse turque.

MONSIEUR JOURDAIN.
C'est fort bien avisé. Allons prendre nos places.

MADAME JOURDAIN.
Et Nicole?

MONSIEUR JOURDAIN.
Je la donne au truchement; et ma femme, à qui la voudra.

COVIELLE.
Monsieur, je vous remercie. (A part.) Si l'on en peut voir un plus fou, je l'irai dire à Rome. (La comédie finit par un petit ballet qui avoit été préparé.)

PREMIÈRE ENTRÉE.

Un homme vient donner les livres du ballet, qui d'abord est fatigué par une multitude de gens de provinces différentes, qui crient en musique pour en avoir, et par trois importuns qu'il trouve toujours sur ses pas.

DIALOGUE DES GENS
QUI EN MUSIQUE DEMANDENT DES LIVRES.

TOUS.
A moi, monsieur, à moi, de grâce, à moi, monsieur :
Un livre, s'il vous plaît, à votre serviteur.

HOMME DU BEL AIR.
Monsieur, distinguez-nous parmi les gens qui crient.
Quelques livres ici; les dames vous en prient.

AUTRE HOMME DU BEL AIR.
Holà, monsieur! monsieur, ayez la charité
D'en jeter de notre côté.

FEMME DU BEL AIR.
Mon Dieu, qu'aux personnes bien faites
On sait peu rendre honneur céans!

AUTRE FEMME DU BEL AIR.
Ils n'ont des livres et des bancs
Que pour mesdames les grisettes.

GASCON.
Ah! l'homme aux libres, qu'on m'en vaille.
J'ai déjà lé poumon usé.
Bous boyez qué chacun mé raille;
Et jé suis escandalisé
Dé boir ès mains de la canaille
Ce qui m'est par bous réfusé.

AUTRE GASCON.
Eh! cadédis, monseu, boyez qui l'on put être
Un libret, jé bous prie, au varon d'Asba...t.

Jé pensé, mordi, qué lé fat
N'a pas l'honneur dé mé connoître.
                LE SUISSE.
Montsir le donner de papieir,
Que vuel dire sti façon de fifre?
Moi l'écorchair tout mon gosieir
        A crieir,
Sans que je pouvre afoir ein lifre.
Pardi, mon foi, montsir, je pense fous l'être ifre.
            VIEUX BOURGEOIS BABILLARD.
    De tout ceci, franc et net,
    Je suis mal satisfait.
    Et cela sans doute est laid,
        Que notre fille,
    Si bien faite et si gentille,
    De tant d'amoureux l'objet,
        N'ait pas à son souhait
        Un livre de ballet,
        Pour lire le sujet
    Du divertissement qu'on fait;
    Et que toute notre famille
        Si proprement s'habille
    Pour être placée au somme
    De la salle où l'on met
    Les gens de l'entriguet
    De tout ceci, franc et net
    Je suis mal satisfait;
    Et cela sans doute est laid
            VIEILLE BOURGEOISE BABILLARDE.
    Il est vrai que c'est une honte;
    Le sang au visage me monte;
Et ce jeteur de vers, qui manque au capital
        L'entend fort mal
        C'est un brutal,
        Un vrai cheval,
        Franc animal,
    De faire si peu de compte
D'une fille qui fait l'ornement principal
    Du quartier du Palais-Royal,
    Et que, ces jours passés, un comte
    Fut prendre la première au bal
        Il l'entend mal,
        C'est un brutal,
        Un vrai cheval,
        Franc animal.
            HOMMES ET FEMMES DU BEL AIR.
Ah! quel bruit!
        Quel fracas!
                Quel chaos!
                        Quel mélange!
Quelle confusion!
            Quelle cohue étrange
    Quel désordre!
                Quel embarras
    On y sèche.
            L'on n'y tient pas
                GASCON.
Bentré! je suis à vout.

            AUTRE GASCON.
    J'enragé, Diou mé damne
                LE SUISSE.
Ah! que j'y faire saif dans sti stal de cians!
                GASCON.
    Jé murs!
            AUTRE GASCON.
    Jé perds la tramontane!
                LE SUISSE.
Mon foi, moi le foudrois être hors de dedans
            VIEUX BOURGEOIS BABILLARD
        Allons, ma mie,
        Suivez mes pas,
        Je vous en prie,
        Et ne me quittez pas.
    On fait de nous trop peu de cas.
        Et je suis las
        De ce tracas.
        Tout ce fracas,
        Cet embarras,
    Me pèse par trop sur les bras.
        S'il me prend jamais envie
        De retourner de ma vie
        A ballet ni comédie,
    Je veux bien qu'on m'estropie.
        Allons, ma mie,
        Suivez mes pas,
        Je vous en prie,
        Et ne me quittez pas.
    On fait de nous trop peu de cas.
            VIEILLE BOURGEOISE BABILLARDE.
        Allons, mon mignon, mon fils,
        Regagnons notre logis;
        Et sortons de ce taudis,
        Où l'on ne peut être assis.
        Ils seront bien ébaubis,
        Quand ils nous verront partis.
Trop de confusion règne dans cette salle,
Et j'aimerois mieux être au milieu de la Halle.
Si jamais je reviens à semblable régale,
Je veux bien recevoir des soufflets plus de six.
        Allons, mon mignon, mon fils,
        Regagnons notre logis;
        Et sortons de ce taudis,
        Où l'on ne peut être assis.
                TOUS.
A moi, monsieur, à moi, de grâce, à moi, monsieur
Un livre, s'il vous plaît, à votre serviteur.

SECONDE ENTRÉE

Les trois importuns dansent.

TROISIÈME ENTRÉE.

TROIS ESPAGNOLS, chantant.

    Sé que me muero de amor,
    Y solicito el dolor.

ACTE V, SCÈNE VII.

Aun muriendo de querer,
De tan buen ayre adolezco
Que es mas de lo que padezco,
Lo que quiero padecer ;
Y no pudiendo exceder
A mi deseo el rigor.

Sé que me muero de amor
Y solicito el dolor.

Lisonxeame la fuerte
Con piedad tan advertida,
Que me asegura la vida
En el riesgo de la muerte.
Vivir de su golpe fuerte
Es de mi salud primor.

Sé que me muero de amor
Y solicito el dolor [1].

Six Espagnols dansent.

TROIS MUSICIENS ESPAGNOLS.

Ay! que locura, con tanto rigor
  Quexarse de Amor,
  Del niño benito
  Que todo es dulzura.
  Ay! que locura!
  Ay! que locura!

ESPAGNOL, chantant.

El dolor solicita
El que al dolor se da :
Y nadie de amor muere,
Sino quien no save amar.

DEUX ESPAGNOLS.

Dulce muerte es el amor
Con correspondencia igual ;
Y si esta gozamos hoy,
Porque la quieres turbar?

UN ESPAGNOL.

Alegrese enamorado
Y tome mi parecer,
Que en esto de querer,
Todo es hallar el vado.

TOUS TROIS ENSEMBLE

Vaya, vaya de fiestas!
  Vaya de bayle!
Alegria, alegria, alegria!
Que esto de dolor es fantasia [2].

QUATRIÈME ENTRÉE.

ITALIENS.

UNE MUSICIENNE ITALIENNE fait le premier récit, dont voici les paroles :

Di rigori armata il seno,
Contro Amor mi ribellai ;
Ma fui vinta in un baleno
In mirar due vaghi rai.
Ahi! che resiste puoco
Cor di gelo a stral di fuoco!

Ma sì caro è 'l mio tormento,
Dolce è sì la piaga mia,
Ch' il penare è 'l mio contento,
E 'l sanarmi è tirannia.
Ahi! che più giova e piace,
Quanto amor è più vivace!

Après l'air que la musicienne a chanté, deux scaramouches, deux trivelins et un arlequin, représentent une nuit à la manière des comédiens italiens, en cadence. Un musicien italien se joint à la musicienne italienne, et chante avec elle les paroles qui suivent :

LE MUSICIEN ITALIEN.

Bel tempo che vola
Rapisce il contento :
D' Amor ne la scuola
Si coglie il momento.

LA MUSICIENNE.

Insin che florida
Ride l' età,
Che pur tropp' orrida,
Da noi sen va,

TOUS DEUX.

Sù cantiamo,
Sù godiamo
Ne' bei dì di gioventù :
Perduto ben non si racquista più.

MUSICIEN.

Pupilla ch' è vaga
Mill' alme incatena,
Fà dolce la piaga,
Felice la pena.

MUSICIENNE.

Ma poichè frigida
Langue l' età,
Più l' alma rigida
Fiamme non ha.

TOUS DEUX.

Sù cantiamo
Sù godiamo
Ne' bei dì di gioventù ;

---

[1] « Je sais que je me meurs d'amour, et je recherche la douleur. Quoique mourant de désir, je dépéris de si bon air, que ce que je désire souffrir est plus que ce que je souffre ; et la rigueur de mon mal ne peut excéder mon désir.

« Je sais, etc.

« Le sort me flatte avec une pitié si attentive, qu'il m'assure la vie dans le danger de la mort. Vivre d'un coup si fort est le prodige de mon salut.

« Je sais, » etc. (Auger.)

[2] « Ah! quelle folie de se plaindre de l'Amour avec tant de rigueur! de l'enfant gentil qui est la douceur même! Ah! quelle folie! ah! quelle folie!

« La douleur tourmente celui qui s'abandonne à la douleur : et personne ne meurt d'amour, si ce n'est celui qui ne sait pas aimer.

« L'amour est une douce mort, quand on est payé de retour ; et si nous en jouissons aujourd'hui, pourquoi la veux-tu troubler?

« Que l'amant se réjouisse, et adopte mon avis ; car, lorsqu'on désire, tout est de trouver le moyen.

« Allons, allons, des fêtes ; allons, de la danse. Gai, gai, gai ; la douleur n'est qu'une fantaisie. » (Auger.)

Perduto ben non si racquista più [1].

Après les dialogues italiens, les scaramouches et trivelins dansent une réjouissance.

CINQUIÈME ENTRÉE.

FRANÇOIS.

DEUX MUSICIENS POITEVINS dansent, et chantent les paroles qui suivent.

PREMIER MENUET.

Ah! qu'il fait beau dans ces bocages!
Ah! que le ciel donne un beau jour!

[1] « Ayant armé mon sein de rigueurs, je me révoltai contre l'Amour; mais je fus vaincue, avec la promptitude de l'éclair, en regardant deux beaux yeux. Ah! qu'un cœur de glace résiste peu à une flèche de feu!

« Cependant mon tourment m'est si cher, et ma plaie m'est si douce, que ma peine fait mon bonheur, et que me guérir serait une tyrannie. Ah! plus l'amour est vif, plus il a de charmes et cause de plaisir.

« Le beau temps, qui s'envole, emporte le plaisir : à l'école d'Amour on apprend à profiter du moment.

« Tant que rit l'âge fleuri, qui trop promptement, hélas! s'éloigne de nous,

« Chantons, jouissons dans les beaux jours de la jeunesse; un bien perdu ne se recouvre plus.

« Un bel œil enchaîne mille cœurs; ses blessures sont douces; le mal qu'il cause est un bonheur.

« Mais, quand languit l'âge glacé, l'âme engourdie n'a plus de feux.

« Chantons, jouissons dans les beaux jours de la jeunesse; un bien perdu ne se recouvre plus. » (Auger.)

AUTRE MUSICIEN.

Le rossignol, sous ces tendres feuillages,
Chante aux échos son doux retour :
Ce beau séjour,
Ces doux ramages,
Ce beau séjour
Nous invite à l'amour.

DEUXIÈME MENUET. — TOUS DEUX ENSEMBLE.

Vois, ma Climène,
Vois, sous ce chêne,
S'entre-baiser ces oiseaux amoureux.
Ils n'ont rien dans leurs vœux
Qui les gêne;
De leurs doux feux
Leur âme est pleine
Qu'ils sont heureux!
Nous pouvons tous deux,
Si tu le veux,
Être comme eux.

Six autres François viennent après, vêtus galamment à la poitevine, trois en hommes et trois en femmes, accompagnés de huit flûtes et de hautbois, et dansent les menuets.

SIXIÈME ENTRÉE.

Tout cela finit par le mélange des trois nations, et les applaudissements en danse et en musique de toute l'assistance, qui chante les deux vers qui suivent :

Quels spectacles charmants! quels plaisirs goûtons-nous!
Les dieux mêmes, les dieux n'en ont point de plus doux.

PSYCHE

TRAGÉDIE-BALLET EN CINQ ACTES

1671

LE LIBRAIRE AU LECTEUR[*]

Cet ouvrage n'est pas tout d'une main. M. Quinault a fait les paroles qui s'y chantent en musique, à la réserve de la plainte italienne. M. Molière a dressé le plan de la pièce, et réglé la disposition, où il s'est plus attaché aux beautés et à la pompe du spectacle qu'à l'exacte régularité. Quant à la versification, il n'a pas eu le loisir de la faire entière. Le carnaval approchoit, et les ordres pressants du roi, qui se vouloit donner ce magnifique divertissement plusieurs fois avant le carême, l'ont mis dans la nécessité de souffrir un peu de secours. Ainsi, il n'y a que le prologue, le premier acte, la première scène du second, et la première du troisième dont les vers soient de lui. M. Corneille a employé une quinzaine au reste; et, par ce moyen, Sa Majesté s'est trouvée servie dans le temps qu'elle l'avoit ordonné.

PERSONNAGES

JUPITER[1].
VÉNUS[2].
L'AMOUR[3].
ZÉPHYRE[4].
ÆGIALE[5],
PHAÈNE[6], } Grâces.
LE ROI[7], père de Psyché.
PSYCHÉ[8].
AGLAURE[9],
CIDIPPE[10], } sœurs de Psyché.
CLÉOMÈNE[11],
AGÉNOR[12], } princes, amants de Psyché
LYCAS[13], capitaine des gardes.
LE DIEU D'UN FLEUVE[14].
DEUX PETITS AMOURS[15].

[*] On croit que cet *Avis au lecteur*, attribué au libraire, est de Molière lui-même.
Acteurs de la troupe de Molière : [1] Du Croisy. — [2] Mademoiselle de Brie. — [3] Baron. — [4] Molière. — [5] Mademoiselle la Thorillière. — [6] Mademoiselle du Croisy. — [7] La Thorillière. — [8] Mademoiselle Molière. — [9] Mademoiselle Beaupré. — [10] Mademoiselle Beauval. — [11] Hubert. — [12] La Grange. — [13] Chateauneuf. — [14] De Brie. — [15] La Thorillière fils et Barillonet.

PROLOGUE

La scène représente, sur le devant, un lieu champêtre, et dans l'enfoncement un rocher percé à jour, au travers duquel on voit la mer en éloignement.

Flore paroît au milieu du théâtre, accompagnée de Vertumne, dieu des arbres et des fruits, et de Palémon, dieu des eaux. Chacun de ces dieux conduit une troupe de divinités : l'un mène à sa suite des dryades et des sylvains, et l'autre des dieux des fleuves et des naïades. Flore chante ce récit pour inviter Vénus à descendre en terre :

Ce n'est plus le temps de la guerre :
  Le plus puissant des rois
  Interrompt ses exploits,
Pour donner la paix à la terre[1].
Descendez, mère des Amours,
Venez nous donner de beaux jours.

Vertumne et Palémon, avec les divinités qui les accompagnent, joignent leurs voix à celle de Flore, et chantent ces paroles.

CHŒUR DES DIVINITÉS de la terre et des eaux, composé de Flore, nymphes, Palémon, Vertumne, sylvains, faunes, dryades et naïades.

Nous goûtons une paix profonde,
Les plus doux jeux sont ici-bas.
On doit ce repos plein d'appas
  Au plus grand roi du monde.
Descendez, mère des Amours,
Venez nous donner de beaux jours.

Il se fait ensuite une entrée de ballet, composée de deux dryades, quatre sylvains, deux fleuves et deux naïades; après laquelle Vertumne et Palémon chantent ce dialogue :

VERTUMNE.
Rendez-vous, beautés cruelles,
Soupirez à votre tour.

PALÉMON.
Voici la reine des belles,
Qui vient inspirer l'amour.

[1] La paix signée à Aix-la-Chapelle le 2 mai 1668.

VERTUMNE.

Un bel objet, toujours sévère,
Ne se fait jamais bien aimer.

PALÉMON.

C'est la beauté qui commence de plaire;
Mais la douceur achève de charmer.

TOUS DEUX, ensemble.

C'est la beauté qui commence de plaire;
Mais la douceur achève de charmer.

VERTUMNE.

Souffrons tous qu'Amour nous blesse;
Languissons, puisqu'il le faut.

PALÉMON.

Que sert un cœur sans tendresse?
Est-il un plus grand défaut?

VERTUMNE.

Un bel objet, toujours sévère,
Ne se fait jamais bien aimer.

PALÉMON.

C'est la beauté qui commence de plaire;
Mais la douceur achève de charmer.

TOUS DEUX, ensemble.

C'est la beauté qui commence de plaire;
Mais la douceur achève de charmer.

FLORE répond au dialogue de Vertumne et de Palémon par ce menuet, et les autres divinités y mêlent leurs danses.

Est-on sage,
Dans le bel âge,
Est-on sage
De n'aimer pas?
Que sans cesse
L'on se presse
De goûter les plaisirs ici-bas.
La sagesse
De la jeunesse,
C'est de savoir jouir de ses appas.
L'Amour charme
Ceux qu'il désarme;
L'Amour charme,
Cédons-lui tous.
Notre peine
Seroit vaine
De vouloir résister à ses coups;
Quelque chaîne
Qu'un amant prenne,
La liberté n'a rien qui soit si doux.

Vénus descend du ciel dans une grande machine, avec l'Amour son fils, et deux petites Grâces nommées Ægiale et Phaène; et les divinités de la terre et des eaux recommencent de joindre toutes leurs voix, et continuent par leurs danses de lui témoigner la joie qu'elles ressentent à son abord.

CHŒUR de toutes les divinités de la terre et des eaux.

Nous goûtons une paix profonde,
Les plus doux jeux sont ici-bas;
On doit ce repos plein d'appas
Au plus grand roi du monde.
Descendez, mère des Amours,
Venez nous donner de beaux jours.

VÉNUS, dans sa machine.

Cessez, cessez pour moi tous vos chants d'allégresse:
De si rares honneurs ne m'appartiennent pas;
Et l'hommage qu'ici votre bonté m'adresse
Doit être réservé pour de plus doux appas.
C'est une trop vieille méthode
De me venir faire sa cour;
Toutes les choses ont leur tour,
Et Vénus n'est plus à la mode.
Il est d'autres attraits naissants
Où l'on va porter ses encens.
Psyché, Psyché la belle, aujourd'hui tient ma place;
Déjà tout l'univers s'empresse à l'adorer;
Et c'est trop que, dans ma disgrâce,
Je trouve encor quelqu'un qui me daigne honorer.
On ne balance point entre nos deux mérites;
A quitter mon parti tout s'est licencié,
Et du nombreux amas de Grâces favorites
Dont je traînois partout les soins et l'amitié,
Il ne m'en est resté que deux des plus petites,
Qui m'accompagnent par pitié.
Souffrez que ces demeures sombres
Prêtent leur solitude aux troubles de mon cœur,
Et me laissez parmi leurs ombres
Cacher ma honte et ma douleur.

Flore et les autres déités se retirent, et Vénus, avec sa suite, sort de sa machine.

ÆGIALE.

Nous ne savons, déesse, comment faire,
Dans ce chagrin qu'on voit vous accabler.
Notre respect veut se taire,
Notre zèle veut parler.

VÉNUS.

Parlez; mais, si vos soins aspirent à me plaire,
Laissez tous vos conseils pour une autre saison,
Et ne parlez de ma colère
Que pour dire que j'ai raison.
C'étoit là, c'étoit là la plus sensible offense
Que ma divinité pût jamais recevoir :
Mais j'en aurai la vengeance,
Si les dieux ont du pouvoir.

PHAÈNE.

Vous avez plus que nous de clarté, de sagesse,
Pour juger ce qui peut être digne de vous;
Mais, pour moi, j'aurois cru qu'une grande déesse
Devroit moins se mettre en courroux.

VÉNUS.

Et c'est là la raison de ce courroux extrême.
Plus mon rang a d'éclat, plus l'affront est sanglant,
Et, si je n'étois pas dans ce degré suprême,
Le dépit de mon cœur seroit moins violent.
Moi, la fille du dieu qui lance le tonnerre,
Mère du dieu qui fait aimer;
Moi, les plus doux souhaits du ciel et de la terre
Et qui ne suis venue au jour que pour charmer;
Moi qui, par tout ce qui respire,
Ai vu de tant de vœux encenser mes autels,
Et qui de la beauté, par des droits immortels,

Ai tenu de tout temps le souverain empire;
Moi, dont les yeux ont mis deux grandes déités
Au point de me céder le prix de la plus belle,
Je me vois ma victoire et mes droits disputés
　　Par une chétive mortelle!
Le ridicule excès d'un fol entêtement
Va jusqu'à m'opposer une petite fille!
Sur ses traits et les miens j'essuierai constamment
　　Un téméraire jugement,
　　Et du haut des cieux, où je brille,
J'entendrai prononcer aux mortels prévenus:
　　Elle est plus belle que Vénus [1].

ÆGIALE.

Voilà comme l'on fait; c'est le style des hommes;
Ils sont impertinents dans leurs comparaisons.

PHAÈNE.

Ils ne sauroient louer, dans le siècle où nous sommes,
　　Qu'ils n'outragent les plus grands noms.

VÉNUS.

Ah! que de ces trois mots la rigueur insolente
　　Venge bien Junon et Pallas,
Et console leurs cœurs de la gloire éclatante
Que la fameuse pomme acquit à mes appas!
Je les vois s'applaudir de mon inquiétude,
Affecter à toute heure un ris malicieux,
　Et, d'un fixe regard, chercher avec étude
　　Ma confusion dans mes yeux.
Leur triomphante joie, au fort d'un tel outrage,
Semble me venir dire, insultant mon courroux:
Vante, vante, Vénus, les traits de ton visage!
Au jugement d'un seul tu l'emportas sur nous;
　　Mais, par le jugement de tous,
Une simple mortelle a sur toi l'avantage.
Ah! ce coup-là m'achève, il me perce le cœur;
Je n'en puis plus souffrir les rigueurs sans égales;
Et c'est trop de surcroît à ma vive douleur
　　Que le plaisir de mes rivales.
Mon fils, si j'eus jamais sur toi quelque crédit,
　　Et si jamais je te fus chère,
　Si tu portes un cœur à sentir le dépit
　　Qui trouble le cœur d'une mère
　　　Qui si tendrement te chérit,
Emploie, emploie ici l'effort de ta puissance
　　A soutenir mes intérêts:
　　Et fais à Psyché, par tes traits,
　　Sentir les traits de ma vengeance.
　　Pour rendre son cœur malheureux,
Prends celui de tes traits le plus propre à me plaire,
　　Le plus empoisonné de ceux
　　Que tu lances dans ta colère.
Du plus bas, du plus vil, du plus affreux mortel,
Fais que, jusqu'à la rage, elle soit enflammée,
Et qu'elle ait à souffrir le supplice cruel
　　D'aimer et n'être point aimée.

L'AMOUR.

Dans le monde on n'entend que plaintes de l'Amour;

[1] Ce discours de Vénus est imité d'Apulée, le premier et le plus connu des auteurs qui ont raconté la fable de Psyché. Voir l'édition d'Apulée donnée par MM. Garnier. (F. L.)

On m'impute partout mille fautes commises,
Et vous ne croiriez point le mal et les sottises
　　Que l'on dit de moi chaque jour.
　　Si pour servir votre colère...

VÉNUS.

Va, ne résiste point aux souhaits de ta mère;
　　N'applique tes raisonnements
　　Qu'à chercher les plus prompts moments
De faire un sacrifice à ma gloire outragée
Pars, pour toute réponse à mes empressements,
Et ne me revois point que je ne sois vengée.

L'Amour s'envole, et Vénus se retire avec les Grâces. La scène est changée en une grande ville, où l'on découvre des deux côtés des palais et des maisons de différents ordres d'architecture.

ACTE PREMIER

SCÈNE I

AGLAURE, CIDIPPE.

AGLAURE.

Il est des maux, ma sœur, que le silence aigrit:
Laissons, laissons parler mon chagrin et le vôtre,
　　Et de nos cœurs l'un à l'autre
　　Exhalons le cuisant dépit.
　Nous nous voyons sœurs d'infortune,
Et la vôtre et la mienne ont un si grand rapport,
Que nous pouvons mêler toutes les deux en une,
　　Et, dans notre juste transport,
　　Murmurer, à plainte commune,
　　Des cruautés de notre sort.
　　Quelle fatalité secrète,
　　Ma sœur, soumet tout l'univers
　　Aux attraits de notre cadette,
　　Et, de tant de princes divers
　Qu'en ces lieux la fortune jette,
　N'en présente aucun à nos fers?
Quoi! voir de toutes parts, pour lui rendre les armes,
　　Les cœurs se précipiter,
　　Et passer devant nos charmes
　　Sans s'y vouloir arrêter!
　　Quel sort ont nos yeux en partage,
　　Et qu'est-ce qu'ils ont fait aux dieux,
　　De ne jouir d'aucun hommage
Parmi tous ces tributs de soupirs glorieux,
　　Dont le superbe avantage
　　Fait triompher d'autres yeux?
Est-il pour nous, ma sœur, de plus rude disgrâce
Que de voir tous les cœurs mépriser nos appas,
Et l'heureuse Psyché jouir avec audace
D'une foule d'amants attachés à ses pas?

CIDIPPE.

　　Ah! ma sœur, c'est une aventure
　　A faire perdre la raison;
　　Et tous les maux de la nature

Ne sont rien en comparaison.
AGLAURE.
Pour moi, j'en suis souvent jusqu'à verser des larmes.
Tout plaisir, tout repos, par là m'est arraché;
Contre un pareil malheur ma constance est sans armes.
Toujours à ce chagrin mon esprit attaché
Me tient devant les yeux la honte de nos charmes,
Et le triomphe de Psyché.
La nuit, il m'en repasse une idée éternelle,
Qui sur toute chose prévaut.
Rien ne me peut chasser cette image cruelle;
Et, dès qu'un doux sommeil me vient délivrer d'elle,
Dans mon esprit aussitôt
Quelque songe la rappelle,
Qui me réveille en sursaut
CIDIPPE.
Ma sœur, voilà mon martyre :
Dans vos discours je me voi;
Et vous venez là de dire
Tout ce qui se passe en moi.
AGLAURE.
Mais encor, raisonnons un peu sur cette affaire.
Quels charmes si puissants en elle sont épars?
Et par où, dites-moi, du grand secret de plaire
L'honneur est-il acquis à ses moindres regards?
Que voit-on dans sa personne,
Pour inspirer tant d'ardeurs?
Quel droit de beauté lui donne
L'empire de tous les cœurs?
Elle a quelques attraits, quelque éclat de jeunesse :
On en tombe d'accord; je n'en disconviens pas;
Mais lui cède-t-on fort pour quelque peu d'aînesse,
Et se voit-on sans appas?
Est-on d'une figure à faire qu'on se raille?
N'a-t-on point quelques traits et quelques agréments,
Quelque teint, quelques yeux, quelque air et quelque taille
A pouvoir dans nos fers jeter quelques amants?
Ma sœur, faites-moi la grâce
De me parler franchement :
Suis-je faite d'un air, à votre jugement,
Que mon mérite au sien doive céder la place?
Et, dans quelque ajustement,
Trouvez-vous qu'elle m'efface?
CIDIPPE.
Qui? vous, ma sœur? nullement.
Hier, à la chasse, près d'elle,
Je vous regardai longtemps;
Et, sans vous donner d'encens,
Vous me parûtes plus belle.
Mais moi, dites, ma sœur, sans me vouloir flatter,
Sont-ce des visions que je me mets en tête,
Quand je me crois taillée à pouvoir mériter
La gloire de quelque conquête?
AGLAURE.
Vous, ma sœur? vous avez, sans nul déguisement,
Tout ce qui peut causer une amoureuse flamme.
Vos moindres actions brillent d'un agrément
Dont je me sens toucher l'âme.

Et je serois votre amant
Si j'étois autre que femme.
CIDIPPE.
D'où vient donc qu'on la voit l'emporter sur nous deu
Qu'à ses premiers regards les cœurs rendent les arm
Et que d'aucun tribut de soupirs et de vœux
On ne fait honneur à nos charmes?
AGLAURE.
Toutes les dames, d'une voix,
Trouvent ses attraits peu de chose;
Et du nombre d'amants qu'elle tient sous ses lois,
Ma sœur, j'ai découvert la cause.
CIDIPPE.
Pour moi, je la devine; et l'on doit présumer
Qu'il faut que là-dessous soit caché du mystère.
Ce secret de tout enflammer
N'est point de la nature un effet ordinaire;
L'art de la Thessalie [1] entre dans cette affaire;
Et quelque main a su, sans doute, lui former
Un charme pour se faire aimer.
AGLAURE.
Sur un plus fort appui ma croyance se fonde;
Et le charme qu'elle a pour attirer les cœurs,
C'est un air en tout temps désarmé de rigueurs,
Des regards caressants que la bouche seconde;
Un souris chargé de douceurs,
Qui tend les bras à tout le monde[2],
Et ne vous promet que faveurs.
Notre gloire n'est plus aujourd'hui conservée;
Et l'on n'est plus au temps de ces nobles fiertés
Qui, par un digne essai d'illustres cruautés,
Vouloient voir d'un amant la constance éprouvée.
De tout ce noble orgueil, qui nous seyoit si bien,
On est bien descendu, dans le siècle où nous sommes,
Et l'on en est réduite à n'espérer plus rien,
A moins que l'on se jette à la tête des hommes.
CIDIPPE.
Oui, voilà le secret de l'affaire, et je voi
Que vous le prenez mieux que moi.
C'est pour nous attacher à trop de bienséance
Qu'aucun amant, ma sœur, à nous ne veut venir;
Et nous voulons trop soutenir
L'honneur de notre sexe et de notre naissance.
Les hommes maintenant aiment ce qui leur rit;
L'espoir, plus que l'amour, est ce qui les attire
Et c'est par là que Psyché nous ravit
Tous les amants qu'on voit sous son empire.
Suivons, suivons l'exemple, ajustons-nous au temps;
Abaissons-nous, ma sœur, à faire des avances,
Et ne ménageons plus de tristes bienséances,
Qui nous ôtent les fruits du plus beau de nos ans.
AGLAURE.
J'approuve la pensée, et nous avons matière
D'en faire l'épreuve première

[1] La magie. Les Thessaliennes passaient pour les plus habi magiciennes du monde.
[2] *Un souris qui tend les bras à tout le monde* est une étrar figure. Marivaux n'en a pas de plus extraordinaire. (Auger.)

ACTE I, SCÈNE II.

Aux deux princes qui sont les derniers arrivés.
Ils sont charmants, ma sœur; et leur personne entière
Me... Les avez-vous observés?
CIDIPPE.
Ah! ma sœur, ils sont faits tous deux d'une manière,
Que mon âme... Ce sont deux princes achevés.
AGLAURE.
Je trouve qu'on pourroit rechercher leur tendresse
Sans se faire déshonneur.
CIDIPPE.
Je trouve que sans honte une belle princesse
Leur pourroit donner son cœur.
AGLAURE.
Les voici tous deux, et j'admire
Leur air et leur ajustement.
CIDIPPE.
Ils ne démentent nullement
Tout ce que nous venons de dire.

SCÈNE II

CLÉOMÈNE, AGÉNOR, AGLAURE, CIDIPPE.

AGLAURE.
D'où vient, princes, d'où vient que vous fuyez ainsi?
Prenez-vous l'épouvante en nous voyant paroître?
CLÉOMÈNE.
On nous faisoit croire qu'ici
La princesse Psyché, madame, pourroit être.
AGLAURE.
Tous ces lieux n'ont-ils rien d'agréable pour vous,
Si vous ne les voyez ornés de sa présence?
AGÉNOR.
Ces lieux peuvent avoir des charmes assez doux;
Mais nous cherchons Psyché dans notre impatience.
CIDIPPE.
Quelque chose de bien pressant
Vous doit, à la chercher, pousser tous deux, sans doute?
CLÉOMÈNE.
Le motif est assez puissant,
Puisque notre fortune enfin en dépend toute.
AGLAURE.
Ce seroit trop à nous que de nous informer
Du secret que ces mots nous peuvent enfermer.
CLÉOMÈNE.
Nous ne prétendons point en faire de mystère:
Aussi bien, malgré nous, paroîtroit-il au jour;
Et le secret ne dure guère.
Madame, quand c'est de l'amour.
CIDIPPE.
Sans aller plus avant, princes, cela veut dire
Que vous aimez Psyché tous deux.
AGÉNOR.
Tous deux soumis à son empire,
Nous allons, de concert, lui découvrir nos feux.
AGLAURE.
C'est une nouveauté, sans doute, assez bizarre,
Que deux rivaux si bien unis

CLÉOMÈNE.
Il est vrai que la chose est rare,
Mais non pas impossible à deux parfaits amis.
CIDIPPE.
Est-ce que dans ces lieux il n'est qu'elle de belle?
Et n'y trouvez-vous point à séparer vos vœux?
AGLAURE.
Parmi l'éclat du sang, vos yeux n'ont-ils vu qu'elle
A pouvoir mériter vos feux?
CLÉOMÈNE.
Est-ce que l'on consulte au moment qu'on s'enflamme?
Choisit-on qui l'on veut aimer?
Et, pour donner toute son âme,
Regarde-t-on quel droit on a de nous charmer?
AGÉNOR.
Sans qu'on ait le pouvoir d'élire,
On suit, dans une telle ardeur,
Quelque chose qui nous attire:
Et, lorsque l'amour touche un cœur,
On n'a point de raisons à dire.
AGLAURE.
En vérité, je plains les fâcheux embarras
Où je vois que vos cœurs se mettent.
Vous aimez un objet dont les riants appas
Mêleront des chagrins à l'espoir qu'ils vous jettent;
Et son cœur ne vous tiendra pas
Tout ce que ses yeux vous promettent.
CIDIPPE.
L'espoir qui vous appelle au rang de ses amants
Trouvera du mécompte aux douceurs qu'elle étale;
Et c'est pour essuyer de très-fâcheux moments,
Que les soudains retours de son âme inégale.
AGLAURE.
Un clair discernement de ce que vous valez
Nous fait plaindre le sort où cet amour vous guide;
Et vous pouvez trouver tous deux, si vous voulez,
Avec autant d'attraits, une âme plus solide.
CIDIPPE.
Par un choix plus doux de moitié,
Vous pouvez de l'amour sauver votre amitié;
Et l'on voit en vous deux un mérite si rare,
Qu'un tendre avis veut bien prévenir, par pitié,
Ce que votre cœur se prépare.
CLÉOMÈNE.
Cet avis généreux fait, pour nous, éclater
Des bontés qui nous touchent l'âme;
Mais le ciel nous réduit à ce malheur, madame,
De ne pouvoir en profiter.
AGÉNOR.
Votre illustre pitié veut en vain nous distraire
D'un amour dont tous deux nous redoutons l'effet;
Ce que notre amitié, madame, n'a pas fait,
Il n'est rien qui le puisse faire.
CIDIPPE.
Il faut que le pouvoir de Psyché... La voici.

SCÈNE III

PSYCHÉ, CIDIPPE, AGLAURE, CLÉOMÈNE, AGÉNOR.

CIDIPPE.

Venez jouir, ma sœur, de ce qu'on vous apprête.

AGLAURE.

Préparez vos attraits à recevoir ici
Le triomphe nouveau d'une illustre conquête.

CIDIPPE.

Ces princes ont tous deux si bien senti vos coups,
Qu'à vous le découvrir leur bouche se dispose.

PSYCHÉ.

Du sujet qui les tient si rêveurs parmi nous
　Je ne me croyois pas la cause;
　Et j'aurois cru tout autre chose,
　En les voyant parler à vous.

AGLAURE.

　N'ayant ni beauté ni naissance
A pouvoir mériter leur amour et leurs soins,
　Ils nous favorisent au moins
　De l'honneur de la confidence.

CLÉOMÈNE, à Psyché.

L'aveu qu'il nous faut faire à vos divins appas
Est sans doute, madame, un aveu téméraire;
　Mais tant de cœurs, près du trépas,
Sont, par de tels aveux, forcés à vous déplaire,
　Que vous êtes réduite à ne les punir pas
　　Des foudres de votre colère.
Vous voyez en nous deux amis
Qu'un doux rapport d'humeurs sut joindre dès l'enfance;
Et ces tendres liens se sont vus affermis
Par cent combats d'estime et de reconnoissance.
Du destin ennemi les assauts rigoureux,
Les mépris de la mort, et l'aspect des supplices,
Par d'illustres éclats de mutuels offices,
Ont de notre amitié signalé les beaux nœuds;
Mais, à quelques essais qu'elle se soit trouvée,
　Son grand triomphe est en ce jour;
Et rien ne fait tant voir sa constance éprouvée
Que de se conserver au milieu de l'amour.
Oui, malgré tant d'appas, son illustre constance
Aux lois qu'elle nous fait a soumis tous nos vœux;
Elle vient, d'une douce et pleine déférence,
Remettre à votre choix le succès de nos feux;
Et, pour donner un poids à notre concurrence,
Qui des raisons d'État entraîne la balance
　Sur le choix de l'un de nous deux,
Cette même amitié s'offre, sans répugnance,
D'unir nos deux États au sort du plus heureux.

AGÉNOR.

　Oui, de ces deux États, madame,
Que sous votre heureux choix nous nous offrons d'unir
　Nous voulons faire à notre flamme
　　Un secours pour vous obtenir.
Ce que, pour ce bonheur, près du roi votre père,
　Nous nous sacrifions tous deux,
N'a rien de difficile à nos cœurs amoureux;
Et c'est au plus heureux faire un don nécessaire
　D'un pouvoir dont le malheureux,
　Madame, n'aura plus affaire.

PSYCHÉ.

Le choix que vous m'offrez, princes, montre à mes yeux
De quoi remplir les vœux de l'âme la plus fière;
Et vous me le parez tous deux d'une manière
Qu'on ne peut rien offrir qui soit plus précieux
Vos feux, votre amitié, votre vertu suprême,
Tout me relève en vous l'offre de votre foi,
Et j'y vois un mérite à s'opposer lui-même
　A ce que vous voulez de moi.
Ce n'est pas à mon cœur qu'il faut que je défère,
　Pour entrer sous de tels liens;
Ma main, pour se donner, attend l'ordre d'un père;
Et mes sœurs ont des droits qui vont devant les miens.
Mais, si l'on me rendoit sur mes vœux absolue,
Vous y pourriez avoir trop de part à la fois;
Et toute mon estime, entre vous suspendue,
Ne pourroit sur aucun laisser tomber mon choix.
　A l'ardeur de votre poursuite,
Je répondrois assez de mes vœux les plus doux;
Mais c'est, parmi tant de mérite,
Trop que deux cœurs pour moi, trop peu qu'un cœur pour [vous.
De mes plus doux souhaits j'aurois l'âme gênée
　A l'effort de votre amitié;
Et j'y vois l'un de vous prendre une destinée
　A me faire trop de pitié.
Oui, princes, à tous ceux dont l'amour suit le vôtre,
Je vous préférerois tous deux avec ardeur;
Mais je n'aurois jamais le cœur
De pouvoir préférer l'un de vous deux à l'autre.
　A celui que je choisirois
Ma tendresse feroit un trop grand sacrifice;
Et je m'imputerois à barbare injustice
　Le tort qu'à l'autre je ferois.
Oui, tous deux vous brillez de trop de grandeur d'âme
　Pour en faire aucun malheureux;
Et vous devez chercher dans l'amoureuse flamme
　Le moyen d'être heureux tous deux.
　Si votre cœur me considère
Assez pour me souffrir de disposer de vous,
J'ai deux sœurs capables de plaire,
Qui peuvent bien vous faire un destin assez doux;
Et l'amitié me rend leur personne assez chère
　Pour vous souhaiter leurs époux.

CLÉOMÈNE.

　Un cœur dont l'amour est extrême
　Peut-il bien consentir, hélas!
　D'être donné par ce qu'il aime?
Sur nos deux cœurs, madame, à vos divins appas
　Nous donnons un pouvoir suprême;
　Disposez-en pour le trépas :
　Mais pour une autre que vous-même,
Ayez cette bonté de n'en disposer pas.

AGÉNOR.

Aux princesses, madame, on feroit trop d'outrage,
Et c'est, pour leurs attraits, un indigne partage,

Que les restes d'une autre ardeur.
Il faut d'un premier feu la pureté fidèle
Pour aspirer à cet honneur
Où votre bonté nous appelle,
Et chacune mérite un cœur
Qui n'ait soupiré que pour elle.
AGLAURE.
Il me semble, sans nul courroux,
Qu'avant que de vous en défendre,
Princes, vous deviez bien attendre
Qu'on se fût expliqué sur vous.
Nous croyez-vous un cœur si facile et si tendre?
Et, lorsqu'on parle ici de vous donner à nous,
Savez-vous si l'on veut nous prendre?
CIDIPPE.
Je pense que l'on a d'assez hauts sentiments
Pour refuser un cœur qu'il faut qu'on sollicite,
Et qu'on ne veut devoir qu'à son propre mérite
La conquête de ses amants.
PSYCHÉ.
J'ai cru pour vous, mes sœurs, une gloire assez grande,
Si la possession d'un mérite si haut...

SCÈNE IV

PSYCHÉ, AGLAURE, CIDIPPE, CLÉOMÈNE, AGÉNOR, LYCAS.

LYCAS, à Psyché.
Ah! madame!
PSYCHÉ.
Qu'as-tu?
LYCAS.
Le roi...
PSYCHÉ.
Quoi?
LYCAS.
Vous demande.
PSYCHÉ.
De ce trouble si grand que faut-il que j'attende?
LYCAS.
Vous ne le saurez que trop tôt.
PSYCHÉ.
Hélas! que pour le roi tu me donnes à craindre!
LYCAS.
Ne craignez que pour vous; c'est vous que l'on doit plaindre.
PSYCHÉ.
C'est pour louer le ciel et me voir hors d'effroi,
De savoir que je n'aie à craindre que pour moi.
Mais apprends-moi, Lycas, le sujet qui te touche.
LYCAS.
Souffrez que j'obéisse à qui m'envoie ici,
Madame, et qu'on vous laisse apprendre de sa bouche
Ce qui peut m'affliger ainsi.
PSYCHÉ.
Allons savoir sur quoi l'on craint tant ma foiblesse.

SCÈNE V

AGLAURE, CIDIPPE, LYCAS.

AGLAURE.
Si ton ordre n'est pas jusqu'à nous étendu,
Dis-nous quel grand malheur nous couvre ta tristesse.
LYCAS.
Hélas! ce grand malheur, dans la cour répandu,
Voyez-le vous-même, princesse,
Dans l'oracle qu'au roi les destins ont rendu.
Voici ses propres mots, que la douleur, madame,
A gravés au fond de mon âme:
« Que l'on ne pense nullement
« A vouloir de Psyché conclure l'hyménée;
« Mais qu'au sommet d'un mont elle soit promptement
« En pompe funèbre menée,
« Et que, de tous abandonnée,
« Pour époux elle attende en ces lieux constamment
« Un monstre dont on a la vue empoisonnée,
« Un serpent qui répand son venin en tous lieux,
« Et trouble dans sa rage et la terre et les cieux. »
Après un arrêt si sévère,
Je vous quitte, et vous laisse à juger entre vous
Si par de plus cruels et plus sensibles coups
Tous les dieux nous pouvoient expliquer leur colère.

SCÈNE VI

AGLAURE, CIDIPPE.

CIDIPPE.
Ma sœur, que sentez-vous à ce soudain malheur
Où nous voyons Psyché par les destins plongée?
AGLAURE.
Mais vous, que sentez-vous, ma sœur?
CIDIPPE.
A ne vous point mentir, je sens que, dans mon cœur,
Je n'en suis pas trop affligée.
AGLAURE.
Moi, je sens quelque chose au mien
Qui ressemble assez à la joie.
Allons, le Destin nous envoie
Un mal que nous pouvons regarder comme un bien [1].

PREMIER INTERMÈDE

La scène est changée en des rochers affreux, et fait voir en l'éloignement une grotte effroyable.

C'est dans ce désert que Psyché doit être exposée, pour obéir à l'oracle. Une troupe de personnes affligées y

[1] Ce premier acte est peu attachant. Les deux sœurs, dans leur jalousie, sont d'une férocité révoltante; les deux princes, dans leur rivalité, sont d'une générosité invraisemblable; et Psyché, qui n'aime encore personne, ne devient intéressante qu'au moment où elle devient malheureuse. (Auger.)

viennent déplorer sa disgrâce. Une partie de cette troupe désolée témoigne sa pitié par des plaintes touchantes et par des concerts lugubres; et l'autre exprime sa désolation par une danse pleine de toutes les marques du plus violent désespoir.

PLAINTES EN ITALIEN

CHANTÉES PAR UNE FEMME DÉSOLÉE ET DEUX HOMMES AFFLIGÉS.

FEMME DÉSOLÉE.

Deh! piangete al pianto mio,
Sassi duri, antiche selve;
Lagrimate, fonti, e belve,
D'un bel volto il fato rio.

PREMIER HOMME AFFLIGÉ.

Ahi dolore!

SECOND HOMME AFFLIGÉ.

Ahi martire!

PREMIER HOMME AFFLIGÉ.

Cruda morte!

SECOND HOMME AFFLIGÉ.

Empia sorte!

TOUS TROIS.

Che condanni a morir tanta beltà!
Cieli! stelle! ahi crudeltà!

FEMME DÉSOLÉE.

Rispondete a' miei lamenti,
Antri, cavi, ascose rupi;
Deh! ridite, fondi cupi,
Del mio duolo i mesti accenti.

PREMIER HOMME AFFLIGÉ.

Ahi dolore!

SECOND HOMME AFFLIGÉ.

Ahi martire!

PREMIER HOMME AFFLIGÉ.

Cruda morte!

FEMME DÉSOLÉE, ET SECOND HOMME AFFLIGÉ.

Empia sorte!

TOUS TROIS.

Che condanni a morir tanta beltà!
Cieli! stelle! ahi crudeltà!

SECOND HOMME AFFLIGÉ.

Com' esser può fra voi, o numi eterni,
Chi voglia estinta una beltà innocente?
Ahi! che tanto rigor, cielo inclemente,
Vince di crudeltà gli stessi inferni.

PREMIER HOMME AFFLIGÉ

Nume fiero!

SECOND HOMME AFFLIGÉ.

Dio severo!

LES DEUX HOMMES AFFLIGÉS.

Perchè tanto rigor
Contro innocente cor?
Ahi! sentenza inudita!
Dar morte a la beltà, ch' altrui dà vita!

FEMME DÉSOLÉE.

Ahi! ch' indarno si tarda!
Non resiste a li dei mortale affetto,
Alto impero ne sforza;
Ove comanda il ciel, l'uom cede a forza.

PREMIER HOMME AFFLIGÉ

Ahi dolore!

SECOND HOMME AFFLIGÉ

Ahi martire!

PREMIER HOMME AFFLIGÉ.

Cruda morte!

FEMME DÉSOLÉE, ET SECOND HOMME AFFLIGÉ.

Empia sorte!

TOUS TROIS.

Che condanni a morir tanta beltà!
Cieli! stelle! ahi crudeltà!

Ces plaintes sont entrecoupées et finies par une entrée de ballet de huit personnes affligées, et qui par leurs attitudes expriment leur douleur.

ACTE SECOND

SCÈNE I

LE ROI, PSYCHÉ, AGLAURE, CIDIPPE, LYCAS, SUITE.

PSYCHÉ.

De vos larmes, seigneur, la source m'est bien chère;
Mais c'est trop aux bontés que vous avez pour moi,
Que de laisser régner les tendresses de père
  Jusque dans les yeux d'un grand roi.
Ce qu'on vous voit ici donner à la nature
Au rang que vous tenez, seigneur, fait trop d'injure,
Et j'en dois refuser les touchantes faveurs.
  Laissez moins sur votre sagesse
  Prendre d'empire à vos douleurs,
Et cessez d'honorer mon destin par des pleurs
Qui dans le cœur d'un roi montrent de la foiblesse.

LE ROI.

Ah! ma fille, à ces pleurs laisse mes yeux ouverts.
Mon deuil est raisonnable, encor qu'il soit extrême;
Et, lorsque pour toujours on perd ce que je perds,
La sagesse, crois-moi, peut pleurer elle-même.
  En vain l'orgueil du diadème
Veut qu'on soit insensible à ces cruels revers;
En vain de la raison les secours sont offerts
Pour vouloir d'un œil sec voir mourir ce qu'on aime;
L'effort en est barbare aux yeux de l'univers,
Et c'est brutalité plus que vertu suprême.
Je ne veux point, dans cette adversité,
Parer mon cœur d'insensibilité,
  Et cacher l'ennui qui me touche.
  Je renonce à la vanité
  De cette dureté farouche
  Que l'on appelle fermeté;
Et, de quelque façon qu'on nomme
Cette vive douleur dont je ressens les coups,
Je veux bien l'étaler, ma fille, aux yeux de tous,
Et dans le cœur d'un roi montrer le cœur d'un homme

ACTE II, SCÈNE I.

PSYCHÉ.

Je ne mérite pas cette grande douleur :
Opposez, opposez un peu de résistance
  Aux droits qu'elle prend sur un cœur
Dont mille événements ont marqué la puissance.
Quoi ! faut-il que pour moi vous renonciez, seigneur,
  A cette royale constance
Dont vous avez fait voir, dans les coups du malheur,
  Une fameuse expérience ?

LE ROI.

La constance est facile en mille occasions.
  Toutes les révolutions
Où nous peut exposer la fortune inhumaine,
La perte des grandeurs, les persécutions,
Le poison de l'envie et les traits de la haine,
N'ont rien que ne puissent, sans peine,
  Braver les résolutions
D'une âme où la raison est un peu souveraine;
  Mais ce qui porte des rigueurs
  A faire succomber les cœurs
  Sous le poids des douleurs amères,
  Ce sont, ce sont les rudes traits
  De ces fatalités sévères
  Qui nous enlèvent pour jamais
  Les personnes qui nous sont chères.
  La raison, contre de tels coups,
  N'offre point d'armes secourables;
  Et voilà, des dieux en courroux,
  Les foudres les plus redoutables
  Qui se puissent lancer sur nous.

PSYCHÉ.

Seigneur, une douceur ici vous est offerte :
Votre hymen a reçu plus d'un présent des dieux ;
  Et, par une faveur ouverte,
Ils ne vous ôtent rien, en m'ôtant à vos yeux,
Dont ils n'aient pris le soin de réparer la perte.
Il vous reste de quoi consoler vos douleurs :
Et cette loi du ciel, que vous nommez cruelle,
  Dans les deux princesses mes sœurs,
  Laisse à l'amitié paternelle
  Où placer toutes ses douceurs.

LE ROI.

Ah ! de mes maux soulagement frivole!
Rien, rien ne s'offre à moi qui de toi me console.
C'est sur mes déplaisirs que j'ai les yeux ouverts;
  Et, dans un destin si funeste,
  Je regarde ce que je perds,
  Et ne vois point ce qui me reste.

PSYCHÉ.

Vous savez mieux que moi qu'aux volontés des dieux,
  Seigneur, il faut régler les nôtres;
Et je ne puis vous dire, en ces tristes adieux,
Que ce que beaucoup mieux vous pouvez dire aux autres.
  Ces dieux sont maîtres souverains
  Des présents qu'ils daignent nous faire ;
  Ils ne les laissent dans nos mains
  Qu'autant de temps qu'il peut leur plaire.
  Lorsqu'ils viennent les retirer,
  On n'a nul droit de murmurer
Des grâces que leur main ne veut plus nous étendre;
Seigneur, je suis un don qu'ils ont fait à vos vœux ;
Et quand, par cet arrêt, ils veulent me reprendre,
Ils ne vous ôtent rien que vous ne teniez d'eux;
Et c'est sans murmurer que vous devez me rendre.

LE ROI.

  Ah! cherche un meilleur fondement
Aux consolations que ton cœur me présente,
Et de la fausseté de ce raisonnement
  Ne fais point un accablement
  A cette douleur si cuisante
  Dont je souffre ici le tourment.
Crois-tu là me donner une raison puissante
Pour ne me plaindre point de cet arrêt des cieux?
  Et dans le procédé des dieux,
  Dont tu veux que je me contente,
  Une rigueur assassinante
  Ne paroît-elle pas aux yeux?
Vois l'état où ces dieux me forcent à te rendre,
Et l'autre où te reçut mon cœur infortuné.
Tu connoîtras par là qu'ils me viennent reprendre
  Bien plus que ce qu'ils m'ont donné.
  Je reçus d'eux en toi, ma fille,
Un présent que mon cœur ne leur demandoit pas;
J'y trouvois alors peu d'appas,
Et leur en vis, sans joie, accroître ma famille.
  Mais mon cœur, ainsi que mes yeux,
S'est fait de ce présent une douce habitude :
J'ai mis quinze ans de soins, de veilles et d'étude
  A me le rendre précieux ;
  Je l'ai paré de l'aimable richesse
  De mille brillantes vertus;
En lui j'ai renfermé, par des soins assidus,
Tous les plus beaux trésors que fournit la sagesse;
A lui j'ai de mon âme attaché la tendresse ;
J'en ai fait de ce cœur le charme et l'allégresse,
La consolation de mes sens abattus,
  Le doux espoir de ma vieillesse.
Ils m'ôtent tout cela, ces dieux !
Et tu veux que je n'aie aucun sujet de plainte
Sur cet affreux arrêt dont je souffre l'atteinte!
Ah! leur pouvoir se joue avec trop de rigueur
  Des tendresses de notre cœur.
Pour m'ôter leur présent, leur falloit-il attendre
  Que j'en eusse fait tout mon bien?
Ou plutôt, s'ils avoient dessein de le reprendre,
N'eût-il pas été mieux de ne me rien donner rien?

PSYCHÉ.

  Seigneur, redoutez la colère
De ces dieux contre qui vous osez éclater.

LE ROI.

Après ce coup, que peuvent-ils me faire ?
Ils m'ont mis en état de ne rien redouter.

PSYCHÉ.

  Ah! seigneur, je tremble des crimes
Que je vous fais commettre, et je dois me haïr.

LE ROI.
Ah! qu'ils souffrent du moins mes plaintes légitimes;
Ce m'est assez d'effort que de leur obéir;
Ce doit leur être assez que mon cœur t'abandonne
Au barbare respect qu'il faut qu'on ait pour eux,
Sans prétendre gêner la douleur que me donne
L'épouvantable arrêt d'un sort si rigoureux.
Mon juste désespoir ne sauroit se contraindre;
Je veux, je veux garder ma douleur à jamais;
Je veux sentir toujours la perte que je fais;
De la rigueur du ciel je veux toujours me plaindre;
Je veux, jusqu'au trépas, incessamment pleurer
Ce que tout l'univers ne peut me réparer.

PSYCHÉ.
Ah! de grâce, seigneur, épargnez ma foiblesse;
J'ai besoin de constance en l'état où je suis.
Ne fortifiez point l'excès de mes ennuis
　　Des larmes de votre tendresse.
Seuls ils sont assez forts, et c'est trop pour mon cœur
　　De mon destin et de votre douleur.

LE ROI.
Oui, je dois t'épargner mon deuil inconsolable.
Voici l'instant fatal de m'arracher de toi;
Mais comment prononcer ce mot épouvantable?
Il le faut toutefois; le ciel m'en fait la loi:
　　Une rigueur inévitable
M'oblige à te laisser en ce funeste lieu.
Adieu; je vais... Adieu[1].

Ce qui suit, jusqu'à la fin de la pièce, est de M. Corneille, à la réserve de la première scène du troisième acte, qui est de la même main que ce qui a précédé.

SCÈNE II

PSYCHÉ, AGLAURE, CIDIPPE.

PSYCHÉ.
Suivez le roi, mes sœurs: vous essuierez ses larmes,
　　Vous adoucirez ses douleurs;
　　Et vous l'accableriez d'alarmes,
Si vous vous exposiez encore à mes malheurs.
Conservez-lui ce qui lui reste:
Le serpent que j'attends peut vous être funeste,
　　Vous envelopper dans mon sort,
Et me porter en vous une seconde mort
　　Le ciel m'a seule condamnée
　　A son haleine empoisonnée;
　　Rien ne sauroit me secourir;
Et je n'ai pas besoin d'exemple pour mourir[2].

[1] La situation de Psyché et de son père est la même que celle d'Iphigénie et d'Agamemnon. Le père de Psyché est plus touchant que le roi de Mycènes, parce qu'il ne mérite en rien son malheur, qu'il ne peut rien pour s'y soustraire, et que rien ne pourra l'en consoler. Mais, d'un autre côté, Iphigénie, laissant échapper ces regrets si naturels dans une jeune fille qui va perdre, avec la vie qu'elle aime, un amant qu'elle chérit encore davantage, est bien plus attendrissante que Psyché encourageant son père à la constance, et lui remontrant ce qu'il doit à sa qualité de roi et à son respect pour les dieux. (Auger.)

[2] Quand on ne serait pas averti par une note que Corneille vient de prendre la plume, il semble que ce vers:

AGLAURE.
Ne nous enviez pas ce cruel avantage,
De confondre nos pleurs avec vos déplaisirs,
De mêler nos soupirs à vos derniers soupirs:
D'une tendre amitié souffrez ce dernier gage.

PSYCHÉ.
C'est vous perdre inutilement.

CIDIPPE.
C'est en votre faveur espérer un miracle,
Où vous accompagner jusques au monument.

PSYCHÉ.
Que peut-on se promettre après un tel oracle?

AGLAURE.
Un oracle jamais n'est sans obscurité:
On l'entend d'autant moins, que mieux on croit l'entendre[1];
Et peut-être, après tout, n'en devez-vous attendre
　　Que gloire et que félicité.
Laissez-nous voir, ma sœur, par une digne issue,
Cette frayeur mortelle heureusement déçue,
　　Où mourir du moins avec vous,
Si le ciel à nos vœux ne se montre plus doux.

PSYCHÉ.
Ma sœur, écoutez mieux la voix de la nature,
　　Qui vous appelle auprès du roi.
　　Vous m'aimez trop; le devoir en murmure;
　　Vous en savez l'indispensable loi.
Un père vous doit être encor plus cher que moi.
Rendez-vous toutes deux l'appui de sa vieillesse;
Vous lui devez chacune un gendre et des neveux;
Mille rois, à l'envi, vous gardent leur tendresse;
Mille rois, à l'envi, vous offriront leurs vœux.
L'oracle me veut seule; et seule aussi je veux
　　Mourir, si je puis, sans foiblesse,
Où ne vous avoir pas pour témoins toutes deux
De ce que, malgré moi, la nature m'en laisse.

AGLAURE.
Partager vos malheurs, c'est vous importuner.

CIDIPPE.
J'ose dire un peu plus, ma sœur, c'est vous déplaire.

PSYCHÉ.
Non; mais enfin c'est me gêner,
Et peut-être du ciel redoubler la colère.

AGLAURE.
Vous le voulez, et nous partons.
Daigne ce même ciel, plus juste et moins sévère,
Vous envoyer le sort que nous vous souhaitons,
　　Et que notre amitié sincère,
En dépit de l'oracle et malgré vous, espère.

PSYCHÉ.
Adieu. C'est un espoir, ma sœur, et des souhaits
Qu'aucun des dieux ne remplira jamais.

Et je n'ai pas besoin d'exemple pour mourir,

suffirait pour déceler sa main. (Auger.)

[1] Ce vers et le précédent se trouvent dans *Horace*, acte III, scène III. (A. M.)

PSYCHÉ.

ACTE II — SCÈNE IV.

Garnier frères, Paris

SCÈNE III

PSYCHÉ, seule.

Enfin, seule et toute à moi-même,
Je puis envisager cet affreux changement
Qui, du haut d'une gloire extrême,
Me précipite au monument.
Cette gloire étoit sans seconde ;
L'éclat s'en répandoit jusqu'aux deux bouts du monde.
Tout ce qu'il a de rois sembloient faits pour m'aimer ;
Tous leurs sujets, me prenant pour déesse,
Commençoient à m'accoutumer
Aux encens qu'ils m'offroient sans cesse ;
Leurs soupirs me suivoient, sans qu'il m'en coûtât rien ;
Mon âme restoit libre en captivant tant d'âmes ;
Et j'étois, parmi tant de flammes,
Reine de tous les cœurs et maîtresse du mien [1].
O ciel ! m'auriez-vous fait un crime
De cette insensibilité ?
Déployez-vous sur moi tant de sévérité,
Pour n'avoir à leurs vœux rendu que de l'estime ?
Si vous m'imposiez cette loi,
Qu'il fallût faire un choix pour ne pas vous déplaire,
Puisque je ne pouvois le faire,
Que ne le faisiez-vous pour moi ?
Que ne m'inspiriez-vous ce qu'inspire à tant d'autres
Le mérite, l'amour, et... Mais que vois-je ici ?

SCÈNE IV

CLÉOMÈNE, AGÉNOR, PSYCHÉ.

CLÉOMÈNE.

Deux amis, deux rivaux, dont l'unique souci
Est d'exposer leurs jours pour conserver les vôtres.

PSYCHÉ.

Puis-je vous écouter, quand j'ai chassé deux sœurs ?
Princes, contre le ciel pensez-vous me défendre ?
Vous livrer au serpent qu'ici je dois attendre,
Ce n'est qu'un désespoir qui sied mal aux grands cœurs :
  Et mourir alors que je meurs,
  C'est accabler une âme tendre
  Qui n'a que trop de ses douleurs.

AGÉNOR.

Un serpent n'est pas invincible :
Cadmus, qui n'aimoit rien, défit celui de Mars.
Nous aimons, et l'Amour sait rendre tout possible
  Au cœur qui suit ses étendards,
  A la main dont lui-même il conduit tous les dards.

PSYCHÉ.

Voulez-vous qu'il vous serve en faveur d'une ingrate
  Que tous ses traits n'ont pu toucher ?

Qu'il dompte sa vengeance au moment qu'elle éclate
  Et vous aide à m'en arracher ?
  Quand même vous m'auriez servie,
  Quand vous m'auriez rendu la vie,
Quel fruit espérez-vous de qui ne peut aimer ?

CLÉOMÈNE.

Ce n'est point par l'espoir d'un si charmant salaire
  Que nous nous sentons animer ;
  Nous ne cherchons qu'à satisfaire
Aux devoirs d'un amour qui n'ose présumer
  Que jamais, quoi qu'il puisse faire,
  Il soit capable de vous plaire,
  Et digne de vous enflammer.
Vivez, belle princesse, et vivez pour un autre
  Nous le verrons d'un œil jaloux,
  Nous en mourrons, mais d'un trépas plus doux
  Que s'il nous falloit voir le vôtre ;
Et, si nous ne mourons en vous sauvant le jour,
Quelque amour qu'à nos yeux vous préfériez au nôtre,
Nous voulons bien mourir de douleur et d'amour.

PSYCHÉ.

Vivez, princes, vivez, et de ma destinée
Ne songez plus à rompre ou partager la loi :
Je crois vous l'avoir dit, le ciel ne veut que moi ;
  Le ciel m'a seule condamnée.
Je pense ouïr déjà les mortels sifflements
De son ministre qui s'approche :
Ma frayeur me le peint, me l'offre à tous moments :
Et, maîtresse qu'elle est de tous mes sentiments,
Elle me le figure au haut de cette roche.
J'en tombe de foiblesse, et mon cœur abattu
Ne soutient plus qu'à peine un reste de vertu.
Adieu, princes, fuyez, qu'il ne vous empoisonne.

AGÉNOR.

Rien ne s'offre à nos yeux encor qui les étonne ;
Et, quand vous vous peignez un si proche trépas,
  Si la force vous abandonne,
  Nous avons des cœurs et des bras
  Que l'espoir n'abandonne pas.
Peut-être qu'un rival a dicté cet oracle,
Que l'or a fait parler celui qui l'a rendu.
Ce ne seroit pas un miracle
Que, pour un dieu muet, un homme eût répondu ;
Et, dans tous les climats, on n'a que trop d'exemples
Qu'il est, ainsi qu'ailleurs, des méchants dans les temples.

CLÉOMÈNE.

Laissez-nous opposer au lâche ravisseur
A qui le sacrilège indignement vous livre,
Un amour qu'a le ciel choisi pour défenseur
De la seule beauté pour qui nous voulons vivre.
Si nous n'osons prétendre à sa possession,
Du moins, en son péril, permettez-nous de suivre
L'ardeur et les devoirs de notre passion.

PSYCHÉ.

  Portez-les à d'autres moi-mêmes,
  Princes, portez-les à mes sœurs,
  Ces devoirs, ces ardeurs extrêmes,
  Dont pour moi sont remplis vos cœurs.

---

[1] Ces vers sont d'autant plus remarquables, qu'ils s'éloignent beaucoup du genre de Corneille. Nous verrons ce grand poëte exprimer la passion de l'amour avec un charme qui étonne dans un vieillard dont l'âme s'étoit nourrie d'objets sublimes. Ici, en deux vers, il peint d'un trait la coquetterie. (Petitot.)

Vivez pour elles, quand je meurs;
Plaignez de mon destin les funestes rigueurs,
Sans leur donner en vous de nouvelles matières.
Ce sont mes volontés dernières:
Et l'on a reçu, de tout temps,
Pour souveraines lois les ordres des mourants.

CLÉOMÈNE.

Princesse...

PSYCHÉ.

Encore un coup, princes, vivez pour elles.
Tant que vous m'aimerez, vous devez m'obéir :
Ne me réduisez pas à vouloir vous haïr,
Et vous regarder en rebelles,
A force de m'être fidèles.
Allez, laissez-moi seule expirer en ce lieu,
Où je n'ai plus de voix que pour vous dire adieu
Mais je sens qu'on m'enlève, et l'air m'ouvre une route
D'où vous n'entendrez plus cette mourante voix.
Adieu, princes; adieu pour la dernière fois :
Voyez si de mon sort vous pouvez être en doute.

Psyché est enlevée en l'air par deux Zéphyrs.

AGÉNOR.

Nous la perdons de vue. Allons tous deux chercher
Sur le faîte de ce rocher,
Prince, les moyens de la suivre.

CLÉOMÈNE.

Allons y chercher ceux de ne lui point survivre.

SCÈNE V

L'AMOUR, en l'air.

Allez mourir, rivaux d'un dieu jaloux,
Dont vous méritez le courroux,
Pour avoir eu le cœur sensible aux mêmes charmes.
Et toi, forge, Vulcain, mille brillants attraits
Pour orner un palais
Où l'Amour de Psyché veut essuyer les larmes,
Et lui rendre les armes [1].

SECOND INTERMÈDE

La scène se change en une cour magnifique, ornée de colonnes de lapis, enrichies de figures d'or, qui forment un palais pompeux et brillant que l'Amour destine pour Psyché. Six cyclopes, avec quatre fées, y font une entrée de ballet, où ils achèvent en cadence quatre gros vases d'argent que les fées leur ont apportés. Cette entrée est entrecoupée par ce récit de Vulcain, qu'il fait à deux reprises :

PREMIER COUPLET.

Dépêchez, préparez ces lieux

[1] Cet acte offre un peu plus d'intérêt que le premier, et il le doit uniquement aux douleurs paternelles du roi. (Auger.)

Pour le plus aimable des dieux :
Que chacun pour lui s'intéresse;
N'oubliez rien des soins qu'il faut,
Quand l'Amour presse,
On n'a jamais fait assez tôt.

L'Amour ne veut point qu'on diffère;
Travaillez, hâtez-vous,
Frappez, redoublez vos coups;
Que l'ardeur de lui plaire
Fasse vos soins les plus doux.

SECOND COUPLET.

Servez bien un dieu si charmant;
Il se plait dans l'empressement;
Que chacun pour lui s'intéresse;
N'oubliez rien de ce qu'il faut.
Quand l'Amour presse,
On n'a jamais fait assez tôt.

L'Amour ne veut point qu'on diffère;
Travaillez, hâtez-vous,
Frappez, redoublez vos coups;
Que l'ardeur de lui plaire
Fasse vos soins les plus doux.

ACTE TROISIÈME

SCÈNE I

L'AMOUR, ZÉPHYRE.

ZÉPHYRE.

Oui, je me suis galamment acquitté
De la commission que vous m'avez donnée;
Et, du haut du rocher, je l'ai, cette beauté,
Par le milieu des airs doucement amenée
Dans ce beau palais enchanté,
Où vous pouvez en liberté
Disposer de sa destinée.
Mais vous me surprenez par ce grand changement
Qu'en votre personne vous faites;
Cette taille, ces traits et cet ajustement
Cachent tout à fait qui vous êtes;
Et je donne aux plus fins à pouvoir, en ce jour,
Vous reconnoître pour l'Amour.

L'AMOUR.

Aussi ne veux-je pas qu'on puisse me connoître;
Je ne veux à Psyché découvrir que mon cœur,
Rien que les beaux transports de cette vive ardeur,
Que ses doux charmes y font naître;
Et, pour en exprimer l'amoureuse langueur,
Et cacher ce que je puis être
Aux yeux qui m'imposent des lois,
J'ai pris la forme que tu vois.

ZÉPHYRE.

En tout vous êtes un grand maître ;
C'est ici que je le connois.
Sous des déguisements de diverse nature,
On a vu les dieux amoureux
Chercher à soulager cette douce blessure
Que reçoivent les cœurs de vos traits pleins de feux ;
Mais en bon sens vous l'emportez sur eux ;
Et voilà la bonne figure
Pour avoir un succès heureux
Près de l'aimable sexe où l'on porte ses vœux.
Oui, de ces formes-là l'assistance est bien forte ;
Et, sans parler ni de rang ni d'esprit,
Qui peut trouver moyen d'être fait de la sorte
Ne soupire guère à crédit.

L'AMOUR.

J'ai résolu, mon cher Zéphyre,
De demeurer ainsi toujours ;
Et l'on ne peut le trouver à redire
A l'aîné de tous les Amours.
Il est temps de sortir de cette longue enfance
Qui fatigue ma patience ;
Il est temps désormais que je devienne grand.

ZÉPHYRE.

Fort bien. Vous ne pouvez mieux faire ;
Et vous entrez dans un mystère
Qui ne demande rien d'enfant.

L'AMOUR.

Ce changement, sans doute, irritera ma mère.

ZÉPHYRE.

Je prévois là-dessus quelque peu de colère.
Bien que les disputes des ans
Ne doivent point régner parmi les immortelles,
Votre mère Vénus est de l'humeur des belles,
Qui n'aiment point de grands enfants.
Mais où je la trouve outragée,
C'est dans le procédé que l'on vous voit tenir ;
Et c'est l'avoir étrangement vengée,
Que d'aimer la beauté qu'elle vouloit punir !
Cette haine où ses vœux prétendent que réponde
La puissance d'un fils que redoutent les dieux...

L'AMOUR.

Laissons cela, Zéphyre, et me dis si tes yeux
Ne trouvent pas Psyché la plus belle du monde.
Est-il rien sur la terre, est-il rien dans les cieux
Qui puisse lui ravir le titre glorieux
De beauté sans seconde ?
Mais je la vois, mon cher Zéphyre,
Qui demeure surprise à l'éclat de ces lieux.

ZÉPHYRE.

Vous pouvez vous montrer pour finir son martyre,
Lui découvrir son destin glorieux,
Et vous dire, entre vous, tout ce que peuvent dire
Les soupirs, la bouche et les yeux.
En confident discret, je sais ce qu'il faut faire
Pour ne pas interrompre un amoureux mystère[1].

[1] Cette scène, la dernière de celles qui ont été écrites par Mo-

SCÈNE II

PSYCHÉ, seule.

Où suis-je ? et, dans un lieu que je croyois barbare,
Quelle savante main a bâti ce palais,
Que l'art, que la nature pare
De l'assemblage le plus rare
Que l'œil puisse admirer jamais ?
Tout rit, tout brille, tout éclate
Dans ces jardins, dans ces appartements,
Dont les pompeux ameublements
N'ont rien qui n'enchante et ne flatte ;
Et, de quelque côté que tournent mes frayeurs,
Je ne vois sous mes pas que de l'or ou des fleurs.

Le ciel auroit-il fait cet amas de merveilles
Pour la demeure d'un serpent ?
Et lorsque, par leur vue, il amuse et suspend
De mon destin jaloux les rigueurs sans pareilles,
Veut-il montrer qu'il s'en repent ?
Non, non ; c'est de sa haine, en cruautés féconde,
Le plus noir, le plus rude trait,
Qui, par une rigueur nouvelle et sans seconde,
N'étale ce choix qu'elle a fait
De ce qu'a de plus beau le monde,
Qu'afin que je le quitte avec plus de regret.

Que mon espoir est ridicule,
S'il croit par là soulager mes douleurs !
Tout autant de moments que ma mort se recule
Sont autant de nouveaux malheurs :
Plus elle tarde, et plus de fois je meurs.

Ne me fais plus languir, viens prendre ta victime,
Monstre qui dois me déchirer.
Veux-tu que je te cherche, et faut-il que j'anime
Tes fureurs à me dévorer ?
Si le ciel veut ma mort, si ma vie est un crime,
De ce peu qui m'en reste ose enfin t'emparer,
Je suis lasse de murmurer
Contre un châtiment légitime.
Je suis lasse de soupirer ;
Viens, que j'achève d'expirer.

SCÈNE III

L'AMOUR, PSYCHÉ, ZÉPHYRE.

L'AMOUR.

Le voilà, ce serpent, ce monstre impitoyable,
Qu'un oracle étonnant pour vous a préparé,
Et qui n'est pas, peut-être, à tel point effroyable
Que vous vous l'êtes figuré.

lière, redescend au ton familier qui lui est propre, et au-dessus duquel Corneille s'élève naturellement. Zéphyre parle à l'Amour du ton dont un valet, bel esprit et familier, parlerait à un jeune maître qui aurait pris un déguisement pour aller en bonne fortune. (Auger.)

PSYCHÉ.
Vous, seigneur, vous seriez ce monstre dont l'oracle
A menacé mes tristes jours,
Vous qui semblez plutôt un dieu qui, par miracle,
Daigne venir lui-même à mon secours!

L'AMOUR.
Quel besoin de secours au milieu d'un empire
Où tout ce qui respire
N'attend que vos regards pour en prendre la loi,
Où vous n'avez à craindre autre monstre que moi?

PSYCHÉ.
Qu'un monstre tel que vous inspire peu de crainte!
Et que, s'il a quelque poison,
Une âme auroit peu de raison
De hasarder la moindre plainte
Contre une favorable atteinte,
Dont tout le cœur craindroit la guérison!
A peine je vous vois, que mes frayeurs cessées
Laissent évanouir l'image du trépas,
Et que je sens couler dans mes veines glacées
Un je ne sais quel feu que je ne connois pas.
J'ai senti de l'estime et de la complaisance,
De l'amitié, de la reconnoissance;
De la compassion les chagrins innocents
M'en ont fait sentir la puissance;
Mais je n'ai point encor senti ce que je sens.
Je ne sais ce que c'est; mais je sais qu'il me charme
Que je n'en conçois point d'alarme.
Plus j'ai les yeux sur vous, plus je m'en sens charmer.
Tout ce que j'ai senti n'agissoit point de même;
Et je dirois que je vous aime,
Seigneur, si je savois ce que c'est que d'aimer.
Ne les détournez point, ces yeux qui m'empoisonnent,
Ces yeux tendres, ces yeux perçants, mais amoureux,
Qui semblent partager le trouble qu'ils me donnent.
Hélas! plus ils sont dangereux,
Plus je me plais à m'attacher sur eux.
Par quel ordre du ciel, que je ne puis comprendre,
Vous dis-je plus que je ne dois,
Moi de qui la pudeur devroit du moins attendre
Que vous m'expliquassiez le trouble où je vous vois?
Vous soupirez, seigneur, ainsi que je soupire;
Vos sens, comme les miens, paroissent interdits.
C'est à moi de m'en taire, à vous de me le dire;
Et cependant c'est moi qui vous le dis[1].

L'AMOUR.
Vous avez eu, Psyché, l'âme toujours si dure,
Qu'il ne faut pas vous étonner
Si, pour en réparer l'injure,
L'amour, en ce moment, se paye avec usure
De ce qu'elle a dû lui donner.
Ce moment est venu qu'il faut que votre bouche
Exhale des soupirs si longtemps retenus,
Et qu'en vous arrachant à cette humeur farouche,
Un amas de transports aussi doux qu'inconnus

Aussi sensiblement tout à la fois vous touche
Qu'ils ont dû vous toucher durant tant de beaux jours
Dont cette âme insensible a profané le cours.

PSYCHÉ.
N'aimer point, c'est donc un grand crime?

L'AMOUR.
En souffrez-vous un rude châtiment?

PSYCHÉ.
C'est punir assez doucement.

L'AMOUR.
C'est lui choisir sa peine légitime,
Et se faire justice, en ce glorieux jour,
D'un manquement d'amour par un excès d'amour.

PSYCHÉ.
Que n'ai-je été plus tôt punie!
J'y mets le bonheur de ma vie.
Je devrois en rougir, ou le dire plus bas;
Mais le supplice a trop d'appas.
Permettez que, tout haut, je le die et redie:
Je le dirois cent fois, et n'en rougirois pas.
Ce n'est point moi qui parle; et de votre présence
L'empire surprenant, l'aimable violence,
Dès que je veux parler s'empare de ma voix,
C'est en vain qu'en secret ma pudeur s'en offense,
Que le sexe et la bienséance
Osent me faire d'autres lois:
Vos yeux de ma réponse eux-mêmes font le choix,
Et ma bouche asservie à leur toute-puissance
Ne me consulte plus sur ce que je me dois.

L'AMOUR.
Croyez, belle Psyché, croyez ce qu'ils vous disent,
Ces yeux qui ne sont point jaloux;
Qu'à l'envi les vôtres m'instruisent
De tout ce qui se passe en vous.
Croyez-en ce cœur qui soupire,
Et qui, tant que le vôtre y voudra repartir,
Vous dira bien plus d'un soupir,
Que cent regards ne peuvent dire.
C'est le langage le plus doux;
C'est le plus fort, c'est le plus sûr de tous.

PSYCHÉ.
L'intelligence en étoit due
A nos cœurs, pour les rendre également contents.
J'ai soupiré, vous m'avez entendue;
Vous soupirez, je vous entends.
Mais ne me laissez plus en doute,
Seigneur, et dites-moi si par la même route,
Après moi, le Zéphyre ici vous a rendu
Pour me dire ce que j'écoute.
Quand j'y suis arrivée, étiez-vous attendu?
Et quand vous lui parlez, êtes-vous entendu?

L'AMOUR.
J'ai dans ce doux climat un souverain empire,
Comme vous l'avez sur mon cœur;
L'Amour m'est favorable, et c'est en sa faveur
Qu'à mes ordres Éole a soumis le Zéphyre.
C'est l'Amour qui, pour voir mes feux récompensés,
Lui-même a dicté cet oracle

[1] L'auteur de *Cinna* fit, à l'âge de *soixante-cinq ans*, cette déclaration de Psyché à l'Amour, qui passe pour un des morceaux les plus tendres et les plus naturels qui soient au théâtre. (Voltaire.)

Par qui vos beaux jours menacés
D'une foule d'amants se sont débarrassés,
Et qui m'a délivré de l'éternel obstacle
    De tant de soupirs empressés
Qui ne méritoient pas de vous être adressés.
Ne me demandez point quelle est cette province,
    Ni le nom de son prince :
    Vous le saurez quand il en sera temps.
Je veux vous acquérir, mais c'est par mes services,
Par des soins assidus et par des vœux constants,
    Par les amoureux sacrifices
      De tout ce que je suis,
      De tout ce que je puis,
Sans que l'éclat du rang pour moi vous sollicite,
Sans que de mon pouvoir je me fasse un mérite :
Et, bien que souverain dans cet heureux séjour,
Je ne vous veux, Psyché, devoir qu'à mon amour.
Venez en admirer avec moi les merveilles,
Princesse, et préparez vos yeux et vos oreilles
    A ce qu'il a d'enchantements ;
    Vous y verrez des bois et des prairies
      Contester sur leurs agréments
      Avec l'or et les pierreries ;
Vous n'entendrez que des concerts charmants ;
De cent beautés vous y serez servie,
Qui vous adoreront sans vous porter envie,
    Et brigueront à tous moments,
    D'une âme soumise et ravie,
    L'honneur de vos commandements.

PSYCHÉ.

Mes volontés suivent les vôtres ;
Je n'en saurois plus avoir d'autres :
Mais votre oracle enfin vient de me séparer
    De deux sœurs et du roi mon père,
    Que mon trépas imaginaire
    Réduit tous trois à me pleurer.
Pour dissiper l'erreur dont leur âme accablée
De mortels déplaisirs se voit pour moi comblée,
    Souffrez que mes sœurs soient témoins
    Et de ma gloire et de vos soins.
Prêtez-leur, comme à moi, les ailes du Zéphyre,
Qui leur puissent de votre empire,
Ainsi qu'à moi, faciliter l'accès ;
Faites-leur voir en quel lieu je respire ;
Faites-leur de ma perte admirer le succès.

L'AMOUR.

Vous ne me donnez pas, Psyché, toute votre âme ;
Ce tendre souvenir d'un père et de deux sœurs
    Me vole une part des douceurs
    Que je veux toutes pour ma flamme.
N'ayez d'yeux que pour moi, qui n'en ai que pour vous,
Ne songez qu'à m'aimer, ne songez qu'à me plaire :
Et, quand de tels soucis osent vous en distraire...

PSYCHÉ.

Des tendresses du sang peut-on être jaloux ?

L'AMOUR.

Je le suis, ma Psyché, de toute la nature.
Les rayons du soleil vous baisent trop souvent ;
Vos cheveux souffrent trop les caresses du vent ;
    Dès qu'il les flatte, j'en murmure :
    L'air même que vous respirez
Avec trop de plaisir passe par votre bouche ;
    Votre habit de trop près vous touche ;
    Et, sitôt que vous soupirez,
    Je ne sais quoi qui m'effarouche
Craint, parmi vos soupirs, des soupirs égarés.
Mais vous voulez vos sœurs ; allez, partez, Zéphyre ;
Psyché le veut, je ne l'en puis dédire [1].

Zéphyre s'envole.

SCÈNE IV

L'AMOUR, PSYCHÉ.

L'AMOUR.

Quand vous leur ferez voir ce bienheureux séjour,
    De ces trésors faites-leur cent largesses,
    Prodiguez-leur caresses sur caresses ;
Et du sang, s'il se peut, épuisez les tendresses,
    Pour vous rendre toute à l'amour.
Je n'y mêlerai point d'importune présence ;
Mais ne leur faites pas de si longs entretiens :
Vous ne sauriez pour eux avoir de complaisance,
    Que vous ne dérobiez aux miens.

PSYCHÉ.

Votre amour me fait une grâce
Dont je n'abuserai jamais.

L'AMOUR.

Allons voir cependant ces jardins, ce palais,
Où vous ne verrez rien que votre éclat n'efface.
Et vous, petits Amours, et vous, jeunes Zéphyrs,
Qui pour armes n'avez que de tendres soupirs,
Montrez tous à l'envi ce qu'à voir ma princesse
Vous avez senti d'allégresse.

TROISIÈME INTERMÈDE

Il se fait une entrée de ballet de quatre Amours et de quatre Zéphyrs, interrompue deux fois par un dialogue chanté par un Amour et un Zéphyr.

L'AMOUR, PSYCHÉ.

PREMIER COUPLET.

LE ZÉPHYR.

Aimable jeunesse,
Suivez la tendresse ;
Joignez aux beaux jours
La douceur des amours.
C'est pour vous surprendre

---

[1] Ces vers, mille fois cités, terminent dignement cette scène délicieuse. L'idée de cette ingénieuse jalousie semble empruntée à la vingtième ode d'Anacréon ; mais Corneille l'a singulièrement embellie. (F. L.)

Qu'on vous fait entendre
Qu'il faut éviter leurs soupirs
Et craindre leurs désirs :
Laissez-vous apprendre
Quels sont leurs plaisirs.

Ils chantent ensemble.

Chacun est obligé d'aimer
 A son tour ;
Et plus on a de quoi charmer,
 Plus on doit à l'Amour.

LE ZÉPHYR, seul.

Un cœur jeune et tendre
Est fait pour se rendre ;
Il n'a point à prendre
De fâcheux détour.

LES DEUX, ensemble.

Chacun est obligé d'aimer
 A son tour ;
Et plus on a de quoi charmer,
 Plus on doit à l'Amour.

L'AMOUR, seul.

Pourquoi se défendre ?
Que sert-il d'attendre ?
Quand on perd un jour,
On le perd sans retour.

LES DEUX, ensemble.

Chacun est obligé d'aimer
 A son tour ;
Et plus on a de quoi charmer,
 Plus on doit à l'Amour.

SECOND COUPLET.

LE ZÉPHYR.

L'Amour a des charmes,
Rendons-lui les armes ;
Ses soins et ses pleurs
Ne sont pas sans douceurs.
Un cœur, pour le suivre,
A cent maux se livre.
Il faut, pour goûter ses appas,
Languir jusqu'au trépas :
Mais ce n'est pas vivre
Que de n'aimer pas.

Ils chantent ensemble.

S'il faut des soins et des travaux
 En aimant,
On est payé de mille maux
 Par un heureux moment.

LE ZÉPHYR, seul.

On craint, on espère ;
Il faut du mystère ;
Mais on n'obtient guère
De bien sans tourment.

LES DEUX, ensemble.

S'il faut des soins et des travaux
 En aimant,
On est payé de mille maux
 Par un heureux moment.

L'AMOUR, seul.

Que peut-on mieux faire
Qu'aimer et que plaire ?
C'est un soin charmant,
Que l'emploi d'un amant.

LES DEUX, ensemble.

S'il faut des soins et des travaux
 En aimant,
On est payé de mille maux
 Par un heureux moment.

ACTE QUATRIÈME

Le théâtre devient un autre palais magnifique, coupé dans le fond par un vestibule au travers duquel on voit un jardin superbe et charmant, décoré de plusieurs vases d'orangers et d'arbres chargés de toutes sortes de fruits.

SCÈNE I

AGLAURE, CIDIPPE.

AGLAURE.

Je n'en puis plus, ma sœur ; j'ai vu trop de merveilles,
L'avenir aura peine à les bien concevoir ;
Le soleil, qui voit tout et qui nous fait tout voir,
 N'en a vu jamais de pareilles.
Elles me chagrinent l'esprit ;
Et ce brillant palais, ce pompeux équipage,
 Font un odieux étalage
Qui m'accable de honte autant que de dépit.
 Que la Fortune indignement nous traite,
 Et que sa largesse indiscrète
Prodigue aveuglément, épuise, unit d'efforts,
 Pour faire de tant de trésors.
 Le partage d'une cadette [1] !

CIDIPPE.

J'entre dans tous vos sentiments ;
J'ai les mêmes chagrins ; et, dans ces lieux charmants,
 Tout ce qui vous déplaît me blesse ;
Tout ce que vous prenez pour un mortel affront
 Comme vous m'accable, et me laisse
L'amertume dans l'âme et la rougeur au front.

AGLAURE.

Non, ma sœur, il n'est point de reines
Qui, dans leur propre État, parlent en souveraines
 Comme Psyché parle en ces lieux.
On l'y voit obéie avec exactitude ;
Et de ses volontés une amoureuse étude
 Les cherche jusque dans ses yeux.
Mille beautés s'empressent autour d'elle,
 Et semblent dire à nos regards jaloux :
Quels que soient nos attraits, elle est encor plus belle,
Et nous, qui la servons, le sommes plus que vous.
 Elle prononce, on exécute ;

[1] Ces reproches adressés à la Fortune sont indits d'Apulée.

ACTE IV, SCÈNE II.

Aucun ne s'en défend, aucun ne s'en rebute.
   Flore, qui s'attache à ses pas,
Répand à pleines mains, autour de sa personne,
   Ce qu'elle a de plus doux appas;
   Zéphyre vole aux ordres qu'elle donne,
Et son amante et lui, s'en laissant trop charmer,
Quittent, pour la servir, les soins de s'entr'aimer.

         CIDIPPE.

   Elle a des dieux à son service,
   Elle aura bientôt des autels;
Et nous ne commandons qu'à de chétifs mortels
   De qui l'audace et le caprice,
Contre nous, à toute heure, en secret révoltés,
   Opposent à nos volontés
   Ou le murmure ou l'artifice.

         AGLAURE.

   C'étoit peu que, dans notre cour,
Tant de cœurs, à l'envi, nous l'eussent préférée;
Ce n'étoit pas assez que, de nuit et de jour,
D'une foule d'amants elle y fût adorée.
Quand nous nous consolions de la voir au tombeau
   Par l'ordre imprévu d'un oracle,
Elle a voulu de son destin nouveau
   Faire en notre présence éclater le miracle,
   Et choisir nos yeux pour témoins
De ce qu'au fond du cœur nous souhaitions le moins.

         CIDIPPE.

   Ce qui le plus me désespère,
C'est cet amant parfait et si digne de plaire
   Qui se captive sous ses lois.
Quand nous pourrions choisir entre tous les monarques,
   En est-il un, de tant de rois,
   Qui porte de si nobles marques?
Se voir du bien par delà ses souhaits
N'est souvent qu'un bonheur qui fait des misérables;
Il n'est ni train pompeux ni superbes palais
Qui n'ouvrent quelque porte à des maux incurables :
Mais avoir un amant d'un mérite achevé
   Et s'en voir chèrement aimée,
   C'est un bonheur si haut, si relevé,
Que sa grandeur ne peut être exprimée.

         AGLAURE.

N'en parlons plus, ma sœur, nous en mourrions d'ennui.
   Songeons plutôt à la vengeance,
Et trouvons le moyen de rompre entre elle et lui
   Cette adorable intelligence.
La voici. J'ai des coups tout prêts à lui porter,
   Qu'elle aura peine d'éviter.

SCÈNE II

PSYCHÉ, AGLAURE, CIDIPPE.

         PSYCHÉ.

Je viens vous dire adieu; mon amant vous renvoie,
   Et ne sauroit plus endurer
Que vous lui retranchiez un moment de la joie
Qu'il prend de se voir seul à me considérer.
Dans un simple regard, dans la moindre parole,
   Son amour trouve des douceurs
   Qu'en faveur du sang je lui vole,
   Quand je les partage à des sœurs.

         AGLAURE.

   La jalousie est assez fine;
   Et ces délicats sentiments
   Méritent bien qu'on s'imagine
Que celui qui pour vous a ces empressements
Passe le commun des amants.
Je vous en parle ainsi, faute de le connoître.
Vous ignorez son nom, et ceux dont il tient l'être;
   Nos esprits en sont alarmés.
Je le tiens un grand prince, et d'un pouvoir suprême,
   Bien au delà du diadème;
Ses trésors, sous vos pas confusément semés,
Ont de quoi faire honte à l'abondance même;
Vous l'aimez autant qu'il vous aime;
   Il vous charme, et vous le charmez.
Votre félicité, ma sœur, seroit extrême,
   Si vous saviez qui vous aimez.

         PSYCHÉ.

   Que m'importe? j'en suis aimée [1].
Plus il me voit, plus je lui plais.
Il n'est point de plaisirs dont l'âme soit charmée
   Qui ne préviennent mes souhaits;
Et je vois mal de quoi la vôtre est alarmée,
   Quand tout me sert dans ce palais.

         AGLAURE.

Qu'importe qu'ici tout vous serve,
Si toujours cet amant vous cache ce qu'il est?
Nous ne nous alarmons que pour votre intérêt.
En vain tout vous y rit, en vain tout vous y plaît,
Le véritable amour ne fait point de réserve;
   Et qui s'obstine à se cacher
Sent quelque chose en soi qu'on lui peut reprocher.
   Si cet amant devient volage
(Car souvent, en amour, le change est assez doux:
   Et j'ose le dire entre nous,
Pour grand que soit l'éclat dont brille ce visage,
Il en peut être ailleurs d'aussi belles que vous);
Si, dis-je, un autre objet sous d'autres lois l'engage;
   Si, dans l'état où je vous voi,
   Seule en ses mains, et sans défense,
   Il va jusqu'à la violence,
   Sur qui vous vengera le roi,
Ou de ce changement, ou de cette insolence?

         PSYCHÉ.

   Ma sœur, vous me faites trembler.
Juste ciel, pourrois-je être assez infortunée...

         CIDIPPE.

Que sait-on si déjà les nœuds de l'hyménée...

---

[1] Ces deux méchantes sœurs, qui sont celles du roman, jouent un rôle bien froidement et bien bassement odieux. Mais il étoit difficile de les exclure du sujet. Elles sont nécessaires à l'action; car Psyché, sans leurs insinuations et leurs conseils perfides, ne pourroit concevoir d'odieux soupçons contre son amant, et s'abandonner à cette curiosité fatale qui doit causer sa ruine. (Auger.)

PSYCHÉ.
N'achevez pas; ce seroit m'accabler.

AGLAURE.
Je n'ai plus qu'un mot à vous dire :
Ce prince qui vous aime et qui commande aux vents,
Qui nous donne pour char les ailes du Zéphyre,
Et de nouveaux plaisirs vous comble à tous moments,
Quand il rompt à vos yeux l'ordre de la nature,
Peut-être à tant d'amour mêle un peu d'imposture;
Peut-être ce palais n'est qu'un enchantement;
Et ces lambris dorés, ces amas de richesses,
    Dont il achète vos tendresses,
Dès qu'il sera lassé de souffrir vos caresses,
    Disparoîtront en un moment.
Vous savez, comme nous, ce que peuvent les charmes.

PSYCHÉ.
Que je sens à mon tour de cruelles alarmes!

AGLAURE.
Notre amitié ne veut que votre bien.

PSYCHÉ
Adieu, mes sœurs; finissons l'entretien.
J'aime, et je crains qu'on ne s'impatiente.
    Partez; et demain, si je puis,
    Vous me verrez ou plus contente,
Ou dans l'accablement des plus mortels ennuis.

AGLAURE.
Nous allons dire au roi quelle nouvelle gloire,
Quel excès de bonheur le ciel répand sur vous.

CIDIPPE.
Nous allons lui conter d'un changement si doux
    La surprenante et merveilleuse histoire.

PSYCHÉ.
Ne l'inquiétez point, ma sœur, de vos soupçons;
Et quand vous lui peindrez un si charmant empire...

AGLAURE.
Nous savons toutes deux ce qu'il faut taire ou dire,
Et n'avons pas besoin, sur ce point, de leçons.

Zéphyre enlève les deux sœurs de Psyché dans un nuage qui descend jusqu'à terre, et dans lequel il les emporte avec rapidité.

SCÈNE III

L'AMOUR, PSYCHÉ.

L'AMOUR.
Enfin vous êtes seule, et je puis vous redire,
Sans avoir pour témoin vos importunes sœurs,
Ce que des yeux si beaux ont pris sur moi d'empire,
    Et quels excès ont les douceurs
    Qu'une sincère ardeur inspire
    Sitôt qu'elle assemble deux cœurs.
Je puis vous expliquer de mon âme ravie
    Les amoureux empressements,
    Et vous jurer qu'à vous seule asservie
Elle n'a pour objet de ses ravissements
Que de voir cette ardeur, de même ardeur suivie,
    Ne concevoir plus d'autre envie
Que de régler mes vœux sur vos désirs,
Et de ce qui vous plaît faire tous mes plaisirs.
    Mais d'où vient qu'un triste nuage
    Semble offusquer l'éclat de ces beaux yeux?
    Vous manque-t-il quelque chose en ces lieux?
Des vœux qu'on vous y rend dédaignez-vous l'hommage?

PSYCHÉ.
Non, seigneur.

L'AMOUR.
    Qu'est-ce donc? et d'où vient mon malheur?
J'entends moins de soupirs d'amour que de douleur;
Je vois de votre teint les roses amorties
    Marquer un déplaisir secret;
    Vos sœurs à peine sont parties,
    Que vous soupirez de regret.
Ah! Psyché, de deux cœurs quand l'ardeur est la même,
    Ont-ils des soupirs différents?
Et, quand on aime bien et qu'on voit ce qu'on aime,
    Peut-on songer à des parents?

PSYCHÉ.
Ce n'est point là ce qui m'afflige.

L'AMOUR.
Est-ce l'absence d'un rival,
Et d'un rival aimé, qui fait qu'on me néglige?

PSYCHÉ.
Dans un cœur tout à vous que vous pénétrez mal!
Je vous aime, seigneur, et mon amour s'irrite
De l'indigne soupçon que vous avez formé.
Vous ne connoissez pas quel est votre mérite,
    Si vous craignez de n'être pas aimé.
Je vous aime; et, depuis que j'ai vu la lumière,
    Je me suis montrée assez fière
    Pour dédaigner les vœux de plus d'un roi;
Et, s'il vous faut ouvrir mon âme tout entière,
Je n'ai trouvé que vous qui fût digne de moi.
    Cependant j'ai quelque tristesse
    Qu'en vain je voudrois vous cacher;
Un profond chagrin se mêle à toute ma tendresse,
    Dont je ne la puis détacher.
    Ne m'en demandez point la cause;
Peut-être, la sachant, voudrez-vous m'en punir;
Et, si j'ose aspirer encore à quelque chose,
Je suis sûre du moins de ne point l'obtenir.

L'AMOUR.
Eh! ne craignez-vous point qu'à mon tour je m'irrite
Que vous connoissiez mal quel est votre mérite,
    Ou feigniez de ne pas savoir
    Quel est sur moi votre absolu pouvoir?
Ah! si vous en doutez, soyez désabusée.
Parlez.

PSYCHÉ.
J'aurai l'affront de me voir refusée.

L'AMOUR.
Prenez en ma faveur de meilleurs sentiments;
    L'expérience en est aisée.
Parlez, tout se tient prêt à vos commandements.
Si, pour m'en croire, il vous faut des serments,
J'en jure vos beaux yeux, ces maîtres de mon âme,

Ces divins auteurs de ma flamme;
Et, si ce n'est assez d'en jurer vos beaux yeux,
J'en jure par le Styx, comme jurent les dieux.

PSYCHÉ.

J'ose craindre un peu moins, après cette assurance.
Seigneur, je vois ici la pompe et l'abondance;
Je vous adore, et vous m'aimez;
Mon cœur en est ravi, mes sens en sont charmés:
Mais, parmi ce bonheur suprême,
J'ai le malheur de ne savoir qui j'aime :
Dissipez cet aveuglement,
Et faites-moi connoître un si parfait amant.

L'AMOUR.

Psyché, que venez-vous de dire?

PSYCHÉ.

Que c'est le bonheur où j'aspire;
Et si vous ne me l'accordez...

L'AMOUR.

Je l'ai juré, je n'en suis plus le maître :
Mais vous ne savez pas ce que vous demandez.
Laissez-moi mon secret. Si je me fais connoître,
Je vous perds, et vous me perdez.
Le seul remède est de vous en dédire.

PSYCHÉ.

C'est là sur vous mon souverain empire?

L'AMOUR.

Vous pouvez tout, et je suis tout à vous.
Mais, si nos feux vous semblent doux,
Ne mettez point d'obstacle à leur charmante suite;
Ne me forcez point à la fuite ;
C'est le moindre malheur qui nous puisse arriver
D'un souhait qui vous a séduite.

PSYCHÉ.

Seigneur, vous voulez m'éprouver;
Mais je sais ce que j'en dois croire.
De grâce, apprenez-moi tout l'excès de ma gloire,
Et ne me cachez plus pour quel illustre choix
J'ai rejeté les vœux de tant de rois.

L'AMOUR.

Le voulez-vous?

PSYCHÉ.

Souffrez que je vous en conjure.

L'AMOUR.

Si vous saviez, Psyché, la cruelle aventure
Que par là vous vous attirez...

PSYCHÉ.

Seigneur, vous me désespérez.

L'AMOUR.

Pensez-y bien; je puis encor me taire.

PSYCHÉ.

Faites-vous des serments pour n'y point satisfaire?

L'AMOUR.

Eh bien, je suis le dieu le plus puissant des dieux,
Absolu sur la terre, absolu dans les cieux;
Dans les eaux, dans les airs, mon pouvoir est suprême :
En un mot, je suis l'Amour même,
Qui de mes propres traits m'étois blessé pour vous [1];

[1] Ces deux vers sont imités d'Apulée : *Præclarus ille sagittarius*,

Et, sans la violence, hélas! que vous me faites,
Et qui vient de changer mon amour en courroux,
Vous m'alliez avoir pour époux.
Vos volontés sont satisfaites;
Vous avez su qui vous aimiez;
Vous connoissez l'amant que vous charmiez;
Psyché, voyez où vous en êtes.
Vous me forcez vous-même à vous quitter;
Vous me forcez vous-même à vous ôter
Tout l'effet de votre victoire.
Peut-être vos beaux yeux ne me reverront plus.
Ce palais, ces jardins, avec moi disparus,
Vont faire évanouir votre naissante gloire.
Vous n'avez pas voulu m'en croire;
Et, pour tout fruit de ce doute éclairci,
Le Destin, sous qui le ciel tremble,
Plus fort que mon amour, que tous les dieux ensemble,
Vous va montrer sa haine, et me chasse d'ici.

L'Amour disparoît; et, dans l'instant qu'il s'envole, le superbe jardin s'évanouit; Psyché demeure seule au milieu d'une vaste campagne et sur le bord sauvage d'un grand fleuve où elle veut se précipiter. Le dieu du fleuve paroît assis sur un amas de joncs et de roseaux, et appuyé sur une grande urne d'où sort une grosse source d'eau.

SCÈNE IV

PSYCHÉ, LE DIEU DU FLEUVE.

PSYCHÉ.

Cruel destin, funeste inquiétude!
Fatale curiosité!
Qu'avez-vous fait, affreuse solitude,
De toute ma félicité?
J'aimois un dieu, j'en étois adorée.
Mon bonheur redoubloit de moment en moment;
Et je me vois seule, éplorée,
Au milieu d'un désert, où, pour accablement,
Et confuse et désespérée,
Je sens croître l'amour quand j'ai perdu l'amant.
Le souvenir m'en charme et m'empoisonne,
Sa douceur tyrannise un cœur infortuné
Qu'aux plus cuisants chagrins ma flamme a condamné.
O ciel! quand l'Amour m'abandonne,
Pourquoi me laisse-t-il l'amour qu'il m'a donné?
Source de tous les biens, inépuisable et pure,
Maître des hommes et des dieux,
Cher auteur des maux que j'endure,
Êtes-vous pour jamais disparu de mes yeux?
Je vous en ai banni moi-même;
Dans un excès d'amour, dans un bonheur extrême,
D'un indigne soupçon mon cœur s'est alarmé;
Cœur ingrat! tu n'avois qu'un feu mal allumé;
Et l'on ne peut vouloir, du moment que l'on aime,
Que ce que veut l'objet aimé.
Mourons, c'est le parti qui seul me reste à suivre

ipse me telo meo percussi. « Moi, le plus habile des archers, je me suis blessé pour vous d'un de mes traits. » (Auger.

Après la perte que je fais.
Pour qui, grands dieux! voudrois-je vivre?
Et pour qui former des souhaits?
Fleuve, de qui les eaux baignent ces tristes sables,
Ensevelis mon crime dans tes flots;
Et, pour finir des maux si déplorables,
Laisse-moi dans ton lit assurer mon repos.

LE DIEU DU FLEUVE.

Ton trépas souilleroit mes ondes,
Psyché; le ciel te le défend;
Et peut-être qu'après des douleurs si profondes
Un autre sort t'attend.
Fuis plutôt de Vénus l'implacable colère:
Je la vois qui te cherche et qui te veut punir:
L'amour du fils a fait la haine de la mère.
Fuis, je saurai la retenir.

PSYCHÉ.

J'attends ses fureurs vengeresses;
Qu'auront-elles pour moi qui ne me soit trop doux?
Qui cherche le trépas ne craint dieux ni déesses,
Et peut braver tout leur courroux.

SCÈNE V

VÉNUS, PSYCHÉ, LE DIEU DU FLEUVE.

VÉNUS.

Orgueilleuse Psyché, vous m'osez donc attendre,
Après m'avoir sur terre enlevé mes honneurs;
Après que vos traits suborneurs
Ont reçu les encens qu'aux miens seuls on doit rendre?
J'ai vu mes temples désertés;
J'ai vu tous les mortels, séduits par vos beautés,
Idolâtrer en vous la beauté souveraine,
Vous offrir des respects jusqu'alors inconnus,
Et ne se mettre pas en peine
S'il étoit une autre Vénus;
Et je vous vois encor l'audace
De n'en pas redouter les justes châtiments,
Et de me regarder en face,
Comme si c'étoit peu que mes ressentiments!

PSYCHÉ.

Si de quelques mortels on m'a vue adorée,
Est-ce un crime pour moi d'avoir eu des appas,
Dont leur âme inconsidérée
Laissoit charmer des yeux qui ne vous voyoient pas?
Je suis ce que le ciel m'a faite;
Je n'ai que les beautés qu'il m'a voulu prêter.
Si les vœux qu'on m'offroit vous ont mal satisfaite,
Pour forcer tous les cœurs à vous les reporter,
Vous n'aviez qu'à vous présenter,
Qu'à ne leur cacher plus cette beauté parfaite
Qui, pour les rendre à leur devoir,
Pour se faire adorer n'a qu'à se faire voir.

VÉNUS.

Il falloit vous en mieux défendre.
Ces respects, ces encens, se doivent refuser;
Et, pour les mieux désabuser,
Il falloit, à leurs yeux, vous-même me les rendre.
Vous avez aimé cette erreur,
Pour qui vous ne deviez avoir que de l'horreur.
Vous avez bien fait plus: votre humeur arrogante,
Sur le mépris de mille rois,
Jusques aux cieux a porté de son choix
L'ambition extravagante.

PSYCHÉ.

J'aurois porté mon choix, déesse, jusqu'aux cieux?

VÉNUS.

Votre insolence est sans seconde.
Dédaigner tous les rois du monde,
N'est-ce pas aspirer aux dieux?

PSYCHÉ.

Si l'Amour pour eux tous m'avoit endurci l'âme,
Et me réservoit toute à lui,
En puis-je être coupable? et faut-il qu'aujourd'hui,
Pour prix d'une si belle flamme,
Vous vouliez m'accabler d'un éternel ennui?

VÉNUS.

Psyché, vous deviez mieux connoître
Qui vous étiez, et quel étoit ce dieu.

PSYCHÉ.

Eh! m'en a-t-il donné ni le temps ni le lieu,
Lui qui de tout mon cœur d'abord s'est rendu maître?

VÉNUS.

Tout votre cœur s'en est laissé charmer,
Et vous l'avez aimé dès qu'il vous a dit: J'aime.

PSYCHÉ.

Pouvois-je n'aimer pas le dieu qui fait aimer,
Et qui me parloit pour lui-même?
C'est votre fils: vous savez son pouvoir;
Vous en connoissez le mérite.

VÉNUS.

Oui, c'est mon fils, mais un fils qui m'irrite,
Un fils qui me rend mal ce qu'il sait me devoir,
Un fils qui fait qu'on m'abandonne,
Et qui, pour mieux flatter ses indignes amours,
Depuis que vous l'aimez ne blesse plus personne
Qui vienne à mes autels implorer mon secours.
Vous m'en avez fait un rebelle:
On m'en verra vengée, et hautement, sur vous;
Et je vous apprendrai s'il faut qu'une mortelle
Souffre qu'un dieu soupire à ses genoux.
Suivez-moi, vous verrez, par votre expérience,
A quelle folle confiance
Vous portoit cette ambition.
Venez, et préparez autant de patience
Qu'on vous voit de présomption.

QUATRIÈME INTERMÈDE

La scène représente les enfers. On y voit une mer toute de feu, dont les flots sont dans une perpétuelle agitation. Cette mer effroyable est bornée par des ruines enflammées; et au milieu de ses flots agités, au travers d'une gueule affreuse, paroît le palais infernal de Pluton. Huit furies en sortent et forment une entrée de ballet, où elles se réjouissent de la rage qu'elles ont allumée dans l'âme de la plus douce des divinités. Un lutin mêle quantité de sauts périlleux à leurs danses, cependant que Psyché, qui a passé aux enfers par le commandement de Vénus, repasse dans la barque de Caron, avec la boîte qu'elle a reçue de Proserpine pour cette déesse.

ACTE CINQUIÈME

SCÈNE I

PSYCHÉ, seule.

Effroyables replis des ondes infernales,
Noirs palais où Mégère et ses sœurs font leur cour,
  Éternels ennemis du jour,
Parmi vos Ixions et parmi vos Tantales,
Parmi tant de tourments qui n'ont point d'intervalles,
  Est-il, dans votre affreux séjour,
  Quelques peines qui soient égales
Aux travaux où Vénus condamne mon amour?
  Elle n'en peut être assouvie;
Et, depuis qu'à ses lois je me trouve asservie,
Depuis qu'elle me livre à ses ressentiments,
  Il m'a fallu, dans ces cruels moments,
    Plus d'une âme et plus d'une vie
    Pour remplir ses commandements.
  Je souffrirois tout avec joie,
Si, parmi les rigueurs que sa haine déploie,
Mes yeux pouvoient revoir, ne fût-ce qu'un moment,
    Ce cher, cet adorable amant.
Je n'ose le nommer : ma bouche, criminelle
    D'avoir trop exigé de lui,
S'en est rendue indigne; et, dans ce dur ennui,
    La souffrance la plus mortelle
Dont m'accable à toute heure un renaissant trépas,
    Est celle de ne le voir pas.
Si son courroux duroit encore,
Jamais aucun malheur n'approcheroit du mien;
Mais, s'il avoit pitié d'une âme qui l'adore,
Quoi qu'il fallût souffrir, je ne souffrirois rien.
Oui, destins, s'il calmoit cette juste colère,
  Tous mes malheurs seroient finis :
Pour me rendre insensible aux fureurs de la mère,
  Il ne faut qu'un regard du fils.
Je n'en veux plus douter, il partage ma peine,
Il voit ce que je souffre, et souffre comme moi.
  Tout ce que j'endure le gêne;
Lui-même il s'en impose une amoureuse loi.
En dépit de Vénus, en dépit de mon crime,
C'est lui qui me soutient, c'est lui qui me ranime
Au milieu des périls où l'on me fait courir;

Il garde la tendresse où son feu le convie,
Et prend soin de me rendre une nouvelle vie
  Chaque fois qu'il me faut mourir.
  Mais que me veulent ces deux ombres
Qu'à travers le faux jour de ces demeures sombres
    J'entrevois s'avancer vers moi?

SCÈNE II

PSYCHÉ, CLÉOMÈNE, AGÉNOR.

PSYCHÉ.

Cléomène, Agénor, est-ce vous que je voi?
    Qui vous a ravi la lumière?

CLÉOMÈNE.

La plus juste douleur qui d'un beau désespoir
    Nous eût pu fournir la matière :
Cette pompe funèbre, où du sort le plus noir
    Vous attendiez la rigueur la plus fière,
    L'injustice la plus entière.

AGÉNOR.

Sur ce même rocher où le ciel en courroux
    Vous promettoit, au lieu d'époux,
Un serpent dont soudain vous seriez dévorée,
    Nous tenions la main préparée
A repousser sa rage ou mourir avec vous.
Vous le savez, princesse; et, lorsqu'à notre vue
Par le milieu des airs vous êtes disparue,
Du haut de ce rocher, pour suivre vos beautés,
Ou plutôt pour goûter cette amoureuse joie
D'offrir pour vous au monstre une première proie,
D'amour et de douleur l'un et l'autre emportés,
    Nous nous sommes précipités.

CLÉOMÈNE.

Heureusement déçus au sens de votre oracle,
Nous en avons ici reconnu le miracle,
Et su que le serpent prêt à vous dévorer
    Étoit le dieu qui fait qu'on aime,
Et qui, tout dieu qu'il est, vous adorant lui-même,
    Ne pouvoit endurer
Qu'un mortel comme nous osât vous adorer.

AGÉNOR.

    Pour prix de vous avoir suivie,
Nous jouissons ici d'un trépas assez doux
    Qu'avions-nous affaire de vie,
    Si nous ne pouvions être à vous?
    Nous revoyons ici vos charmes,
Qu'aucun des deux là-haut n'auroit revus jamais.
Heureux si nous voyons la moindre de vos larmes
Honorer des malheurs que vous nous avez faits!

PSYCHÉ.

Puis-je avoir des larmes de reste,
Après qu'on a porté les miens au dernier point?
Unissons nos soupirs dans un sort si funeste;
    Les soupirs ne s'épuisent point :
Mais vous soupireriez, princes, pour une ingrate.
Vous n'avez point voulu survivre à mes malheurs,

Et, quelque douleur qui m'abatte,
Ce n'est point pour vous que je meurs.
CLÉOMÈNE.
L'avons-nous mérité, nous dont toute la flamme
N'a fait que vous lasser du récit de nos maux?
PSYCHÉ.
Vous pouviez mériter, princes, toute mon âme,
Si vous n'eussiez été rivaux.
Ces qualités incomparables,
Qui de l'un et de l'autre accompagnoient les vœux,
Vous rendoient tous deux trop aimables
Pour mépriser aucun des deux.
AGÉNOR.
Vous avez pu, sans être injuste ni cruelle,
Nous refuser un cœur réservé pour un dieu.
Mais revoyez Vénus. Le destin nous rappelle,
Et nous force à vous dire adieu.
PSYCHÉ.
Ne vous donne-t-il point le loisir de me dire
Quel est ici votre séjour?
CLÉOMÈNE.
Dans des bois toujours verts, où d'amour on respire
Aussitôt qu'on est mort d'amour.
D'amour on y revit, d'amour on y soupire,
Sous les plus douces lois de son heureux empire;
Et l'éternelle nuit n'ose en chasser le jour
Que lui-même il attire
Sur nos fantômes qu'il inspire,
Et dont aux enfers même il se fait une cour.
AGÉNOR.
Vos envieuses sœurs, après nous descendues,
Pour vous perdre se sont perdues;
Et l'une et l'autre tour à tour,
Pour le prix d'un conseil qui leur coûte la vie,
A côté d'Ixion, à côté de Tytie,
Souffrent tantôt la roue, et tantôt le vautour.
L'Amour, par les Zéphyrs, s'est fait prompte justice
De leur envenimée et jalouse malice;
Ces ministres ailés de son juste courroux,
Sous couleur de les rendre encore auprès de vous,
Ont plongé l'une et l'autre au fond d'un précipice,
Où le spectacle affreux de leurs corps déchirés
N'étale que le moindre et le premier supplice
De ces conseils dont l'artifice
Fait les maux dont vous soupirez.
PSYCHÉ.
Que je les plains!
CLÉOMÈNE.
Vous êtes seule à plaindre.
Mais nous demeurons trop à vous entretenir;
Adieu. Puissions-nous vivre en votre souvenir!
Puissiez-vous, et bientôt, n'avoir plus rien à craindre!
Puisse, et bientôt, l'Amour vous enlever aux cieux,
Vous y mettre à côté des dieux,
Et, rallumant un feu qui ne se puisse éteindre,
Affranchir à jamais l'éclat de vos beaux yeux
D'augmenter le jour en ces lieux!

SCÈNE III

PSYCHÉ, seule.

Pauvres amants! Leur amour dure encore!
Tout morts qu'ils sont, l'un et l'autre m'adore,
Moi, dont la dureté reçut si mal leurs vœux!
Tu n'en fais pas ainsi, toi qui seul m'as ravie,
Amant que j'aime encor cent fois plus que ma vie,
Et qui brises de si beaux nœuds!
Ne me fuis plus, et souffre que j'espère
Que tu pourras un jour rabaisser l'œil sur moi,
Qu'à force de souffrir j'aurai de quoi te plaire,
De quoi me rengager ta foi.
Mais ce que j'ai souffert m'a trop défigurée
Pour rappeler un tel espoir.
L'œil abattu, triste, désespérée,
Languissante et décolorée,
De quoi puis-je me prévaloir,
Si, par quelque miracle impossible à prévoir,
Ma beauté, qui t'a plu, ne se voit réparée?
Je porte ici de quoi la réparer:
Ce trésor de beauté divine,
Qu'en mes mains pour Vénus a remis Proserpine,
Enferme des appas dont je puis m'emparer;
Et l'éclat en doit être extrême,
Puisque Vénus, la beauté même,
Les demande pour se parer [1].
En dérober un peu, seroit-ce un si grand crime?
Pour plaire aux yeux d'un dieu qui s'est fait mon amant,
Pour regagner son cœur et finir mon tourment,
Tout n'est-il pas trop légitime?
Ouvrons. Quelles vapeurs m'offusquent le cerveau?
Et que vois-je sortir de cette boîte ouverte?
Amour, si ta pitié ne s'oppose à ma perte,
Pour ne revivre plus je descends au tombeau.

Elle s'évanouit, et l'Amour descend auprès d'elle en volant.

SCÈNE IV

L'AMOUR; PSYCHÉ, évanouie.

L'AMOUR.
Votre péril, Psyché, dissipe ma colère,
Ou plutôt de mes feux l'ardeur n'a point cessé;
Et, bien qu'au dernier point vous m'ayez su déplaire,
Je ne me suis intéressé
Que contre celle de ma mère:
J'ai vu tous vos travaux, j'ai suivi vos malheurs;
Mes soupirs ont partout accompagné vos pleurs.
Tournez les yeux vers moi; je suis encor le même.
Quoi! je dis et redis tout haut que je vous aime,
Et vous ne dites point, Psyché, que vous m'aimez!
Est-ce que pour jamais vos beaux yeux sont fermés,

[1] Nous apprenons bien tard pourquoi Psyché a fait le voyage des enfers. Du reste, le voyage, et ce qui y donne lieu, et ce qui en résulte, tout cela est de l'invention d'Apulée. (A.)

Qu'à jamais la clarté leur vient d'être ravie?
O Mort! devois-tu prendre un dard si criminel,
Et, sans aucun respect pour mon être éternel,
 Attenter à ma propre vie!
 Combien de fois, ingrate déité,
  Ai-je grossi ton noir empire
 Par les mépris et par la cruauté
 D'une orgueilleuse ou farouche beauté!
 Combien même, s'il le faut dire,
 T'ai-je immolé de fidèles amants,
  A force de ravissements!
 Va, je ne blesserai plus d'âmes,
 Je ne percerai plus de cœurs
Qu'avec des dards trempés aux divines liqueurs
Qui nourrissent du ciel les immortelles flammes,
Et n'en lancerai plus que pour faire à tes yeux
 Autant d'amants, autant de dieux.
 Et vous, impitoyable mère,
 Qui la forcez à m'arracher
 Tout ce que j'avois de plus cher,
Craignez, à votre tour, l'effet de ma colère.
 Vous me voulez faire la loi,
Vous qu'on voit si souvent la recevoir de moi;
Vous, qui portez un cœur sensible comme un autre,
Vous enviez au mien les délices du vôtre!
Mais dans ce même cœur j'enfoncerai des coups
Qui ne seront suivis que de chagrins jaloux;
Je vous accablerai de honteuses surprises,
Et choisirai partout, à vos vœux les plus doux,
 Des Adonis et des Anchises
 Qui n'auront que haine pour vous.

SCÈNE V

VÉNUS, L'AMOUR ; PSYCHÉ, évanouie.

VÉNUS.

 La menace est respectueuse;
 Et d'un enfant qui fait le révolté
 La colère présomptueuse...
 L'AMOUR.
Je ne suis plus enfant, et je l'ai trop été;
Et ma colère est juste autant qu'impétueuse.
 VÉNUS.
L'impétuosité s'en devroit retenir;
 Et vous pourriez vous souvenir
 Que vous me devez la naissance.
 L'AMOUR.
 Et vous pourriez n'oublier pas
 Que vous avez un cœur et des appas
 Qui relèvent de ma puissance;
Que mon arc de la vôtre est l'unique soutien;
 Que sans mes traits elle n'est rien ;
 Et que si les cœurs les plus braves
En triomphe par vous se sont laissé traîner,
 Vous n'avez jamais fait d'esclaves
 Que ceux qu'il m'a plu d'enchaîner.
Ne me vantez donc plus ces droits de la naissance

 Qui tyrannisent mes désirs;
Et, si vous ne voulez perdre mille soupirs,
Songez, en me voyant, à la reconnoissance,
 Vous qui tenez de ma puissance
 Et votre gloire et vos plaisirs.
 VÉNUS.
 Comment l'avez-vous défendue,
 Cette gloire dont vous parlez?
 Comment me l'avez-vous rendue?
Et, quand vous avez vu mes autels désolés,
 Mes temples violés,
 Mes honneurs ravalés,
Si vous avez pris part à tant d'ignominie,
 Comment en a-t-on vu punie
 Psyché, qui me les a volés?
Je vous ai commandé de la rendre charmée
 Du plus vil de tous les mortels,
Qui ne daignât répondre à son âme enflammée
 Que par des rebuts éternels,
 Par les mépris les plus cruels;
 Et vous-même l'avez aimée!
Vous avez contre moi séduit des immortels;
C'est pour vous qu'à mes yeux les Zéphyrs l'ont cachée
 Qu'Apollon même, suborné,
 Par un oracle adroitement tourné,
 Me l'avoit si bien arrachée,
 Que si sa curiosité,
 Par une aveugle défiance,
 Ne l'eût rendue à ma vengeance,
 Elle échappoit à mon cœur irrité.
Voyez l'état où votre amour l'a mise,
Votre Psyché : son âme va partir;
Voyez; et, si la vôtre en est encore éprise,
 Recevez son dernier soupir.
Menacez, bravez-moi, cependant qu'elle expire :
 Tant d'insolence vous sied bien ;
Et je dois endurer quoi qu'il vous plaise dire,
 Moi qui, sans vos traits, ne puis rien.
 L'AMOUR.
Vous ne pouvez que trop, déesse impitoyable!
Le destin l'abandonne à tout votre courroux :
 Mais soyez moins inexorable
Aux prières, aux pleurs d'un fils à vos genoux
 Ce doit vous être un spectacle assez doux
De voir d'un œil Psyché mourante,
Et de l'autre ce fils, d'une voix suppliante,
Ne vouloir plus tenir son bonheur que de vous.
Rendez-moi ma Psyché, rendez-lui tous ses charmes;
 Rendez-la, déesse, à mes larmes;
Rendez à mon amour, rendez à ma douleur,
Le charme de mes yeux et le choix de mon cœur.
 VÉNUS.
 Quelque amour que Psyché vous donne,
De ses malheurs par moi n'attendez pas la fin.
 Si le destin me l'abandonne,
 Je l'abandonne à son destin.
Ne m'importunez plus ; et, dans cette infortune,
Laissez-la sans Vénus triompher ou périr.

L'AMOUR.

Hélas! si je vous importune,
Je ne le ferois pas si je pouvois mourir.

VÉNUS.

Cette douleur n'est pas commune,
Qui force un immortel à souhaiter la mort.

L'AMOUR.

Voyez, par son excès, si mon amour est fort.
Ne lui ferez-vous grâce aucune?

VÉNUS.

Je vous l'avoue, il me touche le cœur,
Votre amour; il désarme, il fléchit ma rigueur :
Votre Psyché reverra la lumière.

L'AMOUR.

Que je vous vais partout faire donner d'encens!

VÉNUS.

Oui, vous la reverrez dans sa beauté première;
Mais de vos vœux reconnoissants
Je veux la déférence entière;
Je veux qu'un vrai respect laisse à mon amitié
Vous choisir une autre moitié.

L'AMOUR.

Et moi, je ne veux plus de grâce :
Je reprends toute mon audace;
Je veux Psyché, je veux sa foi.
Je veux qu'elle revive, et revive pour moi;
Et tiens indifférent que votre haine lasse
En faveur d'une autre se passe.
Jupiter, qui paroît, va juger entre nous
De mes emportements et de votre courroux.

Après quelques éclairs et des roulements de tonnerre, Jupiter paroît en l'air sur son aigle.

SCÈNE VI

JUPITER, VÉNUS, L'AMOUR; PSYCHÉ, évanouie.

L'AMOUR.

Vous, à qui seul tout est possible,
Père des dieux, souverain des mortels,
Fléchissez la rigueur d'une mère inflexible,
Qui, sans moi, n'auroit point d'autels.
J'ai pleuré, j'ai prié, je soupire, menace,
Et perds menaces et soupirs.
Elle ne veut pas voir que de mes déplaisirs
Dépend du monde entier l'heureuse ou triste face;
Et que, si Psyché perd le jour,
Si Psyché n'est à moi, je ne suis plus l'Amour.
Oui, je romprai mon arc, je briserai mes flèches,
J'éteindrai jusqu'à mon flambeau,
Je laisserai languir la Nature au tombeau;
Ou, si je daigne aux cœurs faire encor quelques brèches,
Avec ces pointes d'or qui me font obéir
Je vous blesserai tous là-haut pour des mortelles,
Et ne décocherai sur elles
Que des traits émoussés qui forcent à haïr,
Et qui ne font que des rebelles,
Des ingrates et des cruelles.

Par quelle tyrannique loi
Tiendrai-je à vous servir mes armes toujours prêtes,
Et vous ferai-je à tous conquêtes sur conquêtes,
Si vous me défendez d'en faire une pour moi?

JUPITER, à Vénus.

Ma fille, sois-lui moins sévère;
Tu tiens de sa Psyché le destin en tes mains,
La Parque, au moindre mot, va suivre ta colère.
Parle, et laisse-toi vaincre aux tendresses de mère,
Ou redoute un courroux que moi-même je crains.
Veux-tu donner le monde en proie,
A la haine, au désordre, à la confusion;
Et d'un dieu d'union,
D'un dieu de douceurs et de joie,
Faire un dieu d'amertume et de division?
Considère ce que nous sommes,
Et si les passions doivent nous dominer,
Plus la vengeance a de quoi plaire aux hommes,
Plus il sied bien aux dieux de pardonner.

VÉNUS.

Je pardonne à ce fils rebelle :
Mais voulez-vous qu'il me soit reproché
Qu'une misérable mortelle,
L'objet de mon courroux, l'orgueilleuse Psyché,
Sous ombre qu'elle est un peu belle,
Par un hymen dont je rougis,
Souille mon alliance et le lit de mon fils?

JUPITER.

Eh bien, je la fais immortelle.
Afin d'y rendre tout égal.

VÉNUS.

Je n'ai plus de mépris ni de haine pour elle,
Et l'admets à l'honneur de ce nœud conjugal.
Psyché, reprenez la lumière,
Pour ne la reperdre jamais.
Jupiter a fait votre paix;
Et je quitte cette humeur fière
Qui s'opposoit à vos souhaits.

PSYCHÉ, sortant de son évanouissement.

C'est donc vous, ô grande déesse!
Qui redonnez la vie à ce cœur innocent?

VÉNUS.

Jupiter vous fait grâce, et ma colère cesse.
Vivez, Vénus l'ordonne; aimez, elle y consent.

PSYCHÉ, à l'Amour.

Je vous revois enfin, cher objet de ma flamme!

L'AMOUR, à Psyché.

Je vous possède enfin, délices de mon âme!

JUPITER.

Venez, amants, venez aux cieux
Achever un si grand et si digne hyménée.
Viens-y, belle Psyché, changer de destinée;
Viens prendre place au rang des dieux.

Deux grandes machines descendent aux deux côtés de Jupiter, cependant qu'il dit ces derniers vers. Vénus, avec sa suite, monte dans l'une, l'Amour et Psyché dans l'autre, et tous ensemble remontent au ciel.

Les divinités qui avoient été partagées entre Vénus et son fils se réunissent en les voyant d'accord; et toutes ensemble, par des

ACTE V, SCÈNE VI.

concerts, des chants et des danses, célèbrent la fête des noces de l'Amour. Apollon paroît le premier, et, comme dieu de l'harmonie, commence à chanter, pour inviter les autres dieux à se réjouir.

RÉCIT D'APOLLON.

Unissons-nous, troupe immortelle :
Le dieu d'amour devient heureux amant,
Et Vénus a repris sa douceur naturelle
En faveur d'un fils si charmant ;
Il va goûter en paix, après un long tourment,
Une félicité qui doit être éternelle.

TOUTES LES DIVINITÉS chantent ensemble ce couplet à la gloire de l'Amour.

Célébrons ce grand jour,
Célébrons tous une fête si belle ;
Que nos chants en tous lieux en portent la nouvelle ;
Qu'ils fassent retentir le céleste séjour.
Chantons, répétons tour à tour
Qu'il n'est point d'âme si cruelle
Qui tôt ou tard ne se rende à l'Amour.

APOLLON continue.

Le Dieu qui nous engage
A lui faire la cour
Défend qu'on soit trop sage.
Les plaisirs ont leur tour :
C'est leur plus doux usage
Que de finir les soins du jour.
La nuit est le partage
Des jeux et de l'amour.

Ce seroit grand dommage
Qu'en ce charmant séjour
On eût un cœur sauvage.
Les plaisirs ont leur tour :
C'est leur plus doux usage
Que de finir les soins du jour.
La nuit est le partage
Des jeux et de l'amour.

Deux muses, qui ont toujours évité de s'engager sous les lois de l'Amour, conseillent aux belles qui n'ont point encore aimé de s'en défendre avec soin, à leur exemple.

CHANSON DES MUSES.

Gardez-vous, beautés sévères :
Les amours font trop d'affaires ;
Craignez toujours de vous laisser charmer.
Quand il faut que l'on soupire,
Tout le mal n'est pas de s'enflammer :
Le martyre
De le dire
Coûte plus cent fois que d'aimer.

SECOND COUPLET DES MUSES.

On ne peut aimer sans peines ;
Il est peu de douces chaînes ;
A tout moment on se sent alarmer.
Quand il faut que l'on soupire,
Tout le mal n'est pas de s'enflammer :
Le martyre
De le dire
Coûte plus cent fois que d'aimer.

Bacchus fait entendre qu'il n'est pas si dangereux que l'Amour.

RÉCIT DE BACCHUS.

Si quelque'ois
Suivant nos douces lois,
La raison se perd et s'oublie,
Ce que le vin nous cause de folie
Commence et finit en un jour ;
Mais, quand un cœur est enivré d'amour,
Souvent c'est pour toute la vie.

ENTRÉE DE BALLET.

Composée de deux ménades et de deux égipans qui suivent Bacchus.

Mome déclare qu'il n'a point de plus doux emploi que de médire, et que ce n'est qu'à l'Amour seul qu'il n'ose se jouer.

RÉCIT DE MOME.

Je cherche à médire
Sur la terre et dans les cieux ;
Je soumets à ma satire
Les plus grands des dieux.
Il n'est dans l'univers que l'Amour qui m'étonne,
Il est le seul que j'épargne aujourd'hui ;
Il n'appartient qu'à lui
De n'épargner personne.

ENTRÉE DE BALLET.

Composée de quatre polichinelles et de deux matassins qui suivent Mome, et viennent joindre leur plaisanterie et leur badinage aux divertissements de cette grande fête.

Bacchus et Mome, qui les conduisent, chantent, au milieu d'eux, chacun une chanson, Bacchus à la louange du vin, et Mome une chanson enjouée sur le sujet et les avantages de la raillerie.

RÉCIT DE BACCHUS.

Admirons le jus de la treille :
Qu'il est puissant, qu'il a d'attraits.
Il sert aux douceurs de la paix,
Et dans la guerre il fait merveille :
Mais surtout pour les amours
Le vin est d'un grand secours.

RÉCIT DE MOME.

Folâtrons, divertissons-nous,
Raillons, nous ne saurions mieux faire ;
La raillerie est nécessaire
Dans les jeux les plus doux.
Sans la douceur que l'on goûte à médire,
On trouve peu de plaisirs sans ennui :
Rien n'est si plaisant que de rire,
Quand on rit aux dépens d'autrui :
Plaisantons, ne pardonnons rien ;
Rions, rien n'est plus à la mode ;
On court péril d'être incommode
En disant trop de bien.
Sans la douceur que l'on goûte à médire,
On trouve peu de plaisirs sans ennui ;
Rien n'est si plaisant que de rire,
Quand on rit aux dépens d'autrui.

Mars arrive au milieu du théâtre, suivi de sa troupe guerrière, qu'il excite à profiter de leur loisir, en prenant part aux divertissements.

RÉCIT DE MARS.

Laissons en paix toute la terre ;
Cherchons de doux amusements.
Parmi les jeux les plus charmants,
Mêlons l'image de la guerre.

ENTRÉE DE BALLET.

Suivants de Mars, qui font, en dansant avec des drapeaux et des enseignes, une manière d'exercice.

DERNIÈRE ENTRÉE DE BALLET.

Les troupes différentes de la suite d'Apollon, de Bacchus, de Môme et de Mars, après avoir achevé leurs entrées particulières, s'unissent ensemble, et forment la dernière entrée, qui renferme toutes les autres.

Un chœur de toutes les voix et de tous les instruments, qui sont au nombre de quarante, se joint à la danse générale, et termine la fête des noces de l'Amour et de Psyché.

DERNIER CHŒUR.

Chantons les plaisirs charmants
Des heureux amants.
Que tout le ciel s'empresse
A leur faire sa cour.
Célébrons ce beau jour
Par mille doux chants d'allégresse ;
Célébrons ce beau jour
Par mille doux chants pleins d'amour.

Dans le grand salon du palais des Tuileries, où *Psyché* a été représentée devant Leurs Majestés, il y avoit des timbales, des trompettes et des tambours mêlés dans ces derniers concerts ; et ce dernier couplet se chantoit ainsi :

Chantons les plaisirs charmants
Des heureux amants.
Répondez-nous, trompettes,
Timbales et tambours ;
Accordez-vous toujours
Avec le doux son des musettes ;
Accordez-vous toujours
Avec le doux chant des amours.

LES FOURBERIES DE SCAPIN

COMÉDIE EN TROIS ACTES

1671

PERSONNAGES

ARGANTE père, d'Octave et de Zerbinette [1].
GÉRONTE, père de Léandre et d'Hyacinte [2].
OCTAVE, fils d'Argante, et amant d'Hyacinte [3].
LÉANDRE, fils de Géronte, et amante de Zerbinette [4].
ZERBINETTE, crue Égyptienne, et reconnue fille d'Argante, et amante de Léandre [5].
HYACINTE, fille de Géronte et amante d'Octave [6].
SCAPIN, valet de Léandre, et fourbe [7].
SYLVESTRE, valet d'Octave [8].
NÉRINE, nourrice d'Hyacinte [9].
CARLE, fourbe.
DEUX PORTEURS.

La scène est à Naples.

ACTE PREMIER

SCÈNE I

OCTAVE, SYLVESTRE.

OCTAVE.

Ah! fâcheuses nouvelles pour un cœur amoureux! Dures extrémités où je me vois réduit! Tu viens, Sylvestre, d'apprendre au port que mon père revient?

SYLVESTRE.

Oui.

OCTAVE.

Qu'il arrive ce matin même?

SYLVESTRE.

Ce matin même.

OCTAVE.

Et qu'il revient dans la résolution de me marier?

SYLVESTRE.

Oui.

OCTAVE.

Avec une fille du seigneur Géronte?

SYLVESTRE.

Du seigneur Géronte.

OCTAVE.

Et que cette fille est mandée de Tarente ici pour cela?

SYLVESTRE.

Oui.

OCTAVE.

Et tu tiens ces nouvelles de mon oncle?

SYLVESTRE.

De votre oncle.

OCTAVE.

A qui mon père les a mandées par une lettre?

SYLVESTRE.

Par une lettre.

OCTAVE.

Et cet oncle, dis-tu, sait toutes nos affaires?

SYLVESTRE.

Toutes nos affaires.

OCTAVE.

Ah! parle, si tu veux, et ne te fais point, de la sorte, arracher les mots de la bouche.

SYLVESTRE.

Qu'ai-je à parler davantage? vous n'oubliez aucune circonstance, et vous dites les choses tout justement comme elles sont.

OCTAVE.

Conseille-moi, du moins, et me dis ce que je dois faire dans ces cruelles conjonctures.

SYLVESTRE.

Ma foi, je m'y trouve autant embarrassé que vous; et j'aurois bon besoin que l'on me conseillât moi-même.

OCTAVE.

Je suis assassiné par ce maudit retour.

SYLVESTRE.

Je ne le suis pas moins.

OCTAVE.

Lorsque mon père apprendra les choses, je vais voir

Acteurs de la troupe de Molière: [1] HUBERT. — [2] DU CROISY. — [3] BARON. — [4] LA GRANGE. — [5] Mademoiselle BEAUVAL. — [6] Mademoiselle MOLIÈRE. — [7] MOLIÈRE. — [8] LA THORILLIÈRE. — [9] DE BRIE.

fondre sur moi un orage soudain d'impétueuses réprimandes.

SYLVESTRE.

Les réprimandes ne sont rien; et plût au ciel que j'en fusse quitte à ce prix! mais j'ai bien la mine, pour moi, de payer plus cher vos folies; et je vois se former, de loin, un nuage de coups de bâton qui crèvera sur mes épaules.

OCTAVE.

O ciel! par où sortir de l'embarras où je me trouve?

SYLVESTRE.

C'est à quoi vous deviez songer avant que de vous y jeter.

OCTAVE.

Ah! tu me fais mourir par tes leçons hors de saison.

SYLVESTRE.

Vous me faites bien plus mourir par vos actions étourdies.

OCTAVE.

Que dois-je faire? Quelle résolution prendre? A quel remède recourir?

SCÈNE II

OCTAVE, SCAPIN, SYLVESTRE.

SCAPIN.

Qu'est-ce, seigneur Octave? Qu'avez-vous? Qu'y a-t-il? Quel désordre est-ce là? Je vous vois tout troublé.

OCTAVE.

Ah! mon pauvre Scapin, je suis perdu; je suis désespéré; je suis le plus infortuné de tous les hommes.

SCAPIN.

Comment?

OCTAVE.

N'as-tu rien appris de ce qui me regarde?

SCAPIN.

Non.

OCTAVE.

Mon père arrive avec le seigneur Géronte, et ils me veulent marier.

SCAPIN.

Eh bien, qu'y a-t-il là de si funeste?

OCTAVE.

Hélas! tu ne sais pas la cause de mon inquiétude.

SCAPIN.

Non; mais il ne tiendra qu'à vous que je le sache bientôt; et je suis homme consolatif [1], homme à m'intéresser aux affaires des jeunes gens.

OCTAVE.

Ah! Scapin, si tu pouvois trouver quelque invention, forger quelque machine, pour me tirer de la peine où je suis, je croirois t'être redevable de plus que la vie.

SCAPIN.

A vous dire la vérité, il y a peu de choses qui me soient impossibles, quand je m'en veux mêler. J'ai sans doute reçu du ciel un génie assez beau pour toutes les fabriques de ces gentillesses d'esprit, de ces galanteries ingénieuses, à qui le vulgaire ignorant donne le nom de fourberies; et je puis dire, sans vanité, qu'on n'a guère vu d'homme qui fût plus habile ouvrier de ressorts et d'intrigues, qui ait acquis plus de gloire que moi dans ce noble métier. Mais, ma foi, le mérite est trop maltraité aujourd'hui; et j'ai renoncé à toutes choses depuis certain chagrin d'une affaire qui m'arriva.

OCTAVE.

Comment? quelle affaire, Scapin?

SCAPIN.

Une aventure où je me brouillai avec la justice.

OCTAVE.

La justice?

SCAPIN.

Oui. Nous eûmes un petit démêlé ensemble.

SYLVESTRE.

Toi et la justice?

SCAPIN.

Oui. Elle en usa fort mal avec moi; et je me dépitai de telle sorte contre l'ingratitude du siècle, que je résolus de ne plus rien faire [1]. Baste! Ne laissez pas de me conter votre aventure.

OCTAVE.

Tu sais, Scapin, qu'il y a deux mois que le seigneur Géronte et mon père s'embarquèrent ensemble pour un voyage qui regarde certain commerce où leurs intérêts sont mêlés [2].

SCAPIN.

Je sais cela.

OCTAVE.

Et que Léandre et moi nous fûmes laissés par nos pères, moi sous la conduite de Sylvestre, et Léandre sous ta direction.

SCAPIN.

Oui. Je me suis fort bien acquitté de ma charge.

OCTAVE.

Quelque temps après, Léandre fit rencontre d'une jeune Égyptienne dont il devint amoureux.

SCAPIN.

Je sais cela encore.

OCTAVE.

Comme nous sommes grands amis, il me fit aussitôt confidence de son amour, et me mena voir cette fille, que je trouvai belle, à la vérité, mais non pas tant qu'il voulait que je la trouvasse. Il ne m'entretenoit que d'elle chaque jour, m'exagéroit à tous moments sa beauté et sa grâce, me louoit son esprit, et me parloit avec transport des charmes de son entretien, dont il me rapportoit jusqu'aux moindres paroles, qu'il s'efforçoit toujours de me faire trouver les plus spirituelles du monde. Il me querelloit

---

[1] Pascal a dit consolatif à... et consolatif pour... : « Discours bien consolatif à ceux qui ont assez de liberté d'esprit, » etc. — « Un beau mot de saint Augustin est bien consolatif pour de certaines personnes. » (F. Génini.)

[1] Ces valets si fourbes, et qui se vantent si impudemment de leurs exploits, appartiennent à la scène antique, d'où ils ont passé sur les théâtres modernes, où ils n'ont joué, à vrai dire, qu'un rôle de fantaisie et de convention, mais souvent avec une verve et un entrain qui les rendent fort amusants. (F. L.)

[2] Tout le récit qui va suivre est tiré du Phormion de Térence.

ACTE I, SCÈNE II.

quelquefois de n'être pas assez sensible aux choses qu'il me venoit dire et me blâmoit sans cesse de l'indifférence où j'étois pour les feux de l'amour.

SCAPIN.
Je ne vois pas encore où ceci veut aller.

OCTAVE.
Un jour que je l'accompagnois pour aller chez les gens qui gardent l'objet de ses vœux, nous entendîmes, dans une petite maison d'une rue écartée, quelques plaintes mêlées de beaucoup de sanglots. Nous demandons ce que c'est; une femme nous dit, en soupirant, que nous pouvions voir là quelque chose de pitoyable en des personnes étrangères, et qu'à moins que d'être insensibles nous en serions touchés.

SCAPIN.
Où est-ce que cela nous mène?

OCTAVE.
La curiosité me fit presser Léandre de voir ce que c'étoit. Nous entrons dans une salle, où nous voyons une vieille femme mourante, assistée d'une servante qui faisoit des regrets, et d'une jeune fille toute fondante en larmes, la plus belle et la plus touchante qu'on puisse jamais voir.

SCAPIN.
Ah! ah!

OCTAVE.
Une autre auroit paru effroyable en l'état où elle étoit: car elle n'avoit pour habillement qu'une méchante petite jupe, avec des brassières de nuit qui étoient de simple futaine; et sa coiffure étoit une cornette jaune, retroussée au haut de sa tête, qui laissoit tomber en désordre ses cheveux sur ses épaules; et cependant, faite comme cela, elle brilloit de mille attraits, et ce n'étoit qu'agréments et que charmes que toute sa personne.

SCAPIN.
Je sens venir la chose.

OCTAVE.
Si tu l'avois vue, Scapin, en l'état que je te dis, tu l'aurois trouvée admirable.

SCAPIN.
Oh! je n'en doute point; et, sans l'avoir vue, je vois bien qu'elle étoit tout à fait charmante.

OCTAVE.
Ses larmes n'étoient point de ces larmes désagréables qui défigurent un visage; elle avoit, à pleurer, une grâce touchante, et sa douleur étoit la plus belle du monde.

SCAPIN.
Je vois tout cela.

OCTAVE.
Elle faisoit fondre chacun en larmes, en se jetant amoureusement sur le corps de cette mourante, qu'elle appeloit sa chère mère; et il n'y avoit personne qui n'eût l'âme percée de voir un si bon naturel.

SCAPIN.
En effet, cela est touchant; et je vois bien que ce bon naturel-là vous la fit aimer.

OCTAVE.
Ah! Scapin, un barbare l'auroit aimée.

SCAPIN.
Assurément. Le moyen de s'en empêcher?

OCTAVE.
Après quelques paroles, dont je tâchai d'adoucir la douleur de cette charmante affligée, nous sortîmes de là; et, demandant à Léandre ce qu'il lui sembloit de cette personne, il me répondit froidement qu'il la trouvoit assez jolie. Je fus piqué de la froideur avec laquelle il m'en parloit, et je ne voulus point lui découvrir l'effet que ses beautés avoient fait sur mon âme.

SYLVESTRE, à Octave.
Si vous n'abrégez ce récit, nous en voilà pour jusqu'à demain. Laissez-le-moi finir en deux mots. (A Scapin.) Son cœur prend feu dès ce moment: il ne sauroit plus vivre qu'il n'aille consoler son aimable affligée. Ses fréquentes visites sont rejetées de la servante, devenue la gouvernante par le trépas de la mère. Voilà mon homme au désespoir; il presse, supplie, conjure: point d'affaire. On lui dit que la fille, quoique sans bien et sans appui, est de famille honnête, et qu'à moins que de l'épouser on ne peut souffrir ses poursuites. Voilà son amour augmenté par les difficultés. Il consulte dans sa tête, agite, raisonne, balance, prend sa résolution: le voilà marié avec elle depuis trois jours.

SCAPIN.
J'entends.

SYLVESTRE.
Maintenant, mets avec cela le retour imprévu du père, qu'on n'attendoit que dans deux mois; la découverte que l'oncle a faite du secret de notre mariage, et l'autre mariage qu'on veut faire de lui avec la fille que le seigneur Géronte a eue d'une seconde femme qu'on dit qu'il a épousée à Tarente.

OCTAVE.
Et, par-dessus tout cela, mets encore l'indigence où se trouve cette aimable personne, et l'impuissance où je me vois d'avoir de quoi la secourir.

SCAPIN.
Est-ce là tout? Vous voilà bien embarrassés tous deux pour une bagatelle! c'est bien là de quoi se tant alarmer! N'as-tu point de honte, toi, de demeurer court à si peu de chose? Que diable! te voilà grand et gros comme père et mère, et tu ne saurois trouver dans ta tête, forger dans ton esprit quelque ruse galante, quelque honnête petit stratagème pour ajuster vos affaires! Fi! peste soit du butor! j'aurois bien voulu que l'on m'eût donné autrefois nos vieillards à duper; je les aurois joués tous deux par-dessous la jambe: et je n'étois pas plus grand que cela, que je me signalois déjà par cent tours d'adresse jolis.

SYLVESTRE.
J'avoue que le ciel ne m'a pas donné tes talents, et que je n'ai pas l'esprit, comme toi, de me brouiller avec la justice.

OCTAVE.
Voici mon aimable Hyacinte.

SCÈNE III

HYACINTE, OCTAVE, SCAPIN, SYLVESTRE.

HYACINTE.

Ah! Octave, est-il vrai ce que Sylvestre vient de dire à Nérine, que votre père est de retour, et qu'il veut vous marier?

OCTAVE.

Oui, belle Hyacinte; et ces nouvelles m'ont donné une atteinte cruelle. Mais que vois-je? vous pleurez! Pourquoi ces larmes? Me soupçonnez-vous, dites-moi, de quelque infidélité? et n'êtes-vous pas assurée de l'amour que j'ai pour vous?

HYACINTE.

Oui, Octave, je suis sûre que vous m'aimez; mais je ne le suis pas que vous m'aimiez toujours.

OCTAVE.

Eh! peut-on vous aimer, qu'on ne vous aime toute sa vie?

HYACINTE.

J'ai ouï dire, Octave, que votre sexe aime moins longtemps que le nôtre, et que les ardeurs que les hommes font voir sont des feux qui s'éteignent aussi facilement qu'ils naissent.

OCTAVE.

Ah! ma chère Hyacinte, mon cœur n'est donc pas fait comme celui des autres hommes; et je sens bien, pour moi, que je vous aimerai jusqu'au tombeau.

HYACINTE.

Je veux croire que vous sentez ce que vous dites, et je ne doute point que vos paroles ne soient sincères; mais je crains un pouvoir qui combattra dans votre cœur les tendres sentiments que vous pouvez avoir pour moi. Vous dépendez d'un père qui veut vous marier à une autre personne; et je suis sûre que je mourrai si ce malheur m'arrive.

OCTAVE.

Non, belle Hyacinte, il n'y a point de père qui puisse me contraindre à vous manquer de foi; et je me résoudrai à quitter mon pays, et le jour même, s'il est besoin, plutôt qu'à vous quitter. J'ai déjà pris, sans l'avoir vue, une aversion effroyable pour celle que l'on me destine; et, sans être cruel, je souhaiterois que la mer l'écartât d'ici pour jamais. Ne pleurez donc point, je vous prie, mon aimable Hyacinte; car vos larmes me tuent, et je ne les puis voir sans me sentir percer le cœur.

HYACINTE.

Puisque vous le voulez, je veux bien essuyer mes pleurs, et j'attendrai, d'un œil constant, ce qu'il plaira au ciel de résoudre de moi.

OCTAVE.

Le ciel nous sera favorable.

HYACINTE.

Il ne sauroit m'être contraire, si vous m'êtes fidèle.

OCTAVE.

Je le serai, assurément.

HYACINTE.

Je serai donc heureuse.

SCAPIN, à part.

Elle n'est pas tant sotte, ma foi; et je la trouve assez passable.

OCTAVE, montrant Scapin.

Voici un homme qui pourroit bien, s'il le vouloit, nous être, dans tous nos besoins, d'un secours merveilleux.

SCAPIN.

J'ai fait de grands serments de ne me mêler plus du monde; mais, si vous m'en priez bien fort tous deux, peut-être...

OCTAVE.

Ah! s'il ne tient qu'à te prier bien fort pour obtenir ton aide, je te conjure de tout mon cœur de prendre la conduite de notre barque.

SCAPIN, à Hyacinte.

Et vous, ne me dites-vous rien?

HYACINTE.

Je vous conjure, à son exemple, par tout ce qui vous est le plus cher au monde, de vouloir servir notre amour.

SCAPIN.

Il faut se laisser vaincre, et avoir de l'humanité. Allez, je veux m'employer pour vous.

OCTAVE.

Crois que...

SCAPIN, à Octave.

Chut! (A Hyacinte.) Allez-vous-en, vous, et soyez en repos.

SCÈNE IV

OCTAVE, SCAPIN, SYLVESTRE.

SCAPIN, à Octave.

Et vous, préparez-vous à soutenir avec fermeté l'abord de votre père.

OCTAVE.

Je t'avoue que cet abord me fait trembler par avance; et j'ai une timidité naturelle que je ne saurois vaincre.

SCAPIN.

Il faut pourtant paroître ferme au premier choc, de peur que, sur votre foiblesse, il ne prenne le pied[1] de vous mener comme un enfant. Là, tâchez de vous composer par étude un peu de hardiesse, et songez à répondre résolûment sur tout ce qu'il vous pourra dire.

OCTAVE.

Je ferai du mieux que je pourrai.

SCAPIN.

Çà, essayons un peu, pour vous accoutumer. Répétons un peu votre rôle, et voyons si vous ferez bien. Allons; la mine résolue, la tête haute, les regards assurés.

OCTAVE.

Comme cela?

SCAPIN.

Encore un peu davantage.

---

[1] Cette locution a vieilli. On diroit aujourd'hui : *ne se mette sur le pied*. (F. L.)

ACTE I, SCÈNE VI.

OCTAVE.

Ainsi?

SCAPIN.

Bon. Imaginez-vous que je suis votre père qui arrive, et répondez-moi fermement, comme si c'étoit à lui-même. Comment! pendard, vaurien, infâme, fils indigne d'un père comme moi, oses-tu bien paroître devant mes yeux, après tes bons déportements, après le lâche tour que tu m'as joué pendant mon absence? Est-ce là le fruit de mes soins, maraud? est-ce là le fruit de mes soins? le respect qui m'est dû? le respect que tu me conserves? (Allons donc!) Tu as l'insolence, fripon, de t'engager sans le consentement de ton père, de contracter un mariage clandestin! Réponds-moi, coquin, réponds-moi. Voyons un peu tes belles raisons... Oh! que diable, vous demeurez interdit!

OCTAVE.

C'est que je m'imagine que c'est mon père que j'entends.

SCAPIN.

Eh! oui; c'est par cette raison qu'il ne faut pas être comme un innocent.

OCTAVE.

Je m'en vais prendre plus de résolution, et je répondrai fermement.

SCAPIN.

Assurément?

OCTAVE.

Assurément.

SYLVESTRE.

Voilà votre père qui vient.

OCTAVE

O ciel! je suis perdu.

SCÈNE V

SCAPIN, SYLVESTRE.

SCAPIN.

Holà, Octave! demeurez, Octave. Le voilà enfui. Quelle pauvre espèce d'homme! Ne laissons pas d'attendre le vieillard.

SYLVESTRE.

Que lui dirai-je?

SCAPIN.

Laisse-moi dire, moi, et ne fais que me suivre.

SCÈNE VI

ARGANTE; SCAPIN et SYLVESTRE, dans le fond du théâtre.

ARGANTE, se croyant seul.

A-t-on jamais ouï parler d'une action pareille à celle-là?

SCAPIN, à Sylvestre.

Il a déjà appris l'affaire; et elle lui tient si fort en tête, que, tout seul, il en parle haut.

ARGANTE, se croyant seul.

Voilà une témérité bien grande!

SCAPIN, à Sylvestre.

Écoutons-le un peu.

ARGANTE, se croyant seul.

Je voudrois bien savoir ce qu'ils me pourront dire sur ce beau mariage.

SCAPIN, à part.

Nous y avons songé.

ARGANTE, se croyant seul.

Tâcheront-ils de me nier la chose

SCAPIN, à part.

Non, nous n'y pensons pas.

ARGANTE, se croyant seul.

Ou s'ils entreprendront de l'excuser?

SCAPIN, à part.

Celui-là se pourra faire.

ARGANTE, se croyant seul.

Prétendront-ils m'amuser par des contes en l'air?

SCAPIN, à part.

Peut-être.

ARGANTE, se croyant seul.

Tous leurs discours seront inutiles.

SCAPIN, à part.

Nous allons voir.

ARGANTE, se croyant seul.

Ils ne m'en donneront point à garder.

SCAPIN, à part.

Ne jurons de rien.

ARGANTE, se croyant seul.

Je saurai mettre mon pendard de fils en lieu de sûreté.

SCAPIN, à part.

Nous y pourvoirons.

ARGANTE, se croyant seul.

Et pour le coquin de Sylvestre, je le rouerai de coups.

SYLVESTRE, à Scapin.

J'étois bien étonné s'il m'oublioit.

ARGANTE, apercevant Sylvestre.

Ah! ah! vous voilà donc, sage gouverneur de famille, beau directeur de jeunes gens!

SCAPIN.

Monsieur, je suis ravi de vous voir de retour.

ARGANTE.

Bonjour, Scapin. (A Sylvestre.) Vous avez suivi mes ordres vraiment d'une belle manière! et mon fils s'est comporté fort sagement pendant mon absence!

SCAPIN.

Vous vous portez bien, à ce que je vois?

ARGANTE.

Assez bien. (A Sylvestre.) Tu ne dis mot, coquin, tu ne dis mot!

SCAPIN.

Votre voyage a-t-il été bon?

ARGANTE.

Mon Dieu, fort bon! Laisse-moi un peu quereller en repos.

SCAPIN.

Vous voulez quereller?

ARGANTE.

Oui, je veux quereller.

SCAPIN.

Eh! qui, monsieur?

ARGANTE, *montrant Sylvestre.*

Ce maraud-là.

SCAPIN.

Pourquoi?

ARGANTE.

Tu n'as pas ouï parler de ce qui s'est passé dans mon absence?

SCAPIN.

J'ai bien ouï parler de quelque petite chose.

ARGANTE.

Comment! quelque petite chose! Une action de cette nature?

SCAPIN.

Vous avez quelque raison.

ARGANTE.

Une hardiesse pareille à celle-là!

SCAPIN.

Cela est vrai.

ARGANTE.

Un fils qui se marie sans le consentement de son père!

SCAPIN.

Oui, il y a quelque chose à dire à cela. Mais je serois d'avis que vous ne fissiez point de bruit.

ARGANTE.

Je ne suis pas de cet avis, moi; et je veux faire du bruit tout mon soûl. Quoi! tu ne trouves pas que j'aie tous les sujets du monde d'être en colère?

SCAPIN.

Si fait. J'y ai d'abord été, moi, lorsque j'ai su la chose; et je me suis intéressé pour vous, jusqu'à quereller votre fils. Demandez-lui un peu quelles belles réprimandes je lui ai faites, et comme je l'ai chapitré sur le peu de respect qu'il gardoit à un père dont il devoit baiser les pas. On ne peut pas lui mieux parler, quand ce seroit vous-même. Mais quoi! je me suis rendu à la raison, et j'ai considéré que, dans le fond, il n'a pas tant de tort qu'on pourroit croire.

ARGANTE.

Que me viens-tu conter? Il n'a pas tant de tort de s'aller marier de but en blanc avec une inconnue?

SCAPIN.

Que voulez-vous? Il y a été poussé par sa destinée.

ARGANTE.

Ah! ah! Voici une raison la plus belle du monde. On n'a plus qu'à commettre tous les crimes imaginables, tromper, voler, assassiner, et dire, pour excuse, qu'on y a été poussé par sa destinée.

SCAPIN.

Mon Dieu! vous prenez mes paroles trop en philosophe. Je veux dire qu'il s'est trouvé fatalement engagé dans cette affaire.

ARGANTE.

Et pourquoi s'y engageoit-il?

SCAPIN.

Voulez-vous qu'il soit aussi sage que vous? Les jeunes gens sont jeunes, et n'ont pas toute la prudence qu'il leur faudroit pour ne rien faire que de raisonnable : témoin notre Léandre, qui, malgré toutes mes leçons, malgré toutes mes remontrances, est allé faire, de son côté, pis encore que votre fils. Je voudrois bien savoir si vous-même n'avez pas été jeune, et n'avez pas, dans votre temps, fait des fredaines comme les autres. J'ai ouï dire, moi, que vous avez été autrefois un bon compagnon parmi les femmes; que vous faisiez de votre drôle avec les plus galantes de ce temps-là, et que vous n'en approchiez point que vous ne poussassiez à bout.

ARGANTE.

Cela est vrai, j'en demeure d'accord; mais je m'en suis toujours tenu à la galanterie, et je n'ai point été jusqu'à faire ce qu'il a fait.

SCAPIN.

Que vouliez-vous qu'il fît? Il voit une jeune personne qui lui veut du bien (car il tient cela de vous, d'être aimé de toutes les femmes); il la trouve charmante, il lui rend des visites, lui conte des douceurs, soupire galamment, fait le passionné. Elle se rend à sa poursuite; il pousse sa fortune. Le voilà surpris avec elle par ses parents, qui, la force à la main, le contraignent de l'épouser.

SYLVESTRE, *à part.*

L'habile fourbe que voilà!

SCAPIN.

Eussiez-vous voulu qu'il se fût laissé tuer? Il vaut mieux encore être marié qu'être mort.

ARGANTE.

On ne m'a pas dit que l'affaire se soit ainsi passée.

SCAPIN, *montrant Sylvestre.*

Demandez-lui plutôt : il ne vous dira pas le contraire.

ARGANTE, *à Sylvestre.*

C'est par force qu'il a été marié?

SYLVESTRE.

Oui, monsieur.

SCAPIN.

Voudrois-je vous mentir?

ARGANTE.

Il devoit donc aller tout aussitôt protester de violence chez un notaire.

SCAPIN.

C'est ce qu'il n'a pas voulu faire.

ARGANTE.

Cela m'auroit donné plus de facilité à rompre ce mariage.

SCAPIN.

Rompre ce mariage?

ARGANTE.

Oui.

SCAPIN.

Vous ne le romprez point.

ARGANTE.

Je ne le romprai point?

SCAPIN.

Non.

ARGANTE.

Quoi! je n'aurai pas pour moi les droits de père, et la raison de la violence qu'on a faite à mon fils?

SCAPIN.

C'est une chose dont il ne demeurera pas d'accord.

ARGANTE.

Il n'en demeurera pas d'accord?

SCAPIN.

Non.

ARGANTE.

Mon fils?

SCAPIN.

Votre fils. Voulez-vous qu'il confesse qu'il ait été capable de crainte, et que ce soit par force qu'on lui ait fait faire les choses? Il n'a garde d'aller avouer cela; ce seroit se faire tort et se montrer indigne d'un père comme vous.

ARGANTE.

Je me moque de cela.

SCAPIN.

Il faut, pour son honneur et pour le vôtre, qu'il dise dans le monde que c'est de bon gré qu'il l'a épousée.

ARGANTE.

Et je veux, moi, pour mon honneur et pour le sien, qu'il dise le contraire.

SCAPIN.

Non, je suis sûr qu'il ne le fera pas.

ARGANTE.

Je l'y forcerai bien.

SCAPIN.

Il ne le fera pas, vous dis-je.

ARGANTE.

Il le fera, ou je le déshériterai.

SCAPIN.

Vous?

ARGANTE.

Moi.

SCAPIN.

Bon!

ARGANTE.

Comment, bon?

SCAPIN.

Vous ne le déshériterez point.

ARGANTE.

Je ne le déshériterai point?

SCAPIN.

Non.

ARGANTE.

Non?

SCAPIN.

Non.

ARGANTE.

Ouais! voici qui est plaisant! Je ne déshériterai pas mon fils?

SCAPIN.

Non, vous dis-je.

ARGANTE.

Qui m'en empêchera?

SCAPIN.

Vous-même.

ARGANTE.

Moi?

SCAPIN.

Oui. Vous n'aurez pas ce cœur-là.

ARGANTE.

Je l'aurai.

SCAPIN.

Vous vous moquez.

ARGANTE.

Je ne me moque point.

SCAPIN.

La tendresse paternelle fera son office.

ARGANTE.

Elle ne fera rien.

SCAPIN.

Oui, oui.

ARGANTE.

Je vous dis que cela sera.

SCAPIN.

Bagatelles!

ARGANTE.

Il ne faut point dire : bagatelles.

SCAPIN.

Mon Dieu! je vous connois; vous êtes bon naturellement.

ARGANTE.

Je ne suis point bon, et je suis méchant quand je veux[1]. Finissons ce discours, qui m'échauffe la bile. (A Sylvestre.) Va-t'en, pendard ; va-t'en me chercher mon fripon, tandis que j'irai rejoindre le seigneur Géronte, pour lui conter ma disgrâce.

SCAPIN.

Monsieur, si je vous puis être utile en quelque chose, vous n'avez qu'à me commander.

ARGANTE.

Je vous remercie. (A part.) Ah! pourquoi faut-il qu'il soit fils unique! et que n'ai-je à cette heure la fille que le ciel m'a ôtée, pour la faire mon héritière[2]!

SCÈNE VII

SCAPIN, SYLVESTRE.

SYLVESTRE.

J'avoue que tu es un grand homme, et voilà l'affaire en bon train; mais l'argent, d'autre part, nous presse pour notre subsistance, et nous avons de tous côtés des gens qui aboient après nous.

SCAPIN.

Laisse-moi faire, la machine est trouvée. Je cherche seulement dans ma tête un homme qui nous soit affidé, pour jouer un personnage dont j'ai besoin. Attends. Tiens-toi un peu. Enfonce ton bonnet en méchant garçon. Campe-toi sur un pied. Mets la main au côté. Fais les yeux furibonds. Marche un peu en roi de théâtre. Voilà

---

[1] Molière a emprunté au *Tartuffe* le motif d'une partie de cette scène, qui se trouve aussi mot à mot dans le *Malade imaginaire*. (Aimé Martin.)

[2] Cette phrase, si naturelle dans la bouche d'un père mécontent de son fils, est une adroite préparation au dénoûment, qui doit nous présenter, dans cette même fille regrettée par Argante, la jeune Égyptienne aimée par Léandre. (Auger.)

qui est bien. Suis-moi. J'ai des secrets pour déguiser ton visage et ta voix.

SYLVESTRE.

Je te conjure, au moins, de ne m'aller point brouiller avec la justice.

SCAPIN.

Va, va, nous partagerons les périls en frères; et trois ans de galères de plus ou de moins ne sont pas pour arrêter un noble cœur [1]

ACTE SECOND

SCÈNE I

GÉRONTE, ARGANTE.

GÉRONTE.

Oui, sans doute, par le temps qu'il fait, nous aurons ici nos gens aujourd'hui; et un matelot qui vient de Tarente m'a assuré qu'il avoit vu mon homme qui étoit près de s'embarquer. Mais l'arrivée de ma fille trouvera les choses mal disposées à ce que nous nous proposions; et ce que vous venez de m'apprendre de votre fils rompt étrangement les mesures que nous avions prises ensemble.

ARGANTE.

Ne vous mettez pas en peine; je vous réponds de renverser tout cet obstacle, et j'y vais travailler de ce pas.

GÉRONTE.

Ma foi, seigneur Argante, voulez-vous que je vous dise? l'éducation des enfants est une chose à quoi il faut s'attacher fortement.

ARGANTE.

Sans doute. A quel propos cela?

GÉRONTE.

A propos de ce que les mauvais déportements des jeunes gens viennent le plus souvent de la mauvaise éducation que leurs pères leur donnent.

ARGANTE.

Cela arrive parfois. Mais que voulez-vous dire par là?

GÉRONTE.

Ce que je veux dire par là?

ARGANTE.

Oui.

GÉRONTE.

Que si vous aviez, en brave père, bien morigéné votre fils, il ne vous auroit pas joué le tour qu'il vous a fait.

ARGANTE.

Fort bien. De sorte donc que vous avez bien mieux morigéné le vôtre?

GÉRONTE.

Sans doute, et je serois bien fâché qu'il m'eût rien fait approchant de cela.

ARGANTE.

Et si ce fils, que vous avez, en brave père, si bien morigéné, avoit fait pis encore que le mien? Eh?

GÉRONTE.

Comment?

ARGANTE.

Comment?

GÉRONTE.

Qu'est-ce que cela veut dire?

ARGANTE.

Cela veut dire, seigneur Géronte, qu'il ne faut pas être si prompt à condamner la conduite des autres, et que ceux qui veulent gloser doivent bien regarder chez eux s'il n'y a rien qui cloche.

GÉRONTE.

Je n'entends point cette énigme.

ARGANTE.

On vous l'expliquera.

GÉRONTE.

Est-ce que vous auriez ouï dire quelque chose de mon fils?

ARGANTE.

Cela se peut faire.

GÉRONTE.

Et quoi, encore?

ARGANTE.

Votre Scapin, dans mon dépit, ne m'a dit la chose qu'en gros, et vous pourrez de lui, ou de quelque autre, être instruit du détail. Pour moi, je vais vite consulter un avocat, et aviser des biais [1] que j'ai à prendre. Jusqu'au revoir.

SCÈNE II

GÉRONTE, seul.

Que pourroit-ce être que cette affaire-ci? Pis encore que le sien! Pour moi, je ne vois pas ce que l'on peut faire de pis; et je trouve que se marier sans le consentement de son père est une action qui passe tout ce qu'on peut imaginer.

SCÈNE III

GÉRONTE, LÉANDRE.

GÉRONTE.

Ah! vous voilà!

LÉANDRE, courant à Géronte, pour l'embrasser.

Ah! mon père, que j'ai de joie de vous voir de retour!

GÉRONTE, refusant d'embrasser Léandre.

Doucement. Parlons un peu d'affaire.

LÉANDRE.

Souffrez que je vous embrasse, et que...

---

[1] Excellent premier acte, plein de naturel, de gaieté et de verve comique. (Auger.)

[1] Aviser, dans le sens de consulter, délibérer, doit se construire avec la préposition à. On dit : Aviser aux moyens, et non des moyens.

ACTE II, SCÈNE V.

GÉRONTE, le repoussant encore.
Doucement, vous dis-je.

LÉANDRE.
Quoi! vous me refusez, mon père, de vous exprimer mon transport par mes embrassements?

GÉRONTE.
Oui. Nous avons quelque chose à démêler ensemble.

LÉANDRE.
Et quoi?

GÉRONTE.
Tenez-vous, que je vous voie en face.

LÉANDRE.
Comment?

GÉRONTE.
Regardez-moi entre deux yeux.

LÉANDRE.
Eh bien?

GÉRONTE.
Qu'est-ce donc qu'il s'est passé ici?

LÉANDRE.
Ce qui s'est passé?

GÉRONTE.
Oui. Qu'avez-vous fait pendant mon absence?

LÉANDRE.
Que voulez-vous, mon père, que j'aie fait?

GÉRONTE.
Ce n'est pas moi qui veux que vous ayez fait, mais qui demande ce que c'est que vous avez fait.

LÉANDRE.
Moi? Je n'ai fait aucune chose dont vous ayez lieu de vous plaindre.

GÉRONTE.
Aucune chose?

LÉANDRE.
Non.

GÉRONTE.
Vous êtes bien résolu!

LÉANDRE.
C'est que je suis sûr de mon innocence.

GÉRONTE.
Scapin pourtant m'a dit de vos nouvelles.

LÉANDRE.
Scapin?

GÉRONTE.
Ah! ah! ce mot vous fait rougir.

LÉANDRE.
Il vous a dit quelque chose de moi?

GÉRONTE.
Ce lieu n'est pas tout à fait propre à vider cette affaire, et nous allons l'examiner ailleurs. Qu'on se rende au logis; j'y vais revenir tout à l'heure. Ah! traître, s'il faut que tu me déshonores, je te renonce pour mon fils, et tu peux bien, pour jamais, te résoudre à fuir de ma présence.

SCÈNE IV

LÉANDRE, seul.

Me trahir de cette manière! Un coquin qui doit, par cent raisons, être le premier à cacher les choses que je lui confie, est le premier à les aller découvrir à mon père! Ah! je jure le ciel que cette trahison ne demeurera pas impunie.

SCÈNE V

OCTAVE, LÉANDRE, SCAPIN.

OCTAVE.
Mon cher Scapin, que ne dois-je point à tes soins! Que tu es un homme admirable! et que le ciel m'est favorable de t'envoyer à mon secours!

LÉANDRE.
Ah! ah! vous voilà! Je suis ravi de vous trouver, monsieur le coquin!

SCAPIN.
Monsieur, votre serviteur. C'est trop d'honneur que vous me faites.

LÉANDRE, mettant l'épée à la main.
Vous faites le méchant plaisant... Ah! je vous apprendrai...

SCAPIN, se mettant à genoux.
Monsieur!

OCTAVE, se mettant entre eux pour empêcher Léandre de frapper Scapin.
Ah! Léandre!

LÉANDRE.
Non, Octave, ne me retenez point, je vous prie.

SCAPIN, à Léandre.
Hé! monsieur!

OCTAVE, retenant Léandre.
De grâce!

LÉANDRE, voulant frapper Scapin.
Laissez-moi contenter mon ressentiment.

OCTAVE.
Au nom de l'amitié, Léandre, ne le maltraitez point.

SCAPIN.
Monsieur, que vous ai-je fait?

LÉANDRE, voulant frapper Scapin.
Ce que tu m'as fait, traître!

OCTAVE, retenant encore Léandre.
Hé! doucement!

LÉANDRE.
Non, Octave, je veux qu'il me confesse lui-même, tout à l'heure, la perfidie qu'il m'a faite. Oui, coquin, je sais le trait que tu m'as joué; on vient de me l'apprendre, et tu ne croyois pas peut-être que l'on me dût révéler ce secret; mais je veux en avoir la confession de ta propre bouche, ou je vais te passer cette épée au travers du corps.

SCAPIN.
Ah! monsieur, auriez-vous bien ce cœur-là?

LÉANDRE.
Parle donc.

SCAPIN.
Je vous ai fait quelque chose, monsieur?

LÉANDRE.
Oui, coquin, et ta conscience ne te dit que trop ce que c'est.

SCAPIN.
Je vous assure que je l'ignore.

LÉANDRE, s'avançant pour frapper Scapin.
Tu l'ignores!

OCTAVE, retenant Léandre.
Léandre!

SCAPIN.
Eh bien, monsieur, puisque vous le voulez, je vous confesse que j'ai bu avec mes amis ce petit quartaut de vin d'Espagne dont on vous fit présent il y a quelques jours, et que c'est moi qui fis une fente au tonneau, et répandis de l'eau autour, pour faire croire que le vin s'étoit échappé.

LÉANDRE.
C'est toi, pendard, qui m'as bu mon vin d'Espagne, et qui as été cause que j'ai tant querellé la servante, croyant que c'étoit elle qui m'avoit fait le tour?

SCAPIN.
Oui, monsieur; je vous en demande pardon.

LÉANDRE.
Je suis bien aise d'apprendre cela. Mais ce n'est pas l'affaire dont il est question maintenant.

SCAPIN.
Ce n'est pas cela, monsieur?

LÉANDRE.
Non : c'est une autre affaire qui me touche bien plus, et je veux que tu me la dises.

SCAPIN.
Monsieur, je ne me souviens pas d'avoir fait autre chose.

LÉANDRE, voulant frapper Scapin.
Tu ne veux pas parler?

SCAPIN.
Hé!

OCTAVE, retenant Léandre.
Tout doux!

SCAPIN.
Oui, monsieur; il est vrai qu'il y a trois semaines que vous m'envoyâtes porter, le soir, une petite montre à la jeune Égyptienne que vous aimez. Je revins au logis, mes habits tout couverts de boue, et le visage plein de sang, et vous dis que j'avois trouvé des voleurs qui m'avoient bien battu, et m'avoient dérobé la montre. C'étoit moi, monsieur, qui l'avois retenue.

LÉANDRE.
C'est toi qui as retenu ma montre?

SCAPIN.
Oui, monsieur, afin de voir quelle heure il est.

LÉANDRE.
Ah! ah! j'apprends ici de jolies choses, et j'ai un serviteur fort fidèle, vraiment! Mais ce n'est pas cela encore que je demande.

SCAPIN.
Ce n'est pas cela?

LÉANDRE.
Non, infâme! c'est autre chose encore que je veux que tu me confesses.

SCAPIN, à part.
Peste!

LÉANDRE.
Parle vite, j'ai hâte.

SCAPIN.
Monsieur, voilà tout ce que j'ai fait.

LÉANDRE, voulant frapper Scapin.
Voilà tout?

OCTAVE, se mettant au-devant de Léandre.
Hé!

SCAPIN.
Eh bien, oui, monsieur. Vous vous souvenez de ce loup-garou, il y a six mois, qui vous donna tant de coups de bâton la nuit, et vous pensa faire rompre le cou dans une cave où vous tombâtes en fuyant.

LÉANDRE.
Eh bien?

SCAPIN.
C'étoit moi, monsieur, qui faisois le loup-garou.

LÉANDRE.
C'étoit toi, traître, qui faisois le loup-garou?

SCAPIN.
Oui, monsieur; seulement pour vous faire peur, et vous ôter l'envie de nous faire courir toutes les nuits comme vous aviez coutume.

LÉANDRE.
Je saurai me souvenir, en temps et lieu, de tout ce que je viens d'apprendre. Mais je veux venir au fait, et que tu me confesses ce que tu as dit à mon père.

SCAPIN.
A votre père?

LÉANDRE.
Oui, fripon, à mon père.

SCAPIN.
Je ne l'ai pas seulement vu depuis son retour.

LÉANDRE.
Tu ne l'as pas vu?

SCAPIN.
Non, monsieur.

LÉANDRE.
Assurément?

SCAPIN.
Assurément. C'est une chose que je vais vous faire dire par lui-même.

LÉANDRE.
C'est de sa bouche que je le tiens pourtant.

SCAPIN.
Avec votre permission, il n'a pas dit la vérité.

SCÈNE VI

LÉANDRE, OCTAVE, CARLE, SCAPIN.

CARLE.

Monsieur, je vous apporte une nouvelle qui est fâcheuse pour votre amour.

LÉANDRE.

Comment?

CARLE.

Vos Égyptiens sont sur le point de vous enlever Zerbinette; et elle-même, les larmes aux yeux, m'a chargé de venir promptement vous dire que, si dans deux heures vous ne songez à leur porter l'argent qu'ils vous ont demandé pour elle, vous l'allez perdre pour jamais.

LÉANDRE.

Dans deux heures?

CARLE.

Dans deux heures.

SCÈNE VII

LÉANDRE, OCTAVE, SCAPIN.

LÉANDRE.

Ah! mon pauvre Scapin, j'implore ton secours.

SCAPIN, se levant, et passant fièrement devant Léandre.

Ah! mon pauvre Scapin! Je suis mon pauvre Scapin, à cette heure qu'on a besoin de moi[1].

LÉANDRE.

Va, je te pardonne tout ce que tu viens de me dire, et pis encore, si tu me l'as fait.

SCAPIN.

Non, non; ne me pardonnez rien: passez-moi votre épée au travers du corps. Je serai ravi que vous me tuiez.

LÉANDRE.

Non. Je te conjure plutôt de me donner la vie, en servant mon amour.

SCAPIN.

Point, point: vous ferez mieux de me tuer.

LÉANDRE.

Tu m'es trop précieux; et je te prie de vouloir bien employer pour moi ce génie admirable qui vient à bout de toutes choses.

SCAPIN.

Non. Tuez-moi, vous dis-je.

LÉANDRE.

Ah! de grâce, ne songe plus à tout cela, et pense à me donner le secours que je te demande.

OCTAVE.

Scapin, il faut faire quelque chose pour lui.

SCAPIN.

Le moyen, après une avanie de la sorte?

LÉANDRE.

Je te conjure d'oublier mon emportement et de me prêter ton adresse.

OCTAVE.

Je joins mes prières aux siennes.

SCAPIN.

J'ai cette insulte-là sur le cœur.

OCTAVE.

Il faut quitter ton ressentiment.

LÉANDRE.

Voudrois-tu m'abandonner, Scapin, dans la cruelle extrémité où se voit mon amour?

SCAPIN.

Me venir faire à l'improviste un affront comme celui-là!

LÉANDRE.

J'ai tort, je le confesse.

SCAPIN.

Me traiter de coquin, de fripon, de pendard, d'infâme!

LÉANDRE.

J'en ai tous les regrets du monde.

SCAPIN.

Me vouloir passer son épée au travers du corps!

LÉANDRE.

Je t'en demande pardon de tout mon cœur; et, s'il ne tient qu'à me jeter à tes genoux, tu m'y vois, Scapin, pour te conjurer encore une fois de ne me point abandonner.

OCTAVE.

Ah! ma foi, Scapin, il se faut rendre à cela.

SCAPIN.

Levez-vous. Une autre fois ne soyez point si prompt.

LÉANDRE.

Me promets-tu de travailler pour moi?

SCAPIN.

On y songera.

LÉANDRE.

Mais tu sais que le temps presse.

SCAPIN.

Ne vous mettez pas en peine. Combien est-ce qu'il vous faut?

LÉANDRE.

Cinq cents écus.

SCAPIN.

Et à vous?

OCTAVE

Deux cent pistoles.

SCAPIN.

Je veux tirer cet argent de vos pères. (A Octave.) Pour ce qui est du vôtre, la machine est déjà toute trouvée. A Léandre.) Et, quant au vôtre, bien qu'avare au dernier degré, il y faudra moins de façons encore; car vous savez que, pour l'esprit, il n'en a pas, grâce à Dieu, grande provision; et je le livre pour une espèce d'homme à qui l'on fera croire tout ce qu'on voudra. Cela ne vous offense point: il ne tombe entre lui et vous aucun soupçon de ressemblance; et vous savez assez l'opinion de tout le monde, qui veut qu'il ne soit votre père que pour la forme.

---

[1] George Dandin dit à sa femme qui le cajole pour rentrer dans sa maison, et qui l'appelle son *pauvre petit mari* : « Je suis votre petit mari, maintenant, parce que vous vous sentez prise. »

LÉANDRE.

Tout beau, Scapin!

SCAPIN.

Bon, bon, on fait bien scrupule de cela! Vous moquez-vous? Mais j'aperçois venir le père d'Octave. Commençons par lui, puisqu'il se présente. Allez-vous-en tous deux. (A Octave.) Et vous, avertissez votre Sylvestre de venir vite jouer son rôle.

SCÈNE VIII

ARGANTE, SCAPIN.

SCAPIN, à part.

Le voilà qui rumine.

ARGANTE, se croyant seul.

Avoir si peu de conduite et de considération! s'aller jeter dans un engagement comme celui-là! Ah! ah! jeunesse impertinente!

SCAPIN.

Monsieur, votre serviteur!

ARGANTE.

Bonjour, Scapin.

SCAPIN.

Vous rêvez à l'affaire de votre fils?

ARGANTE.

Je t'avoue que cela me donne un furieux chagrin.

SCAPIN.

Monsieur, la vie est mêlée de traverses; il est bon de s'y tenir sans cesse préparé; et j'ai ouï dire, il y a longtemps, une parole d'un ancien que j'ai toujours retenue.

ARGANTE.

Quoi?

SCAPIN.

Que, pour peu qu'un père de famille ait été absent de chez lui, il doit promener son esprit sur tous les fâcheux accidents que son retour peut rencontrer, se figurer sa maison brûlée, son argent dérobé, sa femme morte, son fils estropié, sa fille subornée; et ce qu'il trouve qui ne lui est point arrivé, l'imputer à bonne fortune. Pour moi, j'ai pratiqué toujours cette leçon dans ma petite philosophie; et je ne suis jamais revenu au logis que je ne me sois tenu prêt à la colère de mes maîtres, aux réprimandes, aux injures, aux coups de pieds au cul, aux bastonnades, aux étrivières; et ce qui a manqué à m'arriver, j'en ai rendu grâce à mon bon destin[1].

ARGANTE.

Voilà qui est bien; mais ce mariage impertinent, qui trouble celui que nous voulons faire, est une chose que je ne puis souffrir, et je viens de consulter des avocats pour le faire casser.

SCAPIN.

Ma foi, monsieur, si vous m'en croyez, vous tâcherez, par quelque autre voie, d'accommoder l'affaire. Vous savez ce que c'est que les procès en ce pays-ci, et vous allez vous enfoncer dans d'étranges épines.

[1] Cette tirade de Scapin est empruntée au *Phormion* de Térence.

ARGANTE.

Tu as raison, je le vois bien. Mais quelle autre voie?

SCAPIN.

Je pense que j'en ai trouvé une. La compassion que m'a donnée tantôt votre chagrin m'a obligé à chercher dans ma tête quelque moyen pour vous tirer d'inquiétude; car je ne saurois voir d'honnêtes pères chagrinés par leurs enfants, que cela ne m'émeuve; et, de tout temps, je me suis senti pour votre personne une inclination particulière.

ARGANTE.

Je te suis obligé.

SCAPIN.

J'ai donc été trouver le frère de cette fille qui a été épousée. C'est un de ces braves de profession, de ces gens qui sont tout coups d'épée, qui ne parlent que d'échiner, et ne font non plus de conscience de tuer un homme que d'avaler un verre de vin. Je l'ai mis sur ce mariage, lui ai fait voir quelle facilité offroit la raison de la violence pour le faire casser, vos prérogatives du nom de père, et l'appui que vous donneroient auprès de la justice, et votre droit, et votre argent, et vos amis. Enfin, je l'ai tant tourné de tous les côtés, qu'il a prêté l'oreille aux propositions que je lui ai faites d'ajuster l'affaire pour quelque somme; et il donnera son consentement à rompre le mariage, pourvu que vous lui donniez de l'argent.

ARGANTE.

Et qu'a-t-il demandé?

SCAPIN.

Oh! d'abord des choses par-dessus les maisons.

ARGANTE.

Et quoi?

SCAPIN.

Des choses extravagantes.

ARGANTE.

Mais encore?

SCAPIN.

Il ne parloit pas moins de cinq ou six cents pistoles.

ARGANTE.

Cinq ou six cents fièvres quartaines qui le puissent serrer! Se moque-t-il des gens?

SCAPIN.

C'est ce que je lui ai dit. J'ai rejeté bien loin de pareilles propositions, et je lui ai bien fait entendre que vous n'étiez point une dupe, pour vous demander des cinq ou six cents pistoles. Enfin, après plusieurs discours, voici où s'est réduit le résultat de notre conférence. Nous voilà au temps, m'a-t-il dit, que je dois partir pour l'armée; je suis après à m'équiper, et le besoin que j'ai de quelque argent me fait consentir, malgré moi, à ce qu'on me propose. Il me faut un cheval de service, et je n'en saurois avoir un qui soit tant soit peu raisonnable[1] à moins de soixante pistoles.

[1] *Raisonnable* signifie ici convenable, tel qu'on doit s'en contenter. C'est en ce sens que Perrette, dans la fable, dit en parlant de son cochon :
Il étoit, quand je l'eus, de grosseur *raisonnable*.
Mais cela n'empêche pas que *cheval raisonnable* ne soit une singulière expression. (Auger.)

ARGANTE.

Eh bien, pour soixante pistoles, je les donne.

SCAPIN.

Il faudra les harnois et les pistolets; et cela ira bien à vingt pistoles encore.

ARGANTE.

Vingt pistoles et soixante, ce seroit quatre-vingts.

SCAPIN.

Justement.

ARGANTE.

C'est beaucoup; mais, soit; je consens à cela.

SCAPIN.

Il lui faut aussi un cheval pour monter son valet, qui coûtera bien trente pistoles.

ARGANTE.

Comment, diantre! Qu'il se promène, il n'aura rien du tout.

SCAPIN.

Monsieur!

ARGANTE.

Non : c'est un impertinent.

SCAPIN.

Voulez-vous que son valet aille à pied?

ARGANTE.

Qu'il aille comme il lui plaira, et le maître aussi.

SCAPIN.

Mon Dieu, monsieur, ne vous arrêtez point à peu de chose. N'allez point plaider, je vous prie; et donnez tout, pour vous sauver des mains de la justice.

ARGANTE.

Eh bien, soit; je me résous à donner encore ces trente pistoles.

SCAPIN.

Me faut encore, a-t-il dit, un mulet pour porter...

ARGANTE.

Oh! qu'il aille au diable avec son mulet! C'en est trop; et nous irons devant les juges.

SCAPIN.

De grâce, monsieur!

ARGANTE.

Non, je n'en ferai rien.

SCAPIN.

Monsieur, un petit mulet.

ARGANTE.

Je ne lui donnerois pas seulement un âne.

SCAPIN.

Considérez...

ARGANTE.

Non : j'aime mieux plaider.

SCAPIN.

Eh! monsieur, de quoi parlez-vous là, et à quoi vous résolvez-vous? Jetez les yeux sur les détours de la justice. Voyez combien d'appels et de degrés de juridiction; combien de procédures embarrassantes; combien d'animaux ravissants par les griffes desquels il vous faudra passer : sergents, procureurs, avocats, greffiers, substituts, rapporteurs, juges, et leurs clercs. Il n'y a pas un de tous ces gens-là qui, pour la moindre chose, ne soit capable de donner un soufflet au meilleur droit du monde. Un sergent baillera de faux exploits, sur quoi vous serez condamné sans que vous le sachiez. Votre procureur s'entendra avec votre partie, et vous vendra à beaux deniers comptants. Votre avocat, gagné de même, ne se trouvera point lorsqu'on plaidera votre cause, ou dira des raisons qui ne feront que battre la campagne et n'iront point au fait. Le greffier délivrera par contumace des sentences et arrêts contre vous. Le clerc du rapporteur soustraira des pièces, ou le rapporteur même ne dira pas ce qu'il a vu; et quand, par les plus grandes précautions du monde, vous aurez paré tout cela, vous serez ébahi que vos juges auront été sollicités contre vous, ou par des gens dévots, ou par des femmes qu'ils aimeront. Eh! monsieur, si vous le pouvez, sauvez-vous de cet enfer-là. C'est être damné dès ce monde que d'avoir à plaider; et la seule pensée d'un procès seroit capable de me faire fuir jusqu'aux Indes.

ARGANTE.

A combien est-ce qu'il fait monter le mulet?

SCAPIN.

Monsieur, pour le mulet, pour son cheval et celui de son homme, pour le harnois et les pistolets, et pour payer quelque petite chose qu'il doit à son hôtesse, il demande en tout deux cents pistoles.

ARGANTE.

Deux cents pistoles!

SCAPIN.

Oui.

ARGANTE, se promenant en colère.

Allons, allons; nous plaiderons.

SCAPIN.

Faites réflexion.

ARGANTE.

Je plaiderai.

SCAPIN.

Ne vous allez pas jeter...

ARGANTE.

Je veux plaider.

SCAPIN.

Mais pour plaider il vous faudra de l'argent. Il vous en faudra pour l'exploit; il vous en faudra pour le contrôle; il vous en faudra pour la procuration, pour la présentation, les conseils, productions, et journées du procureur. Il vous en faudra pour les consultations et plaidoiries des avocats, pour le droit de retirer le sac[1] et pour les grosses d'écritures. Il vous en faudra pour le rapport des substituts, pour les épices de conclusion[2], pour l'enregistrement du greffier, façon d'appointement, sentences et arrêts, contrôles, signatures et expéditions de leurs clercs, sans parler de tous les présents qu'il vous faudra faire.

[1] *Sac*, les pièces d'un procès, parce que, ordinairement, elles étaient renfermées dans un sac.
[2] Anciennement les plaideurs donnaient aux juges des dragées et des confitures pour les remercier du gain d'un procès, et cela s'appelait des *épices*, parce que, avant la découverte des Indes, on employait, dans ces friandises, les épices au lieu de sucre; les épices du palais, qui n'étaient d'abord qu'un présent volontaire, devinrent par la suite une véritable taxe qui se payait en argent, et n'en conservait pas moins le nom d'*épices*. (Auger.)

Donnez cet argent-là à cet homme-ci, vous voilà hors d'affaire.

ARGANTE.

Comment! deux cents pistoles!

SCAPIN.

Oui. Vous y gagnerez. J'ai fait un petit calcul, en moi-même, de tous les frais de la justice; et j'ai trouvé qu'en donnant deux cents pistoles à votre homme vous en aurez de reste, pour le moins, cent cinquante, sans compter les soins, les pas et les chagrins que vous vous épargnerez. Quand il n'y auroit à essuyer que les sottises que disent devant tout le monde de méchants plaisants d'avocats, j'aimerois mieux donner trois cents pistoles que de plaider.

ARGANTE.

Je me moque de cela, et je défie les avocats de rien dire de moi.

SCAPIN.

Vous ferez ce qu'il vous plaira; mais, si j'étois que de vous, je fuirois les procès.

ARGANTE.

Je ne donnerai point deux cents pistoles.

SCAPIN.

Voici l'homme dont il s'agit.

SCÈNE IX

ARGANTE, SCAPIN; SYLVESTRE, déguisé en spadassin.

SYLVESTRE.

Scapin, faites-moi connoître un peu cet Argante qui est père d'Octave.

SCAPIN.

Pourquoi, monsieur?

SYLVESTRE.

Je viens d'apprendre qu'il veut me mettre en procès, et faire rompre par justice le mariage de ma sœur.

SCAPIN.

Je ne sais pas s'il a cette pensée; mais il ne veut point consentir aux deux cents pistoles que vous voulez; et il dit que c'est trop.

SYLVESTRE.

Par la mort! par la tête! par le ventre! si je le trouve, je le veux échiner, dussé-je être roué tout vif. (Argante, pour n'être point vu, se tient en tremblant derrière Scapin.)

SCAPIN.

Monsieur, ce père d'Octave a du cœur, et peut-être ne vous craindra-t-il point.

SYLVESTRE.

Lui, lui? Par le sang! par la tête! s'il étoit là, je lui donnerois tout à l'heure de l'épée dans le ventre. (Apercevant Argante.) Qui est cet homme-là?

SCAPIN.

Ce n'est pas lui, monsieur; ce n'est pas lui.

SYLVESTRE.

N'est-ce point quelqu'un de ses amis?

SCAPIN.

Non, monsieur; au contraire, c'est son ennemi capital.

SYLVESTRE.

Son ennemi capital?

SCAPIN.

Oui.

SYLVESTRE.

Ah! parbleu, j'en suis ravi. (A Argante.) Vous êtes ennemi, monsieur, de ce faquin d'Argante? Eh?

SCAPIN.

Oui, oui; je vous en réponds.

SYLVESTRE, secouant rudement la main d'Argante.

Touchez là, touchez. Je vous donne ma parole, et vous jure sur mon honneur, par l'épée que je porte, par tous les serments que je saurois faire, qu'avant la fin du jour je vous déferai de ce maraud fieffé, de ce faquin d'Argante. Reposez-vous sur moi.

SCAPIN.

Monsieur, les violences en ce pays ne sont guère souffertes.

SYLVESTRE.

Je me moque de tout, et je n'ai rien à perdre.

SCAPIN.

Il se tiendra sur ses gardes, assurément; il a des parents, des amis et des domestiques, dont il se fera un secours contre votre ressentiment.

SYLVESTRE.

C'est ce que je demande, morbleu! c'est ce que je demande! (Mettant l'épée à la main.) Ah, tête! ah, ventre! Que ne le trouvé-je à cette heure avec tout son secours! Que ne paroît-il à mes yeux au milieu de trente personnes! Que ne les vois-je fondre sur moi les armes à la main! (Se mettant en garde.) Comment! marauds, vous avez la hardiesse de vous attaquer à moi! Allons, morbleu, tue! (Poussant de tous les côtés, comme s'il avoit plusieurs personnes à combattre.) Point de quartier. Donnons. Ferme. Poussons. Bon pied, bon œil. Ah! coquins! ah! canaille! vous en voulez par là! je vous en ferai tâter votre soûl. Soutenez, marauds; soutenez! Allons! A cette botte! A cette autre! (Se tournant du côté d'Argante et de Scapin.) A celle-ci! A celle-là! Comment, vous reculez! Pied ferme, morbleu! pied ferme!

SCAPIN.

Eh! eh! eh! monsieur, nous n'en sommes pas.

SYLVESTRE.

Voilà qui vous apprendra à vous oser jouer à moi!

SCÈNE X

ARGANTE, SCAPIN.

SCAPIN.

Eh bien, vous voyez combien de personnes tuées pour deux cents pistoles. Or sus, je vous souhaite une bonne fortune.

ARGANTE, tout tremblant.

Scapin.

SCAPIN.

Plaît-il?

LES FOURBERIES DE SCAPIN.

ACTE II — SCÈNE IX

Garnier Frères, Éditeurs

ACTE II, SCÈNE XI.

ARGANTE.
Je me résous à donner les deux cents pistoles.

SCAPIN.
J'en suis ravi pour l'amour de vous.

ARGANTE.
Allons le trouver; je les ai sur moi.

SCAPIN.
Vous n'avez qu'à me les donner. Il ne faut pas, pour votre honneur, que vous paroissiez là, après avoir passé ici pour autre que ce que vous êtes; et, de plus, je craindrois qu'en vous faisant connoître il n'allât s'aviser de vous demander davantage.

ARGANTE.
Oui; mais j'aurois été bien aise de voir comme je donne mon argent.

SCAPIN.
Est-ce que vous vous défiez de moi?

ARGANTE.
Non pas; mais...

SCAPIN.
Parbleu! monsieur, je suis un fourbe, ou je suis honnête homme; c'est l'un des deux. Est-ce que je voudrois vous tromper, et que, dans tout ceci, j'ai d'autre intérêt que le vôtre et celui de mon maître, à qui vous voulez vous allier? Si je vous suis suspect, je ne me mêle plus de rien, et vous n'avez qu'à chercher dès cette heure qui accommodera vos affaires.

ARGANTE.
Tiens donc.

SCAPIN.
Non, monsieur, ne me confiez point votre argent. Je serai bien aise que vous vous serviez de quelque autre.

ARGANTE.
Mon Dieu! tiens.

SCAPIN.
Non, vous dis-je, ne vous fiez point à moi. Que sait-on si je ne veux point vous attraper votre argent?

ARGANTE.
Tiens, te dis-je; ne me fais point contester davantage. Mais songe à bien prendre tes sûretés avec lui.

SCAPIN.
Laissez-moi faire; il n'a pas affaire à un sot.

ARGANTE.
Je vais t'attendre chez moi.

SCAPIN.
Je ne manquerai pas d'y aller. (Seul.) Et un. Je n'ai qu'à chercher l'autre. Ah! ma foi, le voici. Il semble que le ciel, l'un après l'autre, les amène dans mes filets.

SCÈNE XI

GÉRONTE, SCAPIN.

SCAPIN, faisant semblant de ne point voir Géronte.
O ciel! ô disgrâce imprévue! ô misérable père! Pauvre Géronte, que feras-tu?

GÉRONTE, à part.
Que dit-il là de moi, avec ce visage affligé?

SCAPIN.
N'y a-t-il personne qui puisse me dire où est le seigneur Géronte?

GÉRONTE.
Qu'y a-t-il, Scapin?

SCAPIN, courant sur le théâtre sans vouloir entendre ni voir Géronte.
Où pourrai-je le rencontrer pour lui dire cette infortune?

GÉRONTE, arrêtant Scapin.
Qu'est-ce que c'est donc?

SCAPIN.
En vain je cours de tous côtés pour le pouvoir trouver.

GÉRONTE.
Me voici.

SCAPIN.
Il faut qu'il soit caché en quelque endroit qu'on ne puisse point deviner.

GÉRONTE, arrêtant Scapin.
Holà! Es-tu aveugle, que tu ne me vois pas?

SCAPIN.
Ah! monsieur, il n'y a pas moyen de vous rencontrer.

GÉRONTE.
Il y a une heure que je suis devant toi. Qu'est-ce que c'est donc qu'il y a?

SCAPIN.
Monsieur...

GÉRONTE.
Quoi?

SCAPIN.
Monsieur votre fils...

GÉRONTE.
Eh bien, mon fils...

SCAPIN.
Est tombé dans une disgrâce la plus étrange du monde.

GÉRONTE.
Et quelle?

SCAPIN.
Je l'ai trouvé tantôt tout triste de je ne sais quoi que vous lui avez dit, où vous m'avez mêlé assez mal à propos; et, cherchant à divertir cette tristesse, nous nous sommes allés promener sur le port. Là, entre autres plusieurs choses, nous avons arrêté nos yeux sur une galère turque assez bien équipée. Un jeune Turc de bonne mine nous a invités d'y entrer, et nous a présenté la main. Nous y avons passé. Il nous a fait mille civilités, nous a donné la collation, où nous avons mangé des fruits les plus excellents qui se puissent voir, et bu du vin que nous avons trouvé le meilleur du monde.

GÉRONTE.
Qu'y a-t-il de si affligeant à tout cela?

SCAPIN.
Attendez, monsieur, nous y voici. Pendant que nous mangions, il a fait mettre la galère en mer, et, se voyant éloigné du port, il m'a fait mettre dans un esquif, et m'envoie vous dire que si vous ne lui envoyez par moi, tout à l'heure, cinq cents écus, il va vous emmener votre fils en Alger.

GÉRONTE.

Comment, diantre! cinq cents écus!

SCAPIN.

Oui, monsieur; et, de plus, il ne m'a donné pour cela que deux heures.

GÉRONTE.

Ah! le pendard de Turc! m'assassiner de la façon!

SCAPIN.

C'est à vous, monsieur, d'aviser promptement aux moyens de sauver des fers un fils que vous aimez avec tant de tendresse.

GÉRONTE.

Que diable alloit-il faire dans cette galère[1]?

SCAPIN.

Il ne songeoit pas à ce qui est arrivé.

GÉRONTE.

Va-t'en, Scapin, va-t'en vite dire à ce Turc que je vais envoyer la justice après lui.

SCAPIN.

La justice en pleine mer! Vous moquez-vous des gens?

GÉRONTE.

Que diable alloit-il faire dans cette galère?

SCAPIN.

Une méchante destinée conduit quelquefois les personnes.

GÉRONTE.

Il faut, Scapin, il faut que tu fasses ici l'action d'un serviteur fidèle.

SCAPIN.

Quoi, monsieur?

GÉRONTE.

Que tu ailles dire à ce Turc qu'il me renvoie mon fils, et que tu te mettes à sa place jusqu'à ce que j'aie amassé la somme qu'il demande.

SCAPIN.

Eh! monsieur, songez-vous à ce que vous dites? et vous figurez-vous que ce Turc ait si peu de sens que d'aller recevoir un misérable comme moi à la place de votre fils?

GÉRONTE.

Que diable alloit-il faire dans cette galère?

SCAPIN.

Il ne devinoit pas ce malheur. Songez, monsieur, qu'il ne m'a donné que deux heures.

GÉRONTE.

Tu dis qu'il demande...

SCAPIN.

Cinq cents écus.

GÉRONTE.

Cinq cents écus! N'a-t-il point de conscience?

SCAPIN.

Vraiment oui, de la conscience à un Turc!

GÉRONTE.

Sait-il bien ce que c'est que cinq cents écus?

SCAPIN.

Oui, monsieur; il sait que c'est mille cinq cents livres.

GÉRONTE.

Croit-il, le traître, que mille cinq cents livres se trouvent dans le pas d'un cheval?

SCAPIN.

Ce sont des gens qui n'entendent point de raison.

GÉRONTE.

Mais que diable alloit-il faire à cette galère?

SCAPIN.

C'est vrai. Mais quoi! on ne prévoyoit pas les choses. De grâce, monsieur, dépêchez!

GÉRONTE.

Tiens, voilà la clef de mon armoire.

SCAPIN.

Bon.

GÉRONTE.

Tu l'ouvriras.

SCAPIN.

Fort bien.

GÉRONTE.

Tu trouveras une grosse clef du côté gauche, qui est celle de mon grenier.

SCAPIN.

Oui.

GÉRONTE.

Tu iras prendre toutes les hardes qui sont dans cette grande manne, et tu les vendras aux fripiers pour aller racheter mon fils.

SCAPIN, en lui rendant la clef.

Eh! monsieur, rêvez-vous? Je n'aurois pas cent francs de tout ce que vous dites; et, de plus, vous savez le peu de temps qu'on m'a donné[1].

GÉRONTE.

Mais que diable alloit-il faire à cette galère?

SCAPIN.

Oh! que de paroles perdues! Laissez là cette galère, et songez que le temps presse, et que vous courez risque de perdre votre fils. Hélas! mon pauvre maître! peut-être que je ne te verrai de ma vie, et qu'à l'heure que je parle on t'emmène esclave en Alger. Mais le ciel me sera témoin que j'ai fait pour toi tout ce que j'ai pu, et que, si tu manques à être racheté, il n'en faut accuser que le peu d'amitié d'un père.

GÉRONTE.

Attends, Scapin, je m'en vais quérir cette somme.

SCAPIN.

Dépêchez donc vite, monsieur; je tremble que l'heure ne sonne.

GÉRONTE.

N'est-ce pas quatre cents écus que tu dis?

SCAPIN.

Non. Cinq cents écus.

---

[1] L'idée de cette scène si comique et si naturelle est empruntée au *Pédant joué*, de Cyrano de Bergerac. (P. L.)

[1] Dans le *Pédant joué*, le vieillard dit à Corbinelli : « Va prendre dans mes armoires ce pourpoint découpé que quitta feu mon père l'année du grand hiver. » Ce trait est du meilleur comique, et Molière l'a embelli en le mettant en action. La colère de Géronte contre les Turcs *qui n'ont pas de conscience*, la distraction qui lui fait remettre la bourse dans sa poche, tout ce qui suit enfin, appartient à Molière. (Aimé Martin.)

ACTE II, SCÈNE XII.

GÉRONTE.
Cinq cents écus!

SCAPIN.
Oui.

GÉRONTE.
Que diable alloit-il faire à cette galère?

SCAPIN.
Vous avez raison; mais hâtez-vous.

GÉRONTE.
N'y avoit-il point d'autre promenade?

SCAPIN.
Cela est vrai; mais faites promptement.

GÉRONTE.
Ah! maudite galère!

SCAPIN, à part.
Cette galère lui tient au cœur.

GÉRONTE.
Tiens, Scapin, je ne me souvenois pas que je viens justement de recevoir cette somme en or, et je ne croyois pas qu'elle dût m'être sitôt ravie. (Tirant sa bourse de sa poche et la présentant à Scapin.) Tiens, va-t'en racheter mon fils.

SCAPIN, tendant la main.
Oui, monsieur.

GÉRONTE, retenant sa bourse, qu'il fait semblant de vouloir donner à Scapin.
Mais dis à ce Turc que c'est un scélérat!

SCAPIN, tendant encore la main.
Oui.

GÉRONTE, recommençant la même action.
Un infâme!

SCAPIN, tendant toujours la main.
Oui.

GÉRONTE, de même.
Un homme sans foi, un voleur!

SCAPIN.
Laissez-moi faire.

GÉRONTE, de même.
Qu'il me tire cinq cents écus contre toute sorte de droit!

SCAPIN.
Oui.

GÉRONTE, de même.
Que je ne les lui donne ni à la mort ni à la vie!

SCAPIN.
Fort bien.

GÉRONTE, de même.
Et que, si jamais je l'attrape, je saurai me venger de lui!

SCAPIN.
Oui.

GÉRONTE, remettant sa bourse dans sa poche et s'en allant.
Va, va vite requérir mon fils.

SCAPIN, courant après Géronte.
Holà, monsieur!

GÉRONTE.
Quoi?

SCAPIN.
Où est donc cet argent?

GÉRONTE.
Ne te l'ai-je pas donné?

SCAPIN.
Non, vraiment; vous l'avez remis dans votre poche.

GÉRONTE.
Ah! c'est la douleur qui me trouble l'esprit.

SCAPIN.
Je le vois bien.

GÉRONTE.
Que diable alloit-il faire dans cette galère! Ah! maudite galère! traître de Turc! à tous les diables!

SCAPIN, seul.
Il ne peut digérer les cinq cents écus que je lui arrache; mais il n'est pas quitte envers moi; et je veux qu'il me paye en une autre monnoie l'imposture qu'il m'a faite auprès de son fils.

SCÈNE XII

OCTAVE, LÉANDRE, SCAPIN.

OCTAVE.
Eh bien, Scapin, as-tu réussi pour moi dans ton entreprise?

LÉANDRE.
As-tu fait quelque chose pour tirer mon amour de la peine où il est?

SCAPIN, à Octave.
Voilà deux cents pistoles que j'ai tirées de votre père.

OCTAVE.
Ah! que tu me donnes de joie!

SCAPIN, à Léandre.
Pour vous, je n'ai pu faire rien.

LÉANDRE, voulant s'en aller.
Il faut donc que j'aille mourir; et je n'ai que faire de vivre, si Zerbinette m'est ôtée.

SCAPIN.
Holà! holà! tout doucement. Comme diantre vous allez vite!

LÉANDRE, se retournant.
Que veux-tu que je devienne?

SCAPIN.
Allez, j'ai votre affaire ici.

LÉANDRE.
Ah! tu me redonnes la vie.

SCAPIN.
Mais à condition que vous me permettrez, à moi, une petite vengeance contre votre père, pour le tour qu'il m'a fait.

LÉANDRE.
Tout ce que tu voudras.

SCAPIN.
Vous me le promettez devant témoin?

LÉANDRE.
Oui.

SCAPIN.
Tenez, voilà cinq cents écus.

LÉANDRE.

Allons-en promptement acheter celle que j'adore [1].

ACTE TROISIÈME

SCÈNE I

ZERBINETTE, HYACINTE, SCAPIN, SYLVESTRE.

SYLVESTRE.

Oui, vos amants ont arrêté entre eux que vous fussiez ensemble; et nous nous acquittons de l'ordre qu'ils nous ont donné.

HYACINTE, à Zerbinette.

Un tel ordre n'a rien qui ne me soit fort agréable. Je reçois avec joie une compagne de la sorte; et il ne tiendra pas à moi que l'amitié qui est entre les personnes que nous aimons ne se répande entre nous deux.

ZERBINETTE.

J'accepte la proposition, et ne suis point personne à reculer lorsqu'on m'attaque d'amitié.

SCAPIN.

Et lorsque c'est d'amour qu'on vous attaque?

ZERBINETTE.

Pour l'amour, c'est une autre chose; on y court un peu plus de risque, et je n'y suis pas si hardie.

SCAPIN.

Vous l'êtes, que je crois, contre mon maître maintenant; et ce qu'il vient de faire pour vous doit vous donner du cœur pour répondre comme il faut à sa passion.

ZERBINETTE.

Je ne m'y fie encore que de la bonne sorte; et ce n'est pas assez pour m'assurer [2] entièrement, que ce qu'il vient de faire. J'ai l'humeur enjouée, et sans cesse je ris; mais, tout en riant, je suis sérieuse sur certains chapitres; et ton maître s'abusera, s'il croit qu'il lui suffise de m'avoir achetée, pour me voir toute à lui. Il doit lui en coûter autre chose que de l'argent; et, pour répondre à son amour de la manière qu'il souhaite, il me faut un don de sa foi, qui soit assaisonné de certaines cérémonies qu'on trouve nécessaires.

SCAPIN.

C'est là aussi comme il l'entend. Il ne prétend à vous qu'en tout bien et en tout honneur; et je n'aurois pas été homme à me mêler de cette affaire, s'il avoit une autre pensée.

ZERBINETTE.

C'est ce que je veux croire, puisque vous me le dites; mais, du côté du père, j'y prévois des empêchements.

SCAPIN.

Nous trouverons moyen d'accommoder les choses.

[1] Acte bien tissu et bien rempli, dont toutes les scènes, habilement liées entre elles, forment un ensemble où rien ne languit. (Auger.)
[2] Dans le sens de rassurer, donner de la confiance, de l'assurance, de la sécurité. (Auger.)

HYACINTE, à ZERBINETTE.

La ressemblance de nos destins doit contribuer encore à faire naître notre amitié; et nous nous voyons toutes deux dans les mêmes alarmes, toutes deux exposées à la même infortune.

ZERBINETTE.

Vous avez cet avantage au moins, que vous savez de qui vous êtes née, et que l'appui de vos parents, que vous pouvez faire connoître, est capable d'ajuster tout, peut assurer votre bonheur et faire donner un consentement au mariage qu'on trouve fait. Mais, pour moi, je ne rencontre aucun secours dans ce que je puis être; et l'on me voit dans un état qui n'adoucira pas les volontés d'un père qui ne regarde que le bien.

HYACINTE.

Mais aussi avez-vous cet avantage, que l'on ne tente point, par un autre parti, celui que vous aimez.

ZERBINETTE.

Le changement du cœur d'un amant n'est pas ce qu'on peut le plus craindre. On se peut naturellement croire assez de mérite pour garder sa conquête; et ce que je vois de plus redoutable dans ces sortes d'affaires, c'est la puissance paternelle, auprès de qui tout le mérite ne sert de rien.

HYACINTE.

Hélas! pourquoi faut-il que de justes inclinations se trouvent traversées? La douce chose que d'aimer, lorsque l'on ne voit point d'obstacles à ces aimables chaînes dont deux cœurs se lient ensemble!

SCAPIN.

Vous vous moquez! la tranquillité en amour est un calme désagréable. Un bonheur tout uni nous devient ennuyeux; il faut du haut et du bas dans la vie; et les difficultés qui se mêlent aux choses réveillent les ardeurs, augmentent les plaisirs.

ZERBINETTE.

Mon Dieu, Scapin, fais-nous un peu ce récit, qu'on m'a dit qui est si plaisant, du stratagème dont tu t'es avisé pour tirer de l'argent de ton vieillard avare. Tu sais qu'on ne perd point sa peine lorsqu'on me fait un conte, et que je le paye assez bien par la joie qu'on m'y voit prendre.

SCAPIN.

Voilà Sylvestre, qui s'en acquittera aussi bien que moi. J'ai dans la tête certaine petite vengeance dont je vais goûter le plaisir.

SYLVESTRE.

Pourquoi, de gaieté de cœur, veux-tu chercher à t'attirer de méchantes affaires?

SCAPIN.

Je me plais à tenter des entreprises hasardeuses.

SYLVESTRE.

Je te l'ai déjà dit, tu quitterois le dessein que tu as, si tu m'en voulois croire.

SCAPIN.

Oui; mais c'est moi que j'en croirai.

SYLVESTRE.

A quoi diable te vas-tu amuser?

SCAPIN.

De quoi diable te mets-tu en peine?

SYLVESTRE.

C'est que je vois que, sans nécessité, tu vas courir risque de t'attirer une venue de coups de bâton[1].

SCAPIN.

Eh bien, c'est aux dépens de mon dos, et non pas du tien.

SYLVESTRE.

Il est vrai que tu es maître de tes épaules, et tu en disposeras comme il te plaira.

SCAPIN.

Ces sortes de périls ne m'ont jamais arrêté; et je hais ces cœurs pusillanimes qui, pour trop prévenir les suites des choses, n'osent rien entreprendre.

ZERBINETTE, à Scapin.

Nous aurons besoin de tes soins.

SCAPIN.

Allez. Je vous irai bientôt rejoindre. Il ne sera pas dit qu'impunément on m'ait mis en état de me trahir moi-même et de découvrir des secrets qu'il étoit bon qu'on ne sût pas.

SCÈNE II

GÉRONTE, SCAPIN.

GÉRONTE.

Eh bien, Scapin, comment va l'affaire de mon fils?

SCAPIN.

Votre fils, monsieur, est en lieu de sûreté; mais vous courez maintenant, vous, le péril le plus grand du monde, et je voudrois, pour beaucoup, que vous fussiez dans votre logis.

GÉRONTE.

Comment donc?

SCAPIN.

A l'heure que je parle, on vous cherche de toutes parts pour vous tuer.

GÉRONTE.

Moi?

SCAPIN.

Oui.

GÉRONTE.

Et qui?

SCAPIN.

Le frère de cette personne qu'Octave a épousée. Il croit que le dessein que vous avez de mettre votre fille à la place que tient sa sœur est ce qui vous pousse le plus fort à faire rompre leur mariage; et, dans cette pensée, il a résolu hautement de décharger son désespoir sur vous et de vous ôter la vie pour venger son honneur. Tous ses amis, gens d'épée comme lui, vous cherchent de tous les côtés, et demandent de vos nouvelles. J'ai vu même, deçà

[1] *Venue*, dans le sens de *récolte, bonne récolte*, parce que le grain de l'année est bien venu. Nicot, au mot *Venir*, donne pour exemple: « Grande *venue* de brebis et abondante, *bonus proventus.* » (F. Génin.)

et delà, des soldats de sa compagnie qui interrogent ceux qu'ils trouvent et occupent par pelotons toutes les avenues de votre maison : de sorte que vous ne sauriez aller chez vous, vous ne sauriez faire un pas, ni à droite, ni à gauche, que vous ne tombiez dans leurs mains.

GÉRONTE.

Que ferai-je, mon pauvre Scapin?

SCAPIN.

Je ne sais pas, monsieur, et voici une étrange affaire. Je tremble pour vous depuis les pieds jusqu'à la tête, et... Attendez. (Scapin fait semblant d'aller voir au fond du théâtre s'il n'y a personne.)

GÉRONTE, en tremblant.

Eh?

SCAPIN, revenant.

Non, non, non, ce n'est rien.

GÉRONTE.

Ne saurois-tu trouver quelque moyen pour me tirer de peine?

SCAPIN.

J'en imagine bien un; mais je courrois risque, moi, de me faire assommer.

GÉRONTE.

Eh! Scapin, montre-toi serviteur zélé. Ne m'abandonne pas, je te prie.

SCAPIN.

Je le veux bien. J'ai une tendresse pour vous qui ne sauroit souffrir que je vous laisse sans secours.

GÉRONTE.

Tu en seras récompensé, je t'assure; et je te promets cet habit-ci quand je l'aurai un peu usé.

SCAPIN.

Attendez. Voici une affaire que je me suis trouvée fort à propos pour vous sauver. Il faut que vous vous mettiez dans ce sac, et que...

GÉRONTE, croyant voir quelqu'un.

Ah!

SCAPIN.

Non, non, non, non, ce n'est personne. Il faut, dis-je, que vous vous mettiez là dedans, et que vous gardiez de remuer en aucune façon. Je vous chargerai sur mon dos comme un paquet de quelque chose, et je vous porterai ainsi au travers de vos ennemis jusque dans votre maison, où quand nous serons une fois, nous pourrons nous barricader et envoyer quérir main-forte contre la violence.

GÉRONTE.

L'invention est bonne.

SCAPIN.

La meilleure du monde. Vous allez voir. (A part.) Tu me payeras l'imposture.

GÉRONTE.

Eh?

SCAPIN.

Je dis que vos ennemis seront bien attrapés. Mettez-vous bien jusqu'au fond; et surtout prenez garde de ne vous point montrer et de ne branler pas, quelque chose qui puisse arriver.

GÉRONTE.

Laisse-moi faire; je saurai me tenir...

SCAPIN.

Cachez-vous; voici un spadassin qui vous cherche. (En contrefaisant sa voix.) « Quoi! jé n'aurai pas l'abantage dé tuer cé Géronte, et quelqu'un, par charité, né m'enseignera pas où il est! » (A Géronte avec sa voix ordinaire.) Ne branlez pas. « Cadédis, jé lé trouberai, sé cachât-il au centre de la terre! » (A Géronte avec son ton naturel.) Ne vous montrez pas. (Tout le langage gascon est supposé de celui qu'il contrefait, et le reste de lui.) « Oh! l'homme au sac! » Monsieur? « Jé té vaille un louis, et m'enseigne où put être Géronte. » Vous cherchez le seigneur Géronte? « Oui, mordi, jé lé cherche. » Et pour quelle affaire, monsieur? « Pour quelle affaire? » Oui. « Jé beux, cadédis, lé faire mourir sous les coups dé vaton. » Oh! monsieur, les coups de bâton ne se donnent point à des gens comme lui, et ce n'est pas un homme à être traité de la sorte. « Qui? cé fat dé Géronte, cé maraud, cé vélître? » Le seigneur Géronte, monsieur, n'est ni fat, ni maraud, ni belître; et vous devriez, s'il vous plaît, parler d'une autre façon. « Comment! tu mé traites, à moi, avec cette hauteur? » Je défends, comme je dois, un homme d'honneur qu'on offense. « Est-ce que tu es des amis dé cé Géronte? » Oui, monsieur, j'en suis. « Ah! cadédis, tu es dé ses amis : à la vonne hure! (Donnant plusieurs coups de bâton sur le sac.) « Tiens, boilà cé qué jé té vaille pour lui. » (Criant comme s'il recevoit les coups de bâton.) Ah! ah! ah! ah! monsieur! Ah! ah! monsieur, tout beau! Ah! doucement! Ah! ah! ah! ah! « Va, porte-lui cèla dé ma part. Adiusias. » Ah! diable soit le Gascon! Ah!

GÉRONTE, mettant la tête hors du sac.

Ah! Scapin, je n'en puis plus...

SCAPIN.

Ah! monsieur, je suis tout moulu, et les épaules me font un mal épouvantable.

GÉRONTE.

Comment! c'est sur les miennes qu'il a frappé.

SCAPIN.

Nenni, monsieur, c'étoit sur mon dos qu'il frappoit.

GÉRONTE.

Que veux-tu dire? J'ai bien senti les coups et les sens bien encore.

SCAPIN.

Non, vous dis-je; ce n'est que le bout de son bâton qui a été jusque sur vos épaules.

GÉRONTE.

Tu devois donc te retirer un peu plus loin pour m'épargner...

SCAPIN, lui remettant la tête dans le sac.

Prenez garde; en voici un autre qui a la mine d'un étranger. (Cet endroit est le même que celui du Gascon pour le changement de langage et le jeu de théâtre.) « Parti, moi courir comme une Basque, et moi ne pouvre point troufair de tout le jour sti diable de Gironte. » Cachez-vous bien. « Dites-moi un peu, fous, montsir l'homme, s'il ve plait, fous, safoir point où l'est sti Gironte que moi cherchair? » Non, monsieur, je ne sais point où est Géronte. « Dites-moi-le, fous, frenchemente; moi li fouloir pas grande chose à lui. L'est seulemente pour lui donnair un petite régale sur le dos d'un douzaine de coups de bâtonne, et de trois ou quatre petites coups d'épée au trafers de son poitrine. » Je vous assure, monsieur, que je ne sais pas où il est. « Il me semble que ji foi remuair quelque chose dans sti sac. » Pardonnez-moi, monsieur. « Li est assurément quelque histoire là tetans. » Point du tout, monsieur. « Moi l'avoir enfie de tonner un coup d'épée dans sti sac. » Ah! monsieur, gardez-vous-en bien! « Montre-le-moi un peu, fous, ce que c'être là. » Tout beau, monsieur! « Quement, tout beau! » Vous n'avez que faire de vouloir voir ce que je porte. « Et moi, je le fouloir voir, moi! » Vous ne le verrez point. « Ah! que de badinemente! » Ce sont hardes qui m'appartiennent. « Montre-moi, fous, te dis-je. » Je n'en ferai rien. « Toi ne faire rien? » Non. « Moi pailler de ste bâtonne dessus les épaules de toi. » Je me moque de cela. « Ah! toi faire le trôle! » (Donnant des coups de bâton sur le sac, et criant comme s'il les recevoit.) Ahi! ahi! ahi! Ah! monsieur, ah! ah! ah! ah! « Jusqu'au reloir : l'être là un petit leçon pour li apprendre à toi à parler insolentemente. » Ah! peste soit du baragouineux! Ah!

GÉRONTE, sortant sa tête du sac.

Ah! je suis roué...

SCAPIN.

Ah! je suis mort...

GÉRONTE.

Pourquoi diantre faut-il qu'ils frappent sur mon dos?

SCAPIN, lui remettant la tête dans le sac.

Prenez garde; voici une demi-douzaine de soldats tout ensemble. (Contrefaisant la voix de plusieurs personnes.) « Allons, tâchons à trouver Géronte, cherchons partout. N'épargnons point nos pas. Courons toute la ville. N'oublions aucun lieu. Visitons tout. Furetons de tous les côtés. Par où irons-nous? Tournons par là. Non, par ici. A gauche. A droite. Nenni. Si fait. » (A Géronte, avec sa voix ordinaire.) Cachez-vous bien. « Ah! camarades, voici son valet. Allons, coquin, il faut que tu nous enseignes où est ton maître. » Eh! messieurs, ne me maltraitez point. « Allons, dis-nous où il est. Parle. Hâte-toi. Expédions. Dépêche vite. Tôt. » Eh! messieurs, doucement. (Géronte met doucement la tête hors du sac, et aperçoit la fourberie de Scapin.) « Si tu ne nous fais trouver ton maître tout à l'heure, nous allons faire pleuvoir sur toi une ondée de coups de bâton. » J'aime mieux souffrir toute chose que de vous découvrir mon maître. « Nous allons t'assommer. » Faites tout ce qu'il vous plaira. « Tu as envie d'être battu? » Je ne trahirai point mon maître. « Ah! tu veux en tâter? Voilà... » Oh! (Comme il est près de frapper, Géronte sort du sac, et Scapin s'enfuit.)

GÉRONTE, seul.

Ah! infâme! ah! traître! ah! scélérat! c'est ainsi que tu m'assassines¹!

---

¹ On doit convenir que cette scène est d'un genre de bouffonerie bien bas, bien ignoble. Molière l'a prise dans le recueil des œuvres de Tabarin, bouffon du commencement du dix-septième siècle, dont les plaisanteries grossières attiraient le peuple autour des tréteaux d'un charlatan nommé Mondor, qui vendait du

SCÈNE III

ZERBINETTE, GÉRONTE.

ZERBINETTE, riant, sans voir Géronte.

Ah! ah! Je veux prendre un peu l'air.

GÉRONTE, à part, sans voir Zerbinette.

Tu me le payeras, je te jure.

ZERBINETTE, sans voir Géronte.

Ah! ah! ah! ah! La plaisante histoire! et la bonne dupe que ce vieillard!

GÉRONTE.

Il n'y a rien de plaisant à cela ; et vous n'avez que faire d'en rire.

ZERBINETTE.

Quoi? Que voulez-vous dire, monsieur?

GÉRONTE.

Je veux dire que vous ne devez pas vous moquer de moi.

ZERBINETTE.

De vous?

GÉRONTE.

Oui.

ZERBINETTE.

Comment! qui songe à se moquer de vous?

GÉRONTE.

Pourquoi venez-vous ici me rire au nez?

ZERBINETTE.

Cela ne vous regarde point, et je ris toute seule d'un conte qu'on vient de faire, le plus plaisant qu'on puisse entendre. Je ne sais pas si c'est parce que je suis intéressée dans la chose ; mais je n'ai jamais trouvé rien de si drôle qu'un tour qui vient d'être joué par un fils à son père pour en attraper de l'argent.

GÉRONTE.

Par un fils à son père, pour en attraper de l'argent?

ZERBINETTE.

Oui. Pour peu que vous me pressiez, vous me trouverez assez disposée à vous dire l'affaire ; et j'ai une démangeaison naturelle à faire part des contes que je sais.

GÉRONTE.

Je vous prie de me dire cette histoire.

ZERBINETTE.

Je le veux bien. Je ne risquerai pas grand'chose à vous la dire, et c'est une aventure qui n'est pas pour être longtemps secrète. La destinée a voulu que je me trouvasse parmi une bande de ces personnes qu'on appelle Égyptiens, et qui, rôdant de province en province, se mêlent de dire la bonne fortune, et quelquefois de beaucoup d'autres choses. En arrivant dans cette ville, un jeune homme me vit et conçut pour moi de l'amour. Dès ce moment, il s'attache à mes pas ; et le voilà d'abord comme tous les jeunes gens, qui croient qu'il n'y a qu'à parler et qu'au moindre mot qu'ils nous disent leurs affaires sont faites ; mais il trouva une fierté qui lui fit un peu corriger ses premières pensées. Il fit connoître sa passion aux gens qui me tenoient, et il les trouva disposés à me laisser à lui moyennant quelque somme. Mais le mal de l'affaire étoit que mon amant se trouvoit dans l'état où l'on voit très-souvent la plupart des fils de famille, c'est-à-dire qu'il étoit un peu dénué d'argent. Il a un père qui, quoique riche, est un avaricieux fieffé, le plus vilain homme du monde. Attendez. Ne me saurois-je souvenir de son nom? Haie. Aidez-moi un peu. Ne pouvez-vous me nommer quelqu'un de cette ville qui soit connu pour être avare au dernier point?

GÉRONTE.

Non.

ZERBINETTE.

Il y a à son nom du ron... ronte... Or... Oronte... Non. Gé... Géronte. Oui, Géronte, justement ; voilà mon vilain ; je l'ai trouvé : c'est ce ladre-là que je dis. Pour venir à notre conte, nos gens ont voulu aujourd'hui partir de cette ville ; et mon amant m'alloit perdre, faute d'argent, si, pour en tirer de son père, il n'avoit trouvé du secours dans l'industrie d'un serviteur qu'il a. Pour le nom du serviteur, je le sais à merveille. Il s'appelle Scapin ; c'est un homme incomparable, et il mérite toutes les louanges qu'on peut donner.

GÉRONTE, à part.

Ah! coquin que tu es!

ZERBINETTE.

Voici le stratagème dont il s'est servi pour attraper sa dupe. Ah! ah! ah! ah! Je ne saurois m'en souvenir, que je ne rie de tout mon cœur. Ah! ah! ah! Il est allé trouver ce chien d'avare... ah! ah! ah! et lui a dit qu'en se promenant sur le port avec son fils, hi! hi! ils avoient vu une galère turque, où on les avoit invités d'entrer ; qu'un jeune Turc leur y avoit donné la collation, ah! que, tandis qu'ils mangeoient, on avoit mis la galère en mer, et que le Turc l'avoit renvoyé lui seul à terre dans un esquif, avec ordre de dire au père de son maître qu'il emmenoit son fils en Alger, s'il ne lui envoyoit tout à l'heure cinq cents écus. Ah! ah! ah! Voilà mon ladre, mon vilain, dans de furieuses angoisses ; et la tendresse qu'il a pour son fils fait un combat étrange avec son avarice. Cinq cents écus qu'on lui demande sont justement cinq cents coups de poignard qu'on lui donne. Ah! ah! ah! Il ne peut se résoudre à tirer cette somme de ses entrailles ; et la peine qu'il souffre lui fait trouver cent moyens ridicules pour ravoir son fils. Ah! ah! ah! Il veut envoyer la justice en mer après la galère du Turc. Ah! ah! ah! Il sollicite son valet de s'aller offrir à tenir la place de son fils, jusqu'à ce qu'il ait amassé l'argent qu'il n'a pas envie de donner. Ah! ah! ah! Il abandonne, pour faire les cinq cents écus, quatre ou cinq vieux habits qui n'en valent pas trente. Ah! ah! ah! Le valet lui fait comprendre à tous coups l'impertinence de ses propositions ; et chaque réflexion est douloureusement accompagnée d'un : « Mais que diable alloit-il faire à cette galère? Ah! maudite galère! Traître de Turc! » Enfin, après plusieurs détours, après avoir longtemps gémi et soupiré... Mais il me semble que vous ne riez point de mon conte ; qu'en dites-vous?

---

baume sur le pont Neuf. Ce n'est donc pas sans raison que Boileau a reproché à Molière d'avoir *à Térence allié Tabarin*. (Auger.)

GÉRONTE.

Je dis que le jeune homme est un pendard, un insolent, qui sera puni par son père du tour qu'il lui a fait; que l'Égyptienne est une malavisée, une impertinente, de dire des injures à un homme d'honneur, qui saura lui apprendre à venir ici débaucher les enfants de famille; et que le valet est un scélérat, qui sera par Géronte envoyé au gibet avant qu'il soit demain.

SCÈNE IV

ZERBINETTE, SYLVESTRE.

SYLVESTRE.

Où est-ce donc que vous vous échappez? Savez-vous bien que vous venez de parler là au père de votre amant?

ZERBINETTE.

Je viens de m'en douter, et je me suis adressée à lui-même sans y penser, pour lui conter son histoire.

SYLVESTRE.

Comment, son histoire?

ZERBINETTE.

Oui. J'étois toute remplie du conte, et je brûlois de le redire. Mais qu'importe? Tant pis pour lui. Je ne vois pas que les choses, pour nous, en puissent être ni pis ni mieux.

SYLVESTRE.

Vous aviez grande envie de babiller; et c'est avoir bien de la langue que de ne pouvoir se taire de ses propres affaires.

ZERBINETTE.

N'auroit-il pas appris cela de quelque autre?

SCÈNE V

ARGANTE, ZERBINETTE, SYLVESTRE.

ARGANTE, derrière le théâtre.

Holà! Sylvestre.

SYLVESTRE, à Zerbinette.

Rentrez dans la maison. Voilà mon maître qui m'appelle.

SCÈNE VI

ARGANTE, SYLVESTRE.

ARGANTE.

Vous vous êtes donc accordés, coquins, vous vous êtes accordés, Scapin, vous et mon fils, pour me fourber; et vous croyez que je l'endure?

SYLVESTRE.

Ma foi, monsieur, si Scapin vous fourbe, je m'en lave les mains, et vous assure que je n'y trempe en aucune façon.

ARGANTE.

Nous verrons cette affaire, pendard, nous verrons cette affaire, et je ne prétends pas qu'on me fasse passer la plume par le bec[1].

SCÈNE VII

GÉRONTE, ARGANTE, SYLVESTRE.

GÉRONTE.

Ah! seigneur Argante, vous me voyez accablé de disgrâce.

ARGANTE.

Vous me voyez aussi dans un accablement horrible.

GÉRONTE.

Le pendard de Scapin, par une fourberie, m'a attrapé cinq cents écus.

ARGANTE.

Le même pendard de Scapin, par une fourberie aussi, m'a attrapé deux cents pistoles.

GÉRONTE.

Il ne s'est pas contenté de m'attraper cinq cents écus; il m'a traité d'une manière que j'ai honte de dire. Mais il me la payera.

ARGANTE.

Je veux qu'il me fasse raison de la pièce qu'il m'a jouée.

GÉRONTE.

Et je prétends faire de lui une vengeance exemplaire.

SYLVESTRE, à part.

Plaise au ciel que, dans tout ceci, je n'aie point ma part!

GÉRONTE.

Mais ce n'est pas encore tout, seigneur Argante; et un malheur nous est toujours l'avant-coureur d'un autre. Je me réjouissois aujourd'hui de l'espérance d'avoir ma fille, dont je faisois toute ma consolation; et je viens d'apprendre de mon homme qu'elle est partie il y a longtemps de Tarente, et qu'on y croit qu'elle a péri dans le vaisseau où elle s'embarqua.

ARGANTE.

Mais pourquoi, s'il vous plaît, la tenir à Tarente, et ne vous être pas donné la joie de l'avoir avec vous?

GÉRONTE.

J'ai eu mes raisons pour cela; et des intérêts de famille m'ont obligé jusques ici à tenir fort secret ce second mariage. Mais que vois-je?

SCÈNE VIII

ARGANTE, GÉRONTE, NÉRINE, SYLVESTRE.

GÉRONTE.

Ah! te voilà, nourrice?

NÉRINE, se jetant aux genoux de Géronte.

Ah! seigneur Pandolphe, que...

---

[1] Pour empêcher les oisons de traverser les haies et d'entrer dans les jardins qu'elles entourent, on passe une plume par les deux ouvertures qui sont à la partie supérieure de leur bec. De là le proverbe *passer la plume par le bec*. (Auger.)

GÉRONTE.

Appelle-moi Géronte, et ne te sers plus de ce nom. Les raisons ont cessé qui m'avoient obligé à le prendre parmi vous à Tarente.

NÉRINE.

Las! que ce changement de nom nous a causé de troubles et d'inquiétudes dans les soins que nous avons pris de vous venir chercher ici!

GÉRONTE.

Où est ma fille et sa mère?

NÉRINE.

Votre fille, monsieur, n'est pas loin d'ici; mais, avant que je vous la faire voir, il faut que je vous demande pardon de l'avoir mariée, dans l'abandonnement où, faute de vous rencontrer, je me suis trouvée avec elle.

GÉRONTE.

Ma fille mariée?

NÉRINE.

Oui, monsieur.

GÉRONTE.

Et avec qui?

NÉRINE.

Avec un jeune homme nommé Octave, fils d'un certain seigneur Argante.

GÉRONTE.

O ciel!

ARGANTE.

Quelle rencontre!

GÉRONTE.

Mène-nous, mène-nous promptement où elle est.

NÉRINE.

Vous n'avez qu'à entrer dans ce logis.

GÉRONTE.

Passe devant. Suivez-moi, suivez-moi, seigneur Argante.

SYLVESTRE, seul.

Voilà une aventure qui est tout à fait surprenante [1].

SCÈNE IX

SCAPIN, SYLVESTRE.

SCAPIN.

Eh bien, Sylvestre, que font nos gens?

SYLVESTRE.

J'ai deux avis à te donner. L'un, que l'affaire d'Octave est accommodée. Notre Hyacinte s'est trouvée la fille du seigneur Géronte; et le hasard a fait ce que la prudence des pères avoit délibéré. L'autre avis, c'est que les deux vieillards font contre toi des menaces épouvantables, et surtout le seigneur Géronte.

SCAPIN.

Cela n'est rien. Les menaces ne m'ont jamais fait mal;

[1] Cette aventure, *surprenante*, si l'on veut, mais qui nous paraît à nous trop romanesque, se trouve dans le *Phormion* avec toutes ses circonstances. Les comédies latines sont presque toutes dénouées par de semblables événements. L'état de la société, chez les anciens, les rendait assez fréquents, et il était naturel que la scène les retraçât. Sur nos théâtres, ce ne sont que des romans sans vérité et sans intérêt. (Auger.)

et ce sont des nuées qui passent bien loin sur nos têtes.

SYLVESTRE.

Prends garde à toi. Les fils se pourroient bien raccommoder avec les pères, et toi demeurer dans la nasse.

SCAPIN.

Laisse-moi faire, je trouverai moyen d'apaiser leur courroux, et...

SYLVESTRE.

Retire-toi, les voilà qui sortent.

SCÈNE X

GÉRONTE, ARGANTE, HYACINTE, ZERBINETTE, NÉRINE, SYLVESTRE.

GÉRONTE.

Allons, ma fille, venez chez moi. Ma joie auroit été parfaite, si j'y avois pu voir votre mère avec vous.

ARGANTE.

Voici Octave tout à propos.

SCÈNE XI

ARGANTE, GÉRONTE, OCTAVE, HYACINTE, ZERBINETTE, NÉRINE, SYLVESTRE.

ARGANTE.

Venez, mon fils, venez vous réjouir avec nous de l'heureuse aventure de votre mariage. Le ciel...

OCTAVE.

Non, mon père, toutes vos propositions de mariage ne serviront de rien. Je dois lever le masque avec vous, et l'on vous a dit mon engagement.

ARGANTE.

Oui. Mais tu ne sais pas...

OCTAVE.

Je sais tout ce qu'il faut savoir.

ARGANTE.

Je te veux dire que la fille du seigneur Géronte...

OCTAVE.

La fille du seigneur Géronte ne me sera jamais de rien.

GÉRONTE.

C'est elle...

OCTAVE, à Géronte.

Non, monsieur; je vous demande pardon; mes résolutions sont prises.

SYLVESTRE, à Octave.

Écoutez...

OCTAVE.

Non. Tais-toi. Je n'écoute rien.

ARGANTE, à Octave.

Ta femme...

OCTAVE.

Non, vous dis-je, mon père; je mourrai plutôt que de quitter mon aimable Hyacinte. (Traversant le théâtre pour se mettre à côté d'Hyacinte.) Oui. Vous avez beau faire; la

voilà, celle à qui ma foi est engagée. Je l'aimerai toute ma vie, et je ne veux point d'autre femme.
ARGANTE.
Eh bien, c'est elle qu'on te donne. Quel diable d'étourdi qui suit toujours sa pointe!
HYACINTE, montrant Géronte.
Oui, Octave, voilà mon père que j'ai trouvé ; et nous nous voyons hors de peine.
GÉRONTE.
Allons chez moi ; nous serons mieux qu'ici pour nous entretenir.
HYACINTE, montrant Zerbinette.
Ah! mon père, je vous demande, par grâce, que je ne sois point séparée de l'aimable personne que vous voyez. Elle a un mérite qui vous fera concevoir de l'estime pour elle, quand il sera connu de vous.
GÉRONTE.
Tu veux que je tienne chez moi une personne qui est aimée de ton frère, et qui m'a dit tantôt au nez mille sottises de moi-même?
ZERBINETTE.
Monsieur, je vous prie de m'excuser. Je n'aurois pas parlé de la sorte, si j'avois su que c'étoit vous ; et je ne vous connoissois que de réputation.
GÉRONTE.
Comment! que de réputation?
HYACINTE.
Mon père, la passion que mon frère a pour elle n'a rien de criminel, et je réponds de sa vertu.
GÉRONTE.
Voilà qui est fort bien. Ne voudroit-on point que je mariasse mon fils avec elle? Une fille inconnue, qui fait le métier de coureuse!

SCÈNE XII

ARGANTE, GÉRONTE, LÉANDRE, OCTAVE, HYACINTE, ZERBINETTE, NÉRINE, SYLVESTRE.

LÉANDRE.
Mon père, ne vous plaignez point que j'aime une inconnue, sans naissance et sans bien. Ceux de qui je l'ai rachetée viennent de me découvrir qu'elle est de cette ville, et d'honnête famille ; que ce sont eux qui l'y ont dérobée à l'âge de quatre ans : et voici un bracelet qu'ils m'ont donné, qui pourra nous aider à trouver ses parents.
ARGANTE.
Hélas! à voir ce bracelet, c'est ma fille que je perdis à l'âge que vous dites.
GÉRONTE.
Votre fille?
ARGANTE.
Oui, ce l'est ; et j'y vois tous les traits qui m'en peuvent rendre assuré. Ma chère fille!...
HYACINTE.
O ciel! que d'aventures extraordinaires!

SCÈNE XIII

ARGANTE, GÉRONTE, LÉANDRE, OCTAVE, HYACINTE, ZERBINETTE, NÉRINE, SYLVESTRE, CARLE.

CARLE.
Ah! messieurs, il vient d'arriver un accident étrange.
GÉRONTE.
Quoi?
CARLE.
Le pauvre Scapin...
GÉRONTE.
C'est un coquin que je veux faire pendre.
CARLE.
Hélas! monsieur, vous ne serez pas en peine de cela. En passant contre un bâtiment, il lui est tombé sur la tête un marteau de tailleur de pierre, qui lui a brisé l'os et découvert toute la cervelle. Il se meurt, et il a prié qu'on l'apportât ici, pour vous pouvoir parler avant que de mourir.
ARGANTE.
Où est-il?
CARLE.
Le voilà.

SCÈNE XIV

ARGANTE, GÉRONTE, LÉANDRE, OCTAVE, HYACINTE, ZERBINETTE, NÉRINE, SCAPIN, SYLVESTRE, CARLE.

SCAPIN, apporté par deux hommes, et la tête entourée de linges, comme s'il avoit été blessé.
Ahi! ahi! Messieurs, vous me voyez... ahi! vous me voyez dans un étrange état. Ahi! Je n'ai pas voulu mourir sans venir demander pardon à toutes les personnes que je puis avoir offensées. Ahi! Oui, messieurs, avant que de rendre le dernier soupir, je vous conjure de tout mon cœur de vouloir me pardonner tout ce que je puis avoir fait, et principalement le seigneur Argante et le seigneur Géronte. Ahi!
ARGANTE.
Pour moi, je te pardonne ; va, meurs en repos.
SCAPIN, à Géronte.
C'est vous, monsieur, que j'ai le plus offensé par les coups de bâton que...
GÉRONTE.
Ne parle point davantage, je te pardonne aussi.
SCAPIN.
Ç'a été une témérité bien grande à moi, que les coups de bâton que je...
GÉRONTE.
Laissons cela.
SCAPIN.
J'ai, en mourant, une douleur inconcevable des coups de bâton que...
GÉRONTE.
Mon Dieu! tais-toi.
SCAPIN.
Les malheureux coups de bâton que je vous...

GÉRONTE.

Tais-toi, te dis-je; j'oublie tout.

SCAPIN.

Hélas! quelle bonté! Mais est-ce de bon cœur, monsieur, que vous me pardonnez ces coups de bâton que...

GÉRONTE.

Eh! oui. Ne parlons plus de rien; je te pardonne tout; voilà qui est fait.

SCAPIN.

Ah! monsieur, je me sens tout soulagé depuis cette parole.

GÉRONTE.

Oui; mais je te pardonne à la charge que tu mourras.

SCAPIN.

Comment! monsieur!

GÉRONTE.

Je me dédis de ma parole, si tu réchappes.

SCAPIN.

Ahi! ahi! Voilà mes foiblesses qui me reprennent.

ARGANTE.

Seigneur Géronte, en faveur de notre joie, il faut lui pardonner sans condition.

GÉRONTE.

Soit.

ARGANTE.

Allons souper ensemble, pour mieux goûter notre plaisir.

SCAPIN.

Et moi, qu'on me porte au bout de la table, en attendant que je meure [1].

[1] Ce dernier acte est fort inférieur aux deux autres, dont le premier est excellent de tout point, et le second renferme des scènes de la plus folle gaieté. La pièce, malgré les défauts que nous avons relevés, n'en est pas moins une des farces les plus divertissantes qui soient au théâtre. (Auger.)

LA COMTESSE D'ESCARBAGNAS

COMÉDIE

1671

PERSONNAGES

LA COMTESSE D'ESCARBAGNAS [1].
LE COMTE, fils de la comtesse d'Escarbagnas [2].
LE VICOMTE, amant de Julie [3].
JULIE, amante du vicomte [4].
MONSIEUR TIBAUDIER, conseiller, amant de la comtesse [5].
MONSIEUR HARPIN, receveur des tailles, autre amant de la comtesse [6].
MONSIEUR BOBINET, précepteur de M. le comte [7].
ANDRÉE, suivante de la comtesse [8].
JEANNOT, laquais de monsieur Tibaudier [9].
CRIQUET, laquais de la comtesse [10].

La scène est à Angoulême.

SCÈNE I

JULIE, LE VICOMTE.

LE VICOMTE.
Eh quoi! madame, vous êtes déjà ici?

JULIE.
Oui. Vous en devriez rougir, Cléante; et il n'est guère honnête à un amant de venir le dernier au rendez-vous.

LE VICOMTE.
Je serois ici il y a une heure, s'il n'y avoit point de fâcheux au monde; et j'ai été arrêté en chemin par un vieux importun de qualité, qui m'a demandé tout exprès des nouvelles de la cour, pour trouver moyen de m'en dire des plus extravagantes qu'on puisse débiter; et c'est là, comme vous savez, le fléau des petites villes, que ces grands nouvellistes qui cherchent partout où répandre les contes qu'ils ramassent. Celui-ci m'a montré d'abord deux feuilles de papier, pleines jusques aux bords d'un grand fatras de balivernes, qui viennent, m'a-t-il dit, de l'endroit le plus sûr du monde. Ensuite, comme d'une chose fort curieuse, il m'a fait avec grand mystère une fatigante lecture de toutes les méchantes plaisanteries de la gazette de Hollande, dont il épouse les intérêts [1]. Il tient que la France est battue en ruine par la plume de cet écrivain, et qu'il ne faut que ce bel esprit pour défaire toutes nos troupes; et de là s'est jeté à corps perdu dans le raisonnement du ministère, dont il remarque tous les défauts, et d'où j'ai cru qu'il ne sortiroit point. A l'entendre parler, il sait les secrets du cabinet mieux que ceux qui les font. La politique de l'État lui laisse voir tous ses desseins; et elle ne fait pas un pas dont il ne pénètre les intentions. Il nous apprend les ressorts cachés de tout ce qui se fait, nous découvre les vues de la prudence de nos voisins, et remue, à sa fantaisie, toutes les affaires de l'Europe. Ses intelligences même s'étendent jusques en Afrique et en Asie; et il est informé de tout ce qui s'agite dans le conseil d'en haut du Prêtre-Jean [2] et du grand Mogol.

JULIE.
Vous parez votre excuse du mieux que vous pouvez, afin de la rendre agréable, et faire qu'elle soit plus aisément reçue.

LE VICOMTE.
C'est là, belle Julie, la véritable cause de mon retardement; et, si je voulois y donner une excuse galante, je n'aurois qu'à vous dire que le rendez-vous que vous voulez prendre peut autoriser la paresse dont vous me querellez; que m'engager à faire l'amant de la maîtresse du logis, c'est me mettre en état de craindre de me trouver ici le premier; que, cette feinte où je me force n'étant que pour vous plaire, j'ai lieu de ne vouloir en souffrir

---

[1] Molière semble n'avoir tracé le portrait du nouvelliste que pour se donner le plaisir de châtier le gazetier insolent des Provinces-Unies. Depuis la paix signée à Aix-la-Chapelle en 1668, ce gazetier ne cessait d'imprimer les choses les plus injurieuses pour Louis XIV et pour la nation française. Un an après la représentation de la *Comtesse d'Escarbagnas*, Louis XIV fit la conquête de la Hollande. (Bret.)

[2] On appela d'abord *Prêtre-Jean* un prince tartare qui combattit Gengis. Des religieux envoyés près de lui prétendirent qu'ils l'avaient converti, l'avaient nommé Jean au baptême, et même lui avaient conféré le sacerdoce; de là cette qualification de *Prêtre-Jean*, qui est devenue depuis, on ne sait pourquoi, celle d'un prince nègre, moitié chrétien schismatique, et moitié juif. C'est de ce dernier qu'il est question ici. (Auger.)

Acteurs de la troupe de Molière: [1] Mademoiselle MAROTTE. — [2] GODON. — [3] LA GRANGE. — [4] Mademoiselle BEAUVAL. — [5] HUBERT. — [6] DU CROISY. — [7] BEAUVAL. — [8] Mademoiselle BONNEAU. — [9] DOULONNOIS — [10] FINET.

SCÈNE I.

la contrainte que devant les yeux qui s'en divertissent; que j'évite le tête-à-tête avec cette comtesse ridicule dont vous m'embarrassez; et, en un mot, que, ne venant ici que pour vous, j'ai toutes les raisons du monde d'attendre que vous y soyez.

JULIE.

Nous savons bien que vous ne manquerez jamais d'esprit pour donner de belles couleurs aux fautes que vous pourrez faire. Cependant, si vous étiez venu une demi-heure plus tôt, nous aurions profité de tous ces moments; car j'ai trouvé en arrivant que la comtesse étoit sortie, et je ne doute point qu'elle ne soit allée par la ville se faire honneur de la comédie que vous me donnez sous son nom.

LE VICOMTE.

Mais tout de bon, madame, quand voulez-vous mettre fin à cette contrainte et me faire moins acheter le bonheur de vous voir?

JULIE.

Quand nos parents pourront être d'accord; ce que je n'ose espérer. Vous savez, comme moi, que les démêlés de nos deux familles ne nous permettent point de nous voir autre part, et que mes frères, non plus que votre père, ne sont pas assez raisonnables pour souffrir notre attachement.

LE VICOMTE.

Mais pourquoi ne pas mieux jouir du rendez-vous que leur inimitié nous laisse, et me contraindre à perdre en une sotte feinte les moments que j'ai près de vous?

JULIE.

Pour mieux cacher notre amour; et puis, à vous dire la vérité, cette feinte dont vous parlez m'est une comédie fort agréable; et je ne sais si celle que vous nous donnez aujourd'hui me divertira davantage. Notre comtesse d'Escarbagnas, avec son perpétuel entêtement de qualité, est en aussi bon personnage qu'on en puisse mettre sur le théâtre. Le petit voyage qu'elle a fait à Paris l'a ramenée dans Angoulême plus achevée qu'elle n'étoit. L'approche de l'air de la cour a donné à son ridicule de nouveaux agréments, et sa sottise tous les jours ne fait que croître et embellir.

LE VICOMTE.

Oui; mais vous ne considérez pas que le jeu qui vous divertit tient mon cœur au supplice, et qu'on n'est point capable de se jouer longtemps, lorsqu'on a dans l'esprit une passion aussi sérieuse que celle que je sens pour vous. Il est cruel, belle Julie, que cet amusement dérobe à mon amour un temps qu'il voudroit employer à vous expliquer son ardeur; et, cette nuit, j'ai fait là-dessus quelques vers, que je ne puis m'empêcher de vous réciter sans que vous me le demandiez, tant la démangeaison de dire ses ouvrages est un vice attaché à la qualité de poète!

C'est trop longtemps, Iris, me mettre à la torture;

Iris, comme vous le voyez, est mis là pour Julie.

C'est trop longtemps, Iris, me mettre à la torture,
Et, si je suis vos lois, je les blâme tout bas

De me forcer à taire un tourment que j'endure,
Pour déclarer un mal que je ne ressens pas.

Faut-il que vos beaux yeux, à qui je rends les armes,
Veuillent se divertir de mes tristes soupirs?
Et n'est-ce pas assez de souffrir pour vos charmes,
Sans me faire souffrir encor pour vos plaisirs?

C'en est trop à la fois que ce double martyre;
Et ce qu'il me faut taire et ce qu'il me faut dire
Exerce sur mon cœur pareille cruauté.

L'amour le met en feu, la contrainte le tue;
Et, si par la pitié vous n'êtes combattue,
Je meurs et de la feinte et de la vérité[1].

JULIE.

Je vois que vous vous faites là bien plus maltraité que vous n'êtes; mais c'est une licence que prennent messieurs les poëtes, de mentir de gaieté de cœur et de donner à leurs maîtresses des cruautés qu'elles n'ont pas, pour s'accommoder aux pensées qui leur peuvent venir. Cependant je serai bien aise que vous me donniez ces vers par écrit.

LE VICOMTE.

C'est assez de vous les avoir dits, et je dois en demeurer là. Il est permis d'être parfois assez fou pour faire des vers, mais non pour vouloir qu'ils soient vus.

JULIE.

C'est en vain que vous vous retranchez sur une fausse modestie; on sait dans le monde que vous avez de l'esprit; et je ne vois pas la raison qui vous oblige à cacher les vôtres.

LE VICOMTE.

Mon Dieu! madame, marchons là-dessus, s'il vous plaît, avec beaucoup de retenue; il est dangereux dans le monde de se mêler d'avoir de l'esprit. Il y a là dedans un certain ridicule qu'il est facile d'attraper, et nous avons de nos amis qui me font craindre leur exemple.

JULIE.

Mon Dieu! Cléante, vous avez beau dire; je vois avec tout cela que vous mourez d'envie de me les donner; et je vous embarrasserois, si je faisois semblant de ne m'en pas soucier.

LE VICOMTE.

Moi, madame? vous vous moquez; et je ne suis pas si poëte que vous pourriez bien croire, pour... Mais voici votre madame la comtesse d'Escarbagnas. Je sors par l'autre porte pour ne la point trouver, et vais disposer tout mon monde au divertissement que je vous ai promis[2].

---

[1] C'est là un sonnet à l'italienne, plein de *concetti*; mais le tour en est facile et agréable. Du reste, Cléante, qui ne se pique pas d'être poëte, ne lit ses vers à sa maîtresse, pour qui ils ont été faits, qu'en se moquant lui-même de son empressement à les lui réciter. (A.)

[2] Cette scène nous apprend qu'on va se moquer et que nous allons rire d'une comtesse provinciale, sottement entêtée de sa qualité et des grands airs qu'elle croit avoir rapportés de Paris c'est là toute l'exposition possible d'une pièce qui ne doit pas avoir un autre sujet. (Auger.)

SCÈNE II

LA COMTESSE, JULIE, ANDRÉE; et CRIQUET, dans le fond du théâtre.

LA COMTESSE.

Ah! mon Dieu! madame, vous voilà toute seule? Quelle pitié est-ce là? Toute seule! Il me semble que mes gens m'avoient dit que le vicomte étoit ici.

JULIE.

Il est vrai qu'il y est venu; mais c'est assez pour lui de savoir que vous n'y étiez pas, pour l'obliger à sortir.

LA COMTESSE.

Comment! il vous a vue?

JULIE.

Oui.

LA COMTESSE.

Et il ne vous a rien dit?

JULIE.

Non, madame; et il a voulu témoigner par là qu'il est tout entier à vos charmes.

LA COMTESSE.

Vraiment, je le veux quereller de cette action. Quelque amour que l'on ait pour moi, j'aime que ceux qui m'aiment rendent ce qu'ils doivent au sexe; et je ne suis point de l'humeur de ces femmes injustes qui s'applaudissent des incivilités que leurs amants font aux autres belles.

JULIE.

Il ne faut point, madame, que vous soyez surprise de son procédé. L'amour que vous lui donnez éclate dans toutes ses actions, et l'empêche d'avoir des yeux que pour vous.

LA COMTESSE.

Je crois être en état de pouvoir faire naître une passion assez forte, et je me trouve pour cela assez de beauté, de jeunesse, et de qualité, Dieu merci; mais cela n'empêche pas qu'avec ce que j'inspire, on ne puisse garder de l'honnêteté et de la complaisance pour les autres. (Apercevant Criquet.) Que faites-vous donc là, laquais? Est-ce qu'il n'y a pas une antichambre où se tenir, pour venir quand on vous appelle? Cela est étrange, qu'on ne puisse avoir en province un laquais qui sache son monde! A qui est-ce donc que je parle? Voulez-vous vous en aller là dehors, petit fripon?

SCÈNE III

LA COMTESSE, JULIE, ANDRÉE.

LA COMTESSE, à Andrée.

Fille, approchez.

ANDRÉE.

Que vous plaît-il, madame?

LA COMTESSE.

Otez-moi mes coiffes. Doucement donc, maladroite: comme vous me saboulez la tête avec vos mains pesantes!

ANDRÉE.

Je fais, madame, le plus doucement que je puis.

LA COMTESSE.

Oui; mais le plus doucement que vous pouvez est fort rudement pour ma tête, et vous me l'avez déboîtée. Tenez encore ce manchon; ne laissez point traîner tout cela, et portez-le dans ma garde-robe. Eh bien! où va-t-elle? où va-t-elle? Que veut-elle faire, cet oison bridé?

ANDRÉE.

Je veux, madame, comme vous m'avez dit, porter cela aux garde-robes.

LA COMTESSE.

Ah! mon Dieu, l'impertinente! (A Julie.) Je vous demande pardon, madame. (A Andrée.) Je vous ai dit ma garde-robe, grosse bête, c'est-à-dire où sont mes habits.

ANDRÉE.

Est-ce, madame, qu'à la cour une armoire s'appelle une garde-robe?

LA COMTESSE.

Oui, buforde! on appelle ainsi le lieu où l'on met les habits.

ANDRÉE.

Je m'en ressouviendrai, madame, aussi bien que de votre grenier, qu'il faut appeler garde-meuble.

SCÈNE IV

LA COMTESSE, JULIE.

LA COMTESSE.

Quelle peine il faut prendre pour instruire ces animaux-là!

JULIE.

Je les trouve bien heureux, madame, d'être sous votre discipline.

LA COMTESSE.

C'est une fille de ma mère nourrice que j'ai mise à la chambre, et elle est toute neuve encore.

JULIE.

Cela est d'une belle âme, madame; et il est glorieux de faire ainsi des créatures.

LA COMTESSE.

Allons, des siéges. Holà! laquais, laquais, laquais! En vérité, voilà qui est violent, de ne pouvoir pas avoir un laquais pour donner des siéges! Filles, laquais, laquais, filles, quelqu'un! Je pense que tous mes gens sont morts, et que nous serons contraintes de nous donner des siéges nous-mêmes.

SCÈNE V

LA COMTESSE, JULIE, ANDRÉE.

ANDRÉE.

Que voulez-vous, madame?

LA COMTESSE.

Il se faut bien égosiller avec vous autres!

ANDRÉE.

J'enfermois votre manchon et vos coiffes dans votre armoi... dis-je, dans votre garde-robe.

LA COMTESSE.

Appelez-moi ce petit fripon de laquais.

ANDRÉE.

Holà! Criquet!

LA COMTESSE.

Laissez là votre Criquet, bouvière! et appelez, laquais.

ANDRÉE.

Laquais donc, et non pas Criquet, venez parler à madame. Je pense qu'il est sourd. Criq... Laquais, laquais!

SCÈNE VI

LA COMTESSE, JULIE, ANDRÉE, CRIQUET.

CRIQUET.

Plaît-il?

LA COMTESSE.

Où étiez-vous donc, petit coquin?

CRIQUET.

Dans la rue, madame.

LA COMTESSE.

Et pourquoi dans la rue?

CRIQUET.

Vous m'avez dit d'aller là dehors?

LA COMTESSE.

Vous êtes un petit impertinent, mon ami; et vous devez savoir que là dehors, en termes de personnes de qualité, veut dire l'antichambre. Andrée, ayez soin tantôt de faire donner le fouet à ce petit fripon-là par mon écuyer; c'est un petit incorrigible.

ANDRÉE.

Qu'est-ce que c'est, madame, que votre écuyer? Est-ce maître Charles que vous appelez comme cela?

LA COMTESSE.

Taisez-vous, sotte que vous êtes : vous ne sauriez ouvrir la bouche que vous ne disiez une impertinence! (A Criquet.) Des siéges. (A Andrée.) Et vous, allumez deux bougies dans mes flambeaux d'argent : il se fait déjà tard. Qu'est-ce que c'est donc, que vous me regardez tout effarée?

ANDRÉE.

Madame...

LA COMTESSE.

Eh bien, madame... Qu'y a-t-il?

ANDRÉE.

C'est que...

LA COMTESSE.

Quoi?

ANDRÉE.

C'est que je n'ai point de bougie.

LA COMTESSE.

Comment! Vous n'en avez point?

ANDRÉE.

Non, madame, si ce n'est des bougies de suif.

LA COMTESSE.

La bouvière! Et où est donc la cire que je fis acheter ces jours passés?

ANDRÉE.

Je n'en ai point vu depuis que je suis céans.

LA COMTESSE.

Otez-vous de là, insolente! Je vous renverrai chez vos parents. Apportez-moi un verre d'eau.

SCÈNE VII

LA COMTESSE et JULIE, faisant des cérémonies pour s'asseoir.

LA COMTESSE.

Madame!

JULIE.

Madame!

LA COMTESSE.

Ah! madame!

JULIE.

Ah! madame!

LA COMTESSE.

Mon Dieu! madame!

JULIE.

Mon Dieu! madame!

LA COMTESSE.

Oh! madame!

JULIE.

Oh! madame!

LA COMTESSE.

Eh! madame!

JULIE.

Eh! madame!

LA COMTESSE.

Eh! allons donc, madame!

JULIE.

Eh! allons donc, madame!

LA COMTESSE.

Je suis chez moi, madame. Nous sommes demeurées d'accord de cela. Me prenez-vous pour une provinciale, madame?

JULIE.

Dieu m'en garde, madame [1]!

SCÈNE VIII

LA COMTESSE, JULIE; ANDRÉE, apportant un verre d'eau; CRIQUET.

LA COMTESSE, à Andrée.

Allez, impertinente : je bois avec une soucoupe. Je vous dis que vous m'alliez quérir une soucoupe pour boire.

ANDRÉE.

Criquet, qu'est-ce que c'est qu'une soucoupe?

---

[1] Julie est une railleuse spirituelle, en tout semblable à Élise de la *Critique de l'École des Femmes*. Celle-ci a pareillement, et dans la même intention, un débat de civilité avec la précieuse Climène. Elles se disent vingt fois : « Ah! madame! Oh! madame! » comme ici Julie et la comtesse. (Auger.)

CRIQUET.
Une soucoupe?

ANDRÉE.
Oui.

CRIQUET.
Je ne sais.

LA COMTESSE, à Andrée.
Vous ne vous grouillez pas[1]?

ANDRÉE.
Nous ne savons tous deux, madame, ce que c'est qu'une soucoupe.

LA COMTESSE.
Apprenez que c'est une assiette, sur laquelle on met le verre.

SCÈNE IX

LA COMTESSE, JULIE.

LA COMTESSE.
Vive Paris pour être bien servie! On vous entend là au moindre coup d'œil.

SCÈNE X

LA COMTESSE, JULIE; ANDRÉE, apportant un verre d'eau avec une assiette dessus; CRIQUET.

LA COMTESSE.
Eh bien! vous ai-je dit comme cela, tête de bœuf? C'est dessous qu'il faut mettre l'assiette.

ANDRÉE.
Cela est bien aisé. (Andrée casse le verre en le posant sur l'assiette.)

LA COMTESSE.
Eh bien, ne voilà pas l'étourdie? En vérité, vous m payerez mon verre.

ANDRÉE.
Eh bien! oui, madame, je le payerai.

LA COMTESSE.
Mais voyez cette maladroite, cette bouvière! cette butorde! cette...

ANDRÉE, s'en allant.
Dame! madame, si je le paye, je ne veux point être querellée.

LA COMTESSE.
Otez-vous de devant mes yeux

SCÈNE XI

LA COMTESSE, JULIE.

LA COMTESSE.
En vérité, madame, c'est une chose étrange que les petites villes! On n'y sait point du tout son monde : et je viens de faire deux ou trois visites, où ils ont pensé me désespérer par le peu de respect qu'ils rendent à ma qualité.

JULIE.
Où auroient-ils appris à vivre? Ils n'ont point fait de voyage à Paris.

LA COMTESSE.
Ils ne laisseroient pas de l'apprendre, s'ils vouloient écouter les personnes; mais le mal que j'y trouve, c'est qu'ils veulent en savoir autant que moi, qui ai été deux mois à Paris et ai vu toute la cour.

JULIE.
Les sottes gens que voilà!

LA COMTESSE.
Ils sont insupportables, avec les impertinentes égalités dont ils traitent les gens. Car, enfin, il faut qu'il y ait de la subordination dans les choses; et ce qui me met hors de moi, c'est qu'un gentilhomme de ville de deux jours, ou de deux cents ans, aura l'effronterie de dire qu'il est aussi bien gentilhomme que feu monsieur mon mari, qui demeuroit à la campagne, qui avoit meute de chiens courants, et qui prenoit la qualité de comte dans tous les contrats qu'il passoit.

JULIE.
On sait bien mieux vivre à Paris, dans ces hôtels dont la mémoire doit être si chère. Cet hôtel de Mouhy, madame, cet hôtel de Lyon, cet hôtel de Hollande, les agréables demeures que voilà[1]!

LA COMTESSE.
Il est vrai qu'il y a bien de la différence de ces lieux-là à tout ceci. On y voit venir du beau monde, qui ne marchande point à vous rendre tous les respects qu'on sauroit souhaiter. On ne s'en lève pas, si l'on veut, de dessus son siège; et, lorsque l'on veut voir la revue, ou le grand ballet de *Psyché*, on est servie à point nommé.

JULIE.
Je pense, madame, que, durant votre séjour à Paris, vous avez bien fait des conquêtes de qualité.

LA COMTESSE.
Vous pouvez bien croire, madame, que tout ce qui s'appelle les galants de la cour n'a pas manqué de venir à ma porte, et de m'en conter; et je garde dans ma cassette de leurs billets, qui peuvent faire voir quelles propositions j'ai refusées; il n'est pas nécessaire de vous dire leurs noms : on sait ce qu'on veut dire par galants de la cour.

JULIE.
Je m'étonne, madame, que, de tous ces grands noms que je devine, vous ayez pu redescendre à un monsieur Tibaudier, le conseiller, et à un monsieur Harpin, le receveur des tailles. La chute est grande, je vous l'avoue : car, pour monsieur votre vicomte, quoique vicomte de province, c'est toujours un vicomte, et il peut faire un voyage à Paris, s'il n'en a point fait; mais un conseiller et un receveur sont des amants un peu bien minces pour une grande comtesse comme vous.

---

[1] Le mot *grouiller* est devenu trivial et grossier; mais il était alors admis dans la bonne compagnie. (A. M.)

[1] Ces hôtels, dont la railleuse Julie fait sonner si haut les noms, n'étaient que des hôtels garnis, des auberges. (A.)

LA COMTESSE.

Ce sont gens qu'on ménage dans les provinces pour les besoins qu'on en peut avoir; ils servent au moins à remplir les vides de la galanterie, à faire nombre de soupirants; et il est bon, madame, de ne pas laisser un amant seul maître du terrain, de peur que, faute de rivaux, son amour ne s'endorme sur trop de confiance.

JULIE.

Je vous avoue, madame, qu'il y a merveilleusement à profiter de tout ce que vous dites; c'est une école que votre conversation, et j'y viens tous les jours attraper quelque chose.

SCÈNE XII.

LA COMTESSE, JULIE, ANDRÉE, CRIQUET.

CRIQUET, à la comtesse.

Voilà Jeannot, de monsieur le conseiller, qui vous demande, madame.

LA COMTESSE.

Eh bien! petit coquin, voilà encore de vos âneries! Un laquais qui sauroit vivre auroit été parler tout bas à la demoiselle suivante, qui seroit venue dire doucement à l'oreille de sa maîtresse : Madame, voilà le laquais de monsieur un tel qui demande à vous dire un mot; à quoi la maîtresse auroit répondu : Faites-le entrer.

SCÈNE XIII.

LA COMTESSE, JULIE, ANDRÉE, CRIQUET, JEANNOT.

CRIQUET.

Entrez, Jeannot.

LA COMTESSE.

Autre lourderie! (A Jeannot.) Qu'y a-t-il, laquais? Que portes-tu là?

JEANNOT.

C'est monsieur le conseiller, madame, qui vous souhaite le bonjour, et, auparavant que de venir, vous envoie des poires de son jardin, avec ce petit mot d'écrit.

LA COMTESSE.

C'est du bon-chrétien, qui est fort beau. Andrée, faites porter cela à l'office.

SCÈNE XIV.

LA COMTESSE, JULIE, CRIQUET, JEANNOT.

LA COMTESSE, donnant de l'argent à Jeannot.

Tiens, mon enfant, voilà pour boire.

JEANNOT.

Oh! non, madame.

LA COMTESSE.

Tiens, te dis-je.

JEANNOT.

Mon maître m'a défendu, madame, de rien prendre de vous.

LA COMTESSE.

Cela ne fait rien.

JEANNOT.

Pardonnez-moi, madame.

CRIQUET.

Eh! prenez, Jeannot. Si vous n'en voulez pas, vous me le baillerez.

LA COMTESSE.

Dis à ton maître que je le remercie.

CRIQUET, à Jeannot qui s'en va.

Donne-moi donc cela.

JEANNOT.

Oui. Quelque sot!

CRIQUET.

C'est moi qui te l'ai fait prendre.

JEANNOT.

Je l'aurois bien pris sans toi.

LA COMTESSE.

Ce qui me plaît de ce monsieur Tibaudier, c'est qu'il sait vivre avec les personnes de ma qualité, et qu'il est fort respectueux.

SCÈNE XV

LE VICOMTE, LA COMTESSE, JULIE, CRIQUET.

LE VICOMTE.

Madame, je viens vous avertir que la comédie sera bientôt prête, et que, dans un quart d'heure, nous pouvons passer dans la salle.

LA COMTESSE.

Je ne veux point de cohue, au moins. (A Criquet). Que l'on dise à mon suisse qu'il ne laisse entrer personne.

LE VICOMTE.

En ce cas, madame, je vous déclare que je renonce à la comédie; et je n'y saurois prendre de plaisir, lorsque la compagnie n'est pas nombreuse. Croyez-moi, si vous voulez vous bien divertir, qu'on dise à vos gens de laisser entrer toute la ville.

LA COMTESSE.

Laquais, un siége. (Au vicomte, après qu'il s'est assis.) Vous voilà venu à propos pour recevoir un petit sacrifice que je veux bien vous faire. Tenez, c'est un billet de monsieur Tibaudier qui m'envoie des poires. Je vous donne la liberté de le lire tout haut; je ne l'ai point encore vu.

LE VICOMTE, après avoir lu tout bas le billet.

Voici un billet du beau style, madame, et qui mérite d'être bien écouté. « Madame, je n'aurois pas pu vous « faire le présent que je vous envoie, si je ne recueillois « pas plus de fruit de mon jardin que j'en recueille de « mon amour. »

LA COMTESSE.

Cela vous marque clairement qu'il ne se passe rien entre nous.

LE VICOMTE.

« Les poires ne sont pas encore bien mûres; mais elles « en cadrent mieux avec la dureté de votre âme, qui, par « ses continuels dédains, ne me promet pas poires molles.

« Trouvez bon, madame, que, sans m'engager dans une
« énumération de vos perfections et charmes, qui me jet-
« teroit dans un progrès à l'infini, je conclue ce mot, en
« vous faisant considérer que je suis d'un aussi franc
« chrétien que les poires que je vous envoie, puisque je
« rends le bien pour le mal ; c'est-à-dire, madame, pour
« m'expliquer plus intelligiblement, puisque je vous pré-
« sente des poires de bon-chrétien pour des poires d'an-
« goisse, que vos cruautés me font avaler tous les jours.
           « TIBAUDIER, votre esclave indigne. »
Voilà, madame, un billet à garder.

LA COMTESSE.

Il y a peut-être quelque mot qui n'est pas de l'Académie ; mais j'y remarque un certain respect qui me plaît
beaucoup.

JULIE.

Vous avez raison, madame ; et, monsieur le vicomte
dût-il s'en offenser, j'aimerois un homme qui m'écriroit
comme cela.

SCÈNE XVI

MONSIEUR TIBAUDIER, LE VICOMTE, LA COMTESSE,
JULIE, CRIQUET.

LA COMTESSE.

Approchez, monsieur Tibaudier ; ne craignez point d'entrer. Votre billet a été bien reçu, aussi bien que vos
poires ; et voilà madame qui parle pour vous contre votre
rival.

MONSIEUR TIBAUDIER.

Je lui suis obligé, madame ; et, si elle a jamais quelque
procès en notre siége, elle verra que je n'oublierai pas
l'honneur qu'elle me fait, de se rendre auprès de vos
beautés l'avocat de ma flamme.

JULIE.

Vous n'avez pas besoin d'avocat, monsieur, et votre
cause est juste.

MONSIEUR TIBAUDIER.

Ce néanmoins, madame, bon droit a besoin d'aide : et
j'ai sujet d'appréhender de me voir supplanté par un tel
rival, et que madame ne soit circonvenue par la qualité
de vicomte.

LE VICOMTE.

J'espérois quelque chose, monsieur Tibaudier, avant
votre billet ; mais il me fait craindre pour mon amour.

MONSIEUR TIBAUDIER.

Voici encore, madame, deux petits versets ou couplets
que j'ai composés à votre honneur et gloire.

LE VICOMTE.

Ah ! je ne pensois pas que monsieur Tibaudier fût poëte ;
et voilà pour m'achever, que ces deux petits versets-là !

LA COMTESSE.

Il veut dire deux strophes (A Criquet.) Laquais, donnez
un siége à monsieur Tibaudier. (Bas, à Criquet, qui apporte
une chaise.) Un pliant, petit animal [1] ! Monsieur Tibaudier,
mettez-vous là, et nous lisez vos strophes.

[1] La différence des siéges, tels que fauteuils, chaises sans bras,

MONSIEUR TIBAUDIER.
Une personne de qualité.
   Ravit mon âme
Elle a de la beauté,
   J'ai de la flamme ;
Mais je la blâme
D'avoir de la fierté [1].

LE VICOMTE.

Je suis perdu après cela.

LA COMTESSE.

Le premier vers est beau. Une personne de qualité.

JULIE.

Je crois qu'il est un peu trop long ; mais on peut prendre une licence pour dire une belle pensée.

LA COMTESSE, à monsieur Tibaudier.

Voyons l'autre strophe.

MONSIEUR TIBAUDIER.

Je ne sais pas si vous doutez de mon parfait amour,
   Mais je sais bien que mon cœur, à toute heure,
   Veut quitter sa chagrine demeure,
Pour aller, par respect, faire au vôtre sa cour.
Après cela pourtant, sûre de ma tendresse,
   Et de ma foi, dont unique est l'espèce,
       Vous devriez à votre tour,
       Vous contentant d'être comtesse,
Vous dépouiller en ma faveur d'une peau de tigresse,
Qui couvre vos appas la nuit comme le jour.

LE VICOMTE.

Me voilà supplanté, moi, par monsieur Tibaudier.

LA COMTESSE.

Ne pensez pas vous moquer ; pour des vers faits dans
la province, ces vers-là sont fort beaux.

LE VICOMTE.

Comment ! madame, me moquer ? Quoique son rival, je
trouve ces vers admirables, et ne les appelle pas seulement deux strophes, comme vous, mais deux épigrammes, aussi bonnes que toutes celles de Martial.

LA COMTESSE.

Quoi ! Martial fait-il des vers ? Je pensois qu'il ne fît que
des gants [2].

MONSIEUR TIBAUDIER.

Ce n'est pas ce Martial-là, madame ; c'est un auteur qui
vivoit il y a trente ou quarante ans.

LE VICOMTE.

Monsieur Tibaudier a lu les auteurs, comme vous le
voyez. Mais allons voir, madame, si ma musique et ma
comédie, avec mes entrées de ballet, pourront combattre
dans votre esprit les progrès des deux strophes et du
billet que nous venons de voir.

LA COMTESSE.

Il faut que mon fils le comte soit de la partie ; car il

pliants, tabourets, était à la cour une manière de marquer gra-
duellement le rang des personnes. (Auger.)
[1] Les vers de monsieur Tibaudier sont de la même école que
ceux de Turcaret. Le Sage, dans la peinture de ce personnage, s'est
sans aucun doute rappelé Molière. (A.)
[2] Ce *Martial, qui ne faisoit point de vers*, était un valet de chambre de Monsieur, qui tenait à Paris une boutique de parfumerie
et de ganterie fort achalandée.

est arrivé ce matin de mon château, avec son précepteur, que je vois là dedans.

SCÈNE XVII

LA COMTESSE, JULIE, LE VICOMTE, MONSIEUR TIBAUDIER, MONSIEUR BOBINET, CRIQUET.

LA COMTESSE.

Holà! monsieur Bobinet, monsieur Bobinet, approchez-vous du monde.

MONSIEUR BOBINET.

Je donne le bon vespre[1] à toute l'honorable compagnie. Que désire madame la comtesse d'Escarbagnas de son très-humble serviteur Bobinet?

LA COMTESSE.

A quelle heure, monsieur Bobinet, êtes-vous parti d'Escarbagnas avec mon fils le comte?

MONSIEUR BOBINET.

A huit heures trois quarts, madame, comme votre commandement me l'avoit ordonné.

LA COMTESSE.

Comment se portent mes deux autres fils, le marquis et le commandeur?

MONSIEUR BOBINET.

Ils sont, Dieu grâce, madame, en parfaite santé.

LA COMTESSE.

Où est le comte?

MONSIEUR BOBINET.

Dans votre belle chambre à alcôve, madame.

LA COMTESSE.

Que fait-il, monsieur Bobinet?

MONSIEUR BOBINET.

Il compose un thème, madame, que je viens de lui dicter sur une épître de Cicéron.

LA COMTESSE.

Faites-le venir, monsieur Bobinet.

MONSIEUR BOBINET.

Soit fait, madame, ainsi que vous le commandez.

SCÈNE XVIII

LA COMTESSE, JULIE, LE VICOMTE, MONSIEUR TIBAUDIER.

LE VICOMTE, à la comtesse.

Ce monsieur Bobinet, madame, a la mine fort sage; et je crois qu'il a de l'esprit.

SCÈNE XIX

LA COMTESSE, JULIE, LE VICOMTE, LE COMTE, MONSIEUR BOBINET, MONSIEUR TIBAUDIER.

MONSIEUR BOBINET.

Allons, monsieur le comte, faites voir que vous profitez des bons documents qu'on vous donne. La révérence à toute l'honnête assemblée.

LA COMTESSE, montrant Julie.

Comte, saluez madame; faites la révérence à monsieur le vicomte; saluez monsieur le conseiller.

MONSIEUR TIBAUDIER.

Je suis ravi, madame, que vous me concédiez la grâce d'embrasser monsieur le comte votre fils. On ne peut pas aimer le tronc, qu'on n'aime aussi les branches.

LA COMTESSE.

Mon Dieu! monsieur Tibaudier, de quelle comparaison vous servez-vous là?

JULIE.

En vérité, madame, monsieur le comte a tout à fait bon air.

LE VICOMTE.

Voilà un jeune gentilhomme qui vient bien dans le monde.

JULIE.

Qui diroit que madame eût un si grand enfant?

LA COMTESSE.

Hélas! quand je le fis, j'ét is si jeune, que je me jouois encore avec une poupée.

JULIE.

C'est monsieur votre frère, et on pas monsieur votre fils.

LA COMTESSE.

Monsieur Bobinet, ayez bien soin au moins de son éducation.

MONSIEUR BOBINET.

Madame, je n'oublierai aucune chose pour cultiver cette jeune plante, dont vos bontés m'ont fait l'honneur de me confier la conduite; et je tâcherai de lui inculquer les semences de la vertu.

LA COMTESSE.

Monsieur Bobinet, faites-lui un peu dire quelque petite galanterie de ce que vous lui apprenez.

MONSIEUR BOBINET.

Allons, monsieur le comte, récitez votre leçon d'hier au matin.

LE COMTE.

Omne viro soli quod convenit esto virile,
Omne viri...

LA COMTESSE.

Fi! monsieur Bobinet; quelles sottises est-ce que vous lui apprenez là[1]?

---

[1] Le bonsoir.

[1] On croit que cette scène fut inspirée à Molière par une scène à peu près semblable qui s'était passée chez madame de Villarceaux, dont le mari avait la réputation de s'être fait aimer de Ninon. Un jour, madame de Villarceaux, voulant faire admirer son fils à une nombreuse compagnie qui se trouvait chez elle, le fit interroger par son précepteur. « Allons, monsieur le marquis, dit le grave pédagogue : *quem habuit successorem Belus, rex Assyriorum?* — *Ninum,* » répondit le jeune marquis. Madame de Villarceaux, frappée de ce dernier mot: « Voilà, dit-elle, de belles instructions que vous donnez à mon fils! N'y a-t-il donc rien à lui apprendre que les folies de son père? » Le précepteur eut beau lui assurer qu'il n'y entendait point malice, rien ne fut capable de lui faire entendre raison. (Aimé Martin.)

MONSIEUR BOBINET.

C'est du latin, madame, et la première règle de Jean Despautère.

LA COMTESSE.

Mon Dieu ! ce Jean Despautère-là est un insolent, et je vous prie de lui enseigner du latin plus honnête que celui-là.

MONSIEUR BOBINET.

Si vous voulez, madame, qu'il achève, la glose expliquera ce que cela veut dire.

LA COMTESSE.

Non, non : cela s'explique assez.

SCÈNE XX

LA COMTESSE, JULIE, LE VICOMTE, MONSIEUR TIBAUDIER, LE COMTE, MONSIEUR BOBINET, CRIQUET.

CRIQUET.

Les comédiens envoient dire qu'ils sont tout prêts.

LA COMTESSE.

Allons nous placer. (Montrant Julie.) Monsieur Tibaudier, prenez madame. (Criquet range tous les siéges sur un des côtés du théâtre; la comtesse, Julie et le vicomte s'asseyent ; monsieur Tibaudier s'assied aux pieds de la comtesse.)

LE VICOMTE.

Il est nécessaire de dire que cette comédie n'a été faite que pour lier ensemble les différents morceaux de musique et de danse dont on a voulu composer ce divertissement, et que...

LA COMTESSE.

Mon Dieu ! voyons l'affaire. On a assez d'esprit pour comprendre les choses.

LE VICOMTE.

Qu'on commence le plus tôt qu'on pourra, et qu'on empêche, s'il se peut, qu'aucun fâcheux ne vienne troubler notre divertissement. (Les violons commencent une ouverture.)

SCÈNE XXI

LA COMTESSE, JULIE, LE VICOMTE, LE COMTE, MONSIEUR HARPIN, MONSIEUR TIBAUDIER, MONSIEUR BOBINET, CRIQUET.

MONSIEUR HARPIN.

Parbleu ! la chose est belle, et je me réjouis de voir ce que je vois !

LA COMTESSE.

Holà ! monsieur le receveur, que voulez-vous donc dire avec l'action que vous faites ? Vient-on interrompre, comme cela, une comédie ?

MONSIEUR HARPIN.

Morbleu ! madame, je suis ravi de cette aventure ; et ceci me fait voir ce que je dois croire de vous, et l'assurance qu'il y a au don de votre cœur et aux serments que vous m'avez faits de sa fidélité !

LA COMTESSE.

Mais, vraiment, on ne vient point ainsi se jeter au travers d'une comédie et troubler un acteur qui parle[1].

MONSIEUR HARPIN.

Eh ! têtebleu ! la véritable comédie qui se fait ici, c'est celle que vous jouez ; et, si je vous trouble, c'est de quoi je me soucie peu.

LA COMTESSE.

En vérité, vous ne savez ce que vous dites.

MONSIEUR HARPIN.

Si fait, morbleu ! je le sais bien ; je le sais bien, morbleu ! et... (Monsieur Bobinet, épouvanté, emporte le comte, et s'enfuit ; il est suivi par Criquet.)

LA COMTESSE.

Eh ! fi, monsieur ! que cela est vilain, de jurer de la sorte !

MONSIEUR HARPIN.

Eh ! ventrebleu ! s'il y a ici quelque chose de vilain, ce ne sont point mes jurements ; ce sont vos actions ; et il vaudroit bien mieux que vous jurassiez, vous, la tête, la mort, et le sang, que de faire ce que vous faites avec monsieur le vicomte.

LE VICOMTE.

Je ne sais pas, monsieur le receveur, de quoi vous vous plaignez ; et si...

MONSIEUR HARPIN, au vicomte.

Pour vous, monsieur, je n'ai rien à vous dire : vous faites bien de pousser votre pointe, cela est naturel, je ne le trouve point étrange, et je vous demande pardon si j'interromps votre comédie ; mais vous ne devez point trouver étrange aussi que je me plaigne de son procédé ; et nous avons raison tous deux de faire ce que nous faisons.

LE VICOMTE.

Je n'ai rien à dire à cela, et ne sais point les sujets de plainte que vous pouvez avoir contre madame la comtesse d'Escarbagnas.

LA COMTESSE.

Quand on a des chagrins jaloux, on n'en use point de la sorte ; et l'on vient doucement se plaindre à la personne que l'on aime.

MONSIEUR HARPIN.

Moi, me plaindre doucement !

LA COMTESSE.

Oui. L'on ne vient point crier de dessus un théâtre ce qui doit se dire en particulier.

MONSIEUR HARPIN.

J'y viens, moi, morbleu ! tout exprès ; c'est le lieu qu'il me faut ; et je souhaiterois que ce fût un théâtre public, pour vous dire avec plus d'éclat toutes vos vérités.

LA COMTESSE.

Faut-il faire un si grand vacarme pour une comédie

[1] Dans la pièce, telle qu'elle fut représentée à Saint-Germain, il y avait, comme on l'a vu indiqué à la fin de la scène précédente, un divertissement dont le détail n'est point arrivé jusqu'à nous. C'est à cette circonstance que font allusion ces mots : *troubler un acteur qui parle*. (Ch. Louandre.)

que monsieur le vicomte me donne? Vous voyez que monsieur Tibaudier, qui m'aime, en use plus respectueusement que vous.

MONSIEUR HARPIN.

Monsieur Tibaudier en use comme il lui plaît : je ne sais pas de quelle façon monsieur Tibaudier a été avec vous; mais monsieur Tibaudier n'est pas un exemple pour moi, et je ne suis point d'humeur à payer les violons pour faire danser les autres !

LA COMTESSE.

Mais vraiment, monsieur le receveur, vous ne songez pas à ce que vous dites. On ne traite point de la sorte les femmes de qualité; et ceux qui vous entendent croiroient qu'il y a quelque chose d'étrange entre vous et moi.

MONSIEUR HARPIN.

Eh! ventrebleu! madame, quittons la faribole.

LA COMTESSE.

Que voulez-vous donc dire avec votre : Quittons la faribole?

MONSIEUR HARPIN.

Je veux dire que je ne trouve point étrange que vous vous rendiez au mérite de monsieur le vicomte ; vous n'êtes pas la première femme qui joue dans le monde de ces sortes de caractères, et qui ait auprès d'elle un monsieur le receveur, dont on lui voit trahir et la passion et la bourse pour le premier venu qui lui donnera dans la vue. Mais ne trouvez point étrange aussi que je ne sois point la dupe d'une infidélité si ordinaire aux coquettes du temps, et que je vienne vous assurer, devant bonne compagnie, que je romps commerce avec vous, et que monsieur le receveur ne sera plus pour vous monsieur le donneur.

LA COMTESSE.

Cela est merveilleux comme les amants emportés deviennent à la mode! On ne voit autre chose de tous côtés. Là, là, monsieur le receveur, quittez votre colère, et venez prendre place pour voir la comédie.

MONSIEUR HARPIN.

Moi, morbleu! prendre place? (Montrant monsieur Tibaudier.) Cherchez vos benêts à vos pieds. Je vous laisse, madame la comtesse, à monsieur le vicomte; et ce sera à lui que j'envoierai tantôt vos lettres. Voilà ma scène faite, voilà mon rôle joué. Serviteur à la compagnie.

MONSIEUR TIBAUDIER.

Monsieur le receveur, nous nous verrons autre part qu'ici; et je vous ferai voir que je suis au poil et à la plume.

MONSIEUR HARPIN, en sortant.

Tu as raison, monsieur Tibaudier [1].

[1] On ne peut guère douter que cette scène, où éclate la brutale

LA COMTESSE.

Pour moi, je suis confuse de cette insolence.

LE VICOMTE.

Les jaloux, madame, sont comme ceux qui perdent leur procès : ils ont permission de tout dire. Prêtons silence à la comédie.

SCÈNE XXII

LA COMTESSE, LE VICOMTE, JULIE, MONSIEUR TIBAUDIER, JEANNOT.

JEANNOT, au vicomte.

Voilà un billet, monsieur, qu'on nous a dit de vous donner vite.

LE VICOMTE, lisant.

« En cas que vous ayez quelque mesure à prendre, je « vous envoie promptement un avis. La querelle de vos « parents et de ceux de Julie vient d'être accommodée; « et les conditions de cet accord, c'est le mariage de vous « et d'elle. Bonsoir. » (A Julie.) Ma foi, madame, voilà notre comédie achevée aussi. (Le vicomte, la comtesse, Julie et monsieur Tibaudier se lèvent.)

JULIE.

Ah! Cléante, quel bonheur! Notre amour eût-il osé espérer un si heureux succès?

LA COMTESSE.

Comment donc? Qu'est-ce que cela veut dire?

LE VICOMTE.

Cela veut dire, madame, que j'épouse Julie ; et, si vous me croyez, pour rendre la comédie complète de tout point, vous épouserez monsieur Tibaudier, et donnerez mademoiselle Andrée à son laquais, dont il fera son valet de chambre.

LA COMTESSE.

Quoi! jouer de la sorte une personne de ma qualité ?

LE VICOMTE.

C'est sans vous offenser, madame; et les comédies veulent de ces sortes de choses.

LA COMTESSE.

Oui, monsieur Tibaudier, je vous épouse pour faire enrager tout le monde.

MONSIEUR TIBAUDIER.

Ce m'est bien de l'honneur, madame.

LE VICOMTE, à la comtesse.

Souffrez, madame, qu'en enrageant nous puissions voir ici le reste du spectacle.

colère d'un homme de finances qui se voit trahi par sa maîtresse, n'ait inspiré à le Sage l'idée de la fameuse scène où Turcaret fait tapage chez son infidèle baronne, et lui casse pour trois cents pistoles de glaces et de porcelaines. (Auger.)

LES FEMMES SAVANTES

COMÉDIE EN CINQ ACTES

1672

PERSONNAGES

CHRYSALE, bon bourgeois [1].
PHILAMINTE, femme de Chrysale [2].
ARMANDE [3], } filles de Chrysale et de Philaminte.
HENRIETTE [4],
ARISTE, frère de Chrysale [5].
BÉLISE, sœur de Chrysale [6].
CLITANDRE, amant d'Henriette [7].
TRISSOTIN, bel esprit [8].
VADIUS, savant [9].
MARTINE, servante de cuisine [10].
LÉPINE, laquais.
JULIEN, valet de Vadius.
UN NOTAIRE.

La scène est à Paris, dans la maison de Chrysale.

ACTE PREMIER

SCÈNE I

ARMANDE, HENRIETTE.

ARMANDE.

Quoi! le beau nom de fille est un titre, ma sœur,
Dont vous voulez quitter la charmante douceur?
Et de vous marier vous osez faire fête?
Ce vulgaire dessein vous peut monter en tête?

HENRIETTE.

Oui, ma sœur.

ARMANDE.

Ah! ce oui se peut-il supporter?
Et sans un mal de cœur sauroit-on l'écouter?

HENRIETTE.

Qu'a donc le mariage en soi qui vous oblige,
Ma sœur...

Acteurs de la troupe de Molière : [1] MOLIÈRE. — [2] Le sieur HUBERT.
— [3] Mademoiselle DE BRIE. — [4] Mademoiselle MOLIÈRE. — [5] BARON.
— [6] Mademoiselle VILLEAUBRUN (Geneviève BÉJART). — [7] LA GRANGE.
— [8] LA THORILLIÈRE. — [9] DU CROISY. — [10] Une servante de Molière
qui portait ce nom.

ARMANDE.
Ah! mon Dieu! fi!

HENRIETTE.
Comment?

ARMANDE.
Ah! fi! vous dis-je.
Ne concevez-vous point ce que, dès qu'on l'entend,
Un tel mot à l'esprit offre de dégoûtant,
De quelle étrange image on est par lui blessée,
Sur quelle sale vue il traîne la pensée?
N'en frissonnez-vous point? et pouvez-vous, ma sœur,
Aux suites de ce mot résoudre votre cœur[1]?

HENRIETTE.
Les suites de ce mot, quand je les envisage,
Me font voir un mari, des enfants, un ménage;
Et je ne vois rien, là si j'en puis raisonner,
Qui blesse la pensée et fasse frissonner.

ARMANDE.
De tels attachements, ô ciel! sont pour vous plaire?

HENRIETTE.
Et qu'est-ce qu'à mon âge on a de mieux à faire
Que d'attacher à soi, par le titre d'époux,
Un homme qui vous aime et soit aimé de vous;
Et, de cette union de tendresse suivie,
Se faire les douceurs d'une innocente vie?
Ce nœud bien assorti n'a-t-il pas des appas?

ARMANDE.
Mon Dieu! que votre esprit est d'un étage bas!
Que vous jouez au monde un petit personnage,
De vous claquemurer aux choses du ménage,
Et de n'entrevoir point de plaisirs plus touchants
Qu'une idole d'époux et des marmots d'enfants!
Laissez aux gens grossiers, aux personnes vulgaires,
Les bas amusements de ces sortes d'affaires.
A de plus hauts objets élevez vos désirs,
Songez à prendre un goût des plus nobles plaisirs,

---

[1] On voit qu'Armande, en philosophant, a parfaitement appris tout ce que renferme en soi le mot *mariage*. Son instruction en ce genre contraste plaisamment avec sa pruderie. (Auger.)

Et, traitant de mépris les sens et la matière,
A l'esprit, comme nous, donnez-vous tout entière.
Vous avez notre mère en exemple à vos yeux,
Que du nom de savante on honore en tous lieux :
Tâchez, ainsi que moi, de vous montrer sa fille ;
Aspirez aux clartés qui sont dans la famille,
Et vous rendez sensible aux charmantes douceurs
Que l'amour de l'étude épanche dans les cœurs.
Loin d'être aux lois d'un homme en esclave asservie,
Mariez-vous, ma sœur, à la philosophie,
Qui nous monte au-dessus de tout le genre humain,
Et donne à la raison l'empire souverain,
Soumettant à ses lois la partie animale,
Dont l'appétit grossier aux bêtes nous ravale.
Ce sont là les beaux feux, les doux attachements
Qui doivent de la vie occuper les moments ;
Et les soins où je vois tant de femmes sensibles
Me paroissent aux yeux des pauvretés horribles.

HENRIETTE.

Le ciel, dont nous voyons que l'ordre est tout-puissant,
Pour différents emplois nous fabrique en naissant ;
Et tout esprit n'est pas composé d'une étoffe
Qui se trouve taillée à faire un philosophe.
Si le vôtre est né propre aux élévations
Où montent des savants les spéculations,
Le mien est fait, ma sœur, pour aller terre à terre,
Et dans les petits soins son foible se resserre.
Ne troublons point du ciel les justes règlements ;
Et de nos deux instincts suivons les mouvements.
Habitez, par l'essor d'un grand et beau génie,
Les hautes régions de la philosophie,
Tandis que mon esprit, se tenant ici-bas,
Goûtera de l'hymen les terrestres appas.
Ainsi, dans nos desseins l'une à l'autre contraire,
Nous saurons toutes deux imiter notre mère :
Vous, du côté de l'âme et des nobles désirs ;
Moi, du côté des sens et des grossiers plaisirs ;
Vous, aux productions d'esprit et de lumière ;
Moi, dans celles, ma sœur, qui sont de la matière.

ARMANDE.

Quand sur une personne on prétend se régler,
C'est par les beaux côtés qu'il lui faut ressembler [1],
Et ce n'est point du tout la prendre pour modèle,
Ma sœur, que de tousser et de cracher comme elle.

HENRIETTE.

Mais vous ne seriez pas ce dont vous vous vantez,
Si ma mère n'eût eu que de ces beaux côtés ;
Et bien vous prend, ma sœur, que son noble génie
N'ait pas vaqué toujours à la philosophie.
De grâce, souffrez-moi, par un peu de bonté,
Des bassesses à qui vous devez la clarté ;
Et ne supprimez point, voulant qu'on vous seconde,
Quelque petit savant qui veut venir au monde [2].

[1] Molière avait fait ainsi ces deux vers :
Quand sur une personne on prétend s'ajuster,
C'est par les beaux côtés qu'il la faut imiter.
Boileau les refit comme ils sont dans le texte, et la correction fut adoptée. (A.)

[2] La riposte d'Henriette est un peu gaillarde ; mais il n'y a pas

ARMANDE.

Je vois que votre esprit ne peut être guéri
Du fol entêtement de vous faire un mari :
Mais sachons, s'il vous plaît, qui vous songez à prendre :
Votre visée au moins n'est pas mise à Clitandre ?

HENRIETTE.

Et par quelle raison n'y seroit-elle pas ?
Manque-t-il de mérite ? est-ce un choix qui soit bas ?

ARMANDE.

Non ; mais c'est un dessein qui seroit malhonnête,
Que de vouloir d'une autre enlever la conquête ;
Et ce n'est pas un fait dans le monde ignoré
Que Clitandre ait pour moi hautement soupiré.

HENRIETTE.

Oui ; mais tous ces soupirs chez vous sont choses vaines,
Et vous ne tombez point aux bassesses humaines ;
Votre esprit à l'hymen renonce pour toujours,
Et la philosophie a toutes vos amours.
Ainsi, n'ayant au cœur nul dessein pour Clitandre,
Que vous importe-t-il qu'on y puisse prétendre ?

ARMANDE.

Cet empire que tient la raison sur les sens
Ne fait pas renoncer aux douceurs des encens ;
Et l'on peut pour époux refuser un mérite
Que pour adorateur on veut bien à sa suite.

HENRIETTE.

Je n'ai pas empêché qu'à vos perfections
Il n'ait continué ses adorations ;
Et je n'ai fait que prendre, au refus de votre âme,
Ce qu'est venu m'offrir l'hommage de sa flamme.

ARMANDE.

Mais à l'offre des vœux d'un amant dépité
Trouvez-vous, je vous prie, entière sûreté ?
Croyez-vous pour vos yeux sa passion bien forte,
Et qu'en son cœur pour moi toute flamme soit morte ?

HENRIETTE.

Il me l'a dit, ma sœur ; et, pour moi, je le crois.

ARMANDE.

Ne soyez pas, ma sœur, d'une si bonne foi ;
Et croyez, quand il dit qu'il me quitte et vous aime,
Qu'il n'y songe pas bien, et se trompe lui-même.

HENRIETTE.

Je ne sais ; mais enfin, si c'est votre plaisir,
Il nous est bien aisé de nous en éclaircir :
Je l'aperçois qui vient ; et, sur cette matière,
Il pourra nous donner une pleine lumière.

SCÈNE II

CLITANDRE, ARMANDE, HENRIETTE.

HENRIETTE.

Pour me tirer d'un doute où me jette ma sœur,
Entre elle et moi, Clitandre, expliquez votre cœur,
Découvrez-en le fond, et nous daignez apprendre
Qui de nous à vos vœux est en droit de prétendre.

d'homme qui ne préférât la franchise un peu vive de la cadette à la bégueulerie sournoise de l'aînée. (Auger.)

ARMANDE.

Non, non, je ne veux point à votre passion
Imposer la rigueur d'une explication :
Je ménage les gens, et sais comme embarrasse
Le contraignant effort de ces aveux en face.

CLITANDRE.

Non, madame; mon cœur, qui dissimule peu,
Ne sent nulle contrainte à faire un libre aveu.
Dans aucun embarras un tel pas ne me jette;
Et j'avouerai tout haut, d'une âme franche et nette,
Que les tendres liens où je suis arrêté,
Montrant Henriette.
Mon amour et mes vœux, sont tout de ce côté.
Qu'à nulle émotion cet aveu ne vous porte;
Vous avez bien voulu les choses de la sorte.
Vos attraits m'avoient pris, et mes tendres soupirs
Vous ont assez prouvé l'ardeur de mes désirs;
Mon cœur vous consacroit une flamme immortelle :
Mais vos yeux n'ont pas cru leur conquête assez belle.
J'ai souffert sous leur joug cent mépris différents;
Ils régnoient sur mon âme en superbes tyrans;
Et je me suis cherché, lassé de tant de peines,
Des vainqueurs plus humains, et de moins rudes chaînes.
Montrant Henriette.
Je les ai rencontrés, madame, dans ces yeux,
Et leurs traits à jamais me seront précieux;
D'un regard pitoyable ils ont séché mes larmes,
Et n'ont pas dédaigné le rebut de vos charmes.
De si rares bontés m'ont si bien su toucher,
Qu'il n'est rien qui me puisse à mes fers arracher;
Et j'ose maintenant vous conjurer, madame,
De ne vouloir tenter nul effort sur ma flamme,
De ne point essayer à rappeler un cœur
Résolu de mourir dans cette douce ardeur.

ARMANDE.

Eh! qui vous dit, monsieur, que l'on ait cette envie,
Et que de vous enfin si fort on se soucie?
Je vous trouve plaisant de vous le figurer,
Et bien impertinent de me le déclarer!

HENRIETTE.

Eh! doucement, ma sœur. Où donc est la morale
Qui sait si bien régir la partie animale,
Et retenir la bride aux efforts du courroux?

ARMANDE.

Mais vous qui m'en parlez, où la pratiquez-vous,
De répondre à l'amour que l'on vous fait paroître
Sans le congé de ceux qui vous ont donné l'être?
Sachez que le devoir vous soumet à leurs lois,
Qu'il ne vous est permis d'aimer que par leur choix;
Qu'ils ont sur votre cœur l'autorité suprême,
Et qu'il est criminel d'en disposer vous-même.

HENRIETTE.

Je rends grâce aux bontés que vous me faites voir
De m'enseigner si bien les choses du devoir.
Mon cœur sur vos leçons veut régler sa conduite;
Et, pour vous faire voir, ma sœur, que j'en profite,
Clitandre, prenez soin d'appuyer votre amour
De l'agrément de ceux dont j'ai reçu le jour.

Faites-vous sur mes vœux un pouvoir légitime,
Et me donnez moyen de vous aimer sans crime.

CLITANDRE.

J'y vais de tous mes soins travailler hautement;
Et j'attendois de vous ce doux consentement.

ARMANDE.

Vous triomphez, ma sœur, et faites une mine
A vous imaginer que cela me chagrine.

HENRIETTE.

Moi, ma sœur! point du tout. Je sais que sur vos sens
Les droits de la raison sont toujours tout-puissants,
Et que, par les leçons qu'on prend dans la sagesse,
Vous êtes au-dessus d'une telle foiblesse.
Loin de vous soupçonner d'aucun chagrin, je croi
Qu'ici vous daignerez vous employer pour moi,
Appuyer sa demande, et, de votre suffrage,
Presser l'heureux moment de notre mariage.
Je vous en sollicite; et, pour y travailler...

ARMANDE.

Votre petit esprit se mêle de railler;
Et d'un cœur qu'on vous jette on vous voit toute fière.

HENRIETTE.

Tout jeté qu'est ce cœur, il ne vous déplaît guère;
Et, si vos yeux sur moi le pouvoient ramasser,
Ils prendroient aisément le soin de se baisser[1].

ARMANDE.

A répondre à cela je ne daigne descendre;
Et ce sont sots discours qu'il ne faut pas entendre.

HENRIETTE.

C'est fort bien fait à vous, et vous nous faites voir
Des modérations qu'on ne peut concevoir.

SCÈNE III

CLITANDRE, HENRIETTE.

HENRIETTE.

Votre sincère aveu ne l'a pas peu surprise.

CLITANDRE.

Elle mérite assez une telle franchise;
Et toutes les hauteurs de sa folle fierté
Sont dignes, tout au moins, de ma sincérité.
Mais, puisqu'il m'est permis, je vais à votre père,
Madame...

HENRIETTE.

Le plus sûr est de gagner ma mère.
Mon père est d'une humeur à consentir à tout;
Mais il met peu de poids aux choses qu'il résout;
Il a reçu du ciel certaine bonté d'âme
Qui le soumet d'abord à ce que veut sa femme.
C'est elle qui gouverne, et, d'un ton absolu,
Elle dicte pour loi ce qu'elle a résolu.
Je voudrois bien vous voir pour elle et pour ma tante
Une âme, je l'avoue, un peu plus complaisante,

---

[1] La phrase est intelligible, mais étrange. M. Aimé Martin prétend qu'ici Henriette parle la langue de sa sœur, celle des précieuses, pour rendre la raillerie plus piquante. (F. L.)

Un esprit qui, flattant les visions du leur,
Vous pût de leur estime attirer la chaleur.
CLITANDRE.
Mon cœur n'a jamais pu, tant il est né sincère,
Même dans votre sœur flatter leur caractère;
Et les femmes docteurs ne sont point de mon goût.
Je consens qu'une femme ait des clartés de tout :
Mais je ne lui veux point la passion choquante
De se rendre savante afin d'être savante;
Et j'aime que souvent, aux questions qu'on fait,
Elle sache ignorer les choses qu'elle sait :
De son étude enfin je veux qu'elle se cache,
Et qu'elle ait du savoir sans vouloir qu'on le sache,
Sans citer les auteurs, sans dire de grands mots,
Et clouer de l'esprit à ses moindres propos.
Je respecte beaucoup madame votre mère;
Mais je ne puis du tout approuver sa chimère,
Et me rendre l'écho des choses qu'elle dit,
Aux encens qu'elle donne à son héros d'esprit.
Son monsieur Trissotin me chagrine, m'assomme;
Et j'enrage de voir qu'elle estime un tel homme [1],
Qu'elle nous mette au rang des grands et beaux esprits
Un benêt dont partout on siffle les écrits,
Un pédant dont on voit la plume libérale
D'officieux papiers fournir toute la halle.

HENRIETTE.
Ses écrits, ses discours, tout m'en semble ennuyeux,
Et je me trouve assez votre goût et vos yeux;
Mais, comme sur ma mère il a grande puissance,
Vous devez vous forcer à quelque complaisance.
Un amant fait sa cour où s'attache son cœur;
Il veut de tout le monde y gagner la faveur;
Et, pour n'avoir personne à sa flamme contraire,
Jusqu'au chien du logis il s'efforce de plaire.

CLITANDRE.
Oui, vous avez raison; mais monsieur Trissotin
M'inspire au fond de l'âme un dominant chagrin.
Je ne puis consentir, pour gagner ses suffrages,
A me déshonorer en prisant ses ouvrages :
C'est par eux qu'à mes yeux il a d'abord paru,
Et je le connoissois avant que l'avoir vu.
Je vis, dans le fatras des écrits qu'il nous donne,
Ce qu'étale en tous lieux sa pédante personne,
La constante hauteur de sa présomption,
Cette intrépidité de bonne opinion,
Cet indolent état de confiance extrême,
Qui le rend en tout temps si content de soi-même,
Qui fait qu'à son mérite incessamment il rit,
Qu'il se sait si bon gré de tout ce qu'il écrit,
Et qu'il ne voudroit pas changer sa renommée
Contre tous les honneurs d'un général d'armée.

[1] Ce personnage n'est autre que l'abbé Cotin, poëte médiocre et vaniteux, ridiculisé par Boileau. — Trissotin était appelé, aux premières représentations, Tricotin. L'acteur qui le représentait avait affecté, autant qu'il avait pu, de ressembler à l'original par la voix et par les gestes. Enfin, pour comble de ridicule, les vers de Trissotin, sacrifiés sur le théâtre à la risée publique, étaient de l'abbé Cotin même. (Voltaire.)

HENRIETTE.
C'est avoir de bons yeux que de voir tout cela.
CLITANDRE.
Jusques à sa figure encor la chose alla,
Et je vis, par les vers qu'à la tête il nous jette,
De quel air il falloit que fût fait le poëte;
Et j'en avois si bien deviné tous les traits,
Que, rencontrant un homme un jour dans le Palais [1],
Je gageai que c'étoit Trissotin en personne,
Et je vis qu'en effet la gageure étoit bonne.
HENRIETTE.
Quel conte!
CLITANDRE.
Non; je dis la chose comme elle est.
Mais je vois votre tante. Agréez, s'il vous plaît,
Que mon cœur lui déclare ici notre mystère,
Et gagne sa faveur auprès de votre mère.

SCÈNE IV

BÉLISE, CLITANDRE.

CLITANDRE.
Souffrez, pour vous parler, madame, qu'un amant
Prenne l'occasion de cet heureux moment,
Et se découvre à vous de la sincère flamme...
BÉLISE.
Ah! tout beau : gardez-vous de m'ouvrir trop votre âme.
Si je vous ai su mettre au rang de mes amants,
Contentez-vous des yeux pour vos seuls truchements,
Et ne m'expliquez point, par un autre langage,
Des désirs qui, chez moi, passent pour un outrage.
Aimez-moi, soupirez, brûlez pour mes appas;
Mais qu'il me soit permis de ne le savoir pas.
Je puis fermer les yeux sur vos flammes secrètes,
Tant que vous vous tiendrez aux muets interprètes;
Mais, si la bouche vient à s'en vouloir mêler,
Pour jamais de ma vue il vous faut exiler.
CLITANDRE.
Des projets de mon cœur ne prenez point d'alarme.
Henriette, madame, est l'objet qui me charme;
Et je viens ardemment conjurer vos bontés
De seconder l'amour que j'ai pour ses beautés.
BÉLISE.
Ah! certes, le détour est d'esprit, je l'avoue :
Ce subtil faux-fuyant mérite qu'on le loue;
Et, dans tous les romans où j'ai jeté les yeux,
Je n'ai rien rencontré de plus ingénieux.
CLITANDRE.
Ceci n'est point du tout un trait d'esprit, madame;
Et c'est un pur aveu de ce que j'ai dans l'âme.
Les cieux, par les liens d'une immuable ardeur,
Aux beautés d'Henriette ont attaché mon cœur;
Henriette me tient sous son aimable empire,
Et l'hymen d'Henriette est le bien où j'aspire.

[1] Le Palais de Justice, dont les galeries étaient alors très-fréquentées par la meilleure compagnie. (Auger.)

Vous y pouvez beaucoup; et tout ce que je veux,
C'est que vous y daigniez favoriser mes vœux.
BÉLISE.
Je vois où doucement veut aller la demande,
Et je sais sous ce nom ce qu'il faut que j'entende.
La figure est adroite; et, pour n'en point sortir,
Aux choses que mon cœur m'offre à vous repartir,
Je dirai qu'Henriette à l'hymen est rebelle,
Et que, sans rien prétendre, il faut brûler pour elle.
CLITANDRE.
Eh! madame, à quoi bon un pareil embarras?
Et pourquoi voulez-vous penser ce qui n'est pas?
BÉLISE.
Mon Dieu! point de façons. Cessez de vous défendre
De ce que vos regards m'ont souvent fait entendre.
Il suffit que l'on est contente du détour
Dont s'est adroitement avisé votre amour,
Et que, sous la figure où le respect l'engage,
On veut bien se résoudre à souffrir son hommage,
Pourvu que ses transports, par l'honneur éclairés,
N'offrent à mes autels que des vœux épurés.
CLITANDRE.
Mais...
BÉLISE.
 Adieu. Pour ce coup, ceci doit vous suffire,
Et je vous ai plus dit que je ne voulois dire.
CLITANDRE.
Mais votre erreur...
BÉLISE.
 Laissez. Je rougis maintenant,
Et ma pudeur s'est fait un effort surprenant.
CLITANDRE.
Je veux être pendu, si je vous aime; et sage...
BÉLISE.
Non, non, je ne veux rien entendre davantage [1].

SCÈNE V

CLITANDRE, seul.

Diantre soit de la folle avec ses visions!
A-t-on rien vu d'égal à ses préventions?

---

[1] Ce passage est imité des *Visionnaires* de Desmarets. Hespérie a vu Phalante s'entretenir avec Mélisse, sa sœur. Hespérie lui demande le sujet de leur entretien.

Ma sœur, dites le vrai; que vous disoit Phalante?
MÉLISSE.
Il me parloit d'amour.
HESPÉRIE.
 La ruse est excellente!
Donc il s'adresse à vous, n'osant pas m'aborder,
Pour vous donner le soin de me persuader.
MÉLISSE.
Ne flattez point, ma sœur, votre esprit de la sorte :
Phalante me parloit de l'amour qu'il me porte.
HESPÉRIE.
Vous pensez m'abuser d'un entretien moqueur,
Pour prendre mieux le temps de le mettre en mon cœur :
Mais, ma sœur, croyez-moi, n'en prenez point la peine;
En vain vous me direz que je suis inhumaine;
Que je dois, par pitié, soulager ses amours :
Cent fois le jour j'entends de semblables discours, etc.

(Acte II, scène II.) — (Aimé Martin.)

Allons commettre un autre au soin que l'on me donne
Et prenons le secours d'une sage personne [1].

ACTE SECOND

SCÈNE I

ARISTE, quittant Clitandre et lui parlant encore.

Oui, je vous porterai la réponse au plus tôt;
J'appuierai, presserai, ferai tout ce qu'il faut.
Qu'un amant, pour un mot, a de choses à dire!
Et qu'impatiemment il veut ce qu'il désire!
Jamais...

SCÈNE II

CHRYSALE, ARISTE.

ARISTE.
Ah! Dieu vous gard', mon frère!
CHRYSALE.
 Et vous aussi,
Mon frère!
ARISTE.
 Savez-vous ce qui m'amène ici?
CHRYSALE.
Non; mais, si vous voulez, je suis prêt à l'entendre [2].
ARISTE.
Depuis assez longtemps vous connoissez Clitandre?
CHRYSALE.
Sans doute, et je le vois qui fréquente chez nous.
ARISTE.
En quelle estime est-il, mon frère, auprès de vous?
CHRYSALE.
D'homme d'honneur, d'esprit, de cœur, et de conduite;
Et je vois peu de gens qui soient de son mérite.
ARISTE.
Certain désir qu'il a conduit ici mes pas,
Et je me réjouis que vous en fassiez cas.
CHRYSALE.
Je connus feu son père en mon voyage à Rome.
ARISTE.
Fort bien.
CHRYSALE.
 C'étoit, mon frère, un fort bon gentilhomme.
ARISTE.
On le dit.
CHRYSALE.
 Nous n'avions alors que vingt-huit ans,
Et nous étions, ma foi, tous deux de verts galants.

---

[1] Cet acte est tout entier d'exposition. L'action, qui consiste uniquement dans les amours de Clitandre et d'Henriette, traversées par la rivalité de Trissotin et par la jalousie d'Armande, ne doit être entamée que dans l'acte suivant. (Auger.)

[2] Ce petit jeu de dialogue a déjà été employé deux fois par Molière, dans l'*Étourdi* et dans les *Fourberies de Scapin*. (Auger.)

ARISTE.

Je le crois.

CHRYSALE.

Nous donnions chez les dames romaines,
Et tout le monde, là, parloit de nos fredaines :
Nous faisions des jaloux.

ARISTE.

Voilà qui va des mieux ;
Mais venons au sujet qui m'amène en ces lieux.

SCÈNE III

BÉLISE, entrant doucement, et écoutant ; CHRYSALE, ARISTE.

ARISTE.

Clitandre auprès de vous me fait son interprète,
Et son cœur est épris des grâces d'Henriette.

CHRYSALE.

Quoi! de ma fille?

ARISTE.

Oui ; Clitandre en est charmé,
Et je ne vis jamais amant plus enflammé.

BÉLISE, à Ariste.

Non, non ; je vous entends. Vous ignorez l'histoire,
Et l'affaire n'est pas ce que vous pouvez croire.

ARISTE.

Comment, ma sœur?

BÉLISE.

Clitandre abuse vos esprits ;
Et c'est d'un autre objet que son cœur est épris.

ARISTE.

Vous raillez. Ce n'est pas Henriette qu'il aime?

BÉLISE.

Non ; j'en suis assurée.

ARISTE.

Il me l'a dit lui-même.

BÉLISE.

Eh! oui.

ARISTE.

Vous me voyez, ma sœur, chargé par lui
D'en faire la demande à son père aujourd'hui.

BÉLISE.

Fort bien.

ARISTE.

Et son amour même m'a fait instance
De presser les moments d'une telle alliance.

BÉLISE.

Encor mieux. On ne peut tromper plus galamment.
Henriette, entre nous, est un amusement,
Un voile ingénieux, un prétexte, mon frère,
A couvrir d'autres feux dont je sais le mystère [1] ;
Et je veux bien, tous deux, vous mettre hors d'erreur.

---

[1] C'est pousser loin la folie, il faut l'avouer. Un personnage d'une extravagance si outrée était peu digne du pinceau de Molière, et ne méritait pas surtout de figurer dans un de ses chefs-d'œuvre. (Auger.)

ARISTE.

Mais, puisque vous savez tant de choses, ma sœur,
Dites-nous, s'il vous plaît, cet autre objet qu'il aime.

BÉLISE.

Vous voulez le savoir?

ARISTE.

Oui. Quoi?

BÉLISE.

Moi.

ARISTE.

Vous?

BÉLISE.

Moi-même.

ARISTE.

Hai, ma sœur!

BÉLISE.

Qu'est-ce donc que veut dire ce hai?
Et qu'a de surprenant le discours que je fai?
On est faite d'un air, je pense, à pouvoir dire
Qu'on n'a pas pour un cœur soumis à son empire ;
Et Dorante, Damis, Cléonte et Lycidas,
Peuvent bien faire voir qu'on a quelques appas.

ARISTE.

Ces gens vous aiment?

BÉLISE.

Oui, de toute leur puissance.

ARISTE.

Ils vous l'ont dit?

BÉLISE.

Aucun n'a pris cette licence ;
Ils m'ont su révérer si fort jusqu'à ce jour,
Qu'ils ne m'ont jamais dit un mot de leur amour.
Mais, pour m'offrir leur cœur et vouer leur service,
Les muets truchements ont tous fait leur office.

ARISTE.

On ne voit presque point céans venir Damis.

BÉLISE.

C'est pour me faire voir un respect plus soumis.

ARISTE.

De mots piquants, partout, Dorante vous outrage.

BÉLISE.

Ce sont emportements d'une jalouse rage.

ARISTE.

Cléonte et Lycidas ont pris femme tous deux.

BÉLISE.

C'est par un désespoir où j'ai réduit leurs feux.

ARISTE.

Ma foi, ma chère sœur, vision toute claire.

CHRYSALE, à Bélise.

De ces chimères-là vous devez vous défaire.

BÉLISE.

Ah! chimères! ce sont des chimères, dit-on.
Chimères, moi! Vraiment, chimères est fort bon!
Je me réjouis fort de chimères, mes frères ;
Et je ne savois pas que j'eusse des chimères.

SCÈNE IV

CHRYSALE, ARISTE.

CHRYSALE.
Notre sœur est folle, oui.
ARISTE.
Cela croit tous les jours.
Mais encore une fois reprenons le discours.
Clitandre vous demande Henriette pour femme;
Voyez quelle réponse on doit faire à sa flamme.
CHRYSALE.
Faut-il le demander? J'y consens de bon cœur,
Et tiens son alliance à singulier honneur.
ARISTE.
Vous savez que de biens il n'a pas l'abondance,
Que...
CHRYSALE.
C'est un intérêt qui n'est pas d'importance,
Il est riche en vertus, cela vaut des trésors :
Et puis son père et moi n'étions qu'un en deux corps.
ARISTE.
Parlons à votre femme, et voyons à la rendre
Favorable...
CHRYSALE.
Il suffit, je l'accepte pour gendre.
ARISTE.
Oui; mais, pour appuyer votre consentement,
Mon frère, il n'est pas mal d'avoir son agrément.
Allons...
CHRYSALE.
Vous moquez-vous? Il n'est pas nécessaire.
Je réponds de ma femme, et prends sur moi l'affaire.
ARISTE.
Mais...
CHRYSALE.
Laissez faire, dis-je, et n'appréhendez pas.
Je la vais disposer aux choses de ce pas.
ARISTE.
Soit. Je vais là-dessus sonder votre Henriette,
Et reviendrai savoir...
CHRYSALE.
C'est une affaire faite;
Et je vais à ma femme en parler sans délai.

SCÈNE V

CHRYSALE, MARTINE.

MARTINE.
Me voilà bien chanceuse! Hélas! l'on dit bien vrai,
Qui veut noyer son chien l'accuse de la rage;
Et service d'autrui n'est pas un héritage.
CHRYSALE.
Qu'est-ce donc? Qu'avez-vous, Martine?
MARTINE.
Ce que j'ai?

CHRYSALE.
Oui.
MARTINE.
J'ai que l'on me donne aujourd'hui mon congé,
Monsieur.
CHRYSALE.
Votre congé?
MARTINE.
Oui. Madame me chasse.
CHRYSALE.
Je n'entends pas cela. Comment?
MARTINE.
On me menace,
Si je ne sors d'ici, de me bailler cent coups.
CHRYSALE.
Non, vous demeurerez; je suis content de vous.
Ma femme bien souvent a la tête un peu chaude;
Et je ne veux pas, moi...

SCÈNE VI

PHILAMINTE, BÉLISE, CHRYSALE, MARTINE.

PHILAMINTE, apercevant Martine.
Quoi! je vous vois, maraude!
Vite, sortez, friponne! allons, quittez ces lieux;
Et ne vous présentez jamais devant mes yeux!
CHRYSALE.
Tout doux.
PHILAMINTE.
Non, c'en est fait.
CHRYSALE.
Eh!
PHILAMINTE.
Je veux qu'elle sorte.
CHRYSALE.
Mais qu'a-t-elle commis pour vouloir de la sorte...
PHILAMINTE.
Quoi! vous la soutenez?
CHRYSALE.
En aucune façon.
PHILAMINTE.
Prenez-vous son parti contre moi?
CHRYSALE.
Mon Dieu! non;
Je ne fais seulement que demander son crime.
PHILAMINTE.
Suis-je pour la chasser sans cause légitime?
CHRYSALE.
Je ne dis pas cela; mais il faut de nos gens...
PHILAMINTE.
Non; elle sortira, vous dis-je, de céans.
CHRYSALE.
Eh bien, oui. Vous dit-on quelque chose là contre?
PHILAMINTE.
Je ne veux point d'obstacle aux désirs que je montre.
CHRYSALE.
D'accord.

ACTE II, SCÈNE VI.

PHILAMINTE.
Et vous devez, en raisonnable époux,
Être pour moi contre elle et prendre mon courroux.
CHRYSALE.
Se tournant vers Martine.
Aussi fais-je. Oui, ma femme avec raison vous chasse,
Coquine, et votre crime est indigne de grâce.
MARTINE.
Qu'est-ce donc que j'ai fait?
CHRYSALE, bas.
Ma foi, je ne sais pas.
PHILAMINTE.
Elle est d'humeur encore à n'en faire aucun cas.
CHRYSALE.
A-t-elle, pour donner matière à votre haine,
Cassé quelque miroir ou quelque porcelaine?
PHILAMINTE.
Voudrois-je la chasser, et vous figurez-vous
Que pour si peu de chose on se mette en courroux?
CHRYSALE, à Martine.
A Philaminte.
Qu'est-ce à dire? L'affaire est donc considérable?
PHILAMINTE.
Sans doute. Me voit-on femme déraisonnable?
CHRYSALE.
Est-ce qu'elle a laissé, d'un esprit négligent,
Dérober quelque aiguière ou quelque plat d'argent?
PHILAMINTE.
Cela ne seroit rien.
CHRYSALE, à Martine.
Oh! oh! peste, la belle!
A Philaminte.
Quoi! l'avez-vous suprise à n'être pas fidèle?
PHILAMINTE.
C'est pis que tout cela.
CHRYSALE.
Pis que tout cela!
PHILAMINTE.
Pis!
CHRYSALE, à Martine.
A Philaminte.
Comment! diantre, friponne! Euh! a-t-elle commis...
PHILAMINTE.
Elle a, d'une insolence à nulle autre pareille,
Après trente leçons, insulté mon oreille
Par l'impropriété d'un mot sauvage et bas
Qu'en termes décisifs condamne Vaugelas.
CHRYSALE.
Est-ce là...
PHILAMINTE.
Quoi! toujours, malgré nos remontrances,
Heurter le fondement de toutes les sciences,
La grammaire, qui sait régenter jusqu'aux rois,
Et les fait, la main haute, obéir à ses lois[1]!

CHRYSALE.
Du plus grand des forfaits je la croyois coupable.
PHILAMINTE.
Quoi! vous ne trouvez pas ce crime impardonnable?
CHRYSALE.
Si fait.
PHILAMINTE.
Je voudrois bien que vous l'excusassiez!
CHRYSALE.
Je n'ai garde.
BÉLISE.
Il est vrai que ce sont des pitiés.
Toute construction est par elle détruite;
Et des lois du langage on l'a cent fois instruite.
MARTINE.
Tout ce que vous prêchez est, je crois, bel et bon;
Mais je ne saurois, moi, parler votre jargon.
PHILAMINTE.
L'impudente! appeler un jargon le langage
Fondé sur la raison et sur le bel usage!
MARTINE.
Quand on se fait entendre, on parle toujours bien,
Et tous vos biaux dictons ne servent pas de rien.
PHILAMINTE.
Eh bien! ne voilà pas encore de son style?
Ne servent pas de rien!
BÉLISE.
O cervelle indocile!
Faut-il qu'avec les soins qu'on prend incessamment,
On ne te puisse apprendre à parler congrûment?
De *pas* mis avec *rien* tu fais la récidive;
Et c'est, comme on t'a dit, trop d'une négative.
MARTINE.
Mon Dieu! je n'avons pas étugué comme vous,
Et je parlons tout droit comme on parle cheu nous.
PHILAMINTE.
Ah! peut-on y tenir?
BÉLISE.
Quel solécisme horrible!
PHILAMINTE.
En voilà pour tuer une oreille sensible.
BÉLISE.
Ton esprit, je l'avoue, est bien matériel!
Je n'est qu'un singulier, *avons* est pluriel[1].
Veux-tu toute ta vie offenser la grammaire?
MARTINE.
Qui parle d'offenser grand-mère ni grand-père?
PHILAMINTE.
O ciel!

[1] Ces vers rappellent les disputes des grammairiens de cette époque sur l'introduction de certains mots dans la langue, et où l'on entendit Vaugelas s'écrier : « Il n'est permis à qui que ce soit de faire des mots nouveaux, *pas même aux souverains*. De sorte, ajoutait ce bon Vaugelas, que Pomponius Marcellus eut raison de reprendre Tibère d'en avoir fait *un*, et de dire qu'il pouvait bien donner le droit de bourgeoisie aux hommes, mais non pas aux mots, car *leur autorité ne s'étend pas jusque-là.* » (Aimé Martin.)

[1] *Le Fidèle*, comédie de Larivey, offre une scène entre une servante et un pédant, où Molière a peut-être trouvé l'idée des deux *solécismes* de Martine. Voici le passage; la servante dit : « Le seigneur Fidèle *sont*-il en la maison? » Le pédant répond : « *Femina proterva*, rude, indocte, impérite, ignare, qui t'a enseigné à parler de cette façon? Tu as fait une faute en grammaire, une discordance au nombre, parce que FIDÈLE *est numeri singularis*, et SONT, *numeri pluralis*. — Toutes ces vôtres niaiseries ne m'importent rien. » Le pédant répond : « En ce sens on ne dit pas *ne m'importe rien*, parce que *duæ negationes affirmant.* » (Aimé Martin.)

BÉLISE.
Grammaire est prise à contre-sens par toi,
Et je t'ai déjà dit d'où vient ce mot.
MARTINE.
Ma foi,
Qu'il vienne de Chaillot, d'Auteuil ou de Pontoise,
Cela ne me fait rien.
BÉLISE.
Quelle âme villageoise!
La grammaire, du verbe et du nominatif,
Comme de l'adjectif avec le substantif,
Nous enseigne les lois.
MARTINE.
J'ai, madame, à vous dire
Que je ne connois point ces gens-là.
PHILAMINTE.
Quel martyre!
BÉLISE.
Ce sont les noms des mots; et l'on doit regarder
En quoi c'est qu'il les faut faire ensemble accorder.
MARTINE.
Qu'ils s'accordent entre eux, ou se gourment, qu'importe?
PHILAMINTE, à Bélise.
Eh! mon Dieu! finissez un discours de la sorte.
A Chrysale.
Vous ne voulez pas, vous, me la faire sortir?
CHRYSALE.
A part.
Si fait. A son caprice il me faut consentir.
Va, ne l'irrite point; retire-toi, Martine.
PHILAMINTE.
Comment! vous avez peur d'offenser la coquine!
Vous lui parlez d'un ton tout à fait obligeant!
CHRYSALE.
D'un ton ferme.   D'un ton plus doux.
Moi? point. Allons, sortez! Va-t'en, ma pauvre enfant.

SCÈNE VII

PHILAMINTE, CHRYSALE, BÉLISE.

CHRYSALE.
Vous êtes satisfaite, et la voilà partie;
Mais je n'approuve point une telle sortie :
C'est une fille propre aux choses qu'elle fait,
Et vous me la chassez pour un maigre sujet.
PHILAMINTE.
Vous voulez que toujours je l'aie à mon service,
Pour mettre incessamment mon oreille au supplice,
Pour rompre toute loi d'usage et de raison
Par un barbare amas de vices d'oraison,
De mots estropiés, cousus, par intervalles,
De proverbes traînés dans les ruisseaux des halles?
BÉLISE.
Il est vrai que l'on sue à souffrir ses discours;
Elle y met Vaugelas en pièces tous les jours;
Et les moindres défauts de ce grossier génie
Sont ou le pléonasme, ou la cacophonie.

CHRYSALE.
Qu'importe qu'elle manque aux lois de Vaugelas,
Pourvu qu'à la cuisine elle ne manque pas?
J'aime bien mieux, pour moi, qu'en épluchant ses herbes,
Elle accommode mal les noms avec les verbes,
Et redise cent fois un bas ou méchant mot,
Que de brûler ma viande ou saler trop mon pot.
Je vis de bonne soupe, et non de beau langage.
Vaugelas n'apprend point à bien faire un potage;
Et Malherbe et Balzac, si savants en beaux mots,
En cuisine peut-être auroient été des sots.
PHILAMINTE.
Que ce discours grossier terriblement assomme!
Et quelle indignité, pour ce qui s'appelle homme,
D'être baissé sans cesse aux soins matériels,
Au lieu de se hausser vers les spirituels!
Le corps, cette guenille, est-il d'une importance,
D'un prix à mériter seulement qu'on y pense?
Et ne devons-nous pas laisser cela bien loin?
CHRYSALE.
Oui, mon corps est moi-même, et j'en veux prendre soin:
Guenille, si l'on veut; ma guenille m'est chère.
BÉLISE.
Le corps avec l'esprit fait figure, mon frère;
Mais, si vous en croyez tout le monde savant,
L'esprit doit sur le corps prendre le pas devant;
Et notre plus grand soin, notre première instance,
Doit être à le nourrir du suc de la science.
CHRYSALE.
Ma foi, si vous songez à nourrir votre esprit,
C'est de viande bien creuse, à ce que chacun dit;
Et vous n'avez nul soin, nulle sollicitude,
Pour...
PHILAMINTE.
Ah! *sollicitude* à mon oreille est rude;
Il pue étrangement son ancienneté.
BÉLISE.
Il est vrai que le mot est bien collet monté.
CHRYSALE.
Voulez-vous que je dise? il faut qu'enfin j'éclate,
Que je lève le masque et décharge ma rate :
De folles on vous traite, et j'ai fort sur le cœur...
PHILAMINTE.
Comment donc?
CHRYSALE, à Bélise.
C'est à vous que je parle, ma sœur.
Le moindre solécisme en parlant vous irrite;
Mais vous en faites, vous, d'étranges en conduite.
Vos livres éternels ne me contentent pas;
Et, hors un gros Plutarque à mettre mes rabats,
Vous devriez brûler tout ce meuble inutile,
Et laisser la science aux docteurs de la ville;
M'ôter, pour faire bien, du grenier de céans,
Cette longue lunette à faire peur aux gens,
Et cent brimborions dont l'aspect importune;
Ne point aller chercher ce qu'on fait dans la lune,
Et vous mêler un peu de ce qu'on fait chez vous,
Où nous voyons aller tout sens dessus dessous.

Il n'est pas bien honnête, et pour beaucoup de causes,
Qu'une femme étudie et sache tant de choses.
Former aux bonnes mœurs l'esprit de ses enfants,
Faire aller son ménage, avoir l'œil sur ses gens,
Et régler la dépense avec économie,
Doit être son étude et sa philosophie.
Nos pères, sur ce point, étoient gens bien censés,
Qui disoient qu'une femme en sait toujours assez
Quand la capacité de son esprit se hausse
A connoître un pourpoint d'avec un haut-de-chausse.
Les leurs ne lisoient point, mais elles vivoient bien;
Leurs ménages étoient tout leur docte entretien;
Et leurs livres, un dé, du fil et des aiguilles,
Dont elles travailloient au trousseau de leurs filles [1].
Les femmes d'à présent sont bien loin de ces mœurs :
Elles veulent écrire, et devenir auteurs.
Nulle science n'est pour elles trop profonde,
Et céans beaucoup plus qu'en aucun lieu du monde :
Les secrets les plus hauts s'y laissent concevoir,
Et l'on sait tout chez moi, hors ce qu'il faut savoir.
On y sait comme vont lune, étoile polaire,
Vénus, Saturne et Mars, dont je n'ai point affaire;
Et, dans ce vain savoir, qu'on va chercher si loin,
On ne sait comme va mon pot, dont j'ai besoin.
Mes gens à la science aspirent pour vous plaire,
Et tous ne font rien moins que ce qu'ils ont à faire.
Raisonner est l'emploi de toute ma maison,
Et le raisonnement en bannit la raison!...
L'un me brûle mon rôt, en lisant quelque histoire;
L'autre rêve à des vers quand je demande à boire :
Enfin, je vois par eux votre exemple suivi,
Et j'ai des serviteurs, et ne suis point servi.
Une pauvre servante au moins m'étoit restée,
Qui de ce mauvais air n'étoit point infectée;
Et voilà qu'on la chasse avec un grand fracas,
A cause qu'elle manque à parler Vaugelas [2].
Je vous le dis, ma sœur, tout ce train-là me blesse;
Car c'est, comme j'ai dit, à vous que je m'adresse.
Je n'aime point céans tous vos gens à latin,
Et principalement ce monsieur Trissotin :
C'est lui qui, dans des vers, vous a tympanisées;
Tous les propos qu'il tient sont des billevesées.
On cherche ce qu'il dit après qu'il a parlé;
Et je lui crois, pour moi, le timbre un peu fêlé.

PHILAMINTE.
Quelle bassesse, ô ciel! et d'âme et de langage!

BÉLISE.
Est-il de petits corps un plus lourd assemblage,
Un esprit composé d'atomes plus bourgeois?

---

[1] Si Chrysale étoit homme à beaucoup lire, on croiroit qu'il a lu Montaigne; car il le cite en cet endroit. On lit dans les *Essais :* « François, duc de Bretagne, fils de Jean V, comme on lui parla de son mariage avec Isabeau, fille d'Escosse, et qu'on lui adjousta qu'elle avoit esté nourrie simplement et sans aulcune instruction de lettres, respondit « qu'il l'en aimoit mieulx, et qu'une femme « estoit assez sçavante quand elle sçavoit mettre différence entre « la chemise et le pourpoinct de son mary. » (*Essais*, livre I", chap. xiv.)

[2] *Parler Vaugelas*, comme on diroit parler français. L'expression est hardie et heureuse. (Auger.)

Et de ce même sang se peut-il que je sois?
Je me veux mal de mort d'être de votre race;
Et, de confusion, j'abandonne la place.

SCÈNE VIII

PHILAMINTE, CHRYSALE.

PHILAMINTE.
Avez-vous à lâcher encore quelque trait?
CHRYSALE.
Moi? Non. Ne parlons plus de querelle; c'est fait.
Discourons d'autre affaire. A votre fille aînée
On voit quelque dégoût pour les nœuds d'hyménée;
C'est une philosophe enfin, je n'en dis rien;
Elle est bien gouvernée, et vous faites fort bien :
Mais de tout autre humeur se trouve sa cadette;
Et je crois qu'il est bon de pourvoir Henriette,
De choisir un mari...
PHILAMINTE.
C'est à quoi j'ai songé,
Et je veux vous ouvrir l'intention que j'ai.
Ce monsieur Trissotin, dont on nous fait un crime,
Et qui n'a pas l'honneur d'être dans votre estime,
Est celui que je prends pour l'époux qu'il lui faut;
Et je sais mieux que vous juger de ce qu'il vaut.
La contestation est ici superflue;
Et de tout point chez moi l'affaire est résolue.
Au moins ne dites mot du choix de cet époux;
Je veux à votre fille en parler avant vous.
J'ai des raisons à faire approuver ma conduite,
Et je connoîtrai bien si vous l'aurez instruite.

SCÈNE IX

ARISTE, CHRYSALE.

ARISTE.
Eh bien, la femme sort, mon frère, et je vois bien
Que vous venez d'avoir ensemble un entretien.
CHRYSALE.
Oui.
ARISTE.
Quel est le succès? Aurons-nous Henriette?
A-t-elle consenti? l'affaire est-elle faite?
CHRYSALE.
Pas tout à fait encor.
ARISTE.
Refuse-t-elle?
CHRYSALE.
Non.
ARISTE.
Est-ce qu'elle balance?
CHRYSALE.
En aucune façon.
ARISTE.
Quoi donc?

CHRYSALE.
C'est qu'pour gendre elle m'offre un autre homme.
ARISTE.
Un autre homme pour gendre?
CHRYSALE.
Un autre.
ARISTE.
Qui se nomme?
CHRYSALE.
Monsieur Trissotin.
ARISTE.
Quoi! ce monsieur Trissotin...
CHRYSALE.
Oui, qui parle toujours de vers et de latin.
ARISTE.
Vous l'avez accepté?
CHRYSALE.
Moi, point : à Dieu ne plaise!
ARISTE.
Qu'avez-vous répondu?
CHRYSALE.
Rien; et je suis bien aise
De n'avoir point parlé, pour ne m'engager pas.
ARISTE.
La raison est fort belle, et c'est faire un grand pas.
Avez-vous su du moins lui proposer Clitandre?
CHRYSALE.
Non; car, comme j'ai vu qu'on parloit d'autre gendre,
J'ai cru qu'il étoit mieux de ne m'avancer point.
ARISTE.
Certes, votre prudence est rare au dernier point.
N'avez-vous point de honte, avec votre mollesse?
Et se peut-il qu'un homme ait assez de foiblesse
Pour laisser à sa femme un pouvoir absolu,
Et n'oser attaquer ce qu'elle a résolu?
CHRYSALE.
Mon Dieu! vous en parlez, mon frère, bien à l'aise,
Et vous ne savez pas comme le bruit me pèse.
J'aime fort le repos, la paix et la douceur,
Et ma femme est terrible avecque son humeur;
Du nom de philosophe elle fait grand mystère[1] :
Mais elle n'en est pas pour cela moins colère;
Et sa morale, faite à mépriser le bien,
Sur l'aigreur de sa bile opère comme rien.
Pour peu que l'on s'oppose à ce que veut sa tête,
On en a pour huit jours d'effroyable tempête.
Elle me fait trembler dès qu'elle prend ton;
Je ne sais où me mettre, et c'est un vrai dragon;
Et cependant, avec toute sa diablerie,
Il faut que je l'appelle et mon cœur et ma mie[2].
ARISTE.
Allez, c'est se moquer. Votre femme, entre nous,
Est, par vos lâchetés, souveraine sur vous.

Son pouvoir n'est fondé que sur votre foiblesse;
C'est de vous qu'elle prend le titre de maîtresse;
Vous-même à ses hauteurs vous vous abandonnez,
Et vous faites mener en bête par le nez.
Quoi! vous ne pouvez pas, voyant comme on vous nomme,
Vous résoudre une fois à vouloir être un homme,
A faire condescendre une femme à vos vœux,
Et prendre assez de cœur pour dire un Je le veux!
Vous laisserez sans honte immoler votre fille
Aux folles visions qui tiennent la famille,
Et de tout votre bien revêtir un nigaud,
Pour six mots de latin qu'il leur fait sonner haut;
Un pédant qu'à tous coups votre femme apostrophe
Du nom de bel esprit et de grand philosophe,
D'homme qu'en vers galants jamais on n'égala,
Et qui n'est, comme on sait, rien moins que tout cela!
Allez, encore un coup, c'est une moquerie;
Et votre lâcheté mérite qu'on en rie.
CHRYSALE.
Oui, vous avez raison, et je vois que j'ai tort.
Allons, il faut enfin montrer un cœur plus fort,
Mon frère!
ARISTE.
C'est bien dit.
CHRYSALE.
C'est une chose infâme
Que d'être si soumis au pouvoir d'une femme.
ARISTE.
Fort bien.
CHRYSALE.
De ma douceur elle a trop profité.
ARISTE.
Il est vrai.
CHRYSALE.
Trop joui de ma facilité.
ARISTE.
Sans doute.
CHRYSALE.
Et je lui veux faire aujourd'hui connoître
Que ma fille est ma fille, et que j'en suis le maître,
Pour lui prendre un mari qui soit selon mes vœux.
ARISTE.
Vous voilà raisonnable, et comme je vous veux.
CHRYSALE.
Vous êtes pour Clitandre, et savez sa demeure;
Faites-le-moi venir, mon frère, tout à l'heure.
ARISTE.
J'y cours tout de ce pas.
CHRYSALE
C'est souffrir trop longtemps,
Et je m'en vais être homme à la barbe des gens.

---

[1] *Faire mystère* vouloit dire alors, mais dans la conversation seulement, donner une grande importance à une chose. (P.)
[2] Imitation de Plaute. Dans la *Casina*, acte II, scène II, Stalinon dit, en apercevant sa femme : « Je la vois là avec son air renfrogné et maussade; il me faut pourtant aborder tendrement cette furie. Ma petite femme, ma mignonne, que fais-tu là? » (Aimé Martin.)

ACTE TROISIÈME

SCÈNE I

PHILAMINTE, ARMANDE, BÉLISE, TRISSOTIN, LÉPINE.

PHILAMINTE.
Ah! mettons-nous ici pour écouter à l'aise
Ces vers, que mot à mot il est besoin qu'on pèse.
ARMANDE.
Je brûle de les voir.
BÉLISE.
Et l'on s'en meurt chez nous.
PHILAMINTE, à Trissotin.
Ce sont charmes pour moi que ce qui part de vous.
ARMANDE.
Ce m'est une douceur à nulle autre pareille.
BÉLISE.
Ce sont repas friands qu'on donne à mon oreille.
PHILAMINTE.
Ne faites point languir de si pressants désirs.
ARMANDE.
Dépêchez.
BÉLISE.
Faites tôt, et hâtez nos plaisirs.
PHILAMINTE.
A notre impatience offrez votre épigramme.
TRISSOTIN, à Philaminte.
Hélas! c'est un enfant tout nouveau-né, madame;
Son sort assurément a lieu de vous toucher,
Et c'est dans votre cour que j'en viens d'accoucher.
PHILAMINTE.
Pour me le rendre cher, il suffit de son père.
TRISSOTIN.
Votre approbation lui peut servir de mère
BÉLISE.
Qu'il a d'esprit!

SCÈNE II

HENRIETTE, PHILAMINTE, BÉLISE, ARMANDE, TRISSOTIN, LÉPINE.

PHILAMINTE, à Henriette, qui veut se retirer.
Holà! pourquoi donc fuyez-vous?
HENRIETTE.
C'est de peur de troubler un entretien si doux.
PHILAMINTE.
Approchez, et venez, de toutes vos oreilles,
Prendre part au plaisir d'entendre des merveilles.
HENRIETTE.
Je sais peu les beautés de tout ce qu'on écrit,
Et ce n'est pas mon fait que les choses d'esprit.
PHILAMINTE.
Il n'importe : aussi bien ai-je à vous dire ensuite
Un secret dont il faut que vous soyez instruite.
TRISSOTIN, à Henriette.
Les sciences n'ont rien qui vous puisse enflammer,
Et vous ne vous piquez que de savoir charmer.
HENRIETTE.
Aussi peu l'un que l'autre; et je n'ai nulle envie...
BÉLISE.
Ah! songeons à l'enfant nouveau-né, je vous prie.
PHILAMINTE, à Lépine.
Allons, petit garçon, vite de quoi s'asseoir.

Lépine se laisse tomber.

Voyez l'impertinent! Est-ce que l'on doit choir,
Après avoir appris l'équilibre des choses?
BÉLISE.
De ta chute, ignorant, ne vois-tu pas les causes,
Et qu'elle vient d'avoir, du point fixe, écarté
Ce que nous appelons centre de gravité?
LÉPINE.
Je m'en suis aperçu, madame, étant par terre.
PHILAMINTE, à Lépine, qui sort.
Le lourdaud!
TRISSOTIN.
Bien lui prend de n'être pas de verre.
ARMANDE.
Ah! de l'esprit partout!
BÉLISE.
Cela ne tarit pas.

Ils s'asseyent.

PHILAMINTE.
Servez-nous promptement votre aimable repas.
TRISSOTIN.
Pour cette grande faim qu'à mes yeux on expose,
Un plat seul de huit vers me semble peu de chose;
Et je pense qu'ici je ne ferai pas mal
De joindre à l'épigramme, ou bien au madrigal,
Le ragoût d'un sonnet qui, chez une princesse,
A passé pour avoir quelque délicatesse,
Il est de sel attique assaisonné partout,
Et vous le trouverez, je crois, d'assez bon goût.
ARMANDE.
Ah! je n'en doute point.
PHILAMINTE.
Donnons vite audience.
BÉLISE, interrompant Trissotin chaque fois qu'il se dispose à lire.
Je sens d'aise mon cœur tressaillir par avance.
J'aime la poésie avec entêtement,
Et surtout quand les vers sont tournés galamment.
PHILAMINTE.
Si nous parlons toujours, il ne pourra rien dire.
TRISSOTIN.
So...
BÉLISE, à Henriette.
Silence, ma nièce.
ARMANDE.
Ah! laissez-le donc lire!
TRISSOTIN.

Sonnet à la princesse URANIE, *sur sa fièvre*[1].

Votre prudence est endormie,
De traiter magnifiquement

---

[1] Le sonnet se trouve dans les *Œuvres galantes en prose et en vers* de M. Cotin, chez Étienne Loison, Paris, 1663. Il est intitulé *Son-*

Et de loger superbement
Votre plus cruelle ennemie.
BÉLISE.
Ah! le joli début!
ARMANDE.
Qu'il a le tour galant!
PHILAMINTE.
Lui seul des vers aisés possède le talent.
ARMANDE.
A *prudence endormie* il faut rendre les armes.
BÉLISE.
Loger son ennemie est pour moi plein de charmes.
PHILAMINTE.
J'aime *superbement* et *magnifiquement*;
Ces deux adverbes joints font admirablement.
BÉLISE.
Prêtons l'oreille au reste.
TRISSOTIN.
Votre prudence est endormie,
De traiter magnifiquement
Et de loger superbement
Votre plus cruelle ennemie
ARMANDE.
Prudence endormie!
BÉLISE.
Loger son ennemie!
PHILAMINTE.
Superbement et *magnifiquement!*
TRISSOTIN.
Faites-la sortir, quoi qu'on die,
De votre riche appartement,
Où cette ingrate insolemment
Attaque votre belle vie.
BÉLISE.
Ah! tout doux! laissez-moi, de grâce, respirer.
ARMANDE.
Donnez-nous, s'il vous plait, le loisir d'admirer.
PHILAMINTE.
On se sent, à ces vers, jusques au fond de l'âme,
Couler je ne sais quoi qui fait que l'on se pâme.
ARMANDE.
Faites-la sortir, quoi qu'on die,
De votre riche appartement.
Que *riche appartement* est là joliment dit!
Et que la métaphore est mise avec esprit!
PHILAMINTE.
Faites-la sortir, quoi qu'on die,
Ah! que ce *quoi qu'on die* est d'un goût admirable!
C'est, à mon sentiment, un endroit impayable.
ARMANDE.
De *quoi qu'on die* aussi mon cœur est amoureux.
BÉLISE.
Je suis de votre avis, *quoi qu'on die* est heureux.

nel à mademoiselle de Longueville, à présent duchesse de Nemours,
sur sa fièvre quarte. (A.) — Ce fut l'oiseau qui fournit à Molière
l'idée de la scène entre Trissotin et Vadius, et qui lui apporta le
sonnet de l'abbé Cotin. (A. M.)

ARMANDE.
Je voudrois l'avoir fait.
BÉLISE.
Il vaut toute une pièce.
PHILAMINTE.
Mais en comprend-on bien, comme moi, la finesse?
ARMANDE et BÉLISE.
Oh! oh!
PHILAMINTE.
Faites-la sortir, quoi qu'on die;
Que de la fièvre on prenne ici les intérêts,
N'ayez aucun égard, moquez-vous des caquets;
Faites-la sortir, quoi qu'on die,
Quoi qu'on die, quoi qu'on die.
Ce *quoi qu'on die* en dit beaucoup plus qu'il ne semble.
Je ne sais pas, pour moi, si chacun me ressemble,
Mais j'entends là-dessous un million de mots.
BÉLISE.
Il est vrai qu'il dit plus de choses qu'il n'est gros.
PHILAMINTE, à Trissotin.
Mais, quand vous avez fait ce charmant *quoi qu'on die*,
Avez-vous compris, vous, toute son énergie?
Songiez-vous bien vous-même à tout ce qu'il nous dit?
Et pensiez-vous alors y mettre tant d'esprit?
TRISSOTIN.
Hai! hai!
ARMANDE.
J'ai fort aussi l'*ingrate* dans la tête,
Cette ingrate de fièvre, injuste, malhonnête,
Qui traite mal les gens qui la logent chez eux.
PHILAMINTE.
Enfin les quatrains sont admirables tous deux.
Venons-en promptement aux tiercets, je vous prie.
ARMANDE.
Ah! s'il vous plait, encore une fois *quoi qu'on die*.
TRISSOTIN.
Faites-la sortir, quoi qu'on die...
PHILAMINTE, ARMANDE et BÉLISE.
Quoi qu'on die!
TRISSOTIN.
De votre riche appartement,
PHILAMINTE, ARMANDE et BÉLISE.
Riche appartement!
TRISSOTIN.
Où cette ingrate insolemment...
PHILAMINTE, ARMANDE et BÉLISE.
Cette *ingrate* de fièvre!
TRISSOTIN.
Attaque votre belle vie.
PHILAMINTE.
Votre belle vie!
ARMANDE et BÉLISE.
Ah!
TRISSOTIN.
Quoi! sans respecter votre rang,
Elle se prend à votre sang,

ACTE III, SCÈNE II.

PHILAMINTE, ARMANDE et BÉLISE.

Ah!

TRISSOTIN.

Et nuit et jour vous fait outrage!
Si vous la conduisez aux bains,
Sans la marchander davantage,
Noyez-la de vos propres mains.

PHILAMINTE.

On n'en peut plus.

BÉLISE.

On pâme.

ARMANDE.

On se meurt de plaisir.

PHILAMINTE.

De mille doux frissons vous vous sentez saisir.

ARMANDE.

Si vous la conduisez aux bains...

BÉLISE.

Sans la marchander davantage...

PHILAMINTE.

Noyez-la de vos propres mains.
De vos propres mains, là, noyez-la dans les bains.

ARMANDE.

Chaque pas dans vos vers rencontre un trait charmant.

BÉLISE.

Partout on s'y promène avec ravissement.

PHILAMINTE.

On n'y sauroit marcher que sur de belles choses.

ARMANDE.

Ce sont petits chemins tout parsemés de roses.

TRISSOTIN.

Le sonnet donc vous semble...

PHILAMINTE.

Admirable, nouveau :
Et personne jamais n'a rien fait de si beau.

BÉLISE, à Henriette.

Quoi! sans émotion pendant cette lecture!
Vous faites là, ma nièce, une étrange figure!

HENRIETTE.

Chacun fait ici-bas la figure qu'il peut,
Ma tante; et bel esprit, il ne l'est pas qui veut.

TRISSOTIN.

Peut-être que mes vers importunent madame.

HENRIETTE.

Point. Je n'écoute pas.

PHILAMINTE.

Ah! voyons l'épigramme.

TRISSOTIN.

Sur un carrosse de couleur amarante donné à une dame de ses amies.

PHILAMINTE.

Ses titres ont toujours quelque chose de rare.

ARMANDE.

A cent beaux traits d'esprit leur nouveauté prépare.

TRISSOTIN.

L'amour si chèrement m'a vendu son lien [1],

[1] Cette épigramme se trouve également dans les œuvres de Cotin;

PHILAMINTE, ARMANDE et BÉLISE.

Ah!

TRISSOTIN.

Qu'il m'en coûte déjà la moitié de mon bien;
Et, quand tu vois ce beau carrosse,
Où tant d'or se relève en bosse,
Qu'il étonne tout le pays,
Et fait pompeusement triompher ma Laïs...

PHILAMINTE.

Ah! *ma Laïs!* voilà de l'érudition.

BÉLISE.

L'enveloppe est jolie, et vaut un million.

TRISSOTIN.

Et, quand tu vois ce beau carrosse,
Où tant d'or se relève en bosse,
Qu'il étonne tout le pays,
Et fait pompeusement triompher ma Laïs,
Ne dis plus qu'il est amarante,
Dis plutôt qu'il est de ma rente.

ARMANDE.

Oh! oh! oh! celui-là ne s'attend point du tout.

PHILAMINTE.

On n'a que lui qui puisse écrire de ce goût.

BÉLISE.

Ne dis plus qu'il est amarante,
Dis plutôt qu'il est de ma rente.
Voilà qui se décline, *ma rente, de ma rente, à ma rente.*

PHILAMINTE.

Je ne sais, du moment que je vous ai connu,
Si, sur votre sujet, j'eus l'esprit prévenu;
Mais j'admire partout vos vers et votre prose.

TRISSOTIN, à Philaminte.

Si vous vouliez de vous nous montrer quelque chose,
A notre tour aussi nous pourrions admirer.

PHILAMINTE.

Je n'ai rien fait en vers; mais j'ai lieu d'espérer
Que je pourrai bientôt vous montrer, en amie,
Huit chapitres du plan de notre académie.
Platon s'est au projet simplement arrêté,
Quand de sa République il a fait le traité;
Mais à l'effet entier je veux pousser l'idée
Que j'ai sur le papier en prose accommodée.
Car enfin, je me sens un étrange dépit
Du tort que l'on nous fait du côté de l'esprit;
Et je veux nous venger, toutes tant que nous sommes,
De cette indigne classe où nous rangent les hommes,
De borner nos talents à des futilités,
Et nous fermer la porte aux sublimes clartés.

ARMANDE.

C'est faire à notre sexe une trop grande offense,
De n'étendre l'effort de notre intelligence
Qu'à juger d'une jupe, ou de l'air d'un manteau,
Ou des beautés d'un point, ou d'un brocart nouveau.

BÉLISE.

Il faut se relever de ce honteux partage,
Et mettre hautement notre esprit hors de page.

elle porte ce titre: *Madrigal sur un carrosse de couleur amarante, acheté pour une dame.* (Voyez Œuvres galantes de Cotin, seconde édition, 1765, t. II, p. 564.) (A. M.)

TRISSOTIN.
Pour les dames on sait mon respect en tous lieux;
Et, si je rends hommage aux brillants de leurs yeux,
De leur esprit aussi j'honore les lumières.
PHILAMINTE.
Le sexe aussi vous rend justice en ces matières;
Mais nous voulons montrer à de certains esprits,
Dont l'orgueilleux savoir nous traite avec mépris,
Que de science aussi les femmes sont meublées;
Qu'on peut faire, comme eux, de doctes assemblées,
Conduites en cela par des ordres meilleurs;
Qu'on y veut réunir ce qu'on sépare ailleurs,
Mêler le beau langage et les hautes sciences,
Découvrir la nature en mille expériences;
Et, sur les questions qu'on pourra proposer,
Faire entrer chaque secte, et n'en point épouser.
TRISSOTIN.
Je m'attache pour l'ordre au péripatétisme.
PHILAMINTE.
Pour les abstractions, j'aime le platonisme.
ARMANDE.
Épicure me plait, et ses dogmes sont forts.
BÉLISE.
Je m'accommode assez, pour moi, des petits corps;
Mais le vide à souffrir me semble difficile,
Et je goûte bien mieux la matière subtile.
TRISSOTIN.
Descartes, pour l'aimant, donne fort dans mon sens.
ARMANDE.
J'aime ses tourbillons.
PHILAMINTE.
Moi, ses mondes tombants.
ARMANDE.
Il me tarde de voir notre assemblée ouverte,
Et de nous signaler par quelque découverte.
TRISSOTIN.
On en attend beaucoup de vos vives clartés;
Et pour vous la nature a peu d'obscurités.
PHILAMINTE.
Pour moi, sans me flatter, j'en ai déjà fait une;
Et j'ai vu clairement des hommes dans la lune.
BÉLISE.
Je n'ai point encor vu d'hommes, comme je crois;
Mais j'ai vu des clochers tout comme je vous vois [1].
ARMANDE.
Nous approfondirons, ainsi que la physique,
Grammaire, histoire, vers, morale et politique.
PHILAMINTE.
La morale a des traits dont mon cœur est épris,
Et c'étoit autrefois l'amour des grands esprits;
Mais aux stoïciens je donne l'avantage,
Et je ne trouve rien de si beau que leur sage.

[1] Qui pourrait ne pas se rappeler ici l'anecdote racontée par Helvétius, d'un curé et d'une femme galante qui, ayant ouï dire que la lune était habitée, tâchaient, le télescope en main, d'en reconnaître les habitants? « Je vois deux ombres qui s'inclinent l'une vers l'autre, dit la dame. — Que dites-vous? s'écria le curé; ce sont les deux clochers d'une cathédrale. » (Auger.)

ARMANDE.
Pour la langue, on verra dans peu nos règlements,
Et nous y prétendons faire des remuements [1].
Par une antipathie, ou juste, ou naturelle,
Nous avons pris chacune une haine mortelle
Pour un nombre de mots, soit ou verbes, ou noms,
Que mutuellement nous nous abandonnons :
Contre eux nous préparons de mortelles sentences,
Et nous devons ouvrir nos doctes conférences
Par les proscriptions de tous ces mots divers,
Dont nous voulons purger et la prose et les vers.
Mais le plus beau projet de notre académie,
Une entreprise noble, et dont je suis ravie,
Un dessein plein de gloire, et qui sera vanté
Chez tous les beaux esprits de la postérité,
C'est le retranchement de ces syllabes sales,
Qui dans les plus beaux mots produisent des scandales;
Ces jouets éternels des sots de tous les temps;
Ces fades lieux communs de nos méchants plaisants;
Ces sources d'un amas d'équivoques infâmes,
Dont on vient faire insulte à la pudeur des femmes.
TRISSOTIN.
Voilà certainement d'admirables projets!
BÉLISE.
Vous verrez nos statuts quand ils seront tous faits.
TRISSOTIN.
Ils ne sauroient manquer d'être tous beaux et sages.
ARMANDE.
Nous serons, par nos lois, les juges des ouvrages;
Par nos lois, prose et vers, tout nous sera soumis :
Nul n'aura de l'esprit, hors nous et nos amis.
Nous chercherons partout à trouver à redire,
Et ne verrons que nous qui sachent bien écrire.

SCÈNE III

PHILAMINTE, BÉLISE, ARMANDE, HENRIETTE,
TRISSOTIN, LÉPINE.

LÉPINE, à Trissotin.
Monsieur, un homme est là qui veut parler à vous;
Il est vêtu de noir, et parle d'un ton doux.

Ils se lèvent.

TRISSOTIN.
C'est cet ami savant qui m'a fait tant d'instance
De lui donner l'honneur de votre connoissance.
PHILAMINTE.
Pour le faire venir vous avez tout crédit.

Trissotin va au-devant de Vadius.

[1] Les précieuses s'assemblaient, en effet, pour disserter sur le langage, et admettre ou rejeter les expressions et les locutions nouvelles. Nous leur devons une multitude de phrases très-énergiques, et jusqu'à l'orthographe adoptée par Voltaire. (Aimé Martin.)

LES FEMMES SAVANTES.

ACTE III

Garnier Frères Editeurs.

SCÈNE IV

PHILAMINTE, BÉLISE, ARMANDE, HENRIETTE.

PHILAMINTE, à Armande et à Bélise.
Faisons bien les honneurs au moins de notre esprit.
A Henriette, qui veut sortir.
Holà! Je vous ai dit, en paroles bien claires,
Que j'ai besoin de vous.

HENRIETTE.
Mais pour quelles affaires?
PHILAMINTE.
Venez; on va dans peu vous les faire savoir.

SCÈNE V

TRISSOTIN, VADIUS, PHILAMINTE, BÉLISE, ARMANDE, HENRIETTE.

TRISSOTIN, présentant Vadius.
Voici l'homme qui meurt du désir de vous voir;
En vous le produisant, je ne crains point le blâme
D'avoir admis chez vous un profane, madame.
Il peut tenir son coin parmi de beaux esprits.
PHILAMINTE.
La main qui le présente en dit assez le prix.
TRISSOTIN.
Il a des vieux auteurs la pleine intelligence,
Et sait du grec, madame, autant qu'homme de France [1].
PHILAMINTE, à Bélise.
Du grec, ô ciel! du grec! Il sait du grec, ma sœur!
BÉLISE, à Armande.
Ah! ma nièce, du grec!
ARMANDE.
Du grec! quelle douceur!
PHILAMINTE.
Quoi! monsieur sait du grec? Ah! permettez, de grâce,
Que, pour l'amour du grec, monsieur, on vous embrasse.
Vadius embrasse aussi Bélise et Armande.
HENRIETTE, à Vadius, qui veut aussi l'embrasser.
Excusez-moi, monsieur, je n'entends pas le grec.
Ils s'asseyent.
PHILAMINTE.
J'ai pour les livres grecs un merveilleux respect.
VADIUS.
Je crains d'être fâcheux par l'ardeur qui m'engage
A vous rendre aujourd'hui, madame, mon hommage;
Et j'aurai pu troubler quelque docte entretien.
PHILAMINTE.
Monsieur, avec du grec on ne peut gâter rien.
TRISSOTIN.
Au reste, il fait merveille en vers ainsi qu'en prose,
Et pourroit, s'il vouloit, vous montrer quelque chose.

VADIUS.
Le défaut des auteurs, dans leurs productions,
C'est d'en tyranniser les conversations,
D'être au Palais, au Cours, aux ruelles, aux tables,
De leurs vers fatigants lecteurs infatigables.
Pour moi, je ne vois rien de plus sot, à mon sens,
Qu'un auteur qui partout va gueuser des encens,
Qui, des premiers venus saisissant les oreilles,
En fait le plus souvent le martyr de ses veilles.
On ne m'a jamais vu ce fol entêtement;
Et d'un Grec, là-dessus, je suis le sentiment,
Qui, par un dogme exprès, défend à tous ses sages
L'indigne empressement de lire leurs ouvrages.
Voici de petits vers pour de jeunes amants,
Sur quoi je voudrois bien avoir vos sentiments [1].
TRISSOTIN.
Vos vers ont des beautés que n'ont point tous les autres.
VADIUS.
Les Grâces et Vénus règnent dans tous les vôtres.
TRISSOTIN.
Vous avez le tour libre, et le beau choix des mots.
VADIUS.
On voit partout chez vous l'*ithos* et le *pathos*.
TRISSOTIN.
Nous avons vu de vous des églogues d'un style
Qui passe en doux attraits Théocrite et Virgile.
VADIUS.
Vos odes ont un air noble, galant et doux,
Qui laisse de bien loin votre Horace après vous.
TRISSOTIN.
Est-il rien d'amoureux comme vos chansonnettes?
VADIUS.
Peut-on rien voir d'égal aux sonnets que vous faites?
TRISSOTIN.
Rien qui soit plus charmant que vos petits rondeaux?
VADIUS.
Rien de si plein d'esprit que tous vos madrigaux?
TRISSOTIN.
Aux ballades surtout vous êtes admirable.
VADIUS.
Et dans les bouts-rimés je vous trouve adorable.
TRISSOTIN.
Si la France pouvoit connoître votre prix...
VADIUS.
Si le siècle rendoit justice aux beaux esprits...
TRISSOTIN.
En carrosse doré vous iriez par les rues.
VADIUS.
On verroit le public vous dresser des statues.
A Trissotin.
Hom! C'est une ballade, et je veux que tout net
Vous m'en...
TRISSOTIN, à Vadius.
Avez-vous vu certain petit sonnet

---

[1] Ménage, que Molière joue ici sous le nom de Vadius, savait en effet le grec *autant qu'homme de France*. Son humeur aigre et pédantesque, son caractère présomptueux, lui firent beaucoup d'ennemis; il se croyait le droit de tout juger en dernier ressort; et peut-être Molière ne l'a-t-il mis en scène que pour se venger de quelques-uns de ses jugements. (Aimé Martin.)

[1] « Voilà, dit la Harpe, un de ces traits qui confondent, un de ces endroits où l'acclamation est universelle... J'ai vu, ajoute-t-il, des spectateurs saisis d'une surprise réelle; ils avaient pris Vadius pour le sage de la pièce. » (Auger.)

Sur la fièvre qui tient la princesse Uranie?
           VADIUS.
Oui; hier il me fut lu dans une compagnie.
           TRISSOTIN.
Vous en savez l'auteur?
           VADIUS.
             Non; mais je sais fort bien
Qu'à ne le point flatter, son sonnet ne vaut rien.
           TRISSOTIN.
Beaucoup de gens pourtant le trouvent admirable.
           VADIUS.
Cela n'empêche pas qu'il ne soit misérable;
Et, si vous l'avez vu, vous serez de mon goût.
           TRISSOTIN.
Je sais que là-dessus je n'en suis point du tout,
Et que d'un tel sonnet peu de gens sont capables.
           VADIUS.
Me préserve le ciel d'en faire de semblables!
           TRISSOTIN.
Je soutiens qu'on ne peut en faire de meilleur;
Et ma grande raison, c'est que j'en suis l'auteur.
           VADIUS.
Vous?
           TRISSOTIN.
   Moi.
           VADIUS.
         Je ne sais donc comment se fit l'affaire.
           TRISSOTIN.
C'est qu'on fut malheureux de ne pouvoir vous plaire.
           VADIUS.
Il faut qu'en écoutant j'aie eu l'esprit distrait,
Ou bien que le lecteur m'ait gâté le sonnet.
Mais laissons ce discours, et voyons ma ballade.
           TRISSOTIN.
La ballade, à mon goût, est une chose fade :
Ce n'en est plus la mode; elle sent son vieux temps.
           VADIUS.
La ballade pourtant charme beaucoup de gens.
           TRISSOTIN.
Cela n'empêche pas qu'elle ne me déplaise.
           VADIUS.
Elle n'en reste pas pour cela plus mauvaise.
           TRISSOTIN.
Elle a pour les pédants de merveilleux appas.
           VADIUS.
Cependant nous voyons qu'elle ne vous plaît pas.
           TRISSOTIN.
Vous donnez sottement vos qualités aux autres!
                              Ils se lèvent tous.
           VADIUS.
Fort impertinemment vous me jetez les vôtres!
           TRISSOTIN.
Allez, petit grimaud, barbouilleur de papier!
           VADIUS.
Allez, rimeur de balle[1], opprobre du métier!

[1] On nomme *marchandises de balle* les marchandises de qualité inférieure que colportent les petits marchands nommés *porte-balle*. *Rimeur de balle* est dans le même sens. (Auger.)

           TRISSOTIN.
Allez, fripier d'écrits, impudent plagiaire!
           VADIUS.
Allez, cuistre...
           PHILAMINTE.
  Eh! messieurs, que prétendez-vous faire?
           TRISSOTIN, à Vadius.
Va, va restituer tous les honteux larcins
Que réclament sur toi les Grecs et les Latins[1].
           VADIUS.
Va, va-t'en faire amende honorable au Parnasse
D'avoir fait à tes vers estropier Horace.
           TRISSOTIN.
Souviens-toi de ton livre, et de son peu de bruit.
           VADIUS.
Et toi, de ton libraire à l'hôpital réduit.
           TRISSOTIN.
Ma gloire est établie; en vain tu la déchires.
           VADIUS.
Oui, oui, je te renvoie à l'auteur des *Satires*.
           TRISSOTIN.
Je t'y renvoie aussi.
           VADIUS.
               J'ai le contentement
Qu'on voit qu'il m'a traité plus honorablement.
Il me donne en passant une atteinte légère[2]
Parmi plusieurs auteurs qu'au Palais on révère;
Mais jamais dans ses vers il ne te laisse en paix,
Et l'on t'y voit partout être en butte à ses traits.
           TRISSOTIN.
C'est par là que j'y tiens un rang plus honorable.
Il te met dans la foule ainsi qu'un misérable;
Il croit que c'est assez d'un coup pour t'accabler,
Et ne t'a jamais fait l'honneur de redoubler.
Mais il m'attaque à part comme un noble adversaire
Sur qui tout son effort lui semble nécessaire;
Et ses coups, contre moi redoublés en tous lieux,
Montrent qu'il ne se croit jamais victorieux.
           VADIUS.
Ma plume t'apprendra quel homme je puis être!
           TRISSOTIN.
Et la mienne saura te faire voir ton maître!
           VADIUS.
Je te défie en vers, prose, grec et latin!
           TRISSOTIN.
Eh bien, nous nous verrons seul à seul chez Barbin[3]!

[1] Ce trait porte juste sur Ménage, à qui ses nombreux plagiats avaient seuls fait une célébrité. Le poète Linière disait qu'il fallait le conduire au pied du Parnasse, et le marquer sur l'épaule.
[2] Boileau, en effet, n'a parlé qu'une seule fois de Ménage, et ne lui a porté *qu'une atteinte légère* :

Chapelain veut rimer, et c'est là sa folie;
Mais, bien que ses durs vers, d'épithètes enflés,
Soient des moindres grimauds chez Ménage sifflés, etc.

Ces vers de la quatrième satire font allusion à la coterie littéraire qui s'assemblait chez Ménage. (Aimé Martin.)
[3] Ce n'est pas sur le pré qu'ils s'appellent, c'est chez Barbin le libraire.

SCÈNE VI

TRISSOTIN, PHILAMINTE, ARMANDE, BÉLISE, HENRIETTE.

TRISSOTIN.

A mon emportement ne donnez aucun blâme;
C'est votre jugement que je défends, madame,
Dans le sonnet qu'il a l'audace d'attaquer.

PHILAMINTE.

A vous remettre bien je me veux appliquer;
Mais parlons d'autre affaire. Approchez, Henriette;
assez longtemps mon âme s'inquiète
qu'aucun esprit en vous ne se fait voir;
Mais je trouve un moyen de vous en faire avoir.

HENRIETTE.

C'est prendre un soin pour moi qui n'est pas nécessaire :
Les doctes entretiens ne sont point mon affaire;
J'aime à vivre aisément; et, dans tout ce qu'on dit,
Il faut se trop peiner pour avoir de l'esprit;
C'est une ambition que je n'ai point en tête.
Je me trouve fort bien, ma mère, d'être bête;
Et j'aime mieux n'avoir que de communs propos
Que de me tourmenter pour dire de beaux mots.

PHILAMINTE.

Oui; mais j'y suis blessée, et ce n'est pas mon compte
De souffrir dans mon sang une pareille honte.
La beauté du visage est un frêle ornement,
Une fleur passagère, un éclat d'un moment,
Et qui n'est attaché qu'à la simple épiderme;
Mais celle de l'esprit est inhérente et ferme.
J'ai donc cherché longtemps un biais de vous donner
La beauté que les ans ne peuvent moissonner,
De faire entrer chez vous le désir des sciences,
De vous insinuer les belles connoissances;
Et la pensée enfin où mes vœux ont souscrit,
C'est d'attacher à vous un homme plein d'esprit.

Montrant Trissotin.

Et cet homme est monsieur, que je vous détermine¹
A voir comme l'époux que mon choix vous destine.

HENRIETTE.

Moi! ma mère!

PHILAMINTE.

Oui, vous. Faites la sotte un peu.

BÉLISE, à Trissotin.

Je vous entends; vos yeux demandent mon aveu
Pour engager ailleurs un cœur que je possède.
Allez; je le veux bien. A ce nœud je vous cède;
C'est un hymen qui fait votre établissement.

TRISSOTIN, à Henriette.

Je ne sais que vous dire en mon ravissement,
Madame; et cet hymen, dont je vois qu'on m'honore,
Me met...

HENRIETTE.

Tout beau! monsieur; il n'est pas fait encore :
Ne vous pressez pas tant.

¹ C'est-à-dire : que je vous ordonne de regarder comme, etc.

PHILAMINTE.

Comme vous répondez!
Savez-vous bien que si... Suffit. Vous m'entendez.

A Trissotin.

Elle se rendra sage. Allons, laissons-la faire.

SCÈNE VII

HENRIETTE, ARMANDE.

ARMANDE.

On voit briller pour vous les soins de notre mère;
Et son choix ne pouvoit d'un plus illustre époux...

HENRIETTE.

Si le choix est si beau, que ne le prenez-vous?

ARMANDE.

C'est à vous, non à moi, que sa main est donnée.

HENRIETTE.

Je vous le cède tout, comme à ma sœur aînée.

ARMANDE.

Si l'hymen, comme à vous, me paroissoit charmant,
J'accepterois votre offre avec ravissement.

HENRIETTE.

Si j'avois, comme vous, les pédants dans la tête,
Je pourrois le trouver un parti fort honnête.

ARMANDE.

Cependant, bien qu'ici nos goûts soient différents,
Nous devons obéir, ma sœur, à nos parents.
Une mère a sur nous une entière puissance;
Et vous croyez en vain, par votre résistance...

SCÈNE VIII

CHRYSALE, ARISTE, CLITANDRE, HENRIETTE, ARMANDE.

CHRYSALE, à Henriette, lui présentant Clitandre.

Allons, ma fille, il faut approuver mon dessein.
Otez ce gant. Touchez à monsieur dans la main,
Et le considérez désormais dans votre âme
En homme dont je veux que vous soyez la femme.

ARMANDE.

De ce côté, ma sœur, vos penchants sont fort grands.

HENRIETTE.

Il nous faut obéir, ma sœur, à nos parents :
Un père a sur nos vœux une entière puissance.

ARMANDE.

Une mère a sa part à notre obéissance.

CHRYSALE.

Qu'est-ce à dire?

ARMANDE.

Je dis que j'appréhende fort
Qu'ici ma mère et vous ne soyez pas d'accord;
Et c'est un autre époux...

CHRYSALE.

Taisez-vous, péronnelle;
Allez philosopher tout le soûl avec elle,

Et de mes actions ne vous mêlez en rien.
Dites-lui ma pensée, et l'avertissez bien
Qu'elle ne vienne pas m'échauffer les oreilles :
Allons vite.

SCÈNE IX

CHRYSALE, ARISTE, HENRIETTE, CLITANDRE.

ARISTE.
Fort bien. Vous faites des merveilles.
CLITANDRE.
Quel transport! quelle joie! Ah! que mon sort est doux!
CHRYSALE, à Clitandre.
Allons, prenez sa main, et passez devant nous,
Menez-la dans sa chambre. Ah! les douces caresses!
A Ariste.
Tenez, mon cœur s'émeut à toutes ces tendressses,
Cela ragaillardit tout à fait mes vieux jours;
Et je me ressouviens de mes jeunes amours.

ACTE QUATRIÈME

SCÈNE I

PHILAMINTE, ARMANDE.

ARMANDE.
Oui, rien n'a retenu son esprit en balance [1] :
Elle a fait vanité de son obéissance;
Son cœur, pour se livrer, à peine devant moi
S'est-il donné le temps d'en recevoir la loi,
Et sembloit suivre moins les volontés d'un père
Qu'affecter de braver les ordres d'une mère.
PHILAMINTE.
Je lui montrerai bien aux lois de qui des deux
Les droits de la raison soumettent tous ses vœux,
Et qui doit gouverner, ou sa mère ou son père,
Ou l'esprit ou le corps, la forme ou la matière.
ARMANDE.
On vous en devoit bien, au moins, un compliment;
Et ce petit monsieur en use étrangement
De vouloir malgré vous devenir votre gendre.
PHILAMINTE.
Il n'en est pas encore où son cœur peut prétendre.
Je le trouvois bien fait, et j'aimois vos amours;
Mais dans ses procédés il m'a déplu toujours.
Il sait que, Dieu merci, je me mêle d'écrire;
Et jamais il ne m'a prié de lui rien lire.

On dit plutôt *tenir* que *retenir* en balance. (A.)

SCÈNE II

CLITANDRE, entrant doucement, et écoutant sans se montrer;
ARMANDE, PHILAMINTE.

ARMANDE.
Je ne souffrirois point, si j'étois que de vous,
Que jamais d'Henriette il pût être l'époux.
On me feroit grand tort d'avoir quelque pensée
Que là-dessus je parle en fille intéressée,
Et que le lâche tour que l'on voit qu'il me fait
Jette au fond de mon cœur quelque dépit secret.
Contre de pareils coups l'âme se fortifie
Du solide secours de la philosophie,
Et par elle on se peut mettre au-dessus de tout;
Mais vous traiter ainsi, c'est vous pousser à bout.
Il est de votre honneur d'être à ses vœux contraire;
Et c'est un homme enfin qui ne doit point vous plaire.
Jamais je n'ai connu, discourant entre nous,
Qu'il eût au fond du cœur de l'estime pour vous.
PHILAMINTE.
Petit sot!
ARMANDE.
Quelque bruit que votre gloire fasse,
Toujours à vous louer il a paru de glace.
PHILAMINTE.
Le brutal!
ARMANDE.
Et vingt fois, comme ouvrages nouveaux,
J'ai lu des vers de vous qu'il n'a point trouvés beaux.
PHILAMINTE.
L'impertinent!
ARMANDE.
Souvent nous en étions aux prises;
Et vous ne croiriez point de combien de sottises...
CLITANDRE, à Armande.
Eh! doucement, de grâce. Un peu de charité,
Madame, ou, tout au moins, un peu d'honnêteté.
Quel mal vous ai-je fait? et quelle est mon offense,
Pour armer contre moi toute votre éloquence,
Pour vouloir me détruire, et prendre tant de soin
De me rendre odieux aux gens dont j'ai besoin!
Parlez, dites, d'où vient ce courroux effroyable?
Je veux bien que madame en soit juge équitable.
ARMANDE.
Si j'avois le courroux dont on veut m'accuser,
Je trouverois assez de quoi l'autoriser.
Vous en seriez trop digne; et les premières flammes
S'établissent des droits si sacrés sur les âmes,
Qu'il faut perdre fortune, et renoncer au jour,
Plutôt que de brûler des feux d'un autre amour.
Au changement de vœux nulle horreur ne s'égale;
Et tout cœur infidèle est un monstre en morale.
CLITANDRE.
Appelez-vous, madame, une infidélité
Ce que m'a de votre âme ordonné la fierté?
Je ne fais qu'obéir aux lois qu'elle m'impose;

ACTE IV, SCÈNE III.

Et, si je vous offense, elle seule en est cause.
Vos charmes ont d'abord possédé tout mon cœur.
Il a brûlé deux ans d'une constante ardeur ;
Il n'est soins empressés, devoirs, respects, services,
Dont il ne vous ait fait d'amoureux sacrifices.
Tous mes feux, tous mes soins, ne peuvent rien sur vous.
Je vous trouve contraire à mes vœux les plus doux :
Ce que vous refusez, je l'offre au choix d'une autre.
Voyez. Est-ce, madame, ou ma faute, ou la vôtre?
Mon cœur court-il au change, ou si vous l'y poussez?
Est-ce moi qui vous quitte, ou vous qui me chassez?

ARMANDE.

Appelez-vous, monsieur, être à vos vœux contraire,
Que de leur arracher ce qu'ils ont de vulgaire,
Et vouloir les réduire à cette pureté
Où du parfait amour consiste la beauté?
Vous ne sauriez pour moi tenir votre pensée
Du commerce des sens nette et débarrassée ;
Et vous ne goûtez point, dans ses plus doux appas,
Cette union des cœurs, où les corps n'entrent pas.
Vous ne pouvez aimer que d'une amour grossière,
Qu'avec tout l'attirail des nœuds de la matière ;
Et, pour nourrir les feux que chez vous on produit,
Il faut un mariage, et tout ce qui s'ensuit.
Ah! quel étrange amour ! et que les belles âmes
Sont bien loin de brûler de ces terrestres flammes!
Les sens n'ont point de part à toutes leurs ardeurs ;
Et ce beau feu ne veut marier que les cœurs.
Comme une chose indigne, il laisse là le reste ;
C'est un feu pur et net comme le feu céleste :
On ne pousse avec lui que d'honnêtes soupirs,
Et l'on ne penche point vers les sales désirs.
Rien d'impur ne se mêle au but qu'on se propose ;
On aime pour aimer, et non pour autre chose ;
Ce n'est qu'à l'esprit seul que vont tous les transports,
Et l'on ne s'aperçoit jamais qu'on ait un corps.

CLITANDRE.

Pour moi, par un malheur, je m'aperçois, madame,
Que j'ai, ne vous déplaise, un corps tout comme une âme.
Je sens qu'il y tient trop pour le laisser à part ;
De ces détachements je ne connois point l'art ;
Le ciel m'a dénié cette philosophie,
Et mon âme et mon corps marchent de compagnie.
Il n'est rien de plus beau, comme vous avez dit,
Que ces vœux épurés qui ne vont qu'à l'esprit,
Ces unions de cœurs, et ces tendres pensées,
Du commerce des sens si bien débarrassées ;
Mais ces amours pour moi sont trop subtilisés :
Je suis un peu grossier, comme vous m'accusez ;
J'aime avec tout moi-même, et l'amour qu'on me donne
En veut, je le confesse, à toute la personne.
Ce n'est pas là matière à de grands châtiments ;
Et, sans faire de tort à vos beaux sentiments,
Je vois que, dans le monde, on suit fort ma méthode,
Et que le mariage est assez à la mode,
Passe pour un lien assez honnête et doux,
Pour avoir désiré de me voir votre époux,
Sans que la liberté d'une telle pensée

Ait dû vous donner lieu d'en paroître offensée [1].

ARMANDE.

Eh bien, monsieur, eh bien, puisque, sans m'écouter,
Vos sentiments brutaux veulent se contenter ;
Puisque, pour vous réduire à des ardeurs fidèles,
Il faut des nœuds de chair, des chaînes corporelles,
Si ma mère le veut, je résous mon esprit
A consentir pour vous à ce dont il s'agit...

CLITANDRE.

Il n'est plus temps, madame ; une autre a pris la place ;
Et, par un tel retour, j'aurois mauvaise grâce
De maltraiter l'asile et blesser les bontés
Où je me suis sauvé de toutes vos fiertés.

PHILAMINTE.

Mais enfin, comptez-vous, monsieur, sur mon suffrage,
Quand vous vous promettez cet autre mariage?
Et, dans vos visions, savez-vous, s'il vous plaît,
Que j'ai pour Henriette un autre époux tout prêt?

CLITANDRE.

Eh! madame, voyez votre choix, je vous prie ;
Exposez-moi, de grâce, à moins d'ignominie,
Et ne me rangez pas à l'indigne destin
De me voir le rival de monsieur Trissotin.
L'amour des beaux esprits, qui chez vous m'est contraire,
Ne pouvoit m'opposer un moins noble adversaire.
Il en est, et plusieurs, que, pour le bel esprit,
Le mauvais goût du siècle a su mettre en crédit ;
Mais monsieur Trissotin n'a pu duper personne,
Et chacun rend justice aux écrits qu'il nous donne.
Hors céans, on le prise en tous lieux ce qu'il vaut,
Et ce qui m'a vingt fois fait tomber de mon haut,
C'est de vous voir au ciel élever des sornettes
Que vous désavoueriez si vous les aviez faites.

PHILAMINTE.

Si vous jugez de lui tout autrement que nous,
C'est que nous le voyons par d'autres yeux que vous.

SCÈNE III

TRISSOTIN, PHILAMINTE, ARMANDE, CLITANDRE.

TRISSOTIN, à Philaminte.

Je viens vous annoncer une grande nouvelle [2]
Nous l'avons, en dormant, madame, échappé belle.
Un monde près de nous a passé tout du long,
Est chu tout au travers de notre tourbillon ;
Et, s'il eût en chemin rencontré notre terre,
Elle eût été brisée en morceaux comme verre.

PHILAMINTE.

Remettons ce discours pour une autre saison ;
Monsieur n'y trouveroit ni rime ni raison :
Il fait profession de chérir l'ignorance,

---

[1] Avec combien d'esprit et de malice Clitandre vient de plaider la cause de la matière contre le faux spiritualisme d'Armande! (Auger.)

[2] Cotin avait composé et publié une dissertation fort longue et fort ridicule qui porte le titre de *Galanterie sur la Comète apparue en décembre 1664 et janvier 1665*. L'entrée de Trissotin fait allusion à cette pièce vraiment curieuse. (Aimé Martin.)

Et de haïr surtout l'esprit et la science.
CLITANDRE.
Cette vérité veut quelque adoucissement.
Je m'explique, madame; et je hais seulement
La science et l'esprit qui gâtent les personnes.
Ce sont choses, de soi, qui sont belles et bonnes;
Mais j'aimerois mieux être au rang des ignorants
Que de me voir savant comme certaines gens.
TRISSOTIN.
Pour moi, je ne tiens pas, quelque effet qu'on suppose,
Que la science soit pour gâter quelque chose.
CLITANDRE.
Et c'est mon sentiment qu'en faits comme en propos
La science est sujette à faire de grands sots.
TRISSOTIN.
Le paradoxe est fort.
CLITANDRE.
Sans être fort habile,
La preuve m'en seroit, je pense, assez facile.
Si les raisons manquoient, je suis sûr qu'en tous cas
Les exemples fameux ne me manqueroient pas.
TRISSOTIN.
Vous en pourriez citer qui ne concluroient guère.
CLITANDRE.
Je n'irois pas bien loin pour trouver mon affaire.
TRISSOTIN.
Pour moi, je ne vois pas ces exemples fameux.
CLITANDRE.
Moi, je les vois si bien, qu'ils me crèvent les yeux.
TRISSOTIN.
J'ai cru jusques ici que c'étoit l'ignorance
Qui faisoit les grands sots, et non pas la science.
CLITANDRE.
Vous avez cru fort mal, et je vous suis garant
Qu'un sot savant est sot plus qu'un sot ignorant.
TRISSOTIN.
Le sentiment commun est contre vos maximes,
Puisque ignorant et sot sont termes synonymes.
CLITANDRE.
Si vous le voulez prendre aux usages du mot,
L'alliance est plus forte entre pédant et sot.
TRISSOTIN.
La sottise, dans l'un, se fait voir toute pure.
CLITANDRE.
Et l'étude, dans l'autre, ajoute à la nature.
TRISSOTIN.
Le savoir garde en soi son mérite éminent.
CLITANDRE.
Le savoir, dans un fat, devient impertinent.
TRISSOTIN.
Il faut que l'ignorance ait pour vous de grands charmes,
Puisque pour elle ainsi vous prenez tant les armes.
CLITANDRE.
Si pour moi l'ignorance a des charmes si grands,
C'est depuis qu'à mes yeux s'offrent certains savants.
TRISSOTIN.
Ces certains savants-là peuvent, à les connoître,
Valoir certaines gens que nous voyons paroître.

CLITANDRE.
Oui, si l'on s'en rapporte à ces certains savants;
Mais on n'en convient pas chez ces certaines gens.
PHILAMINTE, à Clitandre.
Il me semble, monsieur...
CLITANDRE.
Eh! madame, de grâce,
Monsieur est assez fort, sans qu'à son aide on passe:
Je n'ai déjà que trop d'un si rude assaillant;
Et, si je me défends, ce n'est qu'en reculant.
ARMANDE.
Mais l'offensante aigreur de chaque repartie
Dont vous...
CLITANDRE.
Autre second! Je quitte la partie.
PHILAMINTE.
On souffre aux entretiens ces sortes de combats,
Pourvu qu'à la personne on ne s'attaque pas.
CLITANDRE.
Eh! mon Dieu! tout cela n'a rien dont il s'offense.
Il entend raillerie autant qu'homme de France;
Et de bien d'autres traits il s'est senti piquer,
Sans que jamais sa gloire ait fait que s'en moquer.
TRISSOTIN.
Je ne m'étonne pas, au combat que j'essuie,
De voir prendre à monsieur la thèse qu'il appuie;
Il est fort enfoncé dans la cour, c'est tout dit.
La cour, comme l'on sait, ne tient pas pour l'esprit.
Elle a quelque intérêt d'appuyer l'ignorance;
Et c'est en courtisan qu'il en prend la défense.
CLITANDRE.
Vous en voulez beaucoup à cette pauvre cour;
Et son malheur est grand de voir que, chaque jour,
Vous autres beaux esprits vous déclamiez contre elle,
Que de tous vos chagrins vous lui fassiez querelle,
Et, sur son méchant goût lui faisant son procès,
N'accusiez que lui seul de vos méchants succès.
Permettez-moi, monsieur Trissotin, de vous dire,
Avec tout le respect que votre nom m'inspire,
Que vous feriez fort bien, vos confrères et vous,
De parler de la cour d'un ton un peu plus doux;
Qu'à le bien prendre, au fond, elle n'est pas si bête
Que, vous autres messieurs, vous vous mettez en tête;
Qu'elle a du sens commun pour se connoître à tout
Que chez elle on se peut former quelque bon goût,
Et que l'esprit du monde y vaut, sans flatterie,
Tout le savoir obscur de la pédanterie.
TRISSOTIN.
De son bon goût, monsieur, nous voyons les effets.
CLITANDRE.
Où voyez-vous, monsieur, qu'elle l'ait si mauvais?
TRISSOTIN.
Ce que je vois, monsieur? C'est que pour la science
Rasius et Baldus font honneur à la France;
Et que tout leur mérite, exposé fort au jour,
N'attire point les yeux et les dons de la cour.
CLITANDRE.
Je vois votre chagrin, et que, par modestie,

Vous ne vous mettez point, monsieur, de la partie ;
Et, pour ne vous point mettre aussi dans le propos,
Que font-ils pour l'État, vos habiles héros ?
Qu'est-ce que leurs écrits lui rendent de service,
Pour accuser la cour d'une horrible injustice,
Et se plaindre en tous lieux que sur leurs doctes noms
Elle manque à verser la faveur de ses dons ?
Leur savoir à la France est beaucoup nécessaire !
Et des livres qu'ils font la cour a bien affaire !
Il semble à trois gredins, dans leur petit cerveau,
Que, pour être imprimés et reliés en veau,
Les voilà dans l'État d'importantes personnes ;
Qu'avec leur plume ils font les destins des couronnes ;
Qu'au moindre petit bruit de leurs productions
Ils doivent voir chez eux voler les pensions ;
Que sur eux l'univers a la vue attachée ;
Que partout de leur nom la gloire est épanchée ;
Et qu'en science ils sont des prodiges fameux,
Pour savoir ce qu'ont dit les autres avant eux,
Pour avoir en trente ans des yeux et des oreilles,
Pour avoir employé neuf ou dix mille veilles
A se bien barbouiller de grec et de latin,
Et se charger l'esprit d'un ténébreux butin
De tous les vieux fatras qui traînent dans les livres.
Gens qui de leur savoir paroissent toujours ivres ;
Riches, pour tout mérite, en babil importun ;
Inhabiles à tout, vides de sens commun,
Et pleins d'un ridicule et d'une impertinence
A décrier partout l'esprit et la science.

PHILAMINTE.

Votre chaleur est grande ; et cet emportement
De la nature en vous marque le mouvement.
C'est le nom de rival qui dans votre âme excite¹...

SCÈNE IV

TRISSOTIN, PHILAMINTE, CLITANDRE, ARMANDE, JULIEN.

JULIEN.

Le savant qui tantôt vous a rendu visite,
Et de qui j'ai l'honneur d'être l'humble valet,
Madame, vous exhorte à lire ce billet.

PHILAMINTE.

Quelque important que soit ce qu'on veut que je lise,
Apprenez, mon ami, que c'est une sottise
De se venir jeter au travers d'un discours ;
Et qu'aux gens d'un logis il faut avoir recours,
Afin de s'introduire en valet qui sait vivre.

JULIEN.

Je noterai cela, madame, dans mon livre.

PHILAMINTE, lit.

« Trissotin s'est vanté, madame, qu'il épouseroit votre
« fille. Je vous donne avis que sa philosophie n'en veut
« qu'à vos richesses, et que vous ferez bien de ne point
« conclure ce mariage, que vous n'ayez vu le poëme que
« je compose contre lui. En attendant cette peinture, où
« je prétends vous le dépeindre de toutes ses couleurs,
« je vous envoie Horace, Virgile, Térence, et Catulle, où
« vous verrez notés en marge tous les endroits qu'il a
« pillés. »

Voilà sur cet hymen que je me suis promis
Un mérite attaqué de beaucoup d'ennemis ;
Et ce déchaînement aujourd'hui me convie
A faire une action qui confonde l'envie,
Qui lui fasse sentir que l'effort qu'elle fait
De ce qu'elle veut rompre aura pressé l'effet.

A Julien.

Reportez tout cela sur l'heure à votre maître,
Et lui dites qu'afin de lui faire connoître
Quel grand état je fais de ses nobles avis,
Et comme je les crois dignes d'être suivis,

Montrant Trissotin.

Dès ce soir à monsieur je marierai ma fille.

SCÈNE V

PHILAMINTE, ARMANDE, CLITANDRE.

PHILAMINTE, à Clitandre.

Vous, monsieur, comme ami de toute la famille,
A signer leur contrat vous pourrez assister ;
Et je vous y veux bien, de ma part, inviter.
Armande, prenez soin d'envoyer au notaire,
Et d'aller avertir votre sœur de l'affaire.

ARMANDE.

Pour avertir ma sœur, il n'en est pas besoin ;
Et monsieur que voilà saura prendre le soin
De courir lui porter bientôt cette nouvelle,
Et disposer son cœur à vous être rebelle.

PHILAMINTE.

Nous verrons qui sur elle aura plus de pouvoir,
Et si je la saurai réduire à son devoir.

SCÈNE VI

ARMANDE, CLITANDRE.

ARMANDE.

J'ai grand regret, monsieur, de voir qu'à vos visées
Les choses ne soient pas tout à fait disposées¹.

CLITANDRE.

Je m'en vais travailler, madame, avec ardeur,
A ne vous point laisser ce grand regret au cœur.

ARMANDE.

J'ai peur que votre effort n'ait pas trop bonne issue.

CLITANDRE.

Peut-être verrez-vous votre crainte déçue.

---

¹ Dans cette scène, Molière eut l'art d'intéresser la cour au succès d'un ouvrage contre lequel il prévoyait que beaucoup de gens pourraient se déchaîner. Aucune des parties intéressées n'osa faire un mouvement. Cotin, quoique honoré de l'amitié d'une princesse et de celle de plusieurs femmes considérables, ne vit personne s'élever en sa faveur. (Bret.)

¹ Var. Les choses ne *sont* pas tout à fait disposées.

ARMANDE.
Je le souhaite ainsi.
CLITANDRE.
J'en suis persuadé;
Et que de votre appui je serai secondé.
ARMANDE.
Oui; je vais vous servir de toute ma puissance.
CLITANDRE.
Et ce service est sûr de ma reconnoissance.

SCÈNE VII
CHRYSALE, ARISTE, HENRIETTE, CLITANDRE.

CLITANDRE.
Sans votre appui, monsieur, je serai malheureux;
Madame votre femme a rejeté mes vœux,
Et son cœur prévenu veut Trissotin pour gendre.
CHRYSALE.
Mais quelle fantaisie a-t-elle donc pu prendre?
Pourquoi, diantre! vouloir ce monsieur Trissotin?
ARISTE.
C'est par l'honneur qu'il a de rimer à latin
Qu'il a sur son rival emporté l'avantage.
CLITANDRE.
Elle veut dès ce soir faire ce mariage.
CHRYSALE.
Dès ce soir?
CLITANDRE.
Dès ce soir.
CHRYSALE.
Et dès ce soir je veux,
Pour la contrecarrer, vous marier tous deux.
CLITANDRE.
Pour dresser le contrat elle envoie au notaire.
CHRYSALE.
Et je vais le querir pour celui qu'il doit faire.
CLITANDRE, montrant Henriette.
Et madame doit être instruite par sa sœur,
De l'hymen où l'on veut qu'elle apprête son cœur.
CHRYSALE.
Et moi, je lui commande, avec pleine puissance,
De préparer sa main à cette autre alliance.
Ah! je leur ferai voir si, pour donner la loi,
Il est dans ma maison d'autre maître que moi!
A Henriette.
Nous allons revenir: songez à nous attendre.
Allons, suivez mes pas, mon frère, et vous, mon gendre.
HENRIETTE, à Ariste.
Hélas! dans cette humeur conservez-le toujours.
ARISTE.
J'emploierai toute chose à servir vos amours.

SCÈNE VIII
HENRIETTE, CLITANDRE.

CLITANDRE.
Quelque secours puissant qu'on promette à ma flamme,
Mon plus solide espoir, c'est votre cœur, madame.
HENRIETTE.
Pour mon cœur, vous pouvez vous assurer de lui.
CLITANDRE.
Je ne puis qu'être heureux, quand j'aurai son appui.
HENRIETTE.
Vous voyez à quels nœuds on prétend le contraindre.
CLITANDRE.
Tant qu'il sera pour moi, je ne vois rien à craindre.
HENRIETTE.
Je vais tout essayer pour nos vœux les plus doux,
Et, si tous mes efforts ne me donnent à vous,
Il est une retraite où notre âme se donne,
Qui m'empêchera d'être à toute autre personne.
CLITANDRE.
Veuille le juste ciel me garder en ce jour
De recevoir de vous cette preuve d'amour!

ACTE CINQUIÈME

SCÈNE I
HENRIETTE, TRISSOTIN.

HENRIETTE.
C'est sur le mariage où ma mère s'apprête
Que j'ai voulu, monsieur, vous parler tête à tête;
Et j'ai cru, dans le trouble où je vois la maison,
Que je pourrois vous faire écouter la raison.
Je sais qu'avec mes vœux vous me jugez capable
De vous porter en dot un bien considérable;
Mais l'argent, dont on voit tant de gens faire cas,
Pour un vrai philosophe a d'indignes appas;
Et le mépris du bien et des grandeurs frivoles
Ne doit point éclater dans vos seules paroles.
TRISSOTIN.
Aussi n'est-ce point là ce qui me charme en vous;
Et vos brillants attraits, vos yeux perçants et doux,
Votre grâce et votre air, sont les biens, les richesses,
Qui vous ont attiré mes vœux et mes tendresses:
C'est de ces seuls trésors que je suis amoureux.
HENRIETTE.
Je suis fort redevable à vos feux généreux.
Cet obligeant amour a de quoi me confondre,
Et j'ai regret, monsieur, de n'y pouvoir répondre.
Je vous estime autant qu'on sauroit estimer;
Mais je trouve un obstacle à vous pouvoir aimer.
Un cœur, vous le savez, à deux ne sauroit être;
Et je sens que du mien Clitandre s'est fait maître.
Je sais qu'il a bien moins de mérite que vous,
Que j'ai de méchants yeux pour le choix d'un époux;
Que, par cent beaux talents, vous devriez me plaire:
Je vois bien que j'ai tort, mais je n'y puis que faire;
Et tout ce que sur moi peut le raisonnement,
C'est de me vouloir mal d'un tel aveuglement.

ACTE V, SCÈNE II.

TRISSOTIN.
Le don de votre main, où l'on me fait prétendre,
Me livrera ce cœur que possède Clitandre;
Et, par mille doux soins, j'ai lieu de présumer
Que je pourrai trouver l'art de me faire aimer.

HENRIETTE.
Non : à ses premiers vœux mon âme est attachée,
Et ne peut de vos soins, monsieur, être touchée.
Avec vous librement j'ose ici m'expliquer,
Et mon aveu n'a rien qui vous doive choquer.
Cette amoureuse ardeur, qui dans les cœurs s'excite,
N'est point, comme l'on sait, un effet du mérite :
Le caprice y prend part; et, quand quelqu'un nous plaît,
Souvent nous avons peine à dire pourquoi c'est.
Si l'on aimoit, monsieur, par choix et par sagesse,
Vous auriez tout mon cœur et toute ma tendresse;
Mais on voit que l'amour se gouverne autrement.
Laissez-moi, je vous prie, à mon aveuglement,
Et ne vous servez point de cette violence
Que pour vous on veut faire à mon obéissance.
Quand on est honnête homme, on ne veut rien devoir
A ce que des parents ont sur nous de pouvoir :
On répugne à se faire immoler ce qu'on aime,
Et l'on veut n'obtenir un cœur que de lui-même.
Ne poussez point ma mère à vouloir, par son choix,
Exercer sur mes vœux la rigueur de ses droits.
Otez-moi votre amour, et portez à quelque autre
Les hommages d'un cœur aussi cher que le vôtre.

TRISSOTIN.
Le moyen que ce cœur puisse vous contenter?
Imposez-lui des lois qu'il puisse exécuter.
De ne vous point aimer peut-il être capable,
A moins que vous cessiez, madame, d'être aimable,
Et d'étaler aux yeux les célestes appas...

HENRIETTE.
Eh! monsieur, laissons là ce galimatias.
Vous avez tant d'Iris, de Philis, d'Amarantes[1],
Que partout dans vos vers vous peignez si charmantes,
Et pour qui vous jurez tant d'amoureuse ardeur...

TRISSOTIN.
C'est mon esprit qui parle, et ce n'est pas mon cœur.
D'elles on ne me voit amoureux qu'en poëte,
Mais j'aime tout de bon l'adorable Henriette.

HENRIETTE.
Eh! de grâce, monsieur...

TRISSOTIN.
Si c'est vous offenser,
Mon offense envers vous n'est pas prête à cesser.
Cette ardeur, jusqu'ici de vos yeux ignorée,
Vous consacre des vœux d'éternelle durée.
Rien n'en peut arrêter les aimables transports;
Et, quoique vos beautés condamnent mes efforts,
Je ne puis refuser le secours d'une mère
Qui prétend couronner une flamme si chère;

Et, pourvu que j'obtienne un bonheur si charmant,
Pourvu que je vous aie, il n'importe comment.

HENRIETTE.
Mais savez-vous qu'on risque un peu plus qu'on ne pense,
A vouloir sur un cœur user de violence;
Qu'il ne fait pas bien sûr, à vous le trancher net,
D'épouser une fille en dépit qu'elle en ait;
Et qu'elle peut aller, en se voyant contraindre,
A des ressentiments que le mari doit craindre?

TRISSOTIN.
Un tel discours n'a rien dont je sois altéré[1] :
A tous événements le sage est préparé.
Guéri, par la raison, des foiblesses vulgaires,
Il se met au-dessus de ces sortes d'affaires,
Et n'a garde de prendre aucune ombre d'ennui
De tout ce qui n'est pas pour dépendre de lui.

HENRIETTE.
En vérité, monsieur, je suis de vous ravie;
Et je ne pensois pas que la philosophie
Fût si belle qu'elle est, d'instruire ainsi les gens
A porter constamment de pareils accidents.
Cette fermeté d'âme, à vous si singulière,
Mérite qu'on lui donne une illustre matière,
Est digne de trouver qui prenne avec amour
Les soins continuels de la mettre en son jour;
Et comme, à dire vrai, je n'oserois me croire
Bien propre à lui donner tout l'éclat de sa gloire,
Je le laisse à quelque autre, et vous jure, entre nous,
Que je renonce au bien de vous voir mon époux.

TRISSOTIN, en sortant.
Nous allons voir bientôt comment ira l'affaire;
Et l'on a là dedans fait venir le notaire.

SCÈNE II

CHRYSALE, CLITANDRE, HENRIETTE, MARTINE.

CHRYSALE.
Ah! ma fille, je suis bien aise de vous voir;
Allons, venez-vous-en faire votre devoir;
Et soumettre vos vœux aux volontés d'un père.
Je veux, je veux apprendre à vivre à votre mère;
Et, pour la mieux braver, voilà, malgré ses dents,
Martine que j'amène et rétablis céans.

HENRIETTE.
Vos résolutions sont dignes de louange.
Gardez que cette humeur, mon père, ne vous change;
Soyez ferme à vouloir ce que vous souhaitez;
Et ne vous laissez point séduire à vos bontés.
Ne vous relâchez pas, et faites bien en sorte
D'empêcher que sur vous ma mère ne l'emporte.

CHRYSALE.
Comment! Me prenez-vous ici pour un benêt?

HENRIETTE.
M'en préserve le ciel!

---

[1] Cotin avait en effet chanté, sous le nom d'Iris, de Philis, d'Amarante, les plus grandes dames de la cour; et ces dames imaginaient, de la meilleure foi du monde, que rien n'était plus galant que le style de Cotin. (Aimé Martin.)

[1] C'est-à-dire : troublé, abattu, découragé.

CHRYSALE.
Suis-je un fat, s'il vous plaît?
HENRIETTE.
Je ne dis pas cela.
CHRYSALE.
Me croit-on incapable
Des fermes sentiments d'un homme raisonnable?
HENRIETTE.
Non, mon père.
CHRYSALE.
Est-ce donc qu'à l'âge où je me voi,
Je n'aurois pas l'esprit d'être maître chez moi?
HENRIETTE.
Si fait.
CHRYSALE.
Et que j'aurois cette foiblesse d'âme,
De me laisser mener par le nez à ma femme?
HENRIETTE.
Eh! non, mon père.
CHRYSALE.
Ouais! qu'est-ce donc que ceci?
Je vous trouve plaisante à me parler ainsi!
HENRIETTE.
Si je vous ai choqué, ce n'est pas mon envie.
CHRYSALE.
Ma volonté céans doit être en tout suivie.
HENRIETTE.
Fort bien, mon père.
CHRYSALE.
Aucun, hors moi, dans la maison
N'a droit de commander.
HENRIETTE.
Oui; vous avez raison.
CHRYSALE.
C'est moi qui tiens le rang de chef de la famille
HENRIETTE.
D'accord.
CHRYSALE.
C'est moi qui dois disposer de ma fille.
HENRIETTE.
Eh! oui.
CHRYSALE.
Le ciel me donne un plein pouvoir sur vous
HENRIETTE.
Qui vous dit le contraire?
CHRYSALE.
Et, pour prendre un époux,
Je vous ferai bien voir que c'est à votre père
Qu'il vous faut obéir, non pas à votre mère.
HENRIETTE.
Hélas! vous flattez là le plus doux de mes vœux;
Veuillez être obéi : c'est tout ce que je veux.
CHRYSALE.
Nous verrons si ma femme, à mes désirs rebelle...
CLITANDRE.
La voici qui conduit le notaire avec elle.
CHRYSALE.
Secondez-moi bien tous.

MARTINE.
Laissez-moi. J'aurai soin
De vous encourager, s'il en est de besoin.

SCÈNE III

PHILAMINTE, BÉLISE, ARMANDE, TRISSOTIN, UN NOTAIRE, CHRYSALE, CLITANDRE, HENRIETTE, MARTINE [1].

PHILAMINTE, au notaire.
Vous ne sauriez changer votre style sauvage,
Et nous faire un contrat qui soit en beau langage?
LE NOTAIRE.
Notre style est très-bon; et je serois un sot,
Madame, de vouloir y changer un seul mot.
BÉLISE.
Ah! quelle barbarie au milieu de la France!
Mais au moins en faveur, monsieur, de la science,
Veuillez, au lieu d'écus, de livres, et de francs,
Nous exprimer la dot en mines et talents;
Et dater par les mots d'ides et de calendes.
LE NOTAIRE.
Moi? Si j'allois, madame, accorder vos demandes,
Je me ferois siffler de tous mes compagnons.
PHILAMINTE.
De cette barbarie en vain nous nous plaignons.
Allons, monsieur, prenez la table pour écrire.
Apercevant Martine.
Ah! ah! cette impudente ose encor se produire?
Pourquoi donc, s'il vous plait, la ramener chez moi?
CHRYSALE.
Tantôt avec loisir on vous dira pourquoi.
Nous avons maintenant autre chose à conclure.
LE NOTAIRE.
Procédons au contrat. Où donc est la future?
PHILAMINTE.
Celle que je marie est la cadette.
LE NOTAIRE.
Bon.
CHRYSALE, montrant Henriette.
Oui, la voilà, monsieur : Henriette est son nom.
LE NOTAIRE.
Fort bien. Et le futur?
PHILAMINTE, montrant Trissotin.
L'époux que je lui donne
Est monsieur.
CHRYSALE, montrant Clitandre.
Et celui, moi, qu'en propre personne
Je prétends qu'elle épouse, est monsieur.

[1] Les *Femmes savantes* fournissent une nouvelle preuve de l'art avec lequel Molière savait choisir ses acteurs. — « Il avait opposé à sa Philaminte, à son Armande, à sa Bélise, la simplicité rustique, mais pleine de sens et de naturel, de la bonne Martine. On croit peut-être qu'il chargea une de ses actrices de remplir ce rôle? Non : il le confia à une de ses servantes qui portait le nom de ce personnage, et qui, sans aucun doute, avait, à son insu, fourni plus d'un trait, pour le peindre, au génie observateur de son maître. Dirigée par Molière et la nature, cette actrice improvisée ne dut rien laisser à désirer. » (Taschereau.)

ACTE V, SCÈNE III.

LE NOTAIRE.

Deux époux !
C'est trop pour la coutume.

PHILAMINTE, au notaire.

Où vous arrêtez-vous ?
Mettez, mettez, monsieur, Trissotin pour mon gendre.

CHRYSALE.

Pour mon gendre mettez, mettez, monsieur, Clitandre.

LE NOTAIRE.

Mettez-vous donc d'accord, et, d'un jugement mûr,
Voyez à convenir entre vous du futur.

PHILAMINTE.

Suivez, suivez, monsieur, le choix où je m'arrête.

CHRYSALE.

Faites, faites, monsieur, les choses à ma tête.

LE NOTAIRE.

Dites-moi donc à qui j'obéirai des deux.

PHILAMINTE, à Chrysale.

Quoi donc ? vous combattrez les choses que je veux !

CHRYSALE.

Je ne saurois souffrir qu'on ne cherche ma fille
Que pour l'amour du bien qu'on voit dans ma famille.

PHILAMINTE.

Vraiment, à votre bien on songe bien ici !
Et c'est là, pour un sage, un fort digne souci !

CHRYSALE.

Enfin, pour son époux j'ai fait choix de Clitandre.

PHILAMINTE.

Montrant Trissotin.

Et moi, pour son époux, voici qui je veux prendre.
Mon choix sera suivi ; c'est un point résolu.

CHRYSALE.

Ouais ! vous le prenez là d'un ton bien absolu !

MARTINE.

Ce n'est point à la femme à prescrire, et je sommes
Pour céder le dessus en toute chose aux hommes.

CHRYSALE.

C'est bien dit.

MARTINE.

Mon congé cent fois me fût-il hoc [1],
La poule ne doit point chanter devant le coq [2].

CHRYSALE.

Sans doute.

MARTINE.

Et nous voyons que d'un homme on se gausse,
Quand sa femme, chez lui, porte le haut-de-chausse.

CHRYSALE.

Il est vrai.

MARTINE.

Si j'avois un mari, je le dis,
Je voudrois qu'il se fît le maître du logis ;
Je ne l'aimerois point, s'il faisoit le Jocrisse ;
Et, si je contestois contre lui par caprice,
Si je parlois trop haut, je trouverois fort bon
Qu'avec quelques soufflets il rabaissât mon ton.

CHRYSALE.

C'est parler comme il faut.

MARTINE.

Monsieur est raisonnable,
De vouloir pour sa fille un mari convenable.

CHRYSALE.

Oui.

MARTINE.

Par quelle raison, jeune et bien fait qu'il est,
Lui refuser Clitandre ? Et pourquoi, s'il vous plaît,
Lui bailler un savant, qui sans cesse épilogue ?
Il lui faut un mari, non pas un pédagogue ;
Et, ne voulant savoir le grais ni le latin,
Elle n'a pas besoin de monsieur Trissotin.

CHRYSALE.

Fort bien.

PHILAMINTE.

Il faut souffrir qu'elle jase à son aise !

MARTINE.

Les savants ne sont bons que pour prêcher en chaise [1] ;
Et, pour mon mari, moi, mille fois je l'ai dit,
Je ne voudrois jamais prendre un homme d'esprit.
L'esprit n'est point du tout ce qu'il faut en ménage
Les livres cadrent mal avec le mariage ;
Et je veux, si jamais on engage ma foi,
Un mari qui n'ait point d'autre livre que moi,
Qui ne sache A ne B, n'en déplaise à madame,
Et ne soit, en un mot, docteur que pour sa femme.

PHILAMINTE, à Chrysale.

Est-ce fait ? et, sans trouble, ai-je assez écouté
Votre digne interprète ?

CHRYSALE.

Elle a dit vérité.

PHILAMINTE.

Et moi, pour trancher court toute cette dispute,
Il faut qu'absolument mon désir s'exécute.

Montrant Trissotin.

Henriette et monsieur seront joints de ce pas
Je l'ai dit, je le veux : ne me répliquez pas,
Et, si votre parole à Clitandre est donnée,
Offrez-lui le parti d'épouser son aînée.

CHRYSALE.

Voilà dans cette affaire un accommodement [2].

---

[1] *Me fût-il hoc*, c'est-à-dire *me fût-il assuré*. Cette expression proverbiale vient du *hoc*, jeu de cartes qu'on appelle ainsi parce qu'il y a six cartes qui sont *hoc*, c'est-à-dire assurées à celui qui les joue. (Ménage.) — Ce jeu fut apporté par Mazarin en France, et il devint tellement à la mode, qu'il donna un proverbe à la langue. La Fontaine a employé ce proverbe dans sa fable intitulée le *Loup et le Cheval*.

Eh ! que n'es-tu mouton ? car tu me serois hoc.
(Aimé Martin.)

[2] Molière rajeunit un vieux proverbe qu'on retrouve dans Jean de Meung :

C'est chose qui moult me desplaist,
Quand poule parle et coq se taist.

Le sens de ce proverbe est qu'une femme ne doit prendre la parole que lorsque son mari a parlé. (Aimé Martin.)

[1] *Chaise* n'est point une erreur de Martine. Autrefois on appelait ainsi ce que nous nommons aujourd'hui *chaire* ; on disait : *une chaise de prédicateur, de régent*. Vaugelas préféroit en ce sens le mot *chaire* ; mais il n'excluoit pas le mot *chaise*. (Auger.)

[2] Chrysale est un personnage tout comique et de caractère et de langage ; il a toujours raison, mais il n'a jamais une volonté ; il parle d'or, et, après avoir mis la main de sa fille Henriette

A Henriette et à Clitandre.
Voyez; y donnez-vous votre consentement?
HENRIETTE.
Eh! mon père!
CLITANDRE, *à Chrysale.*
Eh! monsieur!
BÉLISE.
On pourroit bien lui faire
Des propositions qui pourroient mieux lui plaire;
Mais nous établissons une espèce d'amour
Qui doit être épuré comme l'astre du jour :
La substance qui pense y peut être reçue;
Mais nous en bannissons la substance étendue.

SCÈNE IV

ARISTE, CHRYSALE, PHILAMINTE, BÉLISE, HENRIETTE, ARMANDE, TRISSOTIN, UN NOTAIRE, CLITANDRE, MARTINE.

ARISTE.
J'ai regret de troubler un mystère joyeux,
Par le chagrin qu'il faut que j'apporte en ces lieux.
Ces deux lettres me font porteur de deux nouvelles
Dont j'ai senti pour vous les atteintes cruelles :
A Philaminte.
L'une, pour vous, me vient de votre procureur;
A Chrysale.
L'autre, pour vous, me vient de Lyon.
PHILAMINTE.
Quel malheur,
Digne de nous troubler, pourroit-on nous écrire?
ARISTE.
Cette lettre en contient un que vous pouvez lire.
PHILAMINTE.
« Madame, j'ai prié monsieur votre frère de vous ren-
« dre cette lettre, qui vous dira ce que je n'ai osé vous
« aller dire. La grande négligence que vous avez pour
« vos affaires a été cause que le clerc de votre rappor-
« teur ne m'a point averti, et vous avez perdu absolu-
« ment votre procès, que vous deviez gagner. »
CHRYSALE, *à Philaminte.*
Votre procès perdu!
PHILAMINTE, *à Chrysale.*
Vous vous troublez beaucoup!
Mon cœur n'est point du tout ébranlé de ce coup.
Faites, faites paroître une âme moins commune
A braver, comme moi, les traits de la fortune.

« Le peu de soin que vous avez vous coûte quarante
« mille écus; et c'est à payer cette somme, avec les dé-
« pens, que vous êtes condamnée par arrêt de la cour. »
Condamnée? Ah! ce mot est choquant, et n'est fait

dans celle de Clitandre, et juré de soutenir son choix, il trouve tout simple de donner cette même Henriette à Trissotin, et sa sœur Armande à l'amant d'Henriette; il appelle cela un accommodement! Ce dernier trait est celui qui peint le mieux cette foiblesse de caractère, de tous les défauts le plus commun, et peut-être le plus dangereux. (La Harpe.)

Que pour les criminels!
ARISTE.
Il a tort, en effet;
Et vous vous êtes là justement récriée.
Il devoit avoir mis que vous êtes priée,
Par arrêt de la cour, de payer au plus tôt
Quarante mille écus, et les dépens qu'il faut.
PHILAMINTE.
Voyons l'autre.
CHRYSALE.
« Monsieur, l'amitié qui me lie à monsieur votre frère
« me fait prendre intérêt à tout ce qui vous touche. Je
« sais que vous avez mis votre bien entre les mains d'Ar-
« gante et de Damon, et je vous donne avis qu'en même
« jour ils ont fait tous deux banqueroute. »
O ciel! tout à la fois perdre ainsi tout mon bien!
PHILAMINTE, *à Chrysale.*
Ah! quel honteux transport! Fi! tout cela n'est rien :
Il n'est pour le vrai sage aucun revers funeste;
Et, perdant toute chose, à soi-même il se reste.
Achevons notre affaire, et quittez votre ennui.
Montrant Trissotin.
Son bien nous peut suffire et pour nous et pour lui.
TRISSOTIN.
Non, madame, cessez de presser cette affaire.
Je vois qu'à cet hymen tout le monde est contraire;
Et mon dessein n'est point de contraindre les gens.
PHILAMINTE.
Cette réflexion vous vient en peu de temps;
Elle suit de bien près, monsieur, notre disgrâce.
TRISSOTIN.
De tant de résistance à la fin je me lasse.
J'aime mieux renoncer à tout cet embarras,
Et ne veux point d'un cœur qui ne se donne pas.
PHILAMINTE.
Je vois, je vois de vous, non pas pour votre gloire,
Ce que jusques ici j'ai refusé de croire.
TRISSOTIN.
Vous pouvez voir de moi tout ce que vous voudrez,
Et je regarde peu comment vous le prendrez :
Mais je ne suis pas homme à souffrir l'infamie
Des refus offensants qu'il faut qu'ici j'essuie.
Je vaux bien que de moi l'on fasse plus de cas;
Et je baise les mains à qui ne me veut pas.

SCÈNE V

ARISTE, CHRYSALE, PHILAMINTE, BÉLISE, ARMANDE, HENRIETTE, CLITANDRE, UN NOTAIRE, MARTINE.

PHILAMINTE.
Qu'il a bien découvert son âme mercenaire!
Et que peu philosophe est ce qu'il vient de faire!
CLITANDRE.
Je ne me vante point de l'être; mais enfin
Je m'attache, madame, à tout votre destin;
Et j'ose vous offrir, avecque ma personne,
Ce qu'on sait que de bien la fortune me donne.

ACTE V, SCÈNE V.

PHILAMINTE.
Vous me charmez, monsieur, par ce trait généreux,
Et je veux couronner vos désirs amoureux.
Oui, j'accorde Henriette à l'ardeur empressée...

HENRIETTE.
Non, ma mère : je change à présent de pensée.
Souffrez que je résiste à votre volonté.

CLITANDRE.
Quoi! vous vous opposez à ma félicité?
Et, lorsqu'à mon amour je vois chacun se rendre...

HENRIETTE.
Je sais le peu de bien que vous avez, Clitandre;
Et je vous ai toujours souhaité pour époux,
Lorsqu'en satisfaisant à mes vœux les plus doux
J'ai vu que mon hymen ajustoit vos affaires;
Mais, lorsque nous avons les destins si contraires,
Je vous chéris assez, dans cette extrémité,
Pour ne vous charger point de notre adversité.

CLITANDRE.
Tout destin, avec vous, me peut être agréable;
Tout destin me seroit, sans vous, insupportable.

HENRIETTE.
L'amour, dans son transport, parle toujours ainsi.
Des retours importuns évitons le souci.
Rien n'use tant l'ardeur de ce nœud qui nous lie
Que les fâcheux besoins des choses de la vie;
Et l'on en vient souvent à s'accuser tous deux
De tous les noirs chagrins qui suivent de tels feux!

ARISTE, à Henriette.
N'est-ce que le motif que nous venons d'entendre
Qui vous fait résister à l'hymen de Clitandre?

HENRIETTE.
Sans cela vous verriez tout mon cœur y courir;
Et je ne fuis sa main que pour le trop chérir.

ARISTE.
Laissez-vous donc lier par des chaînes si belles.
Je ne vous ai porté que de fausses nouvelles;
Et c'est un stratagème, un surprenant secours,
Que j'ai voulu tenter pour servir vos amours,
Pour détromper ma sœur, et lui faire connoître
Ce que son philosophe à l'essai pouvoit être.

CHRYSALE.
Le ciel en soit loué!

PHILAMINTE.
J'en ai la joie au cœur,
Par le chagrin qu'aura ce lâche déserteur.
Voilà le châtiment de sa basse avarice,
De voir qu'avec éclat cet hymen s'accomplisse.

CHRYSALE, à Clitandre.
Je le savois bien, moi, que vous l'épouseriez.

ARMANDE, à Philaminte.
Ainsi donc à leurs vœux vous me sacrifiez?

PHILAMINTE.
Ce ne sera point vous que je leur sacrifie;
Et vous avez l'appui de la philosophie,
Pour voir d'un œil content couronner leur ardeur.

BÉLISE.
Qu'il prenne garde au moins que je suis dans son cœur :
Par un prompt désespoir souvent on se marie,
Qu'on s'en repent après tout le temps de sa vie.

CHRYSALE, au notaire.
Allons, monsieur, suivez l'ordre que j'ai prescrit,
Et faites le contrat ainsi que je l'ai dit [1].

---

[1] Que voilà bien l'homme faible, qui se croit fort quand il n'y a personne à combattre, et qui croit avoir une volonté quand il fait celle d'autrui! Qu'il est adroit d'avoir donné ce défaut à un mari beaucoup plus sensé que sa femme, mais qui perd, faute de caractère, tout l'avantage que lui donnerait sa raison! Sa femme est une folle ridicule; elle commande : il est fort raisonnable; il obéit. (La Harpe.)

LE MALADE IMAGINAIRE

COMÉDIE-BALLET EN TROIS ACTES

1673

PERSONNAGES DE LA COMÉDIE

ARGAN, malade imaginaire. Il est vêtu en malade[*]. De gros bas, des mules, un haut-de-chausse étroit, une camisole rouge avec quelque galon ou dentelle; un mouchoir de cou à vieux passements, négligemment attaché; un bonnet de nuit avec la coiffe à dentelle[1].
BÉLINE, seconde femme d'Argan.
ANGÉLIQUE, fille d'Argan et amante de Cléante[2].
LOUISON, petite fille d'Argan, et sœur d'Angélique[3].
BÉRALDE, frère d'Argan. En habit de cavalier modeste.
CLÉANTE, amant d'Angélique. Il est vêtu galamment et en amoureux[4].
MONSIEUR DIAFOIRUS, médecin.
THOMAS DIAFOIRUS, son fils, et amant d'Angélique[5].
MONSIEUR PURGON, médecin d'Argan.
Ces trois personnages sont vêtus de noir, et en habit ordinaire de médecin, excepté Thomas Diafoirus, dont l'habit a un long collet uni; ses cheveux sont longs et plats, son manteau passe ses genoux, et il porte une mine tout à fait niaise.
MONSIEUR FLEURANT, apothicaire. Il est aussi vêtu de noir, ou de gris-brun, avec une courte serviette devant soi et une seringue à la main. Il est sans chapeau.
MONSIEUR BONNEFOI, notaire.
TOINETTE, servante[6].

PERSONNAGES DU PROLOGUE

FLORE.
DEUX ZÉPHYRS dansants.
CLIMÈNE.
DAPHNÉ.
TIRCIS, amant de Climène, chef d'une troupe de bergers.
DORILAS, amant de Daphné, chef d'une troupe de bergers.
BERGERS et BERGÈRES de la suite de Tircis, dansants et chantants.
BERGERS et BERGÈRES de la suite de Dorilas, chantants et dansants.
PAN.
FAUNES dansants.

PERSONNAGES DES INTERMÈDES

DANS LE PREMIER ACTE.

POLICHINELLE.
UNE VIEILLE.
VIOLONS.
ARCHERS chantants et dansants.

[*] Nous empruntons ces indications de costumes à l'édition des Œuvres de Molière publiée chez George Backer.
Acteurs de la troupe de Molière: [1] Molière. — [2] Mademoiselle Molière. — [3] La petite Beauval. — [4] La Grange. — [5] Beauval. — [6] Mademoiselle Beauval.

DANS LE SECOND ACTE.

QUATRE ÉGYPTIENNES chantantes.
ÉGYPTIENS et ÉGYPTIENNES chantants et dansants.

DANS LE TROISIÈME ACTE.

TAPISSIERS dansants.
LE PRÉSIDENT de la Faculté de médecine.
DOCTEURS.
ARGAN, bachelier.
APOTHICAIRES, avec leurs mortiers et leurs pilons.
PORTE-SERINGUES.
CHIRURGIENS.

La scène est à Paris.

PROLOGUE

Après les glorieuses fatigues et les exploits victorieux de notre auguste monarque, il est bien juste que tous ceux qui se mêlent d'écrire travaillent ou à ses louanges, ou à son divertissement. C'est ce qu'ici l'on a voulu faire; et ce prologue est un essai des louanges de ce grand prince, qui donne entrée à la comédie du *Malade imaginaire*, dont le projet a été fait pour le délasser de ses nobles travaux.

Le théâtre représente un lieu champêtre, et néanmoins fort agréable.

ÉGLOGUE EN MUSIQUE ET EN DANSE

SCÈNE I

FLORE; DEUX ZÉPHYRS dansants.

FLORE.
Quittez, quittez vos troupeaux;
Venez, bergers, venez, bergères;
Accourez, accourez sous ces tendres ormeaux:
Je viens vous annoncer des nouvelles bien chères,

PROLOGUE.

Et réjouir tous ces hameaux.
Quittez, quittez vos troupeaux ;
Venez, bergers, venez, bergères ;
Accourez, accourez sous ces tendres ormeaux.

SCÈNE II

FLORE ; DEUX ZÉPHYRS dansants ; CLIMÈNE, DAPHNÉ, TIRCIS, DORILAS.

CLIMÈNE, à Tircis ; et DAPHNÉ, à Dorilas.
Berger, laissons là tes feux :
Voilà Flore qui nous appelle.

TIRCIS, à Climène ; et DORILAS, à Daphné.
Mais au moins, dis-moi, cruelle,

TIRCIS.
Si d'un peu d'amitié tu payeras mes vœux

DORILAS.
Si tu seras sensible à mon ardeur fidèle.

CLIMÈNE et DAPHNÉ.
Voilà Flore qui nous appelle.

TIRCIS et DORILAS.
Ce n'est qu'un mot, un mot, un seul mot que je veux.

TIRCIS.
Languirai-je toujours dans ma peine mortelle?

DORILAS.
Puis-je espérer qu'un jour tu me rendras heureux?

CLIMÈNE et DAPHNÉ.
Voilà Flore qui nous appelle.

SCÈNE III

FLORE ; DEUX ZÉPHYRS dansants ; CLIMÈNE, DAPHNÉ, TIRCIS, DORILAS ; BERGERS et BERGÈRES, de la suite de Tircis et de Dorilas, chantants et dansants.

PREMIÈRE ENTRÉE DE BALLET.

Toute la troupe des bergers et des bergères va se placer en cadence autour de Flore

CLIMÈNE.
Quelle nouvelle parmi nous,
Déesse, doit jeter tant de réjouissance?

DAPHNÉ.
Nous brûlons d'apprendre de vous
Cette nouvelle d'importance.

DORILAS.
D'ardeur nous en soupirons tous.

CLIMÈNE, DAPHNÉ, TIRCIS, DORILAS.
Nous en mourons d'impatience.

FLORE.
La voici ; silence, silence !
Vos vœux sont exaucés, LOUIS est de retour ;
Il ramène en ces lieux les plaisirs et l'amour,
Et vous voyez finir vos mortelles alarmes.
Par ses vastes exploits son bras voit tout soumis :
    Il quitte les armes,
    Faute d'ennemis.

CHŒUR.
Ah ! quelle douce nouvelle !
Qu'elle est grande ! qu'elle est belle !
Que de plaisirs ! que de ris ! que de jeux !
Que de succès heureux !
Et que le ciel a bien rempli nos vœux !
Ah ! quelle douce nouvelle !
Qu'elle est grande ! qu'elle est belle !

SECONDE ENTRÉE DE BALLET.

Tous les bergers et bergères expriment par des danses les transports de leur joie.

FLORE.
De vos flûtes bocagères
Réveillez les plus beaux sons ;
LOUIS offre à vos chansons
La plus belle des matières.
    Après cent combats
    Où cueille son bras
    Une ample victoire,
    Formez entre vous
    Cent combats plus doux,
    Pour chanter sa gloire.

CHŒUR.
    Formons entre nous
    Cent combats plus doux,
    Pour chanter sa gloire.

FLORE.
Mon jeune amant, dans ce bois,
Des présents de mon empire
Prépare un prix à la voix
Qui saura le mieux nous dire
Les vertus et les exploits
Du plus auguste des rois.

CLIMÈNE.
Si Tircis a l'avantage,

DAPHNÉ.
Si Dorilas est vainqueur,

CLIMÈNE.
A le chérir je m'engage.

DAPHNÉ.
Je me donne à son ardeur.

TIRCIS.
O trop chère espérance !

DORILAS.
O mot plein de douceur !

TIRCIS et DORILAS.
Plus beau sujet, plus belle récompense
Peuvent-ils animer un cœur?

Les violons jouent un air pour animer les deux bergers au combat, tandis que Flore, comme juge, va se placer au pied d'un bel arbre qui est au milieu du théâtre, avec deux Zéphyrs, et que le reste, comme spectateurs, va occuper les deux côtés de la scène.

TIRCIS.
Quand la neige fondue enfle un torrent fameux,
Contre l'effort soudain de ses flots écumeux
    Il n'est rien d'assez solide ;

Digues, châteaux, villes, et bois,
Hommes et troupeaux à la fois,
Tout cède au courant qui le guide.
Tel, et plus fier et plus rapide,
Marche LOUIS dans ses exploits.

TROISIÈME ENTRÉE DE BALLET.

Les bergers et bergères du côté de Tircis dansent autour de lui, sur une ritournelle, pour exprimer leurs applaudissements.

DORILAS.

Le foudre menaçant qui perce avec fureur
L'affreuse obscurité de la nue enflammée
    Fait, d'épouvante et d'horreur,
    Trembler le plus ferme cœur;
    Mais, à la tête d'une armée,
    LOUIS jette plus de terreur.

QUATRIÈME ENTRÉE DE BALLET.

Les bergers et bergères du côté de Dorilas font de même que les autres.

TIRCIS.

Des fabuleux exploits que la Grèce a chantés,
Par un brillant amas de belles vérités
    Nous voyons la gloire effacée;
    Et tous ces fameux demi-dieux,
    Que vante l'histoire passée,
    Ne sont point à notre pensée
    Ce que LOUIS est à nos yeux.

CINQUIÈME ENTRÉE DE BALLET.

Les bergers et bergères du côté de Tircis font encore la même chose.

DORILAS.

LOUIS fait à nos temps, par ses faits inouïs,
Croire tous les beaux faits que nous chante l'histoire
    Des siècles évanouis;
    Mais nos neveux, dans leur gloire,
    N'auront rien qui fasse croire
    Tous les beaux faits de LOUIS.

SIXIÈME ENTRÉE DE BALLET.

Les bergers et bergères du côté de Dorilas font encore de même.

SEPTIÈME ENTRÉE DE BALLET.

Les bergers et bergères du côté de Tircis et de celui de Dorilas se mêlent et dansent ensemble.

SCÈNE IV

FLORE, PAN; DEUX ZÉPHYRS dansants; CLIMÈNE, DAPHNÉ; TIRCIS, DORILAS; FAUNES dansants; BERGERS et BERGÈRES chantants et dansants.

PAN.

Laissez, laissez, bergers, ce dessein téméraire;
    Eh! que voulez-vous faire?

    Chanter sur vos chalumeaux
    Ce qu'Apollon sur sa lyre,
    Avec ses chants les plus beaux,
    N'entreprendroit pas de dire:
C'est donner trop d'essor au feu qui vous inspire
C'est monter vers les cieux sur des ailes de cire,
    Pour tomber dans le fond des eaux.

Pour chanter de LOUIS l'intrépide courage,
Il n'est point d'assez docte voix,
Point de mots assez grands pour en tracer l'image;
    Le silence est le langage
    Qui doit louer ses exploits.
Consacrez d'autres soins à sa pleine victoire;
Vos louanges n'ont rien qui flatte ses désirs:
    Laissez, laissez là sa gloire,
    Ne songez qu'à ses plaisirs.

CHŒUR.

    Laissons, laissons là sa gloire,
    Ne songeons qu'à ses plaisirs.

FLORE, à Tircis et à Dorilas.

Bien que, pour étaler ses vertus immortelles,
    La force manque à vos esprits,
Ne laissez pas tous deux de recevoir le prix.
    Dans les choses grandes et belles,
    Il suffit d'avoir entrepris [1].

HUITIÈME ENTRÉE DE BALLET.

Les deux Zéphyrs dansent avec deux couronnes de fleurs à la main, qu'ils viennent donner ensuite aux deux bergers.

CLIMÈNE et DAPHNÉ, donnant la main à leurs amants.

Dans les choses grandes et belles,
Il suffit d'avoir entrepris.

TIRCIS et DORILAS.

Ah! que d'un doux succès notre audace est suivie!

FLORE et PAN.

Ce qu'on fait pour LOUIS, on ne le perd jamais.

CLIMÈNE, DAPHNÉ, TIRCIS, DORILAS.

Au soin de ses plaisirs donnons-nous désormais.

FLORE et PAN.

Heureux, heureux qui peut lui consacrer sa vie!

CHŒUR.

    Joignons tous dans ces bois
    Nos flûtes et nos voix:
    Ce jour nous y convie;
Et faisons aux échos redire mille fois:
    LOUIS est le plus grand des rois;
Heureux, heureux qui peut lui consacrer sa vie!

NEUVIÈME ENTRÉE DE BALLET.

Faunes, bergers et bergères, tous se mêlent, et il se fait entre eux des jeux de danse; après quoi, ils se vont préparer pour la comédie.

---

[1] C'est la traduction de l'adage latin tiré de Tibulle: *In magnis et voluisse sat est.* La Fontaine a dit de même en terminant son *Discours à M. le Dauphin*:
    Et, si de l'agréer je n'emporte le prix,
    J'aurai du moins l'honneur de l'avoir entrepris.
                  (Auger.)

AUTRE PROLOGUE

UNE BERGÈRE, chantant.

Votre plus haut savoir n'est que pure chimère,
Vains et peu sages médecins;
Vous ne pouvez guérir, par vos grands mots latins,
  La douleur qui me désespère :
Votre plus haut savoir n'est que pure chimère.

  Hélas! hélas! je n'ose découvrir
    Mon amoureux martyre
    Au berger pour qui je soupire,
    Et qui seul peut me secourir.
  Ne prétendez pas le finir,
Ignorants médecins; vous ne sauriez le faire :
Votre plus haut savoir n'est que pure chimère.
Ces remèdes peu sûrs, dont le simple vulgaire
Croit que vous connoissez l'admirable vertu,
Pour les maux que je sens n'ont rien de salutaire,
Et tout votre caquet ne peut être reçu
    Que d'un MALADE IMAGINAIRE.

Votre plus haut savoir n'est que pure chimère,
Vains et peu sages médecins, etc. [1]

  Le théâtre change et représente une chambre

ACTE PREMIER

SCÈNE I

ARGAN, assis, une table devant lui, comptant avec des jetons les parties de son apothicaire.

Trois et deux font cinq, et cinq font dix, et dix font vingt; trois et deux font cinq. « Plus, du vingt-qua-« trième, un petit clystère insinuatif, préparatif et rémol-« lient, pour amollir, humecter et rafraîchir les entrailles « de monsieur. » Ce qui me plaît de monsieur Fleurant, mon apothicaire, c'est que ses parties sont toujours fort civiles. « Les entrailles de monsieur, trente sols. » Oui; mais, monsieur Fleurant, ce n'est pas tout que d'être civil; il faut être aussi raisonnable, et ne pas écorcher les malades. Trente sols un lavement! Je suis votre serviteur, je vous l'ai déjà dit; vous ne me les avez mis dans les autres parties qu'à vingt sols; et vingt sols en langage d'apothicaire, c'est-à-dire dix sols; les voilà, dix sols. « Plus, dudit jour, un bon clystère détersif, com-« posé avec catholicon double, rhubarbe, miel rosat, et « autres, suivant l'ordonnance, pour balayer, laver et « nettoyer le bas-ventre de monsieur, trente sols. ». Avec votre permission, dix sols. « Plus, dudit jour, le soir, un « julep hépatique, soporatif et somnifère, composé pour « faire dormir monsieur, trente-cinq sols. » Je ne me plains pas de celui-là; car il me fit bien dormir. Dix, quinze, seize, et dix-sept sols six deniers. « Plus, du « vingt-cinquième, une bonne médecine purgative et cor-« roborative, composée de casse récente avec séné levan-« tin, et autres, suivant l'ordonnance de monsieur Pur-« gon, pour expulser et évacuer la bile de monsieur, « quatre livres. » Ah! monsieur Fleurant, c'est se moquer : il faut vivre avec les malades. Monsieur Purgon ne vous a pas ordonné de mettre quatre francs. Mettez, mettez trois livres, s'il vous plaît. Vingt et trente sols. « Plus, dudit jour, une potion anodine et astringente, « pour faire reposer monsieur, trente sols. » Bon, dix et quinze sols. « Plus, du vingt-sixième, un clystère carmi-« natif, pour chasser les vents de monsieur, trente sols. » Dix sols, monsieur Fleurant. « Plus, le clystère de mon-« sieur, réitéré le soir, comme dessus, trente sols. » Monsieur Fleurant, dix sols. « Plus, du vingt-septième, « une bonne médecine, composée pour hâter d'aller et « chasser dehors les mauvaises humeurs de monsieur, « trois livres. » Bon, vingt et trente sols; je suis bien aise que vous soyez raisonnable. « Plus, du vingt-hui-« tième, une prise de petit-lait clarifié et dulcoré[1] pour « adoucir, lénifier, tempérer et rafraîchir le sang de « monsieur, vingt sols. » Bon, dix sols. « Plus, une po-« tion cordiale et préservative, composée avec douze « grains de bézoar, sirop de limon et grenades, et au-« tres, suivant l'ordonnance, cinq livres. » Ah! monsieur Fleurant, tout doux, s'il vous plaît; si vous en usez comme cela, on ne voudra plus être malade : contentez-vous de quatre francs, vingt et quarante sols. Trois et deux font cinq et cinq font dix, et dix font vingt. Soixante et trois livres quatre sols six deniers. Si bien donc que, de ce mois, j'ai pris une, deux, trois, quatre, cinq, six, sept, et huit médecines; et un, deux, trois, quatre, cinq, six, sept, huit, neuf, dix, onze, et douze lavements; et, l'autre mois, il y avoit douze médecines et vingt lavements. Je ne m'étonne pas si je ne me porte pas si bien ce mois-ci que l'autre. Je le dirai à monsieur Purgon, afin qu'il mette ordre à cela. Allons, qu'on m'ôte tout ceci. (Voyant que personne ne vient, et qu'il n'y a aucun de ses gens dans sa chambre.) Il n'y a personne. J'ai beau dire : on me laisse toujours seul; il n'y a pas moyen de les arrêter ici. (Après avoir sonné une sonnette qui est sur la table.) Ils n'entendent point, et ma sonnette ne fait pas assez de bruit. Drelin, drelin, drelin. Point d'affaire. Drelin, drelin, drelin. Ils sont sourds... Toinette! Drelin, drelin, drelin. Tout comme si je ne sonnois point. Chienne! coquine! Drelin, drelin, drelin. J'enrage! (Il ne sonne plus, mais il crie.) Drelin, drelin, drelin. Carogne, à tous les diables! Est-il

---

[1] Le premier prologue ne pouvoit servir longtemps, puisque, comme on le sait, la fameuse conquête qu'il célèbre fut reprise au bout de l'année : c'est peut-être à cause de cela que Molière a composé cet autre prologue. Il a, sur le premier, l'avantage d'être infiniment plus court et d'annoncer le sujet de la comédie; mais, du reste, l'idée en est fort commune, et l'exécution ne la relève pas. (Auger.)

[1] On dit aujourd'hui édulcoré.

possible qu'on laisse comme cela un pauvre malade tout seul? Drelin, drelin, drelin. Voilà qui est pitoyable! Drelin, drelin, drelin. Ah! mon Dieu! Ils me laisseront ici mourir. Drelin, drelin, drelin.

SCÈNE II

ARGAN, TOINETTE.

TOINETTE, en entrant.

On y va.

ARGAN.

Ah! chienne! ah! carogne!

TOINETTE, faisant semblant de s'être cogné la tête.

Diantre soit fait de votre impatience! Vous pressez si fort les personnes, que je me suis donné un grand coup de la tête contre la carne d'un volet.

ARGAN, en colère.

Ah! traîtresse!...

TOINETTE, interrompant Argan.

Ah!

ARGAN.

Il y a...

TOINETTE.

Ah!

ARGAN.

Il y a une heure...

TOINETTE.

Ah!

ARGAN.

Tu m'as laissé...

TOINETTE.

Ah!

ARGAN.

Tais-toi donc, coquine, que je te querelle!

TOINETTE.

Çamon, ma foi, j'en suis d'avis, après ce que je me suis fait.

ARGAN.

Tu m'as fait égosiller, carogne!

TOINETTE.

Et vous m'avez fait, vous, casser la tête : l'un vaut bien l'autre. Quitte à quitte, si vous voulez.

ARGAN.

Quoi! coquine...

TOINETTE.

Si vous querellez, je pleurerai.

ARGAN.

Me laisser, traîtresse...

TOINETTE, interrompant encore Argan.

Ah!

ARGAN.

Chienne! tu veux...

TOINETTE.

Ah!

ARGAN.

Quoi! il faudra encore que je n'aie pas le plaisir de la quereller?

TOINETTE.

Querellez tout votre soûl : je le veux bien.

ARGAN.

Tu m'en empêches, chienne, en m'interrompant à tous coups!

TOINETTE.

Si vous avez le plaisir de quereller, il faut bien que, de mon côté, j'aie le plaisir de pleurer : chacun le sien, ce n'est pas trop. Ah!

ARGAN.

Allons, il faut en passer par là. Ôte-moi ceci, coquine, ôte-moi ceci. (Après s'être levé.) Mon lavement d'aujourd'hui a-t-il bien opéré?

TOINETTE.

Votre lavement?

ARGAN.

Oui. Ai-je bien fait de la bile?

TOINETTE.

Ma foi! je ne me mêle point de ces affaires-là; c'est à monsieur Fleurant à y mettre le nez, puisqu'il en a le profit.

ARGAN.

Qu'on ait soin de me tenir un bouillon prêt, pour l'autre que je dois tantôt prendre.

TOINETTE.

Ce monsieur Fleurant-là et ce monsieur Purgon s'égayent bien sur votre corps; ils ont en vous une bonne vache à lait, et je voudrois bien leur demander quel mal vous avez, pour faire tant de remèdes.

ARGAN.

Taisez-vous, ignorante! ce n'est pas à vous à contrôler les ordonnances de la médecine. Qu'on me fasse venir ma fille Angélique : j'ai à lui dire quelque chose.

TOINETTE.

La voici qui vient d'elle-même; elle a deviné votre pensée.

SCÈNE III

ARGAN, ANGÉLIQUE, TOINETTE.

ARGAN.

Approchez, Angélique : vous venez à propos; je voulois vous parler.

ANGÉLIQUE.

Me voilà prête à vous ouïr.

ARGAN.

Attendez. (A Toinette.) Donnez-moi mon bâton. Je vais revenir tout à l'heure.

TOINETTE.

Allez vite, monsieur, allez. Monsieur Fleurant nous donne des affaires.

SCÈNE IV

ANGÉLIQUE, TOINETTE.

ANGÉLIQUE.

Toinette!

ACTE I, SCÈNE V.

TOINETTE.
Quoi?

ANGÉLIQUE.
Regarde-moi un peu.

TOINETTE.
Eh bien, je vous regarde.

ANGÉLIQUE.
Toinette!

TOINETTE.
Eh bien, quoi, Toinette?

ANGÉLIQUE
Ne devines-tu point de quoi je veux parler?

TOINETTE.
Je m'en doute assez : de notre jeune amant; car c'est sur lui depuis six jours que roulent tous nos entretiens; et vous n'êtes point bien, si vous n'en parlez à toute heure.

ANGÉLIQUE.
Puisque tu connois cela, que n'es-tu donc la première à m'en entretenir? Et que ne m'épargnes-tu la peine de te jeter sur ce discours?

TOINETTE.
Vous ne m'en donnez pas le temps; et vous avez des soins là-dessus qu'il est difficile de prévenir.

ANGÉLIQUE.
Je t'avoue que je ne saurois me lasser de te parler de lui, et que mon cœur profite avec chaleur de tous les moments de s'ouvrir à toi. Mais, dis-moi, condamnes-tu, Toinette, les sentiments que j'ai pour lui?

TOINETTE.
Je n'ai garde.

ANGÉLIQUE.
Ai-je tort de m'abandonner à ces douces impressions?

TOINETTE.
Je ne dis pas cela.

ANGÉLIQUE.
Et voudrois-tu que je fusse insensible aux tendres protestations de cette passion ardente qu'il témoigne pour moi?

TOINETTE.
A Dieu ne plaise!

ANGÉLIQUE.
Dis-moi un peu : ne trouves-tu pas, comme moi, quelque chose du ciel, quelque effet du destin, dans l'aventure inopinée de notre connoissance?

TOINETTE.
Oui.

ANGÉLIQUE.
Ne trouves-tu pas que cette action d'embrasser ma défense, sans me connoître, est tout à fait d'un honnête homme?

TOINETTE.
Oui.

ANGÉLIQUE.
Que l'on ne peut pas en user plus généreusement?

TOINETTE.
D'accord.

ANGÉLIQUE.
Et qu'il fit tout cela de la meilleure grâce du monde?

TOINETTE
Oh! oui.

ANGÉLIQUE.
Ne trouves-tu pas, Toinette, qu'il est bien fait de sa personne?

TOINETTE.
Assurément.

ANGÉLIQUE.
Qu'il a l'air le meilleur du monde?

TOINETTE.
Sans doute.

ANGÉLIQUE.
Que ses discours, comme ses actions, ont quelque chose de noble?

TOINETTE.
Cela est sûr.

ANGÉLIQUE.
Qu'on ne peut rien entendre de plus passionné que tout ce qu'il me dit?

TOINETTE.
Il est vrai.

ANGÉLIQUE.
Et qu'il n'est rien de plus fâcheux que la contrainte où l'on me tient, qui bouche tout commerce aux doux empressements de cette mutuelle ardeur que le ciel nous inspire?

TOINETTE.
Vous avez raison.

ANGÉLIQUE.
Mais, ma pauvre Toinette, crois-tu qu'il m'aime autant qu'il me le dit?

TOINETTE.
Eh! eh! ces choses-là parfois sont un peu sujettes à caution. Les grimaces d'amour ressemblent fort à la vérité; et j'ai vu de grands comédiens là-dessus.

ANGÉLIQUE.
Ah! Toinette, que dis-tu là? Hélas! de la façon qu'il parle, seroit-il bien possible qu'il ne me dît pas vrai?

TOINETTE.
En tout cas, vous en serez bientôt éclaircie; et la résolution où il vous écrivit hier qu'il étoit de vous faire demander en mariage est une prompte voie à vous faire connoître s'il vous dit vrai ou non. C'en sera là la bonne preuve.

ANGÉLIQUE.
Ah! Toinette, si celui-là me trompe, je ne croirai de ma vie aucun homme.

TOINETTE.
Voilà votre père qui revient.

SCÈNE V

ARGAN, ANGÉLIQUE, TOINETTE.

ARGAN.
Oh çà, ma fille, je vais vous dire une nouvelle, où peut-être ne vous attendez-vous pas. On vous demande

40

en mariage. Qu'est-ce que cela? Vous riez? Cela est plaisant, oui, ce mot de mariage! Il n'y a rien de plus drôle pour les jeunes filles. Ah! nature, nature! A ce que je puis voir, ma fille, je n'ai que faire de vous demander si vous voulez bien vous marier.

ANGÉLIQUE.
Je dois faire, mon père, tout ce qu'il vous plaira de m'ordonner.

ARGAN.
Je suis bien aise d'avoir une fille si obéissante : la chose est donc conclue, et je vous ai promise.

ANGÉLIQUE.
C'est à moi, mon père, de suivre aveuglément toutes vos volontés.

ARGAN.
Ma femme, votre belle-mère, avoit envie que je vous fisse religieuse, et votre petite sœur Louison aussi, et de tout temps elle a été aheurtée à cela.

TOINETTE, à part.
La bonne bête a ses raisons.

ARGAN.
Elle ne vouloit point consentir à ce mariage; mais je l'ai emporté, et ma parole est donnée.

ANGÉLIQUE.
Ah! mon père, que je vous suis obligée de toutes vos bontés!

TOINETTE, à Argan.
En vérité, je vous sais bon gré de cela; et voilà l'action la plus sage que vous ayez faite de votre vie.

ARGAN.
Je n'ai point encore vu la personne; mais on m'a dit que j'en serois content, et toi aussi.

ANGÉLIQUE.
Assurément, mon père.

ARGAN.
Comment! l'as-tu vu?

ANGÉLIQUE.
Puisque votre consentement m'autorise à vous pouvoir ouvrir mon cœur, je ne feindrai point de vous dire que le hasard nous a fait connoître il y a six jours, et que la demande qu'on vous a faite est un effet de l'inclination que, dès cette première vue, nous avons prise l'un pour l'autre.

ARGAN.
Ils ne m'ont pas dit cela; mais j'en suis bien aise, et c'est tant mieux que les choses soient de la sorte. Ils disent que c'est un grand jeune garçon bien fait.

ANGÉLIQUE.
Oui, mon père.

ARGAN.
De belle taille.

ANGÉLIQUE.
Sans doute.

ARGAN.
Agréable de sa personne.

ANGÉLIQUE.
Assurément.

ARGAN.
De bonne physionomie.

ANGÉLIQUE.
Très-bonne.

ARGAN.
Sage et bien né.

ANGÉLIQUE.
Tout à fait.

ARGAN.
Fort honnête.

ANGÉLIQUE.
Le plus honnête du monde

ARGAN.
Qui parle bien latin et grec.

ANGÉLIQUE.
C'est ce que je ne sais pas.

ARGAN.
Et qui sera reçu médecin dans trois jours.

ANGÉLIQUE.
Lui, mon père?

ARGAN.
Oui. Est-ce qu'il ne te l'a pas dit?

ANGÉLIQUE.
Non, vraiment. Qui vous l'a dit, à vous?

ARGAN.
Monsieur Purgon.

ANGÉLIQUE.
Est-ce que monsieur Purgon le connoît?

ARGAN.
La belle demande! Il faut bien qu'il le connoisse, puisque c'est son neveu.

ANGÉLIQUE.
Cléante, neveu de monsieur Purgon?

ARGAN.
Quel Cléante? Nous parlons de celui pour qui l'on t'a demandée en mariage.

ANGÉLIQUE.
Eh! oui.

ARGAN.
Eh bien, c'est le neveu de monsieur Purgon, qui est le fils de son beau-frère le médecin, monsieur Diafoirus; et ce fils s'appelle Thomas Diafoirus, et non pas Cléante; et nous avons conclu ce mariage-là ce matin, monsieur Purgon, monsieur Fleurant, et moi; et demain, ce gendre prétendu doit m'être amené par son père. Qu'est-ce? Vous voilà tout ébaubie!

ANGÉLIQUE.
C'est, mon père, que je connois que vous avez parlé d'une personne, et que j'ai entendu une autre.

TOINETTE.
Quoi! monsieur, vous auriez fait ce dessein burlesque? Et, avec tout le bien que vous avez, vous voudriez marier votre fille avec un médecin?

ARGAN.
Oui. De quoi te mêles-tu, coquine, impudente que tu es?

TOINETTE.
Mon Dieu! tout doux. Vous allez d'abord aux invectives. Est-ce que nous ne pouvons pas raisonner ensemble sans

ACTE I, SCÈNE V.

nous emporter? Là, parlons de sang-froid. Quelle est votre raison, s'il vous plaît, pour un tel mariage?

ARGAN.

Ma raison est que, me voyant infirme et malade comme je suis, je veux me faire un gendre et des alliés médecins, afin de m'appuyer de bons secours contre ma maladie, d'avoir dans ma famille les sources des remèdes qui me sont nécessaires, et d'être à même des consultations et des ordonnances.

TOINETTE.

Eh bien, voilà dire une raison, et il y a plaisir à se répondre doucement les uns aux autres. Mais, monsieur, mettez la main à la conscience : est-ce que vous êtes malade?

ARGAN.

Comment, coquine! si je suis malade! si je suis malade, impudente!

TOINETTE.

Eh bien, oui, monsieur, vous êtes malade; n'ayons point de querelle là-dessus. Oui, vous êtes fort malade, j'en demeure d'accord, et plus malade que vous ne pensez : voilà qui est fait. Mais votre fille doit épouser un mari pour elle; et, n'étant point malade, il n'est pas nécessaire de lui donner un médecin.

ARGAN.

C'est pour moi que je lui donne ce médecin; et une fille de bon naturel doit être ravie d'épouser ce qui est utile à la santé de son père.

TOINETTE.

Ma foi, monsieur, voulez-vous qu'en amie je vous donne un conseil?

ARGAN.

Quel est-il, ce conseil?

TOINETTE.

De ne point songer à ce mariage-là.

ARGAN.

Et la raison?

TOINETTE.

La raison, c'est que votre fille n'y consentira point.[1]

ARGAN.

Elle n'y consentira point?

TOINETTE.

Non.

ARGAN.

Ma fille?

TOINETTE.

Votre fille. Elle vous dira qu'elle n'a que faire de monsieur Diafoirus, ni de son fils Thomas Diafoirus, ni de tous les Diafoirus du monde.

ARGAN.

J'en ai affaire, moi, outre que le parti est plus avantageux qu'on ne pense. Monsieur Diafoirus n'a que ce fils-là pour tout héritier; et, de plus, monsieur Purgon, qui n'a ni femme ni enfants, lui donne tout son bien en faveur de ce mariage; et monsieur Purgon est un homme qui a huit mille bonnes livres de rente.

[1] Tout ce jeu de théâtre est emprunté au *Tartuffe*, acte II, scène II. (Bret.)

TOINETTE.

Il faut qu'il ait tué bien des gens, pour s'être fait si riche.

ARGAN.

Huit mille livres de rente sont quelque chose, sans compter le bien du père.

TOINETTE.

Monsieur, tout cela est bel et bon; mais j'en reviens toujours là : je vous conseille, entre nous, de lui choisir un autre mari; et elle n'est point faite pour être madame Diafoirus.

ARGAN.

Et je veux, moi, que cela soit.

TOINETTE.

Eh! fi! ne dites pas cela.

ARGAN.

Comment! que je ne dise pas cela?

TOINETTE.

Eh! non.

ARGAN.

Et pourquoi ne le dirai-je pas?

TOINETTE.

On dira que vous ne songez pas à ce que vous dites.

ARGAN.

On dira ce qu'on voudra; mais je vous dis que je veux qu'elle exécute la parole que j'ai donnée.

TOINETTE.

Non; je suis sûre qu'elle ne le fera pas.

ARGAN.

Je l'y forcerai bien.

TOINETTE.

Elle ne le fera pas, vous dis-je.

ARGAN.

Elle le fera, ou je la mettrai dans un couvent.

TOINETTE.

Vous?

ARGAN.

Moi.

TOINETTE.

Bon!

ARGAN.

Comment, bon?

TOINETTE.

Vous ne la mettrez point dans un couvent.

ARGAN.

Je ne la mettrai point dans un couvent?

TOINETTE.

Non.

ARGAN.

Non?

TOINETTE.

Non.

ARGAN.

Ouais! Voici qui est plaisant! Je ne mettrai pas ma fille dans un couvent, si je veux?

TOINETTE.

Non, vous dis-je.

ARGAN.
Qui m'en empêchera?
TOINETTE.
Vous-même.
ARGAN.
Moi?
TOINETTE.
Oui. Vous n'aurez pas ce cœur-là.
ARGAN.
Je l'aurai.
TOINETTE.
Vous vous moquez.
ARGAN.
Je ne me moque point.
TOINETTE.
La tendresse paternelle vous prendra.
ARGAN.
Elle ne me prendra point.
TOINETTE.
Une petite larme ou deux, des bras jetés au cou, un Mon petit papa mignon, prononcé tendrement, sera assez pour vous toucher.
ARGAN.
Tout cela ne fera rien.
TOINETTE.
Oui, oui.
ARGAN.
Je vous dis que je n'en démordrai point.
TOINETTE.
Bagatelles!
ARGAN.
Il ne faut point dire : Bagatelles!
TOINETTE.
Mon Dieu! je vous connois, vous êtes bon naturellement.
ARGAN, avec emportement.
Je ne suis point bon, et je suis méchant quand je veux [1]!
TOINETTE.
Doucement, monsieur. Vous ne songez pas que vous êtes malade.
ARGAN.
Je lui commande absolument de se préparer à prendre le mari que je dis.
TOINETTE.
Et moi, je lui défends absolument d'en faire rien.
ARGAN.
Où est-ce donc que nous sommes? et quelle audace est-ce là, à une coquine de servante, de parler de la sorte devant son maître?
TOINETTE.
Quand un maître ne songe pas à ce qu'il fait, une servante bien sensée est en droit de le redresser.
ARGAN, courant après Toinette.
Ah! insolente! il faut que je t'assomme!

TOINETTE, évitant Argan, et mettant la chaise entre elle et lui.
Il est de mon devoir de m'opposer aux choses qui vous peuvent déshonorer.
ARGAN, courant après Toinette, autour de la chaise avec son bâton.
Viens, viens, que je t'apprenne à parler!
TOINETTE, se sauvant du côté où n'est point Argan.
Je m'intéresse, comme je dois, à ne vous point laisser faire de folie.
ARGAN, de même.
Chienne!
TOINETTE, de même.
Non, je ne consentirai jamais à ce mariage.
ARGAN, de même.
Pendarde!
TOINETTE, de même.
Je ne veux point qu'elle épouse votre Thomas Diafoirus.
ARGAN, de même.
Carogne!
TOINETTE, de même.
Et elle m'obéira plutôt qu'à vous.
ARGAN, s'arrêtant.
Angélique, tu ne veux pas m'arrêter cette coquine-là?
ANGÉLIQUE.
Eh! mon père, ne vous faites point malade.
ARGAN, à Angélique.
Si tu ne me l'arrêtes, je te donnerai ma malédiction.
TOINETTE, en s'en allant.
Et moi, je la desheriterai, si elle vous obéit.
ARGAN, se jetant dans sa chaise.
Ah! ah! je n'en puis plus! Voilà pour me faire mourir [1]!

SCÈNE VI

BÉLINE, ARGAN.

ARGAN.
Ah! ma femme, approchez.
BÉLINE.
Qu'avez-vous, mon pauvre mari?
ARGAN.
Venez-vous-en ici à mon secours.
BÉLINE.
Qu'est-ce que c'est donc qu'il y a, mon petit fils?
ARGAN.
Ma mie!
BÉLINE.
Mon ami!
ARGAN.
On vient de me mettre en colère.
BÉLINE.
Hélas! pauvre petit mari! Comment donc, mon ami?
ARGAN.
Votre coquine de Toinette est devenue plus insolente que jamais.

[1] Autre emprunt que Molière se fait à lui-même. Ce dialogue est presque copié mot à mot de la scène VI du 1er acte des *Fourberies de Scapin*. (A. M.)

[1] Cette scène rappelle la scène II de l'acte II du *Tartuffe*. Toinette parle comme Dorine, Argan parle comme Orgon : c'est le même dialogue et la même situation, modifiés par de nouveaux caractères. (Bret.)

BÉLINE.
Ne vous passionnez donc point.

ARGAN.
Elle m'a fait enrager, ma mie.

BÉLINE.
Doucement, mon fils.

ARGAN.
Elle a contrecarré, une heure durant, les choses que je veux faire.

BÉLINE.
Là, là, tout doux!

ARGAN.
Et a eu l'effronterie de me dire que je ne suis point malade.

BÉLINE.
C'est une impertinente.

ARGAN.
Vous savez, mon cœur, ce qui en est.

BÉLINE.
Oui, mon cœur; elle a tort.

ARGAN.
M'amour, cette coquine-là me fera mourir.

BÉLINE.
Eh là! eh là!

ARGAN.
Elle est cause de toute la bile que je fais.

BÉLINE.
Ne vous fâchez point tant.

ARGAN.
Et il y a je ne sais combien que je vous dis de me la chasser.

BÉLINE.
Mon Dieu! mon fils, il n'y a point de serviteurs et de servantes qui n'aient leurs défauts. On est contraint parfois de souffrir leurs mauvaises qualités, à cause des bonnes. Celle-ci est adroite, soigneuse, diligente, et surtout fidèle; et vous savez qu'il faut maintenant de grandes précautions pour les gens que l'on prend. Holà! Toinette!

SCÈNE VII

ARGAN, BÉLINE, TOINETTE.

TOINETTE.
Madame?

BÉLINE.
Pourquoi donc est-ce que vous mettez mon mari en colère?

TOINETTE, d'un ton doucereux.
Moi, madame? Hélas! je ne sais pas ce que vous me voulez dire, et je ne songe qu'à complaire à monsieur en toutes choses.

ARGAN.
Ah! la traîtresse!

TOINETTE.
Il nous a dit qu'il vouloit donner sa fille en mariage au fils de monsieur Diafoirus : je lui ai répondu que je trouvois le parti avantageux pour elle, mais que je croyois qu'il feroit mieux de la mettre dans un couvent.

BÉLINE.
Il n'y a pas grand mal à cela, et je trouve qu'elle a raison.

ARGAN.
Ah! m'amour, vous la croyez? C'est une scélérate; elle m'a dit cent insolences.

BÉLINE.
Eh bien, je vous crois, mon ami. Là, remettez-vous. Écoutez, Toinette : si vous fâchez jamais mon mari, je vous mettrai dehors. Çà, donnez-moi son manteau fourré et des oreillers, que je l'accommode dans sa chaise. Vous voilà je ne sais comment. Enfoncez bien votre bonnet jusque sur vos oreilles : il n'y a rien qui enrhume tant que de prendre l'air par les oreilles [1].

ARGAN.
Ah! ma mie, que je vous suis obligé de tous les soins que vous prenez de moi!

BÉLINE, accommodant les oreillers qu'elle met autour d'Argan.
Levez-vous, que je mette ceci sous vous. Mettons celui-ci pour vous appuyer, et celui-là de l'autre côté. Mettons celui-ci derrière votre dos, et cet autre-là pour soutenir votre tête.

TOINETTE, lui mettant rudement un oreiller sur la tête.
Et celui-ci pour vous garder du serein.

ARGAN, se levant en colère, et jetant ses oreillers à Toinette, qui s'enfuit.
Ah! coquine! tu veux m'étouffer!

SCÈNE VIII

ARGAN, BÉLINE.

BÉLINE.
Eh là! eh là! Qu'est-ce que c'est donc?

ARGAN, se jetant dans sa chaise.
Ah! ah! ah! je n'en puis plus.

BÉLINE.
Pourquoi vous emporter ainsi? Elle a cru faire bien.

ARGAN.
Vous ne connoissez pas, m'amour, la malice de la pendarde. Ah! elle m'a mis tout hors de moi; et il faudra plus de huit médecines et de douze lavements pour réparer tout ceci.

BÉLINE.
Là, là, mon petit ami, apaisez-vous un peu.

ARGAN.
Ma mie, vous êtes toute ma consolation.

BÉLINE.
Pauvre petit fils!

---

[1] Heureuse imitation d'Horace. Il y a dix-huit cents ans que ce grand poëte conseilloit à ceux qui veulent attraper des successions de tenir une conduite à peu près semblable à celle de Béline :

Obsequio grassare : mone, si increbuit aura,
Cautus uti velet carum caput, etc.

« Obsédez par vos complaisances. Au plus léger souffle du vent, dites : Couvrez bien cette tête qui nous est si chère! » (Horac. satire v, livre II.) — (Aimé Martin.)

ARGAN.

Pour tâcher de reconnoître l'amour que vous me portez, je veux, mon cœur, comme je vous ai dit, faire mon testament.

BÉLINE.

Ah! mon ami, ne parlons point de cela, je vous prie : je ne saurois souffrir cette pensée; et le seul mot de testament me fait tressaillir de douleur.

ARGAN.

Je vous avois dit de parler pour cela à votre notaire.

BÉLINE.

Le voilà là dedans, que j'ai amené avec moi.

ARGAN.

Faites-le donc entrer, m'amour.

BÉLINE.

Hélas! mon ami, quand on aime bien un mari, on n'est guère en état de songer à tout cela.

SCÈNE IX

MONSIEUR DE BONNEFOI, BÉLINE, ARGAN.

ARGAN.

Approchez, monsieur de Bonnefoi, approchez. Prenez un siége, s'il vous plait. Ma femme m'a dit, monsieur, que vous étiez fort honnête homme, et tout à fait de ses amis; et je l'ai chargée de vous parler pour un testament que je veux faire.

BÉLINE.

Hélas! je ne suis point capable de parler de ces choses-là.

MONSIEUR DE BONNEFOI.

Elle m'a, monsieur, expliqué vos intentions, et le dessein où vous êtes pour elle; et j'ai à vous dire là-dessus que vous ne sauriez rien donner à votre femme par votre testament.

ARGAN.

Mais pourquoi?

MONSIEUR DE BONNEFOI.

La coutume y résiste. Si vous étiez en pays de droit écrit, cela se pourroit faire : mais, à Paris et dans les pays coutumiers, au moins dans la plupart, c'est ce qui ne se peut; et la disposition seroit nulle. Tout l'avantage qu'homme et femme conjoints par mariage se peuvent faire l'un à l'autre, c'est un don mutuel entre-vifs; encore faut-il qu'il n'y ait enfants, soit des deux conjoints, ou de l'un d'eux, lors du décès du premier mourant[1].

ARGAN.

Voilà une coutume bien impertinente, qu'un mari ne puisse rien laisser à une femme dont il est aimé tendrement, et qui prend de lui tant de soin! J'aurois envie de consulter mon avocat, pour voir comment je pourrois faire.

MONSIEUR DE BONNEFOI.

Ce n'est point à des avocats qu'il faut aller, car ils sont d'ordinaire sévères là-dessus, et s'imaginent que c'est un grand crime que de disposer en fraude de la loi : ce sont gens de difficultés, et qui sont ignorants des détours de la conscience. Il y a d'autres personnes à consulter, qui sont bien plus accommodantes, qui ont des expédients pour passer doucement par-dessus la loi, et rendre juste ce qui n'est pas permis; qui savent aplanir les difficultés d'une affaire, et trouver des moyens d'éluder la coutume par quelque avantage indirect. Sans cela, où en serions-nous tous les jours? Il faut de la facilité dans les choses; autrement nous ne ferions rien, et je ne donnerois pas un sol de notre métier.

ARGAN.

Ma femme m'avoit bien dit, monsieur, que vous étiez fort habile et fort honnête homme. Comment puis-je faire, s'il vous plait, pour lui donner mon bien et en frustrer mes enfants?

MONSIEUR DE BONNEFOI.

Comment vous pouvez faire? Vous pouvez choisir doucement un ami intime de votre femme, auquel vous donnerez, en bonne forme, par votre testament, tout ce que vous pouvez; et cet ami ensuite lui rendra tout. Vous pouvez encore contracter un grand nombre d'obligations non suspectes au profit de divers créanciers qui prêteront leur nom à votre femme, et entre les mains de laquelle ils mettront leur déclaration que ce qu'ils en ont fait n'a été que pour lui faire plaisir. Vous pouvez aussi, pendant que vous êtes en vie, mettre entre ses mains de l'argent comptant, ou des billets que vous pourrez avoir payables au porteur.

BÉLINE.

Mon Dieu! il ne faut point vous tourmenter de tout cela. S'il vient faute de vous, mon fils, je ne veux plus rester au monde.

ARGAN.

Ma mie!

BÉLINE.

Oui, mon ami, si je suis assez malheureuse pour vous perdre...

ARGAN.

Ma chère femme!

BÉLINE.

La vie ne me sera plus de rien.

ARGAN.

M'amour!

BÉLINE.

Et je suivrai vos pas, pour vous faire connoître la tendresse que j'ai pour vous.

ARGAN.

Ma mie, vous me fendez le cœur! Consolez-vous, je vous en prie.

MONSIEUR DE BONNEFOI, à Béline.

Ces larmes sont hors de saison; et les choses n'en sont point encore là.

BÉLINE.

Ah! monsieur, vous ne savez pas ce que c'est qu'un mari qu'on aime tendrement.

---

[1] Monsieur de Bonnefoi rapporte ici, presque textuellement, les articles 280 et 282 de l'*Ancienne Coutume de Paris*. (A. M.)

PREMIER INTERMÈDE.

ARGAN.

Tout le regret que j'aurai, si je meurs, ma mie, c'est de n'avoir point un enfant de vous. Monsieur Purgon m'avoit dit qu'il m'en feroit faire un.

MONSIEUR DE BONNEFOI.

Cela pourra venir encore.

ARGAN.

Il faut faire mon testament, m'amour, de la façon que monsieur dit; mais, par précaution, je veux vous mettre entre les mains vingt mille francs en or que j'ai dans le lambris de mon alcôve, et deux billets payables au porteur, qui me sont dus, l'un par monsieur Damon, et l'autre par monsieur Gérante.

BÉLINE.

Non, non, je ne veux point de tout cela. Ah!... Combien dites-vous qu'il y a dans votre alcôve?

ARGAN.

Vingt mille francs, m'amour.

BÉLINE.

Ne me parlez point de bien, je vous prie. Ah!... De combien sont les deux billets?

ARGAN.

Ils sont, ma mie, l'un de quatre mille francs, et l'autre de six.

BÉLINE.

Tous les biens du monde, mon ami, ne me sont rien au prix de vous.

MONSIEUR DE BONNEFOI, à Argan.

Voulez-vous que nous procédions au testament?

ARGAN.

Oui, monsieur; mais nous serons mieux dans mon petit cabinet. M'amour, conduisez-moi, je vous prie.

BÉLINE.

Allons, mon pauvre petit fils.

SCÈNE X

ANGÉLIQUE, TOINETTE.

TOINETTE.

Les voilà avec un notaire, et j'ai ouï parler de testament. Votre belle-mère ne s'endort point : et c'est sans doute quelque conspiration contre vos intérêts, où elle pousse votre père.

ANGÉLIQUE.

Qu'il dispose de son bien à sa fantaisie, pourvu qu'il ne dispose point de mon cœur. Tu vois, Toinette, les desseins violents que l'on fait sur lui. Ne m'abandonne point, je te prie, dans l'extrémité où je suis.

TOINETTE.

Moi, vous abandonner! J'aimerois mieux mourir. Votre belle-mère a beau me faire sa confidente et me vouloir jeter dans ses intérêts, je n'ai jamais pu avoir d'inclination pour elle; et j'ai toujours été de votre parti. Laissez-moi faire; j'emploierai toute chose pour vous servir; mais, pour vous servir avec plus d'effet, je veux changer de batterie, couvrir le zèle que j'ai pour vous, et feindre d'entrer dans les sentiments de votre père et de votre belle-mère.

ANGÉLIQUE.

Tâche, je t'en conjure, de faire donner avis à Cléante du mariage qu'on a conclu.

TOINETTE.

Je n'ai personne à employer à cet office, que le vieux usurier Polichinelle, mon amant; et il m'en coûtera pour cela quelques paroles de douceur, que je veux bien dépenser pour vous. Pour aujourd'hui il est trop tard; mais demain, de grand matin, je l'envoierai querir, et il sera ravi de...

SCÈNE XI

BÉLINE, dans la maison; ANGÉLIQUE, TOINETTE.

BÉLINE.

Toinette!

TOINETTE, à Angélique.

Voilà qu'on m'appelle. Bonsoir. Reposez-vous sur moi[1].

PREMIER INTERMÈDE

Le théâtre change et représente une ville.

Polichinelle, dans la nuit, vient pour donner une sérénade à sa maîtresse. Il est interrompu d'abord par des violons contre lesquels il se met en colère, et ensuite par le guet, composé de musiciens et de danseurs.

SCÈNE I

POLICHINELLE, seul.

Ô amour, amour, amour, amour! Pauvre Polichinelle, quelle diable de fantaisie t'es-tu allé mettre dans la cervelle? A quoi t'amuses-tu, misérable insensé que tu es? Tu quittes le soin de ton négoce, et tu laisses aller tes affaires à l'abandon; tu ne manges plus, tu ne bois presque plus, tu perds le repos de la nuit; et tout cela, pour qui? Pour une dragonne, franche dragonne; une diablesse qui te rembarre et se moque de tout ce que tu peux lui dire. Mais il n'y a point à raisonner là-dessus. Tu le veux, amour : il faut être fou comme beaucoup d'autres. Cela n'est pas le mieux du monde à un homme de mon âge; mais qu'y faire? On n'est pas sage quand on veut; et les vieilles cervelles se démontent comme les jeunes. Je viens voir si je ne pourrai point adoucir ma tigresse par une sérénade. Il n'y a rien parfois qui soit si touchant qu'un amant qui vient chanter ses doléances aux gonds et aux verrous de la porte de sa maîtresse. (Après

---

[1] Cet acte est bien rempli, et l'action y est entamée de manière à produire un grand intérêt pour les actes suivants. En effet, Angélique est menacée à la fois dans son amour et dans sa fortune. Qui la garantira de ce double danger? (Auger.)

avoir pris son luth.) Voici de quoi accompagner ma voix. O nuit! ô chère nuit! porte mes plaintes amoureuses jusque dans le lit de mon inflexible.

> Notte e dì v'amo e v'adoro :
> Cerco un sì per mio ristoro ;
> Ma se voi dite di nò,
> Bella ingrata, io morirò.

> Frà la speranza
> S'afflige il cuore,
> In lontananza
> Consuma l'hore ;
> Si dolce inganno
> Che mi figura
> Breve l' affanno,
> Ahi! troppo dura!
> Così per troppo amar languisco e muoro.

> Notte e dì v'amo e v'adoro :
> Cerco un sì per mio ristoro ;
> Ma se voi dite di nò,
> Bella ingrata, io morirò.

> Se non dormite,
> Almen pensate
> Alle ferite
> Ch'al cuor mi fate.
> Deh! almen fingete,
> Per mio conforto,
> Se m' uccidete,
> D' haver il torto :
> Vostra pietà mi scemarà il martoro.

> Notte e dì v'amo e v'adoro :
> Cerco un sì per mio ristoro ;
> Ma se voi dite di nò,
> Bella ingrata, io morirò[1].

[1]
> Nuit et jour je vous aime et vous adore :
> Je cherche un Oui qui me restaure ;
> Mais, si vous me répondez Non,
> Belle ingrate, je mourrai.

> Dans l'espérance
> Le cœur s'afflige,
> Dans l'éloignement
> Il consume ses heures.
> L'erreur si douce
> Qui me persuade
> Que ma peine va finir,
> Hélas! dure trop.
> Ainsi, pour trop aimer, je languis et je meurs.

> Nuit et jour je vous aime et vous adore :
> Je cherche un Oui qui me restaure ;
> Mais, si vous me refusez,
> Belle ingrate, je mourrai.

> Si vous ne dormez pas,
> Au moins pensez
> Aux blessures
> Que vous faites à mon cœur.
> Ah! feignez du moins,
> Pour ma consolation,
> Si vous me tuez,
> D'avoir tort ;
> Votre pitié adoucira mon martyre.

> Nuit et jour je vous aime et vous adore :

SCÈNE II

POLICHINELLE ; UNE VIEILLE, se présentant à la fenêtre, et répondant à Polichinelle pour se moquer de lui.

LA VIEILLE chante.
> Zerbinetti, ch' ogn' hor con finiti sguardi,
> Mentiti desiri,
> Fallaci sospiri,
> Accenti bugiardi,
> Di fede vi pregiate,
> Ah! che non m'ingannate.
> Che già so per prova,
> Ch' in voi non si trova
> Costanza nè fede.
> Oh! quanto è pazza colei che vi crede!

> Quei sguardi languidi
> Non m' innamorano,
> Quei sospir fervidi
> Più non m' infiammano,
> Vel giuro a fe.
> Zerbino misero,
> Del vostro piangere
> Il mio cuor libero
> Vuol sempre ridere ;
> Credete a me
> Che già so per prova,
> Ch' in voi non si trova
> Costanza nè fede.

> Oh! quanto è pazza colei che vi crede[1]!

> Je cherche un Oui qui me restaure ;
> Mais, si vous me refusez,
> Belle ingrate, je mourrai. (L. B.)

Les couplets italiens de cette scène du premier intermède, et ceux de la seconde, ne se trouvent point dans le ballet du *Malade imaginaire* imprimé par Christophe Ballard en 1673. Il paraît que Molière les a ajoutés après la première représentation de cette pièce.

[1]
> Galants qui, à chaque moment, par des regards trompeurs,
> Des désirs menteurs,
> De faux soupirs,
> Des accents perfides,
> Vous vantez d'être fidèles,
> Ah! vous ne me trompez pas!
> Je sais par expérience
> Qu'on ne trouve point en vous
> De constance ni de fidélité.
> Oh! combien est folle celle qui vous croit!

> Ces regards languissants
> Ne m'inspirent point d'amour,
> Ces soupirs ardents
> Ne m'enflamment point,
> Je vous le jure sur ma foi.
> Malheureux galant!
> Mon cœur, insensible
> A votre plainte,
> Veut toujours rire :
> Croyez-m'en ;
> Je sais par expérience
> Qu'on ne trouve en vous
> Ni constance ni fidélité.

> Oh! combien est folle celle qui vous croit! (L. B.)

SCÈNE III

POLICHINELLE; VIOLONS, derrière le théâtre.

LES VIOLONS commencent un air.
POLICHINELLE.

Quelle impertinente harmonie vient interrompre ici ma voix!

LES VIOLONS continuent à jouer.
POLICHINELLE.

Paix là! taisez-vous, violons! Laissez-moi me plaindre à mon aise des cruautés de mon inexorable.

LES VIOLONS, de même.
POLICHINELLE.

Taisez-vous, vous dis-je! c'est moi qui veux chanter.

LES VIOLONS.
POLICHINELLE.

Paix donc!

LES VIOLONS.
POLICHINELLE.

Ouais!

LES VIOLONS.
POLICHINELLE.

Ahi!

LES VIOLONS.
POLICHINELLE.

Est-ce pour rire?

LES VIOLONS.
POLICHINELLE.

Ah! que de bruit!

LES VIOLONS.
POLICHINELLE.

Le diable vous emporte!

LES VIOLONS.
POLICHINELLE.

J'enrage!

LES VIOLONS.
POLICHINELLE.

Vous ne vous tairez pas? Ah! Dieu soit loué!

LES VIOLONS.
POLICHINELLE.

Encore!

LES VIOLONS.
POLICHINELLE.

Peste des violons!

LES VIOLONS.
POLICHINELLE.

La sotte musique que voilà!

LES VIOLONS.

POLICHINELLE, chantant pour se moquer des violons.

La, la, la, la, la, la.

LES VIOLONS.
POLICHINELLE, de même.

La, la, la, la, la, la.

LES VIOLONS.
POLICHINELLE, de même.

La, la, la, la, la, la.

LES VIOLONS.
POLICHINELLE, de même.

La, la, la, la, la, la.

LES VIOLONS.
POLICHINELLE, de même.

La, la, la, la, la, la.

LES VIOLONS.
POLICHINELLE.

Par ma foi, cela me divertit. Poursuivez, messieurs les violons; vous me ferez plaisir. (N'entendant plus rien.) Allons donc, continuez, je vous en prie.

SCÈNE IV

POLICHINELLE, seul.

Voilà le moyen de les faire taire. La musique est accoutumée à ne point faire ce qu'on veut[1]. Oh! sus, à nous. Avant que de chanter, il faut que je prélude un peu, et joue quelque pièce, afin de mieux prendre mon ton. (Il prend son luth, dont il fait semblant de jouer, en imitant avec les lèvres et la langue le son de cet instrument.) Plan, plan, plan, plin, plin, plin. Voilà un temps fâcheux pour mettre un luth d'accord. Plin, plin, plin. Plin, tan, plan. Plin, plan. Les cordes ne tiennent point par ce temps-là. Plin, plin. J'entends du bruit. Mettons mon luth contre la porte.

SCÈNE V

POLICHINELLE; ARCHERS, passant dans la rue, et accourant au bruit qu'ils entendent.

UN ARCHER, chantant.

Qui va là? qui va là?

POLICHINELLE, bas.

Qui diable est-ce là? Est-ce que c'est la mode de parler en musique?

L'ARCHER.

Qui va là? qui va là? qui va là?

POLICHINELLE, épouvanté.

Moi, moi, moi.

L'ARCHER.

Qui va là? qui va là? vous dis-je.

POLICHINELLE.

Moi, moi, vous dis-je.

L'ARCHER.

Et qui toi? et qui toi?

POLICHINELLE.

Moi, moi, moi, moi, moi, moi.

L'ARCHER.

Dis ton nom, dis ton nom, sans davantage attendre.

POLICHINELLE, feignant d'être bien hardi.

Mon nom est Va te faire pendre!

---

[1] Omnibus hoc vitium est cantoribus, inter amicos
Ut nunquam inducant animum cantare rogati;
Injussi nunquam desistant. (Horace.)

L'ARCHER.

Ici, camarades, ici.
Saisissons l'insolent qui nous répond ainsi.

PREMIÈRE ENTRÉE DE BALLET.

Tout le guet vient, qui cherche Polichinelle dans la nuit.

VIOLONS ET DANSEURS.
POLICHINELLE.

Qui va là ?

VIOLONS ET DANSEURS.
POLICHINELLE.

Qui sont les coquins que j'entends ?

VIOLONS ET DANSEURS.
POLICHINELLE.

Euh ?

VIOLONS ET DANSEURS.
POLICHINELLE.

Holà ! mes laquais, mes gens !

VIOLONS ET DANSEURS.
POLICHINELLE.

Par la mort !

VIOLONS ET DANSEURS.
POLICHINELLE.

Par le sang !

VIOLONS ET DANSEURS.
POLICHINELLE.

J'en jetterai par terre.

VIOLONS ET DANSEURS.
POLICHINELLE.

Champagne ! Poitevin ! Picard ! Basque ! Breton !

VIOLONS ET DANSEURS.
POLICHINELLE.

Donnez-moi mon mousqueton...

VIOLONS ET DANSEURS.

POLICHINELLE, faisant semblant de tirer un coup de pistolet.

Poue ! (Ils tombent tous, et s'enfuient.)

SCÈNE VI

POLICHINELLE, seul.

Ah ! ah ! ah ! ah ! comme je leur ai donné l'épouvante ! Voilà de sottes gens, d'avoir peur de moi, qui ai peur des autres. Ma foi, il n'est que de jouer d'adresse en ce monde. Si je n'avois tranché du grand seigneur et n'avois fait le brave, ils n'auroient pas manqué de me happer. Ah ! ah ! ah ! (Les archers se rapprochent, et, ayant entendu ce qu'il disoit, ils le saisissent au collet.)

SCÈNE VII

POLICHINELLE ; ARCHERS chantants.

LES ARCHERS, saisissant Polichinelle.

Nous le tenons. A nous, camarades, à nous !
Dépêchez : de la lumière.

Tout le guet vient avec des lanternes.

SCÈNE VIII

POLICHINELLE ; ARCHERS chantants et dansants.

ARCHERS.

Ah ! traître ! ah ! fripon ! c'est donc vous ?
Faquin, maraud, pendard, impudent, téméraire,
Insolent, effronté, coquin, filou, voleur,
Vous osez nous faire peur !

POLICHINELLE.

Messieurs, c'est que j'étois ivre.

ARCHERS.

Non, non, non, point de raison ;
Il faut vous apprendre à vivre.
En prison, vite en prison !

POLICHINELLE.

Messieurs, je ne suis point voleur.

ARCHERS.

En prison !

POLICHINELLE.

Je suis un bourgeois de la ville.

ARCHERS.

En prison !

POLICHINELLE.

Qu'ai-je fait ?

ARCHERS.

En prison, vite, en prison !

POLICHINELLE.

Messieurs, laissez-moi aller.

ARCHERS.

Non.

POLICHINELLE.

Je vous prie !

ARCHERS.

Non.

POLICHINELLE.

Eh !

ARCHERS.

Non.

POLICHINELLE.

De grâce !

ARCHERS.

Non, non.

POLICHINELLE.

Messieurs !

ARCHERS.

Non, non, non.

POLICHINELLE.

S'il vous plaît.

ARCHERS.

Non, non.

POLICHINELLE.

Par charité !

ARCHERS.

Non, non.

POLICHINELLE.

Au nom du ciel !

ARCHERS.

Non, non.

POLICHINELLE.

Miséricorde!

ARCHERS.

Non, non, non, point de raison;
Il faut vous apprendre à vivre.
En prison, vite en prison.

POLICHINELLE.

Eh! n'est-il rien, messieurs, qui soit capable d'attendrir vos âmes?

ARCHERS.

Il est aisé de nous toucher;
Et nous sommes humains, plus qu'on ne sauroit croire.
Donnez-nous seulement six pistoles pour boire,
Nous allons vous lâcher.

POLICHINELLE.

Hélas! messieurs, je vous assure que je n'ai pas un sol sur moi.

ARCHERS.

Au défaut de six pistoles,
Choisissez donc, sans façon,
D'avoir trente croquignoles,
Ou douze coups de bâton.

POLICHINELLE.

Si c'est une nécessité, et qu'il faille en passer par là, je choisis les croquignoles.

ARCHERS.

Allons, préparez-vous,
Et comptez bien les coups.

SECONDE ENTRÉE DE BALLET.

Les archers danseurs lui donnent des croquignoles en cadence.

POLICHINELLE, pendant qu'on lui donne des croquignoles.

Un et deux, trois et quatre, cinq et six, sept et huit, neuf et dix, onze et douze, et treize, et quatorze, et quinze.

ARCHERS.

Ah! ah! vous en voulez passer!
Allons, c'est à recommencer.

POLICHINELLE.

Ah! messieurs, ma pauvre tête n'en peut plus; et vous venez de me la rendre comme une pomme cuite. J'aime mieux encore les coups de bâton que de recommencer.

ARCHERS.

Soit, puisque le bâton est pour vous plus charmant,
Vous aurez contentement.

TROISIÈME ENTRÉE DE BALLET.

Les archers danseurs lui donnent des coups de bâton en cadence.

POLICHINELLE, comptant les coups de bâton.

Un, deux, trois, quatre, cinq, six. Ah! ah! ah! je n'y saurois plus résister. Tenez, messieurs, voilà six pistoles que je vous donne.

ARCHERS.

Ah! l'honnête homme! Ah! l'âme noble et belle!
Adieu, seigneur; adieu, seigneur Polichinelle.

POLICHINELLE.

Messieurs, je vous donne le bonsoir.

ARCHERS.

Adieu, seigneur; adieu, seigneur Polichinelle.

POLICHINELLE.

Votre serviteur.

ARCHERS.

Adieu, seigneur; adieu, seigneur Polichinelle.

POLICHINELLE.

Très-humble valet.

ARCHERS.

Adieu, seigneur; adieu, seigneur Polichinelle.

POLICHINELLE.

Jusqu'au revoir [1].

QUATRIÈME ENTRÉE DE BALLET.

Ils dansent tous, en réjouissance de l'argent qu'ils ont reçu.

ACTE SECOND

Le théâtre représente la chambre d'Argan.

SCÈNE I

CLÉANTE, TOINETTE.

TOINETTE, ne reconnoissant pas Cléante.

Que demandez-vous, monsieur?

CLÉANTE.

Ce que je demande?

TOINETTE.

Ah! ah! c'est vous! Quelle surprise! Que venez-vous faire céans?

CLÉANTE.

Savoir ma destinée, parler à l'aimable Angélique, consulter les sentiments de son cœur, et lui demander ses résolutions sur ce mariage fatal dont on m'a averti.

TOINETTE.

Oui; mais on ne parle pas comme cela de but en blanc à Angélique: il faut des mystères, et l'on vous a dit l'étroite garde où elle est retenue; qu'on ne la laisse ni sortir, ni parler à personne; et que ce ne fut que la curiosité d'une vieille tante qui nous fit accorder la liberté d'aller à cette comédie qui donna lieu à la naissance de

---

[1] Dans *Boniface ou le Pédant*, une demi-douzaine de voleurs rencontrent *Mamphurius* et lui laissent le choix ou de venir en prison, ou de donner les écus qui restent dans sa gibecière, ou de recevoir dix férules avec une courroie, pour faire pénitence de ses fautes. Le pédant essaye un peu de chaque chose, et, après avoir été bien étrillé, il finit par donner sa bourse. Cette petite scène a fourni à la Fontaine le sujet d'un conte charmant, et à Molière le sujet de son meilleur intermède. (Voyez *Boniface ou le Pédant*, de Bruno Nolano, acte V, scène XXVI, p. 225.) — (Aimé Martin).

votre passion; et nous nous sommes bien gardées de parler de cette aventure.

CLÉANTE.

Aussi ne viens-je pas ici comme Cléante et sous l'apparence de son amant, mais comme ami de son maître de musique, dont j'ai obtenu le pouvoir de dire qu'il m'envoie à sa place[1].

TOINETTE.

Voici son père. Retirez-vous un peu, et me laissez lui dire que vous êtes là.

SCÈNE II

ARGAN, TOINETTE.

ARGAN, se croyant seul, et sans voir Toinette.

Monsieur Purgon m'a dit de me promener le matin, dans ma chambre, douze allées et douze venues; mais j'ai oublié à lui demander si c'est en long ou en large.

TOINETTE.

Monsieur, voilà un...

ARGAN.

Parle bas, pendarde! tu viens m'ébranler tout le cerveau, et tu ne songes pas qu'il ne faut point parler si haut à des malades.

TOINETTE.

Je voulois vous dire, monsieur..

ARGAN.

Parle bas, te dis-je.

TOINETTE.

Monsieur... (Elle fait semblant de parler.)

ARGAN.

Eh?

TOINETTE.

Je vous dis que... (Elle fait encore semblant de parler.)

ARGAN.

Qu'est-ce que tu dis?

TOINETTE, haut.

Je dis que voilà un homme qui veut parler à vous.

ARGAN.

Qu'il vienne. (Toinette fait signe à Cléante d'avancer.)

SCÈNE III

ARGAN, CLÉANTE, TOINETTE.

CLÉANTE.

Monsieur...

TOINETTE, à Cléante.

Ne parlez pas si haut, de peur d'ébranler le cerveau de monsieur.

CLÉANTE.

Monsieur, je suis ravi de vous trouver debout, et de voir que vous vous portez mieux.

[1] Dans le *Barbier de Séville*, le comte s'introduit à peu près de même dans la maison qu'habite sa maîtresse. Beaumarchais, du reste, en combinant différemment les idées empruntées à Molière, leur a donné un air de nouveauté. (Auger.)

TOINETTE, feignant d'être en colère.

Comment! qu'il se porte mieux! cela est faux. Monsieur se porte toujours mal.

CLÉANTE.

J'ai ouï dire que monsieur étoit mieux; et je lui trouve bon visage.

TOINETTE.

Que voulez-vous dire avec votre bon visage? Monsieur l'a fort mauvais; et ce sont des impertinents qui vous ont dit qu'il étoit mieux. Il ne s'est jamais si mal porté.

ARGAN.

Elle a raison.

TOINETTE.

Il marche, dort, mange et boit tout comme les autres; mais cela n'empêche pas qu'il ne soit fort malade.

ARGAN.

Cela est vrai

CLÉANTE.

Monsieur, j'en suis au désespoir. Je viens de la part du maître à chanter de mademoiselle votre fille; il s'est vu obligé d'aller à la campagne pour quelques jours; et, comme son ami intime, il m'envoie à sa place pour lui continuer ses leçons, de peur qu'en les interrompant elle ne vînt à oublier ce qu'elle sait déjà.

ARGAN.

Fort bien. (A Toinette.) Appelez Angélique.

TOINETTE.

Je crois, monsieur, qu'il sera mieux de mener monsieur à sa chambre.

ARGAN.

Non. Faites-la venir.

TOINETTE.

Il ne pourra lui donner leçon comme il faut, s'ils ne sont en particulier.

ARGAN.

Si fait, si fait.

TOINETTE.

Monsieur, cela ne fera que vous étourdir; et il ne faut rien pour vous émouvoir en l'état où vous êtes, et vous ébranler le cerveau.

ARGAN.

Point, point : j'aime la musique; et je serai bien aise de... Ah! la voici. (A Toinette.) Allez-vous-en voir, vous, si ma femme est habillée.

SCÈNE IV

ARGAN, ANGÉLIQUE, CLÉANTE.

ARGAN.

Venez, ma fille. Votre maître de musique est allé aux champs; et voilà une personne qu'il envoie à sa place pour vous montrer.

ANGÉLIQUE, reconnoissant Cléante.

Ah! ciel!

ARGAN.

Qu'est-ce? D'où vient cette surprise?

ANGÉLIQUE.

C'est...

ARGAN.

Quoi! qui vous émeut de la sorte?

ANGÉLIQUE.

C'est, mon père, une aventure surprenante qui se rencontre ici.

ARGAN.

Comment?

ANGÉLIQUE.

J'ai songé cette nuit que j'étois dans le plus grand embarras du monde, et qu'une personne, faite tout comme monsieur, s'est présentée à moi, à qui j'ai demandé secours, et qui m'est venue tirer de la peine où j'étois; et ma surprise a été grande de voir inopinément, en arrivant ici, ce que j'ai eu dans l'idée toute la nuit.

CLÉANTE.

Ce n'est pas être malheureux que d'occuper votre pensée, soit en dormant, soit en veillant; et mon bonheur seroit grand sans doute, si vous étiez dans quelque peine dont vous me jugeassiez digne de vous tirer; et il n'y a rien que je ne fisse pour...

SCÈNE V

ARGAN, ANGÉLIQUE, CLÉANTE, TOINETTE.

TOINETTE, à Argan.

Ma foi, monsieur, je suis pour vous maintenant; et je me dédis de tout ce que je disois hier. Voici monsieur Diafoirus le père et monsieur Diafoirus le fils, qui viennent vous rendre visite. Que vous serez bien engendré[1]! Vous allez voir le garçon le mieux fait du monde et le plus spirituel. Il n'a dit que deux mots, qui m'ont ravie; et votre fille va être charmée de lui.

ARGAN, à Cléante, qui feint de vouloir s'en aller.

Ne vous en allez point, monsieur. C'est que je marie ma fille; et voilà qu'on lui amène son prétendu mari, qu'elle n'a point encore vu.

CLÉANTE.

C'est m'honorer beaucoup, monsieur, de vouloir que je sois témoin d'une entrevue si agréable.

ARGAN.

C'est le fils d'un habile médecin; et le mariage se fera dans quatre jours.

CLÉANTE.

Fort bien.

ARGAN.

Mandez-le un peu à son maître de musique, afin qu'il se trouve à la noce.

CLÉANTE.

Je n'y manquerai pas.

ARGAN.

Je vous y prie aussi.

---

[1] *Engendré*, pour dire pourvu d'un gendre, est un barbarisme de la conversation très-familière, que Molière a employé plus d'une fois, et dont Rotrou s'était servi avant lui dans sa comédie de la *Sœur*. (Auger.)

CLÉANTE.

Vous me faites beaucoup d'honneur.

TOINETTE.

Allons, qu'on se range : les voici.

SCÈNE VI

MONSIEUR DIAFOIRUS, THOMAS DIAFOIRUS, ARGAN, ANGÉLIQUE, CLÉANTE, TOINETTE, LAQUAIS.

ARGAN, mettant la main à son bonnet, sans l'ôter.

Monsieur Purgon, monsieur, m'a défendu de découvrir ma tête. Vous êtes du métier : vous savez les conséquences.

MONSIEUR DIAFOIRUS.

Nous sommes dans toutes nos visites pour porter secours aux malades, et non pour leur porter de l'incommodité. (Argan et monsieur Diafoirus parlent en même temps.)

ARGAN.

Je reçois, monsieur...

MONSIEUR DIAFOIRUS.

Nous venons ici, monsieur...

ARGAN.

Avec beaucoup de joie...

MONSIEUR DIAFOIRUS.

Mon fils Thomas, et moi...

ARGAN.

L'honneur que vous me faites.

MONSIEUR DIAFOIRUS.

Vous témoigner, monsieur...

ARGAN.

Et j'aurois souhaité...

MONSIEUR DIAFOIRUS.

Le ravissement où nous sommes...

ARGAN.

De pouvoir aller chez vous...

MONSIEUR DIAFOIRUS.

De la grâce que vous nous faites...

ARGAN.

Pour vous en assurer...

MONSIEUR DIAFOIRUS.

De vouloir bien nous recevoir...

ARGAN.

Mais vous savez, monsieur...

MONSIEUR DIAFOIRUS.

Dans l'honneur, monsieur...

ARGAN.

Ce que c'est qu'un pauvre malade...

MONSIEUR DIAFOIRUS.

De votre alliance...

ARGAN.

Qui ne peut faire autre chose...

MONSIEUR DIAFOIRUS.

Et vous assurer...

ARGAN.

Que de vous dire ici...

MONSIEUR DIAFOIRUS.

Que, dans les choses qui dépendront de notre métier...

ARGAN.
Qu'il cherchera toutes les occasions...
MONSIEUR DIAFOIRUS.
De même qu'en toute autre...
ARGAN.
De vous faire connoître, monsieur...
MONSIEUR DIAFOIRUS.
Nous serons toujours prêts, monsieur...
ARGAN.
Qu'il est tout à votre service.
MONSIEUR DIAFOIRUS.
A vous témoigner notre zèle. (A son fils.) Allons, Thomas, avancez. Faites vos compliments.
THOMAS DIAFOIRUS, à monsieur Diafoirus [1].
N'est-ce pas par le père qu'il convient commencer?
MONSIEUR DIAFOIRUS.
Oui.
THOMAS DIAFOIRUS, à Argan.
Monsieur, je viens saluer, reconnoître, chérir et révérer en vous un second père, mais un second père auquel j'ose dire que je me trouve plus redevable qu'au premier. Le premier m'a engendré; mais vous m'avez choisi. Il m'a reçu par nécessité; mais vous m'avez accepté par grâce [2]. Ce que je tiens de lui est un ouvrage de son corps; mais ce que je tiens de vous est un ouvrage de votre volonté; et d'autant plus que les facultés spirituelles sont au-dessus des corporelles, d'autant plus je vous dois, et d'autant plus je tiens précieuse cette future filiation, dont je viens aujourd'hui vous rendre, par avance, les très-humbles et très-respectueux hommages.
TOINETTE.
Vivent les colléges d'où l'on sort si habile homme!
THOMAS DIAFOIRUS, à monsieur Diafoirus.
Cela a-t-il bien été, mon père?
MONSIEUR DIAFOIRUS.
Optime.
ARGAN, à Angélique.
Allons, saluez monsieur.
THOMAS DIAFOIRUS, à monsieur Diafoirus.
Baiserai-je?
MONSIEUR DIAFOIRUS.
Oui, oui.
THOMAS DIAFOIRUS, à Angélique.
Madame, c'est avec justice que le ciel vous a concédé le nom de belle-mère, puisque l'on...
ARGAN, à Thomas Diafoirus.
Ce n'est pas ma femme, c'est ma fille à qui vous parlez.
THOMAS DIAFOIRUS.
Où donc est-elle?

ARGAN.
Elle va venir.
THOMAS DIAFOIRUS.
Attendrai-je, mon père, qu'elle soit venue?
MONSIEUR DIAFOIRUS.
Faites toujours le compliment de mademoiselle.
THOMAS DIAFOIRUS.
Mademoiselle, ne plus ne moins que la statue de Memnon rendoit un son harmonieux lorsqu'elle venoit à être éclairée des rayons du soleil, tout de même me sens-je animé d'un doux transport à l'apparition du soleil de vos beautés, et, comme les naturalistes remarquent que la fleur nommée héliotrope tourne sans cesse vers cet astre du jour, aussi mon cœur dores-en-avant tournera-t-il toujours vers les astres resplendissants de vos yeux adorables, ainsi que vers son pôle unique. Souffrez donc, mademoiselle, que j'appende aujourd'hui à l'autel de vos charmes l'offrande de ce cœur qui ne respire et n'ambitionne autre gloire que d'être toute sa vie, mademoiselle, votre très-humble, très-obéissant, et très-fidèle serviteur et mari [1].
TOINETTE.
Voilà ce que c'est que d'étudier! on apprend à dire de belles choses.
ARGAN, à Cléante.
Eh! que dites-vous de cela?
CLÉANTE.
Que monsieur fait merveilles, et que, s'il est aussi bon médecin qu'il est bon orateur, il y aura plaisir à être de ses malades.
TOINETTE.
Assurément. Ce sera quelque chose d'admirable, s'il fait d'aussi belles cures qu'il fait de beaux discours.
ARGAN.
Allons, vite, ma chaise, et des siéges à tout le monde. (Des laquais donnent des siéges.) Mettez-vous là, ma fille. (A monsieur Diafoirus.) Vous voyez, monsieur, que tout le monde admire monsieur votre fils; et je vous trouve bien heureux de vous voir un garçon comme cela.
MONSIEUR DIAFOIRUS.
Monsieur, ce n'est pas parce que je suis son père; mais je puis dire que j'ai sujet d'être content de lui, et que tous ceux qui le voient en parlent comme d'un garçon qui n'a point de méchanceté. Il n'a jamais eu l'imagination bien vive, ni ce feu d'esprit qu'on remarque dans quelques-uns; mais c'est par là que j'ai toujours bien auguré de sa judiciaire, qualité requise pour l'exercice de notre art. Lorsqu'il étoit petit, il n'a jamais été ce qu'on appelle mièvre et éveillé. On le voyoit toujours doux, paisible et taciturne, ne disant jamais mot, et ne jouant jamais à tous ces petits jeux que l'on nomme enfantins. On eut toutes les peines du monde à lui apprendre à lire; et il avoit neuf ans, qu'il ne connoissoit

---

[1] Ici l'édition originale place ce petit avis assez inutile : « Thomas Diafoirus est un grand benêt, nouvellement sorti des écoles, qui fait toutes choses de mauvaise grâce et à contre-temps. » Molière n'a guère besoin qu'on décrive d'avance ses personnages : ils se font assez connaître d'eux-mêmes. (Auger.)

[2] Thomas Diafoirus connaît ses auteurs, et il les met à contribution. Ce début de son compliment à Argan semble imité d'un passage du discours de Cicéron, *Ad Quirites, post reditum* : « A parentibus, id quod necesse erat, parvus sum procreatus : a vobis natus sum consularis. Illi mihi fratrem incognitum, qualis futurus esset, dederunt : vos spectatum et incredibili pietate cognitum reddidistis. » (Auger.)

[1] Ce n'est pas ici le ridicule d'un seul individu dont Molière se moque; c'est celui de tous ces héros de colléges et de facultés, qu'on voyait alors, fort fidèles, dans la conversation, aux habitudes prises dans leurs exercices, employer, en toute occasion, les traits de la fable ou de l'histoire, et semer jusqu'à leurs propos galants de phrases tirées des auteurs grecs ou latins. (Auger.)

ACTE II, SCÈNE VI.

pas encore ses lettres. Bon, disois-je en moi-même : les arbres tardifs sont ceux qui portent les meilleurs fruits. On grave sur le marbre bien plus malaisément que sur le sable; mais les choses y sont conservées bien plus longtemps; et cette lenteur à comprendre, cette pesanteur d'imagination, est la marque d'un bon jugement à venir. Lorsque je l'envoyai au collège, il trouva de la peine ; mais il se roidissoit contre les difficultés ; et ses régents se louoient toujours à moi de son assiduité et de son travail. Enfin, à force de battre le fer, il en est venu glorieusement à avoir ses licences; et je puis dire, sans vanité, que, depuis deux ans qu'il est sur les bancs, il n'y a point de candidat qui ait fait plus de bruit que lui dans toutes les disputes de notre école. Il s'y est rendu redoutable; et il ne s'y passe point d'acte où il n'aille argumenter à outrance pour la proposition contraire. Il est ferme dans la dispute, fort comme un Turc sur ses principes, ne démord jamais de son opinion, et poursuit un raisonnement jusque dans les derniers recoins de la logique. Mais, sur toute chose, ce qui me plaît en lui, et en quoi il suit mon exemple, c'est qu'il s'attache aveuglément aux opinions de nos anciens, et que jamais il n'a voulu comprendre ni écouter les raisons et les expériences des prétendues découvertes de notre siècle, touchant la circulation du sang, et autres opinions de même farine.

THOMAS DIAFOIRUS, tirant de sa poche une grande thèse roulée, qu'il présente à Angélique.

J'ai, contre les circulateurs, soutenu une thèse, qu'avec la permission (Saluant Argan.) de monsieur, j'ose présenter à mademoiselle, comme un hommage que je lui dois des prémices de mon esprit.

ANGÉLIQUE.

Monsieur, c'est pour moi un meuble inutile, et je ne me connois pas à ces choses-là.

TOINETTE, prenant la thèse.

Donnez, donnez. Elle est toujours bonne à prendre pour l'image : cela servira à parer notre chambre.

THOMAS DIAFOIRUS, saluant encore Argan.

Avec la permission aussi de monsieur, je vous invite à venir voir, l'un de ces jours, pour vous divertir, la dissection d'une femme, sur quoi je dois raisonner.

TOINETTE.

Le divertissement sera agréable. Il y en a qui donnent la comédie à leurs maîtresses; mais donner une dissection est quelque chose de plus galant.

MONSIEUR DIAFOIRUS.

Au reste, pour ce qui est des qualités requises pour le mariage et la propagation, je vous assure que, selon les règles de nos docteurs, il est tel qu'on le peut souhaiter; qu'il possède en un degré louable la vertu prolifique, et qu'il est du tempérament qu'il faut pour engendrer et procréer des enfants bien conditionnés [1].

[1] C'est un trait de caractère que ce cynisme innocent avec lequel monsieur Diafoirus parle des facultés procréatives de son fils. Comme beaucoup de gens de sa robe, il ne voit, dans des explications assez peu décentes, que des détails physiologiques, et il ne soupçonne seulement pas que la présence d'Angélique soit une raison pour s'en abstenir. (Auger.)

ARGAN.

N'est-ce pas votre intention, monsieur, de le pousser à la cour, et d'y ménager pour lui une charge de médecin ?

MONSIEUR DIAFOIRUS.

A vous en parler franchement, notre métier auprès des grands ne m'a jamais paru agréable ; et j'ai toujours trouvé qu'il valoit mieux pour nous autres demeurer au public. Le public est commode. Vous n'avez à répondre de vos actions à personne; et, pourvu que l'on suive le courant des règles de l'art, on ne se met point en peine de tout ce qui peut arriver. Mais ce qu'il y a de fâcheux auprès des grands, c'est que, quand ils viennent à être malades, ils veulent absolument que leurs médecins les guérissent.

TOINETTE.

Cela est plaisant ! et ils sont bien impertinents de vouloir que, vous autres messieurs, vous les guérissiez! Vous n'êtes point auprès d'eux pour cela ; vous n'y êtes que pour recevoir vos pensions et leur ordonner des remèdes; c'est à eux à guérir s'ils peuvent.

MONSIEUR DIAFOIRUS.

Cela est vrai. On n'est obligé qu'à traiter les gens dans les formes.

ARGAN, à Cléante.

Monsieur, faites un peu chanter ma fille devant la compagnie.

CLÉANTE.

J'attendois vos ordres, monsieur ; et il m'est venu en pensée, pour divertir la compagnie, de chanter avec mademoiselle une scène d'un petit opéra qu'on a fait depuis peu. (A Angélique, lui donnant un papier.) Tenez, voilà votre partie.

ANGÉLIQUE.

Moi ?

CLÉANTE, bas, à Angélique.

Ne vous défendez point, s'il vous plaît, et me laissez vous faire comprendre ce que c'est que la scène que nous devons chanter. (Haut.) Je n'ai pas une voix à chanter ; mais ici il suffit que je me fasse entendre ; et l'on aura la bonté de m'excuser, par la nécessité où je me trouve de faire chanter mademoiselle.

ARGAN.

Les vers en sont-ils beaux ?

CLÉANTE.

C'est proprement ici un petit opéra impromptu ; et vous n'allez entendre chanter que de la prose cadencée, ou des manières de vers libres, tels que la passion et la nécessité peuvent faire trouver à deux personnes qui disent les choses d'eux-mêmes, et parlent sur-le-champ.

ARGAN.

Fort bien. Écoutons.

CLÉANTE.

Voici le sujet de la scène. Un berger étoit attentif aux beautés d'un spectacle qui ne faisoit que de commencer, lorsqu'il fut tiré de son attention par un bruit qu'il entendit à ses côtés. Il se retourne, et voit un brutal qui, de paroles insolentes, maltraitoit une bergère. D'abord il prend les intérêts d'un sexe à qui tous les hommes doivent hommage ; et, après avoir donné au brutal le châtiment de son insolence, il vient à la bergère, et voit une jeune personne qui, des deux plus beaux yeux qu'il eût jamais vus, versoit des larmes qu'il trouva les plus belles du monde. Hélas! dit-il en lui-même, est-on capable d'outrager une personne si aimable! Et quel inhumain, quel barbare ne seroit touché par de telles larmes? Il prend soin de les arrêter, ces larmes qu'il trouvé si belles ; et l'aimable bergère prend soin en même temps de le remercier de son léger service, mais d'une manière si charmante, si tendre et si passionnée, que le berger n'y peut résister ; et chaque mot, chaque regard, est un trait plein de flamme dont son cœur se sent pénétré. Est-il, disoit-il, quelque chose qui puisse mériter les aimables paroles d'un tel remerciment? Et que ne voudroit-on pas faire, à quels services, à quels dangers ne seroit-on pas ravi de courir, pour s'attirer un seul moment des touchantes douceurs d'une âme si reconnoissante? Tout le spectacle passe sans qu'il y donne aucune attention ; mais il se plaint qu'il est trop court, parce qu'en finissant il le sépare de son adorable bergère ; et, de cette première vue, de ce premier moment, il emporte chez lui tout ce qu'un amour de plusieurs années peut avoir de plus violent. Le voilà aussitôt à sentir tous les maux de l'absence, et il est tourmenté de ne plus voir ce qu'il a si peu vu. Il fait tout ce qu'il peut pour se redonner cette vue, dont il conserve nuit et jour une si chère idée ; mais la grande contrainte où l'on tient sa bergère lui en ôte tous les moyens. La violence de sa passion le fait résoudre à demander en mariage l'adorable beauté sans laquelle il ne peut plus vivre ; et il en obtient d'elle la permission, par un billet qu'il a l'adresse de lui faire tenir. Mais, dans le même temps, on l'avertit que le père de cette belle a conclu son mariage avec un autre, et que tout se dispose pour en célébrer la cérémonie. Jugez quelle atteinte cruelle au cœur de ce triste berger! Le voilà accablé d'une mortelle douleur ; il ne peut souffrir l'effroyable idée de voir tout ce qu'il aime entre les bras d'un autre ; et son amour, au désespoir, lui fait trouver moyen de s'introduire dans la maison de sa bergère pour apprendre ses sentiments et savoir d'elle la destinée à laquelle il doit se résoudre. Il y rencontre les apprêts de tout ce qu'il craint ; il y voit venir l'indigne rival que le caprice d'un père oppose aux tendresses de son amour ; il le voit triomphant, ce rival ridicule, auprès de l'aimable bergère, ainsi qu'auprès d'une conquête qui lui est assurée ; et cette vue le remplit d'une colère dont il a peine à se rendre le maître. Il jette de douloureux regards sur celle qu'il adore ; et son respect et la présence de son père l'empêchent de lui rien dire que des yeux. Mais enfin il force toute contrainte, et le transport de son amour l'oblige à lui parler ainsi : (Il chante.)

Belle Philis, c'est trop, c'est trop souffrir ;
Rompons ce dur silence, et m'ouvrez vos pensées.
   Apprenez-moi ma destinée :
   Faut-il vivre? Faut-il mourir?

ANGÉLIQUE, en chantant.
Vous me voyez, Tircis, triste et mélancolique,
Aux apprêts de l'hymen dont vous vous alarmez :
Je lève au ciel les yeux, je vous regarde, je soupire ;
   C'est vous en dire assez.

ARGAN.
Ouais! je ne croyois pas que ma fille fût si habile, que de chanter ainsi à livre ouvert, sans hésiter.

CLÉANTE.
   Hélas! belle Philis,
Se pourroit-il que l'amoureux Tircis
   Eût assez de bonheur
Pour avoir quelque place dans votre cœur?

ANGÉLIQUE.
Je ne m'en défends point dans cette peine extrême ;
   Oui, Tircis, je vous aime.

CLÉANTE.
   O parole pleine d'appas!
   Ai-je bien entendu? Hélas!
Redites-la, Philis ; que je n'en doute pas.

ANGÉLIQUE.
   Oui, Tircis, je vous aime.

CLÉANTE.
   De grâce, encor, Philis!

ANGÉLIQUE.
   Je vous aime.

CLÉANTE.
Recommencez cent fois ; ne vous en lassez pas.

ANGÉLIQUE.
   Je vous aime, je vous aime ;
   Oui, Tircis, je vous aime.

CLÉANTE.
Dieux, rois, qui sous vos pieds regardez tout le monde,
Pouvez-vous comparer votre bonheur au mien?
   Mais, Philis, une pensée
   Vient troubler ce doux transport.
   Un rival, un rival...

ANGÉLIQUE.
   Ah! je le hais plus que la mort ;
   Et sa présence, ainsi qu'à vous,
   M'est un cruel supplice.

CLÉANTE.
Mais un père à ses vœux vous veut assujettir.

ANGÉLIQUE.
   Plutôt, plutôt mourir,
   Que de jamais y consentir ;
Plutôt, plutôt mourir, plutôt mourir!

ARGAN.
Et que dit le père à tout cela?

CLÉANTE.
Il ne dit rien.

ARGAN.
Voilà un sot père que ce père-là, de souffrir toutes ces sottises-là sans rien dire!

CLÉANTE, voulant continuer à chanter.
   Ah! mon amour...

ARGAN.
Non, non ; en voilà assez. Cette comédie-là est de fort

ACTE II, SCÈNE VII.

mauvais exemple. Le berger Tircis est un impertinent, et la bergère Philis une impudente de parler de la sorte devant son père. (A Angélique.) Montrez-moi ce papier. Ah! ah! où sont donc les paroles que vous avez dites? Il n'y a là que de la musique écrite.

CLÉANTE.

Est-ce que vous ne savez pas, monsieur, qu'on a trouvé, depuis peu, l'invention d'écrire les paroles avec les notes mêmes?

ARGAN.

Fort bien. Je suis votre serviteur, monsieur; jusqu'au revoir. Nous nous serions bien passés de votre impertinent opéra.

CLÉANTE.

J'ai cru vous divertir.

ARGAN.

Les sottises ne divertissent point. Ah! voici ma femme.

SCÈNE VII

BÉLINE, ARGAN, ANGÉLIQUE, MONSIEUR DIAFOIRUS, THOMAS DIAFOIRUS, TOINETTE.

ARGAN.

M'amour, voilà le fils de monsieur Diafoirus.

THOMAS DIAFOIRUS.

Madame, c'est avec justice que le ciel vous a concédé le nom de belle-mère, puisque l'on voit sur votre visage...

BÉLINE.

Monsieur, je suis ravie d'être venue ici à propos, pour avoir l'honneur de vous voir.

THOMAS DIAFOIRUS.

Puisque l'on voit sur votre visage... puisque l'on voit sur votre visage... Madame, vous m'avez interrompu dans le milieu de ma période, et cela m'a troublé la mémoire.

MONSIEUR DIAFOIRUS.

Thomas, réservez cela pour une autre fois.

ARGAN.

Je voudrois, ma mie, que vous eussiez été ici tantôt.

TOINETTE.

Ah! madame, vous avez bien perdu de n'avoir point été au second père, à la statue de Memnon, et à la fleur nommée héliotrope.

ARGAN.

Allons, ma fille, touchez dans la main de monsieur, et lui donnez votre foi, comme à votre mari.

ANGÉLIQUE

Mon père!

ARGAN.

Eh bien, mon père! Qu'est-ce que cela veut dire?

ANGÉLIQUE.

De grâce, ne précipitez pas les choses. Donnez-nous au moins le temps de nous connoître, et de voir naître en nous, l'un pour l'autre, cette inclination si nécessaire à composer une union parfaite.

THOMAS DIAFOIRUS.

Quant à moi, mademoiselle, elle est déjà toute née en moi; et je n'ai pas besoin d'attendre davantage.

ANGÉLIQUE.

Si vous êtes si prompt, monsieur, il n'en est pas de même de moi; et je vous avoue que votre mérite n'a pas encore assez fait d'impression dans mon âme.

ARGAN.

Oh! bien, bien; cela aura tout le loisir de se faire quand vous serez mariés ensemble.

ANGÉLIQUE.

Eh! mon père, donnez-moi du temps, je vous prie. Le mariage est une chaîne où l'on ne doit jamais soumettre un cœur par force; et, si monsieur est honnête homme, il ne doit point vouloir accepter une personne qui seroit à lui par contrainte.

THOMAS DIAFOIRUS.

Nego consequentiam[1], mademoiselle; et je puis être honnête homme, et vouloir bien vous accepter des mains de monsieur votre père.

ANGÉLIQUE.

C'est un méchant moyen de se faire aimer de quelqu'un, que de lui faire violence.

THOMAS DIAFOIRUS.

Nous lisons des anciens, mademoiselle, que leur coutume étoit d'enlever par force, de la maison des pères, les filles qu'on menoit marier, afin qu'il ne semblât pas que ce fût de leur consentement qu'elles convoloient dans les bras d'un homme.

ANGÉLIQUE.

Les anciens, monsieur, sont les anciens; et nous sommes les gens de maintenant. Les grimaces ne sont point nécessaires dans notre siècle; et, quand un mariage nous plaît, nous savons fort bien y aller, sans qu'on nous y traîne. Donnez-vous patience; si vous m'aimez, monsieur, vous devez vouloir tout ce que je veux.

THOMAS DIAFOIRUS.

Oui, mademoiselle, jusqu'aux intérêts de mon amour exclusivement.

ANGÉLIQUE.

Mais la grande marque d'amour, c'est d'être soumis aux volontés de celle qu'on aime.

THOMAS DIAFOIRUS.

Distingo, mademoiselle. Dans ce qui ne regarde point sa possession, *concedo*; mais, dans ce qui la regarde, *nego*.

TOINETTE, à Angélique.

Vous avez beau raisonner. Monsieur est frais émoulu du collège; et il vous donnera toujours votre reste. Pourquoi tant résister, et refuser la gloire d'être attachée au corps de la Faculté?

BÉLINE.

Elle a peut-être quelque inclination en tête.

---

[1] « Je nie la conséquence. » Monsieur Diafoirus nous avait bien dit que son fils était un terrible argumentateur. Il va soutenir ses droits à la main d'Angélique, comme on soutient une thèse, avec tout l'attirail des termes de logique. (Auger.)

ANGÉLIQUE.

Si j'en avois, madame, elle seroit telle que la raison et l'honnêteté pourroient me la permettre.

ARGAN.

Ouais! je joue ici un plaisant personnage!

BÉLINE.

Si j'étois que de vous, mon fils, je ne la forcerois point à se marier; et je sais bien ce que je ferois.

ANGÉLIQUE.

Je sais, madame, ce que vous voulez dire, et les bontés que vous avez pour moi; mais peut-être que vos conseils ne seront pas assez heureux pour être exécutés.

BÉLINE.

C'est que les filles bien sages et bien honnêtes, comme vous, se moquent d'être obéissantes et soumises aux volontés de leurs pères. Cela étoit bon autrefois.

ANGÉLIQUE.

Le devoir d'une fille a des bornes, madame; et la raison et les lois ne l'étendent point à toutes sortes de choses.

BÉLINE.

C'est-à-dire que vos pensées ne sont que pour le mariage; mais vous voulez choisir un époux à votre fantaisie.

ANGÉLIQUE.

Si mon père ne veut pas me donner un mari qui me plaise, je le conjurerai, au moins, de ne me point forcer à en épouser un que je ne puisse pas aimer.

ARGAN.

Messieurs, je vous demande pardon de tout ceci.

ANGÉLIQUE.

Chacun a son but en se mariant. Pour moi, qui ne veux un mari que pour l'aimer véritablement, et qui prétends en faire tout l'attachement de ma vie, je vous avoue que j'y cherche quelque précaution. Il y en a d'aucunes qui prennent des maris seulement pour se tirer de la contrainte de leurs parents et se mettre en état de faire tout ce qu'elles voudront. Il y en a d'autres, madame, qui font du mariage un commerce de pur intérêt; qui ne se marient que pour gagner des douaires, que pour s'enrichir par la mort de ceux qu'elles épousent, et courent sans scrupules de mari en mari, pour s'approprier leurs dépouilles. Ces personnes-là, à la vérité, n'y cherchent pas tant de façons, et regardent peu la personne.

BÉLINE.

Je vous trouve aujourd'hui bien raisonnante, et je voudrois bien savoir ce que vous voulez dire par là.

ANGÉLIQUE.

Moi, madame? Que voudrois-je dire que ce que je dis?

BÉLINE.

Vous êtes si sotte, ma mie, qu'on ne sauroit plus vous souffrir.

ANGÉLIQUE.

Vous voudriez bien, madame, m'obliger à vous répondre quelque impertinence; mais je vous avertis que vous n'aurez pas cet avantage.

BÉLINE.

Il n'est rien d'égal à votre insolence.

ANGÉLIQUE.

Non, madame, vous avez beau dire.

BÉLINE.

Et vous avez un ridicule orgueil, une impertinente présomption, qui fait hausser les épaules à tout le monde.

ANGÉLIQUE.

Tout cela, madame, ne servira de rien. Je serai sage en dépit de vous; et, pour vous ôter l'espérance de pouvoir réussir dans ce que vous voulez, je vais m'ôter de votre vue [1].

SCÈNE VIII

ARGAN, BÉLINE, MONSIEUR DIAFOIRUS, THOMAS DIAFOIRUS, TOINETTE.

ARGAN, à Angélique, qui sort.

Écoute. Il n'y a point de milieu à cela : choisis d'épouser dans quatre jours ou monsieur ou un couvent. (A Béline.) Ne vous mettez pas en peine : je la rangerai bien.

BÉLINE.

Je suis fâchée de vous quitter, mon fils; mais j'ai une affaire en ville, dont je ne puis me dispenser. Je reviendrai bientôt.

ARGAN.

Allez, m'amour; et passez chez votre notaire, afin qu'il expédie ce que vous savez.

BÉLINE.

Adieu, mon petit ami.

ARGAN.

Adieu, ma mie.

SCÈNE IX

ARGAN, MONSIEUR DIAFOIRUS, THOMAS DIAFOIRUS, TOINETTE.

ARGAN.

Voilà une femme qui m'aime... cela n'est pas croyable.

MONSIEUR DIAFOIRUS.

Nous allons, monsieur, prendre congé de vous.

ARGAN.

Je vous prie, monsieur, de me dire un peu comment je suis.

MONSIEUR DIAFOIRUS, tâtant le pouls d'Argan.

Allons, Thomas, prenez l'autre bras de monsieur, pour voir si vous saurez porter un bon jugement de son pouls. *Quid dicis?*

THOMAS DIAFOIRUS.

Dico que le pouls de monsieur est le pouls d'un homme qui ne se porte point bien.

---

[1] Angélique se trouve forcée de résister à son père. La belle-mère profite habilement de cette résistance pour indisposer Argan contre sa fille, et cela produit une scène frappante de vérité. On ne peut mieux soutenir le caractère décent d'une fille bien élevée, et dessiner plus fortement celui d'une marâtre. (A.)

MONSIEUR DIAFOIRUS.
Bon.

THOMAS DIAFOIRUS.
Qu'il est duriuscule, pour ne pas dire dur.

MONSIEUR DIAFOIRUS.
Fort bien.

THOMAS DIAFOIRUS.
Repoussant.

MONSIEUR DIAFOIRUS
Bene.

THOMAS DIAFOIRUS.
Et même un peu capricant.

MONSIEUR DIAFOIRUS.
Optime.

THOMAS DIAFOIRUS.
Ce qui marque une intempérie dans le *parenchyme splénique*, c'est-à-dire la rate.

MONSIEUR DIAFOIRUS.
Fort bien.

ARGAN.
Non : monsieur Purgon dit que c'est mon foie qui est malade.

MONSIEUR DIAFOIRUS.
Eh oui : qui dit *parenchyme* dit l'un et l'autre, à cause de l'étroite sympathie qu'ils ont ensemble par le moyen du *vas breve*, du *pylore*, et souvent des *méats cholédoques*. Il vous ordonne sans doute de manger force rôti ?

ARGAN.
Non ; rien que du bouilli.

MONSIEUR DIAFOIRUS.
Eh oui : rôti, bouilli, même chose. Il vous ordonne fort prudemment, et vous ne pouvez être entre de meilleures mains.

ARGAN.
Monsieur, combien est-ce qu'il faut mettre de grains de sel dans un œuf ?

MONSIEUR DIAFOIRUS.
Six, huit, dix, par les nombres pairs, comme dans les médicaments par les nombres impairs.

ARGAN.
Jusqu'au revoir, monsieur.

SCÈNE X

BÉLINE, ARGAN.

BÉLINE.
Je viens, mon fils, avant que de sortir, vous donner avis d'une chose à laquelle il faut que vous preniez garde. En passant par-devant la chambre d'Angélique, j'ai vu un jeune homme avec elle, qui s'est sauvé d'abord qu'il m'a vue.

ARGAN.
Un jeune homme avec ma fille !

BÉLINE.
Oui. Votre petite fille Louison étoit avec eux, qui pourra vous en dire des nouvelles.

ARGAN.
Envoyez-la ici, m'amour, envoyez-la ici. Ah ! l'effrontée ! (Seul.) Je ne m'étonne plus de sa résistance.

SCÈNE XI

ARGAN, LOUISON.

LOUISON.
Qu'est-ce que vous voulez, mon papa ? ma belle-maman m'a dit que vous me demandez.

ARGAN.
Oui. Venez çà. Avancez là. Tournez-vous. Levez les yeux. Regardez-moi. Hé ?

LOUISON.
Quoi, mon papa ?

ARGAN.
Là.

LOUISON.
Quoi ?

ARGAN.
N'avez-vous rien à me dire ?

LOUISON.
Je vous dirai, si vous voulez, pour vous désennuyer, le conte de *Peau d'Ane*, ou bien la fable du *Corbeau et du Renard*, qu'on m'a apprise depuis peu [1].

ARGAN.
Ce n'est pas là ce que je demande.

LOUISON.
Quoi donc ?

ARGAN.
Ah ! rusée, vous savez bien ce que je veux dire ?

LOUISON.
Pardonnez-moi, mon papa.

ARGAN.
Est-ce là comme vous m'obéissez ?

LOUISON.
Quoi ?

ARGAN.
Ne vous ai-je pas recommandé de me venir dire d'abord tout ce que vous voyez ?

LOUISON.
Oui, mon papa.

ARGAN.
L'avez-vous fait ?

LOUISON.
Oui, mon papa. Je vous suis venue dire tout ce que j'ai vu.

ARGAN.
Et n'avez-vous rien vu aujourd'hui ?

LOUISON.
Non, mon papa.

ARGAN.
Non ?

---

[1] Perrault ne publia le conte de *Peau d'Ane* qu'en 1694. Il le recueillit de la bouche des nourrices et des petits enfants, comme le constate ce passage de Molière (écrit en 1673), et comme on peut le voir par le *Recueil des pièces curieuses et nouvelles, tant en prose qu'en vers*. La Haye, 1694, tome II, p. 21, etc. (Aimé Martin.)

LOUISON.
Non, mon papa.
ARGAN.
Assurément?
LOUISON.
Assurément.
ARGAN.
Oh çà, je m'en vais vous faire voir quelque chose, moi.
LOUISON, voyant une poignée de verges qu'Argan a été prendre.
Ah! mon papa!
ARGAN.
Ah! ah! petite masque, vous ne me dites pas que vous avez vu un homme dans la chambre de votre sœur!
LOUISON, pleurant.
Mon papa!
ARGAN, prenant Louison par le bras.
Voici qui vous apprendra à mentir.
LOUISON, se jetant à genoux.
Ah! mon papa, je vous demande pardon. C'est que ma sœur m'avoit dit de ne pas vous le dire; mais je m'en vais vous dire tout.
ARGAN.
Il faut premièrement que vous ayez le fouet pour avoir menti. Puis après nous verrons au reste.
LOUISON.
Pardon, mon papa.
ARGAN.
Non, non.
LOUISON.
Mon pauvre papa, ne me donnez pas le fouet.
ARGAN.
Vous l'aurez.
LOUISON.
Au nom de Dieu, mon papa, que je ne l'aie pas!
ARGAN, voulant la fouetter.
Allons, allons.
LOUISON.
Ah! mon papa, vous m'avez blessée. Attendez : je suis morte. (Elle contrefait la morte.)
ARGAN.
Holà! Qu'est-ce là? Louison, Louison! Ah! mon Dieu! Louison! Ah! ma fille! Ah! malheureux! ma pauvre fille est morte! Qu'ai-je fait, misérable! Ah! chiennes de verges! La peste soit des verges! Ah! ma pauvre fille, ma pauvre petite Louison[1]!
LOUISON.
La, la, mon papa, ne pleurez point tant : je ne suis pas morte tout à fait.
ARGAN.
Voyez-vous la petite rusée? Oh çà, çà, je vous pardonne pour cette fois-ci, pourvu que vous me disiez bien tout.
LOUISON.
Oh! oui, mon papa.
ARGAN.
Prenez-y bien garde, au moins; car voilà un petit doigt qui sait tout, et qui me dira si vous mentez.

[1] Louison sait que son papa craint la mort, et elle contrefait la morte pour l'effrayer. Il y a un naturel exquis dans toute cette scène. (L. B.)

LOUISON.
Mais, mon papa, ne dites pas à ma sœur que je vous l'ai dit.
ARGAN
Non, non.
LOUISON, après avoir écouté si personne n'écoute.
C'est, mon papa, qu'il est venu un homme dans la chambre de ma sœur, comme j'y étois.
ARGAN.
Eh bien?
LOUISON.
Je lui ai demandé ce qu'il demandoit, et il m'a dit qu'il étoit son maître à chanter.
ARGAN, à part.
Hom! hom! voilà l'affaire. (A Louison.) Eh bien?
LOUISON.
Ma sœur est venue après.
ARGAN.
Eh bien?
LOUISON.
Elle lui a dit : Sortez, sortez, sortez. Mon Dieu, sortez; vous me mettez au désespoir!
ARGAN.
Eh bien?
LOUISON.
Et lui, il ne vouloit pas sortir.
ARGAN.
Qu'est-ce qu'il lui disoit?
LOUISON.
Il lui disoit je ne sais combien de choses.
ARGAN.
Et quoi encore?
LOUISON.
Il lui disoit tout-ci, tout-ça, qu'il l'aimoit bien, et qu'elle étoit la plus belle du monde.
ARGAN.
Et puis après?
LOUISON.
Et puis après, il se mettoit à genoux devant elle.
ARGAN.
Et puis après?
LOUISON.
Et puis après, il lui baisoit les mains.
ARGAN.
Et puis après?
LOUISON.
Et puis après, ma belle-maman est venue à la porte, et il s'est enfui.
ARGAN.
Il n'y a point autre chose?
LOUISON.
Non, mon papa.
ARGAN.
Voilà mon petit doigt pourtant qui gronde quelque chose. (Mettant son doigt à son oreille.) Attendez. Eh! Ah! ah! Oui? Oh, oh! Voilà mon petit doigt qui me dit quelque chose que vous avez vu, et que vous ne m'avez pas dit.

LOUISON.
Ah! mon papa, votre petit doigt est un menteur.
ARGAN.
Prenez garde.
LOUISON.
Non, mon papa; ne le croyez pas ; il ment, je vous assure.
ARGAN.
Oh bien, bien, nous verrons cela. Allez-vous-en, et prenez bien garde à tout : allez. (Seul.) Ah! il n'y a plus d'enfants! Ah! que d'affaires! Je n'ai pas seulement le loisir de songer à ma maladie. En vérité, je n'en puis plus. (Il se laisse tomber dans une chaise.)

SCÈNE XII

BÉRALDE, ARGAN.

BÉRALDE.
Eh bien, mon frère, qu'est-ce? Comment vous portez-vous?
ARGAN.
Ah! mon frère, fort mal.
BÉRALDE.
Comment! fort mal?
ARGAN.
Oui, je suis dans une foiblesse si grande, que cela n'est pas croyable.
BÉRALDE.
Voilà qui est fâcheux.
ARGAN.
Je n'ai pas seulement la force de pouvoir parler.
BÉRALDE.
J'étois venu ici, mon frère, vous proposer un parti pour ma nièce Angélique.
ARGAN, parlant avec emportement et se levant de sa chaise.
Mon frère, ne me parlez point de cette coquine-là. C'est une fripone, une impertinente, une effrontée, que je mettrai dans un couvent avant qu'il soit deux jours!
BÉRALDE.
Ah! voilà qui est bien! Je suis bien aise que la force vous revienne un peu, et que ma visite vous fasse du bien. Oh çà, nous parlerons d'affaires tantôt. Je vous amène ici un divertissement que j'ai rencontré, qui dissipera votre chagrin, et vous rendra l'âme mieux disposée aux choses que nous avons à dire. Ce sont des Égyptiens vêtus en Mores, qui font des danses mêlées de chansons, où je suis sûr que vous prendrez plaisir; et cela vaudra bien une ordonnance de monsieur Purgon. Allons[1].

[1] Béralde est, comme l'Ariste de l'*École des Maris*, celui des *Femmes savantes* et le Cléante du *Tartuffe*, un de ces frères ou beaux-frères dont l'éloquente raison vient combattre la manie du principal personnage, et secourir deux amants dont cette manie menace de détruire le bonheur. (Auger.)

SECOND INTERMÈDE

Le frère du Malade imaginaire lui amène, pour le divertir, plusieurs Égyptiens et Égyptiennes, vêtus en Mores, qui font des danses entremêlées de chansons.

PREMIÈRE FEMME MORE.

Profitez du printemps
De vos beaux ans,
Aimable jeunesse;
Profitez du printemps
De vos beaux ans ;
Donnez-vous à la tendresse.

Les plaisirs les plus charmants,
Sans l'amoureuse flamme,
Pour contenter une âme
N'ont point d'attraits assez puissants.

Profitez du printemps
De vos beaux ans,
Aimable jeunesse;
Profitez du printemps
De vos beaux ans ;
Donnez-vous à la tendresse;
Ne perdez point ces précieux moments.

La beauté passe,
Le temps l'efface ;
L'âge de glace
Vient à sa place,
Qui nous ôte le goût de ces doux passe-temps.

Profitez du printemps
De vos beaux ans,
Aimable jeunesse;
Profitez du printemps
De vos beaux ans ;
Donnez-vous à la tendresse.

PREMIÈRE ENTRÉE DE BALLET.

Danse des Égyptiens et des Égyptiennes.

SECONDE FEMME MORE.

Quand d'aimer on nous presse,
A quoi songez-vous?
Nos cœurs, dans la jeunesse,
N'ont vers la tendresse
Qu'un penchant trop doux.
L'amour a, pour nous prendre,
De si doux attraits,
Que, de soi, sans attendre,
On voudroit se rendre
A ses premiers traits ;
Mais tout ce qu'on écoute
Des vives douleurs
Et des pleurs qu'il nous coûte,
Fait qu'on en redoute
Toutes les douceurs.

TROISIÈME FEMME MORE.
Il est doux, à notre âge,
D'aimer tendrement
Un amant
Qui s'engage;
Mais, s'il est volage,
Hélas! quel tourment!

QUATRIÈME FEMME MORE.
L'amant qui se dégage
N'est pas le malheur;
La douleur
Et la rage,
C'est que le volage
Garde notre cœur.

SECONDE FEMME MORE.
Quel parti faut-il prendre
Pour nos jeunes cœurs?

QUATRIÈME FEMME MORE.
Devons-nous nous y rendre,
Malgré ses rigueurs?

ENSEMBLE.
Oui, suivons ses ardeurs,
Ses transports, ses caprices,
Ses douces langueurs;
S'il a quelques supplices,
Il a cent délices
Qui charment les cœurs.

SECONDE ENTRÉE DE BALLET.

Tous les Mores dansent ensemble, et font sauter des singes qu'ils ont amenés avec eux.

ACTE TROISIÈME

SCÈNE I

BÉRALDE, ARGAN, TOINETTE.

BÉRALDE.
Eh bien, mon frère, qu'en dites-vous? Cela ne vaut-il pas bien une prise de casse?

TOINETTE.
Hom! de bonne casse est bonne.

BÉRALDE.
Oh çà! voulez-vous que nous parlions un peu ensemble?

ARGAN.
Un peu de patience, mon frère : je vais revenir.

TOINETTE.
Tenez, monsieur, vous ne songez pas que vous ne sauriez marcher sans bâton.

ARGAN.
Tu as raison.

SCÈNE II

BÉRALDE, TOINETTE.

TOINETTE.
N'abandonnez pas, s'il vous plaît, les intérêts de votre nièce.

BÉRALDE.
J'emploierai toutes choses pour lui obtenir ce qu'elle souhaite.

TOINETTE.
Il faut absolument empêcher ce mariage extravagant qu'il s'est mis dans la fantaisie; et j'avois songé en moi-même que ç'auroit été une bonne affaire de pouvoir introduire ici un médecin à notre poste [1] pour le dégoûter de son monsieur Purgon et lui décrier sa conduite. Mais, comme nous n'avons personne en main pour cela, j'ai résolu de jouer un tour de ma tête.

BÉRALDE.
Comment?

TOINETTE.
C'est une imagination burlesque [2]. Cela sera peut-être plus heureux que sage. Laissez-moi faire. Agissez de votre côté. Voici notre homme.

SCÈNE III

ARGAN, BÉRALDE.

BÉRALDE.
Vous voulez bien, mon frère, que je vous demande, avant toute chose, de ne vous point échauffer l'esprit dans notre conversation?

ARGAN.
Voilà qui est fait.

BÉRALDE.
De répondre sans nulle aigreur aux choses que je pourrai vous dire?

ARGAN.
Oui.

BÉRALDE.
Et de raisonner ensemble sur les affaires dont nous avons à parler, avec un esprit détaché de toute passion?

ARGAN.
Mon Dieu! oui. Voilà bien du préambule!

BÉRALDE.
D'où vient, mon frère, qu'ayant le bien que vous avez, et n'ayant d'enfants qu'une fille, car je ne compte pas la petite; d'où vient, dis-je, que vous parlez de la mettre dans un couvent?

ARGAN.
D'où vient, mon frère, que je suis maître dans ma famille, pour faire ce que bon me semble?

---

[1] A notre poste, vieille expression qui signifie : à notre gré, selon notre intérêt ou notre fantaisie. (A.)

[2] Bien burlesque en effet. Molière vient au-devant du reproche. Le travestissement de Toinette en médecin est une invention bouffonne et invraisemblable qui paraît plus que déplacée dans cette pièce, chef-d'œuvre de comique et de naturel. (Auger.)

ACTE III, SCÈNE III.

BÉRALDE.

Votre femme ne manque pas de vous conseiller de vous défaire ainsi de vos deux filles; et je ne doute point que, par un esprit de charité, elle ne fût ravie de les voir toutes deux bonnes religieuses.

ARGAN.

Oh çà! nous y voici. Voilà tout d'abord la pauvre femme en jeu. C'est elle qui fait tout le mal, et tout le monde lui en veut.

BÉRALDE.

Non, mon frère; laissons-la là : c'est une femme qui a les meilleures intentions du monde pour votre famille, et qui est détachée de toute sorte d'intérêt; qui a pour vous une tendresse merveilleuse, et qui montre pour vos enfants une affection et une bonté qui n'est pas concevable : cela est certain. N'en parlons point, et revenons à votre fille. Sur quelle pensée, mon frère, la voulez-vous donner en mariage au fils d'un médecin?

ARGAN.

Sur la pensée, mon frère, de me donner un gendre tel qu'il me faut.

BÉRALDE.

Ce n'est point là, mon frère, le fait de votre fille : et il se présente un parti plus sortable pour elle.

ARGAN.

Oui; mais celui-ci, mon frère, est plus sortable pour moi.

BÉRALDE.

Mais le mari qu'elle doit prendre doit-il être, mon frère, ou pour elle, ou pour vous?

ARGAN.

Il doit être, mon frère, et pour elle et pour moi; et je veux mettre dans ma famille les gens dont j'ai besoin.

BÉRALDE.

Par cette raison-là, si votre petite étoit grande, vous lui donneriez en mariage un apothicaire?

ARGAN.

Pourquoi non?

BÉRALDE.

Est-il possible que vous serez toujours embéguiné de vos apothicaires et de vos médecins, et que vous vouliez être malade en dépit des gens et de la nature!

ARGAN.

Comment l'entendez-vous, mon frère?

BÉRALDE.

J'entends, mon frère, que je ne vois point d'homme qui soit moins malade que vous, et que je ne demanderois point une meilleure constitution que la vôtre. Une grande marque que vous vous portez bien et que vous avez un corps parfaitement bien composé, c'est qu'avec tous les soins que vous avez pris, vous n'avez pu parvenir encore à gâter la bonté de votre tempérament, et que vous n'êtes point crevé de toutes les médecines qu'on vous a fait prendre.

ARGAN.

Mais savez-vous, mon frère, que c'est cela qui me conserve; et que monsieur Purgon dit que je succomberois, s'il étoit seulement trois jours sans prendre soin de moi?

BÉRALDE.

Si vous n'y prenez garde, il prendra tant de soin de vous, qu'il vous enverra en l'autre monde.

ARGAN.

Mais raisonnons un peu, mon frère. Vous ne croyez donc point à la médecine?

BÉRALDE.

Non, mon frère; et je ne vois pas que, pour son salut, il soit nécessaire d'y croire.

ARGAN.

Quoi! vous ne tenez pas véritable une chose établie par tout le monde et que tous les siècles ont révérée?

BÉRALDE.

Bien loin de la tenir véritable, je la trouve, entre nous, une des plus grandes folies qui soient parmi les hommes : et, à regarder les choses en philosophe, je ne vois point une plus plaisante momerie, je ne vois rien de plus ridicule, qu'un homme qui se veut mêler d'en guérir un autre.

ARGAN.

Pourquoi ne voulez-vous pas, mon frère, qu'un homme en puisse guérir un autre?

BÉRALDE.

Par la raison, mon frère, que les ressorts de notre machine sont des mystères, jusques ici, où les hommes ne voient goutte; et que la nature nous a mis au-devant des yeux des voiles trop épais pour y connoître quelque chose.

ARGAN.

Les médecins ne savent donc rien, à votre compte?

BÉRALDE.

Si fait, mon frère. Ils savent la plupart de fort belles humanités, savent parler en beau latin, savent nommer en grec toutes les maladies, les définir et les diviser; mais, pour ce qui est de les guérir, c'est ce qu'ils ne savent pas du tout [1].

ARGAN.

Mais toujours faut-il demeurer d'accord que, sur cette matière, les médecins en savent plus que les autres.

BÉRALDE.

Ils savent, mon frère, ce que je vous ai dit, qui ne guérit pas de grand'chose : et toute l'excellence de leur art consiste en un pompeux galimatias, en un spécieux babil, qui vous donne des mots pour des raisons, et des promesses pour des effets.

ARGAN.

Mais enfin, mon frère, il y a des gens aussi sages et aussi habiles que vous; et nous voyons que, dans la maladie, tout le monde a recours aux médecins.

BÉRALDE.

C'est une marque de la foiblesse humaine, et non pas de la vérité de leur art.

[1] Montaigne avait dit avec une admirable précision : « Les médecins connoissent bien Galien, mais nullement le malade. » (A. M.)

ARGAN.

Mais il faut bien que les médecins croient leur art véritable, puisqu'ils s'en servent pour eux-mêmes.

BÉRALDE.

C'est qu'il y en a parmi eux qui sont eux-mêmes dans l'erreur populaire, dont ils profitent; et d'autres qui en profitent sans y être. Votre monsieur Purgon, par exemple, n'y sait point de finesse; c'est un homme tout médecin, depuis la tête jusqu'aux pieds; un homme qui croit à ses règles plus qu'à toutes les démonstrations des mathématiques, et qui croiroit du crime à les vouloir examiner; qui ne voit rien d'obscur dans la médecine, rien de douteux, rien de difficile; et qui, avec une impétuosité de prévention, une roideur de confiance, une brutalité de sens commun et de raison, donne au travers des purgations et des saignées, et ne balance aucune chose. Il ne lui faut point vouloir mal de tout ce qu'il pourra vous faire : c'est de la meilleure foi du monde qu'il vous expédiera; et il ne fera, en vous tuant, que ce qu'il a fait à sa femme et à ses enfants, et ce qu'en un besoin il feroit à lui-même [1].

ARGAN.

C'est que vous avez, mon frère, une dent de lait contre lui. Mais, enfin, venons au fait. Que faire donc quand on est malade?

BÉRALDE.

Rien, mon frère.

ARGAN.

Rien?

BÉRALDE.

Rien. Il ne faut que demeurer en repos. La nature, d'elle-même, quand nous la laissons faire, se tire doucement du désordre où elle est tombée. C'est notre inquiétude, c'est notre impatience qui gâte tout; et presque tous les hommes meurent de leurs remèdes, et non pas de leurs maladies.

ARGAN.

Mais il faut demeurer d'accord, mon frère, qu'on peut aider cette nature par de certaines choses.

BÉRALDE.

Mon Dieu, mon frère, ce sont de pures idées dont nous aimons à nous repaître; et de tout temps il s'est glissé parmi les hommes de belles imaginations que nous venons à croire, parce qu'elles nous flattent et qu'il seroit à souhaiter qu'elles fussent véritables. Lorsqu'un médecin vous parle d'aider, de secourir, de soulager la nature, de lui ôter ce qui lui nuit et lui donner ce qui lui manque, de la rétablir et de la remettre dans une pleine facilité de ses fonctions; lorsqu'il vous parle de rectifier le sang, de tempérer les entrailles et le cerveau, de dégonfler la rate, de raccommoder la poitrine, de réparer le foie, de fortifier le cœur, de rétablir et conserver la chaleur naturelle, et d'avoir des secrets pour étendre la vie à de longues années, il vous dit justement le roman de la médecine. Mais, quand vous en venez à la vérité et à l'expérience, vous ne trouvez rien de tout cela; et il en est comme de ces beaux songes, qui ne vous laissent au réveil que le déplaisir de les avoir crus.

ARGAN.

C'est-à-dire que toute la science du monde est renfermée dans votre tête; et vous voulez en savoir plus que tous les grands médecins de notre siècle.

BÉRALDE.

Dans les discours et dans les choses, ce sont deux sortes de personnes que vos grands médecins. Entendez-les parler; les plus habiles gens du monde; voyez-les faire, les plus ignorants de tous les hommes.

ARGAN.

Ouais! vous êtes un grand docteur, à ce que je vois, et je voudrois bien qu'il y eût ici quelqu'un de ces messieurs, pour rembarrer vos raisonnements et rabaisser votre caquet.

BÉRALDE.

Moi, mon frère, je ne prends point à tâche de combattre la médecine; et chacun, à ses périls et fortune, peut croire tout ce qu'il lui plaît. Ce que j'en dis n'est qu'entre nous; et j'aurois souhaité de pouvoir un peu vous tirer de l'erreur où vous êtes, et, pour vous divertir, vous mener voir, sur ce chapitre, quelqu'une des comédies de Molière.

ARGAN.

C'est un bon impertinent que votre Molière, avec ses comédies! et je le trouve bien plaisant, d'aller jouer d'honnêtes gens comme les médecins!

BÉRALDE.

Ce ne sont point les médecins qu'il joue, mais le ridicule de la médecine.

ARGAN.

C'est bien à lui à faire, de se mêler de contrôler la médecine! Voilà un bon nigaud, un bon impertinent, de se moquer des consultations et des ordonnances, de s'attaquer au corps des médecins, et d'aller mettre sur son théâtre des personnes vénérables comme ces messieurs-là !

BÉRALDE.

Que voulez-vous qu'il y mette, que les diverses professions des hommes? On y met bien tous les jours les princes et les rois, qui sont d'aussi bonne maison que les médecins.

ARGAN.

Par la mort non de diable! si j'étois que des médecins, je me vengerois de son impertinence; et, quand il sera malade, je le laisserois mourir sans secours. Il auroit beau faire et beau dire, je ne lui ordonnerois pas la moindre petite saignée, le moindre petit lavement; et je lui dirois : Crève, crève; cela t'apprendra une autre fois à te jouer à la Faculté [1].

---

[1] Molière désigne peut-être ici le médecin Guenaut, qu'il avait déjà mis sur la scène dans l'*Amour médecin*, et qui, d'après le témoignage de Guy-Patin, avoit tué, avec son remède favori (l'antimoine), sa femme, sa fille, son neveu et deux de ses gendres. (Aimé Martin.)

[1] On ne peut se défendre d'un sentiment de tristesse en se rappelant de combien peu la mort de Molière suivit cette plaisanterie, en pensant que trois jours après qu'il l'eut dite pour la première fois sur le théâtre, il expira privé des secours des médecins. (Auger.)

BÉRALDE.
Vous voilà bien en colère contre lui.
ARGAN.
Oui. C'est un malavisé; et, si les médecins sont sages, ils feront ce que je dis.
BÉRALDE.
Il sera encore plus sage que vos médecins, car il ne leur demandera point de secours.
ARGAN.
Tant pis pour lui, s'il n'a point recours aux remèdes.
BÉRALDE.
Il a ses raisons pour n'en point vouloir, et il soutient que cela n'est permis qu'aux gens vigoureux et robustes, et qui ont des forces de reste pour porter les remèdes avec la maladie; mais que, pour lui, il n'a justement de la force que pour porter son mal.
ARGAN.
Les sottes raisons que voilà! Tenez, mon frère, ne parlons point de cet homme-là davantage; car cela m'échauffe la bile, et vous me donneriez mon mal.
BÉRALDE.
Je le veux bien, mon frère; et, pour changer de discours, je vous dirai que, sur une petite répugnance que vous témoigne votre fille, vous ne devez point prendre les résolutions violentes de la mettre dans un couvent; que, pour le choix d'un gendre, il ne faut pas suivre aveuglément la passion qui vous emporte; et qu'on doit, sur cette matière, s'accommoder un peu à l'inclination d'une fille, puisque c'est pour toute la vie, et que de là dépend tout le bonheur d'un mariage [1].

SCÈNE IV

MONSIEUR FLEURANT, une seringue à la main; ARGAN, BÉRALDE.

ARGAN.
[1] mon frère, avec votre permission...
BÉRALDE.
Comment? Que voulez-vous faire?
ARGAN.
Prendre ce petit lavement-là : ce sera bientôt fait.
BÉRALDE.
Vous vous moquez. Est-ce que vous ne sauriez être un moment sans lavement ou sans médecine? Remettez cela à une autre fois, et demeurez un peu en repos.
ARGAN.
Monsieur Fleurant, à ce soir, ou à demain au matin.
MONSIEUR FLEURANT, à Béralde.
De quoi vous mêlez-vous, de vous opposer aux ordonnances de la médecine, et d'empêcher monsieur de prendre mon clystère? Vous êtes bien plaisant d'avoir cette hardiesse-là !
BÉRALDE.
Allez, monsieur; on voit bien que vous n'avez pas accoutumé de parler à des visages [1].
MONSIEUR FLEURANT.
On ne doit point ainsi se jouer des remèdes et me faire perdre mon temps. Je ne suis venu ici que sur une bonne ordonnance; et je vais dire à monsieur Purgon comme on m'a empêché d'exécuter ses ordres et de faire ma fonction. Vous verrez, vous verrez...

SCÈNE V

ARGAN, BÉRALDE.

ARGAN.
Mon frère, vous serez cause ici de quelque malheur
BÉRALDE.
Le grand malheur de ne pas prendre un lavement que monsieur Purgon a ordonné! Encore un coup, mon frère, est-il possible qu'il n'y ait pas moyen de vous guérir de la maladie des médecins, et que vous vouliez être toute votre vie enseveli dans leurs remèdes?
ARGAN.
Mon Dieu! mon frère, vous en parlez comme un homme qui se porte bien; mais, si vous étiez à ma place, vous changeriez bien de langage. Il est aisé de parler contre la médecine, quand on est en pleine santé.
BÉRALDE.
Mais quel mal avez-vous?
ARGAN.
Vous me feriez enrager! Je voudrois que vous l'eussiez, mon mal, pour voir si vous jaseriez tant. Ah! voici monsieur Purgon.

SCÈNE VI

MONSIEUR PURGON, ARGAN, BÉRALDE, TOINETTE.

MONSIEUR PURGON.
Je viens d'apprendre là-bas, à la porte, de jolies nouvelles; qu'on se moque ici de mes ordonnances, et qu'on a fait refus de prendre le remède que j'avois prescrit.
ARGAN.
Monsieur, ce n'est pas...
MONSIEUR PURGON.
Voilà une hardiesse bien grande, une étrange rébellion d'un malade contre son médecin !
TOINETTE.
Cela est épouvantable!

---

[1] Cette scène sur l'incertitude d'une science aussi conjecturale que la médecine est pleine de force, de solidité et de profondeur; mais il ne faut pas trop en presser les conséquences. Longtemps avant Molière, Montaigne avait beaucoup décrié la médecine; cependant il ne fut pas aussi ferme dans ses principes. Montaigne se moquait de la médecine, et se servait des médecins. (Geoffroi.)

[1] « La première fois que cette comédie fut jouée, Béralde répondoit à l'apothicaire: « Allez, monsieur, on voit bien que vous « avez coutume de ne parler qu'à des c.... » Tous les auditeurs s'en indignèrent; au lieu qu'on fut ravi d'entendre dire à la seconde représentation : « Allez, monsieur, on voit bien que vous « n'avez pas accoutumé de parler des visages. » (Lettres de Boursault, t. 1er, p. 120.)

MONSIEUR PURGON.

Un clystère que j'avois pris plaisir à composer moi-même.

ARGAN.

Ce n'est pas moi...

MONSIEUR PURGON.

Inventé et formé dans toutes les règles de l'art.

TOINETTE.

Il a tort.

MONSIEUR PURGON.

Et qui devoit faire dans les entrailles un effet merveilleux.

ARGAN.

Mon frère...

MONSIEUR PURGON.

Le renvoyer avec mépris !

ARGAN, *montrant Béralde.*

C'est lui...

MONSIEUR PURGON.

C'est une action exorbitante !

TOINETTE.

Cela est vrai.

MONSIEUR PURGON.

Un attentat énorme contre la médecine !

ARGAN, *montrant Béralde.*

Il est cause...

MONSIEUR PURGON.

Un crime de lèse-Faculté, qui ne se peut assez punir !

TOINETTE.

Vous avez raison.

MONSIEUR PURGON.

Je vous déclare que je romps commerce avec vous.

ARGAN.

C'est mon frère...

MONSIEUR PURGON.

Que je ne veux plus d'alliance avec vous.

TOINETTE.

Vous ferez bien.

MONSIEUR PURGON.

Et que, pour finir toute liaison avec vous, voilà la donation que je faisois à mon neveu, en faveur du mariage.

(Il déchire la donation, et en jette les morceaux avec fureur.)

ARGAN.

C'est mon frère qui a fait tout le mal.

MONSIEUR PURGON.

Mépriser mon clystère !

ARGAN.

Faites-le venir, je m'en vais le prendre.

MONSIEUR PURGON.

Je vous aurois tiré d'affaire avant qu'il fût peu.

TOINETTE.

Il ne le mérite pas.

MONSIEUR PURGON.

J'allois nettoyer votre corps et en évacuer entièrement les mauvaises humeurs.

ARGAN.

Ah ! mon frère !

MONSIEUR PURGON.

Et je ne voulois plus qu'une douzaine de médecines pour vider le fond du sac.

TOINETTE.

Il est indigne de vos soins.

MONSIEUR PURGON.

Mais, puisque vous n'avez pas voulu guérir par mes mains...

ARGAN.

Ce n'est pas ma faute.

MONSIEUR PURGON.

Puisque vous vous êtes soustrait de l'obéissance que l'on doit à son médecin...

TOINETTE.

Cela crie vengeance.

MONSIEUR PURGON

Puisque vous vous êtes déclaré rebelle aux remèdes que je vous ordonnois...

ARGAN.

Eh ! point du tout.

MONSIEUR PURGON.

J'ai à vous dire que je vous abandonne à votre mauvaise constitution, à l'intempérie de vos entrailles, à la corruption de votre sang, à l'âcreté de votre bile, et à la féculence de vos humeurs.

TOINETTE.

C'est fort bien fait.

ARGAN.

Mon Dieu !

MONSIEUR PURGON.

Et je veux qu'avant qu'il soit quatre jours vous deveniez dans un état incurable.

ARGAN.

Ah ! miséricorde !

MONSIEUR PURGON.

Que vous tombiez dans la bradypepsie[1].

ARGAN.

Monsieur Purgon !

MONSIEUR PURGON.

De la bradypepsie dans la dyspepsie.

ARGAN.

Monsieur Purgon !

MONSIEUR PURGON.

De la dyspepsie dans l'apepsie.

ARGAN.

Monsieur Purgon !

MONSIEUR PURGON.

De l'apepsie dans la lienterie[2].

ARGAN.

Monsieur Purgon !

MONSIEUR PURGON.

De la lienterie dans la dyssenterie.

ARGAN.

Monsieur Purgon !

---

[1] *Bradypepsie*, digestion lente et imparfaite.
[2] *Dyspepsie*, digestion pénible ou mauvaise ; *apepsie*, privation de digestion ; *lienterie*, espèce de dévoiement dans lequel on rend les aliments presque tels qu'on les a pris.

MONSIEUR PURGON.
De la dyssenterie dans l'hydropisie.
ARGAN.
Monsieur Purgon!
MONSIEUR PURGON.
Et de l'hydropisie dans la privation de la vie, où vous aura conduit votre folie.

SCÈNE VII

ARGAN, BÉRALDE.

ARGAN.
Ah! mon Dieu! je suis mort... Mon frère, vous m'avez perdu.
BÉRALDE.
Quoi! qu'y a-t-il?
ARGAN.
Je n'en puis plus. Je sens déjà que la médecine se venge.
BÉRALDE.
Ma foi, mon frère, vous êtes fou; et je ne voudrois pas, pour beaucoup de choses, qu'on vous vît faire ce que vous faites. Tâtez-vous un peu, je vous prie; revenez à vous-même, et ne donnez point tant à votre imagination.
ARGAN.
Vous voyez, mon frère, les étranges maladies dont il m'a menacé.
BÉRALDE.
Le simple homme que vous êtes!
ARGAN.
Il dit que je deviendrai incurable avant qu'il soit quatre jours.
BÉRALDE.
Et ce qu'il dit, que fait-il à la chose? Est-ce un oracle qui a parlé? Il semble, à vous entendre, que monsieur Purgon tienne dans ses mains le filet de vos jours, et que, d'autorité suprême, il vous l'allonge et vous le raccourcisse comme il lui plaît. Songez que les principes de votre vie sont en vous-même, et que le courroux de monsieur Purgon est aussi peu capable de vous faire mourir que ses remèdes de vous faire vivre. Voici une aventure, si vous voulez, à vous défaire des médecins; ou, si vous êtes né à ne pouvoir vous en passer, il est aisé d'en avoir un autre, avec lequel, mon frère, vous puissiez courir un peu moins de risque.
ARGAN.
Ah! mon frère, il sait tout mon tempérament et la manière dont il faut me gouverner.
BÉRALDE
Il faut vous avouer que vous êtes un homme d'une grande prévention, et que vous voyez les choses avec d'étranges yeux.

SCÈNE VIII

ARGAN, BÉRALDE, TOINETTE.

TOINETTE, à Argan.
Monsieur, voilà un médecin qui demande à vous voir.
ARGAN.
Et quel médecin?
TOINETTE.
Un médecin de la médecine.
ARGAN.
Je te demande qui il est.
TOINETTE.
Je ne le connois pas, mais il me ressemble comme deux gouttes d'eau; et, si je n'étois sûre que ma mère étoit honnête femme, je dirois que ce seroit quelque petit frère qu'elle m'auroit donné depuis le trépas de mon père.
ARGAN.
Fais-le venir

SCÈNE IX

ARGAN, BÉRALDE.

BÉRALDE.
Vous êtes servi à souhait. Un médecin vous quitte; un autre se présente.
ARGAN.
J'ai bien peur que vous ne soyez cause de quelque malheur.
BÉRALDE.
Encore! Vous en revenez toujours là.
ARGAN.
Voyez-vous, j'ai sur le cœur toutes ces maladies-là que je ne connois point, ces...

SCÈNE X

ARGAN, BÉRALDE; TOINETTE, en médecin.

TOINETTE.
Monsieur, agréez que je vienne vous rendre visite, et vous offrir mes petits services pour toutes les saignées et les purgations dont vous aurez besoin.
ARGAN.
Monsieur, je vous suis fort obligé. (A Béralde). Par ma foi, voilà Toinette elle-même.
TOINETTE.
Monsieur, je vous prie de m'excuser : j'ai oublié de donner une commission à mon valet; je reviens tout à l'heure.

SCÈNE XI

ARGAN, BÉRALDE.

ARGAN.
Eh! ne diriez-vous pas que c'est effectivement Toinette?

BÉRALDE.

Il est vrai que la ressemblance est tout à fait grande; mais ce n'est pas la première fois qu'on a vu de ces sortes de choses, et les histoires ne sont pleines que de ces jeux de la nature.

ARGAN.

Pour moi, j'en suis surpris, et...

SCÈNE XII

ARGAN, BÉRALDE, TOINETTE.

TOINETTE.

Que voulez-vous, monsieur?

ARGAN.

Comment?

TOINETTE.

Ne m'avez-vous pas appelée?

ARGAN.

Moi? non.

TOINETTE.

Il faut donc que les oreilles m'aient corné.

ARGAN.

Demeure un peu ici pour voir comme ce médecin te ressemble.

TOINETTE.

Oui, vraiment! J'ai affaire là-bas; et je l'ai assez vu.

SCÈNE XIII

ARGAN, BÉRALDE.

ARGAN.

Si je ne les voyois tous deux, je croirois que ce n'est qu'un.

BÉRALDE.

J'ai lu des choses surprenantes de ces sortes de ressemblances; et nous en avons vu, de notre temps, où tout le monde s'est trompé.

ARGAN.

Pour moi, j'aurois été trompé à celle-là; et j'aurois juré que c'est la même personne.

SCÈNE XIV

ARGAN, BÉRALDE; TOINETTE, en médecin.

TOINETTE.

Monsieur, je vous demande pardon de tout mon cœur.

ARGAN, bas, à Béralde.

Cela est admirable.

TOINETTE.

Vous ne trouverez pas mauvais, s'il vous plaît, la curiosité que j'ai eue de voir un illustre malade comme vous êtes; et votre réputation, qui s'étend partout, peut excuser la liberté que j'ai prise.

ARGAN.

Monsieur, je suis votre serviteur.

TOINETTE.

Je vois, monsieur, que vous me regardez fixement. Quel âge croyez-vous bien que j'aie?

ARGAN.

Je crois que tout au plus vous pouvez avoir vingt-six ou vingt-sept ans.

TOINETTE.

Ah! ah! ah! ah! ah! j'en ai quatre-vingt-dix.

ARGAN.

Quatre-vingt-dix!

TOINETTE.

Oui. Vous voyez un effet des secrets de mon art, de me conserver ainsi frais et vigoureux.

ARGAN.

Par ma foi, voilà un beau jeune vieillard pour quatre-vingt-dix ans!

TOINETTE.

Je suis médecin passager, qui vais de ville en ville, de province en province, de royaume en royaume, pour chercher d'illustres matières à ma capacité, pour trouver des malades dignes de m'occuper, capables d'exercer les grands et beaux secrets que j'ai trouvés dans la médecine. Je dédaigne de m'amuser à ce menus fatras de maladies ordinaires, à ces bagatelles de rhumatismes et de fluxions, à ces fièvrotes, à ces vapeurs et à ces migraines. Je veux des maladies d'importance, de bonnes fièvres continues, avec des transports au cerveau, de bonnes fièvres pourprées, de bonnes pestes, de bonnes hydropisies formées, de bonnes pleurésies avec des inflammations de poitrine: c'est là que je me plais, c'est là que je triomphe; et je voudrois, monsieur, que vous eussiez toutes les maladies que je viens de dire, que vous fussiez abandonné de tous les médecins, désespéré, à l'agonie, pour vous montrer l'excellence de mes remèdes et l'envie que j'aurois de vous rendre service.

ARGAN.

Je vous suis obligé, monsieur, des bontés que vous avez pour moi.

TOINETTE.

Donnez-moi votre pouls. Allons donc, que l'on batte comme il faut. Ah! je vous ferai bien aller comme vous devez. Ouais! ce pouls-là fait l'impertinent; je vois bien que vous ne me connoissez pas encore. Qui est votre médecin?

ARGAN.

Monsieur Purgon.

TOINETTE.

Cet homme-là n'est point écrit sur mes tablettes entre les grands médecins. De quoi dit-il que vous êtes malade?

ARGAN.

Il dit que c'est du foie, et d'autres disent que c'est de la rate.

TOINETTE.

Ce sont tous des ignorants. C'est du poumon que vous êtes malade.

ACTE III, SCÈNE XIV.

ARGAN.

Du poumon?

TOINETTE.

Oui. Que sentez-vous?

ARGAN.

Je sens de temps en temps des douleurs de tête.

TOINETTE.

Justement, le poumon.

ARGAN.

Il me semble parfois que j'ai un voile devant les yeux.

TOINETTE.

Le poumon.

ARGAN.

J'ai quelquefois des maux de cœur.

TOINETTE.

Le poumon.

ARGAN.

Je sens parfois des lassitudes par tous les membres.

TOINETTE.

Le poumon.

ARGAN.

Et quelquefois il me prend des douleurs dans le ventre, comme si c'étoient des coliques.

TOINETTE.

Le poumon. Vous avez appétit à ce que vous mangez?

ARGAN.

Oui, monsieur.

TOINETTE.

Le poumon. Vous aimez à boire un peu de vin?

ARGAN.

Oui, monsieur.

TOINETTE.

Le poumon. Il vous prend un petit sommeil après le repas, et vous êtes bien aise de dormir?

ARGAN.

Oui, monsieur.

TOINETTE.

Le poumon, le poumon, vous dis-je. Que vous ordonne votre médecin pour votre nourriture?

ARGAN.

Il m'ordonne du potage.

TOINETTE.

Ignorant!

ARGAN.

De la volaille.

TOINETTE.

Ignorant!

ARGAN.

Du veau.

TOINETTE.

Ignorant!

ARGAN.

Des bouillons.

TOINETTE.

Ignorant!

ARGAN.

Des œufs frais.

TOINETTE.

Ignorant!

ARGAN.

Et, le soir, de petits pruneaux pour lâcher le ventre.

TOINETTE.

Ignorant!

ARGAN.

Et surtout de boire mon vin fort trempé.

TOINETTE.

Ignorantus, ignoranta, ignorantum. Il faut boire votre vin pur; et, pour épaissir votre sang, qui est trop subtil, il faut manger de bon gros bœuf, de bons gros porc, de bon fromage de Hollande; du gruau et du riz, et des marrons et des oublies, pour coller et conglutiner. Votre médecin est une bête. Je veux vous en envoyer un de ma main; et je viendrai vous voir de temps en temps, tandis que je serai en cette ville.

ARGAN.

Vous m'obligerez beaucoup.

TOINETTE.

Que diantre faites-vous de ce bras-là?

ARGAN.

Comment?

TOINETTE.

Voilà un bras que je me ferois couper tout à l'heure, si j'étois que de vous.

ARGAN.

Et pourquoi?

TOINETTE.

Ne voyez-vous pas qu'il tire à soi toute la nourriture, et qu'il empêche ce côté-là de profiter?

ARGAN.

Oui; mais j'ai besoin de mon bras.

TOINETTE.

Vous avez là aussi un œil droit que je me ferois crever, si j'étois en votre place.

ARGAN.

Crever un œil?

TOINETTE.

Ne voyez-vous pas qu'il incommode l'autre, et lui dérobe sa nourriture? Croyez-moi, faites-vous-le crever au plus tôt: vous en verrez plus clair de l'œil gauche.

ARGAN.

Cela n'est pas pressé.

TOINETTE.

Adieu. Je suis fâché de vous quitter sitôt; mais il faut que je me trouve à une grande consultation qui doit se faire pour un homme qui mourut hier.

ARGAN.

Pour un homme qui mourut hier?

TOINETTE.

Oui: pour aviser et voir ce qu'il auroit fallu lui faire pour le guérir. Jusqu'au revoir.

ARGAN.

Vous savez que les malades ne reconduisent point.

SCÈNE XV

ARGAN, BÉRALDE.

BÉRALDE.

Voilà un médecin, vraiment, qui paroit fort habile!

ARGAN.

Oui; mais il va un peu bien vite.

BÉRALDE.

Tous les grands médecins sont comme cela.

ARGAN.

Me couper un bras et me crever un œil, afin que l'autre se porte mieux! J'aime bien mieux qu'il ne se porte pas si bien. La belle opération, de me rendre borgne et manchot!

SCÈNE XVI

ARGAN, BÉRALDE, TOINETTE.

TOINETTE, feignant de parler à quelqu'un.

Allons, allons, je suis votre servante. Je n'ai pas envie de rire.

ARGAN.

Qu'est-ce que c'est?

TOINETTE.

Votre médecin, ma foi, qui me vouloit tâter le pouls.

ARGAN.

Voyez un peu, à l'âge de quatre-vingt-dix ans!

BÉRALDE.

Oh çà! mon frère, puisque voilà votre monsieur Purgon brouillé avec vous, ne voulez-vous pas bien que je vous parle du parti qui s'offre pour ma nièce?

ARGAN.

Non, mon frère : je veux la mettre dans un couvent, puisqu'elle s'est opposée à mes volontés. Je vois bien qu'il y a quelque amourette là-dessous, et j'ai découvert certaine entrevue secrète qu'on ne sait pas que j'aie découverte.

BÉRALDE.

Eh bien, mon frère, quand il y auroit quelque petite inclination, cela seroit-il si criminel? et rien peut-il vous offenser, quand tout ne va qu'à des choses honnêtes, comme le mariage?

ARGAN.

Quoi qu'il en soit, mon frère, elle sera religieuse; c'est une chose résolue.

BÉRALDE.

Vous voulez faire plaisir à quelqu'un.

ARGAN.

Je vous entends. Vous en revenez toujours là, et ma femme vous tient au cœur.

BÉRALDE.

Eh bien, oui, mon frère; puisqu'il faut parler à cœur ouvert, c'est votre femme que je veux dire; et, non plus que l'entêtement de la médecine, je ne puis vous souffrir l'entêtement où vous êtes pour elle, et voir que vous donniez, tête baissée, dans tous les piéges qu'elle vous tend.

TOINETTE.

Ah! monsieur, ne parlez point de madame; c'est une femme sur laquelle il n'y a rien à dire, une femme sans artifice, et qui aime monsieur, qui l'aime... On ne peut pas dire cela.

ARGAN.

Demandez-lui un peu les caresses qu'elle me fait.

TOINETTE.

Cela est vrai.

ARGAN.

L'inquiétude que lui donne ma maladie.

TOINETTE.

Assurément.

ARGAN.

Et les soins et les peines qu'elle prend autour de moi.

TOINETTE.

Il est certain. (A Béralde.) Voulez-vous que je vous convainque et vous fasse voir tout à l'heure comme madame aime monsieur? (A Argan.) Monsieur, souffrez que je lui montre son bec jaune et le tire d'erreur.

ARGAN.

Comment?

TOINETTE.

Madame s'en va revenir. Mettez-vous tout étendu dans cette chaise, et contrefaites le mort. Vous verrez la douleur où elle sera quand je lui dirai la nouvelle.

ARGAN.

Je le veux bien.

TOINETTE.

Oui; mais ne la laissez pas longtemps dans le désespoir, car elle en pourroit bien mourir.

ARGAN.

Laisse-moi faire.

TOINETTE, à Béralde.

Cachez-vous, vous, dans ce coin-là.

SCÈNE XVII

ARGAN, TOINETTE.

ARGAN.

N'y a-t-il point quelque danger à contrefaire le mort?

TOINETTE.

Non, non. Quel danger y auroit-il? Étendez-vous là seulement. (Bas.) Il y aura plaisir à confondre votre frère. Voici madame. Tenez-vous bien.

SCÈNE XVIII

BÉLINE; ARGAN, étendu dans sa chaise; TOINETTE.

TOINETTE, feignant de ne pas voir Béline.

Ah! mon Dieu! Ah! malheur! Quel étrange accident!

BÉLINE.

Qu'est-ce, Toinette?

LE MALADE IMAGINAIRE.

ACTE III, SCÈNE XXI.

TOINETTE.
Ah! madame!
BÉLINE.
Qu'y a-t-il?
TOINETTE.
Votre mari est mort!
BÉLINE.
Mon mari est mort?
TOINETTE.
Hélas! oui; le pauvre défunt est trépassé.
BÉLINE.
Assurément?
TOINETTE.
Assurément; personne ne sait encore cet accident-là; et je me suis trouvée ici toute seule. Il vient de passer entre mes bras. Tenez, le voilà tout de son long dans cette chaise.
BÉLINE.
Le ciel en soit loué! Me voilà délivrée d'un grand fardeau. Que tu es sotte, Toinette, de t'affliger de cette mort!
TOINETTE.
Je pensois, madame, qu'il fallût pleurer.
BÉLINE.
Va, va, cela n'en vaut pas la peine. Quelle perte est-ce que la sienne? et de quoi servoit-il sur la terre? Un homme incommode à tout le monde, malpropre, dégoûtant, sans cesse un lavement ou une médecine dans le ventre, mouchant, toussant, crachant toujours; sans esprit, ennuyeux, de mauvaise humeur, fatiguant sans cesse les gens, et grondant jour et nuit servantes et valets.
TOINETTE.
Voilà une belle oraison funèbre!
BÉLINE.
Il faut, Toinette, que tu m'aides à exécuter mon dessein; et tu peux croire qu'en me servant ta récompense est sûre. Puisque, par un bonheur, personne n'est encore averti de la chose, portons-le dans son lit, et tenons cette mort cachée, jusqu'à ce que j'aie fait mon affaire. Il y a des papiers, il y a de l'argent, dont je me veux saisir; et il n'est pas juste que j'aie passé sans fruit auprès de lui mes plus belles années. Viens, Toinette; prenons auparavant toutes ses clefs.
ARGAN, se levant brusquement.
Doucement!
BÉLINE.
Ahi!
ARGAN.
Oui, madame ma femme, c'est ainsi que vous m'aimez!
TOINETTE.
Ah! ah! le défunt n'e.t pas mort!
ARGAN, à Béline, qui sort.
Je suis bien aise de voir votre amitié et d'avoir entendu le beau panégyrique que vous avez fait de moi. Voilà un avis au lecteur qui me rendra sage à l'avenir, et qui m'empêchera de faire bien des choses.

SCÈNE XIX

BÉRALDE, sortant de l'endroit où il s'étoit caché; ARGAN, TOINETTE.

BÉRALDE.
Eh bien, mon frère, vous le voyez.
TOINETTE.
Par ma foi, je n'aurois jamais cru cela. Mais j'entends votre fille. Remettez-vous comme vous étiez, et voyons de quelle manière elle recevra votre mort. C'est une chose qu'il n'est pas mauvais d'éprouver; et, puisque vous êtes en train, vous connoîtrez par là les sentiments que votre famille a pour vous. (Béralde va se cacher.)

SCÈNE XX
ARGAN, ANGÉLIQUE, TOINETTE.

TOINETTE, feignant de ne pas voir Angélique.
O ciel! ah! fâcheuse aventure! Malheureuse journée!
ANGÉLIQUE.
Qu'as-tu, Toinette? et de quoi pleures-tu?
TOINETTE.
Hélas! j'ai de tristes nouvelles à vous donner.
ANGÉLIQUE.
Eh! quoi?
TOINETTE.
Votre père est mort.
ANGÉLIQUE.
Mon père est mort, Toinette?
TOINETTE.
Oui. Vous le voyez là, il vient de mourir tout à l'heure d'une foiblesse qui lui a pris.
ANGÉLIQUE.
O ciel! quelle infortune! quelle atteinte cruelle! Hélas! faut-il que je perde mon père, la seule chose qui me restoit au monde; et qu'encore, pour un surcroit de désespoir, je le perde dans un moment où il étoit irrité contre moi! Que deviendrai-je, malheureuse? et quelle consolation trouver après une si grande perte?

SCÈNE XXI
ARGAN, ANGÉLIQUE, CLÉANTE, TOINETTE.

CLÉANTE.
Qu'avez-vous donc, belle Angélique? et quel malheur pleurez-vous?
ANGÉLIQUE.
Hélas! je pleure tout ce que dans la vie je pouvois perdre de plus cher et de plus précieux : je pleure la mort de mon père.
CLÉANTE.
O ciel! quel accident! quel coup inopiné! Hélas! après la demande que j'avois conjuré votre oncle de lui faire pour moi, je venois me présenter à lui, et tâcher, par

mes respects et par mes prières, de disposer son cœur à vous accorder à mes vœux.

ANGÉLIQUE.

Ah! Cléante, ne parlons plus de rien. Laissons là toutes les pensées du mariage. Après la perte de mon père, je ne veux plus être du monde, et j'y renonce pour jamais. Oui, mon père, si j'ai résisté tantôt à vos volontés, je veux suivre du moins une de vos intentions, et réparer par là le chagrin que je m'accuse de vous avoir donné. (Se jetant à ses genoux.) Souffrez, mon père, que je vous en donne ici ma parole, et que je vous embrasse pour vous témoigner mon ressentiment.

ARGAN, embrassant Angélique.

Ah! ma fille!

ANGÉLIQUE.

Ah!

ARGAN.

Viens. N'aie point de peur, je ne suis pas mort. Va, tu es mon vrai sang, ma véritable fille; et je suis ravi d'avoir vu ton bon naturel [1].

SCÈNE XXII

ARGAN, BÉRALDE, ANGÉLIQUE, CLÉANTE, TOINETTE.

ANGÉLIQUE.

Ah! quelle surprise agréable! Mon père, puisque, par un bonheur extrême, le ciel vous redonne à mes vœux, souffrez qu'ici je me jette à vos pieds pour vous supplier d'une chose. Si vous n'êtes pas favorable au penchant de mon cœur, si vous me refusez Cléante pour époux, je vous conjure au moins de ne me point forcer d'en épouser un autre. C'est toute la grâce que je vous demande.

CLÉANTE, se jetant aux genoux d'Argan.

Eh! monsieur, laissez-vous toucher à ses prières et aux miennes, et ne vous montrez point contraire aux mutuels empressements d'une si belle inclination.

BÉRALDE.

Mon frère, pouvez-vous tenir là contre?

TOINETTE.

Monsieur, serez-vous insensible à tant d'amour?

ARGAN.

Qu'il se fasse médecin, je consens au mariage. (A Cléante.) Oui, faites-vous médecin, je vous donne ma fille.

CLÉANTE.

Très-volontiers, monsieur. S'il ne tient qu'à cela pour être votre gendre, je me ferai médecin, apothicaire même, si vous voulez. Ce n'est pas une affaire que cela, et je ferois bien d'autres choses pour obtenir la belle Angélique.

BÉRALDE.

Mais, mon frère, il me vient une pensée. Faites-vous médecin vous-même. La commodité sera encore plus grande, d'avoir en vous tout ce qu'il vous faut.

[1] Ces témoignages d'amour filial et de tendresse paternelle forment une situation intéressante; mais l'attendrissement ne va pas plus loin qu'il ne convient à la comédie. Les pleurs, les plaintes, les regrets d'Angélique sont l'effet d'une ruse qui nous est connue; nous sommes touchés de son bon naturel, sans être effectés de sa douleur, qu'un instant voit disparaître. (Auger.)

TOINETTE.

Cela est vrai. Voilà le vrai moyen de vous guérir bientôt; et il n'y a point de maladie si osée que de se jouer à la personne d'un médecin.

ARGAN.

Je pense, mon frère, que vous vous moquez de moi. Est-ce que je suis en âge d'étudier?

BÉRALDE.

Bon, étudier! Vous êtes assez savant; et il y en a beaucoup parmi eux qui ne sont pas plus habiles que vous.

ARGAN.

Mais il faut savoir bien parler latin, connoître les maladies et les remèdes qu'il y faut faire.

BÉRALDE.

En recevant la robe et le bonnet de médecin, vous apprendrez tout cela; et vous serez après plus habile que vous ne voudrez.

ARGAN.

Quoi! l'on sait discourir sur les maladies quand on a cet habit-là?

BÉRALDE.

Oui. L'on n'a qu'à parler avec une robe et un bonnet, tout galimatias devient savant, et toute sottise devient raison.

TOINETTE.

Tenez, monsieur, quand il n'y auroit que votre barbe, c'est déjà beaucoup; et la barbe fait plus de la moitié d'un médecin.

CLÉANTE.

En tout cas, je suis prêt à tout.

BÉRALDE, à Argan.

Voulez-vous que l'affaire se fasse tout à l'heure?

ARGAN.

Comment, tout à l'heure?

BÉRALDE.

Oui, et dans votre maison.

ARGAN.

Dans ma maison?

BÉRALDE.

Oui. Je connois une Faculté de mes amies, qui viendra tout à l'heure en faire la cérémonie dans votre salle. Cela ne vous coûtera rien.

ARGAN.

Mais moi, que dire? que répondre?

BÉRALDE.

On vous instruira en deux mots, et l'on vous donnera par écrit ce que vous devez dire. Allez-vous-en vous mettre en habit décent. Je vais les envoyer quérir.

ARGAN.

Allons, voyons cela.

SCÈNE XXIII

BÉRALDE, ANGÉLIQUE, CLÉANTE, TOINETTE.

CLÉANTE.

Que voulez-vous dire? et qu'entendez-vous avec cette Faculté de vos amies?

TOINETTE.
Quel est donc votre dessein ?

BÉRALDE.
De vous divertir un peu ce soir. Les comédiens ont fait un petit intermède de la réception d'un médecin, avec des danses et de la musique ; je veux que nous en prenions ensemble le divertissement, et que mon frère y fasse le premier personnage.

ANGÉLIQUE.
Mais, mon oncle, il me semble que vous vous jouez un peu beaucoup de mon père.

BÉRALDE.
Mais, ma nièce, ce n'est pas tant le jouer que s'accommoder à ses fantaisies. Tout ceci n'est qu'entre nous. Nous y pouvons aussi prendre chacun un personnage, et nous donner ainsi la comédie les uns aux autres. Le carnaval autorise cela. Allons vite préparer toutes choses.

CLÉANTE, à Angélique.
Y consentez-vous ?

ANGÉLIQUE.
Oui, puisque mon oncle nous conduit[1].

TROISIÈME INTERMÈDE

C'est une cérémonie burlesque d'un homme qu'on fait médecin, en récit, chant et danse. Plusieurs tapissiers viennent préparer la salle et placer les bancs en cadence. En suite de quoi, toute l'assemblée, composée de huit porte-seringues, six apothicaires, vingt-deux docteurs, et celui qui se fait recevoir médecin, huit chirurgiens dansants et deux chantants, entrent et prennent place, chacun selon son rang [2].

PREMIÈRE ENTRÉE DE BALLET.

PRÆSES.
Savantissimi doctores,
Medicinæ professores,
Qui hic assemblati estis ;
Et vos, altri messiores
Sententiarum Facultatis,
Fideles executores,
Chirurgiani et apothicari
Atque tota compania aussi,
 Salus, honor et argentum,
 Atque bonum appetitum.

Non possum, docti confreri,
 En moi satis admirari
 Qualis bona inventio
 Est medici professio ;
Quam bella chosa est et bene trovata.
 Medicina illa benedicta,
 Quæ, suo nomine solo,
 Surprenanti miraculo,
 Depuis si longo tempore,
 Facit à gogo vivere
 Tant de gens omni genere.

Per totam terram videmus
 Grandam vogam ubi sumus ;
 Et quod grandes et petiti
 Sunt de nobis infatuti.
Totus mundus, currens ad nostros remedios,
 Nos regardat sicut deos ;
 Et nostris ordonnanciis
Principes et reges soumissos videtis.

Doncque il est nostræ sapientiæ,
 Boni sensus atque prudentiæ,
 De fortemente travaillare
 A nos bene conservare
 In tali credito, voga, et honore :
 Et prendere gardam a non recevere,
 In nostro docto corpore,
 Quam personas capabiles,
 Et totas dignas remplire
 Has plaças honorabiles.

C'est pour cela que nunc convocati estis,
 Et credo quod trovabitis
 Dignam matieram medici
 In savanti homine que voici ;
 Lequel, in chosis omnibus,
 Dono ad interrogandum,
 Et à fond examinandum
 Vostris capacitatibus.

PRIMUS DOCTOR.
Si mihi licentiam dat dominus præses,
 Et tanti docti doctores,
 Et assistantes illustres,
 Très savanti bacheliero,

[1] Voltaire a dit du *Malade imaginaire* : « C'est une de ces farces de Molière dans laquelle se trouvent beaucoup de scènes dignes de la haute comédie. » Ce n'est pas assez dire. Le *Malade imaginaire* est une comédie de caractère où se trouve, il est vrai, un travestissement ridicule, celui de Toinette en médecin, mais du reste supérieurement intriguée, pleine de verve et d'originalité. Auger fait remarquer avec orgueil que la grande scène contre la médecine, et l'épreuve qui sert à confondre l'artificieuse Béline, sont des beautés du premier ordre (Félix Lemaistre).

[2] Cette réception bouffonne fut une plaisanterie de société, imaginée dans un souper chez madame de la Sablière, où la Fontaine et Despréaux étaient avec Molière. (*Bolæana*.)
Il est probable qu'en composant cet intermède Molière s'est rappelé les détails des cérémonies alors en usage pour la réception des médecins, et dont il avait dû être témoin pendant son séjour à Montpellier. Ici le badinage ne surpasse guère la vérité. Nous citerons à l'appui de cette opinion un passage fort curieux du voyage de Locke à Montpellier, en 1676, trois ans après la mort de Molière ; il est ainsi conçu : « Recette pour faire un docteur en médecine. Grande procession de docteurs habillés de rouge, avec des toques noires ; dix violons jouant des airs de Lulli. Le président s'assied, fait signe aux violons qu'il veut parler et qu'ils aient à se taire, se lève, commence son discours par l'éloge de ses confrères, et le termine par une diatribe contre les innovations et la circulation du sang. Il se rassied. Les violons recommencent. Le récipiendaire prend la parole, complimente le chancelier, complimente les professeurs, complimente l'Académie. Encore les violons. Le président saisit un bonnet qu'un huissier porte au bout d'un bâton, et qui a suivi processionnellement la cérémonie, coiffe le nouveau docteur, lui met au doigt un anneau, lui serre les reins d'une chaîne d'or, et le prie poliment de s'asseoir. Tout cela m'a fort peu édifié. » (*Life of Locke, by lord King*.) — (Aimé Martin.)

Quem estimo et honoro,
Demandabo causam et rationem quare
Opium facit dormire.

BACHELIERUS.

Mihi a docto doctore
Demandatur causam et rationem quare
Opium facit dormire.
   A quoi respondeo,
   Quia est in eo
   Vertus dormitiva,
   Cujus est natura
   Sensus assoupire.

CHORUS.

Bene, bene, bene, bene respondere.
Dignus, dignus est intrare
In nostro docto corpore.
Bene, bene respondere.

SECUNDUS DOCTOR.

Cum permissione domini præsidis,
   Doctissimæ Facultatis,
   Et totius his nostris actis
   Companiæ assistantis,
Demandabo tibi, docte bacheliere,
   Quæ sunt remedia
(Tam in homine quam in muliere)
   Quæ, in maladia
   Dite hydropisia,
(In malo caduco, apoplexia, convulsione et paralysia)
   Convenit facere.

BACHELIERUS.

Clysterium donare,
Postea seignare,
Ensuita purgare.

CHORUS.

Bene, bene, bene, bene respondere.
Dignus, dignus est intrare
In nostro docto corpore.

TERTIUS DOCTOR.

Si bonum semblatur domino præsidi,
   Doctissimæ Facultati,
   Et companiæ ecoutanti,
Demandabo tibi, docte bacheliere,
   Quæ remedia eticis,
   Pulmonicis atque asthmaticis,
   Trovas à propos facere.

BACHELIERUS.

Clysterium donare,
Postea seignare,
Ensuita purgare.

CHORUS.

Bene, bene, bene, bene respondere.
Dignus, dignus est intrare
In nostro docto corpore.

QUARTUS DOCTOR.

   Super illas maladias
Dominus bachelierus dixit maravillas;
Mais, si non ennuyo doctissimam facultatem
   Et totam companiam honorabilem,
Tam corporaliter quam mentaliter hic præsentem,
   Faciam illi unam quæstionem :
   De hiero maladus unus
   Tombavit in meas manus,
Homo qualitatis dives comme un Crésus.
Habet grandam fievram cum redoublamentis,
   Grandam dolorem capitis,
Cum troublatione spirii et laxamento ventris;
   Grandum insuper malum au côté,
   Cum granda difficultate
   Et pena a respirare :
   Veuillas mihi dire,
   Docte bacheliere,
   Quid illi facere.

BACHELIERUS.

Clysterium donare,
Postea seignare,
Ensuita purgare.

CHORUS.

Bene, bene, bene, bene respondere.
Dignus, dignus est intrare
In nostro docto corpore.

IDEM DOCTOR.

   Mais, si maladia
   Opiniatria
   Non vult se guarire,
   Quid illi facere?

BACHELIERUS.

Clysterium donare,
Postea seignare,
Ensuita purgare,
Reseignare, repurgare, et reclysterizare.

CHORUS.

Bene, bene, bene, bene respondere.
Dignus, dignus est intrare
In nostro docto corpore.

PRÆSES.

Juras gardare statuta
Per Facultatem præscripta,
Cum sensu et jugeamento?

BACHELIERUS.

Juro [1].

PRÆSES.

Essere in omnibus
Consultationibus
Ancieni aviso,

---

[1] C'est en prononçant ce mot que Molière succomba. (A. M.)

TROISIÈME INTERMÈDE.

Aut bono,
Aut mauvaiso!

BACHELIERUS.

Juro.

PRÆSES.

De non jamais te servire
De remediis aucunis,
Quam de ceux seulement almæ Facultatis,
Maladus dût-il crevare,
Et mori de suo malo?

BACHELIERUS.

Juro.

PRÆSES.

Ego, cum isto boneto
Venerabili et docto,
Dono tibi et concedo
Virtutem et puissanciam
  Medicandi,
  Purgandi,
  Saignandi,
  Perçandi,
  Taillandi,
  Coupandi,
  Et occidendi
Impune per totam terram.

SECONDE ENTRÉE DE BALLET.

Tous les chirurgiens et apothicaires viennent lui faire la révérence en cadence.

BACHELIERUS.

Grandes doctores doctrinæ
De la rhubarbe et du séné,
Ce seroit sans douta à moi chosa folla,
Inepta et ridicula,
Si j'alloibam m'engageare
Vobis louangeas donare,
Et entreprenoibam ajoutare
Des lumieras au soleillo,
  Des etoilas au cielo,
  Des flammas à l'inferno,
  Des ondas à l'oceano,
  Et des rosas au printano.
Agreate qu'avec uno moto,
Pro toto remercimento,
Rendam gratias corpori tam docto.
Vobis, vobis debeo
Bien plus qu'à nature et qu'à patri meo :

Natura et pater meus
Hominem me habent factum;
Mais vos me (ce qui est bien plus)
Avetis factum medicum :
Honor, favor et gratia,
Qui, in hoc corde que voilà,
Imprimant ressentimenta
Qui duraront in secula.

CHORUS.

Vivat, vivat, vivat, vivat, cent fois vivat,
Novus doctor, qui tam bene parlat!
Mille, mille annis, et manget et bibat,
Et seignet et tuat!

TROISIÈME ENTRÉE DE BALLET.

Tous les chirurgiens et les apothicaires dansent au son des instruments et des voix, et des battements de mains, et des mortiers d'apothicaires.

CHIRURGUS.

Puisse-t-il voir doctas
Suas ordonnancias,
Omnium chirurgorum
Et apothicarum
Remplire boutiquas!

CHORUS.

Vivat, vivat, vivat, vivat, cent fois vivat,
Novus doctor, qui tam bene parlat!
Mille, mille annis, et manget et bibat,
Et seignet et tuat!

Puissent toti anni
Lui essere boni
Et favorabiles,
Et n'habere jamais
Quam pestas, verolas,
Fievras, pluresias,
Fluxus de sang, et dyssenterias!

Vivat, vivat, vivat, vivat, cent fois vivat,
Novus doctor, qui tam bene parlat!
Mille, mille annis, et manget et bibat,
Et seignet et tuat!

QUATRIÈME ENTRÉE DE BALLET.

Les médecins, les chirurgiens et les apothicaires sortent tous, selon leur rang, en cérémonie, comme ils sont entrés.

FIN DES COMÉDIES

POÉSIES DIVERSES

STANCES

Souffrez qu'Amour cette nuit vous réveille;
Par mes soupirs laissez-vous enflammer;
Vous dormez trop, adorable merveille,
Car c'est dormir que de ne point aimer.

Ne craignez rien; dans l'amoureux empire
Le mal n'est pas si grand que l'on le fait :
Et, lorsqu'on aime et que le cœur soupire,
Son propre mal souvent le satisfait.

Le mal d'aimer, c'est de vouloir le taire :
Pour l'éviter, parlez en ma faveur.

Amour le veut, n'en faites point mystère.
Mais vous tremblez, et ce dieu vous fait peur!

Peut-on souffrir une plus douce peine?
Peut-on subir une plus douce loi?
Qu'étant des cœurs la douce souveraine,
Dessus le vôtre Amour agisse en roi.

Rendez-vous donc, ô divine Amarante!
Soumettez-vous aux volontés d'Amour;
Aimez pendant que vous êtes charmante,
Car le temps passe et n'a point de retour[1].

VERS

PLACÉS AU BAS D'UNE ESTAMPE REPRÉSENTANT LA CONFRÉRIE DE L'ESCLAVAGE DE NOTRE-DAME DE LA CHARITÉ[2].

Brisez les tristes fers du honteux esclavage
Où vous tient du péché le commerce honteux,
Et venez recevoir le glorieux servage
Que vous tendent les mains de la Reine des cieux :

L'un, sur vous, à vos sens donne pleine victoire;
L'autre sur vos désirs vous fait régner en rois;
L'un vous tire aux enfers, et l'autre dans la gloire :
Hélas! peut-on, mortels, balancer sur le choix?

BOUTS-RIMÉS

COMMANDÉS PAR LE PRINCE....[3].

SUR LE BEL AIR.

Que vous m'embarrassez avec votre....... grenouille,
Qui traîne à ses talons le doux mot d'..... hypocras!

Je hais des bouts-rimés le puéril......... fatras,
Et tiens qu'il vaudroit mieux filer une..... quenouille.

---

[1] On trouve ces stances à la page 201 de la première partie d'un recueil intitulé *Délices de la poésie galante;* Jean Ribou, 1666; elles sont signées Molière. (Aimé Martin.)

[2] On trouve au cabinet des estampes de la bibliothèque Royale, tome Ier de l'œuvre de Chauveau, une gravure de Ledoyen, d'après ce dessinateur, représentant la *Confrérie de l'esclavage de Nostre-Dame de la Charité*, établie en l'église des religieux de la Charité par N. S. P. le pape Alexandre VII, l'an 1665. Au bas de cette estampe sont gravés les vers de Molière. (Aimé Martin.)

[3] Probablement le prince de Condé. — Ce sonnet fut publié pour la première fois à la suite de la *Comtesse d'Escarbagnas*, édition de 1682.

La gloire du bel air n'a rien qui me...... chatouille;
Vous m'assommez l'esprit avec un gros..... plâtras;
Et je tiens heureux ceux qui sont morts à... Coutras,
Voyant tout le papier qu'en sonnets on..... barbouille.

M'accable derechef la haine du.......... cagot,

Plus méchant mille fois que n'est un vieux... magot,
Plutôt qu'un bout-rimé me fasse entrer en... danse!

Je vous le chante clair, comme un........ chardonneret;
Au bout de l'univers je suis dans une.... manse.
Adieu, grand prince, adieu; tenez-vous.... guilleret.

AU ROI

SUR

LA CONQUÊTE DE LA FRANCHE-COMTÉ [1].

Ce sont faits inouïs, GRAND ROI, que tes victoires!
L'avenir aura peine à les bien concevoir;
Et de nos vieux héros les pompeuses histoires
Ne nous ont point chanté ce que tu nous fais voir.

Quoi! presque au même instant qu'on te l'a vu résoudre,
Voir toute une province unie à tes États!
Les rapides torrents, et les vents, et la foudre,

Vont-ils, dans leurs effets, plus vite que ton bras?

N'attends pas, au retour d'un si fameux ouvrage,
Des soins de notre muse un éclatant hommage.
Cet exploit en demande, il le faut avouer.

Mais nos chansons, GRAND ROI, ne sont pas sitôt prêtes;
Et tu mets moins de temps à faire tes conquêtes
Qu'il n'en faut pour les bien louer.

SONNET

A MONSIEUR LA MOTHE LE VAYER,

SUR LA MORT DE SON FILS [2].

1664

Aux larmes, le Vayer, laisse tes yeux ouverts :
Ton deuil est raisonnable, encor qu'il soit extrême;
Et, lorsque pour toujours on perd ce que tu perds,
La Sagesse, crois-moi, peut pleurer elle-même.

On se propose à tort cent préceptes divers
Pour vouloir d'un œil sec voir mourir ce qu'on aime;
L'effort en est barbare aux yeux de l'univers,

Et c'est brutalité plus que vertu suprême.

On sait bien que les pleurs ne ramèneront pas
Ce cher fils que t'enlève un imprévu trépas;
Mais la perte, par là, n'en est pas moins cruelle.

Ses vertus de chacun le faisoient révérer;
Il avoit le cœur grand, l'esprit beau, l'âme belle;
Et ce sont des sujets à toujours le pleurer.

LETTRE D'ENVOI

DU SONNET PRÉCÉDENT.

Vous voyez bien, monsieur, que je m'écarte fort du chemin qu'on suit d'ordinaire en pareille rencontre, et

---

[1] On sait que Molière eut plusieurs fois l'honneur de complimenter le roi sur ses conquêtes; mais aucun de ses compliments n'avait encore été recueilli. Celui-ci fut sans doute prononcé sur le théâtre; il est resté inconnu à tous les éditeurs de Molière, et ne se trouve que dans l'édition d'*Amphitryon*, publiée n 1670 chez Jean Ribou. (Aimé Martin.)

[2] Ce sonnet et la lettre qui l'accompagne ont été découverts dans les volumineux manuscrits de Conrart, le premier secrétaire perpétuel de l'Académie française, par M. de Monmerqué, conseiller à la Cour royale de Paris. Les huit premiers vers de ce sonnet se retrouvent en partie dans *Psyché*, acte II, scène I. (Auger.)

que le sonnet que je vous envoie n'est rien moins qu'une consolation. Mais j'ai cru qu'il falloit en user de la sorte avec vous, et que c'est consoler un philosophe que de lui justifier ses larmes et de mettre sa douleur en liberté. Si je n'ai pas trouvé d'assez fortes raisons pour affranchir votre tendresse des sévères leçons de la philosophie et pour vous obliger à pleurer sans contrainte, il en faut accuser le peu d'éloquence d'un homme qui ne sauroit persuader ce qu'il sait si bien faire.

MOLIÈRE.

LA GLOIRE
DU
DOME DU VAL-DE-GRACE.
1669

Digne fruit de vingt ans de travaux somptueux,
Auguste bâtiment, temple majestueux,
Dont le dôme superbe, élevé dans la nue,
Pare du grand Paris la magnifique vue,
Et, parmi tant d'objets semés de toutes parts,
Du voyageur surpris prend les premiers regards,
Fais briller à jamais, dans ta noble richesse,
La splendeur du saint vœu d'une grande princesse [2],
Et porte un témoignage à la postérité
De sa magnificence et de sa piété.
Conserve à nos neveux une montre fidèle
Des exquises beautés que tu tiens de son zèle;
Mais défends bien surtout de l'injure des ans
Le chef-d'œuvre fameux de ses riches présents,
Cet éclatant morceau de savante peinture,
Dont elle a couronné ta noble architecture :
C'est le plus bel effet des grands soins qu'elle a pris,
Et ton marbre et ton or ne sont point de ce prix.

Toi qui dans cette coupe, à ton vaste génie
Comme un ample théâtre heureusement fournie,
Es venu déployer les précieux trésors
Que le Tibre t'a vu ramasser sur ses bords;
Dis-nous, fameux Mignard, par qui te sont versées
Les charmantes beautés de tes nobles pensées,
Et dans quel fonds tu prends cette variété
Dont l'esprit est surpris et l'œil est enchanté.
Dis-nous quel feu divin, dans tes fécondes veilles,
De tes expressions enfante les merveilles;
Quels charmes ton pinceau répand dans tous ses traits;
Quelle force il y mêle à ses plus doux attraits,
Et quel est ce pouvoir qu'au bout des doigts tu portes,

Qui sait faire à nos yeux vivre des choses mortes,
Et, d'un peu de mélange et de bruns et de clairs,
Rendre esprit la couleur, et les pierres des chairs.

Tu te tais, et prétends que ce sont des matières
Dont tu dois nous cacher les savantes lumières,
Et que ces beaux secrets, à tes travaux vendus,
Te coûtent un peu trop pour être répandus;
Mais ton pinceau s'explique et trahit ton silence;
Malgré toi, de ton art il nous fait confidence;
Et, dans ses beaux efforts à nos yeux étalés,
Les mystères profonds nous en sont révélés.
Une pleine lumière ici nous est offerte;
Et ce dôme pompeux est une école ouverte,
Où l'ouvrage, faisant l'office de la voix,
Dicte de ton grand art les souveraines lois.
Il nous dit fortement les trois nobles parties [1]
Qui rendent d'un tableau les beautés assorties,
Et dont, en s'unissant, les talents relevés
Donnent à l'univers les peintres achevés.

Mais des trois, comme reine, il nous expose celle [2]
Que ne peut nous donner le travail ni le zèle,
Et qui, comme un présent de la faveur des cieux,
Est du nom de divine appelée en tous lieux;
Elle dont l'essor monte au-dessus du tonnerre,
Et sans qui l'on demeure à ramper contre terre,
Qui meut tout, règle tout, en ordonne à son choix,
Et des deux autres mène et régit les emplois.
Il nous enseigne à prendre une digne matière
Qui donne au feu du peintre une vaste carrière,
Et puisse recevoir tous les grands ornements
Qu'enfante un beau génie en ses accouchements,
Et dont la poésie et sa sœur la peinture,
Parant l'instruction de leur docte imposture,
Composent avec art ces attraits, ces douceurs,
Qui font à leurs leçons un passage en nos cœurs;
Et par qui, de tout temps, ces deux sœurs si pareilles

---

[1] Ce mot de *gloire*, qui est le titre du poëme de Molière, signifie, en termes de peinture, la représentation du ciel ouvert, avec les personnes divines, les anges et les bienheureux. Tel est, en effet, le sujet qu'a traité Mignard dans le chef-d'œuvre que Molière va célébrer. (Auger.)

[2] Le Val-de-Grâce fut fondé par la reine mère, en accomplissement du vœu qu'elle avait fait de bâtir une magnifique église, si Dieu mettait un terme à la longue stérilité dont elle était affligée, et que fit cesser, après vingt-deux ans, la naissance de Louis XIV. (Auger.)

[1] L'invention, le dessin, le coloris. (Note de Molière.)
[2] L'invention, première partie de la peinture. (Note de Molière.)

Charment, l'une les yeux, et l'autre les oreilles.
Mais il nous dit de fuir un discord apparent
Du lieu que l'on nous donne et du sujet qu'on prend;
Et de ne point placer, dans un tombeau de fêtes,
Le ciel contre nos pieds, et l'enfer sur nos têtes.
Il nous apprend à faire, avec détachement,
De groupes contrastés un noble agencement,
Qui du champ du tableau fasse un juste partage,
En conservant les bords un peu légers d'ouvrage [1],
N'ayant nul embarras, nul fracas vicieux
Qui rompe ce repos, si fort ami des yeux;
Mais où, sans se presser, le groupe se rassemble,
Et forme un doux concert, fasse un beau tout ensemble,
Où rien ne soit à l'œil mendié, ni redit [2],
Tout s'y voyant tiré d'un vaste fonds d'esprit,
Assaisonné du sel de nos grâces antiques,
Et non du fade goût des ornements gothiques,
Ces monstres odieux des siècles ignorants,
Que de la barbarie ont produits les torrents,
Quand leur cours, inondant presque toute la terre,
Fit à la politesse une mortelle guerre,
Et, de la grande Rome abattant les remparts,
Vint, avec son empire, étouffer les beaux arts.
Il nous montre à poser avec noblesse et grâce
La première figure à la plus belle place,
Riche d'un agrément, d'un brillant de grandeur
Qui s'empare d'abord des yeux du spectateur:
Prenant un soin exact que, dans tout son ouvrage,
Elle joue aux regards le plus beau personnage;
Et que, par aucun rôle au spectacle placé,
Le héros du tableau ne se voie effacé.
Il nous enseigne à fuir les ornements débiles
Des épisodes froids et qui sont inutiles,
A donner au sujet toute sa vérité,
A lui garder partout pleine fidélité,
Et ne se point porter à prendre de licence,
A moins qu'à des beautés elle donne naissance.

Il nous dicte amplement les leçons du dessin [3]
Dans la manière grecque et dans le goût romain:
Le grand choix du beau vrai, de la belle nature,
Sur les restes exquis de l'antique sculpture,
Qui, prenant d'un sujet la brillante beauté,
En savoit réparer la foible vérité,
Et, formant de plusieurs une beauté parfaite,
Nous corrige par l'art la nature qu'on traite.
Il nous explique à fond, dans ses instructions,
L'union de la grâce et des proportions;
Les figures partout doctement dégradées,
Et leurs extrémités soigneusement gardées;
Les contrastes savants des membres agroupés,
Grands, nobles, étendus, et bien développés,
Balancés sur leur centre en beautés d'attitude,

Tous formés l'un pour l'autre avec exactitude,
Et n'offrant point aux yeux ces galimatias
Où la tête n'est point de la jambe ou du bras;
Leur juste attachement aux lieux qui les font naître,
Et les muscles touchés autant qu'ils doivent l'être;
La beauté des contours observés avec soin,
Point durement traités, amples, tirés de loin,
Inégaux, ondoyants, et tenant de la flamme,
Afin de conserver plus d'action et d'âme [1];
Les nobles airs de tête amplement variés,
Et tous au caractère avec choix mariés;
Et c'est là qu'un grand peintre, avec pleine largesse,
D'une féconde idée étale la richesse,
Faisant briller partout de la diversité,
Et ne tombant jamais dans un air répété;
Mais un peintre commun trouve une peine extrême
A sortir dans ses airs de l'amour de soi-même:
De redites sans nombre il fatigue les yeux,
Et, plein de son image, il se peint en tous lieux.
Il nous enseigne aussi les belles draperies,
De grands plis bien jetés suffisamment nourries,
Dont l'ornement aux yeux doit conserver le nu,
Mais qui, pour le marquer, soit un peu retenu,
Qui ne s'y colle point, mais en suive la grâce,
Et, sans la serrer trop, la caresse et l'embrasse [2].
Il nous montre à quel air, dans quelles actions,
Se distinguent à l'œil toutes les passions;
Les mouvements du cœur, peints d'une adresse extrême,
Par des gestes puisés dans la passion même,
Bien marqués pour parler, appuyés, forts et nets,
Imitant en vigueur les gestes des muets,
Qui veulent réparer la voix que la nature
Leur a voulu nier, ainsi qu'à la peinture.

Il nous étale enfin les mystères exquis
De la belle partie où triompha Zeuxis [3],
Et qui, le revêtant d'une gloire immortelle,
Le fit aller de pair avec le grand Apelle:
L'union, les concerts, et les tons des couleurs,
Contrastes, amitiés, ruptures et valeurs,
Qui font les grands effets, les fortes impostures,
L'achèvement de l'art, et l'âme des figures.
Il nous dit clairement dans quel choix le plus beau
On peut prendre le jour et le champ du tableau;
Les distributions et d'ombre et de lumière
Sur chacun des objets et sur la masse entière;
Leur dégradation dans l'espace de l'air
Par les tons différents de l'obscur et du clair,
Et quelle force il faut aux objets mis en place
Que l'approche distingue et le lointain efface;
Les gracieux repos que, par des soins communs,
Les bruns donnent aux clairs, comme les clairs aux bruns;
Avec quel agrément d'insensible passage
Doivent ces opposés entrer en assemblage,

---

[1] L'impropriété des termes obscurcit le sens et le rend difficile à saisir. *Léger d'ouvrage* est là sans doute pour simple. (Note du peintre Guérin, auteur de la *Phèdre* et de la *Didon*.)
[2] Je ne comprends pas *mendié*. (Guérin.)
[3] Le dessin seconde partie de la peinture. (Note de Molière.)

[1] Tous ces vers sont à peu près inintelligibles. Ce qu'on en comprend est d'un goût douteux. (Guérin.)
[2] Ces six vers sont d'une bonne doctrine en peinture; c'est aux littérateurs à les juger sous le rapport de l'exécution. (Guérin.)
[3] Le coloris, troisième partie de la peinture. (Note de Molière.)

Par quelle douce chute ils doivent y tomber,
Et dans un milieu tendre aux yeux se dérober [1];
Ces fonds officieux qu'avec art on se donne,
Qui reçoivent si bien ce qu'on leur abandonne;
Par quels coups de pinceau, formant de la rondeur,
Le peintre donne au plat le relief du sculpteur;
Quel adoucissement des teintes de lumière
Fait perdre ce qui tourne et le chasse derrière,
Et comme avec un champ fuyant, vague et léger,
La fierté de l'obscur, sur la douceur du clair
Triomphant de la toile, en tire avec puissance
Les figures que veut garder sa résistance;
Et, malgré tout l'effort qu'elle oppose à ses coups,
Les détache du fond, et les amène à nous.

Il nous dit tout cela, ton admirable ouvrage:
Mais, illustre Mignard, n'en prends aucun ombrage;
Ne crains pas que ton art, par ta main découvert,
A marcher sur tes pas tienne un chemin ouvert,
Et que de ses leçons les grands et beaux oracles
Élèvent d'autres mains à tes doctes miracles:
Il y faut des talents que ton mérite joint,
Et ce sont des secrets qui ne s'apprennent point.
On n'acquiert point, Mignard, par les soins qu'on se donne,
Trois choses dont les dons brillent dans ta personne:
Les passions, la grâce, et les tons de couleur
Qui des riches tableaux font l'exquise valeur;
Ce sont présents du ciel, qu'on voit peu qu'il assemble;
Et les siècles ont peine à les trouver ensemble.
C'est par là qu'à nos yeux nuls travaux enfantés
De ton noble travail n'atteindront les beautés.
Malgré tous les pinceaux que ta gloire réveille,
Il sera de nos jours la fameuse merveille,
Et des bouts de la terre en ces superbes lieux
Attirera les pas des savants curieux.

O vous, dignes objets de la noble tendresse
Qu'à fait briller pour vous cette auguste princesse,
Dont au grand Dieu naissant, au véritable Dieu,
Le zèle magnifique a consacré ce lieu [2],
Purs esprits, où du ciel sont les grâces infuses,
Beaux temples des vertus, admirables recluses,
Qui dans votre retraite, avec tant de ferveur,
Mêlez parfaitement la retraite du cœur,
Et, par un choix pieux hors du monde placées,
Ne détachez vers lui nulle de vos pensées,
Qu'il vous est cher d'avoir sans cesse devant vous
Ce tableau de l'objet de vos vœux les plus doux,
D'y nourrir par vos yeux les précieuses flammes
Dont si fidèlement brûlent vos belles âmes,
D'y sentir redoubler l'ardeur de vos désirs,
D'y donner à toute heure un encens de soupirs,
Et d'embrasser du cœur une image si belle
Des célestes beautés de la gloire éternelle,

[1] Je ne comprends pas ces quatre vers. (Guérin.)
[2] L'église du Val-de-Grâce était consacrée à Jésus *naissant* et à la Vierge, sa mère; on lisait sur la frise du portique:
— JESU NASCENTI VIRGINIQUE MATRI.

Beautés qui dans leurs fers tiennent vos libertés,
Et vous font mépriser toutes autres beautés!
Et toi, qui fus jadis la maîtresse du monde,
Docte et fameuse école en raretés féconde,
Où les arts déterrés ont, par un digne effort,
Réparé les dégâts des barbares du Nord;
Source des beaux débris des siècles mémorables,
O Rome, qu'à tes soins nous sommes redevables
De nous avoir rendu, façonné de ta main,
Ce grand homme, chez toi devenu tout Romain,
Dont le pinceau, célèbre avec magnificence,
De ces riches travaux vient parer notre France,
Et dans un noble lustre y produire à nos yeux
Cette belle peinture inconnue en ces lieux,
La fresque, dont la grâce, à l'autre préférée
Se conserve un éclat d'éternelle durée,
Mais dont la promptitude et les brusques fiertés
Veulent un grand génie à toucher ses beautés!
De l'autre qu'on connoît la traitable méthode
Aux foiblesses d'un peintre aisément s'accommode:
La paresse de l'huile, allant avec lenteur,
Du plus tardif génie attend la pesanteur;
Elle sait secourir, par le temps qu'elle donne,
Les faux pas que peut faire un pinceau qui tâtonne;
Et sur cette peinture on peut, pour faire mieux,
Revenir, quand on veut, avec de nouveaux yeux.
Cette commodité de retoucher l'ouvrage
Aux peintres chancelants est un grand avantage;
Et ce qu'on ne fait pas en vingt fois qu'on reprend,
On le peut faire en trente, on le peut faire en cent.

Mais la fresque est pressante, et veut, sans complaisance,
Qu'un peintre s'accommode à son impatience,
La traite à sa manière, et, d'un travail soudain,
Saisisse le moment qu'elle donne à sa main.
La sévère rigueur de ce moment qui passe
Aux erreurs d'un pinceau ne fait aucune grâce;
Avec elle il n'est point de retour à tenter,
Et tout, au premier coup, se doit exécuter.
Elle veut un esprit où se rencontre unie
La pleine connoissance avec le grand génie,
Secouru d'une main propre à le seconder,
Et maîtresse de l'art jusqu'à le gourmander,
Une main prompte à suivre un beau feu qui la guide,
Et dont, comme un éclair, la justesse rapide
Répande dans ses fonds, à grands traits non tâtés,
De ses expressions les touchantes beautés.
C'est par là que la fresque, éclatante de gloire,
Sur les honneurs de l'autre emporte la victoire,
Et que tous les savants, en juges délicats,
Donnent la préférence à ses mâles appas.
Cent doctes mains chez elle ont cherché la louange;
Et Jules, Annibal, Raphaël, Michel-Ange,
Les Mignards de leur siècle, en illustres rivaux,
Ont voulu par la fresque ennoblir leurs travaux.
Nous la voyons ici doctement revêtue

De tous les grands attraits qui surprennent la vue

Jamais rien de pareil n'a paru dans ces lieux ;
Et la belle inconnue a frappé tous les yeux.
Elle a non-seulement, par ses grâces fertiles,
Charmé du grand Paris les connoisseurs habiles,
Et touché de la cour le beau monde savant ;
Ses miracles encore ont passé plus avant,
Et de nos courtisans les plus légers d'étude
Elle a pour quelque temps fixé l'inquiétude,
Arrêté leur esprit, attaché leurs regards,
Et fait descendre en eux quelque goût des beaux-arts.
Mais ce qui, plus que tout, élève son mérite,
C'est de l'auguste roi l'éclatante visite ;
Ce monarque, dont l'âme aux grandes qualités
Joint un goût délicat des savantes beautés,
Qui, séparant le bon d'avec son apparence,
Décide sans erreur et loue avec prudence ;
LOUIS, le grand LOUIS, dont l'esprit souverain
Ne dit rien au hasard, et voit tout d'un œil sain,
A versé de sa bouche à ses grâces brillantes
De deux précieux mots les douceurs chatouillantes ;
Et l'on sait qu'en deux mots ce roi judicieux
Fait des plus beaux travaux l'éloge glorieux.

Colbert, dont le bon goût suit celui de son maître,
A senti même charme, et nous le fait paroître.
Ce vigoureux génie au travail si constant,
Dont la vaste prudence à tous emplois s'étend,
Qui, du choix souverain, tient par son haut mérite
Du commerce et des arts la suprême conduite,
A d'une noble idée enfanté le dessein
Qu'il confie aux talents de cette docte main,
Et dont il veut par elle attacher la richesse
Aux sacrés murs du temple où son cœur s'intéresse [1].
La voilà, cette main, qui se met en chaleur ;
Elle prend les pinceaux, trace, étend la couleur,
Empâte, adoucit, touche, et ne fait nulle pause :
Voilà qu'elle a fini ; l'ouvrage aux yeux s'expose ;
Et nous y découvrons, aux yeux des grands experts,
Trois miracles de l'art en trois tableaux divers.
Mais, parmi cent objets d'une beauté touchante,
Le Dieu porte au respect, et n'a rien qui n'enchante ;
Rien en grâce, en douceur, en vive majesté,
Qui ne présente à l'œil une divinité ;
Elle est toute en ses traits si brillants de noblesse :
La grandeur y paroît, l'équité, la sagesse,
La bonté, la puissance ; enfin ces traits font voir
Ce que l'esprit de l'homme a peine à concevoir.

Poursuis, ô grand Colbert ! à vouloir dans la France
Des arts que tu régis établir l'excellence,
Et donne à ce projet, et si grand et si beau,
Tous les riches moments d'un si docte pinceau.
Attache à des travaux, dont l'éclat te renomme,
Les restes précieux des jours de ce grand homme.
Tels hommes rarement se peuvent présenter,
Et, quand le ciel les donne, il faut en profiter.
De ces mains, dont les temps ne sont guère prodigues,
Tu dois à l'univers les savantes fatigues ;
C'est à ton ministère à les aller saisir
Pour les mettre aux emplois que tu peux leur choisir ;
Et, pour ta propre gloire, il ne faut point attendre
Qu'elles viennent t'offrir ce que ton choix doit prendre.
Les grands hommes, Colbert, sont mauvais courtisans,
Peu faits à s'acquitter des devoirs complaisants ;
A leurs réflexions tout entiers ils se donnent ;
Et ce n'est que par là qu'ils se perfectionnent.
L'étude et la visite ont leurs talents à part.
Qui se donne à la cour se dérobe à son art.
Un esprit partagé rarement s'y consomme,
Et les emplois de feu demandent tout un homme.
Ils ne sauroient quitter les soins de leur métier
Pour aller chaque jour fatiguer ton portier ;
Ni partout, près de toi, par d'assidus hommages
Mendier des prôneurs les éclatants suffrages.
Cet amour du travail, qui toujours règne en eux,
Rend à tous autres soins leur esprit paresseux ;
Et tu dois consentir à cette négligence
Qui de leurs beaux talents te nourrit l'excellence.
Souffre que, dans leur art s'avançant chaque jour,
Par leurs ouvrages seuls ils te fassent leur cour [1].
Leur mérite à tes yeux y peut assez paroître ;
Consultes-en ton goût, il s'y connoît en maître,
Et te dira toujours, pour l'honneur de ton choix,
Sur qui tu dois verser l'éclat des grands emplois.
C'est ainsi que des arts la renaissante gloire
De tes illustres soins ornera la mémoire ;
Et que ton nom, porté dans cent travaux pompeux,
Passera triomphant à nos derniers neveux.

[1] Saint-Eustache. (Note de Molière.) — Colbert était de la paroisse Saint-Eustache, et il fut inhumé dans l'église.

[1] Molière s'entendait mieux à peindre le moral de l'homme qu'à décrire les parties et les procédés de l'art qui a pour objet d'en représenter les formes extérieures. Ces vers sur l'humeur indépendante, et même un peu sauvage, de l'homme de génie, sont énergiques et fiers. Ils ont la couleur du sujet ; ils honorent celui qui les a faits, comme celui qui les a inspirés. (Auger.)

TABLE DES MATIÈRES

Vie de Molière, par Voltaire.	
Molière et la Comédie, par la Harpe.	
La Jalousie du Barbouillé.	1
Le Médecin volant.	7
L'Étourdi, ou les Contre-Temps.	13
Le Dépit amoureux.	44
Les Précieuses ridicules.	71
Sganarelle, ou le Cocu imaginaire	85
Don Garcie de Navarre, ou le Prince jaloux.	94
L'École des Maris.	116
Les Fâcheux.	134
L'École des Femmes.	149
La Critique de l'École des Femmes.	176
L'Impromptu de Versailles.	190
Le Mariage forcé.	201
La Princesse d'Élide.	216
Don Juan, ou le Festin de pierre.	235
L'Amour médecin.	261
Le Misanthrope.	273
Le Médecin malgré lui.	298
Mélicerte.	316
Pastorale comique.	325
Le Sicilien, ou l'Amour peintre.	329
L'Imposteur, ou le Tartuffe.	339
Amphitryon.	370
George Dandin, ou le Mari confondu.	396
L'Avare.	416
Monsieur de Pourceaugnac.	450
Les Amants magnifiques.	473
Le Bourgeois gentilhomme.	495
Psyché.	551
Les Fourberies de Scapin.	557
La Comtesse d'Escarbagnas.	582
Les Femmes savantes.	592
Le Malade imaginaire.	620
Poésies diverses.	661

ÉTRENNES POUR 1866

EXTRAIT DU CATALOGUE
DE LA
LIBRAIRIE DE LAFFARGUE
A BRIVES

NOTA. La reliure n'est pas comprise dans le prix des volumes portés au Catalogue

NOUVELLES PUBLICATIONS

L'ESPACE CÉLESTE
ET LA NATURE TROPICALE
DESCRIPTION PHYSIQUE DE L'UNIVERS
D'APRÈS DES OBSERVATIONS PERSONNELLES FAITES DANS LES DEUX HÉMISPHÈRES
PAR E. LIAIS
Astronome de l'Observatoire impérial de Paris, chargé par le Gouvernement d'une Mission scientifique au Brésil
AVEC UNE PRÉFACE DE M. BABINET, DE L'INSTITUT
Illustré de nombreuses gravures
D'APRÈS LES DESSINS DE YAN' DARGENT
Un magnifique volume grand in-8 jésus . . . . 20 fr.

L'HOMME DEPUIS CINQ MILLE ANS
PAR S. HENRY BERTHOUD
Illustré d'un grand nombre de vignettes sur bois, gravées par les premiers artistes
D'APRÈS LES DESSINS DE YAN' DARGENT
Un volume grand in-8 raisin . . . . 10 fr.

LE MAGASIN DES ENFANTS
OU
DIALOGUES D'UNE SAGE GOUVERNANTE AVEC SES ÉLÈVES
PAR Mme LEPRINCE DE BEAUMONT
AUGMENTÉ D'UN CONTE DU MÊME AUTEUR
Édition revue et corrigée, d'après les plus anciennes et meilleures éditions
PRÉCÉDÉE D'UNE NOTICE PAR MADAME S. L. BELLOC
Illustré d'un grand nombre de gravures.
D'APRÈS LES DESSINS DE STAAL
Un beau volume grand in-8 raisin . . . . 10 fr.

CHEFS-D'ŒUVRE DE LA LITTÉRATURE FRANÇAISE

16 volumes sont en vente à 7 fr. 50

On tire de chaque volume de la collection 150 *exemplaires numérotés* sur papier de hollande, avec fig. sur chine avant la lettre, au prix de 15 fr. le vol.

ŒUVRES COMPLÈTES DE MOLIÈRE

Nouvelle édition très-soigneusement revue sur les textes originaux avec un nouveau travail de critique et d'érudition, aperçus d'histoire littéraire, examen de chaque pièce, commentaire, biographie, etc., etc., par M. Louis Moland.

L'ouvrage, imprimé avec luxe par M. Claye sur magnifique papier des Vosges fabriqué spécialement pour cette édit., orné de vignettes gr .sur acier, d'après les dessins de Staal, par F. Delannoy et Massard, forme 7 volumes.

CHEFS-D'ŒUVRE LITTÉRAIRES DE BUFFON,

Avec une introduction par M. Flourens, membre de l'Acad. française, secrétaire de l'Acad. des sciences, etc. 2 vol. in-8 cavalier.

HISTOIRE DE GIL BLAS DE SANTILLANE

Par le Sage, avec les principales remarques des divers annotateurs, précédée d'une notice par Sainte-Beuve, de l'Académie française, les jugements et témoignages sur le Sage et sur *Gil Blas*; suivie de *Turcaret* et de *Crispin rival de son maître*, 2 vol. in-8 illustrés de 6 belles gravures sur acier d'après les dessins de Staal.

L'IMITATION DE JÉSUS-CHRIST

Traduction nouvelle avec des réflexions à la fin de chaque chapitre par M. l'abbé de Lamennais. 1 vol. in-8.

ESSAIS DE MICHEL DE MONTAIGNE

Nouvelle édition, avec les notes de tous les commentateurs, choisies et complétées par M. J. V. Le Clerc, ornée d'un magnifique portrait de Montaigne, précédée d'une nouvelle Étude sur Montaigne par M. Prévost-Paradol, de l'Académie française. 4 vol.

BIBLIOTHÈQUE AMUSANTE

COMPOSÉE DES CHEFS-D'ŒUVRE DU ROMAN FRANÇAIS, 12 BEAUX VOL. IN-8 CAVALIER, PAPIER DES VOSGES
ILLUSTRÉS DE CHARMANTES GRAVURES SUR ACIER
GRAVÉES PAR LES PREMIERS ARTISTES D'APRÈS LES DESSINS DE STAAL

Chaque vol. se vend séparément 7 fr. 50.

Œuvres de Mme de Lafayette. — Zaïde. — La princesse de Clèves. — Madame de Montpensier. — La comtesse de Tende. — Lettres. 1 vol.

Œuvres de mesdames de Fontaine et de Tencin. — La comtesse de Savoie. — Aménophis. — Mémoires du comte de Comminge. — Le siège de Calais. — Les Malheurs de l'amour. — Anecdotes de la Cour et du règne d'Edouard II, 1 vol.

Histoire de Gil Blas de Santillane, par le Sage. 2 vol.

Le Diable boiteux, suivi de *Estévanille Gonzalès*, par le Sage. 1 vol.

Histoire de Guzman d'Alfarache, par le Sage. 1 vol.

La vie de Marianne, suivie du *Paysan parvenu*, par Marivaux. 2 vol.

Œuvres de madame de Riccoboni. — Histoire du marquis de Cressy. — Lettres de la comtesse de Sancerre. — Histoire de deux jeunes amies. — Histoire d'Ernestine. — Lettres de milady Catesby. — Histoire d'Aloïse de Livarot. — Histoire d'Enguerrand. 1 vol.

Œuvres de Mᵐᵉ Élie de Beaumont, de Mᵐᵉ de Genlis, de Fiévée et de Mᵐᵉ de Duras. — Mᵐᵉ ÉLIE DE BEAUMONT, Lettres du marquis de Roselle. — Mᵐᵉ DE GENLIS, Mademoiselle de Clermont. — FIÉVÉE, la Dot de Suzette. — Mᵐᵉ DE DURAS, Ourika, Édouard. 1 vol.

Œuvres de Mᵐᵉ de Souza, — ADÈLE DE SÉNANGE. — AGLAÉ. — EUGÈNE DE ROTHELIN. — CHARLES ET MARIE. — ÉMILIE ET ALPHONSE. 1 vol.

Corinne, ou l'Italie, par Mᵐᵉ DE STAEL. 1 vol.

OUVRAGES RELIGIEUX

LES SAINTS ÉVANGILES.

Traduction de LEMAISTRE DE SACY, selon saint Marc, saint Mathieu, saint Luc et saint Jean. Nouvelle édition avec encadrements en couleur, ornée de magnifiques gravures sur acier et d'un beau frontispice or et couleur. 1 splendide vol. grand in-8 jésus. . . . . 20 fr.

PETIT CARÊME ET SERMONS CHOISIS DE MASSILLON,
ÉVÊQUE DE CLERMONT

1 fort volume grand in-8 illustré d'un grand nombre de dessins, demi-reliure doré sur tranche. . . . . 24 fr.

ORAISONS FUNÈBRES ET SERMONS CHOISIS DE BOSSUET.

Nouvelle édition illustrée de douze gravures sur acier, d'après REMBRANDT, MIGNARD, NANTEUIL, RIBERA, STAAL, RIGAUD, POUSSIN, VAN DYCK, CARRACHE, SPADA, etc., gravées par F. DELANNOY, E. WILLMANN, GIRARDET, ROBINSON, EGLETON, HOLL, JENKINS, etc. 1 beau vol. grand in-8, papier jésus vélin . . . . 18 fr.

ÉLÉVATIONS A DIEU SUR TOUS LES MYSTÈRES
DE LA RELIGION CHRÉTIENNE,

Par BOSSUET, 1 vol. grand in-8, orné de 10 magnifiques gravures anglaises sur acier, d'après le GUIDE, POUSSIN, VANDERWERF, MARATTE, etc. . . . . . 16 fr.

MÉDITATIONS SUR L'ÉVANGILE,

Par BOSSUET, revues sur les manuscrits originaux et les éditions les plus correctes, et enrichies de 14 magnifiques gravures sur acier, d'après RAPHAEL, RUBENS, POUSSIN, REMBRANDT, etc. 1 vol. grand in-8 jésus. . . . . 18 fr.

LES SAINTES FEMMES,

Par Mgr DARBOY, archevêque de Paris. Collection de portraits, gravés sur acier, des femmes remarquables de l'Église. 1 vol. grand in-8 jésus. . . . . . 20 fr.

LES FEMMES DE LA BIBLE,

Par Mgr DARBOY, archevêque de Paris. Collection de portraits des femmes remarquables de l'Ancien et du Nouveau Testament (gravés par les meilleurs artistes, d'après les dessins de G. STAAL), avec textes explicatifs rappelant les principaux événements du peuple de Dieu. 2 v. gr. in-8 jésus, le vol. . . . . 20 fr.

LA SAINTE BIBLE,

Traduite sur le latin de la Vulgate par LEMAISTRE DE SACY, pour l'*Ancien Testament*, et par le P. LALLEMANT, pour le *Nouveau Testament*, accompagnée de nombreuses Notes explicatives, par M. l'abbé DELAUNAY, chanoine de Paris, avec lettre approbative de Monseigneur Sibour, archevêque de Paris. 5 magnifiques vol., accompagnés d'un Atlas de 50 belles grav. sur acier . . . . . 125 fr.

LA SAINTE BIBLE.

L'*Ancien* et le *Nouveau Testament* complets; traduction nouvelle par DE GENOUDE. 3 vol. gr. in-8 à 2 colonnes, illustrés de 8 magnifiques gravures anglaises et de 350 gravures sur bois. . . . . 24 fr.

Demi-rel. chagrin, plats toile, doré sur tranche. 3 vol. rel. en 2, à 6 fr. le vol.

SAINT VINCENT DE PAUL.

Histoire de sa vie, par l'abbé ORSINI. 1 magnifique vol. grand in-8 jésus, illustré de 10 splendides gravures sur acier, tirées sur Chine avant la lettre d'après GIRARDET, MEISSONNIER, STAAL, etc., gravées par nos meilleurs artistes.   10 fr.

IMITATION DE JÉSUS-CHRIST,

Traduite par l'abbé DASSANCE, avec approbation de Mgr l'archevêque de Paris. Édition CURMER, avec encadrements variés, frontispice or et couleur, et 10 gravures sur acier. 1 vol. gr. in-8 jésus. . . . .   20 fr.

L'IMITATION DE JÉSUS-CHRIST.

Traduction nouvelle, avec des réflexions à la fin de chaque chapitre, par M. l'abbé F. DE LAMENNAIS. Nouvelle édition, avec encadrements en couleur, ornée de 10 gravures sur acier et d'un frontispice rehaussé d'or. 1 magnifique vol. grand in-8 jésus. . . . .   20 fr.

LES VIES DES SAINTS,

POUR TOUS LES JOURS DE L'ANNÉE, nouvellement écrités par une réunion d'ecclésiastiques et d'écrivains catholiques, classées pour chaque jour de l'année par ordre de dates, d'après les martyrologes et Godescard; ill. d'environ 1,800 grav. L'ouvrage complet forme 4 beaux vol. grand in-8; chaque vol. se compose d'un trimestre et forme un tout complet, 10 fr. le vol. L'ouvrage entier . . . .   40 fr.

Les VIES DES SAINTS ont obtenu l'approbation des archevêques et des évêques.

PETITES HEURES NOUVELLES,

Texte encadré, lettres ornées, fleurons, etc. 1 vol. in-64.
Relié en chagrin plein, d. s. tr. . . . .   5 fr.

COLLECTION DE 20 BEAUX VOLUMES ILLUSTRÉS
GRAND IN-8 RAISIN, à 10 fr.

Cette charmante collection se distingue par un grand nombre de gravures sur bois dans le texte et hors texte exécutées par les premiers artistes. *Jamais livres* édités à ce prix n'ont offert autant de belles illustrations.

LE MONDE DES INSECTES,

Par S. HENRY BERTHOUD, illustré d'un grand nombre de vignettes sur bois, gravées par les premiers artistes, d'après les dessins de YAN' DARGENT. 1 vol.

L'HOMME DEPUIS CINQ MILLE ANS,

Par S. HENRY BERTHOUD, illustré d'un grand nombre de vignettes sur bois, gravées par les premiers artistes d'après les dessins de YAN' DARGENT. 1 vol.

CONTES DU DOCTEUR SAM,

Par S. HENRY BERTHOUD, illustrés de gravures sur bois dans le texte et de grandes vignettes hors texte, par STAAL. 1 vol.

LE MAGASIN DES ENFANTS,

Ou dialogues d'une sage gouvernante avec ses élèves, par Mme LEPRINCE DE BEAUMONT, augmenté d'un conte du même auteur. Édition revue et corrigée, d'après les plus anciennes et meilleures éditions. Précédée d'une Notice par Mme W. BELLOC. Illustré d'un grand nombre de gravures d'après les dessins de STAAL. 1 beau volume.

L'AMI DES ENFANTS, DE BERQUIN.

Nouvelle édition, illustrée de dessins par STAAL et GÉRARD SÉGUIN. 1 vol.

Le livre de Berquin, animé et rehaussé par des vignettes qui mettent les divers sujets en action, est resté, comme il restera longtemps, l'un des livres de prédilection de l'enfance.

ŒUVRES DE BERQUIN

SANDFORD ET MERTON. — LE PETIT GRANDISSON. — LE RETOUR DE CROISIÈRE. — LES SŒURS DE LAIT. — LES JOUEURS. — LE PAGE. — L'HONNÊTE FERMIER.

Nouvelle édition illustrée de nombreuses vignettes dessinées par Staal et gravées par les meilleurs artistes. 1 vol.

AVENTURES DE ROBINSON CRUSOÉ,

Par D. de Foe, ill. par Grandville. 1 beau vol.

Cette traduction fidèle, élégante et complète d'un livre trop généralement mutilé, a trouvé dans le crayon de Grandville un heureux auxiliaire.

LES VEILLÉES DU CHATEAU,

Ou Cours de morale à l'usage des enfants, par Mme la comtesse de Genlis. Nouvelle édition, illustrée de dessins par Staal, gravés par Carbonneau, Delangle, Gosmand, Lambert, Leclerc, Manini, Piaud, Vinet et Yon. 1 vol.

VOYAGES ILLUSTRÉS DE GULLIVER.

400 dessins par Grandville. 1 beau vol., papier glacé.

Pour la première fois, l'ingénieuse fiction de Swift a été exactement rendue et religieusement respectée. Les quatre cents sujets de Grandville y luttent de finesse et d'esprit avec l'original.

LE DON QUICHOTTE DE LA JEUNESSE,

Par Florian, illustré d'un grand nombre de vignettes sur bois gravées par Pannemaker, Midderich, Mouard, etc., d'après les dessins de Staal. 1 vol.

FABLES DE FLORIAN.

1 volume, illustré par Grandville de 80 grandes gravures, 25 vignettes dans le texte.

L'illustration de Florian appartenait de droit au crayon qui venait de peindre avec tant de bonheur les bêtes de la Fontaine.

CONTES DE SCHMID.

Traduction de l'abbé Macker, la seule approuvée par l'auteur. 2 beaux vol. avec de nombreuses vignettes dans le texte, et de grands bois tirés à part, d'après les dessins de G. Staal.

LES ANIMAUX HISTORIQUES,

Par Ortaire Fournier, suivis des Lettres sur l'intelligence et la perfectibilité des Animaux, par C. G. Leroy, et de *particularités curieuses extraites de Buffon*. 1 vol. illustré par Victor Adam.

ROBINSON SUISSE,

Par M. Wyss, avec la suite donnée par l'auteur, traduit de l'allemand par Mme Élise Voïart; précédé d'une Notice de Charles Nodier. 1 vol. illustré de 200 vig. d'après les dessins de Ch. Lemercier.

CONTES DES FÉES,

Par Perrault, Mme d'Aulnoy, Mme Leprince de Beaumont et Hamilton, illustrés par Staal et Bertall, contenant tous les contes devenus classiques et reconnus les modèles du genre; 1 très-beau vol.

DÉCOUVERTE DE L'AMÉRIQUE,

Par J. H. Campe, précédée d'un Essai sur la vie et les ouvrages de l'auteur, par Ch. Saint-Maurice. 1 vol. ill. de 120 bois dans le texte et à part.

ŒUVRES COMPLÈTES DU COMTE XAVIER DE MAISTRE.

Nouvelle édition. Expédition nocturne; le Lépreux de la cité d'Aoste; Voyage autour de ma chambre; les Prisonniers du Caucase; la jeune Sibérienne, avec une préface par M. Sainte-Beuve, illustrés avec le plus grand soin par Staal. 1 vol.

Cet ouvrage est illustré pour la première fois.

LA CHINE OUVERTE.

Texte par OLD-NICK, illustrations par BORGET. 1 vol. illustré de 250 sujets, dont 50 tirés à part.

Voilà un ouvrage palpitant d'à-propos, composé d'après les documents les plus fidèles, et illustré par un peintre qui reproduit ce qu'il a vu : tous éléments d'un succès durable.

CENT PROVERBES.

1 vol. illustré par GRANDVILLE de 50 vignettes à part, frises, culs-de-lampe.

Depuis Salomon jusqu'à Sancho Pança, le proverbe a été considéré comme la sagesse des nations. Ici la plume et le crayon se sont associés pour rajeunir par une forme nouvelle ces éternelles vérités.

COLLECTION D'OUVRAGES ILLUSTRÉS POUR LES ENFANTS
JOLIS VOLUMES GRAND IN-18 ANGLAIS à 3 fr.
Reliés en toile, dorés sur tranche, 4 fr. 50 c.

Le Livre du premier âge illustré. 1 fort vol. in-18 orné de 250 gravures environ.

Abrégé de l'Ami des enfants et des adolescents, par BERQUIN, illustré de bois dans le texte. 1 vol.

Sandford et Merton, par BERQUIN. Nouvelle édition illustrée d'un grand nombre de vignettes sur bois intercalées dans le texte, dessinées par STAAL. 1 vol.

Le Petit Grandisson, etc., etc., par BERQUIN. Nouvelle édition illustrée d'un grand nombre de vignettes sur bois intercalées dans le texte, dessinées par STAAL. 1 vol.

Théâtre choisi de Berquin, illustré de vignettes sur bois intercalées dans le texte. 1 vol.

Contes des Fées, de PERRAULT, Mme D'AULNOY, etc., illustrés de gravures dans le texte. 1 vol.

Contes de Schmid, illustrés de gravures dans le texte. 4 vol.
Chaque volume forme un tout complet sans tomaison, et se vend séparément.

Paul et Virginie, suivi de **la Chaumière indienne**, par BERNARDIN DE SAINT-PIERRE, illustrés de vignettes par BERTALL et DEMAULE. 1 vol.

Aventures de Télémaque, par FÉNELON, avec des notes géographiques et littéraires et les aventures d'Aristonoüs. 8 gravures. 1 vol.

Fables de la Fontaine, avec des notes philologiques et littéraires, par M. FÉLIX LEMAISTRE, et illustrée de 8 gravures. 1 vol.

Mes Prisons, suivi des Devoirs des hommes, par SILVIO PELLICO; traduction nouvelle par le comte H. DE MESSEY, revue par le vicomte ALBAN DE VILLENEUVE. 6 grav. 1 vol.

Le Langage des Fleurs. Édition de luxe, ornée de gravures entièrement nouvelles, coloriées avec le plus grand soin, avec un texte remarquable d'AIMÉ MARTIN, sous le nom de CHARLOTTE DE LA TOUR. 1 vol.

Contes et scènes de la vie de famille, dédiés aux enfants, par Mme DESBORDES-VALMORE, illustrés de nombreuses vignettes. 2 vol. Chaque volume se vend séparément.

Le Magasin des Enfants, par Mme LE PRINCE DE BEAUMONT. 2 vol. illustrés d'un grand nombre de vignettes.

Choix de Nouvelles, tirées de Mme DE GENLIS et de BERQUIN, suivies de nouvelles instructives et amusantes par Mme ADAM BOISGONTIER. 1 vol. orné de vignettes.

Lettres choisies de madame de Sévigné, accompagnées de notes explicatives sur les faits et les personnages du temps et précédées d'observations littéraires par M. SAINTE-BEUVE. 1 volume.

Œuvres complètes du comte Xavier de Maistre. Nouvelle édition. Expédition nocturne, le Lépreux de la cité d'Aoste, Voyage autour de ma chambre, les Prisonniers du Caucase, la Jeune Sibérienne, avec une Préface par M. SAINTE-BEUVE. 1 vol.

ŒUVRES DE TOPFFER.

Albums formant chacun un gr. vol. jésus oblong à 7 fr. 50.

MONSIEUR JABOT.	1 vol.	MONSIEUR PENCIL.	1 vol.
MONSIEUR VIEUX-BOIS.	1 vol.	DOCTEUR FESTUS.	1 vol.
MONSIEUR CRÉPIN.	1 vol.	ALBERT.	1 vol.

HISTOIRE DE CRYPTOGAME. . 1 vol.

On sait la vogue si méritée des albums de Töpffer. Ces œuvres spirituelles et charmantes ont le privilége d'être admises dans tous les salons, d'y figurer sans choquer personne, d'amuser tous les âges, et de pouvoir être offertes aux dames, aux demoiselles, aux adolescents et même aux enfants.

Reliure toile, doré sur tranche à . . . . 3 fr. »

PREMIERS VOYAGES EN ZIGZAG,
OU EXCURSIONS D'UN PENSIONNAT EN VACANCES DANS LES CANTONS SUISSES ET SUR LE REVERS ITALIEN DES ALPES,

Par R. TÖPFFER. Magnifiquement illustrés, d'après les dessins de l'auteur, de 53 grands dessins par CALAME et d'un grand nombre de bois dans le texte; nouvelle édition. 1 vol. grand in-8 jésus, papier glacé satiné. . . . . . 12 fr.

NOUVEAUX VOYAGES EN ZIGZAG
A LA GRANDE-CHARTREUSE, AU MONT BLANC, DANS LES VALLÉES D'HERENZ, DE ZERMATT, AU GRIMSEL ET DANS LES ÉTATS SARDES,

Par R. TÖPFFER. Splendidement illustrés de 48 gravures sur bois tirées à part et de 320 sujets dans le texte, dessinés, d'après les dessins originaux de Töpffer, par MM. CALAME, KARL GIRARDET, FRANÇAIS, DAUBIGNY, DE BAR, FOREST, HADAMARD, ELMERIC, STOPP, GAGNET, VEYRASSAT, et gravés par nos meilleurs artistes. 1 vol. gr. in-8 jésus, papier glacé satiné. . . . . 12 fr.
Ce second volume est le complément du premier.

LES NOUVELLES GENEVOISES,

Par TÖPFFER, illustrées, d'après les dessins de l'auteur, d'un grand nombre de bois dans le texte et de 40 hors texte, gravés par BEST, LELOIR, HOTELIN et RÉGNIER. 1 charmant vol. grand in-8 jésus . . . . 12 fr.

ŒUVRES COMPLÈTES DE CHATEAUBRIAND.

Nouvelle édition, précédée d'une étude littéraire sur Chateaubriand, par M. SAINTE-BEUVE, de l'Académie française. 12 très-forts volumes in-8, sur papier cavalier vélin, ornés d'un beau portrait de Chateaubriand et de 42 gravures, exécutées spécialement pour cette édition, et avec le plus grand soin, par MM. F. DELANNOY, G. THIBAULT, OUTHWAITE, MASSARD, etc., d'après les dessins originaux de STAAL, de RACINET, etc.

ON VEND SÉPARÉMENT AVEC TITRE SPÉCIAL

LE GÉNIE DU CHRISTIANISME, 1 vol. orné de 5 gravures sur acier.
LES MARTYRS, 1 vol. orné de 5 grav. sur acier.
L'ITINÉRAIRE DE PARIS A JÉRUSALEM, 1 vol. orné de 6 gravures.
ATALA, RENÉ, LE DERNIER ABENCERRAGE, LES NATCHEZ, POÉSIES. 1 vol. orné de 4 grav. sur acier.

VOYAGE EN AMÉRIQUE, EN ITALIE ET EN SUISSE, 1 vol. orné de 4 gravures.
LE PARADIS PERDU, 1 vol. orné de 4 grav. sur acier.
HISTOIRE DE FRANCE, 1 vol. orné de 4 grav. sur acier.
ÉTUDES HISTORIQUES, 1 vol. orné de 3 grav. sur acier.

Le prix de chaque volume, avec 3, 4 ou 5 gravures, est de . . . . 6 fr. »
Sans gravures. . . . . 5 fr. »

ŒUVRES COMPLÈTES DE BUFFON,
(OUVRAGE TERMINÉ)

Avec la nomenclature linnéenne et la classification de Cuvier; édition nouvelle, revue sur l'édition in-4 de l'Imprimerie impér.: annotée par M. FLOURENS, membre de l'Académie française, secrétaire perpétuel de l'Académie des sciences, professeur au Muséum d'histoire naturelle. Les *Œuvres complètes de Buffon* forment 12 vol. grand in-8 jésus, illustrés de 163 planches, 800 sujets coloriés, gravés sur acier, d'après les dessins originaux de M. VICTOR ADAM: imprimés en caractères neufs, sur papier pâte vélin, par la typographie J. Claye. . 120 fr.

ŒUVRES COMPLÈTES DE VICTOR HUGO,

Contenant jusqu'à son dernier ouvrage, les *Contemplations*; édition de luxe, 18 vol., papier cavalier vélin, ornés de 100 gravures sur acier et sur bois, d'après TONY JOHANNOT, RAFFET, GAVARNI, GÉRARD-SÉGUIN, etc. . . . . 90 fr.

ŒUVRES COMPLÈTES DE H. DE BALZAC.

La Comédie humaine, nouvelle édition, illustrée de 121 vignettes d'après JOHANNOT, MEISSONIER, GAVARNI, H. MONNIER, BERTALL, etc., et d'un portrait de l'auteur gravé sur acier. 20 vol. in-8, papier glacé, renfermant les 150 volumes des éditions précédentes. . . . . 100 fr.
Chaque volume se vend séparément. . . . . 5 fr.

LES CONTES DROLATIQUES

Colligez es abbayes de Touraine et mis en lumière par le sieur DE BALZAC, pour l'esbatement des pantagruelistes et non aultres. Édition illustrée de 425 dessins par GUSTAVE DORÉ, 1 magnifique vol. in-8, papier vélin, glacé, satiné, 12 fr.: net. . . . . 10 fr.

GALERIE DE FEMMES CÉLÈBRES,

Tirée des *Causeries du lundi*, par M. SAINTE-BEUVE, de l'Académie française. 1 beau volume grand in-8 jésus, orné de 12 magnifiques portraits dessinés par STAAL et gravés sur acier par MASSARD, THIBAULT, GOUTTIÈRE, GEOFFROY, GERVAIS, OUTHWAITE, etc. . . . . 20 fr.
De magnifiques gavures, une très-belle impression se joignent à un texte charmant pour faire de cet ouvrage, à tous les points de vue, une œuvre d'art très-remarquable.

NOUVELLE GALERIE DE FEMMES CÉLÈBRES,

Tirée des *Causeries du lundi*, des *Portraits littéraires*, des *Portraits de Femmes*, par M. SAINTE-BEUVE, de l'Académie française 1 vol. grand in-8 jésus, semblable au volume précédent, et illustré de portraits inédits. . . . 20 fr.
Ces volumes se complètent l'un par l'autre et se vendent séparément.

LETTRES CHOISIES DE MADAME DE SÉVIGNÉ

Avec une magnifique galerie de portraits sur acier, représentant les personnages principaux qui figurent dans sa correspondance. 1 très-beau volume grand in-8. . . . . 20 fr.

HISTOIRE DE FRANCE

Depuis la fondation de la monarchie, par MENNECHET, illustrée de 20 gravures sur acier, d'après les grands maîtres de l'école française, gravées par F. DELANNOY, MASSARD, OUTHWAITE, DESJARDINS, WOLFF, AUBERT, etc. 1 volume grand in-8 jésus. . . . . 20 fr.

LES FEMMES D'APRÈS LES AUTEURS FRANÇAIS,

Par E. MULLER. Ouvrage illustré de portraits des femmes les plus illustres, gravés au burin, d'après les dessins de STAAL, par MASSARD, DELANNOY, REGNAULT et GEOFFROY. 1 vol. grand in-8 jésus. . . . . 20 fr.

MOLIÈRE.

Œuvres complètes, précédées d'une notice sur la vie et les ouvrages de Molière, par M. Sainte-Beuve, illustrés de 800 dessins, par Tony Johannot. Nouvelle édit. 1 magnifique vol. gr. in-8 jésus, impr. par Plon frères. . . . . . 20 fr.

MOLIÈRE.

1 beau vol. grand in-8, accompagné de notes explicatives, philologiques et littéraires par M. Félix Lemaistre, et orné de belles gravures sur acier par F. Delannoy, d'après les dessins de Staal. . . . . 12 fr. 50

ŒUVRES DE J. RACINE,

Avec un Essai sur la vie et les ouvrages de J. Racine, par Louis Racine; ornées de 15 vignettes, d'après Gérard, Girodet, Desenne, etc. 1 beau vol. grand in-8 jésus . . . . 12 fr. 50

ŒUVRES DE P. ET TH. CORNEILLE,

Précédées de la vie de P. Corneille, par Fontenelle, et des discours sur la poésie dramatique. Nouvelle édition, ornée de gravures sur acier. Un beau volume grand in-8 jésus . . . . 12 fr. 50

ŒUVRES COMPLÈTES DE BOILEAU,

Avec une Notice par M. Sainte-Beuve, et les Notes de tous les commentateurs; illustrées de gravures sur acier. Nouv. édit. 1 vol. gr. in-8. . . . . . . 12 fr. 50

ŒUVRES COMPLÈTES DE CASIMIR DELAVIGNE,

Comprenant le *Théâtre*, les *Messéniennes* et les *Chants sur l'Italie*. Nouvelle édition. 1 beau volume grand in-8 jésus, illustré de 12 belles vignettes de A. Johannot . . . . 12 fr. 50.
LE MÊME OUVRAGE. 6 vol. in-8 cavalier. . . . . 42 fr.

CORINNE,

Par madame la baronne de Staël. Nouvelle édition, richement illustrée de 250 bois dans le texte et de 8 grandes gravures sur bois par Karl Girardet, Barrias, Staal, tirées à part. 1 magnifique vol. gr. in-8 jésus vélin, glacé. . . . . . 10 fr.

HISTOIRE DES DUCS DE BOURGOGNE,

Par M. de Barante, membre de l'Académie française; 7ᵉ édition. 12 vol. in-8, caractères neufs, imprimés sur papier vélin satiné des Vosges, ornés de 104 gravures et d'un grand nombre de cartes. Prix du vol. . . . . 5 fr.

HISTOIRE DE FRANCE PAR ANQUETIL

Avec continuation jusqu'en 1852, par Baude, l'un des principaux auteurs du *Million de Faits* et de *Patria*. 8 demi-vol. grand in-8, illustrés de 120 gravures, renfermant la collection complète des portraits des rois, imprimés en beaux caractères, à deux colonnes, sur papier des Vosges. . . . . . . 50 fr.

ABRÉGÉ CHRONOLOGIQUE DE L'HISTOIRE DE FRANCE,

Par le président Hénault, continué par Michaud. 1 vol. grand in-8, illustré de gravures sur acier. . . . . 12 fr.

LE PLUTARQUE FRANÇAIS.

Vies des hommes et des femmes illustres de la France. Édition revue, corrigée et considérablement augmentée, publiée sous la direction de M. T. Hadot. Cent quatre-vingts biographies et *cent quatre-vingts portraits* en pied gravés sur acier, d'après les dessins de MM. Gros, Ingres, Horace Vernet, Ary Schœfer, Tony Johannot, Meissonnier, C. Jacquand, etc. Ouvrage entièrement terminé, formant 6 vol. grand in-8 . . . . 96 fr.

GALERIES HISTORIQUES DE VERSAILLES.
(ÉDITION UNIQUE.)

Ce grand et important ouvrage a été entrepris aux frais de la liste civile du roi Louis-Philippe, et rédigé d'après ses instructions. Il renferme la description de 1,200 tableaux; des notices historiques sur plus de 676 écussons armoriés de la salle des Croisades, 10 volumes in-8 imprimés en caractères neufs sur beau papier, avec un magnifique album in-4 de 100 gravures sur acier . . . 90 fr.

L'ALBUM SEUL

En un fort volume, demi-reliure chagrin, doré sur tranche, aux armes de France, se vend séparément. Demi-reliure toile, tranche dorée . . . . 50 fr.

FABLES DE LA FONTAINE.

Illustrations de GRANDVILLE. 1 splendide vol. grand in-8 jésus, sur papier glacé, satiné, avec encadrement des pages et un sujet pour chaque fable. Edition unique par les soins qui y ont été apportés . . . . 18 fr.

Traduire par le dessin les animaux de la Fontaine, les mettre en scène, leur donner une allure, une expression, un vêtement conformes à leur rôle, de sorte qu'il ne leur manque que la parole, c'était là une tâche difficile à accomplir, impossible même à tout autre qu'à Grandville.

GRANDVILLE.

ALBUM de 120 sujets tirés des Fables de la Fontaine. 1 v. gr. in-8 . . . . 6 fr.

FABLES DE LA FONTAINE,

2 vol. in-8, sur papier carré des Vosges, avec grav . . . . 7 fr. 50.

LA NORMANDIE HISTORIQUE

Pittoresque et monumentale, par M. JULES JANIN, illustrée par MM. H. BELLANGÉ, GIGOUX, MOREL-FATIO, TELLIER, DAUBIGNY et J. NOEL. Troisième édition, revue et corrigée par l'auteur. 1 vol. grand in-8. 15 fr.; net . . . . 12 fr.

LA BRETAGNE HISTORIQUE

Pittoresque et monumentale, par JULES JANIN, illustrée par H. BELLANGÉ, GIROUX, RAFFET, GUDIN, ISABEY, MOREL-FATIO, JULES NOEL et DAUBIGNY. Deuxième édition, revue et corrigée par l'auteur. 1 vol. gr. in-8 jésus vélin, 15 fr.; net. 12 fr.

LES MILLE ET UNE NUITS.

Contes arabes, traduits par GALLAND, illustrés par MM. FRANÇAIS, BARON, WATTER, etc., etc., revus et corrigés sur l'édition princeps de 1794; augmentés d'une dissertation sur les Mille et une Nuits par le baron SILV. DE SACY. Paris, Bourdin, 1860. 1 vol. grand in-8 de 1,100 pages . . . . 15 fr.

LES MILLE ET UN JOURS,

Contes persans, turcs et chinois, traduits par PÉTIS DE LA CROIX, CARDANNE, CAYLUS, etc., 1 magnifique volume gr. in-8 jésus vélin. Edition illustrée de 400 dessins par nos premiers artistes 15 fr.; net . . . . 10 fr.

HISTOIRE UNIVERSELLE,

Par le comte DE SÉGUR, de l'Académie française; contenant l'histoire de tous les peuples de l'antiquité, l'histoire romaine et l'histoire du Bas-Empire. 9e édition, ornée de 50 gravures sur acier, d'après les grands maîtres de l'école française. 3 vol. grand in-8 . . . . 37 fr. 50.

On peut acheter séparément chaque volume, qui forme un tout complet.

Histoire ancienne,

Contenant l'histoire des Égyptiens, des Assyriens, des Mèdes, des Perses, des Grecs, des Carthaginois, des Juifs. 1 vol . . . . 12 fr 50.

Histoire romaine,
Contenant l'histoire de l'empire romain, depuis la fondation de Rome jusqu'à Constantin. 1 vol. . . . . 12 fr. 50.

Histoire du Bas-Empire,
Depuis Constantin jusqu'à la fin du second empire grec. 1 vol., 12 fr. 50.

JÉROME PATUROT
A la recherche d'une position sociale, par Louis REYBAUD, illustré par J. J. GRANDVILLE. 1 vol. gr. in-8, orné de 163 bois dans le texte, et de 35 gr. bois tirés hors texte, gravés par BEST et LELOIR, d'après les dessins de J. J. GRANDVILLE, 15 fr.; net. . . . . 12 fr.

DON QUICHOTTE DE LA MANCHE.
Traduction nouvelle, précédée d'une Notice sur la vie et les ouvrages de l'auteur, par Louis VIARDOT, ornée de 800 dessins par TONY JOHANNOT. 1 vol. grand in-8, jésus, 20 fr. net. . . . . 15 fr.

CHANTS ET CHANSONS POPULAIRES DE LA FRANCE.
Nouvelle édition *avec musique*, illustrée de 339 belles gravures sur acier, d'après MM. E. DE BEAUMONT, DAUBIGNY, DUBOULOZ, E. GIRAUD, MEISSONNIER, PASCAL, STAAL, STEINHEIL, TRIMOLHET, gravées par les meilleurs artistes, et augmentée de *la Marseillaise*, notice par A. DE LAMARTINE. 4 vol. grand in-8., 54 fr.; net. . 48 fr.

CHANTS ET CHANSONS POPULAIRES DES PROVINCES DE FRANCE
Notices par CHAMPFLEURY. Accompagnement de piano par J. B. WEBERLIN. Illustrations par BIDA, COURBET, JACQUE, etc., etc. Paris, 1860. 1 vol. gr. in-8 . . . . . 12 fr.
LE MÊME OUVRAGE, sans notes et sans musique, avec addition de plus de 800 chansons. Nouvelle édition, ornée des mêmes gravures. 2 beaux vol. grand in-8. Prix de chaque volume . . . . 11 fr.

ŒUVRES CHOISIES DE GAVARNI,
Revues, corrigées et classées par l'auteur; notices par MM. DE BALZAC, TH. GAUTIER. LÉON GOZLAN, JULES JANIN, ALPH. KARR, etc. 2 vol. gr. in-8, renfermant chacun 80 gr. vign. Prix de chaque vol. . . . . 10 fr.
    Le Carnaval à Paris. — Paris le matin. — Les Étudiants. . 1 vol.
    La Vie de jeune homme. — Les Débardeurs. . . . . 1 vol.

LES MÉTAMORPHOSES DU JOUR
Par GRANDVILLE. 1 vol. gr. in-8, doré sur tr., toile mosaïque . . . . . . 26 fr.

PERLES ET PARURES,
Première partie. Les Joyaux. Fantaisie. — *Deuxième partie*. Les Parures. Fantaisie. Dessins par GAVARNI, texte par MÉRY et le comte FŒLIX, illustré de 30 gravures sur acier par CH. GEOFFROY, imprimées sur chine avec le plus grand soin; les 2 vol. brochés, 30 fr.; net. . . . . 20 fr.

PHYSIOLOGIE DU GOUT,
Par BRILLAT-SAVARIN; illustrée par BERTALL. 1 beau vol. in-8, ill. d'un grand nombre de gravures sur bois intercalées dans le texte, et de 8 sujets gravés sur acier par Ch. GEOFFROY, impr. sur chine avec le plus grand soin. . . . . 8 fr.

PARIS AVANT LES HOMMES,
L'univers avant les hommes, l'homme fossile, incandescence du globe, théorie des volcans, etc., par MM. BOITARD et P. CH. JOUBERT. 1 vol. grand in-8 illustré de 35 vignettes sur bois et de 2 cartes. . . . . 8 fr.

CURIOSITÉS D'HISTOIRE NATURELLE ET ASTRONOMIE AMUSANTE.
Réalités fantastiques, voyage dans les planètes, etc., par M. BOITARD. 1 vol. grand in-8. . . . . 8 fr.

LES MILLE ET UNE SINGULARITÉS DES MŒURS, COUTUMES ET USAGES

des peuples sauvages, demi civilisés et civilisés des deux mondes, par M. Boitard. 1 vol. in-8 illustré. . . . . 8 fr.

L'ANGLETERRE AVANT LES HOMMES,

Le quinzième déluge. — Discours sur les révolutions du globe. — Mémoire sur la Vénus Hottentote. — Il n'y a que deux règnes dans la nature. — Impossibilité de feu central, par A. Esquiros, G. Cuvier, P. Ch. Joubert et F. L. Passard. 1 vol. grand in-8 illustré. . . . . 8 fr.

ILLUSTRATION TOME 45.

1 volume in-fol., 400 gravures sur bois. . . . . 18 fr.

Reliure en toile, avec fers spéciaux, tranche dorée . . . . . 6 fr.

Ce volume, plein d'intérêt et d'actualité, offre une lecture des plus attrayantes.

AVENTURES DE TÉLÉMAQUE,

Par Fénelon, avec des notes géographiques et littéraires. 2 grands vol. in-8. Véritable édition de luxe à bon marché. . . . . 7 fr. 50.

ALBUM DES RÉBUS.

1 vol. petit in-4 illustré, relié en toile, tranche dorée. . . . . . . 5 fr. 50.

MUSÉE UNIVERSEL.

Histoire, littérature, sciences, arts, industrie, voyages, nouvelles. 1 vol. grand in-8, illustré de 283 belles gravures sur bois, et d'un portrait de Cuvier, sur acier, peint par madame de Mirbel, gravé par Richomme. . . . . 6 fr.

PAUL ET VIRGINIE (ÉDITION V. LECOU),

Suivi de *la Chaumière indienne*, par Bernardin de Saint-Pierre, nouvelle édition richement illustrée de 120 bois dans le texte, et de 14 gravures sur chine tirées à part. 1 vol. grand in-8 jésus. . . . . 7 fr. 50.

RAPHAEL,

Par A. de Lamartine. 1 joli vol. in-18, orné de 5 vignettes de Tony Johannot. Demi-reliure, doré sur tranche . . . . 7 fr.

BEAUTÉS DE WALTER SCOTT.

Magnifiques portraits des héroïnes de Walter Scott, accompagnés d'un portrait littéraire. 1 vol. grand in-8 doré sur tranches, mosaïque. . . . . . . 18 fr.

LE VICAIRE DE WAKEFIELD,

Par Goldsmith, traduction nouvelle suivie de notes par Charles Nodier de l'Académie française. 10 magnifiques vignettes par T. Johannot. 1 vol. grand in-8 mosaïque. . . . . 15 fr.

HISTOIRE DE NAPOLÉON,

Par Laurent (de l'Ardèche); illustrée de 500 vignettes, avec les types en noir imprimés dans le texte, par Horace Vernet. 1 vol. gr. in-8 . . . . 9 fr.

HISTOIRE DE L'EMPIRE OTTOMAN

DEPUIS LES TEMPS LES PLUS ANCIENS JUSQU'A NOS JOURS,

Par M. Théophile Lavallée. 1 magnifique volume grand in-8, accompagné de 18 belles gravures anglaises sur acier, représentant des scènes historiques, des vues, des portraits, etc. 15 fr.

HISTOIRE DE PARIS,

Par Th. Lavallée. 207 vues par Champin. 1 vol. gr. in-8 jésus . . . . . 12 fr.

HISTOIRE DE LA MARINE CONTEMPORAINE

De 1784 à 1849, par Léon Guérin. Paris, 1855. 1 fort vol. in-8 jésus vélin, de près de 750 pages, illustré de grav. sur acier, plans. . . . . . . 12 fr. 50.

CAMPAGNE DE PIÉMONT ET DE LOMBARDIE,

Par Amédée de Cesena. 1 vol. grand in-8 jésus. . . . . 20 fr.

L'ouvrage est orné des portraits de l'*Empereur*, de l'*Impératrice* et de *Victor-Emmanuel*, admirablement gravés sur acier par Delannoy, d'après Winterhalter, de plans et de cartes, de types militaires des trois armées et de planches sur acier représentant les batailles; il renferme aussi la liste complète et nominale des décorés et des médaillés de l'armée d'Italie.

L'ESPAGNE PITTORESQUE, ARTISTIQUE ET MONUMENTALE,

Mœurs, usages et costumes. Par MM. Manuel de Cuendias et V. de Féréal. 1 vol. grand in-8, orné de 50 planches à part, dont 25 costumes coloriés et 25 vues et monuments à deux teintes; du portrait de la reine Isabelle, et de 100 vign. dans le texte, par C. Nanteuil. Prix, 20 fr.; net. . . . . 15 fr.

LEÇONS ÉLÉMENTAIRES D'HISTOIRE NATURELLE.

Traité de conchyliologie, précédé d'un aperçu sur toute la zoologie, à l'usage des étudiants et des gens du monde, par M. J. C. Chenu. 1 vol. gr. in-8 orné de 1,000 vignettes gravées sur cuivre et sur bois, atlas de 12 pl. gr. en taille douce et magnifiquement coloriées, 15 fr.; net. . . . . 8 fr.

ENCYCLOPÉDIE THÉORIQUE ET PRATIQUE DES CONNAISSANCES UTILES,

Composée de traités sur les connaissances les plus indispensables, ouvrage entièrement neuf, avec environ 1,500 gravures intercalées dans le texte. 2 vol. grand in-8. . . . . 25 fr.

Reliure demi-chagrin, le volume. . . . . 5 fr. 50

VERSAILLES ANCIEN ET MODERNE,

Par le comte Alexandre de La Borde. Paris, Gavard, 1842. 1 volume grand in-8 jésus, vélin, reliure toile mosaïque. . . . . 20 fr.

Ce volume de 916 pages de texte est orné de plus de 800 gravures sur acier et sur bois.

HISTOIRE DE LA MAISON ROYALE DE SAINT-CYR,

Par Th. Lavallée (1686 à 1793), ouvrage couronné par l'Académie française et orné de gravures sur acier gr. in-8. Prix relié. . . . . 15 fr.

CARACTÈRES ET PORTRAITS DE LA JEUNESSE,

Par Hippolyte Hostein. 1 vol. in-8 orné de gravures. Prix relié. . . . . 8 fr.

LES ENFANTS D'AUJOURD'HUI,

Par Hippolyte Hostein. 1 vol. in-8 orné de gravures. Prix relié. . . . . 8 fr.

HISTOIRE NATURELLE DES MAMMIFÈRES,

Classés méthodiquement, avec l'indication de leurs mœurs et de leurs rapports avec les arts, le commerce et l'agriculture, par Paul Gervais; illustrations par MM. Werner, Freemann, Oudart, Delahaye, de Bar et autres éminents artistes; gravées par l'élite des graveurs français et étrangers. 2 magnifiques volumes grand in-8 jésus, 50 fr.; net. . . . . 40 fr.

L'AFRIQUE FRANÇAISE, L'EMPIRE DU MAROC ET LES DÉSERTS DU SAHARA.

Édition illustrée d'un grand nombre de gravures sur acier, noires et coloriées, par Christian. 1 vol. grand in-8 jésus . . . . 15 fr.

VOYAGES DANS L'INDE,

Par le prince A. Soltykoff; illustrés de magnifiques lithographies à deux teintes par Derudder, etc., d'après les dessins originaux de l'auteur. 1 beau vol. grand in-8 jésus. . . . . 20 fr.

Reliure toile mosaïque, riche plaque spéciale, genre indien, tr. dor. . . 6 fr.

VOYAGE EN PERSE,

Par le prince SOLTYKOFF; illustré, d'après les dessins de l'auteur, de magnifiques lithographies par TRAYER, etc. 1 vol. grand in-8 jésus . . . . 10 fr.
Reliure toile mosaïque, riche plaque spéciale, g. persan, tr. dor. . . . . 6 fr.

SOUVENIRS D'UN AVEUGLE.

Voyage autour du monde, par J. ARAGO. Sixième édition, revue, augmentée, enrichie de notes scientifiques, par F. ARAGO, de l'Institut. 2 vol. gr. in-8 raisin, ill. de 23 pl. et portr. à part, et de 110 vign. dans le texte. . . . . . . 20 fr.

VOYAGE ILLUSTRÉ DANS LES CINQ PARTIES DU MONDE,

Par ADOLPHE JOANNE. 1 vol. in-folio (format de l'*Illustration*), illustré d'environ 700 gravures. . . . . 15 fr.

TABLEAU DE PARIS,

Par Edmond TEXIER; ouvrage illustré de 1,500 gravures, d'après les dessins de BLANCHARD, CHAM, CHAMPIN, FOREST, FRANÇAIS, GAVARNI, etc., etc. 2 vol. in-f° du format de l'*Illustration*, 30 fr.; net. . . . . 20 fr.
Riche reliure en toile, tranches dorées, les deux vol. en un. . . . . . 6 fr.
                                          en deux vol., chacun. . . . . 5 fr.

60,000 VOLUMES COMPLETS DE L'ILLUSTRATION

DIVISÉS EN 4 CATÉGORIES DE PRIX.

1° Volumes isolés : 3, 10, 13, 17, 18, 19, 20, 22, 26, 27, 28, 29, 30, 31, 32, 33, 34, 18 fr.; net. . . . . 10 fr.

2° Série de 16 volumes, 25 à 40 inclusivement, contenant les *guerres de Crimée, des Indes, de la Chine, d'Italie, du Mexique*, etc. au lieu de 18 fr. le vol., net. . . . . 16 fr.

3° Les collections complètes dont il ne nous reste plus qu'un petit nombre d'exemplaires, restent fixées au même prix que précédemment, 45 vol.; chacun. 18 fr.

4° A partir du tome 41 nous sommes *exclusivement chargés, en vertu d'un traité*, de la vente des volumes composant cette nouvelle série. Prix de chaque tome. . . . . 18 fr.
Reliure en percaline, fers et tranches dorés, le vol. . . . 6 fr.

Œuvres complètes de Béranger, avec ses 10 dernières chansons. 1 vol. in-32 . . . . 3 fr. 50

Œuvres posthumes de Béranger en un seul volume, contenant les Dernières Chansons et Ma Biographie, avec un Appendice et un grand nombre de notes inédites de Béranger sur ses chansons. 1 vol. in-32. . . . . 3 fr. 50

DICTIONNAIRE NATIONAL,

Par M. BESCHERELLE aîné,

Auteur de la *Grammaire nationale*, du *Dictionnaire des verbes*, du *Petit Dictionnaire national*, etc.

MONUMENT ÉLEVÉ A LA GLOIRE DE LA LANGUE ET DES LETTRES FRANÇAISES

2 magnifiques vol. in-4 de 3,400 pages environ, à 4 colonnes, lettres ornées, etc., imprimés en caractères neufs très-lisibles, sur papier grand raisin, glacé et satiné, renfermant la matière de plus de 300 vol. in-8 . . . . 50 fr.

GRAMMAIRE NATIONALE,

Ou Grammaire de Voltaire, de Racine, de Bossuet, de Fénelon, de J. J. Rousseau, de Bernardin de Saint-Pierre, de Chateaubriand, de Casimir Delavigne, et de tous les écrivains les plus distingués de la France; par MM. BESCHERELLE frères et LITAIS DE GAUX. 1 fort vol. in-8 . . . . 10 fr.

GÉOGRAPHIE UNIVERSELLE,

Par MALTE-BRUN. Description de toutes les parties du monde sur un nouveau plan, d'après les grandes divisions du globe. 6ᵉ édition, revue, corrigée, augmentée, mise dans un nouvel ordre et enrichie de toutes les nouvelles découvertes, par J. J. N. HUOT. 6 beaux vol. gr. in-8, ornés de 41 gr. sur acier . . . . . 60 fr.
Avec un superbe Atlas entièrement établi à neuf. 1 vol. in-folio, composé de 72 magnifiques cartes coloriées, dont 14 doubles. Broché . . . . 80 fr.
On peut acheter l'Atlas séparément . . . . 20 fr.

BIOGRAPHIE UNIVERSELLE.

BIOGRAPHIE PORTATIVE UNIVERSELLE, contenant 29,000 noms, suivie d'une table chronologique et alphabétique, où se trouve répartis en cinquante-quatre classes différentes les noms mentionnés dans l'ouvrage, par L. LALANNE, L. RENIER, TH. BERNARD, CH. LAUMIER, E JANIN, A. DELLOYE etc. 1 vol. de 2,000 col., format du *Million de faits*, contenant la matière de 12 vol., 12 fr.; net. . . 7 fr. 50

UN MILLION DE FAITS,

Aide-mémoire universel des sciences, des arts et des lettres, par MM. J. AICARD, DESPORTES, LÉON LALANNE, LUDOVIC LALANNE, GERVAIS, A. LE PILEUR, CH. MARTINS, CH. VERGÉ ET JUNG. Un fort vol. portatif, petit in-8 de 1,720 colonnes, orné de gravures sur bois, 12 fr.; net . . . . 9 fr.

PATRIA

La France ancienne et moderne, morale et matérielle ou collection générale de tous les faits relatifs à l'histoire physique et intellectuelle de la France et de ses colonies. 2 vol . . . . 14 fr.

VOLUMES GRAND IN-18 A 3 FR. 50

ED. MENNECHET. Matinées Littéraires. Cours complet de littérature moderne. Troisième édition. 4 volumes.

— **Histoire de France**, depuis la fondation de la monarchie, 2 vol.
Ouvrage dédié aux pères de famille et couronné par l'Académie française.

— **Cours de lecture à haute voix**. 1 vol.

SAINTE-BEUVE, de l'Académie française, **Causeries du Lundi**. 15 vol.
Ce charmant recueil, contenant une foule d'articles non moins variés qu'intéressants, est complet en 15 volumes. Chaque volume se vend séparément.

— **Portraits littéraires et derniers portraits**, suivis des *Portraits de Femmes*. Nouvelle édition. 4 vol.

— **Portraits contemporains** et divers. Nouvelle édition. 3 forts vol.

— **Chateaubriand**, et son groupe littéraire sous l'Empire, 2 vol.

S. HENRY BERTHOUD. Fantaisies scientifiques de Sam. Botanique, Reptiles, Mammifères, Oiseaux, Minéralogie, Médecine, Ethnologie, etc., etc. 4 vol.

— **Les Petites Chroniques de la science**, années 1861 à 1864. 5 vol.

GÉRUZEZ. Essais de littérature française, 2 vol. 1ᵉʳ volume : *Moyen âge et Renaissance*. 2ᵉ volume : *Temps modernes*. 3ᵉ édition.

PIERRE DUPONT. Chansons et Poésies. Quatrième édition, augmentée de chants nouveaux. 1 vol.

Souvenirs de la marquise de Créqui (1718-1803). Nouvelle édition, revue, corrigée et augmentée de notes. 10 vol. br. en 5 vol. av. grav. sur acier.

BOSSUET. Méditations sur l'Évangile. Revues sur les manuscrits originaux et les éditions les plus correctes. 1 v.

F. DE LAMENNAIS. L'Imitation de Jésus-Christ, traduction nouvelle, avec des réflexions à la fin de chaque chapitre, suivie de la Messe, tirée de Fénelon, et des Vêpres du dimanche. 4 grav. sur acier. Frontispice or et couleur. 1 vol.

— **Les Évangiles,** traduct. nouvelle, avec des notes et réflexions. Troisième édition. 1 vol.

J. REBOUL (de Nîmes). **Poésies diverses** : *Le dernier jour*, poëme. 1 vol. avec portrait.

JACQUEMONT. Sa Correspondance avec sa famille et plusieurs de ses amis pendant son voyage dans l'Inde (1828-1832). Nouvelle édition, augmentée de lettres inédites et d'une carte. 2 vol.

VOLUMES A 3 FR.

PLUTARQUE, Les Vies des Hommes illustres, traduites en français par RICARD, précédées de la Vie de Plutarque. Nouvelle édition, revue avec le plus grand soin. 4 vol.

Théâtre de Corneille. Nouvelle édition collationnée sur la dernière édition publiée du vivant de l'auteur. 1 beau vol. de 540 pages.

Théâtre complet de Racine, avec des remarques littéraires et un choix de notes classiques, par M. FÉLIX LEMAISTRE, 1 fort vol. de plus de 700 pages.

Œuvres de Boileau, avec notice de SAINTE-BEUVE et notes de tous les commentateurs. 1 vol.

Jérusalem délivrée. Traduction en prose par M. V. PHILIPON DE LA MADELAINE; augmentée d'une description de Jérusalem, par M. A. DE LAMARTINE. 1 vol.

Œuvres complètes de Molière. Nouvelle édition, accompagnée de notes tirées de tous les commentateurs, avec des remarques nouvelles, par M. FÉLIX LEMAISTRE, précédée de la Vie de Molière, par VOLTAIRE. 3 vol.

LA BRUYÈRE Les Caractères de Théophraste, avec les caractères ou les mœurs de ce siècle. Notice de M. SAINTE-BEUVE. 1 vol.

Œuvres de Gresset. 1 vol.

Œuvres de Millevoye, précédées d'une notice sur l'auteur, par M. SAINTE-BEUVE, de l'Académie française. 1 vol.

Histoire de Gil Blas de Santillane. par LE SAGE. 1 vol.

Œuvres choisies de Descartes. Discours de la méthode — Méditations métaphysiques. — Règles pour la direction de l'esprit. — Recherches par la lumière naturelle, etc. Nouvelle édition d'après les meilleurs textes. 1 vol.

Lettres écrites à un Provincial, par BLAISE PASCAL, précédées d'un Essai sur les Provinciales et sur le style de Pascal. 1 vol.

Discours sur l'histoire universelle à Mgr LE DAUPHIN, pour expliquer la suite de la religion et les changements des empires, par BOSSUET, évêque de Meaux. 1 vol.

Corinne, ou l'Italie, par madame DE STAËL. Nouvelle édition, précédée de quelques Observations par madame NECKER DE SAUSSURE et M. SAINTE-BEUVE. 1 fort vol.

PRIX DES RELIURES

Format gr. in-18 jésus (form. anglais), 1/2 veau ou 1/2 chagr., tr. jaspées.			1	50
— — — tr. dorées.			2	»
— in-8° ordinaire, 1/2 chagrin, tr. jaspées.			2	»
— — — tr. dorées.			3	»
— in-8° cavalier, — — tr. jaspées.			2	50
— — — tr. dorées.			3	50
— in-8° jésus, 1/2 chagrin, tr. jaspées.			3	50
— — — tr. dorées, plats en toile.			5	»

PARIS. — IMP. SIMON RAÇON ET COMP., RUE D'ERFURTH, 1.

www.ingramcontent.com/pod-product-compliance
Lightning Source LLC
Chambersburg PA
CBHW071656300426
44115CB00010B/1228